DICIONÁRIO GRAMSCIANO

DICIONÁRIO GRAMSCIANO
1926-1937

ORGANIZAÇÃO
GUIDO LIGUORI E PASQUALE VOZA

TRADUÇÃO
ANA MARIA CHIARINI, DIEGO SILVEIRA COELHO FERREIRA,
LEANDRO DE OLIVEIRA GALASTRI E SILVIA DE BERNARDINIS

REVISÃO TÉCNICA
MARCO AURÉLIO NOGUEIRA

© Boitempo, 2017
© Carocci editore S.p.A., Roma, 2009

Título original: *Dizionario gramsciano, 1926-1937*
Os direitos de tradução desta obra foram cedidos à Boitempo
pela International Gramsci Society - Italia (IGS-Italia).

Direção editorial	Ivana Jinkings
Edição	Isabella Marcatti
Assistência editorial	Thaisa Burani
Tradução	Ana Maria Chiarini (verbetes de M a S, originalmente), Diego Silveira Coelho Ferreira (verbetes de M a S, originalmente), Leandro de Oliveira Galastri (textos inicias + verbetes de A a D, originalmente) e Silvia De Bernardinis (verbetes de E a L e de T a X, originalmente + Bibliografia das obras citadas)
Revisão técnica	Marco Aurélio Nogueira
Preparação	Paula Souza Dias Nogueira
Revisão	Clara Altenfelder e Tatiana Pavanelli Valsi
Checagem de padrão	Luca Jinkings
Coordenação de produção	Livia Campos
Diagramação	Antonio Kehl
Capa	Ronaldo Alves

Equipe de apoio: Allan Jones, Ana Yumi Kajiki, Artur Renzo, Bibiana Leme, Eduardo Marques, Elaine Ramos, Ivam Oliveira, Kim Doria, Marlene Baptista, Maurício Barbosa, Renato Soares, Thaís Barros, Tulio Candiotto

---

CIP-BRASIL. CATALOGAÇÃO NA PUBLICAÇÃO
SINDICATO NACIONAL DOS EDITORES DE LIVROS, RJ

D542

Dicionário Gramsciano (1926-1937) / Organização Guido Liguori e Pasquale Voza ; Tradução Ana Maria Chiarini, Diego Silveira Coelho Ferreira, Leandro de Oliveira Galastri e Silvia De Bernardinis ; Revisão técnica Marco Aurélio Nogueira . - 1. ed. - São Paulo : Boitempo, 2017.

Tradução de: Dizionario Gramsciano, 1926-1937
Inclui bibliografia
ISBN: 978-85-7559-533-6 (brochura)
ISBN: 978-85-7559-537-4 (capa dura)

1. Gramsci, Antonio, 1891-1937 - Linguagem - Vocabulários, glossários, etc. 2. Socialismo - Dicionários. I. Liguori, Guido. II. Voza, Pasquale.

16-38283
CDD: 335.4303
CDU: 330.85(038)

É vedada a reprodução de qualquer parte deste livro sem a expressa autorização da editora.

1ª edição: janeiro de 2017
1ª reimpressão: março de 2020

BOITEMPO
Jinkings Editores Associados Ltda.
Rua Pereira Leite, 373
05442-000 São Paulo SP
Tel.: (11) 3875-7250 / 3875-7285
editor@boitempoeditorial.com.br | www.boitempoeditorial.com.br
www.blogdaboitempo.com.br | www.facebook.com/boitempo
www.twitter.com/editoraboitempo | www.youtube.com/tvboitempo

Prefácio à edição brasileira

É notável o desenvolvimento dos estudos gramscianos ao redor do mundo. Pesquisas especializadas têm sido publicadas com frequência cada vez maior, o número de pesquisadores interessados na obra de Antonio Gramsci aumenta constantemente, e seu nome tem aparecido no debate público, algumas vezes de maneira estridente.

Quando considerado globalmente, esse desenvolvimento é desigual e combinado. Sob influência da expansão dos estudos gramscianos em outros continentes, estes ganharam novo ímpeto na Itália, país que havia presenciado um substantivo declínio das pesquisas após a crise e dissolução do Partido Comunista Italiano em 1991. Livres das amarras da política imediata, novas investigações começaram a ter lugar na terra natal de Gramsci. Sem a preocupação de comprovar forçosamente teses ou alinhar o autor a determinado campo do conflito político, os estudiosos se mostraram mais interessados em identificar as múltiplas fontes da reflexão do autor, o momento de produção conceitual e o lugar de suas ideias em uma história intelectual. O impacto dessas novas abordagens no conhecimento de Gramsci e de sua obra são notáveis.

As ferramentas fundamentais para esse relançamento dos estudos gramscianos na Itália haviam sido criadas, entretanto, alguns anos antes. Primeiro, com a edição crítica dos *Cadernos do cárcere*, organizada por Valentino Gerratana e publicada originalmente em 1975[1]. Por meio dela foi possível acessar o conjunto dos cadernos, incluindo a primeira versão das notas – denominadas pela edição de Textos A –, as quais Gramsci havia cancelado e substituído mais tarde por novas versões – Textos C[2]. Com a edição de Gerratana, tornava-se mais nítido o caráter provisório e inacabado da reflexão gramsciana. Mais tarde, Gianni Francioni publicou um livro fundamental, *L'officina gramsciana: ipotesi sulla sttrutura dei "Quaderni del carcere"*, de 1984[3]. Em sua monumental pesquisa, Francioni estabeleceu de modo rigoroso a data aproximada da redação por Gramsci das diferentes notas que

---

[1] Antonio Gramsci, *Quaderni del carcere* (org. Valentino Gerratana, Turim, Enaudi, 1977).
[2] As notas B, por sua vez, são as de redação única.
[3] Gianni Francioni, *L'officina gramsciana: ipotesi sulla struttura dei "Quaderni del carcere"* (Nápoles, Bibliopolis, 1984).

compõem os *Cadernos*. Desse modo, os pesquisadores puderam restabelecer uma história interna do texto e reconstruir o ritmo do processo de produção conceitual.

De posse dessas ferramentas, alguns jovens pesquisadores (e outros nem tanto assim) atiraram-se, a partir de meados dos anos 1990, à pesquisa do ritmo do pensamento gramsciano. Escrevendo naquele momento o balanço crítico de quase cinquenta anos de estudos gramscianos, Guido Liguori, um dos organizadores deste *Dicionário*, vislumbrava a emergência de um novo programa de investigação. Um ciclo inédito de estudos gramscianos tinha lugar, provavelmente o mais fértil até então[4].

Os primeiros passos nessa direção estavam sendo dados. A fundação da International Gramsci Society (IGS), em 1991, era um indicativo de uma crescente internacionalização das investigações e da formação de uma ampla rede de pesquisadores. Pouco depois, a criação de uma seção italiana da IGS forneceu condições institucionais para que o novo trabalho encontrasse espaço apropriado. A partir do ano 2000, um seminário promovido pela IGS Italia sobre o léxico gramsciano consolidou esse processo, dando origem a importantes pesquisas, as quais culminaram na realização deste *Dicionário gramsciano*[5].

Paralelamente, na Fondazione Istituto Gramsci, ganhavam contornos mais precisos o projeto de uma *Edizione nazionale degli scritti di Antonio Gramsci* [Edição nacional dos escritos de Antonio Gramsci], que, com base nas novas pesquisas filológicas, publicará o conjunto dos textos gramscianos e os novos estudos biográficos que se seguiram aos avanços da pesquisa documental[6]. Ao mesmo tempo, a Fondazione se mostrou cada vez mais atenta à internacionalização dos estudos gramscianos e procurou tornar acessíveis ao público italiano as pesquisas realizadas em outros países[7].

No Brasil e na América Latina, o percurso das ideias de Antonio Gramsci foi sensivelmente diverso. Em nosso continente, o marxista sardo nunca foi afastado da política. Desde os anos 1970 suas ideias têm servido como um importante estímulo para a análise e a crítica social e política em nosso país. Contraditoriamente, os estudos dedicados à obra gramsciana eram escassos – e sua qualidade, muitas vezes, questionável. Mas isso começou a mudar no Brasil com a publicação de uma edição mais apurada dos escritos do cárcere, entre o fim dos anos 1990 e início dos 2000, sob a responsabilidade de Carlos Nelson Coutinho, Luiz Sérgio Henriques e Marco Aurélio Nogueira, o que permitiu que

---

[4] Guido Liguori, *Gramsci contesso: storia di un dibattito, 1922-1996* (Roma, Editori Riuniti, 1996).
[5] Ver, por exemplo, Fabio Frosini e Guido Liguori, *Le parole di Gramsci: per un lessico dei "Quaderni del carcere"* (Roma, Carocci, 2004).
[6] A *Edizione nazionale degli scritti di Antonio Gramsci* está dividida em três seções: 1) *Scritti 1910-1926*; 2) *Quaderni del carcere 1929-1935*; 3) *Epistolario 1906-1937*. Os primeiros volumes publicados foram os *Quaderni di traduzione*, em 2007. Também já foram publicados um volume dos *Scritti*, reunindo os textos publicados em 1917, e dois volumes do *Epistolario*, correspondendo aos anos de 1906-1922 e 1923. Para os novos estudos biográficos ver Giuseppe Vacca, *Vita e pensieri di Antonio Gramsci, 1926-1937* (Turim, Einaudi, 2012) e Leonardo Rapone, *Cinque anni che paiono secoli: Antonio Gramsci dal socialismo al comunismo (1914-1919)* (Roma, Carocci, 2011).
[7] Ver, por exemplo, Derek Boothman, Francesco Giasi e Giuseppe Vacca (orgs.), *Studi gramsciani nel mondo: Gramsci in Gran Bretagna* (Bolonha, Il Mulino, 2015); Dora Kanoussi, Giancarlo Schirru e Giuseppe Vacca (orgs.). *Studi gramsciani nel mondo: Gramsci in America Latina* (Bolonha, Il Mulino, 2011); Giuseppe Vacca et al., *Studi gramsciani nel mondo: le relazioni internazionali* (Bolonha, Il Mulino, 2009); e Giuseppe Vacca, Paolo Capuzzo e Giancarlo Schirru (orgs.)., *Studi gramsciani nel mondo: gli studi culturali* (Bolonha, Il Mulino, 2008).

os pesquisadores brasileiros tivessem ao alcance das mãos uma ferramenta mais adequada para seu trabalho[8]. O impacto dessa publicação não deixou de se notar tanto no interesse que ela despertou entre jovens pesquisadores quanto na maior consistência que os estudos gramscianos brasileiros adquiriram.

À distância, os pesquisadores brasileiros começaram a acompanhar as novas orientações intelectuais que tinham lugar na Itália. Uma renovada agenda de pesquisa passou a se afirmar também no Brasil, difundindo o método da filologia histórica, assim como a pesquisa em arquivos, o uso de edições críticas, a recuperação das fontes do pensamento gramsciano e um cuidado maior com o contexto no qual as ideias haviam sido produzidas. A internacionalização das universidades brasileiras, por sua vez, permitiu que um número crescente de pesquisadores realizasse estágios de pesquisa na Itália, ao mesmo tempo que investigadores europeus, financiados por agências de fomento nacionais, se fizeram cada vez mais presentes em seminários e congressos científicos realizados deste lado do Atlântico. Enfim, criou-se um ambiente intelectual que tem favorecido fortemente os estudos gramscianos.

Um levantamento realizado por iniciativa da seção brasileira da IGS identificou a publicação, por autores residentes em nosso país, de 1.214 obras sobre o pensamento de Antonio Gramsci ou nas quais este era uma referência importante. Dessas obras, 706 eram livros, capítulos e artigos científicos e 508, teses e dissertações. Mais da metade destas últimas foi produzida em programas de pós-graduação da área de educação. Serviço social, ciências sociais e saúde também concentraram pesquisas. Ainda predomina o uso das ideias de Gramsci para a análise social e a crítica política, mas é possível perceber, nos últimos anos, um sensível aumento das investigações nas quais seu pensamento é o próprio objeto da pesquisa[9].

A publicação deste *Dicionário gramsciano* é um momento fundamental desse desenvolvimento, um estímulo ímpar para a reabertura do laboratório gramsciano. Para um público de especialistas, esta obra fornece um importante ponto de partida, contribui para difundir as pesquisas filológicas e permite trabalhar com o léxico do autor de maneira mais homogênea. Mas a obra destina-se também a um público mais amplo, interessado nas ideias do autor e atento ao uso que é feito delas no debate político contemporâneo. Trata-se, assim, de uma ferramenta única de trabalho e um livro de consulta permanente. É uma iniciativa editorial ousada, cujos efeitos ao longo do tempo serão certamente notados.

*Alvaro Bianchi**

---

[8] Ver Antonio Gramsci, *Cadernos do cárcere* (Rio de Janeiro, Civilização Brasileira, 1999-2000), 6 v., e *Cartas do cárcere* (Rio de Janeiro, Civilização Brasileira, 2005).
[9] Ana Lole et al., "Produção bibliográfica de Gramsci no Brasil: uma análise preliminar", *Hegemonia e Práxis Popular*, n. 1, dez. 2016. Disponível em: <http://bit.ly/2fYSdi2>; acesso em: 5 dez. 2016.
* Professor livre-docente do Departamento de Ciência Política da Universidade Estadual de Campinas (Unicamp) e coordenador científico da International Gramsci Society – Brasil. (N. E.)

Prefácio

Este *Dicionário* propõe-se a reconstruir e apresentar ao leitor – da maneira mais acessível possível – o significado dos termos, das expressões, dos conceitos gramscianos, limitados ao período da reflexão carcerária consubstanciada nos *Cadernos do cárcere* e nas *Cartas do cárcere**, procurando também elucidar o papel e o significado que possuem, em tais reflexões, os principais "interlocutores" de Gramsci, presentes de diversas formas, dos autores que ele lê e resenha aos maiores personagens históricos sobre os quais escreve e a algumas das pessoas queridas mais recorrentes, sobretudo em suas cartas.

A delimitação temporal de nosso trabalho foi determinada, por um lado, pelo fato de que o pensamento carcerário é mais coeso e orgânico, e, por outro, porque permite utilizar aqueles instrumentos filológicos (em primeiro lugar, a edição crítica dos *Cadernos* organizada por Valentino Gerratana) que ainda não estão disponíveis para os escritos pré-carcerários. No entanto, em muitos casos, quando os autores dos verbetes o consideraram útil, foram feitas referências também ao que Gramsci escrevera nos anos precedentes ao cárcere.

O *Dicionário* nasceu da convicção de que o estado dos textos carcerários e sua história, o método "analógico" seguido por Gramsci, o espírito de pesquisa e de dialogismo que os caracteriza, a peculiar "multiversidade" da linguagem do autor e mesmo a imensa e heterogênea quantidade de interpretações produzidas até hoje tornam difícil ao leitor comum – e, em boa medida, também ao estudioso – a compreensão do significado ou da possível gama de significados das "palavras de Gramsci".

---

* A prisão de Gramsci ocorreu em 8 de novembro de 1926, e sua morte, em 27 de abril de 1937. Em Antonio Gramsci, *Lettere dal carcere* (organização de Antonio A. Santucci, Palermo, Sellerio, 1996) – a edição em língua italiana mais completa até hoje – nota-se que a primeira carta após a prisão surgiu no mesmo novembro de 1926, enquanto as últimas datam de janeiro de 1937. Com relação aos *Quaderni del carcere* (edição crítica do Instituto Gramsci, organização de Valentino Gerratana, Turim, Einaudi, 1975 e 1977), a data inicial de redação, anotada pelo próprio Gramsci, é 8 de fevereiro de 1929, ao passo que a última nota foi redigida em 1935. Na presente edição brasileira, sempre que possível, as citações dos textos de Gramsci serão remetidas às edições organizadas por Carlos Nelson Coutinho (com a colaboração de Luiz Sérgio Henriques e Marco Aurélio Nogueira) e publicadas pela Civilização Brasileira, que incluem os *Cadernos do cárcere* (seis volumes), as *Cartas do cárcere* (dois volumes) e os *Escritos políticos* (dois volumes). Ver, mais à frente, a "Nota à edição brasileira".

A partir dessa constatação, a International Gramsci Society Italia está comprometida, há vários anos, com uma obra de releitura filológica dos textos gramscianos, com vistas a reconstruir-lhes o léxico seguindo a evolução do pensamento do autor. O *Dicionário*, portanto, encontra-se em uma linha de continuidade com o "Seminário sobre o léxico dos *Cadernos do cárcere*", realizado entre 2000 e 2006, bem como com um de seus produtos, o volume intitulado, não por acaso, *Le parole di Gramsci* [As palavras de Gramsci]*. Os colaboradores deste volume foram em boa parte frequentadores daquele seminário, com o acréscimo de diversos estudiosos gramscianos, italianos e estrangeiros, aos quais se solicitou que escrevessem de acordo com suas respectivas especialidades e interesses. É necessário acrescentar que os autores assumem a responsabilidade pelos verbetes que assinam. Os organizadores se limitaram a solicitar alterações ou adições, obtendo o consentimento dos autores em cada caso, e realizaram intervenções de caráter formal, empenhando-se, sobretudo, em dar homogeneidade a um trabalho tão vasto e articulado.

Pretende-se assim continuar, com este *Dicionário*, de maneira diversa, mas com o mesmo método de fidelidade ao texto e de atenção à dimensão diacrônica da reflexão carcerária, um trabalho iniciado há algum tempo para oferecer a um público maior um instrumento que possa ajudar a conhecer uma obra tão complexa quanto não sistemática. Não se deseja com isso, obviamente, simplificar ou "enjaular" Gramsci, nem restituir – de forma sistematizada – toda a riqueza da sua elaboração, que está relacionada, justamente, com a chamada estratégia do pensamento e da escrita de Gramsci e com o caráter intrinsecamente dinâmico, aberto, antidogmático que ela comporta. É claro que o presente trabalho não pretende e nem quer substituir a leitura direta de um texto tão rico. Evidentemente, quem escreveu os verbetes se fez também *intérprete* do pensamento gramsciano, selecionou o material, decidiu a ordem e a hierarquia dos textos tomados em consideração, assim como as exclusões (pelo menos aquelas impostas pelos limites de espaço). Tudo isso vai declarado abertamente e colocado em evidência. Mas acrescentamos também que houve sempre o esforço de seguir o que Gramsci afirma quando escreve que na decifração de "uma concepção de mundo" não "exposta sistematicamente", "a pesquisa do *leitmotiv*, do ritmo do pensamento em desenvolvimento, deve ser mais importante do que as afirmações particulares e casuais e do que os aforismos isolados" (*Q 16*, 2, 1.840-2 [*CC*, 4, 19]). Com relação à tensão entre um pensamento coerente e sua exposição fragmentada, nossa tentativa foi a de praticar e de sugerir uma atenção ao texto que nem sempre se encontra na crítica. Estamos convencidos de que um uso atento dos textos leva também a uma melhor aproximação interpretativa, ao passo que um uso descuidado nos afasta da compreensão efetiva do "espírito" de Gramsci. O verbete de um dicionário não pode dar conta de toda a riqueza do pensamento de um autor, mas pode e deseja ser instrumento útil para acompanhar sua descoberta pelo leitor.

---

* Fabio Frosini e Guido Liguori (orgs.), *Le parole di Gramsci* (Roma, Carocci, 2004). O livro contém ensaios de Giorgio Baratta, Derek Boothman, Giuseppe Cospito, Lea Durante, Fabio Frosini, Guido Liguori, Rita Medici, Marina Paladini Musitelli, Giuseppe Prestipino e Pasquale Voza. Os textos são reelaborações de comunicações ocorridas no primeiro ciclo do "Seminário sobre o léxico dos *Cadernos do cárcere*". Para informações sobre o seminário em questão, ver o site de IGS Italia: <www.gramscitalia.it>.

Enfim, o projeto de um dicionário gramsciano, em nossa opinião, não pode deixar de colocar em causa, em formas certamente mediadas e complexas, duas ordens de questão: as do caráter "atual" e ao mesmo tempo "clássico" de Gramsci. Trata-se, como se sabe, de dois conceitos intimamente associados a uma riquíssima massa de significados teóricos, filosóficos e, em última análise, políticos, os quais aqui não se pretende sequer esboçar. Enfatizamos que foram compreendidos num entrelaçamento peculiar com relação à obra gramsciana e à sua capacidade de se fazer interrogar por muitas questões de nosso presente, ao mesmo tempo que o interroga em profundidade. Esperamos que esse impulso fundamental e "secreto" tenha dado frutos positivos na realização concreta de nosso trabalho.

Guido Liguori
Pasquale Voza

Agradecimentos

Muitas são as pessoas com as quais sentimos ter uma dívida de reconhecimento e a quem consideramos justo manifestar também publicamente nosso agradecimento.

Em primeiro lugar queremos agradecer a Fabio Frosini, que participou do início ao fim do trabalho de idealização e finalização do projeto do *Dicionário*: sem sua competência, seus conselhos e seu trabalho esta obra não seria a mesma. Expressamos um agradecimento particular a Lea Durante, que cuidou com grande capacidade e dedicação das complexas relações institucionais necessárias à realização de um trabalho como este: também sem sua ajuda muito dificilmente o *Dicionário* teria visto a luz.

Em seguida, nosso agradecimento a todos os autores dos verbetes, que colaboraram com este empreendimento animados pelo interesse em Gramsci, por sua obra e por sua trajetória intelectual, humana e política. Livres para expressar a interpretação pessoal dos textos, tiveram, no entanto, de "suportar" as demandas que o trabalho de organização nos impunha apresentar, e aceitaram canalizar seus esforços conforme o estilo e os limites de espaço acordados. Agradecemos a todas e a todos pela paciência e pela disponibilidade, além da competência e da paixão.

O projeto desta obra foi longamente examinado, discutido, modificado ao longo de repetidas reuniões com alguns estudiosos que trabalham no âmbito do Centro Interuniversitário de Pesquisa para Estudos Gramscianos e da International Gramsci Society Italia: Giorgio Baratta, Derek Boothman, Lea Durante, Fabio Frosini, Marina Paladini Musitelli, Alberto Postigliola e Giuseppe Prestipino. A amizade e a colaboração que nos ligam a eles, reforçadas pela participação comum no "Seminário sobre o léxico dos *Cadernos do cárcere*" da IGS Italia, tornaram natural seu envolvimento, mas nem por isso tornam menos sincera e devida nossa gratidão.

A todos os diversos integrantes, seja do Centro, seja da IGS Italia, fica nosso agradecimento pelo suporte dado às instituições no âmbito das quais o *Dicionário* nasceu.

Durante a realização deste projeto, Jole Silvia Imbornone teve um papel de suma importância, organizando os trabalhos relacionados à informática e à redação do *Dicionário*, além da Bibliografia que lhe é parte integrante. Ao atento e meticuloso trabalho de Valeria

Leo e Lelio La Porta devemos o controle das inumeráveis citações gramscianas, importantes em uma obra como esta. Aos três vai nosso agradecimento mais sincero.

Dirigimos um agradecimento particular às estudiosas e aos estudiosos que traduziram os verbetes escritos originalmente em língua não italiana: Roberto Ciccarelli e Sara R. Farris para os textos em língua inglesa, Antonino Infranca para os textos em língua portuguesa e Lelio La Porta para os textos em língua francesa.

Agradecemos a Giuseppe Vacca que, na qualidade de presidente da Fundação Instituto Gramsci, disponibilizou o texto dos *Cadernos do cárcere* em formato eletrônico, e a Alessandro Errico, que revisou e organizou a transposição para o formato eletrônico do texto das *Cartas do cárcere*.

Finalmente, um agradecimento tão devido quanto sincero à instituição (e às mulheres e homens por ela responsáveis) que financiou nosso projeto: a Regione Puglia, sobretudo Nichi Vendola, seu presidente, e Silvia Godelli, assessora para o Mediterrâneo e para as Atividades Culturais.

Guido Liguori
Pasquale Voza

Nota editorial

Nos verbetes do *Dicionário*, Gramsci aparece indicado com a letra G., maiúscula e pontuada. No que concerne à grafia dos nomes, segue-se, em geral, a grafia do índice onomástico da edição de *Cadernos do cárcere* organizada por Valentino Gerratana*, que corrige erros de grafia e tipográficos presentes na primeira edição, de 1975. Nas citações das *Cartas* e dos *Cadernos* é mantida a grafia gramsciana.

As remissões aos *Cadernos* referem-se à mesma edição de Gerratana, indicadas com a letra *Q* e seguidas, quando for o caso, dos números de caderno, parágrafo e página ou páginas. Quando não há – no texto gramsciano – número de parágrafo, indica-se o número do caderno seguido do número da página, precedido pela letra *p*. A remissão ao aparato crítico da edição de Gerratana é indicada com as letras *Q, AC*, seguidas do número da página. A remissão às traduções gramscianas presentes nos cadernos manuscritos e apresentados no apêndice da mesma edição Gerratana é indicada com as letras *QA*, seguidas do número da página.

Como na edição de Gerratana, as notas gramscianas de primeira redação, de redação única e de segunda redação são respectivamente indicadas como Texto A, Texto B e Texto C.

Dado que na edição de Gerratana dos *Cadernos* os colchetes indicam acréscimos ao texto feitos pelo próprio Gramsci nas entrelinhas ou margens, enquanto os parênteses indicam intervenções da redação da edição crítica, as observações e interpolações feitas pelos autores dos verbetes no corpo das citações gramscianas foram colocadas entre colchetes com o acréscimo "ndr". Os grifos acrescentados pelos autores dos verbetes nos textos citados foram também indicados de maneira explícita.

Com relação às *Cartas do cárcere* (abreviadas com a sigla *LC* seguida do número da página ou das páginas), a referência é à edição organizada por Antonio A. Santucci**, complementada pela indicação da data e do destinatário, para facilitar a localização da citação também em outras edições.

---

* Antonio Gramsci, *Quaderni del carcere* (edição crítica do Istituto Gramsci, org. Valentino Gerratana, Turim, Einaudi, 1977).

** Antonio Gramsci, *Lettere dal carcere* (org. Antonio A. Santucci, Palermo, Sellerio, 1996).

Com relação às referências a outras obras de Gramsci (como as precedentes, sempre em itálico e quase sempre entre parênteses), elas são expressas pela sigla abreviativa seguida do número de página. São correntes as seguintes abreviações:

CF: La città futura 1917-1818. Org. Sergio Caprioglio. Turim, Einaudi, 1982.
CPC: La costruzione del Partito comunista 1923-1926. Turim, Einaudi, 1971.
CT: Cronache torinesi 1913-1917. Org. Sergio Caprioglio. Turim, Einaudi, 1980.
D: 2000 pagine di Gramsci. Org. Giansiro Ferrata e Niccolò Gallo. Milão, Il Saggiatore, 1964.
FU: La formazione dell'uomo. Org. Giovanni Urbani. Roma, Editori Riuniti, 1967.
L: Lettere 1908-1926. Org. Antonio A. Santucci. Turim, Einaudi, 1992.
LC: Lettere dal carcere. Org. Antonio A. Santucci. Palermo, Sellerio, 1996.
LGT: GRAMSCI, Antonio; SCHUCHT, Tatiana. *Lettere 1926-1935*. Org. Aldo Natoli e Chiara Daniele. Turim, Einaudi, 1997.
LST: SRAFFA, Piero. *Lettere a Tania per Gramsci*. Org. e intr. Valentino Gerratana. Roma, Editori Riuniti, 1991.
NM: Il nostro Marx 1918-1919. Org. de Sergio Caprioglio. Turim, Einaudi, 1984.
ON: L'Ordine Nuovo 1919-1920. Org. Valentino Gerratana e Antonio A. Santucci. Turim, Einaudi, 1987.
PVL: Per la verità. Org. Renzo Martinelli. Roma, Editori Riuniti, 1974.
Q: Quaderni del carcere. Edição crítica do Istituto Gramsci. Org. Valentino Gerratana. Turim, Einaudi, 1975 (1977).
QT: Quaderni del carcere. I. Quaderni di traduzioni (1929-1932). Org. Giuseppe Cospito e Gianni Francioni. Roma, Istituto della Enciclopedia Italiana, 2007. 2 v.
QM: Alcuni temi della questione meridionale. In: *CPC*.
RQ: Il rivoluzionario qualificato. Org. Corrado Morgia. Roma, Delotti, 1988.
RSC: La religione come senso comune. Org. e intr. Tommaso La Rocca. Milão, Nuova Pratiche, 1997.
SF: Socialismo e fascismo. L'Ordine Nuovo 1921-1922. Turim, Einaudi, 1966.
SP: Scritti politici. Org. Paolo Spriano. Roma, Editori Riuniti, 1967.
SS: Scritti scelti. Org. e intr. Marco Gervasoni. Milão, Rizzoli, 2007.
TL: Tesi di Lione, ovvero *La situazione italiana e i compiti del PCI*. In: *CPC*.

Para remissões a obras que não são de Gramsci usa-se o sistema anglo-saxão (sobrenome do autor, data da edição citada e o eventual número da página), remetendo-se à Bibliografia constante ao fim do volume. Ao final dos verbetes mais relevantes apresenta-se uma breve indicação bibliográfica, que também se remete à Bibliografia final.

Finalmente, lembramos a utilidade de duas obras para aqueles que queiram aprofundar a pesquisa bibliográfica sobre diversos temas ou assuntos: a *Bibliografia gramsciana dal 1922 on line** e a *Bibliografia gramsciana ragionata***, da qual, no momento, está disponível o primeiro volume, *1922-1965*.

---

* Org. John M. Cammet, Francesco Giasi e Maria Luisa Righi, disponível em: <www.fondazionegramsci.org>.
** Org. Angelo D'Orsi, Viella, Roma, 2008.

Nota à edição brasileira

A presente edição do *Dicionário* procura, sempre que possível, remeter as citações de Gramsci às edições organizadas por Carlos Nelson Coutinho (com a colaboração de Luiz Sérgio Henriques e Marco Aurélio Nogueira) e publicadas pela Civilização Brasileira (Rio de Janeiro, 1999-2005): *Cadernos do cárcere* (seis volumes), *Cartas do cárcere* (dois volumes) e *Escritos políticos* (dois volumes). Essas obras são indicadas, respectivamente, pelas seguintes siglas: *CC*, *Cartas* e *EP*, seguidas dos números do volume e da página em questão. O meticuloso e árduo trabalho de estabelecimento da correspondência entre as edições originais e as edições brasileiras deve-se a Paula Souza Dias Nogueira.

É importante considerar que a edição brasileira dos *Cadernos do cárcere* seguiu um critério particular. Embora tenha tomado como base a consagrada edição crítica italiana organizada por Valentino Gerratana, que estabeleceu a data de redação e ordenou as notas de Gramsci, levou em consideração a necessidade de oferecer ao público brasileiro um texto final mais assimilável e "sistemático". Para isso, orientou-se por um procedimento seletivo que não incluiu a totalidade das anotações gramscianas.

Como na edição de Gerratana, foram deixados de lado os quatro cadernos que Gramsci dedicou a exercícios de tradução, sobretudo do alemão e do inglês. Foram também respeitados os critérios organizacionais de Gerratana, que dividiu os demais 29 cadernos em dois tipos, seguindo indicações explícitas do próprio Gramsci. Nos "cadernos miscelâneos" (de 1 a 9, 14, 15 e 17), Gramsci inseriu notas sobre variados temas, muitas das quais iniciadas por títulos idênticos ou semelhantes ("Passado e presente", "Noções enciclopédicas", "Introdução ao estudo da filosofia" etc.), que se repetem tanto dentro de cada caderno quanto ao longo do conjunto. Nos "cadernos especiais" (de 10 a 13, 16 e de 18 a 29), por sua vez, foram reunidos apontamentos sobre assuntos específicos, com títulos dados pelo próprio Gramsci.

Articulada com essa divisão entre cadernos "miscelâneos" e "especiais", Gerratana propôs também, em sua edição, a distinção das notas gramscianas em Textos A (de primeira redação, incluídas nos "cadernos miscelâneos" e depois reagrupadas, com modificações maiores ou menores, em Textos C, que compõem os "cadernos especiais") e Textos B, de redação única, que aparecem sobretudo nos "cadernos miscelâneos". Os "cadernos especiais", todos mais tardios, são, em sua esmagadora maioria, elaborados a partir da retomada de materiais já presentes nos "cadernos miscelâneos", ou seja, de uma conversão de Textos A em Textos C.

A edição brasileira reproduz integralmente os "cadernos especiais" tal como se encontram na edição de Gerratana, mas não apresenta os "cadernos miscelâneos" na ordem material legada por Gramsci. Em vez disso, suas notas foram desagregadas e alocadas tematicamente após cada "caderno especial", ao qual se segue sempre uma seção intitulada "Dos cadernos miscelâneos". Além disso, não inclui os textos que Gerratana chamou de *A*, ou seja, os que foram copiados ou reescritos por Gramsci nos Textos C. Além da integralidade dos Textos C, contidos nos "cadernos especiais", a edição reproduz também todos os Textos B, ou seja, os de redação única, quase sempre contidos nos "cadernos miscelâneos", e substitui o amplo aparato crítico elaborado por Gerratana por outro, mais modesto. No volume 6 dos *Cadernos do cárcere*, além de um índice analítico dos principais conceitos gramscianos, o leitor encontra um sumário detalhado de todos os cadernos, que elenca também os Textos A e indica o parágrafo em que eles foram retomados como Textos C.

Marco Aurélio Nogueira
São Paulo, novembro de 2014

Lista dos verbetes

A

abstencionismo (Marcos Del Roio)
abstração (Fabio Frosini)
abstração determinada: v. homo oeconomicus.
Ação Católica (Tommaso La Rocca)
acaso (Giuseppe Prestipino)
Action Française (Bruno Brunetti)
adubo da história (Guido Liguori)
Agnelli, Giovanni (Lelio La Porta)
agnosticismo (Domenico Mezzina)
Alemanha (Elisabetta Gallo)
Alighieri, Dante: v. Dante.
alta cultura (Costanza Orlandi)
altos salários (Derek Boothman)
América (Giorgio Baratta)
América do Sul (Giorgio Baratta)
americanismo (Giorgio Baratta)
americanismo e fordismo (Giorgio Baratta)
análise da situação: v. relações de força.
anarcossindicalismo: v. sindicalismo teórico.
anarquia (Guido Liguori)
animalidade e industrialismo (Giorgio Baratta)
anti-Croce: v. Croce, Benedetto.
anti-história: v. história.
antimaquiavelismo: v. maquiavelismo e antimaquiavelismo.
antinacional: v. nacional-popular.
antiprotecionismo: v. liberismo.
antissemitismo: v. judeus.
antropologia: v. filosofia da práxis.
aparelho hegemônico (Guido Liguori)
apoliticismo/apoliticidade (Jole Silvia Imbornone)
aporia (Eleonora Forenza)
arbítrio (Rocco Lacorte)
arditi (Jole Silvia Imbornone)
Aristóteles (Lelio La Porta)
armas e religião (Guido Liguori)
arquitetura (Lea Durante)
arte (Yuri Brunello)
arte militar (Silvio Suppa)
artificial: v. natural-artificial.
ateísmo (Giovanni Semeraro)
atualismo (Giuseppe D'Anna)
autobiografia (Eleonora Forenza)
autocrítica (Manuela Ausilio)
autodidata (Jole Silvia Imbornone)
autodisciplina: v. disciplina.
autogoverno (Marcos Del Roio)
automatismo (Fabio Frosini)
autoridade (Michele Filippini)

B

Babbitt (Derek Boothman)
bandidos/banditismo (Antonella Agostino)
beleza (Marina Paladini Musitelli)
Benda, Julien (Pasquale Voza)
Bergson, Henri (Ludovico De Lutiis)
Bernstein, Eduard (Lelio La Porta)
biblioteca (Fabio Frosini)
biênio vermelho: v. Ordine Nuovo (L').
biografia nacional (Jole Silvia Imbornone)
bloco agrário (Antonella Agostino)

bloco histórico (Pasquale Voza)
Bodin, Jean (Michele Filippini)
bom senso (Guido Liguori)
bonapartismo (Michele Filippini)
Bordiga, Amadeo (Andrea Catone)
boulangismo (Marcos Del Roio)
brescianismo (Marina Paladini Musitelli)
Bronstein: v. Trotski.
Bukharin, Nikolai Ivanovich (Fabio Frosini)
burguesia (Raul Mordenti)
burguesia comunal (Jole Silvia Imbornone)
burguesia rural (Elisabetta Gallo)
burocracia (Michele Filippini)

C
cadornismo (Manuela Ausilio)
Calogero, Guido: v. atualismo.
calvinismo (Fabio Frosini)
camorra: v. máfia e camorra.
campo: v. cidade-campo.
camponeses (Elisabetta Gallo)
canibalismo (Raffaele Cavalluzzi)
canto X do Inferno: v. Dante.
capitalismo (Andrea Catone)
capitalismo de Estado (Guido Liguori)
caporalismo (Michele Filippini)
Caporetto (Marcos Del Roio)
cárcere ou prisão (Jole Silvia Imbornone)
Carducci, Giosue (Marina Paladini Musitelli)
casamata: v. trincheiras, fortalezas e casamatas.
catarse (Carlos Nelson Coutinho)
catástrofe/catastrófico (Eleonora Forenza)
catastrofismo: v. catástrofe/catastrófico.
católicos (Raffaele Cavalluzzi)
Cattaneo, Carlo (Pasquale Voza)
causalidade (Giuseppe Prestipino)
Cavour, Camillo Benso, conde de (Silvio Suppa)
cem cidades (Elisabetta Gallo)
centralismo (Giuseppe Cospito)
centralismo burocrático: v. centralismo.
centralismo democrático: v. centralismo.
centralismo orgânico: v. centralismo.
certo (Giuseppe Prestipino)
César, Caio Júlio (Jole Silvia Imbornone)
cesarismo (Guido Liguori)
ceticismo (Manuela Ausilio)

chefe/líder (Marcos Del Roio)
China (Derek Boothman)
cidade-campo (Elisabetta Gallo)
cidade do silêncio: v. cem cidades.
ciência (Derek Boothman)
ciência da política (Carlos Nelson Coutinho)
cinema (Raffaele Cavalluzzi)
classe/classes (Raul Mordenti)
classe dirigente (Michele Filippini)
classe média (Raul Mordenti)
classe operária (Raul Mordenti)
classe política (Michele Filippini)
classe subalterna: v. subalterno/subalternos.
classe urbana (Raul Mordenti)
clássico (Fabio Frosini)
clérigos (Laura Mitarotondo)
clero (Giovanni Semeraro)
coerção (Lelio La Porta)
coerência/coerente (Peter Thomas)
coletivismo: v. individualismo.
colonialismo (Renato Caputo)
colônias (Renato Caputo)
comparação elíptica (Fabio Frosini)
composição demográfica (Giuseppe Prestipino)
compromisso (Guido Liguori)
comunas medievais (Jole Silvia Imbornone)
comunismo: v. sociedade regulada.
concepção do mundo (Guido Liguori)
Concordata (Tommaso La Rocca)
conexão de problemas (Eleonora Forenza)
conformismo (Guido Liguori)
conjuntura (Fabio Frosini)
consciência (Rocco Lacorte)
Conselhos de Fábrica: v. Ordine Nuovo (L').
conselhismo: v. Ordine Nuovo (L').
consenso (Lelio La Porta)
constitucionalismo (Michele Filippini)
Constituição (Michele Filippini)
Constituinte (Giuseppe Cospito)
consumo (Vito Santoro)
conteúdo: v. forma-conteúdo.
contradição (Giuseppe Prestipino)
Contrarreforma (Roberto Dainotto)
corporativismo (Alessio Gagliardi)
Corradini, Enrico (Manuela Ausilio)
corrupção (Michele Filippini)

cosmopolitismo (Lea Durante)
crenças populares (Giovanni Mimmo Boninelli)
criação: v. destruição-criação.
criança (Valeria Leo)
criatividade/criativo (Fabio Frosini)
crise (Fabio Frosini)
crise de 1929: v. crise.
crise de autoridade (Michele Filippini)
crise de hegemonia: v. crise de autoridade.
crise orgânica (Lelio La Porta)
Crispi, Francesco (Silvio Suppa)
cristianismo (Tommaso La Rocca)
crítica/crítico (Fabio Frosini)
Croce, Benedetto (Giuseppe Cacciatore)
cultura (Giorgio Baratta)
cultura alta: v. alta cultura.
cultura europeia: v. Europa.
cultura francesa/cultura italiana (Jole Silvia Imbornone)
cultura mundial (Giorgio Baratta)
cultura popular (Costanza Orlandi)
Cuoco, Vincenzo: v. revolução passiva.
Cuvier, Georges (Joseph A. Buttigieg)

D

D'Annunzio, Gabriele (Guido Liguori)
Dante (Daniele Maria Pegorari)
De Man, Henri (Domenico Mezzina)
De Sanctis, Francesco (Marina Paladini Musitelli)
demagogia (Michele Filippini)
democracia (Guido Liguori)
desagregado/desagregação (Giuseppe Prestipino)
desemprego (Lelio La Porta)
desinteresse/desinteressado (Valeria Leo)
destruição-criação (Manuela Ausilio)
determinismo (Giuseppe Prestipino)
Deus (Vincenzo Robles)
deus oculto (Giuseppe Prestipino)
dever ser (Claudio Bazzocchi)
devir (Ludovico De Lutiis)
dialética (Giuseppe Prestipino)
dialeto (Alessandro Carlucci)
diplomacia (Lelio La Porta)
direção (Michele Filippini)
direita: v. esquerda-direita.
direito (Michele Filippini)
direito natural (Carlos Nelson Coutinho)
direitos e deveres (Fabio Frosini)
dirigentes-dirigidos (Giuseppe Cospito)
dirigidos: v. dirigentes-dirigidos.
disciplina (Lelio La Porta)
ditadura (Lelio La Porta)
dívida pública (Vito Santoro)
Divina comédia: v. Dante.
divisão dos poderes (Michele Filippini)
divulgação (Rocco Lacorte)
doença (Jole Silvia Imbornone)
dois mundos (Jole Silvia Imbornone)
dominicanos (Ludovico De Lutiis)
domínio (Lelio La Porta)
drama (Yuri Brunello)
dumping (Vito Santoro)

E

economia (Fabio Frosini)
economia direta: v. economia programática.
economia planificada: v. economia programática.
economia programática (Fabio Frosini)
economia regulada: v. economia programática.
economicismo: v. economismo.
econômico-corporativo (Giuseppe Cospito)
economismo (Fabio Frosini)
educação (Chiara Meta)
Einaudi, Luigi (Fabio Frosini)
eleições (Renato Caputo)
elite/elitismo (Michele Filippini)
emigração (Antonella Agostino)
empirismo (Lelio La Porta)
empresário (Jole Silvia Imbornone)
Engels, Friedrich (Guido Liguori)
Ensaio popular: v. Bukharin.
época (Michele Filippini)
Erasmo de Roterdá, Desidério (Fabio Frosini)
erro (Fabio Frosini)
escola (Chiara Meta)
Escolástica (Lelio La Porta)
escravidão (Lelio La Porta)
Espanha (Elisabetta Gallo)
especialismo (Michele Filippini)
especialista + político (Lelio La Porta)
esperanto (Peter Ives)
espírito/espiritualismo (Giuseppe Prestipino)
espírito de cisão (Rocco Lacorte)

espírito popular criativo (Giorgio Baratta)
espontaneidade (Marcos Del Roio)
espontaneísmo (Marcos Del Roio)
esporte (Guido Liguori)
esquerda-direita (Giuseppe Prestipino)
Estado (Guido Liguori)
Estado ampliado: v. Estado.
Estado ético (Guido Liguori)
Estado guarda-noturno (Guido Liguori)
Estado integral: v. Estado.
Estados Unidos (Derek Boothman)
estatística (Derek Boothman)
estatolatria (Guido Liguori)
estética (Pasquale Voza)
estrutura (Giuseppe Cospito)
estrutura ideológica (Guido Liguori)
estudo (Valeria Leo)
estudo das fontes (Fabio Frosini)
ética (Giuseppe Prestipino)
ético-político (Guido Liguori)
Europa (Giorgio Baratta)
evolucionismo (Lelio La Porta)
executivo: v. legislativo-executivo.
exército (Michele Filippini)
extinção do Estado: v. sociedade regulada.

F

família (Valeria Leo)
fantasia (Antonella Agostino)
fascismo (Carlo Spagnolo)
fatalismo (Guido Liguori)
fé (Fabio Frosini)
federalismo (Michele Filippini)
feminismo (Lea Durante)
Ferrari, Giuseppe (Pasquale Voza)
fetichismo: v. abstração.
feudalismo: v. Idade Média.
Feuerbach, Ludwig (Andrea Catone)
filhotes do padre Bresciani: v. brescianismo
filologia e filologia vivente (Ludovico De Lutiis)
filosofia (Fabio Frosini)
filosofia clássica alemã (Fabio Frosini)
filosofia da práxis (Roberto Dainotto)
filosofia especulativa (Peter Thomas)
filósofo e filósofo democrático (Peter Thomas)
fins: v. meios e fins.

física e química (Derek Boothman)
fisiocratas (Jole Silvia Imbornone)
folclore/folklore (Giovanni Mimmo Boninelli)
força (Michele Filippini)
forças urbanas: v. classe urbana.
fordismo (Giorgio Baratta)
forma-conteúdo (Pasquale Voza)
formação do homem (Giorgio Baratta)
fortalezas e casamatas: v. trincheiras, fortalezas e casamatas.
Fortunato, Giustino (Daniele Maria Pegorari)
Foscolo, Ugo (Domenico Mezzina)
Fovel, Nino Massimo (Alessio Gagliardi)
franciscanos (Ludovico De Lutiis)
França (Elisabetta Gallo)
frente ideológica (Guido Liguori)
frente político-militar (Guido Liguori)
frente única (Peter Thomas)
Freud, Sigmund (Livio Boni)
funcionário (Michele Filippini)
für ewig (Eleonora Forenza)
fura-greve (Vito Santoro)
futurismo (Marina Paladini Musitelli)

G

Gandhi, Mohandas Karamchand: v. pacifismo.
Garibaldi, Giuseppe (Vito Santoro)
gênero humano (Lelio La Porta)
gênio (Jole Silvia Imbornone)
Gentile, Giovanni (Giuseppe D'Anna)
geografia (Derek Boothman)
Gioberti, Vincenzo (Roberto Finelli)
Giolitti, Giovanni (Marcos Del Roio)
Giulia (Lea Durante)
glotologia: v. linguística.
Gobetti, Piero (Lelio La Porta)
Goethe, Johann Wolfgang von (Yuri Brunello)
gorila amestrado (Giorgio Baratta)
governados-governantes (Michele Filippini)
governo (Silvio Suppa)
gramática (Peter Ives)
Grande Guerra (Vito Santoro)
grande política/pequena política (Carlos Nelson Coutinho)
Grécia (Derek Boothman)
grego: v. latim e grego.

greve (Guido Liguori)
grupo social (Raul Mordenti)
guerra (Roberto Ciccarelli)
guerra de guerrilha/guerra *partisan* (Roberto Ciccarelli)
guerra de movimento (Roberto Ciccarelli)
guerra de posição (Roberto Ciccarelli)
guerras de independência (Vito Santoro)
Guicciardini, Francesco (Laura Mitarotondo)

H
Hegel, Georg Wilhelm Fredrich (Roberto Finelli)
hegelianismo napolitano (Giuseppe D'Anna)
hegemonia (Giuseppe Cospito)
herança do passado (Jole Silvia Imbornone)
heresias/heréticos (Raffaele Cavalluzzi)
história (Fabio Frosini)
história de partido (Lelio La Porta)
história ético-política (Pasquale Voza)
história predeterminada (Peter Thomas)
historicismo (Giuseppe Cacciatore)
historicismo absoluto: v. historicismo.
hitlerismo (Vito Santoro)
homem (Fabio Frosini)
homem coletivo (Rocco Lacorte)
homem do Renascimento (Laura Mitarotondo)
homem-massa (Giorgio Baratta)
homo oeconomicus (Fabio Frosini)
humanismo absoluto (Fabio Frosini)
Humanismo e novo humanismo (Laura Mitarotondo)
humildes (Marcus Green)

I
Ibsen, Henrik (Yuri Brunello)
Idade Média (Jole Silvia Imbornone)
idealismo (Giuseppe Prestipino)
ideias (Fabio Frosini)
ideologia (Guido Liguori)
ídolos (Antonella Agostino)
Igreja católica (Tommaso La Rocca)
Ilitch: v. Lenin.
Iluminismo (Paolo Quintili)
imaginação (Jole Silvia Imbornone)
imanência (Fabio Frosini)
imigração (Giuseppe Prestipino)
imperativo categórico (Claudio Bazzocchi)
imperialismo (Renato Caputo)

Império Romano (Jole Silvia Imbornone)
inaudito (Pasquale Voza)
incesto (Livio Boni)
Índia (Derek Boothman)
individual: v. indivíduo.
individualismo (Fabio Frosini)
indivíduo (Fabio Frosini)
industrialismo (Elisabetta Gallo)
Inglaterra (Derek Boothman)
inimigo (Fabio Frosini)
inorgânico (Giuseppe Prestipino)
integralistas (Domenico Mezzina)
intelectuais (Pasquale Voza)
intelectuais italianos (Pasquale Voza)
intelectuais orgânicos (Pasquale Voza)
intelectuais tradicionais (Pasquale Voza)
internacional/internacionalismo (Renato Caputo)
intransigência-tolerância (Manuela Ausilio)
inversão (Giuseppe Prestipino)
ironia (Pasquale Voza)
islamismo (Derek Boothman)
Itália (Giovanni Mimmo Boninelli)
italianos (Domenico Mezzina)
Iulca ou Julca: v. Giulia.

J
jacobinismo (Rita Medici)
Japão (Derek Boothman)
jazz (Alessandro Errico)
jesuítas (Giovanni Semeraro)
jornalismo (Guido Liguori)
judeus (Enzo Traverso)

K
Kant, Immanuel (Roberto Finelli)

L
Labriola, Antonio (Fabio Frosini)
laicismo (Manuela Ausilio)
laicos (Ludovico De Lutiis)
Lao-Tse (Derek Boothman)
latim (Alessandro Carlucci)
latim e grego (Alessandro Carlucci)
legislativo-executivo (Lelio La Porta)
leis de tendência (Fabio Frosini)
Lenin, Vladimir Ilitch Ulianov (Fabio Frosini)

Leonardo da Vinci (Marco Versiero)
Leopardi, Giacomo (Lelio La Porta)
liberais/liberalismo (Marcos Del Roio)
liberdade (Rocco Lacorte)
liberismo (Andrea Catone)
libertinismo (Lea Durante)
líder carismático (Michele Filippini)
limite (Valeria Leo)
língua (Derek Boothman)
linguagem (Derek Boothman)
linguística (Derek Boothman)
literatura artística (Marina Paladini Musitelli)
literatura de folhetim (Bruno Brunetti)
literatura policial ou de terror (Bruno Brunetti)
literatura popular (Marina Paladini Musitelli)
livre-cambismo (Andrea Catone)
lógica: v. abstração e técnica do pensar.
Loria, Achille (Jole Silvia Imbornone)
lorianismo/lorianos (Jole Silvia Imbornone)
lorismo: v. lorianismo/lorianos.
loteria (Giovanni Mimmo Boninelli)
lucro: v. queda tendencial da taxa de lucro.
Lukács, György (Carlos Nelson Coutinho)
luta de gerações (Guido Liguori)
Lutero, Martin (Fabio Frosini)
Luxemburgo, Rosa (Andrea Catone)

M

maçonaria (Guido Liguori)
mãe (Valeria Leo)
máfia e camorra (Jole Silvia Imbornone)
mais-valor (Giuseppe Prestipino)
mal menor (Guido Liguori)
Manzoni, Alessandro (Domenico Mezzina)
Maquiavel, Nicolau (Lelio La Porta)
maquiavelismo e antimaquiavelismo (Laura Mitarotondo)
máquina (Antonella Agostino)
Marx, Karl (Fabio Frosini)
marxismo (Giuseppe Prestipino)
massa/massas (Renato Caputo)
matemática (Derek Boothman)
matéria (Giuseppe Prestipino)
materialismo e materialismo vulgar (Giuseppe Prestipino)
materialismo histórico (Giuseppe Prestipino)
Mathiez, Albert (Pasquale Voza)

Maurras, Charles: v. Action Française.
Mazzini, Giuseppe (Pasquale Voza)
meação (Antonella Agostino)
mecanicismo (Michele Filippini)
Meccano (Giorgio Baratta)
meios e fins (Giuseppe Cospito)
melodrama (Marina Paladini Musitelli)
mercado determinado (Fabio Frosini)
mercadoria (Lelio La Porta)
mercantilismo (Lelio La Porta)
metafísica (Peter Thomas)
metáfora (Peter Ives)
metódico/metodológico (Giuseppe Prestipino)
metodologia (Fabio Frosini)
Mezzogiorno (Antonella Agostino)
Michels, Robert (Michele Filippini)
Milão (Elisabetta Gallo)
Missiroli, Mario (Vito Santoro)
mistério de Nápoles: v. Nápoles.
mito (Guido Liguori)
moderados (Pasquale Voza)
modernismo (Vincenzo Robles)
moderno (Giuseppe Prestipino)
moderno Príncipe (Lelio La Porta)
molecular (Eleonora Forenza)
monarquia (Guido Liguori)
Mondolfo, Rodolfo (Guido Liguori)
moral (Giuseppe Prestipino)
morboso (Pasquale Voza)
morte (Jole Silvia Imbornone)
Mosca, Gaetano (Michele Filippini)
mosca-varejeira (Vito Santoro)
mulher (Lea Durante)
multidão/multidões (Eleonora Forenza)
mundo (Giorgio Baratta)
música (Alessandro Errico)

N

nação (Fabio Frosini)
nacional: v. nacional-popular.
nacional-internacional: v. nação.
nacional-popular (Lea Durante)
nacionalismo (Manuela Ausilio)
Nápoles (Giovanni Mimmo Boninelli)
natural-artificial (Renato Caputo)
naturalismo (Marina Paladini Musitelli)

natureza (Manuela Ausilio)
natureza humana: v. homem.
náufrago (Eleonora Forenza)
necessidade (Fabio Frosini)
neoidealismo: v. Croce.
Norte-Sul (Elisabetta Gallo)
novo (Pasquale Voza)
númeno (Claudio Bazzocchi)

O

objetividade (Giuseppe Prestipino)
objetividade do real: v. objetividade.
opinião pública (Lelio La Porta)
ópio (Eleonora Forenza)
oposição (Lelio La Porta)
oratória (Fabio Frosini)
orçamento estatal (Vito Santoro)
Ordine Nuovo (L') (Guido Liguori)
orgânico (Giuseppe Prestipino)
organismo (Fabio Frosini)
organização (Giuseppe Prestipino)
Oriani, Alfredo (Vito Santoro)
Oriente-Ocidente (Silvio Suppa)
original (Fabio Frosini)
ortodoxia (Fabio Frosini)
otimismo (Lelio La Porta)

P

pacifismo (Renato Caputo)
pai (Valeria Leo)
paixão (Eleonora Forenza)
papa/papado (Vincenzo Robles)
papa laico: v. Croce.
Papini, Giovanni: v. Voce (La).
parasitismo (Vito Santoro)
Pareto, Vilfredo (Michele Filippini)
parlamentarismo: v. parlamento.
parlamentarismo negro (Lelio La Porta)
parlamento (Silvio Suppa)
particular (Laura Mitarotondo)
partido (Michele Filippini)
Partido Comunista (Guido Liguori)
Partido da Ação (Pasquale Voza)
Partido Popular (Marcos Del Roio)
Partido Socialista: v. socialistas.
Pascal, Blaise (Lelio La Porta)

Pascoli, Giovanni (Antonella Agostino)
passado e presente (Fabio Frosini)
passividade (Giuseppe Cospito)
pátria (Manuela Ausilio)
pedagogia (Giovanni Semeraro)
pedantismo (Jole Silvia Imbornone)
pequena burguesia (Elisabetta Gallo)
pequena política: v. grande política/pequena política.
personalidade (Chiara Meta)
pessimismo (Lelio La Porta)
pessoa (Rocco Lacorte)
Piemonte (Raffaele Cavalluzzi)
Pirandello, Luigi (Yuri Brunello)
Pisacane, Carlo (Raffaele Cavalluzzi)
plutocracia (Lelio La Porta)
poder (Michele Filippini)
poesia (Pasquale Voza)
polêmica (Lelio La Porta)
polícia (Guido Liguori)
política (Silvio Suppa)
política externa (Roberto Ciccarelli)
política interna (Roberto Ciccarelli)
política internacional (Roberto Ciccarelli)
popular (Marina Paladini Musitelli)
popular-nacional: v. nacional-popular.
populismo (Domenico Mezzina)
pós-guerra (Guido Liguori)
positivismo (Pasquale Voza)
povo (Lea Durante)
povo-nação (Lea Durante)
pragmatismo (Chiara Meta)
prática: v. unidade de teoria-prática.
práxis: v. filosofia da práxis.
Prefácio de 59 (Fabio Frosini)
presente: v. passado e presente.
prestígio (Peter Ives)
previsão (Peter Thomas)
previsibilidade: v. previsão.
Prezzolini, Giuseppe (Lelio La Porta)
prisão: v. cárcere ou prisão.
progresso (Ludovico De Lutiis)
proibicionismo (Derek Boothman)
proletariado: v. classe operária.
propaganda (Manuela Ausilio)
propriedade (Vito Santoro)
prostituição (Livio Boni)

protecionismo: v. liberismo.
Proudhon, Pierre-Joseph (Fabio Frosini)
provérbios (Giovanni Mimmo Boninelli)
província/provincianismo (Fabio Frosini)
psicanálise (Livio Boni)
psicologia (Livio Boni)
público (Lelio La Porta)

Q
quantidade-qualidade (Giuseppe Prestipino)
Quarantotto (Andrea Catone)
queda tendencial da taxa de lucro (Fabio Frosini)
questão agrária (Emanuele Bernardi)
questão dos jovens (Giuseppe Prestipino)
questão meridional (Lea Durante)
questão nacional (Vito Santoro)
questão política dos intelectuais: v. intelectuais.
questão sexual (Livio Boni)
questão vaticana (Tommaso La Rocca)
química: v. física e química.

R
rabo do diabo: v. América do Sul.
racional: v. real-racional.
racionalismo (Lelio La Porta)
racismo (Manuela Ausilio)
real-racional (Giuseppe Prestipino)
realidade do mundo externo: v. númeno.
realismo greco-cristão (Jole Silvia Imbornone)
realismo histórico e político (Giuseppe Cospito)
referendum (Lelio La Porta)
Reforma (Fabio Frosini)
reforma econômica (Giuseppe Prestipino)
reforma intelectual e moral (Fabio Frosini)
reformismo (Lelio La Porta)
regularidade (Fabio Frosini)
relações de força (Carlos Nelson Coutinho)
relativismo (Lelio La Porta)
religião (Tommaso La Rocca)
Renascimento (Roberto Dainotto)
representados-representantes (Giuseppe Cospito)
restauração (Luigi Masella)
retórica (Fabio Frosini)
revisionismo (Lelio La Porta)
revolução (Lelio La Porta)
Revolução Francesa (Lelio La Porta)
revolução passiva (Pasquale Voza)
revolução permanente (Roberto Ciccarelli)
revolução-restauração: v. revolução passiva.
revolucionário (Michele Filippini)
Ricardo, David (Fabio Frosini)
Risorgimento (Pasquale Voza)
ritmo de pensamento (Eleonora Forenza)
robinsonada (Lelio La Porta)
Roma (Andrea Catone)
romance de folhetim: v. literatura de folhetim.
Romantismo italiano (Domenico Mezzina)
Rotary Club (Derek Boothman)
Rousseau, Jean-Jacques (Carlos Nelson Coutinho)
Rússia (Elisabetta Gallo)

S
Sacro Império Romano (Jole Silvia Imbornone)
salário (Vito Santoro)
Salvemini, Gaetano (Marcos Del Roio)
São Januário (Giovanni Mimmo Boninelli)
sarcasmo (Marina Paladini Musitelli)
Sardenha/sardos (Domenico Mezzina)
Savonarola, Girolamo (Raffaele Cavalluzzi)
senso comum (Guido Liguori)
Sicília/sicilianos (Jole Silvia Imbornone)
simples (Marcus Green)
sindicalismo/sindicatos (Vito Santoro)
sindicalismo teórico (Fabio Frosini)
situação: v. relações de força.
socialismo (Andrea Catone)
socialistas (Silvio Suppa)
sociedade civil (Jacques Texier)
sociedade comunista: v. sociedade regulada.
sociedade política (Guido Liguori)
sociedade regulada (Guido Liguori)
sociologia (Michele Filippini)
solipsismo/solipsista (Fabio Frosini)
Sorel, Georges (Guido Liguori)
Spaventa, Bertrando (Roberto Finelli)
Spirito, Ugo (Roberto Finelli)
Sraffa, Piero (Fabio Frosini)
Stalin (Joseph Vissarionovitch) (Andrea Catone)
subalterno/subalternos (Joseph A. Buttigieg)
subjetivo/subjetivismo/subjetividade (Giuseppe Cacciatore)
subversivismo (Michele Filippini)

sufrágio universal (Lelio La Porta)
Sul: v. Norte-Sul.
superestrutura/superestruturas (Giuseppe Cospito)
super-homem (Lelio La Porta)
Super-regionalismo-Supercosmopolitismo (Domenico Mezzina)
supremacia (Giuseppe Cospito)

T

Tania (Lea Durante)
Tatiana: v. Tania.
taxa de lucro: v. queda tendencial da taxa de lucro.
taylorismo (Giorgio Baratta)
teatro (Yuri Brunello)
técnica (Derek Boothman)
técnica do pensar (Chiara Meta)
técnicas militares (Roberto Ciccarelli)
teleologia (Giuseppe Prestipino)
teologia (Giovanni Semeraro)
teoria-prática: v. unidade de teoria-prática.
teratologia (Eleonora Forenza)
tipo social (Michele Filippini)
tirania da maioria (Laura Mitarotondo)
títulos de Estado (Vito Santoro)
tolerância: v. intransigência-tolerância.
Tolstói, Liev Nikoláievitch (Jole Silvia Imbornone)
totalitário (Renato Caputo)
trabalhador coletivo (Fabio Frosini)
trabalho (Fabio Frosini)
tradição (Giuseppe Prestipino)
tradução (Derek Boothman)
tradutibilidade (Derek Boothman)
transformismo (Raffaele Cavalluzzi)
três fontes do marxismo (Giuseppe Prestipino)
trincheiras, fortalezas e casamatas (Roberto Ciccarelli)
Trotski (Liev Davidovitch Bronstein) (Andrea Catone)
turismo (Fabio Frosini)

Turquia (Derek Boothman)

U

última instância: v. estrutura.
unidade de teoria-prática (Fabio Frosini)
unificação cultural (Rocco Lacorte)
universal (Giuseppe Cacciatore)
universidade (Derek Boothman)
URSS (União das Repúblicas Socialistas Soviéticas) (Andrea Catone)
Ustica (Jole Silvia Imbornone)
utopia (Fabio Frosini)

V

vaidade de partido (Lelio La Porta)
Valentino (Cesare Borgia) (Laura Mitarotondo)
valor, teoria do: v. economia.
veleidade (Michele Filippini)
verdade (Rocco Lacorte)
verdadeiro (Rocco Lacorte)
Verdi, Giuseppe (Pasquale Voza)
Verga, Giovanni (Domenico Mezzina)
verismo (Marina Paladini Musitelli)
Vico, Giambattista (Fabio Frosini)
visão do mundo: v. concepção do mundo.
Voce (*La*) (Jole Silvia Imbornone)
Volpicelli, Arnaldo (Alessio Gagliardi)
voluntários (Lelio La Porta)
voluntarismo (Marcos Del Roio)
vontade (Fabio Frosini)
vontade coletiva (Carlos Nelson Coutinho)

W

Weber, Max (Michele Filippini)

X

xenomania (Jole Silvia Imbornone)

abstencionismo

Nessa expressão incluem-se seja a posição da Igreja diante do Estado italiano, seja a posição "economicista" do sindicalismo revolucionário ("sindicalismo teórico"), seja a posição de Bordiga, embora sobre este não haja referências explícitas. Pode ser produto de uma forma de escolástica ou de uma filosofia positivista. Mas, sobretudo, é uma forma de economicismo (para G., "economismo") e de subestimação da política. Para o autor dos *Q*, ao economismo "pertencem todas as formas de abstencionismo eleitoral", cujo exemplo típico é "o abstencionismo dos clericais italianos depois de 1870, cada vez mais atenuado depois de 1900, até chegar a 1919 e à formação do Partido Popular" (*Q 13*, 18, 1.591 [*CC*, 3, 48-9]). O movimento de David Lazzaretti poderia ser vinculado ao *non expedit* do Vaticano e mostrou ao governo "a tendência subversivo-popular-elementar que podia nascer entre os camponeses, em decorrência do abstencionismo político clerical" (*Q 25*, 1, 2.280 [*CC*, 5, 132]). Outro exemplo de abstencionismo católico é a experiência de Maurras e da Action Française, sobre a qual a análise de G. evidencia como fora "condenada ao marasmo, ao colapso, à abdicação no momento decisivo" (*Q 13*, 37, 1.647 [*CC*, 3, 104]). De fato, o abstencionismo católico possui traços de semelhança com as teorias catastrofistas de certo economicismo e sindicalismo, já que ambas as correntes esperam o colapso do Estado liberal: "Todo abstencionismo político em geral, e não só o parlamentar, baseia-se numa semelhante concepção mecanicamente catastrófica: a força do adversário ruirá matematicamente se, com método rigorosamente intransigente, ele for boicotado no campo governamental" (idem).

O sindicalismo revolucionário na França exprime o fato de que, "na realidade, o abstencionismo eleitoral e o economicismo dos sindicalistas constituem a aparência 'intransigente' da abdicação de Paris a seu papel de cabeça revolucionária da França; constituem a expressão de um oportunismo rasteiro que se segue ao massacre de 1871" (ibidem, 1.648 [*CC*, 3, 106]).

MARCOS DEL ROIO

Ver: Action Française; Bordiga; católicos; economismo; Igreja católica; intransigência-tolerância; parlamento; Partido Popular; sindicalismo teórico.

abstração

Este termo aparece pela primeira vez nos *Q* em acepção negativa: "abstração ideológica" contra "concretude econômica" (*Q 1*, 151, 134 [*CC*, 6, 351]), "a história é esvaziada na abstração dos conceitos" (*Q 3*, 82, 363 [*CC*, 6, 162]) etc. No *Q 4*, 7, 430 [*CC*, 6, 357], no entanto, inicia-se uma modificação na maneira de pensar este conceito, que passa a ser entendido, enfim, como a "gramática do pensar normal" (*Q 4*, 55, 502), que encontra no discurso científico uma aplicação particular. Esta consiste no conjunto de procedimentos que todo cientista utiliza para generalizar os casos particulares, passando do individual à lei e vice-versa. Isso coincide com o mesmo procedimento que constrói historicamente a noção de objetividade, como a que é partilhada pela generalidade dos cientistas e, portanto, pela humanidade (*Q 4*, 7, 430 [*CC*, 6, 357]). É de vital importância política, portanto, que os cientistas estejam em condições de traduzir o próprio método de abstração naqueles de outras ciências (*Q 17*, 52, 1.948 [*CC*, 1, 273]).

Com relação à ciência econômica, será feita uma distinção fundamental entre "abstração determinada" e "generalização" (v. a reflexão iniciada em *Q 7*, 35, 884 [*CC*, 1, 243] e prosseguida em *Q 10* II, 32, 1.276 [*CC*, 1, 346]). São consideradas distintas a "abstração arbitrária" e o "procedimento de distinção analítica, praticamente necessário por razões pedagógicas" (*Q 4*, 32, 451). A abstração correta será, na realidade, a que no próprio modo de instituir-se não esquece o fato, que tem valor apenas enquanto compreende os indivíduos e suas relações: o latim "é estudado para que as crianças se habituem [...] a abstrair esquematicamente (mesmo que sejam capazes de voltar da abstração à vida real imediata), a ver em cada fato ou dado o que há nele de geral e de particular, o conceito e o indivíduo" (*Q 12*, 2, 1.545 [*CC*, 2, 47]). Quando essa capacidade não subsiste há o risco de cairmos no "fetichismo", que consiste em atribuir realidade à abstração, no "pensar que acima dos indivíduos existe uma entidade fantasmagórica, a abstração do organismo coletivo, uma espécie de divindade autônoma que não pensa com nenhuma cabeça concreta, mas pensa, que não caminha com pernas humanas determinadas, mas mesmo assim caminha etc." (*Q 15*, 13, 1.770 [*CC*, 3, 333]).

Fabio Frosini

Ver: ciência; *homo oeconomicus*; lógica; objetividade; técnica do pensar.

abstração determinada: v. *homo oeconomicus*.

Ação Católica

G. dedica à Ação Católica momentos esporádicos de análise e juízos interessantes já nos escritos juvenis. Mas é sobretudo nos *Q* (em muitas notas esparsas e em especial no *Q 20*) que ele retorna ao tema com frequência e certa sistematicidade. Aqui a análise sobre a Ação Católica é conduzida em estreita conexão com a análise sobre os intelectuais religiosos contemporâneos (católicos integristas, jesuítas e modernistas), porque G. sustenta que "os dois estudos são inseparáveis, em certo sentido, e assim devem ser elaborados" (*Q 14*, 20, 1.678 [*CC*, 4, 231]). Não são poucas as notas que G. intitula "Ação Católica", embora tratando dos "católicos integristas, jesuítas e modernistas". Os conflitos entre os intelectuais católicos contemporâneos são, de fato, momentos de luta pela conquista da hegemonia sobre a Ação Católica, cujo controle permite também influxos sobre a política geral do Vaticano.

G. fornece um perfil histórico e um político da Ação Católica. Em alguns blocos de notas do *Q 5* (555-602, *passim*) e do *Q 6* (828-9, 832-3, 839-40) G. distingue três períodos na história da Ação Católica: pós-1789 (a pré-história), pós-1848 e pós-1922. Em geral ele identifica a história da Ação Católica com a das organizações que, a partir da Revolução Francesa e, sobretudo, da segunda metade do século XIX, procuram criar novas formas de presença cristã em uma sociedade que vai progressivamente se descristianizando. G. atribui grande importância histórica à Ação Católica porque ela "assinala o início de uma época nova na história da religião católica: de uma época em que ela, de concepção totalitária (no duplo sentido: de que era uma concepção total do mundo de uma sociedade em sua totalidade), torna-se parcial (também no duplo sentido) e deve dispor de um partido próprio" (*Q 20*, 2, 2.086 [*CC*, 4, 152]). A Ação Católica se apresenta aos olhos de G. como um verdadeiro e próprio partido, suscitado e organizado diretamente pela Igreja nos tempos modernos para conter o processo de "apostasia de amplas massas [...] a superação de massa da concepção religiosa do mundo" (idem) iniciado com a Revolução Francesa. A partir desse momento o problema político de fundamental importância e urgência para a hierarquia eclesiástica é justamente o de recuperar, por meio da obra dos próprios intelectuais e da Ação Católica, a hegemonia ideológica, social e política comprometida. Esse papel político da Ação Católica é similar, mas também especificamente diverso daquele de outras organizações católicas (sindicatos, Partido Popular, intelectuais católicos). Relação que vem assim precisada por G.: "A Ação Católica sempre foi um organismo complexo, mesmo antes da criação da Confederação Branca do Trabalho e do Partido Popular. A Confederação do Trabalho era considerada organicamente parte integrante da Ação Católica; o Partido Popular, ao contrário, não, mas o era de fato. Além de outras razões, a criação do Partido Popular foi determinada pela convicção de que, no pós-guerra, seria inevitável um avanço democrático, ao qual seria preciso dar um órgão e um freio, sem pôr em risco a estrutura autoritária da Ação Católica, que oficialmente é dirigida pessoalmente pelo Papa e pelos bispos. Sem o Partido Popular e sem as inovações em sentido democrático introduzidas na Confederação Sindical, o impulso popular teria subvertido toda a estrutura da Ação Católica, pondo em questão a autoridade absoluta das hierarquias eclesiásticas" (*Q 20*, 1, 2.083 [*CC*, 4, 149]).

Essa relação instituída por G. entre a Ação Católica e os partidos-sindicatos católicos foi representada (Portelli, 1976) nos termos de uma distinção entre "o permanente e o conjuntural", "o obrigatório e o facultativo", especificando, porém, que nem sempre isso se evidencia, na ação prática, como subordinação dos partidos ou dos sindicatos à hierarquia eclesiástica e ao Vaticano, por meio da mediação da Ação Católica. Isso se verifica na Itália, onde sindicato e partido são mais diretamente subordinados à Ação Católica, ao contrário da Alemanha, onde tem preeminência o partido católico de centro (*Zentrum*), e na própria França, onde a Ação Católica, embora apresente uma estrutura sólida e disponha de um pessoal mais qualificado do que o italiano, é subjugada em maior medida pelo movimento político integrista, e não pelo Vaticano (*Q 20*, 4, 2.088 [*CC*, 4, 153]; v. Portelli, 1976, p. 150). Também é interessante a relação que G. estabelece entre a Ação Católica e os intelectuais católicos. O nascimento e o desenvolvimento da Ação Católica, bem como do modernismo, do jesuitismo e do integrismo contemporâneos, "têm significados mais amplos do que os estritamente religiosos: são 'partidos' no 'império absoluto internacional' que é a Igreja romana. E não podem deixar de pôr sob forma religiosa problemas que muitas vezes são puramente mundanos, de 'domínio'" (*Q 14*, 52, 1.712 [*CC*, 4, 233]).

O juízo político de G. a propósito da Ação Católica não é univocamente negativo, mas complexo, na esteira daquele já expresso no período juvenil relativo ao Partido Popular. Em um artigo publicado em *La Correspondance Internationale*, embora a considere, em geral, uma organização "nas mãos da aristocracia, dos grandes proprietários e das altas autoridades eclesiásticas, reacionárias e simpatizantes do fascismo" ("Il Vaticano", 12 de março de 1924, em *CPC*, 524), ele observa, todavia, que "uma parte dos camponeses, [...] despertada para a luta pela defesa de seus interesses pelas próprias organizações autorizadas e dirigidas pelas autoridades eclesiásticas, [...] acentua agora sua própria orientação de classe e começa a sentir que seu destino não pode ser separado daquele da classe operária. Indício dessa tendência é o fenômeno Miglioli. Outro sintoma bastante interessante disso é o fato de que as organizações 'brancas' – que, sendo parte da 'Ação Católica', subordinam-se diretamente ao Vaticano – tiveram de ingressar nos comitês intersindicais com as ligas vermelhas, expressão daquele perigo proletário que, desde 1870, os católicos indicavam como iminente na sociedade italiana" ("La situazione italiana e i compiti del PCI" [A situação italiana e as tarefas do PCI], janeiro de 1926, em *CPC*, 497 [*EP*, II, 335-6]). Também na segunda metade de 1926 – quando já "a Ação Católica [...] representa [...] uma parte integrante do fascismo, e busca, através da ideologia religiosa, dar ao fascismo o consenso de amplas massas populares, sendo destinada, em certo sentido, na intenção de uma tendência fortíssima do Partido Fascista (Federzoni, Rocco etc.), a substituir o próprio Partido Fascista na função de partido de massa e de organismo de controle político da população" ("Un esame della situazione italiana" [Um exame da situação italiana], agosto de 1926, em *CPC*, 116 [*EP*, II, 371]) – G. não desiste de tentar, igualmente, uma abordagem aberta com relação aos jovens da Ação Católica, acreditando que "se é importante o fato de um maximalista, um reformista, um republicano, um popular, um sardista, um democrata meridional aderirem ao programa da frente única proletária e da aliança entre operários e camponeses, muito maior importância tem o fato de que a tal programa adira um membro da Ação Católica", porque "todo sucesso que obtivermos no campo da Ação Católica, ainda que limitado, significa que conseguimos impedir o desenvolvimento da política fascista num terreno que parecia fechado a qualquer iniciativa proletária" (idem).

Deve-se ter sempre em conta que a análise da Ação Católica e dos intelectuais católicos contemporâneos é apenas o último capítulo de uma pesquisa bem mais ampla sobre os intelectuais italianos, compreendendo por sua vez um consistente capítulo sobre a Igreja como intelectual (*LC*, 441-2, a Tatiana, 3 de julho de 1931 [*Cartas*, II, 67]). Estudo que G. conduz sob o ângulo particular da relação entre intelectuais e massas populares e como exemplo de historicização da relação dialética entre senso comum, religião popular e filosofia.

Tommaso La Rocca

Ver: católicos; camponeses; filosofia; hegemonia; ideologia; Igreja católica; integristas; intelectuais; intelectuais italianos; jesuítas/jesuitismo; modernismo; partido; Partido Popular; questão católica; religião; senso comum.

acaso

A noção de "acaso" é oposta à de "lei": quem explica "o mundo como o efeito de leis e do acaso, não percebe que está se perdendo em vãs palavras?" (*Q 17*, 18, 1.921 [*CC*, 1, 268]). Em economia e filosofia, o método hipotético deve evitar os dois extremos do providencialismo cristão e do materialismo clássico, que enfatizava a casualidade dos acontecimentos: "*O acaso e a lei*. Conceitos filosóficos de 'acaso' e de 'lei': entre o conceito de uma 'providência' que estabeleceu fins ao mundo e ao homem e do materialismo filosófico que 'coloca o mundo ao acaso'" (*Q 8*, 128, 1.019; v. *Q 11*, 52, 1.479 [*CC*, 1, 194]). Por sua vez, "os camponeses continuam a não compreender o 'progresso', isto é, acreditam estar, e o estão realmente em grande medida, sob o domínio das forças naturais e do acaso" (*Q 10* II, 48, 1.336 [*CC*, 1, 404]).

Com frequência, G. aproxima os conceitos de acaso e de natureza: "É indubitável que o progresso foi uma ideologia democrática [...]. Igualmente é incontestável que ela já não está mais hoje em seu auge. Mas em que sentido? Não no sentido de que se tenha perdido a fé na possibilidade de dominar racionalmente a natureza e o acaso, mas no sentido 'democrático'; ou seja, de que os 'portadores' oficiais do progresso tornaram-se incapazes deste domínio, já que suscitaram forças destruidoras" (ibidem, 1.335 [*CC*, 1, 403-4]). Ao acaso ou à natureza se opõe o conceito filosófico de liberdade, sinônimo de possibilidade real: "Dado que o homem é também o conjunto de suas condições de vida, pode-se medir quantitativamente a diferença entre o passado e o presente, já que é possível medir a medida em que o homem domina a natureza e o acaso. A possibilidade não é *a* realidade, mas é, ela também, *uma* realidade: que o homem possa ou não possa fazer determinada coisa, isto tem importância na avaliação daquilo que realmente se faz. Possibilidade quer dizer 'liberdade'" (ibidem, 1.337-8 [*CC*, 1, 406]). A disciplina consciente, também no ensino, se opõe à pedagogia que confia no acaso, evitando "que a formação da criança seja deixada ao acaso das impressões do ambiente e à mecanicidade dos encontros fortuitos" (*LC*, 375, a Tatiana, 15 de dezembro de 1930 [*Cartas*, I, 461]).

GIUSEPPE PRESTIPINO

Ver: liberdade; natureza; progresso; teleologia.

Action Française

Nos *Q*, G. refere-se com frequência ao que representa, ao que expressa em termos políticos e culturais, a Action Française. São importantes as reflexões dos *Q 13*, 37 [*CC*, 3, 92] dedicadas à vida nacional e à situação política da Terceira República francesa. No centro da análise está o movimento de oposição monárquica intransigente, que foi, precisamente, a Action Française nas primeiras décadas do século XX. G. enfatiza o posicionamento de "jacobino invertido" mantido por Maurras ao longo da crise parlamentar francesa de 1925 (ibidem, 1.642 [*CC*, 3, 99]).

"Os jacobinos – ele escreve – empregavam uma certa linguagem, eram defensores convictos de uma determinada ideologia; na época e nas circunstâncias dadas, aquela linguagem e aquela ideologia eram ultrarrealistas" (idem). Diferentemente do movimento jacobino, a Action Française e seu líder dissolveram em "utopia de literatos" (ibidem, 1.643 [*CC*, 3, 100]) a concretude política e o consenso obtido que haviam marcado aquele movimento revolucionário. Com efeito, a ilusão de poder prever tudo, de maneira "minuciosíssima" (idem), prescindindo do movimento real, impediu a Maurras e a seu movimento qualquer possibilidade de verdadeira ação política, demonstrando que, independentemente de fórmulas (a "política antes de tudo", a mais famosa), em sua concepção existiam "muitos traços semelhantes aos de certas teorias formalmente catastróficas de determinado economicismo e sindicalismo" (ibidem, 1.647 [*CC*, 3, 104]).

Indiretamente G. evoca a relação mito-utopia, que aborda no início do *Q 13*, quando explica como *O príncipe* pode ser lido como "exemplificação histórica do 'mito' soreliano" (*Q 13*, I, 1.555 [*CC*, 3, 13]) em oposição a qualquer "fria utopia" que, projetando um quadro de ação minuciosamente analítico, impede a formação concreta de uma "vontade coletiva" (ibidem, 1.556 [*CC*, 3, 14]).

Se se juntar a isso que "a ácida polêmica com o Vaticano e a subsequente reorganização do clero e das associações católicas romperam o único vínculo que a Action Française mantinha com as grandes massas nacionais" (*Q 13*, 37, 1.645 [*CC*, 3, 102-3]), obtém-se a demonstração da debilidade política de Maurras e da Action Française, a incapacidade de operar em termos de consenso coletivo (não por acaso G. define a própria Action Française como "um exército constituído apenas por oficiais": ibidem, 1.644 [*CC*, 3, 101]).

BRUNO BRUNETTI

Ver: França; jacobinismo; mito; sindicalismo/sindicatos; Sorel; vontade coletiva.

adubo da história

Os *Q* são, em primeiro lugar, uma reflexão sobre a derrota, uma pesquisa sobre suas causas e sobre as possibilidades de um "recomeço": a derrota das classes subalternas, do movimento comunista, das esperanças de uma "cidade futura" a se realizar em curto prazo. A derrota diante do nazifascismo, certamente, mas também – isso parece provavelmente sempre mais claro a G. no cárcere – a provável derrota diante dos processos de modernização capitalista encarnados pelo americanismo e pelas várias formas de revolução passiva, diante dos quais as respostas da primeira sociedade e do primeiro Estado "socialistas" foram algumas vezes heroicas, mas também primitivas e insuficientes em seu conjunto. O sentimento da derrota raras vezes está presente nos *Q* (está absolutamente mais presente nas *LC*), como no breve *Q 9*, 53, 1.128 [*CC*, 4 120], um Texto B no qual existe com certeza um eco autobiográfico, elevado à reflexão geral. Aparece aqui a metáfora do "adubo da história", daqueles que aceitam ser "estrume" para o futuro, sabendo que é inútil esperar vencer de imediato, mas que nem por isso se deve renunciar a bater-se, nem por isso é justo "recuar, voltar à obscuridade, ao indistinto": esses escolhem operar para "nutrir a terra" para "o lavrador" que virá no futuro. Não é um gesto retoricamente "heroico": um ato de heroísmo, como a morte, dura um átimo. Aqui se trata de se sacrificar "a longo prazo", de renovar a decisão deste sacrifício continuamente. A retórica do "dia de leão" deixa o posto para o aceitar-se viver "como subovelhas por anos e anos". É a fidelidade laica aos próprios ideais e à certeza de que eles serão retomados no futuro e levados adiante: para que amanhã tal tarefa seja assumida, o sacrifício e o trabalho aparentemente inúteis de hoje se revelarão preciosos, assim como o exemplo de G. e seu legado teórico efetivamente o foram.

Guido Liguori

Ver: americanismo; americanismo e fordismo; autobiografia; derrota; fascismo; passado e presente; revolução passiva.

Agnelli, Giovanni

G. considera Giovanni Agnelli um daqueles personagens "práticos, de valor indiscutível e sólido", menos conhecidos e apreciados "do que às vezes merecem" (*Q 14*, 22, 1.689 [*CC*, 2, 181]). As referências a Agnelli nos *Q* concentram-se sobre sua tentativa, que remonta a 1920, de introduzir a YMCA [Young Men's Christian Association; no Brasil, ACM, Associação Cristã de Moços] na Itália, propondo aos operários a transformação da Fiat em uma cooperativa. Tal proposta – recorda G. – foi fortemente hostilizada porquanto teria reconduzido a luta operária para o âmbito dos mecanismos burgueses, privando-a de sua peculiaridade: "Tentativas de introduzir a YMCA na Itália; ajuda da indústria italiana a essas tentativas (financiamento de Agnelli e reação violenta dos católicos). Tentativas de Agnelli de absorver o grupo de *L'Ordine Nuovo*, que defendia uma forma própria de 'americanismo' aceitável pelas massas operárias" (*Q 22*, 2, 2.146 [*CC*, 4, 248]; o Texto A, no qual a ideia já está presente de forma mais sintética, é *Q 1*, 61). G. retomará a questão em *Q 22*, 6, 2.156 [*CC*, 4, 252] (o Texto A é *Q 1*, 135).

Outras referências a Agnelli dizem respeito a suas intervenções sobre os modos de resolver a crise mundial dos anos 1930. Aqui G. se expressa duramente sobre sua capacidade de compreender os problemas em questão. Comentando uma troca de opiniões entre Agnelli e Einaudi, publicada pela *Riforma Sociale* em 1933, G. observa que as soluções por eles propostas descuram do fato fundamental de que o desemprego em questão não é "técnico": "o raciocínio é feito como se a sociedade fosse constituída de 'trabalhadores' e de 'industriais'", enquanto "o fato é este: que, dadas as condições gerais, o maior lucro criado pelos progressos técnicos do trabalho cria novos parasitas, isto é, pessoas que consomem sem produzir, que não 'trocam' trabalho por trabalho, mas o trabalho alheio pelo 'ócio' próprio (e ócio no sentido deteriorado)" (*Q 10 II*, 55, 1.347-8 [*CC*, 1, 416]).

Lelio La Porta

Ver: americanismo e fordismo; Einaudi; *Ordine Nuovo* (*L'*).

agnosticismo

Em *Q 7*, 87, 917 [*CC*, 1, 250] encontramos o termo "agnosticismo" como verbete da rubrica *Noções enciclopédicas*. Deve ser dito que, nas outras ocorrências, ao termo é atribuída uma conotação essencialmente negativa: em *Q 11*, 27, 1.435 [*CC*, 1, 152], a propósito de Otto Bauer, fala-se de uma posição religiosamente agnóstica que equivale ao "mais abjeto e vil oportunismo". O fato é que em G. a necessidade de uma visão do real decididamente antidogmática vem sempre igualmente acompanhada de uma clara desconfiança com relação a qualquer forma de relativismo cognitivo e ético (um ceticismo que de resto, e G. o sabia bem, fora com frequência atribuído exatamente ao marxismo: *Q 11*, 62, 1.489 [*CC*, 1, 203], mas também *Q 10 II*, 41.I, 1.299 [*CC*, 1, 361]. Daí uma constante pesquisa de equilíbrio teórico que leva G. a distinguir acuradamente dogmatismo e agnosticismo, até alcançar a individuação do criticismo como de uma posição média, de um "meio termo" entre os dois.

Não é coincidência, portanto, que o termo em questão ocorra propriamente em duas etapas dedicadas ao método crítico, a seus horizontes e instrumentos: a) em *Q 1*, 96, 93 aparece etiquetada como "agnosticismo" a concepção expressa por Adelchi Baratono, segundo o qual era impossível, por falta de objetividade, chegar a um "juízo de mérito sobre os contemporâneos", ou a uma avaliação de suas posições ideológicas; mas se isso fosse verdade, exatamente "a crítica deveria fechar as portas" (como se lê no Texto C: *Q 23*, 20, 2.209 [*CC*, 6, 85- -6]); b) em *Q 11*, 45, 1.467 [*CC*, 1, 184], G. trata do "esperantismo" filosófico de quem considera a própria concepção do real como detentora exclusiva da verdade. Esse "esperantismo" dogmático é rechaçado pelo pensador sardo, o qual, porém, de maneira significativa, considera necessário especificar: "por outro lado, não é necessário supor que a forma de pensamento 'antiesperantista' signifique ceticismo, agnosticismo ou ecletismo. É certo que toda forma de pensamento deve considerar a si mesma como 'exata' e 'verdadeira' e combater as outras formas de pensamento, mas isso 'criticamente'": o que era pois, para G., o próprio posicionamento da filosofia da práxis (idem).

Domenico Mezzina

Ver: ceticismo; crítica/crítico; esperanto; relativismo.

Alemanha

A referência à Alemanha nos *Q* é com frequência proposta como termo de comparação com a Itália e, sob alguns aspectos, com a Inglaterra. Em primeiro plano estão as analogias com a Itália, na qual, diversamente da França, a reforma institucional do Estado e a afirmação política da burguesia não coincidem. O movimento de 1848 fracassou, seja na Itália seja na Alemanha, por causa da escassa concentração burguesa, ao passo que as guerras até 1870 resolveram apenas a questão da unidade nacional. A afirmação da burguesia ocorre de modo "intermédio": de maneira semelhante, mas em medida ainda mais marcada do que na Inglaterra, a burguesia alemã obteve o governo econômico-industrial, ao passo que as velhas classes feudais conservaram amplos privilégios corporativos no exército e na administração. Recorda-se também a observação de Labriola (com a qual G. concorda), segundo a qual a burguesia alemã preferiu deixar subsistir uma parte do "velho mundo" por detrás da qual poderia esconder seu próprio domínio (*Q 1*, 44, 54). Tanto a Alemanha como a Itália têm suas origens em importantes instituições universais (a Igreja e o Sagrado Império Romano), que depauperaram as energias nacionais (*Q 4*, 49, 480). Mas a difusão capilar da Reforma protestante, o diferente peso da Igreja católica e a enraizada tradição imperial consentiram somente na Alemanha uma positiva contribuição dos intelectuais tradicionais a um notável desenvolvimento capitalista. A forte emigração alemã foi de fato não só absorvida, mas substituída por fluxos migratórios.

Em Max Weber podem ser identificados muitos elementos que explicam o modo com que o monopólio político dos nobres e a ausência de uma tradição político-parlamentar antes de 1914 impediram o enraizamento de sistemas parlamentares e partidos democráticos (*Q 12*, 1, 1.526-7 [*CC*, 2, 15]). Isso explicaria a força do Terceiro Reich (*Q 15*, 48, 1.808 [*CC*, 3, 340]).

Elisabetta Gallo

Ver: burguesia; França; Inglaterra; intelectuais; Itália; pequena burguesia.

Alighieri, Dante: v. Dante.

alta cultura

O termo aparece pela primeira vez no *Q 3*, em que, em uma nota que tem como título a rubrica "Passado e presente", G. critica a debilidade político-cultural dos partidos políticos italianos. "Não pode haver elaboração de dirigentes onde falta a atividade teórica, doutrinária dos partidos, onde não são investigadas e estudadas sistematicamente as razões de ser e de desenvolvimento da classe representada [...] Logo, miséria da vida cultural e estreiteza mesquinha da alta cultura: em lugar da história política, a erudição descarnada; em lugar da religião, a superstição; em lugar dos livros e das grandes revistas, o jornal e o panfleto" (*Q 3*, 119, 387 [*CC*, 3, 201-2]).

Por conta desse descolamento entre instituições intelectuais e realidade do país, a alta cultura (ou, às vezes, "coltura"*) italiana tem dificuldade para tornar-se "nacional", diferentemente do que ocorre na França. G. exemplifica a distinta relação entre nação e alta cultura nos dois países, confrontando a função da Academia da Crusca na Itália com a Academia dos Imortais na França. "O estudo da língua está na base de ambas; mas o ponto de vista da Academia da Crusca é o do 'gramático estreito', do homem que policia continuamente sua língua. O ponto de vista francês é o da 'língua' como concepção de mundo, como base elementar – popular-nacional – da unidade da civilização francesa. Por isso, a Academia Francesa tem uma função nacional de organização da alta cultura, ao passo que a Crusca..." (*Q 3*, 145, 401 [*CC*, 2, 96]).

G. sublinha em mais passagens a anomalia de uma assim chamada alta cultura que, como no caso italiano, não encarna o momento elevado da atividade intelectual, artística e científica do país, mas se reduz a fenômenos exteriores e estéreis como a "retórica", a "burocracia" ou o "jesuitismo".

O conceito de alta cultura vem frequentemente contraposto ao de "cultura popular". Esses dois níveis representam dois momentos distintos dentro de uma possibilidade dialética, realizada historicamente pela filosofia da práxis (*Q 16*, 9, 1.860, Texto C [*CC*, 4, 31]). Um tema decisivo e original do pensamento político-filosófico gramsciano é de fato a reflexão sobre a relação entre marxismo (ou filosofia da práxis) e alta cultura. Como nova concepção de mundo, o marxismo não teria tido ainda a possibilidade de elaborar uma alta cultura original e própria, mesmo porque a primeira tarefa que se colocara fora aquela de elevar o nível cultural das massas. A questão da formação e da organização de uma alta cultura, para G., coloca-se no momento da criação de um Estado, quando é necessário que tal ocorra com uma "postura [...] sempre crítica e nunca dogmática" (*Q 4*, 3, 425).

Tratando-se da relação entre cultura e política, para G. se pode estabelecer um caráter "repressivo" ou "expansivo" de determinado governo em função de sua política cultural. "Um sistema de governo é expansivo quando facilita e promove o desenvolvimento a partir de baixo, quando eleva o nível de cultura nacional-popular e,

portanto, torna possível uma seleção de 'excelências intelectuais' numa área mais ampla. Um deserto com um grupo de altas palmeiras é sempre um deserto: aliás, é próprio do deserto ter pequenos oásis com grupos de altas palmeiras" (*Q 6*, 170, 8.210 [*CC*, 2, 146-7]).

No *Q 12*, G. retoma o tema da relação entre quantidade e qualidade no campo cultural. No mundo moderno se assiste a uma maior difusão da cultura, mas esse aumento horizontal, quantitativo, é acompanhado de um crescimento vertical, favorecido pela especialização do saber. "A complexidade da função intelectual nos vários Estados pode ser objetivamente medida pela quantidade de escolas especializadas e por sua hierarquização: quanto mais extensa for a 'área' escolar e quanto mais numerosos forem os 'graus' 'verticais' da escola, tão mais complexo será o mundo cultural, a civilização, de um determinado Estado" (*Q 12*, 1, 1.517 [*CC*, 2, 19]). A formação de uma alta cultura não pode ocorrer, portanto, senão num contexto de democratização do saber e de uma consequente expansão da base intelectual de uma sociedade.

G. também explica como a definição de alta cultura é historicamente determinada; em consequência, na modernidade, "o grande intelectual deve também mergulhar na vida prática, tornar-se um organizador dos aspectos práticos da cultura [...] o homem do renascimento não é mais possível no mundo moderno, quando participam da história, ativa e diretamente, massas humanas cada vez maiores" (*Q 6*, 10, 689 [*CC*, 1, 434]).

Costanza Orlandi

Ver: concepção do mundo; cultura; cultura popular; filosofia da práxis; intelectuais; língua; nacional-popular; Estado.

altos salários

G. escreve sobre os altos salários referindo-se predominantemente aos Estados Unidos, onde, em média, os salários eram mais altos que os europeus e normalmente limitados à remuneração de alguns operários, não a toda a classe operária. Na Europa, os salários mais altos teriam servido para criar um mercado interno (*Q 1*, 135, 124). Nos Estados Unidos, os altos salários pagos na indústria racionalizada e taylorizada de Henry Ford foram o modo encontrado para selecionar e monopolizar os operários que possuíam uma "nova e original qualificação psicotécnica" (*Q 2*, 138, 274 [*CC*, 4, 291]) e psicofísica (*Q 7*, 34, 883 e *Q 22*, 13, 2.171-4 [*CC*, 4, 272-6]). O monopólio de tais operários assegurava ao empregador uma vantagem

---

* "Coltura": em italiano, "cultura" no sentido também de cultivo, como cultura de bactérias ou cultivo de plantas. A autora do verbete faz referência irônica à inércia política da alta intelectualidade italiana à qual Gramsci se refere. (N. T.)

na produção (*Q 10 II*, 41.VII, 1.312 [*CC*, 1, 380-1]) e na luta para conter a queda tendencial da taxa de lucro, mas a generalização das novas técnicas, com a consequente difusão do novo tipo de operário, teria reduzido novamente os salários (*Q 22*, 13, 2.172 [*CC*, 4, 274]).

Nem todos os operários – observa G. – preferiam os altos salários: embora os ritmos e os métodos fordistas de trabalho oferecessem uma recompensa para um trabalho exaustivo (*Q 5*, 41, 572 [*CC*, 2, 114]) ou a possibilidade de um padrão de vida "adequado aos novos modos de produção", não necessariamente forneciam os meios para "reintegrar" as forças musculares e nervosas consumidas (*Q 22*, 13, 2.172-4 [*CC*, 4, 272-6]; v. também *Q 9*, 72, 1.143).

Ao lado da força (ataques antissindicais, numerosíssimos naqueles anos) e da coerção, foram os altos salários que representaram o momento da persuasão típica da hegemonia; G. observa de fato que, sempre naqueles anos e nos Estados Unidos, a hegemonia nascia diretamente da fábrica e que, para seu exercício, era necessária apenas uma quantidade mínima de "intermediários profissionais", categoria ainda escassa naquele contexto (*Q 22*, 2, 2.146 [*CC*, 4, 248]). Em longo prazo, todavia, G. sugere a hipótese de que as características do fordismo, se combinadas com as modificações das condições sociais e dos costumes, poderiam se generalizar (*Q 22*, 13, 2.172 [*CC*, 4, 272]).

Derek Boothman

Ver: americanismo; hegemonia; fordismo; salário; taylorismo.

América

"América", abreviação usual que reflete as ambições de domínio dos "Estados Unidos da América", representa para G. "uma dada conformação social e um certo tipo de Estado" (*Q 1*, 135, 125), terreno de cultura para o desenvolvimento hegemônico do "americanismo" do sistema de vida e de trabalho que, a partir dos Estados Unidos, tende a irradiar-se pelo mundo, pelo menos em todo o Ocidente.

Não por acaso, a primeira aparição do termo ocorre em relação ao "fenômeno emigratório", o qual "criou uma ideologia (o mito da América)" (*Q 1*, 24, 19). Não está privada de alusões mitológicas a qualificação "virgem", no fundamental *Q 1*, 61 [*CC*, 6, 346] atribuída à América racionalizadora e modernizadora, "sem 'tradição', mas também sem essa camada de chumbo", oposta como tal ao Velho Continente, sobrecarregado de "classes absolutamente parasitárias" e improdutivas (*Q 1*, 61, 70-1 [*CC*, 6, 346-8]). O fiel da balança não se inclina completamente para a parte do novo: "A ausência da fase europeia assinalada como tipo pela Revolução Francesa, na América, deixou os operários ainda em estado bruto" (ibidem, 72). Retomando essa passagem no *Q 22*, dedicado ao "americanismo e fordismo", G. escreve: "a isso cabe acrescentar a ausência de homogeneidade nacional, a mistura das culturas-raças, a questão dos negros" (*Q 22*, 2, 2.147 [*CC*, 4, 248]). Somos assim advertidos dos limites de que sofre o sistema americano.

"América" é, para G., sob muitos aspectos, um duplo da Europa, ainda que essa relação tenha já começado a se inverter: "não se trata de nova civilização, porque não muda o caráter das classes fundamentais, mas de um prolongamento e intensificação da civilização europeia, que assumiu, no entanto, determinadas características no ambiente americano" (*Q 3*, 11, 297). G. escreve em uma época na qual ainda está bem vivo o significado ideológico de que se reveste o "fenômeno emigratório" (*Q 1*, 24, 19) para a América, cujo próprio "nascimento" como nação é essencialmente tributário dos "primeiros imigrantes" anglo-saxões, os "pioneiros", os quais trouxeram "para a América, em suas próprias pessoas, além da energia moral e volitiva, um certo grau de civilização, uma certa fase da evolução histórica europeia que, transplantada no solo virgem americano por tais agentes, continua a desenvolver as forças implícitas em sua natureza, mas com um ritmo incomparavelmente mais rápido do que na velha Europa" (*Q 4*, 49, 480). Apoia-se nessa consideração a tese principal de G. sobre a América, concernente ao "significado e ao alcance objetivo do fenômeno americano, que é *também* o maior esforço coletivo até agora realizado para criar, com rapidez inaudita e com uma consciência do objetivo jamais vista na história, um tipo novo de trabalhador e de homem" (*Q 4*, 52, 489).

G. insiste mais vezes sobre a origem intrinsecamente "moderna" da nação americana, que muito deve à "moralidade dos pioneiros" (ibidem, 490), isto é "de fortes individualidades nas quais a 'vocação laboriosa' atingira grande intensidade e vigor, de homens que diretamente (e não por meio de um exército de escravos ou de servos) entravam em enérgico contato com as forças naturais para dominá-las e explorá-las vitoriosamente" (*Q 22*, 11, 2.168 [*CC*, 4, 270]). Não obstante – e em contradição com ela – a observação aqui apresentada sobre o estado cultural "rude" dos operários americanos, a "vocação laboriosa" (idem) aparece como constitutiva da sociedade e da mentalidade americana, o que atravessa todas as classes sociais. "O fato de que um milionário continue a trabalhar incansavelmente mesmo dezesseis horas ao dia, até que a doença ou a velhice o obriguem ao repouso, eis o traço americano mais surpreendente para o europeu médio" (*Q 4*, 52, 491). Retorna aqui a questão da "virgindade" e da falta de "tradição" nos Estados Unidos, "na medida em que tradição significa também resíduo passivo de todas as formas sociais legadas pela história". Sabemos que na Europa os "resíduos passivos", com energia desesperada, "resistem ao americanismo, porque o novo industrialismo os expulsaria impiedosamente". "Mas o que ocorre – pergunta-se G. – na mesma América? A defasagem de moralidade mostra que se estão criando margens de passividade social cada vez mais amplas" (idem).

Com o característico andamento dicotômico-dialético de seu estilo de pensamento, G. se prepara para reverter a direção geral, aparentemente linear, de seu raciocínio. Típica da sociedade americana é a "formação maciça sobre a base industrial de toda a superestrutura moderna" (*Q 4*, 49, 481). Esse industrialismo forte e acelerado mostra muitas fissuras internas. Por um lado, a "virgindade" americana é expressão de uma fase ainda "econômico-corporativa" do desenvolvimento, uma fase que G. define como "(aparentemente) idílica" (*Q 1*, 61, 72 [*CC*, 6, 346]). G. cita o "prof. Siegfried", que em seu livro *Les États-Unis d'aujourd'hui* [Os Estados Unidos de hoje] "reconheceu na vida americana 'o aspecto de uma sociedade realmente coletivista, querida pelas classes eleitas e alegremente aceita pela multidão'", em que "alegria" seria constituída pela ausência de "luta de classes", enquanto em outro livro, o de Philip, que Siegfried, no entanto, elogia (escrevendo o prefácio), "demonstra-se a existência da mais desenfreada e feroz luta de uma parte contra outra" (*Q 3*, 68, 47). G. enfrenta com lúcido realismo as contradições do "fenômeno americano", tão "objetivas", para retomar sua expressão, quanto a "envergadura" do próprio fenômeno (*Q 4*, 52, 489).

Por outro lado, o frescor e a impetuosidade da "novidade" americana aparecem em boa parte já envelhecidos, porque a "sociedade industrial" americana "não é constituída apenas de 'trabalhadores' e 'empresários', mas também de 'acionistas' vagantes (especuladores)". Ocorre então que, "se o progresso técnico permite maior margem de lucro, este não será distribuído racionalmente, mas 'sempre' irracionalmente, aos acionistas e afins. Ademais, hoje é impossível dizer que existam 'empresas sadias'. Todas as empresas se tornaram malsãs, o que não é dito por prevenção moralista ou polêmica, mas objetivamente. Foi a própria 'grandeza' do mercado acionário que criou a doença: a massa dos portadores de ações é tão grande que ela obedece agora às leis da 'multidão' (pânico etc., que tem seus termos técnicos especiais no *boom*, no *run* etc.); e a especulação se tornou uma necessidade técnica, mais importante do que o trabalho dos engenheiros e operários. A observação sobre a crise americana de 1929 iluminou precisamente esse ponto: a existência de fenômenos irrefreáveis de especulação, que arrastam também as 'empresas sadias', pelo que é possível dizer que não mais existem 'empresas sadias'" (*Q 10* II, 55, 1.348-9 [*CC*, 1, 416-7]). A essa involução estrutural do "fenômeno americano", junta-se e relaciona-se, no nível moral e intelectual, "a diferença, que se fará sempre mais acentuada, entre a moralidade-costume dos trabalhadores e a de outras camadas da população" (*Q 4*, 52, 490-1). Relaciona-se também a difusão da "delinquência" e da violência resultante dos "métodos extremamente brutais da polícia americana: o 'policialismo' sempre cria o 'banditismo'" (*Q 8*, 117, 1.009 [*CC*, 4, 311]).

Também a "ausência dos intelectuais tradicionais", característica da modernidade americana, é repleta de armadilhas; G. presta particular atenção à "formação de um surpreendente número de intelectuais negros que absorvem a cultura e a técnica americana" (*Q 4*, 49, 481). A questão negra interage com a necessidade problemática de "fundar em um único caldeirão nacional tipos de cultura diversos levados pela imigração de várias origens nacionais". Desse ponto de vista tal questão se apresenta como uma pedra no sapato da nação americana: "Parece-me que, por enquanto, os negros da América devem ter um espírito racial e nacional mais negativo do que positivo, isto é, provocado pela luta que os brancos empreendem no sentido de isolá-los e rebaixá-los: mas não foi esse o caso dos judeus até todo século XVIII?" (idem; v. também *Q 12*, 1, 1.528 [*CC*, 2, 30]).

GIORGIO BARATTA

Ver: americanismo; americanismo e fordismo; emigração; Estados Unidos; Europa; fordismo; taylorismo.

América do Sul

G. sublinha "a contradição que existe na América do Sul entre o mundo moderno das grandes cidades comerciais da costa e o primitivismo do interior, contradição que se amplia em função da existência, por um lado, de grandes massas de indígenas e, por outro, de imigrantes europeus cuja assimilação é mais difícil do que na América do Norte" (*Q 1*, 107, 98 [*CC*, 4, 178]). Seu raciocínio, já a partir da escolha lexical (questão da "desagregação"), tende a enquadrar a análise da América do Sul no âmbito da internacionalização da "questão meridional", iniciada no *Q 1*, 61 [*CC*, 6, 346]. G. se pergunta: "São latinas a América Central e do Sul? E em que consiste essa latinidade? Grande fracionamento, que não é casual. Os Estados Unidos – que são concentrados e que buscam, através da política de imigração, não só manter mas ampliar essa concentração [...] –, exercem um grande peso no sentido de manter esta desagregação, à qual buscam sobrepor uma rede de organizações e movimentos guiados por eles", como a União Panamericana, um movimento missionário católico e uma organização bancária, industrial e de crédito em toda a América (*Q 3*, 5, 290 [*CC*, 4, 291-2]).

Retomando um conceito proposto no citado *Q 1*, ao configurar a dicotomia Europa-América G. observa, a propósito dos países da América Central e Meridional, que "as cristalizações resistentes ainda hoje nesses países são o clero e uma casta militar, duas categorias de intelectuais tradicionais fossilizadas na forma da mãe-pátria europeia". E continua: "A base industrial é muito restrita e não desenvolveu superestruturas complexas: a maior parte dos intelectuais é de tipo rural, já que domina o latifúndio, com extensas propriedades eclesiásticas, estes intelectuais são ligados ao clero e aos grandes proprietários. A composição nacional é muito desequilibrada mesmo entre os brancos, mas complica-se ainda mais pela imensa quantidade de índios, que em alguns países formam a maioria da população. Pode-se dizer que, no geral, existe ainda nessas regiões americanas uma situação tipo *Kulturkampf* e tipo processo Dreyfus, isto é, uma situação na qual o elemento laico e burguês ainda não alcançou o estágio da subordinação dos interesses e da influência clerical e militarista à política laica do Estado moderno" (*Q 12*, 1, 1.528-9 [*CC*, 2, 31]).

Giorgio Baratta

Ver: América; Norte-Sul.

americanismo

Em linhas gerais, o "americanismo" representa nos *Q* a dimensão ideológico-cultural ou ético-política assumida pelo modo de produção capitalista na época contemporânea a G., ao passo que o "fordismo" constitui sua dimensão técnico-produtiva. A expressão sintética é "americanismo e fordismo", que aparece como o décimo-primeiro entre os "temas principais" elencados para o projeto de "notas e apontamentos" na primeira página do *Q 1*, e que depois dá título ao "caderno especial" (monográfico) *Q 22* [*CC*, 4]. É necessário distinguir e separar, a propósito do americanismo, aquilo que na elaboração gramsciana encontra-se em estreita ligação com o fordismo daquilo que é, por outro lado, ao menos relativamente independente dele. Consideremos aqui esse segundo aspecto.

Como o termo indica de maneira inequívoca, "americanismo" apresenta uma referência territorial. Tal como acontece com expressões como "Oriente-Ocidente", "Norte-Sul", "questão meridional", a validade categorial da expressão não é separável daquela territorial e vice-versa. Os dois lados são associáveis por meio da noção – que, no entanto, não aparece explicitamente nos *Q* – de "hegemonia americana" no mundo capitalista e, de maneira mais geral, no mundo (imperialismo). Um tema-problema apaixonante para G., desse ponto de vista, é o nexo entre o Velho e o Novo Continente, que é simultaneamente de quase identidade cultural ("o que se faz na América é apenas remoer a velha cultura europeia": *Q 22*, 15, 2.178 [*CC*, 4, 279]) e de diferença quase antagônica ("a América, com o peso implacável de sua produção econômica (isto é, indiretamente), obrigará ou está obrigando a Europa a uma transformação radical de sua estrutura econômico-social demasiadamente antiquada": idem). É de se notar que "americanismo" é uma expressão polivalente e, em certos aspectos, ambígua, porquanto às vezes se coloca como manifestação, em primeiro lugar, da "onda de pânico", e outras vezes, em contrapartida, da necessidade de imitação, até mesmo "simiesca", que conjuntamente expressa a Europa em relação à "'prepotência' americana" (ibidem, 2.179). "Americanismo" aparece, em contextos similares, mais como um indício de reação à América do que de ação americana.

Na primeiríssima fase de elaboração, ao menos até o *Q 4* – na qual G. o tematiza sem relacioná-lo ao fordismo –, o americanismo, apesar da ausência de "florescimento" superestrutural, apresenta-se *por si só* como o fio vermelho do desenvolvimento capitalista dos "tempos modernos", tanto no sentido econômico quanto no político-cultural. A nota *Q 1*, 61 [*CC*, 6, 346], intitulada "Americanismo", como três outras notas do mesmo caderno, possui caráter estratégico porque representa a irrupção da questão americana no coração da primeira elaboração gramsciana da teoria e da análise histórica da hegemonia, produzindo, além disso, a internacionalização da questão meridional, que G., de problema nacional (exemplificado pelo "mistério de Nápoles"), eleva simultaneamente a problema europeu, a problema das relações Europa-América, a problema mundial. Aparece aqui uma consideração demográfica e socioeconômica que fornece a pedra angular da "modernidade" e da "racionalidade" do americanismo em linhas gerais e em suas relações com a civilização europeia: "O americanismo, em sua forma mais completa, exige uma condição preliminar: 'a racionalização da população', isto é, que não existam classes numerosas sem uma função no mundo da produção, isto é, classes absolutamente parasitárias. A 'tradição' europeia, ao contrário, caracteriza-se precisamente pela existência de tais classes, criadas por estes elementos sociais: a administração estatal, o clero e os intelectuais, a propriedade fundiária, o comércio" (*Q 1*, 61, 70 [*CC*, 6, 346]; v. *Q 22*, 2, 2.141 [*CC*, 4, 243]).

A "superioridade" da/do América-americanismo alcança ainda a frente cultural. G. chega a se perguntar se "*a filosofia americana*" e "a concepção americana de vida" representam uma meta pela qual "pode o pensamento moderno [o materialismo histórico] difundir-se na América, superando o empirismo-pragmatismo, sem uma fase hegeliana" (*Q 1*, 105, 97 [*CC*, 4, 285]). O possível salto sobre Hegel não é de pouca importância: não se trata de fato da filosofia de Hegel como tal, mas dos destinos da dialética.

Em outra nota dedicada ao americanismo G. destaca seu significado como "ação real, que modifica essencialmente a realidade exterior (e, portanto, também a cultura real)", contrapondo-o à filosofia de Gentile, que qualifica como "ridículo espírito de gladiador que se autoproclama ação e modifica apenas as palavras e não as coisas, o gesto exterior e não o homem interior" (*Q 1*, 92, 91; v. *Q 22*, 5, 2.152 [*CC*, 4, 253]). É estabelecido assim o primado da ação, isto é, da "atividade prática", capaz de "absorver as maiores inteligências criativas" da nação, de tal forma que "todas as melhores forças humanas são concentradas no trabalho estrutural e ainda não se pode falar de superestruturas" (*Q 23*, 36, 2.231 [*CC*, 6, 107]). G., no respectivo Texto A, continua: "Os americanos até mesmo [...] fizeram disso uma teoria", de modo que seria "'poesia', isto é, 'criação', somente aquela econômico-prática" (*Q 3*, 41, 318). A questão aqui levantada é delicada. A liquidação do gentilismo não implica, certamente, uma superioridade abrangente do americanismo com relação aos valores da civilização europeia. Ao contrário, G. se pergunta se realmente, na América, "existe uma criação, em todo caso, e aliás se poderia perguntar como essa obra 'criativa' econômico-prática, enquanto exalta as forças vitais, as energias, as vontades, os entusiasmos, nunca assume também formas literárias que a celebrem" (idem). Não se trata somente de literatura, nem, como G. salienta no respectivo Texto C, da surpresa pelo fato de que esta América-americanismo pragmática e acionista "não cria uma épica" (*Q 23*, 36, 2.231 [*CC*, 6, 107]). O problema é crucial e implica, exatamente nessa fase que representa o auge da "adesão" de G. ao americanismo, também seu distanciamento radical dele. De fato, ele escreve: "Na verdade isso [a tradução da criação prática em atividade literária] não ocorre: as forças não são expansivas, mas puramente repressivas e, lembre-se, puramente e totalmente repressivas não apenas sobre seus adversários, o que seria natural, mas sobre si mesmas, o que é precisamente típico e dá a essas forças o caráter repressivo" (*Q 3*, 41, 318).

Chegamos ao ponto nodal da grandeza e da miséria do americanismo, de sua contraditoriedade emblemática para os "tempos modernos". São muitos os limites e as lacunas: ocorre na América a "elaboração forçada de um novo tipo humano"; os operários estão "ainda em estado bruto" porque não possuem atrás de si nada parecido com "a fase europeia assinalada como tipo pela Revolução Francesa" (*Q 1*, 61, 72 [*CC*, 6, 346]). De fato, como G. observará mais tarde, "a América ainda não superou a fase econômico-corporativa atravessada pelos europeus na Idade Média" (*Q 6*, 10, 692 [*CC*, 1, 433]); a luta hegemônica "se dá com armas tomadas do velho arsenal europeu e ainda abastardadas" (*Q 22*, 2, 2.146 [*CC*, 4, 243]), portanto "parecem e são 'reacionárias'" (*Q 1*, 61, 72 [*CC*, 6, 346]), e é por isso que "a hegemonia nasce da fábrica e necessita apenas, para ser exercida, de uma quantidade mínima de intermediários profissionais da política e da ideologia" (*Q 22*, 2, 2.146 [*CC*, 4, 247-8]). Com tudo isso e, paradoxalmente, talvez por isso mesmo, a racionalidade e a modernidade americanas representam um ponto sem retorno, a nova fase de desenvolvimento e de conflito no nível das relações de produção e de luta hegemônica. G. recorda as "tentativas de Agnelli em direção a *L'Ordine Nuovo*", mas lembra que mesmo *L'Ordine Nuovo* "defendia uma forma própria de americanismo" (*Q 1*, 61, 72 [*CC*, 6, 346]).

Nos *Q*, G. é sempre prudente, sóbrio, analítico; raramente (e apenas em grandes traços ou horizontes gerais) programático. Não há dúvidas, no entanto, de que as contradições do americanismo induzem a uma questão de fundo: o que fazer? Mais que uma resposta, G. procura as condições que a tornem possível. Mas não é fácil. O quadro é muitas vezes desolador. Como precisará melhor no único texto de primeira (e única) redação do *Q 22*, o parágrafo introdutório a "Americanismo e fordismo", este resultaria "da necessidade imanente de chegar à organização de uma economia programática" a partir do "velho individualismo econômico" (*Q 22*, 1, 2.139 [*CC*, 4, 241]). Trata-se de um problema, ou melhor, do problema da época: o socialismo. A América é avançada porque o projeto, nela afirmado, de "racionalizar a produção" para "colocar toda a vida do país com base na indústria" (*Q 1*, 61, 72 [*CC*, 6, 346]) acompanha a construção de um novo tipo de "Estado liberal", o qual, "tendo chegado espontaneamente, pelo mesmo desenvolvimento histórico, ao regime dos monopólios" (*Q 1*, 135, 125), pressiona – ainda que G. não o diga explicitamente, nem tenha a mesma convicção determinista que tinha ou teria tido Marx – pela superação daquele regime num regime de propriedade social ou coletiva.

O fato é que a "crise americana de 1929" revelou "a existência de fenômenos irrefreáveis de especulação", a tal ponto que se pode dizer que "empresas sadias" não existem mais (*Q 10 II*, 55, 1.348-9 [*CC*, 1, 417]). Ainda: a eficiência produtiva está em declínio, tanto que se observa o crescimento das "forças de consumo em relação às de produção" (*Q 10 II*, 53, 1.343 [*CC*, 1, 411]). A "crise orgânica" do capitalismo, bem mais profunda, ampla e estrutural do que aquela em última análise conjuntural de 1929, apresenta sempre mais "fenômenos morbosos" (*Q 3*, 34, 311 [*CC*, 3, 184]). Em suma: o novo já é velho.

Parece oportuno neste ponto referirmo-nos a uma comparação que G. institui entre a capacidade crítica e autocrítica dos intelectuais americanos e a dos europeus. Estes últimos, segundo ele, "já perderam em parte essa função [...] voltaram a ser agentes imediatos da classe dominante, ou, então, afastaram-se inteiramente dela, formando uma casta em si, sem raízes na vida nacional popular". Torna-se ainda mais suspeito e infundado o "antiamericanismo" difundido na Europa, que, "mais do que estúpido, é cômico" (*Q 5*, 105, 634-5 [*CC*, 4, 302]). G. surpreende o "pequeno-burguês europeu" que "ri de *Babbitt* [título do livro de Sinclair Lewis, difundido na Europa, apreciado por G. não do ponto de vista literário e cultural, mas pela 'crítica dos costumes' (ibidem, 633) que o livro provoca] e, portanto, ri da América". Mas esse pequeno-burguês "não pode sair de si mesmo, compreender a si mesmo, assim como o imbecil não pode compreender que é imbecil". Babbitt, como o descreve Lewis, é também ele um filisteu, mas é "o filisteu de um país em movimento" (*Q 6*, 49, 723, Texto B [*CC*, 4, 303]). Segundo G., a real importância desse livro, que faz "cultura" por meio da "crítica dos costumes", é seu caráter exemplar. "Significa" que na América "a autocrítica se difunde, ou seja, que nasce uma nova civilização americana consciente de suas forças e de suas fraquezas: os intelectuais se afastam da classe dominante para unirem-se a ela de modo mais íntimo, para serem uma verdadeira superestrutura e não apenas um elemento inorgânico e indiferenciado da estrutura-corporação" (*Q 5*, 105, 633-4 [*CC*, 4, 301]).

A análise diacrônica dos *Q* mostra uma progressiva retomada da energia hegemônica das modalidades superestruturais europeias e um redimensionamento da qualidade inovadora da "filosofia americana", em particular do pragmatismo, cuja avaliação da parte de G. mostra um repensar drástico. O corpo a corpo que até o *Q 4* G. empreende no confronto com o pensamento de Croce, que significa também, em muitos aspectos, um "retorno" a Hegel, não deixa de influenciar a avaliação gramsciana dos aspectos "progressivos" do americanismo. De resto, também na fase de maior apreciação do americanismo, ao nível do *Q 1*, encontramos as fissuras, bem profundas, percebidas por G. seja na dinâmica interna ao americanismo, seja pela sua historicidade, ainda ingênua e imatura, justamente do ponto de vista daquilo que constitui a grandeza e a miséria da Europa: sua cultura e sua tradição, forjadas por meio de uma alta elaboração superestrutural, mas também veículos de improdutividade e parasitismo. A questão ora mencionada abre um problema de filologia e interpretação dos mais complexos para a leitura dos *Q*. Fruto da reelaboração de uma experiência significativa, à época de *L'Ordine Nuovo*, de relação indireta mas intensa, também por meio do retorno de operários emigrantes, com as novidades provenientes da América e do americanismo, bem como pelo produtivo período de "estudos americanos" que G., também fortuitamente, teve a possibilidade de realizar no cárcere antes de poder lançar-se à redação dos *Q*, a "descoberta" da dimensão americanista dos tempos modernos representa um *leitmotiv* da obra carcerária de G. Os primeiros escritos o testemunham. O tratamento de temas conexos, primeiro com "americanismo", depois com "americanismo e fordismo", mostra de fato no *Q 1* um desenvolvimento rápido, impetuoso; depois se aquieta, até repropor com energia essa temática, após intervenções esporádicas, com o *Q 22*. Quando redigiu o *Q 22*, G. tinha já abandonado, a favor de uma concepção madura de hegemonia, algumas características tendencialmente ainda mecanicistas na configuração do nexo estrutura-superestrutura. Graças ao aprofundamento do conceito de hegemonia, ele havia já deixado de lado também certas "ilusões" precedentes, que poderíamos definir como produtivistas, sobre o primado da América e do americanismo em relação às tradições hegemônicas europeias. E, no entanto, como demonstra a amplitude de análise do *Q 22*, não obstante e em certa medida por conta da superação daqueles resíduos ilusórios, não se atenua, antes aparece sobretudo exaltada a novidade histórica (econômica, política, cultural, demográfica, antropológica) do americanismo.

A complexa trajetória da valorização crítica que G. realiza a respeito do americanismo ilumina um aspecto delicado da abrangente evolução dos *Q*. Certamente G. amadurece seu pensamento de modo a superar progressivamente as concepções não adequadas à novidade conceitual da teoria da hegemonia. O tratamento dos temas americanistas nos primeiros *Q* – do *Q 1* aos *Q 4, 5, 6* e *7* – não perdem, no entanto, seu frescor e originalidade. Ao contrário: com o redimensionamento e a correção de alguns elementos contidos neles, resta intacto o caráter fundamental, em certo sentido definitivo de determinadas aquisições.

A estrutura singularmente móvel e dinâmica dos *Q* possui uma recorrência particularmente importante com relação às análises do americanismo no *Q 22*, que entre outros, separado do contexto da obra, pode induzir a mal-entendidos, porque ele não traz passos (precedentemente citados) importantes, ao exemplo dos *Q 5* e *6*. O *Q 22* de fato é redigido quando G., como dissemos, já tem amadurecida uma posição crítica com relação a resíduos parcialmente economicistas de suas primeiras colocações. E, todavia, na única nota (introdutória) de nova redação do *Q 22*, G. se aventura em algumas das interrogações mais radicais – e talvez ainda vitais, se acuradamente "traduzidas" – de sua obra.

BIBLIOGRAFIA: BARATTA, 2004; BARATTA, CATONE, 1989; BURGIO, 1999; TRENTIN, 1997.

GIORGIO BARATTA

Ver: América; americanismo e fordismo; Europa; fordismo; *Ordine Nuovo* (*L'*); pragmatismo; questão meridional; taylorismo.

americanismo e fordismo

"Americanismo e fordismo", expressão paradigmática, aparece como o décimo primeiro dos "temas principais" elencados na primeira página do *Q 1*. É também o título de um dos mais famosos "cadernos especiais", o *Q 22*, de 1934. Nele confluem quase exclusivamente notas (ou suas partes) da primeira fase de redação dos *Q*, intituladas "Americanismo", somente mais tarde "Americanismo e fordismo", e dizem respeito a temas de diversas naturezas, da composição demográfica à questão sexual, à questão meridional, à taylorização do trabalho nas indústrias fordistas, a temas financeiros e de teoria do Estado, à relação Europa-América etc. No conjunto, o *Q 22* se apresenta como uma miscelânea genial: característica que leva a atenuar e relativizar a diferença entre "cadernos especiais" e "miscelâneos" e representa uma expressão exemplar do estilo não disciplinar e relacional, ou reticular, dos *Q*.

A compreensão orgânica do tema "americanismo e fordismo" comporta tanto sua decomposição em seus elementos singulares constitutivos – "americanismo", "fordismo", "taylorismo" – quanto sua recomposição unitária, da qual nos ocupamos aqui. É de se notar que, enquanto na primeira carta-projeto à cunhada Tania, de 19 de março de 1927, G. não o menciona, na carta a Tania de 25 de março de 1929 ele indica "o americanismo e o fordismo" como um dos três temas nos quais se condensa seu "plano intelectual" (*LC 248* [*Cartas*, I, 329]). É uma novidade importante, que implica uma modificação desse "plano", de sua primeira germinação em 1927 para o início de sua concretização em 1929. Entre essas duas datas se coloca um intenso período de "estudos americanos", entre os quais possuem relevo particular a leitura e a tradução de grande parte do número especial de 14 de outubro de 1927 da revista alemã *Die literarische Welt*, dedicado à literatura dos Estados Unidos. Não há dúvida de que os encontros com os livros de Siegfried, Romier, Philip, do próprio Ford, com romances em tradução francesa, como *Babbitt*, de Sinclair Lewis, e *Oil!*, de Upton Sinclair, e com numerosos artigos de revista tenham despertado um interesse pelas grandes novidades provenientes do fordismo e dos Estados Unidos, que já representavam um marco na experiência do G. ordinovista; e que esse renovado interesse se tenha constituído como um contraponto, na gênese das ideias-guia dos *Q*, à necessidade de reconhecer o próprio país e às grandes interrogações suscitadas pela construção do socialismo num só país.

A expressão específica dá o título a uma nota densa e resoluta no *Q 4* (*Q 4*, 52) e aparece reapresentada como "apêndice" ao conjunto dos "Ensaios principais" idealizados "para uma história dos intelectuais italianos" ao início do *Q 8*. Em seguida, à parte o *Q 9, 72* e o *Q 9, 74*, ela desaparece até sua erupção no *Q 22*. Em seu conjunto, o *Q 22* se limita a transcrever, com poucas variações, sobretudo notas dos primeiros *Q*. São omitidas, provavelmente também por motivos técnicos, notas de valor relevante (cuja ausência no "caderno especial" tem certo peso). A articulação do *Q 22* é notavelmente rapsódica. A primeira nota, introdutória, a única de nova redação, confere a todo o tratamento do tema, todavia, um salto qualitativo que justifica o papel que ele possui no "plano" dos *Q*.

Começa-se declarando que o caderno abordará uma "série de problemas que devem ser examinados nesta rubrica geral e um pouco convencional de 'Americanismo e fordismo'" (*Q 22*, 1, 2.139 [*CC*, 4, 241]). Somos assim advertidos que nos encontramos em presença de uma expressão não imediatamente clara e significativa, de certa forma elíptica. É verdade que a "série de problemas" indicada parece aprofundar e expandir o escopo do tema "americanismo e fordismo" em relação ao significado que este possui nos primeiros cadernos. O que conta é que nessa nota G. especifica as razões da importância histórica do "americanismo e fordismo": ele representa a resposta capitalista ao problema essencial dos tempos modernos, o mesmo que, sob outras condições, dá origem à necessidade do socialismo, ou seja, a "necessidade" de uma "economia programática"; é ainda incerto se essa resposta "pode determinar um desenvolvimento gradual do tipo, examinado em outros locais, das 'revoluções passivas' próprias do século passado, ou se, ao contrário, representa apenas a acumulação molecular de elementos destinados a produzir uma 'explosão', ou seja, uma revolução de tipo francês" (ibidem, 2.139-40 [*CC*, 4, 242]).

É de se notar a consciência com que a potente originalidade e a perspectiva incerta que caracterizam "Americanismo e fordismo" aparecem contextualizadas "nas condições contraditórias da sociedade moderna, o que determina complicações, posições absurdas, crises econômicas e morais de tendência frequentemente catastrófica etc." (ibidem, 2.139 [*CC*, 4, 241]). É uma advertência importante, que força ainda mais à cautela, atitude com a qual se move G., de seu ponto de vista privilegiado por um lado, pela objetiva distância crítica que o caracteriza, mas por outro afetado pela enorme precariedade das informações e de conhecimento.

Significativo da "miscelânea" que caracteriza o texto carcerário de G., que não nega mas qualifica a energia sistemática de sua abordagem, é o "registro de alguns dos problemas mais importantes ou interessantes", suscitados pelo americanismo e fordismo, "embora à primeira vista pareçam não ser de primeiro plano" (idem). Trata-se de questões econômicas (centralidade da produção industrial; tentativa "extrema", graças ao fordismo, de "superar a lei tendencial da queda da taxa de lucro"; os "assim chamados 'altos salários' pagos pela indústria fordizada e racionalizada"); questões demográficas (que retrocessos causará à Europa a "racionalização" da composição demográfica, "condição preliminar", dirá G. na nota sucessiva, da modernidade da sociedade americana?); questões antropológicas ("questão sexual" e "enorme difusão" da psicanálise); questões de moral pública e privada ("o Rotary Club e a Maçonaria"); enfim, e sobretudo, questões de "grande política". Já citamos o dilema "revolução passiva"-"revolução de tipo francês". A isto se junta uma questão que retoma dicotomias fundamentais que G. propõe nos *Q*, em alguns casos acentuando o caráter de oposição (guerra de movimento-guerra de posição; estrutura-superestrutura, que G. tende a traduzir em economia-ideologia ou hegemonia; sociedade civil-Estado etc.): ou seja, "a questão de se o desenvolvimento deve ter seu ponto de partida no interior do mundo industrial e produtivo ou pode ocorrer a partir de fora, através da construção cautelosa e maciça de uma estrutura jurídico-formal que guie a partir de fora os desenvolvimentos necessários do aparelho produtivo" (ibidem, 2.140-1 [*CC*, 4, 242]).

Que perspectivas são abertas por "Americanismo e fordismo" do ponto de vista das relações de classe? G. evidencia de que maneira "uma onda de pânico" e, por outro lado, "uma iniciativa superficial e macaqueadora" investem sobre os "elementos que começam a se sentir socialmente deslocados pela ação (ainda destrutiva e dissolutiva) da nova estrutura em formação" (*Q 22*, 15, 2.179 [*CC*, 4, 280]). E as "forças subalternas"? Essas, "que teriam de ser 'manipuladas' e racionalizadas de acordo com as novas metas, necessariamente resistem". Podem mudar essa situação? Segundo G., o fato de "que uma tentativa progressista seja iniciada por uma ou por outra força social não é algo sem consequências fundamentais" (*Q 22*, 1, 2.139 [*CC*, 4, 241]). A alavanca de controle está firmemente nas mãos dos monopólios e seus Estados. Mas até quando? A conclusão do discurso é inequívoca: "Não é dos grupos sociais 'condenados' pela nova ordem que se pode esperar a reconstrução, mas sim daqueles que estão criando, por imposição e através do próprio sofrimento, as bases materiais desta nova ordem: estes últimos 'devem' encontrar o sistema de vida 'original' e não de marca americana, a fim de transformarem em 'liberdade' o que hoje é 'necessidade'" (*Q 22*, 15, 2.179 [*CC*, 4, 280]).

Giorgio Baratta

Ver: altos salários; americanismo; Estado; fordismo; ideologia; maçonaria; psicanálise; questão sexual; revolução passiva; Rotary Club; sociedade civil; taylorismo.

análise da situação: v. relações de força.

anarcossindicalismo: v. sindicalismo teórico.

anarquia

Durante o "biênio vermelho" 1919-1920, em *L'Ordine Nuovo*, G. havia polemizado repetidamente com anarquistas e libertários, reivindicando a positividade do papel do Estado na construção teórica e prática do socialismo, e havia repetidamente criticado a "anarquia" como utopia contígua ao liberalismo ("O Estado e o socialismo", 28 de junho-5 de julho de 1919, em *ON*, 116 [*EP*, 1, 250]), doutrina não orgânica e eclética ("Socialistas e anarquistas", 20-27 de setembro de 1919, em *ON*, 215 ss. [*EP*, 1, 280 ss.]), movimento de caráter maçônico porque baseado na amizade e no prestígio pessoal e não na disciplina política que nasce da discussão racional dos problemas ("Sovietes e conselhos de fábrica", 3-10 de abril de 1920, em *ON*, 495-6), "concepção subversiva elementar" das classes oprimidas, mas também verdadeiro modo de ser da burguesia ("Mensagem aos anarquistas", 3-10 de abril de 1920, em *ON*, 487 ss. [*EP*, 1, 338]). E assim por diante.

Nos escritos carcerários G. não fala da anarquia como ideologia política. Certamente ele continua a acompanhar o fenômeno ("e não devemos nos deixar iludir pelas palavras ou pelo passado; é certo, por exemplo, que os 'niilistas' russos devem ser considerados partido de centro, assim como até os 'anarquistas' modernos": *Q 14*, 3, 1.657 [*CC*, 3, 297]). Mas as poucas referências ao assunto são em sua maioria indiretas, derivadas da transcrição de textos de outros, como no caso da passagem transcrita de uma carta de Riccardo Bacchelli sobre seu romance *Il diavolo ao Pontelungo* (*Q 3*, 8, 293-4 e o relativo Texto C: *Q 23*, 33, 2.226-8 [*CC*, 6, 102]). De resto, "anarquia" aparece como sinônimo de desordem de uma situação política e ideológica: "anarquia feudal", por exemplo (*Q 1*, 10, 9 [*CC*, 6, 345]; mas os exemplos são muitos), ou "anarquia judaica" ou "cristã" (*Q 1*, 106, 97); mas também anarquia "moral" (idem), "sentimental" (*Q 3*, 3, 287 [*CC*, 2, 74]) etc.

Referências mais interessantes encontram-se na discussão de algumas teses de Robert Michels. Escreve G.: "Os 'movimentos' antiautoritários, anarquistas, anarcossindicalistas, tornam-se 'partido' porque o agrupamento acontece em torno de personalidades 'irresponsáveis' organizativamente, em certo sentido 'carismáticas'" (*Q 2*, 75, 234 [*CC*, 3, 164]). As expressões "anarcossindicalistas", "sindicalismo anárquico", "tendência política anarcossindicalista" ou formulações semelhantes que ocorrem mais vezes (por exemplo no *Q 3*, 5, 291 [*CC*, 4, 291]; e no *Q 3*, 48, 329 [*CC*, 3, 194]) referem-se ao assim chamado anarcossindicalismo de inspiração soreliana, que G. discute teoricamente nos *Q* como "sindicalismo teórico" (exemplo em *Q 4*, 38, 460).

Guido Liguori

Ver: liberalismo; líder carismático; maçonaria; Michels; *Ordine Nuovo* (*L'*); sindicalismo teórico; Sorel.

animalidade e industrialismo

No manuscrito original, "'Animalidade' e industrialismo" era o título do *Q 4*, 52, depois cancelado e substituído por "Americanismo e fordismo".

As *Cartas do cárcere* [*LC*] testemunham uma relação rica e intensa de G. não apenas com os animais, com as plantas e a terra, mas com sua própria "existência animal e vegetativa" (*LC*, 607, a Iulca, 15 de agosto de 1932 [*Cartas*, 2, 231]). A quase impossível – e, no entanto, extraordinária, "sublime" em muitos aspectos – empreitada comunicativa educativa de G. com os próprios filhos distantes é atravessada pela dialética natureza-civilização (ou história), portanto por "animalidade e industrialismo", simbolizada pelas figuras opostas e complementares do amigo dos animais e da natureza, e do "construtor".

Com um movimento que lembra o Freud de *O mal-estar na civilização*, G. observa no *Q 1*, 158, 138: "O industrialismo é uma contínua vitória sobre a animalidade do homem, um processo ininterrupto e doloroso de subjugação dos instintos a novos e rígidos hábitos de ordem, de exatidão, de precisão". Na transcrição em *Q 22*, 10, 2.160-1 [*CC*, 4, 262] a passagem adquire novos elementos: "A história do industrialismo foi sempre (e se torna hoje de modo ainda mais acentuado e rigoroso) uma luta contínua contra o elemento 'animalidade' do homem, um processo ininterrupto, frequentemente doloroso e sangrento, de sujeição dos instintos (naturais, isto é, animalescos e primitivos) a normas e hábitos de ordem, de exatidão, de precisão sempre novos, mais complexos e rígidos, que tornam possíveis as formas cada vez mais complexas de vida coletiva, que são a consequência necessária do desenvolvimento do industrialismo". A questão crucial da transição a um industrialismo socialista, ou seja, a uma "nova ordem [...] não de marca americana" (*Q 22*, 15, 2.179 [*CC*, 4, 280]), é substancialmente a hipótese da passagem de uma história feita de coerções de "inaudita brutalidade", ocorrida "pela imposição de uma classe sobre outra [...] jogando no inferno das subclasses os débeis, os refratários" (*Q 1*, 158, 138), a formas mais racionais, progressistas, comunitárias ou comunistas de "autocoerção" das massas trabalhadoras (*Q 22*, 10, 2.163 [*CC*, 4, 265]).

Giorgio Baratta

Ver: americanismo; libertinismo; taylorismo.

anti-Croce: v. Croce, Benedetto.

anti-história: v. história.

antimaquiavelismo: v. maquiavelismo e antimaquiavelismo.

antinacional: v. nacional-popular.

antiprotecionismo: v. liberismo.

antissemitismo: v. judeus.

antropologia: v. filosofia da práxis.

aparelho hegemônico

Desde as primeiras notas em que fala de hegemonia, G. introduz também referências ao "aparelho hegemônico" como expressão não muito presente, mas que aparece em vários cadernos (*Q 1*, *6*, *7*, *10* e *13*) de épocas diferentes, incluindo dois textos de segunda redação (*Q 10 II*, 12 [*CC*, 1, 320] e *Q 13*, 37 [*CC*, 3, 92]). No caso da nota do *Q 10*, a frase que contém a referência ao aparelho hegemônico não aparece no relativo Texto A (*Q 4*, 38, 464).

G. começa a elaborar seu conceito de hegemonia, novo em relação àquele usado no período pré-carcerário, desde o *Q 1* (1929-1930): no *Q 1*, 44 o termo aparece pela primeira vez; no *Q 1*, 47, 56 [*CC*, 3, 119; "Hegel e o associacionismo"] começa a se delinear um novo conceito de Estado ("o Estado tem e pede consenso, mas também 'educa' este consenso através das associações políticas e sindicais, que, porém, são organismos privados"); no *Q 1*, 48 G. se detém sobre a história política francesa e "põe para trabalhar" o conceito de hegemonia, conferindo-lhe, durante esse processo, uma de suas "versões" fundamentais: "O exercício 'normal' da hegemonia no terreno tornado clássico do regime parlamentar é caracterizado por uma combinação da força e do consenso, que se equilibram, sem que a força supere em muito o consenso, mas antes, que pareça apoiada pelo consenso da maioria expresso pelos assim chamados órgãos de opinião pública" (ibidem, 59). Em seguida, poucas linhas depois, aparece a expressão "aparelho hegemônico": "No período do pós-guerra – prossegue G. –, o aparelho hegemônico se quebra e o exercício da hegemonia se torna sempre mais difícil" (idem). É um Texto A. A última frase, aquela que interessa aqui, encontramos quase igual no Texto C (datado de 1932-1934): "No período do pós-guerra, o aparelho hegemônico se estilhaça e o exercício da hegemonia torna-se permanentemente difícil e aleatório" (*Q 13*, 37, 1.638 [*CC*, 3, 95]). O aparelho hegemônico surge, portanto, como imediatamente fundamental para o exercício da hegemonia: sua desagregação é simultânea à crise desta. Tal conceito parece também ser o *trait d'union* entre o conceito de hegemonia e aquele, em via de formação, de "Estado integral" e oferece uma base material à concepção gramsciana de hegemonia, não assimilável a uma concepção idealista, culturalista ou liberal.

Mas o que é o "aparelho hegemônico"? Como funciona? G. não responde diretamente a essa pergunta, mas dá uma série de "pistas" em alguns Textos B. No *Q 6*, 81, 752 [*CC*, 3, 235-6], escreve: "Unidade do Estado na distinção dos poderes: o Parlamento, mais ligado à sociedade civil; o Poder Judiciário, entre Governo e Parlamento, representa a continuidade da lei escrita (inclusive contra o Governo). Naturalmente, os três poderes são também órgãos da hegemonia política, mas em medida diversa: 1) Parlamento; 2) Magistratura; 3) Governo. Deve-se notar como causam no público impressão particularmente desastrosa as incorreções da administração da justiça: o aparelho hegemônico é mais sensível neste setor, ao qual também podem ser remetidos os arbítrios da polícia e da administração política". O aparelho hegemônico está ligado à articulação estatal propriamente dita. Mas o conceito de Estado integral ainda não parece plenamente operante. Ainda uma vez, "aparelho hegemônico", como no *Q 1*, 48, surge num contexto voltado à formação da opinião pública, certamente não deixada a uma volátil "batalha de ideias", mas organizada por uma precisa "estrutura" (em outro lugar G. fala de "estrutura ideológica" para indicar tudo aquilo que forma a "opinião pública"). No mesmo *Q 6*, de fato, lemos: "Numa determinada sociedade, ninguém é desorganizado e sem partido, desde que se entendam organização e partido num sentido amplo, e não formal. Nesta multiplicidade de sociedades particulares, de caráter duplo – natural e contratual ou voluntário –, uma ou mais prevalecem relativamente ou absolutamente, constituindo o aparelho hegemônico de um grupo social sobre o resto da população (ou sociedade civil), base do Estado compreendido estritamente como aparelho governamental-coercivo" (*Q 6*, 136, 800 [*CC*, 3, 253]). O "aparelho hegemônico" é uma "sociedade particular" (formalmente "privada"), que se torna o equivalente do "aparelho governamental-coercivo" do "Estado integral": "força" e "consenso" possuem ambos os respectivos aparelhos, e já está delineado o "Estado integral" como unidade-distinção de sociedade civil e Estado tradicionalmente entendido. Um passo posterior é realizado por G. no *Q 7*, em que a problemática do Estado está mais explícita: "A discussão sobre a força e o consenso demonstrou como está relativamente avançada na Itália a ciência política [...] Esta discussão é a discussão da "filosofia da época", do motivo central da vida dos Estados no período do pós-guerra. Como reconstruir o aparelho hegemônico do grupo dominante, aparelho que se desagregou em razão das consequências da guerra em todos os Estados do mundo?" (*Q 7*, 80, 912 [*CC*, 3, 264]). O "aparelho" se desagregou sobretudo "porque grandes massas, anteriormente passivas, entraram em movimento", embora "num movimento caótico e desordenado, sem direção, ou seja, sem uma precisa vontade política coletiva" (idem). A reconstrução é confiada a uma combinação de força e consenso. Também o fascismo com sua "ilegalidade" foi funcional à restauração de um novo "aparelho hegemônico": "O problema era reconstruir o aparelho hegemônico destes elementos antes passivos e apolíticos, e isso não podia acontecer sem o emprego da força: mas essa força não podia ser a 'legal' etc." (ibidem, 913 [*CC*, 3, 265]).

Enfim, no *Q 10* II, 12 lemos – logo após a conhecida afirmação segundo a qual "Ilitch teria feito progredir [efetivamente] a filosofia [como filosofia] na medida em que fez progredir a doutrina e a prática política" – o aceno mais maduro ao conceito de "aparelho hegemônico", agora em segunda redação: "A realização de um aparelho hegemônico, enquanto cria um novo terreno ideológico, determina uma reforma das consciências e dos métodos de conhecimento, é um fato de conhecimento, um fato filosófico. Em linguagem crociana: quando se consegue introduzir uma nova moral conforme a uma nova concepção de mundo, termina-se por introduzir também essa concepção, ou seja, determina-se uma completa reforma filosófica" (ibidem, 1.250 [*CC*, 1, 320]). Aqui, aparelho hegemônico e ideologia estão explicitamente ligados. Um "aparelho" serve para criar um "novo terreno ideológico", para afirmar uma "reforma filosófica", uma "nova concepção de mundo". A luta entre diferentes hegemonias é aberta, mas o papel que nela assume o Estado na passagem das primeiras décadas do século XX é delineado em toda sua centralidade.

Guido Liguori

Ver: concepção de mundo; divisão dos poderes; Estado; estrutura ideológica; hegemonia; ideologia; opinião pública; pós-guerra.

apoliticismo/apoliticidade

Segundo G., não havia no povo italiano uma "tradição de partido político de massa" (*Q 9*, 141, 1.201 [*CC*, 2, 180]). O apoliticismo é descrito como típico sobretudo da pequena burguesia; isso permitia a qualquer aventureiro encontrar um séquito de dezenas de milhares de pessoas e é, portanto, um dos fatores que podem explicar a "relativa popularidade 'política'" (ibidem, 1.200) de D'Annunzio, de quem se podia esperar "todos os fins imagináveis, desde os mais à esquerda aos mais à direita" (ibidem, 1.202). No *Q 14*, 10 [*CC*, 5, 310], observa-se, ao contrário, que o apoliticismo caracteriza as classes subalternas e encontra correspondência nos estratos dominantes da população naquele "modo de pensar que se pode dizer 'corporativo'" (ibidem, 1.664). Por conta do apoliticismo e da "passividade tradicional" das massas populares, é relativamente fácil, segundo G., recrutar "voluntários", os quais sempre formaram os mesmos partidos: estes, à exceção da direita histórica de Cavour e do Partido da Ação, de fato não foram formados "nunca ou quase nunca de 'blocos sociais homogêneos'" (*Q 9*, 142, 1.202). Aliás, uma variante do "'apoliticismo' popular é o 'mais ou menos' da fisionomia dos partidos tradicionais" (*Q 14*, 10, 1.664 [*CC*, 5, 310]); nascidos "no terreno eleitoral", não foram uma "fração orgânica das classes populares", mas um bando de "manipuladores e cabos eleitorais", bem como de "pequenos intelectuais de província, que representavam uma seleção pelo avesso" (idem). No que concerne aos grandes industriais, para G. "não são [...] 'agnósticos' ou 'apolíticos' de modo algum" (*Q 15*, 2, 1.750 [*CC*, 3, 322]): não possuem um partido próprio mas, para manter determinado equilíbrio, sustentam com seus meios, de vez em quando, um ou outro, com exceção do "único partido antagonista, cujo reforço não pode ser ajudado nem por motivos táticos" (idem). Se o "apoliticismo animalesco" é chamado individualismo (*Q 15*, 4, 1.755 [*CC*, 3, 327]), sinal de apoliticismo são também as manifestações de paroquialismo e do assim chamado "'espírito desordeiro e faccioso" (*Q 9*, 36, 1.117 [*CC*, 5, 306]), ambos superados apenas graças ao alargamento dos "interesses intelectuais e morais" do povo na vida política de partido, mas ressurge, na ausência dessa vida, na "'torcida paroquialista' esportiva" (idem).

Jole Silvia Imbornone

Ver: Cavour; esporte; partido; Partido da Ação; voluntários.

aporia

O termo aparece nos *Q* em apenas uma nota (*Q 15*, 16, 1.774; *CC*, 1, 259), na rubrica "Noções enciclopédicas", na qual G. pretendia recolher, além das "noções enciclopédicas propriamente ditas, motivos de vida moral, temas de cultura, apólogos filosóficos", também "sugestões para um dicionário de política e crítica" (*Q 8*, 125, 1.015 [*CC*, 4, 113]). O tratamento gramsciano do termo parece de fato responder a uma exigência mais compilatória que teórica. G. define a aporia, em primeiro lugar, simplesmente como "dúvida", depois como "nexo de pensamento ainda em formação, pleno de contradições que esperam uma solução", chegando a afirmar que, "portanto, a aporia pode se resolver, como qualquer dúvida, positivamente e negativamente" (*Q 15*, 16, 1.774 [*CC*, 1, 259]). G., dessa maneira, primeiro equipara genericamente a aporia à dúvida, depois elabora uma definição distante não somente do significado etimológico do termo ("passagem impraticável", "estrada sem saída"), mas também do sentido prevalecente que ele assumiu na história do pensamento filosófico (ausência "estrutural" de uma solução). G., de fato, parece conceber a aporia unicamente como um "não ainda" e, assim, considerar a ausência de solução apenas como fase transitória e efêmera no âmbito da evolução de um "pensamento em desenvolvimento", ainda em formação.

A importância dessa nota, então, aparece relacionada, mais que à pregnância da definição em si, a quanto ela nos diz de G. e do "pensamento em desenvolvimento" nos *Q*, com implícito valor autorreflexivo. Embora em forma aberta e por vezes fragmentada, o pensamento se produz no cárcere sempre como *desenvolvimento*, processo, tensão dialética na resolução de contradições não ainda resolvidas, que não admitem teoricamente aporias insolúveis.

Eleonora Forenza

Ver: dialética; ritmo do pensamento; técnica do pensar.

arbítrio

Em G. o conceito de arbítrio encontra-se em relação com os de necessidade e racionalidade. Ele coincide com o "momento" histórico do "particular" ou do "irracional" enquanto luta contra o "geral", o "racional" (já afirmado ou em vias de afirmação) e "também se impõe na medida em que determina um certo desenvolvimento do geral e não outro". G. observa que fica "entendido por irracional aquilo que não triunfará em última análise [...] mas que na realidade é também racional porque está necessariamente ligado ao racional, é um momento imprescindível deste" (*Q 6*, 10, 689-90 [*CC*, 1, 434]). É igualmente arbitrária a filosofia ou ideologia que não é "orgânica", que não "corresponde às necessidades objetivas históricas" (*Q 11*, 59, 1.485 [*CC*, 1, 202]), que não é "'útil' aos homens para ampliar seu conceito de vida, para tornar superior (desenvolver) a própria vida" (*Q 15*, 10, 1.766 [*CC*, 3, 332]). "Só a luta [...] dirá o que é racional ou irracional" (*Q 6*, 10, 690 [*CC*, 1, 434]). O arbítrio, enquanto ligado ao racional, possui uma *realidade* ou eficácia prática.

G. distingue como "arbítrio individualista" aquele que não "se generaliza" e que está em contraste com o "automatismo" (ou "liberdade de grupo"). Todavia, "se o arbítrio se generaliza, não é mais arbítrio, mas deslocamento da base do 'automatismo', nova racionalidade" (*Q 10* II, 8, 1.245-6 [*CC*, 1, 316]). Nesse contexto adquire relevo a práxis revolucionária: toda "força inovadora [...] é racionalidade e irracionalidade, arbítrio e necessidade, é 'vida'" (*Q 10* II, 41.XIV, 1.326 [*CC*, 1, 394]). É de se esperar para ver se conseguirá fazer prevalecer seu caráter de elemento "historicamente necessário" (*Q 3*, 48, 330 [*CC*, 3, 194]), tornando-se nova racionalidade. "Este é o nexo central da filosofia da práxis": "O ponto no qual [...] cessa de ser 'arbitrária' e se torna necessária-racional-real" enquanto tende de "a modificar o mundo", "se realiza, vive historicamente, ou seja, socialmente e não mais apenas nos cérebros individuais" (*Q 10* II, 28, 1.266 [*CC*, 1, 336]). Tudo isso explica porque o termo "arbítrio" e o adjetivo correspondente sejam frequentemente postos por G. entre aspas, a denotar o senso de relativo (histórico) e não de absoluto.

Rocco Lacorte

Ver: necessidade; orgânico; particular; racionalismo; regularidade.

arditi

Na "questão do *arditismo*", G. evidencia os limites de uma eventual aplicação do modelo de relação entre exército e *arditi* à ciência política. À exceção da França, cuja composição social do exército é analisada no *Q 1*, 48, 60, a função técnica de arma especial foi realizada efetivamente pelos *arditi* em todos os exércitos da Primeira Guerra Mundial, em que o "novo exército de voluntários" formou como que "um véu entre o inimigo e a massa dos recrutas" (idem). A função político-militar, no entanto, teria sido atribuída aos *arditi* apenas nos "países politicamente não homogêneos e enfraquecidos" (*Q 1*, 133, 122 [*CC*, 3, 123]) e, se não se pressupunha um exército totalmente inerte, sua existência era sinal da passividade e da "relativa desmoralização" (ibidem, 120 [*CC*, 3, 122]) da massa militar. Comentando no *Q 9*, 96, 1.160 uma declaração de Italo Balbo, G. nota que, se voluntariado e *arditismo* de guerra possuíram vantagens históricas indiscutíveis, eles representam na verdade apenas "uma solução de compromisso com a passividade das massas nacionais" (*Q 19*, 11, 1.999 [*CC*, 5, 51]), uma solução de autoridade, que encontraria a legitimação "formal" do consenso nos melhores, onde, no entanto, para "construir história duradoura" seriam necessárias "as mais vastas e numerosas energias nacionais-populares" (*Q 9*, 96, 1.160).

O *arditismo* moderno seria próprio da guerra de posição assim como se apresentou em 1914-1918, mas também antes, a guerra de movimento (com a cavalaria e as armas rápidas em geral) e aquela de assédio ou de posição (no serviço de patrulhas) continham elementos que podiam desempenhar uma função de *arditi*. Porém, segundo G., a guerra de movimento e de manobra seria própria apenas de algumas classes sociais e, por outro lado, o próprio *arditismo* teria uma importância tática diferente conforme à classe de pertencimento, visto que aqueles que não possuem ampla disponibilidade financeira e devem respeitar horários fixos no trabalho não podem se permitir "organizações de assalto permanentes e especializadas" (*Q 1*, 133, 121 [*CC*, 3, 123]). Segundo G., não se deveria, portanto, imitar os métodos de luta das classes dominantes: quando em uma organização estatal debilitada, como um exército enfraquecido, formam-se organizações armadas privadas, seria tolice responder ao *arditismo* com *arditismo*. Além disso, seria estúpido, na arte política, fossilizar-se em modelos militares: a política deveria, ao contrário, "ser superior à parte militar", uma vez que apenas "a política cria a possibilidade da manobra e do movimento" (idem). Com vários exemplos, porém, G. admite que em algumas "formas de luta mistas, de caráter militar fundamental e de caráter político preponderante" (*Q 1*, 134, 123 [*CC*, 3, 125]), o *arditismo* requer "um desenvolvimento tático original", para o qual a experiência de guerra pode constituir um estímulo, mas não pode ser, todavia, um modelo.

Em uma breve nota do *Q 8*, ilustra-se, especificamente, o paralelo entre a função desempenhada pelos *arditi* nos confrontos militares e a política assumida pelos intelectuais (*Q 8*, 244, 1.092). G. estigmatiza o "voluntarismo" dos *arditi* sem infantaria e sem artilharia, expressão da "linguagem do heroísmo retórico" (*Q 14*, 18, 1.676 [*CC*, 3, 303]), aquele dos intelectuais sem massa, enquanto considera desejável que os intelectuais (de massa), as "vanguardas" e os *arditi* trabalhem para desenvolver os blocos sociais homogêneos que representam em vez de "perpetuar seu domínio cigano" (*Q 8*, 244, 1.092). No Texto C, no qual as modificações e variações com relação ao Texto A são consistentes, distingue-se também um voluntarismo que "se teoriza como forma orgânica de atividade histórico-política" (*Q 14*, 18, 1.675 [*CC*, 3, 302]) e que adota uma linguagem de super-homem apta a exaltar as "minorias ativas como tais", daquele que é concebido apenas como "momento inicial de um período orgânico a ser preparado e desenvolvido, no qual a participação da coletividade orgânica, como bloco social, aconteça de modo completo" (idem).

No *Q 15*, 15, 1.772 [*CC*, 5, 319], a relação passividade-voluntariado traz a abordagem do *arditismo* para o âmbito das reflexões sobre a revolução passiva: a relação entre a massa de recrutas e os voluntários-*arditi* e aquela entre oficiais de carreira e oficiais complementares é comparada no *Risorgimento* à relação entre partidos políticos tradicionais e movimentos democráticos demagógicos de massa, cuja força "extemporânea" obtém de imediato, "seguindo líderes improvisados" (ibidem, 1.773 [*CC*, 5, 320]), maiores resultados, que foram, no entanto, sucessivamente perdidos pelos moderados.

Jole Silvia Imbornone

Ver: guerra; intelectuais; revolução passiva; voluntários; voluntarismo.

Aristóteles

A questão filosófica à qual G. associa Aristóteles é a da "objetividade externa do real" (*Q 10* II, 46, 1.333 [*CC*, 1, 401]), a qual, por sua vez, está estreitamente ligada à temática kantiana da coisa em si ou número. Segundo G., o conceito de coisa em si deriva da ideia da objetividade externa do real, própria do realismo greco-cristão que tem seus máximos expoentes em Aristóteles e Tomás de Aquino; esse nexo leva G. a concluir "que toda uma tendência do materialismo vulgar e do positivismo deu lugar à escola neokantiana ou neocrítica" (idem). No *Q 11*, G. retoma o tema sublinhando o acordo existente entre catolicismo e aristotelismo sobre a questão da "objetividade do real" (*Q 11*, 20, 1.419 [*CC*, 1, 136]). Esse acordo estende-se também ao conceito de autoridade que unia estreitamente a Bíblia e Aristóteles, permitindo aos "cientistas" da época chegarem a conclusões cuja arbitrariedade e bizarrice contrastavam de modo evidente "com as observações experimentais do bom senso" (*Q 11*, 21, 1.421 [*CC*, 1, 139]). Somente a adoção de uma abundante dose de bom senso ao longo dos séculos XVII e XVIII permitiu colocar tal princípio em discussão (*Q 10* II, 48, 1.334 [*CC*, 1, 402]).

Duas outras ocorrências a respeito de Aristóteles nos *Q* são levadas em consideração por sua relevância crítica e, ao mesmo tempo, irônica. No primeiro caso, G. recorda que Croce se sente fortemente ligado a Aristóteles e Platão, "mas não esconde, ao contrário, que esteja ligado aos senadores Agnelli e Benni e nisto, precisamente, deve ser procurada a característica mais marcante da filosofia de Croce" (*Q 12*, 1, 1.515 [*CC*, 2, 17]). No segundo, G. ironiza a teoria de Loria relativa à emancipação dos operários assalariados por meio do uso de aviões (*Q 28*, 1, 2.322 [*CC*, 2, 257]), recordando que Aristóteles sugeria a acrópole para os governos oligárquicos e tirânicos e as planícies, para os governos democráticos (*Q 28*, 14, 2.332-3 [*CC*, 2, 268]).

Lelio La Porta

Ver: bom senso; Croce; Loria; materialismo; número; objetividade.

armas e religião

"Armas e religião" é o título de um Texto B do *Q 6*, no qual G. escreve: "Afirmação de Guicciardini de que, para a vida de um Estado, duas coisas são absolutamente necessárias: as armas e a religião. A fórmula de Guicciardini pode ser traduzida em várias outras fórmulas menos drásticas: força e consenso, coerção e persuasão, Estado e Igreja, sociedade política e sociedade civil, política e moral (história ético-política de Croce), direito e liberdade, ordem e disciplina, ou, com um juízo implícito de sabor libertário, violência e fraude" (*Q 6*, 87, 762-3 [*CC*, 3, 243]). A "fórmula" é, portanto, lida por G. no âmbito de sua reelaboração da política como conjunto de força e consenso: o moderno "Estado integral", com a consciência, no entanto, de que no tempo de Guicciardini "a religião era o consenso e a Igreja era a sociedade civil, o aparelho de hegemonia do grupo dirigente, que não tinha um aparelho próprio, isto é, não tinha uma organização cultural e intelectual própria, mas sentia como tal a organização eclesiástica universal" (ibidem, 763 [*CC*, 3, 243]).

Se as "armas" indicam, portanto, a "força", a coerção, o Estado *stricto sensu*, a "religião" é tomada em sentido lato, como ideologia difusa, senso comum, concepção de mundo, segundo o significado que G. elabora levando em consideração também "o que Croce chama de 'religião', isto é, uma concepção de mundo com uma ética adequada" (*Q 10* II, 41.V, 1.308 [*CC*, 1, 377]): ou seja, a religião indica o momento da superestrutura ideológica no âmbito dos processos de funcionamento do poder.

A sequência da nota do *Q 6* contém uma referência de G. à "iniciativa jacobina", que percebe a necessidade de constituir uma religião laica, o "culto do 'Ente supremo'", uma religião de Estado, no âmbito do esforço voltado para "criar identidade entre Estado e sociedade civil", mas também a "primeira raiz do moderno Estado laico, independente da Igreja, que procura e encontra em si mesmo, em sua vida complexa, todos os elementos da sua personalidade histórica" (*Q 6*, 87, 763 [*CC*, 3, 244]).

Guido Liguori

Ver: concepção do mundo; consenso; Croce; Estado; força; Guicciardini; hegemonia; ideologia; jacobinismo; religião; senso comum; sociedade civil.

arquitetura
O tema da arquitetura se insere nos *Q* a propósito do debate sobre a relação entre valor estético e função prática da obra de arte, na esteira da colocação idealista e crociana do problema. "Certo é que a arquitetura parece ser, por si mesma e por suas conexões imediatas com o resto da vida, a mais reformável e 'discutível' das artes" (*Q 14*, 2, 1.656 [*CC*, 6, 230]). O fundo problemático da questão é representado, evidentemente, pelo conceito crociano de autonomia da arte, um conceito que age, de modo recíproco, também naquele "desvio infantil da filosofia da práxis" (do qual o *Ensaio popular* de Bukharin é expressão: *Q 11*, 29, 1.442 [*CC*, 1, 159]), segundo o qual "quanto mais se recorre a objetos 'materiais', tanto mais se é ortodoxo" (idem).

A arquitetura é uma arte particular, seja por sua relação com a técnica, seja porque é "coletiva" não apenas como "uso", mas como "julgamento", e por essas razões atingiu, antes que as outras artes, o moderno gosto pelo belo, ou seja, o "racionalismo" (*Q 14*, 2, 1.656 [*CC*, 6, 230]). Seu caráter coletivo e sua utilidade prática imediata, em conjunto com a ligação instrumental estreita com os meios técnicos e os conhecimentos teóricos que a pressupõem, fazem da arquitetura, para o autor dos *Q*, um modelo para as outras artes. Mas o dilema da relação entre estética e função permanece não resolvido em G., e justamente a propósito da arquitetura isso transparece de forma singular.

Por um lado, de fato, G. sustenta que "uma grande arte arquitetônica só pode nascer depois de uma fase transitória de caráter 'prático'", aludindo à circunstância de que o caráter prático é apenas um primeiro nível de elaboração do conceito de arte, um nível a partir do qual é necessário elevar a própria arte (*Q 3*, 155, 407 [*CC*, 6, 164]); mas depois, por outro lado, aspira a que, dada a capacidade de antecipação que a arquitetura mostrou em relação às outras artes de fazer-se racional, ou seja, adequada a uma direção social preestabelecida, seria necessário que a literatura a imitasse, para tornar-se "literatura 'segundo um plano', isto é, a literatura 'funcional', segundo uma orientação social preestabelecida" (*Q 14*, 65, 1.724 [*CC*, 6, 250]).

Nesse âmbito, no qual G. se move com incerteza, a reflexão sobre a arquitetura se abre a um discurso mais geral sobre o escopo da arte e sobre a relação entre arte e dimensão social, respondendo preliminarmente à eventual objeção de que uma proposta semelhante seja lesiva à liberdade de expressão artística: "A coerção social! Quanto se deblatera contra esta coerção, sem pensar que se trata de uma palavra! A coerção, a orientação, o plano são simplesmente um terreno de seleção dos artistas, nada mais; e que são selecionados para finalidades práticas, isto é, num campo em que a vontade e a coerção são perfeitamente justificáveis [...] Se a coerção se desenvolve segundo o desenvolvimento das forças sociais, não é coerção, mas 'revelação' de verdade cultural obtida com um método acelerado [...] Parece-me que o conceito de racionalismo em arquitetura, isto é, de 'funcionalismo', é muito fecundo de consequências no plano dos princípios de política cultural" (ibidem, 1.724-5 [*CC*, 6, 250-1]).

Lea Durante

Ver: arte; coerção; racionalismo.

arte
São várias e múltiplas as reflexões dedicadas, nos *Q*, a obras artísticas de épocas e autores diferentes. Mas, da mesma forma em que analisa ou, mais simplesmente, evoca realizações estéticas específicas, G. se detém também

sobre questões de caráter mais geral, relativas ao estatuto da arte e à natureza da criação artística. O pensador com o qual, nessa vertente, ele se confronta com mais frequência e de maneira sistemática é Benedetto Croce. No *Q 6*, 124, 794 [*CC*, 6, 199] se encontra uma referência explícita à *Aesthetica in nuce*, ensaio crociano de 1928, enquanto no *Q 10* II, 41.V, 1.303 [*CC*, 1, 376] é mencionado o *Breviario di estetica* [*Breviário de estética*], de 1913.

G. instaura um confronto de tipo dialético com o filósofo napolitano. Retoma-lhe a terminologia, como demonstram diversas passagens dos *Q* nas quais se fala, por exemplo, de "pura instituição fantástica" (*Q 11*, 36, 1.454 [*CC*, 1, 168]), de "identidade de forma e conteúdo" (*Q 11*, 19, 1.418 [*CC*, 1, 136]) ou do "caráter de liricidade da arte" (*Q 15*, 20, 1.779 [*CC*, 6, 235]). Ao fazê-lo, no entanto, G. encontra terreno para consumar um rompimento com Croce e inverter-lhe a perspectiva teórica, adequando o léxico crociano – que permeia de maneira compacta nos *Q* a maior parte dos temas artísticos – a uma visão de arte baseada, de modo determinante, no princípio da historicidade do estético. Por essa razão se "a identificação de conteúdo e forma é afirmada pela estética idealista (Croce), mas a partir de pressupostos idealistas e com terminologia idealista" (*Q 8*, 201, 1.062), eis que nos *Q* "'conteúdo' e 'forma', além de um significado 'estético' possuem também um significado 'histórico'. Forma 'histórica' significa uma determinada linguagem, assim como 'conteúdo' indica um determinado modo de pensar" (*Q 14*, 72, 1.738 [*CC*, 6, 252]). Nisso a divergência com a concepção de Croce é decisiva e substancial.

Porém há mais: a diferença adquire um aspecto ulterior, igualmente relevante. O ponto de vista de Croce, circunscrito à individualidade, se inverte, perdendo seus traços de "'individualismo' artístico expressivo anti-histórico (ou antissocial, ou antinacional-popular)" (*Q 14*, 28, 1.687 [*CC*, 6, 241]). G. recorda a "teoria da 'memória' inventada por Croce para explicar a razão pela qual os artistas não se contentam em conceber suas obras apenas idealmente, mas as escrevem ou as esculpem etc." (*Q 11*, 29, 1.441-2 [*CC*, 1, 159]). A tal teoria ele contrapõe a ideia segundo a qual o artista "não escreve ou pinta etc., isto é, não 'registra' exteriormente suas fantasias apenas para 'sua recordação pessoal', para poder reviver o instante da criação, mas só é artista na medida em que 'registra' externamente, em que objetiva, historiciza suas fantasias" (*Q 14*, 28, 1.686 [*CC*, 6, 240]). Também porque a arte não pode deixar de ser afetada pelo fato de estar "ligada a uma determinada cultura ou civilização" (*Q 21*, 1, 2.109 [*CC*, 6, 33]).

Vê-se, assim, o peso que os *Q* atribuem ao conteúdo artístico e ao seu significado histórico. No *Q 15*, 38, 1.793 [*CC*, 6, 260] se compreende com clareza que, para G., analisar o conteúdo de um produto estético coincida com "a investigação sobre qual seja a massa de sentimentos, de qual seja a atitude diante da vida que circula na própria obra de arte". A concepção de conteúdo que os *Q* propõem parece, portanto, bem ampla. Na prosa narrativa, por exemplo, "não basta entender por 'conteúdo' a escolha de um dado ambiente: o que é essencial para o conteúdo é a *atitude* do escritor e de uma geração em face desse ambiente. Somente a atitude é que determina o mundo cultural de uma geração e de uma época e, portanto, seu estilo" (*Q 8*, 9, 943 [*CC*, 6, 212-3]). Não deve surpreender, por isso, que entre os modelos gramscianos destaca-se Francesco De Sanctis, cuja crítica aparece julgada como militante e não "frigidamente estética" (*Q 4*, 5, 426). A importância de De Sanctis se dá por ele ter fornecido uma resposta persuasiva à problemática das relações que existem entre forma, conteúdo e sociedade. De Sanctis, de fato, aborda a arte de uma maneira marcada também por um claro empenho civil, no qual "a análise do conteúdo, a crítica da 'estrutura' das obras, isto é, também da coerência lógica e histórica atual das massas de sentimentos representados estão ligados a esta luta cultural" (idem).

O recurso a De Sanctis, além de ressaltar a importância da profundidade moral, semântica e política no fato artístico, mostra também o quanto G. leva em consideração a forma e testemunha o papel nada secundário do que ela se reveste na dinâmica da síntese com o conteúdo. A razão pela qual G. toma De Sanctis como modelo do modo correto de fazer crítica por parte dos filósofos da práxis é que o autor da *Storia della letteratura italiana* [*História da literatura italiana*] pode servir de paradigma a uma hermenêutica e a uma historiografia literária em que se fundam "a luta por uma nova cultura, isto é, por um novo humanismo, a crítica dos costumes, dos sentimentos e das concepções de mundo com a crítica estética" (*Q 23*, 3, 2.188 [*CC*, 6, 66]). Os *Q* não condenam, portanto, o esteticismo da arte: a recusa se refere à crítica estética considerada como fim em si mesma, ou seja, ao formalismo vazio, o qual também aflige diversas experiências artísticas, como a ungarettiana (*Q 4*, 5, 425; ibidem, 427; *Q 23*, 3, 2.190 [*CC*, 6, 64]). Os ataques de G., contudo, não poupam sequer o conteudismo, vale dizer a redução do valor de uma obra de arte, ignorando completamente a forma, em proveito apenas de seus conteúdos: "O que se exclui é que uma obra seja bela por seu conteúdo moral e político, mas não por sua forma, na qual o conteúdo abstrato se fundiu e identificou" (*Q 15*, 38, 1.793 [*CC*, 6, 260]). Daí o seguinte paradoxo: "Dois escritores podem representar (expressar) o mesmo momento histórico-social, mas um pode ser artista e o outro, simples borra-botas" (*Q 23*, 3, 2.187 [*CC*, 6, 64-5]).

Emerge assim a posição de relevo de que a dimensão estética, em sua organicidade de forma e conteúdo, se insere no interior das relações que conectam reciprocamente estrutura e superestrutura. G. não deixa de observar o quanto a arte deve à história: "A literatura não gera literatura etc., isto é, as ideologias não criam ideologias, as superestruturas não geram superestruturas a não ser como herança de inércia e passividade: elas são geradas não por 'partenogênese', mas pela intervenção do elemento 'masculino' – a história – a atividade revolucionária que cria o 'novo homem', isto é, novas relações sociais" (*Q 6*, 64, 733 [*CC*, 6, 195]). Ocorre que não se chega a entender concretamente "que, lutando-se para reformar a cultura, consegue-se modificar o 'conteúdo' da arte, trabalha-se para criar uma nova arte, não a partir de fora (pretendendo-se uma arte didática, de tese, moralista), mas de dentro, já que o homem inteiro é modificado na medida em que são modificados seus sentimentos, suas concepções e as relações das quais o homem é a expressão necessária" (*Q 21*, 1, 2.109 [*CC*, 6, 35]). Os *Q*, não obstante, põe à luz um momento que resulta, aparentemente, o contrário: aquele no qual é a arte que faz a história. Sempre ocorre que na história "toda nova civilização, na medida em que era tal, ainda que reprimida, combatida, obstaculizada de todos os modos, expressou-se precisamente antes na literatura do que na vida estatal, ou melhor, sua expressão literária foi o modo de criar as condições intelectuais e morais para a expressão legislativa e estatal" (*Q 15*, 20, 1.777 [*CC*, 6, 235]).

No *Q 6*, 19, 699 [*CC*, 3, 224], como também em outras passagens dos *Q*, se encontra a expressão "arte política", entendendo-se por ela a teoria e a técnica da política. Não obstante G. assinale, no *Q 5*, 127, 661 [*CC*, 3, 221-3], a separação "entre intuição política e intuição estética, lírica ou artística: só por metáfora se pode falar de arte política". Nesse caso, segundo G., a intuição política "não se expressa no artista, mas no 'líder'" (idem).

Yuri Brunello

Ver: Croce; Dante; De Sanctis; Goethe; literatura artística.

arte militar

Frequentemente entrelaçado com "guerra de movimento" e "guerra de posição", a expressão "arte militar" conduz ao nexo conflito-potência, ao longo de dois pontos de vista. O primeiro – histórico – representa um modelo antigo de inteligência: "Os comentários de César – escreve G. – são um clássico exemplo de exposição de uma sábia combinação de arte política e arte militar: os soldados viam em César não só um grande líder militar, mas especialmente seu líder político" (*Q 19*, 28, 2.052 [*CC*, 5, 103]). É a crítica do bonapartismo, da força do vínculo pessoal com o exército, em lugar do controle político, seja dos conflitos, seja do próprio exército. Também Bismarck, "na trilha de Clausewitz, defendia a supremacia do momento político sobre o militar" (idem).

O raciocínio é funcional também ao presente, que é a outra perspectiva de G., e passado e presente se cruzam também a propósito de Maquiavel, o qual, em *A arte da guerra*, "deve ser considerado como um político que precisa se ocupar da arte militar; seu unilateralismo [...] decorre do fato de que a questão técnico-militar não constitui o centro de seu interesse e de seu pensamento: ele a trata somente na medida em que isso é necessário para sua construção política" (*Q 13*, 13, 1.573 [*CC*, 3, 30]). Eis outra vertente da síntese necessária entre política e arte militar, que remete ao mais amplo problema da "natureza dúplice do Centauro maquiavélico, ferina e humana, da força e do consenso, da autoridade e da hegemonia, da violência e da civilidade" (*Q 13*, 14, 1.576 [*CC*, 3, 33]). Ainda para o presente vale um esclarecimento sobre a tentação do vanguardismo: "Uma organização estatal debilitada – adverte G. – é como um exército enfraquecido: entram em ação os *arditi*, isto é, as organizações armadas privadas". Estas usam "a ilegalidade [...] como meio de reorganizar o próprio Estado [...]. Combater o *arditismo* com *arditismo* é tolice; significa acreditar que o Estado permanecerá eternamente inerte, o que jamais ocorre" (*Q 1*, 133, 121 [*CC*, 3, 123]). A impossível neutralidade do Estado é a síntese atual do senso político da arte militar.

Silvio Suppa

Ver: *arditi*; Cesar; cesarismo; guerra; Maquiavel; passado e presente; política.

artificial: v. natural-artificial.

ateísmo
Como político-filósofo do "humanismo absoluto" e da "imanência absoluta", G. está convencido de que não se devem procurar as soluções para os problemas humanos e sociais no âmbito das crenças religiosas, mas tampouco no ateísmo, para evitar cair no "equívoco do ateísmo" e no "equívoco do deísmo em muitos idealistas modernos", pois lhe parece "evidente que o ateísmo é uma forma puramente negativa e infecunda, a não ser que seja concebido como um período de pura polêmica literária popular" (*Q 15*, 61, 1.827 [*CC*, 1, 265]). G., portanto, espera a construção de "uma cultura superior autônoma". Esta constitui "a parte positiva da luta que se manifesta, em forma negativa e polêmica, nos meros *a-* e *anti-* (anticlericalismo, ateísmo etc.)". Dá-se assim "uma forma moderna e atual ao humanismo laico tradicional, que deve ser a base ética do novo tipo de Estado" (*Q 11*, 70, 1.509 [*CC*, 1, 225]; v. também *Q 3*, 31, 309).

G. destaca a contradição de intelectuais como Croce, que possuem "um ateísmo de cavalheiros, um anticlericalismo que rejeita a rusticidade e a grosseria plebeia dos anticlericais desvairados" (*Q 10* II, 41.IV, 1.303 [*CC*, 1, 372]), que chegam ao ateísmo "através da ciência ou da filosofia, mas que afirmam ser a religião necessária para a organização social" (*Q 8*, 111, 1.007 [*CC*, 4, 228]). Posição que reproduz, de certo modo, a contradição entre a *Crítica da razão pura* e a *Crítica da razão prática* de Kant, ou de intelectuais como Gentile, que "quer nos fazer acreditar que sua filosofia é a conquista da certeza crítica das verdades do catolicismo" e que, para atrair os católicos, tenta até mesmo convencê-los, com um equívoco que não deixa de ter consequências, de que "a religião se abraça com o ateísmo" (*Q 11*, 13, 1.401 [*CC*, 1, 119]).

Giovanni Semeraro

Ver: Croce; Gentile; humanismo absoluto; imanência; Kant; laicismo; religião.

atualismo
G. enfrenta, nos *Q*, o problema do atualismo tanto em relação à filosofia e à teoria política de Giovanni Gentile, quanto em relação às formas que ele assume em alguns de seus intérpretes e seguidores, como Ugo Spirito, Arnaldo Volpicelli e Guido Calogero. No que concerne ao atualismo gentiliano e às suas consequências ético-políticas, G. recolhe com argúcia, no âmbito da teoria política, a diferença entre a posição de Croce e a de Gentile e mostra haver bem compreendido a crítica (desenvolvida com clareza nos *Elementi di politica* [Elementos de política] de 1925) que Croce dirige à ideia gentiliana de Estado ético. A absolutização do ato, a falta de distinção entre economia e ética, a recusa e a negação do liberalismo e do comunismo, acusados por Gentile respectivamente de individualismo e de materialismo, têm como consequência a identificação entre história e história do Estado e, hegelianamente, a resolução do indivíduo no próprio Estado. Croce, em vez disso, com a teorização da história tomada como história ético-política, reitera o caráter antijustificacionista do "historicismo absoluto" e sublinha, justamente na especificação da historicidade como "ético-política", tanto a não coincidência de ética e política quanto o fato de que a história do Estado se estende também a elementos que se opõem e que podem derrubar o próprio Estado. Na concepção crociana da história ético-política é a liberdade, entendida, por um lado, como princípio originário da história e, por outro, como ideal moral ao qual deve tender a humanidade, que tem em si o conceito de luta. A posse da liberdade, de fato, nunca é tranquila e definitiva; antes, a história da liberdade é a história de sua conquista, de sua perda e de sua reconquista (adiante se verá como G., no entanto, confrontará criticamente a história ético-política crociana). No atualismo gentiliano, na unidade do ato que identifica hegemonia e ditadura, sociedade civil e sociedade política, não ocorre nem a ideia da distinção entre ética e política, nem o espaço para a possibilidade de exercício de um horizonte plural de forças em condições também de opor-se ao Estado. G. sintetiza bem os motivos de contraste entre a perspectiva crociana e as consequências do atualismo de Gentile; todavia, pelo menos em uma passagem parece admitir que o atualismo gentiliano, como modelo hermenêutico, funciona melhor na explicação do desenvolvimento histórico-ideal do Estado entendido como individualidade, porque é capaz de sintetizar

aquilo que em Croce, embora relacionado, permanece distinto, vale dizer o momento econômico-corporativo e o momento ético do Estado. G. reiterará em outras passagens que, na realidade, também o conceito de história ético-política, embora absorvido na abstrata especulação da lógica dos distintos, subentende de todo modo a ideia do desenvolvimento da história da hegemonia, na qual economia e ética ocorrem em conjunto. Talvez por isso G. sustenta que a filosofia de Croce não pode ser analisada independentemente daquela de Gentile, e que um *anti*-Croce deve ser ao mesmo tempo também um *anti*-Gentile (*Q 10* I, 11, 1.234 [*CC*, 1, 303]): "Deve ver-se em que medida o 'atualismo' de Gentile corresponde à fase estatal positiva, à qual, porém, se opõe Croce. A 'unidade no ato' dá a Gentile a possibilidade de reconhecer como 'história' aquilo que, para Croce, é anti-história. Para Gentile, a história é inteiramente história do Estado; para Croce, ao contrário, é 'ético-política'; vale dizer, Croce quer manter uma distinção entre sociedade civil e sociedade política, entre hegemonia e ditadura; os grandes intelectuais exercem a hegemonia, que pressupõe certa colaboração, ou seja, um consenso ativo e voluntário (livre), ou seja, um regime liberal-democrático. Gentile situa a fase corporativa (-econômica) como fase ética no ato histórico: hegemonia e ditadura são indistinguíveis, a força é pura e simplesmente consenso: não se pode distinguir a sociedade política da sociedade civil: existe só o Estado e, naturalmente, o Estado-governo etc." (*Q 6*, 10, 691 [*CC*, 1, 436-7]).

G., todavia, está bem atento para não aceitar uma concepção radical do atualismo, na qual, com demasiada facilidade, se parta do pressuposto de que a solução para problemas atuais está necessária e geneticamente incluída na solução de épocas passadas. Tomar posição a favor de tal concepção do desenvolvimento histórico-político da sociedade significaria perder o elemento de criticidade que permite individualizar como especificidade as problemáticas colocadas no âmbito de determinada época. O próprio aniquilamento do elemento crítico no dentro de uma concepção atualista radical da história social acabaria em rude empirismo. "As soluções passadas de determinados problemas ajudam a encontrar a solução de problemas atuais semelhantes, em razão do hábito crítico cultural que se cria na disciplina do estudo, mas nunca se pode dizer que a solução atual decorra geneticamente das soluções passadas: sua gênese está na situação atual e só nesta. Este critério não é absoluto, isto é, não deve ser levado ao absurdo: neste caso se cairia no empirismo: máximo atualismo [realismo], máximo empirismo" (*Q 6*, 85, 758 [*CC*, 5, 250-1]).

Embora G. demonstre considerar seriamente o atualismo gentiliano e teste continuamente sua abordagem teórica como modelo explicativo do desenvolvimento político-social da humanidade (G. parece traçar, às vezes, não de maneira totalmente correta do ponto de vista histórico e textual, uma linha de continuidade entre teoria do Estado hegelo-marxista e teoria gentiliana do desenvolvimento estatal; desta, naturalmente, critica o caráter excessivamente especulativo e subjetivo), deve-se observar também que o próprio G. delimita e relaciona, pelo menos em algumas passagens dos *Q*, a importância do atualismo para a fase econômico-corporativa que a Itália vive naqueles anos (*Q 7*, 17, 867). Assim como G. limita a relevância do atualismo ao momento corporativo-econômico do período histórico da Itália fascista, também é crítico com relação à reforma que o atualismo gentiliano presume ter realizado na dialética hegeliana. Ainda que Gentile tenha tentado a superação da dialética de Hegel que, segundo ele, não teria chegado a se libertar do empírico por ter sido fundada, em última instância, na ideia lógico-abstrata e não no ato do espírito, para G. a pretensão do atualismo gentiliano de exprimir a perfeição dialética se resolve num sofisma, uma vez que permanece completamente obscuro o padrão segundo o qual a dialética formal seria superior à lógica formal (*Q 8*, 178, 1.049). Justamente na disputa relativa à dialética entre o atualismo gentiliano e a lógica dos distintos crociana, G. vê uma disputa puramente técnica, que resulta do esforço teórico idealista em geral, e crociano em particular, de identificar a filosofia com uma metodologia da história (*Q 11*, 44, 1.464 [*CC*, 1, 179]).

Como visto até aqui, em G. o conceito de atualismo é inserido com frequência na contenda filosófica entre Croce e Gentile; ainda no âmbito dessa disputa, G. coloca a discussão e a crítica da história ético-política de Croce. Para G., a lógica dos distintos crociana funciona quando aplicada a questões relativas à estética, ao passo que para a história o problema é muito mais complexo, já que "na história e na produção da história, a representação 'individualizada' dos Estados e das Nações é uma simples metáfora". G. sustenta, em última análise, que a filosofia de Croce pode se realizar, resolvendo as próprias contradições, apenas no âmbito do atualismo gentiliano, porque apenas nele a ilusão da representação individualizada dos Estados desaparece na unidade da ideia processual da hegemonia estatal. Na realidade, segundo G., a concepção da história ético-política não está tão distante do atualismo, já que não é senão a história do momento da hegemonia. Daí "a necessidade, para Croce e para a filosofia crociana, de ser a matriz do 'atualismo' gentiliano. De fato, somente em uma filosofia ultraespeculativa, como é o caso do atualismo, essas contradições e insuficiências da filosofia crociana encontram uma composição formal e verbal; mas, ao mesmo tempo, o atualismo demonstra, da maneira mais evidente, o caráter pouco concreto da filosofia de Croce, da mesma forma como o "solipsismo" documenta a íntima debilidade da concepção subjetiva-especulativa da realidade" (*Q 10* I, 7, 1.222-3 [*CC*, 1, 294]). Para G., a filosofia da práxis não apenas não exclui a ideia de história ético-política como, ao contrário, a inclui e a reivindica como momento essencial da história da hegemonia (ibidem, 1.224 [*CC*, 1, 295]).

G. exprime, todavia, críticas severas tanto em relação ao atualismo gentiliano quanto em relação aos êxitos que ele alcança em alguns discípulos do próprio Gentile. O idealismo atualista, de fato, ao teorizar a coincidência entre ideologia e filosofia, cai dogmaticamente numa posição que postula a identidade entre ideal e real, teoria e práxis. Estipulando essa identidade, o idealismo atual faz a filosofia dar um passo atrás com relação aos "cumes" das distinções a que Croce a tinha conduzido. "Tal degradação é bastante visível nos desenvolvimentos (ou retrocessos) que o idealismo atual apresenta nos discípulos de Gentile: os *Nuovi studi* [Novos estudos] de Ugo Spirito e A. Volpicelli são o mais vistoso documento desse fenômeno. A unidade entre ideologia e filosofia, quando é afirmada dessa maneira, cria uma nova forma de sociologismo, que não é nem história nem filosofia, mas sim um conjunto de esquemas verbais abstratos, sustentados por uma fraseologia entediante e mecânica" (*Q 1*, 132, 119). G. se mostra sempre desdenhoso em relação à filosofia de Spirito, chegando mesmo a afirmar que a aparente novidade nos conteúdos e na maneira de apresentar os problemas se resolve, na realidade, numa questão linguística e terminológica (*Q 4*, 42, 468). O *novum* em Spirito, na visão de G., é a tal ponto exclusivamente um problema de "criatividade linguística" que o faz trazer à discussão o pragmatismo de Vailati e de Pareto, sobretudo em relação à linguagem científica (ibidem, 469). G. trata também das posições de Spirito em relação à doutrina do Estado e da economia: ele sustenta que a mesma polêmica entre a concepção gentiliana do Estado e a teoria da história ético-política de Croce se recoloca também entre Einaudi e Spirito. Nesse caso, no entanto, G. repreende em Spirito o que não repreende diretamente em Gentile, vale dizer, que a concepção de Estado nele é um retorno à pura economia (*Q 6*, 12, 693 [*CC*, 3, 224]). As mesmas conclusões teriam sido possíveis a G. na disputa Croce-Gentile que ele aborda algumas linhas antes. Além disso, G. reprova às "novas tendências jurídicas" de Volpicelli e Spirito a assimilação entre Estado-classe e sociedade regulada: mesmo que G. não o afirme explicitamente, tal identificação pode ser imputada como um dos efeitos derivados da aplicação do atualismo gentiliano no âmbito da teoria da política; de fato, assim como o atualismo, com a concepção do Estado ético, suspende o conceito de luta, a assimilação de Estado-classe e sociedade regulada "é própria das classes médias e dos pequenos intelectuais, que se sentiriam felizes com uma regulação qualquer que impedisse as lutas agudas e as catástrofes: é concepção tipicamente reacionária e retrógrada" (idem). G. critica continuamente a concepção de Estado de Spirito, mas, sobretudo, sua concepção de identidade entre especulação e prática, argumentando que mudar a base teórica da concepção do Estado não significa mudar o Estado real (*Q 6*, 82, 754 [*CC*, 3, 236]). Essa mesma crítica, ironicamente mais pungente (G. define Volpicelli e Spirito como "os Bouvard e Pécuchet da filosofia, da política, da economia, do direito, da ciência etc."), é também apresentada um pouco mais adiante (ibidem, 755 [*CC*, 3, 238]). Nessa passagem, ainda uma vez G. sublinha a inconsistência do atualismo de Volpicelli e Spirito, opondo-se à ideia da identidade utópica de pensamento e ação e, ainda que não expressamente, de ato criativo e realidade.

G., vale dizer, examina nas teorias idealistas atualistas de Volpicelli e Spirito um retorno ao imobilismo essencialista e, ao mesmo tempo, a impossibilidade de formular uma concepção dialeticamente dinâmica do real, tão cara a ele: "Também seria preciso observar que a concepção de Spirito e Volpicelli é uma derivação lógica das teorias democráticas mais simplórias e 'racionais'. Além disso, ela está ligada à concepção da 'natureza humana' idêntica e destituída de desenvolvimento, tal como era concebida antes de Marx, segundo a qual todos os homens são fundamentalmente iguais no reino do Espírito (= neste caso, ao Espírito Santo e a Deus Pai de todos os homens)" (ibidem, 756 [*CC*, 3, 239]). G. retorna mais vezes à incompleta e confusa teoria do Estado de Volpicelli e Spirito, denunciando a cada vez a abstração de sua linguagem e teoria.

Outra contradição em que, segundo G., Spirito incorre é determinada por sua concepção de dialética: embora Spirito pense a dialética como antítese radical dos opostos (esse é o sentido, na filosofia de Spirito, da "pesquisa" nunca concluída e da inexaurível e insolúvel abertura da vida e dos problemas), como antinomia irredutível, acaba, todavia, por colocar arbitrariamente entre os próprios opostos uma mediação resolutiva e intelectualista que anula, de fato, a oposição real e a resolve numa mediação especulativa (*Q 15*, 36, 1.791 [*CC*, 1, 449]). G. é talvez demasiado duro com Spirito, que, na realidade, dirige por sua vez a acusação de intelectualismo à concepção dialética do historicismo e teorizava uma dialética majoritariamente ancorada no homem concreto.

Guido Calogero, por seu turno, é citado apenas cinco vezes nos *Q*. G. fala sobre uma resenha escrita por Croce, publicada na *Critica* em maio de 1935, na qual este sustenta que Calogero denominou de "filosofia da práxis" justamente um modo de interpretação específico do atualismo gentiliano. G. se põe como tarefa esclarecer se se trata apenas de uma questão de termos ou de uma impostação filosófica do próprio Calogero (*Q 10* I, 1.210). G. relata, além disso, uma longa passagem do trabalho de Calogero de título "Il neohegelismo nel pensiero italiano contemporaneo", publicado na *Nuova Antologia* de 16 de agosto de 1930. Tal passagem não é comentada por G., que provavelmente lhe aceita as conclusões, segundo as quais Croce, tendo identificado os plexos teóricos fundamentais do pensamento hegeliano (imanentismo, dialética e historicismo), é verdadeiro seguidor e continuador do hegelianismo (*Q 10* II, 4, 1.242-3 [*CC*, 1, 313]). Em conclusão, G. não parece reservar a Calogero as mesmas severas críticas que dirige contra os outros idealistas do atualismo.

BIBLIOGRAFIA: BERGAMI, 1997; MACCABELLI, 1998; NEGRI, 1975.

GIUSEPPE D'ANNA

Ver: Croce; Einaudi; Estado; Gentile; idealismo; pragmatismo; sociedade regulada; solipsismo/solipsista; Spirito; Volpicelli.

autobiografia

Na nota intitulada "Justificação das autobiografias", G. atribui valor à autobiografia enquanto possa ser "concebida 'politicamente'". Ou seja, concebida não sobre a base do pressuposto narcisista e individualista da *originalidade* ("acredita-se que a própria vida seja digna de ser narrada, porque 'original', diferente de outras"), mas com o objetivo de "ajudar outros a se desenvolverem segundo certas maneiras e em determinadas direções", contando a própria história *como* "semelhante a mil outras vidas", mas que "por 'acaso'" tomou "uma direção que as outras mil não podiam tomar [...] Narrando, cria-se essa possibilidade, sugere-se o processo, indica-se a direção" (*Q 14*, 59, 1.718 [*CC*, 4, 126]). Portanto, G. "justifica" a autobiografia como marcada por um fim político-pedagógico: nesse caso ela assume o valor, ou mesmo "substitui" o "'ensaio político' ou 'filosófico'", porque "descreve-se em ato aquilo que de outro modo se deduz logicamente. É certo que a autobiografia tem um grande valor histórico, na medida em que mostra a vida em ato e não só como deve ser segundo as leis escritas ou os princípios morais dominantes" (idem).

A importância dessa função histórico-documental, de testemunho do "particular", é de especial relevância num país em que "a realidade efetiva for diferente das aparências; os fatos, das palavras; o povo que faz, dos intelectuais que interpretam esses fatos". Aqui a autobiografia pode mostrar a distância entre "o mecanismo em ação, em sua função efetiva", e a "lei escrita" (*Q 14*, 64, 1.723-4 [*CC*, 4, 128]), e preencher a lacuna da historiografia que, baseada justamente na lei escrita, não dá conta das mudanças históricas que "alteram a situação" porque "falta o documento de como se preparou 'molecularmente' a mudança, até ela explodir": a autobiografia, como documento de história material, ajuda a compreender a qualidade molecular do processo histórico, a relação entre a formação individual e a coletiva, o nexo entre mudança quantitativa e qualitativa.

Nos países particularmente "hipócritas" pela distância entre leis e costumes, "não abundam os memorialistas ou as autobiografias são 'estilizadas', estritamente pessoais e individuais" (ibidem, 1.724 [*CC*, 4, 128]). É o que ocorre na Itália: "São raros os biógrafos e os autobiógrafos", porque "inexiste o interesse pelo homem vivo, pela vida vivida". G. percebe tal ausência como "outro sintoma da separação entre os intelectuais italianos e a realidade popular-nacional" (*Q 6*, 29, 707 [*CC*, 6, 184-5]).

Assim, ao refletir sobre o problema da autobiografia, G. coloca elementos para um método histórico: não se faz "política-história" (nem se pode escrever história) sem conexão entre "sentir" e "compreender" (*Q 11*, 67, 1.505 [*CC*, 1, 221]). Quando, no cárcere, ele sofre a distância da "vida de Pietro, de Paolo, de Giovanni", pergunta-se: "Sinto falta, realmente, da sensação molecular: como poderia, mesmo sumariamente, perceber a vida do todo complexo?" (*LC*, 222, a Giulia, 19 de novembro de 1928 [*Cartas*, I, 300]). O molecular, então, aparece como método histórico: também método de conhecimento (não se compreende a história senão por meio das mudanças moleculares) e de transformação (seja individual, seja coletiva). Isto é, não se compreende a história sem a autobiografia e, ao mesmo tempo, a autobiografia é a compreensão da própria função molecular no processo histórico de transformação. É então o método filológico aprendido na escola de Turim que se torna "método humano" (Debenedetti, 1991, p. 264).

Não por acaso G. se detém, na reflexão sobre revistas, sobre a importância das "autobiografias político-intelectuais" como momento de "grande eficácia formativa": úteis para descrever as "lutas interiores, no sentido de atingir uma personalidade historicamente superior", e, portanto, para "sugerir, de modo vivo, uma orientação intelectual e moral, além de ser um documento do desenvolvimento cultural em determinadas épocas" (*Q 24*, 3, 2.266 [*CC*, 2, 204]). Resulta, portanto, especialmente importante o propósito de extrair da rubrica "Passado e presente" "uma série de notas que sejam como os *Ricordi politici e civili* de Guicciardini": estes "recapitulam não tanto acontecimentos autobiográficos em sentido estrito (se bem que estes também não faltem) quanto 'experiências' civis e morais (morais mais no sentido ético-político) estreitamente ligadas à própria vida e a seus acontecimentos, consideradas em seu valor universal ou nacional" (*Q 15*, 19, 1.776 [*CC*, 4, 134]). G. anuncia esse *projeto* de marca claramente autobiográfica com uma referência de marca também autobiográfica: "Uma tal forma de escrita pode ser mais útil que as autobiografias em sentido estrito, especialmente se ela se refere a processos vitais que são caracterizados pela permanente tentativa de superar um modo atrasado de viver e de pensar, como aquele que era próprio de um sardo do princípio do século, para apropriar-se de um modo de viver e de pensar não mais regional e 'paroquial', mas nacional" (idem). Eis que a exigência e o processo de "desprovincianização" da cultura italiana, de construção de uma cultura nacional-popular em conexão com a europeia, encontra uma narrativa eficaz por meio do relato do "processo ao ser experimentado por um 'provinciano ao quadrado e ao cubo', como decerto era um jovem sardo do princípio do século" (idem).

O problema *político* da autobiografia, portanto, como narração do processo de "compreensão crítica de si mesmo" (*Q 11*, 12, 1.385 [*CC*, 1, 93]), como narração do processo histórico em ato, como compreensão da própria função histórica em tal processo: como aquisição progressiva de autoconsciência. Isto é, G. observa, gobettianamente, *a autobiografia como um problema*, como tensão moral produtora de si e do processo histórico; combina tensão gobettiana à autoeducação, responsabilidade moral e formação molecular da personalidade, entendendo a relação entre a sensação molecular e o todo complexo também como "senso de responsabilidade para com todas as moléculas que compõem o homem inteiro": é um ter em conta, um "fazer colaborar as moléculas em uma espécie de política de unidade do homem" (Debenedetti, 1972, p. 17). G. constrói então a sua teoria da personalidade à luz de seu historicismo absoluto significando historicamente, dialeticamente, a construção da própria autobiografia: "Também se pode encontrar a serenidade em meio ao desencadeamento das contradições mais absurdas e sob a pressão das necessidades mais implacáveis, se se consegue pensar 'historicamente', dialeticamente, e identificar com sobriedade intelectual a própria tarefa" (*LC*, 545, a Tania, 7 de março de 1932 [*Cartas*, II, 169]). A compreensão crítica de si mesmo, o tornar-se "médico de si mesmo" (idem) por meio de "uma consciência continuamente presente" (Debenedetti, 1972, p. 17) são construções da autobiografia como compreensão da necessidade histórica: essa consciência permite a G. escapar da condição neurótica dos "humilhados e ofendidos".

A autobiografia, portanto, é "concebida 'politicamente'" não apenas como documento do caráter molecular dos processos históricos de transformação, mas também de formação da personalidade. Nesse sentido, "todos os escritos de Gramsci" são "permeados por tentações autobiográficas, que, no entanto, aparecem sempre contidas" (Gerratana, 1997, p. 127): isto é, não há nunca um sinal imediato da própria experiência, mas uma tensão na compreensão e construção de si que se traduz também em uma tensão narrativa, precisamente na construção molecular-moral da autobiografia. É essa tensão que faz daquela autobiografia epistolar, dialógico-dialética, que são as *Cartas do cárcere*, um exemplo de literatura moral.

E assim, naquelas notas que G. chama explicitamente de "Notas autobiográficas", a narração da própria experiência torna-se relato, o relato de si torna-se história: a autoanálise daquela mudança "molecular", "progressiva da personalidade moral, que num certo ponto, de quantitativa se torna qualitativa", gerando "catástrofes de caráter" (*Q 15*, 9, 1.762 [*CC*, 4, 131]), é ao mesmo tempo individual e coletiva, torna-se ao mesmo tempo reflexão sobre os processos de transformação da pessoa e da sociedade. A resistência da consciência àquele processo não é questão de moral heroica, mas torna-se imediatamente responsabilidade histórica, compreensão e construção do processo histórico em ato por meio da compreensão crítica de si mesmo. É evidente então por que Giacomo Debenedetti, na segunda capa do segundo volume da antologia *2000 pagine di Gramsci* [2000 páginas de Gramsci], a propósito do caráter "autobiográfico" e "narrativo" das *Cartas*, sustenta que "em Gramsci a autobiografia não se deteriora nunca em autobiografismo, nem as informações íntimas em crédulo intimismo" (Debenedetti, 1964).

Eleonora Forenza

Ver: canibalismo; catástrofe/catastrófico; Guicciardini; história; molecular; náufrago; personalidade; psicanálise.

autocrítica

G. utiliza o termo "autocrítica" em uma variedade de significados e de situações. Por exemplo, a personalidade de um filósofo está ligada ao seu ambiente cultural, que reage sobre ele e o constrange a uma "contínua autocrítica" (*Q 10* II, 44, 1.331 [*CC*, 1, 398]); na "tendência a diminuir o adversário" há "um início de autocrítica [...] que tem medo de se manifestar explicitamente" (*Q 8*, 158, 1.036). Cadorna foi considerado incapaz de exercitar a autocrítica (*Q 2*, 121, 261 [*CC*, 3, 175]), e isso quer dizer não querer "eliminar as causas do mal" (*Q 6*, 74, 742 [*CC*, 3, 230]); a Igreja "nunca desenvolveu muito o senso de autocrítica" (*Q 6*, 188, 833 [*CC*, 4, 217]). G. considera ainda que a difusão, em 1922, do romance *Babbitt*, de Lewis, nos Estados Unidos foi um fenômeno relevante porque, com a ampliação da "autocrítica" dos costumes e, portanto, com o nascimento de "uma nova civilização americana consciente de suas forças e de suas fraquezas", os intelectuais americanos "se afastam da classe dominante" para se unir à tal nova civilização "de modo mais íntimo" (*Q 5*, 105, 633-4 [*CC*, 4, 301]). Ao contrário, os intelectuais europeus são filisteus pequeno-burgueses (*Q 6*, 49, 723 [*CC*, 4, 303]): "Não representam mais a autoconsciência cultural, a autocrítica da classe dominante", mas são dela "agentes imediatos" ou dela se separam, "formando uma casta em si" (*Q 5*, 105, 634 [*CC*, 4, 302]).

No *Q 9*, 131, 1.192 [*CC*, 4, 122] G. mostra o vazio e a "ociosidade intelectual e moral" da atual geração pela "estranha forma de autocrítica" que exercita sobre si: sabendo-se "transitória", recorre "a imagens míticas tomadas do desenvolvimento histórico passado" (idem), presa de um evolucionismo "vulgar, fatalista, positivista" (idem). Enfim, na nota "Passado e presente. A autocrítica e a hipocrisia da autocrítica", G. aponta que a autocrítica tornou-se palavra da moda: "Pretende-se [...] fazer acreditar que se encontrou um equivalente para a crítica representada pela 'livre' luta política no regime representativo, equivalente que, de fato, se aplicado seriamente, é mais eficaz e produtivo em termos de consequências do que o original" (*Q 14*, 74, 1.742 [*CC*, 3, 319]). Todavia, frequentemente dá lugar "a belíssimos discursos, a declamações sem fim e nada mais: a autocrítica foi 'parlamentarizada'" (idem).

Manuela Ausilio

Ver: americanismo; *Babbitt*; Estados Unidos; Igreja católica; intelectuais.

autodidata

A ideia segundo a qual todas as pessoas instruídas seriam, na realidade, autodidatas, uma vez que "educação é autonomia", é para G. um "lugar comum tendencioso", que culpabiliza os pobres e justifica a ausência do "aparelho de cultura" necessário para a educação e a instrução. Em sentido estrito, os autodidatas são aqueles que sacrificam uma parte considerável do tempo que outros dedicam ao lazer e outras atividades com o intuito de "instruir-se e educar-se". Não existem, todavia, forças sociais que realmente se preocupem, na Itália, em satisfazer as necessidades de todos que têm "à disposição somente a boa vontade". Existem, antes, "forças sociais genéricas" que especulam financeiramente sobre tais "necessidades prementes", como o movimento libertário, cujo anti-historicismo e cujo caráter "retrógrado" são evidentes em seu próprio "autodidatismo, formando pessoas 'anacrônicas' que pensam com modos antiquados e superados e os transmitem 'viscosamente'" (*Q 14*, 69, 1.730-1 [*CC*, 4, 128-130]).

G. recorda o "superficial fanatismo pela ciência" difundido por "jornalistas oniscientes" e "autodidatas presunçosos" (*Q 4*, 71, 513-4), que levaria muitos outros autodidatas, privados de "disciplina crítica e científica", "a sonhar com Eldorados e com soluções fáceis para todos os problemas" (*Q 1*, 63, 74). G. se propõe, portanto, a suscitar em tais pessoas "a aversão pela desordem intelectual", por meio da descrição de exemplos de "hilotismo intelectual" (idem) como os lorianos. Ao hábito do diletantismo, à prolixidade e ao "paralogismo" (provocado pela retórica: *Q 12*, 1, 1.533 [*CC*, 2, 36]), G. contrapõe um trabalho intelectual rigoroso que permita que "os autodidatas adquiram a disciplina dos estudos proporcionada por uma carreira escolar regular" (idem). "Sistema Taylor" por um lado e "autodidatismo" por outro aparecem nos *Q* a propósito da "'gramática normativa' escrita", que tende a "abarcar todo um território nacional [...] a fim de criar um conformismo linguístico nacional unitário". Este, porém, coloca também sobre um plano mais alto "o 'individualismo' expressivo" quando forma "um esqueleto mais robusto e homogêneo [...] do qual cada indivíduo é o reflexo e o intérprete" (*Q 29*, 2, 2.343 [*CC*, 6, 143]).

Jole Silvia Imbornone

Ver: educação; gramática; intelectuais; Loria; lorianismo/lorianos; taylorismo.

autodisciplina: v. disciplina.

autogoverno

A reflexão de G. sobre o autogoverno se desenvolveu, sobretudo, no período da experiência dos Conselhos de Fábrica (1919-1920): o autogoverno da classe operária era o embrião do novo Estado. Nos *Q*, o termo aparece apenas no *Q 8*, 130 [*CC*, 3, 279], associado e contraposto a "estatolatria". Para G., a época feudal e também os governos absolutos, enquanto exprimiam os interesses das ordens privilegiadas, possibilitavam o desenvolvimento cultural e moral dos grupos sociais que depois se tornavam Estado, como era o caso da burguesia. Em sua ascensão apresentavam-se como "sociedade civil", com a reivindicação de autogoverno diante da "sociedade política" ou "governo dos funcionários". O Estado, na acepção de G., pode se apresentar, portanto, como sociedade civil ou autogoverno e sociedade política ou governo dos funcionários. O Estado que se apresenta como sociedade civil é aquele dotado de autogoverno, enquanto o governo dos funcionários é algo que aparece como externo e sobreposto.

No caso de um Estado que se identifica "com os indivíduos de um grupo social", ele "deve servir para determinar a vontade de construir, no invólucro da sociedade política, uma complexa e bem articulada sociedade civil, em que o indivíduo particular se governe por si sem que, por isto, este seu autogoverno entre em conflito com a sociedade política, tornando-se, antes, sua normal continuação, seu complemento orgânico". Consistente com o desenvolvimento de um processo de construção da sociedade civil e de seu autogoverno, a "estatolatria" do grupo social em ascensão, embora necessária para a construção de uma sociedade civil autônoma e do autogoverno, deve ser "criticada" e superada (idem). Todo o raciocínio parece se desenrolar levando em consideração a situação da Rússia pós-revolucionária.

Marcos Del Roio

Ver: Estado; estatolatria; *Ordine Nuovo (L')*; sociedade civil; URSS.

automatismo

A reflexão sobre o conceito de "automatismo" aparece no *Q 8*, 128 no contexto de uma discussão sobre "conceito e fato de 'mercado determinado'" e sobre premissas necessárias ao nascimento de uma nova "ciência econômica": "Para que se possa falar de uma nova 'ciência' seria necessário demonstrar que surgiram novas correlações de força etc., que determinaram um novo tipo de mercado com seu [próprio] 'automatismo' e fenomenismo, que se apresenta como algo 'objetivo', comparável ao automatismo das leis naturais" (ibidem, 1.018). Dado o fato de que o automatismo atual ainda é capitalista, a filosofia da práxis deverá limitar-se à "crítica de uma ciência econômica", isto é, à demonstração da historicidade e da possibilidade de substituição do automatismo dado (idem).

O conceito de necessidade que daí resulta é completamente histórico, imanente aos efeitos que produz, portanto não metafísico. O automatismo, que se apresenta como ausência de iniciativa política, é, ao contrário, entendido como a generalização de uma iniciativa política e de uma determinada organização das forças sociais. Ele coincide, assim, com a noção de "regularidade" e passa a fazer parte do novo conceito de "necessidade" e de "racionalidade" esboçado nos Q (Q *10* II, 8, 1.245-6 [CC, 1, 316]; Q *10* II, 30, 1.269 [CC, 1, 338]; Q *10* II, 57, 1.350 [CC, 1, 418] e sobretudo Q *11*, 52, 1.477-9 [CC, 1, 194]).

Como necessidade imanente, o automatismo se produz apenas depois que as relações sociais são politicamente organizadas: dele fazem parte integrante, por consequência, o que G. chama de "condições subjetivas": "O automatismo histórico de uma certa premissa é potenciado politicamente pelos partidos e pelos homens 'capazes': sua ausência ou deficiência (quantitativa e qualitativa) torna 'estéril' o próprio automatismo: as premissas existem, mas as consequências não se realizam" (Q *9*, 62, 1.133). E no Texto C precisa-se que, se não existem as condições subjetivas, o automatismo "não é automatismo" e pode-se falar apenas "abstratamente" em premissas (Q *13*, 31, 1.627 [CC, 3, 83]).

FABIO FROSINI

Ver: mercado determinado; necessidade; racionalidade; regularidade; ciência.

autoridade

Além das fórmulas de "crise de autoridade" (Q *13*, 23, 1.603 [CC, 3, 60]) ou crise do "princípio de autoridade" (Q *1*, 48, 59) e de seu uso comum como sinônimo de poderes constituídos, G. atribui à palavra "autoridade" ao menos outros dois significados. O primeiro e mais óbvio é o que a identifica com conservação: "A história é liberdade enquanto é luta entre liberdade e autoridade, entre revolução e conservação" (Q *10* I, 10, 1.229 [CC, 1, 300]). A autoridade é aqui o freio da mudança histórica, o elemento coercitivo que se opõe ao desdobramento da liberdade humana. Mais adiante nessa nota o conceito de "pátria" aparece reconduzido a "um sinônimo", não "de 'liberdade'", mas "de Estado, isto é, de autoridade" (ibidem, 1.230 [CC, 1, 301]).

G., no entanto, não é um idealista e não aceita a visão crociana do processo histórico como triunfo da liberdade contra a autoridade. Então torna mais complexo seu discurso e, numa passagem em que comenta a interpretação de Maquiavel por Luigi Russo (organizador da edição de *O príncipe* de 1931), reivindica o momento da autoridade como momento necessário: "Russo nos *Prolegomini* faz de *O príncipe* o tratado da ditadura (momento da autoridade e do indivíduo) e dos *Discursos* o momento da hegemonia [...] ou do consenso ao lado daquele da autoridade e da força [...] A observação é justa" (Q *8*, 48, 970). G. não apenas partilha a necessidade de ambos os momentos, mas ressalta também sua não contraditoriedade: "Não há oposição de princípio entre principado e república, mas se trata, sobretudo, da hipóstase dos dois momentos de autoridade e universalidade" (idem). A autoridade não é, portanto, apenas o impedimento ao completo desdobramento da liberdade, mas é também um elemento funcional ao desenvolvimento humano quando sua "origem for 'democrática', ou seja, se a autoridade for uma função técnica especializada e não um 'arbítrio' ou uma imposição extrínseca e exterior" (Q *14*, 48, 1.707 [CC, 3, 309]).

MICHELE FILIPPINI

Ver: crise de autoridade; ditadura; domínio; força; hegemonia; Maquiavel.

B

Babbitt

Babbitt é o protagonista do romance homônimo de Sinclair Lewis que G. lê no cárcere, em tradução francesa, e que é também objeto de comentários no fascículo da revista alemã *Die literarische Welt*, que ele traduz. Para G., o livro de Lewis é de "importância mais cultural do que artística: a crítica dos costumes predomina sobre a arte", é representativo do início de uma autocrítica da nova civilização estadunidense por parte de uma camada intelectual que começa a se separar da classe dominante (*Q 5*, 105, 633 [*CC*, 4, 301]), em um país onde – não se pode esquecer – a ausência de um grande número de intelectuais tradicionais faz com que a hegemonia nasça diretamente da fábrica, com a ajuda de "uma quantidade mínima de intermediários profissionais da política e da ideologia" (*Q 22*, 2, 2.146 [*CC*, 4, 248]).

Babbitt é o protótipo daquele que, fazendo parte das classes médias baixas estadunidenses da época, assume o grande industrial como "modelo" (*Q 5*, 105, 634 [*CC*, 4, 301]) e, sem perceber, reproduz seus preconceitos. Seu raciocínio e sua lógica são afetados pelo fato de que ele introduz, inconscientemente, opiniões caracterizadas por um específico ponto de vista social e de classe (*Q 11*, 44, 1.466 [*CC*, 1, 179]), o que faz G. concluir que os homens, na maioria dos casos, "não percebem o quanto de sentimento e de interesse imediato perturba o rigor lógico" (idem).

O conformismo de Babbitt, típico do "filisteu de um país em movimento" (*Q 6*, 49, 723 [*CC*, 4, 303]), "é ingênuo e espontâneo", "uma superstição dinâmica e progressista" (*Q 5*, 105, 634 [*CC*, 4, 302]); o conformismo equivalente na Europa, fornecido pelo "cônego da Catedral, pelo nobrezinho de província, pelo chefe de seção do Ministério", é "uma superstição apodrecida e debilitadora" (idem). Apesar de tudo – conclui G. –, o Babbitt americano olha adiante, enquanto o europeu olha para trás, para uma sociedade não necessariamente superada, mas certamente atrasada.

Derek Boothman

Ver: americanismo; conformismo; Europa; intelectuais.

bandidos/banditismo

A análise de G. sobre o fenômeno do banditismo (*brigantaggio*) italiano se liga à sua mais ampla reflexão histórico-política sobre a relação cidade-campo. As causas desse fenômeno são traçadas pelo pensador sardo a partir do fracasso na definição da questão agrária, que "levava à quase impossibilidade de resolver a questão do clericalismo e da postura antiunitária do Papa" (*Q 19*, 26, 2.046 [*CC*, 5, 97]). Sobre isso, escreve G., "os moderados foram muito mais ousados do que o Partido de Ação: é verdade que eles não distribuíram os bens eclesiásticos entre os camponeses, mas deles se serviram para criar uma nova camada de grandes e médios proprietários ligados à nova situação política, e não hesitaram em expropriar a propriedade fundiária, mesmo que só das Congregações" (idem). O Partido de Ação, ao contrário, quase "paralisado, em sua ação junto aos camponeses, pelas veleidades mazzinianas de uma reforma religiosa, que não só não interessava às grandes massas rurais, mas, ao contrário, tornava-as passíveis de um incitamento contra os novos heréticos" (idem), contribui, nos anos 1870, para o nascimento do banditismo, entendido como o "movimento dos camponeses para se apossarem da terra, movimento caótico, tumultuoso e marcado pela ferocidade" (idem), punível com o art. 252 do código Zanardelli, "voltado para reprimir as agitações locais, particularmente comuns na Itália meridional e que eram" – assim escreve G. numa carta à cunhada Tatiana – "uma continuação atenuada do chamado *brigantaggio* que grassou no Mezzogiorno entre 1860 e 1870" (*LC*, 755, 12 de novembro de 1933 [*Cartas*, II, 377]).

Segundo G., o fenômeno se insere na problemática ligada à ausência daquela unidade social capaz de unificar em torno do Estado todas as classes sociais, da cidade e do campo. O *Risorgimento* enquanto revolução passiva determinou um desnível de estruturas sociais e econômicas entre o Norte mais desenvolvido e o Sul, ainda ligado à sua economia feudal, "numa relação análoga à de uma grande cidade e um grande campo" (*Q 19*, 26, 2.037 [*CC*, 5, 88]), entendendo-se que, mesmo nas cidades, continuaram a persistir núcleos bastante encorpados de população oprimida, a massa indefesa do proletariado agrícola, esmagada pela grande maioria da população, inconsciente dos próprios direitos e dos meios de proteção contra injustiças e abusos.

É aqui, na cidade, que começa a se difundir aquela ideologia urbana caracterizada pelo ódio e pelo desprezo para com o "rude", o "caipira", a quem foram recusados os cargos públicos tanto por sua falta de cultura quanto por seu pertencimento à classe "servil". Uma verdadeira hostilidade que irá gerar uma relação complexa, ambígua, depois manifestada durante as lutas pelo *Risorgimento*.

G. cita a este propósito o clamoroso exemplo da República Napolitana de 1799, quando o cardeal Fabricio Ruffo, expoente da grande nobreza reacionária bourbônica, hábil e agudamente explorou e liderou a insurreição antijacobina da Itália meridional, manipulando sabiamente a aversão que os camponeses, sobretudo os despossuídos e aqueles mais assediados pelos latifundiários de Cosenza e Catanzaro, nutriam pelos proprietários burgueses e pelos senhores feudais. O modo, portanto, no qual a unidade foi alcançada e administrada, segundo G., explica o fenômeno do banditismo, entendido como movimento cujas causas devem ser procuradas nos vários acontecimentos econômicos, políticos e sociais pelos quais passava o Mezzogiorno. É claro que se tratou de uma verdadeira guerra social que teve lugar, principalmente, no sul da Itália e na Sicília, e que exigiu a intervenção das tropas piemontesas de 1860 a 1870, deixando atrás de si um longo rastro de sangue, rancor e ódio. Os soldados "trouxeram de volta a seus vilarejos a convicção da barbárie siciliana e, inversamente, os sicilianos se persuadiram da ferocidade piemontesa" (*Q 1*, 50, 64 [*CC*, 5, 149]).

Há, no entanto, um halo de mistério e fascínio que circunda a figura do bandido, alimentado por toda uma literatura pós-unificação. G., além de mencionar textos como os *Maggi* em Toscana e os *Reali di Francia*, detém-se sobre *Guerin Meschino* de Andrea da Barberino. Nesse caso inspira-se num artigo de Radius, publicado nas colunas do *Corriere della Sera* de 7 de junho de 1932, intitulado "I classici del popolo. Guerino detto il Meschino" [Os clássicos do povo. Guerino, o Mesquinho]. A esse respeito escreve G.: "A parte inicial do título, *Os clássicos do povo*, é vaga e incerta: Guerino, com toda uma série de livros similares (*Os reis da França*, *Bertoldo*, histórias de bandidos, histórias de cavaleiros etc.), representa uma determinada literatura popular, a mais elementar e primitiva, difundida entre os estratos mais atrasados e 'isolados' do povo: sobretudo no sul, nas montanhas etc. Os leitores de Guerino não leem Dumas ou *Os miseráveis*, e muito menos Sherlock Holmes. A tais estratos corresponde um determinado folclore e um determinado 'senso comum'" (*Q 6*, 207, 844 [*CC*, 6, 205]). Está claro, portanto, que para G. *Guerin* assume uma representatividade não apenas literária, mas principalmente sociocultural. O povo sempre teve necessidades intelectuais e artísticas e o texto analisado mostra a separação existente entre esse próprio povo e os intelectuais. Trata-se de um mal-estar histórico, cuja causa não é atribuível ao "povo", mas recai fortemente sobre a classe dirigente, responsável pelo atraso, pela rusticidade e pelo estado de sujeição que subjaz à gente meridional.

Antonella Agostino

Ver: camponeses; folclore/folklore; literatura popular; moderados; nacional-popular; Norte-Sul; Partido da Ação; questão agrária; questão meridional; revolução passiva; *Risorgimento*; senso comum.

beleza

"Beleza" para G. é sinônimo de arte. O termo indica, crocianamente, uma indefinida qualidade formal da arte, que não implica, no entanto, da parte dos apreciadores, nem um reconhecimento imediato, nem um prazer estético automático. Implica, porém, a distinção preliminar entre "beleza" e "conteúdo humano e moral" (*Q 1*, 80, 86), o que permite a G. tomar distância da estética crociana. Ele não nega que a tarefa da estética "como ciência" seja "a de elaborar uma teoria da arte e da beleza, da expressão" (*Q 6*, 124, 794 [*CC*, 6, 200]), mas reitera que na abordagem da arte se deve privilegiar o estudo de sua "função", embora admitindo que um estudo similar "não é suficiente, ainda que seja necessário, para criar a beleza" (*Q 14*, 1, 1.655 [*CC*, 6, 229]). Para G. a "investigação sobre a beleza de uma obra" não pode estar "subordinada à investigação da razão pela qual ela é 'lida', é 'popular', é 'procurada' ou, ao contrário, da razão pela qual não atinge o povo e não o interessa" (*Q 23*, 51, 2.247 [*CC*, 6, 121]).

A questão é abordada também em duas cartas à esposa, Giulia. Alegando não haver afirmado que "ter amor por um escritor ou outro artista não é o mesmo que tê-lo em alta estima", G. argumenta que se limitou a distinguir "o gozo estético e o juízo positivo de beleza artística, isto é, o estado de espírito de entusiasmo pela obra de arte como tal, do entusiasmo moral, isto é, da coparticipação no mundo ideológico do artista, distinção [...] criticamente correta e necessária" (*LC*, 612-3, 5 de setembro de 1932 [*Cartas*, II, 237]). Desse ponto de vista é significativo que, convidando, um ano depois, a mulher a ilustrar ao filho Delio as motivações históricas da religiosidade da *Cabana do pai Tomás*, G. reavalie o papel da beleza e do prazer estético como via privilegiada para a compreensão de sentimentos não mais atuais: "Parece-me que deve acontecer em nós uma catarse, como diziam os gregos, de modo que os sentimentos sejam revividos 'artisticamente' como beleza e não mais como paixão compartilhada e ainda ativa" (*LC*, 738, 8 de agosto de 1933 [*Cartas*, II, 360]). Assim ele abre caminho para uma consideração da beleza artística estranha às premissas idealistas.

Marina Paladini Musitelli

Ver: arte; Croce; estética.

Benda, Julien

G., partindo de um artigo de Benda de 1929, considerado como corolário do panfleto *La trahison des clercs* [A traição dos intelectuais], sublinhava como o intelectual francês intervinha sobre uma questão então bastante debatida, do primeiro pós-guerra ao longo dos anos 1920: a questão da "nacionalidade do pensamento" (para a qual, por exemplo, "o *Geist* alemão é bem diferente do *Esprit* francês"). Em conexão, mas também em relação crítica, com as considerações de Benda, G. observava que, se é verdade que "se serve melhor ao interesse geral quanto mais se for particular", é também verdade que "uma coisa é *ser* particular, outra é *pregar* o particularismo" (*Q 3*, 2, 284 [*CC*, 2, 71-2]). Nisso consistia, para G., o equívoco do nacionalismo, o qual pretendia frequentemente ser "o verdadeiro universalista, o verdadeiro pacifista" (idem), justo em nome de um particularismo que se concebia como universalismo.

De maneira geral, o autor dos *Q* tendia a juntar Benda e Croce, no sentido de que ambos, em sua opinião, examinavam a "questão dos intelectuais" fazendo abstração seja "da situação de classe dos próprios intelectuais", seja "da função deles", que se estava definindo e precisando com a enorme difusão do livro e da imprensa periódica (ibidem, 285 [*CC*, 2, 73]). Enfim, com relação à convicção de Benda segundo a qual o fervor em ato, voltado a manter e a preservar a "nacionalização do espírito", significava, na realidade, que o espírito europeu estava nascendo e que em seu interior o intelectual-artista teria que "se individualizar" para atingir uma dimensão "universal", G. observava com decisão que a "luta intelectual", conduzida sem uma "luta real" para subverter uma situação histórica, só podia ser estéril, e assim concluía: "É verdade que o espírito europeu está nascendo, e não somente europeu, mas precisamente isso aguça o caráter nacional dos intelectuais, particularmente do estrato mais elevado" (ibidem, 286 [*CC*, 2, 74]).

Pasquale Voza

Ver: Croce; Goethe; intelectuais; nacionalismo.

Bergson, Henri

Bergson é frequentemente citado em relação à acusação feita ao movimento turinês de ser "espontaneísta", "voluntarista" e justamente "bergsoniano" (à época, G. respondeu com sarcasmo a essa acusação no artigo "Bergsoniano!", de 2 de janeiro de 1921, em *SF*, 12-3; a tais acusações, lançadas já em 1917 também no âmbito maximalista, há referências no *Q 3*, 42, 319 [*CC*, 3, 185]). Sobre isso G. recorda que no socialismo italiano "dominava uma concepção fatalista e mecânica da história [...] mas se verificavam atitudes de vulgar e trivial voluntarismo formalista" (idem), enquanto o movimento turinês produz uma "unidade de 'espontaneidade' e de 'direção consciente'" (*Q 3*, 48, 330 [*CC*, 3, 196]). Não por acaso os juízos sobre Bergson se inserem frequentemente em discussões sobre a vontade de G. de superar visões de mundo e concepções da história que se excedam em materialismo ou em idealismo, ou aparecem na tese recorrente da "dupla revisão" sofrida pela filosofia da práxis, revisão que implica também a afirmação da influência do marxismo sobre muitas filosofias: "Seria preciso [...] estudar especialmente a filosofia de Bergson e o pragmatismo para ver quanto de suas posições seriam inconcebíveis sem o elo histórico do marxismo" (*Q 4*, 3, 421-2).

Trechos de Bergson também oferecem sugestões de reflexões sobre "a intuição política", mas num contexto estranho a ele e mais inspirado em Maquiavel. A referência mais direta a Bergson ocorre na discussão de um ensaio contido em *L'énergie spirituelle* [A energia espiritual], dedicado à hipótese de uma humanidade voltada mais para a vida interior do que para o mundo material: "O reino do mistério teria sido a matéria e não mais o espírito, diz ele [...]. Na realidade, 'humanidade' significa Ocidente, porque o Oriente se deteve [...] no mundo interior [...]. A questão a ser formulada seria esta [...]: se não terá sido exatamente o estudo da matéria [...] que fez nascer o ponto de vista segundo o qual o espírito é um 'mistério'" (*Q 5*, 29, 567 [*CC*, 4, 101]). Não há avaliações completas da filosofia bergsoniana, apreciada em função antipositivista, mas citada, sobretudo, em referência a "formas de irracionalismo e arbitrariedade" (*Q 10* I, 6, 1.221 [*CC*, 1, 291]).

LUDOVICO DE LUTIIS

Ver: espírito/espiritualismo; espontaneísmo; filosofia da práxis; Maquiavel; marxismo; matéria; Oriente-Ocidente; pragmatismo; revisionismo; Sorel; voluntarismo.

Bernstein, Eduard

No *Q 16*, 26, 1.898-9 [*CC*, 4, 74], G. submete à análise crítica a afirmação de Bernstein "segundo a qual o movimento é tudo e o objetivo final não é nada". Longe de tentar uma interpretação da dialética, Bernstein propõe "uma concepção mecanicista da vida e do movimento histórico", na qual as forças humanas aparecem de forma passiva e o movimento é percebido em uma ótica de evolucionismo vulgar, em vez de processo e desenvolvimento. O que surpreende, continua G., é que Bernstein chegue ao revisionismo idealista que, no entanto, contempla a intervenção humana como sendo decisiva "no desenrolar da história".

Todavia, Bernstein não exclui totalmente a intervenção humana, "considerada eficiente como tese, ou seja, no momento da resistência e da conservação", mas "rejeitada como antítese, ou seja, como iniciativa e impulso progressivo antagonista". Embora possam existir "fins" para os momentos de resistência e conservação, isso não ocorre para os momentos do progresso e da iniciativa inovadora. Em suma, conclui G., trata-se de uma astuta teorização da passividade, na qual a tese enfraquece a antítese, que "tem necessidade de se propor fins, imediatos e mediatos, para reforçar seu movimento de superação. Sem a perspectiva de fins concretos, não pode de modo algum haver movimento" (idem).

Segundo Sorel, como mostra uma carta sua a Croce, o trabalho deste fora inspirador de Bernstein (*Q 10* II, 3, 1.242 [*CC*, 1, 303]), que se torna "líder intelectual das tendências revisionistas dos anos [18]90" (*Q 10* I, p. 1.207).

LELIO LA PORTA

Ver: Croce; dialética; evolucionismo; meios e fins; revisionismo; socialistas; Sorel.

biblioteca

A biblioteca é, aos olhos de G., um dos lugares fundamentais de formação e difusão da cultura. Nos *Q* o conceito intervém tanto no exame do "material ideológico" que conflui para formar uma determinada hegemonia, quanto na análise da "escola unitária" (para o primeiro caso v. *Q 3*, 49, 332-3 [*CC*, 2, 78]: "Material ideológico"): "Um estudo de como se organiza de fato a estrutura ideológica de uma classe dominante: isto é, a organização material voltada para manter, defender e desenvolver a 'frente' teórica ou ideológica [...]. A imprensa é a parte mais dinâmica dessa estrutura ideológica, mas não a única: tudo o que influi ou pode influir sobre a opinião pública, direta ou indiretamente, faz parte dessa estrutura. Dela fazem parte: as bibliotecas, as escolas, os círculos e os clubes de variado tipo, até a arquitetura, a disposição e o nome das ruas" (idem). É indicativo da peculiar estrutura da hegemonia na Itália o fato de que certos serviços, em outros lugares financiados pelo Estado, "são quase inteiramente negligenciados por nós; um exemplo típico são as bibliotecas e os teatros" (*Q 14*, 56, 1.715 [*CC*, 2, 187]).

A propósito da escola unitária, G. sublinha como a biblioteca, conjuntamente aos "seminários", às "oficinas experimentais" e aos "laboratórios" (*Q 4*, 50, 487), constitui o corpo central da atividade educativa e formativa, na qual "se recolhem os elementos fundamentais para a orientação profissional" (idem). Essa estrutura deveria se prolongar num sistema acadêmico territorial completamente novo, centralizado e racionalizado ("nas seções provinciais e no centro todas as atividades deverão estar representadas, com laboratórios, bibliotecas etc.": ibidem, 488), e capaz de colocar em destaque os mais capazes.

G. nutre, além disso, certo interesse pelas bibliotecas populares, que podem fornecer "temas 'reais' sobre a cultura popular" (*Q 2*, 88, 245 [*CC*, 2, 66]). Também as bibliotecas carcerárias, sempre frequentadas por ele, são testemunho seja de um sistema hegemônico, seja de certo modo popularmente difuso de pensar (ver as numerosas passagens das *LC* a respeito, em particular *LC*, 253-4, a Tania, 22 de abril de 1929 [*Cartas*, I, 335]).

FABIO FROSINI

Ver: aparelho hegemônico; arquitetura; cárcere ou prisão; cultura popular; escola; estrutura ideológica; hegemonia; jornalismo.

biênio vermelho: v. *Ordine Nuovo (L')*.

biografia nacional

No *Q 3*, 159, 411 [*CC*, 6, 354] e depois no *Q 19*, o "caderno especial" sobre o *Risorgimento* italiano, G. descreve e reprova a concepção da história como "'biografia' nacional", segundo a qual a Itália é considerada, ao mesmo tempo abstrata e concretamente, como a "bela matrona das oleografias populares" (*Q 19*, 50, 2.069 [*CC*, 5, 119]), de quem os italianos seriam "os 'filhos'". À biografia da mãe segue e sucede então aquela dos "bons filhos", a quem se contrapõem os "degenerados". Esse tipo de história teria nascido com o sentimento nacional, porque teria a função de fortalecê-lo nas amplas massas, e seria, portanto, adotada como "um instrumento político" (idem). Concebida e projetada por motivos propagandísticos, se desenvolveria a partir do pressuposto de que "aquilo que se deseja sempre existiu e não pôde se afirmar em razão da intervenção de forças externas ou do adormecimento das virtudes íntimas" (*Q 3*, 159, 411 [*CC*, 6, 354]). Segundo G., a história vista como "'biografia' nacional" seria, portanto, duplamente anti-histórica, já que estaria em contradição com a realidade e diminuiria, em particular, a peculiaridade e a "originalidade" do fenômeno do *Risorgimento* e o esforço efetivado pelos seus homens para rechaçar os inimigos externos, mas também "as forças internas conservadoras que se opunham à unificação" (*Q 19*, 50, 2.070 [*CC*, 5, 119]). Nesse texto de segunda redação, G. ilustra a difusão "pedagógica" da imagem oleográfica da Itália e da relativa forma historiográfica por meio de uma comparação com a situação francesa. Para deslocar a ênfase sobre os homens e pôr fim à ideia do Estado como patrimônio e território, Napoleão se disse imperador dos franceses e Luís Felipe rei dos franceses, uma denominação de "caráter nacional-popular profundo" (idem). Além disso, a representação simbólica da mãe-pátria francesa, "'Marianne', pode ser alvo da ironia até dos patriotas mais fervorosos". Caricaturar a figura estilizada equivalente da Itália, ao contrário, "significaria, sem dúvida, ser antipatriota, como o foram os sanfedistas e os jesuítas antes e depois de 1870" (idem).

JOLE SILVIA IMBORNONE

Ver: França; nacional-popular; *Risorgimento*.

bloco agrário

Numa conhecida passagem da *QM*, G. define a sociedade do Sul da Itália como "um grande bloco agrário constituído por três estratos sociais: a grande massa camponesa amorfa e desagregada, os intelectuais da pequena e média burguesia rural, os grandes proprietários territoriais e os grandes intelectuais". Nesse contexto, os camponeses, por um lado, vivem uma situação de "fermentação perpétua", por outro, enquanto "massa", revelam-se "incapazes de dar uma expressão centralizada às suas aspirações e às suas necessidades. O estrato médio dos intelectuais recebe da base camponesa os impulsos para sua atividade política e ideológica. Os grandes proprietários, no campo político, e os grandes intelectuais, no campo ideológico, centralizam e dominam, em última análise, todo esse conjunto de manifestações. Como é natural, é no campo ideológico que a centralização se verifica com maiores eficácia e precisão" (*CPC*, 150 [*EP*, II, 423]).

A burguesia culta meridional – tabeliães, médicos, advogados, professores – é de fato, nos dizeres de G., a guardiã e a garantia do poder dos capitalistas do Norte, formando um bloco intelectual que impediu "que as fissuras do bloco agrário se tornassem demasiadamente perigosas e determinassem seu desmoronamento" (ibidem, 155 [*EP*, II, 430]). Não por acaso, "Giustino Fortunato e Benedetto Croce representam os pilares do sistema meridional e, num certo sentido, são as duas maiores figuras da reação italiana" (ibidem, 150 [*EP*, II, 423]).

No *Q 6*, 89, 766-7 [*CC*, 5, 254-5], analisando o problema da relação cidade-campo no *Risorgimento*, G. evidencia como também o principal elemento de fraqueza da política de Crispi residia na escolha de se "ligar estreitamente ao grupo setentrional, aceitando suas chantagens, e em sacrificar sistematicamente o Sul, ou seja, os camponeses". Em outras palavras, "de não ter ousado [...] antepor aos interesses corporativos do pequeno grupo dirigente imediato os interesses históricos da classe futura, despertando-lhe as energias latentes com uma reforma agrária". Daí a "impressão" de que Cavour foi o único político a considerar "as classes agrárias meridionais como fator primário, classes agrárias e não, naturalmente, camponesas, ou seja, bloco agrário dirigido por grandes proprietários e grandes intelectuais".

Antonella Agostino

Ver: camponeses; Cavour; Crispi; Croce; Mezzogiorno; questão meridional; *Risorgimento*.

bloco histórico

Da mesma forma que a noção de "revolução passiva" é declaradamente extraída de Vincenzo Cuoco e, depois, reelaborada e retraduzida em chave original de análise histórica e de reflexão teórico-política, a noção de "bloco histórico" é declaradamente extraída de Georges Sorel e, uma vez desenvolvida e repensada por G., torna-se uma categoria fundamental do "pensamento em processo" dos *Q*. Pode-se dizer, antes de tudo, que tal categoria coloca em pauta substancialmente duas questões essenciais do marxismo de G.: a questão das ideologias (ou "superestruturas") e a questão da história ético-política, a partir da elaboração de Croce.

Em um importante parágrafo do *Q 4* intitulado "Croce e Marx", G. afirma que para estudar adequadamente o "argumento do valor concreto das superestruturas em Marx" é necessário "recordar o conceito de Sorel de 'bloco histórico'" (*Q 4*, 15, 437). Diga-se desde logo que a expressão não ocorre literalmente em Sorel e que, no autor francês, o conceito está ligado à sua noção central de mito: o que significa que G., desde o início, realiza uma peculiar e própria "tradução" do conceito. Mais adiante, num parágrafo seguinte do mesmo *Q 4*, G. afirma que, quando "a relação entre intelectuais e massas populares, entre dirigentes e dirigidos, entre governantes e governados ocorre por meio de uma adesão orgânica na qual o sentimento paixão se torna compreensão e, portanto, saber (não mecanicamente, mas de forma viva)", apenas então se cria uma relação real de representação e "se realiza a vida do conjunto, a única que é força social", e se cria, assim, o "bloco histórico" (*Q 4*, 33, 452). Mas, não por acaso, é num parágrafo dedicado à "validade", à realidade, à determinação histórica das ideologias (não redutíveis a meras "aparências"), ou seja, num parágrafo dedicado a um ponto fundamental e inovador de seu marxismo, que G. fornece a definição talvez mais clara da noção de bloco histórico: nele "as forças materiais são o conteúdo e as ideologias são a forma, distinção entre forma e conteúdo puramente didática, já que as forças materiais não seriam historicamente concebíveis sem forma, e as ideologias seriam fantasias individuais sem as forças materiais" (*Q 7*, 21, 869 [*CC*, 1, 238]). Substancialmente, por meio do conceito de bloco histórico em conexão com o de ideologia, G. renova criticamente a concepção marxiana corrente da relação estrutura-superestrutura, na qual a segunda servia de mero "reflexo" especular da primeira.

E é justamente de tal conceito que G. se vale para desenvolver sua crítica à noção crociana de história ético-política, para mostrar que tal história não é sequer ético-política, mas, mais exatamente, "especulativa". A história ético-política – afirma G. decididamente – "também não pode prescindir da concepção de um 'bloco histórico', no qual o organismo é individualizado e concretizado na forma ético-política, mas não pode ser concebido sem seu conteúdo 'material' ou prático" (*Q 8*, 240, 1.091). Todavia, na opinião de G., o pensamento de Croce deve ser considerado como "valor instrumental", como útil "cânone empírico" (G. utiliza astuciosamente a mesma expressão crociana), na medida em que ele "chamou energicamente a atenção para a importância dos fatos da cultura e do pensamento" na história, e para o momento da hegemonia e do consenso como "forma necessária do bloco histórico concreto" (*Q 10* I, 12, 1.235 [*CC*, 1, 305]).

G. se vale também de seu conceito de bloco histórico na firme e recorrente crítica dos conceitos, considerados dogmáticos, de "homem em geral" e de "natureza humana": "O homem deve ser concebido como um bloco histórico de elementos puramente subjetivos e individuais e de elementos de massa e objetivos ou materiais, com os quais o indivíduo está em relação ativa" (*Q 10* II, 48, 1.338 [*CC*, 1, 406]). Enfim, na carta à cunhada Tania de 1932, na qual, com apaixonada entonação "pedagógica", explica seu "anti-Croce", G. põe em discussão a possibilidade de se pensar "uma história unitária" da Europa que se inicie em 1815, ou seja, na Restauração (como faz, de fato, a *História da Europa* de Croce). G. afirma que, se o intuito é escrever uma história da Europa como história do processo de formação de um bloco histórico, então essa história não pode prescindir da Revolução Francesa e das guerras napoleônicas, que "no bloco histórico europeu são a premissa 'econômico-jurídica', o momento da força e da luta". Ao contrário, Croce, justamente porque sua história é, no fundo, "história 'especulativa'", na qual está constitutivamente ausente o conceito "unitário" de "bloco histórico", assume o momento posterior à Revolução Francesa, aquele no qual "as forças anteriormente desencadeadas se equilibraram e, por assim dizer, passam por uma 'catarse'", e faz de tal momento um "fato em si", construindo assim "o seu paradigma histórico" (*LC*, 573-4, 9 de maio de 1932 [*Cartas*, II, 197]).

Pasquale Voza

Ver: Croce; estrutura; forma-conteúdo; história ético-política; homem; ideologia; Sorel; superestrutura/superestruturas.

Bodin, Jean
Grande parte do *Q 13*, 13 [*CC*, 3, 29] é reservada a Jean Bodin. O contexto é o esclarecimento sobre a "moderna 'maquiavelística' derivada de Croce", da qual, além dos méritos, "deve-se assinalar também os 'exageros' e os desvios a que deu lugar". Escreve G.: "É necessário considerar Maquiavel, em grau maior, como expressão necessária de seu tempo" (ibidem, 1.572 [*CC*, 3, 29]), e dessa "concepção de Maquiavel mais aderente à época deriva, subordinadamente, uma avaliação mais historicista dos chamados 'antimaquiavélicos'" (ibidem, 1.573 [*CC*, 3, 31]). É justamente o caso de Jean Bodin e de seu presumido pertencimento às fileiras dos antimaquiavélicos: "Na realidade, não se trata de antimaquiavélicos, mas de políticos que exprimem exigências de sua época ou de condições diversas daquelas que operavam em Maquiavel" (idem). Para G., Bodin se situa, para todos os efeitos, na mesma trilha de Maquiavel, aquela da elaboração de uma política voltada para a criação e manutenção de um Estado moderno.

Se a trilha é a mesma, é diferente, no entanto, o ponto no qual se encontram os dois pensadores: Maquiavel encontra-se na fase inicial, lutando pela centralização territorial e pela unidade do comando. Bodin, por sua vez, já está numa fase posterior, "funda a ciência política na França num terreno muito mais avançado e complexo do que aquele oferecido pela Itália a Maquiavel. Para Bodin, não se trata de fundar o Estado unitário territorial (nacional), isto é, de retornar à época de Luís XI, mas de equilibrar as forças sociais em luta dentro desse Estado já forte e enraizado" (ibidem, 1.574 [*CC*, 3, 31]). A conclusão de G. é de que "não é o momento da força que interessa a Bodin, mas o do consenso" (idem), ou a prática adaptada para manter, não mais para instaurar, um Estado soberano. Nas condições da França monárquica, sublinha G., Maquiavel já servia à reação, pois podia ser utilizado para justificar que se mantivesse perpetuamente o mundo no "'berço' [...], portanto, era necessário ser 'polemicamente' antimaquiavélico" (idem).

Michele Filippini

Ver: consenso; Estado; Maquiavel.

bom senso
No *Q 1*, 65, 75 G. escreve que o "tipo" de revista de que está tratando "pertence à esfera do 'bom senso' ou 'senso comum'", com um uso que, implicitamente, torna equivalentes as duas expressões. Nem sempre é assim. Na verdade, o uso prevalecente que G. faz de "bom senso" é contextual, mas diferenciado (embora com altos e baixos) com relação a "senso comum": às vezes, "bom senso" é assumido positivamente, outras vezes com valor negativo. No *Q 1*, 79, 86, por exemplo, lemos que "para comandar não basta o simples bom senso" (valor negativo), enquanto no *Q 4*, 32, 451 se explica como "um homem de bom senso" poderia colocar em crise uma concepção holística do Estado (valor positivo). No *Q 8*, 213, 1.071 há coincidência: "Filosofia e senso comum ou bom senso". No *Q 6*, 26, 705 [*CC*, 6, 183], a propósito de Pirandello e da "concepção dialética da objetividade", G. nota na obra do dramaturgo a representação de uma "luta paradoxal contra o senso comum e o bom senso"; no *Q 7*, 1, 853 afirma que "Croce flerta continuamente com o 'senso comum' e com o 'bom senso' popular". No *Q 8*, 28, 959 [*CC*, 3, 272] lemos, por sua vez: "O 'bom senso' reagiu, o 'senso comum' embalsamou a reação e fez dela um cânone 'teórico', 'doutrinário', 'idealista'": na comparação, é o bom senso que tem aqui valor positivo. No *Q 8*, 19, 949 aparece uma célebre referência a Manzoni: "*Senso comum*. Manzoni faz distinção entre *senso comum* e *bom senso* (Cf. *Os noivos*, cap. XXXII, sobre a peste e sobre

os untadores). Falando do fato de que existia quem não acreditasse nos untadores, mas era incapaz de defender sua opinião contra a opinião vulgar difusa, escreve: 'Vê-se que era um desabafo secreto da verdade, uma confidência doméstica; havia bom senso, mas ficava escondido, por medo do senso comum'". O bom senso é equiparado por Manzoni à razão, que, no entanto, nada pode contra o senso comum, a rude ideologia das massas. G. não comenta a passagem.

Uma avaliação mais positiva do bom senso ocorre nos contextos filosóficos, nos quais ele é usado em sentido técnico: "A filosofia é a crítica da religião e do senso comum e sua superação: neste sentido, a filosofia coincide com 'bom senso'" (Q 8, 204, 1.063). A partir do Q 10, no âmbito de parágrafos ausentes em primeira redação, a avaliação do bom senso é quase sempre positiva. No Q 10 II, 48, 1.334-5 [CC, 1, 402] lemos uma nota na qual senso comum e bom senso são equiparados e avaliados positivamente: "Em que reside, exatamente, o valor do que se costuma chamar de 'senso comum' ou 'bom senso'? Não apenas no fato de que, ainda que implicitamente, o senso comum empregue o princípio de causalidade, mas no fato muito mais restrito de que, numa série de juízos, o senso comum identifique a causa exata, simples e à mão, não se deixando desviar por fantasmagorias e obscuridades metafísicas, pseudoprofundas, pseudocientíficas etc.". Trata-se aqui da função do senso comum ou bom senso como crítica e rejeição do intelectualismo como fim em si mesmo (presente também no Q 16, 21, 1.889 [CC, 4, 65]). Não surpreende que outros exemplos dessa função que possui o bom senso, de sentinela para proteção contra os excessos do intelectualismo vazio, encontrem aplicações também no Q 28, dedicado ao *Lorianismo*, onde se lê, por exemplo: "Este artigo, dada a tolice do conteúdo, presta-se a ser 'livro de texto negativo' numa escola de lógica formal e de bom senso científico" (Q 28, 1, 2.322 [CC, 2, 258]). Ou ainda: "O bom senso, despertado por um oportuno peteleco, aniquila quase fulminantemente os efeitos do ópio intelectual" (Q 28, 11, 2.331 [CC, 2, 266]).

Ainda mais positiva é a avaliação do bom senso quando Gramsci o distingue radicalmente do senso comum, como no Q 11, 12, 1.380 [CC, 1, 98]: "Este é o núcleo sadio do senso comum, que poderia precisamente ser chamado de bom senso e que merece ser desenvolvido e transformado em algo unitário e coerente". No Q 11, 59, 1.485-6 [CC, 1, 202] fala-se de uma filosofia individual que – enquanto não arbitrária – se torna "uma cultura, um 'bom senso', uma concepção do mundo, com uma ética conforme à sua estrutura [...]. Ao que parece, somente a filosofia da práxis realizou um passo à frente no pensamento, com base na filosofia clássica alemã, evitando qualquer tendência para o solipsismo, historicizando o pensamento na medida em que o assume como concepção do mundo, como 'bom senso' difuso no grande número". Bom senso equivale aqui a "concepção do mundo", com uma acepção não necessariamente positiva ou negativa. Mas a equiparação tão explícita presente nessa nota não aparece em outras passagens.

GUIDO LIGUORI

Ver: concepção do mundo; filosofia; filosofia da práxis; lorianismo/lorianos; Manzoni; senso comum.

bonapartismo

O conceito de "bonapartismo" em G. está ligado ao de "cesarismo", ou de um regime que "exprime uma situação na qual as forças em luta se equilibram de forma catastrófica, isto é, se equilibram de modo que a continuação da luta não pode ocorrer sem a destruição recíproca" (Q 9, 133, 1.194). Nessa situação, dadas duas forças A e B em luta, "pode suceder que nem A nem B vençam, porém se debilitem mutuamente, e uma terceira força, C, intervenha de fora, submetendo o que resta de A e de B" (Q 13, 27, 1.619 [CC, 3, 76]). O bonapartismo, então, representa a ascensão de uma personalidade forte que assume o comando e evita a destruição recíproca das partes em conflito. G. considera importante "fazer um catálogo dos eventos históricos que culminaram numa grande personalidade 'heroica'" (Q 9, 133, 1.194), para poder, assim, reconstruir o papel histórico de seu surgimento e as forças, progressivas ou regressivas, que se desenvolveram sob esse regime.

Além de caracterizar-se pelo comando de uma personalidade forte, o bonapartismo se caracteriza por apoiar-se no elemento militar. Sobre isso G. salienta como "em uma série de países" a influência "do elemento militar na política não apenas significou influência e peso do elemento técnico militar, mas especialmente influência e peso do estrato social do qual o elemento técnico militar (especialmente oficiais subalternos) se origina" (Q 4, 66, 510). Essa é uma observação que "parece servir bem à análise do aspecto mais recorrente daquela determinada forma política que se chama cesarismo ou bonapartismo" (idem). O estrato social no qual são recrutadas as forças que compõem o elemento militar que apoia o bonapartismo é o protagonista dos vínculos que se instauram nessa forma particular de organização de poder. G. toma como exemplo a história italiana do *Risorgimento* em diante, observando como "o governo, de fato, operou como um 'partido' [...] para desagregá-los [os outros partidos – ndr], para separá-los das grandes massas e ter 'uma força de sem-partido ligada ao governo por vínculos paternalistas de tipo bonapartista-cesarista'" (*Q 3*, 119, 387 [*CC*, 3, 201]). Ainda que não esteja diante de um verdadeiro regime bonapartista, nem sequer perante as "chamadas *ditaduras* de Depretis, Crispi, Giolitti" (idem), a Itália pós-unificação apresenta, porém, aquele que é seu caráter fundamental, ou seja, o vínculo "pessoal" de certo estrato social com o governo, mediado pela "burocracia", que "se tornava justamente o partido estatal-bonapartista" (ibidem, 388 [*CC*, 3, 202]).

Duas são as passagens dos *Q* nas quais G. adverte contra possíveis desvios bonapartistas. A primeira é uma nota que analisa as dificuldades contidas na adaptação aos novos automatismos do trabalho industrial. G. denuncia: "Nesta questão, o fator ideológico mais depravante é o *iluminismo*, a concepção 'libertária' ligada às classes não manualmente produtivas" (*Q 1*, 158, 139), ou a pretensão de que os novos hábitos possam ser adquiridos "apenas pela via da persuasão e do convencimento" (idem). Constatado que a classe no poder, com a crise de libertinismo ligada a seu estado não produtivo ("crise em 'permanência'", idem), não consegue impor os novos automatismos, G. vê como única solução a autodisciplina das massas, filha, obviamente, da revolução vitoriosa: "Se não se cria a autodisciplina, nascerá alguma forma de bonapartismo" (idem).

A segunda passagem em que G. adverte sobre o bonapartismo é na crítica a Trotski e à sua tentativa de instituir o exército de trabalho na Rússia: "A tendência de Leon Davidovi [...]. Seu conteúdo essencial era dado pela 'vontade' de dar a supremacia à indústria e aos métodos industriais, de acelerar com meios coercitivos a disciplina e a ordem na produção, de adequar os costumes à necessidade do trabalho. Teria necessariamente desembocado em uma forma de bonapartismo, por isso foi necessário quebrá-la inexoravelmente" (*Q 4*, 52, 489). Esse juízo severo encontra, no entanto, uma correção pouco mais adiante: "Suas soluções práticas estavam erradas, mas suas preocupações eram justas. Neste equilíbrio entre prática e teoria encontrava-se o perigo" (idem).

MICHELE FILIPPINI

Ver: burocracia; cesarismo; disciplina; exército; iluminismo; *Risorgimento*; Trotski.

Bordiga, Amadeo

Amadeo Bordiga (citado nos *Q* como Amadeo ou Gottlieb), secretário do Partido Comunista da Itália (PCdI) desde a fundação (Livorno, 1921) em 1924, personifica no interior do movimento comunista uma tendência e uma concepção política à qual G. se opõe abertamente entre 1924 e 1926. Já na carta de Viena de 9 de fevereiro de 1924, G. distingue os limites da visão bordiguiana de partido, concebido não como "o resultado de um processo dialético no qual convergem o movimento espontâneo das massas revolucionárias e a vontade organizativa e diretiva do centro, mas apenas como algo suspenso no ar, que se desenvolve em si e por si e que as massas alcançam quando a situação é propícia e a crista da onda revolucionária chega até a sua altura, ou quando o centro do partido considera dever iniciar uma ofensiva e se abaixa até a massa para estimulá-la e levá-la à ação" (Togliatti, 1971, p. 195). As teses preparadas por G. e Togliatti para o III Congresso do Partido (Lyon, janeiro de 1926) criticam o ceticismo de Bordiga "sobre a possibilidade de que a massa operária organize em seu seio um partido de classe [...] capaz de guiar a grande massa, esforçando-se para mantê-la a todo tempo ligada a si". Bordiga não concebe o partido como "parte" da classe operária, mas como seu órgão, formado por elementos heterogêneos; não o vê como guia da classe, mas como elaborador de "quadros preparados para guiar as massas quando o desenvolvimento da situação as tiver trazido até o partido". Erro teórico que leva a erros organizativos e táticos: a linha política, elaborada com base em preocupações formalistas, em vez da análise dialética da situação concreta, induz à passividade, da qual o abstencionismo eleitoral foi um aspecto. E nisso se aproxima do maximalismo de direita (*CPC*, 502-3[*EP*, II, 345-6]).

Nos *Q*, as poucas notas dedicadas a Bordiga são mordazes e críticas. A crítica não é sistemática e articulada (como aquelas a Croce ou Bukharin), mas, em continuidade com os escritos precedentes, são aprofundados alguns aspectos teóricos. O principal texto-alvo nos *Q* é constituído pelas

Teses de Roma sobre tática, escritas por Bordiga e Terracini para o II Congresso do PCD'I (publicadas em *L'Ordine Nuovo* de 3 de janeiro de 1922), das quais G. já tinha se distanciado na carta de Viena de 9 de fevereiro de 1924 e na *Introduzione al primo corso della scuola interna di partito* [Introdução ao primeiro curso da escola interna de partido] de abril-maio de 1925: "A centralização e a unidade eram concebidas de maneira demasiado mecânica: o Comitê Central ou, mais precisamente, o Comitê Executivo era visto como sendo todo o partido, e não como o organismo que o representa e dirige. Se essa concepção fosse aplicada de modo permanente, o partido perderia suas características políticas diferenciadoras e se tornaria, no melhor dos casos, um exército (e um exército de tipo burguês): ou seja, perderia sua força de atração, já que se distanciaria das massas" (*CPC*, 55-6 [*EP*, II, 296-7]). Nos *Q* a crítica vai à raiz filosófica da implantação das *Teses de Roma*: nelas "aplica-se às questões o método matemático, tal como na economia pura", exemplo típico de "bizantinismo ou escolasticismo", que é a "tendência degenerativa a tratar as chamadas questões teóricas como se tivessem um valor em si mesmas, independentemente de qualquer prática determinada". Mas "as ideias não nascem de outras ideias, [...] as filosofias não são geradas por outras filosofias, mas [...] são expressões sempre renovadas do desenvolvimento histórico real", para o qual "toda verdade, mesmo sendo universal e mesmo podendo ser expressa mediante uma fórmula abstrata, de tipo matemático (para as tribos dos teóricos), deve sua eficácia ao fato de ter sido expressa nas linguagens das situações concretas particulares: se não é expressável em linguagens particulares é uma abstração bizantina e escolástica, boa para o passatempo dos ruminadores de frases" (*Q 9*, 63, 1.133-4 [*CC*, 1, 255]). A crítica às *Teses de Roma* retorna indiretamente numa nota dedicada a Croce. Mesnil tinha publicado no *L'Humanité* de 14 de março de 1922 um artigo no qual identificava nele a influência de Croce. Segundo G., que derruba a acusação de idealismo crociano que Bordiga havia repetidas vezes dirigido ao grupo de *L'Ordine Nuovo*, "mudadas as estaturas intelectuais, Amadeo pode ser aproximado de Croce, como Jacques Mesnil talvez não pensasse", uma vez que ambos são afetados pelo "'jacobinismo' degradado", colocam-se como puros intelectuais, separados das massas (*Q 10* I, 1, 1.213 [*CC*, 1, 283]). Ambos se opõem, na teoria e na prática, à desejada reforma intelectual e moral, não operam para um progresso intelectual de massa.

O projeto filosófico de Bordiga resulta, na crítica gramsciana, fundado sobre o materialismo vulgar, muito distante da impostação dialética de Marx. No balanço político sobre a vida do partido, traçado em janeiro de 1926, o método de Bordiga é definido como "o velho método da dialética conceitual próprio da filosofia pré-marxista e mesmo pré-hegeliana", totalmente diferente do "método da dialética materialista próprio de Marx" ("Cinque anni di vita del partito" [Cinco anos de vida do partido], em *CPC*, 102). Bordiga é comparado a Feuerbach: "Recorde-se a afirmação de Amadeo segundo a qual, se alguém soubesse o que um homem comeu antes de um discurso, por exemplo, seria capaz de interpretar melhor o próprio discurso. Afirmação infantil e, de fato, estranha até à ciência positiva" (*Q 7*, 35, 883 [*CC*, 1, 243]). Retorna em uma nota também a acusação de ultraeconomicismo (por meio de uma referência ao artigo "Socialismo e cultura" no *Grido del Popolo* de 29 de janeiro de 1916, em *CT*, 99-103) que, tal qual o oportunismo culturalista de Tasca, é a outra face da "mesma imaturidade e do mesmo primitivismo" (*Q 9*, 26, 1.112 [*CC*, 3, 291]).

Bordiga, que propôs substituir a fórmula do "centralismo democrático" pela fórmula do "centralismo orgânico" (Verbale, 1963), inclina-se mais para o centralismo burocrático. Para G., na verdade, "a 'organicidade' só pode ser a do centralismo democrático, que é um 'centralismo' em movimento [...], uma contínua adequação da organização ao movimento real, um modo de equilibrar os impulsos a partir de baixo com o comando pelo alto [...], é 'orgânico' porque leva em conta o movimento, que é o modo orgânico de revelação da realidade histórica, e não se enrijece mecanicamente na burocracia" (*Q 13*, 36, 1.634 [*CC*, 3, 91]).

Enfim, Bordiga é um "nômade" da política. G. sugere uma analogia entre o partido mazziniano e aquele bordiguiano: "É preciso distinguir e avaliar diversamente, por um lado, os empreendimentos e as organizações de voluntários e, por outro, os empreendimentos e as organizações de blocos sociais homogêneos (é evidente que, por voluntários, não se deve entender a elite quando ela é expressão orgânica da massa social, mas sim o voluntário separado da massa por seu impulso individual arbitrário e em frequente oposição à massa ou a ela indiferente) [...]. A posição de Gottlieb foi precisamente similar à do Partido da Ação, ou seja, cigana e nômade: o interesse sindical era muito superficial e de origem polêmica, não sistemático, não orgânico e consequente, não de busca de homogeneidade social, mas paternalista e formalista" (*Q 13*, 29, 1.623-4 [*CC*, 3, 80-1]). Expressa em outros termos, é a mesma crítica das *Teses de Lyon*: Bordiga concebe o partido não como parte de um bloco social homogêneo, mas como constituído por elementos espúrios.

Não obstante as claras discordâncias políticas, expressas antes e depois da prisão, as *LC* testemunham relações de amizade e solidariedade entre G. e Bordiga. Encontrando-se confinados em Ustica à espera de processo no final de 1926, (*LC*, 17, a Tania, 19 de dezembro de 1926 [*Cartas*, I, 87]), os dois dirigentes, com outros comunistas, partilharam a casa (*LC*, 22, a Sraffa, 21 de dezembro de 1926 [*Cartas*, I, 92]) e organizaram "toda uma série de cursos, básicos e de cultura geral, para os diversos grupos de confinados" (idem). Muitas são as manifestações de estima e simpatia expressas por G. em relação a seu antagonista político (*LC*, 33, a Tania, 7 de janeiro de 1927 [*Cartas*, I, 105]; *LC*, 38-9, a Julca, 15 de janeiro de 1927 [*Cartas*, I, 110]).

Andrea Catone

Ver: centralismo; economismo; Feuerbach; jacobinismo; *Ordine Nuovo* (*L'*); partido; Partido Comunista.

boulangismo

O boulangismo foi um movimento político de oposição à Terceira República francesa entre 1886 e 1891. Em torno de Georges Boulanger se uniram forças políticas monárquicas e nacionalistas de diversos matizes. G. se refere ao boulangismo no *Q 4* e retoma o discurso no *Q 13*, sempre com relação às discussões sobre o "economismo" (ou economicismo). A interpretação de G. é que o economicismo, em suas muitas variantes, embora incidindo sobre o materialismo histórico, é uma ideologia burguesa: "Em sua forma mais difundida de superstição economicista, a filosofia da práxis perde grande parte de sua expansividade cultural na esfera superior do grupo intelectual, na mesma proporção em que a adquire entre as massas populares" (*Q 13*, 18, 1.595 [*CC*, 3, 52]).

A proposta de G. é que se combata o economicismo "desenvolvendo o conceito de hegemonia" (ibidem, 1.595-6 [*CC*, 3, 53]). Como hipótese teórica sugere que se estudem certos movimentos políticos tomando o boulangismo como "arquétipo" (*Q 4*, 38, 464) ou "tipo" (*Q 13*, 18, 1.596, Texto C [*CC*, 3, 46]).

Do mesmo tipo é considerado o processo Dreyfus, ou ainda o golpe de Estado de Luís Bonaparte, cuja análise marxiana é particularmente útil "para estudar a importância relativa que nele se atribui ao fator econômico imediato e o lugar que nele ocupa, ao contrário, o estudo concreto das 'ideologias'" (*Q 13*, 18 [*CC*, 3, 53]). São fortes os indícios de que G. procurava elementos teóricos de modo a enriquecer sua interpretação do fascismo como movimento político de massa. A avaliação de um movimento de tipo boulangista deve seguir o método da correlação de forças, mas "também neste caso a análise dos diversos graus de relação de forças só pode culminar na esfera da hegemonia e das relações ético-políticas" (ibidem, 1.597 [*CC*, 3, 55]).

Marcos Del Roio

Ver: bonapartismo; economismo; fascismo; filosofia da práxis; França; hegemonia; nacionalismo.

brescianismo

O termo "brescianismo" deriva, segundo um procedimento que G. já tinha utilizado para outras figuras intelectuais discutidas, do sobrenome do jesuíta Antonio Bresciane, ávido oponente do liberalismo e autor de um famoso romance histórico, *L'ebreo di Verona* [O judeu de Verona], a quem Francesco De Sanctis, em 1885, tinha dirigido uma crítica particularmente corrosiva. G. utiliza esse termo nos *Q* para indicar aqueles fenômenos literários nos quais a representação da realidade, condicionada por evidentes preconceitos políticos, resulta manipulada com fins propagandísticos, mais ou menos a descoberto. Quando, no cárcere, na primeira página do caderno em que havia finalmente obtido permissão para escrever, G. insere na lista dos assuntos dos quais pretende tratar o item "Os filhotes do padre Bresciani", sua intenção é de fato tratar da produção literária diretamente implicada na representação da atualidade histórico-política da Itália fascista. Qual fórmula melhor do que "filhotes do padre Bresciani" para distinguir e classificar, com o necessário sarcasmo, aquele filão de narrativa de grande consumo, explicitamente voltado à média e à pequena burguesia, que por meio de uma representação deformada e deformante dos acontecimentos do "biênio vermelho", mas também através de uma representação nostálgica e paternalista do mundo cotidiano, contribuía para perpetuar e difundir preconceitos antidemocráticos, já bem radicados de outras formas nas classes médias?

Quando, pela primeira vez, G. fala em "brescianismo" no *Q 1*, 24, aquela produção já possui, a seus olhos, as características de uma verdadeira e própria escola literária, que vai se tornando, além disso, "a 'escola' literária preeminente e oficial" (ibidem, 18). Uma escola, a do "brescianismo laico", como G. a define para distingui-la daquela relativa aos eventos do *Risorgimento*, que tem a própria "pré-história", nos anos que precedem a guerra, nos romances de tema histórico-político de Luca Beltrami – *Casate Olona 1859-1909* – e de Antonio Beltramelli – *Gli uomini rossi* [Os homens vermelhos] e *Il cavalier mostardo* [O cavaleiro mostarda] –, romances inspirados em uma grotesca aversão pelo socialismo, nos quais tudo concorre para falsificar o quadro da vida política italiana, torná-lo doentio, quando não fortemente caricatural. Nessa fase da redação dos *Q* G. considerará brescianismo, identificado, sobretudo, com obras como *Mio figlio ferroviere* [Meu filho ferroviário], de Ugo Ojetti, ou *Il padrone sono me* [O patrão sou eu], de Alfredo Panzini, ambas de 1922, toda a última produção de Panzini, o *Ciclo dei Vela* [Ciclo da Família Vela], de Salvator Gotta, *Il Palazzone* [O casarão], de Margherita Sarfatti, *Pietro e Paolo*, de Mario Sobrero, de 1924, mas também romances como *L'ultimo cireneo* [O último cireneu], de Leonida Répaci, ou *Angela Maria*, de Umberto Fracchia, ambos de 1923, e *Gli emigranti* [Os emigrantes], de Francesco Perri, de 1928, obras menos comprometidas no plano da propaganda política, mas não por isso menos superficiais e sectárias na análise e na representação da realidade contemporânea.

De alguns desses autores, como Beltramelli – membro do partido nacionalista e, mais tarde, do fascista, entre os primeiros a serem nomeados para a Academia Italiana – ou Mario Sobrero, era fácil demonstrar a facciosidade. Em suas obras, de fato, com uma operação análoga à de Bresciane, que no *Ebreo di Verona* tinha pintado os carbonários como conspiradores sinistros e assassinos ferozes, representam os socialistas e comunistas como gente sedenta de poder e de riqueza, e aqueles que se deixam atrair por suas ideias, na melhor das hipóteses, como idealistas débeis e iludidos e, na pior das hipóteses, como homens sem escrúpulos capazes de abandonar-se a verdadeiros atos de vandalismo. Desse ponto de vista pode ser significativo recordar que, colocando em cena em *Pietro e Paolo* os confrontos ocorridos em Turim no período da ocupação das fábricas que tinham oposto o sindicato dos metalúrgicos ao grupo de *L'Ordine Nuovo* – chamado *Età nuova* no romance –, Sobrero esboça um retrato gramsciano de refinada perfídia: "Ultrapassava apenas com o peito e os ombros pontiagudos a mesa que tinha diante; no rosto de feiura monstruosa estampava-se um sorriso sardo que o cintilar dos óculos acentuava. Começou passando uma mão raquítica sobre o cabelo crespo e despenteado que fazia sua cabeça parecer enorme". Menos fácil era demonstrar a intenção propagandística de obras nas quais o preconceito anticomunista operava em níveis mais sutis, mas justamente nesse plano a análise de Gramsci atinge o alvo porque, não obstante as tantas diferenças de temas, de estilos e de níveis artísticos dos romances considerados, grande parte dos textos atribuídos à escola brescianista colocam em cena a mesma tendenciosa representação maniqueísta das lutas de classe: de um lado os burgueses, representados como os guardiões dos verdadeiros valores da vida, espectadores preocupados e frequentemente vítimas inocentes dos tumultos populares; de outro os proletários, ignorantes, supersticiosos, vorazes, inimigos de Deus, facilmente manipulados por políticos piores que eles. Uma contraposição que, não por acaso, encontra em *Padrone sono me* uma de suas representações mais bem-sucedidas, com um proprietário que, justamente por sua amável superioridade de intelectual, está destinado a tornar-se vítima predestinada da ganância de seu meeiro.

Se no caso de *Padrone sono me* o conflito entre os protagonistas é consequência da contraposição de classe, em outros romances de Panzini isso representa a antítese, mais geral e percebida como fatal, entre o velho e o novo mundo e se inspira, ao mesmo tempo, na desconfiança do proprietário fundiário com relação a todo tipo de revolução e na sua nostalgia pelo mundo aparentemente não contaminado da velha sociedade patriarcal camponesa. Refuta, demonizando-os, nesse caso não apenas os recentes episódios de ocupação das terras ou os êxitos daquelas lutas sociais conduzidas pelos velhos meeiros substituindo os patrões burgueses, mas toda a gama de transformações trazidas pelo progresso. Uma antítese, portanto, menos áspera, mas não por isso menos perigosa, da qual G. aprende todo o valor reacionário. Naquele patético culto do passado, como ele o entende, confluem de fato o medo do intelectual humanista diante do avanço da sociedade de massa, o pavor do socialismo, o anticapitalismo reacionário do patronato latifundiário, a preocupação de manter alguma forma de domínio sobre os camponeses, a necessidade de ver restabelecida a ordem social diante do suceder-se das crises: todos fatores que favoreciam a aproximação das classes médias com o fascismo e reforçavam o bloco histórico conservador. São coisas que hoje nos são bem claras, mas que no calor do processo não deveriam ser fáceis de apreender e cuja compreensão confirma a inteligência crítica com a qual G., embora numa situação de isolamento como a do cárcere, sabia manter sob observação e julgar a produção literária do tempo, bem consciente de que o olhar crítico do intelectual comunista se exerce primeiro sobre a literatura contemporânea, no meio do confronto ideológico do qual as obras literárias são elementos ativos.

O que significa, de fato, a categoria interpretativa do brescianismo senão a capacidade de revelar e denunciar o grau de falsificação da história presente naquelas operações literárias? Uma falsificação que, quando não era diretamente sustentada pela propaganda política, era ainda expressão de graves vícios congênitos da classe intelectual italiana: a presunçosa consideração do escritor a respeito de si mesmo, que o legitimava a fazer da própria consciência a medida do julgamento da história mesma, e o persistente estranhamento em relação a qualquer força viva do processo histórico em ato, que condenava suas obras a veleidades totalmente retóricas, privando-as de toda sinceridade. Não compreenderemos completamente o desprezo que G. reserva à categoria de brescianismo se não esclarecermos como ela estava unida, a seus olhos, à covardia, à hipocrisia, ao caráter dúplice, à bajulação, à arrogância triunfalista que sempre distinguiram os intelectuais italianos e caracterizaram seu comportamento. Perguntando-se, em uma das primeiras notas do *Q 3*, por quais razões as classes dominantes não souberam exprimir senão formas de literatura "jesuíta", G. atribui a causa à incapacidade das mesmas classes dominantes de trazer a campo energias propulsivas. Daí o brescianismo visto também e sobretudo como fenômeno típico de uma fase cultural dominada por forças burguesas incapazes de suscitar energias expansivas, antes de tudo no terreno prático-econômico. "Toda inovação é repressiva para seus adversários, mas desencadeia forças latentes na sociedade, as potencializa, as exalta, é, portanto, expansiva. As restaurações são universalmente repressivas: criam justamente os 'padres Bresciani', a literatura à padre Bresciani. A psicologia que precedeu essas inovações é o 'pânico', o pavor cômico de forças demoníacas que não são compreendidas e não podem ser controladas. A lembrança deste 'pânico' perdura por longo tempo e dirige as vontades e os sentimentos: a liberdade criadora desaparece, permanece o ódio, o espírito de vingança, a cegueira idiota. Tudo torna-se prático, inconscientemente, tudo é 'propaganda', é polêmica, é negação, mas de forma mesquinha, estreita, jesuíta mesmo" (*Q 3*, 41, 318-9).

Durante a redação dos *Q* a noção de brescianismo sofre uma extensão semântica cujas premissas G. define em uma nota dedicada à biografia panziniana de Cavour, "La vita di Cavour" [A vida de Cavour] (*Q 3*, 38, 316-7). De fato, aquela obra, que confirma "a incomensurável [...] estupidez histórica de Panzini" (*Q 3*, 13, 299), oferece a G. a motivação para analisar as modalidades com que os escritores brescianos operavam aquela cômica e mesquinha falsificação da história, que era uma das características salientes do brescianismo. Sob essa acusação está exatamente a vontade de Panzini de representar a história como uma "amenidade" (idem), tratando seus conteúdos com uma ironia que podia no máximo simular profundidade de pensamento, mas certamente não o sustentar, e, em termos de produção literária, o modo irreverente de tratar episódios e figuras determinantes para a história da Itália. A redução da história a "historietas engraçadas sem nexos com personalidades nem com outras forças sociais" (*Q 3*, 38, 315) mascara de fato a renúncia ou a incapacidade de apreender e representar as motivações que estão por trás dos fatos da história, dos programas e dos projetos políticos. Nesse plano a biografia cavouriana apresenta a mesma incongruência entre causas e efeitos e o mesmo desenvolvimento imprevisível dos romances de folhetim, à moda do Visconde de *Ponson du Terrail*, com o efeito, por um lado, de reduzir a estatura de Cavour ao nível da limitada consciência política e moral de uma burguesia covarde e tola, e por outro, de transformar a sagacidade política do estadista no fruto imponderável de uma (não mais bem justificada) "estrela" pessoal (ibidem, 316). Pode ser útil destacar que, na conclusão do *Q 3*, 13, G. fala de "jesuitismo literário" (ibidem, 299), fazendo dessa fórmula, desse momento em diante, um sinônimo de brescianismo. Na realidade aquela definição, que se refere mais ao fator da construção literária do que ao ideológico-político, prepara a assimilação entre os dois planos que permitirá encontrar aspectos de brescianismo também em autores e obras privadas de intenções propagandísticas. Não é por acaso que, entre as fileiras dos "filhotes do padre Bresciani", contam-se, sem distinção, Curzio Malaparte (*Q 1*, 42, 30), Riccardo Bacchelli (*Q 3*, 8, 293), Mario Puccini (*Q 3*, 64, 345), Luigi Capuana (*Q 3*, 73, 349), Ugo Ojetti (*Q 5*, 66, 599 [*CC*, 6, 171]), Filippo Crispolti (*Q 5*, 101, 630 [*CC*, 6, 176]), Vincenzo Cardarelli (*Q 5*, 154, 679 [*CC*, 6, 180]), Giulio Bechi (*Q 6*, 2, 685), Lina Pietravalle (*Q 6*, 9, 687), Massimo Bontempelli (*Q 6*, 27, 705 [*CC*, 6, 184]), Angelo Gatti (*Q 6*, 115, 786 [*CC*, 6, 199]), Bruno Cicognani (*Q 6*, 201, 840 [*CC*, 6, 204]), Enrico Corradini (*Q 7*, 82, 914 [*CC*, 5, 276]), Ardengo Soffici (*Q 7*, 105, 930 [*CC*, 6, 211]), Giovanni Papini (*Q 8*, 105, 1.002 [*CC*, 6, 217]), Giuseppe Ungaretti (*Q 9*, 2, 1.097 [*CC*, 6, 224]).

Além disso, pode-se cogitar a hipótese de que a partir do *Q 3*, 63 G. se esforça para associar as observações sobre o caráter propagandístico da produção literária contemporânea à denúncia da ausência, nela, de "historicidade, de sociabilidade de massa", a partir da própria língua, e que por trás desse esforço se entreveja a vontade de inserir a reflexão sobre o brescianismo numa consideração mais ampla sobre a função social da literatura. É como se G. quisesse entrelaçar duas ordens de argumentações desenvolvidas precedentemente de forma autônoma: aquela relativa à literatura nacional-popular e a reservada justamente ao brescianismo. Para confirmá-lo, bastaria o fato de que, a partir do *Q 5*, o título da rubrica "Os filhotes do padre Bresciani" é frequentemente acompanhado pela especificação "Literatura popular-nacional", e que nas notas assim rubricadas G. enfrenta e desenvolve ideias de grande relevância metodológica para a reflexão sobre a natureza e a finalidade da literatura. Pode-se deduzir, portanto, que quando G., ao início do *Q 8*, traçando o conjunto dos ensaios principais nos quais se deveria articular sua história dos intelectuais italianos, introduz o tema "Os filhotes do padre Bresciani", que, com as rubricas "La letteratura popolare dei romanzi d'appendice" [A literatura popular dos romances de folhetim] e "Reazioni all'assenza di un carattere popolare-nazionale della cultura in Italia: i futuristi" [Reações à ausência de um caráter popular-nacional da cultura na Itália: os futuristas], teria de dar conta de toda a produção literária italiana contemporânea, o brescianismo tivesse já assumido em sua reflexão as características de uma categoria crítico-literária de natureza geral, nova no panorama do debate crítico contemporâneo na medida em que conota primeiramente uma postura, com relação à realidade, feita de superficialidade, substancial falta de sinceridade, "exterioridade quixotesca" (*Q 7*, 105, 931 [*CC*, 6, 211]).

Confirma a extensão semântica sofrida pelo termo a nota *Q 9*, 42, na qual G., concluindo algumas observações sobre o desinteresse dos intelectuais italianos pelo trabalho, define o brescianismo como "individualismo antiestatal e antinacional", identificando justamente naquele estranhamento à vida da nação e às aspirações das classes populares o mofo responsável por haver transformado os intelectuais italianos numa casta separada e tornado difícil a relação entre as classes dirigentes e as grandes multidões nacionais. É esta, por sua vez, a convicção que teria levado G. a encontrar traços de brescianismo também em autores como Manzoni e Verga. O destino dessa categoria não é, no entanto, o de se anular na reflexão sobre as carências dos intelectuais italianos e suas causas. Ela continua a se revelar, na verdade, instrumento indispensável para avaliar e classificar as novas formas de narrativa contemporânea, dos livros de guerra à literatura católica "extremista" militante, expressa pelo grupo florentino do "Frontispício", liderado por Papini. Essa é também a razão pela qual o quadro histórico do brescianismo moderno, que G. delineia no *Q 23*, um caderno especial não por acaso intitulado *Crítica literária*, resulta mais rico e articulado do que aquele traçado nas notas de primeira redação, problematizado pelo emergir de suas sempre novas manifestações e sustentado pela convicção de que o brescianismo, independentemente do preconceito político que o sustentava, era, na realidade, a expressão da mais generalizada e difundida recusa de "qualquer forma de movimento nacional-popular, determinada pelo espírito econômico-corporativo de casta, de origem medieval e feudal" (*Q 23*, 8, 2.198 [*CC*, 6, 76]).

BIBLIOGRAFIA: FORGACS, NOWELL-SMITH, 1985; PALADINI MUSITELLI, 2004; PETRONIO, 1987.

MARINA PALADINI MUSITELLI

Ver: De Sanctis; intelectuais italianos; nacional-popular; *Ordine Nuovo* (*L'*).

Bronstein: v. Trotski.

Bukharin, Nikolai Ivanovich
A relação de G. com Bukharin é caracterizada por duas fases muito diferentes: em 1925 utiliza a *Teoria del*

materialismo storico [Teoria do materialismo histórico] para a escola interna do Partido organizada por ele: no segundo fascículo do curso é traduzido pelo próprio G. quase todo o primeiro capítulo (*RQ*, 140-6). Aqui "a única variante significativa" era a "relutância de G. para empregar o termo 'lei', que ocorre com frequência em Bukharin", substituindo-o "quase sempre por diversas expressões: 'normalidade', 'regularidade', 'relação causa-efeito'" (*Q, AC*, 2.633). Por sua vez, nos *Q* o *Manuale popolare di sociologia marxista* [Manual popular de sociologia marxista], como consta no subtítulo da *Teoria*, é submetido a uma crítica ampla e persistente, que está reunida na seção II do *Q 11*, intitulada *Observações e notas críticas sobre uma tentativa de "Ensaio popular de sociologia"* (anunciada no quarto dos "agrupamentos de matéria" do *Q 8, Introdução ao estudo da filosofia e notas críticas a um Ensaio popular de sociologia*). Entre um e outro episódio ocorre, em 1929, a derrota política de Bukharin para Stalin. G., portanto, quando no cárcere submeteu a duras acusações o *Ensaio popular*, sabia que as dirigia a uma figura caída em desgraça. Todavia a *Teoria*, publicada em 1921 e reeditada em numerosas edições e traduções nas principais línguas europeias, continuou a exercer um papel de primeira importância no movimento comunista internacional, seja como base para a elaboração do marxismo-leninismo e do materialismo dialético staliniano, seja ainda – e isso podia ser de muito maior importância para G. – como tipo de "manual" difundido entre as massas, no qual se expunham os princípios fundamentais do marxismo a um público não especializado e que devia constituir a base difusa de uma filosofia que aspirava a transformar o mundo. De fato, o espírito com o qual o *Ensaio popular* tinha sido escrito era o de fornecer um guia e uma introdução à teoria do materialismo histórico que fosse acessível à cultura média dos operários. Portanto, o livro de Bukharin era, também ele, um projeto de "progresso intelectual de massa", ainda que fundado numa abordagem contrária à de G.

A abordagem metodológica de Bukharin no *Ensaio popular* é determinista: a história se desenrola segundo leis causais do tipo daquelas utilizadas nas ciências da natureza (em consequência, a história é previsível). O pano de fundo filosófico é dado pela relação entre o materialismo histórico e o materialismo filosófico. Essa concepção do marxismo, exposta nos três primeiros capítulos da obra, corresponde ao que G. nos *Q* define como revisão materialista, isto é, o tipo de marxismo que, pela necessidade de "esclarecer as massas populares, cuja cultura era medieval" (*Q 4*, 3, 422), tem sido "vulgarizado" (*Q 10* I, 11, 1.233 [*CC*, 1, 303]), tornando-se assim "um 'marxismo' em 'combinação'" com o materialismo vulgar, como tal "insuficiente para criar um vasto movimento cultural que envolva todo o homem, em todas as suas épocas e em todas as suas condições sociais, unificando moralmente a sociedade" (*Q 4*, 3, 423). Daí a necessidade de desmontar pontualmente esse projeto, mostrando sua tendência intrínseca a eludir a tarefa fundamental colocada ao movimento operário, uma vez que, fundado "um novo tipo de Estado, nasce [concretamente] o problema de uma nova civilização e assim a necessidade de elaborar as concepções mais gerais, as armas mais refinadas e decisivas" (*Q 3*, 31, 309; v. também *Q 4*, 46, 473).

As críticas ao *Ensaio popular* (G. possui no cárcere a tradução francesa, Bukharin, 1927) são desenvolvidas nas três séries de *Notas de filosofia* e reunidas, como dito anteriormente, numa seção do *Q 11*. A primeira menção se encontra, no entanto, no *Q 1*, num texto dedicado a "Conversação e cultura". Nele G. observa que na cultura oral é muito mais fácil verificar-se "erros lógicos", com relação aos quais o estudo da lógica formal aristotélica pode ser um útil antídoto. "Estas observações me foram suscitadas pelo *Materialismo histórico* de Bukharin, que sofre de todas as irregularidades da conversação. Seria curioso fazer uma exemplificação de todos os passos que correspondem aos erros lógicos indicados pelos escolásticos, recordando a justíssima observação de Engels de que também os 'modos' de pensar são elementos adquiridos e não inatos" (*Q 1*, 153, 136). Bukharin escreve, de fato, no prefácio: "A obra nasceu das discussões que ocorreram durante as conferências de trabalho prático dirigidas pelo autor e por J. P. Denike" (Bukharin, 1977, p. 6). Todavia, G. não faz aquela exemplificação e, quando inicia as *Notas de filosofia* no *Q 4* toma rapidamente posição sobre o mérito do texto: numa comparação com o livro de Ernst Bernheim sobre método histórico (Bernheim, 1907), observa: "A 'sociologia marxista' (cfr. o *Ensaio popular*) deveria estar para o marxismo como o livro de Bernheim está para o historicismo: uma reunião sistemática de critérios práticos de pesquisa e de interpretação, um dos aspectos do 'método filológico' geral" (*Q 4*, 5, 425). E logo acrescenta, indicando já a crítica: "Sob alguns pontos de vista se deveria fazer, de algumas tendências do materialismo histórico (e, porventura, as mais difusas), a mesma crítica que o historicismo fez do velho método histórico e da velha filologia, que tinham levado a novas formas ingênuas de dogmatismo e substituíam a interpretação com a descrição exterior, mais ou menos acurada dos fenômenos" (idem). Essa crítica dirige-se primeiramente ao fato de que "o título não corresponde ao conteúdo do livro. *Teoria do materialismo histórico* deveria significar sistematização lógica dos conceitos filosóficos que são conhecidos sob o nome de materialismo histórico. O primeiro capítulo, ou uma introdução geral, deveria ter tratado da questão: o que é filosofia? Uma concepção de mundo é uma filosofia? Como a filosofia foi concebida até o momento? O materialismo histórico renova essa concepção? Que relações existem entre ideologia, concepção de mundo e filosofia? A resposta para esta série de perguntas constitui a 'teoria' do materialismo histórico" (*Q 4*, 13, 434). Como se vê, são justamente as questões das quais se ocupa G. na elaboração positiva da filosofia da práxis. Mas nem sequer se pode dizer que haja nexo entre título (teoria) e subtítulo (sociologia): "O subtítulo é mais exato se se dá do termo 'sociologia' uma definição circunscrita", mas Bukharin faz com que ele se torne "um embrião de filosofia não desenvolvida" sobre cuja base desenvolve justamente a "filosofia" do marxismo (idem; v. também *Q 7*, 6, 856-7).

Na dependência desse erro surge a igualmente errônea ligação do marxismo com o materialismo filosófico, como uma filosofia da qual o primeiro teria necessidade: "Que coisa entende por 'matéria' o *Ensaio popular*?" (*Q 4*, 25, 443). "Para o materialismo histórico a 'matéria' não deve ser entendida nem no significado resultante das ciências naturais, nem no significado resultante das diversas metafísicas materialistas [...] mas como socialmente e historicamente organizada pela produção, como *relação humana* [...]. Mas na realidade, este é apenas um dos tantos elementos do *Ensaio popular* que demonstram a superficial colocação do problema do materialismo histórico, o de não ter sabido dar a esta concepção sua autonomia científica e a posição que lhe cabe em face das ciências naturais ou [pior], em face daquele vago conceito de 'ciência' em geral que é próprio da concepção vulgar do povo" (ibidem, 443-4). A dependência de Bukharin de uma concepção genérica e vulgar da ciência o impede de reconhecer e valorizar o conceito e a função essencial de que a dialética se reveste no materialismo histórico. Sua "errada interpretação do materialismo histórico, que se apresenta dogmatizado", o leva a identificá-lo "com a procura da causa última, ou única etc.", sem se dar conta de que "o problema da causa única é frustrado pela dialética" (*Q 4*, 26, 445). "Pôr o problema como uma pesquisa de leis, de linhas constantes, regulares, uniformes, é uma atitude ligada a uma exigência, concebida de maneira um pouco pueril e ingênua, de resolver peremptoriamente o problema prático da previsibilidade dos acontecimentos históricos [...]. Daí a busca das causas essenciais, ou melhor, da 'causa primeira', da 'causa das causas'. As Teses sobre Feuerbach já haviam criticado antecipadamente esta concepção simplista" (*Q 11*, 15, 1.403 [*CC*, 1, 121]). Não dominando a dialética, Bukharin não sabe reconhecer o nexo entre quantidade e qualidade (*Q 4*, 32, 451) e entre "premissa" material e "tarefa" política (*Q 7*, 20, 869 [*CC*, 6, 371]). Em conclusão: "A filosofia do *Ensaio popular* é puro aristotelismo [positivista], isto é, uma readaptação da lógica formal segundo os métodos das ciências naturais: a lei da causalidade substitui a dialética; a classificação abstrata, a sociologia etc.". Trata-se de um "idealismo invertido no sentido de que a categoria do espírito é substituída por categorias empíricas igualmente aprioristicas e abstratas. [*Causalismo* e não dialética. Procura pela lei de 'regularidade, normalidade, uniformidade' sem superação, porque o efeito não pode ser superior à causa, mecanicamente]" (*Q 8*, 186, 1.054).

Esta "redução do materialismo histórico a 'sociologia' marxista" favorece a "extensão da lei dos grandes números das ciências naturais às ciências históricas e políticas"; mas essa extensão "tem diversas consequências para a história e para a política: na ciência histórica pode-se ter por resultado despropósitos científicos, que poderão ser corrigidos rapidamente [...]; mas na ciência e na arte política pode-se ter por resultado catástrofes, cujos 'frios' prejuízos jamais poderão ser ressarcidos" (*Q 7*, 6, 856). No *Ensaio popular* se abriga, portanto – em correspondência com a natureza do marxismo, que é conjuntamente ciência e ação (*Q 7*, 33, 882 [*CC*, 1, 242]), filosofia e ideologia – um risco *político* bem preciso: uma política pensada em bases deterministas e fatalistas só pode, de fato, conduzir à derrota.

As críticas ao *Ensaio popular* são, portanto, abrangentes e destrutivas: do título ao conteúdo, dos pressupostos gerais às implicações políticas, da metodologia ao estilo argumentativo, não há um aspecto que G. considere poder ser utilmente empregado num projeto de "manual popular" da filosofia da práxis. Seu projeto é, portanto, como resulta da própria estrutura do *Q 11*, globalmente alternativo ao de Bukharin. O modo como G. discute o *Ensaio popular* – sem remissões a páginas precisas, sem citações literais, com alguma imprecisão – não é tanto indicativo da ausência (ou menos) da *Teoria* entre os livros que G. podia ter na cela (sobre isso veja a discussão entre Giovanni Mastroianni [1988, p. 225 e 1992, p. 617-8] e Gianni Francioni [1987, p. 29 e 1992, p. 608]). Antes, isso é legível à luz do caráter de "modelo exemplar", mas em negativo, que o *Ensaio popular* assume (veja-se a já mencionada contraposição ao livro de Bernheim), com relação ao qual se constrói uma alternativa que não poupa sequer um detalhe.

Esse modo de trabalhar emerge no tratamento que G. reserva a um conceito que no *Ensaio popular* aparece de passagem e que no projeto da filosofia da práxis, ao contrário, assume um papel central: a imanência. É de fato numa reformulação histórica da imanência, e não na tradição materialista, que, segundo G., se reconhece a originalidade da filosofia de Marx. Essa tese é anunciada no *Q 4*, 11 [*CC*, 6, 358], no qual se nota também que "quando se diz que Marx emprega a expressão 'imanência' em sentido metafórico, não se diz nada: na realidade, Marx dá ao termo 'imanência' um significado próprio" (ibidem, 433 [*CC*, 6, 358]). É uma alusão a Bukharin, como se pode ver no *Q 4*, 17, 438: "O que se diz da 'teleologia' se pode repetir para a 'imanência'" (a referência é o *Q 4*, 16, intitulado "A teleologia no *Ensaio popular*"). Escreve G.: "No *Ensaio popular* se nota que Marx emprega a expressão 'imanência', 'imanente', e se diz que evidentemente este uso é 'metafórico'. Muito bem. Mas se explica, assim, o significado que a expressão 'imanência' tem metaforicamente em Marx? Por que Marx continua a usar essa expressão? Apenas pelo horror a criar termos novos? [...] A expressão 'imanência' em Marx possui um significado preciso e isto precisava ser definido: na verdade, essa definição seria verdadeiramente 'teoria'. Marx continua a filosofia da imanência, mas depurando-a de todo seu aparato metafísico e conduzindo-a no terreno concreto da história. O uso é metafórico apenas no sentido em que a concepção foi superada, desenvolvida etc." (*Q 4*, 17, 438).

Em G., imanência e teleologia se aproximam. Na verdade ele está se referindo ao conjunto do parágrafo 1.9 da *Teoria*, intitulado "Doutrina da finalidade em geral (teleologia) e sua crítica. Finalidade imanente", no qual, entre outras coisas, se lê: "Vale a pena notar que, se às vezes Marx e Engels parecem fazer uso de concepções teleológicas, na realidade se trata de metáforas e de imagens [*cela ne constitue qu'une métaphore et une façon imagée d'exprimer la pensée* (trata-se apenas de uma metáfora e de um modo figurado de exprimir o pensamento)]" (Bukharin, 1977, p. 23; v. Bukharin, 1927, p. 24-5). O nexo entre finalidade e imanência está presente, negativamente, em Bukharin, e G. o retoma invertendo-o positivamente. Em sua opinião, apenas assumindo problematicamente a nova acepção kantiana (dedicada à *Crítica do juízo* e aos escritos de filosofia da história), segundo a qual se pode utilizar a finalidade de modo regulador, salvaguardando assim a individualidade empírica dos fatos, é possível escapar ao perigo de converter o determinismo histórico numa forma obsoleta de finalismo: "*Sobre o Ensaio popular. A teleologia*. Na frase e na concepção de 'missão histórica' não há uma raiz teleológica? E de fato, em muitos casos, ela assume um valor equivocado e místico. Mas em outros possui um significado que, depois das limitações de Kant, pode ser defendido pelo materialismo histórico" (*Q 7*, 46, 894).

A essas críticas G. acrescenta outras no momento em que (v. *LC*, 453, a Tatiana, 31 de agosto de 1931 [*Cartas*, II, 79]) recebe o livro que reúne as comunicações da delegação soviética no II Congresso Internacional de História da Ciência e da Tecnologia, ocorrido em Londres no verão de 1931. Desse texto (Bukharin, 1977a) G. nota principalmente o modo "superficial e estranho ao materialismo histórico" de colocar "o problema da 'realidade objetiva do mundo externo'" (*Q 7*, 47, 894). De fato, para o senso comum popular uma questão assim é absurda: "O público popular 'crê' que o mundo externo seja objetivo e é esta 'crença' que se deve analisar, criticar, superar cientificamente" (*Q 8*, 215, 1.076). Em vez de fazer esse trabalho, Bukharin se preocupa em refutar as posições idealistas, em sua opinião todas negadoras da realidade do mundo externo, sem se dar conta nem que tal tese não coincide absolutamente com o idealismo, nem que, como o materialismo vulgar, a tese da realidade do mundo externo tem "origem religiosa", como se pode ver em Berkeley, de resto citado por Bukharin (*Q 11*, 17, 1.412 [*CC*, 1, 129]). Desta forma Bukharin não pode "explicar que uma tal concepção, que não é certamente uma futilidade, mesmo para um filósofo da práxis, quando é hoje exposta ao público provoque apenas o riso e a ironia". Esse é "o caso mais típico da distância que se vem formando entre ciência e vida, entre certos grupos de intelectuais [...] e as grandes massas populares; e também de como a linguagem da filosofia se tornou um jargão que obtém o mesmo efeito que o de Arlequim" (idem).

Bibliografia: Buci-Glucksmann, 1976, p. 239 ss.; Francioni, 1987 e 1992; Iacono, 1979; Mastroiani, 1982 e 1988; Paggi, 1984, p. 363-5 e 448-51; Zanardo, 1958.

Fabio Frosini

Ver: determinismo; dialética; filosofia da práxis; imanência; Kant; materialismo e materialismo vulgar; objetividade; sociologia; solipsismo/solipsístico; teleologia; unidade teoria-prática.

burguesia

De todo ausente nas *LC*, o termo "burguesia" é muitíssimo frequente nos *Q* (contam-se 205 ocorrências do substantivo, a que se devem juntar adjetivos e derivados); por outro lado, o título *Sviluppo della borghesia italiana fino al 1870* [Desenvolvimento da burguesia italiana até 1870] já aparece (em segundo lugar da lista) entre os dezesseis "Temas principais" que inauguram os *Q* (*Q 1*, p. 5 [*CC*, 1, 78]).

O conceito de burguesia é sempre usado por G. de maneira marxianamente precisa, referindo-se à classe que, possuindo os meios de produção e auferindo mais-valor, dá vida ao capitalismo e a seu Estado; em suma, nunca há em G. aquele uso metafórico (ou polêmico) do termo tanto em voga na publicística socialista do início do século XX, como sinônimo genérico de classe dos ricos, ou dos senhores, ou dos inimigos do povo etc. Ao contrário, é constante o esforço para uma definição precisa de burguesia (dado que tal categoria analítica é crucial para poder desenvolver aquela análise histórico-política das classes e dos mecanismos hegemônicos que G. se propõe). Por exemplo, descrevendo a situação francesa às vésperas da Revolução, G. distingue entre "burguesia" e "classes artesãs" ("se a situação da burguesia estava prosperando, certamente não era boa a situação das classes artesãs": *Q 4*, 38, 459); assim como distingue a "burguesia" da "classe média"; sobretudo ele critica o conceito de "senhores" como expressão do primitivo "subversivismo" italiano (*Q 3*, 46, 323 e *passim* [*CC*, 3, 189]); pode-se deduzir que "subversivo" está para "senhores" como "revolucionário" está para "burguesia". Portanto, o conceito de burguesia encontra-se em direta contraposição ao de proletariado, e é significativa a expressão gramsciana "as classes produtivas (burguesia capitalista e proletariado moderno)" (*Q 1*, 150, 132 [*CC*, 6, 349]), que se torna, na reelaboração em Texto C, "as classes fundamentais produtivas (burguesia capitalista e proletariado moderno)" (*Q 10* II, 61, 1.360 [*CC*, 1, 427]).

O uso mais frequente de "burguesia" em G. se refere à França, à sua revolução, ao jacobinismo, lido essencialmente como uma aliança *política* entre a burguesia revolucionária da cidade e o campo. Isso revela uma coordenada fundamental de todo o sistema de pensamento gramsciano: a história francesa é lida (também sobre os passos do Marx historiador das lutas de classe na França) como um paradigma das lutas entre as classes e funciona como uma espécie de critério para a burguesia italiana, quer dizer, a burguesia na França foi aquilo que a burguesia na Itália *deveria ter sido* e não foi (todavia, deve-se ver como G. discute e distingue o conceito de "modelo França-Europa", ibidem, 1.358 [*CC*, 1, 426]). Com relação a tal exemplo vem, portanto, formulado repetidamente um confronto, que se transforma em um juízo de valor fortemente negativo sobre a burguesia italiana; no centro, naturalmente, a trajetória da revolução e a capacidade da burguesia francesa de exprimir completamente sua hegemonia revolucionária.

Já a experiência napolitana de 1799 é considerada de forma comparativa com relação à França: "Também na França houve uma tentativa de aliança entre monarquia, nobres e alta burguesia, depois de um início de ruptura entre nobres e monarquia. Na França, porém, a Revolução teve a força motriz também nas classes populares, que a impediram de se deter nas primeiras etapas, o que, ao contrário, faltou na Itália Meridional e, posteriormente, em todo o *Risorgimento*" (*Q 3*, 103, 378). Parece evidente o débito de G. com a leitura de Mathiez: o historiador é citado seis vezes nos *Q* e sua *Révolution Française* (1924-1929) não apenas está entre os livros de G. no cárcere, mas figura também numa lista de traduções (*Q, AC*, 2.433). Por outro lado, é originalmente gramsciana a ideia de uma classe que se eleva do nível corporativo ao da plenitude revolucionária da hegemonia, essencialmente graças à iniciativa política de seu partido. Veja-se a densa passagem *Direzione politica di classe prima e dopo l'andata al governo* [Direção política de classe antes e depois da chegada ao governo], que analisa o Partido da Ação italiano sobre a base da experiência dos jacobinos (tomados enquanto "partido"): "Os jacobinos se impuseram à burguesia francesa, levando-a para uma posição muito mais avançada que aquela na qual a burguesia teria chegado 'espontaneamente' [...] esta característica, típica do jacobinismo e, portanto, de toda grande Revolução, de forçar a situação (aparentemente) e criar irremediáveis fatos consumados, empurrando para frente os burgueses a pontapés no traseiro [...] pode ser assim 'esquematizada': o Terceiro Estado era o menos homogêneo dos estados; a burguesia lhe era a parte mais avançada cultural e economicamente; o desenvolvimento dos acontecimentos franceses mostra o desenvolvimento político desta parte, que inicialmente coloca [...] os seus interesses 'corporativos' imediatos [...]; os precursores da revolução são reformistas moderados, que engrossam as vozes mas, na realidade, reivindicam bem pouco. Esta parte avançada perde pouco a pouco suas características 'corporativas' e se torna classe hegemônica pela ação de dois fatores: a resistência das velhas classes e a atividade política dos jacobinos" (*Q 1*, 44, 50; v. também *Q 19*, 24 [*CC*, 5, 62], que se intitula de maneira mais circunscrita e pontual "O problema da direção política na formação e no desenvolvimento da nação e do Estado moderno na Itália").

A capacidade de realizar a revolução está, também para a burguesia, estritamente conectada à capacidade de envolver como aliados no processo outras classes, o povo de Paris e (para G., sobretudo) os camponeses. Note-se que as duas coisas (a radicalidade revolucionária da burguesia e sua capacidade de estreitar alianças hegemônicas) estão juntas, e não por acaso G. relaciona a derrota do Termidor à ruptura da aliança da burguesia com a classe operária de Paris (em consequência da lei Le Chapelier). Mas os acontecimentos termidorianos estão carregados, para G., de um significado histórico mais geral: a burguesia encontrou um limite insuperável à sua capacidade expansiva na primeira manifestação do proletariado: "A revolução havia encontrado os limites mais amplos de classe; a política das alianças e da revolução permanente terminou por colocar questões novas, que, então, não podiam ser resolvidas" (*Q 19*, 24, 2.030 [*CC*, 5, 81-2]).

Justamente tal plenitude de autonomia hegemônica, capaz de envolver no processo revolucionário outras classes, estava completamente ausente na burguesia italiana (idem): "A burguesia italiana não soube unificar em torno de si o povo, e esta foi a causa de suas derrotas e das interrupções de seu desenvolvimento. Também no *Risorgimento*, tal egoísmo estreito impediu uma revolução rápida e vigorosa como a francesa" (*Q 25*, 5, 2.289 [*CC*, 5, 141]; v. também o Texto A: *Q 3*, 90, 373 [*CC*, 6, 352]). De outra parte, o Partido da Ação "não se apoiava especificamente em nenhuma classe histórica" (*Q 1*, 44, 41) e fracassou na tarefa de envolver os camponeses no processo do *Risorgimento* pela sua timidez em apresentar a questão agrária. Foram os moderados de Cavour que representaram a burguesia italiana e, de fato, puderam absorver "molecularmente" e hegemonizar politicamente o próprio Partido da Ação, reduzindo-o a instrumento próprio de agitação. Esse vício de origem, o caráter limitado e mesquinho da burguesia italiana, se reflete sobre toda a história nacional, da qual G. traça, embora em grandes linhas, um quadro próprio e verdadeiro. São, por exemplo, manifestações desoladoras dessa debilidade histórica e estrutural da burguesia italiana o transformismo, a incapacidade de resolver a "questão romana" e a "questão meridional", o caráter não popular-nacional de nossa literatura, o próprio giolittismo, o "cadornismo", em suma, uma constante veia de estreiteza asfixiante antipopular que se revela incapaz de subsumir hegemonicamente o povo ao Estado e que culmina na ditadura fascista (v. sobretudo os *Q 13* e *18* sobre Maquiavel e os *Q 9* e *19* sobre o *Risorgimento*).

Raul Mordenti

Ver: burguesia rural; Cavour; classe/classes; classe média; classe operária; França; jacobinismo; moderados; *Risorgimento*; Revolução Francesa; subversivismo.

burguesia comunal

G. menciona a burguesia comunal pela primeira vez no *Q 5*, em uma nota sobre o Renascimento: comentando um artigo de Vittorio Rossi, ele define o petrarquismo como um "fenômeno puramente artificial", enquanto surgido numa sociedade na qual os sentimentos que haviam alimentado a poesia do *dolce stil nuovo* e de Petrarca não dominavam mais a vida pública, do mesmo modo que se podia dizer que não dominava mais politicamente "a burguesia comunal, expulsa para suas lojas e manufaturas em decadência" (*Q 5*, 123, 649 [*CC*, 5, 234]). No século XVI, de fato – continua G. – dominava no lugar da burguesia das Comunas "uma aristocracia em grande parte de *parvenus*, reunida nas cortes dos senhores e protegida pelas tropas mercenárias", uma classe que produz a cultura da época e "ajuda as artes", mas que se revela também "politicamente [...] limitada" (idem), terminando assim por ficar sob o domínio estrangeiro. Em outra nota do mesmo Q o pensador sardo afirma que as "Comunas não superaram o feudalismo" (*Q 5*, 147, 675 [*CC*, 5, 238]); não se pode dizer que a burguesia comunal tenha criado um Estado, tal como a Igreja ou o Império, ou ao menos, em outras palavras, que esteve em condições de "criar um Estado 'com o consenso dos governados' e passível de desenvolvimento" (*Q 6*, 13, 695 [*CC*, 5, 242]). Segundo G. "o desenvolvimento estatal só podia ocorrer como principado, não como república comunal" (idem). Os motivos da ausência de criação de um Estado podem ser encontrados na incapacidade da burguesia comunal italiana de superar a fase "econômico-corporativa", uma situação interna que G., quando se interroga sobre as razões pelas quais na Itália não surgiu uma monarquia absoluta, define como "uma forma particular de feudalismo anárquico" (*Q 8*, 21, 952 [*CC*, 6, 376]): trata-se, politicamente, da "pior forma de sociedade feudal", dado que é a "menos progressiva" e a "mais estacionária" (*Q 13*, 1, 1.559, Texto C [*CC*, 3, 17]). Faltou – e não poderia se constituir – uma "força *jacobina* eficiente", capaz de criar "a vontade coletiva nacional-popular". Para a formação desta última era indispensável que as grandes massas compostas pelos camponeses chegassem a irromper "*simultaneamente* na vida política" (*Q 8*, 21, 952-3 [*CC*, 6, 376]). A isso se opunham a aristocracia latifundiária e a "burguesia rural" (*Q 13*, 1, 1.560 [*CC*, 3, 17-8]), que G. considera uma "herança de parasitismo legada aos tempos modernos pela dissolução, como classe, da burguesia comunal (as cem cidades, a cidade do silêncio)" (idem). G. salienta também que "a razão dos sucessivos fracassos das tentativas de criar uma vontade coletiva nacional-popular" deve ser procurada justamente na existência de "determinados grupos sociais que se formam a partir da dissolução da burguesia", mais que no caráter de outros grupos que "refletem a função internacional da Itália como sede da Igreja e depositária do Sacro Império Romano" (ibidem, 1.559 [*CC*, 3, 17]).

Sobre o tema da não superação da fase econômico-corporativa por parte da burguesia comunal, G. se propunha a ler o volume de Gioacchino Volpe *Il Medio Evo* [A Idade Média] (v. *Q 5*, 147, 675 [*CC*, 5, 238]) e considerava também indispensável a leitura do livro de Bernardino Barbadoro, *Le finanze della repubblica fiorentina* [As finanças da república florentina] (v. *Q 6*, 13, 695 [*CC*, 5, 241]). Sobre o primeiro dos dois textos G. havia lido uma resenha de Riccardo Bacchelli na *Fiera Letteraria* de 1º de julho de 1928; um trecho desta é citado com bastante perplexidade, tanto que o pensador sardo considerava necessário verificar se Volpe autorizava "essas... bizarrices". Para Bacchelli, de fato, no volume de Volpe "lê-se como o povo das Comunas surge e vive na situação de *privilégio pleno de sacrifícios*, que lhe foi preparada pela Igreja Universal e por aquela ideia do Sacro Império imposta (?!) pela Itália à Europa como sinônimo e equivalente de civilização humana, e que a Europa reconheceu e cultivou. Isso impediria (?) à Itália, em seguida, o desenvolvimento histórico mais natural (!) até o estágio de nação moderna" (*Q 5*, 147, 675 [*CC*, 5, 238-9]. Os pontos de exclamação e interrogação são obviamente de G.).

Jole Silvia Imbornone

Ver: comunas medievais; Dante; Maquiavel; medievo; Renascimento.

burguesia rural

O termo não aparece com muita frequência nos *Q*, mas refere-se a conceitos frequentes em G. e é subjacente à análise da específica situação italiana. A causa da ausência da formação de uma vontade coletiva nacional-popular na Itália deve ser procurada em primeiro lugar na propriedade fundiária e na "'burguesia rural', herança de parasitismo legada aos tempos modernos pela dissolução, como classe, da burguesia comunal (as cem cidades, as cidades do silêncio)" (*Q 13*, 1, 1.560 [*CC*, 3, 17-8]). O aparente fracionamento da terra na Itália não é resultado da grande quantidade de camponeses cultivadores, mas da grande difusão da burguesia rural, frequentemente mais feroz e usurária do que o grande proprietário (*Q 7*, 54, 898 [*CC*, 5, 273]). Essa classe, totalmente parasitária, vive às custas dos camponeses sem investir nenhum recurso na atividade produtiva, e representa o maior obstáculo a uma rápida acumulação (*Q 9*, 112, 1.180).

Assim, na Itália, a burguesia rural "produz" especialmente funcionários estatais e profissionais liberais, isto é, intelectuais. O "morto de fome" pequeno-burguês se originou da burguesia rural, a propriedade se fragmenta em famílias numerosas e termina por ser liquidada, mas os elementos dessa classe não querem trabalhar manualmente: assim se forma uma camada voraz de aspirantes a pequenos empregos municipais, de escrivães, de comissionários etc. "Muitos pequenos empregados das cidades derivam socialmente desses estratos e conservam sua psicologia arrogante de nobre decadente, de proprietário que é forçado a penar no trabalho. O 'subversivismo' desses estratos" – escreve G. – "tem duas faces: uma voltada para a esquerda, outra voltada para a direita, mas a face esquerda é um meio de chantagem: eles se dirigem sempre à direita nos momentos decisivos e sua 'coragem' desesperada prefere sempre ter os *carabinieri* como aliados" (*Q 3*, 46, 324-5 [*CC*, 3, 191]). Em alguns países cujas instituições republicanas são frágeis e o componente militar é muito forte, como a Espanha, esse grupo social desempenha um papel fundamental no equilíbrio político nacional (*Q 4*, 66, 511).

Elisabetta Gallo

Ver: burguesia; camponeses; cem cidades; Espanha; intelectuais; nacional-popular; vontade coletiva.

burocracia

O termo "burocracia" tem nos *Q* uma função dúplice: se por um lado, principalmente de forma adjetivada, é usado com frequência como sinônimo de "fossilização" (*Q 1*, 133, 122 [*CC*, 3, 122]), "pedantismo" (*Q 4*, 31, 450), "mecanicidade" (*Q 11*, 66, 1.500 [*CC*, 1, 210]), por outro identifica o conjunto dos funcionários civis e militares de um Estado ou de uma organização partidária. Nesta segunda acepção, praticamente constante em todos os *Q*, é que o termo será aqui considerado. No *Q 3*, 119 [*CC*, 3, 201] G. reflete sobre a debilidade dos partidos políticos italianos, sobre seu distanciamento das massas, que é crônico "do *Risorgimento* em diante", exatamente como Weber, dez anos antes, em seu *Parlamento e governo*, refletia sobre a debilidade da burguesia alemã na Alemanha Guilhermina (a referência ao texto do sociólogo alemão é explicitada ao fim da nota gramsciana). Mas se na Alemanha a imaturidade da classe burguesa e sua inépcia para governar era atribuída por Weber ao histórico papel paternalista exercido por Bismarck, para G. a situação italiana se caracteriza pelo fato de que "o governo [...] operou como um 'partido', colocou-se acima dos partidos não para harmonizar seus interesses e atividades no quadro permanente da vida e dos interesses estatais nacionais, mas para desagregá-los, para separá-los das grandes massas e ter 'uma força de sem-partido ligada ao governo com vínculos paternalistas do tipo bonapartista-cesarista'" (*Q 3*, 119, 386-7 [*CC*, 3, 201]). A referência ao governo, nesse caso, deve ser lida como referência à burocracia, como G. esclarece logo a seguir: "A burocracia, assim, se alienava do país e, através das posições administrativas, tornava-se um verdadeiro partido político, o pior de todos, porque a hierarquia burocrática substituía a hierarquia intelectual e política: a burocracia se tornava justamente o partido estatal-bonapartista" (ibidem, 388 [*CC*, 3, 202]). Portanto, a burocracia já entra nos *Q* como elemento degenerado, como fruto da ausente forma nacional-popular no *Risorgimento*, como elemento detentor da competência técnica e administrativa ao serviço não do povo, mas do partido de governo e dos próprios interesses de reprodução típicos de uma "casta" (*Q 5*, 38, 571 [*CC*, 6, 167]). Esse tema será retomado mais tarde no *Q 14*, 47, 1.705 [*CC*, 5, 314], em que o juízo se tornará, se possível, ainda mais duro: "A burocracia italiana pode ser comparada à burocracia papal, ou melhor ainda, à burocracia chinesa dos mandarins". A burocracia italiana atende aos interesses de grupos específicos como os agrários ou a indústria protegida, mas os atende, segundo G., "sem plano e sistema, sem continuidade", com espírito mecânico de combinação em vez de "organicamente e segundo uma orientação consequente": uma burocracia que se torna, portanto, "especialmente 'monárquica' [...], a única força 'unitária' do país, permanentemente 'unitária'" (idem), novamente ligada à restrita estrutura de poder do governo e não ao "povo-nação" como ocorrera, por sua vez, na França. A literatura produzida por funcionários do Estado é esclarecedora a este respeito. Escreve G. citando uma passagem de um artigo da *Italia Letteraria*: "Na França, na Inglaterra, generais e almirantes escrevem para seu povo; entre nós, escreve-se apenas para seus superiores" (*Q 5*, 38, 571 [*CC*, 6, 167]).

G. esclarece no *Q 4*, 66, 509 este caráter mecânico e brutal da burocracia remetendo-o à sua composição social, ou identificando os estratos sociais para os quais "a carreira militar e burocrática" é "um elemento muito importante de vida econômica e de afirmação política". G. reconstrói, portanto, esta determinada função social e a "psicologia que é determinada" por ela (ibidem, 510). Trata-se, no caso, daquela "média e pequena burguesia rural" que, habituada a "comandar 'politicamente'", mas "não 'economicamente'", não possuindo funções econômicas, mas apenas rendimentos parasitários provenientes da "propriedade 'bruta'", "vive às custas da miséria crônica e do trabalho prolongado do camponês" (idem): uma pequena burguesia feita de "mortos de fome" (*Q 3*, 46, 325 [*CC*, 3, 189]), habituada há séculos à repressão inerente à organização do trabalho camponês. Um estrato social de crucial importância na história da Itália que, uma vez tornada burocracia, possui uma função dirigente específica, ainda que mediada, por coincidência ou não, com a "vontade [...] da classe alta": "Neste sentido se deve entender a função dirigente deste estrato, e não em sentido absoluto: todavia, não é pouca coisa" (*Q 4*, 66, 510).

No *Q 7*, 77, depois de haver distinguido no interior da estrutura dos partidos políticos "o grupo social" e "a massa do partido", G. salienta como a "força consuetudinária mais perigosa" é "a burocracia ou o estado-maior do partido" (ibidem, 910), transferindo assim o problema da burocracia estatal também para aqueles que são para ele os "'experimentadores' históricos" (*Q 11*, 12, 1.387 [*CC*, 1, 93]) de novas concepções de mundo. Também nos partidos políticos o componente burocrático se "organiza como corpo em si" e faz com que o partido corra o risco de entrar em crise. Desse ponto de vista G. sustenta que os partidos franceses são "os mais úteis para se estudar o anacronizar-se das organizações políticas", já que possuem a experiência de uma estratificação que se inicia com a Revolução de 1789 e que "permite aos dirigentes manter a velha base, embora estabelecendo compromissos com forças bastante diferentes frequentemente contrárias e submetendo-se à plutocracia" (*Q 7*, 77, 910).

Ao lado da crítica das degenerações burocráticas do parlamentarismo e do regime representativo em geral (*Q 6*, 81, 751-2 [*CC*, 3, 235]), G. nota como a progressiva burocratização da atividade política é também um fator de época, irresistível, da nascente política de massa. Se não lhe pode ser atribuído o mérito, neste caso, de haver encontrado a fórmula resolutiva da complexa relação entre democracia e burocracia, deve-se ao menos reconhecer-lhe o de ter sido o primeiro a colocar o problema, pelo menos no campo marxista, da espinhosa questão. Já no *Q 8*, 55 [*CC*, 3, 273], falando do "autogoverno" inglês, observa sinteticamente: "Burocracia tornada necessidade", prosseguindo: "A questão a ser posta deve ser a de formar uma burocracia honesta e desinteressada, que não abuse de sua função para tornar-se independente do controle do sistema representativo" (ibidem, 974 [*CC*, 3, 274]). O problema é o da função específica, técnica, de uma camada profissional capaz de manejar a complexa estrutura do Estado moderno, com suas ramificações na sociedade civil. Uma função que é análoga àquela desempenhada pela camada intelectual, central na reflexão dos *Q*, cuja afinidade G. explicita de forma extremamente clara no *Q 9*, 21, 1.109: "O fato de que no desenvolvimento histórico e das formas econômicas e políticas tenha se formado o tipo de funcionário técnico tem uma importância primordial [...]. Em parte este problema coincide com o problema dos intelectuais".

MICHELE FILIPPINI

Ver: bonapartismo; intelectuais; partido; Weber.

C

cadornismo

A reflexão sobre o "cadornismo" nasce das análises de G. sobre o problema da relação entre direção militar e direção política na formação e no desenvolvimento do Estado moderno e da relação entre dirigentes e dirigidos, em particular na Itália. Com esse termo G. refere-se à postura segundo a qual "uma coisa será feita porque o dirigente considera justo e racional que seja feita: se não é feita, 'a culpa' é lançada sobre quem 'deveria ter feito' etc." (*Q 15*, 4, 1.753 [*CC*, 3, 325-6]). O neologismo tem sua origem na figura do general Luigi Cadorna, chefe de Estado-Maior do exército italiano até a batalha de Caporetto, que G. define como "um burocrata da estratégia", que "depois de fazer suas hipóteses 'lógicas', tanto pior para a realidade, que ele se recusava a levar em consideração" (*Q 2*, 121, 261 [*CC*, 3, 177]). O termo se torna, então, metáfora para indicar quem, no plano político, não hesita em sacrificar os próprios "soldados" para demonstrar a correção de sua estratégia esquematicamente decidida sobre a mesa: talvez também em referência crítica à estratégia realizada justamente pelo movimento comunista com a "virada de 29", que tantos "sacrifícios inúteis" (*Q 15*, 4, 1.753 [*CC*, 3, 324]) havia produzido. Segundo G., característico das "estratégias do cadornismo político" é a convicção de que os acontecimentos "se desdobram de maneira fulminante e em marcha progressiva definitiva" (*Q 7*, 10, 860 [*CC*, 6, 368]). Cadorna repetia grandes ofensivas de desgaste aumentando, todavia, a separação entre soldados e comandantes: sabia-se como "realmente os soldados arriscavam a vida quando isso era necessário, mas como, ao contrário, se rebelavam quando se sentiam abandonados" (*Q 15*, 4, 1.753 [*CC*, 3, 326]).

G. lê o artigo de Mario Missiroli sobre Cadorna, de 1929, publicado na *Nuova Antologia*, e empreende uma reflexão sobre a relação entre chefe militar e líder político. Missiroli acusa a Cadorna de se ter fossilizado "no aspecto técnico" negligenciando "o aspecto histórico-social" (*Q 2*, 121, 259 [*CC*, 3, 175]). G. considera uma "acusação exagerada: a culpa não é de Cadorna, mas dos governos que devem educar politicamente os militares" (idem). Enquanto Napoleão, na verdade, "representava a sociedade civil e o militarismo da França" e conjugava em si as duas funções, de chefe de Governo e do Exército, "a classe dominante italiana não soube preparar chefes militares" (ibidem, 260 [*CC*, 3, 175]). Se por um lado é certamente verdade que "o chefe militar deve ter, em razão de sua função mesma, uma capacidade política", todavia "a posição política ante as massas militares e a política militar devem ser fixadas pelo Governo, sob sua responsabilidade" (ibidem, 261 [*CC*, 3, 175-6]). A partir daí G. abre uma reflexão mais complexa sobre a Primeira Guerra Mundial e as responsabilidades da derrota de Caporetto. Entre o governo Sonnino e Cadorna não havia identidade de opiniões sobre os fins estratégicos da política militar e os meios para alcançá-los e, segundo G., Cadorna foi "melhor político que Sonnino" porque, à diferença deste, tentou fazer uma "política das nacionalidades" para "desagregar o exército austríaco" (idem). O governo se opôs para não "enfrentar a Alemanha, à qual não havia declarado guerra; assim, a escolha de Cadorna – escolha relativa, como se vê, pela posição equívoca ante a Alemanha –, podendo ser politicamente ótima, se tornou péssima; as tropas eslavas viram na guerra uma guerra nacional de defesa de suas terras contra um invasor estrangeiro e o exército austríaco se consolidou" (idem [*CC*, 3, 177]). Segundo G., além disso, da efetiva incompreensão e consequente "aversão de Cadorna à vida política parlamentar", não apenas ele foi responsável, mas "especialmente o governo" (ibidem, 260 [*CC*, 3, 176]). G. sustenta que o governo negligenciou uma tarefa fundamental: "A administração política das massas militares", enquanto na França "os próprios deputados se dirigiam às frentes e controlavam o tratamento dado aos soldados" (idem). Ele imputa a Cadorna, porém, falhas bem definidas. Das *Memórias* do general, G. apreende que ele estava, "antes de Caporetto, informado de que o moral das tropas se enfraquecera" e aqui atua "uma sua particular atividade 'política', muito perigosa: ele não busca saber se é preciso mudar alguma coisa na direção política do exército, vale dizer, se o enfraquecimento moral das tropas se deve ao comando militar" (ibidem, 261 [*CC*, 3, 177]). Cadorna, "mais obstinado do que dotado de vontade: energia do teimoso" (ibidem, 262 [*CC*, 3, 178]), substancialmente "não sabe praticar autocrítica"; está obtusamente convencido de "que o fato deriva do governo civil, do modo como é governado o país", e assim exige "medidas reacionárias, exige repressões etc." (idem [*CC*, 3, 177]). G. se detém depois sobre a "beatice" e a influência do sentimento religioso sobre o qual "Cadorna baseava sua política em relação às massas militares: com efeito, o único fator moral do regulamento era confiado aos capelães militares" (ibidem, 260 [*CC*, 3, 176]).

Com relação a uma reflexão sobre arte e ciência da política em Maquiavel, G. traz à luz os riscos nos quais se incorre ao não se perguntar atentamente sobre o "fato primordial, irredutível (em certas condições gerais)", da existência de "dirigentes e dirigidos, governantes e governados" (*Q 15*, 4, 1.752 [*CC*, 3, 325]). Nesse quadro, G. vê como perigoso o automatismo de uma obediência a todo custo, a pretensão de uma ação não apenas desprovida de "uma demonstração de 'necessidade' e racionalidade", mas considerada "indiscutível". Na verdade, alguém pode chegar a pensar segundo a ideia de que "a obediência 'virá' sem ser solicitada, sem ser indicado o caminho a seguir" (ibidem, 1.753 [*CC*, 3, 325]). Assim, "é difícil extirpar o 'cadornismo' dos dirigentes", o "hábito criminoso de negligenciar os meios de evitar os sacrifícios inúteis", ainda que até mesmo o senso comum mostre que a maior parte dos desastres políticos ocorre porque "se brincou com a pele dos outros": depois de cada ruína deve-se, portanto, "antes de tudo procurar as responsabilidades dos dirigentes" (idem [idem]). Isso vale principalmente para quem reflete sobre o "elemento fundamental do 'espírito estatal'", ou "o espírito de partido" (ibidem, 1.755 [*CC*, 3, 328]), até agora configurado como a forma mais adequada "para elaborar os dirigentes e a capacidade de direção" (ibidem, 1.753 [*CC*, 3, 325]).

Manuela Ausilio

Ver: Caporetto; direção; dirigentes-dirigidos; exército; Grande Guerra; guerra; guerra de movimento; guerra de posição; partido; técnica militar.

Calogero, Guido: v. atualismo.

calvinismo

As referências que, nos *Q*, G. faz ao calvinismo têm – como de resto aquelas ao luteranismo – a função de explicar alguns fenômenos atuais. Em *Q 1*, 51, 65 [*CC*, 4, 173] aparecem juntos Kaser (1927) e Philip (1927), isto é, um livro sobre a história da Reforma e da Contrarreforma e uma análise do mundo norte-americano do século XX. O resultado, aos olhos de G., é que a teoria segundo a qual a "doutrina da graça" calvinista se converte "em motivo de energia industrial", desenvolvida em Kaser, encontra confirmação na análise de Philip, na qual "são citados documentos atuais desta conversão [...] a documentação do processo de dissolução da religiosidade americana: o calvinismo se torna uma religião laica, a do Rotary Club". Nos Estados Unidos, a religião adere à vida cotidiana muito mais do que o faz o catolicismo europeu, e isto é um fato que se explica com base no íntimo da doutrina puritana.

Kaser se refere às análises de Weber, embora não o cite, e é justamente ao livro de Weber que G. recorrerá mais tarde, quando o lê na tradução publicada nos *Novos Estudos de Direito, Economia e Política,* entre agosto de 1931 e outubro de 1932 (Weber, 1931-1932). G. logo (*Q 7*, 43 [*CC*, 1, 247] e *Q 7*, 44 [*CC*, 1, 248], novembro de 1931) lhe retoma as teses, usando-as, no entanto, para explicar a conversão em ativismo de massa da fé cega na doutrina, que se desencadeia na URSS do primeiro plano quinquenal. Utilizando Weber, G. critica a posição de Guido De Ruggiero, que não consegue explicar "o fato paradoxal de uma ideologia estritamente [...] materialista que dá lugar, na prática, a uma paixão do ideal" (De Ruggiero, 1932, p. 133). G. transcreve a passagem em *Q 8*, 231, 1.086 e, no Texto C, acrescenta: "De Ruggiero não pode penetrar" o problema, "talvez devido à sua mentalidade ainda fundamentalmente católica e antidialética" (*Q 10* II, 31, 1.275 [*CC*, 1, 339]). Na mesma direção está a referência ao calvinismo em *Q 11*, 12, 1.389 [*CC*, 1, 107-8], "com a sua férrea concepção da predestinação e da graça, que determina uma vasta expansão do espírito de iniciativa (ou torna-se a forma deste movimento)", com remissão também aqui a Weber, 1931-1932 e a Groethuysen, 1927.

Fabio Frosini

Ver: Croce; Lutero; Reforma; Rotary Club; Weber.

camorra: v. máfia e camorra.

campo: v. cidade-campo.

camponeses
É muito grande a atenção que G. dá ao tema dos camponeses já nos escritos pré-carcerários. No primeiro elenco de assuntos dos *Q* (de 8 de fevereiro de 1929: *Q 1*, p. 5 [*CC*, 1, 78]) não encontramos o vocábulo "camponeses", mas outros conexos a ele: "Formação dos grupos intelectuais italianos"; "Origens e desenvolvimento da Ação Católica na Itália e na Europa"; "O conceito de folclore". E, sobretudo, os seguintes: "A 'questão meridional' e a questão das ilhas" e "Observações sobre a população italiana: sua composição, função da emigração". Esses dois últimos assuntos estão ausentes no grupo elaborado no início do *Q 8* (1931), onde, no entanto, encontram espaço outros temas inerentes à questão camponesa, entre os quais: "Folclore e senso comum"; "A questão da língua literária e dos dialetos"; "História da Ação Católica"; "A ausência de 'jacobinismo' no *Risorgimento* italiano" (*Q 8*, p. 935-6 [*CC*, 1, 79-80]).

Os *Q* de 1 a 7 são ricos em notas de análise socioeconômica sobre a questão camponesa. Trata-se prevalentemente de Textos B, que não encontram desenvolvimento posterior e permanecem como interessantes indicações de trabalho. As condições materiais da classe camponesa (habitação, alimentação, alcoolismo, práticas higiênicas, vestuário), o movimento demográfico (mortalidade, natalidade, mortalidade infantil, casamento, urbanização), as condições sócio-judiciárias dos camponeses (a frequência dos crimes de sangue e outros crimes econômicos: fraudes, furtos, falsificações, nascimentos ilegítimos), a litigiosidade judiciária por questões de propriedade (hipotecas, leilões por não pagamento de impostos), os movimentos da propriedade fundiária, as condições culturais (orientação da psicologia popular no âmbito da religião e da política, frequência escolar das crianças, analfabetismo dos recrutas e das mulheres) deveriam ser, para G., temas de análise estatístico-científica mais acurada (*Q 6*, 102, 775 [*CC*, 5, 256]). G. se pergunta se esses assuntos foram tratados no *Risorgimento*, por quem e como, visto que dele não partiu um crescimento de interesse sobre as condições de vida no campo. Os dados referentes a fenômenos macroscópicos, como a pelagra (*Q 1*, 79, 242) ou a fome endêmica (*Q 7*, 57, 899 [*CC*, 5, 274]), tiveram uma difusão apenas parcial, apesar de ter sido estatisticamente demonstrado que os trabalhadores do Sul (camponeses sem terra) mal chegam às 400 mil calorias anuais, ou seja, dois quintos da média estabelecida pelos cientistas para a sobrevivência.

No que diz respeito à vida sexual nos campos italianos da primeira década do século, G. observa que neles ocorreram os crimes mais monstruosos e mais numerosos. Na investigação parlamentar sobre o Mezzogiorno se afirma que em Abruzzo e Basilicata (maior patriarcalismo e maior fanatismo religioso) há incesto em 30% das famílias. No campo é muito difundido o bestialismo. A função da reprodução não está ligada apenas ao mundo produtivo, mas também à relação entre os trabalhadores ativos e o resto da população: o espetáculo de como são maltratados nos vilarejos os velhos e velhas sem filhos leva os casais a desejarem crianças. Os progressos da higiene pública elevaram, porém, a esperança de vida também no campo, fazendo surgir o problema da superpopulação.

Os camponeses são detentores de cultura no nível do folclore, privados da organicidade própria do pensamento filosófico. Indício da cultura folclórica camponesa é dado pela linguagem rural, que G. conhece por experiência juvenil e carcerária, verdadeiro "laboratório glotológico" para o G. linguista: muitos termos no léxico corrente, como "cristão" para indicar "homem" ou "vilão" para "vigarista", testemunham como os camponeses são historicamente privados de agregação e de intelectuais orgânicos (*Q 1*, 38, 28). Os camponeses continuam a não compreender o "progresso" e estão ainda bastante à mercê das forças naturais e do acaso. Conservam, portanto, uma mentalidade "mágica", medieval, religiosa (*Q 10* II, 48, 1.336 [*CC*, 1, 404]). G. observa que, tal como o menino de uma família de intelectuais supera mais facilmente o processo de adaptação psicofísica ao estudo, assim também o filho de um operário de cidade sofre menos ao entrar na fábrica do que um filho de camponeses: "Eis porque muitas pessoas do 'povo' pensam que, nas dificuldades do estudo, exista um 'truque' [...]; veem o 'senhor' [...] realizar com desenvoltura e aparente facilidade o trabalho que, a seus filhos, custa lágrimas e sangue" (*Q 4*, 55, 503).

Em literatura, mesmo onde se admite que os camponeses possam ter uma dignidade humana, eles são vistos com uma indiferença que os constrange nos limites de sua condição social. G. não alude apenas aos autores classificáveis como "filhotes do padre Bresciani", mas também a Giovanni Verga. "Deve-se estudar", afirma de fato G., "se o naturalismo francês não continha já, em germe, a posição ideológica que depois tem grande desenvolvimento no naturalismo ou realismo provincial italiano e especialmente em Verga", para quem a população do campo é vista com "indiferença", como "natureza" extrínseca ao escritor, como espetáculo natural etc. Essa posição se inseriu na ideologia preexistente, na qual existe o mesmo distanciamento dos elementos populares, por exemplo em *Os noivos*, de Manzoni, distanciamento velado apenas por um benévolo sorriso irônico e caricatural (*Q 6*, 9, 688). São muito interessantes para G., além disso, algumas páginas (a exemplo de D'Annunzio) em que os camponeses são retratados com tintas épicas e heroicas, ricas em elementos emotivos, mas privadas de conceitos políticos reais (*Q 6*, 129, 796 [*CC*, 2, 144]).

As classes rurais são subalternas enquanto sua memória histórica é relegada aos fenômenos de rebelião, de *lazzaronismo*, ao folclore e permanece privada de dignidade historiográfica (exemplar o caso de Lazzaretti, *Q 3*, 12 e *Q 3*, 14, depois *Q 25*, 1, 2.279 ss. [*CC*, 5, 131-5]). Historicamente, o protagonismo político dos camponeses foi teorizado por Maquiavel, que, no entanto, limita seu envolvimento exclusivamente ao plano militar e não político (*Q 1*, 10, 9). A ausência de intelectuais orgânicos fez que os camponeses fossem hegemonizados pela Igreja e pelos intelectuais orgânicos da classe dos proprietários meridionais (Giustino Fortunato e Benedetto Croce). Os intelectuais de tipo rural possuem a função política de colocar a massa camponesa em contato com a administração estatal ou local (advogados, tabeliães) e proprietários. No campo, o intelectual (padre, advogado, professor, tabelião, médico etc.) representa para o camponês médio um modelo social: o camponês sempre pensa que pelo menos um filho seu poderia se tornar intelectual (especialmente clérigo), isto é, tornar-se um "senhor", elevando o grau social da família e facilitando sua vida econômica. A atitude do "camponês em relação ao intelectual é dúplice: ele admira a posição social do intelectual e, em geral, do funcionário público, mas finge às vezes desprezá-la, isto é, sua admiração mistura-se instintivamente com elementos de inveja e de raiva apaixonada. Não se compreende nada dos camponeses se não se considera essa sua subordinação efetiva aos intelectuais" (*Q 4*, 49, 477).

De um ponto de vista econômico são numerosas as passagens dos *Q* nas quais G. fala da superpopulação dos campos, do excedente de trabalhadores, da desocupação e da consequente imigração. Os camponeses são produtores de mais-valor de que se aproveitam as classes parasitárias (meeiros, administradores, além das rendas fundiárias), também na forma de "pensões do Estado". A propriedade, especialmente fundiária, é definida pelo *Código social* da Igreja e do *Syllabus* como "natural" e inviolável. Além disso, os pobres devem se contentar com sua sorte porque distinções de classe e distribuição da riqueza são disposições de Deus (*Q 1*, 1, 6). O relevante número de grandes e médios aglomerados urbanos sem indústria é um dos indícios, talvez o mais importante, da exploração parasitária dos campos. A pequena e média propriedade territorial não está nas mãos dos camponeses cultivadores, mas da burguesia da cidade ou do vilarejo. Esse volume enorme de pequena ou média burguesia, de "pensionistas" e "rentistas", criou na economia italiana a figura monstruosa do "produtor de poupança", isto é, de uma classe numerosa de "usurários" que, do trabalho original de um número determinado de camponeses, extrai não apenas o próprio sustento, mas ainda consegue poupar. Essa situação não se apresenta apenas na Itália, mas está difundida por toda a Europa de maneira notável, mais no Sul, sempre menos no Norte (*Q 1*, 61, 70-2 [*CC*, 6, 346]; v. *Q 22*, 2 [*CC*, 4, 242-9]). G. propõe até o cálculo dos novos elementos passivos: para realizar uma poupança de 1.000 liras por ano, uma família de "produtores de poupança" consome 10.000 liras constrangendo à desnutrição uma dezena de famílias camponesas, das quais extorque a renda fundiária e outros lucros usurários. Deveria ser verificado se estas 11 mil liras imersas na terra não permitiriam um acúmulo maior de poupança, além de elevar o nível de vida e o desenvolvimento intelectual e técnico dos camponeses (*Q 3*, 77, 357 [*CC*, 4, 187]). G. compara a poupança rural italiana à francesa, claramente superior, embora o nível de vida francês seja, em média, superior. Isso ocorre porque na França não existem as classes absolutamente parasitárias, nem a burguesia rural (*Q 7*, 72, 908 [*CC*, 5, 275]). A difusão de pequenos proprietários na França (4 milhões numa população de 40 milhões) é maior com relação à Itália (1 milhão e meio numa população de 35 milhões) (*Q 2*, 66, 222 [*CC*, 5, 186]).

G. sustenta que o fascismo não significou o fim da exploração dos camponeses. Em junho de 1929, alguns senadores apresentaram um projeto de lei no qual ainda se aumentavam os aluguéis, não obstante a revalorização da lira. O projeto não foi levado em consideração, mas permanece como prova da ofensiva geral dos proprietários contra os camponeses (*Q 2*, 55, 212 [*CC*, 5, 183]). A exploração dos camponeses não foi, portanto, atenuando-se. O imposto sobre a farinha, que sucedeu imediatamente a unificação, foi insuportável para os pequenos camponeses, que consumiam os poucos grãos produzidos por eles mesmos. A distribuição da propriedade eclesiástica não impediu que se formassem novos rentistas, ainda mais parasitas, já que não desempenhavam nem mesmo as funções sociais do clero (beneficência, cultura popular, assistência pública etc.).

Para compreender a diferença entre a classe rural e a operária é importante deter-se sobre a "mentalidade proprietária" difundida entre os camponeses e descrita por Giuseppe Ferrari, esquecido especialista em questões agrárias do Partido da Ação: os trabalhadores, ou seja, os camponeses sem terra, possuem uma psicologia comum ao colono e ao pequeno proprietário (*Q 1*, 44, 49). Interessante também a diferença entre "diarista" agrícola e "camponês" (*Q 3*, 46, 324 [*CC*, 3, 189]). A questão se coloca de forma aguda não apenas no Mezzogiorno, mas também no vale do rio Pó, onde o fenômeno é mais velado. Mas se a posição de Ferrari é, para G., enfraquecida pelo federalismo, Mazzini e Garibaldi deslocaram toda a atenção para a unidade e a independência, negligenciando a questão da propriedade da terra (*Q 19*, 24, 2.026 [*CC*, 5, 66]).

A "terra aos camponeses" foi na Itália uma questão permanentemente na ordem do dia, já agitada em 1913 e retomada em 1917, no momento em que, depois da batalha de Caporetto, havia o risco da deserção em massa dos camponeses do exército e se afirmavam as orientações socialistas. Na realidade, nunca se fez nada a respeito: a terra permaneceu nas mãos da burguesia rural. A parte possuída pelos camponeses cultivadores tendia, ainda, a se fracionar até à pulverização. Isso ocorria por diversas razões: a) a pobreza, que forçava os camponeses a vender parte de sua pouca terra; b) a tendência das administrações a se opor à monocultura; c) o princípio de herança da terra, dividida entre os filhos (*Q 7*, 54, 898 [*CC*, 5, 273]). A existência dos trabalhadores do vale do Pó era devida à superpopulação que não encontrou saída na emigração, como ocorria no caso do Sul, e era artificialmente mantida com a política dos trabalhos públicos. Os proprietários fundiários do Norte não queriam consolidar, numa única classe, trabalhadores rurais e meeiros, alternando, portanto, as duas formas e selecionando um grupo de meeiros privilegiados (*Q 1*, 44, 49). O crescimento do número de trabalhadores rurais em 50% nas primeiras décadas do século XX levou à difusão do sindicalismo nas classes rurais (amplamente representado pelos trabalhadores do Sul) e ao nascimento do movimento da "assim chamada 'democracia cristã'", no lugar do reformismo e do modernismo, e estava na base do partido nacionalista de Enrico Corradini (*Q 1*, 58, 69 [*CC*, 5, 150]).

De modo prevalente, a classe rural se agregou, episodicamente, com base em um ódio genérico e semifeudal, limitando-se a uma individualização do inimigo (*Q 3*, 46, 323 [*CC*, 3, 189]). A dificuldade histórica central para G. é a possibilidade de unir as classes urbanas às rurais, operação realizada pelo jacobinismo francês e na qual o Partido da Ação na Itália fracassou. Este último deveria se ter ligado aos camponeses, por um lado esforçando-se sobre eles, aceitando suas reivindicações elementares e inserindo-os no próprio programa de governo, e por outro, sobre os intelectuais. A experiência de muitos países, primeiro de todos a França revolucionária – escreve G. –, demonstrou que se os camponeses se movem por impulsos "espontâneos", os intelectuais começam a oscilar e, reciprocamente, se um grupo de intelectuais se coloca na base de uma política filocamponesa concreta, eles acabam arrastando consigo frações de massas sempre mais importantes. Mas dados a dispersão, o isolamento da população rural e a dificuldade de concentrá-la em sólidas organizações, de acordo com G. convém iniciar o movimento pelos grupos intelectuais. Em geral, no entanto, é a relação dialética entre as duas ações que se deve ter presente. Pode-se também dizer que é quase impossível criar partidos camponeses no sentido estrito da palavra: o partido camponês se realiza, em geral, como forte corrente de opinião, não na forma esquemática de enquadramento burocrático. Todavia, identificar a existência mesmo de um único esqueleto organizativo entre os camponeses é de imensa utilidade, também para impedir que os interesses de casta os transportem imperceptivelmente para outro terreno. Deve-se observar o fenômeno da capacidade organizativa conquistada na guerra pelas massas camponesas, as quais, separando-se do bloco rural tradicional e confiando nos ex-oficiais de guerra, com frequência se organizam em formas regionalistas (*Q 1*, 44, 48-9).

Poucas são as notas nas quais G. aborda a questão camponesa no Sul do mundo: por isso elas foram acusadas pelos *cultural studies* de ocidentalismo e eurocentrismo. À América Latina, assim como à Índia, à China, ao mundo árabe, G. atribui características análogas àquelas identificadas pontualmente no Mezzogiorno italiano. O enraizamento do elemento religioso no mundo rural assume características diferentes de acordo com a situação: na Índia e na China, por conta do analfabetismo reinante e da fragmentação étnica e linguística, uma enorme distância separa os intelectuais e o povo, enquanto no mundo protestante essa diferença é mínima (*Q 12*, 1, 1.529 [*CC*, 2, 15-6]). Isso unido a uma economia de tipo parasitário explicaria, para G., a estagnação da história desses países (*Q 1*, 61, 71-2 [*CC*, 6, 346]).

Bibliografia: Biscione, 1996; Villari, 1977.

Elisabetta Gallo

Ver: bloco agrário; burguesia rural; cidade-campo; dialeto; Ferrari; folclore/folklore; Igreja católica; incesto; intelectuais; intelectuais orgânicos; Manzoni; Mezzogiorno; Norte-Sul; questão agrária; questão meridional; questão sexual; *Risorgimento*; subalterno/subalternos.

canibalismo

Para G., o canibalismo é o comportamento extremo (um ato aberrante que se segue à "decadência" interior) a que os homens podem chegar como resultado da modificação moral "molecular" que, sobretudo por trás da pressão constante e ilimitada de um "terrorismo" psicológico, pode excluir, para os indivíduos, atos heroicos e provocar inimagináveis "catástrofes de caráter". G. fala aqui em páginas "autobiográficas" (*Q 15*, 9, 1.762-4 [*CC*, 4, 131]), seja aludindo às responsabilidades de quem induz, por intervenção direta, um irrefreável enfraquecimento psicológico-moral na condição dos prisioneiros políticos (no seu caso, Mussolini e as autoridades fascistas), seja implicitamente se referindo, numa passagem crítica e muito delicada de sua vida nos meses entre 1932 e 1933, à sua experiência carcerária próxima ao "naufrágio", e a "condenadores" mais ou menos conscientes que ele acreditava distinguir em alguns responsáveis pertencentes a seu próprio grupo político (*LC*, 690, a Tania, de 27 de fevereiro de 1933 [*Cartas*, II, 311] e *LC*, 692-5, a Tania, de 6 de março de 1933 [*Cartas*, II, 315]). Deduz-se daí uma óptica antimoralista que confirma, com firmeza aguda (nas circunstâncias em que cada resíduo de resistência é inevitavelmente aniquilado por "causas de força maior": *LC*, 680, a Tania, 6 de fevereiro de 1933 [*Cartas*, II, 300]), as razões da inviabilidade mesma da alternativa do suicídio, que lhe permitem, entre outras coisas, focalizar o mecanismo de estímulo, na fisiologia da moderna sociedade de massas (quando é "voluntário" e programado), do evento do colapso moral individual e de toda inibição de princípio gerido pelos sistemas de coerção (mas não exclusivamente por eles) por meio do "terrorismo material e também moral" exercido sobre a vontade submetida. Salvaguardando sempre, todavia, as responsabilidades dos indivíduos e pensando ainda em seu dificílimo relacionamento não apenas, por certo, com os inimigos, G., por exemplo, assim conclui: "Isto agrava a responsabilidade daqueles que, podendo, não impediram, por imperícia, negligência ou ainda vontade perversa, que se tivesse de passar por certas provas" (*Q 15*, 9, 1.764 [*CC*, 4, 134]).

Raffaele Cavalluzzi

Ver: autobiografia; catástrofe/catastrófico; molecular; náufrago; pessoa; personalidade.

canto X do Inferno: v. Dante.

capitalismo

A clássica expressão marxiana "modo de produção capitalista" ocorre raramente nos *Q* e indica principalmente o sistema fabril (*Q 10* II, 36, 1.283 [*CC*, 1, 350]), enquanto o termo "capitalismo", presente em vários contextos, designa uma totalidade contraditória, que parte da fábrica, mas não se limita a ela, como indica o capitalismo mais desenvolvido dos Estados Unidos, onde "para fugir da lei da queda da taxa de lucro [...] Ford foi obrigado a sair do campo estritamente industrial da produção, a fim de organizar também os transportes e a distribuição de suas mercadorias, determinando assim uma distribuição da massa de mais-valor mais favorável para o industrial produtor" (ibidem, 1.281-2 [*CC*, 1, 351]), até procurar conformar, em função das exigências da máxima produtividade e da racionalização produtiva, a inteira vida social e cultural do trabalhador, regulamentado-a em cada aspecto, inclusive os costumes (proibicionismo) e a vida sexual (*Q 22*, 10-I [*CC*, 4, 262]). O capitalismo é o produto de um processo histórico, desenvolve-se na idade moderna, difundindo "um tipo relativamente homogêneo de homem econômico" (*Q 10* II, 37, 1.285 [*CC*, 1, 354]). Para que o capitalismo se afirme é preciso um conjunto combinado e interrelacionado de condições econômicas, sociais, culturais, políticas. Enganam-se, por isso, aqueles – afirma G. – que, ignorando o princípio de especificação histórica, pretendem, como Corrado Barbagallo, "encontrar na Antiguidade o que é essencialmente moderno, como o capitalismo [...] e as manifestações" que estão ligadas ao capitalismo (*Q 11*, 11, 1.373 [*CC*, 1, 92]; v. também *LC*, 310, a Giulia, 10 de fevereiro de 1930 [*Cartas*, I, 393]). Movido por suas contradições internas, o capitalismo se desenvolve de modo desigual no tempo e no espaço geopolítico. É tanto mais desenvolvido quanto maior é sua capacidade de extração de mais-valor relativo, como ocorre nos países com numerosas "indústrias progressivas (nas quais o capital constante aumenta)" (*Q 15*, 5, 1.757 [*CC*, 4, 316]), e quanto menor é o peso das classes sociais "parasitárias", privadas de "uma função essencial no mundo produtivo" (*Q 22*, 2, 2.141 [*CC*, 4, 242]).

G. considera o sistema industrial o lugar onde é produzida nova riqueza, com uma visão do capitalismo ligada à coisificação da produção mais do que à essência da relação salarial. Na comparação entre Estados Unidos e Europa, o primeiro tem "uma composição demográfica racional" (idem), enquanto "a Itália é o país que [...] tem o maior peso de população parasitária" (*Q 19*, 7, 1.996 [*CC*, 5, 49]). Também o confronto entre Alemanha e Inglaterra, ambas oprimidas pela crise econômica mundial, encontra na primeira uma recuperação potencial graças à maior presença de empresas industriais, enquanto na segunda prevalece o capital comercial e financeiro (*Q 9*, 61, 1.131-2 [*CC*, 4, 311]). Em 1926, G. lê a distinção entre países capitalistas mais ou menos avançados à luz da relação centro-periferia, que articula o sistema capitalista mundial numa relação de dependência-subordinação dos países de capitalismo periférico com relação aos de capitalismo central, nos quais o Estado é muito mais forte, "a classe dominante possui reservas políticas e organizacionais que não possuía, por exemplo, na Rússia" ("Un esame della situazione italiana" [Um exame da situação italiana], 2-3 de agosto de 1926, em *CPC*, 121 [*EP*, II, 378]).

Nos *Q*, o autor expõe uma concepção antideterminista e dialética do capitalismo. A queda tendencial da taxa de lucro e a crise são as questões em torno das quais se articula a contradição entre "as forças materiais de produção e as relações de produção" (*Q 11*, 64, 1.492 [*CC*, 1, 208]), colocada por Marx como fundamento do movimento da história no *Prefácio de 59* à *Crítica da economia política*, um dos textos mais visitados na reflexão dos *Q* sobre o marxismo. No estudo do capitalismo é um erro separar o processo de produção do capital (exposto no primeiro livro d'*O capital*, de Marx) do processo global da produção capitalista (terceiro livro), como faz Croce, que, assumindo a lei da queda tendencial da taxa de lucro como se "fosse válida 'absolutamente' e não, ao contrário, como termo dialético de um mais amplo processo orgânico", isolando-a da produção da mais-valor relativo e daquele "elemento fundamental na formação do valor e do lucro" que é "o 'trabalho socialmente necessário', cuja formação não pode ser estudada e descoberta em uma única fábrica ou empresa", não consegue compreender o movimento global da sociedade capitalista, a ponto de especular em termos paradoxais seu "fim automático e iminente"; visão "catastrofista", compartilhada por uma fase do movimento comunista com a "mitificação" de algumas passagens d'*O capital* e duramente contestada por G. (*Q 10* II, 36, 1.281-4 [*CC*, 1, 350-3]). Se o movimento contraditório do capital não leva deterministicamente ao colapso do capitalismo, permanece aberta a questão das condições e dos tempos – longos – nos quais a contradição econômica atingirá um nível tal que exigirá solução numa revolução política, "quando toda a economia mundial se tornar capitalista e atingir certo grau de desenvolvimento: [...] As forças contraoperantes da lei tendencial e que se resumem na produção cada vez maior de mais-valor relativo têm limites, que são dados, por exemplo, do ponto de vista técnico, pela extensão e pela resistência elástica da matéria e, do ponto de vista social, pela quantidade suportável de desemprego em uma determinada sociedade" (*Q 10* II, 33, 1.279 [*CC*, 1, 349]). A crise que se prolonga "de forma catastrófica de 1929 até hoje" é um "processo complexo", não atribuível a uma causa única ("simplificar significa desnaturar e falsear"), da qual a quebra da bolsa é apenas "uma das manifestações clamorosas". É imanente ao capitalismo ter "origens internas, nos modos de produção e, portanto, de troca, e não em fatos políticos e jurídicos": pelo contrário, pode ser dito que o desenvolvimento do capitalismo tem sido uma crise contínua. O capitalismo é um sistema mundial ("o mundo é uma unidade, [...] todos os países, se se mantiverem em certas condições de estrutura, passarão por certas 'crises'"), movido por contradições fundamentais, entre as quais aquela entre a tendência à internacionalização da economia e o entrincheiramento dos Estados em formas protecionistas e autárquicas (*Q 15*, 5, 1.755-7 [*CC*, 4, 316-21]).

Superando a concepção presente nos escritos juvenis ("L'intransigenza di classe e la storia italiana" [A intransigência de classe e a história italiana], 18 de maio de 1918, em *NM*, 36 [*EP*, I, 165]) do capitalismo como um sistema exclusivamente fundado sobre o individualismo do capital privado e da livre concorrência, G., que já em 1920 identifica no "predomínio do capital financeiro sobre o capital industrial [...] uma estrutura orgânica, uma normalidade do capitalismo e não já um 'vício adquirido pelos hábitos de guerra'" ("La relazione Tasca e il congresso camerale di Torino" [O relatório Tasca e o congresso da câmara de Turim], 5 de junho de 1920, em *ON*, 541), enfrenta com diversos instrumentos conceituais a questão do capitalismo de Estado, suscitado pelo próprio movimento capitalista, pela crise que é inerente a seu modo de produção. Colocada como unitária, de maneira "econômica e política conjuntamente", a origem da classe dominante (*Q 1*, 150, 132 [CC, 6, 349]), G. não vê as empresas públicas como uma forma de socialismo, mas como "parte integrante do capitalismo" (*Q 7*, 40, 889 [*CC*, 3, 263]): "Todas as tendências orgânicas do moderno capitalismo de Estado" são "um modo para uma sábia exploração capitalista nas novas condições que tornam impossível (pelo menos em toda sua extensão e explicação) a política econômica liberal" (*Q 7*, 91, 920 [*CC*, 4, 307]). A intervenção estatal, surgida para fazer face à crise capitalista, assinala, todavia, uma virada (no momento em que o Estado assume "uma função capitalista de primeira ordem, [...] deve intervir para controlar se seus investimentos são bem administrados": *Q 9*, 8, 1.101) é a manifestação da necessidade de superação do sistema e indica a estrada da "economia programática" (*Q 22*, 1, 2.139 [*CC*, 4, 241]), que, liberada do comando do capital, representa a perspectiva futura.

Andrea Catone

Ver: capitalismo de Estado; Croce; economia; Marx.

capitalismo de Estado

G. é o marxista que mais reflete sobre a nova relação entre Estado e sociedade (Estado "no significado integral": *Q 13*, 1, 1.559 [*CC*, 3, 13]) desenvolvida no século XX. Indaga também sobre a nova relação que se determina entre Estado e economia, interessando-se pelo então novo fenômeno dos títulos de governo. Nos anos seguintes ao colapso de Wall Street, a confiança no sistema capitalista está em choque, o público "deseja participar da atividade econômica, mas por meio do Estado" (*Q 22*, 14, 2.175 [*CC*, 4, 276]). E se o Estado recolhe a poupança, não pode deixar de participar da "organização produtiva" (*Q 9*, 8, 1.100-1, de 1932). G. apreende a passagem da economia capitalista para sua fase "keynesiana", afirmando: "Não se trata na verdade de conservar o aparelho produtivo assim como ele é num determinado momento. É necessário desenvolvê-lo paralelamente ao aumento da população e das necessidades coletivas. Nestes desenvolvimentos necessários está o perigo maior da iniciativa privada e aqui será maior a intervenção estatal" (ibidem, 1.101). No Texto C (*Q 22*, 14, 2.176 [*CC*, 4, 277], de 1934), G. precisa que o Estado é levado a intervir para "o salvamento das grandes empresas à beira da falência ou em perigo; ou seja, como já foi dito, a 'nacionalização das perdas e dos déficits industriais'".

G. não apenas é crítico nos confrontos com a versão fascista da nova relação política-economia, mas apreende a "estrutura plutocrática" e as "ligações com o capital financeiro" do Estado fascista (*Q 9*, 8, 1.101) para além de toda retórica corporativista. Critica também o "capitalismo de Estado" *tout court*, considera-o "um modo para uma sábia exploração capitalista nas novas condições que tornam impossível [...] a política econômica liberal" (*Q 7*, 91, 920 [*CC*, 4, 307]) e lança objeções tanto à "política de 'obras públicas'" (*Q 14*, 57, 1.716 [*CC*, 4, 314]) quanto ao surgimento do Istituto Mobiliare Italiano (IMI) [Instituto Mobiliário Italiano], do Istituto per la Ricostruzione Industriale (IRI) [Instituto para a Reconstrução Industrial] etc. (*Q 15*, 1, 1.749-50 [*CC*, 5, 315]). Não altera, para G., a marca de classe, o fim último (a exploração capitalista) do capitalismo de Estado.

GUIDO LIGUORI

Ver: capitalismo; corporativismo; Estado; fascismo.

caporalismo

A expressão deriva de *caporale*, designação dada, nas Forças Armadas italianas, ao suboficial de grau mínimo que está mais próximo à tropa. *Caporalismo* seria, assim, um comando sem visão ampla e sem elaboração autônoma, repetitivo e mecânico. Em *Q 8*, 45 [*CC*, 3, 273] G. faz uma série de reflexões breves e rápidas, como para memorizar um tema importante, mas não ainda desenvolvido em toda a sua fecundidade. A nota se intitula "Noções enciclopédicas. Comandar e obedecer", e o tema em questão é o da análise da função de comando, especialmente do "caráter do comando e da obediência na esfera militar". G. distingue entre "comandar por comandar", que "é *caporalismo* [comando cego]" (ibidem, 968 [*CC*, 3, 273]) e "o comando do maestro", no qual existe "colaboração" e "o comando é uma função distinta, não hierarquicamente imposta" (ibidem, 969 [*CC*, 3, 273]). Mas a nota é exatamente um esboço, no qual a contraposição não está, pois, clara e desenvolvida, tanto que G. prossegue: "Comandar por comandar é *caporalismo*; mas comanda-se para que um fim seja alcançado, não só para resguardar as próprias responsabilidades jurídicas"; e pouco antes: "Na obediência, há um elemento de comando e, no comando, um elemento de obediência" (ibidem, 968 [*CC*, 3, 273]). Com sua reflexão em desenvolvimento, G. traz à tona o problema da pura abstração e irresponsabilidade da ação de comando *caporalesco*. Uma ulterior indicação sobre esse conceito tão pouco elaborado pode ser encontrada em uma nota contemporânea, senão mesmo posterior (ainda que pertencente a um caderno precedente), na qual G. afirma que "deve-se ainda fazer distinções no 'comando' como expressão de diversos grupos sociais: para cada grupo a arte do comando e seu modo de se explicitar mudam muito" (*Q 6*, 128, 796 [*CC*, 3, 252-3]). É a origem do comando, portanto, que lhe define as características: "O centralismo orgânico, com o comando *caporalesco* e 'abstratamente' concebido, está ligado a uma concepção mecânica da história e do movimento" (idem).

MICHELE FILIPPINI

Ver: centralismo; chefe/líder; exército.

Caporetto

A batalha de Caporetto teve lugar entre o fim de outubro e o início de novembro de 1917, envolvendo o exército italiano e o austro-húngaro, e o resultado foi desastroso para as tropas italianas. Com pouco mais de 4 mil habitantes, situada na Eslovênia ocidental e próxima à fronteira italiana, a estratégica posição da pequena comuna de Caporetto fez que sediasse uma das mais típicas batalhas da Primeira Guerra Mundial. Contra as explicações meramente técnico-militares, G. afirma que "a responsabilidade histórica deve ser buscada nas relações gerais de classe, nas quais soldados, oficiais da reserva e Estados-Maiores ocupam uma posição determinada, portanto, na estrutura nacional, pela qual a única responsável é a classe dirigente precisamente porque é dirigente" (*Q 6*, 69, 736-7 [*CC*, 3, 230-1]). G. aborda o problema da retirada de Caporetto como um exemplo de ausência de "grande política" e amplia a análise para o conjunto das relações entre Itália e Áustria de 1848 a 1918. Tratava-se, em 1848, de mobilizar uma força insurrecional que fosse capaz de caçar os austríacos e de lhes impedir o retorno, estimulando a desagregação do Império Habsburgo e o fortalecimento das forças liberais. A inércia política dos partidos nacionais tornou possível, ao contrário, que a Áustria utilizasse seus regimentos italianos na repressão do ímpeto revolucionário. Ao final se pode dizer que "a política da direita piemontesa atrasou a unificação italiana em vinte anos" (*Q 1*, 114, 102). Escreve G. que "o mesmo erro fora cometido por Sonnino durante a guerra mundial, também contra a opinião de Cadorna: Sonnino não desejava a destruição do Império Habsburgo e recusou a política de nacionalidades; mesmo depois de Caporetto, esta política foi feita maltusianamente e não dera os rápidos resultados que poderia ter dado" (idem). A política italiana na guerra, segundo G., deveria ter se concentrado na desagregação do exército austríaco levantando a questão das nacionalidades; mas as classes dirigentes italianas temiam estimular um movimento revolucionário e depois se tornar vítimas do mesmo. Tratava-se ainda das deficiências nas relações entre dirigentes e dirigidos próprias da realidade italiana.

Marcos Del Roio

Ver: cadornismo; dirigentes-dirigidos; exército; Grande Guerra; grande política; guerra; greve.

cárcere ou prisão

Em *Q 1*, 70 [*CC*, 4, 93], G. parece relatar, com implícito envolvimento emocional, alguns extratos da *Impressioni di prigionia* [Impressões da prisão], de Jacques Rivière, nos quais o autor conta a humilhação das buscas e apreensões dos objetos pessoais na cela (*in primis* papel para escrever e o livro das conversas de Goethe com Eckermann), a sensação de vulnerabilidade desarmada, o medo e o exaurimento do espírito de iniciativa, que tornariam difícil se aproveitar inclusive de uma eventual oportunidade de fuga. A insegurança do recluso, a propósito da qual G. escreve nas *LC* que só a custo de "muito sofrimento" nos habituamos à ideia de ser um "objeto sem vontade e sem subjetividade diante da máquina administrativa" (*LC*, 528-9, a Tania, 25 de janeiro de 1932 [*Cartas*, II, 152]), se expande na sua família: esta encontra de fato uma equivalência nas condições de "medo permanente" nas quais a mãe de G. vive desde a eclosão da guerra, possuindo três filhos no *front*, num país em que "é difícil compreender que se pode acabar na cadeia sem ser ladrão, trapaceiro nem assassino" (*LC*, 60, a Tania, 26 de março de 1927 [*Cartas*, I, 132]).

Assim, G. solicita a sua irmã Teresina que assegure à mãe que sua "honra" e "retidão" não estão "de fato em questão", encontrando-se ele no cárcere por "razões políticas" (*LC*, 63, 26 de março de 1927 [*Cartas*, I, 133]). Além do mais, para o autor dos *Q* não pode contar apenas o "cárcere a enfrentar", mas também a "posição moral", a única que pode dar "força e dignidade" (*LC*, 170, à mãe, 12 de março de 1928 [*Cartas*, I, 246]). Continua G.: "O cárcere é uma coisa horrível. Mas, para mim, seria até pior a desonra por causa de fraqueza moral e covardia" (idem). Escreve ainda à mãe: "No fundo, eu mesmo quis a prisão e a condenação, de certo modo, porque nunca quis mudar minhas opiniões, pelas quais estaria disposto a dar a vida e não só ficar na prisão" (*LC*, 190, 10 de maio de 1928 [*Cartas*, I, 268]). G. logo sente a tensão da monotonia que a vida na prisão acarreta, em "dias sempre iguais" que se tornam um "gotejamento" de horas e minutos (*LC*, 159, a Teresina, 20 de fevereiro de 1928 [*Cartas*, I, 236]). Nesse contexto nasce a preocupação de se ocupar "intensamente e sistematicamente de algum assunto" que "absorvesse e centralizasse" sua vida interior (*LC*, 55, a Tania, 19 de março de 1927 [*Cartas*, I, 127]). G. lê muito, embora se dê conta de que, contrariamente ao que pensava, "no cárcere se estuda mal, por muitas razões, técnicas e psicológicas" (*LC*, 48, a Giulia, 2 de maio de 1927 [*Cartas*, I, 156]). Ainda em fevereiro de 1928 G. lamentava, por outro lado, não ter à disposição papel e caneta, dado que era tido como um "indivíduo terrível, capaz de atear fogo aos quatro cantos do país ou qualquer coisa desse tipo" (*LC*, 159, a Teresina, 20 de fevereiro de 1928 [*Cartas*, I, 236]).

As *LC* são obviamente ricas em anotações sobre como a experiência do cárcere era vivida pelo pensador sardo, mesmo que às vezes permanecesse em silêncio sobre alguns assuntos por medo da censura: esta acarretará nele a obsessão de esgueirar-se pela epistolografia mais convencional, justamente aquela "convencionalmente carcerária" (*LC*, 83, a Giulia, 2 de maio de 1927 [*Cartas*, I, 155]). Da cela, o mundo externo só podia parecer "grande e terrível", assim como "incompreensível" (*LC*, 217, a Tania, 20 de outubro de 1928 [*Cartas*, I, 294]). A leitura de livros ou revistas podem apenas fornecer "ideias gerais, esboços de correntes gerais da vida do mundo" (*LC*, 222, a Giulia, 19 de novembro de 1928 [*Cartas*, I, 299]), mas a vida de seus entes queridos se torna – como escreve G. em uma célebre carta – o seu "Japão" (idem), referindo-se à preocupação de um jovem operário que não encontrava notícias daquele país nos jornais, senão em casos excepcionais. O "sintoma mais evidente do cárcere", que se manifesta nos mais "resistentes" durante o terceiro ano de reclusão, é a "atonia psíquica": "A massa de estímulos latentes que cada um traz consigo da liberdade e da vida ativa começa a se extinguir e resta aquela aparência vaga de vontade que se esgota na fantasia dos planos grandiosos jamais realizados" (*LC*, 269, a Tania, 1º de julho de 1929 [*Cartas*, I, 352]). Em tais condições o detento acaba por passar seu tempo cuspindo no teto, "sonhando coisas irrealizáveis" (idem). De toda forma, G. afirma haver substituído a cusparada contra o teto pela observação de sua roseira e do ciclo das estações em seu auspicioso florescer, agora que o tempo lhe parece "algo corpóreo" (ibidem, 270) frente ao desaparecimento da dimensão do espaço. Em dezembro de 1930 G. ainda escreve a sua mãe, no entanto, que, no cárcere, sua serenidade não desapareceu: "Envelheci quatro anos, tenho muitos cabelos brancos, perdi os dentes, não rio mais com o gosto de antes, mas considero que me tornei mais sábio e que enriqueci minha experiência dos homens e das coisas" (*LC*, 372, à mãe, 15 de dezembro de 1930 [*Cartas*, I, 460]).

JOLE SILVIA IMBORNONE

Ver: Japão.

Carducci, Giosue
Carducci representa para G. uma figura intelectual dotada de valor simbólico, que encarna, por um lado, com o *Inno a Satana*, o anticlericalismo e o ateísmo caros ao naturalismo (*Q 6*, 172, 822 [*CC*, 6, 203]) e simboliza, por outro, na qualidade de moderno expoente da "retórica tradicional e acadêmica" dependente "dos *Sepolcri* de Foscolo", o defensor da continuidade da tradição de Roma (*Q 5*, 42, 573 [*CC*, 2, 114]) que o "movimento vociano [de *La Voce*] e futurista" por sua vez ostentava (*Q 17*, 16, 1.920 [*CC*, 6, 266]); enfim, que representa, por um outro lado ainda – aquele do "tipo de crítica literária própria do materialismo histórico" – o método da fuga, visto que de caráter exclusivamente retórico e filológico (*Q 4*, 5, 426). O interesse de G. por Carducci, talvez incitado pela notícia da publicação de dois volumes sobre seu pensamento, se concentra sobretudo em alguns aspectos daquele pensamento, do qual busca reconstruir as fontes e o grau de influência na cultura contemporânea. Considerem-se, por exemplo, a tese de Quinet "da equivalência revolução-restauração na história italiana" apropriada por Carducci, como sugere Mattalia, por meio "do conceito giobertiano da classicidade nacional" (*Q 8*, 25, 957), ou as sugestões do pensamento idealista que tinham levado Carducci a aproximar pensamento político francês e pensamento filosófico alemão, de forma análoga ao que tinha feito Marx na *Sagrada família* (*Q 8*, 208, 1.066 [*CC*, 4, 310]), ou a peculiar natureza daquela reivindicação da tradição clássica que, se permitia a Carducci constituir com natureza a literatura latina, continha em si um resultado reacionário, dado que "na história da cultura nacional" o passado "não vive no presente" e "não há continuidade e unidade" e, por consequência, "a afirmação de uma continuidade e unidade é só uma afirmação retórica ou tem valor de mera propaganda sugestiva; é um ato prático, que visa a criar artificialmente o que não existe" (*Q 23*, 57, 2.251 [*CC*, 6, 125]).

MARINA PALADINI MUSITELLI

Ver: Gioberti; naturalismo; revolução passiva; Roma.

casamata: v. trincheiras, fortalezas e casamatas.

catarse
Como em outros casos, G. se vale de um velho termo, mas lhe atribui um novo conteúdo, criando assim um conceito inédito e original. O termo "catarse" é utilizado pela primeira vez por Aristóteles para distinguir o efeito que a tragédia exerce sobre o espectador. O filósofo de Stagira fala de catarse como "purgação das paixões", no sentido de uma elevação, superação e, num certo sentido, de uma passagem da arte à moral, mas assim fazendo não vai além da definição da tragédia e de seus efeitos. É justamente tal momento de elevação, de superação, que G. aproveita do termo aristotélico. Mas, universalizando-o, ele lhe atribui uma determinação especial da práxis social em geral e, mais especificamente, da práxis política. Escreve G.: "Pode-se empregar a expressão 'catarse' para indicar a passagem do momento meramente econômico (ou egoístico-passional) ao momento ético-político, isto é, à elaboração superior da estrutura em superestrutura na consciência dos homens" (*Q 10* II, 6, 1.244 [*CC*, 1, 314]). Estamos aqui diante daquele movimento por meio do qual o *particular* (o econômico-corporativo) é dialeticamente superado no *universal* (o ético-político), elevação que G. considera uma determinação essencial da práxis política quando ela é tomada em seu sentido amplo.

De resto, aqui G. sugere um modo dialético de pensar a relação entre estrutura e superestrutura com base em um dos textos marxianos mais presentes nos *Q* (e também citado por G. ao final da nota em questão), o *Prefácio* à *Crítica da economia política*. Mas essa passagem do particular ao universal não é a única superação dialética que G. acredita estar contida no "movimento catártico"; estreitamente ligada a ela há outras passagens dialéticas: "Isso [a catarse] significa *também* a passagem do 'objetivo ao subjetivo' e da 'necessidade à liberdade'. A estrutura de força exterior que esmaga o homem, assimilando-o e tornando-o passivo, transforma-se em meio de liberdade, em instrumento para criar uma nova forma ético-política, em origem de novas iniciativas" (idem, destaque meu). Aqui não há qualquer possibilidade de uma leitura mecanicista da relação estrutura-superestrutura: a práxis humana, em seu momento catártico, coloca em movimento precisamente a passagem das determinações objetivas para a subjetividade (que está na origem de "novas iniciativas"), ou seja, a passagem da necessidade à liberdade. Sem negar os momentos da objetividade e da necessidade, também eles constitutivos do ser social, G. indica sua inevitável relação com a subjetividade criadora e, portanto, com a liberdade. Estamos aqui diante de um momento essencial da ontologia gramsciana do ser social, em que se juntam causalidade e teleologia, necessidade e liberdade. Para enfatizar a importância ontológica de sua particular concepção de catarse, G. afirma: "A fixação do momento 'catártico' torna-se assim, parece-me, *o ponto de partida de toda filosofia da práxis*; o processo catártico coincide com a cadeia de sínteses que resultam do desenvolvimento dialético" (idem, destaque meu). Podemos então entender melhor o sentido que G. tem em mente quando diz repetidamente que "tudo é política". Trata-se de outra forma de dizer que "tudo é catarse", ou seja, que todas as formas de práxis — do trabalho face à dominação da natureza até às formas mais complexas de interação social — contêm essa possibilidade de passagem do particular ao universal, do objetivo ao subjetivo, da necessidade à liberdade.

Não há muitos outros trechos em que G. fale de catarse. Num único caso trata o termo de uma perspectiva essencialmente estética: discutindo o canto X do *Inferno*, de Dante, sustenta que seja "catarse" a passagem da poesia à estrutura (para utilizar os termos crocianos dos quais, neste contexto, se vale), ou seja, a passagem de uma frase de valor "estético" sobre a presumida morte do poeta Guido às "rubricas" de Farinata, que provocam o drama de Cavalcanti, o pai do poeta (*Q 4*, 82, 521 [*CC*, 6, 21]). Mas, no outro trecho dos *Q* no qual G. fala de catarse com referência à arte, já aparece com clareza a relação com a política em sentido amplo. A propósito de *Casa de boneca*, de Ibsen, G. escreve: "E, de resto, não poderia ser outra coisa o chamado *teatro de ideias*, ou seja, a representação de paixões ligadas aos costumes com *soluções dramáticas que representem uma catarse "progressista"* [destaque meu], que representem o drama da parcela intelectual e moralmente mais avançada de uma sociedade e que expressem o desenvolvimento histórico imanente aos próprios costumes existentes" (*Q 21*, 6, 2.122-3 [*CC*, 6, 48]). Nessas duas notas de "estética" G. reitera a passagem do particular para o universal como traço distintivo da catarse.

Há porém outros trechos nos quais o uso do termo assume claramente o sentido ontológico-político presente em *Q 10* II, 6 [*CC*, 1, 314]. Significativa é a passagem na qual, após haver exposto o conceito de revolução passiva no âmbito de uma análise crítica da historiografia de Croce, G. fala do grupo social que se apresenta como promotor da catarse, ou seja, o salto do particular ao universal. Depois de ter falado do modo de ver a dialética próprio da "concepção 'revolução-restauração'", ou seja, de "um conservadorismo reformista moderado", G. afirma: "Um tal modo de conceber a dialética é próprio dos intelectuais, os quais concebem a si mesmos como os árbitros e os mediadores das lutas políticas reais, os que personificam a "catarse" do momento econômico ao momento ético-político, isto é, a síntese do próprio processo dialético" (*Q 10* I, 6, 1.221-2 [*CC*, 1, 293]). Embora não o diga explicitamente, G. acredita que o principal promotor de uma catarse revolucionária nos grupos subalternos seja aquele que ele chama "moderno Príncipe", que forma, para usar uma conhecida expressão togliattiana, um "intelectual coletivo". Ainda em polêmica com Croce — na qual procura demonstrar que a distinção entre ideologia e filosofia é apenas de grau, já que ambas são "concepções de mundo" —, G. especifica o que entende por filosofia, que ele considera mais universal que "ideologia política", justamente porque se trata de uma "catarse": "É filosofia a concepção do mundo que representa a vida intelectual e moral (*catarse de uma determinada vida prática*) de todo um grupo social concebido em movimento e considerado, consequentemente, não apenas em seus interesses atuais e imediatos, mas também nos futuros e mediatos" (*Q 10* I, 10, 1.231 [*CC*, 1, 302], destaque meu).

G. volta a falar de catarse em um célebre parágrafo em que discute a "passagem do saber ao compreender, ao sentir, e vice-versa, do sentir ao compreender, ao saber" e afirma que "não se faz política [...] sem esta conexão sentimental entre intelectuais e povo-nação". G. parece conceber tal conexão como uma forma moderna de catarse, de construção da "vida de conjunto, a única que é força social", por meio da qual "cria-se o 'bloco histórico'". De fato, diz ele que "De Man 'estuda' os sentimentos populares, não concorda com eles para dirigi-los e conduzi-los a *uma catarse de civilização moderna*: sua posição é semelhante à do estudioso de folclore" (*Q 11*, 67, 1.505-6 [*CC*, 1, 221-2], destaque meu).

Embora não apareça muitas vezes nos *Q*, o conceito de catarse ocupa uma posição central na ontologia social de G., que com esse termo expressa a ideia segundo a qual o ser social é constituído por uma relação sempre mutável entre particular e universal, objetivo e subjetivo, necessidade e liberdade.

Carlos Nelson Coutinho

Ver: Aristóteles; concepção do mundo; Croce; Dante; De Man; estrutura; filosofia; Ibsen; ideologia; intelectuais; liberdade; necessidade; objetividade; subjetivo; superestrutura/superestruturas.

catástrofe/catastrófico

A abordagem gramsciana do conceito de catástrofe está intimamente entrelaçada ao nexo quantidade-qualidade, central na filosofia da práxis: a catástrofe é o resultado de um processo molecular de transformação que de *quantitativa* se torna *qualitativa*. Nas *Notas autobiográficas*, refletindo sobre "catástrofes do caráter", G. fala de "mudanças 'moleculares'", isto é, de uma "mudança progressiva da personalidade moral que, num certo ponto, de quantitativa se torna qualitativa", determinando o desenvolvimento de uma "nova personalidade, completamente nova" (*Q 15*, 9, 1.762-3 [*CC*, 4, 131]). A reflexão sobre transformação e formação da personalidade nos *Q* está estreitamente ligada à experiência de vida contada nas *LC*. O prisioneiro, esgotado pelo cárcere e por condições de saúde definidas muitas vezes como "catastróficas", teme que "a inteira personalidade será engolida por um novo 'indivíduo'"; observa *seu* processo de transformação molecular – "uma mudança semelhante está ocorrendo em mim (canibalismo à parte)" (*LC*, 693, a Tania, 6 de março de 1933 [*Cartas*, II, 315]) – e relata, por meio da comparação com o náufrago que se torna antropófago, também o medo de uma *sua* "catástrofe de caráter".

Tal reflexão gramsciana sobre processos de transformação da personalidade é amplamente traduzível naquela reflexão sobre processos de transformação econômica e social, também esses articulados por meio do nexo molecular-catastrófico. Sustentando a tese do caráter "'histórico' real" e não "metodológico" do significado de "tendencial" na lei da queda da taxa de lucro, G. afirma que o termo serve para indicar o "processo dialético pelo qual o impulso molecular progressivo conduz a um resultado tendencialmente catastrófico no conjunto social, resultado de onde partem outros impulsos singulares progressivos, em um processo de contínua superação, o qual, contudo, não se pode prever como infinito, ainda que se desagregue em um número muito grande de fases intermediárias de diversa medida e importância" (*Q 10* II, 36, 1.283 [*CC*, 1, 352]). Portanto, a historicidade do processo, ou melhor, dos processos moleculares, torna historicamente tendencial a perspectiva catastrófica: ao longo da polaridade molecular-catastrófica, G. articula uma sua teoria da transformação em clara antítese a toda teoria do colapso e, portanto, a cada acepção determinista da catástrofe e do nexo quantidade-qualidade.

G. polemiza com a interpretação instrumental crociana da lei sobre a taxa de lucro, que, nas palavras de Croce, "importaria, nem mais nem menos, no fim automático e iminente da sociedade capitalista". G. enfatiza: "Nada de automático e, muito menos, de iminente" (idem). E, na mesma nota, insere a interpretação catastrofista da lei no âmbito de um processo de mitificação de "muitas afirmações da economia crítica": é "o método político de forçar arbitrariamente uma tese científica para dela extrair um mito popular estimulante e propulsor", um método que, para G., "em última análise, revela-se inútil" e comparável "ao uso dos narcóticos, que criam um instante de exaltação das forças físicas e psíquicas, mas enfraquecem permanentemente o organismo" (ibidem, 1.283-4 [*CC*, 1, 353]). E de fato, ao se perguntar se a origem da lei não pode ser interpretada como resposta ao cientificismo positivista e ao mito do progresso, G. reflete justamente sobre os efeitos mistificadores e passivísticos da mitificação e da forçada interpretação positivista da própria lei: "Deve-se ver se não foi legítima e de amplo alcance a reação de Marx, que, com a lei tendencial da queda da taxa de lucro e com o chamado catastrofismo, jogava muita água no fogo; deve-se ver também em que medida a 'opiomania' impediu uma análise mais cuidadosa das proposições de Marx" (*Q 28*, 11, 2.330 [*CC*, 2, 265-6]).

Sempre em chave antipassiva, G. critica também as interpretações economicistas contemporâneas a ele, em particular aquelas de caráter sindical e luxemburguista. Por exemplo, em termos críticos com relação à assim chamada teoria do colapso, G. polemiza com o catastrofismo entendido como transposição política do economicismo de certo sindicalismo (a referência explícita é a Maurras, mas a crítica implícita está voltada a Bordiga): "Na concepção de Maurras, existem muitos traços semelhantes aos de certas teorias formalmente catastróficas de determinado economicismo e sindicalismo. Ocorreu frequentemente essa transposição para o campo político e parlamentar de concepções nascidas no terreno econômico e sindical. Todo abstencionismo político em geral, e não só o parlamentar, baseia-se numa tal concepção mecanicamente catastrófica: a força do adversário ruirá matematicamente se, com método rigorosamente intransigente, ele for boicotado no campo governamental (à greve econômica se conjugam a greve e o boicote políticos)" (*Q 13*, 37, 1.647 [*CC*, 3, 104-5]).

Ainda na polêmica anticatastrofista G. critica o "preconceito 'economicista' e espontaneísta" de Luxemburgo, refletindo sobre a "eficácia do elemento econômico imediato" e sobre a relação "entre os conceitos de guerra manobrada e guerra de posição" na arte militar e na arte política (*Q 13*, 24, 1.613-4 [*CC*, 3, 71]): nos "Estados mais avançados [...] a 'sociedade civil' tornou-se uma estrutura muito complexa e resistente às 'irrupções' catastróficas do elemento econômico imediato (crises, depressões etc.); as superestruturas da sociedade civil são como o sistema de trincheiras na guerra moderna" (ibidem, 1.615 [*CC*, 3, 73]). Nenhum colapso é previsível ou esperado no Ocidente: nada de automático, muito menos de iminente. Ou seja, a crítica ao catastrofismo assume uma peculiar densidade e força no âmbito da reflexão sobre o caráter complexo da sociedade civil contemporânea nos Estados ocidentais. A tensão molecular-catastrófica se conecta então, nas sociedades contemporâneas – nas quais se verificam "crises econômicas e morais de tendência frequentemente catastrófica" (*Q 22*, 1, 2.139 [*CC*, 4, 241]) –, à análise do "desenvolvimento do capitalismo" como "crise contínua" (*Q 15*, 5, 1.756-7 [*CC*, 4, 316]): G. lê, assim, aqueles "acontecimentos que assumem o nome de crise e que se prolongam de forma catastrófica de 1929 até hoje" como "processo" e "intensificação quantitativa de certos elementos" (ibidem, 1.755-6 [*CC*, 4, 316]).

Além disso, G. desenvolve uma análise comparativa dos fenômenos do cesarismo, "situação histórico-política caracterizada por um equilíbrio de forças de perspectiva catastrófica": "O cesarismo expressa uma situação na qual as forças em luta se equilibram de modo catastrófico, isto é, equilibram-se de tal forma que a continuação da luta só pode terminar com a destruição recíproca" (*Q 13*, 27, 1.619 [*CC*, 3, 76]). Todavia, G. opera uma distinção entre perspectiva catastrófica (a tendência ou perspectiva catastrófica de um processo molecular se refere a um resultado necessariamente qualitativo) e fase catastrófica: "A fase catastrófica pode emergir por causa de uma deficiência política 'momentânea' da força dominante tradicional, e não de uma deficiência orgânica necessariamente insuperável" ou, nos casos em que as partes em luta, "embora fossem distintas e contrastantes, não eram forças tais que não pudessem 'absolutamente' chegar a uma fusão e assimilação recíproca após um processo molecular [...] pelo menos em certa medida (mas eram suficientes para os objetivos histórico-políticos de pôr fim à luta orgânica fundamental e, portanto, de superar a fase catastrófica)" (ibidem, 1.621 [*CC*, 3, 78]). Se no passado, segundo G., se puderam verificar fenômenos de cesarismo quantitativo-qualitativo e de cesarismo meramente quantitativo, "no mundo moderno, o equilíbrio com perspectivas catastróficas não se verifica entre forças que, em última instância, poderiam fundir-se e unificar-se, ainda que depois de um processo penoso e sangrento, mas entre forças cujo contraste é insolúvel historicamente". Todavia, acrescenta G., também no mundo moderno "uma forma social tem 'sempre' possibilidades marginais de posterior desenvolvimento" (ibidem, 1.622 [*CC*, 3, 79]). Por último, nota G. em sua reflexão sobre *Americanismo e fordismo*, uma "crise [...] 'permanente', isto é, de perspectiva catastrófica" (*Q 22*, 10, 2.163 [*CC*, 4, 265]), poderia se formar na relação entre animalidade e industrialismo com respeito às formas de coerção ligadas à formação de um novo tipo humano.

Eleonora Forenza

Ver: animalidade e industrialismo; autobiografia; Bordiga; canibalismo; cesarismo; crise; economismo; indivíduo; Luxemburgo; molecular; náufrago; ópio; personalidade; quantidade-qualidade; queda tendencial da taxa de lucro.

catastrofismo: v. catástrofe/catastrófico.

católicos

De um artigo de Mario Barbera na *Civiltà Cattolica* de 1º de junho de 1929 chama atenção uma página particularmente densa de temas filosóficos próprios de G. (*Q 11*, 64, 1.491-2 [*CC*, 1, 208], já em *Q 4*, 37, 454-5), o qual parece paradoxalmente concordar com o jesuíta quanto a distinguir no caráter monista do subjetivismo idealista uma condição gnosiológica não apenas claramente contraposta à "'objetividade do conhecimento'", mas também distinta, justamente sob o perfil de tal caraterística, do "monismo" do materialismo histórico. E o faz apoiando-se no marxiano *Prefácio* a *Crítica da economia política* como referência essencial para a crítica da ideologia com relação à *consciência* do "conflito entre as forças materiais de produção" no terreno, justamente de natureza ideológica, das "formas jurídicas, políticas, religiosas, artísticas, filosóficas" (*Q 11*, 64, 1.492 [*CC*, 1, 208]). G. pensa também que tal proposição deva ser reelaborada para "todo conhecimento consciente", sem limitá-la ao "conflito entre as forças materiais de produção e as relações de produção – segundo a letra do texto" (idem): aliás, tal elaboração deve investir, em seu modo de ver e muito significativamente, "todo o conjunto da doutrina filosófica do valor das superestruturas", indo além inclusive do materialismo que, a seus olhos, implicava também ele, não no espírito, mas na natureza, o elemento primogênito, unívoca condição de um, e apenas um princípio de determinação. O materialismo (histórico) que daí resultava era "identidade dos contrários no ato histórico concreto" (não do gentiliano ato "puro"), "isto é, atividade humana (história-espírito) em concreto, indissoluvelmente ligada a certa 'matéria' organizada (historicizada), à natureza transformada pelo homem" (idem).

De resto, o pensador marxista se refere ainda ao "catolicismo" ao constatar o "acordo" deste "com o aristotelismo sobre a questão da objetividade do real" (considerado, no entanto, também o posicionamento próprio do materialismo de Engels). Não por acaso, coloca em causa – apoiando-se num ensaio de Bertrand Russel publicado na Itália por Sonzogno –, como emblemático exemplo pragmático do objetivismo científico, o uso das coordenadas geográficas (Oriente e Ocidente, no caso específico), que não deixam de ser "objetivamente reais", embora, quando analisadas, demonstrem ser nada mais que "uma 'construção' convencional, isto é, 'histórico-cultural'": razão pela qual, ao indicar pontos no espaço geográfico, "são relações reais e, contudo, não existiriam sem o homem e sem o desenvolvimento da civilização" (e "se cristalizados" – Oriente e Ocidente – como termos convencionais, "não a partir do ponto de vista de um hipotético e melancólico homem em geral, mas do ponto de vista das classes cultas europeias que, através de sua hegemonia mundial, fizeram que fossem aceitos por toda parte") (*Q 11*, 20, 1.419 [*CC*, 1, 137]). Em outras páginas da mesma *Introdução à filosofia*, sempre com base na polêmica católica ainda contemporânea, G. observa que o "termo materialismo" é usado como "oposto de espiritualismo em sentido estrito, isto é, de espiritualismo religioso, incluindo-se no materialismo, portanto, todo o hegelianismo e a filosofia clássica alemã em geral, bem como o sensualismo e o iluminismo franceses. Assim, nos termos do senso comum, chama-se de materialismo tudo o que tende a encontrar nesta terra, e não no paraíso, a finalidade da vida" (*Q 11*, 16, 1.409 [*CC*, 1, 127]), colocando assim o tema no âmbito da problemática da "redução ao materialismo metafísico tradicional do materialismo histórico" (o conjunto é, como se sabe, uma pontual discussão crítica do *Ensaio popular*, de Bukharin).

Mais adiante (*Q 11*, 62, 1.489 [*CC*, 1, 203-7]) G., evocando ainda "polemistas baratos (notadamente os católicos)", também para a filosofia da práxis, como para qualquer outra "filosofia historicista", salienta "uma dificuldade" que leva, *abusando*, a "deduzir que o historicismo conduz necessariamente ao ceticismo moral e à depravação": "Se a filosofia da práxis afirma teoricamente que toda 'verdade' tida como eterna e absoluta teve origens práticas e representou um valor 'provisório' (historicidade de toda concepção do mundo e da vida), é muito difícil fazer compreender 'praticamente' que tal interpretação é válida também para a própria filosofia da práxis, sem com isso abalar as convicções que são necessárias para a ação" (idem). E conclui de forma bastante perspicaz: "Daí porque a proposição da passagem do reino da necessidade ao da liberdade deve ser analisada e elaborada com muita finura e sutileza. Por isso, ocorre também que a própria filosofia da práxis tende a se transformar numa ideologia no sentido pejorativo, isto é, num sistema dogmático de verdades absolutas e eternas; particularmente quando, como no *Ensaio popular*, ela é confundida com o materialismo vulgar, com a metafísica da 'matéria', que não pode deixar de ser eterna e absoluta" (idem). Por meio do áspero e enérgico debate teórico com o catolicismo, levado a efeito como referência crítica crucial para a elaboração de uma rigorosa, mas também, como se viu, problemática (ou mesmo aberta) filosofia da práxis, G. tematiza elementos basilares de seu ponto de vista filosófico, de seu pensamento antimetafísico (relação crítica com o subjetivismo idealista, com o objetivismo, com o materialismo e com o próprio materialismo histórico). Todavia, talvez até mais do que a eficácia dos pontos de ataque de tal pensamento, nos *Q*. vale e é mais difuso o conjunto das notas que se referem à análise histórica concreta do modo de ser dos católicos.

G. parece conhecer bem as articulações político-culturais do corpo eclesiástico do século XX e a dinâmica de seus conflitos internos. Nesses, os católicos "integrais" da época de Pio X se contrapõem como "reacionários" à mediação, tentada pelos jesuítas, para atenuar o impacto com a tendência popular democrática veiculada pelas estruturas políticas e intelectuais da Ação Católica (*Q 20*, 4, 2.088-92 [*CC*, 4, 153]).

A constante ação "conspirativa" dos integristas na Itália, na França, na Bélgica, até desembocar na Action Française, é feita de documentos reservados e mesmo de associações secretas, de centros públicos e de canais clandestinos, que os vê taticamente aliados com quantos sejam seus antípodas, isto é, os círculos modernistas, enquanto os jesuítas (que não permanecem sempre compactos) resultam os mais homogêneos à orientação da Igreja de Pio XI. E, no entanto, essa é uma luta que, segundo G., pelo seu caráter elitista – uma vez que a força coesiva da Igreja era menor do que se imagina –, deixa na aparente indiferença as massas do clero e dos fiéis, embora fazendo maturar, no longo prazo, significativas "transformações moleculares" (*Q 14*, 26, 1.685 [*CC*, 2, 182]) e resultados não desprezíveis no processo de modernização do mundo católico (*Q 20*, 4, 2.092-9 [*CC*, 4, 153]). De outra parte, para a batalha ideológica que se trava nos primeiros decênios do século na frente católica e no interior de suas próprias fileiras, nas posições do idealismo de Benedetto Croce se manifesta uma visível contradição dada pelo fato de que o campeão do pensamento laico, mais do que reconhecer o caráter *reformador* do modernismo – sempre ausente em outros momentos de tentativas de inovação feitas pela sociedade italiana –, ajuda os jesuítas ao desacreditar e isolar este movimento (*Q 10* I, 5, 1.218-9 [*CC*, 1, 288] e *Q 10* II, 41.IV, 1.304-5 [*CC*, 1, 361]). Os católicos, depois, na ação política concreta, isto é, na relação com o Estado, defendem, segundo G., uma atitude "intervencionista" do poder público, salvo, na melhor das hipóteses, permanecer indiferentes e, portanto, estranhos ao espírito liberal herdado do *Risorgimento* (*Q 26*, 6, 2.303 [*CC*, 4, 85]). Em suma, o pensamento social dos católicos parece caracterizado, quase sempre, por uma forma de oportunismo (*Q 5*, 7, 546-7 [*CC*, 4, 193] e *Q 5*, 18, 554-5 [*CC*, 4, 196]), enquanto, no plano ético, a doutrina da Igreja autorizaria até mesmo a insurreição armada (veja-se o caso da revolução belga) se por parte do Estado viessem a ser tocados, com outros direitos, os bens e os interesses eclesiásticos (*Q 7*, 78, 911 [*CC*, 4, 221]). A doutrina social católica prevê, portanto, a salvaguarda do princípio de propriedade (*Q 20*, 3, 2.087-8 [*CC*, 4, 153]) em nome do individualismo (*Q 15*, 29, 1.784-5 [*CC*, 1, 261]) e a defesa da pobreza é feita apenas sob a base estática e paternalista dos valores da paridade defendida pelo padre Antonio Rosmini (*Q 16*, 18, 1.887 [*CC*, 4, 63]). Enfim, a proposito da relação do catolicismo com os intelectuais, e mais precisamente com os literatos, G. sustenta a dificuldade de afirmação de uma arte católica (G. fala mesmo da "mesquinharia" desta) para além dos limites do brescianismo, exceção feita a Dante, mas não a Manzoni, julgado à luz do risco anticlerical que sua postura comportaria (*Q 23*, 18, 2.207-8 [*CC*, 6, 83]): do ponto de vista de G., na época contemporânea, os poucos escritores católicos da revista *Frontespizio* parecem, no entanto, constituir também uma exceção com relação ao "indiferentismo do estrato intelectual em face da concepção religiosa" (*Q 23*, 35, 2.229-30 [*CC*, 6, 105]). G. reconhece, no entanto, um "reavivamento de religiosidade" na Itália que, em grande parte, coincide com a pós-Concordata (*Q 14*, 26, 1.685 [*CC*, 2, 182]), em alguma medida preparada pela abertura do novo curso assinalado pela obra de Leão XIII entre os séculos XIX e XX, seja pelo lado do positivismo, seja pelo do idealismo (*Q 4*, 3, 424). De resto, no âmbito da performance deste último no século XX, Croce parece mais que o próprio Gentile um "reformador religioso" (*Q 10* I, 5, 1.218-9 [*CC*, 1, 288]).

De toda forma, ao analisar o "individualismo" católico, G. o avalia, em última instância, como insatisfatório "do ponto de vista 'filosófico'" pelo "fato de, não obstante tudo, colocar a causa do mal no próprio homem individual, isto é, conceber o homem como indivíduo bem definido e limitado" (*Q 10* II, 54, 1.344-5 [*CC*, 1, 413]). E acrescenta: "É possível dizer que todas as filosofias que existiram até hoje reproduziram esta posição do catolicismo, isto é, conceberam o homem como indivíduo limitado à sua individualidade e o espírito como sendo esta individualidade". G., na ótica alternativa do materialismo histórico, especifica também: "É neste ponto que o conceito do homem deve ser reformado. Ou seja, deve-se conceber o homem como uma série de relações ativas (um processo), no qual, se a individualidade tem a máxima importância, não é todavia o único elemento a ser considerado. A humanidade que se reflete em cada individualidade é composta de diversos elementos: 1) o indivíduo; 2) os outros homens; 3) a natureza. Mas o segundo e o terceiro elementos não são tão simples quanto poderia parecer. O indivíduo não entra em relação com os outros homens por justaposição, mas organicamente, isto é, na medida em que passa a fazer parte de organismos, dos mais simples aos mais complexos. Dessa forma, o homem não entra simplesmente em relação com a natureza, pelo fato de ser ele mesmo natureza, mas ativamente, por meio do trabalho e da técnica. E mais: essas relações não são mecânicas. São ativas e conscientes, ou seja, correspondem a um grau maior ou menor de inteligibilidade que delas tenha o homem individual. Daí ser possível dizer que cada um transforma a si mesmo, modifica-se, na medida em que transforma e modifica todo o conjunto de relações do qual ele é o centro estruturante. Nesse sentido, o verdadeiro filósofo é – e não pode deixar de ser – nada mais do que o político, isto é, o homem ativo que modifica o ambiente, entendido por ambiente o conjunto das relações de que todo indivíduo faz parte" (ibidem, 1.345 [*CC*, 1, 413]). No fundo permanece, talvez, o nó da identificação conceitual e factual, que está na base da reflexão gramsciana considerada, do lado da "filosofia" católica, entre "individualismo" e "personalismo", conceito este que parece, mais apropriadamente, a base de toda filosofia e teologia cristãs. De resto, com relação a isso, ao menos naquilo que concerne à época moderna, os mesmos fenômenos do jansenismo e do modernismo (de inspiração mais agostiniana que escolástica) merecem por vezes, por parte de G., avaliações que perderiam grande parte de sua motivação se privadas da focalização de tal característica gnosiológica.

BIBLIOGRAFIA: LA ROCCA, 1991 e 1997; PORTELLI, 1976.

RAFFAELE CAVALLUZZI

Ver: Ação Católica; Action Française; cristianismo; dominicanos; franciscanos; Igreja católica; integristas; intelectuais; modernismo; objetividade; religião; simples.

Cattaneo, Carlo

A primeira referência de G. a Carlo Cattaneo nos *Q* diz respeito à sua atividade jornalística (*Q 3*, 31, 308), que ele considera útil estudar com o propósito de chegar a uma "exposição geral dos tipos principais de revistas" (idem): G. se refere ao *Archivio Triennale* e ao *Politecnico* e, a propósito deste último, observa que é "um tipo de revista para estudar acuradamente (com a revista '*Scientia*' *del Rignano*)" (ibidem, 309). No respectivo Texto C, G. retoma e reitera substancialmente tais considerações. Um outro ponto de interesse é constituído pelo tema da cidade e da relação cidade-campo no âmbito dos processos de formação do *Risorgimento* italiano: G. (em *Q 6*, 103, 776 [*CC*, 5, 257]) cita o ensaio cattaneano, publicado pela primeira vez em 1858, nas colunas do *Crepuscolo*, revista dirigida por Carlo Tenca, "A cidade considerada como princípio ideal das histórias italianas", e o aponta como possível fonte de um estudo de Arrigo Solmi, de 1927, que tinha suscitado um vivo debate, publicado no *Leonardo* naquele mesmo ano. G. conclui sua breve nota perguntando-se: "Solmi terá buscado seu princípio em Cattaneo? Por outro lado, o que significa 'cidade'? Não significará, talvez, 'burguesia' etc.?" (idem).

Ainda mais interessante é uma passagem logo a seguir, na qual G., depois de ter declarado partilhar as considerações daqueles que relacionavam ao ensinamento de Romagnosi "o conceito exposto por Cattaneo acerca da necessidade da união entre cidade e campo no *Risorgimento* italiano" (*Q 6*, 113, 784 [*CC*, 5, 257]) e depois de haver indicado como outra possível fonte a "literatura francesa democrática do tempo, que seguia a tradição jacobina", especifica com firmeza que o fato realmente importante consistiria não tanto na formulação, por parte de Cattaneo, daquele conceito em si, mas sobretudo em conferir àquele conceito ("necessidade da união entre cidade e campo") uma "expressão política italiana imediata" (idem). Aqui G., tocando, embora rapidamente, num dos pontos fundamentais de sua análise da revolução passiva do *Risorgimento* (em relação à hegemonia moderada e à substancial debilidade-subalternidade da ala democrática), afirma que tal "expressão política italiana imediata" esteve ausente, ou foi mesmo evitada "sistematicamente pelos partidos democráticos do *Risorgimento*" (idem). No que concerne à questão do federalismo cattaneano, G. o aborda em uma nota do *Q 8* intitulada significativamente "Nexo histórico 1848-49. O federalismo de Ferrari-Cattaneo". Depois de haver afirmado que toda a questão do federalismo no *Risorgimento* põe em causa "a formulação político-histórica das contradições existentes entre o Piemonte e a Lombardia" (*Q 8*, 33, 961 [*CC*, 5, 284]), G. sustenta que o fato de que Cattaneo tendesse a apresentar o federalismo como "imanente", ou recorrente em toda história italiana, a partir da época comunal, podia ser lido em conexão com a necessidade do intelectual lombardo de se valer de um "elemento ideológico, mítico" para "reforçar o programa político atual" (idem). Sobre isso, acrescenta depois que não tem sentido "acusar o federalismo de haver retardado o movimento nacional e unitário", uma vez que se deve ter presente o critério metodológico segundo o qual "uma coisa é a história do *Risorgimento*; outra coisa, a hagiografia das forças patrióticas, aliás, de uma fração destas, as unitárias", e segundo o qual, mais em geral, o *Risorgimento* é "um desenvolvimento histórico complexo e contraditório, que se torna integral a partir de todos os seus elementos antitéticos" (idem).

Os esparsos elementos de juízo sobre a figura e o papel de Cattaneo, que afloram nos *Q*, encontram de forma singular, numa passagem das *LC*, uma encorpada, quase peremptória condensação. Ao expor sinteticamente (em uma carta a Tatiana de 7 de setembro de 1931, *LC*, 459 [*Cartas*, II, 82]) sua "concepção das funções dos intelectuais", G. declara que é a partir de tal concepção que se pode iluminar a razão, ou ao menos uma das razões, da queda das comunas medievais: vale dizer, do "governo de uma classe econômica, que não soube criar sua própria categoria de intelectuais e, assim, exercer uma hegemonia, além de uma ditadura" (idem). Para G., Maquiavel tinha percebido essa debilidade constitutiva das sociedades comunais, que não tinham podido alcançar a plena dimensão estatal ético-política ("Estado integral"), e, por meio da organização do exército, tinham tentado em vão "organizar a hegemonia da cidade sobre o campo" (idem). G. afirma que, por isso, Maquiavel pode ser considerado o primeiro jacobino italiano e, depois, entre parênteses, acrescenta: "O segundo foi Carlo Cattaneo, mas com muitas quimeras na cabeça" (idem). Sublinhando claramente, assim, o caráter "quimérico" do jacobinismo cattaneano, G. pretende ressaltar a substancial incapacidade do intelectual lombardo e, mais em geral, da intelectualidade democrática para colocar em termos políticos, antes e depois de 1848, o problema da inserção das massas populares, principalmente camponesas, no movimento nacional italiano e, por essa via, para colocar também o problema de se constituir uma alternativa política real à hegemonia moderada.

Pasquale Voza

Ver: cidade-campo; comunas medievais; federalismo; Ferrari; intelectuais; jacobinismo; Maquiavel; Partido de Ação; revolução passiva; *Risorgimento*.

causalidade

A noção de causa costuma ser empregada mais razoavelmente pela sã opinião comum do que pelas, por vezes sofisticadas, teorias científicas. Qual é o "valor do que se costuma chamar 'senso comum' ou 'bom senso'"? Em "uma série de juízos o senso comum identifica a causa exata, simples e à mão, não se deixando desviar por fantasmagorias e obscuridades metafísicas, pseudoprofundas, pseudocientíficas etc." (*Q 10* II, 48, 1.334 [*CC*, 1, 402]). As ciências, de modo geral, procuram a causalidade na sucessão temporal (*Q 4*, 41, 466); mas quais modificações sofrem as noções-chave das ciências naturais no âmbito das ciências históricas? "Dessas considerações se podem tirar elementos para estabelecer o que significa 'regularidade', 'lei', 'automatismo' nos fatos históricos. Não se trata de 'descobrir' uma lei metafísica de 'determinismo', nem mesmo de estabelecer uma lei 'geral' de causalidade. Trata-se de ver como, no desenvolvimento geral, se constituem forças relativamente 'permanentes' que operam com certa regularidade e automatismo" (*Q 8*, 128, 1.018-9; v. também *Q 11*, 52, 1.479 [*CC*, 1, 194]). E ainda: "Parto dos dois conceitos, fundamentais para a ciência econômica, de 'mercado determinado' e de 'lei de tendência', que, ao que me parece, se devem a Ricardo, e raciocino assim: não terá sido talvez a partir desses dois conceitos que houve um impulso para converter a concepção 'imanentista' da história – expressa com a linguagem idealista e especulativa da filosofia clássica alemã – numa 'imanência' realista imediatamente histórica, na qual a lei de causalidade das ciências naturais foi depurada de seu mecanicismo e se identificou sinteticamente com o raciocínio dialético do hegelianismo?" (*LC*, 581-2, a Tania, 30 de maio de 1932 [*Cartas*, II, 205]). Ainda sobre a incompatibilidade entre a dialética e a causação enquanto ligada à lógica formal: "A filosofia do *Ensaio popular* é puro aristotelismo [positivista], isto é, uma readaptação da lógica formal segundo os métodos das ciências naturais: a lei da causalidade substituiu a dialética" (*Q 8*, 186, 1.054). Mas o determinismo pode, às vezes, tornar-se útil na explicação de alguns comportamentos desviantes? "Dessa forma, a pena [...] encontra seu fundamento não apenas na responsabilidade (escola clássica), mas no fato puro e simples de que o indivíduo pode praticar o mal, conhecendo-o como tal. A causalidade pode ocupar o lugar da responsabilidade.

O determinismo de quem delinque equivale ao determinismo de quem pune" (*Q 3*, 135, 396 [*CC*, 1, 230]).

GIUSEPPE PRESTIPINO

Ver: bom senso; dialética; lei de tendência; lógica; mercado determinado; senso comum.

Cavour, Camillo Benso, conde de

Os *Q* nos propõem um perfil duplo do ministro piemontês que, no coração do *Ottocento* italiano, ora incita à modernização das relações sociais, ora aponta para a continuidade, embora visando à mudança de formas e modos da política. Em todo caso, é notável a atenção por Cavour nos *Q*, no centro de um cruzamento de interesses pelo significado tanto imediatamente político quanto mais mediatamente teórico e social. É o caso, sobretudo, da original combinação de diplomacia e movimento que o ministro de Savoia representa para G.; essa combinação alcança sua máxima expressão naquela sorte de encorajamento e, ao mesmo tempo, de controle, próprio do piemontês, com relação ao gênero de mobilização popular que encontra sua concretude na campanha dos Mil de Garibaldi (1860), episódio-chave do *Risorgimento* italiano. Mas o discurso é ainda mais complexo; com Cavour estamos diante de um indicador da propensão gramsciana para um *Risorgimento* completamente livre de figuras historiográficas, teatro de uma periodização histórica em torno do conceito-processo de revolução passiva, contra aquele simetricamente oposto de protagonismo das massas.

Nos *Q* emerge o significado moderno de Cavour, como provocador de uma consciência coletiva das camadas urbanas, em grau de se autopromover ao nível da direção e do domínio. A direção é dada pelo controle da "relação 'cidade-campo'", enquanto eixo "das forças motrizes fundamentais da história italiana" (*Q 1*, 43, 38), por parte das camadas urbanas em geral, em detrimento das rurais. O domínio, por sua vez, é dado pela especificidade histórico-política do *Risorgimento*, obra de sacrifício do Mezzogiorno (camadas urbanas pequeno-burguesas e grandes latifundiários) às ambições do bloco urbano-industrial do Norte. Essa delicada operação, aperfeiçoada por Crispi, começa com Cavour, sob cuja orientação "os moderados haviam organizado o Norte e o Centro" (idem). Portanto, o aguçamento "patriótico" do piemontês na verdade é o sinal de uma segunda página histórica de "revolução passiva", depois da primeira, elaborada nos *Q* com o esquema interpretativo de Vincenzo Cuoco. Com Cavour, pátria e formação de uma classe social dominante são um mesmo projeto, no qual a retórica da "redenção" parece a G. decididamente secundária com relação ao caráter de classe e de desigualdade que todo o processo de unificação nacional assumiu. Estamos muito além da crítica, recorrente nas notas carcerárias, do *Risorgimento* em função piemontesa; estamos no âmbito da reconstrução de um projeto que se impulsiona pela ambição de alinhar a Itália à modernidade estatal da França. Mas Itália e França são politicamente incomensuráveis para G., que vê um frio cinismo no trabalho do binômio Cavour-Crispi, acreditando serem ambos de uma lúcida personalidade: decididamente "termidoriano preventivo" o segundo (*Q 6*, 89, 766 [*CC*, 5, 254]), mais programático o primeiro (idem), mesmo se o exercício de seu programa retorna substancialmente à mesma tipologia do "termidoriano preventivo". Dessa curiosa definição, carregada de valor não revolucionário e, portanto, de derrota, o próprio G. fornece o significado, indício valioso para classificar o completo sentido daquela mistura original de valorização e crítica que ele nutre em relação à Cavour. O "termidoriano preventivo" é um "termidoriano que não toma o poder quando as forças latentes foram postas em movimento, mas toma o poder para impedir que tais forças se desencadeiem" (idem). A escolha antijacobina, e por isso termidoriana, corresponde, portanto, a uma avaliação que precede e condiciona os eventos futuros, é ação aparentemente pragmática, mas inscrita em um modelo político não revelado, porque compreendido apenas por seu próprio autor. Nesse sentido, Cavour desfruta de uma dupla personalidade: sob o perfil da ação ele é mestre de "realismo político" e de "empirismo", em contraste com os projetos meramente éticos ou universalistas de Gioberti ou de Mazzini (idem). Sob o perfil do projeto, por sua vez, o piemontês possui visão de longo prazo, à altura da história e da política ao mesmo tempo, mas não se permite tal visão no imediatismo da ação, como no caso de Crispi, e sua verdade está toda em seu próprio devir: "Deverá ser investigado atentamente – escreve G. – se, no período do *Risorgimento*, surgiram pelo menos alguns pontos de um programa em que a unidade da estrutura econômico-social italiana fosse vista deste modo concreto [de "termidoriano preventivo" – ndr]: tenho a impressão de que, no fim das contas, só Cavour teve uma concepção deste tipo, ou seja, no quadro da política nacional, pôs as classes agrárias meridionais como fator primário, as classes agrárias e não, naturalmente, as camponesas, ou seja, bloco agrário dirigido por grandes proprietários e grandes intelectuais. Será interessante estudar, por isso, o volume especial da correspondência de Cavour dedicado à 'questão meridional'" (ibidem, 766-7 [*CC*, 5, 254-5]).

Note-se que todo o alcance hegemônico da direção de Cavour encontra, para G., uma medida decididamente moderada. A moderação aqui se refere não apenas à direção do "partido político" no modelo do ministro piemontês, mas também, e principalmente, à capacidade do hábil diplomata de medir os limites além dos quais sua própria ação se tornaria extremista e jacobina, quase um antijacobinismo, por sua vez, "furiosamente" jacobino: "Cavour havia advertido para não tratar o Mezzogiorno com estados de sítio", escreve G. para enfatizar a dureza de Crispi no auge do movimento dos "Fasci" na Sicilia (1893) (*Q 1*, 44, 45), quando o primeiro-ministro declarou estado de emergência e dissolveu as organizações e o Partido Socialista Siciliano, prendendo seus líderes e restaurando a ordem por meio da utilização de extrema força. A consideração retorna no *Q 19*, 24, 2.017 [*CC*, 5, 73], em que todo o parágrafo é dedicado ao papel da revolução passiva, com um título extremamente significativo: "O problema da direção política na formação e no desenvolvimento da nação e do Estado moderno na Itália". Mas as características modernas da moderação cavouriana derivam de outros elementos relevantes. É o caso da relação entre diplomacia e revolução: não se trata apenas da sutil crítica relativa à capacidade do ministro turinês de dissolver, na manobra da chancelaria, os potenciais impulsos revolucionários sempre implícitos em um processo complexo como a unificação da nação; aqui retorna a clara ruptura entre a modernização do recém-nascido Estado italiano e a consolidada tradição nacional francesa. Se para a segunda contribuiu de forma definitiva a revolução de 1789, com seu aparato jacobino, para a Itália, ao contrário, se pode falar de um modelo de Estado sem revolução: "Os liberais de Cavour – escreve G. – não são jacobinos nacionais: eles, na realidade, superam a direita de Solaro, mas não qualitativamente, porque concebem a unidade como expansão do Estado piemontês" (*Q 6*, 78, 747 [*CC*, 5, 248]). A fórmula "diplomatizar a revolução", que G. emprega mais vezes, tomando-a emprestada do texto de 1928 *Confessioni e ricordi* [Confissões e memórias], de Ferdinando Martini, indica o sinal diverso do protagonismo histórico, que no caso italiano aparece circunscrito a uma política tanto incisiva quanto não aberta às classes populares e aos grandes movimentos. O problema é justamente a ausência, bem italiana, de uma relação entre nação e projeto político, entre movimentos e instituições, como atesta a amarga síntese gramsciana, segundo a qual "Talleyrand não pode ser comparado com Napoleão" (*Q 6*, 89, 764-5 [*CC*, 5, 253]).

O problema é proposto também por meio do léxico, em G. muito usual, da tradição intelectual italiana: a categoria de guicciardinismo é agora um instrumento particularmente adequado para representar a sutil análise do fenômeno da diplomatização da revolução. Na realidade, aqui o tema "Cavour" aparece relido por G. como uma página intensa da mais longa história da mentalidade italiana, relativa ao particularismo político, que se reassume na fórmula do "guicciardinismo". Seguindo uma expressão de Edgar Quinet ("equivalência de revolução-restauração na história italiana": *Q 10* II, 41.XIV, 1.324 [*CC*, 1, 392]), G. obviamente remete a Cuoco, já antes evocado, pois se difunde contra o historicismo crociano. Omitindo a crítica do filósofo neoidealista, deve-se observar aqui que entre Cuoco e o crocianismo G. encontra ainda Cavour, exemplo de um modo de intervir na história que limita os espaços da iniciativa política. O "precipitado" da mistura cavouriana de contenção e de controle dos processos inovadores é "classificado" por G. no guicciardinismo, modelo – deduzido de De Sanctis – de universalização do particular e da política dos objetivos parciais, em contraste com o universalismo revolucionário do espírito jacobino-francês. A alternativa entre revolução e diplomacia interpreta a modalidade cavouriana do guicciardinismo, já que "Cavour teria precisamente 'diplomatizado' a revolução do homem de Guicciardini e ele mesmo se aproximava, como tipo, a Guicciardini" (ibidem, 1.325 [*CC*, 1, 393]).

O eterno retorno de Guicciardini – assunto já celebérrimo na literatura gramsciana – testemunha a impossibilidade de reduzir a transformação unitária do Estado italiano a "esforço" impotente na história da península. Antes, a metáfora do renascimento histórico florentino é indício da possibilidade prática, já experimentada com sucesso por Cavour, de cunhar uma tradição política da conservação, ao lado das culturas da renovação que, de Maquiavel até o presente, atestam a ambivalência da história civil italiana. Trata-se, a bem da verdade, de uma sutil percepção em G. do potencial de "universalização" do particular que, por meio de Guicciardini abre, justamente a partir de Cavour, à transformação dos projetos políticos em seus contrários (revolução em diplomatização) e, portanto, ao transformismo político. Dificilmente seria necessário observar, graças às muitas sugestões trazidas por um Cavour liberado de sua estatura mais imediatamente histórico-unitária, que na eficaz formulação de um "modelo humano" de tipo guicciardiniano G. procura configurar uma ampla, aliás amplíssima noção de hegemonia, a ser verificada já no modelo liberal-cavouriano de unidade nacional. O perfil de um líder – diremos da posteridade – é bem adequado para o homem-Cavour, herdeiro mais atual, embora certamente não o último, do homem-Guicciardini e de sua capacidade de ser não apenas força de contenção, mas também força de domínio e de controle de qualquer jacobinismo de toda época. Eis o silencioso acúmulo de prática e de prudência de um laboratório liberal – aquele italiano – que G. analisa em seus momentos mais carregados de significado e que não reduz nem a uma forma mimetizada de razão de Estado "acima" dos povos, nem a uma forma de razão política controlada pelos governos, uma espécie de simbiose entre modernidade e domínio, na qual o segundo termo põe decisivamente o primeiro na sombra.

Ao lado dessa modernidade conservadora, Cavour propõe outras razões para a inovação, fato que, no julgamento de G., também marca o início de tradições políticas civis mais equilibradas, depois varridas pelo fascismo. O princípio do Estado laico faz parte de tal patrimônio, adotado por Cavour com a lei de maio de 1855, segundo a qual – G. retoma de um trabalho de Arturo Carlo Jemolo – "o Estado não deve subsidiar nenhum culto" (*Q 16*, 11, 1.865 [*CC*, 4, 41]). Em 1918 foi, em vez disso, introduzida a ajuda estatal para o clero e para o culto, primeiro passo em direção à prática das Concordatas e nos *Q* considerada um passo atrás para a consciência laica e uma "capitulação do Estado moderno" (ibidem, 1866 [*CC*, 4, 43]). O quase arrependimento da coerência cavouriana na escolha laica, também retomado mais de uma vez nas notas carcerárias, é o sinal de uma revisitação atormentada da tradição liberal. Fulcro de um desafio intelectual e político para a transformação do Estado italiano, a tradição liberal é, todavia, objeto de atração e repulsa mais ou menos contínua nas notas carcerárias, distinguindo-a como um laboratório de uma não organicidade surpreendentemente produtiva e fecunda. Cavour é o cruzamento dessa tradição liberal, pela estatura política que o distingue, pela sua já aludida propensão à prática, embora "armada" por uma inteligência de governo fortemente vinculada a projetos. Além disso, é também o campeão de uma partida jogada entre "homens" e "coisas" do *Risorgimento*, que G. não hesita em articular em duas grandes correlações, em duas ligações entre as mais sintomáticas de sua inquieta redação: o nexo entre revolução passiva e guerra de posição e aquele, paralelo, entre força "regular" e força "carismática", isto é, que divide as fileiras "em torno de Cavour e de Garibaldi" (*Q 15*, 15, 1.772 [*CC*, 5, 320]). Essa segunda contradição corresponde a uma das possíveis formas de relação de recíproca exclusão entre revolução passiva e guerra de movimento. O tema está entre os mais amplos e gerais da prosa gramsciana. Mas aqui é interessante porque, já ao nível da nascente Itália liberal, encontra no papel de Cavour o êxito de um primeiro confronto, duro, ainda que não trágico, graças às características não jacobinas de um liberalismo nacional muito prático e muito menos informado por princípios e culturas ideológicas. Em última análise, a já observada articulação cavouriana do guicciardinismo incorpora a possibilidade historicamente dada de um liberalismo pouco estruturado como cultura civil e, ao contrário, muito equipado em sua capacidade de revogar qualquer força "de movimento". Portanto, não estamos, com Cavour, diante de um liberalismo culto e tolerante, mas sobretudo diante de uma atualização da passivização das massas, embora em presença de uma relativa autonomia das paixões e da força de organização dos componentes populares. A natureza decisivamente política do raciocínio gramsciano, no qual Cavour ocupa o espaço de uma sólida confirmação interpretativa, é depois atestada pela tematização do parágrafo *Q 15*, 15 [*CC*, 5, 320-321] na "grande" marca maquiaveliana; aqui se delineia todo o quadrilátero teórico constituído pelo paradigma da guerra de posição, vencedor sobre aquele da guerra de movimento, e da sua evidente exemplificação histórica em Cavour, o qual prevalece sobre Garibaldi. Que o Piemonte responda a uma lógica política mais completa e mais incisiva que aquela do universalismo republicano de Mazzini ou católico de Gioberti é aquisição frequente nas notas gramscianas; que o sentido mais profundo da acepção italiana do liberalismo consista na configuração de um "espaço de manobra", das classes populares, sim, mas não numa sua dignidade de governo, é afirmação clara em G.: considere-se a esse respeito justamente a força "carismática" reconhecida a Garibaldi e a seu paradigma de ação, do qual o verdadeiro beneficiário resulta, pois, o próprio Cavour. Depois de 1848, de fato, isto é, depois do máximo de "guerra de movimento" no plano continental, a combinação entre "regulares" (piemonteses) e "carismáticos" (camisas vermelhas garibaldinos) "deu o melhor resultado, embora esse resultado tenha sido confiscado por Cavour" (idem).

Não faltam, enfim, referências muito lúcidas à teoria e ao estudo do partido político moderno, marcadas por uma leitura paralela aos escritos de Michels, extremamente úteis para verificar ainda a originalidade e a modernidade de Cavour com relação ao modelo de partido "de voluntários" encontrado no esquema mazziniano e garibaldino. Em *Q 9*, 142, 1.202-3, o caráter "orgânico" e homogêneo do partido da direita histórica do ministro piemontês ilumina ainda a sua modernidade e permite a G. uma dura alusão à rejeição das posições de Bordiga a propósito do Partido Comunista da Itália, débil porque privado de organicidade.

Bibliografia: Buci-Glucksmann, 1976; Galasso, 1987; Mangoni, 1987; Voza, 2008.

Silvio Suppa

Ver: Bordiga; cidade-campo; Concordata; Crispi; direção; domínio; Garibaldi; Gioberti; guerra de movimento; guerra de posição; jacobinismo; liberais/liberalismo; Mazzini; Mezzogiorno; Michels; moderados; partido; Piemonte; revolução passiva; *Risorgimento*.

cem cidades

O tema das "cem cidades" se liga nos *Q* ao que G. escreve sobre a relação entre cidade e campo: na Itália, o urbanismo não é "apenas" e nem sequer "especialmente" um fenômeno industrial. As "cem" cidades italianas "não são industriais nem 'tipicamente' industriais" (*Q 1*, 43, 34): mesmo as maiores (Napoli, Roma) são, em sua maior parte, cidades de caráter rural e não industrial, não apenas no Centro-Sul (Palermo, Bari), mas mesmo no Norte (Bolonha, em parte, Parma, Ferrara etc.). G. se pergunta se existem elementos para distinguir com critérios objetivos as "cidades" dos "centros industriais"; os dois conceitos na Itália, de fato, não coincidem: "A indústria têxtil apresenta zonas industriais sem grandes cidades, como as de Biella, Como, Vicenza etc." (*Q 3*, 39, 317, Texto B [*CC*, 5, 205]). As cidades italianas são frequentemente constituídas por aglomerados habitados pela burguesia rural e aldeias rurais habitadas por trabalhadores sem terra. Nesse tipo de cidade o grupo social que exerce a direção política e intelectual sobre as grandes massas não são os intelectuais "de tipo urbano" (os "técnicos" ou os sindicalistas de fábrica), mas aqueles ligados aos grandes proprietários de terra, que, "por sua vez, direta e indiretamente [...] são dirigidos pela grande burguesia, especialmente financeira" (idem). Essa composição social típica das cidades italianas explica a crônica falta de iniciativa política da burguesia italiana e a dificuldade das classes operárias das indústrias do Norte em ser hegemônicas em todo o país. O problema, de alcance histórico, está na base de todas as "revoluções ausentes" na Itália e encontra na fórmula das cem cidades uma síntese sob o aspecto socioeconômico.

G. se propõe a refletir em termos históricos sobre o que obstaculizou a formação, na Itália, de centros urbanos (industriais) verdadeiros e próprios, capazes de exercer hegemonia sobre o campo. Na base da ausente decolagem para a modernidade está, na opinião de G., a impossibilidade de acumulação dos capitais das rendas agrícolas, engolidos por camadas parasitárias, não obstante o baixo nível de vida das grandes massas camponesas. Além disso, o protecionismo garante os interesses do latifúndio e da grande indústria do Noroeste, mas impede o desenvolvimento da pequena propriedade, difundida capilarmente pelo território nacional. Assim se explica a dificuldade em que vivem certas indústrias exportadoras italianas com ótimo potencial de desenvolvimento, como aquela da seda, que poderia entrar em vitoriosa concorrência com a França, a quem a Itália cede a matéria-prima (os casulos). G. propõe uma análise das indústrias de exportação que poderiam nascer e desenvolver-se sem o sistema alfandegário protecionista imposto (o açúcar, o trigo). A falta de matérias-primas não representa obstáculo maior nem determinante à modernização italiana. E, no entanto, tal falta de matérias-primas foi o argumento mais utilizado para sustentar a política militarista e nacionalista (não "imperialista", porque o imperialismo não propagandístico pressupõe um efetivo deslocamento de recursos e investimentos). Na verdade, tem havido muito cuidado para não nos perguntarmos – sustenta G. – se as matérias-primas existentes na Itália são bem exploradas; o que demonstra o quanto a política econômica italiana é parasitária e busca defender os interesses de poucos (*Q 6*, 100, 774-5, Texto B [*CC*, 5, 256]).

O número relevante de grandes e médios aglomerados urbanos sem indústria é um dos indícios, talvez o mais importante, da exploração parasitária dos campos. Todavia, também nessas cidades existem núcleos de população tipicamente urbana, mas sua posição é a de serem prensados, esmagados pelo resto da população, que é rural e constitui a grande maioria. Esta impossibilidade dos intelectuais urbanos de exprimir-se e de lutar eficazmente pela hegemonia explica por que G. define as cem cidades italianas como as cidades do "silêncio" (*Q 1*, 43, 35).

Elisabetta Gallo

Ver: burguesia comunal; burguesia rural; cidade-campo; intelectuais; Mezzogiorno; Norte-Sul; questão meridional.

centralismo

Com o termo "centralismo" se indica a norma fundamental que regula a vida dos partidos comunistas, vale dizer a impossibilidade de surgimento no próprio seio do partido de frações organizadas e a necessidade da mais severa disciplina em virtude da qual, como escreve G., "todo membro do partido, em qualquer posição ou cargo que ocupe, é sempre um membro do partido e é subordinado à sua direção" (*Q 3*, 42, 321 [*CC*, 3, 187]). Essa regra é aceita e defendida por G. não apenas nos *Q* – "nos partidos a necessidade já se tornou liberdade, e disso nasce o enorme valor político (isto é, de direção política) da disciplina interna de um partido" (*Q 7*, 90, 920 [*CC*, 3, 267]) –, mas desde os escritos de juventude: já no *Vozes do além-túmulo*, de 10 de abril de 1916, referindo-se à expulsão do PSI de Guido Podreca após seu apoio à guerra líbia, G. justifica a decisão na medida em que o expulso "não tinha mais direito de pertencer à família do proletariado italiano" (*CT*, 248), acrescentando que "se deve ser implacável contra os equivocados [...] quando se deseja alcançar um objetivo e se quer fazer triunfar uma verdade" (ibidem, 249).

O princípio do centralismo, todavia, é passível de dupla interpretação, que G. conota com os adjetivos "democrático" e "burocrático": "Quando o partido é progressivo, [o centralismo] funciona 'democraticamente' (no sentido de um centralismo democrático), quando [...] é regressivo, funciona 'burocraticamente' (no sentido de um centralismo burocrático). O partido nesse segundo caso é puro executor, não deliberativo: ele é então, tecnicamente, um órgão de polícia" (*Q 14*, 34, 1.692 [*CC*, 3, 307]), em que "polícia" não se refere a "determinada organização oficial, juridicamente reconhecida e habilitada para a função de segurança pública, tal como ordinariamente se entende. Esse organismo é o núcleo central e formalmente responsável da 'polícia', que é uma organização muito mais ampla, da qual direta ou indiretamente, com laços mais ou menos precisos e determinados, permanentes ou ocasionais etc., participa uma grande parte da população de um Estado" (*Q 2*, 150, 278 [*CC*, 3, 181-2]). A condenação desta última concepção da disciplina interna se estende nos *Q* ao "centralismo-burocracia" dos partidos social-democratas da Segunda Internacional, camuflado de marxismo ortodoxo e científico (*Q 4*, 31, 450), ao "centralismo da alta burocracia" dos grupos governantes na Europa continental, contraposto ao *self-government* dos países anglo-saxões (*Q 8*, 55, 974 [*CC*, 3, 274]), e mesmo ao "centralismo hierárquico vaticanista" (*Q 14*, 11, 1.667 [*CC*, 3, 301]) e ao "*centralismo nacional e burocrático*" do regime fascista (*Q 14*, 38, 1.695 [*CC*, 2, 186]), mas se concentra em particular sobre a direção bordiguiana do PCd'I, a que G. atribui uma interpretação formalista e substancialmente desviante das doutrinas leninianas, e implicitamente sobre a *leadership* staliniana do PCB e do Comintern, com a qual G. já tinha tido a oportunidade de polemizar na célebre carta de 1926.

De sua parte, Bordiga, que desde 1921 tinha teorizado a necessidade de uma relação "orgânica" entre partido e classe e, portanto, concebia o primeiro como "organismo" da segunda, costumava empregar também a expressão "centralismo orgânico" para denotar a sua visão do partido. No Congresso de Lyon (1926), tinha até mesmo sustentado a ideia de consolidá-la por completo no lugar da tradicional fórmula do "centralismo democrático", indicando a necessidade de uma direção restrita e menos colegiada. É contra essa ideia que G. polemiza pela primeira vez em *Q 1*, 49, 64: "O 'centralismo orgânico' tem como princípio a 'cooptação' em torno de um 'possuidor da verdade', de um 'iluminado pela razão' que encontrou as leis 'naturais' etc. (As leis da mecânica e da matemática funcionam como motor intelectual; a metáfora está no lugar do pensamento histórico). Ligado ao maurrasismo". A *Il giacobinismo a rovescio di Carlo Maurras* [*O jacobinismo às avessas de Carlo Maurras*] era dedicada a nota precedente, na qual ao fundador da Action Française vinha atribuída uma concepção da história tão minuciosa quanto abstrata e utópica, bem como atitudes de tipo "sectário e maçônico" (a partir justamente do mecanismo da cooptação do grupo dirigente): "A política enrijecida e racionalista tipo Maurras, do abstencionismo apriorístico, das leis naturais siderais que regem a sociedade está condenada à decadência, ao colapso, à abdicação do momento resolutivo" (*Q 1*, 48, 62-3). São portanto essas, na opinião de G., as características fundamentais a atribuir à concepção bordiguiana do centralismo orgânico. De fato, como explicitamente afirmado poucas páginas depois, "na concepção de Maurras há muitos traços similares a certas teorias catastróficas formais de certo sindicalismo ou economicismo [...]. Todo abstencionismo político se baseia nessa concepção (abstencionismo político em geral, não apenas parlamentar). Mecanicamente ocorrerá o colapso do adversário se, com método intransigente, for ele boicotado no campo governativo (greve econômica, greve ou inatividade política)" (*Q 1*, 53, 67). Ainda que aqui G. sustente que "o exemplo clássico italiano é aquele dos clérigos depois de 70" (idem), em respeito ao *non expedit* papal, é muito forte a analogia com certas teses de Bordiga, ou ao menos com a imagem que dele é fornecida nos *Q*, nos quais é acusado de materialismo grosseiro (*Q 7*, 35, 883 [*CC*, 1, 243]), "extremismo 'economicista'" (*Q 9*, 26, 1.112 [*CC*, 3, 291]), "jacobinismo degradado" (*Q 10* I, 1, 1.213 [*CC*, 1, 285]), enquanto as bordiguianas *Tesi di Roma* vêm definidas como "um exemplo típico de bizantinismo" (*Q 9*, 63, 1.133 [*CC*, 1, 255]), a que "se pode aproximar a forma mental de Don Ferrante" (*Q 14*, 25, 1.682 [*CC*, 4, 123]). Outra analogia é sugerida em *Q 1*, 54, 67 pela estratégia adotada pelo comando inglês na batalha da Jutlândia: essa, de fato, "tinha centralizado 'organicamente' o plano no navio-almirante: as outras unidades deviam 'esperar ordens' periodicamente", com resultados inferiores às expectativas, "porque, a um certo momento, o comando perdia as comunicações com as unidades combatentes e estas cometiam erro após erro". A ligação intercorrente entre as quatro notas do *Q 1* até agora citadas é confirmada pela sua retomada, conjuntamente a outros textos, em duas notas contíguas do *Q 13*, 37 e 38 [*CC*, 3, 92-108].

Em *Q 3*, 56 [*CC*, 3, 199], a questão do centralismo orgânico é posteriormente aprofundada: agora a comparação é com "um tipo de direção de casta e sacerdotal", que concebe "a 'ideologia' [...] como algo artificial e sobreposto mecanicamente" e não "historicamente, como uma luta incessante". De fato, "o centralismo orgânico imagina que pode fabricar um organismo definitivo, objetivamente perfeito. Ilusão que pode ser desastrosa, porque faz com que um movimento afogue num pântano de disputas pessoais acadêmicas" (ibidem, 337 [*CC*, 3, 199]). Em *Q 4*, 33, 452 – "se o intelectual não compreende e não sente, suas relações com o povo-massa são ou se reduzem a relações puramente burocráticas, formais: os intelectuais se tornam uma casta ou um sacerdócio (centralismo orgânico)" – e *Q 6*, 128, 796 [*CC*, 3, 253] – "o centralismo orgânico, com comando autoritário e 'abstratamente' concebido, está ligado a uma concepção mecânica da história e do movimento etc." –, se estabelece a identificação entre "centralismo orgânico" e "centralismo burocrático" e sua contraposição ao "centralismo democrático".

Uma virada se verifica em *Q 9*, 68, 1.138-40, intitulado *Machiavelli. Centralismo organico e centralismo democratico* [Maquiavel. Centralismo orgânico e centralismo democrático]. Aqui, depois de uma série de observações sobre "reais relações econômicas e políticas que encontram sua forma organizativa, sua articulação e sua funcionalidade nas manifestações de centralismo orgânico e de centralismo democrático em uma série de campos: na vida estatal (unitarismo, federalismo etc.), na vida interestatal (alianças, formas várias de constelações políticas internacionais), na vida dos partidos políticos e das associações sindicais econômicas (num mesmo país, entre países diversos etc.)", ainda baseado sobre a contraposição entre duas concepções, G. chega finalmente ao núcleo do problema: primeiro, propõe uma distinção no interior das "teorias do centralismo orgânico entre aqueles que ocultam um preciso programa político de predomínio real de uma parte sobre o todo (seja esta parte constituída por um estrato como o dos intelectuais, seja constituída por um grupo territorial privilegiado) e aqueles que são uma pura posição unilateral (mesmo essa própria de intelectuais), isto é, um fato sectário ou de fanatismo, imediatamente, e que, enquanto esconde um programa de predomínio, é, no entanto, menos acentuado como fato político consciente". Depois afirma que, na verdade, para esses últimos, "o nome mais exato é o de centralismo burocrático: a organicidade só pode ser a do centralismo democrático, que é justamente um 'centralismo em movimento', por assim dizer, isto é, uma contínua adequação da organização ao movimento histórico real, e é orgânico justamente por levar em conta [...] o que é relativamente estável e permanente ou, pelo menos, se move em uma direção fácil de prever etc. [...]. Nos partidos que representam grupos socialmente subalternos o elemento de estabilidade representa a necessidade orgânica de assegurar a hegemonia não a grupos privilegiados, mas às forças sociais progressivas [...]. Em todo caso, o que importa notar é que, nas manifestações de centralismo burocrático, frequentemente a situação ocorre por deficiência de iniciativa, ou seja, pelo primitivismo político", ao passo que "o centralismo democrático é uma fórmula elástica, que se presta a muitas 'encarnações'; ela vive enquanto é continuamente interpretada e adaptada às necessidades: ela consiste na pesquisa crítica do que é igual na aparente diferença e distinto e oposto na aparente uniformidade, e em organizar e conectar estreitamente o que é semelhante [...]. Ela requer uma unidade orgânica entre teoria e prática, entre estratos intelectuais e massa, entre governantes e governados", à medida que "na concepção 'burocrática' [...] não existe unidade, mas pântano estagnante, superficialmente calmo e ' mudo', e não federação, mas saco de batatas, ou seja, justaposição mecânica de 'unidades' singulares sem relação entre si".

De agora em diante, mantendo firmes as pedras angulares da concepção gramsciana do partido e de sua organização, ela não se exprimirá mais na oposição "centralismo democrático" *vs.* "centralismo burocrático" ≈ centralismo orgânico", mas sim na oposição "centralismo democrático" ≈ "centralismo orgânico" *vs.* "centralismo burocrático". Tal virada terminológica coloca a concepção gramsciana de partido em relação com o uso frequente e, geralmente, em chave positiva, do termo "orgânico" e similares nos *Q*, uso em relação ao qual a fórmula bordiguiana aparece de alguma forma em contraposição. Assim, a partir de *Q 4*, 33, 452 o "burocratismo" das relações entre dirigentes e dirigidos atribuída ao centralismo orgânico é contraposta à necessidade de uma "adesão *orgânica* [destaque meu]" entre os mesmos; em *Q 4*, 66, 510 se põe ênfase sobre a necessidade de uma vontade de "*centralizar-se organizativamente* [destaque meu] e politicamente". Mais adiante, em *Q 6*, 84, 756-7 [*CC*, 3, 240], discorrendo sobre diletantismo e disciplina, "do ponto de vista do *centro organizador* [destaque meu] de um grupo", G. sustenta a necessidade "de assimilar todo o grupo à fração mais avançada do grupo: é um problema de educação das massas, de sua 'conformação'

segundo as exigências do fim a alcançar", indicando que "a continuidade 'jurídica' do centro organizador não deve ser de tipo bizantino-napoleônico, segundo um código concebido como perpétuo, mas romano-anglo-saxão, uma continuidade cuja característica essencial consiste no método, realista, sempre aderente à vida concreta em perpétuo desenvolvimento". Em uma palavra, como explicitado pelo próprio G. logo depois, de tipo "*orgânico*" (destaque meu). E ainda em *Q 6*, 97, 772 [*CC*, 3, 248]: "Se é verdade que todo partido é partido de uma só classe, o líder deve se apoiar nela e elaborar, a partir dela, seu Estado-Maior e toda uma hierarquia; se o líder é de origem 'carismática', deve renegar sua origem e trabalhar para tornar *orgânica* a função da direção: *orgânica* e com as características da permanência e da continuidade", o que se verifica apenas quando "o líder não considera as massas humanas como um instrumento servil [...] para alcançar os próprios objetivos e depois jogar fora, mas aspira a alcançar fins políticos *orgânicos* [destaque meu] dos quais essas massas são o necessário protagonista histórico". Em *Q 8*, 213, 1.070: "As tentativas de movimentos culturais 'para o povo' – universidades populares e semelhantes – sempre degeneraram em formas paternalistas: por outro lado, faltava neles toda *organicidade*, seja de pensamento filosófico, seja de *centralização organizativa*" (destaque meu). Esta última tem, ao contrário, constituído desde sempre "a força das religiões e especialmente do catolicismo", porque "elas sentem energicamente a necessidade da unidade de toda massa religiosa e lutam para não separar nunca os estratos superiores dos estratos inferiores". A validade do modelo hierárquico católico é reiterada em *Q 9*, 101, 1.164, onde se reconhece ao papado a eficiência de "sua organização prática de *centralização do organismo* [destaque meu] eclesiástico".

A virada terminológica gramsciana se reflete de várias maneiras no restante dos *Q*: a segunda redação das passagens citadas acima, nas quais com a expressão "centralismo orgânico" se faz referência à fórmula bordiguiana, vale dizer *Q 11*, 67 [*CC*, 1, 222], que retoma *Q 4*, 33, e *Q 13*, 38 [*CC*, 3, 108], constituído pela junção de *Q 1*, 49 e 54, não apresentam, como frequentemente ocorre nos Textos C relativamente tardios, variações substanciais com relação à redação original, exceção feita ao acréscimo da expressão "assim chamado" à fórmula "centralismo orgânico" na acepção sinônima de "burocrático", que reaparece também na primeira parte de *Q 13*, 36

[*CC*, 3, 89] que retoma *Q 9*, 68. Uso análogo aparece em *Q 15*, 13, 1.770-1 [*CC*, 3, 333], em que se refuta, como manifestação de "fetichismo", "toda forma do *chamado* [destaque meu] 'centralismo orgânico', o qual se baseia no pressuposto [...] que a relação entre governantes e governados seja determinada pelo fato de que os governantes representam os interesses dos governados e, portanto, 'devem' ter o consentimento destes, isto é, se deve verificar a identificação do indivíduo com o todo, e o todo (seja que organismo for) sendo representado pelos dirigentes".

No Texto B de *Q 14*, 48, 1.706-7 [*CC*, 3, 308-9], intitulado "Passado e presente. Centralismo orgânico e centralismo democrático. Disciplina", lê-se, por sua vez, que esta última, entendida "não certamente como acolhimento servil e passivo de ordens, como execução mecânica de uma tarefa (o que, no entanto, também será necessário em determinadas ocasiões, como, por exemplo, no meio de uma ação já decidida e iniciada), mas como uma assimilação consciente e lúcida da diretriz a realizar, [...] não anula a personalidade em sentido orgânico, mas apenas limita o arbítrio e a impulsividade irresponsável", ao menos no caso em que "a 'origem do poder que ordena a disciplina'[...] é 'democrática', se a autoridade for uma função técnica especializada e não um 'arbítrio' ou uma imposição extrínseca ou exterior", de modo que a própria disciplina constitua "um elemento necessário de ordem democrática, de liberdade": a identificação entre centralismo orgânico e democrático parece a esta altura tão evidente que não é mais nem sequer objeto de discussão.

BIBLIOGRAFIA: DONZELLI, 1981; FERRI, 1987; GRUPPI, 1986; PAGGI, 1984.

GIUSEPPE COSPITO

Ver: Action Française; Bordiga; dirigentes-dirigidos; hegemonia; orgânico; Partido Comunista; polícia; representados-representantes.

centralismo burocrático: v. centralismo.

centralismo democrático: v. centralismo.

centralismo orgânico: v. centralismo.

certo

G. critica uma "errada interpretação do princípio viquiano de 'certo' e de 'verdadeiro': a história só pode ser 'certeza' ou, ao menos, procura de 'certeza'. A conversão do 'certo' em 'verdadeiro' dá lugar a uma construção filosófica [da história eterna], mas não à construção da história 'efetiva': mas a história só pode ser 'efetiva': a sua 'certeza' deve ser antes de tudo 'certeza' dos documentos históricos (ainda que a história não se esgote *inteiramente* nos documentos históricos)" (*Q 3*, 15, 300). A sociologia, por outro lado, é reducionista também ao conceber o certo histórico: é "uma tentativa de extrair 'experimentalmente' as leis de evolução da sociedade humana, de maneira a 'prever' o futuro com a mesma certeza com que se prevê que de uma semente se desenvolverá uma árvore" (*Q 11*, 26, 1.432 [*CC*, 1, 150]).

Gentile "diz: 'se poderia definir a filosofia como um [...] conquistar a certeza crítica das verdades do senso comum e da consciência ingênua; daquelas verdades que cada homem pode dizer que sente naturalmente e que constituem a estrutura sólida da mentalidade de que ele se serve para viver'. Parece-me outro exemplo da rudeza do pensamento gentiliano, derivado 'ingenuamente' de algumas afirmações de Croce sobre o modo de pensar do povo como prova de determinadas proposições filosóficas" (*Q 8*, 175, 1.047). A confirmar aquela "ingenuidade", G. considera, por sua vez, a separação entre o subjetivismo idealista e a crença, própria do senso comum como derivado da religião, de que exista uma realidade objetiva separada do agir histórico (*Q 4*, 41, 466).

Na escola, o certo, como "sério", vale mais: se "o nexo instrução-educação é abandonado, visando a resolver a questão do ensino de acordo com esquemas abstratos nos quais se exalta a educatividade, [...] ter-se-á uma escola retórica, sem seriedade, pois faltará a corposidade material do certo e o verdadeiro será verdadeiro só verbalmente, ou seja, de modo retórico" (*Q 12*, 2, 1542 [*CC*, 2, 44]). Em uma carta ao filho Delio, o certo é contraposto ao possível e ao verossímil: "Pode escrever sobre Puchkin [...] de modo a me dar uma prova conclusiva de sua capacidade de pensar, raciocinar e criticar (isto é, discernir o verdadeiro do falso, o certo do possível e do verossímil)" (*LC*, 786, novembro de 1936 [*Cartas*, II, 409]).

GIUSEPPE PRESTIPINO

Ver: Croce; escola; Gentile; religião; senso comum; verdadeiro.

César, Caio Júlio

Em certos momentos históricos pode ocorrer que faltem homens políticos de valor, enquanto os líderes militares demonstrem notável capacidade política: César, tal como Napoleão Bonaparte, não foi e não foi visto por seus soldados apenas como um grande líder militar, mas sobretudo como "o seu líder político, o líder da democracia" (*Q 19*, 28, 2.052 [*CC*, 5, 103]), como demonstra por sua vez a "sábia combinação de política e arte militar" (*Q 1*, 117, 111) dos *Commentarii*, sobretudo de *De bello civili*. A figura de César, como a do próprio Napoleão, representa para G. um exemplo de cesarismo progressivo, em que a intervenção "arbitral" de uma grande personalidade, em uma situação na qual as forças em luta "se equilibram de modo catastrófico" (*Q 9*, 133, 1.194), leva ao triunfo da força progressiva. Seja no caso de César ou no de Napoleão, no entanto, as forças em campo, embora sendo "distintas e contrastantes", não o eram tanto assim a ponto de não poder alcançar "'absolutamente' uma fusão e assimilação recíproca depois de um processo molecular" (*Q 9*, 136, 1.197-8), coisa que em alguma medida se verificou. O cesarismo representou, segundo G., "a fase histórica de passagem de um tipo de Estado a outro" (ibidem, 1.198): com César, que desfaz o "nó histórico-político" com a espada (*Q 19*, 1, 1.960 [*CC*, 5, 14]), iniciou-se de fato uma época nova, na qual, depois da conquista da Gália, o Ocidente começa a lutar com o Oriente, que assumirá daquele momento em diante "um peso tamanho" que acabará por esmagar a contraparte e determinar uma fratura no Império (idem). Além disso, César é expressão de um "desenvolvimento histórico" que, se na Itália assume as características do "cesarismo", tem como pano de fundo, todavia, "todo o território imperial". Tal desenvolvimento se constitui, de fato, em uma "desnacionalização" da Itália (*Q 17*, 21, 1.924 [*CC*, 3, 347]) e na sua "subordinação aos interesses do Império" (idem), fenômenos que tornam a ação de César a continuação ideal, mas também a conclusão do movimento democrático dos Gracos, de Mario e de Catilina. Se a "revolução" deste último teria podido, talvez, preservar para a Itália "a função hegemônica do período republicano", a revolução de César deixa os limites da luta entre as "classes itálicas" para compreender todo o Império, ou de outro modo as "classes com funções principalmente imperiais (militares, burocráticas, banqueiros, contratantes etc.)" (idem). Segundo G., com César, Roma passou sim por uma transformação, mas não passou de "cidade-Estado" a "capital do Império", como tinha afirmado Emilio Bodrero em um artigo de 1933 na *Nuova Antologia*, sendo na época a capital equivalente simplesmente à residência do imperador, mas se torna capital em sentido burocrático e "uma cidade cosmopolita" (idem), enquanto à sua volta a Itália tornava-se o centro do Império cosmopolita e assumia, portanto, função cosmopolita. É então que, segundo G., floresce também a literatura latina, que portanto não pode se dizer "expressão essencialmente nacional" (*Q 17*, 32, 1.935 [*CC*, 2, 191]), como queria Augusto Rostagni nas páginas da *Itália Literária*. César e depois Augusto modificaram radicalmente a posição de Roma e da Itália "no equilíbrio do mundo clássico" (*Q 19*, 1, 1.959 [*CC*, 5, 13]) e transferiram "a função hegemônica a uma classe 'imperial', isto é, supranacional", com consequências sobre as "tendências ideológicas da futura nação italiana" (idem). Como recorda G. citando Svetonio, na verdade César concedeu a cidadania romana não apenas aos médicos, mas também aos mestres de outras artes liberais, para que vivessem mais à vontade em Roma e a ela fossem atraídos "os melhores intelectuais de todo o Império Romano" (*Q 8*, 22, 954 [*CC*, 2, 163]). Uma presença permanente em Roma dos intelectuais, os quais mudaram a própria condição social na passagem do "regime aristocrático-corporativo" da República para o "democrático-burocrático" do Império (idem), era de fato indispensável para a organização cultural. Começou-se assim a formar a "categoria dos intelectuais 'imperiais'", que "continuará no clero católico" (idem) e influenciará no cosmopolitismo dos intelectuais italianos.

O mito da figura de César, que G. define como "atual", não teria, enfim, para o pensador sardo, nenhuma base histórica concreta: o caso é, em tal sentido, assimilado à exaltação da República Romana como "instituição democrática e popular" que acontece no século XVIII (*Q 17*, 21, 1.924-5 [*CC*, 3, 348]).

Jole Silvia Imbornone

Ver: bonapartismo; cesarismo; intelectuais; Roma.

cesarismo

Categoria difundida e debatida na politologia da época, nos *Q* ela está presente com frequência em dupla com "bonapartismo" (*Q 4*, 66, 510-1), termo mais tradicionalmente marxista, indicando em primeiro lugar a "influência do elemento militar" quando é também "influência e peso do estrato social do qual o elemento técnico militar [...] especialmente se origina" (idem; quase sem variações no Texto C: *Q 13*, 23, 1.608 [*CC*, 3, 63]). Diferentemente de "bonapartismo", sempre entendido de modo negativo, G. parece fornecer, com relação a "cesarismo", um espectro interpretativo mais variado, mesmo que a diferença entre os dois termos não seja nunca explicitada.

O termo é aprofundado em duas notas do *Q 9*, 133 e 136 – depois fundidas no Texto C (*Q 13*, 27 [*CC*, 3, 76-9]) –, intituladas ambas "Il cesarismo" [O cesarismo] (título colocado depois do título geral de rubrica "Machiavelli" [Maquiavel]). Pode-se dizer que "o cesarismo ou bonapartismo exprime uma situação na qual as forças em luta se equilibram de modo catastrófico, isto é, se equilibram de forma que a continuação da luta não pode ser concluída sem que haja destruição recíproca" (*Q 9*, 133, 1.194). Mas o cesarismo, "se exprime sempre a solução 'arbitral', confiada a uma grande personalidade", entre duas forças equivalentes já enfraquecidas pela luta recíproca, "não possui sempre o mesmo significado histórico. Pode haver um cesarismo progressivo e um cesarismo regressivo" (idem). É progressivo "quando sua intervenção ajuda a força progressiva a triunfar, embora com certos compromissos que limitam a vitória; é regressivo quando sua intervenção ajuda a triunfar a força regressiva, mesmo neste caso com certos compromissos e limitações, que, no entanto, possuem um valor, um alcance e um significado diversos do que no caso precedente" (idem). Cesar e Napoleão são para G. exemplos de cesarismo progressivo, Napoleão III e Bismarck, de cesarismo regressivo. No "mundo moderno", indica G., "com suas grandes coalizões de caráter econômico-sindical e político-partidário, o mecanismo do fenômeno cesarista é diferente daquele que foi até Napoleão III". Na época caracterizada pelo parlamentarismo, o compromisso típico do cesarismo é possível em nível parlamentar, a partir dos governos de coalizão: "Pode-se ter 'solução cesarista' mesmo sem um César, sem uma grande personalidade 'heroica' e representativa. O sistema parlamentar forneceu o mecanismo para tais soluções de compromisso" (ibidem, 1.195).

E o cesarismo, mais que militar, é policial, entendendo "polícia em sentido ampliado", no sentido "não apenas do serviço estatal destinado à repressão da delinquência, mas do conjunto das forças organizadas pelo Estado e privadamente para tutelar o domínio [político e econômico] da classe dirigente" (idem).

G. acrescenta que "a fase catastrófica pode emergir por deficiência política [momentânea] da força dominante tradicional, e não por uma deficiência orgânica necessariamente insuperável" (*Q 9*, 136, 1.198): pode ser causada, por exemplo, não por um efetivo equilíbrio das forças fundamentais, mas pelo fato de que a força tradicionalmente dominante encontra-se dividida em facções e, portanto, deixa espaço à força antagonista, mesmo que esta não esteja ainda realmente madura para candidatar-se seriamente ao poder. O elemento cesarista intervém então (para G., fora o caso de Napoleão III) para salvaguardar o desenvolvimento histórico segundo as diretrizes de fundo do desenvolvimento efetivo das forças fundamentais em campo. Por isso, mesmo o cesarismo de Napoleão III pode ser considerado "objetivamente progressivo, embora não como aquele de César e de Napoleão I" (idem). É importante notar não apenas que G. se distancia do juízo expresso por Marx em seu célebre *O 18 de brumário de Luís Bonaparte*, mas que essas observações modificam o modelo fundado sobre a simples dicotomia "bonapartismo progressivo"/"bonapartismo regressivo". Aqui se tem um bonapartismo "objetivamente" (relativamente) progressivo, que não move adiante o equilíbrio total da sociedade dando vida a um novo tipo de Estado, mas garante apenas o congelamento dos equilíbrios essenciais já atingidos: "O cesarismo de César e de Napoleão I foi, por assim dizer, de caráter quantitativo-qualitativo, ou seja, representou a fase histórica de passagem de um tipo de Estado para outro, uma passagem em que as inovações foram quantitativamente tantas e de tal ordem que representaram uma completa transformação qualitativa. O cesarismo de Napoleão III foi apenas e limitadamente quantitativo: não houve a passagem de um tipo de Estado para outro, mas só 'evolução' dentro do mesmo tipo, segundo uma linha ininterrupta" (idem). Outra característica do cesarismo no mundo moderno consiste no fato de que "o equilíbrio com perspectivas catastróficas não se verifica entre forças contrastantes que, em última análise, poderiam fundir-se e unificar-se, ainda que depois de um processo penoso e sangrento, mas entre forças cujo contraste é insolúvel historicamente e que, ao contrário, aprofunda-se especialmente com advento de formas cesaristas" (idem): a luta entre burguesia e proletariado aparece ao autor de forma a não contemplar a possibilidade de um compromisso duradouro.

Outra nota em cujo título aparece a categoria de cesarismo é um Texto B, *Q 14*, 23 [*CC*, 3, 303], intitulado

"Maquiavel. Cesarismo e equilíbrio 'catastrófico' das forças político-sociais". G. complica o quadro de compreensão dos fenômenos cesaristas notando como seria errado crer que "qualquer novo fenômeno histórico derive do equilíbrio entre as forças 'fundamentais'; também é necessário examinar as relações que se estabelecem entre os grupos principais (de tipo variado, social-econômico e técnico-econômico) das classes fundamentais e as forças auxiliares guiadas ou submetidas à influência hegemônica. Desse modo, não se compreenderia o golpe de Estado de 2 de dezembro sem se estudar a função dos grupos militares e dos camponeses franceses" (*Q 14*, 23, 1.680-1 [*CC*, 3, 303-4]). Também o caso Dreyfus retorna na casuística histórica do cesarismo, como exemplo de cesarismo ausente, de movimento que impediu a solução cesarista que se estava preparando: "São elementos do próprio bloco social dominante que frustram o cesarismo da parte mais reacionária do mesmo bloco", apoiando-se em frações e camadas das classes subalternas (idem).

Enfim, "Cesar e o cesarismo" é o título de *Q 17*, 21 [*CC*, 3, 347], mas a "rubrica" na qual retorna não é mais "Maquiavel", mas sim "Temas de cultura": "A teoria do cesarismo, que hoje predomina [...] foi introduzida na linguagem política de Napoleão III, o qual por certo não foi um grande historiador, filósofo ou teórico da política. É certo que, na história romana, a figura de César não foi caracterizada apenas ou principalmente pelo 'cesarismo' neste sentido estrito" (ibidem, 1.924 [*CC*, 3, 347]). G. continua a nota com sua avaliação da função e do papel de Júlio César.

Guido Liguori

Ver: bonapartismo; César; parlamentarismo; polícia; relações de força.

ceticismo

Para G., o "senso comum" já poderia apresentar ao cético a objeção de que "para ser coerente consigo mesmo, o cético não deveria fazer mais do que viver como um vegetal, sem se misturar aos assuntos da vida comum" (*Q 5*, 39, 571 [*CC*, 1, 233]). De fato, o cético se desmente toda vez que representa "uma determinada opinião" (idem): em suma, "este, filosofando para negar a filosofia, na verdade, a exalta e a afirma" (*Q 11*, 50, 1.475 [*CC*, 1, 191]). O que o cético defende é, sem dúvida, uma mera opinião, que "pode triunfar na medida em que convence a comunidade de que as outras são ainda piores, já que são inúteis" (*Q 5*, 39, 571-2 [*CC*, 1, 233]). Segundo G., a postura cética, em geral, leva à "rudeza conservadora" (*Q 6*, 86, 761 [*CC*, 3, 241]), já que, negando o que existe por completo e não criticando nada de definido, termina por aceitar o mundo inteiro como é. Nesse sentido, vai o "amável ceticismo de salão ou de café reacionário" (*Q 2*, 75, 238 [*CC*, 3, 160]). O ceticismo tende a "tirar dos fatos econômicos todo valor de desenvolvimento e de progresso". O marxismo, ao contrário, ainda que ressaltando o caráter individual da realidade e criticando os falsos universais da especulação, não cai no ceticismo porque integra criticamente em si as posições dos adversários: "Por outro lado, não é necessário supor que a forma de pensamento 'antiesperancista' signifique ceticismo, agnosticismo ou ecletismo. É certo que toda forma de pensamento deve considerar a si mesma como 'exata' e 'verdadeira' e combater as outras formas de pensamento; mas isto 'criticamente'. O problema, portanto, reside nas doses de 'criticismo' e de 'historicismo' que estão contidas em todas as formas de pensamento. A filosofia da práxis, reduzindo a 'especulatividade' aos justos limites (isto é, negando que a 'especulatividade', como a entendem inclusive os historicistas do idealismo, seja o caráter essencial da filosofia), revela-se a metodologia histórica mais adequada à realidade e à verdade" (*Q 11*, 45, 1.467 [*CC*, 1, 184], variante instaurativa no *Q 7*, 6).

Manuela Ausilio

Ver: agnosticismo; crítica/crítico.

chefe/líder

Nos *Q*, o termo "chefe", ou "líder"*, aparece em acepções bastante diferentes: chefe de Estado, chefe de governo, chefe militar, líder sindical, líder de uma tendência ou grupo intelectual. Se para Maquiavel o homem mais virtuoso era o fundador de religiões, seguido dos fundadores de Estados, G. não tem dúvidas quanto ao fato de o líder político, espécie de fundador de Estados, ser o maior exemplo de virtude. Já por ocasião da morte de Lenin, em 1924, ele tinha escrito um artigo intitulado "Líder"

---

* Em italiano, *capo*, que pode ser traduzido tanto por "chefe" quanto por "líder". Chefe militar, chefe de Estado, chefe do Governo, líder político são manifestações da necessidade de dirigentes e de direção política ou administrativa. Na Itália, usa-se também *leader* e *leadership* para significar, de modo mais pontual e específico, "líder" e "liderança". No caso da tradução deste verbete, "chefe" e "líder" podem ser intercambiáveis em algumas expressões utilizadas. (N. R. T.)

(março de 1924, em *CPC*, 12 ss. [*EP*, II, 235]), apresentando uma concepção de líder político como personalidade individual-coletiva indispensável no momento em que há ainda a necessidade de existência de "dirigentes".

No *Q 6*, G. expõe uma interpretação conduzida por negações do que seja um líder: "Se o líder não considera as massas humanas como um instrumento servil, bom para alcançar os próprios objetivos e depois jogar fora, mas aspira a alcançar fins políticos orgânicos cujo necessário protagonista histórico são estas massas, se o líder desenvolve obra 'constituinte' construtiva, então se tem uma 'demagogia' superior; as massas não podem deixar de ser ajudadas a se elevar através da elevação de determinados indivíduos e de estratos 'culturais' inteiros". O líder que G. julga necessário é, portanto, aquele capaz de organizar e educar as massas, que "tende a suscitar um estrato intermediário entre ele e a massa, a suscitar possíveis 'concorrentes' e iguais, a elevar a capacidade das massas, a criar elementos que possam substituí-lo na função de líder" (*Q 6*, 97, 772 [*CC*, 3, 248]). O líder, como o concebe G., tende a ser não um indivíduo, mesmo se carismático, já que "na realidade de qualquer Estado o 'chefe do Estado', isto é, o elemento equilibrador dos diversos interesses em luta contra o interesse predominante, mas não exclusivista em sentido absoluto, é exatamente o 'partido político'" (*Q 5*, 127, 662 [*CC*, 3, 222]). O líder, para G., deve se tornar tendencialmente o "moderno Príncipe", ou seja, o Partido Comunista.

MARCOS DEL ROIO

Ver: líder carismático; demagogia; dirigentes-dirigidos; Lenin; moderno Príncipe; Partido Comunista.

China

Com a Índia, a China é o país que, para G., poderia mudar os equilíbrios mundiais, deslocando o eixo no Pacífico, se se tornasse uma nação moderna sob o perfil econômico-produtivo (*Q 2*, 78, 242 [*CC*, 3, 172]). G. se pergunta se o confronto com a civilização ocidental, destinada a sair vencedora, não teria permitido a constituição, também na China, de "novos intelectuais formados na esfera do materialismo histórico" (*Q 7*, 62, 901 [*CC*, 2, 152]). Embora possuindo território mais vasto que a Índia, a China e seus intelectuais são, por certos aspectos, considerados mais homogêneos culturalmente pela presença unificadora do ideograma, cujo valor "esperantístico" (*Q 5*, 23, 557 [*CC*, 2, 103]) torna possível a compreensão recíproca entre intelectuais falantes de línguas diversas, embora da mesma família linguística. Ao mesmo tempo tal sistema de escrita é expressão da "completa separação entre os intelectuais e o povo" (*Q 12*, 1, 1.529 [*CC*, 2, 172]), com o resultado de que os intelectuais são "cosmopolitas", analogamente àqueles que utilizavam o latim na Europa medieval.

No longo *Q 5*, 23 [*CC*, 2, 103], pleno de observações sobre a língua, a cultura e a filosofia chinesas, G. nota como a homogeneidade da camada intelectual tradicional encontra reflexo também no aparelho estatal, o qual, com relativamente poucas modificações, permaneceu "quase intacto" (ibidem, 564 [*CC*, 2, 110]) por 2 mil anos, até a revolução nacional de Sun Yat-Sen em 1912. Para G., a introdução de um alfabeto "silábico" (ibidem, 557 [*CC*, 2, 104]) poderia dar lugar a um florescimento de línguas e culturas diversas dos povos chineses e, no nível político, uma convenção panchinesa poderia desafiar a hegemonia dos "grupos dirigentes" caso eles estivessem privados de um "programa de reformas populares" (ibidem, 559 [*CC*, 2, 105]). De toda forma, o movimento já "desencadeado" não pode, para G., senão se concluir com "uma profunda revolução nacional de massa" (ibidem, 564 [*CC*, 2, 110]).

DEREK BOOTHMAN

Ver: cosmopolitismo; esperanto; Índia; intelectuais; Lao-Tse.

cidade-campo

A relação entre cidade e campo é, geralmente, caracterizada pelo desprezo, por parte da cidade, em relação a tudo o que tenha a ver com o trabalho camponês no campo, sentimento amplamente retribuído pelos camponeses, mesmo se mesclado a um sentimento de inveja e de inferioridade. No campo imperam a ignorância, o analfabetismo, a alta taxa de fecundidade, frequentemente as mais sinistras aberrações sexuais. A cidade coloca o problema de uma adaptação psicofísica às condições de trabalho, de nutrição, de baixa taxa de natalidade, de habitações que não são "naturais", mas urbanas. G. afirma que as características urbanas adquiridas são passadas por herança ou são absorvidas no desenvolvimento da infância e adolescência. A baixa taxa de natalidade demanda despesas constantes com a formação dos novos "urbanizados" e traz consigo mudanças constantes na composição sociopolítica das cidades, apresentando, portanto, também um problema de hegemonia (*Q 22*, 3, 2.149 [*CC*, 4, 251]).

O parágrafo *Q 1*, 43, intitulado "Riviste tipo" [Tipos de revista], é quase inteiramente dedicado à relação cidade-campo e Norte-Sul. Os dois pares de temas são de tal modo entrelaçados e ricos em correlações que não é simples separá-los. Nesse parágrafo, amplamente retomado em alguns Textos C (*Q 19*, 26 [*CC*, 5, 87]; *Q 20*, 1 [*CC*, 4,147]; *Q 24*, 2 [*CC*, 2, 198]), afirma-se que as relações entre populações urbanas e rurais não são sempre as mesmas: uma cidade "industrial" – observa G. – é sempre mais progressista que o campo que dela depende, mas na Itália nem todas as cidades são industriais, ao contrário, o urbanismo nacional é um fenômeno apenas minimamente industrial. A maior cidade italiana da época, Napoli, não é uma cidade industrial; a mesma coisa se pode dizer de Roma, Palermo e muitas cidades do Centro-Sul. Nas cidades do Sul a população urbana está quase submersa e esmagada pela população rural, que forma a enorme maioria. Este fenômeno muito complexo deveria ser estudado, segundo G., por conta de suas repercussões no âmbito político, especialmente no caso do *Risorgimento*. Típico é o episódio da República Partenopeia de 1799: o campo esmagou a cidade com as hordas do cardeal Ruffo porque a cidade tinha negligenciado completamente o campo em suas reivindicações revolucionárias (*Q 1*, 43, 34-5). A industrialização permite uma diferente relação de forças entre cidade e campo, mais favorável às cidades do Norte, ao passo que no Sul a cidade depende de um campo explorado ao extremo. A consequência política que G. tira de tal situação é que a capacidade da iniciativa revolucionária não estaria na força rural, demasiado desagregada e privada de um programa político, nem nos intelectuais rurais, de tipo tradicional e não orgânico aos camponeses, nem nos intelectuais de tipo urbano, ligados aos interesses dos empresários, mas nas forças dos operários do Norte. Estes, infelizmente, são com frequência sujeitos a interesses corporativos ou a um "protecionismo operário" privilegiado (reformismo, cooperativas, obras públicas), possíveis justamente porque baseados na exploração do campo ou de outros operários. O desenvolvimento do proletariado se dá no sentido do internacionalismo, mas é a partir do ponto de vista nacional que se deve começar.

A relação cidade-campo permite a G. distinguir as seguintes forças em jogo: a) a força urbana setentrional; b) a força rural meridional; c) a força rural setentrional-central; d) a força rural na Sicília e na Sardenha.

"Permanecendo firme a posição de 'locomotiva' da primeira força", afirma G. (ibidem, 38), "se deve estudar as diversas combinações 'mais úteis' para formar um 'trem' que avance o mais rapidamente na história". Admite-se que faltou à força operária setentrional a capacidade "de direção política e militar", ou seja, de organização e agregação em torno de sua luta, mas permanece inegável para G. que, se esta força atingisse certo grau de unidade e de combatividade, ela exercitaria espontaneamente uma função de direção. As forças urbanas do Norte deviam não apenas fazer aquelas do Sul entenderem sua função dirigente, sugerindo as soluções aos vastos problemas regionais, mas também convencer a si mesmas da complexidade do sistema político. Mesmo a força rural setentrional-central coloca, de fato, uma série de problemas à força urbana do Norte com respeito à relação regional cidade-campo. Da mesma forma que a cidade, também o campo não se apresenta como um todo homogêneo: na região da Lombardia-Veneza, a força clerical tinha seu peso máximo, enquanto no Piemonte era a força laica. A excessiva simplificação da questão religiosa nos campos permitiu historicamente que se constituísse, com frequência, uma barreira à ação revolucionária.

G. vê na França a lição histórica exemplar para a definição da relação cidade-campo; lá, os jacobinos conseguiram derrotar os girondinos na questão agrária, impedindo a coalizão rural contra Paris e multiplicando seus adeptos nas províncias. O fracasso veio apenas com a tentativa de Robespierre de instaurar uma reforma religiosa. O problema histórico que a força urbana francesa enfrentou com sucesso pode ser decomposto em dois aspectos: a distância entre cidade e campo, tanto no plano econômico quanto cultural (o campo muito ligado à Igreja, inclusive sua camada intelectual), e a heterogeneidade do Terceiro Estado, com uma elite intelectual diversificada e politicamente muito moderada. G. afirma (*Q 19*, 24, 2.026-7 [*CC*, 5, 79]) que o traço histórico característico do jacobinismo, a partir dos "cabeças redondas" de Cromwell, foi o de forçar (aparentemente) a situação, criando fatos consumados irreversíveis, empurrando adiante o grosso da burguesia "a chutes no traseiro", graças a homens extremamente enérgicos e resolutos. O desenrolar dos acontecimentos pode ser descrito por meio de um esquema histórico capaz de construir um modelo explicativo: primeiro, os representantes do Terceiro Estado partem de seus interesses corporativos imediatos; em segundo lugar, a burguesia se dá conta de ser a força hegemônica também das forças populares, em razão: a) da resistência das velhas forças sociais; b) da ameaça internacional. Naturalmente, toda a concretude dessa política se baseia em ligar estreitamente a cidade ao campo: sem essa ligação, Paris teria tido a Vendeia às portas. A França rural, para destruir definitivamente o velho regime, reconhece tal papel a Paris, em função da criação de um Estado burguês moderno, premissa para a modernização da nação. Que os jacobinos, no entanto, não tenham jamais saído do terreno da burguesia ficaria demonstrado pelos eventos sucessivos. O Partido de Ação poderia extrair também da história italiana os exemplos históricos, os quais podia evocar para organizar uma união entre cidade e campo na Itália: por exemplo, a experiência das Comunas na Idade Média unidas contra os grandes senhores feudais (*Q 1*, 44, 43-4); mas seria suficiente apenas uma referência a Maquiavel, cuja reflexão sobre a formação das milícias indica como uma vontade coletiva nacional-popular é impossível sem que as massas de camponeses entrem *simultaneamente* na vida política (*Q 8*, 21, 952 [*CC*, 6, 376-7]).

G. não parece se afastar muito do esquema marxiano que prevê a iniciativa operária à frente e guiando as massas rurais, menos agregadas e conscientes, mas a novidade de seu pensamento está na profunda consciência de que a iniciativa revolucionária simplesmente fracassa sem o envolvimento capilar das massas rurais. A originalidade de G. se baseia em observações de fundamental importância, elencadas sinteticamente a seguir: a) no processo de unificação italiana, a retórica do *Risorgimento* oculta a carência de análises dos elementos estruturais e históricos; b) o corporativismo operário representa um problema igual e contrário àquele da desagregação social camponesa; c) a "crise orgânica" tem consequências diferentes sobre as massas urbanas e aquelas rurais, que entram em colapso mais rapidamente e representam o "elo frágil" do domínio capitalista; d) a união cidade-campo representa um problema não resolvido nas diversas "revoluções ausentes" italianas (de Bixio ao "biênio vermelho"); e) a relação cidade-campo deve necessariamente levar em conta não apenas os aspectos econômicos (o parasitismo da cidade sobre o campo, a questão da propriedade da terra), mas também os culturais, proeminentemente religiosos.

As realidades nacionais apresentam uma diferente relação entre cidade e campo. Na Itália, o fenômeno possui características regionais, mas a solução deve partir de uma perspectiva nacional para ser eficaz. O problema é extremamente complexo e constituído por aspectos que só podem ser analisados em conjunto, contextualmente.

ELISABETTA GALLO

Ver: camponeses; jacobinismo; nacional-popular; Norte-Sul; Partido de Ação; questão meridional; Revolução Francesa; *Risorgimento*.

cidade do silêncio: v. cem cidades.

ciência

A discussão mais explícita sobre as ciências naturais em G. se encontra no *Q 11*, 36-9 [*CC*, 1, 168-76]. Parte do reconhecimento do fato de que existem diversas tipologias científicas e diversas concepções dos fatores mais importantes "da ciência (no sentido de ciência natural)" (*Q 11*, 37, 1.455 [*CC*, 1, 172]). Uma abordagem enfatiza as "leis de semelhança (regularidade), de coexistência (coordenação), de sucessão (causalidade)", enquanto outros estudiosos definem a ciência "como a descrição mais econômica da realidade" (idem). De toda forma, em todas as ciências, as regularidades devem estar presentes para dar "origem, precisamente, à investigação científica", enquanto os diversos tipos de regularidade podem criar "tipos diversos de 'ciência'" (*Q 10* II, 57, 1.350 [*CC*, 1, 418]). Além disso, num registro claramente antipositivista, nega com veemência que "para ser 'ciência' uma investigação deve se agrupar com outras investigações em um tipo, e que este 'tipo' seja a 'ciência'" (idem). De fato, em outros momentos, G. distingue claramente entre as várias ciências: as "naturais" (*Q 17*, 52, 1.948 [*CC*, 1, 273]), as "assim chamadas ciências exatas ou matemáticas" (*Q 4*, 38, 457), as "históricas ou humanistas" (*Q 17*, 52, 1.948 [*CC*, 1, 273]) e, ainda num outro grupo, a econômica, provavelmente "uma ciência *sui generis*, ou melhor, única no seu gênero" (*Q 10*, 57, 1.350 [*CC*, 1, 411]).

Em um Texto B do *Q 6*, G. observa que o adjetivo 'científico' significa "'racional' e, mais precisamente, 'racionalmente conforme ao fim' a ser alcançado, isto é, produzir o máximo com o mínimo de esforço" (*Q 6*, 165, 817 [*CC*, 4, 306]). O autor do livro ao qual G. aqui se refere havia notado como o adjetivo "científico" com frequência é encontrado em expressões como "direção científica do trabalho", mas, talvez estranhamente, nem o adjetivo "científico" nem o substantivo "ciência" estão no

Q sobre o americanismo e fordismo (ali se encontram, ao invés, conceitos como "racionalização"). G., por sua vez, comenta que o significado do adjetivo "científico" pode ser reduzido a "'conforme ao fim', na medida em que tal 'conformidade' for racionalmente (metodicamente) buscada depois de uma análise minuciosíssima de todos os elementos" (idem).

Bukharin, exemplo de uma interpretação vulgar-positivista do marxismo, era culpado, segundo G., por achatar todas as ciências sob o modelo das ciências exatas e naturais (*Q 11*, 15, 1.404 [*CC*, 1, 121]). Para G., contrariamente, devem-se buscar e reconhecer leis e linhas regulares nas ciências humanas, assim como nas outras ciências, mas as humanas não têm natureza preditiva no que diz respeito aos acontecimentos históricos; da análise de uma realidade histórica "se pode prever 'cientificamente' apenas a luta", não o seu êxito, sujeito a forças não "redutíveis a quantidades fixas" (*Q 11*, 15, 1.403 [*CC*, 1, 121]).

A ciência econômica, segundo G., se caracteriza, entre outras coisas, por leis de tendência – inovação que ele atribui a Ricardo, provocando surpresa no amigo Sraffa, que pensava que esta fosse uma das características da "economia vulgar". Na opinião de Sraffa, "o único elemento de cultura" a ser encontrado em Ricardo "é derivado das ciências naturais" (v. a carta de Sraffa a Tania de 21 de junho de 1932, em *LST*, 74, em parte recopiada por Tania na carta a G. de 5 de julho de 1932, em *LGT*, 1.039-40; v. também a carta de G. a Tania de 30 de maio de 1932, em *LC*, 581-2 [*Cartas*, II, 205]). Para G., "a descoberta do princípio lógico formal da 'lei tendencial', que conduz à definição científica dos conceitos fundamentais na economia, o de '*homo oeconomicus*' e o de 'mercado determinado'" e, ao mesmo tempo, representa "uma descoberta de valor gnosiológico" que implica "uma nova 'imanência', uma nova concepção da 'necessidade' e da liberdade etc." (*Q 10* II, 9, 1.247 [*CC*, 1, 318]).

Em termos científicos, o "conceito e fato de 'mercado determinado'" (aqui definido por G. como a "determinada relação de forças sociais em uma determinada estrutura do aparato de produção") revela a presença de determinadas forças "surgidas historicamente, forças cuja operação se apresenta com certo 'automatismo' que consente certa medida de 'previsibilidade'". Tal posição é consoante com a afirmação gramsciana para a qual a ciência econômica é "uma ciência *sui generis*" (o já citado *Q 10*, 57, 1.350 [*CC*, 1, 411]), nem naturalista (muito menos determinista), nem humanista; parece que G. hipotetiza a influência exercida pela abordagem ricardiana da ciência econômica sobre as posições filosóficas de Marx: não "uma derivação das ciências naturais", mas "uma elaboração de conceitos nascidos no terreno da economia política, notadamente na forma e na metodologia que a ciência econômica recebeu em David Ricardo" (*Q 11*, 52, 1.477 [*CC*, 1, 194]).

Conclui-se de quanto foi dito antes que as descobertas da ciência podem trazer consigo, como no caso das leis de tendência ("leis de regularidade necessárias"), "leis não em sentido naturalista e determinista especulativo, mas em sentido 'historicista'", também com um "significado de inovação filosófica" (*Q 10* II, 9, 1.247 [*CC*, 1, 318]), posição claramente contrária àquela defendida por Croce, para quem as ciências assim chamadas naturais não têm um valor no campo filosófico. A ciência deve selecionar as sensações não transitórias, mas "duradouras", isto é, efeitos e eventos capazes de serem reproduzidos. Sua tarefa é retificar "o modo de conhecimento" e "os órgãos sensoriais", bem como elaborar "princípios novos e complexos de indução e dedução" (*Q 11*, 37, 1.455-6 [*CC*, 1, 173]). Isso vale para o experimento de Rutherford, sobre a descoberta do núcleo atômico, e é pelas observações feitas em tais experiências que se deve chegar, pelo meio indireto de uma "cadeia" lógica, ao resultado (ibidem, 1.454 [*CC*, 1, 172]). Não faltavam paradoxos na nova física, que indicavam a G. como se tratasse "de uma fase transitória e inicial de uma nova época científica", a qual havia produzido tanto "uma grande crise intelectual e moral" quanto "uma nova forma de 'sofística'", semelhante aos sofismas da Antiguidade (Aquiles e a tartaruga etc.). Ele conclui que os novos sofismas, assim como aqueles antigos, são úteis para abrir uma fase de desenvolvimento da filosofia e da lógica, além de "aperfeiçoar os instrumentos do pensamento" (*Q 11*, 36, 1.454-5 [*CC*, 1, 172]).

Na ciência se estabelece o que é "comum a todos", e objetivo é aquilo que "independente de todo ponto de vista que seja puramente particular ou de grupo" (ibidem, 1.456 [*CC*, 1, 173]). Apesar disso, no esquema analítico gramsciano, também a ciência é "uma superestrutura, uma ideologia", como é também demonstrado pelo fato de que sofreu períodos de eclipse por obra da religião: esta não se apresenta nunca como "nua noção objetiva", mas é "sempre revestida por uma ideologia" (*Q 11*, 38, 1.458 [*CC*, 1, 175]). G. acrescenta, como parte de sua concepção geral da ciência, que esta é constituída pela "união do fato objetivo com uma hipótese, ou um sistema de hipóteses, que superam o mero fato objetivo" e, como tal, sempre tem um conteúdo ideológico, ainda que seja "relativamente fácil distinguir entre a noção objetiva e o sistema de hipóteses, através de um processo de abstração que está inserido na própria metodologia científica" (idem). É por essa razão que um grupo social pode "se apropriar da ciência de um outro grupo, sem aceitar sua ideologia", ou, dito de outra maneira, o proletariado pode se apropriar dos resultados atingidos pela burguesia sem aceitar a ideologia dessa classe (idem).

Quanto ao tema do desenvolvimento das ciências, G. nota que não é possível dizer que uma teoria se estabelece de uma vez por todas. Por exemplo, a teoria atômica, então de recente formulação, segundo G., poderia ser "superada", isto é, "absorvida por uma teoria mais vasta e compreensiva" (*Q 11*, 30, 1.445 [*CC*, 1, 160]). Corolário direto de tal posição é a liberdade de pesquisa, reivindicada como fator essencial: "Parece-me necessário que o trabalho de pesquisa de novas verdades e de melhores, mais coerentes e claras formulações das próprias verdades seja deixado à livre iniciativa dos cientistas individuais, ainda que eles reponham continuamente em discussão os próprios princípios que parecem mais essenciais" (*Q 11*, 12, 1.393 [*CC*, 1, 112]). A ciência progride não apenas por meio do aperfeiçoamento dos instrumentos técnicos ou do método experimental (cuja afirmação "separa realmente dois mundos da história": *Q 4*, 47, 473 [*CC*, 6, 365]), mas, evidentemente, pelo desenvolvimento das teorias, que, por sua vez são influenciadas "pela história humana" (*Q 4*, 25, 445, com referência específica à teoria moderna do átomo). A tese da influência, em sentido amplo, da sociedade sobre o progresso teórico foi defendida com força e eficácia pela delegação soviética no Congresso de História da Ciência e da Tecnologia realizado em Londres, em 1931; G. afirma que a ciência natural é "uma categoria histórica" (*Q 11*, 30, 1.445 [*CC*, 1, 160]); nos *Q*, faz-se referência explícita ao Congresso – *Q 11*, 22, 1.425 [*CC*, 1, 140] –, mas é provável que G. tenha lido apenas a contribuição bukhariniana. G. continua com o mesmo tema alegando que "se as verdades científicas fossem definitivas, a ciência teria deixado de existir como tal, como investigação, como novas experiências", e restaria apenas a tarefa da "repetição do que já foi descoberto" (*Q 11*, 37, 1.456 [*CC*, 1, 174]).

Ele afirma que "a ciência não coloca nenhuma forma de 'incognoscível' metafísico, mas reduz o que o homem não conhece a um empírico 'não conhecimento' que não exclui a cognoscibilidade, mas a condiciona ao desenvolvimento dos instrumentos físicos e ao desenvolvimento da inteligência histórica dos cientistas individuais". Sua conclusão é que o que interessa à ciência não é tanto "a objetividade do real, mas o homem que elabora os seus métodos de pesquisa", que refina os seus instrumentos materiais e lógicos, em outras palavras, a cultura, "isto é, a relação entre o homem e a realidade, com a mediação da tecnologia" (ibidem, 1.456-7 [*CC*, 1, 174]).

A questão da objetividade científica é tratada num outro momento da polêmica antibukhariniana. A realidade objetiva é demonstrada, recorrendo à história humana, com base no "longo e laborioso desenvolvimento da filosofia e da ciência" na formulação engelsiana. Objetivo, nas palavras de G., significa "'humanamente objetivo', o que pode corresponder exatamente a 'historicamente subjetivo', isto é, objetivo significaria 'universal subjetivo'". Logo, a objetividade é alcançada no processo de unificação histórica do gênero humano "num sistema cultural unitário", tendencialmente, com "o desaparecimento das contradições internas que dilaceram a sociedade humana", contradições que dão origem às "ideologias não universais", que se tornaram caducas "a partir da origem prática de sua substância". A luta pela objetividade – conclui G. – coincide com a "luta pela unificação cultural do gênero humano", o terreno cuja máxima extensão até agora foi oferecida pela "ciência experimental" (*Q 11*, 17, 1.415-6 [*CC*, 1, 134]). Um dos eixos estruturantes da metodologia científica é a abstração, mas sinal da fragilidade da mentalidade científica é que não apenas como "fenômeno de cultura popular", mas nem sequer na cultura do próprio grupo dos cientistas, havia se difundido como *forma mentis* a capacidade de fazer abstrações científicas fora de um determinado campo de interesses (*Q 17*, 52, 1.948-9 [*CC*, 1, 273]).

Outro aspecto que emerge dos *Q* é a maneira como se desenvolvem as ciências, em particular, as ciências humanas. Na crítica ao manual soviético de economia política de Lapidus e Ostrovitianov, acusado de ser dogmático, G. nota como os autores fazem acreditar que os resultados obtidos por sua escola são aceitos por todos, enquanto conviria explicar por que a posição deles é superior àquela das outras escolas (*Q 10* II, 37, 1.286 [*CC*, 1, 353]). A economia "crítica" estava, para G., ainda no "período de luta e de polêmica para se afirmar e triunfar", isto é, na situação de paradigmas rivais, em conflito entre si, e não se constituía ainda, com palavras tipicamente gramscianas, uma ciência "no período clássico de sua expansão orgânica" (ibidem [*CC*, 1, 356]), como foi a fase sucessiva à revolução copernicana na astronomia, tema que é recorrente nos *Q* frequentemente em sentido metafórico. G. generaliza essa posição quando escreve que uma "nova ciência alcança a prova da sua eficiência e fecunda vitalidade quando demonstra saber enfrentar os grandes campeões das tendências opostas, quando resolve com os próprios instrumentos as questões vitais colocadas por estas tendências ou quando demonstra peremptoriamente que tais questões são falsos problemas" (*Q 11*, 22, 1.433 [*CC*, 1, 141]). Epistemologicamente, a posição de G. é de vanguarda para seu tempo e pode ser proficuamente comparada com a posição desenvolvida por T. S. Kuhn a partir dos anos 1960. Uma coisa é a ciência, outra, é a sua imagem, imagem que deve ser desmistificada; por isso, G. nota que é preciso combater a ideia de que a ciência é uma nova forma de bruxaria, por meio da qual pode se realizar um novo "país da Cocanha". Um instrumento essencial nesse processo de desmistificação é o "melhor conhecimento das noções científicas essenciais", pela divulgação "por obra dos cientistas e estudiosos sérios" (*Q 11*, 39, 1.458-9 [*CC*, 1, 176]); em outro momento, é reconhecida a utilidade de eventuais colunas científicas, pois, ainda que as revistas especializadas tenham sempre existido, "faltavam as revistas de divulgação" (*Q 24*, 8, 2.273 [*CC*, 2, 210]).

Um paralelo interessante entre as ciências naturais e as ciências humanas é traçado por G. ao comentar a opinião de Croce, segundo a qual a filosofia da práxis teria operado em sua mentalidade "como um corpo catalisador" (metáfora atribuída por um *lapsus* gramsciano à física, em vez de à química), cujos sinais não se veem no produto final. Para Croce, ela serviria apenas para destruir preconceitos. G., ao contrário, acredita que a concepção de Croce esconde elementos da filosofia da práxis e, como tal, é um exemplo de tradução entre paradigmas científicos: a filosofia de Croce é, "em considerável medida, uma retradução para a linguagem especulativa do historicismo realista da filosofia da práxis" (*Q 10* I, 11, 1.232-3 [*CC*, 1, 304]).

A ciência é essencial para entender a realidade, mas as assim chamadas "ideias científicas" (se entendidas de maneira acrítica) podem ter repercussões negativas no nível ideológico. Portanto, G. insiste quanto à necessidade de contextualizar a ciência, com o objetivo de promover o princípio "pedagógico-didático da 'história da ciência e da técnica como base da educação histórico-formativa na nova escola'" (*Q 4*, 77, 516 [*CC*, 2, 226]). O conhecimento da ciência, em todas as suas formas, em todos os níveis, e a compreensão das leis da natureza são tanto condições necessárias para que o povo possa "participar ativamente da vida da natureza para transformá-la e socializá-la cada vez mais profunda e amplamente" quanto algo de objetivo "ao qual é preciso se adaptar para dominar" (*Q 12*, 2, 1.540-1 [*CC*, 2, 42]). As ciências naturais e humanistas devem convergir no "modo de ser do novo intelectual", que, como "persuasor permanentemente", da "técnica-trabalho chega à técnica-ciência e à concepção humanista histórica", para que não permaneça apenas "especialista", mas se torne "'dirigente' (especialista + político)" (*Q 12*, 3, 1.551 [*CC*, 2, 52]).

Derek Boothman

Ver: Croce; especialista + político; física e química; ideologia; lógica; matemática; objetividade do real; previsão; técnica; tradução.

ciência da política

Entre os marxistas do seu tempo, G. foi provavelmente o único a utilizar de forma positiva a expressão "ciência política" ou "ciência da política". Enquanto o termo "sociologia" aparece sempre nos *Q* com conotação fortemente negativa (é conhecida a aversão de G. pela "sociologia marxista" proposta por Bukharin e suas críticas ao formalismo e ao empirismo da sociologia "burguesa"), a expressão "ciência política", ao contrário, tem, em suas notas, uma indiscutível acepção positiva. Não é difícil notar como um dos objetivos dos *Q* – talvez o mais ousado – seja exatamente a elaboração de uma ciência da política adequada à filosofia da práxis, ou seja, ao marxismo.

Independentemente de quais sejam os motivos que levaram G. a avaliar de maneira positiva a ciência da política, o fato é que sua obra – apesar de abordar temas variados, hoje classificáveis do ponto de vista acadêmico como filosóficos, antropológicos, sociológicos, estéticos etc. – pode ser essencialmente considerada uma reflexão sobre a ação e as instituições políticas (hegemonia, vontade coletiva, Estado, sociedade civil, partidos etc.). Com efeito, G. examina todas as esferas do ser social partindo da relação de tais esferas com a política. De resto, é justamente a reflexão sobre a ciência política que desmente de modo mais claro uma das mais difusas leituras da obra gramsciana, qual seja, aquela que faz de G. um pensador fragmentário, cujo trabalho teórico ressentiria a falta – tanto por autônoma decisão metodológica quanto pela coerção das condições objetivas em que trabalhou – de um suporte sistemático. Não acredito nisso: parece-me que os "cadernos especiais" são tentativas (nem sempre bem-sucedidas, é verdade) de passar do método de investigação, próprio dos "cadernos miscelâneos", àquele da exposição, por meio da criação de uma *démarche* que vai dialeticamente, como n'*O capital*, do abstrato ao concreto. São muitos os nexos expositivos (nesse sentido marxiano) presentes nos *Q*.

Gostaria, aqui, de dar apenas um exemplo, recolhido exatamente da reflexão gramsciana sobre a política. G. afirma que o primeiro elemento "da ciência e da arte política é que existem efetivamente governados e governantes" (*Q 15*, 4, 1.752 [*CC*, 3, 324]). Esse "primeiro elemento" tem nos *Q* a mesma função metodológica que tem a mercadoria na exposição dialética presente n'*O capital* de Marx: trata-se de uma figura abstrata (de uma "célula") que contém potencialmente todas as determinações mais concretas da totalidade. O conceito mais concreto da teoria política de G., isto é, o conceito de "Estado integral" (sociedade política + sociedade civil, coerção + consenso, ditadura + hegemonia etc.), tem todas as suas determinações – entre outras: como se governa, porque se obedece etc. – já contidas nesse primeiro elemento abstrato, ou seja, na relação entre governantes e governados. E assim como Marx havia feito no caso da forma-mercadoria, G. demonstra a historicidade desse primeiro elemento: também a relação entre governantes e governados tem uma gênese (na sociedade de classe) e, portanto, uma possibilidade de superação (na "sociedade regulada" sem classes, ou seja, no comunismo). Se quisermos insistir na comparação com Marx, pode-se dizer que os *Q* contêm, ao mesmo tempo, os *Grundisse* (os "cadernos miscelâneos") e os primeiros esboços d'*O capital* (os "cadernos especiais").

Nos *Q*, G. emprega o conceito de política em duas acepções principais, que poderiam se chamar "ampla" e "restrita". Em sua acepção ampla, "política" é identificada com liberdade, com universalidade ou, mais precisamente, com todas as formas de práxis que superam a simples recepção passiva ou a manipulação dos dados imediatos da realidade (recepção e manipulação que marcam grande parte da práxis técnico-econômica e da práxis cotidiana em geral), voltando-se conscientemente para a totalidade das relações subjetivas e objetivas. Pode-se compreender melhor essa perspectiva se observarmos que, em tal acepção ampla, política em G. é sinônimo de "catarse", isto é, de passagem da particularidade para a universalidade, do determinismo para a liberdade (*Q 10* II, 6, 1.244 [*CC*, 1, 314]). De fato, é ontologicamente certo dizer, assim como o faz G. repetidas vezes, que "tudo é política", ou seja, que *todas as formas de práxis* comportam essa potencialidade do momento catártico, a potencialidade de uma passagem da esfera da manipulação imediata – da recepção passiva da realidade – para a dimensão da totalidade, da transformação ativa do mundo social. Em outras palavras, de uma passagem da consciência "egoísta-passional" (meramente particular) para a consciência "ético-política" ou universal (consciência da nossa participação no gênero humano). G. apresenta nos *Q* muitos exemplos desse momento catártico em diversas esferas do ser social, do terreno das ideologias (passagem do senso comum heteróclito para o bom senso crítico e para uma concepção orgânica de mundo, como na "filosofia sistemática dos filósofos") para o terreno da arte e da literatura (elaboração estética de uma perspectiva nacional-popular, verdadeiramente universal-concreta e não mais abstratamente cosmopolita etc.).

Além dessa acepção ampla, G. nos apresenta nos *Q* um conceito restrito de política, exatamente aquele que é próprio da ciência da política, que abarca o conjunto das práticas e das objetivações diretamente ligadas às relações de poder entre governantes e governados. Pois bem, se em sua acepção ampla – aquela de catarse – a política é vista por G. como um momento inevitável e constitutivo da própria estrutura ontológica do ser social, nessa segunda acepção, a política aparece como algo de *historicamente transitório*: G. não é um "politólogo" (e muito menos um politólogo com desvios politicistas), mas um *crítico da política*, do mesmo modo que Marx não é um "economista" (e ainda menos um "economicista"), mas – segundo as suas próprias palavras – um *crítico da economia política*, na medida em que coloca em relação os fatos econômicos, por um lado, com a totalidade social, e, por outro, com o devir histórico.

G., nas pegadas de Marx, assume uma posição semelhante quanto à ciência política. Se Marx reconhece os conceitos de mercadoria e de valor elaborados pela economia política que o antecedeu como os pontos de partida da própria reflexão, também G. sabe que na esfera da práxis e das instituições políticas – segundo a lição dos teóricos que vão de Maquiavel a Mosca – o "primeiro elemento é que existem efetivamente governados e governantes, dirigentes e dirigidos. Toda a ciência e a arte política se baseiam nesse fato primordial, irredutível (em certas condições gerais)" (*Q 15*, 4, 1.752 [*CC*, 3, 324]). Mas assim como para Marx n'*O capital*, também para G., não estamos diante de um fato "natural", "eterno": "A inovação fundamental introduzida pela filosofia da práxis na ciência da política e da história é a demonstração de que não existe uma 'natureza humana' abstrata, fixa e imutável [...], mas que a natureza humana é o conjunto das relações sociais historicamente determinadas, ou seja, um fato histórico verificável, dentro de certos limites, com os métodos da filologia e da crítica. Portanto, a ciência política deve ser concebida em seu conteúdo concreto (e também em sua formulação lógica) como um organismo em desenvolvimento" (*Q 13*, 20, 1.598-9 [*CC*, 3, 56]). Essa visão historicista o leva a dialetizar seu primeiro elemento (que continua, de toda forma, o ponto de partida de sua construção da ciência política) e, em consequência, a formular estas perguntas, de crucial importância metodológica: "Pretende-se que sempre existam governados e governantes ou pretende-se criar as condições nas quais a necessidade dessa divisão desapareça? Isto é, parte-se da premissa da divisão perpétua do gênero humano ou crê-se que ela é apenas um fato histórico, correspondente a certas condições?" (*Q 15*, 4, 1.752 [*CC*, 3, 325]). Já que G., sem dúvida, adota a segunda alternativa posta pelas duas perguntas, é evidente que para ele o primeiro elemento da política (como, para Marx, a "célula" constituída pela mercadoria e por sua forma valor) não é um fato natural e eterno, mas um processo histórico.

A historicidade da política, concebida como um "organismo em desenvolvimento", não se refere, portanto, somente às suas categorias estruturais imanentes: é a própria esfera política (em seu sentido restrito, ou seja, como relação entre governantes e governados) que, segundo G., tem um caráter histórico. Essa esfera tem uma gênese histórica, já que existe política apenas quando há governantes e governados, dirigentes e dirigidos, e essa divisão não é resultado da "natureza humana", mas de relações sociais histórico-concretas (em última análise, diz G., ela remonta "a uma divisão de grupos sociais", ou seja, à divisão da sociedade em classes, idem). Para G., essa divisão nem sempre existiu nem sempre existirá, pois poderá desaparecer na "sociedade regulada" (comunista), na qual será superada a divisão da sociedade em classes antagônicas. De fato, nessa sociedade regulada, G. supõe que "pode-se imaginar o elemento Estado-coerção [e, poderia se dizer, também a divisão entre governantes e governados – ndr] em processo de esgotamento à medida que se afirmam elementos cada vez mais conspícuos de sociedade regulada (ou Estado-ético, ou sociedade civil)" (*Q 6*, 88, 764 [*CC*, 3, 244]).

O pretenso "politicismo" que alguns intérpretes atribuem a G. não pode ser comprovado no texto dos *Q*. Entendida em seu sentido amplo, como catarse, a política é uma determinação que não pode ser eliminada da práxis humana e, em consequência, ao dizer e insistir que "tudo é política", G. não viola o real, ao contrário, aponta um aspecto essencial do ser social, ou seja, o momento da articulação entre subjetividade e objetividade, entre liberdade e causalidade, entre particularidade e universalidade. E quando a política é compreendida no seu sentido restrito, isto é, como relação de poder entre governantes e governados, que é o sentido próprio da ciência política também do seu tempo, G. o demonstra como algo que será dialeticamente superado, isto é, *aufheben* (conservado, eliminado e alçado a um nível superior) na sociedade regulada, no comunismo. Isso posto, podemos dizer que G. não é um "cientista político", um politólogo, mas – no sentido autenticamente marxiano da expressão – um *crítico* não apenas da política como relação entre governantes e governados, mas também da ciência política como foi construída na modernidade.

Bibliografia: Cospito, 2004; Coutinho, 2006; Frosini, 2003; Liguori, 2006; Paggi, 1984b; Vacca, 1985; Voza, 2008.

Carlos Nelson Coutinho

Ver: Bukharin; catarse; econômico-corporativo; Estado; ético-político; filosofia da práxis; governados-governantes; grande política/pequena política; hegemonia; sociedade regulada; sociologia.

cinema

As poucas ocasiões nas quais G. menciona o "cinematógrafo" apresentam sugestões de notável interesse histórico-crítico e teórico. Uma intuição histórica fecunda está, na verdade, na base da correspondência distinguida em

Q 3, 78, 358 entre alguns tipos de romance popular de folhetim (ideológico-político de tendência democrática, sentimental popular, de intriga com caráter conservador, histórico, policial, de mistério, científico de aventura, vidas fictícias) e os tipos de natureza análoga de obras cinematográficas (e teatrais), destinadas a se consolidar, no tempo, com a designação de gêneros. Pode-se deduzir disso que o cinema, nascendo, entre outras coisas, na fase de máxima afirmação do romance de folhetim, herda e traduz, em seus casos variados – sobretudo nos primeiros decênios de sua história – suas conotações literárias próprias e as mantém, então, quase intactas nas características estruturais da escrita de seus roteiristas. A essas considerações se conectam, além disso, também aquelas de G. sobre o "gosto melodramático do povo italiano", que mantêm tal gosto e a respectiva linguagem ("sentimentalismo melodramático, ou seja, de expressão teatral, ligada a um vocabulário barroco": *Q 14*, 19, 1.676 [*CC*, 6, 237]) presentes nos teatros populares e, ao mesmo tempo, no "cinematógrafo falado" (ibidem, 1.677 [*CC*, 6, 238]), assim como nas legendas do cinema mudo. De resto, para uma política cultural para as massas populares, aquela que é dita "literatura popular" ou literatura de folhetim, cujo triunfo entre "as massas nacionais" é devido, segundo G., à ajuda do cinema e do jornal (*Q 15*, 58, 1.821 [*CC*, 6, 264]), leva G. a refletir, a propósito do "neolalismo" e do uso arbitrário da linguagem, sobre a especificidade linguística de algumas artes (na modernidade, nota, o cinema, no passado o melodrama e a música em geral) com relação ao caráter imponente – especialmente na tradição italiana – da língua literária (*Q 23*, 7, 2.193-5 [*CC*, 6, 70-2]).

Raffaele Cavalluzzi

Ver: literatura de folhetim; literatura popular; melodrama; teatro.

classe/classes

Não existe nos *Q* uma definição do conceito de classe, fundamental no marxismo, embora o termo apareça neles com muita frequência. São praticamente insignificantes as poucas ocorrências de "classe" nas *Cartas*, mas é de se notar como G. recorre ao conceito marxista de classe com muita insistência (seis ocorrências: quase a metade do total) no que se pode definir como um pequeno ciclo de cartas à cunhada Tania (e talvez também a Piero Sraffa) sobre o tema dos judeus e do antissemitismo (*LC*, 472, 28 de setembro de 1931 [*Cartas*, II, 97]; *LC*, 475, 5 de outubro de 1931 [*Cartas*, II, 101]; *LC*, 480, 12 de outubro de 1931 [*Cartas*, II, 103]; *LC*, 532, 8 de fevereiro de 1932 [*Cartas*, II, 156]). A ausência de uma definição teórica rigorosa, abstrata, de "classe" se explica pelo fato de que o conceito é usado por G. de forma operacional, estando, portanto, necessariamente referido a contextos discursivos tão precisos quanto diversificados, sendo assim continuamente, por assim dizer, adjetivado (não apenas gramaticalmente, mas, sobretudo, semântica e politicamente). Por esse motivo se tornam necessárias as referências aos outros termos que especificam o conceito (burguesia, classe operária, classe média, classe urbana etc.) e às ocorrências sinônimas que provavelmente derivam de um prudente cuidado de atenuação causado pela censura carcerária, que é bem presente em G. (grupo social, subalterno(s), grupo econômico etc.). A este propósito, a circunstância segundo a qual apenas a partir do *Q 3* (de 1930) G. prefere adotar "grupo social" em vez de "classe", para fugir à censura, seria confirmada pelo fato de que o termo "classe" se encontra concentrado em um quarto das ocorrências totais (mais de 500 ocorrências no singular e muitas no plural) apenas nos dois primeiros *Q* (e muitas das ocorrências posteriores são de Textos C, retomadas dos *Q 1* e *Q 2*). Mesmo a expressão "luta de classe" é bastante rara nos *Q* (apenas sete ocorrências) e sempre presente apenas em notas bibliográficas sobre textos de outros autores, entre as quais se destaca uma referência a Sorel (*Q 4*, 31, 448, depois Texto C: *Q 11*, 66, 1.495 [*CC*, 1, 212]) e uma presumida ausência de luta de classe nos Estados Unidos (*Q 3*, 68, 347, depois Texto C: *Q 22*, 16, 2.181 [*CC*, 4, 282]).

Todavia, é bastante ilustrativa, esclarecendo a trama conceitual que define em G. o conceito de classe, a contraposição constante nos *Q* entre "classe" e "casta": casta é resíduo do passado (*Q 6*, 116, 787 [*CC*, 5, 259]; *Q 8*, 187, 1.054, *passim* [*CC*, 2, 168-9]) e ao mesmo tempo, significativamente, característica do Oriente (*Q 5*, 90, 621 [*CC*, 2, 128]; *Q 6*, 32, 709 [*CC*, 2, 139]; *Q 7*, 71, 908, *passim* [*CC*, 2, 157-8]). O conceito de "casta" tem sempre uma conotação negativa e é considerado sinônimo de "'igrejinha', 'grupelho', 'quadrilha', 'camarilha' etc." (*Q 8*, 81, 986-7 [*CC*, 3, 276]). Em suma, classe está para casta como modernidade capitalista está para Idade Média feudal, o que naturalmente não exclui as representações de casta nas sociedades modernas, mas exatamente como fenômeno regressivo e, mais precisamente, degenerativo.

Assim, por exemplo, o "brescianismo", entendido como "espírito 'econômico-corporativo', 'privilegiado' de casta e não de classe, de caráter político-medieval e não moderno" (*Q 9*, 42, 1.122, Texto A); depois, ainda mais claramente no respectivo Texto C: "Oposição a toda forma de movimento nacional-popular, determinado pelo espírito econômico-corporativo de casta, de origem medieval e feudal" (*Q 23*, 8, 2.198 [*CC*, 6, 72]).

Não faltam adjetivações de "classe" que podemos definir como de tipo sociológico, ou seja, não rigorosas segundo a ótica marxista e, às vezes, abertamente contraditórias com o plano geral do pensamento gramsciano: veja-se o uso de "classe política" (mas justificado pela referência ao pensamento de Gaetano Mosca), de "classe militar-burocrática", de "classe culta" e até de "classe intelectual" (em evidente contradição com a definição gramsciana de intelectuais). Uma das passagens em que aparece a expressão "classe intelectual" – que, com base em Hegel, se refere à relação instituída por Marx entre "a filosofia clássica alemã" e a política "francesa" – deve, no entanto, ser lida atentamente, dado que a referência de G. parece polêmica em relação aos marxistas que se apropriam da posição ali descrita: "O que é 'política' para a classe produtiva torna-se 'racionalidade' para a classe intelectual. O que é curioso é que alguns marxistas considerem a 'racionalidade' superior à 'política', a abstração ideológica superior à concretude econômica. Com base nessas relações históricas, deve-se explicar o idealismo filosófico moderno" (*Q 1*, 151, 134 [*CC*, 6, 352], Texto A). Não por acaso, a ambígua expressão "classe intelectual" desaparece totalmente na segunda redação em Texto C: "Na verdade, o paralelo ["entre a prática francesa e a especulação alemã" – ndr] pode ser estendido: o que é 'prática' para a classe fundamental se torna 'racionalidade' e especulação para os seus intelectuais (sobre esta base de relações históricas se deve explicar todo o idealismo filosófico moderno)" (*Q 10* II, 61, 1.359 [*CC*, 1, 427]).

Por sua vez, constituem inervações características do pensamento gramsciano os usos frequentes de "classe dirigente" e "classe dominante" (em que prevalece, claramente, a forma singular) em contraposição a "classes subalternas" e "classes populares" (em que prevalece, ainda mais claramente, a forma plural). A expressão "classe revolucionária" é sempre declinada historicamente e se pode, então, referir à burguesia (sobretudo a francesa) quando ela está empenhada em sua revolução. Analogamente, a bela (e rara nos *Q*) expressão "classe histórica" se refere à burguesia italiana do *Risorgimento*, em contraposição à pequena burguesia ("o Partido de Ação não se apoiava especificamente em nenhuma classe histórica": *Q 1*, 44, 41; Texto C: *Q 19*, 24, 2.010 [*CC*, 5, 62]), mas se deve notar o uso que G. faz da expressão em referência à burguesia italiana do século XVI (criticando a incompreensão do crítico Ireneo Sanesi sobre as comédias daquele século): "Para Sanesi, os escritores da nova classe histórica são reacionários, enquanto revolucionários são os escritores cortesãos: é espantoso" (*Q 5*, 104, 632 [*CC*, 6, 178]).

Mas nada revela melhor a determinante sistemática marxista do pensamento gramsciano quanto o uso do conceito de "classe fundamental", que se refere sempre, e exclusivamente, à burguesia e à classe operária: "Embora seja certo que, para as classes fundamentais produtivas (burguesia capitalista e proletariado moderno), o Estado só é concebível como forma concreta de um determinado mundo econômico, de um determinado sistema de produção..." (*Q 10* II, 61, 1.360 [*CC*, 1, 427]).

Raul Mordenti

Ver: burguesia; classe dirigente; classe média; classe operária; classe política; classe urbana; grupo social; intelectuais; Mosca; Revolução Francesa; *Risorgimento*; subalterno/subalternos.

classe dirigente

O termo "classe dirigente" adquire em G. um significado mais amplo com relação ao uso que se costuma fazer dele. Nas primeiras páginas dos *Q* ele é posto em relação com toda a classe burguesa: "Os jacobinos [...] fizeram da burguesia a classe dirigente, hegemônica, ou seja, deram ao Estado uma base permanente" (*Q 1*, 44, 51). Outras vezes o termo identifica, ao contrário, um núcleo específico de pessoas com tarefas de direção no Estado, como por exemplo nas notas que lembram a derrota de Caporetto e as responsabilidades ligadas a ela: "A única responsável é a classe dirigente justamente porque dirigente" (*Q 6*, 69, 737 [*CC*, 3, 231]). O pertencimento dos intelectuais à classe dirigente é outro motivo de pesquisa para G., que se pergunta: "Possuem [uma] postura 'servil' com relação às classes dirigentes ou se acreditam, eles próprios, dirigentes, parte integrante das classes dirigentes?" (*Q 1*, 43, 37). Enfim, mesmo o "formar-se de ampla burocracia [...] para tutelar o domínio [político e econômico] da classe dirigente" (*Q 9*, 133, 1.195) põe o problema de sua real composição. Essas oscilações na definição do termo, como também o uso alternativo do singular ou do plural, não excluem que G. desenvolva precisas reflexões sobre o papel social e político das classes dirigentes.

Um primeiro esclarecimento concerne à relação entre classes dirigentes e Estado: a "unificação histórica das classes dirigentes reside no Estado e sua história é essencialmente a história dos Estados e dos grupos de Estados" (*Q 3*, 90, 372 [*CC*, 6, 352]). Essa unificação se baseia também sobre "os grandes sistemas de filosofias tradicionais e a religião do alto clero", que "influem sobre as massas populares como força política externa, como elemento de força coesiva das classes dirigentes" (*Q 11*, 13, 1.396 [*CC*, 1, 114]). Ao contrário do que ocorre para as classes subalternas, portanto, para quem "a unificação não acontece" enquanto "sua história permanece entrelaçada à história da 'sociedade civil'" (*Q 3*, 90, 372 [*CC*, 6, 352]), para as classes dirigentes a coesão e a eficácia são garantidas ao dispor do poder estatal e de uma *Weltanschauung* (*Q 7*, 33, 881 [*CC*, 1, 242]) correspondente: "Estado é todo o complexo de atividades práticas e teóricas com as quais a classe dirigente não só justifica e mantém não apenas seu domínio", mas – acrescenta G. – "consegue obter o consenso ativo dos governados" (*Q 15*, 10, 1.765 [*CC*, 3, 331]). Esta última observação nos dá outro elemento chave para definir a natureza ou a especificidade da "função hegemônica da classe dirigente" (*Q 8*, 79, 985) em relação com a ação de puro domínio político. G. o faz referindo-se ao *Risorgimento* e ao papel de liderança do Piemonte com respeito aos pequenos "núcleos de classe dirigente" presentes no resto do país: "O dirigente pressupõe o 'dirigido', e quem era dirigido por esses núcleos? Esses núcleos não queriam 'dirigir' ninguém, não queriam combinar seus interesses e aspirações com os interesses e aspirações de outros grupos. Desejavam 'dominar', não 'dirigir'" (*Q 15*, 59, 1.822 [*CC*, 5, 329]). G. distingue, portanto, a capacidade de dirigir, a "função hegemônica" (*Q 8*, 79, 985), entendida como capacidade de "agrupamento hegemônico", de fazer "sacrifícios de ordem econômico-corporativa" (*Q 4*, 38, 461) para poder justamente "dirigir" os outros grupos, da vontade de domínio, apoiada na pura coerção e, por isso, mais precária. Essa capacidade "de direção" da classe dirigente se exprime por meio do "aparelho 'privado' de hegemonia ou sociedade civil" (*Q 6*, 137, 801 [*CC*, 3, 254]) e pelo Estado com seus aparelhos. G. toma como exemplo a função jurídica: "O direito não exprime toda a sociedade (pelo que os violadores do direito seriam seres antissociais por natureza, ou deficientes mentais), mas a classe dirigente, que 'impõe' a toda sociedade aquelas normas de conduta que estão mais ligadas a sua razão de ser e a seu desenvolvimento" (*Q 6*, 98, 773 [*CC*, 3, 249]).

A capacidade dirigente das classes no poder, embora radicada também nas dobras "privadas" da sociedade civil, pode, no entanto, entrar em uma "crise de hegemonia [...] que ocorre ou porque a classe dirigente fracassou em algum grande empreendimento político para o qual pediu ou impôs pela força o consenso das grandes massas (como a guerra), ou porque amplas massas (sobretudo de camponeses e de pequeno-burgueses intelectuais) passaram subitamente da passividade política para certa atividade e apresentam reivindicações que, em seu conjunto desorganizado, constituem uma revolução" (*Q 13*, 23, 1.603 [*CC*, 3, 60]). Essa é a crise enfrentada pela classe dirigente italiana no final da Primeira Guerra Mundial, e é justamente a crise das classes dirigentes do Estado liberal italiano, as quais serão esmagadas pelo fascismo.

G. salienta também outro elemento de crise da classe dirigente, dessa vez não ligado a um evento específico como a guerra, mas a uma constatação mais geral: "Se se observa bem, deve-se chegar à conclusão de que o ideal de todo elemento da classe dirigente é o de criar as condições nas quais os seus herdeiros possam viver sem trabalhar, de renda. Como é possível que uma sociedade seja sadia quando se trabalha para estar em condições de não mais trabalhar? Dado que este ideal é impossível e malsão, isto significa que todo o organismo está viciado e doente. Uma sociedade que afirma trabalhar para criar parasitas, para viver do chamado trabalho passado (que é uma metáfora para indicar o trabalho atual de outros), na realidade destrói a si mesma" (*Q 10* II, 53, 1.343 [*CC*, 1, 411]).

Michele Filippini

Ver: classe política; direção; dirigentes-dirigidos; Estado; hegemonia; sociedade civil.

classe média

À noção de "classe média" G. dedica um verbete próprio, de ar comparativo e internacional: "Enciclopedia di concetti politici, filosofici, ecc. Classe media" [Enciclopédia de conceitos políticos, filosóficos etc. Classe média], em *Q 5*, 119, 638-9, retomado em um Texto C de 1935 com o título único "Classe média" (*Q 26*, 8, 2.303-5 [*CC*, 4, 87-8]). A expressão "classe média" (*middle class*) deriva – afirma G. – da peculiar história inglesa, na qual faltou uma aliança, de função antifeudal, entre burguesia e povo (opera ainda uma vez em G. o modelo francês-jacobino) e, ao contrário, se verificou uma aliança entre nobreza e povo, um "bloco nacional-popular contra a Coroa primeiro e depois contra a burguesia industrial" (ibidem, 2304 [*CC*, 4, 87]); isso também permitiu um conservadorismo popular ("os operários, se não votam no Partido Trabalhista, votam no Conservador": *Q 5*, 119, 639). Assim, em outras passagens, sempre em referência à Inglaterra, G. identifica classe média com pequena burguesia ("classes médias pequeno-burguesas": *Q 5*, 86, 616 [*CC*, 3, 211]). O uso do conceito de classe média na França é, ao contrário, totalmente inapropriado e dá lugar a equívocos, "porque existe a tradição política e cultural do Terceiro Estado, isto é, do bloco entre burguesia e povo" (*Q 5*, 119, 639). Enfim, na Itália, pela ausência de uma aristocracia feudal, já destruída pelas Comunas (exceto no Sul), o conceito de classe média "desceu um degrau" e a expressão "significa 'negativamente' não povo, isto é, 'não operários e camponeses'; significa positivamente as camadas intelectuais, os profissionais liberais, os empregados" (*Q 26*, 8, 2.304 [*CC*, 4, 88]). Tais classes médias urbanas, "médias em sentido italiano" – precisa G. –, "reforçadas pelos estudantes de origem rural", se tornam aliadas das ditaduras e podem também se impor às "classes altas" (*Q 13*, 23, 1.609 [*CC*, 3, 67]).

Todavia, não faltam contradições: G. fala das "conquistas revolucionárias das classes médias [...] limitadas e codificadas" pela Restauração, identificando, assim, classe média e burguesia (*Q 16*, 9, 1.863 [*CC*, 4, 40]); contradiz, ainda, o esquema que contrapõe a classe média inglesa ao Terceiro Estado francês, escrevendo: "Hegemonia da classe média, ou seja, do Terceiro Estado" (*Q 5*, 126, 654-5 [*CC*, 5, 134]), mas talvez tal afirmação remeta ao artigo de Missiroli com o qual G. está polemizando. Analogamente: numa polêmica com o conceito de "classe política" de Gaetano Mosca, G. pareceria fazer coincidir classe média com a categoria, bem diversa, das classes possuidoras: "Parece abranger todas as classes possuidoras, toda a classe média" (*Q 8*, 52, 972). Mas na segunda redação em Texto C o equívoco, que remete a Mosca, é esclarecido por G.: "Às vezes parece que por classe política se deva entender a classe média, outras vezes, o conjunto das classes possuidoras, outras vezes, o que se denomina a 'parte culta' da sociedade" (*Q 13*, 6, 1.565 [*CC*, 3, 22]).

A noção de classe média como essencialmente parasitária e improdutiva é evidente em uma nota sobre o corporativismo, na qual G. refuta a interpretação (de Fovel) da classe média como bloco produtivo entre os industriais e os operários: "Na realidade, até agora o regime corporativo funcionou para defender posições ameaçadas das classes médias, não para eliminá-las" (*Q 1*, 135, 125). Por outro lado, o corporativismo "cria empregos de novo tipo, organizativo e não produtivo, para os desempregados das classes médias" (*Q 22*, 6, 2.158 [*CC*, 4, 259]). O mesmo conceito aparece para explicar a violenta oposição por parte de "classes médias e intelectuais", que agora, pela primeira vez, são submetidas às formas de racionalização (progressistas, para G.) induzidas pelo capitalismo ("racionalização coercitiva da existência": *Q 21*, 13, 2.133 [*CC*, 6, 57]); daí a manifestação nessas camadas de "preocupações, feitiços e exorcismos" (*Q 6*, 28, 706).

O caráter fortemente negativo de "classe média" em G. é confirmado pela única ocorrência do termo nas *LC*: G. escreve ao filho Délio (com virulência polêmica realmente insólita) que Tchekhov "contribuiu para liquidar as classes médias, os intelectuais, os pequeno-burgueses", mostrando-os "como eram, mesquinhos, bolhas cheias de gases pútridos, fonte de comicidade e ridículo" (*LC*, 779, verão de 1936 [*Cartas*, II, 401]).

Raul Mordenti

Ver: burguesia; classe/classes; corporativismo; Mosca.

classe operária

Poderia representar um paradoxo dos *Q* a circunstância de que neles quase nunca apareçam os termos "classe operária" e "proletariado", além de estarem completamente ausentes nas *Cartas*. Isso torna necessário remeter a outras possíveis definições de classe operária: "classe subalterna", "classe urbana", "classe produtiva", "grupo social subalterno" etc. As pouquíssimas ocorrências de "classe operária" (apenas três no singular, cinco no plural) são todas apresentadas por meio de citações, ou diretas e entre aspas ou indiretas, com base em textos dos quais G. trata (é este o caso em *Q 3*, 1, 283 [*CC*, 2, 71]; *Q 4*, 52, 491; *Q 8*, 36, 963 [*CC*, 5, 287] e *Q 8*, 96, 997 [*CC*, 5, 296]; *Q 9*, 110, 1.177 e das segundas redações desses trechos em Textos C). Em *Q 2*, 6, 155 [*CC*, 5, 166] (que parte do artigo "Problemi finanziari" [Problemas financeiros], de Tittoni, publicado na *Nuova Antologia*) o tom especialista-econômico (o único dos *Q* que apresenta uma tabela econômica) permite a G. escrever que na Inglaterra "o déficit [...] é obtido com o aumento da dotação destinada à propaganda contra os mineiros, isto é, aumenta-se a parte do orçamento em favor dos capitalistas, em detrimento da classe operária".

Não diferente é o caso do substantivo "proletariado", frequentemente presente em citações de textos de outros autores. Mas se deve notar que em *Q 11*, 66 [*CC*, 1, 210-21] (um longo Texto C intitulado "Sorel, Proudhon, De Man") a palavra "proletariado" é abreviada, como outras palavras que, evidentemente, parecem a G. comprometedoras diante da censura carcerária: "M." para "Marx", "com." para "comunismo", "rev." para "revolução" e "revolucionário", e ainda "revol." aparece no lugar da palavra "comunistas" usada por Sorel no texto que G. cita (ibidem, 1495-6 [*CC*, 1, 210-21]). A constelação de palavras abreviadas, porque proibidas, que emerge dessas páginas não poderia ser mais significativa: Marx, proletário, revolução, comunismo. Se a necessidade de escapar à censura parece ser o motivo determinante da escassa utilização de "classe operária" e de "proletariado", todavia, a partir da frequente presença do termo "operário" (235 ocorrências nos *Q*), se poderia também inferir certa recusa de G. pelas abstrações lexicais e, em vez disso, uma clara preferência pela designação concreta. Veja-se a esse respeito as ocorrências de "operário" nas *LC*, em que se trata sempre de operários de carne e osso, seja tal concretude de tipo histórico (os eventos dos cardadores de lã, em Florença, aqueles dos operários milaneses) ou fruto de relação individual (o encontro com operários turineses enviados à prisão, as recordações pessoais etc.).

Destacam-se, enfim, entre as ocorrências de "proletariado", aquelas que derivam das traduções gramscianas de Marx publicadas apenas em parte em *QA*, 2.362 por Gerratana e, agora, integralmente nos *QT*. Deriva ainda do marxismo a célebre frase sobre o "proletariado alemão como o único herdeiro da filosofia clássica alemã" (*Q 4*, 56, 504 [*CC*, 6, 366]), que é do *Ludwig Feuerbach*, de Engels, mesmo que erroneamente atribuída a Marx (*Q 7*, 33, 881-2 [*CC*, 1, 242]) e que parece a G. tão crucial a ponto de ser repetida em outros três lugares (*Q 4*, 56, 504 [*CC*, 6, 368]; *Q 7*, 35, 886 [*CC*, 1, 246]; *Q 10* II, 2, 1.241 [*CC*, 1, 312] e *Q 10* II, 41.X, 1.317 [*CC*, 1, 386]).

RAUL MORDENTI

Ver: classe/classes; classe urbana; Engels; Marx; marxismo; subalterno/subalternos.

classe política

A reflexão sobre o tema "classe política" se realiza no *Q 8*, para depois reaparecer, quase sem modificações, no respectivo Texto C, dentro do *Q 13* [*CC*, 3] dedicado às notas sobre a política de Maquiavel. Em *Q 8*, 24 [*CC*, 2, 163] G. retoma o conceito de classe política do volume de Gaetano Mosca, *Elementos de ciência política*, publicado em nova edição, de 1923, dando-lhe já uma primeira definição: "A chamada 'classe política' de Mosca não é mais do que a categoria intelectual do grupo social dominante, [...] uma outra tentativa de interpretar o fenômeno histórico dos intelectuais e sua função na vida estatal e social" (ibidem, 956 [*CC*, 2, 163]). No livro de Mosca, a noção de classe política é, no entanto, na opinião de G., "oscilante e elástica": não é definida claramente, tanto que "não se compreende exatamente o que Mosca entende precisamente por classe política". G., enquanto escreve essas notas, está procurando definir seu próprio uso do conceito, mas para implementar a análise tem necessidade de realizar a crítica da definição mosquiana, imprecisa e lábil, própria de um pensador que "não aborda como um todo o problema do 'partido político'", um pensador "que vê se desenrolarem acontecimentos que o angustiam e aos quais deseja reagir", mas que se encontra no constrangimento de não mais ter noção do real, um constrangimento que, para G., emerge nas "duas partes do livro escritas em dois momentos típicos da história político-social italiana, em 1895 e 1923, enquanto a classe política se desintegra e não consegue encontrar um terreno sólido de organização". A conclusão dessa nota nos fornece o quadro teórico no âmbito do qual G. pretende reposicionar seu conceito de classe política: ele faz notar que no "moderno Príncipe" se coloca "a questão do homem coletivo, isto é, do 'conformismo social', ou seja, do objetivo de criar um novo nível de civilização, educando uma 'classe política' que já encarne esse nível em ideia" (*Q 8*, 52, 972). A classe política representa para G., portanto, um estrato social homogêneo que desempenha funções de direção intelectual de um específico bloco histórico. Um significado que reencontramos expresso também na definição de uma sua clássica distinção, aquela entre "grande política e pequena política", na qual esta última concerne justamente às "lutas por primazia entre as diversas frações de uma mesma classe política" (*Q 8*, 48, 970).

Em *Q 8*, 89 [*CC*, 2, 165], G. utiliza novamente o conceito de classe política aplicando-o à realidade estadunidense, dessa vez comentando um artigo do *Corriere della Sera* que destaca como, "após a crise, a classe financeira – que antes dominava a classe política – 'sofreu' nesses últimos meses o socorro desta última, virtualmente seu controle". Dessas observações G. deduz, com uma clarividência política notável, a abertura de uma "nova fase" da vida americana, na qual o elemento político e a complexa construção das superestruturas são os protagonistas: "Dado que, na realidade, classe financeira e classe política são, na América, a mesma coisa, ou dois aspectos da mesma coisa, o fato significaria somente que aconteceu uma diferenciação propriamente dita, isto é, que a fase econômico-corporativa da história americana está em crise e que uma nova fase está surgindo". É fácil ler à contraluz, na passagem do econômico-corporativo a uma fase mais avançada, a virada do *New Deal* que, em poucos anos, revolucionará a sociedade estadunidense. O conceito de classe política passa assim por uma especificação posterior que o leva a identificar aqueles estratos sociais que, superada a fase econômico-corporativa, chegam a construir a hegemonia na já complexa sociedade ocidental.

Michele Filippini

Ver: econômico-corporativo; grande política/pequena política; hegemonia; intelectuais; moderno Príncipe; Mosca; partido.

classe subalterna: v. subalterno/subalternos.

classe urbana

A expressão confirma, nos *Q*, a sua genericidade semântica, ou melhor, a sua ambiguidade constitutiva: aparece, de fato, com três diversos significados: a) como sinônimo de burguesia; b) como sinônimo de classe operária; c) para indicar o conjunto de burguesia e proletariado (neste caso, no plural: "classes urbanas"). No significado de "burguesia", G. usa "classe urbana" em *Q 1*, 48, 58 (depois retomado quase ao pé da letra no Texto C de *Q 13*, 37, 1.636 [*CC*, 3, 92]): o desenvolvimento do jacobinismo na França (o contexto do raciocínio é a "inversão" do jacobinismo operado por Maurras) encontra sua plena realização no regime parlamentar, que realiza, "no período mais rico de energias 'privadas' na sociedade, a hegemonia permanente da classe urbana sobre toda a população, na forma hegeliana do governo com o consenso permanentemente organizado" (idem). Com particular acentuação do caráter citadino da burguesia aparece também a expressão "forças urbanas" (*vs*. "forças rurais"

ou "camponesas"), com frequente referência ao Partido de Ação (como em *Q 19*, 26, 2.035-6, *passim* [*CC*, 5, 87-8]).

Com o significado de "classe operária", G. usa "classe urbana" em *Q 1*, 44, 54, no final do longuíssimo (e crucial) parágrafo intitulado "Direzione politica di classe prima e dopo l'andata al governo" [Direção política de classe antes e depois da chegada ao poder]. G. se refere (embora sem nominá-la) à fórmula, primeiro marxiana, depois trotskista, da "revolução permanente". Ao caráter desastroso de tal posição de Trotski ("inerte e ineficaz", "uma coisa abstrata, de laboratório científico"), que teria rompido a aliança operários-camponeses sobre a qual se baseava a Revolução Russa, G. contrapõe a validade da política perseguida pela "corrente que [...] combateu" Trotski (isto é, de Lenin e de Stalin), uma "aliança entre duas classes com a hegemonia da classe urbana". Na segunda redação desse trecho (em *Q 19*, 24, 2.034 [*CC*, 5, 86]) a mesma frase passa por uma atenuação lexical: "Aliança de dois grupos sociais, com a hegemonia do grupo urbano".

Enfim, a expressão aparece também para indicar o conjunto de burguesia e proletariado: é o caso em *Q 4*, 66, 511, em que o recurso a formas de ditadura militar na Espanha e na Grécia é colocado em relação (como no caso do fascismo) com o "equilíbrio das classes urbanas em luta, que impede a 'democracia' normal, o governo parlamentar". Parece referir-se a uma fase histórica de unidade ainda indiferenciada entre as duas classes (dada a inexistência de um proletariado como classe autônoma) a recorrência da expressão no *Q 8* e, sobretudo, no *Q 13* sobre Maquiavel ("se as classes urbanas pretendem pôr fim à desordem interna e à anarquia externa devem se apoiar nos camponeses como massa": *Q 13*, 13, 1.573 [*CC*, 3, 30]); mas o que conta é que no raciocínio gramsciano opera aqui – uma vez mais – o modelo "jacobino", e especialmente a leitura do jacobinismo como relação hegemônica entre cidade e campo. Interessante, desse ponto de vista, o conceito de "bloco urbano" (evidentemente entre burguesia revolucionária e povo parisiense) que G. lê na Revolução Francesa, lembrando as "relações entre Paris e a província, ou seja, entre a cidade e o campo, entre as forças urbanas e camponesas", e especificando: "Durante a Revolução, o bloco urbano parisiense guia [...] a província" (*Q 13*, 37, 1.648 [*CC*, 3, 105]).

Raul Mordenti

Ver: burguesia; classe/classes; classe operária; jacobinismo; Lenin; Maurras; Partido de Ação; Stalin; Trotski.

clássico

O termo "clássico" recebe, nos *Q*, uma significação precisa, evidente no modo em que G. discute Goethe: este goza "sempre de certa atualidade, porque [...] exprime sob forma serena e clássica aquilo que em Leopardi, por exemplo, é ainda conturbado romantismo: a confiança na atividade criadora do homem" (*Q 9*, 121, 1.187 [*CC*, 4, 122]). Sua atualidade, porém, não é identidade passional com o presente: "Uma pessoa inteligente e moderna deve ler os clássicos em geral com certo 'distanciamento', isto é, apenas por seus valores estéticos [...]. A admiração estética pode ser acompanhada de certo desprezo 'cívico', como no caso de Marx por Goethe" (*LC*, 425, a Giulia, 1º de junho de 1931 [*Cartas*, II, 51]). Clássico é, assim, tudo o que pertence a uma fase histórica definitivamente concluída, no duplo sentido em que pertence ao passado e que, de uma perspectiva particular, exprime uma fase de civilização que alcançou sua perfeição, enquanto supera o momento de distanciamento polêmico com o passado e encontra em si mesma todas as motivações *positivas* sobre as quais se apoiar. Se clássico exprime certo passado, pode indicar também um devir possível do presente em vista do futuro. Assim, a filosofia da práxis não entrou em sua fase clássica (isto significaria que pertence ao passado, *Q 7*, 29, 876 [*CC*, 6, 372]). Ela deve possuir uma atitude crítica, portanto, "uma atitude, em certo sentido, romântica, mas de um romantismo que, conscientemente, procura seu sereno caráter clássico" (*Q 4*, 3, 425). Essa tensão é necessária porque a crítica não deve ser deixada a si mesma, mas trabalhada de modo que produza um distanciamento progressivo de civilização. Mas há também uma acepção negativa de "clássico": o classicismo de quem utiliza a composição formal de maneira preceitual – tanto em estética quanto em teoria da história – para sufocar as instâncias românticas de renovação: "O classicismo literário e artístico da última estética crociana" (*Q 8*, 27, 958; *Q 6*, 124, 794 [*CC*, 6, 199]; *Q 8*, 39, 966; *Q 10* I, 9, 1.228 [*CC*, 1, 298-9]; *Q 10* II, 41.XIV, 1.325 [*CC*, 1, 393-4]) e a "classicidade nacional" de Gioberti (*Q 8*, 27, 957-8 e *Q 8*, 30, 959 [*CC*, 2, 163]) como instâncias voltadas a fazer parecer "irracional" e "anti-histórica" toda tentativa de romper o atual sistema de relações de forças.

Fabio Frosini

Ver: crítica/crítico; Croce; Gioberti; Goethe; Leopardi.

clérigos

O substantivo aparece de forma coerente na redação não orgânica dos *Q*, privilegiando a urgência de definir sem equívocos, e com base em uma análise etimológica, o estatuto do intelectual contemporâneo. Se a reflexão gramsciana não está separada do contexto que alimenta a confecção de *La trahison des clercs* [*A traição dos intelectuais*], documento de uma época que promove a identificação, tornada canônica, entre o clérigo e o intelectual, nos *Q* paira a constatação de um limite substancial na obra de Benda, que consiste na ausente resolução da contradição surgida nos acontecimentos históricos contemporâneos da burguesia europeia. Inspirada por um *milieu* cultural receptivo acerca da questão da função dos intelectuais, a problematização do conceito de clérigo casa-se com temas polêmicos e categorias históricas de rigorosa atualidade, como a de particularismo, universalismo e nacionalismo. Insistindo sobre a importância de Benda, comparado com Croce, sabendo que "em Croce existe uma construção orgânica do pensamento, uma doutrina [...] sobre a função dos intelectuais na vida estatal, que inexiste em Benda" (*Q 10* II, 47, 1.333-4 [*CC*, 1, 402]), G. adota o termo "clérigos" como indicativo de um grupo social preciso. A presença do tom polêmico – é conhecida a expressão "clérigos fanáticos" (*Q 11*, 48, 1.470 [*CC*, 1, 187]) – acompanha a exigência de esclarecer a gênese histórica do substantivo; o clérigo, "'especialista' [...] da palavra", nasce em um tempo definido pelo "monopólio das superestruturas da parte dos eclesiásticos" (*Q 12*, 1, 1.515 [*CC*, 2, 17]) e caracterizado pela supremacia do latim, língua de uma elite, guardiã do sistema dos saberes. A vontade de voltar à gênese do processo que favoreceu a crescente "especialização" dos intelectuais retorna na reflexão acerca do problema de sua possível autonomia e parte de considerações de caráter social e cultural para iniciar uma "pesquisa sobre a história dos intelectuais", na perspectiva histórico-política e não sociológica (idem).

Laura Mitarotondo

Ver: Benda; Croce; intelectuais; nacionalismo.

clero

Nos *Q* há uma visão do clero complexa e articulada, com distinções sutis e também minuciosas entre os vários tipos de clero: "alto" (*Q 1*, 48, 62), "baixo" (ibidem, 63), "liberalizante e antijesuíta" (*Q 1*, 46, 55), "modernista"

(*Q 5*, 1, 540 [*CC*, 5, 345]), "conservador", "aristocrático", "classe eleita" (*Q 1*, 51, 65 [*CC*, 4, 173]), classe tradicional (*Q 1*, 61, 70 [*CC*, 6, 346]), clero como "ordem feudal aliada ao rei e aos nobres" (*Q 1*, 52, 66 [*CC*, 4, 174]). Na maior parte dos casos G. salienta a distância entre "comunidade do clero" e "comunidade dos fiéis" (*Q 1*, 139, 127) e "entre a religião do povo e aquela do clero e dos intelectuais" (*Q 4*, 49, 482). A G. interessa a função do clero no *Risorgimento*, nos partidos, na opinião pública (*Q 1*, 52, 66 [*CC*, 4, 174]), como parte da função dos intelectuais. Ele salienta a "origem social" do clero, também "para avaliar sua influência política: no Norte o clero é de origem popular (artesãos e camponeses), no Sul está mais ligado aos 'senhores' e à classe alta. No Sul e nas ilhas o clero [...] aparece ao camponês, frequentemente, não só como guia espiritual, mas como proprietário que impõe pesados arrendamentos ('os juros da Igreja') e como usurário" (idem).

O clero "como tipo de estratificação social deve ser sempre levado em conta quando se analisa a composição das classes possuidoras e dirigentes" (*Q 3*, 77, 357 [*CC*, 4, 187]). Por isso, G. se pergunta: "Existe um estudo orgânico sobre a história do clero como 'classe-casta'? Parece-me que seria indispensável, como preparação e condição para todo o estudo restante sobre a função da religião no desenvolvimento histórico e intelectual da humanidade" (*Q 1*, 154, 137 [*CC*, 2, 64]). Como intelectuais, os eclesiásticos foram "monopolizadores, por longo tempo, de alguns serviços essenciais (a ideologia religiosa, a escola e a instrução, e em geral a 'teoria', com referência à ciência, à filosofia, à moral, à justiça etc., além da beneficência e da assistência etc.)" (*Q 4*, 49, 475).

Giovanni Semeraro

Ver: católicos; Concordata; Igreja católica; intelectuais; religião.

coerção

O termo possui na obra carcerária uma gama articulada de aplicações, que vai da teoria da educação à teoria política propriamente dita e que, em geral, não possui valor intrinsecamente negativo, já que nos diversos âmbitos G. parece acolher a necessidade, senão mesmo a positividade, de um componente coercitivo. Na carta a Giulia de 30 de dezembro de 1929, escrevendo a respeito da educação do filho Délio e chamando a atenção para o fato de que ela estava baseada em uma concepção excessivamente "metafísica", construída em torno do pressuposto de que na criança estivesse presente, em potência, já o homem, do qual se pretenderia deixar desenvolver, com uma simples ajuda e sem "coerção", aquilo que nele estaria latente, G. assim concluía: "Eu, ao contrário, penso que o homem é toda uma formação histórica obtida com a coerção (entendida não só no sentido brutal e de violência externa), e é só o que penso: de outro modo, se cairia numa forma de transcendência ou de imanência" (*LC*, 301 [*Cartas*, I, 386]). Trata-se daquele mesmo tipo de coerção que permite a "um estudioso de quarenta anos" permanecer sentado em uma mesa por diversas horas seguidas: estaria em condições de fazê-lo – se pergunta G. – "se quando criança não tivesse assimilado, por meio da coerção mecânica, os hábitos psicofísicos apropriados?" (*Q 12*, 2, 1.544 [*CC*, 2, 46]). E, no entanto, a aquisição de determinados hábitos por meio da coerção não é suficiente para que um indivíduo encontre seu lugar nos mecanismos que regulam a convivência social. Nesse caso – nota G. – precisa-se de algo mais, já que o respeito pela ordem legal constituída por aquele conjunto de regras sobre as quais se organiza "a vida dos homens entre si" não pode derivar apenas de uma imposição externa, mas deve ser fruto de uma convicção espontânea: deve amadurecer "por necessidade reconhecida e proposta a si mesmos como liberdade e não por simples coerção" (ibidem, 1.541 [*CC*, 2, 43]).

A conclusões semelhantes chega G. depois de uma reflexão sobre o Estado apresentado no *Q 6*. Depois de partir de uma afirmação de Guicciardini segundo a qual "para a vida de um Estado duas coisas são absolutamente necessárias: as armas e a religião" (*Q 6*, 87, 762 [*CC*, 3, 243]) e depois de articulá-la em uma série de pares opostos – "força e consenso, coerção e persuasão, Estado e Igreja, sociedade política e sociedade civil, política e moral (história ético-política de Croce), direito e liberdade, ordem e disciplina, [...] violência e fraude" (ibidem, 763 [*CC*, 3, 243]) –, G. afirma que "na noção geral de Estado entram elementos que devem ser remetidos à noção de sociedade civil (no sentido, se poderia dizer, de que Estado = sociedade política + sociedade civil, isto é, hegemonia couraçada de coerção)" (*Q 6*, 88, 763-4 [*CC*, 3, 244]). Esse argumento – prossegue – se torna fundamental em uma doutrina do Estado segundo a qual o próprio Estado tenda a se extinguir: quanto mais se afirmam elementos de "sociedade regulada (ou Estado ético ou sociedade civil)", mais tende a se exaurir "o elemento Estado-coerção". A extinção do Estado, ou seja, uma situação de "Estado sem

Estado", pressupõe uma aceitação espontânea das leis, uma aceitação livre "e não por coerção, como imposta por outra classe, como coisa externa à consciência" (ibidem, 764 [*CC*, 3, 244]). É uma situação na qual se prevê uma forma de direito e de justiça regulamentada por instituições específicas que nada compartilham com aquelas instituições "caducas" das épocas passadas, que outra coisa não foram senão "coerção, pressão, deformação arbitrária da vida pública e da natureza humana" (*Q 3*, 3, 287 [*CC*, 2, 74]), ao ponto que alguns intelectuais as descreveram em termos de uma equiparação entre direito e injustiça.

Na indicação dos pares de opostos em *Q 6*, 87 [*CC*, 3, 243] G. insere "política e moral" como características da história ético-política de Croce. Ele salienta com força o fato de que no pensamento crociano "a ética se refere às atividades da sociedade civil, à hegemonia; a *política* se refere à iniciativa e à coerção estatal-governamental" (*Q 10* II, 41.III, 1.302 [*CC*, 1, 371]; note-se que, no respectivo Texto A, *Q 7*, 9, 858, "coerção" não aparece e se lê que a política corresponde "à iniciativa estatal-governamental"). A manutenção, por parte de Croce, da distinção entre os dois momentos tem consequências relevantes: apresentando a distinção de modo especulativo, abstrato, segue-se que a "coerção estatal" opera de forma a justapor "civilização e culturas diversas", organizando-as em uma "'consciência moral'" "contraditória e ao mesmo tempo 'sincrética'" (*Q 10* I, 7, 1.223 [*CC*, 1, 294]). Opera-se portanto uma profunda crítica da posição crociana do ponto de vista do materialismo que, segundo o filósofo de Abruzzo, significa "a 'força material', a 'coerção', o 'fato econômico' etc." (*Q 10* II, 5, 1.244 [*CC*, 1, 314]). Justamente na ótica da crítica a Croce, G. recorda que "entre a estrutura econômica e o Estado com sua legislação e sua coerção está a sociedade civil" (*Q 10* II, 15, 1.253 [*CC*, 1, 324]), e o Estado é o instrumento por meio do qual a sociedade civil se adapta à estrutura econômica. Isto, no entanto, pode ocorrer apenas se a condução do Estado é confiada aos representantes "das mudanças ocorridas na estrutura econômica" (ibidem, 1.254 [*CC*, 1, 324]). Esperar que a adaptação da sociedade civil à nova estrutura econômica ocorra "por via de propaganda e de persuasão [...] é uma nova forma [...] de moralismo econômico vazio e inconclusivo" (idem). Também dessa forma parece reiterada a necessidade do momento coercitivo.

Outro grande campo de aplicação do conceito de coerção é aquele atinente à relação com o sistema produtivo e com as necessidades nele inerentes. No *Q 22* (*Americanismo e fordismo*), analisando o novo sistema produtivo introduzido nos Estados Unidos com o taylorismo e as causas de seu fracasso, G. especifica o que entende por coerção "não só no sentido brutal", sobre a qual escrevia à mulher em 30 de dezembro de 1929 (*LC*, 301 [*Cartas*, I, 386]). O novo industrialismo estadunidense não fracassa, segundo G., em razão da violência, das "pressões coercitivas" resultantes da aplicação de novas técnicas produtivas. Toda a história do industrialismo, para G., foi caracterizada pelas pressões coercitivas crescentes, tendentes a disciplinar as inclinações naturais dos trabalhadores, reduzindo as atividades destes últimos "apenas ao aspecto físico maquinal" (*Q 22*, 11, 2.165 [*CC*, 4, 266]), com o objetivo de subjugar os instintos naturais, "o elemento 'animalidade' do homem" (*Q 22*, 10, 2.160 [*CC*, 4, 262]), para criar "normas e hábitos de ordem, de exatidão, de precisão" à altura das exigências de formas de vida coletiva "sempre mais complexas" em virtude do desenvolvimento do próprio industrialismo. Nas novas formas do industrialismo estadunidense (o taylorismo) – continua G. – está certamente contido um percentual maior de brutalidade em relação às épocas precedentes, mas não basta denunciar esse processo e decretar sua irracionalidade, também porque isso significaria colocar-se em uma condição de crítica insustentável contra qualquer processo de inovação. Por outro lado – recorda G. –, sempre o novo se afirma sobre o velho por "pressão mecânica". Os instintos hoje definidos "animalescos" são um progresso com relação àqueles "mais primitivos" e isso é resultado de processos históricos caracterizados por custos altíssimos em termos de vidas humanas e de "subjugação dos instintos". G. propõe como exemplo a "passagem do nomadismo à vida sedentária e agrícola [...] as primeiras formas de escravidão da gleba e dos ofícios etc.". E acrescenta: "Até agora todas as mudanças do modo de ser e de viver tiveram lugar através da coerção brutal, isto é, através do domínio de um grupo social sobre todas as forças produtivas da sociedade". "Brutalidades inauditas" selecionaram (ou "educaram") o homem adaptado "às novas formas de produção e de trabalho [...], jogando no inferno das subclasses os fracos e os refratários ou eliminando-os inteiramente" (ibidem, 2.160-1 [*CC*, 4, 262-3]). Todo processo inovador comporta custos, também em termos de vidas humanas. Pensar que isso não ocorrerá com os métodos tayloristas é ilusório. O complexo das "pressões e coerções diretas e indiretas" (*Q 22*, 11, 2.167 [*CC*, 4, 269]), do disciplinamento da vida sexual ao proibicionismo, até à quase total liquidação dos sindicatos, funcional ao desenvolvimento do modelo fordista de fábrica, é legítimo pelo menos no sentido de que representa o último momento da evolução das formas históricas de vida. Assim, pode-se estar mais ou menos de acordo, mas "o princípio da coerção, direta e indireta, na organização da produção e do trabalho é justo" (ibidem, 2.164 [*CC*, 4, 265]). A "crise orgânica" da ordem burguesa durante o primeiro pós-guerra, caracterizada por "uma crise de costumes de extensão e profundidade inauditas", "se verifica contra uma forma de coerção" (*Q 22*, 10, 2.162 [*CC*, 4, 263]) pensada para as necessidades da guerra, para cujo término massas já conscientes do próprio papel histórico reivindicavam, por meio dos sindicatos, por exemplo, uma nova posição social, determinando, ao mesmo tempo, a constituição do "homem-coletivo contemporâneo" (*Q 7*, 12, 862 [*CC*, 3, 259]) e a colocação em discussão do papel dos grupos dominantes.

Em presença dessa nova situação, G. coloca a questão de "uma coerção de novo tipo" (ibidem, 2.163 [*CC*, 4, 265]), para a qual a ordem burguesa está despreparada enquanto consciente de que, aplicando-a, liberaria também a subjetividade da nova figura histórico-social constituída pelo homem coletivo. Na verdade, essa nova coerção se baseia em um equilíbrio psicofísico do trabalhador "não imposto de fora" (*Q 22*, 11, 2.166 [*CC*, 4, 267]), mas sim "interior [...] proposto pelo próprio trabalhador" (idem), e isso acelerará o processo de aquisição de capacidade crítica e, por isso, de autonomia do trabalhador. Trata-se de "uma coerção de novo tipo, enquanto exercida pela elite de uma classe sobre a própria classe" (*Q 22*, 10, 2.163 [*CC*, 4, 265]). Uma coerção que é "uma autocoerção, isto é, uma autodisciplina" (idem), que visa à autonomia dos produtores e, por isso, se contrapõe também aos "meios coercitivos exteriores", isto é, à militarização da produção, como proposto por Trotski (*Q 22*, 11, 2.164 [*CC*, 4, 265]). Na fábrica fordista, ao contrário, o instrumento de persuasão que deveria suavizar a coerção é constituído pelos altos salários: "A coerção [...] deve ser sabiamente combinada com a persuasão e o consenso e isto pode ser obtido [...] por meio de uma maior retribuição" (*Q 22*, 13, 2.171-2 [*CC*, 4, 273]). Mas isso não basta para aliviar a pressão exercida sobre os operários, autenticamente "espremidos" (*Q 22*, 11, 2.166 [*CC*, 4, 265]). Justamente a incapacidade dos industriais estadunidenses de apreender a necessidade de um novo tipo de coerção, não mais imposta de fora, conduz ao fracasso do novo industrialismo. Na ótica da autocoerção seria, ao contrário, necessária uma revisão da tarefa educativa e formativa do Estado, o qual deverá elaborar "novos e mais elevados tipos de civilização" (*Q 13*, 7, 1.566 [*CC*, 3, 23]) para serem adaptados aos novos sistemas produtivos, ou seja, um direito de tal maneira universal que permita a todo indivíduo "incorporar-se no homem coletivo", e o qual deverá exercer sobre o indivíduo uma "pressão educativa" de tal forma a obter dele "o consenso e a colaboração, tornando 'liberdade' a necessidade e a coerção" (idem). Em substância, "a coerção é tal apenas para quem não a aceita, não para quem a aceita" (*Q 14*, 65, 1.725 [*CC*, 6, 250]). Desenvolver-se em relação ao desenvolvimento das forças sociais "não é coerção", mas resultado de um "método acelerado". Para aqueles que, por "livre vontade", seguem os ritmos de tal desenvolvimento, a coerção assume o mesmo significado "daquilo que os religiosos dizem da determinação divina" (idem).

Em outro lugar G. retorna ao tema da militarização da produção e, embora implicitamente, à posição de Trotski; ao contrário da expressão "meios coercitivos exteriores" (*Q 22*, 11, 2.164 [*CC*, 4, 265]), lemos aqui "disciplina exterior coercitiva" (*Q 11*, 1, 1.368 [*CC*, 1, 87]): o contexto é constituído por uma reflexão sobre pedagogia). G. nota como a educação de um grupo social atrasado necessita de uma "disciplina exterior coercitiva", ainda que isso não deva significar necessariamente a redução à escravidão, "a menos que se pense que toda coerção estatal é escravidão" (idem). Também para o trabalho há uma coerção de tipo militar (aquela, justamente, sustentada por Trotski) a aplicar aos grupos sociais "imaturos" e "voltada para educar um elemento imaturo" (idem), ou seja, um elemento que, posto ao lado de elementos já maduros, mostre sua imaturidade. É claro, segundo G., que se trata de uma imaturidade que nada compartilha com a escravidão, a qual "organicamente é expressão de condições universalmente imaturas" (idem).

Bibliografia: Burgio, 2002; Texier, 1989; Tosel, 1989.

Lelio La Porta

Ver: altos salários; americanismo; consenso; criança; Croce; disciplina; educação; Estado; fordismo; Guicciardini; liberdade; necessidade; pedagogia; sociedade política; sociedade regulada; taylorismo; Trotski.

coerência/coerente
G. utiliza nos *Q* os termos "coerência" e "coerente" com dois significados diferentes, porém interligados. O primeiro significado faz referência a uma relação lógica entre premissas e conclusões, relação que constitui um sistema internamente coerente ou um desenvolvimento temporal não contraditório. Nesse sentido, a coerência desempenha um papel importante na definição gramsciana de "senso comum", "o 'folclore' da filosofia", cujo "caráter fundamental é o de ser uma concepção do mundo desagregada, incoerente, inconsequente" (*Q 8*, 173, 1.045). Ao contrário, o filósofo de profissão pensa "com maior rigor lógico, com maior coerência" (*Q 10* II, 52, 1.342 [*CC*, 1, 410]; para a natureza "coerente" mas não científica da teologia, v. *Q 10* II, 32, 1.277 [*CC*, 1, 347]). Por isso G. coloca o problema de "um senso comum renovado" que estaria em grau de difundir "a coerência e o vigor das filosofias individuais" entre as classes populares (*Q 11*, 12, 1.382 [*CC*, 1, 101]).

O segundo significado de coerência se aproxima da etimologia da palavra (conexão, coesão; estar ligado, junto) e se refere ao momento de formação de corpos coletivos e grupos sociais. Em uma nota que remete ao fim de 1930, dedicada a Maquiavel, G. sustenta que a direção coletiva coloca o problema de como manter um grupo "unitário e coerente em sua obra de continuidade" (*Q 5*, 127, 661 [*CC*, 3, 216]). G. sustenta que este significado do termo "coerência" é importante para apreender a formulação específica da identificação entre teoria e prática na filosofia da práxis. A passagem em *Q 15*, 22, 1.780 [*CC*, 1, 260] (maio de 1932) coloca o problema de "uma teoria que, coincidindo e identificando-se com os elementos decisivos da própria prática, acelere o processo histórico em ato, tornando a prática mais homogênea, coerente, eficiente em todos os seus elementos, isto é, elevando-a à máxima potência". A coerência no duplo significado, lógico e político, é assim colocada por G. na base da formação de uma hegemonia das classes populares.

Peter Thomas

Ver: Bukharin; concepção do mundo; Croce; filosofia; filosofia da práxis; filósofo e filósofo democrático; senso comum; unidade teoria-prática.

coletivismo: v. individualismo.

colonialismo
Na opinião de G., os grandes impérios coloniais surgidos no último decênio do século XIX são a resposta à crise de superprodução desencadeada pela queda da taxa de lucro, que impunha às potências europeias "ampliar a área de expansão de seus investimentos rentáveis" (*Q 19*, 24, 2.018 [*CC*, 5, 70]). Tal política, que assinala a passagem da fase liberal do capitalismo para a fase imperialista, interessa apenas marginalmente a países em via de industrialização como a Itália, privados de capital para exportar. O "colonialismo" italiano, não possuindo uma base econômica, segue uma lógica completamente política: o reforço da unidade nacional. Diante da resistência economicamente motivada dos industriais, o colonialismo na Itália se afirma pela necessidade da camada política dirigente de exercer a própria hegemonia sobre as massas rurais do Sul, relutantes em se reconhecer no Estado unitário. Não podendo ou querendo romper o bloco social dominante entre industriais setentrionais e agrários meridionais, a camada política dirigente não possuía outra maneira de responder às exigências de terra das massas a não ser – observa G. – "desviando a solução ao infinito", ou projetando "a miragem das terras coloniais a explorar" (ibidem, 2.018-9 [*CC*, 5, 62-3]). Em países de capitalismo atrasado, as indústrias, sem ainda poder enfrentar a concorrência internacional, têm necessidade do protecionismo. A produção não se destina à satisfação de um mercado interno tornado débil pela política de baixos salários, mas está voltada para conquistar – como observa G. – "mercados externos com um verdadeiro e próprio *dumping* permanente" (*Q 6*, 135, 799 [*CC*, 4, 305]). Importância decisiva possui, portanto, o desenvolvimento de uma política colonial que abra mercados para as mercadorias "em países atrasados do exterior, onde seja mais possível a penetração política para a criação de colônias e de zonas de influência" (idem). O colonialismo tende a mascarar sua origem, fundada nos interesses econômicos das classes dominantes, por trás de uma ideologia nacionalista. Para G., esta última é particularmente deletéria para países atrasados como a Itália, nos quais consegue conquistar intelectuais pequeno-burgueses antes próximos ao socialismo. Emblemático é o caso de Pascoli ou Corradini, que engenhosamente se põem a repensar a luta de classes num plano geopolítico, sobre a base do pseudoconceito de "nação proletária" (*Q 2*, 52, 209 [*CC*, 5, 180]). A expansão colonial de países como a

Itália teria sua justificativa na escassez dos recursos naturais, que constrangeriam à imigração as massas agrícolas meridionais. Ao contrário, na opinião de G. a conquista de colônias não responde a razões de ordem demográfica, mas a interesses econômicos e políticos das classes dominantes: não há exemplos, na história moderna, de colônias de "povoamento"; tanto a emigração quanto a colonização "seguem o fluxo dos capitais investidos nos vários países e não inversamente" (*Q 19*, 6, 1.991 [*CC*, 5, 44]). Assim, diversos assentamentos de colônias italianas no exterior se encontram em países sob o domínio de outras potências coloniais na forma de "capitulações", ou um sistema de privilégios econômicos que representava uma forma de colonização indireta que tinha a vantagem de cuidar dos interesses nacionais procurando não se sobrecarregar da "odiosidade da situação criada pela Europa" (*Q 2*, 63, 219 [*CC*, 3, 158]).

Para além da crítica ao "socialismo nacional", G. deve encarar, com relação à questão colonial, um conflito teórico no próprio campo. Talvez o primeiro marxista italiano de estatura europeia, Antonio Labriola, tivesse de fato defendido a aventura colonial na Líbia. G. salienta em particular a emblemática resposta dada por Labriola a um aluno – citada nas *Conversazioni critiche* de Croce – a propósito da eficácia da pedagogia moderna na educação de um papuano. Num primeiro momento seria indispensável, na opinião de Labriola, reduzi-lo à condição de escravidão, na esperança de que, por meio de sua colonização, seria possível levar seus descendentes a entender a pedagogia moderna. G. considera tais posições viciadas por um "pseudo-historicismo", ou por um "mecanicismo bastante empírico e muito próximo do mais vulgar evolucionismo" (*Q 11*, 1, 1.366 [*CC*, 1, 86]). Remetendo-se a Bertrando Spaventa, G. relaciona tal justificativa do colonialismo às posições daqueles que "gostariam de ver os homens sempre no berço (ou seja, no momento da autoridade que, não obstante, educa para a liberdade os povos imaturos) e pensam que toda a vida (dos outros) se passa num berço" (idem). Em sua opinião, ao contrário, um país ou uma classe social que tivesse alcançado um nível de civilização avançado deveria "'acelerar' o processo de educação dos povos e dos grupos sociais mais atrasados, universalizando e traduzindo de modo adequado sua nova experiência" (ibidem, 1.367 [*CC*, 1, 87]). Para G., não nos podemos restringir, como fazia Labriola, a justificar o existente, ou a constatar a função, dentro de certos limites civilizatória,

do colonialismo. Ao contrário, se se quer verdadeiramente que os descendentes das populações colonizadas possam se libertar da escravidão e ser "educados com a pedagogia moderna", deve-se conduzir uma impiedosa luta contra o colonialismo. No âmbito dos países coloniais, essa deverá ter a função essencial de induzir "os próprios papuanos a refletir sobre si mesmos, a autoeducar-se" (idem). Para G., na ausência de uma luta contra o colonialismo, toda pretensão de uma função pedagógica europeia em relação às populações colonizadas deve ser considerada uma hipocrisia. A escravidão é, de fato, "a expressão orgânica de condições universalmente imaturas" (ibidem, 1.368 [*CC*, 1, 87]), enquanto a pedagogia moderna necessita da presença de um docente maduro que possa sustentar em seu desenvolvimento um discente em formação. Para G., a luta contra o colonialismo é, além disso, decisiva, já que ele está na base das modernas guerras imperialistas. As burguesias dos Estados de capitalismo avançado tendem, de fato, "a ampliar a base da sociedade trabalhadora da qual extrai o mais-valor" (*Q 13*, 34, 1.631 [*CC*, 3, 88]). Tal tendência "natural" torna-se uma necessidade premente em fases de crise econômico-social. A exigência de alargar a base de extração de mais-valor mediante o colonialismo entra assim "em conflito com outros grupos dirigentes que aspiram ao mesmo fim, ou em prejuízo dos quais a expansão de tal grupo deveria necessariamente se verificar, já que também o globo terrestre é limitado" (idem).

G. analisa, enfim, as profundas transformações que o colonialismo produz na estrutura do Estado e, em consequência, na luta sociopolítica em seu interior. Nos últimos decênios do século XIX, em seguida à expansão colonial, "as relações de organização internas e internacionais do Estado tornam-se mais complexas e robustas" (*Q 13*, 7, 1.566 [*CC*, 3, 24]), ao ponto em que "a fórmula da 'revolução permanente', própria de 1848" torna-se obsoleta e deve ser substituída pela da luta pela hegemonia (idem). Nos Estados colonialistas, de fato, o conflito entre as classes sociais se desdobra principalmente na forma da "guerra de posição" para a conquista da hegemonia na sociedade civil. Da mesma forma, nas guerras coloniais a solução militar não é suficiente, não basta conseguir, como numa guerra normal, o "objetivo estratégico", pois justamente porque se deve ocupar de forma permanente o país derrotado, mesmo depois de lhe ter dispersado as tropas, o conflito prosseguirá no "terreno político e de 'preparação' militar" (*Q 1*, 134, 122 [*CC*, 3, 124]). Tanto as guerras coloniais como as guerras de libertação nacional são, portanto, similares à moderna luta política, articulando-se, como essa, sobre três planos diferentes: a guerra "de movimento, de posição e subterrânea" (idem). Trata-se de formas "de luta mista, de caráter militar fundamental e de caráter político preponderante (mas toda luta política possui sempre um substrato militar)" (ibidem, 123 [*CC*, 3, 125]), já que os colonialistas estão em evidente inferioridade numérica e os movimentos de libertação nacional são privados dos equipamentos indispensáveis para poder sustentar um conflito em campo aberto.

RENATO CAPUTO

Ver: colônias; escravidão; Labriola; nacionalismo; pedagogia; questão meridional; sociedade civil.

colônias

O interesse de G. pelas colônias está voltado, antes de tudo, para a análise "das colônias internas nos países capitalistas" atrasados (*Q 8*, 193, 1.057 [*CC*, 3, 287]), como a Itália do final do século XIX. A política liberal dominante baseava-se em "um bloco 'urbano'" entre industriais e aristocracia do Norte, que preservava sua hegemonia sobre o restante do país mediante o protecionismo. "O Mezzogiorno era reduzido a um mercado de venda semicolonial, a uma fonte de poupança e de impostos e era mantido 'disciplinado' com duas séries de medidas": repressão violenta de toda forma de organização das massas rurais e "corrupção-cooptação" dos intelectuais (*Q 19*, 26, 2.038 [*CC*, 5, 90]). Dessa forma, "o estrato social que teria podido organizar o descontentamento endêmico do Sul tornava-se, ao contrário, um instrumento da política do Norte" (ibidem, 2.039 [*CC*, 5, 92]). A repressão das tentativas não orgânicas de rebelião, que se manifestavam no banditismo, eram conduzidas com a brutalidade das "expedições coloniais" (*Q 6*, 2, 685). A situação de atraso a que tais políticas condenavam o Sul era funcional para justificar a conquista de colônias no exterior: à "fome de terra" e ao "sofrimento da emigração" das massas rurais, a ideologia dominante respondia com uma política de "colonialismo de povoamento" (*Q 19*, 24, 2.020 [*CC*, 5, 72]). Todavia, na opinião de G., não existe uma relação necessária entre "exuberância demográfica" e domínio direto de colônias, já que "a emigração segue leis próprias, de caráter econômico" (*Q 8*, 80, 986 [*CC*, 3, 275-6]).

A análise de G. sobre as colônias italianas é muito reduzida, presumivelmente para evitar a censura. Há acenos com relação à Albânia (*Q 1*, 66, 76 [*CC*, 4, 174]) e à Eritreia (*Q 2*, 50, 205 [*CC*, 3, 154]) em breves notas nas quais G. se limita a sintetizar artigos lidos em revistas. Mais significativas são as notas dedicadas aos domínios coloniais ingleses, colocados em discussão pelo surgimento dos "movimentos nacionais e nacionalistas", que são vistos por G. em parte como "uma reação ao movimento operário – nos países de capitalismo desenvolvido", em parte como "um movimento contra o capitalismo estimulado pelo movimento operário: Índia, negros, chineses etc." (*Q 2*, 48, 201 [*CC*, 3, 151]).

RENATO CAPUTO

Ver: colonialismo; composição demográfica; nacionalismo; pacifismo; questão meridional.

comparação elíptica

A expressão tem origem na interpretação dada por Croce à teoria do valor de Marx. Esta seria uma "comparação elíptica" entre a sociedade capitalista e uma hipotética "sociedade trabalhadora" formada por trabalhadores proprietários dos meios de produção, em que a única fonte de valor seria o trabalho e em que seria válida a lei do valor. Somente graças à assunção de tal "premissa típica", o lucro (a parte do valor derivada do capital e ausente na "sociedade trabalhadora") pode ser explicado como "mais-valor". A teoria do valor, mesmo tendo sua validade como descrição de um "fato que vive entre outros fatos", não é "a teoria do valor", mas "*uma outra coisa*" (Croce, 1968, p. 31-2 nota, p. 59-65 e 131-3). Essa leitura crociana, presente de imediato na mente de G. (lembrada no *Q 1*, 10, 9 [*CC*, 6, 345]), é criticada no *Q 7*, 42 (novembro de 1931), com a objeção de que a teoria do valor já está presente em Ricardo, que, ao formulá-la, não tinha nenhuma finalidade revolucionária, e que, no geral, "toda a linguagem é uma série de 'comparações elípticas' e que a história é uma comparação implícita entre passado e presente (a atualidade histórica)" (ibidem, 891). O primeiro argumento volta no *Q 10* II, 31 [*CC*, 1, 339] e no *Q 10* II, 38 [*CC*, 1, 356], neste último com o desenvolvimento de um tema já presente no *Q 7*, 42 e retomado no relativo Texto C, *Q 10* II, 41.VI [*CC*, 1, 361]. Ele consiste em aceitar, da crítica de Croce, a observação de que a teoria do valor é "alguma outra coisa" (*Q 10* II, 38, 1.287 [*CC*, 1, 356]), isto é, a formulação da "hipótese econômica pura", que, para ser obtida, é necessário "prescindir" da "situação de força representada pelos

Estados e pelo monopólio legal da propriedade [...]. De modo algum, portanto, tratava-se de uma comparação elíptica, feita em vista de uma futura forma social diversa daquela estudada, mas de uma teoria resultante da redução da sociedade econômica à pura economicidade", isto é, ao máximo de determinação do "livre jogo das forças econômicas" (*Q 10* II, 41.VI, 1.310 [*CC*, 1, 379]).

Fabio Frosini

Ver: Croce; economia; linguagem.

composição demográfica

A composição demográfica é posta em relação à renda nacional que, se é baixa, pode ser "em grande parte destruída (consumida) pelo excesso de população passiva" (*Q 9*, 105, 1.169). Portanto, deve-se ver se a questão demográfica "é 'sadia' mesmo para um regime capitalista e de propriedade" (idem). Com tal objetivo se pode recorrer ao "teorema das proporções definidas", útil para "a ciência da organização (o estudo do aparelho administrativo, da composição demográfica etc.)" (*Q 13*, 31, 1.626 [*CC*, 3, 83]; v. também, sobre proporções definidas na composição demográfica, *Q 22*, 2, 2.145 [*CC*, 4, 242]). Nessa última nota G. confronta a situação europeia com "alguns aspectos do americanismo e do fordismo", em especial a difusão, na Europa, da "velha camada plutocrática", que gostaria de prolongar uma "anacrônica estrutura social demográfica", com a "moderníssima forma de produção" do tipo americano fordista: nos Estados Unidos existe "'uma composição demográfica racional', que consiste no fato de que não existem classes numerosas sem uma função essencial no mundo produtivo, isto é, classes absolutamente parasitárias" (ibidem, 2.140-1 [*CC*, 4, 243]).

Giuseppe Prestipino

Ver: americanismo; classe/classes; Europa; fordismo.

compromisso

G. sabe bem que a necessidade de compromisso é inerente à ação política e critica o "economicismo" determinista que nega a luta pela hegemonia, baseada no compromisso entre os grupos sociais aliados. O economicismo e todas as teorias "assim chamadas da intransigência", de fato, baseiam-se na "convicção férrea de que existem leis objetivas para o desenvolvimento histórico, do mesmo caráter das leis naturais, acrescida da persuasão de um finalismo fatalista similar ao fatalismo religioso: já que as condições favoráveis terão necessariamente de surgir e irão determinar, de modo bastante misterioso, acontecimentos palingenéticos, resulta não apenas inútil, mas prejudicial, qualquer iniciativa voluntária" (*Q 13*, 23, 1.611-2 [*CC*, 3, 69]). A necessidade do compromisso é mais do que nunca evidente na criação de um novo "bloco histórico econômico-político" (a referência parece à União Soviética), já que "duas forças 'similares' não podem se fundir em novo organismo senão através de uma série de compromissos ou pela força das armas" (idem). G. rejeita "o recurso às armas e à coerção", sustentando que "a única possibilidade concreta é o compromisso, pois a força pode ser empregada contra os inimigos, não contra uma parte de si mesmo que se quer rapidamente assimilar e cuja 'boa vontade' e entusiasmo é preciso obter" (ibidem, 1.612-3 [*CC*, 3, 70]).

Certamente, tudo depende de *qual tipo* de compromisso está em questão. A tal propósito escreve G.: "O fato da hegemonia pressupõe indubitavelmente que sejam levados em conta os interesses e as tendências dos grupos sobre os quais a hegemonia será exercida, que se forme certo equilíbrio de compromisso, isto é, que o grupo dirigente faça sacrifícios de ordem econômico-corporativa; mas é também indubitável que tais sacrifícios e tal compromisso não possam dizer respeito ao essencial, já que, se a hegemonia é ético-política, não pode deixar de ser também econômica, não pode deixar de ter seu fundamento na função decisiva que o grupo dirigente exerce no núcleo decisivo da atividade econômica" (*Q 13*, 18, 1.591 [*CC*, 3, 48]).

Guido Liguori

Ver: bloco histórico; coerção; determinismo; economismo; hegemonia; URSS.

comunas medievais

A época das comunas medievais, como aquela da Roma imperial, é considerada na Itália o período em que o povo italiano "nasce", ou "surge", de modo que palavras como "Renascimento" ou "*Risorgimento*", difíceis de traduzir em outra língua, fazem referência ao "retorno a um estado anteriormente já existido" (*Q 5*, 136, 667). G. não parece aderir a tal concepção, mas lembra que justamente na época comunal os "populares" adquiriram a consciência de sua força: em um parágrafo do miscelâneo *Q 3*, G. recorda que a necessidade de formar forças militares as mais consistentes possíveis para enfrentar as guerras entre as várias comunas funcionou como estímulo para "formações de partidos": os ex-combatentes como os *pedites*, inicialmente acolhendo também dispersos *milites* pertencentes às camadas nobres, permaneciam unidos até mesmo na paz, constituindo, por exemplo, as "Sociedades de Armas". Estas se propunham não apenas a defender as comunas dos inimigos externos, mas também de proteger cada homem do povo das "agressões dos nobres e dos poderosos" e de cumprir uma série de obrigações similares àquelas das confrarias, por meio de uma "instância à parte" (*Q 3*, 16, 301) com leis próprias, que se assemelhava a um verdadeiro e próprio partido e era guiado pelo capitão do povo. Graças a essa organização o povo consegue – observa G. – "fazer introduzir nos Estatutos gerais das comunas disposições que antes só se aplicavam aos membros do 'povo' e eram de uso interno" (ibidem, 302). Assim os populares chegam, em alguns casos (em Siena, depois de 1270; em Bolonha, com as ordenações "Sagradas" e "Sagradíssimas"; e em Florença, com as "ordenações de justiça"), a "dominar a comuna, submetendo a antiga classe dominante" (idem). De um ponto de vista econômico, no entanto, G. recorda – com base em Barbadoro, 1929, resenhado por Antonio Panella na *Pègaso* em 1930 – que a classe dominante, golpeada por impostos diretos, tendia a descarregar os pesos fiscais sobre a população por meio de impostos sobre o consumo, causando assim o desenvolvimento de uma primeira forma de dívida pública com os empréstimos ou "antecipações que as camadas possuidoras fazem para cobrir as necessidades do erário, assegurando o reembolso através de tributos" (*Q 6*, 13, 694 [*CC*, 5, 242]). Nos impostos diretos e na dívida pública consistiam as "bases essenciais da estrutura econômica da comuna" (idem). Iniciou-se a seguir "um princípio de justiça distributiva", melhorando também o sistema de impostos diretos, apenas com o regime senhorial, que pairava "sobre os interesses das classes sociais", até que em 1427, já "no alvorecer do principado dos Médici e no crepúsculo da oligarquia", nasce o cadastro. G. anota que a burguesia comunal não foi capaz de "superar a fase econômico-corporativa" (ibidem, 694-5 [*CC*, 5, 242]), como demonstra o livro de Barbadoro, e que um desenvolvimento estatal podia se realizar apenas com o principado e não com as comunas medievais e suas repúblicas. A transição do Estado corporativo republicano ao monárquico absoluto é simbolizada pela figura de Maquiavel, que, embora não desejando tomar distância da república, se dá conta de que "só um monarca absoluto pode resolver os problemas da época" (*Q 6*, 52, 724 [*CC*, 3, 228]). Em outra nota sobre "a comuna medieval como fase econômico-corporativa do Estado moderno", G. especifica, além disso, que a obra de Maquiavel demonstra que "uma fase do mundo moderno já conseguiu elaborar suas questões e as respectivas soluções de um modo muito claro e profundo" (*Q 6*, 85, 758 [*CC*, 5, 251]), lá onde Dante, ao contrário, fecha uma fase da Idade Média. Não são concebíveis, segundo o pensador sardo, conexões genéticas entre as concepções políticas dos dois autores: embora Dante aspirasse a uma forma de sociedade que constituía a superação da sociedade comunal e, portanto, fosse "superior seja à Igreja que apoia os negros", seja "ao velho Império que apoiava os gibelinos" (ibidem, 759 [*CC*, 5, 252]), ele projetava soluções com os olhos voltados ao passado, que lhe oferecia exemplos como "o esquema romano de Augusto e seu reflexo medieval, o Império Romano da nação germânica" (ibidem, 760 [*CC*, 5, 252]). G. exclui, portanto, toda filiação do príncipe de Maquiavel com o imperador de Dante. Guelfos e gibelinos podem ser considerados, por outro lado, um exemplo das lutas que se travavam nas comunas medievais entre as várias "facções": o termo, de origem militar, indicava o "caráter das lutas políticas medievais, exclusivistas, tendentes a destruir fisicamente o adversário", no lugar de "criar um equilíbrio de partidos num todo orgânico com a hegemonia do partido mais forte" (*Q 7*, 99, 926 [*CC*, 3, 269]).

A passagem da fase "corporativo-econômica" (*Q 6*, 51, 723 [*CC*, 5, 244]) para aquela de "Estado moderno (relativamente)" (ibidem, 724) se realizou em Florença, segundo G., com o cerco de 1529-1530, sobre cujo significado os historiadores – G. se refere à polêmica desenvolvida nas colunas do *Marzocco* entre Antonio Panella e Aldo Valori – discutiram porque não tinham apreendido as características das duas fases, caindo vítimas da "retórica sobre a comuna medieval" (ibidem, 724 [*CC*, 5, 244]). As comunas, por outro lado, demonstraram sua ligação com a Idade Média quando resistiram com o papa contra Frederico II: embora o imperador permanecesse parcialmente ancorado à época medieval como homem de seu tempo, dela se afastava, segundo o pensador sardo, em sua "luta contra a Igreja", em sua "tolerância religiosa" e no fato de "se ter valido de três civilizações: hebraica, latina e árabe" (*Q 6*, 61, 729 [*CC*, 5, 245]), tentando amalgamá-las. Ele teria podido fundar, portanto, uma nova civilização laica e nacional, que se separasse daquela civilização universalista que tinha em seu centro a religião e o poder da Igreja, numa sociedade de intelectuais cosmopolitas. G., além disso, observa que, baseando-se no modelo da Igreja, os intelectuais italianos não tinham um "caráter popular-nacional, mas cosmopolita": a história das comunas medievais teve fim também porque não foram capazes de dar vida a uma "categoria própria de intelectuais" e, portanto, de "exercer uma hegemonia além de uma ditadura" (*LC*, 459, a Tatiana, 7 de setembro de 1931 [*Cartas*, II, 84]). Foram, assim, um "Estado sindicalista", não conseguindo se tornar "Estado integral como indicava, em vão, Maquiavel que, por meio da organização do exército, desejava organizar a hegemonia da cidade sobre o campo" (idem).

JOLE SILVIA IMBORNONE

Ver: burguesia comunal; Dante; dívida pública; econômico-corporativo; intelectuais; intelectuais italianos; Maquiavel; nacional-popular; Renascimento; *Risorgimento*.

comunismo: v. sociedade regulada.

concepção do mundo

"Concepção do mundo" é expressão usada por G. do mesmo modo que "ideologia", mas num sentido ainda mais amplo, para indicar o terreno conectivo sobre o qual surgem graus diversos de elaboração das capacidades do sujeito de interpretar a realidade; por isso, por exemplo, "filosofia significa mais especialmente uma concepção do mundo com características individuais destacadas, senso comum é a concepção do mundo difusa em uma época histórica na massa popular" (*Q 8*, 213, 1.071). Expressão amplamente difundida na filosofia da época (o próprio G. cita um artigo de Gentile sobre "La concezione umanistica del mondo" [A concepção humanística do mundo]: *Q 8*, 175, 1.047), "concepção do mundo" faz parte, portanto, de uma família de termos que definem a articulação do conceito gramsciano de ideologia e é, por isso, contígua a religião, conformismo, senso comum, folclore. Mais raramente nos *Q* se encontram, com significado análogo, também expressões como "visão de mundo", "concepção geral da vida", "concepção do mundo e da vida", "concepção da realidade". A expressão aparece pela primeira vez em *Q 1*, 89, 89, na nota intitulada "Folclore". Este último – escreve G. – deveria ser estudado "como 'concepção do mundo' de determinados estratos da sociedade, que não são tocados pelas correntes modernas do pensamento. Concepção do mundo [...] que é uma justaposição mecânica de várias concepções do mundo, ou mesmo um museu de fragmentos de todas as concepções do mundo e da vida que se sucederam na história". Desde os primeiros *Q* são recorrentes expressões como "concepção pagã do mundo" (*Q 1*, 106, 97), "concepção totalitária do mundo" e "concepção religiosa do mundo" (*Q 1*, 139, 127), "concepção tradicional popular do mundo" (*Q 3*, 48, 331 [*CC*, 3, 197]). Em *Q 4*, 41, 466-7, a expressão é usada em rápida sucessão como sinônimo de filosofia, ideologia, cultura. Repetidamente (por exemplo em *Q 11*, 37, 1.456 [*CC*, 1, 173]) ela é explicitamente colocada como sinônimo explicativo-reforçador de ideologia. Todos os indivíduos têm sua própria concepção do mundo, mais ou menos elaborada, mesmo grandes intelectuais como Maquiavel (*Q 5*, 127, 657 [*CC*, 3, 216]), Tolstói, Manzoni (*Q 3*, 148, 402), Pirandello (*Q 5*, 40, 572 [*CC*, 6, 168]). Marx mesmo elaborou uma concepção do mundo, como parece evidente no *incipit* do *Q 4*: "Se se quer estudar uma concepção do mundo que nunca foi exposta sistematicamente pelo autor-pensador" (*Q 4*, 1, 419 [*CC*, 6, 354]). A filosofia da práxis é uma concepção do mundo, o marxismo "contém em si todos os elementos fundamentais, não só para construir uma total concepção total do mundo, uma filosofia total, mas [...] para se tornar uma civilização integral, total" (*Q 4*, 14, 435 [*CC*, 6, 360]).

A expressão, portanto, possui uma gama de utilizações muito ampla. Indica tanto a filosofia dos simples, o senso comum, quanto as concepções elaboradas, hegemônicas ou potencialmente hegemônicas, tanto as grandes ideias coletivas quanto as elaborações individuais dos grandes pensadores que, mesmo se a partir de uma concepção do mundo preexistente, na qual se formaram e viveram, contribuíram para a elaboração de uma nova e original. Esse é, aliás, um processo para o qual todos contribuem, já que, escreve G.: "Todo homem [...] participa de uma concepção do mundo e, portanto, contribui para mantê-la, modificá-la, isto é, para criar novas concepções" (*Q 4*, 51, 488). A concepção do mundo é determinante para o reconhecimento das identidades coletivas e individuais: "Pela própria concepção do mundo pertencemos sempre a um determinado grupo, precisamente o de todos os elementos sociais que compartilham um mesmo modo de pensar e de agir" (*Q 11*, 12, 1.376 [*CC*, 1, 94]). Já que, "com efeito, não existe filosofia em geral: existem diversas filosofias ou concepções do mundo, e sempre se faz uma escolha entre elas" (ibidem, 1.378 [*CC*, 1, 96]). Mesmo que em outro lugar a escolha pareça relativizada, já que G. afirma que não existe homem que não participe de uma concepção do mundo, "embora inconscientemente" (*Q 8*, 204, 1.063), não intencionalmente.

Todos participam, portanto, de uma concepção do mundo, por exemplo, por meio da utilização de certa "linguagem" (idem), entendendo-se que é possível "elaborar a própria concepção do mundo conscientemente e criticamente" ou "'participar' de uma concepção do mundo 'imposta' de fora" (idem). Com relação à linguagem, para G. "toda língua é uma concepção do mundo integral" (*Q 5*, 123, 644 [*CC*, 5, 229]) e a luta entre concepções do mundo – parte fundamental da luta entre hegemonias – pode assumir também a forma de luta entre línguas diferentes, por exemplo, no Renascimento, entre aquela "burguesa-popular que se exprimia no vulgar" e aquela "aristocrático-feudal que se exprimia em latim" (ibidem, 648-9 [*CC*, 5, 229]). E ainda: "Da linguagem de cada um se pode julgar a maior ou menor complexidade da sua concepção do mundo" (*Q 11*, 12, 1.377 [*CC*, 1, 95]). Uma concepção do mundo pode ter caráter prevalentemente religioso ou prevalentemente político ou outro, mas sua "coloração" particular é bastante contingente, varia em relação ao momento histórico ou ao contexto social. G., de fato, escreve que "todo homem tende a ter uma só concepção do mundo orgânica e sistemática, mas, como as diferenciações culturais são muitas e profundas, a sociedade assume uma bizarra variedade de correntes que apresentam um colorido religioso ou um colorido político, de acordo com a tradição histórica" (*Q 8*, 131, 1.021-2 [*CC*, 3, 281]). Relevante é a conexão com a religião, além de no sentido próprio, no sentido "crociano": "Para Croce [...] é religião toda filosofia, isto é, toda concepção do mundo [...] como estímulo à ação" (*Q 10* I, 5, 1.217 [*CC*, 1, 289]). Do filósofo neoidealista G. refuta a distinção entre filosofia e ideologia: "A distinção é somente de grau; é filosofia a concepção do mundo que representa a vida intelectual e moral [...] de todo um grupo social [...]; é ideologia toda concepção particular dos grupos internos da classe que se propõem a ajudar a resolver problemas imediatos e restritos" (*Q 10* I, 10, 1.231 [*CC*, 1, 302]).

G. se coloca o problema – que concerne ao partido revolucionário – da difusão e da afirmação de uma nova concepção do mundo, que suplante as precedentes e afirme os valores da nova classe, e se pergunta: "Por que e como se difundem, tornam-se populares, as novas concepções do mundo? [...] a pesquisa interessa especialmente para o que concerne às massas populares, que mais dificilmente mudam de concepção, e que não a mudam nunca, em todo caso, aceitando a nova concepção em sua forma 'pura', por assim dizer, mas apenas e sempre como combinação mais ou menos heteróclita e bizarra [...]. Pode-se concluir que o processo de difusão das novas concepções ocorre por razões políticas, isto é, em última instância, sociais, mas que o elemento formal, da coerência lógica, o elemento de autoridade e o elemento organizativo possuem uma função muito grande neste processo, tão logo tenha tido lugar a orientação geral, tanto em indivíduos singulares como em grupos numerosos" (*Q 11*, 12, 1.389-90 [*CC*, 1, 108-9]). O entrelaçamento de fatores "espontâneos" e conscientes, a importância de um trabalho organizado de irradiação das ideologias, a ancoragem a precisas instâncias sociais são todos elementos que remetem ao cenário do surgimento e, sobretudo, da afirmação de uma nova hegemonia.

GUIDO LIGUORI

Ver: conformismo; filosofia da práxis; folclore/folklore; hegemonia; ideologia; intelectuais; linguagem; religião; senso comum; Sorel.

Concordata

As reflexões de G. sobre a Concordata estão estreitamente ligadas à "questão vaticana". Elas estão contidas um pouco em todas as notas dos *Q* concernentes ao tema da relação entre Estado e Igreja, mas há um lugar em que G. as recolhe de maneira unificada: o *Q 16*. Duas são as críticas fundamentais que o autor faz à Concordata e à prática concordatária: *politicamente*, é uma forma de subtração de soberania do Estado a favor da Igreja; *tecnicamente*, é um instrumento jurídico inadequado para resolver a questão de ordem internacional, representada justamente pela relação entre *duas ordens desiguais*: o Estado liberal, sede de soberania "nacional", e a Igreja e o Vaticano, sede de soberania internacional (*Q 16*, 11, 1.865-74 [*CC*, 4,

41-50] e *Q 16*, 14, 1.882-4 [*CC*, 4, 59]). São mais desenvolvidos os motivos da primeira crítica.

Toda a política concordatária é julgada por G., de um lado, como a renúncia, da parte do Estado, de desempenhar certos papéis essenciais na sociedade civil, dos quais, ao contrário, abdica a favor de um ente privado (a Igreja); por outro, como um sinal da retomada política da Igreja e de seu papel primário – o ideológico – na sociedade civil. Papel que sai reforçado dos pactos lateranenses, associados ao Tratado de Latrão (1925), por conta do reconhecimento de uma série de privilégios a uma casta privada: autonomia e proteção estatal assegurada às instituições eclesiásticas, especialmente àquelas educativas e formativas: Ação Católica (única forma de associacionismo popular – para G., na realidade, associacionismo "político" – admitida pelo fascismo), as escolas confessionais, ensino religioso obrigatório nas escolas estatais, a Universidade Católica do Sagrado Coração, as paróquias subvencionadas pelo Estado. Uma série de privilégios políticos concedidos a uma casta privada, da qual o Estado recebe em troca unicamente a sustentação do próprio poder mediante uma obra de organização do consenso dos cidadãos, o que denota, no entanto, uma situação de debilidade do Estado ao não poder ou não saber obter esse consenso. No mesmo momento em que o Estado recorre, por isso, ao auxílio da Igreja, reconhece a ela uma superioridade ideológica. Uma situação que parece, a G., repetir o sistema de poder típico da Idade Média, o sistema das duas soberanias, temporal e espiritual, com âmbitos específicos de competência e de intervenção, mas com a pretensão de superioridade da primeira (a Igreja) sobre a segunda (o Estado) com base no princípio da maior ou menor "dignidade dos fins".

Escreve G.: "A capitulação do Estado moderno que se verifica em razão das Concordatas é mascarada identificando-se verbalmente Concordatas e tratados internacionais. Mas uma Concordata não é um tratado internacional comum: na Concordata, realiza-se de fato uma interferência de soberania num *só* território estatal, uma vez que todos os artigos de uma Concordata se referem aos *cidadãos de um só* dos Estados contratantes, sobre os quais o poder soberano de um Estado estrangeiro justifica e reivindica determinados direitos e poderes de jurisdição (ainda que de uma determinada jurisdição em especial) [...] enquanto a Concordata limita a autoridade estatal de uma parte contratante, em seu próprio território, influencia e determina sua legislação e sua administração, nenhuma limitação é mencionada para o território da outra parte: se limitação existe para esta outra parte, ela se refere à atividade desenvolvida no território do Primeiro Estado, seja por parte dos *cidadãos* da Cidade do Vaticano, seja dos cidadãos do outro Estado que se fazem representar pela Cidade do Vaticano. A Concordata é, portanto, o reconhecimento explícito – afirma G. – de uma dupla soberania num mesmo território estatal". E esclarece: "Não se trata mais, certamente, da mesma forma de soberania supranacional (*suzeraineté*), tal como formalmente reconhecida ao papa na Idade Média, até as monarquias absolutistas e, sob outra forma, mesmo depois, até 1848, mas é uma necessária derivação de compromisso". De fato, "as Concordatas ferem de modo essencial o caráter de autonomia da soberania do Estado moderno". E a contrapartida que obtém, "a obtém em seu próprio território, no tocante a seus próprios cidadãos. O Estado consegue (e neste caso seria preciso dizer mais precisamente: o governo) que a Igreja não dificulte o exercício do poder, mas antes o favoreça e o sustente, assim como uma muleta sustenta um inválido. Ou seja, a Igreja se compromete perante uma determinada forma de governo (que é determinada de fora, como documenta a própria Concordata) em promover aquele consenso de uma parte dos governados que o Estado explicitamente reconhece não poder obter com meios próprios: eis em que consiste a capitulação do Estado, porque, de fato, este aceita a tutela de uma soberania exterior cuja superioridade praticamente reconhece. A própria palavra 'Concordata' é sintomática" (*Q 16*, 11, 1.865-74 [*CC*, 4, 43-4]; Texto A: *Q 5*, 71, 605-6 [*CC*, 4, 203]).

Tommaso La Rocca

Ver: Ação Católica; Cavour; consenso; fascismo; Igreja católica; questão vaticana; religião; sociedade civil.

conexão de problemas

A expressão é usada como título do *Q 21*, 1 [*CC*, 6, 33] para indicar uma "questão de método" que G. coloca para enfrentar o tema, antigo e atual, da "elaboração de uma nação italiana de tipo moderno": a necessidade da "consciência da unidade orgânica" dos problemas ligados à formação da "unidade cultural italiana". Na realidade – nota polemicamente G. –, "jamais existiu, entre as classes intelectuais e dirigentes, a consciência de que há uma conexão entre esses problemas, conexão de coordenação e de subordinação". Produziu-se uma análise episódica, sem organicidade, ditada pelas polêmicas contingentes, logo, "abstratamente cultural, intelectualista, sem perspectiva histórica exata". Quando, ao contrário, é apenas a partir da conexão orgânica, de uma análise "rigorosamente crítica e consequente", que se pode originar "a pista mais útil para reconstruir as características fundamentais da vida cultural italiana e as exigências que são por elas indicadas e propostas para solução" (ibidem, 2.107-8 [*CC*, 6, 34]). Uma questão de método colocada para enfrentar criticamente pontos centrais da história da cultura se torna, portanto, de imediato, também elemento de polêmica contra a "timidez de muitos intelectuais italianos" e contra "a influência de conceitos estéticos de origem crociana", que, na *distinção* entre história da cultura e história da arte, situam mal o fulcro da conexão entre uma luta "para reformar a cultura" e a criação de "uma nova arte" (ibidem, 2.108-9 [*CC*, 6, 33-4]).

A expressão também é recorrente em outros lugares, sempre marcando seja a exigência de rigor analítico e conexão orgânica em relação ao tratamento crítico dos problemas, seja a necessidade de que as pesquisas da economia crítica compreendam também "conexões de problemas" colocados pela economia clássica, por exemplo, no estudo da dinâmica da "formação do 'trabalho socialmente necessário'" (*Q 10* II, 23, 1.262 [*CC*, 1, 331]), na relação entre "guerra manobrada" e "guerra de posição" (*Q 13*, 24, 1.613-6 [*CC*, 3, 71]) ou na distinção crociana entre intelectual e político (*Q 15*, 36, 1.790-1 [*CC*, 1, 449]).

ELEONORA FORENZA

Ver: Croce; intelectuais italianos; Itália; orgânico.

conformismo

"Conformismo significa nada mais do que 'socialidade', mas cabe usar a palavra 'conformismo' precisamente para chocar os imbecis" (*Q 14*, 61, 1.720 [*CC*, 6, 248]). Essa definição gramsciana lapidar permite compreender que "conformismo" frequentemente deve ser entendido, nos *Q*, como o oposto de "individualismo", mais do que de "heterodoxia". G. questiona a relação entre indivíduo e grupo sociocultural de pertencimento, chegando à conclusão de que "pela própria concepção do mundo sempre se pertence a determinado agrupamento, precisamente o de todos os elementos sociais que compartilham um mesmo modo de pensar e de agir. Somos conformistas de algum conformismo, somos sempre homens-massa ou homens coletivos" (*Q 11*, 12, 1.376 [*CC*, 1, 94]). Tal visão de indivíduo, definido intrinsecamente a partir de sua relação com os outros, e da sociedade, dividida em subconjuntos nos quais se entrelaçam momentos socioeconômicos e culturais, leva o autor a rejeitar a impostação ética kantiana, que pressupõe uma sociedade, um mundo, uma cultura homogêneos, isto é – afirma G. –, "um conformismo 'mundial'" (*Q 11*, 58, 1.484 [*CC*, 1, 201]).

Se, portanto, nos primeiros *Q* o termo "conformismo" é usado com uma validade não particularmente significativa, como oposto de "heterodoxo" – fala-se, por exemplo, de "um curso de pensamento pouco conformista" (*Q 4*, 52, 493) –, a partir do *Q 6* ele assume (ao lado do significado tradicional, que permanece, v. por exemplo *Q 6*, 158, 813 [*CC*, 5, 265]) também uma inflexão particular, que o leva a fazer parte dos temas conexos à visão gramsciana de ideologia como concepção do mundo. O novo significado começa a se delinear em referência ao direito, à sua "função [...] no Estado e na sociedade" (*Q 6*, 84, 757 [*CC*, 3, 240]). Poucas páginas depois, em *Q 6*, 98, 773 [*CC*, 3, 249], na nota intitulada "Os costumes e as leis", G. fala analogamente de "conformismo marcado pelo direito". E mais adiante (*Q 13*, 7, 1.565 [*CC*, 3, 23-4]) coloca a "questão do 'homem coletivo' ou do 'conformismo social'", ou da "tarefa educativa e formativa do Estado" (idem). Assim, o termo assume às vezes um significado próximo a "ideologia" e vem relacionado à luta pela hegemonia: "O conformismo sempre existiu: trata-se hoje da luta entre 'dois conformismos', isto é, de uma luta de hegemonia" (*Q 7*, 12, 862 [*CC*, 3, 260]); "a socialidade, o conformismo, é o resultado de uma luta cultural (e não apenas cultural)" (*Q 14*, 61, 1.720 [*CC*, 6, 248]). Trata-se de lutar contra o conformismo "autoritário" e "reacionário" para alcançar o "homem-coletivo", desenvolvendo a "individualidade e a personalidade crítica" (*Q 9*, 23, 1.111 [*CC*, 3, 290]), na base de uma nova relação entre indivíduo e coletividade: "O desenvolvimento das forças econômicas em novas bases e a instauração progressiva da nova estrutura [...] tendo criado um novo 'conformismo' a partir de baixo, permitirão novas possibilidades de autodisciplina, isto é, de liberdade até individual" (*Q 7*, 12, 863 [*CC*, 3, 261]). Será também tarefa do partido, do "moderno Príncipe", enfrentar "a questão do homem coletivo, isto é, do 'conformismo social', ou seja, do objetivo de criar um novo nível de civilização" (*Q 8*, 52, 972).

Deve-se assinalar, enfim, que G. fala também de "conformismo gramatical" ou "linguístico" (*Q 29*, 2, 2.342-3 [*CC*, 6, 142]): a gramática como ação "normativa" para homogeneizar grupos e classes sociais, fornecer sua identidade, estabelecer hierarquias. É fundamental tal conformismo linguístico em relação à nação, como indica o próprio título de *Q 29*, 3, 2.345 [*CC*, 6, 145]: "Focos de irradiação de inovações linguísticas na tradição e de um conformismo nacional linguístico nas grandes massas nacionais", que em boa parte coincide com o aparelho hegemônico próprio do "Estado integral": "1) a escola; 2) os jornais; 3) os escritores de arte e os populares; 4) o teatro e o cinema falado; 5) o rádio; 6) as reuniões públicas" (idem).

Guido Liguori

Ver: aparelho hegemônico; concepção do mundo; ideologia; individualismo; liberdade; língua; moderno Príncipe; nação.

conjuntura

O termo possui nos *Q* a sorte singular de receber duas diferentes definições sob a mesma rubrica "Noções enciclopédicas". A primeira delas (*Q 6*, 130, 797, março-agosto de 1931 [*CC*, 1, 439-40]) a determina como "flutuação econômica", subordinando-a como aspecto secundário ao conceito de "situação": "A conjuntura seria o conjunto das características imediatas e transitórias da situação econômica", enquanto esta última remete às "características mais fundamentais e permanentes da própria situação": elas se relacionam como a "tática" à "estratégia". Na segunda definição, muito depois (abril-maio de 1933), a conjuntura é definida "como o conjunto das circunstâncias que determinam o mercado numa fase dada, desde que essas circunstâncias se concebam em movimento, isto é, como um todo que acarreta um processo de combinações sempre novas, processo que é o ciclo econômico. Estuda-se a conjuntura para prever e também, portanto, dentro de certos limites, determinar o ciclo econômico em sentido favorável aos negócios. Por isso, também se definiu a conjuntura como a oscilação da situação econômica ou o conjunto das oscilações" (*Q 15*, 16, 1.774 [*CC*, 1, 259]). O significado é aqui extraordinariamente mais complexo, indicando não apenas o conjunto dos elementos que se "conjungam" para determinar a situação, mas, segundo uma perspectiva dinâmica, o processo no qual a situação atual se torna um "ciclo" e a estabilidade ou permanência é dada apenas por um "sistema de oscilações". Nessa passagem se reflete toda a pesquisa em torno do "mercado determinado" (*Q 8*, 216, 1.077 [*CC*, 1, 446]) e das "relações de força" (*Q 13*, 17, 1.579-82 [*CC*, 3, 36-46]), em que os fatores ou movimentos "conjunturais" estiveram sempre mais estreitamente ligados àqueles "permanentes", até a afirmação de que as lutas políticas entre as forças sociais "são a manifestação concreta das flutuações de conjuntura do conjunto das relações sociais de força, em cujo terreno ocorre a passagem destas relações em relações políticas de força, para culminar na relação militar decisiva" (ibidem, 1.588 [*CC*, 3, 45]).

Fabio Frosini

Ver: crise; economia; mercado determinado; relações de força.

consciência

O termo se refere ao grau de "inteligência" que o homem, individualmente ou em grupo, adquire das relações sociais necessárias dadas e, ao mesmo tempo, às modificações práticas que adquirir tal inteligência comporta: possuir consciência "mais ou menos profunda (isto é, conhecer mais ou menos o modo pelo qual se podem modificar)" tais relações "já as modifica" (*Q 10* II, 54, 1.354 [*CC*, 1, 411]). A consciência daquilo que "é realmente" começa com a "elaboração crítica" de "uma infinidade de traços" que o "processo histórico desenvolvido até hoje" deixou no indivíduo e, portanto, com o "inventário" daquilo que tem sido aceito de forma acrítica (*Q 11*, 12, 1.376 [*CC*, 1, 93]). G. parte da ideia originalmente marxiana (Teses sobre Feuerbach) do homem concebido como "uma série de relações ativas (um processo) no qual, se a individualidade possui a máxima importância, não é todavia o único elemento a ser considerado" (*Q 10* II, 54, 1.345 [*CC*, 1, 413]). O olhar de G. volta-se simultaneamente para as relações do presente e do passado; é sincrônico, diacrônico e genético: "Não é suficiente conhecer o conjunto das relações enquanto existem em um dado momento como um dado sistema, mas importa conhecê-los geneticamente, em seu movimento de formação, já que todo indivíduo não é somente a síntese das relações existentes, mas também da história dessas relações, isto é, o resumo de todo o passado". Daí a necessidade de "elaborar uma doutrina na qual todas essas relações [necessárias – ndr] sejam ativas e dinâmicas, fixando bem claramente que a sede desta atividade é a consciência do homem individual que conhece, quer, admira, cria, na medida em que já conhece, quer, admira, cria etc.; e do homem que se concebe não isoladamente, mas repleto de possibilidades oferecidas pelos outros homens e pela sociedade das coisas, da qual não pode deixar de ter certo conhecimento" (ibidem, 1.345-6 [*CC*, 1, 414-5]). Com isso entra em jogo o conceito de "ideologia" – com seu valor "gnosiológico" (*Q 4*, 38, 464) e "psicológico": o "terreno no qual os homens se movem, adquirem consciência de sua posição, lutam etc." (*Q 7*, 19, 868-9 [*CC*, 1, 237]), em seu nexo íntimo com a linguagem (v. *Q 1*, 44, 51) – entendido, conjuntamente, como competência e técnica intelectual de adquirir e, eventualmente, de (re)elaborar (*Q 23*, 7 [*CC*, 6, 70] e *Q 29*).

A consciência real daquilo que se é, enquanto se plasma no terreno ideológico-linguístico, é assumida como "momento necessário" para a "subversão da práxis" (*Q 10* II, 41.XII, 1.319 [*CC*, 1, 361]), ou seja, adquire novo significado à luz da tradução em termos teóricos da práxis revolucionária de Lenin. Se, portanto, por um lado "a 'natureza' do homem é o conjunto das relações sociais, que determina uma consciência historicamente definida" (*Q 16*, 12, 1.874 [*CC*, 4, 51]), por outro a consciência reage (e serve para reagir) sobre essas relações, modificando-as. Com o "desenvolvimento político do conceito de hegemonia" (*Q 11*, 12, 1.385 [*CC*, 1, 93]) se aprofunda também o conceito de consciência: "A realização de um aparelho hegemônico, enquanto cria um novo terreno ideológico, determina uma reforma das consciências e dos métodos de conhecimento, é um fato de conhecimento, um fato filosófico" (*Q 10* II, 12, 1.250 [*CC*, 1, 320]). Conectada a essa ideia deve-se ler a seguinte, com a qual se entende que toda tentação solipsista é refutada por G., quando ele liga o desenvolvimento da consciência e das personalidades individuais à relação ativa com a natureza e com outros homens, numa dinâmica que pode ser de uma revolução interior passiva ou ativa: "Cria-se a própria personalidade: 1) dando uma direção determinada e concreta ('racional') ao próprio impulso vital ou vontade; 2) identificando os meios que tornam esta vontade concreta e determinada e não arbitrária; 3) contribuindo para modificar o conjunto das condições concretas que realizam esta vontade, na medida de suas próprias forças e da maneira mais frutífera. O homem deve ser concebido como um bloco histórico de elementos puramente subjetivos e individuais e de elementos de massa e objetivos ou materiais, com os quais o indivíduo está em relação ativa. Transformar o mundo exterior, as relações gerais, significa fortalecer a si mesmo, desenvolver a si mesmo. É uma ilusão e um erro supor que o 'melhoramento' ético seja puramente individual: a síntese dos elementos constitutivos da individualidade é 'individual', mas ela não se realiza e desenvolve sem uma atividade para fora, transformadora das relações externas, desde aquelas com a natureza e com os outros homens em vários níveis, nos diversos círculos em que se vive, até à relação máxima, que abarca todo o gênero humano. Por isso, é possível dizer que o homem é essencialmente 'político', já que a atividade para transformar e dirigir conscientemente os outros homens realiza sua 'humanidade', sua 'natureza humana'" (*Q 10* II, 48, 1.338 [*CC*, 1, 406]).

Ora, se a consciência não é separável dos homens e de sua história, ela não pode ser uma entidade estática e nem única ("o conjunto das relações sociais é contraditório a cada momento e está em contínuo desenvolvimento, de modo que a 'natureza' do homem não é algo de homogêneo para todos os homens em todos os tempos" (*Q 16*, 12, 1.874-5 [*CC*, 4, 51]). Existem, antes, "diversas consciências" (*Q 1*, 43, 33) e contraditórias de acordo com a diversidade e a contraditoriedade das relações sociais. A esse propósito, "põe-se o problema de como se manifesta" a "contradição" da consciência e, sobretudo, "de como se pode obter progressivamente a unificação: manifesta-se em todo o corpo social, com a existência de consciências históricas de grupo (com a existência de estratificações correspondentes a fases diversas do desenvolvimento histórico da civilização e com antíteses nos grupos que correspondem a um mesmo nível histórico) e se manifesta nos indivíduos particulares como reflexo de uma tal desagregação 'vertical e horizontal'. Nos grupos subalternos, por causa da ausência de autonomia na iniciativa histórica, a desagregação é mais grave e é mais forte a luta para se libertarem dos princípios impostos e não propostos, para obter uma consciência histórica autônoma" (*Q 16*, 12, 1.875 [*CC*, 4, 51-2], Texto C). Da observação que os subalternos, e nesse caso o "homem ativo de massa", possuem "duas consciências teóricas (ou uma consciência contraditória)" – sendo assim, uma consciência "superficialmente explícita" ou "concepção 'verbal'", por um lado, reconecta este a um dado grupo dominante e influencia sua "conduta moral" e a direção de sua "vontade", por outro, está em contradição com a consciência "implícita" em seu operar, a qual "realmente o une a todos os seus colaboradores na transformação prática da realidade" (*Q 11*, 12, 1.385 [*CC*, 1, 93]) – segue-se que para G. a consciência é um processo (como se viu, múltiplo e multiforme e que – idealisticamente – não possui uma direção predeterminada) no qual, em algumas fases, ela ainda não está elaborada como nova linguagem verbal, própria de um grupo, de modo que possa exprimir e elaborar em forma explícita, orgânica, coerente e homogênea as novas necessidades expressas em nível operacional. Por isso é necessário começar a fase de "elaboração crítica", ou seja, aquele "inventário" de que se falou anteriormente, entendido como um "conhece-te a ti mesmo" (ibidem, 1.376 [*CC*, 1, 94]), ou seja, trabalhar para produzir a "passagem do *saber* ao *compreender*, ao *sentir* e vice-versa" (*Q 4*, 33, 451). "A compreensão crítica de si mesmo é obtida, portanto, através de uma luta de 'hegemonias' políticas, de direções contrastantes, primeiro no campo da ética, depois no da política, atingindo, finalmente, uma elaboração superior da própria concepção do real" (*Q 11*, 12, 1.385 [*CC*, 1, 103]).

O nascimento de uma "consciência crítica" assinala o florescer de uma nova "individualidade" em luta contra um dado "conformismo" (*Q 9*, 23, 1.110-1 [*CC*, 3, 289]), assim que, sem a consciência que elabora as relações sociais necessárias, sem "a elaboração superior da estrutura em superestrutura na consciência dos homens", ou "catarse", não pode haver passagem da "necessidade" à "liberdade" (*Q 10* II, 6, 1.244 [*CC*, 1, 314]). Tudo isso comporta, evidentemente, a necessidade de considerar a ideologia como elemento necessário à ação transformadora coletiva, e a consciência como centro dessa transformação.

Rocco Lacorte

Ver: catarse; espírito de cisão; hegemonia; ideologia; Lenin; pessoa; subalterno/subalternos; subjetividade; tradutibilidade.

Conselhos de Fábrica: v. *Ordine Nuovo* (*L'*).

conselhismo: v. *Ordine Nuovo* (*L'*).

consenso

O termo aparece nos *Q* com um amplo espectro de significados, frequentemente entre aspas, apontando sua ambivalência e problematicidade. Ele é primeiro associado ao conceito de hegemonia, do qual às vezes é sinônimo. Em seu uso G. flutua entre um consenso espontâneo e um consenso buscado e obtido pelo Estado, pelas instituições, que pode ser ativo e direto ou passivo e indireto (Texto A: *Q 4*, 24, 443; Texto C: *Q 15*, 13, 1.771 [*CC*, 3, 333]). Ou seja, por um lado é uma modalidade de consolidação da democracia e do autogoverno; por outro, pode ser aparência, efeito das sociedades tendencialmente totalitárias do século XX.

O G. jornalista do *Grido del popolo* usa a expressão "consenso dos governados" já ao comentar os acontecimentos do Outubro Russo, em especial referindo-se à introdução do sufrágio universal estendido também às mulheres: "Na Rússia tende a se realizar assim o governo com o consenso dos governados, com a efetiva autodecisão dos governados, já que os cidadãos não estão ligados aos poderes por laços de sujeição, mas se torna real uma coparticipação dos governados nos poderes" ("Para conhecer a revolução russa", 22 de junho de 1918, em *NM*, 137 [*EP*, 1, 190]). Nos *Q* então a expressão "consenso dos governados" é recorrente, inicialmente no âmbito da descrição da doutrina hegeliana sobre o Estado, conectado e reforçado por uma "trama privada" articulada em partidos e associações. A doutrina hegeliana é, para G., a conclusão lógica da fase histórico-política aberta pela Revolução Francesa, tendo seu resultado no constitucionalismo entendido como "governo com o consenso dos governados, mas com consenso organizado" (*Q 1*, 47, 56 [*CC*, 3, 119]), enquanto "a organização do consenso é deixada à iniciativa privada" (*Q 13*, 37, 1.636 [*CC*, 3, 93]), derivando do fato de que "o Estado tem e pede o consenso, mas também 'educa' este consenso através das associações políticas e sindicais, que, porém, são organismos privados, deixados à iniciativa privada da classe dirigente" (*Q 1*, 47, 56 [*CC*, 3, 119]). Numa nota do *Q 6* intitulada "As comunas medievais como fase econômico-corporativa do desenvolvimento moderno", G. observa que "a burguesia comunal não consegue superar a fase econômico-corporativa, isto é, criar um Estado 'com o consenso dos governados' e passível de desenvolvimento" (*Q 6*, 13, 695 [*CC*, 5, 241]). Da fase econômico-corporativa à fase ético-política ou hegemônica do Estado, ou seja, da pré-história à história do Estado moderno, se passa por meio da aquisição do consenso dos governados. E para G. parece evidente que seja assim, sobretudo no que diz respeito aos Estados democráticos do século XX, mas também àqueles socialistas, justamente onde esses últimos se colocam sob a ótica da dialética democracia-socialismo. De fato, "a tendência democrática, intrinsecamente, não pode significar apenas que um operário manual se torne qualificado, mas que cada 'cidadão' possa tornar-se 'governante' e que a sociedade o ponha, ainda que 'abstratamente', nas condições gerais de poder fazê-lo: a democracia política tende a fazer coincidir governantes e governados (no sentido de governo com o consentimento dos governados), assegurando a cada governado o aprendizado gratuito das capacidades e da preparação técnica geral necessárias a essa finalidade" (*Q 12*, 2, 1.547-8 [*CC*, 2, 50]). Nessa acepção, a democracia coloca à disposição das classes subalternas os instrumentos, especialmente culturais, determinantes para a transição ao socialismo.

Na definição de Estado como entrelaçamento de sociedade política e sociedade civil, isto é, "hegemonia couraçada de coerção" (*Q 6*, 88, 763-4 [*CC*, 3, 244]), e nas reelaborações de tais definições que se encontram nos *Q*, é possível voltar frequentemente à substancial coincidência de significado entre hegemonia e consenso. Por exemplo, abordando a questão da opinião pública, G. deixa entender claramente como ela está estreitamente ligada "com hegemonia política, ou seja, é o ponto de contato entre a 'sociedade civil' e a 'sociedade política', entre o consenso e a força" (*Q 7*, 83, 914 [*CC*, 3, 265]), onde "consenso" corresponde à sociedade civil e "força", à sociedade política. Ainda mais claramente, discutindo sobre Croce e Gentile, G. delineia a distinção dos dois momentos que, como é o caso para o filósofo siciliano, ao se corresponderem dariam vida a um Estado muito diferente daquele liberal-democrático: "Croce quer manter uma distinção entre sociedade civil e sociedade política, entre hegemonia e ditadura; os grandes intelectuais exercem a hegemonia, que pressupõe certa colaboração, ou seja, um consenso ativo e voluntário (livre), ou seja, um regime liberal-democrático. Gentile situa a fase corporativa (-econômica) como fase ética no ato histórico: hegemonia e ditadura são indistinguíveis, a força é pura e simplesmente consenso: não se pode distinguir a sociedade política da sociedade civil: existe só o Estado e, naturalmente, o Estado-governo etc." (*Q 6*, 10, 691 [*CC*, 1, 433]). E prosseguindo na avaliação, ao menos nesse âmbito do pensamento crociano, G. afirma que Croce "chamou energicamente a atenção para a importância dos fatos da cultura e do pensamento no desenvolvimento da história, para a função dos grandes intelectuais na vida orgânica da sociedade civil e do Estado, para o momento da hegemonia e do consenso como forma necessária do bloco histórico concreto" (*Q 10* I, 12, 1.235 [*CC*, 1, 306]). Nas notas carcerárias o termo "consenso" aparece também na definição de Estado: "Estado é todo o complexo de atividades práticas e teóricas com as quais a classe dirigente não só justifica e mantém seu domínio, mas consegue obter o consenso ativo dos governados" (*Q 15*, 10, 1.765 [*CC*, 3, 331]). Portanto, G. adjetiva o consenso como "ativo" e o especifica como "dos governados".

Por meio da discussão com os fundadores da ciência política, Maquiavel, Guicciardini e Bodin, torna-se claro para G. como o conceito de "consenso" está no núcleo das questões concernentes à fundação de um novo tipo de Estado: em Maquiavel "está contido também *in nuce* o aspecto ético-político da política ou a teoria da hegemonia e do consenso, além do aspecto da força e da economia" (*Q 10* II, 41.X, 1.315 [*CC*, 1, 384]). E em sua obra fundamental, *O príncipe*, não faltam "referências ao momento da hegemonia ou do consenso ao lado daquele da autoridade ou da força" (*Q 13*, 5, 1.564 [*CC*, 3, 22]). Não obstante essas novidades certamente revolucionárias, "a 'democracia' de Maquiavel é de um tipo adequado ao tempo em que ele viveu, ou seja, é o consenso ativo das massas populares em favor da monarquia absoluta como limitadora e destruidora da anarquia feudal e senhorial e do poder dos padres, como fundadora de grandes Estados territoriais nacionais, função que a monarquia absoluta não podia realizar sem o apoio da burguesia e de um exército permanente, nacional, centralizado etc." (*Q 14*, 33, 1.691 [*CC*, 3, 307]). Também Guicciardini oferece elementos de reflexão em torno do nexo dialético força-consenso: "Afirmação de Guicciardini de que, para a vida de um Estado, duas coisas são absolutamente necessárias: as armas e a religião. A fórmula de Guicciardini pode ser traduzida em várias outras fórmulas menos drásticas: força e consenso, coerção e persuasão, Estado e Igreja, sociedade política e sociedade civil, política e moral (história ético-política de Croce), direito e liberdade, ordem e disciplina, ou, com um juízo implícito de sabor libertário, violência e fraude" (*Q 6*, 87, 762-3 [*CC*, 3, 243]). Mas apenas com Bodin, ou seja, em presença da forma moderna do Estado, tais fórmulas encontram sua aplicação autêntica: "Bodin funda a ciência política na França num terreno muito mais avançado e complexo do que aquele oferecido pela Itália a Maquiavel. Para Bodin, não se trata de fundar o Estado unitário territorial (nacional), isto é, de retornar à época de Luís XI, mas de equilibrar as forças sociais em luta dentro desse Estado já forte e enraizado; não é o momento da força que interessa a Bodin, mas o do consenso. Com Bodin, tende-se a desenvolver a monarquia absoluta: o Terceiro Estado tem tal consciência de sua força e de sua dignidade, sabe tão bem que a sorte da monarquia absoluta está ligada a sua própria sorte e a seu próprio desenvolvimento, que *põe condições para dar seu consenso*, apresenta exigências, tende a limitar o absolutismo" (*Q 13*, 13, 1.574 [*CC*, 3, 31-2)]. E, no entanto, o ponto de referência da ciência política só pode ser o secretário florentino: "Outro ponto a ser fixado e desenvolvido é o da 'dupla perspectiva' na ação política e na vida estatal. Vários graus nos quais se pode apresentar a dupla perspectiva, dos mais elementares aos mais complexos, mas que podem ser reduzidos teoricamente a dois graus fundamentais, correspondentes à natureza dúplice do centauro maquiavélico, ferina e humana, da força e do consenso, da autoridade e da hegemonia, da violência e da civilidade, do momento individual e daquele universal [...], da agitação e da propaganda, da tática e da estratégia etc." (*Q 13*, 14, 1.576 [*CC*, 3, 33]). O papel dirigente exercido pela burguesia francesa à época da Revolução de 1789 criou em torno dela um consenso ativo das classes populares que "substitui o consenso indireto, ou seja, a passividade política (sufrágio universal-sufrágio censitário)" (*Q 4*, 24, 443) no momento em que substitui, no poder, uma hierarquia composta por elementos aristocráticos.

O consenso ativo reside na relação que se estabelece entre quem governa e quem é governado, uma relação "determinada pelo fato de que os governantes representam os interesses dos governados e, portanto, 'devem' ter o consentimento destes, isto é, deve verificar-se a identificação do indivíduo com o todo, o todo (seja que organismo for) sendo representado pelos dirigentes" (*Q 15*, 13, 1.771 [*CC*, 3, 333]). É, portanto, o consenso obtido que especifica a capacidade dirigente de uma classe; quando este consenso é menor presencia-se uma crise que atinge o Estado em seu conjunto (*Q 3*, 34, 311 [*CC*, 3, 184]), este mesmo Estado que é determinado pelo "consenso ativo dos governantes" (*Q 15*, 10, 1.765 [*CC*, 3, 331]); trata-se de uma crise de consenso. A "passividade política" das grandes massas, por sua vez, é uma forma de atividade enquanto é uma busca de solução a uma crise de consenso do Estado. Há organismos para os quais é questão vital "não o consenso passivo e indireto, mas o consenso ativo e direto, ou seja, a participação dos indivíduos" (*Q 15*, 13, 1.771 [*CC*, 3, 333]). O "consenso ativo", além disso, lembra G., pertence à fase "hegemônica" (*Q 11*, 53, 1.481 [*CC*, 1, 198]) do desenvolvimento do Estado, é dele um momento determinante. Desse modo são colocadas as bases da crítica do conceito crociano de história ético-política, que é definido como "uma hipóstase arbitrária e mecânica do momento da hegemonia, da direção política, do consenso, na vida e no desenvolvimento da atividade do Estado e da sociedade civil" (*Q 10* I, 7, 1.222 [*CC*, 1, 293]).

O consenso é ativo quando os governados participam da vida do organismo estatal em cuja condução há governantes aceitos por aqueles. O consenso é passivo quando os governados subscrevem com atos formalmente democráticos (o sufrágio) a aceitação daqueles que os guiam e que, por isso, numa perspectiva de democracia formal, tendencialmente os dominam. Existe depois uma terceira forma de consenso, aquele espontâneo "que nasce 'historicamente' do prestígio (e, portanto, da confiança) obtida pelo grupo dominante por causa de sua posição e de sua função no mundo da produção" (*Q 12*, 1, 1.519 [*CC*, 2, 21]). A gestão do consenso espontâneo é considerada por G. uma função subalterna de hegemonia social e de governo político confiada aos intelectuais como "prepostos" do grupo dominante. É seu dever também cuidar do funcionamento "do aparelho de coerção estatal que assegura 'legalmente' a disciplina daqueles grupos que não 'consentem' nem ativa, nem passivamente, mas é constituído para toda a sociedade na previsão dos momentos de crise de comando e de direção nos quais o consenso espontâneo desaparece" (idem). Além disso, é necessário um tipo de preparação para o consenso: "A capacidade máxima do legislador se pode deduzir do fato de que, à perfeita elaboração das diretrizes, corresponde uma perfeita predisposição dos organismos de execução e de controle e uma perfeita preparação do consenso 'espontâneo' das massas, que devem 'viver' aquelas diretrizes, modificando seus hábitos, sua vontade e suas convicções de acordo com aquelas diretrizes e com os objetivos que elas se propõem atingir" (*Q 14*, 13, 1.669 [*CC*, 3, 301]). Entre quem governa e quem é governado operam os intelectuais orgânicos do grupo dominante, que preparam o "consenso 'espontâneo'" (idem), em que obviamente "espontâneo" só pode aparecer entre aspas, significando como ele é espontâneo apenas na aparência.

Há casos particulares nos quais o consenso é requerido com base em uma situação na qual o Estado sozinho não está em condições de obtê-lo: "A Igreja [...] se compromete perante uma determinada forma de governo (que é determinada de fora, como documenta a própria Concordata) em promover aquele consenso de uma parte dos governados que o Estado explicitamente reconhece não poder obter com meios próprios" (Q 16, 11, 1.867 [CC, 4, 43-4]). É o caso do fascismo, o qual, não podendo obter, na construção do Estado totalitário, o consenso de todos os governados, recorre à Igreja (também graças à Concordata) para obter o consenso daquela "parte dos governados" que não poderia ter de modo diverso, isto é, recorrendo à estrutura do partido e à sua propaganda.

Bibliografia: Buci-Glucksmann, 1976; Canfora, 1990; Gerratana, 1977; Tortorella, 1987.

Lelio La Porta

Ver: armas e religião; Bodin; Concordata; democracia; direção; econômico-corporativo; Estado; governados-governantes; Guicciardini; hegemonia; intelectuais; intelectuais orgânicos; Maquiavel; opinião pública; prestígio; sociedade civil; sufrágio universal.

constitucionalismo

Em uma nota sobre a codificação do direito romano G. refere-se ao constitucionalismo como realização de uma longa temporada jurídica com o fim de estabelecer "um quadro permanente de 'concórdia discorde', de luta dentro de uma moldura legal", com a finalidade de poder "desenvolver as forças implícitas na [...] função histórica" (Q 6, 63, 732 [CC, 2, 142]) da classe burguesa. Esse fenômeno é analisado nas constituições europeias, como a "espanhola de 1812 [...] 'exemplar' para a Europa absolutista" (Q 19, 39, 2.062 [CC, 5, 113]); a polonesa de 1791, "que tinha muitos pontos de contato com a Declaração dos Direitos do Homem e do Cidadão" (Q 19, 30, 2.056 [CC, 5, 107]); a de Malta de 1921 (Q 6, 196, 837 [CC, 4, 220]). A reflexão de G. sobre constitucionalismo como conceito amplo e dinâmico prossegue numa nota sobre Hegel, cuja "doutrina [...] sobre os partidos e as associações como trama 'privada' do Estado [...] devia servir para dar um caráter mais concreto ao constitucionalismo" (Q 1, 47, 56 [CC, 3, 119]). O constitucionalismo moderno sintetizado por Hegel, que "supera já, assim, o puro constitucionalismo", é o quadro político que permite o "governo com o consenso dos governados, mas com o consenso organizado, não genérico e vago tal qual se afirma no momento das eleições: o Estado tem e pede o consenso, mas também 'educa' este consenso" (idem).

A reflexão ampla que G. possui do fenômeno constitucional emerge ainda da referência à relação entre exército e Constituição: "Não é verdade que o exército, segundo as Constituições, jamais deva fazer política; o exército deve precisamente defender a Constituição, isto é, a forma legal do Estado" (Q 13, 23, 1.605 [CC, 3, 62]). Mesmo Maquiavel, para G., está atento à questão constitucional: "Em toda a obra de Maquiavel encontram-se disseminados princípios gerais de direito constitucional e ele afirma, com bastante clareza, a necessidade de que no Estado domine a lei, princípios fixos segundo os quais os cidadãos virtuosos possam operar seguros de que não cairão sob os golpes do arbítrio" (Q 5, 127, 657-8 [CC, 3, 218]).

Michele Filippini

Ver: consenso; Constituição; Estado; Hegel; Maquiavel.

Constituição

Em Q 14, 11, G. sinaliza seu interesse pelos textos constitucionais sublinhando como "o ponto mais interessante, ao que parece, deve ser este: como a Constituição escrita se adapta (é adaptada) à variação das conjunturas políticas, especialmente as desfavoráveis às classes dominantes" (ibidem, 1.665 [CC, 3, 299]). Nesse contexto é retomada "a penetrante análise feita por Marx da Carta espanhola" como "demonstração clara de que aquela Carta é a expressão exata de necessidades históricas da sociedade espanhola, e não uma aplicação mecânica dos princípios da Revolução Francesa [...] seria preciso retomar assim a análise de Marx, comparar com a Constituição siciliana de 1812 e com as necessidades meridionais: a comparação poderia continuar com o Estatuto albertino" (Q 6, 199, 839 [CC, 5, 272]). A Constituição é, portanto, para G., mais que uma norma fundamental e imutável, um texto que reflete as relações de força dentro de um Estado: "Pode-se dizer, em geral, que as Constituições são, acima de tudo, 'textos educativos' ideológicos e que a Constituição 'real' está noutros documentos legislativos (mas, especialmente, na relação efetiva das forças sociais no momento político-militar). Um estudo sério desses temas, feito com perspectiva histórica e com métodos críticos, pode ser um dos meios mais eficazes para combater a abstração mecanicista e o fatalismo determinista" (*Q 14*, 11, 1.666 [*CC*, 3, 300]). Essa "historicização" das Constituições acompanha de perto o relevo dado aos mecanismos jurídicos que são a base dos textos constitucionais. Demonstrando seguir um debate que naqueles anos opunha Kelsen a Schmitt, e iniciando a reflexão sobre os limites do constitucionalismo diante do nazismo ascendente, G. aponta como "em toda Constituição, devem ser vistos os pontos que permitem a passagem legal do regime constitucional-parlamentar ao ditatorial: exemplo, o art. 48 da Constituição de Weimar, que tanta importância teve na história alemã recente" (ibidem, 1.665 [*CC*, 3, 299]).

Michele Filippini

Ver: direito; relações de força.

Constituinte

Por testemunhos dos companheiros de prisão sabemos que G., por volta do fim de 1930, sustenta a necessidade de uma Constituinte democrático-republicana como fase intermediária do fascismo ao socialismo, ideia reproposta em março de 1937, por meio de Sraffa, à direção do partido. À luz disso se esclarecem algumas referências elípticas dos *Q* à "reivindicação popular de elegibilidade de todos os cargos, reivindicação que é, simultaneamente, liberalismo extremo e sua dissolução (princípio da Constituinte permanente [...])" (*Q 6*, 81, 752 [*CC*, 3, 235]), ao "constitucionalismo que emerge por todos os poros: daquela Itália *qu'on ne voit pas*" (*Q 10* II, 22, 1.260 [*CC*, 1, 330]), à "sustentação dada às ideologias constitucionalistas" na contraposição entre "a teoria da assim chamada revolução permanente" e "o conceito de ditadura democrático-revolucionária" (*Q 13*, 18, 1.596 [*CC*, 3, 46]) – uma Constituinte no modelo da Rússia revolucionária, embora com todas as diferenças entre Oriente e Ocidente, parece um passo obrigatório na longa "guerra de posição" que antecede a conquista do Estado e, sucessivamente, à sua extinção.

De resto, a ausência da convocação, durante o *Risorgimento*, de uma "Assembleia Nacional Constituinte" nos moldes franceses de 1789, por parte seja do "Partido de Ação (por incapacidade congênita)", seja dos moderados para que "a monarquia piemontesa, sem condições ou limitações de origem popular, se estendesse a toda a Itália" (*Q 4*, 38, 459), tinha condicionado a vida do reino, que de fato tinha visto afirmar-se progressivamente uma "tendência 'constituinte' às avessas, que dando uma interpretação restritiva do Estatuto, ameaça um golpe de Estado reacionário" (*Q 8*, 101, 1.001 [*CC*, 5, 298]), resultando, primeiro, na tentativa giolittiana de "uma Constituinte sem Constituinte, ou seja, sem agitação política popular" (*Q 8*, 83, 989 [*CC*, 5, 294]), por ocasião das eleições por sufrágio universal de 1919, que no entanto "tiveram para o povo um caráter de Constituinte" (*Q 9*, 103, 1.167), e, depois, no fascismo.

Giuseppe Cospito

Ver: Giolitti; guerra de posição; Oriente-Ocidente; *Risorgimento*; URSS.

consumo

Analisando a grande crise dos anos 1930, G. – contra as interpretações liberais, como a de Einaudi, que viam o colapso de Wall Street como um fenômeno conjuntural – evidencia seu caráter "orgânico", resultado de um processo complexo que rejeita uma explicação monocausal. A tal propósito, o pensador sardo refuta seja a leitura de Giovanni Agnelli (que, interpretando a crise em chave de subconsumo e desocupação tecnológica, esperava intervenções de redução de horário e aumentos salariais: *Q 10* II, 55 [*CC*, 1, 415]), seja aquela de Pasquale Jannaccone (que, ao contrário, vendo na crise a ruptura do equilíbrio dinâmico entre consumo e poupança, requeria políticas deflacionárias de baixos salários: *Q 6*, 123 [*CC*, 4, 304]). G. observa como "na distribuição da renda nacional, através especialmente do comércio e da bolsa, se tenha introduzido no pós-guerra [...] uma categoria de 'apropriadores' que não representa nenhuma função produtiva necessária e indispensável, mas que absorve uma parte substantiva da renda" (ibidem, 793 [*CC*, 4, 303]). Além disso, salienta em *Q 10* II, 53, 1.343 [*CC*, 1, 411] como crescem cada vez mais as forças de consumo em comparação com aquelas de produção, de onde "pode ocorrer que uma função parasitária revele-se intrinsecamente necessária".

Se era ainda bastante forte o peso da renda fundiária na Itália, na Inglaterra desempenhavam um papel premente as atividades comerciais e de serviços, em comparação com as industriais. Esse gênero de atividade improdutiva era, ao contrário, reduzido ao mínimo nos Estados

Unidos, onde o fordismo fundava uma organização social racional, submetendo à produção tanto o comércio quanto a distribuição e os serviços, o que deixava o país-guia da racionalização produtiva perigosamente exposto ao parasitismo da bolsa (*Q 22*, 11, 2.164-9 [*CC*, 4, 266]).

Vito Santoro

Ver: fordismo; parasitismo; salário.

conteúdo: v. forma-conteúdo.

contradição

A contradição paradigmática ocorre na derrubada ou no declínio de um dado modo de produção e no simultâneo surgimento do modo oposto: G. menciona o "*Kulturkampf* primitivo, no qual o Estado moderno deve ainda lutar contra o passado clerical e feudal. É interessante notar essa contradição que existe na América do Sul entre o mundo moderno das grandes cidades comerciais da costa e o primitivismo do interior, contradição que se amplia em função da existência de grandes massas de indígenas, por um lado, e de imigrantes europeus, por outro" (*Q 1*, 107, 98 [*CC*, 4, 178]). Insanável é também a contradição interna a um mesmo modo de produção, se este tenta se perpetuar para além de seu limite estrutural, contradição que G. assim traduz pela sua formulação clássica e sem inovações substanciais: "Ao chegar a uma determinada fase de desenvolvimento, as forças produtivas materiais da sociedade se chocam com as relações de produção existentes, ou, o que não é senão a sua expressão jurídica, com as relações de propriedade dentro das quais se desenvolveram até aqui" (*Q 11*, 29, 1.439 [*CC*, 1, 157]). No primeiro volume d'*O capital* – anota G. –, Marx indica outra contradição: "Enquanto, por um lado, o progresso técnico permite uma dilatação do mais-valor, por outro determina, em função da modificação que introduz na composição do capital, a queda tendencial da taxa de lucro" (*Q 10* II, 33, 1.278 [*CC*, 1, 348]).

Essa contradição pode levar a uma profunda convulsão social pela ação conjunta dos limites naturais e, especialmente, dos "reflexos" superestruturais, ou seja, políticos, previsíveis pelo reforço da consciência revolucionária da classe operária, cada vez mais ameaçada pela desocupação tecnológica. G., recuperando uma expressão já presente em Gentile e em Mondolfo, define tal resultado possível como "subversão da práxis": "A tendencialidade se torna uma característica organicamente importante, como neste caso, em que a queda da taxa de lucro é apresentada como o aspecto contraditório de uma outra lei, a saber, a da produção do mais-valor relativo, em que uma tende a elidir a outra, com a previsão de que a queda da taxa de lucro prevalecerá [...]. As forças contraoperantes da lei tendencial e que se resumem na produção cada vez maior de mais-valor relativo têm limites, que são dados, por exemplo, do ponto de vista técnico, pela extensão e pela resistência elástica da matéria e, do ponto de vista social, pela quantidade suportável de desemprego em uma determinada sociedade. Em outras palavras, a contradição econômica torna-se contradição política e é resolvida politicamente por uma subversão da práxis" (ibidem, 1.279 [*CC*, 1, 349]). Ou seja, tal contradição estrutural pode dar lugar a uma (superestrutural) tomada de consciência capaz de remover, em perspectiva, a própria contradição: "Constatado que, sendo contraditório o conjunto das relações sociais, só pode ser contraditória a consciência dos homens, põe-se o problema de como se manifesta tal contradição e de como se pode obter progressivamente a unificação" (*Q 16*, 12, 1.875 [*CC*, 4, 51]). Mas a distinção-contradição entre estrutura e superestrutura é metodológica, ao passo que sua unidade é orgânica: "*Estrutura e superestruturas*. A estrutura e a superestrutura formam um 'bloco histórico', isto é, o conjunto complexo e contraditório das superestruturas é o reflexo do conjunto das relações sociais de produção. Disso decorre: só um sistema totalitário de ideologias reflete racionalmente a contradição da estrutura e representa a existência das condições objetivas para a subversão da práxis" (*Q 8*, 182, 1.051 [*CC*, 1, 250]). Nessa passagem, o conceito de "reflexo", aparentemente fiel ao materialismo histórico tradicional, deixa transparecer talvez a noção mais originalmente gramsciana de uma correspondência ou, melhor, coincidência recíproca entre estrutura e superestrutura. Também a distinção entre Estado em sentido estrito e sociedade civil é metodológica, ao passo que sua unidade é orgânica. Por isso, mesmo sua "contradição" metodológica poderá ser atenuada ou progressivamente superada no futuro. Sobre a "sociedade regulada": "Nesta sociedade, o partido dominante não se confunde organicamente com o governo, mas é instrumento para a passagem da sociedade civil-política à 'sociedade regulada', na medida em que absorve ambas em si, para superá-las (não para perpetuar sua contradição)" (*Q 6*, 65, 734 [*CC*, 2, 230]).

Por sua vez, uma contradição antagônica pode ser resolvida de duas formas. Se é sempre possível uma tentativa de síntese conservadora, deve-se considerar síntese superior aquela que trata da força revolucionária: "Todo grupo social tem uma 'tradição', um 'passado', e o considera como o único e total passado. O grupo que, compreendendo e justificando todos estes 'passados', souber identificar a linha de desenvolvimento real, por isso contraditória, mas passível de superação na contradição, cometerá 'menos erros', identificará mais elementos 'positivos' nos quais apoiar-se para criar uma nova história" (*Q 10* II, 59.II, 1.354 [*CC*, 1, 422]). Uma filosofia histórico-crítica não pode, unilateralmente, julgar evidente apenas o devir ou apenas a imutabilidade (como o primeiro pensamento clássico grego). O que fazer, então? "Encontrar a real identidade sob a aparente diferença e contradição e encontrar a substancial diversidade sob a aparente identidade" (*Q 1*, 43, 33). G. alude talvez a Lenin ao notar a ocasional troca de papéis entre o filósofo e o político: "Um homem político escreve sobre filosofia: pode ocorrer que sua 'verdadeira' filosofia deva ser procurada, na verdade, nos escritos sobre política. Em toda personalidade há uma atividade dominante e predominante: é nesta que se deve procurar seu pensamento, *implícito* na maioria das vezes e, às vezes, em contradição com aquele expresso *ex professo*" (*Q 4*, 46, 473).

G. considera fundamentado o critério crociano segundo o qual todo erro teórico tem origem "prática", mas o considera (inconscientemente?) tributário da concepção marxiana sobre as ideologias que, embora se apresentando como concepções "verdadeiras", possuem, ao contrário, caráter de "falsa consciência": "É preciso fazer uma distinção entre elementos puramente 'ideológicos' e elementos de ação prática, entre estudiosos que sustentam a espontaneidade como 'método' imanente [e objetivo] do devir histórico e politiqueiros que a sustentam como método 'político'. Nos primeiros se trata de uma concepção errada, nos segundos se trata de uma contradição [imediata e mesquinha] que deixa ver a origem prática evidente, ou seja, a vontade [imediata] de substituir uma determinada direção por outra. Também nos estudiosos o erro tem uma origem prática, mas não imediata, como nos segundos" (*Q 3*, 48, 329 [*CC*, 3, 195]). Croce cai numa contradição (não dialética, mas banalmente acrítica) quando não discerne entre a liberdade como princípio teleológico-histórico geral e o liberalismo como direção política particular de um período específico: "Croce, em contradição consigo mesmo, confunde 'liberdade' como princípio filosófico ou conceito especulativo e liberdade como ideologia, isto é, instrumento prático de governo, elemento de unidade moral hegemônica. Se toda história é história da liberdade, ou seja, do espírito que cria a si mesmo (e, nesta linguagem, liberdade é igual a espírito, espírito é igual a história e história é igual a liberdade), por que a história europeia do século XIX seria, apenas ela, história da liberdade?" (*LC*, 574, a Tania, 9 de maio de 1932 [*Cartas*, II, 198]). Qual é o sentido da "autonomia da política, qual a relação dialética entre ela e as outras manifestações históricas? Problema da dialética em Croce e sua posição de uma 'dialética dos distintos': não seria uma contradição em termos, uma *ignorantia elenchi*? Só pode se dar dialética dos opostos, negação da negação, não relação de 'implicação'" (*Q 4*, 56, 503 [*CC*, 6, 367]). Todavia, como G. especifica em outro lugar, no critério crociano dos distintos há uma exigência real que a filosofia da práxis deve perceber e valorizar. Esvaziar a filosofia da práxis de todo elemento ideológico, no significado marxiano da palavra, equivale a conferir-lhe plena consciência de um movimento dialético (contradição e tentativa de superá-la em uma "síntese superior") que se realiza na história em geral, mas que possa investir também a própria filosofia da práxis como materialismo histórico: "Em certo sentido, portanto, o materialismo histórico é uma reforma e um desenvolvimento do hegelianismo, é uma filosofia liberada de qualquer desenvolvimento ideológico unilateral e fanático, é a consciência plena das contradições, na qual o próprio filósofo, entendido individualmente ou como grupo social global, não só compreende as contradições, mas coloca a si mesmo como elemento da contradição, e eleva este elemento a princípio político e de ação" (*Q 4*, 45, 471 [*CC*, 6, 364]).

G. aproveita a ocasião de uma referência à psicologia feminina para ofuscar, ainda, o conceito de uma dupla síntese possível nas contradições dialéticas e, portanto, de uma possível síntese superior: "Devo pensar em Giulia e lidar com ela segundo os esquemas da psicologia banal que ordinariamente se atribui ao mundo feminino? Isto me traria uma repugnância extrema. No entanto... como lhe parece que deva ser interpretada a carta de Giulia, na qual diz que, depois de minha carta de 30 de julho, se sentiu mais próxima de mim, mas ficou quatro meses sem me escrever precisamente depois daquela carta? Eu até agora não consegui encontrar a síntese superior desta contradição e não sei se vou conseguir encontrar" (*LC*, 296, a Tatiana, 16 de dezembro de 1929 [*Cartas*, I, 380]). A abordagem psicanalítica pode ser de alguma utilidade ao investigar os momentos de crise, sendo toda crise sempre existencial e ao mesmo tempo – ou antes – social. Em tal contexto, encontramos o adjetivo "morboso", do qual G. faz uso metafórico, especialmente quando observa que um velho mundo de relações ou concepções "morre" e um novo não nasce ou ainda não pode nascer, ou seja, que as contradições de fundo ainda não estão resolvidas: "Acredito que tudo o que de real e de concreto se possa salvar da *échafaudage* psicanalítica pode e deve se restringir a isto, à observação das devastações que provoca, em muitas consciências, a contradição entre o que parece obrigatório, de modo categórico, e as tendências reais baseadas na sedimentação de velhos hábitos e velhos modos de pensar. Esta contradição se apresenta numa multiplicidade inumerável de manifestações, até assumir um caráter estritamente singular em cada indivíduo. Em todo momento da história, não só o ideal moral mas também o 'tipo' de cidadão estabelecido pelo direito público é superior à média dos homens que vivem num determinado Estado. Essa discrepância se torna muito mais pronunciada nos momentos de crise, como é este do pós-guerra, seja porque o nível de 'moralidade' se abaixa, seja porque mais alto se coloca a meta que se deve alcançar e se expressa numa nova lei e numa nova moralidade. Em ambos os casos, a coerção estatal sobre os indivíduos aumenta, aumenta a pressão e o controle de uma parte sobre o todo e do todo sobre cada um de seus componentes moleculares. Muitos resolvem a questão facilmente: superam a contradição com o ceticismo vulgar. Outros se atêm exteriormente à letra da lei. Mas, para muitos, a questão só se resolve de modo catastrófico, visto que provoca desencadeamentos morbosos de paixões reprimidas, que a necessária 'hipocrisia' social (isto é, a obediência à fria letra da lei) só aprofunda e perturba" (*LC*, 544-5, a Tania, 7 de março de 1932 [*Cartas*, II, 168-9]).

Giuseppe Prestipino

Ver: Croce; dialética; estrutura; filosofia da práxis; Gentile; ideologia; liberdade; psicanálise; queda tendencial da taxa de lucro; sociedade regulada; superestrutura/superestruturas.

Contrarreforma

"O verdadeiro ponto de ruptura entre democracia e Igreja deve ser localizado [...] na Contrarreforma, quando a Igreja [...] abdicou de sua função democrática" (*Q 1*, 128, 117 [*CC*, 4, 178]). Nos *Q* é reiterada a ideia de que a Contrarreforma assinala o momento histórico de separação da Igreja do *demos*, "das massas dos 'humildes'" (*Q 25*, 7, 2.292 [*CC*, 5, 142]). Este permanece como o nó insolúvel e ainda atual da cultura nacional italiana, que "continua a ser dominada pela Contrarreforma" (*Q 3*, 144, 401 [*CC*, 2, 96]). Desenvolvendo teses que encontrarão confirmação na leitura de Max Weber, G. vê na Contrarreforma uma fundamental resistência ao "espírito 'moderno'" (*Q 25*, 7, 2.291 [*CC*, 5, 142]). Antimoderna é a tendência ecumênica contrarreformista ao "acentuar o caráter cosmopolita dos intelectuais italianos e sua separação da vida nacional" (*Q 3*, 141, 399 [*CC*, 2, 95]) por meio, por exemplo, do uso do latim. E antimoderno é o impedimento histórico, na Itália posterior ao Concílio de Trento (1545-1563), da evolução de um novo senso de individualidade, entendido como "consciência da responsabilidade individual", isto é, como relação pessoal homem-deus (e, portanto, "metaforicamente", homem-realidade) livre da mediação clerical (*Q 9*, 23, 1.110-1 [*CC*, 3, 289]). O impacto da Contrarreforma acaba por explicar, portanto, não apenas a tardia afirmação histórica da burguesia capitalista e individualista (a "heresia liberal" de *Q 25*, 7, 2.292 [*CC*, 5, 142]) e a ainda mais tardia afirmação de uma cultura propriamente nacional, mas também, implicitamente, a propensão italiana a casos mais recentes de autoritarismo. Efeito da Contrarreforma na Itália é, ainda, o fosso intransponível entre cultura (e língua) intelectual e popular (*Q 5*, 91, 625 [*CC*, 2, 130]). Como antimoderna, "a Contrarreforma, como todas as restaurações, só podia ser um compromisso [...] entre o velho e o novo" (*Q 3*, 71, 348): elementos de novidade e progresso convivem como "formas" da modernidade num ambiente contrarreformista no qual é a velha ordem a ser restaurada.

Roberto Dainotto

Ver: calvinismo; cristianismo; Igreja católica; intelectuais italianos; latim e grego; Lutero e luteranismo; Reforma; religião; Weber.

corporativismo

A reflexão sobre o corporativismo fascista que G. desenvolve nos *Q* não se limita – diversamente de muitas das contribuições produzidas primeiro pela cultura antifascista e depois pela historiografia – a denunciar a falência daquela experiência institucional. A análise dos *Q* enfatiza, na verdade, a pluralidade dos motivos e dos processos nos quais o corporativismo se fundamenta: a relevância da nova ordem sindical ou a função de "polícia econômica" (*Q 22*, 6, 2.156-7 [*CC*, 4, 254]); a ligação entre legislação corporativa e "americanismo" e entre ideologia corporativa e consenso das camadas médias; o lento emergir de novos modelos de mediação entre instituições e instâncias sociais substitutivos dos tradicionais sistemas parlamentares.

O corporativismo se apresenta, em primeiro lugar, como ação de "polícia econômica", vale dizer, como repressão dos conflitos e da liberdade de organização, regulamentação das estruturas organizativas, mas também, ao mesmo tempo, como reconhecimento do valor público do sindicato (embora de um sindicato, na verdade, em grande parte esvaziado e subordinado à política). O termo "polícia" é na verdade entendido por G. em sentido amplo, como esclarecem outras passagens dos *Q* (*Q 2*, 150, 278-9 [*CC*, 3, 181]). Em particular, analisando as modernas formas da política a partir da França de Napoleão III, ele esclarece que "polícia" não está relacionado apenas ao "serviço estatal destinado à repressão da criminalidade", mas também ao "conjunto das forças organizadas pelo Estado e pelos particulares para defender o domínio político e econômico das classes dirigentes" (*Q 13*, 27, 1.620 [*CC*, 3, 78]). Em consequência, "inteiros partidos 'políticos' e outras organizações econômicas ou de outro gênero devem ser considerados organismos de polícia política, de caráter investigativo e preventivo" (ibidem, 1.620-1 [*CC*, 3, 78]). Trata-se, então, de uma acepção clássica do termo, ou seja, aquela que se encontra na *Filosofia do direito*, de Hegel, que é com toda probabilidade a fonte de G. E é uma acepção que apreende plenamente a complexidade da ordem sindical fascista, na qual, à supressão das organizações preexistentes, se junta a paralela construção de uma nova ordem, fundada na presença do sindicato único legalmente reconhecido e, portanto, na extensão da esfera de aplicação do direito público e da estrutura administrativa do Estado.

O corporativismo naturalmente não é apenas polícia econômica, embora – escreve G. no verão de 1934 – "o elemento negativo da 'polícia econômica' tenha predominado até agora sobre o elemento positivo da exigência de uma nova política econômica" (*Q 22*, 6, 2.157 [*CC*, 4, 258]). O corporativismo, portanto, é – ou poderia ser – também "política econômica" (idem) e, enquanto tal, é concebido em função da adaptação, na Itália, do modelo estadunidense e da "economia programática" (*Q 22*, 1, 2.139 [*CC*, 4, 241]). Pode na verdade constituir a "forma jurídica" para uma "revolução técnico-econômica" (*Q 22*, 6, 2.156 [*CC*, 4, 254]) de larga escala e, em consequência, se reconectar à possibilidade de introduzir na Itália as inovações do taylorismo e do fordismo e, mais em geral, aquele complexo de fenômenos de modernização econômica e social incluídos na categoria de "americanismo". Desde 1930 G. observa esses nexos potenciais, excluindo, porém, a possibilidade de sua tradução prática. Apenas a partir de 1932, quando já é evidente a extensão e a profundidade da crise econômica, começa (como atestam diversas variações entre textos de primeira e segunda redação), embora ainda em forma hesitante, a vislumbrar no corporativismo uma condição concreta para a adaptação na Itália do modelo estadunidense de sociedade industrial.

É então nesse quadro analítico que se situa a reflexão gramsciana sobre o corporativismo como política econômica. É uma reflexão já introduzida no *Q 3* (que retorna em 1930), retomada em pontos específicos dos *Q 8* e *10* e desenvolvida depois no *Q 22* (*Americanismo e fordismo*) e na qual, como dito, o corporativismo aparece estreitamente ligado ao fordismo, vindo na verdade constituir (sobretudo nas notas escritas a partir de 1932) uma das condições da possível racionalização fordista no quadro de um país industrial periférico: "Uma das condições, não a única condição e nem a mais importante", mas "a mais importante das condições imediatas" (*Q 22*, 6, 2.157 [*CC*, 4, 258]). O corporativismo constituiria o quadro institucional da economia programada, isto é, de uma "'economia média' entre aquela individualista pura e aquela de acordo com um plano em sentido integral". Nesse sentido, o corporativismo aparece a G. como a "forma econômica" assumida pela "'revolução passiva'" representada pelo fascismo, porque poderia tornar possível "a passagem para formas políticas e culturais mais avançadas sem cataclismas radicais e destrutivos de forma exterminadora" (*Q 8*, 236, 1.089). O fascismo (e nisso reside seu caráter de revolução passiva) estaria em condições de promover uma profunda mudança da estrutura econômica sem alterar as hierarquias sociais preexistentes: "Ter-se-ia uma revolução passiva no fato de que, por intermédio da intervenção legislativa do Estado e através da organização corporativa, teriam sido introduzidas na estrutura econômica do país modificações mais ou menos profundas para acentuar o elemento 'plano de produção', isto é, teria sido acentuada a socialização e cooperação da produção, sem com isso tocar (ou limitando-se apenas a regular e controlar) a apropriação individual e grupal do lucro" (*Q 10* I, 9, 1.228 [*CC*, 1, 299]). O corporativismo e a economia programada tornariam possível "desenvolver as forças produtivas da indústria sob a direção das classes dirigentes tradicionais" (idem).

Por outro lado, não escapa a G. de que maneira os mesmos processos desencadeados pela crise econômica dos primeiros anos da década de 1930 criam as condições para uma transformação desse gênero. Com a constituição, em 1933, do Istituto per la Ricostruzione Industriale (IRI) [Instituto para a Reconstrução Industrial] e a aquisição, por parte do Estado, da propriedade de uma parte significativa do aparelho produtivo e creditício nacional, o Estado torna-se "investido de uma função de primeiro plano no sistema capitalista, como empresa (*holding* estatal) que concentra a poupança a ser posta à disposição da indústria e da atividade privada, como investidor a médio e longo prazo" (*Q 22*, 14, 2.175-6 [*CC*, 4, 277]). Torna-se necessário, em consequência, colocar em ação programas racionalizadores. Uma vez assumida "por necessidades econômicas imprescindíveis" a função de financiador, de banqueiro, o Estado não pode "desinteressar-se" da organização da produção e da troca, porque "se isso ocorresse, a desconfiança que hoje atinge a indústria e o comércio privado" o "esmagaria". O Estado "é assim levado necessariamente a intervir para controlar se os investimentos realizados por seu intermédio estão sendo bem administrados" e, ao mesmo tempo, a reorganizar o aparelho produtivo "para desenvolvê-lo paralelamente ao aumento da população e das necessidades coletivas" (ibidem, 2.176 [*CC*, 4, 277]). G. então identifica no nexo corporativismo-racionalização (nexo potencial e não já dado) uma chave de leitura eficaz, a qual evoca outras vezes. Na verdade, é justamente pondo no centro aquele nexo que ele pode colocar sua análise do fascismo e do corporativismo italianos no quadro dos processos mais gerais que ocorrem nas sociedades ocidentais.

Deriva daí, provavelmente, a escolha por assumir como ponto de referência crítica aqueles autores que mais claramente colocam em posição central a relação entre racionalização, modernização industrial e corporativismo. Ugo Spirito, Arnaldo Volpicelli e o grupo por eles reunido em torno da revista *Novos Estudos de Direito, Economia e Política* representam a principal contrapartida crítica. G. considera as concepções corporativas deles utópicas e abstratas, porém, vê nelas também, um sinal dos tempos; isto é, atribui a Spirito e aos autores de *Novos Estudos* o haver intuído o alcance das profundas mudanças em andamento. Acenos semelhantes são fornecidos a G. por Nino Massimo Fovel, em cujos escritos – conhecidos apenas indiretamente – o corporativismo é configurado como uma "economia de produtores", na qual se realizaria uma supressão da renda e a corporação assumiria uma evidente função racionalizadora. Também nesse caso se pode notar uma ideia de corporativismo como "premissa para a introdução na Itália dos sistemas americanos mais avançados no modo de produzir e de trabalhar" (*Q 22*, 6, 2.153 [*CC*, 4, 254]).

G. é consciente, contudo, do fato de que as variações fordistas do corporativismo – embora evidentes – não representam completamente todo o debate. Deve-se sublinhar que a ligação estabelecida entre americanismo e corporativismo é sustentada por G. de forma duvidosa: não indica um dado de fato, mas uma tendência de resultados imprevistos. E não só. Nos *Q* são desenvolvidos três passos ulteriores que tornam ainda mais complexa a análise do nexo entre corporativismo e racionalização capitalista. O primeiro é constituído pelo fato de que as vertentes fordistas e "progressistas" da ideologia corporativa são interpretadas, sim, como um sinal dos tempos, mas sem nunca esquecer que suas aspirações não são em geral partilhadas e que, antes, são "antagonistas" à "parte conservadora" e certamente não minoritária do fascismo (*Q 22*, 2, 2.147 [*CC*, 4, 242]). É sintomático que G., em geral, fale daquelas aspirações utilizando o condicional, desejando enfatizar justamente o caráter de processo e de resultado não previsto. O segundo está na consciência da lentidão e do extremo gradualismo da construção do aparato corporativo, que "poderia proceder a etapas lentíssimas, quase insensíveis, que modificam a estrutura social sem choques repentinos" (*Q 22*, 6, 2.158 [*CC*, 4, 254]). Os percursos institucionais tortuosos que precedem as principais realizações do novo sistema institucional o testemunham. O terceiro aspecto, enfim, deve ser encontrado na consciência expressa nos *Q* do valor relativo que teria a plena realização do projeto corporativo. Esse é também, na verdade, um elemento da política demagógica do fascismo, voltado particularmente para conquistar o consenso das camadas médias. Nesse sentido, G. sustenta mesmo que a realização prática da organização corporativa como veículo de introdução da "economia segundo um plano" possui um "valor relativo". Uma função relevante como ideologia é, de fato, cumprida pelo corporativismo, porque possuiria a função de "criar um período de expectativa e de esperanças, notadamente em certos grupos sociais italianos, como a grande massa dos pequeno-burgueses urbanos e rurais, e, consequentemente, para manter o sistema hegemônico e as forças de coerção militar e civil à disposição das classes dirigentes tradicionais". A ideologia corporativa então "serviria como elemento de uma 'guerra de posição' no campo econômico (a livre concorrência e a livre troca corresponderiam à guerra de movimento) internacional, assim como a 'revolução passiva' é este elemento no campo político" (*Q 10* I, 9, 1.228-9 [*CC*, 1, 299-30]). Nesse sentido, o corporativismo não é nem um blefe, nem uma força irrealista, mas, no caso, uma hábil política cultural voltada principalmente para as camadas médias. A ênfase posta na "terceira via" – alternativa tanto ao capitalismo quanto ao socialismo – corresponde, na verdade, à dúplice desconfiança da pequena burguesia para com as grandes concentrações capitalistas e para com os trabalhadores assalariados, desconfiança que se aguça enormemente durante a grande crise.

Se o corporativismo como ideologia e política cultural reflete, portanto, a alma pequeno-burguesa do fascismo, as políticas concretamente realizadas vão em direção bem diferente: "Daí se segue que, teoricamente, o Estado parece ter sua base político-social na 'gente míuda' e nos intelectuais; mas, na realidade, sua estrutura permanece plutocrática e torna-se impossível romper as ligações com o grande capital financeiro" (*Q 22*, 14, 2.177 [*CC*, 4, 278]). A contradição interna do corporativismo reflete a contradição, mais geral, do fascismo e das políticas por ele postas em prática: orientadas, como se viu, para tornar compatível o desenvolvimento das forças produtivas – potencialmente explosivo porque a isso se liga uma redistribuição dos recursos e a expulsão do mercado de numerosos sujeitos – e a conservação dos equilíbrios sociais existentes.

O tema do corporativismo se liga também ao delineamento de uma nova forma de representação em condições de substituir a representação individualista dos regimes liberal-democráticos. Já no início dos anos 1920 G. havia focalizado o progressivo esvaziamento do parlamento como lugar de formação da decisão política: tinha de fato evidenciado o caráter já de "corpo consultivo" do próprio parlamento, "sem poder de iniciativa e de controle" ("Il parlamento italiano", 24 de março de 1921, em *SF*, 116), e havia analisado a "transferência de poderes", "singular do ponto de vista constitucional", do parlamento ao Conselho Superior do Trabalho, enquanto denunciava a "inutilidade das comissões 'conjuntas', a grotesca inutilidade das aspirações e das tentativas de colaboração" ("Il controllo operaio al consiglio del lavoro" [Controle operário no conselho do trabalho], 13 de março de 1921, em *SF*, 105-7). Nos *Q*, a análise é levada mais adiante, assumindo provavelmente como implícito interlocutor polêmico a campanha pelo "fim do parlamento" lançada em 1934 pela *Crítica Fascista*, a revista do fascismo mais aguerrida culturalmente, dirigida por Giuseppe Bottai. G. destaca como ao redimensionamento ou à eliminação do parlamento não corresponde absolutamente o redimensionamento ou a eliminação do parlamentarismo: "Pretende-se, com meras palavras, fazer acreditar que se encontrou um equivalente para a crítica representada pela 'livre' luta política no regime representativo, equivalente que, de fato, se aplicado seriamente, é mais eficaz e produtivo em termos de consequências do que o original" (*Q 14*, 74, 1.742 [*CC*, 3, 319]), escreve ao início de uma nota cuja redação é datada de março de 1935 (e que de modo significativo começa com uma referência à URSS). "Pretende-se fazer acreditar", justamente, mas a realidade é muito mais complexa: de fato, "não foi observado até aqui que destruir o parlamentarismo não é tão fácil como parece".

Sem uma plena superação do individualismo (ou seja, da centralidade do indivíduo separado e genérico, autêntico depositário da capacidade de expressar representação) a abolição, não tanto do parlamento quanto, mais em geral, do sistema parlamentar, resulta anti-histórica. Onde isso foi tentado, como na Itália fascista ou na União Soviética, modalidades parlamentares foram, mais ou menos subterraneamente, reintroduzidas no desenvolvimento da vida política institucional. Foi se afirmando assim aquilo que G. chama de "parlamentarismo 'implícito' [e 'tácito']" ou "parlamentarismo negro" ("isto é, que funciona como os 'mercados negros' e o 'jogo clandestino' onde e quando as bolsas oficiais e o jogo de Estado se mantêm fechados por alguma razão"). Esse "parlamentarismo" diverso resulta "muito mais perigoso que aquele explícito, porque tem todas as deficiências deste sem possuir os valores positivos", porque é privado das regras e das tradições das quais dispõe este último. Na Itália fascista o "parlamentarismo negro", ou "implícito", assume as características próprias de um "retorno ao 'corporativismo'". Um retorno a ser entendido não "no sentido 'antigo regime'", mas "no sentido moderno da palavra, quando a 'corporação' não pode ter limites fechados e exclusivistas, como era no passado; hoje é corporativismo de 'função social', sem restrição hereditária ou de outro" (ibidem, 1.742-3 [CC, 3, 320]).

Bibliografia: De Felice, 1977; Gagliardi, 2008; Maccabelli, 1998; Mangoni, 1977; Salsano, 1988; Rafalski, 1991.

Alessio Gagliardi

Ver: americanismo; capitalismo de Estado; fascismo; fordismo; ideologia; parlamentarismo negro; parlamento; polícia; revolução passiva; Spirito; taylorismo.

Corradini, Enrico

O maior expoente do nacionalismo italiano, Enrico Corradini, é associado por G. ao tipo "retórico sentimental, orador das grandes ocasiões" (Q 3, 120, 388). Sua obra literária, "não arte, e sim má política, isto é, simples retórica ideológica" (Q 5, 27, 566 [CC, 6, 166]), coloca-o no âmbito do "brescianismo" (Q 7, 82, 914 [CC, 5, 276]). Mas G. menciona Corradini primeiro em relação à política externa, por um lado "abstrata reivindicação imperial contra todos" (Q 2, 25, 182 [CC, 5, 174]), por outro significativa em referência ao "conceito de nação proletária" (Q 1, 58, 68 [CC, 5, 150]) em luta com as nações plutocráticas e capitalistas (Q 7, 82, 914 [CC, 5, 276]). Com várias personalidades políticas, Corradini procurou "cristalizar em torno dos problemas da política externa e da emigração as correntes menos vulgares do tradicional patriotismo" italiano (Q 2, 25, 181 [CC, 5, 174]). Perante o apoliticismo "envernizado de retórica nacional prolixa" dos escritores italianos, G. considerava "mais simpáticos Enrico Corradini e Pascoli com seu nacionalismo confesso e militante", que em Corradini se expressava em "programas bem racionalizados" (Q 14, 14, 1.670). O conceito de "proletário" é transferido por Corradini "das classes [...] às nações" (Q 2, 51, 205 [CC, 5, 178]), sustentando que a "propriedade nacional" (idem) italiana deveria se expandir a partir da presença de imigrados italianos nos países estrangeiros (Q 3, 124, 390-1 [CC, 5, 208]). Todavia, observa G.,

"a pobreza de um país é relativa e é a 'indústria' do homem – classe dirigente – que consegue dar a determinada nação uma posição no mundo e na divisão internacional do trabalho; a emigração é uma consequência da incapacidade da classe dirigente para dar trabalho à população, e não da pobreza nacional" (Q 2, 51, 205 [CC, 5, 178-9]) e é por G. ligada à "questão meridional" (Q 7, 82, 914 [CC, 5, 276]). Em suma, o "mito de uma missão da Itália renascida em uma nova Cosmópolis europeia e mundial" é "verbal e retórico, baseado no passado" (Q 19, 5, 1.988 [CC, 5, 41]).

Manuela Ausilio

Ver: apoliticismo/apoliticidade; brescianismo; emigração; imperialismo; nacionalismo; Pascoli; questão meridional.

corrupção

A corrupção é vista por G. sob dois aspectos diversos, complementares entre si. Por um lado indica, num sentido mais geral, um elemento das fases de "crise do princípio de autoridade", como a que se segue à Primeira Guerra Mundial, na qual "o aparelho hegemônico se quebra e o exercício da hegemonia se torna cada vez mais difícil". Nesse contexto, G. menciona como "as formas desse fenômeno são também, em certa medida, de corrupção e dissolução moral", referindo-se aos personalismos ou aos sectarismos pelos quais "todo pequeno grupo interno de partido acredita possuir a receita para interromper o enfraquecimento do partido todo" (Q 1, 48, 59). De mesmo tom é um apontamento sobre a emigração italiana, em que a "corrupção" é sinônimo de "decomposição política e moral" (Q 1, 149, 132 [CC, 5, 153]).

Ao lado dessa acepção geral há, porém, uma mais específica que remete a causa da corrupção a um preciso modo de organização do poder na Itália. Escreve G. que "entre o consenso e a força está a corrupção-fraude [...], isto é, o enfraquecimento e a paralisação do antagonista ou dos antagonistas pela absorção de seus dirigentes" (Q 1, 48, 59): uma prática que o Estado italiano realiza prevalentemente no Mezzogiorno, por meio "de medidas políticas: favores pessoais à camada dos intelectuais ou bacharéis [...], isto é, incorporação a 'título pessoal' dos elementos meridionais mais ativos nas classes dirigentes, com particulares privilégios 'judiciais', burocráticos etc." (Q 1, 43, 36). Esse "fenômeno de corrupção" serve para esterilizar aquele "estrato que teria podido organizar o descontentamento meridional", bem como para torná-lo "um instrumento da política setentrional" (idem). Nessa acepção, o fenômeno da corrupção, de sinônimo de decomposição moral, torna-se prática política estratégica, reconectando-se em G. às reflexões sobre o transformismo e sobre as transformações moleculares.

MICHELE FILIPPINI

Ver: consenso; crise de autoridade; força; Mezzogiorno; molecular; questão meridional; transformismo.

cosmopolitismo

"Os intelectuais italianos são 'cosmopolitas', não nacionais" (*Q 1*, 150, 133 [*CC*, 6, 349]), escreve G. no *Q 1*, apresentando os fundamentos daquela análise complexa que diz respeito às raízes da ideia de nação, o percurso histórico que levou à separação, na Itália, das classes cultas e populares, o modo atual de pensar a nação formada. "Função cosmopolita dos intelectuais italianos" é o título de uma rubrica que percorre os *Q* do início ao fim e que é parte da ossatura mais profunda de todo o programa de pesquisa de G. A mais tradicional cultura nacional italiana não é, pela sua antiguidade, mais autóctone. A base material dessa cultura italiana, na verdade, não estava na Itália, porque tal cultura é "a continuação do 'cosmopolitismo' medieval, ligado à Igreja e ao Império, concebidos universalmente" (idem), "com sede 'geográfica' na Itália", como G. especificará na destinação definitiva dessa importante nota, o caderno sobre Benedetto Croce (*Q 10* II, 61, 1.361 [*CC*, 1, 425]). Foi César, reconstrói G. por meio de Svetonio, que determinou uma centralização dos intelectuais na capital do Império, criando uma categoria de produtores de cultura imperial e modificando também a relação da classe culta, originalmente composta por gregos e orientais livres, com a classe dirigente romana: determinando a passagem de "um regime aristocrático-corporativo a um democrático-burocrático". A partir daquele momento, e até o século XVIII, toda a história da intelectualidade laica e do clero teria ficado estagnada em razão de sua não organicidade com relação ao desenvolvimento social popular (*Q 8*, 22, 954 [*CC*, 2, 162]); e depois do século XVIII, com a decadência da positividade da função cosmopolita, a permanência de uma condição tornada já anacrônica teria sido danosa, se é verdade que ainda hoje o intelectual típico moderno "se sente ligado mais a Annibal Caro ou a Ippolito Pindemonte do que a um camponês da Puglia ou da Sicília" (*Q 21*, 5, 2.116 [*CC*, 6, 39]).

De grande importância, no âmbito do tema da condição dos intelectuais em relação ao resto da sociedade, que é central no breve e denso *Q 12*, aparece a G. a necessidade de reconstruir, em torno da questão do cosmopolitismo, o modo pelo qual civilizações diversas absorveram culturas subalternas ou foram absorvidas por culturas dominantes, ou o modo no qual procuraram se tornar parte daquelas culturas. Assim G. se interroga sobre como os grandes impérios "usaram" o cosmopolitismo como elemento do nacionalismo: além de Roma, é o caso do Império de Alexandre da Macedônia (*Q 5*, 138, 668 [*CC*, 4, 207]), mas também do Império Russo de Pedro, o Grande, e da China atual. Não faltam considerações sobre a Índia e sobre o islã, e também sobre o Japão, e são esboços de raciocínio que, apesar da ausência de elementos suficientes para avaliação, procuram compreender a evolução possível destas grandes concentrações territoriais e geopolíticas em comparação com o avanço da modernização capitalista – que é cosmopolita por natureza – e também em relação às religiões tradicionais locais e à sua capacidade e necessidade de se readaptar à realidade do novo modelo produtivo de forma muito mais rápida do que ocorreu com o catolicismo, que teve, ao contrário, nove séculos para distinguir nacionalmente seu universalismo, abrandando as ocasionais contradições com os nacionalismos, embora de modo nem sempre fácil, como no caso da Alemanha hitleriana (*Q 2*, 90, 248 [*CC*, 2, 67]; *Q 5*, 138, 668 [*CC*, 4, 207]; *Q 12*, 1, 1.524-30 [*CC*, 2, 15]). Não menos importante é a observação do fenômeno oposto, ou melhor, recíproco: aquele relativo ao modo no qual atua, para alguns grupos sociais, a "raça" na formação do sentido de nação num âmbito cosmopolita. É o caso dos intelectuais negros dos Estados Unidos, que absorvem totalmente a cultura americana, e para os quais G. prefigura várias possibilidades futuras possíveis, entre as quais tornarem-se promotores de um movimento que faça da Libéria "o Sião dos negros americanos, com a tendência a converter-se no Piemonte africano" (*Q 12*, 1, 1.528 [*CC*, 2, 30]). Os judeus italianos, por sua vez, representam um caso histórico significativo em relação à formação da consciência nacional. Concordando com um artigo de Arnaldo Momigliano, G. considera, de fato, que "a consciência nacional se constituiu e tinha de se constituir através da superação de duas formas culturais: o particularismo municipal e o cosmopolitismo católico" (*Q 15*, 41, 1.801 [*CC*, 5, 325]).

A superação do cosmopolitismo católico se manifestaria nos judeus como uma nacionalização, um "desjudaizamento", pelo menos na medida em que para os piemonteses e os napolitanos tal superação teria acarretado a perda de sua regionalidade (idem). Para G., a formação do espírito nacional da Itália, portanto, é vista não apenas como uma "ampliação" do horizonte da região ou do pequeno Estado, ou da comunidade confessional, como no caso dos judeus, mas também como "encolhimento" do horizonte supranacional de matriz primeiro imperial, depois papal e, por último, iluminista.

"Cosmopolitismo" forma com "nacional-popular" uma dupla de opostos; as duas noções estão em estreitíssima conexão, teórica e histórica. Os intelectuais italianos são cosmopolitas e, por isso, não nacionais-populares, mas, ao mesmo tempo, o orgulho pelo prestígio internacional de sua cultura fundada no universalismo foi a base para o desenvolvimento de um nacionalismo chauvinista e retórico, que produziu uma ideia de Estado unitário revelada mais abstrata naqueles que, em nome da ligação com a cultura da própria nação, estavam menos dispostos a observar as experiências estrangeiras, que eram, por sua vez, mais concretamente nacionais e, por isso, historicamente fundadas. É a dupla face do jacobinismo, aquele paradoxo que leva G. a afirmar que os critérios tradicionais de avaliação do *Risorgimento* devem ser invertidos: devem ser considerados jacobinos no pior sentido "os representantes da corrente tradicional, [...] que realmente querem aplicar à Itália esquemas intelectuais e racionais, certamente elaborados na Itália, mas com base em experiências anacrônicas e não nas necessidades nacionais imediatas" (*Q 10* II, 61, 1.362 [*CC*, 1, 430]). Se Maquiavel foi parte da intelectualidade cosmopolita italiana do Renascimento, não se pode negar que ele tenha observado os acontecimentos espanhóis, franceses, ingleses para o seu *O príncipe*, mas o fez para usá-los na análise da situação italiana concreta (idem). E mais, se tomados em sentido "político-ético" e não artístico, Humanismo e Renascimento tiveram em Maquiavel seu expoente mais expressivo, o intelectual capaz de compreender em termos históricos reais que a verdadeira continuação da Roma antiga foi a França e não a Itália, e que era necessário observar justamente a França para a "pesquisa das bases de um 'Estado italiano'" (*Q 17*, 33, 1.936 [*CC*, 5, 349]). O Renascimento pode ser considerado, desse ponto de vista "político-ético", "a expressão cultural de um processo histórico no qual se constitui, na Itália, uma nova classe intelectual de alcance europeu" (*Q 17*, 3, 1.910 [*CC*, 5, 337]). Tal classe política, enquanto durou sua função cosmopolita, moveu-se substancialmente em duas direções: uma interna, na qual exercia uma função cosmopolita reacionária, ligada ao papado e baseada na "pequena política", voltada a não mudar nada da estreita vida dos Estados regionais, e uma externa, europeia, progressista, voltada à "grande política", criativa e participativa no nascimento dos Estados nacionais, com contribuições técnicas de diversa natureza (ibidem; v. *Q 15*, 72, 1.832 [*CC*, 3, 345]). Cellini, Michelangelo, Leonardo, para citar alguns grandes nomes, estiveram entre os italianos ilustres que se deixavam acolher por qualquer corte europeia que garantisse sua possibilidade de trabalhar (*Q 2*, 116, 258-9 [*CC*, 2, 69]). No século XVIII, última época histórica na qual o cosmopolitismo dos intelectuais italianos constituiu uma função positiva na Europa, G. recorda, com Carlo Calcaterra, que um intelectual como Algarotti havia adquirido obras de arte na Itália para enriquecer a galeria de arte de Dresda, da qual era provedor para Augusto III da Saxônia; dessa forma, ele não tinha culpa de ter empobrecido as coleções das cortes italianas, mas o mérito, segundo a ideologia do tempo, de ter realizado plenamente sua função, italiana e cosmopolita ao mesmo tempo, de propagador do gosto italiano (*Q 9*, 38, 1.118 [*CC*, 2, 170]). No entanto, no mesmo período a França tinha já iniciado uma função cosmopolita de marca completamente diversa, uma função que perdura ainda hoje: "Os intelectuais franceses expressam e representam explicitamente um compacto bloco nacional, do qual são os 'embaixadores' culturais etc." (*Q 2*, 109, 225 [*CC*, 2, 69]).

Mas o nó do problema, por assim dizer, é a interpretação do *Risorgimento*. A tradição nacional, na qual se baseia a construção ideológica do *Risorgimento*, "não retorna à Antiguidade clássica, mas ao período entre os séculos XIV e XVI e [...] foi ligada à idade clássica pelo Humanismo e pelo Renascimento". Uma base demasiado fraca para fundar uma nação moderna, uma base privada "do elemento político-militar e político-econômico" que são necessários para uma ideologia nacionalista ou, diga-se, para a maturação do conceito de Estado em sua forma nacional-popular. O "chauvinismo cultural é isto: que na Itália um maior florescimento científico, artístico, literário coincidiu com o período de decadência política, militar, estatal" (*Q 3*, 46, 325-6 [*CC*, 3, 192]). "Faltou ao Partido de Ação precisamente um programa concreto de governo", exatamente porque "estava encharcado de tradição retórica da literatura italiana: confundia a unidade cultural existente na península – limitada, porém, a um estrato muito reduzido da população e maculada pelo cosmopolitismo vaticano – com a unidade política e territorial das grandes massas populares, que eram alheias àquela tradição cultural" (*Q 19*, 24, 2.014 [*CC*, 5, 66]). Nessas condições não teria podido nunca exercer – como de fato não exerceu – a função desempenhada pelos jacobinos franceses, ou seja, amalgamar o campo à cidade para garantir uma real sustentação de massa ao movimento nacional unitário (idem). O cosmopolitismo, portanto, configura-se como um fator determinante negativo exatamente para aqueles intelectuais que, durante o *Risorgimento*, estiveram empenhados de maneira mais generosa na ideia e na formação da nação com propósitos nacional-populares, porque justamente a condição cosmopolita anacrônica estava destinada sobretudo a assumir uma forma retórica e ilusória sobre seus projetos.

Se a função cosmopolita dos intelectuais italianos conheceu seu momento mais importante no Renascimento, G., todavia, constrói o retrato de Benedetto Croce utilizando as categorias que gravitam em torno do conceito de cosmopolitismo. Croce não é apenas o último homem do Renascimento, desse ponto de vista, mas "conseguiu recriar, em sua personalidade e em sua posição de líder mundial da cultura, aquela função de intelectual cosmopolita que foi cumprida quase colegialmente pelos intelectuais italianos desde a Idade Média até fins do século XVII [...]. A função pode ser comparada à do papa católico" (*Q 10* II, 41.IV, 1.302-3 [*CC*, 1, 372]), o que significa uma coincidência de universalismo e cosmopolitismo num certo sentido. "Isto não significa que ele não seja um 'elemento nacional', mesmo no significado moderno da palavra; significa que, mesmo nas relações e exigências nacionais, ele expressa notadamente as que são mais gerais e coincidem com nexos de civilização mais amplos do que a área nacional: a Europa, o que se costuma chamar de civilização ocidental etc." (idem). Croce, o próprio paradigma do grande intelectual tradicional cosmopolita da contemporaneidade, é para G. o inspirador de uma desprovincianização da cultura italiana por meio da troca e do contato com as ideias internacionais, mas exatamente "na sua atitude e na sua função é imanente um princípio essencialmente nacional". Também a esse propósito, em suma, G. reitera como o cosmopolitismo seja a forma própria do espírito nacional italiano, assim como ele veio se formando a partir da casta dos intelectuais e por meio da exclusão das camadas populares e das massas dos processos históricos. Nesse ponto, especulando sobre uma possível inversão das tendências, G. oportunamente leva em conta as condições reais nas quais a ideia de nação se formou na Itália e o fato de que nem sequer o povo permaneceu ileso ao modo cosmopolita no qual se radicaram as assim chamadas tradições nacionais. Imagina por isso uma mudança nos costumes que não recrie completamente o cosmopolitismo, mas o recrie sobre novas bases. Se até esse momento a tradição retórica teve no centro os mitos da pátria e da nação, com evidentes implicações políticas e militares, no presente italiano, caracterizado por uma expansão financeira e capitalista, "o elemento 'homem' ou é o 'homem capital' ou é o 'homem-trabalho'" (*Q 19*, 5, 1.988 [*CC*, 5, 41]). Falamos naturalmente de uma época, o começo do século XX, marcada por uma forte emigração popular para todas as direções. "O cosmopolitismo tradicional italiano deveria tornar-se um cosmopolitismo de tipo moderno, ou seja, capaz de assegurar as melhores condições de desenvolvimento ao homem-trabalho italiano, não importa em qual parte do mundo ele se encontre." "Colaborar para reconstruir o mundo economicamente de modo unitário está na tradição do povo italiano e na história italiana, não para dominá-lo hegemonicamente e se apropriar do fruto do trabalho alheio, mas para existir e se desenvolver justamente como povo italiano": nessas notas, que apenas de modo implícito aludem ao colonialismo fascista na África, propostas de forma definitiva no *Q 19* depois de um trabalho com passagens problemáticas e que atravessa diversos textos, G. prefigura as condições do mundo contemporâneo em sua rede de relações, no qual o próprio conceito de nação, como o de povo, não é mais definível nos mesmos termos, e refere-se também à ideia pascoliana da nação proletária, uma ideia que tinha desfrutado de certa sorte justamente em concomitância com a primeira percepção do fenômeno da internacionalização por parte dos intelectuais mais avisados. Se o cosmopolitismo é a outra face do nacional-popular de um ponto de vista analítico, ele pode se tornar um componente interno do ponto de vista da previsão. Seria um cosmopolitismo positivo, do qual participam também os operários e os camponeses: um cosmopolitismo, por assim dizer, nacional-popular.

Bibliografia: Baratta, 2007; Ciliberto, 1999; Durante, 1998.

Lea Durante

Ver: Croce; emigração; França; Humanismo e novo humanismo; Igreja católica; intelectuais; intelectuais italianos; jacobinismo; Maquiavel; nacional-popular; nação; Renascimento; *Risorgimento*.

crenças populares

Para Marx, a "*igualdade* e a *validade igual de todos os valores* [...] pode ser decifrada apenas quando o *conceito de igualdade humana* já possuir a solidez de um preconceito popular" (Marx, 1964, p. 92). A afirmação é lembrada em diversas notas dos *Q*: "A frequente afirmação que faz Marx da 'solidez das crenças populares'" (*Q 7*, 21, 869 [*CC*, 1, 238]), quando uma concepção do mundo "possuirá a força das crenças populares" (idem); "a granítica e fanática solidez das 'crenças populares' que possuem o valor de 'forças materiais'" (*Q 4*, 45, 471 [*CC*, 6, 363] e *Q 11*, 62, 1.487 [*CC*, 1, 203], Texto C), assim como em *Q 26*, 5, 2.301 [*CC*, 4, 82], em que o autor corrige as "'ilusões' populares" de primeira redação, ou seja, Texto A (*Q 11*, 13, 1.400 [*CC*, 1, 114]). E, ainda, onde G. escreve: "Firmeza das convicções" (*Q 8*, 175, 1.047), "imperatividade" das crenças populares (*Q 11*, 13, 1.400 [*CC*, 1, 118]) ao regular a conduta humana e sua "filosofia". Na citação marxiana está implicitamente afirmada "a necessidade de novas crenças populares [...] de um novo senso comum e, portanto, de uma nova cultura e de uma nova filosofia, que se enraízem na consciência popular com a mesma solidez e imperatividade das crenças tradicionais" (idem).

A solidez das crenças é apontada também em outros contextos histórico-sociais: no islã da África setentrional (*Q 5*, 90, 621 [*CC*, 2, 128]); no gandhismo (*Q 6*, 78, 748 [*CC*, 5, 246]), em que é visível o nexo com "crenças religiosas", "moral do povo", isto é, imperativos "muito mais fortes e tenazes que aqueles da moral kantiana" (*Q 1*, 89, 89), modificado para "moral oficial" em Texto C (*Q 27*, 1, 2.313 [*CC*, 6, 133]). Na carta de 27 de fevereiro de 1928 à cunhada Tania, G. anota a preocupação de um tal "evangelista ou metodista ou presbiteriano", atormentado pelo perigo, "para a homogeneidade das crenças e dos modos de pensar da civilização ocidental [...] de um enxerto da idolatria asiática" na Itália após a circulação de certas imagens budistas (*LC*, 161 [*Cartas*, I, 237]). Nos *Q* há, portanto, um difuso uso genérico do tema "crenças", cujas acepções emergem gradualmente do contexto no qual o termo aparece.

Giovanni Mimmo Boninelli

Ver: cultura; cultura popular; ideologia; senso comum.

criação: v. destruição-criação.

criança

"Criança" e "menino" aparecem em numerosas notas dos *Q* e em boa parte das *LC*, que G. envia à mulher, Julca (Giulia), e à cunhada, Tatiana, sobretudo em relação à questão da formação da personalidade. Em particular, G. valoriza, no conceito de criança, o componente histórico contra o presumido componente natural, porque é "com a coerção" (*LC*, 301, a Giulia, 30 de dezembro de 1929 [*Cartas*, I, 386]) que se determina a formação da criança como a do homem. Os elementos da personalidade, de fato, se formam historicamente de modo gradual, porque – observa G. – "a consciência da criança não é algo 'individual' (e muito menos individualizado): é o reflexo da fração de sociedade civil da qual a criança participa, das relações sociais tais como se aninham na família, na vizinhança, na aldeia etc." (*Q 12*, 2, 1.542 [*CC*, 2, 44]). G. de fato considera "o cérebro da criança" não como "um novelo que o professor ajuda a desenovelar", como "se imagina" (*Q 1*, 123, 114 [*CC*, 2, 62]), mas como uma parte do complexo mundo histórico sobre a qual o ambiente, a sociedade, exerce sua coerção. Tais considerações de G. estão ligadas não apenas ao problema do "desenvolvimento da personalidade" (*LC*, 628, a Julca, 24 de outubro de 1932 [*Cartas*, II, 253]) dos filhos, Delio e Giuliano, e da sobrinha Edmea, mas também à questão da peculiar relação da criança-aluno com o professor e com a escola.

Parece emblemática a carta, já citada, de 1929, na qual G., a propósito da formação dos filhos, censura a Giulia por deixar-se influenciar por uma concepção "metafísica" de educação, isto é, ao pressupor "que na criança está em potência todo o homem e é necessário ajudá-la a desenvolver o que já contém em latência, sem coerções, deixando agir as forças espontâneas da natureza". Segundo G., na verdade, "o que se considera força latente" não é senão "o conjunto informe e indistinto das sensações e das imagens dos primeiros dias, dos primeiros meses, dos primeiros anos de vida, imagens e sensações que nem sempre são as melhores que se gostaria de imaginar". E porque – continua G. – essas imagens e essas sensações que são absorvidas pela criança de maneira rápida e quantitativamente extraordinária desde os primeiros dias de vida serão recordadas no período de juízos mais reflexivos, depois da "aprendizagem da linguagem", renunciar a formar a criança poderia significar cair "em uma forma de transcendência ou de imanência" (*LC*, 301, a Giulia, 30 de dezembro de 1929 [*Cartas*, I, 385-6]), ou permitir que a sua personalidade se desenvolva acolhendo caoticamente do ambiente geral todos os fundamentos de vida.

De notável interesse é também a passagem de uma carta do mesmo ano na qual G., tomando como pretexto o relato do processo de crescimento de algumas mudas que cultiva em sua cela, e de sua tentação cotidiana "de espichá-las um pouco para ajudá-las a crescer", declara a Tatiana permanecer "na dúvida entre as duas concepções de mundo e de educação", ou de não conseguir decidir "ser rousseauniano e deixar agir a natureza, que nunca erra e é fundamentalmente boa, ou ser voluntarista e forçar a natureza, introduzindo na evolução a mão experiente do homem e o princípio de autoridade" (*LC*, 252, a Tania, 22 de abril de 1929 [*Cartas*, I, 334]). Tal incerteza inicial parece começar a se exaurir alguns meses mais tarde em uma carta endereçada a Giulia na qual G., depois de confessar ter-lhe "muita inveja" por não poder "gozar também o primeiro frescor das impressões dos meninos sobre a vida" e não poder ajudá-la a "orientá-los e educá-los", revela suas perplexidades com relação ao modelo educativo "genebrino e rousseauniano" (*LC*, 277, a Julca, 30 de julho de 1929 [*Cartas*, I, 360]) com o qual, em sua opinião, estão sendo educados Delio e Giuliano. G. afirma, de fato, que se tal modo, tipicamente suíço, "de conceber a educação como o desenrolamento de um fio pré-existente" teria tido "sua importância quando se contrapunha à escola jesuística, isto é, quando negava uma filosofia ainda pior", agora ele parece "igualmente superado" (*LC*, 301, a Giulia, 30 de dezembro de 1929 [*Cartas*, I, 386]).

A esse propósito são também interessantes os juízos, frequentemente críticos e peremptórios, de G. sobre a personalidade de sua sobrinha Edmea, considerada "pueril demais para sua idade" e sem "necessidades sentimentais que não sejam bastante elementares (vaidade etc.)", por causa, "talvez", de demasiados vícios e da não constrição, por parte dos familiares, "a disciplinar-se" (*LC*, 347, à mãe, 28 de julho de 1930 [*Cartas*, I, 435]). Na realidade, a reflexão sobre a formação da sobrinha permite a G. exprimir sua opinião sobre o papel fundamental da família e da escola no processo educativo da criança. Na verdade, ao elencar aquelas "qualidades sólidas e fundamentais para seu futuro", que toda criança deveria possuir, ou "a 'força de vontade', o amor pela disciplina e pelo trabalho, a constância nos objetivos", G. declara levar em conta "mais do que a criança, aqueles que a orientam e têm o dever de fazer com que adquira tais hábitos, sem sacrificar sua espontaneidade": um conceito, este último, rico de implicações e amplamente abordado, conjuntamente àquele de "direção consciente", em numerosas notas dos *Q*. A tal observação ele acrescenta depois que, considerando as "condições muito desfavoráveis" nas quais se expressa "a atividade feminina [...] desde os primeiros anos da escola", é altamente desejável que "na concorrência [...] as mulheres tenham qualidades superiores àquelas requeridas dos homens e uma dose maior de tenacidade e perseverança" (*LC*, 418, a Teresina, 4 de maio de 1931 [*Cartas*, II, 43]).

Se toda criança, portanto, devia lidar com a escola levando consigo uma parte daquela mediação da família, desde que não seja cega "pela emoção" (*LC*, 300, a Giulia, 30 de dezembro de 1929 [*Cartas*, I, 385]), então "a educação" deve ser compreendida, segundo G., como "uma luta contra os instintos ligados às funções biológicas elementares, uma luta contra a natureza, a fim de dominá-la e de criar o homem 'atual' à sua época" (*Q 1*, 123, 114 [*CC*, 2, 62]). Nessa base, G., embora considere absolutamente necessário que a escola se liberte das relações de disciplina hipócrita e mecânica, ao mesmo tempo considera compreensível que a mesma, em sua primeira fase, deva tender a "disciplinar e, portanto, também a nivelar, a obter certa espécie de 'conformismo' que pode ser chamado de 'dinâmico'" (*Q 12*, 1, 1.537 [*CC*, 2, 39]). Superada esta primeira fase, segundo G., cabe "ao trabalho vivo do professor" a tarefa de "acelerar e disciplinar a formação da criança" (*Q 12*, 2, 1.542 [*CC*, 2, 44]), já que a escola, em sua opinião, representa apenas "uma fração da vida do aluno" (*Q 1*, 123, 114 [*CC*, 2, 62]), uma integração da sociedade e dela assimila todos os elementos de contraste e de luta, porque "a consciência individual

[...] das crianças reflete relações civis e culturais diversas e antagônicas às que são refletidas pelos programas escolares" (*Q 12*, 2, 1.542 [*CC*, 2, 44]). Apenas em um segundo momento, quando a escola torna-se "criadora, sobre a base já atingida de 'coletivização' do tipo social, tende-se a expandir a personalidade, tornada autônoma e responsável, mas com uma consciência moral e social sólida e homogênea" (*Q 12*, 1, 1.537 [*CC*, 2, 39]).

Valeria Leo

Ver: coerção; educação; escola; espontaneidade; família; Giulia; homem; natureza; personalidade; Rousseau.

criatividade/criativo

Nos *Q*, o adjetivo "criativo" aparece em quatro contextos: o trabalho, a política, a escola e a filosofia. Em todos, é sinônimo de "ativo", isto é, de um aspecto que se manifesta tendencialmente em todos os momentos da vida social e é o fundamento de sua historicidade. Tal aspecto, sempre presente, não ocorre, porém, sempre do mesmo modo: "escola criativa" significa "escola na qual a 'recepção' ocorre por um esforço espontâneo e autônomo do aluno" (*Q 4*, 50, 487), diferente da escola voltada ao mero adestramento profissional; "na política [...] o elemento volitivo tem uma importância muito maior que na diplomacia", que "é criativa apenas por metáfora ou por convenção filosófica (toda a atividade humana é criativa)" (*Q 6*, 86, 760-1 [*CC*, 3, 241]); a ação do líder carismático será, diferentemente daquela do 'moderno Príncipe', "de tipo 'defensivo' e não criativo" (*Q 8*, 21, 952 [*CC*, 6, 374]); enfim, a relação da gramática e da lógica "com o espírito infantil é sempre ativa e criadora, como ativa e criadora é a relação entre o operário e seus utensílios de trabalho; também um sistema de medição é um conjunto de abstrações, mas é impossível produzir objetos reais sem a medição, objetos reais que são relações sociais e que contêm ideias implícitas" (*Q 12*, 2, 1.549 [*CC*, 2, 51]).

Dessas reflexões emerge a exigência de identificar um plano no qual aquele discurso genérico e formal sobre a criatividade humana se especifique em diferenças reais, de conteúdo. Tal plano é identificado – como síntese de uma longa reflexão precedente – em um Texto B do *Q 11*: a filosofia da práxis define a criatividade do pensamento de forma não especulativa, "historicizando o pensamento", isto é, assumindo-o "como concepção do mundo, como 'bom senso' difundido no grande número [...] de tal modo que se converta em norma ativa de conduta. Deve-se entender *criador*, portanto, no sentido 'relativo', de pensamento que modifica a maneira de sentir do maior número e, em consequência, da própria realidade, que não pode ser pensada sem a presença deste 'maior número'" (*Q 11*, 59, 1.486 [*CC*, 1, 202-3]).

Fabio Frosini

Ver: concepção do mundo; filosofia; solipsismo/solipsístico; vontade.

crise

A reflexão sobre a crise começa, nos *Q*, por uma nota sobre o partido monárquico francês de Charles Maurras. Este – observa G. – é "um partido-movimento notável, imponente mesmo, mas que se esgota em si mesmo, que não possui reservas para empregar em uma luta decisiva. É notável, portanto, apenas nos períodos normais, quando os elementos ativos contam-se às dezenas de milhares, mas se tornará insignificante (numericamente) nos momentos de crise, quando os ativos se poderão contar às centenas de milhares e mesmo aos milhões" (*Q 1*, 18, 15). "Crise" indica, portanto, nessa primeira aparição, segundo sua acepção médica original, o ponto culminante e resolutivo de um processo, conotado por uma súbita mudança para melhor ou para pior, que decide pelo decurso da doença. Nessa mesma acepção, crise indica aqui também uma situação de mobilização coletiva, na qual as massas subitamente se fluidificam, revelando e acelerando processos estruturais antes lentos e imperceptíveis.

Ainda na mesma acepção, o termo retorna, com uma explícita referência interna a esse texto, num outro lugar do *Q 1*, em que o tema volta de forma muito mais enfática. O jacobinismo de "conteúdo" – escreve G. – encontra "sua perfeição formal no regime parlamentar, que realiza, no período mais rico de energias 'privadas' na sociedade, a hegemonia da classe urbana sobre toda a população, na forma hegeliana de governo com o consenso permanentemente organizado (com a organização deixada à iniciativa privada, portanto de caráter moral ou ético, já que consenso 'voluntário', de um modo ou de outro)" (*Q 1*, 48, 58). "No período do pós-guerra, o aparelho hegemônico se estilhaça e o exercício da hegemonia torna-se permanentemente difícil e aleatório. O fenômeno é apresentado e tratado com vários nomes e sob vários aspectos. Os mais comuns são: 'crise do princípio de autoridade' – 'dissolução do regime parlamentar'" (ibidem, 59). Trata-se de uma referência a um debate muito difundido a partir do pós-guerra, em que participa também Maurras, conduzido com base em vários pontos de vista (*Q 1*, 76 [*CC*, 3, 120]; *Q 3*, 6 [*CC*, 3, 182]; *Q 3*, 34 [*CC*, 3, 184]; *Q 3*, 61 [*CC*, 3, 200]; *Q 3*, 85 [*CC*, 6, 162]; *Q 4*, 22; *Q 6*, 10 [*CC*, 1, 433]; *Q 7*, 9), todos tendo em comum, na opinião de G., a incapacidade de compreender o núcleo central da crise como crise de hegemonia. No momento em que se diagnostica a crise de um "princípio", deveria-se, em realidade, analisar o modo e as razões pelos quais os aparelhos hegemônicos não conseguem mais formar o consenso por meios normais. Essa análise, que G. conduz ao longo de 1930 desenvolvendo a categoria de intelectuais como funcionários do Estado, como Estado mais sociedade civil, culmina em dois textos coetâneos (novembro de 1930) do *Q 4*, nos quais a crise de hegemonia aparece especificada como "crise de comando e de direção na qual o consenso espontâneo sofre uma crise" (*Q 4*, 48, 476) e, de forma inovadora, focalizada na dinâmica do desenvolvimento dos partidos políticos em relação às classes sociais que eles representam. "Em certo ponto de seu desenvolvimento histórico – escreve G. – as classes se separam de seus partidos tradicionais, isto é, os partidos tradicionais naquela determinada forma organizativa, com aqueles determinados homens que lhes constituem ou lhes dirigem, não representam mais sua classe ou fração de classe. É essa a crise mais delicada e perigosa, porque abre espaço aos homens providenciais ou carismáticos. Como se forma essa situação de contraste entre representados e representantes, que com base no terreno das organizações privadas (partidos ou sindicatos) não deixa de se refletir no Estado, reforçando de modo formidável o poder da burocracia (em sentido amplo: militar e civil)? Em cada país o processo é diverso, embora o conteúdo seja o mesmo. A crise é perigosa quando se difunde em todos os partidos, em todas as classes, quando não ocorre, de forma acelerada, a passagem das tropas de um ou vários partidos para um partido que melhor sintetize os interesses gerais. Este último é um fenômeno orgânico [e normal], mesmo que seu ritmo de realização seja rapidíssimo em comparação aos períodos normais: representa a fusão de uma classe sob uma única direção para resolver um problema dominante e existencial. Quando a crise não encontra essa solução orgânica, mas aquela do homem providencial, significa que existe um equilíbrio estático, que nenhuma classe, nem a conservadora nem a progressista, possui força para vencer, mas inclusive a classe conservadora tem a necessidade de um chefe" (*Q 4*, 69, 513; v. também *Q 7*, 77). A crise como ponto culminante foi aqui completamente resolvida nas dinâmicas hegemônicas que a engendram, e o resultado é um esquema analítico no qual a relação entre classes e partidos, mediada pelos intelectuais, oscila constantemente entre a esfera estatal privada e a político-estatal, dando lugar, no decurso dessas oscilações, a momentos "críticos" que podem acabar regressivamente na renúncia da classe dominante a construir o consenso.

Mais tarde, entre maio e julho de 1933, G. voltará novamente a essa acepção de crise como momento culminante de uma relação de força, fixando dois pontos-chave. Primeiro, que o tão debatido, naqueles anos, tema da crise do parlamentarismo tem origem "na sociedade civil", em particular no "fenômeno sindical", não "entendido em seu sentido elementar de associacionismo de todos os grupos sociais e para qualquer finalidade", mas na acepção típica "por excelência, isto é, dos elementos sociais de formação nova, que anteriormente não tinham 'voz ativa' e que, apenas pelo fato de se unirem, modificam a estrutura política da sociedade" (*Q 15*, 47, 1.808 [*CC*, 3, 340]). A irrupção na cena histórica do movimento operário organizado, com sua própria existência, torna extremamente difícil o exercício da hegemonia liberal. O segundo aspecto é que essa irrupção pode ser datada a partir da "guerra de 1914-1918", que, portanto, "representa uma ruptura histórica, no sentido de que toda uma série de questões que se acumulavam molecularmente, antes de 1914, 'se sobrepuseram umas às outras', modificando a estrutura geral do processo anterior" (*Q 15*, 59, 1.824 [*CC*, 5, 330]). Um processo lento e molecular se condensa repentinamente em uma explosão que, embora seja a expressão das tendências nele presentes, não lhe é, no entanto, uma transposição mecânica, mas justamente o momento resolutivo, no qual todas as forças em jogo se enfrentam no terreno político (e político-militar) de modo decisivo.

A referência ao fenômeno fascista como tentativa de saída da crise de hegemonia, determinado pelo deslocamento das massas [da cena política] no pós-guerra, abre a análise para um enquadramento mais geral da noção de crise, que gradualmente chega a unificar a acepção estritamente político-hegemônica até agora examinada com aquela mais técnica de "crise econômica", por meio da mediação do conceito de crise como época de transição entre diversos modos de produção. Um traço preciso disso se encontra já no *Q 1*, em que G. se pergunta se o americanismo pode ser "uma fase intermediária da atual crise histórica", e mais especificamente se "a concentração plutocrática" pode "determinar uma nova fase do industrialismo europeu a partir do modelo da indústria americana" (*Q 1*, 61, 70 [*CC*, 6, 346]). Esse ponto será desenvolvido com a pesquisa sobre o americanismo e o fordismo, na qual a relação entre Europa e América é lida à luz da exigência, surgida como reação à crise de 1929 e à conexa queda tendencial da taxa de lucro, de passar da economia individualista à economia programática. A crise de 1929 surge, de fato, da "determinação" nacional do "mercado", de sua *nacionalização forçada*, imposta politicamente pelas diversas burguesias nacionais como garantia da manutenção de determinadas relações de força nacionais e internacionais (*Q 2*, 125, 267 [*CC*, 3, 179], de outubro-novembro de 1930: com a política aduaneira "toda nação importante pode tender a dar um substrato econômico organizado à própria hegemonia política sobre as nações que lhes são subordinadas"), ao passo que o mercado capitalista é estruturalmente um mercado mundial (*Q 8*, 162, 1.038-9 [*CC*, 3, 283] e *Q 10* II, 9, 1.247-8 [*CC*, 1, 317]). Em definitivo, a avaliação de G., expressa já no *Q 2* e não mais colocada em discussão, é de que a "crise atual [...] é uma resistência reacionária às novas relações mundiais, à intensificação da importância do mercado mundial" (*Q 2*, 137, 273 [*CC*, 4, 289], de dezembro de 1930 a março de 1931).

Nesse quadro, o fascismo é uma tentativa de inserir a Itália, sobre novas bases, nas relações de força internacionais. Altos expoentes do regime estão conscientes desse nexo entre nível nacional e internacional da crise e de sua possível solução, observa G., recordando em junho de 1932 dois discursos parlamentares do ministro do Exterior Dino Grandi, nos quais "a questão italiana" é colocada "como questão mundial, a ser resolvida juntamente às outras que formam a expressão política da crise iniciada em 1929" (*Q 9*, 105, 1.168). Mas sua avaliação sobre isso permanece predominantemente negativa, dado que essa reorganização é reivindicada com base no uso parasitário da despesa pública, favorecendo o desinvestimento de capital produtivo, graças à manutenção em níveis muito baixos das condições de vida da população (*Q 1*, 48, 60 e *Q 6*, 123 [*CC*, 4, 303]). Se o fascismo se anuncia com "um início de fanfarra fordista",

tem lugar depois a "conversão ao ruralismo e à desvalorização iluminista das cidades: exaltação do artesanato e do patriarcalismo, menções aos 'direitos profissionais' e à luta contra a 'liberdade industrial'" (*Q 1*, 61, 72 [*CC*, 6, 349], fevereiro-março de 1930), embora sendo, observa G. na segunda redação desse texto (fevereiro-março de 1934), "o desenvolvimento [...] lento e pleno de compreensíveis cautelas, não se pode dizer que a parte conservadora, a parte que representa a velha cultura europeia com todas as suas sequelas parasitárias, não tenha antagonistas (desse ponto de vista, é interessante a tendência representada por *Nuovi Studi*, pela *Crítica Fascista* e pelo centro intelectual de estudos corporativos organizados na Universidade de Pisa)" (*Q 22*, 2, 2.147 [*CC*, 4, 249]).

A crise de 1929 é lida, portanto, à luz do conceito de relações de força. Não por acaso, a reflexão de G. sobre essa noção, a partir de *Q 4*, 38 (outubro de 1930), se desenvolve em função da compreensão da crise como "época de subversão social", como emerge do marxiano *Prefácio* à *Crítica da economia política*. Em *Q 4*, 38, G. observa que estabelecer "as relações entre estrutura e superestrutura" é "o problema crucial do materialismo histórico" e que para resolvê-lo é necessário recorrer à passagem do *Prefácio* na qual são fixados os dois "princípios" metodológicos do materialismo histórico: "1º) o princípio de que 'nenhuma sociedade se coloca tarefas para as quais já não existam as condições necessárias e suficientes' [ou pelo menos já não estejam em vias de desenvolvimento e aparição], e 2º) que 'nenhuma sociedade desaparece antes que se tenham desenvolvidas todas as formas de vida implícitas em suas relações sociais'" (ibidem, 455). Dessa forma se fixa a margem de oscilação entre "velho" e "novo" na história, o espaço no qual se pode pensar uma crise de hegemonia e, portanto, o caráter decisivo da política. A centralidade da política é assim condicionada pela crise, a fusão entre economia e política é circunscrita às fases de transição. G. especifica, de fato, que "no estudo de uma estrutura se deve distinguir o que é permanente daquilo que é ocasional" (idem), discriminando estrutura e conjuntura, desenvolvimento estrutural e época de revolução social. Todavia, ao delinear o conceito de crise, G. utiliza referências irredutíveis a um esquema etapista da história, quando explica a superioridade de uma força político-social sobre outra (e, portanto, a solução da crise) como uma demonstração que ocorre "com o êxito em última análise, isto é, com o próprio triunfo, mas que, imediatamente, se explicita numa série de polêmicas ideológicas, religiosas, filosóficas, políticas, jurídicas etc.", retomando uma célebre passagem do *Prefácio*, mas em conexão com o conceito de "verdade" elaborado nas *Teses sobre Feuerbach*. E na segunda redação observa que o caráter concreto dessas polêmicas ideológicas "pode ser avaliado pela medida em que se tornam convincentes e deslocam o alinhamento preexistente das forças sociais" (*Q 13*, 17, 1.580 [*CC*, 3, 36]).

Essas duas maneiras diferentes de apresentar o problema acabam na preferência pela segunda, quando G. elabora o conceito de mercado determinado. Nesse ponto torna-se decisivo identificar os "elementos" que, numa determinada "estrutura fundamental" de uma "sociedade", são "relativamente constantes" e, portanto, "determinam o mercado etc., e os outros elementos 'variáveis e em desenvolvimento', que determinam as crises conjunturais até o momento em que também os elementos 'relativamente constantes' sejam por estes modificados, ocorrendo a crise orgânica" (*Q 8*, 216, 1.077 [*CC*, 1, 447], março de 1932). Constância e variação agora – dado o conceito de mercado determinado – levam ambas a uma "fixação" jurídica e, em última instância, política, que é sempre o resultado instável de processos hegemônicos antagônicos. Portanto, a constância (que "tolera" crises conjunturais) é aqui um caso limite de variação, que por sua vez se condensa em crise orgânica. A "troca" entre elementos constantes e variáveis (isto é, a crise orgânica) não inaugura uma nova fase histórica (do desenvolvimento à crise), mas revela processos que também estavam presentes antes. Uma vez unificadas as acepções hegemônica e econômica da crise, esta torna-se um aspecto presente também nas fases de "desenvolvimento", mesmo que de forma constantemente eludida. Essas conclusões são tiradas de um texto de certa forma conclusivo, pertencente ao *Q 15*. A origem da crise econômica mundial, escreve ali G., remonta a muito antes das clamorosas manifestações relativas ao colapso da Bolsa: remonta ao pós-guerra e à própria guerra (*Q 15*, 5, 1.755-6 [*CC*, 4, 316], fevereiro de 1933), e "a crise tem origens internas, nos modos de produção e, portanto, de troca, e não em fatos políticos e jurídicos" (ibidem, 1.756 [*CC*, 4, 317]), vale dizer (com base na noção de mercado determinado) numa troca entre elementos constantes e variáveis que recondiciona todo o equilíbrio entre as relações de força econômico-sociais, políticas e militares. "A 'crise' – prossegue G. – é tão somente a intensificação quantitativa de certos elementos, nem novos nem originais, mas sobretudo a intensificação de certos fenômenos, enquanto outros, que antes apareciam e operavam simultaneamente com os primeiros, neutralizando-os, tornaram-se inoperantes ou desapareceram inteiramente. Em suma, o desenvolvimento do capitalismo foi uma 'crise contínua', se assim se pode dizer, ou seja, um rapidíssimo movimento de elementos que se equilibravam e neutralizavam. Num certo ponto, neste movimento, alguns elementos predominaram, ao passo que outros desapareceram ou se tornaram inativos no quadro geral. Então surgiram acontecimentos aos quais se dá o nome específico de 'crises', que são mais ou menos graves precisamente na medida em que tenham lugar elementos maiores ou menores de equilíbrio" (ibidem, 1.756-7 [*CC*, 4, 318]).

Bibliografia: Bracco, 1980; De Giovanni, 1977; Potier, 1999.

Fabio Frosini

Ver: americanismo e fordismo; catástrofe/catastrófico; crise de autoridade; crise orgânica; economia programática; fascismo; intelectuais; *Prefácio de 59*; relações de forças.

crise de 1929: v. crise.

crise de autoridade

Por "crise de autoridade" G. entende um elemento particular da mais geral "crise orgânica" que o Estado liberal italiano enfrenta depois da Primeira Guerra Mundial. Esse elemento é a crise do aspecto 'ideológico' do domínio de classe. Para G., a "um certo ponto de sua vida histórica, os grupos sociais se separam de seus partidos tradicionais, isto é, os partidos tradicionais naquela dada forma organizativa, com aqueles determinados homens que os constituem, representam e dirigem, não são mais reconhecidos como sua expressão por sua classe ou fração de classe" (*Q 13*, 23, 1.602-3 [*CC*, 3, 60]). Mais adiante, na mesma nota, a crise é chamada também de "crise de hegemonia da classe dirigente, que ocorre ou porque a classe dirigente fracassou em algum grande empreendimento político para o qual pediu ou impôs pela força o consenso das grandes massas (como a guerra), ou porque amplas massas (sobretudo de camponeses e de pequenos-burgueses intelectuais) passaram subitamente da passividade política para certa atividade e apresentam reivindicações que, em seu conjunto desorganizado, constituem uma revolução. Fala-se de 'crise de autoridade': e isso é precisamente a crise de hegemonia, ou crise do Estado em seu conjunto" (idem). Um dos sintomas clássicos dessa crise é apontado por G. nos "fenômenos da atual decomposição do parlamentarismo" (*Q 4*, 22, 442), elemento sobre o qual ele já tinha frequentemente insistido no começo dos anos 1920 (ver, por exemplo, "La sostanza della crisi" [A essência da crise], "Il processo della crisi" [O processo da crise] e "Una crisi nella crisi" [Uma crise na crise], respectivamente 5, 13 e 24 de fevereiro de 1922, em *SF* 453-5 [*EP*, II, 111], 457-9, 461-2), às vésperas do fascismo estava às portas e quando a situação se mostrava aberta ainda a diversos desenvolvimentos.

A separação das grandes massas de suas camadas dirigentes de costume cria, para G., uma situação perigosa, na qual podem intervir "potências obscuras representadas pelos homens providenciais ou carismáticos" (*Q 13*, 23, 1.603 [*CC*, 3, 60]). Mas essa situação possui, para o G. maduro, seu lado positivo, porque oferece espaços livres nos quais se pode inserir uma nova concepção do mundo, para substituir a velha já em declínio. Pode-se abrir assim um verdadeiro e próprio campo hegemônico no qual travar uma batalha: um espaço teórico e prático que, segundo G., deve passar inicialmente por um "ceticismo difuso", para depois se configurar como campo aberto no qual se suscitam as "condições mais favoráveis para uma expansão inédita do materialismo histórico" (*Q 3*, 34, 311 [*CC*, 3, 185]). O ceticismo inicial será em razão da "morte das velhas ideologias" e virá acompanhado de uma rejeição "de todas as teorias e fórmulas gerais" (ibidem, 312 [*CC*, 3, 185]). Ao contrário, os elementos mais ligados "ao puro fato econômico" e à "política [...] realista" (idem) serão reavaliados e a "própria pobreza inicial que o materialismo histórico não pode deixar de ter como difusa teoria de massa o tornará mais expansivo [...]. Esta redução à economia e à política significa justamente a redução das superestruturas mais elevadas às mais aderentes à estrutura, isto é, possibilidade e necessidade de formação de uma nova cultura" (ibidem, 311-2 [*CC*, 3, 185]). Nada de automático em tudo isso para G., mas a constatação de que a irrupção das massas na política abre novas possibilidades para a ação das classes subalternas.

Se em *Q 13*, 23 [*CC*, 3, 60] a crise de autoridade parece um fenômeno cíclico e recorrente, que periodicamente muda as formas de direção intelectual, em *Q 6*, 10 [*CC*, 1, 433] se obtém uma mudança de significado que a faz tornar-se um evento excepcional, uma fissura histórica que modifica a ação política e o modo de entender a relação hegemônica. A crise de autoridade é, na verdade, para G., também sinal de uma mudança estrutural dos tempos, pela qual, com a entrada das massas na esfera política, não é mais possível manter a hegemonia por meio de um grupo de intelectuais essencialmente autorreferenciados que se mantêm distantes da vida prática. Croce se dá conta e "expressa o ressentimento por este fato, que representa uma 'crise de autoridade'" (ibidem, 689 [*CC*, 1, 434]). Embora ainda intacta, a função do grande intelectual se coloca apenas na medida em que ele seja capaz de mergulhar "na vida prática", de "tornar-se um organizador dos aspectos práticos da cultura", apenas se o intelectual é capaz de "democratizar-se" (idem).

Para G., a humanidade atravessou em sua história várias crises de autoridade, pelo que se pode dizer que "hoje, no mundo moderno, se verifica um fenômeno semelhante àquele da separação entre 'espiritual' e 'temporal' na Idade Média" (ibidem, 690 [*CC*, 1, 435]). Mas a crise atual é também uma crise que inaugura uma nova época, visto que os "intelectuais não têm nem a organização eclesiástica nem coisa alguma que a ela se lhe assemelhe, e nisto a crise moderna é agravada em comparação à crise medieval [...]. Este processo de desintegração do Estado moderno é, portanto, muito mais catastrófico que o processo histórico medieval, que era desintegrativo e integrativo ao mesmo tempo" (ibidem, 691 [*CC*, 1, 436]). O elemento reconstrutor-integrador está agora nas mãos de quem souber criar uma unidade orgânica que represente o fundamento de uma nova sociedade. Se "a classe dominante perdeu o consenso, ou seja, não é mais 'dirigente', mas unicamente 'dominante'" (*Q 3*, 34, 311 [*CC*, 3, 184]), é o novo intelectual orgânico da classe operária o elemento chamado por G. para cumprir essa tarefa.

MICHELE FILIPPINI

Ver: classe dirigente; crise orgânica; Estado; hegemonia; Idade Média.

crise de hegemonia: v. crise de autoridade.

crise orgânica

"Se a classe dominante perde o consenso, ou seja, não é mais 'dirigente', mas unicamente 'dominante', detentora de pura força coercitiva, isto significa exatamente que as grandes massas se destacaram das ideologias tradicionais, não acreditam mais no que antes acreditavam etc. A crise consiste justamente no fato de que o velho morre e o novo não pode nascer" (*Q 3*, 34, 311 [*CC*, 3, 184]). Verifica-se uma situação complexa na qual, embora tendo perdido o consenso, a classe dominante conserva a autoridade, pela qual não é mais dirigente, mas continua a ser dominante. Ao mesmo tempo, a classe dominada adquire certa quota de consenso, mas não possui a autoridade pela qual seria já dirigente. Nesse contexto se desenvolve uma dialética que não se refere a uma pura e simples relação baseada na força, mas numa dinâmica que gira em torno do nexo força-consenso. Se o "novo" demora a se afirmar, tanto o "velho" quanto o "novo" se encontram convivendo numa situação de "ceticismo diante de todas as teorias e as fórmulas gerais e como limitação ao puro fato econômico (ganho etc.) e à política", portanto "redução das superestruturas mais elevadas às mais aderentes à estrutura" (ibidem, 312 [*CC*, 3, 185]). A crise orgânica é justamente constituída por uma fratura entre estrutura e superestrutura, determinada pelo surgimento de contradições que nascem no momento em que a superestrutura se desenvolve em não conformidade com a estrutura.

As condições necessárias para o romper de uma crise orgânica são duas: a) o fracasso da política da classe dirigente; b) a organização das classes subalternas, sem o que a crise não causará repercussões no seio da primeira. A crise explode, escreve G., "ou porque a classe dirigente fracassou em algum grande empreendimento político para o qual pediu ou impôs pela força o consenso das grandes massas (como a guerra), ou porque amplas massas (sobretudo de camponeses e de pequeno-burgueses intelectuais) passaram subitamente da passividade política para certa atividade e apresentam reivindicações que, em seu conjunto desorganizado, constituem uma revolução" (*Q 13*, 23, 1.603 [*CC*, 3, 60]). G. dá como exemplo os acontecimentos ocorridos na Itália ao fim do primeiro conflito mundial, ao que se segue uma crise orgânica "1) porque grandes massas, anteriormente passivas, entraram em movimento, mas num movimento caótico e desordenado, sem direção, isto é, sem uma precisa vontade política coletiva; 2) porque classes médias que tiveram na guerra funções de comando e de responsabilidade foram privadas disto com a paz, ficando desocupadas justamente depois de fazer uma aprendizagem de comando etc.; 3) porque as forças antagônicas se revelaram incapazes de organizar em seu proveito esta desordem de fato" (*Q 7*, 80, 912-3 [*CC*, 3, 264-5]). Por isso, quando a classe dirigente cessou de "faz avançar realmente toda a sociedade, satisfazendo não só as exigências vitais, mas ampliando continuamente os próprios quadros para a contínua ocupação de novas esferas de atividade econômico-produtiva", tão logo o grupo dominante cessa de exercer essa função, "o bloco ideológico tende a fragmentar-se" (*Q 19*, 24, 2.012 [*CC*, 5, 64]).

A crise orgânica se apresenta com as características próprias de uma crise de hegemonia: "Em cada país o processo é diferente, embora o conteúdo seja o mesmo. E o conteúdo é a crise de hegemonia da classe dirigente" (*Q 13*, 23, 1.603 [*CC*, 3, 60]). A crise de hegemonia se manifesta no momento em que a sociedade civil priva o Estado do apoio constituído pela direção, pela organização do consenso de massa e pela formação ideológica de funcionários e quadros dirigentes. Está assim aberta a estrada para a crise orgânica, em consequência da qual "o Estado, ainda que os governantes digam o contrário, não tem uma concepção unitária, coerente e homogênea, razão pela qual os grupos intelectuais estão desagregados em vários estratos e no interior de um mesmo estrato" (*Q 11*, 12, 1.394 [*CC*, 1, 112]). Exemplificação histórica: "No período do pós-guerra, o aparelho hegemônico se estilhaça e o exercício da hegemonia torna-se permanentemente difícil e aleatório. O fenômeno é apresentado e tratado com vários nomes e em seus aspectos secundários e derivados. Os mais triviais são: 'crise do princípio de autoridade' e 'dissolução do regime parlamentar'. Naturalmente, descrevem-se do fenômeno tão somente as manifestações 'teatrais' no terreno parlamentar e do governo político, manifestações que são explicadas precisamente através da falência de alguns 'princípios' (parlamentar, democrático etc.) e da 'crise' do princípio de autoridade [...]. A crise se apresenta, praticamente, na dificuldade cada vez maior para formar os governos e na instabilidade cada vez maior dos próprios governos: ela tem sua origem imediata na multiplicação dos partidos parlamentares e nas crises internas permanentes de cada um destes partidos" (*Q 13*, 37, 1.638-9 [*CC*, 3, 95-6]). G. enfatiza com força os elementos estruturais da crise orgânica, a interrupção da capacidade expansiva dos quadros sociais como elemento dinâmico da modernidade burguesa, interrupção iniciada com a "crise do 'Ocidente'" (*Q 1*, 76, 83 [*CC*, 3, 120]).

Que se trate de uma crise de época G. o indica comentando a intervenção de Croce no Congresso Internacional de Filosofia ocorrido em Oxford em novembro-dezembro de 1930: "Já se pode dizer em grandes linhas que se verifica hoje, no mundo moderno, um fenômeno semelhante àquele da separação entre 'espiritual' e 'temporal' na Idade Média: fenômeno muito mais complexo do que o de então, na medida em que se tornou mais complexa a vida moderna. Os grupos sociais regressivos e conservadores se reduzem cada vez mais à sua fase inicial econômico-corporativa, ao passo que os grupos progressistas e inovadores se encontram ainda na fase inicial exatamente econômico-corporativa; os intelectuais tradicionais, separando-se do grupo social ao qual haviam dado até agora a forma mais alta e compreensiva e, portanto, a consciência mais ampla e perfeita do Estado moderno, na realidade efetuam um ato de incalculável alcance histórico: assinalam e confirmam a crise estatal em sua forma decisiva [...]. Hoje, o 'espiritual' que se destaca do 'temporal' e dele se distingue de modo autônomo é algo não orgânico, descentrado, uma poeira instável de grandes personalidades culturais 'sem papa' e sem território. Este processo de desintegração do Estado moderno, portanto, é muito mais catastrófico do que o processo histórico medieval, que era desintegrativo e integrativo ao mesmo tempo" (*Q 6*, 10, 690-1 [*CC*, 1, 436]). Esse conjunto de problemáticas convence G. a definir como "orgânica" a crise que atinge a Europa a partir dos últimos trinta anos do século XIX, uma crise que coloca a sociedade capitalista-burguesa na condição de ter que dar conta, "neste interregno", dos "fenômenos patológicos mais variados" (*Q 3*, 34, 311 [*CC*, 3, 184]).

Lelio La Porta

Ver: aparelho hegemônico; consenso; crise; crise de autoridade; direção; domínio; econômico-corporativo; Estado; estrutura; hegemonia; Idade Média; intelectuais tradicionais; sociedade civil; superestrutura/superestruturas.

Crispi, Francesco

No âmbito da reflexão gramsciana, a figura de Crispi é colocada no processo de aperfeiçoamento do controle hegemônico do Norte sobre o Mezzogiorno italiano: "A relação cidade-campo entre Norte e Sul – escreve G. – pode ser estudada nas diversas formas de cultura. Benedetto Croce e Giustino Fortunato estão à frente, no início deste século, de um movimento cultural que se contrapõe ao movimento cultural do Norte (futurismo) [...] Crispi é o homem da indústria setentrional; Pirandello, em linhas gerais, é mais próximo ao futurismo; Gentile e seu idealismo atualista são também mais próximos ao movimento futurista, tomado em sentido amplo, como oposição ao classicismo tradicional, como forma de um 'romantismo' contemporâneo" (*Q 1*, 43, 35). Essa breve galeria de personagens heterogêneos sintetiza em um "futurismo", não imediatamente literário, o sinal do encerramento especificamente político com a tradição. Crispi é favorável a uma mudança com fins hegemônicos, ao colocar no sistema produtivo ligado à fábrica a força que guia todo o país no novo século. Ele apresenta, portanto, uma fusão original entre moderantismo (partido moderado) e jacobinismo: moderado porque aponta para a consolidação da hegemonia do Norte contra as forças centrífugas do Mezzogiorno, jacobino porque defensor de um pensamento determinado a se tornar força política decisiva. Afirma G.: "Na linguagem política os dois aspectos do jacobinismo foram separados e se chamou jacobino o homem político enérgico e resoluto porque fanaticamente persuadido das virtudes taumatúrgicas de suas ideias. Crispi é 'jacobino' apenas nesse sentido. Pelo seu programa, ele é um moderado puro e simples. Sua 'obsessão' jacobina é a unidade político-territorial do país. Esse princípio é sempre sua bússola de orientação" (*Q 1*, 44, 44-5). Trata-se de um exemplo de "duro" transformismo político, assunto retomado mais vezes nos *Q*.

Silvio Suppa

Ver: cidade-campo; Croce; Fortunato; futurismo; Gentile; guerra de movimento; hegemonia; jacobinismo; Mezzogiorno; moderados; Norte-Sul; Pirandello.

cristianismo

"Cristianismo" não é termo unívoco em G. Existem várias formas de cristianismo de acordo com os períodos históricos e os estratos sociais fiéis. Tem-se um cristianismo primitivo das origens, um medieval, um reformado pela época moderna e um positivado e secularizado pela época contemporânea. G. pretende investigar, sobretudo, os motivos do sucesso do cristianismo e de sua história bimilenar, sua capacidade de sobreviver à transformação e à mudança dos eventos históricos. Ele identifica o segredo desse sucesso fundamentalmente na capacidade do cristianismo de elaborar uma "reforma intelectual e moral", uma concepção do mundo e de vida com as respectivas condutas práticas de vida, correspondentes às exigências das camadas populares: "O cristianismo representa uma revolução na plenitude de seu desenvolvimento, uma revolução que chegou às suas consequências extremas, até a criação de um novo e original sistema de relações morais, jurídicas, filosóficas, artísticas" ("Il Partito Comunista" [O Partido Comunista], 4 de setembro de 1920, em *ON*, 651 [*EP*, I, 415]). Essa característica permite ao cristianismo também organizar o consenso popular e conquistar a hegemonia social.

Historicamente, o cristianismo conhece duas grandes fases: uma ascendente, de "conquista e manutenção", e uma descendente, de "perda" dessa hegemonia. A primeira vai do cristianismo primitivo até o alto medievo, período coincidente também com o exercício do máximo poder político da Igreja cristã romana e do papado, e com sua superioridade com relação ao Império e ao imperador, o que G. exprime com a expressão "comando pela graça de Deus" (*Q 6*, 93, 768 [*CC*, 3, 246]; v. também *Q 7*, 97, 924-5 [*CC*, 3, 268]). A fórmula do Sacro Império Romano, em que é o "sacro" que predomina, expressa bem essa situação da alcançada supremacia da Igreja. A segunda fase, que chega até a época contemporânea, inicia no baixo medievo, quando o cristianismo começa a sentir a crise do bloco ideológico construído nos séculos precedentes. A feudalização total da Igreja reduz o cristianismo de ideologia das classes "humildes" a ideologia de domínio e de controle social e político. Começa a se delinear a cisão, que se tornará ruptura nos séculos sucessivos, entre religião popular e religião eclesiástico-clerical. As classes subalternas começam a perceber não serem mais representadas pela Igreja hierárquica e reagem, tentando reformá-la com a proposta de um retorno ao cristianismo genuíno das origens. Disso são manifestações os movimentos heréticos e os movimentos religiosos populares, com a liderança minoritária de intelectuais religiosos. O mesmo movimento "burguês" comunal é considerado por G. uma "heresia" cristã. Esse movimento, de fato, na luta pela reivindicação de autonomia nos confrontos com o imperador, acabaria por virar-se contra o próprio papado (*Q 7*, 68, 905-6 [*CC*, 2, 155]).

É esse aspecto de movimento ideológico popular revolucionário, apreendido por G. principalmente no cristianismo primitivo e em algumas expressões do cristianismo popular medieval, que chama sua atenção desde jovem e o induz, analogamente a Engels, Kautsky e outros pensadores marxistas, a instaurar paralelos positivos entre ele e o socialismo ("Il Partito Comunista", 4 de setembro de 1920, em *ON*, 653-4 [*EP*, I, 418]). Analogamente ao cristianismo primitivo, também as heresias medievais são formas de resistência ou de "revolução passiva": "Também os movimentos religiosos populares da Idade Média, franciscanismo etc., inserem-se numa mesma relação de impotência política das grandes massas diante de opressores pouco numerosos, mas aguerridos e centralizados: os 'humilhados e ofendidos' se entrincheiram no pacifismo evangélico primitivo, na 'exposição' nua de sua 'natureza humana' ignorada e pisoteada, a despeito das afirmações de fraternidade em Deus-Pai e de igualdade etc." (*Q 6*, 78, 748-9 [*CC*, 5, 250]). A novidade, com relação ao cristianismo primitivo, é que entre os opressores, dessa vez, está também a Igreja, tornada parte do sistema feudal. Mas também nesse caso a resistência pacífica, a "perseverança paciente e obstinada" (sustentada pela convicção do senso comum segundo a qual se "sou derrotado momentaneamente [...] a força das coisas trabalha pra mim a longo prazo": *Q 11*, 12, 1.388 [*CC*, 1, 93]) começam a apresentar as condições para mudanças radicais. As heresias introduzem na sociedade medieval "elementos embrionários de nova cultura" que iniciam, inconscientemente, um processo de decadência e de desagregação do mundo cultural existente e, assim, das instituições medievais, Igreja e Império. A reação da Igreja não consegue sempre e em todos os lugares sufocar as novas fermentações; a mesma tentativa de neutralizar a influência dos intelectuais religiosos mais ligados ao povo não é completamente bem-sucedida, já que se é verdade que "os intelectuais mais em evidência na época [...] são ou sufocados ou domesticados pela Igreja, [...] em outras partes da Europa se mantêm como fermento, até desembocar na Reforma" (*Q 5*, 123, 642 [*CC*, 5, 226]).

Ainda que difícil e subterrâneo, permanece sempre um contato entre intelectuais religiosos subalternos e povo. Isso explica porque dos dominicanos saía um Savonarola e dos agostinianos, "a Reforma, primeiro, e o jansenismo, mais tarde" (*LC*, 318, a Tania, 10 de março de 1930 [*Cartas*, I, 405]). Na época moderna a contestação interna e a oposição da burguesia laica resultam em rupturas clamorosas da comunidade eclesiástica e em movimentos revolucionários populares contra o regime feudal. Na frente religiosa tem-se a Reforma de Lutero, a guerra dos camponeses alemães, o nascimento da Igreja e das seitas protestantes. Na frente laica assiste-se ao desenvolvimento do nacionalismo e dos Estados nacionais absolutos. A crise da hegemonia eclesiástica está já consumada e tem início o fim de seu monopólio ideológico. As frentes laica e religiosa alternativas ao sistema feudal e à Igreja católica rompem a unidade territorial, social e ideológica da cristandade: norte e centro da Europa, protestantes; Europa mediterrânea, católica contrarreformista; afastamento crescente da Igreja em relação à classe social emergente – a burguesia – até reduzir-se ao papel reacionário e conservador de intelectual tradicional, expressão da classe social de origem feudal – a aristocracia agrária – dominante no passado. Em nível ideológico, enfim, a ruptura se torna visível na diferença entre o caráter nacional-popular, a exigência de "retorno às origens" da Reforma e o caráter "cosmopolita", reacionário, "disciplinar" da Contrarreforma (*Q 16*, 9, 1.859 [*CC*, 4, 31]; v. também *Q 2*, 90, 248 [*CC*, 2, 67]; *Q 3*, 141, 399 [*CC*, 2, 95]; *Q 5*, 126, 652-3 [*CC*, 2, 134]; *Q 19*, 2, 1.963 [*CC*, 5, 14]; *Q 23*, 7, 2.292 [*CC*, 6, 70]). A consequência imediatamente política da nova posição de fraqueza ideológica da Igreja católica é – de acordo com G. – a instauração de uma situação de beligerância que resulta na subordinação da Igreja aos Estados nacionais. Disso são provas o galicanismo, o josefismo e outras formas de jurisdicionalismo, que são "o 'prefácio' à limitação da Igreja na sociedade civil e política" (*Q 14*, 55, 1.713 [*CC*, 4, 233]). É o fim do regime teocrático e a crise do cosmopolitismo, traços essenciais da civilização feudal católica. Não mais a Igreja, mas os Estados nacionais ditam as regras do jogo político. E isso ocorre porque os Estados, aliando-se com os estratos burgueses contra a aristocracia feudal, conseguem retirar da Igreja uma parte consistente de consenso popular. A Contrarreforma exprime a consciência da Igreja de se encontrar diante de uma crise radical e de vastas proporções. O Concílio de Trento, a maior tentativa da Igreja moderna de operar uma revisão global da ideologia católica e de sua relação com a sociedade, em vez de renovar, cristaliza a Igreja no papel de intelectual tradicional nos séculos seguintes. As tentativas da Igreja de ligar-se às massas populares, como já na Idade Média, mediante novas e mais modernas ordens religiosas e instituições seculares (em primeira linha a ordem dos jesuítas), não repetem o sucesso da diplomacia eclesiástica medieval, não obstante a maior eficiência da estrutura organizativa ocorrer tanto no nível estritamente cultural--religioso quanto no social. Cresce, de fato, a distância entre a ideologia católica, que permanece fundamentalmente feudal, e a instância popular de superação do sistema medieval (*Q 3*, 141, 399 [*CC*, 2, 95]; *Q 11*, 12, 1.384 [*CC*, 1, 93]; *Q 19*, 2, 1.963 [*CC*, 5, 17]; *Q 27*, 1, 2.307 [*CC*, 6, 133]). A mediação *positiva* dos intelectuais eclesiásticos entre a Igreja e as massas fracassa; ela se reduz a mera função *negativa* de contenção do que G. define "a heresia de massa" do catolicismo, que se manifestará em toda sua extensão na Revolução Francesa e ainda mais com o progresso do socialismo na Europa.

Por outro lado, começa a tomar conta das massas a ideologia alternativa da Reforma e do Renascimento. Nascem os novos intelectuais, expressão das classes subalternas emergentes que, no terreno religioso e no laico, fazem-se portadores da nova ideologia: Savonarola, Lutero, Calvino, Maquiavel, Giordano Bruno e, mais adiante no tempo, os novos cientistas (Galilei), os iluministas, os enciclopedistas. Embora em medida ainda reduzida e de maneira ainda imperfeita, a nova concepção do mundo levada pela Reforma envolve as massas populares, suscitando um comportamento ativo em relação ao mundo. Elas, de fato, deixam para trás a "revolução passiva" do cristianismo primitivo e medieval e não hesitam em pegar em armas para combater guerras aparentemente de religião, mas que são, na realidade, verdadeiras e próprias lutas de classe: a guerra dos camponeses alemães, a Revolução Inglesa, a Revolução Francesa. Nas épocas moderna e contemporânea a crise de ruptura entre cristianismo e povo se cristaliza e não encontra saídas operativas. A Contrarreforma católica incorpora e continua a cultura cortesã, separada do povo-nação, essencialmente reacionária, elaborada pelo Humanismo e pelo Renascimento (*Q 5*, 120, 648-53 [*CC*, 4, 204]; *Q 8*, 145, 1.030 [*CC*, 6, 222]; *Q 9*, 55, 1.129-30 [*CC*, 5, 307]; *Q 18*, 2, 1.963 [*CC*, 3, 114]). G. escreve expressamente: "O verdadeiro ponto de ruptura entre democracia e Igreja deve ser procurado na Contrarreforma" (*Q 1*, 128, 117 [*CC*, 4, 178]); "Com a Contrarreforma, o papado havia modificado essencialmente a estrutura de seu poder: afastara-se das massas populares, tornara-se promotor de guerras de extermínio, confundira-se com as classes dominantes de modo irremediável" (*Q 19*, 2, 1.963 [*CC*, 5, 17]). "A Contrarreforma esterilizou este pulular de forças populares" (*Q 11*, 12, 1.384 [*CC*, 1, 93]).

Essa situação de separação entre cristianismo e massas é mais marcante particularmente na Itália, sede do papado, onde, diferentemente de outros países europeus, não se produz nenhuma reforma ou revolução popular similar às três grandes reformas e revoluções da era moderna, ocorridas na Alemanha, Inglaterra e França (*Q 5*, 75, 515 [*CC*, 2, 124] e *Q 9*, 55, 1.129-30 [*CC*, 5, 307]). Não se criam intelectuais próprios das classes populares. Diante da ruptura Igreja-massas não se forma, em contrapartida, um novo bloco alternativo de intelectuais-povo. Maquiavel, Bruno, Galilei e outros permanecem episódios únicos e isolados. Essa fratura entre cristianismo e classes populares, na Itália, se manifestará apenas mais tarde, no momento da ruptura da relação política entre Igreja e Estado liberal burguês em 1870, quando a Igreja, consciente de não poder mais dispor do consenso das massas, não ousará bater de frente, mas preferirá a estratégia do protesto passivo do *non expedit* (*Q 19*, 31, 2.057 [*CC*, 5, 108]), com o qual o papa (Pio IX pela primeira vez em 1868) declarou inaceitável que os católicos italianos participassem das eleições e da vida política do Estado italiano. Por outro lado, o Estado liberal, enquanto isso, poderia jogar a carta da unidade nacional, que implicava necessariamente a negação do poder temporal do papado, enquanto sabia justamente possuir de seu lado, ou pelo menos não contrário a ele, o consenso popular (plebiscitos para as anexações), menos concedido agora à Igreja. Tudo isso era indício, além de fraqueza política, também de inferioridade ideológica da Igreja. E é justamente a partir dessa tácita admissão de inferioridade ideológica que a Igreja, a começar do pontificado de Leão XIII, tenta se reorganizar e se reestruturar para conquistar a hegemonia cultural e social perdida. Diferentemente de seu passado, no entanto, quando fazia uso de recursos internos, de natureza especificamente religiosa (a exemplo das ordens religiosas), ou a sistemas coercitivos próprios ou tomados de empréstimo ao Estado para corrigir ou eliminar o dissenso, agora a Igreja deve descer sem desvios ao terreno social e político e desenvolver programas e organizações de massa adequadas aos tempos, que sejam competitivos com os aparelhos ideológicos dos adversários (*Q 20*, 1, 2.081 [*CC*, 4, 147] e *Q 20*, 2, 2.086-7 [*CC*, 4, 152]). Mas nesse terreno a Igreja, secularizando-se, está destinada à derrota e levará de fato ao desaparecimento do cristianismo. Já nos escritos jovens G. fala desse resultado em termos de "suicídio do cristianismo", como processo interno de autodegeneração e autodestruição ("I cattolici italiani" [Os católicos italianos], 22 de dezembro de 1918, em *NM*, 456-60; "La settimana politica. I popolari" [A semana política. Os populares], 1º de novembro de 1919, em *ON*, 272-3). Análise e interpretação análogas do cristianismo, com a mesma perspectiva de autonegação e extinção, propunha também o pensador austromarxista Max Adler.

BIBLIOGRAFIA: LA ROCCA, 1991 e 1997; PORTELLI, 1976.

TOMMASO LA ROCCA

Ver: católicos; Contrarreforma; heresias/hereges; Igreja católica; Lutero; questão vaticana; Reforma; religião; Savonarola.

crítica/crítico

Para G., o pensamento de Marx é "eminentemente prático-crítico" (*Q 1*, 152, 134): essa formulação estabelece claramente que o termo "crítica/crítico", como substantivo e como adjetivo, não é usado por G. em sentido kantiano, como limitação das pretensões da razão, mas no sentido em que também Marx o utiliza nos títulos de diversas obras: como intervenção da política na "teoria" e colocação em evidência da natureza ideológica, ou seja, parcial, em última análise "política" da própria teoria. Dessa natureza ideológica – própria de toda teoria e filosofia – a filosofia da práxis é a única a ser *consciente*. Por isso não pretenderá aplicar a crítica às outras filosofias e teorias, se ela não for aplicada, em primeiro lugar, à própria filosofia da práxis. Daí seu estatuto peculiarmente autorreflexivo: a filosofia da práxis, por um lado, destrói e ridiculariza "todos os conceitos estaticamente 'unitários'" (*Q 4*, 45, 471 [*CC*, 6, 363]), por outro mantém um "comportamento [...] sempre crítico e nunca dogmático, [...] um comportamento em certo sentido romântico, mas de um romantismo que, conscientemente, procura seu sereno caráter clássico" (*Q 4*, 3, 425). Portanto, como filosofia que se sabe expressão ideológica de uma sociedade atravessada por contrastes, a filosofia da práxis afirma "implicitamente" que ela é de tal forma histórica, de tal forma "crítica", que seu "caráter clássico" corresponderá a seu próprio desaparecimento como filosofia: "O filósofo atual pode afirmar isto, sem poder ir mais além: de fato, ele não pode se evadir do terreno atual das contradições, não pode afirmar, a não ser genericamente, um mundo sem contradições, sem com isso criar imediatamente uma utopia" (*Q 4*, 45, 471-2 [*CC*, 6, 364-5]; aqui se pode ver um elemento kantiano, mas profundamente repensado à luz da unidade entre teoria e prática). G. se detém também sobre o significado de "crítica" em relação à teoria de Marx, chamando-a de "Economia crítica" (*Q 10* II 37, 1.285 [*CC*, 1, 353]) e distinguindo entre "ciência econômica e 'crítica de uma ciência econômica'" (*Q 8*, 128, 1.018).

Fabio Frosini

Ver: filosofia da práxis; Kant; Marx; marxismo.

Croce, Benedetto

Sobre a relação G.-Croce se concentrou parte consistente da literatura crítica, seja quando se tratou de avaliar aspectos comparativos, textuais e histórico-filológicos, seja quando o discurso se pôs sobre o plano da comparação entre as tradições marxista e liberal, seja enfim pelo valor que tal relação tem no quadro mais geral da história dos intelectuais italianos do século XX. Aqui não é possível, certamente, retomar a complexa trama das interpretações; é suficiente referir-se ao juízo, ainda hoje completamente compartilhável, que exprimia Garin no fim dos anos 1960, quando escrevia que o diálogo-comparação entre os dois pensadores traduzia, à altura dos problemas e dos contextos italianos, "alguns grandes temas da cultura contemporânea".

O quanto G. percebesse (e criticasse) a relevante presença de Croce na política e na cultura italiana se pode captar pela primeira referência significativa ao filósofo de Abruzzi no *Q 1*, nas páginas dedicadas à direção moderada do *Risorgimento* e à formação de um bloco intelectual meridional "encabeçado por B. Croce e Giustino Fortunato e que se estende por toda Itália" (*Q 1*, 44, 48). Era esse, substancialmente, o motivo de fundo que devia induzir G. a uma cerrada crítica da filosofia de Croce. Ele via bem a identificação demasiado grosseira entre a ideologia e a filosofia postulada pelo atualismo de Gentile e a filosofia crociana das distinções, mas na tendência à fusão entre prática e teoria – à qual Croce resistia "heroicamente" – G. incluía também o materialismo histórico, e isso porque Croce "tem viva consciência de que todos os movimentos modernos do pensamento levam a uma revalorização triunfal do materialismo histórico, ou seja, a uma inversão da posição tradicional do problema filosófico e à morte da filosofia entendida no modo tradicional" (*Q 1*, 132, 119). Está aí, portanto, o núcleo essencial do juízo gramsciano sobre Croce. Trata-se da convicção que G. expõe em *Q 4*, 3. O marxismo foi um momento crucial e determinante da cultura moderna, a ponto de influenciar não poucas correntes de pensamento. Mas, como ocorre com todos os grandes fenômenos culturais, ele foi também integrado e influenciado por outras posições. G. atribui a si mesmo a continuação da tarefa começada por Labriola: a reconquista da autonomia conceitual e ideal do marxismo, por meio da crítica das formas de revisão de seu *corpus* teórico. G. fala de uma "dupla revisão": "Por um lado, alguns de seus elementos, explícita ou implicitamente, foram absorvidos por algumas correntes idealistas (Croce, Sorel, Bergson etc., os pragmatistas etc.); por outro, os marxistas 'oficiais', preocupados em encontrar uma 'filosofia' que contivesse o marxismo, a encontraram nas derivações modernas do materialismo filosófico vulgar ou ainda em correntes idealistas como o kantismo (Max Adler)" (ibidem, 441-2). Vêm delineando-se assim os conteúdos do confronto que G. abre com Croce, a começar pela identificação daqueles traços do marxismo absorvido e "revisto": a convicção de que o materialismo histórico pudesse ser reduzido a cânone empírico de pesquisa histórica e à questão do valor das ideologias e de sua identidade-distinção com a filosofia. Sobre o valor das ideologias, por exemplo, G. destaca algumas contradições em que cairia Croce. Enquanto nos *Elementi di politica* [Elementos de política] ele sustenta, equivocando-se segundo G., que para Marx as superestruturas são aparências e ilusão, mais adiante teria sustentado, ao contrário, que as ideologias são "'construções práticas', são instrumentos de direção política", acolhendo portanto, do materialismo histórico, apenas a parte "crítico-destrutiva". A aparente convergência entre o jovem Croce, crítico das alcinescas seduções* da deusa justiça e da deusa humanidade, e o marxismo se dissolve diante da equivocada interpretação do valor das ideologias em Marx. Este afirma com clareza que é no terreno das superestruturas que os homens tomam consciência dos conflitos sociais e das próprias tarefas, portanto no terreno de uma teoria crítica e alternativa. O que se combate são as ideologias dos grupos dominantes, os instrumentos de domínio político. Totalmente diverso é o caminho de Croce, que "deve agora dar muitos passos atrás e conferir aparência de florida juventude a outra maga decrépita e desdentada, o liberalismo mais ou menos deificado" (*Q 4*, 15, 436-7; mas ver também *Q 4*, 20, 441 e *Q 4*, 22, 442).

---

* A expressão é de Croce e remete à maga Alcina (decrépita e desdentada), de *Orlando Furioso*, de Ariosto. Poderia ser traduzida por "seduções enfeitiçadoras". (N. R. T.)

O confronto, como se vê, se desenvolve sobre o terreno da teoria política mais do que da filosofia em sentido estrito. Isso é demonstrado pelo fato de que o filósofo napolitano está entre os autores com os quais G. mede forças quando deve enfrentar o tema da autonomia do fato político. Assim, quando ele se detém sobre a importância que o maquiavelismo teve no desenvolvimento da ciência política na Itália, destaca "a demonstração feita de modo completo, por Croce, da autonomia do momento político-econômico". G. coloca, embora em termos problemáticos, a questão – já precedentemente tocada – do débito contraído por Croce com o materialismo histórico, sem o qual talvez ele não tivesse chegado àquela conclusão. Mas ao lado do reconhecimento há também a crítica, já que essa posição de Croce mal se concilia com "sua redução do materialismo histórico a um mero cânone empírico de metodologia histórica" (*Q 4*, 56, 503-4 [*CC*, 6, 366]). O que parece importante, nessas passagens, é o começo da radical crítica gramsciana aos pontos-chave da filosofia de Croce: primeiro à dialética dos distintos, da qual se reconhece a "exigência real", mas também a contradição com relação a uma ideia canônica de dialética que, hegelianamente, só pode ser dos opostos, negação da negação. A reforma crociana e gentiliana da dialética (e aqui G. aproxima duas posições objetiva e filologicamente inconciliáveis) tornou Hegel mais abstrato, privando-o da parte "mais realista, mais historicista". A diferença agora é clara: de um lado a tradição e os eventos dos quais nascem Hegel e Marx – a Reforma Protestante e a Revolução Francesa, isto é, a filosofia da história e a identificação entre o fazer e o pensar –, de outro a tradição de Vico (apesar de sua "genialidade") e Spaventa, ou seja, a especulação abstrata (v. também *Q 10* II, 41.X, 1.317 [*CC*, 1, 361]).

Mas a crítica à filosofia de Croce se conecta constantemente em G. à crítica de sua postura prática. São testemunhas disso as notas no início do *Q 6*, quando G. aborda o tema crucial do papel dos intelectuais na grande crise europeia dos anos 1920 e 1930. Nas análises crocianas do início dos anos 1930 G. colhe alguns elementos de verdade e, no entanto, a crítica crociana dos fenômenos deteriorados, abstratos, irracionais não conduz ao reconhecimento do papel que, no mundo moderno, pode desempenhar não o intelectual individual (ou grupos de intelectuais), mas a luta social das massas organizadas (em *Q 6*, 107, 779 [*CC*, 1, 437] G. une Giolitti e Croce no mesmo erro de não ter visto a verdadeira direção da "corrente histórica"). A atitude prática de Croce pode, para G., ajudar-nos a compreender sua filosofia: "Em Croce, filosofia e 'ideologia' finalmente se identificam, até mesmo a filosofia se mostra apenas um 'instrumento prático' de organização e de ação: de organização de um partido, aliás, de uma internacional de partidos, e de uma linha de ação prática. O discurso de Croce no Congresso de Filosofia de Oxford é, na realidade, o manifesto político de uma união internacional dos grandes intelectuais de todas as nações, especialmente da Europa; e não se pode negar que este possa tornar-se um partido importante e ter uma função não desprezível" (*Q 6*, 10, 690 [*CC*, 1, 435]). O discurso de Croce é criticado por G. também em *Q 7*, 1, 852 ss., em que se rejeita como ideológica uma interpretação do materialismo histórico como "cientificismo" e "superstição materialista", porém, mais extensamente em *Q 10* II, 41.I, 1.291-301 [*CC*, 1, 361], em que, no entanto, parece escapar a G. que o discurso de Croce continha não apenas uma crítica do materialismo histórico, mas também uma pungente polêmica contra o misticismo anti-historicista de Gentile, que lhe rendeu furiosos ataques da imprensa do regime fascista. Croce tem, portanto, uma visão "utópica" da política, tanto na esfera teórica quanto na esfera prática, no sentido de que, enquanto pensa realizar uma história e uma filosofia puras, cumpre, ao contrário, um exercício de ideologia (*Q 6*, 112, 782-3 [*CC*, 1, 438]). G. então denuncia, por assim dizer, o caráter ideológico da filosofia de Croce, não sem apontar, no entanto, uma clara diferença entre historicismo crociano e atualismo gentiliano, entre uma visão da história como história do Estado e a história ético-política (*Q 7*, 9, 858; mas v. também *Q 8*, 227, 1.084 e *Q 8*, 240, 1.091), fundada na distinção entre sociedade civil e sociedade política, entre hegemonia e ditadura, entre um "regime liberal-democrático" e o "Estado-governo" fascista (*Q 6*, 10, 691 [*CC*, 1, 433]).

Croce é para G. "o último homem do Renascimento", a ser considerado não tanto como filósofo, mas como "moralista e mestre de vida, construtor de princípios de conduta" (*Q 7*, 17, 867), mas justamente por isso deve ser combatido abertamente quando sua filosofia se torna ideologia, no sentido gramsciano de "tendência prático-política unilateral" (*Q 8*, 27, 958). A exigência, assim, de dar vida a um *anti-Croce* é gerada não por uma polêmica de pouca importância ou reducionistamente propagandista, mas nasce de um contínuo e cerrado confronto crítico entre historicismo materialista e historicismo especulativo (entre outras passagens em que se critica a tendência especulativa crociana, ver *Q 8*, 224, 1.081-2). Leia-se aquela extraordinária e muito eficaz síntese de um grande trabalho analítico e interpretativo que G. confia a uma breve nota sobre o historicismo de Croce. Este é colocado em relação com as passagens-chave para uma reflexão de grande fôlego sobre a história italiana, sobre a revolução passiva, sobre os nexos revolução-restauração: "Croce se insere na tradição cultural do novo Estado italiano e leva a cultura nacional às origens, mas vivificando-a [e enriquecendo-a] com toda a cultura europeia [...]. Estabelecer com exatidão o significado histórico e político do historicismo crociano significa exatamente reduzi-lo a seu alcance real, despindo-o da grandeza brilhante que lhe tem sido atribuída como a manifestação de uma ciência objetiva, de um pensamento sereno e imparcial que se coloca por sobre todas as misérias e as contingências da luta cotidiana, de uma contemplação desinteressada do eterno devir da história humana" (*Q 8*, 39, 966).

Nesse ponto se pode abordar a leitura das páginas gramscianas programaticamente dedicadas a Croce. Confirma-se plenamente que o assunto Croce é um dos poucos aos quais G. dedica uma redação e um interesse quase sistemáticos. Como é sabido, todo o *Q 10* (mais de 150 páginas impressas) tem por objeto a filosofia de Croce. A articulação do programa de estudo do pensamento de Croce tinha sido antecipada nos "Punti per un saggio su B. Croce" [Pontos para um ensaio sobre B. Croce], que se encontram em *Q 8*, 225, 1.082-3. Aqui não é possível entrar nos detalhes de todas as análises gramscianas: pense-se nas notas sobre as obras históricas de Croce, sobre sua concepção de religião, sobre sua concepção dos intelectuais, sobre seus erros de interpretação das doutrinas econômicas de Marx (como nas páginas em que se critica o ensaio crociano sobre a queda tendencial da taxa de lucro: v. *Q 10* II, 33, 1.278-9 [*CC*, 1, 348] e *Q 10* II, 36, 1.281 ss. [*CC*, 1, 350]) ou naquelas em que se polemiza com a leitura crociana da teoria do valor como comparação elíptica (*Q 10* II, 38, 1.287 ss. [*CC*, 1, 356]), nas notas sobre as teorias estéticas de Croce, que se criticam nos pressupostos idealistas, mas se defendem das leituras superficiais e jornalísticas (*Q 15*, 20, 1.778 [*CC*, 6, 235]), sobre as questões de lógica e de gramática (*Q 29*, 1, 2.341-2 [*CC*, 6, 141]). Em síntese, reflexões que se movem com base na necessidade de compreender os "interesses intelectuais e morais (e portanto sociais)" de Croce (a sua substancial adesão à "tradição italiana dos moderados", *Q 8*, 225, 1.082-3), para depois passar a avaliar seu papel não secundário na construção das tendências revisionistas à moda de Bernstein e Sorel. Ainda uma vez G. consegue captar plenamente os pontos focais da reflexão teórica com a qual pretende medir forças. Primeiro o tema da liberdade, que Croce ora desloca sobre o plano da filosofia, raciocinando em termos de identidade entre história e espírito (*Q 10* I, 10, 1.229 ss. [*CC*, 1, 300]), ora faz regredir ao nível de ideologia e de "instrumento prático de governo" (*Q 10* I, p. 1.209); mas depois, novamente, a retomada das críticas à *Storia d'Europa* [História da Europa] como teoria da revolução passiva e à concepção ético-política da história, ainda que, a propósito desse último problema, G. reconhece a Croce o haver estimulado "a atenção ao estudo dos fatos de cultura e de pensamento como elementos de domínio político, à função dos grandes intelectuais na vida dos Estados, ao momento da hegemonia e do consenso como forma necessária do bloco histórico concreto" (ibidem, p. 1.211). Por isso, a história ético-política é um dos "cânones de interpretação histórica a se ter sempre presente no exame e no aprofundamento do desenvolvimento histórico, se se quer fazer história integral e não histórias parciais ou extrínsecas" (ibidem, p.1.211; mas para uma análise da história ético-política com base nos ensaios historiográficos de Croce, v. *Q 10* I, 9, 1.226 ss. [*CC*, 1, 298]). O momento focal da crítica teórica e política de G. ao pensamento crociano é identificado na segunda parte do *Q 10* e especialmente nas páginas dedicadas à identidade entre história e filosofia, ou seja, algo que é "imanente ao materialismo histórico". Essa identidade, entretanto, torna-se outra coisa em Croce, de modo que uma proposição teórica que podia ser "rica de consequências críticas" se torna "mutilada se não chega também à identidade entre história e política [...], consequentemente também à identidade entre política e filosofia" (*Q 10* II, 2, 1.241 [*CC*, 1, 312]).

G. frequentemente se pergunta se na visão filosófica de Croce não restaram traços consistentes de filosofia da práxis (v. *Q 10* I, 2, 1.232-3 [*CC*, 1, 285], mas também *Q 10* II, 31, 1.271-2 [*CC*, 1, 339]). Ele está convencido disso, a ponto de afirmar que a tese crociana da identidade entre filosofia e história é um modo de apresentar "o mesmo problema posto pelas Teses sobre Feuerbach e confirmado por Engels". Com a ressalva de que, para Engels, "'história' é prática (a experiência, a indústria); para Croce, História é ainda um conceito especulativo". Em suma, e nesse juízo se resume a avaliação abrangente de G., Croce fez para trás o caminho que da filosofia especulativa conduzia à filosofia da práxis. Ele "retraduziu em linguagem especulativa as aquisições progressistas da filosofia da práxis, residindo nesta retradução o melhor de seu pensamento" (ibidem, 1271 [*CC*, 1, 341]). Em definitivo, o historicismo de Croce acaba por ser uma "forma de moderação política", daquilo que em linguagem moderna se poderia definir "reformismo" (*Q 10* II, 41.XIV, 1.325 [*CC*, 1, 361]), mas também uma "forma, habilmente mascarada, de história com uma meta predeterminada, como é o caso de todas as concepções liberais reformistas" (*Q 10* II, 41.XVI, 1.327 [*CC*, 1, 395]).

O quanto G. estava convencido da necessária, de seu ponto de vista, elaboração de um *anti-Croce*, fundado em um sério e documentado confronto com as obras do filósofo napolitano, é evidenciado pelas contínuas solicitações de livros de Croce que ele envia à cunhada Tania e a outros correspondentes. E justamente em uma carta à cunhada de 18 de abril de 1932 (*LC*, 562-3, a Tania [*Cartas*, II, 186]), G. sintetiza de modo exemplar seu juízo sobre esse grande intelectual, aquele mesmo juízo que ele vinha, nesse ínterim, confiando às suas notas nos *Q*. Ver também *LC*, 368-9, a Tatiana, 1º de dezembro de 1930 [*Cartas*, I, 456] a propósito da polêmica Croce-Lunatcharski durante o Congresso de Oxford, e *LC*, 567-8, a Tania, 25 de abril de 1932 [*Cartas*, II, 190], em que se procuram as razões da grande popularidade de Croce, mas também *LC*, 569-71, a Tania, 2 de maio de 1932 [*Cartas*, II, 192], em que se critica a tentativa crociana de "liquidação da filosofia da práxis", e ainda *LC*, 572-5, a Tania, 9 de maio de 1932 [*Cartas*, II, 196], em que se analisam criticamente as obras históricas de Croce, e enfim *LC*, 584-7, a Tania, 6 de junho de 1932 [*Cartas*, II, 207], na qual se discute a religião da liberdade.

Em conclusão, pode-se ainda recorrer a uma avaliação sobre a relação G.-Croce expressa, já há meio século, por Garin. É fora de dúvida, observava ele, que o diálogo com o filósofo do idealismo historicista caracteriza, em muitos aspectos, a atividade cultural de G.: "Em Croce G. vê não apenas o grande intelectual de tipo erasmiano, mas também a expressão mais avançada da cultura italiana contemporânea, aquela com mais aderência e maior eficácia 'conformadora'. O fato de que G. combata sobre esta linha, e por vezes se tenha a impressão de uma sua vontade de se opor a Croce ponto por ponto, juízo contra juízo [um *anti-Croce*, justamente – ndr], em toda a avaliação da história italiana, em uma correção constante das posições discutidas, para um reposicionamento sistemático dos pontos de vista [...]: tudo isso indica [...] a atualidade de uma discussão, sua historicidade concreta, uma análise que, justamente porque não 'especulativa', mas direcionada para a ação, pretendia combater uma batalha real e opor a escolhas reais, atuais, escolhas que, exatamente por se colocar sobre o mesmo terreno do *adversário*, fossem capazes de se lhe contrapor eficazmente e também, às vezes (por que não?) de lhe aceitar e integrar" (Garin, 1958, p. 7-8).

BIBLIOGRAFIA: BELLAMY, 1990; FINELLI, 1989; FRANCIONI, 1987; FROSINI, 1989; GALASSO, 1978; GARIN, 1958; LEONE DE CASTRIS, 1989; MARTELLI, 2001.

GIUSEPPE CACCIATORE

Ver: Bernstein; comparação elíptica; dialética; filosofia; filosofia da práxis; filosofia especulativa; Fortunato; Gentile; Hegel; hegemonia; história ético-política; historicismo; homem do Renascimento; ideologia; Marx; materialismo histórico; queda tendencial da taxa de lucro; reformismo; religião; revisionismo; sociedade civil; Sorel; Vico.

cultura

"Cultura" nos *Q* é não apenas um tema muitíssimo amplo, com ramificações, adjetivações, especificações bastante variadas, mas também um conceito extremamente móvel e, por assim dizer, irrequieto, no sentido de que tende a transbordar para âmbitos categoriais diversos que, por outro lado, ao contato com ele, adquirem novo valor (verificaremos os exemplos de "hegemonia" e "filosofia"). "Cultura" é concebida em primeiro lugar "como expressão da sociedade" (*Q 9*, 57, 1.130 [*CC*, 4, 121]), o que atualmente é uma noção de senso comum. Não o era no tempo de G., que nos *Q* chega a tal ponto de vista tecendo uma rede categorial que confere nova roupagem à tradição marxista. Trata-se de uma rede de conceitos que podemos atravessar tanto sincronicamente quanto diacronicamente, entre os quais destacamos aqui: hegemonia e luta hegemônica (do *Q 1*), tradutibilidade (do *Q 4*), reforma intelectual e moral, novo humanismo e religião laica (ambos desde o *Q 3*). Colocando a cultura nessa rede, podemos preencher com conteúdos específicos, não banais, a afirmação apenas aparentemente simples apresentada no início. A complexidade provém do termo "expressão", levando em conta que para G. "toda expressão possui uma 'língua' historicamente determinada" (*Q 9*, 132, 1.193). A concepção gramsciana de cultura é inseparável da concepção de língua e de linguagem, que de resto acompanha toda a filosofia dos *Q*. A tal propósito deve-se ter firmemente em conta que cultura e linguagem são consideradas por G. sempre com atenção a uma capilar, irredutível diferenciação de níveis e estratificações sociais – locais, regionais, nacionais, continentais – portadoras de culturas e linguagens determinadas; apenas com base nessa consciência adquire significado o horizonte geral a que mira G., voltado para "a unificação cultural do gênero humano" (*Q 11*, 17, 1.416 [*CC*, 1, 129]). Aqui pulsa o que se poderia chamar de acepção *forte* de cultura no entendimento de G., tomada como "concepção do mundo", ou seja, por um lado como "relação entre o homem e a realidade com a mediação da tecnologia" (*Q 11*, 37, 1.457 [*CC*, 1, 172]), por outro como "'religião laica', uma filosofia que tenha se transformado precisamente em 'cultura', isto é, tenha gerado uma ética, um modo de viver, um comportamento cívico e individual" (*Q 23*, 1, 2.186 [*CC*, 6, 63-4]). Essa dúplice polaridade – científico-tecnológica e ético-religiosa – restitui a enorme gama de significações, de temas e problemas em meio aos quais se move o uso do conceito de cultura nos *Q*.

Com base no *Q 1*, ao qual se reconhece uma função fundadora tanto da gênese quanto da estrutura da totalidade dos *Q*, as aquisições essenciais do nexo cultura-hegemonia parecem já atingidas, mesmo se, segundo alguns intérpretes, com certo resíduo de economicismo em toda a primeira fase de redação (o que, contudo, não afeta a novidade do pensamento). A cultura é definida como um "mundo", uma "esfera", um "campo", uma "estrutura" de atividade realizada por "camadas" intelectuais, vale dizer por aquela "massa social que exerce funções organizativas" – para além do campo da cultura – também na "produção" e no "campo político-administrativo" (*Q 1*, 43, 37). A questão *organizativa* é central, seja porque é à luz desta que G. distingue a função dos intelectuais de outras funções sociais ou profissionais, seja porque a G. (para retomar a citação inicial) interessa a cultura como expressão prática, ou seja, estruturada e articulada, em suma, organizada ou organizadora da sociedade. Desse ponto de vista é sintomático como, sempre no *Q 1*, G. considere o americanismo, em contraposição ao "ridículo espírito de gladiador" do atualismo gentiliano, como "ação real, que modifica essencialmente a realidade externa (e portanto, também, a cultura real)" (*Q 1*, 92, 91), e como se concebendo um desafio diante do próprio americanismo ele considere que "o problema" principal é o "de criar uma nova cultura sobre uma base social nova" (*Q 1*, 153, 136). Aparecem assim estabelecidos os elementos decisivos que associam a cultura à compreensão da categoria mais original e difícil do pensamento político gramsciano: a hegemonia. G. fala de hegemonia cultural a propósito, por exemplo, da Florença do Renascimento, que "exerce a hegemonia cultural porque exerce uma hegemonia econômica" (*Q 1*, 73, 82). Poderia se observar que a hegemonia como "direção cultural e moral" (*Q 10* I, 7, 1.224 [*CC*, 1, 293]) da sociedade e do Estado desempenha sempre uma dimensão cultural. Fato é que G. utiliza "cultura" tanto em sentido forte e central ou geral (e nesse sentido hegemonia e cultura são categorias associadas) quanto fraco e periférico, ou específico a âmbitos particulares e circunscritos do discurso, como quando fala, justamente, de uma peculiar hegemonia cultural. Criar uma nova cultura, ou seja, uma "cultura superior" que determine a superação da tradicional "separação entre cultura moderna e cultura popular ou *folklore*" (*Q 1*, 89, 90) e constitua "a forma moderna do laicismo tradicional que está na base do novo tipo de Estado" (*Q 3*, 31, 309), expressão política de uma "nova sociedade": são esses os determinantes propriamente culturais da luta hegemônica.

Com o *Q 4* o andamento do discurso adquire um conteúdo mais marcadamente teórico e filosófico, que, no entanto, deve ser entendido num sentido diferente com relação à concepção tradicional da filosofia como "elaboração individual" dos conceitos: começa um processo de pensamento que levará a compreender a filosofia do ponto de vista do "filósofo democrático" (*Q 10* II, 44, 1.332 [*CC*, 1, 398]) ou "pensador coletivo" (*Q 11*, 12, 1.392 [*CC*, 1, 93]), que realiza uma "luta cultural para transformar a 'mentalidade' popular" (*Q 10* II, 44, 1.330 [*CC*, 1, 398]). G. evoca a necessidade de trabalhar para "um vasto movimento cultural que envolva todo o homem" (*Q 3*, 4, 423 [*CC*, 2, 75]), para um "novo humanismo" (*Q 5*, 3, 426 [*CC*, 4, 191]), e elabora, para esse fim, a tese da tradutibilidade recíproca, em "nível internacional", entre linguagem e cultura, expressões de "civilizações fundamentalmente semelhantes", que "creem ser antagonistas, diferentes, uma superior à outra, porque adotam expressões ideológicas e filosóficas diferentes", enquanto "para o historiador elas são *intercambiáveis*, são redutíveis uma à outra, são reciprocamente traduzíveis", embora não de maneira perfeita, nem "em todos os elementos particulares" (*Q 4*, 42, 468). Não se trata apenas de uma tradutibilidade internacional, mas também interdisciplinar, como entre "*filosofia – política – economia*" (*Q 4*, 46, 472): célebre teorização com a qual G. decreta a morte da filosofia "separada" e sua resolução em uma constelação cultural que salvaguarda a autonomia do filosofar, mas estabelece sua conexão estrutural com as duas esferas de atividade que restituem ao pensamento a função pública e social e estabelecem a inter-relação entre teoria e prática. É um corolário dessa posição sua ancoragem à "história da cultura, que é mais ampla do que a história da filosofia" (*Q 4*, 3, 424): mais ampla, também porque mais flexível e articulada, sendo capaz de representar e exprimir, com maiores determinações, a contemporânea e oscilante identidade-diferença entre línguas, civilizações, culturas, constelações nacionais diversas. A tradutibilidade se torna assim veículo da determinação da filosofia da práxis, como o volante de uma "nova cultura". Com o *Q 7* a teoria da tradutibilidade adquire novos elementos, mas o essencial já estava fixado.

Com os *Q 7-10* atinge a maturidade a concepção-projeto, fixada no *Q 10*, de uma "nova cultura integral, que possua as características de massa da Reforma protestante e do Iluminismo francês e tenha as características de classicidade da cultura grega e do Renascimento italiano" (*Q 10* I, 11, 1.233 [*CC*, 1, 304]). À luz do estudo histórico e da transvaloração teórica da polaridade Renascimento-Reforma, que G. toma emprestado de Croce, mas transformando-lhe o sentido, ele estabelece de forma mais rica e penetrante a questão já sugerida da superação da separação entre alta cultura e cultura popular, e formula a perspectiva de uma "reforma intelectual e moral", a qual se torna uma maneira nova, originalíssima, de pensar a revolução. As referências ao presente utilizando categorias do passado implicam uma atenção *histórico-filológica* que permite a G. preencher de conteúdo e concretude o ímpeto metafórico-imaginativo do pensamento. O Renascimento é reinvocado como uma "grande revolução cultural", por meio da qual "não se 'descobriu' o homem, mas se iniciou uma nova forma de cultura, isto é, de esforço para criar um novo tipo de homem nas classes dominantes" (*Q 17*, 1, 1.907 [*CC*, 5, 336]). A expressão "revolução cultural" aparece nos *Q* apenas mais uma única vez, em que G. declara que a "tarefa dos intelectuais é a de determinar e organizar a revolução cultural, ou seja, adaptar a cultura à função prática" (*Q 8*, 171, 1.044). Deve ser enfatizado que ele diz algo análogo quando observa que "a tarefa dos intelectuais é determinar e organizar a reforma moral e intelectual, ou seja, adequar a cultura à função prática" (*Q 11*, 16, 1.407 [*CC*, 1, 126]). A "reforma moral e intelectual" aparece, em suma, como uma revolução cultural: poderia-se observar ainda que tudo isso possui significado e valor no terreno determinado da revolução passiva, como cenário generalizado e generalizável da dinâmica social nos tempos modernos. Vê-se, assim, que peso possui para G. – o qual permanece firme com relação à consciência do caráter estrutural ou prioritário das transformações econômicas – a dimensão cultural, por meio da qual se joga a possibilidade de não resignar-se a uma acepção conservadora, em última análise interclassista e apassivante da própria revolução passiva. Poderemos formular assim a grande questão que agita G. nos *Q*, e que mostra ganhar peso na evolução de seu pensamento no cárcere: é possível uma reforma moral e intelectual, ou seja, uma revolução cultural, ou, em termos mais pragmáticos (no contexto vivido por G. no cárcere), uma constituinte democrática que subtraia a revolução passiva à ditadura do presente ou à mera gestão do existente? Em suma, ainda é possível a luta hegemônica, que é luta por uma nova cultura, e nesse sentido é luta política pela formação de um "homem integral"? A questão é dramática. A gênese dos *Q* tem a ver com a consciência de uma derrota, a denúncia de um fracasso, o abandono de certas ilusões: "Os laicos fracassaram na satisfação das necessidades intelectuais do povo: por não terem, acredito, representado uma cultura laica, por não terem sabido criar um novo humanismo, adaptado às necessidades do mundo moderno, por terem representado um mundo abstrato, mesquinho, excessivamente individual e egoísta". G. anota esse pensamento já no *Q 3* (*Q 3*, 63, 345) e o retoma, radicalizando a necessidade de difusão de uma "cultura laica" e de um "moderno 'humanismo'" [...] até nas camadas mais rudes e incultas", no *Q 21* (*Q 21*, 5, 2.119 [*CC*, 6, 39]).

A ideia de uma cultura laica é central nos *Q*. Uma cultura em sentido forte – ou seja, no sentido que recordamos há pouco, quando se falou da imbricação recíproca dos conceitos de hegemonia e cultura, e depois da morte e ressurreição da filosofia no contexto de uma nova cultura – é *naturaliter* laica. Também "laico" é um conceito que conhece uma força própria, de modo a revelar sua natureza como de um valor capaz de enfrentar, ou concorrer com, ou substituir, ou absorver (são nuances de um único processo) a religião. De fato, G. escreve no *Q 23*, a propósito da concepção de De Sanctis: "Mas o que significa 'cultura' neste caso? Significa, indubitavelmente, uma coerente, unitária e nacionalmente difundida 'concepção da vida e do homem', uma 'religião laica', uma filosofia que tenha se transformado precisamente em 'cultura', isto é, que tenha gerado uma ética, um modo de viver, um comportamento cívico e individual" (*Q 23*, 1, 2.185-6 [*CC*, 6, 63-4]). Essa é provavelmente a concepção mais ousada a que G. chegou ao tecer aquilo que chamamos no início de uma rede categorial, que nesse caso consiste no sentido mais significativo do conceito de cultura. Ocorre com a religião algo análogo ao que verificamos com a filosofia: a metodologia gramsciana – cuja pedra angular é a dinamicidade dos conceitos, ou sua mobilização no duplo sentido de torná-los móveis e factíveis em contextos diferentes dos *originais*, ou ainda sua tradução ou tradutibilidade em metáforas e imagens – realiza, ou melhor, convida a realizar um salto gigantesco seja na filosofia, que de atividade individual torna-se ação coletiva ou de massa, seja na religião, que se torna cidadã da imanência, abandonando por isso misticismos e transcendências.

Um exemplo do que entendemos por "mobilização" dos conceitos na metodologia gramsciana é o modo pelo qual G. pensa na Europa e na cultura europeia, no contexto de um quadro geopolítico e geocultural que nos *Q* se apresenta fortemente em movimento, a ponto de destacar a passagem do bastão de guia marítimo do mundo do Atlântico para o Pacífico. A Europa está *em transição* por pelo menos duas razões. O mundo não é mais *de fato*, isto é, econômica e politicamente, eurocêntrico, mesmo se a objetiva, progressiva "unificação cultural da humanidade" mostre ainda uma conotação europeia. Por outro lado, existem todas as condições para que se inicie concretamente o processo social e político destinado a determinar politicamente a união europeia, que para G. representa um fator decisivo para a superação daquele que talvez seja o principal fator da crise orgânica da sociedade contemporânea: o nacionalismo. É evidente aqui o fortíssimo significado cultural do problema ora abordado, expressão de uma ambivalência produtiva, o que por sua vez nos reconduz à riquíssima articulação histórico-metafórica com a qual G. olha para o Renascimento como berço cultural – para o bem e para o mal – da Europa, e do mundo, modernos.

Em conclusão, é oportuno salientar a universalidade contemporânea e a fragmentariedade do conceito. Pense-se na conhecida metáfora gramsciana do raio e dos prismas: "O mesmo raio luminoso passa por prismas diferentes e dá diferentes refrações de luz" (*Q 1*, 43, 33). A dialética, ou contraponto, de identidade e diferença, que atravessa toda a forma de pensar de G., no que diz respeito à "cultura" é determinante não apenas em linha geral, mas também com relação à questão central do marxismo de G.: o contraste de classe. Para usar o título de um clássico da antropologia cultural italiana de ascendência gramsciana (Cirese, 1973), o contraste de classe se apresenta, de um ponto de vista cultural (ou superestrutural, para retomar a terminologia tradicional), como dicotomia entre cultura hegemônica e cultura subalterna, em que se evidencia, ao lado do caráter fundamentalmente de oposição, a sua histórica e complexa fluidificação, de modo que a imagem que poderia se prestar a representá-la é uma espiral, adequada para enfatizar o permanente processo de interseção e de diferenciação que caracteriza a história cultural das relações entre hegemônicos e subalternos.

Bibliografia: Cirese, 1973; Crehan, 2008; Garin, 1969.

Giorgio Baratta

Ver: alta cultura; americanismo; concepção do mundo; cultura popular; Europa; filosofia; hegemonia; ideologia; intelectuais; língua e linguagem; nacionalismo; reforma intelectual e moral; religião; Renascimento; revolução passiva; tradutibilidade.

cultura alta: v. alta cultura.

cultura europeia: v. Europa.

cultura francesa/cultura italiana

A comparação entre as características da cultura francesa e da cultura italiana é ampla e articulada no âmbito da reflexão carcerária. Em primeiro lugar, a função cosmopolita desempenhada pelos intelectuais franceses a partir do século XVIII resulta bem diversa daquela exercida pelos italianos precedentemente. Na Itália, na verdade, ela é "causa e efeito do estado de desagregação em que permaneceu a península, da queda do Império Romano até 1870" (*Q 12*, 1, 1.524 [*CC*, 2, 26]). A França, por sua vez, constitui para G. um exemplo de "desenvolvimento harmônico de todas as energias nacionais e, particularmente, das categorias intelectuais" (idem), de modo que os intelectuais franceses "exprimem e representam explicitamente um compacto bloco nacional, do qual são os 'embaixadores' culturais" (*Q 2*, 109, 255 [*CC*, 2, 69]). Houve uma "maciça construção intelectual" que explica a função internacional da cultura francesa nos séculos XVIII e XIX, que se pode dizer "de expansão de caráter imperialista e hegemônico de modo orgânico" (*Q 12*, 1, 1.524 [*CC*, 2, 26]). Essa é muito diferente daquela italiana, "de caráter imigratório pessoal e desagregado, que não reflui sobre a base nacional para potencializá-la, mas, ao contrário, concorre para impossibilitar a constituição de uma sólida base nacional" (ibidem, 1.524-5 [*CC*, 2, 26-7]).

G. compara, além disso, as produções literárias dos dois países quando aborda o problema da ausência de uma literatura popular na Itália. Em referência a uma nota da *Crítica fascista* de 1930, na qual se perguntava como os periódicos italianos da época publicavam em folhetim romances franceses do século XIX, o pensador sardo chama a refletir sobre as motivações pelas quais "o público italiano lê a literatura estrangeira, popular e não popular, e não lê a literatura italiana" (*Q 3*, 63, 343). Não se pode acusar o povo italiano de não demonstrar interesse na literatura "em todos os seus graus, dos mais baixos (romances de folhetim) aos mais elevados" (ibidem, 344), se se pensa que ele procura e se concentra em livros estrangeiros, sobretudo franceses, como demonstra o dado de que estes são os mais publicados pelo *Romanzo mensile* e pela *Domenica del Corriere* (*Q 21*, 8, 2.124 [*CC*, 6, 49]), porque "o elemento intelectual nativo é mais estrangeiro que os estrangeiros diante do povo-nação" (*Q 21*, 5, 2.117 [*CC*, 6, 39]). Os intelectuais italianos na verdade "não saem do povo, não conhecem suas necessidades, aspirações, sentimentos difusos, mas são algo destacado, solto no ar, ou seja, uma casta" (*Q 3*, 63, 344).

Se os volumes da literatura popular francesa são "lidos e procurados" (idem), o destino e a difusão populares ocorreu para poucos casos isolados entre escritores italianos, como Carolina Invernizio, Mastriani ou Guerrazzi. Invernizio, por outro lado, copiou "mecanicamente" para sua Florença o "ambiente romanesco" da literatura de folhetim francesa, dando vida assim a "determinadas tendências folclóricas" (*Q 14*, 7, 1.660 [*CC*, 6, 231]). Mastriani e Guerrazzi representam, por sua vez, segundo G., aquele laicismo a que também a literatura francesa dá expressão, enquanto na Itália os laicos teriam, ao contrário, "fracassado na satisfação das necessidades intelectuais do povo", talvez justamente por "não terem representado uma cultura laica" (*Q 3*, 63, 345). A literatura católica italiana, por sua vez, não foi mais bem-sucedida. Ela não utilizou devidamente as experiências dos missionários no campo dos romances de aventura e os grandes resultados da pesquisa astronômica no campo da ciência. Ela permanece, portanto, "demasiado impregnada de apologética jesuíta" (idem). O catolicismo italiano é, na verdade, segundo G., "estéril no campo literário como nos outros campos da cultura". Portanto, não é possível uma comparação entre os escritores católicos italianos e os franceses, "Bourget, Bazin, Mauriac, Bernanos" (*Q 3*, 37, 313). Muitos romances populares estrangeiros, sobretudo históricos, possuem uma ambientação italiana, mas a Itália não pode contar, em nenhuma das tipologias de romances populares (policiais, de mistério, de intrigas etc.), com uma produção comparável àquela francesa (mas também inglesa e alemã) em valor literário ou comercial, em "número, fecundidade e mesmo questão de prazer literário" (*Q 3*, 78, 358). O público italiano é, assim, "apaixonado pelo romance histórico-popular francês, pelas tradições francesas, monárquicas e revolucionárias" e, portanto, por um "passado não seu", adota, no falar e no pensar, metáforas e referências francesas e resulta, definitivamente, "culturalmente mais francês do que italiano" (*Q 9*, 42, 1.122). Paradoxalmente, então, para se adaptar ao gosto popular italiano formado sobre romances principalmente franceses, os escritores italianos escolhem seus temas fora da Itália (*Q 21*, 6, 2.122 [*CC*, 6, 45]). A leitura dos romances de folhetim franceses tinha influenciado até mesmo a classe política fascista: como escrevia G. em um artigo de 1924 publicado no *L'Unità*, "os sentimentos difusos nos romances de folhetim do romantismo francês de 48" eram os únicos conteúdos ideais da "fantasia desequilibrada" e da "inquietação psicológica" típicas da mentalidade fascista, que nesse sentido parecia "romântica" ("Mario Gioda o del Romanticismo" [Mario Gioda ou o romantismo], 28 de fevereiro de 1924, em *CPC*, 369).

G. encontra motivações precisas de caráter histórico e político para o caráter "popular-nacional" da cultura francesa, histórica e não histórica. Nos últimos 150 anos na França toda tendência dinástica se tinha dissolvido por conta da sequência de "três dinastias radicalmente antagônicas entre si" (*Q 3*, 82, 361 [*CC*, 6, 161]). Além disso, tinham-se alternado governos republicanos muito diferentes entre si. Isso comportava a impossibilidade de uma "'hagiografia' nacional unilinear". Portanto, o protagonista da história francesa tornou-se o "elemento permanente dessas variações políticas, o povo-nação" (idem). Obtém-se assim um "tipo de nacionalismo político e cultural que foge aos limites dos partidos propriamente nacionalistas" e uma "ligação estreita entre povo-nação e intelectuais" (ibidem, 361-2 [*CC*, 6, 161]). Na Itália, ao contrário, faltando "o elemento permanente", isto é, o povo-nação, não podia haver unidade nacional. A tendência dinástica, além disso, "devia predominar, dada a contribuição que lhe era dada pelo aparelho estatal", enquanto as tendências políticas contrapostas não tinham "um mínimo comum de objetividade". Assim, a história era "propaganda política" que visava a "criar a unidade nacional", pela qual "a nação, a partir de fora, contra a tradição, baseando-se na literatura, era um *querer ser*, não um dever ser porque já existissem as condições de fato". Nessa situação, os intelectuais italianos desconfiavam do povo, que para eles era "uma coisa desconhecida, uma misteriosa hidra de inúmeras cabeças" (ibidem, *362* [*CC*, 6, 161-2]). Na ausência de uma literatura nacional-popular, na Itália faltava também a crítica do público, que na França, ao contrário, poderia se dizer "amplo e atento a seguir todos os acontecimentos da literatura" e podia assim constituir a "verdadeira Bolsa de valores literários" (*Q 6*, 16, 697).

Além disso, está ausente na Itália uma literatura produzida por funcionários estatais militares e civis, relativa à sua atividade, que seja escrita para o povo, como na França e na Inglaterra, e não apenas para os próprios superiores (*Q 5*, 38, 571 [*CC*, 6, 167]). No que diz respeito à relação entre moralistas franceses e italianos, G. se detém em uma interessante observação de Angelo Gatti segundo a qual os primeiros estudam "como 'dirigir' e, portanto, como 'compreender' para influenciar e obter um 'consenso espontâneo e ativo'", enquanto o moralista italiano estudaria como "'dominar', como ser mais forte, mais hábil, mais astuto" (*Q 15*, 14, 1.771 [*CC*, 6, 255]). Existe abundância, assim, de livros como o *Galateo*, no qual "se dá atenção ao comportamento exterior das classes altas", mas não há nenhum livro "como os dos grandes moralistas franceses (ou de ordem inferior, como em Gasparo Gozzi), com suas análises refinadas e capilares" (ibidem, 1.772 [*CC*, 6, 255]).

Clara é, enfim, a imagem das duas culturas que resulta da comparação entre a Academia da Crusca*, e a Academia dos Imortais na França: ambas, obviamente, se ocupam do estudo da língua, mas o ponto de vista da primeira é o do "'gramático estreito', do homem que policia continuamente sua língua", enquanto a segunda considera a língua como "concepção do mundo", como "base elementar – popular-nacional – da unidade da civilização francesa" (*Q 3*, 145, 401 [*CC*, 2, 96]).

Jole Silvia Imbornone

Ver: fascismo; França; intelectuais; intelectuais italianos; literatura de folhetim; literatura policial ou de terror; nacional-popular; povo-nação.

cultura mundial

"Cultura" e "mundo" são conceitos-chave do pensamento de G., congeniais a seu peculiar "universalismo", voltado para a "unificação cultural do gênero humano". A expressão "cultura mundial", como tal, se encontra raramente nos *Q* e nas *LC*. Ao início do *Q 15*, 61, 1.825-6 [*CC*, 1, 263] encontra-se a passagem mais delicada, que fala de "hegemonia da cultura ocidental sobre toda a cultura mundial", e continua: "Mesmo admitindo que outras culturas tiveram importância e significação no processo de unificação 'hierárquica' da civilização mundial (e, por certo, isso deve ser admitido inequivocamente), elas tiveram valor universal na medida em que se tornaram elementos constitutivos da cultura europeia, a única histórica ou concretamente universal". A passagem fez com que se falasse de um preconceito "etnocêntrico" de G. Como se pode ver, por sua vez, na continuação da nota, aquela hegemonia está destinada a testemunhar um "novo processo cultural", que transborda seja da centralidade euro-ocidental, seja das formas tradicionais de cultura representadas pelos "grandes intelectuais" e "filósofos de profissão", e coloca as bases de uma cultura que "tende a se tornar popular, de massa, com caráter concretamente mundial". A G. não interessa uma cultura mundial unificada, que negligencie as diferenças e articulações geoculturais.

---

* Prestigiosa instituição linguística da Itália. (N. R. T.)

De Benedetto Croce ele enfatiza a consciência de estar na posição de "um líder da cultura mundial e das responsabilidades e dos deveres que ela traz consigo" (*LC*, 564, a Tania, 18 de abril de 1932 [*Cartas*, II, 186]), reconhecendo que o "movimento de reforma moral e intelectual promovido na Itália por Benedetto Croce", fundado na convicção de que "o homem moderno pode e deve viver sem religião [...] revelada ou positiva ou mitológica", seja "a maior contribuição à cultura mundial que deram os intelectuais modernos italianos" (*LC*, 446-7, a Tatiana, 17 de agosto de 1931 [*Cartas*, II, 72]). Por outro lado, G. critica, já em *QM*, escrito poucos meses antes de ser preso, a projeção europeia e mundial do pensamento de Croce, como funcional à refutação de toda atenção à problemática social e cultural do Mezzogiorno italiano.

GIORGIO BARATTA

Ver: Croce; cultura; intelectuais; intelectuais italianos; mundo; questão meridional.

cultura popular

O termo "cultura popular" aparece pela primeira vez em *Q 1*, 89, 89-90 e é usado como sinônimo de "folclore", que é também o título dado à nota. Trata-se de uma passagem fundamental e muito citada dos *Q*, na qual G. define o folclore como uma verdadeira e própria "concepção do mundo", que merece um estudo sério e não deve ser considerada uma "bizarrice" ou um fenômeno "pitoresco". Do ponto de vista pedagógico, uma abordagem científica ao estudo do folclore seria também útil aos professores para aproximar-se em maior medida da concepção dos próprios alunos e favorecer, assim, seu aprendizado. A formação das grandes massas populares levará à superação da distância entre "cultura moderna", de um lado, e "folclore" ou "cultura popular", de outro. Vê-se então, já nessa primeira passagem, que a expressão "cultura popular" se contrapõe dialeticamente, além de a "alta cultura" – em sentido *vertical*, dentro de uma determinada sociedade nacional –, também a "cultura moderna", termo que possui alcance mais internacional e refere-se a uma determinada época histórica. Em outro lugar, falando do teatro de Pirandello, G. definirá o folclore como "cultura popular de grau inferior" (*Q 14*, 15, 1.671 [*CC*, 6, 232]), dando a entender, assim, que entre os dois termos não há uma sobreposição perfeita.

Em *Q 2*, 88, 245 [*CC*, 2, 66] G. toma nota de um artigo de Ettore Fabietti dedicado ao fenômeno das bibliotecas populares, que ele define como "a mais brilhante iniciativa em favor da cultura popular dos tempos modernos". A atenção de G. recai sobre a descrição do comportamento dos operários com relação aos livros, os quais tratam com extremo cuidado, a ponto de serem definidos como os "melhores 'clientes'" das bibliotecas, com relação a outras categorias de visitantes. Por esse e outros detalhes parece que G. pensa em fixar essas ideias para poder, então, desenvolver um estudo sobre o comportamento da classe operária com relação à cultura. De fato, escreve G.: "A literatura sobre as bibliotecas populares milanesas deverá ser estudada a fim de obter temas 'reais' sobre a cultura popular" (idem). Com relação à nota precedente, vemos que aqui o conceito de cultura popular não é mais apenas um sinônimo de folclore, mas denota também as formas reais, isto é, determinadas (relativas aqui aos operários milaneses), do *saber* e não mais apenas das *crenças*, das tradições, dos gostos populares que se contrapõem a uma ideia de cultura moderna.

A definição de cultura popular assume complexidade crescente ao longo da reflexão carcerária. Em *Q 3*, 63, em que se enfrenta um tema recorrente nos *Q*, o da literatura popular e do caráter não popular da literatura nacional italiana, G. delineia uma chave de pesquisa destinada a permanecer aberta, perguntando-se qual é a natureza da relação entre as conotações "nacional" e "popular", recordando que em algumas línguas os dois adjetivos são usados como sinônimos. É assim que, algumas linhas depois, com relação à situação italiana, G. escreve: "Os intelectuais italianos não saem do povo, não conhecem suas necessidades, as aspirações, os sentimentos difusos, mas são algo de destacado, solto no ar, ou seja, uma casta. A questão deve ser estendida a toda cultura popular ou nacional e não apenas ao romance ou apenas à literatura" (ibidem, 344). Por essa passagem vemos então como "cultura popular" é usado também como sinônimo de "cultura nacional".

Sempre sobre o tema de uma possível literatura nacional, que seja expressão de uma "nova cultura", G. escreve: "A premissa da nova literatura não pode deixar de ser histórico-política, popular: deve ter como objetivo elaborar o que já existe, não importa se de modo polêmico ou de outro modo; o que importa é que aprofunde suas raízes no húmus da cultura popular tal como ela é, com seus gostos, suas tendências etc., com seu mundo moral e intelectual, ainda que atrasado e convencional"

(*Q 15*, 58, 1.822 [*CC*, 6, 264]). Se a cultura popular é importante para não perder de vista a relação com o mundo real, é, no entanto, apenas por meio da obra dos intelectuais que a cultura pode passar a uma fase de "elaboração crítica" e de "processo de desenvolvimento" (*Q 15*, 61, 1.826 [*CC*, 1, 264]).

O conceito de cultura popular, com seu oposto dialético, aquele de alta cultura, faz parte do grande nó temático que inclui tanto a reflexão sobre o alcance filosófico do marxismo, sobre sua natureza de filosofia autônoma (filosofia da práxis), quanto toda a parte das notas carcerárias dedicadas ao nexo Reforma-Renascimento, termos que, além das duas épocas históricas reais, denotam metaforicamente dois comportamentos diversos de política cultural, que para simplificar podemos definir como sistemas de cultura "de baixo" e "do alto". "A Reforma luterana e o calvinismo criaram uma cultura popular, e apenas em períodos consecutivos uma cultura superior", escreve G. no *Q 4*, 3, 423. A filosofia da práxis, ao contrário, como síntese de movimento cultural tanto do alto quanto de baixo, representa a simultaneidade do desenvolvimento da cultura popular e da alta cultura. A característica de proceder em uníssono ao progresso cultural de toda a sociedade é, para G., a qualidade distintiva dos governos expansivos (usado como contrário de repressivos, no *Q 6*, 170, 821 [*CC*, 2, 147]): "Um sistema de governo é expansivo quando facilita e promove o desenvolvimento a partir de baixo". O que G. tem em mente não é um modelo de nivelamento cultural por baixo, ou seja, não se propõe a abaixar a qualidade do nível cultural-científico de uma sociedade: ao contrário, ele propõe manter conjuntamente quantidade e qualidade da cultura, afirmando que quanto mais se estende a base de acesso e se aumenta o nível geral, tanto mais será possível uma seleção de "intelectuais de ponta".

Costanza Orlandi

Ver: alta cultura; calvinismo; concepção do mundo; cultura; esporte; filosofia da práxis; literatura popular; Lutero; nacional-popular; popular; povo; povo-nação; Reforma; Renascimento.

Cuoco, Vincenzo: v. revolução passiva.

Cuvier, Georges

Uma das primeiras notas dos *Q* diz: "*O ossinho de Cuvier*. Observação ligada à nota precedente. O caso Lumbroso. De um ossinho de rato se reconstruía às vezes uma serpente marítima" (*Q 1*, 26, 22). A "nota precedente" é intitulada "Achile Loria" e é dedicada à "estranheza" do estudioso, tomado como exemplo de superficialidade intelectual (*Q 1*, 25, 20), enquanto Alberto Lumbroso é um "loriano" (*Q 1*, 32, 25). Em uma carta da mesma época (30 de dezembro de 1929) reaparece o nome do naturalista e paleontólogo Georges Cuvier: "Reconstruir, a partir de um ossinho, um megatério ou um mastodonte era típico de Cuvier, mas, ao contrário, pode acontecer que, com um pedaço de rabo de rato se reconstrua uma serpente marinha" (*LC*, 302, a Giulia [*Cartas*, I, 386]). G. pretende, assim, permanecer em guarda tanto em relação ao perigo de chegar a conclusões precipitadas com base em indícios frágeis quanto à transposição negativa do método das ciências naturais ao campo do conhecimento histórico-social operada pelo positivismo. No *Q 14*, G. observa que, se "o princípio de Cuvier, da correlação entre as partes orgânicas individuais de um corpo" pode ser "útil [...] na sociologia", para a "história passada o princípio da correlação [...] não pode substituir o documento, isto é, só pode levar a uma história hipotética, verossímil mas hipotética". Enquanto "diferente é o caso da ação política e do princípio de correlação (como o da analogia) aplicado ao previsível, à construção de hipóteses possíveis e de perspectivas. Estamos precisamente no campo da hipótese e se trata de ver qual hipótese é mais verossímil e mais fecunda em termos de convicções e de educação" (*Q 14*, 29, 1.687 [*CC*, 4, 124]). Enfim, o Texto C de *Q 1*, 25, notavelmente modificado, afirma: "Nem todos são Cuvier e, sobretudo, a 'sociologia' não pode ser comparada às ciências naturais. As generalizações arbitrárias e 'bizarras' são muito mais possíveis nela (e mais danosas para a vida prática)" (*Q 8*, 3, 2.327 [*CC*, 2, 159]). G. aqui pensa em Bukharin e na "sociologia marxista" (note-se no texto gramsciano "sociologia" entre aspas), um dos *idola* polêmicos dos *Q*.

Joseph A. Buttigieg

Ver: Bukharin; lorianismo/lorianos; positivismo; previsão; sociologia.

D

D'Annunzio, Gabriele

Na situação do pós-guerra, G. dedica atenção crítica (v., por exemplo, "La settimana politica" [A semana política], 4 de outubro de 1919, em *ON*, 230) a D'Annunzio e ao movimento de Fiume, tentando ainda, em vão, encontrar o "poeta-guerreiro" em abril de 1921, para procurar evitar a aproximação dos "legionários de Fiume" ao movimento fascista (Caprioglio, 1962). No *Q 6*, 129 [*CC*, 2, 144] (1930-1932), uma nota intitulada "A política de D'Annunzio" ("conceitos políticos reais, nem mesmo um: frases e emoções etc.": ibidem, 796 [*CC*, 2, 144]), a empreitada do "poeta" é considerada "uma das tentativas muito repetidas de literatos (Pascoli, mas talvez seja preciso recuar a Garibaldi) para promover um nacional-socialismo na Itália (ou seja, para conduzir as grandes massas à "ideia" nacional ou nacionalista-imperialista)" (ibidem, 797 [*CC*, 2, 145]). Mas, se pergunta G., "como se explica a relativa popularidade 'política' de G. D'Annunzio?". Pelas seguintes razões: "1º) o apoliticismo fundamental do povo italiano (especialmente da pequena burguesia e dos pequenos intelectuais) [...]; 2º) o fato de que não se encarnava no povo italiano nenhuma tradição de partido político de massa [...]; 3º) a situação do pós-guerra, na qual tais elementos se apresentavam multiplicados, porque, após quatro anos de guerra, dezenas de milhares de homens se tornaram moralmente e socialmente 'vagabundos', desenraizados" (*Q 9*, 141, 1.200-1 [*CC*, 2, 179-80]). E, ainda mais, um motivo "ligado a uma característica permanente do povo italiano: a admiração ingênua e fanática pela inteligência como tal, pelo homem inteligente como tal, que corresponde ao nacionalismo cultural dos italianos, talvez a única forma de chauvinismo popular na Itália" (ibidem, 1.201-2 [*CC*, 2, 180]). Definitivamente, uma tradução local do "Nietzsche/super-homem", em que, no entanto, "D'Annunzio tem acentuados traços folclóricos", mesmo se – reconhece G. – ele possui uma cultura "não ligada de modo imediato à mentalidade do romance de folhetim" (*Q 14*, 7, 1.661 [*CC*, 6, 232]).

Guido Liguori

Ver: apoliticismo/apoliticidade; Garibaldi; intelectuais italianos; literatura de folhetim; nacionalismo; Pascoli; pequena burguesia; questão nacional; super-homem.

Dante

Se a maturação do pensamento filosófico-político de G. e a preparação de uma instrumentação crítico-analítica para o exercício da condução da política passam, ao longo dos *Q*, através do confronto e da superação das categorias crocianas, as notas sobre o canto X do *Inferno* contidas no *Q 4* constituem uma interessante ocasião para lidar com a bem conhecida distinção entre "poesia" e "estrutura", elaborada por Croce nos volumes publicados pela Laterza, *La poesia di Dante*, de 1921, e *Poesia e non poesia*, de 1923. Ambos os ensaios fazem parte, juntamente com *Dante, Farinata, Cavalcanti* (Milão, Mondadori, 1927), do jornalista Vincenzo Morello, chamado Rastignac, de uma série de obras pedidas à cunhada Tania na carta de 17 de dezembro de 1928 (*LC*, 227 [*Cartas*, I, 304]), o que demonstra que a intenção de submeter a exame a estética crociana nasce já com uma precisa referência de aplicação ao canto X, e que ela já está bem formada na mente de G. muito antes de 1930, ano a que se podem atribuir as primeiras páginas do *Q 4*. Mesmo o pedido de "uma *Divina comédia* de baixo custo" aparece já na famosa carta do outono de 1926 endereçada à "gentilíssima senhora" Clara Passarge, sua hospedeira em Roma (*LC*, 3 [*Cartas*, I, 73]): uma carta nunca recuperada porque apreendida pela polícia e anexada aos atos processuais no Tribunal especial.

Já em 26 de agosto de 1929, recordando a Tatiana de lhe trazer o ensaio de Morello (na esperança de que o texto possa informá-lo sobre o mais recente debate crítico), diz a ela haver feito "uma pequena descoberta que [...] corrigiria em parte uma tese formulada de modo excessivamente absoluto por B. Croce sobre a *Divina comédia*" (*LC*, 280 [*Cartas*, I, 361]). O núcleo dessa intuição já está registrado na comparação entre a expressão da danação no episódio dos heréticos e a estética clássica da dor, assim como está atestada no ciclo das pinturas sobre Pompeia. É evidente que as observações que G. se propõe a elaborar encontram o próprio húmus nos cursos universitários turineses de literatura italiana e história da arte, respectivamente ministrados por Umberto Cosmo e Pietro Toesca, como confirmará a carta de 20 de setembro de 1931, na qual transmite à cunhada o esquema das notas esboçadas, com o objetivo de submetê-las à avaliação de Cosmo (*LC*, 465 [*Cartas*, II, 90]): a carta deve ser considerada o *terminus ante quem* de grande parte das notas sobre o canto X (*Q 4*, 78-85 [*CC*, 6, 17-27]), dado o costume, já documentado em outros lugares (v. *LC*, 536-8, a Tania, de 22 de fevereiro de 1932 [*Cartas*, II, 162]), de enviar aos próprios interlocutores um resumo racional apenas após ter vertido nas páginas dos *Q* as próprias reflexões, em tempos e modos geralmente descontínuos.

As notas restantes (*Q 4*, 86-8 [*CC*, 6, 28-30]) devem ser consideradas, por sua vez, próximas a março de 1932, quando G. recebe a resposta de Cosmo (copiada no *Q 4*, 86 [*CC*, 6, 28]) e mostra não possuir intenção de prosseguir com o esforço exegético (como, aliás, lhe sugeria o velho professor) e de considerar mais funcional ao próprio papel de representante "de um grupo social subalterno" a demonstração de saber "ridicularizar"*(caso excelente de metatextualidade, visto que a expressão é dantiana, de *Inferno*, canto XXV, verso 2) o tipo intelectual "rufião" do poder, encarnado por Morello (*Q 4*, 87, 529 [*CC*, 6, 29]). Um dos mais requintados intentos hermenêutico-literários da obra gramsciana é, assim, rapidamente resolvido no plano mais usual da disputa política e do afiamento das armas dialéticas. Todavia, as notas sobre o canto de Farinata e Cavalcanti, manuscritas entre 1930 e o verão de 1931, são interessantes se contextualizadas no âmbito dos estudos sobre Dante entre as duas guerras e relacionadas ao costume de considerar o canto X como o "canto de Farinata", reservando ao microepisódio de Cavalcanti (v. 52-72) um papel marginal e até de obstrução à compacidade "poética" da representação do "mais magnânimo": o parêntese cavalcantiano, antes, obrigaria a parábola de Farinata a sofrer uma declinação "estrutural" das explicações sobre a clarividência e a ignorância dos hereges.

G., por sua vez, demonstra persuasivamente como a cisão entre estrutura e poesia torna ineficaz a leitura desse canto e evita a necessária cooperação de uma e outra categoria ao pleno desenvolvimento do sentido. Invertendo a hierarquia tradicional entre os dois personagens do canto, G. faz de Cavalcanti o verdadeiro núcleo do episódio, enquanto no obscurecimento de seu intelecto e na indescritibilidade de sua dor reside a verdadeira natureza do contrapasso reservado aos epicuristas ("Cavalcanti é o punido do círculo. Ninguém observou que, se não se leva em conta o drama de Cavalcanti, não se vê *em ato*, neste círculo, o tormento do condenado": *Q 4*, 78, 517 [*CC*, 6, 17]), em que a presença de Farinata reveste-se quase da função de moldura, certamente não acessória, mas destinada eventualmente a ressaltar "dramaturgicamente", com sua imperturbabilidade, a paixão dolorosa do pai de Guido e, depois, a dar a indispensável justificação teórica ao equívoco no qual tinha caído o companheiro de pena. Sem a saída repentina de Cavalcante ("onde está meu filho? E por que não está contigo?", v. 60) e sua referência à sublimidade do gênio, de fato não colheríamos *em ato* o estado do herege condenado, forçado a ver punida a confiança cega no materialismo racional, através do suplício de uma mente tornada capaz de ler o futuro distante, mas expropriada das mais comuns faculdades de conhecimento do presente ou de previsão do futuro próximo. Assim a alma é obrigada a viver em um "cone de sombra" (*LC*, 466, a Tatiana, 17 de agosto de 1931 [*Cartas*, II, 70] e *Q 4*, 86, 528 [*CC*, 6, 28]), no qual a dolorosa memória do passado e a precisa clarividência

---

* No original, *far le fiche*; literalmente: "fazer figas". (N. T.)

do futuro – bem exemplificadas por Farinata – são significativamente compensadas por aquela ignorância do presente que, esculpida na máscara de Cavalcanti, reduz o estado dos hereges a uma condição inferior à humana.

Clímax trágico dessa cegueira intelectual é o pavor determinado pelo uso do tempo remoto na célebre resposta de Dante ("aquele que ali espera por aqui me guia/ a quem talvez vosso Guido desdenhou", v. 62-3): para G. "é sobre 'desdenhou' que cai o acento 'estético' e 'dramático' do verso, residindo nele a origem do drama de Cavalcanti, interpretado nas rubricas de Farinata" (*Q 4*, 82, 521 [*CC*, 6, 22]), enquanto é a definitiva manifestação de inferioridade do "gênio" herético, atestada pelo equívoco linguístico. Acreditando que a resposta contivesse a notícia da perda do filho, Cavalcanti cala-se e desaparece repentinamente da vista do peregrino. Se se leva em conta que, por questões cronológicas, G. não podia conhecer a lúcida observação de Erich Auerbach (Auerbach, 1929) sobre aquele silêncio como perfeita expressão da atitude herética – ou seja, de uma mente que, não acreditando na imortalidade da alma, não apenas chega a negar a evidência mesma do próprio ser da alma, mas também não sente a necessidade de fazer perguntas sobre o destino além-mundo do filho –, destaca-se então toda a agudeza das notas do *Q 4*, em referência à inversão da "racionalidade" em "paixão", e em uma paixão fúnebre que, como já na arte clássica (os exemplos adotados são aqueles da iconografia de Agamenon e de Medeia, ambos assassinos dos filhos), não pode ser representável. Haveria, assim, uma retórica das "renúncias descritivas" (como a definia Luigi Russo no *Leonardo* de agosto de 1927) não exclusiva do inefável celestial, mas característica também dos lugares de extrema dor no *Inferno*. Dante, segundo G., realçaria a inaceitabilidade da dor maior, aquela da perda do filho, truncando claramente o núcleo poético do canto e contrapondo-lhe a indiferença de Farinata ("de aspecto não mudou,/ de colo e busto imóvel persistia;/ e prosseguiu", com o que se segue: v. 74 ss.), expressão complementar do materialismo epicurista: a condição do pai de Guido é tão cegamente passional quanto cegamente impassível é a postura de seu sogro. Daí tem origem a sarcástica contestação da *lectura* de Morello que, por sua vez, tentava rastrear as razões da indiferença de Farinata em alegadas intenções colocadas além do "alcance da expressão literal" concretamente escrito, segundo "a mentalidade do homem do povo",

que completa a história com amplificações psicológicas e conjecturas históricas nada essenciais e amplamente arbitrárias (*Q 4*, 83, 522-6 [*CC*, 6, 22]). Ao contrário, permanecendo ancorado ao texto, G. enfatiza a necessidade "poética" do comportamento de Farinata Degli Uberti e de sua altivez explicativa nos v. 100-8, um e outro ligados ao episódio de Cavalcante como as "rubricas" à redação teatral: se aos diálogos é confiada a intensidade poética do drama, a rubrica no teatro moderno tem "uma importância essencial, enquanto limita o arbítrio do ator e do diretor", incorporando parcialmente a função dos monólogos do passado (*LC*, 469, a Tatiana, 20 de setembro de 1931 [*Cartas*, II, 90]). Cosmo observou de forma justa, em suas considerações epistolares enviadas de Turim em 29 de dezembro de 1931 (mas que chegaram a G. aproximadamente três meses depois, como demonstra o cotejamento entre uma carta de Tatiana de 16 de fevereiro de 1932 e a carta de 21 de março de 1932 [*Cartas*, II, 173], com um atraso que seria atribuível a Piero Sraffa, encarregado da mediação epistolar), que a interpretação de G., embora seja capaz de demonstrar que "também a estrutura da obra tem valor de poesia", é de certo modo filha, ela própria, da lição crociana, a partir do momento que não anula, mas refunccionaliza a dicotomia entre poesia e estrutura: coisa que não foge à crítica gramsciana mais cautelosa.

Passou despercebido, por sua vez, que, enquanto nas *LC* e nos *Q 10-29*, posteriores a 1932, as referências a Dante não estão ausentes, mas são sempre mais esporádicas e de interesse marginal, os *Q 5-9*, contemporâneos ou pouco posteriores às notas sobre o canto X, revelam grande quantidade de referências dantianas, quase como se as reflexões exegéticas recordadas até aqui e o hábito da leitura da *Comédia* (e em parte, também, das obras menores) tivessem feito de Dante um ponto de interrogação constante para o pensador sardo. É ilustrativa, no *Q 5*, 85 [*CC*, 2, 127], a aproximação do poeta a Maquiavel, enquanto promotor daquela corrente laica da literatura política italiana que culmina na visão – própria do secretário florentino, mas ancorada em uma "linguagem medieval" – "da Igreja como problema nacional negativo" (ibidem, 614-5). No *Q 6*, 85 [*CC*, 5, 250], por sua vez, se faz mais explícita a afirmação de uma distância entre o "novo gibelinismo" de Dante, utopia de "um vencido da guerra de classes", e o *Príncipe* de Maquiavel, primeira formulação autônoma das questões estatais postas pela modernidade (ibidem, 759-60). O caráter ambíguo da função intelectual representada por Dante liga-se ainda uma vez a uma reflexão de Croce a propósito do esgotamento dos temas literários que se produz quando se pretende gerar, por "partenogênese", a poesia da poesia, sem "a intervenção do elemento viril, daquilo que é real, passional, prático, moral" (Croce, *Troppa filosofia*, 1922, citado por G. no *Q 6*, 64, 733 [*CC*, 6, 194]). Aqui, G. traduz a questão nos termos clássicos do materialismo histórico: as superestruturas artísticas, de fato, não podem gerar-se por si mesmas, senão como formas epigônicas de uma cultura conservadora, ao passo que, em contato com o elemento vivo da "história", elas produzem aquelas obras-primas a que se remetem as novas relações sociais. A *Comédia*, a este propósito, assume o caráter extraordinário de obra de transição, montada sobre o "velho" e o "novo homem", síntese suprema de um sistema cultural pertencente ao passado e colocado em crise pela anarquia comunal ("canto do cisne medieval"), e antecipação de uma nova função intelectual de tipo humanista (ibidem, 733-4).

Essa intuição é depois desenvolvida no *Q 7*, 68, 904-7 [*CC*, 2, 155] à margem da resenha de Arezio para o livro de Toffanin, de 1929, publicada na *Nova antologia* de 1º de julho de 1930. Partindo da reversão da equação burckhardtiana entre humanismo e laicidade, G. distingue, numa noção mais inclusiva de Renascimento (que, embora com variações geográficas, diz respeito à Europa do fim do século XI ao século XVI: *Q 5*, 123 [*CC*, 5, 225]), uma fase comunal, coincidente na Itália com os séculos XII-XIII e conotada por uma instância revolucionária, burguesa e antifeudal, de uma fase humanista-latina, característica dos séculos XIV-XV, na qual a reação à crise das instituições comunais assume uma direção neoaristocrática, seja nas formas estatais, seja na relação entre intelectuais e massas. As comunas são vistas aqui como força progressista e constitutivamente "*herege*", porque portadoras, no plano político, de uma desorganização, ao mesmo tempo, da unidade imperial e da hegemonia pontifícia e, no plano cultural, da independência do classicismo e da promoção literária da língua vulgar. O humanismo, ao contrário, acompanha a transformação da alta burguesia empreendedora em proprietários agrários e o enrijecimento dos impulsos democráticos nas formas do senhorio, através de uma cultura educada para o respeito da *auctoritas* literária e religiosa que apresenta "uma afinidade não superficial com a *Escolástica*". Ora, parece particularmente interessante notar que G. distingue em Guido Cavalcanti o expoente máximo daquela intelectualidade comunal "herege" que havia colocado a exigência do abandono de Virgílio e dos "*estudos liberais*", segundo uma linha de desenvolvimento da civilização que será retomada apenas por Maquiavel e pela Reforma; enquanto Dante aparece nessa mesma página em sua habitual posição de homem da crise, por um lado, fundador daquele ilustre vernáculo que se tornará o primeiro fundamento da identidade nacional italiana (tema sobre o qual convergem também as páginas do *Q 6*, 78 [*CC*, 5, 246] e, mais tarde, em 1935, também as do *Q 29*, 7 [*CC*, 6, 149]), por outro lado, teórico de uma solução politicamente autoritária e culturalmente elitista, da qual G. tinha em mente, provavelmente, sobretudo a *Monarchia* e o *Paradiso*. Não pode escapar, a esse ponto, a sugestão oferecida a nosso autor justamente por aquele canto X do *Inferno*, em cuja leitura estava então imerso e, em particular, por uma possível interpretação do célebre v. 63 ("a quem vosso Guido desdenhou"): no *Q 4*, 82 [*CC*, 6, 21], de fato, G. não tinha mostrado nenhuma dúvida ao identificar o "a quem" com Virgílio (hipótese hoje muito menos considerada em relação à que defende se referir a Deus ou, sobretudo, a Beatrice), acolhendo a nota explicativa que encontrava na modesta, mas muito prática, edição de bolso da *Comédia* de que dispunha (é ainda a *LC*, 469, a Tatiana, de 20 de setembro de 1931 [*Cartas*, II, 90] que o testemunha), mas reelaborando em chave histórico-cultural a explicação moral ali fornecida por Raffaello Fornaciari. O desdém de Guido por Virgílio não teria sido o de um epicurista entendido como "a razão natural submetida à fé", mas a expressão de uma vontade de "*descontinuidade histórica*" (*Q 7*, 68, 905 [*CC*, 2, 155]) com relação ao mundo clássico, cujo resgate (moral, político, estilístico) é, por sua vez, invocado por Dante.

BIBLIOGRAFIA: ANGLANI, 1969 e 1999, p. 139-47; DEL SASSO, 1958; GARBOLI, 1952, p. 34-5; MARTINELLI, 1966 e 1971.

DANIELE MARIA PEGORARI

Ver: burguesia comunal; comunas medievais; Croce; drama; Maquiavel; superestrutura/superestruturas.

De Man, Henri

O nome do político e intelectual belga aparece nos *Q* em contextos conceituais muito diversos, mas invariavelmente em chave negativa, até tornar-se símbolo quase antonomástico de uma posição teórica e cultural absolutamente infundada. Se seu livro *Au-delà du marxisme* [Além do marxismo] (1927) tinha sido interpretado como um emblemático "repúdio" do marxismo, no *Q 11*, 70, 1.508 [*CC*, 1, 224] G. tenta contextualizar tal antimarxismo, colocando-o no âmbito da corrente revisionista daqueles que, à procura de um sistema filosófico que, de qualquer forma, "contivesse" o marxismo, tinham tentado "ligar a filosofia da práxis ao kantismo ou a outras tendências filosóficas não positivistas e não materialistas", numa ampla gama de opções entre as quais se encontrava exatamente "a tendência freudiana de De Man" (idem, o Texto A é *Q 3*, 31, 309). No *Q 3*, 48, 329 [*CC*, 3, 194-5] o belga é visto como exaltador da "espontaneidade": atento observador dos mais variados e autênticos elementos da psicologia do operário, ele está inclinado a exaltá-los enquanto tais, contrapondo-os incongruentemente a toda forma de ulterior aquisição de conhecimento ou de consciência de classe. Nesse entusiasmo De Man é semelhante àqueles, mais "precisamente os admiradores do folclore, que sustentam sua conservação, os 'bruxos' ligados a Maeterlinck": uma posição intimamente retrógrada e também um caso de "teratologia intelectual" (idem). Com frequência De Man é comparado a Sorel e a Proudhon, sempre para sublinhar como o perfil teórico-político do belga é claramente inferior. No *Q 4*, 31, 450-1 se fala de um comportamento "pedante", ou de uma postura "cientificista" de quem observa o povo apenas para dele "'teorizar' os sentimentos, para construir esquemas pseudocientíficos a seu respeito". Outras vezes G. analisa e redimensiona as premissas culturais e os instrumentos metodológicos próprios de De Man, com particular referência a seu psicanalismo exterior, voltado em direção antimarxista (*Q 10* II, 26, 1.264 [*CC*, 1, 334]).

No *Q 11*, 25, 1.430 [*CC*, 1, 146] (que retoma o Texto A de *Q 7*, 6, 856) G. empenha-se, por sua vez, em refutar uma eventual redução da filosofia da práxis à sociologia (com extensão da estatística para a esfera da política), opondo a tal redução a perspectiva de uma mais profícua "ciência da política". E em tal ótica particular, a operação cultural realizada por De Man parece surgir como um tipo de oportunidade perdida: se é verdade, de fato, que ele insiste apropriadamente em uma aproximação totalmente empírica e não estatística aos "sentimentos reais", é também verdade, no entanto, que por último também ele, por conta de seu escasso rigor metodológico, "terminou por criar uma nova lei estatística e [...] uma nova sociologia abstrata" (ibidem, 1.431). Ainda no *Q 7*, 32, 880-1 [*CC*, 1, 240], partindo de um artigo de Arturo Masoero, aventa-se a hipótese de que De Man derivaria grande parte das próprias ideias do economista americano Thorstein Veblen, o qual, por sua vez, desejando introduzir o evolucionismo na ciência econômica, tinha emprestado diversos conceitos do positivismo de Comte e Spencer: bem, justamente dessa linha teórica seriam derivadas, em De Man, as ideias grosseiras (e no entanto decisivamente úteis em direção antimarxista, como havia bem intuído Croce) de um "instinto criador" e de um "animismo operário" (G. observa que o belga havia tratado amplamente dessas ideias em seu livro-investigação *La gioia del lavoro* [O prazer do trabalho]).

A nota em que G. enfrenta de maneira direta (e global) o núcleo problemático ligado à obra de De Man é *Q 11*, 66, 1.500-1 [*CC*, 1, 210], um Texto C no qual são reelaborados pontos precedentes e, sobretudo, se realiza a refutação daquela específica ideia de "superação do marxismo" que caracterizava o pensamento de De Man e que por toda parte era levada a sério. G. concede ao belga o mérito de ser portador, mas apenas no nível abstrato das intenções, de uma exigência compartilhável: de fundamentar todo discurso político a partir de um reconhecimento direto e mais documentado possível dos sentimentos, estados de ânimo e pontos de vista, até o ponto de reivindicar uma renovada centralidade aos "chamados 'valores psicológicos e éticos' do movimento operário" (ibidem, 1.501 [*CC*, 1, 217]). Nesse ponto, porém, ocorria que De Man, tendo verificado como a constelação psicológica dos indivíduos trabalhadores no presente não estava ainda completamente alinhada com uma *Weltanschauung* marxista, deduzia daí, arbitrariamente, a própria insuficiência do marxismo. Não era assim para G., que observava com sarcasmo a falta de fundamento dos procedimentos lógicos do belga: "Isso seria como afirmar que o fato de deixar claro que a grande maioria dos homens ainda se encontra na fase ptolomaica signifique refutar as doutrinas de Copérnico" (idem). Em outras palavras, com sua concepção do dado psicológico real como um dado "eterno" e absolutamente não passível de modificação, De Man chegava a uma visão politicamente imobilista. Ao contrário, "a tarefa de toda iniciativa histórica é modificar as fases culturais precedentes, tornar a cultura homogênea em um nível superior ao precedente etc. Na realidade, a filosofia da práxis trabalhou sempre naquele terreno que De Man acredita ter descoberto, mas trabalhou buscando inová-lo" (idem). Segue-se daí que "a 'descoberta' de De Man é um lugar-comum, e sua refutação, uma ruminação pouco saborosa" (idem). Portanto, a partir do problema específico do revisionismo e de suas diferentes estratégias, o prolongado confronto de G. com o belga tendia a se destacar em um contexto ideal sempre mais amplo: demonstração disso é a presença de seu nome em uma nota de primeira importância (*Q 11*, 67, 1.505 [*CC*, 1, 221]), na qual G. formulava a necessidade, para o intelectual novo, de superar "o erro do intelectual", que é o de acreditar "que se possa *saber* sem compreender e especialmente sem sentir e estar apaixonado". Pois bem, o típico portador de tal "erro" era justamente o "pedante" De Man, o qual "'estuda' os sentimentos populares, não concorda com eles para dirigi-los e conduzi-los a uma catarse de civilização moderna" (ibidem, 1.506 [*CC*, 1, 222]).

Numa outra série de ocorrências G. investiga os traços específicos próprios da recepção italiana da obra de De Man. No *Q 11*, 66, 1.502 [*CC*, 1, 218] se afirma que exatamente seu "conservadorismo" (consistente na mencionada visão do dado psicológico popular como um dado imóvel, não modificável) teria determinado "o discreto sucesso de De Man, inclusive na Itália, pelo menos em certos ambientes (notadamente no ambiente crociano-revisionista e no católico)". Mas, em tal perspectiva, o nome de De Man estava indissoluvelmente ligado ao de Croce, que tinha patrocinado a tradução italiana de seu livro (feita em 1929, com o título de *Il superamento del marxismo* [A superação do marxismo]) e havia escrito sobre ele na *Critica* em termos bastante lisonjeiros. No *Q 10* I, 11, 1.234 [*CC*, 1, 303] aparece proposta uma hipótese acerca da verdadeira natureza de tal interesse crociano em relação ao "mediocríssimo" De Man (não por acaso estamos bem perto da passagem da explícita declaração da necessidade histórica de um "*anti-Croce*"): esse interesse constituiria, definitivamente, uma das provas mais decisivas para demonstrar como, no âmbito da "biografia científica" (*Q 10* I, 3, 1.214 [*CC*, 1, 286]) e do magistério crociano a partir do pós-guerra era absolutamente preeminente a necessidade de conter e liquidar o materialismo histórico: para o que Croce "na sua luta recorre a aliados paradoxais, como o mediocríssimo De Man" (*Q 10* I, 11, 1.234 [*CC*, 1, 303]). Não apenas isso. Como é sabido, para G. a eficiência cultural do filósofo neoidealista podia gabar-se também de um lado propriamente prático, bem acentuado de forma a constituir uma bem precisa ação hegemônica: era precisamente aqui que a promoção crociana do livro de De Man, em si mesma absolutamente suspeita, colocava-se de forma estratégica: no *Q 10* II, 26, 1.264 [*CC*, 1, 334] afirma-se que os "juízos de Croce sobre o livro de De Man, *A superação do marxismo*, mostram que na atitude de Croce, atualmente, o elemento 'prático' imediato predomina sobre a preocupação e os interesses teóricos e científicos".

Domenico Mezzina

Ver: ciência da política; Croce; espontaneidade; filosofia da práxis; Freud; marxismo; paixão; positivismo; Proudhon; psicanálise; revisionismo; sociologia; Sorel; teratologia.

De Sanctis, Francesco

Para G., Francesco De Sanctis é um ponto de referência determinante desde os anos de Turim. Como crítico (na comemoração de Renato Serra no *Grido del Popolo*, em 20 de novembro de 1915, G. o define "o maior crítico que a Europa já teve": "La luce che si è spenta" [A luz que se apagou], em *CT*, 23), mas sobretudo como exemplo de um modo diferente, antiacadêmico e profundamente humano, de ser intelectual. Elogia nele em particular a capacidade de "reaproximar a poesia da vida, dos homens, também daqueles mais simples" e de conduzir desse modo uma verdadeira e própria revolução no asfixiante mundo da cultura acadêmica: "A poesia se tinha tornado privativa dos professores: Dante, por exemplo, se tinha trans-humanizado ou seus livros se apresentavam rodeados por cercas de espinhos eruditos e de sentinelas que gritavam 'quem vem lá?' a todo profano que ousasse se aproximar demais; assim se formou na maioria a convicção de que Dante fosse como uma torre impenetrável aos não iniciados. De Sanctis não é desses: [...] ao contrário, se vê uma face apequenada, se vê um humilde retirar-se para trás quase apavorado por muito ousar, aproxima-se dele, quase o pega pelo braço, com uma efusão totalmente napolitana, o guia, e diz-lhe: 'Vê, aquilo que acreditava ser difícil não o é, ou não vale a pena ser lido; salta estas sebes, deixa que outras mandíbulas sangrem as gengivas a roer estes cardos'" (ibidem, 24). Uma admiração e uma consciência desenvolvidas nos bancos da universidade graças aos ensinamentos de jovens professores como Umberto Cosmo. Como G. explica em um artigo de 29 de dezembro de 1916, "de sua juventude universitária" recordava "com mais intensidade aqueles cursos cujos professores o fizeram sentir o trabalho de pesquisa através dos séculos para levar à perfeição o método de pesquisa". E entre esses cursos ele elencava também aqueles de filologia, nos quais o docente se esforçava para que os alunos compreendessem como se tinha chegado ao método histórico e como, por exemplo, "os critérios e as convicções que guiavam Francesco De Sanctis ao escrever a sua história da literatura italiana não eram senão que as verdades viessem se afirmando através de fatigantes experiências e pesquisas, que liberassem os espíritos dos entulhos sentimentais e retóricos que, no passado, tinham poluído os estudos de literatura" ("L'università popolare" [A universidade popular], em *CT*, 674-5). No método desanctiano e em seu conceito de realismo se inspiram, além do mais, grande parte das crônicas teatrais gramscianas. O realismo possui para G., de fato, como possuía para De Sanctis, um evidente valor político: é a expressão da relação que deve ligar a arte à vida e, ao mesmo tempo, a confirmação de que a arte pode acolher e representar aspectos e conflitos da realidade que podem ajudar a iluminar suas dinâmicas históricas e sociais, oferecendo, dessa forma, ao leitor ou espectador, um importante instrumento de conhecimento e de reflexão sobre essa mesma realidade. O que é certo é que G. desde o período de Turim demonstra possuir um conhecimento acurado da maior parte dos ensaios críticos de De Sanctis, de alguns dos quais, como "Lezioni dantesche" [Lições de Dante], "L'Ebreo di Verona" [O judeu de Verona], "L'uomo del Guicciardini" [O homem de Guicciardini], "La Scienza e la Vita" [A ciência e a vida], continuará a extrair, durante toda a sua vida, estímulos para o desenvolvimento de alguns importantes temas de sua reflexão. Igualmente familiarizado devia estar com a *Storia della letteratura* [História da literatura], da qual durante a guerra tinha publicado fragmentos significativos nas páginas do *Grido del Popolo* e que não considerava um manual, mas "uma história da civilização italiana", como se pode deduzir de uma carta a Tania na qual, entre os livros que G. sugere enviar a Giulia para que possa desenvolver seu conhecimento da cultura italiana está justamente aquela história extraordinária (*LC*, 611, 5 de setembro de 1932 [*Cartas*, II, 235]). Não surpreende, portanto, que entre os pouquíssimos livros de sua propriedade, dos quais G. pode dispor no cárcere de San Vittore de Milão e que declara percorrer "continuamente" e "estudar", estejam justamente a *Storia dela letteratura italiana* e os *Saggi critici* [Ensaios críticos] de Francesco De Sanctis (*LC*, 87-8, a Tania, 23 de maio de 1927 [*Cartas*, I, 157]).

É fora de dúvida que a figura de De Sanctis possui um relevo exemplar também nos *Q*, mas essa afirmação requer algumas precisões preliminares. Por muitos anos, na verdade, em razão também do sucesso obtido nos anos 1950 pelo volume das notas literárias dos *Q* na edição temática *Letteratura e vita nazionale* [Literatura e vida nacional], na qual se tendia a reconhecer o núcleo mais original do pensamento gramsciano, G. foi considerado, sobretudo, herdeiro de Francesco De Sanctis, o crítico cuja lição ele havia retomado e enriquecido; interpretação que favoreceu e alimentou uma leitura da relação De Sanctis-G. mais funcional às aspirações democráticas da cultura progressista pós-resistência do que à compreensão do projeto político e cultural de G. Deve-se observar que a atenção que G. dedica, nos anos de cárcere, às questões desanctianas encontra estímulo e explicação, por sua vez, numa batalha bem mais avançada e revolucionária: a batalha política que G. conduz para afirmar uma nova e superior forma de civilização integral, em condições de unificar todo o gênero humano. Aquela atenção se coloca, além do mais, num contexto cultural preciso: o do debate que, a partir de 1925, mas sobretudo nos anos 1928-1933, agita as águas da cultura italiana em nome da demanda, interna à cultura idealista, de um maior realismo, demanda que entre suas palavras de ordem continha, e não por acaso, a fórmula gentiliana "retornemos a De Sanctis". Apesar do isolamento em que o cárcere o forçava, G. seguia com grande interesse, nas páginas das revistas literárias que recebia e podia consultar na própria cela, o debate iniciado por Luigi Russo com seus artigos em *Leonardo* e com a publicação, em 1928, do volume *Francesco De Sanctis e la cultura napolitana 1860-1885* e as polêmicas sobre o realismo provocadas, sempre em 1928, pelos artigos de Francesco Perri na *Fiera letteraria*. Interrogava-se sobre as intolerâncias, que serpenteavam entre os mesmos crocianos, em relação ao formalismo abstrato, procurava compreender onde levava aquela vontade de retornar às obras de De Sanctis, de estudar seus aspectos menos conhecidos ou negligenciados, e observava com simpatia a obra de quem havia pretendido colocar no centro dessa renovada atenção o nexo entre a reflexão estética e a atividade política de De Sanctis, como G. entendia que Luigi Russo havia feito em seu recentíssimo volume. Mas se os termos e os conceitos dessa polêmica podiam remeter àqueles do comprometimento desanctiano, G. sabia que, naqueles anos, para grande parte dos intelectuais italianos, o problema permanecia sendo o de confirmar a natureza fundamentalmente espiritual da literatura e o caráter preeminentemente formal ou, no máximo, ético, da função crítica. Desse ponto de vista é interessante a observação a respeito das posições de Borgese, culpado de não compreender por que De Sanctis demandava que a nossa literatura, em sua opinião já tão rica de obras-primas, se renovasse: "É interessante observar que De Sanctis é progressista ainda hoje, quando comparado com os muitos Borgeses da crítica atual" (*Q 6*, 44, 720 [*CC*, 6, 189-90]). Confrontadas com esse debate e com seu significado político, as notas gramscianas sobre De Sanctis lhe constituem uma resposta, ou melhor, uma explícita tomada de distância, à medida que são inseridas naquela reconstrução da história dos intelectuais que constitui a espinha dorsal dos *Q* e a verdadeira unidade de medida para julgar funções e valores das várias escolhas intelectuais.

Mas G. se preocupa em manter distância também de quem, entre os escritores e os críticos próximos ao materialismo histórico, acreditava poder esgotar o problema da relação artística limitando-se a descrever o que um artista representa de determinado ambiente social. A esse propósito, G. se preocupa em esclarecer que, para os objetivos do materialismo histórico, o problema não é o do juízo nem o do método crítico, mas o da "luta por uma nova cultura", tendo plena consciência de que a "crítica do costume", a "luta para destruir certas correntes de sentimentos e crenças e pontos de vista, para criar e suscitar outros", é coisa diferente da "crítica artística". É nesses termos, portanto, que G. pode reiterar todo seu apreço pela crítica desanctiana: "A crítica de De Sanctis é militante, não é frigidamente estética: é própria de um período de luta cultural; as análises de conteúdo, a crítica da 'estrutura' das obras, ou seja, também da coerência lógica e histórica-atual das massas de sentimentos representados estão ligadas a essa luta cultural: nisto me parece consistir a profunda humanidade e humanismo de De Sanctis, que o torna aprazível ainda hoje; agrada sentir nele o fervor apaixonado do homem que toma partido, que possui rigorosas convicções morais e políticas e não as esconde, nem as tenta esconder" (*Q 4*, 5, 426). Também a citadíssima afirmação "o tipo de crítica literária própria

do materialismo histórico é oferecido por De Sanctis, não por Croce, ou por qualquer outro (menos do que nunca por Carducci): luta pela cultura, isto é, novo humanismo, crítica do costume e dos sentimentos, fervor apaixonado, mesmo que sob forma de sarcasmo" (idem) encontra nesta ordem de considerações sua motivação mais profunda.

A exemplaridade de De Sanctis está fortemente ligada, aliás, nesta fase da reflexão gramsciana, também graças a sugestões a ele fornecidas pelo trabalho de Luigi Russo, ao reconhecimento da importância de sua luta "para a criação, *ex nuovo* na Itália, de uma alta cultura nacional, em oposição às velharias de todo tipo, retórica e jesuitismo" (idem). É inegável, portanto, que nesses anos De Sanctis personifique, aos olhos de G., o intelectual que havia conseguido dar à cultura italiana uma "direção nacional-popular", isto é, um intelectual que, embora de posições burguesas, tinha "sentido fortemente o contraste Reforma-Renascimento, ou seja, justamente o contraste entre vida e ciência que havia na tradição italiana como uma fraqueza da estrutura nacional-estatal" (*Q 9*, 42, 1.122) e buscou reagir contra ele, afastando-se do "idealismo especulativo" e aproximando-se do "positivismo e do verismo em literatura" (idem), com a esperança de unificar, em torno desses princípios, toda a classe culta italiana. Um intelectual que possuía o mérito, aliás, de ter colocado, com o ensaio "La Scienza e la Vita", "a questão da unidade entre teoria e prática" (*Q 7*, 31, 880 [*CC*, 6, 208]) e de ter sido, ao mesmo tempo, um grande intelectual e um grande homem político. Esse reconhecimento não deve ser confundido, porém, com uma identificação acrítica de G. com De Sanctis, nem com a atribuição do valor de um modelo absoluto a seu método histórico, como ocorreu em muitos aspectos na fase pós-resistência. O reconhecimento da grandeza e da exemplaridade "nacional" da figura intelectual de De Sanctis possui os méritos e os limites do significado que G. atribui ao próprio termo "nacional": "Pode-se [...] dizer que um tipo é 'nacional' quando é contemporâneo de um determinado nível mundial (ou europeu) de cultura e, é evidente, alcançou esse nível. Neste sentido [...] era nacional [...] De Sanctis na crítica literária" (*Q 14*, 7, 1.660 [*CC*, 6, 232]).

Se G. não renega a distinção entre crítica cultural e crítica artística, diante da persistente impopularidade e da caligrafia asséptica da literatura italiana contemporânea, começa a se perguntar se a própria crítica cultural não podia contribuir, por sua vez, para identificar e avaliar, em uma base menos estreita e abstrata, o valor de uma obra literária. "Admitido o princípio de que, na obra de arte, deva se buscar somente o caráter artístico, não se exclui de modo algum a investigação de qual seja a massa de sentimentos, de qual seja a atitude diante da vida que circula na própria obra de arte [...]. O que se exclui é que uma obra seja bela por seu conteúdo moral e político, mas não por sua forma, na qual o conteúdo abstrato se fundiu e identificou". Invertendo o raciocínio crítico anterior G. se pergunta se o fracasso artístico não pode, paradoxalmente, depender da intrusão de "preocupações práticas exteriores, isto é, postiças e insinceras", dado que uma nova arte poderá nascer apenas "se o mundo cultural pelo qual se luta é um fato vivo e necessário". Apenas nesse caso "sua expansividade será irresistível" e "ele encontrará seus artistas. Mas se, apesar da pressão, esta irresistibilidade não se vê e não opera, isso significa que se tratava de um mundo fictício e postiço, elucubração retórica de medíocres que se lamentam de que os homens de maior envergadura não estejam de acordo com eles" (*Q 15*, 38, 1.793-4 [*CC*, 6, 260-1]). De De Sanctis G. tirava, então, mais que uma lição de método crítico, uma lição política: a de uma batalha político-cultural que coloca em questão o próprio conceito de cultura. Não é por acaso que a última nota dedicada por G. a De Sanctis nos cadernos miscelâneos coloque explicitamente a questão que pairava implícita em muitas das notas de tema desanctiano: "O que significa a palavra de ordem de Giovanni Gentile: 'voltemos a De Sanctis!'? E o que pode e deveria significar?". Relembrando a passagem de De Sanctis pela esquerda parlamentar, "seu temor de uma retomada reacionária", seu juízo "'falta a fibra porque falta a fé. E falta a fé porque falta a cultura'", G. sente o dever de precisar que "cultura", nesse caso, significa "'uma concepção de vida e de homem', coerente e unitária, e de difusão nacional, ou seja, uma 'filosofia' tornada justamente 'cultura', ou seja, que gerou uma ética, um modo de viver, uma conduta civil e individual" (*Q 17*, 38, 1.941). Apenas desse ponto de vista, para G., a lição de De Sanctis podia considerar-se, ainda, atual.

Um esclarecimento que se torna ainda mais explícito e significativo na transcrição da nota no *Q 23*. Ali G. se preocupa em esclarecer preliminarmente que voltar a De Sanctis não "significa 'voltar' mecanicamente aos conceitos desenvolvidos por De Sanctis sobre arte e literatura", nem "significa assumir diante da arte e da vida uma atitude similar à assumida por De Sanctis em sua época" – para G. os objetivos político-culturais do liberal revolucionário não teriam podido nunca corresponder àqueles do revolucionário comunista –, mas compreender "que atitude lhe corresponde hoje, isto é, que interesses intelectuais e morais correspondem hoje aos que dominaram a atividade de De Sanctis e lhe imprimiram uma determinada direção" (*Q 23*, 1, 2.185 [*CC*, 6, 63]). G. esclarece assim que, aos seus olhos, o verdadeiro mérito de De Sanctis era o de ter compreendido que "o advento de grandes massas operárias por causa do desenvolvimento da grande indústria urbana" (idem) "exigia [...] uma nova atitude em face das classes populares, um novo conceito do que é 'nacional', diverso daquele da direita histórica, mais amplo, menos exclusivista, menos 'policial', por assim dizer" (ibidem, 2.186 [*CC*, 6, 64]). E bastaria o comentário que conclui a nota para confirmar a importância de que, para G., se reveste esta maior disponibilidade política com relação às classes populares, esta forma particular de se dirigir ao povo: "É este lado da atividade de De Sanctis que deveria ser esclarecido" (idem). G., dessa forma, acerta as contas com De Sanctis atribuindo à relação privilegiada que tinha mantido com sua lição desde a juventude um valor emblemático para seu projeto político-cultural. Mais do que como mestre de crítica literária, De Sanctis adquire relevância nos *Q*, na verdade, como promotor daquele processo de unificação nacional da classe intelectual que sempre faltou, e continuava ausente, na Itália.

Bibliografia: Dombroski, 1989; Gerratana, 1952; Longo, 1992; Muscetta, 1991; Petronio, 1969; Stipcevic, 1968.

Marina Paladini Musitelli

Ver: arte; Croce; cultura; estética; intelectuais; intelectuais italianos; literatura artística; nacional-popular; poesia; teatro.

demagogia

G. distingue dois significados, ambos políticos, contidos no uso corrente do termo. "La demagogia" é o título da nota *Q 1*, 119, em que G. se preocupa em observar como "é necessário entender-se sobre a palavra e sobre o conceito de demagogia". Contra quem sustenta que os homens do *Risorgimento*, embora não conseguindo realizar a unidade da Itália como queriam, não foram demagogos, G. rebate que "na realidade [...] os homens do *Risorgimento* foram grandes demagogos: eles fizeram do povo-nação um instrumento, degradando-o, e nisto consiste a [o regime parlamentar – ndr] não seja criticado pelo fato de que a racionalidade historicista do consenso numérico é sistematicamente falsificada pela influência da riqueza") e afirma que em um "sistema representativo, mesmo não parlamentarista e não formado segundo os padrões da democracia formal [...] o consenso não tem no momento do voto uma fase final, muito ao contrário. Supõe-se o consenso permanentemente ativo [...]. Já que as eleições se baseiam não em programas genéricos e vagos, mas de trabalho concreto imediato, quem consente empenha-se em fazer algo mais do que o cidadão legal comum para realizar tais programas, isto é, em ser uma vanguarda de trabalho ativo e responsável" (ibidem, 1.625-6 [*CC*, 3, 83]). É clara a adesão gramsciana a essa tipologia de democracia, "alternativa" àquela democrático-parlamentar.

A democracia parlamentar que se afirmara nos últimos decênios do século XIX demonstrou-se, rapidamente, muito aquém de suas próprias promessas, especialmente na Itália da época da esquerda histórica e, depois, do giolittismo. Mas o juízo crítico gramsciano é mais geral: numa carta à cunhada Tania de 18 de maio de 1931, G. refere-se *en passant* à experiência do "desastre da democracia política" feita nos primeiros lustros do século XX por "nós, ocidentais" (*LC*, 420 [*Cartas*, II, 47]). Que a "democracia política" seja um "desastre" é, de resto, o que pensa boa parte da cultura na qual se formara o jovem G. – o elitismo de Mosca e Pareto em primeiro lugar, mas também Croce, Prezzolini e muitos outros. Nos escritos do cárcere, G. mostra ter valorizado as críticas fundamentais do elitismo com relação aos limites da democracia parlamentar, mas não renunciado à pesquisa de uma relação diferente e mais satisfatória entre governantes e governados, ou de uma forma mais alta e plena da democracia, pois com certeza há "formas 'democráticas' mais substanciais que o corrente 'democratismo' formal" (*Q 6*, 168, 820 [*CC*, 6, 202]). O que também possui ricas implicações no plano da organização pedagógica: "A tendência democrática, intrinsecamente, não pode significar apenas que um operário manual se torne qualificado, mas que cada 'cidadão' possa tornar-se 'governante' e que a sociedade o ponha, ainda que 'abstratamente', nas condições gerais de poder fazê-lo: a 'democracia política' tende a fazer coincidir governantes e governados, assegurando a cada governado o aprendizado mais ou menos gratuito da preparação 'técnica' geral necessária. Mas na realidade, o tipo de escola que impera na prática mostra que se trata de uma ilusão verbal" (*Q 4*, 55, 501-2). O problema é justamente como fazer tornar-se concreto (e não apenas no plano escolástico) aquele "abstrato" direito ao autogoverno.

A democracia tornou-se o terreno específico da luta de classes no Ocidente: "A estrutura maciça das democracias modernas, seja como organizações estatais, seja como conjunto de associações na vida civil, constitui para a arte política algo similar às 'trincheiras' e às fortificações permanentes da frente de combate na guerra de posição: faz com que seja apenas 'parcial' o elemento de movimento que antes constituía 'toda' a guerra etc." (*Q 13*, 7, 1.567 [*CC*, 3, 24]). "O exercício 'normal' da hegemonia no terreno tornado clássico do regime parlamentar é caracterizado por uma combinação da força e do consenso, que se equilibram" (*Q 1*, 48, 59). G. desmonta a concepção da "soberania popular [...] que se exerce uma vez a cada três, quatro ou cinco anos: [porque – ndr] basta o predomínio ideológico (ou melhor, emotivo) naquele dia determinado para ter uma maioria que dominará por três, quatro ou cinco anos, ainda que, passada a emoção, a massa eleitoral se separe de sua expressão legal" (*Q 7*, 103, 929 [*CC*, 3, 270]). Tal orientação artificial da opinião pública é conseguida – já observa o comunista sardo – por meio dos *mass media* e dos "persuasores ocultos", naquele tempo representados pelo rádio e pela imprensa popular (idem).

Na nota intitulada "Hegemonia e democracia", G. escreve: "Entre os muitos significados de democracia, parece-me que o mais realista e concreto se possa deduzir em conexão com o conceito de hegemonia. No sistema hegemônico, existe democracia entre o grupo dirigente e os grupos dirigidos na medida em que o desenvolvimento da economia e, por conseguinte, a legislação que expressa esse desenvolvimento favorecem a passagem molecular dos grupos dirigidos para o grupo dirigente" (*Q 8*, 191, 1.056 [*CC*, 3, 287]). De democracia é, portanto, dada uma definição de "renovação orgânica" do grupo dirigente, além de profícua atividade de "direção" dos grupos aliados. Não encontra espaço nenhuma definição formalista-procedimental, mas confirma-se a atenção para as relações reais entre dirigentes e dirigidos.

Em definitivo, pode-se afirmar que G. permanece desconfiado em relação à democracia liberal e parlamentar. Seu maior aporte a uma revisitação democrática da ideologia comunista nos *Q* deve ser procurado naquelas definições do conceito de hegemonia que põem ênfase na procura do consenso e no conceito de sociedade regulada como futura e possível superação da distinção entre governados e governantes. Daqui e das reflexões – não confiadas a documentos escritos pelas óbvias razões ligadas ao encarceramento – sobre a "Constituinte" como fase política "democrática", que deveria se seguir à queda do fascismo, nascerão os posteriores desenvolvimentos do comunismo italiano que marcarão a identidade específica do PCI, sobretudo depois da Segunda Guerra Mundial. Mas G., morto em 27 de abril de 1937, não pôde dar a própria contribuição à nova fase que, no entanto, tanto se nutriu de seu pensamento.

Guido Liguori

Ver: direção; dirigentes-dirigidos; eleições; elite/elitismo; governados-governantes; hegemonia; parlamento; pedagogia; Revolução Francesa; *Risorgimento*; Rousseau; sociedade regulada; sufrágio universal.

desagregado/desagregação

"O Sul pode ser definido como uma grande desagregação social": assim se expressava em 1926 o G. de *Alguns temas da questão meridional* (em *CPC*, 150 [*EP*, II, 403]). São raras as vezes em que o termo não possui valor negativo, nos *Q*, quando se refere ao "processo dialético pelo qual o impulso molecular progressivo conduz a um resultado tendencialmente catastrófico no conjunto social, resultado de onde partem outros impulsos singulares progressivos, em um processo de contínua superação, o qual [...] se desagregue em um número muito grande de fases intermediárias" (*Q 10* II, 36, 1.283 [*CC*, 1, 353]). Então, "uma velha concepção se desagrega e outra nasce", mas a velha "tenta se manter coercitivamente" (*Q 8*, 156, 1.035; v. também *Q 16*, 12, 1.877 [*CC*, 4, 50]). Possui significado regressivo, por sua vez, ao se referir à "primeira burguesia italiana que foi desagregadora da unidade existente, sem saber ou poder substituí-la por uma nova" (*Q 5*, 31, 568 [*CC*, 2, 111]). Também o cosmopolitismo da Igreja era "elemento de desagregação" (*Q 6*, 94, 769 [*CC*, 2, 143]). Ações "perturbadoras e desagregadoras" faziam parte da "política do Papa para impedir a formação de Estados fortes na Itália" (*Q 5*, 127, 658 [*CC*, 3, 216]). Em compensação, "as diversas ordens religiosas representam a reação da Igreja [...] contra a desagregação" dela mesma (*Q 1*, 139, 127). Também "as Igrejas protestantes tendem a frear o movimento de desagregação em suas fileiras" pela formação de novas seitas (*Q 5*, 17, 554

[*CC*, 4, 195]). A função "cosmopolita de seus intelectuais [...] é causa e efeito do estado de desagregação no qual permanece" a Itália. Diferente da cultura francesa, "a italiana [...] não reflui sobre a base nacional" (*Q 4*, 49, 479). Portanto, "uma desagregação dos intelectuais em camarilhas e seitas de 'espíritos eleitos'", não pertencentes ao "povo-nação" (*Q 8*, 145, 1.030 [*CC*, 6, 222]), porque não se envolviam em "atividade prática efetiva, que por sua vez era desagregada" (*Q 9*, 68, 1.139). Também o idealismo crociano "não atingiu as grandes massas e se desagregou na primeira contraofensiva" (*Q 4*, 75, 515 [*CC*, 1, 232]), depois de se opor à expansão do marxismo, que por sua vez tinha "penetrado na concepção de mundo tradicional, desagregando-a" (*Q 10* II, 16, 1.254 [*CC*, 1, 324]). "Croce dirige ao materialismo histórico a acusação de ter desagregado o processo do real, que os gentilianos haviam feito ao próprio Croce" (*Q 7*, 1, 854 e *Q 10* II, 41.I, 1.300 [*CC*, 1, 361]).

A opressão estrangeira, em geral, é "inexplicável sem o estado de desagregação social do povo oprimido" (*Q 13*, 17, 1.586 [*CC*, 3, 36]). O nacionalismo italiano é particularmente significativo: em vez de "ajudar à desagregação do Império Austríaco, com sua inércia consegue que os regimentos italianos fossem um dos melhores suportes da reação austríaca" (*Q 1*, 114, 102 e *Q 14*, 38, 459 [*CC*, 2, 185]). A direita procurou "desagregar ideologicamente a democracia" e, de fato, o "Partido da Ação foi desagregado" (*Q 3*, 125, 392 e *Q 19*, 53, 2.074 [*CC*, 5, 121]). A união Cavour-Rattazzi – pergunta-se G. – foi "o primeiro passo da desagregação democrática?" (*Q 3*, 158, 411). Mas o liberalismo conseguiu "criar a força católica-liberal e obter do próprio papa Pio IX, ainda que por pouco tempo, que se colocasse no terreno do liberalismo (o suficiente para desagregar o aparelho político católico e tolher-lhe a confiança em si mesmo)" (*Q 9*, 101, 1.164). Em seguida, foi mais difícil "reconstruir o aparelho hegemônico do grupo dominante, desagregado pelas consequências da guerra" (*Q 7*, 80, 912 [*CC*, 3, 264]). "A classe burguesa está 'saturada': não apenas não se difunde, mas se desagrega" (*Q 8*, 2, 937 [*CC*, 3, 271]). "A velha vontade coletiva se desagrega" (*Q 8*, 195, 1.058 [*CC*, 3, 287]); pela "desagregação parlamentar, os partidos" falham em suas tarefas (*Q 15*, 48, 1.809 [*CC*, 3, 340]). "O Estado-governo [...] tem na verdade operado como um 'partido', se colocou acima dos partidos [...] para desagregá-los" (*Q 3*, 119, 387 [*CC*, 3, 201]);

também "os grupos intelectuais são desagregados" (*Q 11*, 12, 1.394 [*CC*, 1, 93]).

G. opera distinções entre os Estados europeus e não apenas na Europa. Como a Itália, também a Alemanha forneceu intelectuais "para o cosmopolitismo medieval, esgotando as próprias energias nacionais, que mantiveram por longo tempo a desagregação territorial" (*Q 4*, 49, 480). "Os Estados modernos tendem ao máximo de centralização, ao passo que se desenvolvem, por reação, as tendências federativas e localistas, de modo que o Estado oscila entre o despotismo central e a completa desagregação" (*Q 7*, 103, 930 [*CC*, 3, 271]). Na França os muitos partidos "eram um sinal de força [...] ou de desagregação?". Mas a política "francesa de 1789 a 1870: tratava-se mais de um mecanismo de seleção de personalidades políticas capazes de dirigir do que uma desagregação". "O fenômeno de desagregação interna nacional (isto é, de desagregação da hegemonia política do Terceiro Estado) era muito mais avançado na Alemanha de 1914 do que na França de 1914" (*Q 5*, 126, 654-5 [*CC*, 2, 134-5]). Fatores de desagregação para o Império Britânico: "A potência dos Estados Unidos [...] que exercem uma influência sobre certos domínios, e os movimentos nacionais e nacionalistas" (*Q 2*, 48, 201 [*CC*, 3, 151]). Nos Estados Unidos, entre os diversos grupos nacionais há desagregação (à qual procuram sobrepor uma rede de organizações guiadas por eles, *Q 3*, 5, 290 [*CC*, 4, 291]), enquanto os industriais tendem a desagregar os sindicatos operários (*Q 6*, 127, 796 [*CC*, 4, 305]). Também nos países industriais, para "a desagregação dos partidos médios, os agrários" possuem "vantagem no 'parlamento'" (*Q 14*, 53, 1.712 [*CC*, 3, 313]).

O uso mais original do termo está no G. que trata de dirigentes e subalternos, ou de alta cultura e/ou cultura popular. Os subalternos "não podem se unificar enquanto não puderem se tornar 'Estado': sua história, portanto, está entrelaçada à da sociedade civil, é uma função 'desagregada' e descontínua da história da sociedade civil" (*Q 25*, 5, 2.288 [*CC*, 5, 140]; v. também *Q 3*, 14, 299 e *Q 3*, 90, 372 [*CC*, 6, 352]). Se uma contradição de "todo o corpo social" se reflete nos indivíduos singulares, nos "grupos subalternos, por ausência de autonomia na iniciativa histórica, a desagregação é mais grave" (*Q 16*, 12, 1.875 [*CC*, 4, 50]). Neles, o "senso comum não é uma concepção unitária", mas "desagregada" (*Q 8*, 173, 1.045; v. também *Q 8*, 204, 1.063 e *Q 11*, 13, 1.396 [*CC*, 1, 114]). É um "'pensar' sem consciência crítica, de forma desagregada e ocasional" (*Q 11*, 12, 1.375 [*CC*, 1, 93]). G. considera que a religião, embora não coincidindo com o senso comum, "seja um elemento do senso comum desagregado" (*Q 8*, 204, 1.063). Mas o fenômeno não é irreversível: se "toda cultura possui seu momento especulativo ou religioso, que [...] coincide justamente com o momento no qual a hegemonia real se desagrega" (*Q 8*, 238, 1.090; v. também *Q 11*, 53, 1.481 [*CC*, 1, 198]), alguns estratos, cuja cultura é "desagregada e ingênua [...] são, no entanto, avançadíssimos na prática, isto é, como função econômica e política" (*Q 11*, 16, 1.407 [*CC*, 1, 125]). Nesses "a desagregação é mais grave, mas é mais forte a luta por libertar-se" (*Q 8*, 153, 1.033); e como o político realista sabe que não é fácil reconstituir a unidade depois que ocorre a desagregação (*Q 15*, 35, 1.789 [*CC*, 3, 334]), nas guerras de posição "somente com uma habilíssima direção política [...] se impede a desagregação e o colapso" (*Q 1*, 117, 110; v. também *Q 6*, 138, 802 [*CC*, 3, 255] e *Q 19*, 28, 2.051 [*CC*, 5, 100]), suscitando "uma unidade 'cultural-social' pela qual uma multiplicidade de vontades desagregadas, com fins heterogêneos, solda-se conjuntamente na busca de um mesmo fim" (*Q 10* II, 44, 1.331 [*CC*, 1, 399]).

Os termos "desagregado" e "desagregação" podem ser parcialmente aproximados ao uso gramsciano do termo "inorgânico". Mas este último, na ordem social ou cultural, possui geralmente valor de metáfora trazida das disfunções biológicas por um enfraquecimento das condições vitais, enquanto a desagregação se refere quase a um colapso mais elementar ou ao decaimento a um estado de não vida. Nos últimos anos de sua reclusão e de seu sofrimento, indicando a piora das próprias condições existenciais, escreve, por exemplo: "Também sinto uma desagregação das forças intelectuais em si" (*LC*, 691, a Tania, 27 de fevereiro de 1933 [*Cartas*, II, 311]).

GIUSEPPE PRESTIPINO

Ver: inorgânico; intelectuais italianos; Mezzogiorno; senso comum; sociedade civil; subalterno/subalternos.

desemprego
Particularmente grave, segundo G., é o problema do desemprego intelectual que, se por um lado "assume caráter agudo para os mais jovens" (*Q 1*, 127, 116 [*CC*, 2, 63]), por outro provoca "toda uma série de fenômenos de corrupção e de decomposição política e moral,

com reflexos econômicos não desprezíveis" (*Q 1*, 149, 132 [*CC*, 5, 154]) que deterioram o próprio aparelho estatal. Também o desemprego "produtivo" provoca consequências nefastas como "a 'inflação' de serviços (multiplicação do pequeno comércio)" (*Q 8*, 108, 1.004 [*CC*, 4, 310]). Observando os comportamentos de Inglaterra e Alemanha diante da crise de 1929, G. analisa a questão do desemprego: "Pode-se dizer que o desemprego inglês, mesmo sendo numericamente inferior ao alemão, indica que o coeficiente 'crise orgânica' é maior na Inglaterra do que na Alemanha, onde, ao contrário, o coeficiente 'crise cíclica' é mais importante. Ou seja: na hipótese de uma retomada 'cíclica', a absorção do desemprego seria mais fácil na Alemanha do que na Inglaterra" (*Q 9*, 61, 1.132 [*CC*, 4, 312]). Uma última ocorrência do termo está em relação com a emigração como dado constante da estrutura econômica italiana: "A emigração [...] deve ser considerada como um fenômeno de desemprego absoluto, por uma parte, e por outra como manifestação do fato de o regime econômico interno não assegurar um padrão de vida que se aproximasse daquele internacional, a ponto de dissuadir os trabalhadores já empregados de preferirem os riscos e os sacrifícios relacionados com o abandono do próprio país" (*Q 19*, 7, 1.992 [*CC*, 5, 45-6]).

LELIO LA PORTA

Ver: crise; emigração; intelectuais.

desinteresse/desinteressado
Em G. o termo assume, de forma substantiva ou adjetiva, um significado complexo e peculiar: não se trata da reivindicação de uma abstrata neutralidade ou indiferença com relação à pesquisa, nem daquela complacência "desinteressada" que levava, segundo Kant, ao julgamento de gosto, mas de uma abordagem "científica", livre e não vinculada a contingências. Uma reflexão teórico-política geral a enfrentar "desinteressadamente, isto é, sem que se espere o estímulo dos eventos conjunturais" ("Per un'associazione di coltura" [Para uma associação de cultura], 18 de dezembro de 1917, em *CF*, 499 [*EP*, I, 124]), da tática política imediata, e se incline, ao contrário, à compreensão de "tudo aquilo que interessa ou poderá um dia interessar ao movimento proletário" (idem), é exatamente o propósito que o "prisioneiro" G. tentará realizar ao longo da elaboração dos *Q*. Em uma carta de 19 de março de 1927, consciente da provável longa duração de seu encarceramento, ele escreve a Tania: "Estou atormentado (e este, penso, é um fenômeno típico dos prisioneiros) por esta ideia: de que é preciso fazer algo *für ewig* [...] segundo um plano estabelecido, gostaria de me ocupar [...] de alguns temas que me absorvessem e centralizassem minha vida interior" (*LC*, 55-6 [*Cartas*, I, 127]). A carta prossegue com a identificação de quatro "temas" a estudar: a) uma pesquisa sobre o espírito público italiano; b) um estudo de linguística comparada; c) um estudo sobre o teatro de Pirandello; d) um ensaio sobre o romance de folhetim. Temas que, segundo G., devem ser enfrentados "de um ponto de vista 'desinteressado', '*für ewig*'" propriamente (ibidem, 56 [*Cartas*, I, 128-9]). É interessante ressaltar como G. aproxima e, até, torna quase sinônimos, o conceito de "*für ewig*" – retomado por Goethe – àquele de "desinteressado": eles são aproximados na expressão comum de uma função da reflexão e da elaboração não imediatista, e sim "para a eternidade", ou seja, de um estudo empreendido, embora nas restrições determinadas pela vida carcerária, com a radicalidade necessária para compreender o presente.

Os dois conceitos pareceriam convergir em outra carta a Tania, de 12 de dezembro de 1927, em que G., refletindo sobre o volume crociano *Teoria e storia della storiografia* [Teoria e história da historiografia], nota que ele "contém ainda, além de uma síntese de todo o sistema filosófico crociano, uma verdadeira revisão do mesmo sistema, e pode levar a longas meditações" (*LC*, 140 [*Cartas*, I, 214]). Nessas "longas meditações" carcerárias se poderiam encontrar as mesmas prerrogativas que estão na base da pesquisa desinteressada e "*für ewig*" da carta de março de 1927. A este propósito é emblemática a escolha de uma "longa meditação" sobre esse volume de Croce, seja porque o título *Teoria e storia della storiografia* remeta evidentemente ao segundo dos três temas de estudo apresentados em uma carta de 1929, "A teoria da história e da historiografia" (*LC*, 248, a Tania, 25 de março de 1929 [*Cartas*, I, 328]), seja pelas implicações teórico-políticas presentes nesse volume: o conceito de "história ético-política", entendido por G. como um "'cavalo de batalha' contra o materialismo histórico e seus derivados" (*Q 4*, 15, 436; v. *Q, AC*, 2.631). É muito importante observar que G., em nota intitulada "Lo 'storicismo' di Croce" [O 'historicismo' de Croce], afirma que "estabelecer com exatidão o significado histórico e político do historicismo crociano significa" exatamente "despi-lo" daquela "grandeza brilhante" que é atribuída a Croce como uma "manifestação de uma ciência objetiva, de um pensamento sereno e imparcial que se coloca por cima de todas as misérias e as contingências da luta cotidiana, de uma contemplação desinteressada do eterno devir da história humana" (*Q 8*, 39, 966). Por outro lado, G. se pergunta quanto "exista de elemento prático imediato" a impulsionar Croce para sua atual posição "liquidacionista" com relação à filosofia da práxis ou, em outros termos, quanto possam ter influenciado "as advertências amigáveis de L. Einaudi" a propósito do posicionamento crociano "de crítico 'desinteressado' da filosofia da práxis" (*Q 10* II, 16, 1.254 [*CC*, 1, 324]). Em estreita conexão com a acepção ética de desinteresse se apresenta um emblemático e imprevisível juízo de G. sobre a leal e "desinteressada" contribuição de Engels para a publicação das obras de Marx depois de sua morte, mesmo se especifica que, "naturalmente, não se deve subestimar a contribuição de Engels, mas tampouco se deve identificar Engels com Marx [...]. Engels deu provas de um desinteresse e de uma ausência de vaidade pessoal única na história da literatura: não se trata minimamente de pôr em dúvida sua absoluta lealdade pessoal. Mas o fato é que Engels não é Marx e que, se se quiser conhecer Marx, será preciso buscá-lo, *especialmente*, em suas obras autênticas", publicadas sob sua direta responsabilidade (*Q 4*, 1, 420 [*CC*, 6, 356]).

Se a questão de uma abordagem "desinteressada" das "questões" enfrentadas pela reflexão carcerária estava já presente em alguns artigos de juventude (*Merce* [Mercadorias], 6 de junho de 1918, em *NM*, 87; *Letture* [Leituras], 24 de novembro de 1917, em *CF*, 454-5; *Individualismo e colletivismo*, 9 de março de 1918, em *CF*, 722-3 [*EP*, I, 152]), é no âmbito das reflexões sobre a escola que o tema assume seu valor teórico. Em um artigo de 1916 G. polemiza com uma proposta apresentada pelo ministro da Instrução, Ruffini, de utilizar os estudantes das escolas médias na indústria bélica. Apesar de G. sustentar que na Itália tenha sido "dada muita importância à escola do saber desinteressado, enquanto se negligenciou a escola do trabalho" (*La scuola all'officina* [A escola na oficina], 8 de setembro de 1916, em *CT*, 537), ele considera que "enxertar" a instituição escolar no trabalho "assim como se está fazendo", imitando de forma distorcida o sistema escolar inglês, seja "uma das muitas aberrações pedagógicas que sempre impediram que a escola, na Itália, fosse uma coisa séria", porque apenas fazendo com que "a escola seja verdadeiramente escola, e o trabalho não seja uma prisão perpétua", se poderá esperar "uma geração de homens úteis; úteis porque farão obra profícua nas artes liberais, e porque darão ao trabalho aquilo que lhe falta: a dignidade, o reconhecimento de sua função indispensável" (idem) no âmbito do processo produtivo. Poucos meses depois G. reivindica a necessidade, para o proletariado, de "uma escola desinteressada. Uma escola na qual seja dada à criança a possibilidade de ter uma formação, de tornar-se homem, de adquirir aqueles critérios gerais que servem para o desenvolvimento do caráter". Também através "da escola profissional [...] é possível fazer com que surja da criança o homem, desde que se trate de cultura educativa e não só informativa, ou não só prática manual" (*Uomini o macchine?* [Homens ou máquinas?], 24 de dezembro de 1916, em *CT*, 671 [*EP*, I, 75]). Não por acaso a "questão escolar" será amplamente tratada nos *Q*, sobretudo em referência à formação da personalidade da criança e no interior da reflexão mais geral sobre a questão dos intelectuais.

Em um Texto A do *Q 4*, retomado, com algumas variações, no *Q 12*, 1 [*CC*, 2, 33], G. observa que "a crise escolar que hoje se difunde [...] é em grande parte um aspecto e uma complexificação da crise orgânica mais ampla e geral [...]. A tendência atual é a de abolir qualquer tipo de escola 'desinteressada' (não imediatamente interessada) e 'formativa', ou de conservar apenas um seu reduzido exemplar, destinado a uma pequena elite de senhores e de mulheres que não devem pensar em preparar-se para um futuro profissional, bem como a de difundir cada vez mais as escolas profissionais especializadas, nas quais o destino do aluno e sua futura atividade são predeterminados". G. propõe, então, uma solução a essa crise na perspectiva de uma "escola única inicial de cultura geral, humanística, conciliando de forma justa o desenvolvimento da capacidade de operar manualmente (tecnicamente, industrialmente) e da capacidade de pensar, de operar intelectualmente" (*Q 4*, 49, 483), na qual "o estudo, ou a maior parte do estudo deve ser desinteressado, isto é, não ter objetivos práticos imediatos ou demasiado imediatamente mediados: deve ser formativo, mesmo se 'instrutivo', ou seja, rico de noções concretas" (*Q 4*, 55, 501). "Deste tipo de escola única, a qual poderão aceder também os filhos de 'operários e camponeses', através da orientação profissional, se passará a uma das escolas especializadas profissionais (em sentido amplo) etc." (*Q 4*, 49, 483). Mas tal solução, adverte G., "intrinsecamente, não pode significar apenas que um trabalhador manual se torne um operário qualificado, mas que cada 'cidadão' possa se tornar 'governante' e que a sociedade o coloque, mesmo que 'abstratamente', nas condições gerais de poder tornar-se tal" (*Q 4*, 55, 501).

Valeria Leo

Ver: Croce; Engels; escola; estudo; filosofia da práxis; *für ewig*.

destruição-criação

G. fala de "destruição" e "criação" em referência a dois temas em particular: nascimento de um novo mundo histórico e de uma nova concepção do mundo. No *Q 4*, 38, 460 G. escreve que no equilíbrio histórico existem múltiplas etapas no desenvolvimento das relações de força que conduzem à ruptura revolucionária: mas se faltasse alguma, haveria ou "a vitória da velha sociedade que se assegura um período de 'respiro', destruindo fisicamente a elite adversária [...], ou a destruição recíproca das forças em conflito" (idem). G. critica as posições "bakuninistas" dos camponeses destituídos que mitificam a "pandestruição" criadora (*Q 8*, 35, 962 [*CC*, 5, 285]) e as tendências economicistas para as quais "a intervenção da vontade é útil para a destruição, não para a reconstrução" (*Q 13*, 23, 1.612 [*CC*, 3, 60]). G. polemiza com o conceito romântico e metafísico do inovador entendido como "quem deseja destruir tudo que existe, sem preocupar-se com o que acontecerá depois" (*Q 14*, 67, 1.726 [*CC*, 1, 257]): a destruição é, nesse sentido, concebida "mecanicamente" e "não como destruição-reconstrução" (idem). Por outro lado, é cada vez mais difundida e banalizada a afirmação segundo a qual "não se pode destruir sem criar" (*Q 6*, 30, 708 [*CC*, 4, 105]): na realidade, destruir é tão difícil quanto criar, porque "trata-se de destruir 'relações' invisíveis, impalpáveis, ainda que se escondam nas coisas materiais. É destruidor-criador quem destrói o velho para trazer à luz, fazer aflorar o novo que se tornou 'necessário' e urge implacavelmente no limiar da história" (idem). G. recorda que a "grande política" está ligada à "luta pela destruição, a defesa, a conservação de determinadas estruturas orgânicas econômico-sociais" (*Q 13*, 5, 1.564 [*CC*, 3, 21]).

Segundo G., um centro homogêneo de cultura deve desenvolver um trabalho educativo sobre "uma determinada base histórica", tanto através da "destruição do velho" quanto com a demonstração positiva (*Q 1*, 43, 34). Ele afirma que "não pode existir destruição, negação sem uma implícita construção, afirmação, e não em sentido 'metafísico', mas praticamente, isto é, politicamente, como programa de partido" (*Q 13*, 1, 1.557 [*CC*, 3, 15]). No *Q 8*, 196, 1.059 G. escreve que o que importa é a refutação do conjunto de opiniões que se tornaram forças sociais: com isso não se terá "'destruído' o elemento e a força social correspondente", mas se terá "contribuído: 1) para manter, no próprio lado, o espírito de cisão e de distinção; 2) para criar o terreno para que o próprio lado absorva e vivifique uma doutrina própria original, correspondente às próprias condições de vida".

Manuela Ausilio

Ver: concepção do mundo; dialética; espírito de cisão.

determinismo

Em sua recusa de todos eles, G. associa o determinismo ao "economismo" e ao materialismo vulgar, como sendo também "uma forma de férreo determinismo economicista, com a agravante de que os efeitos eram concebidos por ele como rapidíssimos no tempo e no espaço: por isso, tratava-se de um verdadeiro misticismo histórico, da expectativa de uma espécie de fulguração milagrosa" (*Q 7*, 10, 859 [*CC*, 6, 369]). "Não se trata de 'descobrir' uma lei metafísica de 'determinismo', nem mesmo de estabelecer uma lei 'geral' de causalidade. Trata-se de ver como, no desenvolvimento geral, se constituem forças relativamente 'permanentes'" (*Q 8*, 128, 1.018). "Mas o que é 'mercado determinado' e, pelo que, precisamente, ele é determinado? Será determinado pela estrutura fundamental da sociedade em questão e, então, será preciso analisar esta estrutura e identificar-lhe os elementos que, relativamente constantes, determinam o mercado etc., e os outros elementos 'variáveis e em desenvolvimento', que determinam as crises conjunturais, até o momento em que também os elementos 'relativamente constantes' sejam por estes modificados, ocorrendo assim a crise orgânica" (*Q 8*, 216, 1.077 [*CC*, 1, 446-7]).

Mas, às vezes, o determinismo possui uma função positiva, se "justificada pelo caráter 'subalterno' de determinados estratos sociais". Quando "não se tem a iniciativa na luta e a própria luta acaba por se identificar com uma série de derrotas, o determinismo mecânico torna-se uma força formidável de resistência moral, de coesão, de paciente perseverança" (*Q 8*, 205, 1.064), no sentido de que, da parte dos estratos subalternos, se é levado a raciocinar assim: "Eu estou derrotado, mas a força das coisas trabalha por mim a longo prazo" (idem). G., além disso, enfatiza o determinismo específico próprio da "predestinação calvinista", da qual "surge um dos maiores impulsos para a iniciativa prática que já ocorreu na história mundial" (*Q 10* II, 28, 1.267 [*CC*, 1, 337]).

Giuseppe Prestipino

Ver: economismo; fatalismo; materialismo e materialismo vulgar; mecanicismo; mercado determinado; teleologia; vontade coletiva.

Deus

G. aborda o assunto seguindo uma análise histórica e uma reflexão filosófica. A análise histórica parte de um artigo de Filippo Burzio, que examina as diversas fases da "crise" do Ocidente e a consequente redução gradual de um "'aparelho de governo' espiritual" (*Q 1*, 76, 84 [*CC*, 3, 120]) e, portanto, do papel de Deus. Crise que anula a necessidade "popular" de uma religião: "Se a antiga religião parece esgotada, só resta rejuvenescê-la. Universalidade, interioridade, magia. Se Deus se esconde, resta o demiurgo" (idem). A reflexão filosófica é mais complexa e diz respeito à dupla objetividade do conhecimento: aquela do senso comum e aquela do materialismo histórico. A diferença é enorme: "O senso comum afirma a objetividade do real na medida em que esta objetividade foi criada por Deus", mas isso "incide nos erros mais grosseiros"; para o materialismo histórico "o que mais importa não é, portanto, a objetividade do real como tal, mas o homem que elabora estes métodos" (*Q 4*, 41, 467). A conclusão é que "procurar a realidade fora do homem parece, assim, um paradoxo, assim como para a religião é um paradoxo [pecado] procurá-la fora de Deus" (idem). As quase cem referências ao tema nos *Q* aprofundam tais conceitos. A objetividade do conhecimento e, portanto, da "'realidade objetiva do mundo externo'" (*Q 11*, 17, 1.411 [*CC*, 1, 129]) é de origem religiosa e todas as religiões ensinam que Deus criou o mundo antes de criar o homem. O materialismo histórico confia ao homem o progressivo conhecimento do mundo externo e o consequente domínio completo. Para explicar a expressão marxiana da religião como "ópio do povo" G., depois de recordar que a expressão foi tomada de empréstimo a Balzac, que falou do jogo da loto como "ópio da miséria" (*Q 16*, 1, 1.838 [*CC*, 4, 15]), retomando uma passagem de Pascal, segundo o qual não se perde nada em acreditar que Deus exista (*Q 8*, 228, 1.084) e que vivendo "de forma cristã arrisca-se infinitamente pouco", G. apresenta a religião como uma aposta (*Q 8*, 230, 1.085). A propósito do materialismo histórico e das Teses sobre Feuerbach, G. afirma que o conceito de natureza humana "buscada em Deus" e, em consequência, o conceito de que os homens sejam filhos de Deus é "a maior utopia". Mas tal utopia foi expressão "de complexos movimentos revolucionários", transformou o mundo clássico e "colocou os mais potentes elos do desenvolvimento histórico" (*Q 7*, 35, 885 [*CC*, 1, 243]). O conceito de Deus do historicismo não é julgado "monstruoso", mas efêmero, isto é, válido historicamente (*Q 8*, 214 [*CC*, 1, 251] e *Q 8*, 215). G. sugere também algumas considerações sobre o conceito de Deus da forma em que é abordado no budismo (*Q 5*, 50 [*CC*, 2, 117]), no islamismo (*Q 5*, 90 [*CC*, 2, 128]) e no hinduísmo (*Q 6*, 178 [*CC*, 4, 213]). Mas a pergunta final que transparece de toda a questão parece ser: mas onde está Deus? Desapareceu do mundo? E a resposta G. encontra na *Ecclesiastical Review*, segundo a qual nas escolas estatais dos Estados Unidos "jamais se ouve uma palavra sobre Deus, sobre deveres em face do Criador nem sequer sobre a existência de uma alma imortal" (*Q 6*, 187, 831 [*CC*, 4, 216]). E conclui: "Revela-se assim que o número dos católicos nos Estados Unidos é só um número estatístico, de recenseamento [...]. Em suma, mais hipocrisia" (ibidem, 832 [*CC*, 4, 217]).

Vincenzo Robles

Ver: Feuerbach; homem; Igreja católica; islamismo; materialismo histórico; objetividade; ópio; Pascal; religião.

deus oculto

A expressão figura em algumas passagens nas quais G. responde à crítica crociana do materialismo histórico: "Croce chegou a afirmar que a sua ulterior e recente crítica à filosofia da práxis está ligada, precisamente, a esta sua preocupação antimetafísica e antiteológica, na medida em que a filosofia da práxis seria teologizante e o conceito de estrutura não seria mais do que a representação ingênua do conceito de um 'deus oculto'" (*Q 10* I, 8, 1.225 [*CC*, 1, 296]). Ou: "Artimanha polêmica de Croce, que 'hoje' dá um significado (metafísico, transcendente) especulativo aos termos da filosofia da práxis, daí a 'identificação' da 'estrutura' com um 'deus oculto'" (*Q 10* I, p. 1.209 [*CC*, 1, 281]). Ou ainda: "Croce está a tal ponto imerso em seu método e em sua linguagem especulativa que só pode fazer julgamentos de acordo com ambos; quando ele escreve que, na filosofia da práxis, a estrutura é como um deus oculto, isto seria verdade se a filosofia da práxis fosse uma filosofia especulativa e não um historicismo absoluto, liberado realmente, e não só em palavras, de todo resíduo transcendental e teológico" (*LC*, 573, a Tania, 9 de maio de 1932 [*Cartas*, II, 196]). E ainda: "Como se deverá entender a estrutura: como no sistema das relações sociais será possível distinguir os elementos 'técnica', 'trabalho', 'classe' etc., entendidos historicamente e não 'metafisicamente'. Crítica da posição de Croce, para quem, polemicamente, a estrutura se torna um 'deus oculto', um 'númeno', em contraposição às 'aparências' superestruturais. 'Aparências' em sentido metafórico e em sentido positivo. Por que foram, historicamente, chamadas 'aparências', o próprio Croce extraiu, dessa concepção geral, sua particular doutrina do erro e da origem prática do erro" (*Q 8*, 61, 977).

Giuseppe Prestipino

Ver: Croce; estrutura; filosofia da práxis; historicismo absoluto.

dever ser

No *Q 13*, 16, 1.577-8 [*CC*, 3, 34] (é a retomada de um Texto A: *Q 8*, 84, 990-1) se encontra a reflexão sobre o "dever ser", a partir da comparação entre Guicciardini e Maquiavel, como fora proposta por Paolo Treves, o qual tinha cometido o erro – segundo G. – de não distinguir claramente entre política e diplomacia. Na política, a vontade tem peso maior que na diplomacia. A diplomacia tende a conservar o equilíbrio que se cria após o conflito entre as políticas de diferentes Estados; não é criadora, tende à conservação das relações de força existentes. O político – e Maquiavel é um político e não um mero cientista –, por sua vez, quer criar novas relações de força e é, portanto, levado a se ocupar do dever ser, mesmo que não em sentido moralista. Isso quer dizer que novas relações não nascerão dos próprios desejos ou da pura evidência moral, mas da realidade efetiva entendida como relação de forças não estáticas, mas em contínuo movimento. Assim, a realidade não será algo imutável, mas o campo de forças realmente existentes e operantes, sobre as quais atuar para lhes deslocar o equilíbrio, após lhes haver oportunamente conhecido e analisado. O dever ser é, portanto, concretude, "é a única interpretação realista e historicista da realidade, é a única história e filosofia em ato, única política". O realismo gramsciano nasce da consciência de que a política é atividade humana central, fora da qual não pode existir salvação ou reconciliação, nem como superação da própria política, nem como sucesso de uma revolução realizada. Está justamente na afirmação de que a política é o único campo do agir humano, não existe nenhum outro, nem o da realização revolucionária, e o dever ser não é, portanto, aspiração ao além, mas mudança das relações de força existentes.

Claudio Bazzocchi

Ver: ciência da política; Guicciardini; Kant; Maquiavel; política.

devir

G. distingue "devir" de "progresso": "O progresso é uma ideologia, o devir [...] é um conceito filosófico, do qual pode estar ausente o 'progresso'" (*Q 10* II, 48, 1.335 [*CC*, 1, 403]). Propriamente no significado técnico de devir histórico, esse conceito se insere nas discussões sobre a teoria da história e sobre o marxismo, levando G. a apresentar a crítica a Bukharin, a quem "escapam os conceitos de movimento histórico, de devir e, portanto, da própria dialética" (*Q 11*, 14, 1.401-2 [*CC*, 1, 120]), e a Croce, que excede na "fixação dos conceitos" no "perene fluir dos acontecimentos", chegando a "uma história formal" (*Q 10* II, 1, 1.241 [*CC*, 1, 311]). G. descreve como devir o senso comum, o conhecimento, a objetividade e a própria realidade. Além disso, "também a unidade de teoria e prática não é um dado de fato mecânico, mas um devir histórico" (*Q 8*, 169, 1.042). O uso do conceito de devir conduz G. a considerar "a 'natureza humana'[...] como o 'conjunto das relações sociais'" (*Q 7*, 35, 885 [*CC*, 1, 244-5]) e a distinguir no "conjunto das forças materiais de produção [...] o elemento menos variável no desenvolvimento histórico", determinável e mensurável com precisão matemática; isso "pode dar lugar [...] à reconstrução de um robusto esqueleto do devir histórico" (*Q 11*, 30, 1.443 [*CC*, 1, 160]).

Apreender a realidade em seu devir é qualidade precípua do político, para o qual "toda imagem 'fixada' *a priori* é reacionária: o político considera todo o movimento em seu devir. O artista, ao contrário, deve ter imagens 'fixadas' e filtradas em sua forma definitiva" (*Q 15*, 58, 1.820 [*CC*, 6, 262-3]). Para G. o marxismo se distingue das outras filosofias principalmente no modo de considerar o próprio lugar na história. Nesse sentido, "é justa a afirmação do próprio Croce [...] de que a filosofia da práxis 'é história feita ou *in fieri*'" (*Q 10* II, 41.XII, 1.319 [*CC*, 1, 388]).

LUDOVICO DE LUTIIS

Ver: Bukharin; Croce; filosofia da práxis; objetividade; progresso; senso comum.

dialética

Uma definição ainda quase heraclítea tinha sido proposta nos anos turineses: "A história é um perpétuo devir [...], um processo dialético infinito" ("Il problema delle commissioni interne. Postilla" [O problema das comissões internas. Anotações], 23 de agosto de 1919, em *ON*, 176 [*EP*, I, 271]). Evocava-se a superação do heraclitismo no hegelianismo em um relato das atividades didáticas entre os carcerários: "no curso demos ao estudo da dialética o lugar que merecia. Por isso, apoiamo-nos em Empédocles e em Heráclito (cujos fragmentos possuímos e de cuja filosofia Hegel disse não haver parte alguma que ele não tivesse incluído na sua lógica)" (*LC*, 832, G. Berti a G., 20 de junho de 1927 [*Cartas*, I, 458]). E se referia (genericamente) ao hegelianismo a carta a Tania de 25 de março de 1929: aqui a dialética é "a forma de pensamento historicamente concreto" (*LC*, 249 [*Cartas*, I, 328]). A referência a Hegel se torna mais explícita na carta de 30 de maio de 1932: na filosofia da práxis "a lei de causalidade das ciências naturais foi depurada de seu mecanicismo e se identificou sinteticamente com o raciocínio dialético do hegelianismo" (*LC*, 582, a Tania, 30 de maio de 1932 [*Cartas*, II, 204]).

Mas nos *Q* a polêmica contra o mecanicismo se alterna com a crítica das dialéticas crociana e gentiliana, nas quais se realiza uma "reforma 'reacionária'" de Hegel (*Q 10* II, 41.X, 1.317 [*CC*, 1, 383]). Nas concepções tradicionais, "por um lado tem-se o excesso de 'economicismo', por outro o excesso de 'ideologismo'; por um lado se superestimam as causas mecânicas, por outro o elemento 'voluntário' e individual. O nexo dialético entre as duas ordens de pesquisa não é corretamente estabelecido" (*Q 4*, 38, 456). A filosofia da práxis, ao contrário, "supera (e, superando, assimila seus elementos vitais) o idealismo e o materialismo tradicionais" (*Q 7*, 29, 877 [*CC*, 6, 372]). Marx, na verdade, "não utiliza nunca a fórmula 'dialética materialista', mas 'racional' em contraposição a 'mística'" (*Q 8*, 206, 1.065). Ao repensar o *Risorgimento*, especialmente a diferença entre os moderados e o Partido da Ação, G. acolhe um conceito que tem suas origens em Hegel: a liberdade se faz consciente de si e ao mesmo tempo de seu oposto ou, melhor, se faz consciente de si enquanto consciente de seu oposto. No entanto, visto que G. considera "o conceito de 'liberdade' idêntico à história e ao processo dialético, e portanto presente sempre em toda história" (*Q 8*, 240, 1.091), coloca-se o problema de se, no futuro, não "terá início uma fase histórica na qual, com a compenetração orgânica de necessidade-liberdade no tecido social, não haverá outra dialética que não a ideal" (*Q 8*, 238, 1.090). Na verdade, se Engels havia proposto novamente a (hegeliana) dialética quantidade-qualidade, G. tende a substituí-la por aquela entre necessidade e liberdade, apropriando-se, para designar a sociedade do futuro, do conceito marxiano de "reino da liberdade". G. sustenta que a "dialética é também uma técnica", como a lógica formal, "mas também é um novo pensamento, uma nova filosofia. Pode-se separar o fato técnico do fato filosófico?" (*Q 4*, 18, 439). Em outra passagem: "Pensar dialeticamente vai de encontro ao vulgar senso comum, que é dogmático, ávido de certezas peremptórias, tendo a lógica formal como expressão" (*Q 11*, 22, 1.425 [*CC*, 1, 143]). A dialética é "doutrina do conhecimento e substância medular da historiografia e da ciência da política" (idem). O que não significa que se possa aplicar o método dialético, enquanto filosófico, a todo acontecimento histórico (ou político): o que "não foi transmitido dialeticamente no processo histórico era por si mesmo irrelevante [...] e contingente" (*Q 7*, 24, 873 [*CC*, 1, 238]).

O significado gramsciano da dialética como "nova filosofia" torna-se mais claro em relação ao conceito de revolução passiva. Esta é, na oposição entre o velho e o novo, uma tentativa de síntese conservadora, que acolhe "algo das exigências de baixo" para salvar o velho (*Q 10* II, 41.XIV, 1.325 [*CC*, 1, 392]). É, portanto, a tentativa de "incorporar uma parte da antítese". Mas está implícita aqui uma regra de reciprocidade? Mesmo a antítese poderia, depois de haver levado a cabo sua luta intransigente, até com intentos "destrutivos", "desenvolver-se integralmente até o ponto de conseguir incorporar uma parte" da tese? (*Q 15*, 11, 1.768 [*CC*, 5, 316]). Ou seja, também a antítese poderia tentar uma síntese própria, por sua vez alternativa à síntese conservadora? Em outras observações quase contextuais, a tendência a "destruir" caracteriza apenas, na antítese, uma primeira fase mais aguda: "A paixão econômica-política é destrutiva quando é exterior, imposta pela força" (*Q 10* II, 41.X, 1.316 [*CC*,

1, 384]); não o é mais "quando o processo é normal, não violento, quando entre estrutura e superestrutura existe homogeneidade e o Estado superou a sua fase econômico-corporativa" (idem). A vontade "destrutiva" se refere então a uma fase (preliminar), mais visível na "guerra de movimento" (por sua vez "imposta pela força" pelo adversário); a guerra de posição consiste, ao contrário, em um "assédio recíproco" (*Q 6*, 138, 802 [*CC*, 3, 255]), no qual a direção (do processo histórico, enquanto também ação hegemônica) muda se "prevalece o elemento revolução ou o elemento restauração" (*Q 13*, 27, 1.619 [*CC*, 3, 76]). As noções de passado e presente (ou futuro) relativizam ainda mais a tendência destrutiva presente na antítese: a força inovadora "não pode deixar de ser, ela mesma, em certo sentido, o passado, um elemento do passado, o que do passado está vivo e em desenvolvimento; ela mesma é conservação-inovação, contém em si todo o passado digno de desenvolver-se e perpetuar-se" (*Q 10* II, 41.XIV, 1.325-6 [*CC*, 1, 394]). No sistema hegeliano, a síntese é una e é a única resolução necessária das contradições, cujos momentos são ambos conservados na vertente da "tese", mais que superados. Para G., os opostos podem não se resolver em alguma tese e, ao contrário, neutralizar-se "de modo catastrófico, ou seja, [...] de modo que a continuação da luta não possa se concluir senão pela destruição recíproca" (*Q 13*, 27, 1.619 [*CC*, 3, 76]: e aqui ressoa o eco do *Manifesto do Partido Comunista*); mas podem dar lugar, de acordo com as condições históricas, a duas sínteses opostas: a síntese conservadora ou a síntese inovadora; e é síntese *positiva* justamente aquela que se produz a partir do negativo.

G. submete à crítica a dicotomia estrutura-superestrutura. Primeiro a expõe em termos tradicionais, confrontando-a com a dialética crociana, mas logo em seguida propõe sua revisão, que reconhece na superestrutura não um epifenômeno quase obrigatório que reflete passivamente – ou distorce intencionalmente – a estrutura, mas um oposto dialético vinculado à estrutura de uma relação simbiótica de correlação ativa e não necessariamente conflitiva: "O conceito do valor concreto (histórico) das superestruturas na filosofia da práxis deve ser aprofundado, aproximando-o do conceito soreliano de 'bloco histórico'. Se os homens adquirem consciência de sua posição social e de seus objetivos no terreno das superestruturas, isto significa que entre estrutura e superestrutura existe um nexo necessário e vital" (*Q 10* II, 41.XII, 1.321 [*CC*, 1, 389]).

G. vê na estrutura uma "'causação' dialética, não mecânica, das superestruturas" (*Q 4*, 56, 503 [*CC*, 6, 366]). De sua parte, "a superestrutura reage dialeticamente sobre a estrutura e a modifica" (*Q 7*, 1, 854). Portanto, a separação entre estrutura e superestrutura é "colocada em sentido dialético, como entre tese e antítese" (idem). Mas entre as duas não há luta: há uma "reciprocidade que é justamente o processo dialético real" (*Q 8*, 182, 1.052 [*CC*, 1, 250]). Sobre "reciprocidade necessária entre estrutura e superestrutura (reciprocidade que é justamente processo dialético real)" discorre o *Q 8*, 182, 1.052 [*CC*, 1, 250].

Por isso G. não tem dificuldade em recuperar, da terminologia crociana, temas referentes à dialética entre necessidade e liberdade, entre os quais "catarse": nas superestruturas "o processo catártico coincide com a cadeia de sínteses que resultam do desenvolvimento dialético" (*Q 10* II, 6, 1.244 [*CC*, 1, 314-5]). "Catarse", ele escreve, pode "indicar a passagem do momento meramente econômico (ou egoísta-passional) ao momento ético-político, isto é, a elaboração superior da estrutura em superestrutura", e pode indicar a "passagem do 'objetivo ao subjetivo' e da 'necessidade à liberdade'" (idem). Para G., estrutura e superestrutura são, em um significado quase crociano, termos distintos, mas não opostos? São distintos apenas se a distinção é concebida como uma modalidade de oposição na qual cada oposto, embora não *lutando* contra o outro, está numa relação de *tensão* (dialética) com o outro. A dialética dos distintos torna-se para G., depois de uma refutação inicial, uma expressão imperfeita para indicar aquela tensão-coesão orgânica. Ele se pergunta: "Mas se pode falar de dialética dos distintos? Conceito de bloco histórico, isto é, de unidade entre natureza e espírito, unidade dos opostos e dos distintos" (*Q 8*, 61, 977). E precisa: "Introduzir no 'bloco histórico' uma atividade dialética e um processo de distinção não significa negar sua unidade real" (*Q 7*, 1, 854).

O nexo dialético (mas orgânico) entre estrutura e superestrutura remete à (e, num certo sentido, a compreende) troca orgânica, sob forma de atividade produtiva, entre a natureza e a história humana. Diz respeito, portanto, à "atividade prática, que é a mediação dialética entre homem e natureza" (*Q 4*, 47, 473 [*CC*, 6, 365]). Assim, escreve G.: "*Unidade nos elementos constitutivos do marxismo. A unidade é dada pelo desenvolvimento dialético das contradições entre o homem e a matéria (natureza-forças materiais de produção) [...]. Na filosofia, é a* práxis, isto é, relação entre a vontade humana (superestrutura) e a estrutura econômica. Na política, é a relação entre o Estado e a sociedade civil, isto é, intervenção do Estado (vontade centralizada) para educar o educador, o ambiente social em geral" (*Q 7*, 18, 868 [*CC*, 1, 236-7]).

Na relação dialética entre estrutura e superestrutura, uma categoria crucial, revisitada por G. de maneira original, é a de sociedade civil. Quando G. tematiza uma tal "elaboração superior da estrutura em superestrutura" (*Q 10* II, 6, 1.244 [*CC*, 1, 314]), delineia uma dialética dos distintos na qual a superestrutura pode incorporar uma estrutura, por assim dizer, "superestruturada": e eis que a "sociedade econômica" (como estrutura) se faz Estado, ou melhor, o Estado a subordina, transmutando-a em um momento interno seu que, como (superestrutural) "sociedade civil", se coloca em uma relação de "identidade-distinção" com o próprio Estado. A identidade é "orgânica" ou concretamente histórica, enquanto a distinção é apenas "metodológica" (*Q 13*, 18, 1.590 [*CC*, 3, 46]), ou seja, é uma abstração que possui valor heurístico e, todavia, fundamento real: aqui talvez G. tenha em mente também a definição crociana da filosofia como "metodologia da história". São sintomáticas as modificações que no *Q 12*, 1, 1.518-9 [*CC*, 2, 15], de maio de 1932 ou pouco depois, são feitas no texto de primeira redação (*Q 4*, 49, 476), de novembro de 1930. No Texto A, sociedade civil e Estado são "dois tipos de organização social", mas no Texto C são "dois grandes 'planos' superestruturais". No Texto A, a distinção é entre "organizações privadas da sociedade" e "Estado", mas no Texto C é entre "organismos vulgarmente ditos 'privados'" e "comando que se exprime no Estado e no governo 'jurídico'". No Texto A o Estado é, simplesmente, "aparelho de coerção", mas no Texto C se torna "aparelho de coerção [...] que assegura 'legalmente' a disciplina". G. se pergunta: "O que significa Estado? Só o aparelho estatal ou toda a sociedade civil organizada? Ou a unidade dialética entre o poder governante e a sociedade civil?" (*Q 15*, 33, 1.787 [*CC*, 1, 263]). Mas o poder governante não é apenas coerção. Deve ser também, e talvez principalmente, educador: "O Estado deve manter gratuitamente informados os cidadãos sobre toda sua atividade, isto é, deve educá-los: argumento democrático que se transforma em justificação da atividade oligárquica. O argumento, porém, não deixa de ter valor: ele só pode ser 'democrático' nas sociedades em que a unidade histórica de sociedade civil e sociedade política for entendida dialeticamente (na dialética real e não só conceitual)" (*Q 6*, 65, 734 [*CC*, 2, 230]).

Uma relação comparável àquela entre Estado e sociedade civil pode ser (ou vir a ser) aquela entre "alta" cultura e cultura popular. "O processo de desenvolvimento está ligado a uma dialética intelectuais-massa; o estrato dos intelectuais se desenvolve quantitativa e qualitativamente, mas todo progresso para uma nova "amplitude" e complexidade do estrato dos intelectuais está ligado a um movimento análogo da massa dos simples, que se eleva a níveis superiores de cultura" (*Q 11*, 12, 1.386 [*CC*, 1, 104]). "O materialismo histórico é o coroamento de todo este movimento de reforma intelectual e moral, na sua dialética cultura popular-alta cultura" (*Q 4*, 3, 424). G. não ignora a complexidade e a duração de tal processo, especialmente quando escreve: "A ligação das diversas classes rurais que se realiza em um bloco através das diferentes camadas intelectuais pode ser dissolvida para que se transforme numa nova formação [...] apenas se há empenho em duas direções: sobre os camponeses de base, aceitando suas reivindicações e fazendo deles parte integrante do novo programa de governo, e sobre os intelectuais, insistindo sobre os temas que mais lhes possam interessar. A relação entre essas duas ações é dialética: se os camponeses se movem, os intelectuais começam a oscilar e, reciprocamente, se um grupo de intelectuais se coloca sobre nova base, termina por levar consigo frações cada vez mais importantes das massas. Pode-se dizer, dada a dispersão e o isolamento da população rural e, portanto, a dificuldade de concentrá-las em organizações fortes, que convém iniciar o trabalho político pelos intelectuais, mas em geral é a relação dialética entre as duas ações que se deve levar em consideração" (*Q 1*, 44, 48).

Enfim, assim como se dá uma luta entre hegemonias contrapostas, além da vida social, na vida de qualquer indivíduo, assim se determinam tensões dialéticas também na existência individual: "A personalidade e a vontade são produtos dialéticos de uma luta interior que pode e deve ser exteriorizada, quando, internamente, o antagonista é sufocado por um processo patológico; o importante seria que aquele 'tormento' não fosse um tormento abstrato, mas um concreto estímulo à consciência, orientado e desferido racionalmente" (*LC*, 505, a Iulca, 7 de dezembro de 1931 [*Cartas*, II, 127]). E "se pode encontrar a serenidade em meio ao desencadeamento das contradições mais absurdas e sob a pressão das necessidades mais implacáveis, se se consegue pensar 'historicamente', dialeticamente, e identificar com sobriedade intelectual a própria tarefa ou uma tarefa própria bem definida e limitada" (*LC*, 545, a Tania, 7 de março de 1932 [*Cartas*, II, 167]).

BIBLIOGRAFIA: BOBBIO, 1990a; CRISTOFOLINI, 1976; DEL NOCE, 1979; FINOCCHIARO, 1988; MARTELLI, 1996, p. 49-85; PETTERLINI, 1979; PRESTIPINO, 2005; SHOWSTACK SASSON, 1995.

GIUSEPPE PRESTIPINO

Ver: alta cultura; bloco histórico; catarse; cultura popular; Engels; Estado; estrutura; Hegel; liberdade; lógica; materialismo histórico; necessidade; quantidade-qualidade; revolução passiva; *Risorgimento*; sociedade civil; superestrutura/superestruturas.

dialeto

A carta de 26 de março de 1927 à irmã Teresina (*LC*, 61-3 [*Cartas*, I, 131]) é o primeiro texto do período carcerário que contém, embora indiretamente, afirmações relevantes sobre dialeto. G. recomenda que ela deixe falar em sardo seu sobrinho de dois anos, Franco, recordando que ele mesmo tentou ensinar (em 1926) uma canção popular em sardo ao filho Délio: isso porque "é bom que as crianças aprendam outras línguas". G. acrescenta ainda que "o sardo não é um dialeto", mas uma língua, ainda que desprovida de "uma grande literatura". Todavia, tinha definido o sardo como um "dialeto" em alguns textos pré-carcerários ("A brigada 'Sassari'", 14 de abril de 1919, em *NM*, 590-4) e o indicará de novo como tal em duas cartas à cunhada Tania (*LC*, 697-8, 21 de março de 1932 [1933] [*Cartas*, II, 173] e *LC*, 732-4, 24 de julho de 1933 [*Cartas*, II, 354]). Quanto ao critério distintivo, uma especificação é encontrada na carta à cunhada Tatiana, de 17 de novembro de 1930: na história da cultura italiana, é "dialetal" ou "popular" a língua que se distingue daquela "douta [...] dos intelectuais e das classes cultas" (*LC*, 364 [*Cartas*, I, 452]).

Nos *Q* a noção de dialeto é abordada de modo mais aprofundado, a partir dos primeiros meses de 1930. No *Q 1*, 73, 81-2 G. escreve que, na Itália, "a língua do povo ainda é o dialeto, com o subsídio de um jargão italianizante que, em grande parte, é o dialeto mecanicamente traduzido. Existe uma forte influência dos vários dialetos na língua escrita, porque também a classe culta fala a língua em certos momentos e o dialeto na fala familiar, ou seja, naquela mais viva e aderente à realidade imediata. Assim, a língua é sempre um pouco fossilizada e estagnada e, quando quer ser familiar, rompe-se em vários reflexos dialetais". Tal juízo encontra-se em sintonia com o raciocínio desenvolvido na carta a Teresina, em que o italiano que uma criança podia aprender em uma família da época, residente na Sardenha, é considerado "uma língua pobre, truncada" (*LC*, 61, 26 de março de 1927 [*Cartas*, I, 131]). Além disso, a avaliação relativamente positiva do dialeto ecoava aquela expressa pelo jovem G. na qualidade de crítico teatral ("L'Italia che scrive" [A Itália que escreve], 6 de abril de 1918, em *CF*, 805-6; "Musco" [Musgo], 29 de março de 1918, em *CF*, 986-7); na verdade, um raciocínio e um juízo semelhantes voltam, pouco tempo depois, numa reflexão sobre o teatro italiano (Capuana e Pirandello): "A língua não possui 'historicidade' de massa, não é um fato nacional. *Liolà*, em italiano, não vale nada, embora *O falecido Mattia Pascal*, de onde foi extraída, seja bastante interessante". Um autor tem dificuldade em se colocar "em uníssono com o público" porque "na Itália há duas línguas: o italiano e o dialeto regional, e na vida familiar se adota o dialeto" enquanto o italiano é apenas "uma língua parcial" (*Q 3*, 73, 350; v. também *Q 5*, 54, 586 [*CC*, 6, 168], sobre a possibilidade de se estudar os "elementos lexicais, morfológicos e de sintaxe de tipo siciliano, que Pirandello introduz ou pode introduzir na língua italiana literária").

As notas desse período contêm também outras reflexões sobre dialeto. Nestas, a distinção entre dialeto e língua é articulada com evidente consciência da inaceitabilidade, à luz dos modernos estudos linguísticos, daquela rigidez hierárquico-classificatória que parece surgir, pelo menos no nível expositivo, na carta a Teresina. G. está atento aos processos históricos que redefinem o status e o valor simbólico de um idioma (v. também a citada carta de 17 de novembro de 1930 [*Cartas*, I, 454]). "Do latim vulgar desenvolvem-se os dialetos neolatinos" e, de um desses, emerge o "vulgar ilustre": nova "língua escrita e não falada, dos eruditos e não da nação" (*Q 3*, 76, 353-4 [*CC*, 2, 80-1]), que para os intelectuais representará, mais tarde, um elemento fundador da civilização italiana. Mas "o vulgar, para os humanistas, era como um dialeto, isto é, não tinha caráter nacional" (*Q 5*, 123, 652 [*CC*, 5, 225]). Nascida dialetal, aquela civilização se unificou com o "florescimento do século XIV toscano", mas "até um certo ponto" (*Q 6*, 116, 788 [*CC*, 5, 259]). De fato, "a língua [...] na Itália se alimenta pouco, em seu desenvolvimento, da língua popular que não existe (exceto na Toscana), ao passo que existem dialetos"

(*Q 6*, 94, 769 [*CC*, 2, 143]). Nesses anos (1930-1933), G. sempre problematiza a distinção entre língua e dialeto por outras vias. A história dos idiomas, como produtos sociais e culturais coletivos, mostra como não há vínculos absolutos, permanentemente necessários, entre certo dialeto (ou uma língua) e um tipo particular de visão de mundo: no século XVI, um filão cultural "verdadeiramente nacional-popular" se expressa "nos dialetos, mas também em latim" (*Q 5*, 104, 633 [*CC*, 6, 178]); em Roma, em 1847-1849 "o dialeto é arma dos liberais, depois de 1870, dos clericais" (*Q 3*, 79, 359 [*CC*, 2, 84]). Sequer a relação que o dialeto possui com a cultura folclórica (v. *Q 9*, 132 e *Q 14*, 15 [*CC*, 6, 232]) é considerada mecanicamente: quando se observam as respectivas modificações históricas, o "folclore" resulta "mais móvel e flutuante que a língua e os dialetos" (*Q 9*, 15, 1.105 [*CC*, 6, 225]).

No quadro constituído por essa primeira fase de considerações sobre o dialeto – algumas das quais são retomadas, em 1934, no *Q 23*, 7 [*CC*, 6, 70], *Q 23*, 39 [*CC*, 6, 109] e *Q 23*, 40 [*CC*, 6, 111] – se insere a reflexão de G. sobre os limites da dialetofonia e do valor progressivo da unificação linguística (uma reflexão relacionada também a alguns artigos de juventude: v. "Analfabetismo", 11 de fevereiro de 1917, em *CF*, 17-8; "Il socialismo e l'Italia" [O socialismo e a Itália], 22 de setembro de 1917, em *CF*, 349-52; "Contro un pregiudizio" [Contra um preconceito], 24 de janeiro de 1918, em *CF*, 592-5; "La lingua unica e l'esperanto" [A língua única e o esperanto], 16 de fevereiro de 1918, em *CF*, 668-74; "Cronache di cultura" [Notícias de cultura], 14 de junho de 1920, em *ON*, 556-8). A nota que assinala um importante ponto de partida em tal sentido provém do já citado *Q 6* (e remonta, provavelmente, aos inícios de 1931). G. introduz aqui (*Q 6*, 71 [*CC*, 6, 196]) uma observação sobre o diferente "conteúdo histórico-social" dos dialetos com relação à língua: "Entre o dialeto e a língua nacional-literária algo mudou: precisamente o ambiente cultural, político-moral, sentimental. A história das línguas é história das inovações linguísticas [...] de toda uma comunidade social que inovou sua cultura, que 'progrediu' historicamente" (ibidem, 738 [*CC*, 6, 197]). Essa diferenciação se tornará mais precisa quando G. falar de "língua comum nacional, cuja inexistência determina atritos sobretudo nas massas populares" (*Q 29*, 2, 2.344 [*CC*, 6, 144]). Chega-se assim à primeira metade de 1935, às passagens de *Q 29*, 2 [*CC*, 6, 142] e *Q 29*, 3 [*CC*, 6, 145] em que, entretanto, não é abandonada a concepção dos dialetos como produtos históricos não puramente residuais, nem absolutamente separados da "língua unitária" *in fieri*. E, de fato, G. insere, entre os "*Focos de irradiação de inovações linguísticas na tradição e de um conformismo nacional linguístico nas grandes massas nacionais*", também "os dialetos": aqueles "mais localizados" e aqueles "que abrangem complexos regionais mais ou menos vastos" (ibidem, 2.345 [*CC*, 6, 145]).

Configura-se, no total, uma reflexão sobre a dialetofonia que integra o prognóstico (e a proposta de intervenção a favor) da unificação linguística nacional com a constatação das vantagens funcionais que, em certos contextos de uso, o dialeto estava ainda longe de perder e a língua de assumir. G. não afirmou a necessidade, nem a inevitabilidade do desaparecimento dos dialetos; o que considerava inadequado era o monolinguismo, o dialetal em particular. Essa censura é resolutamente expressa em uma nota que se destaca pela centralidade de sua colocação teórico-argumentativa (no centro das reflexões filosóficas dos *Q*) e cronológica (1932): "Quem fala somente o dialeto ou compreende a língua nacional em graus diversos participa necessariamente de uma intuição do mundo mais ou menos restrita e provinciana, fossilizada, anacrônica em relação às grandes correntes de pensamento que dominam a história mundial. Seus interesses serão restritos, mais ou menos corporativistas ou economicistas, não universais. Se nem sempre é possível aprender outras línguas estrangeiras a fim de colocar-se em contato com vidas culturais diversas, deve-se pelo menos conhecer bem a língua nacional. Uma grande cultura pode traduzir-se na língua de outra grande cultura, isto é, uma grande língua nacional historicamente rica e complexa pode traduzir qualquer outra grande cultura, ou seja, ser uma expressão mundial. Mas, com um dialeto, não é possível fazer a mesma coisa" (*Q 11*, 12, 1.377 [*CC*, 1, 95]).

Alessandro Carlucci

Ver: cultura popular; folclore/folklore; latim; latim e grego; língua; linguagem; linguística; Pirandello; tradução.

diplomacia

Em uma nota do *Q 10*, criticando Croce e se referindo ao fato de que não é obrigatório que uma luta política deva evoluir para encontros sangrentos, G. escreve: "A diplomacia é [...] aquela forma de luta política internacional (o que não quer dizer que não exista uma diplomacia também para as lutas nacionais entre os partidos) que influi para obter vitórias (que nem sempre são de pouca importância) sem derramamento de sangue, sem guerra" (*Q 10* II, 41.V, 1.309 [*CC*, 1, 378]). Isso não quer dizer que política e diplomacia sejam a mesma coisa: na primeira, tem importância central "o elemento volitivo", enquanto a segunda "ratifica e tende a conservar as situações criadas pelo choque das políticas estatais; é criativa apenas por metáfora ou por convenção filosófica [...]. Por isso, em decorrência do próprio hábito profissional, o diplomata é levado ao ceticismo e à estreiteza conservadora" (*Q 6*, 86, 760-1 [*CC*, 3, 241-2]). A diferença entre política e diplomacia é exemplificada por Maquiavel e Guicciardini. Este último foi diplomata de profissão e, por isso, mais cético, enquanto, sendo "a diplomacia tornada necessariamente uma profissão especializada, trouxe esta consequência, de poder o diplomata afastar-se da política de governos mutáveis" (ibidem, 762 [*CC*, 3, 242]).

G. apresenta outros exemplos históricos em apoio à tese de que a diplomacia, como afirmava Crispi, "é [...] atividade subalterna e subordinada: o diplomata não cria novos nexos históricos, mas trabalha para ratificar os que o político criou" (*Q 6*, 89, 765 [*CC*, 5, 253]); por isso, Talleyrand e Napoleão não podem ser comparados. Um discurso parecido, no entanto, observa G., não pode ser aplicado à Itália pós-unificação, da qual Crispi foi líder e a qual, sem autonomia internacional, encontrou-se em condições nas quais "a diplomacia era concretamente superior à política criativa, era a 'única política criativa'" (idem).

Lelio La Porta

Ver: Crispi; Croce; Guicciardini; Maquiavel; política.

direção

G. utiliza o termo "direção" sempre em forma adjetivada: ela pode ser "carismática" (*Q 2*, 75, 233-4 [*CC*, 3, 160]) ou "de casta e sacerdotal" (*Q 3*, 56, 337 [*CC*, 3, 199]), "intelectual e moral" (*Q 19*, 24, 2.010 [*CC*, 5, 62]) ou "cultural e moral" (*Q 10* I, 7, 1.224 [*CC*, 1, 293]), "consciente" (*Q 3*, 48, 328 [*CC*, 3, 194]) ou "social e estatal" (*Q 12*, 1, 1.519 [*CC*, 2, 15]). Essas diversas formas assumidas pela direção remetem todas a seu caráter *político* e identificam uma verdadeira e própria *função* do sistema de poder, que se expressa em âmbitos diversos. Pode-se, portanto, dizer que no centro do interesse de G. esteja precisamente a "função de direção política" (*Q 10* II, 31, 1.271 [*CC*, 1, 339]).

O significado da direção política é especificado no *Q 1*, 44, onde G. explicita aquilo que será a articulação central de sua ciência política: "O critério histórico-político sobre o qual se deve basear a própria pesquisa é este: que uma classe é dominante de duas formas, isto é, 'dirigente' e 'dominante'. É dirigente das classes aliadas, é dominante das classes adversárias" (ibidem, 41). A direção é aquele atributo específico da forma moderna de poder que não se apresenta como mecanicamente imposta, mas como forma *consensual* do próprio poder; por isso, segundo G., "uma classe, antes já de chegar ao poder, pode ser 'dirigente' (e deve sê-lo): quando está no poder se torna dominante, mas continua a ser também 'dirigente'" (idem). A expressão "direção política" parece se tornar, neste caso, um sinônimo de "hegemonia": "Pode e deve haver uma 'hegemonia política' mesmo antes da chegada ao poder, e não se deve contar apenas com o poder e com a força material que ele confere para exercer a direção ou hegemonia política" (idem). O uso equivalente de ambas as expressões está presente também na análise dos partidos, "a função hegemônica ou de direção política [...] pode ser avaliada pelo desenvolvimento da vida interna dos próprios partidos" (*Q 7*, 90, 919 [*CC*, 3, 267]), ou da história ético-política, que "é uma hipóstase arbitrária e mecânica do momento da hegemonia, da direção política, do consenso" (*Q 10* I, 7, 1.222 [*CC*, 1, 293]). A direção política é, portanto, para G., aquele "aspecto do domínio" (*Q 1*, 44, 41) que abrange a esfera do consenso e da hegemonia. Nessa acepção, a direção deve se exercer no Estado – "'Estado' significa especialmente direção consciente das grandes multidões nacionais" (*Q 9*, 42, 1.122) – e no partido – "estabelecido o princípio de que existem dirigidos e dirigentes, governados e governantes, é verdade que os partidos são até agora o modo mais adequado para elaborar os dirigentes e a capacidade de direção" (*Q 15*, 4, 1.753 [*CC*, 3, 326]).

G. desenvolve historicamente o conceito de direção política no *Q 19*, 28 [*CC*, 5, 100] (um Texto C fruto da fusão de algumas notas do *Q 1*), analisando seus nexos com a mera "direção militar". A nota tem por título "Direção político-militar do movimento nacional italiano" e se abre com esta especificação: "Por direção militar não se deve entender apenas a direção militar em sentido estrito, técnico [...]; deve-se entender, ao contrário, em sentido muito mais amplo e mais ligado à direção política propriamente dita" (ibidem, 2.048 [*CC*, 5, 100]). Isso porque as guerras do *Risorgimento* não podiam ser combatidas apenas do ponto de vista militar, "o problema militar era este: como conseguir mobilizar uma força insurrecional que fosse capaz não só de expulsar da península o Exército austríaco, mas também de impedir que ele pudesse retornar com uma contra-ofensiva" (ibidem, 2.048-9 [*CC*, 5, 100]). "A direção militar – portanto – era uma questão mais ampla do que a direção do Exército e a determinação do plano estratégico que o Exército devia executar; ela compreendia, além disto, a mobilização político-insurrecional de forças populares que se insurgissem na retaguarda do inimigo" (ibidem, 2.050 [*CC*, 5, 101]). A direção político-militar do movimento deveria ter tido na "política popular" o seu fulcro; ao contrário, ela "não foi feita nem mesmo depois de 1849" (idem). G. conclui com um juízo severo a respeito da "política da direita em 1848", que "retardou a unificação da península por algumas décadas" (idem). Esses juízos sobre as insurreições do *Risorgimento* inserem-se no âmbito de uma reflexão mais geral sobre formas modernas do conflito, que em G. expressa a particularidade da direção política como hegemonia: "A questão se torna ainda mais complexa e difícil nas guerras de posição, feitas por massas enormes que, só com grandes reservas de força moral, podem resistir ao grande desgaste muscular, nervoso, psíquico: só uma habilíssima direção política, que saiba levar em conta as aspirações e os sentimentos mais profundos das massas humanas, impede sua desagregação e desmantelamento" (ibidem, 2.051 [*CC*, 5, 103]). Uma acurada direção política é, portanto, indispensável nos modernos conflitos que se realizam como "guerras de posição", naquele limiar que G. descreve como a *Passagem da guerra manobrada (e do ataque frontal) à guerra de posição também no campo político* (*Q 6*, 138, 801 [*CC*, 3, 255]), em que "é necessária uma concentração inaudita de hegemonia" (ibidem, 802 [*CC*, 3, 255]).

Mas "direção" não teve sempre, como característica principal, essa proximidade com "hegemonia": G. acena, na verdade, a dois outros tipos de direção que ocorrem historicamente e que parecem lembrar as diversas formas weberianas de legitimidade do poder. Primeiramente, "a direção carismática", que "traz consigo um dinamismo político vigorosíssimo" (*Q 2*, 75, 233-4 [*CC*, 3, 160]) e que permite responder de modo afirmativo à pergunta de se "no passado existia ou não o homem coletivo": ele "existia sob a forma da direção carismática" (*Q 7*, 12, 862 [*CC*, 3, 259]). Há depois "um tipo de direção de casta e sacerdotal" que se refere à "*concepção do centralismo orgânico*", na qual "o elemento constitutivo de um organismo é posto em um sistema doutrinário rígida e rigorosamente formulado" (*Q 3*, 56, 337 [*CC*, 3, 199]). Mas ambas essas formas de direção estão destinadas a cumprir um papel cada vez menor, à luz das mudanças introduzidas nas formas do conflito. Em especial para "direção carismática", G. escreve: "Se o líder é de origem 'carismática', deve renegar sua origem e trabalhar para tornar orgânica a função de direção: orgânica e com características de permanência e continuidade" (*Q 6*, 97, 772 [*CC*, 3, 248]).

A direção se torna um atributo fundamental da "classe 'para si'" (*Q 3*, 48, 328 [*CC*, 3, 194]) e G. se coloca o problema de sua presença na política dos grupos subalternos em uma nota de título "Espontaneidade e direção consciente". Posto que "não existe na história espontaneidade 'pura'", G. salienta que "no movimento 'mais espontâneo', os elementos de 'direção consciente' são simplesmente impossíveis de controlar, não deixaram nenhum documento comprovável. Pode-se dizer, por isso, que o elemento da espontaneidade é característico da 'história das classes subalternas'" (idem). "Existe, portanto, uma 'multiplicidade' de elementos de 'direção consciente' nestes movimentos, mas nenhum deles é predominante" (idem), para o que uma política para as classes subalternas deve estar em condições de fazer coexistir, segundo G., certo grau de espontaneidade com elementos de "direção consciente", daí referir-se a "homens reais, formados em determinadas relações históricas" (ibidem, 330 [*CC*, 3, 196]), e dar, ao mesmo tempo, uma "direção não [...] 'abstrata'". "Esta unidade de 'espontaneidade' e 'direção consciente', ou seja, de 'disciplina', é exatamente a ação política real das classes subalternas como política de massas e não simples aventura de grupos que invocam as massas". Exemplo histórico dessa virtuosa unidade foi "o movimento turinês" de ocupação das fábricas durante o "biênio vermelho", no qual "este elemento de 'espontaneidade' não foi negligenciado, menos ainda desprezado: foi *educado*, orientado, purificado de tudo o que de estranho podia afetá-lo, para torná-lo homogêneo em relação à teoria moderna, mas de modo vivo, historicamente eficiente" (idem).

Michele Filippini

Ver: centralismo; consenso; dirigentes-dirigidos; domínio; espontaneidade; Estado; guerra de posição; hegemonia; líder carismático; *Ordine Nuovo* (*L'*); *Risorgimento*; subalterno/subalternos.

direita: v. esquerda-direita.

direito

A reflexão gramsciana sobre o direito compreende dois aspectos distintos, que contêm, no entanto, uma substancial continuidade de julgamento: por um lado, há a atenção ao "ordenamento jurídico" (*Q 3*, 142, 400 [*CC*, 3, 204]) em seu significado "sociológico", verificável como "'problema jurídico'" (*Q 6*, 84, 757 [*CC*, 3, 240]) à luz da "função do direito no Estado e na sociedade" (idem); por outro, uma reconstrução histórica das formas que o direito assumiu da Idade Média até o "constitucionalismo" (*Q 6*, 63, 732 [*CC*, 2, 142]). A reconstrução histórica das formas do direito começa já no *Q 3*, em uma longa nota intitulada "Para a formação das classes intelectuais italianas na Alta Idade Média" (*Q 3*, 87, 367-71 [*CC*, 2, 85]), na qual G., partindo de um artigo de Francesco Brandileone, "Os 'dois direitos' e seu ensino atual na Itália", reconstrói a "queda do direito romano após as invasões bárbaras" e a "sua redução a direito pessoal e consuetudinário" (ibidem, 367 [*CC*, 2, 85]), contextual à "emersão do direito canônico que, de direito particular, de grupo, eleva-se a direito estatal" (idem). O direito romano reencontra sua centralidade somente "após o ano Mil" (ibidem, 370), mas não como fonte primária do ordenamento, "porque o direito romano 'puro' não pode acomodar as novas complexas relações" (*Q 5*, 123, 643 [*CC*, 5, 225]), mas principalmente como matriz fixa de jurisprudência, "como código coagulado e permanente" (*Q 6*, 63, 732 [*CC*, 2, 142]). O direito romano é assim transformado "de um 'método' a um 'código'" (idem): a "codificação bizantina do método romano de resolver as questões do direito coincide com o surgimento de um grupo social que quer uma 'legislação' permanente, superior aos arbítrios dos magistrados (movimento que culmina no 'constitucionalismo')" (idem). Entra assim, nas reflexões gramscianas sobre o direito, o sujeito histórico burguês com as suas necessidades jurídicas, que "somente num quadro permanente de '*concordia discorde*', de luta dentro de uma moldura legal que determine os limites do arbítrio individual, pode desenvolver as forças implícitas em sua função histórica" (idem). Esse grupo social emergente retoma, assim, o direito romano, esvaziando-o, no entanto, de cada um de seus princípios, mas mantendo aquela casuística que permite regular as novas relações de troca: "Através da casuística dos glosadores e dos pós-glosadores, formam-se jurisprudências locais, em que tem razão o mais forte (ou o nobre ou o burguês) e que são o 'único direito' existente: os princípios do direito romano são esquecidos ou submetidos à glosa interpretativa, que, por sua vez, passa por interpretações, dando origem a um produto final em que de romano não havia nada, a não ser o princípio puro e simples de propriedade" (*Q 5*, 123, 643 [*CC*, 5, 228]).

O direito moderno é assim garantidor da força de classe que se exprime no princípio da propriedade, mas é também, e aqui se começa a descobrir a outra face da reflexão gramsciana, o instrumento com o qual essa classe procura a "conformação" e a "educação" (*Q 6*, 84, 757 [*CC*, 3, 240]) de toda a sociedade. Para G., "a revolução provocada pela classe burguesa na concepção do direito e, portanto, na função do Estado consiste especialmente na vontade de conformismo (logo, eticidade do direito e do Estado)" (*Q 8*, 2, 937 [*CC*, 3, 271]): "Através do 'direito', o Estado torna 'homogêneo' o grupo dominante e tende a criar um conformismo social que seja útil à linha de desenvolvimento do grupo dirigente" (*Q 6*, 84, 757 [*CC*, 3, 240]). O direito assim compreendido deve, no entanto, estender seu valor conceitual, "incluindo aquelas atividades que hoje são compreendidas na fórmula de 'indiferente jurídico' e que são de domínio da sociedade civil, que atua sem 'sanções' e sem 'obrigações' taxativas" (*Q 13*, 7, 1.566 [*CC*, 3, 23]). A função do direito torna-se, então, a de "pressupor que todos os cidadãos devem aceitar livremente o conformismo assinalado pelo direito, de vez que todos podem se tornar elementos da classe dirigente" (*Q 6*, 98, 773 [*CC*, 3, 249]). Esta "utopia democrática do século XVIII" (idem) se rompe quando ocorre "uma paralisação e se volta à concepção do Estado como pura força [...]. A classe burguesa [...] não só não se difunde, mas se desagrega; não só não assimila novos elementos, mas desassimila uma parte de si mesma" (*Q 8*, 2, 937 [*CC*, 3, 271]). A utopia se revela como tal na incapacidade da classe burguesa de assimilar em si toda a sociedade, e G. explicita claramente o motivo: "Nesta segunda fase, mesmo afirmando que o conformismo deve ser livre e espontâneo, trata-se de coisa bastante diversa: trata-se de reprimir e sufocar um direito nascente, e não de estabelecer conformidade" (*Q 6*, 98, 773 [*CC*, 3, 249]). O direito é, na verdade, sempre o fruto de um conflito e "sempre precisou de luta para se afirmar" (idem).

O direito nascente que deve ser sufocado é evidentemente aquele expresso pela classe adversária, em condições, essa, sim, de "assimilar toda a sociedade [...] a ponto de conceber o fim do Estado e do direito, tornados inúteis por terem esgotado sua missão e sido absorvidos pela sociedade civil" (*Q 8*, 2, 937 [*CC*, 3, 271]). O percurso em direção a essa etapa deve, no entanto, acertar as contas com o "tema mais geral da posição diferente que as classes subalternas tiveram antes de se tornar dominantes. Certas classes subalternas devem atravessar um longo período de intervenção jurídica rigorosa e depois atenuada, diferentemente de outras" (*Q 6*, 98, 773-4 [*CC*, 3, 249]). G. se confronta no cárcere com o "'problema jurídico', isto é, o problema de assimilar todo o grupo à fração mais avançada do grupo" (*Q 6*, 84, 757 [*CC*, 3, 240]), justamente "do ponto de vista do centro organizativo de um agrupamento" (ibidem, 756-7 [*CC*, 3, 240]). Temos apenas uma indicação preliminar do que G. está disposto a recomendar nesse caso, e que se refere diretamente às primeiras reflexões desenvolvidas: "A continuidade 'jurídica' do centro organizador não deve ser do tipo bizantino-napoleônico, ou seja, segundo um código concebido como perpétuo, mas romano--anglo-saxão, ou seja, uma continuidade cuja característica essencial consiste no método, realista, sempre aderente à vida concreta em perpétuo desenvolvimento" (ibidem, 757 [*CC*, 3, 240]).

Michele Filippini

Ver: Conformismo; educação; Estado; Estado ético; sociedade civil.

direito natural

Já no início dos *Q* (*Q 1*, 1, 6) G. relaciona a teoria do direito natural ao catolicismo e recorda que, para "a doutrina da Igreja católica [...] a propriedade privada, especialmente a 'fundiária', é um 'direito natural'". Pouco depois, G. escreve que "os atuais polemistas contra o direito natural evitam lembrar que ele é parte integrante do catolicismo e de sua doutrina" (*Q 1*, 4, 7). No respectivo Texto C se reafirma que "o conceito de 'direito natural' [é] essencial e integrante da doutrina social e política católica" (*Q 27*, 2, 2.315 [*CC*, 6, 137]). G. sustenta mesmo que a afirmação do direito natural por parte de muitos teóricos e protagonistas da Revolução Francesa revela "a estreita relação que existe entre a religião católica, tal como essa foi sempre entendida pelas grandes massas, e os 'princípios imortais' de 1789 [...]. Por isso, pode-se dizer que, conceitualmente, não são os princípios da Revolução Francesa que superam a religião, já que pertencem à sua mesma esfera mental, mas sim os princípios que são superiores historicamente (enquanto expressam exigências novas e superiores) aos da Revolução Francesa, isto é, os que se fundam na realidade efetiva da força e da luta" (idem). Esses "princípios superiores" são evidentemente aqueles formulados pela filosofia da práxis.

Em um Texto B (*Q 15*, 8, 1.761 [*CC*, 3, 330]) G. define o papel histórico do direito natural: trata-se de "um elemento da história", que "indica um 'senso comum político e social' e, como tal, é um 'fermento' de operosidade", ou seja, uma ideologia em sentido gramsciano. Essa concepção do direito natural reaparece no Texto C já citado (*Q 27*, 2, 2.314-7 [*CC*, 6, 136]), intitulado "'Direito natural' e folclore". Aqui G. torna a reconhecer à ideologia do direito natural uma dimensão laica: "Tornam-se 'direito natural', através das mais variadas e bizarras contaminações, também certos programas e proposições afirmados pelo 'historicismo'. Portanto, existe uma massa de 'opiniões jurídicas' populares, que assumem a forma do 'direito natural' e constituem o 'folclore' jurídico" (ibidem, 2.316 [*CC*, 6, 138]).

Carlos Nelson Coutinho

Ver: filosofia da práxis; folclore/folklore; historicismo; ideologia; Igreja católica; religião; Revolução Francesa; senso comum.

direitos e deveres

Para G., "a ordem social" é o "conjunto dos direitos e deveres" (*Q 4*, 55, 498-9; v. também *Q 4*, 50, 485: o ensino na escola elementar dos direitos e deveres é o ensino das "primeiras noções sobre o Estado e a sociedade"). Os dois momentos são recíprocos e sua reciprocidade é o que constitui o fundamento do Estado moderno como Estado de direito. Tal modelo pertence ao projeto histórico da burguesia: "A revolução provocada pela classe burguesa na concepção do direito e, portanto, na função do Estado consiste especialmente na vontade de conformismo (logo, eticidade do direito e do Estado)" (*Q 8*, 2, 937 [*CC*, 3, 271]). Não encontra uma realização adequada por toda parte, no entanto. Assim, "uma opinião difundida é esta: enquanto para os cidadãos a observância das leis é uma obrigação jurídica, para o 'Estado' a observância é só uma obrigação moral, isto é, uma obrigação sem sanções punitivas pelo descumprimento [...] não se termina jamais de constatar quanta gente acredita não ter obrigações 'jurídicas' e poder gozar de imunidade e impunidade. Este 'estado de espírito' está ligado a um costume ou criou um costume? Uma coisa e outra são verdadeiras. Ou seja, o Estado, como lei escrita permanente, jamais foi concebido (nem se fez conceber) como uma obrigação objetiva ou universal. Este modo de pensar está ligado à curiosa concepção do 'dever cívico' independente dos 'direitos', como se existissem deveres sem direitos e vice-versa: esta concepção está ligada precisamente à da não obrigatoriedade jurídica das leis para o Estado, isto é, para os funcionários e agentes estatais, que parecem ter tanto trabalho para obrigar os outros que não lhes sobra tempo de obrigarem a si mesmos" (Q 6, 203, 842 [CC, 3, 258]). Um exemplo de direitos sem deveres é a identificação de "prerrogativa" e "privilégio": "A prerrogativa não pode deixar de ser 'estritamente' ligada à função social e à explicitação de determinados deveres. Por isto, deve-se ver se os 'privilégios' não são apenas 'prerrogativas' degeneradas, ou seja, invólucros sem conteúdo social e funcional" (Q 7, 93, 922 [CC, 3, 267]).

Fabio Frosini

Ver: conformismo; Estado.

dirigentes-dirigidos

A reflexão de G. sobre o problema da relação entre dirigentes e dirigidos se articula em pelo menos três fases, correspondentes às etapas do desenvolvimento da análise dos Q sobre uma série de questões relacionadas, de caráter histórico-político. Em um primeiro momento, no âmbito de um aprofundamento (auto)crítico das razões da derrota da própria parte, além de questões pessoais, G. concentra sua atenção no problema da *separação entre dirigentes e dirigidos*, como anuncia o título de Q 3, 157 [CC, 3, 205]. Esse fenômeno "assume aspectos diversos de acordo com as circunstâncias e as condições gerais. Desconfiança recíproca: o dirigente acredita que o 'dirigido' o engana, exagerando os dados positivos e favoráveis à ação e, por isso, em seus cálculos, deve levar em conta esta incógnita que complica a equação. O 'dirigido' duvida da energia e do espírito de decisão do dirigente e, por isso, é levado, até mesmo inconscientemente, a exagerar os dados positivos e a esconder ou diminuir os dados negativos. Há um engano recíproco, origem de novas hesitações, de desconfianças, de questões pessoais etc. Quando isto ocorre, significa que: 1) há crise de comando; 2) a organização, o bloco social do grupo em causa ainda não teve tempo de se consolidar, criando a harmonia recíproca, a *lealdade* recíproca; 3) mas há um terceiro elemento: a incapacidade do 'dirigido' de cumprir sua missão, que no fundo significa a incapacidade do 'dirigente' de escolher, controlar e dirigir seu pessoal" (ibidem, 410 [CC, 3, 205]). Os "exemplos práticos" referem-se, como em muitas outras circunstâncias análogas, aos acontecimentos históricos da Revolução Francesa e, principalmente, do *Risorgimento* italiano, mas não é impossível colher um eco das discussões tidas por G. no mesmo período (outono de 1930) com os companheiros do cárcere, nas quais denunciava a involução burocrática da direção do movimento comunista internacional, a partir de sua central soviética.

Em uma nota da mesma época (Q 4, 33, 451-2) G. insere, por outro lado, o problema no âmbito da questão mais geral da separação entre intelectuais e povo, que caracterizou e caracteriza primeiramente a vida política italiana: "O elemento popular 'sente', mas não compreende nem sabe; o elemento intelectual 'sabe', mas não compreende e, especialmente, não sente. Os dois extremos são, portanto, o pedantismo e o filisteísmo por um lado e a paixão cega e o sectarismo por outro [...]. O erro do intelectual consiste em acreditar que se possa *saber* sem compreender e, especialmente, sem sentir e estar apaixonado, isto é, que o intelectual possa sê-lo mesmo quando distinto e separado do povo: não se faz história-política sem paixão, isto é, sem estar sentimentalmente ligado ao povo, ou seja, sem sentir as paixões elementares do povo, compreendendo-as, ou seja, explicando-as [e justificando-as] em determinada situação histórica e relacionando-as dialeticamente com as leis da história, isto é, a uma superior concepção do mundo, cientificamente elaborada, o 'saber'. Se o intelectual não compreende e não sente, suas relações com o povo-massa são ou se reduzem a relações puramente burocráticas, formais: os intelectuais se tornam uma casta ou um sacerdócio (centralismo orgânico): se a relação entre intelectuais e povo-massa, entre dirigentes e dirigidos, entre governantes e governados, é dada por uma adesão orgânica na qual o sentimento-paixão se torna compreensão e, portanto, saber (não de forma mecânica, mas vivida), só então a relação é de representação, e ocorre a troca de elementos individuais entre governados e governantes, entre dirigidos e dirigentes, ou seja, se realiza a vida do conjunto, a única que é força social, se cria o 'bloco histórico'". No Texto C do

Q 11, 67, 1.505 [*CC*, 1, 221], além de algumas variações de caráter formal, a expressão "centralismo orgânico" é precedida de "o chamado" porque, ao contrário do que acontecera anteriormente, G. não o identifica mais com a concepção bordiguiana da direção do partido, para a qual prefere empregar a fórmula "centralismo burocrático", mas sim com sua própria fórmula já definida como "centralismo democrático": como afirmado explicitamente no *Q 9*, 68, 1.139-40, para aquilo que Bordiga entendia como centralismo orgânico "o nome mais correto é centralismo burocrático: a organicidade só pode ser a do centralismo democrático, o qual é exatamente um 'centralismo em movimento', por assim dizer, ou seja, uma contínua adequação ao movimento histórico real, e é orgânico justamente porque leva em conta [...] algo de relativamente estável e permanente, ou pelo menos que se move em uma direção fácil de prever" e que, de um ponto de vista geral, "se personifica no desenvolvimento orgânico do grupo social hegemônico", mas em particular "nos partidos representantes dos grupos socialmente subalternos [...] representa a necessidade orgânica de garantir a hegemonia não a grupos privilegiados, mas às forças sociais progressivas" e isso "requer uma unidade orgânica [...] entre estratos intelectuais e massa, entre governantes e governados".

Nesse intervalo de tempo, pode-se dizer que a reflexão gramsciana a respeito do assunto tenha passado do momento crítico àquele reconstrutivo, que consiste primeiramente em instituir um nexo explícito entre "*Hegemonia e democracia*. Entre os muitos significados de democracia, parece-me que o mais realista e concreto se possa deduzir em conexão com o conceito de hegemonia. No sistema hegemônico, existe democracia entre o grupo dirigente e os grupos dirigidos na medida em que o desenvolvimento da economia e, por conseguinte, a legislação que expressa este desenvolvimento favorecem a passagem molecular dos grupos dirigidos para o grupo dirigente" (*Q 8*, 191, 1.056 [*CC*, 3, 287]). Além de se aplicar aos movimentos e às organizações estatais de tipo coletivista, o raciocínio é adequado também às sociedades capitalistas avançadas, sobre as quais, com linguagem crociana, se pode dizer que "a combinação na qual o elemento hegemônico ético-político se apresenta na vida estatal e nacional é o 'patriotismo' e o 'nacionalismo', que é a 'religião popular', ou seja, o nexo pelo qual se verifica a unidade entre dirigentes e dirigidos" (*Q 8*, 227, 1.084).

Tal nexo nunca é automático, mas é ativamente construído por parte dos grupos dirigentes (ou que aspiram a se tornar tais), os quais devem instituir com as massas uma relação que G. define como "pedagógica", entendendo com esse termo não apenas as "relações especificamente 'escolares', através das quais as novas gerações entram em contato com as antigas e absorvem suas experiências e seus valores historicamente necessários, 'amadurecendo' e desenvolvendo uma personalidade própria, histórica e culturalmente superior. Essa relação existe em toda a sociedade no seu conjunto e em todo indivíduo com relação aos outros indivíduos, entre camadas intelectuais e não intelectuais, entre governantes e governados, entre elites e seguidores, entre dirigentes e dirigidos, entre vanguardas e corpos de exército. Toda relação de 'hegemonia' é necessariamente uma relação pedagógica, que se verifica não apenas no interior de uma nação, entre as diversas forças que a compõem, mas em todo o campo internacional e mundial, entre conjuntos de civilizações nacionais e continentais" (*Q 10* II, 44, 1.330-1 [*CC*, 1, 399]): é evidente, aqui, a referência ao movimento comunista internacional e à sua direção moscovita.

Uma fase posterior da reflexão de G. sobre a questão tende a problematizá-la novamente: partindo do fato inegável de que "existem governados e governantes, dirigentes e dirigidos [...]. Dado este fato, deve-se ver como se pode dirigir do modo mais eficaz (dados certos fins) e como, portanto, preparar da melhor maneira os dirigentes (e nisto precisamente consiste a primeira parte da ciência e arte política), e como, por outro lado, conhecem-se as linhas de menor resistência ou racionais para obter a obediência dos dirigidos ou governados. Na formação dos dirigentes, é fundamental a premissa: pretende-se que sempre existam governados e governantes ou pretende-se criar as condições nas quais a necessidade dessa divisão desapareça? Isto é, parte-se da premissa da divisão perpétua do gênero humano ou crê-se que ela é apenas um fato histórico, correspondente a certas condições? Entretanto, deve-se ter claro que a divisão entre governados e governantes, ainda que em última análise se refira a uma divisão de grupos sociais, existe também, sendo as coisas como são, no seio de cada grupo, mesmo socialmente homogêneo; pode-se dizer, em certo sentido, que esta divisão é uma criação da divisão do trabalho, é um fato técnico. Especulam sobre esta coexistência de motivos todos os que veem em tudo apenas 'técnica', necessidade 'técnica' etc., para não se proporem o problema fundamental" (*Q 15*, 4, 1.752 [*CC*, 3, 324]). Essas últimas afirmações parecem corrigir algumas notas precedentes nas quais G. retomava acriticamente a célebre e sugestiva – mas nunca aprofundada teoricamente – metáfora marxiana do regente de orquestra como modelo de dirigente na futura sociedade sem classes e, portanto, naquilo que ele identificava como uma espécie de seu precursor, o partido político, no qual já teria ocorrido "a passagem do reino da necessidade ao reino da liberdade" (*Q 4*, 40, 465 [*CC*, 6, 362] e *passim*): "Se não existe diferença de classe, a questão torna-se puramente técnica – a orquestra não crê que o regente seja um patrão oligárquico –, de divisão do trabalho e de educação" (*Q 2*, 75, 236 [*CC*, 3, 166]). Esse modelo é retomado ainda no *Q 8*, 45, 968-9 [*CC*, 3, 273], em contraposição ao "comando próprio do autoritarismo. A espera passiva das ordens. Na obediência, há um elemento de comando e, no comando, um elemento de obediência (autocomando e auto-obediência) [...]. Obedece-se neste sentido de bom grado, ou seja, livremente, quando se compreende que se trata de força maior: mas, para que se esteja convencido da força maior, é preciso que exista colaboração efetiva quando a força maior não existe. Comandar por comandar é autoritarismo". Novamente, o modelo alternativo era representado pelo "comando do maestro: acordo prévio alcançado, colaboração, o comando como uma função distinta, não hierarquicamente imposta".

Na verdade, como sustenta G. na sequência da já citada nota no *Q 15*, 4, 1.752 [*CC*, 3, 325-6], "dado que até no mesmo grupo existe a divisão entre governantes e governados, é necessário fixar alguns princípios irrevogáveis. Aliás, é precisamente neste terreno que ocorrem os 'erros' mais graves, isto é, que se manifestam as insuficiências mais criminosas, porém mais difíceis de corrigir. Acredita-se que, estabelecido o princípio pelo próprio grupo, a obediência deva ser automática, deva não só ocorrer sem que se precise dar uma demonstração de 'necessidade' e racionalidade, mas seja indiscutível (alguns pensam e, o que é pior, agem segundo este pensamento, que a obediência 'virá' sem ser solicitada, sem ser indicado o caminho a seguir). Assim, é difícil extirpar o 'cadornismo' dos dirigentes, isto é, a convicção de que uma coisa será feita porque o dirigente considera justo e racional que seja feita: se não é feita, "a culpa" é lançada sobre quem "deveria ter feito" etc. Desse modo, é difícil extirpar o hábito criminoso de negligenciar os meios de evitar sacrifícios inúteis [...]. Eis por que é sempre necessário, depois de qualquer revés, examinar antes de mais nada as responsabilidades dos dirigentes [...]. Estabelecido o princípio de que existem dirigidos e dirigentes, governados e governantes, é verdade que os partidos são até agora o modo mais adequado para elaborar os dirigentes e a capacidade de direção". Essas considerações levam G. a aprofundar posteriormente a análise do partido como "moderno Príncipe" de Maquiavel, a partir de uma nota redigida pouco depois, no *Q 15*, 6, 1.759-60 [*CC*, 3, 328-9]: "A verdade teórica de que cada classe possui apenas um partido é demonstrada, nos momentos decisivos, pelo fato de que agrupamentos políticos variados, cada um dos quais se apresentava como partido 'independente', se reúnem e unificam em bloco. A multiplicidade existente antes era apenas de caráter 'reformista', isto é, referia-se a questões parciais, em certo sentido era uma divisão do trabalho político (útil, em seus limites); mas cada parte pressupunha a outra, tanto que nos momentos decisivos, quando as questões principais foram postas em jogo, formou-se a unidade, criou-se o bloco. Daí a conclusão de que, na construção dos partidos, é preciso basear-se num caráter 'monolítico' e não em questões secundárias: portanto, atenta observação no sentido de que exista homogeneidade entre dirigentes e dirigidos, entre líderes e massa. Se, nos momentos decisivos, os líderes passam para seu 'verdadeiro partido', as massas ficam incompletas, inertes e sem eficácia".

Permanece sem discussão, em todo caso, o caráter não necessário e nem mecânico da ligação entre dirigentes e dirigidos, que não é assegurada pela simples homogeneidade de classe, mas requer a vontade ativa das elites econômico-políticas de se tornarem dirigentes, além de dominantes, vale dizer hegemônicas no sentido mais pleno do termo: compreende-se isso das observações do *Q 15*, 59, 1.822-4 [*CC*, 5, 328-30], dedicadas explicitamente aos acontecimentos do *Risorgimento* (dos quais havia partido a reflexão gramsciana sobre toda a questão), mas que podem ser interpretadas em sentido mais geral a partir do momento em que "a função do Piemonte no *Risorgimento* italiano é a de uma 'classe dirigente'. Na realidade, não se trata do fato de que, em todo o território da península, existissem núcleos de classe dirigente homogênea, cuja irresistível tendência à unificação tenha determinado a formação do novo Estado nacional italiano.

Estes núcleos existiam, indubitavelmente, mas sua tendência à união era muito problemática e, o que mais conta, nenhum deles, cada qual em seu âmbito, era 'dirigente'. O dirigente pressupõe o 'dirigido', e quem era dirigido por estes núcleos? Estes núcleos não queriam 'dirigir' ninguém, isto é, não queriam harmonizar seus interesses e aspirações com os interesses e aspirações de outros grupos. Queriam 'dominar', não 'dirigir', e mais ainda: queriam que dominassem [que fossem dominantes] seus interesses, não suas pessoas, isto é, queriam que uma força nova, independente de todo compromisso e condição, se tornasse o árbitro da nação: esta força foi o Piemonte e, daí, a função da monarquia. O Piemonte, portanto, teve uma função que, sob certos aspectos, pode ser comparada à do partido, isto é, do pessoal dirigente de um grupo social (e, com efeito, sempre se falou de 'partido piemontês'); com a determinação de que se tratava de um Estado, com um Exército, uma diplomacia etc.".

"Este fato é de máxima importância para o conceito de 'revolução passiva': isto é, o fato de que não seja um grupo social o dirigente de outros grupos, mas sim um Estado, mesmo limitado como potência, seja o 'dirigente' [isto é, que não um grupo social seja o dirigente de outros grupos, mas que um Estado, mesmo limitado como potência, seja o 'dirigente'] do grupo que deveria ser dirigente e possa pôr à disposição deste último um Exército e uma força político-diplomática [...]. É um dos casos em que se tem a função de 'domínio', e não de 'direção', nestes grupos: ditadura sem hegemonia. A hegemonia será de uma parte do grupo social sobre todo o grupo, não deste sobre outras forças para fortalecer o movimento, radicalizá-lo etc., segundo o modelo 'jacobino'".

Bibliografia: Cospito, 2004; De Felice, 1977; Mangoni, 1987; Paggi, 1984; Vacca, 1985; Voza, 2008.

Giuseppe Cospito

Ver: Bordiga; *caporalismo*; centralismo; democracia; direção; governados-governantes; hegemonia; intelectuais; intelectuais italianos; moderno Príncipe; Piemonte; representados-representantes; revolução passiva; *Risorgimento*.

dirigidos: v. dirigentes-dirigidos.

disciplina

Uma das primeiras, senão a primeira ocorrência do termo "disciplina" nos escritos gramscianos pode ser encontrada em um artigo de 29 de janeiro de 1916, intitulado "Socialismo e cultura", publicado no *Grido del Popolo*, no qual G. polemizava contra os defensores da cultura como saber enciclopédico, sustentando que ela "é algo bem diverso. É organização, disciplina do próprio eu interior, apropriação da própria personalidade, conquista de consciência superior: e é graças a isso que alguém consegue compreender seu próprio valor histórico, sua própria função na vida, seus próprios direitos e seus próprios deveres". Algumas linhas depois, recordando que para o socialismo a cultura se fundamenta na crítica da sociedade capitalista, crítica que, por sua vez, tem origem numa consciência absoluta que o indivíduo deve possuir das próprias capacidades, acrescenta: "Conhecer a si mesmo significa ser si mesmo, ser senhor de si mesmo, diferenciar-se, elevar-se acima do caos, ser um elemento de ordem, mas da própria ordem e da própria disciplina diante de um ideal" (*CT*, 100-2 [*EP*, I, 56-60]). A referência à disciplina interior como fato obrigatoriamente basilar no processo de construção da vontade coletiva é reproposta em uma nota carcerária na qual se lê: "A coletividade deve ser entendida como produto de uma elaboração de vontade e pensamento coletivos, obtidos através do esforço individual concreto, e não como resultado de um processo fatal estranho aos indivíduos singulares: daí, portanto, a obrigação da disciplina interior, e não apenas daquela exterior e mecânica" (*Q* 6, 79, 751 [*CC*, 2, 232]).

Transferindo o discurso do terreno ético para aquele mais propriamente político G., na condição de editor do número único da revista *La Città Futura*, publicado pela Federação Jovem Socialista Piemontesa em 2 de fevereiro de 1917, recorda que um jovem que se inscreve no movimento jovem socialista realiza um ato de independência e libertação: "Disciplina é tornar-se independente e livre. Quem não segue uma disciplina política é [...] matéria em estado gasoso, ou matéria contaminada com elementos estranhos: portanto, inútil e danosa. A disciplina política faz com que se precipite esta sujeira, e dá ao espírito seu melhor metal, à vida um objetivo, sem o qual a vida não valeria a pena ser vivida" ("Disciplina e libertà" [Disciplina e liberdade], em *CF*, 16). Em outro artigo, intitulado "La disciplina", contido no mesmo número único, G. especifica melhor o que entende com a expressão "disciplina política". Sua argumentação se desenvolve a partir da comparação entre disciplina burguesa e disciplina socialista: a primeira é "mecânica e autoritária", a segunda é "autônoma e espontânea" (*CF*, 19-20). Quem aceita a disciplina socialista quer dizer que já é socialista ou que quer se tornar um. Em um caso, como noutro, não se obedece, como exigido pela disciplina burguesa, mas se comanda a si mesmo, se impõe a si mesmo uma regra de vida diante da qual não se pode nunca falhar. Na verdade, o caráter da disciplina autônoma consiste no fato de que ela é a própria vida e o pensamento de quem a coloca em prática: "A disciplina que o Estado burguês impõe aos cidadãos faz deles seus súditos, que se iludem quanto a influenciar o desenvolvimento dos acontecimentos. A disciplina do partido socialista faz do súdito um cidadão: cidadão agora rebelde porque, havendo conquistado consciência de sua personalidade, sente que ela é travada e não pode se afirmar livremente no mundo" (idem). Em 19 de março de 1921, das colunas da *L'Ordine Nuovo*, em um artigo ainda intitulado "Disciplina", G. convida a Confederação Geral do Trabalho, ou melhor, "os socialistas que estão na direção da confederação em nome e por conta do Partido Socialista", enquanto "Estado dos operários em regime burguês", a seguir a disciplina do Partido Socialista. O movimento sindical deve ser "estreitamente disciplinado" e essa disciplina sindical "subentende programa de ação, subentende uma concepção geral do momento que se atravessa, subentende uma previsão do desenrolar dos fatos" (*SF*, 110-1).

O tema da disciplina na vida interna do PCD'I é o núcleo da resposta que G., nas páginas do *L'Unità*, fornece a Bordiga em um artigo de 2 de julho de 1925 (G. era secretário do partido havia um ano). Bordiga havia escrito uma carta ao Comitê Executivo justificando sua não participação aos órgãos centrais do partido como um ato de disciplina, enquanto deliberado pelo V Congresso da Internacional. "Especioso formalismo", define G. a disciplina que Bordiga reivindicava, o qual esquecia que justamente a comissão italiana no V Congresso não tinha apresentado nenhuma questão de disciplina com relação à participação de Bordiga nos órgãos centrais do partido. Daí que a justificativa de Bordiga colocava posteriormente em evidência "sua obra de fracionamento. Ele demonstra com isso que não se devem fazer mais concessões às suas posições" ("Disciplina formale e disciplina rivoluzionaria" [Disciplina formal e disciplina revolucionária], em *CPC*, 247-8). Ainda, à disciplina e à unidade do partido da URSS G. se refere na parte conclusiva da carta por ele escrita em outubro de 1926 para contato do Escritório Político do partido italiano com o Comitê Central do Partido Comunista soviético: "Somente uma firme unidade e uma firme disciplina no partido que governa o Estado operário podem assegurar a hegemonia proletária em regime de Nova Política Econômica [...]. Mas a unidade e a disciplina, neste caso, não podem ser mecânicas e coercitivas. Devem ser leais e obtidas pela convicção; não devem ser as de um destacamento inimigo aprisionado ou cercado, que pensa sempre em fugir e em atacar de surpresa" (*CPC*, 130 [*EP*, II, 392]).

O tema da disciplina interna do partido é reproposto por G. em uma nota dos *Q* na qual se observa como a capacidade de direção política de um partido depende "do desenvolvimento da vida interna" (*Q 7*, 90, 919 [*CC*, 3, 267]) do próprio partido. Se o Estado com seu aparato jurídico representa a força coercitiva, o partido, enquanto representante de uma adesão espontânea a tal aparato considerado "como tipo de convivência coletiva para a qual toda a massa deve ser educada" (ibidem, 920 [*CC*, 3, 267]), deve mostrar haver assimilado em sua vida interna, "como princípios de conduta moral, aquelas regras que no Estado são obrigações legais" (idem). Tendo, no partido, a necessidade já se transformado em liberdade, "daí nasce o enorme valor político (isto é, de direção política) da disciplina interna de um partido e, portanto, o valor do critério que tem tal disciplina para avaliar a força de expansão dos diversos partidos" (idem). De resto, recorda G., um dos elementos sobre os quais se funda um partido político é, conjuntamente à fidelidade, a disciplina de "homens comuns, médios" (*Q 14*, 70, 1.733 [*CC*, 3, 315]), os quais, por sua vez, para alcançar um alto nível de organização, são disciplinados por um elemento coesivo principal "que centraliza no campo nacional, que torna eficiente e poderoso um conjunto de forças que, abandonadas a si mesmas, representariam zero ou pouco mais" (idem).

Nos escritos carcerários a disciplina encontra um posterior âmbito de desenvolvimento em relação à liberdade. Melhor ainda, afirma G., "o conceito de liberdade deve ser acompanhado pelo de responsabilidade que gera a disciplina" (*Q 6*, 11, 692 [*CC*, 1, 234]), a qual, nessa acepção, não é entendida como algo imposto de fora, como uma limitação da liberdade. Aliás, a responsabilidade se contrapõe ao arbítrio individual pelo qual, dessa forma, a liberdade é responsável e universal; configura-se "como aspecto individual de uma 'liberdade' coletiva ou de grupo, como expressão individual de uma lei" (idem). Essa liberdade coletiva, para a qual a responsabilidade que gera a disciplina é fundamental, lembra muito de perto o conceito de vontade coletiva como disciplinada realização da "relação continuada e permanente entre governantes e governados" (*Q 14*, 48, 1.706 [*CC*, 3, 308]). Nessa ótica, quem é governado não se limita a uma servil aceitação e execução de ordens, "(o que, no entanto, também será necessário em determinadas ocasiões, como, por exemplo, no meio de uma ação já decidida e iniciada)" (idem), mas assimila a diretiva a ser realizada com consciência e lucidez. Assim, a disciplina não se apresenta como anulação da personalidade, mas como limitação do arbítrio e da impulsividade que é consequência direta da irresponsabilidade, "para não falar da fátua vaidade de sobressair" (idem). Como exemplo, G. propõe o conceito de predestinação, a qual não anula o livre arbítrio no catolicismo enquanto o indivíduo aceita "voluntariamente" a vontade de Deus, à qual, "é verdade, não poderia contrariar, mas com a qual colabora, ou não, com todas as suas forças morais" (idem). Portanto, a disciplina não anula a personalidade e a liberdade, as quais se apresentam não em razão da disciplina, mas em razão do poder que implica tal disciplina. Segundo G., se essa origem é democrática, ou seja, "se [...] a autoridade for uma função técnica especializada e não um 'arbítrio' ou uma imposição extrínseca e exterior" (ibidem, 1.707 [*CC*, 3, 309]), então a disciplina se apresenta necessariamente como um elemento indispensável da democracia e, portanto, da liberdade. G. especifica que "será o caso de dizer 'função técnica especializada' quando a autoridade se exercer num grupo homogêneo socialmente (ou nacionalmente)" (idem); no caso em que a autoridade seja exercida por um grupo sobre outro grupo, "a disciplina será autônoma e livre para o primeiro, mas não para o segundo" (idem). Na parte final da nota G. explica o que havia colocado entre parênteses, no início da própria nota, sobre a necessidade, em determinadas circunstâncias, como, por exemplo, "em caso de ação iniciada ou mesmo já decidida" (ibidem, 1.706 [*CC*, 3, 309]), de que uma tarefa ou uma ordem sejam executadas de modo mecânico. Quando uma ação já foi decidida e iniciada e não existe a possibilidade de rediscuti-la, então "a disciplina também pode parecer extrínseca e autoritária" (ibidem, 1.707 [*CC*, 3, 309]); mas, nesse caso, há elementos que justificam a aplicação da disciplina. Para exemplificar, pode ser muito menos danosa uma decisão parcialmente errada do que uma desobediência que, embora justificada por razões gerais, pode produzir efeitos catastróficos enquanto "aos danos parciais da orientação parcialmente errada juntam-se os outros danos da desobediência e da duplicação de orientações" (idem).

"Um tipo de disciplina para a formação intelectual" (*Q 15*, 46, 1.807 [*CC*, 2, 189]) que poderia ser implementado em campos muito diferentes é o universitário. Citando um texto do cardeal Newman, tirado de um artigo publicado nos números 3 e 4 de *Gerarchia* de 1933, G. sublinha que a disciplina universitária é constituída por um método orientado para a formação do intelecto, ou seja, para a construção de um sistema no qual todo novo conhecimento é posto em relação àquele já possuído para "ajustar-se conjuntamente" (ibidem, 1.806); além disso, a disciplina universitária conduz à aceitação e ao uso de certos princípios "como centro de pensamento" (idem). Tudo isso, considerado em seu conjunto, constitui a faculdade crítica que, fortemente inervada pela disciplina, permite estudar o passado como "elemento do presente e do futuro" (*Q 14*, 61, 1.721 [*CC*, 6, 248]) e não como algo ocioso. Justamente a disciplina com a qual se aborda o estudo do passado permite chegar à conclusão de que ele é necessário, é "elemento de 'uniformidade' necessária" (idem).

O tema da disciplina é central nas questões ligadas à educação dos jovens, em particular aqueles aos quais G. está mais ligado afetivamente. Em 28 de julho de 1930, escrevendo à mãe, que lhe havia mandado duas fotos pelo irmão Gennaro, G. notava como Mea, ou seja, justamente a filha de Gennaro, não mostrava certo desenvolvimento intelectual para sua idade, apresentando escassa vida interior e ambições voltadas exclusivamente às "boas aparências". A G. parece que isso é resultado de uma educação sem disciplina e cheia de mimos, e acrescenta: "É verdade que eu também, Nannaro ou os outros não fomos obrigados a nos disciplinar, mas nós mesmos nos disciplinamos" (*LC*, 347 [*Cartas*, I, 435]), o que significa aquela disciplina interior sobre a qual G. escrevia em 1916 (v. "Socialismo e cultura", 29 de janeiro de 1916, em *CT*, 100-2 [*EP*, I, 56-61]). Ainda: "Eu lembro que, com a idade de Mea, morreria de vergonha se cometesse tantos erros de ortografia; você lembra o quanto eu lia até tarde da noite e a quantos subterfúgios recorria para conseguir livros". Por sua vez, parece a G. que a sobrinha tinha lido apenas livros escolares, enquanto seria necessário "acostumá-la a trabalhar com disciplina e restringir um pouco sua vida 'mundana': menos sucessos de vaidade e mais seriedade em termos de substância" (*LC*, 347-8, à mãe, 28 de julho de 1930 [*Cartas*, I, 435]). Também ao lidar com os filhos a referência de G. à disciplina, considerada como um fato de autorresponsabilidade e de educação do próprio eu interior, é com frequência explícita. Por exemplo, escrevendo a Giuliano, que manifestava dúvidas com relação à sua possibilidade de alcançar aqueles resultados, na escola e na vida, que o pai esperava dele, G. o convidava a autodisciplinar-se (*LC*, 811, s.d.), assumindo a total responsabilidade pelas próprias ações.

Bibliografia: Bodei, 1977; Burgio, 1994; Manacorda, 1999; Natta, 1967 e 1977; Tortorella, 1987.

Lelio La Porta

Ver: Bordiga; educação; partido; Partido Comunista; personalidade; vontade coletiva.

ditadura

O termo aparece já na reflexão pré-carcerária e assume um significado de notável importância do ponto de vista político, principalmente aos eventos que se seguiram à conquista do poder por parte dos bolcheviques. Comentando no *Grido del Popolo* a dissolução da Assembleia Constituinte decidida pelo Comitê Central Executivo dos sovietes em 19 de janeiro de 1919, G. destacava como tal decisão não se configurava como "um episódio de violência jacobina", enquanto a Constituinte representava tendências ainda pouco claras das forças revolucionárias operantes antes de outubro. Ao contrário, as forças verdadeiramente revolucionárias depois de outubro "estão elaborando espontaneamente, livremente, segundo sua natureza intrínseca, as formas representativas através das quais a soberania do proletariado deverá ser exercida". Tais formas eram os sovietes, não a Constituinte que se apresentava com as características de um parlamento "eleito conforme os sistemas das democracias ocidentais". Portanto, a dissolução da Constituinte podia ser entendida como ato violento, jacobino, apenas pelas forças burguesas. Ao contrário, "uma minoria que está segura de se tornar maioria absoluta, se não mesmo a totalidade dos cidadãos, não pode ser jacobina, não pode ter como programa a ditadura perpétua. Ela exerce a ditadura de modo provisório, com o objetivo de permitir que a maioria efetiva se organize, torne-se consciente de suas necessidades e instaure sua ordem fora de qualquer apriorismo, mas segundo as leis espontâneas dessas necessidades". Para a qual, concluía G., não obstante as formas exteriores, a dissolução da Constituinte deveria ser considerada um "episódio de liberdade" ("Costituente e Soviety" [Constituinte e soviete], em *CF*, 602-3 [*EP*, I, 138]). Ditadura, portanto, como momento de transição para uma ordem superior, uma nova ordem; a essa ditadura se contrapõe, por sua vez, a "ditadura perpétua", ou seja, um regime no qual uma minoria assume o domínio sobre a maioria exercendo-o também, e principalmente, pelo instrumento da força (é, para G., o caso das ditaduras burguesas).

Nos *Q* o termo "ditadura" aparece em estreita conexão com o conceito de hegemonia, sobretudo nos lugares em que G. define o Estado. Descrevendo "uma função tipo 'Piemonte' nas revoluções passivas" (*Q 15*, 59, 1.823 [*CC*, 5, 330]), G. salienta que, naquele caso, um Estado substitui "os grupos sociais locais ao dirigir uma luta de renovação" (idem). Isso determinou, nesses grupos sociais, a aplicação de uma função de "domínio" e não de "direção": "ditadura sem hegemonia" (idem). Faltava a capacidade de direção de um grupo social sobre outras forças potencialmente aliadas, com as quais se deveria almejar a potencializar todo o movimento de renovação, radicalizando-o sobre a base do modelo jacobino. É inadequada, partindo desse exemplo histórico, segundo G., uma definição do Estado que não tenha em conta a distinção decisiva "entre sociedade civil e sociedade política, entre ditadura e hegemonia" (*Q 10* II, 7, 1.245 [*CC*, 1, 315]), entre domínio e direção.

Já Maquiavel tinha compreendido que as questões da "grande política", ou seja, da criação e da manutenção de novos Estados, passam pela análise do nexo entre ditadura e hegemonia. De fato, no *Príncipe* ele aborda o conceito de ditadura, "momento da autoridade do indivíduo" (*Q 13*, 5, 1.564 [*CC*, 3, 21]), enquanto nos *Discursos* "aquele da hegemonia (momento do universal e da liberdade)" (idem). Mas mesmo no *Príncipe* há acenos à hegemonia "ou consenso", juntamente às observações sobre a autoridade e sobre a força, ou seja, sobre a ditadura. Portanto, as formas de Estado nas hipóteses de Maquiavel, o principado e a república, não se apresentam tanto como um par de opostos quanto como realizações concretas dos dois momentos: da autoridade, ou individualidade, ou ditadura, por um lado, e da liberdade, ou universalidade, ou hegemonia, por outro. Além do mais, segundo G., para Maquiavel o principado é "o período ditatorial que caracteriza o início de todo novo tipo de Estado" (*Q 11*, 5, 1.370 [*CC*, 1, 89]). Mas em todo tipo de Estado, ao momento da ditadura está associado aquele do funcionamento ideológico e econômico; o Estado, enfatiza G., é entendido em sua integralidade: "Na política, o erro acontece por uma inexata compreensão do que é o Estado (no significado integral: ditadura + hegemonia" (*Q 6*, 155, 810-1 [*CC*, 3, 257]). Esta "inexata compreensão" teve espaço também no interior do marxismo, especialmente por parte de Trotski e de sua insistência no conceito de revolução permanente (idem). A ineficácia da aplicação desta "coisa abstrata, de gabinete científico" (*Q 1*, 44, 54), se manifestou tanto em 1905 quanto depois; no mesmo erro não incorreram, por sua vez, aqueles que a empregaram "em sua forma histórica, concreta, viva, adaptada ao tempo e ao lugar" (idem), intuindo que se deveria transformá-la em "aliança entre duas classes com hegemonia da classe urbana" (idem). G. esclarece ainda mais no Texto C (v. também, para posterior esclarecimento, *Q 13*, 7, 1.566-7 [*CC*, 3, 23]), no qual escreve que exatamente o desenvolvimento do conceito de hegemonia conduz a substanciais mudanças na ação dos partidos políticos, mudanças que têm origem na "luta contra a teoria da chamada revolução permanente, à qual se contrapunha o conceito de ditadura democrático-revolucionária" (*Q 13*, 18, 1.596 [*CC*, 3, 53]).

Para voltar à questão do Estado "integral", deve-se notar que, graças a ele, G. se afasta da alternativa entre liberalismo e fascismo, ou seja, da alternativa entre Croce e Gentile. A Croce, que propõe a manutenção da distinção orgânica entre sociedade política e sociedade civil, entre ditadura e hegemonia, confiando aos intelectuais, obviamente aos pertencentes ao bloco urbano-rural, em condições de exercer sua "ditadura de ferro" (*Q 19*, 5, 1.980 [*CC*, 5, 28]) no contexto de um regime liberal-democrático, o exercício da hegemonia e, portanto, a busca do consenso, G. opõe uma clara recusa, justamente porque a ótica crociana não prevê a utilização, por parte da classe que deseja colocar-se como dirigente da sociedade, de todos aqueles instrumentos que se adquirem também por meio do compromisso, que salvaguardam o poder político de tal classe, principalmente nos momentos de crise. A Gentile, que identifica sociedade política e sociedade civil no sentido de que "hegemonia e ditadura são indistinguíveis, a força é pura e simplesmente consenso" (*Q 6*, 10, 691 [*CC*, 1, 433]), G. observa que tal indistinção tem como resultado último um Estado completamente diferente do Estado "integral", o qual necessita de uma rica articulação das superestruturas, e rejeita toda redução destas últimas ao governo-força e à ditadura. O que propõe Gentile é um Estado no qual os partidos, os sindicatos, as associações de cultura são incorporadas na atividade estatal, tendo sido legalmente abolidas; trata-se da forma contemporânea, sustenta G., da ditadura, na qual "a centralização legal de toda vida nacional nas mãos do grupo dominante se torna 'totalitária'" (*Q 25*, 4, 2.287 [*CC*, 5, 136]).

No *Q 3*, 56, 337 [*CC*, 3, 199] se encontra uma definição ainda mais precisa de ditadura, "isto é, um poder não limitado por leis fixas e escritas". A definição é usada por G. a propósito das constituições aprovadas durante a Revolução Francesa, sendo que a mais radical delas, a de 1793, não foi aplicada, na espera da superação da fase de emergência devida à guerra. Isso ocorreu, segundo G., para que os inimigos da revolução não se aproveitassem da Constituição em chave contrarrevolucionária, e para isso fora necessária a ditadura. Também nesse caso, como naquele da dissolução da Constituinte em 1919, se trata de ditaduras temporárias e transitórias possuindo como objetivo a defesa das conquistas revolucionárias. Em ambas as circunstâncias é o fato da guerra externa que determina as escolhas ditatoriais.

A esses exemplos de ditadura temporária exercida por grupos progressivos, ainda que em minoria, G. faz seguir, no âmbito da discussão do conceito de líder carismático elaborado por Michels, aquele da ditadura de uma só pessoa, partindo das palavras pronunciadas por Lassalle aos operários renanos: "Nós devemos [...] forjar um martelo com todas as nossas vontades dispersas e colocá-lo nas mãos de um homem cuja inteligência, caráter e devoção representem para nós uma garantia de que golpeará energicamente [...]. Era o martelo do ditador" (*Q 2*, 75, 232 [*CC*, 3, 162]). Essa figura, porém, não vinha ao encontro das exigências de democracia (nem mesmo "um *simulacro* de democracia") requeridas pela massa e foi suplantada pelo líder carismático encarnado por Jaurès e Bebel. A G. parece que, em todo caso, o mais brilhante exemplo de líder carismático seja Mussolini, que tornando matéria historicamente ativa o axioma "o partido sou eu" reduz na sua pessoa tanto o papel de "chefe único de um grande partido" como o de "chefe *único* de um grande Estado" (ibidem, 232-3 [*CC*, 3, 163]): neste caso, portanto, líder carismático mais ditador dão vida à ditadura de uma só pessoa.

Outros exemplos de ditaduras sobre os quais G. se detém são aquelas militares. Na situação de um regime parlamentar-burguês, na presença da ação de um partido que deseja conquistar o poder sem possuir capacidade hegemônica (escassas forças intelectuais para mobilizar na construção do consenso), a tal partido se oferece como solução uma ditadura militar. Uma ditadura de tal gênero se apoia sobre um trabalho de construção de um partido que tenha como núcleo próprio "células ativas entre os oficiais do exército" (*Q 13*, 37, 1.636 [*CC*, 3, 92]). Como o discurso gramsciano sobre esse aspecto da ditadura militar se refere à França, o próprio G. indica como alternativa historicamente verificada "o desenvolvimento do jacobinismo" que "encontrou seu 'aperfeiçoamento' jurídico-constitucional no regime parlamentar" (idem), embora tendo presente que justamente os limites de classe da política dos jacobinos desencadearam aquelas forças elementares "que apenas uma ditadura militar seria capaz de conter" (*Q 19*, 24, 2.030 [*CC*, 5, 62]). Um exemplo análogo àquele da França de 1793 é apresentado pelo desacordo Pisacane-Garibaldi no interior do Partido da Ação no início do *Risorgimento*. Já em um Texto A (*Q 1*, 44, 43) G. havia tido a oportunidade de se referir, embora de passagem, aos "erros militares gravíssimos" (definidos "erros políticos e militares irreparáveis" no Texto C do *Q 19*, 24, 2.014 [*CC*, 5, 62]) cometidos por Pisacane "como a oposição à ditadura militar de Garibaldi na República Romana". Articulando totalmente o raciocínio (*Q 7*, 92, 920-1 [*CC*, 5, 276]), G. observa como tais posicionamentos práticos de Pisacane fossem condicionados pelo "conceito estratégico da guerra de insurreição nacional". Este condicionamento se manifestou plenamente com "a aversão de Pisacane a Garibaldi durante a República Romana". As hipóteses formuladas por G. na tentativa de compreender os motivos da aversão de Pisacane são diversos: seguramente uma aversão de princípio à ditadura militar, mas também uma aversão relativa ao mérito daquela específica ditadura militar que, segundo Pisacane, teria tido vagas características nacionais, mas nem mesmo um mínimo daquele conteúdo social que ele teria desejado dar à sua guerra de insurreição nacional. De toda forma, para G., Pisacane se equivocou porque a ditadura militar de Garibaldi "em regime de República já instaurada, com um governo mazziniano em funcionamento", não era nem vaga, nem indeterminada, possuindo as características de "um governo de salvação pública, de caráter mais estritamente militar". Assim, segundo G., a aversão era determinada por preconceitos ideológicos de Pisacane nas comparações com a Revolução Francesa, que não lhe permitiram perceber a especificidade da ditadura militar de Garibaldi, que tinha os mesmos objetivos de defesa das conquistas republicanas perseguidos pelos jacobinos em 1793.

Além da ditadura militar, G. analisa a ditadura de um partido valendo-se do exemplo fornecido pela Inglaterra. Aqui, partindo da leitura de um artigo de 1930 sobre o sistema de governo inglês, G. observa que "não se pode falar de regime parlamentar", mas de "ditadura de partido" (*Q 6*, 40, 714 [*CC*, 3, 226]) enquanto o parlamento não exerce algum tipo de controle sobre o Executivo e sobre a burocracia; além disso, não se trata sequer de uma ditadura orgânica de partido, mas inorgânica, enquanto, sendo dois os partidos a atuar, "o poder oscila entre partidos extremos" (idem). Isso determina um choque entre o partido de governo, que faz promessas aos eleitores para ganhar-lhes os votos a cada turno eleitoral, e o partido de oposição que, de fato, persegue o mesmo objetivo, mas "desacreditando o governo" (idem). Segundo o autor do artigo que G. está comentando, a origem de tal ditadura de partido encontra-se "no sistema eleitoral sem segundo turno e especialmente sem voto proporcional" (ibidem, 715 [*CC*, 3, 227]). A esta causa G. acrescenta outra, ou seja, a existência no governo de um grupo restrito que exerce uma função de domínio sobre todo o gabinete com, além disso, "uma personalidade que exerce uma função bonapartista" (idem). Em um dos sistemas parlamentares aparentemente mais confiáveis, como o inglês, se está, portanto, potencialmente em presença de uma situação de ditadura sem hegemonia, que representa a antecâmara do recurso possível ao bonapartismo, uma das variações da ditadura de uma só pessoa.

Bibliografia: Bobbio, 1988; Buci-Glucksmann, 1976; Liguori, 2006; Paggi, 1984.

Lelio La Porta

Ver: bonapartismo; consenso; Croce; direção; domínio; Estado; Gentile; grande política/pequena política; hegemonia; jacobinismo; líder carismático; partido; Partido da Ação; totalitário.

dívida pública
Partindo de um livro do historiador Bernardino Barbadoro (Barbadoro, 1929), considerado "indispensável para ver [...] como a burguesia comunal não consegue superar a fase econômico-corporativa, ou seja, não consegue criar um Estado 'com o consenso dos governados' e passível de desenvolvimento", G. aponta "a importância política da dívida pública". Na Florença dos fins do século XV, na verdade, a classe dominante, detentora da riqueza, cuidava de descarregar, por meio de uma política de empréstimos ao erário, a maior parte dos ônus fiscais sobre a massa popular, para depois se ver punida pela insolvência da comuna. Insolvência que, "coincidindo com a crise econômica, contribui para piorar o mal e alimentar a desordem do país" (*Q 6*, 13, 695 [*CC*, 5, 242-3]).

No *Q 9*, 105, 1.168-9 G. volta a se ocupar do problema da dívida pública no âmbito da ampla reflexão sobre os efeitos da crise de 1929. O ponto de partida é oferecido pelos discursos parlamentares realizados em 1932 por Dino Grandi, que pretendia colocar "a questão italiana como questão mundial, a ser resolvida juntamente com as outras que formam a expressão política da crise iniciada em 1929". Segundo o ministro, a "questão italiana" consiste no fato de que "o incremento demográfico do país está em contraste com sua pobreza relativa", isto é, consiste "na existência de uma superpopulação". Ocorreria por isso que "à Itália devesse ser dada a possibilidade de se expandir, tanto economicamente quanto demograficamente etc.". G. observa que as relações gerais internacionais são desfavoráveis à Itália, mas aponta que "a baixa taxa de renda nacional por indivíduo" não se deve apenas à "pobreza 'natural' do país", mas também a "fatores histórico-sociais criados e mantidos por uma determinada direção política". A política da dívida pública conduzida pelo governo italiano é, na verdade, a demonstração da vontade política de não racionalizar as relações internas: "Diminui a renda nacional, aumentam os parasitas, a poupança se restringe e é, mesmo restringida, canalizada para a dívida pública, ou seja, torna-se causa de novo parasitismo relativo e absoluto".

Vito Santoro

Ver: burguesia comunal; crise; orçamento estatal.

Divina comédia: v. Dante.

divisão dos poderes
O tema liberal da divisão dos poderes, se se excetua uma rápida menção em referência à mudança do direito processual no *Q 16*, 20, 1.889 [*CC*, 4, 64], aparece apenas uma vez nos *Q* e se encontra em conexão à relação entre sociedade civil e sociedade política: "A divisão dos poderes e toda a discussão havida para sua efetivação e a dogmática jurídica derivada de seu advento constituem o resultado da luta entre a sociedade civil e a sociedade política de um determinado período histórico, com certo equilíbrio instável entre as classes" (*Q 6*, 81, 751 [*CC*, 3, 235]). A luta da qual fala G. é aquela que as classes emergentes combatem contra os intelectuais ainda ligados "às velhas classes dominantes", isto é, aqueles estratos intelectuais mais diretamente postos ao serviço direto do Estado, "especialmente a burocracia civil e militar" (idem). Nessa nota, a divisão dos poderes representa um compromisso temporário entre instâncias emergentes e estratos intelectuais conservadores-burocráticos, mas G. prossegue na análise e reconhece a "importância essencial da divisão dos poderes para o liberalismo político e econômico", sustentando que "toda a ideologia liberal, com suas forças e suas fraquezas, pode ser resumida no princípio da divisão dos poderes" (ibidem, 752 [*CC*, 3, 235]). A partir daí G. formula um juízo muito preciso, destacando o que, segundo ele, é o limite constitutivo do liberalismo: trata-se justamente da "burocracia, isto é, a cristalização do pessoal dirigente, que exerce poder coercitivo e que, num determinado ponto, se transforma em casta". O liberalismo possui assim, para G., uma debilidade constitutiva, aquela de não levar em conta o fenômeno burocrático, daí "a reivindicação popular da elegibilidade de todos os cargos, reivindicação que é, simultaneamente, liberalismo extremo e sua dissolução" (idem).

Michele Filippini

Ver: burocracia; legislativo-executivo; liberais/liberalismo; parlamento.

divulgação
O termo remete a um aspecto particular do "problema dos intelectuais" e da organização da cultura, por sua vez aspecto particular da questão política da hegemonia. Considerando que para G. "em toda região, especialmente na Itália, dada a riquíssima variedade de tradições locais, existem grupos e grupelhos caracterizados por motivos ideológicos e psicológicos próprios" (*Q 1*, 43, 33);

"que não existe no país um bloco nacional intelectual e moral, nem hierárquico e muito menos igualitário"; que "toda a 'classe culta', com sua atividade intelectual, está separada do povo-nação" (*Q 21*, 5, 2.117 [*CC*, 6, 39]); que, enfim, todo estrato social e toda corrente cultural elabora "sua consciência e sua cultura" com métodos e linguagens diversas (*Q 23*, 7, 2.193 [*CC*, 6, 70] e *Q 24*, 3, 2.267 [*CC*, 2, 200]); a divulgação assume importância vital, seja em relação à elevação cultural da massa popular (suscitar novas intelectualidades, um novo público e difundir uma nova cultura), seja em relação à elaboração de um "modo homogêneo de pensar e operar" (*Q 1*, 43, 33). A divulgação se realiza mediante jornais, revistas e periódicos de vários gêneros, instituições e círculos culturais, conferências, "conversas e debates verbais que se repetem infinitas vezes" (*Q 8*, 195, 1.058 [*CC*, 3, 287]). Como toda atividade intelectual, esta requer uma própria "técnica", e, "se não existe, deve-se criá-la" (*Q 4*, 36, 454), para o que é necessário "ligar-se a exigências realmente sentidas" e adequar-se "para a forma de exposição" "para a média dos leitores" (*Q 24*, 3, 2.265 [*CC*, 2, 200]; Texto C de *Q 1*, 43). A divulgação consiste em saber traduzir corretamente o que é descoberto "pelos 'criadores' das várias ciências, da filosofia, da poesia etc." (*Q 4*, 49, 476) "nas linguagens das situações concretas particulares" (*Q 9*, 63, 1.134 [*CC*, 1, 255]), portanto em saber "traduzir um mundo cultural na linguagem de outro mundo cultural" (*Q 7*, 81, 914 [*CC*, 2, 239]), para que se possa ser capaz de "adaptar qualquer conceito às diversas peculiaridades e tradições culturais" (*Q 14*, 3, 2.268 [*CC*, 3, 297]).

Rocco Lacorte

Ver: intelectuais; intelectuais italianos; jornalismo; língua; linguagem; tradução; tradutibilidade.

doença

Nos *Q*, mais de uma nota evidencia a relação existente entre medicina e religião. No *Q 6*, 209 [*CC*, 2, 151], G. ressalta o prestígio social da figura dos médicos, no sentido lato do termo, ou seja, daqueles que "'lutam' ou parecem lutar contra a morte e as doenças" (ibidem, 846 [*CC*, 2, 151]), compondo uma categoria de intelectuais que só perde em importância social para os ministros religiosos, ainda que frequentemente estejam ligados a estes. Algumas funções administrativas nos hospitais, de fato, eram exercidas pelos religiosos, observa G.; além disso, com frequência, para "exorcismos, diferentes tipos de assistências" etc., "onde aparece o médico, aparece o padre" (idem). Aliás, "a ideia de milagre" associa fortemente figuras religiosas e cura de doenças, assim, numa afirmação muito clara, G. escreve no *Q 14*, 55 [*CC*, 4, 233] que, "do ponto de vista da crença religiosa [...], o catolicismo reduziu-se em grande parte a uma superstição de camponeses, de doentes, de velhos e de mulheres" (ibidem, 1.714 [*CC*, 4, 234]). Outro tipo de associação entre doença e fé aparece, por sua vez, numa "pérola" de Gentile que dita: "O homem são crê em Deus e na liberdade de seu espírito", que coloca frente a frente dois "'sensos comuns', o senso comum do homem são e o do homem doente" (*Q 8*, 175, 1.047). G. questiona-se sobre o âmbito dessa sanidade ligada à fé, perguntando-se se é física ou, sobretudo, mental, quando "são" significaria "não louco" (idem). Nas *LC* qualquer atraso na correspondência provoca ansiedade em relação à saúde de G., ainda que ele deixe claro a Tania que, no caso de se encontrar muito doente a ponto de não ter condições de escrever, provavelmente seria possível que se autorizasse o envio de um telegrama aos familiares (*LC*, 82, 2 de maio de 1927 [*Cartas*, I, 154]). Quem é facilmente tocada pela ansiedade diante da ausência de cartas (ausência explicável, na verdade, pelo recebimento falho das mesmas) é sua mãe, que G., com frequência, tenta acalmar; v. por exemplo *LC*, 167 (para Tania, 5 de março de 1928 [*Cartas*, I, 244]): "Minha pobre mãe está [...] desesperada porque há dois meses não recebe minhas cartas". Ele escreve à mãe no mesmo dia: "Não suponha sempre as piores hipóteses nem se atormente continuamente [...]. Você compreende que, se estivesse mal, se me sentisse indisposto de qualquer maneira ou em qualquer grau, eu lhe avisaria logo porque penso que, não avisando, seria ainda pior, e a notícia inesperada de alguma doença minha se tornaria ainda mais alarmante para você" (*LC*, 165 [*Cartas*, I, 242]). Numa carta de 22 de setembro de 1930, G. tenta convencer a mãe a pensar em si mesma, a não se cansar e a seguir com mais assiduidade os conselhos médicos (*LC*, 354 [*Cartas*, I, 442]; v. também *LC*, 372, à mãe, 15 de dezembro de 1930 [*Cartas*, I, 459]). Numa carta a Tania, ao contrário, agitado por conta de problemas intestinais, o autor dos *Q* nos fala da hipocondria que pode dominar os presos, mas à qual é felizmente imune: "Ainda bem que não me deixei ainda levar pela mentalidade carcerária, senão não me levantaria mais da cama e me convenceria de ter realmente todas as enfermidades que enumerou" (*LC*, 404,

23 de março de 1931 [*Cartas*, II, 29]). Se Tania tivesse comunicado seus temores a outros presos, eles poderiam se suicidar por "medo dos males e sofrimentos devidos a misteriosas doenças não reconhecidas pela arrogante má vontade dos médicos". De fato, eles leem todos os artigos de medicina e arranjam tratados e obras de divulgação científica, para então se convencerem de terem "trezentos ou quatrocentas doenças, pelo menos" (idem), começando a perceber os sintomas, chegando a ponto de tomar os remédios recusados pelos companheiros de cela, na certeza de terem todas as patologias possíveis. Entre os resultados "pitorescos e surpreendentes" dessas "fixações", G. cita o caso de um político que havia arranjado um tratado de obstetrícia pois, numa emergência, fora obrigado a assistir uma mulher em trabalho de parto e queria se munir de documentos, completamente "obcecado pelo senso de responsabilidade sentido naquela ocasião" (idem). Por outro lado, muitos presos fingiam se sentir mal para receber "alimentação especial" (*LC*, 471, para Tatiana, 28 de setembro de 1931 [*Cartas*, II, 96]), de forma que havia uma desconfiança recíproca entre os médicos, já desconfiados, e os presos, habituados ao ceticismo dos funcionários de saúde durante as consultas, mesmo diante de doenças verdadeiras.

Em geral, G. é bastante detalhista quando coloca ao corrente de suas condições de saúde, sobretudo, Tania, mas também se propunha a não transformar suas cartas em "boletins médicos (!) cheios de bobagens e sandices" (*LC*, 477, para Tania, 5 de outubro de 1931 [*Cartas*, II, 102]). Sua doença só podia piorar na prisão de Turi, onde o serviço de vigilância tornava o sono praticamente impossível. Assim, "doente dos nervos e de hipertensão sanguínea", G. sente-se, a cada hora, no "interior de um sino em que soam badaladas", de maneira que seus dias se transformam numa série de "sobressaltos e convulsões", que tornam "preferível o suicídio" à vida (*LC*, 821, solicitação de transferência a Novelli, diretor geral das casas de correção e pena, Roma, escrita em Turi, em 3 de novembro de 1933 [*Cartas*, II, 445]).

Quanto aos distúrbios de Giulia, G. escreve que ela sofre de "'problemas insolúveis', irreais, combate fantasmas suscitados por sua fantasia desregrada e febril", daí sentir necessidade de se apoiar numa "autoridade externa, num curandeiro ou num médico psicanalista" (*LC*, 535, para Tania, 15 de fevereiro de 1932 [*Cartas*, II, 157]), enquanto, em sua opinião, para "esse tipo de doenças psíquicas" pode-se e, "portanto, deve-se ser 'médico de si mesmo'" (*LC*, 545, para Tania, 7 de março de 1932 [*Cartas*, II, 169]). De fato, ele diz a Giulia que a terapia psicanalítica, se "o médico responsável não conseguir em pouco tempo vencer a resistência do sujeito e arrancá-lo da depressão", pode "agravar as doenças nervosas, em vez de curá-las, sugerindo ao doente motivos de novas inquietações" (*LC*, 597-8, 18 de julho de 1932 [*Cartas*, II, 221]). G. então diz acreditar mais no clínico que no psicanalista e recorda que o "prestígio científico" do velho Lombroso era tal que, por serem consultados por ele, muitos pacientes melhoravam (*LC*, 415, para Tatiana, 20 de abril de 1931 [*Cartas*, II, 40]). Ele postula, todavia, a hipótese de que "a psicanálise seja mais concreta do que a velha psiquiatria ou, pelo menos, force os médicos a estudar mais concretamente os doentes individuais, isto é, a ver o doente e não a 'doença'" (idem).

Jole Silvia Imbornone

Ver: cárcere ou prisão; Gentile; Giulia; Igreja católica; mãe; morte; psicanálise; religião.

dois mundos

A expressão aparece nos *Q* com acepção ora de tipo geográfico, ora histórico-cultural. No *Q 3*, 68 G. refere-se à comparação entre a Europa e a América, facilmente minada por lugares comuns como os contidos em *Fra i due mondi* [Entre os dois mundos] (publicado por Treves em 1913) de Guglielmo Ferrero, definido no mais sarcástico Texto C como "a bíblia de uma série de banalidades das mais banais e vulgares" (*Q 22*, 16, 2.180 [*CC*, 4, 281]). "Repertório das banalidades mais notórias" sobre o americanismo é, segundo G., um artigo de 1º de abril de 1928 de Étienne Fournol ("L'America nella letteratura francese del 1927" [A América na literatura francesa de 1927], publicado na *Nuova antologia*), que faz referência, entre outros, a dois livros disponíveis ao autor durante a detenção em Turim, *Qui sera le Maître, Europe ou Amérique?* [Quem será o mestre, a Europa ou a América?], de Lucien Romier (de 1927), já citado na análise da "racionalização da população" na América e dos diversos elementos sociais da "'tradição' europeia" no *Q 1*, 61 [*CC*, 6, 346], e *Les États-Unis d'aujourd'hui* [Os Estados Unidos de hoje], de André Siegfried (publicado em 1928), indicado como contraditório sustentador do mentiroso clichê europeu propagandístico de um coletivismo americano "desejado pelas classes eleitas"

(*Q 22*, 16, 2.181 [*CC*, 4, 281]) que poria fim à luta de classe. No *Q 3*, 76 [*CC*, 2, 80] os dois mundos sobre os quais G. se concentra são, por sua vez, aquele do latim e do neolatim: para o estudioso de latim medieval Filippo Ermini, entre as duas fases da história da língua não teria sido interrompida a influência da tradição clássica. Tal continuidade, por sua vez, não pode indicar, segundo G., um caráter comum "nacional-popular" das duas línguas: o latim literário se teria cristalizado no latim medieval dos doutos, que tinha como destinatários exclusivos os intelectuais da "cosmópole medieval" (ibidem, 353) para depois dar vida ao italiano, revelado novamente como língua escrita de uma casta. Um divisor de águas entre "dois mundos da história" para G. seria representado pela afirmação do método experimental na ciência, que fundou as bases do pensamento moderno, "cujo coroamento está na filosofia da práxis", como se encontra no Texto C do *Q 11*, 34, 1.449 [*CC*, 1, 166]. G. explica que o pensamento do cientista experimental é "continuamente controlado pela prática e vice-versa, de forma que se forma a unidade perfeita de teoria e prática" (idem).

Nas *LC*, por sua vez, G. discute com a cunhada Tania a respeito de uma suposta estranheza dos judeus na sociedade ocidental, que faria pensar em dois mundos distintos. A discussão parte das considerações de Tania após ter visto o filme *Due mondi* [Dois Mundos], dirigido pelo alemão Ewald André Dupont em 1930 (*LC*, 464, 13 de setembro de 1931 [*Cartas*, II, 88]): a expressão voltará, com as iniciais maiúsculas, também quando (*LC*, 531, a Tania, 8 de fevereiro de 1932 [*Cartas*, II, 155]), citando uma carta de Piero Sraffa relatada por Tania, G. ironizará o sabor garibaldino e "romântico oitocentista" do termo. Ele tenderá a demonstrar a ausência de um antissemitismo difuso ao nível popular na Itália e destacará como a ideologia que pressupõe "'dois mundos' impenetráveis" (*LC*, 475, a Tania, 5 de outubro de 1931 [*Cartas*, II, 99]) contribui para preparar o terreno a episódios violentos, como os *pogrom* fomentados pelos Cem Negros na Rússia do início do século XX. G., de resto, discute, contra a corrente, a própria possibilidade de circunscrever duas realidades distintas, diante da potencial infinidade de mundos individualizáveis e principalmente do "processo histórico geral que tende a unificar continuamente todo o gênero humano" (idem). O articulado debate epistolar leva G., sobretudo, a condenar os lugares-comuns que pesam sobre esses supostos "dois mundos", como sobre todas as nacionalidades e raças, e postulam a existência de "um 'homem em geral' que não acredito que se possa encontrar em nenhum museu antropológico ou sociológico" (*LC*, 479, a Tania, 12 de outubro de 1931 [*Cartas*, II, 103]). O pertencimento a uma nação é considerado por G. o elemento principal, o mais relevante: "Um judeu italiano [...] se diferencia muito mais de um judeu polonês ou de um judeu galiciano da mesma classe" (*LC*, 472, a Tatiana, 28 de setembro de 1931 [*Cartas*, II, 95]), mais do que de um italiano não judeu da própria classe. G., de resto, embora de pai de origem albanesa (como revela seu sobrenome), de avó de ascendência ítalo-espanhola e de mãe sarda, afirma que em seu período em Turim não tinha "nunca notado estar dilacerado entre dois mundos" (*LC*, 481, a Tania, 12 de outubro de 1931 [*Cartas*, II, 103]); negando pertencer a uma "raça" específica, ele conclui: "Minha cultura é fundamentalmente italiana, e meu mundo é este".

Jole Silvia Imbornone

Ver: americanismo; indivíduo; judeus; latim e grego.

dominicanos

Ao analisar as correntes e as orientações do mundo católico, G. tem sempre presente a complexidade e a transversalidade das posições. Todavia tende a considerar na tríade conceitual "católicos integristas, jesuítas, modernistas" – que dá título a muitos parágrafos e a um caderno especial – os dominicanos como pertencentes ao primeiro grupo: "Os 'integristas' são fortes no conjunto de algumas ordens religiosas rivais dos jesuítas (dominicanos, franciscanos)" (*Q 20*, 4, 2.092 [*CC*, 4, 157]). A única exceção expressamente recordada nos *Q* concerne "os ambientes turineses dos jovens eclesiásticos, inclusive dominicanos, antes da guerra, bem como seus desvios, que iam até o acolhimento benevolente das tendências modernizantes do islamismo e do budismo e a conceber a religião como um sincretismo mundial de todas as religiões superiores" (ibidem, 2.090 [*CC*, 4, 156]).

Os dominicanos são citados prevalentemente em avaliações sobre as correntes internas da Igreja católica, das quais G. fornece o seguinte juízo: "O que importa observar aqui é que modernismo, jesuitismo e integrismo, todos eles têm significados mais amplos do que os estritamente religiosos: são 'partidos' no 'império absoluto internacional' que é a Igreja Romana. E não podem deixar de pôr sob forma religiosa problemas que muitas vezes são puramente mundanos, de 'domínio'" (*Q 14*,

52, 1.712 [*CC*, 4, 233]). Nesse sentido, G. cita os dominicanos seja recordando seu conflito na Espanha com os jesuítas, seja tratando da figura de Umberto Benigni, personagem de destaque das hierarquias eclesiásticas durante o papado de Pio X e definido por G. como "o chefe dos integristas" (*Q 20*, 4, 2.088 [*CC*, 4, 153]).

LUDOVICO DE LUTTIS

Ver: franciscanos; Igreja católica; integralistas; jesuítas; modernismo.

domínio

O termo "domínio" nos *Q* ocupa um papel central, de par com "direção". Ele indica um dos dois modos nos quais se exerce o poder, prerrogativa – no âmbito do "Estado integral" que caracteriza para G. o século XX – do aparato coercitivo. Nos "dois grandes 'planos' superestruturais" de que fala G., à sociedade política ou Estado corresponde a função de "'domínio direto' ou de comando, que se expressa no Estado e no governo 'jurídico'" (*Q 12*, 1, 1.518-9 [*CC*, 2, 20-1]). No Texto A (*Q 4*, 49, 476) G. tinha sido ainda mais explícito, escrevendo que "os intelectuais possuem a função de organizar a hegemonia social de um grupo e seu domínio estatal, isto é, o consenso dado pelo prestígio da função no mundo produtivo e o aparelho de coerção para aqueles grupos que não 'consentem' nem ativamente, nem passivamente ou para aqueles momentos de crise de comando e de direção nos quais o consenso espontâneo sofre uma crise" (idem). Para G., um grupo social pode manifestar sua supremacia de duas formas: como "domínio" ou como "direção intelectual e moral". Um grupo social domina os grupos adversários também com o uso da força, mas "é dirigente dos grupos afins e aliados". Além disso, ainda antes de conquistar o poder, "um grupo social pode e, aliás, deve ser dirigente [...]; depois, quando exerce o poder e ainda o mantém fortemente em mãos, torna-se dominante, mas deve continuar a ser também 'dirigente'" (*Q 19*, 24, 2.010-1 [*CC*, 5, 62]). A mesma definição de Estado que encontramos no *Q 15*, numa das últimas e mais elaboradas notas dos *Q*, repropõe o par domínio-consenso como fundamental para explicar sua dinâmica: "Estado é todo o complexo de atividades práticas e teóricas com as quais a classe dirigente não só justifica e mantém seu domínio, mas consegue obter o consenso ativo dos governados" (*Q 15*, 10, 1.765 [*CC*, 3, 330]).

A história do *Risorgimento* italiano, no entanto, fornece o exemplo de como é possível exercer uma função de domínio sem conseguir realizar a de direção. Trata-se da função desempenhada pelo Piemonte, ou seja, por um Estado que substitui "os grupos sociais locais ao dirigir uma luta de renovação", exercendo "a função de 'domínio' e não de 'direção' sobre esses grupos: ditadura sem hegemonia" (*Q 15*, 59, 1.823 [*CC*, 5, 328]). Prosseguindo em suas reflexões sobre o *Risorgimento*, e especificamente sobre suas origens, G. utiliza o termo "domínio" (e "hegemonia") em referência ao nível da política internacional ou interestatal: "Existe um período de domínio estrangeiro na Itália, por um certo tempo domínio direto, posteriormente de caráter hegemônico (ou misto, de domínio direto e de hegemonia)" (*Q 19*, 2, 1.962 [*CC*, 5, 16]). À época de explícita dominação estrangeira na Itália segue-se um período de enfraquecimento do equilíbrio Áustria-França que determina o nascimento de uma terceira potência, a Prússia, e fornece as bases para o movimento do *Risorgimento*. Deve-se notar, acrescenta G., como justamente sobre a "posição de intransigência e de luta contra o domínio estrangeiro" (*Q 19*, 26, 2.042 [*CC*, 5, 87]) se agrega um conjunto de forças progressivas, também meridionais. Nesse quadro é interessante o papel do papado como potência europeia em fase de enfraquecimento a partir da Contrarreforma. Na verdade, "enquanto Bellarmino elaborava sua teoria do domínio indireto da Igreja, a Igreja, com sua atividade concreta, destruía as condições de qualquer domínio seu, mesmo indireto, afastando-se das massas populares" (*Q 19*, 2, 1.963 [*CC*, 5, 17]).

No âmbito das análises sobre o *Risorgimento* desenvolve-se também o *Q 8*, 36 [*CC*, 5, 286], dedicado ao transformismo. Abordando o tema da passagem dos representantes políticos individuais da oposição para o grupo conservador-moderado ocorrida nos últimos decênios do século XIX, G. recorda como tal passagem era "caracterizada pela hostilidade a toda intervenção das massas populares na vida estatal, a toda reforma orgânica que substituísse o rígido 'domínio' ditatorial por uma 'hegemonia'" (ibidem, 962 [*CC*, 5, 286]).

A propósito da Alemanha, em referência ao processo histórico através do qual a burguesia alemã toma o poder, G. faz seu o ponto de vista de Labriola, o qual notava como, embora em presença de um grande desenvolvimento capitalista, os *Junker* permaneciam no poder. Observa G.: "A relação de classes criada pelo desenvolvimento industrial, com o alcance do limite da hegemonia burguesa e a inversão de posições das classes progressistas, induziu a burguesia a não lutar até o fim contra o velho regime, mas a deixar subsistir uma parte de sua fachada sob a qual ocultar o próprio domínio real" (*Q 19*, 24, 2.033 [*CC*, 5, 85]). Enfim, deve-se recordar que nos *Q* o termo "domínio" é usado, às vezes, também com um significado emprestado da língua francesa, como "âmbito" (*Q 8*, 176, 1.048; *Q 11*, 36, 1.454 [*CC*, 1, 168]; *Q 27*, 1, 2.312 [*CC*, 6, 133]).

Lelio La Porta

Ver: coerção; consenso; ditadura; Estado; hegemonia; transformismo.

drama

O drama aparece com frequência nos *Q* em sua acepção mais técnica, como um gênero da literatura teatral: é a representação de um conflito em ato, cuja solução provoca uma catarse. No *Q 23*, 58, 2.254 [*CC*, 6, 128], comentando a afirmação de Ugo Ojetti, de matriz aristotélica, segundo a qual seria característica do drama o "progressivo contraste de almas", G. sugere a possibilidade de representar artisticamente a emigração italiana em chave dramática, como representação do "contraste entre italianos imigrados e as populações dos países de imigração". Sobre a ação dramática considerada no âmbito da literatura teatral G. retorna em outras circunstâncias, como a propósito do teatro de Pirandello. No *Q 14*, 21, 1.679 [*CC*, 6, 238] se lê que a peculiaridade do Pirandello dramaturgo é a de "observar as contradições nas personalidades dos outros e, ademais, até mesmo a de ver o drama da vida como o drama destas contradições". A perspectiva gramsciana é, no entanto, mais ampla, estendendo o fenômeno do drama a outros contextos. Primeiramente àquele literário, mas não propriamente teatral (a poesia da *Comédia*, por exemplo, é definida no (*Q 6*, 85, 759 [*CC*, 5, 250]) como "drama em ato" e o destino de Cavalcanti representa, segundo o *Q 4*, 78, 517 [*CC*, 6, 17], "o tormento de um condenado *em ato*"), assim como àquele político (no maquiaveliano *Príncipe* "os elementos passionais, míticos, contidos em todo o pequeno livro, com movimento dramático de grande efeito, sintetizam-se e tornam-se vivos na conclusão, na invocação de um príncipe 'realmente existente'": *Q 13*, 1, 1.556 [*CC*, 3, 14]) e, finalmente, àquele filosófico. De fato, com um vocábulo tomado de empréstimo da teoria do drama, à qual G. recorrerá diretamente ao definir o teatro de ideias de Ibsen como "catarse 'progressiva'" (*Q 21*, 6, 2.123 [*CC*, 6, 45]), o desenvolvimento dialético e as suas sínteses estão indicados no *Q 10* II, 6, 1.244 [*CC*, 1, 314] exatamente com o sinônimo de "catarse".

Yuri Brunello

Ver: catarse; Dante; emigração; Maquiavel; Pirandello; teatro.

dumping

Da prática do *dumping* – ou seja, da venda de bens ou serviços ao exterior a preços inferiores àqueles de venda, senão de produção, no mercado de origem – G. se ocupa pela primeira vez em dois artigos, "La paura del 'dumping'" [O medo do "*dumping*"] e "Il 'dumping' germânico" [O "*dumping*" germânico] (este último em resposta polêmica ao panfleto de Camillo Olivetti *Politica doganale* [Política aduaneira]), publicados nas colunas do *Grido del Popolo* respectivamente em 13 e 20 de maio de 1916. Nesses escritos, G. – atrás do pseudônimo de Argiropulo, com o qual geralmente assina os artigos econômicos relativos à campanha antiproibicionista do periódico – denuncia as mistificações das verdades fabricadas pela grande imprensa em sua propaganda em apoio das medidas protecionistas e das barreiras alfandegárias, necessárias para a indústria italiana sustentar uma guerra econômica contra a Alemanha. Em particular, a falsa acusação de *dumping* dirigida ao Estado alemão ("nunca fantasia mais atrozmente grotesca foi criada pela mente humana": *CT*, 306-7) é o "espantalho" agitado pelos jornais para criar um clima de ódio político voltado a interesses econômicos, difundindo, além disso, a ideia imoral de que os comportamentos desleais dão sempre ótimos frutos.

Voltando, embora brevemente, a refletir nos *Q* sobre essa prática desleal, G. conclui que essa é a demonstração de um fato: "Em certos países de capitalismo atrasado e de composição econômica na qual se equilibram a grande indústria moderna, o artesanato, a pequena e média cultura agrícola e o latifundismo, as massas operárias e camponesas não são consideradas um 'mercado'". Este último é pensado para o exterior, sobretudo para aqueles países "nos quais haja maior possibilidade de penetração política para a criação de colônias e de zonas de influência". No mercado interno, ao contrário, as políticas protecionistas, acompanhadas por baixos salários, determinam preços mais altos e bloqueados, com a exclusão das massas do consumo e o ausente desenvolvimento de uma "situação 'nacional-popular'" (*Q 6*, 135, 799 [*CC*, 4, 306]).

Vito Santoro

Ver: protecionismo; salário.

E

economia

Nos *Q*, numa primeira fase de trabalho – como de resto também nos anos precedentes –, a principal preocupação de G. dizia respeito à economia: não como ciência, mas como sinônimo de estrutura econômica, em sua relação com as superestruturas; o objetivo era contrastar as interpretações economicistas do marxismo, espalhadas seja no meio socialista, nos anos da permanência de G. em Turim – sob a forma de várias combinações de marxismo e positivismo –, seja no meio comunista, nos anos da prisão de G. – sob a forma do marxismo soviético em vias de constituição, cuja *Teoria do materialismo histórico*, de Bukharin, oferece um exemplar incunábulo. De fato, a primeira fugaz menção a uma reflexão sobre a ciência econômica como tal aparece nos *Q* somente em outubro de 1930, ou seja, mais de um ano e meio depois do início do trabalho. Na conclusão de um difícil texto dedicado exatamente às "Relações entre estrutura" e superestrutura (título de *Q 4*, 38) G. observa que as reflexões desenvolvidas sobre o nexo gnosiológico e não meramente psicológico entre economia e ideologia induzem a pensar que "a máxima contribuição de Iliíč [Lenin – ndr] à filosofia marxista, ao materialismo histórico, contribuição original e criativa", não deveria ser considerada sob o aspecto meramente político. Se realmente existe um nexo orgânico entre os vários momentos, então "Iliíč teria feito progredir o marxismo não somente na teoria política e na economia, mas também na filosofia (isto é, tendo feito progredir a doutrina política, teria feito também progredir a filosofia)" (ibidem, 464-5).

Essa sugestão, voltada prioritariamente à filosofia, é retomada de forma mais estendida no texto seguinte. Nele, criticando o esboço que Bukharin havia dado à questão, G. escreve: "Um tratamento sistemático do materialismo histórico não pode negligenciar nenhuma das partes constitutivas do marxismo. Mas em que sentido entender isso? Ele deve tratar de toda a parte geral filosófica e, ademais, deve ser: uma teoria da política, uma teoria da economia [...]. Dir-se-á: mas o materialismo histórico não é especificamente uma teoria da história? Isso é correto, mas da história podem separar-se a política e a economia, mesmo nas fases especializadas de ciência-arte da política e de ciência-econômica. Isto é: após ter [desenvolvido o papel principal] na parte filosófica geral, que constitui o real materialismo histórico, no qual os conceitos gerais da história, da política e da economia se amarram em unidade orgânica, é útil, em um ensaio popular, fornecer as noções gerais de cada parte constitutiva como ciência independente e distinta. Isso queria dizer que depois de ter estudado a filosofia geral [isto é, o nexo orgânico de história-política-econômica] estuda-se como a história e a política se refletem na economia, como a economia e a política se refletem na história, como a história e a economia se refletem na política" (*Q 4*, 39, 465).

A origem leniniana dessa sugestão torna-se explícita na segunda redação do texto, que se refere abertamente à concepção de Lenin enunciada no texto *As três fontes e as três partes integrantes do marxismo* (1913). Nele, G. distancia-se desta "concepção muito difundida" (*Q 2*, 33, 1.448 [*CC*, 3, 147]) entendendo, ao contrário, a relação entre política, economia e filosofia como uma relação de tradutibilidade recíproca, em que nenhum dos três momentos tem superioridade ou prioridade sobre os outros (mas é preciso dizer que no *Q 7*, 2 G. atribui essa abordagem também a Lenin, inventor da teoria-prática da hegemonia). Assim, a reflexão sobre a economia é anunciada nos *Q* como uma investigação de tipo "filosófico", isto é, direcionada a dar uma articulação real à ideia de um novo e original marxismo. Esse entrelaçamento entre consideração de uma "ciência" e funcionalidade (por meio da tradução recíproca) à elaboração do conceito de marxismo é confirmado por um texto escrito logo em seguida, *Q 4*, 46 (outubro-novembro de 1930) "*Filosofia- -política-economia*. Se esses são os elementos constitutivos de uma mesma concepção do mundo, necessariamente deve haver, nos princípios teóricos, convertibilidade de um para o outro, tradução recíproca na própria linguagem específica de cada parte constitutiva: um elemento é implícito no outro e todos juntos formam um círculo homogêneo" (ibidem, 472). Finalmente, em novembro- -dezembro de 1930, G. retorna uma última vez sobre este círculo de tradução: "*Unidade nos elementos constitutivos do marxismo*. A unidade é dada pelo desenvolvimento dialético das contradições entre o homem e a matéria (natureza – forças materiais de produção). Na economia, o centro unitário é o valor, ou seja, a relação entre trabalhador e as forças industriais de produção (os que negam a teoria do valor caem no crasso materialismo vulgar, colocando as máquinas em si – como capital constante e técnico – como produtoras de valor, independentemente do homem que as manipula). Na filosofia, é a práxis, isto é, a relação entre a vontade humana (superestrutura) e a estrutura econômica. Na política, é a relação entre o Estado e a sociedade civil, isto é, intervenção do Estado (vontade centralizada) para educar o educador, o ambiente social em geral. (Deve ser aprofundado e posto em termos mais exatos)" (*Q 7*, 18, 868 [*CC*, 1, 246-7]). A explanação sugerida não acontecerá, sendo esta a única redação do texto. Contudo, como veremos, mesmo não voltando sobre o argumento neste grau de generalidade, nas notas sobre ciência econômica e sobre sua relação com a política e a filosofia, G. continuará presumindo o enfoque esquematicamente esboçado.

Esse enfoque consiste em pelo menos dois elementos fundamentais. Em primeiro lugar – exatamente em razão de seu enquadramento no conceito de tradutibilidade –, o fato de que o "discurso" científico não encontra sua justificativa nos formalismos internos ou no método usado, mas na capacidade de traduzir uma mesma relação fundamental para diversas linguagens. Assim, no último texto citado, os conceitos de valor, de práxis e de política articulam ou "dizem" diversamente uma mesma realidade, contribuindo para sua compreensão, cada um com sua linguagem, como conjunto de relações ativas, evitando qualquer dualismo metafísico, como entre máquina e trabalho, estrutura e superestrutura, Estado e sociedade civil (a dialética à qual G. se refere não é, portanto, um método, mas o desenvolvimento coerente e orgânico da tradutibilidade das linguagens). Disso deriva o segundo elemento fundamental ao qual G. acena em um texto do mesmo novembro de 1930: o "caráter 'primitivo' ou 'irredutível' do momento político ou prático" como peculiaridade do marxismo, por meio da qual ele "'tem a pretensão' de explicar a 'ciência', ou seja, de ser mais ciência do que a 'ciência'" (*Q 4*, 61, 507 [*CC*, 1, 232]). O marxismo *explica* até mesmo a ciência não por seu grau de cientificidade, mas porque sabe entender corretamente (através da tradutibilidade das linguagens) o caráter ideológico, isto é, prático e político, de cada ciência; donde justamente "ideologia = hipótese científica de caráter educativo enérgico, averiguada [e criticada] pelo desenvolvimento real da história, ou seja, da história que se torna ciência (hipótese real), sistematizada" (idem).

No *Q 4*, 42 (outubro de 1930), uma breve referência a Giovanni Vailati é usada para ligar a tradutibilidade com a relação entre linguagens científicas. Alguns meses depois (em fevereiro de 1931), G. aborda diretamente o tema: "*Teoria dos custos comparados [e decrescentes]*. A ver se esta teoria, que ocupa lugar tão grande na moderna economia oficial ao lado da outra, do equilíbrio estático e dinâmico, não é perfeitamente aderente [ou correspondente numa outra linguagem] à teoria marxista do valor [e da queda da taxa de lucros], ou seja, não é seu equivalente científico em linguagem oficial e 'pura' (despojada de toda política enérgica em favor das classes produtoras subalternas)" (*Q 7*, 22, 870 [*CC*, 1, 440-1]). A referência aos dois conceitos de custos comparados e de equilíbrio (estático e dinâmico), que G. provavelmente retoma de um artigo de Luigi Einaudi, retorna num texto de junho de 1932, no qual a relação entre formalismo conceitual e perspectiva política das duas abordagens contrapostas é explicitada totalmente: "Onde inicia, em especial, o acento nas pesquisas científicas da economia clássica e onde, ao contrário, naquelas da economia crítica, e por quais razões, ou seja, em vista de quais finalidades práticas a alcançar, ou em vista de quais determinados problemas teóricos a resolver?". Enquanto a economia crítica parte do conceito de "trabalho socialmente necessário" para chegar ao de "valor", "já que o que se pretende praticamente é que o trabalho se torne consciente do seu conjunto, [...] do fato de que é um 'conjunto' e de que, como 'conjunto', determina o processo fundamental do movimento econômico", "a economia clássica" concentra-se sobre a "teoria dos custos comparados", sobre o "equilíbrio econômico estático e dinâmico", já que lhe interessa comparar o "trabalho 'particular' cristalizado nas várias mercadorias" (*Q 10* II, 23, 1.261-2 [*CC*, 1, 331-2]). Assim, no momento em que "o trabalho se torna gestor da economia, ele também deverá, por causa dessa mudança fundamental de posição, preocupar-se com as utilidades particulares e com as comparações entre estas utilidades, com o objetivo de extrair delas iniciativas de movimento progressivo" (ibidem, 1.262 [*CC*, 1, 332]). A superioridade da teoria econômica marxista não reside, portanto, no mero fato de refletir o ponto de vista da classe operária, mas na sua capacidade de apreender, em cada momento, as potencialidades de ação dessa classe como classe hegemônica.

O vínculo entre essa abordagem e a teoria da tradutibilidade é reafirmado por um texto imediatamente precedente, *Q 10* II, 20 [*CC*, 1, 327], no qual, retomando a referência a Vailati, G. chama a atenção para o prefácio de Engels ao terceiro volume d'*O capital*, em que se afirma a "possibilidade de chegar, mesmo partindo da concepção marginalista do valor, às mesmas consequências (ainda que em forma vulgar) às quais a economia crítica chegou". "A afirmação de Engels" – prossegue – "deve ser analisada em todas as suas consequências", inclusive a de que a economia crítica se afirma somente se consegue demonstrar que os "problemas" que trata são *os mesmos* da "economia ortodoxa [...] em outra linguagem" (ibidem, 1.258-9 [*CC*, 1, 329]). A superioridade da solução "crítica" dos mesmos problemas não está, como se afirmou, num seu interno formalismo, mas na capacidade de prospectar, pelo fato de assumir o ponto de vista operário, uma solução aos problemas reais que a organização capitalista da produção e da sociedade criou. O confronto entre linguagens não é, portanto, "um simples jogo de 'esquematismos' gerais" (esta é a objeção de G. ao pragmatismo, cf. *Q 11*, 47, 1.468), mas um confronto entre "ideologias" opostas.

Q 10 II, 20 [*CC*, 1, 327] abre-se, com efeito, fazendo referência à "polêmica Einaudi-Spirito sobre o Estado", desenvolvida em 1930, em *Nuovi Studi di Diritto, Economia e Politica*, que, recorda G., "deve ser relacionada com a polêmica Einaudi-Benini" desenvolvida em 1931 em *Riforma sociale*. Em ambas estava sendo debatida a função do direito e do Estado como agentes econômicos, como "condição preliminar de qualquer atividade econômica coletiva, [...] elemento do mercado determinado, se não for precisamente o próprio mercado determinado, já que é a própria expressão político-jurídica do fato de que uma determinada mercadoria, o trabalho, é preliminarmente depreciada, colocada em condições de inferioridade competitiva, paga por todo o sistema determinado" (ibidem, 1.258 [*CC*, 1, 328]). A teoria pura da economia não pode senão ignorar esta "premissa", e é sobre esse ponto que se desenvolve, especialmente, o confronto entre economia pura e economia crítica. O conceito de mercado determinado, que G. desenvolve a partir de março de 1932, resume, a seu ver, a contribuição mais fecunda da economia clássica para a filosofia marxista, indicando o conjunto das "premissas" históricas (políticas e jurídicas em primeiro lugar) que devem existir para que se apresente um tipo de automatismo que possa ser estudado por meio de leis de tipo científico. A reflexão sobre a origem da ciência econômica enquanto "ciência" (*Q 10* II, 25 [*CC*, 1, 333]; *Q 10* II, 32 [*CC*, 1, 346]; *Q 10* II, 57 [*CC*, 1, 418]) é uma investigação sobre a progressiva afirmação desse automatismo, que coincide com o "desenvolvimento da burguesia como classe 'concretamente mundial'" (*Q 10* II, 9, 1.247 [*CC*, 1, 319]) que, da mesma forma que Marx, G. afirma ser inseparável de seu êxito ideológico, citando o trecho d'*O capital* no qual se fala da "'solidez das crenças populares' como elemento necessário de uma determinada situação" (*Q 7*, 21, 869 [*CC*, 1, 238]). A noção de "mercado determinado" – junto com as noções de *homo oeconomicus* (como condensado de comportamentos internos ao automatismo do mercado) e de leis de tendência – foi uma descoberta (que se deve a David Ricardo) "de valor gnosiológico" e que, por isso, implica "uma nova 'imanência', uma nova concepção da 'necessidade' e da liberdade etc." (*Q 10* II, 9, 1.247 [*CC*, 1, 319]; cf. também *LC*, 580-3, a Tania, 30 de maio de 1932 [*Cartas*, II, 205]).

A teoria do valor também é uma contribuição ricardiana a Marx (*Q 7*, 42 e *Q 10* II, 31, 1.275 [*CC*, 1,

339]). Essa afirmação, feita por G. para defender Marx da observação de Croce relativa à "comparação elíptica", não se enquadra perfeitamente na leitura da teoria do valor como abordagem a partir do ponto de vista do trabalho. E efetivamente, já no *Q 7*, 42, 891, em relação à teoria do valor-trabalho, G. observa que "o valor polêmico, mesmo sem perda de objetividade, será adquirido com Marx" (a tese é afirmada de novo na segunda redação: *Q 10* II, 41.VI, 1.311 [*CC*, 1, 379]). Na verdade, G. às vezes identifica, e outras vezes diferencia, a abordagem clássica e a neoclássica. Ao desenvolver o rastro ricardiano, ele chega, no *Q 10* [*CC*, 1, 277], a separar claramente as duas escolas, voltando, em particular, em diversas ocasiões, à noção de "*homo oeconomicus*" e à diferença entre abstração determinada e "generalização". Chega-se também, dessa maneira, à definição da diferença entre "ciência econômica" e "crítica" da ciência econômica, que G. designa geralmente como "economia crítica". A segunda não é exatamente uma ciência, já que ela só existe mediante uma "regularidade". Ela "parte do conceito da historicidade do 'mercado determinado' e do seu 'automatismo', ao passo que os economistas puros concebem estes elementos como 'eternos', 'naturais'. A crítica analisa, de maneira realista, as correlações de força que determinam o mercado, aprofunda suas contradições, avalia as mudanças relacionadas com o aparecimento de novos elementos e com sua intensificação, e apresenta a 'caducidade' e a 'substitutibilidade' da ciência criticada; estuda-a como vida, mas também como morte, encontrando em seu interior os elementos que a dissolverão e a substituirão inapelavelmente, e apresenta o 'herdeiro', que será presuntivo enquanto não der provas manifestas de vitalidade etc." (*Q 11*, 52, 1.478 [*CC*, 1, 195]). Esse exercício de crítica só é possível, como se observou, mostrando em cada passagem que os "problemas" reais aos quais economia e economia crítica respondem são os mesmos. Exatamente esse aspecto falta em um texto como o *Précis d'économie politique* de Lapidus e Ostrovitianov, um manual de economia com o qual G. manifesta uma profunda insatisfação (*Q 10* II, 23, 1.262 [*CC*, 1, 331] e *Q 15*, 45, 1.805-6 [*CC*, 1, 453]).

BIBLIOGRAFIA: BADALONI, 1994; CALABI, 1988.

FABIO FROSINI

Ver: capitalismo; Engels; estrutura; *homo oeconomicus*; leis de tendência; Marx; mercado determinado; queda tendencial da taxa de lucro; Ricardo; tradutibilidade.

economia direta: v. economia programática.

economia planificada: v. economia programática.

economia programática

A expressão "economia programática" aparece nos *Q* somente em fevereiro de 1933. É possível, contudo, reconstruir sua história anterior, considerando a série de expressões "economia planificada", "economia direta" e "economia regulada". O traço comum a todas essas expressões consiste no fato de que elas designam fenômenos que, mesmo sendo de matriz política oposta, convergem na exigência de superar a economia individualista face ao embate originado pelo fato de que, "enquanto a vida econômica tem como necessária premissa o internacionalismo, ou melhor, o cosmopolitismo, a vida estatal se desenvolveu cada vez mais no sentido do 'nacionalismo'" (*Q 15*, 5, 1.756 [*CC*, 4, 317-8]). Assim, o corporativismo integral de Ugo Spirito, com sua "reivindicação de uma 'economia planificada', e não apenas em escala nacional, mas mundial, é interessante por si [...], é a expressão ainda 'utópica' de condições em via de desenvolvimento, as quais reivindicam a 'economia planificada'" (*Q 8*, 216, 1.077 [*CC*, 1, 447]). Obviamente, G. não pensa que o fascismo possa dirigir uma economia planificada no sentido de superar o "classismo" (*Q 15*, 39, 1.796 [*CC*, 3, 336]), mas acredita na hipótese de que se pode tratar de uma "revolução passiva", ou seja, uma transformação da "estrutura econômica, de caráter 'reformista', de individualista para economia segundo um plano (economia dirigida)", com "o advento de uma 'economia intermediária' entre a individualista pura e a planificada no sentido integral [...]. O 'corporativismo' poderia ser, ou tornar-se, desenvolvendo-se, esta forma econômica intermédia de caráter 'passivo'" (*Q 8*, 236, 1.089). Essa hipótese é plenamente retomada na redação do *Q 22*: "o americanismo e o fordismo resultam da necessidade imanente de chegar à organização de uma economia programática e [...] os diversos problemas examinados deverão ser os elos da cadeia que marcam a passagem do velho individualismo econômico a economia programática" (*Q 22*, I, 2.139 [*CC*, 4, 241]).

FABIO FROSINI

Ver: americanismo e fordismo; corporativismo; fascismo; individualismo; liberismo; revolução passiva; Spirito.

economia regulada: v. economia programática.

economicismo: v. economismo.

econômico-corporativo

Embora o conceito apareça pela primeira vez no *Q 4*, 38, ele parece implícito já desde o *Q 1*, através de uma série de usos do adjetivo "corporativo", colocado entre aspas para indicar a peculiaridade seja na acepção corrente, seja na relacionada ao debate sobre o corporativismo fascista, ao qual também é dedicado amplo espaço nos *Q*. Assim, logo no *Q 1*, 44, 50, lê-se que "o desenvolvimento dos acontecimentos franceses" no curso da revolução "mostra o desenvolvimento político" da burguesia, "que inicialmente coloca as questões que interessam somente aos seus componentes físicos atuais, aos seus interesses 'corporativos' imediatos (*corporativos num sentido especial, de imediatos e egoístas de um determinado grupo social restrito*) [grifo meu para evidenciar uma definição que acaba coincidindo com aquilo que em seguida G. definirá como econômico-corporativo – ndr] [...]. Esta parte avançada perde progressivamente suas características 'corporativas' e se torna classe hegemônica por meio da ação de dois fatores: a resistência das velhas classes e a atividade política dos jacobinos". O trecho mostra desde já a fundamental oposição entre aquela que será sucessivamente definida como "fase econômico-corporativa" e a fase hegemônica no desenvolvimento histórico de uma classe, e também, com significativo deslocamento da ênfase em relação aos escritos precedentes ao período do cárcere, a avaliação positiva do movimento jacobino, como força capaz de imprimir à burguesia o impulso necessário a determinar a passagem da primeira à segunda fase. De maneira análoga, no *Q 1*, 47, 56-7 [*CC*, 3, 119] lê-se que a concepção hegeliana "da associação não pode deixar ainda de ser vaga e primitiva, entre o político e o econômico, segundo a experiência histórica da época, que era muito restrita e dava um só exemplo acabado de organização, o 'corporativo' (política inserida na economia)".

A passagem da formulação implícita do lema para a explícita ocorre no crucial *Q 4*, 38, conhecido com o título de "Relações entre estrutura e superestruturas", no qual G. examina os diversos "momentos ou graus" de articulação da "correlação de forças", identificando "três fundamentais: 1) existe uma relação das forças sociais estreitamente ligada à estrutura [...]; 2) um momento seguinte é a 'correlação de forças' políticas, isto é, a avaliação do grau de homogeneidade e de autoconsciência alcançado pelos vários grupos sociais [...]; 3) o terceiro momento é o da 'correlação das forças militares', imediatamente decisivo segundo a ocasião". O segundo grau, "por sua vez, pode ser dividido e analisado em diferentes momentos, que correspondem aos diferentes graus da consciência política coletiva, tal como se manifestaram até agora na história. O primeiro momento, o mais elementar, é o econômico primitivo [No Texto C de *Q 13*, 17, 1.583 [*CC*, 3, 41]: 'econômico-corporativo' – ndr]: um comerciante sente que *deve* ser solidário com outro comerciante, um fabricante com outro fabricante; mas o comerciante não se sente ainda solidário com o fabricante; isto é, sente-se a unidade homogênea do grupo profissional e o dever de organizá-la, mas não ainda a unidade do grupo social mais amplo. Um segundo momento é aquele em que se atinge a consciência da solidariedade de interesses entre todos os membros do grupo social, mas ainda no campo puramente econômico [...]. Um terceiro momento é aquele em que se adquire a consciência de que os próprios interesses corporativos, em seu desenvolvimento atual e futuro, superam o círculo corporativo, de grupo meramente econômico, e podem e devem tornar-se os interesses de outros grupos subordinados. Esta é a fase mais estritamente 'política', que marca a passagem clara da pura estrutura às superestruturas complexas, é a fase em que as ideologias geradas anteriormente se transformam em 'partido', entram em confronto até que uma delas, ou pelo menos uma única combinação delas, tenda a prevalecer, a impor-se, a irradiar-se por toda a área social, determinando, além da unidade econômica e política, também a unidade intelectual e moral, pondo todas as questões em torno das quais ferve a luta não no plano corporativo, mas num plano universal, criando assim a hegemonia [...] em que os interesses do grupo dominante prevaleçam, mas até um determinado ponto, ou seja, não até o estreito econômico-corporativo" (ibidem, 457-8 [*CC*, 3, 41-2]). G., portanto, critica o sindicalismo revolucionário "porque ele se refere a um grupo subalterno, ao qual se impede, com esta teoria, de tornar-se dominante, de sair da fase econômico-corporativa para elevar-se à fase de hegemonia", que, ao contrário, "pressupõe indubitavelmente que sejam levados em conta os interesses e as tendências dos grupos sobre os quais a hegemonia será exercida, que se forme um certo equilíbrio de compromisso, isto é, que o grupo hegemônico faça sacrifícios de ordem econômico-corporativa" (ibidem, 460-1 [*CC*, 2, 48]). E ainda, no *Q 4*, 46, 473: "à fase corporativa [no Texto C de *Q 11*, 65, 1.493 [*CC*, 1, 209]: 'econômico-corporativa' – ndr], à fase de hegemonia na sociedade civil (ou de luta pela hegemonia), à fase estatal correspondem determinadas atividades intelectuais, que não se podem improvisar de modo arbitrário".

Nos cadernos sucessivos, o lema assim esboçado é amplamente usado seja para a reconstrução histórica, seja para a análise política, conhecendo inclusive variantes terminológicas como "fase corporativo-econômica" (*Q 6*, 51, 723-4 [*CC*, 5, 244]), ou "fases 'corporativo-econômicas'" (*Q 6*, 88, 763 [*CC*, 3, 244]); em outras ocasiões os dois termos da expressão são separados, como no *Q 14*, 53, 1.712 [*CC*, 3, 313], a propósito do "corporativismo ou do grosseiro economismo" dos partidos, sem que isso implique um significativo afastamento semântico. No que diz respeito ao primeiro âmbito de aplicação, o lema pode ser encontrado a partir do *Q 5*, 123, 641 [*CC*, 5, 225], na análise da história da Itália após o ano 1000, na época em que "as comunas não conseguiram sair da fase corporativa, a anarquia feudal prevaleceu nas formas adequadas à nova situação e em seguida houve a dominação estrangeira". No seguinte, *Q 5*, 127, 658 [*CC*, 3, 218-9], G. observa que se pode "encontrar em Maquiavel a confirmação daquilo que já assinalei em outro lugar: que a burguesia italiana medieval não soube sair da fase corporativa para ingressar na fase política, porque não soube se libertar completamente da concepção medieval-cosmopolita representada pelo Papa, pelo clero e, inclusive, pelos intelectuais leigos (humanistas), isto é, não soube criar um Estado autônomo". Nesta acepção a expressão aparece como título de nota a partir do *Q 6*, 13 [*CC*, 5, 241] ("As comunas medievais como fase econômico-corporativa do desenvolvimento moderno"), em diversas notas do *Q 6* e em algumas da seção miscelânea do *Q 8*, mas em particular no elenco de "ensaios principais" que a precede (ibidem, 935).

Prosseguindo na análise, G. percebe que se trata de um fenômeno de longa duração da história italiana, de modo que "no *Risorgimento* teve-se o último reflexo da 'tendência histórica' da burguesia italiana de manter-se dentro dos limites do 'corporativismo': o fato de não ter resolvido a questão agrária comprova isto. Representantes desta tendência são os moderados, seja os neoguelfos (neles – Gioberti – revela-se o caráter universalista-papal dos intelectuais italianos que é colocado como premissa do fato nacional), seja os cavourianos (os economistas-práticos, mas à maneira do homem de Guicciardini, isto é, voltados somente para seu 'particular': disto deriva o caráter da monarquia italiana). Mas as marcas do universalismo medieval estão presentes também em Mazzini, determinando seu fracasso político" (*Q 5*, 150, 677-8 [*CC*, 5, 238]). Aliás, "em grandes linhas, já se pode dizer que se verifica hoje, no mundo moderno, um fenômeno semelhante àquele da separação entre 'espiritual' e 'temporal' na Idade Média: fenômeno muito mais complexo do que o de então, na medida em que se tornou mais complexa a vida moderna. Os grupos sociais regressivos e conservadores se reduzem cada vez mais à sua fase inicial econômico-corporativa, ao passo que os grupos progressistas e inovadores se encontram ainda na fase inicial exatamente econômico-corporativa; os intelectuais tradicionais, separando-se do grupo social ao qual haviam dado até agora a forma mais alta e compreensiva e, portanto, a consciência mais ampla e perfeita do Estado moderno, na realidade efetuam um ato de incalculável alcance histórico: assinalam e confirmam a crise estatal em sua forma decisiva". Nesta perspectiva "deve ver-se em que medida o 'atualismo' de Gentile corresponde à fase estatal positiva, à qual, porém, se opõe Croce", que "quer manter uma distinção entre sociedade civil e sociedade política, entre hegemonia e ditadura; os grandes intelectuais exercem a hegemonia, que pressupõe certa colaboração, ou seja, um consenso ativo e voluntário (livre), ou seja, um regime liberal-democrático. Gentile situa a fase corporativa (-econômica) como fase ética no ato histórico: hegemonia e ditadura são indistinguíveis [...] existe somente o Estado e, naturalmente, o Estado-governo etc." (*Q 6*, 10, 690-2 [*CC*, 1, 436-7]). Em última análise, sua filosofia é "estreitamente ligada ao momento econômico-corporativo", ou melhor, "à fase da expressão técnica direta desse momento" (*Q 7*, 17, 867). A conclusão é que "toda a história depois de 1815 mostra o esforço das classes tradicionais para impedir a formação de uma vontade nacional, e para manter o poder 'econômico-corporativo' num sistema internacional de equilíbrio passivo etc." (*Q 8*, 21, 953). A questão, por sua vez, está ligada com "a característica do povo italiano que se pode chamar de 'apoliticismo'. Esta característica, naturalmente, é das massas populares, isto é, das classes subalternas. Nos estratos superiores e dominantes, a ela corresponde um modo de pensar que se pode chamar de 'corporativo', econômico, de categoria" (*Q 14*, 10, 1.663-4 [*CC*, 5, 310]).

Contudo, o uso do lema não está limitado à história política italiana, mas assume um caráter mais geral a partir do *Q 6*, 75, 743 [*CC*, 3, 233], "Passado e presente", no qual se lê que, se "as classes dominantes de uma nação não conseguem superar a fase econômico-corporativa que as leva a explorar as massas populares até o máximo permitido pelas condições de força, isto é, até reduzi-las a mera condição vegetativa biológica, é evidente que não se pode falar de potência de Estado, e sim de mascaramento de potência". Em particular, o discurso se aplica às outras duas fundamentais realidades sobre as quais se concentra a análise crítica dos *Q*, ou seja, os Estados Unidos e a URSS stalinista. No que concerne os primeiros, G. parte da consideração de que "a América ainda não superou a fase econômico-corporativa, atravessada pelos europeus na Idade Média, isto é, ainda não criou uma concepção do mundo e um grupo de grandes intelectuais que dirijam o povo no âmbito da sociedade civil: neste sentido, é verdade que a América está sob a influência europeia, da história europeia" (*Q 6*, 10, 692 [*CC*, 1, 433]; cf. também *Q 15*, 30 [*CC*, 4, 321]). No *Q 8*, 89, 993 [*CC*, 2, 165] avança a hipótese de "que a fase econômico-corporativa da história americana está em crise e está ingressando numa nova fase: isso aparecerá claramente somente se houver uma crise dos partidos históricos (republicano e democrático) e a criação de algum poderoso novo partido que organize permanentemente a massa do Homem Comum. Os germes de tal desenvolvimento já existiam (partido progressista), mas a estrutura econômico-corporativa até agora reagiu sempre eficazmente contra eles". No *Q 14*, 11, 1.665 [*CC*, 3, 299] G. afirma, ao contrário, que o "regime presidencial americano (Estados Unidos da América), com sua unidade entre chefe de governo e chefe de Estado [...], é semelhante ao regime das repúblicas comunais medievais italianas (fase econômico-corporativa do Estado)".

Com relação à URSS, G. observa no *Q 8*, 169, 1.042: "nos novos desenvolvimentos do materialismo histórico, o aprofundamento do conceito de *unidade* da teoria e da prática ainda permanece numa fase inicial: ainda existem resíduos de mecanicismo", o que significa que se encontra ainda na "fase econômico-corporativa,

na qual se transforma o quadro geral da 'estrutura'" e, como acrescenta no Texto C de *Q 11*, 12, 1.387 [*CC*, 1, 105], "a qualidade-superestrutura adequada está em vias de surgir, mas não está ainda organicamente formada". Assim lê-se, com efeito, no *Q 8*, 185, 1.053 [*CC*, 3, 286]: "*Fase econômico-corporativa do Estado*. Se é verdade que nenhum tipo de Estado pode deixar de atravessar uma fase de primitivismo econômico-corporativa, disso se deduz que o conteúdo da hegemonia política do novo grupo social que fundou o novo tipo de Estado deve ser predominantemente de ordem econômica: trata-se de reorganizar a estrutura e as reais relações entre os homens e o mundo econômico ou da produção. Os elementos de superestrutura só podem ser escassos e seu caráter será de previsão e de luta, mas com elementos 'de plano' ainda escassos; o plano cultural será principalmente negativo, de crítica do passado, tenderá a fazer esquecer e a destruir; as linhas da construção serão ainda 'grandes linhas', esboços, que poderiam (e deveriam) ser modificados a cada momento, para serem coerentes com a nova estrutura em formação"; é o que acontece "quando o processo é normal, não violento, quando entre a estrutura e as superestruturas existe homogeneidade e o Estado superou sua fase econômico-corporativa" (*Q 10*, II, 41.X, [*CC*, 1, 384-5] com inovação a respeito do Texto A de *Q 4*, 56). O conceito é ulteriormente desenvolvido no *Q 14*, 74, 1.743 [*CC*, 3, 320], no qual G. está preocupado em "mostrar que, entre o velho absolutismo derrubado pelos regimes constitucionais e o novo absolutismo, há uma diferença essencial, de modo que não se pode falar de um regresso [...]. Teoricamente, parece-me que se pode explicar o fenômeno no conceito de 'hegemonia', com um retorno ao 'corporativismo', não no sentido 'antigo regime', mas no sentido moderno da palavra, quando a 'corporação' não pode ter limites fechados e exclusivistas, como no passado; hoje é corporativismo de 'função social', sem restrição hereditária ou de outro tipo [...]".

O lema é aplicado por G. também na esfera mais especificamente cultural, sobre o pressuposto – explicitado no *Q 11*, 53, 1.481-2 [*CC*, 1, 198], desenvolvendo uma sugestão do Texto A de *Q 8*, 238 – de uma "analogia e conexão com o desenvolvimento do Estado, que da fase 'econômico-corporativa' passa à fase 'hegemônica' (de consenso ativo). Em outras palavras, pode-se dizer que toda cultura tem seu momento especulativo ou religioso, que coincide com o período de completa hegemonia do grupo social do qual é expressão, e talvez coincida exatamente com o momento no qual a hegemonia real se desagrega na base, molecularmente, mas o sistema de pensamento, justamente por isto (para reagir à desagregação), aperfeiçoa-se dogmaticamente", tornando-se "refinado e altamente 'especulativo'". De modo que, em uma série de notas dedicadas a *Os filhotes do padre Bresciani*, G. observa que a "antidemocracia nos escritores brescianistas não tem outro significado a não ser de oposição ao movimento popular-nacional, isto é, o espírito 'econômico-corporativo', 'privilegiado' de casta e não de classe, de caráter político-medieval e não moderno" (*Q 9*, 42, 1.122). O problema, por sua vez, está ligado à questão da linguagem, já que "se é verdade que toda linguagem contém os elementos de uma concepção do mundo e uma cultura, será igualmente verdade que, a partir da linguagem de cada um, é possível julgar a maior ou menor complexidade da sua concepção do mundo. Quem fala apenas o dialeto ou compreende o idioma nacional em graus diversos participa necessariamente de uma intuição do mundo mais ou menos restrita ou provinciana, fossilizada, anacrônica em relação às grandes correntes de pensamento que dominam a história mundial. Seus interesses serão restritos, mais ou menos corporativistas ou economicistas, não universais" (*Q 11*, 12, 1.377 [*CC*, 1, 95]).

Bibliografia: De Giovanni, 1987.

Giuseppe Cospito

Ver: americanismo; brescianismo; burguesia comunal; comunas medievais; concepção do mundo; corporativismo; ético-político; Gioberti; hegemonia; jacobinismo; Mazzini; nacional-popular; *Risorgimento*; superestrutura/superestruturas; URSS.

economismo

A reflexão sobre o economismo desenvolve-se quase imediatamente segundo um dúplice registro: como sinônimo de sindicalismo, no que se refere ao mundo político francês desde o fim do século XIX, e como tácita referência a uma série de aporias práticas presentes no movimento comunista e socialista. No *Q 1*, após ter refletido sobre o "jacobinismo de cabeça para baixo", isto é, meramente verbal, de Charles Maurras e da *Action Française* (*Q 1*, 48), G. liga esta abordagem ao "'centralismo orgânico'" de Bordiga (*Q 1*, 49). Em seguida, reflete sobre as analogias com o sindicalismo: "Na concepção de Maurras existem muitos traços parecidos com certas teorias catastróficas formais de certo sindicalismo ou economismo" (*Q 1*, 53, 67). Trata-se sempre da "transposição no campo político e parlamentar" (retorna a referência tácita a Bordiga). Em todos esses casos há o pressuposto de que "mecanicamente ocorrerá o colapso do adversário" sem a necessidade de uma ação política organizada (idem): portanto há uma concepção *negativa* (tanto no sentido moral como no sentido lógico: privativa) da política. Na França, o fenômeno sindicalista é "a expressão" do fato de que, com a catástrofe da Comuna e a eliminação física dos seus protagonistas, "Paris perde sua *unidade* revolucionária": "o abstencionismo eleitoral e o economismo puro são a aparência 'intransigente' dessa abdicação de Paris do seu papel de cabeça revolucionária da França, de modo que eles também são vulgar oportunismo, o póstumo da pancada de 1871" (*Q 1*, 131, 119). A desconfiança em relação à política "politiqueira" é a outra face do estado de prostração política das classes subalternas que o sindicalismo quer representar, de modo que economismo e sindicalismo são, nesse sentido, coincidentes.

O discurso torna-se mais complexo quando, ao refletir sobre as "Rapporti tra struttura e superstrutture" [Relações entre estrutura e superestruturas] (título do *Q 4*, 38), G. reformula toda a questão do economismo referindo-se ao modo de colocar tal relação. O caminho tomado o leva a repensar o nexo de determinação da estrutura sobre as superestruturas como mediação dialética entre momentos ou aspectos "permanentes" e momentos ou aspectos "ocasionais" (a retomada da terminologia maquiaveliana é evidente). O economismo reaparece, então, como figura de uma abordagem historiográfica: "O erro em que se incorre, frequentemente, na análise histórica, consiste em não saber encontrar a relação entre o 'permanente' e o 'ocasional', caindo, assim, ou na exposição de causas remotas como se elas fossem imediatas, ou na afirmação de que as causas imediatas são as únicas causas eficientes. De um lado tem-se excesso de 'economismo', do outro, excesso de 'ideologismo'; de um lado superestimam-se as causas mecânicas, do outro, o elemento 'voluntarista' e individual. O nexo dialético entre as duas ordens de pesquisas não é estabelecido de forma correta" (ibidem, 456). Entretanto, imediatamente, G. identifica a relação entre o plano analítico e o aspecto político-estratégico, recuperando assim também a precedente acepção de economismo: "Naturalmente, se o erro é grave na historiografia, mais grave ainda se torna na publicística, quando se trata não de reconstruir a história passada, mas de construir a história presente e futura" (idem).

Como oposição a essas duas faces da mesma ausência de dialética, ocorre mostrar concretamente como deve ser conduzida uma análise dialética da história, e portanto da política atual. G. parte do pressuposto de que "a mediação dialética entre os dois princípios do materialismo histórico enunciados no início desta nota pode ser encontrada na fórmula politico-histórica da revolução permanente" (ibidem, 456-7). Os dois princípios são os contidos no *Prefácio de 59*; a abordagem dialética à história e à política consiste no desenvolvimento da noção de "relações de forças". Somente após ter amplamente desenvolvido esse conceito (G. recorda que isso tem origens na *Miséria da filosofia*: ibidem, 461-2), G. volta a discutir economismo. Este já é uma categoria geral, que compreende "seja o movimento teórico do livre-cambismo, seja o sindicalismo teórico". A evidente diversidade de significado "destas duas tendências" (ibidem, 460) não consiste em sua fundamentação teórica, idêntica, mas na função política que elas desenvolvem. O liberismo é, de fato, a ideologia "de um grupo dominante", ao passo que o sindicalismo teórico é a "de um grupo subalterno" (idem). A renúncia em pensar o caráter eficiente da política e a unidade de economia e política, o valor da organização etc. significa, no que se refere ao liberismo, que este, quando muito, pode favorecer a "alternância de uma fração do grupo dominante no poder governamental" e não, em vez disso, a "fundação e organização de uma nova sociedade política e, menos ainda, de um novo tipo de sociedade civil" (ibidem, 460-1). Entretanto, tratando-se de uma classe que já está no poder, isso não influi negativamente sobre a questão da sua capacidade de ser "dirigente". Diversamente, o sindicalismo inibe qualquer capacidade "de tornar-se dominante, de sair da fase econômico-corporativa para alcançar a fase de hegemonia ético-política na sociedade civil, e de tornar-se dominante na sociedade política" (ibidem, 460). "No caso do sindicalismo teórico [...] a independência e autonomia do grupo subalterno que ele diz expressar são sacrificadas à hegemonia intelectual do grupo dominante, já que o sindicalismo teórico não passa de um aspecto do liberismo, justificado com algumas afirmações do materialismo histórico" (ibidem, 461).

Esta incapacidade de pensar "a transformação do grupo subordinado em dominante" pode nascer seja do fato de que "o problema (fabianismo, De Man, grande parte do trabalhismo)" sequer é colocado, seja porque "é colocado de forma incongruente e ineficaz (social-democracia)", ou então porque "se afirma o salto imediato do regime dos grupos àquele da perfeita igualdade (sindicalismo teórico em sentido estreito)" (idem). A diversidade, dada pelo crescente radicalismo político, não muda a substância do problema, que consiste em uma dramática incapacidade de colocar a questão da política no terreno da hegemonia. G., com efeito, continua notando que "é no mínimo estranha a atitude do economismo em relação às expressões de vontade, de ação e de iniciativa política, como se estas não fossem expressão da economia, ou melhor, a expressão eficiente da economia". No Texto C, de modo ainda mais firme, escreve: "como se estas não fossem uma emanação orgânica de necessidades econômicas, ou melhor, a única expressão eficiente da economia" (*Q 13*, 18, 1.591 [*CC*, 3, 48]). Essa avaliação deve ser lida na perspectiva da reformulação, iniciada nesse mesmo texto, da análise histórica marxista em termos de "revolução permanente" mediante o recurso às relações de forças. Nessa perspectiva, todo recurso à economia como tal deve ser rejeitado, tratando-se de uma abstração não dialética. Concretamente, a economia existe no complexo de relações sociais, não somente econômicas, que encontram, em todo caso, no agir político o momento da eficácia, isto é, da produtividade histórica de novas ordens, realizando concretamente a passagem de um modo de produção a outro, do qual Marx fala no *Prefácio de 59*. Por conseguinte, somente baseando a análise no terreno da hegemonia, ou seja, da conquista de uma visão em que economia e política estão sempre juntas, será possível favorecer politicamente a saída dos grupos sociais subalternos do estado de prostração e de ausência de iniciativa em que se encontram realmente. Portanto, "é estranho que a formulação concreta da questão da hegemonia seja interpretada como um fato que subordina o grupo hegemônico" (*Q 4*, 38, 461). Nessa altura, o fenômeno Bordiga também faz parte da tipologia geral do economismo: "pertencem ao economismo todas as formas de abstencionismo eleitoral [...]. Nem sempre o economismo é contrário à ação [política] e ao partido político, que porém é considerado um organismo educativo de tipo sindical. A chamada intransigência é uma forma de economismo: assim como a 'fórmula quanto pior melhor' etc." (idem).

A este ponto G. recupera uma sugestão apontada com diferente finalidade no *Q 1*, 25, 21, relativa ao chamado "economismo histórico" patrocinado por Achille Loria. Essa doutrina agora também faz parte do conceito de economismo, mais ainda, "pode-se dizer que o materialismo histórico, que penso estar mais difundido do que se admite, é de interpretação loriana e não é o original marxista" (*Q 4*, 38, 462). Com a mediação do economismo histórico loriano pode finalmente entrar na análise todo o materialismo histórico que reduz "o desenvolvimento econômico [...] às modificações dos instrumentos técnicos" (idem), perdendo de vista a extraordinária riqueza que o conceito de "forças produtivas" tem em Marx, que, evidencia G., "fala sempre de 'forças materiais de produção' em geral e entre tais forças inclui também a 'força física' dos homens" (idem) (nessa passagem G. está retomando, sem nominá-la abertamente, sua própria crítica ao conceito de "instrumento técnico" em Bukharin, cf. *Q 4*, 12 e *Q 4*, 19). Está incluído nisso também o materialismo que reduz a mudança histórica às "mudanças de qualquer fator importante da produção" (*Q 4*, 38, 462), incorrendo numa forma de causalismo infantil, exatamente de quem entende identificar uma causa última e definitiva e, sobretudo, *imediata*, com uma transformação complexa e gradual (aqui também a referência é a Bukharin: *Q 4*, 19, 441). Portanto, se o economismo histórico de Loria é necessário para explicar certa corrente degradada do materialismo histórico atual, conforme os raciocínios precedentemente efetuados, haverá um aspecto imediatamente político, um modo de pensar a política aquém da hegemonia. "Degenerado em economismo histórico, o materialismo histórico perde grande parte da sua expansividade cultural entre as pessoas inteligentes, ao passo que a adquire entre os intelectuais entorpecidos, entre os que sempre querem parecer espertíssimos", enquanto "a política e, portanto, toda a história", é reduzida a "um jogo de ilusionismo [...]. De modo que toda a atividade cultural é reduzida a 'revelar' truques" (*Q 4*, 38, 463). O pressuposto é que a política *enquanto tal* seja ilusão e truque. "Por isso é necessário combater o economismo não somente no campo da teoria da historiografia, mas também no da teoria e da prática política. Neste campo a reação deve ser conduzida no terreno do conceito de hegemonia" (ibidem, 464).

Nesse texto, desmembrado na segunda redação em *Q 13*, 17 [*CC*, 3, 36] e *Q 13*, 18 [*CC*, 3, 46] (este último dedicado a *Alguns aspectos teóricos e práticos do "economismo"*), G. retoma o essencial da reflexão sobre o tema. Os trechos seguintes ou voltam a aspectos singulares com maior extensão ou desenvolvem por antítese a concepção dialética. Assim, numa variante instaurativa, G. faz referência a uma debilidade lógica do economismo histórico: "se o 'economismo' é ou presume ser também um cânone objetivo de interpretação (objetivo-científico)", também por isso deveria valer o mesmo critério de "pesquisa no sentido dos interesses imediatos" que é aplicado aos adversários (*Q 13*, 18, 1.595 [*CC*, 3, 52-3]), de modo que o próprio critério acaba se anulando. A saída está justamente em uma *diferente* compreensão do conceito de "interesse" (e, portanto, de "política"). Com efeito, G. acrescenta: "Ignorou-se, além disso, uma outra proposição da filosofia da práxis: a de que as 'crenças populares' ou as crenças do tipo das crenças populares têm a validade das forças materiais" (idem). Em outro lugar, G. aprofunda a tese de que "na Itália, grande parte daquilo que se chama materialismo histórico nada mais é do que lorianismo" (*Q 7*, 13, 863), e acaba sugerindo a hipótese de que a mesma leitura crociana do materialismo histórico como "cânone prático de interpretação histórica" nada mais é do que uma leitura de tipo "loriano" (*Q 8*, 223, 1.081, Texto A, e *Q 10* I, 13, 1.236 [*CC*, 1, 306], Texto C). A referência a Bordiga é explicitada no *Q 9*, 26, 1.112 (*CC*, 3, 291), no qual se ressalta a "polêmica, antes de 1914, entre Tasca e Amadeo [...]. Diz-se, com frequência, que o extremismo 'economicista' era justificado pelo oportunismo culturalista [...] mas não se poderia também dizer [...] que o oportunismo culturalista estava justificado pelo extremismo economicista? Na realidade, nem um nem outro eram 'justificáveis' e jamais devem ser justificados. Deverão ser 'explicados' de modo realista como dois aspectos da mesma imaturidade e do mesmo primitivismo". O tema é retomado no *Q 9*, 40, 1.120: "Eis outro elemento que deve ser acrescentado ao parágrafo sobre o economismo: como exemplificação da chamada intransigência, a aversão [rígida] de princípio ao compromisso com sua manifestação subordinada do 'medo dos perigos'. A aversão ao compromisso está estreitamente vinculada ao economismo, já que a concepção na qual essa aversão está baseada não pode deixar de consistir num inelutável verificar-se de certas situações favoráveis, sem necessidade de prepará-las através de iniciativas voluntárias e predispostas segundo um plano;

ademais, existe o elemento de confiar cega e insensatamente na virtude das armas". Essa crítica lembra, ainda que num patamar completamente diferente, a do "preconceito 'economicista'" de Rosa Luxemburgo: "O elemento econômico imediato (crise etc.) é considerado a artilharia de campo na guerra, cujo ofício era abrir uma brecha na defesa inimiga, suficiente para que as próprias tropas irrompessem e obtivessem um sucesso estratégico definitivo, ou pelo menos, na linha necessária ao sucesso definitivo [...]. Era uma forma de ferrenho determinismo economicista, com o agravante de que os efeitos eram concebidos como rapidíssimos no tempo e no espaço: tratava-se, portanto, de um verdadeiro misticismo histórico, a expectativa de uma espécie de fulguração milagrosa" (*Q 7*, 10, 859).

O economismo é nominado uma última vez no *Q 17*, 12, 1.917 [*CC*, 3, 259], dedicado a "Filosofia da práxis e 'economismo histórico'". Uma vez estabelecida a radical diversidade, pode-se voltar a perceber alguma utilidade do economismo histórico, desde que se tenha consciência de que as "causas" por ele indicadas, como já estabelecido no *Q 4*, 38, pertencem à ordem do "ocasional" e não do "permanente": "Que um grupo de financistas, que tem interesses em um determinado país, possa dirigir a política desse país, atrair a guerra ou afastá-la dele, é indubitável: mas a constatação deste ato [...] é a afirmação de que 'imediatamente', como 'ocasião', os fatos foram influenciados por determinados interesses de grupo etc.". O "permanente", ao contrário, pode ser compreendido somente por uma *filosofia*, isto é, por um discurso capaz de mediar dialeticamente a estrutura e os eventos mutáveis, o conceito e o indivíduo: "Pode-se dizer que o fator econômico (compreendido no sentido imediato e judaico do economismo histórico) nada mais é do que um dos muitos modos com que se apresenta o mais profundo processo histórico (fator da raça, religião etc.), entretanto é este mais profundo processo que a filosofia da práxis quer explicar e, exatamente por isso, trata-se de uma filosofia, de uma 'antropologia', e não de um simples cânone de pesquisa histórica" (idem).

BIBLIOGRAFIA: HIRSCHFELD, 1997; LOSURDO, 1994 E 1997A.

FABIO FROSINI

Ver: Bordiga; Bukharin; catástrofe/catastrófico; determinismo; liberismo; livre-cambismo; Loria; Luxemburgo; *Prefácio de 59*; sindicalismo teórico.

educação

G. começa a desenvolver sua reflexão sobre educação a partir dos problemas esboçados no *Q 1*, mas são sobretudo as correspondências epistolares com seus familiares que lhe fornecem o material pedagógico para o desenvolvimento de suas argumentações. Repetidas vezes as *Cartas* contêm a primeira sugestão e a primeira redação de pensamentos que reaparecerão de forma mais estendida e meditada nos *Q*. Nelas o raciocínio, desde o início, diz respeito à maior ou menor utilidade da coerção. Em 1930, G. escreve à esposa Giulia, discorrendo a respeito da educação do filho Delio, dizendo acreditar que com as crianças, "até que a personalidade chegue a certo grau de desenvolvimento, um pouco de pedantismo seja necessário e indispensável" (*LC*, 344-5, 14 de julho de 1930 [*Cartas*, I, 432]). No mesmo ano, escrevendo ao irmão Carlo sobre a educação da sobrinha Mea, G. exprime uma concepção da vida e da educação – de acordo com as marxianas Teses sobre Feuerbach – como "luta para nos adaptarmos ao ambiente, mas também e especialmente para dominá-lo e para não nos deixarmos esmagar por ele"; em consequência disso, pensa que, se na relação educativa abre-se mão de "intervir [...] usando a autoridade que vem do afeto e do convívio familiar, pressionando sobre ela de modo afetuoso e amoroso, porém inflexivelmente rígido e firme, acontecerá, sem dúvida alguma, que a formação espiritual [...] será o resultado mecânico da influência casual de todos os estímulos deste ambiente" (*LC*, 350-2, 25 de agosto de 1930 [*Cartas*, I, 439]).

A reflexão sobre a necessidade de fazer uso da *direção* especifica-se também por meio da reflexão sobre a tecnicização da vida moderna, através da qual G. estabelece a necessária complementaridade na relação educativa entre formação humanista e moderna formação mecânico-matemática de tipo norte-americano. Em uma carta de 9 de abril de 1928, com efeito, ele escreve: "o princípio do Meccano é certamente ótimo para os meninos modernos" (*LC*, 181, a Tania [*Cartas*, I, 258]). Contudo, na carta de 14 de janeiro de 1929 para a esposa – ao pedir informações "sobre o modo como Delio interpreta o Meccano", G. ainda tem dúvidas "se o Meccano, privando a criança de seu próprio espírito inventivo", pode limitar sua fantasia, como geralmente faz a cultura moderna de "tipo americano, da qual [...] o Meccano é expressão" (*LC*, 232 [*Cartas*, I, 312]) –, nota-se ainda certa oscilação entre duas visões educativas diferentes, o maquinismo e o robinsonismo. Essa indecisão é resolutamente solucionada a partir de 1929, quando, numa carta à esposa, G. escreve que o tipo de menino que ele também fora na Sardenha de início de século, um menino todo centrado na fantasia, não pode mais existir na sociedade industrializada contemporânea, na qual "o rádio e o avião destruíram para sempre o Robinsonismo" (*LC*, 271, 1º de julho de 1929, a Giulia [*Cartas*, I, 353]). Emerge aqui a questão do espontaneísmo que G. adversa: a aceitação dos pressupostos do ativismo pedagógico, de derivação idealista, fundado sobre a reivindicação do livre e autônomo desenvolvimento da criança, que é considerado correto quando é voltado contra a aprendizagem despojada de organicidade e sistematicidade e contra o autoritarismo, mas que se torna perigoso quando se traduz na "idolatria" da espontaneidade da criança; esta posição corresponde à concepção metafísica que G. reconhece na abordagem pedagógica de toda a família da mulher Giulia, e que pressupõe "que na criança estaria em potência todo o homem e que seria necessário ajudá-la a desenvolver o que já contém no estado latente, sem coerções" (*LC*, 301, a Giulia, 30 de dezembro de 1929 [*Cartas*, I, 385]).

Contra esse modo de conceber a educação G. opõe uma concepção do homem como "formação histórica obtida com a coerção (entendida não somente no sentido brutal e de violência externa)"; diversamente, incorrer-se-ia numa forma de "transcendência ou de imanência" (idem). Desse modo, ele recusa também toda a tradição educativa de cunho iluminista que considera o ensino como um processo voltado a "desenovelar" presumidas qualidades inatas na consciência da criança, como realça em uma nota do *Q 1*: "A Suíça deu uma grande contribuição à pedagogia moderna (Pestalozzi etc.), através da tradição genebrina de Rousseau"; na realidade, essa pedagogia é uma forma confusa de filosofia "ligada [a] uma série de regras empíricas". Não se levou em conta o fato de que as ideias de Rousseau são "uma reação violenta contra a escola e os métodos pedagógicos dos Jesuítas e por isso representam um progresso: mas, posteriormente, formou-se uma espécie de igreja, que paralisou os estudos pedagógicos e deu lugar a curiosas involuções (nas doutrinas de Gentile e de Lombardo-Radice)". A "espontaneidade" constitui uma dessas involuções: "Quase se chega a imaginar que o cérebro do menino é um novelo que o professor ajuda a desenovelar. Na realidade, toda geração educa a nova geração, isto é, forma-a; e a educação é uma luta contra os instintos ligados às funções biológicas elementares, uma luta contra a natureza, a fim de dominá-la e criar o homem "atual" à sua época" (*Q 1*, 123, 114 [*CC*, 2, 62]).

Nos *Q* a questão da educação é estendida ao tema da hegemonia e do papel fundamental de mediação desenvolvido pelos intelectuais. A questão pedagógico-educativa aparece desde o *Q 1* como parte do mais vasto discurso sobre a formação e o papel dos intelectuais na história italiana do século XIX. No *Q 1*, 44, G. distingue os dois modos com os quais uma classe realiza sua supremacia: como domínio sobre os grupos adversários, ou como direção intelectual e moral sobre os grupos afins e aliados; nesse quadro, os intelectuais não existem como classe autônoma e independente, mas como camada que cada classe fundamental elabora como seu instrumento específico. Na história dos intelectuais italianos no século XIX, G. analisa as razões da supremacia dos moderados sobre outros grupos e sua capacidade de direção das massas populares e conduz o discurso diretamente sobre a questão da educação. Como escreve no *Q 19*, 27 [*CC*, 5, 98], estendendo as considerações já desenvolvidas na nota de primeira redação do *Q 1*, a questão da escola e, globalmente, a estratégia educativa, foram fundamentais para os moderados no momento de conquistar a hegemonia; daqui origina-se a "atividade dos moderados para introduzir o princípio pedagógico do ensino recíproco (Confalonieri, Capponi etc.)". Ou seja, os moderados souberam impor no *Risorgimento* sua supremacia também nas funções educativas, elaborando o princípio pedagógico fundamentado sobre a ideia de liberar o desenvolvimento das forças psíquicas da criança (recuperando, dessa maneira, os elementos da pedagogia de Rousseau) para contrastar a hegemonia jesuítica no campo da educação. Assim, "entre os moderados" é que se afirmava "o único movimento pedagógico concreto oposto à escola 'jesuítica'", e "isto não podia deixar de ter eficácia, seja entre os leigos, aos quais conferia na escola uma própria personalidade, seja entre o clero liberalizante e antijesuítico (hostilidade encarniçada contra Ferrante Aporti etc.; a recuperação e a educação da infância abandonada eram um monopólio clerical, e estas iniciativas rompiam o monopólio)" (ibidem, 2.047).

Neste momento a análise sobre a função dos intelectuais entrelaça-se com a polêmica de G. a respeito dos conteúdos pedagógicos da ideologia liberal: o espontaneísmo e o libertarismo por ela professados são julgados como ilusórios, pois não há relação que não leve em consideração o princípio da direção; "cada geração educa a nova geração" e isso indica uma permanência da relação educativa, e se houvesse conflito ou discórdia tratar-se-ia de "fenômenos superficiais, inerentes a toda obra educativa e de refreamento" (*Q 1*, 127, 114-5 [*CC*, 2, 63]). G. põe em discussão a argumentação da pedagogia idealista, defendendo que "a instrução não seja também educação"; de fato, "para que a instrução não fosse igualmente educação seria preciso que o discente fosse uma mera passividade, um 'mecânico recipiente' de noções abstratas, o que é absurdo, além de ser 'abstratamente' negado pelos defensores da pura educatividade precisamente contra a mera instrução mecanicista". A consciência individual da esmagadora maioria das crianças reflete relações civis e culturais "diversas e antagônicas às que são refletidas pelos programas escolares: o 'certo' de uma cultura evoluída torna-se 'verdadeiro' nos quadros de uma cultura fossilizada e anacrônica, não existe unidade entre escola e vida e, por isso, não existe unidade entre instrução e educação" (*Q 12*, 2, 1.541-2 [*CC*, 2, 44]).

Essencialmente, a ideologia liberal (libertária), apelando ao princípio do autodidatismo, com base no qual "a educação é autonomia e não impressão pelo externo", mascarava, efetivamente, uma ideologia anti-histórica retrógrada, que forma "pessoas 'anacrônicas' que pensam com modos antiquados e superados e os transmitem 'pegajosamente'" (*Q 14*, 69, 1.730-1 [*CC*, 4, 130]); a partir dela se sustenta não ser necessário organizar lugares e modos de difusão cultural, negando, de fato, "aos pobres o tempo a ser dedicado ao estudo, juntando à queda o coice, isto é, a demonstração teórica de que se não se instruírem, a culpa é deles" (ibidem, 28-9).

Dado, ao contrário, que para os fins do correto desenvolvimento do processo educativo seja necessário "um aparato de cultura, por meio do qual a geração mais velha transmite à geração mais nova toda a experiência do passado" – o que permite a aquisição de "determinadas inclinações e hábitos (mesmo físicas e técnicas que se assimilam com a repetição)" – abre-se a exigência de efetuar um processo de conformação social do processo educativo, uma exigência inata da sociedade democrática, em que se apresenta o "problema da educação das massas [...] segundo as exigências do fim a ser alcançado"

(*Q 6*, 84, 757). Na sociedade democrática "a questão da 'personalidade e liberdade' se apresenta não em razão da disciplina, mas da 'origem do poder que ordena a disciplina'". Como essa origem é "democrática", isto é, se "a autoridade for uma função técnica especializada e não um 'arbítrio' ou uma imposição extrínseca e exterior, a disciplina é um elemento necessário de ordem democrática, de liberdade"; se entendermos portanto "com esta palavra uma relação continuada e permanente entre governantes e governados que realiza uma vontade coletiva" e não certamente um "acolhimento servil e passivo de ordens", ela "não anula a personalidade em sentido orgânico, mas apenas limita o arbítrio e a impulsividade irresponsável, para não falar da fátua vaidade de sobressair" (*Q 14*, 48, 1.706-7 [*CC*, 3, 308-9]). Nesse tipo de sociedade, o elemento coercitivo-educativo, como dimensão que não pode ser eliminada do processo educativo, esclarece-se pelo conceito de educação como luta contra os instintos para dominar a natureza. Um objetivo semelhante deve ser colocado pelo Estado em sua luta contra o senso comum difundido, materializado por elementos pré-modernos e contra a legitimação do ensino religioso para as classes subalternas, própria da pedagogia idealista, mas também de certo marxismo mecanicista. No que diz respeito a este último, G. detecta uma visão parecida do processo educativo nas posições de Labriola, que, não tendo compreendido plenamente a substância dialética da relação educativa segundo a abordagem de Marx a partir das Teses sobre Feuerbach, pode afirmar que, para educar um papuano, é necessário, ao mesmo tempo, torná-lo escravo. Este posicionamento para G. "deve ser aproximado também do modo de pensar de Gentile no que concerne ao ensino religioso nas escolas primárias", já que se trata "de um pseudohistoricismo, de um mecanicismo bastante empírico e muito próximo do evolucionismo vulgar" (*Q 11*, I, 1.366 [*CC*, 1, 86]).

No que diz respeito à concessão do ensino da religião nas escolas, G. detecta o exemplo mais evidente da capitulação do Estado moderno perante a Igreja; sendo ela, de fato, uma "organização militante", procurou asseverar para si "as leis do Estado e o controle da educação" (*Q 3*, 140, 398 [*CC*, 4, 168]), baseando a potência da sua organização mundial sobre o fato de que "a maioria da população ainda não é 'moderna', ainda é ptolemaica como concepção do mundo e da ciência" (*Q 16*, 11, 1.872 [*CC*, 4, 48]). Assim, de fato, o Estado abriu mão desta "função ética" (*Q 3*, 140, 398 [*CC*, 4, 168]) e, sobretudo, do papel de agente educativo, julgando necessário entregar esse papel que lhe pertence à Igreja: de modo que ela oferece uma muleta assim como se faria com um inválido (*Q 16*, 11, 1.867 [*CC*, 4, 43]). A demonstração disso está no resultado das estipulações das concordatas. Não é casual o fato de que à Igreja "é conferida a formação intelectual e moral dos mais jovens (escolas primárias e médias)" e aos intelectuais laicos "o ulterior desenvolvimento dos jovens na universidade". Trata-se de uma divisão das tarefas que corresponde a uma organização da sociedade dividida em classes, que tem no conteúdo da reforma de Gentile sua perspícua representação. Segundo esse enfoque "a escola primária e média é a escola popular e da pequena burguesia", cujas camadas sociais são "monopolizadas educativamente pela casta, visto que a maioria dos seus elementos não chega até a universidade, isto é, não conhecerá a educação moderna em sua fase superior crítico-histórica, mas apenas conhecerá a educação dogmática". A universidade é de fato a escola da classe dirigente e constitui "o mecanismo através do qual ocorre a seleção dos indivíduos das outras classes a serem incorporados ao pessoal governativo, administrativo, dirigente" (ibidem, 1.868 [*CC*, 4, 45]).

Além disso, a visão de caráter passivo do processo educativo está associada – embora se origine de uma concepção oposta, fundamentada sobre uma intuição anticriacionista do real – com a pedagogia idealista, que considera necessário o ensino da religião como filosofia apropriada para a infância da humanidade. G. identifica em Gentile a mais típica posição do intelectual que, mesmo aderindo a uma visão laica da vida, "concede" o ensino religioso ao povo-criança. G. tem como alvo os êxitos da reforma de Gentile, segundo a qual, de acordo com os novos programas, "a arte e a religião são atribuídas apenas à escola primária, e a filosofia [é] amplamente atribuída às escolas secundárias". Na realidade, por trás do convencimento de que o ensino da religião na primeira infância seja desejável por estar em linha com o desenvolvimento psíquico da criança, segundo o postulado do idealismo hegeliano – pelo qual "a religião é uma filosofia mitológica e inferior, correspondente à mentalidade infantil ainda incapaz de se elevar à filosofia pura, na qual, de resto, a religião deve ser resolvida e absorvida" (*Q 7*, 89, 919 [*CC*, 2, 158]) –, esconde-se um projeto político exato: não somente tende-se a considerar "infância da humanidade" um inteiro grupo social, mas, aderindo ao realismo mitológico-cristão, desiste-se de modificar o senso comum, assumindo-o tal como ele é, ao invés de elevá-lo e fazê-lo participar do movimento de reforma intelectual-moral que se difundiu no início do século XX somente entre as classes dirigentes. G. reprova as filosofias imanentistas por não terem ao menos tentado construir uma concepção que pudesse substituir a religião na educação infantil. A filosofia da práxis, ao contrário, almejando substituir a hegemonia católica entre as massas, não deve ter propensão à manutenção dos "simples" na sua filosofia primitiva; e "se ela afirma a exigência do contato entre os intelectuais e os simples não é para limitar a atividade científica e para manter uma unidade no nível inferior das massas"; ao contrário, G. pensa um projeto educativo capaz de conduzir os simples para uma concepção superior da vida, a fim de "forjar um bloco intelectual-moral que torne politicamente possível um progresso intelectual de massa e não apenas de pequenos grupos intelectuais" (*Q 11*, 12, 1.384-5 [*CC*, 1, 103]). Isso só poderá acontecer se a relação dialética intelectuais-massa for uma relação de tradução de instâncias teóricas de emancipação através da práxis política.

Enfim, a disciplina, a coerência e a sobriedade intelectual são virtudes que G. aprecia enquanto elementos constitutivos do processo educativo, mas elas são desmentidas pelo "autodidatismo", pela ideologia libertária, pela ausência de uma disciplina crítica que ele percebe como postulado de uma exigência objetiva do americanismo. Este último induz a que se reflita sobre o problema da composição da dialética entre disciplina e liberdade e sobre a coerção, o princípio regulador pelo qual G. já havia optado no plano molecular das relações individuais e que pode tornar-se, nas formas inéditas da "autocoerção", o princípio regulador das relações sociais no mundo do trabalho.

BIBLIOGRAFIA: BROCCOLI, 1972; CAPITANI, VILLA, 1999; FROSINI, 2003; MANACORDA, 1970; RAGAZZINI, 1976; URBANI, 1967.

CHIARA META

Ver: americanismo; Concordata; criança; escola; formação do homem; Gentile; hegemonia; intelectuais; Labriola; Meccano; pedagogia; personalidade; senso comum; universidade.

Einaudi, Luigi

O juízo de G. sobre o economista liberal Luigi Einaudi passa, do período de Turim aos *Q*, por uma transformação completa: da adesão aos princípios do liberalismo econômico e da admiração pessoal à duríssima conclusão (variante instaurativa) de que "Einaudi merece [...] ser inscrito *ad honorem* na lista dos lorianos", acrescentando: "ademais, deve-se notar que Einaudi, como organizador de movimentos culturais, é responsável pelas 'bizarrias' de Loria" (*Q 28*, 1, 2.321 [*CC*, 2, 257], primeira metade de 1935). O afastamento de Einaudi teve início em 1919, quando G. publica em *L'Ordine Nuovo* o importante artigo "Einaudi, ou sobre a utopia liberal" (25 de maio), no qual inicia uma crítica do liberismo e liberalismo que nunca mais será abandonada. O artigo em questão é ocasionado pela resenha de Einaudi dedicada à reedição de 1917 do livro de Croce *Materialismo storico e economia marxista* (Einaudi, 1918). G. nota que Einaudi nega a Marx "até mesmo, em polêmica com Benedetto Croce, o mérito puramente formal de ter dado impulso às pesquisas econômicas no estudo da história" (*ON*, 40 [*EP*, I, 232]). A esta resenha de 1918 G., diversas vezes, faz retrospectiva referência (*Q 1*, 29, 24; *Q 8*, 212, 1.069-70 [*CC*, 1, 446]; *Q 10* I, 3, 1.215 [*CC*, 1, 286], *Q 10* II, 16, 1.254 [*CC*, 1, 324]; *Q 10* II, 20, 1.257 [*CC*, 1, 327]; *Q 13*, 18, 1.589 [*CC*, 3, 46]). Esse constante retorno indica evidentemente, aos olhos de G., o valor que tem o texto como demarcador de uma periodização. Ele lhe atribui uma dupla função: de um lado, é revelador da atitude mental de um dos líderes da escola do liberalismo italiano; do outro, deve ser levado em consideração para compreender o desenvolvimento político e intelectual de Croce.

Em relação ao primeiro ponto, deve ser observado que "a coerência da posição de Einaudi é admirável 'intelectualmente': ele compreende que toda concessão teórica ao adversário, embora seja apenas intelectual, pode fazer desabar todo seu próprio edifício" (*Q 10* II, 20, 1.257 [*CC*, 1, 327]). Mas isto justamente indica a profunda debilidade da posição que ele representa, incapaz de qualquer confronto real com seus adversários políticos. Tal fraqueza deriva, segundo G., do fato de que o implante liberal não consegue mais compreender o "mercado determinado" atual: "Einaudi faz raciocínios apropriados às crises de conjuntura, pois quer negar que exista uma crise orgânica, mas isto é 'política imediata', não análise científica, é 'vontade de acreditar', 'medicina para as almas', exercida, ainda por cima, de uma maneira pueril e cômica" (*Q 8*, 216, 1.078 [*CC*, 1, 448]). Vem daí a grande importância de Einaudi, não como explicação possível da crise, mas como documento da atitude política de uma inteira fileira de economistas e de empresários representantes da burguesia liberal (*Q 10* II, 55, 1.347 [*CC*, 1, 415], sobre Agnelli e Einaudi face à crise). O que importa estudar, de fato, são, sobretudo, seus "sermões", dos quais emerge, de outro lado, o fato de que "Einaudi e [...] muitos dos seus sócios [...] como propagandistas são puros 'iluministas': seria interessante ver a coletânea de escritos de propaganda econômica de Einaudi; apareceria dela que os capitalistas nunca entenderam seus verdadeiros interesses e sempre se comportaram de forma antieconômica etc." (*Q 7*, 13, 864; a referência é a Einaudi, 1920 ou Einaudi, 1921). E mais tarde, quando diversos ensaios publicados na *Riforma Sociale* entre 1927 e 1932 são coletados em um volume (Einaudi, 1933), G. anota: "Einaudi recolheu em volume os ensaios publicados durante os anos de crise. Um dos motivos sobre os quais Einaudi retorna frequentemente é o seguinte: vai se sair da crise quando a inventividade dos homens houver retomado algum impulso. Essa afirmação não parece exata de nenhum ponto de vista" (*Q 15*, 26, 1.782 [*CC*, 1, 448]).

O segundo aspecto (os reflexos sobre o itinerário de Croce) aparece mais matizado. Em determinado momento G. se pergunta: terão tido importância, para Croce, as amigáveis advertências de L. Einaudi a respeito de sua atitude de crítico "desinteressado" da filosofia da práxis? Trata-se da mesma questão apresentada de outra forma: quanto há de elemento prático imediato no que impele Croce para sua atual posição "liquidacionista"? De fato, pode-se observar como Croce não pretendia de modo algum entrar em polêmica com os filósofos da práxis, e como essa polêmica o interessa tão pouco que sequer o conduz a procurar informações um pouco mais abundantes e exatas do que aquelas de que ele evidentemente dispõe. Pode-se dizer que Croce não se interessa tanto em combater a filosofia da práxis quanto o economismo histórico, isto é, o elemento da filosofia da práxis que penetrou na concepção do mundo tradicional, desagregando-a e, por isso, tornando-a "politicamente" menos resistente; não se interessa tanto em "converter" os adversários quanto em reforçar seu próprio campo; ou seja, Croce apresenta como "ofensiva" uma atividade que é meramente "defensiva" (*Q 10* II, 16, 1.254 [*CC*, 1, 324]). Esse juízo deve ser lido no quadro da reconsideração crítica global do pensamento de Croce, que, embora aos olhos de G. desfrute de uma credibilidade científica muito superior à de Einaudi, também acaba caindo em uma rigidez teórica (o "não fazer nenhuma concessão") que é sinal de profunda fraqueza.

Sobre a relação Croce-Einaudi, G. se expressa geralmente de modo claro: o segundo depende intelectualmente do primeiro. Enquanto Croce conhece bem o marxismo, Einaudi "fala [...] de orelha, por ouvir dizer, frequentemente de terceira ou quarta mão. As noções principais foram tomadas de Croce (*Materialismo histórico e economia marxista*), mas de modo superficial e desmembrado (em um parágrafo comparei um trecho de Croce sobre a originalidade da ciência e a repetição vulgar feita por Einaudi" (*Q 7*, 13, 863). No trecho em que está contida esta última alusão, G. confronta dois escritos, de Einaudi e de Croce, mostrando como o primeiro retomou – de forma tácita e malfeita ("a enunciação é defeituosa e cheia de curiosas impropriedades linguísticas") – um argumento do segundo. No Texto C (*Q 10* II, 18, 1.256 [*CC*, 1, 327]) G. endurece o juízo e acrescenta: "Por que Einaudi não citou simplesmente Croce? Talvez porque a passagem de Croce esteja contida em um escrito contra o professor Loria". O trecho está no ensaio "Le teorie storiche del Prof. Loria" (Croce, 1968a). Mas G. está convencido, mais profundamente, de que os conhecimentos do marxismo que Einaudi possui provenham não somente de uma tosca leitura de Croce, mas de Loria, já que – dado o prestígio dele na *Riforma Sociale* – "pode-se dizer que na Itália grande parte daquilo que se chama de materialismo histórico nada mais é que lorianismo" (*Q 7*, 13, 863), como é demonstrado pelo modo com que Einaudi (Einaudi, 1930) torna caricatural o conceito de "forças de produção", reduzindo-o ao "instrumento técnico" (*Q 7*, 13, 864).

Indicador da incapacidade de Einaudi em manusear os materiais com os quais trabalha é o uso quase inconsciente que ele faz da categoria de "tradutibilidade", retomada da "corrente representada pelos pragmatistas italianos e por Vilfredo Pareto, tendência que encontrou certa expressão no pequeno livro de Prezzolini: *Il linguaggio come causa di errore*" (*Q 4*, 42, 468). Einaudi polemiza com Ugo Spirito sobre o tema da intervenção do Estado na determinação da situação econômica e tem, limitadamente, razão, já que em Spirito, "muito frequentemente, a novidade das ideias, dos métodos, da colocação dos problemas é pura e simplesmente uma questão verbal, de terminologia" (idem). Mas quando acha em uma intervenção de Rodolfo Benini (Benini, 1931) uma tentativa de apresentar "em linguagem da economia liberal um fato econômico já apresentado na linguagem da filosofia da práxis, apesar de todas as limitações e cautelas do caso" (*Q 10* II, 20, 1.258 [*CC*, 1, 328]: a referência é à depreciação preliminar da mercadoria "força-trabalho" diante do capital), não compreende o que tem diante de si (e que ele mesmo metodologicamente admitiu), recaindo no fechamento científico denunciado por G. em outro lugar.

FABIO FROSINI

Ver: crise; Croce; economismo; liberais/liberalismo; liberismo; Loria; lorianismo/lorianos; Pareto; Prezzolini; Spirito.

eleições

Para G. a progressiva ampliação do sufrágio, além do restrito grupo dos proprietários, brancos e homens da tradição liberal, tem em si a potencialidade de produzir "*momentos de vida intensamente coletiva e unitária no desenvolvimento nacional*" de um povo (*Q 19*, 19, 2.004 [*CC*, 5, 56]). As eleições por sufrágio universal, "com os deslocamentos nas forças políticas dos partidos, e com as mudanças que os resultados podem aportar no governo" (*Q 8*, 87, 992 [*CC*, 2, 164]), conseguem superar a concepção absoluta do poder medieval: autoridade e soberania não são mais privilégios de casta, mas repostas, pelo menos formalmente, do povo. Essa potencialidade do regime representativo só pode tornar-se efetiva quando é produto da luta de "grandes massas da população" (*Q 3*, 62, 342) e não da mecânica aplicação de um sistema conquistado por outros povos. Neste último caso, os partidos tendem a não ser "uma fração orgânica das classes populares", mas a constituir-se unicamente em vista das eleições como "conjunto de manipuladores e cabos eleitorais" (*Q 14*, 10, 1.664 [*CC*, 5, 311]). G. contesta, então, "toda mística" confiança no poder de salvação do sufrágio universal. Qualquer virada histórica só pode ser sancionada pela passagem eleitoral, sendo na realidade o produto de uma luta conduzida pela "classe fundamental" no plano político-econômico. O êxito das eleições depende do desenvolvimento da consciência histórico-política das classes populares como "mecanismo favorabilíssimo às tendências reacionárias e clericais" (*Q 19*, 31, 2.057 [*CC*, 5, 109]).

Embora conteste o abstencionismo, fundado sobre uma "concepção mecanicamente catastrófica", G. é ciente de que "o parlamentarismo e o eleitoralismo oferecem um terreno propício" para a demagogia regressiva que se serve "das massas populares, das suas paixões sabiamente excitadas e nutridas, para os próprios fins particulares" (*Q 6*, 97, 772 [*CC*, 3, 247]). Mediante o controle dos meios de comunicação de massa é de fato possível "suscitar extemporaneamente explosões de pânico ou de entusiasmo fictício, que permitem alcançar objetivos determinados, nas eleições, por exemplo" (*Q 7*, 103, 929 [*CC*, 3, 270]). G. deduz a intrínseca debilidade de uma soberania popular exercida por meio de eleições parlamentares: "basta o predomínio ideológico (ou melhor, emotivo) naquele dia determinado para ter uma maioria que dominará por três, quatro, cinco anos, ainda que, passada a emoção, a massa eleitoral se separe de sua expressão legal" (idem). De outro lado, a classe dominante recorrerá a qualquer tipo de fraude consentida pelas relações de força para domesticar os resultados eleitorais. Desse ponto de vista resulta particularmente pernicioso o sistema uninominal, que restringe e falseia "as posições políticas de massa com a artificiosa delimitação dos colégios" (*Q 19*, 19, 2.005 [*CC*, 5, 57]), permitindo a formação de "maiorias fictícias" (*Q 3*, 67, 346 [*CC*, 3, 200]) e impelindo "os partidos a um oportunismo interno pior do que o compromisso parlamentar" (*Q 6*, 40, 714 [*CC*, 3, 227]).

Por seu lado, a classe dominante fará de tudo para evitar que o governo seja expressão da assembleia legislativa, consentindo ao Executivo a possibilidade de desvincular-se do controle do parlamento, mediante "o emprego mais ou menos amplo dos decretos-lei que tendem a substituir a legislação ordinária" (*Q 13*, 37, 1.637-8 [*CC*, 3, 95]). Essa tendência a enfraquecer os órgãos representativos produz no senso comum "a discrepância entre o Parlamento como se pretendia que fosse e como era realmente, ou seja, pouco menos que nada" (*Q 8*, 96, 998 [*CC*, 5, 297]). Ao mesmo tempo, amplia-se o contraste entre representantes e representados, "reforçando a posição relativa do poder da burocracia (civil e militar), da alta finança, da Igreja" (*Q 13*, 23, 1.603 [*CC*, 3, 60]). De modo que se afirma progressivamente no senso comum a convicção de que as decisões importantes não são tomadas pelos "organismos políticos derivados do sufrágio universal, mas ou de organismos privados (empresas capitalistas, Estado-Maior etc.), ou de grandes funcionários desconhecidos do país" (*Q 6*, 137, 801 [*CC*, 3, 254]). As classes dominantes buscarão explorar tal descrédito dos organismos eletivos para propagandear a exigência de um Estado-governo forte. A ideologia dominante tenderá a opor ao método meramente quantitativo que garante o poder por via eleitoral o método qualitativo, os golpes de mão de minorias, de "grandes personalidades" que desdenham fundar seu próprio poder sobre a maioria. Contudo, como nota G., a quantidade de votos é "um simples valor instrumental" que mede a eficácia e a "capacidade de expansão e de persuasão das opiniões de poucos, das minorias ativas, das elites, [...] isto é, sua racionalidade ou historicidade ou funcionalidade concreta" (*Q 13*, 30, 1.625 [*CC*, 3, 82]). A contestar o mecanismo eletivo, pretendendo tornar-se "elite por decreto", será somente a pretensão de quem exige "tirar ao homem 'comum' até mesmo aquela fração infinitesimal de poder que ele possui ao decidir sobre o rumo da vida estatal" (idem).

Por outro lado, mesmo rejeitando as críticas reacionárias ao sistema parlamentar, G. se opõe à tendência que reduz a política ao parlamentarismo, na base da concepção positivista pela qual, "com as constituições e os parlamentos", ter-se-ia inaugurado "uma época de 'evolução' natural'" e a sociedade teria "encontrado seus fundamentos definitivos porque racionais" (*Q 15*, 10, 1.765 [*CC*, 3, 330]). Na opinião de G., a liberdade de voto é pesadamente condicionada por "um centro de formação, de irradiação, de difusão, de persuasão" (*Q 13*, 30, 1.625 [*CC*, 3, 82]) que elabora em seu lugar a convicção política do eleitor. Os resultados das eleições, então, nada mais são que a "manifestação terminal de um longo processo em que o influxo máximo pertence" às minorias politizadas e em particular à classe dirigente que, concentrando em suas próprias mãos "forças materiais infinitas", prevalece "em induzir a vontade nacional em um sentido ao invés de outro" (idem). Esses são os motivos pelos quais G. tende a distinguir entre uma "grande política", voltada à fundação ou à salvaguarda de equipes estatuais e modos de produção, e uma pequena política: a "do dia a dia, política parlamentar, de corredor, de intrigas" (*Q 13*, 5, 1.563 [*CC*, 3, 21]), que tem lugar "em uma estrutura já estabelecida para as lutas de preeminência entre as diversas frações de uma mesma classe política" (ibidem, 1.564 [idem]). Portanto, ele considera "um grande passo à frente" que, em 1871, os parisienses se tenham rebelado contra "a Assembleia Nacional de Versalhes, eleita por sufrágio universal", compreendendo "que pode haver conflito entre 'progresso' e sufrágio" (*Q 13*, 37, 1.648 [*CC*, 3, 105]).

Por outro lado, não se pode identificar parlamentarismo e regime representativo, uma vez que é possível, aliás recomendável, "uma solução diferente tanto do parlamentarismo quanto do regime burocrático, com um novo tipo de regime representativo" (*Q 14*, 49, 1.708 [*CC*, 3, 310]). A "racionalidade historicista" do sistema eleitoral parlamentar, fundado sobre o princípio "uma cabeça, um voto", é, de fato, sistematicamente falsificada pelo influxo da riqueza (Q 13, 30, 1.625 [*CC*, 3, 82]). Somente superando a democracia meramente formal do sistema liberal será possível atuar em direção de um consenso que se supõe "permanentemente ativo, a ponto de que aqueles que consentem poderiam ser considerados como 'funcionários' do Estado" (ibidem, 1.626 [*CC*, 3, 83]). As eleições não serão então o momento "terminal" da construção do consenso, mas "um modo de recrutamento voluntário de funcionários estatais de certo tipo, que em certo sentido poderia vincular-se (em diversos planos) ao *self-government*" (idem). Dever-se-á buscar superar, com a tendencial "elegibilidade de todos os cargos", a debilidade principal do liberalismo: "a burocracia, isto é, a cristalização do pessoal dirigente, que exerce o poder coercitivo e que, num determinado momento, se transforma em casta" (*Q 6*, 81, 752 [*CC*, 3, 225]).

Renato Caputo

Ver: democracia; divisão dos poderes; elite/elitismo; grande política/pequena política; parlamento; política; representados-representantes; sufrágio universal.

elite/elitismo

G. retoma diversas vezes nos *Q* o "conceito de elite de Pareto", pondo-o em conexão com "a chamada 'classe política' de Mosca" (*Q 8*, 24, 956 [CC, 2, 163]). Ambos os conceitos expressam, nos dois autores, uma necessidade de esclarecimento teórico que G. também sente que deve enfrentar: a "de interpretar o fenômeno histórico dos intelectuais e sua função na vida estatal e social" (idem). O conceito de elite expressa, portanto, uma valência heurística que a ciência política gramsciana assume em todo seu alcance, ligando-se imediatamente ao "problema dos intelectuais" (*Q 13*, 36, 1.632 [*CC*, 3, 89]), na acepção ampla que G. reserva à categoria: "por intelectuais deve-se entender não [somente] aquelas camadas comumente entendidas com esta denominação, mas em geral toda a massa social que exerce funções organizativas em sentido lato, seja no campo da produção, seja no campo da cultura, seja no campo administrativo-político" (*Q 1*, 43, 37).

O nexo problemático que G. quer abordar através do conceito de elite é o da necessidade técnica, para promover uma "inovação [...] de massa" (*Q 11*, 12, 1.387 [*CC*, 1, 105]) nas condições das modernas formas de organização política de "uma elite em que a concepção implícita na atividade humana já tenha se tornado, em certa medida, consciência atual coerente e sistemática e vontade precisa e decidida" (idem). O reconhecimento dessa necessidade assinala uma substancial assunção do discurso da ciência política italiana (Pareto e Mosca), já que realça a importância da organização e da direção na batalha política. "Autoconsciência crítica significa, histórica e politicamente, criação de uma elite de intelectuais: uma massa humana não se 'distingue' e não se torna independente 'para si' sem organizar-se (em sentido lato); e não existe organização sem intelectuais, isto é, sem organizadores e dirigentes, ou seja, sem que o aspecto teórico da ligação teoria-prática se distinga concretamente em um estrato de pessoas 'especializadas' na elaboração conceitual e filosófica" (ibidem, 1.386 [*CC*, 1, 104]). "Distinguir-se" significa para G. saber pôr em ato a "direção política" que "se torna um aspecto do domínio", mediante a qual "o absorvimento das elites das classes inimigas leva à sua decapitação e à sua impotência" (*Q 1*, 44, 41). É nesse contexto que G. pode afirmar que "o problema dos funcionários coincide em parte com o problema dos intelectuais" (*Q 13*, 36, 1.632 [*CC*, 3, 89]), assinalando no Estado o horizonte da ação política e identificando "uma robusta cadeia de fortalezas e casamatas" (*Q 7*, 16, 866 [*CC*, 3, 262]) nas funções de direção dos intelectuais concebidos justamente como funcionários do Estado. Neste caso também a acepção de funcionário é para G. bastante ampla: "todo cidadão é 'funcionário' se é ativo na vida social conforme a direção traçada pelo Estado-governo" (*Q 3*, 61, 340 [*CC*, 3, 200]).

O uso do conceito de elite, emprestado da ciência política italiana, se é coerente com essa tradição no que concerne ao lado descritivo das práticas de poder, separa-se dela, ao contrário, no que diz respeito ao seu uso sociológico e às suas finalidades políticas. A respeito do primeiro aspecto G. escreve, criticando Mosca e Pareto, que "não se pode falar de elite-aristocracia-vanguarda como de uma coletividade indistinta e caótica, sobre a qual – pela graça de um misterioso espírito santo, ou de qualquer outra deidade oculta misteriosa e metafísica – caia a graça da inteligência, da capacidade, da educação, da preparação técnica etc.; não obstante, esse modo de pensar é muito comum" (*Q 6*, 79, 750 [*CC*, 2, 231]). O que G. imputa à ciência política italiana é uma insuficiência sociológica de análise, que se torna incapacidade política de colher as transformações em ato. A composição da elite não é decifrável nos termos de uma análise "individual", mas deve, ao contrário, ser vista – e passamos aqui ao segundo aspecto – "como ligada por milhões de fios a um determinado agrupamento social e, através dele, a toda a humanidade" (idem). A elite é aquele estrato social *técnico* necessário "para dar personalidade ao amorfo elemento de massa" (*Q 11*, 12, 1.392 [*CC*, 1, 110]); é necessário, então, "trabalhar na criação de elites de intelectuais de novo tipo, que surjam diretamente da massa e que permaneçam em contato com ela para se tornarem seus 'espartilhos'" (idem). O uso político do conceito é, neste caso, oposto ao da escola elitista.

A particular declinação que o conceito de elite assume em G. leva a refletir sobre o tema ligado à teoria do partido político como "moderno príncipe" (*Q 8*, 21, 951), em uma constelação teórica que não percebe a contraposição direta entre elite e política de massa: "elaboração dos conceitos do partido de massas e do pequeno partido de elite e mediação entre os dois. (Mediação teórica e prática: teoricamente, será que pode existir um grupo, relativamente pequeno, mas sempre considerável, por exemplo de alguns milhares de pessoas, homogêneo social e ideologicamente, sem que sua própria existência demonstre uma ampla situação de coisas e de estados de espírito correspondentes, que só não podem se expressar por causas mecânicas externas e, por isso, transitórias?)" (*Q 15*, 62, 1.827 [*CC*, 5, 332]). Essa necessidade tipicamente moderna de um estrato especializado (a elite) que desenvolva funções diretivas para um grupo social – e a consciência da sua indispensabilidade também para uma política democrática de massa – aparece em G. também na definição da representação: "os números [...] são um simples valor instrumental [...]. E o que se mede? Mede-se exatamente a eficácia e a capacidade de expansão e de persuasão das opiniões de poucos, das minorias ativas das elites, das vanguardas etc. etc., isto é, sua racionalidade ou historicidade ou funcionalidade concreta. Isto quer dizer também que não é verdade que o peso das opiniões dos indivíduos singulares seja exatamente igual. As ideias e as opiniões não 'nascem' espontaneamente no cérebro de cada indivíduo singular: têm um centro de irradiação e de difusão, um grupo de homens ou mesmo um homem só que as elaborou e as apresentou na forma política de atualidade" (*Q 9*, 69, 1.140-1). A relação entre massas e elite é caracterizada, segundo G., como "relação pedagógica" que "existe em toda a sociedade no seu conjunto" e que se instaura necessariamente "entre camadas intelectuais e não intelectuais, entre governantes e governados, entre elites e seguidores, entre dirigentes e dirigidos" (*Q 10* II, 44, 1.331 [*CC*, 1, 339]): "trata-se, na verdade, de trabalhar para a elaboração de uma elite, mas este trabalho não pode ser separado do trabalho de educação das grandes massas, as duas atividades, aliás, são na verdade uma só atividade" (*Q 7*, 43, 892 [*CC*, 1, 247]). Uma relação, então, que não assume feições paternalistas, mas que é declinada politicamente nos termos da hegemonia: "toda relação de 'hegemonia' é necessariamente uma relação pedagógica" (*Q 10* II, 44, 1.331 [*CC*, 1, 339]). Por meio dessa relação pedagógico-hegemônica, a mesma coerção que a elite deverá impor à massa poderá ser "uma coerção de novo tipo, na medida em que exercida pela elite de uma classe sobre a própria classe; só pode ser uma autocoerção, ou seja, uma autodisciplina" (*Q 22*, 10, 2.163 [*CC*, 4, 265]).

MICHELE FILIPPINI

Ver: classe política; coerção; democracia; direção; Estado; governados-governantes; hegemonia; intelectuais; moderno Príncipe; Mosca; Pareto; partido; trincheiras, fortalezas e casamatas.

emigração

Segundo G., a emigração "segue suas próprias leis, de caráter econômico", isto é, "desencadeiam-se correntes migratórias nos diversos países segundo as mais diferentes necessidades de mão de obra ou de elementos técnicos dos próprios países" (*Q 8*, 80, 986 [*CC*, 3, 276]). Isso se explica com o fato de que um Estado pode ser definido como "colonizador" não simplesmente por ser "prolífico", mas por ser capaz de investir seu próprio capital para além de suas fronteiras: é o caso das "emigrações alemã, italiana, japonesa em direção a países não 'colonizáveis'" (idem). Ao examinar o fenômeno do ponto de vista italiano, G. identifica na Revolução Francesa uma espécie de divisor de águas. Antes desse evento, ou seja, antes que "se constituísse organicamente uma classe dirigente nacional" (*Q 3*, 117, 385 [*CC*, 2, 92]), havia-se assistido à emigração de italianos que, para suas capacidades técnicas e diretivas, constituiriam, nos Estados europeus que os acolhiam, uma espécie de valor agregado. Com a "formação de uma burguesia nacional", ao contrário, e "depois do advento do capitalismo" (idem), começou a emigração de trabalhadores, que, com suas competências e com sua mão de obra, contribuíram para enriquecer os mesmos capitalismos estrangeiros. Aqui, segundo G., deve ser identificado o déficit da classe dirigente, incapaz de fornecer ao povo não somente uma "disciplina nacional" (ibidem), mas também uma maior coesão, fazendo com que tais forças fossem desperdiçadas enquanto completamente inseridas nas novas realidades estrangeiras. Um segundo aspecto da questão é representado pela "função cosmopolita dos intelectuais italianos" (*Q 5*, 100, 629 [*CC*, 2, 132]), que os levou a emigrar para o exterior, ao passo que o mesmo fenômeno não se verificou em direção oposta. Isso se deve ao fato de que, segundo G., enquanto nos outros países europeus assistiu-se à formação de uma consciência e de uma cultura nacional, a Itália, ao contrário, "como território perde sua função de centro internacional de cultura", não se nacionalizou, por assim dizer, ao passo que seus intelectuais continuaram revestindo uma "função cosmopolita, afastando-se do território e formando enxames no exterior" (idem).

Antonella Agostino

Ver: colonialismo; cosmopolitismo; intelectuais; intelectuais italianos.

empirismo

Ao lema, G. dedica uma nota: "Noções enciclopédicas. Empirismo. Significado ambíguo do termo. Emprega-se o termo empirismo, comumente, no sentido de não científico. Mas se emprega também no sentido de não categorial (próprio das categorias filosóficas) e, portanto, de 'concreto' e real no sentido 'encorpado' da palavra. Realidade empírica e realidade categorial etc. Para Croce, por exemplo, as ciências físicas ou exatas são 'empíricas' e abstratas, porque para o idealismo a natureza é uma abstração convencional, 'confortável' etc.". Em outros lugares o lema é aproximado, em seu uso político, do oportunismo, por exemplo, em relação à filosofia política de Gentile (*Q 1*, 87, 88, Texto A; *Q 13*, 40, 1.652 [*CC*, 3, 109], Texto C) ou no que concerne ao método usado por alguns políticos para enfrentar problemas práticos (*Q 22*, 15, 2.179 [*CC*, 4, 279-81]); em outros contextos, o empirismo, em sua forma extrema, paradoxalmente é aproximado do atualismo, como tendência a negar qualquer nexo entre os problemas atuais e as soluções obtidas por experiências passadas (*Q 6*, 85, 758 [*CC*, 5, 250-2]). Uma ulterior recorrência do lema é relacionada à análise do *Risorgimento* italiano: ao criticar uma série de interpretações do *Risorgimento*, consideradas ideológicas, "ou seja, que não estavam voltadas a criar forças políticas atuais", G. nota que isso nada mais é que "um documento do primitivismo dos velhos partidos políticos, do empirismo imediato de toda ação construtiva (inclusive, a do Estado), da ausência na vida italiana de todo movimento 'vertebrado' que tenha em si possibilidade de desenvolvimento permanente e contínuo" (*Q 9*, 107, 1.171, Texto A; *Q 19*, 5, 1.984 [*CC*, 5, 37], Texto C).

Lelio La Porta

Ver: Croce; Gentile; idealismo; *Risorgimento*.

empresário

Em uma importante nota do *Q 4*, G. afirma que "todo grupo social [...] cria, ao mesmo tempo, organicamente, uma ou mais camadas de intelectuais que lhe conferem homogeneidade e consciência de sua própria função" (*Q 4*, 49, 474-5) no campo econômico, social e político (cf. Texto C: *Q 12*, 1, 1.513 [*CC*, 2, 15-42]). Assim, o empresário capitalista não somente "cria junto consigo o técnico da indústria, o cientista da economia política, o organizador de uma nova cultura, de um novo direito etc. etc." (idem), mas é também um intelectual: ele deveria possuir, de fato, segundo o autor dos *Q*, capacidades técnicas de tipo intelectual que lhe permitam ser um "organizador de massas de homens", "da 'confiança' dos que investem em sua empresa, dos compradores da sua mercadoria etc.", além de organizador da "sociedade em geral, em todo seu complexo organismo de serviços, até o organismo estatal" (idem), para que se possam criar as "condições mais favoráveis à expansão da própria classe; ou pelo menos, deve possuir a capacidade de escolher os 'prepostos' (empregados especializados) a quem confiar esta atividade organizativa das relações gerais exteriores à empresa" (idem). De outro lado, para G. os intelectuais de tipo urbano têm uma ligação bastante estreita com a indústria e suas fortunas. Se os grandes intelectuais acabam confundindo-se cada vez mais frequentemente com o "verdadeiro estado maior 'orgânico' da alta classe industrial" (*Q 4*, 49, 477), em geral os intelectuais urbanos "colocam em relação, articulando-a, a massa instrumental com o empresário, elaboram a execução imediata do plano de produção estabelecido pelo estado-maior da indústria, controlando suas fases executivas elementares" (*Q 12*, 1, 1.520 [*CC*, 2, 22]). Os empresários comerciais e industriais entre as fileiras dos moderados são, por outro lado, uma exemplificação do tipo de intelectuais que podem ser definidos como "já naturalmente 'condensados' pela organicidade de suas relações com os grupos sociais de que eram a expressão" (*Q 19*, 24, 2.012 [*CC*, 4, 64]), de modo que neles há identidade entre representado e representante.

Jole Silvia Imbornone

Ver: industrialismo; intelectuais; representados-representantes.

Engels, Friedrich

Há, nos *Q*, uma relevante presença de Engels, inclusive como autor distinto de Marx. Engels viveu doze anos mais que Marx, aumentando nesse período seu prestígio, e tornando-se ponto de referência teórico-política para todo o marxismo da Segunda Internacional (na Itália, sobretudo, por meio de Antonio Labriola), também através de obras que tiveram grande eco, como *Anti-Dühring*. Nos *Q* os juízos sobre Engels são sempre cautelosos, mesmo não faltando os negativos. Já em *Q 4*, 1, 419 – definindo Marx como um "pensador não sistemático [...] de uma personalidade na qual a atividade teórica e a atividade prática estão indissoluvelmente entrelaçadas" – G. realça que, "entre as obras do mesmo autor, é necessário distinguir as que ele terminou e publicou das inéditas, porque inacabadas". No que concerne à obra de Marx, especifica, devem ser distinguidas as obras que foram "publicadas sob a responsabilidade direta do autor" das que foram publicadas "por outros após sua morte". G. acrescenta: "Somente em segunda linha, no estudo de um pensamento original e pessoal, está a contribuição de outras pessoas à sua documentação. Para Marx: Engels. Naturalmente a contribuição de Engels não deve ser subestimada, mas tampouco deve ser identificado Engels com Marx, não se deve pensar que tudo que Engels atribui a Marx seja autêntico em sentido absoluto. É verdade que Engels deu prova de um desinteresse e de uma ausência de vaidade pessoal única na história da literatura: não se deve minimamente pôr em dúvida sua absoluta lealdade pessoal. Mas o fato é que Engels não é Marx e que se quisermos conhecer Marx é preciso especialmente buscá-lo em suas obras autênticas, publicadas sob sua direta [responsabilidade – ndr]" (ibidem, 420). No Texto C, G. acrescentará que "a afirmação de um e de outro sobre o acordo recíproco só vale para o tema dado. Mesmo o fato de que um escreveu alguns capítulos para o livro do outro [a referência parece ao *Anti-Dühring* – ndr] não é razão peremptória para que se considere todo o livro como resultado de um acordo perfeito" (*Q 16*, 2, 1.843 [*CC*, 2, 21]). A avaliação de G. insere-se em uma corrente interpretativa que ele tem presente, mas da qual toma distância: G., de fato, prossegue a nota citando seja o livro de Rodolfo Mondolfo *Il materialismo storico in Federico Engels* (1912), seja um arrogante juízo de Sorel (cf. sobre ambos *Q AC*, 2.624), para o qual não valeria a pena estudar Engels, considerando sua presumida "escassa capacidade de pensamento original". G. não concorda com tal juízo, afirmando que "não se deve subestimar a contribuição de Engels".

Um juízo negativo sobre Engels encontra-se no *Q 11*: "É certo que em Engels (*Anti-Dühring*) encontram-se muitas sugestões que podem levar aos desvios do *Ensaio*" (*Q 11*, 34, 1.449 [*CC*, 1, 167]). O *Ensaio* é obviamente o *Manual popular de sociologia* de Bukharin, um dos grandes *idola* polêmicos dos *Q*, e o juízo parece então muito negativo. Logo depois, porém, G. acrescenta: "Esquece-se de que Engels, não obstante tenha trabalhado muito tempo na obra prometida para demonstrar a dialética como lei cósmica, deixou escassos materiais sobre ela; e exagera-se ao se afirmar a identidade de pensamento entre os dois fundadores da filosofia da práxis" (idem). A "obra prometida" é a *Dialética da natureza*, tentativa inacabada de fazer do "marxismo" também uma metafísica da realidade natural. A operação é reprovada pelo historicista G., que, no entanto realça sobretudo – posto que "Engels não é Marx" – o fato de que o mesmo Engels não foi até o fim neste terreno, não chegando a dar "forma definitiva" aos fragmentos da sua "obra prometida": Bukharin teria continuado, então, o caminho que o próprio Engels hesitou em percorrer. Em um Texto B do *Q 15* encontramos outra passagem crítica ao *Anti-Dühring*, mais uma vez a respeito do *Manual* de Bukharin: "A origem de muitos despropósitos contidos no *Ensaio* deve ser buscada no *Anti-Dühring* e na tentativa, excessivamente exterior e formal, de elaborar um sistema de conceitos em torno ao núcleo originário da filosofia da práxis, que satisfizesse a necessidade escolástica de um todo completo" (*Q 15*,

31, 1.786 [*CC*, 1, 262]). É evidente aqui a tomada de distância de G. de Engels, da desconfiança mais geral para a "necessidade escolástica de um todo completo", de sistematicidade, que G. (como emerge também em *Q 4*, 1) não vê em Marx, e que lhe é estranho.

Apesar dessas evidências críticas, há também nos *Q* diversos trechos nos quais G. faz referência a Engels e adota muitas das suas argumentações. Em primeiro lugar, G. é devedor de Engels a respeito de uma fórmula destinada a deixar a marca, a do anti-Croce. G. escreve: "seria necessário escrever um novo *Anti-Dühring*, que poderia ser um *Anti-Croce*, já que nele se poderia resumir não somente a polêmica contra a filosofia especulativa, mas também, implicitamente, aquela contra o positivismo e as teorias mecanicistas, forma deteriorada da filosofia da práxis" (*Q 8*, 235, 1.088). A referência ao anti-Croce é repetida em um Texto B do *Q 10*, do qual se extrai também um indireto apreço pelo livro de Engels. Escreve G.: "Um trabalho deste gênero, um Anti-Croce que pudesse ter na atmosfera cultural moderna o significado e a importância que teve o *Anti-Dühring* para a geração anterior à guerra mundial, mereceria que um inteiro grupo de homens lhe dedicasse dez anos de atividade" (*Q 10* I, 11, 1.234 [*CC*, 1, 305]). Aqui o livro de Engels aparece como obra fundamental para a reafirmação do marxismo.

Uma primeira referência positiva ao *Anti-Dühring* encontra-se já em *Q 1*, 153, onde é citado também pela primeira vez o *Manual* de Bukharin. A respeito deste último G. lembra "a justíssima observação de Engels de que também os 'modos' de pensar são elementos adquiridos e não inatos, cuja posse corresponde a uma qualificação profissional" (*Q 1*, 153, 135; a referência é ao *Prefácio* de 1885 ao *Anti-Dühring*). O mesmo trecho é retomado em *Q 4*, 18, em que se esclarece que G., não dispondo do original, cita uma paráfrase de Croce sobre Engels (não desprovida de distorções). G. – repetindo diversas vezes nos *Q* a referência à expressão de Engels em questão (além de no respectivo Texto C, *Q 16*, 21, 1.892 [*CC*, 4, 65-9], em *Q 4*, 18, 439 e no relativo Texto C, *Q 11*, 44, 1.462 [*CC*, 1, 179-83], em *Q 7*, 5, 856 e no respectivo Texto C, *Q 11*, 21, 1.420 [*CC*, 1, 138-40]) e ligando-a à questão daquilo que no materialismo histórico pode sobreviver da lógica formal ("Para mim não se trata da maior ou menor originalidade da afirmação de Engels, mas da sua importância e do lugar que ocupa no materialismo histórico. Parece-me que é necessário fazer referência a ela para entender o que Engels quer dizer quando escreve que, depois de Marx, da velha filosofia fica, entre outras coisas, a lógica formal": *Q 4*, 18, 439) – entende levantar a questão central de uma nova cultura e de uma nova camada intelectual diversa e oposta às tradicionais (*Q 16*, 21, 1.892 [*CC*, 4, 65-9]). A referência à discussão de Engels sobre a "técnica de pensar" volta repetidamente, ligada à análise do *Manual* de Bukharin, porque o público ao qual é dirigido – a "nova classe", que está procurando formar seus próprios intelectuais –, faltando o "tirocínio da lógica" que os intelectuais burgueses fazem naturalmente, está sem defesa diante da grosseira retórica oratória do *Ensaio* bukhariniano.

Um segundo tema sobre o qual G. chama em causa o *Anti-Dühring* é a objetividade do real. O trecho de Engels citado é o que diz que "a unidade real do mundo consiste em sua materialidade, e esta é demonstrada [...] através de um desenvolvimento longo e trabalhoso da filosofia e das ciências naturais" (Engels, 1985, p. 42). Assim, escreve G.: "A crítica que se deve fazer ao *Ensaio popular* é a de ter apresentado a concepção subjetivista tal como ela se manifesta na crítica do senso comum, bem como a de ter acolhido a concepção da realidade objetiva do mundo exterior em sua forma mais trivial e acrítica" (*Q 11*, 17, 1.415 [*CC*, 1, 133]). Prosseguindo, G. pergunta-se: "pode existir uma objetividade extra-histórica e extra-humana? Mas quem julgará essa objetividade? Quem poderá colocar-se nesta espécie de 'ponto de vista do cosmo em-si' e o que significaria um tal ponto de vista?". Negando o dualismo homem-natureza, G. cita positivamente o *Anti-Dühring*: "A formulação de Engels, segundo a qual 'a unidade do mundo consiste na sua materialidade demonstrada [...] pelo longo e trabalhoso desenvolvimento da filosofia e das ciências naturais', contém precisamente o germe da concepção justa, já que se recorre à história e ao homem para demonstrar a realidade objetiva. Objetivo significa sempre 'humanamente objetivo'" (idem [*CC*, 1, 134]). Apoiando-se em Engels, e mesmo forçando sua leitura, G. coloca-se em uma posição original, mas não isolada no mesmo debate epistemológico contemporâneo.

Outro tema presente no *Anti-Dühring* é a dialética quantidade-qualidade, sobre a qual G. retorna em diversas ocasiões. Escreve, por exemplo, em *Q 4*, 32, 451: "No *Ensaio popular* afirma-se [...] que toda sociedade é algo mais do que a mera soma dos seus componentes. A observação deveria ter sido ligada à outra de Engels pela qual a quantidade torna-se qualidade" (idem). Também no que diz respeito a essa questão, o alvo polêmico de G. continua sendo, sobretudo, Bukharin, cujo pensamento, segundo o autor dos *Q*, é mecanicista, não dialético. Por outro lado, a referência a Engels evidencia um dos momentos de maior reavaliação da dialética hegeliana. Uma última referência de G. ao *Anti-Dühring* refere-se à passagem "do reino da necessidade ao reino da liberdade" (Engels, 1985, p. 273). Neste caso também a menção recorre diversas vezes (*Q 4*, 40, 465-6 e *Q 4*, 45, 471, ambas retomadas em *Q 11*, 62, 1.487 [*CC*, 1, 203-7]; *Q 15*, 28, 1.783 [*CC*, 1, 260-1]; *Q 8*, 190, 1.056 [*CC*, 3, 287-9]), além do mais, ligada à tese gramsciana da transitoriedade do mesmo materialismo histórico, a qual "afirma, teoricamente, que cada 'verdade' acreditada como eterna e absoluta tem origens práticas e representou ou representa um valor provisório. Mas a dificuldade está em fazer compreender 'praticamente' esta interpretação no que diz respeito ao mesmo materialismo histórico. Tal interpretação é sombreada por Engels, quando ele fala de passagem do reino da necessidade ao reino da liberdade" (*Q 4*, 40, 465). Terminada a "pré-história da humanidade" (para os clássicos do marxismo, o "reino da necessidade"), existe a hipótese de uma sociedade sem contradições e, portanto do decair do mesmo materialismo histórico, que é teoria dessas contradições.

Assim, a relação de G. com o livro de Engels é complexa e aparentemente contraditória. Mas a contradição talvez esteja contida no próprio *Anti-Dühring*, que, de um lado, critica o enciclopedismo de Dühring, e, do outro, acaba por segui-lo em seu mesmo terreno; de um lado, afirma que não quer opor sistema a sistema; do outro, cria uma obra que foi concebida exatamente como proposta de um sistema acabado. A esta incongruência de Engels G. dirige sua crítica e talvez seja sobretudo por meio dela que ele põe a exigência de que não se confunda o pensamento de Marx com o do seu amigo e companheiro de estudos e de luta. De resto, ao negar a negação de Hegel feita por Dühring, Engels "reabilitava" o filósofo de Stuttgart: de fato, diante do positivismo, Engels e Marx concordavam sobre a necessidade de defender Hegel dos que queriam tratá-lo como um "cachorro morto". Por esta razão também Engels permanece para G. um dos dois fundadores da filosofia da práxis; e o fato de que essa expressão não é mera repetição de uma fórmula retórica já consolidada na história do movimento operário é demonstrado pelo recurso que G. faz aos escritos de Engels sobre algumas questões cruciais da sua elaboração, primeira entre todas, a batalha antideterminista, que é um dos pontos centrais dos *Q*.

O recurso a Engels, de fato, não se limita ao *Anti-Dühring*. De grande relevância é também a recorrente referência a duas célebres cartas do pensador alemão, de 1890 e 1894 (v. *Q AC*, 2.638) concernentes à relação estrutura-superestrutura: "a afirmação de Engels de que a economia só em 'última análise' é o motor da história (nas duas cartas sobre a filosofia da práxis, publicadas também em italiano) deve ser diretamente conectada ao trecho do prefácio da *Crítica da economia política*, onde se diz que os homens adquirem consciência dos conflitos que se verificam no mundo econômico no terreno das ideologias" (*Q 13*, 18, 1.589 [*CC*, 3, 49-50]; mas cf. também *Q 4*, 26, 445, retomado em *Q 11*, 31, 1.445 [*CC*, 1, 163]; *Q 4*, 38, 462, retomado em *Q 13*, 18, 1.592 [*CC*, 3, 46-55]; *Q 8*, 214, 1.071 [*CC*, 1, 251-5]; *Q 11*, 25, 1.428 [*CC*, 1, 146-9]). O antideterminista G. está obviamente próximo dessas afirmações de Engels, em sua batalha contra Bukharin – assim como contra muito do marxismo da Segunda Internacional – para a reconsideração do momento superestrutural e, portanto, da iniciativa política e da ideologia.

Há também outras passagens nas quais G. recorre a trechos extraídos das obras de Engels, frequentemente citados para fundamentar seu raciocínio crítico sobre as teses de Bukharin, ou também de Croce e em relação aos argumentos mais disparatados: desde o significado de "científico" (*Q 6*, 180, 826 [*CC*, 1, 234-5], em polêmica com Turati) até as questões que dizem respeito à arte e à literatura, em particular Balzac (*Q 8*, 230, 1.085; *Q 11*, 19, 1.417 [*CC*, 1, 136]; *Q 14*, 41, 1.697 [*CC*, 6, 244-5]); desde a relação entre a crítica da economia política e as teorias econômicas "burguesas" (*Q 10* II, 20, 1.257 [*CC*, 1, 327-9]) até as caraterísticas da "revolução italiana" (*Q 9*, 97, 1.160; *Q 11*, 44, 1.804 [*CC*, 1, 179--83]; *Q 16*, 16, 1.884 [*CC*, 4, 60-1]) e assim por diante. Diversas vezes G. faz referência a outra obra de Engels, *Ludwig Feuerbach e o fim da filosofia clássica alemã*, seja em relação à proposição hegeliana de que "tudo que é racional é real" (*Q 8*, 219, 1.079 e *Q 11*, 18, 1.416 [*CC*, 1, 135]), ainda polemizando com o *Ensaio popular*, seja em mérito à relação entre teoria e práxis (*Q 10* II, 31,

1.269 [*CC*, 1, 336-46]), em polêmica com Croce, ou em relação ao problema contíguo representado pela tese do movimento operário como "herdeiro da filosofia clássica alemã" (*Q 10* II, 10, 1.248 [*CC*, 1, 318-9] e *Q 11*, 49, 1.471 [*CC*, 1, 188-90]).

Por parte de G., o recurso a Engels parece bastante difuso, não preocupado em colocar filtros como se faria com um autor julgado "não confiável". Engels é, para G., um dos fundadores da filosofia da práxis e um dos pontos de referência na fundamental polêmica contra Bukharin e sua concepção do marxismo, considerada escolástica e redutiva.

Em conclusão, é necessário ao menos acenar ao nexo que pode ser estabelecido entre a elaboração gramsciana sobre a passagem da "guerra de movimento" à "guerra de posição" e a indicação engelsiana contida na *Introdução de 1895* a *As lutas de classes na França* de Marx: segundo esta última, o exército proletário não devia mais fixar-se em "conseguir a vitória com uma única grande batalha", mas "progredir, vagarosamente, de posição em posição, com uma luta dura e tenaz", já que era impossível "conquistar a transformação social de 1848 com um simples golpe de surpresa" (Engels, 1973, p. 61). Palavras que parecem o cenário de fundo – talvez em parte até mesmo fonte de inspiração – para a reflexão gramsciana sobre a mudança de estratégia necessária ao movimento comunista, ou pelo menos que parecem apontar para uma convergência na redefinição do conceito de revolução à altura da nova realidade social e política que se afirmou no "Ocidente" a partir do fim do século XIX.

Bibliografia: Gerratana, 1985; Liguori, 2006.

Guido Liguori

Ver: Bukharin; Croce; estrutura; Feuerbach; guerra de movimento; guerra de posição; materialismo histórico; objetividade; quantidade-qualidade; superestrutura/superestruturas; técnica do pensar.

Ensaio popular: v. Bukharin.

época

Para G., "marcar época" (*Q 10* II, 48, 1.335 [*CC*, 1, 403]) é uma atribuição específica de um processo histórico. Alguns eventos históricos, como o nascimento da "ideia de progresso", que "representa [...] um fato cultural fundamental" (idem), marcam época no sentido de determinar as coordenadas fundamentais sobre as quais em seguida se desdobram a vida e a ação dos homens. G. especifica: "deve-se notar que muitíssimas vezes se confunde 'não marcar época' com a pouca duração 'temporal'", enquanto na realidade "pode-se 'durar' muito tempo, relativamente, e 'não marcar época'" (*Q 14*, 76, 1.744 [*CC*, 3, 321]). Alguns "movimentos histórico-políticos modernos [...] que certamente não são revoluções, mas não são inteiramente reações", como os "do tipo Dreyfus", de fato duram longamente, mas "não podem 'marcar época'" (*Q 14*, 23, 1.681 [*CC*, 3, 304]). Ao contrário, "todo movimento cultural que pretenda substituir o senso comum e as velhas concepções do mundo em geral" marca época e, em particular, o que consegue criar "elites de intelectuais de novo tipo, que surjam diretamente da massa e que permaneçam em contato com ela para se tornarem seus 'espartilhos'". G. assinala que "esta segunda necessidade, quando satisfeita, é a que realmente modifica o 'panorama ideológico' de uma época" (*Q 11*, 12, 1.392 [*CC*, 1, 110]).

Também o interesse pelo fordismo encontra um seu discriminante na questão do marcar época ou não, tanto que aparece na lista dos problemas que devem ser enfrentados no início do *Q 22*: "questão de saber se o americanismo pode constituir uma 'época' histórica, ou seja, se pode determinar um desenvolvimento gradual do tipo (examinado em outro lugar) das 'revoluções passivas' próprias do século passado ou se, ao contrário, representa apenas a acumulação molecular de elementos destinados a produzir uma 'explosão', ou seja, uma revolução de tipo francês" (*Q 22*, 1, 2.140 [*CC*, 4]).

Michele Filippini

Ver: história; intelectuais orgânicos; senso comum.

Erasmo de Roterdã, Desidério

Nos *Q*, a figura de Erasmo aparece em relação à de Lutero, seguindo a oposição dialética delineada por Croce na sua *Storia dell'età barocca*. No *Q 4*, 3, intitulado "Due aspetti del marxismo" [Dois aspectos do marxismo], G. cita duas passagens desse livro, nas quais o contraste Erasmo-Lutero aparece como oposição Renascimento-Reforma: refinado, mas antipopular o primeiro; popular, mas adversa à cultura a segunda (Croce, 1929, p. 8 e 11; *Q 4*, 3, 423). Croce e seu aluno Guido De Ruggiero (G. refere-se a De Ruggiero, 1930 e 1930a) entreveem, entretanto, os germes do futuro, da "filosofia alemã de 1700--1800" (*Q 4*, 3, 425), exatamente na Reforma, não obstante as aparências tumultuadas e rudes. Assim, quando

Erasmo escreve *ubicumque regnat lutheranismus, ibi literarum est interitus* [onde quer que reine o luteranismo, haverá a ruína das letras] (*Q 4*, 3, 423, que cita Croce, 1929, p. 8), mostra não apanhar, senão superficialmente, o fenômeno. Não obstante, como G. nota em um texto posterior, agora Croce, "diante da nova Reforma intelectual e moral representada pelo materialismo histórico, coloca-se na mesma posição ocupada por Erasmo diante de Lutero" (*Q 7*, 1, 852 e *LC*, 369, a Tatiana, 1º de dezembro de 1930 [*Cartas*, I, 457]), julgando-o superficialmente na base das suas manifestações mais rústicas. "Croce reprova à filosofia da práxis seu 'cientificismo', sua superstição 'materialista', um seu presumido retorno à 'Idade Média intelectual'. São as críticas que Erasmo, na linguagem da época, dirigia ao luteranismo" (*Q 10* II, 41.I, 1.293 [*CC*, 1, 363]). Essa atitude pode ser explicada somente como uma forma de aversão política e de regressão cultural. Também a falta de apoio de Croce ao movimento modernista traz à tona "o homem do Renascimento, o tipo de Erasmo, com a mesma falta de caráter e de coragem civil" (*Q 10* II, 41.IV, 1.304 [*CC*, 1, 371-6]). Em definitivo, a imagem que G. tem de Erasmo é tão dependente da – crítica – de Croce e De Ruggiero que, quando encontra num artigo sobre Toffanin (Arezio, 1930) uma caraterização oposta (Erasmo não humanista, da mesma maneira que Maquiavel, Giansenio, Bruno e outros), marca-a com um ponto de interrogação.

FABIO FROSINI

Ver: Croce; homem do Renascimento; Lutero; modernismo; Reforma; Renascimento.

erro

Nos *Q* o termo "erro" aparece, além de em sua acepção genérica, com o significado atribuído por Croce na sua *Lógica*: como ato prático (econômico) que interfere no processo teorético de pesquisa do verdadeiro (*Q 3*, 48, 328 [*CC*, 3, 194-8] e *Q 4*, 18, 439-40). G. discute essa teoria em *Q 8*, 61, 977-8: ela é uma derivação da teoria marxista das ideologias que, porém, em tal passagem sofre um enrijecimento em sua dimensão mais imediata e circunscrita. Assim, "para Croce o erro tem origem em uma 'paixão' imediata, isto é, de caráter individual ou de grupo; mas não pode existir uma 'paixão' de abrangência histórica mais ampla", entretanto é exatamente isso que a filosofia da práxis afirma com sua teoria da hegemonia. Quando se define uma posição como sendo um "erro" prático – isto é, ideológico –, portanto, ao termo "não deverá ser atribuído um significado moralista ou doutrinário-metafísico, mas puramente 'histórico' dialético, daquilo 'que é historicamente caduco e digno de cair', do 'não definitivo' da filosofia da 'morte-vida', do 'ser-não ser', isto é, do termo dialético que se deve ultrapassar individualmente (moral), como grupo (no seu interno), como sociedade-história" (cf. também *Q 10*, 1, 1.210 [*CC*, 1, 283-5] e *Q 10* II, 41.1, 1.299 [*CC*, 361-70]). Pode-se dizer, então, que o erro é a extremidade individual das ideologias, e coincide, portanto, com a arbitrariedade da linguagem (*Q 6*, 71, 737 [*CC*, 6, 196-8] e com referência aos pragmatistas, *Q 7*, 36, 886).

Uma forma de segundo grau de erro de origem prática ocorre quando uma análise histórico-política mostra-se incapaz de pensar o erro em sua dialética de morte-vida. Ela manifesta, assim, escassa compreensão da política e da função das superestruturas e do conceito do Estado (*Q 6*, 153, 809-10 [*CC*, 6, 202]; *Q 7*, 6, 856-7; *Q 7*, 19, 868-9 [*CC*, 1, 237-8]; *Q 7*, 24, 871 [*CC*, 1, 238-40]) e favorece uma estratégia política mecanicista e incapaz de pensar a real solidez das fileiras adversárias.

FABIO FROSINI

Ver: Croce; ideologia; linguagem; paixão; pragmatismo; superestrutura/superestruturas.

escola

O tema da escola nos *Q* começa a ser abordado entre 1930-1932, nas seções miscelâneas dos *Q 4*, *5* e *6*, depois, com menos intensidade, nas seções miscelâneas dos *Q 8* e *9*, mas, sobretudo, é reativado em 1932, no *Q 12* sobre os intelectuais. Entre os Textos A e os Textos C do *Q 12* não existem variações significativas e o discurso orgânico sobre a escola é realmente desenvolvido no *Q 12*. G. aborda a questão escolar não de maneira abstrata, como temática pedagógica isolada, mas sim integrada à análise do "Estado integral" e da mediação exercida por uma pluralidade de agências educativas, da qual a escola é apenas uma parte, já que "a consciência da criança não é algo 'individual' (e muito menos individualizado)", mas é "o reflexo da fração de sociedade civil da qual a criança participa, das relações sociais tais como se aninham na família, na vizinhança, na aldeia etc." (*Q 12*, 2, 1.542 [*CC*, 2, 44]). Com essa visão da escola como agência educativa complexa, materializada a partir de uma multiplicidade de estruturas sociais que se estratificaram ao longo do tempo, G. atenta principalmente para a necessidade de criticar a tendência à fragmentação rígida dos ensinamentos humanistas e técnico-científicos, fruto tanto da dilatação das "funções intelectuais" quanto da multiplicação das "especializações": "Pode-se observar, em geral, que na civilização moderna todas as atividades práticas se tornaram tão complexas, e as ciências se mesclaram de tal modo à vida, que cada atividade prática tende a criar uma escola para os próprios dirigentes e especialistas e, consequentemente, tende a criar um grupo de intelectuais especialistas de nível mais elevado, que ensinem nessas escolas". Da escola tradicional, de cultura humanista, que se dedicava a "desenvolver em cada indivíduo humano a cultura geral ainda indiferenciada, o poder fundamental de pensar e de saber orientar-se na vida", aproximou-se "um sistema de escolas particulares e de diferentes níveis" que se voltam a diversos setores profissionais cada vez mais especializados. Para G., "a crise escolar que hoje se difunde" vincula-se ao fato de que "este processo de diferenciação e particularização ocorre de modo caótico [...] sem um plano bem estudado" (*Q 12*, 1, 1.530-1 [*CC*, 2, 32-3]).

Desde os escritos da juventude, G. recusa a tendência à especialização rígida, entendida como separação das funções intelectuais, interpretando-a como cisão das funções do homem, que deveriam ser desenvolvidas de modo harmônico. Ele aborda os problemas da educação, da escola e da cultura popular tecendo uma crítica severa ao saber difundido de maneira "enciclopédica" nas universidades populares e defendendo a necessidade de preservar e fortalecer a escola clássica, na qual classicidade significa apelo à formação de toda a humanidade. Deve-se combater a concepção aristocrática que considera o patrimônio literário-humanista como âmbito reservado a uma elite restrita, segundo uma visão abstrata e esnobe concernente à atividade prática, que vê a formação desmembrada entre um âmbito teórico, voltado à futura classe dirigente, e um âmbito técnico-profissional, reservado às classes sociais subalternas. G. ressalta que o Estado não tem feito nada "para dar ao proletariado a possibilidade de se aperfeiçoar, de se elevar" ou de apenas buscar aquela cultura profissional "da qual brotam as forças animadoras das indústrias, dos comércios e da agricultura" ("La scuola del lavoro" [A escola do trabalho], 18 de julho de 1916, em *CT*, 440). Na época do *Ordine Nuovo*, a reivindicação da necessidade de unificação teórico-prática do ensino aprofunda-se. A exigência de repensar os instrumentos educativos através da elaboração de um novo modelo de escola unitária é identificada como exigência vinculada às novas problemáticas surgidas por ocasião da reestruturação da economia italiana, já encaminhada para uma fase de aceleração da industrialização e, portanto, carente de novas figuras profissionais.

Se é verdade que, desde a época dos conselhos, G. está à procura de um novo modo de estabelecer a relação entre intelectuais e massas operárias, esse tema recebe um enriquecimento teórico apenas nos *Q*. A tarefa fundamental que G. atribui à escola é a de promover um modelo educativo capaz de desenvolver e estender as capacidades de compreensão humana, de modo que o alvo polêmico do *Q 12* é justamente o tipo de instrução que tende a separar o nexo formação-educação. Ele tem dois objetivos: contestar o projeto de reforma de Gentile, ao qual é severamente crítico, e elaborar um projeto alternativo de reforma da escola. A Reforma Gentile introduziu uma fratura nociva "entre escola elementar e média, de um lado, e escola superior, de outro". Na velha escola, o fato positivo era que, na escola elementar, dois fatores "se prestavam à educação e à formação das crianças: as primeiras noções de ciências naturais e as noções de direitos e deveres do cidadão. As noções científicas deviam servir para introduzir a criança na '*societas rerum*', os direitos e deveres, na vida estatal e sociedade civil". Isso acontecia porque as noções científicas "entravam em luta contra a concepção mágica do mundo e da natureza que a criança absorve do ambiente impregnado de folclore, assim como as noções de direitos e deveres entram em luta contra as tendências à barbárie individualista e localista, que também é um aspecto do folclore". De fato, à escola cabe a tarefa de lutar contra o folclore e contra todas as sedimentações tradicionais próprias do senso comum desintegrado, para difundir uma concepção mais moderna, "cujos elementos primitivos e fundamentais são dados pela aprendizagem da existência de leis naturais como algo objetivo e rebelde, às quais é preciso adaptar-se para dominá-las, e de leis civis e estatais, produtos da atividade humana" (*Q 12*, 2, 1.540 [*CC*, 2, 42]). Cria-se, assim, um equilíbrio entre ordem social e ordem natural a partir da atividade teórico-prática do homem; apenas desse modo é possível difundir "os primeiros elementos de uma intuição do mundo liberta de toda magia ou bruxaria", que oferece "o ponto de partida para o posterior desenvolvimento de uma concepção histórica, dialética, do mundo" (ibidem, 1.541 [*CC*, 2, 43]). "Os novos programas" a que a Reforma Gentile pretende dedicar-se, por sua vez, quanto "mais afirmam e teorizam sobre a atividade do discente, e sobre sua operosa colaboração com o trabalho do docente", na esteira do ativismo pedagógico de derivação idealista, "tanto mais são elaborados como se o discente fosse uma mera passividade" (ibidem, 1.543 [*CC*, 2, 45]), como se a "participação realmente ativa do aluno na escola" fosse um fato ligado à aplicação de meras fórmulas pedagógicas, enquanto tal participação se realiza somente se "a escola for ligada à vida". Na verdade, argumenta G., a eficácia educativa da velha escola média italiana, organizada segundo a lei Casati, residia no fato de que "sua organização e seus programas eram a expressão de um modo tradicional de vida intelectual e moral, de um clima cultural difundido em toda a sociedade italiana por uma antiquíssima tradição". Nessa escola, "o estudo gramatical das línguas latina e grega, unido ao estudo das literaturas e histórias políticas respectivas, era um princípio educativo na medida em que o ideal humanista, que se personifica em Atenas e Roma, era difundido em toda a sociedade, era um elemento essencial da vida e da cultura nacionais. Até mesmo a mecanicidade do estudo gramatical era encaminhada a partir dessa perspectiva cultural"; cada noção era aprendida "com vistas a uma finalidade prático-profissional: tratava-se de algo desinteressado, pois o que contava era o desenvolvimento interior da personalidade" (ibidem, 1.543-4 [*CC*, 2, 46]).

O latim, por exemplo, é útil para habituar as crianças "a estudar de determinada maneira, a analisar um corpo histórico que pode ser tratado como um cadáver que continuamente volta à vida, para habituá-las a raciocinar, a abstrair", mas também a ser capaz de "pousar novamente na vida real imediata" (ibidem, 1.545 [*CC*, 2, 47]). "Na escola atual", caracterizada justamente pela progressiva fragmentação e especialização da formação, vê-se como, diante de uma transformada função da cultura, "a escola entrou em crise e entrou em crise o estudo do latim e do grego". O ponto é que "será necessário substituir o latim e o grego como fulcro da escola formativa", mas não será fácil dispor "a nova matéria ou a nova série de matérias numa ordem didática que dê resultados equivalentes no que toca à educação e à formação geral da personalidade", que deve continuar como o objetivo permanente da educação humana. Por essa razão, G. critica a Reforma Gentile, expressão de um modelo de sociedade liberal ligado a uma visão elitista da política e incapaz de captar a novidade de fundo da sociedade moderna: a irrupção das massas na vida política. Esse dado impõe um repensar estrutural das modalidades de instrução e de transmissão do saber, o qual, longe de se configurar como mais um aumento de especialismos disciplinares (que não fazem senão repetir na pedagogia a divisão cristalizada da sociedade em classes), seja capaz de promover uma reforma orgânica apta a interpretar profundamente aquilo de que precisa uma sociedade fundada na democracia, ou seja, o alargamento da função da intelectualidade.

É essa a contradição que G. explora ao longo de todo o *Q 12*, colocando em evidência como ela, resolvida temporariamente pela lei Casati, através da criação de escolas técnicas, explodiu novamente no século XX. "A divisão fundamental da escola em clássica e profissional era um esquema racional: a escola profissional destinava-se às classes instrumentais, enquanto a clássica destinava-se às classes dominantes e aos intelectuais"; mas hoje, observa ainda G., a tendência é abolir todo tipo de escola desinteressada e "formativa", ou manter apenas "um seu reduzido exemplar, destinado a uma pequena elite de senhores e de mulheres que não devem pensar em preparar-se para um futuro profissional", difundindo sempre mais escolas profissionais especializadas, em que "o destino do aluno e sua futura atividade são predeterminados" (*Q* 12, 1, 1.531 [*CC*, 2, 33]). O paradoxo dessa situação evidencia-se no fato de que, enquanto tal dicotomia é tomada por um ato democrático, "ela não só é destinada a perpetuar as diferenças sociais, como ainda a cristalizá-las em formas chinesas" (*Q 12*, 2, 1.547 [*CC*, 2, 49]). Vice-versa, a escola formativa, o liceu, não prevê nenhuma articulação com o momento do trabalho, pois o modelo idealista que impregna tal escola contrapõe o ato criativo do espírito à apreensão mecânica de noções, finalizadas na aplicação imediata. G. rejeita os dois modelos educativos por serem ambos abstratos e incapazes de ser realmente formativos para uma pessoa que queira entender seu mundo, intervindo nele em colaboração com outros indivíduos, na direção de uma mudança da realidade. A escola deve constituir um nexo orgânico de cultura e trabalho, e G. recusa tanto a escola profissional quanto o paralelo mecânico de trabalho manual e intelectual (*Q 9*, 19, 1.183). Ele tem convicção de que a crise da organização escolar poderá ter solução se for possível criar uma escola única "inicial de cultura geral, humanista, formativa, que equilibre de modo justo o desenvolvimento da capacidade de trabalhar manualmente (tecnicamente, industrialmente) e o desenvolvimento das capacidades de trabalho intelectual"; somente depois será o momento de passar "a uma das escolas especializadas ou ao trabalho produtivo" (Q 12, 1, 1.531 [CC, 2, 33-4]). De fato, a escola unitária ou de "formação humanista (entendido este termo, 'humanismo', em sentido amplo e não apenas em sentido tradicional)" deveria se propor a introduzir na atividade social os jovens apenas "depois de tê-los elevado a um certo grau de maturidade e capacidade para a criação intelectual e prática e a uma certa autonomia na orientação e na iniciativa" (ibidem, 1.534 [CC, 2, 36]). Mas o problema fundamental põe-se para aquela fase "da atual carreira escolar hoje representada pelo liceu, que em nada se diferencia, atualmente, como tipo de ensino, das fases escolares anteriores, a não ser pela abstrata suposição de uma maior maturidade intelectual e moral do aluno, devida à maior idade e à experiência anteriormente acumulada"; é como se, entre os últimos anos de escola e a universidade, "isto é, entre a escola propriamente dita e a vida" houvesse um salto e não "uma passagem racional da quantidade (idade) à qualidade (maturidade intelectual e moral)". Do ensino quase "puramente dogmático", em que a memória tem uma grande participação, se passa para a fase criativa ou de trabalho autônomo e independente" (ibidem, 1.536 [CC, 2, 38]), onde devem aparecer a autodisciplina intelectual e a autonomia moral do indivíduo, que podem emergir apenas depois de um longo trabalho feito também a partir da acumulação de noções e conceitos. Enquanto na primeira fase a tendência é disciplinar e, portanto, também, nivelar, obter uma certa espécie de "'conformismo' que pode ser chamado de 'dinâmico'", na fase criativa, "sobre a base já atingida de 'coletivização' do tipo social", tende-se a expandir a personalidade, já autônoma e responsável, "mas com uma consciência moral e social sólida e homogênea".

O estudo e o aprendizado dos métodos criativos na ciência e na vida, portanto – G. define toda a escola unitária como "escola ativa", ainda que se tenha de pôr limites às ideologias libertárias nesse campo e reivindicar com certa energia o dever das gerações adultas, isto é, do Estado, de "conformar" as novas gerações –, deve começar nessa última fase da escola e "não ser mais um monopólio da universidade ou ser deixado ao acaso da vida prática" (ibidem, 1.537 [CC, 2, 39]). Assim concebida, a escola unitária poderá significar o início de novas relações "entre trabalho intelectual e trabalho industrial não apenas na escola, mas em toda a vida social", de modo tal que o princípio unitário irá se refletir "em todos os organismos de cultura, transformando-os e emprestando-lhes um novo conteúdo" (ibidem, 1.538 [CC, 2, 40]). Na perspectiva da formação de "um novo tipo de homem" que a moderna "racionalização da produção e do trabalho" torna necessária (Q 22, 3, 2.150 [CC, 4, 249-52]), por um lado, G. insiste em sua opção por uma concepção humanista, por outro, ressalta também as exigências práticas e organizacionais de uma cultura que seja proletária, dado o papel autônomo e responsável que o proletariado exerce; por essa razão, em tal cultura, a escola deve focar no desenvolvimento completo das capacidades mentais. Nos Q, esse conceito é definido através do tema "taylorizar o trabalho intelectual" (Q 12, 1, 1.533 [CC, 2, 36]) como elemento ligado tanto ao momento da elaboração teórica quanto ao das exigências práticas da produção, após a introdução de novos métodos de trabalho na fábrica. Desde que "o estudo é também um trabalho, e muito cansativo, com um tirocínio particular próprio, não só intelectual, mas também muscular-nervoso" (Q 12, 2, 1.549 [CC, 2, 51]), existe uma complexidade do elemento teórico, em seu indissociável nexo com a prática, no âmbito do processo de "racionalização". É exatamente tal constatação que convence G. ainda mais da exigência de uma escola unitária. Em suma, é necessário apropriar-se de uma série de hábitos que redefinem o abrangente "nexo psicofísico" e permitem trabalhar intelectualmente, de forma a libertar as energias mentais da necessidade de se adaptar continuamente às exigências práticas. Desse ponto de vista, o trabalho intelectual apresenta os mesmos obstáculos que o trabalho do operário na fábrica: em ambos os casos, o processo "racionalista" não deve conduzir a um estranhamento psicofísico, mas a uma adaptação ativa e criativa às novas exigências.

Bibliografia: Capitani, Villa, 1999; Frosini, 2003; Manacorda, 1970; Ragazzini, 1976; Urbani, 1967.

Chiara Meta

Ver: americanismo; educação; Estado; folclore/folklore; formação do homem; Gentile; intelectuais; pedagogia; personalidade; senso comum; taylorismo; universidade.

Escolástica

No *Q 5*, 123, 643-4 [*CC*, 5, 225-37], discutindo Rossi 1929, G. elenca – e critica – aqueles que deveriam ser considerados os fenômenos culturais que se encontram na base do Renascimento. Entre eles, "a Escolástica, que 'vem novamente pensando e sistematizando dentro dos limites da filosofia antiga' [...] 'as verdades intuídas pelo Cristianismo'". É a mesma Escolástica que, num outro momento, ele não hesita em definir, ao contrário de muitos, afim ao Humanismo, "pelo impulso comum *antidemocrático* e *anti-herético*" (*Q 7*, 68, 906 [*CC*, 2, 156]).

O retorno ao tomismo puro esperado por Gemelli (*Q 9*, 31, 1.114 [*CC*, 4, 230]) deve ser associado à redescoberta da lógica formal escolástica, que, num registro antigentiliano, "pode ser adequada na crítica dos banais sofismas do idealismo atual, que pretende ser a perfeição da dialética. E, de fato, por que a dialética 'formal' deveria ser superior à lógica 'formal'? Trata-se apenas de instrumentos lógicos; e um bom utensílio velho pode ser melhor que um utensílio defeituoso mais moderno; um bom veleiro é superior a uma lancha a motor quebrada" (*Q 11*, 6, 1.370 [*CC*, 1, 89]). A unidade da teoria e da prática deve ser buscada na história das ideias uma vez que "toda concepção do mundo e toda filosofia se preocuparam com esse problema. Afirmação de Santo Tomás e da escolástica: '*Intellectus speculativus extensione fit practicus*', a teoria se faz prática por simples extensão, isto é, afirmação da necessária conexão entre a ordem das ideias e a da ação" (*Q 11*, 54, 1.482 [*CC*, 1, 199]). Uma última ocorrência do termo encontra-se no *Q 16*, 21, 1.891, em que G. recorda como "já na Idade Média, com a *escolástica*, critica-se implicitamente a tradição da pedagogia baseada na oratória e se busca dar à capacidade mnemônica um esqueleto mais sólido e permanente"; nessa ótica deve-se ressaltar a importância que a Escolástica dá à lógica formal "contra as 'fraquezas' demonstrativas dos velhos métodos de cultura".

Lelio La Porta

Ver: dialética; Humanismo e novo humanismo; Renascimento.

escravidão

Referindo-se a um artigo da *Civiltà Cattolica* de fevereiro de 1929, G. toma nota das situações de escravidão presentes "em muitos países (Abissínia, Nepal, Tibet, Heggiaz etc.)": estas vão da sujeição das mulheres ao trabalho forçado para os indígenas nas colônias até "formas de escravidão ou servidão da gleba, determinadas em muitos países por dívidas e pela usura (na América, a escravidão por dívida; América Central e meridional; na Índia). (Esse fato ocorria, e talvez ocorrerá ainda, também para os emigrantes italianos na América do Sul...)" (*Q 5*, 60, 592-3).

O termo retorna, numa acepção muito mais geral, numa observação sobre um modo errado de conceber a dialética denunciado por Bertrando Spaventa, de quem G. recorda o comentário "sobre aqueles que pretendiam, com a desculpa de que o momento da autoridade é imprescindível e necessário, conservar sempre o homem no 'berço' e na escravidão" (*Q 10* I, 6, 1.221 [*CC*, 1, 293]). Numa nota dedicada a Labriola, G. retorna a essa relação entre falta de dialética e justificativa da escravidão. Labriola havia de fato afirmado que para educar moralmente os papuanos era necessário provisoriamente fazê-los escravos. Essa resposta não soa a G. nem dialética nem progressista, mas mecânica e retrógrada: "pode muito bem ocorrer que seja 'necessário escravizar os papuanos' para educá-los, mas não é menos necessário que alguém afirme que isso é necessário contingentemente, dada a existência de determinadas condições, ou seja, que isso é uma necessidade 'histórica' e não absoluta: é necessário, ao contrário, que exista uma luta a respeito, e essa luta é precisamente a condição para que os netos e bisnetos do papuano sejam libertados da escravidão e sejam educados segundo a pedagogia moderna. Que exista quem afirme enfaticamente que a escravidão dos papuanos é apenas uma necessidade momentânea e se rebele contra essa necessidade é também um fato filosófico--histórico" (*Q 11*, 1, 1.367 [*CC*, 1, 86-7]).

Lelio La Porta

Ver: colonialismo; colônias; dialética; educação; emigração; hegelianismo napolitano; Labriola; Spaventa.

Espanha

G. trata do país ibérico nos *Q* sob diversos aspectos, antes de tudo de um ponto de vista histórico. Apesar de Maquiavel ver na Espanha a realização daquele Estado unitário monárquico ausente na Itália (*Q 1*, 10, 9; *Q 5*, 55, 588 [*CC*, 5, 216-8]; *Q 6*, 86, 760 [*CC*, 3, 241--3]), a potência espanhola será superada na Europa pela Inglaterra (*Q 2*, 16, 166 [*CC*, 3, 129-36]). Seu imenso império colonial passará para as mãos dos Estados Unidos (ibidem, 167-70) e até a influência cultural hispânica na América Latina tenderá a ser substituída, primeiro, pela influência francesa e, depois, pela anglo-saxã (*Q 3*, 5, 290-1 [*CC*, 4, 291-4]). De um ponto de vista cultural, G. observa como o estudo da influência árabe na Espanha consentiria em uma definição mais exata de seu papel na Europa durante a Idade Média (*Q 4*, 92, 533; *Q 16*, 5, 1.847 [*CC*, 4, 24-5]; *Q 5*, 42, 574 [*CC*, 2, 114-20]; *Q 5*, 123, 642 [*CC*, 5, 225-37]), ainda que a Contrarreforma e o militarismo façam da Espanha e da influência hispânica na América Latina uma realidade conservadora e atrasada, em que é enorme a distância entre intelectuais e o povo (*Q 4*, 49, 480).

A mais longa e articulada referência à Espanha nos *Q* explica em que sentido esta é, juntamente com a Grécia, um exemplo de sociedade em que a "influência do elemento militar na política não significou apenas influência e peso do elemento técnico militar, mas influência e peso do estrato social do qual o elemento técnico militar (oficiais subalternos especialmente) se origina" (*Q 4*, 66, 510): não pela identificação do exército com o Estado, mas pelo fato de constituir uma "reserva permanente da 'ordem'". Às forças armadas é confiado o equilíbrio entre as classes urbanas e a burguesia rural, média e pequena, numa típica relação cidade-campo. A burguesia rural vive às custas da miséria crônica e da longa jornada de trabalho do camponês, impede que este melhore de vida e se sente ameaçada por qualquer mínimo gesto de organização dos trabalhadores nos campos. Ela é, porém, extremamente heterogênea, inclusive em sua dispersão territorial, politicamente "volúvel" e ideologicamente "excêntrica". Sem capacidade para exercer em primeira pessoa um papel dirigente, impede que o poder seja estavelmente assumido pelas forças urbanas, vistas como fonte de perigo potencial. A força dos campos "dita" a solução para as classes altas urbanas, ainda que isto não lhes fosse conveniente em termos imediatos. "O que é notável", afirma G., "é que, nesses países, a experiência do governo militar não cria uma ideologia política e social permanente, como acontece, por sua vez, nos países 'cesaristas' [...]. As raízes são as mesmas: equilíbrio das classes urbanas em luta, que impede a 'democracia' normal, o governo parlamentar, mas diferente é a influência do campo nesse equilíbrio. Na Espanha, o campo, completamente passivo, permite aos generais da nobreza fundiária que se sirvam politicamente do exército para restabelecer a ordem, isto é, o predomínio das classes altas, dando um colorido especial ao governo militar de transição"

(ibidem, 511). Tais observações nascem provavelmente da constatação da instabilidade política da Espanha entre os anos 1920 e 1930, quando, sete anos depois do golpe de 1923, perpetrado pelo general Miguel Primo de Rivera com o apoio do soberano Alfonso XIII, os protestos populares levaram ao retorno da democracia; nas eleições de 1931, os partidos democráticos e republicanos obtiveram um grande sucesso que levou o rei a deixar o país e contribuiu para a formação da república. Seria interessante saber o quanto G., no cárcere, tinha informações sobre esse evento.

A fragilidade ou a força do parlamentarismo na Europa é um tema recorrente na análise dos *Q*. Fascismo e democracia não assumem em todo lugar as mesmas formas, que devem ser "identificadas historicamente". Categorias como "cesarismo" ou modelos como o espanhol não são esquemas sociológicos, mas "critérios práticos de interpretação histórica e política que [...] devem se incorporar em uma concreta análise", evitando a aproximação esquemática (idem). O fenômeno espanhol, para G., tem características próprias, peculiares e pouco investigadas, determinadas pela especial situação das massas camponesas e pela função que tiveram os intelectuais antes da queda da monarquia. A intelectualidade, na Espanha, é uma realidade viva e dinâmica, que provavelmente vale a pena ser conhecida, para além dos preconceitos. "Sobre a função desempenhada pelos intelectuais na Espanha antes da queda da monarquia", afirma G., "deve existir na Espanha, atualmente, uma ampla literatura sobre o assunto, já que a república se apresenta como uma república de intelectuais. O fenômeno espanhol tem características próprias, peculiares, determinadas pela situação particular das massas camponesas na Espanha. Contudo, deve-se aproximá-lo da função da *intelligentsia* russa, da função dos intelectuais italianos no *Risorgimento*, dos intelectuais alemães sob o domínio francês e dos enciclopedistas do século XVIII. Mas, na Espanha, a função dos intelectuais na política tem um caráter que é inconfundível e cujo estudo pode valer a pena" (*Q 9*, 139, 1.200, Texto B [*CC*, 2, 178]).

No entanto, a questão permanece objeto de preconceitos típicos da demagogia reacionária, como se infere do juízo superficial de Luigi Cadorna sobre a Constituição espanhola de 1821. Segundo ele, esta foi modelada sob o figurino francês de 1791, infligindo ao país "uma ficção: cópia ruim de uma cópia ruim". "De

1808 até 1813, a resistência indômita oposta aos franceses por todas, ou quase todas, as classes da nação, guiadas pelo clero, também rebelado, marcou uma página gloriosa. Fernando VII e as Cortes de 1812 se encarregaram de anular seus resultados" (*Q 8*, 26, 957 [*CC*, 5, 283]). Esse comportamento historicamente superficial se encontra no juízo igualmente destruidor sobre os liberais italianos que, em 1821 e depois, escolheriam a Constituição espanhola como bandeira e reivindicação, importando-a mecanicamente e sobrepondo-a a um "conteúdo nacional refratário". No entanto, a reivindicação da Carta espanhola nasce, para G., na Itália meridional e é retomada em outras regiões da Itália pela função que tiveram os exilados napolitanos no resto da Itália, depois da queda da República partenopeia. Mas, pergunta-se G., "as necessidades político-sociais da Itália meridional seriam verdadeiramente muito diferentes das da Espanha?". Isso leva a "crer que a reivindicação napolitana fosse mais 'historicista' do que parece" (*Q 6*, 199, 838-9, Texto B [*CC*, 5, 272]). A análise feita por Marx da Carta espanhola demonstra claramente, para G., como essa Carta era a expressão exata de necessidades históricas da sociedade espanhola e não uma aplicação mecânica dos princípios da Revolução Francesa (idem).

Elisabetta Gallo

Ver: cesarismo; cidade-campo; Estados Unidos; historicismo; intelectuais; Norte-Sul; *Risorgimento*.

especialismo

G. analisa o especialismo dos "filósofos profissionais e sistemáticos" (*Q 11*, 12, 1.375 [*CC*, 1, 93]) em relação ao uso que geralmente se faz do termo para os especialistas nos campos científicos. Se, de fato, "é possível imaginar um entomólogo especialista, sem que todos os outros homens sejam 'entomólogos' empíricos, ou um especialista da trigonometria sem que a maior parte dos outros homens se ocupe da trigonometria etc. [...], mas é impossível pensar em um homem que não seja também filósofo, que não pense, precisamente porque o pensar é próprio do homem como tal" (*Q 10* II, 52, 1.342-3 [*CC*, 1, 410-1]). O filósofo, portanto, é certamente um especialista, mas de maneira particular. Se, de fato, é verdade que "'pensa' com maior rigor lógico, com maior coerência, com maior espírito de sistema do que os outros homens" (ibidem, 1.342), também é verdade que "todos os homens são 'filósofos'", definindo os limites e as características dessa "'filosofia espontânea', peculiar a 'todo o mundo', isto é, da filosofia que está contida: 1) na própria linguagem [...]; 2) no senso comum e no bom senso; 3) na religião popular" (*Q 11*, 12, 1.375 [*CC*, 1, 93]). Para G., cabe então "destruir o preconceito, muito difundido, de que a filosofia é algo muito difícil pelo fato de ser a atividade intelectual própria de uma determinada categoria" (idem). Esse preconceito, com a assimilação *tout court* do filósofo ao especialista no campo científico, "determinou a caricatura do filósofo" (*Q 10* II, 52, 1.342 [*CC*, 1, 410-1]). Deve ser lembrada a famosa hendíadis "especialista + político" que aparece uma única vez nos *Q*, em um Texto C de 1932: *Q 12*, 3, 1.551 [*CC*, 2, 52-3].

Michele Filippini

Ver: especialista + político; filósofo e filósofo democrático; técnica do pensar.

especialista + político

A expressão aparece nessa formulação apenas em um Texto C de 1932, *Q 12*, 3 [*CC*, 2, 52-3]. No Texto A *Q 4*, 72, 514, na nota intitulada *O novo intelectual*, G. identifica as diferenças entre o intelectual tradicional e o intelectual do mundo moderno: o primeiro, incorporado pelo jornalista "vulgar" como síntese do literato, filósofo e artista; o segundo, isto é, "o novo intelectual", que constitui a base do "novo intelectualismo", que deve ter como elemento constitutivo a educação técnica "implicitamente ligada ao trabalho industrial também mais primitivo (operário)". G. já havia delineado as características desse novo intelectual no escrito sobre a questão meridional (1926): "A indústria introduziu um novo tipo de intelectual: o organizador técnico, o especialista da ciência aplicada. Nas sociedades em que as forças econômicas se desenvolveram em sentido capitalista [...] é esse [...] tipo de intelectual que predominou, com todas as suas características de ordem e disciplina intelectual" (*QM*, 150 [*EP*, II, 424]). Na nota carcerária, G. ressalta que existe uma diferença notável entre o intelectual que considera a eloquência "motriz dos afetos" (o "tipo corrente de intelectual", ou seja, o advogado, o empregado administrativo) e o "novo intelectual-construtor, organizador, 'persuasor permanentemente' e também superior ao espírito abstrato matemático: da técnica-trabalho ele atinge a técnica-ciência e a concepção 'humanista-histórica', sem a qual se permanece 'especialista' e não se torna 'dirigente' (especialista da política)" (*Q 4*, 72, 514) É interessante notar que a passagem histórica-autobiográfica do intelectual comum para o novo intelectual é identificada na experiência de *L'Ordine Nuovo* semanal, que no auge da ocupação das fábricas permitiu acrescentar ao substantivo "jornalismo" o adjetivo "político"; o jornalismo era uma especialização que se tornara política no calor da experiência direta da fábrica: "os artigos de *L'Ordine Nuovo* não eram frias arquiteturas intelectuais, mas brotavam da nossa discussão com os operários melhores, elaboravam sentimentos, vontades e paixões reais da classe operária de Turim, que tinham sido por nós experimentadas e provocadas" ("Il programma dell'*Ordine Nuovo*" [O programa de *L'Ordine Nuovo*], 14 de agosto de 1920, em *ON*, 622 [*EP*, I, 404]). Tratava-se do reconhecimento de uma realidade constituída por uma série de processos que tinham como fim a libertação da classe operária. O *Ordine Nuovo* era o ginásio esportivo em que os futuros "especialistas + políticos" haviam experimentado suas forças; de fato, "nesse sentido trabalhou o semanário *L'Ordine Nuovo*, visando a desenvolver certas formas de novo intelectualismo e a determinar seus novos conceitos; e essa não foi uma das razões menores de seu êxito, pois uma tal colocação correspondia a aspirações latentes e era adequada ao desenvolvimento das formas reais de vida" (*Q 12*, 3, 1.551, Texto C [*CC*, 2, 53]).

Na nota de segunda redação, o novo intelectual é "construtor, organizador, 'persuasor permanentemente'", uma vez que consegue "uma inserção ativa na vida prática" (idem), se propõe como "agente de atividades gerais" (*Q 12*, 1, 1.523 [*CC*, 2, 15-42]), apesar de não se esquecer nunca de sua tarefa de portador de conhecimentos específicos, de saber real. Em suma, em relação à primeira redação, G. insiste muito no aspecto da práxis, da ação que comporta o misturar-se com a vida prática justamente no sentido das marxianas Teses sobre Feuerbach. Portanto, a expressão "especialista + político" tem um significado ambivalente: por um lado, trata-se do intelectual que, graças à capacidade de enquadrar numa atividade teórica e prática geral seus conhecimentos específicos, vai além da divisão intelectual e manual do trabalho; por outro lado, trata-se do político-dirigente capaz de integrar o próprio conhecimento especializado com a atividade teórico-prática geral "sem a qual permanece 'especialista' e não se torna 'dirigente' (especialista + político)" (*Q 12*, 3, 1.551 [*CC*, 2, 53]).

A expressão tem também um terceiro significado, que poderia ser definido prospectivo: indica aquele processo através do qual os produtores, separando a ciência do capital, se reapropriam das forças produtivas na ótica de uma transformação socialista que estaria para se concretizar, em nível histórico, numa inversão das relações entre governantes e governados, ou seja, na realização da "sociedade regulada", em que a existência de governados e governantes não tem mais razão de ser. O novo intelectual deve se submeter a um longo período de preparação, durante o qual deverá superar o anacronismo típico do dirigente político tradicional, "preparado apenas para as atividades jurídico-formais"; de fato, "o dirigente deve ter aquele mínimo de cultura geral que lhe permita, se não 'criar' autonomamente a solução justa, pelo menos saber julgar entre as soluções projetadas pelos especialistas e, consequentemente, escolher a que seja justa do ponto de vista 'sintético' da técnica política" (*Q 12*, 1, 1.532 [*CC*, 2, 34-5]). O sujeito que consente a realização dessa síntese é aquele que na sociedade civil consegue executar a função que na sociedade política é assumida pelo Estado, a função de costurar os intelectuais do grupo dominante com os intelectuais tradicionais, elaborando "os próprios componentes"; é o partido político que transforma os próprios militantes de elementos sociais "econômicos" em "intelectuais políticos qualificados, dirigentes, organizadores de todas as atividades e funções inerentes ao desenvolvimento orgânico de uma sociedade integral, civil e política" (ibidem, 1.532 [*CC*, 2, 24]).

O especialista + político, ou seja, "o novo intelectual qualificado", defende G., atua exatamente na direção inversa em relação ao sentido de resignação e de ineluhabilidade das coisas difundido pelo comportamento de recusa do empenho típico do intelectual crociano, que é habilitado a ser apenas intelectual, enquanto o político, sempre de acordo com Croce, deve ser apenas político; exatamente essa distinção determina a aceitação do *status quo*: "O não querer se empenhar a fundo, o distinguir entre o que deve fazer um intelectual e o que deve fazer um político (como se o intelectual não fosse também político e não só um político da [...] intelectualidade) e, no fundo, toda a concepção histórica crociana estão na origem dessa difusão (*Q 15*, 36, 1.790 [*CC*, 1, 449]).

Lelio La Porta

Ver: Estado; intelectuais; intelectuais orgânicos; intelectuais tradicionais; *Ordine Nuovo* (*L'*); partido; sociedade regulada.

esperanto

G. critica o esperanto nos seus escritos jornalísticos e nos carcerários. No último de uma série de artigos sobre a proposta do Partido Socialista italiano de promover e adotar o esperanto ("La lingua unica e l'esperanto" [A língua única e o esperanto], 16 de fevereiro de 1918, em *CF*, 668-74), G. sustentava que somente os homens de negócios e os turistas precisariam de tal tipo de linguagem, É uma "preocupação *cosmopolita*, não *internacional*" (ibidem, 668). Além disso, tratava-se de uma tentativa superficial e arbitrária de criar uma comunicação internacional sem que existissem condições reais: derivaria disso uma linguagem que não admitiria mudanças no tempo e no espaço.

De forma provocatória, G. compara o esperanto com a proposta de Manzoni para a criação de um italiano padrão. Ainda que a defesa de Manzoni da língua "vivente" influenciada pelo Romantismo alemão pareça colocar-se nos antípodas do esperanto, G. considera que para a maioria dos italianos, que deveriam adotar um idioma padrão baseado no dialeto florentino, as posições tinham um efeito parecido. Ambas ignoravam o que G. definiu como "ciência da linguagem" (cf., por exemplo, *Q 29*, 5, 2.347 [*CC*, 6, 147]) e a tese de G. I. Ascoli, assumida pelo autor dos *Q*, sobre o fato de que a linguagem não pode ser imposta artificialmente nem sequer pelo Estado, mas deve resultar da atividade e das relações entre os falantes. G. interpretou a questão do esperanto como uma indicação de quanto o Partido Socialista era inadequado para tratar os problemas culturais em geral.

Ele retorna a esses argumentos nos escritos do cárcere (*Q 3*, 76 [*CC*, 2, 80] e *Q 23*, 39 [*CC*, 6, 109]), estendendo o uso do termo e tornando-o metáfora de uma tendência típica, em particular, do positivismo e do naturalismo. Ele escreve: "Para os esperantistas da filosofia e da ciência tudo o que não vem expresso em sua linguagem é delírio, é preconceito, é superstição etc." (*Q 11*, 45, 1.467 [*CC*, 1, 183]). Isso cria uma relação importante entre a crítica gramsciana do positivismo, o problema da ideologia e do senso comum e a delineação do tema da hegemonia.

Peter Ives

Ver: cosmopolitismo; hegemonia; ideologia; língua; linguagem; senso comum.

espírito/espiritualismo

A palavra "espírito" surge e ressurge com frequência como sinônimo de adesão consciente a um grupo ou a uma coletividade (espírito "de cisão", espírito "de corpo" etc.), ou como qualidade individual (espírito "de iniciativa", espírito "de sistema" etc.). Mas se quisermos nos limitar ao significado mais relevante, religioso, teológico ou teologizante, são particularmente interessantes as referências, por um lado, à Igreja, à sua vocação para "guia espiritual" (*Q 1*, 52, 65 [*CC*, 4, 174]) – e, sobretudo, à sua concepção do espírito e do espiritualismo – e, por outro lado, à filosofia idealista e à sua tentativa de mundanizar a divindade. Notem-se os pontos de exclamação de G. na citação por Antonio Bruers: "No *Lavoro Fascista* de 23 de agosto de 1929, ele dá como provável a afirmação na Itália de uma filosofia 'que, embora sem renunciar a nenhum dos valores concretos do idealismo, seja capaz de compreender, em sua plenitude filosófica e social, a exigência religiosa. Essa filosofia é o espiritualismo, doutrina sintética (!), que não exclui a imanência, mas confere o primado lógico (!) à transcendência'" (*Q 1*, 99, 94 [*CC*, 6, 153]). E, de fato, Giovanni Gentile "diz: 'O homem saudável crê em Deus e na liberdade de seu espírito', motivo pelo qual já nos encontramos", comenta G., "diante de dois 'sensos comuns', aquele do homem são e aquele do homem doente" (*Q 8*, 175, 1.047). Uma outra aproximação entre o idealismo e a religião explica que na palavra "espírito" se insinua também uma hipóstase tipicamente metafísica; já que "todo agregado social [...] é algo mais do que a soma de seus componentes", G. observa: "O idealismo hipostatiza esse 'algo', faz dele um ente em si, o espírito, como a religião havia feito com a divindade" (*Q 4*, 32, 451). A hipóstase também é uma metáfora.

Mas não só o idealismo emprega o termo "espírito" em sentido metafórico: também o significado propriamente religioso poderia conter uma metáfora implícita. "Parece, pois, que a própria Igreja implicitamente entende que deus é só uma metáfora para indicar o conjunto dos homens organizados para a ajuda mútua [...], a Igreja, organismo espiritualista por excelência, recorre aos meios humanos para manter viva a fé" (*LC*, 505-6, a Iulca, 7 de dezembro de 1931 [*Cartas*, II, 129]). G. coloca o problema também de forma mais geral: "se a concepção de 'espírito' da filosofia especulativa não é uma transformação atualizada do velho conceito de 'natureza humana', próprio tanto da transcendência quanto do materialismo vulgar; isto é, se na concepção do 'espírito' existe algo diverso do velho 'Espírito Santo' especulado. Seria possível, então, dizer que o idealismo é intrinsecamente teológico" (*Q 10* II, 13, 1.250 [*CC*, 1, 320-1]). A aproximação do idealismo ao materialismo vulgar é mais explícita quando G. critica Bukharin: "Se 'idealismo' é ciência das categorias *a priori* do espírito, isto é, uma forma de abstração anti-historicista, este ensaio popular é idealismo ao contrário, uma vez que substitui as categorias do espírito com categorias empíricas igualmente *a priori* e abstratas" (*Q 8*, 186, 1.054). Também a Igreja, partindo de seu ponto de vista oposto, aproxima (reduz) idealismo a materialismo, mas enquanto duas concepções que, essencialmente, *não são* espiritualismo. Especialmente na luta contra todo idealismo filosófico por parte dos católicos encontra-se "não raro usada a palavra nesse sentido: é materialismo toda forma de pensar que não seja 'espiritualismo' em sentido restrito, isto é, espiritualismo religioso, portanto, todo o hegelianismo e, em geral, a filosofia clássica alemã, além do enciclopedismo e iluminismo francês" (*Q 8*, 211, 1.069). Contudo, também a gramsciana "filosofia da práxis" poderia se confrontar com o valor metafórico da palavra e até traduzi-lo em um conceito-chave seu: "Conceito de bloco histórico; no materialismo histórico é o equivalente filosófico do 'espírito' na filosofia crociana: introduzir no 'bloco histórico' uma atividade dialética e um processo de distinção não significa negar sua unidade real" (*Q 7*, 1, 854). Nesse caso particular seria possível traduzir espírito em superestrutura e natureza *vs.* estrutura: "Conceito de 'bloco histórico', isto é, unidade entre a natureza e o espírito (estrutura e superestrutura), unidade dos contrários e dos distintos" (*Q 13*, 10, 1.569 [*CC*, 3, 26]). As últimas duas passagens remetem evidentemente à concepção gramsciana da dialética entre contrários-distintos, que no bloco histórico são organicamente (ou seja, na realidade histórica concreta) unidos ou fundidos, quando sua distinção é (epistemologicamente) uma distinção metódica, ou seja, funcional apenas conceitualmente e, portanto, abstratamente.

O espírito é concebido historicamente por G. também em relação à declarada divisão das tarefas entre religião e política ou Estado. O episódio tem início "no princípio do século XII com a vitória do papado. Foi proclamada a primazia do espiritual (sol-lua) e a Igreja readquiriu a liberdade para sua ação legislativa etc. etc. Esta concepção teocrática foi combatida teórica e praticamente, mas se manteve dominante, em sua forma genuína ou atenuada, durante séculos e séculos. Deste modo, havia dois tribunais, o sacramental e o não sacramental; deste modo, os dois direitos foram acoplados, *utrumque ius* etc." (*Q 3*, 87, 371 [*CC*, 2, 89]). Se a teocracia foi combatida ou atenuada, ainda hoje "a Igreja afirma que não há confusão de soberanias, mas porque afirma que ao Estado *não compete* soberania no terreno do 'espiritual' e, se o Estado se arroga tal soberania, comete usurpação. Além disso, a Igreja também afirma que não pode haver dupla soberania na mesma esfera de objetivos, mas precisamente porque afirma a distinção dos fins e declara-se a única soberana no terreno do espiritual" (*Q 5*, 71, 606 [*CC*, 4, 203]). Divisão de fins ou também de poderes? Na Concordata, "o art. 1º diz textualmente: 'A Itália, nos termos do art. 1º do Tratado, assegura à Igreja católica o livre exercício do *poder espiritual*'" etc. Por que se fala de *poder*, que tem um preciso significado jurídico, e não, por exemplo, de 'atividade' ou outro termo menos facilmente interpretável em sentido político? Seria útil fazer uma pesquisa, inclusive de nomenclatura, nas outras Concordatas estipuladas pela Igreja e na literatura de hermenêutica das Concordatas feita pelos agentes do Vaticano" (*Q 5*, 129, 663 [*CC*, 4, 205]).

Por fim, G. reencontra uma problemática análoga nas escolhas culturais enquanto sociais, mas com uma polarização talvez mais acentuada do que nas relações entre política e religião: "na história da cultura, que é muito mais ampla do que a história da filosofia, sempre que a cultura popular aflorou, porque se atravessava uma fase de transformações e da ganga popular se selecionava o metal de uma nova classe, registrou-se um florescimento de 'materialismo'; inversamente, no mesmo momento, as classes tradicionais se apegavam ao espiritualismo. Hegel, situado entre a Revolução Francesa e a Restauração, dialetizou os dois momentos da vida do pensamento, materialismo e espiritualismo, mas a síntese foi 'um homem que caminha de cabeça para baixo'" (*Q 16*, 9, 1.861 [*CC*, 4, 38]). Em outras palavras, já na dialética de Hegel se distingue a síntese conservadora que caracterizará fortemente o neoidealismo crociano. Em geral, é parte da história cultural uma outra separação: entre a "supersticiosa" religião popular, circulante também através de uma específica literatura de má qualidade (como no "brescianismo"), e a religião douta. "Essa pouca fortuna da literatura popular católica indica que já existe uma ruptura profunda entre a religião e o povo, que se encontra em um estado miserável de indiferença e ausência de vida espiritual: a religião é apenas uma superstição, mas não foi substituída por uma nova moralidade laica e humanista" (*Q 3*, 63, 344), ou por uma moralidade que seja fruto daquela que G. anuncia, com insistência, como "reforma intelectual e moral".

Giuseppe Prestipino

Ver: bloco histórico; brescianismo; cultura popular; dialética; estrutura; idealismo; materialismo e materialismo vulgar; metódico; reforma intelectual e moral; superestrutura/superestruturas.

espírito de cisão

O "espírito de cisão", expressão que G. toma de Sorel, designa a "conquista progressiva da consciência da própria personalidade histórica" (*Q 3*, 49, 333 [*CC*, 2, 79]), ou seja, o processo necessário ao desenvolvimento das "forças inovadoras de grupos subalternos para grupos dirigentes e dominantes", dotadas de "autonomia integral" e unificadas em um Estado (*Q 25*, 5, 2.288 [*CC*, 5, 139]). Expressão de necessidades nascidas no terreno da luta hegemônica, o espírito de cisão é o que se pode contrapor às "trincheiras" e "fortificações" representadas pela ideologia da classe dominante, isto é, pela "organização material voltada para manter, defender e desenvolver a 'frente' teórica ou ideológica" (*Q 3*, 49, 333 [*CC*, 2, 78]).

A questão do espírito de cisão se coloca particularmente na época dos "grandes partidos políticos de massa" e dos "grandes sindicatos econômicos", lá onde predomina a "estrutura maciça das democracias modernas": elementos "permanentes da frente na guerra de posição" (*Q 13*, 7, 1.567 [*CC*, 3, 23]). Seu grau de realização se depreende tanto a partir do grau de "distanciamento" das forças inovadoras em relação às forças dirigentes e dominantes quanto a partir da capacidade das primeiras em unificar em torno de si outros grupos (*Q 25*, 5, 2.288 [*CC*, 5, 139]) através de "um complexo trabalho ideológico" (*Q 3*, 49, 333 [*CC*, 2, 78]). Com esse trabalho visa-se, também, romper a "unidade baseada na ideologia tradicional", com a crítica ao velho "complexo ideológico" (*Q 8*, 195, 1.058 [*CC*, 3, 195]). Elaboração do sentimento de independência e de diferenciação (*Q 11*, 12, 1.386 [*CC*, 1, 92]), o espírito de cisão coincide com um momento necessário do desenvolvimento de uma "consciência de classe" (*Q 3*, 46, 323 [*CC*, 3, 190]) e de uma "catarse" (*Q 10* II, 6, 1.244 [*CC*, 1, 314]), implicando, portanto, um momento de reflexão propriamente teórica. Em suma, o espírito de cisão constituirá uma instância para a qual o historiador deverá atentar a fim de reconstruir a vida dos grupos subalternos (*Q 25*, 5, 2.288 [*CC*, 5, 139]).

Rocco Lacorte

Ver: catarse; frente ideológica; guerra de posição; ideologia; Sorel; subalterno/subalternos.

espírito popular criativo

A expressão "espírito popular criativo" aparece uma única vez em toda a obra gramsciana: na carta à cunhada Tania de 19 de março de 1927. Após alguns meses na prisão, G. reivindica para si a necessidade de fazer algo *"für ewig"*, referindo-se a quatro temas de estudo: a "formação do espírito público" e, portanto, dos intelectuais italianos, no século XIX, a "linguística comparada", o "teatro de Pirandello" e a análise do "gosto popular na literatura". Esclarece G.: "Entre esses quatro temas existe homogeneidade: o espírito popular criativo, em suas diferentes fases e graus de desenvolvimento, está na sua base em igual medida" (*LC*, 57 [*Cartas*, I, 128]). A osmose com o "povo" representa um ato de subversão em relação ao "espírito criativo", cavalo de batalha da tradição idealista; porém, ao mesmo tempo, pode despertar uma atitude protorromântica, distante da concepção de G., que, por esse motivo, provavelmente, quando dois anos mais tarde receberá a autorização para escrever os *Q*, decidirá não utilizá-la. Permanece, no entanto, a energia que dela emana e também a surpresa em descobrir que o "espírito popular" se encontra na base do "espírito público", isto é, da vida intelectual da nação. Traços de uma tal modalidade de pensamento podem ser encontrados facilmente na produção do jovem G., que, desde 1916, usava conceitos como "sempre ativo no espírito popular" ("La rievocazione di Gelindo" [A reevocação de Gelindo], 25 de dezembro de 1915, em *CT*, 737), insistia na "imaginação criativa" do povo ("I re immortali" [Os reis imortais], 30 de abril de 1916, em *CT*, 283) e na "capacidade ilimitada de iniciativa e criação das massas trabalhadoras" ("Ancora delle capacità organiche della classe operaia" [Ainda sobre as capacidades orgânicas da classe operária], 1º de outubro de 1926, em *CPC*, 347).

Na obra carcerária, G. conduz uma árdua batalha para demolir o "espírito" da "filosofia especulativa", mostrando seu caráter intrinsecamente "teológico" (*Q 10* II,

13, 1.250 [*CC*, 1, 320]). Por outro lado, de maneira sóbria, ele repropõe, separadamente, tanto a criatividade das massas (*Q 11*, 59, 1.846 [*CC*, 1, 202]), e, especificamente, do trabalho operário, por mais "mecânico e degradado" que possa ser (*Q 4*, 49, 476), quanto o "espírito popular", que está "na base da nação" (*Q 5*, 126, 655 [*CC*, 2, 134]). Em geral, todavia, o papel do "povo" é redimensionado, enquanto emerge com força a dinâmica relacional da "sociedade civil".

Giorgio Baratta

Ver: cultura; cultura popular; idealismo; intelectuais; literatura popular; nacional-popular; popular; povo; Romantismo italiano.

espontaneidade

G. entende por "espontaneidade" o momento embrionário ou primitivo da consciência política que pode conter ou não um elemento imediatamente criativo e antagônico. Em certos momentos, aparece contraposta a "conformismo" e expressa uma carência de direção política, situação própria das classes subalternas no processo de desenvolvimento de sua consciência histórico-política. Pode também ser vista como uma característica naturalista, derivada de uma elaboração teórica grosseira (no caso, o "espontaneísmo"), bem como uma forma de adesão que não se distancia da coerção. No *Q 3*, 42 [*CC*, 3, 185], tratando de alguns temas relativos ao movimento operário italiano do pós-guerra, G. critica a "concepção fatalista e mecânica da história", própria dos socialistas, afirmando que esta não era imune a "comportamentos de um voluntarismo arrebatado e vulgar", apesar de ter a pretensão de ser crítica da espontaneidade, considerada "coisa inferior". Observa G. que, com o "biênio vermelho" de 1919-1920, houve um florescer de importantes acontecimentos espontâneos que "criavam, justamente pela espontaneidade, e pelo fato de serem condenados, o 'pânico' geral, o 'grande medo', que só podiam levar à concentração de forças repressivas, impiedosas em sufocá-los" (ibidem, 320 [*CC*, 3, 186]). Nessa mesma nota, como exemplo de ação espontânea e carência de direção política, G. se detém nas relações entre o Partido Socialista e o sindicato no pós-guerra.

A espontaneidade, como escreve G. no *Q 3*, 48 [*CC*, 3, 194], é um fenômeno multilateral de difícil compreensão e definição, também por se encontrar sempre em oposição à mecanicidade. A dificuldade de compreender a ação espontânea reside precisamente no fato de ela não existir em estado puro, da mesma maneira que não existe ação ou movimento puramente mecânico. A mediação entre espontaneidade e mecanicidade se encontra na direção consciente do movimento e da ação política. A direção consciente está sempre presente, ainda que de modo imperceptível, sendo quase impossível identificá-la e comprovar sua existência. Considerando tais características, observa G., "pode-se dizer, por isto, que o elemento da espontaneidade é característico da 'história das classes subalternas', aliás, dos elementos mais marginais e periféricos destas classes, que não alcançaram a consciência de classe 'para si'" (ibidem, 328 [*CC*, 3, 194]). Os elementos característicos da direção consciente existem e são inúmeros, sem que, no entanto, prevaleçam ou que se supere o "senso comum" do estrato social em questão. Assim, a espontaneidade das classes subalternas acomoda também elementos dispersos de direção consciente, incapazes de conduzir à unificação e indicar o caminho da superação da situação de subalternidade, permanecendo nessa condição.

Na medida em que a direção consciente ganha força, o próprio significado da ação espontânea também se esclarece. No *Q 11*, 25, 1.430 [*CC*, 1, 146], ao criticar o uso do método naturalista nas ciências humanas, à maneira de certa sociologia geral baseada na compilação de dados estatísticos, G. o contrapõe à filologia como estudo da particularidade. A partir desse raciocínio, pode-se afirmar que a direção política consciente e coletiva é uma "filologia viva", que interpreta e altera, a todo momento, a espontaneidade natural. Nessa passagem, o foco da questão é a ação consciente que atua sobre a espontaneidade, não sobre a criatividade espontânea das classes subalternas. Entender a espontaneidade como sinônimo de sinceridade, em oposição ao conformismo, é outra possível abordagem do conceito. No caso que G. discute no *Q 14*, 61 [*CC*, 6, 248], o conformismo se aproxima da ideia de mecanicidade (mecanicismo), mas a partir de um ponto de vista individual, assim como a sinceridade também parece uma expressão individual. A espontaneidade – entendida como sinceridade – é contraposta ao conformismo, entendido em sentido positivo, como socialidade. A originalidade individual não é difícil de ser alcançada, assim como a adequação à socialidade existente enquanto medida racional em relação a fins determinados. Mais uma vez, a dificuldade consiste na possível mediação entre espontaneidade individual, entendida como criatividade, e conformismo social, entendido como necessidade. Encontra-se novamente aqui o problema da direção consciente, agora sob a forma de disciplina; "acentuar a disciplina, a socialidade, mas pretender sinceridade, espontaneidade, originalidade, personalidade: eis o que é verdadeiramente difícil e árduo", sobretudo considerando que a "socialidade, o conformismo, é o resultado de uma luta cultural (e não apenas cultural)" (ibidem, 1.720 [*CC*, 6, 248-9]). Aqui a espontaneidade é disciplinada por uma ação consciente que visa a criar um novo conformismo (uma nova hegemonia).

No *Q 19*, em que G. concentra suas observações sobre o *Risorgimento*, ele trata da incidência da direção política sobre os grupos subalternos, referindo-se à direção moral e intelectual exercida pelos moderados sobre o Partido da Ação e sobre seus dirigentes e intelectuais. A adesão espontânea dos intelectuais ao moderantismo é designada como transformismo e isso se dá pelo poder de atração do grupo em ascensão.

MARCOS DEL ROIO

Ver: conformismo; direção; filologia e filologia vivente; mecanismo; *Ordine Nuovo* (*L'*); senso comum; Sorel; subalterno/subalternos.

espontaneísmo

Por "espontaneísmo" se entende uma concepção teórica, uma ideologia que valoriza a ação espontânea individual ou coletiva, a capacidade subjetiva de transformar a realidade sem a mediação da teoria. A Primeira Guerra Mundial e a Revolução Russa marcam a crise do espontaneísmo típico do anarquismo e do anarco-sindicalismo e também do mecanicismo próprio de uma certa variante do socialismo, da qual participa o socialismo italiano da época. O movimento dos conselhos de fábrica no "biênio vermelho" (1919-1920) havia sido um esforço teórico-prático para sair dessa crise por meio da criação de uma direção consciente. É inegável que, nesse contexto, G. sofreu a influência das formulações de Sorel e Rosa Luxemburgo, bem como da Revolução Russa.

Nos *Q*, G. retoma a interlocução crítica com o espontaneísmo e com o mecanicismo, vistos como opostos complementares. O espontaneísmo (e o mecanicismo) vincula-se ao economicismo e ao sindicalismo como manifestação de uma ideologia que preserva a subalternidade. Existe também uma relação com o "voluntarismo" e deste, por sua vez, com a noção de "guerra manobrada" em época de "revolução passiva". G. vê o espontaneísmo como uma manifestação de estagnação do marxismo. Apoiando-se em autores que critica e com os quais dialoga, ou seja, Rosa Luxemburgo e Sorel, o comunista sardo tenta explicar o fenômeno: "No campo filosófico, me parece que a razão histórica deva ser buscada no fato de que o marxismo teve de se aliar com tendências estranhas para combater os resíduos do mundo pré-capitalista nas massas populares, particularmente no terreno religioso" (*Q 4*, 3, 422). No *Q 13*, G. volta a abordar, com mais profundidade, o tema do espontaneísmo e de algumas categorias correlatas. É possível que, nesse momento, ele esteja traçando uma analogia com a linha política que a URSS e a Internacional Comunista seguiram a partir de 1929, segundo a qual a crise econômica capitalista daqueles anos poderia gerar tal radicalização revolucionária que justificaria uma tática política equivalente à guerra manobrada. G. acreditava que a posição de Rosa Luxemburgo em relação à Revolução Russa de 1905 pecava por economicismo, uma vez que enxergava na crise econômica a principal explicação para a explosão revolucionária e na ação espontânea das massas a força principal da revolução. G. critica a formulação de Rosa Luxemburgo, que "negligenciou os elementos 'voluntários' e organizativos que, naqueles eventos, foram muito mais difundidos e eficientes de quanto Rosa podia crer, já que ela era condicionada por um certo preconceito 'economicista' e espontaneísta" (*Q 13*, 24, 1.613 [*CC*, 3, 71]). Em seguida, G. associa tal concepção àquela de guerra manobrada; em suma, esta "era uma forma de férreo determinismo economicista, com a agravante de que os efeitos eram concebidos como rapidíssimos no tempo e no espaço; por isso, tratava-se de um verdadeiro misticismo histórico, da expectativa de uma espécie de fulguração milagrosa" (ibidem, 1.614).

No *Q 13*, 1 [*CC*, 3, 13], G. abre um diálogo crítico com Sorel, notando como o intelectual francês não aceitava a mediação do partido político na ação revolucionária. Sorel permanecera no interior dos limites da concepção do sindicato profissional como organização de uma vontade coletiva já ativa e em movimento graças ao "mito" da greve geral. A perspectiva soreliana negava a ordem existente, mas não concebia a necessidade de um programa articulado no partido, avaliado como intrinsecamente reacionário. O espontaneísmo de Sorel se manifestava no momento em que "a solução era abandonada ao impulso do irracional, do 'arbitrário' (no sentido bergsoniano de 'impulso vital'), ou seja, da 'espontaneidade'" (ibidem, 1.557 [*CC*, 3, 15]). A crítica de G. ao espontaneísmo de Sorel (e ao anarquismo) leva-o a observar como, nessa concepção, "se supõe por trás da espontaneidade um puro mecanicismo, por trás da liberdade (arbítrio-impulso vital) um máximo de determinismo, por trás do idealismo um materialismo absoluto" (ibidem, 1.557-8 [*CC*, 3, 15]).

MARCOS DEL ROIO

Ver: anarquia; economismo; espontaneidade; greve; Luxemburgo; mecanicismo; revolução passiva; sindicalismo teórico; Sorel; voluntarismo.

esporte

O interesse pelo esporte está moderadamente presente em G. já nos anos de Turim. O escrito mais importante nesse âmbito está na coluna *Sotto la Mole*, publicada no jornal *Avanti!* em agosto de 1918 (*NM*, 165-6 [*EP*, I, 209]), dedicado a dois dos passatempos preferidos dos italianos, "Il foot-ball e lo scopone" [O futebol e a escopa]. As simpatias gramscianas se dirigem ao esporte proveniente da Inglaterra, elevado a metáfora da sociedade liberal, "individualista" (o que soa estranho para um jogo de equipe como poucos), em que "se exercita a iniciativa", mas "definida pela lei", em que é o "mérito" que determina as hierarquias. Esse jovem G., cuja rebeldia tem ainda uma forte inclinação liberal em reação ao asfixiante bloco de interesses que o protecionismo e o Estado giolittiano tutelavam em prejuízo do Mezzogiorno, via na Inglaterra liberal um modelo mais avançado de sociedade e no futebol, a exaltação um tanto vitalista de forças que não buscam vencer com o imbróglio e a corrupção, métodos típicos (não apenas para G.) do sistema de poder giolittiano, simbolizado pela escopa e caracterizado por fraudes, imbróglios e violências (mais tarde, no confinamento de Ustica, graças à influência de Bordiga, G. reabilitará a "escopa científica", que jogará com o amigo-adversário: *LC*, 39, a Iulca, 15 de janeiro de 1927 [*Cartas*, I, 111]). Nos escritos pré-carcerários, duas outras referências ao esporte, ambas de 1921: um vago aceno ao ciclista Girardengo, num artigo de 13 de maio ("Fascismo giornalistico" [Fascismo jornalístico], em *SF*, 158) e uma referência, em 6 de setembro, ao Grande Prêmio automobilístico da Itália, que tinha visto a derrota da Fiat, interpretada como sinal de decadência da indústria turinesa ("La sconfitta della Fiat" [A derrota da Fiat], em *SF*, 322-4): dois exemplos não apenas de uma atenção genérica aos fatos da crônica esportiva (que existe), mas também da capacidade gramsciana de se colocar na mesma sintonia das grandes paixões populares.

No primeiro momento após ter sido encarcerado, sabemos que G. não desdenhava a imprensa esportiva: "Li sempre, ou quase, revistas ilustradas e jornais esportivos" (*LC*, 10, a Tatiana, 9 de dezembro de 1926 [*Cartas*, I, 80]); "Não me foi possível ter qualquer coisa para ler, nem mesmo a *Gazzetta dello Sport*" (*LC*, 14, a Tania, 19 de dezembro de 1926 [*Cartas*, I, 85]). O jornal esportivo de Milão também se faz presente nos *Q*, desde o *Q 1*, numa nota na qual se pergunta sobre os jornais italianos e sobre seus leitores: no cárcere em Milão, "um certo número, também de políticos, lia bastante a *Gazzetta dello Sport*; entre os 2.500 presos, vendiam-se no máximo 80 cópias do *Sole*; mais lidos eram a *Gazzetta dello Sport*, a *Domenica del Corriere*, o *Corriere dei Piccoli*" (*Q 1*, 122, 113). A mesma observação será repetida no *Q 16*, 21, 1.890, com uma variação significativa: "a maioria dos detidos, também os políticos, lia *La Gazzetta dello Sport*". A atenção ao jornalismo compreende o jornalismo esportivo: no *Q 4*, 89, 530, G. admite o "exame de toda a imprensa periódica de toda espécie", também "aquela esportiva" (retomado no *Q 16*, 4, 1.846 [*CC*, 4, 24], sem variações substantivas). Numa nota sobre a *Storia del giornalismo italiano*/ [História do jornalismo italiano], referindo-se aos suplementos jornalísticos, menciona, além dos literários, econômicos e agrícolas, o "suplemento esportivo" (*Q 6*, 58, 727 [*CC*, 2, 228]). E, chamando a atenção para a função de partido exercida por alguns órgãos da imprensa, G. não somente lembra o *Times* e o *Corriere della Sera*, mas sugere que não se esqueça "até mesmo [a – ndr] imprensa esportiva" (*Q 17*, 37, 1.939 [*CC*, 3, 349]).

Essa atenção à imprensa esportiva se explica como possibilidade de indagar e reconstruir o mundo ideológico e cultural concreto em que todo ser humano está imerso. Numa nota intitulada "Os intelectuais. Organização da vida cultural", G. passa, sem solução de continuidade, da sociedade italiana para o progresso da ciência no Touring Club e, portanto, para a "ligação do turismo com as sociedades esportivas, com o alpinismo, a canoagem etc., com o excursionismo em geral" (*Q 8*, 188, 1.055 [*CC*, 2, 169]). É devido a essa concepção "ampla" de cultura que no *Q 21*, dedicado aos "Problemas da cultura nacional italiana", ele examinará o romance policial e o romance de folhetim, discutindo as explicações de seu sucesso muitas vezes elaboradas em termos de tentativas de evasão da organização social existente, colocando a hipótese de que estas podem valer "também para explicar a torcida esportiva", mas acrescentando logo em seguida: "isso explica muito e, portanto, nada" (*Q 21*, 13, 2.133 [*CC*, 6, 54]). G. também fala de torcida no âmbito de uma nota sobre o "apoliticismo do povo italiano". Refletindo sobre o paroquialismo e o localismo, comenta que, na ausência de atividade dos partidos populares, "os paroquialismos renasceram, por exemplo, através do esporte e das rivalidades esportivas, sob formas muitas vezes selvagens e sanguinárias. Ao lado da 'torcida' esportiva, existe a 'torcida bairrista' esportiva" (*Q 9*, 36, 1.117 [*CC*, 5, 306]). Há uma contraposição implícita entre vida política e torcida esportiva, embora haja distinção entre torcida esportiva e '"torcida paroquialista"'. A pouca consideração que G. nutre pelo torcedor (prefere o "praticante", que participa em primeira pessoa, não passivamente) encontra aplicação também no discurso sobre a concepção da política e da democracia: "O interesse do público é desviado: de parte em causa, o público se torna mero 'espectador' de uma luta de gladiadores, que aguarda os 'belos golpes' em si e por si: a política, a literatura, a ciência são rebaixadas a competição 'esportiva'" (*Q 8*, 71, 982 [*CC*, 4, 112]). Já que o esporte não havia suscitado (nem poderia) aquele conceito de jogo leal ingenuamente almejado no artigo de 1918, e "uma mentalidade esportiva, que fez da liberdade uma bola para jogar futebol" (*Q 10* II, 51, 1.341 [*CC*, 1, 409]), G. – combatente derrotado, embora não arrependido – se sentia ele também "uma bola de futebol que pés anônimos podem lançar de um lado a outro da Itália", comentando injustamente com a cunhada: "não se preocupe em dar, ao acaso, o seu chute na bola" (*LC*, 618, a Tania, 19 de setembro de 1932 [*Cartas*, II, 242]).

Não é apenas um dado biográfico: G. é teoricamente consciente dos limites de uma visão da história como esporte. Polemizando contra o reformismo de Croce, que pretende estabelecer *a priori* quais devem ser os limites da dialética político-social (as "regras do jogo"), escreve: "Conceber o desenvolvimento teórico como um jogo esportivo, com seu árbitro e suas normas preestabelecidas a serem lealmente respeitadas, é uma forma de história com uma meta predeterminada [...], é uma ideologia que tende a debilitar a antítese, a fragmentá-la numa longa série de momentos, isto é, a reduzir a dialética a um processo de evolução reformista 'revolução-restauração'" (*Q 10* II, 41. XVI, 1.328 [*CC*, 1, 396]). O que remete a uma imagem do pugilismo, mais uma vez envolvendo a dialética (e o reformismo): "Na história real, a antítese tende a destruir a tese, a síntese será uma superação, mas sem que se possa estabelecer *a priori* o que será 'conservado' da tese na síntese, sem que se possa 'medir' *a priori* os golpes como em um ringue convencionalmente regulado" (*Q 10* I, 6, 1.221 [*CC*, 1, 292]). O esporte, portanto, também serve para fornecer imagens e metáforas ("é agradável poder puxar pela gola um homem como Rastignac e usá-lo como bola num solitário jogo de futebol": *Q 4*, 87, 530 [*CC*, 6, 29-30]; "Papini é o polemista puro, o boxeador profissional de qualquer crença": *Q 17*, 13, 1.918 [*CC*, 3, 265]; "É um princípio ético universalmente reconhecido que não se desferem golpes proibidos nos que foram ao chão, sob o risco de punição": *LC*, 384, a Tatiana, 13 de janeiro de 1931 [*Cartas*, II, 10]). Mas, no caso da realidade sociopolítica, G. entende ser ilusório querer tomar emprestados regras e métodos do esporte, não aceita que "a política, a literatura, a ciência" sejam "rebaixadas a competição esportiva" (*Q 8*, 71, 982 [*CC*, 4, 112]).

Enfim, a bola como pura brincadeira, pensada (em vão) para o pequeno filho distante. Em 1927, escreve para Tania: "Fabriquei nesses dias uma bola de papelão, que está terminando de secar; suponho que será impossível enviá-la para Delio; por outro lado, não consegui pensar ainda no modo de envernizá-la e, sem verniz, ela se desfaria facilmente com a umidade" (*LC*, 55, 19 de março de 1927 [*Cartas*, I, 128]).

Guido Liguori

Ver: apoliticismo/apoliticidade; cultura popular; dialética; história predeterminada; ideologia; jornalismo; liberais/liberalismo; liberismo; literatura popular; Tania.

esquerda-direita

Gauche (esquerda) é o termo antes utilizado para se referir a uma ala dos posicionamentos parlamentares na França a partir da grande revolução e dos desenvolvimentos do jacobinismo, que G. reavalia nos *Q*. O autor não recorre a expressões irônicas ou duras quando alude à esquerda francesa ou à alemã, que, partindo da "esquerda hegeliana", chega até os importantes episódios da social-democracia europeia. "Na Alemanha, o movimento de 1848 fracassa em razão da escassa concentração burguesa (a palavra de ordem de tipo jacobino foi dada pela extrema esquerda democrática: 'revolução permanente') e porque a questão do renovamento estatal se entrelaça com a questão nacional" (*Q 19*, 24, 2.032 [*CC*, 5, 62]).

G. nota, de passagem, que na Alemanha os "social-democratas têm um jornal humorístico: *Lachen Links* ('Riso à esquerda')" (*Q 2*, 26, 183 [*CC*, 2, 224]). Já na Itália se formavam "partidos de esquerda, assim chamados socialistas, mas, na realidade, puramente democratas" (*Q 8*, 36, 963 [*CC*, 5, 286]). E G. evidencia que, na Itália, "pertenciam aos moderados as maiores personalidades da cultura, enquanto a esquerda não primava (salvo poucas exceções) por muita seriedade intelectual, especialmente no campo dos estudos históricos e da publicística de nível intermediário" (*Q 19*, 53, 2.074 [*CC*, 5, 124]). Acenando a Ferri e a Lombroso, G. despreza a tendência "da sociologia de esquerda na Itália a se ocupar da criminalidade" (*Q 1*, 27, 22).

No *Risorgimento* operam "algumas formações fundamentais: os reacionários moderados, municipalistas; os neoguelfos, democracia católica; e o Partido da Ação, democracia liberal de esquerda burguesa nacional. As três forças estão em luta entre si e todas as três são sucessivamente derrotadas" (*Q 8*, 11, 944 [*CC*, 5, 280]). A política italiana, nos anos 1870, "vira para a esquerda, ou seja, em direção do liberalismo, popularismo, falsa democracia" (*Q 5*, 141, 673). Com Depretis no governo, se vão "as esquerdas, cujo advento havia suscitado no povo uma efervescência de esperanças e de expectativas que tiveram de ser traídas" (*Q 25*, 1, 2.280, de 1934). Depois do "ódio suscitado no povo pelo fiscalismo [...] da direita com homens e frases de esquerda", escreve G., Crispi "foi o verdadeiro homem da nova burguesia" (*Q 1*, 44, 45). O jovem G. havia anotado a frase de Crispi: "A monarquia nos une" ("Tradizione monarchica" [Tradição monárquica], 14 de março de 1920, em *ON*, 465). "A antiga esquerda morreu no dia em que Mordini e Crispi não quiseram se demitir, como muitos de seus companheiros, em razão das coisas da Sicília [...]. Nos programas daquele tempo, não mais sinal de ódio napoleônico, de agitações de ruas, de insurreições" (*Q 8*, 5, 939 [*CC*, 5, 278]). Por sua vez, o "nittismo tinha dois aspectos: plutocrático, ligado à indústria protegida, e de esquerda" (*Q 1*, 116, 104 [*CC*, 2, 218]). O jovem G. havia definido como "financista F. S. Nitti" ("Il regime dei pascia" [O regime dos paxás], 28 de julho de 1918, em *NM*, 217) e "Nitti falastrão" ("La censura" [A censura], 4 de novembro de 1918, ibidem, 389), e havia escrito: "O honorável Nitti promove o acordo entre os bancos" ("Prete Pero" [Padre Pero], 19 de julho de 1918, ibidem, 190). Nos *Q*, G. afirma que alguns políticos de esquerda dividiam "os industriais em livre-cambistas e protecionistas etc., convidando a escolher entre essas duas categorias. Mas será que elas podiam ser divididas ou seus interesses já não estavam estreitamente ligados através dos bancos e tendiam a se ligar, cada vez mais, através dos grupos financeiros e dos cartéis industriais? Portanto, era preciso, se se quisesse criar uma força política 'livre-cambista' eficiente, não se propor fins inalcançáveis, como este de dividir o campo industrial e dar a uma parte dele a hegemonia sobre as massas populares (especialmente sobre os camponeses), mas ter como objetivo criar um bloco entre as classes populares, com a hegemonia da classe mais avançada historicamente" (*Q 8*, 72, 982-3 [*CC*, 5, 292]). A mais avançada é, obviamente, a classe operária.

O diagnóstico de G. sobre a relação entre direita e esquerda na Itália pós-unificação contém até palavras como "caos" e "catástrofe", mas absolve o "regime parlamentar" enquanto tal, por evidenciar, para os cidadãos, males de outra forma ocultados ou veladamente introduzidos no (assim designado por G. em outro momento) "parlamentarismo negro", ou seja, a luta entre facções no interior de um partido totalitário. De demagogia falam os "partidos de direita, em polêmica com os partidos de esquerda, apesar de terem sido sempre os partidos de direita a exercitar a pior demagogia" (*Q 1*, 119, 112). "Os livros dos 'de direita' pintam a corrupção política e moral no período da esquerda [...]. Demonstra-se que não houve nenhuma mudança essencial na passagem da direita para a esquerda: o caos em que se encontra o país não se deve ao regime parlamentar (que, talvez, apenas torna público o que antes permanecia escondido ou quase), mas à debilidade geral da classe dirigente e à grande miséria do país [...]; à esquerda, o país miserável, atrasado, ignorante expressa, ainda que de maneira esporádica, uma série de tendências subversivas anarquizoides" (*Q 9*, 89, 1.155). "A fraqueza teórica, a completa ausência de sedimentação e continuidade histórica da tendência de esquerda estiveram entre as causas da catástrofe" (*Q 3*, 45, 323 [*CC*, 3, 188]). Idealidades intelectualistas e subversivismos estéreis caminham juntos. "A palavra 'ideal' é complementar à palavra 'subversivo': é a fórmula útil para que fizessem frases os pequenos intelectuais que formavam a organização de esquerda" (*Q 6*, 158, 813 [*CC*, 5, 265]). "O 'subversivismo' desses estratos tem duas faces: aquela voltada para a esquerda e outra para a direita, mas a face esquerda é uma forma de chantagem: eles sempre vão para a direita nos momentos decisivos e sua 'coragem' desesperada prefere sempre ter os policiais como aliados" (*Q 3*, 46, 325 [*CC*, 3, 188]). O desprezo de G. se manifesta também em outras notas, talvez excessivas. Por exemplo: "Sabe-se que, em algumas localidades, cerca de um décimo dos inscritos nos partidos de esquerda amealhava uma parte dos meios de vida junto à polícia, que dava pouco dinheiro aos informantes, devido à abundância deles" (*Q 14*, 10, 1.664 [*CC*, 5, 311]). Próximas ao subversivismo estão "pequenas minorias não organizadas politicamente na periferia da esquerda, no proletariado" (*Q 5*, 126, 655 [*CC*, 2, 134]). Em outra passagem, referindo-se a algumas tendências dos primeiros anos do pós-guerra (e, talvez, indiretamente, também a D'Annunzio), G. refere-se aos "muitos intelectuais irrequietos e, portanto, 'voluntários' para qualquer iniciativa, até a mais bizarra, que seja vagamente subversiva (à direita ou à esquerda)" (*Q 9*, 141, 1.202 [*CC*, 2, 179]).

Giuseppe Prestipino

Ver: jacobinismo; *Risorgimento*; subversivismo.

Estado

Partindo da tradição marxista e tendo superado algumas ambiguidades da juventude devidas à influência de Gentile, G. afirma que "o Estado *ut sic* não produz a situação econômica, mas é a expressão da situação econômica", se bem que – acrescenta – "se pode falar do Estado como agente econômico, uma vez que, de fato, o Estado é sinônimo de tal situação" (*Q 10* II, 41.VI, 1.310 [*CC*, 1, 379]). G. acolhe, portanto, "a concepção do Estado segundo a função produtiva das classes sociais" (*Q 10* II, 61, 1.359 [*CC*, 1, 425]), própria do marxismo, mas refuta qualquer aplicação simplista. Tal concepção "não pode ser aplicada mecanicamente à interpretação da história italiana e europeia desde a Revolução Francesa até todo o século XIX. Embora seja certo que, para as classes fundamentais produtivas (burguesia capitalista e proletariado moderno), o Estado só é concebível como forma concreta de um determinado mundo econômico, de um determinado sistema de produção, disso não deriva que a relação de meio e fim seja facilmente determinável e assuma o aspecto de um esquema simples e óbvio à primeira vista" (ibidem, 1.359-60 [*CC*, 1, 427]). Isso acontece, por exemplo, num contexto histórico atrasado, com uma burguesia frágil, quando as "novas ideias" são levadas adiante sobretudo pelo "grupo dos intelectuais",

feito do qual nasce também a absolutização do conceito de Estado, própria da tradição idealista, em particular a italiana (ibidem, 1360-1), enquanto G. atribui a Hegel o mérito de ter captado em seu nascimento o novo nexo que liga intelectuais e Estado moderno (*Q 8*, 187, 1.054 [*CC*, 2, 168]), nexo destinado a se expandir à medida que avança a expansão das funções estatais.

O Estado é, como se lê no *Q 12*, 1, 1.518 [*CC*, 2, 20], um dos "dois grandes 'planos' superestruturais", sendo o outro a "sociedade civil" (que G. entende como o "conjunto de organismos vulgarmente denominado 'privados'", prepostos "à função de 'hegemonia'"). Nas sociedades ocidentais, G. vê esses dois planos dialeticamente unidos no conceito de "Estado integral", que representa a contribuição gramsciana específica à teoria do Estado. A crítica, com base em Buci-Glucksmann, 1976, usa também a expressão "Estado ampliado", entendendo o novo protagonismo do Estado registrado no século XX, em contextos políticos diversos, tanto no campo econômico, quanto na organização da sociedade e na criação do consenso. A expressão pode ser deduzida do *Q 6*, 87, 763 [*CC*, 3, 243], em que G. se refere ao "Estado em sentido orgânico e mais amplo (Estado propriamente dito e sociedade civil)". O conceito de Estado integral indica a relação de unidade-distinção que G. capta entre Estado e sociedade civil para exprimir o que ele chama de Estado "em sentido integral" (*Q 6*, 155, 810-1 [*CC*, 3, 257]), ou também, numa acepção ligeiramente diferente, de "um Estado (integral, e não [...] um governo tecnicamente entendido)" (*Q 17*, 51, 1.947 [*CC*, 3, 354]). A postura dialética de G. é respaldada pela convicção de que a "distinção entre sociedade política e sociedade civil [...] é puramente metódica, não orgânica, e, na vida histórica concreta, sociedade política e sociedade civil são uma mesma coisa" (*Q 4*, 38, 460). A consciência da não separação "ontológica" entre os diversos níveis da realidade histórico-social (economia, política, cultura) não se torna, porém, ausência de distinção: expressões em que sociedade civil e sociedade política "são uma mesma coisa", "se identificam" (*Q 13*, 18, 1.590 [*CC*, 3, 46]), ou em que "a sociedade civil [...] é também 'Estado', aliás, é o próprio Estado" (*Q 26*, 6, 2.302) enfatizam, com um esforço expressivo, a novidade representada pelo Estado em seu significado integral. No mais, se houvesse identificação, não se entenderia a distância em relação a Gentile, para quem "a história toda é história do Estado", enquanto para Croce é "'ético-política', vale dizer, Croce quer manter uma distinção entre sociedade civil e sociedade política. [...] [Para Gentile – ndr] hegemonia e ditadura são indistinguíveis, a força é pura e simplesmente consenso: não se pode distinguir a sociedade política da sociedade civil: existe só o Estado" (*Q 6*, 10, 691 [*CC*, 1, 433-4]). Ambas as posições são diferentes da posição de G., que valoriza o momento ético-político de Croce (a hegemonia), o momento da sociedade civil, mas o transforma em parte do Estado integral.

O novo conceito tem uma formulação clara na carta de 7 de setembro de 1931: "O projeto de estudo que fiz sobre os intelectuais [...] também leva a certas determinações do conceito de Estado, que, habitualmente, é entendido como sociedade política (ou ditadura, ou aparelho coercitivo, para moldar a massa popular segundo o tipo de produção e a economia de um dado momento), e não como um equilíbrio da sociedade política com a sociedade civil (ou hegemonia de um grupo social sobre toda a sociedade nacional, exercida através de organizações ditas privadas, como a igreja, os sindicatos, as escolas etc.) e é especialmente na sociedade civil que operam os intelectuais" (*LC*, 458-9, a Tatiana [*Cartas*, II, 84]). A atenção de G. se dirige principalmente – e ele utiliza uma expressão que remete à materialidade dos processos – ao "aparelho hegemônico" (*Q 6*, 136, 800 [*CC*, 3, 253]), que se agrega ao "aparelho coercitivo", típico do Estado "em sentido estrito", ao qual Marx e Lênin, por sua vez, haviam dirigido suas atenções, em consonância com o contexto em que atuaram. Na carta, a sociedade civil é entendida em sentido peculiarmente gramsciano, como conjunto de "organizações assim chamadas privadas": "assim chamadas", portanto não propriamente privadas. A nota *Q 1*, 47 [*CC*, 3, 119], intitulada *Hegel e o associacionismo*, é a primeira em que se encontra uma concepção do Estado que compreende também os "organismos" da sociedade civil: "A doutrina de Hegel sobre os partidos e as associações como trama 'privada' do Estado [...]. Governo com o consenso dos governados, mas com o consenso organizado, não genérico e vago tal como se afirma no momento das eleições: o Estado tem e pede o consenso, mas também 'educa' esse consenso através das associações políticas e sindicais, que, porém, são organismos privados, deixados à iniciativa privada da classe dirigente" (*Q 1*, 47, 56 [*CC*, 3, 119]). Partidos e associações constituem os momentos por meio dos quais se constrói o consenso. O Estado é o sujeito da iniciativa político-cultural, embora

agindo por meio de canais *explicitamente* públicos ou de canais *formalmente* privados. É no *Q 6* (datado de 1930--1932 e composto, em grande parte, de Textos B) que se encontram algumas das principais definições de Estado integral, por exemplo aquela que afirma que "na noção geral de Estado entram elementos que devem ser remetidos à noção de sociedade civil (no sentido, seria possível dizer, de que Estado = sociedade política + sociedade civil, isto é, hegemonia couraçada de coerção)" (*Q 6*, 88, 763--4 [*CC*, 3, 244]). A nota *Q 6*, 137, 801 [*CC*, 3, 257-8] se intitula *Conceito de Estado* e diz: "por Estado deve-se entender, além do aparelho de governo, também o aparelho 'privado' de hegemonia ou sociedade civil". E ainda, segundo G.: "Na política, o erro acontece por uma inexata compreensão do que é o Estado (no significado integral: ditadura + hegemonia)" (*Q 6*, 155, 810-1 [*CC*, 3, 257]).

A distinção Oriente-Ocidente que encontramos no *Q 7*, 6, 866 também se funda no novo conceito de Estado: já que "no Oriente o Estado era tudo, a sociedade civil era primordial e gelatinosa; no Ocidente, havia entre Estado e sociedade civil uma relação justa e, nas oscilações do Estado, logo se discernia uma robusta estrutura da sociedade civil" (ibidem). A passagem do Oriente ao Ocidente, segundo G., se dá a partir de 1870 (*Q 13*, 7, 1.566 [*CC*, 3, 23]), ainda que em outros momentos ele pareça retroagir a questão: "Mas já existiu um Estado sem 'hegemonia'?", pergunta-se, por exemplo, no *Q 8*, 227, 1.084. E, no *Q 6*, 87, 763 [*CC*, 3, 243], retoma a fórmula de Guicciardini, que afirma que, "para a vida de um Estado, duas coisas são absolutamente necessárias: as armas e a religião", para traduzir a díade em "força e consenso, coerção e persuasão, Estado e Igreja, sociedade política e sociedade civil", acrescentando que, no Renascimento, "a Igreja era a sociedade civil, o aparelho de hegemonia do grupo dirigente".

G. alude ao Estado que "educa para o consenso" a propósito da criação de uma "opinião pública": "O Estado, quando quer iniciar uma ação pouco popular, cria preventivamente a opinião pública adequada, ou seja, organiza e centraliza certos elementos da sociedade civil" (*Q 7*, 83, 914 [*CC*, 3, 265]). A ação do Estado, levada a um nível mais alto, menos episódico e de retorno imediato, permite falar de Estado "educador" (*Q 8*, 2, 937 [*CC*, 3, 271] e *Q 8*, 62, 978) e de Estado "ético": "todo Estado é ético na medida em que uma de suas funções mais importantes é elevar a grande massa da população a um determinado nível cultural e moral, nível (ou tipo) que corresponde às necessidades de desenvolvimento das forças produtivas e, portanto, aos interesses das classes dominantes" (*Q 8*, 179, 1.049 [*CC*, 3, 284]). O Estado que age para criar consenso não deixa à sociedade civil muita "espontaneidade": "Pelo fato de que se age essencialmente sobre as forças econômicas [...] não se deve concluir que os acontecimentos da superestrutura sejam abandonados a si mesmos, ao seu desenvolvimento espontâneo, a uma germinação casual e esporádica. O Estado é 'racionalização' também nesse campo, é um instrumento de aceleração e taylorização, opera segundo um plano, pressiona, incita, solicita etc." (*Q 8*, 62, 978): escolas, jornais, igrejas, partidos, sindicatos, toponímia, nada parece deixado ao acaso para difundir um senso comum que confirma a ordem social vigente. O Estado – escreve ainda G. – "é todo o conjunto de atividades práticas e teóricas com que a classe dirigente não somente justifica e mantém seu domínio, mas consegue obter o consenso ativo dos governados" (*Q 15*, 10, 1.765 [*CC*, 3, 330]). Mas os processos não são unívocos, o Estado constitui também o terreno do conflito de classe, é, ao mesmo tempo, instrumento (de uma classe), mas também lugar (de luta hegemônica) e processo (de unificação das classes dirigentes). Isto é, não deve ser esquecido que, sendo o Estado integral atravessado pela luta de hegemonia, a classe subalterna luta para manter a própria autonomia e, às vezes, para construir uma própria hegemonia, alternativa àquela dominante, disputando com a classe no poder as "trincheiras" e "casamatas" pelas quais se propagam ideologia e senso comum.

A expansão do conceito de Estado também acontece no sentido da compreensão da nova relação entre política e economia. A partir da consciência da não separação das duas realidades, G. capta o novo papel que o político adquiriu no século XX e se detém sobre o novo fenômeno do "capitalismo de Estado". Deve ser dito que G. utiliza, mais raramente, um esquema triádico, composto por economia, sociedade civil e Estado, por exemplo onde lemos que "a relação entre os intelectuais e a produção [...] é mediada por dois tipos de organização social: a) pela sociedade civil, isto é, pelo conjunto de organizações privadas da sociedade; b) pelo Estado" (*Q 4*, 49, 476). Aqui a produção é claramente distinguida, seja da sociedade civil (em sentido gramsciano), seja do Estado, termo usado neste caso em sentido tradicional, isto é, não "ampliado", que não compreende aqueles organismos que no correspondente Texto C (*Q 12*, 1, 1.518 [*CC*, 2, 15]) G. define como "vulgarmente chamados 'privados'". Ainda no *Q 10* II, 15, 1.253-4 [*CC*, 1, 323], G. volta a se referir ao mesmo esquema triádico e surge aqui um "mundo econômico" que transborda a verdadeira "estrutura econômica".

É difícil supervalorizar a importância atribuída por G. ao plano do Estado em relação à afirmação e à manutenção de uma nova hegemonia de classe. Encontramos no *Q 3* alguns destaques que vão nessa direção: *Q 3*, 31, 309 ("a partir do momento que existe um novo tipo de Estado, nasce [concretamente] o problema de uma nova civilização"); *Q 3*, 46, 326 [*CC*, 3, 189] ("limitada compreensão do Estado significa limitada consciência de classe"); *Q 3*, 90, 372 [*CC*, 6, 352] ("A unificação histórica das classes dirigentes reside no Estado e a história dessas classes é, essencialmente, a história dos Estados e dos grupos de Estados"). Para G., uma classe é madura para se propor como hegemônica quando sabe "se unificar ao Estado" (ibidem, 373).

O interesse gramsciano pelo Estado se manifesta sob diversas formas. No *Q 3*, encontra-se um breve esboço da história do Estado: não apenas a distinção entre o Estado antigo-medieval e o moderno ("O Estado moderno aboliu muitas autonomias das classes subalternas [...] mas certas formas de vida interna das classes subalternas renascem como partido, sindicato, associações de cultura": *Q 3*, 18, 303), mas também a afirmação de que "a ditadura moderna aboliu também essas formas de autonomia de classe e se esforça para incorporá-las na atividade estatal: isto é, a centralização de toda a vida nacional nas mãos da classe dominante se torna frenética e absorvente" (idem). No Texto C (*Q 25*, 4, 2.287 [*CC*, 5, 136]), lemos: "a centralização legal de toda a vida nacional nas mãos do grupo dominante se torna 'totalitária'". A referência é ao fascismo, e, talvez, à União Soviética, lembrando que, nos *Q*, "totalitário" parece ter um valor neutro, em consonância, de resto, com o uso da época. A reflexão carcerária de G. sobre o Estado tem, portanto, entre seus objetos privilegiados – o contrário seria estranho –, também o Estado totalitário, que vai se afirmando de diversas formas, e tal reflexão se funde com a concepção ampliada do Estado, que lhe confere o caráter inauditamente invasivo, típico do século XX. Lê-se no *Q 3*, 61, 340 [*CC*, 3, 200]: "todo elemento social homogêneo é 'Estado', representa o Estado na medida em que adere ao seu programa; de outro modo, confunde-se o Estado com a burocracia estatal. Todo cidadão é 'funcionário' se é ativo na vida social conforme a direção traçada pelo Estado-governo, e tanto mais é 'funcionário' quanto mais adere ao programa estatal e o elabora inteligentemente". É possível aproximar essa expansão do conceito de funcionário estatal à última nota do *Q 2*, na verdade, acrescentada muito mais tarde, em 1933-1934: "O que é a polícia? Por certo, ela não é apenas uma determinada organização oficial, juridicamente reconhecida e habilitada para a função de segurança pública, tal como ordinariamente se entende. Este organismo é o núcleo central e formalmente responsável da 'polícia', que é uma organização muito mais ampla, da qual direta ou indiretamente, com laços mais ou menos precisos e determinados, permanentes ou ocasionais etc., participa uma grande parte da população de um Estado. A análise dessas relações serve bem mais para compreender o que é o 'Estado' do que muitas dissertações filosófico-jurídicas" (*Q 2*, 150, 278-9 [*CC*, 3, 181-2]). O Estado burguês, que havia iniciado sua expansão com uma perspectiva de arejamento democrático (*Q 8*, 2, 937 [*CC*, 2, 271]), parece voltar atrás. G. tenta explicar como "se verifica uma paralisação e se volta à concepção do Estado como pura força etc.": a classe burguesa, já "saturada", não somente "não só não assimila novos elementos, mas desassimila uma parte de si mesma". A esperança deve ser posta numa classe diferente, "que se ponha a si mesma como passível de assimilar toda a sociedade" (idem), tornando utopicamente supérfluo o Estado como algo separado.

Um último comentário se refere ao caráter laico que o Estado deveria ter para G. Ele critica, repetida e radicalmente, os regimes concordatários como uma "capitulação", já que "na Concordata se realiza, de fato, uma interferência de soberania num único território estatal [...], a Concordata corrói essencialmente o caráter autônomo da soberania do Estado moderno" (*Q 4*, 53, 493-4).

Bibliografia: Buci-Glucksmann, 1976; Buttigieg, 2007; Coutinho, 2006; Francioni, 1984; Liguori, 2006; Losurdo, 1997.

Guido Liguori

Ver: capitalismo de Estado; Concordata; dialética; Estado ético; estatolatria; hegemonia; Oriente-Ocidente; sociedade civil; sociedade política; sociedade regulada; superestrutura/superestruturas; totalitário.

Estado ampliado: v. Estado.

Estado ético

A expressão é repetidamente usada nos *Q* em oposição a Estado "guarda-noturno" e aproximada de "Estado intervencionista" (*Q 5*, 69, 603). G. destaca as diferenças entre "o conceito de Estado ético", "de origem filosófica e intelectual (própria dos intelectuais: Hegel)" e referido "à atividade autônoma, educativa e moral do Estado laico", por um lado, e "o conceito de Estado intervencionista", "de origem econômica", seja ligado "às correntes protecionistas ou de nacionalismo econômico", ou à política "de Bismarck e Disraeli" em favor das classes trabalhadoras, por outro lado (*Q 26*, 6, 2.302 [*CC*, 4, 85], Texto C do *Q 5*, 69). Acrescenta, ainda, que há também aqueles que se professam "liberais no campo econômico e intervencionistas no cultural" (*Q 26*, 6, 2.303 [*CC*, 4, 85]). Em um Texto B do *Q 6*, G. equipara o Estado ético à "sociedade regulada" e à "sociedade civil", afirmando que se pode imaginar "o elemento Estado-coerção em processo de esgotamento à medida que se afirmam elementos cada vez mais conspícuos de sociedade regulada (ou Estado ético ou sociedade civil)" (*Q 6*, 88, 764 [*CC*, 3, 244]). Aqui, Estado ético indica o Estado-hegemonia, como oposto (logicamente, mas simultâneo temporalmente) ao Estado-coerção. A prevalência gradual dos elementos do Estado ético, até o aspirado desaparecimento dos elementos coercitivos, representa – na peculiar tradução gramsciana do conceito de sociedade regulada – o fim ou extinção do Estado, ou o "Estado sem Estado" (idem). Em alguma medida, "todo Estado é ético na medida em que uma das suas funções mais importantes é elevar a grande massa da população a um determinado nível cultural e moral, nível (ou tipo) que corresponde às necessidades de desenvolvimento das forças produtivas e, portanto, aos interesses das classes dominantes" (*Q 8*, 179, 1.049 [*CC*, 3, 284]). Portanto, a expressão significa a atividade não puramente repressiva desempenhada pelo Estado a fim de assegurar as condições de produção.

Guido Liguori

Ver: Estado; sociedade civil; sociedade regulada.

Estado guarda-noturno

A expressão "Estado 'guarda-noturno' (*veilleur de nuit*)" (cautelosamente atribuída por G. a Lassalle) e seus equivalentes – "Estado *carabiniere*", "gendarme", "Estado policial" – se encontra em pouquíssimas notas dos *Q*, mas parece ter um papel preciso como alvo polêmico no raciocínio de G. sobre o Estado. De fato, trata-se de expressões que indicam "o Estado cujas funções são limitadas à segurança pública e ao respeito das leis, enquanto o desenvolvimento civil é deixado às forças privadas, da sociedade civil" (*Q 5*, 69, 603). Enfim, é o "Estado mínimo" liberal, defensor da "liberdade negativa": "Naturalmente, os liberais defendem o Estado *veilleur de nuit* em maior ou menor medida" (ibidem, 604). Do lado oposto se situa "o 'Estado ético' ou o 'Estado intervencionista' em geral" (ibidem, 603), precursor ou metáfora do gramsciano "Estado integral". G. aponta, no relativo Texto C: "Não se insiste no fato de que nesta forma de regime (que, afinal, jamais existiu a não ser no papel, como hipótese-limite) a direção do desenvolvimento histórico pertence às forças privadas, à sociedade civil, que é também 'Estado', aliás, é o próprio Estado" (*Q 26*, 6, 2.302 [*CC*, 4, 85]). O Estado puro, defensor do respeito à lei, portanto, é uma "hipótese-limite", o Estado integral, definido como "sociedade política + sociedade civil" (*Q 6*, 88, 763 [*CC*, 3, 244], nota intitulada "Estado gendarme-guarda-noturno *etc*."), parece ser a forma que sempre existiu – embora *in nuce* – do Estado na modernidade. Nesse mesmo *Q 6*, 88 [idem], G. acrescenta que, na sociedade regulada, na sociedade comunista, haverá "uma fase de Estado guarda noturno", isto é, "uma organização coercitiva que tutelará o desenvolvimento dos elementos de sociedade regulada em contínuo incremento e que, portanto, reduzirá gradualmente suas intervenções autoritárias e coativas" (ibidem, 764 [*CC*, 3, 245]).

Guido Liguori

Ver: Estado; Estado ético; sociedade regulada.

Estado integral: v. Estado.

Estados Unidos

Numa longa nota preliminar (*Q 2*, 16 [*CC*, 3, 129]), G. reconstrói a formação dos Estados Unidos, começando pela independência (1783), para resumir depois as fases de aquisição de novos territórios e da expansão (através de acordos ou por conquista) durante o século XIX. Os principais problemas que se criaram em seguida foram a regulamentação da imigração, a "hegemonia sobre o Mar do Caribe e sobre as Antilhas", o "domínio sobre a América Central" e a "expansão no Extremo Oriente" (fazendo uso, por exemplo, de ilhas e de lugares militarmente estratégicos, assim como de acordos diplomáticos com a China e com o Japão).

Os Estados Unidos emergiram no cenário mundial depois da Primeira Grande Guerra como país credor, mesmo em relação aos outros países vencedores, e cresceram economicamente num ritmo impressionante até o *crack* econômico de 1929 (mencionado várias vezes nos *Q*); G. observa que os Estados Unidos em geral tentavam combinar o problema das dívidas com os interesses político-estratégicos próprios (*Q 8*, 47, 970 [*CC*, 4, 308]). Como consequência natural da sua nova colocação, o país estava pronto para substituir a Grã-Bretanha como principal potência econômica mundial (*Q 16*, 7, 1.849 [*CC*, 4, 26]). Além disso, diante de uma "eventual guerra do Pacífico", os Estados Unidos tentaram assegurar seu abastecimento, especialmente petrolífero, através da exploração racional dos recursos próprios (*Q 2*, 54, 211 [*CC*, 3, 155]), enquanto, em outras esferas, davam salvaguarda aos investimentos estrangeiros por meio da compra de títulos públicos (*Q 3*, 55, 336 [*CC*, 3, 198]). Não isentos de interesse estratégico eram os empréstimos concedidos, em 1925, pelo banco de negócios Morgan à Itália (mais um empréstimo menor à Fiat), num total de 150 milhões de dólares; a esses empréstimos, por motivos óbvios, faz-se referência apenas *en passant*, sem aprofundar a questão (*Q 1*, 135, 124 e *Q 2*, 6, 156 [*CC*, 5, 157]). A política do imediato pós-guerra de Woodrow Wilson é julgada desastrosa e, em seguida à eleição do presidente Harding, em 1921, os Estados Unidos se retiraram parcialmente numa política semi-isolacionista, e não aderiram à Liga das Nações (*Q 2*, 16, 169 ss. [*CC*, 3, 129]). No âmbito da sociedade civil – igrejas, bancos, organizações industriais e sindicais –, ao contrário, as tentativas de difundir os valores dominantes norte-americanos, inclusive sindicais, tiveram certo sucesso na América Latina (*Q 3*, 5, 290 [*CC*, 4, 291]); no que se refere aos sindicatos, G. considera o sindicato americano "mais a expressão corporativa da propriedade dos ofícios qualificados do que outra coisa" (*Q 22*, 2, 2.146 [*CC*, 4, 242]).

Sob um outro aspecto, o fato de que nos Estados Unidos "os partidos políticos eficientes sejam dois ou três" (o terceiro, além daqueles mais conhecidos, era o "*progressive party*") se conjuga à fragmentação dos cristãos protestantes em diversas seitas, ao passo que, segundo G., em países como a França, o contrário é verdadeiro, e a muitos partidos corresponde uma unidade religiosa substancial (*Q 8*, 131, 1.021 [*CC*, 3, 280]; *Q 12*, 1, 1.527 [*CC*, 2, 15]; *Q 13*, 11, 1.665 [*CC*, 3, 28]). O estímulo para o desenvolvimento, inicialmente religioso, dos Estados Unidos foi fornecido por protagonistas derrotados "das lutas religiosas e políticas inglesas" do século XVII, que transplantaram no solo norte-americano sua "energia moral e volitiva, um certo grau de civilização, uma certa fase da evolução histórica europeia". As forças sociais implícitas nesses fenômenos, não freadas pelas relíquias "dos regimes passados" características da Europa, foram capazes de se desenvolver num ritmo incomparável em relação à Europa (*Q 12*, 1, 1.525 [*CC*, 2, 15]; v. também *Q 22*, 11, 2.168 [*CC*, 4, 265]). Aliás, segundo uma opinião citada sem comentário numa das primeiras notas sobre os Estados Unidos, "na ausência de um partido médio e de uma imprensa de tal partido" o clero de todas as igrejas, em algumas ocasiões, tinha "funcionado como opinião pública" (*Q 1*, 51, 66 [*CC*, 4, 175]). Tal aspecto é evidenciado pelas eleições presidenciais de 1928, quando – segundo um artigo publicado pela *Civiltà Cattolica* – as igrejas protestantes se uniram contra Al Smith, católico e candidato derrotado do Partido Democrata, então apoiado pela maioria dos católicos (*Q 5*, 57, 591 [*CC*, 4, 198]). Sem a sedimentação histórica das velhas sociedades, a sociedade estadunidense mostrou-se estruturalmente muito diferente das europeias; em particular, G. nota a relativa ausência dos intelectuais tradicionais, típicos das sociedades com história plurissecular. Em compensação, houve nos Estados Unidos a "formação maciça na base industrial de todas as superestruturas modernas". G., de toda forma, presta atenção às classes intelectuais e nota o crescimento entre elas de um "número surpreendente de intelectuais negros", perguntando-se sobre a possibilidade de que uma vanguarda negra possa exercer influência sobre os países africanos, a tal ponto que a África, também através do inglês como língua franca, se torne "pátria comum de todos os negros" (*Q 12*, 1, 1.527-8 [*CC*, 2, 15]).

À questão dos intelectuais estadunidenses G. retorna mais vezes, sem conseguir, porém, inserir seus vários tipos numa análise abrangente. Nesse seu interesse, a literatura ocupa um lugar nada secundário: G. comenta repetidamente o romance de Sinclair Lewis, *Babbitt*, mas observa que os produtos literários populares típicos dos Estados Unidos são o romance de aventura e o de pioneiros. Também a produção cinematográfica, já em pleno desenvolvimento naquele país, corresponde a determinados tipos de romance popular (*Q 21*, 6, 2.122 [*CC*, 6, 45]). O cinema se torna uma forma de comunicação – uma linguagem – universal (*Q 14*, 19, 1.677 [*CC*, 6, 237] e *Q 23*, 7, 2.195 [*CC*, 6, 70]), um dos novos meios que, como observa G. em geral, "superam todas as formas de comunicação escrita [...] mas na superfície, não em profundidade" (*Q 16*, 21, 1.891 [*CC*, 4, 65]), e se torna um dos focos de inovação linguística (*Q 29*, 3, 2.345 [*CC*, 6, 145]). Os elementos da "nova cultura" que se difundiram "sob a etiqueta americana" são, de toda forma, "apenas as primeiras tentativas às cegas" (*Q 22*, 15, 2.179 [*CC*, 4, 279]). Portanto, não é casual a escolha do prisioneiro de traduzir o número especial da revista *Die literarische Welt* sobre as novas tendências da literatura estadunidense, que, sobretudo após a Primeira Guerra Mundial, se tornaram o modo como a sociedade norte-americana começa a refletir sobre si mesma. Até aquele momento, segundo G., faltava um grupo intelectual norte-americano capaz de dirigir o povo: em sua opinião, a América tinha permanecido na "fase econômico-corporativa" (*Q 6*, 10, 692 [*CC*, 1, 433]). Porém, em outro lugar ele mostra um prudente otimismo e define como uma "observação aguda" e a ser desenvolvida a avaliação do estudioso de literatura G. A. Borgese, segundo a qual a classe intelectual estadunidense, embora minúscula, ocupava uma "posição histórica como aquela da Enciclopédia francesa no século XVIII" (*Q 8*, 89, 993 [*CC*, 2, 165]). Ainda assim é compreensível que o esperado "florescimento das artes", característico da "fase ético-política", que transcende aquela econômico-corporativa, pudesse vir somente após o trabalho de construção da estrutura, como de fato acontece em casos análogos na Europa (*Q 15*, 30, 1.785 [*CC*, 4, 321]; v. também *Q 15*, 53, 1.817 [*CC*, 2, 189]). Nessa evolução em direção a uma fase ético-política, G. parece bastante cético quanto às possibilidades de que os pragmáticos (James, Dewey etc.) possam fornecer uma filosofia adequada, porque, diferentemente da mais mediada filosofia europeia, a filosofia americana era caracterizada pela "imediaticidade do politicismo filosófico pragmático" (*Q 17*, 22, 1.925 [*CC*, 1, 270]). A respeito de outro filósofo, o hegeliano Josiah Royce, G. se pergunta, tendo em vista a história intelectual norte-americana, se "o pensamento moderno" (isto é, a filosofia da práxis) pode "se difundir na América, superando o empirismo-pragmático, sem uma fase hegeliana" (*Q 1*, 105, 97 [*CC*, 4, 285]).

Derek Boothman

Ver: americanismo; Babbitt; cinema; fordismo; intelectuais; literatura popular; Rotary Club.

estatística

Nos primeiros cadernos, em notas quase sempre de redação única, G. cita dados estatísticos para fins eminentemente práticos. Normalmente remete a cifras oficiais, com um mínimo de comentários pessoais, a fim de construir um quadro da situação econômico-social e cultural da Itália, desde a unificação até os anos 1920. A título de exemplo, os dados macroeconômicos (balanços, endividamentos estatais etc.), nacionais e de outros países, são confrontados (*Q 2*, 6, 149 e 154-6 [*CC*, 5, 157]) para melhor entender o deslocamento das relações de força estatais em seguida à Primeira Guerra Mundial (*Q 2*, 16, 168-9 [*CC*, 3, 129] e *Q 2*, 122, 263 [*CC*, 5, 199]). As finanças da indústria são essenciais para o desenvolvimento econômico e civil nacional; nesse âmbito, G. duvida da veracidade das cifras oficiais e se pergunta se os ganhos a serem destinados aos investimentos são suficientes (*Q 2*, 4, 144 [*CC*, 5, 155]).

Igualmente importante é o tema das modalidades de propriedade, aluguel e uso das terras agrícolas: as estatísticas a respeito mostravam o aumento dos trabalhadores rurais temporários em detrimento dos camponeses, fossem eles proprietários das terras ou trabalhadores, inclusive os meeiros (*Q 9*, 17, 1.106 [*CC*, 5, 305]), sob formas de contrato (*Q 16*, 28, 1.900 [*CC*, 4, 76]), às vezes, em via de extinção (v. *Q 10* II, 41.IV, 1.304 [*CC*, 1, 371]). Vincula-se a esse aspecto o esvaziamento populacional dos campos: de fato, os cinquenta anos decorridos até o censo de 1921 viram duplicar a população dos centros urbanos com mais de 100 mil habitantes (*Q 5*, 81, 611 [*CC*, 5, 220]; v. também *Q 3*, 39, 317 [*CC*, 5, 204]). As modificações ocorridas no campo tiveram relevância evidente para a postura a se adotar em relação aos trabalhadores rurais católicos (*Q 1*, 58, 69 [*CC*, 5, 150]). G. aponta também o andamento das taxas de natalidade e de mortalidade (*Q 2*, 124, 263-4 [*CC*, 5, 200]), bom índice dos níveis de alimentação, sociossanitários e de higiene das classes populares. Por outro lado, sob o aspecto cultural, G. se pergunta várias vezes sobre o tipo, a quantidade e a qualidade das leituras populares (*Q 3*, 96, 375; *Q 8*, 8, 942 [*CC*, 4, 225]; *Q 14*, 42, 1.699-700 [*CC*, 2, 186]; *Q 21*, 8, 2.124 [*CC*, 6, 49]).

Derek Boothman

Ver: camponeses; economia; filologia e filologia vivente.

estatolatria

A reflexão gramsciana sobre a "estatolatria" parece ligada à reflexão sobre a construção do socialismo na União Soviética, argumento necessariamente tratado de maneira alusiva, não explícita, às vezes obscura. Já no *Q 3*, tratando das relações entre gerações e de funções educativas ("A educação dos filhos é confiada cada vez mais ao Estado ou a iniciativas educacionais privadas [...], a velha geração, em determinadas situações, renuncia à sua tarefa educativa, com base em teorias mal compreendidas": *Q 3*, 61, 340 [*CC*, 3, 200]), G. afirma: "Cai-se, inclusive, em formas de estatolatria: na realidade todo elemento social homogêneo é 'Estado', representa o Estado na medida em que adere a seu programa; de outro modo, confunde-se o Estado com a burocracia estatal. Todo cidadão é 'funcionário' se é ativo na vida social conforme a direção traçada pelo Estado-governo, e tanto mais é 'funcionário' quanto mais adere ao programa estatal e o elabora inteligentemente" (idem). A luta teórica empreendida por G. contra uma concepção restrita do Estado o leva a tentar explicar as "formas estatolátricas", redimensionando-as no interior da concepção de "Estado integral": todos os cidadãos que se reconhecem no Estado e em seu programa político são quase 'funcionários'. O tema retorna no *Q 8*, 142, 1.028 [*CC*, 3, 282], em que G. escreve: "'todo indivíduo é funcionário', não na medida em que é empregado pago do Estado e submetido ao controle 'hierárquico' da burocracia estatal, mas na medida em que, 'agindo espontaneamente', sua ação se identifica com os fins do Estado (ou seja, do grupo social determinado ou sociedade civil)".

Na nota 130 do *Q 8* – datado de 1931-1932, ou seja, uma das fases mais agudas do dissenso de G. em relação à política da União Soviética –, intitulada "Noções enciclopédicas e argumentos de cultura. Estatolatria", lemos: "Dá-se o nome de estatolatria a uma determinada atitude em relação ao 'governo dos funcionários' ou sociedade política", mas não deve ser esquecido que "a análise não seria exata se não se levasse em conta as duas formas sob as quais o Estado se apresenta na linguagem e na cultura das épocas determinadas, isto é, como sociedade civil e como sociedade política" (*Q 8*, 130, 1.020 [*CC*, 3, 279]). Poucas linhas à frente, G. acrescenta: "Para alguns grupos sociais, que, antes da ascensão à vida estatal autônoma, não tiveram um longo período de desenvolvimento cultural e moral próprio e independente [...] um período de estatolatria é necessário e até mesmo oportuno: essa 'estatolatria' é apenas a forma normal de 'vida estatal', de iniciação, pelo menos, à vida estatal autônoma e à criação de uma 'sociedade civil' que não foi possível historicamente criar antes da ascensão à vida estatal independente" (idem). O paradoxo da Revolução de Outubro é ter vencido no Oriente, onde a sociedade civil não somente é "primordial e gelatinosa" (*Q 7*, 16, 866 [*CC*, 3, 261]), mas – diz G., enfatizando – parece faltar por completo. Daí que a estatolatria, uma postura fideísta de identificação com o Estado, serve para encobrir o atraso devido ao fato de que a Revolução não foi precedida por nenhum "iluminismo", por nenhuma ação de construção hegemônica. Mas se G. compreende a origem da estatolatria e percebe bem – numa outra nota do mesmo *Q 8* – que "os elementos da superestrutura não podem ser senão escassos" numa fase de "primitivismo econômico-corporativo", em que os elementos culturais serão, sobretudo, "de crítica do passado" (*Q 8*, 185, 1.053 [*CC*, 3, 286]), não por isso fecha os olhos aos perigos de uma situação semelhante e solicita uma ação consciente de contratendência: "Todavia" – ele observa pouco antes – "essa tal 'estatolatria' não deve ser abandonada a si mesma, não deve, especialmente, tornar-se fanatismo teórico e ser concebida como 'perpétua': deve ser criticada, exatamente para que se desenvolvam e produzam novas formas de vida estatal, em que a iniciativa dos indivíduos e dos grupos seja 'estatal', ainda que não se deva ao 'governo dos funcionários'" (*Q 8*, 130, 1.020 [*CC*, 3, 279]). G. percebe o perigo de degeneração da situação em que se encontra o regime soviético. A estatolatria, compreensível do ponto de vista histórico, isto é, nas condições em que a Revolução Russa aconteceu, não deve ser nem teorizada nem aceita; ao contrário, devem ser mobilizadas contraofensivas que permitam dispensá-la o quanto antes.

Guido Liguori

Ver: autogoverno; Estado; funcionário; sociedade civil; URSS.

estética

O lema dialoga com a reflexão recorrente de G. sobre a doutrina ou sobre a teoria da arte e, portanto, prevalentemente sobre o significado e o papel da estética idealista de Croce. Ligado a isso, todavia, diz respeito a uma série de outras questões, relacionadas – para usar as palavras de G. – aos "critérios de crítica literária" e às razões e perspectivas da "luta para uma nova cultura". O difuso confronto com a estética de Croce leva frequentemente o autor dos *Q* a polemizar, mesmo duramente, com os vários "repetidores" inertes e superficiais: ele afirma, por exemplo, que Giulio Bertoni não soube derivar da estética crociana "regras de investigação e de construção da ciência da língua", mas se limitou a "parafrasear, exaltar e liricizar impressões" (*Q 3*, 74, 352 [*CC*, 6, 160]). Em geral, isso é usado por G. para delinear melhor o terreno do confronto: em *Q 4*, 5 ele afirma que a "crítica artística" deve ser também, ou melhor, sobretudo, "luta para uma nova cultura", já que de uma nova cultura pode "nascer uma nova arte". É exatamente neste perfil, segundo G., que se deve colocar e compreender "a relação De Sanctis-Croce e as polêmicas sobre o conteúdo e sobre a forma" (*Q 4*, 5, 426). O que se deve realçar, a seu ver, é o fato de que "a crítica de De Sanctis é militante, não é frigidamente estética": isto é, é própria de uma fase de "luta cultural", portanto tudo (as análises do conteúdo, a crítica da forma estrutural das obras, isto é, da "coerência lógica e histórica-atual das massas de sentimentos representados") está ligado a essa luta cultural, enquanto Croce conseguiu manter distintos e, de fato, separados esses diversos aspectos que "em De Sanctis estavam unidos e fundidos" (idem). A conclusão que G. deduz de suas considerações é clara: "o tipo de crítica literária própria do materialismo histórico é oferecido por De Sanctis, não por Croce ou por qualquer outro (menos ainda por Carducci): luta pela cultura, isto é, novo humanismo, crítica do costume e dos sentimentos, fervor apaixonado, mesmo que em forma de sarcasmo" (idem). A isso está vinculada a atenção de G. para uma figura (Luigi Russo) típica da que foi chamada de "esquerda" crociana: em Russo ele vê, como resultado de "um retorno à experiência de De Sanctis após o ponto de chegada do croceanismo", a presença de uma "preocupação nacional-popular na colocação do problema crítico-estético" (*Q 9*, 42, 1.121-2).

Essa peculiar perspectiva de "retorno a De Sanctis" e de superação de uma "crítica frigidamente estética" pode ser reconduzida, de alguma forma (mesmo que contraditoriamente), à vontade de G. de separar e distinguir o que em Croce quer ser profundamente unido, isto é, o plano da historiografia e da estética, a colocação do problema historiográfico e do problema estético. O autor dos *Q* – após ter ressaltado que para Croce "o momento ético-político é na história aquilo que o momento da 'forma' 'é' na arte; é a 'liricidade' da história, a 'catarse' da história" – especifica que "as coisas não são tão simples assim na história como na arte" (*Q 10* I, 7, 1.222 [*CC*, 1, 293]): enquanto na arte a "produção de 'liricidade' é perfeitamente individualizada em um mundo cultural personalizado", na história, ao contrário, a produção de lírica é a metáfora do conceito de história ético-política, que G. crítica pela raiz como "hipóstase arbitrária e mecânica da hegemonia" (idem). Prosseguindo, em um parágrafo dedicado ao problema do "conhecimento filosófico como ato prático, de vontade" no mesmo *Q 10*, G. afirma que tal problema pode ser estudado nos filósofos idealistas em geral e em Croce em particular. Se os filósofos idealistas "insistem [...] sobre a vida íntima do indivíduo-homem, sobre os fatos e sobre a atividade espiritual", em Croce o "ato prático" do conhecimento filosófico está ligado à grande importância adquirida em seu sistema pela "teoria da arte, a estética" (*Q 10* II, 42, 1.328 [*CC*, 1, 396]). A identificação do valor *prático* da estética crociana é um ponto bastante importante do *anti-Croce* gramsciano, ainda que – poder-se-ia dizer – não adequadamente desenvolvido e procurado firmemente. Todavia, não faltam passagens significativas nessa direção, entre as quais se destaca, sobretudo, a nota *Q 14*, 28 [*CC*, 6, 239] inteira. Nela G. parte de uma premissa de fundo, ligada ao que ele chama de "questão da 'natureza do homem'" e à "questão 'o que é o indivíduo?'", e afirma: "Se o indivíduo não pode ser pensado fora da sociedade (e, portanto, se nenhum indivíduo pode ser pensado a não ser como historicamente determinado), é evidente que todo indivíduo e também o artista, e toda sua atividade, não podem ser pensados fora da sociedade, de uma determinada sociedade" (*Q 14*, 28, 1.686 [*CC*, 6, 240]). Dentro dessa historicidade de fundo, todo "indivíduo-artista" pode ser tal "de modo mais ou menos amplo e abrangente, mais ou menos 'histórico' ou 'social'" (idem). A essa altura, o autor dos *Q* observa que, se é verdade que a estética de Croce acabou determinando "muitas degenerações artísticas", nem sempre é verdade que isso aconteceu contra suas intenções e seu espírito: isso pode ser verdadeiro por muitas degenerações (pensamos, por exemplo, em certo formalismo da "Ronda" e em certo caligrafismo), mas com certeza não é verdadeiro por uma "'degenerência'" fundamental, a do 'individualismo' artístico expressivo anti-histórico (ou antissocial ou antinacional-popular)" (ibidem, 1.687 [*CC*, 6, 241]). Parece que G., ao passo que fundamentalmente se subtrai a qualquer tentativa de rejeição "teórica" da estética crociana enquanto tal, tinha a intenção, todavia, de assinalar com força uma sua consequência, um caráter "prático" que lhe é intimamente congênito, ligado ao valor meta-histórico e essencialista do conceito crociano de "intuição lírica pura".

PASQUALE VOZA

Ver: arte; catarse; Croce; De Sanctis; forma-conteúdo; história ético-política.

estrutura

Na tradição marxista, o termo "estrutura" (*Bau*) indica, no âmbito de uma metáfora de origem arquitetônica, a base econômica de uma organização social, política e ideológica (superestrutura), a ser identificada no plano da produção. Entre os textos fundadores encontra-se uma passagem do *Prefácio de 59* à *Crítica da economia política* em que, na tradução feita por G. no *Q 7*, se lê: "Na produção social de suas vidas, os homens contraem relações determinadas, necessárias, independentes de suas vontades, relações de produção que correspondem a um determinado grau de desenvolvimento de suas forças materiais de produção. O conjunto dessas relações forma a estrutura econômica da sociedade, a base real sobre a qual se ergue uma superestrutura jurídica e política e à qual correspondem determinadas formas sociais de consciência" (*QT*, 746). Na esteira dessa e de outras passagens marxianas de teor análogo, havia se formado a leitura economicista, determinista e mecanicista do materialismo histórico amplamente dominante na Segunda e na Terceira Internacional, que nos *Q* é personificada, para além de seus próprios deméritos, por Bukharin e seu *Ensaio popular*. No decorrer da reflexão carcerária, G. voltará mais vezes àqueles que define como os "dois princípios" do *Prefácio* ("uma formação social não perece antes que não tenham se desenvolvido todas as forças produtivas para as quais ela é ainda suficiente" e "a humanidade se coloca apenas aquelas tarefas que ela pode resolver", ibidem, 747), distanciando-se progressivamente de sua interpretação vulgar e utilizando-as mesmo para combatê-la, não sem tê-las antes "desenvolvido criticamente em toda a sua importância e depurado de todo resíduo de mecanicismo e fatalismo" (*Q 15*, 17, 1.774 [*CC*, 5, 321]).

Uma primeira estratégia para alcançar esse objetivo consiste em pôr em discussão a comparação entre estrutura e economia, referindo-se a "estrutura econômico-política" (*Q 1*, 43, 35), "econômico-cultural" (*Q 1*, 73, 82), social e assim por diante, para indicar que o fundamento de uma sociedade é, ao mesmo tempo, algo mais e algo menos do que o modo e as relações de produção. Além do mais, como G. escreve no *Q 4*, 38, 445, "no estudo de uma estrutura é preciso distinguir o que é permanente do que é ocasional" e, na segunda redação do *Q 13*, 17, 1.579 [*CC*, 3, 36], "os movimentos orgânicos (relativamente permanentes) dos movimentos que se podem chamar de conjuntura (e se apresentam como ocasionais, imediatos, quase acidentais)". Com referência ao primeiro aspecto, existe, portanto, "uma relação das forças sociais estritamente ligada à estrutura; essa é uma relação objetiva, é um dado 'natural' que pode ser medido com os sistemas das ciências exatas ou matemáticas [no Texto C, ibidem, 1.583: "físicas" – ndr]. Tendo por base o grau de desenvolvimento das forças materiais de produção, têm lugar os diversos agrupamentos sociais, cada um deles representando uma função e uma posição na própria produção" (*Q 4*, 38, 457).

Todavia, já no *Q 7*, 24, 872 [*CC*, 1, 238], G. sublinha "a dificuldade de identificar caso a caso, estaticamente, a estrutura (como imagem fotográfica instantânea)" e adverte que "uma fase estrutural só pode ser concretamente estudada e analisada depois que ela superou todo o seu processo de desenvolvimento, não durante o próprio processo, a não ser por hipóteses". A argumentação é posteriormente reforçada no *Q 10* II, 59, 1.354 [*CC*, 1, 420]: "é passado real, precisamente, a estrutura, já que ela é o testemunho, o 'documento' incontroverso daquilo que foi feito e que continua a subsistir como condição do presente e do futuro. Poder-se-á observar que, no exame da 'estrutura', os críticos individuais podem se equivocar, afirmando como vital o que está morto, ou que não é germe da nova vida que deve ser desenvolvida, mas o método em si não pode ser refutado peremptoriamente". Ainda no *Q 8*, 61, 977, criticando a "posição de Croce, para quem, polemicamente, a estrutura se torna um 'deus oculto', um 'número', em contraposição com as 'aparências' superestruturais", G. se pergunta "como se deve entender a estrutura: como no fato econômico se poderá distinguir o 'elemento' técnica, ciência, trabalho, classe etc., entendidos 'historicamente' e não 'metafisicamente'". Na ampla reelaboração desse trecho no *Q 10* I, 8, 1.226 [*CC*, 1, 296], lê-se que "se o conceito de estrutura é concebido 'especulativamente', torna-se certamente um 'deus oculto'; mas ele não deve ser concebido especulativamente, e sim historicamente, como o conjunto das relações sociais em que os homens reais se movem e atuam, como um conjunto de condições objetivas que podem e devem ser estudadas com os métodos da 'filologia' e não da 'especulação'. Como um 'certo' que será também 'verdadeiro', mas que deve ser estudado antes de tudo em sua 'certeza', para depois ser estudado como 'verdade'".

Em conclusão, como escreve G. no *Q 11*, 30, 1.443 [*CC*, 1, 160], é fato que "o conjunto das forças materiais de produção é o elemento menos variável no desenvolvimento histórico, aquele que, em cada ocasião concreta, pode ser determinado e medido com exatidão matemática, que pode dar lugar, portanto, a observações e a critérios de caráter experimental e, consequentemente, à reconstrução de um robusto esqueleto do devir histórico. A variabilidade do conjunto das forças materiais de produção é, também ela, mensurável, e é possível estabelecer com certa precisão o momento em que seu desenvolvimento, de quantitativo, torna-se qualitativo [...]. Mas o conceito de atividade dessas forças não pode ser confundido, nem mesmo comparado, com a atividade no sentido físico ou metafísico [...] mas [visto] como um elemento de produção dominado pelo homem e incorporado ao conjunto das forças materiais de produção". "O problema crucial do materialismo histórico" (*Q 4*, 38, 455) não parece ser, portanto, aquele da identificação e descrição minuciosa da base econômica da sociedade, mas sim o das relações entre esta e o sistema das superestruturas; daí uma das observações críticas dirigidas a Bukharin por não ter "tratado o ponto fundamental: como, das estruturas, nasce o movimento histórico? No entanto, esse é o ponto crucial de toda a questão do materialismo histórico" (*Q 7*, 20, 869), em torno da qual gira boa parte das notas das três séries de *Notas de Filosofia. Materialismo e idealismo* (nos *Q 4*, *7* e *8*).

Nos *Q*, o autor – que em 1925 ainda utilizava o manual bukhariniano como material didático para a Escola do partido – parte da abordagem corrente no marxismo-leninismo, o que transparece, por exemplo, tanto na identificação de "um relativo sincronismo" nas agitações do *Risorgimento* italiano, que "mostra a existência de uma estrutura econômico-política homogênea" (*Q 1*, 43, 35), quanto na afirmação de que "entre estrutura e superestruturas há um vínculo necessário e vital, assim como no corpo humano entre pele e esqueleto", ou ainda, "a comparação do corpo humano pode servir para tornar populares esses conceitos, como metáfora apropriada" (*Q 4*, 15, 437). No entanto, G. não demora a perceber que, em descrições desse tipo, "o erro em que normalmente se incorre na análise histórica consiste em não saber encontrar a relação entre o 'permanente' e o 'ocasional', caindo assim ou na exposição de causas remotas como se fossem imediatas, ou na afirmação de que as causas imediatas são as únicas causas eficientes. De um lado, há excesso de 'economicismo', de outro, excesso de 'ideologismo'; de um lado, se supervalorizam as causas mecânicas, de outro, o elemento 'voluntário' e individual" (*Q 4*, 38, 456). Resta o fato de que, nessa fase, G. ainda compartilha "a afirmação de Engels de que a economia é 'em última análise' a mola da história" (ibidem; no Texto C do *Q 13*, 18, 1.592 [*CC*, 3, 46]: "somente 'em última análise'") e, portanto, deseja manter bem firme "a prioridade do fato político-econômico, isto é, a 'estrutura' como ponto de referência e de 'causação' dialética, não mecânica, das superestruturas" (*Q 4*, 56, 503). Sucessivamente preferirá abandonar o conceito, por si só determinista, de causação, falando, por exemplo, na segunda redação do texto citado (*Q 10* II, 41.VI, 1.316 [*CC*, 1, 379]), da "estrutura como ponto de referência e de impulso dialético para as superestruturas". Voltará à questão num apontamento bastante tardio, decerto entre os últimos dos *Q* (*Q 17*, 48, 1.945-6 [*CC*, 3, 352-3], provavelmente escrito em junho de 1935), ressaltando que, "no estudo dos diversos 'graus' ou 'momentos' das situações militares ou políticas, não se fazem habitualmente as obrigatórias distinções entre: 'causa eficiente', que prepara o acontecimento histórico ou político de variado grau ou significado (ou extensão), e 'causa determinante', que produz imediatamente o evento e é a resultante geral e concreta da causa eficiente, a 'precipitação' concreta dos elementos realmente ativos e necessários da causa eficiente para produzir a determinação. Causa eficiente e causa suficiente, isto é, 'totalmente' suficiente, ou pelo menos suficiente na direção necessária para produzir o acontecimento. Naturalmente, essas distinções podem ter diversos momentos ou graus: isto é, deve-se estudar se cada momento é eficiente (suficiente) e determinante para a passagem de um desenvolvimento a outro ou se pode ser destruído pelo antagonista antes de sua 'produtividade'".

Anteriormente, G. havia proposto empregar "a expressão 'catarse' para indicar a passagem do momento meramente econômico (ou egoísta-passional) ao momento ético-político, isto é, a elaboração superior da estrutura em superestrutura na consciência dos homens. Isto significa, também, a passagem do 'objetivo ao subjetivo' e da 'necessidade à liberdade'. A estrutura, de força exterior que esmaga o homem, assimilando-o e o tornando passivo, transforma-se em meio de liberdade, em instrumento para criar uma nova forma ético-política, em origem de novas iniciativas" (*Q 10* II, 6, 1.244 [*CC*, 1, 314]). Ao contrário, "a insistência sobre o elemento 'prático' da ligação teoria-prática – após se ter cindido, separado e não apenas distinguido os dois elementos (o que é uma operação meramente mecânica e convencional) – significa que se está atravessando uma fase histórica relativamente primitiva, uma fase ainda econômico-corporativa, na qual se transforma quantitativamente o quadro geral da 'estrutura' e a qualidade-superestrutura adequada está em vias de surgir, mas não está ainda organicamente formada" (*Q 11*, 12, 1.386-7 [*CC*, 1, 105]): é o caso, por razões diversas e em parte também convergentes, de um lado, dos Estados Unidos (ver as notas sobre *Americanismo e fordismo*, retomadas parcialmente numa segunda versão, no *Q 22*), de outro, da União Soviética stalinista, de que se pode encontrar uma crítica implícita em muitos apontamentos dos *Q*.

Uma vez que se negou qualquer mecanicidade à ação da estrutura sobre a superestrutura, ou melhor, uma vez que se verifica que no "'bloco histórico' [...] as forças materiais são o conteúdo e as ideologias a forma", a distinção é "puramente didática, já que as forças materiais não seriam historicamente concebíveis sem forma e as ideologias seriam fantasias individuais sem as forças materiais" (*Q 7*, 21, 869 [*CC*, 1, 238]). Assim, "o raciocínio se baseia sobre a necessária reciprocidade entre estrutura e superestrutura (reciprocidade que é precisamente o próprio processo dialético real)" (*Q 8*, 182, 1.051-2 [*CC*, 5, 250]) e a própria abordagem do problema nos termos 'arquitetônicos' de estrutura e superestrutura se destina a cair por terra. É por isso que G. não demora a alcançar a superação definitiva dessa abordagem anterior: "*Questões de terminologia*. O conceito de estrutura e superestrutura, pelo qual se diz que a 'anatomia' da sociedade é constituída por sua 'economia', não será ligado às discussões surgidas para a classificação das espécies animais, classificação esta que entrou em sua fase 'científica' quando de fato tomou por base a anatomia e não características secundárias e acidentais? A origem da metáfora usada para indicar um conceito novamente descoberto ajuda a compreender melhor o próprio conceito, que é relacionado ao mundo cultural e historicamente determinado em que surgiu" (*Q 8*, 207, 1.065). Imediatamente antes, G. havia notado "como a terminologia tem sua importância ao provocar erros e desvios, quando se esquece que a terminologia é convencional e que é sempre necessário remontar às fontes culturais para identificar seu valor exato, pois sob uma mesma fórmula convencional podem se atrelar diferentes conteúdos" (*Q 8*, 206, 1.065). Na segunda versão do *Q 8*, 207, a metáfora da economia como anatomia da sociedade, que no *Q 4*, 15 foi definida como "apropriada" (ao passo que no Texto C do *Q 10* II, 41.XII, 1.321 [*CC*, 1, 386] se sustenta que "no corpo humano não se pode certamente dizer que a pele [...] seja mera ilusão e que o esqueleto e a anatomia sejam a única realidade, embora por muito tempo tenha se dito algo semelhante"), será classificada entre aquelas metáforas, "grosseiras e violentas", das quais "a filosofia da práxis se serviu com fins exclusivamente didáticos em relação às classes populares ignorantes": tudo isso "é útil para precisar o limite da própria metáfora, isto é, para impedir que ela se materialize e se mecanicize" (*Q 11*, 50, 1473-4 [*CC*, 1, 191]).

Essas considerações são o prelúdio do progressivo abandono de tal metáfora, que está completamente ausente nos textos de nova versão dos *Q 14*, *15* e *17*, mesmo que por um certo período G. continue a utilizá-la, em sentido fraco e/ou polêmico, contra seus interlocutores ideais, a começar por Croce (*Q 10*) e Bukharin (*Q 11*). Além disso, a imagem retorna nos correspondentes Textos C das *Notas* dos *Q 4*, *7* e *8* citadas anteriormente, em que G. introduz, com frequência, poucas, mas significativas, variações, a começar pelo *Q 13*, 17 [*CC*, 3, 36], que retoma o Texto A do *Q 4*, 38, "Rapporti tra struttura e superstrutture" [Relações entre estrutura e superestruturas], mudando o título para "Análises das situações: relações de força". A esse respeito, com particular referência à "relação efetiva das forças sociais no momento político-militar", G. defende em outro texto que "um estudo sério desses temas, feito com perspectiva histórica e com métodos críticos, pode ser um dos meios mais eficazes para combater a abstração mecanicista e o fatalismo determinista" (*Q 14*, 11, 1.666 [*CC*, 3, 300]). A mesma distinção "entre condições objetivas e condições subjetivas do evento histórico", que é uma das novas formulações assumidas pela dialética estrutura-superestrutura (junto àquelas de quantidade e qualidade, conteúdo e forma, necessidade e liberdade), só é válida com finalidade "didática: portanto, é na mensuração das forças subjetivas e de sua intensidade que se pode discutir, é na relação dialética entre as forças subjetivas contrastantes. É preciso evitar que a questão seja colocada em termos 'intelectualistas' e não histórico-políticos" (*Q 15*, 25, 1.781 [*CC*, 5, 322]). É o que faz o "'economicismo histórico'", que defende que "'imediatamente', como 'oportunidade, os fatos foram influenciados por determinados interesses de grupo etc. [...]. Pode-se dizer que o fator econômico (entendido no sentido imediato e judaico próprio do economicismo histórico) é tão-somente um dos muitos modos sob os quais se apresenta o processo histórico mais profundo (fator de raça, religião etc.), mas é esse processo mais profundo que a filosofia da práxis quer explicar, e justamente por isso é uma filosofia, uma 'antropologia', e não um simples cânone de pesquisa histórica" (*Q 17*, 12, 1.917 [*CC*, 1, 266-7]).

Bibliografia: Cospito, 2004a; Frosini, 2003, p. 79-122.

Giuseppe Cospito

Ver: bloco histórico; Bukharin; catarse; Croce; determinismo; economia; economismo; Engels; hegemonia; liberdade; Marx; materialismo histórico; mecanicismo; necessidade; *Prefácio de 59*; relações de força; superestrutura/superestruturas.

estrutura ideológica

No *Q 3*, 49, 332 [*CC*, 2, 78], G. afirma a necessidade de "um estudo de como se organiza de fato a estrutura ideológica de uma classe dominante: isto é, a organização material voltada para manter, defender e desenvolver a 'frente' teórica ou ideológica", a ser realizada, de maneira realista, em escala local. Tal estudo deveria remeter, em primeiro lugar, à imprensa e às editoras: "editoras [...], jornais políticos, revistas de todo tipo, científicas, literárias, filológicas, de divulgação etc., periódicos diversos até os boletins paroquiais". A imprensa é, porém, somente "a parte mais dinâmica dessa estrutura ideológica, mas não a única: tudo o que influi ou pode influir sobre a opinião pública, direta ou indiretamente, faz parte dessa estrutura. Dela fazem parte: as bibliotecas, as escolas, os círculos e os clubes de variado tipo, até a arquitetura, a disposição e o nome das ruas" (ibidem, 333). O exemplo oferecido é o da Igreja e dos esforços que ela faz "para desenvolver continuamente sua seção particular dessa estrutura material da ideologia". A ideologia tem, portanto, uma "estrutura material", o que inibe a possibilidade de uma sua concepção idealista e liberal, pela qual as ideias se afirmariam somente por sua própria força intrínseca.

Tal estrutura ideológica é traduzível nas "trincheiras", "casamatas" e "fortificações" de que fala G. Ele acrescenta: "O que se pode contrapor, por parte de uma classe inovadora, a esse complexo formidável de trincheiras e fortificações da classe dominante?". A resposta fornece outros elementos para compreender a importância atribuída por G. a esse reconhecimento do "campo ideológico": "O espírito de cisão, isto é, a conquista progressiva da consciência da própria personalidade histórica [...], tudo isto requer um complexo trabalho ideológico, cuja primeira condição é o exato conhecimento do campo a ser esvaziado de seu elemento de massa humana" (idem).

Guido Liguori

Ver: aparelho hegemônico; concepção do mundo; frente ideológica; hegemonia; ideologia; literatura popular; trincheiras, fortalezas e casamatas.

estudo

No dia em que foi preso, G. tinha no bolso um bilhete para a redação do *L'Unità*, em que afirmava "a necessidade de se habituar a pensar e a estudar também nas condições mais difíceis" (Santucci, 2005, p. 117). Não por acaso, desde os primeiros dias de detenção o problema do estudo se apresenta para ele como uma espécie de sistema de autodefesa contra o perigo da apatia e do "embrutecimento intelectual que especialmente" o preocupa e ao qual, a seu ver, a condição carcerária impele (*LC*, 6, a Sraffa, 11 de dezembro de 1926 [*Cartas*, I, 84]). Passado um mês, na realidade, G. já pensa em se dedicar "a um estudo determinado e sistemático" (*LC*, 24, a Tania, 27 de dezembro de 1926 [*Cartas*, I, 95]). Não é um acaso que, nas cartas escritas nos meses sucessivos à prisão, haja insistentes pedidos de livros na tentativa de reconstruir "uma pequena biblioteca" (*LC*, 39, a Giulia, 15 de janeiro de 1927 [*Cartas*, I, 111]) para poder "ler e estudar" (*LC*, 30, a Tania, 3 de janeiro de 1927 [*Cartas*, I, 102]; *LC*, 39, a Giulia, 15 de janeiro de 1927 [*Cartas*, I, 110]), pois, como confessa à cunhada Tania, "estou atormentado [...] por essa ideia: que deveria fazer qualquer coisa *'für ewig'*. Em suma, gostaria, segundo um plano preestabelecido, de me ocupar intensa e sistematicamente de qualquer assunto que me absorvesse e centralizasse a minha vida interior. Pensei em quatro temas até agora [...]: 1º uma pesquisa sobre a formação do espírito público na Itália no século passado; [...] 2º um estudo de linguística comparada! [...]; 3º um estudo sobre o teatro de Pirandello [...]; 4º um ensaio sobre os romances de folhetim e o gosto popular na literatura" (*LC*, 55-6, a Tania, 19 de março de 1927 [*Cartas*, I, 128]). Na realidade, a realização desse plano de estudo, isto é, das inúmeras notas que percorrem os *Q*, terá início após dois anos (*LC*, 234, a Tania, 29 de janeiro de 1929 [*Cartas*, I, 314]; *LC*, 236, a Tania, 9 de fevereiro de 1929 [*Cartas*, I, 316]), pois, como testemunha o próprio G. numa carta a Tania em 1927, "não posso tomar notas, isto é, na realidade não posso estudar ordenadamente e com proveito", não tendo conseguido a permissão para o "uso permanente da pena" (*LC*, 68, 11 de abril de 1927 [*Cartas*, I, 140]), nem mesmo "sob a vigilância requerida pelo *capo* [Mussolini – ndr], dado que me tomam por um indivíduo terrível, capaz de atear fogo aos quatro cantos do país ou qualquer coisa desse tipo" (*LC*, 159, a Teresina, 20 de fevereiro de 1928 [*Cartas*, I, 236]).

É emblemática uma carta que G. escreve ao irmão Carlo para que peça ao Ministério Público que lhe seja "concedido ter papel e tinta" para que possa se dedicar "a qualquer trabalho de caráter literário e ao estudo das línguas" (*LC*, 205, 13 de agosto de 1928 [*Cartas*, I, 282]). Em 25 de agosto de 1928, a mãe de G., Peppina Marcias, se dirige a Mussolini para pedir que o filho tenha uma cela só para si e que lhe seja concedido "o necessário para poder escrever e se dedicar a algum estudo" (em Pistillo, 1989, p. 139). A permissão para escrever na cela chegará num momento em que os sofrimentos psicológicos de G. vêm se agravando devido à piora de sua saúde. A data de 8 de fevereiro de 1929 (*Q 1*, p. 5), pois, marca o início não tanto da redação regular das notas, que se concretizará alguns meses depois, mas sim da retomada daquele programa de estudos delineado na já citada carta à cunhada Tania de 19 de março de 1927. A insistência de G. na necessidade de o indivíduo ler e estudar é registrada sobretudo nas *LC*: "cada um deve, sempre, estudar e melhorar a si mesmo, teórica e profissionalmente, como desenvolvedor de uma atividade produtiva" (*LC*, 535, a Tania, 15 de fevereiro de 1932 [*Cartas*, II, 159]). Não por acaso, G. deseja ser informado com frequência, às vezes de maneira obsessiva, sobre as eventuais dificuldades que enfrentam Delio e Giuliano "ao estudar": "creio" – escreve G. ao filho Iulik – "que se você mesmo reconhece ter dificuldades, elas não devem ser muito grandes e você poderá superá-las com esforço e boa vontade. O tempo dedicado ao estudo é suficiente para você? [...] Você pensa naquilo que estudou quando brinca ou quando estuda pensa na brincadeira?" (*LC*, 773, 25 de janeiro de 1936 [*Cartas*, II, 395]); e ainda para Delio: "recebi sua carta, mas você não me escreve como vai sua saúde, se se sente forte, se consegue estudar bem, se se cansa facilmente" (*LC*, 774, 1936 [*Cartas*, II, 396]).

Tais preocupações se associam, em G., não somente ao problema do "desenvolvimento da personalidade" (*LC*, 628, a Giulia, 24 de outubro de 1932 [*Cartas*, II, 253]) dos filhos Delio e Giuliano, mas também da sobrinha Edmea (*LC*, 230, a Carlo, 31 de dezembro de 1928 [*Cartas*, I, 308]; *LC*, 701, a Teresina, 3 de abril de 1933 [*Cartas*, II, 323]) e, de forma mais ampla, à questão da peculiar relação da criança-aluno com a escola e o estudo. Numa nota do *Q 4* (mais tarde retomada e ampliada no *Q 12*, 2 [*CC*, 2, 42]), refletindo sobre o "*princípio educativo na escola elementar e média*", G. sustenta que, "se se quer formar os estudiosos [...] de que toda civilização precisa", é necessário habituar as crianças a "contrair certos hábitos de diligência, de exatidão, de compostura física, de concentração psíquica em determinados objetos". Nesse período, de fato, "o estudo ou a maior parte do estudo deve ser desinteressado, isto é, não ter finalidades práticas imediatas ou demasiado imediatamente mediadas, deve ser formativo [...], quer dizer, rico de noções concretas" (*Q 4*, 55, 500-1; v. também *LC*, 806, a Delio, s.d. [*Cartas*, II, 427]), devem se habituar "a raciocinar, a abstrair esquematicamente, sendo capazes inclusive de, pela abstração, descer à vida real imediata, para ver em cada fato ou dado aquilo que tem de geral e aquilo que tem de particular, o conceito e o indivíduo" (*Q 12*, 2, 1.545 [*CC*, 2, 42]).

VALERIA LEO

Ver: cárcere ou prisão; criança; desinteresse/educação; desinteressado; escola; *für ewig*; indivíduo.

estudo das fontes

O estudo das fontes de uma obra não explica a própria obra: "Esse erro tem toda uma história, notadamente na crítica literária: sabe-se que o trabalho de reduzir grandes obras poéticas às suas fontes se converteu, em certa época, na preocupação máxima de muitos eruditos insignes" (*Q 11*, 27, 1.435 [*CC*, 1, 1.523], alusão ao método histórico). Esse critério é particularmente válido no caso do estudo de Marx (a que se refere o trecho citado), dado que a distinção – entre "os elementos que se tornaram estáveis e permanentes, isto é, que foram realmente assumidos pelo autor como pensamento próprio, diferente e superior ao 'material' precedentemente estudado" (*Q 4*, 1, 419) e esses mesmos materiais – é fundamental para abordar corretamente a questão de sua nova "filosofia". Plekhanov, nota G., "incorre no materialismo vulgar", depois de ter mal colocado "o problema das origens do pensamento de Marx sem ter sabido abordar o problema; o estudo da cultura filosófica de Marx (ou das 'fontes' de sua filosofia) é certamente necessário, mas como premissa para o estudo, bem mais importante do que sua própria filosofia, que não se exaure nas 'fontes' ou na 'cultura' pessoal [...]. Esse trabalho expõe o método positivista clássico seguido por Plekhanov e sua limitada capacidade especulativa" (*Q 3*, 31, 309). G. manifesta a mesma insatisfação com a proposta de "três fontes" do marxismo: essa "é mais uma investigação genérica das fontes históricas do que uma classificação nascida no interior da doutrina" (*Q 11*, 33, 1.448 [*CC*, 1, 165]).

Mas o estudo das fontes é imprescindível não somente para reconstruir o processo de formação de um pensamento, mas também para identificar o valor conceitual exato de uma determinada terminologia, apreensível apenas ao se remontar às suas "fontes culturais" (*Q 8*, 206, 1.065), para identificar conteúdos diferentes sob uma mesma fórmula; bem como eventualmente um mesmo conteúdo sob fórmulas diversas (como no caso da comparação hegeliana França-Alemanha e do nexo teoria-prática expresso nas Teses sobre Feuerbach: ibidem, 1.066).

FABIO FROSINI

Ver: Marx; marxismo; materialismo e materialismo vulgar; metáfora; tradutibilidade.

ética

A nova ética está no ético-político. Mas existe um nexo também com a dimensão moral: G. traduz a "máxima de

E. Kant: 'Atua de tal maneira que a tua conduta possa tornar-se, em condições similares, norma para todos os homens' [...]. O que se entende por 'condições similares'? As condições imediatas nas quais se atua, ou as condições gerais complexas e orgânicas, cujo conhecimento requer uma investigação longa e criticamente elaborada?" (*Q 11*, 58, 1.484 [*CC*, 1, 200-1]). Mas essa é a racionalidade que se tornou "uma cultura, um 'bom senso', uma concepção do mundo, com uma ética conforme" (*Q 11*, 59, 1.485 [*CC*, 1, 202]). Operar essa transformação é um papel dos novos intelectuais. A "luta por uma cultura superior, autônoma [...] se manifesta, em forma negativa e polêmica, nos meros 'a' e 'anti' (anticlericalismo, ateísmo etc.)". Todavia, dá-se "uma forma moderna e atual ao humanismo laico tradicional, que deve ser a base ética do novo tipo de Estado" (*Q 11*, 70, 1.509 [*CC*, 1, 225]). E "cultura", neste caso, significa uma "'concepção da vida e do homem', isto é, uma 'filosofia' [...] que gerou uma ética" (*Q 17*, 38, 1.941). Entre os aspectos deteriorados de alguns intelectuais italianos G. indica "frouxidão e indulgência ética" (*Q 28*, 1, 2.321 [*CC*, 2, 257]). Ética não é o mesmo que moralismo abstrato: "O caráter 'abstrato' da concepção soreliana do 'mito' aparece na aversão (que assume a forma passional de uma repugnância ética) pelos *jacobinos*, que certamente foram uma 'encarnação categórica' do Príncipe de Maquiavel" (*Q 13*, 1, 1.559 [*CC*, 3, 16]). "Também a guerra em ato é 'paixão' [...]; é necessário, portanto, explicar como a 'paixão' pode se tornar 'dever' moral, e não dever de moral política, mas de ética" (*Q 13*, 8, 1.567-8 [*CC*, 3, 25]).

Finalmente, sobre a ética sexual, G. diz: "Toda crise de coerção unilateral no campo sexual traz consigo um descomedimento 'romântico'". Assim, torna-se difícil "qualquer tentativa de criar uma nova ética sexual adequada aos novos métodos de produção e de trabalho. Doutro lado, isso é necessário" (*Q 22*, 3, 2.150 [*CC*, 4, 249]; cf. também *LC*, 266, a Giulia, 3 de junho de 1929 [*Cartas*, I, 348]).

Giuseppe Prestipino

Ver: ético-político; guerra; intelectuais italianos; Kant; libertinismo; Maquiavel; moral.

ético-político

Em um Texto B do *Q 10* intitulado "Introdução ao estudo da filosofia", G. escreve: "Pode-se empregar a expressão 'catarse' para indicar a passagem do momento meramente econômico (ou egoístico-passional) ao momento ético-político, isto é, a elaboração superior da estrutura em superestrutura na consciência dos homens" (*Q 10* II, 6, 1.244 [*CC*, 1, 314]). Em *Q 13*, falando do "sindicalismo teórico", ele afirma que tal teoria impede um "grupo subalterno" de se tornar "dominante, de se desenvolver para além da fase econômico-corporativa a fim de alcançar a fase de hegemonia ético-política na sociedade civil e de tornar-se dominante no Estado" (*Q 13*, 18, 1.590 [*CC*, 3, 47]). No correspondente Texto A, no lugar de "hegemonia ético-política" G. havia escrito "hegemonia político-intelectual" (*Q 4*, 38, 460). Na mesma nota do *Q 13* acrescenta uma importante especificação: "se a hegemonia é ético-política, não pode deixar de ser também econômica" (*Q 13*, 18, 1.591 [*CC*, 3, 47]). No relativo Texto A, ao contrário, o termo "hegemonia" é adjetivado não como "ético-política", mas somente como "política" (*Q 4*, 38, 461).

O significado do lema é claro: o momento ético-político para G. é o da hegemonia, conotada, sobretudo, por sua dimensão cultural. Além disso, percebemos, confrontando os textos citados acima, que a expressão "ético-político" não está presente desde o início no léxico gramsciano. É verdade que ela aparece já na primeira série dos *Apontamentos de filosofia* (*Q 4*, 15, 436), mas somente como breve memorando bibliográfico relativo a alguns curtos escritos de Croce de 1928-1929 dedicados ao argumento (cf. *Q*, *AC*, 2.631). Aos poucos, porém, a expressão emerge no âmbito da reflexão sobre o filósofo neoidealista. A segunda recorrência, com efeito, está em um Texto B do *Q 6*: "Para Gentile a história é inteiramente história do Estado; para Croce, ao contrário, é 'ético-política', vale dizer, Croce quer manter uma distinção entre sociedade civil e sociedade política, entre hegemonia e ditadura" (*Q 6*, 10, 691 [*CC*, 1, 436]). Ela aparece ainda no mesmo *Q 6* para especificar o sentido do binômio "política e moral (história ético-política de Croce)" como equivalente de uma longa série de binômios conceituais ou metafóricos: "armas e religião", "força e consenso", "coerção e persuasão", "Estado e Igreja", "sociedade política e sociedade civil" (*Q 6*, 87, 762-3 [*CC*, 3, 243]).

A expressão é, portanto, de origem crociana e aparece nos *Q* bastante frequentemente como atributo do substantivo "história": a história ético-política é a que atribui um papel de protagonista ao elemento ideal, cultural, ético. Croce fixa-a – nas obras historiográficas dos anos que seguem a Primeira Guerra Mundial, (sobretudo em *Storia d'Europa nel secolo XIX* [História da Europa no século XIX]:

Q 10 I, 9, 1.226-7 [*CC*, 1, 298]) – também como "carro-chefe contra o materialismo histórico", como o mesmo filósofo neoidealista afirma nos escritos citados de 1928-1929. Em uma carta a Tania de 2 de maio de 1932, G. escreve que Croce "hoje dá forma literária àquela história que chama de ético-política, da qual a *Storia d'Europa* deve ser e se tornar o paradigma. Em que consiste a inovação trazida por Croce, será que tem aquele significado que atribui a ela e, especialmente, tem aquele valor de 'liquidação' que pretende? Pode-se dizer, concretamente, que Croce, na atividade histórico-política, acentua unicamente aquele momento que, na política, se chama da 'hegemonia', do consenso, da direção cultural, para distingui-lo do momento da força, da coerção, da intervenção legislativa e estatal ou policial" (*LC*, 570 [*Cartas*, II, 194]).

Não surpreende o fato de que nos *Q* a reflexão sobre o tema se torne particularmente densa nos *Apontamentos de filosofia* de *Q 7* e *Q 8*, em uma série de notas destinadas a confluir em *Q 10* I [*CC*, 1, 277], intitulado "Pontos de referência para um ensaio sobre B. Croce". Em um texto que precede a redação de *B. Croce e a história ético-política*, G. escreve: "A aproximação entre as duas expressões, ética e política, é justamente a expressão exata das exigências nas quais se move a historiografia de Croce: *história ética* é o aspecto da história correlativo à 'sociedade civil', à hegemonia; *história política* é o aspecto correspondente à iniciativa estatal-governamental" (*Q 7*, 9, 858). Sob a "rubrica" "Pontos para um ensaio sobre Croce", que compreende numerosos Textos A, lê-se: "O que significa história 'ético-política'? História do aspecto 'hegemonia' no Estado" (*Q 8*, 227, 1.084). Voltando aos verbetes dedicados a ilustrar as novidades do conceito de Estado (como "Estado integral") que G. propõe, junto com a teoria dos intelectuais correlacionada, deve-se realçar aqui que G. nota como Croce, com sua "história ético-política contraposta à história econômico-jurídica" (*Q 8*, 225, 1.082), propõe-se a "liquidação do marxismo" (aceno já contido na carta citada). A partir daqui se inicia a "réplica" de G., voltada a reivindicar as características próprias da filosofia da práxis à altura da teoria da hegemonia, que G. faz remontar a Lenin e a respeito de qual "pode-se sustentar que a história em ato de Croce nem sequer é ético-política, mas história especulativa" (*Q 8*, 240, 1.091).

Em *Q 10* todas essas referências retornam às vezes modificadas e desenvolvidas. Já nos iniciais "Pontos de referência para um ensaio sobre B. Croce" G. escreve, ao ponto 7: "Significado real da fórmula 'história ético-política'. É uma hipóstase arbitrária e mecânica do momento da 'hegemonia'. A filosofia da práxis não exclui a história ético-política. A oposição entre as doutrinas históricas de Croce e a filosofia da práxis está no caráter especulativo da concepção de Croce" (*Q 10* I, 1.208 [*CC*, 1, 277]). A história ético-política de Croce, escreve ainda G. ao ponto 9 da mesma lista argumentada e composta sob a forma de memorando, conduz à categoria da revolução passiva, ao passo que Croce, "por razões extrínsecas e tendenciosas, prescinde do momento da luta, no qual a estrutura é elaborada e modificada, e placidamente assume como história o momento da expansão cultural ou ético-político" (ibidem, 1.209). Ao contrário, o marxismo, enquanto postula a necessidade de não remover o momento da luta, mesmo conjugando-o com o momento ético-político, assume a "revolução passiva" como um perigo que deve ser evitado.

Ainda que "hipóstase arbitrária", o ético-político crociano não é, porém – para G. – "uma futilidade" (ibidem, 1.211 [*CC*, 1, 283]). Ele representa, de qualquer maneira, "uma reação ao 'economicismo' e ao mecanismo fatalista, mesmo apresentando-se como superação da filosofia da práxis" (idem). G., assim, apropria-se do conceito e o "traduz" no seu próprio sistema teórico, que tende a opor-se ao marxismo economicista não menos de quanto se oponha à "hipóstase" crociana e ao caráter "especulativo" da sua filosofia (*Q 10* I, 7, 1.224 [*CC*, 1, 293]). De fato, esclarece G., "pode-se dizer que não só a filosofia da práxis não exclui a história ético-política, como, ao contrário, sua fase mais recente de desenvolvimento consiste justamente na reivindicação do momento de hegemonia como essencial à sua concepção estatal e à 'valorização' do fato cultural, da atividade cultural, de uma frente cultural como necessária ao lado das frentes meramente econômicas e políticas" (idem [*CC*, 1, 295]). Os "elementos de história ético-política na filosofia da práxis" são explicitados por G.: "conceito de hegemonia, reavaliação da frente filosófica, estudo sistemático da função dos intelectuais na vida estatal e histórica, doutrina do partido político como vanguarda de todo movimento histórico progressista" (*Q 10* I, 13, 1.235-6 [*CC*, 1, 306]).

GUIDO LIGUORI

Ver: catarse; Croce; econômico-corporativo; Estado; ética; hegemonia; história ético-política; intelectuais; moral; revolução passiva.

Europa

G. tinha a percepção de si mesmo como intelectual europeu. Ele considerava a conquista de "modos de viver e de pensar europeus" como decisiva para superar sua condição de "triplo ou quádruplo provinciano", de "jovem sardo do princípio do século". De resto, a necessidade de "desprovincianizar-se até mesmo nos centros urbanos mais avançados e modernos" representava "uma das necessidades mais fortes da cultura italiana" na sua globalidade (*Q 15*, 19, 1.776 [*CC*, 4, 134]). A Europa aparecia como um ponto de chegada e ao mesmo tempo de mediação entre, como se costuma dizer hoje, o local e o global. O que é próprio da Europa, como valor irrenunciável, não somente para si mesma, mas para o mundo, é para G. o "espírito crítico", que, junto com o "espírito científico" e o "industrial", constitui um dos "três pilares" sobre os quais se apoia a "unidade do Ocidente", segundo um artigo de Burzio publicado por *La Stampa* em 1928 que G. mostra aprovar, com algumas importantes especificações. Burzio escreve "capitalista" em vez de "'industrial'", que G. prefere em função do caráter mais universal deste. Ele observa que, ao passo que os "pilares" científico e industrial na época contemporânea "estão firmes" – graças à modernização-racionalização american(ist)a, que ampliou o horizonte geopolítico e cultural do Ocidente –, "o primeiro, ao contrário, não está mais, e por isso as elites espirituais do Ocidente sofrem de desequilíbrio e de desarmonia entre a consciência crítica e a ação" (*Q 1*, 76, 83 [*CC*, 3, 120]).

A *questão crítica* toca o gânglio vital da argumentação gramsciana sobre a Europa e suas relações tanto com a América (que no final das contas representa um "prolongamento e uma intensificação da civilização europeia") como com o mundo. G. registra um clamoroso declínio intelectual estrutural do Velho Continente que se agita sem solução entre dois fogos, em comparação com uma América cujo "peso implacável da sua produção econômica" obrigará, ou está já obrigando, "a um revolvimento da sua estrutura econômico-social" (*Q 3*, 2, 296-7 [*CC*, 32, 71]). "Em palavras pobres" – escreve G. – "a Europa quer fazer omelete sem quebrar os ovos, ou seja, quer todos os benefícios que o fordismo produz no poder de concorrência, mas conservando seu exército de parasitas que, ao devorar enormes quantidades de mais-valor, agrava os custos iniciais e debilita o poder de concorrência no mercado internacional" (*Q 22*, 2, 2.141 [*CC*, 4, 242]).

À debilidade econômica e social associa-se a pobreza de instrumentos ideológicos, de armas próprias da luta hegemônica. O drama é que "os intelectuais europeus em parte já perderam" sua função crítica: "não representam mais a autoconsciência cultural, a autocrítica da classe dominante; voltaram a ser agentes imediatos da classe dominante, ou ainda se separaram completamente dela constituindo uma casta em si, sem raízes na vida nacional popular"; ao passo que o exemplo de obras como *Babbitt* de Sinclair Lewis demonstra que, mesmo embrionariamente, está se perfilando "uma nova civilização americana consciente das suas forças e das suas debilidades" (*Q 5*, 105, 633-4 [*CC*, 4, 302]).

A abordagem de G. sobre a Europa é sinal e prova do caráter de *transição* que manifesta, em sentido tanto espacial como temporal, o mundo que ele descreveu. Apesar do vazio de consciência crítica, cuja expressão exemplar é a derrota catastrófica da "tendência de esquerda" na Itália por mão do fascismo, a dimensão cultural, que não pode ser separada da capacidade hegemônica de uma classe social, mas também de um país ou de uma área geopolítica, permanece uma prerrogativa peculiar e sob alguns aspectos – pelo menos até agora – inigualável da Europa (daqui a importância, até do ponto de vista da luta hegemônica entre Europa e América, do corpo a corpo que G. estabelece com o pensamento de Croce). Está enraizada nessa convicção uma das passagens mais controversas dos *Q*, que, junto com outros textos, tem levado a pensar em uma atitude claramente eurocêntrica: "Hegemonia da cultura ocidental sobre toda a cultura mundial. Mesmo admitindo que outras culturas tiveram importância e significação no processo de unificação 'hierárquica' da civilização mundial (e, por certo, isto deve ser admitido inequivocamente), elas tiveram valor universal na medida em que se tornaram elementos constitutivos da cultura europeia, a única histórica ou concretamente universal, isto é, na medida em que contribuíram para o processo do pensamento europeu e foram por ele assimiladas" (*Q 15*, 61, 1.825 [*CC*, 1, 263]). Na realidade, G. *constata* aqui o que continua verdadeiro até hoje: nada mais. O mundo, entretanto, está em movimento: a continuação da passagem citada esclarece de modo inequívoco o enfoque de G. A cultura europeia, diz ele, conheceu um "processo de unificação" que culminou no hegelianismo, o qual, por sua vez, sofreu uma completa "decomposição" que não admite reparos. De modo que, observa G., está nascendo um "novo processo cultural de caráter diverso dos precedentes, isto é, no qual se unificam o movimento prático e o pensamento teórico" (o que é impossível em termos hegelianos, e que foi pautado nas Teses sobre Feuerbach de Marx). G. prossegue: "O que é relevante é o nascimento de uma nova maneira de conceber o homem e o mundo, e que essa concepção não mais seja reservada aos grandes intelectuais, mas tenda a se tornar popular, de massa, com caráter concretamente mundial, modificando (ainda que através de combinações híbridas) o pensamento popular, a mumificada cultura popular" (ibidem, 1.825-6 [*CC*, 1, 263]).

O primado não somente da Europa, mas também de todo o Ocidente euro-americano está, assim, em suspenso. No *Q 2*, G., que reivindicava a hegemonia mundial da América e do americanismo, começa a sombrejar um processo que pode levar a uma decisiva alternância na direção do mundo, desde o Atlântico até o Pacífico (*Q 2*, 78, 242 [*CC*, 3, 172]), mudando totalmente o papel de grandes países como China e Índia, hoje dominados pela "estagnação da história" (*Q 1*, 61, 71). Ainda no *Q 2*, citando positivamente um artigo de jornal, G. indica que "política mundial e política europeia" não constituem mais "a mesma coisa. Um duelo entre Berlim e Paris, ou entre Paris e Roma não faz do vencedor senhor do mundo. A Europa perdeu sua importância e a política mundial depende de Londres, Washington, Moscou, Tóquio mais que do continente" (*Q 2*, 24, 181 [*CC*, 3, 142]). Com referência a um trecho citado acima do mesmo *Q*, pode-se evidenciar "desequilíbrio" e "desarmonia entre a consciência crítica e a ação" em nível planetário (*Q 1*, 76, 83 [*CC*, 3, 120]). A Europa é uma pedra angular dessa discrepância. Mas também o mundo está em movimento em relação ao Velho Continente: criticando o "mito verbal e retórico com que Mazzini e Gioberti propugnavam uma Cosmópolis europeia e mundial", em cuja onda confluía o "movimento nacional" (*Q 9*, 127, 1.988), G. mostra, entretanto, como evidenciado em numerosas passagens, levar em séria consideração o aspecto racional e progressivo dessa expressão. Se ele considerava que o tradicional cosmopolitismo das classes cultas italianas – responsáveis pela secular separação entre povo e nação – contivesse um elemento dinâmico, que poderia resultar precioso para o quadro internacional e internacionalista do cenário mundial, da mesma maneira ele não considerava perdida a *historicidade* europeia. O essencial é pensar política e culturalmente em termos unitários europeus. A perspectiva é inadiável: "existe, hoje, uma consciência cultural europeia e existe uma série de manifestações de intelectuais e políticos que sustentam a necessidade de uma união europeia: até se pode dizer que o processo histórico tende para esta união e que existem muitas forças materiais que só com esta união poderão se desenvolver: se em *x* anos esta união se realizar, a palavra 'nacionalismo' terá o mesmo valor arqueológico da atual 'municipalismo'" (*Q 6*, 78, 748 [*CC*, 5, 249]).

Giorgio Baratta

Ver: americanismo; Babbitt; fordismo; intelectuais.

evolucionismo

Discutindo o *Ensaio popular* de Bukharin, G. destaca que a filosofia da práxis é verdadeira filosofia já em Marx, o qual, embora estivesse interessado sobretudo na economia, ia elaborando um ponto de vista que continha em si uma concepção do mundo. No texto de Bukharin, ao contrário, domina a sociologia, ou seja, "uma tentativa de criar um método para a ciência histórico-política, em dependência de um sistema filosófico já elaborado, o positivismo evolucionista, sobre o qual a sociologia reagiu, mas apenas parcialmente". Assim, a sociologia se transformou em uma "filosofia de não filósofos", tendo como objetivo descrever fatos históricos e políticos "a partir de critérios construídos com base no modelo das ciências naturais. A sociologia é, portanto, uma tentativa de extrair 'experimentalmente' as leis de evolução da sociedade humana, de maneira a 'prever' o futuro com a mesma certeza com que se prevê que de uma semente nascerá uma árvore. O evolucionismo vulgar está na base da sociologia, que não pode conhecer o princípio dialético da passagem da quantidade à qualidade, passagem que perturba toda evolução e toda lei de uniformidade entendida em sentido vulgarmente evolucionista" (*Q 11*, 26, 1.432 [*CC*, 1, 150]; v. também *Q 11*, 14, 1.403 [*CC*, 1, 120]).

Em suas ulteriores recorrências, o lema é acompanhado na maioria das vezes pelo adjetivo "vulgar". Falando da crítica crociana ao marxismo, G. evidencia o fato de que Croce tem presente "a libertação da filosofia da práxis de qualquer conceito apriorístico (seja de herança hegeliana, seja de contágio com o evolucionismo vulgar)" (*Q 10* II, 41.VIII, 1.314 [*CC*, 1, 383]). E ainda: a ideia de pedagogia de Labriola deve ser aproximada "ao modo de pensar de Gentile, no que diz respeito ao ensino religioso nas escolas primárias". "Parece tratar-se de um pseudo-historicismo, de um mecanismo bastante empírico e muito próximo do mais vulgar evolucionismo" (*Q 11*, 1, 1.336 [*CC*, 1, 85]). Discutindo uma resenha de De Ruggiero sobre um livro de Ciccotti, G. nota como nela existe, a propósito "da identidade fundamental do espírito humano", uma justificativa do "evolucionismo vulgar e das leis sociológicas abstratas" (*Q 11*, 9, 1.372 [*CC*, 1, 90]).

Lelio La Porta

Ver: Bukharin; Croce; sociologia.

executivo: v. legislativo-executivo.

exército
G. analisa o exército na passagem da guerra de movimento à guerra de posição, tomando como exemplo a desastrosa direção feita pelos moderados no *Risorgimento*: "quanto mais numeroso é um exército, isto é, quanto mais as massas profundas da população são incorporadas nele, tanto mais cresce a importância da direção política sobre a meramente técnico-militar" (*Q 1*, 117, 110). Os moderados não levaram em consideração a importância da direção política: "a combatividade do exército piemontês era altíssima no início da campanha de 1848: os de direita acreditaram que esta combatividade fosse expressão de um puro 'espírito militar' abstrato e intrigaram para estreitar as liberdades populares" (idem). G. constata que este lance enfraqueceu o moral do exército e teve como consequência as sucessivas derrotas: "em Novara o exército não quis combater, por isso foi derrotado" (idem). O exército, com a chegada das grandes massas no cenário político, não é mais, segundo G., um mecânico instrumento militar que se ativa sob a demanda das classes dirigentes: "com um exército de mercenários profissionais, a direção política é mínima [...], com um exército nacional de recrutas o problema muda; nas guerras de posição feitas por grandes massas que somente com grande acúmulo de forças morais podem resistir à deterioração muscular, nervosa, psíquica, somente [com] uma habilidosíssima direção política, que leve em conta as aspirações mais profundas das massas, impede-se a desagregação e o fracasso" (idem). As classes dirigentes italianas, como demonstra Caporetto, ficam ainda hoje, de qualquer modo, ligadas a uma visão abstrata da força militar, que não compreende a necessidade de uma direção política. G. analisa esse aspecto a respeito de Cadorna e do governo italiano: "a culpa não é de Cadorna, mas dos governos que devem educar politicamente os militares" (*Q 2*, 121, 259 [*CC*, 3, 175]).

Michele Filippini

Ver: cadornismo; Caporetto; guerra; guerra de posição; *Risorgimento*.

extinção do Estado: v. sociedade regulada.

F

família

Na reflexão pré-carcerária, o tema aparece em uma resenha do drama *Casa de bonecas*, de Ibsen. Nela, G. aborda não somente a questão da mudança da estrutura e da função social da família no curso dos séculos, mas também a questão relativa ao papel da mulher dentro da dimensão familiar (sobre isto cf. também *Q 1*, 62, 73 e o respectivo Texto C: *Q 22*, 3, 2.149 [*CC*, 4, 249]). Após ter-se questionado sobre a falta de envolvimento do público no "ato profundamente moral de Nora Helmar" – a protagonista do drama ibseniano "que abandona a casa, o marido, os filhos para buscar solitariamente a si mesma e reencontrar na profundidade do próprio eu as robustas raízes de seu próprio ser moral" –, G. chega à conclusão de que "ocorreu simplesmente uma revolta de nosso costume" burguesamente hipócrita em face da "moral mais espiritualmente humana". Trata-se de uma revolta contra Nora Helmar, a "criatura superior que a fantasia de Ibsen pariu", e portanto, contra outro costume, em que "a família" não é mais compreendida como um mero "instituto econômico", mas como um "mundo moral em ato", e "a mulher" não é mais mãe e esposa que abre mão de si mesma para se dedicar à família, mas "tem sua própria consciência [...] tem uma personalidade humana inteiramente sua e a dignidade de um ser independente" ("La morale e il costume" [A moral e o costume], 22 de março de 1917, em *CF*, 888-9). Resulta interessante, a esse propósito, outro escrito juvenil, mais recente, no qual o conceito de família é retomado e desenvolvido em relação à sua função social. G. afirma que a família, como "primeiro núcleo social que supera o indivíduo, que impõe ao indivíduo obrigações e responsabilidades", tem uma tarefa moral que deveria consistir unicamente na "formação humana" e na "educação cívica" da prole. Mas – prossegue – a família, em sua constituição "atual", não pode cumprir tal função já que "a preocupação maior dos pais", em uma época em que a propriedade privada "é privilégio para poucos", tornou-se, necessariamente, a de garantir os "meios necessários para a proteção" e a subsistência dos seus filhos. G., assim, evidencia que somente por meio da "abolição da propriedade privada e sua conversão em propriedade coletiva" a família poderá ser reintegrada "em sua função moral, de preparação humana, de educação cívica", livrando-se da invasiva e angustiosa tarefa "de defesa e de proteção biológica e social" da prole ("La famiglia", 9 de fevereiro de 1918, em *CF*, 647-9 [*EP*, I, 142]).

A reflexão sobre a família é aprofundada em numerosas cartas do cárcere relativas à questão da personalidade da sobrinha Mea (Edmea). Em uma carta à mãe, G. escreve: "Mea me parece pueril demais para sua idade, até mesmo para sua idade, me parece não ter outras ambições a não ser cuidar de aparências e não ter vida interior, não ter necessidades sentimentais que não sejam bastante elementares (vaidade etc.). Talvez vocês a tenham mimado demais, sem obrigá-la a se disciplinar" (*LC*, 347, 28 de julho de 1930 [*Cartas*, I, 435]). A reflexão permite a G. exprimir sua opinião em primeiro lugar sobre o imprescindível papel da família, e depois sobre a escola no processo educativo da criança. Apesar de ele considerar fundamental o fato de cada criança possuir "qualidades sólidas" como a "'força de vontade', o amor à disciplina e ao trabalho, a constância nos propósitos", G. declara levar em conta, "mais do que a criança, os que a guiam e que têm o dever de lhe fazer adquirir tais hábitos, sem mortificar sua espontaneidade" (*LC*, 4 de maio de 1931 [*Cartas*, II, 43]). Esse último conceito é desenvolvido em uma mais ampla reflexão na qual G. expressa a impressão de que a renúncia por parte "das velhas gerações [...] em educar as jovens gerações" determina um "clamoroso fracasso" que se reproduz "tal qual" das primeiras para as segundas; daqui – por meio de uma evidente referência à terceira das Teses sobre Feuerbach – a necessidade de "educar os educadores" (*LC*, 352, a Carlo, 25 de agosto de 1930 [*Cartas*, I, 440]). Uma ulterior elaboração de tal reflexão, em estreita conexão com o conceito de "estatolatria", está em uma interessante nota do *Q 3*, na qual G. afirma que aquela "clamorosa" renúncia da geração mais velha, acontecida, aliás, somente "em determinadas situações, com base em teorias mal compreendidas", constitui, "em parte, expressão da crise da instituição familiar e da nova situação do elemento feminino na sociedade". Isso – prossegue G. – faz que "a educação dos filhos" seja "confiada cada vez mais ao Estado ou a iniciativas educacionais privadas" e, portanto, que se determine "um empobrecimento 'sentimental' no que se refere ao passado e uma mecanização da vida" (*Q 3*, 61, 340 [*CC*, 3, 200]; cf. também *Q 1*, 127, 115-6 [*CC*, 2, 63]). Tal processo histórico-social determina a possibilidade de cair, "inclusive, em formas de estatolatria", mas "na realidade, todo elemento social homogêneo é 'Estado', representa o Estado na medida em que adere a seu programa; de outro modo, confunde-se o Estado com a burocracia estatal. Todo cidadão é 'funcionário'" no momento em que "é ativo na vida social conforme a direção traçada pelo Estado-governo" (idem), isto é, quando "'agindo espontaneamente', sua ação se identifica com os fins do Estado (ou seja, do grupo social determinado ou sociedade civil)" (*Q 8*, 142, 1.028 [*CC*, 3, 282]).

Assim, a reflexão sobre a "luta de gerações" (*Q 3*, 61, 340 [*CC*, 3, 200]), sobre a "iniciativa individual" e, por conseguinte, familiar (*Q 8*, 142, 1.028-9 [*CC*, 3, 282]) sobre a formação da criança aparece ligada, nessas notas, ao conceito de "sociedade civil", entendido nesse caso por G. no sentido hegeliano "de hegemonia política e cultural de um grupo social sobre toda a sociedade, como conteúdo ético do Estado" (*Q 6*, 24, 703 [*CC*, 3, 225]). Não casualmente, G. considera fundamental que se diferencie entre "a sociedade civil tal como é entendida por Hegel e no sentido em que é muitas vezes usada nestas notas [...] do sentido que lhe dão os católicos, para os quais a sociedade civil, ao contrário, é a sociedade política ou o Estado, em oposição à sociedade familiar [...] imperfeita, porque não tem em si todos os meios para o próprio aperfeiçoamento" e da Igreja concebida como "Estado universal e sobrenatural". Emerge claramente nessa nota como a ideia gramsciana de família é distante da concepção católica, teoricamente "medieval", que considera a "sociedade familiar" instituída "por Deus com seu próprio fim", isto é, para o único fim da "procriação e educação da prole" (ibidem, 703-4 [*CC*, 3, 225-6]).

Ademais, resulta fundamental a questão "*da racionalização da produção e do trabalho*" (*Q 22*, 11, 2.164 [*CC*, 4, 265]), e também de todos os elementos de organização ligados ao desenvolvimento taylorista e fordista do industrialismo. Em particular G. analisa essa questão a partir da "forte sacudida" recebida no pós-guerra pelas "instituições ligadas à vida sexual", por causa de uma "crise dos costumes" que "foi (e ainda é) mais violenta por ter atingido todas as camadas da população e por ter entrado em conflito com as necessidades dos novos métodos de trabalho que foram se impondo nesse meio tempo (taylorismo e racionalização em geral). Esses novos métodos exigem uma rígida disciplina dos instintos sexuais (do sistema nervoso), ou seja, um fortalecimento da 'família' em sentido amplo (não dessa ou daquela forma do sistema familiar), da regulamentação e da estabilidade das relações sexuais" (*Q 22*, 10, 2.162-3 [*CC*, 4, 264]). Na América, segue G., tal racionalização dos métodos e da organização da fábrica necessita de "um novo tipo humano" (*Q 22*, 3, 2.146 [*CC*, 4, 249]), de um "homem-trabalhador" que "não desperdice suas energias nervosas na busca desordenada e excitante da satisfação sexual ocasional", mas que tenha, pois, uma "estabilidade" familiar, "uma fixidez das uniões sexuais", porque "o operário que vai para o trabalho depois de uma noite de 'orgias' não é um bom trabalhador" (*Q 22*, 11, 2.167 [*CC*, 4, 265]). A esse propósito G. avisa que "a aparência de 'puritanismo' assumida" pelo interesse dos industriais "(especialmente Ford)" pela vida sexual "de seus empregados e, em geral, pela organização de suas famílias [...] não deve levar a avaliações erradas"; a verdade é – continua G. – que "o novo tipo de homem exigido pela racionalização da produção e do trabalho" poderá desenvolver-se somente enquanto "o instinto sexual for adequadamente regulamentado, [...] racionalizado" (*Q 22*, 3, 2.150 [*CC*, 4, 252]).

Valeria Leo

Ver: americanismo e fordismo; animalidade e industrialismo; criança; espontaneidade; Ibsen; libertinismo; luta de gerações; mulher; questão juvenil; questão sexual.

fantasia
G. indica os critérios metodológicos necessários para examinar de modo crítico uma "dissertação". Antes de tudo, é oportuno avaliar o rigor e a coerência com os quais o autor objeto de estudo tentou deduzir "*todas* as consequências das premissas que assumiu como ponto de partida (ou de vista): pode ocorrer que falte o rigor, que falte coerência, que existam omissões tendenciosas, que falte a 'fantasia' científica (ou seja, que não se saiba ver toda a fecundidade do princípio adotado etc.)" (*Q 14*, 5, 1.659 [*CC*, 6, 230]). Em seguida deve-se proceder à avaliação das premissas de fundo, que poderiam ter sido sujeitas a limitações e cortes ou ser historicamente não atendíveis; por fim, deve-se tentar compreender se tais premissas são "homogêneas entre si, ou se, por incapacidade ou insuficiência do autor (ou por ignorância do estado histórico da questão), ocorreu uma contaminação entre premissas ou princípios contraditórios, ou heterogêneos, ou historicamente não aproximáveis" (idem). G. considera, de fato, a fantasia como uma faculdade estreitamente vinculada à "técnica de pensar", já que o homem dispõe (com diversos graus de desenvolvimento e "treinamento") sempre dos mesmos instrumentos mentais, "a observação, a experimentação, o raciocínio indutivo e dedutivo, a habilidade manual e a fantasia inventiva" (*Q 4*, 21, 441).

Em uma carta para a esposa Giulia de fim de 1936, G., ao contrário, detém-se sobre o conceito de "fantasia concreta". Trata-se da "capacidade de reviver a vida dos outros, tal como está realmente determinada, com suas necessidades, suas exigências etc., não para representá-la artisticamente, mas para compreendê-la e entrar em contato íntimo" (*LC*, 789-90, dezembro de 1936 [*Cartas*, II, 413]): uma atitude fundamental para o político, que, para poder compreender plenamente os homens "que se unem entre eles em sociedade e trabalham e lutam e melhoram a si mesmos" (*LC*, 808, a Delio, sem data), deve usar o recurso da "fantasia" para poder mergulhar nas suas vidas, nas suas misérias, nas suas dores cotidianas e, por conseguinte, melhorar suas condições.

Antonella Agostino

Ver: imaginação; técnica do pensar.

fascismo
O lema aparece em 21 notas dos *Q* e nunca nas *Cartas*. Mesmo que isso ocorra com maior frequência em forma adjetivada, pode parecer marginal em relação aos grandes temas filosóficos, linguísticos e históricos do *corpus* de escritos carcerários. Contudo, constitui seu enredo conetivo, o problema central e mais dramático: "Uma pergunta não formulada nos acompanha, se soubemos ler, caderno por caderno, página por página: – como *isto* foi possível; como *isto* poderá cessar?" (Togliatti, 1952, p. 177). Além da censura, na colocação metafórica da pesquisa pesa a radicalidade dos questionamentos. G. procura uma resposta "*für ewig*" para a candente derrota do movimento operário e para a traição de amplos setores do socialismo italiano, começando por Mussolini. Por isso segue coerentemente uma abordagem interpretativa pela qual o fascismo não é relevante *em si*, mas *para si*: "Não existe uma essência do fascismo no próprio fascismo" ("La crisi italiana. Relazione al CC del 13-14 agosto 1924" [A crise italiana. Informe ao CC de 13-14 de agosto de 1924], em *CPC*, 33 [*EP*, II, 269]). O programa de investigação carcerária delineado no início do *Q 1* pode ser visto então como uma investigação sobre as matrizes do fascismo, entendido, por um lado, como produto da história nacional, do processo de unificação e da cultura italiana em sentido lato e, por outro, como produto específico da Primeira Guerra Mundial e das transformações do capitalismo. Nesse enfoque colocam-se os três núcleos enunciados por G. a Tania em 25 de março de 1929: "1) A história italiana no século XIX, com especial referência à formação e ao desenvolvimento dos grupos intelectuais; 2) A teoria da história e da historiografia; 3) O americanismo e o fordismo" (*LC*, 248 [*Cartas*, I, 329]).

Iniciando pela distinção "metódica", não "orgânica", entre estrutura e superestrutura, G. desconstrói o fascismo em pelo menos três níveis: como *ideologia* que pretende eliminar o conflito social por meio da hipóstase da nação; como *cânone*, isto é, forma de domínio, para a gestão da acabada transformação social e antropológica da sociedade camponesa-industrial para a industrial de massa; como produto de uma inteira *fase histórica* aberta pela "crise orgânica" do capitalismo.

Ao fascismo como *ideologia* G. reconhece escassa profundidade cultural, mas exatamente por essa razão, grandes capacidades de absorver impulsos contraditórios. As notas 1-34 do *Q 1* exercitam gradualmente (quase testando a censura) um "sarcasmo apaixonado" (*Q 1*, 29, 23) sobre as várias matrizes intelectuais do regime, incluindo o subversivismo anarquista, do qual Mussolini provinha. A crítica do substrato cultural do fascismo, da literatura e do senso comum permeia assim as notas sobre catolicismo, Igreja e Estado, os filhotes do padre Bresciani, Loria, Dante, Croce e os intelectuais, passado e presente etc. A investigação eclode no início de 1930 no fundamental *Q 1*, 43, no qual G. delineia seus critérios de análise da cultura nacional e o lema "fascismo" aparece pela primeira vez. G. liga as origens desse regime ao colapso do bloco de Giolitti e menciona Mussolini como obstáculo à tentativa de Giolitti de absorver os efeitos do sufrágio universal em 1913; e reconduz a derrota das "forças progressivas" ao conflito entre cidade e campo e ao seu diferente *modus operandi* no Norte e no Sul desde o *Risorgimento*. A análise se desdobra em *Q 1*, 44 ao retomar a distinção entre classe dominante e classe dirigente, delineada em *L'Ordine Nuovo* em 1924, e formula a categoria da "revolução sem revolução" ou "revolução passiva" (como especificará em seguida no *Q 4*, 57 [*CC*, 5, 209], no final de 1930) como forma histórica da hegemonia conservadora nos países nos quais o sistema capitalista havia sido introduzido sob a direção da reação (daqui o nexo revolução-restauração). O juízo contém em si o núcleo das observações sobre o *Risorgimento* de Maquiavel.

O fascismo é imediatamente associado ao "nacionalismo integral" de Maurras (*Q 1*, 14 [*CC*, 2, 57] e *18*), e ao "particularismo" italiano, ou seja, a uma incapacidade de ser "nacional" (*Q 3*, 2, 284-6 [*CC*, 2, 71]). A trilha de investigação, intimamente comparativa, que prossegue paralelamente nos *Q 1, 3, 5, 6* e *8* e confluirá nos *Q 19* e *23*, diz respeito ao fracasso da nação dos liberais moderados, marcada pelo cosmopolitismo da Igreja romana e dos intelectuais, e expõe as contradições das correntes (lorianismo, futurismo, idealismo gentiliano) sobre as quais o regime pretenderia refundá-la. G. explicitará em seguida que o fascismo subverte somente no plano propagandista a precedente hierarquia entre cosmopolitismo e nação, já que na realidade confirma a subalternidade cultural e econômica do país (*Q 12*, 2, 1.562-3 [*CC*, 2, 42]).

O nacionalismo emerge como um dos principais veículos da revolução passiva entre as massas proletárias e os intelectuais em virtude da mediação do socialismo humanitário que havia transferido o "conceito de 'proletário' das classes [...] às nações" (*Q 2*, 51, 205, Texto B [*CC*, 5, 178]). E acrescenta: "Este socialismo pequeno-burguês à De Amicis não era um embrião do socialismo nacional, ou nacional-socialismo, que buscou abrir caminho de tantos modos na Itália e que encontrou no pós-guerra um terreno propício?" (*Q 6*, 42, 719 [*CC*, 6, 188-9]). O "socialismo nacional" reaparece em relação à Crispi no *Q 19*, 24, 2.019 [*CC*, 5, 62], no qual convergem indicações do *Q 9*, 104, 1.167-8, Texto A, sobre o "fanatismo ideológico" nacional dos intelectuais que substitui a "adesão popular-nacional ao Estado".

A razão do estranhamento popular à nação burguesa é detectada na formação do Estado unitário que havia obrigado a Igreja a colocar-se no terreno da política e tornar-se "partido" (notas sobre a Ação Católica, no *Q 1*, 38 e 43, confluídas sucessivamente no *Q 20*, 1 [*CC*, 4, 147]), ao passo que a burguesia italiana, tendo eludido a reforma agrária, encontrou-se na "quase impossibilidade de resolver a questão do clericalismo" dos camponeses (*Q 1*, 43, 40). As etapas seguintes da crise do Estado liberal estão recobertas por guerras, por tentativas revolucionárias e por um momento "constituinte" como o das eleições de 1919, cujo significado teria passado despercebido aos "partidos populares" (*Q 9*, 103, 1.167, Texto A). O Partido Nacionalista é o único ao qual G. reconhece coerência entre propaganda e ação (*Q 2*, 25, 181 [*CC*, 5, 174] e *Q 3*, 119, 386 [*CC*, 3, 201]). Ele é o único a escapar da crise de representação que arrasta o Estado liberal em consequência da Primeira Guerra Mundial: "O processo é diferente em cada país, embora o conteúdo seja o mesmo. E o conteúdo é a crise de hegemonia da classe dirigente" (*Q 13*, 23, 1.603, Texto C [*CC*, 3, 60]).

O fascismo recolhe os destroços dos modelos sociais do século XIX: a Primeira Guerra Mundial havia abalado as hierarquias entre cidade e campo e convertido as relações entre os sexos em "libertinismo". Reestabelecer a ordem com a mera repressão obstacularizaria, entretanto, a formação de uma cultura nacional-popular: "O interregno [...] será resolvido necessariamente em favor de uma restauração do velho? Dado o caráter das ideologias, isso deve ser excluído, mas não em sentido absoluto". Criam-se então condições favoráveis para "uma expansão inédita do materialismo histórico" (*Q 3*, 34, 311 [*CC*, 3, 184-5]). G. inicia nos *Q 4*, 7 [*CC*, 6, 357] e *Q 11* [*CC*, 6, 358] uma revisitação do marxismo para equipá-lo para tal tarefa.

A derrota é, portanto, ligada a uma incapacidade cultural do positivismo liberal e marxista de perceber as transformações da relação Estado-sociedade. Na carta a Tatiana de 7 de setembro de 1931, na qual responde às solicitações de Sraffa, G. afirma justamente a insuficiência do tradicional "conceito de Estado, que, habitualmente, é entendido como sociedade política (ou ditadura, ou aparelho coercivo, para moldar a massa popular segundo o tipo de produção e a economia de um dado momento), e não como um equilíbrio da sociedade política com a sociedade civil (ou hegemonia de um grupo social sobre toda a sociedade nacional, exercida através das organizações ditas privadas, como a igreja, os sindicatos, as escolas etc.), e é especialmente na sociedade civil que operam os intelectuais (Benedetto Croce, por exemplo, é uma espécie de papa laico e é um instrumento muito eficaz de hegemonia, ainda que vez por outra possa divergir deste ou daquele governo etc.)" (*LC*, 458-9 [*Cartas*, II, 84]).

G. supõe uma ligação entre o papel conservador dos intelectuais italianos e a tradição "econômico-corporativa" das classes dirigentes, que se traduz politicamente em uma "forma particular de feudalismo anárquico" (*Q 8*, 21, 952 [*CC*, 6, 374]), com evidente alusão ao fascismo. O economicismo atingiria também o "sindicalismo teórico [...] o qual é impedido com esta teoria de se tornar dominante" (*Q 4*, 38, 460). A cultura sindical economicista espelhar-se-ia no "apoliticismo" e no "sectarismo" dos partidos que não forem uma "fração orgânica" das classes populares (*Q 14*, 10, 1.664 [*CC*, 5, 310]). Disso emerge um juízo feroz sobre as razões da "traição": a débil consciência de classe torna opaca para as classes populares a "sociedade civil" e cria a base moral para o "transformismo" por meio da cooptação de seus chefes pelas velhas classes dirigentes (*Q 8*, 36, 962-3 [*CC*, 5, 286]). Enquanto no socialismo norte-europeu singulares personalidades políticas confluíram individualmente no campo adversário, na Itália "grupos de intelectuais inteiros [...] passaram à outra classe" (*Q 3*, 137, 396 [*CC*, 2, 95]). Contribui para o transformismo a "escassa aderência das classes altas ao povo"; G. observa que "na luta das gerações, os jovens se aproximam do povo; nas crises de mudança, tais jovens retornam à sua classe (foi o que ocorreu com os sindicalistas-nacionalistas e com os fascistas" (idem; cf. também *Q 3*, 139 [*CC*, 4, 100] sobre Arturo Labriola). A cooptação "transformista" das lideranças do movimento operário é, assim, a metódica da "revolução passiva" realizada pelo fascismo.

Diversamente, olhando para o fascismo como *cânone*, G. tenta construir uma nova ciência política deduzindo as consequências teóricas da separação dramática entre classes e partidos, entre "interesse" e "consciência". Considera, assim, o fascismo até como técnica de gestão das novas formas do conflito social, expressão de uma autonomia da política em relação à economia.

Nas cartas escritas em Viena no início de 1924 e no discurso à Câmara o fascismo era associado à desagregação de um articulado "bloco histórico" do domínio burguês, empreendida pelas forças sociais mobilizadas pela guerra e pela urbanização: a pequena burguesia aliada aos agrários e ao capital financeiro. Nos *Q*, no rastro do escrito sobre *QM*, destacam-se com maior força o papel do Mezzogiorno e a ascensão política da pequena burguesia rural na crise do giolittismo, com a "ruptura relativa do bloco rural meridional" por causa da "separação dos camponeses guiados por uma parte dos intelectuais (oficiais em guerra) pelos grandes proprietários": por isso "tem-se o *sardismo*, o partido reformista siciliano (grupo Bonomi com 22 deputados sicilianos), e a 'renovação' na Itália meridional com tentativas de partidos regionais de ação". G. interroga-se sobre o fascismo como produto do protagonismo político de massas precedentemente subalternas, sugerindo que o corporativismo difunde "uma camada intelectual completamente nova", formada por sindicalistas e políticos (*Q 1*, 43, 35 e 37).

Sustentando então sua autonomia política "relativa", G. rejeita o "social-fascismo", com o qual o Comintern no VI Congresso (1928) reduzia o fascismo a instrumento passivo da grande burguesia e variante de direita da social-democracia, segundo uma leitura parecida à de Bordiga. Abre assim em relação ao leninismo um capítulo novo em torno do nexo política-hegemonia.

O grau de autonomia do fascismo é sondado nas formas da coerção e da relação Estado-partido. O fascismo resolve militarmente uma situação de "equilíbrio estático" entre burguesia e proletariado, na qual as classes dominantes para salvar seu poder residual procuram um patrão, isto é, um líder carismático (cf. *Q 3*, 34, Texto B [*CC*, 3, 184]; *Q 4*, 56 [*CC*, 6, 366], aproximadamente novembro de 1930; *Q 4*, 69; *Q 13*, 21 [*CC*, 3, 59]). O Partido Fascista aparece-lhe como expressão de "uma fase primitiva dos partidos de massa" e, portanto, incapaz de desenvolver as tarefas históricas de um "moderno Príncipe": "Mussolini serve-se do Estado para dominar o partido e do partido, só em parte, nos momentos difíceis, para dominar o Estado" (*Q 2*, 75, 233 [*CC*, 3, 163]). Como ditadura com partido único, o regime é comparado nos *Q*, diversas vezes, com a URSS, mas permanecendo variante "regressiva" de uma comum tendência "totalitária", ou seja, pós-liberal, como unificadora de teoria e práxis (*Q 6*, 136, 800 [*CC*, 3, 253]; *Q 8*, 169, 1.041).

O regime pessoal de Mussolini é estudado por meio das categorias do cesarismo ou do bonapartismo emprestado de Marx (*Q 4*, 66). A análise estende-se até o fim de 1932, quando G. não exclui mais um desenvolvimento "progressivo" do cesarismo (*Q 14*, 23, 1.681 [*CC*, 3, 303]). Distingue então entre "cesarismo moderno" (variante de polícia política) e "bonapartismo" (variante militar) no *Q 9*, 133, 1.194 e *Q 9*, 136, 1.198. G. aplicará o cesarismo moderno às ditaduras europeias e ao hitlerismo no *Q 13*, 23 [*CC*, 3, 60] e *Q 13*, 25 [*CC*, 3, 74], nos quais sugere que a França estava exposta ao risco de um fenômeno análogo. A partir da consideração de que a ditadura não resolve o problema da hegemonia, mas o torna menos visível, G. propõe analisar o funcionamento do novo aparelho institucional do regime com a categoria de "parlamentarismo negro" ou "implícito" (*Q 14*, 74 [*CC*, 3, 319]; *Q 14*, 76 [*CC*, 3, 321]; *Q 15*, 48 [*CC*, 3, 340]).

Finalmente, em um plano mais geral, G. olha ao fascismo como *fase histórica internacional*. A passagem ao novo modo de produção anunciado pelo americanismo inaugura uma fase histórica de "crise orgânica", destrutiva como a transição do feudalismo ao capitalismo, e acelerada pela Primeira Guerra Mundial, dentro da qual se abrem espaços para a afirmação da classe progressiva, mas se produzem ao mesmo tempo fenômenos "morbosos", como a separação entre massas e partidos tradicionais (*Q 3*, 34 [*CC*, 3, 184]). A crise do Estado liberal é parte de um processo que reclassifica as relações mundiais: "A Europa perdeu a sua importância, e a política mundial depende de Londres, Washington, Moscou, Tóquio, mais do que do continente" (*Q 2*, 24, 181, Texto B [*CC*, 3, 142]).

O fascismo resulta em uma forma autoritária de governo da transição para uma sociedade industrial de massa, na qual, na luta entre os "grupos sociais", decaem as mediações precedentes. O fascismo é expressão da militarização do enfrentamento de classe ocorrida de 1917 em diante (*Q 1*, 43; *Q 1*, 44; *Q 1*, 133 [*CC*, 3, 122]; *Q 1*, 134 [*CC*, 3, 124]), e é um modo de conduzir a "guerra de posição" internacional contra a classe operária após a derrota da fase revolucionária que, na primavera de 1932, G. situa não em 1922-1923, mas em março de 1921, isto é, na revolta de Kronštadt, revelando assim um olhar pessimista sobre a URSS (*Q 10* I, 9, 1.226-9 [*CC*, 1, 298]).

Sobre as consequências da crise de 1929, G. não pode senão formular hipóteses. Por um lado destaca que unificando a nação tradicionalmente mais cosmopolita, o fascismo torna impossível a reconstituição do velho equilíbrio europeu e traz consigo os germes da guerra. A Concordata, permitindo ao governo "utilizar para seus fins a importância da Igreja no mundo", paradoxalmente sanciona tal ruptura (*LC*, 246, a Carlo, 22 de março de 1929 [*Cartas*, I, 326]). Por outro lado, não exclui a possibilidade de que se chegue a um novo equilíbrio baseado sobre o fordismo e o americanismo: "Não seria o fascismo exatamente a forma de 'revolução passiva' própria do século XX como o liberalismo o foi para o século XIX?". A "revolução passiva" consistiria em dirigir, por meio do corporativismo, "o advento de uma 'economia média' entre a economia individualista pura e a economia segundo um plano integral [...] sem cataclismos radicais" (*Q 8*, 236, 1.088-9, março de 1932 aproximadamente).

Mais que de uma incerteza interpretativa, trata-se aqui da recusa do "colapso inevitável" e da procura de novos espaços políticos dentro das contradições abertas no seio do regime pela crise internacional. Evidenciam-se o dissenso com a "virada" imposta por Stalin e a consciência das incertas dinâmicas dos circuitos financeiros internacionais, discutidas em especial no *Q 2*. O ponto de chegada dessa reflexão sobre a revolução passiva será, em uma segunda redação da mesma nota, a identificação do fascismo como "representante, além de prático (para a Itália), ideológico para a Europa" da guerra de posição (*Q 10* I, 9, 1.226-9 [*CC*, 1, 298]).

No início de 1933, com o agravar-se da crise internacional, G. retorna à "revolução passiva" para especificar o modo de condução da "guerra de posição", sugerindo uma estratégia "molecular" (*Q 15*, 5 [*CC*, 4, 316]; *Q 15*, 11

[*CC*, 5, 316]; *Q 15*, 15 [*CC*, 5, 319]; *Q 15*, 17 [*CC*, 5, 321]; *Q 15*, 26 [*CC*, 1, 448]). Poucas semanas depois, vê os espaços se reduzirem (*Q 15*, 35 [*CC*, 3, 334]).

No *Q 22* apresenta-se assim a dúvida de que o fascismo possa oferecer uma resposta, até mesmo contraditória e "transitória" – no sentido de que pode durar sem "marcar época" – à introdução do fordismo. O corporativismo então lhe aparece como uma possível resposta em escala europeia à crise do livre mercado. O nexo entre corporativismo, fordismo e americanismo, enunciado no *Q 1*, 135 e no *Q 3*, 11 é retomado e explicitado no *incipit* do *Q 22*, que data do início de 1934. Não passa despercebido a G. que o nascimento do Estado empreendedor oferece espaços para a racionalização capitalista (*Q 22*, 14, 2.175-6 [*CC*, 4, 276]) e a criação de uma "economia média". Todavia, ao considerar o "corporativismo integral" incapaz de mediar o conflito na fábrica, ele percebe uma possível dicotomia na aplicação do fordismo após a vitória de Hitler (*Q 15*, 39 [*CC*, 3, 336], março de 1933, nota sobre Spirito e Bottai). Não terá como aprofundar essa intuição.

Bibliografia: De Felice, 1977; Mangoni, 1977 e 1987; Paggi, 1984 e 2002; Sapelli, 1978; Togliatti, 1952.

Carlo Spagnolo

Ver: americanismo e fordismo; bonapartismo; cesarismo; Concordata; corporativismo; crise; crise orgânica; ditadura; economia programática; fordismo; guerra de posição; hitlerismo; revolução passiva; Spirito; totalitarismo; transformismo.

fatalismo

A ação política de G. e seu marxismo são caracterizados por uma profunda aversão ao fatalismo, visão da história e da política originada de concepções deterministas, que condicionou e pode condicionar negativamente a ação das classes subalternas. Ainda nos *Q* ele lembra que na própria componente maximalista do PSI, à qual inicialmente aderira (participando da convenção clandestina de Florença de 1917), "dominava uma concepção fatalista e mecânica da história (Florença 1917, acusação de bergsonianismo)" (*Q 3*, 42, 319 [*CC*, 3, 185]), da qual se originavam as acusações a G. de ser influenciado por Bergson na sua interpretação antideterminista e voluntarista do marxismo. Inicialmente, o fatalismo é enfrentado nos *Apontamentos de filosofia. Materialismo e idealismo. Segunda série* por meio de uma comparação entre Reforma e materialismo histórico: "O problema histórico-cultural a resolver no estudo da Reforma é o seguinte: o da transformação da concepção da graça, que 'logicamente' deveria levar ao máximo de fatalismo e de passividade, numa prática real de empreendimento e de iniciativa [...] vemos hoje ocorrer o mesmo com a concepção do materialismo histórico; enquanto dela, na opinião de muitos críticos, só pode derivar 'logicamente' fatalismo e passividade, ela na realidade dá lugar, ao contrário, ao florescimento de iniciativas e empreendimentos que surpreendem muitos observadores" (*Q 7*, 44, 892-3 [*CC*, 1, 248-9]). Para G., "o elemento 'determinista, fatalista, mecanicista'" do marxismo era "uma mera ideologia, uma superestrutura transitória", explicável pelo "caráter 'subalterno' de determinadas camadas sociais". De fato, "quando não se tem a iniciativa na luta, e a própria luta acaba assim por identificar-se com uma série de derrotas, o determinismo mecânico torna-se uma formidável força de resistência moral, de coesão, de paciente perseverança. 'Eu estou momentaneamente derrotado, mas a força das coisas trabalha para mim, a longo prazo'. É um 'ato de fé' na racionalidade da história, que se traduz em um finalismo apaixonado, que substitui a 'predestinação', a 'providência' etc. da religião" (*Q 8*, 205, 1.064). Na realidade, especifica G., "existe, também neste caso, uma atividade volitiva, uma intervenção direta sobre a 'força das coisas', mas de uma forma menos vistosa, mais velada". Em cada caso, "quando o subalterno se torna dirigente e responsável, o mecanicismo aparece, mais tarde ou mais cedo, como um perigo iminente, ocorre uma revisão de todo o modo de pensar": o subalterno torna-se "agente e ativo". Contudo, antes disso acontecer, a vanguarda de classe, a "parte", deve "sempre demonstrar a futilidade inepta do determinismo mecânico, do fatalismo passivo e seguro de si mesmo, sem esperar que o subalterno se torne dirigente e responsável. Existe sempre uma parte do todo que é 'sempre' dirigente e responsável e a filosofia da parte precede sempre a filosofia do todo como antecipação teórica" (idem). O relativo Texto C, *Q 11*, 12, 1.388 [*CC*, 1, 93] define o fatalismo como "um 'aroma' ideológico imediato da filosofia da práxis".

O mesmo *Q 11* (*Q 11*, 12, 1.394-5 [*CC*, 1, 93]) retorna sobre a explicação histórica do fatalismo. G. liga o fatalismo às diversas abordagens da realidade com olhar crítico: ele está ligado ao cepticismo e ao relativismo de quem justifica todas as ações individuais com o ambiente social ("toda responsabilidade individual assim afunda na responsabilidade social. Se isto fosse verdadeiro, o mundo e a história estariam sempre imóveis": *Q 8*, 156, 1.035); ou ainda está ligado às visões místicas superficialmente "otimistas" (o otimismo é "um modo de defender a própria preguiça, as próprias irresponsabilidades, a vontade de não fazer nada. É também uma forma de fatalismo e de mecanicismo": *Q 9*, 130, 1.191 [*CC*, 1, 256]). O fatalismo predomina também na "atual geração", embora ela afirme ter superado o positivismo que originou mecanicismo e fatalismo: "Com todas as profissões de fé espiritualistas e voluntaristas, historicistas e dialéticas etc., o pensamento que domina é o evolucionismo vulgar, fatalista, positivista. Seria possível formular assim a questão: toda 'glande' pode pensar em se tornar carvalho. Se as glandes tivessem uma ideologia, esta seria exatamente a de sentirem-se 'grávidas' de carvalhos. Mas, na realidade, de cada mil glandes, 999 servem de pasto aos porcos e, no máximo, contribuem para criar chouriços e mortadelas" (*Q 9*, 131, 1.192 [*CC*, 4, 122-3]).

Mas obviamente a reflexão (e a batalha teórica) de G. a respeito do fatalismo é sobretudo relativa ao marxismo. Nos "maiores teóricos modernos" da "filosofia da práxis" (Lenin em primeiro lugar) "o momento da 'hegemonia' ou da direção cultural era sistematicamente revalorizado, em oposição às concepções mecanicistas e fatalistas do economicismo" (*LC*, 570, a Tania, 2 de maio 1932 [*Cartas*, II, 194]). Assim, o marxismo subtrai-se à crítica de Croce, cujo pensamento, na sua "fase mais recente, deve ser estudado e meditado com atenção. Ele representa essencialmente uma reação ao 'economicismo' e ao mecanicismo fatalista, embora se apresente como superação da filosofia da práxis" (*Q 10* I, p. 1.211 [*CC*, 1, 305]; cf. também *Q 10* I, 12, 1.234 [*CC*, 1, 305-6]). De modo que o fatalismo é um legado do "economicismo", baseado na "convicção férrea de que existem leis objetivas para o desenvolvimento histórico, do mesmo caráter das leis naturais, acrescida da persuasão de um finalismo fatalista similar ao fatalismo religioso: já que as condições favoráveis terão fatalmente de surgir e irão determinar, de modo bastante misterioso, acontecimentos palingenéticos, revela-se não só inútil, mas até mesmo prejudicial, qualquer iniciativa voluntária tendente a predispor estas situações segundo um plano" (*Q 13*, 23, 1.612 [*CC*, 3, 69]). Essa atitude – própria de muito marxismo reformista da Segunda Internacional – pode ter um desdobramento de extremismo vanglorioso e destinado à derrota, próprio do anarco-sindicalismo e também de algumas experiências dos comunistas terminadas em catástrofes: "Ao lado destas convicções fatalistas" – prossegue G. – "manifesta-se a tendência a confiar 'mais adiante', cegamente e sem qualquer critério, na virtude reguladora das armas, o que, porém, não deixa de ter certa lógica e coerência, porque se pensa que a intervenção da vontade é útil para a destruição, não para a reconstrução" (idem).

Finalmente, o fatalismo está ligado também à categoria da "revolução passiva", seja em *Q 15*, 17, 1.774 [*CC*, 5, 321], seja em *Q 15*, 62, 1.827 [*CC*, 5, 331]. Neste último texto G. afirma que o "argumento da 'revolução passiva'" para interpretar "qualquer época complexa de subversões históricas" contém o "perigo de derrotismo histórico, ou seja, de indiferentismo, porque a formulação geral do problema pode fazer crer num fatalismo etc.; mas a concepção permanece dialética, isto é, pressupõe e até postula como necessária uma antítese vigorosa e que disponha intransigentemente em campo todas as suas possibilidades de explicitação".

Guido Liguori

Ver: Bergson; ceticismo; determinismo; economismo; filosofia da práxis; hegemonia; Reforma; reformismo; revolução passiva; subalterno/subalternos; voluntarismo.

fé

Nos *Q*, o termo "fé", além da acepção genérica e da interna ao léxico religioso confessional, aparece na acepção crociana. Para Croce, fé é o pensamento que, depois de ter sido pensado, se torna "estável ou estático", isto é, de crítica se torna convicção, e como tal "condiciona a nova ação" (Croce, 1967, p. 21, 38, 85). Ademais, Croce define a religião não "no significado material dos adeptos das várias religiões ou no restrito dos adversários filosóficos das religiões, mas [...] no significado de todo sistema mental, de toda concepção da realidade que, transformada em fé, tenha se tornado fundamento de ação e, ao mesmo tempo, luz de vida moral" (ibidem, 234). Essa acepção ampla de religião como "filosofia transformada em fé, isto é, preconceito difuso", é presente em G. já desde 1916: "Na verdade, todo homem tem uma sua religião, uma sua fé que preenche sua vida e a torna digna de ser vivida" ("Il Sillabo ed Hegel" [O *Syllabus* e Hegel], 15 de janeiro de 1916, em *CT*, 71 [*EP*, I, 55]), e retorna nos *Q*.

No *Q 4*, 3, 423, G. retoma a acepção crociana, ao passo que no *Q 10* e no *Q 11* ele a repensa a partir da filosofia da práxis. Antes de tudo, mostra que ela pressupõe a unidade de filosofia e política: "Uma concepção do mundo não pode revelar-se capaz de impregnar toda uma sociedade e de transformar-se em 'fé' a não ser quando demonstra ser capaz de substituir as concepções e fés precedentes em todos os graus da vida estatal" (*Q 10* I, 5, 1.217 [*CC*, 1, 288]). "O problema da religião, entendida não no sentido confessional, mas no laico, de unidade de fé entre uma concepção do mundo e uma norma de conduta adequada a ela: mas por que chamar esta unidade de fé de 'religião', e não de 'ideologia' ou, mesmo, de 'política'?" (*Q 11*, 12, 1.378 [*CC*, 1, 96]). Analisa, portanto, as modalidades políticas concretas com as quais a filosofia da práxis pode "impregnar" a sociedade transformando-se em fé: por meio da "repetição" dos argumentos, que é "o meio didático mais eficaz para agir sobre a mentalidade popular", e ao mesmo tempo pelo trabalho incessante "para elevar intelectualmente camadas populares cada vez mais vastas, isto é, para dar personalidade ao amorfo elemento de massa" (ibidem, 1.392 [*CC*, 1, 110]).

Fabio Frosini

Ver: concepção do mundo; Croce; filosofia da práxis; ideologia; religião.

federalismo

O engajamento autonomista, e o conseguinte desenvolvimento de uma temática federalista, constituem a primeira forma de engajamento político à qual G. se dedica na Sardenha. Com a ida a Turim, as críticas ao Estado italiano – colocadas inicialmente em termos de contraposição entre os habitantes da ilha e os peninsulares – definem-se melhor, na militância socialista, como unidade de ação de operários e camponeses: a palavra de ordem é para G. nesse período "República federal dos operários e camponeses" (*L*, 130, aos camaradas, 12 de setembro de 1923).

Nos *Q*, a reflexão sobre o federalismo está focalizada no federalismo de Ferrari e Cattaneo antes da Unidade, e tem ao centro a necessidade de ler de modo aprofundado o *Risorgimento* italiano, ultrapassando "a hagiografia das forças patrióticas" (*Q 8*, 33, 961 [*CC*, 5, 284-5]) para alcançar plenamente a abrangência desse evento político. G. insiste sobre um "critério metodológico": o "*Risorgimento* é um desenvolvimento histórico complexo e contraditório, que se torna um todo a partir de todos os seus elementos antitéticos, de seus protagonistas e de seus antagonistas, de suas lutas, das modificações recíprocas que as próprias lutas determinam e até mesmo da função das forças passivas e latentes" (idem). Dentro desse quadro, o "federalismo de Ferrari-Cattaneo", que é o título da nota aqui examinada, longe de ser um movimento antipatriótico, nada mais foi do que "a formulação político-histórica das contradições existentes entre Piemonte e Lombardia". "A Lombardia – prossegue G. – mais avançada, intelectual, política e economicamente que o Piemonte [...] talvez fosse mais italiana do que o Piemonte" e o seu federalismo expressava exatamente essa sua italianidade: a Lombardia, nesse caso, "representava a Itália melhor do que o Piemonte". A pergunta colocada por G. no meio da nota – "por que acusar o federalismo de haver retardado o movimento nacional e unitário?" – reflete o cuidado metodológico exigido pela investigação de um fenômeno histórico integral como a soma de elementos complexos e contraditórios (idem).

Michele Filippini

Ver: Cattaneo; Ferrari; *Risorgimento*.

feminismo

No início do século XX a palavra designava prevalentemente o movimento burguês anglo-saxão e por isso não desfrutava de particular fortuna no ambiente das organizações femininas comunistas e no meio operário. Em relação à essa acepção, G. amplia no *Q 22* uma nota do *Q 1* na qual, comentando a resenha de A. De Pietri Tonelli do livro de Anthony M. Ludovici, *Woman. A Vindication*, de 1929, releva a tendência essencialmente "antifeminista" (*Q 22*, 9, 2.160 [*CC*, 4, 261]) e machista do livro, afirmando que "o feminismo tem causas mais amplas e profundas" (*Q 1*, 146, 130) do que as identificadas pelo autor. Mas expressa também toda a sua perplexidade em relação à legislação anglo-saxã tão favorável às mulheres: "Trata-se de uma tentativa de regulamentar a questão sexual, de transformá-la em coisa séria, mas não parece ter alcançado sua finalidade: deu lugar a desvios morbosos, 'feministas' no seu sentido pejorativo" (*Q 22*, 9, 2.160 [*CC*, 4, 262]). Comentando o artigo de Vittorio Cian, "Femminismo patriottico del *Risorgimento*", de 1930, G. nota: "Tipo retórico, mas interessante pelas indicações objetivas sobre a participação das mulheres na vida política, no *Risorgimento*" (*Q 7*, 65, 902 [*CC*, 5, 274]), assumindo a acepção do termo que indica em sentido geral o engajamento das mulheres na esfera pública. Por último, e de novo somente por sugestão indireta do comentário a uma resenha, nesse caso relativo a uma tradução inglesa de *Os noivos* que tinha originado uma correspondência entre Manzoni e seu tradutor, G. escreve: "No artigo de Franzi nota-se uma metáfora 'feminina' surpreendente: 'Com o sentimento de um homem que, maltratado e esbofetado por sua mulher por causa de uma suspeita ciumenta, alegra-se diante deste furor e bendiz as pancadas que lhe testemunham o amor da esposa, assim Manzoni acolhe esta carta'. Um homem que se alegra por apanhar da mulher é certamente uma forma original de feminismo contemporâneo" (*Q 15*, 37, 1.792-3 [*CC*, 6, 259]).

LEA DURANTE

Ver: família; mulher; questão sexual.

Ferrari, Giuseppe

Se a polaridade Cavour-Mazzini é a mais recorrente para G. enfocar a forma do *Risorgimento* italiano como "revolução passiva", isso não atenua, mas ao contrário, aprofunda nele a necessidade de uma ininterrupta análise diferenciada das vozes, das figuras, dos momentos significativos dessa revolução passiva. Giuseppe Ferrari é antes de tudo definido como "a individualidade que mais é preciso estudar" (*Q 1*, 44, 44) para os problemas militares-insurrecionais inerentes ao *Risorgimento*, mas ao mesmo tempo é apontado por se colocar "em grande parte fora da realidade concreta italiana", "demasiado francesiado" (idem). G. insiste sobre esse ponto, especificando que Ferrari "não soube traduzir o 'francês' para o 'italiano'" e que por isso "a sua perspicácia tornava-se um tropeço, criava novas seitas e escolinhas, mas não incidia no movimento real" (idem). Mas a G. interessa também relevar que Ferrari "foi o especialista não ouvido das questões agrárias do Partido de Ação" (ibidem, 49) e que é necessário estudar com atenção "sua atitude para com os camponeses sem terra, sobre os quais ele funda uma parte conspícua de suas ideologias graças às quais ele ainda é investigado e estudado por determinadas correntes modernas" (idem). Contudo, para G., a questão fundamental consiste sempre em verificar como o jacobinismo histórico (união da cidade e do campo) tem se "diluído e tornado abstrato" (*Q 8*, 35, 961 [*CC*, 5, 285]) em Ferrari: "A 'lei agrária', de ponto programático concreto e atual, bem circunscrito no espaço e no tempo, tornou-se uma vaga ideologia, um princípio de filosofia da história" (ibidem, 961-2 [*CC*, 5, 285]). De modo que confrontando as ideias de Ferrari sobre a reforma agrária – concebida "como ponto de inserção das massas agrícolas na revolução nacional" – com as ideias de Carlo Pisacane, pode-se destacar, segundo G., que Pisacane "está mais próximo de Maquiavel", tem um "conceito mais limitado e concretamente político" (ibidem, 962 [*CC*, 5, 285]).

PASQUALE VOZA

Ver: Cavour; Mazzini; Partido de Ação; Pisacane; questão agrária; revolução passiva; *Risorgimento*.

fetichismo: v. abstração.

feudalismo: v. Idade Média.

Feuerbach, Ludwig

Diversamente de Engels, que no prefácio ao seu *Ludwig Feuerbach e o fim da filosofia clássica alemã* dedica ao filósofo de Landshut um importante tributo (definindo-o como "elo intermédio entre a filosofia hegeliana e a nossa concepção": Engels, 1972, p. 14), G. mostra-se sempre bastante frio: Feuerbach não é um autor com quem ele instaura nos *Q* algum tipo de diálogo crítico e não há, exceto em um caso, referências diretas ou indiretas a ele nos seus textos. A especificidade do materialismo de Feuerbach é negada na primeira redação de uma nota, na qual ele é considerado entre "os continuadores de Hegel" que destruíram a unidade dialética de materialismo e idealismo do mestre, um mero representante do "velho materialismo" (*Q 4*, 3, 424), ao passo que na segunda redação o nome de Feuerbach desaparece, falando-se genericamente de retorno aos "sistemas materialistas" (*Q 16*, 9, 1.861 [*CC*, 4, 31]). Entre as duas versões há a nota sobre a "Storia critica del materialismo de Lange" [A história do materialismo de Lange] (primeira edição italiana, 1932), considerado por G. "historiador consciencioso e agudo, que tem do materialismo um conceito bastante preciso, definido e delimitado; por isso, para grande espanto e quase desdém de alguns (como Plekhanov), ele não considera materialistas nem o materialismo histórico nem a filosofia de Feuerbach" (*Q 11*, 16, 1.410-1 [*CC*, 1, 129], que retoma *Q 8*, 206, 1.065).

Em um sucessivo esquema geral de história da filosofia, é reconhecido a Feuerbach o papel de elo intermediário (do qual Engels falava) entre síntese dialética de Hegel e filosofia da práxis: "Da decomposição do hegelianismo resulta o início de um novo processo cultural, de caráter diverso dos precedentes, isto é, no qual se unificam o movimento prático e o pensamento teórico [...] nasce uma nova maneira de conceber o mundo e o homem e [...] essa concepção não é reservada aos grandes intelectuais, mas tende a se tornar popular, de massa [...]. Que tal início resulte da confluência de vários elementos, aparentemente heterogêneos, não causa espanto: Feuerbach, como crítico de Hegel, a escola de Tübingen como afirmação da crítica histórica e filosófica da religião etc. Aliás, deve-se notar que uma transformação tão radical não podia deixar de ter vinculações com a religião" (*Q 15*, 61, 1.826, Texto B [*CC*, 1, 264]). Feuerbach é de alguma maneira liberado da inicial inscrição entre os materialistas vulgares e incluído em um percurso histórico no qual desenvolve um papel essencial com base na crítica da religião. G., aqui em grande sintonia com a interpretação hegeliana, escreve: "A filosofia da práxis, em seu fundador, reviveu toda esta experiência de hegelianismo, feuerbachismo, materialismo francês – para reconstruir a síntese da unidade dialética: 'o homem que caminha sobre as próprias pernas'" (*Q 16*, 9, 1.861, Texto C [*CC*, 4, 38]). Mas se trata de unidade dialética da filosofia da práxis e não de *partes integrantes* – como escrevia Lenin em 1913 em um texto (*Três fontes e três partes integrantes do marxismo*) –, às quais G. se refere no *Q 10* II, 9, 1.246 [*CC*, 1, 317] e mais explicitamente no *Q 11*, 32 [*CC*, 1, 163]. A filosofia da práxis, para G., não deve absolutamente estar fundamentada sobre o materialismo filosófico, mais ou menos feuerbachiano que seja: ela "'basta a si mesma', contendo em si todos os elementos fundamentais para construir uma total e integral concepção do mundo, não só uma total filosofia e teoria das ciências naturais, mas também os elementos para fazer viva uma integral organização prática da sociedade, isto é, para tornar-se uma civilização total e integral". Os "elementos de spinozismo, de feuerbachianismo, de hegelianismo, de materialismo francês etc." fazem parte exclusivamente da reconstrução da biografia intelectual de Marx, mas "não são de nenhum modo partes essenciais da filosofia da práxis, nem esta se reduz a eles" (*Q 11*, 27, 1.434-6 [*CC*, 1, 152-4]).

Somente em uma nota G. se confronta com uma tardia (1862) obra menor de Feuerbach (*O mistério do sacrifício, o homem é o que ele come*), conhecida na tradição socialista, mais que por seu conteúdo, pelo caráter de aforisma do título, presente também em um artigo polêmico de G. de 1918, em defesa das cooperativas de consumo socialistas contra os comerciantes de Turim: "Conhece-se a alma pelo estômago: diga-me o que você come e dir-te-ei quem você é. O proprietário é o dono do estômago: tornar-se-á o dono das almas, tornar-se-á o guia das consciências italianas" ("Propaganda", 1º de janeiro de 1918, em *CF*, 534-5). G. retoma o aforisma feuerbachiano, mas não se limita a uma simples demolição do materialismo vulgar, que o aforisma a primeira vista parece oferecer amplamente, segundo uma "interpretação grosseira e tola" assumida por Bordiga, segundo a qual "os alimentos têm uma imediata influência determinante sobre o seu modo de pensar [...] Se esta afirmação fosse verdadeira, a história teria a sua matriz determinante na cozinha e as revoluções coincidiriam com as modificações radicais na alimentação da massa" (*Q 7*, 35, 883 [*CC*, 1, 243]). Liberada do banal naturalismo, a afirmação de Feuerbach pode ser incluída na categoria, própria do materialismo histórico, de relações sociais historicamente determinadas: "Entretanto, é também verdade que 'o homem é o que come', na medida em que a alimentação é uma das expressões das relações sociais em seu conjunto e que todo agrupamento social tem uma alimentação fundamental própria; mas, da mesma maneira, é possível dizer que o 'homem é a sua moradia', o 'homem é o seu modo particular de reprodução, ou seja, a sua família', já que – na alimentação, no vestuário, na casa, na reprodução – residem elementos da vida social, nos quais, da maneira mais evidente e ampla (isto é, com extensão de massa), manifesta-se o conjunto das relações sociais" (ibidem, 884 [*CC*, 1, 244]). Retomando e ampliando a crítica marxiana a Feuerbach, G. esboça aqui uma teoria da natureza humana e da unidade do gênero humano: "A filosofia não pode ser reduzida a uma 'antropologia' naturalista, isto é, a unidade do gênero humano não é dada pela natureza 'biológica' do homem; as diferenças do homem que têm importância na história não são as biológicas [...]. A afirmação de que a 'natureza humana' é o 'conjunto das relações sociais' é a resposta mais satisfatória porque inclui a ideia do devir: o homem 'devém', transforma-se continuamente com as transformações das relações sociais; e, também, porque nega o 'homem em geral': de fato, as relações sociais são expressas por diversos grupos de homens que se pressupõem uns aos outros, cuja unidade é dialética e não formal" (ibidem, 884-5 [*CC*, 1, 245]).

ANDREA CATONE

Ver: Bordiga; Engels; Hegel; homem; Lenin; Marx; materialismo e materialismo vulgar.

filhotes do padre Bresciani: v. brescianismo.

filologia e filologia vivente
G. cita a filologia como objeto de seus estudos universitários em raríssimas ocasiões, sempre nas *Cartas* e sempre *en passant*. Contudo, o tema é frequentemente valorizado em contextos conceituais de outro tipo e nos *Q* o método filológico é central em diversas reflexões. Com frequência o ponto inicial de tais reflexões é a hostilidade gramsciana para com quem "solicita" os textos, o que para G. equivale a "fazer com que os textos digam, por amor à tese, mais do que realmente dizem. Este erro de método filológico também se verifica fora da filologia, em todas as análises e exames das manifestações de vida. Corresponde, no direito penal, a vender com peso menor e qualidade diferente daqueles estipulados, mas não é considerado crime a não ser que seja evidente a vontade de enganar: mas a negligência e a incompetência não merecem punição, pelo menos uma punição intelectual e moral, se não judiciária?" (*Q 6*, 198, 838 [*CC*, 4, 108]). Essas considerações podem ser aproximadas de outras presentes nos *Q* e nas *LC*: "Por outro lado, é certo que no passado se pode encontrar tudo o que se quiser, manipulando as perspectivas e as ordens de grandezas e valor" (*Q 3*, 62, 341-2 [*CC*, 5, 207]); "Penso que a genialidade deve ser 'enterrada' e, ao contrário, deve ser aplicado o método das experiências mais minuciosas e da autocrítica mais desapaixonada ou objetiva" (*LC*, 95, a G. Berti, 4 de julho de 1927 [*Cartas*, I, 167]). A filologia é assim, para G., um instrumento indispensável para defender a objetividade da reconstrução do passado e, em particular, do pensamento de um autor; ela deve ser acompanhada por uma série de cuidados técnicos que contribuem para o uso de um método que permita (ou pelo menos tente) deixar dizer aos textos exclusivamente o que eles dizem. Muitos desses cuidados constituem objeto de reflexão em relação a uma reconstrução do pensamento de Marx, esperada por G., que seja fruto "de um trabalho minucioso e conduzido com o máximo escrúpulo de exatidão e honestidade científica" (*Q 4*, 1, 419 [*CC*, 6, 354]); entre os vários pontos listados, alguns são deleitosamente filológicos: "Também o trabalho de elaboração realizado pelo autor sobre o material das obras publicadas a seguir por ele mesmo deveria ser estudado e analisado: pelo menos daria, este estudo, indícios para avaliar criticamente a credibilidade dos textos das obras inéditas editadas por outros. Quanto mais o material preparatório das obras editadas se afastar do texto definitivo redigido pelo próprio autor, tanto menos será confiável a redação de um material do mesmo tipo por outro escritor" (ibidem, 420 [*CC*, 6, 355]).

Além disso, no G. propugnador do método filológico e da imparcialidade historiográfica no estudo do passado o conceito de filologia se reveste, nos *Q*, de um significativo papel na definição de "filologia vivente". Os dois âmbitos, além do mais, são vinculados, e um importante elo de conjunção é representado pelo fundamento de toda reflexão gramsciana sobre a teoria da história, a historicização do conceito de "natureza humana": "A inovação fundamental introduzida pela filosofia da práxis na ciência da política e da história é a demonstração de que não existe uma 'natureza humana' abstrata, fixa e imutável [...] mas que a natureza humana é o conjunto das relações sociais historicamente determinadas, ou seja, um fato histórico verificável, dentro de certos limites, com os métodos da filologia e da crítica" (*Q 13*, 20, 1.598-9 [*CC*, 3, 56]). Dessa perspectiva deve ser entendida a polêmica com a leitura crociana do conceito de estrutura, concebido "especulativamente", a ponto de Croce falar de um "deus oculto"; mas tal conceito, ao contrário, deve ser concebido historicamente, "como um conjunto de condições objetivas que podem e devem ser estudadas com os métodos da 'filologia' e não da 'especulação'. Como um 'certo' que também será 'verdadeiro', mas que deve ser estudado antes de tudo em sua 'certeza', para depois ser estudado em sua 'verdade'" (*Q 10* I, 8, 1.226 [*CC*, 1, 297]).

G. sente a necessidade de um trabalho sobre o marxismo que se inspire no que Ernst Bernheim fez para o método histórico em seu volume sobre a historiografia e a teoria da história, uma obra que poderia ter a forma de "uma coletânea de critérios imediatos, de cautelas críticas etc., uma filologia da história e da política, tal como concebidas pela filosofia da práxis" (*Q 16*, 3, 1.845 [*CC*, 4, 23]). Ela seria também, em certa medida, uma crítica a Bukharin e a seu marxismo em parte positivista. No mesmo contexto conceitual insere-se o confronto entre filologia e estatística, que conduz G. à reflexão sobre a "filologia vivente"; sobre tal confronto registra-se, todavia, uma separação de não pouca relevância entre o que foi escrito em novembro de 1930 e em julho-agosto de 1932. Em 1930 parece detectável uma componente antiempiricista: "A 'filologia' é a expressão metodológica da importância dos fatos particulares entendidos como 'individualidades' definidas e especificadas. A este método contrapõe-se o dos 'grandes números' ou da 'estatística', tomado de empréstimo das ciências naturais ou pelo menos de algumas delas. Mas não se observou suficientemente o fato de que a lei dos 'grandes números' pode ser aplicada à história e à política somente enquanto as grandes massas da população permanecerem passivas [...] ou enquanto se supõe que permaneçam passivas" (*Q 7*, 6, 856-7). Em 1932, ao contrário, G. escreve: "Se a filologia é a expressão metodológica da importância que tem a verificação e a determinação dos fatos particulares em sua inconfundível 'individualidade', é impossível excluir a utilidade prática da identificação de determinadas 'leis de tendência' mais gerais, que correspondem, na política, às leis estatísticas ou dos grandes números, que contribuíram para o progresso de algumas ciências naturais" (*Q 11*, 25, 1.429 [*CC*, 1, 147]). Tal abertura para as "leis de tendência" é coerente com a elaboração de uma teoria da história alternativa, seja ao positivismo, isto é, à identidade entre ciências naturais e ciências sociais, seja ao idealismo, isto é, à ideia crociana de que a previsão histórica seja um não senso e de que tenha o mesmo estatuto epistemológico do jogo de azar. Não casualmente, sempre em 1932, G. defende Ludovico Limentani contra as acusações de Croce, que havia liquidado o seu volume *La previsione dei fatti sociali* [A previsão dos fatos sociais] em poucas linhas, fazendo dizer a G.: "Tem-se a impressão de que o raciocínio de Croce é sobretudo o de um literato e construtor de frases de efeito" (*Q 10* II, 41.VI, 1.311 [*CC*, 1, 380]).

Inserido na articulada teoria da história e da política presente nos *Q*, aparece assim o conceito de "filologia vivente", que se apresenta como caraterística basilar no processo de influência recíproca entre a massa e os líderes políticos, apoiado na ideia de substituição de um organismo coletivo com a *leadership* de homens políticos individuais. Conceito difícil de definir, que entrelaça esferas de reflexão e noções teóricas bastante diversificadas, a filologia vivente não constitui a simples transferência da filologia (isto é, a expressão metodológica da importância dos fatos particulares entendidos como "individualidades" definidas e especificadas) no contexto da ação política, mas chama em causa uma visão ampla da história e dos seres humanos: "Com o crescimento dos partidos de massa e com sua adesão orgânica à vida mais íntima (econômico-produtiva) da própria massa, o processo de estandardização dos sentimentos populares, que era mecânico e casual (isto é, produzido pela existência ambiente de condições e pressões similares), torna-se consciente e crítico. O conhecimento e o julgamento da importância de tais sentimentos jamais ocorrem, por parte dos chefes, através de intuições baseadas na identificação de leis estatísticas, isto é, por via racional e intelectual, frequentemente ilusórias – que o chefe traduz em ideias-força, em palavras-forças –, mas ocorre, por parte do organismo coletivo, através da 'co-participação ativa e consciente', da 'co-passionalidade', da experiência dos detalhes imediatos, de um sistema que se poderia chamar de 'filologia viva'. Assim, forma-se uma estreita ligação entre grande massa, partido e grupo dirigente; e todo o conjunto, bem articulado, pode se movimentar como um 'homem-coletivo'" (*Q 11*, 25, 1.430 [*CC*, 1, 148]).

Ludovico De Lutiis

Ver: Bukharin; certo; deus oculto; história; homem; homem coletivo; leis de tendência; marxismo; massa/massas; Partido Comunista; verdade; verdadeiro.

filosofia

A atenção para a filosofia é bastante viva em G. desde o início da atividade jornalística, em particular no período de 1914-1918. Nesses anos G. discute as questões filosóficas essencialmente a partir da virada idealista (identificada com a própria modernidade) imprimida por Hegel a essa disciplina e retomada na Itália por Croce e Gentile. O próprio Marx aparece como discípulo do idealista Hegel e sua filosofia como uma transposição do idealismo em política de massa. Mais em geral, o idealismo é identificado com a filosofia moderna por excelência, porque põe o acento sobre a imanência absoluta da ideia do mundo, depositando no homem, consequentemente, a tarefa de humanizar a realidade, isto é, de torná-la mais consoante à razão universal. Dessa colocação, o marxismo retoma a substância, redefinindo a ideia como ideologia e a razão universal como um processo de universalização histórica prática.

Nos *Q* essa concepção da filosofia, assim fortemente delineada e colocada ao centro da política, é retomada com algumas mudanças e inovações que revolucionam globalmente o quadro conceitual em que a filosofia é pensável. Se antes G. não estava absolutamente preocupado em delinear para o marxismo uma linha de pensamento independente, nos escritos do cárcere isso constitui exatamente seu ponto de início. Permanece constante, por outro lado, a centralidade atribuída à filosofia (mas é necessário ver em que modo ela é redefinida) no âmbito do marxismo e, em geral, do confronto político no mundo moderno (a importância desse dado emerge até pela maciça presença do lema, que supera as 1.300 ocorrências). Se precedentemente G. assumia, sem criticá-lo, um determinado conceito de filosofia – o idealista –, prestando atenção, sobretudo, em seu "valor de uso" político, nos *Q* o discurso surge exatamente da necessidade de delinear a "nova filosofia" (*Q 4*, 3, 424) de Marx como a que remete "à transformação radical da posição tradicional do problema filosófico e à morte da filosofia concebida no modo tradicional" (*Q 1*, 132, 119). A esse propósito G. escreve que "a parte essencial do marxismo está na superação das velhas filosofias e também no modo de conceber a filosofia, e é isso que é preciso demostrar e desenvolver sistematicamente. Em sede teórica, o marxismo não se confunde e não se reduz a nenhuma outra filosofia: ele não somente é original pelo fato de ultrapassar as filosofias precedentes, mas é original especialmente porque abre um caminho completamente novo, isto é, renova de cima para baixo o modo de conceber a filosofia (*Q 4*, 11, 433 [*CC*, 6, 358]). Essa reivindicação acompanha a dupla tentativa, de um lado, de delinear as *razões* da autonomia e independência filosófica do marxismo, e, do outro, de construir um conceito de filosofia suficientemente *geral* para abraçar tanto a filosofia tradicional quanto o marxismo, articulando-os em sua diferença. Essa tentativa é corroborada, por sua vez, por uma insistente, ainda que não sistemática, reflexão sobre o conceito de "filosofia científica", com a qual G. entende o aspecto da filosofia não redutível à história e à historicidade e assimilável, portanto, de alguma maneira, ao *método*. No que concerne a essa última reflexão – o que G. chama de "tradutibilidade das linguagens" –, ela aponta para o fortalecimento da autonomia teórica do marxismo, para que se torne capaz de afirmar sua própria autonomia na relação crítica com as filosofias tradicionais.

Assim, se na abertura os *Q* exibem (como direto legado dos escritos de Turim) uma acepção de filosofia extremamente tradicional, como sinônimo de concepção geral da vida e do mundo (*Q 1*, 46, 56; *Q 1*, 105, 97 [*CC*, 4, 285]; *Q 4*, 13, 434 etc.), aparece também imediatamente, por meio de uma clara sequência de textos do *Q 1* (*Q 1*, 87; *Q 1*, 92; *Q 1*, 105 [*CC*, 4, 285]; *Q 1*, 132), a exigência de caracterizar a originalidade do marxismo como (e aqui G. retoma com ênfase a posição de Antonio Labriola) "filosofia independente e original" (*Q 4*, 3, 422). Essa exigência concretiza-se em *Q 1*, 132, significativamente intitulado "L'idealismo attuale e il nesso ideologia-filosofia" [O idealismo atual e o nexo ideologia-filosofia], no qual se esboça uma análise sobre dois planos estreitamente ligados: o estatuto da filosofia e as transformações teóricas reais introduzidas pela guerra nas sociedades europeias. As posições de Gentile e Croce – respectivamente a identificação e a distinção entre teoria e prática – devem ser decifradas como reações à necessidade de tornar a filosofia capaz de ter aderência em um mundo que entrou em uma crise decisiva (*Q 1*, 48, 59: "No período do pós-guerra, o aparelho hegemônico estilhaça-se e o exercício da hegemonia torna-se sempre mais difícil"). Diante destas opções está o materialismo histórico, como forma de pensamento ligada, de modo constitutivo, a um mundo em que todos os elementos entram em movimento, enquanto ele faz da unidade de teoria e prática, de filosofia e ideologia (política), não um conceito metafísico unitário, como acontece em Gentile, mas o ângulo visual do qual "os conceitos estaticamente 'unitários' são ridicularizados e destruídos" (*Q 4*, 45, 471 [*CC*, 6, 364]). Assim, não Gentile, mas Croce, é o pensador burguês consciente da gravidade da situação atual: "Croce, eu penso, tem viva a consciência de que todos os movimentos de pensamento moderno conduzem a uma reavaliação triunfal do materialismo histórico [...]. Ele resiste com todas as suas forças a esta pressão da realidade histórica, com uma inteligência excepcional dos perigos e dos meios dialéticos de obviar a eles. Por isso o estudo dos seus escritos desde 1919 até hoje é do maior valor" (*Q 1*, 132, 119). Mas o próprio Croce, observa mais tarde G., não escapa da necessidade de misturar filosofia e ideologia (*Q 6*, 10, 690 [*CC*, 1, 433]; *Q 6*, 112, 782 [*CC*, 1, 438]; *Q 10* I, 10, 1.231), sinal de que a filosofia não pode mais, de nenhuma maneira, pressupor uma ordem determinada, mas deve se transformar em instância política de construção dela.

Essa linha de reflexão sobre analogias e diferenças entre marxismo e filosofia tradicional, que não esquece nunca sua própria razão de ser na crise de hegemonia que o mundo contemporâneo atravessa, origina-se do peculiar conceito de práxis próprio do marxismo (*Q 4*, 45, 471 [*CC*, 6, 363] e *Q 7*, 35, 886 [*CC*, 1, 243]) e encontra seu ponto final na reformulação do conceito geral de filosofia como nexo entre filosofia e senso comum, que se tem no *Q 8*. Essa passagem, que não cancela a posição inicial, mas a torna pensável de modo mais claramente antiespeculativo, é dominada por duas séries de razões: a) dá corpo à ideia de uma "filosofia da época", ideia presente desde o início do *Q 1*, 10, 9 [*CC*, 6, 345] e *Q 1*, 151, 134 [*CC*, 6, 351]) e reafirmada em seguida (*Q 5*, 54, 587 [*CC*, 6, 168-9], na qual "a 'filosofia da época'" é definida como a "massa de sentimentos [e de concepções do mundo]" predominantes "na multidão 'silenciosa'"), e que exprime a exigência de reformular em termos marxistas o tema hegeliano do nexo imanente entre filosofia e tempo histórico; b) mas essa passagem determina também de modo não reducionista o nexo ideologia-filosofia, como presente em toda elaboração filosófica na forma de crítica do senso comum. Em ambos os casos, o que domina a investigação gramsciana é a exigência de estabelecer o papel da filosofia tecnicamente concebida, na sua relação com o mais amplo mundo ideológico, limitando com força a independência da "filosofia individual", mas também especificando sua ineludível função.

O primeiro documento da passagem a um conceito de filosofia como crítica do senso comum é *Q 8*, 173, 1.045 (novembro de 1931). Criticando o *Ensaio popular*, G. observa que um livro assim, "destinado a uma comunidade de leitores que não são intelectuais de profissão, deveria iniciar pela análise e pela crítica da filosofia do senso comum, que é a 'filosofia dos não filósofos', isto é, a concepção do mundo absorvida *acriticamente* pelos vários ambientes sociais em que se desenvolve a individualidade moral do homem médio". E acrescenta, com uma importante generalização: "O senso comum não é uma concepção única, idêntica no tempo e no espaço: ele é o 'folclore' da filosofia, e assim como o folclore, apresenta-se sob inúmeras formas: seu caráter fundamental está no fato de ser uma concepção do mundo desagregada, incoerente, inconsequente, conforme o caráter das multidões das quais ele é a filosofia. Quando na história se elabora um grupo social homogêneo, elabora-se também, contra o senso comum, uma filosofia 'homogênea', isto é, sistemática". Com uma sensível variação, o nexo com o senso comum é generalizado *a todo empreendimento filosófico*, e a oposição entre pensamento coerente e pensamento desagregado é subtraída ao abstrato no qual é confinada por Croce e Gentile (sobre os quais cf., respectivamente, ibidem, 1.045-6 e *Q 8*, 175, 1.047; cf. também, sobre o nexo entre filosofia e senso comum em Kant, *Q 3*, 48, 331 [*CC*, 3, 194]), tornando-se funcional para a expressão do processo *histórico* de condensação política de um projeto de hegemonia, processo em que a função ideológica da filosofia, como elemento ao mesmo tempo crítico e agregador, torna-se determinante.

Na base dessa generalização, o tema é desenvolvido no programático *Q 8*, 204, 1.063 (fevereiro-março de 1932): "Religião, senso comum, filosofia. Encontrar as conexões entre estas três ordens intelectuais [...]. Não existe um único 'senso comum', mas este também é um produto e um vir a ser histórico. A filosofia é a crítica da religião e do senso comum e a sua superação: em tal sentido, a filosofia coincide com o 'bom senso'". Mas essa superação, que como vimos coincide com a elaboração histórica de um "grupo social homogêneo", é estruturalmente (pela desproporção entre intervenção individual organizada e vida multiforme em perene desenvolvimento) um fato que não se pode realizar nunca por completo, sendo assim destinado a reabrir-se continuamente. Ao contrário, quando predomina a necessidade de um sistema acabado (como na adoção marxista da filosofia materialista, *Q 8*, 211, 1.069, ou na elaboração de uma ciência econômica marxista, *Q 15*, 45, 1.805-6 [*CC*, 1, 453]), inevitavelmente se cai em uma posição especulativa. G. escreve em *Q 8*, 211, 1.069: "Uma das razões, e talvez a mais importante, da redução do materialismo histórico ao materialismo tradicional deve ser buscada no fato de que o materialismo histórico não podia deixar de representar uma fase prevalentemente crítica da filosofia, enquanto sempre existe 'necessidade' de um sistema acabado e perfeito. Mas os sistemas acabados e perfeitos são sempre obra de singulares filósofos, e neles, junto com a parte histórica atual, isto é, a correspondente às atuais condições de vida, existe sempre uma parte abstrata, 'a-histórica', no sentido de que ela é ligada às precedentes filosofias (pensamento que cria pensamento abstratamente), que se deve às necessidades exteriores e mecânicas de sistema (harmonia interna e arquitetura do sistema) e que se deve a idiossincrasias pessoais". E acrescenta, retomando de modo novo o tema da "filosofia da época": "Mas a filosofia de uma época não é nenhuma filosofia individual ou de grupo: é o conjunto de todas as filosofias individuais e de grupo [+ as opiniões científicas] + a religião + o senso comum. Pode-se formar uma filosofia de tal gênero 'artificiosamente'? Por obra individual ou de grupo? A atividade crítica é a única possível, especialmente no sentido de colocar e resolver criticamente determinados problemas filosóficos. Mas, por enquanto, é necessário partir do conceito de que a nova filosofia não é nenhuma das filosofias passadas etc.".

Essa colocação já tinha sido esboçada no *Q 7*, 45 [*CC*, 1, 249], escrito em novembro de 1931, no qual aparece a oposição entre elemento individual e elemento histórico da filosofia, em que o primeiro é "um complexo de abstrações de origem puramente racional e abstrata" (ibidem, 893 [*CC*, 1, 249]). A novidade do *Q 8*, 211 está na acabada tradução da noção de "filosofia de uma época" nos termos da filosofia da práxis: ela é o correspondente ideológico do conjunto das relações sociais, a respeito das quais podemos colocar-nos em duas maneiras fundamentais: ou tentando representar seu sentido unitário, como a metafísica faz (mesmo a marxista), ou então declarando a falsidade de toda representação de gênero, porque trairia o caráter essencial das relações sociais – sua indisponibilidade a uma regulamentação administrativa –, tratando-os como um sistema fechado. Essa segunda opção, que é a filosofia da práxis, deverá portanto colocar-se como intervenção de agregação somente na medida em que será capaz de se manter no terreno da "crítica". O momento de centralização e de "identificação" é indispensável, mas somente na medida em que se põe em uma relação estrutural, interna, com a elaboração do elemento propriamente "histórico", isto é, de massa (ideológico).

Esse último ponto é argumentado em *Q 8*, 213, 1.070-1: "Um movimento filosófico é tal somente na medida em que busca desenvolver uma cultura especializada por um restrito grupo de intelectuais ou, ao contrário, é tal somente na medida em que, no trabalho de elaboração de um pensamento superior, cientificamente organizado, não esquece jamais de ficar em contato com os 'simples' e, melhor dizendo, encontra nesse contato a fonte dos problemas que devem ser estudados e resolvidos? Somente por meio desse contato uma filosofia se torna 'histórica', se depura dos elementos de origem 'individual' e se transforma em 'vida'".

A filosofia "histórica" é uma função capaz de permitir a coexistência da função individual e da função de massa, e nisso está a razão da sua imanência. A filosofia da práxis assume esse equilíbrio como essência do seu estatuto, como é declarado em *Q 8*, 220, 1.080: "Essa filosofia, enquanto filosofia 'individual' (e que se desenvolve de fato essencialmente na atividade de indivíduos singulares particularmente dotados) pode ser considerada como 'culminâncias' de progresso do 'senso comum', pelo menos do senso comum das camadas mais cultas da sociedade". Em um Texto B do *Q 10* essa concepção é finalmente projetada sobre a filosofia em geral: "A história da filosofia tal como é comumente entendida, isto é, como história das filosofias dos filósofos, é a história das tentativas e das iniciativas ideológicas de uma determinada classe de pessoas para mudar, corrigir, aperfeiçoar as concepções do mundo existentes em todas as épocas determinadas e para mudar, portanto, as normas de conduta que lhes são relativas e adequadas, ou seja, para mudar a atividade prática em seu conjunto [...]. A filosofia de uma época não é a filosofia deste ou daquele filósofo, deste ou daquele grupo de intelectuais, desta ou daquela grande parcela das massas populares: é uma combinação de todos estes elementos, culminando em uma determinada direção, na qual essa culminação torna-se norma de ação coletiva, isto é, torna-se 'história' concreta e completa (integral)" (*Q 10* II, 17, 1.255 [*CC*, 1, 325-6]; cf. também na mesma orientação *Q 11*, 59, 1.485 [*CC*, 1, 202]).

Como se vê, G. repensa gradativamente o nexo entre filosofia e ideologia como nexo *interno* ao conceito de filosofia em geral. Esta, mesmo quando se apresenta como especulativa e desinteressada e, ressalvadas as expressões meramente individuais sem qualquer relevância histórica, é sempre efetivamente uma intervenção política no panorama ideológico para corrigi-lo e reformá-lo. Esse é o significado da assunção crítica do conceito crociano de "religião" para indicar a filosofia em geral (*Q 10* I, 5, 1.217 [*CC*, 1, 288]): esse conceito designa de fato exatamente "o ponto de passagem 'lógico' de toda concepção do mundo à moral que lhe é conforme, de toda 'contemplação' à 'ação', de toda filosofia à ação política que dela depende" (*Q 10* II, 28, 1.266 [*CC*, 1, 336]); cf. também *Q 10* II, 31, 1.269-70 [*CC*, 1, 339]). O que diferencia a filosofia da práxis de qualquer outra filosofia não é a existência desse nexo, mas a sua assunção como pilar teórico, não meramente político-ideológico, da própria filosofia: na filosofia da práxis o "filósofo, entendido individualmente ou como grupo social global, [...] coloca a si mesmo como elemento da contradição, eleva este elemento a princípio de conhecimento e, consequentemente, de ação" (*Q 11*, 62, 1.487 [*CC*, 1, 204]).

Bibliografia: Fergnani, 1959 e 1964; Frosini, 2003; Panichi, 1985.

Fabio Frosini

Ver: Bukharin; Croce; filosofia da práxis; filósofo e filósofo democrático; Gentile; Hegel; idealismo; ideologia; imanência; Kant; Labriola; marxismo; senso comum; tradutibilidade.

filosofia clássica alemã

A denominação "filosofia clássica alemã" entendida como complexo movimento culminante no sistema hegeliano chega a G. pela obra *Ludwig Feuerbach e o fim da filosofia clássica alemã* de Friedrich Engels, em particular pela sua frase conclusiva: "O movimento operário alemão é o herdeiro da filosofia clássica alemã" (Engels, 1972, p. 78). Essa passagem deve ser lida, no livro de Engels, como a reivindicação de uma já iniciada alternância no papel de direção na vida nacional alemã. "Com a revolução de 1848, a Alemanha 'culta' despediu-se da teoria e colocou-se no terreno da atividade prática" (ibidem, 77); aconteceu uma transformação da Alemanha, de país atrasado na prática – mas por isso centro de um excepcional desenvolvimento da filosofia – para país capaz de competir com todos os outros "no mercado mundial"; mas que por isso, "na mesma medida em que a especulação saía do escritório do filósofo e erguia o seu próprio templo na Bolsa de Valores, igualmente perdia-se [...] aquele grande senso teórico que constituiu a glória da Alemanha no período da sua mais profunda decadência política: o senso pela investigação científica pura, independentemente de o resultado alcançado ser praticamente utilizável ou não, independentemente de ser contrário às ordens da polícia ou não" (idem). "Somente na classe operária – conclui Engels – se mantém intacto o senso teórico alemão", atualizado obviamente em base aos êxitos da filosofia clássica alemã que, após Marx, transformou-se em ciência da história e em particular em "história da evolução do trabalho" como chave para "compreender toda a história da sociedade". A classe operária alemã é justamente o terreno de desenvolvimento dessa abordagem à ciência, que os operários constatam estar "em acordo com [os próprios] interesses e [as próprias] aspirações" (ibidem, 78).

Em Engels então a expressão indica uma exata correlação entre o êxito do movimento "filosofia clássica alemã" e a transformação da sociedade alemã em um moderno Estado capitalista. Sendo esse êxito a transformação da "teoria" de "especulação" em "ciência" (da história), seu portador real não é mais a burguesia, que na especulação havia "imaginado" o seu próprio futuro revolucionário, mas o movimento operário, que tem interesse em desenvolver de modo teórico e prático as contradições de um moderno Estado capitalista, para que culminem em um revolucionamento político. Nessas condições, a burguesia não tem mais, historicamente, a coragem de aventurar-se em uma investigação científica aberta, com êxitos não previsíveis; somente a classe operária tem a energia e a perspectiva histórica para olhar sem impedimentos para o futuro.

Em relação a essa premissa, G., que antes de ser preso tinha o livro de Engels em tradução italiana (Engels, 1972), realiza uma diversificação e uma série de integrações, de resto inevitáveis, dado o caráter circunstanciado (em sentido histórico e geográfico) da tese engelsiana. A primeira referência está no *Q 4*, 56, 504 [*CC*, 6, 367-8] (novembro de 1930), no qual G. desenvolve uma consideração sobre a relação entre Alemanha e Itália: "Qual 'movimento' histórico testemunha a filosofia de Vico? [...] Nisto, a diferença essencial entre Vico e Hegel, entre Deus e Napoleão – espírito do mundo, entre a pura especulação abstrata e a 'filosofia da história', que deverá levar à identificação de filosofia e história, de fazer e pensar, do 'proletariado alemão como único herdeiro da filosofia clássica alemã'". Os fatos históricos dos quais a Alemanha participou, *ainda que de modo passivo*, foram de alcance europeu e mundial: "Hegel poderia ser pensado sem a Revolução Francesa e as guerras de Napoleão, isto é, sem as experiências vitais e imediatas de um período histórico intensíssimo, no qual todas as concepções passadas foram criticadas pela realidade em curso de uma maneira peremptória? Vico e Spaventa podiam dar alguma coisa similar? [...] Mesmo Spaventa, que participou de fatos históricos de importância regional e provincial, em contraste com os de 1789 e 1815, que sacudiram todo o mundo civilizado de então e obrigaram a pensar 'mundialmente'? Que colocaram em movimento a 'totalidade' social, todo o gênero humano imaginável, todo o 'espírito'?" (idem). Assim, G. afirma que a própria ideia da identificação do fazer e do pensar, a noção de criatividade, ou de "atividade" do espírito como fundamento da filosofia moderna, são o produto imanente de uma dinâmica revolucionária que redefiniu pela raiz todas as relações já dominantes na Europa; que a filosofia clássica alemã foi, em suma, a *tradução em conceitos* da revolução europeia 1789-1815 e que a tese engelsiana deve ser vista como a consequência crítica desse movimento de especulação. O tema não diz mais respeito somente à história alemã, mas assume a relevância que cabe à articulação de uma dinâmica internacional. O fato nacional alemão é imediatamente convertido em relação entre a Alemanha e todos os outros países, na individuação de uma específica "função teórica" desenvolvida pela Alemanha na história do século XIX.

Naturalmente, não havia tudo isso em Engels; portanto, essas passagens necessitam ser argumentadas. Em particular, a imagem da função alemã como participação teórica em transformações políticas, e, portanto, seu caráter "passivo", só pode ser compreendido corretamente à luz das noções de revolução passiva e de tradutibilidade, que no momento em que G. escreve o texto citado ainda não estão completamente desenvolvidas, mas das quais encontramos amplos sinais exatamente nas principais passagens sobre a filosofia clássica alemã. Índice desse vínculo é o fato de que a matriz da releitura gramsciana e, portanto, das novidades em relação à originária versão engelsiana, está na comparação, que G. encontra inicialmente na *Sagrada família*, entre política francesa e filosofia alemã. No *Q 1*, 44, 51, ele nota: "A linguagem dos jacobinos, sua ideologia, refletia perfeitamente as necessidades da época, segundo as tradições e a cultura francesa (cf. na *Sagrada família* a análise de Marx da qual resulta que a fraseologia jacobina correspondia perfeitamente aos formulários da filosofia clássica alemã, à qual hoje se reconhece maior concretude e que tem dado origem ao historicismo moderno)". A tese é confirmada no *Q 1*, 151, 134 [*CC*, 6, 352] no qual, porém, a perspectiva é invertida, partindo do primado da política sobre a filosofia: "Outra questão [...] é a do papel que os intelectuais acreditaram ter nesta fermentação política incubada pela Restauração. A filosofia clássica alemã é a filosofia desta época e é a que dá vida aos movimentos liberais nacionais de 1848 a 1870. Sobre isso, ver a conversão que Marx faz da fórmula francesa *liberté, fraternité, égalité* aos conceitos filosóficos alemães (*Sagrada família*). Esta conversão me parece teoricamente importantíssima [...]. O que é 'política' para a classe produtiva torna-se 'racionalidade' para a classe intelectual". Essa oscilação de juízo – mantendo-se os termos de comparação – é indicativa do fato de que estamos nos movendo nas proximidades das duas noções de revolução passiva e de tradutibilidade, e que somente esclarecendo a relação entre as duas noções será possível alcançar um equilíbrio até mesmo no juízo sobre o idealismo alemão.

Quando G. escreve o trecho citado do *Q 4*, 56, 504 [*CC*, 6, 366], já identificou esse ponto de equilíbrio, como aparece no *Q 4*, 42, 467-8, redigido pouco antes (outubro de 1930). Aqui, depois de ter lembrado a passagem da *Sagrada família* sobre a relação França-Alemanha, G. reitera que aquela afirmação é "muito importante para compreender o íntimo valor do materialismo histórico e para encontrar a via de resolução de muitas aparentes contradições do desenvolvimento histórico e para responder a algumas superficiais objeções contra esta teoria da historiografia". E um pouco mais à frente no texto acrescenta: "Assim como dois indivíduos, produtos da mesma cultura fundamental, acreditam sustentar coisas diferentes somente porque adotam uma terminologia diferente, da mesma maneira, no campo internacional, duas culturas, expressões de duas civilizações fundamentalmente similares, acreditam ser antagonistas, diversas, uma superior à outra porque adotam diversas expressões ideológicas, filosóficas, ou pelo fato de que uma tem caráter mais estreitamente prático, político (França) enquanto a outra tem caráter mais filosófico, doutrinário, teórico. Na realidade, para o historiador, elas são *intercambiáveis*, são redutíveis uma à outra, são traduzíveis de uma para outra". À luz da noção de tradutibilidade, não existe jamais – entre política e filosofia – uma relação unívoca, mas sempre uma relação recíproca; por essa razão não se pode atribuir a uma ou à outra nem um papel originário, nem um papel derivado, mas sempre, em todo caso, *ambas* devem ser postas em uma interação originária, que é a unidade de teoria e prática teorizada por Marx e por Engels, condensada, segundo G., na fórmula sobre a filosofia clássica alemã.

A função passiva desenvolvida pela filosofia clássica alemã não é então uma fuga ideológica para a política, mas o modo de articular, com linguagem alemã, um mesmo conteúdo de transformação revolucionária: a ascensão da burguesia como classe dirigente em toda a Europa. A filosofia desenvolve, em suma, um papel político, um papel que a política como tal, sozinha, não consegue desenvolver (essa necessária reciprocidade de funções está presente em toda a reflexão de G. sobre o nexo Reforma-Renascimento): ela condensa e torna coerente o amplíssimo material ideológico que forma o terreno no qual – e em nome do qual – os diversos grupos sociais se enfrentam, e o faz a partir da perspectiva, a cada vez, de um destes grupos, mas na sua possível relação com todos os outros. A filosofia desenvolve então uma imprescindível função hegemônica, na medida em que projeta os interesses de um grupo social para uma esfera de universalidade, de modo a lhe atribuir uma função quase "natural" de direção da inteira sociedade (a hegemonia). No caso particular, face às modificações produzidas pelo jacobinismo, a filosofia clássica alemã não exumou nostalgicamente figuras sociais que haviam se eclipsado, mas construiu a imagem moderna do "burguês" como equivalente *tout court* de "homem". Croce poderá de fato escrever uma história ético-política como teoria da inelutável hegemonia da burguesia como "classe não classe" e "camada geral" (Croce, 1967a, p. 282), que tem, portanto, particularmente "vivo o sentimento do bem público" (ibidem, 283).

A crítica de Marx e Engels não consiste, segundo G., em declarar tudo isso como especulação, abandonando-a a favor da ciência da história, mas sim – e nesse ponto a insistência de G. sobre a passagem da *Sagrada família* adquire seu pleno significado – em reativar seu significado político, mostrando como a universalidade desses conceitos consiste na universalização de específicos interesses de classe. Essa reativação tornou-se possível exatamente mediante a descoberta do princípio da unidade da teoria e da prática, que segundo G. é o núcleo gerador de toda a filosofia de Marx. Esse princípio é o que G. desenvolve nos *Q* sob o nome de tradutibilidade das linguagens, aquilo que realça a igual centralidade dos dois momentos, em sua necessária relação, excluindo a queda na valorização unilateral de um deles. A tese, portanto, de que "tudo é política, inclusive a filosofia ou as filosofias", é a chave para entender "a tese do proletariado alemão como herdeiro da filosofia clássica alemã" (*Q 7*, 35, 886 [*CC*, 1, 246]); isso, porém, não deve ser entendido como abandono da filosofia. Ao contrário, pressupõe ter percebido toda a sua função hegemônica, como mostra G. nas linhas imediatamente precedentes: "Na história, a 'igualdade' real – ou seja, o grau de 'espiritualidade' atingido pelo processo histórico da 'natureza humana' –

identifica-se no sistema de associações 'privadas e públicas', 'explícitas e implícitas', que se aninham no 'Estado' e no sistema mundial político: trata-se de 'igualdades' sentidas como tais entre os membros de uma associação e de 'desigualdades' sentidas entre as diversas associações, igualdades e desigualdades que valem na medida em que delas se tenha consciência, individualmente e como grupo" (idem). Essas formas de igualdade e desigualdade são de fato as reais relações de conhecimento presentes nas ideologias, das quais as filosofias são os centros de coordenação. A tese de que "tudo é política", portanto, pode ser convertida na tese segundo a qual todo conhecimento é uma forma de ação, e vice-versa, toda ação produz conhecimento na medida em que modifica as relações ideológicas. A construção de uma hegemonia é, então, a prova decisiva de toda filosofia e é exatamente isso que Lenin fez, teorizando o conceito e construindo a realidade da hegemonia. "Pode-se afirmar" – conclui G. – "que a teorização e a realização da hegemonia praticada por Ilitch foi um grande acontecimento 'metafísico'" (idem). E neste texto pouco anterior: "A fundação de uma classe dirigente (isto é, de um Estado) equivale à criação de uma *Weltanschauung*. Como deve ser entendida a afirmação de que o proletariado alemão é o herdeiro da filosofia clássica alemã? Não quereria Marx indicar a função histórica da sua filosofia, transformada em teoria de uma classe que se transfomaria em Estado? Para Ilitch, isso realmente aconteceu em um determinado território. Em outro local, assinalei a importância filosófica do conceito e da realidade da hegemonia, graças a Ilitch. A hegemonia realizada significa a crítica real de uma filosofia, sua real dialética" (*Q 7*, 33, 881-2 [*CC*, 1, 242]).

A noção de filosofia clássica alemã está, a essa altura (fevereiro de 1931), perfeitamente delineada. Em seguida G. retornará a ela para reafirmar a unidade de leitura da tese engelsiana (que em um significativo *lapsus* no *Q 7*, 33 [*CC*, 1, 242], como se viu, é atribuída a Marx) e da célebre XI tese sobre Feuerbach, de modo a afastar ambas de uma interpretação limitada à mera prática política. Veja-se nesse sentido o *Q 10* II, 2, 1.241 [*CC*, 1, 311] e, sobretudo, o *Q 10* II, 31 [*CC*, 1, 339], no qual, após ter discutido o conceito crociano de "religião" como concepção do mundo com uma adequada norma de conduta, G. critica a interpretação crociana da XI Tese, como "ato de repúdio de qualquer tipo de filosofia" (ibidem, 1.270 [*CC*, 1, 340]), mostrando como, ao contrário, essa noção de "religião" estivesse ali já presente: "Esta interpretação das Teses sobre Feuerbach como reivindicação da unidade entre teoria e prática e, consequentemente, como identificação da filosofia com o que Croce chama agora de religião [...] pode ainda ser justificada com a famosa proposição segundo a qual 'o movimento operário alemão é o herdeiro da filosofia clássica alemã', que [...] significaria precisamente que o 'herdeiro' continua o predecessor, porém o continua praticamente, já que deduziu uma vontade ativa, transformadora do mundo, da mera contemplação, e nessa atividade prática está também contido o 'conhecimento', que, aliás, somente na atividade prática é 'conhecimento real' e não 'escolasticismo'" (ibidem, 1.270-1 [CC, 1, 340-1]). Evidentemente, a unidade de "atividade prática" e de "conhecimento" pode ser realizada somente por uma filosofia, de tipo necessariamente novo: "Deduz-se daí, também, que o caráter da filosofia da práxis é sobretudo o de ser uma concepção de massa e de massa que opera unitariamente, isto é, que tem normas de conduta não só universais em ideia, mas também 'generalizadas' na realidade social" (ibidem, 1.271 [CC, 1, 341]).

BIBLIOGRAFIA: FROSINI, 2003A; KANOUSSI, 2000; RACINARO, 1999.

FABIO FROSINI

Ver: Alemanha; Engels; filosofia; filosofia especulativa; Hegel; idealismo; Lenin; Marx; Reforma; Renascimento; revolução passiva; tradutibilidade.

filosofia da práxis

Ainda entre aspas, como expressão tomada de empréstimo, a definição "filosofia da práxis" aparece pela primeira vez em Q 5, 127 [CC, 3, 216], dentro de uma longa nota sobre Maquiavel: "Em sua elaboração, em sua crítica do presente, expressou conceitos gerais, que se apresentam sob forma aforística e assistemática, e expressou uma concepção do mundo original, que também poderia ser chamada de "filosofia da práxis" ou "neo-humanismo", na medida em que não reconhece elementos transcendentais ou imanentistas (em sentido metafísico), mas baseia-se inteiramente na ação concreta do homem que, por suas necessidades históricas, opera e transforma a realidade" (ibidem, 657 [CC, 3, 218]). A origem da expressão remonta a *Discorrendo di socialismo e di filosofia* [Discorrendo sobre socialismo e filosofia] (1897), de Antonio Labriola: "A filosofia da práxis [...] é a medula do materialismo histórico". O uso da fórmula cabe então no quadro geral da recuperação da "cultura superior" do marxismo de Labriola que G. propõe no fim de 1930, quando, após o "período romântico da luta, do Sturm und Drang popular", o marxismo permanecia ainda desgastado por uma busca populista de "armas mais imediatas" de luta política (Q 3, 31, 309) – armas imediatas que o marxismo encontrava no senso comum popular ou nas filosofias dominantes do positivismo, do materialismo e do idealismo, ficando assim subalterno aos valores imperantes. Interpretar o marxismo por meio de Labriola como filosofia da práxis, em outros termos, significa restituir a ele uma sua própria dignidade filosófica, preservando sua "substância medular" (Q 11, 22, 1.425 [CC, 1, 140]) de qualquer tipo de degradação. Uma exata imagem da corrupção do marxismo é dada pela publicação em 1921 da *Teoria do materialismo histórico. Manual popular de sociologia marxista*, de Nikolai Bukharin, "que se ressente de todas as deficiências da oratória coloquial" (Q 1, 153, 136). O sucesso editorial desse livro, mas sobretudo sua crescente influência na Terceira Internacional, alertam G. do perigo de uma redução do marxismo a mera sociologia da história e da política modelada sobre as ciências naturais e sobre o marxismo vulgar. Como programaticamente anunciado pelo título, o *Manual* queria ser "popular"; mas exatamente por isso sua vulgarização acabava por oferecer uma teoria em nada "superior", isto é, incapaz de elevar as massas populares de um estado de subalternidade ideológica.

Bukharin reduz o marxismo a duas filosofias (positivismo e materialismo) não só criticamente débeis, mas sobretudo estranhas ao próprio marxismo: "Uma teoria da história e da política entendida como sociologia, isto é, a ser construída segundo o método das ciências naturais (experimental no sentido vulgarmente positivista), e uma filosofia propriamente dita, que seria o materialismo filosófico ou metafísico ou mecânico (vulgar)" (Q 11, 22, 1.425 [CC, 1, 143]). Para G., ao contrário, "o positivismo e as teorias mecanicistas [são uma – ndr] deterioração da filosofia da práxis" (Q 8, 235, 1.088) e esta última não pode ser confundida "com o materialismo vulgar, com a metafísica da 'matéria'" (Q 11, 62, 1.489 [CC, 1, 203]). Por isso, então se deve "reavaliar a posição de Antonio Labriola", que se distingue "com a sua afirmação de que o próprio marxismo é uma filosofia independente e original" (Q 4, 3, 421-2). Identificando na filosofia da práxis a "medula" de uma nova filosofia, original e independente das outras, G. pretendia antes de tudo desincrustar o marxismo das vulgarizações positivistas e materialistas: "Para a filosofia da práxis, a 'matéria' não deve ser entendida nem no significado que resulta das ciências naturais [...] nem nos significados que resultam das diversas metafísicas materialistas [...]. A matéria, portanto, não deve ser considerada como tal, mas como social e historicamente organizada pela produção e, desta forma, a ciência natural deve ser considerada essencialmente como uma categoria histórica, uma relação humana" (Q 11, 30, 1.442 [CC, 1, 160]).

Embora o discurso que começa a aparecer na nota sobre Maquiavel possa ser também uma tentativa carcerária de quem contorna a censura traduzindo termos *suspeitos* como "materialismo histórico" com o aparentemente menos opinável "filosofia da práxis", é adequado levar em consideração o fato de que a tradução não é aqui desprovida de implicações e consequências teóricas. Mediante a menção de Labriola, "filosofia da práxis" não é tanto um sinônimo, mas uma verdadeira revisão e interpretação do materialismo histórico como filosofia independente e original. Com certeza G. não quer excluir o fato de que uma revisão do marxismo seja, se não necessária, pelo menos possível: "Como filosofia, o materialismo histórico afirma teoricamente que toda 'verdade' tida como eterna e absoluta tem origens práticas e representou ou representa um valor provisório. Mas o difícil é tornar compreensível 'praticamente' esta interpretação no que toca ao próprio materialismo histórico" (Q 4, 40, 465 [CC, 6, 362]). Mas se a filosofia da práxis quer ser uma revisão, quer também diferenciar-se de operações similares, realizadas tanto por materialistas vulgares de esquerda (Q 7, 29 [CC, 6, 372]), como pelo idealismo de direita que, com Croce e Gentile, anuncia já a "superação" do marxismo. Em tal sentido, mais do que uma revisão, a filosofia da práxis quer ser a busca de uma ortodoxia própria do marxismo: "O conceito de 'ortodoxia' deve ser renovado e relacionado a suas autênticas origens. A ortodoxia não deve ser buscada neste ou naquele discípulo de Marx, nesta ou naquela tendência ligada a correntes estranhas ao marxismo, mas no conceito de que o marxismo basta a si mesmo, contém em si todos os elementos fundamentais não só para construir uma concepção total do mundo, uma filosofia total, mas para fazer viva uma total organização prática da sociedade, isto é, para tornar-se uma civilização integral, total" (Q 4, 14, 435 [CC, 6, 360]).

Estabelecido assim o materialismo histórico como filosofia original e independente, G. trabalha para desenvolver uma "total filosofia", distinta das tendências estranhas ao marxismo. Antes de tudo, o que distingue o marxismo concebido como filosofia da práxis do materialismo filosófico e vulgar? Uma primeira diferença consiste, como se viu, na própria definição de "matéria". Se para o materialismo filosófico a matéria é dado ontológico e totalidade do existente, para a filosofia da práxis a matéria é "social e historicamente organizada para a produção, como *relação humana*" (Q 4, 25, 443). É nesse sentido que, como já preanunciado pela nota sobre Maquiavel, a filosofia da práxis seria um "neo-humanismo": contrária a determinismos positivistas e fatalismos materialistas, ela torna-se ciência da "relação entre a vontade humana (superestrutura) e a estrutura econômica" (Q 7, 18, 868 [CC, 1, 236]) e põe "na base da filosofia a 'vontade' (em última instância, a atividade prática ou política)" (Q 11, 59, 1.485 [CC, 1, 202]). Referindo-se ao *Manifesto do Partido Comunista*, G. vê nessa filosofia, mais que uma ciência, uma coincidência de "ciência-ação" (Q 7, 33, 882 [CC, 1, 242]), teorização de uma relação humana que, no teorizar, exprime e organiza uma vontade de transformação, torna-se práxis ela mesma. Contrária, então, ao materialismo filosófico, a filosofia da práxis não concebe a matéria como dado, e sim – e nisso reside a ortodoxia gramsciana – como produção histórica da relação homem-matéria: "Em tal expressão, 'materialismo histórico', deu-se maior peso ao primeiro membro, quando deveria ter sido dado ao segundo: Marx é essencialmente um 'historicista'" (Q 4, 11, 433 [CC, 6, 359]).

Diferenciada assim do materialismo vulgar, é necessário ainda distinguir a filosofia da práxis do seu mais refinado adversário. Croce na margem liberal, e Gentile na fascista, foram se apropriando da mesma terminologia labriolana. Uma nota sobre *Alcuni problemi per lo studio dello svolgimento della filosofia della praxis* [Alguns problemas para o estudo do desenvolvimento da filosofia da práxis], escrita entre 1933 e 1934, mas que usa novamente o material já apontado em 1930 no Q 3, 31, registra o "fato, muito importante e significativo [...] de que a combinação filosófica mais relevante aconteceu entre a filosofia da práxis e diversas tendências idealistas" (Q 16, 9, 1.854 [CC, 4, 31]). Isso ocorreu porque o marxismo, ao contrário, "se encontrava em luta com a ideologia mais difundida nas massas populares, o transcendentalismo religioso, e acreditava poder superá-lo só com o materialismo mais cru e banal, que era também uma estratificação não indiferente do senso comum" (ibidem, 1.855 [*CC*, 4, 32]). Voltamos à antinomia vulgarização-alta cultura. O marxismo fica prisioneiro da "'terrível' questão da 'realidade objetiva do mundo exterior' [...]. O público popular não acredita sequer que se possa colocar um tal problema, ou seja, se o mundo exterior existe objetivamente [...]. O público 'crê' que o mundo exterior seja objetivamente real [...]. Esta crença tornou-se um dado férreo do 'senso comum'" (*Q 11*, 17, 1.411-2 [*CC*, 1, 130]). Por isso, "uma filosofia da práxis não pode deixar de se apresentar, inicialmente, em atitude polêmica, como superação do modo de pensar preexistente" e "então como crítica do 'senso comum'" (*Q 8*, 220, 1.080). E por isso são os "intelectuais 'puros'", como os neoidealistas Croce e Gentile, que se apropriam da filosofia da práxis – reproduzindo assim, mesmo dentro dessa filosofia, a distância entre intelectuais e massas.

Mas embora seja "muito fácil deixar-se levar pelas semelhanças exteriores", a filosofia da práxis não é neoidealismo: "Um exemplo clássico é o representado pela redução crociana da filosofia da práxis a cânone empírico de investigação histórica" (*Q 16*, 9, 1.856 [*CC*, 4, 33]). Croce também, essencialmente, parte do mesmo erro de Bukharin: de que um materialismo histórico seja um materialismo empírico e vulgar (*Q 7*, 1, 851). Mas a partir desse erro Croce acaba imputando uma contradição final ao marxismo: se matéria, estrutura e base são as únicas determinantes do processo histórico, a política – ideologia e, sobretudo, estrutura – torna-se "afirmação de um momento da prática, de um espírito prático, autônomo e independente, embora ligado circularmente à inteira realidade por meio da mediação da dialética dos distintos" (*Q 8*, 61, 977). Assim fazendo, Croce liquida a política como momento superestrutural e, portanto, marginal ao materialismo histórico, no qual as causas estruturais permanecem materiais e econômicas. É aqui que a expressão "filosofia da práxis" se torna novamente, mais que mera tradução, uma interpretação do materialismo histórico. Desde que a relação humana historicamente concebida tomou o lugar da matéria, a questão das ideologias, das superestruturas e da política não pode mais ser simplificada como um simples efeito determinado por elementos estruturais. Estrutura e superestrutura constituem, justamente, uma relação. Assim, nas notas sobre a filosofia de Croce de *Q 10* I o "mais importante problema a ser discutido [...] é o seguinte: se a filosofia da práxis exclua a história ético-política, isto é, [...] não dê importância à direção cultural e moral e se julgue realmente os fatos da superestrutura como 'aparências'. Pode-se dizer que não só a filosofia da práxis não exclui a história ético-política, como, ao contrário, sua mais recente fase de desenvolvimento consiste precisamente na reivindicação do momento de hegemonia como essencial à sua concepção estatal e à 'valorização' do fato cultural, da atividade cultural, de uma frente cultural como necessária, ao lado das frentes meramente econômicas e políticas" (ibidem, 1.224 [*CC*, 1, 295]). Numa filosofia da práxis, "na qual tudo é prática" (*Q 8*, 61, 977), o ato eminentemente prático – a política – não pode ser "autônomo", mas filosofia ele mesmo – visão do mundo, criação de "relações humanas" (*Q 10* II, 6, 1.245 [*CC*, 1, 314]) entre homens e homens, entre homens e coisas, relação humana ela mesma. Não somente a política, mas até mesmo o trabalho cultural e as ideologias, inclusive a própria "filosofia da práxis [...] é uma filosofia que é também uma política e uma política que é também uma filosofia" (*Q 16*, 9, 1.860 [*CC*, 4, 37]), tornam-se então "o primeiro momento" em que os homens tomam consciência dos conflitos de estrutura e, "com afirmação voluntária", atuam para transformá-los. (*Q 8*, 61, 977).

Ao passo em que acusa Croce de uma forma de "racionalismo anti-historicista" (*Q 10* I, 6, 1.221 [*CC*, 1, 291]; cf. também *Q 10* II, 1, 1.240 [*CC*, 1, 310]) e uma "mecanicidade" antidialética, G. percebe na "filosofia ultraespeculativa" de Gentile uma mera "composição formal e verbal" das "contradições" de Croce (*Q 10* I, 7, 1.223 [*CC*, 1, 293]). Gentile também supõe que o marxismo seja um monismo (materialista) que contradiz a si mesmo ao colocar um pensamento, produzido por causas materiais, numa posição sempre externa a elas. G. responde novamente que o materialismo histórico, enquanto filosofia da práxis, não é o monismo materialista de Feuerbach; mas o voluntarismo à base dessa filosofia tampouco é uma forma – "ultraespeculativa" – de espiritualismo ou idealismo, em que o ato permanece como pensamento abstrato que coloca a si mesmo como autoconsciência, mas ao contrário, vontade de homens concretos e historicamente determinados: "Nem o monismo materialista nem o idealista, nem 'Matéria' nem

'Espírito' evidentemente, mas '*materialismo histórico*', isto é, atividade do homem (história) [espírito – ndr] em concreto, isto é, aplicada a certa 'matéria' organizada (forças materiais de produção), à 'natureza' transformada pelo homem. Filosofia do *ato* (práxis), não do 'ato puro', mas exatamente do ato 'impuro', isto é, real no sentido profano da palavra" (*Q 4*, 37, 455). Mais uma vez, "matéria" e "real" nada mais são do que relação – nesse sentido, impuros "no sentido profano da palavra". Não seres dados para si, mas trabalho – "a célula 'histórica' elementar" (*Q 4*, 47, 473 [*CC*, 6, 365]) –, que não é relação entre substâncias (homem e realidade; pensamento e matéria), mas relação que coloca os seus próprios termos de relação. Em tal contexto, é o atualismo "puro" de Gentile, ao contrário, que se resolve em um monismo imperfeito: o pensamento que coloca a si mesmo, de modo solipsista, como realidade. A filosofia da práxis, enquanto filosofia do ato "impuro", permanece, ao invés, uma ciência do homem ("antropologia", *Q 17*, 12, 1.917 [*CC*, 1, 266] e "neo-humanismo", *Q 17*, 18, 1.922 [*CC*, 1, 267]) e do seu ambiente real não como dados, abstratamente entendidos, mas como relação de recíproca produção na história. Parece, então, que "somente a filosofia da práxis realizou um passo à frente no pensamento [...] evitando qualquer tendência para o solipsismo, historicizando o pensamento na medida em que o assume como concepção do mundo [...] que ensina como não existe uma 'realidade' em si mesma, em si e para si, mas em relação histórica com os homens que a modificam" (*Q 11*, 59, 1.486 [*CC*, 1, 202-3]).

Se a filosofia da práxis deu um passo à frente, o mais importante, porém, resta por ser feito: essa filosofia "ainda atravessa sua fase popular [...] é a concepção de um grupo social subalterno [...] sempre aquém da posse do Estado, do exercício real da hegemonia". O problema de uma sua afirmação tanto teórica como prática coincide com a questão da superação da antinomia vulgarização-alta cultura: isto é, a passagem da subalternidade à hegemonia (*Q 16*, 9, 1.860-1 [*CC*, 4, 37]).

Bibliografia: Baratta, 2000; Corradi, 2005; Fergnani, 1976; Frosini, 2004; Haug, 2000; Tronti, 1959.

Roberto Dainotto

Ver: Croce; espírito/espiritualismo; Gentile; historicismo; Labriola; marxismo; matéria; materialismo e materialismo vulgar; materialismo histórico; ortodoxia.

filosofia especulativa

A reflexão sobre o tema da especulação intensifica-se durante a primavera de 1932 (cf. *Q 8*, 224, 1.081-2) e sobretudo no *Q 8*, 238, 1.090, no qual G. define a especulação em termos históricos e políticos, como o correspondente, no plano dos conceitos, da bem-sucedida realização de uma hegemonia. Para G. "o elemento 'especulação'" não caracteriza a filosofia como tal, mas bem mais "a fase de um pensamento filosófico em desenvolvimento segundo o processo geral de um determinado período histórico [...] que coincide com o período de completa hegemonia do grupo social que exprime, e talvez coincida exatamente com o momento em que a hegemonia real se desagrega, mas o sistema de pensamento se aperfeiçoa e se refina como acontece nas épocas de decadência" (idem). Tal processo não se limita às formas de hegemonia burguesa: "a própria crítica terá uma sua fase especulativa" (idem; cf. também *Q 11*, 53, 1.481-2 [*CC*, 1, 198]).

G. retorna repetidamente ao tema da especulação em sua crítica a Croce e Bukharin (*Q 10* I, p. 1.207-9 e *Q 11*, 14, 1.401 [*CC*, 1, 120]). A crítica historicista da filosofia especulativa se torna central para a elaboração de três conceitos estreitamente ligados. Antes de tudo, a afirmação de que "a crítica resolve a especulação em seus termos reais de ideologia" (*Q 8*, 238, 1.090) contribui para o desenvolvimento de uma teoria da tradutibilidade entre diversas linguagens (*Q 10* I, 7, 1.222 [*CC*, 1, 293]). Em segundo lugar, a insistência de G. sobre a oposição entre especulação e historicismo o leva a especificar o marxiano "novo conceito de imanência, que de sua forma especulativa [...] foi traduzido em forma historicista" (*Q 10* II, 9, 1.247 [*CC*, 1, 317]). Finalmente, G. identifica na filologia uma alternativa à especulação (*Q 10* I, 8, 1.226 [*CC*, 1, 296]). "A filosofia da práxis, reduzindo a 'especulatividade' aos seus justos limites [...] revela-se a metodologia histórica mais adequada à realidade e à verdade" (*Q 11*, 45, 1.467 [*CC*, 1, 184]).

Peter Thomas

Ver: Bukharin; Croce; filosofia; ideologia; tradutibilidade.

filósofo e filósofo democrático

A análise da figura do "filósofo 'profissional ou tradicional'" (*Q 10* II, 6, 1.245 [*CC*, 1, 314]) está estreitamente ligada nos *Q* seja à redefinição gramsciana do conceito de filosofia em termos historicistas e realistas, seja à sua análise dos intelectuais "tradicionais" e "orgânicos".

G. herda e especifica de maneira crítica o princípio crociano "todo homem é um filósofo" (*Q 8*, 173, 1.045), mas acrescenta a tal princípio o fato de que "todo filósofo é essencialmente um homem político" (*Q 17*, 22, 1.925 [*CC*, 1, 270]), na medida em que contribui para a organização das relações sociais. Para G. a figura tradicional do filósofo como pensador coerente ou "gênio" filosófico individual (*Q 11*, 12, 1.378 [*CC*, 1, 93]) funcionou como instância de unificação espiritual para as filosofias do passado, que devem ser entendidas como "a expressão das contradições íntimas da sociedade" (*Q 4*, 45, 471 [*CC*, 6, 364]). Todavia, tais filosofias não foram expressão consciente dessas contradições (idem). "Cada filósofo" tradicional, portanto, "está e não pode deixar de estar convencido de que expressa a unidade do espírito humano, isto é, a unidade da história e da natureza" (idem). Como expressão da unidade do espírito humano, afirma G., a figura do filósofo é estreitamente ligada à noção "católica" de natureza humana estática (*Q 10* II, 54, 1.344-5 [*CC*, 1, 411]).

Hegel, no parecer de G., representa um momento de virada na história da filosofia porque "ainda que na forma de 'romance filosófico', consegue-se compreender o que é a realidade, isto é, tem-se, num só sistema e num só filósofo, aquele conhecimento das contradições que, antes dele, era dado pelo conjunto dos sistemas, pelo conjunto dos filósofos, em polêmica entre si, em contradição entre si" (*Q 4*, 45, 471 [*CC*, 6, 364]). Contudo, o hegelianismo terminou no momento de compreensão de tais contradições; não progrediu até o ponto de colocar o filósofo, "entendido individualmente ou como grupo social global", como um "elemento da contradição" e de elevar "este elemento a princípio político e de ação" (idem; no Texto C, *Q 11*, 62, 1.487 [*CC*, 1, 203], "princípio de conhecimento e então de ação"), como, ao invés, a filosofia da práxis faz.

G. critica a formulação de Croce de que "todo homem é filósofo" (*Q 8*, 173, 1.045) por sua natureza acrítica: antes de tudo porque ela se concentra nos elementos "filosóficos" já presentes no senso comum e não põe a questão do significado histórico concreto dessa concordância aparente entre filosofia e senso comum; em segundo lugar, porque no seu próprio pensamento Croce coloca limites ao significado de tal proposição por meio de uma clara separação entre filosofia e ideologia. G., ao contrário, insiste no fato de que a constituição da relação entre filosofia e senso comum deve ser estudada criticamente, ou seja, nos termos da difusão de filosofias particulares por meio de projetos hegemônicos de determinados grupos sociais. Ademais, G. redefine a distinção entre filosofia e ideologia em termos políticos: "As ideologias" são "o aspecto de massa de toda concepção filosófica, que adquire no 'filósofo' características de universalidade abstrata, fora do tempo e do espaço, características peculiares, de origem literária e anti-histórica" (*Q 10* II, 2, 1.242 [*CC*, 1, 312]). Assim, para G., "entre filósofos profissionais ou 'técnicos' e os demais homens não existe diferença 'qualitativa', mas apenas 'quantitativa'" (*Q 10* II, 52, 1.342 [*CC*, 1, 410]).

Nessa perspectiva, a proposição "todo homem é um filósofo" (*Q 8*, 173, 1.045) significa que "participa de uma concepção do mundo e, portanto, contribui para conservá-la, modificá-la, isto é, para criar novas concepções" (*Q 4*, 51, 488). G. escreve: "O filósofo profissional ou técnico não só 'pensa' com maior rigor lógico, com maior coerência, com maior espírito de sistema, do que os outros homens, mas conhece toda a história do pensamento, isto é, sabe explicar o desenvolvimento que o pensamento experimentou até ele e é capaz de retomar os problemas a partir do ponto onde eles se encontram após terem sofrido a mais alta tentativa de solução etc. Ele tem, no campo do pensamento, a mesma função que, nos diversos campos científicos, têm os especialistas" (*Q 10* II, 52, 1.342 [*CC*, 1, 410]). É exatamente o confronto com tais especialistas que produziu "a caricatura do filósofo" (idem), entendido tanto no sentido tradicional como na acepção comum. Todavia, G. insiste no fato de que "é impossível pensar em um homem que não seja também filósofo, que não pense, precisamente porque o pensar é próprio do homem como tal" (ibidem, 1.343 [*CC*, 1, 411]).

A definição estendida de filósofo como quem tem (ou tenta ter) "uma concepção do mundo criticamente coerente" (*Q 11*, 12, 1.377 [*CC*, 1, 93]) leva G. a afirmar que "o verdadeiro filósofo é – e não pode deixar de ser – nada mais do que o político, isto é, o homem ativo que modifica o ambiente, entendido por ambiente o conjunto das relações de que todo indivíduo faz parte" (*Q 10* II, 54, 1.345 [*CC*, 1, 413]). Nesse sentido, em acordo com a tese da tradutibilidade das linguagens, G. afirma que "a [...] 'verdadeira' filosofia" de um homem político poderia eventualmente ser encontrada mais do que em seus escritos político, em seus escritos "de filosofia" (*Q 4*, 46, 473 e *Q 11*, 65, 1.493 [*CC*, 1, 209]). Assim, exatamente como se afirma que o filósofo já é um político na medida em que organiza e transforma uma determinada concepção do mundo, da mesma maneira nos *Q* encontramos que o trabalho do homem político Lenin, e em particular "o princípio teórico-prático da hegemonia" tem um "alcance gnosiológico" ou filosófico (*Q 10* II, 12, 1.249-50 [*CC*, 1, 320]).

No outono de 1932, em um texto dedicado a *Introduzione allo studio della filosofia* [Introdução ao estudo da filosofia] (*Q 10* II, 44 [*CC*, 1, 398]), G. sintetiza as reflexões sobre a figura do filósofo no mundo moderno no novo conceito de "filósofo democrático": "A personalidade histórica de um filósofo individual é também dada pela relação ativa entre ele e o ambiente cultural que quer modificar, ambiente que reage sobre o filósofo e, obrigando-o a uma permanente autocrítica, funciona como 'professor'. Compreende-se assim por que uma das maiores reivindicações das modernas camadas intelectuais no campo político foi a da chamada 'liberdade de pensamento e de expressão do pensamento (imprensa e associação)', já que só onde existe esta condição política se realiza a relação de professor-discípulo no sentido mais geral [...] e, na realidade, só assim se realiza 'historicamente' um novo tipo de filósofo, que se pode chamar de 'filósofo democrático', isto é, do filósofo consciente de que sua personalidade não se limita à sua individualidade física, mas é uma relação social ativa de modificação do ambiente cultural" (ibidem, 1.331-2 [*CC*, 1, 400]). Dessa maneira, a filosofia da práxis é considerada a forma filosófica que representa o desenvolvimento mais coerente dessa tendência no mundo moderno, na medida que é "uma concepção de massa, uma cultura de massa e de uma massa que atua unitariamente" *(Q 10* II, 31, 1.271 [*CC*, 1, 339])*, que fornece uma forma concreta para a "atividade do filósofo 'individual' [...] concebida [...] em função de tal unidade social, ou seja, também ela como política, como função de direção política" (idem). A figura do filósofo democrático representa assim, no campo de batalha da filosofia, um aliado do "intelectual orgânico" do movimento operário, isto é, do intelectual cujo modo de ser e de pensar não é mais "a 'eloquência' motor dos afetos", mas o fato de ser um "novo intelectual-construtor, organizador, 'persuasor permanentemente'" (*Q 4*, 72, 514).

Peter Thomas

Ver: Croce; filosofia; filosofia da práxis; Hegel; hegemonia; ideologia; intelectuais orgânicos; intelectuais tradicionais; Lenin; senso comum.

fins: v. meios e fins.

física e química

A filosofia da práxis considera "as diversas propriedades físicas (químicas, mecânicas etc.) da matéria [...] só na medida em que se tornam 'elemento econômico' produtivo", portanto, "social e historicamente organizadas pela produção"; as relativas ciências (a física, a química, a "ciência natural", as "ciências técnicas") também são, portanto, uma "categoria histórica, uma relação humana" (*Q 11*, 30, 1.442 [*CC*, 1, 160]), cujas verdades não são definitivas (*Q 11*, 36, 1.454-5 [*CC*, 1, 168]), mas sempre destinadas a serem revistas e melhoradas. Nas ciências naturais uma teoria é "uma hipótese científica que poderá ser ultrapassada, isto é, absorvida em uma teoria mais ampla e compreensiva"; em parte desse caráter não definitivo deriva a definição gramsciana da ciência como superestrutura (*Q 11*, 30, 1.445 [*CC*, 1, 160]).

G. acompanha com interesse os desenvolvimentos científicos e cita a experiência de Rutherford, que estabeleceu a estrutura do átomo: a conclusão que extrai da experiência é indireta, "'é vista' nos resultados e não no ato", isto é, somente por meio de uma "cadeia" lógica. A revolução na ciência subatômica das primeiras décadas do século XX constituiu a fase inicial de "uma nova época científica", que pode até mesmo produzir paradoxos, uma "nova forma de 'sofística'", análoga às da Antiguidade, que desenvolveram um papel positivo de "aperfeiçoar os instrumentos do pensamento" (*Q 11*, 36, 1.454-5 [*CC*, 1, 168]). A tarefa de explicar tais fenômenos a um público profano é difícil, até porque palavras existentes tiveram que ser usadas para "indicar arbitrariamente fatos absolutamente diversos" (ibidem, 1.451).

Ao contrastar a afirmação de que "fenômenos infinitamente pequenos [...] não podem ser considerados independentemente do sujeito que os observa" (*Q 11*, 36, 1.454 [*CC*, 1, 168]), G. demonstra seu realismo epistemológico. Sua posição não está errada, mas talvez seja parcial, já que o ato de observar uma partícula elementar (por exemplo, por meio de um fóton) muda algumas de suas propriedades físicas (ímpeto, direção): seria necessário poder definir mais exatamente o que G. entende com "independente" e outras afirmações suas a respeito disso.

Derek Boothman

Ver: matemática; matéria; objetividade; ciência.

fisiocratas

A G. não parece correta a teoria segundo a qual os fisiocratas teriam representado os interesses agrícolas, ao passo que "os interesses do capitalismo urbano" (*Q 13*, 13, 1.575-6 [*CC*, 3, 29]) teriam se afirmado somente com a economia clássica; sua linguagem aparece-lhe demasiado vinculada ao contexto histórico e expressão do "contraste imediato entre cidade e campo", mas isso permitiu prever também "uma ampliação do capitalismo à agricultura" (ibidem, 1.576). As teorias fisiocráticas constituíram, segundo G., uma ruptura tanto em relação ao sistema mercantil como em relação ao corporativismo e, portanto, os fisiocratas representaram uma "burguesia em uma fase já desenvolvida" (*Q 8*, 78, 985 [*CC*, 6, 377]), ou seja, uma "sociedade futura bem mais complexa do que aquela contra a qual combatem e até do que aquela que resulta imediatamente de suas afirmações" (*Q 13*, 13, 1.576 [*CC*, 3, 33]). Sem a escola fisiocrática, que demonstrou a "importância econômica e social do cultivador direto" (ibidem, 1.575 [*CC*, 3, 33]), não é possível, segundo G., compreender ou conceber o pensamento dos jacobinos franceses (mas também de Rousseau). Uma atenta reflexão sobre essa conexão político-econômica pode convencer, por outro lado, do fato de que a tendência de Maquiavel a ligar cidade e campo tivesse um significado militar. Poderia ser demonstrado que exatamente a linguagem de Maquiavel, embora essencialmente política, tivesse em si, sobretudo em *A arte da guerra*, "o primeiro germe de uma concepção fisiocrática do Estado" (*LC*, 549, a Tania, 14 de março de 1932 [*Cartas*, II, 172]), se pudesse ser demonstrada sua tensão para suscitar vínculos entre cidade e campo por meio dos quais as classes urbanas teriam renunciado a "determinados privilégios feudal-corporativos em relação ao campo" para "incorporar as classes rurais ao Estado" (*Q 8*, 162, 1.039 [*CC*, 3, 284]). Averiguado isso, poder-se-ia fazer a hipótese de que Maquiavel tenha sido "um precursor dos jacobinos franceses" no verdadeiro sentido da palavra e não "no sentido exterior de Ferrari e talvez até de Foscolo" (*LC*, 549, a Tania, 14 de março de 1932 [*Cartas*, II, 173]). Mesmo vivendo em um período mercantilista, Maquiavel teria ultrapassado o mercantilismo e de alguma maneira teria compreendido o ambiente político-social assim como pressuposto pela economia clássica (*Q 8*, 162, 1.039 [*CC*, 3, 283]).

JOLE SILVIA IMBORNONE

Ver: cidade-campo; classe urbana; jacobinismo; Maquiavel; Rousseau.

folclore/folklore

Nas duas diferentes formas de escrita ortográficas, os lemas "folclore" e "folklore" encontram-se já nos escritos pré-carcerários, mas sua recorrência é bastante escassa, diferentemente do que ocorre nas *LC* e nos *Q*.

Em uma das primeiras cartas à cunhada Tania desde o confinamento (em data 19 de dezembro de 1926), falando dos confinados de Ustica, G. escreve que "se poderiam fazer observações de psicologia e de folclore de caráter excepcional" (*LC*, 19 [*Cartas*, I, 89]). A sugestão, em parte desenvolvida na sucessiva correspondência, enriquecer-se-á com a descrição (em uma carta de 11 de abril de 1927) das diversas culturas carcerárias (calabresas, napolitanas, apulienses, sicilianas), observadas durante a transferência de Ustica a Milão (*LC*, 69, a Tania [*Cartas*, I, 141]). Percebe-se já nessas primeiras páginas carcerárias o eco, a prolongação das reflexões desenvolvidas em *Alguns temas da questão meridional*. Mais em geral, nas *LC* são numerosas as referências aos aspectos da cultura sarda: à lembrança de fatos e circunstâncias une-se o pedido por novas formas de expressão e textos do folclore local: "se fazem disputas poéticas em algumas festas, escreva-me sobre os temas que são cantados [...]. Sabe que sempre tive muito interesse por essas coisas" (*LC*, 122, à mãe, 3 de outubro de 1927 [*Cartas*, I, 195]). As cartas aos filhos são ricas de histórias e contos que se reportam a motivos da tradição popular. De forma análoga, no laboratório dos *Q* encontram-se apontamentos sobre provérbios e máximas (por exemplo, *Q 8*, 154, 1.033-4 [*CC*, 4, 115] e *Q 14*, 50, 1.708-9 [*CC*, 3, 310]), traduções de contos (Grimm), referências a cantos e a formas de expressão teatrais e da literatura popular (*Q 6*, 207, 844-5 [*CC*, 6, 205]). Trata-se de indícios úteis que fundamentam a hipótese de que para G. o folclore não tem um aspecto marginal ou ocasional, "tolices sem *cabu né coa*"* (*LC*, 123 [*Cartas*, I, 195]), mas "uma coisa que é muito séria e que deve ser levada a sério" (*Q 27*, 1, 2.314 [*CC*, 6, 133]). Poderíamos considerar os indícios apontados como um primeiro nível da reflexão sobre o tema, uma espécie de "observação empírica" que sustenta a reflexão mais madura.

Na página inicial dos *Q* (8 de fevereiro de 1929 [*CC*, 1, 78]), "O conceito de folclore" aparece como número 7 dos *Temas principais*, ligado ao número 13, "O senso

---

* Manteve-se aqui a expressão como aparece no original, em dialeto sardo. Significa "sem pé nem cabeça". (N. T.)

comum". O nexo é confirmado na reformulação do plano de trabalho – que remonta a novembro de 1931 (segundo Gerratana) ou um ano antes (segundo Francioni) – no qual encontramos folclore e senso comum (*Q 8*, p. 935), com a grafia mudada. A grafia "folklore" é usada nos anos 1929-1930 e aparece de novo, quase despercebida, em um Texto B de outubro de 1931 (*Q 7*, 62, 901 [*CC*, 2, 152]); nesse mesmo mês encontra-se pela primeira vez "folclore" (*Q 6*, 153, 810, Texto B [*CC*, 6, 202]), grafia que passa a ser estavelmente adotada. Uma primeira rápida averiguação do termo folklore – ou folclore – evidencia que nos *Q* os apontamentos de primeira redação, inicialmente colocados em diferentes locais, encontram, revisitados e ampliados, melhor colocação: entre as notas de *Introdução ao estudo da filosofia* (*Q 11*); nas *Observações sobre o "Folclore"* (*Q 27*); com menor densidade, o termo aparece também em *Literatura popular* (*Q 21*) e em *Crítica literária* (*Q 23*); alguma referência nos *Q 12* e *24*. Há também interessantes Textos B (*Q 5*, 156, 679-80 [*CC*, 6, 181], "Folklore" e *Q 9*, 15, 1.105 [*CC*, 6, 225], "Folclore"), retomados em uma nova redação, no âmbito da edição temática dos *Q*, no volume *Literatura e vida nacional* (1950), completando as duas notas originárias de *Observações sobre o "Folclore"*. Na reflexão gramsciana permanece central a atenção teórico-filosófica, embora nos escritos carcerários estejam presentes ulteriores aspectos, metodológicos e temáticos (classificação do folclore, considerações sobre alguns temas do folclore jurídico, sobre os provérbios, literatura e teatro populares etc.), que enriquecem o leque de elementos (normas, tendências e dinâmicas) úteis a definir uma estratégia política e prática. A reflexão sobre o folclore alcançará resultados tão avançados que ainda hoje são terreno de vivaz e produtiva discussão crítica. Folclore e senso comum é o nexo que imediatamente aparece nos *Q*, em que G. observa que "cada camada social tem o seu 'senso comum'" e "cada corrente filosófica deixa uma sedimentação de 'senso comum'" (*Q 1*, 65, 76), não "algo de rígido e imóvel", mas que "se transforma continuamente [...]. O 'senso comum' é o folclore da 'filosofia' e está no meio entre o 'folclore' propriamente (isto é, assim como ele é concebido) e a filosofia". Ele "cria o futuro folclore, isto é, uma fase mais ou menos enrijecida de certa época e lugar (seria necessário fixar bem estes conceitos, repensando-os profundamente)" (idem). Instaura-se uma imediata ligação entre folclore, senso comum e filosofia, relação que constitui o primeiro bloco de termos (visão e concepção do mundo, religião, bom senso, conformismo, tradição, moral etc.) que vão compondo uma "rede conceitual" em torno do lema "ideologia".

A importância das observações gramscianas está na diferente perspectiva adotada na leitura da matéria folclórica em relação aos estudiosos de seu tempo. Para G. o folclore "foi estudado até agora (na realidade até agora apenas foi coletado material cru) como elemento 'pitoresco'". Seria necessário estudá-lo como "concepção do mundo" de determinadas camadas da sociedade, que não são atingidas pelas modernas correntes de pensamento. Concepção do mundo não somente não elaborada e sistematizada [...], mas multíplice, no sentido de que é uma justaposição mecânica de várias concepções do mundo, ou até mesmo um museu de fragmentos de todas as concepções do mundo e da vida que se sucederam na história. Também o pensamento e a ciência moderna fornecem elementos ao folklore" (*Q 1*, 89, 89). A ênfase é colocada sobre "concepção do mundo e da vida", própria de "determinadas camadas da sociedade [...] não atingidas pelas modernas correntes de pensamento". Percebe-se nessa análise a filigrana de competências linguísticas, fruto dos estudos com Matteo Bartoli, o método histórico e a filologia nos anos de "aprendizado universitário". Remonta aos primeiros anos da atividade jornalística a "resenha teatral" "La rievocazione di Gelindo" [A celebração de Gelindo] (25 de dezembro de 1915, em *CT*, 737-8), em que G. descreve a figura de Gelindo como "encarnação do espírito popular piemontês [...] que se coloca à margem do desenrolar dos acontecimentos, ilustrando-os e comentando-os, participa deles contrapondo-lhes a sua particular visão do mundo e sua vida de todos os dias". Acrescentando que, à dimensão "cristalizada" fornecida por Gelindo justapõe-se Gianduja, "sempre ativo no espírito popular" (ibidem, 737) para comentar criticamente as guerras recentes e a em curso. G. escreverá de forma mais arguta no cárcere, analisando as diversas camadas sociais populares, sobre a distinção entre "os fossilizados, que refletem condições de vida passada e que são, portanto, conservadores e reacionários; e os que são uma série de inovações, frequentemente criadoras e progressistas, determinadas espontaneamente por formas e condições de vida em processo de desenvolvimento, e que estão em contradição com a moral dos estratos dirigentes, ou são apenas diferentes dela" (*Q 27*,

1, 2.313 [*CC*, 6, 135]). Em outro momento da atividade política, na "Presentazione di uno scrittore proletário" [Apresentação de um escritor proletário], havia escrito também que "existe uma concepção da vida e do mundo que nós chamamos de proletária, uma concepção que é própria da classe dos trabalhadores" (em *L'Ordine Nuovo*, 6-13 de dezembro de 1919; a atribuição é de Leonetti).

Camadas sociais diferentes, mas não distantes na visão do mundo. De resto, campo e fábrica tocam-se quando G. – escrevendo nos *Q* sobre "espontaneidade e direção consciente" – afirma que o primeiro elemento é "característico da 'história das classes subalternas', aliás, dos elementos mais marginais e periféricos destas classes, que não alcançaram a consciência de classe 'para si' e que, por isto, sequer suspeitam que sua história possa ter alguma importância e que tenha algum valor deixar traços documentais dela" (*Q 3*, 48, 328 [*CC*, 3, 194]). Concepções do mundo diversificadas, portanto, assim como "a história dos grupos sociais subalternos é necessariamente desagregada e episódica"; mas neles existe "a tendência à unificação, ainda que em termos provisórios", apesar de rompida continuamente pelas classes dominantes (*Q 25*, 2, 2.283 [*CC*, 5, 135]). Camadas sociais "em conflito com a sociedade oficial" (*Q 5*, 156, 680 [*CC*, 6, 181]).

Já Crocioni, no ensaio "Le superstizioni, i pregiudizi e la scuola" [As superstições, os preconceitos e a escola] (em *La Cultura Popolare*, 2, 1921), que G. provavelmente conhecia, havia escrito que "em uma mesma sociedade perpetuam-se duas maneiras fundamentais de conceber a vida e suas manifestações, a do povo ignorante e a da gente civilizada". Tese que retomará em *Problemi fondamentali del Folklore* [Problemas fundamentais do folclore] (Crocioni, 1928, p. 21-2), livro que G. insere entre seus apontamentos bibliográficos (*Q 1*, 89, 89-90). O confronto entre o texto gramsciano e o volume de Crocioni desvela inesperadas analogias. Por exemplo: *a)* a desagregação e a mudança dos fatos folclóricos: G. escreve sobre esse "processo de adaptação" que "se verifica ainda na música popular, para os temas musicais popularmente difundidos: quantas canções de amor não se tornaram políticas, passando por duas ou três elaborações?" (*Q 6*, 208, 846 [*CC*, 6, 207]). De modo análogo, Crocioni escreve que o folclore "deteriora-se, empobrece-se, atenua-se, renova-se, reforça-se, enriquece-se, e vai [...] livrando-se de elementos que se tornaram supérfluos e inúteis, recebendo outros fatos necessários e preciosos, modificando seu legado, trocando-o de lugar em lugar, variando formas e aspectos, evoluindo no tempo, diversificando-se no espaço; até o ponto em que novas superstições intervêm, enquanto a série parecia encerrada; [...] novos provérbios às normas tradicionais da vida social; os mesmos fatos mais conspícuos e terríveis que acontecem sob os nossos olhos, não obstante o clamor das gazetas, são apreendidos e explicados em modos inesperados e surpreendentes" (Crocioni, 1928, p. 30-1); *b)* a atenção ao "folclore moderno" como fato contemporâneo, produto seja de "certas noções científicas e opiniões" (*Q 27*, 1, 2.312 [*CC*, 6, 133]), seja do agir ativo e criativo de determinadas camadas da população, encontra uma correspondência em Crocioni quando ele afirma que "o folclore estuda somente as sobrevivências, os vestígios do que foi, e não, ao contrário, o que é, seja de formação antiga, seja recente, seja que tenha caráter tradicional, seja que tenha feição de modernidade" (Crocioni 1928, p. 28); e que, ademais, deverão prosseguir as investigações "sobre o *folclore urbano* tão transcurado diversamente do tão investigado folclore do campo" (ibidem, 58). Não deve ser esquecido, por outro lado, o fato de que G. conhece bem o mundo cultural urbano do operário da fábrica, sobre o qual escreveu nas páginas de *L'Ordine Nuovo*, assim como tem bem presente as experiências *proletkultistas* observadas no período de permanência na URSS. São todos motivos que orientam a visão gramsciana sobre o "folclore"; *c)* a necessidade, para G., de que o folclore seja estudado na escola, não para conservá-lo e sim para superá-lo, eliminando seus aspectos anacrônicos (*Q 12*, 2, 1.540 [*CC*, 2, 42]; *Q 4*, 50, 485; *Q 27*, 1, 2.314 [*CC*, 6, 133]), tema que encontra em Crocioni instâncias análogas: "É possível continuar instruindo os adolescentes [...] sem ter antes compreendido intimamente a mentalidade dos alunos, o ambiente em que eles vêm se formando, as ideias que já adquiriram sem saber quais devem ser favorecidas e iniciadas e desenvolvidas, quais corrigidas, ou mesmo combatidas e rejeitadas?" (Crocioni, 1928, p. 39); "estar do lado da civilização e ficar por fora dela, aliás, debaixo dela. Conversar, viver com os homens do século vigésimo, e conservar a mentalidade de dez séculos atrás! Oh! É muito triste!" (ibidem, 51).

G. distingue-se firmemente dos estudiosos contemporâneos – temerosos de que a modernidade destrua o objeto da sua ciência (*Q 11*, 67, 1.506 [*CC*, 1, 221]) – quando eles não percebem o conjunto dos fatos folclóricos no contexto do vínculo cotidiano com a fadiga e o trabalho, mas o reduzem a um "pitoresco representante de sentimentos ou costumes curiosos e bizarros" (*Q 9*, 42, 1.121). Opõe-se à sua redução a curiosidade, a manifestação espetacular, justamente "folclórica", que a política cultural do fascismo impõe como estratégia do consenso. O "ritmo do pensamento" gramsciano sobre o folclore tenta uma espécie de definição, em um primeiro momento assinalando-o como "fenômeno complexo que não se deixa definir brevemente" (*Q 9*, 15, 1.105 [*CC*, 6, 225]), depois falando de "sistema de crenças, superstições, opiniões, modos de ver e de agir que se apresentam naquilo que geralmente define-se de 'folclore'" (*Q 11*, 12, 1.375 [*CC*, 1, 93], ausente no Texto A), passagem que se abre com uma referência à "religião popular". Mais em geral, G. afirma a existência de uma "religião do povo" diferente da dos intelectuais (*Q 11*, 13, 1.397 [*CC*, 1, 114]), mas sobretudo mostra como se trata de "um elemento do desagregado senso comum", em que a relação religião-senso comum é muito mais "íntima" do que o nexo senso comum-filosofia (*Q 11*, 12, 1.378 [*CC*, 1, 93]). A religião atual, assim como aquelas passadas, deixa sedimentos nos costumes e contribui para a formação da "moral do povo" com "imperativos que são muito mais fortes, persistentes e efetivos do que os da 'moral' oficial" (*Q 27*, 1, 2.313 [*CC*, 6, 135]). Contextualmente, G. aprofunda a crítica a certa publicística superficial sobre o "direito natural". Entre os pontos analisados, G. detém-se sobre a "massa de opiniões 'jurídicas' populares, que assumem a forma do 'direito natural' e constituem o 'folclore' jurídico", isto é, "o conjunto de opiniões e de crenças sobre os 'próprios' direitos que circulam ininterruptamente entre as massas populares, que se renovam continuamente sob o impulso das reais condições de vida e da espontânea comparação entre o modo de ser das diversas camadas" (*Q 27*, 2, 2.314-7 [*CC*, 6, 138]): ele mostra a influência da religião sobre estas correntes. Além desses elementos, também o pensamento e a ciência moderna com "noções científicas e certas opiniões, subtraídas de seu contexto e mais ou menos desfiguradas, caem continuamente no domínio popular e são 'inseridas' no mosaico da tradição" (*Q 27*, 1, 2.312 [*CC*, 6, 134]).

Estão presentes todos os elementos para avaliar o folclore, assim como o senso comum, uma "concepção do mundo desagregada, incoerente, inconsequente" (*Q 8*, 173, 1.045) e, em outros locais, "fragmentária", "mecânica", "degradada", "estratificada", "ocasional". Adjetivos que qualificam o folclore de modo negativo, regressivo conservador e passivo. Mas ele produz também, espontaneamente, fragmentos positivos, progressivos, inovadores e ativos naquelas camadas da população capazes de exprimir seus próprios "intelectuais orgânicos". O pensamento gramsciano confia a ele a tarefa, trabalhando sobre esses elementos, de agir para transformar o contexto social determinado ("bloco histórico", "consenso", "hegemonia"), introduzindo formas de nova cultura e uma nova concepção do mundo. Reforma intelectual e moral, progresso intelectual de massa não podem acontecer senão elevando qualidade, competências, e saberes de um mundo subalterno, estimulando a capacidade autônoma e espontânea da sua parte progressista e ativa; promovendo a função educadora de uma escola que entrelace com sabedoria pensamento crítico e práticas do fazer; e promovendo o papel da política-filosofia da práxis, isto é, um pensamento "coerente e sistemático" (*Q 11*, 13, 1.396 [*CC*, 1, 114]) que, agindo sobre "sociedade civil" e "sociedade política", favoreça o desenvolvimento de um "novo senso comum".

"Folclore", além de aparecer em diversas notas que têm por objeto outro argumento, é o título de dois Textos B. O primeiro diz respeito à classificação do canto popular de Rubieri (*Q 5*, 156, 679-80 [*CC*, 6, 181]), no qual G. reconfirma sua leitura de "modo de conceber o mundo e a vida, em contraste com a sociedade oficial: nisso e só nisso deve ser buscada a 'coletividade' do canto popular" (ibidem, 680 [*CC*, 6, 181]). No segundo, em polêmica com Corso, que considera os "fatos folclóricos uma 'pré-história contemporânea'", G. julga esta definição como "muito relativa e muito discutível [...] já que é difícil fazer a história das influências que cada área acolheu e, com frequência, a comparação é feita entre entidades heterogêneas. O folclore, pelo menos em parte, é muito mais móvel e flutuante do que a língua e os dialetos" (*Q 9*, 15, 1.105 [*CC*, 6, 225]).

Bibliografia: Bermani, 2007; Boninelli, 2007; Cirese, 1976; Franceschini, 1988 e 1989.

Giovanni Mimmo Boninelli

Ver: concepção do mundo; desagregado/desagregação; filosofia; ideologia; religião; senso comum; simples.

força

O termo "força" é usado por G. nos *Q* sobretudo em relação-oposição ao termo "consenso", dentro de um campo semântico mais amplo que descreve uma série de dicotomias: "força e consenso, coerção e persuasão, Estado e Igreja, sociedade política e sociedade civil, política e moral (história ético-política de Croce), direito e liberdade, ordem e disciplina, ou, com um juízo implícito de sabor libertário, violência e fraude" (*Q 6*, 87, 763 [*CC*, 3, 243]). A distinção entre força e consenso é, para G., um dos elementos centrais da forma moderna de domínio, "é a discussão da 'filosofia da época', do motivo central da vida dos Estados no período do pós-guerra" (*Q 7*, 80, 912 [*CC*, 3, 264]), é o tema condutor da "ciência política" (idem). Essa "'dupla perspectiva' na ação política e na vida estatal" tem em Maquiavel seu primeiro e principal teórico: "Esse elemento é ligado à dupla natureza do Centauro maquiavélico" (*Q 8*, 86, 991), "Russo nos *Prolegômenos* faz de *O príncipe* o tratado da ditadura (momento da autoridade e do indivíduo) e dos *Discursos*, o da hegemonia [...] ou do consenso ao lado da autoridade e da força" (*Q 8*, 48, 970), e G. comenta a esse propósito: "Certamente, porém a observação é correta" (idem). Bodin também, outro pilar da articulação teórica dos Estados modernos, é para G. o padrinho dessa distinção: "Para Bodin não se trata de fundar o Estado territorial e unitário (nacional), mas de equilibrar as forças sociais em luta dentro desse Estado já forte e enraizado: não é o momento da força que interessa a Bodin, mas o do consenso" (*Q 8*, 114, 1.008 [*CC*, 6, 378]).

G. traduz esse nexo força-consenso, próprio de toda a "ciência política", para o léxico da hegemonia, tornando esta última aderente ao segundo polo da oposição e reconhecendo como já em Croce estivesse "contido também *in nuce* o aspecto ético-político da política ou a teoria da hegemonia e do consenso, além do aspecto da força e da economia" (*Q 10* II, 41.X, 1.315 [*CC*, 1, 384]). Essa correspondência entre hegemonia e direção está presente também na análise dos acontecimentos do *Risorgimento* em relação à estratégia dos moderados e do Partido de Ação: "Pode e deve existir uma 'hegemonia política' mesmo antes da ida ao governo e não se deve contar apenas com o poder e com a força material que esse confere para exercer a direção ou hegemonia política" (*Q 1*, 44, 41). Mais em geral, portanto, "um grupo social domina os grupos adversários, que visa a 'liquidar' ou a submeter inclusive com a força armada, e dirige os grupos afins e aliados" (*Q 19*, 24, 2.010 [*CC*, 5, 62]). Embora se apresente em numerosas notas de maneira muito clara, essa distinção entre força e consenso não coincide, porém, completamente, pelo menos nem sempre, com a distinção entre força e hegemonia. Hegemonia tem de fato, em algumas notas, um significado mais amplo, tanto que compreende ao seu interior seja o elemento da força, seja o do consenso, apresentando-se assim como uma estratégia integralmente acabada da ação política: "O exercício 'normal' da hegemonia no terreno que se tornou clássico do regime parlamentar é caracterizado por uma combinação da força e do consenso que se equilibram" (*Q 1*, 48, 59). A hegemonia, nesse caso, não é o oposto da força, mas do domínio, ou seja, da forma de governo que tem na força seu elemento prevalecente: "Tem-se a função de 'domínio' e não de 'direção' [...] ditadura sem hegemonia" (*Q 15*, 59, 1.823 [*CC*, 5, 328]). Deve ser observado que esse esquema binário de força e consenso é usado por G. também em outros âmbitos, como na análise da introdução dos métodos fordistas para "racionalizar a produção, combinando força (destruição do sindicalismo) e persuasão (salários e outros benefícios)" (*Q 1*, 61, 72 [*CC*, 6, 348]), ou para o desenvolvimento de "ideologias puritanas que dão a forma exterior da persuasão e do consenso ao intrínseco uso da força" (*Q 22*, 10, 2.161 [*CC*, 4, 262]).

O Estado moderno apresenta-se então para G. como uma instituição em que força e consenso "se equilibram, sem que a força suplante em muito o consenso, mas ao contrário, tentando fazer com que a força pareça apoiada no consenso da maioria expresso pelos chamados órgãos da opinião pública" (*Q 1*, 48, 59). "A função do Estado", na época da classe burguesa ao poder, é assim "transformada: o Estado torna-se 'educador'" com o exato objetivo de "absorver toda a sociedade, assimilando-a ao seu nível cultural e econômico" (*Q 8*, 2, 937 [*CC*, 3, 271]). Mas a natureza de classe do Estado emerge na constatação de que "se verifica uma paralisação e se volta à concepção do Estado como pura força etc. A classe burguesa está 'saturada'" (idem). Retorna assim o tema do domínio concebido como uso prevalente da força, de qualquer modo, incapaz de governar as contradições originadas pela crise orgânica das instituições burguesas. Ao reconhecer a imprescindibilidade do nexo força-consenso, próprio da hegemonia, G. pergunta-se, a essa altura de maneira quase retórica: "Uma ruptura tão grave entre massas populares e ideologias dominantes, como a que se verificou no pós-guerra, pode ser 'sanada' com o puro exercício da força que impede as novas ideologias de se imporem?" (*Q 3*, 34, 311 [*CC*, 3, 184]). Sobre o uso gramsciano do lema "força", é necessário evidenciar a presença de termos como "ideias-força" ou "palavras-força" (*Q 7*, 6, 857) dentro da análise das características dos líderes carismáticos.

MICHELE FILIPPINI

Ver: Bodin; consenso; direção; domínio; hegemonia; *Risorgimento*.

forças urbanas: v. classe urbana.

fordismo
Depois de ter sido preso (8 de novembro de 1926), nos anos que precedem o início da redação dos *Q* (8 de fevereiro de 1929) G. toma consciência da internacionalização da questão meridional: a questão Norte-Sul adquire dimensão mundial com base na convicção de que, face a um conglomerado dos Sul do mundo que vai desde a região meridional da Itália até países como Índia e China, ergue-se a modernidade inovadora e racional dos Estados Unidos. Essa convicção forma-se na mente de G. também pela oportunidade que teve no cárcere – por alguns aspectos, casual – de fazer amplas leituras "americanas", ou que diziam respeito à América, entre 1927 e 1928. Entre elas "os dois volumes lançados em francês [de Ford – ndr]: *Minha vida* e *Hoje e amanhã*" (*LC*, 248, a Tania, 25 de março de 1929 [*Cartas*, I, 329]). Em outra carta à cunhada Tania, de 23 de maio de 1927, G. havia escrito que "o livro de Ford *Hoje e amanhã* [...] me diverte bastante, porque Ford, embora seja um grande industrial, me parece bastante engraçado como teorizador" (*LC*, 88 [*Cartas*, I, 160]). É uma observação significativa, que por um lado, porém, será superada: de fato, na primeira comunicação a Tania sobre o projeto de redação (19 de março de 1927) G. não havia feito nenhuma referência ao tema "americanismo e fordismo"; entretanto, este último é tematizado claramente na lista dos *Temas principais* (*Q 1*, p. 1) e mais ainda na citada carta a Tania de 25 de março de 1929: sinal, portanto, de que sobre Ford, e sobre o novo modelo industrial que toma o nome dele, parece desenvolver-se já uma problemática, também teórica e ideológica. Por outro lado, essa observação permanece o alicerce da abordagem de G. a respeito do fordismo, compreendido como expressão de uma filosofia social e de vida que fica inteiramente esmagada sobre a enorme produtividade das estruturas e que, nesse sentido, mas somente nesse sentido, é capaz de exercer "hegemonia" sobre o inteiro corpo social.

Em 20 de outubro de 1930, G. escreve a Tatiana de maneira muito preocupada pela saúde psicofísica de Giulia. Fala da dificuldade psicológica, mais que social, para "nós europeus ainda muito *bohémiens*", de estar ao passo dos tempos, caracterizados pelo maquinismo que "nos tritura", entendendo "maquinismo em sentido geral, como organização científica até do trabalho intelectual" (*LC*, 360 [*Cartas*, I, 448]). Nesse contexto G. cita Ford que, como outros "industriais americanos", "tem um corpo de inspetores que controlam a vida privada dos empregados e lhes impõem o regime de vida: também controlam a alimentação, o sono, o tamanho dos quartos, as horas de descanso e até os assuntos mais íntimos. Ford paga 6 dólares no mínimo"; quem não se conforma é despedido e não tem os 6 dólares de salário mínimo diário (ibidem, 359-60 [*Cartas*, I, 448]). Nessa rápida descrição está contido um núcleo essencial do raciocínio que G. conduz no conjunto das notas sobre o fordismo e que desembocarão no célebre *Q 22*. Poder-se-ia afirmar, com terminologia marxiana, que com o termo "fordismo" G. entende uma relação social de produção e de reprodução correspondente a uma relação material de produção, que é o "taylorismo"; ambos aludem ou são compreendidos no modo de produção constituído pelo americanismo, como variante ou desenvolvimento do capitalismo. Comparando com a época de Marx, é necessário observar (como mostra a passagem citada) que G. realça o fato de como *agora* a relação de produção determina, como consequência, um modo de reprodução social da vida. Em termos menos mecanicistas: a estreita conexão entre mundo e relações de produção e reprodução tornou-se uma das características salientes do *novo* capitalismo (americano-fordista).

A descrição do fordismo pressupõe a do taylorismo. Este último comporta que o operário, "apêndice da máquina" (já Marx dizia-o) na grande fábrica, seja tratado tendencialmente como uma máquina. O trabalho vivo é "cientificamente" estudado, analisado, secionado, parcelado e, como tal, controlado e disciplinado capilarmente no momento de sua distribuição, de modo que garanta a máxima intensidade e produtividade. Isto é, o "sistema Taylor", que se torna "sistema Taylor-Ford, que cria um novo tipo de qualificação e de profissão", quando e enquanto é "restrito a determinadas fábricas e, também, máquinas ou momentos do processo produtivo" (*Q 29*, 6, 2.349 [*CC*, 6, 148]). Fábricas, máquinas e momentos de tal "sistema" caracterizam exatamente uma *vanguarda* de empresas capazes de representar o fator propulsor da inteira ordem produtiva, as quais aplicam rigorosa e sistematicamente a organização taylorista do trabalho, associando-a a uma política de altos salários funcional à constituição de uma "orgânica e bem articulada mão de obra de fábrica ou um time de trabalho especializado" (*Q 22*, 13, 2.174 [*CC*, 4, 272]). Já que o taylorismo garante um grande incremento de produtividade, "a indústria Ford" pode praticar uma política de altos salários, mais elevados do que nas outras empresas, afim de tornar aceitável "uma especialização, uma qualificação para seus operários que as outras indústrias ainda não exigem, ou seja, uma qualificação de novo tipo, uma forma de consumo da força de trabalho e uma quantidade de força consumida no mesmo tempo médio que são mais gravosas e extenuantes do que em outros locais" (ibidem, 2.173 [*CC*, 4, 274]). Entretanto, a realidade é que "o salário não consegue compensar em todos os casos, não consegue reconstituir nas condições dadas pela sociedade tal como é" (idem), a mais intensa e gravosa compressão de força-trabalho induzida pelo método Taylor-Ford de trabalho.

Como acontece com o taylorismo, o quadro que emerge da análise gramsciana do fordismo é rico de ambivalências e contradições. Aqui o andamento dialético seja talvez mais marcado ainda. G. coloca para a historicidade do fordismo um dilema fundamental. Vale a pena ler integralmente a seguinte passagem: "Apresenta-se o seguinte problema: se o tipo de indústria e de organização do trabalho e da produção próprio da Ford é 'racional', isto é, se pode e deve generalizar-se, ou se, ao contrário, trata-se de um fenômeno morboso a ser combatido com a força dos sindicatos e com a legislação. Ou seja: se é possível, com a pressão material e moral da sociedade e do Estado, fazer com que os operários como massa sofram todo o processo de transformação psicofísica capaz de transformar o tipo médio do operário Ford no tipo médio do operário moderno, ou se isto é impossível, já que levaria à degeneração física e à deterioração da espécie, destruindo toda força de trabalho. Parece ser possível responder que o método Ford é 'racional', isto é, deve se generalizar; mas, para isso, é necessário um longo processo, no qual ocorra uma mudança das condições sociais e dos costumes e hábitos individuais, o que não pode ocorrer apenas através da 'coerção', mas somente por meio de uma combinação entre coação (autodisciplina) e persuasão, sob a forma também de altos salários, isto é, da possibilidade de um melhor padrão de vida, ou talvez, mais exatamente, da possibilidade de realizar o padrão de vida adequado aos novos modos de produção e de trabalho, que exigem um particular dispêndio de energias musculares e nervosas" (ibidem, 2.173-4 [*CC*, 4, 274-5]). A passagem é clara, não exige comentários particulares, exceto sobre um ponto delicadíssimo: aquele em que G. fala de "coação" e "autodisciplina", que deve ser enfrentado a partir do longo processo de mudança que deveria possibilitar a generalização e aquisição de "racionalidade" por parte do método Ford. A que leva esse processo? Por um lado, o andamento da passagem deixa pensar em uma meta interna ao modo capitalista de produção, não, portanto, em rupturas revolucionárias; por outro lado, o pensamento de G. como se deduz do conjunto dos *Q* não deixa dúvidas: "Uma combinação entre coação (autodisciplina) e persuasão" não é compatível com o capitalismo (ibidem, 2.173 [*CC*, 4, 275]). A autodisciplina é êxito prático da consciência de classe operária, é a premissa essencial do socialismo, como síntese vivida de "espontaneidade e direção consciente" (*Q 3*, 48, 328 [*CC*, 3, 194]). Mas se assim for, surge então outra pergunta: deve, e de que maneira, *mudar* o método Ford em si mesmo para poder transitar a um modo de produção diferente e se tornar alavanca produtiva, caso isso seja possível, de uma conformação que tem como meta a "sociedade regulada"? G., como por outro lado já havia feito Marx, jamais descreve o "botequim do futuro". A *transição* é uma questão dialética.

A parte central do *Q 22*, de *Q 22*, 8 [*CC*, 4, 260] a *Q 22*, 13 [*CC*, 4, 272], transcreve e sistematiza apontamentos ou trechos de *Q 1* e *Q 4* (e *Q 9*). É uma elaboração complexa e de nem sempre fácil ou unívoca interpretação. O pensamento tornou-se mais claro e maduro – às vezes menos contundente –, de qualquer maneira mais orgânico em relação à primeira redação. G. confronta-se com um processo de desenvolvimento que marca uma época, em sua fase nascente. Taylorismo, fordismo e americanismo são os seus elementos. Condições iniciais, quadro de referência, horizonte futuro são todos internos ao modo capitalista de produção que, porém, em termos marxianos, é estruturalmente contraditório, tendo em seu DNA a potencialidade dialética de sua superação.

A análise do fordismo é aquela mais imediatamente relevante do ponto de vista econômico e social. Muitos são os pontos de força que tornam esse fenômeno uma base de renovação e de estímulo (ainda mais que de estabilidade) do sistema; aparecem porém também as razões de debilidade. A luta teórica que G. conduz nessa análise é árdua, porque deve dar conta tanto do impacto revolucionário do fordismo, dentro do capitalismo, como de sua caducidade, ela também revolucionária, mas em sentido diferente. Está em jogo a formação de um "homem novo", que *hoje* é novo somente em potência. O que tem de realmente novo no "moderno" capitalismo é o assassinato do velho. "Se devem estudar as iniciativas 'puritanas' dos industriais americanos do tipo Ford. É certo que eles não se preocupam com a 'humanidade', com a 'espiritualidade' do trabalhador, que, no nível imediato, são esmagadas. Esta 'humanidade e espiritualidade' [...] era máxima no artesão, no 'demiurgo', quando a personalidade do trabalhador se refletia inteiramente no objeto criado, quando era ainda muito forte a ligação entre arte e trabalho. Mas é precisamente contra este 'humanismo' que luta o novo industrialismo" (*Q 22*, 11, 2.165-6 [*CC*, 4, 267]). O método Ford age sobre o processo reprodutivo da força-trabalho, antes de tudo, pela política do alto salário, que, porém, é bastante frágil, seja porque a compensação que promete em relação à deterioração psicofísica é muito débil, e os operários evitam-na, seja porque "é a duplo corte", deixando vislumbrar ao trabalhador exigências e liberdades que, ao contrário, devem ser inculcadas (por meio do proibicionismo, e até mesmo do freio a qualquer abuso ou irregularidade sexual) para garantir "a eficiência física", isto é, "muscular-nervosa" do trabalhador. "As tentativas feitas por Ford para intervir, com um corpo de inspetores, na vida privada de seus empregados" representam então uma necessidade profunda do sistema, que se propõe como um modelo que se dilata até tornar-se "ideologia estatal". Tal política, porém, é de curto alcance, porque "tem apenas o objetivo de conservar, fora do trabalho, um certo equilíbrio psicofísico, capaz de impedir o colapso fisiológico do trabalhador, coagido pelo novo método de produção". Puritanismo para as massas operárias e tendências libertinas da burguesia determinam na sociedade uma "separação que [...] irá se acentuando sempre mais", constituindo "o fato mais notável do fenômeno americano" (ibidem, 2.165-7 [*CC*, 4, 268]).

A "racionalização da produção e do trabalho" é fruto do método Ford ou Taylor-Ford. G. alerta para que não se subestimem as iniciativas "puritanas" dos industriais fordistas, congeniais às "necessidades do novo método de trabalho" taylorista. Juntos representam um enorme "esforço", "o maior esforço coletivo até agora realizado para criar, com rapidez inaudita e com uma consciência do objetivo jamais vista na história, um tipo novo de trabalhador e de homem". Observamos como isso implica na destruição do velho humanismo. O "cinismo brutal" qualifica ideal-tipos como o "gorila amestrado" de Taylor, que, embora ilusório, expressa "o fim da sociedade americana" (ibidem, 2.164-5 [*CC*, 4, 267]). A questão do fordismo enfrenta uma pluralidade de relações, temporais e espaciais, que por sua vez implicam o nexo estrutura-superestruturas, ou, em termos mais gramscianos, produção, política e cultura. O questionamento ao qual fizemos referência (como deve, e como pode mudar) deve ser inserido em um contexto complexo, iniciando pelo reconhecimento da sua *objetividade*.

A "modernização" realizada pelo fordismo vem de longe, responde a uma necessidade econômica urgente – questão de vida ou morte – para o destino do moderno capitalismo: "Toda a atividade industrial de Henry Ford pode ser estudada deste ponto de vista: uma luta contínua e incessante para fugir da lei da queda da taxa de lucro, pela manutenção de uma posição de superioridade sobre os concorrentes. Ford foi obrigado a sair do campo estritamente industrial da produção, a fim de organizar também os transportes e a distribuição das suas mercadorias" (*Q 10* II, 36, 1.281-2 [*CC*, 1, 351]). No *Q 10* II, 41, 1.312-3 [*CC*, 1, 361] este tema é enfrentado de modo mais analítico. Economicamente, apresenta-se a Ford o pesadelo da conjuntura "das duas crises da Bolsa de Nova Iorque que puseram um freio na construção de automóveis! Todo o otimismo de sua visão industrial foi destruído e será difícil fazê-lo renascer" (*LC*, 362, a Tatiana, 4 de novembro de 1930 [*Cartas*, I, 450]). G., porém, sabe bem que o fordismo tem fôlego mesmo nas dores da crise. A força do modelo que ele expressa não se limita à situação estadunidense, mas se espalha pelo mundo. G. reserva uma atenção particular à relação entre taylorismo e américo-fordismo e fascismo (que introduz o sistema Bedaux). Será suficiente aqui fazer referência à forma pela qual, segundo G., "na Itália tivemos um início de fanfarra fordista (exaltação da grande cidade – a grande Milão etc.)" (*Q 1*, 61, 72 [*CC*, 6, 346]) e à idealização que o fordismo arrasta consigo. Nesse sentido, é significativo o breve *Q 7*, 27 [*CC*, 1, 442]: "*Graziadei e o Eldorado*. Ver no *Gog*, de Papini, (entrevista com Ford, p. 24) as palavras atribuídas a Ford: 'Fabricar sem nenhum operário um número cada vez maior de objetos que não custem quase nada'" (*Q 7*, 27, 876 [*CC*, 1, 442]).

O ponto determinante, que interessa a G., é a novidade produtiva e reprodutiva suscitada pelo taylorismo-fordismo e congenial à "revolução passiva" americanista, comparada com as perspectivas revolucionário-socialistas abertas pelo outubro soviético. O fordismo tem como meta o alcance de um "equilíbrio psicofísico" do novo tipo de trabalhador, o operário-massa, que, porém, nas condições dadas pelo modo capitalista de produção, não pode deixar de "ser puramente exterior e mecânico". G. observa: o equilíbrio "poderá se tornar interno se for proposto pelo próprio trabalhador e não imposto de fora, por uma nova forma de sociedade, com meios apropriados e originais" (*Q 22*, 11, 2.166 [*CC*, 4, 267]). No âmbito da experiência soviética, as posições mais acreditadas em relação à apropriação socialista do modelo americano-fordista são as de "Liev Davidovitch" (Trotski), cujas "preocupações eram justas, mas as soluções práticas eram profundamente erradas". Segundo G., "a tendência de Liev Davidovitch [...] consistia na vontade 'demasiadamente' resoluta (portanto não racionalizada) de dar supremacia, na vida nacional, à indústria e aos métodos industriais, de acelerar, com meios coercitivos externos, a disciplina e a ordem na produção, de adequar os costumes às necessidades do trabalho" (ibidem, 2.164 [*CC*, 4, 265]). Chegamos aqui no limiar de uma situação dramática, nunca resolvida, que o "socialismo real" carregará até o túmulo, isto é, sua incapacidade (subjetiva) ou impossibilidade (objetiva) de *traduzir* a coerção americano-fordista do modo de produzir, viver e sentir do operário (revolução passiva) em autocoerção, ou disciplina interior (reforma moral e intelectual socialista, promovida pelos trabalhadores).

Bibliografia: Baratta, 2003 e 2004; Baratta, Catone, 1989; Burgio, Santucci, 1999; De Felice, 1977; Salvadori, 2007.

Giorgio Baratta

Ver: América; americanismo; americanismo e fordismo; crise; Estados Unidos; gorila amestrado; industrialismo; queda tendencial da taxa de lucro; revolução passiva; taylorismo; Trotski.

forma-conteúdo

Os dois termos e o seu nexo recorrem em diversas maneiras nos escritos carcerários de G., embora isso ocorra essencialmente em relação a dois âmbitos de reflexão: um relativo à gênese e à estrutura da obra de arte e à teoria estética, o outro relativo à questão da relação estrutura-superestrutura e ao conceito de "bloco histórico". No que concerne ao primeiro âmbito, é bastante relevante o *Q 4*, 5, no qual G., ao colocar ênfase sobre a necessidade da "luta para uma nova cultura", afirma que tal luta, embora deva ser distinta da "crítica artística" propriamente dita, todavia, em certo sentido, pode ser considerada também como uma crítica artística, porque "da nova cultura" poderá nascer "uma nova arte": G. acrescenta que, talvez, sob esse perfil, se deva entender na história italiana "a relação De Sanctis-Croce e as polêmicas sobre o conteúdo e a forma". Essa relação e essas polêmicas aludem, segundo G., em alguma medida, ao fato de que "a crítica de De Sanctis é militante, não é frigidamente estética: é própria de um período de luta cultural", ao passo que em Croce "percebe-se a mesma cultura de De Sanctis, mas no período da sua expansão e do seu triunfo" (ibidem, 426). É interessante observar também que, na recorrente polêmica conduzida por G. contra Bukharin e o seu *Ensaio popular*, ele afirma com clareza que, na seção desse texto dedicada à arte, o autor torna absoluto, e ao mesmo tempo deforma, a identificação crociana de forma e conteúdo, sem compreender que tal identificação "é afirmada pela estética idealista (Croce), mas na base de pressupostos idealistas e com terminologia idealista". G. acrescenta que "os termos 'conteúdo' e 'forma' não têm [...] o significado que o *Ensaio* supõe", tampouco "forma significa técnica, como o Ensaio supõe etc." (*Q 8*, 201, 1.062). O autor dos *Q* define finalmente, com uma terminologia em boa parte idealista-crociana: "O fato de que forma e conteúdo se identifiquem, significa somente que na arte o conteúdo não é o 'sujeito abstrato', isto é, a intriga romanesca ou a massa particular de sentimentos genéricos, mas que o conteúdo da arte é a própria arte, uma categoria filosófica, um 'momento distinto' do espírito etc." (idem).

Em outro contexto G. confronta-se com o problema da relação em Croce entre estética e historiografia ético-política. Antes de tudo, ele observa que a história ético-política é "uma hipóstase arbitrária e mecânica do momento da hegemonia, da direção política, do consenso, na vida e no desenvolvimento da atividade do Estado e da sociedade civil" e que essa colocação do problema historiográfico "reproduz a sua colocação do problema estético": no sentido de que para Croce o momento ético-político "é, na história, o que o momento da 'forma' [é] na arte", ou seja, é "a 'liricidade' da história, a 'catarse' da história" (*Q 10* I, 7, 1.222 [*CC*, 1, 293]). G. recusa criticamente essa colocação, afirmando que, enquanto na arte "a produção de 'liricidade' é perfeitamente individualizada em um mundo cultural personalizado, no qual se pode admitir a identificação de conteúdo e forma", ao contrário, "na história e na produção da história a representação 'individualizada' dos Estados e das Nações é uma mera metáfora" (idem).

A respeito do segundo âmbito, é fundamental o *Q 7*, 21, 869 [*CC*, 1, 238], no qual G., ao fazer referência à validade, à realidade, à histórica determinação das ideologias (não redutíveis a meras "aparências"), isto é, ao fazer referência a um ponto essencial e inovador de seu marxismo, propõe a categoria de "bloco histórico" por meio da qual ele renova criticamente a concepção marxiana corrente da relação estrutura-superestrutura (dentro da qual a segunda funcionava como mero "reflexo" especular da primeira): no bloco histórico – escreve G. –, "as forças materiais não seriam historicamente concebíveis sem forma, e as ideologias seriam fantasias individuais sem as forças materiais".

Finalmente, no *Q 8*, o pensador sardo, criticando a história ético-política de Croce como história "especulativa", opõe-lhe o seu conceito de bloco histórico valendo-se mais uma vez do binômio lexical de forma e conteúdo: "A história ético-política tampouco pode prescindir da concepção de um 'bloco histórico', no qual o organismo é individualizado e concretizado pela forma ético-política, mas não pode ser concebido sem o seu conteúdo 'material' ou prático" (*Q 8*, 240, 1.091).

Pasquale Voza

Ver: arte; bloco histórico; Bukharin; Croce; De Sanctis; estética; história ético-política.

formação do homem

"Formação" é um termo amplamente presente, sobre vários aspectos e em diversos contextos, no léxico gramsciano. Particularmente significativa é a formação ou "elaboração" de um "novo tipo humano" (*Q 22*, 3, 2.146 [*CC*, 4, 249]) na "sociedade de massa", na qual parecem determinantes tanto a novidade que marcou a época produzida pelo "americanismo e fordismo" quanto a crítica-transformação da formação de massa "de matriz americana" por parte dos grupos sociais que "estão criando, por imposição e através do próprio sofrimento, as bases materiais desta nova ordem" (*Q 22*, 15, 2.179 [*CC*, 4, 280]). Dada a importância que reveste para G. a formação cultural do homem, uma temática de primeiro plano é a que diz respeito ao "trabalho educativo-formativo que um centro homogêneo de cultura" desenvolve ou deve desenvolver, "a elaboração de uma consciência crítica que ele promove e favorece" ou deve promover e favorecer, com vista aos fins da "elaboração nacional unitária de uma consciência coletiva homogênea" (*Q 24*, 3, 2.267-8 [*CC*, 2, 205]; cf. o Texto A em *Q 1*, 43, 33, no qual aparece o termo "nacional"). Em outros contextos, o argumento é desenvolvido com base no conjunto formação-instrução-educação, com referência, portanto, à questão da escola, muito importante para G. desde os anos da juventude. Na citada nota de *Q 1* e *Q 24* aparece relevante a abertura pluralista sofrida pela "difusão por um centro homogêneo de cultura de um modo de pensar e operar homogêneo" em combinação com a necessidade de "adaptação de cada conceito às diversas peculiaridades e tradições culturais". "O trabalho necessário é complexo e deve ser articulado e graduado". Nada é óbvio, simples e espontâneo na formação. O trabalho educativo-formativo "do intelectual de profissão" (o qual "tem um seu 'tirocínio' e um seu 'sistema Taylor'") confronta-se ou deve confrontar-se com a peculiaridade de "cada camada social" para a qual a formação está voltada, de modo que a elaboração de uma consciência coletiva representa uma balança permanente entre os princípios da identidade e da diversidade (*Q 24*, 3, 2.267-8 [*CC*, 2, 205-6]).

Giorgio Baratta

Ver: americanismo e fordismo; educação; escola; intelectuais; taylorismo.

fortalezas e casamatas: v. trincheiras, fortalezas e casamatas.

Fortunato, Giustino

Embora não alcançado por uma reflexão sistemática no plano de trabalho dos *Q* (a não ser por um genérico propósito anunciado em *Q 14*, 47 [*CC*, 5, 313] acerca da oportunidade de coletar num mesmo ensaio algumas notas sobre a "questão meridional"), o nome de Giustino Fortunato aparece constantemente associado ao de Benedetto Croce, constituindo uma dupla incindível de "líderes", "inspiradores", "fermentos" (*Q 10* II, 59, 1.353 [*CC*, 1, 420]), "de um movimento cultural que, de um modo ou de outro, se contrapunha ao movimento cultural do Norte (idealismo contra positivismo, classicismo ou classicidade contra futurismo)" (*Q 19*, 26, 2.037-8 [*CC*, 5, 89]) e que finalmente tinha permeado um inteiro "bloco" intelectual "panitaliano" capaz de absorver todo novo movimento "de tendências liberais e democráticas" que se propunha a "renovar e desprovincianizar a vida e a cultura nacional, em todos os campos, na arte, na literatura, na política": exemplos do prestígio e do magistério de Croce e Fortunato, mesmo para além dos confins nacionais, seriam *La Voce*, de Prezzolini, *L'Unità*, de Salvemini, o *Corriere della Sera*, de Albertini, e o próprio liberalismo piemontês, desde *La Stampa* até o "giolittismo", para chegar ao "seu maximum" — mas também momento da sua auspiciada superação – com *La Rivoluzione Liberale*, de Gobetti (*Q 19*, 24, 2.021-3, Texto C [*CC*, 5, 74-5], de 1934, de *Q 1*, 44, 46-8). Até mesmo no sumário no início do *Q 10*, que reproduz o esquema da "monografia" que deve ser dedicada à *Filosofia de Benedetto Croce*, a figura de Fortunato é lembrada ao lado da do filósofo do Abruzzo em uma posição que deixa pressupor o fato de que, para G., os "dióscuros" do liberalismo meridional desenvolviam iguais funções complementares, indispensáveis à criação de um "mito" da unidade nacional e burguesa, exatamente como são reciprocamente funcionais as duas concepções do "partido" liberal às quais Fortunato e Croce são distintamente reconduzíveis – "o partido como resolução prática de problemas particulares" (*Q 10* I, p. 1.207 [*CC*, 1, 279]) e "o partido como tendência geral ideológica, como forma cultural" (idem) – e que deveriam ter sido tratadas na parte central do mesmo ensaio. A necessária origem pré-carcerária desse nó reflexivo é evidente em *Alguns temas da questão meridional*, no qual G. tematiza a dificuldade da penetração do comunismo entre as classes populares do Sul, diversamente do que havia ocorrido nas grandes cidades industriais do Norte, em virtude da particular natureza da camada intelectual meridional.

Esclarecido que por "intelectual" deve-se entender não apenas o letrado, mas o inteiro corpo social estranho à produção agrícola ou industrial e inserido nos aparelhos da administração, da escola e também do Exército e do comércio, G. considera crucial o papel desenvolvido por essa classe como elo intermediário entre uma "grande massa camponesa amorfa e desagregada" e "os grandes proprietários de terra", capaz de se apresentar quase que simultaneamente como portadora de uma instância popular e emancipadora aos olhos dos camponeses, e como defensora da ordem constituída para o "grande proprietário" e o "governo" (*CPC*, 150). Na cúpula desse "sistema", G. coloca, portanto, na altura da *QM*, Fortunato e Croce (e aqui o nome do parlamentar da Lucânia precede sempre o do filósofo), cuja influência sobre as "iniciativas culturais produzidas pelos intelectuais médios" (ibidem, 155), não somente no Sul, mas também na Itália Central e Setentrional, faz que sejam "as duas maiores figuras da reação italiana" (ibidem, 150) ou, ainda, "os reacionários mais operosos da península" (ibidem, 155). Em linha com esse desenho, os *Q* atribuem à camada dos intelectuais do Sul a responsabilidade por ter amortecido, canalizado e finalmente apagado a vivaz reatividade manifestada pela vasta província meridional e camponesa em todas as emergências críticas da Itália, desde os eventos da República Partenopeia de 1799 até o início das revoltas do *Risorgimento* em 1820-1821; desde sua retomada em 1847-1848, até as revoltas agrárias na Sicília dos primeiros anos da década de 1890, que somente em 1898 envolveram os operários milaneses, culminando com a ocupação das terras meridionais em 1919 e tendo continuidade com a ocupação das fábricas de Turim no ano seguinte. Em todos esses casos o paradigma segundo o qual "uma cidade 'industrial' é sempre mais progressista do que o campo" (com o corolário de que estende sua eficácia à "relação histórica entre Norte e Sul", que devem ser entendidos como "uma grande cidade e um grande campo"), teria sido felizmente derrubado por uma história de reivindicações democráticas iniciadas exatamente na "parte mais débil e periférica" do país, se essa camada meridional, intelectual e intermédia não tivesse atuado profundamente, poder-se-ia dizer de forma "molecular". Premiada pelo Estado com prebendas de vários tipos e com um amplo recrutamento em todo o território nacional, tal camada deixou-se corromper e incorporar nas classes dirigentes, tirando do descontentamento popular sua natural proteção organizativa, necessária para transformar o caos "tumultuário" em um maduro movimento político (*Q 1*, 43, 34-6 e *Q 19*, 26, 2.035-41 [*CC*, 5, 87]). Ainda que com a atenuação estilística expressada pelo duplo advérbio "passiva e indiretamente", G. vê Croce e Fortunato não apenas como vítimas do mesmo processo de homologação intelectual, mas mais precisamente como teóricos daquela dupla face do liberalismo meridional: o filósofo representaria plausivelmente a interlocução burguesa, inclinada à especulação estética e à abstração das formas historiográficas (*Q 10* II, 38, 1.288 [*CC*, 1, 356]), ao passo que Fortunato – não casualmente lembrado como apaixonado defensor dos "patifes" napolitanos da acusação de inércia, por meio da tradução das *Lettere da Napoli di Volfango Goethe* [Cartas de Nápoles de Wolfgang Goethe] (*Q 22*, 2, 2.142 [*CC*, 4, 242]) – desvelaria a contraluz pragmática e populista, fazendo-o enquanto "homem de partido", preocupado em reagir contra a imagem do Mezzogiorno como "bola de chumbo" da modernização, e em realizar um unanimismo moderado, não distante da noção de Salvemini de "unidade", e da "obsessão" unitária de Crispi, colocando a "questão meridional" não como limite, mas como hipótese em torno da qual elaborar o modelo do novo arranjo da burguesia nacional.

DANIELE MARIA PEGORARI

Ver: bloco histórico; camponeses; Croce; intelectuais; intelectuais italianos; Mezzogiorno; Nápoles; Norte-Sul; questão meridional; Salvemini.

Foscolo, Ugo

O nome do poeta ocorre em uma série de passagens nas quais são discutidas as diferentes interpretações que ao longo do tempo foram dadas sobre *O príncipe*, de Maquiavel, com particular referência à questão crucial "por que Maquiavel escreveu *O príncipe*?". Nos versos 155-9 de *I sepolcri*, Foscolo, evocando as "urnas dos fortes" recolhidas na igreja de Santa Croce, em Florença, faz referência a Maquiavel, o qual "temperando o cetro aos soberanos,/ cresta seus louros, e à gente revela/ quanta lágrima o banhe, e quanto sangue": versos bastante conhecidos, nos quais tradicionalmente se percebia uma exata e admissível "interpretação" foscoliana do pensamento do secretário florentino e sobretudo do fim para o qual ele teria composto *O príncipe*. Como afirmado no *Q 13*, 20, 1.600 [*CC*, 3, 55], segundo a exegese prevalente do texto foscoliano, o poeta atribuiria aqui a Maquiavel um intento fundamentalmente "moralista", e portanto não político: Maquiavel com sua obra mira principalmente a "educar" o povo para odiar os tiranos; por isso no *Q 13*, 25, 1.617 [*CC*, 3, 74] Foscolo é associado a Rousseau e Mazzini, como arautos de uma comum "interpretação romântico-liberal de Maquiavel" (isto é, de uma "interpretação 'democrática'"): interpretação que queria que *O príncipe*, obra "oblíqua", com o subterfúgio de amestrar os governantes, desvelasse de fato aos súditos a verdadeira natureza do poder, sempre fundado, afinal, sobre o sofrimento ("lágrimas") e sobre os delitos ("sangue"). Segundo G., ao contrário, o significado conceitual dos versos de *I sepolcri* devia ser decifrado em outra e diferente chave, como já havia sugerido Croce em seu livro sobre a *Storia dell'età barocca in Italia* [História da idade barroca na Itália] (*Q 14*, 33, 1.689 [*CC*, 3, 305-6]): Maquiavel, animado pelo objetivo não simulado mas efetivo de instruir os governantes, perseguiria por isso mesmo e ao mesmo tempo o fim de desmistificar a "sacralidade" do poder; em outros termos, "a ciência política, como ciência, é útil tanto aos governantes quanto aos governados para se compreenderem reciprocamente" (idem). Para o pensador sardo, essa segunda exegese do poema resultava mais aceitável do que a "romântico-liberal", embora – para além da referência foscoliana – nem a visão crociana de um Maquiavel ocupado em "escrever uma obra de 'ciência' desinteressada" (*Q 13*, 25, 1.617 [*CC*, 3, 74]) convencesse realmente G., para o qual, como é sabido, o secretário florentino aspirava, ao contrário, à concreta ação política e com o seu livro apontava para um novo sujeito coletivo ("o 'povo' e a 'nação' italiana, a democracia cidadã": *Q 13*, 20, 1.600 [*CC*, 3, 55]) a necessidade de aderir a uma concepção política absolutamente realista.

O *Q 5*, 32, 569 [*CC*, 6, 166], intitulado emblematicamente "Ugo Foscolo e a retórica literária italiana", pode ser considerado o progenitor de uma segunda série de ocorrências: diz-se aqui que *I sepolcri* devem ser considerados a "maior 'fonte'" de uma particular "tradição cultural" italiana, definida essencialmente "retórica", a qual identifica a "nação" com suas glórias artísticas e literárias, de modo que a consciência nacional de um povo deveria ser idealmente modelada em torno dos "monumentos" do passado, ao invés de em torno da sua vivente história de "povo". Mas aqui G. sente imediatamente a necessidade de efetuar uma distinção, e esclarece que, observando atentamente essa concepção em Foscolo, de fato, ela detém certo real alcance "político" ("no início do século XIX, quando se tratava de despertar as energias latentes e de entusiasmar a juventude"), para sucessivamente decair, mas somente nos epígonos, em uma "'deformação' porque se tornou puro motivo decorativo, exterior", justamente "retórico" (idem). O fato é que a figura de Foscolo (e, em particular, *I sepolcri*, verdadeira *summa* da sua ideologia), saindo, por assim dizer, do âmbito limitado da comunicação literária, constituiu um firme ponto de referência ideológico para as sucessivas classes cultas italianas: em *Q 14*, 24, 1.681-2 [*CC*, 2, 182] afirma-se com decisão que em *I sepolcri* "estão contidos, não obstante, tantos motivos da mentalidade e da ideologia do intelectual italiano do século XIX-XX".

Em *Q 8*, 3, 937-8 [*CC*, 2, 159], esboçando uma "pesquisa 'molecular'" voltada para "captar o processo de formação intelectual da burguesia" italiana no período de 1750-1850, G. identifica exatamente em Foscolo e Manzoni dois "tipos" paradigmáticos: ao passo que na ideologia manzoniana se encontram instâncias já estreita e tecnicamente "burguesas" (como a exaltação sincera das laboriosas atividades econômicas), ao contrário, em *I sepolcri* e *Discorsi civili* [Discursos civis], Foscolo é portador da chamada concepção essencialmente "retórica"; aqui, porém, G. esclarece, novamente, que "em sua época, esta retórica tinha uma eficácia prática atual e, portanto, era 'realista'" (ibidem, 938 [*CC*, 2, 160]). Em suma, estamos no âmbito da "formação do caráter nacional moderno dos intelectuais italianos" e, no *Q 8*, 30, 959 [*CC*, 2, 163], afirma-se que em tal perspectiva o modelo foscoliano desenvolveu uma função de grande relevância, similar, por importância, à exercida por Gioberti: já que algumas de suas concepções e investigações, relativas às mais remotas origens históricas ou aos fundamentos ético-civis de uma nação, sintomaticamente aludiam e remetiam, segundo G., sempre (embora nunca de maneira límpida e resoluta), ao urgente problema real de uma identidade nacional-unitária bastante problemática.

Domenico Mezzina

Ver: Croce; Dante; Gioberti; Manzoni; Maquiavel; maquiavelismo e antimaquiavelismo; nação; retórica.

Fovel, Nino Massimo

Embora G. considerasse Fovel um "notório aventureiro da política e da economia" (*Q 6*, 82, 754 [*CC*, 3, 236]), "ligado a pequenos desonestos interesses" (*Q 22*, 6, 2.153 [*CC*, 4, 254]), o autor dos *Q* manifestou certo interesse por suas teorias sobre o corporativismo, que lhe apareciam como um dos mais claros exemplos da tendência "americanizante" presente no fascismo. G. não teve acesso direto aos escritos de Fovel, mas conheceu seu conteúdo por uma resenha. O corporativismo configurava-se nele como uma "economia de produtores", capaz de realizar uma elisão da renda e na qual a corporação tende a assumir uma evidente função de racionalização. O que parecia significativo a G. era a "concepção da corporação como um bloco industrial-produtivo autônomo, destinado a resolver em sentido moderno e acentuadamente capitalista o problema de um ulterior desenvolvimento do aparelho econômico italiano, contra os elementos semifeudais e parasitários da sociedade que se apropriam de uma parcela excessivamente vultosa do mais-valor, contra os chamados 'produtores de poupança'" (ibidem, 2.155 [*CC*, 4, 256]). A corporação seria, portanto, composta por todos os elementos eficientes da produção: as exigências técnicas acabariam prevalecendo sobre os interesses capitalistas, isto é, sobre a aliança entre empresários industriais e pequeno-burgueses poupadores. A ideia de corporativismo sustentada por Fovel aparecia assim a G. como uma "premissa para a introdução na Itália dos mais avançados sistemas americanos do modo de produzir e de trabalhar" (ibidem, 2.153 [*CC*, 4, 255]). Os limites atribuídos a essa ideia – em particular a subestimação da função de "polícia econômica" que está na origem do corporativismo – não invalidavam de qualquer maneira sua relevância, que derivava do fato de que nela era possível perceber o sintoma de processos reais, quando não a direta inspiração dos setores mais avançados do mundo econômico: "Seria interessante – interrogava-se G. a este propósito – saber se Fovel 'tira da própria cabeça' o que escreve ou se tem atrás de si (praticamente e não apenas 'em geral') determinadas forças econômicas que o sustentam e o estimulam" (idem).

Alessio Gagliardi

Ver: americanismo; corporativismo; fascismo.

franciscanos

G. questiona se os franciscanos podem ser considerados expressão de um catolicismo integral; ademais, é levada em consideração sua relação com as ciências experimentais, que G. evidencia pelo fato de estas serem mais valorizadas pelos franciscanos neoescolásticos da Universidade do Sagrado Coração do que pelos jesuítas (*Q 10* II, 41.I 1.296-7 [*CC*, 1, 361]). O juízo de G. sobre o franciscanismo é distinto do sobre Francisco de Assis, amado pelo seu mestre de universidade Umberto Cosmo: seja nos *Q* seja nas *LC*, é realçado o fato de que já desde os tempos da geração sucessiva a Francisco o espírito do fundador estivesse distante e "Boccaccio está aí para mostrar como a ordem tinha caído no conceito público; todos os frades de Boccaccio são franciscanos" (*LC*, 319, a Tania, 10 de março de 1930 [*Cartas*, I, 405]). No que diz respeito aos séculos XIX e XX, o jansenismo, também franciscano, é descrito como uma pedra no sapato do jesuitismo, em uma aliança entre modernistas e integrais "contra os jesuítas e seu enorme poder" (*Q 20*, 4, 2.089 [*CC*, 4, 153]). É forte o interesse gramsciano para a relação entre tais correntes e as massas: surge daqui a possível comparação entre a Ação Católica e os terciários franciscanos, que o próprio G. abandona, evidenciando que "criação dos terciários é um fato muito interessante de origem e tendência democrático-popular, que ilumina melhor o caráter do franciscanismo como retorno tendencial aos modos de vida e de crença do cristianismo primitivo, comunidade de fiéis e não apenas do clero, como cada vez mais vinha ocorrendo" (*Q 20*, 2, 2.086 [*CC*, 4, 152]). A oscilante avaliação sobre o franciscanismo encontra talvez na comparação com outros movimentos religiosos populares da Idade Média a razão de uma avaliação globalmente positiva: "Na história das heresias medievais, Francisco tem uma posição individual bem distinta: ele não quer lutar, isto é, ele não pensa em nenhuma forma luta, à diferença dos outros inovadores (Valdo etc. [...])" (*Q 6*, 78, 749 [*CC*, 5, 250]).

Ludovico De Lutiis

Ver: heresias/heréticos; Igreja católica; integralistas; jesuítas/jesuitismo; modernismo.

França

O lema registra nos *Q* bem 502 ocorrências, um número extremamente elevado que leva a refletir e indica a importância que tem, para G., o país transalpino, sua história, sua cultura. Como no caso de Maquiavel, a França funciona para G. como um modelo ideal sobre o qual medir o grau de desenvolvimento da história italiana. Ela representa a situação nacional em que a burguesia obteve historicamente os melhores resultados, em termos de progresso material e intelectual de massa. As condições de vida nos campos franceses não são comparáveis com aquelas em que se encontram os camponeses italianos: os camponeses franceses desfrutam – nota G. – de um consumo calórico *per capita* superior de um terço ao dos italianos (*Q 1*, 48, 60, Texto A) e, em geral, têm melhores disponibilidades alimentares. Também os fenômenos de trabalho agrícola sazonal são muito mais circunscritos. A pobreza nos campos não conhece os fenômenos de revolta endêmica típica dos campos meridionais italianos. O próprio fenômeno do urbanismo não tem como base a fuga e o êxodo dos campos (origem dos fenômenos migratórios intercontinentais que afetam a Itália), mas a busca por condições de vida melhores e mais fáceis (ibidem, 61). Até os fenômenos demográficos assumem na França características de tipo moderno: prolongamento da vida, diminuição da natalidade, aumento da mão de obra estrangeira imigrante que modifica, como na América do Norte, a divisão do trabalho ("profissões qualificadas para os autóctones, além de funções diretivas e organizativas", e "profissões não qualificadas para os imigrantes") (*Q 1*, 62, 73, Texto A).

Os jacobinos tiveram êxito onde o Partido de Ação na Itália fracassou miseravelmente no curso do *Risorgimento*: unir a cidade ao campo. Os campos italianos aderem à reação da monarquia e do alto clero por causa da ausência da questão da propriedade da terra no programa do Partido de Ação. Os jacobinos franceses conseguiram ter Paris e o campo do seu lado graças a uma robusta legislação que afetava a propriedade e os privilégios feudais. Se não tivessem feito assim, a Vendeia teria chegado às suas portas. Mesmo para a França, a guerra contra a coalizão antifrancesa constituiu um coágulo de todas as forças internas francesas, as quais, unidas face à ameaça estrangeira, superaram divisões e conflitos de classe. Isso, afirma G., aconteceu, porém, somente depois de as forças revolucionárias terem conquistado solidamente o poder, de modo que puderam dirigir suas energias para o exterior. Na Itália, a identificação do inimigo com o ocupante austríaco serviu para remover o conflito entre grande propriedade de terra e camponeses, não permitiu a identificação com as lutas camponesas dentro do Império Austríaco como um exemplo que devia ser apoiado. As forças dos Savoia preferiram mobilizar a aristocracia e a alta burguesia em favor da causa antiaustríaca e unitária, excluindo os democratas e até mesmo a ajuda militar das forças populares. A palavra de ordem "independência e unidade" foi assim esvaziada de conteúdo político concreto (*Q 19*, 24, 2.026, Texto C [*CC*, 5, 62]). Naturalmente isso não significa identificar nos jacobinos franceses algo mais do que a melhor expressão revolucionária burguesa: G. não deixa de evidenciar que o jacobinismo não suportou o impacto das reivindicações da classe operária, dissolvendo-se e deixando espaço à reação e ao populismo bonapartista.

G. se interroga se a França também, como a Itália da década de 1930, estaria atravessada por riscos de saídas autoritárias e ditatoriais. Ele afirma que o parlamentarismo conheceu momentos de enfraquecimento, mas chega à conclusão de que as forças reacionárias não constituem um sério perigo para a democracia. A Action Française, guiada por Maurras, encarna os valores do conservadorismo clerical e da restauração monárquica, mas constitui um risco mais simulado que concreto para as instituições republicanas. Embora submetidas a formidáveis estímulos conservadores, estas estão em condições de resistir na França, diversamente do que ocorria na Itália, exatamente em virtude de seu profundo enraizamento histórico.

Desde 1789 a burguesia impôs à nação o domínio total; a própria organização eclesiástica foi influenciada por ela, basta pensar no galicanismo e nas lutas muito precoces entre Igreja e Estado. A função internacional e cosmopolita da intelectualidade francesa na segunda metade do século XVIII e durante todo o século XIX (laicização, racionalização, modernização da cultura) esteve presente em todos os processos [*Kulturkampf*] nos quais o elemento laico e civil luta para superar a subordinação à política laica do clero e da casta militar, desde a Europa até a América Latina (*Q 4*, 49, 479 e 482, Texto A).

No plano literário são realmente numerosas as passagens nos *Q* em que G. compara o cosmopolitismo dos intelectuais italianos com a coesão nacional dos intelectuais franceses em todos os níveis, até mesmo o burocrático. Reproduzindo a opinião de Sorani sobre a grande fidelidade do público francês ao romance de aventura e folhetim lê-se: "Quanto à Itália, acredito que se poderia perguntar por que a literatura popular não é popular na Itália", não no sentido da falta de leitores, mas de escritores. "Depois de Mastriani e Invernizio, parece-me que vieram a faltar entre nós romancistas capazes de conquistar a multidão suscitando horror e lágrimas em um público de leitores ingênuos, fiéis e insaciáveis. Por que esse gênero de romancista não continuou (?) a criar raízes entre nós? A nossa literatura, mesmo a que ocupa os porões, foi muito acadêmica e letrada? Nossos editores não souberam cultivar uma planta julgada excessivamente abjeta? Nossos escritores não têm fantasia suficiente para animar folhetins e fascículos? Ou nós, inclusive nesse campo, contentamo-nos em importar o que os outros mercados produzem? Com certeza não abundamos como a França de "ilustres desconhecidos" e alguma razão para essa deficiência deve existir e valeria a pena investigá-la" (*Q 9*, 120, 1.186, Texto A). No parecer de G., desde a Revolução Francesa até Zola, a grande literatura francesa nunca se separou do público, mas representou um fenômeno de massa, um "ir ao povo" da literatura, interrompido talvez apenas pela reação simbolista, a qual escavou um fosso entre povo e escritores, entre escritores e vida (*Q 6*, 42, 717, Texto B [*CC*, 6, 186]).

Mesmo na produção jornalística o confronto entre França e Itália mostra o país italiano entrincheirado na defesa de posições abstratas e cosmopolitas. Até mesmo no *Risorgimento* a colaboração estrangeira com os jornais italianos tornou-se esporádica e casual sem conseguir se tornar "orgânica" e sem que a contribuição dos colaboradores estrangeiros se integrasse na "linguagem nacional" e nas correntes ideológicas italianas. Sem uma colaboração estrangeira orgânica, capaz de informar tanto sobre a Itália como sobre o país estrangeiro, revistas e diários não conseguiram superar o provincianismo, permanecendo num plano extremamente genérico. "Ademais – afirma G. –, uma organicidade de colaboração internacional talvez só tenha se verificado na França, porque a cultura francesa, já antes da época liberal, havia exercido uma hegemonia europeia; eram relativamente numerosos, portanto, os intelectuais alemães, ingleses etc., que sabiam informar sobre a cultura de seus países empregando uma 'linguagem' francesa" (*Q 7*, 81, 913, Texto B [*CC*, 2, 239]).

ELISABETTA GALLO

Ver: Action Française; cidade-campo; cosmopolitismo; cultura francesa/cultura italiana; intelectuais italianos; jacobinismo; literatura popular; Partido de Ação; pequena burguesia; Revolução Francesa; *Risorgimento*.

frente ideológica

G. fala de "frente ideológica" em uma única nota, *Q 7*, 26, 875 [*CC*, 6, 371] (retomada sem variantes de relevância no Texto C: *Q 11*, 22, 1.423 [*CC*, 1, 140-1]), dedicada ao *Ensaio popular*, de Bukharin. Ao criticar a tendência deste último a polemizar contra os adversários teoricamente mais fracos, menos relevantes, G. esclarece que no plano da "frente ideológica" não tem valor o que é verdadeiro para a "frente político-militar". Aqui, de fato, "pode ser conveniente a tática de penetrar nos pontos de menor resistência", ao passo que "na frente ideológica [...] a derrota dos auxiliares e dos seguidores menores tem uma importância quase insignificante; nela, é preciso lutar contra os mais eminentes. Se não for assim, confunde-se o jornal com o livro, a pequena polêmica cotidiana com o trabalho científico". Não há em G. nenhuma subestimação daquele aparelho ideológico difuso que ele analisa nos Q, insistindo, por exemplo, sobre a importância da imprensa menor ou da literatura popular, aparelho que forma a concepção do mundo adaptando e repetindo, prevalentemente, as teses elaboradas pelos grandes intelectuais. Aqui, porém, G. assume o livro de Bukharin como modelo da tentativa de elaborar "uma ciência nova", a qual "alcança a prova da sua eficiência e fecunda vitalidade quando demonstra saber enfrentar os grandes campeões das tendências opostas, quando resolve com os próprios instrumentos as questões vitais colocadas por estas tendências ou quando demonstra peremptoriamente que tais questões são falsos problemas" (idem). Foi notado (Mancina, 1980) que a referência à frente ideológica, da mesma forma que a referência à "estrutura ideológica", indica a presença nos Q de uma teoria materialista da ideologia, referida às suas "modalidades materiais de existência" (ibidem, 98).

GUIDO LIGUORI

Ver: aparelho hegemônico; concepção do mundo; estrutura ideológica; frente político-militar; hegemonia; ideologia; literatura popular; organização.

frente político-militar

G. fala de "frente político-militar" – enfrentando o tema que mais lhe interessa da frente ideológica – em um único Texto A (*Q 7*, 26, 875 [*CC*, 6, 371]), retomado sem variações relevantes no *Q 11*, 22, 1.423 [*CC*, 1, 140]: "Cria-se a ilusão – ele escreve – de que existe uma semelhança qualquer (que não formal e metafórica) entre uma frente ideológica e uma frente político-militar". Efetivamente, só "na luta política e militar pode ser conveniente a tática de penetrar nos pontos de menor resistência": isso permite "investir sobre o ponto mais forte com o máximo de forças, colocadas à disposição precisamente por causa da eliminação dos auxiliares mais débeis" (idem). Ao contrário, no plano da luta ideológica "a derrota dos auxiliares e dos seguidores menores tem uma importância quase insignificante": nela é preciso derrotar os inimigos "mais eminentes", os elaboradores e apoiadores de uma concepção do mundo, não seus simples repetidores.

Além disso, parece existir outro ponto de diferença entre as duas frentes: no plano político-militar, "as vitórias políticas e militares, dentro de certos limites, têm um valor permanente e universal, podendo o fim estratégico ser alcançado de uma maneira decisiva com efeitos gerais para todos" (idem); no plano ideológico evidentemente não é assim: a luta é muito mais indistinta e articulada e é necessário conquistar uma por uma as casamatas do inimigo, sem se iludir não só de que é suficiente "penetrar" em um ponto para obter a vitória, mas também de que tal vitória ideológica é permanente. Fica evidente que essas breves reflexões problematizam toda a temática das "metáforas" militares, às quais G. recorre muito frequentemente nos *Q* e às quais ele mesmo convida implicitamente a olhar com cautela.

GUIDO LIGUORI

Ver: frente ideológica; guerra; guerra de movimento; guerra de posição; metáfora.

frente única

G. tomou conhecimento da tese da "frente única", originariamente formulada por Lenin e Trotski no III Congresso da Terceira Internacional, durante a sua participação ao IV Congresso, realizado na União Soviética em 1922-1923. Durante a reunião com a delegação italiana, que teve lugar em 15 de novembro de 1922, G. mostrou-se em desacordo com Trotski sobre o significado de frente única no contexto italiano. Já desde os meados de 1923, G. começou a discutir sobre a necessidade de potencializar a perspectiva política dessa fórmula pela criação de um movimento de classe sob a direção do proletariado na Itália, e mais em geral do movimento comunista internacional (Paggi, 1984, p. 22). Para G., a frente única continuou a ser a perspectiva política fundamental – o problema irresoluto do movimento operário – tanto durante a estadia em Viena, como depois da sua volta à Itália, isto é, nos anos em que estava envolvido na construção da resistência da classe operária ao regime fascista.

Nos *Q* a expressão "frente única" é utilizada com esse significado em uma única nota, que remonta ao fim de 1930, intitulada "Guerra de posição e guerra manobrada ou frontal" (*Q 7*, 16, 865-6 [*CC*, 3, 261]), embora G. empregue os termos em um sentido metafórico geral em outras passagens (por exemplo *Q 2*, 131, 269 [*CC*, 4, 183]). No mesmo período em que escreveu essa nota, G. estava empenhado em intensas discussões com os outros membros do Partido Comunista, eles também na prisão, sobre a política chamada de "terceiro período" do movimento comunista internacional, com os quais o autor dos *Q* encontrava-se em forte desacordo. No parecer de G. o que deveria ser considerado é se a teoria da "permanência do movimento" (ou seja, a teoria da revolução permanente) de Trotski não seria, "em última análise, o reflexo das condições gerais – econômicas, culturais, sociais – de um país em que os quadros da vida nacional são embrionários e frouxos e não podem se tornar 'trincheira ou fortaleza'" (*Q 7*, 16, 865 [*CC*, 3, 261]). G. opõe à posição de Trotski ("cosmopolita, isto é, superficialmente nacional e superficialmente ocidentalista ou europeu") a de Lenin (Ilitch), "profundamente nacional e profundamente europeu" (ibidem, 866 [*CC*, 3, 261]). "Parece-me que Ilitch havia compreendido a necessidade de uma mudança da guerra manobrada, aplicada vitoriosamente no Oriente em 1917, para a guerra de posição, que era a única possível no Ocidente" (idem). Para G. a fórmula da frente única correspondia ao reconhecimento da necessidade de uma transformação na estratégia do movimento operário revolucionário, devida não somente à diferença nas relações entre Estado e sociedade civil em Oriente e Ocidente, mas também à transformação das relações entre Estado e sociedade civil que se verificou na União Soviética após a revolução de 1917. Foi nessa ocasião que "o maior teórico moderno da filosofia da práxis revalorizou, no terreno da luta e da organização política, em oposição às diversas tendências 'economicistas', a frente da luta cultural, e construiu a doutrina da hegemonia como complemento da teoria do Estado-força e como forma atual da doutrina da 'revolução permanente' criada em 1848" (*Q 10* I, 12, 1.235 [*CC*, 1, 306]; cf. também *Q 10* I, 7, 1.224 [*CC*, 1, 293]). Contudo, Lenin "não teve tempo de aprofundar sua fórmula, mesmo considerando que ele só podia aprofundá-la teoricamente, quando, ao contrário, a tarefa fundamental era nacional, isto é, exigia um reconhecimento do terreno e uma fixação dos elementos de trincheira e de fortaleza representados pelos elementos de sociedade civil etc." (*Q 7*, 16, 866 [*CC*, 3, 262]).

Embora G. não adote mais o termo, os *Q* contêm numerosas discussões sobre aspectos considerados essenciais na perspectiva da frente única. A afirmação de 1931 no *Q 7*, 35, 886 [*CC*, 1, 243], segundo a qual Lenin levou a cumprimento "a realização da hegemonia", é aprofundada na nota sobre Maquiavel (*Q 14*, 68, 1.728-30 [*CC*, 3, 314]) de fevereiro de 1933, na qual G. afirma que segundo a filosofia da práxis, em particular na especificação que Lenin fez dela, "a situação internacional deve ser considerada em seu aspecto nacional" (ibidem, 1.729 [*CC*, 3, 314]). "A relação 'nacional'", afirma G., "é o resultado de uma combinação 'original' única" (idem), que por isso deve ser estudada em sua especificidade, a partir de uma avaliação da relação de forças sobre o terreno nacional. "Mas a perspectiva é internacional e não pode deixar de ser. É preciso, portanto, estudar exatamente a combinação de forças nacionais que a classe internacional deverá dirigir e desenvolver segundo a perspectiva e as diretrizes internacionais" (idem). Portanto, em G. a fórmula da frente única indica a perspectiva internacional em que as várias "combinações" do nacional e do internacional deveriam ser consideradas como "condensações" nacionais de uma dinâmica política internacional. Em um ulterior desenvolvimento, G. especifica a dimensão internacional do conceito analítico central de hegemonia e por isso sua relação com a política da frente única: "O conceito de hegemonia é aquele em que se reúnem as exigências de caráter nacional" (idem).

Os *Q* eram, em parte, uma tentativa de desenvolver o legado de Lenin por meio de uma análise detalhada das relações hegemônicas que atravessavam a sociedade civil com o objetivo de colocar os fundamentos para uma retomada do movimento revolucionário internacional. A frente única de G., assim, significa tanto uma estratégia política da organização política de massa da classe operária quanto uma análise concreta das relações de força que constituíam a base de massa da hegemonia política burguesa e do poder do Estado.

PETER THOMAS

Ver: Estado; Lenin; nações; Oriente-Ocidente; Trotski; URSS.

Freud, Sigmund

Embora não seja certo que G. tenha lido diretamente Freud – em uma carta à cunhada Tania, de 20 de abril de 1931, ele se limita a dizer que tem interesse em receber a tradução francesa de *Introduzione alla psicoanalisi* [Introdução à psicanálise] e a dizer ter "lido algo sobre a psicanálise" (*LC*, 415 [*Cartas*, II, 40]) – contam-se entre as *LC* e os *Q* aproximadamente vinte referências a Freud, ao "freudianismo" e à psicanálise. Tais alusões seguem três diretrizes essenciais: *a)* uma compreensão genealógica do freudianismo a partir da revolução iluminista: G. define Freud como "o último dos ideólogos" no sentido dos *idéologues* do século XVIII (*Q 11*, 63, 1.491 [*CC*, 1, 207]) e pensa que ele esteja renovando o mito do bom selvagem de Rousseau, constituindo "uma nova forma de desordem intelectual muito interessante" (*LC*, 302, a Giulia, 30 de dezembro de 1929 [*Cartas*, I, 386]); *b)* uma avaliação da "influência de Freud sobre a literatura alemã", vista como "incalculável" e "à base de uma nova ética revolucionária (!)" (*Q 3*, 3, 288 [*CC*, 2, 74]), e sobre a constituição mais em geral de uma "literatura [...] 'freudiana' Proust-Svevo--Joyce" (*Q 1*, 33, 26 [*CC*, 1, 229]); *c)* finalmente, G. denuncia a "crítica severa, um pouco apressada e superficial a Freud e à psicanálise" por parte dos crocianos, os quais, por outro lado, não hesitam em mostrar seu entusiasmo pelas teses de De Man, contagiadas por um psicanalismo superficial adotado em sentido antimarxista (*Q 10* II, 26, 1.264-5 [*CC*, 1, 334]). "O núcleo mais sadio e imediatamente aceitável do freudianismo – nota ainda G. – é a exigência do estudo dos contragolpes morbosos produzidos por toda construção de 'homem coletivo', de todo 'conformismo social', de todo nível de civilização, especialmente naquelas classes que 'fanaticamente' fazem do novo tipo humano a atingir uma 'religião', uma mística" (*Q 15*, 74, 1.833 [*CC*, 1, 265]). De modo que Freud não constitui para G. – diversamente de Bukharin – a última peripécia do vitalismo burguês, mas uma racionalidade irrenunciável para evitar que o projeto de emancipação comunista se transforme em uma forma potencializada de "mal-estar da civilização".

Livio Boni

Ver: psicanálise; questão sexual.

funcionário

Para G., "o fato de que no desenvolvimento histórico e das formas econômicas e políticas tenha se formado o tipo do funcionário técnico tem uma importância primordial. Foi uma necessidade ou uma degeneração, como pretendem os liberistas?" (*Q 9*, 21, 1.109). A essa questão seguem algumas considerações sobre o funcionário moderno: "Toda forma de sociedade teve o seu problema dos funcionários, um modo de formulá-lo e resolvê-lo, um tipo próprio de funcionário a educar. Investigar o desenvolvimento de todos estes elementos é de importância capital" (idem). Nesse programa de investigação o correspondente Texto C afirma que "o problema dos funcionários coincide, em parte, com o problema dos intelectuais" (*Q 13*, 36, 1.632 [*CC*, 3, 89]), isto é, com o problema da criação de novos intelectuais orgânicos e da relação com os intelectuais tradicionais. Esse nó é reformulado da seguinte maneira: "Se é verdade que cada nova forma social teve necessidade de um novo tipo de funcionário, também é verdade que os novos grupos dirigentes jamais puderam prescindir, pelo menos durante certo tempo, da tradição e dos interesses constituídos, isto é, das formações de funcionários já existentes e constituídas antes de seu advento" (idem). E se "todos os homens são intelectuais" (*Q 12*, 1, 1.516 [*CC*, 2, 15]), é verdade também que "todo cidadão é 'funcionário' se é ativo na vida social conforme a direção traçada pelo Estado-governo, e tanto mais é 'funcionário' quanto mais adere ao programa estatal e o elabora inteligentemente" (*Q 3*, 61, 340 [*CC*, 3, 200]).

A extensão dos dois conceitos espelha o mesmo movimento teórico, que tende a ressaltar a "identidade-distinção entre sociedade civil e sociedade política [...] de modo que 'todo indivíduo é funcionário', não na medida em que é empregado pago pelo Estado e submetido ao controle 'hierárquico' da burocracia estatal, mas na medida em que, 'agindo espontaneamente', sua ação se identifica com os fins do Estado" (*Q 8*, 142, 1.028 [*CC*, 3, 282]).

Michele Filippini

Ver: burocracia; Estado; estatolatria; hegemonia; intelectuais; polícia; Weber.

für ewig

A expressão não aparece nos *Q*, mas na carta à cunhada Tania de 19 de março de 1927, na qual G. enuncia pela primeira vez o projeto dos *Q*: "Estou atormentado (e este, penso, é um fenômeno típico dos prisioneiros) por esta ideia: de que é preciso fazer algo *für ewig*, segundo uma complexa concepção de Goethe, que lembro ter atormentado muito nosso Pascoli. Em suma, segundo um plano preestabelecido, gostaria de me ocupar intensa e sistematicamente de alguns temas que me absorvessem e centralizassem minha vida interior" (*LC*, 55 [*Cartas*, I, 128]). Discutiu-se muito sobre a "tradução", sobre a "complexidade" do significado "gramsciano" da expressão – ao pé da letra, "para sempre" – também a partir da relação com os autores citados na carta: desde a densa referência à concepção da época de Goethe, escritor amplamente aproveitado e traduzido por G. e autor, entre outras coisas, de uma lírica intitulada "*Für ewig*", até à alusão, talvez menos densa, a Pascoli (ele também autor de uma lírica intitulada "Per sempre", em *Canti di Castelvecchio*), do qual G. evidenciará nos *Q* uma "íntima contradição", quando não uma interpretação errada, exatamente na concepção do "Ewig" (*Q 2*, 51, 207 [*CC*, 5, 178]). Por meio da expressão *"für ewig"*, efetivamente, G. parece conotar, de forma autorreflexiva, o inteiro projeto dos *Q* e a própria função da escrita, em um entrelaçamento muito estreito de resistência e projeto, na mudada relação com o tempo determinada pela condição carcerária: a escrita torna-se para o prisioneiro uma forma de resistência, em primeiro lugar, porque permite reinserir o tempo em uma dimensão de projetação, em uma tensão construtiva.

Não somente, então, a necessidade, mas o tormento de encontrar um sujeito que centralize a própria vida interior como forma de resistência ao processo molecular de autodestruição que pode ser induzido pela *rotina* carcerária. A escrita torna-se também – justamente *"für ewig"* – forma de resistência à morte, uma forma de "imortalidade" concebida "em sentido realista e historicista, isto é, como uma sobrevivência necessária de nossas ações úteis e necessárias e como uma incorporação delas, além de nossa vontade, ao processo histórico universal" *(LC*, 734, a Tania, 24 de julho de 1933 [*Cartas*, II, 355]). Nesse sentido, as referências literárias, assim como o adjetivo "desinteressado", que nos trechos seguintes G. usa para "traduzir" aquele "para sempre", em chave explicativa do seu *"für ewig"*, não valem a sugerir um recuo estético, e menos ainda um desengajamento, mas ao contrário, para G. em cárcere, a forma possível de uma presença, de uma intervenção, de uma função na história: um plano de estudos como plano de ação, uma investigação desvinculada de exigências imediatistas como instrumento de batalha hegemônica na guerra de posição, um diálogo diferido, provavelmente entregue à posteridade, em ausência de interlocutores, na impossibilidade de um diálogo imediato (Francese, 2009).

Em uma carta de 1932 G. esclarecerá que "desinteressada" – referido à atividade científica ou artística – "não quer dizer plantada nas nuvens", mas "'interessada' no sentido não imediato e mecânico da palavra" (*LC*, 556, a Iulca, 28 de março de 1932 [*Cartas*, II, 180]). O estudo desinteressado representa também uma dificuldade para G. – poder-se-ia dizer, a do "filósofo democrático" privado do seu interlocutor –, presente nele não somente no início da redação dos *Q*, mas ainda em 1930: "Talvez porque toda a minha formação intelectual foi de natureza polêmica; tenho dificuldade até para pensar 'desinteressadamente', isto é, estudar por estudar. Só algumas vezes, mas raramente, acontece que me abandono a uma determinada ordem de reflexões e, por assim dizer, encontro nas próprias coisas o interesse para me dedicar à análise. Normalmente, preciso me colocar de um ponto de vista dialógico ou dialético, de outro modo não sinto nenhum estímulo intelectual. Como lhe disse uma vez, não gosto de atirar pedras a esmo; quero sentir um interlocutor ou um adversário concreto" (*LC*, 374, a Tatiana, 15 de dezembro de 1930 [*Cartas*, I, 462]).

Assim, de um lado, a impossibilidade de um desenvolvimento dialógico da pesquisa, do outro, a possibilidade de um estudo desvinculado de exigências imediatas, conduzem a uma mudança da *qualidade dialética* da intervenção da escrita gramsciana. Ao enunciar o primeiro núcleo programático dos *Q*, o autor fala da necessidade de "uma pesquisa sobre a formação do espírito público na Itália no século passado; em outras palavras, uma pesquisa sobre os intelectuais italianos, suas origens, seus agrupamentos segundo as correntes culturais, seus diversos modos de pensar" e, aludindo ao "texto, muito curto e superficial sobre a Itália Meridional e sobre a importância de B. Croce", declara querer "desenvolver amplamente" o núcleo da tese "então esboçado, de um ponto de vista 'desinteressado', *'für ewig'*" (*LC*, 55-6, a Tania, 19 de março de 1927 [*Cartas*, I, 128]). Ao afirmar querer ampliar a reflexão desenvolvida em *Alguns temas da questão meridional* (1926) em uma pesquisa sobre os intelectuais italianos, ele esclarece somente a referência à figura de Benedetto Croce. Polemizando com Bukharin e com a torsão imediatista do *Ensaio*, que havia ignorado a diferença entre frente político-militar e frente ideológica, que exige a superação não dos pontos mais fracos, mas dos pontos mais elevados da filosofia adversária, G. apontará a necessidade de "se referir somente aos grandes intelectuais adversários, e talvez a um só deles" e de não confundir "o jornal com o livro, a polêmica cotidiana com o trabalho científico" (*Q 7*, 26, 875 [*CC*, 6, 371]). Assim, a pesquisa gramsciana na altura dos *Q*, já integralmente colocada na frente ideológica, constitui-se como projeto e atribui a si mesma uma função histórica, não a polêmica, mas a superação dialética dos pontos mais altos da filosofia adversária: uma investigação *"für ewig"* na medida em que atribui a si mesma uma função histórica progressiva, que se traduz, em primeiro lugar, na construção do antiCroce ou, pode-se dizer também, no repensar da filosofia da práxis como superação do estético-político crociano.

Ao enunciar o sucessivo ponto do programa dos *Q* – "um estudo de linguística comparada! Nada menos que isto. Mas o que poderia ser mais 'desinteressado' e *für ewig* do que esse tema?" (*LC*, 56, a Tania, 19 de março de 1927 [*Cartas*, I, 128]) – G. parece dar também uma flexão autoirônica à expressão "*für ewig*", quase para se defender de uma hipotética reação negativa da destinatária: "Querida Tania, esta minha carta vai horrorizá-la!". Mas na realidade, realça G. depois de ter enunciado os outros dois núcleos do programa (o teatro de Pirandello e os romances de folhetim), "para quem observar bem, entre esses quatro temas existe homogeneidade: o espírito popular criador, em suas diversas fases e graus de desenvolvimento, está na base deles em igual medida" (ibidem, 56-7 [*Cartas*, I, 128-9]). A confirmar a exigência de centralização e tensão sistemática que conotam o projeto dos *Q*.

Eleonora Forenza

Ver: Croce; desinteresse/desinteressado; frente ideológica; Goethe; Pascoli.

fura-greve*

Em uma "crônica de *L'Ordine Nuovo*" de 8 de novembro de 1919, não assinada, G. anuncia o início de uma decisiva ação de *limpeza* levada adiante nas fábricas pelos comissários de repartição contra os fura-greves, isto é, esses "traidores da classe que semeiam o desconforto na massa" e que "nos momentos de maior tensão procuram romper a união operária". Trata-se de uma obra destinada – sob os auspícios de G. – a criar "um novo costume operário" (*ON* 295). Da palavra *crumiro*** G., oferece nos *Q*, uma "noção enciclopédica", esclarecendo-lhe a etimologia, "ligada à ocupação, pela França, da Tunísia, feita com o pretexto de rechaçar a tribo dos Krumiros, que se lançava em incursões na Argélia a partir da Tunísia" (*Q 5*, 161, 682). Ao mesmo tempo, se pergunta por que esse termo tinha entrado no "vocabulário específico do sindicalismo" (*Q 26*, 10, 2.305). Em *Q 5*, 161 e *Q 26*, 10, a definição de *crumiro* segue a de *ascaro****, incluída no léxico parlamentar para definir os deputados sempre prontos à deserção porque "sem programa e sem direção". G. observa que a palavra estava ligada "às primeiras experiências feitas na Eritreia por tropas nativas mercenárias" (*Q 5*, 161, 682). Em *Q 26*, 10, 2.305, a essas duas definições G. acrescenta outra, a de *moretto*, variante de *ascaro*, usada para evidenciar "a aptidão ao servilismo e a predisposição a executar os mais baixos serviços com grande desenvoltura".

Vito Santoro

Ver: colonialismo, *Ordine Nuovo* (*L*), Parlamento, sindicalismo/sindicatos.

futurismo

O fenômeno impõe-se à atenção e à reflexão de G. em três momentos distintos. O primeiro remonta a 1913 quando, em um artigo intitulado "I futuristi" [Os futuristas], publicado no *Corriere universitario*, o jovem estudante, cheio de entusiasmo pela audácia artística de Palazzeschi, Govoni, Buzzi, toma posição defendendo o futurismo dos "conformistas", identificando no procedimento da "decomposição em planos da imagem", que une grande parte das vanguardas artísticas do início de século XX – desde Picasso até Soffici e Marinetti –, o elemento qualificante da revolução da "arte hodierníssima", e na recusa das técnicas tradicionais da representação artística que está na base das novas poéticas, a forma de arte mais adequada aos fermentos revolucionários do presente (*CT*, 7, 20 de maio de 1913).

O segundo momento remonta ao pós-guerra e a uma maior consciência dos limites de classe do fenômeno, quando, em um artigo no *L'Ordine Nuovo* de 5 de janeiro 1921, "Marinetti rivoluzionario?" [Marinetti revolucionário?] (*SF*, 20-2), e sucessivamente em uma carta a Trotski, de 1922, "Lettera sul futurismo italiano" [Carta sobre o futurismo italiano] (*SF*, 527-8), G. se esforça para explicar, aos militantes italianos no primeiro caso, aos dirigentes soviéticos no segundo, as razões da flagrante contradição entre a objetiva capacidade, demonstrada em um primeiro tempo pelo futurismo italiano, de satisfazer a necessidade de nova cultura expressada pela classe operária e a massiva adesão de grande parte dos futuristas à guerra imperialista e ao fascismo. Nessa fase, redimensionando o papel e a importância do futurismo italiano, G. preocupa-se em distinguir a meritória ação de destruição de "hierarquias espirituais, preconceitos, ídolos, tradições enrijecidas" (*SF*, 22, "Marinetti rivoluzionario?", 5 de janeiro de 1921),

---

* No original, *crumiro*. (N. T.)

** Quem se recusa a participar de uma greve, continuando a trabalhar, ou quem substitui aquele que participa de uma greve. (N. E.)

*** Político que não tem programa nem iniciativa própria, que atua de modo subserviente. (N. E.)

efetivada por esse movimento cultural, de seus êxitos artísticos, que agora, ofuscados pelo comportamento univocamente reacionário de grande parte dos seus defensores, se revelavam bastante menos inovadores. Uma distinção crítica inseparável, então, das profundas reservas morais diante dos protagonistas daquela estação literária; reservas que, não casualmente, G. repropõe em uma das notas do *Q 1* comparando os futuristas, com uma imagem singularmente eficaz por seu sarcasmo, a "um bando de escolares que fugiu de um colégio de jesuítas, fez uma pequena algazarra num parque próximo e foi levado de volta sob a férula do guarda-florestal" (*Q 1*, 124, 115 [*CC*, 2, 63]).

O terceiro momento pertence já à fase carcerária e é caracterizado por um uso mais livre e extensivo da mesma definição de futurismo. Quando G., nas notas do cárcere, fala de futurismo, ele efetivamente pretende aludir, mais que ao movimento literário de Marinetti, ao "movimento cultural do Norte", entendendo com isso a tendência geral – na qual G. inclui também fenômenos muito diversos da poética do futurismo, e não todos obrigatoriamente do Norte, como o teatro de Pirandello e o "atualismo" de Gentile – caracterizada pela "oposição ao classicismo tradicional", isto é, pela recusa da dimensão retórica da cultura e da literatura italianas que aos olhos de G. constituía o elemento qualificador e distintivo das necessidades e tendências culturais ligadas à afirmação de uma moderna civilização industrial. Concebido nesse "sentido amplo", o futurismo podia mesmo, legitimamente, ser considerado uma forma de "romantismo" contemporâneo: "A relação cidade e campo entre Norte e Sul pode ser estudada nas diversas formas de cultura. Benedetto Croce e Giustino Fortunato encabeçam, no início desse século, um movimento cultural que se contrapõe ao movimento cultural do Norte (futurismo). É significativo o fato de que a Sicília se separe do Mezzogiorno em muitos aspectos: Crispi é o homem da indústria setentrional; Pirandello, em linhas gerais, é mais próximo do futurismo; Gentile e seu atual idealismo estão também mais próximos ao movimento futurista, entendido em sentido amplo, como oposição ao classicismo tradicional, como forma de um 'romantismo' contemporâneo" (*Q 1*, 43, 35). No deslizamento e na ampliação semântica que o termo futurismo sofre nos *Q*, o autor conserva, portanto, e valoriza dessa experiência, decepcionante por outros aspectos, a carga profanadora da contraposição à "retórica tradicional e acadêmica", tornando-se assim o mínimo denominador comum de uma mais ampla batalha contra a "tradição de Roma", à qual, por causa da influência da lição de Foscolo e Carducci, a cultura e a literatura italianas estavam ainda persistente e perigosamente ligadas (*Q 5*, 42, 573 [*CC*, 2, 114-5]).

Mas é sobretudo na fase de elaboração da *Storia degli intellettuali italiani* [História dos intelectuais italianos], da qual G. antecipa as linhas gerais na primeira nota do *Q 8*, em uma fase de redação das notas do cárcere, isto é, colocável nos primeiríssimos anos da década de 1930, que o conceito e a definição de futurismo "entendidos em sentido lato" tornam-se uma interessante medida para avaliar características e limites de classe da cultura e da literatura italiana. Como testemunha o título de um dos "Ensaios principais" de que devia ser estruturada precisamente a "História dos intelectuais italianos" – "Reações à ausência de um caráter popular-nacional da cultura na Itália: os futuristas" –, o futurismo configura-se como exemplo de reação à ausente correspondência entre arte e vida, entre arte, aspirações e sentimentos do povo-nação, que aos olhos de G. constituía a contradição não resolvida da cultura italiana e a causa da sua antiga e persistente impopularidade. Isso favorece, nos últimos cadernos miscelâneos, a revalorização do futurismo, mas exatamente naquela particular acepção, "na forma mais inteligente que lhe foi dada por Papini e pelos grupos florentinos de *Lacerba* e *La Voce*, com o seu especial 'romantismo' ou Sturm und Drang populares co. Última manifestação Super-regionalista [*Strapaese*]" (*Q 14*, 14, 1.669-70), e o reconhecimento do papel jogado na meritória e indispensável operação preliminar de "destruição do tardio oitocentismo pequeno-burguês e filisteu" (*Q 14*, 15, 1.673 [*CC*, 6, 236]). E, ao mesmo tempo, torna mais lúcida ainda a consciência dos limites do movimento futurista, isto é, dos obstáculos contra os quais se chocaram "seja o futurismo de Marinetti, seja o de *Lacerba* e de *La Voce*, seja o super-regional [...]: a ausência de caráter dos seus protagonistas e suas tendências para o carnavalesco e para as palhaçadas, de pequeno-burgueses céticos e áridos" (*Q 14*, 14, 1.670).

Não há dúvida, então, de que nessa última fase de redação das notas do cárcere, que pode ser colocada entre 1932 e 1935, a reflexão sobre o futurismo significa para G. fechar as contas com o movimento literário que, para sua revolução artística, havia buscado a inspiração mais nos gestos estrepitosos e no extremismo dos desafios intelectuais de artistas singulares do que na vida e na aspiração dos novos sujeitos sociais; e isto, entre outras coisas, significava para G. fechar a conta com alguns preconceitos então muito difundidos em relação à consideração e à avaliação da questão literária: aquele, por exemplo – duro de morrer mesmo entre os intelectuais e escritores comunistas –, de que a nova literatura tivesse necessariamente que "se identificar com uma escola artística de origem intelectual, como ocorreu com o futurismo" (*Q 15*, 58, 1.822 [*CC*, 6, 262]), e não ao contrário com os gostos, as tendências, as exigências morais e intelectuais do povo-nação; e aquele – enraizado na mentalidade popular – de que "a poesia 'difícil' (incompreensível)" deve "ser bela e o autor deve ser um grande homem, precisamente porque destacado do povo e incompreensível" (*Q 17*, 44, 1.945 [*CC*, 6, 269]).

Marina Paladini Musitelli

Ver: Gentile; intelectuais; intelectuais italianos; literatura artística; nacional-popular.

G

Gandhi, Mohandas Karamchand: v. pacifismo.

Garibaldi, Giuseppe
De modo bastante cortante G. define o "herói dos dois mundos" como um homem de escassas capacidades políticas e de opiniões não sistemáticas (*Q 6*, 161, 814 [*CC*, 5, 267]), exemplar, aliás, de um caráter em nada "nacional", mas provinciano-folclórico, isto é, próprio de uma "classe desprovida de características universais" (*Q 14*, 7, 1.660 [*CC*, 6, 231]). Além disso, no âmbito da análise do *Risorgimento*, lido na base da categoria da "revolução passiva" e investigado também na base da relação entre "pessoal" e "ajuntamento revolucionário" (ou seja, "partidos políticos regulares, orgânicos e tradicionais" de um lado e "onda popular-mazziniana-democrática, onda caótica, desordenada, 'extemporânea'" do outro: *Q 15*, 15, 1.772 [*CC*, 5, 319]), a figura de Garibaldi demonstra para G. a intrínseca incapacidade do Partido da Ação de "dar às lutas do *Risorgimento* um caráter mais marcadamente popular e democrático", tornando-se porta-voz das reivindicações das massas populares, em modo particular das massas camponesas (*Q 1*, 44, 42). As causas disso deveriam ser detectadas, segundo G., na ausência de um bloco social de referência homogêneo e na "relação pessoal de subordinação" estabelecida entre alguns líderes acionistas, justamente como Garibaldi, e os "líderes dos moderados" (idem). Assim a empresa dos Mil se tornou possível somente porque o próprio "Garibaldi se insere nas forças estatais piemontesas e, em seguida, a frota inglesa protege de fato o desembarque de Marsala, a tomada de Palermo, e esteriliza a frota bourbonista" (*Q 15*, 15, 1.773 [*CC*, 5, 320]). Tais reflexões levam o pensador sardo a distinguir entre duas formas de garibaldismo. Uma configura-se como uma "forma orgânica de atividade histórico-política", que se alimenta de uma propaganda voltada à exaltação do "super-homem" das "minorias ativas como tais"; a outra, em contrapartida, como primeira fase de um "período orgânico a ser preparado e desenvolvido, no qual a participação da coletividade orgânica, como bloco social, aconteça de modo completo" (*Q 14*, 18, 1.675-6 [*CC*, 3, 303]).

Vito Santoro

Ver: Cavour; Mazzini; Partido da Ação; revolução passiva; *Risorgimento*.

gênero humano
A criação de uma filosofia como ciência do homem deveria iniciar por uma abstração na qual se possa conter tudo aquilo que é humano. Mas o conceito de "humano" pode subsistir em autonomia sem que se apresente como um resíduo teológico e metafísico? A filosofia não é uma antropologia, na qual a unidade do gênero humano consistiria exclusivamente na natureza biológica do homem. Nem o pensamento como tal pode ser indicado como um fato unitário. Somente enfrentando a questão da natureza humana como complexo de relações sociais, incluindo nela a ideia do devir, é possível responder satisfatoriamente: "De fato, as relações sociais são expressas por diversos grupos de homens que se pressupõem uns aos outros, cuja unidade é dialética, não formal" (*Q 7*, 35, 885 [*CC*, 1, 245]). Se a história é devir, a natureza do homem é a história, a qual não parte de uma unidade,

"mas tem em si as razões de uma unidade possível. Por isto, a 'natureza humana' não pode ser encontrada em nenhum homem particular, mas em toda a história do gênero humano (e o fato de que se use a palavra 'gênero', de caráter naturalista, tem o seu significado), enquanto em cada indivíduo se encontram características postas em relevo pela contradição com as de outros homens" (idem). Mesmo as melhores éticas não dizem respeito aos indivíduos singulares, já que não se realizam sem uma atividade voltada para o externo, que modifique as relações externas tanto em relação à natureza como em relação aos outros homens, "até à relação máxima, que abraça todo o gênero humano" (*Q 10* II, 48, 1.338 [*CC*, 1, 402]), do qual o indivíduo singular começa a fazer parte como membro de uma sociedade (*Q 10* II, 54, 1.346 [*CC*, 1, 411]). Os conhecimentos do homem chegam a um nível de objetividade somente quando "o conhecimento é real para o inteiro gênero humano *historicamente* unificado em um sistema de cultura unitário" (*Q 11*, 17, 1.416 [*CC*, 1, 134]). Mas, para que isso aconteça, é necessária uma luta que tenha como objetivo derrubar todas as contradições internas da sociedade humana: "a luta pela unificação cultural do gênero humano" (idem).

Lelio La Porta

Ver: história; homem.

gênio
Em uma carta de 1928, G. evidencia que na Itália "se formou toda uma série de preconceitos e de afirmações gratuitas, tanto sobre a solidez da estrutura familiar quanto sobre a dose de genialidade que a Providência teria se dignado a dar a nosso povo etc." (*LC*, 167, a Tania, 5 de março de 1928 [*Cartas*, I, 244]). Na polêmica entre super-regionalismo [*Strapaese*] e supercosmopolitismo [*Stracittà*], por outro lado, acrescentava-se outro lugar comum, segundo o qual nas cidades nascem "poucos filhinhos e quase nunca de gênio" (palavras de Papini, *Q 1*, 74, 82). De qualquer maneira, caráter precípuo do "'gênio' italiano" desde o século XV até a Revolução Francesa, para G. seria sua "função europeia", já que "homens de Estado, capitães, almirantes, cientistas, navegadores italianos" tinham caráter cosmopolita (*Q 3*, 80, 360 [*CC*, 2, 84]). Também no *Q 5*, 55, 588 [*CC*, 5, 216] o autor dos *Q*, ao comentar um artigo de Luigi Cavina, pergunta-se se o "gênio nacional" consistia no fato de não ser "nacional". Ademais, parece-lhe interessante a sugestão, oferecida pelo próprio Cavina, no que diz respeito à existência de um "pensamento universal" (idem), desde que ligado à função cosmopolita desenvolvida pela Itália e por seus intelectuais. As obras de gênio que nascem em uma nação não são automaticamente ligadas a ela: não deve surpreender, portanto, o fato de que as invenções de "singulares indivíduos geniais", às vezes, não encontrem "aplicação ou reconhecimento" (*Q 6*, 77, 744 [*CC*, 2, 142]) no país de origem do inventor. Efetivamente, o pensador sardo especifica que os descobrimentos podem ser casuais ou estar ligados a correntes culturais e científicas originárias de outras nações. Além disso, segundo G. uma invenção pode ser apresentada como nacional e perder, portanto, seu "caráter individual" somente quando é "desenvolvida em todas as suas possibilidades pela organização cultural das nações de origem" e o indivíduo é "estreita e necessariamente ligado a uma organização de cultura que tem caráter nacional" (idem). Um discurso não diferente volta nos *Q* quando G. questiona os critérios com os quais deveria ser colocada uma pesquisa sobre os italianos no exterior, no momento em que estava em preparação, organizada pelo Ministério do Exterior, a voluminosa *Opera del Genio italiano all'estero* [Obra do gênio italiano no exterior]: mais do que se limitar a um censo baseado na nacionalidade, assim como teria sido, caso completa, uma obra do "modesto estudioso" Leo Benvenuti, tal pesquisa, segundo o autor dos *Q*, deveria ser de tipo qualitativo e "estudar como as classes dirigentes – políticas e culturais – de uma série de países foram reforçadas por elementos italianos, os quais contribuíram para criar uma civilização nacional em tais países, ao passo que na Itália inexistia precisamente uma classe nacional, que não conseguia formar-se" (*Q 9*, 84, 1.148 [*CC*, 2, 171]).

Segundo G., é típico dos escritores, frequentemente, o fato de orgulhar-se de representar a "alma nacional", com afirmações típicas dos medíocres, mas também de grandes, como Wagner: este último de fato "sabia o que fazia quando afirmava que sua arte era a expressão do gênio alemão, convidando assim toda uma raça a se aplaudir a si mesma nas suas obras" (*Q 3*, 2, 285-6 [*CC*, 2, 71]). Além da vanglória de alguns letrados, G. afirma que efetivamente toda nação tem "seu poeta ou escritor no qual sintetiza a glória intelectual da nação e da raça" (*Q 8*, 138, 1.026 [*CC*, 4, 114]). É interessante também considerar as datas nas quais essas figuras apareceram na história de cada nação, para "fixar a contribuição de cada povo à civilização comum e também "sua atualidade cultural" (idem). A tais "grandes gênios nacionais", G. atribui o "ofício" de "ensinar, como filósofos, aquilo em que devemos crer; como poetas aquilo que devemos intuir (sentir); como homens aquilo que devemos fazer" (*Q 9*, 121, 1.187 [*CC*, 4, 122]). Não caberia nessa definição Dante, porque distante no tempo e pelo "período que exprime", isto é, a passagem da Idade Média à Idade Moderna, ao passo que, segundo o autor dos *Q*, Goethe continua ainda atual, já que exprime de forma "serena e clássica" a "confiança na atividade criadora do homem" (idem). Segundo uma teoria americana, "em cada época, os grandes homens são grandes na atividade fundamental da própria época" (*Q 15*, 53, 1.816 [*CC*, 2, 190]); em referência a tal concepção, G. escreve que em períodos de "desânimo público" não é possível nenhuma "forma de 'grandeza'". Contudo, ele acrescenta que não se deve excluir o fato de que, onde "a tradição deixou um largo estrato de intelectuais" e persiste um "vivo ou predominante interesse por certas atividades", é possível que se desenvolvam "gênios" que não correspondam à época em que vivem concretamente, mas àquelas nas quais vivem "'ideal' ou culturalmente" (ibidem, 1.817 [*CC*, 2, 190]); um exemplo em tal sentido poderia ser Maquiavel.

No que diz respeito ao gênio no sentido de "super--homem" como personagem e figura literária, agradáveis e icásticas são as observações do *Q 10* II, 49 [*CC*, 1, 407], em que G. lembra que é "notório que muitos rapazes querem representar o gênio", mas esclarece também que, "para representar o gênio, deve-se ser gênio": portanto a "maioria destes gênios representados são solieníssimos imbecis" (ibidem, 1.339-40 [*CC*, 1, 408]). O apontamento nasce de uma observação sobre Roberto Forges Davanzati, que é o "'super-homem' representado pelo romancista ou dramaturgo toleirão, sendo ao mesmo tempo este romancista e este dramaturgo. A vida como 'obra de arte', mas a obra de arte de um tolo" (ibidem, 1.339 [*CC*, 1, 407-8]). No *Q 23*, 8 [*CC*, 6, 72], de outro lado, quando descreve como e se determinadas "formas de atividade" são representadas pelos letrados, G. afirma que o trabalho do intelectual, que geralmente "ocupa pouco espaço", quando aparece nas obras de arte assume exatamente a forma do "heroísmo" ou do "super-humanismo", com "o efeito cômico que os escritores medíocres representam 'gênios' de sua própria estatura, e, como se sabe, se um homem inteligente pode fingir-se de tolo, um tolo não pode fingir-se de inteligente" (ibidem, 2.195 [*CC*, 6, 73]).

JOLE SILVIA IMBORNONE

Ver: Dante; Goethe; intelectuais italianos; Maquiavel; nacional--popular; nação; super-homem; super-regionalismo-supercosmopolitismo.

Gentile, Giovanni

A posição de G. nos *Q* e nas *LC* em relação ao idealismo gentiliano é essencialmente crítica: ele mantém viva a ideia de que, em geral, a filosofia de Gentile é linguística e conceitualmente distante do senso comum. Essa crítica é reiterada com frequência nos *Q* e é bem sintetizada pelas seguintes palavras de G.: a filosofia gentiliana "é inteiramente contrária ao senso comum, seja este entendido como a filosofia ingênua do povo, que repudia qualquer modalidade de idealismo subjetivo, seja entendido como bom senso, como atitude de desprezo pelas obscuridades e artificiosidades de certas exposições científicas e filosóficas" (*Q 11*, 13, 1.399 [*CC*, 1, 117-8]). G. desenvolve essa objeção de ordem geral, que expõe em muitas passagens, tanto em relação a Gentile como em relação ao atualismo de alguns gentilianos). Mesmo assim, a primeira citação de Gentile nos *Q*, citação que, como frequentemente ocorre, envolve também Croce, representa uma menção de mérito e diz respeito à ideia de universidade. Segundo G. as universidades italianas não são, como acontece em outros países, "reguladoras" da vida cultural; essencialmente elas ficam fechadas em si mesmas e não exercem nenhuma influência sobre as dinâmicas culturais e sociais do país. G. indica a razão dessa ausência na relação, muito distante ou às vezes de caráter pessoal e privado, entre docentes e estudantes. Gentile e Croce, ao contrário, têm o mérito de ter constituído um centro de referência fundamental para a vida cultural nacional; "entre outras coisas, eles lutavam também contra a insuficiência da vida universitária e a mediocridade científica e pedagógica (e mesmo moral, por vezes) dos professores oficiais" (*Q 1*, 15, 13 [*CC*, 2, 60]).

Como já afirmado, Gentile é frequentemente citado junto com Croce (no *Q 10* I, 11, 1.234 [*CC*, 1, 303] G. afirma que a filosofia crociana não pode deixar de ser examinada em relação à de Gentile, embora em diversos trechos afirme que o pensamento gentiliano se funda e se apoia sobre o crociano, ainda que radicalize, de maneira negativa, as suas posições: *Q 29*, 6, 2.348 [*CC*, 6, 148]):

Croce e Gentile acabam até mesmo por constituir dois modelos de leitura para identificar a diferença da relação entre cidade e campo, entre Norte e Sul da Itália. De modo que se Croce e Giustino Fortunato lideram o movimento cultural que se contrapõe à corrente cultural do futurismo que provém do Norte, a Sicília distancia-se dessa crítica porque, com Crispi, Pirandello e o atualismo gentiliano, está mais próxima do próprio movimento futurista: de fato, observa G., "Gentile e seu idealismo atual são também mais próximos do movimento futurista, concebido em sentido amplo, como oposição ao classicismo tradicional, como forma de um 'romantismo' contemporâneo" (*Q 1*, 43, 35). A interpretação gramsciana da divisão cultural italiana é estabelecida em relação à concepção materialista da história: enquanto no Sul domina ainda o tipo de intelectual "curial", "que põe a massa camponesa em contato com a dos proprietários fundiários e com o aparelho estatal" (idem), no Norte prevalece "o tipo do 'técnico' de fábrica que serve de ligação entre a massa operária e a classe capitalista" (idem).

De qualquer maneira, G. comenta em numerosas passagens a filosofia de Gentile, em relação à qual, com frequência, não só é teoricamente crítico, mas desconfia até do ponto de vista político: assim, por exemplo, comentando um artigo de Gentile de 1928 em que se reafirmava com decisão a identidade entre filosofia e ação, G. não hesita em definir o pensamento gentiliano como uma "camuflagem sofista da 'filosofia política', mais conhecida pelo nome de oportunismo e empirismo" (idem). G., de fato, ao retomar ironicamente a fórmula gentiliana "da filosofia que não se enuncia com fórmulas, mas pela ação", prossegue esta objeção contrapondo também americanismo – como fórmula filosófica da ação real – e "gladiadorismo tolo que se autoproclama ação e que só modifica o vocabulário e não as coisas, o gesto externo e não o homem interior" (*Q 1*, 92, 91). Parece claro, também em virtude do que foi anteriormente afirmado, que nessa passagem G. esteja identificando o "gladiadorismo tolo" (idem) com a teoria do ato gentiliano. Em diversas passagens, de outro lado, G. caracteriza o idealismo de Gentile e sua linguagem como oportunismo político e ideológico (*Q 11*, 13, 1.400 [*CC*, 1, 114]). É importante também a objeção de G. a respeito do atualismo gentiliano em âmbito pedagógico. Segundo G., que parece identificar de maneira não completamente legítima a teoria do ato puro e da espontaneidade comportamental, o avanço dos estudos pedagógicos teria sido impedido pela formação "de uma espécie de igreja", cujas bases teóricas são identificáveis nas doutrinas de Gentile e de Lombardo-Radice, doutrinas que levaram a uma involução da ciência da educação: "A 'espontaneidade' é uma destas involuções: quase se chega a imaginar que o cérebro do menino é um novelo que o professor ajuda a desnovelar. Na realidade, toda geração educa a nova geração, isto é, forma-a, e a educação é uma luta contra os instintos ligados às funções biológicas elementares, uma luta contra a natureza, a fim de dominá-la e criar o homem 'atual' à sua época" (*Q 1*, 123, 114 [*CC*, 2, 62]). G., ao contrário, ressalta em âmbito pedagógico a importância da formação, da aquisição da linguagem, do contato da criança tanto com a sociedade humana quanto com a *societas rerum*. Precisamente à luz da inegável influência de todas essas componentes sobre o desenvolvimento cognitivo e cultural da criança, torna-se difícil e problemático argumentar e admitir o conceito de "espontaneidade" em âmbito pedagógico.

Mesmo nessa crítica levantada contra a pedagogia de cunho gentiliano, que no fundo é consequente com a opinião que ele tem de todo o idealismo de Gentile, G. manifesta sua interpretação marxista-historicista da educação, que é lida à luz da teoria da práxis: são teoria e prática juntas, formação, experiência, sociedade e história que levam a criança ao primeiro contato com o mundo histórico, com o humano no seu horizonte social e simbólico e com sua complexidade.

A espontaneidade, ao contrário, nada mais faz – ao cindir teoria e práxis – do que entregar a educação a uma espécie de evolucionismo teórico e abstrato, que se torna uma forma de naturalismo (G. retoma a questão do modelo pedagógico de Gentile também no *Q 5*, 70, 605 [*CC*, 4, 201]). A questão da reforma da educação de Gentile é enfrentada por G. também em relação ao problema da decadência do estudo do latim nas escolas; mesmo nessa ocasião G. usa termos como "abstração" e "anti-historicismo", que frequentemente aparecem em relação à filosofia gentiliana (*Q 5*, 149, 677 [*CC*, 2, 136]).

É importante notar que G. percebe bem a conexão entre a reforma da educação proposta por Gentile e seu próprio hegelianismo: "Ocorreu assim que Gentile, praticamente mais consequente que Croce, trouxe de volta a religião para as escolas e justificou este ato através da concepção hegeliana da religião como fase primitiva da filosofia" (*Q 7*, 1, 852). Além disso, a justificativa que leva Gentile a introduzir o ensino da religião é conotada pelo próprio G. como "pseudo-historicismo" e "mecanicismo bastante empírico e muito próximo do evolucionismo vulgar" (*Q 11*, 1, 1.366 [*CC*, 1, 85]). Não só: a visão gramsciana não aceita a concepção gentiliana de formação do indivíduo, fundada sobre os momentos da filosofia hegeliana. G. usa Spaventa contra Gentile e escreve: "Poder-se-ia recordar o que disse Bertrando Spaventa sobre aqueles que gostariam de ver os homens sempre no berço (ou seja, no momento da autoridade, que, não obstante, educa para a liberdade os povos imaturos) e pensam que toda a vida (dos outros) se passa num berço. Ao que me parece, o problema deve ser colocado historicamente de outro modo: ou seja, se uma nação ou um grupo social que atingiu um grau superior de civilização pode (e, portanto, deve) 'acelerar' o processo de educação dos povos e dos grupos sociais mais atrasados, universalizando e traduzindo de modo adequado a sua nova experiência" (ibidem, 1.366-7 [*CC*, 1, 86]). O hegelianismo gentiliano, então, traduz-se, para G., no âmbito da educação, em um inexorável determinismo da emancipação sócio-política e histórica do homem e das sociedades, que corre o risco de manter o povo em um estado de eterna infância.

Com a mesma modalidade argumentativa, G. opõe-se também à reabilitação que Gentile fez da filosofia de Gioberti, que, na perspectiva do hegelianismo gentiliano, assume a dignidade de uma corrente filosófica nacional. Baseando-se em dois estudos sobre Gioberti, o de 1929 do escritor católico Palhoriès, intitulado *Gioberti*, e o do idealista Ruggero Rinaldi, *Gioberti e il problema religioso del Risorgimento* [Gioberti e o problema religioso do *Risorgimento*], G. afirma: "Embora partindo de diferentes pontos de vista, chegam a demonstrações semelhantes: a saber, que Gioberti não é de modo algum o Hegel italiano, mas se mantém no campo da ortodoxia católica e do ontologismo. Deve-se considerar a importância que tem no 'gentilianismo' a interpretação idealista de Gioberti, que no fundo é um episódio de *Kulturkampf* ou uma tentativa de reforma católica" (*Q 7*, 79, 912 [*CC*, 1, 444]). A reabilitação do ontologismo giobertiano desejada por Gentile, então, nada mais representa, para G., do que a tentativa de forte afirmação do catolicismo, exatamente como o próprio Gioberti, na época, havia defendido a religião dos ataques das filosofias sensualistas, psicologistas e iluministas usando as doutrinas do ente e do existente.

Uma das acusações que G. constantemente faz à filosofia gentiliana consiste em identificar nela a ausência do plano histórico-cultural; essa ausência, por outro lado, conduz Gentile, segundo G., a eternizar e tornar absoluto, junto com a natureza humana, também o conceito de senso comum. Efetivamente, ao comentar o artigo de Gentile intitulado "La concezione umanistica del mondo" [A concepção humanista do mundo], publicado na *Nuova Antologia*, em 1º de junho de 1931, G. observa: "Parece-me outro exemplo da rusticidade sem tempero do pensamento gentiliano: a afirmação, ao que parece, é derivada 'ingenuamente' das afirmações de Croce, segundo as quais o modo de pensar do povo é a prova da verdade de determinadas proposições filosóficas. A citação pode ser usada na rubrica sobre 'senso comum' [...]. Assim, Gentile fala de 'natureza humana' a-histórica e de 'verdade do senso comum', como se no 'senso comum' existisse um 'só senso comum' eterno e imutável. 'Senso comum' deve ser entendido em diversos modos; por exemplo, como atitude de desprezo pelas obscuridades e artificiosidades da exposição científica e filosófica, isto é, como 'estilo' etc." (*Q 8*, 175, 1.047). À concepção gentiliana, essencialista e a-histórica da natureza humana e do senso comum G., ao assimilar senso comum e crenças populares, contrapõe a ideia histórico-social da validez das crenças populares que ele identifica em Marx e escreve: "Quando Marx menciona a 'validez das crenças populares' faz uma referência histórico-cultural para indicar a 'solidez das convicções' e sua eficácia em regular a conduta dos homens, mas implicitamente afirma a necessidade de 'novas crenças populares', isto é, de um novo 'senso comum' e, portanto, de uma nova cultura, ou seja, de uma nova filosofia" (idem). Mais em geral, então, do ponto de vista propriamente especulativo, as objeções de G. sobre o idealismo gentiliano tendem a evidenciar de um lado a ausência nele de uma dialética histórico-processual capaz de dar conta de um real pluralismo das formas de organização histórico-cultural da história humana, e de outro, e consequentemente, a recaída da filosofia de Gentile em uma concepção do humano extratemporal, imutável e essencialista.

Exatamente a reação à filosofia de Gentile, segundo G., teria conduzido a um maior realismo a filosofia crociana; Croce, de fato, teria sentido "certo fastio e mal-estar, pelo menos, diante dos exageros da linguagem especulativa, transformada em jargão e em 'abre-te sésamo'"

(*Q 10* I, 11, 1.234 [*CC*, 1, 305]). Todavia, tanto Croce como Gentile, pelo menos com relação ao hegelianismo, caem em uma interpretação demasiado abstrata de Hegel, amputando sua parte mais realista e historicista, a qual, ao invés, constitui o núcleo central da filosofia da práxis (*Q 10* II, 41.X, 1.317 [*CC*, 1, 383]).

Além disso, é interessante notar que G., em uma passagem dos *Q*, alerta sobre a advertência gentiliana que apareceu no primeiro número do *Quadrivio*, segundo o qual se deveria voltar a De Sanctis, e interroga-se sobre a intenção e o sentido de tal instância programática. Esse retorno a De Sanctis não pode, para G., significar a aplicação mecânica dos conceitos que ele elaborou para a estética e a arte. Trata-se ao contrário de recuperar, dentro da biografia não "retilínea" de De Sanctis, sua exigência fundamental, ou seja, a exigência de "unificação da 'classe culta', [...] foi neste sentido que trabalhou De Sanctis com a fundação do 'Circolo filológico', que deveria determinar 'a união de todos os homens cultos e inteligentes' de Nápoles, mas exigia sobretudo uma nova atitude em face das classes populares, um novo conceito do que é 'nacional', diverso daquele da direita histórica, mais amplo, menos exclusivista, menos 'policial', por assim dizer" (*Q 23*, 1, 2.186 [*CC*, 6, 64]).

Nas *LC* G. discute extensamente sobre Gentile somente na carta de 6 de junho de 1932 à cunhada Tania: nesse contexto, G. afirma que a ruptura entre Croce e Gentile ocorreu em razão da exigência deste último de se tornar independente da filosofia crociana: nessa ocasião também G. volta aos fundamentos teóricos da teoria gentiliana da educação, que agora ele percebe estar em acordo com os pressupostos filosóficos de Croce: "As religiões no sentido confessional também são 'religiões', mas mitológicas, logo, num certo sentido, 'inferiores', primitivas, quase correspondentes a uma infância histórica do gênero humano. As origens de tal doutrina já estão em Hegel e em Vico e são patrimônio comum de toda a filosofia idealista italiana, seja de Croce, seja de Gentile. Nessa doutrina se baseou a reforma escolar gentiliana quanto ao ensino religioso nas escolas, que também Gentile pretendia limitado unicamente ao nível primário (infância no sentido real)" (*LC*, 585 [*Cartas*, II, 208]). G., do cárcere, pede continuamente material sobre a reforma gentiliana da educação; em geral é possível afirmar que a concepção pedagógica de Gentile é sempre criticada por G., que nela vislumbra os resultados de um hegelianismo fechado e impenetrável às e pelas dinâmicas dialéticas da história e, portanto, assimilável, como já afirmado, ao evolucionismo e ao determinismo.

Bibliografia: Accame, 1999; Del Noce, 1978; Losurdo, 1990; Tosel, 1990.

Giuseppe D'Anna

Ver: atualismo; Croce; educação; Fortunato; futurismo; Gioberti; Hegel; homem; idealismo; latim e grego; materialismo histórico; Norte-Sul; pedagogia; senso comum; Sicília/sicilianos; solipsismo/solipsista; Spaventa; universidade; Vico.

geografia

A geografia emerge no trabalho de G. na discussão sobre a influência, embora limitada, exercida pela tipologia do terreno sobre o desenvolvimento econômico-social. Uma vez era importante a maior ou menor riqueza natural de uma região, mas agora "a pobreza relativa 'natural' [...] tem também uma importância relativa", e no máximo "impedirá certos ganhos marginais de 'posição' geográfica". A riqueza nacional, por outro lado, "está condicionada pela divisão internacional do trabalho e pelo fato de ter sabido escolher, entre as possibilidades que esta divisão oferece, a mais racional e produtiva" (*Q 19*, 6, 1.990 [*CC*, 5, 43-4]). A "posição geográfica de um Estado nacional não precede [...] as inovações estruturais" e sim as segue, "ainda que reagindo contra elas em certa medida" (*Q 13*, 2, 1.562 [*CC*, 3, 20]). Na Itália a "grande riqueza natural" do terreno do Mezzogiorno foi frustrada porque o Norte "era um 'sanguessuga' que se enriquecia às custas do Sul", cuja miséria devia ser buscada em tais "condições econômico-políticas objetivas" (*Q 19*, 24, 2.021-2 [*CC*, 5, 62]). O nexo entre geografia e aspecto político-militar é demonstrado, por G., a partir da Grécia, cujo território "é espalhado mesmo nas ilhas", e por isso "uma parte da população, mais enérgica e ativa está sempre no mar", tornando assim "mais fácil a intriga e o complô militar" (*Q 4*, 66, 511). A posição geográfica de um país pode influenciar também no plano internacional. G. observa, de fato, que, "nos reiterados projetos ou tentativas de federar os Estados italianos a serviço da França" no século XVIII, "a Itália, por sua posição geográfica", estava "destinada a assumir a função de elemento de equilíbrio diante do crescente poderio da Áustria" (*Q 19*, 56, 2.077 [*CC*, 5, 127]). Culturalmente, a geografia é um dos primeiros elementos que se devem ensinar na escola primária (*Q 12*, 1, 1.535 [*CC*, 2, 15]), ao passo que, na idade adulta, o Touring Club, "uma grande associação de amigos da geografia e das viagens", se ocupa do "turismo = geografia + esporte" (*Q 8*, 188, 1.055 [*CC*, 2, 169]).

Derek Boothman

Ver: escola; esporte; Grécia; Mezzogiorno; turismo.

Gioberti, Vincenzo

A figura de Vincenzo Gioberti, sacerdote e capelão na corte dos Saboia, obrigado, por ter aderido às ideias republicanas e patrióticas, ao exílio em Paris e sucessivamente em Bruxelas, é central na avaliação gramsciana do *Risorgimento* italiano como revolução passiva ou restauração progressiva: no sentido de um desenvolvimento peculiar da história italiana caracterizado pela ausência de uma iniciativa popular ampla e forte, à diferença da Revolução Francesa, e por um transformismo das classes dominantes capaz de acolher somente alguma exigência de baixo para salvar o seu poder e o seu "particular". O conceito giobertiano de "classicidade nacional", entregue a obras como *Del Primato Morale e civile degli Italiani* [Do primado moral e civil dos italianos] e *Del Rinnovamento civile d'Italia* [Da renovação civil da Itália] (que é também uma fonte do nacional-popular gramsciano: *Q 17*, 9, 1.914-5 [*CC*, 5, 342]), através das quais o sacerdote de Turim exerceu ampla influência entre os movimentos patrióticos, exprime bem, para G., com sua mediação entre valores do passado e exigências de unificação nacional do presente, o programa social e político dos moderados italianos, inspirado em um progresso histórico concebido como comedimento, "dialética de conservação e inovação" (*Q 8*, 27, 958). O fato de que o grande programa neoguelfo de Gioberti de sustentar a ideia de uma federação dos Estados italianos sob a direção do papa teve que ceder o campo sucessivamente ao realismo político e à concretude de Cavour não diminui absolutamente a função determinante de Gioberti ao conceber e configurar a ideologia dominante entre os moderados do *Risorgimento*, como renovação de um povo que, ao excluir os pontos extremos da nobreza envelhecida e da plebe infantil e imatura, poderia encontrar somente na camada média o plano sólido e harmônico sobre o qual construir a força e a plenitude da nação. Para Gioberti a dialética tem uma função conciliadora, pacificadora, não destruidora ou negativa. Ela consiste em achar sempre aquele ponto intermediário que evita o embate e o conflito entre opostos, que, aliás, procura exatamente sua recíproca harmonização e compensação. Ela conserva e não destrói, concilia e não acresce a discórdia. Por isso coincide com a religião, e com aquela religião por excelência que é o cristianismo romano, cuja milenar presença deu origem à supremacia e ao destino civilizador dos italianos face às outras nações. Porque a religião é o vínculo universal que amarra matéria e espírito, terra e céu, acabado e inacabado, em uma presença simultânea de opostos que abraça, em uma síntese unitária, a inteira multiplicidade do existente.

Tal concepção da dialética, que remove o momento da luta e da oposição para privilegiar o único momento irênico da conciliação, tem o objetivo para G. de eliminar do âmbito da vida histórica e social a própria ideia do conflito. Desse ponto de vista, Gioberti pode ser assimilado a Proudhon, já que "Proudhon, tanto como os moderados italianos, mutila o hegelianismo e a dialética; portanto, a crítica a esta concepção político-historiográfica é a mesma que está contida na *Miséria da filosofia*" (*Q 10* I, 6, 1.220 [*CC*, 1, 292]). Nessa obra, Marx e Engels imputam efetivamente ao pensador francês o fato de conceber a dialética histórica não como presença simultânea de duas polaridades opostas na vida social que se acendem no conflito até se contradizerem reciprocamente, obrigando-se de tal modo a gerar uma nova situação porque ulterior a ambas as duas; mas sim de conceber a resolução de uma condição de conflito e problemática com a decisão de deixar cair o lado ruim, e de deixar viver e conservar, na continuidade, somente o bom. Portanto, a síntese dialética, ao invés de constituir a conclusão de um conflito entre forças objetivas e sociais da história, cujos resultados são imprevisíveis, é reduzida ao resultado de uma vontade moralista de purificação que, transformando a antítese em antídoto, sabe desde o início o que manter e o que eliminar, ao passo que para Marx e Engels é exatamente "o lado ruim a produzir o movimento que faz a história, determinando a luta" (Marx, 1973, p. 181-2). Assim, Gioberti, apesar da importância que Gentile lhe atribui com o objetivo de valorizar uma diretriz permanente de filosofia italiana, "não é de modo algum o Hegel italiano" (*Q 7*, 79, 912 [*CC*, 1, 445]). Pela fundamental e irrenunciável função atribuída à negação, até seu desenvolvimento em oposição e contradição, a dialética hegeliana de fato, "embora na sua forma especulativa, não consente tais domesticações e constrições mutiladoras". Mas tal dialética, que não é mais hegeliana exatamente porque depurada do momento antitético, é justamente a mais adequada a exprimir, com Gioberti, o conservadorismo reformista temperado dos moderados italianos, para os quais se tratava de expulsar da história da Itália, como irracional, ou seja, como estranho e contraditório com a obra de independência e de unificação nacional de sua empresa, qualquer presença de movimentos jacobinos, enxergados com "temor pânico", como possível intervenção das massas na vida da nação (*Q 10* I, 6, 1.220 [*CC*, 1, 291]).

Gioberti fala da necessidade para os italianos de dar lugar a uma "dessas revoluções intelectivas e morais", movidas pelas "ideias e pelos afetos", que, diferentemente das realizadas "na praça pelos braços do povo", "têm, únicas, um sucesso infalível", porque são o resultado de um "gradual, progressivo e lento aparelhamento". Mas atrás desse apelo giobertiano a que se faça do "pensamento" e da "pública opinião" a alavanca da revolução nacional, remetendo-se retoricamente à "supremacia" da tradição religiosa e cultural italiana, G. percebe somente a atuação da necessidade de exorcizar e tornar passivas as massas populares através da colocação em campo de uma dialética e de um historicismo que não constituem ciência, não são "em nada uma teoria científica", e sim "ideologia", no significado mais restrito e negativo que G. – ao lado do significado bem diversamente positivo por ele cunhado – atribui a este termo, como expressão teórica de interesses de natureza prática, particular e imediata, como "reflexo de uma tendência prático-política, uma ideologia no sentido pejorativo" (*Q 10* II, 41.XIV, 1.325 [*CC*, 1, 393]). O historicismo dos moderados do *Risorgimento* manifestou-se, exatamente no plano do pensamento – pensamento intrinsecamente autoritário e, portanto, ligado a um "elemento passional imediato" – (*Q 10* I, 6, 1.221 [*CC*, 1, 292]), porque pretendeu impor ao processo histórico, antecipadamente, o que devia ser salvado e conservado, deixando cair o negativo e o irracional: isto é, conservando a tese e eliminando a antítese. Enquanto para G., "na história real, a antítese tende a destruir a tese, a síntese será uma superação, mas sem que se possa estabelecer *a priori* o que será 'conservado' da tese na síntese" (idem). Este "desejo de colocar os arreios no mundo" revela bem a natureza de revolução passiva, de corrosão reformista do inteiro *Risorgimento*, através do fato de que justamente a ideologia dos moderados, ligada à conservação de seus interesses práticos particulares, nunca alcançou o nível da filosofia, no sentido de visão do mundo própria de um grupo social capaz de olhar aos seus interesses mais gerais e menos imediatos e de impor hegemonicamente as próprias condições de existência como interesse universal dos demais. Sob este aspecto, para G. "Croce desempenha hoje a mesma função de Gioberti" (*Q 10* II, 41.XIV, 1.326 [*CC*, 1, 395]), porque, expungindo de obras como a *Storia d'Itália* e a *Storia d'Europa* os momentos da luta, da força e da miséria, vinculou-se à tradição moderada do *Risorgimento* e ao pensamento reacionário da Restauração, e porque também ele despojou a dialética hegeliana "de todo vigor e de toda grandeza, transformando-a numa questão escolástica de palavras" (idem).

Roberto Finelli

Ver: Cavour; Croce; dialética; Gentile; moderados; nacional-popular; Piemonte; Proudhon; revolução passiva; *Risorgimento*; transformismo.

Giolitti, Giovanni

Giovanni Giolitti foi um líder político de grande importância no período da monarquia liberal italiana, ministro e presidente do Conselho diversas vezes, chegando a marcar uma época com o próprio nome, quando dirigiu quase consecutivamente o governo de 1903 até 1914. Seu nome é citado com frequência por G., em todos os *Q*, particularmente na rubrica "Passado e presente". O programa giolittiano, segundo G., "tinha como objetivo criar no Norte um bloco 'urbano' (de industriais e operários) que fosse a base de um sistema protecionista e reforçasse a economia e a hegemonia setentrional" (*Q 19*, 26, 2.038 [*CC*, 5, 90]), para o qual "o Mezzogiorno é mercado de venda semicolonial" (*Q 1*, 43, 36). Giolitti significava uma mudança de rumo, uma atualização da política que Crispi havia desenvolvido. G. escreve que "Giolitti substitui por zelo e continuidade burocrática o jacobinismo de temperamento de Crispi; manteve a 'miragem da terra' na política colonial" (*Q 19*, 24, 2.019 [*CC*, 5, 71]). O juízo de G. sobre Giolitti é duro. Na sua prática política Giolitti fundava sua ação de governo sobre o transformismo parlamentar e recorria fortemente ao uso da repressão estatal, particularmente contra os camponeses meridionais. Atraindo a pequena burguesia rural do Mezzogiorno para a administração pública, Giolitti deixou a classe camponesa completamente acéfala. Segundo G., "era preciso, para Giolitti, que representava o Norte e a indústria do Norte, destruir a força retrógrada e asfixiante dos proprietários de terra, para dar à nova burguesia um espaço mais amplo no Estado e até mesmo pô-la na direção do Estado". De qualquer modo, para G. Giolitti não foi um inovador, mas "'compreendeu' que era preciso fazer concessões, a tempo de evitar danos maiores e controlar o desenvolvimento político do país, e foi o que fez" (*Q 8*, 96, 997 [*CC*, 5, 297]). A política de Giolitti implicava uma aproximação com os reformistas do PSI, que apoiaram muitas medidas de seu governo. A predominância dos maximalistas no Partido Socialista e a imposição do sufrágio universal masculino, no início da década de 1910, aproximaram Giolitti dos católicos, por meio do Pacto Gentiloni. Essa manobra de Giolitti significou um esforço para evitar a desintegração completa do bloco urbano, contrapondo as massas católicas do Norte aos socialistas e propondo "um bloco entre a indústria setentrional e as forças do campo 'orgânico e normal'" (*Q 19*, 26, 2.040 [*CC*, 5, 91]).

Giolitti foi afastado do governo pouco tempo antes do início da Primeira Guerra Mundial. G. sugere que o limite de Giolitti consistiu exatamente na sua dificuldade de compreensão do significado assumido pela emergência das massas no cenário político. Mas ele conduzia "uma grande política", já que estava empenhado na defesa e na "conservação de determinadas estruturas orgânicas econômico-sociais". A "grande política" de Giolitti consistia também, justamente, em "tentar excluir a grande política do âmbito interno da vida estatal e reduzir tudo a pequena política" (*Q 13*, 5, 1.564 [*CC*, 3, 21]). Sua política era grande na medida em que mantinha as massas populares excluídas da política, ao fazer da "pequena política" o meio para esvaziar o Parlamento do seu poder real. Giolitti buscava fortalecer o poder executivo e a monarquia estreitando os vínculos entre burguesia e Estado. Ele foi "antiparlamentarista e tentou sistematicamente evitar que o governo se tornasse, de fato e de direito, uma expressão da Assembleia Nacional" (*Q 8*, 96, 998 [*CC*, 5, 297]). Após a guerra (discurso de Dronero), o velho estatista propôs a redução dos poderes do Executivo (talvez apenas taticamente, para "dispersar o partido de Salandra"). G. comenta: "A característica da política giolittiana é não ter confiança em si mesma [...], os giolittianos querem uma Constituinte sem Constituinte [...], querem que o Parlamento normal funcione como uma Constituinte reduzida aos mínimos termos, edulcorada, domesticada" (*Q 8*, 83, 989 [*CC*, 5, 294]). Uma manobra para intimidar os adversários e manipular o Partido Popular. Giolitti voltou ao governo entre junho de 1920 e junho de 1921, quando a classe operária de Turim se confrontava com a derrota – causada pela tática giolittiana e pela subalternidade do PSI perante o governo – e com a violência fascista. Giolitti era o protagonista de uma Itália liberal ao crepúsculo.

G. considera os anos que seguem 1870 como uma época de revolução passiva na Itália. Mesmo antes dos *Q* o comunista sardo identifica em Benedetto Croce o mais importante intelectual dessa época: a filosofia de Croce, sua religião da liberdade, sua reforma laica correspondiam na prática política à tendência ao transformismo e ao compromisso por parte de Giolitti. O estadista piemontês foi atropelado pela crise do Estado liberal e pelos processos de emergência da sociedade de massa; o novo liberalismo revolucionário de Gobetti era, ao contrário, expressão da definitiva afirmação das massas no cenário histórico e político. Nesse quadro, não havia mais lugar para o liberalismo expresso por Giolitti.

Marcos Del Roio

Ver: Croce; Gobetti; grande política/pequena política; liberais/liberalismo; questão meridional; transformismo.

Giulia

Mesmo não sendo um lema no sentido próprio, Giulia, com sua variante mais íntima, Iulca (ou, ainda, Julca), é uma referência imprescindível das cartas gramscianas, seja antes, seja durante o cárcere. Em ambos os casos Giulia-Iulca (Giulia Schucht, a mulher russa com quem G. casou-se em 1923) aparece como destinatária e como argumento com diversos correspondentes, sobretudo com a irmã dela, Tania. É impossível aqui reproduzir a variedade de matizes e sentimentos de G. transmitidos pelo epistolário, de 1922 até 1937. E menos ainda é possível reconstruir o inteiro percurso dialógico, direto e mediado, entre G. e Giulia. Pode-se dizer sinteticamente que G. revela uma dupla tensão prevalente em relação a Giulia, sentimental e pedagógica, e que, do diferente entrelaçamento dos elementos dessa tensão no tempo, a figura de Giulia, na percepção do prisioneiro, vai se modificando, com uma progressiva predominância do elemento pedagógico sobre o sentimental.

A correspondência inicia com o namoro, durante o qual Giulia tenta às vezes frear o ímpeto sentimental de G. ("'muito cedo?' Por que diz que o meu amor é algo fora dela, que não lhe diz respeito? Que confusões, que enganos são esses? Eu não sou um místico, nem ela é uma madona bizantina": *L*, 108). Até nos momentos de maior envolvimento, dentro de uma história sentimental globalmente muito profunda, G. não renuncia a estigmatizar os perigos de excessos de sentimentalismo e de romanticismo "deteriorado", e faz isso com frequência, nessa fase, usando o modelo literário negativo de Matilde Serao. A correspondência prossegue durante o noivado e os anos de casamento em que G. ainda não estava encarcerado: Giulia é também a camarada de partido com quem compartilha projetos políticos. Esse período é marcado por cartas emotivamente muito envolventes, os dois cônjuges estão distantes e conseguem se encontrar por períodos brevíssimos (famosa e emblemática a carta de 16 de abril de 1924 de Viena: *L*, 323-4). Giulia é a destinatária de um acúmulo de sentimentos difíceis que G. experimenta através dela, uma mulher de extração urbana e intelectual, portadora de um mundo afetivo muito diferente do camponês das parentas sardas. A luta a favor da vontade contra a casualidade, do controle contra o desmoronamento anima sempre o relacionamento entre G. e Giulia, preservando-o em parte nos momentos mais difíceis, os da distância mais longa e definitiva.

Se até o momento da prisão as cartas a Giulia são animadas pelos projetos para o futuro, por um sentimento de amor que G. conta como uma contínua descoberta, a partir do momento da prisão a correspondência mudará progressivamente de caráter, tornando-se mais difícil, em alguns momentos atrapalhada, afadigada. G. reconhece que em relação à esposa é "livresco", "pedante", "inadequado". "Em nossa correspondência, falta precisamente uma 'correspondência' efetiva e concreta: nunca conseguimos estabelecer um 'diálogo': nossas cartas são uma série de 'monólogos' que nem sempre conseguem se ajustar sequer em linhas gerais" (*LC*, 358, 6 de outubro de 1930 [*Cartas*, I, 446]). À dificuldade objetiva de tornar vivo o sentimento de amor por Giulia, nas condições em que G. vive, unem-se pudor, sentimento de abandono, mas sobretudo muita nostalgia, o que leva G. a compor para Giulia cartas frequentemente breves, com um registro heterogêneo, cartas nas quais o não exprimido tem importância pelo menos igual às palavras escritas. Da lânguida melancolia das lembranças, que ocupam quase inteiramente o espaço mental reservado por G. a Giulia ("sabe que não faço outra coisa: pensar no passado e reviver todas as cenas e os episódios mais engraçados": *LC*, 74, 18 de abril de 1927 [*Cartas*, I, 147]), a momentos ásperos de crítica e dor, em algumas cartas a passagem é tão breve que deixa transparecer toda a ansiedade, a cisão emotiva e a "mutação da personalidade" que estão à base dos escritos epistolares familiares de G. Ao redor de Giulia concentram-se uma série de problemas ligados também à doença psíquica que ela sofre, e da qual G. é só parcialmente informado; à distância dela não somente como esposa, mas também como mãe dos seus filhos; à incerteza sobre o papel e a posição política que a própria Giulia e toda a família Schucht assumiram. Giulia se torna, mais do que nunca, uma ausência, também epistolar. A carta a ela de 9 de fevereiro de 1931, uma longa carta, argumentada e rica, está entre as que condensam a diversa sucessão dos sentimentos de G. pela esposa: do amor à mágoa, da necessidade de normalidade ao sentimento de inadequação, do pudor da escrita à necessidade de reconstruir – através de uma "verdade" que em alguns momentos torna-se até mítica – as formas de um relacionamento completamente novo e diferente, até porque "a Iulca de hoje [...] é Iulca + Delio + Giuliano [os filhos do casal – ndr], soma na qual o sinal de mais não indica só um fato quantitativo, mas sobretudo uma nova pessoa qualitativa" (*LC*, 396 [*Cartas*, II, 21]).

A mediação de Tania no relacionamento dos cônjuges é um dado importante: não se trata de uma mediação neutra; repetidamente, no curso dos anos, G. confia a Tania a difícil relação epistolar, nem sempre fluida, nem sempre "natural" com a esposa, da qual lhe foge até mesmo a imagem visual (são frequentes os apelos a enviar fotografias e grande é a expectativa e a atenção que G. tem para as raras imagens que chegam, como em *LC*, 599, a Tania, 1º de agosto de 1932 [*Cartas*, II, 224]). A mediação é administrada por Tania, que oculta algumas coisas. As cartas são controladas também pela censura, seja do lado italiano, seja do soviético, e nenhuma intimidade é mais possível realmente, negada também pelos atrasos e pelos intervalos com que as cartas de Giulia chegam a G. Com o correr dos anos, fragilidade e fraqueza são palavras que G. usa cada vez mais frequentemente para definir sua esposa, preocupações e nervosismo são os sentimentos que cada vez mais frequentemente acompanham o amor ("tenho a impressão de que Giulia não quer dizer (ou não pode dizer, precisamente por causa de sua doença) coisa alguma, que há nela certo tipo de juízos e de sentimentos que ela se sente inibida de analisar e comunicar [...] escreve de modo alusivo, mas genericamente" *LC*, 592, a Tania, 27 de junho de 1932 [*Cartas*, II, 215]). Um vasto aparelho narrativo, feito de apólogos e metáforas, substitui nas cartas a Giulia o vazio do presente, com certeza em continuidade com um hábito e com um estilo que G. sempre havia manifestado, mas também e sempre mais em linha com uma crescente inclinação paternalista. A psicanálise e a pedagogia são os temas que voltam na rapsódica correspondência e estão também entre os argumentos em torno dos quais a atitude de G. é mais áspera, quase até a ponto de suscitar, na interlocutora, incômodo e rejeição. Os dois temas, de resto, estão vinculados pelo *leitmotiv* do paternalismo-paternidade com que G. enfrenta a relação com o grupo Iulca + Delio + Giuliano, através dos nós da personalidade que devem ser "desnovelados": coerção como meio para o desenvolvimento histórico do homem, superação da condição subalterna própria da imaturidade, da idade ou de outra natureza – nós argumentados da mesma maneira e até mesmo com as mesmas palavras sobre a esposa e os filhos, sobre, justamente, psicanálise e educação infantil (*LC*, 301, a Giulia, 30 de dezembro de 1929 [*Cartas*, I, 384]; *LC*, 455, a Giulia, 31 de agosto de 1931 [*Cartas*, II, 81]; *LC*, 556, a Iulca, 28 de março de 1932 [*Cartas*, II, 179]). O curto-circuito afetivo é também o véu que permite a G. exprimir sua visão de Giulia como pertencente à mesma condição de infância própria dos filhos.

Um segundo grupo fundamental de sobreposições dos relacionamentos é o que podemos definir de – parafraseando G. – Giulia + Tatiana. Esse grupo é caracterizado pelo uso permanente dos vocativos "cara" e "querida" e de fórmulas de saudação como "te abraço carinhosamente".

As cartas dos últimos anos, do último em particular, são menos inquisitórias e prementes no juízo em comparação com as do período central da detenção. G. compreende – há tempo intuía este aspecto – que deve ser explícito com Giulia para deixar que ela se sinta livre do vínculo conjugal, e o faz temendo uma hipotética e nunca realizada viagem de Giulia a Itália, uma visita que G. deseja muito, mas para a qual nenhum dos dois cônjuges está preparado. Nessa fase as condições individuais de G. e de Giulia são críticas, o grau de incerteza recíproca é muito grande. "Eu sou seu amigo, essencialmente, e depois de dez anos tenho necessidade de falar com você de amigo para amigo, com grande franqueza e desembaraço" (*LC*, 772, a Iulca, 25 de janeiro de 1936 [*Cartas*, II, 394]). A posição de Giulia muda ainda, a dificuldade de escrever-lhe é uma extrema forma de autenticidade: "Querida Iulca, não lhe escrevi da última vez, porque, como já mencionei, considero difícil escrever seja a você, seja aos meninos" (*LC*, 775, 16 de junho de 1936 [*Cartas*, II, 397]). Mas em 1937, poucos meses antes da morte, G. encontra a coragem e o carinho para se dirigir à família: "[para o meu aniversário – ndr], quero realmente ser festejado tal como gosto: neste caso, *quero* absolutamente uma bela fotografia sua e dos filhos. Uma fotografia bem tirada por um bom fotógrafo, não uma brincadeira de amador" (*LC*, 798-9, 23 de janeiro de 1937 [*Cartas*, II, 421]): um último desesperado grito de amor.

Lea Durante

Ver: coerção; criança; família; mulher; psicanálise; Tania.

glotologia: v. linguística.

Gobetti, Piero

Amigo de G. no período de Turim, a partir de janeiro de 1921, Piero Gobetti se tornou colaborador de *L'Ordine Nuovo*. Desde o fim de 1922, os contatos pessoais com G. faltaram por causa da transferência do líder comunista para a União Soviética. De volta à Itália, em maio de 1924, em seguida à eleição no Parlamento, G. encontrou-se com Gobetti apenas uma vez, em novembro do mesmo ano, em Milão, durante uma convenção das oposições antifascistas. Em 22 de abril de 1924, por ocasião da eleição de G. para o Parlamento, Gobetti publicou na sua revista um retrato do líder comunista que se encerrava da seguinte forma: "Mais do que um tático ou um combatente, G. é um profeta. Do modo em que se pode sê-lo hoje: não ouvido, senão pelo destino. A eloquência de G. não derrubará nenhum ministério. Sua polêmica catastrófica, sua sátira desesperadora não esperam por fáceis consolos. Toda a humanidade, todo o presente lhe é suspeito. Pede justiça a um feroz futuro vingador" (P. Gobetti, *Uomini e idee. Gramsci* [1924], em Gobetti, 1960, p. 647).

No ensaio inacabado de 1926 *Alguns temas da questão meridional*, G. deteve-se longamente sobre Gobetti, lembrando que o intelectual de Turim, que não era comunista e nem se tornaria tal, por meio da experiência no *Ordine Nuovo* havia entrado em contato com um mundo que conhecia até então somente através dos livros; a partir de então, ele "cavou uma trincheira para além da qual não recuarão aqueles grupos de intelectuais mais honestos e sinceros, que, nos anos 1919-1920-1921, sentiram que o proletariado seria superior à burguesia como classe dirigente" (*CPC*, 157 [*EP*, II, 433]). Por isso ele representava um movimento que não devia ser combatido e que daria uma contribuição fundamental para a destruição do bloco agrário meridional por parte do proletariado: "Na resolução desta tarefa, o proletariado foi ajudado por Piero Gobetti. E acreditamos que os amigos do morto, mesmo sem sua direção, darão prosseguimento à obra empreendida, uma obra gigantesca e difícil, mas precisamente por isso digna de todos os sacrifícios (até mesmo da vida, como foi no caso de Gobetti)" (ibidem, 158 [*EP*, II, 435]).

No *Q 1*, 57, 68 [*CC*, 5, 150] G. resume em poucos apontamentos os temas do seu escrito de 1926 sobre a questão meridional, chamando a atenção justamente para alguns fatos de que ele foi protagonista em Turim que "tocaram Gobetti estimulando sucessivamente a atmosfera do livro de Dorso". Desenvolveu-se na Itália um movimento intelectual que apoiou as teses *meridionalistas* e que teve no seu ponto mais alto também o próprio ponto de dissolução: "Esse ponto deve ser identificado na particular tomada de posição de P. Gobetti e em suas iniciativas culturais" (*Q 19*, 24, 2.023 [*CC*, 5, 62]). O livro de Guido Dorso ao qual G. faz referência é *La rivoluzione meridionale* [A revolução meridional], publicado em Turim, em 1925, pela editora de Gobetti. Gobetti e Dorso, aliás, constituem nos *Q* uma dupla incindível de intérpretes não tradicionalistas do *Risorgimento*, que G. contrapõe sobretudo a Oriani e Missiroli; efetivamente G. evidencia que a debilidade da tendência interpretativa representada pelos últimos dois "consiste no fato de que permaneceu puro fato intelectual, não se tornou a premissa de um movimento político nacional. Só com Piero Gobetti isto começava a se delinear, o que seria preciso lembrar numa biografia de Gobetti [...]. Ao lado de Gobetti deve-se pôr Dorso" (*Q 15*, 52, 1.815 [*CC*, 5, 327]). Uma ulterior referência à dupla Gobetti-Dorso como indicativa de uma tendência inovadora nas interpretações do *Risorgimento* encontra-se no *Q 19*, 5, 1.975-7 [*CC*, 5, 28].

Em relação a um dos temas centrais de toda a reflexão carcerária gramsciana, ou seja, "uma reforma intelectual e moral que envolva as massas populares" (*Q 4*, 75, 525 [*CC*, 1, 232]), Gobetti aparece como o animador de polêmicas "sobre a necessidade de uma reforma" (idem). G. detém-se sobre a análise de uma tendência de parte da cultura italiana do início do século XX, segundo a qual a Itália precisava de uma reforma religiosa nos moldes da protestante. Gobetti, mesmo não fazendo parte completamente da categoria dos apoiadores dessa tendência, e mesmo com alguns limites que G. recorda (*Q 14*, 26, 1.683 [*CC*, 2, 182] e *Q 19*, 5, 1.977 [*CC*, 5, 28]), ao considerar o *Risorgimento* não como um movimento popular, mas como "conquista régia", avançava uma dura crítica em relação a essa fase da história do processo de unificação nacional, exatamente no sentido "da necessidade de que, na Itália, se verifique uma reforma intelectual e moral" (*Q 3*, 40, 318 [*CC*, 5, 205]).

G. recorda também a figura de Gobetti como criador e animador da "revolução liberal", que é colocada, no âmbito da cultura liberal democrática italiana da época e que tem como líder Croce, em uma posição absolutamente particular: "Com a *Rivoluzione Liberale* de Piero Gobetti, ocorre uma inovação fundamental: o termo 'liberalismo' é interpretado no sentido mais filosófico e mais abstrato, e, do conceito de liberdade nos termos tradicionais da personalidade individual, passa-se ao conceito de liberdade nos termos de personalidade coletiva dos grandes grupos sociais e da emulação não mais entre indivíduos, mas entre grupos" (*Q 10* II, 59, 1.353 [*CC*, 1, 421-2]). Esse trecho dos *Q* é a proposição quase literal daquilo que G. havia escrito em 1926 no ensaio sobre a questão meridional a respeito da concepção de Gobetti do liberalismo: "Os princípios do liberalismo são projetados nela [isto é, na concepção de Gobetti – ndr] da ordem dos fenômenos individuais para a dos fenômenos de massa. As qualidades de excelência e de prestígio na vida dos indivíduos são transportadas para as classes, concebidas quase como individualidades coletivas" (*QM*, 157 [*EP*, II, 432]). É relevante também um Texto C em que G. recorda uma carta escrita por Giuseppe Prezzolini a Gobetti em 1922 (que G. data de 1923, assumindo uma inexata indicação contida na coletânea de Prezzolini *Mi pare...*, por ele consultada, publicada em Florença em 1925), intitulada *Per una società degli Apoti*, carta em que emerge a crise na qual se agitava Prezzolini "até se unir ao rebanho da corrente tradicional e louvar o que tinha denegrido" (*Q 23*, 31, 2.216-7 [*CC*, 6, 92]; o Texto A no *Q 1*, 142, 128). O comentário gramsciano não deixa dúvida sobre a avaliação dos conteúdos da carta, que é definida "de um jesuitismo sofista singular" (idem). Ao encerrar a nota, G.

pergunta-se, considerando as diferenças entre Prezzolini e Gobetti, se este último respondeu à carta. Foi o que de fato ocorreu – sem que G. tomasse conhecimento disso, porque na época vivia em Moscou –, e Gobetti havia sido muito duro e polêmico com Prezzolini, usando tons não dessemelhantes aos da nota dos *Q*.

LELIO LA PORTA

Ver: liberais/liberalismo; *Ordine Nuovo* (*L'*); Prezzolini; questão meridional; reforma intelectual e moral.

Goethe, Johann Wolfgang von

Goethe é um dos escritores mais amados por G., que, em uma carta de setembro de 1932, confessa sua admiração pelo artista, descrevendo-a como um entusiasmo completamente voltado para a vertente estética da arte goethiana (*LC*, 613, a Iulca, 5 de setembro de 1932 [*Cartas*, II, 237]). Como ulterior confirmação do conhecimento gramsciano da obra de Goethe, nos *Q* encontram-se diversas citações diretas (*Q 4*, 27 e 64 [*CC*, 1, 433]; *Q 6*, 154 [*CC*, 4, 105]; *Q 7*, 37 [*CC*, 1, 246]; *Q 8*, 9 [*CC*, 6, 212] e 214 [*CC*, 1, 251]). G. considera Goethe como um clássico capaz de sintetizar "a glória intelectual da nação" (*Q 8*, 138, 1.026 [*CC*, 4, 114]). Nos *Q* a presença de Goethe retorna às vezes no contexto de algumas páginas de síntese, outras vezes de crítica escritas em relação a um artigo de Julien Benda, segundo o qual nacional "é diferente de nacionalista. Goethe era 'nacional' alemão" (*Q 3*, 2, 284 [*CC*, 2, 71]). E isso porque os mestres não teriam valor por sua semelhança com o espírito do seu grupo, mas o valor de um artista como Goethe consistiria, segundo Benda, exatamente "na sua diferença com o grupo de onde nasceu" (ibidem, 285). A recorrência nos *Q* do nome de Goethe ao lado de outros grandes escritores classificáveis, segundo G., na categoria do nacional-popular não deve enganar. Entre eles e Goethe existe uma diferença: "Só Goethe é sempre de uma certa atualidade, porque exprime sob forma serena e clássica o que em Leopardi, por exemplo, é ainda conturbado romantismo: a confiança na atividade criadora do homem, numa natureza vista não como inimiga e antagonista, mas como força a ser conhecida e dominada, com o abandono sem melancolia e desespero das 'fábulas antigas', cujo perfume de poesia, que se conserva, torna-as ainda mais mortas como crença e fé" (*Q 9*, 121, 1.187 [*CC*, 4, 122]). Exemplo disso é o Prometeu goethiano, "'*homo faber*' consciente de si mesmo e do significado da sua obra" (*Q 8*, 214, 1.075 [*CC*, 1, 251]), paradigma literário do antimecanicismo gramsciano e do agir potencialmente revolucionário da subjetividade.

YURI BRUNELLO

Ver: arte; Benda; literatura artística; nacional-popular.

gorila amestrado

"Gorila amestrado" é uma "frase de Taylor" que G. encontrou num livro de Philip por ele citado e ao qual se refere duas vezes no *Q 4* (*Q 4*, 49, 476 e *Q 4*, 52, 489 e 493), transcrevendo-a depois no *Q 12* e no *Q 22*. O sentido e o papel desta metáfora-imagem, todavia, é central para a interpretação do taylorismo e para a concepção de "americanismo e fordismo". A imagem, segundo G., "expressa com brutal cinismo o objetivo da sociedade americana [...] quebrar a velha conexão psicofísica do trabalho profissional qualificado, que exigia uma certa participação ativa da inteligência, da fantasia, da iniciativa do trabalhador, e reduzir as operações produtivas apenas ao aspecto físico maquinal" (*Q 22*, 11, 2.165 [*CC*, 4, 266]). As coisas não são tão fáceis e lineares assim: os mesmos "industriais americanos" – evidencia G. – "compreenderam muito bem [...] que 'gorila amestrado' é uma frase, que o operário 'infelizmente' continua homem e até mesmo que, durante o trabalho, pensa mais ou, pelo menos, tem muito mais possibilidade de pensar"; G. conclui com uma afirmação que suscitou e ainda suscita controvérsias interpretativas e avaliativas: o fato de que o operário "compreenda que se quer reduzi-lo a gorila amestrado pode levá-lo a um curso de pensamentos pouco conformistas" (*Q 22*, 12, 2.171 [*CC*, 4, 272]). Como hipérbole da taylorização do trabalho, "gorila amestrado" é indicativo, assim, de uma contradição, porque o desamor para o trabalho pode levar o operário a uma atitude em nada súcuba e passiva, mas crítica e não conformista. Por outro lado, G. põe em evidência um limite conceitual insuperável dessa expressão, que o estimula a um fundamental esclarecimento teórico: "mesmo a expressão de Taylor, do 'gorila *amestrado*', é uma metáfora para indicar um limite numa certa direção: em qualquer trabalho físico, mesmo no mais mecânico e degradado, existe um mínimo de qualificação técnica, isto é, um mínimo de atividade intelectual criadora" (*Q 12*, 1, 1.516 [*CC*, 2, 18]).

GIORGIO BARATTA

Ver: americanismo e fordismo; fordismo; taylorismo.

governados-governantes

"Primeiro elemento é que existem efetivamente governados e governantes, dirigentes e dirigidos. Toda a ciência e a arte política baseiam-se neste fato primordial, irredutível (em certas condições gerais)" (*Q 15*, 4, 1.752 [*CC*, 3, 324]). Com essas palavras, G. abre sob a rubrica "Maquiavel. Elementos de política" a nota central dos *Q* para a definição da relação entre governados e governantes. Essa distinção é colocada à base tanto da "ciência" como da "arte política" e sua formulação contém duas afirmações radicais: ela é reconhecida como um problema político que investe desde sempre as relações entre os homens (é um "fato primordial"), e ao mesmo tempo é um elemento imprescindível para toda teoria política que queira confrontar-se com o presente (é "irredutível"). Dentro dessas coordenadas, G. começa a registrar as mudanças que essa relação sofreu com o advento dos modernos Estados nacionais, no rasto da "doutrina de Hegel sobre os partidos e as associações como trama 'privada' do Estado": "governo com o consenso dos governados, mas com o consenso organizado, não genérico e vago tal como se afirma no momento das eleições: o Estado tem e pede o consenso, mas também 'educa' este consenso através das associações políticas e sindicais, que, porém, são organismos privados, deixados à iniciativa privada da classe dirigente" (*Q 1*, 47, 56 [*CC*, 3, 119]). Se na "fase econômico-corporativa", típica da "burguesia comunal" (*Q 6*, 13, 695 [*CC*, 5, 241]), a relação entre governantes e governados se fundava sobre uma densa rede de interesses privados, após "as experiências políticas da Revolução Francesa", o advento do "constitucionalismo" (*Q 1*, 47, 56 [*CC*, 3, 119]) põe as bases para "criar um Estado 'com o consenso dos governados' e suscetível de desenvolvimento" (*Q 6*, 13, 695 [*CC*, 5, 241]). É, portanto, uma nova forma da ordem política e social que G. registra, afirmando que, "no Estado antigo e no medieval, a centralização, seja político-territorial, seja social (de resto, uma é tão somente função da outra), era mínima. Num certo sentido, o Estado era um bloco mecânico de grupos sociais e, muitas vezes, de raças diversas [...]. O Estado moderno substitui o bloco mecânico dos grupos sociais por uma subordinação destes à hegemonia ativa do grupo dirigente e dominante; portanto, abole algumas autonomias, que, no entanto, renascem sob outra forma, como partidos, sindicatos, associações de cultura" (*Q 25*, 4, 2.287 [*CC*, 5, 138-9]). Esse processo muda a relação entre governantes e governados, vinculando-a indissoluvelmente ao consenso destes últimos, tanto do lado das formas organizadas como os "partidos, sindicatos, associações de cultura" (idem), quanto das manifestações mais "desagregadas": "dá-se o nome de 'psicologia' aos fenômenos elementares de massa, não predeterminados, não organizados, não dirigidos de modo evidente, os quais assinalam uma fratura na unidade social entre governados e governantes. Através destas 'pressões psicológicas', os governados exprimem sua desconfiança nos dirigentes e exigem que sejam modificadas as pessoas e as diretrizes da atividade financeira e, portanto, econômica" (*Q 6*, 90, 767 [*CC*, 3, 245]).

Para interpretar essa mudança política da relação entre governantes e governados, G. instaura um corpo a corpo crítico com as teorias de Croce sobre os intelectuais e seu papel dirigente: "O que importa a Croce é que os intelectuais não se rebaixem ao nível das massas, mas compreendam que uma coisa é a ideologia, instrumento prático para governar, e outra é a filosofia e a religião, que não deve ser prostituída na consciência dos próprios sacerdotes. Os intelectuais devem ser governantes e não governados, construtores de ideologias para governar os outros" (*Q 10* I, 1, 1.212 [*CC*, 1, 284]). G. reconhece nessa tomada de posição crociana a assunção política "irredutível" (*Q 15*, 4, 1.752 [*CC*, 3, 324]) da tarefa dirigente das classes que governam: "Croce, portanto, representa a grande política contra a pequena política, o maquiavelismo de Maquiavel contra o maquiavelismo de Stenterello" (*Q 10* I, 1, 1.212 [*CC*, 1, 284]); ao mesmo tempo, todavia, critica o caráter aleatório que as ideologias assumem no esquema crociano: "As ideologias são meras ilusões para os governados, um engano sofrido, enquanto são para os governantes um engano desejado e consciente. Para a filosofia da práxis, as ideologias não são de modo algum arbitrárias; são fatos históricos reais, que devem ser combatidos e revelados em sua natureza de instrumentos de domínio, não por razões de moralidade etc., mas precisamente por razões de luta política" (*Q 10* II, 41.XII, 1.319 [*CC*, 1, 387]). O terreno de confronto ideológico no qual se combate a luta hegemônica e no qual se redefine a relação entre governantes e governados não tem, então, para G., uma valência "moral", não faz parte de nenhuma mística do desvelamento, mas ao contrário, fornece as coordenadas necessárias para uma política capaz de "tornar os governados intelectualmente independentes dos governantes, para destruir uma hegemonia e criar uma outra, como momento necessário da subversão da práxis" (idem). Retornamos neste caso à nota que sanciona a irredutibilidade da distinção entre governantes e governados, recebendo o alerta final que G. coloca entre parênteses: "(em certas condições gerais)" (*Q 15*, 4, 1.752 [*CC*, 3, 324]).

G. formula assim sua questão: "Na formação dos dirigentes, é fundamental a premissa: pretende-se que sempre existam governados e governantes ou pretende-se criar as condições nas quais a necessidade dessa divisão desapareça?" (idem). Essa pergunta sanciona o ponto de separação da teoria gramsciana tanto dos teóricos da ciência política italiana – do elitismo (Mosca, Michels, Pareto), que de qualquer forma em muito contribuíram ao raciocínio gramsciano – como da posição de Croce sobre os intelectuais como camada dirigente. G., ao contrário, coloca as bases para uma ciência política realista que parte do *fato* da divisão governantes-governados, mas que coloca também o problema da sua superação através da construção de uma diferente relação entre eles: "Se a relação entre intelectuais e povo-massa, entre dirigentes e dirigidos, entre governantes e governados, é dada através de uma adesão orgânica, na qual o sentimento paixão torna-se compreensão e, dessa forma, saber (não de uma maneira mecânica, mas vivida), só então a relação é de representação, ocorrendo a troca de elementos individuais entre governantes e governados, entre dirigentes e dirigidos, isto é, realiza-se a vida do conjunto, a única que é força social; cria-se o 'bloco histórico'" (*Q 4*, 33, 452). Esse é o tipo de relação que distingue a "tendência democrática", exatamente porque o significado mais profundo da "democracia política" é de "fazer coincidir governantes e governados" (*Q 4*, 55, 501). A esta formulação tão drástica G. acrescenta, em segunda redação, uma especificação de não pouca importância: "Fazer coincidir governantes e governados (no sentido de governo com o consenso dos governados)" (*Q 12*, 2, 1.547-8 [*CC*, 2, 42]).

O vínculo que deveria existir entre governantes e governados, que G. descreve como "pedagógico" (*Q 10* II, 44, 1.331 [*CC*, 1, 398]), "de 'hegemonia'" (idem), não é de qualquer forma um vínculo óbvio; deve ao contrário ser "posto em forma" por uma específica "disciplina", entendendo "com esta palavra uma relação continuada e permanente entre governantes e governados que realiza uma vontade coletiva". Não "como acolhimento servil e passivo de ordens, como execução mecânica de uma tarefa [...] mas como uma assimilação consciente e lúcida da diretriz a realizar" (*Q 14*, 48, 1.706 [*CC*, 3, 308]). Tanto nessa nota como na especificação acrescentada no *Q 12*, 2 [*CC*, 2, 42], pode-se notar a análise desencantada dos mecanismos sociais que permite a G. não oscilar em soluções abstratas e verbais; a ambivalência do problema político da divisão governantes-governados continua ao contrário bem presente: "Deve-se ter claro que a divisão entre governados e governantes, ainda que em última análise se refira a uma divisão de grupos sociais, existe também, sendo as coisas como são, no seio de cada grupo, mesmo socialmente homogêneo; pode-se dizer, em certo sentido, que esta divisão é uma criação da divisão do trabalho, é um fato técnico" (*Q 15*, 4, 1.752 [*CC*, 3, 325]). Na irredutibilidade técnica dessa divisão, nas condições do Estado moderno, G. percebe as novidades do presente, e na composição política dessa divisão técnica encontra o significado da sua ciência política: "Estabelecido o princípio de que existem dirigidos e dirigentes, governados e governantes, é verdade que os partidos são até agora o modo mais adequado para elaborar os dirigentes e a capacidade de direção" (ibidem, 1.753 [*CC*, 3, 326]). A análise da divisão governantes-governados dá assim na teoria gramsciana do partido como "moderno Príncipe" (*Q 8*, 21, 951 [*CC*, 6, 374]).

Michele Filippini

Ver: ciência da política; Croce; democracia; direção; dirigentes-dirigidos; elite/elitismo; Estado; grande política/pequena política; hegemonia; ideologia; intelectuais; moderno Príncipe; partido.

governo

O termo não deve ser compreendido no seu sentido imediatamente executivo, exceto por algumas referências históricas ou acontecimentos político-parlamentares. Em uma mais vasta colocação, o governo é ligado à hegemonia de uma força política, já que esta última, na condição de que já se tenha tornado hegemônica, poderá em seguida aspirar à efetiva ação de governo: "Pode e deve existir" – escreve G. – "uma 'hegemonia política' mesmo antes da ida ao governo, e não se deve contar apenas com o poder e com a força material que ele confere para exercer a direção ou hegemonia política. Observando a política dos moderados esta verdade aparece claramente" (*Q 1*, 44, 41). É o mesmo local da tese da "revolução passiva", que coloca em uma primeira, mas clara redação, a inversão do tempo entre poder governamental e hegemonia, para uma força que aspire ao governo para além do nível da decisão. É sintomático, a tal respeito, um trecho dos *Q* no qual se percebe em Hegel o exemplo de uma combinação entre público (Estado) e privado (trabalho e interesse), ambos orgânicos em uma operação de consenso forte e efetivo – isto é, hegemônico – enquanto fundadora de um modelo "universal" de direção. Para G., expressão de um equilíbrio hegeliano é um "governo com o consenso dos governados, mas com o consenso organizado, não genérico e vago tal como se afirma no momento das eleições: o Estado tem e pede o consenso, mas também 'educa' este consenso através das associações políticas e sindicais, que, porém, são organismos privados" (*Q 1*, 47, 56 [*CC*, 3, 119]). O trecho não esconde uma intenção crítica, que se tornará mais evidente em seguida, mas é sinal de atenção ao nexo entre governo e papel do Estado-forma. G. confirma sua escolha teórica também quando se refere à Itália, onde "o governo [...] operou como um 'partido', colocou-se acima dos partidos não para harmonizar seus interesses [...] estatais nacionais, mas para desagregá-los, para separá-los das grandes massas e ter 'uma força de sem-partido ligada ao governo por vínculos paternalistas de tipo bonapartista-cesarista'" (*Q 3*, 119, 387 [*CC*, 3, 201]). Com diferente ênfase, retorna a complexidade do nó "governo".

Silvio Suppa

Ver: consenso; Estado; governados-governantes; Hegel; hegemonia; parlamento; política; revolução passiva.

gramática

Antecipando as várias "viradas linguísticas" nas ciências sociais e na filosofia do século XX, G. afirmou que a gramática – a estrutura fundamental que torna possível a linguagem – constitui um importante problema político e um conceito inseparável dos problemas do poder, do conhecimento, da posição social e, em poucas palavras, da hegemonia. Nos *Q* ele discute a importância da gramática na educação (*Q 12*, 2, 1.544-5 [*CC*, 2, 42] e *Q 16*, 21, 1.892 [*CC*, 4, 65]), na sua relação com a razão e a lógica (*Q 12*, 2, 1.549 [*CC*, 2, 42]), com a literatura nacional e popular e, mais em geral, com a cultura (*Q 3*, 76, 354 [*CC*, 2, 80]; *Q 6*, 62, 730 [*CC*, 6, 192]; *Q 11*, 44, 1.464 [*CC*, 1, 179]). O *Q 29* é explicitamente dedicado ao estudo da gramática e pode ser interpretado como uma gramática das relações de poder no âmbito da hegemonia. Último trabalho iniciado na prisão, de poucas páginas, segundo Lo Piparo (Lo Piparo, 1979) este caderno deveria ser considerado como a introdução ao inteiro programa de pesquisa de G. no cárcere.

G. contrapõe seus argumentos sobre a gramática à reforma de Gentile de 1923 (*Q 29*, 6, 2.348 [*CC*, 6, 148]) e a Benedetto Croce (*Q 29*, 1, 2.341-2 [*CC*, 6, 141]). Suas avaliações estigmatizam também a penetrante abordagem positivista da linguística histórica da época, em particular da escola neogramatical (*Junggrammatiker*). Esse é o ambiente no qual emergiu Ferdinand de Saussure (é objeto de debate se sua linguística sincrônica ou estruturalista constitui uma ruptura radical ou uma continuação dos temas específicos dos neogramáticos, mesmo que ambos considerem a linguística uma ciência neutra, objetiva e distinta dos temas sociais e políticos). Da mesma forma, hoje a principal escola linguística, a gramática generativa de Noam Chomsky, cai nas críticas gramscianas, em particular no que diz respeito à ideia de Chomsky de que a gramática e a linguagem sejam politicamente neutrais. Os escritos de G. contêm também críticas implícitas aplicáveis a diferentes abordagens pós-modernas e liberal-individualistas à linguagem, que negam o contexto social e político em que a gramática está necessariamente imersa.

Em fins do século XIX e início do século XX, a linguística europeia estava dominada por uma abordagem histórica que descrevia as mudanças linguísticas em termos de diferentes famílias linguísticas. A abordagem mais relevante era a da escola neogramatical, com base em Leipzig, a qual afirmava que cada mudança linguística poderia ser explicada pelas "leis sonoras" internas às estruturas de uma língua. O vocabulário desenvolvia um papel relevante no programa de pesquisa dessa escola e a gramática das línguas era geralmente analisada pelas formas gramaticais através das quais as leis sonoras ilustravam a mudança linguística. Os gramáticos de Leipzig não consideravam que a gramática representasse a estrutura da língua concebida como sistema, como ao contrário ocorreu mais tarde quando Saussure inaugurou uma visão estruturalista na linguística. Em 1911, ano em que G. ingressou na Universidade de Turim, onde estudou linguística e filologia, Saussure completava em Genebra o último dos quatro anos de lições das quais teve origem o estruturalismo, que transformou amplamente a linguística e as ciências sociais. Esses desenvolvimentos foram muitas vezes classificados como "virada linguística". O professor de linguística de G., Matteo Bartoli, acreditou na possibilidade de que G. se tornasse o linguista que em seguida refutaria com sucesso os neogramáticos. Na carta à cunhada Tania de 19 de março de 1927, G. recordou-o: "Um dos maiores 'remorsos' intelectuais de minha vida é a profunda dor que causei a meu bom professor Bartoli, da Universidade de Turim, o qual estava convencido de que eu era o arcanjo destinado a derrotar definitivamente os 'neogramáticos'" (*LC*, 56 [*Cartas*, I, 129]). Foi Saussure a fazer isso; sua herança reduziu os neogramáticos a um capítulo encerrado da história da linguística. Em suas lições publicadas póstumas (1916), que constituíram o famoso *Curso de linguística geral*, ele rejeitou as abordagens históricas ao estudo da linguagem, explicando que, ao contrário, a linguística como ciência precisava ser baseada na noção de linguagem, que funciona como um "sistema" no qual a expressão e o significado se constituem pelo modo com que signos diferentes se referem uns aos outros e se diferenciam um dos outros. Como se verá em seguida, essa abordagem constituía em alguma medida o retorno a uma noção precedente de gramática, concebida como estrutura sincrônica que permite à linguagem funcionar como um instrumento de comunicação. Não existe nenhuma prova de que G. conhecesse algo sobre as lições de Saussure; todavia, seus escritos sobre a gramática permanecem importantes pelo fato de retomar muitos dos elementos fundamentais da abordagem de Saussure, antecipando as críticas centrais do pós-estruturalismo.

Antes do *Q 29* G. tratou da gramática como uma abstração da linguagem (*Q 6*, 180, 826 [*CC*, 1, 234]). Na sua crítica à reforma de Gentile de 1923, ele analisa o velho sistema escolar desenhado pela lei Casati, afirmando que a gramática era útil para a aprendizagem mecânica do latim e do grego, que deveria ser vitalizada com o estudo da história, da política e da cultura dessas civilizações mortas. Não era favorável à velha escola, mas considerava piores as novidades introduzidas por Gentile. G. afirma que, como na lógica formal, era importante ensinar aos estudantes tanto a disciplina quanto o método da abstração. G. afirma também que as épocas históricas e os singulares autores poderiam ser estudados através do seu vocabulário e da sua gramática (*Q 12*, 2 [*CC*, 2, 42] e *Q 6*, 180 [*CC*, 1, 234]). Nesse sentido ele usa "gramática" como abstrata série de modelos de uma linguagem dada. No *Q 29* G. fornece uma rica análise que enriquece muito sua concepção de gramática.

O *Q 29* inicia como uma breve discussão sobre a outra significativa figura com a qual G. confronta o uso do seu conceito de gramática: Benedetto Croce, em particular seu ensaio "Questa tavola rotonda è quadrata" [Esta mesa redonda é quadrada] (em Croce, 2003). O filósofo neoidealista distingue a lógica da gramática, como já se percebe pelo título do ensaio. Uma frase pode ser gramaticalmente correta, mas também não ter sentido. Para Croce, o objetivo era claramente distinguir a gramática – concebida como mero aspecto técnico da linguagem – do juízo lógico e estético. O aspecto determinante da linguagem está em sua expressividade; por essa razão a língua, segundo Croce, é definida principalmente em termos individualistas. G. critica Croce por ter adotado tal concepção restrita da gramática concebida como regra da língua ao nível imediato da frase individual (v. também *Q 3*, 74, 351-2 [*CC*, 6, 159]), e afirma que a gramática é tanto o modelo de uma língua que a torna compreensível como o resultado de uma história social, cultural e política na qual os falantes estão imersos: "A gramática é 'história' ou 'documento histórico'" (*Q 29*, 1, 2.341 [*CC*, 6, 141]).

G. distingue dois tipos básicos de gramática, a normativa e espontânea ou a gramática imanente: "há aquela [gramática – ndr] 'imanente' à própria língua, que faz uma pessoa falar 'de acordo com a gramática' sem sabê-lo" (*Q 29*, 2, 2.342 [*CC*, 6, 142]). O que G. define de maneira intercambiável como gramática espontânea ou imanente é importante porque se refere à discussão geral sobre a espontaneidade, assim como aparece em suas análises sobre a imanência (*Q 11*, 24, 1.426-8 [*CC*, 1, 144] e *Q 11*, 28, 1.438-9 [*CC*, 1, 156]). G. critica Alfredo Panzini e Croce por não serem capazes de distinguir entre esse tipo de gramática e a gramática normativa, mas rejeita também a ideia de que a gramática "espontânea" seja realmente tal. Como explica em outro lugar, não existe na história a "pura" espontaneidade, mas, "no movimento 'mais espontâneo', os elementos de 'direção consciente' são simplesmente impossíveis de controlar, não deixaram nenhum documento comprovável" (*Q 3*, 48, 328 [*CC*, 3, 194]). Assim como Saussure, G. também remonta a esse antigo termo desenvolvido pela chamada Gramática de Port Royal de 1660, que pretendia definir as regras do latim para os estudantes franceses. Assim como Saussure, G. criticou a conexão de Port Royal entre gramática normativa e gramática universal;

porém, à diferença de Saussure, a crítica de G. baseava-se fundamentalmente na noção de que a gramática é história ou documento histórico: "É a 'fotografia' de uma determinada fase de uma língua nacional (coletiva), historicamente formada e em contínuo desenvolvimento, ou os traços fundamentais de uma fotografia. A questão prática pode ser a seguinte: para que serve tal fotografia? Para fazer a história de um aspecto da civilização ou para modificar um aspecto da civilização?" (*Q 29*, 1, 2.341-2 [*CC*, 6, 141-2]). Dessa forma, G. antecipou um dos pontos fundamentais que Jacques Derrida enfrentou em sua crítica a Saussure, iniciando o pós-estruturalismo no final da década de 1970 (Derrida, 1974, p. 62).

Mas G. ampliava também o significado da gramática normativa até incluir o "controle recíproco, de ensinamento recíproco, de 'censura' recíproca, que se manifestam nas perguntas: 'o que você entendeu ou quer dizer?', 'explique-se melhor' etc. com a caricatura e a ironia etc. Todo este conjunto de ações e reações conflui no sentido de determinar um conformismo gramatical, isto é, de estabelecer 'normas' e juízos de correção e de incorreção etc. Mas essa manifestação 'espontânea' de um conformismo gramatical é necessariamente desconexa, descontínua, limitada a estratos sociais locais ou a centros locais etc." (*Q 29*, 2, 2.342 [*CC*, 6, 142]). Como com frequência faz com termos que se transformam em conceitos "gramscianos", depois de ter ampliado o significado tradicional, G. subverte em seguida o significado originário ressaltando sua inevitável natureza política: "Mas é evidente que um escritor de gramática normativa não pode ignorar a história da língua da qual pretende propor uma 'fase exemplar' como a 'única' digna de se tornar, 'orgânica' e 'totalitariamente', a língua 'comum' de uma nação, em luta e em concorrência com outras 'fases' e tipos ou esquemas que já existem" (ibidem, 2.343 [*CC*, 6, 143]). Por isso, para G. não existe uma relação simples ou estreita entre gramáticas espontâneas e normativas: estas últimas são criadas por uma codificação (muitas vezes escrita), padronização e imposição mediante censuras recíprocas de gramáticas que precedentemente foram espontâneas. E as gramáticas espontâneas são o resultado da fragmentação, da sedimentação, do hábito e da inobservância de gramáticas normativas precedentes. Dessa maneira, G. vinculou os debates na linguística italiana sobre a padronização com a mais ampla teoria cultural da hegemonia. Como demonstrou de modo convincente Lo Piparo, foi o ambiente da linguística europeia, e em particular o das alternativas à abordagem neogramatical, que deu a G. o importante estímulo para desenvolver o conceito de hegemonia. Hegemonia era concebida como sinônimo de conceitos como "fascino" e "prestígio" para explicar a adoção de formas linguísticas em grupos sociais diferentes e em comunidades de falantes. G. não se opôs à criação de gramáticas normativas; ao contrário, escreveu que é racional "uma colaboração de fato e uma cuidadosa acolhida de tudo o que possa servir para criar uma língua comum nacional, cuja inexistência determina atritos sobretudo nas massas populares, entre as quais são mais tenazes do que se crê os particularismos locais e os fenômenos de psicologia restrita e provinciana" (ibidem, 2.344 [*CC*, 6, 144]). Tal língua comum nacional deveria ser o resultado da escolha política de uma gramática normativa, que G. descreveu em primeiro lugar nessa mesma seção.

Aqui G. analisa os efeitos políticos do "Ato de educação fascista" de 1923, a reforma escrita por Giovanni Gentile quando era ministro da Educação. Entre os numerosos problemas que G. denuncia, estava a eliminação da gramática do currículo escolar, à qual G. responde. "Mesmo que a gramática seja excluída da escola e deixe de ser 'escrita', nem por isso será excluída da 'vida' real, como já foi dito em outra nota: exclui-se apenas a intervenção organizada unitariamente no aprendizado da língua e, na realidade, exclui-se do aprendizado da língua culta a massa popular nacional, já que a camada dirigente mais elevada, que tradicionalmente fala a 'língua nacional', transmite-a de geração em geração, através de um processo lento, que começa com os primeiros balbucios da criança sob a guia dos pais e continua na conversação (com os 'é assim que se diz', 'é assim que se deve dizer' etc.) durante toda a vida" (*Q 29*, 6, 2.349 [*CC*, 6, 149]). Com esse argumento G. acusa a abordagem gentiliana da educação de ser muito politizada e extremamente reacionária, "uma forma de 'liberalismo' das mais excêntricas e absurdas" (ibidem, 2.348 [*CC*, 6, 148]). A discussão de G. sobre a gramática é neste caso um exemplo da sua análise geral sobre o modo com que o fascismo buscava explorar as diferenças e a fragmentação na Itália, em particular a tensão entre os camponeses meridionais e o proletariado setentrional e a pequena burguesia.

Central no desenvolvimento gramsciano do conceito de hegemonia, G. não rejeitava simplesmente o uso do poder por parte de um grupo – fascistas ou capitalistas liberais – em favor de outro – o proletariado dirigido pelos comunistas. Ele estava analisando em profundidade o modo com que diferentes modalidades de poder funcionam e conquistam vários graus de consenso, muitas vezes com o uso da coerção. Para desenvolver a metáfora de G. sobre a gramática, o tipo de gramática normativa que recomendava ao Partido Comunista não era a imposição de uma gramática como a única possível; ao contrário, G. defendia a criação de uma gramática normativa com as diversas gramáticas espontâneas dos dialetos. Ele foi apoiador da formação de uma gramática normativa conscientemente comparativa. Dessa maneira, a gramática normativa e sua relação com as gramáticas espontâneas ultrapassam a linguística e se tornam metáforas da organização política. A política da gramática torna-se gramática da política. O processo de formação de uma gramática progressiva e normativa anda junto com a sua descrição do desenvolvimento da filosofia da práxis, que ocorre mediante a organização e a coordenação dos elementos contraditórios e incompletos do "senso comum". A metáfora da gramática é também útil para as explorações gramscianas sobre o modo em que liberdade e consenso podem ser plasmados pela hegemonia burguesa, até o ponto de a maioria chegar a interiorizar sua própria subordinação.

BIBLIOGRAFIA: DERRIDA, 1989; IVES, 2004 e 2004a; LO PIPARO, 1979; SAUSSURE, 967.

PETER IVES

Ver: espontaneidade; hegemonia; imanência; língua; linguagem.

Grande Guerra

É dedicado à guerra o primeiro grande escrito político de G., "Neutralità attiva ed operante" [Neutralidade ativa e operante], publicado no *Grido del Popolo* de 31 de outubro de 1914. Aqui o jovem sardo, filiado à seção socialista de Turim, critica o perdurar da linha política da "neutralidade absoluta", assumida pela direção do partido e do grupo parlamentar em uma resolução comum de 28 de julho. Tal linha foi, a seu dizer, de indubitável eficácia no "primeiro momento da crise", quando somente "a afirmação dogmaticamente intransigente" constituía "um baluarte compacto, inexpugnável, diante da primeira explosão de paixões, de interesses particulares". Em seguida, a precipitação caótica dos eventos expõe ao risco de transformá-la em uma atitude de espera e/ou de inércia em relação aos desenvolvimentos da guerra. Nasce daqui a necessidade de afirmar outro "*modo*" de neutralidade, o que ele define justamente como "neutralidade ativa e operante". Trata-se da fase em que "a classe detentora do poder" é obrigada pelo proletariado a admitir ter "levado a nação, da qual se dizia a única representante, a um beco sem saída, do qual essa nação só pode escapar se abandonar à sua própria sorte todas as instituições que são diretamente responsáveis pelo seu tristíssimo atual estado de coisas" (*CT*, 11-2 [*EP*, I, 48-49]).

Após ter formulado a necessidade de duas neutralidades, o primeiro aspecto da guerra que interessa a G. diz respeito às suas repercussões sobre a unidade do país e, sobretudo, sobre a Itália meridional no quadro da luta antiprotecionista iniciada desde 1913 pela maioria, por assim dizer, "intransigente" do Partido Socialista. É o caso do escrito "Il Mezzogiorno e la guerra" [O Mezzogiorno e a guerra] (1º de abril de 1916), no qual é invocada a necessidade de bloquear os deslocamentos de riqueza provocados pelo conflito às custas do Sul. Mas é a derrota de Caporetto que estimula em G. uma série ulterior de reflexões sobre a guerra. Antes de tudo, ele intervém em defesa da honra dos soldados à deriva, após as ofensas infamantes de covardia dirigidas a eles por Cadorna, evocando, para elidir a censura, a figura – tão diversa daquela do chefe de estado-maior italiano – do general Joubert morto em batalha com os seus soldados em Novi Ligure em 15 de agosto de 1799. O militar francês, de fato, diante da avançada inexorável das armadas da coalizão europeia antirrevolucionária, inicialmente pôs em segurança o comando, permitindo-lhe assim se reorganizar; depois, ao invés de derramar "desonra e infâmia" sobre as tropas, preferiu morrer com elas, que "caíam em massa para o dever", sem nem serem sustentadas pela "fé para o ideal que lhes foi imposto" ("Il generale Joubert", 3 de novembro de 1917, em *CF*, 420).

O tema da conformação passiva dos soldados de extração proletária à guerra é desenvolvido por G. no artigo "Intransigenza-tolleranza, intolleranza-transigenza" [Intransigência-tolerância, intolerância-transigência] (8 de dezembro de 1917), no qual afirma peremptoriamente: "Os homens estão prontos para agir quando estão convencidos de que nada lhes foi ocultado, que nem voluntária nem involuntariamente lhes foi criada qualquer ilusão. Se devem se sacrificar, têm de saber previamente que pode ser necessário o sacrifício" (*CF*, 479 [*EP*, I, 120]). Todavia, exatamente os sofrimentos suportados durante a Grande Guerra despertaram as massas da indiferença, imprimindo na sua subjetividade transformações irreversíveis: "Três anos de guerra – escreve G. em novembro de 1917 – produziram efeitos que os propugnadores da guerra estavam bem longe de prever. Sacudiram uma quantidade de homens que antes da guerra estava afastada da luta política, estava afastada da vida social" ("Di chi la colpa?" [De quem é a culpa?], 17 de novembro de 1917, em *CF*, 444). G. acrescenta que o efeito mais importante e irreversível é representado pelo fato de ter tornado "*sensível o mundo*": "Nós *sentimos* o mundo; antes nós o *pensávamos* somente. Sentíamos o nosso pequeno mundo" e "nos soldávamos à coletividade mais vasta somente com um esforço de pensamento, com um esforço enorme de abstração. Agora a soldagem se tornou mais íntima" ("Letture" [Leituras], 24 de novembro de 1917, em *CF*, 452). E essa mudança do "sentir" acentuou-se ulteriormente graças ao principal evento desencadeado a partir da Grande Guerra, ou seja, a Revolução Russa: "A guerra" – aponta o sardo em julho de 1918 – "foi a condição econômica, o sistema de vida prática que determinou o novo Estado, que criou as bases materiais necessárias para a ditadura do proletariado: a guerra que a Rússia atrasada teve de combater nas mesmas condições que os Estados capitalistas mais avançados" ("Utopia", 25 de julho de 1918, em *NM*, 207 [*EP*, I, 204]).

Na reflexão carcerária G. nota que pesou, sobre a gestão da Primeira Guerra Mundial, a ausência de uma linha política por parte da classe dirigente italiana, em uma réplica do que ocorreu durante o *Risorgimento*. Se na guerra do Piemonte contra a Áustria pesou a hipoteca negativa de uma estratégia voltada nem tanto a destruir o Exército dos Habsburgos e ocupar o território inimigo, mas sobretudo a dividir a frente interna adversária e favorecer as iniciativas dos grupos liberais do império, no último conflito Sonnino repetiu o mesmo erro de não querer a destruição do próprio império, opondo uma recusa "a qualquer política de nacionalidade" (*Q 19*, 28, 2.050 [*CC*, 5, 100]). Em 23 de março de 1849 ocorreu a recusa dos piemonteses de combater a batalha de Novara e o fim inglório da primeira guerra de independência italiana; em 24 de outubro a derrota de Caporetto. Disso o dirigente sardo deduz um princípio geral: "A direção militar deve estar sempre subordinada à direção política, ou seja, o plano estratégico deve ser a expressão militar de uma determinada política geral".

Não somente. "Quanto mais um exército for numeroso, no sentido absoluto, como massa recrutada, ou no sentido relativo, como proporção de homens recrutados sobre a população total, tanto mais aumenta a importância da direção política em relação à meramente técnico-militar" (ibidem, 2.051-2 [*CC*, 5, 102]). Emblemático a tal respeito é o comportamento de Cadorna, definido por G. como "burocrata da estratégia", que quando formula "as hipóteses 'lógicas'", dá a "culpa à realidade" e se recusa a "levá-la em consideração". O militar italiano, de fato, nunca pensou na possibilidade de "mudar alguma coisa na direção política do Exército", isto é, não se questionou se "o enfraquecimento moral das tropas" era consequência do comando militar (*Q 2*, 121, 261 [*CC*, 3, 177]). Esta é uma das causas do chamado "'mistério' militar de Caporetto", que segundo o pensador sardo é explicado por um jornalista como Missiroli através de uma série de lugares comuns: desde o de considerar que Cadorna seria "um chefe militar de segunda categoria" até o da separação entre Exército e país (ibidem, 262 [*CC*, 3, 178]).

Além disso, como em toda guerra – evento que na ótica de G. transforma as relações internacionais e sanciona o nascimento de uma nova ordem política –, a de 1914-1918 determinou um novo quadro de relações e conflitos entre Estados, como o sancionado pelo nascimento da Sociedade das Nações, e uma "ruptura histórica, no sentido de que toda uma série de questões que se acumulavam molecularmente, antes de 1914, 'se sobrepuseram umas às outras', modificando a estrutura geral do processo anterior" (*Q 15*, 59, 1.824 [*CC*, 5, 330]). Exemplo disto é a importância que assumiu o "fenômeno sindical", que, constituído pela convergência de um amplo número de processos sociais, como o parlamentarismo, a organização industrial, a democracia, o liberalismo, em última análise "reflete o fato de que uma nova força social se constituiu, tem um peso não desprezível etc." (idem).

Vito Santoro

Ver: Caporetto; exército; guerra; molecular; pós-guerra; *Risorgimento*; trincheiras, fortalezas e casamatas.

grande política/pequena política

A formulação gramsciana do conceito de política – ou mais exatamente, daquilo que G. chama repetidamente "ciência da política", fazendo sempre uso positivo do termo – é com certeza uma das mais importantes contribuições teóricas presentes nos *Q*. Pode-se até dizer que reside aqui a principal contribuição teórica de G. à filosofia da práxis, isto é, ao marxismo. Esta peculiar definição da política encontra sua expressão mais clara quando G. afirma: "A inovação fundamental introduzida pela filosofia da práxis na ciência da política e da história é a demonstração de que não existe uma 'natureza humana' abstrata, fixa e imutável [...] mas que a natureza humana é o conjunto das relações sociais historicamente determinadas [...]. Portanto, a ciência política deve ser concebida em seu conteúdo concreto (e também em sua formulação lógica) como um organismo em desenvolvimento" (*Q 13*, 20, 1.598-9 [*CC*, 3, 56]). É no quadro dessa historicização radical da ciência política que G. apresenta as muitas determinações que, a seu ver, constituem a esfera da práxis política (ou, na sua expressão, da "arte política"), entre as quais, entre muitas outras, pode-se destacar a relação entre governantes e governados, entre coerção e consenso, entre o econômico-corporativo e o ético-político, entre estrutura e superestrutura etc.

Segundo G., um lugar de destaque entre essas determinações é ocupado pelo binômio conceitual grande política-pequena política. Trata-se de um binômio que serve não somente para definir os traços fundamentais do conceito geral de política, mas que também aparece como momento-chave do que G. define como "análise das situações" ou das "relações de força". O predomínio de uma ou de outra forma de fazer política é um elemento decisivo para avaliar que classe ou grupo de classes exerce o domínio e a hegemonia em uma concreta situação e de que modo o faz. G. define assim este binômio conceitual: "Grande política (alta política) – pequena política (política do dia a dia, política parlamentar, de corredor, de intrigas). A grande política compreende as questões ligadas à fundação de novos Estados, à luta pela destruição, pela defesa, pela conservação de determinadas estruturas orgânicas econômico-sociais. A pequena política compreende as questões parciais e cotidianas que se apresentam no interior de uma estrutura já estabelecida em decorrência de lutas pela predominância entre as diversas frações de uma mesma classe política" (*Q 13*, 5, 1.563-4 [*CC*, 3, 21]). Se lembrarmos do conceito gramsciano de "catarse", poderíamos dizer que somente a grande política realiza o "momento catártico", isto é, a passagem do particular ao universal, do momento econômico-corporativo ao ético-político, da necessidade à liberdade. Mas não se deve esquecer que para G. "é grande política tentar excluir a grande política do âmbito interno da vida estatal e reduzir tudo a pequena política" (idem). Em outros termos: se para as classes subalternas o predomínio da pequena política é sempre indicativo de derrota, subalternidade, este predomínio pode ser – e com frequência efetivamente é – a condição da supremacia das classes dominantes.

A distinção entre pequena política e grande política aparece pela primeira vez nos *Q* em um Texto B, que não diz respeito à política *tout court*, mas à arte. No comentário a um autor que G. considera um "filhote do padre Bresciani", isto é, Enrico Corradini, afirma-se que ele "parece distinguir entre 'pequena política' e 'grande política' nas 'teses' contidas nas obras de arte" (*Q 5*, 27, 566 [*CC*, 6, 166]). Nesse contexto, a pequena política parece ser para G. "intromissão de elementos extra-artísticos, sejam estes de alta ou de baixa qualidade", de "oratória visando a finalidades práticas", ao passo que a grande política manifestar-se-ia quando se torna "arte" verdadeira (idem). O binômio grande política-pequena política aplica-se também à ação dos intelectuais. Apesar de criticar com força o modo como Croce está empenhado em evitar que "os intelectuais [...] se rebaixem ao nível da massa" isto é, em fazer com que permaneçam "governantes e não governados", G. reconhece que, não obstante esta atitude retrógrada, "Croce [...] representa a grande política contra a pequena política, o maquiavelismo de Maquiavel contra o maquiavelismo de Stenterello" (*Q 10* I, 1, 1.212 [*CC*, 1, 283]). Em outros termos: a distinção entre pequena e grande política não significa necessariamente uma distinção entre progresso e reação. Estamos, nesse caso também, diante de uma distinção que deve ser avaliada em cada situação concreta. A grande política das classes dirigente e dos seus intelectuais não consiste somente em fazer com que tudo se torne pequena política: em determinados contextos concretos, até as classes dirigentes estão obrigadas a fazer (ou pelo menos tentar fazer) grande política propriamente dita.

Em duas passagens a distinção é usada para identificar fatos históricos concretos. Em um longo parágrafo no qual analisa a relação entre história nacional e história universal e discute as ideias de Croce, G. comenta um livro de Raffaele Ciasca resumindo-o assim: "Ao mesmo tempo que fornece a prova de que existiam na Itália os mesmos problemas prementes que na França do antigo regime e uma força social que representava e interpretava esses problemas no mesmo sentido francês, fornece também a prova de que tais forças eram escassas e *os problemas se mantinham no nível da 'pequena política'* (*Q 10* II, 61, 1.360 [*CC*, 1, 428], [itálico meu – ndr]). Talvez seja mais importante ainda o parágrafo no qual G., retomando Maquiavel, serve-se do binômio em questão para analisar o Renascimento italiano. Com efeito, G. diz: "A propósito do Renascimento, de Lorenzo de Medici etc., questão de 'grande política e de pequena política', política criativa e política de equilíbrio, de conservação, mesmo em se tratando de conservar uma situação miserável [...] os italianos do Renascimento jamais foram 'volúveis', ou melhor, talvez se deva distinguir entre a grande política que os italianos praticavam no 'exterior', como força cosmopolita (enquanto durou a função cosmopolita), e a pequena política no interior, a pequena diplomacia, a estreiteza dos programas etc., portanto a debilidade da consciência nacional, que exigiria uma atividade audaciosa e de confiança nas forças popular-nacionais. Terminado o período da função cosmopolita, restou o período da 'pequena política' no interior, o esforço imenso para impedir qualquer mudança radical" (*Q 15*, 72, 1.832 [*CC*, 3, 345]). O binômio conceitual pequena política-grande política aparece assim não somente como uma contribuição essencial para caracterizar a esfera da práxis política, mas também como um instrumento para analisar relações de força em situações concretas.

Carlos Nelson Coutinho

Ver: brescianismo; catarse; ciência da política; Corradini; Maquiavel; política; relações de força.

Grécia

A Grécia que aparece nos *Q* é sobretudo o país da Antiguidade, comparado muitas vezes ao presente. Os personagens e os mitos da cultura clássica, homéricos e posteriores, continuam no imaginário coletivo também porque são "essencialmente populares em cada país" (*Q 9*, 66, 1.137 [*CC*, 6, 226]). A nova cultura contemporânea, que deve ainda ser construída em nível europeu e mundial "em uma unidade dialética", deve fundir os elementos populares com o Iluminismo e, ao mesmo tempo, com a classicidade do Renascimento, mas também da cultura grega antiga (*Q 10* I, 11, 1.233 [*CC*, 1, 303]). A cultura produzida pela filosofia da práxis é cercada pela cultura tradicional, que comparada a ela é "mais sofisticada" e "robusta"; situação equiparável à cultura do "rude vencedor romano" perante a grega (*Q 11*, 27, 1.435 [*CC*, 1, 152]) Os "epígonos" que cumprem a empresa dos "Sete em Tebas" (*Q 8*, 50, 972 [*CC*, 4, 111]) representam metaforicamente as forças progressistas às quais incumbe completar o trabalho, iniciado pelos clássicos do marxismo, de conquistar o adversário. De forma análoga à Roma antiga, cuja filosofia consistia nas doutrinas jurídicas e na prática política, isto é, numa tradução da cultura grega (*Q 15*, 64, 1.829 [*CC*, 5, 333]), as novas forças do progresso devem traduzir criticamente a cultura contemporânea, ou seja, a cultura do adversário.

Com a exceção de uma referência aos acordos estipulados durante a Primeira Guerra Mundial segundo os quais à Itália pertencia "a inteira soberania" do Dodecaneso (*Q 2*, 19, 174 [*CC*, 3, 137]), os *Q* contêm apenas uma referência à Grécia moderna. Como o território é "espalhado em um sistema de ilhas", a consequente ausência de casa, por prolongados períodos, da população dos marinheiros, junto com a passividade dos camponeses, facilita os golpes militares. Todavia, segundo G., "a experiência do governo militar não criou uma ideologia política e social permanente e formalmente orgânica" (*Q 13*, 23, 1.609 [*CC*, 3, 66]).

Derek Boothman

Ver: Iluminismo; Renascimento; Roma; tradução.

grego: v. latim e grego.

greve

À parte algumas ocorrências determinadas pela recordação de fatos históricos e a referência em que – na linguagem metafórica político-militar usada por G. (e por tantos outros, depois da Primeira Guerra Mundial e durante a sua continuação sob a forma de "guerra de classe") – "o boicote é guerra de posição, as greves são guerra de movimento" (*Q 1*, 134, 122 [*CC*, 3, 124]), a presença do termo nos *Q* pode ser substancialmente diferenciada em duas acepções: a "greve militar" e a "greve geral". Em relação à primeira, G. refuta a tese, predominante à época, segundo a qual a derrota de Caporetto teria sido um infortúnio militar e parece considerar, ao contrário, que tenha ocorrido uma "greve militar" (*Q 6*, 69, 736 [*CC*, 3, 230] e *Q 6*, 74, 740 [*CC*, 3, 231]). Nesse caso, haveria uma responsabilidade política, pois "a responsabilidade seria sempre dos governantes e de sua incapacidade de prever que determinados fatos poderiam levar à greve militar e, portanto, de providenciar a tempo, através de medidas adequadas (sacrifícios de classe), os meios de impedir tal possível emergência" (ibidem, 740-1 [*CC*, 3, 231]).

A greve geral é associada por G. às concepções de Sorel, isto é, de "sindicalismo" ou "economicismo" (*Q 7*, 16, 867 [*CC*, 3, 261]; *Q 8*, 21, 951 [*CC*, 6, 374] e relativo Texto C: *Q 13*, 1, 1.556 [*CC*, 3, 13]), e de Rosa Luxemburgo (*Q 7*, 16, 867 [*CC*, 3, 261]). A essas concepções – definidas como "teoria da espontaneidade" (idem) e como "teorias catastróficas formais de certo sindicalismo ou economicismo" (*Q 1*, 53, 67) – é associada também "a teoria de Bronstein", ou melhor, Trotski, acerca da revolução permanente (*Q 7*, 16, 867 [*CC*, 3, 261]). A greve geral soreliana, em que se incorpora sua peculiar "concepção da ideologia-mito", é explicitamente criticada por G. como "uma 'atividade passiva', por assim dizer, de caráter negativo e preliminar [...] uma atividade que não prevê uma fase 'ativa e construtiva'" (*Q 13*, 1, 1.556-7 [*CC*, 3, 14-5]).

Guido Liguori

Ver: Caporetto; espontaneísmo; Grande Guerra; guerra de movimento; Luxemburgo; mito; sindicalismo/sindicatos; sindicalismo teórico; Sorel; Trotski.

grupo social

A expressão "grupo social", completamente ausente nas *LC*, aparece pela primeira vez no *Q 3*, 33, 310 [*CC*, 3, 183], datado por Gerratana em 1930; no mesmo *Q 3* (133, 394 [*CC*, 3, 204]) encontra-se a primeira repetição na forma plural: é uma ficha bibliográfica de um livro de Carlo Flumiani intitulado justamente *Gruppi Sociali. Fondamenti di scienza politica* [Grupos sociais. Fundamentos de ciência política]. Parece então lícito conjeturar (mas sem provas certas) que G. tenha inferido a expressão desta fonte e tenha começado desde então a usá-la com regularidade (136 repetições no singular, 69 no plural), essencialmente como sinônimo de classe ou classes, mas em forma lexical menos vistosa e, portanto, menos exposta à censura do cárcere (de cujo olhar invasivo G. tinha tido ulterior prova exatamente no verão de 1930 quando apresentou, sem êxito, um pedido para poder ler alguns escritos de Trotski). Deve-se notar a coexistência de "grupo social" e "classe"; por exemplo, no *Q 8*, 171 (texto de grande realce retomado no *Q 11*, 16 [*CC*, 1, 125]), ao mencionar o atraso na adequação da linguagem (isto é, da cultura) inclusive a uma "nova situação histórica" derivada de uma "mudança mais radical", G. escreve: "O fenômeno é [...] historicamente complexo e se complica graças à existência de diversas culturas típicas nos diversos estratos do novo *grupo social*, alguns dos quais, no terreno ideológico, ainda estão imersos na cultura de situações históricas precedentes [...]. Uma *classe*, embora alguns de seus estratos ainda permaneçam na concepção ptolomaica do mundo, pode ser a representante de uma situação histórica muito avançada" (*Q 11*, 16, 1.407 [*CC*, 1, 125], [itálicos meus – ndr]).

Como sinônimo de "classe", "grupo social" é muitas vezes articulado com o problema da hegemonia e das suas formas históricas (*Q 3*, 39, 317 [*CC*, 5, 204]; *Q 6*, 24, 703 [*CC*, 3, 225]; *Q 6*, 136, 800 [*CC*, 3, 253]; *Q 8*, 238, 1.090, *passim*). Assim, por exemplo, no *Q 3*, 154, depois *Q 23*, 52 [*CC*, 6, 122]: "Humanidade, 'autêntica, fundamental' só pode significar concretamente, no campo artístico, uma única coisa: 'historicidade', isto é, caráter 'nacional-popular' do escritor [...] contanto que o grupo social que se expressa seja historicamente vivo" (ibidem, 2.247-8 [*CC*, 6, 122]). E, discutindo com Croce no *Q 4*, 15, sucessivamente *Q 10* II, 41.XII [*CC*, 1, 386]: "A própria filosofia da práxis é uma superestrutura, é o terreno no qual determinados grupos sociais tomam consciência do próprio ser social, da própria força, das próprias tarefas, do próprio devir" (ibidem, 1.319 [*CC*, 1, 388]); no *Q 6*, 10, 690 [*CC*, 1, 433] (a respeito de Guicciardini): "Na história moderna, o indivíduo histórico-político não é o indivíduo 'biológico', mas o grupo social". Ainda, na célebre passagem em que reconfigura originalmente a questão dos intelectuais (*Q 4*, 49, 474-8, depois Texto C no *Q 12*, 1, 1.513 [*CC*, 2, 42]), G. pergunta-se: "Os intelectuais são um grupo autônomo e independente, ou cada grupo social tem uma sua própria categoria especializada de intelectuais? [...] Todo grupo social, nascendo no terreno originário de uma função essencial no mundo da produção econômica, cria para si, ao mesmo tempo, organicamente, uma ou mais camadas de intelectuais que lhe dão homogeneidade e consciência da própria função, não apenas no campo econômico, mas também no social e político".

Este mesmo nexo entre intelectuais e grupo social é articulado com maior exatidão no *Q 8*, 171, em que G. recorre, para designar a classe e os intelectuais, a dois diferentes termos, respectivamente "grupo social" e "categoria": "Todo grupo social dominante elabora uma sua própria categoria de intelectuais" (ibidem, 1.043). Note-se que, na conclusão do ensaio sobre o Canto X do *Inferno*, G. define claramente a si mesmo como representante do grupo social subalterno: "Demonstrar, de modo drástico e fulminante, ainda que demagógico, que os representantes de um grupo social subalterno podem ridicularizar, em termos científicos e de gosto artístico, rufiões intelectuais como Rastignac" (*Q 4*, 87, 529 [*CC*, 6, 29]; Rastignac era o pseudônimo de um especialista em Dante, Vincenzo Morello, com o qual G. polemiza).

Finalmente, para G. os grupos sociais (= classes) manifestam no tempo histórico uma precisa evolução do seu desenvolvimento, uma evolução que poderia ser definida também "do particular ao universal", isto é, de uma fase inicial estreitamente econômico-corporativa à fase da plena consciência de si e da autonomia política marcada pelo momento-partido: "No partido político, os elementos de um grupo social econômico superam este momento de seu desenvolvimento histórico e se tornam agentes de atividades gerais, de caráter nacional e internacional" (*Q 12*, 1, 1.523 [*CC*, 2, 25], precedentemente *Q 4*, 49, 478).

Contudo, sem dúvida, o partido não se identifica, quase ontologicamente, com o grupo social que o exprimiu (como ocorria nas teorias soviéticas); ao contrário, para G. entre grupo social (= classe) e partido mantém-se aberta uma dialética bastante delicada, e também bastante perigosa (*Q 7*, 77, depois *Q 13*, 23 [*CC*, 3, 60]): "É necessário distinguir: o grupo social, a massa partidária, a burocracia e o estado-maior do partido. A burocracia é a força consuetudinária e conservadora mais perigosa; se ela chega a se constituir como um corpo solidário, voltado para si mesmo e independente da massa, o partido termina por se tornar anacrônico e, nos momentos de crise aguda, é esvaziado de seu conteúdo social e resta como que solto no ar" (ibidem, 1.604 [*CC*, 3, 61-2]).

Raul Mordenti

Ver: burocracia; classe/classes; Dante; hegemonia; intelectuais; partido; Partido Comunista.

guerra

A colocação gramsciana do tema da guerra é influenciada pelo lema do general Clausewitz: "A paz é a continuação da guerra com outros meios". Por causa da falta da tradução em italiano, G. tinha conhecimento parcial dos escritos de Clausewitz no *Vom Kriege* (*Q 17*, 42, 1.942 [*CC*, 3, 352]); é certo, todavia, que ele apreendeu os princípios gerais da teoria clausewitziana através da interpretação difusa no meio marxista: a guerra é o momento de precipitação de um conflito entre as classes dirigentes internacionais, mas tem também uma repercussão interna já que ela é a expressão armada do conflito de classe. Nesse sentido o conceito de paz nunca é concebido por G. como o oposto de guerra, mas como uma variável subordinada a um conjunto de fatores políticos (a cultura política de uma classe dirigente) e sociais (a relação entre dirigentes e dirigidos). A guerra é considerada por G. como uma ação militar racional direcionada a um objetivo político: a conquista de um território, a mudança de uma ordem política internacional, a necessidade de neutralizar o conflito social interno com instrumentos extraordinários.

O lema aparece sobretudo na análise histórica de dois conflitos: os conflitos políticos e militares do *Risorgimento* e a Primeira Guerra Mundial. Na época entre 1848 e 1918 o conflito militar torna-se um dos sistemas de regulamentação dos conflitos interestatais, coloniais e sociais. A guerra tem origem nas lutas dos grupos dominantes em uma nação (*Q 9*, 70, 1.141), mas tende a envolver a população inteira. A guerra em si é o momento mais agudo da crise de uma ordem social geral e ameaça a dissolução de relações políticas determinadas. Seu objetivo não é a pura e simples destruição dos adversários políticos ou sociais, mas o estabelecimento de um novo equilíbrio político: desde que exista uma classe dirigente hegemônica capaz de usar os resultados da vitória militar para consolidar tal equilíbrio dentro dos conflitos nacionais e nas relações com os outros Estados. A ausência dessa condição mínima de racionalidade da ação militar é para G. o sintoma da falta de direção política da guerra e, portanto, da fraqueza de uma inteira classe dirigente.

No plano das análises históricas, G. afirma que os conflitos do *Risorgimento* manifestavam-se no âmbito de um país agrícola, ao passo que o conflito de 1914-1918 teve lugar em uma Itália que já conheceu a Revolução Industrial. A orientação produtiva influencia diretamente a organização da guerra e a composição social dos exércitos, mas tem também um peso determinante na natureza da direção política do conflito. A classe dirigente deve procurar manter o melhor equilíbrio político e social possível para que as novas ocasiões de conflito não cheguem a derrubar sua hegemonia. Sua tarefa essencial consiste, portanto, em manter e incrementar as "condições de prosperidade", tendo o cuidado de ampliar esta orientação geral das relações políticas, sociais e econômicas nas "zonas coloniais" (ibidem, 1.142). Os resultados de tal ampliação variam conforme a estrutura produtiva, comercial e social "exportada" pelos países colonialistas europeus, que também determina os conflitos com as classes dirigentes locais ou com os países coloniais europeus que cultivam um interesse estratégico sobre aquelas áreas do mundo que detêm recursos úteis ao desenvolvimento da produção nacional.

O fim estratégico da "guerra militar" é a destruição do exército inimigo e a ocupação de seu território (*Q 1*, 134, 122 [*CC*, 3, 124]). A paz é o resultado da vitória militar. Em comparação com o conflito, a luta política é para G. enormemente mais complexa, mas nem por isso ela exclui o primeiro. A guerra é considerada o momento específico de um conflito mais amplo que se manifesta de modo particular por ocasião das guerras coloniais. Nesse caso a vitória militar contra os exércitos locais muitas vezes não sanciona a definitiva conquista do poder: ocorre frequentemente que a derrota de um exército dê lugar a um mais amplo movimento armado de resistência que continua a luta no terreno da oposição social em vista da preparação de um novo conflito contra os ocupantes. É o caso da luta da Índia contra os ingleses, que vivencia três fases: guerra de movimento, de posição e subterrânea. A resistência passiva de Gandhi é uma guerra de posição que se torna às vezes guerra de movimento e outras vezes guerra subterrânea. Nestes casos, o Estado colonial pode usar métodos inspirados no movimento dos *arditi* para se defender do crescimento da oposição interna às tropas indianas assoldadas nas fileiras do próprio Exército. Os *arditi* são "organizações armadas privadas, que têm duas missões: usar a ilegalidade, enquanto o Estado parece permanecer na legalidade, como meio para reorganizar o próprio Estado" (*Q 1*, 133, 121 [*CC*, 3, 123]). G. identifica duas formas de *arditismo*: colonial e moderno. O colonial consiste no uso de instrumentos terroristas e de polícia por parte dos colonizadores contra a resistência das populações colonizadas; o "*arditismo* moderno" nasce, ao contrário, durante o conflito de 1914-1918, quando os exércitos começaram a usar restritos grupos de *arditi* capazes de realizar incursões e sabotagens atrás das trincheiras inimigas.

O uso do *arditismo* não se limita ao contexto da guerra militar: estas práticas militares de luta e de boicote são usadas também na luta política, na qual, evidencia G., é importante não se limitar à aplicação analógica dos métodos militares. Coerente com o princípio de que o conflito militar é somente uma parte da luta política, e de que o uso da ilegalidade é contemplado no âmbito do conflito social, G. especifica que a direção militar da guerra não deve ser estranha à política: "A direção militar deve estar sempre subordinada à direção política, ou seja, o plano estratégico deve ser a expressão militar de uma determinada política geral" (*Q 19*, 28, 2.051-2 [*CC*, 5, 103]). Um esclarecimento essencial para compreender a natureza da greve (o instrumento mais importante à disposição das classes subordinadas na luta social e que exprime uma "guerra de posição" dentro das "trincheiras e casamatas" da sociedade civil), mas também para compreender a análise sobre os resultados dos conflitos do *Risorgimento* e sobre a guerra mundial.

Na análise da direção política e militar dos conflitos do *Risorgimento* a pluralidade conceitual do lema exibe todas as suas potencialidades. Entre 1848 e 1870, de fato, o aparelho estatal das maiores nações europeias (França e Alemanha) se desenvolve, a sociedade civil adquire maior autonomia, as economias nacionais crescem registrando maior interconexão, o sistema de produção capitalista responde às exigências de defesa do Estado e da ampliação dos impérios coloniais, e ao mesmo tempo registra-se a intensificação do incessante belicismo intereuropeu (*Q 13*, 7, 1.566-7 [*CC*, 3, 23]). Na análise dessa fase G. pensa a partir do binômio guerra militar-direção política: tanto o Exército como a sociedade civil são atravessados pela dialética entre dirigentes e dirigidos. Em 1848 a ambição do Piemonte de guiar a formação de um Estado italiano choca-se com a ausência de uma classe dirigente; seus governantes não queriam dirigir ninguém, queriam "dominar", impor com a força militar seus próprios interesses aos outros pequenos Estados italianos, independentemente de qualquer compromisso e condição. Para G. esta decisão unilateral comprometeu o objetivo geral da luta antiaustríaca e impediu o crescimento de um movimento de voluntários nos outros Estados. O despotismo piemontês carecia de uma política popular, de tal maneira que os regimentos italianos alistados no Exército alemão foram os adversários mais ativos do Exército piemontês. A ausência de direção política na guerra contra a Áustria gerou uma derrota desastrosa. Nesse caso o fim estratégico da guerra piemontesa não era o de destruir o Exército austríaco e ocupar o território inimigo, mas de adotar uma política voltada a dividir a frente interna austríaca, promovendo as iniciativas dos setores liberais no império e criando as condições para que os partidos italianos se agrupassem política e militarmente.

G. projeta a ausência de linha política da classe dirigente italiana durante o *Risorgimento* para a Primeira Guerra Mundial: o mesmo erro foi cometido por Sonnino, que não desejava a destruição do Império dos Habsburgos e rejeitou qualquer política neste sentido. As consequências foram visíveis na capacidade de resistência do Exército: os piemonteses recusaram-se a combater na batalha de Novara; o Exército italiano foi à debandada após a derrota de Caporetto. Disto, G. deduz um princípio geral: "Quanto mais um exército for numeroso, no sentido absoluto, como massa recrutada, ou no sentido relativo, como proporção de homens recrutados sobre a população total, tanto mais aumenta a importância da direção política em relação à meramente técnico-militar" (*Q 19*, 28, 2.048-50 [*CC*, 5, 102]).

A condução de uma guerra impõe portanto uma direção política que preveja: a) a direção do Exército; b) a determinação de um plano estratégico; c) a mobilização político-insurrecional das forças populares; d) a criação de um consenso para com as decisões da classe dirigente (constituir um Estado nacional, por exemplo). Essas são as condições que permitem a uma classe dirigente amadurecer a capacidade de direção e não somente de dominação. G. recorda os casos de Napoleão e César, líderes militares, mas sobretudo líderes políticos. Seus exércitos reconheciam sua personalidade, mas também a função de garantia da democracia em suas fileiras.

Na direção política da guerra militar um aspecto é fundamental: o êxito de uma guerra depende do senso democrático de uma classe dirigente (e de seus generais) e não de seu despotismo. Uma consideração importante que G. usa no mais amplo balanço sobre os êxitos do *Risorgimento* italiano. A quem afirma que a capacidade de direção política depende exclusivamente das "classes cultas" (ibidem, 2.053 [*CC*, 5, 105]), G. opõe a necessidade de uma "política popular" (ibidem, 2.050 [*CC*, 5, 100]). Os piemonteses, assim como os generais italianos na Primeira Guerra Mundial, "não souberam guiar o povo, não souberam despertar-lhe o entusiasmo e a paixão, se se entende demagogia em seu significado originário" (idem [*CC*, 5, 105]). As razões das derrotas militares dependem então da falta de uma direção política que condena as massas à sórdida rebeldia e as "classes cultas" à demagogia populista.

A guerra militar representa o ápice da conflituosidade e corresponde ao colapso das relações sociais e políticas consolidadas. A guerra em G. é o último ato que sanciona a transformação das relações internacionais e a criação de uma nova ordem política. G. refere-se a dois momentos: a queda de Napoleão e o fim da Primeira Guerra Mundial. No primeiro caso o resultado foi o nascimento da Santa Aliança; da Primeira Guerra Mundial nasceu a Sociedade das Nações. Duas ordens políticas destinadas a durar por décadas e em cujo quadro se inseriram novas conflituosidades interestatais e nasceram novos modelos para o conflito social, como o sindicalismo, um dos elementos determinantes para o início de uma ampla série de processos sociais como o parlamentarismo, a organização industrial, a democracia, o liberalismo (*Q 15*, 59, 1.824 [*CC*, 5, 328]).

Dentro desse esquema G. insere um elemento ulterior: o Estado que impõe, mediante uma vitória militar, a própria direção política é considerado "grande potência". Este Estado conseguiu, "no momento da paz, conservar uma tal relação de forças com os aliados que se torna capaz de assegurar a manutenção dos pactos e das promessas feitas no início da campanha" (*Q 13*, 32, 1.628 [*CC*, 3, 85]). O coeficiente da potência de um Estado mede-se em base à capacidade de manter estabilidade nas relações de poder entre Estados. A paz representa o outro aspecto da conquista dessa estabilidade.

Ademais, a guerra moderna é o resultado de um disciplinamento de massa da população. Nas sociedades liberais e sucessivamente tayloristas dos séculos XIX e XX, a racionalização produtiva da vida da população é um aspecto importante nas relações de força entre os Estados: ela permite neutralizar os riscos de insubordinação contra o comando militar, mas também impor a direção política que levou uma nação à guerra. Entre os efeitos da guerra, em todas as suas acepções de guerra de posição, de movimento e subterrânea, G. inclui também a mudança dos costumes e dos hábitos da inteira população. G. ocupa-se em particular da época do industrialismo, durante a qual a produção bélica registra transformações inauditas:

do uso da cavalaria, herança da guerra moderna, passa-se à guerra de trincheira, símbolo da guerra industrial, ao mesmo tempo que a produção é reorganizada com base no taylorismo. A racionalização do novo sistema de produção capitalista se revela útil em tempo de guerra, quando a população é posta indiscriminadamente a trabalhar nas indústrias químicas, da madeira, de tecidos, sem esquecer-se da metalúrgica e da mecânica. A guerra permite o fracionamento da população em exército combatente (homens adultos) e em exército de reserva (os adolescentes, as mulheres e os idosos). Em tempo de guerra, a fábrica se transforma num dos agentes úteis para a instauração do estado de mobilização permanente entre a população; permite aplicar as sanções do código militar aos sujeitos que em tempo de paz não fazem parte dos alistáveis; impõe o rodízio entre os homens que estão na frente de guerra e os que estão na fábrica; permite punir os comportamentos desviantes (renitência ao alistamento, greves, absenteísmo) com os códigos militares (*Q 5*, 87, 618 [*CC*, 3, 212]).

Bibliografia: Ciccarelli, 2003; Stragà, 1984 e 1984b.

Roberto Ciccarelli

Ver: *arditi*; Caporetto; colonialismo; dirigentes-dirigidos; domínio; exército; Grande Guerra; greve; guerra de guerrilha/guerra *partisan*; guerras de independência; guerra de movimento; guerra de posição; pacifismo; Piemonte; *Risorgimento*; trincheiras, fortalezas e casamatas.

guerra de guerrilha/guerra *partisan*

Para G. a guerra de guerrilha (guerra *partisan*) é uma forma de luta "de minorias fracas mas exasperadas contra maiorias bem organizadas" (*Q 1*, 134, 123 [*CC*, 3, 125]). Esta forma de guerra "se reflete na psicologia dos grandes líderes (estrategistas) e dos subalternos", responde à "tática imediata de pequenos grupos", é "o ponto de conexão entre a estratégia e a tática, seja na política, seja na arte militar" (*Q 6*, 155, 810 [*CC*, 3, 257]). Para G. a guerra de guerrilha é uma concepção "instintiva" da guerra, que não permite a compreensão de seu real significado. "Na política, o erro acontece por uma inexata compreensão do que é o Estado (no significado integral: ditadura + hegemonia); na guerra, tem-se um erro semelhante, transportado ao campo inimigo (incompreensão não só do próprio Estado, mas também do Estado inimigo). Num e noutro caso, o erro está ligado ao particularismo individual, de município, de região, que leva a subestimar o adversário e sua organização de luta" (ibidem, 810-1 [*CC*, 3, 257]). A guerra de guerrilha ou "guerra garibaldina" (que é seu "aspecto superior": *Q 6*, 155, 810 [*CC*, 3, 257]) deve ser ademais distinta do *arditismo*, que "pressupõe uma grande reserva, imobilizada por várias razões, mas potencialmente eficiente, que o sustenta e alimenta com contribuições individuais" (*Q 1*, 134, 123 [*CC*, 3, 125]). A guerra de guerrilha é conduzida fora dos exércitos regulares. As minorias protagonistas não podem ser definidas como "organizações armadas privadas" semelhantes aos *arditi* (*Q 1*, 133, 121 [*CC*, 3, 122]), já que sua atividade se desenvolve contra um exército e, portanto, contra um Estado. O *arditismo*, ao contrário, é um modo ilegal de organização do potencial militar adotado por um Estado momentaneamente inerte num campo de batalha específico (idem). A guerra de guerrilha dos irlandeses ou dos "'comitadjis' balcânicos" subtrai-se ao campo de batalha "oficial" e adota a iniciativa em diversos terrenos e com modalidades militares estranhas à guerra oficial (*Q 1*, 134 [*CC*, 3, 125]).

Roberto Ciccarelli

Ver: *arditi*; Estado; exército; guerra.

guerra de movimento

A guerra de movimento, ou guerra manobrada – metáfora de uma luta revolucionária do século XIX e não adaptada às sociedades desenvolvidas do Ocidente – é considerada por G. uma forma inadequada do moderno conflito político. Na sua principal formulação, fornecida por Lev Davidovič Bronštein (Trotski), a guerra de movimento é "o reflexo das condições gerais – econômicas, culturais, sociais – de um país em que os quadros da vida nacional são embrionários e fracos e não podem se tornar 'trincheira ou fortaleza'" (*Q 7*, 16, 865 [*CC*, 3, 261]). A permanência do embate entre as partes sociais a que alude Trotski em sua teoria da "revolução permanente" não pode ser explicada com a ideia de guerra de movimento; G. afirma, de fato, que o conflito social no Ocidente não se exprime por meio de uma guerra manobrada conduzida em campo aberto. A analogia com as guerras napoleônicas é inadequada para compreender a verdadeira natureza do conflito social (e militar) contemporâneo. A permanência do conflito político se exprime, de fato, através de uma contratação constante das posições políticas entre os grupos e as classes, sobretudo nas sociedades pós-bélicas. A guerra de movimento, ou guerra manobrada, subsiste na política quando se trata de conquistar posições não decisivas e não é possível mobilizar todos os recursos dos aparelhos de hegemonia e do Estado. Quando essas posições perdem seu valor, e somente as decisivas ganham importância – afirma G. –, então se passa à guerra de assédio ou de posição (*Q 6*, 138, 801-2 [*CC*, 3, 255]).

Por esse erro de avaliação, o juízo sobre Trotski é inclemente: "Bronstein, que aparece como um 'ocidentalista', era, ao contrário, um cosmopolita, isto é, superficialmente nacional e superficialmente ocidentalista ou europeu" (*Q 7*, 16, 866 [*CC*, 3, 261]). Como cosmopolita, Trotski assumiu "o ponto de vista das classes cultas europeias" (*Q 11*, 20, 1.419 [*CC*, 1, 136]); ele confundiu, assim, a exigência do desenvolvimento nacional da Rússia bolchevique, isto é, a necessidade de criar os pressupostos para uma guerra manobrada entre as classes sociais na nascente sociedade socialista, com a miragem de ampliar tal conflito de maneira indefinida. O ponto de vista de Trotski sobre a guerra de movimento é tipicamente "oriental" ("no Oriente, o Estado era tudo, a sociedade civil era primitiva e gelatinosa": *Q 7*, 16, 866 [*CC*, 3, 262]). O que foge à compreensão de Trotski é o fato de que no Ocidente existe uma relação forte entre Estado e sociedade civil; o Estado é uma trincheira avançada no corpo de uma robusta sociedade civil construída por uma "cadeia de fortalezas e casamatas" (idem). Sem se esquecer de que a guerra de movimento estava inspirada num modelo "espontaneísta" da luta política difusa na esquerda comunista alemã e no sindicalismo de ascendência anarquista na França da época, ou seja, Rosa Luxemburgo e Georges Sorel (idem).

Todavia, G. não pretende liquidar a ideia de "movimento" na luta política. Seu raciocínio se concentra sobre os *fundamentos* e os *objetivos* de tal movimento, que não pode continuar prisioneiro do "imediatismo", ou seja, daquilo que há de arbitrário, de aventuroso, de artificial e de historicamente não necessário em todo movimento. "Que em todo movimento 'espontâneo' haja um elemento primitivo de direção consciente, de disciplina, é demonstrado indiretamente pelo fato de que existem correntes e grupos que defendem a espontaneidade como método" (*Q 3*, 48, 329 [*CC*, 3, 195]). Mas a espontaneidade, acrescenta G., deve ser "educada" e deve tornar-se homogênea à teoria moderna do "Príncipe". Tal obra de educação não tem em G. nada de coercitivo e paternalista: no âmbito dessa teoria, o movimento é o elemento que caracteriza a construção de "um elemento complexo de sociedade no qual já tenha tido início a concretização de uma vontade coletiva reconhecida e afirmada parcialmente na ação" (*Q 13*, 1, 1.558 [*CC*, 3, 16]). O perigo constante, subestimado por Trotski, é que sem este *telos* imanente o movimento não produza nenhuma forma de complexidade social e termine dispersando-se e exacerbando-se (idem). Ter consciência dos recursos, e dos limites, do movimento na "ciência política" moderna significa, ao contrário, pensar numa "vontade coletiva" que cria *ex novo* "uma experiência histórica efetiva e universalmente conhecida" (idem), consciente da transformação das relações de força em uma sociedade que conheceu a industrialização e a luta de classe, embora mantenha uma relação direta e essencial com o "campo militar" (à luz do qual se pode dizer que a guerra de movimento tem um exato correspondente na luta política). Na concepção trotskista da guerra de movimento existe, portanto, uma superestimação do conceito de movimento que corresponde paradoxalmente à sua neutralização. Esse êxito deriva também da incompreensão do significado histórico e conceitual do jacobinismo, em particular por parte de Sorel (ibidem, 1.559). Na interpretação desse autor, e no uso corrente da tradição que se originou dele, prevalece uma interpretação "abstrata" do jacobinismo, limitada aos aspectos fanáticos da ação política. A teoria da política como guerra de movimento é inspirada na mesma abstração, já que propõe uma espontaneidade sem direção política e refugia-se na explicação de um movimento político negando a existência de um escopo imanente determinado por uma vontade política específica.

À luz dessas considerações G. põe as condições para uma nova história da guerra de movimento. Na base dela está o conceito de "revolução permanente" "surgido antes de 1848, como expressão cientificamente elaborada das experiências jacobinas de 1789 ao Termidor" (*Q 13*, 7, 1.566 [*CC*, 3, 24]). No período pós 1870, com a expansão colonial europeia, os parâmetros gerais da época mercantilista mudam radicalmente; a organização política e social dos Estados europeus se torna mais complexa e a "fórmula de 1848" da revolução permanente é superada na ciência política pela fórmula de "hegemonia civil" (idem). A inadequação do conceito de guerra de movimento se manifesta somente para os Estados modernos e "não para os países atrasados e as colônias, onde ainda vigoram as formas que, em outros lugares, já foram superadas e se tornaram anacrônicas" (ibidem, 1.567 [*CC*, 3, 24]).

A história política italiana também pode ser lida a partir da relação entre ciência política e campo militar, e em particular através da relação entre guerra de movimento e jacobinismo. G. demonstra que as elites do *Risorgimento* pensaram a política de unificação nacional em termos de guerra de movimento, inadequada para libertar o país dos austríacos. Sobre este ponto mediram-se os fracassos de Mazzini (cujo programa era "demasiadamente 'determinado' e concreto no sentido republicano e unitário": *Q 17*, 28, 1.932 [*CC*, 5, 349]) e de Gioberti (cujo programa se aproximava, contudo, "do tipo jacobino tal como era necessário à Itália de então": ibidem, 1.933 [*CC*, 5, 349]). Ambos pensavam a partir de uma ideia de Itália preexistente à sua formação. Ao contrário, teria sido necessário: "1) um forte partido italiano homogêneo e coerente; 2) que este partido tivesse um programa concreto e específico; 3) que tal programa fosse compartilhado pelas grandes massas populares (que, então, só podiam ser rurais) e as educasse para insurgir 'simultaneamente' em todo o país. Só a profundidade popular do movimento e a simultaneidade podiam tornar possível a derrota do Exército austríaco e de seus auxiliares" (ibidem, 1.932 [*CC*, 5, 348]). A guerra de movimento pregada por Mazzini não atendia a nenhuma dessas três prerrogativas, que para G. resumem as características de uma política nacional moderna. A inadequação do conceito mazziniano de guerra de movimento, assim como do momento "jacobino" da política de Gioberti, foram os maiores responsáveis pela "revolução passiva" que conduziu em seguida a um determinado tipo de unificação do país. O próprio Crispi, acrescenta G., deve ser considerado um jacobino "no sentido pior" do termo (*Q 10* II, 61, 1.361 [*CC*, 1, 425]), também no que diz respeito à sua política imperialista. Neste caso o seu jacobinismo pretendeu conduzir uma guerra de movimento no tabuleiro colonial africano segundo um determinado plano, ignorando o fato de não possuir as premissas capitalistas necessárias à empresa. Crispi escolheu então mirar à "passionalidade popular dos trabalhadores rurais cegamente voltados para a propriedade da terra: tratou-se de uma necessidade de política interna a resolver, cuja solução foi desviada para o infinito" (*Q 19*, 24, 2.019 [*CC*, 5, 70-1]). A aberração de tal política

imperialista, dessa maneira, foi piorada pela natureza abstrata das premissas políticas e por uma concepção militar defensiva inconciliável com as pretensões de uma guerra de movimento. O resultado do aventureirismo colonial de Crispi foi o de desviar recursos essenciais às políticas de unificação na Itália para a África, extinguindo, dessa maneira, as mesmas premissas de seu jacobinismo: criar as condições para a realização e a maturação de um Estado unitário.

O caráter abstrato e a total incapacidade de definir as relações de força reais de uma teoria política concebida como guerra de movimento encontra uma ulterior articulação na análise da relação entre técnica militar, luta política e guerra. A ideia de G. de que o projeto *jacobino* de expansão colonial por parte da Itália não tivesse as bases capitalistas para durar deriva da análise dessa relação; todavia, a "transformação da arte política" após a Primeira Guerra Mundial não nasce da mera equação entre a potência econômica de um Estado e sua força militar. "Até a Guerra Mundial, a técnica militar era uma simples aplicação especializada da técnica geral e, portanto, a potência militar de um Estado ou de um grupo de Estados [...] podia ser calculada com exatidão quase matemática, com base no poderio econômico [...]. A partir da Guerra Mundial, este cálculo não é mais possível, [...] e isto constitui a mais formidável incógnita da atual situação político-militar" (*Q 13*, 28, 1.622-3 [*CC*, 3, 80]). A observação de G. é de fundamental importância porque elimina qualquer possibilidade de análise economicista da política e da guerra e propõe uma original interpretação até da própria Rússia pós-revolucionária. Uma análise economicista da transformação da guerra de movimento em guerra de posição, de fato, seria completamente insuficiente para a compreensão das razões pelas quais a revolução venceu na Rússia. As tropas dirigidas por Trotski eram com certeza inferiores (militar e economicamente) em comparação com as tropas aliadas que de 1919 até 1921 tentaram varrer o regime bolchevique. Para G. a vitória militar da revolução foi produto também de uma extraordinária intuição política de Lenin: "Ilitch era profundamente nacional e profundamente europeu [...], havia compreendido a necessidade de uma mudança da guerra manobrada, aplicada vitoriosamente no Oriente em 1917, para a guerra de posição, que era a única possível no Ocidente, onde [...] num breve espaço de tempo os exércitos podiam acumular quantidades enormes de munição, onde os quadros sociais eram por si sós ainda capazes de se tornarem trincheiras municipalíssimas" (*Q 7*, 16, 866 [*CC*, 3, 261-2]). A de 1921 foi uma vitória que soube interpretar a transformação da guerra mostrando-se à altura de uma política moderna, embora a intuição de Lenin não tivesse mais continuidade. De qualquer modo, ele demonstrou que a transformação da arte política *não* dependia da arte militar.

Outro terreno de análise da guerra de movimento é o das políticas econômicas: "A livre concorrência e o livre-cambismo corresponderiam à guerra de movimento", ao passo que a guerra de posição, que deve ser entendida como revolução passiva, é representada pelas políticas corporativas adotadas pelo fascismo e, precedentemente, pelas classes dirigentes que administraram a unificação italiana (*Q 10* I, 9, 1.228-9 [*CC*, 1, 298]). O alvo polêmico é a reconstrução crociana da história europeia, segundo a qual, após 1848, as classes dirigentes continentais teriam adotado uma política "reformista" que dosava elementos de avanço econômico e instâncias das velhas classes feudais voltadas a evitar a reforma agrária para que as massas populares não passassem por novas fases "revolucionárias". Neste caso, a intervenção direta do Estado nas questões econômicas deveria ser interpretada como uma mediação necessária entre interesses em conflito. As políticas econômicas liberais constituiriam um ataque aos privilégios estabelecidos, a negação da intervenção estatal na economia e uma preferência pela autonomia da sociedade civil na gestão dos interesses. Na realidade, acrescenta G., o "liberalismo é uma 'regulamentação' de caráter estatal, introduzida e mantida por via legislativa e coercitiva" (*Q 13*, 18, 1.590 [*CC*, 3, 47]), é "um programa político, destinado a modificar [...] os dirigentes de um Estado e o programa econômico do próprio Estado, isto é, a modificar a distribuição da renda nacional" (idem). A diferença entre liberalismo e fascismo é novamente interpretada nos termos do conflito entre guerra de movimento e guerra de posição. Neste caso também, assim como para a teoria do partido político, trata-se de um conflito pela hegemonia, portanto de uma luta entre as "trincheiras" e as "casamatas" da sociedade civil para conquistar o poder. Se precedentemente atribuía-se à guerra e à força econômica do Estado o papel determinante da política, neste último caso ele é atribuído à economia. Não é assim, conclui G., porque mesmo o conflito sobre as políticas econômicas deve ser entendido como luta pela hegemonia e como construção de um "bloco social" (ibidem, 1.595-6).

Bibliografia: Ciccarelli, 2003; Cooper, 1996; Gruppi, 1977; Vacca, 1987.

Roberto Ciccarelli

Ver: Engels; Gioberti; Grande Guerra; guerra; guerra de guerrilha; guerra de posição; jacobinismo; liberais/liberalismo; livre-cambismo; Luxemburgo; Mazzini; revolução passiva; *Risorgimento*; Sorel; trincheiras, fortalezas e casamatas; Trotski.

guerra de posição

A riqueza polissêmica do conceito de guerra de posição é significativa do método gramsciano: ela tem um valor descritivo e gnosiológico e registra a transformação da arte militar aplicando-a à ciência política, tornando-se nos *Q* um dos principais instrumentos usados pela filosofia da práxis para definir as modalidades com as quais se afirmam a luta e a organização das classes e para descrever as principais estratégias militares adotadas pelos exércitos modernos na Primeira Guerra Mundial. Em comparação com a guerra de movimento, a guerra de posição é preparada minuciosamente pelos Estados e pelas classes sociais em tempo de paz (*Q 10* I, 9, 1.228 [*CC*, 1, 298]). Para G. a guerra de posição não ocorre somente em época de guerra, entre as trincheiras construídas em 1914-1918 na frente franco-alemã ou ítalo-austríaca, mas é a expressão do "assédio recíproco" entre as classes que se desenvolve constantemente em todas as sociedades capitalistas modernas (*Q 13*, 24, 1.615 [*CC*, 3, 71]).

A acumulação de recursos econômicos, sociais e políticos necessários à conquista, por parte das classes subalternas, das fortalezas ideológicas criadas pelas classes dominantes, assim como a destruição da "frente" criada pelas trincheiras do exército inimigo são as prerrogativas da política moderna: "A estrutura maciça das democracias modernas, seja como organizações estatais, seja como conjunto de associações na vida civil, constitui para a arte política algo similar às 'trincheiras' e às fortificações permanentes da frente de combate na guerra de posição: faz com que seja apenas 'parcial' o elemento do movimento que antes constituía 'toda' a guerra" (*Q 13*, 7, 1.567 [*CC*, 3, 24]). Todos os conflitos político-militares ocorridos entre 1848 e 1918 se ressentiram do advento da nova guerra de posição. Os exércitos que se enfrentaram nesses setenta anos combateram com as armas, mas também com os recursos humanos, técnicos e sociais postos à disposição da ampliação de massa da produção industrial. Em relação à época moderna da arte militar, na qual as massas também eram importantes, a guerra de posição envolve a inteira população do Estado-nação, para as exigências ligadas ao fornecimento das tropas à frente de guerra, mas também para a produção e mobilização político-ideológica de tais recursos. Por essa razão, para G., tanto a ciência política como a estratégia militar entre os séculos XIX e XX podem ser consideradas, finalmente, a expressão de uma mesma guerra de posição.

Quem melhor compreendeu a natureza política da moderna guerra de posição foi Lenin. Em comparação com Trotski, teórico da guerra de movimento, no parecer de G., Lenin "havia compreendido a necessidade de uma mudança da guerra manobrada, aplicada vitoriosamente no Oriente em 1917, para a guerra de posição, que era a única possível no Ocidente" (*Q 7*, 16, 866 [*CC*, 3, 262]). Do ponto de vista estritamente militar, a intuição de Lenin assumia o elemento empírico do novo tipo de guerra: "Num breve espaço de tempo os exércitos podiam acumular quantidades enormes de munição, onde os quadros sociais eram por si sós ainda capazes de se tornarem trincheiras municiadíssimas" (idem). Do ponto de vista político Lenin afirmava que o confronto militar nas trincheiras aludia a um modelo totalmente diferente de conflituosidade, a luta pela hegemonia. A contribuição teórica de Lenin a essa questão é fundamental: a guerra de posição permite, de fato, a "realização de um aparelho hegemônico, enquanto cria um novo terreno ideológico, determina uma reforma das consciências e dos métodos de conhecimento, é um fato de conhecimento, um fato filosófico" (*Q 10* II, 12, 1.250 [*CC*, 1, 320]). Mesmo não tendo tido o tempo para aprofundar o trabalho sobre o novo conceito de guerra de posição, Lenin compreendeu a "tarefa nacional" da política, que "exigia um reconhecimento do terreno e uma fixação dos elementos de trincheira e de fortaleza representados pelos elementos de sociedade civil" (*Q 7*, 16, 866 [*CC*, 3, 262]). No parecer de G., é a sociedade civil (parte do "Estado integral") a constituir o terreno de choque político-militar no qual as classes põem em ato as respectivas relações de força. O objetivo desse choque é a construção, ou transformação, de "um aparelho hegemônico, que, enquanto cria um novo terreno ideológico, determina uma reforma das consciências e dos métodos de conhecimento" (*Q 10* II, 12, 1.250 [*CC*, 1, 320]).

Um elemento determinante da guerra de posição é a grande massa de homens que participaram das operações militares em várias frentes. Para G. a guerra de posição exige enormes sacrifícios por parte de massas imensas da população e envolve todos os âmbitos da vida associada na relação de força que tem como protagonistas os "dirigentes" e os "dirigidos". A guerra de posição é, portanto, o momento mais importante do último ciclo da história política europeia analisada por G. De 1789 até 1814 teve lugar na Europa uma guerra de movimento (política) com a Revolução Francesa, e uma longa guerra de posição de 1815 até 1870. Após a Primeira Guerra Mundial, a guerra de movimento ocorreu politicamente de março de 1917 até março de 1921 (período correspondente à revolução bolchevique na Rússia e à guerra civil que a seguiu), à qual se sucedeu uma guerra de posição cujo representante ideológico (para a Europa), além de prático (para a Itália), é o fascismo (*Q 10* I, 9, 1.228 [*CC*, 1, 298]). Tal reconstrução tem um alvo polêmico: Croce da *Storia d'Europa del secolo XIX* e da *Storia d'Italia dal 1871 al 1915*. O uso histórico do conceito de guerra de posição permite efetivamente a G. identificar o "momento ideológico" da história crociana e traçar as características essenciais do ciclo político indicado anteriormente. Para G. a leitura crociana da história em termos culturais e ético-políticos não compreende o elemento de conflito que levou à formação da ordem política europeia.

A análise da restauração da ordem após os conflitos da Revolução Francesa e da aventura napoleônica, após a revolução europeia de 1870 (que teve na Comuna de Paris o momento político mais "visionário"), ou após o fim da Primeira Guerra Mundial, que levou na Itália à afirmação do fascismo, permite a G. identificar uma fase ulterior da guerra de posição, a econômica. A restauração obedecia, no parecer de G., à necessidade de administrar a transformação da estrutura econômica em termos *reformistas*. O objetivo político da reforma econômica em sentido liberal era evitar "cataclismos radicais e destrutivos em forma exterminadora" do sistema social, que danificariam a hegemonia existente. O fascismo e sua economia "corporativista" seriam, no parecer de G., uma nova forma de "revolução passiva" elaborada pelas classes dirigentes italianas para neutralizar o risco de uma crise econômica desastrosa e a consequente precipitação do conflito social

(*Q 8*, 236, 1.989). A guerra de posição é a forma essencial com que se dá a revolução passiva do liberalismo do século XIX e do fascismo do século XX. Nesse sentido, para G. a Revolução Francesa deve ser entendida como uma guerra de movimento à qual teria seguido a longa guerra de posição do liberalismo. A revolução bolchevique é outra forma de guerra manobrada, que foi seguida pela nova guerra de posição europeia inaugurada com o advento do fascismo italiano.

A noção de guerra de posição interage diretamente com as principais categorias do pensamento político gramsciano, caracterizando seus momentos essenciais e orientando sua análise histórica, a partir do conceito de "hegemonia", resultado de uma ação intelectual, moral e política dos dirigentes sobre os dirigidos. Analisando a vida estatal italiana, essa ação revela toda sua complexidade e, no caso histórico em questão, seu substancial fracasso. A classe dirigente italiana é caracterizada pelo transformismo, isto é, "pela elaboração de uma classe dirigente cada vez mais ampla, nos quadros fixados pelos moderados depois de 1848 e o colapso das utopias neoguelfas e federalistas, com a absorção gradual mas contínua, e obtida com métodos de variada eficácia, dos elementos ativos surgidos dos grupos aliados e mesmo dos adversários e que pareciam irreconciliavelmente inimigos" (*Q 19*, 24, 2.011 [*CC*, 5, 63]). Na Itália, acrescenta G., a direção política transformou-se num apêndice do domínio, "uma vez que a absorção das elites dos grupos inimigos leva à decapitação destes e a sua aniquilação por um período frequentemente muito longo" (idem). A solução italiana no curso do *Risorgimento* foi possível pela "revolução sem revolução", ou revolução passiva, que permitiu a formação de uma classe dirigente e a realização da unificação do país. Trata-se do processo que leva uma série de grupos "dirigidos" a se tornar "dirigentes", mediante um processo "molecular", à base do qual se encontra um grupo de alta "concentração orgânica" de intelectuais moderados (ibidem, 2.011-2 [*CC*, 5, 63-4]).

Tal dinâmica, analisada na história dos intelectuais italianos, é ampliada e generalizada. O advento do fascismo na Itália foi construindo uma nova forma de revolução passiva. O sucesso dessa luta foi o resultado de uma guerra de posição conduzida durante meio século entre as trincheiras e as casamatas da sociedade italiana. A consolidação dessa hegemonia promoveu a vitória da revolução passiva também na Alemanha: G. cita Antonio Labriola quando descreve a guerra de posição em curso nesse país. Apesar do grande desenvolvimento capitalista, de fato, a hegemonia burguesa conviveu com o velho regime dos *Junker*, deixando "sobreviver uma parte da fachada atrás da qual ocultar o próprio domínio efetivo" (*Q 19*, 24, 2.033 [*CC*, 5, 85]). A revolução passiva nasce, portanto, também da derrota das políticas napoleônicas e, portanto, da guerra de movimento na Europa, da derrota do espírito jacobino, ligado, segundo G., à afirmação da guerra de movimento: este, "audaz, temerário, está certamente ligado à hegemonia exercida tão longamente pela França na Europa". As "guerras de Napoleão, ao contrário, com a enorme destruição de homens, [...] enfraqueceram não só a energia política militante francesa, mas também das outras nações, embora intelectualmente tenham sido tão fecundas para a renovação da Europa" (idem). O mesmo processo acontece na Inglaterra, onde "a revolução burguesa aconteceu antes que na França", mas onde "temos um fenômeno de fusão entre o velho e o novo semelhante ao alemão, apesar da extrema energia dos 'jacobinos' ingleses, ou seja, os 'cabeças-redondas' de Cromwell; a velha aristocracia permanece com o estrato governamental, com certos privilégios, torna-se também o estrato intelectual da burguesia inglesa" (ibidem, 2.032-3 [*CC*, 5, 84]).

Deste modo, o esquema guerra de posição-guerra de movimento é aplicado à inteira história cultural e política continental e às relações internacionais entre os Estados. Assiste-se contextualmente ao crescimento da economia capitalista e à sua industrialização, à formação de um bloco social que renuncia ao "jacobinismo" e adota definitivamente a estratégia da guerra de posição e da revolução passiva.

BIBLIOGRAFIA: CICCARELLI, 2003; COOPER, 1996; GRUPPI, 1977; SPRIANO, 1977; TEXIER, 1999; VACCA, 1987.

ROBERTO CICCARELLI

Ver: ciência da política; Croce; dirigentes-dirigidos; Engels; fascismo; guerra; guerra de movimento; hegemonia; jacobinismo; Lenin; molecular; política; revolução passiva; sociedade civil; trincheiras, fortalezas e casamatas.

guerras de independência

No *Q 1*, 44, 53, G. identifica "na relativa debilidade da burguesia italiana, e no clima histórico diferente da Europa", a falta da formação na península de um partido jacobino. Com efeito, "o limite encontrado pelos jacobinos, em sua política de despertar forçado das energias populares francesas para se aliarem à burguesia, com a lei Chapelier [...] se apresentava em 1848 como um 'espectro' já ameaçador, sabiamente utilizado pela Áustria e pelos velhos governos, mas também por Cavour (além do papa)" (idem). O próprio Cavour, na opinião do pensador sardo, por um lado temia "como ao diabo a iniciativa garibaldina antes da expedição de Quarto pelas complicações internacionais" que esta podia criar, e por outro lado era "ele mesmo movido pelo entusiasmo criado pelos Mil na opinião pública europeia, até ver como realizável uma nova guerra contra a Áustria" (ibidem, 54). Assim, na Itália, diversamente do que ocorreu na França, a burguesia não pôde estender sua hegemonia sobre vastos estratos da população. Por essa razão as guerras de 1864, 1866 e 1870 resolveram "a questão nacional e a questão de classe em um tipo intermediário" (ibidem, 53). Enquanto a burguesia obtinha o governo econômico-industrial, as velhas e parasitárias classes feudais conservaram todo seu poder, com amplos privilégios de casta no Exército, na administração estatal e na grande propriedade de terra. Ademais, ao contrário do que foi relatado por certo jornalismo impregnado de brescianismo – é o caso de *Vita di Cavour* de Panzini –, as guerras do *Risorgimento* evidenciaram o peso da ausência de uma tradição militar no Piemonte. Perante "uma população apta às armas, da qual se podia obter um bom exército", faltou "exatamente uma tradição, uma continuidade na aristocracia, entre os oficiais superiores" (*Q 3*, 38, 313), considerando que as qualidades guerreiras de Vitor Emanuel II residiam, sobretudo, em "certa coragem pessoal" (idem).

Vito Santoro

Ver: brescianismo; Cavour; guerra; jacobinismo; Piemonte; revolução passiva; *Risorgimento*.

Guicciardini, Francesco

A presença de Guicciardini nas páginas dos *Q* testemunha, talvez mais ainda do que a presença de Maquiavel, a necessidade para G. de estabelecer um forte nexo entre a tradição política e civil italiana e a realidade política que lhe é contemporânea. Cuidadoso ao fixar os termos da comparação entre Guicciardini e o secretário florentino, G. observa os dois "grandes escritores de política" (*Q 5*, 55, 590 [*CC*, 5, 216]) contextualizando-os escrupulosamente e transformando-os em paradigmas teórico-políticos. Efetivamente a aproximação, buscada também na especificidade da reconstrução histórica, retomada no comentário a um artigo de Cavina publicado na *Nuova Antologia* (*Q 2*, 41, 196), é útil para compreender os termos da distância efetivamente percebida por G. entre Maquiavel e Guicciardini. É interessante o fato de que, já desde a menção desse episódio, G. associe ao nome do secretário florentino o atributo de "vontade" e ao de Guicciardini o momento dos "juízos práticos", entendidos como juízos de "equilíbrio". Em tal sentido, quase que sintetizando a complexidade de duas fases distintas da história nacional, é recordada, não especularmente, a classificação do mesmo Cavina entre a fase ideal do "sonho nacional" e a fase pragmática e substancial do "governo".

Se ambos os florentinos são acomunados pelo tema da mudança política e pela promoção do "desenvolvimento intelectual" ao centro da encruzilhada histórico-cultural do Humanismo e da superação da concepção do mundo medieval, Guicciardini "representa um passo atrás na ciência política diante de Maquiavel" (*Q 6*, 86, 760 [*CC*, 3, 241]). A visão em perspectiva europeia, a capacidade de superar as fronteiras nacionais e voltar mais generosamente ao cenário da experiência europeia, fora dos limites estreitos que G. atribui ao cosmopolitismo intelectual italiano, são os fatores que determinam a maior fecundidade do secretário florentino em relação à finalidade do projeto político. Ao definir Guicciardini como "não [...] pessimista, mas cético e pobre de espírito", G. exprime de modo inequívoco um juízo que mais uma vez se coloca na linha de De Sanctis e, em alguns trechos polêmicos, contrasta com o juízo de Treves e Luzio. Não é suficiente reconhecer ao autor de *Ricordi* um eficaz "realismo político" que favorece o momento da decisão e do "governo"; a leitura fornecida por Treves é para G. menos autêntica e apropriada do que a de De Sanctis, porque este último viveu uma fase histórica, a do *Risorgimento*, análoga à renascentista, e "participou de um momento criativo da história política" (ibidem, 761 [*CC*, 3, 242]). Mesmo sendo carregada de *pathos*, a "compreensão" desanctisiana de Maquiavel e Guicciardini feita por G. nos *Q* parece inspirada por uma vontade de reconstrução histórica e não por uma busca de um segmento de ciência política que deduza a própria gênese da forja da tradição política do século XVI. De Sanctis reconhece na obra de Guicciardini – ao qual o liga um "conhecimento" histórico que depois explicitou como crítico e historiador da literatura – o "sinal dos tempos" (ibidem, 762 [*CC*, 3, 243]), e desdobra a trama de uma tradição civil distante nos séculos, através da narração das causas, do desenvolvimento dos eventos, o relato, muito apreciado por G., da "história em ato". Se Treves descobre em Guicciardini e não em Maquiavel o "verdadeiro político" (*Q 8*, 84, 990), é porque ele comete um erro de perspectiva quando define o secretário florentino como "cientista da política" ao invés de "político em ato"; Maquiavel, "homem apaixonado", interpreta o "dever ser" da política segundo uma torsão realista e historicista que pode conferir nova forma a uma realidade em movimento e na espera de definição, à altura do momento renascentista italiano (idem).

Outra acepção de Guicciardini presente nos *Q* consiste na adoção de seu nome no lugar ou ao lado de "guicciardinismo", que G. distingue de modo claro do "maquiavelismo", repensando o espírito de um comportamento político na imagem do "*homem de Guicciardini*", cristalizada na descrição fornecida por De Sanctis (*Q 3*, 8, 294). Este último, de resto, revive integralmente nas páginas dos *Q* e é figura constantemente presente em G., sobretudo no que diz respeito à reflexão sobre a tradição civil e cultural italiana. A concepção de Renascimento e de *Risorgimento* em De Sanctis toma forma com singular frequência quando se adotam essas duas grandes conceptualizações históricas para extrair delas categorias gerais capazes de resumir toda a complexidade política do presente. A imagem fecunda do homem guicciardiano está carregada para G. de uma série de significados peculiares, que se tornarão, no tempo, indícios e conotações de uma tipologia de indivíduos emblemáticos da abordagem da política própria da classe burguesa nacional. Pense-se, em tal sentido, no modo como G. recorda, a respeito da diplomacia italiana, o conceito de "obstinação" guicciardiana (*Q 3*, 21, 304 [*CC*, 3, 182]), e retoma o conceito dos "obstinados" de Guicciardini, em relação às convicções de "Bronstein" (Trotski) sobre a "teoria da guerra manobrada" (*Q 7*, 10, 859 [*CC*, 6, 368]).

O aprofundamento da visão política guicciardiana é mediado pelo filtro de algumas leituras significativas. G. demonstra particular atenção para *Ricordi politici e civili* [Memória política e civil], texto considerado indispensável para a leitura da sua rubrica "Passado e Presente"; os *Ricordi* possuem valor extraordinário porque "riquíssimos de sugestões morais sarcásticas, mas apropriadas" (*Q 3*, 139, 398 [*CC*, 4, 100]) e talvez fecundas de uma densidade narrativa, às vezes intimista, capaz de representar melhor as multíplices almas do historiador florentino – homem, diplomata, político – e de registrar não somente o nível autobiográfico, mas também o impacto da experiência "civil e moral" no seu valor "universal ou nacional" (*Q 15*, 19, 1.776 [*CC*, 4, 134]). Ademais, nas páginas de sua rubrica, o dirigente sardo repropõe, de modo exemplar, algumas citações de Guicciardini para estigmatizar a ameaça de impedimento da ação no presente, abusando da prudência em relação ao uso da história passada (*Q 6*, 45, 721 [*CC*, 2, 141]). Às vezes, ao contrário, na mesma mensagem guicciardiana emerge a aproximação entre épocas diferentes da história: o modelo resume o clima do *Risorgimento*, conotado pela síntese "revoluções-restaurações", por meio de figuras como a de Cavour, que consegue diplomatizar até mesmo "a revolução do homem de Guicciardini" (*Q 8*, 25, 957).

De toda maneira, G. considera Guicciardini um historiador de realce absoluto, capaz de esclarecer ainda, em idade contemporânea, algumas modalidades tópicas da atitude política italiana; e não obstante o já recordado cuidado contra a absolutização dos *exempla* históricos ele extrai exatamente de Guicciardini algumas "fórmulas" úteis para a leitura do desenvolvimento da vida social e da política de sua época. G., com efeito, volta ao binômio de Guicciardini armas-religião adaptando-o ao tempo histórico em que vive, traduzindo-o, com novas formas, em binômios como os de força e consenso, política e moral, Estado e Igreja, todos acomunados pela vontade de ler, por meio da categoria da hegemonia, as relações que fundam as dinâmicas históricas na sociedade civil. Outro aspecto peculiar é dado pelo nexo entre a atenção ao "particular" e o perfil detestável do "homem de Guicciardini" e pela afirmação histórica do Estado burguês na Itália. Entre os intelectuais italianos e, no caso específico dos acontecimentos do *Risorgimento*, entre os cavourianos, G. reconhece os intérpretes mais fiéis do ideal do particular, dos que traduzem para a ação política o sentido do "cosmopolitismo" italiano e da filosofia guicciardiana que retorna ciclicamente em algumas fases da história nacional como perda da forma estatal (*Q 5*, 150, 677 [*CC*, 5, 239]).

Laura Mitarotondo

Ver: armas e religião; ciência da política; De Sanctis; intelectuais italianos; Maquiavel; particular; política; Renascimento; Trotski.

H

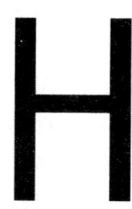

Hegel, Georg Wilhelm Friedrich

Contra a redução crociana do marxismo a mero cânone empírico de ampliação da pesquisa histórica, G. reivindica, no rasto de Antonio Labriola, o valor da filosofia da práxis como sistema de pensamento autônomo, "autossuficiente" e "independente de toda outra corrente filosófica" (*Q 11*, 70, 1.507 [*CC*, 1, 223]). Mas se considerarmos as correntes teóricas, ou seja, os "elementos 'originários'", que de qualquer forma influenciaram o marxismo – e que para G. são spinozismo, hegelianismo, materialismo francês e economia clássica inglesa –, com certeza "o hegelianismo é o mais importante" (*Q 4*, 11, 433 [*CC*, 6, 358]). O valor fundamental da dialética de Hegel consiste, segundo G., na capacidade de unificar os opostos, na "sua tentativa de superar as concepções tradicionais de 'idealismo' e de 'materialismo'" (idem). De fato, a tentativa hegeliana de superar toda oposição entre matéria e espírito, finito e infinito, bem e mal, ser e dever ser, significou a conquista, para a cultura moderna, do mais rigoroso imanentismo, com a exclusão de qualquer possível forma de dualismo entre mundo da realidade concreta e sensível e mundo da transcendência das ideias e do espírito: dualismo que, ao contrário, está presente, em diversos modos, nas filosofias e nas culturas precedentes. Nesse sentido, imanentismo é sinônimo do mais rigoroso historicismo, como disposição a explicar o viver e o agir dos seres humanos por meio das ações e das relações entre os mesmos, sem alguma referência a possíveis fatores de natureza transcendente e extra-humana. De maneira significativa, a esse respeito, G. reproduz nos *Q* a seguinte passagem de Guido Calogero da *Nuova Antologia*: "Hegel é assim o verdadeiro instaurador do imanentismo: na doutrina da identidade do racional e do real, está consagrado o conceito do valor unitário do mundo em seu desenvolvimento concreto, do mesmo modo como, na crítica do *sollen* abstrato, expressa-se tipicamente a antítese a toda negação daquela unidade e a toda hipóstase do ideal numa esfera transcendente àquela de sua realização efetiva. E, desse ponto de vista, pela primeira vez, o valor da realidade se identifica absolutamente com aquele da sua história: assim, na imanência hegeliana, reside ao mesmo tempo a fundação capital de todo o historicismo moderno" (*Q 10* II, 4, 1.243 [*CC*, 1, 313-4]). Aliás, mais especificamente ainda, em tal perspectiva de valorização da dialética como instrumento fundamental da modernidade G. percebe em Hegel a fonte da unidade marxiana de teoria e práxis, isto é, de uma filosofia que, como é afirmado nas Teses sobre Feuerbach, cessa de contemplar o mundo do exterior da teoria para revolucioná-lo e transformá-lo. Mas a posição de Hegel, observa G., "parece-me mais importante ainda como 'fonte' do pensamento expresso nas Teses sobre Feuerbach de que os filósofos explicaram o mundo e que se trata agora de mudá-lo, isto é, a filosofia deve se tornar 'política', 'prática', para continuar a ser filosofia: a 'fonte' para a teoria da unidade de teoria e prática" (*Q 8*, 208, 1.066).

Em *Lições sobre a filosofia da história*, observa G., Hegel conseguiu interpretar a época da história universal que lhe era contemporânea, isto é, a época do colapso do *ancien régime*, como resultado da ação concorde de dois povos, o alemão e o francês, ou seja, como o revolucionamento do mundo segundo o princípio de liberdade, respectivamente do lado das visões teóricas e do lado das instituições da práxis social e política: "De modo que" – evidencia G. traduzindo o texto hegeliano – "na Alemanha o novo princípio 'fez irrupção como espírito e conceito', ao passo que na França, ao contrário, se exerce 'como realidade efetiva'" (idem). Em contrapartida, em Hegel tal ligação entre mundo ideal de um lado e mundo institucional de outro, isto é, entre dimensão teórica e dimensão prática, é confirmada, segundo G., pela doutrina hegeliana do Estado ético e pela teorização, unida a ela, do significado peculiar e original que Hegel atribuiu ao conceito de "sociedade civil". A teoria do Estado em Hegel, de fato, é igualmente distante, seja de uma concepção pré-moderna-patrimonial, como posse privada de um príncipe-patrão do qual os cidadãos são súditos-filhos, seja da concepção classicamente liberal e absolutamente negativa do Estado como simples "guardião noturno" que, sem aparecer no palco, deve apenas codificar os termos da não invasividade recíproca de iniciativas e ações que se disputam somente no horizonte de uma sociedade civil animada pela liberdade e pela concorrência de forças privadas. Hegel, ao contrário, nota G., atribui ao Estado como justamente Estado ético, uma função positiva e ativa de intervenção em primeiro lugar educativa e moral e, nesse sentido, a sociedade civil, longe de ser reduzida ao único âmbito da produção e da economia, é um conjunto de funções e instituições de natureza essencialmente ideológico-cultural que têm a tarefa de produzir uma consciência unitária de massa. "Todo Estado é ético" – escreve G. – "na medida em que uma das suas funções mais importantes é elevar a grande massa da população a um determinado nível cultural e moral, nível (ou tipo) que corresponde às necessidades de desenvolvimento das forças produtivas e, portanto, aos interesses das classes dominantes" (*Q 8*, 179, 1.049 [*CC*, 3, 284]). Na sua *Filosofia do direito*, Hegel atribui à sociedade civil muitas funções de natureza não econômica, mas assistencial e solidário-associativa, que têm o objetivo de favorecer um reconhecimento entre os cidadãos que não passa pelo mercado das mercadorias e da troca direta de dinheiro, e exatamente por essa não redução da sociedade civil ao econômico G. pode escrever que o modo com que "a sociedade civil [...] é entendida por Hegel" é também o "sentido em que é muitas vezes usada nestas notas (isto é, no sentido de hegemonia política e cultural de um grupo social sobre toda a sociedade, como conteúdo ético do Estado)" (*Q 6*, 24, 703 [*CC*, 3, 225]).

Tampouco se dá de maneira casual em Hegel a coincidência entre funcionários do Estado ético e intelectuais, já que a burocracia e os funcionários de Estado, tendo como objeto precípuo da sua ação o interesse geral, transcendem o econômico-corporativo e originam a unificação que tende a eliminar toda divisão entre dominantes e dominados. "Na concepção não apenas da ciência política, mas em toda a concepção da vida cultural e espiritual, teve imensa importância a posição atribuída por Hegel aos intelectuais, que deve ser cuidadosamente estudada. Com Hegel começa-se a não mais pensar segundo as castas ou os 'estamentos', mas segundo o 'Estado', cuja 'aristocracia' são precisamente os intelectuais" (*Q 8*, 187, 1.054 [*CC*, 2, 168]).

O marxismo continuou, elaborando-a de modo autônomo, essa disposição à compenetração de filosofia e história, de teoria e práxis, própria da filosofia de Hegel: "A filosofia da práxis foi a tradução do hegelianismo para a linguagem historicista" (*Q 10* I, 11, 1.233 [*CC*, 1, 304]). Virou-a, emancipando-a da forma especulativa e subtraindo-a à supremacia da ideia e do espírito, mas acolheu sua instância fundamental da total imanência da ação humana na história e do nexo dialético dessa ação segundo o qual cada afirmação positiva é sempre a afirmação de um oposto negativo, por isso se pode compreender bem a tese de Engels, que vê o "proletariado alemão como único herdeiro da filosofia clássica alemã" (*Q 4*, 56, 504 [*CC*, 6, 366]). Ao contrário, se a elaboração do hegelianismo efetuada por Marx constitui uma verdadeira superação – porque supera Hegel no que diz respeito à radicalização da identificação e compenetração entre pensar e fazer – a reforma da dialética hegeliana avançada por Croce e Gentile gera somente um "hegelianismo domesticado" (*Q 8*, 225, 1.083) pelas exigências ideológicas e políticas próprias das tradições dos moderados italianos. Não é mesmo verdade, pergunta-se G., que "a superação do hegelianismo feita por Marx" é o desenvolvimento histórico mais fecundo dessa filosofia, enquanto "a reforma Croce-Gentile só seria, exatamente, uma 'reforma' e não uma superação?" (*Q 4*, 56, 504 [*CC*, 6, 367]). Embora exista uma exigência legítima, realça G., na necessidade por parte de Croce de conceber uma dialética dos distintos, além da dialética dos opostos, o que ocorre com a reforma crociana da dialética é, finalmente, a completa eliminação da história do momento da oposição e do conflito e, portanto, da não autêntica valorização, como Hegel fez, do momento do negativo e da antítese em relação à tese. De resto, enquanto as referências históricas de Hegel foram a Revolução Francesa e as guerras de Napoleão, isto é, os eventos que "sacudiram todo o mundo civilizado de então e obrigaram a pensar 'mundialmente'" (idem), o nexo entre Hegel e Croce-Gentile é representado pelo eixo Vico-Spaventa, no qual, apesar da genialidade de Vico no pensar o mundo pelo filtro do cosmopolitismo católico, o horizonte prospectivo permanece de qualquer maneira atrasado e limitado em relação ao contexto moderno e mundial de Hegel. "Vico-B. Spaventa como elo, respectivamente, para Croce e Gentile com o hegelianismo: mas isso não seria fazer a filosofia de Hegel retroceder a uma fase anterior?" (idem).

Roberto Finelli

Ver: Croce; dialética; Estado; Estado ético; filosofia da práxis; Gentile; hegelianismo napolitano; historicismo; idealismo; imanência; intelectuais; Labriola; marxismo; materialismo; sociedade civil; Spaventa; Vico.

hegelianismo napolitano

G. menciona os irmãos Spaventa, Silvio e Bertrando, porque em ambos ele identifica a declinação da filosofia hegeliana como filosofia da práxis mediante a ação política e a teorização do papel fundamental da subjetividade como centro de vontade e decisão política. No que diz respeito a Silvio Spaventa, G. mostra ter compreendido o êxito prático-teórico do seu hegelianismo: a reivindicação do Estado nacional e a luta contra o regime dos Burbons. Citando uma carta de Silvio ao pai, de 17 de julho de 1853, G. conclui: "Ele foi um dos poucos (uns sessenta) que, entre os mais de seiscentos condenados em 1848, nunca quis fazer um pedido de graça ao rei de Nápoles; e não se entregou à devoção religiosa, mas, ao contrário, se convenceu cada vez mais de que a filosofia de Hegel era o único sistema e a única concepção do mundo racionais e dignos do pensamento de então" (*LC*, 304, a Tania, 13 de janeiro de 1930 [*Cartas*, I, 390]). G. recupera em seguida, contra Labriola e Gentile, a concepção pedagógica de Spaventa: Labriola de fato, aplicando herbartismo e método genético evolutivo, cai pedagogicamente em um "pseudo-historicismo", pondo entre parênteses todo elemento dialético e progressista. Segundo G., Labriola – ao identificar escravidão e coerção no processo educativo dos povos – acaba por elidir o elemento dialético de fundo, imanente à própria ideia de coerção, o conflito, através do qual um povo menos civilizado é conduzido à autoeducação. Na realidade, "Spaventa, que se punha do ponto de vista da burguesia liberal contra os 'sofismas' historicistas das classes reacionárias, expressava sarcasticamente uma concepção bem mais progressista e dialética do que a de Labriola e Gentile" (*Q 11*, 1, 1.368 [*CC*, 1, 87]).

G. menciona também muitas vezes De Sanctis (definido por G. como "hegeliano" em *LC*, 398, a Tatiana, 23 de fevereiro de 1931 [*Cartas*, II, 23]) e nesse caso também o hegelianismo é revelado na teorização da crítica literária como síntese unitária de teoria e prática (*Q 7*, 31, 880 [*CC*, 6, 208]) e, portanto, relido segundo a teoria da práxis e a lente hermenêutica do Hegel de Marx. Nessa direção, G. lê também a discussão De Sanctis-Croce sobre o problema estético da relação forma-conteúdo (*Q 4*, 5, 426)

Giuseppe D'Anna

Ver: Croce; De Sanctis; Gentile; Hegel; idealismo; Labriola; tradição.

hegemonia

A primeira ocorrência do termo "hegemonia" está no *Q 1*, 44, 41, no qual encontramos a expressão "hegemonia política", expressão introduzida por G. entre aspas, para indicar a sua particular valência em relação à genérica acepção de "preeminência", "supremacia", que se encontra em sequência no mesmo apontamento, constituindo um espectro extremamente amplo de significados em um âmbito de contextos que vai da economia até a literatura, da religião até a antropologia, da psicologia até a linguística. Trata-se, além do mais, de distinções – usando a terminologia gramsciana – "metódicas" e não "orgânicas" como aparece claro até à última ocorrência do termo (*Q 29*, 3, 2.346 [*CC*, 6, 146]): "Sempre que aflora [...] a questão da língua, isso significa que uma série de outros problemas está se impondo: a formação e a ampliação da classe dirigente, a necessidade de estabelecer relações mais íntimas e seguras entre os grupos dirigentes e a massa popular-nacional, isto é, de reorganizar a hegemonia cultural". Hegemonia *cultural* que, por sua vez, não se deve contrapor à *política*, como testemunha o uso de expressões como "hegemonia político-cultural", "político-intelectual", "intelectual, moral e política" e similares, além da tese pela qual "a filosofia da práxis concebe a realidade das relações humanas de conhecimento como elemento de 'hegemonia' política" (*Q 10* II, 6, 1.245 [*CC*, 1, 315]).

No que diz respeito ao significado que deve ser atribuído a "hegemonia", desde o início (*Q 1*, 44, 41), G. oscila entre um sentido mais restrito de "direção" em oposição a "domínio", e um mais amplo e compreensivo de ambos (direção mais domínio). Com efeito, ele escreve que "uma classe é dominante em dois modos, isto é, é 'dirigente' e 'dominante'. É dirigente das classes aliadas, é dominante das classes adversárias. Portanto, uma classe desde antes de chegar ao poder pode ser 'dirigente' (e deve sê-lo): quando está no poder torna-se dominante, mas continua sendo também 'dirigente'". A oscilação prossegue nos apontamentos sucessivos, criando não poucas dificuldades interpretativas, que podem ser explanadas pelo menos em parte fazendo referência ao contexto. No *Q 1*, 48, 59, por exemplo, entre "exercício 'normal' da hegemonia no terreno que se tornou clássico do regime parlamentar [...] caracterizado por uma combinação da força e do consenso que se equilibram" (hegemonia como direção mais domínio), e situações nas quais "o aparelho hegemônico racha e o exercício da hegemonia torna-se sempre mais difícil" (hegemonia *versus* domínio). Tais situações, definidas como "crise do princípio de autoridade"-"dissolução do regime parlamentar" e em seguida "crise orgânica" ou explicitamente "crise de hegemonia" (*Q 13*, 23, 1.603 [*CC*, 3, 60]), podem ser assimiladas àquelas nas quais o Estado não se desenvolveu ainda plenamente: é o caso dos Estados Unidos, onde (*Q 1*, 61, 72) "a hegemonia nasce da fábrica e não precisa de tantos intermediários políticos e ideológicos", porque "não se verificou ainda (senão esporadicamente, talvez) algum florescimento 'superestrutural', por isso ainda não se pôs a questão fundamental da hegemonia". No *Q 6*, 10, 692 [*CC*, 1, 433] G. dirá que "a América ainda não superou a fase econômico-corporativa, atravessada pelos Europeus na Idade Média"; no *Q 8*, 185, 1.053 [*CC*, 3, 286] o juízo será estendido a cada nova forma estatal: "Se é verdade que nenhum tipo de Estado pode deixar de atravessar uma fase de primitivismo econômico-corporativa, disso se deduz que o conteúdo da hegemonia política [...] deve ser predominantemente de ordem econômica".

O terreno no qual se desenvolve a "luta pela hegemonia" é o da sociedade civil (*Q 4*, 46, 473). A relação entre hegemonia e sociedade civil já havia sido tematizada em *Q 4*, 38, 457-60, dedicado a "Rapporti tra struttura e superstrutture" [Relações entre estrutura e superestruturas]. G. distingue três momentos: o primeiro é "estreitamente ligado à estrutura"; o segundo "é a 'relação de forças' políticas"; o terceiro "é o da "relação das forças militares". O segundo momento passa por diversas fases, que culminam naquela "mais abertamente 'política' [...] na qual as ideologias precedentemente germinadas vêm a contato e entram em embate, até que somente uma delas, ou pelo menos uma só combinação delas, tende a prevalecer, a se impor, a se difundir sobre toda a área, determinando, além da unidade econômica e política, também a unidade intelectual e moral, em um nível não corporativo, mas universal, de hegemonia". A essa altura, o grupo até então subalterno pode sair "da fase econômico-corporativa para elevar-se à fase de hegemonia político-intelectual na sociedade civil e tornar dominante na sociedade política". O tema é desenvolvido particularmente no *Q 6*: no *Q 6*, 24, 703 [*CC*, 3, 225], G. preocupa-se em especificar o "sentido em que é *muitas vezes* [grifo meu – n.d.r] usada nessas notas (isto é, no sentido de hegemonia política e cultural de um grupo social sobre a inteira sociedade)"; no *Q 6*, 81, 751 [*CC*, 3, 235] já desde o título é enunciado o nexo entre "Hegemonia (sociedade civil) e divisão dos poderes". No *Q 7*, 83, 914 [*CC*, 3, 265], falando daquilo "que se chama 'opinião pública'", G. dirá que ela "está estreitamente ligada à hegemonia política, ou seja, é o ponto de contato entre a 'sociedade civil' e a 'sociedade política', entre o consenso e a força" (idem). A aparente contradição com a precedente identificação entre hegemonia e sociedade civil resolve-se levando em consideração a polissemia dos dois conceitos e do conceito de Estado: em uma série de notas, de fato, G. entende "Estado = sociedade política + sociedade civil, isto é, hegemonia couraçada de coerção" (*Q 6*, 88, 763-4 [*CC*, 3, 244]). Em outro grupo de parágrafos dedicados à crítica da história ético-política de Croce, entendida como tentativa de "tradução", parcial e unilateral, do conceito de hegemonia, ao contrário, G., ao opor-se à excessiva contraposição entre "o aspecto da história correlativo à 'sociedade civil', à hegemonia", e "o aspecto da história correspondente com a iniciativa estatual-governativa" (*Q 7*, 9, 858), insiste na hegemonia como elemento de conexão entre a sociedade civil e a sociedade política. A rejeição da contraposição crociana entre os dois aspectos não implica, além do mais, a aceitação de sua identificação bruta proposta por Gentile, para o qual, afirma G. "hegemonia e ditadura são indistinguíveis, a força é pura e simplesmente consenso: não se pode distinguir a sociedade política da sociedade civil: existe só o Estado e, naturalmente, o Estado-governo" (*Q 6*, 10, 691 [*CC*, 1, 436-7]).

Contudo, no momento em que desmascara a posição de Gentile como mera hipostatização do regime totalitário imposta pelo partido fascista, G. distingue entre situações nas quais "o partido é portador de uma nova cultura e se verifica uma fase progressista" e outras nas quais "o partido quer impedir que outra força, portadora de uma nova cultura, torne-se 'totalitária'; verifica-se então uma fase objetivamente regressiva e reacionária" (*Q 6*, 136, 800 [*CC*, 3, 254]). A diferença entre totalitarismo fascista e comunista consiste, portanto, no fato de que o primeiro tende a reabsorver a sociedade civil dentro do Estado, reduzindo a hegemonia à força, ao passo que no segundo "o elemento Estado-coerção [está] em processo de esgotamento à medida que se afirmam elementos cada vez mais conspícuos de sociedade regulada (ou Estado ético, ou sociedade civil) [...]. Na doutrina do Estado x sociedade regulada, de uma fase em que Estado será igual a Governo, e Estado se identificará com sociedade civil, dever-se-á passar a uma fase de Estado-guarda-noturno, isto é, de uma organização coercitiva que protegerá o desenvolvimento dos elementos de sociedade regulada em contínuo incremento e que, portanto, reduzirá gradualmente suas intervenções autoritárias e coativas", até "uma era de liberdade orgânica" (*Q 6*, 88, 763-4 [*CC*, 3, 245]). A partir do *Q 6*, 138, 802 [*CC*, 3, 255] G. descreve a longa luta pela instauração desse novo modelo de organização social com o conceito de guerra de posição, que demanda "uma concentração inaudita da hegemonia". No *Q 8*, 52, 973 essa estratégia é contraposta à trotskista da revolução permanente: "O conceito de 1848 da guerra de movimento em política é justamente o da revolução permanente: a guerra de posição, em política, é o conceito de hegemonia".

Quanto aos protagonistas de tal guerra, na fase inicial da reflexão no cárcere, a atenção aparece centrada sobre a classe: em *Q 1*, 44, 40-1 lemos que "todo o problema das várias correntes políticas do *Risorgimento* [...] se reduz a esse fundamental: que os moderados representavam uma classe relativamente homogênea, de modo que a direção sofreu oscilações relativamente limitadas, ao passo que o Partido de Ação não se apoiava especificamente em nenhuma classe histórica e as oscilações sofridas por seus órgãos dirigentes, em última análise, compunham-se segundo os interesses dos moderados". Uma visão que, ao pressupor um nexo bastante mecânico entre estrutura e superestrutura, reduziria a luta pela hegemonia a epifenômeno da luta de classe no terreno das relações de produção. Em seguida G. atenuará tais rigorismos, escrevendo já no *Q 6*, 200, 839-40 [*CC*, 2, 149-50] que "no desenvolvimento de uma classe nacional, ao lado do processo de sua formação no terreno econômico, deve-se levar em conta o desenvolvimento paralelo nos terrenos ideológico, jurídico, religioso, intelectual, filosófico etc. [...]. Mas cada movimento da 'tese' leva a movimentos da 'antítese' e, portanto, a 'sínteses' parciais e provisórias".

No entanto, G. desenvolveu um ulterior agente da influência hegemônica, representado pelo intelectual: tangível já desde a nota *Q 1*, 44, 41 – na qual os expoentes do partido moderado eram definidos "intelectuais orgânicos" ou "condensados", "vanguarda" de sua própria classe –, o peso dos intelectuais conhece um notável incremento a partir do *Q 4*, 49, com a ampliação do próprio conceito, que se estende até compreender, além dos intelectuais profissionais, industriais, cientistas, eclesiásticos, empregados e assim por diante, e chegando a concluir, na segunda redação do *Q 12*, 1, 1.516 [*CC*, 2, 15], que "todos os homens são intelectuais", embora "nem todos os homens tenham na sociedade a função de intelectuais". Desde o Texto A (*Q 4*, 49, 476) é atribuída aos intelectuais "uma função na 'hegemonia' que o grupo dominante exerce em toda a sociedade e no domínio sobre ela que se encarna no Estado, função essa que é exatamente 'organizativa' ou de conexão". O estudo do papel dos intelectuais como "funcionários" ou, como G. afirmará no Texto C (*Q 12*, 1, 1.519 [*CC*, 2, 21]), "'prepostos' do grupo dominante para o exercício das funções subalternas da hegemonia social e do governo político", implica o aprofundamento de outro tema esboçado no *Q 1*, o dos *sistemas* ou *aparelhos hegemônicos*: antes de tudo as instituições educacionais no sentido mais amplo do termo, já que (*Q 10* II, 44, 1.331 [*CC*, 1, 398]) "toda relação de 'hegemonia' é necessariamente uma relação pedagógica". Assim, as empresas jornalísticas, as organizações repressivas legais e ilegais, mas também, como se diz no *Q 8*, 179, 1.049 [*CC*, 3, 284], "uma multiplicidade de outras iniciativas e atividades ditas privadas", incluindo "as obras pias e as doações beneficentes" (*Q 14*, 56, 1.715 [*CC*, 2, 188]). A progressiva perda de importância da classe em relação aos intelectuais no exercício da hegemonia, que deve ser correlacionada à sua frequente substituição por "grupo" ou "agrupamento social" (por exemplo, na nova redação de *Q 1*, 44 em *Q 19*, 24 [*CC*, 5, 62]), torna possível um nexo menos mecânico entre o plano econômico e o hegemônico; efetivamente é verdade, como se lê em *Q 4*, 49, 474-6, que "cada grupo social, nascendo sobre a base originária de uma função essencial no mundo da produção econômica, cria junto, organicamente, uma ou mais camadas de intelectuais"; todavia, "a relação entre os intelectuais e a produção não é imediata, como acontece para os grupos sociais fundamentais, mas é mediata [...] por dois tipos de organização social: a) pela sociedade civil [...] b) pelo Estado" e além disso, pela existência de "categorias intelectuais preexistentes" que representam "uma continuidade histórica ininterrupta nem pelas mais complicadas mutações das formas sociais e políticas".

Além do mais, é necessário considerar a progressiva emergência, a partir de *Q 5*, 127, 662 [*CC*, 3, 222], do papel do partido concebido como "moderno Príncipe", já que "na realidade de qualquer Estado, o 'chefe de Estado' [...] é exatamente o 'partido político'", que tem "o poder de fato", exerce a função hegemônica (e, portanto, equilibradora de interesses diversos) na "sociedade civil". O partido se apresenta como portador de um modelo distinto de democracia *substancial*, mesmo não sendo completamente antitético, em relação à democracia parlamentar *formal*, como demonstra uma série de notas tardias em que esta última é reavaliada em contraposição ao "parlamentarismo negro", tácito ou implícito, representado pelo corporativismo fascista, mas imputável também ao regime stalinista ("a autocrítica da autocrítica", a "liquidação" de Trotski e assim por diante: *Q 14*, 74 [*CC*, 3, 319] e *Q 14*, 76 [*CC*, 3, 321]), em que é claro que se deve "excluir cuidadosamente cada aparência de apoio às tendências 'absolutistas'" (*Q 14*, 76, 1.744 [*CC*, 3, 321]). Isto permite a G. instituir, em *Q 8*, 191, 1.056 [*CC*, 3, 287], um nexo entre "*Hegemonia e democracia*. Entre os muitos significados de democracia, parece-me que o mais realista e concreto se possa deduzir em conexão com o conceito de hegemonia. No sistema hegemônico, existe democracia entre o grupo dirigente e os grupos dirigidos" (idem): essa é a particular acepção gramsciana do centralismo democrático, que "consiste na pesquisa crítica [...] para distinguir o elemento 'internacional' e 'unitário' na realidade nacional e local" (*Q 9*, 68, 1.140). Sobre o nexo entre elemento nacional e internacional G. voltará até o *Q 14*, 68, 1.729 [*CC*, 3, 314-5]: "Por certo, o desenvolvimento é no sentido do internacionalismo, mas o ponto de partida é nacional [...]. O conceito de hegemonia é aquele em que se reúnem as exigências de caráter nacional".

A centralidade do papel do partido na luta pela hegemonia torna menos mecânica a relação entre o plano estrutural e os superestruturais; além do mais, desde *Q 7*, 24, 871 [*CC*, 1, 238] G. havia recorrido exatamente ao conceito de hegemonia para combater "a pretensão (apresentada como postulado essencial do materialismo histórico) de apresentar e expor cada flutuação da política e da ideologia como uma expressão imediata da infraestrutura". Deriva disso a crítica de toda interpretação economicista do materialismo histórico, que se torna cada vez mais serrada à medida que G. percebe quanto ela é difundida e de como representa um obstáculo para o alcance da hegemonia ideológica por parte da mesma filosofia da práxis. Diversamente daquilo que se afirma, por exemplo, no *Q 4*, 14, 436 [*CC*, 6, 360], onde se lê que "o materialismo histórico não sofre hegemonias, começa ele mesmo a exercer uma hegemonia sobre o velho mundo intelectual", no *Q 16*, 9, 1.860-1 [*CC*, 4, 37-8], inovando em relação ao Texto A de *Q 4*, 3, G. reconhece, ao contrário, que esse "é a concepção de um grupo social subalterno, sem iniciativa histórica, que se amplia continuamente, mas de modo inorgânico, e sem poder ultrapassar um certo grau qualitativo que está sempre aquém da posse do Estado, do exercício real da hegemonia sobre toda a sociedade". De modo que não se trata, para G., de superar o horizonte do marxismo, mas, ao contrário, de voltar às suas fontes originárias: deriva daqui a atribuição a Lenin, a partir de *Q 4*, 38, 465, da paternidade do próprio conceito de hegemonia que, aliás, representa "a contribuição máxima de Ilitch à filosofia marxista, ao materialismo histórico, contribuição original, criadora". E é justamente por meio de Lenin que G. retorna a Marx: em *Q 10* II, 41.X, 1.315 [*CC*, 1, 384], inovando em relação à primeira redação, escreve que efetivamente já em Marx "está contido também *in nuce* o aspecto ético-político da política ou a teoria da hegemonia e do consenso, além do aspecto da força e da economia".

BIBLIOGRAFIA: COSPITO, 2004; DE GIOOVANNI, GERRATANA, PAGGI, 1977; D'ORSI, 2008; FRANCIONI, 1984.

GIUSEPPE COSPITO

Ver: aparelho hegemônico; democracia; direção; domínio; Estado; filosofia da práxis; guerra de posição; intelectuais; Lenin; Marx; moderno Príncipe; opinião pública; revolução permanente; sociedade civil.

herança do passado

A expressão "herança do passado" aparece no *Q 11*. Segundo G., toda nova situação histórica, ainda que não possa mudar completamente a linguagem, deveria modificar seu conteúdo. Contudo, os intelectuais "cristalizados", que concebem a própria categoria social "como continuação ininterrupta na história [...] e não como expressão de um processo dialético" (*Q 11*, 16, 1.406 [*CC*, 1, 125]), reúnem-se, "na esfera ideológica, como uma categoria intelectual precedente, através de uma idêntica nomenclatura de conceitos" (ibidem, 1.407 [*CC*, 1, 125]). A *intelligentsia*, nesse caso, não está ligada ao novo grupo social que "sente pelo menos que é distinto e separado do precedente", mas pensa poder "se ligar ao passado" (ibidem, 1.408 [*CC*, 1, 126]). Contudo – esclarece G. – "não se diz que toda a herança do passado deva ser afastada" (idem): com efeito, existem "valores instrumentais" que não se pode deixar de aceitar integralmente, para depois continuar a refiná-los no tempo. Quem acha difícil adequar "a expressão literária ao conteúdo conceitual" é vítima do "diletantismo filosófico, da falta de senso histórico na apreensão dos diversos momentos de um processo de desenvolvimento cultural, ou seja, são características de uma concepção antidialética, dogmática, prisioneira dos esquemas abstratos da lógica formal" (idem).

Nas *Cartas*, G. também adota a expressão em relação à língua: quando afirma que lhe parece "misticismo reles" a "questão" judaica posta como "questão da 'raça' entendida num outro sentido que não seja o puramente antropológico", o autor dos *Q* pergunta-se sobre o que pode significar falar de "raça" judaica se os judeus abandonaram desde os tempos de Cristo sua língua originária pelo aramaico e, portanto, "perderam a maior parte da herança do passado, da primitiva concepção do mundo" e absorveram, ao contrário, língua e cultura de um "povo conquistador" (*LC*, 479, a Tatiana, 12 de outubro de 1931 [*Cartas*, II, 104]).

Jole Silvia Imbornone

Ver: dois mundos; intelectuais; intelectuais italianos; judeus; linguagem; Roma.

heresias/heréticos

Os movimentos heréticos, que estiveram entre os principais fatores de desagregação da global "civilização europeu-católica" da Idade Média, manifestaram-se para G. como "tentativas de reformas puramente espiritualistas da religião", voltadas para separar a unidade-distinção inerente ao "dualismo natureza-espírito" praticado pela Igreja católica para segurar o materialismo popular e, ao mesmo tempo, para operar uma constante "seleção aristocrática" de seus intelectuais por meio do pensamento platônico e aristotélico herdado dos clássicos (*Q 4*, 3, 424). É particularmente interessante o fato de que, para tal propósito, G. esboce em seguida um paralelo e uma diferenciação, nos mecanismos de seleção dos quadros dirigentes distintos das massas dos "simples", entre a organização religiosa católica e o modo de ser do partido marxista, em cujo âmbito a direção intelectual provém também da tradição cultural das classes dominantes. G. aproxima também, entre Idade Média e Renascimento, heresias e ordens religiosas, identificando a "ruptura" que se determinou em virtude delas entre "massa e intelectuais na Igreja", ruptura que foi, todavia, "sanada" pelo nascimento contemporâneo de "movimentos populares religiosos reabsorvidos pela Igreja mediante a formação de ordens mendicantes e de uma nova unidade religiosa" (*Q 11*, 12, 1.384 [*CC*, 1, 93]).

Importante também a comparação estabelecida por G. entre gandhismo e franciscanismo por meio da resistência passiva oposta aos opressores, ainda que permaneça talvez essencialmente estranha à sua cultura a espiritualidade evangélica franciscana, já que incapaz de contrapor a força à desigualdade (*Q 6*, 78, 748-9 [*CC*, 5, 246]). Além do mais, as modernas ordens religiosas que seguiram a Contrarreforma e as instituições de uma ordem organizada pelo alto e "diplomáticas" como a Companhia de Jesus, parecem a G. somente articulações disciplinares da própria Igreja, ou seja, como acontece com a Ação Católica a partir da época da Restauração e dos primeiros conflitos do *Risorgimento*, instrumentos "políticos" da própria Igreja (*Q 6*, 188, 832-3 [*CC*, 4, 217]): ainda que G. inclua neles o modernismo, que desemboca na "democracia cristã" de Murri (*Q 11*, 12, 1.384 [*CC*, 1, 93]), porém, mediante um processo que não é tão consequencial assim e que talvez, de maneira diferente da imaginada por G., terá consequências somente mais tarde na Igreja do chamado "povo de Deus" do Concílio Vaticano II promovido na época de João XXIII.

Raffaele Cavalluzzi

Ver: Ação Católica; Idade Média; Igreja católica; jesuítas/jesuitismo; Maquiavel; Renascimento.

história

A reflexão sobre a história, seja entendida como *res gestae* [ações realizadas], seja como *historia rerum gestarum* [história das ações realizadas], aparece abundantemente em toda a obra de G., mas com particular frequência no período 1914-1918 e nos *Q*. No que se refere à primeira acepção, G. inicialmente entende a história, à maneira de Croce, como sinônimo de "liberdade e verdade" ("Le astuzie della storia" [As astúcias da história], 18 de abril de 1919, em *NM*, 601-2; v. também, por exemplo, "Il Sillabo ed Hegel" [O *Syllabus* e Hegel], 15 de janeiro de 1916, em *CT*, 69-72 [*EP*, 1, 52]). Porém, a essa caracterização logo acrescenta outra, não inteiramente dedutível de Croce: a identidade da história e da luta de classe. Da "série ininterrupta de rupturas arrancadas às outras forças ativas e passivas da sociedade", de 1914 ("Neutralità attiva ed operante" [Neutralidade ativa e operante], 31 de outubro de 1914, em *CT*, 11-2 [*EP*, 1, 48]), à "história dialeticamente necessária", de 1918 ("Astrattismo e intransigenza" [Abstracionismo e intransigência], 11 de maio de 1918, em *NM*, 18-9) e mais adiante, a caracterização é clara: G. assume crocianamente, é verdade, que "somente a força (seja mecânica ou moral) é a juíza suprema dos contrastes" ("Fiorisce l'illusione" [Floresce a ilusão], 15 de maio de 1918, ibidem, 110), mas acrescenta a essa concepção realista uma versão teleológica da dialética, segundo a qual "a história [...] não mostra que a 'síntese', 'aquilo que será', tenha sido previamente fixada por meio de um contrato" ("L'intransigenza di classe e la storia italiana" [A intransigência de classe e a história italiana], 18 de maio de 1918, ibidem, 34 [*EP*, 1, 174]), e, portanto, o futuro que se afirma "não é estabelecido *a priori* porque a história não é um cálculo matemático" (ibidem, 35 [*EP*, 1, 174]), "não existe nela [...] uma numeração progressiva de quantidades iguais [...]: a quantidade (estrutura econômica) torna-se qualidade porque se torna instrumento de ação na mão dos homens" ("Utopia", 25 de julho de 1918, ibidem, 204-5 [*EP*, 1, 201]; v. também "Le vie della divina provvidenza" [Os caminhos da divina providência], 21 de outubro de 1918, ibidem, 364, e "La critica critica" [A crítica crítica], 12 de janeiro de 1918, em *CF*, 556 [*EP*, 1, 130]).

Em correspondência com essa reformulação da dialética como método de luta política, num teatro de forças em permanente luta e recíproca transformação, a noção de historiografia, em G., se define de início como crítica de toda concepção ingenuamente teleológica ("Le nuove energie intelettuale" [As novas energias intelectuais], 8 de junho de 1918, em *NM*, 95-7) e como retomada de uma noção mais profunda de finalidade. As possibilidades e tendências finalistas presentes no fenômeno histórico devem ser encontradas não mais como uma lei geral à qual a lei individual tem de se submeter exteriormente, mas como um equivalente de sua própria individualidade ("Modello e realtà" [Modelo e realidade], 11 de fevereiro de 1917, em *CF*, 29). O materialismo histórico reconstrói a luta das classes como um conflito em que cada uma das "partes" expressa todo o seu "finalismo", sem que o mesmo conflito possa ser entendido à luz de uma lei geral que não seja a própria enunciação da necessidade da luta. Os socialistas "acreditam, portanto, que os cânones do materialismo histórico valem apenas *post factum*, para estudar e compreender os acontecimentos do passado, e não devem se tornar uma hipoteca sobre o presente e o futuro" ("La critica critica", 12 de janeiro de 1918, em *CF*, 556 [*EP*, 1, 132]). A concepção da história como luta sempre aberta rumo ao futuro e como reconstrução individual dessa luta, como foi rapidamente esboçada aqui, tem nos escritos turineses um fundamento idealista. O objetivo dos socialistas é a supressão da passividade e da fatalidade, que tornam a história um processo externo às vontades dos indivíduos. A reabsorção da lei geral dentro do fato individual se resolve, portanto, à luz da identidade entre história e espírito, em registro neoidealista, na identificação de vontade e realidade "no *ato histórico*" (idem).

O que realmente há de novo nos *Q* é, como admite explicitamente G., "o conceito de unidade entre teoria e prática, entre filosofia e política" (*Q 10* I, 11, 1.233 [*CC*, 1, 303]). É sobre essa base – a filosofia da práxis – que a noção de história também recebe um novo fundamento. G. hipotetiza a esse respeito que, com a fixação do conceito de "estrutura econômica", isto é, "do conjunto das forças materiais de produção" como "o elemento *menos variável* no desenvolvimento histórico", que por isso "pode ser medido, caso a caso, com exatidão matemática", que se pode construir "uma ciência experimental da história, no sentido bem preciso em que se pode falar de 'experimental' na história" (*Q 4*, 25, 444). Tal ciência da história consistiria em "estabelecer com certa precisão quando" o "desenvolvimento de quantitativo se torna qualitativo" (idem): é o momento em que a história-passado se torna de novo política-presente, e a luta das classes, que provisoriamente se fixou na prevalência de uma delas, se reabre para novos caminhos. A base desse raciocínio – que retoma a teoria das passagens de época presente no marxiano *Prefácio de 59* à *Crítica da economia política* – é que história e política são *idênticas*. Essa identidade – sobre a qual G. volta a refletir várias vezes nos *Q* (*Q 4*, 33, 452; *Q 6*, 97, 771 [*CC*, 3, 246]; *Q 7*, 35, 886 [*CC*, 1, 243]; *Q 8*, 61, 977; *Q 8*, 84, 990; *Q 11*, 33, 1.447-8 [*CC*, 1, 165]) –, na realidade não está presente no *Prefácio* de Marx; G., de fato, a deduz de sua leitura do texto, colocando-o em relação com as Teses sobre Feuerbach. Assim, ele pode afirmar que "o conjunto das forças materiais de produção é, ao mesmo tempo, 'toda história passada cristalizada' e a base da história presente e do futuro. É um documento e uma força ativa atual" (*Q 4*, 25, 44). Ou seja, pode afirmar que o "passado" é, ao mesmo tempo, e *indissociavelmente*, "base real" (no sentido de Marx) e potência agente no presente, "política".

Nos *Q*, é forte a polêmica contra a história "hipotética", "sociológica" ou "fetichista" (*Q 6*, 71, 738 [*CC*, 6, 196]; *Q 6*, 85, 759 [*CC*, 5, 250]; *Q 7*, 15, 865 [*CC*, 6, 207]; *Q 9*, 106, 1.169), isto é, contra as abordagens que sacrificam a individualidade do evento a leis gerais ou hipóteses arbitrárias; os documentos são uma base imprescindível (*Q 3*, 15, 300 e *Q 7*, 6, 856). Mas a história passada não pode nem mesmo se tornar uma hipoteca sobre o presente: de fato, quando G. escreve que "o presente contém todo o passado e do passado se realiza no presente aquilo que é 'essencial', sem resíduo de um 'incognoscível' que seria a verdadeira 'essência'" (*Q 7*, 24, 873 [*CC*, 1, 240], fevereiro de 1931), salienta o caráter inegável da história no seu resultado atual, mas não exclui o fato de que aquele 'documento' foi escrito nas coisas pela pena das classes vitoriosas (*Q 3*, 90, 372 [*CC*, 6, 352]: "A unificação histórica das classes dirigentes reside no Estado e sua história é, essencialmente, a história dos Estados e dos grupos de Estados [...]. Quanto às classes subalternas, a unificação não acontece: sua história é [...] uma fração desagregada" da sociedade civil). A postura de G. é, todavia, muito cautelosa: ele nota que é necessário não apenas identificar, mas também distinguir a historiografia da política em ato (*Q 3*, 33, 310 [*CC*, 3, 183]), bem como a historiografia do ensaio jornalístico (*Q 4*, 38, 456). Na historiografia, "dada sua larga perspectiva em relação ao passado e dado que os próprios resultados das iniciativas constituem um documento da vitalidade histórica" (*Q 3*, 33, 310 [*CC*, 3, 184]), pode-se obter um balanço com base naquilo que se afirmou como resultado "permanente" da luta: "Só a luta, com seu resultado, mas nem sequer com seu resultado imediato e sim com aquele que se manifesta numa vitória permanente, dirá o que é racional ou irracional, o que é 'digno' de vencer porque a seu modo continua e supera o passado" (*Q 6*, 10, 690 [*CC*, 1, 435]). O ensaio jornalístico, por sua vez, está muito mais exposto ao risco de trocar o que é permanente pelo ocasional e vice-versa (*Q 4*, 38, 455-6), e, por ser uma atividade ligada a uma atividade política, os seus "erros" podem dar espaço a "catástrofes, cujos danos 'brutos' não poderão nunca mais ser ressarcidos" (*Q 7*, 6, 856).

A identidade entre história e política deve ser, pois, teorizada com muita cautela, em razão do risco de cair na propaganda. No mais, o risco oposto, de rebaixar a historiografia a um papel contemplativo, é fortemente sentido por G., sobretudo diante do tema, que percorre todos os *Q* e assume cada vez maior amplitude de significado, da "história e anti-história". A expressão entra nos *Q* como referência a um folheto de Adriano Tilgher (Tilgher, 1928), citado no *Q 1*, 28, 23, e indica inicialmente o caráter aporético da relação entre a reflexão e a ação. Segundo G., separar esses dois aspectos, e, portanto, apresentar toda ação inovadora como irracionalismo anti-historicista, deriva do fato de cindir (como faz Tilgher) "muito mecanicamente as duas características de toda personalidade humana (dado que não existe e nunca existiu um homem totalmente crítico e outro totalmente passional)" (idem). No mesmo texto G. observa que, ao contrário, quem estuda "com certa profundidade [...] as contradições psicológicas que nascem no terreno do historicismo, como concepção geral da vida e da ação", é Filippo Burzio (idem); e, no texto seguinte esboça, com base em Burzio, uma resposta dialética à dificuldade sinalizada por Tilgher, com a apresentação do "*sarcasmo como expressão de transição nos historicistas*" (*Q 1*, 29, 23).

Porém, permanece o fato de que essa aporia não é somente índice de uma força de pensamento insuficiente ou de uma compreensão carente da real dialética da história; ela é sempre, simultaneamente, uma tomada de posição política, como acontece com Croce: "O [seu – ndr] discurso [...] no Congresso de filosofia de Oxford é, na realidade, um manifesto político [...]. Hoje se verifica, no mundo moderno, um fenômeno semelhante àquele da separação entre 'espiritual' e 'temporal' na Idade Média [...]. Os agrupamentos sociais regressivos e conservadores se reduzem cada vez mais à sua fase inicial econômico-corporativa, ao passo que os grupos progressistas e inovadores se encontram ainda na fase inicial exatamente econômico-corporativa; os intelectuais tradicionais, separando-se do grupo social ao qual haviam dado até agora a forma mais alta e compreensiva [...] efetuam um ato de incalculável alcance histórico: assinalam e confirmam a crise estatal em sua forma decisiva" (*Q 6*, 10, 690-1 [*CC*, 1, 435-6]). O texto a que G. alude – *Anti-historicismo* – é uma dura reprovação a um "irracionalismo" apresentado por Croce como um monstro bicéfalo: futurista-anarquista e absolutista-autoritário, hiper-historicista e anti-historicista (Croce, 1931, p. 22-3). Croce não dá "exemplos" (ibidem, 25), mas, nos dois fenômenos, não é difícil reconhecer o fascismo e o comunismo. Do segundo Croce diz, de fato, que "em relação à vida social, [...] coloca o seu ideal em organizações que suprimam a iniciativa pessoal, e com isso, a concorrência, a competição, a luta" (ibidem, 23), e que se trata de uma racionalista e abstrata "imposição, do alto, do ritmo da vida", uma "regra que, em vez de ser criada pelo homem como seu instrumento, termina ela própria por criar o homem" (ibidem, 30). A alusão ao primeiro plano quinquenal (iniciado em 1929), com sua ênfase no domínio da política sobre a história, é evidente. O *Q 6*, 10 [*CC*, 1, 433] é de novembro-dezembro de 1930, ou seja, corresponde às semanas em que G. escreve no *Q 7*, 12, 862-3 [*CC*, 3, 260-1] sobre a "luta entre 'dois conformismos'" e sobre a "crise da sociedade civil" que atravessa o mundo atual, crise em que "os velhos dirigentes intelectuais e morais da sociedade" se restringem a predicar no vazio, "sentenciam a morte de toda civilização" e "se tornam um grupo de resistência separado do processo histórico real", enquanto "os representantes da nova ordem em gestação [...] por ódio 'racionalista' à velha, difundem utopias e planos cerebrinos" ("ódio racionalista" parece uma alusão a *Anti-historicismo*). A referência ao plano quinquenal é também aqui evidente: "Qual o ponto de referência para o novo mundo em gestação? O mundo da produção, o trabalho [...] o máximo rendimento do aparelho produtivo" (ibidem, 863 [*CC*, 3, 261]).

A crescente importância, aos olhos de G., da crociana história ético-política como instrumento de luta contra o materialismo histórico (*Q 10* I, 3, 1.215 [*CC*, 1, 286]) desloca também o fronte de luta contra as concepções unilaterais de história e anti-história. No decorrer de 1932, em resposta à presunção crociana de apresentar a história ético-política como história integral, privando definitivamente, assim, a história de qualquer política que não fosse a liberal, G. reconhece explicitamente a insuficiência de apresentar a história passada como "documento". Havia escrito no *Q 6*, 10, 689-90 [*CC*, 1, 435]: "Em todo momento da história *in fieri* existe luta entre racional e irracional, entendido por irracional aquilo que não triunfará em última análise, não se tornará jamais história efetiva, mas que na *realidade é também racional porque está necessariamente ligado ao racional, é um momento imprescindível deste*" (itálico do autor do verbete). A história como luta ainda está aqui dominada pela perspectiva dos vencedores; eles estão do lado da totalidade, que engloba a perspectiva dos vencidos. A afirmação de uma força é a revelação da insuficiência da força adversária. Já no *Q 8*, 27, 958 (fevereiro de 1932), o historicismo de quem polemiza contra o anti-historicismo (isto é, o privilegiamento constante da continuidade histórica contra a descontinuidade) é polemicamente equiparado ao antijacobinismo, num duro discurso contra o "historicismo dos moderados", reduzido a mera "tendência prático-política ou ideologia". Seu repensar prossegue no *Q 8*, 210, 1.068 (fevereiro de 1932) e no *Q 8*, 156, 1.035 (abril de 1932), mas é no *Q 9*, 106 (junho-julho de 1932) que encontra o primeiro ponto de chegada. Polemizando com a historiografia do *Risorgimento* dominante (e indiretamente com Croce), G. observa: "O cânone de pesquisa que [...] todo o processo histórico é um 'documento' histórico de si mesmo é mecanizado, exteriorizado e reduzido, no fundo, a uma lei determinista de 'retilineidade' e de 'unilinearidade'" (ibidem, 1.169-70). Esclarece-se aqui que a assunção do passado como documento e base do presente é algo bem diferente da projeção retrospectiva da vitória presente de uma classe na sua passada necessidade. A politização da historiografia é corroborada também pelo texto sucessivo (*Q 9*, 107, 1.171, julho de 1932), em que é comparada à previsão estratégica: "Se escrever história significa fazer história presente, é um grande livro de história aquele que, no presente, cria forças em desenvolvimento mais conscientes de si mesmas e, portanto, mais concretamente ativas e eficazes".

Paralelamente, a reflexão sobre história e anti-história chega a coincidir com a reflexão sobre o "ponto de passagem 'lógico' de toda concepção do mundo à moral que lhe é conforme" (*Q 10* II, 28, 1.266 [*CC*, 1, 336]), isto é, com o tema da religião ou (o que é a mesma coisa) da historicidade da filosofia. "O fato de que tantos fantoches nietzschianos, revoltados verbalmente contra todo o existente [...] tenham terminado [...] por tirar a seriedade de certas atitudes, mas não é necessário, nos próprios juízos, se deixar guiar por fantoches" (idem), como faz, e *pour cause*, Croce, ao polemizar com o anti-historicismo.

Enfim, para demarcar esse novo conceito de história-política, G. cunha a expressão "história integral" como oposta e superior à "história ético-política" (*Q 10* I, 1.211). É digno de nota que tal expressão seja introduzida na segunda redação de textos que se referem ao momento "político" da história passada: à perspectiva dos subalternos, de quem não impôs na história a própria "necessidade" (*Q 25*, 2, 2.284 [*CC*, 5, 135]), e ao sarcasmo como expressão literária das "'contradições' do historicismo" (*Q 26*, 5, 2.298 [*CC*, 4, 82]). Em ambos os casos, história integral indica o pleno resgate da política na perspectiva histórica. O resgate do ponto de vista dos subalternos é uma operação historiográfica e, portanto, política, que significa mostrar a contingência daquela necessidade que então se impôs e se estendeu até o presente. A necessidade-racionalidade de uma força não é nunca definitivamente demonstrada: a vitória é sempre provisória, porque o entrecruzamento de história e anti-história, que, quando se realiza, transforma uma filosofia em "realidade" operante, pode a qualquer momento voltar a se dissolver num historicismo exangue e num anti-historicismo fanático.

Em fevereiro de 1933, G. retorna à pergunta "Como estudar a história?" e responde, expandindo a perspectiva: "Na realidade, até agora nos interessou a história europeia, e chamamos de 'mundial' a história europeia com seus apêndices não europeus. Porque a história nos interessa por razões 'políticas', não objetivas, ainda que no sentido de científicas" (*Q 14*, 63, 1.723 [*CC*, 4, 127]). A existência da União Soviética poderia mudar as coisas, criar um interesse concreto no estudo das "questões orientais" em sentido não eurocêntrico; mas – conclui G. – "devo dizer a verdade: tanta gente não conhece a história da Itália, mesmo na medida em que ela explica o presente", a vitória da burguesia, "que me parece necessário torná-la conhecida antes de qualquer outra" (idem). A reflexão historiográfica sobre o *Risorgimento* assume valor plenamente político-estratégico: ela acompanha politicamente a "entrada na história" das massas dos subalternos, dos derrotados de ontem.

Bibliografia: Badaloni, 1975; Burgio, 2002.

Fabio Frosini

Ver: Croce; dialética; história ético-política; história predeterminada; historicismo; *Prefácio de 59*; religião; URSS; unidade de teoria e prática.

história de partido

Em um Texto C do *Q 13* (correspondente ao Texto A: *Q 9*, 64, 1.134-5), G. se pergunta quais são os problemas que serão abordados na redação da história de um partido. Não se tratará simplesmente de narrar a vida interna de tal partido, ou como ele nasce, quais são os primeiros grupos a constituí-lo, por meio de quais polêmicas se forma seu programa político e sua concepção do mundo. De fato, se fizéssemos isso, correríamos o sério risco de escrever a "história de grupos intelectuais restritos" ou mesmo a "biografia política de uma individualidade" (*Q 13*, 33, 1.630 [*CC*, 3, 87-8]). É preciso ampliar a moldura do quadro e introduzir nele tantos outros elementos. Antes de tudo, tratar-se-á de "escrever a história de uma determinada massa de homens que seguiu os iniciadores" (idem), apoiando-os com confiança, lealdade, disciplina, ou criticando-os com realismo, isto é, não seguindo algumas de suas iniciativas. Essa massa não será constituída exclusivamente pelos inscritos no partido que seguem suas atividades típicas (dos congressos às votações); caberá considerar o grupo social do qual o partido é expressão: "A história de um partido [...] não poderá deixar de ser a história de um determinado grupo social" (idem). E por grupo social se deve entender a complexa articulação do conjunto social e estatal ao qual o grupo pertence; por isso, "escrever a história de um partido significa nada mais do que escrever a história geral de um país a partir de um ponto de vista monográfico, pondo em destaque um seu aspecto característico" (idem). Assim, um partido deverá pesar na história de seu país no que se refere à atividade desenvolvida nesse país. Conclui-se disso "que a partir do modo de escrever a história de um partido que resulta o conceito que se tem sobre o que é um partido ou sobre o que ele deva ser" (idem). A tarefa do historiador, ao contrário daquela do sectário, será evidenciar quanto esse partido deverá ter contribuído para criar um evento e para impedir que outros se realizem.

LELIO LA PORTA

Ver: intelectuais; moderno Príncipe; partido; Partido Comunista.

história ético-política

Numa breve seção do *Q 7*, é possível registrar a primeira abordagem de G. acerca da concepção crociana de história ético-política, que será um constante e fundamental campo de embate crítico com todo o sistema de Croce e com sua eficácia hegemônica. Aqui G. se detém em uma precisa, ainda que sintética, descrição dos aspectos essenciais dessa concepção: ele observa que a aproximação das duas expressões (ética e política) é "a expressão exata das exigências sobre as quais se move a historiografia de Croce", uma vez que a história ética constitui "o aspecto da história correlato à 'sociedade civil', à hegemonia", enquanto a história política constitui "o aspecto da história correspondente à iniciativa estatal-governativa" (*Q 7*, 9, 858). Quando há contraste – continua G. – entre "hegemonia" e "governo-estatal", então se verifica uma "crise na sociedade". Considerando uma passagem da obra crociana *Cultura e vita morale*, o pensador sardo observa que Croce chega a afirmar que "o verdadeiro 'Estado', isto é, a força diretiva do impulso histórico, às vezes deve ser procurado não onde se esperaria encontrá-lo, no Estado juridicamente entendido, mas com frequência nas forças 'privadas' e, às vezes, nos assim chamados 'revolucionários'" (idem).

Mas no *Q 8*, depois de ter definido Croce como "líder das tendências revisionistas", "inspirador de Bernstein e Sorel" (*Q 8*, 225, 1.082), G. declara necessária a crítica da obra crociana *La storia d'Europa* como "paradigma para a cultura mundial de história ético-política" (*Q 8*, 236, 1.088). Com tal fim, ele logo indica o que denomina "o 'truque' fundamental de Croce", que consiste no fato de o filósofo iniciar sua história depois da queda de Napoleão: mas – pergunta-se G. – pode existir um século XIX sem a Revolução Francesa e as guerras napoleônicas? O autor dos *Q* chega a afirmar com convicção que o livro de Croce pode ser considerado um verdadeiro "'tratado de revoluções passivas' [...], que não podem ser justificadas e compreendidas sem a Revolução Francesa, que

foi um evento europeu e mundial" (idem). Logo depois, nessa mesma seção, composta mais de sugestões que de aprofundamentos, G. se pergunta se esse tipo de tratado da história europeia do século XIX, em que se celebram os luxos da 'religião da liberdade', não tem uma referência atual, se um "novo 'liberalismo'", nas condições atuais, não seria, pois, precisamente, o "fascismo" (ibidem, 1.088-9), e se o fascismo não constitui uma forma de revolução passiva, própria do século XIX, assim como o liberalismo foi do século XVIII.

No *Q 8*, 240, podem-se perceber (desde o título, "Punti per un saggio su Croce. Storia etico-politica o storia speculativa?" [Pontos para um ensaio sobre Croce. História ético-política ou história especulativa?]) antecipações importantes da crítica sistemática, orgânica e capilar do sistema crociano que será desenvolvida no *Q 10*. G. afirma enfaticamente que a história a que Croce concretamente dá vida não é nem propriamente história ético-política, mas "história especulativa", um retorno, "seja a formas literárias que o desenvolvimento da atividade crítica tornou mais sofisticadas e menos ingênuas, seja a formas, já verificadas no passado, que caíram no descrédito como vazias e retóricas" (*Q 8*, 240, 1.091). No *Q 10*, o pensador sardo volta a examinar *Storia d'Europa*, de Croce, "vista como 'revolução passiva'" (*Q 10* I, 1.209 [*CC*, 1, 298]), e volta a se perguntar se é possível fazer uma história da Europa do século XIX "sem tratar organicamente da Revolução Francesa e das guerras napoleônicas", bem como se é possível fazer uma história da Itália "na época moderna sem tratar das lutas do *Risorgimento*". Ele observa que, em ambos os casos, Croce, "por acaso ou por uma razão tendenciosa [...] prescinde do momento da luta", no qual a assim chamada estrutura "se elabora e se unifica", e "placidamente assume como história o momento da expansão cultural ou ético-político" (idem). Aqui se delineiam alguns momentos essenciais do programa teórico-político de crítica orgânica do sistema hegemônico crociano a que G. dá o nome de "anti-Croce". Pouco mais adiante, no mesmo *Q 10*, G. coloca aquele que considera o problema decisivo: caso o marxismo, "a filosofia da práxis", exclua a história ético-política, caso "não reconheça a realidade de um momento de hegemonia", e, portanto, em suma, "não dê importância à direção cultural e moral e se julgue realmente os fatos da superestrutura como 'aparências'" (*Q 10* I, 7, 1.224 [*CC*, 1, 295]). O autor dos *Q* afirma que não só o marxismo não exclui a história ético-política, mas, ao contrário, na fase "mais recente de seu desenvolvimento", é ele que reivindica o "momento da hegemonia como essencial à sua concepção estatal e à 'valorização' do fato cultural, da atividade cultural, de uma frente cultural como necessária, ao lado daquelas meramente econômicas e políticas" (idem). O que significa dizer que a filosofia da práxis – ainda que critique duramente como indevida, abstrata e arbitrária a redução da história à história ético-política unicamente – não a exclui absolutamente, de modo que a oposição entre a filosofia da práxis e o crocianismo deve ser buscada "no caráter especulativo" (idem) deste último. Em outras palavras, a história ético-política, crocianamente entendida, é a história dos valores dominantes, é a história da função de recomposição exercida pelas classes dirigentes, concebida como uma constante no tempo, é individuação dos momentos "catárticos", hegemônicos, assumidos isoladamente, "libertados" da história. G. revela criticamente os eixos estruturantes desse idealismo, apontando seu caráter de teoria moderna e orgânica da revolução passiva e propondo, por sua vez, o conhecimento histórico como conhecimento crítico dos processos de formação da hegemonia na base de um "historicismo absoluto", implicando a dupla luta contra o historicismo "especulativo" e contra toda forma de economicismo ("o historicismo idealista crociano permanece ainda na fase teológico-especulativa": *Q 10* I, 8, 1.226 [*CC*, 1, 298]). G, referindo-se implicitamente à redução crociana do marxismo a mero economicismo e a mero cânone empírico de interpretação historiográfica, afirma, em tom sarcástico, que para o marxismo, ao contrário, é justamente a concepção crociana da história ético-política, "enquanto independente de toda concepção realista", que "pode ser assumida como um 'cânone empírico' de investigação histórica que deve sempre ser levado em conta", se se pretende fazer "história integral e não história parcial e extrínseca (história das forças econômicas enquanto tais etc.)" (*Q 10* I, 12, 1.235 [*CC*, 1, 306]).

É fundamental, por fim, a carta à cunhada Tania, em que G. explica, com lúcida tensão "pedagógica", seu "anti-Croce". Por um lado, insiste com a cunhada que todo o trabalho historiográfico de Croce nos últimos vinte anos foi dedicado a "elaborar uma teoria da história como história ético-política em contraposição à história econômico-jurídica, que representava a teoria derivada do materialismo histórico depois do processo revisionista que ele havia sofrido por obra do próprio Croce"; por outro lado, afirma que, observando melhor, a história de Croce, ao invés de história ético-política, é "história 'especulativa' ou 'filosofia'" e que justamente esse seu caráter determina "sua oposição ao materialismo histórico" (*LC*, 573, 9 de maio de 1932 [*Cartas*, II, 196-197]).

Pasquale Voza

Ver: catarse; Croce; economismo; ético-político; história; história predeterminada; historicismo; revolução passiva.

história predeterminada

G. utiliza a expressão "história predeterminada" para caracterizar o liberalismo de Croce. Implicitamente, a locução pretende voltar contra Croce a crítica que este move ao que considera resíduos metafísicos no pensamento de Marx. Para G., de fato, o sistema crociano mantém-se essencialmente especulativo e continua a se colocar dentro da problemática teológica e metafísica (*Q 8*, 224, 1.081-2). Na primavera-verão de 1932, aprofundando essas críticas, G. define a história de Croce como "uma forma, habilmente mascarada, de história com uma meta predeterminada, como é o caso de todas as concepções liberais reformistas" (*Q 10* II, 41.XVI, 1.327 [*CC*, 1, 395]). Para G., na interpretação crociana da dialética se esconde um determinismo metafísico, o que se torna evidente na historiografia de Croce e em seu tratamento da dialética da luta política. G. defende que "se é possível afirmar, genericamente, que a síntese conserva o que é ainda vital da tese, superada pela antítese, não é possível afirmar, sem arbítrio, o que será conservado, o que *a priori* se considera como vital, sem cair no ideologismo, na concepção de uma história com uma meta predeterminada" (idem). A historiografia de Croce pressupõe implicitamente que aquilo que continuará vital depois de todo conflito político é "a forma liberal do Estado, isto é, a forma que garante a qualquer força política o direito de movimentar-se e lutar livremente" (idem). "Conceber o desenvolvimento histórico como um jogo esportivo, com seu árbitro e suas normas preestabelecidas a serem lealmente respeitadas, é uma forma de história com uma meta predeterminada" (ibidem, 1.328 [*CC*, 1, 396]). A historiografia de Croce é, por isso, uma legitimação metafísica do presente, uma vez que reduz a "dialética a um processo de evolução reformista 'revolução-restauração', na qual apenas o segundo termo é válido" (idem). Com "história predeterminada", G. combina as dimensões política e filosófica de sua crítica do historicismo especulativo de Croce e, ao mesmo tempo, fornece os critérios para a crítica de todas as formas de pensamento que se dizem "laicas", mas nas quais "se trata [...] do 'conceito' de história e não da história" (*Q 8*, 224, 1.082).

PETER THOMAS

Ver: Croce; história; história ético-política; historicismo.

historicismo
Sem dúvida, é uma das palavras-chave a se incluir no léxico político e filosófico de G. Uma das primeiras reflexões sobre o historicismo presentes nos *Q* é atribuída a uma nota do primeiro deles (*Q 1*, 76, 83-4 [*CC*, 3, 120]). Aqui, intervindo num artigo de Filippo Burzio, G. associa de forma significativa historicismo e crise do Ocidente, e sustenta a necessidade de manter a distinção, tanto no plano da análise histórica quanto no plano da clarificação lógica dos termos, entre a ideia de Ocidente e a de cristandade. O que parece em crise no coração do século XX é a "nova unidade" do Ocidente, constituída pelos três pilares: do espírito crítico, do espírito científico e do espírito capitalista (ou melhor, como diz G., "industrial"). Todavia, o que se mostra particularmente em crise é o espírito crítico. É nesse contexto que, significativamente, G. fala de crise do historicismo como indício mais evidente da crescente oposição entre "sentimento, paixão e consciência crítica".

Portanto, o historicismo constitui, na articulada estrutura da reflexão crítica gramsciana, um dos percursos cruciais ao longo dos quais se desenvolve o complexo e acidentado itinerário da gênese e da consolidação da cultura moderna. É nesse contexto, então, que pode ser interpretado o claro nexo que G. estabelece entre dois momentos fundadores dessa cultura: o marxismo e o historicismo. A convicção de que o programa de Labriola deve ser retomado a fim de reconstruir o caráter independente e original da filosofia do marxismo (*Q 4*, 3, 422) não exclui que se estude com seriedade a própria história do marxismo, a história das contaminações e assimilações que ele sofreu no contato com as heranças fundamentais da história da cultura moderna: Reforma e Revolução Francesa, laicismo e, claro, historicismo e filosofia alemã e materialismo histórico (ibidem, 424). A argumentação histórica e interpretativa – que se coloca bem no centro do conjunto da reflexão gramsciana sobre a modernidade – fica mais explícita no *Q 16*, em que o historicismo é proposto como "base de toda a concepção moderna da vida". Mas, justamente por sua capacidade de interagir de modo crítico com o mundo moderno, a filosofia da práxis representa o ponto com base no qual o próprio historicismo pode ser criticado e concretizado: "A filosofia da práxis é o coroamento de todo este movimento de reforma intelectual e moral, dialetizado no contraste entre cultura popular e alta cultura. Corresponde ao nexo Reforma Protestante + Revolução Francesa: é uma filosofia que é também uma política e uma política que é também uma filosofia [...]. A filosofia da práxis se tornou também 'preconceito' e 'superstição'; tal como é, constitui o aspecto popular do historicismo moderno, mas contém em si um princípio de superação deste historicismo" (*Q 16*, 9, 1.860-1 [*CC*, 4, 37-8]).

No entanto, G. é muito consciente de que, ao lado das formas, por assim dizer, progressistas e avançadas do historicismo no plano do método histórico, bem como no plano político-filosófico e crítico, existe uma dimensão peculiar que foi historiograficamente identificada com alguns resultados políticos e conceituais da Restauração (ibidem, 1.863 [*CC*, 4, 40]). G. adere às interpretações que consideram a Restauração "como período de elaboração de todas as doutrinas historicistas modernas, incluída a filosofia da práxis, que é o coroamento delas e que, de resto, foi elaborada justamente às vésperas de 1848" (idem). Na opinião de G., as teorias historicistas nascidas nessa fase da história do Ocidente europeu se opõem às "ideologias do século XVIII, abstratistas e utopistas". Nessa acepção (algumas vezes erroneamente atribuída, por extensão, ao historicismo em geral), a visão historicista da realidade e da política se diferenciou como vontade de conservação do passado e como crítica de todo programa de transformação revolucionária (*Q 4*, 24, 442-3). O historicismo elaborado nessa fase da história europeia se articula segundo duas linhas: "na realidade efetiva e ideologicamente", como conservação daquilo que produziu o programa político e econômico da burguesia, e como ideologia antirrevolucionária e antidemocrática. Trata-se, pois, daquela versão do historicismo que se coloca em posição diametralmente oposta à consideração crítica e antidogmática da história na qual se inspira o historicismo gramsciano e que nasce exatamente da polêmica contra a ideia de uma história justificadora dos eventos e mero registro de fatos.

A reivindicação, por parte de G., de um historicismo crítico e antidogmático tem como alvo polêmico os esquematismos do mecanicismo e do economicismo. Mas tal reivindicação também se volta, especularmente, para a crítica, seja em relação às formas de historicismo atrasado e conservador (como se viu antes), seja em relação às transfigurações idealistas e especulativas dele. É sobre este último aspecto que interfere a severa análise crítica da filosofia de Croce. Já numa nota sobre "Teologia-metafisica-speculazione" [Teologia-metafísica-especulação], que antecede os "Punti per um saggio su B. Croce" [Pontos para um ensaio sobre B. Croce], G. insiste na contraditoriedade de uma posição que, mesmo partindo da crítica à metafísica e à filosofia da história, acaba pesquisando a fundação de uma filosofia especulativa, de uma filosofia do espírito como realidade única e integral. Uma tal filosofia não deve ser considerada, objeta G., simples resíduo metafísico, mas neutralização de toda afirmação de historicismo, já que "se trata de 'historicismo' especulativo, do 'conceito' de história e não da história" (*Q 8*, 224, 1.082). G. também fala, nas *Cartas*, de uma irrecuperável separação entre a filosofia especulativa (hegeliana) e o novo historicismo da filosofia da práxis, a propósito da contribuição dada por Ricardo, com sua ideia de "mercado determinado", a uma concepção realmente imanentista da história e da economia política (*LC*, 581-3, a Tania, 30 de maio de 1932 [*Cartas*, II, 205]). Todavia, o apelo à redação de um "anti-Croce" (com função análoga ao *Antidühring*) não é interpretável apenas como um dispositivo de crítica radical ao historicismo idealistamente declinado, justamente porque no "anti-Croce" – sublinha G. – "poderia se resumir não somente a polêmica contra filosofia especulativa, mas também, implicitamente, aquela contra o positivismo e as teorias mecanicistas, deterioração da filosofia da práxis" (*Q 8*, 235, 1.088, único lugar dos *Q* em que G. utiliza a grafia "*Anticroce*").

Para que se entendam, então, as passagens essenciais da teoria gramsciana da história é preciso se deslocar da crucial relação de oposição – que, aliás, G. coloca em evidência, não por acaso, nas notas dedicadas à "Introduzione allo Studio della filosofia" [Introdução ao estudo da filosofia] – entre o *especulativo* e o *historicista*. Isso vale, por exemplo, na determinação do conceito de "necessidade histórica", acerca do qual deve ser destacada a distância que há entre a necessidade em sentido especulativo-abstrato e aquela em sentido "historicista-concreto". Aqui a "necessidade é dada pela existência de uma *premissa* eficiente que tenha se tornado operante como uma 'crença popular' na consciência coletiva. Na *premissa* estão contidas as condições materiais suficientes para a realização do impulso da vontade coletiva" (*Q 8*, 237, 1.089). Retorna ao centro da reflexão gramsciana – constituindo, talvez, um de seus principais fios condutores – a busca de um difícil ponto de equilíbrio entre as uniformidades estruturais e as leis tendenciais do processo histórico, de um lado, e o imprescindível papel da vontade individual e das suas figuras coletivas e populares, de outro. Há, então, um outro conceito a ser reduzido, de especulativo a historicista, e é aquele de "racionalidade na história", que, para G., se ressente das tentativas idealistas (o exemplo preciso aqui adotado é a interpretação crociana da providência de Vico) de secularização da religião. Portanto, do juízo crítico sobre a "qualidade" do historicismo de Croce derivam, evidentemente, não apenas boa parte da tomada de distância em relação à filosofia do espírito, mas também algumas das conotações específicas do diferente historicismo gramsciano. De fato, no fundo de toda a crítica gramsciana do historicismo de Croce, há uma radical diferença (que, aliás, é aquela que levou Marx à crítica da filosofia hegeliana) sobre como pensar a relação entre o conceito e a realidade (*Q 10* II, 1, 1.241 [*CC*, 1, 310]).

Fica assim completamente evidente que é uma particular interpretação do historicismo, em registro histórico-materialista e marxiano, a determinar a distância de G. em relação a uma formulação (sobretudo, a crociana) do historicismo como ideologia moderada e nacional, na linha Cuoco-Gioberti, isto é, do liberalismo do *Risorgimento* e da revolução passiva. Pode-se ver expressa essa interpretação em um dos trechos conclusivos da seção dedicada às "Origens 'nacionais' do historicismo crociano": "Estabelecer com exatidão a significação histórica e política do historicismo crociano significa, precisamente, reduzi-lo à sua função real de ideologia política imediata, despojando-o da grandeza brilhante que lhe é atribuída, como se se tratasse da manifestação de uma ciência objetiva, de um pensamento sereno e imparcial, que se põe acima de todas as misérias e contingências da luta cotidiana, de uma desinteressada contemplação do eterno devir da história humana" (*Q 10* II, 41.XIV, 1.327 [*CC*, 1, 395]). O que parece de extremo interesse nessas passagens da crítica gramsciana do historicismo moderado e especulativo não é tanto o juízo negativo sobre a visão crociana da dialética histórica, mas a interpretação desse juízo e de sua dialética conservação-inovação como aquilo que, na linguagem moderna – a expressão é de G. –, se chama reformismo. A simples mistura de conservação-inovação não pode ser considerada um "verdadeiro historicismo", nem tampouco uma "teoria científica", tratando-se de uma "tendência político-prática". O juízo sobre o caráter de conservação ou a identificação no passado dos traços de inovação não podem ser atribuídos ao 'mau' historicismo das teorias aprioristas de filósofos e ideólogos (ibidem, 1.325-6 [*CC*, 1, 394]). Trata-se aqui, como parece claro, da crítica política ao historicismo moderado (G. fala de historicismo moderado a propósito das posições de Gioberti: *Q 8*, 27, 958), antirrevolucionário, ao historicismo incapaz de considerar os processos do mundo histórico fora de um ordenado e rígido esquema linear-evolutivo, ao historicismo que considera anti-histórica a ocorrência de saltos e rupturas numa sequência abstrata dos fatos, preordenada pela razão absoluta ou pelo espírito do mundo. Há também formas de "pseudo-historicismo" e de "mecanicismo bem empírico" que G. entrevê em alguns traços do evolucionismo e do próprio socialismo da Segunda Internacional, influenciado por uma visão otimista e processual da história (*Q 11*, 1, 1.366 [*CC*, 1, 85]; Texto A: *Q 8*, 200, 1.060-1). Também é possível perceber nessas páginas – para além da imediata referência a um termo determinado – o sentido preciso do historicismo antifinalista e crítico de G., ainda que colocado dentro do jamais negado objetivo da realização da sociedade comunista: "A história não se reconstrói com cálculos matemáticos e, ademais, nenhuma força inovadora se realiza imediatamente, mas sim como racionalidade e irracionalidade, arbítrio e necessidade, como 'vida', isto é, com todas as debilidades e as forças da vida, com suas contradições e suas antíteses" (*Q 10* II, 41.XIV, 1.326 [*CC*, 1, 394]).

Pode-se dizer, portanto, com boas razões filológicas e teórico-interpretativas, que o arcabouço historicista geral da filosofia e da cultura política de G. sustenta em boa medida os conteúdos de uma visão crítica e antidogmática do próprio marxismo, mas também, como se viu, de uma concepção ética que não converge para o relativismo cético: "Se a filosofia da práxis afirma teoricamente que toda 'verdade' tida como eterna e absoluta teve origens práticas e representou um valor 'provisório' (historicidade de toda concepção do mundo e da vida), é muito difícil fazer compreender 'praticamente' que tal interpretação é válida também para a própria filosofia da práxis, sem com isso abalar as convicções que são necessárias para a ação. Esta é, ademais, uma dificuldade que se apresenta para qualquer filosofia historicista: os polemistas baratos [...] para deduzir que o historicismo conduz necessariamente ao ceticismo moral" (*Q 11*, 62, 1.489 [*CC*, 1, 206]). São essas as páginas em que G. elabora o tema – aliás, fundamental para entender o sentido e os limites de seu historicismo – da *historicidade da filosofia da práxis*. "Que a filosofia da práxis conceba a si mesma de um *modo historicista*, isto é, como uma fase transitória do pensamento filosófico, esta concepção, além de estar implícita em todo o seu sistema, resulta explicitamente da conhecida tese segundo a qual o desenvolvimento histórico se caracterizará, em determinado ponto, pela passagem do reino da necessidade ao reino da liberdade" (ibidem, 1.487 [*CC*, 1, 203], itálico do autor do verbete).

É justamente a reencontrada originalidade e força teórica da concepção materialista da história que confere ao historicismo de G. essa dupla função, ao mesmo tempo historiográfica e filosófica. Uma visão não rigidamente esquemática da historicidade – aquilo que está na base da filosofia da práxis – e a consciência do caráter múltiplo e variado da experiência do mundo humano constituem os pontos-chave de uma ideia de história que é, por um lado, "filologia entendida como método da erudição na investigação dos fatos" e, por outro, "filosofia entendida como metodologia geral da história" (*Q 55*, 25, 1.429 [*CC*, 1, 146]). Em suma, o marxismo criticamente revisitado por G. – uma vez que se liberte de toda incrustação de naturalismo sociológico – "se realiza no estudo concreto da história passada e na atividade atual de criação de nova história" (*Q 11*, 26, 1.433 [*CC*, 1, 149]). Não deve, portanto, surpreender que, ao final desse longo processo de estudo, de análise, de polêmica contra os modos falsos e desviantes de afirmar e justificar uma suposta ortodoxia do marxismo, G. possa definir conclusivamente a filosofia da práxis como "historicismo absoluto", em que o caráter absoluto, por certo, não é determinado pelas abstratas categorias do espírito ou pelos movimentos dialéticos da ideia, mas se configura como "a mundanização e a terrenalidade absoluta do pensamento, um humanismo absoluto da história. Nessa linha é que deve ser buscado o filão da nova concepção do mundo" (*Q 11*, 27, 1.437 [*CC*, 1, 155]). É inegavelmente manifestação de um pensamento forte e estreitamente vinculado à perspectiva revolucionária do socialismo a afirmação, repetida outras vezes, de que a filosofia da práxis representa a fase sintética e conclusiva da história moderna. Da crise do hegelianismo se desprende, segundo a análise de G., um processo cultural de características radicalmente diferentes em relação àquelas que as precederam, sendo a primeira delas a marca da mudança radical ligada à unificação entre movimento prático e pensamento teórico. No plano filosófico, a filosofia da práxis e o neoidealismo também representam o resultado da crítica ao hegelianismo (Q 15, 61, 1.826-7 [CC, 1, 263]); no plano da política e da ideologia, se assiste ao nascimento de uma nova concepção do mundo, não mais "reservada aos grandes intelectuais, aos filósofos de profissão", e que tende, por isso, a "se tornar popular, de massa, com caráter concretamente mundial" (ibidem, 1.826 [CC, 1, 263]). O marxismo repensado e reformulado por G. certamente se coloca uma tarefa ambiciosa, quando pretende "explicar e justificar todo o passado", mas pode fazê-lo sem se transformar em princípio dogmático e absoluto justamente porque está disposto a "explicar e justificar historicamente" a si próprio. Era, escreve G., o "historicismo" máximo, a libertação total de todo "ideologismo" abstrato, a conquista real do mundo histórico, o início de uma nova civilização" (Q 16, 9, 1.864 [CC, 4, 41]).

Bibliografia: Althusser, 2006; Badaloni, 1962 e 1969; Morera, 1990; Prassi, 1967.

Giuseppe Cacciatore

Ver: Croce; filosofia da práxis; Gioberti; Hegel; história; história ético-política; história predeterminada; Labriola; marxismo; materialismo histórico; mercado determinado; revolução passiva; Ricardo.

historicismo absoluto: v. historicismo.

hitlerismo

Em Q 17, 51, 1.947 [CC, 3, 354] G. retoma (muito provavelmente de uma fonte indireta), julgando-a superficial e acrítica, uma breve citação do *Mein Kampf*, na qual Hitler considera a fundação ou a destruição de uma religião como ato incalculavelmente mais relevante do que a fundação ou a destruição de um Estado. Segundo o pensador sardo, "os três elementos: religião (ou concepção do mundo 'ativa'), Estado, partido, são indissolúveis, e no processo real do desenvolvimento histórico-político, passa-se de um para outro necessariamente". Nesse sentido, em seu juízo, o hitlerismo exemplifica perfeitamente o modo com que esse mecanismo de *feedback* – bem compreendido por Maquiavel, claramente "nos modos e na linguagem da época" – possa ser obstaculizado no seu desenvolvimento concreto pelo "fanatismo cego e unilateral de partido" – dito de outra forma, pela ausência "tanto de uma concepção estatal como de uma concepção do mundo capazes de se desenvolverem por serem historicamente necessárias" (ibidem, 1.947-8 [CC, 3, 354-5]).

Movimento "intelectualmente baixo e vulgar" (Q 20, 4, 2.103 [CC, 4, 153]), o hitlerismo, segundo G., mostrou claramente a forma com que na Alemanha, "sob o aparente domínio de um grupo intelectual sério", incubava um "lorianismo monstruoso", capaz de impor-se e difundir-se como "concepção e método científico de uma nova oficialidade" (Q 28, 1, 2.325 [CC, 2, 257]). Diante de um fenômeno como esse, manifestação de uma forma de nacionalismo em que a religião da pátria se contrapõe à "romana" – "o termo final do processo histórico iniciado com Carlos Magno, ou seja, com o primeiro Renascimento" (Q 20, 4, 2.094 [CC, 4, 160]) –, a Igreja católica não pode se adaptar senão com dificuldade, considerando sua natureza cosmopolita e sua estrutura "absolutista" e "formalista". "O papa – releva G. – não pode 'excomungar' a Alemanha hitleriana; deve até mesmo, por vezes, apoiar-se nela, o que torna impossível qualquer política religiosa retilínea, positiva, com alguma força" (idem).

Vito Santoro

Ver: fascismo; Igreja católica; lorianismo/lorianos; Maquiavel; nacionalismo; pós-guerra; religião.

homem

Em um texto de setembro de 1933, estimulado por um trecho de Gioberti, G. nota: "Recordar que, precisamente na *Sagrada família*, a expressão 'humanismo' é empregada no mesmo sentido que em Gioberti – como não transcendência – e que o autor queria chamar a sua filosofia de 'neo-humanismo'" (Q 17, 18, 1.922 [CC, 1, 269]). O termo "neo-humanismo" não encontra correspondência literal nos textos de Marx, embora sem dúvida restitua o sentido de um preciso trecho de *A sagrada família*, em que se afirma que a metafísica "sucumbirá definitivamente face ao *materialismo*, agora completado pelo trabalho da própria *especulação* e correspondente ao *humanismo*. Tal como *Feuerbach* no campo *teórico*, o *socialismo* e o *comunismo* franceses e ingleses representaram no campo *prático* o *materialismo* correspondente ao *humanismo*" (Marx, Engels, 1967, p. 164-5). Em outro trecho dos *Q* essa afirmação é lembrada *verbatim* (*Q 10* II, 13, 1.250 [*CC*, 1, 320]), e pode-se dizer efetivamente que toda a reflexão sobre o homem é – quando mais controlada teoricamente, quando de forma quase técnica e grifada – uma constante retomada dessa sugestão fundamental de *A sagrada família*, separada do livro, que de fato G. considera em seu conjunto como "uma fase intermediária ainda indistinta" (*Q 4*, 38, 462) no processo de elaboração da filosofia de Marx.

O conteúdo do conceito de humanismo é perfeitamente explicitado quando, no texto acima citado, G. equipara-o com *não transcendência*. O humanismo, e em geral o recurso ao uso do conceito de homem, sempre ocorre em G. para afirmar uma ideia de imanência, para criticar toda forma de metafísica (inclusive aquela religiosa ou laica do "homem", ou da "humanidade") e para focalizar a reflexão teórica na concretude das relações especificamente dadas a cada vez, nos "homens", portanto (no plural) concretamente existentes nas circunstâncias determinadas. Desde 1918 – quando ao "fatal correr das coisas" a que Claudio Treves (comparado com o Bruno Bauer de *A sagrada família*) confia suas extenuadas abstrações, G. contrapõe o "homem individual realmente existente" ("La critica critica", 12 de janeiro de 1918, em *CF*, 555 [*EP*, I, 131]) – pode-se afirmar que essa ideia é plenamente formada e ativa nas argumentações usadas por G. (v. nesse sentido "Dove va il Partito socialista?" [Para onde vai o Partido Socialista?], 10 de julho de 1920, em *ON*, 582).

Nos *Q* esse complexo entrelaçamento entre reivindicação da individualidade concreta e atribuição a ela de uma capacidade "criadora de valores" permanece intacto. Veja-se *Q 3*, 48, 330 [*CC*, 3, 196] com referência ao movimento de Turim ("uma consciência 'teórica', de criadora de valores históricos e institucionais, de fundadora de Estados") e *Q 4*, 41, 467 sobre a "atividade do homem" como "criadora de todos os valores, científicos também" e, portanto, determinante da mesma "objetividade"; ou *Q 4*, 49, 476 sobre a atribuição de "um mínimo de qualificação técnica, ou seja, um mínimo de atividade intelectual criadora" para "qualquer trabalho físico, mesmo o mais mecânico e degradado" etc. Essa reflexão é desenvolvida no *Q 4*, 51, 488 e *Q 4*, 52, 492, com as análises da mecanização taylorista do gesto do trabalho, que "não mata espiritualmente o homem" porque "todo homem, fora de sua profissão, desenvolve alguma atividade intelectual, é um filósofo, participa de uma concepção do mundo".

Em face de uma inegável estabilidade conceitual sobre esse tema ao longo do inteiro arco temporal de 1929 a 1935 podem-se destacar, contudo, alguns enfoques nos quais a reflexão acerca do conceito de homem sofre uma intensificação, contribuindo, quando não com inovações substanciais, com algumas nuances novas, as quais coincidem com uma releitura de Marx, em particular, as Teses sobre Feuerbach, que G. também traduziu no *Q 7*. O primeiro é constituído pelo grupo de textos *Q 4*, 37, *Q 4*, 41, *Q 4*, 43 [*CC*, 6, 362] e *Q 4*, 45 [*CC*, 6, 363]. A atenção concentra-se aqui inicialmente sobre o conceito de práxis, sobre a *atividade* como característica que qualifica a relação – e, portanto, a unidade ativa – entre homem e natureza (*Q 4*, 43 [*CC*, 6, 362], em polêmica com Lukács). O homem, como ente prático e ativo, é o pilar de referência para todos os valores e parâmetros, sejam éticos, sejam gnosiológicos (*Q 4*, 41, sobre o significado dos conceitos Leste e Oeste, que deve ser referido aos homens que criam tais conceitos para se orientar etc.): "Sem a atividade do homem, criadora de todos os valores, inclusive científicos, o que seria a 'objetividade'? Um caos, ou seja, nada, o vazio, se assim se pode dizer, porque realmente se se imagina que o homem não existe, não se pode imaginar a língua e o pensamento. Para o materialismo histórico não se pode separar o pensar do ser, o homem da natureza, a atividade (história) da matéria, o sujeito do objeto: se se faz essa separação, cai-se na conversa fiada, na abstração sem sentido" (*Q 4*, 41, 467). Eis porque o que mais interessa ao materialismo histórico "não é [...] a objetividade do real como tal, mas o homem que elabora esses métodos, esses instrumentos materiais que corrigem os órgãos sensoriais, esses instrumentos lógicos de discriminação, isto é, a cultura, isto é, a concepção do mundo, isto é, a relação entre homem e realidade. Buscar a realidade fora do homem mostra-se, portanto, um paradoxo, da mesma forma que para a religião constitui um paradoxo [pecado] buscá-la fora de Deus" (idem; v. ulteriores afirmações nesse sentido no *Q 7*, 25, 874 e *Q 8*, 177, 1.048-9).

Essa colocação em termos de "criatividade" é, porém, esclarecida já em *Q 4*, 45 [*CC*, 6, 363], quando G.

tenta dar pela primeira vez uma laboriosa definição do que se deve entender exatamente com o termo "homem". A atenção nesse caso não se dirige mais à recondução ao homem de todos os valores por parte do materialismo histórico, mas ao homem mesmo como objeto do materialismo histórico: "O 'homem em geral' é negado e todos os conceitos estaticamente 'unitários' são ridicularizados e destruídos enquanto expressão do conceito de homem em geral ou de 'natureza humana' imanente em cada homem" (*Q 4*, 45, 471 [*CC*, 6, 364]). O homem, que é fonte de todos os valores, não reflete, assim, abstrata ou genericamente a "natureza humana", mas é um indivíduo concreto, ativo somente pelo fato de ser condicionado e determinado pelas condições que o tornam "humano". É a religião – "a utopia mais 'mastodôntica', isto é, a metafísica mais 'mastodôntica' que já apareceu na história" – que "afirma [...] que o homem tem a mesma 'natureza', que existe o homem em geral, criado à semelhança de Deus e, por isso, irmão dos outros homens, igual aos outros homens, livre entre os outros homens, e que ele pode se conceber desta forma espelhando-se em Deus, 'autoconsciência' da humanidade" (ibidem, 472 [*CC*, 6, 365]). O materialismo histórico, ao contrário, ao passo que "é a consciência plena das contradições, na qual o próprio filósofo, entendido individualmente ou como grupo social global, não somente compreende as contradições, mas coloca a si mesmo como elemento da contradição, e eleva este elemento a princípio político e de ação, [...] não pode afirmar, a não ser genericamente, um mundo sem contradições, sem com isso criar imediatamente uma utopia" (ibidem, 471-2 [*CC*, 6, 364-5]). De modo que também não pode prescindir do fato de que o homem somente existe em suas formas diferenciadas: nas culturas nacionais (*Q 3*, 2, 285 [*CC*, 2, 71], em que nacional é definida como "particularidade primária") nas estratificações internas a cada cultura (senso comum-filosofia), no poder (alto-baixo, v. *Q 7*, 35, 885 [*CC*, 1, 245]: "O homem é aristocrático enquanto é servo da gleba etc."). Essa referência à concretude, como característica que condiciona o homem, volta no *Q 6*, 64, 733-4 [*CC*, 6, 194], no qual o homem é definido em estreita relação com as relações sociais. Chegamos aqui ao segundo enfoque de reflexão, que compreende também *Q 7*, 35 [*CC*, 1, 243] *Q 7*, 38 [*CC*, 1, 246] e *Q 8*, 151. Ao centro da análise está exatamente o conceito de natureza humana, o que desloca a atenção para a pergunta "o que é o homem". Uma vez recusada qualquer abordagem que pretenda surgir do "conceito inicialmente 'unitário' de uma abstração em que se possa conter todo o 'humano'" (*Q 7*, 25, 884), porque o "humano" não é – nem lógica nem historicamente – um ponto de partida, mas um ponto de chegada, a única resposta satisfatória está em definir a natureza humana como "o 'complexo de relações sociais' [...] porque compreende a ideia do devir: o homem devém, transforma-se continuamente com o transformar-se das relações sociais, e porque nega o 'homem em geral': de fato as relações sociais são expressas por diversos grupos de homens que se pressupõem um a outro, cuja unidade é dialética, não formal" (ibidem, 885).

Por um lado, então, as filosofias idealistas, por meio do conceito de "espírito", antecipam utopicamente a unificação do humano e, por outro lado, a mesma noção de natureza humana, pelo fato de ser identificada como um devir dialético (contraditório), perde seu significado tradicional e deve ser redefinida em relação ao devir (*Q 8*, 151, 1.032 acerca dos novos significados que devem ser atribuídos às expressões "natural", "contra a natureza" e "artificial"). Isso acresce a urgência de reflexão sobre a natureza humana, em particular em relação ao conceito de devir: "A questão é sempre a mesma: o que é o homem? O que é natureza humana? Se se define o homem como indivíduo, psicológica e especulativamente, estes problemas do progresso e do devir são insolúveis ou puramente verbais" (*Q 10* II, 48, 1.337 [*CC*, 1, 405]). Ao contrário, "o homem deve ser concebido como bloco histórico de elementos puramente subjetivos e individuais e de elementos de massa e objetivos ou materiais, com os quais o indivíduo está em relação ativa [...]. Por isso, é possível dizer que o homem é essencialmente 'político', já que a atividade para transformar e dirigir conscientemente os outros homens realiza sua 'humanidade', sua 'natureza humana'" (ibidem, 1.338 [*CC*, 1, 406-7]). E no *Q 10* II, 54 [*CC*, 1, 411] define-se que "o que é o homem" é "a primeira e principal pergunta da filosofia" e a resposta que se deve dar a tal pergunta é o principal momento de descontinuidade entre "todas as filosofias até agora existidas" (ibidem, 1.345 [*CC*, 1, 411]) e a filosofia da práxis. À medida que as primeiras, reproduzindo a posição católica, "conceberam o homem como indivíduo limitado à sua individualidade e o espírito como sendo tal individualidade" ("do ponto de vista 'filosófico', o que não satisfaz no catolicismo é o fato de, não obstante tudo, ele colocar a causa do mal no próprio homem individual, isto é, de conceber o homem como indivíduo bem definido e limitado": ibidem, 1.344-5 [*CC*, 1, 413]), a filosofia da práxis reforma o conceito de homem pondo a exigência de "conceber o homem como uma série de relações ativas (um processo) no qual, se a individualidade tem a máxima importância, todavia, não é o único elemento que deve ser considerado. A humanidade que se reflete em cada individualidade é composta por diversos elementos: 1) o indivíduo; 2) os outros homens; 3) a natureza" (ibidem, 1.345 [*CC*, 1, 413]).

Um estímulo direto a essa reflexão acerca da relação entre natureza humana e devir encontra-se em um grupo de outros textos, um pouco mais antigos (*Q 10* II, 27, 30, 32 e 37 [*CC*, 1, 335, 338, 346 e 353 respectivamente]), nos quais G. reflete sobre o conceito de "abstração" próprio da ciência econômica, tentando diferenciá-lo de "generalização": de fato, o "*homo oeconomicus*", que no caso da economia pura de Pantaleoni seria exatamente uma "generalização" indevida de uma figura econômica determinada, que acaba por coincidir com "o homem da biologia" (*Q 10* II, 30, 1.268 [*CC*, 1, 338]), na economia clássica de Ricardo e na crítica de Marx é uma abstração historicamente determinada, pela qual se torna possível uma reconstrução científica das "regularidades" típicas da economia capitalista. Essa abstração de uma real atividade econômica é ao mesmo tempo estável como categoria (a ponto de tornar-se pilar de uma ciência que formula "automatismos" e leis, ainda que "de tendência") e móvel como fixação somente provisória da rede das relações sociais em movimento: reúne, em suma, a exigência de reformar o conceito de homem, sem por isso cair na impossibilidade de fixar critérios para cada vez delimitar qual é a individualidade historicamente dada.

A essas considerações sobre o conceito de homem registra-se um único adendo posterior, no *Q 15*, 9 [*CC*, 4, 131], no qual, refletindo sobre a "mutação molecular", ou seja, sobre as transformações do caráter por meio de mutações insensíveis e não em razão de uma única ultrapassagem catastrófica, G. nota que "o movimento 'molecular' é o mais perigoso, uma vez que, enquanto mostra no sujeito a vontade de resistir, 'deixa entrever' (a quem reflete) uma mudança progressiva da personalidade moral, que num certo ponto passa de quantitativa a qualitativa: ou seja, não se trata mais, na verdade, da mesma pessoa, mas de duas" (ibidem, 1.762 [*CC*, 4, 131]). Um único sujeito, ou indivíduo, acolhe duas "pessoas": com essa distinção entre homem e pessoa, G. volta a colocar o problema de uma nova moral, que já havia formulado precedentemente tematizando os conceitos de "natureza", "contra a natureza" e "artificial". A reflexão sobre esse sujeito, num caso como no outro, fica aberta.

A essa reflexão aberta liga-se o último enfoque de questionamento, que diz respeito ao nexo entre homem-indivíduo, homem-massa e homem-coletivo. De início, G. opõe resolutamente o terceiro aos dois primeiros: se estes efetivamente se equivalem como os dois lados da mesma desagregação social, o homem-coletivo, surgindo "essencialmente de baixo para cima, à base da posição ocupada pela coletividade no mundo da produção" (*Q 7*, 12, 862 [*CC*, 3, 260]), marca o fim das agregações carismáticas e extemporâneas, pondo as bases para um tipo novo de liberdade. Coerentemente com essa posição, G. assume em seguida que "no moderno Príncipe" é necessário colocar também "a questão do homem coletivo, isto é, do 'conformismo social', ou seja, de criar um novo grau de civilização, educando uma 'classe política' que já em ideia encarne esse grau: portanto, questão da função e da atitude de todo indivíduo físico no homem coletivo; questão também do que é a 'natureza' do direito segundo uma nova concepção do Estado, realística e positiva" (*Q 8*, 52, 972, fevereiro de 1932). Contudo, pouco tempo depois (maio de 1932) ele se pergunta: "Deve-se ver quanto há de justo na tendência contra o individualismo e quanto de errôneo e perigoso" (*Q 9*, 23, 1.110 [*CC*, 3, 289]), distinguindo entre liberação da individualidade – coincidente com a reforma intelectual e moral – e luta contra o individualismo, que se deve limitar ao econômico: "O homem-coletivo ou conformismo imposto e o homem-coletivo ou conformismo proposto (mas, então, se pode chamar de conformismo?). Consciência crítica não pode nascer sem uma ruptura do conformismo católico ou autoritário e, portanto, sem um florescimento da individualidade [...]. Luta contra o individualismo é luta contra [...] o individualismo econômico num período em que ele se tornou anacrônico e anti-histórico (não esquecer, porém, que ele foi historicamente necessário e representou uma fase do desenvolvimento progressivo)" (ibidem, 1.110-1 [*CC*, 3, 289]). E chega finalmente a esclarecer a figura nova do homem coletivo, na perspectiva da "particularidade primária" italiana, como oposição entre homem-

-trabalho e homem-capital: "o elemento 'homem', no presente italiano, ou é homem-capital ou homem-trabalho. A expansão italiana é do homem-trabalho, não do homem-capital [...]. Não do cidadão do mundo como *civis romanus* ou católico, mas como trabalhador e produtor de civilização [...]. Colaborar a reconstruir o mundo economicamente de modo unitário está na tradição da história italiana e do povo italiano, não para dominá-lo e apropriar-se dos frutos do trabalho dos outros, mas para existir ou se desenvolver" (*Q 9*, 127, 1.190).

Bibliografia: Badaloni, 1977; Baratta, 1999; Cristofolini, 1988; Fattorini, 1987; Manacorda, 1989; Ragazzini, 1999.

Fabio Frosini

Ver: homem coletivo; homem-massa; imanência; individualismo; indivíduo; molecular; moral; natureza humana; objetividade; pessoas; reforma intelectual e moral; utopia.

homem coletivo

Nos *Q* o conceito de "homem coletivo" designa "a conquista de uma unidade 'cultural-social'" pela qual "uma multiplicidade de vontades desagregadas, com fins heterogêneos, solda-se conjuntamente na busca de um mesmo fim, com base numa idêntica e comum concepção do mundo (geral e particular, transitoriamente operante – por meio da emoção – ou permanente, de modo que a base intelectual esteja tão enraizada, assimilada e vivida que possa se transformar em paixão)" (*Q 10* II, 44, 1.330 [*CC*, 1, 399]). Não se trata de "multidões casuais", mas de uma unidade de homens "ligados por vínculos de responsabilidade" recíproca (*Q 7*, 12, 861 [*CC*, 3, 259]).

"A explicação teórico-prática mais concreta" da gênese do homem coletivo "se encontra no Livro I da *Crítica da economia política*, onde se demonstra que, no sistema fabril, existe uma cota de produção que não pode ser atribuída a nenhum trabalhador individual, mas sim ao conjunto dos operários, ao homem coletivo. Algo similar ocorre em relação à sociedade como um todo, a qual está baseada na divisão do trabalho e das funções e, desta forma, vale mais do que a soma dos seus componentes" (*Q 11*, 32, 1.446 [*CC*, 1, 163]). Para G. a passagem do indivíduo ao homem coletivo é concebida segundo a "lei hegeliana da quantidade que se torna qualidade", que a filosofia da práxis "concretou", ou "traduziu" em sua linguagem da "imanência". Se na física é um "agente externo" a determinar o fato "mecânico" da passagem da água ao gelo ou ao vapor, "no homem quem será [...]?

Na fábrica é a divisão do trabalho etc., condições criadas pelo homem mesmo. Na sociedade, o conjunto das forças produtivas". Se "todo agrupamento social é algo mais (e também algo diverso) que a soma de seus componentes", não pode ser uma "lei física" a explicar o desenvolvimento da sociedade porque nela "nunca se sai da esfera da quantidade". A tradução realizada pela filosofia da práxis é a interpretação teórico-prática mais concreta desse "algo mais", da "qualidade", que portanto se afasta tanto de Bukharin e do "materialismo vulgar, que 'diviniza' uma matéria hipostasiada", como do idealismo, que faz dele "um ente em si, o 'espírito', tal como a religião o transformara em divindade" (ibidem, 1.446-7 [*CC*, 1, 164]).

Para a construção do homem coletivo G. realça "a importância da questão linguística geral, isto é, da conquista coletiva de um mesmo 'clima' cultural" (*Q 10* II, 44, 1.330 [*CC*, 1, 399]): parte-se "da língua, isto é, do meio de expressão e de contato recíproco", tendo presente que "se é verdade que uma certa finalidade pressupõe certas premissas, é também verdade que, durante a elaboração real de determinada atividade, as premissas são necessariamente modificadas e transformadas, e a consciência da finalidade – ampliando-se e concretando-se – reage sobre as premissas 'adequando-as' cada vez mais. A existência objetiva das premissas permite pensar em certas finalidades [...]. Mas, se as finalidades começam progressivamente a realizar-se [...] mudam necessariamente as premissas iniciais, que porém não são mais iniciais e, consequentemente, modificam-se também as finalidades imagináveis, e assim por diante" (*Q 24*, 1, 2.259-60 [*CC*, 2, 198]). É um processo que envolve mais "fases moleculares" escandidas por um gigantesco trabalho cultural, pedagógico, político (*Q 8*, 195, 1.058 [*CC*, 3, 287]). G. evidencia o papel dos partidos na passagem da fase econômico-corporativa à ético-política – a "catarse" – como elaboradores e "experimentadores" da ética e da política de acordo com as concepções de uma determinada massa e enquanto "selecionam *individualmente* a massa atuante [...] simultaneamente nos campos prático e teórico" a fim de realizar uma "unificação de teoria e prática" (*Q 11*, 12, 1.386 [*CC*, 1, 105]; v. também *Q 4*, 38; *Q 1*, 43, 30 e 33 [*CC*, 1, 229]), o "indivíduo-elemento histórico [cultural] *completo*, determinado" (*Q 6*, 71, 738 [*CC*, 6, 197]). Para uma "inovação [...] de massa" é necessário ao mesmo tempo "uma elite na qual a concepção implícita na humana atividade já tenha se tornado, em certa medida, consciência atual coerente e sistemática e vontade precisa e decidida" (*Q 11*, 12, 1.386 [*CC*, 1, 105]; v. também *Q 10* II, 31, 1.273 [*CC*, 1, 339]; *Q 3*, 48, 330-I [*CC*, 3, 194] e *Q 8*, 169, 1.041-2). Compreende-se assim a ligação entre homem coletivo e "conformismo 'racional', isto é, correspondente à necessidade, ao mínimo esforço para obter um resultado útil", em que "conformismo significa nada mais que 'socialidade'", e perguntar "qual é o 'verdadeiro conformismo'" equivale a perguntar "qual é a 'necessidade'". "Cada um é levado a fazer de si o arquétipo da 'moda', da 'socialidade'": "portanto, a socialidade, o conformismo é resultado de uma luta cultural (e não apenas cultural), é um dado 'objetivo' ou universal, do mesmo modo como [...] a 'necessidade' sobre a qual se eleva o edifício da liberdade" (*Q 14*, 61, 1.719-20 [*CC*, 6, 248-9]). O "conformismo sempre existiu", mas "trata-se hoje" de uma "luta pela hegemonia" entre "dois conformismos" ou homens coletivos, "de uma crise da sociedade civil". Aos "velhos dirigentes intelectuais e morais da sociedade" às suas "'pregações' [...] estranhas à realidade" deve substituir-se o "novo mundo em gestação" para cuja edificação a referência é o "mundo da produção" e o "trabalho" (*Q 7*, 12, 861-2 [*CC*, 3, 260-1]).

A questão do homem coletivo está ligada à do "moderno Príncipe", à questão do "objetivo de criar um novo grau de civilização, educando uma 'classe política' que já em ideia encarne esse grau: portanto, questão da função e da atitude de todo indivíduo físico no homem coletivo; questão também do que é a "natureza" do direito segundo uma nova concepção do Estado, realística e positiva" (*Q 8*, 52, 972). Tal é a problemática do homem coletivo hodierno, cuja "base econômica" é constituída por "grandes fábricas, taylorização, racionalização etc.", em que a "tendência ao conformismo" é "mais extensa e mais profunda que no passado: a estandardização do modo de pensar e de atuar assume dimensões nacionais ou até mesmo continentais" (*Q 7*, 12, 862 [*CC*, 3, 260]), à qual se liga a "transformação" na "arte política" de "um dos velhos esquemas naturalistas", ou seja, "a substituição, na função dirigente, dos indivíduos singulares, dos chefes individuais [...] por organismos coletivos (os partidos). Com o crescimento dos partidos de massas e com sua adesão orgânica à vida mais íntima (econômico-produtiva) da própria massa, o processo de estandardização dos sentimentos populares, que era mecânico e casual [...] torna-se consciente e crítico [...]. Assim, forma-se uma estreita ligação entre grande massa, partido e grupo dirigente; e todo o conjunto, bem articulado, pode se movimentar como um 'homem coletivo'" (*Q 11*, 25, 1.430 [*CC*, 1, 148]).

No passado "obtinha-se uma vontade coletiva sob impulso [...] de um homem representativo, mas esta [...] era devida a fatores extrínsecos, compondo-se e decompondo-se continuamente. O homem coletivo de hoje, ao contrário, forma-se essencialmente de baixo para cima, à base da posição ocupada pela coletividade no mundo da produção". "O homem representativo" pode agora "desaparecer" sem que por isso a construção coletiva desabe. Disso tudo devem se tornar conscientes "os representantes da nova ordem" porque com a nova situação é possível realizar uma nova liberdade, criando sobre "novas bases" um "'novo conformismo' a partir de baixo" (*Q 7*, 12, 862-3 [*CC*, 3, 259]). A um "homem coletivo, ou conformismo imposto", substituir-se-á um "proposto" (*Q 9*, 23, 1.110 [*CC*, 3, 289]). Dever-se-á elaborar uma "técnica civil", por isso se ressalta que "não só é 'objetivo' e necessário um certo instrumento, mas também um certo modo de comportar-se, uma certa educação, um certo modo de convivência etc.", "uma nova forma de obrigatoriedade" ou "conformismo" que se justifique conscientemente (*Q 16*, 12, 1.875-6 [*CC*, 4, 52]). Em relação ao passado, agora "homem coletivo" quer dizer real possibilidade de trabalhar para uma reforma intelectual e moral, por uma "igualdade real" (*Q 7*, 35, 886 [*CC*, 1, 243]).

Rocco Lacorte

Ver: bloco histórico; catarse; conformismo; homem; homem-massa; individualismo; indivíduo; mercado determinado; moderno Príncipe; molecular; natureza humana; pessoa; unificação cultural; vontade coletiva.

homem do Renascimento

A imagem recorre oito vezes nos *Q* e assume um significado definido no tempo e um de ordem mais geral, categorial, universal, que se pode aplicar ao presente: fundamental é a complexa interação desses dois significados, que se liga à análise gramsciana da "questão política dos intelectuais". A leitura desse "homem do Renascimento" é negativa, porque sua especificidade se constitui com base em uma oposição dialética, em que o termo Renascimento permanece sintoma de uma concepção da sociedade que nega o elemento nacional, é cosmopolita e regressista. G. atribui a Erasmo a quintessência desse tipo humano, o intelectual de marca humanista incapaz de compreender a novidade do homem da Reforma, Lutero, iniciador de um processo que culmina na filosofia hegeliana.

O exemplo do passado é para G. um precedente necessário para deter-se sobre Croce, encarnação moderna do homem do Renascimento: sua polêmica contra o materialismo histórico, descrito como "concepção do mundo em atraso até mesmo com respeito a Kant" (*Q 7*, 1, 851), e a "ausência de coragem civil" (*Q 9*, 41, 1.304) fazem dele o "papa laico" (*Q 7*, 17, 867) mencionado nos *Q*. Croce, intelectual cosmopolita, grande teórico da "revolução passiva" do presente, no qual exerce um papel hegemônico, fracassa sobretudo em colher a novidade histórica da filosofia da práxis, processo generoso de inclusão das massas, semelhante à reforma protestante. O único traço positivo da expressão encontra-se no *Q 11*, 52 [*CC*, 1, 194] quando, citando Russo, G. valoriza a leitura da virtude renascentista no marco do homem Maquiavel (ibidem, 1.480).

Laura Mitarotondo

Ver: cosmopolitismo; Croce; Erasmo; filosofia da práxis; intelectuais tradicionais; Lutero; Maquiavel; Reforma; Renascimento.

homem-massa

A nota *Q 7*, 12, 861-3 [*CC*, 3, 259], Texto B, é intitulada "O homem-indivíduo e o homem-massa". A argumentação concerne à transição de uma sociedade em que "a estandardização do modo de pensar e de atuar" dos indivíduos acontecia "sob forma da direção carismática, [...] isto é, obtinha-se uma vontade coletiva sob impulso e sugestão imediata de um 'herói', de um homem representativo", para uma sociedade hodierna na qual "o homem coletivo [...] ao contrário, forma-se essencialmente de baixo para cima, na base da posição ocupada pela coletividade no mundo da produção". G. ressalta que "a base econômica do homem-coletivo" é composta hoje por "grandes fábricas, taylorização, racionalização etc.".

Na nota, a expressão "homem-massa" aparece somente no título e, em todos os *Q*, aparece somente mais uma vez, no fundamental *Q 11*, 12, 1.376 [*CC*, 1, 94], no qual G. observa que "somos conformistas de algum conformismo, somos sempre homens-massa ou homens-coletivos", e continua: "O problema é o seguinte: qual o tipo histórico de conformismo, de homem-massa de que fazemos parte?". Trata-se de uma questão crucial, porque prefigura a possibilidade da passagem de uma concepção do mundo "ocasional e desagregada", em razão da qual "se pertence simultaneamente a uma multiplicidade de homens-massa", a "uma futura filosofia que será própria do gênero humano mundialmente unificado". Ainda na citada nota do *Q 7*, G. observa que "o conformismo sempre existiu: trata-se hoje de uma luta entre 'dois conformismos', isto é, de uma luta de hegemonia, de uma crise da sociedade civil". A situação é dramática e é um dilema. Vai-se de uma realidade de massa amorfa e incoerente, descritível com a metáfora de "uma multidão durante um aguaceiro sob um abrigo" que pode preanunciar um "desastre dos indivíduos", a uma individualidade-sociabilidade madura, rica em "temperamento harmonioso de todas as faculdades intelectuais e práticas", como aquela simbolizada pelo "tipo moderno de Leonardo da Vinci tornado homem-massa ou homem-coletivo mesmo mantendo sua forte personalidade e originalidade individual" (*LC*, 601, a Giulia, 1º de agosto de 1932 [*Cartas*, II, 225]).

Giorgio Baratta

Ver: concepção do mundo; conformismo; Leonardo; multidão/multidões.

homo oeconomicus

As referências à noção de "*homo oeconomicus*" (escritas, com uma única exceção, entre março de 1932 e maio de 1933) devem ser postas no contexto de uma polêmica que se desenvolveu entre 1927 e 1932 sobre o caráter abstrato e separado da "vida", próprio do método de diversas ciências sociais, entre as quais a economia. A polêmica envolveu, de um lado, os atualistas Ugo Spirito, Luigi Volpicelli e Giovanni Gentile, e, de outro, os liberais Luigi Einaudi, Pasquale Jannacone (codiretores da *Riforma sociale*) e Benedetto Croce, e teve seu momento culminante com a publicação e a discussão do livro de Spirito *La critica della Economia liberale* [A crítica da economia liberal] (Treves, Milão, 1930). A essa discussão G. faz referência em um texto de março de 1932, intitulado "Noterelle di economia. Ugo Spirito e C." [Breves notas de economia. Ugo Spirito e co.], no qual rejeita a acusação lançada por Spirito contra "a economia política tradicional de ser concebida de modo 'naturalista' e 'determinista'". Na realidade, como objeta Jannacone em uma resenha ao livro de Spirito, os economistas procedem pelo "mercado determinado" (*Q 8*, 216, 1.076 [*CC*, 1, 446]). Portanto, "a economia clássica é a única 'historicista', sob a aparência de suas abstrações e de sua linguagem matemática, ao passo que precisamente Spirito dissolve o historicismo e afoga a realidade econômica num dilúvio de palavras e de abstrações" (ibidem, 1.077 [*CC*, 1, 447]). A única crítica legítima de uma ciência econômica não é a que demostra sua abstração, e sim a que demonstra a "historicidade" do "mercado determinado" com base no qual essa ciência se origina (*Q 8*, 128, 1.018, abril de 1932), historicidade que necessariamente deve ser conexa "ao aparecimento de novo fatores" (idem). Acrescenta G.: "Ao passo que os 'economistas' puros concebem esses elementos como 'eternos', 'naturais'" (idem).

Tem-se nesse caso, além da contraposição entre atualistas e economistas, também uma primeira diferenciação entre economia pura e economia clássica, diferenciação que será aprofundada em seguida, no curso de 1932. Se, de fato, em *Q 10* II, *9* [*CC*, 1, 317] (maio de 1932) "a descoberta do princípio lógico formal da 'lei tendencial'", atribuída a Ricardo, conduz sem dúvida "à definição científica dos conceitos fundamentais na economia, o de *homo oeconomicus* e o de 'mercado determinado'" (ibidem, 1.247 [*CC*, 1, 318]), no sucessivo *Q 10* II, 15 [*CC*, 1, 323] (junho de 1932) "a discussão acerca do conceito de *homo oeconomicus*" (a referência não é a Ricardo, mas à oposição Spirito-economia pura) é considerada "uma das muitas discussões sobre a chamada "natureza humana", dado que "cada um dos disputantes tem uma 'fé' própria, sustentando-a com argumentos de caráter predominantemente moralista" (ibidem, 1.253 [*CC*, 1, 323]). Reafirma-se aqui a necessidade de distinguir entre a "descoberta" do "princípio lógico formal" como tal, por obra de Ricardo, que o marxismo assume e, tornando-o a base de um novo modo de pensar a imanência, "sintetiza" em uma nova concepção do mundo integral; e o uso que se faz desse princípio na economia pura, criticado pelos atualistas.

Essa série de reflexões gramscianas – que remontam ao segundo semestre de 1932 – se desenvolve em constante diálogo com a discussão entre Robert Michels e Luigi Einaudi intitulada "Ancora intorno al modo di scrivere la storia del dogma economico" [Ainda em torno da maneira de escrever a história do dogma econômico] e publicada em *Riforma Sociale* em junho de 1932 (p. 303-13). Tal discussão, originada pelo livro de Michels *Introduzione alla storia delle dottrine economiche e politiche* [Introdução à história das doutrinas econômicas e políticas] (Zanichelli, Bolonha, 1932), versava em torno da possibilidade (afirmada por Einaudi e negada por Michels) de escrever uma história "pura" da economia, independente de qualquer influência social, ideológica etc., como história dos contínuos aperfeiçoamentos de um "dogma", ou "esquema lógico em base ao qual provisória e sucessivamente catalogaram-se os conceitos usados pelos economistas nas tentativas de constituir uma ciência", como escreve Einaudi na resenha ao livro de Michels, que deu origem à discussão ("Del modo di scrivere la storia del dogma economico" [Do modo de escrever a história do dogma econômico], em *La Riforma Sociale*, 1932, p. 207-19, citado na p. 214). O que movia Einaudi a afirmar que a economia é "uma doutrina que tem a mesma índole das ciências matemáticas e físicas (afirmação essa, observe-se, que não tem nenhuma necessária ligação com a outra, qual seja a de que é necessária ou útil no seu estudo a adoção do instrumento matemático)" ("Ancora intorno al modo di scrivere", p. 310).

Essa última passagem, citada por G. em *Q 10* II, 32, 1.277 [*CC*, 1, 346], está presente também em *Q 10* II, 27, 1.265 [*CC*, 1, 335], em que "a respeito do chamado *homo oeconomicus*, isto é, da abstração das necessidades do homem", observa que "uma tal abstração de modo algum é exterior à história, e ainda que se apresente sob o aspecto das formulações matemáticas, de modo algum tem uma natureza idêntica à das abstrações matemáticas". Ela é de fato "a abstração das necessidades e das ações econômicas de uma determinada forma de sociedade, assim como o conjunto das hipóteses apresentadas pelos economistas em suas elaborações científicas nada mais é do que o conjunto das premissas que estão na base de uma determinada forma de sociedade". Dessa maneira, o puro formalismo teórico é reduzido a uma "descrição", tão cuidadosa e rigorosa, mas sempre *histórica* e provisória, de "premissas" *reais*, isto é, "do todo em relação à parte, do todo que determina, naquela determinada medida, o automatismo e o conjunto de uniformidade e regularidade que a ciência econômica busca descrever com o máximo de exatidão, precisão e integralidade" (*Q 10* II, 30, 1.269 [*CC*, 1, 339]). Chega-se assim a diferenciar a noção de mercado determinado: "Na economia pura, é uma abstração arbitrária, que tem um valor puramente convencional, visando a uma análise pedante e escolástica [...], para a economia crítica, ao contrário, será o conjunto das atividades econômicas concretas de uma forma social determinada, consideradas em suas leis de uniformidade, isto é, 'abstratas', mas sem que a abstração deixe de ser historicamente determinada" (*Q 10* II, 32, 1.276 [*CC*, 1, 346]).

Os defensores da economia pura elevam sem dúvida o sensualismo – a filosofia da época do nascimento da economia política – à condição de descrição do homem como tal. "Das origens" da ciência econômica "eles desenvolvem não o núcleo positivo, mas o halo filosófico ligado ao mundo cultural da época" (*Q 10* II, 30, 1.269 [*CC*, 1, 339]). Portanto, "o postulado hedonista não é abstrato, mas genérico: de fato ele pode ser premissa não só para a economia, mas para toda uma série de operações humanas, que só podem ser chamadas de 'econômicas' se ampliarmos e generalizarmos enormemente a noção de economia, até o ponto de torná-la [empiricamente] vazia de significado ou fazê-la coincidir com uma categoria filosófica, como, de fato, Croce procurou fazer" (idem). G. chega assim a distanciar-se, ao mesmo tempo, da economia pura e de Croce, embora não esqueça as diferenças entre as duas colocações (*Q 10* II, 37, 1.284 [*CC*, 1, 353]) e o fato de que o "distinto" econômico tenha surgido em Croce com base na "reflexão sobre o conceito abstrato de '*homo oeconomicus*', próprio da economia clássica" (alusão a Marx) (*Q 10* II, 59, 1.354 [*CC*, 1, 420]).

Em um apontamento bem mais tardio (junho de 1935) dedicado à distinção entre a mera dominação de uma "lógica formal" e a "mentalidade científica" que consiste na capacidade de compreender e justificar não só "a [...] 'abstração' particular, o [...] método de abstração particular" da ciência que se pratica, mas "os vários tipos de abstração" (*Q 17*, 52, 1.948 [*CC*, 1, 273]), G. recorda, "para compreender quanto é superficial e estabelecida em bases frágeis a mentalidade científica moderna, [...] a recente polêmica sobre o chamado '*homo oeconomicus*'" (idem). A reflexão sobre esse conceito torna-se assim ocasião para que se aprofunde a concepção da imanência e da tradutibilidade como traço distintivo da filosofia da práxis.

FABIO FROSINI

Ver: capitalismo; economia; Einaudi; estrutura; leis de tendência; mercado determinado; Michels; natureza humana; queda tendencial da taxa de lucro; Ricardo; Spirito.

humanismo absoluto

A expressão aparece duas vezes nos *Q*, para caracterizar a mais essencial natureza da nova filosofia de Marx. A primeira ocorrência está em *Q 11*, 27, 1.437 [*CC*, 1, 152], uma variante substitutiva do Texto A: "Marx é essencialmente um 'historicista' etc." (*Q 4*, 11, 433 [*CC*, 6, 358]), que se torna, no Texto C, "A filosofia da práxis é o 'historicismo' absoluto, a mundanização e terrenalidade absoluta do pensamento, um humanismo absoluto da história". Essa variante se liga não somente ao historicismo, mas a uma ideia de mundanidade e terrenalidade que lembra a forma como G. traduz a expressão "*die Diesseitigkeit seines Denkens*" [a imanência do seu pensamento], com a qual Marx indica nas Teses sobre Feuerbach a nova forma de entender o conceito de verdade: "O caráter terreno do seu pensamento" (*CT*, 743). Essa escolha corresponde à vontade de identificar um novo conceito de imanência, não metafísico (v. *Q 5*, 127, 657 [*CC*, 3, 216], sobre a filosofia da práxis de Maquiavel, que "se baseia inteiramente na atuação concreta do homem que por suas necessidades históricas opera e transforma a realidade"). A "terrenalidade [...] do pensamento" é, portanto, aquela de quem não critica os mitos transcendentes, pondo no seu lugar um mito imanente (o homem), mas que de modo consequente ("absoluto") põe no centro da história o homem concreto, acabado, enraizado dentro de um horizonte terrestre, protagonista de um agir "real no sentido mais profano e mundano da palavra" (*Q 11*, 64, 1.492 [*CC*, 1, 209]). Essa leitura é confirmada pela segunda ocorrência do termo: "O imanentismo hegeliano torna-se historicismo; mas somente é historicismo absoluto com a filosofia da práxis, historicismo absoluto, ou humanismo absoluto" (*Q 15*, 62, 1.826-7 [*CC*, 5, 331]). E G. diferencia aqui tal atitude do ateísmo, que "é uma forma puramente negativa e infecunda, a não ser que seja concebido como um período de pura polêmica literário-popular" (idem). O humanismo absoluto não é, em suma, uma polêmica, uma negação, que disso extrai sua justificativa, mas o reencontro positivo na "terra" de todas as fontes – finitas e relativas – necessárias para satisfazer a demanda de sentido.

FABIO FROSINI

Ver: ateísmo; historicismo; homem; humanismo e novo humanismo; imanência; Maquiavel.

Humanismo e novo humanismo

No parágrafo do *Q 23* intitulado "Arte e luta por uma nova civilização", G. escreve: "Um determinado momento histórico-social jamais é homogêneo, ao contrário, é rico de contradições" (*Q 23*, 3, 2.187 [*CC*, 6, 65]). Essa afirmação pode representar mais de um eixo central para iluminar a complexa avaliação gramsciana do conceito de Humanismo. O juízo de G. tem origem em uma série de considerações de caráter histórico, político e às vezes mais estritamente cultural. Em muitos lugares ao longo dos *Q* é possível encontrar lado a lado os termos de Humanismo e Renascimento: a aproximação responde à exigência de definir dois conceitos que se dispõem cronologicamente ao longo de um eixo consequencial e que conservam traços de continuidade conceitual. A propósito do "duplo aspecto do Humanismo e do Renascimento", G. resolve a contraposição entre os múltiplos sentidos das que são interpretadas como categorias históricas reconhecendo que eles "foram essencialmente reacionários do ponto de vista nacional-popular, mas progressistas enquanto expressão do desenvolvimento cultural dos grupos intelectuais italianos e europeus" (*Q 29*, 7, 2.350 [*CC*, 6, 150]). O interesse pelo Humanismo, portanto, como fase histórica da cultura civil italiana, está quase sempre ligado ao Renascimento, que é percebido como momento que conduz os fermentos culturais retidos na elaboração retórico-teórica iniciada no século precedente a um patamar de acabado amadurecimento. A tradição humanista, de fato, constitui, na reflexão gramsciana, um grau intermediário importante para chegar a Maquiavel, encruzilhada conceitual fundamental e cerne do pensamento político do século XVI. Mais em geral, o pensador sardo expõe uma consistente série de considerações sobre os estudos mais recentes de cultura humanista, fazendo explícito pedido de novos títulos e leituras críticas sobre o argumento: sua intenção precípua está voltada para a compreensão do processo de constituição, ou de negação, de uma identidade nacional.

A pesquisa efetuada na área histórica dos séculos XV e XVI busca identificar os momentos salientes por meio dos quais teria sido possível realizar a superação da fragmentação da Idade Média italiana e alcançar a constituição de uma unidade cultural do país realizada em torno da nascente burguesia. Mesmo apreciando o valor da unidade cultural e a positividade do laço reestabelecido com o patrimônio dos *auctores*, G. denuncia a debilidade daquela unidade, incapaz de favorecer uma transformação da população no sentido de uma mais marcada subjetividade social, que pudesse determinar, até mesmo no *Risorgimento*, os termos de um processo político ativo (*Q 3*, 46, 325-6 [*CC*, 3, 189]). No *Q 3*, efetivamente, G. identifica com extraordinária perspicácia os limites da cultura humanística; embora recupere uma autêntica "teologia laica", emprestada do mundo clássico e posta como fundamento da *civitas* moderna, o Humanismo teria fracassado no momento da constituição de uma identidade civil e não religiosa da nação. No curso dos séculos, esse fracassado processo teria originado a incapacidade, por parte da cultura, de mover ideias e conceitos no sentido de renovação social e política, de seguir um movimento "progressista" da história e dar vida àquilo que G. define "novo humanismo". A esse propósito ele escreve: "Os laicos fracassaram em satisfazer às necessidades intelectuais do povo; creio que precisamente por não ter representado uma cultura laica, por não ter sabido criar um novo humanismo, adaptado às necessidades do mundo moderno, por ter representado um mundo abstrato, mesquinho, demasiado individual e egoísta" (*Q 3*, 63, 345). O novo humanismo, do qual G. lamenta a ausência, representaria um processo que faltou à Itália, que deveria apontar a via do laicismo e satisfazer às necessidades do mundo moderno.

Historicamente, por sua contribuição à cultura civil da nação, o Humanismo é descrito por G. como um período conotado peculiarmente pelo individualismo, segundo uma acepção que evidencia uma escassa atenção para as mudanças políticas decisivas originadas por volta do século XV. Se nas páginas dos *Q* a preocupação pela reconstrução histórica resulta sempre central, seja com respeito à questão da gênese do Humanismo, seja com respeito à periodização (*Q 3*, 76, 356 [*CC*, 2, 80]), é ainda o impulso de De Sanctis que determina uma torsão dos estudos gramscianos do âmbito da história civil para o âmbito da filosofia da práxis. Em particular no *Q 4*, referindo-se também ao Humanismo, G. contrapõe os cânones interpretativos da história adotados por muitos críticos e filólogos, e baseados na substituição da "interpretação pela descrição exterior", ao método do materialismo histórico, inspirado pela "análise do conteúdo" e representado pela experiência de De Sanctis embebido de "humanidade e Humanismo". O historiador da literatura, para G., estava conscientemente engajado na formação de "uma alta cultura nacional" e o embasamento de seu modo de entender a crítica literária, o sentido veraz de sua crítica estética, que se tornava "luta pela cultura, ou seja, novo humanismo" (*Q 4*, 5, 426), aparecia como clara expressão de oposição à crítica-retórica humanística de espírito filológico. Na leitura gramsciana, o Humanismo teve o mérito de indicar um percurso de constituição de uma autonomia moral, por meio de uma instância paidêutica subentendida à metodologia de estudo e de investigação histórica do passado promovida pelos cultores das *humanae litterae*; todavia, na dinâmica do processo histórico isso não assumiu formas novas, capazes de promover o amadurecimento de um caráter intelectual, de propor um diálogo com as classes populares e de enfrentar o problema da ausência de unidade no país.

Mesmo passando com frequência pelo filtro da averiguação bibliográfica, que deriva do comentário aos textos de críticos literários, o nó que se reapresenta em termos problemáticos no discurso de G. sobre Humanismo e Renascimento sempre aparece vinculado à íntima contradição existente entre problematização de uma função historicamente progressista desses dois momentos históricos, em termos de perfil cultural, e o papel dos intelectuais, não determinante para os objetivos da constituição de uma identidade moderna do país e de uma sua unificação. Com respeito às leituras apologéticas do Humanismo, G. polemiza com Vittorio Rossi, autor do artigo "Il Rinascimento", que apareceu na *Nuova Antologia* de 1929, que identifica no Humanismo um movimento cultural animado por um projeto educativo integral, tão explosivo que representa a realização de uma grande revolução (*Q 5*, 123, 646-8 [*CC*, 5, 225]). Segundo G., a "concepção retórica do Renascimento", que constitui o limite da leitura de Rossi, não torna manifesta a presença de duas distintas correntes, uma "progressiva", outra "regressiva", na passagem da fase medieval à fase humanístico-renascentista. Se a primeira fase levaria a considerar o Humanismo etapa do desenvolvimento espiritual italiano, a fase regressiva – com respeito à qual, para G., a mesma obra de Maquiavel representaria uma reação, com seu apelo à "necessidade política e nacional de se aproximar do povo" (ibidem, 648 [*CC*, 5, 233]) – negaria a aproximação com a categoria da revolução. Lembrando o "mestre" Labriola do texto *Da un secolo all'altro* [De um século a outro], e voltando a um conceito já amplamente constatado nos *Q*, G. reafirma a singularidade da Revolução Francesa, como único evento histórico que produziu a decisiva "separação do passado" (idem).

Rossi, de resto, considerado intérprete da cultura humanística, permanece um alvo polêmico para o pensador sardo, que enxerga nele o protótipo do estudioso atento em agarrar somente o aspecto positivo-progressivo do Humanismo, por meio da reconstrução do percurso – mediado pela experiência de Petrarca e pelos incunábulos da cultura pré-humanista de Pádua – que levou à plena afirmação da tradição dos *studia humanitatis*. Se Rossi colhia legitimamente na viragem cultural marcada pelo Humanismo o início de um processo de unificação cultural da Europa, G., mesmo aprovando o projeto ínsito na obra de "nacionalização do Humanismo", garantida pelo alento universal da cultura e pela restauração de um instrumento de comunicação como o latim, põe o problema da "ausência do caráter nacional da cultura" (ibidem, 651 [*CC*, 5, 233]). Evidentemente, também nesse caso, os intelectuais – postos por G. no quadro de sua função cosmopolita e na incapacidade de se opor ao caráter abstrato do projeto político humanista – são os responsáveis pela não realizada meta da unidade.

Voltando ao problema da língua – G. mostra-se particularmente sensível a essa questão – e da diglossia particularmente evidente no século XV, o autor dos *Q* tem a ocasião de demonstrar a insuficiência da "classe" intelectual nacional em reconhecer na língua vulgar um fator de conquista da unidade do país. Os intelectuais, secundando a supremacia do latim e ao mesmo tempo sua potencialidade de diálogo extranacional, teriam exprimido uma atitude regressiva e não nacional de tipo conservador, inspirada por um propósito de restauração. O Humanismo, afirmando a força do latim, teria desvelado seu rosto mais autêntico, o do "compromisso cultural" e não da revolução (*Q 6*, 118, 789 [*CC*, 5, 261]).

A visão gramsciana, no momento de atribuir uma identidade peculiar ao Humanismo, ressente-se da especificidade de um ponto de vista que muda em razão da colocação do problema nos termos da função "histórico-civil" dos intelectuais. Por isso, sem dúvida é possível compreender, como acontece no *Q 7*, o evento histórico do Humanismo no mais amplo capítulo da história dos intelectuais italianos. Mesmo permanecendo fundamental a busca de uma exata definição em termos histórico-políticos do período pré-renascentista, segundo todas as modulações e variações conceituais que caracterizam seu desenvolvimento – e nessa fase é frequente o recurso a algumas leituras críticas (Toffanin, Rossi, Ruggiero, Arezio, Rossi) –, G. não renega a "percepção" da função individual dos intelectuais-humanistas, seu culto ao antigo, o retorno ao latim, instrumento que produz um sensível afastamento "da cultura do povo" (*Q 7*, 68, 906

[CC, 2, 155]). O Humanismo, em sua totalidade, representa historicamente para G. um fenômeno reacionário, para além além do despertar da cultura, porque coincide com uma mais geral regressão das esferas econômica e política da sociedade e com a restauração da língua latina que subtrai vigor ao vulgar, língua do "resgate" da burguesia. Não existe, portanto, uma compensação efetiva da tradição humanística na leitura de G.; nos Q, efetivamente, o século XV inteiro é estigmatizado e definido como "uma Contrarreforma por antecipação" (ibidem, 907 [CC, 2, 157]). Mesmo investigando cuidadosamente o terreno regado pela novidade histórica produzida pela recuperação das formas e dos gêneros da literatura antiga, G. não deixa de investigar a fase da cultura humanística em relação à história dos intelectuais; pressionado pela exigência de encontrar também os elementos "práticos" distintivos da época, os mais ligados à "reforma pedagógica" do século XV (Q 8, 113, 1.008 [CC, 2, 167]), G. repreende o Humanismo por ter quase negado a história, ao registrar a derrota da classe burguesa e ao recusar a realidade econômica própria dessa classe (Q 8, 185, 1.054 [CC, 3, 286]).

Ainda sustentado fortemente pelos ensinamentos de Labriola, quando se refere ao único Humanismo possível na realidade histórica em que vive, G. auspicia o nascimento de "uma nova ordem intelectual e moral" que inspire uma cultura laica e moderna como "base ética do novo tipo de Estado" (Q 11, 70, 1.509 [CC, 1, 225]).

Contudo, se esse novo humanismo continua a ser uma quimera no léxico gramsciano da história contemporânea, é porque o próprio Humanismo do século XV nunca promoveu um "resgate" moral e civil, a ponto de aparecer, ao invés, como o fenômeno responsável pela "separação entre os intelectuais e as massas" e, portanto, pela "interrupção da formação político-nacional italiana" (Q 15, 64, 1.829 [CC, 5, 333]). Essa avaliação não é certamente alheia ao juízo de De Sanctis sobre a tradição humanística lida como antecâmara do Renascimento em chave decadente, ou seja, como "ponto de partida de um regresso" (Q 17, 3, 1.909 [CC, 5, 337]). G. recorre a toda a densidade da análise histórica subentendida nas considerações do crítico literário, ao qual opõe Burckhardt e sua interpretação apologética do espírito "construtivo" do Renascimento. O ponto de vista de De Sanctis se faz mais precioso ainda para G. na medida em que lhe fornece uma ocasião de reflexão sobre a história moderna: se entre os séculos XV e XVI em muitos países europeus se teve o processo de constituição de um Estado-nação, na Itália o Humanismo, sufocado em sua vocação cultural quase unilateral, freou a iniciativa da composição de um tecido identitário do Estado.

Humanismo e Renascimento, considerados como momentos do desenvolvimento "progressivo" da história italiana após o ano 1000, deram uma contribuição positiva somente às classes cultas; na visão gramsciana, esses dois momentos históricos permanecem estéril expressão literária e quase parte inativa de um processo de respiro europeu culminado fora da Itália com a constituição dos Estados nacionais (Q 17, 8, 1.913 [CC, 5, 340]). Somente Maquiavel, conforme o eco de De Sanctis, se torna expressão acabada das potencialidades do Renascimento. Embebido de uma tradição crítica que conjuga história, literatura e filosofia da práxis, G. inaugura a categoria do novo humanismo como ponto de coagulação, no cenário cultural italiano, entre patrimônio dos saberes e torsão civil dos conceitos. Na visão gramsciana, portanto, o Humanismo aparece como fase histórica realizada que favoreceu o desenvolvimento de uma classe culta de intelectuais, inspirados pelo redescobrimento da classicidade e pelo amadurecimento de uma subjetividade ética "autorreferencial", garantida por uma comunicação cultural nova, de tipo "universal". O novo humanismo, ao contrário, não se deve resolver em um processo assim definido historicamente e G. solicita à consciência subjetiva dos intelectuais-clérigos de trabalhar para a projeção de um universalismo que seja denso da noção de mudança na história e da consciência do papel de mediação a ser desenvolvido no curso desse processo. O secretário florentino continua a ser a expressão mais alta da experiência humanista, porque consegue recuperar o valor educativo e inovador da *societas*, animada pelo protagonismo dos sujeitos e sustentada pela autoridade da tradição clássica, mesmo quando esta interpreta a política segundando uma visão utópica.

O Humanismo, então, pode ser recebido somente como fase "preparatória" ao crescimento de Maquiavel, que por meio de seus escritos inaugura uma nova concepção do mundo, um "neo-humanismo", concreta tradução da filosofia da práxis gramsciana, baseada "inteiramente na ação concreta do homem que, por suas necessidades históricas, opera e transforma a realidade" (Q 5, 127, 657 [CC, 3, 216]). Maquiavel encarnaria o ponto de chegada da concepção imanente da realidade, da atitude voltada para produzir os eventos no movimento da história, da "devoção" à "pura historia ou historicidade", ou "puro humanismo" (*Q 10* II, 8, 1.226 [*CC*, 1, 316]), em outro lugar definida emblematicamente "a mundanização e a terrenalidade absoluta do pensamento, um humanismo absoluto da história" (*Q 11*, 27, 1.437 [*CC*, 1, 155]).

Bibliografia: Ciliberto, 1991 e 1999; Chemotti, 1975; Paggi, 1984a.

Laura Mitarotondo

Ver: cosmopolitismo; humanismo absoluto; intelectuais italianos; Maquiavel; Renascimento.

humildes

A expressão "humildes" nos *Q* liga as análises de G. sobre os intelectuais às análises sobre o caráter não nacional-popular da literatura italiana, a Manzoni, às representações dos grupos subalternos; é uma noção parecida com a de "simples". A noção compreende as pessoas comuns, os camponeses, os artesãos, os servos, os habitantes do campo, as classes subalternas (*Q 14*, 39, 1.696-7 [*CC*, 6, 243]). Em *Q 9*, 135, 1.197, G. escreve: "Essa expressão 'os humildes' é característica para entender a atitude tradicional dos intelectuais italianos para com o povo e o significado da literatura para os 'humildes'".

G. manifesta particular interesse pela forma com que Manzoni cria o retrato dos humildes em *Os noivos* (*Q 14*, 45 [*CC*, 6, 246]). Ele havia escrito em *Q 7*: "A atitude de Manzoni diante de suas pessoas do povo é a atitude da Igreja católica diante do povo: de condescendente benevolência, não de identificação humana" (*Q 7*, 50, 896 [*CC*, 6, 209]). G. faz notar que na obra-prima de Manzoni "não há homem do povo que não seja objeto de galhofa e de ironia [...] todos são representados como gente mesquinha, estreita, sem vida interior. Vida interior, somente os senhores a possuem" (*Q 23*, 51, 2.245 [*CC*, 6, 120]). Representar o povo como conjunto de "humildes" e os nobres como homens iluminados é sintomático do tradicional caráter não nacional-popular dos intelectuais italianos, que tendem a se relacionar com o povo de maneira degradante e paternalista. "No intelectual italiano, a expressão 'humildes' indica uma relação de proteção paterna e divina, o sentimento 'autossuficiente' de uma indiscutível superioridade, a relação como entre duas raças, uma considerada superior e outra inferior, a relação que se dá entre adulto e criança na velha pedagogia, ou, pior ainda, uma relação do tipo 'sociedade protetora dos animais' ou do tipo Exército da Salvação anglo-saxão diante dos canibais da Papuásia" (*Q 21*, 3, 2.112 [*CC*, 6, 38]). É nesse sentido que G. está interessado nas modalidades com que as representações literárias dos "humildes" fortalecem a condição da subalternidade.

Marcus Green

Ver: intelectuais italianos; Manzoni; nacional-popular; simplórios; subalternos.

Ibsen, Henrik
G. manifesta interesse por Ibsen desde a época das resenhas teatrais publicadas no *Avanti!*. Desde então, a denúncia social é a vertente da arte ibseniana que chama a atenção de G.: daqui o interesse por uma composição como *Casa de boneca*. Diversas vezes, nos *Q*, G. retorna a Ibsen e não deixa de evidenciar sua capacidade de atrair o "povo das cidades" (*Q 21*, 6, 2.122 [*CC*, 6, 45]), sua capacidade de repercutir profundamente "na psicologia popular" (idem); fatores que marcam uma radical mudança de perspectiva em relação às resenhas da década de 1910: ali G. evidenciava a incompreensão que parte do público burguês tinha de *Casa de boneca*. Nos *Q* ressalta-se, ao contrário, a acessibilidade da dramaturgia ibseniana, embora obviamente não à burguesia, mas aos grupos sociais subalternos na Itália da década de 1930. Acessibilidade produzida exatamente pela força de trabalhos como *Casa de boneca*, voltados a difundir uma visão do mundo dialeticamente antitética à cultura dominante, já que conseguem exprimir o "drama da parte intelectual e moralmente mais avançada de uma sociedade" e "o desenvolvimento histórico imanente nos mesmos costumes existentes" (ibidem, 2.123). No *Q 11*, 12, 1.376 [*CC*, 1, 94] G. observa que criticar a própria concepção do mundo significa "elevá-la até o ponto atingido pelo pensamento mundial mais evoluído". O teatro de Ibsen, pelo fato de situar-se tão dinamicamente dentro da história, é incluído, nos *Q*, entre as manifestações de tal pensamento mundial em devir. No *Q 14*, 72, 1.738 [*CC*, 6, 252] lê-se: "'conteúdo' e 'forma', além de um significado 'estético', possuem também um significado 'histórico'". A admiração por parte de G. do teatro de Ibsen não pode ser limitada, portanto, a uma questão de conteúdos. Eis que, em vez de cair na abstrata propaganda progressista, Ibsen está, para G., entre os que testemunham o modo em que o autor deveria "viver no mundo real, com todas as suas exigências contraditórias, e não expressar sentimentos absorvidos apenas nos livros" (*Q 21*, 6, 2.123 [*CC*, 6, 48]).
Yuri Brunello

Ver: arte; drama; teatro.

Idade Média
Na Idade Média, anota G., o regime feudal compreendia tanto a aristocracia – que detinha o "monopólio da capacidade técnica militar" e, ao perder tal monopólio, deu início à crise do "feudalismo" – quanto o clero, que "exercia a propriedade feudal da terra como os nobres" (*Q 4*, 49, 475) e "impunha pesados tributos" aos camponeses da mesma forma que os senhores feudais (*Q 1*, 128, 116 [*CC*, 4, 178]). Por "clero", nesse caso, G. entende uma "*classe-ordem feudal*", distinta da religião como princípio; a Igreja como "comunidade dos fiéis", aliás, "conservou e desenvolveu certos princípios político-morais em oposição à igreja como organização clerical" (ibidem, 116-7 [*CC*, 4, 178]). G. se detém sobre os movimentos religiosos populares da Idade Média, como o franciscanismo, considerados um exemplo da "impotência política" das grandes massas diante de "opressores pouco numerosos", mas "aguerridos e centralizados"; tal impotência tem como resultado a exaltação dos valores espirituais, como na relação entre cristianismo-helenismo e Império Romano ou na relação entre gandhismo

e Império Britânico (*Q 6*, 78, 748 [*CC*, 5, 250]). Nota G.: "os 'humilhados e ofendidos' se entrincheiram no pacifismo evangélico primitivo, na 'exposição' nua de sua 'natureza humana' ignorada e pisoteada, a despeito das afirmações de fraternidade em Deus-pai e de igualdade etc." (ibidem, 748-9 [*CC*, 5, 250]). Numa posição isolada é colocado Francisco de Assis, que "não pensa em nenhuma forma de luta, à diferença dos outros inovadores (Valdo etc., e os próprios franciscanos)" (ibidem, 749 [*CC*, 5, 250]). Os movimentos heréticos da Idade Média, por sua vez, são definidos por G. como uma "reação simultânea à politicagem da Igreja e à filosofia escolástica, que foi uma sua expressão"; esses movimentos foram "uma ruptura entre massa e intelectuais no interior da Igreja, ruptura 'corrigida' pelo nascimento de movimentos populares religiosos reabsorvidos pela Igreja, através da formação das ordens mendicantes e de uma nova unidade religiosa" (*Q 11*, 12, 1.384 [*CC*, 1, 102]).

O elemento religioso é recorrente nas reflexões gramscianas sobre a Idade Média e sobre o feudalismo: G. identifica, por exemplo, "todos ou quase todos os elementos fundamentais, negativos e positivos, para explicar historicamente o feudalismo" num trecho de Luigi Salvatorelli sobre Benedetto di Norcia, em que o historiador afirma que uma comunidade, "e mais ainda uma comunidade religiosa, guiada pelo espírito beneditino, era um patrão muito mais humano do que o proprietário individual, com seu egoísmo pessoal, seu orgulho de casta, sua tradição de abusos seculares" (*Q 5*, 74, 607-8 [*CC*, 2, 123]). Assim, o "prestígio do mosteiro" protegia de alguma forma "os colonos contra a rapacidade do fisco e as incursões dos esquadrões armados legais e ilegais", constituindo-se como novo núcleo social, baseado num "novo princípio cristão", distante das cidades em decadência e do "decrépito mundo que se obstinava em se chamar com o grande nome de Roma" (idem). Salvatorelli vê, portanto, em Benedetto o autor de uma reforma social, além de uma obra de cultura, ambas não premeditadas. G. também cita Filippo Ermini, que afirmava que, quando as casas beneditinas se tornaram "asilo do saber", foi recomposta a unidade do "*orbis latinus*, rompido pela ferocidade dos invasores": teve início assim, com a "obra do cérebro e das mãos" dos beneditinos, "a admirável civilização da Idade Média" (idem [*CC*, 2, 124]). Em torno das sedes episcopais, por sua vez, escolhidas a partir da "função organizadora e centralizadora" que o lugar deveria ter, desenvolvem-se serviços vários ("abastecimento, defesa militar etc.") que definem "um agrupamento de elementos laicos em torno dos religiosos" (*Q 5*, 68, 603 [*CC*, 2, 122]), bem como a origem "religiosa" de uma série de cidades medievais.

Comentando um artigo de Vittorio Rossi, G. afirma que a reação contra o regime feudal começou logo após o ano 1000; nos dois ou três séculos sucessivos se "transforma profundamente a ordem econômica, política e cultural da sociedade" (*Q 5*, 123, 641 [*CC*, 5, 225]). Revigoram-se as atividades agrícolas, industriais, comerciais, nasce a "burguesia, nova classe dirigente" (idem), começa o período das comunas, que, porém, não souberam ultrapassar a fase "econômico-corporativa" para entrar na fase "política", pois a burguesia italiana medieval não soube "se libertar completamente da concepção medieval-cosmopolita representada pelo Papa, pelo clero e também pelos intelectuais leigos (humanistas)" (*Q 5*, 127, 658 [*CC*, 3, 218-9]). Em outras palavras, ela "não soube criar um Estado autônomo, permaneceu na moldura medieval, feudal e cosmopolita" (idem). O cosmopolitismo medieval se desenvolve e se estabelece na Itália em íntima conexão com a tradição do Império Romano e da Igreja; os intelectuais italianos continuarão, segundo G., a exercer uma função cosmopolita pelo menos até o final do século XVIII. Ao "universalismo medieval e católico", que tinha "sua sede na Itália" e se conservou devido à "ausência de uma 'história política e nacional' italiana" (*Q 3*, 46, 325 [*CC*, 3, 191]), se relaciona o chamado "internacionalismo" do povo italiano; além do mais, não apenas a unidade "política, territorial, nacional tem uma frágil tradição" na Itália, mas o próprio nome "Itália", durante a Idade Média, havia perdido terreno diante de "Longobardia".

O Estado antigo e o Estado medieval podem ser considerados, segundo G., como uma "'federação' de classes" (*Q 3*, 18, 303), um "bloco mecânico de grupos sociais e, com frequência, de raças diversas" (*Q 25*, 4, 2.287 [*CC*, 5, 138-9]), no qual "os grupos subalternos tinham uma vida própria, à parte", e instituições próprias, às vezes também com função estatal. No mundo medieval, porém, excluídos de "toda vida própria coletiva organizada" (idem) eram proletários, servos da gleba e colonos, da mesma forma que os escravos e os proletários não escravos do mundo clássico. G., entretanto, na mesma nota adverte contra os "perigos contidos no método da analogia histórica como critério de interpretação" (ibidem, 2.286-7 [*CC*, 5, 138]) e faz uma objeção: a "tentativa dos cardadores de lã certamente não produziu o impacto que teria produzido uma tentativa semelhante dos escravos antigos" (ibidem, 2.287 [*CC*, 5, 139]). Além disso, na Idade Média, contrariamente ao que acontece no mundo clássico, era "possível uma aliança entre proletários e povo e, ainda mais, o apoio dos proletários à ditadura de um príncipe" (idem). Ligada à Idade Média, mas também fora dela, é vista a figura de Federico II: ele era de fato "um homem do seu tempo", mas "sua luta contra a Igreja, sua tolerância religiosa, o fato de se ter valido de três civilizações: a hebraica, a latina e a árabe, e buscado amalgamá-las situam-no fora da Idade Média" (*Q 6*, 61, 729 [*CC*, 5, 245]). Não foi unívoco o julgamento sobre Savonarola: G. recorda que ele foi descrito como um "homem da Idade Média", mas que os defensores de tal definição não deram suficiente atenção à "sua luta com o poder eclesiástico", que "no fundo visava a tornar Florença independente do sistema feudal eclesiástico" (*Q 15*, 70, 1.831-2 [*CC*, 5, 335]). Por fim, o pensador sardo considera medieval a cultura das "massas populares" (*Q 16*, 9, 1.858 [*CC*, 4, 31]), daí a filosofia da práxis ter se colocado a missão de educá-las.

JOLE SILVIA IMBORNONE

Ver: burguesia comunal; clero; comunas medievais; Dante; filosofia da práxis; heresias/heréticos; Igreja católica; Império Romano; intelectuais; intelectuais italianos; Itália; pacifismo; religião; Savonarola.

idealismo

Nos escritos da juventude as esporádicas referências ao idealismo, a Hegel em particular, não são absolutamente críticas. Croce e Gentile são acomunados porque justificariam o "realismo histórico" ("L'aio senza imbarazzi" [O aio desinibido], 18 de maio de 1916, em *CT*, 322). Seriam "inapagáveis" as marcas deixadas por Croce sobre os desenvolvimentos do materialismo histórico ("Il buon diritto" [O bom direito], 20 de julho de 1916, em *CT*, 433). Ele seria "convincente" quando afirma que a história é sempre contemporânea ("La barba e la fascia", 5 de fevereiro de 1918, em *CF*, 631). O juízo, especialmente sobre Croce, muda radicalmente a partir de 1926 (*Alguns temas da questão meridional*, em *CPC*, 137 ss. [*EP*, 2, 405]). E em seguida, nos anos do cárcere, os *Q* pretendem ser também o esboço de um "anti-Croce". A filosofia da práxis transforma-se em "resultado e coroamento de toda a história precedente. Da crítica do hegelianismo, nascem o idealismo moderno e a filosofia da práxis. O imanentismo hegeliano torna-se historicismo; mas só é historicismo absoluto com a filosofia da práxis" (*Q 15*, 61, 1.826 [*CC*, 1, 264-5]). O marxismo desenvolve consequentemente a "concepção 'imanentista' da história – expressa com a linguagem idealista e especulativa da filosofia clássica alemã" (*LC*, 582, a Tania, 30 de maio de 1932 [*Cartas*, II, 205]). Com sua dialética não mistificada o marxismo recupera elementos do "idealismo tradicional" (e do velho materialismo): "A função e o significado da dialética só podem ser concebidos em toda a sua fundamentalidade quando o materialismo histórico é concebido como uma filosofia integral original, que inicia uma nova fase na história e no desenvolvimento mundial do pensamento, na medida em que supera (e, superando, integra em si seus elementos vitais) tanto o idealismo quanto o materialismo tradicionais" (*Q 7*, 29, 877 [*CC*, 6, 373]). De que modo o idealismo se torna um "momento" do marxismo? "A filosofia da práxis 'absorve' a concepção subjetiva da realidade (o idealismo) na teoria das superestruturas [...]. A teoria das superestruturas é a tradução da concepção subjetiva da realidade em termos de historicismo realista" (*Q 10* II, 6, 1.244 [*CC*, 1, 315]). Nesta passagem "tradução" aparece como sinônimo de superação dialética ou aporia filosófica solucionada: "A teoria das superestruturas não é senão a solução filosófica e histórica do idealismo subjetivista" (*Q 10* II, 41.I, 1.299 [*CC*, 1, 369]).

Se para o jovem G., na "luta entre o *Syllabus* e Hegel, foi Hegel quem venceu, porque Hegel é a vida do pensamento que não conhece limites e põe a si mesmo como algo transitório, superável" ("Il Sillabo ed Hegel" [O *Syllabus* e Hegel], 15 de janeiro de 1916, em *CT*, 72 [*EP*, 1, 55), segundo os *Q* este conceito deriva não mais de Hegel, mas da filosofia da práxis enquanto "historicismo absoluto". O marxismo supera o idealismo até porque prevê a mesma possibilidade de ser superado: "Como filosofia, o materialismo histórico afirma teoricamente que toda 'verdade' tida como eterna e absoluta tem origens práticas e representou ou representa um valor provisório. Mas o difícil é tornar compreensível 'praticamente' esta interpretação no que toca ao próprio materialismo histórico. Esta interpretação é insinuada por Engels, ao falar de passagem do reino da necessidade para o reino da liberdade" (*Q 4*, 40, 465 [*CC*, 6, 362]). Paradoxalmente G. deixa entender que o marxismo crítico, e por conseguinte historicista, ao julgar a si mesmo também como "superável", poderia ser substituído, no futuro reino da liberdade, por uma espécie de idealismo não mais "utópico", mas que se tornou aderente, somente então, ao novo contexto histórico, à nova época: "É possível até mesmo chegar-se à afirmação de que, enquanto todo o sistema da filosofia da práxis pode se tornar caduco em um mundo unificado, muitas concepções idealistas (ou, pelo menos, alguns de seus aspectos), que são utópicas durante o reino da necessidade, poderão se tornar 'verdades' após a passagem etc." (*Q 11*, 62, 1.490 [*CC*, 1, 207]).

Se a mais audaz concessão ao idealismo está em prefigurar sua reatualização no futuro "reino da liberdade", ao contrário, quando se refere ao neoidealismo ("idealismo moderno"), G. enxerga em Croce, especialmente, a capacidade de assimilar, bem ou mal, para os seus objetivos teóricos, históricos ou políticos, alguns conceitos fundamentais do marxismo (mesmo neste perfil estritamente doutrinário ele seria de fato, segundo G., o mais autorizado representante de uma moderna "revolução passiva"). Muitos materialistas históricos "voltaram para o materialismo mais cru", precisamente enquanto a alta cultura idealista "tentou incorporar o que do marxismo lhe era indispensável, até porque esta filosofia moderna, à sua maneira, tentou também tornar dialéticos materialismo e espiritualismo, como tentou Hegel e como realizou efetivamente Marx" (*Q 4*, 3, 424). O termo "incorporar", que G. usa com frequência para caracterizar as finalidades de toda revolução passiva conservadora-restauradora, serve também para indicar a operação tentada pelo neoidealismo italiano de confrontar-se com o marxismo: "O velho mundo, prestando homenagem ao materialismo histórico, tenta reduzi-lo a um corpo de critérios subordinados, de segunda ordem, a ser incorporado em sua teoria geral" (*Q 4*, 14, 436 [*CC*, 6, 360]). Incorporar equivale a dizer também reabsorver: "É possível dizer que uma grande parte da obra filosófica de B. Croce representa esta tentativa de reabsorver a filosofia da práxis, incorporando-a como serva da cultura tradicional" (*Q 11*, 27, 1.435 [*CC*, 1, 153]). O marxismo vulgar (Bukharin) deixa-se "reabsorver" pelo velho materialismo ao passo que o neoidealismo incorpora elementos do marxismo: "O dilaceramento ocorrido com o hegelianismo se repetiu com a filosofia da práxis, isto é, da unidade dialética se voltou ao materialismo filosófico, ao passo que a alta cultura moderna idealista tentou incorporar da filosofia da práxis aquilo que lhe era indispensável para encontrar algum novo elixir" (*Q 16*, 9, 1.861 [*CC*, 4, 38]). De fato, podemos observar a teoria crociana do grau econômico: "O conceito idealista, segundo o qual a natureza não é senão a categoria econômica, não poderia, depurado de suas superestruturas especulativas, ser reduzido aos termos da filosofia da práxis, demonstrando-se que ele é historicamente ligado a esta e constituiu um seu desenvolvimento?" (*Q 11*, 30, 1.443 [*CC*, 1, 160]). A teoria crociana das ideologias também "é de evidente origem marxista" (*Q 4*, 15, 436). "Ao lado da doutrina da origem prática do erro, deve-se colocar a teoria das ideologias políticas, explicadas por Croce em sua significação de instrumentos práticos de ação: mas onde encontrar o limite entre o que deve ser entendido como ideologia no limitado sentido crociano e a ideologia no sentido da filosofia da práxis, isto é, todo o conjunto das superestruturas? Também neste caso a filosofia da práxis serviu a Croce" para construir seu sistema (*Q 10* II, 41.I, 1.299 [*CC*, 1, 369]). A ideologia, compreendida como concepção do mundo, é exigência insuprimível, seja para os intelectuais, seja para o povo. Ideologia é também a religião. "Para Croce, qualquer concepção de mundo, qualquer filosofia, ao se tornar uma norma de vida, uma moral, é 'religião'. As religiões no sentido confessional também são 'religiões', mas mitológicas, logo, num certo sentido, 'inferiores', primitivas, quase correspondentes a uma infância histórica do gênero humano. As origens de tal doutrina já estão em Hegel e em Vico e são patrimônio comum de toda a filosofia idealista italiana, seja de Croce, seja de Gentile" (*LC*, 585, a Tania, 6 de junho de 1932 [*Cartas*, II, 208]). É verdade que "as teorias idealistas constituem a maior tentativa de reforma moral e intelectual que ocorreu na história para eliminar a religião do campo da civilização" (*Q 8*, 215, 1.077). E "Croce em algum ponto escreveu algo deste tipo: 'Não se pode tirar a religião do homem do povo, sem imediatamente substituí-la com algo que satisfaça às mesmas exigências para as quais a religião se formou e ainda permanece'. Existe algo verdadeiro nesta afirmação, mas não é ela também uma confissão da impotência da filosofia idealista para se tornar uma integral concepção do mundo? Assim ocorreu que Gentile, praticamente mais consequente do que Croce, recolocou a religião nas escolas e justificou tal ato com a concepção hegeliana da religião como fase primitiva da filosofia (Croce, por outro lado, teria feito o mesmo se seu projeto de educação tivesse superado os obstáculos da política parlamentar)" (*Q 7*, 1, 852). De modo que se existe algo verdadeiro em tais orientações filosóficas, seu grave limite está em pressupor que a *Weltanschauung* do povo (e dos alunos) deve ser "inferior" à dos intelectuais.

G. sentiu a necessidade de acertar as contas com Croce mais do que com Gentile na nota "L'idealismo attuale e il nesso ideologia-filosofia" [O idealismo atual e o nexo ideologia-filosofia]: "O idealismo atual [Gentile – ndr.] faz coincidir ideologia e filosofia (isto significa, em última análise, a unidade [por ele] postulada entre real e ideal, entre prática e teoria etc.)", mas promove "uma degradação da filosofia tradicional em relação à altitude a que Croce a tinha conduzido com sua teoria dos 'distintos'. Esta degradação é bastante visível nos desenvolvimentos que o idealismo crociano apresenta entre os discípulos de Gentile" (*Q 1*, 132, 119), especialmente em Spirito e Volpicelli (todavia, em Ugo Spirito, "nem tudo deve ser jogado fora", especialmente se se leva em consideração o fato de que nem a concepção do Estado dele, nem a de Gentile foram feitas próprias pelo mesmo Estado fascista; "e é conhecida a aversão de Gentile à Concordata" *Q 6*, 82, 753 [*CC*, 3, 236]). Croce opõe-se ao atualismo: "A resistência de Croce a esta tendência é verdadeiramente 'heroica': Croce, a meu ver, tem viva a consciência de que todos os movimentos de pensamento modernos levam a uma reavaliação triunfal do materialismo histórico, isto é, à subversão da posição tradicional do problema filosófico e à morte da filosofia concebida no modo tradicional. Ele resiste com todas as suas forças a esta pressão da realidade histórica, com uma inteligência excepcional dos perigos e dos meios dialéticos capazes de superá-los [...]; a preocupação de Croce nasce com a guerra mundial, que ele afirmou ser a 'guerra do materialismo histórico'" (*Q 1*, 132, 119). Às vezes, o âmbito do idealismo amplia-se de modo notável, como na seguinte nota: os marxistas "oficiais" (com a exceção de Antonio Labriola) ignoram o fato de que alguns elementos do marxismo, "explícita ou implicitamente, foram absorvidos por algumas correntes idealistas (Croce, Sorel, Bergson etc., os pragmatistas etc.)" (*Q 4*, 3, 421).

E eis que, após ter desvelado no novo idealismo o objetivo de reabsorver elementos da filosofia da práxis, G. propõe-se a desvendar a raiz social e política do idealismo em geral e do italiano em especial em suas ilusões de autonomia intelectual e em suas colusões com o Estado fascista. Se, para "as classes produtivas (burguesia capitalista e proletariado moderno), o Estado só é concebível como forma concreta de um determinado mundo econômico, de um determinado sistema de produção [...], quando o impulso para o progresso não é estreitamente ligado a um desenvolvimento econômico local, mas é reflexo do desenvolvimento internacional que envia para a periferia suas correntes ideológicas nascidas com base no desenvolvimento produtivo dos países mais evoluídos, então a classe portadora das novas ideias é a classe dos intelectuais e a concepção do Estado muda de aspecto. O Estado é concebido como uma coisa em si, como um absoluto racional. Pode-se dizer isto: sendo o Estado a moldura concreta de um mundo produtivo e sendo os intelectuais o elemento social que melhor se identifica com o pessoal de governo, é próprio da função dos intelectuais pôr o Estado como um absoluto: desse modo, é concebida como absoluta sua função histórica, é racionalizada sua existência. Este motivo é fundamental para o idealismo filosófico e está ligado à formação dos Estados modernos na Europa como 'reação – superação nacional' da Revolução Francesa e do napoleonismo (revolução passiva)" (*Q 1*, 150, 132-3 [*CC*, 6, 349-50]). "O que é 'política para a classe produtiva' torna-se 'racionalidade' para a classe intelectual [...]. Com base nestas relações históricas, deve-se explicar o idealismo filosófico moderno" (*Q 1*, 151, 134 [*CC*, 6, 352]). O Texto C acrescenta: "É próprio do intelectual não fortemente enraizado em um grupo econômico apresentar o Estado como um absoluto: desse modo é concebida como absoluta e preeminente a própria função dos intelectuais, é racionalizada abstratamente a existência e dignidade histórica dos mesmos". E prossegue ligando de um lado a tentativa napoleônica de "estabelecer uma hegemonia permanente [...], motivo essencial para compreender o conceito de 'revolução passiva', de 'restauração-revolução passiva', de 'restauração-revolução'", e do outro "a importância da comparação hegeliana entre os princípios dos jacobinos e a filosofia clássica alemã" (*Q 10* II, 61, 1.361 [*CC*, 1, 425]). Em outro local G. reafirma, entre parênteses: "Toda a filosofia idealista pode ser facilmente relacionada com esta posição assumida pelo conjunto social dos intelectuais e pode ser definida como a expressão desta utopia social segundo a qual os intelectuais acreditam ser 'independentes', autônomos, dotados de características próprias etc." (*Q 12*, 1, 1.511 [*CC*, 2, 17]). Seria o caso de se entender que está em questão o desenvolvimento capitalista atrasado de alguns países em relação a outros: o materialismo francês (e o empirismo inglês) tornam-se idealismo na Alemanha e na Itália? Materialismo e idealismo são, de fato, equiparados como especificação do título *Apontamentos de filosofia* (primeira, segunda e terceira série, respectivamente no *Q 4*, 7 [*CC*, 6, 357] e 8).

G. vê no idealismo também algumas incongruências especificamente teóricas. Por exemplo, Croce não atribui nenhuma relevância, do ponto de vista do conhecimento, às ciências naturais, que degrada a simples estratagemas técnicos ou prático-econômicos. Mas quando (não errando) propõe a "redução da filosofia a uma metodologia da história", torna-a justamente uma técnica, embora entendida "num significado superior, menos extrínseco e material do que a pesquisa que culminou na construção da lógica formal escolástica" (*Q 11*, 44, 1.463 [*CC*, 1, 180]). A mesma dialética não é também uma técnica? De fato, esclarece G., "toda pesquisa científica cria para si um método adequado, uma lógica própria [...]. A metodologia mais genérica e universal é tão somente a lógica formal ou matemática, isto é, o conjunto daqueles mecanismos abstratos do pensamento que foram sendo descobertos, depurados, refinados [...]. Esta metodologia abstrata, isto é, a lógica formal, é desprezada pelos filósofos idealistas, mas erroneamente: seu estudo corresponde ao estudo da gramática, isto é, corresponde não só a um aprofundamento das experiências passadas de metodologia do pensamento (da técnica do pensamento), a uma absorção da ciência passada, mas é uma condição de novo desenvolvimento da própria ciência" (*Q 6*, 180, 826 [*CC*, 1, 235]).

Existe entretanto uma incongruência teórica muito mais grave: "O historicismo idealista crociano permanece ainda na fase teológico-especulativa" (*Q 10* I, 8, 1.226 [*CC*, 1, 296]). A mesma tentativa de incorporar o marxismo é – num seu aspecto essencial – também uma deformação e até mesmo uma subversão. Para o materialismo histórico, "toda agregação social, de fato, é algo mais do que a somatória dos seus componentes [...]. O idealismo hipostasia este 'algo', torna-o um ente em si, o espírito, tal como a religião o tornara divindade" (*Q 4*, 32, 451).

Bibliografia: Coutinho, 1999; Del Noce, 1978; Frosini, 2003; Losurdo, 1990; Mastroianni, 1972; Sichirollo, 1958; Tertulian, 1990; Tosel, 1990.

Giuseppe Prestipino

Ver: Bergson; Croce; filosofia; filosofia da práxis; Gentile; Hegel; historicismo; ideologia; intelectuais; Labriola; marxismo; materialismo e materialismo vulgar; religião; revolução passiva; solipsismo/solipsista; Sorel; Spirito.

ideias

O termo "ideias" designa genericamente nos *Q* todas as concepções difusas numa dada época e num dado ambiente, incluindo também as teorias mais ou menos individuais. Em acepção técnica o termo aparece referido à teoria da ideologia, em uma rápida exposição da concepção dos *idéologues*: "'Ideologia' é um aspecto do 'sensualismo', isto é, do materialismo francês do século XVIII. Significava 'ciência das ideias' e, como a análise era o único método reconhecido e aplicado pela ciência, 'análise das ideias', isto é, ainda 'investigação da origem das ideias'. As ideias deveriam ser decompostas em seus elementos [originários] e estes não podiam senão ser 'sensações': as ideias derivam das sensações" (*Q 4*, 35, 453). Evidentemente G. opõe a esta concepção a teoria marxista das ideologias como forma de organização prática e política, e como forma de conhecimento.

Em outro caso, o lema "ideia" é assumido no sentido de polaridade do nexo teoria-prática. G. evidencia que "as ideias são grandes na medida em que são realizáveis, isto é, na medida em que tornam clara uma relação real que é imanente à situação, e a tornam clara na medida em que mostram concretamente o processo das ações através das quais uma vontade coletiva organizada traz à luz aquela relação (a cria) ou, ao trazê-la à luz, a destrói, substituindo-a" (*Q 8*, 180, 1.050 [*CC*, 3, 285]). A capacidade de esclarecer uma relação efetiva consiste, em suma, na sua capacidade de mostrar como uma vontade coletiva a organiza, traduzindo a história em política. Ao contrário, "os grandes projetistas falastrões são o que são justamente porque não sabem ver os vínculos da 'grande ideia' que lançaram com a realidade concreta, não sabem estabelecer o processo real de efetivação" (idem). Ao contrário, "o estadista de qualidade intui simultaneamente a ideia e o processo real de efetivação: formula ao mesmo tempo o projeto e o 'regulamento' para a execução" (idem). Esta unidade de ideia e projeto é exatamente "um aspecto da unidade de teoria e prática" (idem).

Fabio Frosini

Ver: ideologia; unidade teoria-prática.

ideologia

Se nos *Q* o lema "ideologia" aparece com uma ampla gama de significados, todavia ele é elaborado e usado de modo não episódico por G., sobretudo em uma nova acepção em relação à prevalentemente usada por Marx.

G. não conhece *A ideologia alemã* – que é publicada somente nos anos de 1920 e 1930 –, na qual o termo designa a "consciência invertida" do mundo real, e tampouco usa a definição do último Engels, que identifica a ideologia como "falsa consciência". Interpreta ao contrário uma passagem do *Prefácio de 59* à *Crítica da economia política* de Marx na qual se afirma que as "formas ideológicas" permitem aos homens "conceber" e "combater" os conflitos econômico-sociais: disso G. deriva – com uma leitura fortemente inovadora, mas jamais em contraposição explícita com a leitura marx-engelsiana – a confirmação da importância de tais "formas". Ademais, ele utiliza a batalha que o último Engels conduz para restabelecer uma visão dialética do nexo estrutura-superestrutura com o objetivo de afirmar a importância e a "eficácia histórica" das "esferas ideológicas".

Uma concepção no mínimo neutra, não negativa da ideologia se difunde entre os séculos XIX e XX também no campo marxista e socialista. O exemplo mais conhecido é *O que fazer?*, de Lenin, que coloca a alternativa: "Ideologia burguesa ou ideologia socialista". Formulações deste teor aparecem já no jovem G. que, por exemplo, define "o presidente Wilson" e "os maximalistas russos" como "polos extremos da cadeia lógica das ideologias burguesas e proletárias" ("Wilson e i massimalisti russi" [Wilson e os maximalistas russos], 2 de março de 1918, em *CF*, 691 [*EP*, I, 150]). Há neste período uma distinção, destinada a ser reproposta nos *Q*, entre duas semânticas do lema: "As ideologias são risíveis quando são pura conversa, quando estão voltadas a criar confusão, a iludir e subjugar energias sociais, potencialmente antagônicas" e é contra estas que, segundo G., Marx combate. Ele, porém, "como revolucionário, isto é, homem atual de ação, não pode prescindir das ideologias e dos esquemas práticos, que são entidades históricas potenciais, em formação" ("Astrattismo e intransigenza" [Abstração e intransigência], 11 de maio de 1918, em *NM*, 17).

Tal concepção da ideologia, adquirida também no rasto de Antonio Labriola – do qual havia publicado no *Grido del Popolo* o terceiro parágrafo do ensaio "Del materialismo storico" [Do materialismo histórico] (no qual se discute do conceito de "última instância"), intitulando-o *Le ideologie nel divenire storico* [As ideologias no desenvolvimento histórico] –, é usada nos *Q* por G., em primeiro lugar para rejeitar uma afirmação de Croce segundo a qual Marx teria reduzido as superestruturas e as ideologias a ilusão e aparência. Na nota *Q 4*, 15, 436-7 G. observa que: a) Croce extrai do marxismo sua própria teoria das ideologias como "construções práticas" e "instrumentos de direção política", apesar de acusar Marx de fornecer uma leitura redutiva delas; b) para Marx "as 'ideologias' não são em nada ilusões e aparências; são uma realidade objetiva e operante", mesmo não sendo "a mola da história", que G. também continua, de forma marxiana, a identificar na esfera econômico-social; c) o marxismo é uma ideologia entre outras, cujo objetivo é fazer com que uma classe, o proletariado, "tome consciência": a teoria *negativa* da ideologia presente em Marx diria respeito unicamente às teorias adversárias. Se compararmos o correspondente Texto C (*Q 10* II, 41.XII, 1.318 ss. [*CC*, 1, 386]), a diferença entre o marxismo e as outras ideologias é identificada de forma ainda mais clara em razão do fato de que estas são "inorgânicas porque contraditórias, porque diretas a conciliar interesses opostos e contraditórios", ao passo que o marxismo "não tende a resolver pacificamente as contradições [...] mas ao contrário é a própria teoria de tais contradições".

A ideologia não é em si negativa, mas nem todas as ideologias são iguais. Elas constituem o terreno comum e necessário da consciência e também do conhecimento, mas a superioridade da ideologia marxista é dada pela consciência do próprio caráter não absoluto e não eterno: consciência de *parcialidade*, ligada a uma classe e a um momento histórico. O marxismo é uma ideologia entre outras, mas diferentemente das outras não nega as contradições, ao contrário, manifesta-as e analisa-as. Tem em comum com as outras ideologias o fato de ter uma determinada *utilidade* para um grupo social, mas não se disfarça como algo acima de ou além da história. Ao reelaborar outro texto do mesmo *Q* (*Q 4*, 24, 442-3), em segunda redação G. escreverá: "A filosofia da práxis não só pretendia explicar e justificar todo o passado, mas explicar e justificar historicamente também a si mesma, isto é, era [...] a libertação total de todo 'ideologismo' abstrato" (*Q 16*, 9, 1.864 [*CC*, 4, 41]). Quando o marxismo esquece sua especificidade – é o caso do *Ensaio popular* de Bukharin –, termina por tornar-se "uma ideologia no sentido pior, isto é, uma verdade absoluta e eterna" (*Q 4*, 40, 466 [*CC*, 6, 362]). Toda a reavaliação gramsciana das ideologias coloca-se também em oposição ao marxismo economicista de Bukharin, contra o qual G. reafirma – em uma nota que é significativamente intitulada "Estrutura e superestrutura. Economia e ideologia" – que "a pretensão (apresentada como postulado essencial do materialismo histórico) de apresentar e expor qualquer flutuação da política e da ideologia como uma expressão imediata da infraestrutura deve ser combatida, teoricamente, como um infantilismo primitivo" (*Q 7*, 24, 871 [*CC*, 1, 238]). De fato, no "'bloco histórico' – escreve G. – as forças materiais são o conteúdo e as ideologias a forma, distinção de forma e conteúdo meramente didática, porque as forças materiais não seriam concebíveis historicamente sem forma e as ideologias seriam caprichos individuais sem as forças materiais" (*Q 7*, 21, 869 [*CC*, 1, 238]).

Historicamente, as ideologias são algo bem diferente, dependendo do fato de serem ou não serem "necessárias" e "orgânicas". E não se trata de uma questão que diz respeito somente ao marxismo. Com efeito, realça G., erroneamente "se dá o nome de ideologia tanto à superestrutura necessária de uma determinada estrutura, quanto às elucubrações arbitrárias de determinados indivíduos. O sentido pejorativo da palavra tornou-se exclusivo, o que modificou e desnaturou a análise teórica do conceito de ideologia" (*Q 7*, 19, 868 [*CC*, 1, 237]). É necessário distinguir "entre ideologias historicamente orgânicas, isto é, que são necessárias a uma determinada estrutura, e ideologias arbitrárias, racionalísticas, 'voluntaristas'". Não se trata somente do marxismo ou das ideologias historicamente "progressivas". Porque, acrescenta G., "enquanto historicamente necessárias [...] elas 'organizam' as massas humanas, formam o terreno no qual os homens se movimentam, adquirem consciência da sua posição, lutam etc." (ibidem, 868-9 [*CC*, 1, 237]).

A importância das ideologias deriva do fato de que elas "organizam" as massas: G. retoma muitas vezes uma afirmação de Marx relativa ao fato de que "uma persuasão popular tem frequentemente a mesma energia de uma força material" (idem). A luta pela hegemonia é luta de ideologias: não se trata de uma pura "batalha das ideias", estas ideias têm uma "estrutura material" (*Q 3*, 49, 333 [*CC*, 2, 78]), articulam-se em "aparelhos". A ideologia parece ocupar menos a sociedade civil do que o Estado "integral" (ou "ampliado, como se diz comumente no âmbito da crítica gramsciana), até porque – como G. esclarece no *Q 10* II, 41.IV, 1.306 [*CC*, 1, 371] – a ideologia "dá o cimento mais íntimo à sociedade civil e portanto ao Estado". A classe dominante tem sua própria "estrutura ideológica", isto é, "a organização material voltada para manter, defender e desenvolver a 'frente' teórica ou ideológica [...]. A imprensa é a parte mais dinâmica desta estrutura ideológica, mas não é a única: tudo o que influi ou pode influir sobre a opinião pública, direta ou indiretamente, faz parte desta estrutura. Dela fazem parte: as bibliotecas, as escolas, os círculos e os clubes de variado tipo, até a arquitetura, a disposição e os nomes das ruas" (*Q 3*, 49, 332-3 [*CC*, 2, 78]). A este "complexo formidável de trincheiras e fortalezas da classe dominante" a "classe inovadora" contrapõe o "espírito de cisão" que, mediante "um complexo trabalho ideológico", tenta dar consciência histórica à classe antagonista e a seus aliados. É graças à ideologia que um sujeito coletivo torna-se consciente de si e portanto pode contrapor-se à hegemonia adversária: a ideologia como lugar de constituição da subjetividade coletiva. Se não se entende que este sujeito – que se tornou consciente de si – deve munir-se de um próprio "aparelho hegemônico" ("ideológico") para travar sua luta nas concretas "fortalezas e casamatas" do Estado "integral", permanecer-se-á preso a uma concepção idealista e ao mesmo tempo racionalista-iluminista. Ao contrário, o pensamento dá força e organiza, no momento em que é organizado – inclusive no que diz respeito às classes subalternas que não são, mas almejam se tornar hegemônicas – a partir daquele "centro homogêneo de um modo de pensar e atuar" (*Q 1*, 43, 33) que para G. é o partido político.

O termo "ideologia" é usado com frequência também nos primeiros *Q*, em contextos ocasionais, como sistema de ideias políticas, mas também no sentido pior do termo, em uma ampla gama de casos (por exemplo, "Boullier, que se coloca de um puro ponto de vista ideológico, não entende nada da questão": *Q 1*, 144, 129 [*CC*, 5, 152]). Em relação às ideologias como sistema de ideias políticas, G. fala de "ideologia mazziniana" (*Q 1*, 44, 43); de jacobinos que "seguiam certa ideologia" (*Q 1*, 48, 61); de romances de "caráter marcadamente ideológico-político, de tendência democrática, ligados às ideologias de 1848" (*Q 3*, 78, 358); de "ideologia liberal" (*Q 6*, 81, 752 [*CC*, 3, 235]). Mas a referência pode ser também política em sentido lato: teremos assim a "ideologia maçônica" (*Q 1*, 157, 138) e a "ideologia *puritana*" (*Q 1*, 158, 138), a "ideologia meridional" (*Q 1*, 44, 46), a "ideologia patriótica" (*Q 2*, 107, 254

[*CC*, 5, 197]) etc. Ademais o lema é usado em referência a camadas e grupos sociais. No *Q 1*, 43, 33 G. afirma que "a elaboração unitária de uma consciência coletiva exige múltiplces condições e iniciativas. A difusão, a partir de um centro homogêneo, de um modo de pensar e atuar homogêneo é a principal condição, mas não deve e não pode ser a única. Um erro frequente consiste em pensar que cada camada social elabore sua consciência e sua cultura no mesmo modo, com os mesmos métodos, isto é, os métodos dos intelectuais de profissão". Se lermos com atenção a inteira nota, deduzimos que: a) G. liga a ideologia ao folclore e ao senso comum; b) ele almeja uma "consciência coletiva" que supere e substitua a ideologia dominante e pensa que para isso seja necessária uma ação organizada, que saiba dialeticamente levar em consideração o "senso comum", a fim, porém, de superá-lo; c) "cada camada social" tem "sua consciência e sua cultura", isto é, sua ideologia. A ideologia, portanto, não é apenas estreitamente política: identifica um grupo ou camada social. Outros rastros deste modo de entender o lema (como "ideologia social") são presentes, de outro lado, nos primeiros *Q*. Ao lado das ideologias em sentido pejorativo e das ideologias políticas, desde o início está presente uma concepção da ideologia como sistema de ideias não imediatamente político, mas como visão ou concepção do mundo concebida em sentido mais amplo. Tanto na reflexão sobre a religião como sobre o romance de folhetim, tanto sobre a Itália do Sul como sobre a América meridional, os *Q* buscam focalizar o modo com que se forma uma ideologia *difusa*, não somente "política", essencial para a conquista e a manutenção do poder, afirmando que, "quando a classe dominante esgotou sua função, o bloco ideológico tende a desmanchar-se" (*Q 1*, 44, 42).

Assim G., nos *Q*, chega a usar o lema sobretudo com o significado de concepção do mundo de um determinado sujeito coletivo, ou mesmo individual. A ideologia identifica um grupo ou camada social. O termo se articula em uma família de lemas que é também uma "família de conceitos": ideologia, filosofia, visão ou concepção do mundo, religião e fé (em sentido crociano), conformismo, senso comum, folclore, linguagem. Todos esses termos, nenhum dos quais perfeitamente coincidente com o outro, estão correlacionados entre eles, aparecem contextualmente em diversas notas, em binômios ou grupos, formam uma rede conceitual que no seu conjunto desenha a concepção gramsciana da ideologia. Eles diferem segundo o grau de consciência e de funcionalidade, são momentos diferentes de desenvolvimento daquela concepção do mundo que se manifesta "implicitamente [...] em todas as manifestações de vida individuais e coletivas", que se espalha por todo o ser social, desde a linguagem, a arte e a cultura em sentido antropológico ("todas as manifestações de vida individuais e coletivas") até o sistema filosófico mais rarefeito e complexo, já que este também, às vezes "implicitamente", exprime uma concepção do mundo que termina exercendo um peso na luta pela hegemonia e porque nada parece estar excluído de uma representação que abrange "todas as manifestações de vida individuais e coletivas" (*Q 11*, 12, 1.380 [*CC*, 1, 93]).

Todos os homens são filósofos ("cada homem [...] é um filósofo, participa de uma concepção do mundo": *Q 4*, 51, 488), até porque "em sua atuação prática" (e também na linguagem) está contida uma "concepção do mundo, uma filosofia [...], a história das filosofias dos filósofos, é a história das tentativas e das iniciativas ideológicas [...] para mudar, corrigir, aperfeiçoar as concepções do mundo existentes" (*Q 10* II, 17, 1.255 [*CC*, 1, 325]). A filosofia que poderíamos entender "em sentido tradicional" é portanto o *segmento alto* do *continuum* ideológico, equivalente das concepções do mundo (ou concepções da vida ou visões do mundo). Para G. não existe homem que não participe de uma concepção do mundo, "mesmo que inconscientemente" (*Q 8*, 204, 1.063); de modo que o peso do *inintencional* aparece forte. Existe uma diferente taxa de consciência e de contribuição que se dá à elaboração de uma concepção do mundo, na escala que vai dos "simples" aos intelectuais mais refinados. Mas mesmo eles pensam "consciente e criticamente" a partir da concepção do mundo em que estão inseridos, contribuindo para seu enriquecimento e sua mudança. E, com efeito, no relativo Texto C (*Q 11*, 12, 1.376 [*CC*, 1, 93]) G. acrescenta um dado fundamental: "Pela própria concepção do mundo, pertencemos sempre a um determinado grupo, precisamente o de todos os elementos sociais que compartilham um mesmo modo de pensar e de agir. Somos conformistas de algum conformismo". E "quando a concepção do mundo não é crítica e coerente, mas ocasional e desagregada, pertencemos simultaneamente a uma multiplicidade de homens-massa, nossa própria personalidade é compósita, de uma maneira bizarra" (idem).

Em todo caso, "o conformismo sempre existiu: trata-se hoje de luta entre 'dois conformismos', isto é, de uma luta de hegemonia" (*Q 7*, 12, 862 [*CC*, 3, 259]).

Bibliografia: Liguori, 2006; Mancina, 1980; Ragazzini, 2002.

Guido Liguori

Ver: aparelho hegemônico; concepção do mundo; conformismo; crenças populares; Croce; Engels; estrutura ideológica; filosofia; folclore/folklore; frente ideológica; hegemonia; intelectuais; Marx; mito; religião; Sorel; superestrutura/superestruturas; utopia.

ídolos

No artigo "Marinetti rivoluzionario?" publicado em *L'Ordine Nuovo* de 5 de janeiro de 1921, G. havia notado a profunda consonância entre os exponentes do movimento futurista e o movimento operário revolucionário. Com o movimento de Marinetti afirmara-se uma práxis literária e artística voltada à destruição dos preconceitos, das "tradições enrijecidas" das hierarquias espirituais, dito de outra forma, dos "ídolos" estratificados na cultura e no costume contemporâneos, paralisando-os. Os futuristas, segundo G., compreenderam que sua época, isto é, "a época da grande indústria, da grande cidade operária, da vida intensa e tumultuada, devia ter novas formas de arte, de filosofia, de costume, de linguagem" (*SF*, 22). Essa concepção, no entender dele, era "claramente revolucionária, absolutamente *marxista*" (idem). Nos *Q*, ao contrário, G. desaprova as fugas para a frente, as formas de ruptura que são próprias da vanguarda, relevando o modo como elas se chocaram contra o obstáculo representado pela "ausência de caráter dos seus protagonistas" e das "suas tendências para o carnavalesco e para as palhaçadas, de pequeno-burgueses céticos e áridos" (*Q 14*, 14, 1.670). Persiste, porém, a concepção baconiana dos "*idola* da época" (*Q 4*, 46, 473) assimilada à do "tédio" de Vico (*Q 14*, 14, 1.669: "certo número de ídolos e tédios nacionais") e ao "fetichismo" (*Q 15*, 35, 1.789 [*CC*, 3, 334]): "Uma série de 'fetichismos', de ídolos, antes de todos o do 'povo', sempre fremente e generoso contra os tiranos e as opressões", e portanto à necessidade política de lutar contra este anti-historicismo que provoca efeitos paralisadores e desmoralizadores sobre as forças inovadoras: "Um dos preconceitos mais comuns consiste em acreditar que tudo o que existe é 'natural' que exista, não pode deixar de existir, e que as próprias tentativas de reforma, por pior que andem, não interromperão a vida, porque as forças tradicionais continuarão a agir e darão assim continuidade à vida" (*Q 15*, 6, 1.760 [*CC*, 3, 328]).

Antonella Agostino

Ver: futurismo.

Igreja católica

"Igreja" e "Igreja católica" são termos que G. utiliza indiferentemente, sem distinção, para indicar a Igreja tanto como comunidade de fiéis quanto como instituição eclesiástica, mas esta última, ainda assim, conectada à primeira. Quando pretende lhe acentuar o aspecto prevalentemente institucional, G. recorre a outros termos, tais como "papado" ou "Vaticano".

Sobre a Igreja, G. faz uma pesquisa pontual e crítica, segundo uma chave de leitura nova e à contracorrente com relação à tradição crítica marxista: "Igreja como intelectual", estudo que ele enquadra no projeto mais amplo de delinear uma história dos intelectuais italianos. G. expõe esse plano na carta à cunhada Tatiana de 3 de agosto de 1931: "Uma das questões que mais me interessaram nestes últimos anos foi estabelecer alguns aspectos característicos na história dos intelectuais italianos [...]. É preciso, necessariamente, voltar ao Império Romano e à primeira concentração de intelectuais 'cosmopolitas' ('imperiais') que ele produziu: em seguida, estudar a formação da organização clerical cristã-papal, que dá à herança do cosmopolitismo intelectual imperial uma forma de casta europeia etc. etc." (*LC*, 441 [*Cartas*, II, 67]). Projeto de pesquisa que, no *Q 8*, p. 935-6, aparece articulado em uma série de títulos que deveriam constituir diversas seções e capítulos de um único ensaio sobre os intelectuais.

A Igreja, por todo o arco de sua história bimilenar, aparece aos olhos de G. como "o intelectual coletivo" que mais que qualquer outro soube instaurar e manter relações constantes com "os simples", condicionando fortemente, às vezes totalmente, a vida cultural, social e política dos povos e dos Estados. O poder do Estado, segundo G., se baseia sobre dois elementos fundamentais: a coerção, exercida por meio de aparelhos repressivos próprios (exército, polícia, tribunais, cárceres etc.), e o consenso, que é obtido por meio de aparelhos ideológicos, ou do aparelho hegemônico, como escreve G., como os partidos, os sindicatos, as escolas, a Igreja. Também a Igreja, portanto, está entre os aparelhos ideológicos que organizam o consenso popular (*Q 6*, 87, 763 [*CC*, 3, 243];

Q 6, 88, 763-4 [*CC*, 3, 244]; *Q 7*, 80, 912-13 [*CC*, 3, 264]; *Q 12*, 1, 1.518-9 [CC, 2, 16-7]; *Q 13*, 37, 1.638-9 [*CC*, 3, 92]; *Q 19*, 24, 2.010 [*CC*, 5, 65]). G. define, mesmo que sumariamente, a relação desse aparelho ideológico particular com a sociedade política, o Estado em sentido estrito, e com a sociedade civil, os outros aparelhos ideológicos (*Q 8*, 131, 1.021 [*CC*, 3, 280]; *Q 14*, 11, 1.666-7 [*CC*, 3, 299-300]), estudando-o seja em seu desenvolvimento histórico, seja sob o aspecto técnico-estrutural, aquele dos mecanismos e das modalidades por meio das quais ele se realiza, com referência particular à situação italiana. A conclusão geral a que chega G. é a seguinte: quanto mais a Igreja aumenta a própria hegemonia na sociedade civil, tanto mais é hegemônica mesmo em comparação com o Estado. Ao contrário, a uma queda da hegemonia da Igreja na sociedade civil corresponde, geralmente, também a perda de posições de força em relação ao Estado.

Historicamente a Igreja conhece uma fase ascendente de conquista e manutenção da hegemonia social até a Idade Média, período mesmo do máximo poder político da Igreja romana e do papado e de sua superioridade em relação ao império e ao imperador, situação que G. representa sinteticamente com a expressão "comando por graça de Deus" (*Q 6*, 93, 768 [*CC*, 3, 246]). A fórmula do "Sacro Império Romano", em que "sacro" é o que predomina, exprime bem essa posição de supremacia da Igreja. Durante o milênio medieval a Igreja se aperfeiçoa organicamente no plano ideológico, sobretudo por meio de duas grandes estruturas organizativas, os monastérios e as sedes episcopais. Os monastérios são lugares de prece e de estudo, mas também de trabalho (*ora et labora*). Em seu interior se experimenta também uma das primeiras formas de divisão racional do trabalho (*Q 5*, 78, 609-10 [*CC*, 2, 124]). As sedes episcopais se apresentam como centros de agrupamento de intelectuais, religiosos e laicos, e desempenham uma tríplice função, ideológica, repressiva e social, através de suas escolas, estruturas assistenciais para as classes subalternas e criação dos próprios tribunais (*Q 3*, 87, 367-9 e *Q 5*, 68, 603 [*CC*, 2, 122]). O primeiro milênio de história da Igreja se fecha com a afirmação de sua soberania sobre o Estado feudal e de sua hegemonia na sociedade medieval.

Em certo ponto, a partir da época comunal em diante, começa também, no entanto, a crise do bloco ideológico laboriosamente construído nos séculos precedentes. Isso porque na relação entre Igreja e sociedade começa a se manifestar uma contradição de fundo: aquela entre a função da Igreja como intelectual orgânico da classe dirigente (a aristocracia agrária), por um lado, e sua pretensão de sê-lo também para as classes humildes e submissas, por outro. É o momento no qual os princípios religiosos e morais cristãos, fundamentalmente populares, entram em contradição com a prática do clero, tornado também ele casta feudal. Escreve expressamente G.: "Quando se exalta a função que a Igreja teve na Idade Média em favor das classes inferiores, se esquece simplesmente de uma coisa: que esta função não estava ligada à Igreja como expoente de um princípio religioso moral, mas à Igreja como organização de interesses econômicos bastante concretos, que devia lutar contra outras ordens que pretendiam diminuir sua importância. Portanto, essa função foi subordinada e incidental: mas os camponeses não eram menos extorquidos pela Igreja do que pelos senhores feudais. Talvez se possa dizer o seguinte: que a 'Igreja' como comunidade dos fiéis conservou e desenvolveu determinados princípios político-morais em oposição à Igreja como organização clerical" (*Q 1*, 128, 116-7 [*CC*, 4, 178]).

É por isso que a Igreja começa a ser contestada em seu interior e, ao mesmo tempo, ameaçada pelo exterior. A contestação interna provém da própria base social popular, organizada por intelectuais religiosos ligados ao povo. O ataque externo é conduzido pelo grupo de nova formação de intelectuais laicos, que desafiam a Igreja justamente no terreno no qual ela se acreditava mais forte e segura, a cultura, em particular no terreno jurídico, em que os laicos se empenham em promover um retorno ao direito romano (*Q 3*, 87, 370), e no âmbito literário, com o uso e o desenvolvimento da língua vulgar para contrastar respectivamente o domínio do direito canônico e o latim dos eclesiásticos (*Q 3*, 76, 353-4). Diante do risco de um eventual vínculo entre povo e intelectuais seculares e intelectuais religiosos populares, a Igreja se preocupa e é obrigada a correr para se proteger. Ela consegue, por vezes, recuperar o movimento de contestação de baixo suscitando "movimentos de massa", enquadrados por novas ordens religiosas, as "ordens mendicantes". O caso mais bem-sucedido para a hierarquia eclesiástica da época continua a ser o do franciscanismo (*Q 11*, 12, 1.384 [*CC*, 1, 101-2]). Outras vezes, ao contrário, a Igreja é obrigada a recorrer à repressão, condenando e eliminando também fisicamente os líderes carismáticos do movimento e sufocando as heresias "com ferro e fogo" (*Q 5*, 123, 642 [*CC*, 5, 227]). Contudo, isso não é suficiente sempre e em toda parte para sufocar as novas agitações. Porque se é verdade que "os intelectuais mais em evidência da época [...], na Itália pelo menos, são ou sufocados ou domesticados pela Igreja, [...] em outras partes da Europa se mantêm como fermento, até desembocar na Reforma" (*Q 5*, 123, 642 [*CC*, 5, 226]).

Na época moderna, a contestação interna e a oposição da burguesia laica conduzem a clamorosas rupturas da comunidade eclesiástica e a movimentos revolucionários populares contra o regime feudal. Na frente religiosa tem-se a Reforma de Lutero, a guerra dos camponeses alemães, o nascimento das Igrejas e das seitas protestantes. Na frente laica se assiste ao desenvolvimento do nacionalismo e dos Estados nacionais absolutos. A crise da hegemonia eclesiástica já está consumada e tem início o final de seu monopólio ideológico. A frente, laica e religiosa, alternativa ao sistema feudal e à Igreja católica rompe a unidade territorial, social e ideológica da cristandade: Europa setentrional e central, protestante; Europa mediterrânea, católica romana e contrarreformista. Separação crescente da Igreja em relação à classe social emergente – a burguesia – até reduzir-se ao papel reacionário e conservador de intelectuais tradicionais, que é expressão da classe social de origem feudal – a aristocracia agrária – dominante no passado. No nível ideológico, enfim, a ruptura se torna visível na diferença entre o caráter nacional-popular, a exigência de "retorno às 'origens'" da Reforma e o caráter "cosmopolita", reacionário, "disciplinar" da Contrarreforma (*Q 11*, 12, 1.384 [*CC*, 1, 93] e *Q 16*, 9, 1.859 [*CC*, 4, 31]; v. também *Q 2*, 90, 248 [*CC*, 2, 67]; *Q 3*, 141, 399 [*CC*, 2, 95]; *Q 5*, 123, 652-3 [*CC*, 5, 225]; *Q 19*, 2, 1.963 [*CC*, 5, 17]; *Q 25*, 7, 2.292 [*CC*, 5, 143]). A consequência imediatamente política da nova posição de debilidade ideológica da Igreja católica é a instauração de uma situação de beligerância, resultando na subordinação da Igreja aos Estados nacionais. Prova disso é o galicanismo, o josefismo e outras formas de jurisdicionalismo, que são "o 'prefácio' à limitação da Igreja na sociedade civil e política" (*Q 14*, 55, 1.713 [*CC*, 4, 233]). Não mais a Igreja, mas os Estados nacionais que ditam as regras do jogo político. A Contrarreforma expressa a consciência da Igreja católica de se encontrar diante de uma crise radical e de vastas proporções. O Concílio de Trento, a maior tentativa da Igreja moderna de operar uma revisão global da ideologia católica e de sua relação com a sociedade, longe de renovar, ao contrário, cristaliza para os séculos seguintes a Igreja no papel de intelectual tradicional, ou seja, ligada às classes hegemônicas do passado e separada das massas populares. O novo curso contrarreformista aumenta a lacuna entre a Igreja católica, que permanece fundamentalmente feudal, e a instância popular de superação do sistema medieval: "Com a Contrarreforma, o Papado havia modificado essencialmente a estrutura de seu poder: afastara-se das massas populares, tornara-se promotor de guerras de extermínio, confundira-se com as classes dominantes de forma irremediável [...]: a Igreja, com sua atividade concreta, destruía as condições de qualquer domínio seu, mesmo indireto, afastando-se das massas populares" (*Q 19*, 2, 1.963 [*CC*, 5, 17]). A mediação *positiva* dos velhos e novos intelectuais eclesiásticos entre a Igreja e as massas fracassa. Ela se reduz à mera função *negativa* de contenção do que para G. é "a heresia de massa" do catolicismo, que se manifestará em toda sua abrangência na Revolução Francesa, e ainda mais com a progressão do socialismo na Europa.

Na Itália, em particular, a ruptura entre Igreja católica romana e povo se verifica em medida ainda maior e, além disso, se cristaliza e não encontra saída operacional. Com a Contrarreforma, a Igreja católica incorpora e dá continuidade à cultura cortesã, separada do povo-nação, essencialmente reacionária, elaborada pelo Humanismo e pelo Renascimento (*Q 5*, 123, 648-53 [*CC*, 5, 225-37]; *Q 8*, 145, 1.030 [*CC*, 6, 222]; *Q 9*, 55, 1.129-30 [*CC*, 5, 307-8]; *Q 19*, 2, 1.963 [*CC*, 5, 17]). À diferença de outros países europeus, não se criam na Itália intelectuais próprios das classes populares. Maquiavel, Bruno, Galilei e outros permanecem episódios únicos e isolados. Diante da ruptura Igreja-massas não se forma um novo bloco alternativo de intelectuais-povo. É por isso que, segundo G., não houve na Itália nenhuma reforma ou revolução popular similar às três grandes reformas e revoluções da Idade Moderna ocorridas na Alemanha, Inglaterra e França (*Q 9*, 55, 1.129-30 [*CC*, 5, 307-8]; v. também *Q 4*, 75, 515 [*CC*, 1, 232]). A fratura se manifesta na Itália muito mais tarde, apenas no momento de ruptura da relação política entre Igreja católica e Estado liberal burguês em 1870, quando a Igreja, consciente de não poder mais dispor do consenso das massas, não ousará, no entanto, ir de encontro a elas, mas preferirá a estratégia do protesto passivo do *non expedit*. Por outro lado, o Estado liberal, no entanto, poderia jogar a carta da unidade nacional, que comportava necessariamente a negação do poder temporal do papado, enquanto contava a seu lado, ou pelo menos não contra, com o consenso popular (plebiscitos para anexações), o que a Igreja, ao contrário, não possuía. Tudo isso era indício, além de uma fraqueza política e social, também de uma inferioridade ideológica da Igreja católica. E é justamente a partir desta tácita admissão de inferioridade ideológica que ela, começando pelo pontificado de Leão XIII, tenta se reorganizar, se reestruturar para conquistar a hegemonia cultural e social perdida. Mas, diferentemente do passado, agora a Igreja deve descer diretamente ao terreno social e político e desenvolver programas e organizações de massa adequados aos tempos, isto é, que sejam competitivos com os aparelhos ideológicos dos adversários (*Q 20*, 1, 2.081 [*CC*, 4, 147] e *Q 20*, 2, 2.086-7; [*CC*, 4, 152]). Ela mesma deve fazer-se partido. Primeiramente, a Igreja redefine o pensamento social católico no interior do quadro doutrinal do tomismo renovado (ideologia medieval), nas encíclicas sociais (da *Rerum novarum* à *Quadragésimo anno*), e cria modernas organizações sociais de massa (cooperativas, bancos rurais, ligas de camponeses, sindicatos brancos) e políticas (Ação Católica, *Opera dei Congressi*, Partido Popular). Isso permite à Igreja se organizar e se tornar novamente, no decorrer de apenas meio século, protagonista social e político. O sucesso do Partido Popular é suficiente para que ela possa voltar a negociar com o Estado liberal a partir de uma posição de força. A Concordata com o Estado fascista estabelece a recuperação social e política da Igreja e, sobretudo, lhe restitui o papel principal, aquele ideológico, que sai mesmo reforçado dos Pactos Lateranenses (*Q 5*, 70, 604-5 [*CC*, 4, 201]; *Q 5*, 71, 605-6 [*CC*, 4, 203]; *Q 7*, 97, 924-5 [*CC*, 3, 268]; *Q 7*, 98, 925-6 [*CC*, 4, 269]; *Q 16*, 11, 1.865-74 [*CC*, 4, 41]; *Q 16*, 14, 1.882-4 [*CC*, 4, 59]). No entanto, o reconquistado papel ideológico e político da Igreja sob o fascismo está destinado, nas previsões de G., a se revelar frágil assim que o regime cair, porque privado de uma base popular sólida. A última experiência popular católica, o Partido Popular, poderia oferecer à Igreja uma ocasião derradeira para se ligar de maneira real ao povo. Mas o Vaticano o fez fracassar, mandando para o exílio em Londres seu chefe fundador, don Sturzo. Enfim, o ingresso direto na política com partidos políticos próprios (Ação Católica, *Opera dei Congressi*, Partido Popular) e organizações sociais próprias (sindicatos brancos, cooperativas sociais etc.), todos instrumentos, por sua natureza, de reivindicações e tutela de interesses parciais, faz a Igreja perder sua característica própria, a de Igreja "católica", universal. O recurso a essas organizações de massa "assinala o início de uma época nova na história da religião católica: quando ela, de concepção totalitária (no duplo sentido: de que era uma concepção total do mundo de uma sociedade em sua totalidade), torna-se parcial (também no duplo sentido) e deve dispor de um partido próprio" (*Q 20*, 2, 2.086 [*CC*, 4, 152]).

Bibliografia: Fattorini, 1987; La Rocca, 1991; Portelli, 1976; Vinco, 1983.

Tommaso La Rocca

Ver: Ação Católica; Concordata; consenso; Contrarreforma; Estado; franciscanos; hegemonia; heresias/heréticos; ideologia; intelectuais; intelectuais italianos; laicos; Lutero; modernismo; Partido Popular; questão vaticana; sociedade civil.

Ilitch: v. Lenin.

Iluminismo

No curso da sua atividade intelectual e política, G. enfrenta de modo diferente e bastante variegado a questão do Iluminismo como movimento político-cultural e, ao mesmo tempo, histórico e ideal que prepara e, em última análise, encontra sua realização na Revolução Francesa. De modo que é necessário distinguir entre Iluminismo como *conceito* ou ideal do espírito – à maneira de Croce, do qual G. extrairá notícias e ideias – e Iluminismo como *movimento* ou realidade histórico-política concreta. Nos escritos entre 1914 e 1918, G. presta mais atenção ao Iluminismo como movimento e ao fenômeno cultural que preparou e possibilitou o sucesso da revolução de 1789. No artigo "Socialismo e cultura" (29 de janeiro de 1916) G. contesta o juízo de matriz hegeliana que acusa a empresa cultural da grande *Encyclopédie* francesa de "intelectualismo pedante e árido", e segue a lição de De Sanctis (na *Storia della letteratura italiana*) que considerava o Iluminismo europeu "ele mesmo uma magnífica revolução, mediante a qual [...] formou-se em toda a Europa uma consciência unitária, uma internacional espiritual burguesa sensível em todas as suas partes às dores e às desgraças comuns" (*CT*, 99-103 [*EP*, I, 59]). Sempre por meio de De Sanctis – e não ainda de Croce – o jovem

G. concebe a imagem do movimento iluminista como frente cultural de luta que derrubou os bastiões do *ancien régime*, na Europa inteira (não somente na França), muito antes das baionetas de Napoleão. Este modelo cultural de luta é valido hoje também, para o socialismo: "Na Itália, França e Alemanha discutiam-se as mesmas coisas, as mesmas instituições, os mesmos princípios. Toda nova comédia de Voltaire, todo novo *pamphlet* era a centelha que passava pelos fios já tensos entre Estado e Estado, entre região e região, encontrando por toda parte e ao mesmo tempo os mesmos defensores e os mesmos opositores. As baionetas dos exércitos de Napoleão encontravam o caminho já preparado por um exército invisível de livros, de opúsculos, que vinham de Paris como enxames desde a primeira metade do século XVIII e que haviam preparado homens e instituições para a necessária renovação. Mais tarde, quando os fatos da França solidificaram as consciências, bastou um movimento popular em Paris para suscitar outros parecidos em Milão, em Viena e nos centros menores. Aos simplistas, tudo isso parece natural e espontâneo; mas, ao contrário, seria incompreensível se não se conhecessem os fatores culturais que contribuíram para criar aquele estado de espírito pronto para explodir em favor de uma causa que se acreditava comum. O mesmo fenômeno repete-se hoje com o socialismo. É através da crítica à civilização capitalista que se forma ou se está formando a consciência unitária do proletariado: e crítica quer dizer cultura, e não evolução espontânea e natural" (ibidem, 102 [*EP*, I, 60]).

G. havia contestado uma ingênua leitura de Rousseau ("O *Syllabus* e Hegel, 15 de janeiro de 1916, em *CT*, 70-1 [*EP*, I, 52]) polemizando com Mario Missiroli, que apoiava um anticlericalismo fundado sobre a exaltação do modelo germânico, da Reforma ao hegelianismo como sua realização, cujo destino, mais tarde ou mais cedo, arrastaria também o catolicismo. Este último, segundo o autor da *Monarchia socialista*, seria "matematicamente destinado a desaparecer". Rousseau é chamado de novo em causa ("Tre principi, tre ordini" [Três princípios, três ordens], 11 de fevereiro de 1917) como inspirador dos princípios liberais universais dos direitos do homem, afirmados pela revolução burguesa; mas, afirma G., "se J.-J. Rousseau pudesse ver que êxito tiveram seus sermões, provavelmente os renegaria. Nesta paradoxal afirmação está contida uma crítica implícita ao liberalismo. Mas ela é paradoxal, isto é, afirma de modo não correto uma coisa justa. Universal não quer dizer absoluto. Na história não existe nada de absoluto e rígido. As afirmações do liberalismo são ideias-limite que, reconhecidas como racionalmente necessárias, tornaram-se ideias-força, realizaram-se no Estado burguês, serviram para suscitar uma antítese a este Estado, o proletariado, e deterioram-se. Universais para a burguesia, mas não para o proletariado. Para a burguesia constituíam ideias-limite, para o proletariado são ideias-mínimas. E de fato o programa liberal tornou-se o programa mínimo do Partido Socialista. Isto é, o programa de que precisamos para viver o dia a dia, na espera de avaliar que o instante mais útil chegou" (*CF*, 6-7). O socialismo é, portanto, o momento da ação revolucionária, que deveria cumprir de modo *real*, nos fatos, com uma igualdade e liberdade *reais* para todos os homens, o limite expresso pela burguesia no Iluminismo dos direitos do homem.

O Estado ético do século XIX, surgido dos desdobramentos históricos do Iluminismo, funcionaria assim como ideal limite da burguesia iluminada, que, ao mesmo tempo em que eleva tal "modelo utópico" à condição de finalidade, faz com que dele nasça, com a mesma roupagem, um efeito de conservação em favor do Estado burguês real, com todos os seus elementos de opressão: "É exatamente esta sua característica de ser miragem que o fortalece e o converte em força de conservação. Na esperança de que, finalmente, ele se realize na sua plena perfeição, muitos encontram a força para não renegá-lo e, portanto, para desistir de substitui-lo" (ibidem, 7). Observação muito aguda que G. jamais desmentirá, nem nos *Q*. E é Kant, ainda em 1918, a ser chamado em causa como inspirador da democracia "ética" ("um modo de considerar os homens [...] ponto de contato entre as doutrinas morais – assim como são desenvolvidas por Emmanuel Kant – e a vida política") que, embora denso de valências e potencialidades positivas, "é ideologia que não pode ser afirmada integralmente na sociedade capitalista. A parte realizável é o liberalismo, segundo o qual todos os homens podem tornar-se *autoridade*, mas de vez em vez, com a circulação das minorias: todos os homens podem ser capitalistas, mas nem todos ao mesmo tempo, e sim uma minoria por vez. A democracia integral apoia o 'todos ao mesmo tempo' e entrechoca-se com as condições ambientais, com o sistema de produção; desenvolve uma função patológica, de confusão, de extorsão, de pregação da incoerência. É o pântano, mais do que efetivo progresso" ("Repubblica e proletariato in Francia" [República e proletariado na França], 20 de abril de 1918, em *CF*, 836-7).

Nos *Q* há também uma tomada de posição mais crítica em relação ao Iluminismo como movimento, na esteira das leituras e do juízo histórico de Benedetto Croce, e a atenção está voltada maiormente para o Iluminismo como conceito; um ideal aproximado, neste contexto, como movimento, à Maçonaria, cuja religião era o "teísmo dos iluministas" (*Q 1*, 51, 65 [*CC*, 4, 173]). No que diz respeito a este Iluminismo, G. olha de novo para Kant para definir a "filosofia dos intelectuais como camada cosmopolita", uma filosofia inspirada na máxima universalista do imperativo categórico – reformulada por G. em novos termos – como princípio da práxis transformadora *daquela* camada, útil e funcional aos seus propósitos hegemônicos: "A máxima de E. Kant – 'Atua de tal maneira que a tua conduta possa tornar-se, em condições similares, uma norma para todos os homens' – é menos simples e óbvia do que à primeira vista pode parecer. O que se entende por 'condições similares'? As condições imediatas nas quais se atua, ou as condições gerais complexas e orgânicas, cujo conhecimento requer uma investigação longa e criticamente elaborada? [...] A máxima kantiana pode ser considerada como um truísmo, já que é difícil encontrar alguém que não atue acreditando encontrar-se nas condições em que todos atuariam como ele. Quem rouba por fome acredita que quem tem fome também roubaria; quem mata a mulher infiel acredita que todos os maridos traídos deveriam matar etc. Só os 'loucos' em sentido clínico atuam sem acreditar que estão atuando corretamente [...] É possível dizer que a máxima de Kant está ligada a seu tempo, ao Iluminismo cosmopolita e à concepção crítica do autor, isto é, está ligada à filosofia dos intelectuais como camada cosmopolita. Portanto, aquele que atua é o portador das 'condições similares', ou seja, o criador delas: isto é, ele 'deve' atuar segundo um 'modelo' que gostaria de ver difundido entre todos os homens, segundo um tipo de civilização pelo advento da qual trabalha ou por cuja conservação 'resiste' contra as forças desagregadoras etc." (*Q 11*, 58, 1.484-5 [*CC*, 1, 200-1]). G. reinterpreta, assim, ou parafraseia, em chave política, a doutrina moral kantiana do imperativo categórico – que, no entanto, no original diz: "Atua de modo que a máxima da tua vontade possa sempre valer em *todo tempo* como princípio de uma legislação universal" (em que não se fala de "condições similares" e sim de "todo tempo") –, à luz da própria teoria da hegemonia.

Em outros locais dos *Q* o Iluminismo como conceito é examinado sob uma lente muito crítica, como equivalente de libertinismo de costumes, e em tal papel desenvolve uma função desagregadora das energias históricas e "animalescas" da classe operária, que ao se apropriar da ideologia libertária das classes dominantes se consagraria à indisciplina e à crise moral: "As crises de *libertinismo* foram numerosas: toda época histórica teve uma. Para obter uma nova adaptação ao novo trabalho, exerce-se uma pressão sobre toda a área social, desenvolve-se uma ideologia *puritana* que confere a forma exterior de persuasão e consenso à intrínseca coerção brutal. Obtido em certa medida o resultado, a pressão quebra-se [...] e ocorre a crise de libertinismo (crise francesa após a morte de Luís XIV, por exemplo), que porém toca superficialmente as massas trabalhadoras da época, ou as toca sentimentalmente porque deprava suas mulheres; estas massas, de fato, já adquiriram os novos sistemas de vida e permanecem submetidas à pressão para as necessidade elementares de vida [...]. As instituições ligadas à reprodução foram abaladas: casamento, família etc. e, nestas questões, nasceu uma nova forma de 'Iluminismo'. A crise torna-se mais forte ainda pelo contraste entre este golpe da guerra e as necessidades do novo método de trabalho que vai se impondo (taylorismo, racionalização). O trabalho exige uma rígida disciplina dos instintos sexuais, isto é, um fortalecimento da 'família' em sentido amplo (não desta ou daquela forma histórica) da regulamentação [e estabilidade] das relações sexuais. Nesta questão o fator ideológico mais depravador é o *Iluminismo*, a concepção 'libertária' ligada às classes não manualmente produtivas". Disso, G. conclui que o Iluminismo é neste caso "o inimigo que se deve combater [...] e, se não se cria autodisciplina, nascerá alguma forma de bonapartismo, ou ocorrerá uma invasão estrangeira, isto é, criar-se-á a condição para uma coação externa que faça com que a crise termine por meio da autoridade" (*Q 1*, 158, 138-9).

O Iluminismo como movimento assume nos *Q* outro aspecto, desta vez positivo, quando a leitura aparece menos condicionada por uma sua identificação com o "libertinismo". Colocado na genealogia histórico-cultural do marxismo, como equivalente "político" francês da Reforma protestante, o Iluminismo "que precedeu e acompanhou a revolução de 1789" joga um papel histórico essencial de elo de ligação na *Weltanschauung* marxista e materialista-histórica. Observa G.: "Ele também foi uma reforma intelectual e moral do povo francês e também não foi acompanhado por uma cultura superior. (Recordar aqui também a redução de Marx dos termos políticos franceses 'fratérnité etc.' à linguagem da filosofia alemã em *A sagrada família*). Renascimento-Reforma-Filosofia alemã-Revolução Francesa, laicismo [liberalismo], historicismo, filosofia moderna, materialismo histórico. O materialismo histórico é o coroamento de todo este movimento de reforma intelectual e moral, em sua dialética cultura popular-alta cultura" (*Q 4, 3*, 423-4). Nessa perspectiva o Iluminismo é firmemente enraizado no seu êxito político positivo, a revolução de 1789, ao qual, contudo, faltaria um desenvolvimento acabado em termos de cultura superior e, portanto, de *Weltanschauung* orgânica do proletariado que, ao contrário, será fornecido pelo materialismo histórico de Marx e Engels: "Em sua juventude, Marx reviveu toda esta experiência: hegeliano, materialista, feuerbachiano, marxista, isto é, ele recompôs a unidade destruída em uma nova construção filosófica: já desde as Teses sobre Feuerbach aparece claramente esta sua nova construção, esta sua nova filosofia. Muitos materialistas históricos fizeram com Marx o que havia sido feito com Hegel, isto é, da unidade dialética voltaram para o materialismo cru, ao passo que, como se disse, a alta cultura moderna, idealista vulgar, tentou incorporar o que do marxismo lhe era indispensável, até porque esta filosofia moderna, à sua maneira, também procurou dialetizar materialismo e espiritualismo, como havia tentado fazer Hegel e como realmente fez Marx" (ibidem, 424).

Nesta chave de leitura G. se torna mais claramente independente dos esquemas historiográficos de Croce, ao instituir um estreitíssimo nexo – e de marca historicamente positiva – entre Iluminismo (conceito e movimento) e jacobinismo como filosofia da revolução e da hegemonia vitoriosa da vanguarda popular-burguesa (aliança entre cidade e campo, economia política popular, *maximum* etc.). As mesmas tarefas histórico-culturais da filosofia da práxis, isto é, do "historicismo absoluto" de G., devem ser concebidas como uma "síntese mais alta" de Reforma e Iluminismo, amoldados ao novo curso da história contemporânea e fundidos com o Renascimento (figura da elaboração de uma alta cultura). Sobre este ponto o confronto crítico com Croce torna-se mais cerrado: é necessário "retraduzir" a linguagem especulativa do historicismo crociano na forma da filosofia da práxis e para tal objetivo o modelo está pronto, é necessário realizar a tradução das duas linguagens filosófico-políticas. Trata-se de uma página bastante clara e eloquente: "Deve-se realizar, com relação à concepção filosófica de Croce, a mesma redução que os primeiros teóricos da filosofia da práxis realizaram com relação à concepção hegeliana. Esta é a única maneira historicamente fecunda de determinar uma retomada adequada da filosofia da práxis, de elevar esta concepção (que, pelas necessidades da vida prática imediata, tem se 'vulgarizado') à altura que ela deve atingir para poder solucionar as tarefas mais complexas que o desenvolvimento atual da luta propõe, isto é, a criação de uma nova cultura integral, que tenha as características de massa da Reforma protestante e do Iluminismo francês e que tenha as características de classicidade da cultura grega e do Renascimento italiano, uma cultura que, retomando as palavras de Carducci, sintetize Maximilien Robespierre e Emanuel Kant, a política e a filosofia numa unidade dialética intrínseca a um grupo social não só francês ou alemão, mas europeu e mundial. É necessário que a herança da filosofia clássica alemã seja não apenas inventariada, mas reconvertida em vida ativa; e, para isto, é preciso acertar as contas com a filosofia de Croce, isto é, para nós, italianos, ser herdeiros da filosofia clássica alemã significa ser herdeiros da filosofia crociana, que representa o momento mundial hodierno da filosofia clássica alemã" (*Q 10* I, 11, 1.233-4 [*CC*, 1, 304-5]). Em alguns contextos polêmicos, G. aproxima a noção de Iluminismo como conceito ao conceito de materialismo *tout court*, antagonistas do espiritualismo do século XIX como expressão ideológica dos interesses das classes dominantes (eclesiásticas e capitalistas) e correlato prático-moral do idealismo especulativo crociano (*Q 8*, 211, 1.069: "*O termo 'materialismo'*").

G. portanto delineia, desde os escritos juvenis até os *Q*, um quadro complexo e rico da noção ideal-histórica de Iluminismo, que, se em certa medida é indissociável da visão por ele proposta da Revolução Francesa e do jacobinismo, apresenta-se já na veste de pensamento crítico, não só meramente burguês (*Weltanschauung* que o marxismo conserva e supera), do qual dará amplamente conta, após sua morte, a historiografia mais cuidadosa da segunda metade do século XX e do século presente.

Bibliografia: Bergami, 1987; Prestipino, 2008.

Paolo Quintili

Ver: Croce; De Sanctis; filosofia da práxis; hegemonia; historicismo; jacobinismo; Kant; libertinismo; Marx; marxismo; racionalismo; Reforma; Revolução Francesa.

imaginação

G. emprega a palavra "imaginação" em diversas acepções. Interessantes a este respeito são duas notas sobre a literatura popular: no *Q 3*, 149 o pensador sardo observa que a imaginação de Jules Verne "não é completamente 'arbitrária'" (ibidem, 403), porque as "'possibilidades' de que dispõem os heróis de Verne são superiores às realmente existentes na época, mas não demasiadamente superiores e, sobretudo, não 'fora' da linha de desenvolvimento das conquistas científicas já realizadas; a imaginação não é inteiramente 'arbitrária' e, por isso, tem o poder de excitar a fantasia do leitor já conquistado pela ideologia do fatal desenvolvimento do progresso científico no domínio e no controle das forças naturais" (*Q 21*, 10, 2.126 [*CC*, 6, 51]). O arbitrário, ao contrário, seria dominante na imaginação de Wells e Poe: segundo G., se em Verne existe uma "aliança do intelecto humano e das forças materiais", que o torna "mais popular, já que mais compreensível", nos outros dois escritores o intelecto humano prevalece, embora seus romances se desenrolem de um ponto de partida "lógico e inserido numa realidade científica concreta" (idem). O autor dos *Q*, ademais, faz remontar o anti-inglesismo de muitos livros de Verne "à formação da França moderna, como Estado unitário e moderno, ou seja, à Guerra dos Cem Anos e aos reflexos na imaginação popular da epopeia de Joana D'Arc" (ibidem, 2.127 [*CC*, 6, 52]). Esta tese se contrapõe à de Adolfo Faggi, que nas colunas do *Marzocco* havia associado, ao contrário – de modo anacrônico e errado segundo G. –, tal caráter anti-inglês à rivalidade entre França e Inglaterra que desembocou no incidente de Fashoda entre 1898 e 1899. No *Q 8*, 12 [*CC*, 6, 213] G. evidencia que *Il Castello d'Otranto* [O castelo de Otranto] de Horace Walpole "determinou uma corrente de imaginação que estava no ar e da qual ele foi manifestação inicial" (ibidem, 945); o livro originou o chamado "romance 'frenético'", ou "policial", com obras como as de Anne Radcliffe, Clara Reeve, *Il frate* [O frade] de M. G. Lewis etc.

G. fala porém de imaginação também em sentido mais geral e não literário, referindo-se à vida carcerária. No *Q 1*, 70 [*CC*, 4, 93], coloca uma longa citação extraída de *Impressioni di prigionia* [Impressões da prisão] de Jacques Rivière, que afirma que sua imaginação, no cárcere, não lhe "apresentava mais o possível com aquela vivacidade que lhe confere antecipadamente o aspecto de realidade" (ibidem, 80 [*CC*, 4, 94]). Mesmo na eventualidade de uma possível fuga, Rivière afirma que não saberia aproveitar tal oportunidade, porque lhe "teria faltado aquela coisa indefinível que ajuda a preencher o espaço entre o que se vê e o que se quer fazer, entre as circunstâncias e o ato que torna donos delas" (idem). Nas *Cartas*, de modo análogo, G. lamenta sua dificuldade em usar a faculdade da imaginação para se projetar fora dos muros do cárcere e "tentar reconstruir qualquer panorama da vida", como os naturalistas "de um dente ou de um ossinho da cauda [...] tentam reconstruir um animal desaparecido" (*LC*, 239, à mãe, 24 de fevereiro de 1929 [*Cartas*, I, 319]). Nas cartas dos familiares, às vezes consideradas demasiado frequentes, às vezes demasiado abstratas ou distantes para imaginar a dura cotidianidade do cárcere, G. detecta outro tipo de falta de imaginação: percebe que seus correspondentes não conseguem se dar conta de "exatamente qual pode ser a vida do cárcere e qual importância essencial tem a correspondência, como preenche os dias e ainda dá um certo sabor à vida" (*LC*, 448, à mãe, 24 de agosto de 1931 [*Cartas*, II, 74]). Em particular, Tatiana Schucht, bem longe de imaginar a vida em Ustica, tem, segundo G., "como todas as mulheres em geral", "muita imaginação", mas "pouca fantasia", que diante de "coisas novas" permita completar a realidade a partir dos elementos conhecidos; portanto sua imaginação – continua o autor dos *Q*, certo de deixar brava a cunhada – "trabalha em um só sentido, no sentido que eu chamaria [...] protetor dos animais, vegetariano, de enfermeiro" (*LC*, 79, a Tania, 25 de abril de 1927 [*Cartas*, I, 152]). As mulheres, "líricas", mas não "dramáticas", imaginam, segundo G., "a vida dos outros (até mesmo dos filhos) unicamente do ponto de vista da dor animal, mas não sabem recriar com a fantasia toda a vida de uma outra pessoa, em seu conjunto, em todos os seus aspectos" (idem). Numa carta a Carlo (*LC*, 225, 3 de dezembro de 1928 [*Cartas*, I, 302]), contudo, afirma ter considerado Tania "mais sóbria na imaginação", mas ter-se dado conta de que ela criou "romances", por causa de sua ingenuidade, sobre a possibilidade de que por via ordinária sua reclusão poderia ser transformada em confinamento.

JOLE SILVIA IMBORNONE

Ver: cárcere ou prisão; literatura popular; mulher; Ustica.

imanência

Para o jovem G. o imanentismo é antes de tudo uma escolha de civilidade. Em artigos como "O *Syllabus* e Hegel", "A consolação e os católicos" ou "A história", todos de 1916, ele insiste sobre a oposição radical entre catolicismo e civilização moderna, colocando em uma única frente o socialismo e o novo idealismo de Croce e Gentile, em nome da continuidade entre "idealismo germânico" e "socialismo crítico", que "se apoia graniticamente" sobre o primeiro ("A consolação e os católicos", 21 de junho de 1916, em *CT*, 392 [*EP*, I, 63]: o socialismo, que é "a religião que deve aniquilar o cristianismo" ("Coragem e fé", 22 de maio de 1916, em *CT*, 329 [*EP*, I, 61-2]), é ele mesmo "religião", "porque substituiu nas consciências o Deus transcendental dos católicos pela confiança no homem e em suas melhores energias como única realidade espiritual. Nosso evangelho é a filosofia moderna [...] que dispensa a hipótese de Deus na visão do universo, que põe seus fundamentos somente na história, na história da qual fomos criaturas no passado e da qual seremos criadores no futuro" (idem).

Há, no jovem G., uma "religião" laica da imanência, identificada com a absoluta autonomia da história, concebida como simultaneidade conflituosa de engenhos e forças socialmente organizadas. É uma religião sem garantias, sem fácil teleologia, que se encontra sucessivamente nos *Q* como painel de fundo geral sobre o qual desenhar um projeto inédito de definição de "ortodoxia" do marxismo, que deve ser conseguido – como havia indicado Labriola – exclusivamente a partir de seu interior, sem nenhum recurso a subsídios exteriores. O marxismo é uma filosofia da práxis; a práxis deve, porém, ser entendida não como categoria filosófica, como as outras, mas como abertura da filosofia ao mundo real; por conseguinte, como relativização da própria filosofia enquanto "saber", com a conexa revelação da sua natureza ideológica e portanto, em última análise, política. A imanência é portanto nos *Q* não somente uma escolha de civilização: mais profundamente, é a tentativa de reescrever o marxismo *como filosofia completamente original*. O único precedente de Marx é, não casualmente, Maquiavel, porque "em sua crítica do presente, expressou conceitos gerais [...] que se apresentam sob forma aforística e assistemática, e expressou uma concepção do mundo original, que também poderia ser chamada de 'filosofia da práxis' ou 'neo-humanismo', na medida em que não reconhece elementos transcendentais ou imanentistas (em sentido metafísico), mas baseia-se inteiramente na ação concreta do homem que, por suas necessidades históricas, opera e transforma a realidade" (*Q 5*, 127, 657 [*CC*, 3, 218]). "Imanentistas" indica neste contexto o imanentismo, a categoria, diferente da prática real da imanência que coincide com um saber da ação concreta, dos carecimentos concretos, das necessidades concretas. A filosofia da práxis escolhe enraizar-se na imanência, ao invés de no materialismo (*Q 4*, 11, 432 [*CC*, 6, 358]), porque somente a partir daí – uma vez depurada de sua estrutura metafísica – é possível desenvolver uma metodologia (entendendo com isso a teoria da filosofia da práxis) que justifique este saber concreto e individual como saber, aliás, como único saber, e ao mesmo tempo o resguarde de todo tipo de recaída na metafísica, isto é, em uma nova categorização de tipo filosófico tradicional. Imanência (não imanentismo) e práxis "real no sentido mais profano e mundano da palavra" (*Q 11*, 64, 1.492 [*CC*, 1, 208]) sustentam-se reciprocamente.

O desenrolar deste projeto nos *Q* é marcado por dois grandes blocos de textos, que remontam, em grande parte, respectivamente a maio-agosto de 1930 e abril-fim de 1932. O primeiro bloco faz parte, quase inteiramente, da primeira série de *Apontamentos de filosofia*. No *Q 4*, 11, 432-3 [*CC*, 6, 358], intitulado "Problemas fundamentais do marxismo", G. reafirma que o essencial do marxismo está na superação das velhas filosofias, aliás, do mesmo modo de fazer e de entender a filosofia: "Se deverá reconhecer que, destes elementos 'originários', o hegelianismo é relativamente o mais importante, especialmente por sua tentativa de superar as concepções tradicionais de 'idealismo' e de 'materialismo'. Quando se diz que Marx emprega a expressão 'imanência' em sentido metafórico, não se diz nada: na realidade, Marx dá ao termo 'imanência' um significado próprio, isto é, ele não é um 'panteísta' no sentido metafísico tradicional, mas é um 'marxista' ou um 'materialista histórico'. [...] Marx é essencialmente um 'historicista' etc." (ibidem, 433 [*CC*, 6, 358-9]). Hegel é o mais importante ponto de referência "tradicional" porque ele tentou superar o idealismo e o materialismo tradicionalmente concebidos. A eminência desta síntese é o que Marx repropõe em forma diferente: portanto a imanência tradicional – o "panteísmo" – é depurada por Marx do seu fundo metafísico e se torna "historicismo" num novo sentido: historicismo como "libertação total de todo 'ideologismo', [...] real conquista do mundo histórico, isto é, [...] início de uma nova original civilização" (*Q 4*, 24, 443).

Nessa passagem o nome de Bukharin não aparece: deduzimos, porém, do sucessivo *Q 4*, 17, 438 – intitulado "L'immanenza e il 'Saggio popolare'" [A imanência e o "Ensaio popular"] – que a referência à imanência no sentido metafórico é uma alusão à *Teoria do materialismo histórico*: "O que se disse a respeito da 'teleologia' pode ser repetido em relação à 'imanência'", e é uma referência a *Q 4*, 16, intitulado "La teleologia nel 'Saggio popolare'" [A teleologia no "Ensaio popular"]. Prossegue G. no *Q 4*, 17, 438: "No *Ensaio popular* nota-se que Marx usa a expressão 'imanência', 'imanente', e afirma-se evidentemente que este uso é 'metafórico'. Muito bem. Mas se explicou assim o significado que a expressão 'imanência' tem metaforicamente em Marx? Por que Marx continua usando esta expressão? Só porque tem horror de criar novos termos? [...] A expressão 'imanência' em Marx tem um significado preciso e era necessário definir este significado: na realidade esta definição teria sido 'teoria'. Marx continua a filosofia da imanência, mas a depura de todo seu aparato metafísico e a conduz no terreno concreto da história. O uso é metafórico só no sentido de que a concepção foi superada, desenvolvida etc.". G. não aceita a acepção desqualificadora de "metafórico" (no sentido de impróprio, vago), como aparece no texto de Bukharin. Ao contrário, para ele, o uso metafórico de um termo é o sinal de uma inovação teórica em relação a uma tradição. No *Q 4*, 11 [*CC*, 6, 358], havia sido esclarecido o fato de que o nexo histórico se dava com o panteísmo; no Texto C de *Q 4*, 17, acrescenta-se que "o uso é metafórico apenas no sentido de que a velha imanência [...] foi superada, ainda que seja sempre concebida como elo no processo de pensamento do qual nasceu o novo" (*Q 11*, 28, 1.438-9 [*CC*, 1, 156]). Em suma, ao passo que Bukharin, quando fala de metáforas, entende banalizar o nexo com o passado, para G. as coisas estão exatamente ao contrário: a metáfora da imanência indica em Marx um elo ao qual unir, inovando, a própria original filosofia. Assim, enquanto se insistia sobre o materialismo, é necessário, ao contrário, insistir sobre a imanência como ponto de ancoragem da filosofia da práxis na tradição filosófica anterior (cf. *Q 4*, 11, 433 [*CC*, 6, 358]; *Q 7*, 36, 887, intitulado "'Saggio popolare'. La metafora e il linguaggio" ["Ensaio popular". A metáfora e a linguagem]; e sobretudo *Q 8*, 171, 1.044: "Assim ocorreu com o termo 'materialismo', acolhido em base ao conteúdo passado, e com o termo 'imanência', recusado porque no passado tinha um determinado conteúdo histórico-cultural").

É necessário esclarecer o fato de que Bukharin não fala exatamente de imanência metafórica em relação a Marx. No parágrafo I.9 da *Teoria do materialismo histórico*, intitulado "Doutrina da finalidade em geral (teleologia) e sua crítica. Finalidade imanente", ele escreve: "Vale a pena evidenciar que, se alguma vez Marx e Engels parecem recorrer ao uso de concepções teleológicas, na realidade se trata de metáforas, imagens [*cela ne constitue qu'une métaphore et une façon imagée d'exprimer la pensée*]" (Respectivamente, Bukharin, 1977, p. 23, e 1927, p. 24-5). Viu-se anteriormente que a discussão da imanência no *Ensaio popular* no *Q 4*, 18 está ligada à da teleologia no *Q 4*, 16. Neste contexto G. observa que "o *Ensaio popular* apresenta a teleologia em suas formas mais exageradas e infantis e esquece a solução dada por Kant" (ibidem, 438). O nexo entre finalidade e imanência é apresentado por Bukharin de modo negativo, mas G. o subverte de forma positiva. Só assumindo de forma problemática a nova acepção kantiana, segundo a qual é possível usar a finalidade de modo regulador, salvaguardando assim a individualidade e a acidentalidade empírica dos fatos, é possível escapar do perigo de converter o determinismo histórico em uma forma obsoleta de finalismo (cf. também *Q 7*, 46, 894).

Na elaboração da imanência como entrelaçamento de práxis e teleologia G. desmente o *Ensaio popular* em seus pressupostos e traça uma linha que de Kant chega até a filosofia da práxis. Imanência é, então, salvaguarda da experiência e uso regulador da razão: a história não pode deixar de ser estudada de um ponto de vista teleológico, porque é organização, totalidade, complexo de relações ativas-passivas etc., e portanto não pode ser reduzida a um agregado mecânico de partes. O estudo teleológico da história ajuda a identificar aquela *virtualidade*, aqueles princípios de organização existentes ou em germe, sobre os quais apoiar-se para redefinir as bases da sociedade atual: é uma atitude não somente teorética, mas prática, uma tomada de posição política. Não se pode dizer porém que deste modo tenha sido traçada uma clara linha de demarcação entre imanência e imanentismo: a noção de imanência é nesses trechos ainda devedora de uma concepção especulativa da razão, embora reduzida dentro dos termos do seu uso regulador. Uma definição radicalmente original de imanência chega mais tarde, nos textos de abril-fim de 1932. Em maio de 1932 G. escreve: "A filosofia da práxis é igual a Hegel + David Ricardo" (*Q 10* II, 9, 1.247, Texto B [*CC*, 1, 317]). O texto é intitulado "Imanência especulativa e imanência historicista ou realista": note-se a equação entre historicismo e realismo, o que equivale a dizer: Hegel, mas *somente na medida em que* pode ser assimilado a Maquiavel.

Chega-se a esta reviravolta em tempos relativamente breves: em março de 1932 (*Q 8*, 216, 1.076-7 [*CC*, 1, 446-7]) G. retoma o conceito econômico de "mercado determinado", generalizando-o para indicar a lógica da organização social: "Os economistas clássicos não devem ter se preocupado muito com a questão 'metafísica' do determinismo e todas as suas deduções e cálculos são baseados na premissa do '*suposto que*' [...]. Mas o que é o 'mercado determinado', e pelo que, precisamente, ele é determinado? Será determinado pela estrutura fundamental da sociedade em questão e, então, será necessário analisar esta estrutura e identificar-lhe os elementos que, relativamente constantes, determinam o mercado etc., e os outros elementos 'variáveis em desenvolvimento', que determinam as crises conjunturais, até o momento em que também os elementos 'relativamente constantes' sejam por estes modificados, ocorrendo assim a crise orgânica". O "suposto que" é um "mercado determinado". A expressão "suposto que" é extraída por G. de Gide & Rist, 1926, p. 161, em que designa o método lógico da abstração hipotética, próprio de Ricardo.

No *Q 8*, 128, de abril de 1932, especificou-se o significado de "determinação" do mercado no sentido de bloco de automatismo das práticas econômicas e sua "fixação" por parte de uma determinada superestrutura: "Conceito e fato de 'mercado determinado', isto é, observação científica de que determinadas forças decisivas e permanentes surgiram historicamente, forças cuja ação se manifesta com certo 'automatismo', que permite certo grau de 'previsibilidade' e de certeza para o futuro com relação às iniciativas individuais que se adequam a tais forças, após tê-las instituído e compreendido cientificamente. 'Mercado determinado' equivale, portanto, a dizer 'determinada correlação de forças sociais em determinada estrutura do aparelho de produção', correlação que é garantida (isto é, tornada permanente) por uma determinada superestrutura política, moral e jurídica" (ibidem, 1.018). Não estamos mais diante de uma abstração hipotética, mas de uma abstração determinada: sua "necessidade", seu determinismo, que inclusive ela possui, tudo está inteiramente resolvido na atualidade de determinadas relações de forças na estrutura. O conceito de "necessidade, junto com o de 'lei', redefine-se, assim, profundamente *em relação à prática*: 'É necessário partir destas considerações para estabelecer o que significa 'regularidade', 'lei', 'automatismo' nos fatos históricos. Não se trata de 'descobrir' uma lei metafísica de 'determinismo', tampouco de estabelecer uma lei 'geral' de causalidade. Trata-se de ver como se constituem, no desenvolvimento geral, algumas forças relativamente 'permanentes' que operam com certa regularidade e certo automatismo. Tampouco a lei dos grandes números, embora seja muito útil enquanto termo de comparação, pode ser tomada como 'lei' dos fatos sociais. Será necessário estudar o modo pelo qual David Ricardo tratou da configuração das leis (o chamado método do 'suposto que'): nele com certeza deve se reencontrar um dos pontos de partida das experiências filosóficas de Marx e Engels que levaram ao desenvolvimento do materialismo histórico" (ibidem, 1.018-9).

No já citado *Q 10* II, 9 (maio de 1932), G. afirma portanto que Marx "universalizou as descobertas de Ricardo, estendendo-as adequadamente a toda a história e extraindo delas, portanto, uma nova concepção do mundo" (ibidem, 1.247 [*CC*, 1, 317-8]). "A descoberta do princípio lógico formal da 'lei tendencial', que conduz à definição científica dos conceitos fundamentais na economia, o de *homo economicus* e o de 'mercado determinado', não foi uma descoberta de valor também gnosiológico? Não implica, precisamente, uma nova 'imanência', uma nova concepção da 'necessidade' e da liberdade etc.?" (idem). Esta reconsideração da figura de Ricardo é testemunhada em duas variantes instaurativas no *Q 11*, 52, 1.477 e 1.479 [*CC*, 1, 194] (agosto-fim de 1932, intitulado "Regularidade e necessidade", que é Texto C do já lembrado *Q 8*, 128). Veja-se também, resumidamente, a carta de 30 de maio de 1932 a Tatiana (para Sraffa): "Pode-se dizer que Ricardo teve um significado na história da filosofia, além do que teve na história da ciência econômica [...]? E pode-se dizer que Ricardo contribuiu para encaminhar os primeiros teóricos da filosofia da práxis no sentido de sua superação da filosofia hegeliana e da construção de seu novo historicismo, depurado de qualquer traço de lógica especulativa? Parece-me que se poderia tentar demonstrar este pressuposto e valeria a pena fazê-lo. Parto dos dois conceitos, fundamentais para a ciência econômica, de 'mercado determinado' e de 'lei de tendência', que, ao que me parece, se devem a Ricardo, e raciocino assim: não terá sido talvez a partir destes dois conceitos que houve um impulso para converter a concepção 'imanentista' da história – expressa com a linguagem idealista e especulativa da filosofia clássica alemã – numa 'imanência' realista imediatamente histórica, na qual a lei de causalidade das ciências naturais foi depurada de seu mecanicismo e se identificou sinteticamente com o raciocínio dialético do hegelianismo?" (*LC*, 581-2 [*Cartas*, II, 205]). A carga anti-especulativa do materialismo histórico, seu caráter "filológico", sua *reivindicação da individualidade* encontram neste contexto – no conceito de determinação como regularidade prática – um estatuto sólido. Note-se, finalmente, o fato de que G. liga este conceito de necessidade-imanência por um lado à "argumentação dialética do hegelianismo" (ibidem, 582), e por outro à temática marxiana da relação entre estrutura e superestrutura, entre "premissa" eficiente e "crenças populares" enquanto forças materiais no processo de geração do movimento histórico (*Q 8*, 237, 1.089). Com o novo conceito de imanência o pensamento de Hegel perde seu caráter especulativo e o conceito de determinação perde seu caráter mecanicista.

Bibliografia: Badaloni, 1988; Frosini, 2004b; Nemeth, 1980; Thomas, 2004.

Fabio Frosini

Ver: Bukharin; filosofia da práxis; Hegel; historicismo; idealismo; Kant; leis de tendência; Maquiavel; Marx; materialismo e materialismo vulgar; mercado determinado; Ricardo.

imigração

Nos Estados Unidos, dada a ausência de intelectuais tradicionais, não se coloca o problema de uma fusão com os intelectuais orgânicos, mas o problema de fundir "tipos de culturas diferentes trazidas pelos imigrantes". G. esclarece que "os imigrantes anglo-saxões na América são também uma elite intelectual, mas sobretudo moral" (*Q 4*, 49, 480-1 e *Q 12*, 1, 1.525 [*CC*, 2, 15]). "Para Grant os mediterrâneos são uma raça inferior e sua imigração é um perigo; ela é pior que uma conquista armada e está transformando Nova Iorque e grande parte dos Estados Unidos em uma 'cloaca gentium'" (*Q 2*, 45, 199 [*CC*, 4, 286]). G. compara a "contradição que existe na América do Sul entre o mundo moderno das grandes cidades comerciais costeiras e o primitivismo do interior, contradição que se amplia em função da existência de grandes massas de indígenas, por um lado, e de imigrantes europeus, por outro, cuja assimilação é mais difícil do que na América do Norte" (*Q 1*, 107, 98 [*CC*, 4, 178]). No Congo belga e na província de Katanga a maior parte dos nossos imigrantes depende de "companhias privadas em qualidade de engenheiros, contadores, mestres de obra, supervisores de trabalho" (*Q 2*, 146, 276 [*CC*, 2, 70]). Deve-se notar a presença de intelectuais italianos nos países eslavos e "sua importância como fatores da cultura local" (*Q 5*, 100, 629 [*CC*, 2, 132]). Na França, "o equilíbrio entre nascimentos e mortes é mantido com dificuldade pela imigração, que determina outros graves problemas morais e políticos" (*Q 2*, 124, 265 [*CC*, 5, 200]). Na Alemanha, o desenvolvimento industrial foi causa, em um primeiro momento, de uma considerável emigração; mas em seguida, os fluxos migratórios inverteram-se. "Na Itália o fenômeno foi mais elementar e passivo e [...] não teve um ponto de resolução, mas continua ainda hoje" (*Q 1*, 149, 131-2 [*CC*, 5, 153]).

Giuseppe Prestipino

Ver: Alemanha; América do Sul; americanismo; emigração; Estados Unidos; França.

imperativo categórico

O imperativo categórico é o conceito com o qual Kant esclarece a natureza do imperativo ético absoluto ("seja honesto"), em virtude da autonomia da lei moral, distinta da hipotética, que comanda algo visando um fim ("se quiser ser feliz, deve fazer isso"). Nos *Q* encontra-se o imperativo categórico em um trecho muito conhecido em que o "moderno Príncipe" – o partido – torna-se, exatamente, para as consciências, um imperativo categórico: "O moderno Príncipe, desenvolvendo-se, subverte todo o sistema de relações intelectuais e morais, uma vez que seu desenvolvimento significa de fato que toda ação é útil ou prejudicial, virtuosa ou criminosa [...]. Ele toma o lugar, nas consciências, da divindade e do imperativo categórico, ele é a base de um laicismo moderno e de uma completa laicização de toda a vida e de todas as relações de costume" (*Q 8*, 21, 953 [*CC*, 6, 377]). Vários estudiosos de orientação liberal quiseram ler nessas linhas a propensão ao totalitarismo do pensador sardo e uma substancial continuidade com o leninismo, segundo o qual o partido era constituído por uma elite cuja tarefa era a de organizar e educar as massas. Na realidade, não há nesse trecho uma concepção totalitária do Estado, e sim uma concepção integral da política, como campo exclusivo do agir humano.

No partido gramsciano todos são filósofos e intelectuais, uma vez que são portadores de uma específica cultura material do local de trabalho e do território de origem ("que todos os membros de um partido político devam ser considerados como intelectuais é uma afirmação que se pode prestar à ironia e à caricatura; contudo, se refletirmos bem, nada é mais exato": *Q 12*, 1, 1.523 [*CC*, 2, 25]). É portanto o lugar da educação recíproca, direcionada para promover o ingresso das massas no Estado. Imperativo categórico não significa então imposição de uma verdade predeterminada por parte do partido, mas dedicação absoluta ao projeto da própria autoeducação e da reforma intelectual e moral.

Claudio Bazzocchi

Ver: filosofia; Kant; moderno Príncipe; reforma intelectual e moral; totalitário.

imperialismo

Nos *Q* é demonstrado, em primeiro lugar, um uso do conceito de "imperialismo" influenciado pelo quadro histórico oferecido por Marx em *O 18 de brumário de Luís Bonaparte*. Em consequência da ruptura do *Ancien Régime* efetuada pela Revolução Francesa, do ponto de vista jurídico-constitucional afirma-se o "regime parlamentar, que realiza – no período mais rico de energias 'privadas' na sociedade – a hegemonia permanente" da burguesia sobre o conjunto social, na forma "do governo com o consenso permanentemente organizado" (*Q 13*, 37, 1.636 [*CC*, 3, 93]). Mediante o incessante desenvolvimento econômico, a classe dominante absorve de modo molecular "os elementos sociais mais ricos de energia e de espírito criador" (ibidem, 1.637 [*CC*, 3, 94]) dos outros grupos sociais. De tal fase liberal, com a explosão das primeiras crises de superprodução, passa-se à fase imperialista, que registra a partilha do mundo entre as grandes potências. No plano da política interna tal fase é caracterizada pela afirmação do modelo "bonapartista regressivo", no qual as garantias constitucionais liberais são progressivamente anuladas face ao fortalecimento dos executivos. Estes últimos governam mediante "decretos-leis, que tendem a substituir a legislação ordinária e a modificam em determinadas ocasiões, 'forçando a paciência' do Parlamento até configurar uma verdadeira 'chantagem de guerra civil'" (ibidem, 1.638 [*CC*, 3, 95]).

Em segundo lugar, G. está interessado no modelo desenvolvido de sociedade imperialista, que era o império colonial inglês, capaz de elaborar seus próprios intelectuais orgânicos, aptos a fornecer uma "moral cívica correspondente" (*Q 3*, 146, 402 [*CC*, 6, 163]) ao desenvolvimento socioeconômico. Embora na Inglaterra ambos os partidos dominantes apoiassem uma política imperialista, esta mostrava seu próprio limite no nacionalismo da classe dirigente inglesa, que "impediu a fusão em uma só classe imperial unificada dos grupos nacionais que necessariamente iam se formando em todas as terras do império" (*Q 17*, 53, 1.949 [*CC*, 3, 355]). Por outro lado, se a superação do particularismo nacional em nome dos interesses transnacionais do capital financeiro parece uma característica do mais moderno imperialismo, entretanto, as tentativas de salvar o império colonial pondo-o sob uma direção compartilhada – governando junto com as classes dominantes dos países habitados prevalentemente pelos descendentes de colonos ingleses – está destinada ao fracasso, enquanto o desenvolvimento de "uma real unidade 'internacional'" (*Q 2*, 48, 200-1 [*CC*, 3, 151]) choca-se com os interesses nacionais dos diferentes países.

Em terceiro lugar, G. amplia a acepção tradicional do conceito de imperialismo, em uma complexa dialética entre estrutura e superestrutura, na análise de uma questão fundamental dos *Q*: a história dos intelectuais italianos. Ele observa o fato de que na Itália, junto com o tradicional cosmopolitismo dos intelectuais, que durante séculos obstaculizou a unificação nacional, "existiu um chauvinismo arrebatado, que se relacionava com as glórias romanas e das repúblicas marítimas, bem como com o florescimento individual de artistas, literatos, cientistas de fama mundial" (*Q 2*, 25, 181 [*CC*, 5, 174]). A aspiração a um primado moral e civil fundado sobre o fato de que a Itália foi o centro de irradiação da cultura latina, humanística e renascentista esquece a "'função cosmopolita dos intelectuais italianos', que é coisa inteiramente diferente de 'domínio cultural' de caráter nacional: ao contrário, é justamente testemunho da ausência do caráter nacional da cultura" (*Q 5*, 123, 651 [*CC*, 5, 235]). A mesma política colonial italiana surgiu como sucedâneo da falta de coragem da classe dirigente que, incapaz de resolver a questão meridional mediante a reforma agrária, apresenta ao camponês faminto de terra "a miragem das terras coloniais a serem exploradas" (*Q 19*, 24, 2.018 [*CC*, 5, 70]). Tratava-se então, no parecer de G., de "um imperialismo passional, oratório" (idem), enquanto o atrasado capitalismo italiano não conhecia ainda a crise de superprodução devida à progressiva flexão da taxa de lucro, que havia induzido os países capitalistas desenvolvidos a "ampliar a área de expansão" dos seus rentáveis investimentos gerando, após 1890, os "grandes impérios coloniais" (idem). Ao contrário, a Itália não somente não dispunha de capitais a serm investidos no exterior, como também era obrigada a recorrer a investimentos estrangeiros para poder desenvolver seu sistema produtivo. De modo que a expansão colonial italiana "foi combatida pelos próprios capitalistas (setentrionais), que teriam visto com olhos mais favoráveis o emprego na Itália das ingentes somas gastas na África" (ibidem, 2.019 [*CC*, 5, 71]). O próprio chauvinismo italiano de início do século XX estava desprovido de reais bases econômicas, "colocava-se como uma abstrata reivindicação imperial contra todos" (*Q 2*, 25, 181-2 [*CC*, 5, 175]) e constituía um obstáculo para a realização da unidade do país, já que seus exponentes apoiavam a aliança com os impérios centrais. Suas razões eram unicamente de caráter ideológico e visavam a "suprimir a francofilia democrática" (ibidem, 182). Isso permite compreender porque a concepção "nacionalista-imperialista" (*Q 6*, 129, 797 [*CC*, 2, 144]) era propagandeada entre as massas principalmente pelos literatos como Pascoli ou D'Annunzio. Mesmo a política "militarista e nacionalista" do regime fascista, uma vez que encontrava sua justificativa ideológica na falta de matérias-primas, é considerada por G. ainda não "imperialista, que é o grau mais adiantado do mesmo processo" (*Q 6*, 100, 775 [*CC*, 5, 256]). Mais ainda porque ela parecia ser ditada por razões de política interna, ou seja, pela inadequação da classe dominante e pela corrupção do grupo dirigente.

Por fim, o imperialismo militarista propagandeado pelo regime fascista não somente não tem uma justificativa estrutural, mas também está em contraste com "todas as tradições italianas, em primeiro lugar as romanas, e depois as católicas" (*Q 19*, 5, 1.988 [*CC*, 5, 28]), que são de natureza cosmopolita. A ideologia imperialista do fascismo tem sua origem na pretensão do primado cultural dos italianos, que aparece a G. anacrônico, no momento em que o mundo moderno "já está de tal modo unificado em sua estrutura econômico-social" (*Q 13*, 26, 1.618 [*CC*, 3, 75]) que qualquer tipo de monopólio cultural de um país está destinado a acabar. Portanto, "no mundo moderno, um imperialismo cultural e espiritual é utópico: só a força política, fundada na expansão econômica, pode ser a base para uma expansão cultural" (*Q 8*, 106, 1.004 [*CC*, 2, 167]). Assim, por exemplo, a "expansão de caráter imperialista e hegemônico" (*Q 12*, 1, 1.524 [*CC*, 2, 26]) da cultura francesa ocorreu de modo organizado no curso do século XIX em razão do desenvolvimento industrial consequente à conquista do poder político por parte da burguesia. Ao contrário, o preparo, às vezes considerável, dos intelectuais italianos não pôde ser posto a serviço da afirmação da hegemonia do país, uma vez que a situação de atraso econômico e político não permitiu seu uso na pátria. Eles acabaram procurando um emprego individualmente no exterior, contribuindo "para impossibilitar a constituição de uma sólida base nacional" (ibidem, 1.525 [*CC*, 2, 27]).

Na realidade, atrás das "tendências monopolistas de caráter nacionalista e repressivo", que se afirmam em época fascista na forma de protecionismo cultural, atrás dos "grandiosos planos de hegemonia, não se percebe que se é objeto de hegemonias estrangeiras; do mesmo modo como, enquanto se fazem planos imperialistas, na realidade se é objeto de outros imperialismos" (*Q 23*, 57, 2.253 [*CC*, 6, 127]). Por isso, a exaltação por parte dos intelectuais de regime do primado cultural dos italianos serve apenas para que não se sinta "o peso da hegemonia da qual se depende e pela qual se é oprimido" (idem), isto é, exalta-se "o próprio imperialismo para que se deixe de sentir aquele ao qual se está de fato sujeitado" (*Q 6*, 38, 713).

Renato Caputo

Ver: bonapartismo; colonialismo; Inglaterra; intelectuais italianos; nacionalismo; Pascoli; questão meridional.

Império Romano

No *Q 6*, 78, 748 [*CC*, 5, 249] G. destaca que a relação entre cristianismo-helenismo e Império Romano, assimilada à relação entre gandhismo e Império Inglês, registra "países de antiga civilização, desarmados e tecnicamente (militarmente) inferiores", dominados por países que podem ser definidos, ao contrário, tecnicamente desenvolvidos (na "técnica de governo e militar" no caso dos romanos), por "poucos homens considerados menos civilizados, mas materialmente invencíveis". A consequente tomada de consciência da "impotência material de uma grande massa contra uns poucos opressores" leva à exaltação de "valores espirituais" (idem). Escravos e libertos de origem grega e oriental desenvolveram, por outro lado, um papel fundamental na cultura do Império Romano; com a concessão da cidadania aos mestres das artes liberais por obra de César confluíram em Roma os "melhores intelectuais de todo o Império Romano" (*Q 8*, 22, 954 [*CC*, 2, 162]). Enquanto o próprio pessoal dirigente se tornava cada vez mais cosmopolita e cada vez menos latino, da mesma forma que os próprios imperadores, se verificou, assim, uma "separação não somente social mas nacional, de raça, entre massas consideráveis de intelectuais e a classe dominante no Império Romano" (*Q 4*, 49, 478); assim a "função internacional" dos intelectuais italianos é julgada "causa e efeito do estado de desagregação em que permanece a península desde a queda do Império Romano até 1870" (ibidem, 479).

Roma e seu império estão no centro de uma retórica tradicional que provocou uma reação com multíplices formas, desde o futurismo até a *Uma breve história do mundo*, de H. G. Wells, como a tendência a desvalorizar a grandeza da história romana, mas também a negar o fato de que "a história mundial antiga se unifique no Império Romano", ampliando-se para a China, a Índia e a Mongólia (*Q 5*, 42, 573 [*CC*, 2, 115]). Elementos ideológicos contestam, por outro lado, até mesmo a investigação das causas da queda do império, que é considerada enigmática se não se detém sobre os Estados subalternos (que representavam provavelmente "as forças decisivas da história mundial" *Q 15*, 5, 1.759 [*CC*, 4, 320]), julgando-os, na falta de evidências históricas, "coisas 'incognoscíveis'" em vez de simplesmente "desconhecidas".

JOLE SILVIA IMBORNONE

Ver: César; Inglaterra; Roma; Sacro Império Romano.

inaudito

Trata-se de um adjetivo que raramente, na prosa dos *Q*, além dos escritos pré-carcerários, aparece – por assim dizer – como uma *vox media*, sem uma particular relevância expressiva: em geral, ao invés, ele faz corpo, embora de modo variamente significativo, com a identificação e a designação da complexidade-novidade dos fenômenos e dos processos examinados. Então não é casualidade o fato de comparecer mais frequentemente nas análises do século XX, que constitui o terreno de precipitação histórico-teórica e política da reflexão gramsciana. Podem-se fazer, entre tantos, alguns exemplos: no *Q 3*, G. desenvolve uma reflexão sobre aquele aspecto da crise moderna que, surgido a partir do fim da Primeira Guerra Mundial, era lamentado como "onda de materialismo", falava de um "interregno", em que "o velho morre e o novo não pode nascer" e em que se verificam "os fenômenos patológicos mais variados" (*Q 3*, 34, 311 [*CC*, 3, 184]). No desenvolvimento da análise G. chega a afirmar que, em conexão com isso, se podiam formar "as condições mais favoráveis para uma expansão inaudita do materialismo histórico" (idem). Do mesmo modo, a respeito da central e decisiva questão intelectual, o autor dos *Q* salientava que, "no mundo moderno, a categoria dos intelectuais [...] se ampliou em uma dimensão inaudita" (*Q 4*, 49, 477).

No exame da realidade do americanismo e do fordismo o lema aparece difusamente. Nesse caso também é suficiente um ou outro exemplo: no *Q 5*, a propósito da possível introdução da racionalização fordista em realidades diferentes da americana, G. observava que ela, sem uma "mudança de sistema de vida", poderia levar a "um rápido esgotamento nervoso" e determinar "uma crise inaudita de morbidez" (*Q 5*, 41, 573 [*CC*, 2, 114]). E mais: a guerra de posição, como critério moderno do século XX da ciência política e como forma da política *tout court*, demandava – segundo G. – "enormes sacrifícios de massas imensas de população" e tornava necessária "uma concentração inaudita da hegemonia" (*Q 6*, 138, 802 [*CC*, 3, 255]).

Às vezes pode ocorrer que G. use o lema em conexão com a delineação da radical novidade não de processos contemporâneos, mas de possíveis desenvolvimentos futuros: em um parágrafo dedicado à escola e à "*investigação do princípio educativo*" (*Q 12*, 2, 1.540 [*CC*, 2, 42]) ele, depois de terminar uma longa e complexa análise, afirmava que, se se quer "criar uma nova camada de intelectuais, chegando às maiores especializações", a partir de "um grupo social" que tradicionalmente ainda não desenvolveu as "aptidões adequadas", será preciso superar "dificuldades inauditas" (ibidem, 1.550[*CC*, 2, 52]). O lema é adotado também para designar as novidades e as transformações morfológicas do passado: a propósito da radical transformação produzida pela imprensa em todo o mundo cultural, G. punha ênfase, entre outras coisas, sobre "uma extensão inaudita da atividade educacional" (*Q 16*, 21, 1.891 [*CC*, 4, 67]). Finalmente, cabe ressaltar a única vez em que o lema é adotado nas *LC*: G. o emprega para indicar, com firmeza e ao mesmo tempo com trepidação, o que ele considera a absoluta singularidade de sua mãe: "Se pensar bem, ela merece muito mais do que paciência, porque trabalhou para nós a vida toda, sacrificando-se de modo inaudito, extraordinário" (*LC*, 378, a Grazietta, 29 de dezembro de 1930 [*Cartas*, I, 466]).

Pasquale Voza

Ver: crise; morboso; novo.

incesto

Lê-se em "Alguns aspectos da questão sexual" (*Q 22*, 3, 2.148 [*CC*, 4, 250), em referência à investigação parlamentar sobre o Mezzogiorno de 1911, que "em Abruzo e na Basilicata (onde o fanatismo religioso e o patriarcalismo são maiores e é menor a influência das ideias urbanas [...]) ocorre o incesto em 30% das famílias". O dado é citado para desvendar a visão idílica segundo a qual "os crimes sexuais mais monstruosos e numerosos" seriam resultado da proletarização urbana, posição difusa na época tanto entre os epígonos da escola sociológica de Lombroso (Enrico Ferri) como no higienismo progressista (G. cita em outro contexto Max Nordau). G. não considera, portanto, nem o incesto, nem as outras "perversões" sexuais como derivados de uma degeneração psicossocial, mas os reconduz ao efeito implícito do familismo patriarcal tradicional, dentro do qual são com certeza menos visíveis, mas muito mais enraizados do que na sexualidade urbanizada. Duas fontes de reflexão sobre o problema, como se evidencia pela mesma nota, são a *Città del sole* [*A cidade do sol*] de Campanella e a "literatura 'psicanalítica'", que investiga a "regulamentação dos instintos sexuais", sem deixar de considerar "as relações entre pais e filhos" (idem). Para além da consciência que G. tem da contribuição de Freud e da psicanálise, o incesto parece portanto interno à natureza do domínio social da família semiautárquica e patriarcal, tradicionalmente fundada na pequena propriedade agrária e protegida pela cumplicidade religiosa. A urbanização dos costumes, que tem um custo ("o abuso e a irregularidade das funções sexuais são, depois do alcoolismo, os inimigos mais perigosos das energias nervosas e [...] o trabalho 'obsessivo' provoca depravação alcóolica e sexual": *Q 22*, 11, 2.166 [*CC*, 4, 268]), é prefigurada como o melhor antídoto ao problema, com a ressalva de que, em uma perspectiva evolucionista, "até mesmo os instintos que hoje devem ser superados como ainda demasiadamente 'animalescos' foram, na realidade, um notável progresso em relação aos anteriores, ainda mais primitivos" (*Q 22*, 10, 2.161 [*CC*, 4, 262]).

Livio Boni

Ver: camponeses; família; fordismo; Freud; libertinismo; psicanálise; questão sexual.

Índia

A Índia é para G. o país colonial, com sua luta pela independência, mas também o sistema das castas. São identificados três tipos de luta do movimento independentista: a resistência passiva (Gandhi), a "guerra de posição" (o boicote que, com a coleta das armas, torna-se guerra subterrânea) e a "guerra de movimento", que inclui também as greves (*Q 1*, 134, 122 [*CC*, 3, 124]). A relação entre gandhismo-império é comparada àquela entre o cristianismo primitivo e o helenismo-Império Romano: em todos os casos, o primeiro membro está desarmado perante o poderio militar do outro, o que é chamado de política do "colchão contra a bala" (*Q 6*, 78, 748 [*CC*, 5, 246]). A Índia, herdeira de uma antiga civilização, caracterizava-se por ser uma sociedade complexa e também tribal, dividida, do ponto de vista administrativo, entre Estados tributários e grandes províncias sob o governo mais direto de Londres, que continham três quartos da população; estava dividida em 150 idiomas e dialetos e cinco religiões principais, o analfabetismo e a pobreza eram muito difusos, e muitas mulheres estavam reduzidas à escravidão (*Q 5*, 89, 621 [*CC*, 4, 102]). A sociedade, rigidamente estratificada, estava entorpecida há séculos e, como em outros grandes países agrários, os intelectuais médios eram bastante numerosos (*Q 2*, 86, 244 [*CC*, 4, 97]). Para as "finalidades práticas concretas" (isto é, do movimento revolucionário) G. compreende que o primeiro passo deva ser a conquista molecular destes intelectuais, de forma análoga à política perseguida pela Igreja católica (*Q 7*, 71, 908 [*CC*, 2, 157]). Ele prevê que a "civilização ocidental" (isto é, a sociedade industrializada) "terminará ganhando", com a consequente aceleração da ruptura entre povo e intelectuais e a criação de novos intelectuais "formados na esfera do materialismo histórico" (*Q 7*, 62, 901 [*CC*, 2, 152]). Para além desta fase, G. observa que o equilíbrio mundial poderia ser rompido se Índia e China se tornassem nações modernas e irrompessem no cenário global, deslocando seu eixo para o Pacífico (*Q 2*, 78, 242 [*CC*, 3, 172]).

Derek Boothman

Ver: China; colonialismo; colônias; guerra de movimento; guerra de posição; intelectuais; pacifismo.

individual: v. indivíduo.

individualismo

Em um artigo de março de 1918, intitulado "Individualismo e coletivismo", G. define o primeiro como afirmação dos "direitos do indivíduo à liberdade e à iniciativa" (*CF*, 720 [*EP*, I, 152]) por parte da classe burguesa em ascensão contra as relações feudais. O individualismo define, portanto, uma abordagem global da realidade econômica e política, em que a dissolução do "privilégio feudal e de casta" é funcional para tornar "comercializáveis os instrumentos de produção, a terra, as máquinas e a mão de obra", mas ao mesmo tempo implica a "redução ao mínimo das funções do Estado, uma ampla liberdade de reunião, de imprensa, de propaganda, a segurança para os cidadãos em face dos poderes, a difusão dos ideais de paz e fraternidade universal" (ibidem, 721 [*EP*, I, 153-4]). Deste bloco é herdeiro progressivo o socialismo: o "coletivismo no proletariado" não é um retorno ao passado, a uma sociedade sem direitos: "o indivíduo-associação", que "se contrapõe" ao "indivíduo-capitalista", luta para que "as liberdades concebidas apenas" para o indivíduo-capitalista sejam "estendidas a todos" (ibidem, 722 [*EP*, I, 155]). "As associações proletárias educam os indivíduos para encontrarem na solidariedade um maior desenvolvimento do próprio eu": dessa maneira, ao egoísmo que objetiva o lucro, substitui-se uma ética do desinteresse: o trabalho e a atividade transformam-se em fins em si mesmos, não são buscados tendo o outro em vista (idem [*EP*, I, 155]).

Nesta altura, G. identifica o órgão do coletivismo progressivo no sindicato, ao passo que, mais tarde ("Sindicalismo e conselhos", 8 de novembro de 1919, em *ON*, 298 [*EP*, I, 298]), tal papel será atribuído aos Conselhos de Fábrica: não muda, entretanto, a concepção da nova individualidade, descrita como "um incremento da personalidade, que reconhece a si mesma mais pelo que ela tem em comum com os outros, e menos pelas peculiares acidentalidades diferenciadoras" ("Spirito associativo" [Espírito associativo], 14 de fevereiro de 1918, em *CF*, 660). G. enxerga com efeito no socialismo "um novo Renascimento, o Renascimento da [...] plebe" ("Il socialismo e l'Italia" [O socialismo e a Itália], 22 de setembro de 1917, em *CF*, 350): um movimento cultural que converteu em homens as massas dos últimos e dos excluídos. De acordo com a ética do desinteresse delineia-se aqui uma concepção idealista do socialismo, como socialização da autoconsciência e da autonomia de juízo ("La grande ilusione" [A grande ilusão], 24 de julho de 1916, em *CT*, 447; "O privilégio da ignorância", 13 de outubro de 1917, em *CF*, 393-4 [*EP*, I, 116]; "Para uma associação de cultura", 18 de dezembro de 1917, em *CF*, 498-9 [*EP*, I, 122]). Não faltam, entretanto, a partir do fim da guerra, impulsos em direção a uma diversa concepção da oposição individualismo-coletivismo. Em um artigo de novembro de 1919, é a guerra que pôs as massas "em movimento", matando "o individualismo animalesco, próprio das populações atrasadas e sem cultura [...]. Os homens agruparam-se, a humanidade italiana tornou-se, finalmente, sociedade" ("I risultati che attendiamo" [Os resultados que esperamos], 17 de novembro de 1919, em *ON*, 320). A disciplina militar constitui a experiência unitária feita pelas massas dos abandonados, que por isso mesmo desencadeou o "processo de desintegração total" das camadas dirigentes italianas (idem). A experiência coletiva da guerra desfez uma forma pré-política de individualismo, coincidente com o espírito provinciano exacerbado. O coletivismo coincide, neste caso, com a socialização e com a sociedade de massa.

A pesquisa dos *Q* procederá combinando as duas acepções do individualismo, político e pré-político, e por reflexo as duas concepções do coletivismo, respectivamente compreendidas como autonomia e como socialização-disciplina. A este segundo aspecto é atribuído nos *Q* o nome de "conformismo". No *Q 7*, 12 [*CC*, 3, 259] (novembro-dezembro de 1930) G. nota que a "tendência ao conformismo" é "no mundo contemporâneo mais ampla e profunda do que no passado". Ela está fundamentada nas "grandes fábricas, taylorização, racionalização etc.". Esse conformismo é distinto daquilo que, "no passado", se formava como "direção carismática [...]. O homem coletivo de hoje, ao contrário, forma-se essencialmente de baixo para cima, à base da posição ocupada pela coletividade no mundo da produção: também hoje o homem representativo tem uma função na formação do homem coletivo, mas muito inferior à do passado, tanto que ele pode desaparecer sem que o cimento coletivo se desfaça e a construção desabe" (ibidem, 862 [*CC*, 3, 260]). A tendência é para uma deterioração do individualismo já dentro das relações sociais capitalistas. O fenômeno das "multidões casuais" (ibidem, 861 [*CC*, 3, 260]) vai desaparecendo, com um claro crescimento em termos de racionalidade do agir coletivo, e é substituído pela alternativa entre o fordismo e "um novo 'conformismo' a partir de baixo", que permita "novas possibilidades de autodisciplina, isto é, de liberdade até individual" (ibidem, 863 [*CC*, 3, 261]).

A reflexão sobre a dupla natureza do individualismo prossegue no *Q 6*, 162 (março-agosto de 1931). O fenômeno, afirma G., deve ser tematizado historicamente, "porque existem diferentes formas de 'individualismo', mais progressistas, menos progressistas, correspondentes a diferentes tipos de civilização e de vida cultural" (ibidem, 814 [*CC*, 5, 267]). O individualismo italiano, em realidade, é "uma forma de 'apoliticismo'" (ibidem, 815 [*CC*, 5, 267-8]), herdeiro moderno do cosmopolitismo renascentista. Não se trata de individualismo no sentido de afirmação dos valores do indivíduo contra o Estado, mas de pertencer a grupos regressivos "do tipo 'associação de delinquentes', [...] camarilhas [...] camorras, [...], máfias, seja populares, seja ligadas às classes altas" (idem). Diante dessa situação, toda tentativa de reforma pelo alto será reabsorvida pela influência do ambiente, enquanto "a nova construção só pode surgir de baixo para cima, na medida em que todo um estrato nacional, o mais baixo econômica e culturalmente, participe de um fato histórico radical que envolva toda a vida do povo e ponha cada qual, brutalmente, diante das próprias responsabilidades inderrogáveis" (ibidem, 816 [*CC*, 3, 268]). Veja-se, a este respeito, o reconhecimento contido no *Q 9*, 103, "Momenti di vita intensamente collettiva e unitaria nella vita del popolo italiano" [Momentos de vida intensamente coletiva e unitária na vida do povo italiano], em que se exemplifica: "Guerras, revoluções, plebiscitos, eleições gerais de particular importância e significado" (ibidem, 1.166). Como se observa, continua viva a exigência de encontrar uma forma que seja totalizante extensivamente, mas também intensivamente, isto é, que obrigue as massas a tomar o ponto de vista da responsabilidade. Mas este entendimento passa agora através do raciocínio sobre o conformismo. Em maio de 1932, depois de ter salientado o fato de que "deve-se ver quanto há de justo na tendência contra o individualismo e quanto de errôneo e perigoso" (*Q 9*, 23, 1.110 [*CC*, 3, 289]), e que a atitude a este propósito deverá ser "necessariamente contraditória", G. escreve: "Questão, portanto, a ser posta historicamente e não abstratamente, esquematicamente" (idem). Nos países que passaram pela Contrarreforma, a questão se coloca de modo específico: neste caso, a "consciência crítica não pode nascer sem uma ruptura do conformismo católico ou autoritário e, portanto, sem um florescimento da individualidade [...]. Que se lute para destruir um conformismo autoritário, tornado retrógrado e embaraçoso, e se chegue ao homem coletivo através de uma fase de desenvolvimento da individualidade e da personalidade crítica é uma concepção dialética difícil de ser compreendida pelas mentalidades esquemáticas e abstratas" (ibidem, 1.110-1 [*CC*, 3, 289-90]).

Desse momento em diante, para G. o problema do individualismo consistirá na análise desta especificidade italiana, dada pela presença conjunta da herança paralisadora da Contrarreforma (que exige um forte individualismo) e da manifestação atual da produção socializada (que torna anacrônico o individualismo liberal clássico: cf. sobretudo *Q 11*, 12, 1.387 [*CC*, 1, 93]; *Q 15*, 29, 1.784 [*CC*, 1, 261]; *Q 22*, 1, 2.139 [*CC*, 4, 241]). A tendência ao conformismo põe-se aqui de forma original, uma forma que exige do "moderno Príncipe" uma luta ao mesmo tempo pró e contra o individualismo. Para este objetivo, G. identifica na potencialização do espírito de partido o caminho a ser percorrido: "A demonstração de que o espírito de partido é o elemento fundamental do espírito estatal é uma das teses mais significativas a ser sustentada, e da maior importância; inversamente, o 'individualismo' é um elemento animalesco, 'apreciado pelos forasteiros' como os atos dos habitantes de um jardim zoológico" (*Q 15*, 4, 1.755 [*CC*, 3, 328]).

FABIO FROSINI

Ver: conformismo; homem coletivo; indivíduo; liberdade; partido.

indivíduo

Em relação ao tema do indivíduo e daquilo que lhe pertence (o individual), G. delineia, desde o período de

Turim, um caminho que conduz historicamente da sua afirmação burguesa contra o sistema feudal (com o individualismo liberal clássico) a seu eclipse, com a afirmação de uma reivindicação e de um movimento objetivo para o coletivismo ("o indivíduo-associação" contraposto ao "indivíduo-capitalista"), que não suprime os valores individuais mas os estende "a todos" ("Individualismo e coletivismo", 9 de março de 1918 em *CF*, 722-3 [*EP*, I, 155]). Nos *Q* este caminho é conservado, e esclarecido quanto a seu desfecho coletivista, com a noção de "conformismo". Este último designa a tendência a tornar homogêneas as condutas e as formas de vida das grandes massas nas sociedades industrializadas, tendência que nasce da estrutura e da organização material da produção (serializada e colocada em grandes complexos industriais) e da educação (organizada em estruturas homogêneas) e que se prolonga nos fenômenos habitualmente descritos como sociedade de massa (*Q 1*, 61, 72 [*CC*, 6, 346], mas cf. também *Q 4*, 49, 477: "A formação de massa uniformizou os indivíduos, como qualificação técnica e como psicologia, determinando os mesmos fenômenos em todas as outras massas estandardizadas"). A opção política sobre a qual trabalhar é, portanto, para G., a construção de um novo tipo de conformismo, que esteja à altura da nova organização social, mas que, ao mesmo tempo, exalte seus aspectos de libertação e autonomia moral. A reflexão sobre o indivíduo nos *Q* constitui-se, assim, duplamente: G. rejeita o individualismo político como expressão de resistência à nova estrutura conformista da individualidade, mas ao mesmo tempo tenta extrair dessa estrutura as premissas para uma nova afirmação da individualidade, evidentemente em formas completamente novas com respeito ao passado. Portanto, até o início de 1931 o problema do indivíduo é identificado nos *Q* com o do papel que ele tem no mundo moderno, tanto no terreno econômico-político como no político-estatal. Deste ponto de vista, o marxismo apoia uma configuração radicalmente pós-individualista. Veja-se o *Q 1*: o "historicismo" (o marxismo) não se apresenta como opinião que deve ser expressada em "forma apodítica ou predicativa", mas como "sarcasmo" polêmico e apaixonado (*Q 1*, 29, 24), e exatamente nisso mostra sua capacidade de estar em contato com a vida das massas, de não cair na "utopia", que é enunciação das ideias "somente individuais ou de pequenos grupos" (idem). G. nota aqui que "o 'sarcasmo' se torna componente de todas estas exigências que podem aparecer como contraditórias" (idem); mais adiante, identifica na intimidade do pensamento marxista com a contradição a marca de sua relação efetiva com a história: o marxismo é "a consciência plena das contradições, na qual o próprio filósofo, entendido individualmente ou como grupo social global, não só compreende as contradições, mas põe a si mesmo como elemento da contradição, e eleva este elemento a princípio político e de ação" (*Q 4*, 45, 471 [*CC*, 6, 364]; cf. também *Q 3*, 48, 330 [*CC*, 3, 194], em relação à "acusação contraditória" lançada contra o movimento do *Ordine Nuovo*, de ser espontaneísta e voluntarista, se for "analisada, mostra a fecundidade e a exatidão da direção que lhe foi imprimida").

A declaração da histórica obsolescência do indivíduo (e daquilo que é puramente "individual") encontra sua formulação mais radical em um grupo de textos que pode ser datado entre novembro de 1930 e março de 1931: "O conceito de liberdade – escreve G. – deve ser acompanhado pelo de responsabilidade que gera a disciplina, e não imediatamente a disciplina, que neste caso se compreende como imposta de fora, como limitação forçada da liberdade. Responsabilidade contra arbítrio individual: só é liberdade aquela 'responsável', ou seja, 'universal', na medida em que se propõe como aspecto individual de uma 'liberdade' coletiva ou de grupo, como expressão individual de uma lei" (*Q 6*, 11, 692 [*CC*, 1, 234]). A identificação de liberdade individual e coletiva, e desta última com uma lei, supõe evidentemente que "a coletividade deve ser entendida como produto de uma elaboração de vontade e pensamento coletivos, obtidos através do esforço individual concreto, e não como resultado de um processo fatal estranho aos indivíduos singulares: daí, portanto, a obrigação da disciplina interior, e não apenas daquela exterior e mecânica" (*Q 6*, 79, 751 [*CC*, 2, 232]). Ressalta G., é verdade, a necessidade vital de que a formação da vontade coletiva através do partido político seja um processo profundamente democrático. No *Q 15*, 13, 1.771 [*CC*, 3, 333] escreve: "Uma consciência coletiva, ou seja, um organismo vivo só se forma depois que a multiplicidade se unifica através do atrito dos indivíduos". Este último é um texto bastante posterior (abril de 1933), que explicita e torna problemática uma dialética individual-coletivo que no fim de 1930 era dada já por resolvida. São prova disso também as passagens sobre o significado do "moderno Príncipe" que remontam a este período ("'príncipe' poderia ser traduzido, em língua moderna, como 'partido político'": *Q 5*, 127, 662 [*CC*, 3, 216]; cf. também *Q 6*, 10, 690 [*CC*, 1, 433]), que se prolongam nos mais famosos de janeiro-fevereiro de 1932 (cf. *Q 8*, 21, 951 [*CC*, 6, 374] e sobretudo *Q 8*, 52, 972: "No moderno Príncipe a questão do homem coletivo, isto é, do 'conformismo social' [...] portanto questão da função e da atitude de todo indivíduo físico no homem coletivo").

Existe também, entretanto, outro modo de colocar a relação entre indivíduo e homem coletivo, além da "função e da atitude" do primeiro no segundo. Uma vez que a individualidade se tenha historicamente enfraquecido, quais serão as modalidades de sua reproposição, não contra, mas dentro do homem coletivo? Que forma completamente nova assumirá a individualidade, uma vez que a forma burguesa clássica tiver sido apagada pela difusão do industrialismo e do conformismo? Este problema não é mais tão somente histórico-político, mas epistemológico; isto é, diz respeito ao modo com que, no mundo uniformizado e massificado, instaurem-se as relações de conhecimento enquanto relações de hegemonia política. O tema já está presente na concepção do partido que culmina em "Cinque anni di vita del partito" [Cinco anos da vida do partido] (fevereiro de 1926). O Partido Comunista, escreve G., "não somente pode ser definido como sendo de massa pela influência que exerce sobre amplas camadas da classe operária e da massa camponesa, mas porque adquiriu nos *singulares* elementos que o compõem uma capacidade de *análise das situações*, de iniciativa política e de força dirigente [...] que constituem a base da sua capacidade de *direção coletiva*" (*CPC*, 95, grifo meu). Assim, o partido é um "organismo vivente", no qual a capacidade de iniciativa é transmitida de modo molecular e a disciplina, portanto, não é mais um fato exterior e vertical, mas se fez interior e horizontal. A superação do individualismo coincide, por isso, com a superação da concepção burocrática da disciplina, e as duas passagens realizam a *identidade* de partido e realidade. Essa identidade, que se realiza no terreno da prática, funda a capacidade gnosiológica de conduzir "análises das situações", expressão que já neste contexto pode ser concebida como reconstrução dos elementos de um conjunto de relações de forças, de modo que ressalte sua irredutível singularidade.

Nos *Q* esta problemática é desenvolvida especialmente no *Q 7*, 6, 856-7 (novembro de 1930), no qual o fim do papel do indivíduo nos processos políticos e a adesão à vida real do organismo coletivo que o substituiu dão lugar a um retorno prepotente da individualidade: "A 'filologia' é a expressão metodológica da importância dos fatos particulares entendidos como 'individualidades' definidas e clarificadas [...]. Neste campo também se pode observar o abalo introduzido na arte política pela substituição, na função diretiva, do indivíduo singular, do líder individual, pelo organismo coletivo: os sentimentos uniformizados das grandes massas que o 'indivíduo singular' conhece como expressão da lei dos grandes números, isto é, racionalmente, intelectualmente, e que ele – se for um grande líder – traduz em ideias-forças, em palavras-forças, são conhecidos pelo organismo coletivo por meio da 'co-participação', da 'co-passionalidade' e, se o organismo coletivo está vitalmente assentado nas massas, conhece por experiência dos detalhes imediatos, com um sistema de 'filologia' vivente, por assim dizer". A "filologia vivente" devolve o momento individual à política como efeito do contato molecular entre direção política e realidade: o indivíduo neste caso não é o sujeito do conhecimento (que é, ao contrário, o organismo-coletivo), mas o resultante de uma relação interna ao organismo – a identidade de liberdade e disciplina – que o torna capaz de "se identificar" com o externo, de "ser" tal externo, sem mais necessidade de se remeter aos sentimentos das massas mediante raciocínios e hipóteses estatísticas, todas igualmente exteriores. G. fala de filologia da ciência individual para realçar o fato de que o conhecimento por "co-participação" (cf. a "passagem do *saber* ao *compreender*, ao *sentir* e vice-versa" de *Q 4*, 33, 451), que se tornou possível pela generalização da função dirigente, vai além da imagem esquematizada da realidade (as leis estatísticas) e exalta, ao contrário, sua *quase unicidade* ("nas concretas análises de acontecimentos reais, as formas históricas são identificadas e quase 'únicas'": *Q 13*, 23, 1.610 [*CC*, 3, 60]; cf. a este propósito "Utopia", 25 de julho de 1918, em *NM*, 207: "Todo fenômeno histórico é 'indivíduo'" [*EP*, I, 204]). Diante desta nova forma da individualidade perfila-se sempre o perigo de caídas regressivas na demagogia e no cesarismo; G. não considera, entretanto, que esses dois fenômenos possam "marcar época": a distinção entre duas formas de demagogia, "corrompida" e "'constituinte' construtiva" (*Q 6*, 97, 772 [*CC*, 3, 246], março-agosto de 1931), e entre "um cesarismo progressivo e um cesarismo regressivo"

(*Q 9*, 133, 1.194, novembro de 1932), é realizada por ele com base na premissa de que os "homens da providência, ou carismáticos" (*Q 4*, 69, 513) não podem mais exercer o poder mediante uma simples relação indivíduo-massa, "depois da expansão do parlamentarismo, do regime associativo sindical e de partido, da formação de amplas burocracias estatais e 'privadas' (político-privadas, de partido e sindicais) e das transformações ocorridas na organização da polícia em sentido amplo" (*Q 9*, 133, 1.195). O desenvolvimento da teoria da hegemonia é a chave para entender esta nova noção de indivíduo, que não é mais o sujeito que conhece e que age, mas a relação teórico-prática "individual" entre os grandes organismos da sociedade civil e a própria sociedade civil. Esta constitui um "sistema de associações 'privadas e públicas', explícitas e implícitas, que se aninham no 'Estado' e no sistema mundial político" e instituem "igualdades" no seu interior e "desigualdades" no seu exterior, "igualdades e desigualdades que valem na medida em que delas se tenha consciência, individualmente e como grupo" (*Q 7*, 35, 886 [*CC*, 1, 246]).

O delineamento de uma teoria geral da hegemonia (cf. Gerratana, 1977) esclarece gradativamente o fato de que a ideia de partido como organismo dirigente coletivo, vista no texto de 1926 e consolidada nos *Q*, responde à mesma lógica com base na qual foi secularmente construída a hegemonia burguesa. Sua chave está na valorização da iniciativa individual não contra, mas no interior dos organismos da sociedade civil: "A afirmação de que o Estado se identifica com os indivíduos (com os indivíduos de um grupo social), como elemento de cultura ativa (isto é, como movimento para criar uma nova civilização, um novo tipo de homem e de cidadão), deve servir para determinar a vontade de construir, no invólucro da sociedade política, uma complexa e bem articulada sociedade civil, em que o indivíduo particular se governe por si sem que, por isto, este seu autogoverno entre em conflito com a sociedade política, tornando-se, antes, sua normal continuação, seu complemento orgânico" (*Q 8*, 130, 1.020 [*CC*, 3, 279]). Dentro do invólucro da fraseologia liberal, G. percebe o desenvolvimento de processos hegemônicos que "conformam" o indivíduo, supondo sempre, entretanto, sua "livre" iniciativa, de maneira que se chega à "identificação orgânica entre indivíduos (de um determinado grupo) e Estado, de modo que 'todo indivíduo é funcionário', não na medida em que é empregado pago pelo Estado e submetido ao controle 'hierárquico' da burocracia estatal, mas na medida em que, 'agindo espontaneamente', sua ação se identifica com os fins do Estado (ou seja, do grupo social determinado ou sociedade civil)" (*Q 8*, 142, 1.028 [*CC*, 3, 282]). A partir desta aquisição, "a iniciativa individual não é uma hipótese de 'boa vontade', mas um pressuposto necessário" (ibidem, 1.028-9 [*CC*, 3, 282]).

O "moderno Príncipe" deverá, portanto, se apropriar deste "pressuposto necessário" (cf. no *Q 9*, 23, 1.110 [*CC*, 3, 289] a distinção entre individualismo, que deve ser rejeitada, e individualidade, que deve ser promovida). É por isso que a "'estatolatria' [...] não deve ser abandonada a si mesma, não deve, especialmente, tornar-se fanatismo teórico e ser concebida como 'perpétua': deve ser criticada, exatamente para que se desenvolvam e se produzam novas formas de vida estatal, em que a iniciativa dos indivíduos e dos grupos seja 'estatal', ainda que não se deva ao 'governo dos funcionários' (fazer com que a vida estatal se torne espontânea)" (*Q 8*, 130, 1.020-1 [*CC*, 3, 280]). Existe, portanto, uma nova forma de individualidade, interna à afirmação de uma sociedade civil complexa: a síntese de iniciativa individual privada e iniciativa coletiva pública, que se realiza em todo indivíduo ativo, enquanto participe de "um determinado clima ético-político" (*Q 10* II, 8, 1.246 [*CC*, 1, 316]), isto é, de organismos privados que lutam para afirmar o direito de uma classe social de dirigir a vida da inteira nação. A distinção entre o "moderno Príncipe" e os outros organismos da sociedade civil deverá, portanto, ser encontrada em outros lugares, e especificamente na concepção desta individualidade em que se fundem individual e coletivo, privado e público. Ao passo que para "todas as filosofias até então existentes" o homem é o "indivíduo limitado pela sua individualidade", que afinal é o "espírito" (e por isso, acrescenta G., "pode-se dizer" que tais filosofias "reproduzem" a "posição do catolicismo", *Q 10* II, 54, 1.345 [*CC*, 1, 411]), para a filosofia da práxis o homem deve ser concebido, ao contrário, "como um bloco histórico de elementos puramente subjetivos e individuais e de elementos de massa e objetivos ou materiais, com os quais o indivíduo está em relação ativa" (*Q 10* II, 48, 1.338 [*CC*, 1, 406]). O homem deve ser concebido, portanto, "como uma série de relações ativas (um processo), no qual, se a individualidade tem a máxima importância, não é todavia o único elemento a ser considerado. A humanidade que se reflete em cada individualidade é composta de diversos elementos: 1) o indivíduo; 2) os outros homens; 3) a natureza" (*Q 10* II, 54, 1.345 [*CC*, 1, 413]). A individualidade é portanto o efeito de uma série de relações, entre as quais a própria individualidade é somente uma parte. Isso não exclui a atividade individual, a responsabilidade e o juízo, mas faz justiça à "ficção" jurídica que consiste em reduzir o indivíduo à individualidade e, portanto, em imputar-lhe abstratamente sucessos e fracassos (G. reivindica, com efeito, a necessidade de reformar o conceito de direito: cf. *Q 6*, 84, 757 [*CC*, 3, 240]; *Q 8*, 2, 937 [*CC*, 3, 271]; *Q 8*, 52, 972; *Q 8*, 62, 978-9). A causa do mal – isto é, da passividade em relação ao poder dos dominadores – não reside então nem no indivíduo, nem fora dele, mas naquilo que, unindo-o aos outros indivíduos, o transcendê-lo, e que exatamente por transcendê-lo lhe é constitutivo.

A esta altura do problema, só é possível pôr um "filósofo consciente de que sua personalidade não se limita à sua individualidade física, mas é uma relação social ativa de modificação do ambiente cultural" (*Q 10* II, 44, 1.332 [*CC*, 1, 400]). Somente este "filósofo democrático" (idem), consciente da necessária tecedura de momento individual e momento trans-individual em todo pensamento, portanto em toda filosofia (cf. a distinção entre parte individual e parte histórica de uma filosofia no *Q 8*, 211, 1.069; *Q 8*, 213, 1.071; *Q 8*, 220, 1.080), e portanto na sua própria filosofia, estará em condições de agir sobre o senso comum, isto é, sobre a forma de pensamento individual menos criticamente elaborada exatamente em sentido individual.

Bibliografia: Badaloni, 1977; Gerratana, 1977; Labica, 1974.

Fabio Frosini

Ver: conformismo; direitos e deveres; estatolatria; homem; homem coletivo; individualismo; liberdade; moderno Príncipe; natural-artificial; *Ordine Nuovo* (*L'*); pessoa; personalidade.

industrialismo

"O industrialismo é uma contínua vitória sobre a animalidade do homem, um processo ininterrupto e doloroso de subjugação dos instintos a novos e rígidos hábitos de ordem, de exatidão, de definição" (*Q 1*, 158, 138). Se Taylor exprime com cinismo e sem subentendidos o desenvolvimento máximo da parte maquinal no homem trabalhador ("o gorila amestrado"), na realidade se trata da fase mais recente de um processo que iniciou com o mesmo industrialismo. No artesanato a individualidade do trabalhador refletia-se inteiramente no objeto criado, no qual se mantinha de modo ainda muito forte o laço entre arte e trabalho. Mas é justamente contra esta forma de humanidade que o novo industrialismo luta, rompendo sem piedade os "resíduos passivos" que obstaculizam a completa mecanização do trabalho humano, impondo monogamia e sobriedade dos costumes (*Q 4*, 52, 491). A quem julgue lícito falar de industrialismo ou capitalismo no mundo antigo, G. responde que deste modo não se leva em consideração a "noção exata daquilo que era a 'máquina' no mundo clássico e o que ela é hoje". No mundo antigo ela facilitava o movimento e o transporte de corpos pesados, ao passo que a máquina moderna não somente ajuda o trabalhador, como também o substitui (*Q 6*, 156, 811 [*CC*, 4, 105]). Na velha Europa, o industrialismo moderno tem um surpreendente desenvolvimento econômico-corporativo, mas engatinha no campo intelectual-político, hegemonizado ainda pela velha classe agrária. G. pensa que uma nova sociedade deva apostar em um industrialismo plenamente realizado. Entretanto, os progressos ocorreram até agora através de uma brutal coerção, isto é, pela imposição de uma classe sobre a outra; deveriam ocorrer agora, no futuro, em uma nova sociedade, mediante autodisciplina da classe operária. Se isso não ocorrer, se a própria classe operária não tomar a direção do processo (e se a revolução não superar sua forma "passiva"), a saída será representada por alguma forma de "bonapartismo", ou então "criar-se-á a condição por uma coação externa que porá fim por autoridade à crise" (*Q 1*, 158, 139).

Elisabetta Gallo

Ver: americanismo e fordismo; bonapartismo; capitalismo; coerção; Europa; fordismo; questão sexual; taylorismo.

Inglaterra

G. reconhece o papel desenvolvido na Grã Bretanha pela literatura (*Q 1*, 14, 10 [*CC*, 2, 57]) e pelo pensamento econômico (*Q 8*, 212, 1.070 [*CC*, 1, 446]), ambos importantes para a formação cultural dos intelectuais do país. Ademais, ao chamar atenção para o desenvolvimento das estratificações sociais nacionais e para o papel desenvolvido nele pela educação, G. segue os passos de Engels, de forma particularmente evidente no *Q 12*, 1, 1.526 [*CC*, 2, 15] e *Q 19*, 24, 2.033 [*CC*, 5, 62]. A educação privada ocupava-se da formação "de base humanística" do homem político e do "*gentleman*", figuras representativas, segundo suas fontes, da "verdadeira cultura", e relevantes para a função diretiva desenvolvida também no sistema colonial (*Q 4*, 93, 534-5 [*CC*, 2, 100]). Sobretudo, através do sistema privado reproduzia-se a estrutura peculiar da classe dirigente, uma "velha aristocracia agrária", unida aos industriais em uma forma de aliança típica que, em outros países, é precisamente aquele que "une os intelectuais tradicionais às novas classes dominantes" (*Q 12*, 1, 1.526 [*CC*, 2, 28]). Aliás, a aristocracia, que permanece "como estrato governamental, com certos privilégios, torna-se também o estrato intelectual da burguesia inglesa" (*Q 19*, 24, 2.033 [*CC*, 5, 84]). De qualquer maneira, tanto o sistema privado como o público, inclusive as novas universidades, orientavam-se cada vez mais para as disciplinas técnico-científicas. O conservadorismo britânico teve muitas vezes um lado "popular", enquanto – nota G., crítico do laborismo – "na Inglaterra não existe formalmente um partido antagonista dos industriais em grande estilo"; a oposição tem origem, ao contrário, nas "organizações operárias de massa", capazes de vez em vez de romper "o invólucro burocrático" (*Q 15*, 2, 1.750 [*CC*, 3, 323]). Outro aspecto de grande importância da Grã Bretanha é Londres, como centro econômico-financeiro internacional. Até a ascensão dos Estados Unidos, depois da Primeira Guerra Mundial, esse fator assegurava tanto a posição imperial do país, como – fator ligado a isso – a mais geral "hegemonia econômica inglesa" (*Q 5*, 86, 615 [*CC*, 3, 210] e *Q 16*, 7, 1.849 [*CC*, 4, 26]).

DEREK BOOTHMAN

Ver: educação; escola; pequena burguesia.

inimigo

O conceito militar de "inimigo" é utilizado nos *Q* – como acontece para outras categorias e para o próprio conceito de "guerra" – em uma constante comparação com a política, que mensura sua validade e seus limites. Assim, a tática da guerra "de pequenos grupos", de que é exemplo a "'guerra de guerrilhas' ou 'guerra garibaldina'", própria do *Risorgimento* italiano, é indício de escassa compreensão do "inimigo" e de sua potência (*Q 6*, 155, 810-1 [*CC*, 3, 257]). A isso é complementar a tese de que a economia opera imediatamente sobre a ideologia, que pressupõe uma comparação direta entre luta política e luta militar, como se as crises econômicas fossem a "artilharia de campo" que tinha a função "de abrir uma brecha na defesa inimiga, depois de ter desbaratado o inimigo e de levá-lo a perder a fé em si, em suas forças e em seu futuro" (*Q 7*, 10, 859 [*CC*, 6, 369]). Ao contrário, a luta política é "enormemente mais complexa" do que a guerra: "Na guerra militar, alcançado o objetivo estratégico – destruição do exército inimigo e ocupação de seu território –, chega-se à paz"; na luta política, o processo de luta pode ser comparado, em certo sentido, "às guerras coloniais ou às velhas guerras de conquista, ou seja, quando o exército vitorioso ocupa ou se propõe ocupar permanentemente todo ou uma parte do território conquistado" (*Q 1*, 134, 122 [*CC*, 3, 124]). O inimigo não é, portanto, um negativo absoluto, não deve ser arrasado, mas enfraquecido (golpeando seus aliados internos; *Q 1*, 44, 52), deve ser desagregado em seu interior (golpeando-o em sua hegemonia nacional; *Q 1*, 114, 102). Como na guerra, também na política, a vitória não é a destruição do exército inimigo, mas sua pulverização, obtida com "*a dissolução* de seus laços *como massa orgânica*" (*Q 9*, 19, 1.108 [*CC*, 6, 381]). G. julga frágil uma aliança entre forças diferentes, unidas apenas por um mesmo inimigo (*Q 1*, 43, 39), e sobretudo condena (como "maquiavelismo de Stenterello") a posição de quem luta contra os inimigos dos nossos inimigos, isto é, contra "aqueles que têm a pretensão de combater" o inimigo comum "para sucedê-lo" e, portanto, para ameaçar a nossa suposta herança (*Q 9*, 27, 1.112-3 [*CC*, 3, 291]).

FABIO FROSINI

Ver: guerra; guerra de movimento; guerra de posição.

inorgânico

O termo, obviamente, denota ausência de organicidade. Associado à noção de crise, o adjetivo "orgânica" pretende significar justamente "crise de organicidade" e equivale, exatamente, à ameaçadora "inorganicidade". A inorganicidade pode, às vezes, ser intencionalmente causada pelos dominantes aos dominados: em um período de crise econômica, "o monopólio dos órgãos da opinião pública" pode fazer com que "uma só força modele a opinião e, portanto, a vontade política nacional, desagregando os que discordam numa nuvem de poeira individual e inorgânica" (*Q 7*, 83, 915 [*CC*, 3, 265]). Inversamente, a inorganicidade dos subalternos pode facilitar uma violenta "reação das classes dominantes ao subversivismo esporádico e inorgânico das massas populares" (*Q 8*, 25,

957). O recurso à força pode ter lugar ainda no caso de uma "crise de hegemonia da classe dirigente, que ocorre ou porque a classe dirigente fracassou em algum grande empreendimento político para o qual pediu ou impôs pela força o consenso das grandes massas (como a guerra) ou porque amplas massas [...] apresentam reivindicações que, em seu conjunto inorgânico, constituem uma revolução" (*Q 13*, 23, 1.603 [*CC*, 3, 60]).

A inorganicidade pode designar também uma relação geopolítica, na qual o domínio é exercido pela classe hegemônica de uma região sobre grupos subalternos de outra região. G. estuda "o estado disforme e inorgânico no qual as diversas partes da Itália vieram a se encontrar do ponto de vista econômico" (*Q 19*, 2, 1.961 [*CC*, 5, 14]). Esse é o tema da "questão meridional". Um reflexo do atraso (em especial o meridional) está, enfim, em "alguns aspectos deteriorados e bizarros da mentalidade de um grupo de intelectuais italianos e, portanto, da cultura nacional (falta de organicidade, ausência de espírito crítico sistemático, negligência no desenvolvimento da atividade científica, ausência de centralização cultural, frouxidão e indulgência ética" (*Q 28*, p. 2.321 [*CC*, 2, 257]).

GIUSEPPE PRESTIPINO

Ver: crise; crise orgânica; dirigentes-dirigidos; intelectuais italianos; orgânico; questão meridional; subalterno/subalternos; subversivismo.

integralistas
Através da rubrica "Católicos integrais, jesuítas, modernistas" (cujos apontamentos espalhados são sucessivamente recolhidos organicamente no Texto C: *Q 20*, 4, 2.088-103 [*CC*, 4, 153]), G. tenta definir as três principais correntes (isto é, "as três tendências 'orgânicas'") que disputam a hegemonia do mundo católico no século XX: "Modernismo, jesuitismo e integralismo, todos eles têm significados mais amplos do que os estritamente religiosos: são 'partidos' no 'império absoluto internacional' que é a Igreja romana" (*Q 14*, 52, 1.712 [*CC*, 4, 233]). Promotores de um combativo e retrógrado fundamentalismo que olhava para o *Syllabus*, os integralistas, ou "integrais", nos primeiros anos do século haviam apoiado Pio X e a ordem jesuíta na luta total contra os modernistas e seu espírito inovador (idem); logo, porém, os integralistas se revoltaram contra os antigos aliados, sobretudo contra sua política moderadamente democrático-popular no pós-guerra, destinada a "criar fortes massas de Ação Católica" (*Q 20*, 4, 2.088 [*CC*, 4, 153]): neste entretempo, emergiram, portanto, as motivações mais especificamente político-sociais do movimento, isto é, chegava à plena evidência seu ultraconservadorismo, para o qual os católicos integrais estariam "estreitamente ligados às classes mais reacionárias e, sobretudo, à nobreza rural e aos latifundiários em geral" (*Q 14*, 52, 1.711 [*CC*, 4, 232]). Particularmente numerosos na Itália, na Bélgica e na França, onde apoiaram de várias maneiras a Action Française, nas primeiras três décadas do século os integralistas faziam referência à organização *Sodalitium Pianum*; seu líder carismático fora monsenhor Umberto Benigni, "um homem de grande capacidade teórica e prática e de uma incrível atividade"; as ordens religiosas que contavam em suas fileiras com o maior número de integralistas eram as dos franciscanos e dominicanos, tradicionalmente antagonistas dos jesuítas. Os integralistas sempre se distinguiram pelo ativismo sectário e conspirativo, típicos da "associação secreta"; apesar das multíplices censuras recebidas das hierarquias romanas, eles, ao contrário dos modernistas, permaneciam, ainda no presente, em condições de desenvolver uma atividade ideológico-política em nada irrelevante (*Q 20*, 4, 2.088 [*CC*, 4, 153]).

DOMENICO MEZZINA

Ver: Ação Católica; Action Française; clero; dominicanos; franciscanos; Igreja católica; jesuítas; modernismo; papa/papado.

intelectuais
A dimensão crucial deste lema é detectável sem dúvida já ao longo de todo o arco dos escritos pré-carcerários de G., mas tende a adquirir um valor de caráter orgânico e cognoscível "estratégico" dentro da reflexão dos *Q* (também, e não raramente, das próprias *Cartas*). Se olharmos para o texto de 1926, *Alguns temas da questão meridional*, pode-se notar como G., após ter definido o Mezzogiorno da Itália como "uma grande desagregação social", esclareceu que aquela fórmula podia ser referida não somente aos camponeses, isto é, à "grande massa camponesa amorfa e desagregada", mas também aos intelectuais da pequena e média burguesia rural: estes últimos, fornecendo a máxima parte do pessoal estatal, exercem "a função de intermediação entre o camponês e a administração em geral". Ademais, acima do "bloco agrário", constitutivo da sociedade meridional, G. observava a ação de um "bloco intelectual", que até então teve

a função, essencialmente, de impedir que "as rupturas do bloco agrário se tornassem demasiado perigosas e determinassem um desmoronamento": exponentes daquele bloco intelectual eram Giustino Fortunato e Benedetto Croce, os quais, justamente por isso – afirmava com clareza G. –, podiam ser considerados como "os reacionários mais ativos da península" (*CPC*, 150-5 [*EP*, II, 423]). Deve ser chamada a atenção também sobre o fato de que na fase juvenil e pré-carcerária G. interessa-se pelos problemas ligados à organização da cultura, italiana em especial: isto chama em causa, entre outras coisas, a peculiaridade da sua relação com a atividade de Piero Gobetti, formidável e incansável organizador cultural.

A abordagem sistemática da questão dos intelectuais presente no *Q 4* é declaradamente suscitada e atravessada por duas interrogações fundamentais, estreitamente ligadas entre si: a primeira diz respeito ao problema de saber se os intelectuais devem ser considerados como grupo social autônomo ou se, ao contrário, cada grupo social tem sua própria categoria de intelectuais; a segunda põe em causa o problema de como identificar e definir "os limites máximos da acepção de 'intelectual'" (*Q 4*, 49, 475). No que diz respeito ao primeiro ponto, G. evidencia uma das modalidades mais importantes que até então, a seu ver, assumiu o "processo histórico de formação das diversas categorias intelectuais" e observa que todo grupo social, "por nascer na base originária de uma função essencial no mundo da produção econômica, cria ao mesmo tempo, organicamente, uma ou mais camadas de intelectuais que lhe conferem homogeneidade e consciência da sua função no campo econômico", de modo que "o empresário capitalista cria junto consigo o economista, o cientista da economia política" (ibidem, 474-5). Para G. trata-se de intelectuais como "categoria orgânica", da qual o próprio empresário moderno, essencialmente, faz parte, na medida em que deve ter certa capacidade técnica, que vai além do campo econômico em sentido estrito, estendendo-se também "a outros campos, pelo menos aos mais próximos da produção econômica". Mas todo grupo social, ao emergir da história da estrutura econômica, encontra, ou encontrou (pelo menos – esclarece G. – na história que se desenvolveu até então), "categorias intelectuais preexistentes", as quais se apresentam como figuras de uma continuidade histórica ininterrupta, não posta em discussão nem pelas mais complexas mudanças sociais e políticas. Desde os eclesiásticos ("monopolizadores por longo tempo de alguns serviços essenciais") até Croce (que se percebe "mais ligado a Aristóteles do que a Agnelli"), eles constituem a "categoria tradicional", percebem com "espírito de corpo" a continuidade de sua condição e qualificação intelectual, a ponto de determinar "a aparência" real de si como grupo social independente, com suas próprias características, com certa autonomia do grupo social dominante (ibidem, 475-7).

Este primeiro núcleo de reflexão, entretanto, somente pode ser esclarecido em profundidade caso esteja em conexão com a resposta que G. fornece à segunda interrogação: "quais são os limites máximos" dentro dos quais é possível compreender e colocar a noção de intelectual? Permanecendo a extrema dificuldade para identificar um critério certo e eficaz de definição, G. em primeiro lugar enfatiza o que lhe parece "o erro metódico" mais difuso, ou seja, o erro de buscar o caráter da atividade intelectual no "intrínseco" dela, isto é, na sua "qualidade" específica e, portanto, nas diferenças e nos diferentes graus de tal qualidade, que podem compreender desde os "criadores" das várias ciências, da filosofia, da poesia etc., até os "mais humildes 'administradores e divulgadores' da riqueza intelectual tradicional". Tal caráter deve ser buscado, ao contrário, no sistema de relações nas quais a atividade intelectual (ou "o agrupamento que a personifica") se encontra "no complexo geral das relações sociais" (ibidem, 476). Eis, então, um ponto fundamental: para G., trata-se de saber observar as funções "organizativas" e "conectivas" dos intelectuais, ou seja, as funções que eles desenvolvem, segundo formas a cada vez peculiares e historicamente determinadas, nos processos de produção da hegemonia. Mas isto não deve induzir a que se pense numa relação imediata entre intelectuais e produção, e, portanto, em um papel extrínseco e instrumental. A relação entre intelectuais e produção – afirma G. – "não é imediata, como acontece para os grupos sociais fundamentais, mas é mediada, e é mediada por dois tipos de organização social: a) pela sociedade civil, isto é, pelo conjunto de organizações privadas da sociedade, b) pelo Estado". Este modo de colocar a questão não comporta somente uma "extensão muito grande do conceito de intelectuais", mas também, e sobretudo, torna possível chegar a "uma aproximação concreta da realidade" (idem). Isso significa então (dito de forma esquemática) que o intelectual orgânico não é simplesmente o intelectual do consenso, fórmula que por si mesma subtende e evoca por contraste uma noção "estatutária", considerada mais íntima, mais autêntica, do intelectual como *naturaliter* portador de verdade, de "dissenso", de "crítica". Na verdade, em G., como a ideologia não é mera aparência ou uma dissimulação, ou uma falsa consciência, o intelectual orgânico não pode ser reconduzível, nem em negativo nem em positivo, à mera vontade-capacidade de produzir consenso, mas toma corpo e adquire significado em uma peculiar função conectivo-organizativa: o consenso não é um efeito que se acresce, mas está incorporado, em formas sempre diferentes e que se renovam, naquela função de fundo.

No que diz respeito à distinção entre intelectuais como categoria orgânica de todo grupo social e intelectuais como categoria tradicional, G. destaca um ponto fundamental: a análise do partido político em relação ao problema dos intelectuais. Sob este perfil, o partido político configura-se como "o mecanismo que cumpre, na sociedade civil, a mesma função que o Estado cumpre, em medida maior, na sociedade política", ou seja, produz e realiza a "soldagem" entre intelectuais orgânicos de um grupo social e intelectuais tradicionais. Tal função de soldagem liga-se com a função mais geral do partido político que, declara G., consiste na elevação do "econômico-corporativo" à esfera do "ético-político", isto é, no estabelecimento de uma relação de fecunda interação entre "espontaneidade" e "direção". Ao colocar nestes termos a análise do partido, G. ganha uma radical distância crítica seja da noção, própria de Croce, do partido como "preconceito", completamente interna à mais geral concepção da "política-paixão", seja da noção *sociológica* de Michels. Por outro lado, G. percebia toda a complexidade inovadora, o desafio presente em sua atribuição de uma valência radicalmente teórico-política à questão intelectual. Por exemplo, repropondo e reorganizando estas suas reflexões no Texto C do primeiro parágrafo do *Q 12*, ele esclarece que a pesquisa anunciada programaticamente no título (*Apontamentos e notas esparsas para um grupo de ensaios sobre a história dos intelectuais*) não teria um caráter sociológico, mas deveria dar lugar a uma série de ensaios de história da cultura, isto é, *Kulturgeschichte*, e ao mesmo tempo de história da *ciência política*. Para G. trata-se, fundamentalmente, da "questão política dos intelectuais". A expressão reaparece no *Q 11* e é posta em conexão com um problema crucial: o do aprofundamento do nexo teoria-prática no interior dos mais recentes desenvolvimentos do marxismo. É preciso dizer também que G. põe a filosofia da práxis em posição antitética em relação à cultura e à visão católica, no sentido de que a filosofia da práxis "não busca manter os 'simples' na sua filosofia primitiva do senso comum, mas busca, ao contrário, conduzi-los a uma concepção de vida superior" (*Q 11*, 12, 1.384 [*CC*, 1, 103]). A exigência do contato entre intelectuais e simples não é concebida para reduzir ou limitar a atividade científico-intelectual, ou para manter "uma unidade no nível inferior das massas", e sim, ao invés, como modo para construir "um bloco intelectual-moral que torne politicamente possível um progresso intelectual de massa e não apenas de pequenos grupos intelectuais" (ibidem, 1.385 [*CC*, 1, 103]).

Voltando aos intelectuais como "categoria orgânica", é necessário dizer que para G. os graus de tal organicidade estão em conexão com as diversas articulações em que se desenvolvem suas funções conectivas e organizativas: funções que ele percebe no presente, isto é, na "estrutura maciça das democracias modernas" (*Q 13*, 7, 1.567 [*CC*, 3, 23]), no "sistema social democrático-burocrático" (*Q 12*, 1, 1.520 [*CC*, 2, 15]), que são intimamente constitutivas da trama dos saberes, das especializações, das competências, das instituições, mas sempre em relação com as formas peculiares do Estado integral e da produção da hegemonia. Isto é, essas funções não são reconduzíveis a algum funcionalismo sistêmico, à weberiana "jaula de aço", à racionalidade das formas, dos "círculos especiais" e à conexa *profissionalização* da política. Na teoria, na perspectiva da hegemonia, que, com certeza, expulsa de si mesma a política como profissão, essas funções têm o valor de funções dirigentes. A reflexão mais definida e límpida a este respeito encontra-se em uma página do *Q 12*, na qual G., após ter afirmado que "no mundo moderno a educação técnica, estreitamente ligada ao trabalho industrial, mesmo ao mais primitivo e desqualificado, deve constituir a base do novo tipo de intelectual" e após ter observado que a experiência de *L'Ordine Nuovo* havia sido fundada exatamente sobre esta base para desenvolver "certas formas de novo intelectualismo", delineia os perfis essenciais do que ele define como "novo intelectual". Pois bem, o modo de ser do novo intelectual – declara G. – "não pode mais consistir na eloquência, motor exterior e momentâneo dos afetos e das paixões, mas numa inserção ativa na vida prática, como construtor, organizador, 'persuasor permanentemente', já que não apenas orador puro – mas superior ao espírito matemático abstrato" (*Q 12*, 3, 1.551 [*CC*, 2, 53]). Trata-se então de, a partir da condição particular da "técnica-trabalho", chegar à condição mais geral da "técnica-ciência", até "à concepção humanista histórica, sem a qual permanece 'especialista' e não se torna 'dirigente' (especialista + político)" (idem).

Este modo de ser do novo intelectual não pode deixar de constituir para G. o modo de ser da relação (radical e originalmente repensada no interior do *seu* marxismo) entre intelectuais e movimento operário, entre socialismo e intelectuais. Deve-se considerar outro ponto essencial: a "questão política dos intelectuais", uma vez que é ligada à reformulação teórica do problema da hegemonia e do Estado, convida G. a uma permanente e tenaz análise diferenciada, induzindo-o, portanto, a ir além da também fundamental distinção entre intelectuais orgânicos e intelectuais tradicionais e a direcionar sua atenção para o problema da "função dos grandes intelectuais na vida dos Estados" (*Q 10* I, 1.211 [*CC*, 1, 283]). A crítica do pensamento de Croce torna-se absolutamente necessária porque constitui o "partido ideológico" da burguesia e representa um implante hegemônico capaz de fixar e sublimar teoricamente uma revolução passiva moderna, conferindo-lhe o valor de um programa de "revolução-restauração", de reestruturação pelo alto nas condições históricas mudadas em relação à hegemonia moderada do *Risorgimento*. G. aprofunda ulteriormente o problema do novo intelectual: se é verdade que a "questão hegemônica" assumiu uma forma radicalmente nova após o declínio do "individualismo econômico" e após a penetração e difusão inaudita da política e do Estado na trama complexa da sociedade de massa, então o novo intelectual precisará realizar uma revolução copernicana, precisará libertar-se do que G. chama de "erro do intelectual" que consiste em "acreditar que se pode *saber* sem compreender e especialmente sem sentir e estar apaixonado", isto é, em acreditar que "o intelectual pode ser tal, se é distinto e separado do povo" (*Q 4*, 33, 452). É interessante ressaltar que no respectivo Texto C do *Q 11* o conceito de "povo" é substituído pelo de "população". Em particular G. afirma que "não se faz política sem esta paixão, isto é, sem esta conexão sentimental entre intelectuais e povo-nação" (*Q 11*, 67, 1.505 [*CC*, 1, 221]). Diante da eventual indeterminação, embebida de algum risco de "espontaneísmo", do conceito de povo, G., com efeito, o substitui pelo conceito de povo-nação, que põe em causa a peculiaridade e a determinação histórica do entrelaçamento e da interação Estado-sociedade civil.

Desta maneira, a expressão "conexão sentimental entre intelectuais e povo-nação", além de toda sugestão literária, assume uma grande valência teórico-política: é e quer ser uma crítica *in re* de Croce e Weber, da fixação idealista do ético-político, de um lado, e da especialização da política, da política como profissão, do outro. Em relação a esta ordem de problema liga-se, de fato, a nota do *Q 15*, na qual G. enfrenta pela raiz o estatuto da ciência política e a possibilidade de pensar numa sua refundação crítica. Dado como premissa o fato de que "existem realmente dirigentes e dirigidos, governados e governantes" ele convida a questionar: "Pretende-se que sempre existam governados e governantes ou pretende-se criar as condições nas quais a necessidade dessa divisão desapareça? Isto é, parte-se da premissa da divisão perpétua do gênero humano ou crê-se que ela é apenas um fato histórico, correspondente a certas condições?" (*Q 15*, 4, 1.752 [*CC*, 3, 325]). A "questão política dos intelectuais", assim como é delineada por G., contém no seu próprio interior o impulso "inaudito" desse questionamento concretamente utópico.

BIBLIOGRAFIA: BARATTA, 2003; CAPITANI, VILLA, 1999; FROSINI, 2003; GERRATANA, 1997; PAGGI, 1973; VACCA, 1977 e 1985; VOZA, 2008;

PASQUALE VOZA

Ver: consenso; cosmopolitismo; Croce; Estado; Fortunato; hegemonia; ideologia; intelectuais italianos; intelectuais orgânicos; intelectuais tradicionais; partido; povo-nação; simples.

intelectuais italianos

Entre os argumentos principais de análise e de reflexão indicados por G. no início do primeiro dos *Q* aparece a "*formação dos grupos intelectuais italianos*" (*Q 1*, p. 5). Doutro lado, já na carta a Tania de 19 de março de 1927, G. havia feito referência a propósito de "uma pesquisa sobre os intelectuais italianos, suas origens, seus agrupamentos segundo as correntes da cultura, seus diversos modos de pensar etc. etc." (*LC*, 56 [*Cartas*, I, 128]). Trata-se, portanto, de um argumento que tem valor estratégico dentro da "questão política dos intelectuais" (*Q 11*, 12, 1.386 [*CC*, 1, 93]), assim como a define o autor dos *Q*.

Na orgânica reflexão presente no *Q 24*, G. em determinado momento define com clareza "a formação dos intelectuais tradicionais" como sendo o "problema histórico mais interessante" (*Q 4*, 49, 478) e imediatamente depois passa a investigar, em algumas articulações essenciais, o desenvolvimento histórico dos intelectuais na Europa e fora dela. No que diz respeito à Itália, ele observa que "o fato central é exatamente a função internacional ou cosmopolita de seus intelectuais, que é causa e efeito do estado de desagregação em que se encontra a península desde a queda do Império Romano até 1870" (ibidem, 479). Não casualmente, nas *LC* o interesse por uma "história dos intelectuais italianos" é posto em conexão com o "desejo", por um lado, de "aprofundar o conceito de Estado" e, por outro, de identificar "alguns aspectos do desenvolvimento histórico do povo italiano" (*LC*, 441, a Tatiana, 3 de agosto de 1931 [*Cartas*, II, 67]). Tal interesse se desenvolve em uma notável variedade de direções e articulações. Em um parágrafo intitulado "A questão da língua e as classes intelectuais italianas", por exemplo, G. propõe estudar as relações (ausentes) entre intelectuais e povo-nação do ponto de vista da "função desenvolvida pelos intelectuais italianos" e da "função desempenhada pelos intelectuais italianos na Cosmópole medieval pelo fato de que o papado era sediado na Itália" (*Q 3*, 76, 353 [*CC*, 2, 80]). Mas para a formação das classes intelectuais italianas na Alta Idade Média G. assinala a necessidade de levar em conta, além da língua — com particular referência à questão do mediolatino —, também e especialmente o direito, da queda do direito romano após as invasões barbáricas até a "emergência" do direito canônico, o renascimento do direito romano e a sua expansão "por meio das universidades" (*Q 3*, 87, 367 [*CC*, 2, 85]). O desenvolvimento e a estratificação dos "intelectuais italianos cosmopolitas" estão ligados ao conjunto destes fenômenos, que — observa G. — não se verificam repentina e simultaneamente, mas se inserem no "desenvolvimento histórico geral (fusão dos bárbaros com as populações locais etc.)" (idem). Em conexão com o caráter cosmopolita ou internacional dos intelectuais italianos, verifica-se a "'hegemonia literária' italiana, que durou [...] três séculos, do XV ao XVII, quando começou a reação anti-italiana" (*Q 4*, 91, 532 [*CC*, 2, 98]). Neste contexto G. esclarece de modo muito significativo o fato de que, a bem ver, a expressão "hegemonia" está errada, já que "os intelectuais italianos não exerceram influência como grupo nacional, mas cada indivíduo diretamente e por emigração de massa" (idem).

Entretanto, a função internacional dos intelectuais italianos chama em causa, segundo G., um problema mais geral, "muito interessante do ponto de vista do materialismo histórico", isto é, muito relevante para o desenvolvimento inovador do marxismo. Trata-se do problema ligado à função histórica das comunas medievais e da primeira burguesia italiana: ela — observa o autor dos *Q* — "foi desagregadora da unidade existente" e nem sequer conseguiu colocar-se o problema de uma nova unidade, da unidade territorial, a ponto de que o florescimento burguês-comunal "não teve sequência" e "foi interrompido pelas invasões estrangeiras" (*Q 5*, 31, 568 [*CC*, 2, 112]). Disso derivam para G. algumas considerações gerais de ordem histórica: a) a burguesia na Europa, neste período, desenvolveu-se melhor com os Estados absolutistas, isto é, "com um poder indireto, e não quando tinha todo o poder" (ibidem, 569 [*CC*, 2, 112]); b) os núcleos burgueses comunais conseguiram "elaborar uma categoria própria de intelectuais imediatos", mas não souberam "assimilar as categorias tradicionais de intelectuais (particularmente o clero) as quais, ao contrário, mantiveram e reforçaram seu caráter cosmopolita" (idem): em outros termos, não souberam desenvolver uma capacidade de hegemonia, ao passo que os grupos burgueses não italianos, através do Estado absolutista, exerceram esta função hegemônica porque "absorveram os próprios intelectuais italianos" (idem). Em uma carta a Tatiana de 1931, G., ao convidar a que se repense o conceito de Estado não como mera sociedade política, mas como "um equilíbrio da sociedade política com a sociedade civil" e a levar em conta o papel dos intelectuais dentro de tal equilíbrio, chamava a atenção para as razões da queda das comunas medievais e falava do "governo de uma classe econômica" que "não soube criar sua própria categoria de intelectuais e, assim, exercer uma hegemonia, além de uma ditadura". Em razão do caráter não popular-nacional dos intelectuais italianos, mas "cosmopolita, de acordo com o modelo da Igreja", as comunas foram "um Estado sindicalista" (*LC*, 458-9, 7 de setembro de 1931 [*Cartas*, II, 84]).

Em estreita conexão com essas considerações fundamentais a respeito do humanismo italiano, G. enfatiza claramente seu "espírito não nacional e portanto regressivo" (*Q 5*, 123, 652 [*CC*, 5, 237]) e afirma que ele desenvolveu uma função de restauração, soube assimilar e desenvolver "os princípios ideológicos" da classe burguesa, da "classe vencida", que não conseguira "sair dos limites corporativos" e "criar todas as superestruturas de uma sociedade integral" (idem). Da mesma maneira, quando G. afirma que Croce é "o último homem do Renascimento" e que exprime "relações internacionais ou cosmopolitas mais do que relações puramente nacionais", isso não quer dizer que ele não represente uma componente nacional, mesmo na acepção moderna da palavra, e sim que nele se verifica "mesmo no tempo moderno, e nas condições da vida moderna, a função de elemento intelectual cosmopolita que se verificou entre os intelectuais italianos desde a Idade Média até o fim do século XVIII" (*Q 7*, 17, 867). E é justamente esta função de elemento intelectual cosmopolita dos tempos modernos que resulta parecida com a desenvolvida pelo papa, sobretudo se se considerar Croce nem tanto como filósofo, mas como "moralista e mestre de vida, construtor de princípios de conduta". Entretanto – conclui G. –, mesmo sendo possível definir Croce como uma espécie de "papa laico", a maior importância do papa está fora de discussão e é dada pelo fato de que ele está à frente de "um aparato diretivo fortemente centralizado e disciplinado" e "influencia massas enormes de povo" ao fixar normas de vida, até mesmo as mais elementares, ao passo que a "moralidade" de Croce "é do tipo Renascimento, não pode se tornar popular" (ibidem, 867-8).

No interior da crucial reflexão gramsciana sobre a história dos intelectuais italianos, devem ser relevados pelo menos outros três pontos significativos. O primeiro diz respeito ao papel desenvolvido pela música na Itália no interior da cultura popular, substituindo, pelo menos em alguma medida, a "expressão artística" que em outros países tinha sido dada pelo romance popular (*Q 9*, 66, 1.136 [*CC*, 6, 226]). G pergunta-se se a expansão "popular" do melodrama italiano, baseado na linguagem não "nacional", mas "cosmopolita", própria da música, não deva ser ligada à "deficiência do caráter popular-nacional dos intelectuais italianos" (ibidem, 1.136-7) e conclui que, embora o século XVIII italiano, especialmente a segunda metade, seja mais nacional do que cosmopolita, não há dúvida de que através da música os intelectuais italianos continuam sua "função europeia" e cosmopolita (ibidem, 1.137 [*CC*, 6, 226]). O segundo ponto diz respeito às características que são próprias do *Risorgimento* italiano: segundo G., devido à estreiteza e à insuficiência das forças econômico-sociais então presentes, verificou-se a circunstância pela qual "o grupo portador das novas ideias" não foi "o grupo econômico, mas a camada dos intelectuais", de modo que foi por obra de tal camada intelectual, portanto, que se formou uma concepção abstrata e separada do Estado, "como uma coisa em si, como um absoluto racional" (*Q 10*, II, 61, 1.360-1 [*CC*, 1, 428]). Finalmente, o terceiro ponto diz respeito ao "lorianismo", concebido como uma característica dos intelectuais italianos. G. o propõe como título compreensivo de "alguns aspectos deteriorados e bizarros da mentalidade de um grupo de intelectuais italianos e, portanto, da cultura nacional": aspectos que abrangem a "falta de organicidade", a "ausência de espírito crítico sistemático", a "negligência no desenvolvimento da atividade científica", a "ausência de centralização cultural", a "frouxidão e indulgência ética no campo da atividade científico-cultural etc." (*Q 28*, 2.321 [*CC*, 2, 257]).

PASQUALE VOZA

Ver: cosmopolitismo; Croce; Dante; Foscolo; intelectuais; língua; literatura popular; lorianismo/lorianos; Manzoni; melodrama; povo-nação; *Risorgimento*.

intelectuais orgânicos

A ampla discussão sobre a questão dos intelectuais, presente no *Q 4*, é suscitada e atravessada, declaradamente, por dois questionamentos de fundo, estreitamente entrelaçados. O primeiro diz respeito ao problema de se os intelectuais seriam um grupo social autônomo ou se, ao contrário, todo grupo social teria uma sua própria categoria de intelectuais; o segundo chama em causa outro problema: como identificar e definir "os limites máximos da acepção de 'intelectual'" (*Q 4*, 49, 475).

Em relação ao primeiro ponto, G. evidencia uma das formas mais importantes que até então tomou, a seu ver, "o processo histórico de formação das categorias intelectuais", afirmando que todo grupo social, "ao nascer na base originária de uma função essencial no mundo da produção econômica, cria ao mesmo tempo, organicamente, uma ou mais camadas de intelectuais que lhe conferem homogeneidade e consciência da própria função no campo econômico", de modo que "o empresário capitalista cria, junto consigo, o economista, o cientista da economia política" (ibidem, 474-5). Este núcleo de reflexão, entretanto, pode ser esclarecido com profundidade somente em conexão com a resposta que G. se propõe a fornecer à segunda questão: "Quais são os limites máximos da noção de 'intelectual'?". Permanecendo a extrema dificuldade para identificar um critério certo e eficaz de definição, G. em primeiro lugar enfatiza o que lhe parece "o erro metódico" mais comum, ou seja, o erro de buscar o caráter da atividade intelectual em sua natureza, naquilo que é o "intrínseco" dela e não, ao contrário, no sistema de relações em que tal atividade (ou "o agrupamento que a personifica") se encontra "no complexo geral das relações sociais" (ibidem, 475-6). Para G. este é um ponto fundamental: evitar esse erro de método significa saber olhar para as funções "organizativas" e "conectivas" dos intelectuais, isto é, para as funções que eles desenvolvem, em formas de vez em vez peculiares e historicamente determinadas, nos processos de formação da hegemonia. Precisamente por isso – alerta G. – não se deve pensar numa relação imediata entre intelectuais e produção, e, portanto, em um seu papel extrínseco e instrumental. A relação entre intelectuais e produção "não é imediata, como ocorre com os grupos sociais fundamentais, mas é mediada, e é mediada por dois tipos de organização social: a) pela sociedade civil, isto é, pelo conjunto de organizações privadas da sociedade, b) pelo Estado" (ibidem, 476). Este modo de colocar a questão comporta uma "extensão muito grande do conceito de intelectuais", e ao mesmo tempo torna realmente possível chegar a "uma aproximação concreta da realidade" (idem).

Com base nessas análises e considerações pode-se compreender por que a noção de intelectual orgânico foi, entre as noções gramscianas, a mais sujeita (talvez ainda mais do que a noção de hegemonia) a equívocos interpretativos e a uma variedade de simplificações e "reduções". É necessário dizer que em G., assim como a ideologia não é mera aparência ou simples mistificação, da mesma forma o intelectual orgânico não pode ser reconduzível, nem em negativo nem em positivo, a mera vontade e capacidade de produzir consenso, mas toma corpo e adquire significado em uma peculiar função conectivo--organizativa: o consenso não é um efeito adicional, mas está incorporado, em formas sempre diferentes e que se renovam, naquela função de fundo.

Isso tem validade não somente quando G. analisa a natureza e os modos de ser dos intelectuais na história pré-burguesa e burguesa, mas também quando analisa a relação entre intelectuais e classe operária, intelectuais e partido, intelectuais e política (em referência geral aos grupos sociais antagonistas). Também nesse caso não é delineada uma organicidade de tipo pedagógico ou ético--normativa: o que exclui que o autor dos *Q* queira entender o intelectual orgânico como intelectual "de partido".

No que diz respeito à análise do partido político, em relação ao problema dos intelectuais, G. afirma que o partido se configura como "o mecanismo que cumpre, na sociedade civil, a mesma função que o Estado cumpre, em medida maior, na sociedade política", ou seja, se configura como o mecanismo que consegue determinar a "soldagem" entre intelectuais orgânicos e intelectuais tradicionais. Tal função de soldagem liga-se com a função mais geral do partido político que, declara G., consiste na elevação dos "membros 'econômicos' de um grupo social à qualidade de 'intelectuais políticos', isto é, de organizadores de todas as funções inerentes ao orgânico desenvolvimento de uma sociedade integral, civil e política" (ibidem, 477-8).

PASQUALE VOZA

Ver: filósofo e filósofo democrático; hegemonia; intelectuais; intelectuais tradicionais; Partido Comunista.

intelectuais tradicionais

Antes de tudo, G. começa pelo que considera o ponto central da questão dos intelectuais, ou seja, da "distinção entre intelectuais [como] categoria orgânica de todo grupo social, e intelectuais como categoria tradicional, distinção a partir da qual se origina toda uma série de problemas e de possíveis pesquisas históricas" (*Q 1*, 49, 477). Em seguida, define com clareza "a formação dos intelectuais tradicionais" como "problema histórico mais interessante" (ibidem, 478) e, imediatamente depois, passa a examinar em algumas linhas essenciais o desenvolvimento histórico dos intelectuais na Europa e fora dela. Entre as mais significativas estão as considerações sobre a Itália, com respeito à qual "o fato central é justamente a função internacional ou cosmopolita dos seus intelectuais, que é causa e efeito do estado de desagregação em que permanece a península desde a queda do Império Romano até 1870" (ibidem, 479), e sobre os Estados Unidos, onde se deve notar, ao invés, "a ausência dos intelectuais tradicionais e portanto o diverso equilíbrio dos intelectuais em geral", em relação à "formação maciça sobre a base industrial de todas as superestruturas modernas" (ibidem, 481).

G. procura sustentar sua distinção entre intelectuais como categoria orgânica e intelectuais como categoria tradicional. Ele observa que todo grupo social, "nascendo na base originária de uma função essencial no mundo da produção econômica, cria junto, ao mesmo tempo, organicamente, uma ou mais camadas de intelectuais que lhe conferem homogeneidade e consciência de sua própria função no campo econômico"; "o empresário capitalista cria consigo o economista, o cientista da economia política" (ibidem, 474-5). Entretanto, todo grupo social, emergindo na história a partir da estrutura econômica, encontra ou encontrou (pelo menos na história que se desenvolveu até agora) "categorias intelectuais preexistentes", que se apresentam como figuras de uma continuidade histórica ininterrupta, que não é questionada nem pelas mais complexas mudanças sociais e políticas. Dos eclesiásticos ("monopolizadores por longo tempo de alguns serviços essenciais") a Croce (que se percebe "ligado mais a Aristóteles do que a Agnelli", ibidem, 475), eles, que constituem a "categoria tradicional" (ibidem, 477), sentem "com 'espírito de corpo'" a continuidade de sua condição e qualificação intelectual, a ponto de determinar a "aparência" de si mesmos como um grupo social independente, com suas próprias características, com certa autonomia do grupo social dominante (ibidem, 475). É interessante observar que G., em uma passagem sobre o ensino da filosofia, que deve ser concebido como "dedicado não a informar historicamente o aluno sobre o desenvolvimento da filosofia passada, mas a formá-lo culturalmente, para ajudá-lo a elaborar criticamente o próprio pensamento e assim participar de uma comunidade ideológica e cultural", afirma que é necessário "partir do 'senso comum', em primeiro lugar, da religião, em segundo, e, só numa terceira etapa, dos sistemas filosóficos elaborados" por aqueles que ele chama de "grupos intelectuais tradicionais" (*Q 11*, 13, 1.401 [*CC*, 1, 119]). No *Q 12* G. observa que a "autoposição" que os intelectuais tradicionais operam de si mesmos como autônomos e independentes do "grupo social dominante", esta sua "utopia social", tem consequências de amplo alcance no campo ideológico e político: toda a filosofia do idealismo, por exemplo, pode ser facilmente ligada, para G., a esta posição ou autoposição, assumida pelo "conjunto social dos intelectuais" (*Q 12*, 1, 1.515 [*CC*, 2, 17]).

Muito importantes, finalmente, são as ulteriores considerações de G. sobre a ausência, nos Estados Unidos, de "uma vasta sedimentação de intelectuais tradicionais, como ocorreu nos países de civilização antiga": tal ausência explica, em parte, segundo o pensador sardo, tanto "a existência de somente dois grandes partidos políticos, que poderiam na realidade ser facilmente reduzidos a um só", quanto, "ao inverso, a multiplicação ilimitada das seitas religiosas" (ibidem, 1.527 [*CC*, 2, 29]).

PASQUALE VOZA

Ver: cosmopolitismo; Estados Unidos; filósofo e filósofo democrático; hegemonia; ideologia; intelectuais; intelectuais italianos; intelectuais orgânicos; partido; senso comum.

internacional/internacionalismo

G. distingue o conceito de "internacionalismo" tanto do de "cosmopolitismo", anterior à formação do Estado nacional, quanto da ideia de "irradiação internacional e cosmopolita e de expansão de caráter imperialista" (*Q 12*, 1, 1.524 [*CC*, 2, 26]) das sociedades de capitalismo avançado. Em sua opinião, o perdurar em época moderna do "'cosmopolitismo' medieval ligado à Igreja e ao Império" (*Q 1*, 150, 133 [*CC*, 6, 350]) obstaculiza o desenvolvimento da consciência nacional-popular e conduz um país a sofrer "passivamente as relações internacionais" (*Q 5*, 55, 589 [*CC*, 5, 216]). Não por acaso as forças reacionárias sempre "tentaram impedir a formação de uma vontade coletiva deste tipo, para manter o poder 'econômico-corporativo' num sistema internacional de equilíbrio passivo" (*Q 13*, 1, 1.560 [*CC*, 3, 18]). É notória a crítica de G. da função cosmopolita e não nacional-popular dos intelectuais italianos (*Q 1*, 150, 133 [*CC*, 6, 349]), ao mesmo tempo "causa e efeito do estado de desagregação em que permaneceu a península, desde a queda do Império Romano até 1870" (*Q 12*, 1, 1.524 [*CC*, 2, 26]). De fato, enquanto outros países europeus "adquirem consciência nacional e querem organizar uma cultura nacional" dissolvendo a cosmópole pré-moderna, a Itália "perde sua função de centro internacional de cultura, não se nacionaliza por si mesma, mas seus intelectuais continuam a desempenhar a função cosmopolita, afastando-se do território e formando enxames no exterior" (*Q 5*, 100, 629 [*CC*, 2, 133]). Ao ausente desenvolvimento nacional do ponto de vista político, tenta-se, em vão, suprir com o chauvinismo cultural que exalta o papel dos intelectuais italianos no mundo, esquecendo que sua ação não contribui para, mas obstaculiza o surgimento de uma consciência nacional.

Em países nos quais a consciência nacional-popular não é desenvolvida, o internacionalismo tende a se difundir na forma de um "vasto espírito de fraternidade" (*Q 8*, 36, 963 [*CC*, 5, 286]), incapaz de emancipar-se do "vago 'cosmopolitismo' ligado a elementos históricos bem precisos:

cosmopolitismo e universalismo medieval" (*Q 3*, 46, 325 [*CC*, 3, 191]). De modo que, se uma concepção internacionalista não se determina concretizando-se em um contexto nacional, ela permanece abstrata. O internacionalismo cosmopolita é correlacionado por G. ao conceito de "subversivismo" das classes populares. Ele é essencialmente inócuo para o poder constituído na medida em que se caracteriza por uma inadequada consciência de classe e por uma escassa compreensão da natureza do Estado, na ausência das quais, segundo G., não se pode ser "internacionalista, no sentido moderno da palavra" (ibidem, 326 [*CC*, 3, 192]). O Estado não é compreendido em sua "forma concreta de um mundo produtivo" exatamente nos países em que "o impulso para o progresso não está estreitamente ligado a um amplo desenvolvimento econômico local [...] mas é reflexo do desenvolvimento internacional que envia para a periferia suas correntes ideológicas" (*Q 10* II, 61, 1.360-1 [*CC*, 1, 428]). Por outro lado, o desenvolvimento do mercado mundial tem um fundamento contraditório: de um lado "o internacionalismo, ou melhor, o cosmopolitismo" (*Q 15*, 5, 1.756 [*CC*, 4, 316]) do capital, do outro os Estados nacionais. As grandes potências, exatamente pelo fato de terem "uma política interna que determina a externa", conservam "uma relativa autonomia internacional" (*Q 8*, 141, 1.028 [*CC*, 3, 281]). Entretanto, sua política de potência torna problemática para um grande número de Estados "a liberdade de determinar a própria linha de conduta" (*Q 6*, 7, 687 [*CC*, 5, 241]) não apenas no plano internacional, como também no nacional. Por isso, somente um país dominante no nível internacional é realmente independente, na medida em que "determina a vontade dos outros e não é por ela determinado" (*Q 13*, 32, 1.629 [*CC*, 3, 85]). A vida política dos Estados subalternos, de fato, "é mais 'história internacional' do que história 'nacional'" (*Q 1*, 138, 126 [*CC*, 5, 152]), a ponto de que neles a diplomacia é "a 'única política criativa'" (*Q 6*, 89, 765 [*CC*, 5, 252]). Assim, enquanto as nações em que ocorreu um desenvolvimento orgânico das energias nacionais se projetam para o exterior em função de hegemonia e domínio, os países desprovidos de tal desenvolvimento projetam-se para o exterior através de uma emigração "que não reflui sobre a base nacional para potenciá-la" (*Q 12*, 1, 1.525 [*CC*, 2, 27]) e concorre para impossibilitar a constituição de uma consciência nacional. Nesse modo os intelectuais "representantes da técnica e da capacidade diretiva" contribuem ao enriquecimento das nações estrangeiras, enquanto a força de trabalho nacional vai "aumentar o mais-valor dos capitalismos estrangeiros" de modo que "estes elementos se perderam, em grande parte, incorporando-se às nações estrangeiras em funções subalternas" (*Q 3*, 117, 385 [*CC*, 2, 92]). A emigração da força de trabalho manual e intelectual é considerada por G. "uma crítica real" (*Q 2*, 137, 272 [*CC*, 4, 288]) à classe dominante, incapaz de cumprir sua própria função de direção nacional.

G. rejeita a interpretação mecanicista do marxismo, segundo a qual seria possível passar do cosmopolitismo pré-burguês ao internacionalismo somente atravessando a etapa intermediária do nacionalismo. Em presença de uma cultura cosmopolita tal passagem seria de fato "anacrônica e anti-histórica" (*Q 9*, 127, 1.190), a ponto de G. considerar o nacionalismo, em um país como a Itália, uma "excrescência anacrônica" na sua história, "de gente que tem a cabeça voltada para trás como os condenados de Dante" (idem). Ao contrário, a missão de civilização do povo italiano "está na retomada do cosmopolitismo romano e medieval, mas na sua forma mais moderna e avançada" (idem). A persistência do cosmopolitismo pré-burguês face ao desenvolvimento nacional de outros países levou os povos atrasados a tornar-se exército de reserva de capitalismos estrangeiros. Tendo fornecido "mão de obra ao mundo inteiro" (ibidem, 1.191), tais povos devem agora "inserir-se na moderna frente de luta para reorganizar o mundo" (idem). Está na tradição cultural cosmopolita de tais povos cooperar para a reconstrução econômica de um mundo "que contribuiu para criar com o seu trabalho" (ibidem, 1.191), "não para dominá-lo e apropriar-se dos frutos do trabalho dos outros, mas para existir ou desenvolver-se" (ibidem, 1.190). Por isso os dirigentes progressistas de tais países deverão, para G., indicar ao próprio povo as mais avançadas formas de governo desenvolvidas em nível internacional como via mestra a ser seguida para conquistar uma real autodeterminação nacional. Ao contrário, a ideologia das camadas dominantes tenderá a justificar como "'originalidade' nacional" a condição de soberania limitada e de atraso "semifeudal" (*Q 13*, 13, 1.575 [*CC*, 3, 29]) do país, deixando acreditar que qualquer tipo de subversão estrutural seja "*tecnicamente* impossível" (*Q 13*, 2, 1.562 [*CC*, 3, 19]). A debilidade da nação no plano internacional torna-se assim instrumento de hegemonia da classe dominante, funcional para impedir qualquer intervenção ativa no plano político das forças nacional-populares. Não é portanto o partido de inspiração internacionalista a subordinar as exigências nacionais à política supranacional, mas ao contrário "o partido mais nacionalista que, na realidade, mais do que representar as forças vitais do próprio país, representa sua subordinação e a servidão econômica às nações hegemônicas" (ibidem, 1.562-3 [*CC*, 3, 20]).

Se no mundo contemporâneo "toda atividade econômica de um país só pode ser julgada em relação ao mercado internacional" (*Q 9*, 32, 1.115 [*CC*, 3, 291]) e "a riqueza nacional está condicionada pela divisão internacional do trabalho", dependerá da capacidade da classe dirigente nacional saber "escolher, entre as possibilidades que esta divisão oferece, a mais racional e produtiva" (*Q 19*, 6, 1.990 [*CC*, 5, 43-4]). Na ausência de uma direção eficaz, a internacionalização da economia não poderá reparar uma realidade nacional baseada "na exploração selvagem das classes trabalhadoras e produtoras" (ibidem, 1.991 [*CC*, 5, 44]). Para G., de fato, o papel subordinado de um Estado no tabuleiro do xadrez internacional depende, em primeiro lugar, da falta de desenvolvimento das relações de produção internas e, somente em segunda instância, dos efeitos perversos do mercado mundial. Portanto, "a projeção da questão no campo internacional pode ser um álibi político" (ibidem, 1.990 [*CC*, 5, 43]) para esconder o déficit de direção da classe nacional dominante. Uma política econômica que não seja movida pela satisfação das necessidades nacionais constitui um obstáculo para o crescimento do país, enquanto é funcional para "criar o equilíbrio de atividade [...] não de uma comunidade nacional" (*Q 3*, 118, 386 [*CC*, 2, 93]), mas de um mercado internacional subordinado aos interesses das potências dominantes. Tal situação só acentua a condição "de atraso e estagnação" (*Q 13*, 13, 1.574 [*CC*, 3, 29]) das nações subalternas. Entretanto, os limites de uma determinada estrutura produtiva, no caso específico analisado por G., a capitalista, terão repercussões internacionais já que "o mundo é uma unidade, queira-se ou não, e todos os países, se se mantiverem em determinadas condições de estrutura, passarão por certas 'crises'" (*Q 15*, 5, 1.757 [*CC*, 4, 318]). Somente superando a contradição da sociedade burguesa entre desenvolvimento das forças produtivas – em razão da progressiva socialização do trabalho – e propriedade privada dos meios de produção será possível sanar a oposição entre uma vida econômica que "tem como premissa necessária o internacionalismo, ou melhor, o cosmopolitismo" e uma vida estatal que "se desenvolveu cada vez mais no sentido do 'nacionalismo'" (ibidem, 1.756 [*CC*, 4, 317-8]). Em caso contrário, a extensão da produção em escala internacional será progressivamente contrastada pelo ressurgimento do "nacionalismo econômico" e do "'racismo', que impedem a livre circulação não só das mercadorias e dos capitais, mas sobretudo do trabalho humano" (*Q 19*, 6, 1.990 [*CC*, 5, 43]).

O internacionalismo, em sua forma moderna, é de fato o produto do desenvolvimento capitalista que tende a socializar o trabalho, favorecendo o reconhecimento recíproco dos explorados no "'trabalhador coletivo' [...] não só em cada fábrica tomada isoladamente, mas em esferas mais amplas da divisão do trabalho nacional e internacional" (*Q 9*, 67, 1.138 [*CC*, 4, 313]). Isso permite aos trabalhadores, que se tornaram "agentes de atividades gerais, de caráter nacional e internacional" (*Q 12*, 1, 1.523 [*CC*, 2, 15]), passar de uma organização corporativa a uma de caráter político destinada à superação da sua condição de subalternidade. Para este escopo é essencial que tal organização esteja fundada num *centralismo democrático* voltado a buscar, de modo experimental e crítico, "o que é igual na aparente diversidade e, ao contrário, é diverso e até mesmo oposto na aparente uniformidade", isto é, "a distinguir o elemento 'internacional' e 'unitário' na realidade nacional e localista" (*Q 13*, 36, 1.635 [*CC*, 3, 92]). Se o desenvolvimento histórico e a perspectiva dos comunistas estão orientados em sentido internacionalista, não se deve perder de vista o fato de que "o ponto de partida é 'nacional' e é deste ponto de partida que se deve partir" (*Q 14*, 68, 1.729 [*CC*, 3, 314]). Tendo como fim a direção política em circunstâncias difíceis e historicamente decisivas para a própria classe de referência, tal partido deverá ter a elasticidade necessária para se adaptar às tarefas inéditas impostas pelo desenvolvimento do "conjunto das relações de força [...] no país em questão ou no campo internacional" (*Q 13*, 23, 1.604 [*CC*, 3, 61]). A própria possibilidade de uma profunda mudança das condições políticas nacionais é estreitamente dependente do "equilíbrio das forças internacionais" (*Q 6*, 78, 746 [*CC*, 5, 246]) que, segundo as fases históricas, podem atuar como freio ou suporte para as forças progressistas nacionais. Portanto, é indispensável dispor de uma "força permanentemente organizada" em condições de "se inserir com eficácia nas conjunturas internacionais favoráveis" (*Q 13*, 17, 1.588-9 [*CC*, 3, 36]).

Em tais circunstâncias difíceis o apelo a um abstrato internacionalismo na luta contra o capitalismo, que não leve em consideração as especificidades nacionais, é duramente criticado por G. na medida em que pode se tornar um álibi que impede o desenvolvimento a seu favor das contradições presentes nos diferentes contextos. Tal atitude favorece em primeiro lugar a tendência à espera, como demonstra a história dos partidos da Segunda Internacional. A este propósito, G. observa: "Ninguém acreditava que devia começar, ou seja, considerava que, começando, ficaria isolado; na expectativa de que todos se movimentassem simultaneamente, ninguém se movia e organizava o movimento" (*Q 14*, 68, 1.730 [*CC*, 3, 315]). Ao contrário, para G., embora o sucesso de uma revolução dependesse do conjunto das relações entre as classes sociais de uma nação e mais em geral das relações de força no plano internacional, "as necessidades urgentes de um dado país, em circunstâncias dadas", podem levá-lo à vitória "também internacionalmente" (*Q 10* II, 61, 1.360 [*CC*, 1, 425]). Em segundo lugar G. critica o abstrato internacionalismo trotskista como resíduo "do velho mecanicismo" (*Q 14*, 68, 1.730 [*CC*, 3, 315]), enquanto pretendia que uma revolução que se havia afirmado em um só país, se não tivesse conseguido se expandir imediatamente em nível internacional, teria sido destinada inevitavelmente a uma involução. Ao contrário, G., lembrando Lenin, considera que "a situação internacional deve ser considerada em seu aspecto nacional" (ibidem, 1.729 [*CC*, 3, 314]). O partido internacionalista deverá estudar as determinações específicas e a "combinação de forças nacionais" que a classe internacional deverá "dirigir e desenvolver segundo a perspectiva e as diretivas internacionais". Assim, é essencial "depurar o internacionalismo de todo elemento vago e puramente ideológico (em sentido pejorativo) para dar-lhe um conteúdo de política realista" (idem [*CC*, 3, 315]), já que as concepções abstratamente internacionalistas subestimam o fundamental conceito de hegemonia, "no qual se reúnem as exigências de caráter nacional". Embora a perspectiva do comunista seja internacionalista, para poder dirigir "camadas sociais estritamente nacionais (intelectuais) e, muitas vezes, menos ainda que nacionais, particularistas e municipalistas", ela precisa, por necessidade, nacionalizar-se, até que se formem "as condições de uma economia segundo um plano mundial" (idem), que permitirão superar "as leis da necessidade" (idem) que caracterizam o precedente curso histórico. A consolidação do processo revolucionário, embora em uma só nação, pode contribuir, na opinião de G., para a expansão da revolução em países em que as forças progressivas são "escassas e insuficientes em si mesmas (mas de altíssimo potencial porque representam o futuro do seu país)" (*Q 10* II, 61, 1.360 [*CC*, 1, 428]). Por outro lado, porém, se, "entre o elemento nacional e o internacional do evento, é o internacional o que pesou mais" (*Q 3*, 38, 316), o novo Estado correrá o perigo de ter escassa autonomia internacional.

Assim como o abstrato internacionalismo, na opinião de G. é nociva a ausência de um centro propulsor capaz de dar uma direção de conjunto aos partidos nacionais, como demonstra a história da Segunda Internacional. Como entre os partidos que a compunham não vigorava o centralismo democrático, a ascendência das componentes mais avançadas da Segunda Internacional reduzia-se a uma "influência cultural abstrata e de prestígio bastante fugaz", que não se referia em nada à atividade efetiva, que, ao contrário, era desagregada, localista, sem orientação de conjunto" (*Q 13*, 36, 1.633 [*CC*, 3, 90]). As próprias concepções do "centralismo orgânico", por exemplo de Bordiga, surgem, segundo G., da "crítica unilateral e de intelectuais representantes desta desordem e desta dispersão de forças" (*Q 9*, 68, 1.139). Dito de outra forma, os bordiguistas contrapunham um unilateralismo igual e contrário ao da Segunda Internacional, na ilusão de superar os limites de uma simples e não orgânica coordenação entre partidos nacionais mediante uma unificação imposta burocraticamente pelo alto.

Bibliografia: Burgio, 2003; Liguori, 2006; Losurdo, 1997; Nave, 1984; Proto, 1999.

Renato Caputo

Ver: centralismo; cosmopolitismo; intelectuais italianos; nação; nacional; nacional-popular; nacionalismo; subversivismo.

intransigência-tolerância

G. põe-se a questão da relação entre intransigência e tolerância desde os anos da juventude. No artigo de 16 de fevereiro de 1918, "La lingua unica e l'esperanto" [A língua única e o esperanto], ele afirma que a intransigência deve ser realizada no pensamento antes que na ação, já que somente após ter se exercitado "a aprender todas as congruências entre ideia e ideia, entre pensamento e ação, podemos dizer [...] que somos verdadeiramente responsáveis por nossas obras" (*CF*, 668). Somente então, de fato, é possível prever "as prováveis repercussões de cada obra nossa no ambiente social e econômico, e destas repercussões podemos louvar ou reprovar a nós mesmos", sem permitir que o arbítrio e as forças estranhas à nossa compreensão determinem a nossa atividade (idem).

Em um artigo de 8 de dezembro de 1917, intitulado "Intransigência-tolerância, intolerância-transigência", G. investiga as duas questões. A intransigência é "o predicado necessário do caráter [...], é a única prova de que uma determinada coletividade existe como organismo social vivo, isto é, tem uma meta, uma vontade única, uma maturidade de pensamento" (*CF*, 478 [*EP*, I, 118-9]). Com efeito, ela "demanda que cada parte singular seja coerente com o todo", que se tenha "princípios gerais, claros e diferenciados" e, portanto, para que um organismo social possa ser disciplinado de modo intransigente "é preciso que ele tenha uma vontade (uma meta) e que a meta seja racional" (idem). Ademais, à racionalidade de tal fim devem ser persuadidos todos os componentes do organismo, para que a observância da disciplina que é demandada constitua o "cumprimento de uma obrigação livremente contratada, ou melhor, de uma obrigação para cuja fixação o próprio recalcitrante contribuiu" (idem). Na base de tais reflexões, segundo G., existe, todavia, como "pressuposto natural e necessário, a tolerância na discussão que antecede a deliberação" (idem), já que tanto a discussão quanto a deliberação também devem ser racionais. Única competente para a interpretação da razão é a coletividade: embora ela empregue mais tempo para deliberar – por causa da diversa competência dos membros no que diz respeito à compreensão e identificação dos momentos de desenvolvimento lógico de uma meta –, é, contudo, a única garantia de "democraticidade" não tirânica; a "disciplina que é estabelecida pela própria coletividade para seus componentes, ainda que demore a ser aplicada, dificilmente fracassa em sua efetivação". Mediante o acordo e a fusão das vontades os singulares elementos podem "se sintetizar na *verdade* global e ser a expressão integral da *razão*", e para que isso ocorra, para que a discussão seja "exaustiva e sincera", "é necessária a máxima tolerância" (idem [*EP*, I, 120]).

Dessa maneira, o momento da ação recolhe o consenso geral em que todos são "concordes e solidários, já que, no curso da discussão, foi se formando acordo tácito e todos se tornaram responsáveis pelo eventual insucesso". G. conclui que "só é possível ser intransigente na ação quando se foi tolerante na discussão" e se "as experiências individuais foram coletivizadas". Entretanto, tal tolerância como "método das discussões entre homens que estão fundamentalmente de acordo e devem encontrar a coerência entre os princípios comuns e a ação que devem realizar em comum" (ibidem, 480 [*EP*, I, 121]) não deve ser entendida vulgarmente. Segundo G., efetivamente, não deve haver alguma tolerância "com o erro, com as asneiras", já que "liberdade de pensamento não significa liberdade de errar e de dizer asneiras". Não se pode ser tolerante com quem erra e "foge da discussão, recusa-se a discutir e a tentar provar o que diz, afirmando que todos têm o direito de pensar como quiserem". De modo definitivo, a única intolerância que deve ser combatida é a que provém "do autoritarismo ou da idolatria [...], porque impede que se estabeleçam regras de ação que são moralmente obrigatórias" na medida em que todos contribuíram livremente para sua elaboração. Tal intolerância, com efeito, "leva necessariamente à transigência, à incerteza, à dissolução dos organismos sociais" (idem [*EP*, I, 121]).

No que diz respeito ao conceito de intransigência, G. o adota em duas outras intervenções anteriores aos *Q*: no artigo "La tattica del falimento" [A tática do fracasso] (22 de setembro de 1921, em *SF*, 347-9) polemiza com o social-reformismo implícito na "intransigência do Partido Socialista" que se reduz a "nada mais que uma mentirosa etiqueta"; no artigo "Cinque anni di vita del partito" [Cinco anos de vida do partido] (24 de fevereiro de 1926, em *CPC*, 89-109), G. julga prioritário que o Partido Comunista se torne um bloco homogêneo através da "intransigência teórica" e da "inflexibilidade prática", já que, diversamente, correr-se-ia o risco de manter o próprio partido em um estado de deliquescência e amorfismo político-social.

Nos *Q* o autor usa o lema "intransigência" muitas vezes segundo o uso corrente. Por exemplo, pensa que a força urbana setentrional tenha se colocado nos diversos períodos do *Risorgimento* "em posição de intransigência e de luta contra o domínio estrangeiro" (*Q 1*, 43, 38), o que determinou, por outro lado, uma exaltação por parte das forças progressistas meridionais de "feroz intransigência" jacobina (*Q 6*, 89, 765 [*CC*, 5, 252]). No contexto da análise da relação entre estrutura e superestrutura G. investiga a tendência e a categoria do economicismo que tem diversas manifestações concretas: o conceito do movimento teórico do "livre câmbio", a concepção sindicalista e todas as formas de abstencionismo eleitoral. Em particular, "ao abstencionismo está ligada a fórmula do "quanto pior melhor" e também a fórmula da chamada "intransigência" parlamentar de algumas frações de deputados" (*Q 13*, 18, 1.591 [*CC*, 3, 49]). E, no *Q 13*, 23, 1.611 [*CC*, 3, 60], G. esclarece que o economicismo está exemplificado nas "chamadas teorias da intransigência", isto é, na "rígida aversão de princípio aos chamados compromissos, que tem como manifestação subordinada o que pode ser denominado de o 'medo dos perigos' (idem); junto com esta, está, por outro lado, "a tendência a confiar "mais adiante", cegamente e sem qualquer critério, na virtude reguladora das armas [...] porque se pensa que a intervenção da vontade é útil para a destruição, não para a reconstrução" (ibidem, 1.612 [*CC*, 3, 69]).

G. emprega o conceito de tolerância nos *Q* quase sempre unicamente a respeito da tolerância religiosa: desta foi incapaz a Igreja católica, que não soube receber as tentativas reformadoras de Niccolò Cusano, predispondo assim a vitória da Reforma luterana (*Q 5*, 53, 585 [*CC*, 5, 215]), e dos jesuítas que, mesmo polemizando com o Rotary Club e seu princípio de tolerância religiosa, contudo, foram-lhe favoráveis quando isto se tornou útil para difundir sua posição nos países de maioria católica, sendo, portanto, a favor de "instituições amorfas nas quais possam se inserir a fim de conquista-las" (*Q 5*, 61, 593 [*CC*, 4, 300]). Frederico II de Prússia é considerado por G., por um lado, como ligado ainda à Idade Média, e por outro, como o promotor do princípio de tolerância religiosa na luta contra a Igreja, ao servir-se "de três civilizações: hebraica, latina, árabe" (*Q 6*, 61, 729 [*CC*, 5, 244]) e tentar amalgamá-las.

Manuela Ausilio

Ver: economismo; Igreja católica; jacobinismo; jesuítas; moderno Príncipe; Partido Comunista; Rotary Club.

inversão

Existe "inversão" quando um novo modo de produção suplanta outro, não quando o modo capitalista acentua suas capacidades inovadoras: "Lanino afirma que na América ocorreu 'uma inversão completa dos que até agora haviam sido os critérios econômicos fundamentais da produção industrial. Abandonou-se a lei da oferta e da procura na fixação dos salários. O custo de produção foi reduzido, apesar do aumento dos salários'. Nada foi abandonado: Lanino não compreendeu que a nova técnica baseada na racionalização e no taylorismo criou uma nova e original qualificação psicotécnica e que os operários que possuem esta qualificação não apenas são poucos, mas estão ainda em formação" (*Q 2*, 138, 274 [*CC*, 4, 290-1]).

Pode haver inversão mesmo em relação à própria formação filosófica anterior: "Croce, segundo penso, tem plena consciência de que todos os movimentos modernos do pensamento levam a uma revalorização triunfal do materialismo histórico, isto é, à inversão da posição tradicional do problema filosófico e à morte da filosofia entendida no modo tradicional" (*Q 1*, 132, 119; v. também *Q 10* II, 59.IV, 1.355 [*CC*, 1, 420]). Marx, invertendo o sistema hegeliano, tinha entretanto "traduzido" um núcleo vital na nova concepção "imanentista". O primeiro Croce não tentava, por sua vez, "retraduzir" em termos especulativos o próprio marxismo? Em seguida, se arrepende: "A recente atitude de Croce em face da filosofia da práxis [...] não é apenas uma renegação (ou, melhor, uma inversão) da primeira posição assumida por Croce antes de 1900 [...], inversão que ele não justificou logicamente, mas é também uma renegação, igualmente não justificada, da sua própria filosofia precedente (pelo menos de uma parte conspícua dela), na medida em que Croce era um filósofo da práxis 'sem o saber'" (*Q 10* II, 41.I, 1.298 [*CC*, 1, 367-8]). Também o sociologismo presume poder "inverter" a perspectiva historicista, introduzindo uma pesquisa de constantes infalíveis ou de regularidades uniformes emprestada das ciências naturais: de fato, a "pesquisa de leis, de linhas constantes, regulares, uniformes, esta atitude está ligada a uma exigência, concebida de maneira um pouco pueril e ingênua, de resolver peremptoriamente o problema prático da previsibilidade dos acontecimentos históricos. Já que 'parece', por uma estranha inversão de perspectivas, que as ciências naturais fornecem a capacidade de prever a evolução dos processos naturais, a metodologia histórica foi concebida como sendo 'científica' apenas se, e na medida em que, habilita-se abstratamente a 'prever' o futuro da sociedade" (*Q 11*, 15, 1.403 [*CC*, 1, 121]).

Giuseppe Prestipino

Ver: ciência; Croce; filosofia da práxis; materialismo histórico; taylorismo.

ironia

Num parágrafo do *Q 1* intitulado "Il sarcasmo come espressione di transizione negli storicisti" [O sarcasmo como expressão de transição nos historicistas] G., partindo de um artigo de Bonaventura Tecchi sobre a obra *Il demiurgo* de Filippo Burzio, observa que o emprego do termo "ironia" é adequado, no campo da literatura, para "indicar a separação do artista do conteúdo sentimental da sua criação" (palavras nas quais talvez se possa colher algum eco das teorias estéticas dos românticos alemães, entre Schiller e Friedrich Schlegel). Em seguida G. esclarece que "no caso da ação histórica [...] o elemento 'ironia'", ao invés, resultaria muito literário e indicaria uma forma não crítica de distanciamento, mas "vinculada, ao contrário, ao ceticismo mais ou menos diletante (devido à desilusão, ao cansaço, ou ainda ao 'super-homismo')" (*Q 1*, 29, 23). No caso da ação histórica – conclui G. – "o elemento característico é o 'sarcasmo' numa sua determinada forma, isto é, 'apaixonado'. Em Marx encontramos a expressão mais alta, também esteticamente, do 'sarcasmo apaixonado'" (idem). No que diz respeito ao campo da literatura, é interessante notar a afirmação de G. em uma carta à cunhada Tania, em que – após ter observado que Chesterton, ao invés de autor de "histórias policiais propriamente ditas", é autor de "uma finíssima caricatura" do conto policial como tal – ele escreve que, enquanto Conan Doyle era "um escritor medíocre", Chesterton era "um grande artista" e por isso existe nele "uma distância estilística entre [...] a intriga policial e a forma": separação que origina "uma sutil ironia em relação à matéria tratada" e torna "as histórias mais saborosas" (*LC*, 357, 6 de outubro de 1930 [*Cartas*, I, 445]).

A respeito de Manzoni, o autor dos *Q* observa que a atitude para os "personagens popularescos" é marcada por "um paternalismo católico" que se traduz em "uma *ironia* subentendida": trata-se de uma "ironia difusa", que é indício de ausência de real e profundo amor por aqueles personagens, e ao mesmo tempo funciona para "corrigir" e "vitalizar" "um exterior sentimento de abstrato dever ditado pela moral católica" (*Q 8*, 9, 943 [*CC*, 6, 212]). No que diz respeito a Alfredo Panzini e a seu texto *La vita di Cavour*, que evidencia com clareza "o jesuitismo literário" do escritor, G. enfatiza seu "puro jogo de palavras", que "por trás de uma ironia de maneira faz com que se acredite que contenha sabe-se lá qual profundidade" (*Q 3*, 13, 299). Em outro local, referindo-se a uma expressão de Manzoni em *Os noivos*, assinala outro tipo de ironia, também desprovido de qualquer força crítica, e fala de "uma ironia em 'jargão', de conventículo

literário" (*Q 15*, 37, 1.792 [*CC*, 6, 258]). Finalmente, em um Texto C do *Q 26* G. retoma e rearticula o texto do *Q 1* citado no início. Ele afirma que "na forma original" o sarcasmo deve ser considerado como "uma expressão que acentua as contradições de um período de transição" (*Q 26*, 5, 2.301 [*CC*, 4, 84]): constitui um modo de ser que pertence ao historicismo como tal, mas sobretudo, em termos constitutivamente radicais, ao "historicismo integral", isto é, ao marxismo. É neste âmbito que nasce e se forma a tentativa, o propósito de "manter o contato com as expressões humanas subalternas das velhas concepções" e que, ao mesmo tempo, se reforça a separação das concepções "dominantes e dirigentes", "à espera de que as novas concepções, com a solidez adquirida através do desenvolvimento histórico, dominem até adquirir a força das 'crenças populares'". G. volta a esclarecer que, em relação a esse sarcasmo, que não pode deixar de ser "apaixonado", a ironia desenvolve sua função "crítica" no "restrito plano literário da educação de pequenos grupos" (idem [*CC*, 4, 85]).

Pasquale Voza

Ver: historicismo; Manzoni; sarcasmo.

islamismo

Em diversas ocasiões G. destaca a influência exercida pela cultura islâmica sobre a civilização "ocidental", especialmente através da Espanha e da Sicília medievais. Partindo da premissa de que o moderno mundo árabe-muçulmano deverá, cedo ou tarde, adequar-se à civilização ocidental (entendida, sobretudo, como industrialismo), G. constata que a tragédia do Islã consiste no fato de que uma sociedade "entorpecida por séculos de isolamento" deve agora "correr de forma vertiginosa" para se modernizar. O processo é facilitado pela ausência de uma "maciça organização eclesiástica" como a católica (*Q 2*, 90, 247-8 [*CC*, 2, 67]), ao passo que existem "tendências modernizantes" similares às que estão presentes no catolicismo (*Q 20*, 4, 2.090 [*CC*, 4, 153]). No *Q 2*, 30, 186-8 [*CC*, 3, 143] encontra-se um breve, mas incisivo, esboço, seja da lábil situação política no Oriente Médio após a derrota do Império Otomano, seja de alguns dos principais dirigentes árabes, cujos herdeiros serão, durante as futuras décadas, os reinantes em muitos países da área (Arábia Saudita, Líbia, Síria, Iraque, Jordânia, Iêmen). A legitimidade da liderança política de alguns desses dirigentes havia sido reivindicada na base de seu parentesco com a família do profeta (cf. *Q 2*, 30 [*CC*, 3, 143] e *Q 2*, 90 [*CC*, 2, 67]), o que significa, segundo G., que a principal contradição no mundo islâmico havia sido a entre o "sentimento nacional", por um lado, e o "cosmopolitismo teocrático", uma forma de pan-islamismo, por outro (*Q 2*, 90, 248 [*CC*, 2, 67]).

G. não dá grande destaque para as diferenças, então relativamente sem influência, entre xiitas e sunitas, mas chama atenção para o "puritanismo", às vezes causa de rebeliões que, como no caso dos wahhabitas da Arábia Saudita, reivindicavam um "retorno às 'origens'" (idem). Outra tendência "puritana", muito diferente, é a dos santos, sobretudo do Magrebe ou do sufismo, ou dos marabutos, os quais, segundo a fonte fascista citada por G., poderiam representar "o maior obstáculo" ou, ao contrário, "um precioso auxiliar da expansão europeia" (*Q 5*, 90, 623 [*CC*, 2, 128]).

DEREK BOOTHMAN

Ver: Oriente-Ocidente.

Itália

"Itália" aparece em quase todas as páginas dos *Q*. O lema é declinado segundo os temas tratados: históricos, políticos, econômicos, concernentes a religião ou a linguística, até chegar a argumentos mais específicos como cidade-campo, Norte-Sul, escola, teatro etc. Um exemplo de declinação do lema está na primeira nota "Notas esparsas e apontamentos para uma história dos intelectuais italianos" (*Q 8*, p. 935-6 [*CC*, 1, 79]), do final de 1931, em que se redefine o projeto de 1929. Da Itália são postos em enfoque contrastes e distinções, luzes e sombras: são vários os trechos a este propósito presentes nos escritos do cárcere. A demagógica expressão "*Itália real e Itália legal*" (*Q 1*, 130, 170) usada pelo clero "para indicar o desconforto político-nacional" logo após a unificação é interpretada por G. como mal-estar que se prorroga longamente e cria uma "clara separação entre o Estado (legalidade formal) e a sociedade civil (realidade de fato)" (*Q 19*, 31, 2.057 [*CC*, 5, 108]). G. está interessado sobretudo em pensar sobre a Itália real: "Sempre tive a convicção de que existe uma Itália desconhecida, que não se vê, muito diferente daquela aparente e visível [...], a distância [...] que é, entre nós, mais profunda do que nas outras nações ditas civilizadas" (*LC*, 167, a Tania, 5 de março de 1928 [*Cartas*, I, 244]), prosseguindo com observações sobre as características da população italiana.

Trata-se de uma argumentação recorrente desde os escritos jornalísticos: "Não se conhece a história do povo italiano" ("Il socialismo e l'Italia" [O socialismo e a Itália], 22 de setembro de 1917, em *CF*, 350). "Faltam-nos instrumentos adequados para conhecer a Itália assim como realmente é, e portanto estamos impossibilitados de fazer previsões, orientar, estabelecer linhas de ação que tenham certa probabilidade de ser adequadas" (*PLV*, 269, 1º de novembro de 1923). Nas *LC*, sobre o livro *L'Italie qu'on voit et l'Italie qu'on ne voit pas* [A Itália que vemos e a Itália que não vemos], G. escreve: "Este título poderia ser dado a todo livro sobre as características nacionais, e o que se vê, habitualmente, são os intelectuais e o que não se vê são especialmente os camponeses, que, no entanto [...] constituem exatamente a 'nação'" (*LC*, 484, a Tania, 19 de outubro de 1931 [*Cartas*, II, 109]).

GIOVANNI MIMMO BONINELLI

Ver: católicos; Estado; intelectuais italianos; italianos; Norte-Sul.

italianos

Falar de "italianos" ou de "povo italiano" para G. significa identificar, aprofundar, eventualmente desmistificar toda uma série de lugares-comuns, relativos aos âmbitos mais diferentes (cf. *Q 3*, 73, 350 sobre a relação entre língua e dialeto, ou *Q 17*, 8, 1.912-3 [*CC*, 5, 340] sobre a religiosidade dos italianos). Entretanto, observando bem, o que une muitas das passagens em questão é a pressão exercida sensivelmente por certas problemáticas tipicamente gramscianas, como a da identidade nacional ou a da consciência política dos italianos. Ponto de partida para o presente discurso é o reconhecimento da chamada função cosmopolita das classes cultas italianas entre os séculos XV e XVII-XVIII, durante os quais se verificou uma ininterrupta emigração de artistas e intelectuais, de técnicos e especialistas vários da nossa península para os centros mais vivazes do continente europeu. Pois bem, este mesmo parâmetro histórico-cultural da função cosmopolita é ampliado e aplicado de modo determinante por G. ao inteiro povo italiano, já que este último também, de certa forma, em sua globalidade foi portador por longos séculos de uma função internacional-europeia. Origem desta espécie de destino histórico coletivo seria a concreta localização italiana de duas grandes instituições como o Império Romano, inicialmente, e o papado temporal em seguida, ambas portadoras de uma vocação fundamentalmente universalista (*Q 5*, 55, 587-90 [*CC*, 5, 216]). Entretanto, sucessivamente também, esta disposição "cosmopolita" (e portanto, em certo sentido, não nacional) de nossa história encontrou sempre novas encarnações, até o moderno fenômeno da emigração de massa, aquela "emigração do povo trabalhador, que aumentava o mais-valor dos capitalismos estrangeiros" (*Q 3*, 117, 385 [*CC*, 2, 92]).

Entre as consequências produzidas por estas objetivas condições histórico-culturais da península, uma atenção particular é colocada por G. no "apoliticismo" que seria típico dos italianos. No presente, ele tem diversas manifestações. É, *in primis*, uma perdurante ausência de um maduro espírito nacional, e em tal sentido corresponde, no fundo, "ao antigo 'não nacionalismo': dizia-se antigamente 'venha a Espanha, venha a França, desde que se encha a pança'" (*Q 6*, 162, 814-6 [*CC*, 5, 267]). Mas "apoliticismo" hoje é também (e sobretudo) uma peculiar, visível "indiferença" em relação à vida político-estatal em seu conjunto, em particular em suas formas mais modernas. Tal indiferença, tradicionalmente, foi explicada pelos termos de um presumido "individualismo" (ibidem, 814 [*CC*, 5, 267]); todavia, na prova dos fatos, os italianos não parecem tão inclinados assim àquele "'esplêndido isolamento' do indivíduo, que conta apenas consigo mesmo para criar sua vida econômica e moral"; mais eficazes, nesta direção, serão, ao contrário, os conceitos de "sectarismo" e "corporativismo". Por este motivo, com relação ao povo italiano, "apoliticismo" "significa que, ao partido político e ao sindicato econômico 'modernos' [...] 'preferem-se' formas organizativas de outro tipo, precisamente do tipo 'associações de delinquentes', portanto, as camarilhas, as camorras, as máfias, seja populares, seja ligadas às classes altas" (idem). Este conceito é retomado e esclarecido no *Q 14*, 10, 1.663-5 [*CC*, 5, 310]: se é típico das classes humildes um sectarismo fanático constituído nem tanto por rígidos princípios ideológicos mas, ao contrário, por "paixões, inclusive baixas e ignóbeis" (a ponto de que "termina por aproximar-se da 'questão de honra' da criminalidade": ibidem, 1.664 [*CC*, 5, 310]), nas classes altas, ao contrário, domina "um modo de pensar que se pode chamar de 'corporativo', econômico, de categoria, e que, de resto, foi registrado na nomenclatura política italiana com o termo de 'consorteria'".

Mas, na encruzilhada entre atitude apolítica de um lado e tradição cosmopolita do outro, encontra-se segundo G. um particularíssimo e surpreendente chauvinismo "cultural" dos italianos (*Q 3*, 46, 326 [*CC*, 3, 189]). Esse chauvinismo, de fato, não se baseia sobre um sentimento político-militar ou econômico, como geralmente ocorre no caso da psicologia nacionalista de outros países, como a França ou a Alemanha (idem); o dos italianos é, ao invés, um particular "orgulho" para com os insignes resultados culturais constantemente conseguidos, nos séculos, pelos melhores "cérebros" da nação. No *Q 3*, 80, 359 [*CC*, 2, 84] é citado como exemplo aquele empedernido empenho de tantos intelectuais italianos em reivindicar para sua terra a paternidade de invenções científicas e descobertas geográficas (particularmente emblemática, a este propósito, a existência de toda uma literatura voltada a demonstrar que Colombo fosse de nacionalidade italiana). Mas G., por seu lado, não estava absolutamente convencido da fundamentação deste tipo de "orgulho" nacional: isso porque, segundo ele, por mais genial que fosse a obra isolada de um singular intelecto, sozinha não é suficiente para gerar uma autêntica "tradição nacional" da qual se pode ser coletivamente "orgulhoso": "Pode-se falar de tradição nacional quando a genialidade individual é incorporada ativamente, isto é, política e socialmente, à nação da qual saiu o indivíduo [...] quando ela transforma o próprio povo e lhe imprime um movimento que forma precisamente a tradição" (*Q 3*, 116, 384-5 [*CC*, 2, 92]); mas, ao contrário, o que ocorreu foi que o saber e a técnica dos tantos italianos que se tornaram ilustres no exterior tenham talvez sido "incorporados" na vivente tradição cultural dos países que os hospedaram. Doutro lado, prescindindo de tal veneração para as glórias nacionais, resulta mais significativo (e penetrante) ainda outro reflexo desse orgulho cultural italiano: trata-se daquela "admiração ingênua e fanática pela inteligência como tal, que corresponde ao nacionalismo cultural dos italianos, talvez a única forma de chauvinismo popular na Itália" (*Q 9*, 141, 1.201-2 [*CC*, 2, 180]). Entre outras coisas, esse traço da mentalidade nacional pode explicar o sucesso obtido, na época dos fatos de Fiume, por D'Annunzio, "considerado popularmente o homem mais inteligente da Itália".

A nota em que todo este conjunto de observações e aprofundamentos parece idealmente convergir é *Q 9*, 127, 1.190-1 (cf. também o Texto C: *Q 19*, 5, 1.988 [*CC*, 5, 28]). Nela G. está empenhado em refutar as diversas teses do nacionalismo-imperialismo italiano contemporâneo: para G. trata-se de um êxito ideológico realmente "anacrônico e anti-histórico; ele vai realmente contra todas as tradições italianas, as romanas para começar, e as católicas depois. As tradições são cosmopolitas" (*Q 9*, 127, 1.190). Agora, se esta é, de fato, a tradição secular do povo italiano, quando se passa a considerar a história mais recente da interação entre comunidade nacional e realidade mundial, o dado mais concreto que emerge é, ao invés, o da expansão do homem-trabalho, isto é, da emigração de massa de trabalhadores italianos (um fenômeno, este também, à sua maneira, de cariz "cosmopolita", já que a nossa mão de obra muito contribuiu para o florescimento capitalista em outros países). Pois bem, em alternativa às hipóteses imperialistas de uma improvável expansão colonial italiana, G. espera, com firmeza, por uma perspectiva futura de tipo diametralmente oposto: "O cosmopolitismo italiano não pode deixar de se tornar internacionalismo. Não o cidadão do mundo, como *civis romanus* ou católico, mas como trabalhador e produtor de civilização. Por isso, pode-se afirmar que a tradição italiana tem sua continuação, dialeticamente, no povo trabalhador e em seus intelectuais, não no cidadão tradicional e no intelectual tradicional [...]. Colaborar para reconstruir o mundo economicamente, de modo unitário, está na tradição da história italiana e do povo italiano, não para dominá-lo e se apropriar dos frutos do trabalho dos outros, mas para existir ou para se desenvolver" (idem).

Domenico Mezzina

Ver: apoliticismo/apoliticidade; cosmopolitismo; D'Annunzio; emigração; imperialismo; Império Romano; individualismo; intelectuais italianos; internacional/internacionalismo; Itália; máfia e camorra; nacional-popular; nacionalismo; papa/papado; tradição.

Iulca ou Julca: v. Giulia.

jacobinismo

O jacobinismo é uma categoria histórico-interpretativa de primeira importância para o G. dos *Q*, nos quais mantém uma marca positiva, ao passo que o jovem G., ao contrário, foi um crítico severo do fenômeno jacobino, identificando nele um modo absolutamente burguês de fazer política. Em um escrito de 28 de julho de 1917, "I massimalisti russi" [Os maximalistas russos], G. afirmava peremptoriamente: "na Rússia não existem jacobinos" (*CF*, 266 [*EP*, 1, 104]). Após essa inicial aversão, G. mudará de ideia. O ponto de virada virá com a leitura do ensaio "Le Bolchévisme et le Jacobinisme", do historiador francês Albert Mathiez, que G. faz traduzir e publicar em fascículos em *L'Ordine Nuovo* em 1921. Parece ser esse o momento em que amadurece um aprofundamento histórico do fenômeno jacobino e ao mesmo tempo uma sua releitura ideologicamente mais favorável. O ensaio de Mathiez é inteiramente baseado na analogia entre a república jacobina e a revolução bolchevique. É evidente que G. sofre a sugestão da interpretação do historiador francês, na qual jacobinismo e bolchevismo constituem um único "mito". Assim, nos *Q* o jacobinismo – transformado por G. em uma categoria histórico-interpretativa fundamental – apresenta uma consistência que ultrapassa a de um fenômeno histórico concreto, embora ele alerte para ter cuidado com uma leitura des-historicizada, que separa o fenômeno do tempo e do lugar, reduzindo-o a "fórmulas": obter-se-ia desse modo apenas "um espectro", "vãs e inertes palavras" (*Q 1*, 48, 61).

G. observa que o termo "jacobino" acabou por assumir dois significados: o de um partido específico da Revolução Francesa, com um determinado programa e que exerceu sua ação de partido e de governo com um método "caracterizado por uma extrema energia"; outro, sucessivo, que chamou de "jacobino" o homem político enérgico e resoluto, porque fanaticamente convencido das virtudes taumatúrgicas de suas ideias, quaisquer que elas fossem (*Q 19*, 24, 2.017 [*CC*, 5, 62]). Tentando estabelecer a natureza e o papel do Partido de Ação no *Risorgimento* italiano, em uma contínua comparação com a ação – vitoriosa e hegemônica – do partido moderado de inspiração cavouriana, G. observa que o Partido de Ação carecia da capacidade de exercer uma "atração espontânea" – para tal fim deveria ter "imprimido ao movimento do *Risorgimento* um caráter mais acentuadamente popular e democrático" (ibidem, 2.013 [*CC*, 5, 65]). G. afirma que ao Partido de Ação "faltou precisamente um programa concreto de governo"; além disso, confundia a unidade cultural existente na península "com a unidade política e territorial das grandes massas populares, que eram alheias àquela tradição" (ibidem, 2.014 [*CC*, 5, 66]). São bem conhecidos os severos juízos de G. sobre o partido mazziniano e sobre as fortíssimas carências de sua ação política. G. pensa que se pode fazer uma comparação entre os jacobinos e o Partido de Ação. Os jacobinos "lutaram tenazmente para assegurar uma ligação entre cidade e campo e saíram-se vitoriosamente". Na literatura política francesa a necessidade de vincular a cidade (Paris) ao campo sempre foi vivamente sentida; na história da península, o Partido de Ação tinha uma tradição com a qual se vincular, já que "a história das comunas é rica de experiência a propósito". Justamente "o mais clássico mestre de arte política dos grupos dirigentes italianos", Maquiavel, "também havia formulado o problema, naturalmente nos termos e com as preocupações de seu tempo" (ibidem, 2.014-5 [*CC*, 5, 67]).

Ao interrogar-se sobre o porquê das fracassadas tentativas de suscitar na Itália uma "vontade coletiva nacional-popular", G. identifica a razão disso na afirmação de uma forma de sociedade "econômico-corporativa", isto é, "a pior das formas de sociedade feudal, a forma menos progressista e mais estacionária: nunca se formou, e não poderia formar-se, uma força *jacobina* eficiente", exatamente a força que nas outras nações "criou e organizou a vontade coletiva nacional-popular e fundou os Estados modernos". Toda formação de vontade coletiva nacional-popular segundo G. é impossível se falta a irrupção das grandes massas de camponeses cultivadores *simultaneamente* na vida política: isso entendia Maquiavel por meio da reforma da milícia, isso foi o que os jacobinos fizeram na Revolução Francesa, nisso deve ser identificado um "jacobinismo precoce" de Maquiavel, "o germe (mais ou menos fecundo) de sua concepção da revolução nacional" (*Q 13*, 1, 1.559-60 [*CC*, 3, 17-8]). Jacobinismo e maquiavelismo estão unidos pela capacidade de colocar de modo radical o problema da revolução camponesa e pelo fato de ambos serem expressão de uma vontade coletiva que objetivava fundar um novo tipo de Estado. Essa consideração positiva do jacobinismo induz G. a deslizar sobre o problema do uso do terror, ou até mesmo a legitimá-lo: "O Terceiro Estado cairia nestas 'armadilhas' sucessivas sem a ação enérgica dos jacobinos, que se opõem a qualquer 'parada' intermediária do processo revolucionário e mandam à guilhotina não só os elementos da velha sociedade, que resiste até morrer, mas também os revolucionários de ontem, hoje tornados reacionários" (*Q 19*, 24, 2.028 [*CC*, 5, 79-80]).

Prosseguindo em sua análise sobre a atuação do Partido de Ação, à luz do jacobinismo (ou melhor, da ausência de jacobinismo), G. observa que "os jacobinos conquistaram, com uma luta sem tréguas, sua função de partido dirigente"; na realidade eles se "impuseram" à burguesia francesa, conduzindo-a para uma posição muito mais avançada dos que os núcleos burgueses originariamente mais fortes gostariam "espontaneamente" de ocupar. Esse traço, característico do jacobinismo (e antes também de Cromwell e das "cabeças redondas"), consiste em forçar a situação criando "irremediáveis fatos consumados, empurrando para frente os burgueses a pontapé no traseiro desferidos por um grupo de homens extremamente enérgicos e resolutos". G. nega também que os jacobinos tenham sido "abstratos": eles foram, ao invés, "realistas como Maquiavel", convencidos da "absoluta verdade" das fórmulas sobre igualdade, fraternidade, liberdade, assim como de tais verdades estavam convencidas "as massas populares que os jacobinos mobilizavam e levavam à luta"; sua linguagem, ideologia, métodos de ação "refletiam perfeitamente as exigências da época" (ibidem, 2.027-8 [*CC*, 5, 79-80]). Em seguida, G. institui uma clara relação entre o jacobinismo francês e a cultura fisiocrática: um seria "inexplicável" sem o outro, "com sua demonstração da importância econômica do cultivador direto", mesmo que não pareça correto afirmar que os fisiocratas "tenham representado meros interesses agrícolas", já que eles representam "uma sociedade futura bem mais complexa do que aquela contra a qual combatem e até do que aquela que resulta imediatamente de suas afirmações" (*Q 13*, 13, 1.575-6 [*CC*, 3, 33]). Além disso, para quem, do ponto de vista de um historicismo moderado considera "irracional" o jacobinismo (considerado como "anti-história"), G. opõe a consideração pela qual "nem Napoleão nem a restauração destruíram os 'fatos consumados' dos jacobinos" (*Q 10* II, 41.XIV, 1.326 [*CC*, 1, 361]).

De qualquer modo, é necessário que se tenha uma visão adequada dos jacobinos e de sua política, compreendendo a importância absoluta de sua política agrária, sem a qual "Paris teria tido a Vendeia em suas portas" (*Q 19*, 24, 2.029 [*CC*, 5, 81]): os girondinos tentaram, sem conseguir, "se apoiar no federalismo para esmagar a Paris jacobina", ao passo que para os jacobinos valia a fórmula da "república, uma e indivisível" e a "política de centralização burocrático-militar" às quais eles "não podiam renunciar sem se suicidar". A questão agrária prevaleceu sobre as aspirações à autonomia local: a França rural "aceitou a hegemonia de Paris", isto é, compreendeu que para destruir o antigo regime "devia se aliar aos elementos mais avançados do Terceiro Estado e não aos moderados girondinos" (idem). Se é verdade que os jacobinos "forçaram a mão", isso ocorreu sempre "no sentido do desenvolvimento histórico real"; eles cumpriram uma obra fundamental, à qual somente sua adesão de classe colocou um limite insuperável: tornando a burguesia classe nacional dirigente, hegemônica, eles "criaram a compacta nação moderna francesa" (idem).

Encerrando a comparação entre os jacobinos e o partido mazziniano G. afirma: "No Partido de Ação não se encontra nada que se assemelhe com esta orientação jacobina, com esta inflexível vontade de se tornar partido dirigente". A severidade do juízo é atenuada pela observação de que, "por certo, é preciso considerar as diferenças" tratando-se na Itália de lutar contra a "ordem internacional vigente e contra uma potência estrangeira", a Áustria, que ocupava uma parte da península, controlando o restante. Mas G. põe mais lenha na fogueira em suas críticas ao Partido de Ação, observando que "os jacobinos souberam tirar elementos da ameaça externa para uma maior energia, internamente: eles compreenderam bem que, para vencer o inimigo externo, deviam esmagar internamente seus aliados e não hesitaram em realizar os massacres de setembro". Na Itália, o vínculo que existia entre a Áustria e uma parte da burguesia e da nobreza italianas não foi denunciado pelo Partido de Ação, ou ao menos não foi denunciado com a devida energia (ibidem, 2.030 [CC, 5, 82]). Atenuando apenas a dureza de suas considerações, G. afirma que se na Itália não se formou um partido jacobino, as razões devem ser "buscadas no campo econômico, isto é, na relativa fraqueza da burguesia italiana e no clima histórico diferente da Europa após 1815" (ibidem, 2.032 [CC, 5, 83]).

Além disso, no que diz respeito à presença de "jacobinos", ou apoiadores do jacobinismo na Itália, G. observa que "geralmente são bastante maltratados" nos livros e nos artigos de divulgação e deles sabe-se "bastante pouco" (Q 2, 106, 253 [CC, 5, 197]). Trata-se, de qualquer modo, de uma pequena tropa: Pisacane, que foi um dos poucos que sentiu a ausência, no *Risorgimento*, de um "fermento 'jacobino'", não foi jacobino "assim como era necessário à Itália" (Q 15, 76, 1.834 [CC, 5, 336]); Crispi, como vimos, foi "jacobino" somente no sentido de ser homem político resoluto: era um "temperamento jacobino", mas não tinha um programa que pudesse ser comparado com os dos jacobinos e nem "a feroz intransigência". A debilidade de Crispi, observa ainda G., foi de se ter vinculado estreitamente ao grupo setentrional "sofrendo a chantagem" e de ter sistematicamente sacrificado o *Meridione*, "isto é, os camponeses", de não ter ousado, como os jacobinos, pospor aos interesses corporativos do grupo dirigente os da "classe futura"; ele é, assim, um "termidoriano preventivo" (Q 6, 89, 765-6 [CC, 5, 252]); sua "obsessão" jacobina mais nobre foi a unidade político-territorial do país" (Q 19, 24, 2.017 [CC, 5, 62]). O único que não somente não sentiu a ausência de um jacobinismo italiano, mas se manifestou como "um autêntico jacobino, pelo menos teoricamente e na situação italiana dada", foi Gioberti, que, como observa G. após 1848, no *Rinnovamento*, mostra compreender as duras necessidades históricas que impulsionaram os jacobinos franceses a estender sua "selvagem energia"; além disso, no autor do *Primato* poder-se-ia encontrar, ainda que "vagamente", "o conceito de 'popular-nacional' jacobino", isto é, da aliança entre burgueses-intelectuais e povo (Q 17, 9, 1.914-5 [CC, 5, 342]).

Refletindo sobre o fenômeno jacobino, G. ocupa-se também das causas de seu declínio: considera que os jacobinos, com sua oposição a reconhecer aos operários o direito de coalizão, romperam o "bloco urbano" de Paris; assim, suas "forças de assalto", que se agrupavam na cidade, "se dispersaram, desiludidas, e o Termidor prevaleceu" (Q 19, 24, 2.030 [CC, 5, 81]). A centralidade da noção de jacobinismo torna-se evidente também pela afirmação de que "o moderno *Príncipe* deve ter uma parte dedicada ao *jacobinismo*": e essa retomada do jacobinismo deve ocorrer "no significado integral que esta noção teve historicamente e que deve ter conceitualmente" (Q 13, 1, 1.559 [CC, 3, 17]). Assim, G. estigmatiza tanto o "medo do jacobinismo" (ibidem, 1.560 [CC, 3, 18]) típico, por exemplo, de Croce, como a "aversão" presente em Sorel, que assume as formas de uma "repugnância ética"; uma atitude que segundo G. deriva de Proudhon, que em um escrito seu havia definido os jacobinos como "os jesuítas da revolução" (Q 5, 80, 611 [CC, 3, 210]). Esse "anti-jacobinismo" de Sorel é definido por G. como "sectário, mesquinho, anti-histórico" (Q 11, 66, 1.498 [CC, 1, 210]).

Ao analisar as causas da derrota jacobina, G. observa que a incursão no terreno das crenças religiosas contribuiu para rachar a unidade da frente filojacobina nos campos; análoga fraqueza introduzirão no Partido de Ação as "veleidades mazzinianas" de reforma religiosa. O exemplo da Revolução Francesa demonstrava que os jacobinos, que haviam conseguido esmagar todos os partidos de direita no terreno da questão agrária, "foram prejudicados pelas tentativas de Robespierre de instaurar uma reforma religiosa, que, no entanto, tinha um significado e uma concretude imediata" (Q 19, 26, 2.046 [CC, 5, 98]). A instituição do culto do Ser Supremo foi uma tentativa "de unificar ditatorialmente os elementos constitutivos do Estado em sentido orgânico", numa "desesperada tentativa" de manter sob controle toda a vida popular e nacional, mas aparece também como a primeira raiz do moderno Estado laico, independente da Igreja, que encontra em si mesmo "todos os elementos de sua personalidade histórica" (Q 6, 87, 763 [CC, 3, 244]).

Assim como com outros conceitos gramscianos, o jacobinismo também se revela metáfora, imagem (não do homem político firme, mas da vontade coletiva popular-nacional): liga-se à ideia do "príncipe", já que G. afirma que os jacobinos foram "encarnação categórica" do príncipe maquiavélico (Q 13, 1, 1.559 [CC, 3, 13]), que por sua vez "representa plástica e 'antropomorficamente' o símbolo da 'vontade coletiva'" (ibidem, 1.555 [CC, 3, 13]). Deve, portanto, ser evidenciada essa valência teórico-política que o conceito de jacobinismo assume na elaboração de G. Finalmente, o autor dos Q ressalta, do jacobinismo, tanto o "limite" de classe como alguns aspectos degenerativos, que preludiam ao "bizantinismo francês", que consistiria em uma particular característica da tradição cultural francesa, que, após a revolução, rapidamente degenerou em "uma nova Bizâncio cultural", revelando a intenção de dar "forma perfeita e estável às inovações que atua". Os elementos de tal degeneração, por outro lado, estavam já presentes e ativos "durante o desenvolvimento do grande drama revolucionário", nos próprios jacobinos "que o encarnaram com maior energia e plenitude" (Q 10 II, 19, 1.256-7 [CC, 1, 327]).

BIBLIOGRAFIA: COUTINHO, 2006; GERVASONI, 1998; MASTELLONE, 1997; MEDICI, 2004; SALVADORI, TRANSFAGLIA, 1984.

RITA MEDICI

Ver: Action Française; cidade-campo; Crispi; Gioberti; Maquiavel; moderno Príncipe; nacional-popular; Partido de Ação; Revolução Francesa; revolução passiva; *Risorgimento*; Sorel; vontade coletiva.

Japão

Segundo as fontes de G., são de origem chinesa tanto alguns aspectos da cultura japonesa, incluindo a filosofia, quanto a religião budista, que conservava a "língua chinesa para a liturgia" (comparável com o uso do latim e do grego no cristianismo); todavia, tais formas culturais adaptaram-se às condições nacionais (Q 5, 50, 581 [CC, 2, 117]). De outro lado, a religião indígena, o xintoísmo, dividido entre o xintó de Estado e o das seitas, era de um tipo (nacional – como o culto ao imperador – e politeísta, como o hinduísmo indiano) há muito desaparecido em Ocidente. Uma eventual reforma religiosa teria desembocado na formação de uma consciência laica, com consequências até mesmo políticas (a democracia, o parlamentarismo), uma etapa das quais era a transformação, já em curso, do culto religioso do Mikado em "solenidade civil" (Q 5, 138, 669 [CC, 4, 207]); o êxito almejado era uma reforma intelectual e moral semelhante à realizada pela filosofia clássica alemã (Q 8, 87, 992 [CC, 2, 164]; cf. também Q 5, 138, 669 [CC, 4, 207]). A emergência do Japão como nação moderna estava marcada pela sua crescente atividade diplomática, por meio de acordos entre grandes potências mundiais que reconheciam o fato de o Japão ocupar posições estratégicas em algumas ilhas do Pacífico, ou dominantes em determinados países, incluídos Coreia e China (Q 2, 16, 170-2 [CC, 3, 129]). Contemporaneamente, progredia sua industrialização, que, em função da acumulação autóctone sem grande necessidade de capitais estrangeiros, conduziu a uma enorme expansão no fim do século XIX (Q 19, 7, 1.994 [CC, 5, 44]). O que tornou o Japão, com os Estados Unidos e a Grã-Bretanha, superior à China "econômica e culturalmente, sobre toda a área social" (Q 5, 23, 558 [CC, 2, 103]). A "civilização industrial" japonesa desenvolveu-se dentro de "um invólucro feudal-burocrático", com intelectuais semelhantes aos tipos alemães ou ingleses (Q 12, 1, 1.529 [CC, 2, 15]). No fundo desses acontecimentos a hipótese gramsciana é de que o eixo econômico do mundo poderia se deslocar do Atlântico para o Pacífico (Q 2, 78, 242 [CC, 3, 172]).

Muito conhecida e tocante, finalmente, a carta à esposa Giulia, na qual G. recorda a obsessão de um jovem operário pelo "que fará o Japão" como metáfora de sua condição de preso para o qual o mundo dos afetos familiares mais queridos está se tornando algo desconhecido e incognoscível (LC, 221-3, 19 novembro de 1928 [Cartas, I, 300]).

DEREK BOOTHMAN

Ver: cárcere ou prisão; China; Estados Unidos; Inglaterra.

jazz

G. chega ao fenômeno jazzístico para fazer "passar o tempo" à cunhada Tania (numa carta que lhe escreve em 27 de fevereiro de 1928) contando de uma discussão carcerária com um fulano "evangelista, metodista, ou presbiteriano" preocupado (aliás, "indignado") com o perigo "de um enxerto da idolatria asiática no tronco do cristianismo europeu". A reflexão gramsciana usa nessa ocasião a técnica do "sarcasmo apaixonado" para opor a esse inconsistente perigo o mais tangível e concreto derivante do "verdadeiro fanatismo" nascido na Europa pelas "jazz-bands". O que lhe aparece prenhe de consequências ideológicas é o impacto que um fenômeno musical nascente – fundado "sobre repetir continuamente os gestos físicos" e "sobre o ritmo sincopado" – pode ter sobre "milhões e milhões de pessoas, especialmente jovens" (ibidem, 162 [*Cartas*, I, 238-9]). A jazz-band, escrevia G. em uma precedente carta a Berti (8 de agosto de 1927), representaria portanto "a primeira molécula de uma nova civilização eurafricana" (*LC*, 104 [*Cartas*, I, 177]).

É verossímil o fato de que G. participe de um atraso comum a muitos intelectuais coevos para uma nova forma de arte, percebida quase exclusivamente na sua ascendência africana, mas deve ser destacada, de igual maneira, a inteligência com que ele analisa o envolvimento de massas cada vez mais jovens pela "linguagem mais universal hoje existente" (*LC*, 162, a Tania, 27 de fevereiro de 1928 [*Cartas*, I, 239]). Nesse caso, o risco é evidentemente de uma simplificação das referências culturais que a música "assimila" "a todo o mundo psíquico": trata-se claramente de um apêndice da complexa teoria da personalidade que G. desenvolve no cárcere, uma consideração que o leva a observar o fato de que até um "evangelista, metodista ou presbiteriano" pode inconscientemente se tornar incapaz de renunciar "ao café com acompanhamento de jazz" (ibidem, 161-2 [*Cartas*, I, 239]).

Alessandro Errico

Ver: ideologia; linguagem; música; personalidade; sarcasmo apaixonado.

jesuítas

As numerosas recorrências nos *Q* do lema "jesuíta" e dos seus derivados (cerca de 300), o inteiro *Q 20* (1934--1935), dedicado a *Ação católica-católicos integrais-jesuítas--modernistas* e a frequência das notas espalhadas, ao longo da inteira obra carcerária, intituladas "Católicos integrais-jesuítas-modernistas" deixam entender a importância que G. atribui às questões que aqui analisamos. Sem dúvida as referências aos jesuítas nos *Q* e as conotações irônicas e sarcásticas com as quais o próprio G. acena revelam a escassa simpatia que o autor nutre pela Companhia de Jesus. As caraterísticas mais frequentes atribuídas ao jesuíta são – privilegiando aqui os Textos A – o ser "enfadonho" (*Q 1*, 44, 53), promotor de "hipocrisia social" (*Q 1*, 90, 247 [*CC*, 2, 61]), "semifeudal" (*Q 3*, 5, 290 [*CC*, 4, 291]), "caviloso" (*Q 5*, 101, 630 [*CC*, 6, 176]), de "forma mesquinha e intolerante" (*Q 3*, 57, 337), apologético (*Q 3*, 63, 345), autoritário (*Q 3*, 153, 405), expressão de "velharias de vário gênero e retórica" (*Q 4*, 5, 426), portador de uma "escola mecânica" (*Q 4*, 50, 487), melífluo (*Q 17*, 16, 1.920 [*CC*, 6, 266]). Os jesuítas adquiriram "enorme poder" (*Q 5*, 1, 539), disfarçando-se dos que "combatiam Maquiavel mesmo aplicando seus princípios" (*Q 4*, 3, 422). Eles são a expressão de um cristianismo da Contrarreforma e "a Contrarreforma esterilizou este pulular de forças populares: a Companhia de Jesus é a última grande ordem religiosa, de origem reacionária e autoritária, com caráter repressivo e 'diplomático', que assinalou, com seu nascimento, endurecimento do organismo católico [...]" (*Q 11*, 12, 1.384 [*CC*, 1, 102]).

Deve ser levado em consideração que o substantivo "jesuitismo", o adjetivo "jesuítico" e o advérbio "jesuiticamente", muito frequentes nos *Q*, são sempre usados para designar algo desprezível e melífluo (cf. *Q 23*, 36, 2.232 [*CC*, 6, 106]). Daqui as expressões "jesuitismo literário" (por exemplo, *Q 2*, 91, 249 [*CC*, 3, 172]; *Q 3*, 13, 299; *Q 3*, 38, 315): "jesuítico" indica essencialmente "um conformismo artificial, fictício" (*Q 14*, 61, 1.719 [*CC*, 6, 248]), que esteriliza o espírito popular por meio do "paternalismo" para os simples (*Q 11*, 12, 1.381 [*CC*, 1, 93] e *Q 23*, 51, 2.245-6 [*CC*, 6, 119]), emprega astúcia, diplomacia, demagogia (*Q 8*, 104, 1.002 [*CC*, 6, 216]). Mas significa também moral "mercantil" (*Q 16*, 10, 1.864 [*CC*, 4, 41]), "baixeza moral" (*Q 5*, 66, 602 [*CC*, 6, 171]), hipocrisia (*Q 9*, 11, 1.103), e por isso, "em nossos países [...] o cristianismo [...] tornou-se jesuitismo, isto é, uma grande hipocrisia social" (*Q 2*, 90, 247 [*CC*, 2, 67]). Muitas dessas características manifestaram-se durante o *Risorgimento* italiano, quando os jesuítas tomaram posições a favor da Áustria (*Q 7*, 98, 925 [*CC*, 4, 223]), antipatrióticas (*Q 19*, 50, 2.070 [*CC*, 5, 119]), "tendências reacionárias na interpretação do *Risorgimento*" (*Q 9*, 113, 1.180).

Tendo a tarefa de guardiões da ortodoxia (*Q 14*, 26, 1.684 [*CC*, 2, 182]), os jesuítas seguem e impõem uma disciplina militar e uma obediência *perinde ac cadaver* (*Q 8*, 45, 968 [*CC*, 3, 273]). Na luta pela hegemonia eles se colocam prevalentemente no campo intelectual, ideológico e cultural, buscando "eliminar os contrastes [...] entre religião e ciência" (*Q 7*, 1, 853) e "absorver o positivismo" (*Q 7*, 47, 894) sem cair no modernismo. De fato, ao traduzir "para o homem moderno na terminologia da filosofia moderna" os dogmas da Igreja (*Q 10* II, 28, 1.266 [*CC*, 1, 335]), procuraram a forma mais eficaz para combater a filosofia moderna e o modernismo. Dessa maneira, buscam a "conquista do mercado cultural por parte do catolicismo; e sua atividade tem como objetivo assegurar ao Vaticano aquele *poder indireto* sobre a sociedade e sobre o Estado, que é o objetivo estratégico essencial dos jesuítas" (*Q 9*, 31, 1.115 [*CC*, 4, 230]), que assim se tornam defensores dos "direitos da Igreja e do poder católico contra o poder laico [...] contra o liberalismo que queria a separação da Igreja do Estado" (*Q 2*, 13, 165 [*CC*, 5, 172]). E mesmo que se apresentem como os que assumem uma posição equilibrada na luta contra os extremismos dos católicos integralistas e modernistas, para além das aparências, G. nota que "modernismo, jesuitismo e integralismo, todos eles têm significados mais amplos do que os estreitamente religiosos: são 'partidos' no 'império absoluto internacional' que é a Igreja Romana. E não podem deixar de pôr sob forma religiosa problemas que muitas vezes são puramente mundanos, de 'domínio'" (*Q 14*, 52, 1.712 [*CC*, 4, 233]). Explica-se então porque os jesuítas se dedicam à expansão da Igreja em regiões estratégicas como a China, o Japão, os Estados Unidos e a América do Sul. Representam, com isso, a expressão mais clara do projeto de neocristianismo promovido pela Igreja no mundo inteiro em resposta às propostas revolucionárias introduzidas pela Reforma: "O jesuitismo, com seu culto do papa e a organização de um império espiritual absoluto, é a fase mais recente do cristianismo católico" (*Q 23*, 37, 2.233 [*CC*, 6, 108]).

Com suas contradições, na América do Sul também "o jesuitismo [...] serve como meio de governo para manter no poder as pequenas oligarquias tradicionais, que, por isso, travam apenas uma luta branda e débil" (*Q 1*, 107, 98 [*CC*, 4, 178]), ao passo que procurou tornar a missão no Paraguai um símbolo da utopia cristã. Na realidade, a experiência do "Estado jesuíta do Paraguai" é ligada "ao velho protecionismo [...]. Poder-se-ia aplicar a eles o juízo de Croce sobre o Estado do Paraguai: ou seja, que se trata de um modo para uma sábia exploração capitalista nas novas condições que tornam impossível (pelo menos em todos os seus desdobramentos e extensão) a política econômica liberal" (*Q 7*, 91, 920 [*CC*, 4, 307]).

Giovanni Semeraro

Ver: Estado; Igreja católica; liberais/liberalismo; modernismo; religião.

jornalismo

Antes de se tornar dirigente em tempo integral do Partido Comunista, G. foi jornalista militante, trabalhando para a imprensa socialista, escrevendo para o *Grido del Popolo* e *L'Avanti*, fundando em 1919 *L'Ordine Nuovo* (e depois, em 1923-1924, *L'Unità*). Antes e depois de sua atividade jornalística G. foi um formidável leitor de jornais e revistas (*La Voce*, de Papini e Prezzolini, *L'Unità*, de Salvemini, *Critica*, de Croce), desde os anos dos estudos na Sardenha, onde tinha dado os primeiros passos no mundo do jornalismo como jovem correspondente da *Unione Sarda*. Seu interesse pelos jornais e pelo jornalismo nunca diminuiu, como mostra a dura polêmica, pouco antes da prisão, com os jornalistas de *L'Unità*, acusados também de escasso profissionalismo (*L*, 448-9 e 476-7). Em uma carta do cárcere à cunhada Tania, G. recorda: "Em dez anos de jornalismo escrevi linhas suficientes para encher quinze ou vinte volumes de quatrocentas páginas", acrescentando – com muita severidade – que "eram escritas no dia a dia e, a meu ver, deviam morrer no fim do dia" (*LC*, 457, a Tatiana, 7 de setembro de 1931 [*Cartas*, II, 83]).

Nos *Q* o interesse pelo jornalismo está amplamente presente. Desde a primeira lista de temas sobre os quais concentra o estudo e a reflexão, que abre o *Q 1*, lê-se no ponto 14 "*Tipos de revistas*: teórica, crítico-histórica, de cultura geral (divulgação)" (*Q 1*, p. 5 [*CC*, 1, 79]), que se torna nos "Agrupamentos de matéria" no início do *Q 8*, no ponto 10, "Apontamentos sobre o jornalismo" (*Q 8*, p. 936 [*CC*, 1, 80]). O *Q 24* (um "caderno especial" de 1934) intitula-se *Jornalismo*. É composto por nove Textos C, cujos respectivos Textos A encontram-se disseminados nos *Q 1*, *Q 3*, *Q 8*; nem todas as notas sobre "tipos de revistas" porém, são retomadas.

O jornalismo é visto nos *Q*, implícita e explicitamente, sob diversas perspectivas, frequentemente entrelaçadas: como modalidade específica de atividade intelectual; como atividade que se remete a um importante aparelho hegemônico, decisivo para a criação do senso comum; como momento da ação do partido revolucionário, que almeja criar novo senso comum (e uma nova hegemonia), permitindo o crescimento intelectual e cultural das camadas subalternas em luta para deixarem de ser subalternas, no modelo – diversas vezes recordado – de atuação dos iluministas, que de fato prepararam, com seus escritos, a Revolução Francesa. O jornalismo em que G. pensa é, portanto, formativo, além de informativo, intrinsecamente político-educativo, mesmo quando parece não se ocupar de argumentos considerados políticos. Ele o define como "integral", porque "não somente pretende satisfazer todas as necessidades (de uma certa categoria) de seu público, mas pretende também criar e desenvolver estas necessidades e, consequentemente, em certo sentido, gerar seu público e ampliar progressivamente sua área" (*Q 24*, 1, 2.259 [*CC*, 2, 197]). G. considera assim, em primeiro lugar, a atividade jornalística como jornalismo militante, direcionado a esse bem definido processo de crescimento político, voltado a "um agrupamento cultural (em sentido lato) mais ou menos homogêneo, de um certo tipo, de um certo nível e, particularmente, com uma certa orientação geral", sobre o qual "se pretenda apoiar para construir um edifício cultural completo, autárquico, começando precisamente pela... língua, isto é, pelo meio de expressão e de contato recíproco" (idem). É importante notar que esse processo não é concebido por G. como puro doutrinamento, pois ele especifica que no curso de sua atuação "as premissas necessariamente se modificam, já que, se é verdade que uma certa finalidade pressupõe certas premissas, é também verdade que, durante a elaboração real da atividade determinada, as premissas são necessariamente modificadas e transformadas, e a consciência da finalidade – ampliando-se e concretizando-se – reage sobre as premissas 'adequando-as' cada vez mais" (*idem*). Em outros termos, é um processo dialético, no qual se acompanha o crescimento dos "simples", sem manipulá-los para torná-los puros executores passivos. É por isso que o "jornal de Estado" conjeturado por Napoleão II (*Q 6*, 65, 734, Texto B [*CC*, 2, 229]) não lhe parece isento de perigos, ainda que G. esteja disposto a admitir que em uma sociedade em que "o Estado é concebido como ultrapassável pela 'sociedade regulada'", ou seja, em uma sociedade socialista que efetivamente luta para por fim à distinção entre dirigentes e dirigidos, o instrumento-jornal pode ter a mesma utilidade que tem a escola.

Compreende-se que – com tal colocação formativa – G. privilegie as revistas em seu discurso sobre o jornalismo integral: "Tipos de revistas" ou "Revistas típicas" é uma rubrica dos *Q*, um título que G. coloca no início de diversas notas, nas quais estuda a diversa tipologia dos periódicos, conjeturando pelo menos três tipos diversos, voltado a três públicos diversos, desde o mais popular até o intelectual e politicamente mais sofisticado (*Q 24*, 3, 2.263 [*CC*, 2, 200-1]). Um "organismo unitário de cultura", como deveria ser também o próprio partido revolucionário, deveria originar a inteira gama da tipologia identificada, acompanhando-a com "coletâneas de livros", almanaques, anuários e outros, o todo voltado – no caso do partido revolucionário – ao crescimento intelectual, cultural e político do público ao qual se dirige, objetivando "elaborar, fazer pensar concretamente, transformar, homogeneizar, de acordo com um processo de desenvolvimento orgânico que conduza do simples senso comum ao pensamento coerente e sistemático" (idem). Em todo caso, G. estuda com atenção como agem os órgãos de imprensa de ampla difusão: tendo como fim "modificar a opinião média de uma determinada sociedade, criticando, sugerindo, ironizando, corrigindo, renovando e, em última instância, introduzindo 'novos lugares comuns'" (*Q 24*, 4, 2.270 [*CC*, 2, 208]), eles "devem colocar-se no próprio campo do 'senso comum', distanciando-se dele o suficiente para permitir o sorriso de burla, mas não de desprezo ou de altiva superioridade" (ibidem, 2.271 [*CC*, 2, 209]).

Cada revista deveria, de qualquer maneira, ter "uma orientação intelectual muito unitária e não antológica, isto é, ter uma redação homogênea e disciplinada; portanto, poucos colaboradores 'principais' devem escrever o corpo essencial de cada número" (*Q 24*, 3, 2.263 [*CC*, 2, 201]). Uma atividade centralizada, então, própria de uma "revista de área", ou até mesmo – poderíamos dizer – de uma "revista-partido", que recorde as experiências da *Critica* crociana, à qual, por outro, lado se faz explícita referência, e também de *L'Ordine Nuovo* semanal. Para tais revistas, G. indica uma série de rubricas possíveis: "um dicionário enciclopédico político-científico-filosófico" (ibidem, 2.264 [*CC*, 2, 202]), uma "rubrica de biografias" (ibidem, 2.265 [*CC*, 2, 203]), uma de "autobiografias político-intelectuais" e, continuando, rubricas de "compilação sistemática de jornais e revistas" (ibidem, 2.266 [*CC*, 2, 204]), resenhas de livros, bibliografias críticas inerentes à "concepção do mundo" na qual a revista se baseia (ibidem, 2.267 [*CC*, 2, 205]), sem esquecer-se de dedicar uma atenção específica ao território, à situação regional (ibidem, 2.266 [*CC*, 2, 208]).

G. entra nos pormenores técnico-profissionais. Por exemplo, com ampla antecipação, propugna a necessidade de "escolas de jornalismo" (*Q 24*, 9, 2.274 [*CC*, 2, 211]), detém-se sobre a importância da crônica local como análise sócio-política de alto nível de um determinado território (*Q 6*, 106, 778-9, Texto B [*CC*, 2, 235]), analisa criticamente o modo de colocar os títulos (*Q 8*, 143, 1.029-30, Texto B [*CC*, 2, 244]), e a crônica judiciária (*Q 8*, 147, 1.031, Texto B [*CC*, 2, 244]), convida a não subestimar a importância da "roupa exterior" de diários e periódicos (*Q 14*, 73, 1.740-2 [*CC*, 2, 249]), detém-se sobre as resenhas (*Q 8*, 60, 976, Texto B [*CC*, 2, 242]), sobre as correspondências estrangeiras (*Q 7*, 101, 927-8, Texto B [*CC*, 2, 240]), sobre as resenhas de imprensa (*Q 8*, 110, 1.005 [*CC*, 2, 243]), sobre o jornalismo científico (*Q 4*, 77, 516 [*CC*, 2, 226]). Não se esquece de analisar a relação com os leitores também do ponto de vista econômico, da difusão e das vendas: "Os leitores devem ser considerados de dois pontos de vista principais: 1) como elementos ideológicos, 'transformáveis' filosoficamente, capazes, dúcteis, maleáveis à transformação; 2) como elementos 'econômicos', capazes de adquirir as publicações e de fazê-las adquirir por outros. Os dois elementos, na realidade, nem sempre são separáveis, na medida em que o elemento ideológico é um estímulo ao ato econômico da aquisição e da divulgação. Todavia, quando se constrói um plano editorial, é preciso manter a distinção entre os dois aspectos, a fim de que os cálculos sejam realistas e não de acordo com os próprios desejos" (*Q 14*, 62, 1.721-2 [*CC*, 2, 246-7]). Finalmente, G. propõe "uma série de ensaios sobre o jornalismo das mais importantes capitais dos Estados do mundo" (*Q 16*, 4, 1.846-7 [*CC*, 4, 23]), ulterior prova de como o jornalismo lhe aparece um momento fundamental na obra seja de conhecimento, seja de transformação do mundo moderno.

GUIDO LIGUORI

Ver: aparelho hegemônico; concepção do mundo; esporte; hegemonia; ideologia; Iluminismo; intelectuais; *Ordine Nuovo* (*L'*); senso comum; sociedade regulada.

judeus
São numerosas as menções à questão judaica nos escritos de G., tanto nos *Q* como nas cartas à cunhada Tatiana, ainda que não se trate nunca de análises sistemáticas. As motivações que originam essas reflexões são multíplices, às vezes são extraídas da imprensa diária, às vezes de acontecimentos internacionais, mas a matéria de reflexão do pensador sardo é a história da Itália, numa época que precede a virada antissemita do fascismo (G. falece um ano antes da promulgação das leis raciais de 1938). Ele refere-se à Itália mesmo quando escreve à esposa ou à cunhada, russas de origem judaica, que sem dúvida tinham uma diferente percepção do problema. As estadias do dirigente comunista italiano em Viena e Moscou puseram-no certamente diante do antissemitismo da Europa central e oriental, mas não até o ponto de mudar seu modo de se aproximar do problema. Em uma carta de 1931 G. realça as figuras antinômicas que tradicionalmente designavam o judeu na Sardenha, o *judeu* assassino de Cristo e o "piedoso Nicodemos" que conforta Maria por baixo da cruz, mas, "diversamente dos cossacos" – escreve G. – "os sardos [...] não distinguem os judeus dos outros homens" (*LC*, 480, a Tania, 12 de outubro de 1931 [*Cartas*, 2, 105]). Reinterpretando a história italiana, mais do que reformulando os escritos canônicos do marxismo clássico sobre a questão judaica (desde o célebre ensaio juvenil de Marx até os textos sucessivos de Kautsky e dos social-democratas russos), G. forjou uma visão do passado e do futuro dos judeus. Já em 1917, em um polêmico artigo de *L'Avanti* contra um dos porta-vozes da Liga antialemã, o advogado de Turim Cesare Foà, G. recusava com força o nacionalismo e a visão racial da história, esclarecendo a posição socialista em matéria de antissemitismo: "Estamos longe de ser antissemitas. Karl Marx era semita; muitos dos nossos camaradas, e entre eles alguns dos mais ativos e inteligentes, são semitas. Mas o socialismo superou a questão das raças e do sangue" ("Stenterello risponde", 14 de março de 1917, em *CF*, 89). Nos *Q* a ausência de referência ao antissemitismo católico aparece como um tipo de corolário implícito nas amplas reflexões do filósofo sobre a matriz cosmopolita da tradição católica italiana. Algumas tangíveis manifestações de preconceito antissemita de tipo religioso são simplesmente reconduzidas por G., em perfeita sintonia com a literatura socialista da época, às suas raízes socioeconômicas: a hostilidade para uma camada comercial que, em algumas regiões, é a única a praticar a usura. Nas regiões de Casale, Lomellina e Alessandria o antissemitismo era difuso porque "os judeus negociam terras e sempre aparecem quando em uma família sucede alguma 'desgraça' e é preciso vender ou quase dar a propriedade", mas esse tipo de preconceito existiria também em Nápoles –

acrescentava G. – se as casas de penhores fossem geridas por judeus e não pelos fiéis de São Genaro. Na Geórgia a mesma fúria popular dirigia-se contra os armênios, uma minoria que nessa parte do Império czarista desenvolvia a mesma função dos judeus no Piemonte ou na Europa central. Por isso, a seu ver, os armênios eram "os 'judeus' da Geórgia" (*LC*, 551, a Tania, 21 de março de 1932 [*Cartas*, II, 175]).

Em sintonia com a visão marxista clássica da história, G. vê na assimilação o inevitável destino dos judeus. O antissemitismo constitui, a seu ver, um preconceito antigo que disfarça um arcaísmo social sem futuro no mundo moderno. Nos *Q* o problema da assimilação é analisado pelo comentário a um ensaio do jovem Arnaldo Momigliano, que na realidade é uma resenha de *Ebrei a Venezia*, do historiador americano Cecil Roth, cuja tradução apareceu em Roma em 1933. Momigliano notava que o processo de assimilação dos judeus italianos era em absoluto contemporâneo ao das diferentes populações regionais do país, desde os piemonteses até os sicilianos. Ele compreendia, portanto, a assimilação judaica, mais do que como produto da integração dos judeus a uma comunidade nacional preexistente, como parte da formação de uma consciência nacional italiana. Esse fato, somado ao atraso da unificação nacional, diferenciava o judaísmo italiano daquele da maior parte dos países europeus, nos quais os judeus haviam sido recebidos, por meio das leis de emancipação, no seio de nações já formadas. G. aceitava plenamente essa análise – coincidente, aliás, com sua visão do cosmopolitismo como elemento caracterizante do inteiro processo de unificação nacional italiana –, percebendo nela a explicação fundamental da ausência de um forte antissemitismo na península (pelo menos em comparação com outros grandes países da Europa continental). Acrescentava o fato de que na Itália a consciência nacional nasceu de uma superação das formas específicas com as quais o feudalismo se havia manifestado: "O particularismo municipal e o cosmopolitismo católico". A afirmação de um espírito laico e a luta contra o catolicismo contribuíram para a nacionalização dos judeus, e isso significava inevitavelmente um processo de "perda de seu caráter judaico" (*Q 15*, 41, 1.801 [*CC*, 5, 324]).

No início da década de 1930 esse processo já estava concluído. Em uma carta a Tatiana de 1931 G. escrevia, com efeito, que "na Itália há tempos não existe antissemitismo" (*LC*, 472, 28 de setembro de 1931 [*Cartas*, II, 97]). Tratava-se, a seu ver, de uma simples constatação, fácil de ser comprovada. De um lado, a queda das cercas dos guetos tinha posto fim à endogamia judaica, e os casamentos com os cristãos eram numerosos não somente entre as camadas populares, como também entre os intelectuais e os membros da aristocracia. Do outro lado, os judeus italianos haviam alcançado posições de altíssimo nível no seio do aparelho estatal, a ponto de que já ninguém se surpreendia com a designação de um general ou de um ministro (e até mesmo de um chefe de governo) de ascendência israelítica. "Em que um judeu italiano (excetuada uma pequena minoria de rabinos e tradicionalistas empedernidos) se diferencia de um outro italiano da mesma classe?" perguntava-se G. de forma retórica, fornecendo uma resposta irrepreensível no plano sociológico e cultural: "Se diferencia muito mais de um judeu polonês ou de um judeu galiciano da mesma classe" (idem). Se ainda existiam alguns traços distintivos do hebraísmo, estes não deviam ser reconduzidos a uma suposta essência "racial", mas a um longo passado de opressão e segregação, perdurado até o século XIX, quando a Revolução Francesa e depois dela os levantes de 1848 haviam generalizado as leis emancipatórias. Uma vez escapado ao preconceito do ambiente circunstante, o judeu havia rapidamente abandonado o judaísmo, passando "ao deísmo puro e simples ou ao ateísmo" (*LC*, 476, a Tania, 5 de outubro de 1931 [*Cartas*, II, 101]). Dito de outra maneira, a chegada da modernidade coincidia com a emancipação e a assimilação; os judeus não eram portadores de uma cultura própria, capaz de adaptar-se às condições da sociedade moderna, menos ainda de plasmá-la ou enriquecê-la, mas podiam sobreviver somente como reflexo do arcaísmo antissemita. Essa visão do judeu definido exclusivamente por meio do olhar hostil do antissemita desenha a tese central de um famoso ensaio de Sartre de 1946. Essencialmente, não obstante a originalidade de sua abordagem, G. compartilhava a tendência do marxismo de seu tempo de enxergar no antissemitismo apenas um resíduo obscurantista e não, ao contrário, uma face da modernidade, como o nazismo e – a partir de 1938 – o fascismo revelariam ao mundo.

ENZO TRAVERSO

Ver: cosmopolitismo; dois mundos; fascismo; racismo.

K

Kant, Immanuel

A respeito da relação entre marxismo e moral, se por um lado G. vê no materialismo histórico a crítica de todo moralismo e de toda extrínseca e formal obrigatoriedade, por outro, não se exime de atribuir ao marxismo um profundo destino ético: "O materialismo histórico destrói toda uma série de preconceitos e de convencionalismos, de falsos deveres, de obrigações hipócritas: mas nem por isso justifica o fato de que se caia no ceticismo e no cinismo esnobe" (*Q 6*, 79, 749 [*CC*, 2, 230]). Repensando implicitamente na definição marxiana do proletariado como classe universal, que deve pôr fim, com sua libertação, à própria possibilidade da história como história das lutas de classes, G. de fato atribui ao comunismo a finalidade tendencial, mas nem por isso menos universal, de unificar o gênero humano inteiro. Os "princípios éticos", as normas que sustentam o comportamento dos membros de um partido como o comunista, não têm valor somente "em vista da solidez interna" (ibidem, 750 [*CC*, 2, 231]), mas também como tipologias de comportamento que devem ser estendidas do partido ao agrupamento social como um todo que se reconhece nele e, dali, à inteira humanidade. "Todas estas relações emprestam caráter [tendencialmente] universal à ética de grupo, que deve ser concebida como capaz de se tornar norma de conduta de toda a humanidade" (idem).

Em relação ao universalismo comunista – que, partindo de uma classe particular como o proletariado da moderna sociedade industrial, consegue explicitar sua valência metafórica e universal, isto é, sua capacidade de abranger o gênero humano inteiro –, a moral de Kant, que se compendia no imperativo categórico ("Atua de tal maneira que a tua conduta possa tornar-se, em condições similares, norma para todos os homens", citado no *Q 11*, 58, 1.484 [*CC*, 1, 200]), implica, para G, ao contrário, uma falsa universalização. O critério de legitimação moral de um comportamento por sua possível extensão a ação possível para o gênero humano inteiro, assim como formulado na *Crítica da razão prática*, de Kant, é completamente abstrato e genérico. Tão formal e vazio que pode e deve, ao contrário, ser preenchido por qualquer tipo de uso e hábito histórico particular, local e circunscrito a um ambiente dado. "A fórmula kantiana, analisada com realismo, não supera nenhum ambiente dado, com todas as suas superstições morais e seus costumes bárbaros; é estática, é uma forma vazia que pode ser preenchida por qualquer conteúdo histórico atual e anacrônico" (*Q 16*, 12, 1.877 [*CC*, 4, 53]). Com efeito, desse modo aquilo que é legitimado como repleto de um valor moral universal é somente uma tipologia de comportamento ligada e circunscrita a uma determinada cultura. Assim, faz-se passar por moral somente aquilo que, de modo conformista, cada um julga que possam e devam fazer não propriamente todos os seres humanos, mas somente a maioria dos que pertencem à sua cultura. "Cada um atua de acordo com a sua cultura, isto é, com a cultura do seu ambiente, e 'todos os homens' são para ele o seu ambiente, aqueles que pensam do mesmo modo que ele" (*Q 11*, 58, 1.484 [*CC*, 1, 201]). Não casualmente, confirmando uma universalização que de fato não valoriza o gênero humano inteiro, mas somente grupos e culturas particulares, a mesma moral de Kant é exatamente a expressão de valores e ideologias determinadas no tempo e no espaço, assim como foi, no caso, a filosofia cosmopolita dos intelectuais do Iluminismo. "É possível dizer que a máxima de Kant está ligada a seu tempo, ao Iluminismo cosmopolita e à concepção crítica do autor, isto é, está ligada à filosofia dos intelectuais como camada cosmopolita" (idem).

Por outro lado, não pode escapar a G. a enorme importância que tem no mundo moderno a filosofia de Kant como filosofia da "síntese *a priori*", ou seja, da capacidade do ser humano de ser princípio de síntese e de produção de sentido do mundo, segundo aquilo que é destacado pela citação de Croce que G. coloca no *Q 8*: "Porque se é verdade que ao Kant jusnaturalista corresponde muito bem no terreno dos fatos a Revolução Francesa, é verdade também que Kant pertence à filosofia do século XVIII, que precedeu e informou aquele movimento político; ao passo que o Kant que aponta para o futuro, o Kant da *síntese a priori*, é o primeiro elo de uma nova filosofia, que supera a filosofia que se encarnou na Revolução Francesa" (*Q 8*, 208, 1.067). Nesse sentido – isto é, no sentido de uma filosofia que com a doutrina da síntese *a priori* radicalizou o conceito do atuar humano, tornando o próprio conhecer uma função do agir e do sintetizar –, o próprio G. pode explicitar a parte de verdade implícita na condenação radical que Croce, após uma valorização inicial, avançou em relação ao materialismo histórico como "superstição materialista" e como "retorno à 'Idade Média' intelectual" (*Q 7*, 1, 852). Com base na relevância unívoca concedida à estrutura econômica e a seus automatismos, de fato "é certo que no materialismo histórico se formou uma corrente deteriorada, que pode ser considerada como correspondente ao catolicismo popular em relação ao catolicismo teológico e dos intelectuais" (ibidem, 851). E justamente a esse materialismo vulgar, que confia nos automatismos da história e nas suas necessárias subversões revolucionárias, pode ser muito bem aplicado o atributo de "pré-kantiano", porque elimina a função do agir e da práxis dos seres humanos. Ainda que o ato arbitrário, a "astúcia" de Croce, tenha consistido sucessivamente em estender tal legítimo destaque crítico ao inteiro materialismo histórico, para condená-lo integralmente: "Croce teria, portanto, cometido um curioso arbítrio: teria recorrido a uma 'astúcia' polêmica, teria se servido de um elemento crítico do materialismo histórico, apresentando-o como uma concepção do mundo em atraso até mesmo em relação a Kant" (idem).

Ademais, o kantismo é para G. a fonte em que bebeu uma das correntes filosóficas que entre o século XIX e o século XX submeteram o marxismo a uma operação de revisionismo, objetivando negar sua autossuficiência teórica e sua eficácia histórica. Com a "dupla combinação filosófica" (*Q 16*, 9, 1.854 [*CC*, 4, 31]) realizada pelo revisionismo – seja a de inspiração idealista que reduzia a práxis ao primado da ideia ou do espírito, seja a de inspiração materialista, que reduzia a práxis à matéria –, a terceira corrente, embora com "sucesso limitado e somente junto com restritos grupos intelectuais" (ibidem, 1.857 [*CC*, 4, 31]), é de fato a que propõe uma combinação de marxismo e kantismo. "Por uma parte, alguns dos seus elementos [da filosofia da práxis – ndr], de modo explícito ou implícito, foram absorvidos e incorporados por algumas correntes idealistas (basta citar Croce, Gentile, Sorel, o próprio Bergson, [o pragmatismo]); por outra, os assim chamados ortodoxos [...] acreditaram-se ortodoxos identificando-a fundamentalmente no materialismo tradicional. Uma outra corrente voltou ao kantismo (e se pode citar, além do professor vienense Max Adler, os dois professores italianos Alfredo Poggi e Adelchi Baratono)" (ibidem, 1.854-5 [*CC*, 4, 31-2]).

ROBERTO FINELLI

Ver: Bukharin; Croce; dever ser; ética; filosofia; filosofia da práxis; Hegel; Iluminismo; imperativo categórico; materialismo histórico; númeno; objetividade; revisionismo; teleologia.

L

Labriola, Antonio

Antonio Labriola não é uma figura quantitativamente dominante na cultura do G. de Turim. As referências à obra dele são raras; contudo, são todas positivas e ligadas a posições sobre as quais G. não voltará mais em seguida: Labriola é para G. o único filósofo marxista italiano que abraçou tal teoria para desenvolvê-la do seu interior e não para neutralizá-la com base em interesses que lhe são estranhos; ademais, ele é propugnador de uma versão não fatalista do materialismo histórico, que permite pensar com coerência a ação política (cf. "La critica critica" [A crítica crítica], 12 de janeiro de 1918, em *CF*, 556 [*EP*, 1, 130] e "Achille Loria e il socialismo" [Achille Loria e o socialismo], 29 de janeiro de 1918, em *CF*, 614-5; *L*, 138; "Introduzione al primo corso della scuola interna di partito" [Introdução ao primeiro curso da escola interna de partido], abril-maio de 1925, em *CPC*, 54 [*EP*, 2, 289]). No momento em que G. foi preso, ele tinha consigo, em Roma, os três ensaios de Labriola sobre o materialismo histórico, além do chamado quarto ensaio, o fragmento póstumo intitulado "Da un secolo all'altro" [De um século a outro]. Este último, em particular, como recordado por G. em uma carta de 1929, faz parte de um grupo de livros que tinha "comprado com a intenção de fazer determinadas pesquisas, que se inserem, por isso, num plano cultural e vão me servir no futuro" (*LC*, 246, a Tatiana, 25 de março de 1929 [*Cartas*, I, 328]). Trata-se também do único livro de Labriola que G. teve consigo em Turi. Nos *Q* não faltam referências – às vezes mediadas por Croce – aos outros ensaios, mas as sugestões textuais provêm do fragmento póstumo. No *Q 1*, 155, 137, por exemplo, G. destaca um trecho que Labriola escreveu: "Foi exatamente o *reacionário* Hegel quem disse que aqueles homens (da Convenção) foram os primeiros, após Anaxágoras, a tentar inverter a noção do mundo, apoiando-o na razão"; e G. faz referência a um precedente esboço de reflexão sobre a relação Hegel-Marx (*Q 1*, 152).

Mais à frente (*Q 4*, 60, 505) G. retorna a esse livro para discutir a questão da descontinuidade histórica: "Confrontar com aquilo que escreve Antonio Labriola no fragmento 'Da un secolo all'altro' sobre o significado do novo calendário instaurado pela Revolução Francesa (entre o mundo antigo e o mundo cristão não houve uma consciência tão profunda da separação: a história do calendário para a qual Labriola chama a atenção demonstra essa ausência)". A referência é relativa a duas passagens, que no texto de Labriola encontram-se logo depois e, respectivamente, pouco antes da passagem sobre Hegel e a Convenção. Essencialmente, com certa continuidade, G. trabalha sobre o quarto ensaio, extraindo dali sugestões para uma concepção não linear do tempo histórico e para um repensar problemático da noção de periodização. Precisamente nesse modo é utilizada a sugestão que provém do quarto ensaio, quando G. se pronuncia contra a periodização superficial e retórica proposta por Vittorio Rossi da relação Idade Média-Renascimento: "Tem razão Antonio Labriola, em seu ensaio 'Da un secolo all'altro', ao dizer que só com a Revolução Francesa se sente a ruptura com o passado, com todo o passado, e este sentimento tem sua expressão última na tentativa de renovar a contagem dos anos com o calendário republicano" (*Q 5*, 123, 648 [*CC*, 5, 232]). Mais adiante, utilizando-se de citações feitas por Croce, G. recorda favoravelmente "as observações críticas de Antonio Labriola" (*Q 9*, 106, 1.170) contra a "história fetichista" (*Q 19*, 5, 1.980 [*CC*, 5, 28]) e sobre a impossibilidade "de uma história geral do cristianismo, que a Labriola parecia inconsistente como todas as construções históricas que assumem como sujeito entes inexistentes" (*Q 9*, 106, 1.170).

No entanto, a presença de Labriola nos *Q* está ligada também a outras duas questões fundamentais, respectivamente em positivo e em negativo. Quando dá início à reflexão sobre o estatuto do marxismo G. lembra-se de cor das teses fundamentais de Labriola, em particular no *Discorrendo di socialismo e di filosofia* [Discorrendo sobre socialismo e filosofia]: "Parece-me que deve ser reavaliada a posição de Antonio Labriola. Por quê? O marxismo sofreu uma dupla revisão, isto é, deu lugar a uma dupla combinação", materialista e idealista. "Labriola se distingue de uns e outros com sua afirmação de que o próprio marxismo é uma filosofia independente e original. É necessário trabalhar nessa direção, continuando, desenvolvendo a posição de Labriola. O trabalho é muito complexo e delicado" (*Q 4*, 3, 421-2). E, no *Q 3*, 31, 309, G. esboça uma explicação para a escassa fortuna de Labriola, que estaria ligada ao fato de que somente com a conquista do Estado "nasce [concretamente] o problema de uma nova civilização e, portanto, a necessidade de elaborar as concepções mais gerais, as armas mais refinadas e determinantes". A necessidade de recolocar Labriola em debate está, portanto, ligada ao trabalho não mais só crítico e polêmico, mas construtivo, que o movimento operário deve realizar se ele pretende fundar, com o Estado, uma civilização integral. Indicando na práxis o centro da filosofia de Marx, Labriola identificou o ponto do qual é necessário partir para um trabalho construtivo desse gênero.

A outra recorrência, negativa, de Labriola, se coloca no quadro de um esboço de pesquisa para "construir um ensaio acabado" sobre ele (*Q 8*, 200, 1.060, fevereiro-março de 1932). Trata-se de um trabalho parcialmente diferente do precedente, que não entra em conflito com ele. Recolocar Labriola em debate significa de fato estudar sua biografia, seu pensamento, em todos os aspectos. A esse propósito G., que entre o fim de 1931 e o início de 1932 aumenta a frequentação às crocianas *Conversazioni critiche* [Conversas críticas], encontra nesse livro uma sugestão relativa ao Labriola pré-marxista, um fragmento de conversação em que o professor de pedagogia afirma que, para "educar moralmente um papuano" faria dele um escravo, "e essa seria a pedagogia adequada à circunstância, deixando para depois saber se para os netos e bisnetos será possível começar a adotar algo da nossa pedagogia (ibidem, 1.061; cf. Croce, 1918, p. 60-1). G. considera isso um "pseudo-historicismo, [...] um mecanicismo bastante empírico. Poder-se-ia recordar o que diz Spaventa a propósito daqueles que queriam que os homens não saíssem jamais do berço (ou seja, o momento da autoridade, que da mesma forma educa para a liberdade os povos imaturos) e pensam que toda a vida (dos outros) se passa num berço. Parece-me que historicamente o problema deve ser colocado de outra maneira: se uma nação ou um grupo social que atingiu um grau superior de civilização não pode (e, portanto, deve) 'acelerar' a educação civil das nações e grupos mais atrasados universalizando sua experiência. Não me parece, em suma, que o modo de pensar exposto na resposta de Labriola seja dialético, e progressivo, mas, ao contrário, reacionário" (*Q 8*, 200, 1.061). Esse juízo, confirmado no Texto C (*Q 11*, 1, 1.366 [*CC*, 1, 85]), é explicável levando em consideração um texto pouco anterior (*Q 8*, 168, 1.041, Texto B, novembro de 1931 [*CC*, 1, 250]): "Deve-se estudar como Labriola, partindo de posições herbartianas e anti-hegelianas, passou para o materialismo histórico. Em suma: a dialética de Antonio Labriola"; e de outro texto (*Q 8*, 53, 973, fevereiro de 1932), que em segunda redação (*Q 11*, 5, 1.370 [*CC*, 1, 89]) será intitulado precisamente "Antonio Labriola": "Hegel afirmara que a servidão é o berço da liberdade. Para Hegel, como para Maquiavel, o 'principado novo' e a servidão que disso resulta são justificados somente como educação e disciplina do homem ainda não livre. Mas B. Spaventa (*Principi di ética*, Apêndice, Nápoles, 1904) comenta oportunamente: 'Mas o berço não é a vida. Alguns gostariam que ficássemos sempre no berço'". Hegel, Maquiavel e Spaventa representam uma burguesia progressiva, que exprime a expansividade e o universalismo dessa classe e para a qual o historicismo é expressão dessa expansão. A posição de Labriola deve ser classificada, portanto, como reacionária, como justamente G. afirma, já que renuncia de modo explícito a assumir essa "missão histórica". O que é necessário fazer, assim, é compreender de que modo, partindo dessas posições reacionárias, Labriola conseguiu chegar a Hegel, à dialética, ao marxismo. Não surpreende o fato de que indícios dessa posição inicial permaneçam nele: G. recorda que "essa resposta de Labriola deve ser aproximada da entrevista que ele deu sobre a questão colonial (Líbia), por volta de 1903" (*Q 8*, 200, 1.061). Entretanto, isso não diminui a importância da função filosófica de Labriola em relação a Marx, nem da sua reflexão metodológica sobre tempo e história. Trata-se, simplesmente, de aspectos muito diferentes, dos quais se pode antes de tudo constatar a convivência em Labriola, mas que em uma pesquisa mais aprofundada deverão ser explicados.

Fabio Frosini

Ver:. Croce; filosofia da práxis; Hegel; hegelianismo napolitano; marxismo; materialismo histórico; Spaventa.

laicismo

O fenômeno do laicismo é considerado por G. essencialmente com acepção positiva e pelo confronto com os dois principais exponentes do idealismo italiano, Gentile e Croce. A consideração de G. de que não se trata de contrapor "*catolicismo e laicismo*", "Igreja" e "Pensamento", ou ainda "Pensamento" e "Religião" (*Q 3*, 140, 398 [*CC*, 4, 188]) se insere na crítica à visão gentiliana do problema religioso, segundo a qual não existiria contradição entre religião e filosofia. O filósofo atualista se expressa a favor da introdução da religião nas escolas primárias: segundo G., por um lado renuncia-se assim a educar o povo buscando apenas manobrá-lo – existindo a ideia de fundo de uma "religião boa para o povo", na qual "povo = criança" (*Q 8*, 200, 1.061) –, e por outro, trata-se de um pensamento confuso, já que a exigência de uma "exposição 'dogmática' das noções científicas" não significa que o dogma equivale ao religioso confessional e que um povo "deve ser reduzido à escravidão" (idem). Segundo G., Croce foi, ao contrário, o primeiro a empreender um significativo esforço de construção de um novo universo ideológico da hegemonia burguesa. Nas *LC*, G. destaca o mérito de Croce de ter promovido antes de qualquer outro na Itália um "movimento de reforma moral e intelectual" do qual muitos intelectuais da época participaram e cujo ponto fundamental foi a consciência de "que o homem moderno pode e deve viver sem religião revelada, positiva, mitológica ou como se queira chamar" (*LC*, 446-7, a Tatiana, 17 de agosto de 1931 [*Cartas*, II, 72]). Essa questão ficou para G. como sendo "a maior contribuição para a cultura mundial que os intelectuais italianos modernos deram [...], conquista civil que não deve ser perdida" (ibidem, 447). Ademais, para G. a Revolução Francesa constituiu um cisma historicamente mais maduro do que a Reforma porque ocorreu "no terreno do laicismo" (*Q 1*, 128, 117 [*CC*, 4, 178]).

No que diz respeito ao contexto italiano, segundo G., é necessário "distinguir cronologicamente entre várias épocas: a do *Risorgimento* (com o liberalismo laico, por um lado, e o catolicismo liberal, por outro); a que vai de 1870 a 1900, com o positivismo e anticlericalismo maçônico e democrático; a que vai de 1900 até a guerra, com o modernismo e o filosofismo idealista; a que vai até a Concordata, com a organização política dos católicos italianos; e a pós-Concordata, com uma nova posição do problema, tanto para os intelectuais quanto para o povo" (*Q 14*, 26, 1.684-5 [*CC*, 2, 184]). Diversamente de países como a França, ou os Estados Unidos, na Itália "os laicos fracassaram na satisfação das necessidades intelectuais do povo" por não terem sabido representar "uma cultura laica, por não terem sabido criar um novo humanismo" (*Q 3*, 63, 345): faltaram à tarefa histórica de educadores e elaboradores da consciência moral do povo-nação, não souberam satisfazer as "exigências intelectuais" dos estratos sociais incultos, sendo ligados, ao contrário, "a um mundo antiquado, mesquinho, demasiado individualista ou de casta" (*Q 21*, 5, 2.118-9 [*CC*, 6, 39]). E ao passo que os "idealistas, laicos, imanentistas" faziam "do pensamento uma pura abstração" e não uma força organizada na sociedade civil, a Igreja conseguiu, ao invés, assegurar para si "as leis do Estado e o controle da educação" (*Q 3*, 140, 398 [*CC*, 4, 188]).

No *Q 14*, 26, 1.684 [*CC*, 2, 184], G. distingue duas ordens de eventos: "1) a real, efetiva, que faz com que se verifiquem nas massas populares movimentos de reforma intelectual e moral [...]; 2) as diversas atitudes dos grupos intelectuais diante de uma necessária reforma intelectual e moral". Na Itália, a liberdade tornou-se religião somente para um pequeno número de intelectuais, que por outro lado não souberam substituir a religião por "uma nova moralidade laica e humanista" (*Q 21*, 5, 2.120 [*CC*, 6, 45]). Para as massas, em vez disso, a liberdade apresentou-se como liga ideológica entre "velha religião católica" e "pátria"; este último elemento, "determinante do ponto de vista laico", contudo, teve função de mera "conservação" (*Q 10* I, 10, 1.230 [*CC*, 1, 300]). Em geral, a consciência nacional italiana constituiu-se, segundo G., com a superação do "particularismo municipal" e do "cosmopolitismo católico" (*Q 15*, 41, 1.801 [*CC*, 5, 324]); ademais, o espírito laico, cujo nascimento deriva exatamente da dita superação do "cosmopolitismo católico", na Itália se apresentou "não somente distinto, mas em luta com o catolicismo" (idem). G. considera que no momento de nascimento do Estado burguês colocou-se a necessidade de elaborar uma nova concepção que originou "a forma moderna do laicismo tradicional" (*Q 3*, 31, 309). Cavour foi o autor da obra-prima política do *Risorgimento*, que pôs em luz a habilidade dos liberais de originar a força católico-liberal, desvinculando-a das hipotecas da Igreja; de outro lado, as duas forças que se desenvolveram – uma ligada ao papado, a outra "'laica', aliás, em oposição ao papado" (*Q 19*, 3, 1.967 [*CC*, 5, 18]) – não tiveram igual peso: a segunda, que confluiu no movimento de Mazzini, não teve "a mesma solidez, homogeneidade, disciplina da outra" (idem).

No entanto, até a distância irredutível da Igreja ao Estado impediu a constituição de uma consciência nacional e a maturação política das massas católicas. O mundo católico despertou para a política inicialmente de forma escondida, com o Pacto Gentiloni, depois com a fundação em 1919 do autônomo Partido Popular, "movimento de retorno totalitário à posição política da Igreja na Idade Média" (*Q 7*, 98, 925 [*CC*, 4, 223]). Isso marca para G. o eclipse da hegemonia clerical, já que a religião "de concepção totalitária [...] torna-se parcial [...] e deve ter um seu partido" (*Q 6*, 188, 832 [*CC*, 4, 217]). A Igreja encontra-se assim a viver "uma ruptura profunda entre religião e povo", encontra-se em "um estado misérrimo de indiferentismo e ausência de vida espiritual" (*Q 3*, 63, 345) e registra "a apostasia de inteiras massas" (*Q 20*, 2, 2.086 [*CC*, 4, 152]); em contrapartida, nas culturas populares, o catolicismo já se reduziu em grande parte a "superstições de camponeses, de enfermos, de idosos e mulheres" (*Q 14*, 55, 1.714 [*CC*, 4, 233]). Em *Q 19*, 31, 2.058 [*CC*, 5, 108] G. afirma que "o clericalismo italiano sabia não ser a expressão real da sociedade civil", amorfa e caótica, e "não conseguiu dar-lhe uma organização nacional e eficiente" (*Q 19*, 31, 2.057 [*CC*, 5, 108]), já que não era politicamente homogêneo "e tinha medo das mesmas massas que dominava" (*Q 1*, 130, 118). Na década de 1930 a Igreja recorre em todos os lugares ao acordo com as ditaduras reacionárias por meio da Concordata, que é o "reconhecimento explícito de uma dupla soberania em um mesmo território estatal" (*Q 16*, 11, 1.866 [*CC*, 4, 41]), pela da qual a Igreja obtém o "reconhecimento público a uma casta de cidadãos do mesmo Estado de determinados privilégios políticos" (ibidem, 1.867). Assim, se "nem para os liberais a religião é um negócio privado em sentido absoluto" (*Q 15*, 32, 1.787 [*CC*, 5, 323]), para G. torna-se tarefa prioritária do "moderno Príncipe" fornecer "a base de um moderno laicismo e de uma completa laicização de toda a vida e de todas as relações de costume" e tomar o lugar, nas consciências, "da divindade ou do imperativo categórico" (*Q 13*, 1, 1.561 [*CC*, 3, 13]). O juízo de G. é claro: "Elementos de teocracia subsistem em todos os Estados nos quais não exista nítida e radical separação entre Igreja e Estado, mas o clero exerça funções públicas de qualquer gênero e o ensino da religião seja obrigatório ou existam Concordatas" (*Q 7*, 97, 924 [*CC*, 3, 269]), com o que "a concepção do direito deverá ser libertada de todo resíduo de transcendência e de absoluto" (*Q 13*, 11, 1.570 [*CC*, 3, 28]).

Manuela Ausilio

Ver: Concordata; cosmopolitismo; educação; Igreja católica; laicos; liberais/liberalismo; moderno Príncipe; nacional-popular; reforma intelectual e moral; religião; *Risorgimento*.

laicos

G. usa a expressão "laicos" para se referir tanto aos indivíduos que não pertencem ao clero, quanto aos grupos que se opõem ao poder da religião católica. O primeiro uso é prevalente, variando desde os discursos internos à Igreja – em que, por exemplo, se chama a atenção para a presença de laicos ao lado dos clérigos dentro da instituição católica – até os usos mais gerais, por exemplo, no âmbito de alguns dados estatísticos. Os laicos concebidos no sentido de católicos não clérigos têm bastante importância nas considerações de G. sobre a expansão hegemônica da Igreja dentro do Estado: "A Igreja, em sua fase atual [...] não pode se contentar apenas em formar padres; ela quer permear o Estado (recordar a teoria do governo indireto elaborada por Bellarmino) e, para tanto, são necessários os laicos, é necessária uma concentração de cultura católica representada por laicos. Muitas personalidades podem se tornar auxiliares da Igreja mais preciosos como professores universitários, como altos funcionários da administração etc., do que como cardeais ou bispos" (*Q 16*, 11, 1.871 [*CC*, 4, 48]).

A frequente atenção para a categoria dos intelectuais laicos ocupa na economia dos *Q* um papel significativo sobretudo em relação ao confronto com os intelectuais católicos; segundo G., a organização destes últimos é superior, em particular no que diz respeito à capacidade de influenciar as massas (até mesmo por meio da educação escolar), mas isso não impede uma "ruptura profunda entre religião e povo" (*Q 3*, 63, 345). O objetivo de G. é justamente a difusão de uma cultura laica, que os intelectuais burgueses, ligados a valores individualistas e distantes das exigências das massas, não souberam representar: eles "fracassaram na satisfação das necessidades intelectuais do povo" (idem), não souberam "elaborar um 'humanismo' moderno, capaz de se difundir até nas camadas mais rudes e incultas (como era necessário do ponto de vista nacional)" (*Q 21*, 5, 2.119 [*CC*, 6, 44]).

Ludovico De Lutiis

Ver: católicos; clero; Igreja católica; intelectuais; laicismo.

Lao-Tse

Lao-Tse é o velho sábio chinês, quase contemporâneo de Confúcio, mas que, filosoficamente, é seu antípoda. Segundo as fontes de G., Confúcio é "nobre, culto, especulativo", um homem de Estado para o qual a vontade humana entra na "produção e determinação do fato político". Lao-Tse, ao contrário, "popular, audacioso, fantasioso", "desaconselha a atividade pública" e acredita que todos os fatos, "sem exceção, se façam por si só". Confúcio chama a atenção dos reinantes e do povo para "os exemplos do bom tempo antigo", enquanto Lao-Tse sonha com "o estado virgíneo de natureza" (*Q 5*, 23, 563 [*CC*, 2, 103]). Metaforicamente, a figura de Lao-Tse representa a Itália – um "país muito jovem e muito velho ao mesmo tempo", no qual a relação entre intelectuais e povo-nação deve ser estudada "sob o aspecto da língua escrita pelos intelectuais". Por ser sede do papado e também para o uso do latim, "ligado ao cosmopolitismo católico", a Itália é um país velho, dividido linguisticamente em dialetos neolatinos, originários do latim vulgar. Na época das comunas o "vulgar ilustre", elaborado sob a hegemonia de Florença, forneceu a base da língua italiana, que permaneceu como língua escrita e não falada até a separação, no século XX, "dos intelectuais laicos dos eclesiásticos". O "ilustre vulgar" – florentino no léxico e na fonética, mas latino na sintaxe – se cristalizou, "assim como se cristalizou o latim literário". Produziu-se, por consequência, uma ruptura "entre o povo e os intelectuais, entre o povo e a cultura" (*Q 3*, 76, 353-4 [*CC*, 2, 80]). A esse argumento liga-se uma observação: quando, em um país atrasado, as forças civis se expandem, "elas não podem criar uma nova literatura original"; entretanto, é natural que exista um "formalismo", um ceticismo para "cada 'conteúdo' passional sério e profundo": esse "'formalismo' será a literatura orgânica" dos "complexos nacionais que, como Lao-Tse, já nascem velhos de oitenta anos" (*Q 15*, 20, 1.778 [*CC*, 6, 235]).

Derek Boothman

Ver: China; comunas medievais; intelectuais italianos; Itália.

latim

As inúmeras observações de G. sobre a língua latina, nos anos do cárcere, giram principalmente na órbita de duas temáticas. De um lado, seu interesse para a história linguística da sociedade italiana, com base na conjuntura histórica na qual "a língua escrita (o chamado latim medieval, isto é, o latim escrito entre 400 d.C. até 1300) se separou completamente da língua falada do povo, que, terminada a centralização romana, se fragmentou em infinitos dialetos" (*LC*, 364, a Tatiana, 17 de novembro de 1930 [*Cartas*, I, 452]): interesse direta e explicitamente ligado por G. àquele para a história dos intelectuais italianos. De outro lado, as reflexões sobre escola e educação. No que diz respeito à segunda temática, reenviamos ao verbete "latim e grego"; no que diz respeito à primeira, são particularmente importantes *Q 3*, 76 [*CC*, 2, 80] sobre a "cristalização" do "latim literário" (e depois do próprio "vulgar ilustre" que se desenvolveu com o "florescimento das comunas", sob a "hegemonia intelectual de Florença": "florentino de *vocabulário* e também de *fonética*, mas [...] latim na *sintaxe*") numa "língua dos doutos" (ibidem, 353 [*CC*, 2, 81]); *Q 5*, 123 [*CC*, 5, 225], sobre a luta entre "duas concepções do mundo" no Renascimento: "Uma burguesa-popular que se expressava por meio do vulgar e uma aristocrática-feudal que se expressava em latim" (ibidem, 645); *Q 7*, 68 [*CC*, 2, 155], *Q 17*, 33 [*CC*, 5, 349]; *Q 29*, 7 [*CC*, 6, 149], sobre o significado político do *De Vulgari Eloquio*, de Dante. O domínio do latim, língua que o povo não compreende (cf. também *Q 6*, 118 [*CC*, 5, 261]; *Q 8*, 109 [*CC*, 2, 167]; *LC*, 495-6, a Teresina, 16 de novembro de 1931 [*Cartas*, II, 120]), aparece nessas notas como um fator de continuidade na formação de grupos cultos de laicos ou de eclesiásticos – a Igreja católica continuou a usar durante séculos o latim (cf. também Q 5, 143 [CC, 2, 136]) –, caracterizados pelo cosmopolitismo e pelo desinteresse em relação ao atraso cultural das classes subalternas: um "'mandarinismo' latinizante" (Q 29, 7, 2.350 [CC, 6, 149]) contra o qual lutaram, com a expansão da moderna burguesia, os movimentos que resolveram diminuir a separação entre intelectuais e povo-nação (cf. também Q 6, 177 [CC, 2, 147]).

ALESSANDRO CARLUCCI

Ver: cosmopolitismo; dialeto; humanismo; Igreja católica; intelectuais italianos; latim e grego; linguística; Renascimento.

latim e grego
G. avalia negativamente o latim como "língua dos doutos", fator de isolamento, historicamente, dos intelectuais em relação ao povo-nação. Contudo, já desde os anos 1916-1917 o convite dirigido aos proletários para deixar de almejar à presunçosa separação e à ostentada superioridade do "estudantezinho que conhece um pouco de latim" ("Socialismo e cultura", 29 de janeiro de 1916, em CT, 100 [EP, 1, 57]), acompanha-se a uma avaliação positiva do estudo dessa língua e do grego nas escolas: um estudo que "habitua o aluno, o futuro cidadão", a pensar ("La difesa dello Schultz" [A defesa de Schultz], 27 de novembro de 1917, em CF, 460). Nos anos do cárcere, G. atribui ao ensino "da língua latina e grega, unido ao estudo das literaturas e respectivas histórias políticas", a capacidade de adquirir "diligência", "exatidão" e "uma intuição historicista do mundo e da vida", assim como "nenhuma língua viva" poderia fazer. As considerações mais importantes são as do Q 12 (Q 12, 2, 1.542-6 [CC, 2, 42]), de 1932, sobre a investigação do "princípio educativo" para o "ensino fundamental", em que é retomado um Texto A de novembro de 1930 (Q 4, 55, 498). Não foge a G. a perda dessa eficácia pedagógica, com a mudança da sociedade e do papel da cultura humanista tradicional: escreve "pode ser substituído" (ibidem, 501) na primeira redação, enquanto na segunda, mais claramente, "será necessário substituir o latim e o grego", mas continua admitindo que "não será fácil" encontrar uma alternativa "que dê resultados equivalentes de educação e formação geral da personalidade" (Q 12, 1, 1.530 [CC, 2, 15]). Em particular, G. aprecia a comparação dessas línguas com o italiano e seu estudo diacrônico. Isso emerge também de algumas observações apontadas pela primeira vez em maio de 1930 (Q 1, 153). Nelas G. evidencia o fato de que os "exercícios de línguas que se fazem no ginásio-liceu" desfavorecem a abstração e favorecem a atenção para as especificidades históricas de uma expressão, mostrando que na tradução do latim, ou do grego, para o italiano, "não há jamais identidade nos termos das línguas confrontadas ou, pelo menos, que tal identidade, que parece existir no início do estudo (*rosa* italiano = *rosa* latino), vai se complicando cada vez mais com o progresso do 'aprendizado', ou seja, vai se afastando do esquema matemático" (Q 16, 21, 1.893 [CC, 4, 69]; cf. também Q 12, 2, 1.549 [CC, 2, 42]).

ALESSANDRO CARLUCCI

Ver: educação; escola; Gentile; latim; lógica; matemática; tradução.

legislativo-executivo
O problema político clássico da divisão dos poderes é discutido por G. em uma nota dedicada à diferença fundamental existente entre o funcionamento de alguns órgãos estatais na Itália e no Reino Unido. No Reino Unido, evidencia G., o parlamentarismo vive essa alternativa: ou é regime dos partidos ou então é "reduzido a um corpo legislativo puramente constitucional", no qual o equilíbrio dos poderes é rompido a favor da coroa ou do executivo e, por isso, é "reduzido à função dos Conselhos de Estado em regime de absolutismo monárquico ou ditatorial de direita" (Q 6, 185, 830 [CC, 3, 257]). Doutro lado, recorda G., na base da ideologia de direita, está a ideia de um fortalecimento do executivo (Q 6, 137, 801 [CC, 3, 254]). Ao escrever sobre o Conselho de Estado, G. pensa evidentemente na Itália fascista e em geral pós-unitária, na qual o Senado, como nómina régia, isto é, "nomeado pelo poder executivo" (Q 6, 185, 830 [CC, 3, 257]), desenvolve uma função muito semelhante à do velho Conselho de Estado.

O legislativo, ademais, não somente elabora as leis, como também coloca à disposição do pessoal estatal "(funcionários eletivos e de carreira) [...] as forças coercitivas legais do Estado" (Q 14, 13, 1.668 [CC, 3, 301]), ou seja, os instrumentos com os quais o executivo atua. "O problema dos funcionários coincide em parte com o problema dos intelectuais" recorda G. (Q 13, 36, 1.632 [CC, 3, 89]). Formas novas de Estado precisam de novos tipos de funcionários, ainda que, durante uma fase do seu desenvolvimento, não possam deixar de recorrer aos funcionários já existentes. O melhor modo para resolver o problema dos novos funcionários consiste na identificação de um vínculo mais estreito "entre o poder legislativo e o executivo (fazendo com que os funcionários eleitos se interessem não só pelo controle, mas também pela execução dos negócios de estado)" (idem). É preciso lembrar que o estreito vínculo entre executivo e legislativo era uma indicação que também provinha da experiência soviética.

LELIO LA PORTA

Ver: democracia; divisão dos poderes; governo; parlamento.

leis de tendência

O conceito aparece em posição dominante em apenas um texto do *Q 10* e numa carta coeva de maio de 1932. No primeiro, G. afirma que tal noção chega a Marx por Ricardo: "Em um certo sentido, é possível dizer que a filosofia da práxis é igual a Hegel + David Ricardo. O problema, inicialmente, deve ser apresentado da seguinte maneira: os novos cânones metodológicos introduzidos por Ricardo na ciência econômica devem ser considerados como valores meramente instrumentais (entenda-se: como um novo capítulo da lógica formal) ou terão um significado de inovação filosófica? A descoberta do princípio lógico formal da 'lei tendencial', que conduz à definição científica dos conceitos fundamentais na economia, o de *homo economicus* e o de 'mercado determinado', não foi uma descoberta de valor também gnosiológico? Não implica, precisamente, uma nova 'imanência', uma nova concepção da 'necessidade' e da liberdade etc.? Esta tradução, ao que me parece, foi realizada precisamente pela filosofia da práxis, que universalizou as descobertas de Ricardo, estendendo-as adequadamente a toda a história e extraindo delas, portanto, uma nova concepção do mundo" (*Q 10* II, 9, 1.247-8 [*CC*, 1, 317-8]). E na carta de 20 de maio de 1932: "Parto dos dois conceitos, fundamentais para a ciência econômica, de 'mercado determinado' e de 'lei de tendência', que, ao que me parece, se devem a Ricardo, e raciocino assim: não terá sido talvez a partir destes dois conceitos que houve um impulso para converter a concepção 'imanentista' da história – expressa com a linguagem idealista e especulativa da filosofia clássica alemã – numa 'imanência' realista imediatamente histórica, na qual a lei de causalidade das ciências naturais foi depurada de seu mecanicismo e se identificou sinteticamente com o raciocínio dialético do hegelianismo?" (*LC*, 581-2, a Tania, 30 de maio de 1932 [*Cartas*, II, 205]). A lei de tendência deve ser pensada, portanto, com o conceito de mercado determinado e se explica por meio dele. A origem ricardiana de ambas as noções é resultado de uma original interpretação de G. – com base em *Histoire des doctrines économiques depuis le physiocrates jusqu'à nos jours* [História das doutrinas econômicas desde os fisiocratas até os dias atuais], de Charles Gide e Charles Rist (Gide, Rist, 1926; o capítulo sobre Ricardo é de Gide) – em relação ao método de exposição de Ricardo, no qual o uso das formulações de necessidade hipotética, típico dos economistas (o método do "suposto que"), é levado aqui às extremas consequências. Como "tendencial", a lei não cessa de ser "determinista", já que sua afirmação pressupõe o verificar-se de uma série de circunstâncias. A necessidade que assim resulta disso, nota G., não é de caráter "naturalista", e sim "historicista". Com efeito, prossegue G., no lembrado texto do *Q 10*: "É necessário estudar toda uma série de questões: 1) resumir os princípios científico-formais de Ricardo, em sua forma de cânones empíricos; 2) investigar a origem histórica destes princípios ricardianos, que são ligados ao surgimento da própria ciência econômica, isto é, ao desenvolvimento da burguesia como classe 'concretamente mundial' e à formação, portanto, de um mercado mundial já suficientemente 'denso' de movimentos complexos para que seja possível isolar e estudar as suas *leis de regularidade necessária, isto é, leis de tendência*, que são leis não no sentido naturalista e determinista especulativo, mas em sentido 'historicista', isto é, na medida em que exista o 'mercado determinado', ou seja, um ambiente organicamente vivo e articulado em seus movimentos de evolução" (*Q 10* II, 9, 1.247-8, grifo meu [*CC*, 1, 318]).

Em diversas outras recorrências a expressão "lei tendencial" aparece para definir a marxiana lei da queda tendencial da taxa de mais-valor. Desde o início G. prefere chamá-la de "lei tendencial da queda da taxa de mais-valor" (*Q 1*, 63, 74 e *Q 7*, 34, 883), entretanto justifica tal escolha somente no *Q 10*, num texto posterior ao sobre Ricardo, citado acima: "Por outro lado, talvez se deva determinar melhor o significado de lei 'tendencial': já que toda lei em economia política não pode deixar de ser tendencial, posto que é obtida isolando-se um certo número de elementos e abandonando-se consequentemente as forças contra-operantes, será talvez preciso distinguir entre um grau maior ou menor de tendencialidade; enquanto, costumeiramente, o adjetivo 'tendencial' está subentendido como óbvio, insiste-se em seu uso, ao contrário, quando a tendencialidade se torna uma característica organicamente importante, como neste caso, em que a queda da taxa de lucro é apresentada como o aspecto contraditório de uma outra lei, a saber, a da produção de mais-valor relativo, em que uma tende a elidir a outra, com a previsão de que a queda da taxa de lucro prevalecerá" (*Q 10* II, 33, 1.279 [*CC*, 1, 349]). Nesse caso, portanto, vai-se além do caráter tendencial concebido como sinônimo de necessidade historicista: o caráter tendencial não é dado pelo fato de que a necessidade pressupõe o verificar-se de certas premissas, mas pelo fato de que duas tendências opõem-se e contrastam-se, anulando-se parcialmente. Com efeito, escreve G. em um texto imediatamente posterior: "É necessário desenvolver a referência sobre a significação de 'tendencial' com relação à lei da queda do lucro. É evidente que, neste caso, a tendencialidade não pode referir-se somente às forças contra-operantes na realidade todas as vezes que se abstraem dela alguns elementos isolados a fim de construir uma hipótese lógica. Já que a lei é o aspecto contraditório de uma outra lei – a do mais-valor relativo, que determina a expansão molecular do sistema fabril, isto é, o próprio desenvolvimento do modo capitalista de produção –, é impossível que estas forças contra-operantes sejam as mesmas das hipóteses econômicas comuns. Neste caso, a força contra-operante é ela mesma organicamente estudada, dando lugar a uma outra lei tão orgânica quanto a da queda. A significação de 'tendencial', portanto, ao que parece, deve ser de caráter 'histórico' real e não metodológico: o termo serve, precisamente, para indicar este processo dialético pelo qual o impulso molecular progressivo conduz a um resultado tendencialmente catastrófico no conjunto social, resultado de onde partem outros impulsos singulares progressivos, em um processo de contínua superação, o qual, contudo, não se pode prever como infinito, ainda que se desagregue em um número muito grande de fases intermediárias de diversa medida e importância" (*Q 10* II, 36, 1.282-3 [*CC*, 1, 352]).

FABIO FROSINI

Ver: economia; *homo oeconomicus*; Marx; marxismo; mercado determinado; queda tendencial da taxa de mais-valor; Ricardo.

Lenin, Vladimir Ilitch Ulianov
No período que precedeu à prisão – pelo menos desde *Revolução contra o "Capital"*, de dezembro de 1917, e durante todo o período de maior engajamento político, e sobretudo a partir da transferência para Moscou em maio de 1922 –, a figura de Lenin é sempre central, embora G. não se remeta aos seus textos como se fossem fontes indiscutíveis. De fato, para G., até os *Q*, Lenin está presente como um revolucionário antes do que teórico original a ser equiparado a Marx, assim como se definiu durante o longo processo de edificação do "marxismo-leninismo" e que teve início já antes de 1924, com a duríssima competição entre os líderes bolcheviques pela reivindicação da "herança" política de Lenin (cf. Paggi, 1984; Labica, 1992). Desde a "Politica delle frasi" [Política das frases], de maio de 1918 (*NM*, 52), até "Capo" [Líder], de março de 1924 (*CPC*, 12-6), retorna constantemente à ideia de um político, de um homem de ação capaz de extrair do marxismo o necessário para transformar o mundo, convertendo-o de teoria em estratégia vitoriosa. A mudança mais importante, nesses anos, deve ser identificada não na relação entre revolucionários russos, Marx e marxismo – considerada sempre em termos de ativa reelaboração –, mas na relação entre bolchevismo (e Lenin como seu maior inspirador) e jacobinismo. Se de fato G. começa afirmando resolutamente, após a revolução de fevereiro, que a Revolução Russa não é jacobina, porque o jacobinismo é um fenômeno puramente burguês e violento ("Note sulla rivoluzione russa" [Notas sobre a Revolução Russa], 29 de abril de 1917, em *CF*, 138-9 [*EP*, 1, 101]), já desde a dissolução da Constituinte começa a modular diferentemente seu juízo, já que aquela dissolução seria o reflexo de um modo de proceder tipicamente jacobino (a política do "fato consumado"). Ele reafirmará, portanto, em janeiro de 1918, que "o jacobinismo é um fenômeno totalmente burguês", acrescentando, entretanto: "De minorias que são tais também potencialmente. Uma minoria que está segura de se tornar maioria absoluta, se não mesmo a totalidade dos cidadãos, não pode ser jacobina, não pode ter como programa a ditadura perpétua. Ela exerce a ditadura de modo provisório, com o objetivo de permitir que a maioria efetiva se organize, torne-se consciente de suas íntimas necessidades e instaure sua ordem fora de qualquer apriorismo, mas segundo as leis espontâneas dessas necessidades" ("Constituente e Soviety" [Constituinte e Soviete], 26 de janeiro de 1918, em *CF*, 602-3 [*EP*, 1, 138]. Essa progressiva redefinição do jacobinismo investe plenamente a figura de Lenin do papel de político e teórico da política, constitui a base

da apresentação da "ditadura do proletariado" no já lembrado "Capo" (1924), é em suma o fio que une toda a reflexão sobre Lenin que se encontra nos *Q*.

A abordagem dos *Q* é diferente da precedente: Lenin, de fato, como de resto todos os maiores dirigentes da Terceira Internacional e da URSS, era uma referência demasiado atual e comprometedora para ser feita explicitamente e de forma serena. Mais ainda que de Marx e Engels, mais ainda que do marxismo, quando fala de Lenin (assim como de Bukharin, Stalin ou Trotski), G. não somente usa pseudônimos (uma primeira vez, em outubro de 1930, "Iliič"; de outubro-novembro do mesmo ano até maio de 1932, "Ilitch"; finalmente, "Vilitch", deformando progressivamente o patronímico, chegando até a substituí-lo com a perífrase "o maior teórico moderno da filosofia da práxis": *Q 10* I, 12, 1.235 [*CC*, 1, 305]), mas argumenta de modo voluntariamente fugaz. Por trás desse véu, todavia, o significado aparece claríssimo: Lenin é o único continuador de Marx, mas não no sentido em que usualmente esse conceito foi afirmado pelo marxismo-leninismo, isto é, como teórico, mas exatamente como homem político e teórico da política. Com efeito, no *Q 11*, 33, 1.448 [*CC*, 1, 165] G. exprime-se contra a ideia das *Tre fonti e tre parti integranti del marxismo* [Três fontes e três partes integrantes do marxismo] (1913), segundo o título de um célebre opúsculo de Lenin: "Uma concepção muito difundida é a de que a filosofia da práxis é uma pura filosofia, a ciência da dialética, e as outras partes são a economia e a política; daí se afirmar que a doutrina é formada por três partes constitutivas [...] a filosofia clássica alemã, a economia clássica inglesa e a atividade e a ciência política francesa. Essa concepção – que é mais uma investigação genérica das fontes históricas do que uma classificação nascida do interior da doutrina – não pode se contrapor, como esquema definitivo, a qualquer outra organização da doutrina que seja mais adequada à realidade".

Essa "outra organização" é exatamente a filosofia da práxis, e, para pensá-la, o papel de Lenin é, entretanto, igualmente fundamental, porque ele cunhou o conceito e produziu o fato da hegemonia. Segundo a filosofia da práxis, política, filosofia e economia são reciprocamente traduzíveis (*Q 4*, 46, 472-3), e esse fato, implicando a possibilidade de que a filosofia de um homem político esteja em sua política (idem), permite também uma investigação sobre a hegemonia como fato filosófico. É exatamente sob essa perspectiva que Lenin aparece nos *Q*: o conceito e o fato da hegemonia constituem o modo como ele se insere criativamente no marxismo: "tendo feito progredir a doutrina política [Lenin – ndr] teria feito progredir também a filosofia", e nisso consistiria "a contribuição máxima de Ilitch à filosofia marxista, ao materialismo histórico, abordagem original e criativa" (*Q 4*, 38, 465). E no Texto C, de modo mais envolvido, G. escreve: "Ilitch teria feito progredir efetivamente a filosofia como filosofia na medida em que fez progredir a doutrina e a prática política. A realização de um aparelho hegemônico, enquanto cria um novo terreno ideológico, determina uma reforma das consciências e dos métodos de conhecimento, é um fato de conhecimento, um fato filosófico" (*Q 10* II, 12, 1.250 [*CC*, 1, 320]). Não somente: Lenin era, segundo G., de algum modo consciente dessa implicação filosófica (acessível somente por meio da teoria da tradutibilidade), se é verdade que uma frase de Lenin relativa à dificuldade de traduzir do russo para as outras línguas europeias – apontando para a dificuldade de encontrar a correta projeção internacional das experiências nacionais – é em um primeiro momento assinalada por G. (*Q 7*, 2, 854), e depois transcrita com grande evidência em abertura da seção V do *Q 11*, *Tradutibilidade das linguagens científicas e filosóficas* (*Q 11*, 46, 1.468 [*CC*, 1, 185]). O próprio fato, portanto, de ter se dado à tarefa de desenvolver "no terreno da luta e da organização política, com terminologia política, [...] em oposição às diferentes tendências 'economicistas' [...] a frente de luta cultural" (*Q 10* I, 12, 1.235 [*CC*, 1, 320]; cf. de forma análoga *Q 10* I, 7, 1.224 [*CC*, 1, 293] e *LC*, 570, a Tatiana, 2 de maio de 1932 [*Cartas*, II, 194]), envolve o reconhecimento do valor gnosiológico das ideologias e da função política da "cultura". "A realização de um aparelho hegemônico" (*Q 10* II, 12, 1.250 [*CC*, 1, 320]), isto é, "a hegemonia realizada significa crítica real de uma filosofia, sua dialética real" (*Q 7*, 33, 882 [*CC*, 1, 242]). G. chega a escrever que "a teorização e a realização da hegemonia feita por Ilitch foi também um grande evento 'metafísico' (*Q 7*, 35, 886 [*CC*, 1, 243])".

Mais do que isso: segundo G., Lenin está empenhado na elaboração da hegemonia porque esse é o modo para atualizar a "doutrina de 1848 da 'revolução permanente'" (*Q 10* I, 12, 1.235 [*CC*, 1, 305]) para não deixar que ela decaia a fórmula vazia, como ocorre com Trotski (cf. *Q 7*, 16, 866 [*CC*, 3, 261]). G. escrevia em julho de

1917, apresentando os bolcheviques como os jacobinos de 1789: "Os maximalistas [russos – ndr] são a continuidade da revolução [...] por isso mesmo são a própria revolução [...]. Assim, a revolução não para [...]. Devora seus homens, substitui um grupo por outro mais audacioso; e somente por causa dessa sua instabilidade, dessa sua perfeição jamais alcançada, é que se afirma verdadeiramente como revolução" ("I massimalisti russi" [Os maximalistas russos], em *CF*, 265-6 [*EP*, 1, 104-5]). Nos *Q* é reconhecido o fato de que, justamente para manter aberta a dinâmica irrefreável da revolução, é necessário repensá-la como construção de um aparelho hegemônico, em termos aparentemente opostos, como indica claramente a passagem da guerra manobrada à guerra de posição (cf. o já recordado *Q* 7, 16, 866 [*CC*, 3, 261]).

BIBLIOGRAFIA: CARACCIOLO, 1958; CARLUCCI, 2007; DAVIDSON, 1974; DE GIOVANNI, 1976; LABICA, 1999; PAGGI, 1984; TOGLIATTI, 1958 e 1958a.

FABIO FROSINI

Ver: Bukharin; filosofia da práxis; hegemonia; jacobinismo; questão nacional; Sorel; Stalin; tradutibilidade; três fontes do marxismo; Trotski; URSS.

Leonardo da Vinci

O nome aparece nos *Q* uma única vez, acidentalmente: "Leonardo sabia achar o número em todas as manifestações da vida cósmica, mesmo quando os olhos profanos só viam arbítrio e desordem" (*Q* 3, 48, 332 [*CC*, 3, 198]); portanto, como exemplo da atitude que o teórico deve ter em relação à realidade, tendo que "'traduzir' em linguagem teórica os elementos da vida histórica, e não vice-versa, a realidade apresentar-se segundo o esquema abstrato". As *LC* registram diversas recorrências: já em 7 de setembro de 1931 G. escreve a Tatiana que "os intelectuais italianos não tinham um caráter popular-nacional, mas cosmopolita, de acordo com o modelo da Igreja, e para Leonardo era indiferente vender ao duque Valentino os projetos das fortificações de Florença" (*LC*, 459 [*Cartas*, II, 84]). Diferentemente de Croce, que em uma conferência de 1906 havia falado dele como "animal apolítico", G. fala de Leonardo como o campeão daquela atitude cosmopolita responsável de uma separação entre intelectuais e massas, e, portanto, do caráter reacionário do Renascimento italiano.

Ainda em 1932, Leonardo é objeto de um debate com a mulher, a partir de uma peremptória afirmação de G. de 1º de agosto, segundo a qual o homem moderno deveria recriar "o homem italiano do Renascimento, o tipo moderno de Leonardo da Vinci transformado em homem-massa ou homem coletivo, ainda que mantendo sua forte personalidade e originalidade individual" (*LC*, 601, 1º de agosto de 1932 [*Cartas*, II, 225]). Se em 18 de agosto – carta manuscrita conservada na Fondazione Istituto Gramsci – Giulia manifesta um pessoal desconforto em relação a Leonardo, em 5 de setembro G. chamou a atenção dela por ter "visto muito pouco [de Leonardo – ndr] como artista e de conhecer menos ainda como escritor e cientista" (*LC*, 612 [*Cartas*, II, 236]); assim, em 5 de outubro ela recolhe a advertência para "vê-lo e compreendê-lo na história, na cultura da Itália". Em 28 de novembro G. confessa à mulher o fato de que suas "muitas simpatias por [...] Leonardo e pelo Renascimento" derivam talvez do fato de ter "vivido mais de sensações estéticas do que de obrigações morais" (*LC*, 644 [*Cartas*, II, 268]): Leonardo é aqui testemunho de um Renascimento dividido entre estética e ética na sua ruptura com o período da Reforma.

MARCO VERSIERO

Ver: cosmopolitismo; homem do Renascimento; Reforma; Renascimento.

Leopardi, Giacomo

Escrevendo a Tania em 19 de setembro de 1927, G. recordava o fato de que os rondistas* "'descobriram' que Leopardi é o maior escritor italiano e que a prosa de Leopardi fornece o melhor modelo à literatura italiana". Ademais, a obra de Leopardi é um exemplo daquilo que significa fusão harmônica entre a forma e o conteúdo (*LC*, 119-20 [*Cartas*, I, 192]). A primeira recorrência do lema nos *Q* é relativa a uma reação polêmica de G. em relação a um artigo de Filippo Crispolti, que reabilitava a mãe do poeta, Adelaide Antici; parece a G. que essa reabilitação se insere em um clima geral de revisionismo jesuítico e reacionário que culmina na "comparação repugnante" entre as dores do redator e do jovem Leopardi (*Q* 5, 101, 630 [*CC*, 6, 176]; a essa comparação G. faz de novo referência no *Q* 6, 56, 725 [*CC*, 6, 190]). De novo, em uma carta, escrita à mulher em 5 de setembro de 1932, G. discute sobre Leopardi, no qual "se encontra, sob forma extremamente dramática, a crise de transição

---

* Da revista literária *La Ronda*. (N. T.)

para o homem moderno; o abandono crítico das velhas concepções transcendentais sem que ainda se tenha encontrado um novo *ubi consistam* moral e intelectual, que dê a mesma certeza daquilo que se abandonou" (*LC*, 613 [*Cartas*, II, 237]). Em uma nota carcerária da mesma época, G. reconhece em Goethe "certa atualidade" que, por outro lado, não pode ser reconhecida em Leopardi, para o qual a confiança no homem e em sua capacidade de conhecer e dominar a natureza aparece ainda como "turvo romantismo" (*Q 9*, 121, 1.187 [*CC*, 4, 122]). As outras referências gramscianas a Leopardi, levando em consideração que somente uma vez nos *Q* é citado um escrito do poeta de Recanati, isto é, *Il canto noturno di un pastore errante dell'Asia* [A canção noturna de um pastor errante da Ásia], definido como um "sublime monólogo" (*Q 6*, 167, 820 [*CC*, 4, 106]), são rapsódicas: no *Q 10* II, 48, 1.335 [*CC*, 1, 402] Leopardi é criticado porque, para combater a ideia de progresso, recorre às erupções vulcânicas; no *Q 15*, 20, 1.778 [*CC*, 6, 235], a propósito das características não nacionais-populares da literatura italiana, Leopardi é definido o "poeta do desespero trazido em certos espíritos pelo sensualismo do século XVIII".

Lelio La Porta

Ver: forma-conteúdo; literatura artística; nacional-popular; poesia; Romantismo italiano.

liberais/liberalismo

O tema do liberalismo e dos liberais nos *Q* está ligado à questão central da hegemonia burguesa. O liberalismo é considerado em seu aspecto universal, como derivado principalmente da Revolução Francesa, mas também em seu particular aspecto italiano, quando se exprime como forma de revolução passiva e se articula com o catolicismo. O liberalismo se exprime também como ideologia de grupos sociais subalternos, no momento em que adquire o caráter particular de economicismo e sindicalismo. Finalmente, o liberalismo toma uma valência revolucionária na Itália, superando o individualismo e ligando-se (com Gobetti) às dinâmicas dos grupos sociais.

Analisando o livro do historiador liberal Adolfo Omodeo, *L'età del Risorgimento* [A Era do *Risorgimento*], G. destaca o que fato de que "do ponto de vista europeu, trata-se da Era da Revolução Francesa e não do *Risorgimento* italiano, do liberalismo como concepção geral da vida e como nova forma de civilização estatal e de cultura, e não só do aspecto 'nacional' do liberalismo" (*Q 19*, 2, 1.961 [*CC*, 5, 15]). Prosseguindo, ele conclui: "Ou seja, existe uma Era do *Risorgimento* na história que se desenrola na península italiana, não existe na história da Europa como tal: nesta, o que corresponde é a Era da Revolução Francesa e do liberalismo" (ibidem, 1962 [*CC*, 5, 16]). Assim, o liberalismo na Itália pode ser compreendido somente na particularidade do *Risorgimento*, e o particular liberalismo italiano deve ser compreendido como elemento constitutivo da revolução passiva que foi o *Risorgimento*. Para G. "toda a ideologia liberal, com suas forças e suas fraquezas, pode ser resumida no princípio da divisão dos poderes" (*Q 6*, 81, 752 [*CC*, 3, 235]). Do ponto de vista geral, tal princípio é o resultado do conflito entre sociedade civil e sociedade política em um determinado período histórico. Aparece clara "a fonte da debilidade do liberalismo: a burocracia, isto é, a cristalização do pessoal dirigente, que exerce o poder coercitivo e que, num determinado ponto, se transforma em casta" (idem). Daqui descende "a reivindicação popular da elegibilidade de todos os cargos", considerada por G. "liberalismo extremo e sua dissolução" (idem). G. aponta para o fato de que "após 1848 em toda Europa [...] a crise histórico-política-intelectual é superada com a clara vitória do liberalismo" (*Q 20*, 1, 2.081 [*CC*, 4, 147]). Prosseguindo a análise no plano da história italiana, G. nota que esse fato obrigou os católicos a criar um partido político próprio, inserido no vitorioso contexto do liberalismo e do Estado-nação. O surgimento do movimento dos católicos liberais foi expressão da capacidade de atração do liberalismo moderado na Itália, da sua capacidade hegemônica, da transformação da tradição cultural italiana, a ponto de o próprio papa Pio IX se aproximar por um momento do liberalismo. Consolidada a hegemonia liberal moderada, "na realidade, o modo de ser do partido liberal na Itália, após 1876, foi o de se apresentar ao país como uma 'ordem dispersa' de frações e de grupos nacionais e regionais. Eram frações do liberalismo político tanto o catolicismo liberal dos populares como o nacionalismo [...], tanto as uniões monárquicas como o partido republicano e grande parte do socialismo, tanto os radicais democratas como os conservadores, tanto Sonnino-Salandra como Giolitti, Orlando, Nitti & Cia." (*Q 10* II, 59, 1.353 [*CC*, 1, 421]). Giustino Fortunato e Benedetto Croce foram os intelectuais liberais mais importantes da Itália desde o início do século XX: com efeito, "Croce foi o teórico que todos estes grupos e grupelhos, camarilhas e máfias, tinham em comum; foi o chefe de um escritório central de propaganda, do qual todos estes grupos se beneficiavam e se serviam, o líder nacional dos movimentos de cultura que nasciam para renovar as velhas formas políticas" (idem).

Uma particular manifestação do liberalismo no seio das classes subalternas foi identificada por G. no economicismo que permeava o chamado sindicalismo teórico, sendo este nada mais que uma manifestação do liberalismo vulgar. O sindicalismo "dava importância primordial à relação fundamental econômico-social, e só a ela. A concepção liberal vulgar também levava em conta implicitamente essa relação (como transparece por meio de muitos sinais), mas insistia mais na relação das forças políticas, que era uma expressão da outra e, na realidade, a englobava" (*Q 13*, 17, 1.581 [*CC*, 3, 38]). G. era muito crítico com o sindicalismo teórico na Itália, mas desde os tempos dos Conselhos de Fábrica respeitava Sorel e dialogava com suas posições teóricas, interessado naquilo que ele designou como o "espírito de cisão". Em Sorel, G. percebe "um ponto fundamental e constante, seu radical 'liberalismo' (ou teoria da espontaneidade) que impede de extrair qualquer consequência conservadora das suas opiniões" (*Q 17*, 20, 1.923 [*CC*, 1, 269]).

G. usa uma analogia para explicar a crise do liberalismo no pós-guerra. Compara a filosofia da práxis (marxismo) com a Reforma protestante, um movimento de massa, inicialmente cru, mas que culminou na filosofia clássica alemã. Enquanto, do outro lado, o liberalismo corresponderia ao Renascimento, esplêndido culturalmente, mas limitado a pequenos grupos intelectuais; para se aproximar das massas ele precisa do catolicismo e "em certo momento, capitulou em face do catolicismo, até o ponto em que o único partido liberal eficiente era o Partido Popular, isto é, uma nova forma de catolicismo liberal" (*Q 10* II, 41.I, 1.293 [*CC*, 1, 363]). Não somente, o liberalismo italiano em crise buscou um acordo até com o fascismo. O próprio Croce considerou o fascismo um regime de exceção necessário para o reestabelecimento da ordem liberal. E G. perguntava-se se a elaboração teórica e historiográfica de Croce, particularmente em *Storia d'Europa*, "em sua tendenciosidade, não tem uma referência atual e imediata, não tem por finalidade criar um movimento ideológico correspondente ao da época tratada por Croce, de restauração-revolução" (*Q 10* I, 9, 1.227 [*CC*, 1, 298]), "mas, nas atuais condições, o movimento correspondente ao do liberalismo moderado e conservador não seria precisamente o movimento fascista?" (ibidem, 1.227-8 [*CC*, 1, 299]).

Da crise do liberalismo moderado, de sua capitulação, primeiro perante o catolicismo, depois perante o fascismo, surge também uma nova corrente que reconhece na classe operária um sujeito histórico fundamental para a transformação revolucionária da Itália e que teria na classe camponesa meridional sua principal força propulsora. Escreve G.: "Com a *Rivoluzione Liberale*, de Piero Gobetti, ocorre uma inovação fundamental: o termo 'liberalismo' é interpretado no sentido mais filosófico e mais abstrato, e, do conceito de liberdade nos termos tradicionais da personalidade individual, passa-se ao conceito de liberdade nos termos de personalidade coletiva dos grandes grupos sociais e da emulação não mais entre indivíduos, mas entre grupos" (*Q 10* II, 59.I, 1.353 [*CC*, 1, 421-2]).

Marcos Del Roio

Ver: Cavour; Croce; divisão dos poderes; economismo; Fortunato; Gobetti; *Ordine Nuovo* (*L'*); Revolução Francesa; *Risorgimento*; sindicalismo teórico; Sorel.

liberdade

A questão da "liberdade" está estreitamente entrelaçada com o estatuto do humano e da natureza humana, já que fixar tal conceito equivale, para G., a questionar-se sobre "o que o homem pode se tornar", se pode "controlar seu próprio destino" e "qual é a importância que tem sua vontade e sua concreta atividade na criação de si mesmo e da sua vida" (*Q 10* II, 54, 1.344 [*CC*, 1, 411]). Para G. a resposta dada por Marx na sexta das Teses sobre Feuerbach, segundo a qual "a 'natureza humana'" é o "complexo das relações sociais", é a "mais satisfatória, porque compreende a ideia do vir a ser: o homem torna-se, muda continuamente ao mudar das relações sociais, e porque nega o 'homem em geral'" (*Q 7*, 35, 885 [*CC*, 1, 243]). O homem é, portanto, "história", porque transforma a necessidade em liberdade. E a história é história enquanto é luta pela liberdade: "Liberdade [...] significa [...] 'movimento', desenvolvimento, dialética [...]. A história é liberdade enquanto é luta entre liberdade e autoridade, entre revolução e conservação" (*Q 10* I, 10, 1.229 [*CC*, 1, 300]; cf. também *LC*, 574, a Tania, 9 de maio de 1932 [*Cartas*, II, 198]). Por mais "taylorizado" e "subalterno" que se possa tornar, o homem jamais é redutível a uma "coisa", à vontade de outro (*Q 4*, 52, 493; *Q 6*, 28, 706; *Q 8*, 205, 1.064). Esse seu aspecto "definido pelos católicos de 'livre arbítrio' e por eles pensado como vontade indeterminada e vazia é redefinido por G. como reação a uma relação de domínio. Por conseguinte, o que poderia parecer um postulado idealista – o homem permanece sempre livre, não obstante os laços de servidão em que se encontra – é, ao invés, a negação de toda simplificação idealista e liberal do homem a ente 'simples', circunscritível e portanto perfeitamente controlável e dominável" (Frosini, 1999, p. 38-9).

Para G. a religião popular e as construções racionalistas dos intelectuais dividem uma base utópica que se compreende a partir do elemento popular. Nesse quadro G. avalia dialeticamente a questão das utopias e das religiões. Na realidade, "na história [...] todo submovimento geral das multidões, de um modo ou de outro, sob forma e com ideologias determinadas, coloca [...] reivindicações" políticas (*Q 4*, 45, 472 [*CC*, 6, 363]; cf. também *Q 7*, 35, 885 [*CC*, 1, 243]). Os jacobinos "traduziram" para a "política" o sonho religioso das massas e o conceito de "direito natural" dos iluministas (por sua vez tradução da igualdade de todos os homens como "filhos de Deus"). "O nexo histórico Iluminismo-Revolução Francesa adquire um papel de importância fundamental, porque a especificidade da utopia *iluminista* consiste exatamente no fato de que os intelectuais ocidentais *pela primeira vez* se juntam *conscientemente*, através de complexas mediações, ao 'povo', e começam assim a *pensar* (isto é, a sistematizar) sua ideologia mais profunda: a democracia, justamente, a igualdade, a fraternidade, a liberdade. Assim todos esses sentimentos religiosos recebem uma veste explicitamente política e jurídica e nasce, desse conúbio, a moderna política" (Frosini, 1999, p. 41-2). No *Q 8*, 21, 951 [*CC*, 6, 374] G. apontará: "O moderno Príncipe deve ter uma parte dedicada ao *jacobinismo* [...] como exemplo de como se forma uma concreta e operante vontade coletiva".

O desenvolvimento do conceito de liberdade e de historicidade provoca o acerto de contas com a ideia crociana de história. Ela negligencia a Revolução Francesa, o "momento da luta, o momento econômico, para ser apologia do puro momento ético-político, como se este tivesse caído do céu" (*LC*, 574, a Tania, 9 de maio de 1932 [*Cartas*, II, 197]). "Se toda a história é história da liberdade, ou seja, do espírito que cria a si mesmo [...] por que a história europeia do século XIX seria, apenas ela, história da liberdade?" (ibidem, 574 [*Cartas*, II, 198]). Croce confunde "uma ideologia política com uma concepção do mundo, demonstrando *praticamente* que a distinção é impossível", quando na verdade, para G., "é apenas de grau" (*Q 10* I, 10, 1.231, grifo meu [*CC*, 1, 300]). G. considera a filosofia o grau mais elevado da ideologia: disso descende seu caráter ao mesmo tempo político e ideológico. O próprio "significado da dialética" (e da liberdade como conceito dialético, histórico) pode ser compreendido "em toda a sua fundamentalidade se a filosofia da práxis for concebida como uma filosofia integral e original, que inicia uma nova fase na história" (*Q 11*, 22, 1.425 [*CC*, 1, 143]), que teorizou assim como conquistou politicamente um espaço de liberdade e de hegemonia. Isso equivale ao resgate do momento da luta real, expungido por Croce. No *Q 6*, 162, 816 [*CC*, 5, 267] lê-se: "Método da liberdade, mas não concebido em sentido 'liberal': a nova construção só pode surgir de baixo para cima" (idem), mas diferentemente de Croce, em relação às religiões e às utopias, não se pode dizer, *de antemão*, qual será a forma da nova liberdade (*Q 10* II, 2 [*CC*, 1, 311]; *Q 11*, 52 [*CC*, 1, 194]; cf. também *Q 15*, 50 [*CC*, 3, 342]).

G. pretende recuperar o processo histórico da liberdade e, portanto, também o momento "da luta". Usando um termo de Croce, ele definirá esse processo como "catarse", mas sua definição resultará anticrociana, na medida em que envolverá *todos* os seus momentos: de modo que a catarse é "a *passagem* do momento meramente econômico (ou egoístico-passional) ao momento ético-político, isto é, a elaboração superior da estrutura em superestrutura na consciência dos homens. Isto significa, também, a passagem do 'objetivo ao subjetivo' e da 'necessidade à liberdade'". "O processo catártico coincide com a cadeia de sínteses que resultam do desenvolvimento dialético" (*Q 10* II, 6, 1.244 [*CC*, 1, 314-5], segunda metade de maio de 1932, grifo meu), por isso compreende também o "momento" expungido por Croce. Ele pode usar o "valor instrumental" (*Q 10* I, p. 1.211) de conceitos de Croce porque entre o início e a primavera de 1932 desenvolveu ulteriormente o conceito de "tradutibilidade" e elaborou o conceito de "imanência", nos quais se consolidam criticamente as posições afirmadas em tal direção nos anos de Turim (cf. por exemplo "Utopia",

25 de julho de 1918, em *NM*, 205-6). Os quatro pontos em que é subdividido o *Q 10* II, 6 [*CC*, 1, 314], tratam de aspectos centrais da nova filosofia, interligados e sintetizados no processo filosófico-ideológico da catarse. O ponto IV, que fala em "Redução a 'política' de todas as filosofias especulativas [...] a filosofia da práxis concebe a realidade das relações humanas de conhecimento como elemento de 'hegemonia' política" (ibidem, 1.245 [*CC*, 1, 315]; sobre esse ponto cf. *Q 8*, 208, 1.066), também teoriza o fato particular enunciado no ponto II: "A filosofia da práxis 'absorve' a concepção subjetiva da realidade (o idealismo) na teoria das superestruturas", que "é a tradução da concepção subjetiva da realidade em termos de historicismo realista" (*Q 10* II, 6, 1.244 [*CC*, 1, 315]), tradução que origina – na base de problemáticas atuais ligadas ao desenvolvimento dos grupos subalternos – a *imanência* em sua "forma historicista": "uma nova concepção da 'necessidade' e da liberdade etc." (*Q 10* II, 9, 1.247 [*CC*, 1, 318]), uma nova filosofia que se originou da tradução e da extensão dos descobrimentos de Ricardo, do campo econômico "a toda a história" por obra de Marx (idem). A tradutibilidade (*Q 10* II, 6 [*CC*, 1, 314]), ao conceber a impossibilidade de uma atividade superestrutural metapolítica, que *transcende* a dimensão ideológica – terreno concreto sobre o qual se constitui a vontade, a consciência coletiva política (cf. por exemplo *Q 10* II, 41.XII [*CC*, 1, 386]) como *linguagem* historicamente dada –, cria a condição de conceber a própria liberdade como forma histórica determinada e imanente, e de criticar as filosofias especulativas, seu conceito de história e de liberdade como "simples unidade da autoconsciência", "Eu", "liberdade absolutamente independente [...] fonte de todas as determinações universais" (*Q 8*, 208, 1.066).

O discurso sobre a eficácia das superestruturas, absorvido pelas filosofias especulativas mas "traduzido" (as superestruturas não são mais transcendentes e sim imanentes como ideologias), permite ao mesmo tempo a crítica (*Q 10* II, 6 [*CC*, 1, 314]) do objetivismo, do determinismo, do fatalismo, do sociologismo (difusos também na Terceira Internacional) – concepções em que a liberdade permanece inexplicável, mesmo existindo, "nesse caso também uma atividade volitiva, uma intervenção direta sobre a 'força das coisas', mas de um caráter menos ostensivo" (*Q 8*, 205, 1.064). Criticando "o idealismo pelo avesso" do *Ensaio popular*, de Bukharin, G. se pergunta como, com base no "modo de conceber" das ciências físicas e naturais (não "traduzido", e sim aplicado de forma mecânica à história) seria possível "deduzir a superação, a 'subversão da práxis'", se para tais ciências "o efeito, mecanicamente, jamais pode superar a causa ou o sistema de causas; por isso, não pode haver outro desenvolvimento que não aquele monótono e vulgar do evolucionismo" (*Q 11*, 14, 1.403 [*CC*, 1, 121]). Se a economia clássica estuda as "leis de tendência enquanto expressões *quantitativas* dos fenômenos", a filosofia da práxis por meio da catarse se ocupa da passagem destas últimas ao momento qualitativo: "Na passagem da economia à história geral, o conceito de quantidade é complementado pelo de qualidade e pela dialética da quantidade que se transforma em qualidade [*quantidade = necessidade*; *qualidade = liberdade*. A dialética quantidade-qualidade é idêntica àquela necessidade-liberdade]" (*Q 10* II, 9, 1.248 [*CC*, 1, 318]). A filosofia da práxis faz da catarse "seu ponto de partida", como terreno no qual se pensam e se fazem a política e a liberdade, no qual se elabora criticamente o "senso comum" popular, sistematizando-o, no qual os grupos sociais se transformam em polo dialético real, eficaz, combativo: aqui "a estrutura, de força exterior que esmaga o homem, assimilando-o e o tornando passivo, transforma-se em meio de liberdade, em instrumento para criar uma nova forma ético-política, em origem de novas iniciativas" (*Q 10* II, 6, 1.244 [*CC*, 1, 314]). A realização da liberdade é ao mesmo tempo um momento do processo de *conhecimento* e da *verdade*: "A realização de um aparelho hegemônico, enquanto cria um novo terreno ideológico, determina uma reforma das consciências e dos métodos de conhecimento, é um fato de conhecimento, um fato filosófico" (*Q 10* II, 12, 1.250 [*CC*, 1, 320]).

Nesse ponto dos *Q* o autor repensou as modalidades da constituição do que precedentemente havia definido como "relação entre a vontade humana (superestrutura) e a estrutura econômica" da qual nasce a "práxis" (*Q 7*, 18, 868 [*CC*, 1, 236], entre novembro de 1930 e fevereiro de 1931), e portanto a liberdade, isto é, o modo em que a vontade humana ou superestrutura (*Q 7*, 1, 854) reage ativamente sobre a estrutura. Agora a práxis se esclarece segundo a dinâmica do mercado determinado (*Q 11*, 52, 1.477 [*CC*, 1, 194]) cf. o Texto A, *Q 8*, 128, 1.019). Aqui "o automatismo" não está em conflito com a "liberdade

[...] é uma liberdade de grupo, em oposição ao arbítrio individualista [...]. Em cada momento existe uma escolha livre, que ocorre segundo certas linhas diretivas idênticas para uma grande massa de indivíduos ou vontades singulares, na medida em que estas se tornaram homogêneas em um determinado clima ético-político [...] os arbítrios individuais são múltiplos, mas a parte homogênea predomina e 'dita lei'. Se o arbítrio se generaliza, não é mais arbítrio, mas deslocamento da base do 'automatismo', nova racionalidade" (*Q 10* II, 8, 1.245-6 [*CC*, 1, 316]; cf. também *Q 6*, 11, 692 [*CC*, 1, 234]: "O conceito de liberdade deve ser acompanhado pelo de responsabilidade que gera a disciplina [...] só é liberdade aquela 'responsável', ou seja, 'universal', na medida em que se propõe como aspecto individual de uma 'liberdade' coletiva ou de grupo, como expressão individual de uma lei"). Mas se de um lado existe automatismo nesses casos, isto é, "quando existe uma *premissa* eficiente e ativa" (*Q 11*, 52, 1.479-80 [*CC*, 1, 194]), do outro lado dá-se início a um processo de libertação quando os grupos que vivem tais princípios e práticas como uma imposição e coerção extrínseca trabalham para realizar o "deslocamento da base do 'automatismo'" (*Q 10* II, 8, 1.246 [*CC*, 1, 316]; cf. também *Q 8*, 169); isto é, quando alimentam um "espírito de cisão", para a formação de uma nova vontade coletiva na base de novas "necessidades" ou "premissas", cujas teorias e ideologia se apresentam inicialmente como crítica (até mesmo utópica ou racionalista) das superestruturas da velha "premissa". Para G. a luta pela liberdade deve coincidir com o "cumprimento" de uma "reforma intelectual e moral" que eduque e que, ao mesmo tempo, tenha como protagonistas as massas populares (cf. *Q 4*, 3, 424).

G. chega portanto a pensar a práxis e a constituição da práxis como nexo histórico incindível de vontade e economia, de estrutura e superestruturas. Nessa perspectiva, a liberdade se torna um processo em que uma nova dinâmica de "determinação" substitui a velha (cf. *Q 8*, 227, 1.084: "Há luta entre duas hegemonias, sempre. E por que uma triunfa? Por suas qualidades intrínsecas de caráter 'lógico'?"; *Q 7*, 12, 862 [*CC*, 3, 260]: "O conformismo sempre existiu: trata-se hoje de luta entre 'dois conformismos', isto é, de uma luta de hegemonia"). Essa concepção absorve pontos centrais da reflexão precedente: "Existe uma crise [...] na estrutura", em que afloram "contradições insanáveis"; sua solução depende do desenvolvimento do "momento" político e do modo em que este elabora o "momento" econômico e social no "militar", dando a todos algum equilíbrio (*Q 4*, 38, 455-6). Mas observe-se também a pergunta formulada no *Q 7*, 20, 869 [*CC*, 6, 371] sobre "*como* a partir das estruturas nasce o movimento histórico" (grifo meu). Ali, como sucessivamente no *Q 10* II, 6 [*CC*, 1, 314], G. chama a atenção para "os dois pontos" (do marxiano *Prefácio de 59*) "entre os quais oscila este processo" (ibidem, 1.244), e aponta para o fato de que eles delimitam o "terreno" em que "deve ser colocado o problema da formação de agrupamentos sociais e dos partidos políticos" (*Q 7*, 20, 869 [*CC*, 6, 371]; cf. também *Q 8*, 195, 1.057-8 [*CC*, 3, 287]). De fato, "a existência das condições objetivas, ou possibilidades ou então liberdades, ainda não é suficiente: é necessário 'conhecê-las' e saber usá-las. Querer usá-las" (*Q 10* II, 48, 1.338 [*CC*, 1, 402]; cf. também *Q 15*, 50 [*CC*, 3, 342]). À questão "qual o ponto de referência para um novo mundo em gestação?" G. responde: "O mundo da produção, o trabalho" para criar "um novo "conformismo" a partir de baixo [...] novas possibilidades [...] de liberdade até individual" (*Q 7*, 12, 863 [*CC*, 3, 261]; cf. também *Q 6*, 162, 816 [*CC*, 5, 267]). Aqui os partidos têm um papel-chave: são os "elaboradores das novas intelectualidades integrais e totalitárias, isto é, o crisol da unificação de teoria e prática entendida como processo histórico real", que desenvolvem e difundem as "concepções do mundo, na medida em que elaboram essencialmente a ética e a política adequadas a elas, isto é, em que funcionam quase como 'experimentadores' históricos de tais concepções" (*Q 11*, 12, 1.387 [*CC*, 1, 102-3]; cf. também *Q 13*, 31, 1.627-8 [*CC*, 3, 83]). Sem isso os homens não podem iniciar uma luta pela liberdade, tornar-se elemento ou origem de uma dialética real: "Se falta este processo de desenvolvimento de um momento ao outro [...] a situação permanece ociosa, e podem ocorrer conclusões contraditórias" (*Q 13*, 17, 1.588 [*CC*, 3, 36]; cf. também *Q 15*, 10 [*CC*, 3, 330] e *Q 15*, 22 [*CC*, 1, 260]).

BIBLIOGRAFIA: BADALONI, 1977; FATTORINI, 1987; FROSINI, 1999; MANACORDA, 1989.

ROCCO LACORTE

Ver: arbítrio; automatismo; bloco histórico; catarse; conformismo; crise; dialética; história; homem; ideologia; imanência; jacobinismo; Labriola; Maquiavel; marxismo; molecular; natureza humana; necessidade; *Prefácio de 59*; previsão; Reforma; regularidade; Renascimento; totalitário; tradutibilidade; vontade coletiva.

liberismo

Entre 1927 e 1928, na tentativa de repropor a perspectiva ideal e política liberal, separando-a do capitalismo e do "liberismo econômico, ou sistema econômico da livre concorrência", Croce explicita a distinção entre liberismo e liberalismo (Croce, 1931, p. 295), distinção desconhecida entre as outras línguas europeias e não neutral no panorama filosófico-político italiano: ao fazer isso, ele abre o problema da relação entre economia e política, que é um dos pontos essenciais da reflexão dos *Q*. Neles G. adota prevalentemente o termo "liberismo" para indicar as doutrinas econômicas do livre-cambismo (*Q 13*, 18, 1.589 [*CC*, 3, 46]), em antítese às doutrinas protecionistas: em referência à colocação liberista de *La Stampa* e do *Corriere della Sera* (*Q 1*, 116, 104 [*CC*, 2, 218]), aos livros "sobre protecionismo e liberismo" (*Q 6*, 96, 770 [*CC*, 2, 232]), à divisão entre "industriais liberistas e protecionistas" (*Q 8*, 72, 983 [*CC*, 5, 291]), à "política liberista" que determinará a queda do preço do ferro (*Q 6*, 119, 789 [*CC*, 5, 262]), ao "protecionismo em luta contra o liberismo" (*Q 9*, 68, 1.139). Em outro lugar, emprega a expressão crociana "liberismo econômico", sempre em antítese ao protecionismo (*Q 13*, 36, 1.634 [*CC*, 3, 89]), ou ao lado de "liberismo teórico" (*Q 4*, 38, 460-1) e distinta do "liberalismo político" (*Q 10* II, 41.XII, 1.320 [*CC*, 1, 386]), no rastro daquilo que Croce, ao qual a nota é dedicada, tinha escrito em *Etica e Politica*, que G. lê em cárcere na edição de 1931. O termo "liberalismo", muito mais frequente nos *Q*, indica uma "concepção geral da vida e uma nova forma de civilização estatal e de cultura" (*Q 19*, 2, 1.960 [*CC*, 5, 14]), um período histórico (a "Idade da Revolução Francesa e do liberalismo", ibidem, 1962), com seus reflexos nacionais no *Risorgimento* italiano, até o ponto de tomar uma valência muito ampla no sentido do laicismo (*Q 10* I, 10, 1.229 [*CC*, 1, 300]). Às vezes G. distingue o liberalismo político do econômico (*Q 6*, 81, 752 [*CC*, 3, 235]), além do liberismo econômico, como vimos. Este indica também "a iniciativa individual, 'privada'" (*Q 1*, 44, 41) e "molecular" (*Q 19*, 24, 2.011 [*CC*, 5, 62]), "livre iniciativa e [...] individualismo econômico" (*Q 22*, 6, 2.157 [*CC*, 4, 254]). Nos escritos juvenis também o termo "liberismo" significa prevalentemente livre-câmbio, em antítese ao protecionismo, enquanto em outros indica também "liberdades políticas": "é a fórmula que compreende toda uma história de luta, de movimentos revolucionários para a conquista de singulares liberdades" ("Tre principii, tre ordini" [Três princípios, três ordens], 2 de fevereiro de 1917, em *CF*, 7). G. aproxima também os termos "liberal" e "liberista" em relação aos Estados Unidos e à Inglaterra, onde se havia afirmado "uma camada capitalista que é a quintessência do capitalismo", cuja "ideologia política é a democracia liberal e liberista" ("La Lega delle Nazioni" [A liga das nações], 19 de janeiro de 1918, em *CF*, 570 [*EP*, 1, 135]).

Sob a influência de Einaudi, o jovem G. aparece convencido da necessária implicação entre liberismo econômico e liberalismo político, como confirmado também pelo caráter intercambiável dos dois termos em alguns textos ou por sua combinação. Em numerosos escritos entre 1916 e 1919 apoia o liberal-liberismo como parte integrante do programa socialista, como aliado na batalha para o resgate do Mezzogiorno e para a modernização econômica e política de uma Itália em que a revolução burguesa havia ficado no meio do caminho, gerando, por um lado, protecionismo e parasitismo econômico e, por outro, instituições políticas turvas e corruptas, burocráticas, autoritárias e centralizadoras: "O partido quer as liberdades políticas, mas como a nossa doutrina ensina que a política é sempre dependente da economia, quer a liberdade econômica como garantia permanente de liberdade política" ("La commissione per il dopoguerra" [A comissão para o pós-guerra], 13 de julho de 1918, em *NM*, 169), esclarecendo, com uma colocação semelhante à do discurso de Marx sobre o livre-câmbio de 1848, que "os socialistas não são nem liberistas nem protecionistas", mas "são hoje livre-cambistas porque sua doutrina reconhece que no desenvolvimento progressivo da sociedade capitalista o livre-câmbio é uma força subvertedora das antiquadas formas de produção e de troca e que determina formas políticas mais idôneas ao desenvolvimento da sua potência" ("Semplici riflessioni" [Simples reflexões], 19 de novembro de 1918, em *NM*, 410). À influência de Einaudi se deve também a mitificação dos países anglo-saxões como modelo de sociedade capitalista desenvolvida, em que a plena liberdade econômica gerou liberdades políticas. G. olha para esses países como se eles não tivessem passado pela fase dos grandes monopólios, tema que também ocupava o debate teórico-político do socialismo internacional – mas não do italiano – antes e depois da Primeira Guerra Mundial, cuja responsabilidade é atribuída ao nacionalismo protecionista, que "acumula ódios entre povo e povo" ("Socialisti per la libertà doganale" [Os socialistas para a liberdade alfandegária], 20 de outubro de 1917, em *CF*, 402), enquanto o liberismo, criando "a interdependência econômica [...] entre Estado e Estado", aparece "um coeficiente de paz" ("La grande ilusione" [A grande ilusão], 24 de julho de 1916, em *CT*, 446), promovedor "dos ideais de paz e de fraternidade internacional" ("Individualismo e collettivismo", 9 de março de 1918, em *CF*, 721 [*EP*, 1, 154]). Na polêmica contra todo protecionismo e intervenção do Estado em economia, identificados como mera resistência de posições atrasadas ao pleno desenvolvimento do capitalismo, o jovem G. não percebe os elementos de novidade que se apresentam nas propostas de intervenção estatal e de economia de plano. Enquanto Lenin percebe no capitalismo de Estado e no modelo que se afirmou na Alemanha com Walter Rathenau um possível momento de transição para a economia socialista, para G. isso transformaria "o mundo em um cárcere de trabalhos forçados" ("Rathenau e Loucheur", 16 de junho de 1921, em *SF*, 197-8). Em maio de 1919, com o artigo sobre "Einaudi o dell'utopia liberale" [Einaudi ou da utopia liberal], G. toma distância do liberal-liberismo: esse é apenas "uma utopia abstrata e matemática, que jamais teve, não tem e não terá nenhuma correspondência na realidade histórica", cujos processos são concebidos "como regulados por leis perpetuamente semelhantes, imanentes à realidade da economia [...] algo separado do processo histórico geral da civilização" (25 de maio de 1919, em *ON*, 40 [*EP*, 1, 232-3]).

A falta de correspondência entre teoria liberista e realidade efetiva é um elemento essencial da crítica desenvolvida nos *Q*: o erro liberista está na "distinção entre sociedade política e sociedade civil, que de distinção metodológica é transformada e apresentada como distinção orgânica. Assim, afirma-se que a atividade econômica é própria da sociedade civil e que o Estado não deve intervir em sua regulamentação. Mas, dado que sociedade civil e Estado se identificam na realidade dos fatos, deve-se estabelecer que também o liberismo é uma 'regulamentação' de caráter estatal, introduzida e mantida por via legislativa e coercitiva: é um fato de vontade consciente dos próprios fins, e não a expressão espontânea, automática, do fato econômico" (*Q 13*, 18, 1.590 [*CC*, 3, 47]). O liberismo não é somente uma teoria errada, mas também uma ideologia enganosa (sobre a ideologia-engano, sofrida pelos governados e desejada conscientemente pelos governantes, cf. *Q 10* II, 41.XII, 1.319 [*CC*, 1, 386]), elaborada por um grupo consciente dos próprios fins, que finge a regulamentação do mercado introduzida e mantida pelos Estado como "expressão espontânea, automática do fato econômico" (*Q 4*, 38, 460), na base da iniciativa "deixada com a sociedade civil e com as diversas forças que pululam nela", relegando o Estado ao papel de *veilleur de nuit*, "guardião da 'lealdade do jogo' e das suas leis" (*Q 26*, 6, 2.302-3 [*CC*, 4, 85]). E é "um programa político" voltado a modificar as relações de força na sociedade em benefício de uma fração da classe dominante, que não cumpre nenhuma "revolução" na estrutura econômico-social e política, mas ambiciona apenas modificar a diretriz de governo, com uma "rotatividade dos partidos dirigentes no governo" para mudar "a legislação comercial e só indiretamente a industrial", a fim de redistribuir a seu favor "a renda nacional" (*Q 13*, 18, 1.590 [*CC*, 3, 46]).

Esse interesse de parte constitui – nesse caso G. retoma e revisita, como em diversas outras notas, a teoria crociana da "origem prática do erro" (*Q 8*, 61, 977) – a base da distorção economicista do liberismo. Longe de ser o portador de liberdade política, como G. e os jovens socialistas de Turim acreditaram, o liberismo submete o Estado aos interesses parciais de uma fração burguesa empenhada na defesa dos seus privilégios à custa da classe dos salariados: "identificando-se o Estado com um grupo social, a intervenção estatal [...] é uma condição preliminar de qualquer atividade econômica coletiva, é um elemento do mercado determinado, se não for precisamente o próprio mercado determinado, já que é a própria expressão político-jurídica do fato de que uma determinada mercadoria, o trabalho, é preliminarmente depreciada, colocada em condições de inferioridade competitiva, paga por todo o sistema determinado" (*Q 10* II, 20, 1.258 [*CC*, 1, 328]). Do papel do Estado não se pode prescindir, ele é o "elemento que garante a propriedade, isto é, o monopólio dos meios de produção" (*Q 7*, 42, 890), "intervém a cada momento na vida econômica, que é um tecido contínuo de passagens de propriedade" (*Q 6*, 10, 692 [*CC*, 1, 433]), mas não é o único sujeito da atividade econômica, como, por um erro simetricamente oposto ao de Einaudi, pensam Gentile e Spirito, que não percebem a "divisão entre sociedade política e sociedade civil, entre hegemonia política e governo político-estatal" (idem): "O Estado não produz *ut sic* a situação econômica, mas é a expressão da situação econômica; todavia, pode-se falar do Estado como agente econômico precisamente enquanto o Estado é sinônimo de tal situação" (*Q 10* II, 41.VI, 1.310 [*CC*, 1, 379]). Sobre o fato de que economia e política constituíssem uma "unidade dialética" e que nisso consistisse a grande força teórica do marxismo, G. estava claramente convencido desde 1918: "A cisão entre política e economia [...] não passa de uma abstração teórica da necessidade empírica [...] de cindir provisoriamente a unidade social ativa para melhor estudá-la [...]. Mas a sociedade, assim como o homem, é sempre e tão somente uma unidade histórica e ideal que se desenvolve negando-se e superando-se continuamente. Política e economia, ambiente e organismo social formam sempre uma unidade" ("L'organizzazione economica ed il socialismo" [A organização econômica e o socialismo], 9 de fevereiro de 1918, em *CF*, 644 [*EP*, 1, 139]).

Esse texto não está dirigido contra o liberismo, que em 1918 ainda influencia G., mas contra o anarcossindicalismo que, longe de ser filiação do marxismo, "nada mais é do que um aspecto do liberismo" (*Q 13*, 18, 1.590 [*CC*, 3, 46]), com o qual tem em comum o economicismo, a cisão entre economia e política. Mas enquanto o liberismo é a ideologia de uma classe dominante – e portanto teorizar a cisão de economia e política é funcional a seu domínio, "é uma íntima necessidade da civilização capitalista", como G. escrevia em 1918 ("Il culto della competenza" [O culto da competência], 13 de maio de 1918, em *NM*, 21) –, o sindicalismo é a ideologia e a prática de um grupo subalterno que não sabe sair da fase de primitivismo, que não se põe o problema da política e da hegemonia (*Q 13*, 18, 1.591 [*CC*, 3, 46]), tema que G. já havia claramente enfrentado na carta ao Comitê Central do PCUS de 14 de outubro de 1926 (*CPC*, 129-30 [*EP*, 2, 384]). O nexo sindicalismo-liberismo (ao qual se faz referência na *QM* de 1926, em *CPC*, 146 [*EP*, 2, 405]) "é evidente especialmente na Itália, onde é conhecida a admiração por Pareto por parte dos sindicalistas como Lanzillo e C." (*Q 13*, 18, 1.589 [*CC*, 3, 46]).

Diante da grande crise mundial que assola o Ocidente capitalista, o liberismo manifesta uma geral fraqueza teórica: tanto mediante a remoção – para o preconceito ideológico que admite somente crises conjunturais e não orgânicas – de alguns problemas que revelam a estrutura da crise, como com a oposição pré-constituída contra altos impostos, política de obras públicas, criação de consórcios industriais, sindicatos operários (*Q 14*, 57, 1.715-7 [*CC*, 4, 314]). Sobre a crise Einaudi "reproduz passagens de economistas que escreveram há um século e não percebe que o 'mercado' se modificou, que os 'suposto que' não mais são aqueles [...] faz raciocínios apropriados às crises de conjuntura, pois quer negar a existência de uma crise orgânica" (*Q 8*, 216, 1.077-8 [*CC*, 1, 447-8]). É sempre a "origem prática do erro teórico".

O liberismo – entre cujos precursores fisiocráticos G. considera poder inscrever também *ante litteram* Maquiavel (*Q 8*, 162, 1.038-9 [*CC*, 3, 283] e *LC*, 548-9, a Tania, 14 de março de 1932 [*Cartas*, II, 172]) –, caraterizado por seu "individualismo econômico", que foi historicamente necessário como "fase do desenvolvimento progressivo", mas que se tornou depois "anacrônico e anti-histórico" (*Q 9*, 23, 1.111 [*CC*, 3, 289]), pois "se manifesta na apropriação individual da riqueza, enquanto a produção da riqueza tem se socializado cada vez mais" (*Q 15*, 29, 1.784 [*CC*, 1, 261]), infirmado por seu erro de fundo, pela recusa prejudicial de conceber o papel do Estado e da política, por seu substancial anti-historicismo, não é capaz de colher as transformações estruturais do capitalismo em sua fase imperialista. Os "*antiprotecionistas de esquerda*", como Salvemini, consideravam, irrealisticamente, poder dividir "os industriais liberistas dos protecionistas", cujos interesses, porém, "já estavam estreitamente ligados através dos bancos e cada vez mais mostravam a tendência a ligar-se através de grupos financeiros e cartéis industriais" (*Q 8*, 72, 982-3 [*CC*, 5, 291]). Mas, sobretudo, a teoria liberista é cega face às novas tendências da estrutura econômica mundial, indicadas pelo mais avançado capitalismo estadunidense – americanismo e fordismo – na passagem "do velho individualismo econômico à economia programática" (*Q 22*, 1, 2.139 [*CC*, 4, 241]), ou "economia segundo um plano", reivindicada "não somente no terreno nacional, mas em escala mundial", embora como "expressão 'utópica' de condições em via de desenvolvimento" pelo teórico do corporativismo fascista Ugo Spirito, que para G. é, não obstante seus grandes limites teóricos, muito mais atual e interessante do que os teóricos liberistas (*Q 8*, 216, 1.077 [*CC*, 1, 446]). O "velho liberalismo" está em crise perante a nova situação econômica caracterizada pela vastidão do mercado mundial e pela sua complexidade, que coloca a "necessidade das grandes organizações industriais" (*Q 6*, 109, 780-1 [*CC*, 3, 250]) e assiste à crescente presença do Estado. Assim como o americanismo (*Q 22*, 1, 2.140 [*CC*, 4, 241]), o fascismo também, com a intervenção maciça do Estado na economia e o corporativismo, se coloca entre as revoluções passivas do século XX, sendo seu representante prático na Itália e ideológico na Europa, desenvolvendo papel análogo ao desenvolvido no século XIX pelo "liberalismo moderado e conservador", a ponto de se amarrar, nos primeiros anos de seu desenvolvimento, "à tradição da velha direita, ou direita histórica" (*Q 10* I, 9, 1.228 [*CC*, 1, 298]). Esse "moderno capitalismo de Estado" – que é "um modo para uma sábia exploração capitalista nas novas condições que tornam [...] a política econômica liberal impossível" (*Q 7*, 91, 920 [*CC*, 4, 307]) – marca também a passagem à guerra de posição no campo econômico internacional, ao passo que "a livre concorrência e o livre-cambismo corresponderiam à guerra de movimento" (*Q 10* I, 9, 1.228-9 [*CC*, 1, 298]): uma fase, seja em política seja em economia, que para G. já eclipsou definitivamente.

Bibliografia: Liguori, 2004; Maccabelli, 2008; Michelini, 2008.

Andrea Catone

Ver: capitalismo de Estado; economia; economismo; Estado; Gentile; ideologia; liberais/liberalismo; livre-cambismo; protecionismo; sindicalismo teórico; Spirito.

libertinismo

No contínuo processo, na luta ininterrupta do homem para subjugar seus instintos animalescos, que constitui a premissa constitutiva de toda forma de sociedade, o homem verifica formas de adaptação e de autocoerção cada vez mais complexas, chegando até as mais elevadas, que são próprias do industrialismo: "Quando a pressão coercitiva é exercida sobre todo o complexo social (e isso ocorre sobretudo depois da queda da escravidão e do advento do cristianismo), desenvolvem-se ideologias puritanas, que dão a forma exterior da persuasão e do consenso ao uso intrínseco da força: mas, uma vez obtido o resultado, pelo menos em certa medida, a pressão se quebra [...] e surge a *crise de libertinismo*" (*Q 22*, 10, 2.161-2, grifo meu [*CC*, 4, 263]). Na contínua tensão entre natureza e história, em suma, se determinam fases nas quais a brutal coerção dos instintos primitivos apresenta ainda resíduos mecânicos, não se transformou ainda em "segunda natureza", e quando isso ocorre é sobretudo no terreno sexual que o abrandamento da pressão age de maneira perigosa, determinando formas de "libertarismo" completamente incompatíveis com os hábitos necessários aos novos métodos de produção.

É necessário, afirma G., lutar contra a concepção iluminista que tanto alimentou essa desordem sexual, presente sobretudo entre as classes médias e nas classes menos ligadas ao trabalho produtivo, mas que pode atingir também, ao menos em parte, as camadas operárias, depravando as mulheres. É necessário também que cada classe consiga exprimir uma progressiva pressão coercitiva sobre o inteiro grupo. Somente dessa maneira se foge do perigo de que a crise de libertinagem se transforme em fato permanente, por causa da falta de comandos internos às classes.

Essa é a argumentação do tema proposta por G. em sua forma mais elaborada em *Americanismo e fordismo*, no parágrafo "'Animalidade' e industrialismo" (*Q 22*, 10, 2.160-4 [*CC*, 4, 262]). Na primeira redação da mesma nota, mais breve e severa e mais ligada ao espírito dos conselhos, G. conjeturava, ao contrário, a passagem da coerção à autoeducação como consequência da superação das velhas classes sociais e, portanto, da superação da constrição exercida por uma classe sobre a outra: será "uma coerção de novo tipo, porque, existindo somente uma classe, existirá autodisciplina" (*Q 1*, 158, 139).

Lea Durante

Ver: americanismo; animalidade e industrialismo; fordismo; natureza; pós-guerra; questão sexual.

líder carismático

Comentando um artigo de Robert Michels em *Q 2*, 75 [*CC*, 3, 160], G. coloca pela primeira vez em discussão a noção de "líder carismático", com precisão re-atribuída a Weber depois que Michels havia "feito muito barulho na Itália por 'seu' achado do 'líder carismático'" (ibidem, 231 [*CC*, 3, 162]). O relato do artigo lido e o comentário pessoal de G. se entrelaçam, trazendo à tona de maneira intensa o significado que atribui ao elemento carismático uma característica específica: "O chamado 'carisma', no sentido de Michels, coincide sempre no mundo moderno com uma fase primitiva dos partidos de massa, com a fase em que a doutrina se apresenta às massas como algo nebuloso e incoerente, que necessita de um papa infalível para ser interpretada e adaptada às circunstâncias" (ibidem, 233 [*CC*, 3, 163]). Se por um lado o líder carismático é uma figura que G. relega a uma fase ainda não moderna da política, não ainda de massa, por outro seu surgimento pode ser também o sinal, agora certamente moderno, de uma situação de impasse político, no qual o equilíbrio das forças em campo não permite a vitória de um grupo sobre outro: "Em certos momentos de 'anarquia permanente' devida ao equilíbrio estático das forças em luta, um homem representa a 'ordem', isto é, a ruptura por meios excepcionais do equilíbrio mortal" (ibidem, 234 [*CC*, 3, 164]). O líder carismático pode então apresentar-se lá onde há uma "crise orgânica" que ameaça com a destruição de ambos os contendores; escreve G. no Texto C: "Quando se verificam estas crises, a situação imediata torna-se delicada e perigosa, pois abre-se o campo às soluções de força, à atividade de potências ocultas representadas pelos homens providenciais ou carismáticos" (*Q 13*, 23, 1.602-3 [*CC*, 3, 60]).

MICHELE FILIPPINI

Ver: chefe/líder; crise orgânica; Michels; Weber.

limite

"Limite", palavra amplamente usada por G. em seu significado genérico, assume uma particular acepção como lema no *Q 19*, quando G., ao questionar-se sobre a falta da formação na Itália de "um partido jacobino", encontra as razões disso "na relativa debilidade da burguesia italiana e no diferente clima histórico da Europa após 1815" (*Q 19*, 24, 2.032 [*CC*, 5, 62]). Ao identificar o limite "de classe" dos "jacobinos, em sua política de despertar forçado das energias populares francesas para se aliarem à burguesia, com a lei Chapelier [e a lei sobre o "*maximum*"]" (*Q 1*, 44, 53), chega à conclusão de que eles conseguiram superar tal limite "por meio de um complexo processo, teórico-prático [...], para o qual se reobtém o consenso político (mantém-se a hegemonia) ampliando e aprofundando a base econômica, com o desenvolvimento industrial e comercial" (*Q 1*, 48, 58), ainda que, em seguida – ele esclarece –, sua derrota como "partido determinado" dependeu do fato de que "em um determinado momento se chocaram com as exigências dos operários parisienses" (*Q 19*, 24, 2.014 [*CC*, 5, 62]). Assim, ao analisar a situação italiana, G. observa que o limite histórico do Partido de Ação manifestou-se na incapacidade de desenvolver uma ação adequadamente incisiva e transformadora no contexto político do tempo. Efetivamente, tal limite deve ser identificado, segundo G., no fato de que o partido sempre foi incapaz de ganhar consenso entre as massas camponesas, as quais, se tivessem participado da ação durante o *Risorgimento*, ter-lhe-iam conferido um substancial conteúdo social e um adequado impulso renovador. G. esclarece, de fato, que o movimento democrático teria realizado tal desenho e tal estratégia se tivesse sido capaz de tornar-se partido "'jacobino', não só pela 'forma' externa, de temperamento, mas especialmente pelo conteúdo econômico-social" (ibidem, 2.024 [*CC*, 5, 76]), isto é, se tivesse conseguido assimilar os interesses e as exigências da classe camponesa por meio de uma reforma agrária voltada a romper com o latifúndio e a criar uma camada de camponeses pequenos proprietários.

O lema, além do mais, aparece em estreita conexão não somente com o âmbito jurídico, por exemplo em uma nota do *Q 3* na qual G. cita algumas declarações internas ao debate sobre os "*limites da atividade do Estado*", isto é, sobre a impossibilidade de o Estado, como "sociedade ordenada", encontrar um limite jurídico "nos direitos públicos subjetivos" (*Q 3*, 142, 399-400 [*CC*, 3, 204]), mas também no econômico-industrial no *Q 10* II, 41.VII [*CC*, 1, 380], quando G. identifica na "extensão dos novos métodos" de produção industrial a causa de "uma série de crises, cada uma das quais recolocando os mesmos problemas [...] cujo ciclo pode repetir-se até o momento em que: 1) se tenha atingido o limite extremo de resistência do material; 2) [...] o limite na introdução de novas máquinas automáticas, isto é, a relação última entre homens e máquinas; 3) [...] o limite de saturação de industrialização mundial" (ibidem, 1.313 [*CC*, 1, 381-2]; cf. também *Q 7*, 34, 883). O lema aparece também em estreita conexão com o âmbito filosófico: no *Q 8*, 205 G. indica a "futilidade inepta do determinismo mecânico" dentro de uma reflexão mais ampla sobre a "passagem de uma concepção mecanicista a uma concepção ativista" do papel social de cada indivíduo. Em particular G. afirma que no momento em que ocorre uma "mudança no modo de ser" do "subalterno", isto é, quando ele se transforma de "'coisa' em 'pessoa histórica'", enfraquecem-se os "limites" e o "domínio da 'força das coisas'", isto é, do "'ato de fé' na racionalidade da história" por parte de quem, não tendo "iniciativa na luta", sai derrotado dela e aliás acaba identificando a própria luta como "uma série de derrotas" (ibidem, 1.064).

VALERIA LEO

Ver: determinismo; Estado; jacobinismo; Partido de Ação; queda tendencial da taxa de lucro; subalterno/subalternos.

língua

Uma língua existe não somente no conjunto do vocabulário, da gramática etc. (*Q 11*, 45, 1.467 [*CC*, 1, 183]): "Toda língua é uma concepção do mundo integral, e não apenas um vestido que de modo indiferenciado dá forma a qualquer conteúdo" (*Q 5*, 123, 644-5 [*CC*, 6, 180]). A mesma noção de língua é reafirmada em outro parágrafo do *Q 5*: a língua "deveria ser tratada como uma concepção do mundo"; a relação entre língua e concepção do mundo é de efeito recíproco, já que o aprofundamento do conhecimento por meio de nova matizes de significado implica o "aprofundamento da concepção do mundo" (*Q 5*, 131, 664 [*CC*, 2, 227]); é o aspecto da reciprocidade a diferenciar G., fundamentalmente, da conhecida hipótese de Sapir-Whorf, segundo a qual a língua dá forma ao mundo dos falantes, mas não vice-versa. Em um parágrafo que funciona como "alerta" para compreender sua colocação da questão, G. se exprime em termos só ligeiramente diferentes: as línguas são um "produto social", são a "expressão cultural de um dado povo" (*Q 6*, 71, 738 [*CC*, 6, 196]), e também em outro local, no mesmo *Q*, emerge quase uma equivalência entre língua e cultura: "abstraídas da obra literária", as palavras constituem "elemento de história da cultura" (*Q 6*, 20, 700 [*CC*, 6, 182]). Somente em sua forma exterior a língua se modifica relativamente pouco, ao passo que seu "conteúdo cultural" muda mais rapidamente (*Q 9*, 15, 1.105 [*CC*, 6, 225]): com o transcorrer do tempo, novos termos são introduzidos na língua, os significados das singulares palavras adquirem novas conotações, muitas vezes metafóricas, graças também às diferentes correntes culturais que, por sua atividade, participam "do desenvolvimento geral de uma determinada língua nacional" (*Q 24*, 3, 2.264 [*CC*, 2, 200]).

A língua jamais é uma entidade homogênea e tampouco estática. Ela é inovada de diferentes modos: pela conquista de uma nação por parte de outra (inovação de massa), pela escola, pelos meios de informação, até mesmo pelas reuniões públicas (inclusive as religiosas), além dos termos introduzidos durante as conversas "entre os vários estratos da população" (*Q 29*, 3, 2.345 [*CC*, 6, 145]). De tal modo, a língua é forjada e plasmada; mas G. distingue – também com base em seus estudos universitários –, no que diz respeito à inovação de uma língua, entre um efeito "molecular" e outro "de massa". Em um parágrafo-chave para a colocação da questão, G. constata que as linguagens "das profissões", isto é, "das sociedades particulares", inovam de forma "molecular", ao passo que "uma nova classe que se torna dirigente inova como 'massa'" (*Q 6*, 71, 739 [*CC*, 6, 196]).

A relação entre classes e diferentes camadas da população está sempre presente no discurso de G. sobre a língua: ele é um sociolinguista *avant la lettre*, que antecipa bastante os interesses que começariam a se afirmar somente na década de 1960. Tem uma visão realista da língua, isenta de qualquer forma de populismo, já que, de modo análogo ao que foi observado aqui, a linguagem de cada um contém em si os "elementos de uma concepção do mundo e de uma cultura, será igualmente verdade que, a partir da linguagem de cada um, é possível julgar a maior ou menor complexidade da sua concepção do mundo" (*Q 11*, 12, 1.377 [*CC*, 1, 95]). No mesmo parágrafo, ele constata que os que falam somente em dialeto participam de uma intuição do mundo tendencialmente "restrita e provinciana, fossilizada, anacrônica em relação às grandes correntes de pensamento que dominam a história mundial". A díade falantes de dialeto-falantes de língua nacional (também referida como "língua literária") representa uma das fontes principais para a relação paradigmática forças subalternas-forças hegemônicas. Diferentemente dos dialetos, uma grande língua nacional é "historicamente rica e complexa" e é capaz de traduzir outra grande cultura, permitindo aos falantes de tal língua "colocar-se em contato com vidas culturais diversas", participando assim de uma vida cultural mais completa (idem). G. prossegue ampliando o discurso sobre a língua como tal para a cultura e a criação de uma nova cultura, que passa também por sua socialização nas camadas populares. O ponto de referência aqui é a filosofia, entendida prevalentemente como filosofia da práxis (idem), cuja linguagem é diferente das precedentes: a "linguagem significa também cultura e filosofia" (*Q 10* II, 44, 1.330 [*CC*, 1, 398]), e como comparação histórica são citadas as pesquisas sobre os primeiros elementos do Renascimento que, como expressão da rebelião "de um movimento geral cultural religioso" contra os institutos medievais de Igreja e Império, foram "populares" e não "de origem áulica ou escolástica" (*Q 6*, 116, 787 [*CC*, 5, 259]).

Para G. "todo grupo social tem uma sua 'língua'", que, como já observamos, pode ser também um dialeto restrito, mas "salvo raras exceções [...] entre a língua popular e a das classes cultas existe uma contínua aderência e uma contínua troca" (*Q 6*, 62, 730 [*CC*, 6, 192]). É fácil pensar que esse movimento proceda de cima para baixo, e isso ocorre na escola, entendida em sentido amplo, na sociedade, na família etc. em todo lugar em que existe um "controle [linguístico – ndr] recíproco" com o objetivo de chegar a um "conformismo gramatical" (*Q 29*, 2, 2.342 [*CC*, 6, 142]). Entretanto, às vezes, como no caso dos movimentos religiosos da Idade Média, ou no progressivo desenvolvimento da cultura alemã a partir da inicial rudeza da Reforma luterana até a filosofia clássica alemã, o movimento pode partir de baixo ou envolver a inteira sociedade. E não se deve excluir o uso do dialeto como arma linguística das classes cultas contra as classes populares: no movimento do *Risorgimento* o dialeto romanesco, por longo tempo "esmagado pelo latim", teve um florescimento que culminou "no período liberal de Pio IX", e "em 1847-1849 o dialeto é a arma dos liberais", mas objetivando criar um bloco social entre hierarquia eclesiástica e povo contra os promovedores da unidade nacional, "depois de 1870 [o dialeto transforma-se em arma – ndr] dos clericais" (*Q 3*, 79, 359 [*CC*, 2, 84]).

O acesso à língua é desde sempre condição para o acesso aos direitos, à participação plena na sociedade, no poder. Isso emerge claramente também pelo exemplo do juramento de Estrasburgo (841 d.C.): pelo fato de jurar não somente em uma língua desconhecida como o latim (o que invalidaria o juramento), mas em suas próprias línguas, os soldados dos herdeiros de Carlos Magno funcionam como garantes e, pela primeira vez, assumem "uma função política de primeiro plano, apresentando-se como vontade coletiva" (*Q 5*, 123, 646 [*CC*, 5, 225]). Sempre nesse contexto é observado o fato de que "o vulgar é escrito quando o povo retoma importância" e, vice-versa, no longo período que vai desde aproximadamente 600 d.C. até o florescimento das comunas e dos idiomas vulgares – período em que a cultura era dos "doutos", expressada em latim – o povo italiano não podia "participar do mundo da cultura" (*Q 3*, 76, 354 [*CC*, 2, 80]).

Fundamental em todo o discurso gramsciano sobre a língua é a questão de como as classes populares podem sair de uma estreita visão do mundo, que as condena à subalternidade, para se tornarem hegemônicas. Somente uma língua nacional contém a riqueza capaz de oferecer os instrumentos de acesso aos grandes processos mundiais. E a "intervenção organizada" para desenvolver uma "língua unitária" (*Q 29*, 3, 2.345 [*CC*, 6, 145]) é um dos meios necessários para assegurar essa possibilidade; tal intervenção, de qualquer forma, não deveria ser imposta por decreto (como conjeturado por Manzoni), mas deveria representar (segundo a perspectiva delineada por G. I. Ascoli) uma "função nacional mais profunda e necessária" (*Q 23*, 40, 2.237 [*CC*, 6, 111]). G. prossegue exatamente no último dos *Q* (1935): "Sempre que aflora, de um modo ou de outro, a questão da língua, isto significa que uma série de outros problemas está se impondo: a formação e a ampliação da classe dirigente, a necessidade de estabelecer relações mais íntimas e seguras entre os grupos dirigentes e a massa popular-nacional, isto é, de reorganizar a hegemonia cultural" (*Q 29*, 3, 2.346 [*CC*, 6, 146]).

Derek Boothman

Ver: concepção do mundo; dialeto; gramática; hegemonia; linguagem; Manzoni; molecular.

linguagem

Tal como seu professor universitário Matteo Giulio Bartoli, G. normalmente distingue entre "língua" e "linguagem", embora às vezes ocorra uma sobreposição dos dois conceitos, inclusive em um mesmo parágrafo dos *Q*. Os dois termos não devem ser confundidos com *langage* e *langue* como eram usados por Saussure. Em geral, G. usa "linguagem" para denotar um subconjunto do fenômeno mais amplo de "língua", que, como tal, pode indicar o modo de falar ou de se expressar de um grupo social (cf. o "jargão das profissões" no *Q 6*, 71, 739 [*CC*, 6, 196] ou "o modo de falar da cidade" no *Q 29*, 2, 2.343 [*CC*, 6, 142]) e também, no limite, dos indivíduos singulares. Outras vezes pode tratar-se do discurso técnico de uma ciência, isto é, de "linguagens científicas e filosóficas" (discutidas sobretudo no aspecto da tradução no *Q 11*, 46-9 [*CC*, 1, 185-8]), e também a linguagem da política. De modo que a linguagem é geralmente de natureza setorial. Outros usos particulares encontram-se no conceito da linguagem de uma época, por exemplo, da Idade Média (*Q 5*, 85, 615 [*CC*, 2, 127] e *Q 10* II, 41.I, 1.293 [*CC*, 1, 361]), noção diferente portanto da língua "natural" (como, por exemplo, uma língua "nacional"), e nos das artes figurativas, artísticas, musicais etc. (*Q 6*, 62, 730 [*CC*, 6, 192] e *Q 6*, 147, 807 [*CC*, 6, 201]). Neste último caso, tais linguagens, melhor que a literatura, transcendem os confins nacionais, ao passo que a linguagem verbal-literária é a que melhor caracteriza o elemento "nacional-popular-cultural" (*Q 23*, 7, 2.193 [*CC*, 6, 70]). Ao criar uma linguagem própria, toda corrente cultural inova a língua nacional, enriquecendo-a com novos termos já usados, criando metáforas etc. (*Q 24*, 3, 2.264 [*CC*, 2, 200]). Entre os mais importantes conceitos da linguagem está a linguagem teórica: na vida real, a tarefa do teórico é "'traduzir' em linguagem teórica os elementos da vida histórica" com o objetivo de interpretá-la melhor (*Q 3*, 48, 332 [*CC*, 3, 194]).

Uma linguagem – e a da filosofia da práxis (uma "linguagem realista e historicista": *Q 11*, 17, 1.413 [*CC*, 1, 129]) é, nesse sentido, um exemplo recorrente – "contém os elementos de uma concepção do mundo e de uma cultura" (*Q 11*, 12, 1.377 [*CC*, 1, 93]), enquanto a mais vasta língua (frequentemente definida "nacional", ou "literária") é a expressão de uma cultura inteira. Outras vezes G. considera que é a linguagem mesma a "significar também cultura e filosofia" e que, portanto, "o fato 'linguagem' é na realidade uma multiplicidade de fatos mais ou menos organicamente coerentes e coordenados" (*Q 10* II, 44, 1.330 [*CC*, 1, 398]), na qual a palavra "cultura" parece usada em sentido restrito e não para indicar a cultura de uma sociedade em sua plenitude. A posição é reafirmada, mas também ampliada no *Q 11*: a filosofia é contida na linguagem, que é, justamente, "um conjunto de noções e de conceitos determinados" (*Q 11*, 12, 1.375 [*CC*, 1, 93]) e "a partir da linguagem de cada um se pode julgar a maior ou menor complexidade da sua concepção do mundo" (ibidem, 1.377). Apesar de sua natureza frequentemente técnica, a linguagem muda com o tempo e os termos usados podem adquirir novos significados metafóricos, diferentes do significado originário de uma concepção que é superada: a linguagem, portanto, é um fenômeno vivo, mas ao mesmo tempo um "museu de fósseis da vida e das civilizações passadas" (*Q 11*, 28, 1.438 [*CC*, 1, 156]). A falta de reconhecimento dessa historicidade da linguagem induz ao erro de tentar construir um "esperanto ou *volapük* da filosofia e da ciência", em cuja linguagem uma filosofia, mas por extensão também as formas do pensamento, consideram acriticamente a si mesmas como as únicas a ter razão e todas as outras, "um delírio" (*Q 11*, 45, 1.466-7 [*CC*, 1, 183]). Muito parecida com o esperanto filosófico criticado por G. foi a tentativa, naqueles anos, dos pragmatistas e de Pareto, os quais, teorizando a linguagem "como causa de erro" queriam criar uma língua "pura", ou "matemática", abstrata pode-se dizer, para exprimir o que consideravam uma "nova concepção do mundo". Eles tentavam atribuir às palavras um "significado ou pelo menos um novo matiz", apesar do fato de que no uso comum, e também no uso especialista, as palavras continuavam a "manter o velho significado" (*Q 11*, 24, 1.427-8 [*CC*, 1, 144]). Embora possa até existir o caso em que uma diversa linguagem não signifique diferenças, mesmo importantes, entre escolas científicas diversas (*Q 11*, 48, 1.470 [*CC*, 1, 185]). Todavia, em termos mais modernos, a tentativa de criar um esperanto ou um *volapük*, ou linguagens análogas, também por parte dos pragmatistas, é comparável à veleidade de querer uma linguagem neutra, como se as teorias não influíssem sobre as conclusões a que se chega, e como se elas mesmas não contribuíssem a produzir parte integrante dos "fatos" (como afirma T. S. Kuhn).

G. teoriza a natureza não fixa, isto é, a historicidade, das linguagens em outras passagens do *Q 11*. Mesmo após uma eventual subversão radical, uma linguagem nunca é transformada por completo, especialmente na forma exterior, mas seus conteúdos sofrem mutações de natureza nem sempre manifesta (*Q 11*, 16, 1.407 [*CC*, 1, 125], parágrafo intitulado exatamente "Questões de nomenclatura e conteúdo"): de novo é possível conjecturar uma comparação com a análise de Kuhn dos paradigmas científicos antes e depois de uma mutação radical (uma "revolução científica", na terminologia kuhniana). Para G. trata-se de uma inovação que pode estar na consciência de amplas camadas da população e não necessariamente limitada a uma comunidade restrita de estudiosos, embora esse caso esteja incluído em seu raciocínio. Suas preocupações estão voltadas especialmente para as camadas de povo que ainda devem dar um salto equivalente ao de uma visão "ptolemaica" para uma visão "copernicana", mais avançada; seus comentários a esse respeito são metafóricos, referidos às fases filosóficas alcançadas, e, em geral, não aos modelos físicos do universo (cf. em particular *Q 11*, 13, 1.397 [*CC*, 1, 114] e *Q 11*, 16, 1.407 [*CC*, 1, 125] em polêmica com Bukharin; *Q 11*, 66, 1.501 sobre De Man; *Q 27*, 1, 2.313 [*CC*, 6, 133] sobre o folclore). Nesse processo de avanço da consciência nem toda linguagem precedente deve ser rejeitada, porque nela podem existir também "alguns 'valores instrumentais' que não podem ser recebidos integralmente" para ser ulteriormente "elaborados e refinados" (*Q 11*, 16,

1.408 [*CC*, 1, 125]). Por meio de tal avaliação crítica das linguagens precedentes compreende-se o raciocínio usado por G. para demonstrar que "um grupo social pode apropriar-se da ciência de outro grupo sem aceitar sua ideologia" (*Q 11*, 38, 1.458 [*CC*, 1, 175]). Ao mesmo tempo, ele oferece um modelo de abordagem crítica que deve ser usado em relação a uma linguagem precedente quando escreve que "a filosofia da práxis continua a filosofia da imanência, mas a depura de todo seu aparelho metafísico" (*Q 11*, 28, 1.438 [*CC*, 1, 156]).

No campo das ciências chamadas humanas, as linguagens refletem processos sociais de fundo e portanto G. conjetura a possibilidade de traduzir de uma linguagem para outra não obstante, superficialmente, essas tratem de esferas diferentes do saber (econômica, política, filosófica) e não obstante os limites da tradução de uma linguagem para outra, também dentro da mesma matéria (*Q 7*, 1, 851). Nesse âmbito, é de particular originalidade o paralelo entre a linguagem política moderada crociana ("na linguagem moderna esta concepção chama-se reformismo") e "o 'classicismo nacional' de Gioberti", que "constitui o classicismo literário e artístico da última estética crociana" (*Q 10* II, 41.XIV, 1.325 [*CC*, 1, 392]): existe portanto a possibilidade de ler um nos termos do outro e, dessa maneira, a possibilidade da tradução recíproca. G. afirma que as atividades fundamentais de uma época podem ser convertidas, já que a linguagem específica, própria de cada atividade, é implícita também nas outras linguagens que lhe são contemporâneas e que todas juntas formam um "círculo homogêneo": G. conclui afirmando que disso "derivam, para o historiador da cultura e das ideias, alguns critérios de investigação e cânones críticos de grande significado" (*Q 11*, 65, 1.492-3 [*CC*, 1, 209]).

DEREK BOOTHMAN

Ver: ciência; concepção do mundo; ideologia; língua; linguística; tradutibilidade.

linguística

A linguística em G. está dividida em duas principais vertentes convergentes: a linguística histórica, disciplina que cursou em seus estudos universitários, e outro tipo de linguística, na década de 1930, ainda não reconhecida oficialmente como disciplina, mas que mais à frente será definida de "sociolinguística". Ademais, entre as duas está sua abordagem à semântica, inclusive a filosofia da linguagem. Para G. os linguistas são "essencialmente históricos" (*Q 6*, 71, 738 [*CC*, 6, 196]), mas ao mesmo tempo ele reconhece que, desde quando era estudante de filologia moderna, a linguística era progredida (talvez uma referência à abordagem estruturalista de Saussure, mencionado no artigo discutido, mas não citado explicitamente por G.). Nesse parágrafo a língua é considerada um "produto social", a "expressão cultural de um dado povo" (*Q 6*, 71, 738 [*CC*, 6, 196]); em outro lugar G. observa que é uma "concepção do mundo" (*Q 5*, 123, 644 [*CC*, 5, 225] e *Q 5*, 131, 664 [*CC*, 2, 227]) e um "fenômeno cultural" (*Q 29*, 5, 2.347 [*CC*, 6, 147]), cujas linguagens são identificadas com a cultura (*Q 10* II, 44, 1.330 [*CC*, 1, 398]) e cujas palavras constituem "elemento de história da cultura" (*Q 6*, 20, 700 [*CC*, 6, 181]). A língua não é "arte" – concepção crociana –, mas o "material da arte" e as inovações linguísticas não pertencem aos indivíduos ("como acontece na arte": cf. Croce-Vossler), mas a "uma inteira comunidade" que "'progrediu' historicamente" (*Q 6*, 71, 738 [*CC*, 6, 197]). O primeiro conceito (produção individual) é próximo da *parole* saussuriana, enquanto sob o outro aspecto se aproxima da *langue*, esta também produto de uma comunidade; contudo, mais do que Saussure, G. reconhece a natureza heterogênea das comunidades linguísticas – formadas por camadas e classes sociais, por grupos de dialetos etc. – e dos povos que, por meio de sua interação, inovam a língua (cf. a posição semelhante desenvolvida em fins da década de 1920, sem que G. o soubesse, por V. N. Vološinov, aluno e colaborador de M. M. Bakhtin).

G. presta muita atenção à contribuição das classes populares na formação das línguas e das nações. As inovações linguísticas podem ser individuais, por empréstimos de uma língua a outra ou pelas relações entre camadas diferentes da mesma nação, mas são sobretudo de "toda uma comunidade social que inovou a sua cultura" e especialmente de "uma nova classe que se torna dirigente" (ibidem, 738-9 [*CC*, 6, 198]). Um corolário a essa posição encontra-se ainda no *Q 6*: as qualidades, mas também os limites do Renascimento, são atribuídos ao elemento popular-dialetal que, pondo-se contra o cosmopolitismo e o universalismo católico, inova a cultura da época mas, no processo de unificação, inclusive "linguisticamente", não consegue transcender seus confins localistas (florentinos) e classistas para tornar-se a expressão de uma cultura e de uma civilização verdadeiramente nacionais (*Q 6*, 116, 788 [*CC*, 5, 259]). Mesmo o "vulgar ilustre", ainda que florentino por léxico e fonética, continua sendo de sintaxe latina e é cristalizado pelo uso de uma casta de governo fechada, "afastada do povo" e "sem contato vivo com um modo de falar histórico": uma língua, em suma, "dos doutos e não da nação" (*Q 3*, 76, 354 [*CC*, 2, 80] e *Q 23*, 40, 2.237 [*CC*, 6, 111]). G. refere-se nesse caso à era medieval, mas as mesmas preocupações são afirmadas em relação à situação moderna: a falta de domínio da língua representa a exclusão do povo do poder.

Em polêmica com os pragmatistas, G. põe-se o problema da terminologia e, nesse âmbito, não são casuais as duas referências ao volume sobre a semântica histórica de Michel Bréal, manual estudado na universidade. O principal exemplo que G. leva em consideração é o uso da palavra "imanência", que assume um novo e peculiar significado na filosofia da práxis, diferente do "metafísico-tradicional" do pensamento precedente (*Q 11*, 27, 1.437 [*CC*, 1, 152]). G. liga esse fato à própria abordagem da língua no parágrafo sucessivo, criticando a ausência de uma explicação por parte de Bukharin a respeito da continuação do uso, ainda que metafórico, do termo "imanência" por parte de Marx: "Quando uma nova concepção sucede uma anterior, a linguagem precedente continua a ser usada, mas precisamente de maneira metafórica". E a propósito de "imanência", ele observa que na filosofia da práxis o termo "tem um seu exato significado, que se esconde atrás da metáfora" (*Q 11*, 28, 1.438 [*CC*, 1, 156]). Diferente metodologicamente é a abordagem dos pragmatistas, que pouco antes G. havia criticado por seu "neolalismo", ou seja, a excessiva tendência a cunhar novas palavras que dessem novas nuances a determinados conceitos. Pensavam assim, embora não tivessem "originado uma nova concepção do mundo", pelo menos de "ter inovado uma determinada ciência" (*Q 11*, 24, 1.427 [*CC*, 1, 144]). Pareto também queria criar "um seu 'dicionário'", baseado em uma "língua 'pura', ou 'matemática'" (ibidem, 1.428), exemplo disso parece a palavra "ofelimidade", usada no campo do hedonismo econômico e mencionada *en passant* por G. (*Q 10* II, 58, 1.351 [*CC*, 1, 419]). Os pragmatistas teorizaram "abstratamente sobre a linguagem como causa de erro" (o alvo da crítica nesse caso é Prezzolini). Talvez exista uma parcial convergência com eles quando G. observa que uma nova cultura "cria palavras totalmente novas", que são emprestadas de outras línguas e frequentemente incorporadas "sem a aura extensiva que tinham na língua original". Todavia, ao mesmo tempo, G. replica aos pragmatistas observando que, por sua natureza, a linguagem "assume precisamente, de modo metafórico, as palavras das civilizações e das culturas precedentes", cujo "significado 'metafórico' se amplia com a ampliação da nova cultura", e que também no caso das palavras usadas pelos pragmatistas com um "novo significado ou, pelo menos, um novo matiz", observa-se que as palavras tradicionais continuam a ser usadas, até mesmo pelos especialistas e pelas classes cultas, com o "velho significado", apesar "da inovação de conteúdo" (*Q 11*, 24, 1.427-8 [*CC*, 1, 145-6]). Segundo G., a tendência dos pragmatistas de criar uma "língua matemática" abstrata (*Q 7*, 36, 887), para tratar da realidade social, é uma quimera, e em outro local ele cita, aprovando-as, as palavras que, no século XV, o humanista Leon Battista Alberti usou para descrever a diferença entre os matemáticos e os que se ocupam da esfera social: "Eles (os matemáticos) medem com suas inteligências apenas as formas das coisas, separando-as de toda matéria. Nós porque queremos que as coisas sejam postas diante dos olhos, por isso mesmo, usaremos uma Minerva mais gorda" (*Q 8*, 226, 1.083-4 e *Q 10* I, 13, 1.236 [*CC*, 1, 306]). O comentário adquire espessura pelo fato de estar colocado no início do *Q 10*, porque é indicativo da abordagem ao objeto principal do *Q*, Benedetto Croce, e ademais, de um importante aspecto da mais geral metodologia analítico-linguística gramsciana.

Em um contexto linguístico mais amplo, naqueles mesmos anos, uma orientação em certos aspectos semelhante à dos pragmatistas encontrava-se, sempre sem que G. o soubesse, no primeiro Wittgenstein (uma espécie de "atomismo linguístico"), enquanto a posição de Alberti pode ser comparada ao segundo Wittgenstein, para o qual, sob determinadas condições, é necessário sacrificar a exigência do rigor, representada metaforicamente pela falta de "atrito", para um retorno "ao terreno escabroso" (Wittgenstein, 1967, parágrafo 107). Como Alberti e Wittgenstein, em sua abordagem metodológica G. reconhece os problemas do uso da língua e das linguagens para analisar o social, exposto, se necessário, também linguisticamente.

Derek Boothman

Ver: concepção do mundo; cosmopolitismo; gramática; imanência; língua; linguagem; Pareto; pragmatismo; Renascimento.

literatura artística

Com essa definição, nos *Q*, G. não se limita a aceitar a distinção então corrente entre obras formalmente elaboradas, às quais a crítica e a corporação dos escritores reconheciam valor artístico, e formas de produção literária que, embora muito difusas e apreciadas pelas classes populares, como os romances de folhetim, eram desprovidas de todo tipo de atenção em relação à específica dimensão estética. Com a noção e definição de "literatura artística" G. propõe-se de fato a comparar, polemicamente, a produção literária italiana que a casta dos críticos e dos escritores considerava artística com a grande popularidade de que gozavam algumas correntes de "literatura popular" que – embora desprovidas de específicos méritos artísticos, conseguiam, entretanto, satisfazer as necessidades, os sentimentos e as aspirações das classes populares. Por outro lado, o confronto é com o poder de atração exercido sobre o público italiano pelas outras literaturas contemporâneas, como a inglesa, graças a novas formas de romance popular, entre as quais o romance de terror, que conquistavam cada vez mais amplas fatias de público, e não somente popular. Isso significa que G. não se ressente de compartilhar acriticamente o juízo de valor que está na base da literatura artística, como prova o uso do termo "chamada" que ele acrescenta e que redimensiona seu alcance assertivo, e que não é considerado por ele como único parâmetro para avaliar o êxito artístico de uma obra literária. Sem dúvida, parte de suas ressalvas podem ser explicadas pela adoção de uma perspectiva diferente da qual observar a literatura: nem tanto a perspectiva da crítica artística, como ao contrário, a da história da cultura. Nesse plano, de fato, como G. deixa claro, a questão do valor não é dirimente e, sobretudo, não condiciona o sucesso, que depende, ao contrário, de motivações essencialmente culturais, isto é, da capacidade da obra de interessar ao público e de satisfazer as exigências morais, políticas e psicológicas dele. Sob esse perfil, é pouco importante se o elemento interessante seja colocado espontânea ou artificialmente, ou até mesmo "dosado industrialmente" (*Q 5*, 54, 587 [*CC*, 6, 168]).

A questão, aos olhos de G., impõe-se como um dos nós não resolvidos da história da cultura italiana e se liga ao problema, muito debatido também nas revistas literárias daqueles anos, da razão pela qual a literatura artística na Itália não era popular e do porquê da falta da literatura popular artística que existia, ao contrário, em outras tradições nacionais. G. enfrenta a questão no *Q 3*, 63, retomado no *Q 21*, 5 [*CC*, 6, 39], no qual – respondendo à acusação da revista *Crítica fascista* ao público e aos editores que esnobam o "moderno romance italiano" a favor de anacrônicos sucessos populares, ainda mais estrangeiros – chama em causa as responsabilidades dos intelectuais italianos, obstinadamente surdos às necessidades culturais da nação (*Q 3*, 63, 342). "A literatura chamada 'artística' não é popular na Itália. De quem é a culpa? Do público que não lê? Da crítica que não sabe apresentar e exaltar ao público os valores literários? Dos jornais que ao invés de publicarem em folhetim o 'moderno romance italiano' publicam o velho *Conde de Monte Cristo*? Mas por que o público não lê na Itália ao passo que lê em outros países? E é verdade mesmo que não lê? Não seria mais exato dizer: por que o público italiano lê literatura estrangeira, popular e não popular, e, ao contrário, não lê a italiana? [...] O que significa o fato de os italianos lerem de preferência escritores estrangeiros? [...] que não existe na Itália um bloco nacional intelectual e moral. Os intelectuais não saem das fileiras do povo, não conhecem suas necessidades, as aspirações, os sentimentos difusos, mas são algo separado, solto no ar, isto é, uma casta" (ibidem, 343-4).

Entretanto, isso não significa, como várias vezes no passado se afirmou, que para G. a literatura popular não poderia ou deveria ambicionar a resultados artísticos de qualidade. G. sabe bem, com efeito, que teoricamente nada impede "que exista [...] uma literatura popular artística", embora ele tenha plena consciência, diferentemente dos críticos contemporâneos, de que a realização de tal meta pressupõe uma "identidade de classe entre 'povo' e escritores e artistas" que na Itália nunca ocorreu, uma identidade que poderia nascer somente se e quando, como ele especifica, "os sentimentos populares serão vividos como próprios pelos artistas", ainda que, come se apressa a acrescentar, quando isso acontecer "tudo será mudado, isto é, poder-se-á falar de literatura popular somente como metáfora" (ibidem, 324-3).

Retomando algumas sugestões de um artigo de Pozner publicado no número de *Cultura* de 1931 dedicado a Dostoiévski, a respeito da possível derivação dos romances deste último da literatura de folhetim de Eugène Sue, G. parece querer voltar sobre a instrumental distinção entre valor artístico e interesse cultural, sobre a qual havia fundamentado a argumentação da nota do *Q 3*, esclarecendo "como certo tipo 'cultural' de literatura (motivos, interesses morais, sensibilidade, [ideologia] etc.) pode ter uma dupla expressão: mecânica (tipo Sue) e 'lírica' (Dostoiévski)"

(*Q 6*, 108, 780). Tendo isso como base, ele introduz uma hierarquia de valor também entre a produção popular, reconhecendo, por exemplo, na "atmosfera um pouco caricatural [...] o elemento artístico que eleva a novela policial de Chesterton, quando – nem sempre isso acontece – a expressão caricatural saiu perfeitamente" (*Q 6*, 17, 698) e afirmando, como fará em uma nota dos últimos "cadernos miscelâneos", que "no romance policial Chesterton está para Conan Doyle e Wallace etc.", como "Dostoiévski estava para Sue e Soulié" (*Q 15*, 58, 1.822 [*CC*, 6, 262]).

Ao comentar um artigo de Aldo Sorani em *Pègaso*, de agosto de 1930, "Conan Doyle e la fortuna del romanzo poliziesco" [Conan Doyle e a fortuna do romance policial], em uma das primeiras notas do *Q 6*, G. havia posto as premissas para destruir aquela artificial separação entre valores culturais e valores estéticos sobre os quais se fundava tanto a estética crociana como a tradição retórico-formal da crítica italiana. Esclarecendo o fato de que a literatura não artística era difusa "por razões práticas (morais e políticas)", G. de fato adiantava uma dúvida – explosiva na consideração da função da literatura – que dizia respeito, exatamente, à literatura artística, perguntando-se se essa também não seria apreciada pelas mesmas razões: "Mas também a literatura artística não se difunde por razões prático-políticas e morais e só mediatamente por razões artísticas? Em realidade, um livro é lido por impulsos práticos e relido por razões artísticas: a emoção estética quase nunca se dá na primeira leitura" (*Q 6*, 17, 698). É significativo que ao transcrever esse trecho no *Q 21*, 13 [*CC*, 6, 54] G. modifique o sintagma "razões artísticas" para "razões de gosto artístico, de busca e gozo da beleza" (ibidem, 2.131). Com esses esclarecimentos, G. de fato parece admitir que a literatura artística possa e deva ter a finalidade de satisfazer também a necessidade, por um lado inevitavelmente elitista, de emoções estéticas. Por outro lado, porém, deixa entender que outra e bem mais importante é para ele a função da literatura e que esta é inseparável da valência cultural da obra, que só pode consistir no fato de dar expressão à concepção do mundo, às massas de sentimentos, às aspirações dos homens de uma determinada época histórica, representando seus ideais socialmente relevantes, mas também os dramas e os conflitos não resolvidos.

Marina Paladini Musitelli

Ver: beleza; concepção do mundo; intelectuais; literatura de folhetim; literatura policial ou de terror; literatura popular; nacional-popular.

literatura de folhetim

A necessidade de refletir sobre a literatura de folhetim está presente em G. desde a famosa carta a Tania de 19 de março de 1927, na qual é esboçado o programa de pesquisa dos anos que seguirão: o último dos quatro pontos que deve ser desenvolvido é constituído, justamente, por "um ensaio sobre romances de folhetim e o gosto popular na literatura" (*LC*, 56 [*Cartas*, I, 129]). Entre as primeiras notas, originadas por algumas observações de Leo Ferrero em *Lavoro* e reapresentadas em trechos na *Fiera letteraria* de 28 de outubro de 1928 ("Uma literatura não pode deixar de florescer em um clima de admiração e a admiração não é, como se poderia acreditar, a compensação, mas o estímulo do trabalho [...]. O público que admira, que admira realmente, de coração, com felicidade, o público que tem a felicidade de admirar [...] é o maior animador de uma literatura. Por meio de muitos sinais, compreende-se, ai de mim, que o público está abandonando os escritores italianos": *Q 1*, 80, 86), essa é destinada a confluir sucessivamente no "caderno especial" *Q 21*: a admiração seria "a forma de contato entre uma nação e seus escritores. Inexiste atualmente este contato, ou seja, a literatura não é nacional porque não é popular. Paradoxo da época atual. De resto, não há uma hierarquia no mundo literário, isto é, não existe uma personalidade eminente que exerça uma hegemonia cultural. Questão de por quê e como uma literatura é popular. A 'beleza' não basta: é necessário um determinado conteúdo intelectual e moral que seja a expressão elaborada e completa das aspirações mais profundas de um determinado público, isto é, da nação-povo numa certa fase de seu desenvolvimento histórico. A literatura deve ser, ao mesmo tempo, elemento efetivo de civilização e obra de arte; se não for assim, a literatura artística cederá lugar à literatura de folhetim, que, a seu modo, é um elemento efetivo de cultura, de uma cultura certamente degradada, mas vivamente sentida" (ibidem, 86-7 [*CC*, 6, 39]). Essa primeira reflexão é um diagnóstico e ao mesmo tempo uma hipótese de trabalho: se esse for o estado das coisas, e se for necessário intervir ("através de muitos sinais compreende-se [...] que o público está abandonando os escritores italianos"), a intervenção não pode deixar de ser política, não pode deixar de repropor em termos virtuosos o tema da relação entre intelectuais e classes subalternas, o "nó-hegemonia" substancialmente.

Passando ao *Q 21* – um caderno que essencialmente retoma, reelabora e "arruma" notas anteriores –, expressamente dedicado à reflexão sobre a literatura popular, nota-se que em seu início se encontram as mesmas observações feitas em 1928 por Leo Ferrero, assim revisitadas e comentadas: "A 'admiração' de Ferrero não é mais do que uma metáfora e um 'nome coletivo' para indicar o complexo sistema de relações, a forma de contato entre uma nação e seus escritores. Inexiste atualmente este contato, ou seja, a literatura não é nacional porque não é popular [...]. De resto, não há uma hierarquia no mundo literário, isto é, não existe uma personalidade eminente que exerça uma *hegemonia cultural*" (*Q 21*, 4, 2.113, grifo meu [*CC*, 6, 39]). Que se trate de uma reflexão claramente política é esclarecido logo depois, em uma célebre nota, sintomaticamente intitulada "Conceito de 'nacional-popular'", na qual o problema da difusão na imprensa periódica do romance de folhetim é estreitamente unido ao tema da hegemonia. G. observa que "se os romances de cem anos atrás agradam, isto significa que o gosto e a ideologia do povo são precisamente os de cem anos atrás" (*Q 21*, 5, 2.114 [*CC*, 6, 40]); e se os jornais, que são "organismos político-financeiros" publicam essa literatura, isto significa que "o romance de folhetim é um meio para a difusão desses jornais entre as classes populares [...] o que significa sucesso político e sucesso financeiro. Por isso, o jornal procura aquele romance, aquele tipo de romance que 'certamente' agrada o povo, que garantirá uma clientela 'continuada' e permanente" (ibidem, 2.114-5 [*CC*, 6, 40]), E afirma logo depois: "Para muitos leitores, o 'romance de folhetim' é como a 'literatura' de bom nível para as pessoas cultas [...] pode-se afirmar que os leitores do romance de folhetim se interessam e se apaixonam por seus autores com muito maior sinceridade e com muito mais vivo interesse humano do que, nos chamados salões cultos, as pessoas se interessam pelos romances de D'Annunzio ou pelas obras de Pirandello" (ibidem, 2.115 [*CC*, 6, 41]). Tudo isso constitui a premissa para perguntar-se: "Contudo, o problema mais interessante é o seguinte: por que os jornais italianos de 1930, se querem ser difundidos (e manter-se), devem publicar os romances de folhetim de um século atrás (ou os modernos do mesmo tipo)? E por que não existe na Itália uma literatura 'nacional' do gênero, embora ela deva ser lucrativa?" (ibidem, 2.115-6 [*CC*, 6, 41]). A resposta é justamente política: "Na Itália, o termo 'nacional' tem um significado muito restrito ideologicamente e, de qualquer modo, não coincide com 'popular', já que na Itália os intelectuais estão afastados do povo, ou seja, da 'nação'; estão ligados, ao contrário, a uma tradição de casta, que jamais foi quebrada por um forte movimento político popular ou nacional vindo de baixo: a tradição é 'livresca' e abstrata, e o intelectual moderno típico sente-se mais ligado a Annibal Caro ou a Ippolito Pindemonte do que a um camponês da Púglia ou da Sicília [...]. A literatura 'nacional' chamada de 'artística' não é popular na Itália. De quem é a culpa? Do público que não lê? Da crítica que não sabe apresentar e exaltar junto ao público os 'valores' literários? Dos jornais que, em vez de publicar em folhetim o 'romance moderno italiano', publicam o velho *O conde de Monte Cristo*? Mas por que o público italiano, ao contrário de outros países, não lê? E, de resto, é verdade que não se lê na Itália? Não seria mais exato formular o seguinte problema: por que o público italiano lê a literatura estrangeira, popular e não popular, e não lê a italiana? [...]. O que significa o fato de que o povo italiano lê preferencialmente os escritores estrangeiros? Significa que ele *sofre* a hegemonia intelectual e moral dos intelectuais estrangeiros, que se sente mais ligado aos intelectuais estrangeiros do que aos 'patrícios', isto é, que não existe no país um bloco nacional intelectual e moral, nem hierárquico nem (muito menos) igualitário" (ibidem, 2.116-7 [*CC*, 6, 41-2]).

Por trás da circulação de literatura "degradada" existe uma antiga história e seu último elo é constituído pelo *Risorgimento* como ocasião que falhou, como revolução passiva. G. alude a esses problemas na continuação da nota: a circulação de livros estrangeiros, inclusive dos romances de folhetim, tem uma evidente valência cultural e política: "Esses livros estrangeiros, quando traduzidos, são lidos e procurados, obtendo frequentemente enorme sucesso. Tudo isso significa que toda a 'classe culta', com sua atividade intelectual, está separada do povo-nação, não porque o povo-nação não tenha demonstrado ou não demonstre se interessar por esta atividade em todos os seus níveis, dos mais baixos (romances de folhetim) aos mais elevados, como o atesta o fato de que ele procura os livros estrangeiros adequados, mas sim porque o elemento intelectual nativo é mais estrangeiro diante do povo-nação do que os próprios estrangeiros. A questão não nasceu hoje; ela se pôs desde a fundação do Estado italiano, e sua existência anterior é um documento para explicar o atraso da formação política nacional unitária da península" (ibidem, 2.117 [*CC*, 6, 43]).

Entre as tarefas do "moderno Príncipe" – a sua "reforma intelectual e moral" – está também, e não com pouca importância, uma "literatura 'moderna'" para as "exigências intelectuais e artísticas" do "povo miúdo", agora confiadas também na literatura de folhetim. Um indicador e ao mesmo tempo uma hipótese de trabalho político, o espaço de novas intervenções que reabram de modo virtuoso os espaços nos quais, em "sua histórica tarefa de educadores e elaboradores da intelectualidade e da consciência moral do povo-nação", "os laicos fracassaram [...], precisamente por não terem representado uma cultura laica, por não terem sabido elaborar um 'humanismo' moderno, capaz de se difundir até nas camadas mais rudes e incultas [...], por se terem mantido ligados a um mundo antiquado, mesquinho, abstrato, demasiadamente individualista e de casta " (ibidem, 2.118-9 [*CC*, 6, 44]).

BRUNO BRUNETTI

Ver: cultura francesa/cultura italiana; intelectuais; intelectuais italianos; literatura popular; moderno Príncipe; nacional-popular; povo-nação; reforma intelectual e moral; revolução passiva; *Risorgimento*.

literatura policial ou de terror

As primeiras observações gramscianas sobre o romance policial encontram-se no *Q 3*, como parte de uma reflexão mais ampla dedicada à literatura popular, às suas valências político-sociais em países como França, Inglaterra e Estados Unidos. G. constata que nessas realidades, nas diferentes variantes, além do "valor literário", a "produção" popular está apoiada em "um sentimento nacional" (*Q 3*, 78, 358) que parece faltar na Itália, onde, justamente, "nem o romance policial [...] tem representantes" (idem). É um sinal significativo de seus interesses, a investigação sobre as causas da separação entre intelectuais e classes subalternas, que se pode perceber até pelas perguntas "por que é difusa a literatura policial" (*Q 6*, 17, 698), por que a "crítica do público" é tão favorável a ela (*Q 6*, 16, 697) – além da questão (ou exatamente em razão dela) da falta de autores italianos. Mas a "popularidade" de uma obra alude sempre a um problema de hegemonia, e a fortuna do romance policial não constitui exceção: "Não é verdade" – escreve G. – "que não existe na Itália uma crítica do público [...]; existe, mas é um público que gosta ainda dos romances de Dumas, ou *dos romances policiais estrangeiros*, ou de Carolina Invernizio. [...] há uma separação entre escritores e público e o público procura sua literatura no exterior, sentindo que lhe pertence mais do que a nacional. Eis o problema. Porque se é verdade que todo século ou fração de século tem sua literatura, nem sempre é verdade que esta literatura se encontra na mesma comunidade nacional: todo povo tem sua literatura, mas ela pode vir-lhe de outro povo, isto é, o povo em questão pode estar subordinado à hegemonia intelectual e moral de outros povos. É este, com frequência, o mais gritante paradoxo de muitas tendências monopolistas de caráter nacionalista e repressivo: o de que, enquanto se constroem grandiosos planos de hegemonia, não se percebe que se é objeto de hegemonias estrangeiras" (*Q 6*, 38, 713, grifo meu). O sucesso do romance policial deve ser entendido, portanto, como indicador de uma particular situação "hegemônica", de um estado das coisas que deverá ser levado em consideração em toda futura reforma, um instrumento útil para enfrentar em termos eficazes a "questão [...] de uma nova literatura enquanto expressão de uma renovação intelectual e moral" (*Q 15*, 58, 1.821 [*CC*, 6, 262]). A literatura popular e seus leitores deverão constituir na Itália "a base cultural da nova literatura" (idem), o princípio de uma complexa operação "política" que, se for virtuosa, consentirá "criar um corpo de literatos que esteja artisticamente para a literatura de folhetim como Dostoiévski estava para Sue e para Soulié, ou como, no romance policial, Chesterton está para Conan Doyle e Wallace etc." (ibidem, 1.821-2 [*CC*, 6, 264]).

Entretanto, o romance policial não é simplesmente um exemplo de literatura amada por um público de massa, há mais do que isso: ele de fato exprime em sentido lato uma demanda por modernidade e ao mesmo tempo um déficit, já que "o tipo moderno do romance popular é o romance policial: e, neste terreno, estamos na estaca zero" (*Q 14*, 17, 1.675 [*CC*, 6, 237]). Esclarece-se assim em G. a gama dos diferentes horizontes sobre os quais é necessário intervir: momentos mais avançados e situações atrasadas, necessidade de novas leituras, que sejam expressão de um gosto e de exigências mais novas, porque – para usar as palavras de Chesterton – o romance policial "é a primeira e única forma de literatura popular que exprime, de algum modo, a poesia da vida moderna" e as necessidades de evasão marcadas por sensibilidades mais tradicionais; em suma: "A premissa da nova literatura não pode deixar de ser histórico-política, popular: deve ter como objetivo elaborar o que já existe, não importa se de modo polêmico ou de outro modo; o que importa é que aprofunde suas raízes no húmus da cultura popular tal como ela é, com seus gostos, suas tendências etc., com seu mundo moral e intelectual, ainda que atrasado e convencional" (*Q 15*, 58, 1.822 [*CC*, 6, 264]). O nome de Chesterton volta toda vez que nos *Q* se discute romance policial. O autor inglês é o exponente mais interessante da literatura de suspense, "moderno", "artisticamente" resolvido na sua identidade de católico capaz de pôr em xeque "o modo de pensar mecânico dos protestantes" (*LC*, 357, a Tania, 6 de outubro de 1930 [*Cartas*, I, 445]). Estudar atentamente Chesterton poderá portanto ser útil aos fins da almejada reforma intelectual e moral.

Não são esses interesses os que estimulam Aldo Sorani em seu artigo "Conan Doyle e la fortuna del romanzo poliziesco" [Conan Doyle e a fortuna do romance policial], publicado em *Pègaso* em agosto de 1930: embora considere o ensaio "muito importante para a análise desse gênero de literatura e para as diversas especificações que teve até agora", G. destaca que "ao falar de Chesterton e da série de novelas do padre Brown, Sorani não leva em conta dois elementos culturais que, contudo, parecem essenciais: a) não se refere à atmosfera caricatural que se manifesta sobretudo no volume *A inocência do padre Brown*, atmosfera que, aliás, é o elemento artístico que eleva a novela policial de Chesterton, quando a expressão (o que nem sempre é o caso) é perfeitamente realizada; b) não se refere ao fato de que as novelas do padre Brown são 'apologias' do catolicismo e do clero romano, educado para conhecer todas as sinuosidades da alma humana graças ao exercício da confissão e à função de guia espiritual e de intermediário entre o homem e a divindade, em oposição ao 'cientificismo' e à psicologia positivista do protestante Conan Doyle" (*Q 21*, 13, 2.130 [*CC*, 6, 55]). Ademais, segundo Sorani, "o imenso êxito do romance policial em todos os níveis da sociedade [...] seria uma manifestação de revolta contra a mecanicidade e a estandardização da vida moderna, um modo de evasão da mesquinhez cotidiana" (idem). A hipótese da pura evasão, discutível segundo G., nada tira à qualidade do artigo, "indispensável para uma futura pesquisa mais orgânica sobre este gênero de literatura popular" (ibidem, 2.131 [*CC*, 6, 56]). De todo modo, o ensaio constitui um convite a repropor específicas reflexões: "O problema de saber por que se difundiu a literatura policial é um aspecto do problema mais geral: por que se difundiu a literatura não artística? Certamente por razões práticas e culturais (políticas e morais): e essa resposta genérica é a mais precisa, em seus limites aproximativos. Mas também a literatura artística não se difunde por razões práticas ou político-morais, e só mediatamente por razões de gosto artístico, de busca e gozo da beleza? Na realidade, um livro é lido por impulsos práticos (e deve-se pesquisar por que certos impulsos generalizam-se mais do que outros) e relido por razões artísticas. A emoção estética quase nunca se dá na primeira leitura" (idem).

Portanto, mais uma vez o problema de hegemonia; as razões políticas e morais são expressão desse nó e a atenção dada à Chesterton deve ser avaliada nessa perspectiva. As escolhas narrativas do letrado inglês permitem tanto introduzir elementos de novidade na cultura "popular", como desenvolver capacidades críticas por meio da forma e do estilo que são usados, estrategicamente eficazes no mais amplo projeto gramsciano de transformação política. Com efeito, "Chesterton escreveu mais uma finíssima caricatura das histórias policiais do que histórias policiais propriamente ditas [...]. Padre Brown é o padre católico, que, através de refinadas experiências psicológicas dadas pela confissão e pela intensa atividade de casuística moral dos padres, sem menosprezar a ciência e a experiência, mas baseando-se especialmente na dedução e na introspecção, supera amplamente Sherlock Holmes, faz com que este pareça um rapazola pretensioso, mostra sua estreiteza e mesquinhez. Por outra parte, Chesterton é um grande artista, enquanto Conan Doyle era um escritor medíocre, ainda que tenha sido elevado à nobreza por mérito literário; por isso, em Chesterton há uma distância estilística entre o conteúdo, a intriga policial, e a forma, e, portanto, uma sutil ironia em relação à matéria tratada, que torna as histórias mais saborosas" (*LC*, 357, a Tania, 6 de outubro de 1930 [*Cartas*, I, 445]).

Bruno Brunetti

Ver: hegemonia; literatura de folhetim; literatura popular; nacional-popular; reforma intelectual e moral.

literatura popular

"Literatura popular" não faz parte dos lemas e, por consequência, dos conceitos expressamente cunhados por G., mas tampouco se trata de uma definição que G. recebe passivamente do debate contemporâneo, acolhendo-a em seu significado corrente. O tema – já incluído, com a indicação de "a literatura popular dos 'romances de folhetim' e as razões de sua persistente fortuna", entre os *Argumentos principais* da lista redigida no *Q 1*, p. 5 – é enfrentado por G. nos primeiros "cadernos miscelâneos" (*Q 1* e *Q 3*), em relação a duas ordens de problemas. Uma de natureza teórica: a "questão do porquê e de como uma literatura é popular" (*Q 1*, 80, 86), problema que incide, como veremos, na mesma definição de literatura popular; outra, de caráter histórico-popular, ligada à ambição de catalogar as diversas tipologias de literaturas amadas pelo público popular em vista daquela ideal reconstrução do "espírito popular criativo, em suas diversas fases e graus de desenvolvimento" que constitui um dos projetos de estudo mais ambiciosos exibidos à cunhada Tatiana na carta de 19 de março de 1927 e que, não por acaso, devia fazer parte de "um ensaio sobre os romances de folhetim e o gosto popular em literatura" (*LC*, 56-7 [*Cartas*, I, 129]).

O problema teórico, que G. coloca no *Q 1*, 80, 86-7, se configura como uma resposta polêmica às preocupações manifestadas por grande parte dos críticos e dos escritores contemporâneos a respeito da "impopularidade" da literatura nacional. Esclarecendo o fato de que o problema tinha que ser atribuído à falta de "contato entre a nação e os seus escritores", G. coloca justamente a "questão do porquê e de como uma literatura é popular" e esclarece sem deixar margem a ambiguidades que "a 'beleza' não basta", porque "é preciso um conteúdo 'humano e moral' que é a expressão elaborada e acabada das aspirações do público" (ibidem, 86). Disso pode ser deduzido um implícito esclarecimento sobre o que G. entende por literatura popular: nem tanto a literatura composta pelo povo, na base de uma concepção inicialmente romântica e depois crociana, ou de uma literatura voltada para as classes populares com intentos declaradamente pedagógicos, mas uma literatura capaz de satisfazer exigências e aspirações efetivamente sentidas pelas classes populares, por mais instintivas ou elementares que possam ser. Uma tipologia de literatura que, do ponto de vista teórico, nada impedia que se manifestasse até em formas artísticas; mas que, nesse caso, como G. se apressa em esclarecer, já que "os sentimentos populares" seriam "vividos como próprios pelos artistas", poderiam ser definidos de "literatura popular somente por meio da metáfora" (*Q 3*, 63, 342-3) e que, ao invés, deveria ser definida – como poderíamos acrescentar antecipando as considerações que G. desenvolverá ao longo dos *Q* – como literatura nacional-popular. Na mesma nota G. – polemizando com a acusação feita aos diários italianos de publicar romances de folhetim do século XIX, e ainda por cima estrangeiros, subtraindo espaço ao moderno romance italiano – explica que o problema não está em lamentar a falta de arte ou o anacronismo dos textos publicados, confundindo o problema do valor artístico com o problema do sucesso, mas de compreender por que, para vender, os jornais eram obrigados a publicar em suas páginas velhos romances de folhetim franceses e, em outro diferente plano, por que não existia na Itália uma literatura popular artística. O problema não poderia ser colocado de maneira mais lúcida e repropõe a questão central para G. da incapacidade dos intelectuais italianos, sejam laicos sejam católicos, de responder às necessidades intelectuais do povo. Se os primeiros não conseguiram dar vida a um "novo humanismo adequado às necessidades do mundo moderno", os segundos não conseguiram esquivar a "mesquinharia" da "apologética jesuítica" absorvendo as formas de religiosidade autenticamente vividas (ibidem, 345). Isso não significa que G. não reconheça a existência de alguns autores italianos que tinham gozado do favor popular, como Francesco Domenico Guerazzi, Francesco Mastriani ou ainda Carolina Invernizio, mas se tratava de casos individuais, os quais, ainda mais no caso de Mastriani ou de Invernizio – não casualmente definida por G. "honesta galinha da literatura" –, colocavam-se em "um grau inferior aos do tipo de Ponson e Montépin". Ademais, G. não ignorava o fato de que o nível da produção literária em circulação entre as classes populares mais atrasadas de nossa península, desde os *Reali di Francia*, até o *Guerrin Moschino* e os *Maggi*, era realmente ínfimo (ibidem, 344).

Ao folhear as notas dessa fase de checagem das revistas que G. recebia em cárcere, destaca-se sua capacidade de explorar toda pequena referência a formas de literatura voltadas para as classes populares ou por elas apreciadas (cf. *Q 2*, 108 [*CC*, 6, 156]; *Q 3*, 100; *Q 3*, 149; *Q 3*, 153; *Q 5*, 84 [*CC*, 6, 174]; *Q 6*, 17). Entretanto G. não se limita a coletar dados: tenta classificar os vários gêneros de literatura popular em base à natureza das necessidades que esses conseguem satisfazer. É uma tentativa que ele aplica em particular ao romance de folhetim, no qual distingue, em base aos diversos motivos que justificam seu sucesso – ideológico-políticos, sentimentais, históricos, de pura intriga –, varias tipologias de gênero (*Q 3*, 78, 357-8). Nesse plano G. intui, de forma aguda, que grande parte do fascínio exercido por esses romances depende de sua natureza de "'excitantes' psicológicos" e de que essa excitação, mais do que com gratificações de caráter ideológico-político ou sentimental, diz respeito às extraordinárias possibilidades de que seus heróis dispõem e, mais em geral, aos mecanismos da própria intriga, capaz, por si só, de subjugar o interesse do público (cf. *Q 3*, 149, 403-4). A sensibilidade para esses aspectos estruturais o conduz a entender, e muito precocemente em relação ao debate daqueles anos, o fato de que o verdadeiro tipo do moderno romance popular é o romance policial, em especial na vertente psicológica realizada por Chesterton nas novelas de padre Brown. Aguda, em particular, nesse aspecto, é a genealogia do romance policial que G. delineia no *Q 3*, 153, 405-6, adiantando a hipótese de que esse tipo de romance derive, pela mediação dos romances judiciários do século XIX – isto é, a série das "causas célebres" – do esquema da "luta entre o povo bom e generoso etc. e as forças misteriosas da tirania-jesuítas etc.", colocado em campo pelo romance de folhetim de tipo democrático. G. demonstra, de fato, o modo pelo qual, por meio de um processo de "fixação" estrutural do "esquema da intriga", o romance policial conseguiu explorar o fascínio exercido pela luta entre opressor e vindicador, depurada "do elemento ideológico pequeno-burguês e democrático" e subordinada à lógica da ordem obsequiosa à lei (ibidem, 405). Uma evolução que G. observa também na progressiva modificação das prerrogativas do herói, isto é, na substituição da figura do grande delinquente "superior à justiça", caro à literatura do romantismo, com a figura do policial (idem).

Se nas notas dos primeiros *Q* (*Q 1* e *Q 3*) G. parece estar preocupado em manter separados o valor e o sucesso e, por consequência, crítica artística e crítica cultural, evitando ultrapassar os confins de uma crítica cultural cuja tarefa é justamente compreender não "porque um livro é 'belo', mas porque é 'lido', 'popular', 'procurado'" (*Q 3*, 151, 405), em algumas notas do *Q 5* ele avança as primeiras dúvidas sobre a oportunidade de separar claramente os âmbitos das duas críticas, afirmando que se o elemento "interessante" na arte deve ser adscrito sem dúvida ao plano cultural, nada exclui que esse possa ser considerado também componente essencial do efeito estético da chamada literatura artística. Com certeza, para G. é o elemento interessante a decretar o sucesso de uma obra literária e, desse ponto de vista, parece-lhe não ter influência o fato de que esse fator possa ter sido "trazido de fora, de modo mecânico, dosado industrialmente como elemento seguro de 'êxito' imediato" (*Q 5*, 54, 587 [*CC*, 6, 168]). No máximo, na visão de G., isso pode explicar de que modo a "literatura mercantil" consegue ganhar o favor popular e, aos nossos olhos, porque G. – longe de esnobar a literatura comercial – convida a mantê-la na máxima consideração, alertando para o fato de que o sucesso que lhe tributa o público popular é de qualquer forma um sinal da sua capacidade de satisfazer as necessidades reais, além de constituir um indicador precioso para compreender "qual é a massa de sentimentos (e concepções do mundo) que predomina na multidão 'silenciosa'" (idem).

De modo que, quando retorna sobre o argumento, a partir do *Q 6*, parece que G. quer afirmar com maior consciência e firmeza a tese de que o sucesso da literatura, não somente da literatura popular, é determinado por razões prevalentemente práticas. Descende disso o esforço de pôr em relação o quadro da literatura popular tanto com a evolução histórica das necessidades psicológicas do público como com a progressiva articulação e diferenciação das exigências culturais dos estratos populares. Explorando uma observação freudiana ele demonstra, por exemplo, que o fascínio de um romance como *O conde de Monte Cristo* – já definido como "o mais 'narcotizante' entre os romances populares" (*Q 5*, 54, 587 [*CC*, 6, 168]) – deriva de sua analogia com um sonho "com os olhos abertos [...] dependente do 'complexo de inferioridade' (social) que determina longas fantasias sobre a ideia de vingança, de punição dos culpados pelos males sofridos etc." (*Q 6*, 134, 799 [*CC*, 6, 200-1]). Além do mais, na leitura de G., o recente e crescente sucesso dos romances policiais – que era interpretado por um crítico da época como uma genérica "manifestação de revolta contra a mecanicidade e a estandardização da vida moderna" e que a G., por outro lado, não parecia diferente da que sempre distinguiu a literatura popular (*Q 6*, 17, 698) – era uma resposta ao "fato de que a racionalização da vida ameaça atingir as classes médias e intelectuais em uma medida inaudita" (*Q 6*, 28, 706). Por isso, ao mesmo tempo, o desejo de demonstrar que não havia, para a literatura popular, impedimentos de êxitos artísticos, o que leva G. a afirmar que a literatura de tipo "cultural", isto é, inspirada prevalentemente em motivos e interesses práticos, podia "ter uma dupla expressão: mecânica (tipo Sue) e 'lírica' (Dostoiévski)" (*Q 6*, 108, 780). Da mesma maneira, havia já conjeturado a existência na história do romance policial de "um aspecto 'mecânico' e um aspecto 'artístico'", atribuindo o primeiro a Conan Doyle e o segundo, a Poe e Chesterton (*Q 3*, 153, 406).

Retornando ao *Q 8* sobre as razões da escassez ou até mesmo da ausência na cultura italiana de formas de romance popular de sucesso, G. não perde a ocasião para atacar a literatura popular educativa: "A 'tendenciosidade' da literatura intencionalmente popular (educativa) é tão insipida e falsa, corresponde tão pouco aos interesses mentais do povo, que a impopularidade é o castigo merecido", escreve comentando a resenha de Formiggini-Santamaria ao livro de Ernestina Brenna, *La letteratura educativa popolare italiana nel secolo XIX* [A literatura educativa popular italiana no século XIX] (*Q 8*, 135, 1.024 [*CC*, 6, 221]). Nada de mais lógico, então, para G., que tivessem fortuna entre as classes populares as obras que se propunham "antes de mais nada o sucesso, e só secundariamente a educação", como "os ilógicos, complicados, tenebrosos romances de Invernizio", ou então "aqueles dramalhões que arrancam lágrimas e aplausos do público dominical dos teatros de segunda classe (e que são sempre inspirados no amor à justiça e na coragem)" (idem). Desse ponto de vista é também particularmente interessante outra comparação: com o sucesso nacional e internacional do melodrama italiano, que leva G. a realçar a coincidência entre o "florescimento da ópera na música" e a "expansão europeia do romance popular anglo-francês", que se explica pela afirmação, na primeira metade do século XIX, "das forças democráticas populares-nacionais em toda a Europa" e com a impossibilidade dos intelectuais italianos, cosmopolitas antes que nacionais, de interpretar e exprimir a sensibilidade das classes populares italianas (cf. *Q 9*, 66, 1.136 [*CC*, 6, 226]).

Sobre a literatura popular G. continua apontando pensamentos e hipóteses críticas até nos últimos cadernos miscelâneos (*Q 14*, *Q 15*, *Q 17*), em particular no *Q 14*, em correspondência com o início dos cadernos especiais. Entre as observações elaboradas nesses anos, adquirem particular destaque aquelas sobre o papel que deveria e poderia ter a "função" prática da arte popular na mesma avaliação estética, originadas da reflexão sobre o "racionalismo", movimento arquitetônico em que também as exigências estéticas resultavam subordinadas à funcionalidade prática (*Q 14*, 1 [*CC*, 6, 229]; *Q 14*, 2 [*CC*, 6, 230]; *Q 14*, 65 [*CC*, 6, 250]); aquelas sobre as origens popularescas de alguns sofisticados mitos da literatura contemporânea, então de grande sucesso, como o mito do "'super-homem' nietzschiano" (*Q 14*, 4 e *Q 14*, 27), a respeito dos quais G. demonstra, ao invés, a ascendência popular, encontrando rastros nos romances de folhetim e na coeva narrativa do século XIX e atribuindo seu sucesso à capacidade de satisfazer necessidades práticas de resgate e de vingança social muito radicadas e difusas entre as classes populares; e, finalmente, aquelas sobre as supostas propensões conteudísticas das classes populares em relação à literatura. Contra o preconceito segundo o qual o povo "sempre amou a arte mais pelo que não é arte do que pelo que é essencial para a arte", G. afirma, com efeito, "que o povo quer uma arte 'histórica'", isto é, uma arte que se "exprime em termos de cultura 'compreensíveis', ou seja, universais, ou 'objetivos', ou 'históricos', ou 'sociais', que é a mesma coisa. Não quer 'neolalismos' artísticos, especialmente se o 'neolalista' é também um tolo" (*Q 14*, 28, 1.685-6 [*CC*, 6, 239]), contrapondo desse modo e com uma consciência plenamente adquirida também no plano crítico-teórico, "'o individualismo' artístico expressivo anti-histórico (ou antissocial, ou anti-nacional-popular)" de matriz crociana à almejada e almejável sociabilidade de uma arte finalmente nacional-popular (ibidem, 1.687 [*CC*, 6, 241]).

Nem todas essas notas serão transcritas no *Q 21*, caderno especial de 1934-1935 intitulado *Problemi della cultura nazionale. 1º Letteratura popolare* [Problemas da cultura nacional italiana. 1º literatura popular]. Não encontrarão espaço, por exemplo, as revolucionárias notas sobre o funcionalismo. Isso não impedirá, entretanto, ao *Q 21* exibir, em relação à amplitude, à complexidade, mas também à fragmentação dos temas até mesmo apenas abordados nos precedentes *Q*, uma coerência – posta em prática por meio da montagem – que se traduz em maior aderência ao tema específico, e ao mesmo tempo em maior consciência dos seus inextricáveis entrelaçamentos com todas as outras questões que dizem respeito à cultura italiana. Levadas em consideração como um aspecto dessa *conexão de problemas* que gira em torno da "impopularidade" da literatura nacional – tanto a falta na Itália "de uma literatura popular em sentido estrito (romances de folhetim, de aventuras, científicos, policiais etc.) e 'popularidade' persistente deste tipo de romance traduzido de línguas estrangeiras" (*Q 21*, 1, 2.109

[*CC*, 6, 35]) – revelam-se de fato convincentes e determinantes consequências daquela secular divisão entre intelectuais e classes populares que, na visão de G., impediu e continuava impedindo a formação da própria nação, além do nascimento de uma cultura capaz de exprimir as necessidades e as aspirações culturais de todos os componentes da sociedade italiana.

Bibliografia: Menetti, 2004; Paladini Musitelli, 1996; Platone, 1981; Sanguineti, 1987.

Marina Paladini Musitelli

Ver: brescianismo; literatura artística; literatura de folhetim; literatura policial ou de terror; melodrama; nacional-popular; super-homem.

livre-cambismo

G. critica radicalmente as "doutrinas econômicas do livre-cambismo", entendidas como teoria liberista: "A formulação do movimento do livre-câmbio baseia-se num erro teórico [...] sobre a distinção entre sociedade política e sociedade civil, que de distinção de método é transformada e é apresentada como distinção orgânica" (*Q 13*, 18, 1.589-90 [*CC*, 3, 46]). No projeto de fornecer plena autonomia teórica ao movimento operário, G. acerta a conta também com o anarcossindicalismo (o "sindicalismo teórico"), realçando o fato de que ele, mais do que com a filosofia da práxis, tem laços com as "ideologias livre-cambistas" (ibidem, 1.589). Um nexo que se exprime também por meio da proximidade política entre sindicalismo e *meridionalismo*, que havia tornado o livre-cambismo uma bandeira sua (*Alguns temas da questão meridional*, 1926, na *QM*, 146 [*EP*, 2, 405]; *Q 1*, 43, 36, retomado no *Q 19*, 26, 2.040 [*CC*, 5, 87]). Até 1919, G. foi defensor convicto, contra o protecionismo – expressão de uma burguesia atrasada e pilar da política do bloqueio industrial-agrário giolittiano à custa dos camponeses meridionais –, do livre-cambismo como "força subvertedora das formas antiquadas de produção e de troca" ("Semplici riflessioni" [Simples reflexões], 19 de novembro de 1918, em *NM*, 410). Mas também nos *Q* recorda a campanha antiprotecionista de 1911-1912, voltada a "formar politicamente os camponeses", contra a taxa sobre o açúcar, "mercadoria popular ligada à alimentação das crianças, dos enfermos, dos idosos" (*Q 14*, 11, 1.667 [*CC*, 3, 299]). Livre-cambismo e protecionismo constituem uma unidade dialética exprimida pela tendência à formação de macrorregiões econômicas pelas quais se articula um "mercado mundial [...] constituído por uma série de mercados não mais nacionais, mas internacionais (interestatais)", com regime de livre-cambismo no interior e de protecionismo no exterior (*Q 2*, 125, 267 [*CC*, 3, 178]). Finalmente – mas se trata de uma sugestão não suportada por argumentações sucessivas – em "campo econômico (a livre concorrência e o livre-cambismo corresponderiam à guerra de movimento)" (*Q 10* I, 9, 1.228-9 [*CC*, 1, 298]).

Andrea Catone

Ver: economia; guerra de movimento; liberismo; questão meridional; sindicalismo teórico; sociedade civil; sociedade política.

lógica: v. abstração e técnica do pensar.

Loria, Achille

Achille Loria é considerado por G. um caso exemplar de pouco rigor científico e de superficialidade diletante, que tem êxitos bizarros e que G. designa "lorismo" ou de "lorianismo". Já no âmbito de sua atividade como jornalista, o pensador sardo se ocupou de catalogar "as provas da trivialidade espiritual do prof. Achille Loria" ("I criteri della volgarità" [Os critérios da vulgaridade], 23 de março de 1918, em *CF*, 769), que manifestava um "pensamento vulgar", aproximando Dante e Marx como autores que realizaram suas obras-primas no exílio, comparados ao "descobrimento, de repente, de que Bertoldo e Carlos Magno se pareciam porque ambos tinham um nariz e duas pernas" (ibidem, 769-70). Nas colunas de *Avanti!* Loria, com evidente ironia, era definido ainda, por exemplo, como "o descobridor de todas as descobertas, o teórico de todas as teorias, o mergulhador indefeso que do apavorante oceano de todos os humanos mistérios extrai brilhantes e preciosas pérolas do conhecimento e da sabedoria" ("Le cause della guerra" [As causas da guerra], 17 de setembro de 1918, em *NM*, 293).

Nos *Q* são resenhados os principais textos de Loria para demonstrar a continuidade das "bizarrias" no curso de sua carreira literária, embora se reconheça o fato de que ele fosse um "homem de certo engenho" (*Q 1*, 25, 21). O artigo "Le influenze sociali dell'aviazione (Verità e fantasia)" [As influências sociais da aviação (verdade e fantasia)], por exemplo, é definido "monstruoso monumento insulso e tolo" (ibidem, 20), digno de tornar-se, pela "amenidade do conteúdo", um "'livro de texto negativo' para uma escola de lógica formal e de bom senso científico" (*Q 28*, 1, 2.322 [*CC*, 2, 257]): o avião de fato é pensado por Loria como nova residência para os operários que querem livrar-se das coerções do trabalho fabril (ali eles viveriam alimentando-se de pássaros enviscados: a inverossimilhança da ideia é provada também pela incredulidade de Giulia em *LC*, 83, a Giulia, 2 de maio de 1927 [*Cartas*, I, 156]) e para a redenção dos delinquentes. Este segundo aspecto é ligado a uma bizarra teoria que liga o grau de moralidade à altimetria segundo a qual as prisões também deveriam ser situadas nas montanhas. A reconfirmar a sistematicidade das elucubrações estrambóticas de Loria, que não seria, portanto, presa de "impulsos de diletantismo improvisador" (*Q 28*, 1, 2.323 [*CC*, 2, 257]), é recordado também o aspecto linguístico dessa teoria, exposto em "Perché i veneti non raddoppiano ed i valtellinesi triplano" [Por que os habitantes do Vêneto não duplicam as consoantes e aqueles da Valtellina triplicam-nas]: nesse texto afirma-se que os habitantes das montanhas, moralmente mais puros, seriam fisicamente mais robustos e triplicariam as consoantes, enquanto quem vive na planície, ou, pior ainda, no nível do mar, seria moral e fisicamente degenerado e deterioraria as consonantes. Em Veneza, por outro lado, falar-se-ia "o doce dialeto da laguna" segundo a "imaginosa desfaçatez" (*LC*, 84, a Giulia, 2 de maio de 1927 [*Cartas*, I, 157]) de Loria, desde os tempos de Júlio César. Nas reflexões dos *Q*, ademais, há referências à correlação observada por Loria entre "misticismo e sífilis", em que, com o termo "misticismo", devem ser entendidas "todas as atitudes não 'positivistas' ou materialistas em sentido vulgar" (*Q 28*, 1, 2.324 [*CC*, 2, 257]). Essa concomitância é contestada por outro loriano, Domenico Giuliotti, que no prefácio a *Profili di Santi* [Perfis de santos] afirma, inclusive à guisa de advertência, ao contrário, a conexão entre anticristianismo, sífilis e loucura, merecendo o apelido de "perfeito anti-Loria" (*Q 5*, 128, 662). Por outro lado, em Loria são descritos como "místicos" os impérios centrais, contrapostos aos "positivistas" Clemenceau e Lloyd George em um artigo publicado em um "jornaleco um pouco desonesto" (*Proda*, ou *Prora*), que segundo G. especulava sobre o antiderrotismo (*Q 1*, 25, 21): já na coluna *Sotto la Mole* [Sob a Mole] G. havia citado a identificação loriana do espiritualismo com o Kaiser e com o imperador austríaco, quando ao contrário "o positivismo, ou seja, o materialismo da história, ou seja, a liberdade" ("Le cause della guerra", 17 de setembro de 1918, em *NM*, 294)

era representado por uma tríade completada pelo presidente Wilson. Em uma visão desse tipo a sífilis tornava-se, portanto, para Loria, até mesmo a causa da Primeira Guerra Mundial! No *Q 6*, 189 [*CC*, 2, 285] o pensador sardo relata, ao invés, uma interrogação apresentada por Loria ao Senado em 12 de dezembro de 1931, na qual, em plena crise mundial, pedia ao Ministério do Interior para proibir os espetáculos de equilibrismo porque não teriam uma função educativa e seriam – afirmava –, além de improdutivos, "muito frequentemente causadores de acidentes mortais" (ibidem, 833); aboli-los poderia se tornar útil, segundo o senador, até mesmo para a crise econômica. G. comenta o curioso caso dessa maneira: "Seria possível fazer ironia barata sobre os espetáculos de equilibrismo do próprio Loria, que até agora não lhe causaram nenhum acidente fatal" (ibidem, 834). Entre os traços fundamentais da personalidade de Loria menciona-se também certo "oportunismo de baixa extração" e a "afetação literária" (*Q 1*, 25, 21) notada por Croce, que, embora constitua, segundo G., "um elemento secundário do desequilíbrio loriano" (*Q 28*, 1, 2.325 [*CC*, 2, 260]), seria de qualquer forma importante pela continuidade da sua manifestação e porque "a imagem e a ênfase literárias arrastam mecanicamente Loria para o grotesco, como nos seiscentistas, e são origem imediata de algumas 'bizarrias'" (idem).

Se em 1918 G. havia apontado a superficialidade de Loria ao abordar as teses de Lenin, confundindo as revoluções políticas com as econômicas ("L'ultimo tradimento" [A última traição], 3 de janeiro de 1918, em *CF*, 536-8), nos *Q* é finalmente destacado o papel desenvolvido por Loria na divulgação (no pior sentido do termo) do marxismo reduzido a economicismo: G. afirma de fato que tudo que na Itália passa "por filosofia da práxis nada mais é do que contrabando do rebotalho científico loriano" (*Q 10* II, 39, 1.289 [*CC*, 1, 358]). Usando uma terminologia declaradamente crociana, o pensador sardo acrescenta no *Q 13*, 18 [*CC*, 3, 50] que também o marxismo, isto é, "a maior heresia surgida no seio da 'religião da liberdade'", uma vez reduzido a mero economicismo, acabaria difundindo-se como "superstição", da mesma forma que a religião ortodoxa. Contudo, G. pergunta-se se essas "escórias de superstição não seriam facilmente liquidáveis" (ibidem, 1.593). Prescindindo dos "descomedimentos fantasmagóricos" típicos de Loria, em seu núcleo essencial, a interpretação do materialismo histórico deste último é considerada não distante da de Croce, que também o reduziria, de algum modo, a "economicismo parcial", ao considerá-lo somente um "cânone prático de interpretação histórica", que chamaria "a atenção dos historiadores para os fatos econômicos" (*Q 8*, 223, 1.081). Entretanto, deve-se a Croce o mérito de ter atribuído a Loria a responsabilidade por ter substituído de modo arbitrário a expressão de Marx "forças materiais de produção" pela de "instrumento técnico", ao passo que Marx – como nota Croce em seu ensaio sobre Loria –, mesmo sustentando a importância histórica das invenções técnicas, nunca considerou o instrumento técnico como a "causa única e suprema do desenvolvimento econômico" (*Q 4*, 19, 440 [*CC*, 6, 361]). Na base da interpretação loriana estaria um erro de método, que não distinguiria "na análise das situações econômicas e das estruturas sociais entre o que é 'relativamente permanente' e o que é 'flutuação ocasional'; distinção que, dentro de certos limites, corresponde à distinção entre Estado e governo, estratégia e tática" (*Q 4*, 38, 462). A errônea substituição operada por Loria, que atribui ao instrumento de trabalho uma importância até maior do que a das relações sociais, pertence também ao *Ensaio popular*.

JOLE SILVIA IMBORNONE

Ver: Bukharin; Croce; economismo; instrumento técnico; intelectuais; lorianismo/lorianos; ópio.

lorianismo/lorianos

Com o termo "lorismo" e depois "lorianismo", G. indica alguns aspectos da mentalidade de muitos intelectuais que, como Achille Loria, são a prova da "escassa organização da cultura" nacional (*Q 1*, 25, 22) e da sua "não organicidade" (*Q 28*, 2.321), da "falta de controle e de crítica" (*Q 1*, 25, 22), da "frouxidão e indulgência ética no campo da atividade científico-cultural" (*Q 28*, p. 2.321). Tais intelectuais, com o gosto da originalidade dos conceitos e/ou da argumentação a qualquer custo e com a escassa cientificidade do seu método de investigação, se dedicaram à elaboração de obras de sucesso, mas de duvidoso valor, pelo caráter extravagante e diletante, às vezes em contraste não somente com a lógica, mas com a realidade econômica, social e política do país. Deste último aspecto pode ser exemplificativo um volume de Giuseppe Attilio Fanelli, *L'artigianato. Sintesi di un'economia corporativa* [O artesanato. Síntese de uma economia corporativa], que pregava um retorno ao artesanato, declarando a produção industrial um fracasso: a bizarra teoria, que teve grande difusão, demonstrava indiferença em relação à vida nacional e contrastava, ademais, com a concepção fascista da Itália como "nação militar", já que – observava G. – o país com certeza não poderia competir militarmente com outros Estados com canhões construídos por artesãos, ou usando carros de boi como meio de locomoção (*Q 28*, 17, 2.335 [*CC*, 2, 268]). O lorianismo seria típico, em particular, de uma série de intelectuais positivistas, convencidos de ter corrigido e superado o marxismo. Sobre o marxismo histórico, G. comenta no *Q 4*, 6 algumas "lorianadas" de Roberto Ardigò (ibidem, 428), interessantes para acompanhar a gênese do "*ventraiolismo*"*, segundo o qual o homem seria movido irresistivelmente pela fome e por outros "sentimentos" e a concepção materialista da história deveria ser reconduzida à força da natureza, e não, ao contrário, à razão econômica. O texto de Ardigò seria loriano não somente pelos conteúdos, mas também pelo método, já que o autor, ao invés de documentar-se a fundo, ter-se-ia limitado a ler sobre o argumento "algum artigo cheio de erros de algum jornaleco" (*Q 16*, 8, 1.854 [*CC*, 4, 27]). A proliferação do fenômeno "lorianista", analisado no contexto italiano, mas considerado por G. recorrente em qualquer latitude e em toda época histórica, constitui um sinal indiscutível da fragilidade da civilização moderna. Isso teria sido percebido somente em 1935, quando o hitlerismo demonstrou que a Alemanha "alimentava, sob o aparente domínio de um grupo intelectual sério, um lorianismo monstruoso, que rompeu a crosta oficial e se difundiu como concepção e método científico de uma nova 'oficialidade'" (*Q 28*, 1, 2.325 [*CC*, 2, 261]). O que surpreende e preocupa G. não é o fato de Loria publicar livros, porque existem sempre "os descobridores do moto perpétuo e os párocos que publicam continuações de *Jerusalém libertada*" (ibidem, 2.326 [*CC*, 2, 261]), mas, ao contrário, o fato de Loria ter se tornado um "mestre", influente sobre um vasto público: isso é prova – mesmo em tempos normais – da fraqueza das "margens críticas" que se opõem ao extravasamento de fenômenos como o lorianismo. Mais ainda, em "épocas anormais", caracterizadas por "paixões desencadeadas", é compreensível que os vários Loria, com o apoio de "forças interessadas", possam "infectar por décadas um ambiente de civilização intelectual ainda débil e frágil" (idem).

---

* Relativo a "ventre". (N. T.)

G. atribui clara função pedagógica à rubrica dedicada ao lorianismo: na impossibilidade de dar, em curto pra zo, uma instrução adequada às grandes massas de homens que, não possuindo um "hábito científico e crítico", imaginam fáceis soluções para qualquer problema, o pensador sardo considera útil atingir sua "fantasia" ilustrando "tipos de hilotismo intelectual" (*Q 1*, 63, 74). De tal modo, pode ser desenvolvido o senso de ridículo e – ao aniquilar com "um oportuno peteleco" de modo quase fulminante "os efeitos do ópio intelectual" (*Q 28*, 11, 2.331 [*CC*, 2, 266]) – pode ser gerado um sentimento de aversão "instintiva" (ibidem, 2.330) para a "desordem intelectual", que segundo o autor dos *Q* inevitavelmente levaria também à "desordem moral". Disso deriva a necessidade, ao invés, de "criar homens sóbrios, pacientes, que não se desesperem diante dos piores horrores e que não se exaltem em face de qualquer tolice. Pessimismo da inteligência, otimismo da vontade" (*Q 1*, 63, 75).

Achille Loria não constitui, para G., um "caso teratológico individual" (*Q 1*, 25, 22); na reflexão carcerária, muitas outras personalidades são rubricadas como "lorianas". Entre elas estão Tommaso Sillani, que, de forma estrepitosa, havia interpretado como clínica ginecológica *avant la lettre* a Casa dos Partos, antigo edifício romano que tomava o nome da população asiática (equívoco amplamente narrado em "Le nuove energie intellettuali" [As novas energias intelectuais], 8 de junho de 1918, em *NM*, 97-100); Filippo Carli, que teria prognosticado um iminente retorno da navegação a vela; Giuseppe Belluzzo, que conjecturava a existência de grandes riquezas ocultas nas montanhas; Guglielmo Ferrero, que em *La fin des aventures* [O fim das aventuras] considerava possível voltar à "guerra dos bordados" e exaltava "a arte militar dos chichisbéus" (*Q 28*, 12, 2.332 [*CC*, 2, 267]); Angelo Oliviero Olivetti, "desconexo e pretencioso erudito de botequim" (*Q 8*, 76, 984 [*CC*, 2, 286]). No âmbito da crítica literária G. recorda Luigi Valli e sua "interpretação 'conspiratória' e maçônica do *Dolce Stil nuovo*" (*Q 1*, 97, 93) e Giulio Salvadori, que descobre em *Os noivos* "o drama de Enrichetta (Lucia), oprimida por Condorcet, dona Giulia e pelo próprio Manzoni (dom Rodrigo, o Anônimo etc.)" (idem). Paolo Orano, entretanto, é citado por meio de alguns aforismos "lorianos" sobre Ibsen (*Q 3*, 66 [*CC*, 2, 277]); sobre *Cristo e Quirino* é lembrado o juízo de Sorel publicado em *Mouvement socialiste*, de abril de 1908, irônico e reticente, à diferença – como em outros casos – do parecer afirmado nas cartas a Croce. Orano, de forma insipiente, o cita como se se tratasse de um elogio na edição Campitelli do livro, publicada em 1928 (*Q 3*, 132 [*CC*, 2, 281]). Um episódio divertido no campo da crítica musical é contado no *Q 8*, 74 [*CC*, 2, 285]: segundo afirmado por Croce nas *Conversazioni critiche* [Diálogos críticos], Enrico Ferri, durante uma comemoração de Zola em Nápoles, definiu Verdi como "um talento" e não um gênio: seria prova disso o fato de que ele "costuma manter em perfeita ordem as contas da economia doméstica!" (ibidem, 984 [*CC*, 2, 286]). Pensava, de fato, não entendendo de música, ou seja, "não estando exposto ao fascínio daquela arte" (idem), julgar objetivamente. Uma variante da anedota contava que Ferri, pelas mesmas razões, se achava capaz de indicar qual era o maior gênio entre Verdi e Wagner. Um caso limite, e clínico, seria o de Arturo Lenzi, candidato ao quarto colégio de Turim em maio-junho de 1914, que propôs reduzir a pó as montanhas do país, que ocupavam muito espaço, para depois utilizar seu material como fertilizante do deserto líbico (*Q 1*, 32); o coronel de engenharia naval Barberis propôs, ao contrário, ao Congresso das Ciências de Perugia em outubro de 1927, que se cultivasse com amendoim 50 mil km² para garantir à Itália a quantidade necessária de óleos combustíveis, merecendo assim também uma menção na rubrica dedicada ao lorianismo no *Q 3*, 105 [*CC*, 2, 281]. Seria loriano também o discurso de Turati sobre as "assalariadas do amor" (*Q 1*, 37, 27): G. havia feito referência ao tema polemicamente nas páginas de *L'Ordine Nuovo*, definindo-o no Texto C da nota citada como um discurso "desonroso e abjeto" (*Q 28*, 9, 2.329 [*CC*, 2, 265]).

Muitos outros aspectos de lorianismo na produção literária e científica italiana podem ser observados, segundo G., nos artigos de revistas como *La Critica*, *L'Unità* e *La Voce*. O "lorianismo" como "fato geral de cultura" seria, ademais, "uma 'tumefação' no campo da 'sociologia'" (*Q 1*, 32, 25), cujo digno representante é Alberto Lombroso. G. surpreende-se com o fato de que seus dois livros, *Le origini economiche e diplomatiche della guerra mondiale* [As origens econômicas e diplomáticas da guerra mundial] e *L'imperialismo britannico dagli albori dell'Ottocento allo scoppio della guerra* [O imperialismo britânico do alvorecer do século XIX ao início da guerra], tenham sido recebidos na Collezione Gatti; com análogo estupor recorda ademais a relação entre Luzzatti e o *Corriere della*

Sera e a relação entre Loria – em veste de escritor apreciado e por algum tempo membro da redação – e a *Riforma Sociale*, de Einaudi, para apontar as responsabilidades dos intelectuais no obséquio geral tributado a tais figuras, fazendo referência, em particular no caso de Loria, à atuação de Einaudi como "organizador de movimentos culturais" (*Q 28*, 1, 2.321 [*CC*, 2, 257]). A sua "fadiga" sem dúvida "loriana" de compilador da "Bibliografia de Achille Loria", publicada como suplemento no número 5 de *Riforma Sociale* (setembro-outubro de 1932), não somente teria valorizado "a 'dignidade' científica de Loria", como teria também recolocado no mesmo plano todos os seus escritos, procurando chamar a atenção do hipotético jovem leitor contemporâneo com sua quantidade enorme de obras (idem). No âmbito da linguística, em contrapartida, G. cita Alfredo Trombetti, embora esclarecendo que se trate de "um simples juízo de desequilíbrio entre a 'logicidade' e o conteúdo concreto de seus estudos" (*Q 3*, 86, 364 [*CC*, 2, 277]) e não de um juízo global sobre sua obra. "Formidável poliglota", ele não seria para G. um glotólogo, já que o "conhecimento material de inúmeras línguas vai em detrimento do método científico" (idem). No campo dos estudos sobre antiguidade é conexo ao lorianismo o falso anúncio de que teriam sido encontrados os livros perdidos de Tito Lívio por obra de um professor napolitano, que foi assim prejudicado por Ribezzo, contra o qual lutava por uma cátedra universitária (*Q 3*, 89, 372 [*CC*, 2, 280]). Elementos de lorianismo poderiam ser detectados ademais nos escritos literários de alguns sindicalistas italianos, por meio das cartas de Sorel a Croce: em uma dessa é recordado, por exemplo, que a tese de licenciatura de Arturo Labriola faria supor o fato de que *O capital*, de Marx, estivesse inspirado na situação e na história econômica francesa e não na inglesa (*Q 28*, 5 [*CC*, 2, 263]). No quadro do lorianismo, finalmente, segundo G. deveria ser inserido também Corso Bovio, como nos quadros flamengos, nos quais é sempre colocado um cachorrinho, mas a comparação lhe parece demasiado generosa: "Talvez o cachorrinho seja um animal muito grande; uma barata talvez seja mais adequada para representá-lo" (*Q 4*, 73, 514).

BIBLIOGRAFIA: CASANUOVI, 1985; SANTUCCI, 1987 e 1992.

JOLE SILVIA IMBORNONE

Ver: economismo; linguística; Loria; materialismo histórico; sociologia; Sorel; *Voce* (*La*).

lorismo: v. lorianismo/lorianos.

loteria

Os jogos de azar são argumento crítico em diversos artigos jornalísticos ("I re immortali" [Os reis imortais], 30 de abril de 1916, em *CT*, 283-4; "Lotterie" [Loterias], 6 de fevereiro de 1918, em *CF*, 634-5; "Il 'foot-ball' e lo Scopone" [O futebol e o baralho], 26 de agosto de 1918, em *NM*, 265-6 [*EP*, 1, 209]), nos quais a loteria é definida como "uma pústula, uma fonte de corrupção, de imoralidade [...]. Joga na loteria quem espera enriquecer sem trabalhar, sem gastar energias e atividade" ("Truffatori" [Embusteiros], 20 de maio de 1918, em *NM*, 41). O juízo é confirmado nos *Q*. G. comenta um artigo de Marescalchi em que se afirma: "No povo italiano está sempre vivo o sentido de tentar a sorte; no campo, ainda hoje, não existe quem se abstenha das 'rifas' e das tômbolas" (*Q 16*, 1, 1.840 [*CC*, 4, 17]). E, citando Croce, que retoma por sua vez Serao: o jogo da loteria é "como 'o grande sonho de felicidade' com que o povo napolitano 'volta a sonhar toda semana', vivendo 'por seis dias uma esperança crescente, voraz, que se alastra, sai dos limites da vida real'" (ibidem, 1.837 [*CC*, 4, 15]). O trecho faz parte do grupo de notas "A religião, a loteria e o ópio da miséria" ("ópio do povo" em primeira redação), em que é aprofundado o nexo loteria-religião: G. conjetura que a possível "passagem da expressão 'ópio da miséria', usada por Balzac acerca da loteria, à expressão 'ópio do povo' acerca da religião, tenha sido ajudada pela reflexão sobre o *pari* de Pascal, que aproxima a religião do jogo de azar, das apostas" e chama a atenção para o fato de que as premiações mostram que "alguém foi 'eleito', que alguém obteve uma graça particular de um Santo ou de Nossa Senhora" (ibidem, 1.838 e 1.840 [*CC*, 4, 16-8]).

Nos *Q* o lema possui também uma valência metafórica, por exemplo, quando G. escreve que os seguros são organizados "como uma espécie de jogo lotérico: calcula-se sempre que haverá lucro, e considerável" (*Q 14*, 54, 1.713 [*CC*, 3, 314]), e na expressão "loteria clandestina" para indicar o "parlamentarismo 'implícito'" (em outro lugar, "parlamentarismo negro"), que funciona "como o 'mercado negro' e o 'jogo de loteria clandestina' onde e quando as bolsas oficiais e o jogo de Estado se mantêm fechados por alguma razão" (*Q 14*, 74, 1.742-3 [*CC*, 3, 319]).

GIOVANNI MIMMO BONINELLI

Ver: Nápoles; parlamentarismo negro; religião.

lucro: v. queda tendencial da taxa de lucro.

Lukács, György

G. fala sobre Lukács (que escreve "Lukacz") somente uma vez nos *Q*, em um Texto A (*Q 4*, 43, 468 [*CC*, 6, 362]), retomado, sem modificações essenciais na parte que diz respeito a Lukács, no respectivo Texto C (*Q 11*, 34, 1.449 [*CC*, 1, 166]). G. refere-se ao famoso livro *História e consciência de classe*, publicado em 1923 e duramente condenado pela ortodoxia, tanto da Segunda, como da Terceira Internacional. É quase certo que G. não conhecesse diretamente o livro. De fato, no mencionado Texto A, ele diz conhecer "suas teorias muito vagamente" e em ambas as redações exprime seus comentários de modo cautelosamente dubitativo: Lukács "pode estar errado ou pode ter razão". G. provavelmente conhecia o livro pela dura condenação que este tinha sofrido por parte da Terceira Internacional, como parece confirmado pelo fato de se referir ao "prof. Lukacz", exatamente a forma irônica com a qual este último era chamado por seus acusadores (*Q 4*, 43, 469 [*CC*, 6, 362]).

A menção a Lukács é feita no contexto de uma discussão sobre a noção de "objetividade" em polêmica com o *Ensaio popular*, de Bukharin. G. afirma, no mencionado Texto C: "Parece que Lukács afirma que só se pode falar de dialética para a história dos homens e não para a natureza. Pode estar errado e pode ter razão. Se sua afirmação pressupõe um dualismo entre a natureza e o homem, está errado [...]. Mas, se a história humana deve também ser concebida como história da natureza (também através da história da ciência), então como a dialética pode ser separada da natureza? Talvez Lukács, reagindo às teorias barrocas do *Ensaio popular*, tenha caído no erro oposto, numa espécie de idealismo" (*Q 11*, 34, 1.449 [*CC*, 1, 167]). Ao admitir que Lukács de um certo ponto de vista pode ter razão, G. o faz para tomar distância das posições de Bukharin.

Carlos Nelson Coutinho

Ver: Bukharin; dialética; marxismo; materialismo histórico; natureza; objetividade.

luta de gerações

G. se ocupa do conflito entre gerações sobretudo em três Textos B do *Q 3* (1930). Em *Q 3*, 34, 311 [*CC*, 3, 184] a "crise de autoridade" concebida como incapacidade da classe "dominante" de ser também "dirigente" é explicada pelo fato de que "as grandes massas se destacaram das ideologias tradicionais, não acreditam mais no que antes acreditavam". A isso deve ser ligada – segundo G. – também "a chamada 'questão dos jovens', determinada pela 'crise de autoridade' das velhas gerações dirigentes". Em uma nota pouco posterior, intitulada exatamente "Luta de gerações", "o fato de que a geração mais velha não consiga guiar a geração mais jovem" é lido também em relação à "crise da instituição familiar e da nova situação do elemento feminino na sociedade" (*Q 3*, 61, 340 [*CC*, 3, 200]). É julgado porém especialmente grave o fato de que "a velha geração, em determinadas situações, renuncia a sua missão educativa, com base em teorias mal compreendidas ou aplicadas em situações diversas daquelas das quais eram a expressão" (idem). Mas, sempre no *Q 3*, o problema é reconduzido de novo ao tema da crise de hegemonia, com uma referência à dinâmica político-cultural entre burguesia e classes subalternas, referida a uma época e a uma situação determinadas, mas válida também em outros contextos. Escreve G.: "Na luta de gerações, os jovens se aproximam do povo; nas crises de mudança, tais jovens retornam à sua classe (foi o que ocorreu com os sindicalistas-nacionalistas e com os fascistas) [...]. A burguesia não consegue educar seus jovens (luta de geração): os jovens deixam-se atrair culturalmente pelos operários, e chegam até mesmo a se tornar (ou buscam fazê-lo) seus líderes (desejo 'inconsciente' de realizarem a hegemonia da sua própria classe sobre o povo), mas nas crises históricas, retornam às origens. Este fenômeno de 'grupos' não terá ocorrido, por certo, apenas na Itália: também nos países onde a situação é análoga, ocorreram fenômenos análogos" (*Q 3*, 137, 396-7 [*CC*, 2, 95]).

Guido Liguori

Ver: crise de autoridade; família; hegemonia; mulher; questão juvenil.

Lutero, Martin

Nos *Q* não se encontra uma discussão original do pensamento e da figura de Lutero, como, ao contrário, acontece com outros protagonistas da primeira Idade Moderna. De fato, as referências ao fundador do protestantismo são mediadas por Croce ou por seu aluno Guido De Ruggiero. Entretanto, elas se revestem de grande interesse porque desenvolvem uma função teórica na autodefinição da filosofia da práxis, em direta polêmica com Croce. No *Q 4*, 3, intitulado "Due aspetti del marxismo"

[Dois aspectos do marxismo], G. usa de fato duas passagens da *Storia dell'età barocca* [História da época barroca], de Croce, dedicadas ao contraste Erasmo-Lutero: culto, mas pávido e separado do povo o primeiro; capaz de suscitar um grande movimento de massa, mas desconfiado em relação à cultura o segundo, razão pela qual a Reforma sofreu "*um atraso em seu intrínseco desenvolvimento*, com a lenta e repetidamente interrupta maturação do seu germe vital", e "foi por um par de séculos quase estéril nos estudos, na crítica, na filosofia" (Croce, 1929, p. 8 e 11; cf. *Q 4*, 3, 423). Contudo, daqui nasceu o futuro, "a filosofia alemã de 1700-800" (ibidem, 425; G. remete a De Ruggiero, 1930a e 1930b, que desenvolve esse argumento).

A argumentação pode ser aplicada ao marxismo: mesmo assim, Croce, em cujo tipo "o homem do Renascimento e o homem da Reforma se fundiram", "não entende mais o processo histórico por meio do qual do 'medieval' Lutero se conseguiu chegar até Hegel e, portanto, perante a nova Reforma intelectual e moral representada pelo materialismo histórico, encontra-se na mesma posição de Erasmo perante Lutero" (*Q 7*, 1, 852). Trata-se, portanto, de uma incoerência sua, aliás, de um retrocesso a Erasmo. No Texto C essa incoerência é apontada com clareza: "A posição de Croce é a do homem do Renascimento em face da Reforma protestante, com a diferença de que Croce revive uma posição que historicamente revelou-se falsa e reacionária, posição que ele mesmo (e seus discípulos: cf. o livro de De Ruggiero sobre *Rinascimento e Riforma*) contribuiu para demonstrar como falsa e reacionária" (*Q 10* II, 41.I, 1.293 [*CC*, 1, 362]).

Fabio Frosini

Ver: calvinismo; Croce; Erasmo; homem do Renascimento; Reforma; Renascimento.

Luxemburgo, Rosa

Assassinada com Karl Liebknecht em 15 de janeiro de 1919 pelos milicianos dos *Freikorps* sob as ordens do governo dirigido pelo social-democrata Friedrich Ebert, a líder do movimento espartaquista, entre "os maiores dos maiores santos cristãos" ("Il partito comunista", 4 de setembro de 1920, em *ON*, 654 [*EP*, 1, 418]), entre os maiores teóricos da Internacional em relação à teoria do imperialismo como expressão do capital financeiro (cf. "Tasca e il congresso camerale di Torino" [Tasca e o congresso das câmaras de Turim], 5 de junho de 1920, em *ON*, 541), é apreciada pelo G. de *L'Ordine Nuovo* pela forma como coloca a relação entre luta política e sindical em seu *Lo sciopero generale – il partito e i sindacati* [A greve geral – o partido e os sindicatos], escrito logo depois da Revolução Russa de 1905 e publicado na Itália em 1919 ("Verso nuove istituzioni. Postilla" [Rumo a novas instituições. Apostila], 30 de agosto de 1919, em *ON*, 191), e como promovedora da tese sobre a revolução comunista como obra das massas e não "de um secretário de partido nem de um presidente da república por golpes de decreto" ("Cronache dell'*Ordine Nuovo* [XXXIX]" [Notícias de *L'Ordine Nuovo* [XXXIX]], 9 de outubro de 1920, em *ON*, 704). O seu *L'accumulazione del capitale* [A acumulação do capital], "problema [...] quase desconhecido na Itália", é considerado por G. importante para as discussões no V Congresso da Internacional Comunista (cf. *L*, 177 e 187, 13 e 14 de janeiro de 1924), que porém rejeita sua configuração e, na tese sobre a bolchevização do V Pleno de abril de 1925, critica o "luxemburguismo", entre outras razões, pelo modo não bolchevique de tratar a questão da espontaneidade, da consciência e da organização da revolução.

Nos *Q* as referências a Luxemburgo são limitadas a dois textos, "Arrêts et progrès du marxisme" [Paradas e progressos do marxismo], escrito em 1903 e inserido em uma antologia sobre Marx organizada por David Rjazanov, e o já citado "Lo sciopero generale" [A greve geral]. Não há aparentemente um nexo entre os dois textos, que se estruturam sobre ordens de questões diferentes: o problema da situação estática da teoria do marxismo e a relação entre guerra manobrada, revolução permanente e teoria da greve de massa. G. compara a teoria de Trotski à teoria de Luxemburgo exposta em "Lo sciopero generale", que teria "influenciado os sindicalistas franceses" e que dependia "em parte também da teoria da espontaneidade" (*Q 7*, 16, 867 [*CC*, 3, 261]). No debate russo de 1924-1925 Luxemburgo é aproximada de Trotski como autora da teoria da revolução permanente. A matriz comum está na avaliação da Revolução Russa de 1905, que Luxemburgo percebe como revolução simultaneamente antiabsolutista e anticapitalista. Mais relevante é o *Q 13*, 24 [*CC*, 3, 71], em que G., retomando as teses do V Pleno da Internacional Comunista, critica Luxemburgo por ter descuidado dos "elementos 'voluntários' e organizativos que, naqueles eventos, foram muito mais difundidos e eficientes do que Rosa podia crer, já que ela era condicionada por um certo preconceito 'economicista' e espontaneísta". O texto de Luxemburgo é "um dos documentos mais significativos da teorização da guerra manobrada aplicada à arte política", mas "na ciência histórica, a eficácia do elemento econômico imediato é considerada bem mais complexa do que a da artilharia pesada na guerra de manobra": tem-se a ilusão de que "após ter aberto uma brecha na defesa inimiga" seja possível, de modo fulminante (G. repete por três vezes o advérbio) colocar os quadros no seu lugar e criar "a concentração ideológica da identidade do fim a alcançar. Era uma forma de férreo determinismo economicista, com a agravante de que os efeitos eram concebidos como rapidíssimos no tempo e no espaço; por isso, tratava-se de um verdadeiro misticismo histórico, da expectativa de uma espécie de fulguração milagrosa" (ibidem, 1.613-4 [*CC*, 3, 71]). G., ao invés, pensa dialeticamente a relação entre espontaneidade e direção consciente: no extraordinário *Q 3*, 48 [*CC*, 3, 194] critica os sindicalistas franceses e defende a experiência do *Ordine Nuovo* de Turim, que educava a espontaneidade com uma "ação política real das classes subalternas, enquanto política de massa e não simples aventura de grupos que avocam à massa" (ibidem, 330).

A questão está estreitamente ligada ao problema fundamental do desenvolvimento da teoria marxista, que o breve e denso artigo de Luxemburgo de 1903 ("Arrêts et progrès du marxisme") enfrentava. Para G. o marxismo não se pode colocar em oposição aos sentimentos "espontâneos" (que "não são resultado de uma sistemática atividade educadora por parte de um grupo dirigente já consciente": *Q 3*, 47, 330 [*CC*, 3, 193]) das massas e "deve ser possível uma 'redução' [...] recíproca, uma passagem de uns aos outros e vice-versa", elevando os movimentos "espontâneos" a um plano superior (ibidem, 351). A crítica do economicismo e do sindicalismo investe assim o coração do problema teórico da relação entre Reforma e Renascimento. Prática das massas e teoria revolucionária: "Trata-se, na verdade, de trabalhar para a elaboração de uma elite, mas esse trabalho não pode ser separado do trabalho de educação das grandes massas; as duas atividades, aliás, são na verdade uma só atividade, e é precisamente isso o que torna o problema difícil (recordar o artigo de Rosa sobre o desenvolvimento científico do marxismo e sobre as razões da sua estagnação): trata-se, em suma, de ter uma Reforma e um Renascimento ao mesmo tempo" (*Q 7*, 43, 892 [*CC*, 1, 247-8]). Luxemburgo observava que para as exigências práticas do movimento operário era suficiente o primeiro livro d'*O capital*, que explica cientificamente a exploração do capitalismo e postula sua subversão em socialismo, ao passo que as análises do segundo e do terceiro livro, fundamentais para a compreensão do inteiro processo capitalista, foram quase completamente ignoradas, porque não eram utilizáveis na prática política cotidiana.

"Arrêts et progrès du marxisme" é usado por G. para enfrentar questões estreitamente interligadas entre si no interior do seu projeto orgânico de pesquisa sobre o problema de "como a partir da estrutura nasce o movimento histórico" (*Q 11*, 22, 1.422 [*CC*, 1, 140]): a) a causa da escassa recepção de Labriola, fundamental no projeto de G. de transformar o marxismo numa filosofia autônoma "independente de todas as outras correntes filosóficas" deve ser buscada no fato de que "no período romântico da luta, no *Sturm und Drang* popular, todo o interesse se volta para as armas mais imediatas, para os problemas da tática, em política, e para os problemas culturais menores, no campo filosófico" (*Q 11*, 70, 1.507-8 [*CC*, 1, 224-5]); b) a subalternidade da filosofia da práxis a outras filosofias, e sobretudo ao materialismo filosófico, é provocado pela necessidade do movimento operário de combater os resquícios pré-capitalistas entre as massas populares, aliando-se com o materialismo contra o idealismo, que era, ao contrário, a filosofia mais avançada (*Q 16*, 9 [*CC*, 4, 31]); c) o atraso da teoria na URSS e no movimento operário mundial denunciado por Liefscitz (Boris Souvarine), que "não entende nada destas questões" (*Q 7*, 43, 892 [*CC*, 1, 247]), é "compensado" pela atividade prática das iniciativas soviéticas de plano (*Q 7*, 44 [*CC*, 1, 248]). "Arrêts et progrès du marxisme" tem o grande mérito de colocar o problema – ainda atualíssimo – do momento estático do desenvolvimento teórico do movimento operário, fornecendo porém uma solução quase tautológica ("A explicação é um pouco capciosa, na medida em que, em grande parte, apenas dá como explicação, de forma abstrata, o próprio fato a ser explicado": *Q 16*, 9, 1.857 [*CC*, 4, 34], última nota em ordem temporal dedicada ao argumento e a única em que G. distancia-se criticamente de "Arrêts et progrès du marxisme"). Mesmo transcrevendo numa nota quase ao pé da letra o texto de Luxemburgo ("À fase econômico-corporativa, à fase de luta pela hegemonia na sociedade civil, à fase estatal, *correspondem atividades intelectuais determinadas que não podem ser arbitrariamente improvisadas ou antecipadas*. Na fase da luta pela hegemonia, desenvolve-se a ciência política; na fase estatal, todas as superestruturas devem desenvolver-se, sob pena de dissolução do Estado" (*Q 11*, 65, 1.493, grifo meu [*CC*, 1, 210]), G. não se limita a justificar historicamente o atraso do marxismo, mas coloca o problema da necessidade do desenvolvimento teórico, que não pode ser procrastinado no momento em que se entrou na fase da construção do Estado operário: "A partir do momento em que um grupo subalterno tornar-se realmente autônomo e hegemônico, suscitando um novo tipo de Estado, nasce concretamente a exigência de [...] elaborar os conceitos mais universais, as mais refinadas e decisivas armas ideológicas" (*Q 11*, 70, 1.508 [*CC*, 1, 225]; cf. também *Q 11*, 65, 1.493 [*CC*, 1, 209]). Isto é, ele formula a difícil relação dialética entre espontaneidade e direção consciente, entre Reforma e Renascimento.

Andrea Catone

Ver: catástrofe/catastrófico; determinismo; economismo; espontaneidade; Reforma; Renascimento; revolução permanente; sindicalismo teórico; Trotski.

M

maçonaria

Em seu único pronunciamento parlamentar (16 de maio de 1925), sobre a "lei das associações secretas", G. afirma que, "dada a debilidade inicial da burguesia italiana, a maçonaria foi o único partido real e eficiente de que a classe burguesa dispôs durante longo tempo" (*CPC*, 76 [*EP*, 2, 298]). Nos *Q*, muitas são as ocorrências do vocábulo "maçonaria" e de seus derivados, sobretudo em relação ao Rotary ou ao interesse polêmico da *Civiltà Cattolica*. Encontram-se observações sobre a maçonaria em diversas épocas, por exemplo no século XIX, quando, "em um certo período, todas as forças da democracia se aliaram e a maçonaria tornou-se o ponto articulador dessa aliança; esse é um período bem definido na história da maçonaria que desembocou no desenvolvimento das forças operárias" (*Q 3*, 125, 392). Mas também sua articulação em áreas geográficas diferentes, por exemplo na América do Sul, onde "a maçonaria e a Igreja positivista são as ideologias e as religiões laicas da pequena burguesia urbana" (*Q 1*, 107, 98 [*CC*, 4, 178]). Em "América e maçonaria", G. relata notícia sobre a luta entre tendências maçônicas de diversos países (*Q 6*, 191, 834 [*CC*, 4, 107]). No *Q 22*, escreve: "Rotary Club e maçonaria (o Rotary é uma maçonaria sem os pequeno-burgueses e sem a mentalidade pequeno-burguesa). A América tem o Rotary e o YMCA, a Europa tem a maçonaria e os jesuítas" (*Q 22*, 2, 2.146 [*CC*, 4, 248]). A maçonaria é considerada uma das "associações políticas e culturais" (*Q 13*, 36, 1.633 [*CC*, 3, 89]). De derivação iluminista (*Q 3*, 5, 291 [*CC*, 4, 291]), tem como características fundamentais "a democracia pequeno-burguesa, o laicismo, o anticlericalismo etc." (*Q 5*, 2, 543). É uma força para a qual G. não olha com simpatia, de fato, fala em "banalidades maçônicas" (*Q 1*, 48, 61), em "caráter sectário e maçônico, não de grande partido de governo" (ibidem, 62), em "aparato simbólico e cômico da maçonaria" (*Q 1*, 51, 65 [*CC*, 4, 173]), em "anticlericalismo vulgar-maçônico" (*Q 10* II, 41.I, 1.295 [*CC*, 1, 361]), acusando Croce de se comportar "como os anticlericais maçônicos e racionalistas vulgares" (ibidem, 1.292 [*CC*, 1, 361]).

GUIDO LIGUORI

Ver: América do Sul; americanismo; laicismo; Rotary Club.

mãe

Nos *Q* não está presente uma reflexão específica sobre este tema, mas ele adquire relevância nas *Cartas*, em que G. expressa um profundo afeto pela mãe, que se contrapõe ao repúdio, várias vezes evidenciado, à figura paterna. Não é por acaso, portanto, que as primeiras duas cartas escritas por G. poucos dias após sua prisão sejam endereçadas à mulher, Giulia, e à mãe. Em 20 de novembro de 1926, G. escreve: "Querida mamãe, pensei muito em você nestes dias. Pensei nas novas dores que acabei por lhe trazer, em sua idade e depois de todos os sofrimentos pelos quais passou. É preciso que você seja forte, apesar de tudo, assim como eu sou forte, e que me perdoe com toda a ternura de seu imenso amor e de sua bondade. Sabê-la forte e paciente no sofrimento será um motivo de força também para mim" (*LC*, 5-6 [*Cartas*, I, 76]). A constante e, ao mesmo tempo, dolorosa correspondência epistolar com a mãe será sempre marcada pelas lembranças. Por um lado, a lembrança dos heroicos esforços maternos, de suas "mãos sempre ocupadas" em aliviar "os sofrimentos" dos filhos "e em extrair alguma utilidade de todas as coisas" (*LC*, 48, à mãe, 26 de fevereiro de 1927 [*Cartas*, I, 121]), do fato de ter se sacrificado pelos filhos "de modo extraordinário" (*LC*, 378, a Grazietta, 29 de dezembro de 1930 [*Cartas*, I, 466]), de ser mulher e mãe "exemplar" ao demonstrar aos filhos quanto valia "a obstinação para superar dificuldades que até homens de grande fibra consideravam insuperáveis" (*LC*, 631, a Grazietta, 31 de outubro de 1932 [*Cartas*, II, 256]). Por outro lado, a lembrança dos episódios e das cenas da infância em que G. revê "muitas dores e muitos sofrimentos, é verdade, mas também algo alegre e bonito" (*LC*, 48, à mãe, 26 de fevereiro de 1927 [*Cartas*, I, 121]).

É de particular interesse uma carta de 1931 em que conjuga, como frequentemente acontece em G. – em especial na correspondência com Tatiana –, aspectos afetivos e familiares com reflexões de caráter teórico. Escreve G.: "Você nem pode imaginar quantas coisas eu lembro em que você aparece sempre como uma força benéfica e cheia de ternura por nós. Pensando bem, todas as questões da alma e da imortalidade da alma, do paraíso e do inferno, no fundo são apenas um modo de ver este simples fato: cada ação nossa se transmite para os outros segundo seu valor, de bem e de mal, passa de pai para filho, de uma geração para outra num movimento perpétuo" (*LC*, 427-8, à mãe, 15 de junho de 1931 [*Cartas*, II, 53]). G. explicita claramente uma conexão, aliás amplamente argumentada nos *Q*, entre o elemento religioso e o "senso comum" como "filosofia espontânea", traduzida, nesse caso, na imediaticidade do sentimento materno que, continua G., "penso que seja o coração dos próprios filhos", além de "único paraíso real que existe" (ibidem, 428 [*Cartas*, II, 53]). Assim, emerge nessa passagem uma leitura gramsciana dos elementos mais utópicos da religião, imortalidade da alma, paraíso e inferno, "em sentido realista e historicista, isto é, como uma necessária sobrevivência de nossas ações úteis e necessárias e como uma incorporação delas, além de nossa vontade, ao processo histórico universal etc.", como escreve a Tatiana (*LC*, 733-4, 24 de julho de 1933 [*Cartas*, II, 355]).

G. permanecerá fortemente ligado à mãe por toda a vida e, sem saber de sua morte (datada de 1932), mantida em segredo pelos parentes com a intenção de preservá-lo de tão grande dor num momento em que seu equilíbrio psíquico e físico provavelmente não a teria suportado, continuará a escrever-lhe até 1934. Em relação a esse fato, merece especial atenção uma carta, permeada de raiva e dor, à esposa Iulca (Giulia): "Você realmente acreditou que eu não sentia, desde 1932, que minha pobre mãe estava morta? Senti então a dor mais forte, e de modo verdadeiramente violenta, se bem que me encontrasse em grave estado de prostração física. Como podia imaginar que minha mãe, viva, não me escrevesse nem mandasse alguém escrever, e que de casa ninguém mais se referisse a ela? Penso que a falsa piedade não passa de sandice e, nas condições em que se encontra um preso, torna-se uma verdadeira crueldade, porque gera um estado de espírito cheio de desconfiança, cheio da suspeita doentia de que lhe escondam sabe-se lá o quê..." (*LC*, 792-3, 1936 [*Cartas*, II, 415-6]).

VALERIA LEO

Ver: família; Giulia; pai; religião; Tania.

máfia e camorra

G. teve contato direto com sicilianos presos por envolvimento com a máfia nos dias transcorridos em Palermo antes e depois do confinamento em Ústica (dezembro de 1926 e janeiro de 1927), o que lhe permitiu verificar as hipóteses formuladas com base num conhecimento meramente intelectual (*LC*, 45, a Tania, 19 de fevereiro de 1927 e 68, a Tania, 11 de abril de 1927 [*Cartas*, I, 116-9 e 139-43]). Durante uma travessia de Nápoles com "criminosos comuns", assistiu também a uma "cena de iniciação da Camorra" (idem). No âmbito dos *Q*, porém, G. recorda um discurso de Vittorio Emanuele Orlando antes das eleições administrativas de Palermo em 1925: aos fascistas, que o haviam acusado de apoiar os candidatos da oposição por interesses mafiosos, teria replicado que poderia se dizer, quase com orgulho, o primeiro mafioso, se por máfia quisesse se entender "a ajuda do amigo a um amigo", "o afeto levado até o paroxismo" e outras afirmações semelhantes (*Q, AC*, 2.685). Para G. tratou-se de um verdadeiro elogio indireto à máfia, "apresentada em seu aspecto sicilianista de virtude e generosidade popular" (*Q* 5, 88, 618 [*CC*, 5, 221]). Na carta de 1927, aliás, o pensador sardo se detém no peculiar "sentimento de solidariedade" que ligaria os sicilianos de todos os extratos sociais, conduzindo até mesmo cientistas de grande valor a se equilibrar "nas margens do Código Penal" (*LC*, 29, a Tania, 11 de abril de 1927 [*Cartas*, I, 142]).

Por outro lado, "camorra" aparece pela primeira vez nos *Q* relacionada ao ambiente acadêmico: esta poderia esporadicamente invalidar o costume "benéfico" pelo qual um professor guardaria para si os alunos que pudessem trazer "contribuições 'sérias' à sua ciência" (*Q 1*, 15, 12 [*CC*, 2, 59]). No *Q 3*, 89, 372 [*CC*, 2, 280], G. recorda também o provável apoio da camorra universitária napolitana ao professor Francesco Ribezzo, inserido entre os lorianos de manifesta ignorância. Além do mais, no *Q 14*, 10, 1.664 [*CC*, 5, 310], são lembradas a *omertà* e a "'questão de honra' da criminalidade", às quais se juntam o sectarismo e o "apoliticismo" das classes subalternas (idem). O correspondente típico "individualismo" italiano implicava, por outro lado, para G., que se preferissem, ao "partido político e ao sindicato econômico 'modernos'", formas organizativas de tipo criminoso, como "as organizações, as camorras, as máfias, sejam elas populares ou das classes altas" (*Q 6*, 162, 815 [*CC*, 5, 267]). Quando, por sua vez, no *Q 23*, 14, 2.204-5 [*CC*, 6, 80], G. descreve a "xenomania" com que se idealizam os países estrangeiros, identificando a Itália inteira com seus extratos corruptos, aponta, entre esses extratos, parte da pequena burguesia, muito difundida nos países agrícolas pobres e "atrasados culturalmente", e define máfia e camorra como "formas similares de uma delinquência que vive parasitando os grandes proprietários e o campesinato".

Jole Silvia Imbornone

Ver: apoliticismo/apoliticidade; lorianismo/lorianos; Sicília/sicilianos; Ústica; xenomania.

mais-valor
Para Marx, valor e mais-valor são dados e determinados pelo tempo de trabalho necessário, não pelo conflito entre capitalistas e operários pela distribuição do excedente, como sustentará Sraffa, o grande economista amigo de G. Em um escrito de juventude de G. ("Una forma di plusvalore" [Uma forma de mais-valor], 2 de março de 1916, em *CT*, 169-70), o mais-valor não é colocado em primeiro plano como trabalho excedente de um assalariado. De fato, ali G. se refere a "mais-valor de melhorias aportadas a um lugar por um inquilino" e, a título de comentário, acrescenta que esse caso oferece uma "indicação para aprovar a teoria marxiana sobre o mais-valor do trabalho".

No *Q 22*, 2, 2.141 [*CC*, 4, 242-3], de 1934, a ênfase recai sobre o "exército de parasitas" que perdura na Europa, comparativamente à estrutura social mais moderna dos Estados Unidos: "A Europa quer ter [...] todos os benefícios que o fordismo produz no poder de concorrência, mas conservando seu exército de parasitas que, ao devorar enormes quantidades de mais-valor, agrava os custos iniciais e debilita o poder de concorrência no mercado internacional". O argumento é retomado para lamentar a ainda mais atrasada situação italiana, ou seja, "os elementos semifeudais e parasitários da sociedade que se apropriam de uma parcela excessivamente vultosa de mais-valor, contra [...] um desenvolvimento da produção a custos decrescentes, capaz de permitir, além de uma maior massa de mais-valor, salários mais altos [...]. Seria assim possível conseguir um ritmo mais acelerado de acumulação de capitais no próprio seio da empresa e não através da intermediação dos 'produtores de poupança', que são na realidade devoradores de mais-valor" (*Q 22*, 6, 2.155 [*CC*, 4, 255-6]).

Uma referência indireta está no *Q 7*, 18, 868 [*CC*, 1, 236]: "Na economia, o centro unitário é o valor, ou seja, a relação entre o trabalhador e as forças industriais de produção (aqueles que negam a teoria do valor caem no crasso materialismo vulgar, colocando as máquinas em si – como capital constante ou técnico – como produtoras de valor, independentemente do homem que as manipula)".

Giuseppe Prestipino

Ver: altos salários; economia; fordismo; materialismo e materialismo vulgar.

mal menor
O conceito de "mal menor" é discutido num breve Texto A (*Q 9*, 7, 1.100) e é retomado no *Q 16*, 25, 1.898 [*CC*, 4, 73]. A variação do título (a primeira nota intitula-se "Temas de cultura. O mal menor", a segunda "O mal menor ou o menos ruim") indica um ligeiro alargamento da argumentação na segunda escritura, seja com a utilização de um outro brevíssimo Texto A sobre a "política do menos pior" (*Q 9*, 45, 1.124), seja graças a alguns discretos acréscimos de pouca relevância. Depois de começar com uma equivalência entre "*o mal menor*", "*o menos pior*" e "a outra fórmula insensata do 'quanto pior, melhor'", e recordando também "o provérbio popular segundo o qual 'o pior não morre nunca'" (*Q 16*, 25, 1.898 [*CC*, 4, 73]), G. ressalta – com uma crítica implícita – a relatividade do conceito: "Um mal é sempre menor do que um maior que lhe sucede, e um perigo é sempre menor do que um possível outro, que

se siga. Todo mal se torna menor em comparação com outro que se apresenta como maior, e assim ao infinito" (idem). A reflexão prossegue e permite perceber o sentido de seu raciocínio: "A fórmula do mal menor, do menos ruim, é tão somente a forma que assume o processo de adaptação a um movimento historicamente regressivo, movimento cujo sentido é dirigido por uma força corajosamente eficiente, enquanto as forças antagônicas (ou melhor, os dirigentes destas) decidiram capitular progressivamente, por pequenas etapas, e não de um só golpe (o que teria um significado inteiramente diverso em razão do efeito psicológico condensado e poderia gerar uma força ativa concorrente daquela que passivamente se adapta à 'fatalidade', ou reforçá-la, se já existe)" (idem). Fala-se, portanto, de capitulação de alguns componentes do movimento operário, o que se dá de maneira evasiva e não clara; G. a julga de modo particularmente negativo, uma vez que tal forma evitaria a reação positiva – que se teria, ao contrário, em caso de capitulação "de um só golpe" – por parte das forças antagônicas que querem continuar a luta.

Guido Liguori

Ver: reformismo.

Manzoni, Alessandro

Numa primeira série de ocorrências é delineada a fisionomia intelectual, ideológica e política de Manzoni. No Q 6, 56, 726 [CC, 6, 190], falando do católico reacionário Filippo Crispolti, afirma-se que Manzoni, ao contrário, "era um liberal e um democrata do catolicismo (ainda que de tipo aristocrático)" e completamente alheio a tentações reacionárias temporalistas*. No Q 8, 3, 937-8 [CC, 2, 159], por sua vez, delineando uma "pesquisa 'molecular'" para "captar o processo de formação intelectual da burguesia" italiana no período 1750-1850, G. identifica em Foscolo e em Manzoni dois "tipos" paradigmáticos: enquanto Foscolo é portador de uma concepção essencialmente "retórica", na posição cultural do lombardo "encontramos novos temas, mais estritamente burgueses (tecnicamente burgueses)", em especial nas passagens em que ele "exalta o comércio e desvaloriza a poesia (a *retórica*)", ou seja, demonstra preferir um ativismo econômico laborioso, "burguês", à "tradicional megalomania" dos intelectuais, que desprezam tudo que não

---

* Que concerne ao poder temporal da Igreja católica. (N. T.)

seja redutível ao âmbito restrito de sua especialidade. No Q 11, 63, 1.490 [CC, 1, 207], enfim, recorda-se que, em matéria filosófica, o jovem Manzoni, influenciado por Cabanis, aderiu ao sensualismo (isto é, ao "materialismo francês do século XVIII"), uma concepção, no fundo compatível com a fé religiosa, que ele não abandonou nem no período de sua "conversão", colocando-a de lado apenas depois, quando entra em contato com a filosofia de Rosmini.

Mas nos Q o nome de Manzoni está inextricavelmente ligado ao problema – crucial – da falta de um caráter nacional-popular na tradição literária italiana. Já no Q 6, 9, 688 se faz referência a uma continuidade cultural-nacional negativa que, desde Manzoni até Verga, é marcada por uma visível ausência, mesmo em quem escreve sobre a vida do povo, de um providencial "'contato' sentimental e ideológico" com as multidões nacionais (Q 9, 42, 1.122). A aproximação entre Verga e Manzoni, sob o signo de uma exemplaridade comum, é proposta novamente no Q 8, 9, 943 [CC, 6, 212], em que o mesmo conceito é exposto de modo mais articulado: para um escritor, determinante não é a simples escolha de representar certo "ambiente social", mas a "atitude" que se demonstra em relação a este; no entanto, em *Os noivos*, apesar do amplo protagonismo narrativo que é concedido aos personagens populares, domina o "paternalismo católico": "uma *ironia* subentendida, indício de ausência de profundo e instintivo amor por aqueles personagens; trata-se de uma atitude ditada por um sentimento exterior de dever abstrato ditado pela moral católica, que é corrigido e vivificado precisamente pela ironia difusa" (o itálico é de G.).

Catolicismo, paternalismo, ironia: são essas as coordenadas essenciais do comportamento ideológico-literário manzoniano em relação aos "humildes". No Q 14, 45, 1.703 [CC, 6, 246] afirma-se que, se em *Os noivos* os humildes são frequentemente apresentados "com irônica bonomia, como 'caricaturas' populares", isso não deve surpreender, uma vez que se encontra em total harmonia com a concepção católica tradicional, abraçada pelo escritor: "Manzoni é demasiadamente católico para acreditar que a voz do povo seja a voz de Deus: entre o povo e Deus está a Igreja, e Deus não se encarna no povo, mas na Igreja". Aliás, trata-se de uma posição ideológica que, claramente percebida pelos leitores de extração popular, teve influência decisiva sobre a própria recepção da obra:

"Esta atitude de Manzoni é certamente sentida pelo povo e, por isso, *Os noivos* jamais foi uma obra popular: o povo sentia Manzoni sentimentalmente afastado de si e seu livro como um livro de devoção, não como uma epopeia popular" (idem). Fundamental é o trecho em que, a partir de um artigo de Adolfo Faggi, se institui um esclarecedor "confronto entre a concepção do mundo de Tolstói e a de Manzoni" (trata-se do Texto C do *Q 23*, 51, 2.244-6 [*CC*, 6, 119]). A concepção estética própria do escritor russo, toda modelada em torno de instâncias eminentemente religiosas (para as quais a arte teria a "finalidade de esclarecer aos homens suas relações com Deus"), se reflete coerentemente em sua narrativa, em primeiro lugar no que concerne à caracterização social de seus personagens: "Em Tolstói é característico justamente que a sabedoria ingênua e instintiva do povo, enunciada mesmo através de uma palavra casual, ilumine e determine uma crise no homem culto. Esse é o traço mais marcante da religião de Tolstói, que entende o evangelho 'democraticamente', isto é, segundo seu espírito originário e original" (ibidem, 2.245 [*CC*, 6, 119]). Ao contrário, o paternalismo "aristocrático" manzoniano, que não remete de forma alguma a uma perspectiva nacional-popular, trai um classicismo tenaz de fundo, no momento em que prevê que sejam homens como frei Cristóvão ou o cardeal Borromeo, "espíritos superiores" (e, sobretudo, como se espera, pertencentes às classes altas), a guiarem os personagens populares em direção a eventuais formas de resgate, iluminando suas consciências confusas, ou ajudando-lhes materialmente. O fato é que tal "distanciamento sentimental" (*Q 14*, 45, 1.703 [*CC*, 6, 247]) faz com que "em *Os noivos* não haja personagem popular que não seja 'objeto de zombaria' e ironizado. Dom Abbondio e Galdino, o alfaiate, Gervásio, Agnese, Perpétua, Renzo e a própria Lucia: todos eles são representados como gente mesquinha, pequena, sem vida interior", a qual, ao contrário, é apanágio apenas dos "senhores", de Borromeo ao Inominado, e mesmo de Dom Rodrigo (*Q 23*, 51, 2.245 [*CC*, 6, 119]).

Já em outra série de ocorrências, a figura de Manzoni é examinada no interior de um contexto problemático mais específico, aquele relativo ao quesito "se existiu ou não um romantismo italiano" (*Q 14*, 14, 1.669). Nesse sentido, a passagem decisiva está no *Q 14*, 72, 1.739--40 [*CC*, 6, 251-4], em que já se adianta que o termo "romantismo" deverá ser entendido não como circunscrito a uma escola ou corrente literária, mas em seu significado mais amplo de instância democrática de "uma relação ou vínculo especial entre os intelectuais e o povo, a nação", visto que historicamente o romantismo foi o "aspecto sentimental e literário" que acompanhou "todo esse movimento europeu que recebeu um nome a partir da Revolução Francesa". Mas, voltando ao caso italiano, o diagnóstico de G. não deixa espaço para dúvidas: "Pois bem, nesse sentido exato, o romantismo não existiu na Itália" (ibidem, 1.740 [*CC*, 6, 254]).

Particularmente significativa nesse ponto é a relação de Manzoni com o francês Thierry, representante, segundo G., de uma historiografia política tão exuberante a ponto de poder ser considerada "um dos aspectos mais importantes desse aspecto do romantismo do qual se quer falar", pois relacionada ao problema da tradição e da consciência nacional (idem). Como se define no *Q 14*, 39, 1.696 [*CC*, 6, 243], numa primeira fase, Manzoni, movido por seus interesses historiográficos (e, ao mesmo tempo, pela urgente busca de formas literárias capazes de dar voz às classes subalternas, aquelas que "não têm história"), havia se interessado pela teoria de Thierry – e, por um período, havia também aderido a ela –, teoria segundo a qual o conflito moderno entre classes sociais contrapostas historicamente remontaria, em cada uma das nações, a um antigo conflito "racial" entre conquistadores e conquistados – por exemplo, na França, entre franco-germânicos invasores e populações autóctones gálico-romanas (para tal relação Manzoni-Thierry, v. também *Q 7*, 50, 895 [*CC*, 6, 208], em que parece que G. faz remontar à tal teoria historiográfica o próprio par manzoniano longobardos-itálicos, ou seja, opressores--oprimidos). De toda forma, essa fecunda perspectiva, genuinamente "romântica" (no sentido já mencionado), foi em seguida abandonada pelo escritor milanês.

Já no que se refere à contribuição de Manzoni para a "questão da língua", deve-se atentar para o *Q 23*, 40, 2.236-7 [*CC*, 6, 111-3]. Diante do problema da falta na Itália de "uma língua 'viva' unitária, isto é, difundida igualmente em todos os estratos sociais e grupos regionais do país", Manzoni, através de seus escritos de teoria linguística, mas especialmente através dos relatórios escritos na velhice como ministro, propôs o retorno à antiga "hegemonia florentina", que lhe parecia a mais rica de elementos "universais", e restaurou-a, de fato, com "meios estatais", ou seja, através de iniciativas pelo alto (projetos e normas escolares), tendo sido vigorosamente combatido por Ascoli, que, "mais historicista, não crê em hegemonias [culturais] por decreto, não baseadas numa função nacional mais profunda e necessária" (ibidem, 2.237 [*CC*, 6, 113]).

Domenico Mezzina

Ver: bom senso; católicos; cristianismo; Foscolo; humildes; intelectuais italianos; ironia; língua; molecular; nacional-popular; Romantismo italiano; senso comum; Tolstói; Verga.

Maquiavel, Nicolau
Se levarmos em consideração os escritos pré-cárcere de G., em que recorrentes referências a Maquiavel se fazem presentes, poderíamos chegar à conclusão de que seria o caso de falar de um "antimaquiavelismo" de G., no sentido de uma recusa daquelas formas de maquiavelismo que têm como objetivo a justificação da razão de Estado burguês. O exemplo nos é fornecido pelo comentário gramsciano sobre os tratados de paz do final do primeiro conflito mundial: "Os senhores estadistas italianos [...] são realistas, descendem diretamente de Maquiavel, explicitamente colocaram no altar a razão de Estado como critério soberano de convivência internacional [...]. Esses Maquiavéis do realismo capitalista são essencialmente jacobinos, das leis e dos tratados fizeram fetiche" ("Pietà per i venturi nepoti" [Piedade para os netos vindouros], 18 de maio de 1919, em *ON*, 28). Maquiavelismo e jacobinismo, em 1919, têm em comum apenas traços negativos. Ainda em 1926, G. é crítico em relação a qualquer referência à arte da política segundo Maquiavel que se apresente com um caráter genérico e neutro: "Nós, comunistas, [...] temos princípios, uma doutrina, fins concretos a realizar. É apenas em relação aos nossos princípios, à nossa doutrina e aos fins a serem alcançados que estabelecemos nossa linha política real. O nosso 'Maquiavel' são as obras de Marx e Lenin" ("Noi e la concentrazione repubblicana" [Nós e a concentração republicana], 13 de outubro de 1926, em *CPC*, 350-1). E zombava com a seguinte quadra de Giusti (*Il Mementomo*, estrofe 2): "Atrás do sepulcro/ de Maquiavel/ jaz o esqueleto/ de Stenterello"*, ou seja – como havia escrito uma década antes, em 1917 –, "uma inteira caterva de Stenterellos que cerca a pessoa de um só Maquiavel. Stenterellos vários que gritam, urram, acariciam com ar de gravidade a barriga acadêmica,

---

* *Dietro l'avello/ di Machiavello/ giace lo scheletro/ di Stenterello*. (N.T.)

exaltam as virtudes da estirpe e do alto saber dos antepassados, mas eles próprios não fazem nada, não trabalham, não são produtores de uma única ideia, de um fato [...]. Stenterello é o protótipo da burguesia italiana" ("Stenterello", 10 de março de 1917, em *CF*, 84).

Com efeito, mais do que à obra de Maquiavel, G. havia, sobretudo, prestado muita atenção às causas históricas, bem como às implicações sociológicas, do provincianismo dos Stenterellos da burguesia italiana, resistindo a quem o exortava a observar, ao contrário, o secretário florentino. Assim, do cárcere escreveu à cunhada Tatiana, em 23 de fevereiro de 1931: "Quando vi Cosmo pela última vez, em maio de 1922 [...], ele ainda insistiu para que eu escrevesse um estudo sobre Maquiavel e o maquiavelismo; era uma ideia fixa dele, desde 1917, que eu tinha de escrever um estudo sobre Maquiavel" (*LC*, 54-7 [*Cartas*, II, 24]). Havia em G. uma atitude de ceticismo em relação a Maquiavel, como parece confirmar o fato de que na carta de 19 de março de 1927 para Tania (*LC*, 54-7 [*Cartas*, I, 127-30]), na qual formula o plano geral de trabalho para os *Q*, Maquiavel não aparece, assim como está ausente da lista de "temas principais" que abre o *Q 1*, em 8 de fevereiro de 1929. No mesmo *Q 1*, em que são também colocadas as bases para o desenvolvimento subsequente do conceito de hegemonia, as referências a Maquiavel, nos textos de primeira redação, não são de forma alguma relevantes. Depois, no *Q 4* (1930-1932), a breve distância umas das outras, aparecem algumas notas dedicadas à relação Maquiavel-Marx. No mesmo *Q 4* e no *Q 8* (1931-1932), é reunida a maior parte das primeiras versões das notas que virão a compor o *Q 13*, intitulado *Noterelle sulla politica del Machiavelli*. Além disso, nas primeiras duas páginas do *Q 8* (*Q 8*, p. 935-6 [*CC*, 1, 79-80]), Maquiavel é indicado como objeto de análise e, logo depois, G. especifica: "Maquiavel como técnico da política e como político integral ou em ação"; e a seguir, nos *Raggruppamenti di materia*, Maquiavel aparece em segundo lugar. Cabe notar que apenas uma parte das notas rubricadas sob o título "Maquiavel" aparece no *Q 13*; outras notas aparecem nos *Q 5, 6, 7, 14, 15* e *17*. Enfim, com o título "Nicolau Maquiavel II" se dá o início da reescrita das notas sobre o secretário florentino no brevíssimo *Q 18*.

A mais significativa da série de notas iniciais do *Q 4* afirma que o estudo da relação Maquiavel-Marx "pode dar origem a um trabalho duplo: um estudo sobre as relações reais entre os dois enquanto teóricos da política militante, da ação, e um livro que extraísse das doutrinas marxistas um sistema ordenado de política efetiva, como o d'*O príncipe*. O tema seria o partido político, em suas relações com a classe e o Estado" (*Q 4*, 10, 432 [*CC*, 6, 357]). O interesse gramsciano pelo secretário florentino é alimentado por interpretações e polêmicas, pelas batalhas políticas e culturais que naqueles anos eram travadas em seu nome na Itália. Ao instituir o vínculo de Maquiavel com Marx, pela primeira vez entre os marxistas, G. também procura ir além da interpretação de Croce, que havia sustentado, em 1897, em termos que de fato necessitariam de um adequado aprofundamento, a seguinte posição: "Marx, como sociólogo, decerto não nos deu definições sutilmente elaboradas da 'socialidade' [...] mas nos ensina, apesar de suas afirmações aproximadas no conteúdo e paradoxais na forma, a penetrar naquilo que é a sociedade em sua realidade efetiva. Aliás, quanto a isso, me surpreende que até agora ninguém tenha pensado em chamá-lo, a título honorífico, o 'Maquiavel do proletariado'" (Croce, 1968b, p. 103-4). Assim procedendo, comenta G., escapa a Croce o fato, por nada secundário, de que em Marx "está contido *in nuce* também o aspecto ético-político da política ou a teoria da hegemonia e do consenso, além do aspecto da força e da economia" (*Q 10* II, 41.X, 1.315 [*CC*, 1, 384]). Nessa obra de aprofundamento, G. se põe dois objetivos: a) buscar uma interpretação marxista das obras de Maquiavel; b) reconduzir ao âmbito do pensamento teórico da filosofia da práxis alguns momentos da obra de Maquiavel enquanto "traduzíveis" no pensamento marxista. Em tal percurso, G. dedicará cuidado especial para distinguir Maquiavel do maquiavelismo, em analogia com o que constantemente faz entre Marx e o marxismo.

No plano da tradutibilidade em "linguagem política moderna" (*Q 5*, 127, 661 [*CC*, 3, 216]) da obra de Maquiavel, G. afirma que ela não se apresenta como uma utopia da qual emerja "um Estado já constituído, com todas as suas funções e seus elementos constituídos" (ibidem, 657 [*CC*, 3, 218]). Trata-se de uma obra inteiramente fundada sobre a crítica do presente, expressa através de conceitos gerais de forma não sistemática, que gerou uma concepção original do mundo assimilável à filosofia da práxis, "na medida em que não reconhece elementos transcendentais ou imanentes (em sentido metafísico), mas se baseia toda na ação concreta do homem, que, por suas necessidades históricas, opera na realidade e a transforma" (idem). De fato, procurar um elemento utópico n'*O príncipe* significaria se deter no fato de que não existia um príncipe na realidade italiana do século XVI e Maquiavel delineia um perfil "de como deve ser o príncipe para conduzir um povo à fundação do novo Estado" (*Q 13*, 1, 1.556 [*CC*, 3, 14]), e o faz "com rigor lógico, com distanciamento científico" (idem), tornando-se ele mesmo esse povo, confundindo-se com o povo, o mesmo povo convencido por ele e do qual se sente "consciência e expressão, com o qual se identifica" (idem). No "pequeno volume" de Maquiavel, toda a argumentação vai confluir na Conclusão, que, longe de ser retórica ou mesmo estranha ao conteúdo da obra, quase "colada" nela, é exteriorização de paixão, afeto, febre, "fanatismo de ação [...], elemento necessário da obra, ou melhor ainda, como aquele elemento que reverbera sua verdadeira luz em toda a obra e faz dela algo similar a um 'manifesto político'" (idem). Mais especificamente: "A Conclusão d'*O príncipe* justifica todo o livro também em relação às massas populares, que realmente esquecem os meios empregados para alcançar um fim se este fim é historicamente progressista, isto é, se resolve os problemas essenciais da época e estabelece uma ordem em que seja possível se mover, operar, trabalhar tranquilamente" (*Q 13*, 25, 1.618 [*CC*, 3, 75]). Atingindo o núcleo crucial da definição do príncipe de Maquiavel "em linguagem política moderna" (*Q 5*, 127, 661 [*CC*, 3, 222]), G. estabelece algumas distinções: "'Príncipe' poderia ser um chefe de Estado, um chefe de governo, mas também um chefe político que pretende conquistar um Estado ou fundar um novo tipo de Estado; nesse sentido, a tradução de 'príncipe' em linguagem moderna poderia ser 'partido político'" (ibidem, 662 [*CC*, 3, 222]), ou seja, "um elemento complexo de sociedade no qual já tenha tido início a concretização de uma vontade coletiva reconhecida e afirmada parcialmente na ação [...], a primeira célula na qual se sintetizam germes de vontade coletiva que tendem a se tornar universais e totais" (*Q 13*, 1, 1.558 [*CC*, 3, 16]).

Ademais, *O príncipe* de Maquiavel é uma obra em que o realismo político encontra sua realização na necessidade de um Estado nacional unitário, para a conquista do qual se coloca o problema da educação do povo. Entende-se com isso que seria preciso convencer e conscientizar o povo "de que pode existir uma única política, a realista" (*Q 14*, 33, 1.691 [*CC*, 3, 307]), que tem como objetivo a conquista do Estado unitário, para o qual o príncipe – em torno do qual o povo deve estreitar-se e ao qual deve obedecer – utilizará os meios apropriados: "A posição de Maquiavel, nesse sentido, deve ser aproximada daquela dos teóricos e dos políticos da filosofia da práxis, que também procuraram construir e difundir um 'realismo' popular, de massa" (idem). Quando se fala da democracia de Maquiavel, portanto, faz-se necessário ter bastante cuidado e colocá-la no tempo histórico em que viveu o florentino, uma vez que se trata do "consenso ativo das massas populares em favor da monarquia absoluta como limitadora e destruidora da anarquia feudal e senhorial e do poder dos padres, como fundadora de grandes Estados territoriais nacionais" (idem). De fato, "ao se interpretar Maquiavel, ignora-se que a monarquia absoluta era, naquela época, uma forma de regime popular e que ela se apoiava nos burgueses contra os nobres e também contra o clero" (*Q 13*, 25, 1.618 [*CC*, 3, 75]).

É exatamente a contextualização do pensamento de Maquiavel que consente a G. submeter à crítica, ainda que reconhecendo seus méritos, a "moderna 'maquiavelística' derivada de Croce" (*Q 13*, 13, 1.572 [*CC*, 3, 29]). Maquiavel não pode ser considerado, de modo simplista, o político adequado a todos os tempos, e, assim, sempre atual; ele é "expressão necessária do seu tempo" (idem), marcado por lutas intestinas em Florença, por lutas entre os estados italianos visando a um equilíbrio político na península, e por lutas entre os estados italianos visando a um equilíbrio europeu, "ou seja, pelas contradições entre as necessidades de um equilíbrio interno italiano e as exigências dos Estados europeus em luta pela hegemonia" (idem). Fortemente atraído pelos exemplos da França e da Espanha, que haviam conseguido a unidade nacional, Maquiavel opera uma "comparação elíptica" e dela extrai "as regras para um Estado forte em geral e italiano em particular" (idem). Maquiavel, portanto, é um homem de seu tempo, e sua ciência política é a filosofia desse tempo, que tem como objetivo a organização das monarquias nacionais absolutas (no *Q 6*, 52, 724 [*CC*, 3, 228], G. identifica a "divisão trágica da personalidade humana maquiaveliana", cindida entre a vontade de não se afastar da república e a compreensão de que a única solução para os problemas da época é a monarquia absoluta), ou seja, daquela forma de política capaz de facilitar o desenvolvimento das forças produtivas burguesas: "Em Maquiavel pode-se descobrir *in nuce* a separação dos poderes e o parlamentarismo (o regime representativo): sua 'ferocidade' está voltada contra os resíduos do mundo feudal, não contra as classes progressistas" (*Q 13*, 13, 1.572 [*CC*, 3, 30]). De fato, Valentino, na Romanha, põe fim à anarquia feudal, apoiando-se nas classes dos comerciantes e camponeses, isto é, identificando a aliança de classe mais conveniente para a fundação e a consolidação de um novo poder. Dessa forma, G., devolvendo Maquiavel à época do Humanismo e do Renascimento, o resguarda de qualquer apropriação indevida por parte do pensamento conservador que defende a razão de Estado: "Maquiavel é o representante na Itália da compreensão de que não pode haver Renascimento sem a fundação de um Estado nacional, mas, como homem, ele é o teórico do que ocorre fora da Itália, não de eventos italianos" (*Q 17*, 8, 1.913-4 [*CC*, 5, 342]). E ainda: "O Humanismo foi 'político-ético', não artístico, foi a busca das bases de um 'Estado italiano' que deveria nascer junto e paralelamente à França, à Espanha, à Inglaterra; neste sentido, o Humanismo e o Renascimento têm Maquiavel como expoente mais expressivo" (*Q 17*, 33, 1.936 [*CC*, 5, 349]). Apesar desse esforço em contextualizar a obra do secretário florentino, G. evidencia como, no âmbito dessas tradições que geraram uma quantidade impressionante de intelectuais, podem se desenvolver "gênios" que "não correspondam à época em que vivem concretamente, mas àquelas em que vivem 'ideal' ou culturalmente. Maquiavel poderia ser um desses" (*Q 15*, 53, 1.817 [*CC*, 2, 190]).

No terreno histórico concreto, G. identifica o tema de fundo e a chave de leitura da obra de Maquiavel: trata-se da relação entre arte política, arte do governo e arte da guerra. Justamente a propósito da arte da guerra e da necessidade das "próprias armas", ou seja, da milícia nacional à qual faz frequente referência o secretário florentino, G. resgata o "jacobinismo precoce" (*Q 13*, 1, 1.560 [*CC*, 3, 18]) de Maquiavel, ou a necessidade de "uma força *jacobina* eficiente", a mesma que em outras realidades nacionais foi a base para a fundação do Estado moderno, capaz – num país como a Itália, à mercê do parasitismo fruto da destruição da burguesia comunal – de funcionar como elemento dirigente do processo de unificação e independência nacional. Nessa perspectiva, grupos tendencialmente jacobinos podiam ser encontrados entre as camadas sociais urbanas "convenientemente desenvolvidas no campo da produção industrial" e de posse de um "determinado nível de cultura histórico-política" (idem). No seio desses grupos, poderia ter início a revolução nacional, isto é, a primeira fase da formação da vontade coletiva nacional-popular, que "é impossível se as grandes massas de camponeses produtores não irromperem *simultaneamente* na vida política. Isso era o que pretendia Maquiavel através da reforma da milícia, isso foi o que fizeram os jacobinos na Revolução Francesa; nessa interpretação deve-se identificar um jacobinismo precoce de Maquiavel, o germe (mais ou menos fecundo) de sua concepção de revolução nacional" (idem). Assim, a necessária conexão entre cidade e campo, que já constituía o coração do programa político de Maquiavel, torna-se central na leitura que G. faz da falência da criação de uma vontade coletiva nacional-popular na Itália, onde faltou justamente "uma força jacobina eficiente".

BIBLIOGRAFIA: CHEMOTTI, 1975; DONZELLI, 1981; MEDICI, 1990; PAGGI, 1984a; SANGUINETI, 1982.

LELIO LA PORTA

Ver: arte militar; consenso; democracia; humanismo absoluto; humanismo e novo humanismo; jacobinismo; maquiavelismo e antimaquiavelismo; meios e fins; moderno Príncipe; moral; Renascimento; Valentino.

maquiavelismo e antimaquiavelismo

Maquiavel é um autor que recebe grande atenção de G. e os *Q* contêm uma infinidade de referências ao historiador, ao homem político e à herança de sua obra. A intensidade de seu interesse pelo "político em ato" (*Q 8*, 84, 990) é comprovada no *Q 13*, composto prevalentemente por textos já elaborados numa primeira escrita para os *Q 4, 8* e *9*. Contemporaneamente, na obra gramsciana se revela o problema histórico-político da recepção e interpretação dos escritos maquiavelianos. G. percebe a importância da divulgação de Maquiavel na Europa após o Concílio de Trento, pressentindo como anômalo o comportamento de assimilação-repulsão encontrado por seus textos e ditado por cautelas de cunho "moralista". É significativo que, ao longo de suas observações críticas, G. evidencie, com singular lucidez política, como nenhum estudioso maquiaveliano "tenha relacionado os livros de Maquiavel com o desenvolvimento dos Estados em toda a Europa no mesmo período histórico. Confundidos pelo problema puramente moralista do chamado 'maquiavelismo', não viram que Maquiavel foi o teórico dos Estados nacionais regidos pela monarquia absoluta" (*LC*, 133, a Tania, 14 de novembro de 1927 [*Cartas*, I, 207]).

A leitura do maquiavelismo nos *Q* se desdobra em vários níveis. No plano da atualidade política, G. reconhece no maquiavelismo uma espécie de categoria histórico-interpretativa com a qual enxergar a "psicologia política do povo italiano" (*Q 3*, 8, 294) e com a qual revelar um traço distintivo do "caráter italiano", representado pelo "diletantismo" e pela "falta de disciplina intelectual" (*Q 6*, 79, 749 [*CC*, 2, 230]). A acepção do termo, nesse sentido, assume uma consistência teórica negativa que atinge algumas figuras de intelectuais contemporâneos de G., como Alfredo Panzini, cujo exercício retórico-literário é exemplo de "um novo stenterellismo que se dá ares de maquiavelismo" (*Q 3*, 13, 299). Trata-se, portanto, de um comportamento, entendido em chave ético-política, que atinge a esfera do "público" e a esfera dos homens de cultura, culpados de praticarem um "maquiavelismo de politiqueiros" (*Q 4*, 53, 495). Rompendo-se a lógica "necessária" entre meios e fins, G. vê o desvio da doutrina de Maquiavel na época presente, na fase em que "o maquiavelismo serviu para melhorar a técnica política tradicional dos grupos dirigentes conservadores" (*Q 13*, 20, 1.601 [*CC*, 3, 58]). Por outro lado, nos *Q* o tema do maquiavelismo passa necessariamente pelo filtro da história e da crítica empenhada em fornecer sempre novas interpretações sobre a heterogênese dos fins da obra maquiaveliana. No *Q 4* aborda-se o nível de interpretação "atualizante", isto é, de adaptação dos escritos de Maquiavel a diferentes intempéries históricas. Uma expressão emblemática dessa orientação da crítica é representada pela leitura foscoliana d'*O príncipe*. O dirigente sardo volta, em mais de uma ocasião, à interpretação "satírica e revolucionária" de Foscolo (*Q 14*, 33, 1.689 [*CC*, 3, 305]), contestando o "juízo histórico-político" das obras de Maquiavel, estigmatizado nos versos dos *Sepolcri* [Túmulos] (*Q 4*, 8, 431). Nesse sentido, ele não discute a incessante "vitalidade" dos conteúdos maquiavelianos que animam os hábitos do léxico e da prática política, mas a especificidade da leitura "romântica", culpada por descontextualizar a obra do florentino. Todavia, apesar de cético diante da variedade exegética d'*O príncipe*, G. distingue entre um maquiavelismo interpretativo, que atinge seu cerne com as leituras romântico-liberais (Rousseau, Foscolo, Mazzini), e um maquiavelismo "prático", que se traduz na valorização – por parte da doutrina setecentista da razão de Estado – do arsenal de técnicas e preceitos prudentes, indicados por Maquiavel.

Malgrado essa dupla acepção, na prática, maquiavelismo e antimaquiavelismo acabam por coincidir, uma vez que todos recorrem a Maquiavel, mesmo sem o reconhecer, "porque tudo o que Maquiavel escreveu 'se faz e não se diz'" (Q 14, 33, 1.690 [CC, 3, 306]). Traiano Boccalini, entre os escritores que mais atraem a curiosidade de G., é apenas em aparência antimaquiavélico e, na realidade, propõe uma sátira dos "antimaquiavélicos" (idem); sua obra *Ragguagli di Parnaso* permite reconhecer no antimaquiavelismo "a manifestação teórica do seguinte princípio de arte política elementar: certas coisas se fazem mas não se dizem" (Q 13, 25, 1.617 [CC, 3, 74]). Em muitas passagens dos Q se registra também a vontade de penetrar na leitura crítica sobre Maquiavel, considerada por G. um nó teórico fundamental. A referência à obra de Benoist, por exemplo, da qual é retomado o problema do maquiavelismo em suas várias articulações, leva a refletir sobre a importância histórica das "descobertas" maquiavelianas, a partir do momento em que estas são "discutidas e contraditas ainda nos dias de hoje; isso significa que a revolução intelectual e moral contida *in nuce* nas doutrinas de Maquiavel não se realizou ainda 'de maneira manifesta', como forma 'pública' da cultura nacional" (Q 4, 8, 431). É evidente como G. tende a utilizar o paradigma da revolução, nessa e em outras passagens, como momento esclarecedor da consciência subjetiva e "nacional", que, no caso das doutrinas maquiavelianas, se vincula estreitamente à sua imediata tradução na realidade política.

No Q 4, G. lê em paralelo Maquiavel e Marx, na tentativa de olhar para a filosofia da práxis através da história, para identificar as linhas de desenvolvimento de uma "ciência política" e fazer com que o "conteúdo prático e imediato da arte política, estudado e afirmado com objetividade realista" constitua o fulcro da doutrina maquiaveliana, tornando-se essência daquele maquiavelismo reconhecido por Croce como a "ciência" que "servia tanto aos reacionários, quanto aos democratas" (idem). De resto, é exatamente a descoberta crociana da autonomia maquiaveliana do "momento político-econômico" (Q 10 II, 41.X, 1.315 [CC, 1, 384]) que representa um ponto de referência crítico fundamental para a leitura do maquiavelismo dos Q. Na consonância da sua visão com a visão do filósofo idealista – expressão da "grande política" identificada com o "maquiavelismo de Maquiavel" diante do "maquiavelismo de Stenterello" (Q 10 I, 1, 1.212 [CC, 1, 284]) – G. reconhece como elemento constante do maquiavelismo aquela "arbitrária extensão ou confusão entre a 'moral' política e a 'moral' privada, isto é, entre a política e a ética" (Q 6, 79, 749 [CC, 2, 230]). Seguindo Croce, G. vai denunciar a ambiguidade de sentido e a potencial coincidência entre maquiavelismo e antimaquiavelismo, e também ressalta a "importância da questão do maquiavelismo no desenvolvimento da ciência da política: na Itália [...], a ciência política desenvolveu-se sobre esse tema" (Q 4, 56, 503 [CC, 6, 366]).

Portanto, o maquiavelismo como momento em que se vai estruturando uma ciência política na Itália permite a G. distinguir a ideia de história na ótica crociana da tipicidade conflitual da sua filosofia da práxis. E é sempre a Croce que G. retorna para identificar, ao lado dos "méritos da moderna 'maquiavelística'" (Q 13, 13, 1.572 [CC, 3, 29]), os "exageros" a que deu lugar, causados pela convicção de que a obra de Maquiavel pode conter um sentido universalmente válido para qualquer época. G. não apenas reivindica a necessidade de analisar Maquiavel como "homem inteiramente de seu tempo", mas também reconhece nele a raiz de um pensamento político voltado para a perspectiva das "monarquias nacionais absolutas" (idem). Interessante, nessa ótica, é a referência a Jean Bodin, tido como antimaquiavélico, enquanto político numa França a ser "pacificada". De fato, nos Q não existe um maquiavelismo eterno, uma vez que os políticos "expressam exigências de sua época ou de condições diferentes daquelas que operavam em Maquiavel" (ibidem, 1.573 [CC, 3, 31]).

Laura Mitarotondo

Ver: Bodin; Foscolo; Maquiavel.

máquina

No Q 1, 43, 33, G. escreve que também "o intelectual é um 'profissional' que possui suas 'máquinas' especializadas, seu 'aprendizado' e seu sistema taylorista". Em consequência, a capacidade do intelectual de profissão consiste em "combinar habilmente a indução e a dedução, de generalizar, de deduzir, de transportar de uma esfera a outra um critério de discriminação, adaptando-o às novas condições etc.": é uma "especialidade", não um dado do "senso comum" (idem).

No Q 12, 1, 1.533 [CC, 2, 36], o pensador sardo evidencia a importância do trabalho "por escrito, assim como por escrito devem ser as críticas", já que "escrever as notas e as críticas é princípio didático que se tornou necessário graças à obrigação de combater os hábitos da prolixidade, da declamação e do paralogismo criados pela oratória"; esse é um passo importante para que se possa "taylorizar o trabalho intelectual" (idem). Totalmente diferente é a posição do operário: o "industrial se preocupa com a continuidade da eficiência física do trabalhador, com a eficiência muscular-nervosa: é seu interesse constituir uma maestria estável, um complexo industrial harmônico, pois também o complexo humano é uma máquina" (*Q 4*, 52, 490). De tal sistema, o operário é um apêndice – monopolizado pela política do alto salário – capaz de dar vida a "uma produção relativa e absoluta maior do que a precedente com a mesma força de trabalho" (*Q 10* II, 41.VII, 1.312 [*CC*, 1, 381]). Em suas reflexões, G. chega a prever um desenvolvimento do capitalismo, por assim dizer, "em fases alternadas", e caracterizado por crises cíclicas, até que não fosse "alcançado o limite extremo da resistência material", "o limite na introdução de novas máquinas automáticas, isto é, a relação última entre homens e máquinas", além da "saturação da industrialização mundial" (ibidem, 1.313 [*CC*, 3, 382]). Assim, a "lei tendencial da queda do lucro" seria a causa "do ritmo acelerado no progresso dos métodos de trabalho, de produção e de modificação do tipo tradicional de operário (idem).

Antonella Agostino

Ver: americanismo; fordismo; intelectuais; queda tendencial da taxa de lucro; salário; taylorismo.

Marx, Karl

Nos escritos de juventude de G. (1913-1918), as referências a Marx, sobretudo ao filósofo, caracterizam-se por uma abordagem extremamente atrevida: que ele, escreve G. em outubro de 1918, "tenha introduzido em suas obras elementos positivistas não causa surpresa e se explica: Marx não era um filósofo de profissão, e às vezes até ele cochilava. O certo é que o essencial de sua doutrina é dependente do idealismo filosófico" ("Misteri della cultura e della poesia" [Mistérios da cultura e da poesia], 19 de outubro de 1918, em *NM*, 348-9). E, em dezembro de 1917, saudando a "revolução contra *O capital*", G. escreve, de maneira ainda mais redutiva, que os bolcheviques "vivem o pensamento marxista, aquele que não morre nunca, que é a continuação do pensamento idealista italiano e alemão, e que em Marx se havia contaminado de incrustações positivistas e naturalistas" (*CF*, 514 [*EP*, 1, 127]). Portanto, o essencial do pensamento de Marx estaria no idealismo, ou seja, no princípio da autoconsciência. Não por acaso, a referência marxiana mais apropriada em todo esse período é o apelo, presente n'*A sagrada família*, ao "homem individual realmente existente", que deve valer contra todas as abstrações ("La critica critica" [A crítica crítica], 12 de janeiro de 1918, em *CF*, 554 [*EP*, 1, 131-3]): para Marx, a "autoconsciência" dos jovens hegelianos, para G. o "determinismo" de um Claudio Treves, isto é, do socialismo positivista (ibidem, 554-5 [*EP*, 1, 131-3]). "Na história" – escreve G. em setembro de 1916 – "os fenômenos são abstrações intelectuais, e a única realidade viva e sólida é o indivíduo" ("Le ipotesi e gli individui" [As premissas e os indivíduos], 18 de setembro de 1916, em *CT*, 547), mas o indivíduo "realmente existente" é compreendido, nesse período, como "autoconsciência".

No período de maior empenho político, e, coincidentemente, de suas visitas a Moscou e Viena, quando G. pôde não somente conhecer os maiores expoentes da Internacional, mas também atualizar-se acerca do estado da arte nos estudos de Marx e Engels (corriam os anos em que David Riazanov planejava a assim chamada MEGA, primeira grande edição crítica das obras desses autores), sua postura muda radicalmente, já que passa a considerar com bastante zelo a questão da "teoria" marxista. No início de 1924, em Viena (*L*, 189-91, 14 de janeiro de 1924), G. começa a projetar uma escola de partido e um curso de formação por correspondência. Além disso, envia aos companheiros na Itália uma primeira lista de textos que ele comunica que serão traduzidos para o italiano: entre eles, escritos de Lenin (*Marx e la sua dottrina*), Korsch (*L'essenza del marxismo*) e Bukharin (*Teoria del materialismo storico*), bem como novas edições, filologicamente rigorosas, de alguns escritos (alguns conhecidos e outros nem tanto) de Marx e Engels: o *Manifesto Comunista* com as notas de Riazanov, uma antologia russa de textos sobre o materialismo histórico, os engelsianos *Anti-Dühring* e *L'evoluzione del socialismo dall'utopia alla scienza* [Do socialismo utópico ao socialismo científico], os escritos históricos mais importantes de Marx, como o "*18 de brumário, A Guerra Civil na França* etc." (idem). Sobre os últimos, dizia ser necessário "rever e corrigir as traduções existentes, que são horríveis" (idem).

Essa inegável mudança de postura deveu-se em boa medida à necessidade de se posicionar no interior da

Internacional Comunista, fortemente atrelada a questões de teoria (naqueles anos corria a luta no grupo dirigente russo para definir a ortodoxia do "marxismo-leninismo"), mas não apenas por isso. Testemunhas dessa mudança são o retorno às análises concretas (o ensaio sobre a QM seria impensável com o instrumental analítico do jovem G.) e, principalmente, depois da prisão, aquele verdadeiro "retorno a Marx" que são os Q. Aqui, de fato, as referências a Marx não são somente recorrentes, mas são também – e isso é o que realmente conta – estruturadas de acordo com um projeto (claramente delineado nos primeiros textos dos *Apontamentos de filosofia*, contidos no Q 4) de retomada das questões fundamentais do marxismo que seja capaz de ir além das aporias em que ele se precipitou. G. se propõe a fazer uma pesquisa aprofundada sobre o pensamento de Marx, uma pesquisa filologicamente rigorosa e ao mesmo tempo capaz de distinguir "os elementos que se tornaram estáveis e permanentes, ou seja, que foram realmente assumidos pelo autor como pensamento próprio, diferente e superior ao 'material' estudado anteriormente e pelo qual ele pode, em alguns momentos, ter tido simpatia [...]. A pesquisa do *leitmotiv*, do ritmo do pensamento, mais importante do que as afirmações particulares e isoladas" (*Q 4*, 1, 419 [*CC*, 6, 354-5]). Essa abordagem de Marx deve levar em conta o fato de ele ser "um pensador assistemático, [...] uma personalidade na qual a atividade teórica e a atividade prática estão indissoluvelmente entrelaçadas [...], portanto, um intelecto em contínua criação e em perpétuo movimento" (idem). A pesquisa histórico-crítica é, como se vê, funcional a uma outra coisa, a abordagem é apenas num segundo momento historiográfica: o interesse de G. é teórico e surge da necessidade de reativar alguns núcleos temáticos do pensamento de Marx que foram elaborados em um nível de complexidade que se perdeu imediatamente depois de sua morte (v. *Q 4*, 3). De fato, a caracterização de Marx como pensador *político* é diametralmente oposta àquela proposta por Engels (que no discurso fúnebre estabeleceu a célebre comparação entre Marx e Darwin) e é colocada no centro de todo o marxismo da Segunda Internacional. Por fim, a referência ao caráter não sistemático do pensamento de Marx é um claro redimensionamento d'*O capital*, normalmente entendido como sua obra máxima e também visto como um bloco, cujo conteúdo do segundo e do terceiro livro deve ser considerado, segundo G., "não definitivo, pelo menos não na forma dada; deve ser considerado um material ainda em elaboração, ainda provisório" (idem).

O projeto de releitura de Marx aqui esboçado por G. encontra, portanto, na intersecção entre política e filosofia seu fio condutor: dessa intersecção é consequência inevitável a não sistematicidade: "Dado [...] o caráter eminentemente prático-crítico de Marx" (*Q 1*, 152, 134), seus textos devem ser lidos como trabalhos teóricos apenas enquanto sejam vistos também como *intervenções* nas diversas e específicas conjunturas. A pedra angular desse entrecruzamento particular entre política e filosofia é identificada por G. nas Teses sobre Feuerbach, um singular texto do jovem Marx (1845), publicado por Engels apenas em 1888 como apêndice de seu *Ludwig Feuerbach e il punto d'approdo della filosofia classica tedesca* [Ludwig Feuerbach e o fim da filosofia clássica alemã] (Engels, 1972). Aqui, escreve G. no *Q 4*, 3, 424, "já [...] aparece com clareza essa sua nova construção, essa sua nova filosofia" (é significativo que G., pouco depois de ter estabelecido a distinção entre as obras registradas pelo autor e as obras póstumas, identifique o nó da nova filosofia de Marx em um texto pertencente a esta segunda categoria). G. traduz em Turi as Teses sobre Feuerbach e outros textos de Marx (o prefácio à *Crítica da economia política*, o primeiro capítulo do *Manifesto*, "Trabalho assalariado e capital" etc.) que encontra numa pequena antologia publicada em 1919 (Marx, 1919), bem como outros poucos textos citados de cor (sobretudo *A sagrada família* e *Miséria da filosofia*), e que estão no centro de sua interpretação.

Essa interpretação é, ao contrário das leituras predominantes em seu tempo, toda desenvolvida a partir do conceito de práxis das Teses sobre Feuerbach. Lê-se já no *Q 4*, 37, 454-5: "Para a questão da 'objetividade' do conhecimento segundo o materialismo histórico, o ponto de partida deve ser a afirmação de Marx (na introdução à *Crítica da economia política*, fragmento famoso sobre o materialismo histórico) de que 'os homens tornaram-se conscientes (desse conflito) no terreno ideológico' das formas jurídicas, políticas, religiosas, artísticas ou filosóficas. Mas essa consciência é limitada apenas ao conflito entre as forças materiais de produção e as relações de produção – como materialmente diz o texto marxista – ou se refere a toda consciência, isto é, a todo conhecimento? Esse é o problema que pode ser resolvido com todo o conjunto da doutrina filosófica do valor das superestruturas ideológicas". A ênfase ao valor das superestruturas, que retoma de forma polêmica a crítica de Croce a Marx, é aqui desenvolvida numa direção "materialmente" não presente no texto de Marx, ou seja, atribuindo às ideologias uma *função gnosiológica* que em Marx é reservada à crítica científica. De fato, escreve G. no *Q 4*, 38, 463: a tese de Marx segundo a qual os homens adquirem consciência dos conflitos fundamentais no terreno das ideologias "deve ser considerada como uma afirmação de valor gnosiológico e não puramente psicológico e moral" (v. também *Q 10* II, 12, 1.249-50 [*CC*, 1, 320], e o relativo Texto A, *Q 4*, 38, 464-5, destacado como texto independente em segunda versão).

Essa interpretação só foi possível pelo fato de que G. estava lendo o *Prefácio* baseando-se nas Teses sobre Feuerbach e no conceito de ideologia, na reformulação da questão da verdade nos termos da práxis. Essa verdade redefinida por Marx como "realidade e [...] poder" do pensamento que só se pode demonstrar na "atividade prática" (tese 2) é o substrato de uma eficaz concepção das ideologias, como outras tantas e diferentes modalidades dessa "demonstração", na qual consciência e práxis política são *a mesma coisa*. Essa leitura é confirmada pelo início do *Q 4*, 38, em que G., depois de recordar aqueles que ele define como os dois "princípios" do *Prefácio* relativos às crises históricas – "1º) o princípio de que 'nenhuma sociedade se coloca tarefas para as quais já não existam as condições necessárias e suficientes para sua solução' [ou essas condições não estejam em desenvolvimento e prontas a surgir], e 2º) que 'nenhuma sociedade cai sem que antes se desenvolvam todas as formas de vida implícitas em suas relações'" (ibidem, 455) –, acrescenta que, no curso das crises históricas, confrontam-se forças sociais "que 'buscam' demonstrar (com os fatos, em última análise, ou seja, com o próprio triunfo, mas imediatamente com a polêmica ideológica, religiosa, filosófica, política, jurídica etc.) que 'existem já as condições necessárias e suficientes para que determinadas tarefas possam e devam ser resolvidas historicamente'" (ibidem, 455-6). Como se percebe, a passagem do *Prefácio* é reescrita misturando seu léxico "ideológico" com aquele "veritativo" das Teses sobre Feuerbach ("demonstrar"). Segundo G., essa abordagem é verificada não somente no *Prefácio de 59*, mas sobretudo na *Miséria da filosofia*, que "pode ser considerada em parte como a aplicação e o desenvolvimento das Teses sobre Feuerbach, enquanto *A sagrada família* é uma fase intermediária ainda indistinta, como se vê nos fragmentos referentes a Proudhon e especialmente ao materialismo francês" (ibidem, 462). G. refere-se particularmente àquela passagem da *Miséria* "em que se diz que uma fase importante no desenvolvimento de um agrupamento social nascido no terreno da indústria é aquela em que os membros individuais de uma organização econômico-corporativa não lutam mais somente por seus interesses econômicos corporativos, mas pelo desenvolvimento da organização entendida em si mesma, enquanto tal" (ibidem, 461). Aqui ele evidentemente encontra a base para desenvolver sua teoria da hegemonia. Em suma, se o *Prefácio de 59* era lido – com alguma razão – como o texto fundamental do materialismo histórico, a interpretação que G. nos propõe sobre esse escrito é essencialmente diferente. Ele escreve que "a mediação dialética entre os dois princípios do materialismo histórico" enunciados no *Prefácio*, e acima referidos, "é o conceito de revolução permanente" (ibidem, 456-7), ou seja, a releitura da "necessidade histórica" como um condicionamento que nasce das relações de forças políticas, portanto à luz da perspectiva proposta na *Miséria da filosofia* e nas Teses sobre Feuerbach, assim como, obviamente, no *Manifesto* (lembre-se de que o primeiro capítulo, "Burgueses e proletários", é traduzido por G. com o título de "Teoria da História").

Num contexto apenas aparentemente separado daquele até agora esboçado, G. exprime em outros momentos, e com insistência, sua própria descrença em relação ao que chama de "metáforas" utilizadas por Marx: a comparação entre a economia política e a anatomia, a afirmação de que "não se pode julgar uma época por aquilo que ela diz de si mesma" (ambas presentes no *Prefácio de 59*), e a própria expressão "materialismo histórico" (v. *Q 1*, 113; *Q 8*, 206; *Q 8*, 207 [*CC*, 6, 379]; *Q 8*, 211; *Q 8*, 240; *Q 10* II, 41.XII [*CC*, 1, 387]; *Q 11*, 50 [*CC*, 1, 191-3]). A esse propósito, escreve G.: "A metáfora [da economia como anatomia da sociedade civil – ndr] justificava-se também por sua 'popularidade', quer dizer, pelo fato de oferecer, mesmo a um público intelectualmente não refinado, um esquema de fácil compreensão (não se leva quase nunca na devida conta o seguinte fato: que a filosofia da práxis, propondo-se a reformar intelectual e moralmente estratos sociais culturalmente atrasados, recorre a metáforas por vezes 'grosseiras e violentas' em seu caráter popular)" (*Q 11*, 50, 1.474 [*CC*, 1, 191]).

Ele propõe, então, uma reativação da origem histórica dessas expressões, de modo a "precisar o limite da própria metáfora, ou seja, [...] impedir que ela se materialize e se mecanicize" (idem). Logo, aqui também, como no caso do *Prefácio de 59*, a intenção de G. é a de restituir aos textos de Marx sua natureza de *intervenções* nas conjunturas específicas, sua natureza fundamentalmente política. A essa mesma intenção obedece também toda a reflexão sobre a noção de "crítica da economia política", amplamente desenvolvida ao longo do *Q 10*. De fato, tal noção não é absolutamente sinônimo de ciência, mas sim a denominação teórica da análise das "relações de forças que determinam o mercado" e a avaliação das "mudanças relacionadas com o aparecimento de novos elementos e com sua intensificação": em uma palavra, a apresentação de um "herdeiro" que "será presuntivo enquanto não der provas manifestas de vitalidade etc." (*Q 11*, 52, 1.478 [*CC*, 1, 195]). Também aqui o texto de Marx é reconduzido à sua natureza original de intervenção política, dado que a noção de "crítica" é incompreensível se dissociada da articulação com o projeto político de que é expressão.

A articulação orgânica entre teoria e prática em Marx é expressa também numa série de textos em que G. se detém sobre o conceito de "solidez das crenças populares". No *Q 7* ele recorda uma passagem do Livro I d'*O capital* em que Marx recorre a essa expressão: "Ele diz algo como: 'quando esse modo de conceber tiver a força das crenças populares' etc." (*Q 7*, 21, 869 [*CC*, 1, 238]). E em outro momento: "Quando Marx acena à 'validade das crenças populares' faz uma referência histórico-cultural para indicar a 'solidez das convicções' e sua eficácia na regulação da conduta dos homens, mas implicitamente afirma a necessidade de 'novas crenças populares', ou seja, de um novo 'senso comum' e assim de uma nova cultura, ou seja, de uma nova filosofia" (*Q 8*, 175, 1.047). Essa é também uma maneira de caracterizar integralmente a personalidade de Marx como "prático-crítica", uma vez que a análise por ele conduzida acerca da estrutura fenomênica do mundo capitalista n'*O capital* (a enorme acumulação de mercadorias e a ideologia da igualdade que a ela se associa) é politicamente determinada pela exigência de renovar esse "senso comum". Enfim, toda essa leitura está contida *in nuce* em uma extraordinária passagem do *Q 1* em que, discutindo a diferença entre ironia e sarcasmo, G. nota que em Marx o sarcasmo "apaixonado" é "uma expressão transitória que busca se distanciar das velhas concepções à espera de que as novas, com a solidez adquirida através do desenvolvimento histórico, dominem, até adquirirem a força das 'convicções populares'. Essas novas concepções já existem naqueles que fazem uso do 'sarcasmo', mas ainda na fase 'polêmica'" (*Q 1*, 20, 24).

BIBLIOGRAFIA: CACCIATORE, 1987; DE GIOVANNI, 1985; FROSINI, 2001; GERRATANA, 1997a.

FABIO FROSINI

Ver: Croce; Engels; filosofia da práxis; Gentile; Hegel; Labriola; Lenin; marxismo; materialismo histórico; *Prefácio de 59*; sarcasmo.

marxismo

Aos 27 anos, em 4 de maio de 1918, G. publica um artigo não assinado no *Il Grido del Popolo* intitulado "O nosso Marx", no qual escreve que "marxistas, marxisticamente" são adjetivo e advérbio abusados e gastos e que "Karl Marx é para nós mestre da vida espiritual e moral" (*NM*, 6 [*EP*, 1, 164]). Nos *Q* será menos "idealista", mas ainda apreenderá dos ensinamentos do marxismo, sobretudo, o projeto de uma "reforma intelectual e moral". Todavia, insistirá na autossuficiência teórica e filosófica do marxismo: Labriola, "ao afirmar que a filosofia do marxismo está contida no próprio marxismo, é o único que buscou dar uma base científica ao materialismo histórico" (*Q 3*, 31, 309); no entanto, o materialismo histórico "supera (e, ao superar, incorpora em seu interior os elementos vitais) tanto o idealismo quanto o materialismo tradicionais" (*Q 7*, 29, 877 [*CC*, 6, 373]). G. se pergunta, então: "A superação do hegelianismo feita por Marx não será o desenvolvimento histórico mais fecundo dessa filosofia, enquanto a reforma de Croce-Gentile é tão somente uma 'reforma', e não uma superação?" (*Q 4*, 56, 504 [*CC*, 6, 367]). Os dois aspectos, a herança e a autonomia, são indissociáveis: por isso "a parte essencial do marxismo consiste na superação das velhas filosofias e também no modo de conceber a filosofia, e é isso que deve ser demonstrado e desenvolvido sistematicamente. No plano teórico, o marxismo não se confunde e não se reduz a nenhuma outra filosofia" (*Q 4*, 11, 433 [*CC*, 6, 358]). G. não nega que se possa empregar o termo "ortodoxia" num sentido positivo: "A ortodoxia não deve ser buscada nestes ou naqueles discípulos de Marx, nestas ou naquelas tendências ligadas a correntes estranhas ao marxismo, mas no conceito de que o marxismo é suficiente em si mesmo, contém em si todos os elementos fundamentais, não apenas para construir uma concepção total do mundo, uma filosofia total, mas para vivificar uma total organização prática da sociedade, isto é, para se tornar uma civilização total, integral. Esse conceito assim renovado de ortodoxia serve para precisar melhor o atributo de 'revolucionária' que se dá a uma concepção de mundo, a uma teoria" (*Q 4*, 14, 435 [*CC*, 6, 360]). Como contraprova, G. cita a falência das tentativas de empréstimos de elementos de outros sistemas filosóficos para dar ao marxismo os fundamentos teóricos de que seria desprovido: "Unir o marxismo ao kantismo talvez tenha levado, em última análise, à conclusão oportunista expressa por Otto Bauer em seu recente livreto *Socialismo e religião* de que o marxismo pode ser 'apoiado' ou 'complementado' por qualquer filosofia, e, portanto, também pela assim denominada 'filosofia da religião'" (*Q 3*, 31, 309).

Contrariando essa afirmação, G. evidencia a influência exercida pelo marxismo sobre outras correntes filosóficas, em especial as de caráter idealista, que tentaram com variada eficácia uma "revisão" do instrumental marxista original: "O marxismo sofreu uma dupla revisão, o que significa dizer que deu lugar a uma dupla combinação. Por um lado, alguns de seus elementos, implícita ou explicitamente, foram absorvidos por algumas correntes idealistas (Croce, Sorel, Bergson, os pragmáticos etc.); por outro lado, os marxistas 'oficiais', preocupados em encontrar uma 'filosofia' que contivesse o marxismo, encontraram-na nas derivações modernas do materialismo filosófico vulgar ou também nas correntes idealistas como o kantismo (Max Adler)" (*Q 4*, 3, 421-2). O estudo de tais "revisões" é útil e necessário também para a reelaboração atualizada do marxismo e para uma "retradução" marxista daquelas filosofias idealistas e neoidealistas: "Para os idealistas: ver quais elementos do marxismo foram absorvidos 'de modo explícito', confesso. Por exemplo, o materialismo histórico como cânone empírico da pesquisa histórica de Croce, que introduziu esse seu conceito na cultura moderna, também entre os católicos (cf. Olgiati) na Itália e no exterior, o valor das ideologias etc.; mas a parte mais difícil e delicada é a pesquisa do que foi absorvido 'implicitamente', não de modo confesso, porque o marxismo foi exatamente um momento da cultura, uma atmosfera difusa, que substituiu os velhos modos de pensar por ações e reações não aparentes ou não imediatas [...]. Outro aspecto da questão é o ensinamento prático que o marxismo deu aos próprios partidos que por princípio o combateram, assim como os jesuítas combatiam Maquiavel ainda que aplicando os princípios dele" (ibidem, 422).

O estudo das "revisões" também é necessário aos marxistas para que possam superar sua atual fase de imaturidade, na qual "uma nova cultura em estado latente" ainda não consegue dar sinais claros de vitalidade. Os intelectuais das classes dominantes ou dirigentes estiveram frequentemente alheios às necessidades e aspirações das classes populares. "Algo do gênero acontece também ao marxismo: não cria uma alta cultura porque os grandes intelectuais que se formam no seu campo não são selecionados nas classes populares, mas nas classes tradicionais, às quais retornam nas 'reviravoltas' históricas ou, se permanecem com elas [as classes populares – ndr], é para impedir seu desenvolvimento autônomo. A afirmação de que o marxismo é uma filosofia nova, independente, é a afirmação da independência e da originalidade de uma nova cultura em estado latente, que se desenvolverá com o desenvolvimento das relações sociais. Somente quando se cria um Estado é que se torna verdadeiramente necessária a criação de uma alta cultura. De toda forma, o comportamento deve ser sempre crítico e nunca dogmático, deve ser um comportamento romântico num certo sentido, mas de um romantismo que conscientemente busca seu sereno caráter clássico" (ibidem, 425). A filosofia marxista pode também progredir pela contribuição de personalidades que não são filósofos de profissão: "Desse ponto de vista Ilitch [Lenin – ndr] faria o marxismo progredir não apenas na teoria política e na economia, mas também na filosofia (isto é, fazendo progredir a doutrina política faria progredir também a filosofia)" (*Q 4*, 38, 465).

Concretamente, G. propõe uma definição do marxismo como teoria da unidade articulada da economia, da filosofia e da política: "*Unidade dos elementos constitutivos do marxismo. A unidade é dada pelo desenvolvimento dialético das contradições entre o homem e a matéria (natureza-forças materiais de produção). Na economia, o centro unitário é o valor, ou seja, a relação entre o trabalhador e as forças industriais de produção (os que negam a teoria do valor incorrem no crasso materialismo vulgar, colocando as máquinas em si – como capital constante e técnico – como produtoras de valor, independente dos homens que as manipulam). Na filosofia, é a práxis, isto é, a relação entre a vontade humana (superestrutura) e a estrutura econômica. Na política, é a relação entre o Estado e a sociedade civil, isto é, a intervenção do Estado (vontade centralizada) para educar o educador, o ambiente social em geral. (A ser aprofundado e posto em termos mais exatos)" (*Q 7*, 18, 868 [*CC*, 1, 237]). Aos "termos mais exatos" talvez se aproxime o *Q 10* II, 41.VI, 1.311 [*CC*, 1, 372], em que polemiza com Croce: "O fato determinado da ciência econômica moderna" não pode ser, defende G., uma categoria separada das outras (categorias de) atividades "espirituais", mas pode (filosoficamente) reconduzir justamente à unidade dialética "entre o homem e a matéria (natureza-forças materiais de produção)" evidenciada no excerto anteriormente referido do *Q 7*. E a dialética econômica entre o trabalho humano e as forças materiais se enquadra, para G., naquela dialética filosófica mais geral entre a superestrutura e a estrutura.

GIUSEPPE PRESTIPINO

Ver: Croce; Estado; estrutura; filosofia da práxis; Gentile; Hegel; idealismo; Kant; Labriola; Lenin; Marx; materialismo e materialismo vulgar; materialismo histórico; ortodoxia; práxis; reforma intelectual e moral; revisionismo; superestrutura/superestruturas; teoria do valor.

massa/massas

A partir da Revolução Francesa, as "massas" irrompem com força na "vida política e estatal" (*Q 8*, 42, 967 [*CC*, 5, 288]). Tal reviravolta, que marcou o período, possibilita "uma reforma intelectual e moral" em que "o racionalismo setecentista" se torna "pensamento político concreto" (*Q 4*, 75, 515), capaz de mobilizar as massas. Apesar de a "'classe política' conservadora-moderada" se caracterizar por sua "hostilidade a toda intervenção das massas populares na vida estatal" (*Q 8*, 36, 962 [*CC*, 5, 286]), desde esse momento, as classes dominantes são obrigadas a levar em consideração o protagonismo das massas. Mesmo em fase de restauração, o exercício da força e o consenso exigem um equilíbrio. Assumem crescente importância as instituições destinadas a formar a opinião pública, que garante a adesão "espontânea e livre" (*Q 6*, 84, 757 [*CC*, 3, 240]) dos indivíduos às normas necessárias para salvaguardar o conjunto social. A forma representativa do Estado moderno se torna concreta nos partidos políticos, como uma "trama 'privada'" mediante a qual se pode "educar" as massas para a vida estatal, para governar "com o consenso dos governados, mas com o consenso organizado, não com o consenso genérico e vago tal como se afirma no momento das eleições" (*Q 1*, 47, 56 [*CC*, 3, 119]).

A análise do papel das massas na modernidade é determinante na reflexão de G. sobre os partidos políticos e os intelectuais. O desenvolvimento histórico, acentuando a especialização das tarefas, tende a aumentar a distância entre dirigentes e massas. Na "fase primitiva dos partidos de massa" prevalece o líder carismático; trata-se de uma fase "em que a doutrina se apresenta às massas como algo nebuloso e incoerente, que necessita de um papa infalível para ser interpretada e adaptada às circunstâncias" (*Q 2*, 75, 233 [*CC*, 3, 163]). De tal modo se evidencia uma contradição entre os objetivos democráticos dos partidos – impostos pelo crescente papel das massas na vida política – e suas estruturas oligárquicas. Todavia, num partido em que não existe diferença de classe entre dirigentes e massas, a contradição, para G., tende a desaparecer: "A questão se torna puramente técnica – a orquestra não acredita que o regente seja um patrão oligárquico –, de divisão de trabalho e de educação" (ibidem, 236 [*CC*, 3, 166]). A disciplina de partido encontra sua justificativa no fato de que a adesão dos membros às regras internas é espontânea, de forma que "a necessidade logo se transforma em liberdade" (*Q 7*, 90, 920 [*CC*, 3, 267]).

Isso posto, para evitar o descolamento dos intelectuais em relação às massas, o que tornaria os militantes de um partido mero "acessório" subordinado aos dirigentes, é indispensável a formação de "intelectuais orgânicos". Para G., tais intelectuais não têm valor em si, não têm de perpetuar seu papel diretivo, mas devem se tornar "funções especializadas" de organismos de massa "complexos e regulares" (*Q 14*, 18, 1.676 [*CC*, 3, 303]). Eles compõem com a classe de referência um bloco sociocultural, elaborando e sistematizando as problemáticas "que essas massas colocavam com a própria atividade prática" (*Q 11*, 12, 1.382 [*CC*, 3, 267]), tornando a massa social homogênea e compacta. Através da formação de elementos mais avançados da classe no interior do partido e, de modo mais geral, das massas, se visa a "assimilar todo o grupo à fração mais avançada [os intelectuais – ndr] do grupo" (*Q 6*, 84, 757 [*CC*, 3, 240]). Para tal objetivo, é necessário constituir um estrato dirigente capaz de ser o meio-termo entre os intelectuais e os militantes, para "impedir que os chefes se desviem nos momentos de crise radical e para elevar sempre mais a massa" (*Q 2*, 75, 237 [*CC*, 3, 167]).

O próprio desenvolvimento histórico do marxismo é analisado por G. a partir da relação entre intelectuais e massas. Em sua opinião, o marxismo, originariamente, se propunha a tomar o lugar da cultura mais avançada da época para formar um núcleo de intelectuais orgânicos dotados de uma visão autônoma do mundo; em seguida, prevaleceu a necessidade "prática" de sua difusão entre as massas. A consequente popularização do marxismo, útil para a formação de um novo senso comum, é inadequada para o também decisivo fim de conquistar para o partido os intelectuais tradicionais. Por outro lado, para G. cabe superar a distinção própria dos intelectuais tradicionais entre filosofia, monopólio de poucos especialistas, e ideologia como instrumento prático de governo de massas consideradas eternamente infantis. Na perspectiva da filosofia da práxis é mais significativo que "uma massa de homens seja conduzida a pensar coerentemente e de maneira unitária a realidade presente" do que "a descoberta por parte de um 'gênio' filosófico de uma nova verdade que permaneça patrimônio de pequenos grupos intelectuais" (*Q 11*, 12, 1.378 [*CC*, 1, 96]). É com a progressiva penetração do marxismo entre as massas através da obra do "moderno Príncipe" que G. julga possível operar uma profunda "reforma intelectual e moral" da modernidade que realize "em escala nacional o que o liberalismo conseguiu realizar apenas para pequenos estratos da população" (*Q 10* II, 41.I, 1.292 [*CC*, 1, 362]). Trata-se de fundir teoria filosófica e prática política para dar vida a uma visão de mundo que não é mais monopólio de grupos intelectuais, mas é voltada a fundar um novo senso comum de massa e a realizar um "progresso intelectual de massa" (*Q 11*, 12, 1.385 [*CC*, 1, 103]). Só através do desenvolvimento "de um pensamento superior ao senso comum" existente e "cientificamente coerente" que, ao mesmo tempo, não perca o contato com as necessidades das massas é que "uma filosofia se torna 'histórica', se depura dos elementos intelectualistas de natureza individual e se faz 'vida'" (*Q 11*, 12, 1.382 [*CC*, 1, 100]).

O papel das massas é, enfim, analisado por G. em relação às crises sistêmicas. Uma vez que as classes sociais se homogeneízam nos partidos, em que se formam os quadros do Estado e da sociedade civil, sem uma constante atividade teórica em seu interior os partidos se debilitam, enfraquecendo a "vida política". Em tais circunstâncias, as massas tendem a se emancipar da ideologia dominante e a classe no poder perde o consenso sobre o qual baseava seu papel diretivo. Inaugura-se, assim, uma crise de hegemonia da classe dirigente, que, porém, enquanto ainda dominante, resiste coercitivamente a qualquer tentativa de substituição. A simples restauração da ordem precedente não é mais possível, a crise corre o risco de se tornar estrutural, pois, como nota G., "o velho morre e o novo ainda não pode nascer" (*Q 3*, 34, 311 [*CC*, 3, 184]). Em tais momentos, tem consequências negativas o repúdio abstrato por parte dos dirigentes da espontaneidade dos movimentos de massa e a recusa "a dar-lhes uma direção consciente, a elevá-los a um plano superior, inserindo-os na política" (*Q 3*, 48, 331 [*CC*, 3, 197]). Nos momentos de crise, aos movimentos de massa seguem-se as tentativas dos setores reacionários das classes dominantes de dar à própria crise uma conclusão autoritária. O estado de agitação das massas e o enfraquecimento dos partidos levam o "Estado-governo" a reforçar o próprio poder particular sobre o conjunto social, cooptando e corrompendo os poucos quadros dos partidos e contribuindo, assim, para o distanciamento das massas em relação aos organismos eletivos. O executivo dota-se de uma massa de manobra "de sem-partido ligados ao governo, com vínculos paternalistas de tipo bonapartista-cesarista" (*Q 3*, 119, 387 [*CC*, 3, 201]). Os dirigentes proletários que renunciam ao dever histórico de dar um fim revolucionário à crise, no momento em que têm a possibilidade de hegemonizar grandes massas, correm o risco de serem eliminados pela reação da minoria contrária. Nesse caso, "todo o aparelho se desagrega e se forma um outro, novo, em que as velhas multidões nada contam e não mais podem se mover e operar. Aquilo que se chamava 'massa' se pulveriza em tantos átomos sem vontade e orientação e uma nova 'massa' se forma, ainda que de volume inferior à primeira, porém mais compacta e resistente, que tem a função de impedir que a massa primitiva se reconstitua e se torne eficiente" (*Q 15*, 35, 1.789 [*CC*, 3, 335]).

Renato Caputo

Ver: crise; filosofia da práxis; ideologia; intelectuais orgânicos; moderno Príncipe; opinião pública; partido; reforma intelectual e moral; Revolução Francesa; senso comum.

matemática

G. considera a matemática a ciência instrumental por excelência. Deve ser vista como uma ciência exata – mas agora se sabe que é incompleta (Gödel) – e ocupa um papel essencial em outras ciências ("A economia clássica é a única 'historicista' sob a aparência de suas abstrações e de sua linguagem matemática", *Q 8*, 216, 1.077 [*CC*, 1, 447]). Segundo G., as grandezas no campo econômico, como "o conjunto das forças materiais de produção", podem ser verificadas e medidas "com exatidão matemática" (*Q 11*, 30, 1.443 [*CC*, 1, 161]; v. também *Q 10* II, 23, 1.261 [*CC*, 1, 331-3] para as outras grandezas econômicas a que ele faz referência). Sraffa, que havia demonstrado a impossibilidade histórico-lógica de tal cálculo, aconselhou a Togliatti, no momento da publicação dos *Q*, a exclusão do citado *Q 10* II, 23 da edição temática (v. Badaloni, 1992). É convincente, no entanto, a análise dos dados estatísticos, por exemplo, no que se refere às diferenças entre as nações ou entre as classes sociais (*Q 2*, 6, 145-60 [*CC*, 5, 157-71]; *Q 2*, 124, 263-6 [*CC*, 5, 200-2]; *Q 5*, 82, 611-3 [*CC*, 2, 125-6]).

G. nota que "a matemática superior se unificou" com a lógica formal "sob muitos aspectos" (*Q 10* II, 32, 1.277 [*CC*, 1, 346]), sem, entretanto, estar convencido da tendência de Russell, e de outros, de elevar a lógica formal ao estatuto de "'única filosofia' real" (*Q 6*, 180, 827 [*CC*, 1, 235]). Por outro lado, G. compara a matemática com a gramática de uma língua, apesar de sua exatidão contrastar com a flexibilidade das línguas. Em sua opinião, a matemática baseia-se essencialmente em "uma infinita série de igualdades (1=1)", na qual o membro direito e o membro esquerdo de uma equação são iguais, mas "podem ser combinados em infinitos modos"; concepção muito diferente daquela que diz respeito à língua, em cuja "série" não existe "nunca identidade nos termos das línguas postas em confronto" (*Q 16*, 21, 1.893 [*CC*, 4, 69]). G. é, portanto, tendencialmente hostil à tentativa dos pragmáticos, ou de Pareto, de criar uma "língua 'pura' ou 'matemática'" (*Q 11*, 24, 1.428 [*CC*, 1, 145]) e é firmemente contrário à ideia de que possa haver uma relação biunívoca entre palavra e conceito.

DEREK BOOTHMAN

Ver: ciência; física e química; lógica.

matéria

G. cita de um número da *Fiera Letteraria*: "Nosso assado super-regionalista apresenta-se com as seguintes características: aversão decidida a todas as formas de civilização que não sejam adequadas à nossa [...] finalmente, a exaltação de nossas características próprias, isto é, fundamento católico, sentido religioso do mundo, simplicidade e sobriedade fundamentais, aderência à realidade, domínio da fantasia, equilíbrio entre espírito e matéria" (*Q 22*, 4, 2.151 [*CC*, 4, 252]). Mas os católicos veem rígido dualismo, não equilíbrio, entre espírito e matéria e, ao contrário, veem identidade entre a matéria tal como concebida pelos materialistas e o espírito tal como concebido pelos idealistas. Na verdade, em uma nota intitulada "Idealismo-positivismo ['Objetividade' do conhecimento]", quando G. escreve que, segundo os católicos, "toda a teoria idealista repousa sobre a negação da objetividade de todo o nosso conhecimento e do monismo idealista do 'Espírito'", logo acrescenta, entre parênteses, que os católicos consideram esse conceito de espírito "equivalente, enquanto monismo, ao conceito positivista da 'Matéria'" (*Q 4*, 37, 454). E, no fundo, eles não estão errados, porque, "se for 'hipóstase' aquela da religião e do idealismo, isto é, abstração arbitrária, e não um procedimento de distinção analítica, útil na prática, por razões pedagógicas, também é 'hipóstase' aquela do materialismo vulgar que 'diviniza' a matéria" (*Q 4*, 32, 451). A própria religião, portanto, hipostatiza o espírito. Entretanto, qual é o monismo válido? "Não é o monismo materialista nem o monismo idealista, nem 'Matéria' nem 'Espírito'", mas apenas aquele que pode ser referido à atividade estudada pelo "'materialismo histórico', isto é, atividade do homem (história) em concreto, isto é, aplicada a uma certa 'matéria' organizada (forças materiais de produção), à 'natureza' transformada pelo homem. Filosofia do *ato* (práxis), mas não do 'ato puro', ao contrário, justamente do ato 'impuro', isto é, real no sentido profano da palavra" (*Q 4*, 37, 455).

No entanto, matéria (para a filosofia da práxis) não significa estrutura: "Confunde-se estrutura com 'estrutura material' em geral e 'instrumento técnico' com qualquer instrumento material [...]. Existem superestruturas que têm uma 'estrutura material', mas seu caráter continua sendo superestrutural, seu desenvolvimento não é 'imanente' em sua particular 'estrutura material', mas na 'estrutura material' da sociedade [...]. Logicamente, e também cronologicamente, temos: estrutura social-superestrutura-estrutura material da superestrutura". A arte, por exemplo, é "materializada" para os elementos sobre os quais agem as suas técnicas, mesmo sendo superestrutura enquanto arte (*Q 4*, 12, 433-4 [*CC*, 6, 359]). Especialmente, mas não apenas, por aqueles que se dizem marxistas e que confundem estrutura com matéria, "as superestruturas são consideradas meras e débeis 'aparências'. Também nesse 'juízo' deve-se ver mais um reflexo das discussões nascidas no terreno das ciências naturais (da zoologia e da classificação das espécies, da descoberta de que a 'anatomia' deve ser colocada na base das classificações) do que uma derivação coerente do materialismo metafísico, para o qual os fatos espirituais são uma mera aparência, *irreal, ilusória*, dos fatos corporais" (*Q 11*, 50, 1.475 [*CC*, 1, 192]). G. afasta-se firmemente, portanto, também dos clássicos que haviam considerado as ciências naturais um modelo para a ciência histórica ou para a crítica da economia política. Na nota com o título "Unidade nos elementos constitutivos do marxismo", G. escreve que a "unidade é dada pelo desenvolvimento dialético das contradições entre o homem e a matéria (natureza-forças materiais de produção)" (*Q 7*, 18, 868 [*CC*, 1, 236-7]).

É verdade que "o materialismo histórico também tende a se tornar uma ideologia no sentido pior, isto é, uma verdade absoluta e eterna. Isso acontece especialmente quando ele é confundido, como no *Ensaio popular**, de Bukharin, com o materialismo vulgar, com a metafísica da 'matéria' que não pode não ser eterna e absoluta. Será preciso, nesse sentido, elaborar a afirmação de Engels sobre a passagem da necessidade à liberdade. Evidentemente essa passagem se dá nos homens, não na natureza (embora tenha consequências sobre a intuição da natureza, sobre as opiniões científicas), de modo que somente por metáfora se pode falar de história natural da humanidade e comparar os fatos humanos aos fatos naturais" (*Q 4*, 40, 466 [*CC*, 6, 362]). O objeto do materialismo histórico, reafirma G., não é o das ciências naturais: "O que entende por 'matéria' o *Ensaio popular?*" Num ensaio popular seria necessário "evitar as causas de erros produzidas pelas acepções populares e vulgares das palavras. É evidente que, para o materialismo histórico, a 'matéria' não deve ser entendida nem no significado que deriva das ciências naturais [...] nem no significado que deriva das diversas metafísicas materialistas. As propriedades físicas (químicas, mecânicas etc.) da matéria são consideradas, certamente, mas apenas enquanto

---

* Com a expressão *Ensaio popular* Gramsci se refere ao livro de Bukharin chamado *A teoria do materialismo histórico: manual popular de sociologia marxista*. Ou seja, *Ensaio popular* é um apelido que ele deu ao livro. No Brasil, a edição trouxe como título *Tratado de materialismo histórico* (Rio de Janeiro, Laemmert, 1970). (N. R. T.)

se tornam 'elemento econômico' da produção. A matéria não é, portanto, considerada como tal, mas como social e historicamente organizada para a produção, como *relação humana*. O materialismo histórico não estuda uma máquina para definir a estrutura físico-químico-mecânica de seus componentes naturais" (*Q 4*, 25, 443-4). Na reelaboração dessa nota (*Q 11*, 30, 1.442 [*CC*, 1, 160]), G. acrescenta entre parênteses: não se pode absolutizar a matéria "a não ser que se recaia numa concepção do númeno kantiano".

GIUSEPPE PRESTIPINO

Ver: arte; ciência; espírito/espiritualismo; estrutura; materialismo e materialismo vulgar; materialismo histórico; religião; superestrutura/superestruturas.

materialismo e materialismo vulgar

O título *Apontamentos de filosofia. Materialismo e idealismo*, seguido pelas indicações primeira, segunda e terceira série, figura no início de três blocos monográficos de textos, contidos respectivamente no *Q 4*, no *Q 7* e no *Q 8*. G. parece perceber uma analogia especular entre a concepção materialista do "acaso" e a concepção idealista-espiritualista da "providência": "Considerem-se o conceito filosófico de 'acaso' e de 'lei', o conceito de uma 'racionalidade' ou de uma 'providência' que nos conduz a um teleologismo transcendental, se não transcendente, e o conceito de 'acaso', como no materialismo metafísico, 'que cria o mundo por acaso'" (*Q 11*, 52, 1.479 [*CC*, 1, 196]). Também "o ceticismo está relacionado com o materialismo vulgar e com o positivismo" (*Q 5*, 39, 572 [*CC*, 1, 233]). Não parece que possa ser atribuído a G. o título de materialista (pelo menos sem outras especificações), título mais ou menos adequado para a maior parte dos marxistas. G. esclarece, propondo uma interpretação da cultura filosófica e da teoria marxiana: é útil "pesquisar e aprofundar os elementos da cultura filosófica de Marx, mas tendo em conta que parte essencial do materialismo histórico não é nem o spinozismo, nem o hegelianismo, nem o materialismo francês" (*Q 4*, 11, 432 [*CC*, 6, 358]). O próprio Marx havia explicado e distinguido a gênese e o conteúdo efetivo de seu pensamento: "No trecho sobre o 'materialismo francês no século XVIII' (*A sagrada família*), refere-se com bastante clareza à gênese da filosofia da práxis: é o 'materialismo' aperfeiçoado pelo trabalho da própria filosofia especulativa e fundido com o humanismo. É verdade que com esses aperfeiçoamentos do velho materialismo permanece apenas o realismo filosófico" (*Q 10* II, 13, 1.250 [*CC*, 1, 320]). No *Q 11*, é acentuado o afastamento de Marx em relação à própria formação cultural: "Os elementos de spinozismo, de feuerbachismo, de hegelianismo, de materialismo francês etc. não são, de forma alguma, partes essenciais da filosofia da práxis" (*Q 11*, 27, 1.436 [*CC*, 1, 152]). Sobre a nova teoria elaborada por Marx: "Deu-se maior peso à primeira parte da expressão 'materialismo histórico', quando deveria ter sido dado à segunda: Marx é essencialmente um 'historicista' etc." (*Q 4*, 11, 433 [*CC*, 6, 359]).

G. retoma outras vezes a argumentação sobre as origens setecentistas do termo e sobre seus significados mais recentes: "O termo '*materialismo*' ocorre em certos períodos da história da cultura" e deve ser entendido "não no significado técnico filosófico estrito, mas no significado que assumiu a partir das polêmicas culturais da Enciclopédia. Chamou-se materialismo todo modo de pensar que excluísse a transcendência religiosa e, assim, todo o panteísmo e o imanentismo e, enfim, mais modernamente, toda forma de realismo político. Nas polêmicas, mesmo odiernas, dos católicos encontra-se frequentemente usada a palavra neste sentido: é materialismo qualquer modo de pensar que não seja 'espiritualismo' no sentido mais estrito, isto é, espiritualismo religioso; portanto, todo o hegelianismo e, em geral, toda a filosofia clássica alemã, além do enciclopedismo e do iluminismo francês. Assim, na vida social, chama-se 'materialismo' tudo aquilo que tende a encontrar nesta terra, e não no paraíso, a finalidade da vida" (*Q 8*, 211, 1.069). A escrita posterior da mesma passagem refere-se particularmente ao século XIX, no *Q 11*: "O termo 'materialismo' na primeira metade do século XIX deve ser entendido não só em sua significação técnico-filosófica estrita, mas também na significação mais ampla que foi assumindo polemicamente nas discussões surgidas na Europa com o surgimento e o desenvolvimento vitorioso da cultura moderna" (*Q 11*, 16, 1.408 [*CC*, 1, 126]).

G., mais do que o materialismo francês, deplora o materialismo vulgar em sua versão positivista, mas, sobretudo, na versão sociologizante e determinista do marxismo (Bukharin). Também o materialismo histórico, no *Ensaio popular*, "é confundido com o materialismo vulgar, com a metafísica da 'matéria' que não pode ser eterna nem absoluta" (*Q 4*, 40, 466 [*CC*, 6, 362]). A nota reaparece no *Q 11*, 62, 1.489 [*CC*, 1, 206], com algumas variações: "Por isso, ocorre também que a própria filosofia da práxis tende a se transformar numa ideologia no sentido pejorativo, isto é, num sistema dogmático de verdades absolutas e eternas". A própria estrutura é considerada sinônimo de matéria. Devido a isso, em G. o materialismo é às vezes assimilado ao mecanicismo: "O materialismo histórico mecânico não considera a possibilidade de erro, mas interpreta todo ato político como imediatamente determinado pela estrutura, isto é, como reflexo de uma real e duradoura (no sentido de adquirida) modificação da estrutura" (*Q 7*, 24, 872 [*CC*, 1, 239]). E ainda: "Nos novos desenvolvimentos do materialismo histórico, o aprofundamento do conceito de *unidade* da teoria e da prática está apenas em uma fase inicial: existem ainda resquícios de mecanicismo" (*Q 8*, 169, 1.042). G. usa várias vezes a expressão "materialismo mecânico" (*Q 11*, 20, 1.420 [*CC*, 1, 136]), considerando-a intercambiável com outras expressões, por exemplo "materialismo filosófico, metafísico ou mecânico (vulgar)" (*Q 11*, 22, 1.425 [*CC*, 1, 143]). O alvo polêmico principal continua sendo Bukharin. "No *Ensaio popular*. O modo como é posto o problema da 'realidade objetiva do mundo externo' é superficial e alheio ao materialismo histórico. O autor não conhece a tradição católica e não sabe que é justamente a religião que defende sem descanso essa tese contra o idealismo, ou seja, a religião católica seria nesse caso 'materialista'" (*Q 7*, 47, 894). Ainda sobre Bukharin e seus pares: não poucos "marxistas 'oficiais', preocupados em encontrar uma 'filosofia' que contivesse o marxismo, a encontraram nas derivações modernas do materialismo filosófico vulgar [...]. O marxismo se confundiu com uma forma de cultura um pouco superior à mentalidade popular, mas inadequada para combater as outras ideologias das classes cultas" (*Q 4*, 3, 421-2). O *Ensaio popular* dá a entender que "a teoria do materialismo histórico seria o materialismo filosófico" (*Q 4*, 13, 434); de fato, "no *Ensaio popular*, a filosofia da práxis não é uma filosofia autônoma e original, mas a 'sociologia' do materialismo metafísico" (*Q 11*, 14, 1.402 [*CC*, 1, 120]). Em reação ao materialismo bukhariniano, podem ocorrer desdobramentos idealistas: "Penso que Lukacz [Lukács – ndr], insatisfeito com as teorias do *Ensaio popular*, caiu no erro contrário: toda conversão e identificação do materialismo histórico com o materialismo vulgar só pode determinar o erro oposto, a conversão do materialismo histórico em idealismo ou até mesmo em religião" (*Q 4*, 43, 469 [*CC*, 6, 363]; e v. *Q 11*, 34, 1.449 [*CC*, 1, 166]).

Na Itália, o materialismo histórico apresenta-se sob o aspecto de "economicismo histórico" em Loria. "Ou melhor, pode-se dizer que grande parte do que se chama de materialismo histórico não é outra coisa que lorianismo" (*Q 7*, 13, 863). G. considera o economicismo histórico uma doutrina em que o desenvolvimento econômico é reduzido ao surgimento de novos instrumentos técnicos ou às "mudanças de alguns fatores importantes da produção, devido à introdução de um novo combustível" (*Q 4*, 38, 462). Ao sugerir que a luz do sol deveria ser colocada na base do materialismo histórico "Ardigò não conhecia nem seus elementos primeiros" (*Q 4*, 6, 429). Outras grosserias ocorrem em diversos contextos: "Tendências que hoje seriam consideradas materialistas (vulgares)" atribuem especial importância "ao ângulo facial ou aos sinais específicos da delinquência" (*Q 25*, 7, 2.292 [*CC*, 5, 144]). Talvez G. se refira aqui a Cesare Lombroso. Os católicos também não são poupados: "Será que *Villa Beatrice* pode ser chamado de o romance da filosofia neoescolástica do padre Gemelli, o romance do 'materialismo' católico, um romance da 'psicologia experimental' tão cara aos neoescolásticos e aos jesuítas?" (*Q 6*, 201, 840 [*CC*, 6, 204]). Mas o mais respeitável e, digamos assim, o mais nobre a ser alvo de enunciados semelhantes é Feuerbach: "*Materialismo e materialismo histórico*. A afirmação de Feuerbach, 'O homem é o que ele come', pode ser interpretada de diversas maneiras. Interpretação primária e imbecil: o homem é, em cada oportunidade, aquilo que come materialmente, isto é, os alimentos têm uma imediata influência determinante sobre seu modo de pensar. Recorde-se a afirmação de Amadeo [Bordiga – ndr] segundo a qual, se alguém soubesse o que um homem comeu antes de um discurso, por exemplo, seria capaz de interpretar melhor o próprio discurso" (*Q 7*, 35, 883 [*CC*, 1, 243]).

Antes de insistir na cultura popular, em sua concordância discordante com a religião, G. atribui valor positivo a certo materialismo espontâneo num contexto histórico de movimentos sociais emancipadores e não nega, de forma drástica, elementos de continuidade até mesmo com Hegel e com Marx: "Na história da cultura, que é maior do que a história da filosofia, toda vez que a cultura popular aflorou, porque se atravessava uma fase de rebeliões sociais, e do substrato popular se selecionava o metal de uma nova classe, houve o florescimento do 'materialismo'; vice-versa, as classes tradicionais se agarravam ao espiritualismo. Hegel, entre a Revolução Francesa e a Restauração, dialetizou os dois momentos da vida filosófica, o materialismo e o espiritualismo. Os continuadores de Hegel destruíram essa unidade, e houve um retorno ao velho materialismo com Feuerbach e ao espiritualismo da direita hegeliana. Marx em sua juventude reviveu toda essa experiência". No manuscrito, o nome de Feuerbach é apagado. A mesma nota prossegue ressaltando, ao contrário, o pior aspecto do materialismo popular, na religião e no senso comum. "A religião popular é crassamente materialista e a religião oficial tenta não se afastar demais dela para não se afastar das massas" (*Q 4*, 3, 424). No *Q 17*, 18, 1.921 [*CC*, 1, 267] até Santo Tomás é chamado em causa: "É interessante a breve resenha de *Civiltà Cattolica*, de 2 de setembro de 1933, pois ela mostra como a filosofia de São Tomás pode se aliar ao materialismo vulgar". De regra, o materialismo popular é sinal de ingênuo atraso cultural: "No senso comum predominam os elementos 'realistas, materialistas', aquilo que não está em contradição com o elemento religioso, ao contrário; mas esses elementos são 'acríticos', 'supersticiosos'" (*Q 8*, 173, 1.045). O juízo em relação ao "crasso" materialismo faz-se mais articulado e também mais severo no *Q 16*, em que é precedido pela frase: "'Politicamente', a concepção materialista está próxima do povo, do senso comum; ela está estreitamente ligada a muitas crenças e preconceitos, a quase todas as superstições populares (feitiçarias, espíritos etc.)" (*Q 16*, 9, 1.861 [*CC*, 4, 38]).

Um materialismo que hipostatiza a matéria é característico do senso comum popular tolerado pela religião católica, sendo que esta também hipostatiza o espírito: "Se for 'hipóstase' aquela da religião e do idealismo, isto é, abstração arbitrária, não procedimento de distinção analítica, útil na prática, por razões pedagógicas, também é 'hipóstase' aquela do materialismo vulgar que 'diviniza' a matéria" (*Q 4*, 32, 451). G., com frequência, propõe uma aproximação entre materialismo e objetivismo. A harmonia entre religião e cultura popular, na verdade, se baseia principalmente na crença em uma realidade objetiva separada da história humana e conhecível como tal: "O conceito de *objetivo* da filosofia materialista vulgar parece se referir a uma objetividade superior ao homem, que poderia ser conhecida mesmo fora do homem. Trata-se, portanto, de uma forma banal de misticismo e de metafísica barata" (*Q 8*, 177, 1.049). G. critica severamente a "concepção de uma 'objetividade' exterior [e mecânica], que corresponde a uma espécie de 'ponto de vista do cosmo em si', que é, aliás, exatamente o mesmo do materialismo filosófico, do positivismo e de certo cientificismo. Mas o que é esse ponto de vista se não um resíduo do conceito de deus, exatamente em sua concepção mística de um 'deus desconhecido'?" (*Q 8*, 219, 1.080). Sabemos que Croce havia se referido jocosamente ao conceito marxista de estrutura como um 'Deus escondido' e G. admite que não são poucos os marxistas que caem nesse erro. Em 1º de dezembro de 1930, escreve a Tatiana: "Talvez se possa demonstrar que muitos dos chamados teóricos do materialismo histórico tenham caído numa posição filosófica semelhante à do teologismo medieval e tenham feito da 'estrutura econômica' uma espécie de 'deus oculto', mas o que significaria isso? Seria como se se quisesse julgar a religião do papa e dos jesuítas e se falasse das superstições dos camponeses bergamascos" (*LC*, 369 [*Cartas*, I, 457]).

Bibliografia: Matteucci, 1951; Sabetti, 1958; Zanardo, 1958.

Giuseppe Prestipino

Ver: acaso; Bordiga; Bukharin; cultura popular; espírito/espiritualismo; estrutura; Feuerbach; filosofia da práxis; idealismo; Loria; Marx; marxismo; matéria; materialismo histórico; objetividade; senso comum.

materialismo histórico

A expressão aparece 245 vezes nos *Q*, mesmo depois de 1930 (mas, nesse caso, com a expressão abreviada "m.h."). É pouco provável que G. quisesse somente enganar a censura quando recorre, por sua vez, à expressão "filosofia da práxis", que ele prefere mesmo à luz de uma tradição italiana que tem em Antonio Labriola seu maior representante. Labriola, "ao afirmar que a filosofia do marxismo está contida no próprio marxismo, foi o único que buscou dar uma base científica ao materialismo histórico" (*Q 3*, 31, 309). Mas a cultura tradicional, mesmo se valendo a seu modo do materialismo histórico, "tenta reduzi-lo a um corpo de critérios subordinados, de segunda ordem, a ser incorporado em sua teoria geral, idealista ou materialista", exatamente onde ele "é tão robusto que o velho mundo a ele recorre" (*Q 4*, 14, 435-6, Texto A [*CC*, 6, 360], maio-agosto de 1930; as passagens aqui citadas são, em geral, provenientes de Textos A, salvo alguma indicação). A tal ponto a cultura tradicional o retoma que até Croce, em alguma medida, é devedor do materialismo histórico ou pelo menos crê ter operado sua superação quando o julga um cânone empírico útil para a pesquisa histórica, conceito compartilhado também por católicos como Olgiati, ou por outros na Itália e no exterior. Outra dívida crociana está na sua versão do conceito de ideologia. Mas, segundo G., somam-se a essas dívidas elementos absorvidos "implícitos", não confessos (*Q 4*, 3, 422). Isso vale também para a interpretação proposta por Gentile: "Faz-se (habitualmente) uma confusão [...] entre as correntes filosóficas e os grandes filósofos que Marx estudou e as origens ou as partes constitutivas do materialismo histórico, e cai-se no erro de reduzir a filosofia que estaria na base do materialismo histórico a este ou àquele sistema" (*Q 4*, 11, 432 [*CC*, 6, 358]).

Nos artigos anteriores a 1919, o G. da "revolução contra *O capital*" havia apontado "elementos positivistas" (*CF*, 514, 24 de dezembro de 1917 [*EP*, 1, 127], e "Misteri della cultura e della poesia" [Mistérios da cultura e da poesia], 19 de outubro de 1918, no *NM*, 348) em um Marx mais político que filósofo, que teria feito melhor se continuasse no idealismo (*CF*, 514). Nos *Q* encontram-se avaliações bem diferentes, com alguns traços das ideias de juventude. O marxismo "supera (e, superando, integra em si seus elementos vitais) tanto o idealismo quanto o materialismo tradicionais" (*Q 7*, 29, 877 [*CC*, 6, 373]). "O materialismo histórico é o coroamento de todo este movimento de reforma intelectual e moral, na sua dialética cultura popular-alta cultura. Corresponde à Reforma + Revolução Francesa, universalidade + política; ainda atravessou a fase popular e se tornou até 'preconceito' e 'superstição'. O materialismo histórico, assim como é, é a aparência popular do historicismo moderno" (*Q 4*, 3, 424). E assim como a Reforma luterana pode parecer um retrocesso em relação ao Renascimento, antes de dar seus frutos no idealismo alemão, o marxismo é herdeiro dessa mesma alta cultura, embora atravesse ainda uma fase "luterana", sobretudo na recepção própria de alguns estratos populares e nas divulgações "doutas", mas salpicadas de determinismo e de mecanicismo, tal como é a do *Manual* de Bukharin, em que o materialismo histórico é identificado com a pesquisa da causa última ou única, problema esse, entretanto, eliminado pela dialética de Marx (*Q 4*, 26, 445). "Sob alguns aspectos seria preciso fazer, a propósito de algumas tendências do materialismo histórico [*Q 16*, 3, 1.845, Texto C (*CC*, 4, 22), "filosofia da práxis" – ndr], a mesma crítica que o historicismo fez do velho método histórico e da velha filologia, que haviam levado a novas formas ingênuas de dogmatismo e substituíam a interpretação pela descrição exterior, mais ou menos acurada dos fenômenos" (*Q 4*, 5, 425). No entanto, essa própria pobreza inicial poderá contribuir para sua recuperação sobre bases mais elaboradas (*Q 3*, 34, 311-2, Texto B [*CC*, 3, 184]). Enquanto outras concepções declinarão e o catolicismo se tornará cada vez mais um jesuitismo (talvez devido ao ceticismo do pensamento laico, mas conservador, que o permeia), uma retomada do marxismo em alto nível encontrará condições mais favoráveis.

Não mais um novo idealismo, postula agora G., mas historicismo: na "expressão 'materialismo histórico', deu-se maior peso ao primeiro termo, embora se devesse dar ao segundo: Marx é essencialmente um historicista" (*Q 4*, 11, 433 [*CC*, 6, 359]). G. define seu historicismo como "historicismo absoluto": "A referência às ciências naturais no materialismo histórico e a menção a uma 'anatomia' da sociedade era apenas uma metáfora [...]. Na história dos homens [...] não se pode pensar num indivíduo 'sem pele' como o verdadeiro 'indivíduo', mas tampouco no indivíduo 'desossado' e sem esqueleto" (*Q 10* I, 13, 1.238 [*CC*, 1, 309]). A interação entre esqueleto e carne ou sangue já estava em Hegel: o intelecto abstrato (iluminista) "negligencia e oculta a essência viva da coisa, que não se torna, então, mais explícita do que o esqueleto do qual foram retirados sangue e carne" (Hegel, 1970, v. 1, p. 41-2). Outro equívoco: "Normalmente se combate o economicismo histórico acreditando-se combater o materialismo histórico" (*Q 4*, 38, 462). É, porém, relevante a afirmação de Engels segundo a qual a economia é, em última instância, o agente principal da história. G. também reconsidera, movido exatamente por esse princípio engelsiano, a relação entre a estrutura e as superestruturas. "A pretensão (apresentada como necessidade estrutural do materialismo histórico) de expor e apresentar toda flutuação da política e da ideologia como uma expressão imediata da estrutura deve ser teoricamente combatida como um infantilismo primitivo, ou, então, praticamente combatida com o testemunho autêntico de Marx, escritor de obras políticas e históricas concretas" (*Q 7*, 24, 871, Texto B [*CC*, 1, 238]). Croce também afirma que, em Marx, as superestruturas são aparências e que, tal como no dualismo teológico, haveria uma separação rígida entre estrutura e superestruturas: "Não acha que essa separação é posta em sentido dialético, como entre tese e antítese, e que, portanto, toda acusação de dualismo teológico é vácua e superficial? Que a estrutura é concebida como algo imóvel, ou que não é ela mesma a realidade em movimento? O que quer dizer M. nas Teses sobre Feuerbach quando fala da 'educação do educador' senão que a superestrutura reage dialeticamente sobre a estrutura e a modifica, ou seja, não afirma em termos 'realistas' uma negação da negação? Não afirma a unidade do processo do real?" (*Q 7*, 1, 854).

O marxismo é tratado por Bukharin como se fosse uma "ideologia, ao passo que o materialismo histórico [no *Q 11*, 63, 1.491, Texto C (*CC*, 1, 208), "filosofia da práxis" – ndr] se contrapõe, historicamente, à própria ideologia, bem como representa sua total superação" (*Q 4*, 35, 453). Porém, em outros fragmentos G. se afasta da definição negativa de ideologia (vista por Marx e Engels como "falsa consciência" ou "consciência invertida" da realidade efetiva, para fazer valer o interesse da classe dominante) e desenvolve então o conceito leninista de uma ideologia positiva, particularmente na consciência do *próprio* interesse alcançada pela classe operária com o auxílio de sua "vanguarda" e, portanto, em sua nova concepção do mundo (social). G. se vale de algumas afirmações marxianas que parecem desmentir a teoria da "falsa consciência": "Para a questão da 'objetividade' da consciência segundo o materialismo histórico, o ponto de partida deve ser a afirmação de Marx [...] de que 'os homens se tornam conscientes (desse conflito) no terreno ideológico'" (*Q 4*, 37, 454-5). Quanto à assim chamada "objetividade" do conhecimento, G. se afasta também de Lenin. Aproxima-se do pragmatismo, como já se hipotetizou? E de um depurado kantismo da "coisa em si", compreendido no seu fazer coincidir a *objetividade* do conhecimento com sua universalidade, ou seja, com sua tendência a uma (progressiva) convergência, nos próprios enunciados, entre todos os *sujeitos* humanos? G. esclarece: a ciência estuda "aquilo que é comum a todos os homens, aquilo que todos os homens podem ver e sentir da mesma maneira, desde que eles tenham observado as condições científicas de verificação. A objetividade se estabelece enquanto se afirma: afirma-se o ser em si, o ser permanente, o ser comum a todos os homens, o ser independente de qualquer ponto de vista que seja meramente particular"

(*Q 4*, 41, 466-7). Além disso, escreve G.: "Todavia, nos novos desenvolvimentos do materialismo histórico [no *Q 11*, 12, 1.386, Texto C (*CC*, 1, 104), "filosofia da práxis" – ndr], o aprofundamento do conceito de *unidade* da teoria e da prática encontra-se numa fase apenas inicial: ainda há resíduos de mecanicismo" (*Q 8*, 169, 1.042). Essa unidade está implícita nos progressos das ciências naturais modernas, nas quais se afirma o método "que verdadeiramente separa dois mundos da história e inicia a dissolução da teologia e da metafísica e o nascimento do pensamento moderno, cuja última e aperfeiçoada expressão filosófica é o materialismo histórico" (*Q 4*, 47, 473 [*CC*, 6, 366]); nele a experiência, não comparável à experiência das ciências ditas experimentais, "é a própria história, o estudo dos fatos particulares, a 'filologia'" (*Q 7*, 6, 856). No Texto C: "A experiência sobre a qual se baseia a filosofia da práxis não pode ser esquematizada; ela é a própria história em sua infinita variedade e multiplicidade, cujo estudo pode dar origem ao nascimento da 'filologia'" (*Q 11*, 25, 1.428 [*CC*, 1, 146]).

Mas o precedente histórico do materialismo histórico está no hegelianismo, ainda que com todos os seus limites idealistas: "É certo que a concepção subjetivista é própria da filosofia moderna na sua forma completa e avançada, se dela e da superação dela nasceu o materialismo histórico, o qual, na teoria das superestruturas, coloca em linguagem realista e historicista aquilo que a filosofia tradicional exprimia de maneira especulativa" (*Q 11*, 17, 1.413 [*CC*, 1, 131]: nesse Texto C, "materialismo histórico" continua como no Texto A). E ainda: "Em certo sentido, portanto, o materialismo histórico é uma reforma e um desenvolvimento do hegelianismo, é uma filosofia liberada de qualquer elemento ideológico unilateral e fanático, é a consciência plena das contradições, na qual o próprio filósofo [...] não somente compreende as contradições, mas coloca a si mesmo como elemento da contradição" (*Q 4*, 45, 471 [*CC*, 6, 364]). Que ele conceba a si mesmo como uma fase transitória do pensamento filosófico deveria estar claro na afirmação de Engels de que o desenvolvimento histórico será caracterizado num certo ponto da passagem do reino da necessidade ao reino da liberdade (idem). Para o marxismo, então, nenhuma verdade é eterna e absoluta porque toda teoria se origina na prática e, portanto, tem valor provisório (*Q 4*, 40, 465 [*CC*, 6, 362]). Ao defini-lo "historicismo absoluto", G. quer dizer que o marxismo historiciza a si próprio, prevendo, para o futuro, sua própria superação-concretização.

"Uma análise sistemática do materialismo histórico" compreende "a parte geral filosófica" e as três teorias "da história, da política e da economia" (*Q 4*, 39, 465). Sua orientação fundamental pode ser sintetizada pelos dois princípios que Marx enuncia no prefácio à *Crítica da economia política*, que G. traz à memória, dando-lhe sua própria versão: "1º) a 'sociedade' não se coloca problemas para cuja solução ainda não se realizaram as condições [...] necessárias e suficientes; 2º) nenhuma forma de sociedade desaparece antes de ter esgotado todas as suas possibilidades de desenvolvimento" (*Q 7*, 20, 869 [*CC*, 6, 371]). A parte geral do marxismo contém a aplicação da dialética também à natureza, bem como à história humana, dado que a questão central do marxismo é "o problema da unidade entre a sociedade e a 'natureza'" (idem). G. parte do Lukács de *História e consciência de classe*, obra da qual tem apenas notícia. G. acredita que Lukács "afirme que só se pode falar de dialética para a história dos homens, e não para a natureza [...]. Se sua afirmação pressupõe um dualismo entre o homem e a natureza, está errado, pois recai numa concepção da natureza própria da religião e também do idealismo, que realmente não consegue unificar e estabelecer uma relação entre o homem e a natureza, a não ser verbalmente. Mas se a história humana for também história da natureza, através da história da ciência, como a dialética pode ser separada da natureza? Penso que Lukács, insatisfeito com as teorias do *Ensaio popular*, tenha caído no erro oposto: toda conversão e identificação do materialismo histórico com o materialismo vulgar só podem determinar o erro oposto, isto é, a conversão do materialismo histórico no idealismo ou até mesmo na religião" (*Q 4*, 43, 469 [*CC*, 6, 363]).

Mesmo quem faz da ciência natural uma concepção do mundo tenta confirmar a tese de que o marxismo necessita de outros suportes (*Q 4*, 7, 430 [*CC*, 6, 357]). Para eles, a "matéria" é elemento da sociedade, não da natureza: "As propriedades físicas [...] da matéria são consideradas, é claro, mas só na medida em que se tornam 'elemento econômico' da produção. A matéria não é, portanto, considerada como tal, mas como social e historicamente organizada para a produção, como *relação humana*. O materialismo histórico não estuda uma máquina para estabelecer sua estrutura físico-químico-mecânica

[...], mas enquanto objeto de produção e de propriedade, enquanto nela esteja cristalizada uma relação social e esta corresponda a um determinado período histórico. O conjunto das forças materiais de produção é o elemento *menos variável* no desenvolvimento histórico, aquele [...] que, por isso, pode dar origem a uma ciência experimental da história, exatamente no sentido em que se pode falar de 'experimental' na história" (*Q 4*, 25, 443-4). G. reconsidera a "lei" dialética engelsiana (e, ainda antes, hegeliana) segundo a qual o acúmulo de aumentos quantitativos conduz a um "salto" qualitativo. Em Engels, essa lei vale tanto para a história quanto para os processos físico-naturais, ao passo que G. traz à tona, ainda para este problema, a diferença entre as ciências naturais e aquelas histórico-filosóficas. Que a quantidade se torne qualidade é um "aspecto característico do materialismo histórico. Se cada agregado social, de fato, é algo mais do que uma soma de seus componentes, isso significa que a lei que explica os agregados sociais não é uma 'lei física', entendida no sentido estrito da palavra: na física não se sai do domínio da quantidade a não ser por metáfora. No materialismo histórico, porém, a qualidade está estritamente ligada à quantidade e, aliás, é exatamente nessa ligação que se encontra sua parte original e fecunda" (*Q 4*, 51, 432). A teoria marxista, portanto, é denominada '*materialismo histórico*', isto é, atividade do homem (história) no concreto, aplicada a uma certa 'matéria' organizada (forças materiais de produção), à 'natureza' transformada pelo homem. Filosofia do *ato* (práxis), mas não do 'ato puro', mas justamente do ato 'impuro', aquele real, no sentido profano da palavra" (*Q 4*, 37, 455; com "ato puro" G. alude à filosofia de Giovanni Gentile).

Bibliografia: Frosini, 2003; Frosini, Liguori, 2004; Haug, 2000; Paggi, 1984a; Zangheri, 1998.

Giuseppe Prestipino

Ver: ciência; Croce; dialética; Engels; estrutura; filosofia da práxis; Gentile; Hegel; historicismo; idealismo; ideologia; Labriola; Lukács; Marx; marxismo; materialismo e materialismo vulgar; quantidade-qualidade; reforma intelectual e moral; superestrutura/superestruturas.

Mathiez, Albert

No que se refere à literatura historiográfica sobre a Revolução Francesa, G. utiliza particularmente o texto de Mathiez, *La Révolution française* (num primeiro momento, os primeiros dois volumes, em seguida, também o terceiro, encomendado em junho de 1930). Ele se vale dessa obra também para obter indicações úteis para tratar de questões gerais de ordem teórico-política. No *Q 4*, por exemplo, em um parágrafo dedicado às relações "entre estrutura e superestrutura" (*Q 4*, 38, 456), ele põe a questão de saber se "os fatos históricos fundamentais são determinados pelo mal-estar ou pelo bem-estar econômico" (ibidem, 459). Ele tende a excluir "toda resposta taxativa nesse sentido", ressaltando a oportunidade de procurar, através de aproximações adequadas, uma resposta não em um plano econômico imediato, mas em um plano "político e intelectual" (idem). Além disso, no *Q 13*, depois de observar que Mathiez, opondo-se à "história vulgar tradicional", afirmara que não era possível dizer que em 1789 "a catástrofe do Estado absoluto" se devia a "uma crise de empobrecimento", G. chegava à conclusão de que a questão particular do mal-estar ou bem-estar econômicos como causa ou não de "novas realidades históricas" precisava ser considerada um aspecto parcial da questão, mais ampla e complexa, das "relações de força em seus vários graus" (*Q 13*, 17, 1.587-8 [*CC*, 3, 45]). Ele também indicava dessa forma a necessidade de superar criticamente qualquer redução economicista do marxismo.

Pasquale Voza

Ver: economismo; jacobinismo; relações de força; Revolução Francesa; superestrutura/superestruturas.

Maurras, Charles: v. Action Française.

Mazzini, Giuseppe

Na reflexão de G., a figura de Mazzini constitui um nível de argumentação e de análise entre os mais relevantes de toda a sua interpretação do *Risorgimento* italiano como uma "revolução passiva", isto é, de um processo marcado pela ausência de uma revolução econômica e pela consequente, "patológica", presença de uma "revolução nas superestruturas", em particular, de um primado abstratamente cultural da ideia-nação. Já numa breve seção do *Q 1*, a propósito da relação entre os moderados e os intelectuais, G. observa que, enquanto Gioberti oferecia aos intelectuais uma filosofia que "parecia nacional e original" (*Q 1*, 46, 55), Mazzini dava apenas "aforismos e acenos filosóficos, que, para muitos intelectuais, especialmente os do Sul da Itália, deviam parecer palavras vazias" (idem; no correspondente Texto C, com um maior esforço de explicitação, G. fala em "afirmações nebulosas" em vez de "aforismos"). Mais adiante, tendo observado que no *Risorgimento* fora constatado o último reflexo da constitutiva "tendência histórica" da burguesia italiana a "manter-se nos limites do 'corporativismo'" (*Q 5*, 150, 677 [*CC*, 5, 239]), do que constituía uma prova relevante, em seu ponto de vista, a malograda resolução da questão agrária, G. afirma – a propósito do "caráter universalista-papal dos intelectuais italianos", posto como premissa da ideia nacional pelos neoguelfos, e por Gioberti em particular – que traços ideológicos do universalismo medieval estão presentes também em Mazzini e até determinam seu fracasso político: desde que o cavourismo substituiu de maneira efetiva o neoguelfismo no âmbito dos moderados, o universalismo mazziniano no Partido da Ação "não foi praticamente superado por nenhuma formação política orgânica e, ao contrário, permaneceu como um fermento de sectarismo ideológico e, portanto, de dissolução" (ibidem, 678 [*CC*, 5, 239]).

Em outro momento, G. tende a reconhecer ao mazzinianismo a função histórica de desembocadura, para a qual, através de "várias linhas interrompidas de desenvolvimento" (*Q 9*, 101, 1.164), acaba confluindo aquela parte "laica" que, crescida no século XVIII em oposição ao papado, havia tentado reivindicar um papel "de primado italiano e de missão italiana no mundo" (idem), independentemente da própria Igreja de Roma. Em uma carta de 1832 endereçada a Sismondi, Mazzini referia-se a seu "espiritualismo" ("o espiritualismo aplicado à sociedade, eis o nosso símbolo") e G., com muita perspicácia, identifica no fervor da pregação a qualidade mais íntima da função intelectual para Mazzini, a forma mais completa da mediação entre Deus e povo, que é exercitada pela casta das *intelligences*, pela juventude culta, pelos apóstolos da religião do progresso, dedicados à "missão da Itália renascida como uma nova Cosmópolis europeia e mundial" (*Q 9*, 127, 1.190). Em outro momento, G. observa que "toda a atividade de Mazzini se resumiu concretamente na pregação contínua e permanente da unidade" (*Q 19*, 24, 2.027 [*CC*, 5, 79]).

Os mesmos concretos conteúdos econômico-sociais dos "programas" mazzinianos delineados antes e depois de 1848, exatamente porque se restringiam substancialmente a uma série de iniciativas parciais e fragmentárias "reformadoras", podiam fazer parte da bagagem ideológica daquele Partido da Ação que, segundo G., havia sido "o protótipo de todos os partidos italianos de 'massa', que não eram na verdade partidos de massa (ou seja, não continham blocos sociais homogêneos), mas assentamentos ciganos e nômades da política" (*Q 9*, 142, 1.202-3). Os antagonismos e conflitos internos do Partido da Ação, "os ódios terríveis que Mazzini suscitou contra a sua pessoa e sua atividade por parte dos mais valorosos homens da ação (Garibaldi, Felice Orsini etc.)", eram atribuídos por G. à falta de uma firme e concreta direção política: as "polêmicas internas foram, em grande parte, tão abstratas quanto a pregação de Mazzini" (*Q 19*, 24, 2.014 [*CC*, 5, 66]).

Mas é através da fórmula, da imagem condensada da "luta Cavour-Mazzini" (*Q 15*, 11, 1.767 [*CC*, 5, 317]) que G. elabora as linhas essenciais de toda a sua análise do *Risorgimento*, bem como de alguns princípios mais gerais "de ciência e de arte política". G. se indaga se "na luta Cavour-Mazzini", na qual Cavour pode ser considerado o expoente da revolução passiva-guerra de posição, enquanto Mazzini, o expoente da iniciativa popular-guerra manobrada, não eram "ambos indispensáveis na mesma e precisa medida" (idem). Ele responde que, na verdade, enquanto Cavour era consciente de seu papel, uma vez que compreendia a missão de Mazzini, este último não era consciente nem de sua missão nem da missão de Cavour, o que quer dizer (contrariamente ao senso comum idealista-crociano da história que não é feita de "se") que, se Mazzini tivesse tido tal consciência, isto é, se "tivesse sido um político realista e não um apóstolo iluminado (ou seja, se não tivesse sido Mazzini), o equilíbrio resultante da confluência das duas atividades teria sido diferente, mais favorável ao mazzinianismo", e a formação do Estado unitário teria se apoiado "sobre bases menos atrasadas e mais modernas" (idem).

Em conexão com tudo isso, G. tira algumas conclusões gerais de caráter teórico-político: "Pode-se aplicar ao conceito de revolução passiva (e pode-se documentar no *Risorgimento* italiano) o critério interpretativo das modificações moleculares que, na realidade, modificam progressivamente a precedente composição das forças e, portanto, transformam-se em matriz de novas modificações" (idem). Todo o episódio do *Risorgimento* italiano é exemplar nesse sentido: pense-se sobretudo – observa G. – na desagregação e na incorporação progressiva do Partido da Ação e da corrente democrática no interior das malhas do bloco moderado, no período posterior a 1848, com a consequência, por um lado, da liquidação do neoguelfismo e, por outro lado, do empobrecimento do movimento mazziniano. Tal processo para G. constitui a "fase originária" daquele fenômeno que mais tarde será chamado de transformismo e cuja importância, em seu ponto de vista, não havia ainda recebido a devida atenção como "forma de desenvolvimento histórico" (idem), como forma capaz de caracterizar "toda a vida estatal italiana de 1848 em diante" (*Q 19*, 24, 2.011 [*CC*, 5, 63]): como "processo orgânico" que, mesmo depois de 1876, "continua molecularmente" (*LC*, 586, a Tania, 6 de junho de 1932 [*Cartas*, II, 209]). Colocado no interior dessa "junção de problemas", pode-se então perceber, em toda a complexidade de suas implicações e articulações críticas, o também peremptório juízo sobre Mazzini com que G. conclui uma nota: "Na expressão, ainda que grosseira, de Vitor Emanuel II – 'Temos no bolso o Partido da Ação' –, há mais sentido histórico-político do que em todo Mazzini" (*Q 15*, 25, 1.782 [*CC*, 5, 323]).

PASQUALE VOZA

Ver: Cavour; Garibaldi; Gioberti; intelectuais italianos; moderados; Partido da Ação; Pisacane; revolução passiva; *Risorgimento*; transformismo.

meação

No *Q 16*, 28, 1.900 [*CC*, 4, 76], G. define a meação como "um contrato de participação ou de simples arrendamento com pagamento *in natura*, fixado na metade, ou até mais da metade da colheita, além dos serviços especiais ou '*angherie*' [serviços forçados]". Este último é um termo que remonta ao período feudal; dele – precisa G. – derivou o termo "*vessazione*" [vexação], "ainda empregado na Sicília para indicar certos serviços obrigatórios aos quais está submetido o trabalhador agrícola em suas relações contratuais com o proprietário, arrendatário ou subarrendatário, do qual obteve um pedaço de terra no regime chamado de meação" (idem). Esse contrato vexatório entre o proprietário agrícola e o trabalhador rural era particularmente difuso no vale do Pó, mais do que no Mezzogiorno da Itália. Ali, na verdade, a superpopulação não pôde ser direcionada para a emigração, como ocorria, ao contrário, no Sul. Além disso, os proprietários de terra da região do Pó haviam colocado em ação uma política que mirava a não "concentrar numa única classe de trabalhadores agrícolas e de meeiros a população trabalhadora" (*Q 19*, 24, 2.026 [*CC*, 5, 62]). Para obter esse fim, eles haviam alternado "à meação a condução direta" (idem): dessa forma, determinava-se uma "seleção de meeiros privilegiados", destinados a serem os seus aliados (idem). G. identifica Nápoles como a cidade onde "a maior parte dos proprietários rurais meridionais (nobres e plebeus) gasta a renda da terra", fazendo com que em torno de alguns poucos milhares de famílias se concentre toda a vida da cidade, "com suas indústrias artesanais, com suas profissões ambulantes, com a enorme pulverização da oferta imediata de mercadorias e serviços aos desocupados que circulam pelas ruas" (*Q 22*, 2, 2.142 [*CC*, 4, 244]). Isso porque a média e a pequena propriedade fundiária não estão, segundo G., nas mãos dos cultivadores, mas nas mãos dos burgueses, para quem a terra é concedida "em meação primitiva (ou seja, com o aluguel pago *in natura* e em serviços) ou em enfiteuse" (ibidem, 2.143 [*CC*, 4, 245]). A consequência disso é uma verdadeira "exploração usurária dos camponeses mantidos no limite da fome" (idem).

ANTONELLA AGOSTINO

Ver: Mezzogiorno; Nápoles; questão agrária.

mecanicismo

"Mecanicismo", termo correlato a "fatalismo" (*Q 9*, 130, 1.191 [*CC*, 1, 256]), "exterior" (*Q 11*, 12, 1.387 [*CC*, 1, 106]) e "artificial" (*Q 3*, 56, 337 [*CC*, 3, 199]), serve para G. como polo negativo para a reivindicação da independência da filosofia da práxis em relação ao "materialismo filosófico, metafísico ou mecânico" (*Q 11*, 22, 1.425 [*CC*, 1, 143]). Esse materialismo a ser recusado concebe, efetivamente, "a unidade de teoria e prática" como "um dado de fato mecânico", e não como um "devir histórico" (*Q 8*, 169, 1.042). Tal unidade não deve, porém, ser pressuposta, mas construída politicamente: a "questão [deve – ndr] ser colocada historicamente e, portanto, como um aspecto da questão política dos intelectuais" (idem). A unidade não mecânica de teoria e prática deve ser conquistada ao longo de um processo histórico que envolve o crescimento político dos grupos sociais subalternos: "pode-se ver como ocorreu a passagem de uma concepção mecanicista e puramente exterior a uma concepção ativista, que está mais próxima [...] de uma justa compreensão da unidade entre teoria e prática" (*Q 11*, 12, 1.387 [*CC*, 1, 106]).

G. delineia, então, uma correspondência entre a condição do subalterno e a mecanicidade da concepção que lhe é "espontaneamente" própria. O próprio folclore é definido como "justaposição mecânica de diversas concepções de mundo e de vida que se sucederam na história" (*Q 1*, 89, 89). A condição subalterna, com o mecanicismo que a distingue, é o espelho da passividade das "massas populares", que as impede de se pensarem como parte ativa na história: "Sendo muito difusa uma concepção determinista e mecânica da história (concepção que é do senso comum e está ligada à passividade das grandes massas populares), cada indivíduo, vendo que, a despeito de sua não intervenção, alguma coisa ainda acontece, é levado a pensar que acima dos indivíduos existe uma entidade fantasmagórica, a abstração do organismo coletivo" (*Q 15*, 13, 1.770 [*CC*, 3, 332-3]). G. oferece alguns exemplos da necessidade histórica dessas concepções mecanicistas: "Que a concepção mecanicista tenha sido uma religião de subalternos é revelado por uma análise do desenvolvimento da religião cristã, que, em um certo período histórico e em condições históricas determinadas, foi e continua a ser uma 'necessidade', uma forma necessária da vontade das massas populares" (*Q 11*, 12, 1.389 [*CC*, 1, 107]). Ainda mais do que o catolicismo, retomando as sugestões weberianas, é o "calvinismo, com a sua concepção férrea da predestinação e da graça, que determina uma grande expansão do espírito de iniciativa (ou se torna a forma desse movimento)" (idem). Outro exemplo dessa particular heterogênese dos fins, pela qual um comportamento mecânico paradoxalmente dá origem a um âmbito de liberdade, é assinalado por G. a propósito da revolução taylorista: "Quando o processo de adaptação ocorreu, na realidade se verifica que o cérebro do operário, ao invés de se mumificar, alcançou um estado de completa liberdade. O gesto físico tornou-se completamente mecânico, a memória do ofício, reduzido a gestos simples repetidos com ritmo intenso, 'aninhou-se' em feixes musculares e nervosos e deixou o cérebro livre para outras ocupações" (*Q 4*, 52, 492-3). Ainda, a propósito do sistema educativo: "As línguas latina e grega eram aprendidas mecanicamente, segundo a gramática; mas há muita injustiça e impropriedade na acusação de mecanicidade e aridez". São estudadas "para que as crianças se habituem a estudar de determinada maneira, a analisar um corpo histórico que pode ser tratado como um cadáver que continuamente volta à vida, para habituá-las a raciocinar, a abstrair esquematicamente, mesmo que sejam capazes de voltar da abstração à vida real imediata" (*Q 12*, 2, 1.544-5 [*CC*, 2, 47]). A própria filosofia da práxis teve em seu desenvolvimento histórico uma fase desse tipo: "Pode-se observar como o elemento determinista, fatalista, mecânico, foi um 'aroma' ideológico imediato da filosofia da práxis, uma forma de religião e de excitante (mas ao modo dos narcóticos), tornada necessária e justificada historicamente pelo caráter 'subalterno' de determinados estratos sociais" (*Q 11*, 12, 1.387-8 [*CC*, 1, 106]).

Nessas formulações, portanto, entra em jogo uma possível função não completamente negativa do mecanicismo: "Quando não se tem a iniciativa na luta e a própria luta termina por se identificar com uma série de derrotas, o determinismo mecânico transforma-se em uma formidável força de resistência moral, de coesão, de perseverança paciente e obstinada. 'Eu estou derrotado momentaneamente, mas a força das coisas trabalha por mim a longo prazo etc.'" (idem). Nesse estágio da história das classes subalternas, "a vontade real se traveste em um ato de fé, numa certa racionalidade da história, numa forma empírica e primitiva de finalismo apaixonado que surge como um substituto da predestinação, da providência" (idem). O mecanicismo serve, nesses casos, não para substituir uma vontade específica, mas para sustentar e reforçar uma vontade que está, de toda forma, presente, sem conseguir ser, porém, formulada de maneira coerente: "Deve-se insistir no fato de que também nesse caso existe realmente uma forte atividade volitiva, uma intervenção direta sobre a 'força das coisas', mas de uma maneira implícita, velada, que se envergonha de si mesma e, portanto, a consciência é contraditória, carece de unidade crítica" (idem). Apoiando-se nessas bases, G. afirma que "não existe na história a espontaneidade 'pura': ela coincidiria com a mecanicidade 'pura'. No movimento 'mais espontâneo', os elementos de 'direção consciente' são simplesmente impossíveis de controlar, não deixaram nenhum documento passível de verificação" (*Q 3*, 48, 328 [*CC*, 3, 194]).

A reviravolta histórica que permite "destruir a lei estatística mecanicamente entendida, isto é, produzida pela mescla casual de infinitos atos arbitrários individuais", começa quando a "'espontaneidade' naturalista é substituída pela consciência humana", ao "se substituir, na função diretiva, por organismos coletivos (os partidos) os indivíduos singulares, os chefes individuais" (*Q 11*, 25, 1.430 [*CC*, 1, 148]). O partido se transforma em instrumento através do qual vem à luz, e se revela operante, a "direção consciente" de um grupo social:

"O subalterno ontem era uma coisa, hoje não o é mais, tornou-se uma pessoa histórica, um protagonista; se ontem era irresponsável porque 'resistente' a uma vontade estranha, hoje se sente responsável porque não mais resistente, mas sim agente" (*Q 11*, 12, 1.388 [*CC*, 1, 106]). É, portanto, "com o aumento dos partidos de massa e com sua adesão orgânica à vida mais íntima (econômico-produtiva) da própria massa, [que – ndr] o processo de padronização dos sentimentos populares, que era mecânico e casual (isto é, produzido pela existência ambiente de condições e de pressões semelhantes), torna-se consciente e crítico" (*Q 11*, 25, 1.430 [*CC*, 1, 148]). Essa passagem, porém, não é decerto mecânica, mas política, exatamente porque, escreve G., revendo em parte a própria posição anterior, o subalterno não havia "sido jamais simples 'resistência', simples 'coisa', simples 'irresponsabilidade' [...] o fatalismo é apenas a maneira pela qual os fracos se revestem de uma vontade ativa e real" (*Q 11*, 12, 1.388 [*CC*, 1, 106-7]).

O mecanicismo e o fatalismo, uma vez superados como necessário "'aroma' ideológico" da fase subalterna, tornam-se "a certo ponto um perigo iminente" (idem). No funcionamento do partido, "o centralismo orgânico, com o comando autoritário e 'abstratamente' concebido, está ligado a uma concepção mecânica da história e do movimento" (*Q 6*, 128, 796 [*CC*, 3, 252]): "É por isso que se torna necessário demonstrar sempre a futilidade do determinismo mecânico, o qual, explicável como filosofia ingênua da massa e, somente enquanto tal, elemento intrínseco de força, torna-se causa de passividade, de imbecil autossuficiência, quando é elevado a filosofia reflexiva e coerente por parte dos intelectuais" (*Q 11*, 12, 1.388-9 [*CC*, 1, 107]).

Michele Filippini

Ver: determinismo; fatalismo; massa/massas; materialismo e materialismo vulgar; partido; subalterno/subalternos.

Meccano

Em algumas *Cartas do cárcere*, referindo-se em particular ao filho Delio, a consideração do valor, ou desvalor, do brinquedo de montar Meccano ocupa G. numa questão nada secundária. Aproximando-se o dia do aniversário de quatro anos de Delio (10 de agosto de 1928), G. escreve a Tania dizendo acreditar que seu filho é "já bastante grande para ganhar um presente sério" (*LC*, 180, 9 de abril de 1928 [*Cartas*, I, 258]). A escolha é orientada pelo fato de que "o princípio do Meccano é certamente ótimo para os meninos modernos" (ibidem, 181). Em 14 de janeiro de 1929, escrevendo à mulher, surgem, porém, dúvidas que levam G. a uma importante e mais ampla reflexão: "Você precisa me informar sobre como Delio interpreta o Meccano. Isso me interessa muito, pois ainda não cheguei a uma conclusão se o Meccano, privando a criança de seu próprio espírito inventivo, é o brinquedo moderno mais recomendável. O que você acha? O que acha seu pai? Em geral, acredito que a cultura moderna (tipo americano), da qual o Meccano é expressão, torne o homem um pouco seco, mecânico, burocrático, e crie uma mentalidade abstrata (num sentido diferente do que se entendia por 'abstrato' no século passado). Houve a abstração determinada por uma intoxicação metafísica e hoje há a abstração determinada por uma intoxicação matemática" (*LC*, 232 [*Cartas*, I, 312]). Escrevendo à mulher seis meses depois, sobre a necessidade de educar o menino segundo o modelo do "construtor", a dúvida se radicaliza: "Você se lembra como Delio, em Roma, acreditava que eu podia arrumar todas as coisas quebradas? É claro que agora deve ter se esquecido. E ele, leva jeito para os consertos? Isso, para mim, seria um sinal... de capacidade construtiva, de caráter positivo, mais do que o brinquedo Meccano", cuja invenção, de todo modo, "indica como o menino se intelectualiza rapidamente" (*LC*, 271, 1º de julho de 1929 [*Cartas*, I, 353-4]). O interesse de G. pela maneira como as crianças modernas se relacionam com o Meccano retorna em duas cartas para a mãe de 14 de março e de 4 de abril de 1932, a propósito do filho de sua irmã Teresina, Franco (nascido alguns meses depois de Delio), e a propósito do que G. chama ironicamente de "seus trabalhos de engenharia com o Meccano" (*LC*, 557, 4 de abril de 1932 [*Cartas*, II, 181]).

Giorgio Baratta

Ver: americanismo; criança; educação.

meios e fins

A "conformidade dos meios utilizados com os fins propostos" é necessária, para G., não só para um movimento (*Q 4*, 38, 464) ou para um "líder na política" (*Q 5*, 127, 661 [*CC*, 3, 216]), mas em âmbito militar (*Q 2*, 121 [*CC*, 3, 175]), literário (*Q 4*, 36), dos comportamentos individuais (*Q 11*, 48, 1.338 [*CC*, 1, 185]; v. também *LC*, 298, a Carlo, 19 de dezembro de 1929 [*Cartas*, I, 381]; *LC*, 644, a Iulca, 28 de novembro de 1932 [*Cartas*,

II, 266]; *LC*, 802, a Delio, s.d.) e coletivos (*Q 15*, 74 [*CC*, 1, 265]), econômico (*Q 15*, 43 [*CC*, 1, 451]) e político-cultural (*Q 29*, 2 [*CC*, 6, 142]), na "convicção cada dia mais arraigada de que, não menos do que as iniciativas, conta [...] que meios e fins coincidam perfeitamente [...] e que só se pode falar de almejar um fim quando se sabe predispor com exatidão, cuidado, meticulosidade, os meios adequados, suficientes e necessários" (*Q 14*, 75, 1.743 [*CC*, 3, 320]). A questão é tematizada nas reflexões sobre o "moderno Príncipe": a constatação de que "as massas populares [...] esquecem os meios empregados para alcançar um fim se esse fim é historicamente progressista" (*Q 13*, 25, 1.618 [*CC*, 3, 75]) não implica que "o fim justifica os meios", mas sim a necessidade de "que para atingir esse elevadíssimo fim sejam empregados os únicos meios adequados. Pode-se, portanto, dizer que Maquiavel propôs-se a educar o povo", mostrando "que pode existir uma única política, a realista, para alcançar o fim desejado e que, portanto, cabe [...] obedecer exatamente àquele príncipe que emprega tais métodos para alcançar o fim". Isso permite aproximar Maquiavel a Marx e a Lenin, que "procuraram construir e difundir um 'realismo' popular, de massa, e tiveram de lutar contra uma forma de 'jesuitismo' adaptada aos novos tempos" (*Q 14*, 33, 1.690 [*CC*, 3, 307]). Assim, não existe contraste entre "*Moral e política*", mas "o único juízo possível é o juízo 'político': [...] um conflito é 'imoral' quando torna o fim mais distante ou não cria condições que tornem o fim mais próximo (ou seja, não cria meios mais adequados à conquista do fim) [...]. Assim, não se pode julgar o político por atuar com equidade [...], mas pelo fato de obter ou não resultados positivos ou evitar um resultado negativo" (*Q 14*, 51, 1.709-10 [*CC*, 3, 312-3]).

GIUSEPPE COSPITO

Ver: Lenin; Maquiavel; Marx; moderno Príncipe; moral.

melodrama

A atenção ao melodrama e as agudas reflexões que G. retira dele se desenvolvem nos *Q* em relação a três ordens de considerações diferentes, ainda que complementares. As primeiras, contidas em uma nota do *Q 8* que leva o título de "Noções enciclopédicas. A concepção melodramática da vida" [*CC*, 6, 213], giram em torno da constatação de que a "degeneração 'livresca' da vida", longe de ser prerrogativa "de alguns estratos inferiores da intelectualidade", pode ser constatada também nas classes populares, ainda que nestas o "sentimento livresco e artificial da vida", mais que dos livros, derive "de outros instrumentos de difusão da cultura e das ideias". Provavelmente lançando mão de impressões e recordações pessoais, da época do colégio em Cagliari, quando frequentava o teatro lírico e era apaixonado pelo duplo espetáculo que este oferecia, isto é, o espetáculo do drama representado e aquele das vívidas reações do público popular – reações, aliás, que ele não se furtava a compartilhar –, G. analisa a influência do melodrama sobre o gosto e a mentalidade das classes populares, tentando entender e ilustrar os processos através dos quais esta se exercita. É à "música de Verdi, ou melhor" ao "libreto" e ao "enredo dos dramas musicados por Verdi" que devem ser, de fato, imputados, segundo G., "toda uma série de atitudes 'artificiosas' de vida popular, de modos de pensar, de um 'estilo'", ainda que ele admita que falar em artificiosidade para o comportamento "melodramático" das classes populares não seja muito apropriado, já "que se trata não de um esnobismo diletante, mas de algo mais profundamente sentido e vivido", "um modo de evadir-se daquilo que eles consideram baixo, mesquinho, desprezível em sua vida e em sua educação, a fim de ingressarem numa esfera mais seleta, de altos sentimentos e nobres paixões", e dado que esses comportamentos assumem, no mais das vezes, "formas ingênuas e comoventes". Trata-se de anotações que não se limitam a evidenciar o fascínio que sobre a mentalidade popular exercem as tramas de tintas fortes dos episódios musicados pelo melodrama italiano, mas alcançam o efeito bem mais sutil, poderíamos dizer subliminar, que a combinação de versos e música produz sobre a mente dos espectadores, formando "como que matrizes que fixam o fluir do pensamento" (*Q 8*, 46, 969 [*CC*, 6, 213-4]).

G. faz referência a comportamentos ou tons "melodramáticos", mas "sinceros, não posados", também em uma carta à cunhada Tania, de 4 de abril de 1932, por ocasião da morte de Giacomo Bernolfo, operário de Turim que, nos anos de *L'Ordine Nuovo*, havia sido seu valioso e confiável guarda-costas, e de quem se lembra com emoção como alguém que sabia "de cor uma grande quantidade de versos, mas todos daquela literatura romântica de má qualidade que o povo admira tanto (do tipo dos libretos de ópera, que são escritos, em geral, num estilo barroco curiosíssimo e com afetações patéticas e entediantes, mas que conseguem agradar de modo surpreendente)" (*LC*, 558-9 [*Cartas*, II, 182-3]). De resto, já em 1929, G. havia atribuído justamente ao inevitável tom melodramático incorporado na língua a responsabilidade por aquela discrição que, no cárcere, lhe tornava tão difícil escrever a Giulia. Ele escreve em 9 de fevereiro: "Querida, é verdade o que você escreveu: eu também gostaria de lhe escrever muitas coisas, mas não consigo me arriscar, superar uma espécie de reserva. Acredito que isso derive de nossa formação mental moderna, que ainda não encontrou os próprios meios adequados de expressão. Sou sempre meio cético e irônico e me parece que, se expressasse tudo o que gostaria, não poderia ir além de um certo convencionalismo e um certo tom de melodrama, que está quase incorporado na linguagem tradicional" (*LC*, 238 [*Cartas*, I, 318]). G. retorna ao mesmo tema, em algumas notas do *Q 14*, justamente para reafirmar o caráter provinciano, folclórico e anacrônico da "linguagem melodramática" (*Q 14*, 7, 1.660 [*CC*, 6, 231]), mas também para confirmar que, no que diz respeito à literatura e à escrita, o verdadeiro "gosto nacional" é o "melodrama", isto é, aquela tendência a "subir ao palco, vestir-se de festa, 'fingir' um estilo redundante", que no povo – que "não é letrado, e de literatura conhece somente o libreto da ópera oitocentista" – deriva da admiração por essas formas de teatralidade histriônica que caracterizam a linguagem do melodrama (*Q 14*, 72, 1.738-9 [*CC*, 6, 251]).

A segunda ordem de considerações se enquadra em um interesse mais geral pela questão da falta de popularidade da literatura italiana – expressão e demonstração da distância dos intelectuais italianos em relação à concepção do mundo, às inspirações e aos sentimentos do povo-nação – e remete à tentativa, no âmbito do projeto da história dos intelectuais italianos, de colocar em confronto tal dado com a grande popularidade de que gozava o melodrama italiano junto às camadas populares. Desse ponto de vista, o melodrama se configura aos olhos de G. como o equivalente "daquela expressão artística que em outros países é dada pelo romance popular", também considerando o fato de que as duas manifestações artísticas, tanto o melodrama, quanto a épica popular, nascem e se desenvolvem na fase de "'democracia' artística" que pode ser situada entre os séculos XVIII e XIX, favorecida pela "expansão das forças democráticas popular-nacionais em toda a Europa". E não é um acaso, para G., que o florescimento do melodrama tenha ocorrido justamente na Itália, isto é, onde os intelectuais sempre exerceram uma função cosmopolita, e exatamente no momento em que, também na Itália, estava acontecendo "uma intensa nacionalização dos intelectuais nativos" (*Q 9*, 66, 1.136 [*CC*, 6, 226]).

O terceiro tipo de considerações, surpreendentemente moderno, consiste numa reflexão sobre as extraordinárias potencialidades comunicativas das linguagens não verbais em relação às linguagens verbais e numa análise das causas dessas não comuns potencialidades. Ou seja, G. intui que o grande sucesso atribuído, num certo momento, ao melodrama, e agora ao cinematógrafo, tem a ver, por um lado, com a maior capacidade comunicativa das linguagens não verbais, menos vinculadas a um conteúdo expressivo historicamente determinado e a experiências limitadas por fronteiras nacionais, e, por outro, com a capacidade dessas linguagens de falar simultaneamente a públicos diversos e de permitir a coexistência de graus diversos de compreensão. Explica G., com grande lucidez, que, enquanto "a expressão 'verbal' tem um caráter estritamente nacional-popular-cultural", "uma estátua de Michelangelo, uma obra musical de Verdi, um balé russo, um quadro de Rafael etc. pode ser compreendido quase imediatamente por qualquer cidadão do mundo, mesmo não cosmopolita, mesmo que não tenha ido além do limitado mundo de uma província de seu país". Isso não significa, porém, que ele não seja consciente do fato de que "a emoção artística do japonês ou do lapão diante de um quadro de Rafael ou de uma obra musical de Verdi não será da mesma intensidade e calor que a emoção artística de um italiano médio e muito menos de um italiano culto". Desse modo, G. demonstra ter compreendido perfeitamente que, "sob a expressão de caráter 'cosmopolita' da linguagem musical, pictórica etc.", "existe uma profunda substância cultural mais restrita, mais 'nacional-popular'" e que "os graus dessa 'linguagem' são diferentes", mas, sobretudo, demonstra ter intuído qual papel era destinado a essas linguagens na sociedade de massas. Como conclusão da nota, escreve G.: "Para uma política de cultura, essas observações são indispensáveis, para uma política de cultura das massas populares são fundamentais" (*Q 9*, 132, 1.193-4).

MARINA PALADINI MUSITELLI

Ver: cosmopolitismo; intelectuais italianos; música; nacional-popular; Verdi.

mercado determinado

A expressão "mercado determinado" aparece pela primeira vez no *Q 7*, 30 [*CC*, 1, 442], em fevereiro de 1931, como conceito fundamental da "ciência econômica", que "parte da hipótese de um mercado determinado, ou de pura concorrência ou de puro monopólio, salvo para estabelecer posteriormente que variações podem provocar nessa constante um ou outro elemento da realidade, que jamais é 'pura'" (ibidem, 878 [*CC*, 1, 442]). Aqui – a polêmica é com Antonio Graziadei – G. não indica sua fonte, que é, no entanto, explicitada no *Q 8*, 216 [*CC*, 1, 446] (março de 1932): um texto do economista liberal Pasquale Jannaccone, em que, polemizando com a crítica de Ugo Spirito ao método "abstrato" da economia liberal, o autor evidenciava que, segundo tal método, "as duas expressões de livre concorrência e monopólio não são senão duas fórmulas para denotar sinteticamente a concomitância de um certo número de condições, cuja presença torna *determinado* o mercado, enquanto a falta de uma delas o torna *indeterminado*" (Jannaccone, 1930, p. 524). G. evidentemente retoma de Jannaccone a ideia de que a ciência econômica consiste em construir um modelo puro e, portanto, nunca "real", que se complica depois, de acordo com as concretas determinações do "mercado" historicamente dado. No *Q 8*, 216 [*CC*, 1, 446], no entanto, o conceito já passou por um enriquecimento que o torna irredutível à definição original. Aqui, de fato, G. observa que todas as "deduções e cálculos" dos economistas clássicos "basearam-se na premissa do 'suposto que'". O que é esse "suposto que"? Jannaccone o define como sendo um mercado "determinado", o que "é justo segundo a linguagem dos economistas clássicos. Mas o que é o 'mercado determinado' e pelo que, precisamente, ele é determinado? Será determinado pela estrutura fundamental da sociedade em questão e então será preciso analisar esta estrutura e identificar aqueles seus elementos que, relativamente constantes, determinam o mercado etc., e os outros elementos 'variáveis e em desenvolvimento' que determinam as crises conjunturais até o momento em que também esses elementos relativamente constantes sejam modificados, ocorrendo assim a crise orgânica" (ibidem, 1.076-7 [*CC*, 1, 446-7]). O conceito de "determinação" mudou de significado; não mais fixação de variáveis científicas assumidas de forma teórica, mas *real* condicionamento que a estrutura fundamental da sociedade exerce sobre a forma do mercado. A noção de "suposto que", aqui acrescentada, é plenamente envolvida nessa redefinição. G. encontra tal expressão na *Histoire des doctrines économiques depuis le physiocrates jusqu'à nos jours* [História das doutrinas econômicas desde os fisiocratas até os dias atuais], de Charles Gide e Charles Rist (Gide, Rist, 1926), empregada para definir o método de abstração de Ricardo e dos marxistas. Mas G. faz algo a mais, de maneira a inverter a definição que extrai de Jannaccone. Qualificando a determinação como combinação de elementos variáveis e constantes, reconduz a validade dos esquemas formais à realidade das formas em que se recombinam constantemente as tramas de relações de forças (esse último conceito havia sido por ele definido no *Q 4*, 38).

Chegamos assim ao *Q 8*, 128, do mês sucessivo (abril de 1932), em que a "determinação" do mercado já se especificou como bloco de automatismo das práticas econômicas e "fixação" dele por parte de uma determinada "superestrutura". O mercado determinado é a "constatação de que determinadas forças apareceram historicamente, cuja operação se apresenta com certo 'automatismo' que consente certa medida de 'previsibilidade' e de certeza para as iniciativas individuais. 'Mercado determinado', portanto, equivale a dizer 'determinada relação de forças sociais em uma determinada estrutura do sistema de produção' garantido por uma determinada estrutura jurídica" (ibidem, 1.018). Dois meses mais tarde (junho de 1932), G. retomará essa ideia ao se referir às duas discussões entre Luigi Einaudi e Rodolfo Benini, e entre o mesmo Einaudi e Ugo Spirito, ocorridas respectivamente em 1931 e 1930, na *Riforma Sociale* [Reforma social] e nos *Nuovi Studi di Diritto, Economia e Politica* [Novos estudos de Direito, Economia e Política]. Em ambas, está em jogo a relação entre o Estado (a política) e a economia, e G. observa que os aspectos da atividade estatal enfatizados por Einaudi ("intervenção governamental") e por Spirito ("o indivíduo se identifica com o Estado") são, na realidade, maneiras imprecisas de remeter à *real* identidade (nem institucional, nem especulativa) entre Estado e sociedade civil, "de modo que, identificando-se o Estado com um grupo social, a intervenção estatal [...] é uma condição preliminar de qualquer atividade econômica coletiva, é um elemento do mercado determinado, se não for precisamente o próprio mercado determinado, já que é a própria expressão político-jurídica do fato de que uma determinada mercadoria, o trabalho, é preliminarmente depreciada, colocada em condições de inferioridade competitiva, paga por todo o sistema determinado" (*Q 10* II, 20, 1.257-8 [*CC*, 1, 328]).

A "determinação" superestrutural do mercado obviamente deve ser entendida à luz da teoria gramsciana do Estado; portanto, este se identifica com um grupo social uma vez que ele é capaz de exercer uma hegemonia. A partir desse sentido exato, pode-se então dizer que a intervenção estatal é o mercado determinado, enquanto por "intervenção estatal" se entende um espectro de atividades que excedem em muito a regulação jurídica da propriedade e do trabalho teorizada por Einaudi, ou também aquela que, aos olhos do economista liberal, é uma indevida perturbação estatal da concorrência. O espectro das atividades estatais que *se identificam com o mercado determinado* excede tudo isso, porque elas são concretamente o modo em que a sociedade se organiza para que a subordinação de uma classe (a depreciação preliminar da mercadoria "trabalho") seja posta na base da "regularidade".

A referência a Ricardo (presente no citado *Q 8*, 128) é desenvolvida no *Q 10* II, 9 [*CC*, 1, 317] (maio de 1932). Marx, escreve G., "universalizou as descobertas de Ricardo, estendendo-as adequadamente a toda a história, e extraindo delas, portanto, uma nova concepção do mundo [...]. A descoberta do princípio lógico formal da 'lei tendencial', que conduz à definição científica dos conceitos fundamentais na economia, o de '*homo oeconomicus*' e o de 'mercado determinado', não foi uma descoberta também de valor gnosiológico? Não implica, precisamente, uma nova 'imanência', uma nova concepção da 'necessidade' e da liberdade etc.? Essa tradução, ao que me parece, foi realizada precisamente pela filosofia da práxis, que universalizou as descobertas de Ricardo, estendendo-as adequadamente a toda a história, e extraindo delas, portanto, uma nova concepção do mundo" (ibidem, 1.247 [*CC*, 1, 442]; mesmo tema na carta à cunhada Tania, de 30 de maio de 1932, em *LC*, 580-3 [*Cartas*, II, 205]). No *Q 11*, 52, 1.477-8 [*CC*, 1, 194-8], Texto C do *Q 8*, 128, escrito entre agosto e o final do ano de 1932, a noção de mercado determinado é posteriormente afinada, sem novidades substanciais, ao passo que no *Q 10* II, 30, 1.269 [*CC*, 1, 338] e no *Q 10* II, 32, 1.276 [*CC*, 1, 346] (ambos de junho-agosto de 1932) tal noção é utilizada para diferenciar a economia crítica da economia pura, apoiando-se sobre o diferente estatuto da "determinação" presente e operante em uma e em outra, o que dá espaço, por um lado, ao genérico "postulado hedonista", e, por outro, ao sempre circunstanciado "mercado determinado" (*Q 10* II, 30, 1.269 [*CC*, 1, 338]).

Fabio Frosini

Ver: capitalismo de Estado; economia; Estado; *homo oeconomicus*; leis de tendência; queda tendencial da taxa de lucro; Ricardo.

mercadoria

Numa nota em que aborda a relação entre as economias nacionais e a economia internacional, G. releva que "todo o conjunto econômico nacional se projeta no excedente que é exportado em troca de uma correspondente importação, e se no conjunto econômico nacional uma mercadoria ou um serviço qualquer custa muito, [...] essa perda se reflete no excedente exportado" (*Q 9*, 32, 1.115 [*CC*, 3, 292]), como uma troca muito desvantajosa em relação ao exterior. Recordando uma polêmica entre Einaudi e Spirito sobre o Estado, G. nota como, na realidade, os dois estavam de acordo, ainda que não de modo explícito, sobre o fato de que o Estado se identifica com um grupo social a tal ponto que sua intervenção "é uma condição preliminar de qualquer atividade econômica coletiva, é um elemento do mercado determinado, se não for precisamente o próprio mercado determinado, já que é a própria expressão político-jurídica do fato de que uma determinada mercadoria, o trabalho, é preliminarmente depreciada, colocada em condições de inferioridade competitiva, paga por todo o sistema determinado" (*Q 10* II, 20, 1.258[*CC*, 1, 328]). G. também recorda, em termos estritamente marxianos e em polêmica com Croce, que o problema fundamental da ciência econômica é constituído pela "identificação do que deve ser o conceito e o fato historicamente determinado, independentemente dos outros conceitos e fatos pertinentes às outras ciências: o fato determinado da ciência econômica moderna só pode ser a mercadoria, a produção e distribuição de mercadorias, e não um conceito filosófico, como Croce gostaria que fosse" (*Q 10* II, 41.VI, 1.311 [*CC*, 1, 380]).

Lelio La Porta

Ver: Croce; Einaudi; mercado determinado; Spirito.

mercantilismo

Em uma nota dedicada aos estudos sobre Maquiavel "economista", G. ressalta que o pensamento econômico da época em que viveu o secretário florentino se distinguia pela discussão sobre o mercantilismo, que deve ser definido como uma política econômica "já que não pode pressupor 'um mercado determinado' e a existência de um pré-formado 'automatismo econômico', cujos elementos se formam historicamente somente num certo grau de desenvolvimento do mercado mundial" (*Q 8*, 162, 1.038 [*CC*, 3, 283-4]). Por esse motivo, na época de Maquiavel, não existe fusão entre pensamento econômico e pensamento político, ou seja, a ideia de Estado ainda não se concretizou. Se se demonstrar, continua G., que Maquiavel desejava o vínculo entre cidade e campo na tentativa de englobar as classes rurais ao Estado, privando-as de seus privilégios, "será demonstrado também que Maquiavel implicitamente superou em ideia a fase mercantilista e já dá sinais de caráter 'fisiocrático', isto é, ele pensa num ambiente político-social que é aquele pressuposto pela economia clássica" (ibidem, 1.039 [*CC*, 3, 284]). Essa reflexão é retomada de forma quase literal no *Q 13*, 13, 1.575 [*CC*, 3, 29]: "Ver se Maquiavel, que viveu no período mercantilista, precedeu politicamente a época e antecipou algumas exigências que depois encontraram expressão nos fisiocratas". Existe, segundo G., uma era do mercantilismo e das monarquias absolutas, que, porém, devido à presença estrangeira, tem pouco efeito na Itália (*Q 19*, 1, 1.960 [*CC*, 5, 14]). Pergunta-se G.: terá havido na Itália "uma era do mercantilismo como fenômeno nacional? Se organicamente desenvolvido, o mercantilismo teria tornado ainda mais profundas, e talvez definitivas, as divisões em Estados regionais; o estado informe e inorgânico em que as diversas partes da Itália se encontravam do ponto de vista econômico, a não formação de fortes interesses constituídos em torno de um forte sistema mercantilista-estatal, permitiram ou tornaram mais fácil a unificação da Era do *Risorgimento*" (*Q 19*, 2, 1.961 [*CC*, 5, 15]).

Lelio La Porta

Ver: cidade-campo; Maquiavel; *Risorgimento*.

metafísica

Para G., metafísica é qualquer forma de pensamento que apresenta as próprias categorias como possuidoras de uma validade universal e "fora do tempo e do espaço" (*Q 8*, 174, 1.046). G. especifica tal crítica colocando o conceito de metafísica em estreita relação com os conceitos de teologia (*Q 8*, 224, 1.082), especulação (idem), transcendência (*Q 8*, 235, 1.088), anti-historicismo (*Q 8*, 219, 1.079) e dogmatismo (idem). G. identifica resíduos de metafísica não apenas no idealismo de Croce, mas também no materialismo vulgar representado pela concepção da filosofia marxista de Bukharin. O autor dos *Q* leva a sério "a crítica de Croce aos resíduos de teologia e de metafísica" (*Q 8*, 224, 1.082), mas não considera válida a parte voltada à concepção marxiana de estrutura: antes de tudo, Marx não concebe a estrutura econômica da sociedade metafisicamente, mas, sim, historicamente (*Q 10* I, 8, 1.226 [*CC*, 1, 296]); além do mais, o próprio pensamento de Croce, devido à sua natureza especulativa, contém resíduos de metafísica (ibidem, 1.225). Por um lado, G. opõe à interpretação crociana de Marx o conceito de "mercado determinado" (*Q 8*, 128, 1.018 e *Q 10* II, 9, 1.247 [*CC*, 1, 317]); por outro, insiste no fato de que a filosofia da práxis é "o 'historicismo' absoluto" (*Q 11*, 27, 1.437 [*CC*, 1, 152]), que historiciza também as categorias do pensamento por meio do conceito dinâmico de práxis.

A crítica bukhariniana da metafísica é, segundo G., de natureza metafísica: Bukharin não compreende "o conceito de movimento histórico, do devir e, portanto, da dialética" (*Q 8*, 174, 1.046). Incapaz de perceber a filosofia como historicidade, cai no "dogmatismo", portanto, na "metafísica" (idem). Sua tentativa de fundar uma filosofia marxista sobre a "metafísica da 'matéria' que não pode não ser eterna e absoluta" (*Q 4*, 40, 466 e *Q 11*, 62, 1.489 [*CC*, 1, 203]) tem como complemento um "anti-historicismo" metódico que julga todo o passado segundo a "verdade" do presente, tornando-se, assim, "nada mais do que um resíduo metafísico" (*Q 8*, 219, 1.079). A tais resíduos, G. contrapõe a filosofia da práxis como nova *forma* de filosofia, que pode ser compreendida somente em sua identidade com a política como organização das relações sociais.

Peter Thomas

Ver: Bukharin; Croce; estrutura; filosofia da práxis; filosofia especulativa; historicismo; materialismo e materialismo vulgar; mercado determinado; necessidade; teologia.

metáfora

Apesar de existirem apenas quatro Textos C nos quais G. discute de maneira aprofundada o conceito (*Q 10* II, 41.XII, 1.321 [*CC*, 1, 361]; *Q 11*, 24, 1.427 [*CC*, 1, 144]; *Q 11*, 28, 1.438 [*CC*, 1, 156], *Q 11*, 50, 1.473-6

[*CC*, 1, 191]), "metáfora" é um termo importante na economia dos *Q*: de fato, nessas páginas, G. analisa a metáfora marxiana da estrutura e da superestrutura, bem como a noção de imanência em relação ao materialismo histórico. Além do mais, essas passagens fornecem uma contribuição significativa sobre a abordagem de G. da linguagem, que ele define como "um contínuo processo de metáforas, e a história da semântica é um aspecto da história da cultura" (*Q 11*, 28, 1.438 [*CC*, 1, 156]). Isso explica, talvez, o uso frequente da palavra "metáfora" em seus escritos do cárcere, ainda que muitas vezes com o significado ordinário e comum.

No *Q 10* II, 41.XII [*CC*, 1, 386-91], G. critica o modo como Croce conceitua a relação de Marx com a estrutura-superestrutura: "Para a filosofia da práxis, as ideologias não são de forma alguma arbitrárias; elas são fatos históricos reais, que cabe combater e revelar abertamente em sua natureza de instrumentos de domínio [...] para tornar intelectualmente independentes os governados em relação aos governantes, para destruir uma hegemonia e criar outra" (ibidem, 1.319 [*CC*, 1, 387]). G. evidencia que a formulação de Marx e Engels é uma metáfora e deve ser entendida crítica e historicamente: "Seria necessário estudar quais foram as correntes historiográficas contra as quais a filosofia da práxis reagiu no momento de sua fundação, bem como quais eram as opiniões mais difundidas naquele tempo, inclusive com relação às outras ciências. As próprias imagens e metáforas às quais recorrem frequentemente os fundadores da filosofia da práxis fornecem indicações a este respeito: a afirmação de que a economia é para a sociedade o que a anatomia é para as ciências biológicas. Deve-se recordar, também, a luta ocorrida nas ciências naturais para afastar do terreno científico os princípios de classificação baseados em elementos exteriores e frágeis" (ibidem, 1.321 [*CC*, 1, 389]). G. ressalta que o significado da concepção marx-engelsiana da estrutura econômica e das superestruturas ideológicas deriva de seu uso de uma metáfora, qual seja, aquela do papel da anatomia na biologia, em que a anatomia da "sociedade civil" deveria ser identificada na "economia política" (*QA*, 2.358). Muitos, entre eles Croce, mas também os marxistas e não marxistas, haviam aceitado a ideia de que para Marx e Engels a economia é absolutamente determinante. No âmbito do amplo ataque ao reducionismo e ao economicismo, G. conduz à análise específica dos conceitos marxianos,

evidenciando a importância metafórica da referência à anatomia: colocando-o nesse contexto histórico, G. defende que o uso marxiano da metáfora biológica talvez não seja apropriado, uma vez que esta, no final das contas, reforça o determinismo econômico. G. não está rejeitando o primado da anatomia na biologia, pois leva às últimas consequências a metáfora, e, dessa forma, mina as bases da própria metáfora e insiste numa leitura mais complexa das superestruturas, integralmente vinculadas à base material da sociedade. Ele faz isso defendendo que "no corpo humano, certamente, não se pode dizer que a pele (bem como o tipo de beleza física historicamente dominante) seja mera ilusão, e que o esqueleto e a anatomia sejam a única realidade; todavia, por muito tempo, se disse algo similar. Valorizando a anatomia e a função do esqueleto, ninguém pretendeu afirmar que o homem (e muito menos a mulher) possa viver sem ela. Prosseguindo na metáfora, pode-se dizer que não é o esqueleto (em sentido restrito) que faz alguém se enamorar por uma mulher, mas compreende-se quanto o esqueleto contribui para a graça dos movimentos etc." (*Q 10* II, 41.XII, 1.321 [*CC*, 1, 389-90]). G. elabora em relação a esse ponto uma crítica da noção de que as superestruturas sejam meras aparências. Mais uma vez, ele usa a metáfora do amor humano quando escreve sobre o "rapazola 'satânico'" que julgou uma bela mulher apenas por sua anatomia e já a teria reduzido a "um puro saco de podridões, já a imaginaria morta e enterrada, com 'as órbitas vazias e malcheirosas'" (*Q 11*, 50, 1.476 [*CC*, 1, 193]). Aqui G. define essa posição metaforicamente, tal qual a de um adolescente, e afirma que, como "um 'desengano', um pseudopessimismo que desaparece tão logo se 'conquista', o Estado e as superestruturas são aquelas do próprio mundo intelectual e moral" (idem).

Nesse breve estudo sobre a "origem linguístico-cultural de uma metáfora", G. nota como o estudo das metáforas pode "ajudar a compreender melhor o próprio conceito [a economia – ndr], na medida em que esse é relacionado ao mundo cultural, historicamente determinado, do qual surgiu, bem como é útil para determinar o limite da própria metáfora, isto é, para impedir que ela se materialize e se mecanize" (ibidem, 1.474 [*CC*, 1, 191]). Nesse ponto, G. usa e alarga a noção de metáfora, chamando a atenção para o quanto ela é crucial na construção dos conceitos e na compreensão, bem como salienta a importância de limitá-la para que não perturbe a compreensão e o significado. Essa é a dinâmica central que G. utiliza e esclarece, também em suas críticas à *Teoria del materialismo storico* [Teoria do materialismo histórico], de Bukharin (1921). Na divulgação da teoria marxiana, a preocupação de Bukharin é que o marxismo entendido como filosofia "imanente" seja mal entendido em relação ao conceito religioso de que Deus é imanente no mundo material ou temporal, atribuindo ao marxismo a ideia de que no mundo material existe uma essência idealista. Por isso Bukharin defende que o uso marxiano do conceito de "imanente" seja puramente metafórico. G. considera essa tese de Bukharin uma resposta superficial que não explica por que Marx e Engels usam os termos "imanente" e "imanência", derivados de Kant e de Hegel, sem os substituir. Ele teme que seja mais um exemplo de como Bukharin apresenta uma versão estática e mecanicista do marxismo de modo a evitar confrontos cerrados com Hegel e Kant. É em tal contexto que ele escreve: "Mas a questão das relações entre a linguagem e as metáforas não é simples, muito pelo contrário. A linguagem é sempre metafórica. Talvez não se possa dizer exatamente que todo discurso seja metafórico com relação à coisa ou ao objeto material e sensível referido (ou ao conceito abstrato), a fim de não ampliar demasiadamente o conceito de metáfora; contudo, pode-se dizer que a linguagem atual é metafórica com relação aos significados e ao conteúdo ideológico que as palavras tiveram nos períodos anteriores da civilização" (*Q 11*, 24, 1.427 [*CC*, 1, 144--5]). Dessa forma, G., assim como o último Wittgenstein e Saussure, rejeita explicitamente a noção de que a linguagem implica uma nomenclatura (feita de palavras para coisas). Diferentemente de ambos, ele atesta que as palavras se referem metaforicamente aos seus significados nos lugares precedentes da história. Eis o exemplo de G.: "Quando emprego a palavra 'desastre', ninguém pode me acusar de crenças astrológicas; quando digo 'por Baco!', ninguém pode acreditar que sou um adorador das divindades pagãs, embora tais expressões sejam uma prova de que a civilização moderna é também o desenvolvimento do paganismo e da astrologia" (*Q 11*, 28, 1.438 [*CC*, 1, 156]). Aqui, em consonância com Saussure, o principal propósito de G. é considerar em primeiro lugar a linguagem como estrutura sincrônica; os falantes não precisam conhecer a etimologia (o que aqui G. explica como metáfora em relação aos significados precedentes) de uma palavra – a base da linguística diacrônica ou histórica – para que a linguagem funcione; eles devem apenas entender como a palavra funciona num sistema sincrônico de diferenças. Diferentemente da posição de Saussure, segundo a qual a estrutura sincrônica é o centro da linguística como ciência, G. se concentra sobre o resíduo histórico da linguagem: "A linguagem é, simultaneamente, uma coisa viva e um museu de fósseis da vida e das civilizações passadas" (idem). Portanto, a análise gramsciana da metáfora não só revela sua concepção de linguagem, mas oferece também um exemplo fundamental de seu método de análise política e ideológica, e do processo através do qual o senso comum se transforma na filosofia da práxis.

Peter Ives

Ver: Bukharin; Croce; determinismo; economismo; estrutura; filosofia da práxis; frente político-militar; ideologia; imanência; linguagem; senso comum; superestrutura/superestruturas.

metódico/metodológico

Talvez o uso mais gramscianamente emblemático do termo "metódico" se encontre onde ele é contraposto a "orgânico". Um exemplo particularmente significativo e original de tal contraposição é dado pela relação, da forma como é concebida por G., entre Estado, em seu sentido mais restrito, e sociedade civil como momentos do "Estado integral": "Especula-se sobre a distinção entre sociedade política e sociedade civil e se afirma que a atividade econômica é própria da sociedade civil e a sociedade política não deve intervir em sua regulamentação. Mas, na realidade, essa distinção é puramente metódica, não orgânica e, na vida concreta, sociedade política e sociedade civil são uma mesma coisa" (*Q 4*, 38, 460). Convém confrontar essa passagem com outras nas quais se encontra a mesma diferença entre o que é metódico e o que é orgânico.

"Metodologia" pode ser associada a "teoria", por sua vez, observável naquelas suas tendências que são, ou parecem ser, mais destacadas da imediaticidade prática e/ou temporal: "Mas o que poderia ser mais 'desinteressado' e *für ewig*?", pergunta G, e responde: "Tratar-se-ia, naturalmente, de abordar apenas a parte metodológica e puramente teórica do assunto" (*LC*, 25, a Tania, 19 de março de 1927 [*Cartas*, I, 128]). Um objetivo teórico "desinteressado", no entanto, deveria ser sempre historicista e de forma alguma metafísico. Se há um "método" metafísico, qual é seu traço característico mais saliente? "Na realidade, o 'anti-historicismo' no sentido metodológico nada mais é que um resíduo metafísico" (*Q 8*, 219, 1.079). Pode-se dizer que um dos erros de "origem prática" advém do fato de não (querer) ver que as diferenciações metodológico-filosóficas se dão num plano diferente dos episódios históricos contingentes e da "'política' imediata". De fato, se "na história real o processo dialético se fragmenta em inúmeros momentos parciais, o erro consiste em elevar a momento metodológico o que é pura imediaticidade, elevando precisamente a filosofia o que é apenas ideologia" (*Q 10* I, 6, 1.220-1 [*CC*, 1, 292]). É impossível entender se aqui a crítica de G. – à primeira vista análoga àquela de Lukács – se refere indiretamente também a algumas tendências stalinianas. Poderia, ao contrário, se referir à confusão crociana entre o conceito filosófico de liberdade e ideologia liberal oitocentista (v. *LC*, 574, a Tania, 9 de maio de 1932 [*Cartas*, II, 198]). Outro erro (visível sobretudo no próprio Croce) é aquele em que as distinções metodológico-filosóficas contemplariam apenas as "formas do espírito" e, portanto, de fato, apenas as diversas atitudes dos intelectuais: "O erro metodológico mais difundido, ao que me parece, é ter buscado esse critério de distinção no que é intrínseco às atividades intelectuais, em vez de buscá-lo no conjunto do sistema de relações em que essas atividades (e, portanto, os grupos que as personificam) se encontram no conjunto geral das relações sociais" (*Q 12*, 1, 1.516 [*CC*, 2, 18]; v. também a primeira versão do texto no *Q 4*, 49, 476). "Metódico" ou "metodológico" pode, enfim, denotar um objetivo programático (atinente em particular à clareza da exposição), declarado explicitamente pelo filósofo. Por exemplo: "Elementos da relativa popularidade de Croce: a) elemento estilístico-literário [falta de pedantismo e de obscuridade], b) elemento filosófico-metodológico (unidade de filosofia e senso comum)" (*Q 10* I, p. 1.207 [*CC*, 1, 279-80]).

Em algumas passagens, "método" é sinônimo de "técnica do pensar" científico ou crítico e a ideia de progresso é considerada inseparável do método e da técnica assim entendidos: "Pode existir um artista que não conhece nada da elaboração técnica precedente, mas não se pode dizer o mesmo na esfera da ciência e do pensamento, em que existe progresso e deve existir progresso metodológico e de técnica exatamente como nas ciências experimentais. A questão que surge será sobre o lugar que essa técnica deve ocupar no quadro da ciência do pensamento: se tomarmos o exemplo da dialética, a importância desse lugar logo aparecerá. A dialética é também uma técnica e é exatamente como tal que encontra dificuldades junto a muitos filósofos para ser aceita; mas é também um novo pensamento, uma nova filosofia. É possível separar o fato técnico do fato filosófico?" (*Q 4*, 18, 439). A expressão "crítica metodológica", por sua vez, designa genericamente uma investigação que antecede a problemática marxista: "Gostaria de saber se existe alguma publicação sobre as inovações que Ricardo introduziu na crítica metodológica" (*LC*, 581, a Tania, 30 de maio de 1932 [*Cartas*, II, 205]).

O adjetivo tem um significado diferente quando G. invoca uma disciplina organizada, educativa ou pedagógica, no âmbito escolar. "Já que você pretende estudar, posso interpretar isso de diferentes maneiras: que quer aprofundar um tema especializado qualquer ou que quer adquirir o 'hábito científico', isto é, estudar para dominar a metodologia geral e a ciência epistemológica (veja que palavras pedantes)" (*LC*, 510, a Iulca, 14 de novembro de 1931 [*Cartas*, II, 134]). Ainda se referindo às crianças que devem ser instruídas e educadas: "Na família e na escola, esquece-se de habituá-las ao trabalho metódico e disciplinado, pensando que com a 'inteligência' superarão todas as dificuldades etc." (*LC*, 230, a Carlo, 31 de dezembro de 1928 [*Cartas*, I, 308]). E, em termos mais gerais, tratando da formação cultural: "Um autodidata inteligente, mas sem disciplina e método" (*LC*, 46, a Tania, 19 de fevereiro de 1927 [*Cartas*, I, 119]) tem capacidade inferior ao se dedicar a várias atividades profissionais, sociais, políticas etc. "A 'repetição' paciente e sistemática é o princípio metódico fundamental. Mas a repetição não mecânica, material" (*Q 1*, 43, 33).

Giuseppe Prestipino

Ver: Croce; dialética; orgânico; sociedade civil; sociedade política; técnica do pensar.

metodologia

A reflexão de G. sobre a metodologia, ou seja, sobre os aspectos formais do pensamento, se inicia juntamente com a reflexão sobre a "técnica do pensar", com a qual coincide parcialmente. O ponto de partida é dado por uma passagem do *Anti-Dühring*, de Engels, em que se afirma que "a arte de operar com os conceitos [...] é um trabalho técnico do pensamento, que tem uma longa história, nem mais nem menos do que a pesquisa experimental das ciências naturais" (*Q 4*, 18, 439). Assim se combina, em última análise, segundo G., a historicidade das categorias lógicas com sua relativa estabilidade e independência em relação aos conteúdos ideológicos que são expressos através delas (por isso é possível "separar a noção objetiva do sistema de hipóteses, através de um processo de abstração que está inserido na própria metodologia científica, apropriar-se de uma e recusar a outra": *Q 4*, 7, 430 [*CC*, 6, 357]). Exatamente como a gramática, a lógica formal é uma metodologia, isto é, um conjunto "daqueles mecanismos abstratos do pensamento que foram sendo descobertos, depurados, refinados através da história da filosofia e da cultura" (*Q 6*, 180, 826 [*CC*, 1, 234-5]). Mas "cada pesquisa científica cria para si um método adequado, uma própria lógica" (idem), cuja universalidade não se encontra em sua pureza formal, mas na capacidade de produzir conhecimentos. Engana-se, portanto, quem opõe a metodologia ao pensamento concreto, como se a língua existisse "no dicionário e nas gramáticas" (*Q 7*, 3, 855), como parece pensar o neopositivista Mario Govi (*Q 8*, 184, 1.052). Mas se engana também o idealismo crociano, que, ao reduzir precisamente a filosofia a metodologia da história, coloca em relevo o caráter "técnico" ou "metodológico", e depois eleva essa metodologia a "especulação", transformando-a em filosofia (*Q 11*, 44, 1.463-4 [*CC*, 1, 180] e *Q 11*, 45, 1.467 [*CC*, 1, 184]). A relevância dessa problemática revela-se evidente para uma filosofia cujo "referencial" não são "os intelectuais", mas "as massas populares incultas": para elas deve ser posto o problema da "conquista da lógica formal, da mais elementar gramática do pensamento e da língua" (*Q 11*, 44, 1.464 [*CC*, 1, 181]), mas também, mais ambiciosamente, da "dialética", isto é, da "forma do pensamento historicamente concreto" (*LC*, 249, a Tania, 25 de março de 1929 [*Cartas*, I, 330]).

FABIO FROSINI

Ver: Croce; dialética; gramática; positivismo; técnica do pensar.

Mezzogiorno

Em suas *Notas sobre a questão meridional* (*QM*), G. descreve e analisa o Mezzogiorno nos termos de "uma grande desagregação social", em que "os camponeses, que constituem a grande maioria de sua população, não têm nenhuma coesão entre si". Na verdade, segundo o pensador sardo, "a sociedade meridional é um grande bloco agrário constituído por três estratos sociais: a grande massa camponesa amorfa e desagregada; os intelectuais da pequena e média burguesia rural; os grandes proprietários agrários e os grandes intelectuais. Os camponeses meridionais estão em perpétua fermentação, mas, enquanto massa, são incapazes de dar uma expressão centralizada às suas aspirações e necessidades. O estrato médio dos intelectuais recebe da base camponesa os impulsos para sua atividade política e ideológica. Os grandes proprietários no campo político e os grandes intelectuais no campo ideológico centralizam e dominam, em última instância, todo esse conjunto de manifestações" (*QM*, 150 [*EP*, 2, 423]).

Tendo por base essa análise, G. identifica no Mezzogiorno a máxima contradição do desenvolvimento capitalista italiano, que, enquanto tal, constitui o novo centro de perspectiva para a formação de um bloco histórico alternativo, capaz de confiar a direção do Estado ao proletariado urbano do Norte e às massas camponesas do Sul. Na *QM*, o comunista sardo identifica nos camponeses meridionais, "depois do proletariado industrial e agrícola da Itália do Norte, o elemento social mais revolucionário da sociedade italiana" ("Cinque anni di vita del partito" [Cinco anos de vida do partido], 24 de fevereiro de 1926, em *CPC*, 107). G. primeiramente elege "o operário revolucionário de Turim e Milão" como "protagonista da questão meridional" (*QM*, 139 [*EP*, 2, 408]); portanto, enfrenta de maneira concreta a questão da hegemonia do proletariado, vale dizer, identifica os modos com que é possível realizar uma sólida "aliança política entre operários do Norte e camponeses do Sul para arrancar a burguesia do poder do Estado" (idem).

Para obter esse resultado, é fundamental para G. que as massas populares do Norte compreendam que a unificação italiana "não ocorrera numa base de igualdade, mas como hegemonia do Norte sobre o Mezzogiorno numa versão territorial da relação cidade-campo, isto é, que o Norte concretamente era um 'sanguessuga' que se enriquecia às custas do Sul e que seu desenvolvimento econômico-industrial estava em relação direta com o empobrecimento da economia e da agricultura meridional" (*Q 19*, 24, 2.021-2 [*CC*, 5, 73]). A compreensão falha de tal relação havia determinado o nascimento de um preconceito antimeridional na classe operária do Norte: o Mezzogiorno como "bola de chumbo" para a Itália. Essa última expressão já havia sido usada na *QM* – "o Mezzogiorno é a bola de chumbo que impede progressos mais rápidos para o desenvolvimento civil da Itália" (*QM*, 140 [*EP*, 2, 409]) –, quando G. denunciou o nascimento de outro preconceito de sentido contrário no camponês meridional, preconceito que o levava a considerar o próprio Norte da Itália como "um único bloco de inimigos de classe" ("Cinque anni di vita del partito", em *CPC*, 108). Lê-se no *Q 19*, 24, 2.022 [*CC*, 5, 73-4]: "O homem do povo da Itália do Norte, por sua vez, acreditava que se o Mezzogiorno não progredia depois de ter sido libertado dos entraves que o regime dos Bourbons opunha ao desenvolvimento moderno, isso significava que as causas da miséria não eram externas, a serem buscadas nas condições econômico-políticas objetivas, mas internas, inatas na população meridional, ainda mais porque era arraigada a convicção da grande riqueza natural da terra; restava assim uma única explicação: a incapacidade orgânica dos homens, sua barbárie, sua inferioridade biológica". Para reforçar ainda mais esses preconceitos, de resto, disseminados há tempos – um exemplo é o "*lazzaronismo* napolitano" –, contribuíram em grande medida os "sociólogos do positivismo", que se prestaram a dar a esses preconceitos uma aura de pseudocientificidade, capaz de gerar "uma polêmica Norte-Sul sobre as raças e sobre a superioridade e inferioridade do Norte e do Sul" (idem).

Segundo G., para conquistar as massas camponesas meridionais para a perspectiva revolucionária é necessário superar sua tradicional desagregação e eliminar sua submissão aos proprietários fundiários, estabelecida através da mediação dos intelectuais – entre eles os advogados, os bacharéis [*paglietta**]. Não por acaso, o comunista sardo no *Q 19*, 26, 2.038 [*CC*, 5, 90] ressalta: "No Mezzogiorno ainda predomina o tipo do 'bacharel', que põe em contato a massa dos camponeses com a dos proprietários e com o aparelho estatal; no Norte domina o tipo do 'técnico' de fábrica, que serve de ligação entre a massa operária e os empresários: a relação com o Estado era função das organizações sindicais e dos partidos políticos, dirigidos por uma camada intelectual completamente nova". E a propósito da "abundância de 'bacharéis' na Itália meridional", G. recorda, no *Q 6*, 59, 728 [*CC*, 2, 142], "o episódio de Inocêncio XI, que pediu ao marquês de Carpio o fornecimento de 30 mil porcos e dele obteve a resposta de que não podia atender, mas que se Sua Santidade acaso precisasse de 30 mil advogados, estava a postos para servi-lo".

Antes do advento do fascismo, de acordo com G., a política giolittiana, apostando na criação de um bloco urbano do Norte, teria reduzido o Mezzogiorno "a um mercado de venda semicolonial, a uma fonte de poupança e de impostos". Um mercado "disciplinado" pela atuação de "medidas policiais de repressão impiedosa de todo movimento de massa com os massacres periódicos dos camponeses", além da atuação de "medidas policiais-políticas". Estas consistiam, segundo G., em "favores pessoais à camada dos 'intelectuais' ou bacharéis, sob a forma de empregos nas administrações públicas, de permissão para o saque impune das administrações locais, de uma legislação eclesiástica aplicada menos rigidamente que em outros lugares", de tal maneira que deixava ao clero "a disponibilidade de patrimônios consideráveis etc., isto é, incorporação a 'título pessoal' dos elementos meridionais mais ativos ao pessoal dirigente estatal, com particulares privilégios 'judiciários', burocráticos etc." (*Q 19*, 26, 2.038-9 [*CC*, 5, 90]). Assim, o grupo que poderia se fazer intérprete do descontentamento e do mal-estar social, possivelmente organizando tal mal-estar numa "forma política normal", havia se tornado "um instrumento da política setentrional, um seu acessório de polícia privada". Na realidade, acrescenta G., a essa "forma de corrupção" haviam aderido "tanto passiva quanto indiretamente homens como Croce e Fortunato, devido à concepção fetichista da 'unidade'" (ibidem, 2.039 [*CC*, 5, 91]). Essa observação já havia sido proposta na *QM*, quando G. definiu as duas personalidades como "as peças-chave do sistema meridional, e, num certo sentido, [...] as duas maiores figuras da reação italiana" (*QM*, 150 [*EP*, 2, 423]). Em particular, Fortunato, mesmo valorizando o Sul, havia impedido que "a formulação dos problemas meridionais [...] superasse certos limites [...], se tornasse revolucionária" (ibidem, 155 [*EP*, 2, 431]). Croce, por sua vez, após ter "separado os intelectuais radicais do Sul das massas camponesas, levou-os a participar da cultura nacional e europeia, e através dessa cultura" fez com que fossem "absorvidos pela burguesia nacional e, portanto, pelo bloco agrário" (idem). Assim, os dois "reacionários mais atuantes da península" (ibidem, 155 [*EP*, 2, 430]) eram para G. os verdadeiros artífices da conservação, cuja consequência direta era o bloco agrário que fazia as vezes de "intermediário e controlador do capitalismo setentrional e dos grandes bancos" (ibidem, 153 [*EP*, 2, 428]).

Antonella Agostino

---

* O termo deriva do chapéu de palha escuro que portavam esses advogados. (N. T.)

Ver: bloco agrário; cidade-campo; Croce; Fortunato; Giolitti; Norte-Sul; questão meridional.

Michels, Robert

Robert Michels é um autor várias vezes presente nos *Q*, apesar de frequentemente funcionar como pretexto para G. elaborar suas próprias reflexões sobre o partido político e sobre o líder carismático. No *Q 2*, 75 [*CC*, 3, 160], em particular, numa longa nota que analisa o artigo "Les partis politiques e la contrainte sociale" [Os partidos políticos e a coerção social], esses dois temas se entrelaçam e se confrontam com as teorias de Michels contidas no volume *Les partis politiques: essai sur les tendances oligarchiques des démocraties* [Os partidos políticos: ensaio sobre as tendências oligárquicas das democracias], que G. possuía na prisão na edição francesa de 1914, e que havia pedido na versão italiana ampliada de 1924 à cunhada Tania, sem êxito (v. *LC*, 247, a Tania, 25 de março de 1929 [*Cartas*, I, 328]; *LC*, 280, a Tatiana, 26 de agosto de 1929 [*Cartas*, I, 363]; *LC*, 291, a Tatiana, 18 de novembro de 1929 [*Cartas*, I, 374]). O juízo de G. sobre a obra era incisivo: "A classificação dos partidos de Michels é muito superficial e sumária, baseada em características externas e genéricas" (*Q 2*, 75, 234 [*CC*, 3, 164]). Mas a importância do tema o leva a longas discussões com "a classificação" de Michels, reconhecendo-o implicitamente como um dos poucos estudiosos, junto ao Weber do "líder carismático", que abordam esse tema central na política moderna. As ênfases dadas a certos elementos em *Les partis politiques* "são interessantes como coleta de material bruto e de observações empíricas e díspares", ainda que "os erros de fato não sejam poucos" (ibidem, 237 [*CC*, 3, 167]). O limite principal de Michels é, para G., o "caráter puramente descritivo e a classificação externa próprios da velha sociologia positivista" (*ibidem*, 238 [*CC*, 3, 168]), que constrói o objeto de pesquisa através de uma série de "generalizações tautológicas" (*Q 11*, 26, 1.434 [*CC*, 1, 149]) que não explicam o fato social. Michels "não tem nenhuma metodologia intrínseca aos fatos, nenhum ponto de vista crítico que não seja um amável ceticismo de salão ou de café reacionário, que substituiu as transgressões igualmente superficiais do sindicalismo revolucionário e do sorelismo" *Q 2*, 75, 238 [*CC*, 3, 168]). A crítica a Michels é, de alguma forma, especular à crítica dirigida a Sorel: ambos não chegam a realizar um estudo teórico sistemático do partido na moderna política de massa.

MICHELE FILIPPINI

Ver: elite/elitismo; partido; sociologia; Sorel; Weber.

Milão

Como as "cem cidades" (*Q 3*, 39, 317 [*CC*, 5, 204]) italianas, Milão se caracteriza por uma modernização mais alardeada do que real, uma vez que a presença de classes absolutamente parasitárias (administradores estatais, arrendatários, intelectuais e clero) está bem longe de ser extirpada. Ainda que sua presença seja menos relevante no Norte do que no Sul, a hegemonia está bem longe de pertencer à fábrica. "Na Itália tivemos um início de festa fordista": a exaltação da grande cidade – a grande Milão –, símbolo do capitalismo triunfante, com "projetos urbanísticos grandiosos". Na realidade, em especial com o fascismo, deu-se um retorno à exaltação do "ruralismo", à "desvalorização das cidades: exaltação do artesanato e do patriarcalismo, menções aos 'direitos profissionais' e à luta contra a 'liberdade industrial' [...]; em todo caso, não 'mentalidade' americanista" (*Q1*, 61, 72 [*CC*, 6, 349]).

Também no que concerne à história do *Risorgimento*, G. se expressa em termos bastante críticos: é verdade que os cinco dias de 1848 foram uma iniciativa de baixo, mas é também verdade que as altas classes lombardas deixaram de organizar as forças populares, preferindo uma aliança com a França (*Q 1*, 114, 101), legitimando em 1853 os fiéis serviços prestados à Áustria e ameaçando até após a unificação "agir por si mesmas", reconstruindo o ducado de Milão (*Q 19*, 24, 2.020 [*CC*, 5, 71]). Isso, porém, não significa que G. não reconheça Milão como "vanguarda" italiana no plano da racionalização, da modernização e da cultura técnica. Todas as cidades do Norte podem se vangloriar, por exemplo, no plano demográfico, da queda da natalidade típica das grandes cidades norte-europeias; além disso, Milão, diferentemente de Turim e de Florença, demonstra uma notável capacidade organizativa no campo editorial técnico-industrial e da cultura operária.

ELISABETTA GALLO

Ver: cem cidades; fordismo; *Risorgimento*; Super-regionalismo-Super-cosmopolitismo.

Missiroli, Mario

Ao longo da reflexão no cárcere, G. frequentemente polemiza com Mario Missiroli, que define de maneira incisiva um intelectual desprovido de ideias originais, um simples "papel-carbono de alguns elementos culturais franceses" (*Q 14*, 26, 1.683 [*CC*, 2, 183]); "um escritor brilhante", interessado apenas no "jogo momentâneo de alguns conceitos abstratos" e em "sempre cair de pé, com um novo distintivo no peito (Missiroli, o joão-teimoso)" (*Q 19*, 5, 1.987 [*CC*, 5, 41]). Entretanto, no *Q 5*, 126, 654 [*CC*, 2, 134], comentando um de seus artigos sobre Clemenceau, publicado na *Nuova Antologia* de 16 de dezembro de 1929, ele reconhece sua "capacidade de grande jornalista que sabe formular um artigo brilhante valendo-se de algumas ideias fundamentais e organizando em torno delas uma série de fatos inteligentemente selecionados".

Os estudos históricos de Missiroli recebem as anotações do pensador sardo – no que diz respeito à catalogação da literatura sobre o *Risorgimento*, proposta no *Q 19*, 5, 1.975 [*CC*, 5, 28] – como exemplares dessa linha interpretativa que visa a explicar os desenvolvimentos da moderna história nacional, bem como os limites e as fraquezas do organismo estatal italiano, com a ausência da Reforma protestante. De resto, explicita G., ao contrário de Gobetti, "a posição de Missiroli sobre a questão do 'protestantismo na Itália' é uma dedução mecânica das ideias críticas de Renan e de Sorel sobre a formação e as necessidades da cultura francesa" (*Q 14*, 26, 1.683 [*CC*, 2, 183]). Posição esta que ignora o fato de que "a filosofia da práxis, com seu vasto movimento de massa, representou e representa um processo histórico similar à Reforma", numa perspectiva contrária ao liberalismo, que "reproduz um Renascimento estreitamente limitado a poucos grupos intelectuais e que, em certo momento, capitulou em face do catolicismo, até o ponto de que o único partido liberal eficiente era o Partido Popular, isto é, uma nova forma de catolicismo liberal" (*Q10* II, 41.I, 1.293 [*CC*, 1, 363]). Em particular, são dois os temas principais que G. identifica na obra do autor de livros como *La monarchia socialista* [A monarquia socialista], *Una battaglia perduta* [Uma batalha perdida] ou *L'Italia d'oggi* [A Itália de hoje]. Antes de tudo, a ideia do *Risorgimento* como "conquista régia", obra de uma "heroica" minoria, capaz de amadurecer dentro de si os ideais de independência, liberdade e unidade nacional, e de afirmá-los, apesar da indiferença das massas populares. Em segundo lugar, a incapacidade das agitações do *Risorgimento* em resolver o problema da relação entre Estado e Igreja. Não podia ser de outra forma: um povo que, no curso de sua história milenar, não havia nunca gozado de liberdade religiosa não podia ter a mínima noção dessa política.

G. observa que Missiroli "não compreende que a 'reforma' intelectual e moral (isto é, 'religiosa') de alcance popular no mundo moderno se deu em dois tempos: no primeiro, com a difusão dos princípios da Revolução Francesa, no segundo, com a difusão de uma série de conceitos extraídos da filosofia da práxis e muitas vezes contaminados com a filosofia do Iluminismo e, depois, do evolucionismo cientificista" (*Q 19*, 5, 1.985 [*CC*, 5, 39]). Além disso, segundo ele, o estudioso não percebe os motivos que impediram a vanguarda do *Risorgimento* de assumir "para si o programa democrático que, apesar de tudo, chegava ao povo através das traduções do francês", e, portanto, de colocar em ação aquela reforma agrária fortemente desejada pela classe camponesa. Motivos que, para G., ao contrário, devem ser reconduzidos a interesses econômicos mais do que a fórmulas ideais: aqueles que gritaram os motes unitários combateram "mais para impedir que o povo interviesse na luta e a transformasse em luta social (no sentido de uma reforma agrária), do que contra os inimigos da unidade" (ibidem, 1986-7 [*CC*, 5, 40]). Além do mais, no *Q 10*, 41.IV [*CC*, 1, 371-6], G. ressalta como valem para Missiroli as ênfases dadas por ele a propósito da diversidade dos juízos pronunciados por Croce respectivamente sobre o catolicismo liberal e sobre o modernismo. O filósofo havia estimado o primeiro – refletindo nele as escolhas históricas da elite burguesa do *Risorgimento* – bem mais do que o segundo, que possuía sua base social nas massas camponesas e não se mostrava alheio aos ideais e às problemáticas do socialismo. A mesma observação pode ser feita em relação a Missiroli, "também ele antimodernista e antipopular: se o povo só pode chegar à concepção da liberdade política e à ideia nacional depois de ter passado por uma reforma religiosa, ou seja, depois de ter conquistado a noção de liberdade na religião, não se compreende por que Missiroli e os liberais do jornal *Resto del Carlino* tenham sido tão ferozmente antimodernistas. Ou até se pode compreender muito bem: porque modernismo significava politicamente democracia cristã, que era particularmente forte na Emília-Romanha e em todo o Vale do Pó, e Missiroli e os seus liberais lutavam pela Agrária" (ibidem, 1.305 [*CC*, 1, 374]).

Vito Santoro

Ver: Croce; modernismo; Oriani; Reforma; reforma intelectual e moral; *Risorgimento*; Sorel.

mistério de Nápoles: v. Nápoles.

mito

As primeiras referências ao "mito" no que diz respeito à ação política aparecem nos *Q* associadas à situação francesa: "Os iluministas criaram o mito do selvagem ou que sei eu, Maurras cria o mito do passado monarquista francês; porém esse mito foi 'história' e suas deformações intelectualistas podem ser facilmente corrigidas" (*Q 1*, 48, 61); os monarquistas franceses "criam ou querem criar o mito do *ancien régime*" (*Q 3*, 62, 340 [*CC*, 5, 206]); "depois de 1870, o mito nacionalista do perigo prussiano absorveu toda ou quase toda a atenção dos propagandistas de direita e criou a atmosfera de política exterior que sufoca a França" (*Q 9*, 39, 1.119 [*CC*, 3, 293]). Entre os mitos da esquerda francesa no século XIX, "o mito do sufrágio universal" (*Q 13*, 37, 1.648 [*CC*, 3, 105]: é um Texto C e a frase não consta no correspondente Texto A). Também na história italiana agem vários apelos "míticos": a própria "França representou um mito para a democracia italiana" (*Q 8*, 42, 967 [*CC*, 5, 288]). É sobretudo a fraqueza do conjunto nacional que leva a que se privilegie a ideia de "uma unidade nacional, pelo menos de fato, em todo o período desde Roma até os dias de hoje" (*Q 9*, 104, 1.167), vivida como um "mito de fatalidade histórica" (ibidem, 1.168). Um dos responsáveis por essa tendência foi Oriani (*Q 9*, 106, 1.169), no qual "se tem o mais popular desses esquemas mitológicos [...]. Nele encontramos a *Federação*, a *Unidade*, a *Revolução*, a *Itália* etc. etc." (idem). Mazzini e Gioberti também tentaram "criar o mito de uma missão da Itália renascida em uma nova Cosmópolis europeia e mundial", ainda que se tratasse de "um mito puramente verbal, de papel, retórico, fundado sobre o passado e não sobre as condições do presente" (*Q 9*, 127, 1.190).

Deixando de lado os usos secundários do termo e de alguns derivados – G. usa o adjetivo "mitológicas" em relação a "religiões", por exemplo, no *Q 4*, 45 [*CC*, 6, 363]; *Q 5*, 50 [*CC*, 2, 117]; *Q 6*, 178 [*CC*, 4, 213]; *Q 7*, 89 [*CC*, 2, 158]; *Q 10* II, 41.I [*CC*, 1, 361] – e uma longa reflexão sobre o mito de Prometeu no *Q 8*, 214 [*CC*, 1, 251], o termo "mito" assume importância em dois contextos principais: na discussão da teoria do mito de Sorel em relação ao conceito crociano de "paixão" e no tema do "moderno Príncipe", ou seja, no partido revolucionário. A primeira discussão aparece no *Q 7*, 39, mas é conveniente considerar o relativo Texto C, que a retoma sem alterá-la substancialmente. G. começa replicando uma crítica elaborada por Croce a Sorel, que – palavras de Croce citadas nos *Q* – "no próprio ato de criá-lo [o mito – ndr], o desperdiçou, dando a explicação doutrinária dele". Mas "as observações feitas sobre Sorel podem se voltar contra o próprio Croce: a paixão teorizada não é, também ela, ultrapassada? A paixão da qual se dá uma justificação doutrinária não é, também ela, 'dissipada'?" (*Q 10* II, 41.V, 1.307 [*CC*, 1, 376]). Dirigindo ao filósofo neoidealista a própria crítica deste a Sorel, G. acrescenta pouco adiante: "Não se diga que a 'paixão' de Croce é algo diverso do 'mito' soreliano, que a paixão significa a categoria, o momento espiritual da prática, enquanto o mito é uma determinada paixão que, por ser historicamente determinada, pode ser superada" (ibidem, 1.307-8 [*CC*, 1, 376-7]). E acrescenta, em uma passagem não presente no Texto A, que a abordagem de Croce era "intelectualista e iluminista", e o mito soreliano, não sendo uma "coisa apenas verbal, uma construção arbitrária" do seu intelecto, não podia ser "dissipada por algumas poucas páginas doutrinárias, conhecidas por restritos grupos de intelectuais" (ibidem, 1.308 [*CC*, 1, 377]). Depois de outras breves observações sobre Croce, G. passa a tratar mais diretamente do mito de Sorel: "Na realidade, nem mesmo é verdade que Sorel tenha apenas teorizado e explicado doutrinariamente um determinado mito: a teoria dos mitos é para Sorel o princípio científico da ciência política, é a 'paixão' de Croce estudada de modo mais concreto, é o que Croce chama de 'religião', isto é, uma concepção do mundo com uma ética adequada, é uma tentativa de reduzir à linguagem científica a concepção das ideologias da filosofia da práxis vista precisamente através do revisionismo crociano" (idem). O mito soreliano, portanto, é associado por G. àquela família de verbetes e conceitos que definem sua ideia de ideologia como concepção do mundo, é o conjunto de crenças nas quais se forma a subjetividade coletiva, base da ação política. Prossegue G.: "Nesse estudo do mito como substância da ação política, Sorel também estudou difusamente o mito determinado que estava na base de uma certa realidade social e era a mola de seu progresso. Sua análise tem, por isso, dois aspectos: um propriamente teórico, de ciência política; e outro aspecto político imediato, programático. É possível, embora seja muito discutível, que o aspecto político e programático do sorelianismo tenha sido superado e dissipado; hoje é possível dizer que foi superado na medida em que foi integrado e depurado de todos os elementos intelectualísticos e literários, mas ainda hoje deve-se reconhecer que Sorel trabalhou com a realidade efetiva e que esta realidade não foi superada e dissipada" (ibidem, 1.307-8 [*CC*, 1, 377]). A concepção soreliana do mito da greve geral não deve ser confundida com o estudo que Sorel desenvolveu sobre o elemento "passional" que está na base da ação política: se o primeiro aspecto já foi superado, para G. não parece historicamente superada a exigência de revolução que este expressava.

O mito soreliano participa também da reflexão gramsciana sobre o "moderno Príncipe", já no Texto A do *Q 8*, 21, 951-3 [*CC*, 6, 374-7]. Aqui, porém, será tratado a partir do relativo Texto C, ampliado em relação à primeira versão. G. escreve que "*O príncipe* de Maquiavel poderia ser estudado como uma exemplificação histórica do 'mito' soreliano" (*Q 13*, 1, 1.555 [*CC*, 3, 13]), uma vez que seu "caráter fundamental" é de "não ser um tratado sistemático, mas um livro 'vivo', no qual a ideologia política e a ciência política se fundem na forma dramática do 'mito'" (idem). O mito soreliano e *O príncipe* maquiaveliano são definidos como "uma ideologia política que se apresenta não como fria utopia, nem como raciocínio doutrinário, mas como uma criação da fantasia concreta que atua sobre um povo disperso e pulverizado para despertar e organizar sua vontade coletiva" (ibidem, 1.556 [*CC*, 3, 14]). Mas por que Sorel, mesmo identificando alguns de seus pressupostos, não "atingiu a compreensão do partido político" (idem)? G. escreve: "Para Sorel, o 'mito' não encontrava sua expressão maior no sindicato, como organização de uma vontade coletiva, mas na ação prática do sindicato e de uma vontade coletiva já atuante, ação prática cuja máxima realização deveria ser a greve geral, isto é, uma 'atividade passiva' por assim dizer, ou seja, de caráter negativo e preliminar (o caráter positivo é dado somente pelo acordo alcançado entre as vontades associadas), de uma atividade que não prevê uma própria fase 'ativa e construtiva'" (ibidem, 1.556-7 [*CC*, 3, 14-5]). Sorel, tendo rejeitado qualquer processo de institucionalização da ação política, nega qualquer caminho que não seja aquele do "impulso do irracional, do 'arbitrário' (no sentido bergsoniano de 'impulso vital'), ou seja, da espontaneidade" (ibidem, 1.557 [*CC*, 3, 15]). Além de recordar um dos inspiradores máximos de Sorel (Bergson), G. aqui decididamente toma distância do pensador francês, ao qual deve muito de sua formação, mas que acredita dever ser decisivamente superado, tanto porque uma vontade coletiva tal como pensada por Sorel se dispersará uma vez terminada a "destruição", quanto porque G. já havia chegado há muito tempo (na esteira de Lenin) à convicção de que apenas um "programa de partido" (idem) pode fornecer aquela *pars construens* necessária à ação política revolucionária.

GUIDO LIGUORI

Ver: concepção do mundo; Croce; espírito de cisão; greve; ideologia; Maquiavel; moderno Príncipe; paixão; Sorel; vontade coletiva.

moderados

Na reflexão histórico-politica de G. sobre o *Risorgimento*, a formação e o desenvolvimento da hegemonia dos moderados têm importância central. Já no *Q 1*, G. se pergunta por que os democratas, ou seja, o Partido da Ação, não haviam posto "em toda a sua vastidão o problema agrário" (*Q 1*, 43, 39). Ele observa que era natural que não o tivessem feito, uma vez que "o tratamento dado pelos moderados ao problema nacional exigia um bloco de todas as forças da direita, inclusive as classes dos grandes proprietários de terra" (idem). Na seção seguinte, G. afirma que a ausência da questão agrária nas análises dos intelectuais e dos órgãos dirigentes do Partido da Ação deveria ser reconduzida a uma característica constitutiva, fundamental, do *Risorgimento* italiano, isto é, ao fato de que "os moderados representavam uma classe relativamente homogênea, de forma que a direção sofreu oscilações relativamente limitadas, enquanto o Partido da Ação não se apoiava especificamente em nenhuma classe histórica" (*Q 1*, 44, 40-1). Isso fez com que as oscilações internas ao Partido da Ação, em última análise, dependessem dos "interesses dos moderados", por isso, de fato, "o Partido da Ação foi guiado pelos moderados". Aliás, para G., os moderados continuaram a dirigir o Partido da Ação mesmo depois da unificação: o assim chamado transformismo foi justamente "a expressão política dessa ação de direção" (idem). Tais considerações, para G., se associam fortemente a "um critério histórico-político" geral, sobre o qual, em sua opinião, é necessário fundar "as próprias pesquisas": trata-se do critério segundo o qual "uma classe é dominante de duas maneiras, ou seja, é 'dirigente' e 'dominante'. É dirigente das classes aliadas, é dominante sobre as classes adversárias. Portanto, uma classe, mesmo antes de assumir o poder, pode ser 'dirigente' (e assim deve ser); quando está no poder, torna-se dominante, mas continua a ser também 'dirigente'" (ibidem, 41).

Após ter determinado os aspectos de tal critério histórico-político ("Pode e deve existir uma hegemonia política mesmo antes da chegada ao Governo e não é necessário contar apenas com o poder e com a força material que este oferece para exercer a direção ou a hegemonia política"), G. chega à conclusão de que na "política dos moderados revela-se com clareza essa verdade". Foi exatamente "a solução desse problema" que tornou possível o *Risorgimento* nas formas e nos limites com que este se efetivou, como revolução sem revolução (ou revolução passiva, segundo a expressão de V. Cuoco)" (idem). As recorrentes considerações de G. sobre o papel e as características da hegemonia dos moderados no processo do *Risorgimento* se associam também à reflexão mais geral sobre o problema da constituição política da subjetividade, contida na indagação de "como nasce o movimento histórico com base na estrutura" (*Q 11*, 22, 1.422 [*CC*, 1, 140]). O pensador sardo se pergunta quem – se o Partido da Ação ou o partido moderado – representou "as efetivas 'forças subjetivas' do *Risorgimento*", e responde com firmeza: "Por certo o partido moderado, [...] porque também teve consciência da missão do Partido da Ação; por causa desta consciência, sua 'subjetividade' era de uma qualidade superior e mais decisiva" (*Q 15*, 25, 1.782 [*CC*, 5, 323]); depois conclui persuasivo: "Na expressão, ainda que grosseira, de Vitor Emanuel II – 'Temos no bolso o Partido da Ação' –, há mais sentido histórico-político do que em todo Mazzini" (idem).

No já citado *Q 1*, 44, G. examina também as maneiras como os moderados conseguiram estabelecer "o aparato de sua direção política". Ele acentua, em especial, a capacidade de condensação e concentração dos moderados, que, sendo "uma vanguarda real, orgânica das classes altas porque eles mesmos pertenciam economicamente às classes altas", exercem "uma poderosa atração, de modo 'espontâneo', sobre toda a massa de intelectuais existentes no país em estado 'difuso', 'molecular'" (ibidem, 41-2). Ao mesmo tempo, observa como o Partido da Ação não podia exercer o poder de atração dos moderados, não sendo capaz de se constituir "uma força autônoma", nem de imprimir ao moto do *Risorgimento* "um caráter mais marcadamente popular e democrático": vale dizer, não era capaz de se contrapor à atração "espontânea" exercida pelos moderados, "uma atração 'organizada' segundo um plano" (ibidem, 42). Assim, no que concerne ao que denomina "a ausência desastrosa" no *Risorgimento* italiano de uma "direção político-militar", G. afirma que tal ausência se pode notar especialmente no Partido da Ação, devido à "congênita incapacidade", mas também "no partido piemontês-moderado, tanto antes como depois de 1848, não certamente por incapacidade, mas por 'malthusianismo econômico-político', ou seja, porque não se quis sequer fazer menção à possibilidade de uma reforma agrária e porque não se queria a convocação de uma assembleia nacional constituinte, mas se pretendia apenas que a monarquia piemontesa, sem condicionamentos ou limitações de origem popular, se estendesse a toda a Itália, através da simples aprovação de plebiscitos regionais" (*Q 13*, 17, 1.586 [*CC*, 3, 43-4]).

G., então, focaliza as formas e limites do *Risorgimento* italiano e os identifica como um traço profundo, essencial da história italiana: em um Texto C do *Q 10*, ele se propõe a indagar as origens nacionais do historicismo crociano e, em tal perspectiva, o delineia como uma forma de moderantismo político que "elege como único método de ação política aquele em que o progresso e o desenvolvimento histórico resultam da dialética de conservação e inovação" (*Q 10* II, 41.XIV, 1.325 [*CC*, 1, 393]). Por essa via, ele institui um nexo Gioberti-Croce, que é variavelmente recorrente nos *Q* e que aqui encontra sua particular formulação, em referência à noção de classicismo: "A acomodação entre conservação e inovação constitui precisamente o 'classicismo nacional' de Gioberti, assim como constitui o classicismo literário e artístico da última estética crociana" (idem). A especificidade da revolução passiva do *Risorgimento* italiano está para G. na estreiteza e na insuficiência das forças do bloco econômico-social moderado, que tornam possível a circunstância de que "o grupo portador das novas ideias não é o grupo econômico, mas a camada dos intelectuais" (*Q 10* II, 61, 1.360 [*CC*, 1, 428]) e de que, por obra de tal grupo, se forma uma abstrata e separada concepção do Estado "como uma coisa em si, como um absoluto racional" (idem). A condensação-coincidência de "representante" e "representado", verificada no seio dos intelectuais moderados e de seu papel hegemônico, em conexão com a marcada ausência de grupos econômicos sólidos, coesos e avançados, conotava intimamente, para G., as características constitutivas (formas e limites) da peculiar hegemonia que foi própria dos moderados.

PASQUALE VOZA

Ver: Cavour; dirigentes-dirigidos; Garibaldi; Gioberti; hegemonia; Mazzini; Partido da Ação; Piemonte; questão agrária; revolução passiva; *Risorgimento*; transformismo.

modernismo

O termo se encontra sempre associado ao tema dos jesuítas, à análise histórica do *Risorgimento* e à análise dos escritos e das escolhas de Benedetto Croce. Não se trata de um termo muito frequente, mas bastante útil para compreender o papel exercido por parte de uma militância minoritária no interior da Igreja católica e, portanto, da história da Itália e do papado. G. sustenta que o modernismo, como "tendência reformadora da religião" (*Q 1*, 44, 42), tenha sido o movimento católico-liberal do século XX. Como aquele foi "a atração espontânea dos moderados", o modernismo foi "a atração espontânea exercida pelo moderno movimento operário" (idem e *Q 19*, 24, 2.013 [*CC*, 5, 65]). Ainda que considerado "a segunda onda de catolicismo liberal", o modernismo – observa G. – obteve maiores resultados porque foi "muito mais extenso e de caráter mais popular" (*Q 10* II, 41.IV, 1.305 [*CC*, 1, 428]). Esse juízo é a consequência do interessante vínculo que G. evidencia entre o modernismo político e o nascimento do *bracciantato** e da democracia rural católica (*Q 1*, 58 [*CC*, 5, 151] e *Q 10* II, 41.IV [*CC*, 1, 428]). Parece evidente que a atenção de G. está voltada para o movimento da democracia cristã de Romolo Murri e para sua difusão nos círculos católicos que passavam da intransigência de tipo paganuzziana (isto é, inspirada nas posições de Giovanni Battista Paganuzzi) à atenção pela realidade social, sobretudo do mundo agrícola. Seja como for, o modernismo não é compreendido somente em seu aspecto social e político, nem é restrito a um breve e único período histórico da Igreja, mas apreendido numa dimensão de incessante ebulição que continuava a operar no interior da Igreja, cuja "força coesiva" resultava, assim, "menor do que se pensa" (*Q 5*, 1, 539 e *Q 20*, 4, 2.090 [*CC*, 4, 155]). G. apreende perfeitamente a complexidade e a multiplicidade do fenômeno modernista e nos oferece uma análise pontual (*Q 14*, 73 [*CC*, 2, 249-50]). Acredita, assim, que tal fenômeno tenha contribuído para dar uma reviravolta na história da Igreja e, sobretudo, para redimensionar o papel dos jesuítas. Igualmente interessante é o confronto analógico entre o nascimento da Companhia de Jesus, em pleno ambiente da Contrarreforma, e a difusão do modernismo: a Companhia de Jesus tornou a Igreja compacta até o ponto de "transformar o catolicismo em jesuitismo", ao passo que "o modernismo não criou 'ordens religiosas', mas um partido político: a democracia cristã" (*Q 11*, 12, 1.384 [*CC*, 1, 102]). Terminantemente, o modernismo erodiu "a maciça estrutura prático-ideológica da Igreja" (*Q 10* I, 1, 1.213 [*CC*, 1, 285]).

Vincenzo Robles

Ver: Ação Católica; Igreja católica; jesuítas; Partido Popular; questão vaticana.

moderno

Para G., o "moderno" tem raízes na época das Comunas e atinge até a sociedade futura: o "moderno Príncipe" seria a "formação de uma vontade coletiva nacional-popular" e de uma "reforma intelectual e moral" (*Q 8*, 21, 953 [*CC*, 6, 376]). Ainda sobre o futuro: "O homem moderno deveria ser uma síntese de [...] características nacionais: o engenheiro americano, o filósofo alemão, o político francês, recriando, por assim dizer, o homem italiano do Renascimento, o tipo moderno de Leonardo da Vinci transformado em homem-massa ou homem coletivo, embora mantendo sua forte personalidade e originalidade individual" (*LC*, 601, a Iulca, 1º de agosto de 1932 [*Cartas*, II, 225]). E sobre as raízes conflituosas: o Estado medieval "não conhecia a centralização moderna" (*Q 6*, 10, 691 [*CC*, 1, 436]); "o Mezzogiorno não progredia após ter sido libertado dos obstáculos que o bourbonismo opunha ao desenvolvimento moderno" (*Q 1*, 44, 47). E sobre o clericalismo sufocante: "Em Leopardi se encontra [...] a crise de transição para o homem moderno; o abandono crítico das velhas concepções transcendentais sem que ainda tenha se encontrado um novo *ubi consistam* moral e intelectual" (*LC*, 613, a Iulca, 5 de setembro de 1932 [*Cartas*, II, 237]).

A modernização implica, em alguns casos, uma relação geopolítica, em que o domínio é exercido pela classe hegemônica de uma região mais desenvolvida em termos capitalistas sobre grupos subalternos de outra região menos desenvolvida (ou ainda semifeudal). É esse o tema da "questão meridional", ou das teses que G. apresenta ao seu partido para solicitar uma mudança de interpretação da situação italiana e de orientação estratégica (aliança entre operários do Norte e camponeses do Sul etc.). No cárcere, G. estuda e focaliza sua atenção no "estado informe e inorgânico em que as diversas partes da Itália se encontravam do ponto de vista econômico", e julga que "a não formação de fortes interesses constituídos em

---

* O *bracciante* é o trabalhador agrícola sazonal. (N. T.)

torno de um forte sistema mercantilista-estatal permitiu ou tornou mais fácil a unificação da Era do *Risorgimento*" por iniciativa do Piemonte e de sua monarquia, aliada às forças moderadas do Norte (*Q 19*, 2, 1.961 [*CC*, 5, 15]). Um reflexo do atraso (especialmente meridional) ou da modernização incompleta está no caráter de alguns grupos ou de algumas figuras intelectuais, que se diferenciam: os grandes intelectuais, denominados por G. "tradicionais", os "*paglietta*", o minúsculo clero local etc. Tanto em relação ao Norte quanto ao Sul, G. se refere a "alguns aspectos deteriorados e bizarros da mentalidade de um grupo de intelectuais italianos e, portanto, da cultura nacional (falta de organicidade, ausência de espírito crítico sistemático, negligência no desenvolvimento da atividade científica, ausência de centralização cultural, frouxidão e indulgência ética no campo da atividade científico-cultural etc.)" (*Q 28*, p. 2.321 [*CC*, 2, 257]). Outra comparação proposta é entre os Estados Unidos, onde a composição social é mais funcional e moderna, e o "exército de parasitas" que perdura na Europa: "Para dizê-lo em palavras pobres, a Europa quer fazer a omelete sem quebrar os ovos, ou seja, quer todos os benefícios que o fordismo produz no poder de concorrência, mas conservando seu exército de parasitas que, ao devorar enormes quantidades de mais-valor, agrava os custos iniciais e debilita o poder de concorrência no mercado internacional" (*Q 22*, 2, 2.141 [*CC*, 4, 242-3]). Ainda mais atrasada é a situação italiana, na qual está sem solução "o problema de um ulterior desenvolvimento do aparelho econômico italiano, contra os elementos semifeudais e parasitários da sociedade que se apropriam de uma parcela excessivamente vultosa de mais-valor, contra os chamados 'produtores de poupança'. A produção da poupança deveria se tornar uma função interna (mais barata) do próprio bloco produtivo, através de um desenvolvimento da produção a custos decrescentes, capaz de permitir, além de uma massa maior de mais-valor, salários mais altos, com a consequência de um mercado interno mais amplo, de certa poupança operária e de lucros mais elevados. Seria assim possível conseguir um ritmo mais acelerado de acumulação de capitais no próprio seio da empresa e não através da intermediação dos 'produtores de poupança', que são na realidade devoradores de mais-valor" (*Q 22*, 6, 2.155 [*CC*, 4, 256-7]). As origens mais promissoras da modernidade podem ser procuradas, segundo G., em Lutero e na Reforma protestante,

que "foram o início de toda a filosofia e da civilização moderna" (*LC*, 369, a Tatiana, 1º de dezembro de 1930 [*Cartas*, I, 457]). Não obstante, "o homem moderno pode e deve viver sem religião e, entenda-se, sem religião revelada" (*LC*, 446-7, a Tatiana, 17 de agosto de 1931 [*Cartas*, II, 72]). Interpretando ou corrigindo o Croce político: "Religião da liberdade significa, simplesmente, fé na civilização moderna, que não precisa de transcendências e revelações" (*LC*, 585, a Tania, 6 de junho de 1932 [*Cartas*, II, 208]). E em polêmica com o Croce filósofo: "O fato determinado da ciência econômica moderna" não pode ser um lugar conceitual separado de outras atividades espirituais, como gostaria Croce (*Q 10* II, 41.VI, 1.311 [*CC*, 1, 380]), mas é um dos "elementos constitutivos" da unidade dialética "entre o homem e a matéria (natureza-forças materiais de produção)" (*Q 7*, 18, 868 [*CC*, 1, 237]).

Na modernidade plenamente desenvolvida não faltam pontos problemáticos, especialmente no terreno das relações geracionais e da pedagogia: "Não consigo me arriscar, superar uma espécie de reserva. Acredito que isto derive de nossa formação mental moderna, que ainda não encontrou os meios adequados de expressão" (*LC*, 238, a Giulia, 9 de fevereiro de 1929 [*Cartas*, I, 318]). "Com a vida moderna e a relativa liberdade das mulheres, a questão se agravou. Tenho a impressão de que as gerações mais velhas renunciaram a educar as gerações mais jovens e estas cometem o mesmo erro" (*LC*, 352, a Carlo, 25 de agosto de 1930 [*Cartas*, I, 440]). Sobre os problemas pedagógicos: "Entre uma criança criada num vilarejo sardo e uma criança criada numa grande cidade moderna [...] há pelo menos a diferença de duas gerações" (*LC*, 277, a Iulca, 30 de julho de 1929 [*Cartas*, I, 359]). Mas o novo nem sempre é melhor: que valha o exemplo do Meccano, brinquedo moderno, e da "cultura moderna (de tipo americano)" (*LC*, 232, a Giulia, 14 de janeiro de 1929 [*Cartas*, I, 312]).

O adjetivo "moderno/a" aparece 833 vezes nos *Q*, correspondendo à extrema importância do tema na mente de G.: historicismo moderno (ou seja, idealismo, *Q 1*, 24, 19), movimento operário moderno (*Q 1*, 44, 42), civilização moderna industrial (idem), correntes do pensamento moderno (*Q 1*, 89, 89), ciência moderna e cultura moderna (idem), guerra moderna de posições (*Q 1*, 133, 121 [*CC*, 3, 122-4]), ditadura moderna (fascismo, *Q 3*, 18, 303). E ainda: maneiras, época, idade, pensamento, sociedade, Estado, direito, vida, tempos (por exemplo, no *Q 23* [*CC*, 6]), proletariado, sindicalismo, partidos, político, economia, nações, história, crise, mentalidade, teoria, romance, espírito, ideologias, filosofia, escola, classe, cidade, cidadão, Europa, Itália, idealismo, burguesia, americano, desenvolvimento, intelectual, condições, liberdade, cesarismo, democracias, ideias, pedagogia, homem, humanismo, folclore.

Giuseppe Prestipino

Ver: americanismo e fordismo; educação; Idade Média; intelectuais italianos; Meccano; questão meridional; Reforma.

moderno Príncipe

O príncipe de Maquiavel não é, para G., apenas a obra fundadora da ciência da política; nela, certamente, estão presentes a original separação da política em relação à religião e à moral, bem como a identificação das leis universais e gerais do trabalho de muitos dos grandes nomes da história que fizeram política; mas, além disso, ressalta G., *O príncipe* é um texto político para ser lido no âmbito do contexto histórico em que foi produzido; é a partir de uma tal leitura que emerge o objetivo concreto de Maquiavel, ou seja, o sujeito político ao qual se dirige, "a classe revolucionária da época, o 'povo' e a 'nação' italiana, a democracia urbana que gera a partir de si os Savonarola e os Pier Soderini e não os Castruccio e os Valentino" (*Q 13*, 20, 1.600-1 [*CC*, 3, 58]). Maquiavel, afirma G., tem em vista "quem não sabe" (idem), isto é, seu discurso é dirigido não aos políticos, que, ao longo do tempo, sempre aplicaram o que ele expõe no livro, embora se escondendo cautelosamente atrás de um "antimaquiavelismo" de fachada, mas a quem deve "reconhecer como necessários determinados meios, ainda que próprios dos tiranos, porque deseja determinados fins" (idem). Portanto, "quem não sabe" é a classe revolucionária do século XVI que Maquiavel, na visão de G., deseja persuadir até que se convença da necessidade de ter um líder "que saiba o que quer e como obter o que quer, e de aceitá-lo com entusiasmo, ainda que suas ações possam estar ou parecer estar em contradição com a ideologia difusa da época, a religião" (idem). Um líder, um príncipe que, nas condições da modernidade, deverá se interessar seja pela construção de um projeto político moderno revolucionário, seja pela realização de tal projeto através da práxis revolucionária, da ação. Nesse sentido, tal sujeito político não pode ser outro senão o "partido político" (*Q 5*, 127, 662 [*CC*, 3, 222]), "a primeira célula em que se sintetizam germes de vontade coletiva que tendem a se tornar universais e totais" (*Q 13*, 1, 1.558 [*CC*, 1, 16]), uma vontade coletiva que deve ser entendida como "consciência que opera a necessidade histórica, como protagonista de um drama histórico real e efetivo" (ibidem, 1.559 [*CC*, 3, 17]). Ainda mais claramente: "O protagonista deste 'novo príncipe' não deve ser o partido em abstrato, uma classe em abstrato, mas um determinado partido histórico, que opera num ambiente histórico preciso, com uma determinada tradição, numa aliança de forças sociais característica e bem determinada" (*Q 4*, 10, 432 [*CC*, 6, 357-8]).

Portanto, "moderno Príncipe" como partido político, como organismo, não como "herói pessoal" (*Q 13*, 21, 1.601 [*CC*, 3, 59]), embora, sobre a figura do líder como passagem fundamental da construção do projeto do "moderno Príncipe", G. tenha refletido já em 1924, quando lembra que o vínculo entre o Partido Comunista Russo e o proletariado russo e, consequentemente, toda a nação russa, foi possível devido ao papel que o líder (Lenin) tinha no partido, a ponto de não ser possível "nem mesmo imaginar um sem o outro" ("Líder", março de 1924, em *CPC*, 14 [*EP*, 2, 235]). A figura de Lenin, do líder como passagem fundamental da construção do projeto do "moderno Príncipe", é evocada por G. na forma de um mito em que se encarnariam as aspirações revolucionárias das massas camponesas pobres, oprimidas, histórica e culturalmente atrasadas, numa carta escrita em Viena em 1924, na qual descreve o funeral, num vilarejo italiano, de um camponês três dias depois da morte de Lenin (21 de janeiro de 1924): "Morreu um assalariado agrícola, comunista [...] pediu para ser enterrado vestido de vermelho, com uma escrita no peito: Viva Lenin [...]. Esses nomes, numa grande parte da massa mais pobre e atrasada, tornam-se quase um mito religioso. Essa é uma força que não deve ser destruída" (*L*, 204). O conteúdo dessa carta permite entender por que G. recupera a característica fundamental do livro de Maquiavel de não ser "um tratado sistemático, mas um livro 'vivo'" (*Q 13*, 1, 1.555 [*CC*, 3, 13]), em que ideologia política e ciência política se unem "na forma dramática do 'mito'" (idem). Diferentemente de Sorel, G. intui que, em Maquiavel, sobretudo no mito-príncipe que ele criou, está presente uma paixão, aliás, um apaixonamento ("Maquiavel é um homem apaixonado, um político em ato", escreve no

Q 8, 84, 990) que, longe de privar o tratado de conteúdo científico, o potencializa, o torna "vivo", de fato. De modo que, segundo G., não é realmente improvável que algumas vezes, para operar sobre a fantasia popular no intuito de elevá-la para além do senso comum, seja necessário recorrer a mitos, a metáforas ("a filosofia da práxis, propondo-se a reformar intelectual e moralmente estratos sociais culturalmente atrasados, recorre a metáforas às vezes 'grosseiras e violentas' em seu caráter popular": *Q 11*, 50, 1.474 [*CC*, 1, 191]) que estejam no mesmo nível daquelas usadas por Maquiavel n' *O príncipe* e que, se serviam a ele para educar a classe revolucionária de seu tempo, servirão, por analogia, a quem na modernidade queira propor uma política revolucionária. A novidade da ciência política do secretário florentino está no fato de que, diferentemente de todas as construções utópicas anteriores, encarnou o elemento doutrinal em um *condottiero* "que representa plástica e 'antropomorficamente' o símbolo da 'vontade coletiva'" (*Q 13*, 1, 1.555 [*CC*, 3, 13]). Tal vontade coletiva, que se forma em vista da obtenção de um fim político, é representada "como qualidades, traços característicos, deveres, necessidades de uma pessoa concreta, o que põe em movimento a fantasia artística de quem se quer convencer e dá uma forma mais concreta às paixões políticas" (idem). O mito-príncipe se revela em toda sua dimensão dramática no desfecho do livro, em que Maquiavel, "depois de ter descrito o *condottiero* ideal [...] invoca o *condottiero* real que o personifique historicamente" (idem).

Uma parte considerável da ação política em sentido revolucionário de que o "moderno Príncipe" terá de ser protagonista tem como objetivo "uma reforma intelectual e moral" (ibidem, 1.560 [*CC*, 3, 18]), no alcance da qual o príncipe poderá se colocar como um sujeito quase absoluto: "O moderno Príncipe, ao se desenvolver, subverte todo o sistema de relações intelectuais e morais, uma vez que seu desenvolvimento significa de fato que todo ato é concebido como útil ou prejudicial, virtuoso ou criminoso, somente na medida em que tem como ponto de referência o próprio moderno Príncipe e sirva ou para aumentar seu poder ou para opor-se a ele" (ibidem, 1.561 [*CC*, 3, 19]). Ao atentarmos para o contexto histórico em que G. elabora sua teoria, não podemos esquecer que a apresentação do "moderno Príncipe" como uma potência absoluta, que "toma o lugar, nas consciências, da divindade ou do imperativo categórico" (idem), deve ser colocada em relação à força totalitária dominante (o fascismo) e à sua ideologia, às quais deve se opor, do lado da futura construção do socialismo, um instrumento igualmente portador de certezas. Mas G. é consciente de que uma reforma intelectual e moral não é possível "sem uma anterior reforma econômica e uma modificação na posição social e no mundo econômico" (idem) dos estratos mais baixos da sociedade, justamente porque "o programa de reforma econômica é [...] o modo concreto através do qual se apresenta toda reforma intelectual e moral" (idem). Exatamente enquanto protagonista de uma tão complexa subversão dos processos históricos, que, partindo da estrutura, atinja a superestrutura, o "moderno Príncipe" "torna-se a base de um laicismo moderno e de uma completa laicização de toda a vida e de todas as relações cotidianas" (idem).

Para se colocar como "o anunciador e o organizador de uma reforma intelectual e moral" (ibidem, 1.560 [*CC*, 3, 18]), para abandonar o terreno abstrato dentro do qual Sorel mantinha o mito – exatamente porque sentia uma aversão, que de forma passional se transformava em "uma repugnância ética" (ibidem, 1.559 [*CC*, 3, 16]) pelos jacobinos –, "o moderno Príncipe deve ter uma parte dedicada ao *jacobinismo*" (idem), ou seja, deve ter um aparelho conceitual que saiba reconstruir historicamente o nascimento da vontade coletiva e um aparelho organizador que saiba dar a tal vontade as formas mais adaptadas para enfrentar e solucionar o drama histórico que "o primeiro jacobino italiano" (*LC*, 459, a Tatiana, 7 de setembro de 1931[*Cartas*, II, 84-5]), ou seja, Maquiavel, tinha identificado na ausência de um Estado integral, capaz de construir um exército com a finalidade de "organizar a hegemonia da cidade sobre o campo" (idem). Em outras palavras, Maquiavel tinha intuído que sem a irrupção das massas camponesas na vida política, através da reforma da milícia, não se teria formado qualquer vontade coletiva nacional-popular; dessa intuição, que constituiu a base das movimentações jacobinas francesas, deve partir o "moderno Príncipe". Mas essa intuição de Maquiavel deve ser lida junto a outras duas que constituem o fundamento político da atividade do "moderno Príncipe". A primeira está na dialética autoridade-consenso, já que n'*O príncipe* não faltam "referências ao momento da hegemonia ou do consenso ao lado daqueles da autoridade ou da força" (*Q 13*, 5, 1.564 [*CC*, 3, 22]), que são a explicitação da natureza dúplice do centauro maquiavélico, "ferina e humana, da força e do consenso, da autoridade e da hegemonia, da violência e da civilidade, do momento individual e daquele universal [...] da agitação e da propaganda, da tática e da estratégia etc." (*Q 13*, 14, 1.576 [*CC*, 3, 33]). A segunda intuição se refere ao Maquiavel "democrático", ou seja, ao teórico que identifica o sujeito político ao qual se dirige a ação do príncipe. G. não nega totalmente a possibilidade de que o ensinamento d'*O Príncipe*, como já se escreveu, seja apropriado pelos detentores do poder, mas, ao mesmo tempo, ressalta que, entre os partidos em luta, isto é, entre quem governa e quem é governado, o principal beneficiado será aquele que é governado, uma vez que ali "é que se acredita residir a força progressista da história" (*Q 13*, 20, 1.601 [*CC*, 3, 58]). Sendo assim, a ação do "moderno Príncipe" (que no *Q 13*, 21, 1.601 [*CC*, 3, 59] G. define também como "Novo Príncipe") tem como resultado "romper a unidade baseada na ideologia tradicional, ruptura sem a qual a força nova não poderia adquirir consciência de sua própria personalidade independente" (*Q 13*, 20, 1.601 [*CC*, 3, 58]).

Esse moderno ou novo Príncipe nada compartilha com aquele sobre o qual discorre Mussolini em seu *Prelúdio ao Príncipe*, de 1924. Ali há somente cinismo político, não realismo, apenas política no sentido de exercício da força no momento em que vinha se delineando uma evidente ruptura, tal qual aquela que sucedeu a Primeira Guerra Mundial, entre massas e ideologia dominante (*Q 3*, 34, 312 [*CC*, 3, 184]). Naquele momento histórico, a classe dominante, tendo perdido o consenso, perdera a própria capacidade dirigente, permanecendo apenas dominante e precisando, por isso, de uma força coercitiva que lhe permitisse manter tal domínio e que o fascismo, nas formas do cesarismo "regressivo", lhe forneceu.

São duas as características constitutivas peculiares do "moderno Príncipe" que devem ainda ser ressaltadas e postas em evidência. O "moderno Príncipe" tem uma projeção estatal. Não podendo admitir "nenhuma divisão de seus poderes políticos, [...] encontra-se em forma embrionária uma estrutura estatal" (*Q 3*, 42, 320 [*CC*, 3, 187]). O que distingue a atividade do "moderno Príncipe" é sua vontade de "fundar um novo tipo de Estado" na medida em que se constitui para esse fim (*Q 13*, 21, 1.601 [*CC*, 3, 59]). É bem daí que deriva sua segunda característica, a capacidade de totalizar, que não diz respeito somente aos partidos de governo (*Q 6*, 136, 800 [*CC*, 3, 253]). O "moderno Príncipe" é o componente já dirigente de toda a área subalterna na medida em que "uma parte da massa, ainda que subalterna, é sempre dirigente e responsável" (*Q 11*, 12, 1.389 [*CC*, 1, 107]) e, dessa maneira, ele é a antecipação da nova ordem social: "A filosofia da parte precede sempre a filosofia do todo, não só como antecipação teórica, mas como necessidade atual" (idem). Isso significa que o "moderno Príncipe", isto é, o partido revolucionário, é potencialmente o Estado das classes subalternas, o lugar no qual a vontade coletiva se faz coerente ao colocar a questão fundamental de uma nova ordem política. Esta, para G., é a totalidade do "moderno Príncipe", o qual se coloca no interior da crise orgânica da sociedade burguesa que desemboca no fascismo e põe na ordem do dia um conflito decisivo em que se envolvem todas as forças sociais, políticas e militares em jogo (*Q 6*, 138, 801-2 [*CC*, 3, 255]).

Bibliografia: De Giovanni, 1981; Massari, 1979; Natta, 1967; Paggi, 1970; Sanguineti, 1982.

Lelio La Porta

Ver: crise orgânica; jacobinismo; laicismo; Lenin; chefe/líder; Maquiavel; meios e fins; metáfora; mito; partido; Partido Comunista; reforma econômica; reforma intelectual e moral; Sorel; vontade coletiva.

molecular

O conceito de "molecular" conota o processo reflexivo e autorreflexivo das *LC* e dos *Q*: é uma metáfora do método gramsciano, da traduzibilidade entre o método do conhecimento e o método da transformação. G. representa o processo de conhecimento-transformação na sua absoluta historicidade: "molecular" indica a qualidade histórico-material do processo dialético e a qualidade histórica da matéria, esta também entregue à sua absoluta historicidade e afastada de qualquer forma de determinismo (biológico ou causal). É a história como processo orgânico, produzindo-se molecularmente, que G. julga não indagável por meio de causalismos "simplificadores" que ocultam a complexidade e a materialidade da transformação. O molecular, portanto, como menor unidade do processo, que parece em condições de compreender objeto e sujeito em um "historicismo absoluto", torna-se metáfora de um método histórico de conhecimento e de uma teoria da transformação, individual e coletiva, que, distante de todo "reformismo", bem como de qualquer determinismo catastrofista, interroga-se sobre os processos de formação da personalidade, de construção da vontade coletiva e do consenso, de produção da subjetividade e de acumulação de contradições, sobre a constituição material da *antítese*: é na tensão entre o capitalismo como *crise contínua* e a antítese como *crítica contínua* que se pode produzir molecularmente uma transformação que passe de quantitativa a qualitativa. Não é à toa que "molecular" aparece nos Q com e sem aspas. Ou seja, não somente como metáfora.

A pergunta "como nasce o movimento histórico com base na estrutura" (*Q 11*, 22, 1.422 [*CC*, 1, 140]) abre caminho para o problema molecular, vale dizer, processual, histórico-material, da constituição política da subjetividade: um terreno de pesquisa colocado sobre um plano de imanência radical, isto é, colocado numa chave antissubjetiva e antideterminista. Fica evidente a dimensão "gnosiológica e política" (Voza, 2008, p. 15) do conceito de molecular se se declina o problema político da constituição da subjetividade no processo, individual e coletivo, de "compreensão crítica de si mesmos" (*Q 11*, 12, 1.385 [*CC*, 1, 103]) como aquisição progressiva de autoconhecimento. A compreensão crítica é conhecimento que transforma, historicamente, materialmente, molecularmente *eficaz*. Molecular é a crítica como processo imanente, metamorfose (e retroação recíproca) do senciente e do consciente, do voluntário e do involuntário, do objeto e do sujeito.

O conceito de molecular está, portanto, na base da conexão entre os elementos de uma teoria materialista da personalidade e o problema da constituição do sujeito político. Em primeiro lugar, nas formas de uma radical subtração do material-corpóreo à meta-historicidade da natureza. G. associa, de maneira explícita, as dimensões histórica e orgânica da matéria contra toda aplicação rígida das "ciências naturais e experimentais" aos "fatos psíquicos", de "memória da matéria orgânica": "acredito que muito do que se atribui ao atavismo e a *mnme* seja meramente histórico" (*LC*, 546, a Tania, 7 de março de 1932 [*Cartas*, II, 170]). É o *nexo corpo-mente* na sua historicidade e, assim, nas suas possibilidades de transformação que o molecular condensa, tornando-se de fato o conceito fundador para uma teoria materialista da formação da personalidade, para uma concepção radicalmente imanente do processo de subjetivação.

Na reflexão gramsciana, a formação do "individual não é o residual de uma análise social" (Ragazzini, 2002, p. 24): as transformações moleculares da personalidade são um nó que G. desenvolve, em primeiro lugar, autorreflexivamente, a partir da observação da própria "existência molecular" (*LC*, 8, a Tatiana, 9 de dezembro de 1926 [*Cartas*, I, 78]) e da própria "resistência molecular", na sua vida de encarcerado. Já em 1928 aflora no prisioneiro o "medo de ser sugado pela rotina carcerária"; G. observa as "deformações psíquicas" sofridas pelos outros detentos: eles também "tentaram [...] não se deixar sugar e, no entanto, sem perceber, de tão lento e molecular que é o processo, hoje se encontram mudados e não sabem, não conseguem avaliar, porque estão completamente mudados. Certamente, eu vou resistir" (*LC*, 222-3, a Giulia, 19 de novembro de 1928 [*Cartas*, I, 300]). Ele narra a tensão molecular entre a exposição do elemento corpóreo-senciente e a resistência, ou tensão construtiva, do elemento consciente voluntário, que observa, mas está exposto a um processo de transformação molecular que pode conduzir à total perda da consciência.

É um nó que voltará mais dramaticamente, com menos certezas acerca da própria capacidade de resistência, em 1933 e nos *Q*, nas *Notas autobiográficas* e nas *LC*. Por meio da história de um grupo de náufragos que, depois de sofrer "um processo de transformação 'molecular' bastante rápido, quando as pessoas de antes não são mais as pessoas de depois", tornam-se canibais, G. conta o seguinte: "Uma mudança similar está acontecendo comigo (canibalismo à parte). O mais grave é que, nesses casos, a personalidade se duplica: uma parte observa o processo, a outra o sofre; mas a parte que observa (enquanto ela existir significa que existe um autocontrole e a possibilidade de se curar) sente a precariedade da própria posição, isto é, prevê que chegará um momento em que sua função desaparecerá, quer dizer, não haverá mais autocontrole, toda a personalidade será engolida por um novo 'indivíduo', com impulsos, iniciativas, formas de pensar diferentes daquelas anteriores. Pois bem, eu me encontro nessa situação. Não sei o que poderá restar de mim depois de concluído o processo de mutação que sinto em vias de desenvolvimento" (*LC*, 693, a Tania, 6 de março de 1933 [*Cartas*, II, 315-6]). Assim, o processo molecular de transformação da personalidade é material-moral ao mesmo tempo: "A noção de transformação ou mudança 'molecular' não é mais que uma metáfora materialista de um processo moral" (Gerratana, 1997, p. 131). Nas *Notas autobiográficas*, G. fala das "catástrofes do caráter", ou seja, daquela "mudança progressiva da personalidade moral, que, num certo ponto, passa de quantitativa para qualitativa" (*Q 15*, 9, 1.762 [*CC*, 4, 132]). E acrescenta: "Esse fato, de individual, pode ser considerado coletivo" (ibidem, 1.764 [*CC*, 4, 133]).

Através da polaridade molecular-catastrófico G. elabora sua teoria da transformação, relativa tanto à personalidade quanto à sociedade, aludindo ao caráter histórico-processual da passagem da quantidade para a qualidade. Catastrófico pode ser inclusive o êxito de um processo de coerção voltado para a formação de um novo tipo humano: quando "a coerção estatal sobre os indivíduos aumenta, aumentam a pressão e o controle de uma parte sobre o todo e do todo sobre cada componente molecular [...] para muitos a questão não se resolve a não ser de forma catastrófica, já que determina explosões patológicas de passionalidade represada" (*LC*, 545, a Tania, 7 de março de 1932 [*Cartas*, II, 169]). É o que pode acontecer, por exemplo, no conflito entre animalidade e industrialismo na construção de um novo tipo humano adaptado à fábrica fordista. G., "ancorando sobre bases materialistas a análise da personalidade psíquica, a que havia chegado a investigação psicoanalítica, [...] teoriza explicitamente a centralidade das instituições sociais [...] no processo de formação do 'sujeito'" (Cavallaro, 2001, p. 60).

Mesmo o caminho da educação deve contribuir para o processo "unidirecional" de desenvolvimento de um novo tipo humano: é assim que G. recorda a Giulia "ser um elemento do Estado e ter o dever, como tal, de representar e exercer o poder de coerção, em determinadas esferas, para modificar molecularmente a sociedade e, principalmente, para tornar a geração que surge preparada para a nova vida [...] – e o esforço molecular não pode ser teoricamente distinto do esforço concentrado e universalizado" (*LC*, 438-9, a Giulia, 27 de julho de 1931 [*Cartas*, II, 64]).

Assim é posto o problema político da autobiografia como tensão entre construção consciente e exposição senciente, como processo de autoeducação que conjuga formação molecular da personalidade e responsabilidade moral: como senso de responsabilidade de uma "consciência continuamente presente" em relação a "todas as moléculas que compõem o homem inteiro" (Debenedetti, 1972, p. 17). Então, a autobiografia como documento do caráter molecular do processo histórico: "Documento de como se preparou 'molecularmente' a mudança, até ela explodir" (*Q 14*, 64, 1.724 [*CC*, 4, 128]). O processo de construção crítica de si mesmo é, portanto, construção molecular do processo histórico e compreensão da própria função de tal processo. O processo histórico-dialético se *constrói através* de processos dialéticos intrapsíquicos, como "luta de 'hegemonias'" na "consciência contraditória" do "homem ativo de massa" (*Q 11*, 12, 1.385 [*CC*, 1, 103]), e só se compreende através do conhecimento "da vida de Pedro, de Paulo, de João, de pessoas isoladas reais que, se não forem entendidas, não se conseguirá entender o que é universalizado e generalizado" (*LC*, 222, a Giulia, 19 de novembro de 1928 [*Cartas*, I, 299-300]). É o método filológico apreendido durante o "aprendizado universitário" na escola de Bartoli que G. transpõe da compreensão dos processos históricos de transformação linguística (cuja característica molecular é mais trabalhada nos *Q*) àqueles históricos *tout court*: "uma filologia viva", feita de "sentir" e "compreender". É a possibilidade de sentir e, assim, de compreender que G. vê impedida pela sua condição carcerária: "É exatamente a sensação molecular que me falta: como eu poderia, ainda que de forma mínima, perceber a vida do todo complexo?" (idem).

G. se propõe, então, a indagar os processos de "formação de uma vontade coletiva", a "estudar concretamente a formação de um movimento histórico coletivo, analisando-o em todas as suas fases moleculares", a partir da especificidade dos processos de formação do consenso, de transformação do senso comum nas sociedades contemporâneas. "É o problema que modernamente se exprime em termos de partido" como forma de organização e construção da vontade coletiva: "Trata-se de um processo molecular, em escala mínima, de análise dificílima, capilar, cuja documentação é constituída por uma quantidade incrível de livros, opúsculos, artigos de revistas e de jornais, de conversas e debates [...] que em seu gigantesco conjunto representam este trabalho do qual nasce a vontade coletiva" (*Q 8*, 195, 1.057-8 [*CC*, 3, 288]). Ao mesmo tempo, o processo de organização da vontade coletiva é modificado, acelerado pela própria forma-partido, bem como pelos processos de massificação: "Depois da formação do regime dos partidos, fase histórica ligada à estandartização de grandes massas da população (comunicações, jornais, grandes cidades etc.), os processos moleculares se manifestam com mais rapidez do que no passado". E, nota G., "o que importa é a crítica" (ibidem, 1.058), a capacidade colocada em ato pelos representantes da nova fase histórica de desagregar a vontade coletiva precedente. Se a realização histórica da filosofia da práxis se traduz também na formação de um novo senso comum, em uma reforma intelectual e moral, é evidente que "o processo atual de formação molecular de uma nova civilização pode ser comparado ao movimento da Reforma" (*Q 7*, 44, 892 [*CC*, 1, 248]).

G. ainda articula, ao longo da polaridade molecular-catastrófico, a historicidade dos processos de transformação, rechaçando toda acepção determinista da catástrofe. Ele interpreta historicamente, na produção de processos moleculares contrastantes, a relação entre a lei do "mais-valor relativo, que determina a expansão molecular do sistema fabril e, dessa forma, o próprio desenvolvimento do modo de produção capitalista", e a lei da queda tendencial da taxa de lucro como "aspecto contraditório" da primeira. Portanto, ele historiciza, isto é, traduz na sua molecularidade, a tendência catastrófica, a passagem da quantidade à qualidade: "A significação de 'tendencial', portanto, ao que parece, deve ser de caráter 'histórico' real e não metodológico: o termo serve, precisamente, para indicar este processo dialético pelo qual o impulso molecular progressivo conduz a um resultado tendencialmente catastrófico no conjunto social, resultado de onde partem outros impulsos singulares progressivos, em um processo de contínua superação, o qual, contudo, não se pode prever como infinito, ainda que se desagregue em um número muito grande de fases intermediárias de diversa medida e importância" (*Q 10*, 36, 1.283 [*CC*, 1, 352-3]). "Nada de automático e muito menos de iminente", dirá G. a propósito do fim do capitalismo (idem). Ele pensa a revolução no Ocidente como uma "revolução molecular" (guerra de posição) tendo por base uma leitura do capitalismo como "crise contínua" (*Q 15*, 5, 1.757 [*CC*, 4, 318]) e do caráter complexo da sociedade civil contemporânea nos Estados mais avançados; pensa na construção da subjetividade, das formas complexas da hegemonia e do consenso justamente como crítica contínua. Trata-se de construir molecularmente uma "antirrevolução passiva" (Buci-Glucksmann, citado em Liguori, 1996, p. 171), a antítese àquela revolução, por sua vez molecular, que, em última análise, é a história capitalista das sociedades modernas. Daqui, portanto, as análises das peculiares e complexas formas de hegemonia colocadas em campo sob a forma de "revolução passiva", compreendida como critério interpretativo traduzível em diversas determinações históricas: "Pode-se aplicar ao conceito de revolução passiva (e isso pode ser documentado no *Risorgimento* italiano) o critério interpretativo das modificações moleculares, que, na realidade, modificam progressivamente a composição anterior das forças e, assim, se tornam matriz de novas modificações" (*Q 15*, 11, 1.767 [*CC*, 5, 317]). Esse critério G. aplica, em primeiro lugar, à história do *Risorgimento* italiano e coloca em relação dinâmica com aquela guerra de posição interpretada pelo cavourismo, com a "hegemonia intelectual, moral e política" (*Q 19*, 24, 2.011 [*CC*, 5, 63]) levada adiante pelos moderados: "Os moderados exerciam uma poderosa atração, de modo 'espontâneo', sobre toda a massa de intelectuais de todo nível que existiam na península, em estado 'difuso', 'molecular'" (ibidem, 2.012 [*CC*, 5, 64]), através de "formas e meios que se podem chamar 'liberais', através da iniciativa individual, 'molecular', 'privada'" (ibidem, 2.011 [*CC*, 5, 63]). Então, é à luz dessa consciência hegemônica colocada em prática pelos moderados que G. define "o assim chamado 'transformismo'" como "a expressão parlamentar do fato de que o Partido da Ação é molecularmente incorporado pelos moderados" (*Q 19*, 26, 2.042 [*CC*, 5, 93]). G. se pergunta se a forma contemporânea do desenvolvimento capitalista, isto é, aquele processo de reestruturação e superação capitalista das crises que é o americanismo não é também legível (isto é, traduzível) nos termos de uma revolução passiva: "Questão de saber se o americanismo pode constituir uma 'época' histórica, se pode determinar um desenvolvimento gradual do tipo (examinado em outros lugares) das 'revoluções passivas' próprias do século passado, ou se, ao contrário, representa apenas a acumulação molecular de elementos destinados a produzir uma 'explosão', ou seja, uma revolução de tipo francês" (*Q 22*, 1, 2.140 [*CC*, 4, 242]).

Porém, é sobretudo sobre as formas *antipassivas* da revolução molecular nas sociedades contemporâneas que G. se interroga; é o nó das formas da hegemonia, da construção do consenso, da relação entre dirigentes e dirigidos, e é também o tema da relação entre hegemonia e democracia, ou seja, da "dinâmica expansiva da cidadania" (Burgio, 2007, p. 7): "Entre os tantos significados de democracia, parece-me que o mais realista e concreto se possa deduzir em conexão com o conceito de hegemonia. No sistema hegemônico, existe democracia entre o grupo dirigente e os grupos dirigidos na medida em que o desenvolvimento da economia e, por conseguinte, a legislação que expressa tal desenvolvimento favorecem a passagem molecular dos grupos dirigidos para o grupo dirigente" (*Q 8*, 191, 1.056 [*CC*, 3, 287]). E é a questão da hegemonia que se traduz, no mundo moderno, também na relação entre partido e Estado integral, ou seja, do Estado que se torna uma concepção do mundo: "O desenvolvimento do partido em Estado reage sobre o partido e exige dele um aperfeiçoamento e uma reorganização contínua, assim como o desenvolvimento do partido e do Estado em concepção de mundo, isto é, em transformação total e molecular (individual) dos modos de pensar e de atuar, reage sobre o Estado e o partido, obrigando-os a se reorganizarem continuamente e colocando-os diante de problemas novos e originais a serem resolvidos" (*Q 17*, 51, 1.947 [*CC*, 3, 354]).

BIBLIOGRAFIA: CAVALLARO, 2001; DEBENEDETTI, 1972 e 1991; GERRATANA, 1997; RAGAZZINI, 2002; VOZA, 2008.

ELEONORA FORENZA

Ver: americanismo; autobiografia; canibalismo; catástrofe/catastrófico; cesarismo; democracia; dialética; dirigentes-dirigidos; Estado; hegemonia; indivíduo; intelectuais; linguagem; moderados; náufrago; partido; personalidade; pessoa; quantidade-qualidade; revolução passiva; *Risorgimento*; transformismo; vontade coletiva.

monarquia

Falta nos *Q* uma reflexão específica sobre a monarquia como instituição, mas são muitas as referências a concretos momentos históricos, políticos e teóricos em que aparece uma instituição monárquica. Um aceno à "função das monarquias até na época moderna" está no *Q 15*, 18, 1.775 [*CC*, 3, 334], em que ela é vista como dependente do fato de que a classe no poder "não gozaria de nenhum prestígio intelectual e moral, isto é, seria incapaz de exercer uma hegemonia" (idem). Já nas primeiras páginas do *Q 1* são confrontados alguns problemas cruciais da história francesa, um dos objetos privilegiados da reflexão histórico-teórica dos anos do cárcere. G. começa tratando do "partido monárquico francês" entre os séculos XVIII e XIX (v. por exemplo *Q 1*, 18, 14 e *Q 1*, 48, 60-1) e indaga sobre as forças tradicionalistas da Action Française (*Q 13*, 37, 1.643 [*CC*, 3, 92]). Há então referências à época da Revolução Francesa (*Q 3*, 103, 378) e, mais atrás no tempo, a antes do ano 1000, à pesquisa das diferenças – significativas e carregadas de implicações – entre a história francesa e a história italiana (*Q 5*, 123, 646 [*CC*, 5, 225]). Outro objeto de pesquisa privilegiado nos *Q* é a própria história da Itália, em que a monarquia do Estado unitário é definida como uma "monarquia burocrática" e o rei é "o primeiro dos funcionários, no sentido de que a burocracia era a única força 'unitária' do país, permanentemente 'unitária'" (*Q 14*, 47, 1.705 [*CC*, 5, 315]). Encontramos o papel da monarquia sobretudo na atenta observação gramsciana sobre o *Risorgimento* (v. por exemplo *Q 4*, 38, 459); mas a análise de G. tem também uma dimensão espacial, visto que ele se põe o problema da diferença "entre as concepções monárquicas militantes próprias da Itália meridional e as do Norte" (*Q 17*, 4, 1.910 [*CC*, 5, 339]). Há então numerosas referências ao papel que o nascimento das monarquias absolutas tem no pensamento de Maquiavel, "figura de transição entre o Estado corporativo republicano e o Estado monárquico absoluto" (*Q 6*, 52, 724 [*CC*, 3, 228]; mas as citações podem ser muitas). Também o pensamento de Bodin é indagado em referência à monarquia absoluta (*Q 13*, 13, 1.574 [*CC*, 3, 31]).

GUIDO LIGUORI

Ver: Action Française; Bodin; Maquiavel; Revolução Francesa; *Risorgimento*.

Mondolfo, Rodolfo

G. não tem um juízo positivo sobre Mondolfo. O filósofo de Senigallia, que lecionou na Universidade de Turim entre 1910 e 1914, era malvisto pelo jovem revolucionário sardo desde os anos 1910, seja por sua formação positivista, seja por seu juízo negativo sobre a Revolução Russa (do ponto de vista de um marxismo "ortodoxo" e determinista), que G. estigmatiza e ironiza ("Mondolfo reprova, reprova e reprova") em um artigo de 15 de maio de 1919 ("Rodolfo Mondolfo: 'Leninismo e marxismo'", em *ON*, 25 [*EP*, 229]). Nos *Q*, G. insiste em diferenciar o filósofo de Antonio Labriola, cujas ideias não parecem ter um desenvolvimento coerente nos livros de Mondolfo. "Parece que Mondolfo jamais abandonou completamente o ponto de vista fundamental do positivismo próprio de aluno de Roberto Ardigò. O livro do discípulo de Mondolfo, Diambrini Palazzi (prefaciado por Mondolfo), *La filosofia di Antonio Labriola*, é um documento da pobreza de conceitos e de diretrizes do ensinamento universitário do próprio Mondolfo" (*Q 16*, 9, 1.855-6 [*CC*, 4, 33]).

Todavia, G. não nega totalmente a Mondolfo o reconhecimento de ser um estudioso sério. Por exemplo, se pergunta "que valor [tem – ndr] o livro de Rodolfo Mondolfo, *Il Materialismo Storico di Federico Engels*, editado por Formiggini em 1912" (*Q 16*, 2, 1.844 [*CC*, 4, 21- -2]). G. rechaça a hipótese elaborada por Sorel, para quem Engels não seria digno de estudo devido à sua "escassa capacidade de pensamento original", e defende a necessidade de um estudo da relação efetiva entre os "dois amigos" (até mesmo para redimensionar parte da interpretação engelsiana do pensamento de Marx), mas observa que "jamais se fez uma pesquisa sistemática desse tipo (exceto o livro de Mondolfo) no mundo da cultura; pelo contrário, as exposições do segundo [Engels – ndr], algumas relativamente sistemáticas, são agora consideradas em primeiro plano, como fonte autêntica e até como a única fonte autêntica. Por isso o volume de Mondolfo parece muito útil, pelo menos em razão da diretriz que traça" (idem).

Guido Liguori

Ver: Engels; Labriola; Marx; positivismo; Sorel.

moral

Como adjetivo, "moral" frequentemente acompanha "intelectual" (ou "cultural") para qualificar o substantivo "reforma" ("reforma intelectual e moral"). Como substantivo, "moral" se associa a (ou se distingue de) "ética". Tanto a moral quanto a ética concernem à política. A moral se distingue da política ou é "implicada" nela? Em Maquiavel se deveria estudar "a afirmação de que a política é uma atividade independente e autônoma que tem seus princípios e suas leis diferentes dos princípios e leis da moral e da religião em geral" (*Q 4*, 8, 431). "A arte, a moral, a filosofia 'servem' à política, isto é, estão 'implicadas' na política, podem se reduzir a um momento da política, e não inversamente: a política destrói a arte, a filosofia, a moral: pode-se afirmar, segundo estes esquemas, a prioridade do fato político-econômico, isto é, a 'estrutura' como ponto de referência e de 'causação' dialética, não mecânica, das superestruturas". G. reelabora o conceito crociano de implicação na "assim chamada dialética dos distintos; existe uma exigência real [...], mas há também uma contradição em termos" (*Q 4*, 56, 503 [*CC*, 6, 367]).

No *Q 1*, 43, 35-6, G. escreve sobre o técnico de oficina setentrional: "O atual corporativismo, com a consequente difusão em escala nacional desse tipo social [...], é, num certo sentido, um instrumento de unidade moral e política" (idem). Norte e Sul correspondem, *grosso modo*, a cidade e campo: "O desenvolvimento do jacobinismo (de conteúdo) encontrou sua perfeição formal no regime parlamentar, que realiza, no período mais rico de energias 'privadas' na sociedade, a hegemonia da classe urbana sobre toda a população, na forma hegeliana de governo com o consenso permanentemente organizado [...], porque consenso 'voluntário'" (*Q 1*, 48, 58). Ao contrário, o que pode acontecer "nesta nossa sociedade europeia, que atravessa agora um desses momentos mais agudos e mais turbulentos de crise moral e espiritual que preparam as grandes renovações" (*Q 3*, 121, 388)? Em algumas regiões, os elementos intelectuais permaneceram "amorfos, isto é, não modificados de forma alguma pelo industrialismo e por sua civilização; produziu-se um formidável desemprego de intelectuais, que provocou toda uma série de fenômenos de corrupção e de decomposição política e moral, com reflexos econômicos não desprezíveis" (*Q 1*, 149, 132 [*CC*, 5, 154]). Escreve a Carlo: "Hoje existe uma crise moral muito grave, mas houve outras no passado muito mais graves" (*LC*, 298, 19 de dezembro de 1929 [*Cartas*, I, 382]). A guerra também é um episódio da crise: em "todo período de guerra, o Estado tem necessidade da maior paz e unidade moral e civil possíveis" (*Q 5*, 64, 598 [*CC*, 4, 201]). Entre Clausewitz e (contra) Croce: "A guerra é um momento da vida política, é a continuação, de maneiras diversas, de uma determinada política: é preciso, portanto, explicar como a 'paixão' pode se tornar 'dever' moral, de moral política" (*Q 8*, 56, 974, Texto A). No Texto C (*Q 13*, 8, 1.567 [*CC*, 3, 25]): "Também a guerra em ato é 'paixão', a mais intensa e febril"; o resto não varia.

Existem patologias sociais: "A luta, da qual as expressões normais exteriores são sufocadas, agarra-se como uma gangrena dissolutora à estrutura da velha classe, debilitando-a e apodrecendo-a: assume formas mórbidas, de misticismo, de sensualismo, de indiferença moral" (*Q 1*, 127, 116 [*CC*, 2, 63-4]). E formas de saúde ou de crise se observam na psicologia individual. Ao escrever os próprios pensamentos, "o que se escreve adquire um valor 'moral' e prático, que transcende amplamente o mero fato de escrever" (*LC*, 690, a Tania, 27 de fevereiro de 1933 [*Cartas*, II, 312]). Para quem escreve obras literárias "'a beleza' não basta: é necessário um conteúdo 'humano e moral' que seja a expressão elaborada e completa das aspirações do público" (*Q 1*, 80, 86). Entretanto, G. vê em

Tatiana "puro esteticismo moral" (*LC*, 306, a Tania, 27 de janeiro de 1930 [*Cartas*, I, 392]). "A falta de sobriedade e de ordem intelectual leva também à desordem moral. A questão sexual traz, com suas fantasias, muitas desordens" (*Q 1*, 63, 75). Para que Giulia supere suas perturbações, pode ser útil "uma pressão moral" a partir de fora (*LC*, 361, a Tatiana, 4 de novembro de 1930 [*Cartas*, I, 449]).

Para G., "o vínculo religioso, débil em tempos normais, torna-se mais vigoroso e absorvente em épocas de grande crise político-moral, quando o futuro parece coberto de nuvens tempestuosas" (*Q 1*, 48, 63). Note-se a perspicácia dessa e de outras previsões de G.: a tendência à baixa natalidade poderia "ser causa de inércia e de regressão moral e econômica. Mas [...] amanhã haverá povos que crescerão celeremente e outros diminuirão" (*Q 2*, 124, 265 [*CC*, 5, 202]). Em países católicos, a "moral do povo é o costume, e está estreitamente ligada, como a superstição, às suas crenças reais religiosas: existem imperativos que são muito mais fortes e tenazes do que aqueles da moral kantiana" (*Q 1*, 89, 89). No entanto, a Igreja tem de recorrer ao braço secular: "Para a igreja, a crença em deus deveria ser [...] a base indestrutível da vida moral, mas parece que a igreja não confia muito nessa indestrutibilidade e na firmeza dessa consolação pacificadora, porque leva os fiéis a criar instituições humanas que, com meios humanos, vêm em socorro dos aflitos e os impedem de duvidar e de ver abalada sua fé" (*LC*, 505, a Iulca, 7 de dezembro de 1931 [*Cartas*, II, 129]). Ao contrário, com referência implícita a Weber, poderia se fazer o confronto entre "a concepção [ativista] da graça dos protestantes que suscitaram e deram forma moral ao espírito empreendedor e a concepção passiva e indolente da graça [própria] do povo católico" (*Q 8*, 230, 1.086).

As crenças populares (nas quais o espírito empreendedor está em atraso) nos informam sobre o folclore também nos jovens e em termos da sua formação: "Conhecer o folclore significa para o professor conhecer as outras concepções que trabalham para a formação intelectual e moral das gerações jovens" (*Q 1*, 89, 90). Não se deve perder a chance se os "'jovens' (ou uma substancial parcela deles) da classe dirigente (entendida no mais amplo sentido, não só econômico, mas também político-moral) se rebelam e passam para a classe progressista" (*Q 1*, 127, 115 [*CC*, 2, 63]). Em uma nova ordem, os dirigentes escolhidos como elite, em sua espontânea adesão a regras de "convivência coletiva para a qual toda a massa deve ser educada, devem mostrar, em sua vida particular interna terem assimilado, como princípios de conduta moral, aquelas regras que no Estado são obrigações legais" (*Q 7*, 90, 920 [*CC*, 3, 267]). Para G., que talvez pense em Kant, "não só é 'objetivo' e necessário certo instrumento, mas também certo modo de se comportar, certa educação, certa civilidade; nessa objetividade e necessidade histórica, pode-se situar a universalidade do princípio moral, ou melhor, nunca existiu outra universalidade senão essa objetiva necessidade" (*Q 8*, 153, 1.033).

A propósito de marxismo e de moral, o historicismo marxista não cai "no ceticismo e no relativismo moral e ideológico" (*Q 11*, 14, 1.402 [*CC*, 1, 120]): "A tese de Marx – de que os homens adquirem consciência dos conflitos fundamentais no terreno das ideologias – tem um valor orgânico, é uma tese gnosiológica e não psicológica ou moral" (*Q 4*, 38, 463). Por isso, a "base científica de uma moral do materialismo histórico deve ser buscada, me parece, na afirmação de que 'a sociedade não se propõe objetivos para cuja solução já não existam as condições necessárias. Existindo as condições, a solução dos objetivos *torna-se* 'dever', a 'vontade' *torna-se* livre. A moral se transformaria em uma pesquisa das condições necessárias para a liberdade do querer em um certo sentido, na direção de um certo fim, bem como para a demonstração de que estas condições existem" (*Q 7*, 4, 855 [*CC*, 1, 235]). E toda a história humana é luta pela liberdade: "Croce, em contradição consigo mesmo, confunde 'liberdade' como princípio filosófico ou conceito especulativo e liberdade como ideologia, ou seja, instrumento prático de governo, elemento de unidade moral hegemônica. Se toda a história é história da liberdade, ou seja, do espírito que cria a si mesmo (e, nessa linguagem, liberdade é igual a espírito, espírito é igual a história e história é igual a liberdade), por que a história europeia do século XIX seria, apenas ela, história da liberdade?" (*LC*, 574, a Tania, 9 de maio de 1932 [*Cartas*, II, 198]).

Giuseppe Prestipino

Ver: crise; ética; folclore/folklore; guerra; Igreja católica; liberdade; Maquiavel; marxismo; política; reforma intelectual e moral; religião; Weber.

morboso

O adjetivo, o advérbio relativo e, às vezes, também o substantivo (morbosidade) se apresentam com uma peculiaridade própria no interior da densidade analítica da escrita de G., de sua atitude voltada para a investigação profunda e para a penetração molecularmente cognitiva dos fenômenos e dos processos históricos, sociais, culturais, psicológicos, inerentes sobretudo (mas não exclusivamente) ao terreno da modernidade. Entre as passagens mais significativas, pode-se citar aquela em que, referindo-se ao aspecto da crise moderna que depois da Primeira Guerra Mundial era vivido como "onda de materialismo" e remetia a uma verdadeira "crise de autoridade", G. escreve que "a crise consiste justamente no fato de que o velho morre e o novo não pode nascer", e em seguida acrescenta: "Neste interregno, verificam-se os fenômenos morbosos mais variados" (*Q 3*, 34, 311 [*CC*, 3, 184]).

Um âmbito em que esse termo é bastante relevante é o da personalidade: num parágrafo dedicado à "questão sexual", G. volta a atenção para o que ele denomina "a salvaguarda da personalidade feminina" e observa que, enquanto a mulher não tiver alcançado independência diante do homem, a questão sexual "será rica de características morbosas" (*Q 1*, 62, 73). Ressalte-se também que o verbete chama em causa (ou, por contraste, evoca) em G. a noção de racional e de racionalização e se associa frequentemente com a questão do conformismo, das formas modernas da coerção e da repressão social. O autor dos *Q*, por exemplo, se pergunta se o tipo de indústria e de organização do trabalho e da produção próprio do fordismo é racional e pode e deve se generalizar, ou se, ao contrário, se trata de "um fenômeno morboso a ser combatido com a força dos sindicatos e com a legislação" (*Q 22*, 13, 2.173 [*CC*, 4, 274]). Relacionado a isso, em outro ponto, ele adverte que a introdução da racionalização industrial, realizada sem "uma mudança de sistema de vida", pode levar "a um rápido esgotamento nervoso" e pode determinar "uma crise inaudita de morbosidade" (*Q 5*, 41, 573 [*CC*, 2, 114]). Algumas vezes, o termo é utilizado para designar formas e aspectos dos fenômenos religiosos: G., citando Bonghi, fala, por exemplo, de "superstição religiosa em forma patológica" (*Q 2*, 9, 161 [*CC*, 4, 96]), a respeito da sociedade francesa de Luís XV, ou ainda, refletindo sobre a "literatura utópica", observa que a "impressão profunda" provocada por longo tempo pela penúria e pelas pestes, juntamente com fenômenos de "patologia religiosa, isto é, de passividade resignada", acabavam despertando "sentimentos críticos 'elementares'", que, então, encontravam sua expressão em alguma forma de literatura utópica (*Q 6*, 157, 812 [*CC*, 5, 265]). Finalmente, é muito interessante ressaltar como o termo circula ao longo da escrita epistolar do cárcere em formas muito variadas e articuladas, mas que, no geral, tendem a ser reconduzidas por G. ao tema complexo da personalidade – personalidade própria ou do outro. Numa carta para Tania escrita em 1927, falando de sua vida na prisão e das possíveis mudanças produzidas nele, G. declara ter adquirido talvez "um pouco de sensibilidade nervosa e mórbida" (*LC*, 113, 12 setembro de 1927 [*Cartas*, I, 186]). Em outra carta, ainda que de forma concisa e "desdramatizante", escrevia a respeito de si: "Talvez devesse dizer que eu 'era' um sardo sem complicações, porque talvez agora não seja mais" (*LC*, 576, a Tania, 16 de maio de 1932 [*Cartas*, II, 200]). Muito relevante é o trecho de uma carta a Giulia em que G., com toques de afetuosa "pedagogia", escreve que a personalidade e a vontade são "produtos dialéticos" de uma luta interior, que pode e deve ser "exteriorizada", quando "internamente o antagonista é sufocado por um processo morboso" (*LC*, 505, 7 de dezembro 1931 [*Cartas*, II, 129]). Em outra carta a Giulia, num tom mais íntimo, G. a aconselha a não ter dúvidas quanto à sua viagem à Itália, a fazê-la como uma "coisa prática, despida de qualquer morbidez sentimental" (*LC*, 772, 25 de janeiro de 1936 [*Cartas*, II, 394]).

Muito rica de questões analíticas é a passagem da carta a Tania de 1932, em que G., disposto a precisar e esclarecer uma sua afirmação precedente em relação à psicanálise, imprimia ênfase nas "devastações" produzidas em muitas consciências pela "contradição entre o que parece obrigatório, de modo categórico, e as tendências reais baseadas na sedimentação de velhos hábitos e velhos modos de pensar" (*LC*, 544, 7 de março de 1932 [*Cartas*, II, 168]); para depois acrescentar que, se muitos tendem a superar tal contradição com "o ceticismo vulgar", e se outros se atêm externamente à "letra da lei", para muitos, ao contrário, a questão só se resolve de "modo catastrófico", uma vez que provoca "desencadeamentos morbosos de paixões reprimidas" (ibidem, 545 [*Cartas*, II, 169]).

Pasquale Voza

Ver: mulher; novo; personalidade; psicanálise; questão sexual; real-racional.

morte

"Eu nunca teria imaginado que tanta gente tivesse um medo tão grande da morte" (*LC*, 258, 20 de maio de 1929 [*Cartas*, I, 339]): G. escreve essas palavras a Giulia, referindo-se à crise que ele percebia tomar conta dos outros prisioneiros assim que a sombra da morte os espreitava. Parecia-lhe sensata a máxima italiana que afirmava que "a pessoa envelhece quando começa a pensar na morte" (idem), à qual se refere também no *Q 1*, 70, 80 [*CC*, 4, 93]. G. se salva do abatimento e do embrutecimento do cárcere, observando-o nos outros; assim, ele afirma não estar "nem desanimado, nem deprimido": "O meu estado de ânimo é tal que, mesmo se fosse condenado à morte, continuaria a me sentir tranquilo e, até mesmo na noite anterior à minha execução, talvez estudasse uma lição de língua chinesa" (*LC*, 298, a Carlo, 19 de dezembro de 1929 [*Cartas*, I, 382]). Referindo-se mais uma vez à máxima citada, G. escreve que não se sente velho e que não perdeu "o gosto da vida" (*LC*, 372, à mãe, 15 de dezembro de 1930 [*Cartas*, I, 460]), contrapondo a sabedoria da experiência amadurecida à decadência física. No entanto, o pensamento da morte esteve vivo em sua mente quando, em novembro de 1926, em Ustica, recebeu a comunicação de que seria transferido para a Somália, aonde não acreditava que chegaria vivo ou não sobreviveria por muito tempo (*LC*, 387, a Giulia, 13 de janeiro de 1931 [*Cartas*, II, 13]). Ademais, a condenação ao cárcere foi percebida pelo autor dos *Q* como uma "condenação à morte na prisão" (*LC*, 632, a Tania, 6 de novembro de 1932 [*Cartas*, II, 256]).

Convencido de que iria morrer, G. chegou a um "ponto crítico" de sua doença em 1933: em seus longos delírios noturnos, falava da imortalidade da alma em sentido "realista e historicista", como "uma necessária sobrevivência das nossas ações úteis [...] e uma incorporação delas [...] ao processo histórico universal" (*LC*, 733-4, a Tania, 24 de julho de 1933 [*Cartas*, II, 355]) e tentava demonstrar a "inutilidade da religião", temendo ser obrigado a participar de cerimônias que lhe "repugnavam" (ibidem, 733). Nos *Q*, recorda-se do testamento de Jean Barois, de Roger Martin du Gard, em que afirmava não acreditar na "alma substancial e imortal", mas no determinismo universal, para o qual o homem é apenas um "aglomerado de átomos cuja desagregação implica a morte total" (*Q 1*, 104, 96 [*CC*, 4, 94]).

Jole Silvia Imbornone

Ver: cárcere ou prisão; determinismo; religião; Ustica.

Mosca, Gaetano

Gaetano Mosca é citado repetidamente nos *Q*, sobretudo em relação a seu conceito de "classe política". Para G., a classe política de Mosca "deve ser aproximada do conceito de 'elite' de Pareto", ambas tentativas "de interpretar o fenômeno histórico dos intelectuais e sua função na vida estatal e social" (*Q 8*, 24, 956 [*CC*, 2, 163]). Atrás do valor heurístico do conceito de classe política, G. define também a posição intelectual a partir da qual Mosca faz suas generalizações, a sua condição de porta-voz de certo estrato social, aquele dos burocratas e da média e pequena burguesia rural: "Um reflexo desse grupo pode ser visto na atividade ideológica dos intelectuais conservadores, de direita. O livro de Gaetano Mosca *Teorica dei governi e governo parlamentare* [...] é exemplar a esse respeito" (*Q 13*, 23, 1.607 [*CC*, 3, 64]). Esses intelectuais produzem uma literatura que é "consequência da queda da Direita histórica, do advento ao poder da chamada Esquerda e das inovações 'de fato' introduzidas no regime constitucional para encaminhá-lo a uma forma de regime parlamentar" (*Q 19*, 5, 1.976 [*CC*, 5, 29]). "Em 1925, Mosca havia mudado de ponto de vista e de perspectiva, seu material estava ultrapassado, mas ele republicou o livro por vaidade literária" (ibidem, 1.979 [*CC*, 5, 32]). Esse é um típico exemplo, para G., "da inconsciência e do diletantismo político dos liberais no período imediatamente após a guerra e no subsequente" (ibidem, 1.978 [*CC*, 5, 32]). Outro indício desse diletantismo é o juízo que estes fazem do materialismo histórico: "Mosca inconscientemente reflete as discussões suscitadas pelo materialismo histórico, mas as reflete como o provinciano que 'sente no ar' as discussões que ocorrem na capital [...], pertence àquela parte de universitários que [...] não consideram, ou não consideravam, dignas 'do método' as doutrinas do materialismo histórico" (*Q 13*, 6, 1.565 [*CC*, 3, 23]).

Michele Filippini

Ver: classe política; elite/elitismo; intelectuais; Pareto.

mosca-varejeira

A metáfora da mosca-varejeira é usada pela primeira vez por G. no artigo de 15 de março de 1924 publicado em *L'Ordine Nuovo* e intitulado "Contra o pessimismo" (*CPC*, 16 ss. [*EP*, 2, 241]) – no qual faz uma análise dos fatos e das consequências da cisão partidária consumada em 1921 durante o Congresso de Livorno –, para marcar sarcasticamente a diferença entre o Partido Comunista da Itália e o Partido Socialista, que, segundo ele, acredita organizar e guiar as massas proletárias, enquanto, na verdade, é impulsionado pelo movimento espontâneo delas: exatamente como os insetos que querem agir como guias para animais bem maiores, exatamente como a mosca que na fábula de Fedro intima a mula a ir mais veloz, ameaçando-a com uma picada de seu ferrão no pescoço.

G., nos *Q*, designa como "moscas-varejeiras" aqueles grupos intelectuais que, presunçosa e pateticamente, prescindem da "vontade coletiva", não tentam minimamente "criá-la, suscitá-la, estendê-la, reforçá-la, organizá-la", restringindo-se, assim, ao mísero papel de profetas desarmados, verdadeiros "fogos-fátuos". É essa, por exemplo, a sorte que cabe ao "legislador individual" – que deve ser entendido no sentido mais amplo do termo, ou seja, aquele que pretende "modificar a realidade segundo certas linhas diretivas" – se este em suas iniciativas se move de maneira arbitrária, esquecendo o fato de que cada ato seu "opera como uma força em si no círculo social determinado, provocando ações e reações que são intrínsecas a esse círculo, bem como ao ato em si". De fato, apenas no sentido, por assim dizer, abstrato, por pura comodidade de linguagem, o legislador pode ser considerado um indivíduo, visto que ele é expressão de uma coletividade disposta a realizar sua vontade, que é tal só porque a mesma coletividade está disposta a "dar-lhe efetividade". Dessa forma, teria razão o economista Mauro Fasiani, cuja leitura sugeriu a G. essas reflexões, ao definir o legislador como um "ser um pouco mítico" em seu estudo de teoria financeira (*Q 14*, 9, 1.662-3 [*CC*, 3, 297]). De maneira análoga, segundo o pensador sardo, são apenas moscas-varejeiras aqueles intelectuais fechados no próprio autocentramento: a eles se deve, na Itália, a falta de uma produção literária capaz de abraçar as "necessidades mais profundas e elementares" do tempo presente, isto é, à "vida popular-nacional" (*Q 23*, 57, 2.252 [*CC*, 6, 126]). E ainda, "uma história de conceitos e, em última análise, uma história dos intelectuais, [...] uma história de presunçosos" é aquela traçada por Croce. Este – lê-se nos *Q* –, em mais de uma circunstância, afirmou ter feito "o máximo esforço para afastar de seu pensamento qualquer resíduo de transcendência, de teologia e de metafísica, até refutar em filosofia qualquer ideia de 'sistema' e de 'problema fundamental'". Não só: o filósofo napolitano sempre se declarou "dialético", mas, desde sempre "obcecado pelo materialismo histórico", cometeu o grave erro de não considerar o fato de que "realidade em movimento e conceito da realidade, se podem ser logicamente distinguidos, devem ser concebidos historicamente como unidade inseparável" (*Q 10* II, 1, 1.240-1 [*CC*, 1, 310-1]). Não é por acaso, portanto, que a metáfora da mosca-varejeira é recorrente nas páginas dos *Q* dedicadas à análise do famoso discurso de Treves, assim chamado da "expiação", discurso este "fundamental" – escreve G. – "para entender a confusão política e o diletantismo polêmico dos dirigentes", durante esse que será rebatizado o "biênio vermelho". Aqui a metáfora se refere aos "pequeno-burgueses", que haviam dirigido paternalisticamente o Partido Socialista, escondendo-se atrás da "ideia da psicose de guerra" e atrás do fato de que "um país civilizado não pode 'permitir' que se verifiquem certas cenas selvagens": nada mais que puros e simples "disfarces de outros motivos mais profundos", em especial, "a completa ausência de união com a classe representada, a completa ausência de compreensão de suas exigências fundamentais, de suas aspirações, de suas energias latentes" (*Q 3*, 42, 319-20 [*CC*, 3, 186]).

Vito Santoro

Ver: Croce; intelectuais italianos; nacional-popular.

mulher

"As potenciais cocotas não podem compreender o drama de Nora Helmar. Podem compreendê-lo, porque o vivem diariamente, as mulheres do proletariado, as mulheres que trabalham, aquelas que produzem algo mais do que as peças da nova humanidade e os frêmitos voluptuosos do prazer sexual" ("La morale e il costume" [A moral e o costume], 22 de março de 1917, em *CF*, 888-91). A ausência de autonomia das mulheres no tempo da sociedade de massa e da industrialização está presente em G. desde os anos 1910. E desde então a sua ideia é a de que a mudança de tal condição está indissoluvelmente ligada ao surgimento da nova sociedade, na qual as mulheres sejam plenamente partícipes no processo produtivo, ou seja, industrial. A relação entre luta de classe e emancipação feminina estava também na base do suporte oferecido por G. às comunistas que organizaram a primeira conferência feminina, em 1922. Por esta razão G. apresenta desde o início o problema nos *Q*, colocando no centro da discussão o modo como as mulheres participam do processo produtivo e da dimensão pública. Sua "escassa ocupação [...] nos trabalhos produtivos" foi um dos fatores que contribuíram para tornar "a composição da população italiana 'malsã'" (*Q 1*, 61, 71 [*CC*, 6, 347]), e sua participação, embora marginal, na causa do *Risorgimento* é vista por G. como um indicador positivo de progresso, porque "todo movimento histórico inovador só é maduro se dele participam não só os velhos, mas os jovens, os adultos e as mulheres, de modo que até mesmo deixa um reflexo na infância" (*Q 7*, 65, 903 [*CC*, 5, 275]).

Mas superficialidade, vaidade e frivolidade são, para G., características próprias das mulheres, pelo menos historicamente falando. E tais características condicionam, seja nas camadas mais ricas, seja nas classes trabalhadoras, a possibilidade real de se alcançar uma nova sociedade, fundada sobre o trabalho e liberada das formas de desordem sexual e de libertinagem: no que concerne à camada capitalista, em particular americana, "o homem-industrial continua a trabalhar mesmo se milionário", mas sua mulher e suas filhas tornam-se cada vez mais "'mamíferos de luxo' [...]. As mulheres, ociosas, viajam, cruzam continuamente o oceano" (*Q 22*, 11, 2.169 [*CC*, 4, 270]). No que diz respeito à classe operária, G. sustenta que a crise de libertinagem que regularmente segue as fases históricas de compressão "não toca senão superficialmente as massas trabalhadoras, ou as toca indiretamente porque deprava suas mulheres" (*Q 22*, 10, 2.162 [*CC*, 4, 262]). Segue-se dessas considerações, que circunscrevem toda a reflexão de G. sobre a condição das mulheres no horizonte de "americanismo e fordismo", a necessidade de uma superação do "ideal 'estético'" da mulher que "oscila entre a concepção de 'reprodutora' e de 'brinquedo'" (*Q 22*, 3, 2.148 [*CC*, 4, 250]). "A mais importante questão ético-civil ligada à questão sexual é a da formação de uma nova personalidade feminina: enquanto a mulher não tiver alcançado não apenas uma real independência em face do homem, mas também um novo modo de conceber a si mesma e a seu papel nas relações sexuais, a questão sexual continuará repleta de aspectos morbosos e será preciso ter cautela em qualquer inovação legislativa" (ibidem, 2.149-50 [*CC*, 4, 251]). O convite à cautela legislativa se coloca em uma situação na qual as mulheres, embora exercendo certa influência em alguns aspectos da difusão cultural popular, por exemplo a aquisição de revistas e jornais para a família, a partir de seu interesse pelos romances de folhetim (*Q 21*, 5, 2.115 [*CC*, 6, 39]), permanecem para G., todavia, uma "parte não organizável da opinião pública" (*Q 7*, 103, 929 [*CC*, 3, 270]). Tal circunstância suscita perplexidade em G. a respeito da legislação anglo-saxã, que não apenas concede o voto às mulheres, mas lhes é favorável em "toda uma série de conflitos 'sentimentais' ou pseudossentimentais" (*Q 22*, 9, 2.160 [*CC*, 4, 262]). A nova mulher, para G., será na verdade justamente aquela que terá superado tão inútil "romantismo deteriorado" (*LC*, 558, a Tania, 4 de abril de 1932 [*Cartas*, II, 182]) em um processo de autoeducação que a conduzirá a um estilo sóbrio, como se espera de um modelo produtivo racional, e que terá superado o fanatismo de uma religiosidade supersticiosa que ainda hoje faz dela um dos sujeitos que emperram o processo histórico (*Q 14*, 55, 1.714 [*CC*, 4, 233]). Para G., a história das mulheres, embora possuindo certa especificidade, não pode e não deve ser colocada de fora ou em conflito com a história da classe trabalhadora, e em particular não pode ser pensada com objetivos diversos. "A questão da importância das mulheres na história romana é semelhante à dos grupos subalternos, mas até certo ponto; só num certo sentido o 'machismo' pode ser comparado à dominação de classe e, portanto, tem mais importância para a história dos costumes do que para a história política e social" (*Q 25*, 4, 2.286 [*CC*, 5, 138]). G. nota a este propósito ainda a contradição no século XVI entre "o modo de conceber a mulher em geral [...] e o modo de tratar a mulher em particular, ou seja, a mulher do povo" (*Q 5*, 91, 624 [*CC*, 2, 130]). Todavia, não obstante as observações contra os lugares-comuns nas abordagens sobre as mulheres, que ele reconhece mesmo na tradição literária mais autorizada (Manzoni, mas não, por exemplo, Maquiavel), G. não opera uma real ruptura com respeito a tal tradição.

O tema está presente de várias formas nas *LC*. As ocorrências são, aqui, relativas ao âmbito biográfico e afetivo, mas não está ausente uma generalização abstrata da mulher e das mulheres que faz referência, com tons acentuadamente paternalistas, a características típicas que G. encontra, vez por outra, em interlocutoras epistolares ou em pessoas citadas nas cartas. Fragilidade dos nervos, debilidade na manutenção dos propósitos, ausência de força de vontade, vaidade, superficialidade confirmam as características que mais frequentemente G. atribui às mulheres. Mas nas mulheres G. reconhece também um gênero de força, que se encarna principalmente na mãe Peppina, quase sempre citada ao lado de palavras como "forte", "força": trata-se, porém, de uma força ancestral, que tangencia a instintividade animal. Embora destacando uma diferença entre as mulheres arcaicas da Sardenha ("feias e barrigudas") e aquelas do universo familiar moscovita ("intelectuais", "hipersensíveis"), G. opera formas de generalização e tipificação universais. Escreve, assim, à cunhada Tania: "Você, como todas as mulheres em geral, tem muita imaginação e pouca fantasia; e mais, a imaginação em você (como nas mulheres em geral) age num só sentido, no sentido que chamaria (vejo-a dar um pulo)... protetor dos animais, vegetariano, próprio das enfermeiras: as mulheres são líricas (para usar um tom mais elevado), mas não são dramáticas. Imaginam a vida dos outros (até mesmo dos filhos) unicamente do ponto de vista da dor animal, mas não sabem recriar com a fantasia toda a vida de uma outra pessoa, em seu conjunto, em todos os seus aspectos" (*LC*, 79, 25 de abril de 1927 [*Cartas*, I, 152]). E a Giulia: "Li com interesse suas observações sobre o espelho e sobre Julik, que gosta de se observar, mas meu interesse foi suscitado pelo fato de que seu argumento é ingênua e candidamente 'feminino'. A verdadeira quintessência da feminilidade. Porque ver no espelho só um instrumento de narcisismo é próprio só das mulheres" (*LC*, 643, 28 de novembro de 1932 [*Cartas*, II, 268]).

Lea Durante

Ver: família; feminismo; Giulia; libertinismo; literatura de folhetim; questão sexual; subalterno/subalternos; Tania.

multidão/multidões

Nos *Q*, o termo é recorrente principalmente relacionado ao nexo político filosofia-senso comum, em chave não sociológica, mas política, ou seja, "antipassiva": "A ação política tende precisamente a fazer com que as multidões saiam da passividade, isto é, a destruir a lei dos grandes números". Como esta pode, então, ser considerada uma "lei sociológica?" (*Q 11*, 25, 1.430 [*CC*, 1, 147-8]). Pode ser considerada não como objeto sociológico, mas em relação ao problema político da constituição da subjetividade.

Para G., a filosofia da práxis deve, em primeiro lugar, colocar-se como crítica do "senso comum, que é espontaneamente a filosofia das multidões, as quais se trata de tornar ideologicamente homogêneas" (*Q 11*, 13, 1.397-8 [*CC*, 1, 116]); como crítica, portanto, da "filosofia da época", da "massa de sentimentos [e de concepções do mundo]" que predomina na multidão "silenciosa" e atestada, por exemplo, na literatura comercial (*Q 5*, 54, 587 [*CC*, 6, 169]). G. estabelece uma analogia e uma conexão entre o caráter desagregado do senso comum das multidões e a consciência do homem de massa ativo. De fato, o senso comum é, historicamente, "uma concepção (inclusive nos cérebros individuais) desagregada, incoerente, inconsequente, conforme à posição social e cultural das multidões das quais é a filosofia" (*Q 11*, 13, 1.396 [*CC*, 1, 114]). A filosofia da práxis deve conceber-se, então, como desenvolvimento, como homogeneização da "consciência contraditória" do "homem ativo de massa" que "atua praticamente, mas não tem uma consciência clara desta sua ação", como "progressiva autoconsciência" de "ser parte de uma determinada força hegemônica", como "compreensão crítica de si mesmo" (*Q 11*, 12, 1.385 [*CC*, 1, 103]). Assim, a filosofia da práxis deve ser *compreensão crítica* da filosofia das multidões para se tornar um *novo senso comum de massa*, e não pode estar "em oposição aos sentimentos 'espontâneos' das massas", já que o próprio enraizamento e a conexão de uma concepção do mundo com o elemento espontâneo das multidões indicam a não arbitrariedade e a racionalidade histórica de uma "política de massa" (*Q 3*, 48, 330 [*CC*, 3, 196]). Como a espontaneidade, a capacidade de difusão de uma concepção do mundo entre as multidões também indica racionalidade e necessidade histórica: é necessário, pois, pensar a filosofia da práxis como uma "filosofia que tendo já uma difusão, ou possibilidade de difusão, porque ligada à vida prática e implícita nela, se torna um renovado senso comum" (*Q 11*, 12, 1.382 [*CC*, 1, 101]). A esse respeito, G. polemiza, na nota "O número e a qualidade nos regimes representativos", com as críticas de matriz oligárquica ao parlamentarismo: o voto (o número) mede a "racionalidade ou historicidade ou funcionalidade concreta" das opiniões das "minorias ativas"; se, no entanto, nos regimes de "democracia formal", "a racionalidade historicista do consenso numérico é sistematicamente falsificada pela influência da riqueza", em "outros regimes" – na democracia de consenso – "o consenso é o suposto permanentemente ativo" e as eleições se assemelham a formas de "*self-government*", em que o voto das "multidões", compostas não de "cidadãos amorfos", mas de "elementos produtivos qualificados", assume importância ainda mais notável (*Q 13*, 30, 1.624-6 [*CC*, 3, 82-3]).

G. desenvolve a reflexão sobre as multidões em polêmica com a sociologia positivista e em um construtivo confronto com o elitismo italiano, articulando o nó político da formação das vontades coletivas com os processos de padronização nas sociedades contemporâneas. Na nota "O homem-indivíduo e o homem-massa", G. reflete sobre as características do individualismo "exacerbado" que se pode encontrar nas "massas casuais, concentradas como uma 'multidão durante a tempestade sob uma marquise'". Todavia, G. critica como "pseudocientífica" e "ligada à sociologia positivista" uma interpretação da "psicologia das multidões", isto é, das "multidões casuais", em termos puramente regressivos. A "quantidade" também pode, na construção das decisões coletivas, transformar-se em "qualidade". Se, no passado, como sustenta Michels, a vontade coletiva se formava em função de uma direção carismática, na contemporaneidade a tendência ao conformismo está ligada aos processos de padronização sobre a base econômica: "O homem-coletivo contemporâneo se forma essencialmente de baixo para cima, sobre a base da posição ocupada pela coletividade no mundo da produção" (Q 7, 12, 861-2 [CC, 3, 260]). Se na contemporaneidade a formação das vontades coletivas é um processo que vai de baixo para cima, é, de fato, impossível uma oposição, ou uma diferença qualitativa, entre filosofia da práxis e filosofia das multidões: a primeira é potencialmente hegemônica (historicamente racional) enquanto desenvolvimento crítico da autoconsciência teórica de uma função produtiva.

Se a política, entendida como resultado da saída das multidões da passividade, implica a impossibilidade de estender a lei estatística à ciência política, "outro elemento que conduz, na arte política, ao abalo dos velhos esquemas naturalistas é a substituição, na função dirigente, dos indivíduos singulares, dos chefes individuais (ou carismáticos, como diz Michels), por organismos coletivos (os partidos)" (Q 11, 25, 1.430 [CC, 1, 148]). G. se refere ao papel exercido pelos partidos de massa, que estariam em condições de tornar críticos e conscientes os processos de "padronização dos sentimentos populares" que se dão sobre a base econômica: "O conhecimento e o julgamento da importância de tais sentimentos jamais ocorrem, por parte dos chefes, através de intuições baseadas na identificação de leis estatísticas, isto é, por via racional e intelectual [...], mas ocorrem, por parte do organismo coletivo, através da 'coparticipação ativa e consciente', da 'co-passionalidade', da experiência dos detalhes imediatos, de um sistema que se poderia chamar de 'filologia viva'. Assim, forma-se uma estreita ligação entre grande massa, partido e grupo dirigente; e todo o conjunto, bem articulado, pode se movimentar como um 'homem-coletivo'" (idem). É, portanto, o nó da formação da vontade coletiva nas sociedades contemporâneas – na conexão entre produção de um novo conformismo e de um novo senso comum, processos de padronização sobre a base econômica e papel dos partidos – que induz G. a articular o nexo espontaneidade-direção consciente não apenas nos termos de uma ligação sentimental entre intelectuais e povo-nação, ou seja, como compreensão crítica dos sentimentos das multidões (poderíamos dizer, a transformação das multidões em povo-nação), mas também como função do Estado: "Estado" significa, em especial, "direção consciente das grandes multidões nacionais; é necessário, portanto, um 'contato' sentimental e ideológico com estas multidões e, em certa medida, simpatia e compreensão de suas necessidades e exigências" (Q 23, 8, 2.197 [CC, 6, 74-5]); conexão sentimental com "as ideias de igualdade, de fraternidade, de liberdade" presentes "em toda sublevação radical das multidões" (Q 11, 62, 1.488 [CC, 1, 205]).

O nexo entre formação da vontade coletiva e processo de padronização na contemporaneidade parece poder ser traduzido, então, no tema da transformação das multidões em massas (mesmo nas oscilações e sobreposições entre os dois termos, parece poder ser identificada uma distinção preponderante) como conscientização progressiva. Um processo de baixo para cima, que requer a direção consciente das minorias organizadas: "Não se compreende que em toda situação política a parte ativa é sempre uma minoria, e que se esta, quando for seguida pelas multidões, não organizar estavelmente esta influência e for dispersada numa ocasião qualquer propícia à minoria adversa, todo o aparelho se desagrega e se forma um outro, novo, em que as velhas multidões não contam e não mais podem se mover e operar. Aquilo que se chamava 'massa' se pulveriza em muitos átomos sem vontade e orientação e uma nova 'massa' se forma, ainda que de volume inferior à primeira, porém mais compacta e resistente, que tem a função de impedir que a massa primitiva se reconstitua e se torne eficiente" (Q 15, 35, 1.789 [CC, 3, 335]).

Eleonora Forenza

Ver: conformismo; desagregado/desagregação; elite/elitismo; espontaneidade; Estado; filosofia; individualismo; massa/massas; Michels; povo-nação; senso comum; vontade coletiva.

mundo

"Até há pouco tempo não existia o 'mundo' e não existia uma política mundial" (*Q 2*, 16, 166 [*CC*, 3, 129]). "A Europa perdeu sua importância e a política mundial depende mais de Londres, Washington, Moscou e Tóquio do que do continente" (*Q 2*, 24, 181 [*CC*, 3, 142]): essas duas afirmações juntas (a segunda retirada de um artigo da *Rivista d'Italia*) nos dão o quadro da novidade com que G. fala do "mundo", definido muitas vezes nas *LC*, bem como nos escritos de juventude, como "grande e terrível" (*LC*, 158, a Tania, 20 de fevereiro de 1928 [*Cartas*, I, 235]; e também "mundo [...] grande, terrível e complicado": *LC*, 423, a Giulia, 18 de maio de 1931[*Cartas*, II, 48]). O mundo de G. está em evolução: não é mais eurocêntrico porque os Estados Unidos da América tornaram-se o centro motor, mas já se vislumbra a possibilidade da passagem do bastão do Atlântico para o Pacífico: "Função do Atlântico na civilização e na economia moderna. Deslocar-se-á este eixo para o Pacífico? As maiores massas populacionais do mundo estão no Pacífico: se a China e a Índia se tornassem nações modernas com uma grande produção industrial, seu desligamento da dependência europeia romperia exatamente o equilíbrio atual" (*Q 2*, 78, 242 [*CC*, 3, 172]).

Até aqui abordamos a acepção geopolítica de mundo. G. a ela se refere em relação à "conquista do mundo histórico", colocada sempre em contato com o "mundo físico", cujas subdivisões geográficas não têm nada de natural, sendo expressão "das classes cultas europeias que, através de sua hegemonia mundial, fizeram com que tais subdivisões fossem aceitas por todo o mundo" (*Q 7*, 25, 874). G. fala muito em "mundo" e em suas combinações mais diversas (mundo produtivo, mundo cultural, mundo antigo e moderno, mundo terreno etc.). Epistemologicamente, é de seu profundo interesse a questão da objetividade do mundo físico. O tema da concepção do mundo é fundamental em relação ao conceito de "ideologia" e, de forma mais ampla, de "cultura". Em uma famosa carta ao filho Delio, G. fala de história em relação aos "homens, ao maior número possível de homens, a todos os homens do mundo enquanto se unem entre si em sociedade, trabalham, lutam e melhoram a si mesmos" (*LC*, 808, s.d. [*Cartas*, II, 429]).

Giorgio Baratta

Ver: América; China; concepção do mundo; cultura; Estados Unidos; ideologia; Índia.

música

A música, para G., é a linguagem "mais universal hoje existente" porque é capaz de comunicar "imagens e impressões totais" (*LC*, 162, a Tania, 27 de fevereiro de 1928 [*Cartas*, I, 239]) de uma inteira civilização. A gênese dessa linguagem é fundamentalmente "cosmopolita" (*Q 9*, 66, 1.136 [*CC*, 6, 226]), uma vez que a produção de uma língua "não verbal" é prerrogativa de uma "elite internacional" (*Q 6*, 62, 731 [*CC*, 6, 193]): o povo, claro, não participa diretamente desse processo, mas, de toda forma, pode chegar "bastante rapidamente (como coletividade, não como indivíduos)" (idem) à sua compreensão. A universalidade da música é, portanto, diretamente proporcional à sua intrínseca capacidade de interação com "todo o mundo psíquico" (*LC*, 162, a Tania, 27 de fevereiro de 1928 [*Cartas*, I, 239]): G. aqui raciocina como crítico das ideias, na ótica de uma "política de cultura das massas populares" (*Q 9*, 132, 1.194), para as quais, inevitavelmente, o "'gosto' puramente estético" vem, "em sentido cronológico", depois (*Q 6*, 62, 731 [*CC*, 6, 193]). O caráter cosmopolita da música não esgota, porém, a questão: abaixo dele "existe uma mais profunda substância cultural, mais restrita, mais 'nacional-popular'" (*Q 9*, 132, 1.193), que determina seu maior sucesso em relação à literatura e a todas as outras linguagens (verbais e não verbais). Nesse sentido, é decisiva a reflexão que G. conduz nos *Q* sobre o melodrama como instrumento extraordinário de difusão cultural, que é por ele considerado "o mais nocivo", justamente porque "as palavras musicadas são mais lembradas e formam como que matrizes que fixam o fluir do pensamento" (*Q 8*, 46, 969 [*CC*, 6, 214]).

Alessandro Errico

Ver: cosmopolitismo; cultura; jazz; linguagem; melodrama; Verdi.

N

nação

A reflexão sobre a nação – sobre sua estrutura e sua função – se entrelaça, em G., desde os escritos turineses, por um lado, com a análise do posicionamento de forças da burguesia na Itália e comparativamente em outros países, e, por outro lado, com a lógica de potência internacional própria dos Estados, com os relativos reflexos internos e externos (imperialismo e guerra). Porém, a nação não é nunca entendida por G. como um organismo apenas político (e ainda menos "espiritual", segundo a acepção liberal). Ao contrário, na base dessa análise existe a exploração do entrelaçamento contraditório, mas funcional, entre a forma moderna de organismo político, o Estado-nação, um organismo estável e exclusivo, e a perspectiva móvel e inclusiva – no limite, "mundial" – do mercado capitalista. Essas análises, às vezes políticas e econômicas, se dirigem, por sua vez, a um foco unitário, que é a estratégia da revolução italiana, a avaliação do modo com que a ação política organizada da classe operária pode intervir na história da Itália como fator decisivo do conjunto de suas contradições e da concentração delas no arranjo autoritário do fascismo.

Esse esquema vale para todos os escritos de G. até os Q, sendo que, ao longo do tempo, variam o aprofundamento analítico e os elementos do problema, que, porém, permanece o mesmo. Assim, em agosto de 1919, G. escreve que a "coletividade" é representada pela "nação para os proprietários" e pela "classe para os proletários" ("Operai e contadini" [Operários e camponeses], em ON, 156 [EP, 264]), indicando nessa alternativa a respectiva funcionalidade política de tais formas, com base na colocação social das diversas forças. Nas *Teses de Lyon* (janeiro de 1926), lê-se: "Já que não controla [...] toda a economia, a classe industrial também não consegue organizar por si só toda a sociedade e o Estado. A construção de um Estado nacional só lhe foi possível porque ela se valeu de fatores de política internacional (o assim chamado *Risorgimento*). Para o fortalecimento deste Estado e para a sua defesa, é necessário o compromisso com as classes sobre as quais a indústria exerce uma hegemonia limitada, em particular os latifundiários e a pequena burguesia. Disso resultam uma heterogeneidade e uma debilidade de toda a estrutura social, bem como do Estado que a expressa" (*CPC*, 491 [*EP*, 2, 323-4]). Uma análise do *Risorgimento* como reflexo "diplomático" de uma dinâmica internacional avança aqui na conexão da fragilidade da organização nacional do Estado italiano ao caráter parcial e de compromisso da hegemonia industrial-burguesa, com uma clara referência à relação – não resolvida – Norte-Sul e cidade-campo. No citado texto de 1919, G. contrapõe a nação à classe; nos Q, à luz dos desenvolvimentos da teoria da hegemonia, ele distingue, com a mesma função, a "nação" do "povo-nação" ("Nação-povo e nação-retórica poderiam ser consideradas as duas tendências": Q 3, 82, 362 [*CC*, 6, 162]). Assume-se, assim, de maneira consciente, o caráter constitutivamente ambivalente da nação, que é trazido para o seio da perspectiva comunista e apropriado por ela. Aliás, também o povo-nação representa um projeto político, uma projeção ideológica, e não uma entidade sociologicamente constatável (como é a classe). Diferentemente da classe, o povo-nação, tido como base para a política do proletariado, não tem uma identidade precisa: designa a construção de uma hegemonia e, portanto, deixa em aberto a questão relativa ao seu grau de "totalitariedade".

Na análise histórica dos *Q*, os dois extremos – nação e povo-nação – são associados ao *Risorgimento* italiano e à Revolução Francesa, mais em geral à história da Itália e da França, caracterizadas respectivamente pela "função internacional ou cosmopolita" dos "intelectuais que é causa e efeito do estado de desagregação em que permanece a península desde a queda do Império Romano até 1870" e pelo "desenvolvimento harmônico de todas as energias nacionais e especialmente das categorias intelectuais" (*Q 4*, 49, 479); de modo que, "quando, em 1789, um novo agrupamento social aflora politicamente na história, este é completamente aparelhado para todas as suas funções sociais e por isso luta para o domínio total da nação, sem estabelecer compromissos essenciais com as velhas classes, ao contrário, subordinando-as" (idem). Não casualmente, G. prossegue analisando o caso da Rússia-URSS: "Na Rússia [...] no período histórico mais moderno, [...] uma elite das mais ativas, empreendedoras e disciplinadas, emigra para o exterior, assimila a cultura dos países mais avançados do Ocidente, sem perder as características mais essenciais da própria nacionalidade, isto é, sem romper os laços sentimentais e históricos do próprio povo, e, feito assim o seu aprendizado intelectual, retorna ao país, obrigando o povo a um despertar forçado" (idem). Assim, o bolchevismo é visto como a bem-sucedida formação de um movimento de "povo-nação", analogamente à obra da burguesia na história francesa.

A nação sempre desenvolve uma função hegemônica: por um lado (no interior), nas relações entre as classes sociais, por outro (no exterior), nas relações entre os Estados. Nas *Teses de Lyon*, as razões da fragilidade do capitalismo italiano são identificadas no fato que "as suas possibilidades de desenvolvimento são limitadas pela situação geográfica e pela falta de matérias-primas" (*CPC*, 491 [*EP*, 2, 322]). A fragilidade do compromisso burguês é uma consequência desses dados estruturais. Já nos *Q*, o modo específico com que se integram e se organizam as duas faces da nação (nacional e internacional) é determinado fundamentalmente pelo interior, isto é, pelo grau de universalização dos interesses da classe dominante e, portanto, de real integração da população na nação. Refletindo sobre a noção pascoliana, e depois nacionalista, da Itália "nação proletária", G. observa que "a pobreza de um país é relativa e é a 'indústria' do homem – classe dirigente – que consegue dar a uma nação uma posição no mundo e na divisão internacional do trabalho; a emigração é uma consequência da incapacidade da classe dirigente para dar trabalho à população, e não da pobreza nacional" (*Q 2*, 51, 205 [*CC*, 5, 179]). Num texto posterior, lê-se: "Toda a atividade econômica de um país só pode ser julgada em relação ao mercado internacional, 'existe' e deve ser avaliada quando inserida numa unidade internacional. [...]. Todo o conjunto econômico nacional projeta-se no excedente que é exportado em troca de uma correspondente importação, e se, no conjunto econômico nacional, uma determinada mercadoria ou serviço custa muito, é produzida de modo antieconômico, essa perda se reflete no excedente exportado, transforma-se [...] numa perda nítida do país em relação ao exterior, na avaliação de sua estatura relativa e absoluta no mundo econômico internacional" (*Q 9*, 32, 1.115 [*CC*, 3, 291]). E conclui-se que, nesse caso, "as classes que no interior se aproveitam desses sacrifícios não constituem a 'nação', mas representam uma exploração exercida por 'estrangeiros' sobre as forças realmente nacionais, etc" (ibidem, 1.115-6 [*CC*, 3, 292]). E de maneira mais geral: "As relações internacionais precedem ou seguem as relações sociais fundamentais? Seguem, sem dúvida alguma. Toda inovação orgânica na estrutura modifica organicamente as relações absolutas e relativas no campo internacional por meio de suas expressões técnico-militares. Também a posição geográfica de um Estado nacional não precede, mas segue as inovações estruturais, ainda que reagindo a elas em certa medida" (*Q 8*, 37, 964).

A relação entre momento internacional e nacional é decisiva para compreender o tipo de hegemonia em curso nos diversos contextos, seja no terreno da divisão internacional do trabalho, seja no terreno das relações de forças políticas e militares. No *Q 4*, 38, G. esboça um esquema de relações de forças que devem ser vistas ao mesmo tempo como nacionais e como internacionais: "Deve-se considerar que a essas relações internas de um Estado-nação se entrelaçam as relações internacionais, criando, por sua vez, combinações originais e historicamente concretas" (ibidem, 458). O caráter original das combinações localiza-se no fato de que nem sempre o que se apresenta como "nacional" é efetivamente nacional. Como vimos no *Q 9*, 32 [*CC*, 3, 291], a brutal exploração interna funciona como agente de potências estrangeiras; e, por outro lado, também "a projeção no campo internacional da questão" da pobreza nacional pode ser "um meio para criar um álibi diante das grandes massas do país" e não enfrentar a questão "nacional" real, que consiste na "mudança" das "relações internas" dominadas pelo parasitismo de estratos sociais inteiros (*Q 9*, 105, 1.168-9). Nesses casos, temos uma fragilidade internacional, que é utilizada como elemento de hegemonia interna por uma burguesia pouco previdente e ambiciosa: "Quanto mais a vida econômica imediata de uma nação é subordinada às relações internacionais, mais um determinado partido representa essa situação e a explora para impedir o predomínio dos partidos adversários" (*Q 8*, 37, 964; v. também *Q 9*, 90, 1.161: "A personalidade nacional [...] é uma abstração fora do nexo internacional [...]. A personalidade nacional expressa um 'diferente' do complexo internacional, portanto, é ligada às relações internacionais").

Nessa dinâmica, a formação de camadas intelectuais é decisiva. Aqui G. também tem em mente a oposição Itália-França: "O protagonista da história francesa tornou-se [...] o povo-nação; portanto, um tipo de nacionalismo político e cultural que foge aos limites dos partidos propriamente nacionalistas e que impregna toda a cultura, portanto, uma dependência e uma ligação estreita entre povo-nação e intelectuais" (*Q 3*, 82, 361 [*CC*, 6, 161]; v. também *Q 5*, 126, 655 [*CC*, 2, 134]). Essa "maciça constituição intelectual explica a função intelectual da França na segunda metade do século XVIII e em todo o século XIX, função internacional e cosmopolita de irradiação e de expansão de caráter imperialista orgânico" (*Q 4*, 49, 479). Com efeito, "a força expansiva, a influência histórica de uma nação não pode ser medida pela intervenção individual de pessoas singulares, mas pelo fato de que essas pessoas singulares expressam consciente e organicamente um bloco social nacional" (*Q 3*, 118, 386 [*CC*, 2, 93]; v. também *Q 3*, 116, 383 [*CC*, 2, 90]). "Se não for assim, deve-se falar apenas de fenômenos de uma certa importância cultural pertencentes a fenômenos históricos mais complexos, como o que ocorre na Itália, durante muitos séculos: o de ser ela a origem 'territorial' de elementos dirigentes cosmopolitas e de continuar parcialmente a sê-lo pelo fato de que a alta hierarquia católica é em grande parte italiana. Historicamente, esta função internacional foi a causa da debilidade nacional e estatal" (*Q 3*, 118, 386 [*CC*, 2, 93]). A essa debilidade, a cultura italiana só soube responder cultivando "o preconceito que a Itália sempre foi uma nação" (*Q 3*, 82, 362 [*CC*, 6, 161]), "mas [...] sufocada por forças estrangeiras" (*Q 6*, 78, 745 [*CC*, 5, 246]). Essa abordagem anti-histórica é, no melhor dos casos, expressão de "ideologias" que "tiveram um papel notável como terreno de organização política e cultural" (idem), mas que, justamente porque não captam os termos reais do problema, são destinadas a se converter num nacionalismo feito apenas de livros (*Q 6*, 61, 729 [*CC*, 5, 244]) e palavras: uma unidade nacional que consiste "na unidade da língua", mas não na unidade "moral" (*Q 3*, 63, 344), na continuidade da camada intelectual, mas não na do povo-nação. Até uma obra de "inspiração 'política'", como *Sepolcri* [Túmulos], "vê nos monumentos um motivo de exaltação das glórias nacionais", logo, identifica a nação não com "o povo", mas com "o conjunto das coisas materiais que recordam o passado" (*Q 5*, 32, 569 [*CC*, 6, 166]).

O *Risorgimento* se desenvolve com base nessa condição de prostração devida ao domínio das relações internacionais e pode ser compreendido apenas analisando dinamicamente o nexo entre "elementos [...] negativos (passivos) e positivos (ativos), nacionais e internacionais" (*Q 6*, 78, 745 [*CC*, 5, 247]). Convém perceber toda a diferença, nesse terreno, entre a França e a Itália: "Há muitos séculos a França era uma nação hegemônica: sua autonomia internacional era muito ampla. Quanto à Itália, nada parecido: ela não tinha nenhuma autonomia internacional" (*Q 6*, 89, 765 [*CC*, 5, 253]). Disso decorre a necessidade "de que a diplomacia fosse concretamente superior à política criativa, fosse a 'única política criativa'. O problema não era suscitar uma nação que tivesse primazia na Europa e no mundo, ou um Estado unitário que arrancasse à França a iniciativa civilizatória, mas montar as peças de um Estado unitário, fosse como fosse. Os grandes programas de Gioberti e Mazzini deviam ceder ao realismo político e ao empirismo de Cavour. Essa ausência de 'autonomia internacional' é a razão que explica grande parte da história italiana, e não só das classes burguesas. Assim também se explica a razão de muitas vitórias diplomáticas italianas, apesar da relativa fraqueza político-militar: não é a diplomacia italiana que vence como tal, mas se trata da habilidade para saber tirar partido do equilíbrio das forças internacionais: é uma habilidade subalterna, embora proveitosa" (ibidem, 765-6 [*CC*, 5, 253-4]; v. também *Q 9*, 99, 1.161). Seria possível inverter essa lógica diplomática subalterna apenas constituindo sobre diferentes bases a hegemonia nacional. Acerca desse ponto, G. é claro desde o início dos *Q*: dada a diferente posição social das forças urbanas do Norte e do Sul, uma sólida unidade nacional poderia ter sido criada apenas graças a uma "associação entre forças urbanas do Norte e do Sul" (*Q 1*, 43, 39) que ajudasse as últimas a se emancipar das influências rurais. Ao contrário, procedeu-se pelo alto, de forma "diplomática", e prevaleceu o partido dos moderados; "que esse partido representasse a nação, mesmo apenas no sentido da mais vasta extensão da comunidade de interesses da burguesia com outras classes, aí já é uma outra questão" (*Q 1*, 44, 54).

Diante disso, o movimento comunista deve ser capaz de resolver os problemas nacionais e internacionais da Itália, representando a mais ampla comunidade de interesses na população, e deve ser capaz de emancipar a Itália da condição de crônica fragilidade internacional, fundando de modo sólido a hegemonia interna. Já em 1919, G. escreve: "Hoje a classe 'nacional' é o proletariado, é a multidão de operários e camponeses dos trabalhadores italianos que não podem permitir a desagregação da nação, porque a unidade do Estado é a forma do organismo de produção e de troca construído pelo trabalho italiano" ("La settimana politica" [A semana política], 4 de outubro de 1919, em *ON*, 233). E nos *Q*, voltando ao tema (e enriquecendo-o): "A expansão moderna é de origem capitalista-financeira. O elemento 'homem', no presente italiano, ou é homem-capital ou é homem-trabalho. A expansão italiana é do homem-trabalho, não do homem-capital [...]. O cosmopolitismo italiano não pode se tornar internacionalismo. Não o cidadão do mundo, enquanto *civis romanus* ou católico, mas enquanto trabalhador e produtor de civilização. Por isso se pode afirmar que a tradição italiana se perpetua dialeticamente no povo trabalhador e em seus intelectuais, não no cidadão tradicional e no intelectual tradicional. O povo italiano é aquele que 'nacionalmente' é mais interessado no internacionalismo [...]. Colaborar para reconstruir o mundo economicamente de modo unitário faz parte da tradição da história italiana e do povo italiano, não para dominá-lo e se apropriar dos frutos do trabalho alheio, mas para existir ou se desenvolver [...]. A missão de civilização do povo italiano encontra-se na retomada do cosmopolitismo romano e medieval, mas em sua forma mais moderna e avançada. Que seja nação proletária; proletária como nação porque foi exército de reserva de capitalismos estrangeiros [...]. Exatamente por isso deve se vincular à frente moderna de luta para reorganizar o mundo, também não italiano, que contribuiu para criar com o seu trabalho" (*Q 9*, 127, 1.190-1).

Essa conversão neocosmopolita da "nação proletária" apoia-se, cabe dizer, na premissa de que a expansão, hoje, é econômica, não mais cultural. Na hegemonia cultural havia se apoiado o primado francês de dois séculos, mas tal hegemonia é impossível em um "mundo [...] unificado na sua estrutura econômico-social" (*Q 9*, 132, 1.192). Essa já real unidade econômica é a premissa de um neo-cosmopolitismo de iniciativa italiana que, forte na tradição da "nação proletária", converta a unidade econômica numa nova forma política supranacional.

Bibliografia: Cavalluzzi, 1999; Ciliberto, 1999; Durante, 2004; Izzo, 2009; Suppa, 2008; Vacca, 1991.

Fabio Frosini

Ver: cosmopolitismo; França; frente única; internacional/internacionalismo; nacional-popular; nacionalismo; Norte-Sul; povo-nação; questão nacional; relações de força; *Risorgimento*.

nacional: v. nacional-popular.

nacional-internacional: v. nação.

nacional-popular

As primeiras ocorrências do termo nos *Q* nascem como uma direta adjetivação da expressão "povo-nação". A combinação dos dois adjetivos representa uma "antítese estratégica na batalha contra a perversão histórica dos conceitos de "nação e povo" (Sanguineti, 1987, XXIII), isto é, contra os mitos retóricos que esses, tomados separadamente, representam. "Observar o fato de que, em muitas línguas, 'nacional' e 'popular' são quase sinônimos (em russo; em alemão o termo 'volkisch' tem quase um significado [ainda] mais íntimo, de raça; nas línguas eslavas em geral; em francês tem o significado, já elaborado politicamente, ligado ao conceito de 'soberania'; soberania nacional e soberania popular têm, ou tiveram, valor igual)" (*Q 3*, 64, 343). "Na Itália, o termo 'nacional' tem um significado muito restrito ideologicamente e, de qualquer modo, não coincide com 'popular', já que na Itália os intelectuais estão afastados do povo, ou seja, da 'nação'; estão ligados, ao contrário, a uma tradição de casta, que jamais foi quebrada por um forte movimento político popular ou nacional vindo de baixo" (*Q 21*, 5,

2.116 [*CC*, 6, 42]). "Popular-nacional" é, pois, o caráter falho e faltante da cultura e da literatura italianas em razão do distanciamento entre intelectuais tradicionais e massas populares que marcou a história da Itália. A literatura italiana é para G., em grande parte, fruto de uma notável incapacidade dos intelectuais de se fazerem portadores das instâncias populares e de um estranhamento deles em relação a elas. Se em outras nações, como na França, por exemplo, a literatura soube expressar um alto grau de identificação nacional, patrimônio de todos os estratos da população, isso se deu essencialmente graças à capacidade dos intelectuais e do povo de se sentirem partícipes de um processo comum, no qual havia sido possível amadurecer contemporaneamente tanto o espírito nacional quanto o pertencimento de classe.

A difusão da literatura popular e dos romances de folhetim estrangeiros na Itália e a ausência de uma literatura popular italiana afligem particularmente G., que ao longo de todo o seu trabalho no cárcere reflete sobre esses temas, propondo com frequência nos *Q* exemplificações do estranhamento dos intelectuais em relação à realidade do povo, mesmo no caso de autores comumente considerados intérpretes dessa realidade. Mas, se na lista de argumentos principais compilada no início do *Q 1* G. não nomeia de maneira direta o problema do nacional-popular, na reformulação das prioridades que ele realiza no *Q 8* no momento de começar a escrever os "cadernos especiais", a questão assume tal autonomia conceitual, com base no vínculo inicial com o tema do brescianismo, que torna necessária sua nomeação explícita na nova lista: "Reação à ausência de um caráter popular-nacional da cultura na Itália: os futuristas" (*Q 8*, p. 935). Além da reflexão gramsciana sobre o futurismo, dois dados devem ser incorporados: a estreita conexão do tema ao cosmopolitismo, citado imediatamente antes, e a utilização da expressão adjetiva dupla na ordem que G. demonstra frequentemente preferir nos usos literários da expressão. Entretanto, no *Q 21*, em um "caderno especial" sobre a literatura popular, G. decide propor uma definição conclusiva do "conceito de nacional-popular" (*Q 21*, 5, 2.116 [*CC*, 6, 39]), canonizando a ordem inversa dos dois termos.

G. empreende uma pesquisa difícil e pouco frutífera por toda a plurisecular tradição literária nacional, buscando elementos, autores, movimentos literários que possam pelo menos em parte ser comparados aos franceses, que representam um verdadeiro ponto de referência para esse aspecto da reflexão. Mas nacional-popular é um termo destinado a exprimir uma falta, uma ausência, até o fim. O distanciamento entre escritores e povo tem início com a própria literatura e a atravessa em alguns de seus momentos mais importantes. O século XIV aparece marcado por um "duplo filão [...]: um verdadeiramente nacional-popular (nos dialetos, mas também em latim) ligado à novelística anterior, expressão da burguesia; e um outro, áulico, cortesão, anacional, mas que é posto nas nuvens pelos retóricos" (*Q 5*, 104, 633 [*CC*, 6, 179]). Retomando as palavras de Angelo Gatti, G. nota que na Itália florescem livros como o *Galateo*, enquanto faltam obras de moralistas do tipo dos franceses, porque enquanto o intelectual "italiano estuda como 'dominar', como ser mais forte, mais hábil, mais astucioso, o francês estuda como 'dirigir' e, portanto, como 'compreender' para influenciar e obter um 'consenso espontâneo e ativo'" (*Q 15*, 14, 1.771 [*CC*, 6, 255]). As academias também respondem à mesma lógica de casta; existe na Itália uma "desagregação dos intelectuais em igrejinhas e seitas de 'espíritos eleitos'" (*Q 8*, 145, 1.030 [*CC*, 6, 222]), que é, no fundo, causa e consequência ao mesmo tempo da desagregação da "vida popular-nacional" (idem). Os próprios escritores, aliás, são de proveniência não popular e, quando ocasionalmente o estrato popular produz algum escritor, este é particularmente apreciado por sua capacidade de se alçar e de se separar do povo.

Na argumentação gramsciana sobre os fatos literários, o idealismo está sempre presente como elemento complicador. As antinomias entre "espíritos eleitos" e "nação" (*Q 8*, 145, 1.030 [*CC*, 6, 222]), entre "literatura artística" e "literatura popular", entre "belo" e "interessante" (*Q 5*, 54, 586 [*CC*, 6, 168]), recebem notável relevo, às vezes num tom ansioso. Na verdade, tanto no plano da pesquisa histórica quanto no plano das expectativas futuras, G. não pensa em uma literatura nacional-popular que se configure como vulgarização pedagógica ou como renúncia à dimensão alta da cultura (como, ao contrário, pareceu durante as longas décadas em que a expressão gramsciana foi conhecida e difundida na famosa versão errada como "nazional-popolare"*, nunca usada por G.). Isso é evidente quando o autor propõe os clássicos gregos e Shakespeare como exemplos de

---

* Em contraposição à correta "nazionale-popolare". (N. T.)

autores nacionais-populares, mas, cabe dizer que, ao mesmo tempo, não consegue definir margens exatas que impeçam que o plano estético, o histórico-crítico ou o político sobreponham suas respectivas categorias, analíticas ou definitórias que sejam. Não é por acaso que ele se mostra apreensivo desde o início e que o faça usando a primeira pessoa, consciente dos riscos que tal campo de investigação poderia comportar para um intelectual de sua formação. "Na minha discussão, tenho de evitar parecer impregnado por tendências moralistas do tipo de Tolstói ou de Shaw. Para mim, trata-se de uma pesquisa de história da cultura, não de crítica artística, a não ser indiretamente (demonstrar que não sou eu que exijo um conteúdo moral 'extrínseco', mas os autores examinados introduzem um conteúdo moral extrínseco, isto é, fazem propaganda e não arte); trata-se de focalizar não porque um livro é 'belo', mas porque é 'lido', é 'popular', 'procurado'" (*Q 3*, 151, 405).

A ausência de uma literatura nacional-popular italiana gera a circunstância que na Itália o povo "*sofre* a hegemonia intelectual e moral dos intelectuais estrangeiros, que se sente mais ligado aos intelectuais estrangeiros do que aos 'patrícios', isto é, que não existe no país um bloco nacional intelectual e moral, nem hierárquico nem (muito menos) igualitário [...]. A questão deve ser estendida a toda a cultura nacional-popular e não se restringir apenas à literatura narrativa: o mesmo deve ser dito do teatro, da literatura científica em geral (ciências naturais, história etc.)" (*Q 21*, 5, 2.117 [*CC*, 6, 43]). Isso também vale, naturalmente, para a língua, que, se na França expressa uma verdadeira "concepção do mundo, como base elementar – popular – nacional da unidade da civilização" (*Q 3*, 145, 401 [*CC*, 2, 96]), na Itália foi proposta como "questão" em termos unitários da mesma forma que a questão territorial, e até mesmo um autor como Alessandro Manzoni caiu no erro de não considerar que tal proposição, não vinda de baixo, transformaria a língua nacional num fato "externo" ao povo-nação (*Q 21*, 5, 2.118 [*CC*, 6, 39]). A língua, no entanto, tem uma posição muito particular em relação ao nacional-popular, porque a expressão verbal, comparada às linguagens (técnicas) das artes diferentes da literatura, como a música ou a pintura, "tem um caráter estritamente nacional-popular-cultural" (*Q 9*, 132, 1.193). G. retoma o argumento em várias notas esparsas por diversos cadernos, principalmente nos *Q 13* e *Q 23*, e por isso atribui a ele um estatuto especial em relação à definição identitária de uma civilização, o reconhece como uma verdadeira ordem de grandeza cultural, sob o qual não existe realmente "tradutibilidade" recíproca com outras culturas.

A qualidade potencial reconhecida à cultura de formar e de expressar a maturidade de uma nação, ou seu grau de progresso, coloca no centro o problema do *Risorgimento*, do papel dos intelectuais naquele momento, bem como a incompletude do processo em relação às suas potencialidades. O ideal unitário vinha sendo construído retoricamente, "ainda que se deva observar que, em sua época, esta retórica tinha uma eficiência prática atual e, portanto, era 'realista'" (*Q 8*, 3, 938 [*CC*, 2, 160]). *Sepolcri*, de Ugo Foscolo, havia sido "a maior 'fonte' da tradição cultural retórica, que vê nos monumentos um motivo de exaltação das glórias nacionais. A 'nação' não é o povo, ou o passado que continua no 'povo' mas, ao contrário, o conjunto das coisas materiais que recordam o passado" (*Q 5*, 32, 569 [*CC*, 6, 167]). Entendida dessa forma, a construção da nação reproduzia e condensava em si os limites que haviam atrasado até aquele momento sua realização em relação às outras nações da Europa, fundando-se na concretização de uma "'biografia' nacional" (*Q 19*, 50, 2.069 [*CC*, 5, 119]) que há séculos fazia coincidir o desejo de um Estado italiano com sua existência, na mediação dos intelectuais. Se Gioberti e Mazzini representavam os dois polos da visão da unidade da Itália, Gioberti, sem dúvida, oferecia aos intelectuais uma filosofia mais concretamente nacional e capaz de dar uma dignidade nova, também no plano das relações internacionais, ao pensamento italiano (*Q 19*, 27, 2.046 [*CC*, 5, 98]). Além disso, ele reconhecia, ainda que vagamente, o conceito jacobino de "'nacional-popular', da hegemonia política, isto é, da aliança entre burgueses-intelectuais (talento) e o povo [...]. No *Rinnovamento* (Parte II, capítulo "Degli scrittori"), escreve: '[...] Uma literatura não pode ser nacional se não for popular; porque, se bem seja de poucos sua criação, universal deve ser sua fruição e uso'" (*Q 17*, 9, 1.914-5 [*CC*, 5, 343]). Portanto, se é verdade que os partidos durante o *Risorgimento* não tiveram uma real função unificadora do povo-nação (*Q 15*, 25, 1.782 [*CC*, 5, 322]), o partido moderado, graças a Gioberti, conseguiu propor e tornar hegemônica a sua solução formal para o problema nacional-popular como um equilíbrio entre conservação e inovação, como "classicismo nacional"

(*Q 8*, 30, 959 [*CC*, 2, 163]), naturalmente sem nenhuma possibilidade de atrelamento entre o movimento dos camponeses e das massas (que depositavam uma fé cega em Mazzini) e as elites dirigentes, que, ao contrário, iam se separando sempre mais do povo à medida que o unificavam territorialmente com as anexações ao Piemonte. Por outro lado, a cultura católica, de que Gioberti era expressão, apesar da vasta difusão nos estratos populares, nunca havia sido real portadora de elementos unificadores nacional-populares; pelo contrário, no *Risorgimento*, teve até um papel antinacional-popular. De fato, não é possível falar em uma "igreja nacional" italiana, para G., mas de "cosmopolitismo religioso [...]. Separação entre ciência e vida, entre religião e vida popular, entre filosofia e religião; os dramas individuais de Giordano Bruno etc., pertencem ao pensamento europeu e não ao italiano" (*Q 9*, 55, 1.130 [*CC*, 5, 308]).

Apesar de trabalhar na pesquisa de nomes que na sua contemporaneidade expressaram ou tentaram expressar o sentido nacional-popular na literatura ou a preocupação em relação a esse limite da cultura italiana, que, àquela altura, já começava a se tornar evidente também para a crítica tradicional (*Q 14*, 35, 1.692 [*CC*, 6, 241]), G. propõe apenas reflexões muito parciais, também em razão da própria falta de conhecimentos acerca da literatura do período, admitida abertamente em uma carta. Além da autoridade de Francesco De Sanctis, mais remota, mas densa de intenções nacional-populares (*Q 23*, 1, 2.185 [*CC*, 6, 63] e *Q 23*, 8, 2.197 [*CC*, 6, 72]) e por isso cara a G., ele reconhece em Giuseppe Cesare Abba um autor nacional-popular, pelo menos no que se refere aos seus escritos de guerra, que, como aqueles do vociano Giani Stuparich (*Q 9*, 42), representam o sentido de uma experiência de massa, mostram como a guerra foi para os italianos um momento de intensa vida coletiva. E é exatamente nessas situações, como guerras ou eleições, que, segundo G., é possível assistir ao germinar de uma consciência nacional-popular, se a postura mantida pelos intelectuais, porém, oferecer as condições favoráveis para isso (*Q 9*, 103, 1.166). A história se faz com os "se". Enfim, são os intelectuais, inclusive os contemporâneos, que na Itália pecam pela falta daquele senso autocrítico que, na América fordista, permite a criação e o sucesso de personagens como Babbitt (*Q 5*, 105, 634 [*CC*, 4, 301]). São os intelectuais que não compreendem a necessidade de se transformar de "tradicionais" em "orgânicos", que não querem colocar em discussão a sua relação manzonianamente "benévola" e paternalista com os "humildes" (*Q 7*, 50, 896 [*CC*, 6, 208]). O mesmo se aplica a Croce, máximo expoente da intelectualidade tradicional, de origem nacional, mas de dimensão cosmopolita, que demonstra tal postura em relação ao senso comum, no que se refere à filosofia. Mas "esta atitude de Croce em face do senso comum não conduziu a uma concepção da cultura fecunda do ponto de vista nacional-popular, isto é, a uma concepção mais concretamente historicista da filosofia, o que, de resto, só pode ocorrer na filosofia da práxis" (*Q 11*, 13, 1.399 [*CC*, 1, 117]). Croce se comporta em relação à filosofia da práxis como o homem do Renascimento em relação à Reforma Protestante, isto é, não acolhe de maneira igualitária os impulsos reformadores e revolucionários que provêm de baixo, mas quer reabsorvê-los de forma paternalista com o objetivo de relegá-los a um espaço de imobilismo subalterno e não conflituoso (*Q 10* II, 41.I, 1.293 [*CC*, 1, 361]; v. também *Q 8*, 145, 1.030 [*CC*, 6, 222]). Para G., Reforma e Renascimento, baixa cultura e alta cultura, devem estar numa relação de troca, de orgânica necessidade recíproca.

A questão, pode-se notar com facilidade, é completamente política, trata-se precisamente da "questão política dos intelectuais" (*Q 11*, 12, 1.386 [*CC*, 1, 93]). O mais profundo significado do nacional-popular deve ser procurado nas notas em que G. o identifica com o problema da consciência do Estado, especialmente a propósito de *O príncipe* e de Maquiavel. "Nenhuma ação de massa é possível se a própria massa não está convencida dos fins que quer alcançar e dos métodos a serem aplicados", já havia escrito G. em *Alguns temas da questão meridional* (*QM*, 144). A vontade coletiva é, assim, um elemento imprescindível para um processo tão complexo como esse da formação do Estado, se compreendido em sentido histórico e concreto, e não como absoluto abstrato. Na história da Itália, por parte dos intelectuais, não se trabalhou para superar a separação entre os "melhores" e o povo, ao contrário, se favoreceu uma visão em que o herói, o voluntário da pátria, fosse exaltado (*Q 19*, 11, 1.999 [*CC*, 5, 51]). "Um deserto com um grupo de altas palmeiras é sempre um deserto; aliás, é próprio do deserto ter pequenos oásis com grupos de altas palmeiras" (*Q 6*, 170, 821 [*CC*, 2, 147]). A progressiva superação da influência leninista se evidencia plenamente em G. na noção de vontade coletiva nacional-popular, entendida como necessidade de irrupção simultânea dos diversos componentes da sociedade, urbana e camponesa, na vida política (*Q 13*, 1, 1.560 [*CC*, 3, 13]), e se evidencia também em algumas formulações não dogmáticas do conceito de "espírito estatal", visto como vínculo entre as gerações, como solidariedade com os idosos e com as crianças (*Q 15*, 4, 1.754 [*CC*, 3, 324]).

"O moderno Príncipe deve e não pode deixar de ser o anunciador e o organizador de uma reforma intelectual e moral, o que significa, de resto, criar o terreno para um novo desenvolvimento da vontade coletiva nacional-popular no sentido da realização de uma forma superior e total de civilização moderna" (*Q 13*, 1, 1.560 [*CC*, 3, 18]).

BIBLIOGRAFIA: ASOR ROSA, 1964; DURANTE, 2004; GUGLIELMI, 1976; LEONE DE CASTRIS, 1989; LUPERINI, 1974; LUPORINI, 1995; PALADINI MUSITELLI, 1996; PETRONIO, 1969; SANGUINETI, 1987; SAPEGNO, 1951.

LEA DURANTE

Ver: brescianismo; cosmopolitismo; Croce; cultura; cultura popular; De Sanctis; Gioberti; intelectuais; língua; literatura artística; literatura de folhetim; Manzoni; Maquiavel; moderno Príncipe; povo; *Risorgimento*; senso comum.

nacionalismo

Desde os anos da juventude, a questão do nacionalismo se configura em G. em estreita conexão com a questão do internacionalismo e se constitui um dos temas fundamentais de toda a evolução de seu pensamento. De certa forma, pode-se afirmar que, já em alguns artigos de 1918, G. ressalta a vocação internacionalista imanente ao modo de produção capitalista e o papel da economia burguesa na superação das divisões nacionais e dos contrastes político--militares entre os vários Estados. Nesse sentido, o jovem G. é polêmico em relação a toda forma de nacionalismo entendido como fenômeno político-ideológico próprio de pequenas burguesias frágeis, antiquadas e reacionárias. Nesses anos, G. demonstra simpatia pela cultura liberal – da qual, a partir de 1919, denunciará a abstração –, mas é igualmente influenciado pelo episódio da Revolução de Outubro e pela leitura de alguns escritos de Lenin sobre a necessidade de fazer emergir das várias culturas os elementos democráticos, universalistas e potencialmente socialistas. Apenas assim, segundo G., tornar-se-ia possível transcender a contradição entre cosmopolitismo da economia e nacionalismo da política, que nos *Q* será identificada como uma das causas fundamentais da crise orgânica do mundo capitalista. Num artigo de maio de 1919, publicado em *L'Ordine Nuovo*, G. ressalta, entretanto, que até aquele momento a unidade do mundo se realizara pela guerra – única forma em que podia se realizar em regime de propriedade privada e nacional –, ou seja, pela criação de uma hierarquia mundial do capital e da concentração da propriedade privada em trustes de banqueiros, armadores e industriais. Emerge, então, uma percepção mais madura do papel central dos Estados nacionais, a consciência de que a formação de uma economia mundial reforça, e não diminui, a sua função na concorrência internacional e de que existe uma forte contradição entre a realidade do imperialismo e toda a tradição liberal que é formalmente contrária ao Estado e faz da concorrência a "inimiga mais ácida do Estado" ("Lo Stato e il socialismo" [O Estado e o socialismo], 28 de junho – 5 de julho 1919, em *ON*, 117 [*EP*, 250]). Não é por acaso que G. recordará, no *Q 2*, 122, 262 [*CC*, 5, 199], que apenas no pós-guerra se desenvolve na Itália "um acentuado espírito de nacionalismo econômico", de forma que "toda nação quer produzir tudo e quer vender sem comprar".

Todavia, parece ser justamente a crise do capitalismo mundial que atribui à classe operária dos países capitalistas uma precisa função nacional. Pode-se dizer que, por um lado, G. evidencia nos escritos desses anos a posição subordinada da Itália no âmbito da divisão internacional do trabalho, mas, por outro, compreende que tal condição é comum ao conjunto das nações sob o domínio do imperialismo: a luta pela independência nacional por parte de todos os povos oprimidos se torna o momento da luta de classe do proletariado mundial. Ou melhor, apenas a luta de classe é capaz de conferir um conteúdo concreto à própria luta nacional. Como já apontava Lenin nos escritos de 1915-1916, o processo de transição do capitalismo para o comunismo, ainda que em parte já em curso, revela-se para G. mais complexo do que o previsto: os violentos conflitos nacionais que explodem nos países coloniais sujeitos ao domínio das potências imperialistas mostram como a crise geral do capitalismo, longe de comportar uma rápida dissolução de todos os Estados nacionais e de toda divisão nacional numa unidade mundial superior, impõem o reforço, tanto político quanto militar, do Estado soviético e a sua inserção como nova potência mundial no sistema hegemônico entre os Estados. Por outro lado, G. – que nos *Q* irá se mostrar um crítico implacável de qualquer concepção utópica e defensor de uma "política realista", com a finalidade de "depurar o internacionalismo de todo elemento vago e puramente ideológico (em sentido pejorativo)" (*Q 14*, 68, 1.729 [*CC*, 3, 315]) – acredita que nem após a vitória da revolução internacional será possível prever a extinção dos Estados nacionais: de fato, se por um lado, sem dúvida, "o comunismo só existirá quando e na medida em que for internacional", por outro, o Estado permanece a "'forma' concreta da sociedade humana", para o proletariado, a sua forma "de defesa e de ataque". Nesse sentido, no sistema político do comunismo internacional, o Estado socialista deve estar "preparado e organizado de modo a ser capaz de se articular com os outros Estados socialistas" ("Lo Stato e il socialismo", cit., em *ON*, 115 [*EP*, 252]).

A reflexão sobre o tema do nacionalismo nos *Q* avança num plano duplo, teórico e político. No fundamental *Q 3*, 2, 284 [*CC*, 2, 71], G. distingue claramente "nacional" de "nacionalista", já que se pode *ser* particular sem *predicar* o particularismo e "aqui reside o equívoco do nacionalismo, que, na base desse equívoco, pretende frequentemente ser o verdadeiro universalista, o verdadeiro pacifista" (idem). Se de fato é verdade que uma ideia não é eficaz se não é expressa artística ou particularmente por um indivíduo, todavia, "a nacionalidade é uma particularidade primária", uma vez que se particularizar entre os compatriotas é uma "segunda 'particularidade'" que "não é o prolongamento da primeira" (ibidem, 285 [*CC*, 2, 72]). Mas os nacionalistas não querem isso, pois veneram mestres cujo valor "consiste em sua semelhança com o espírito de seu grupo", e é por isso que "tantos escritores modernos atêm-se tão intensamente à 'alma nacional' que afirmam representar": "É útil, para quem não tem personalidade, decretar que o essencial é ser nacional" (idem). Definitivamente, "deste modo, constitui-se uma hierarquia e uma organização de fato" (idem) e, no plano político, "essa tendência à distinção nacional fez com que a guerra" tenha "se tornado uma guerra de almas nacionais, com suas características de profundidade passional e de ferocidade" (ibidem, 286 [*CC*, 2, 73]). A reflexão sobre o nacionalismo remete também à reflexão sobre as novas perspectivas abertas pelas tentativas de edificação do "socialismo em um único país" (*Q 14*, 68, 1.729 [*CC*, 3, 314]). Superada a hipótese de uma rápida difusão e aceleração do processo revolucionário em escala mundial impulsionada pela Revolução de Outubro e mesmo pelos processos de internacionalização da economia capitalista, o movimento comunista internacional caminhava em direção a uma fase de longa e difícil "guerra de posição", de resultados até então imprevisíveis. Diante do ineditismo de tal quadro mundial, marcado por notáveis processos de reorganização sociopolítica, o terreno nacional se mostrava ainda mais decisivo do que no passado para a afirmação hegemônica do proletariado, do qual o movimento comunista deveria representar a vanguarda política. Para alcançar tal objetivo, seria necessário, segundo G., constituir um bloco de forças nacionais, o "povo-nação", que desse vida a uma "vontade coletiva nacional-popular". Esta representaria "um tipo de nacionalismo político e cultural que foge aos limites dos partidos propriamente nacionalistas" (*Q 3*, 82, 361 [*CC*, 6, 161]) e que, ao contrário, impregna toda a cultura e cria "uma dependência e uma ligação estreita entre povo-nação e intelectuais" (ibidem, 362 [*CC*, 6, 161]). De fato, há países em que "existe nacionalismo, mas não uma situação 'nacional-popular', ou seja, onde as grandes massas populares são consideradas gado" (*Q 6*, 135, 799 [*CC*, 4, 306]). No caso contrário, o nacionalismo ou "patriotismo" é uma combinação do "elemento hegemônico ético-político" com a vida estatal e nacional e é uma verdadeira "religião popular" (*Q 8*, 227, 1.084), representando a unidade entre dirigentes e dirigidos.

No que concerne ao contexto italiano, na nota intitulada "O nacionalismo italiano" (*Q 2*, 25, 181 [*CC*, 5, 174]), G. observa que "na Itália, ao lado do cosmopolitismo e do apatriotismo mais superficial, sempre existiu um chauvinismo arrebatado, que se relacionava com as glórias romanas e das repúblicas marítimas, bem como com o florescimento individual de artistas, literatos, cientistas de fama mundial" (idem). Sem dúvida, percebe-se como uma característica permanente do povo italiano "a admiração ingênua e fanática pela inteligência como tal" e o correspondente nacionalismo cultural, de um lado, e o "mais ou menos ingênuo, mais ou menos fanático" chauvinismo popular, de outro (*Q 9*, 141, 1.201-2 [*CC*, 2, 180]). Mas o verdadeiro "substrato do nacionalismo popular" (*Q 3*, 46, 326 [*CC*, 3, 189]) italiano deve ser buscado, segundo G., na tradição cultural do Humanismo e do Renascimento, que, entretanto, se mostrou um frágil fundamento do *Risorgimento*, comportando um "nacionalismo de intelectuais" (*Q 9*, 127, 1.190) incapaz de "concentrar em torno da burguesia os estratos mais ativos e inteligentes da população" (*Q 3*, 46, 326). Na Itália faltou um sentimento consciente "do elemento político-militar e político-econômico" (idem; v. também *Q 9*, 127, 1.190), do qual é emblemática a figura de D'Annunzio; trata-se de um "'apoliticismo' fundamental, no sentido de que dele se podiam esperar todos os fins imagináveis, do mais à esquerda até o mais à direita" (*Q 9*, 141, 1.202 [*CC*, 2, 181]). O chauvinismo das massas também revelou desde logo uma peculiaridade: se fazer "acompanhar de uma xenofobia popular igualmente característica" (*Q 2*, 25, 181 [*CC*, 5, 174]), um "nacionalismo 'de raça'" (*Q 5*, 23, 558 [*CC*, 2, 104]). Se as primeiras formas de nacionalismo na Itália reúnem muitos liberais e maçons, para G., em seguida, um pequeno grupo de intelectuais saqueou "as ideologias e os modos de pensar áridos, imperiosos, cheios de arrogância e *autossuficiência* de Charles Maurras" (*Q 2*, 25, 181 [*CC*, 5, 174]; itálico da autora) e de seu "nacionalismo integral" (*Q 8*, 111, 1.007 [*CC*, 4, 228]). A política externa dos nacionalistas, por sua vez, "não tinha fins precisos: apresentava-se como uma abstrata reivindicação imperial contra todos" (*Q 2*, 25, 182 [*CC*, 5, 175]). É, pois, evidente que as tendências nacionalistas, por mais basilares que sejam, segundo G., não podem ser considerados um dado historicamente insuperável (v. *Q 14*, 68, 1.729 [*CC*, 3, 314]): se por um lado a própria natureza cosmopolita dos processos econômicos é estruturalmente contraditória em relação à dimensão estatal que "se desenvolveu cada vez mais no sentido do 'nacionalismo', da 'autossuficiência'" (*Q 15*, 5, 1.756 [*CC*, 4, 318]), por outro, a esfera política revela firmes tendências para a formação de pelo menos uma união europeia. Existe realmente "uma consciência cultural europeia" e "existem muitas forças materiais que só com esta união poderão se desenvolver: se em x anos esta união se realizar, a palavra 'nacionalismo' terá o mesmo valor arqueológico da atual 'municipalismo'" (*Q 6*, 78, 748 [*CC*, 5, 249]). Além do mais, G. chega a recuperar o valor positivo da tradição cosmopolita italiana: "O nacionalismo de marca francesa é uma excrescência anacrônica na história italiana" (*Q 19*, 5, 1.989 [*CC*, 5, 42]), algo "de artificial e de não longa duração" (ibidem, 1.987 [*CC*, 5, 40]); tratar-se-á mais de recuperar o "cosmopolitismo romano e medieval, mas em sua forma mais moderna e avançada" (ibidem, 1.989 [*CC*, 5, 42]), aquela do internacionalismo. Daí o interesse da Itália por "se inserir na moderna frente de luta para reorganizar até o mundo não italiano, que contribuiu para criar com o seu trabalho" (idem), além de reconstruir, se possível, um "'primado civil' ou hegemonia político-intelectual" (*Q 9*, 132, 1.193).

Manuela Ausilio

Ver: chauvinismo; cosmopolitismo; D'Annunzio; economia política; Estado; guerra; hegemonia; internacionalismo; liberalismo; nacional-popular; pátria; povo-nação; universal.

Nápoles

São parcas as referências a Nápoles nos escritos pré-carcerários, e elas estão essencialmente ligadas à crônica ou à contingência política. Não obstante, é válido ressaltar o escasso contato de Gramsci com a cidade partenopeia: nesse período, ele viaja a Nápoles para o congresso da federação do partido (setembro de 1924) e ocasião da dissolução do Comitê de apoio a Bordiga (agosto de 1925). Nem mesmo em *Alguns temas da questão meridional* (1926) se encontram referências explícitas à cidade do Mezzogiorno, embora seja evidente sua implicação. Nos escritos do cárcere, ao contrário, Nápoles está presente com reflexões bastante densas: nos *Q*, aparece desde as primeiras páginas (*Q 1*, 43, 34). É no contexto das relações entre população urbana e rural e do papel da cidade "industrial", "sempre mais progressista do que o campo do qual depende", que se encontra a primeira referência ao lugar mais importante da Campânia. "A maior cidade italiana, Nápoles, não é uma cidade industrial. Ainda assim, mesmo nessas cidades existem núcleos populacionais tipicamente urbanos [...]. Estes estão submersos, espremidos, esmagados pela outra parte, a rural, de tipo rural, que constitui a grande maioria da população. As cidades do 'silêncio'. Nesse tipo de cidade, existe uma unidade ideológica 'urbana' contra o 'campo'" (ibidem, 34-5). Trata-se de um problema presente nos anos do *Risorgimento* que G. se propõe a aprofundar. Um esboço da estrutura socioeconômica da cidade aparece na referência ao predomínio da renda fundiária rural constituída por "(nobres e plebeus) [...], com suas cortes de servos e de lacaios diretos", em torno dos quais "se organiza a vida prática de uma significativa parcela da cidade, com suas indústrias artesanais", os profissionais ambulantes, "com a enorme pulverização da oferta imediata de mercadorias e serviços aos desocupados que circulam pelas ruas. Uma outra importante parcela da cidade se organiza em torno da circulação de mercadorias e do comércio por atacado".

A indústria produtiva é relativamente pequena: as "estatísticas oficiais" colocam Nápoles como a "quarta cidade industrial da Itália, depois de Milão, Turim e Gênova [...]. Esta estrutura econômico-social [...] explica grande parte da história da cidade de Nápoles, tão plena de contradições aparentes e de espinhosos problemas políticos" (*Q 22*, 2, 2142 [*CC*, 4, 244]).

De modo ainda mais evidente que outras cidades italianas, Nápoles apresenta uma característica peculiar. G. concorda com Goethe na demolição da lenda do "*lazzaronismo*" napolitano, salientando que seus habitantes "são muito ativos e laboriosos", mas deve ser compreendida a direção que toma sua laboriosidade: "Ela não é produtiva e não se destina a satisfazer as necessidades e as exigências de classes produtivas" (idem). É o chamado "mistério de Nápoles", que deixa curioso o poeta alemão e que G. comenta numa das primeiras notas de *Americanismo e fordismo* (*Q 22*), ampliando progressivamente o discurso da cidade para a relação entre Norte e Sul, da Itália para o mundo. É significativo que o "mistério" seja tematizado "no coração de sua análise do americanismo" (v. Baratta, 2007). O "ritmo do pensamento" gramsciano se desenrola em várias direções, que podem ser agrupadas em três eixos:

1. Descoberta das características da população napolitana. Para G., "que do Mezzogiorno só conhecia a Sardenha" (*LC*, 68, a Tania, 11 de abril de 1927 [*Cartas*, I, 140]), as primeiras verdadeiras descobertas foram oferecidas pelos confinados de Ústica e pela "academia da faca", organizada por alguns presidiários meridionais que, encontrados numa parada durante a transferência de Ústica para Milão, revelam-lhe "um mundo subterrâneo, complicadíssimo, com uma vida própria de sentimentos, de pontos de vista, de pontos honra" (ibidem, 69 [*Cartas*, I, 141]). Ao contrário da cidade "rica de homens de palavra fácil e de advogados" (Croce, 1917), em G. tomam forma concreta os homens que dão vida ao mistério de Nápoles, com sentimentos e modos de vida próprios. As referências à "'impraticabilidade' das ruas populares de Nápoles", pois das janelas caem vasos de flores "que esmagam os chapéus-coco e os palhetas dos senhores", e a episódios análogos, são interpretados como a característica de um mundo que expressa "distanciamento, diferenciação, num ambiente primitivo, 'quente', que acredita estar a impunidade ao alcance da mão e se revela abertamente", ao passo que em circunstâncias "normais" "é dissimuladamente adulador e servil" (*Q 4*, 65, 508-9 [*CC*, 4, 101]). Para essa realidade não existem "ruas abertas", como já recordava num escrito pré-carcerário de 19 de outubro de 1918 ("A 'intelligentsia' russa", em *NM*, 377-8). O "grande sonho de felicidade" que anima o povo napolitano e que poderia se realizar vencendo "a loteria" (*Q 16*, 1, 1837 [*CC*, 4, 15]) – normalmente atribuído à graça de um santo ou de Nossa Senhora – é lido por G. como "concepção passiva e indolente da graça própria da gente comum católica" (ibidem, 1840 [*CC*, 4, 18]); concessão que encontra na história do sangue de São Genaro outra confirmação. Tais modos de pensar são "úteis para o populacho napolitano, mas não para os intelectuais" (*Q 11*, 12, 1.384 [*CC*, 1, 102] e *Q 23*, 19, 2.208-9 [*CC*, 6, 87]). Há, por fim, uma "característica permanente do povo italiano": "a admiração ingênua e fanática pela inteligência como tal [...]. Este sentimento tem força desigual nas várias partes da Itália [...], e da mesma forma em Nápoles, onde também tem um caráter mais espontâneo e popular na medida em que os napolitanos acreditam ser mais inteligentes do que todos, como massa e como indivíduos" (*Q 9*, 141, 1.201-2 [*CC*, 2, 180-1]).

2. O papel dos intelectuais. Já no texto sobre a "questão meridional", G. observa como no Mezzogiorno prevalece a existência de "grandes acumulações culturais e de inteligência em alguns indivíduos ou em restritos grupos de grandes intelectuais, ao passo que não existe uma organização da cultura média" (*QM*, 155 [*EP*, 2, 430]). Tal limite pesa bastante sobre o quadro político e cultural da mais importante cidade campana. São inúmeros os intelectuais que povoam os *Cadernos* e as *Cartas do Cárcere* e que remetem imediatamente a Nápoles; alguns deles aparecem nos momentos altos da reflexão carcerária. É o caso de Croce, De Sanctis e Bertrando Spaventa; mas oferecem também inspiração os escritos de Pisacane, que conseguiu "dominar uma série de conceitos político-militares postos em circulação pelas experiências bélicas da Revolução Francesa e de Napoleão" (*Q 19*, 24, 2.016 [*CC*, 5, 67]), e sobretudo aqueles de Cuoco (*Q 15*, 17, 1.774-5 [*CC*, 5, 321]), com base nos quais toma forma a elaboração gramsciana do conceito de "revolução passiva". Para oferecer "um esboço da tradição intelectual do Sul (notadamente no que diz respeito ao pensamento político e filosófico) em contraposição com o resto da Itália, principalmente com a Toscana", G. recupera o "epigrama" da alcachofra proposto por Ardengo Soffici: a hortaliça toscana cada vez mais saborosa no seu interior é contraposta à alcachofra napolitana, saborosa nas folhas mais externas, mas ruim no seu cerne (*Q 10* II, 38, 1.288 [*CC*, 1, 358]). A metáfora, por assim dizer, da "oposição entra a cultura científica experimental dos toscanos e a cultura especulativa dos napolitanos".

3. *O Risorgimento napolitano*. O tema da relação contraditória entre cidade-campo é retomado – no período pré e pós-unitário – e são aprofundados os elementos que caracterizam as "cem cidades" ou "cidades do silêncio", a partir da derrota da República partenopeia de 1799, causada pela incapacidade de administrar essa relação (*Q 19*, 26, 2.036-7 [*CC*, 5, 87]). Enfim, acrescenta-se que a crônica também não escapa ao crivo da curiosidade de G.: os exemplos são a crise da poesia dialetal e a ventura das canções do bairro napolitano de Piedigrotta. Discordando de Tilgher, para quem a crise se deve ao ressecamento de "realismo e sentimentalismo", G. afirma que "a época moderna não é expansiva e sim repressiva. Não mais se ri com o coração", Piedigrotta "foi esvaziada" pela oficialidade e pela rigidez impostas pelo fascismo (*Q 1*, 101, 95, Texto B [*CC*, 6, 154]). As páginas sobre Nápoles oferecem comparações sugestivas com a realidade contemporânea, um "visor sobre o mistério do mundo" globalizado.

GIOVANNI MIMMO BONINELLI

Ver: cem cidades; cidade-campo; Croce; De Sanctis; loteria; Mezzogiorno; Norte-Sul; questão meridional; São Januário; Spaventa.

natural-artificial

"O que significa dizer que uma certa ação, um certo modo de viver, um certo comportamento ou costume são 'naturais' ou que eles, ao contrário, são 'contra a natureza'? Cada qual, em seu íntimo, acredita saber exatamente o que isso significa; mas, quando se pede uma resposta explícita e argumentada, vê-se que a coisa afinal não é assim tão fácil como pode parecer" (*Q 16*, 12, 1.874 [*CC*, 4, 50]). G., na verdade, não considera a espontaneidade, a naturalidade um valor em si; todavia, considera a exaltação romântica do que é natural "historicamente justificado na medida em que nasce em oposição a um certo conformismo essencialmente 'jesuítico': ou seja, um conformismo artificial" (*Q 14*, 61, 1.719 [*CC*, 6, 248]). G. critica a opinião comum segundo a qual "tudo o que existe é 'natural' que exista" (*Q 15*, 6, 1.760 [*CC*, 3, 328]): na verdade, "nada do que existe é natural (no sentido extravagante da palavra), mas existe porque existem determinadas condições" (idem).

Por isso, G. rejeita a "teoria fatalista daqueles grupos que compartilham a concepção da 'naturalidade' segundo a 'natureza' dos animais" (*Q 16*, 12, 1.878 [*CC*, 4, 54]), para a qual o ambiente social seria a causa da ação humana. De fato, dessa forma, se oculta a responsabilidade pessoal atrás da "responsabilidade social abstrata e inalcançável" (idem). Igualmente, G. recusa qualquer tentativa de naturalizar a situação de atraso de um país: "A pobreza relativa 'natural' de cada país na civilização moderna (e em tempos normais) tem também uma importância relativa" (*Q 19*, 6, 1.990 [*CC*, 5, 43]). É a própria forma de superprodução que assume a crise econômica nas sociedades capitalistas que mostra como o problema não é "de riqueza 'natural' [...], mas de organização social" (ibidem, 1.991 [*CC*, 5, 44]). O problema é que com o termo "natural" se entende geralmente algo de eterno, uma vez que "os modos de vida aparecem a quem os vive como absolutos, 'como naturais'" (*Q 14*, 67, 1.727 [*CC*, 1, 258]). Trata-se, na verdade, de uma "segunda natureza", do conjunto dos costumes que numa determinada época tornam-se patrimônio comum. Nessa ótica, toda a história do desenvolvimento técnico e industrial pode ser interpretada como uma luta conta a natureza imediata do homem, "um processo ininterrupto, frequentemente doloroso e sangrento, de sujeição dos instintos (naturais, isto é, animalescos e primitivos)" (*Q 22*, 10, 2.160 [*CC*, 4, 262]). A atividade industrial exige, na verdade, "um processo de adaptação psicofísica a determinadas condições de trabalho, de nutrição, de habitação, de costumes etc., que não é algo inato, 'natural'" (*Q 22*, 3, 2.149 [*CC*, 4, 251]). Tal desenvolvimento da sociedade passa pela regulação, ou melhor, pela repressão dos instintos sexuais 'naturais'. As contradições que tal processo, imposto pelo exterior, produziu fazem com que ele seja com frequência considerado "inatural", originando, consequentemente, o apelo do retorno à natureza. G. considera a própria psicanálise "um modo de criticar a regulamentação dos instintos sexuais de forma por vezes 'iluminista', com a criação de um novo mito do 'selvagem' com base sexual" (ibidem, 2.148 [*CC*, 4, 249-50]).

Assim, em sua opinião, a natureza não é algo "fixo, imutável e objetivo" (*Q 16*, 12, 1.874 [*CC*, 4, 50]). Em oposição ao materialismo vulgar, G. considera a "matéria" "social e historicamente organizada para a produção e, desta forma, a ciência natural deve ser considerada essencialmente como uma categoria histórica" (*Q 11*, 30, 1.442 [*CC*, 1, 160]). Por isso se pergunta se a redução crociana da natureza a categoria econômica não poderia ser reduzida "aos termos da filosofia da práxis" (ibidem, 1.443 [*CC*, 1, 160]). Ele também se pergunta se é possível falar de "descoberta" em relação a forças naturais pré-existentes à atividade humana ou se cabe considerá-las "'criações' que são estreitamente ligadas aos interesses da sociedade" (idem). Em seu ponto de vista, uma força natural, por exemplo, a eletricidade, "é historicamente ativa, mas não como mera força natural [...], e sim como um elemento de produção dominado pelo homem" (idem). Como força natural, mesmo existindo antes de se tornar uma força produtiva para o homem, "não operava na história, sendo um tema para hipóteses na ciência natural (e, antes, era o 'nada' histórico, já que ninguém se ocupava dela e, ao contrário, todos a ignoravam)" (ibidem, 1.443-4 [*CC*, 1, 161]). Do mesmo modo, segundo G., "a unidade do gênero humano não é dada pela natureza 'biológica' do homem; as diferenças do homem que têm importância na história não são as biológicas" (*Q 7*, 35, 884 [*CC*, 1, 244]). A natureza do homem não é a mesma nas diferentes épocas históricas e "não pode ser encontrada em nenhum homem particular, mas em toda a história do gênero humano" (ibidem, 885 [*CC*, 1, 245]). A partir do momento em que "o homem se torna homem, muda constantemente com as mudanças das relações sociais" (idem), não é possível falar de uma natureza humana em geral; essa nada mais é do que "o conjunto das relações sociais, que determina uma consciência historicamente definida" (*Q 16*, 12, 1.874 [*CC*, 4, 51]), que é a única que define o que deve ser considerado "natural". Trata-se, portanto, de fazer emergir a historicidade dos arranjos sociais, para demonstrar que a racionalidade deles, que os faz parecerem "naturais", funda-se em condições determinadas; com a mudança dessas condições tais arranjos "não mais se justificam, são 'irracionais'" (*Q 14*, 67, 1.727 [*CC*, 1, 258]). O marxismo surge justamente da historicização do modo de produção capitalista e de seus automatismos e, assim, se define como uma crítica da economia política, a qual, por sua vez, os concebe "como 'eternos', 'naturais'" (*Q 11*, 52, 1.478 [*CC*, 1, 195]).

Em linhas mais gerais, G. se contrapõe à concepção segundo a qual existiriam leis objetivas, pensadas em analogia com as leis naturais, na base do desenvolvimento histórico. Tal concepção se sustenta em "um finalismo fatalista similar ao fatalismo religioso", daí que seria inútil e até danosa "qualquer iniciativa voluntária" (*Q 13*, 23, 1.612 [*CC*, 3, 69]). Por isso, em sua opinião, não se pode fundar uma formação política "por 'cooptação' em torno de um 'portador infalível da verdade', [...] que encontrou as leis naturais infalíveis da evolução histórica" (*Q 13*, 38, 1.650 [*CC*, 3, 108]), já que tal organização seria dirigida por "um sistema doutrinário rígida e rigorosamente formulado, [...] algo artificial" (*Q 3*, 56, 337 [*CC*, 3, 199]). Da mesma forma, G. se contrapõe às concepções políticas não realistas, isentas de "experimentalidade": para ele, a "vontade coletiva" não se forma nem espontânea nem mecanicamente, pois não é "um dado de fato natural" (*Q 15*, 35, 1.789 [*CC*, 3, 334]).

Se G. tem uma posição crítica em relação ao que é apresentado como "natural", utiliza o termo contrário, "artificial", numa acepção negativa em referência à esfera individual, enquanto, em relação aos fenômenos de massa, esse termo assume o valor de "adquirido através do desenvolvimento histórico" (*Q 16*, 12, 1.878 [*CC*, 4, 55]). Seria errado, portanto, considerá-lo negativamente, uma vez que é atravessado "inclusive na consciência comum com a expressão 'segunda natureza'" (idem). De fato, frequentemente, "os termos 'artificial' e 'convencional' indicam fatos 'históricos', produzidos pelo desenvolvimento da civilização, e não construções racionalisticamente arbitrárias ou individualmente artificiais" (*Q 11*, 20, 1.419 [*CC*, 1, 137]). Assim, por exemplo, as "noções de 'Oriente' e 'Ocidente'" não "deixam de ser 'objetivamente reais', ainda que, quando analisadas, demonstrem ser nada mais do que uma 'construção' convencional, isto é, 'histórico-cultural'" (idem). O termo "artificial" é, por sua vez, geralmente utilizado por intelectuais conservadores para criticar, em nome de um método que se pretende inspirado pelas ciências naturais, não apenas as revoluções, mas o próprio conceito de igualdade, considerados artifícios contrários à natureza. Tais posições subentendem, segundo G., um conceito do que seria natural "verdadeiramente convencional e artificial porque a realidade o destruiu" (*Q 2*, 91, 249 [*CC*, 3, 173]). Dessa forma, consideram-se naturais e legítimas apenas as ações históricas que tendem "a restaurar o que passou, como se o que passou e foi destruído não fosse tão 'ideológico', 'abstrato', 'convencional' etc., quanto o que até agora não se efetivou, e até mesmo muito mais" (idem).

Renato Caputo

Ver: homem; natureza; objetividade.

naturalismo
Nos *Q*, "naturalismo" apresenta duas acepções. Por um lado, o termo, combinado com "materialismo", é usado para indicar velhas e novas formas de "imanência", de "reação ao transcendente católico", como "o espiritismo e a magia" renascentistas (*Q 17*, 3, 1.909 [*CC*, 5, 338]); por outro lado, o termo indica prevalentemente a corrente literária francesa homônima, alçada a símbolo da progressiva aproximação do real já em curso desde o Renascimento (*Q 5*, 104, 633 [*CC*, 6, 178]), além da revolucionária ruptura com uma concepção aristocrática da literatura. Por essas suas prerrogativas, o "naturalismo francês moderno" constitui, para G, a medida para avaliar a posição dos veristas italianos e denunciar seus limites. Diante da "atitude de fria impassibilidade científica e fotográfica" com que na Itália tinha se traduzido, "mais racionalmente do que por Zola" (*Q 8*, 9, 943 [*CC*, 6, 213]), a pretensão naturalista da objetividade experimental, G. não exclui que esta possa derivar dos próprios fundamentos da poética naturalista. Comentando a resenha de Giulio Marziot sobre o romance de Lina Pietravalle, *Le catene* [As cadeias], ele se pergunta "se o naturalismo francês não continha em germe a posição ideológica que, depois, teve grande desenvolvimento no naturalismo ou realismo italiano, e especialmente em Verga: o povo do campo é visto com 'distanciamento', como 'natureza' extrínseca ao escritor, como espetáculo natural" (*Q 6*, 9, 688). Não tem dúvidas, porém, ao atribuir a responsabilidade disso às carências constitutivas da cultura e da literatura italianas, ao fato de que – como sente necessidade de pontuar na conclusão da mesma nota – "na Itália o motivo 'naturalista' se enraizou numa posição ideológica pré-existente, como se vê em *Os noivos*, de Manzoni, em que existe o mesmo 'distanciamento' em relação aos elementos populares, distanciamento apenas velado por um benévolo sorriso irônico e caricatural" (idem).

Marina Paladini Musitelli

Ver: Manzoni; Verga; verismo.

natureza
G. utiliza o termo "natureza" principalmente em sua declinação de "natural"; em particular, contrapõe uma ideia de natureza humana, de ascendência marxiana, à acepção de "direito natural", utilizada pelo mundo católico, ou àquela de "justo e normal", que, na realidade, é tal apenas em razão da "nossa consciência histórica atual" (*Q 16*, 12, 1.874 [*CC*, 4, 51]). Com Marx, G. defende que a natureza humana não é "nada de fixo, imutável e objetivo", mas é "o conjunto das relações sociais que determina uma consciência historicamente definida" e que "só essa consciência pode indicar o que é 'natural' ou 'contra a natureza'" (idem). A natureza humana não é, portanto, "algo homogêneo para todos os homens em todos os tempos" (ibidem, 1.875 [*CC*, 4, 51]), ao contrário, é mutável, uma vez que "sendo contraditório o conjunto das relações sociais, não pode deixar de ser contraditória a consciência dos homens" (ibidem, 1.874-5 [*CC*, 4, 51]), e com ela mudam as ideias que consolidam a maneira como o ser humano se comporta, já que essas são parte da consciência historicamente determinada do homem. Citando Engels, G. defende ainda que "os 'instrumentos intelectuais' [...] não são inatos no homem, mas são adquiridos e se desenvolveram e desenvolvem historicamente" (*Q 11*, 21, 1.421 [*CC*, 1, 139]). G. considera, então, os homens iguais em sua adaptabilidade social e, referindo-se a algumas grandes descobertas da história, ressalta como a existência é inseparável do pensamento. A eletricidade, por exemplo, sempre existiu e sempre foi observada em sua forma natural, mas, antes que fosse realmente compreendida e empregada para uso social, não se pode afirmar que tenha tido um efeito significativo sobre a consciência e sobre as relações humanas: "A 'originalidade'" de uma descoberta, na verdade, "consiste tanto em 'descobrir' quanto em 'aprofundar', em 'desenvolver' e em 'socializar', isto é, em transformar em elemento de civilização universal" (*Q 6*, 77, 745 [*CC*, 2, 143]; v. também *Q 11*, 30, 1.442 [*CC*, 1, 160] e *Q 11*, 37-9, 1.455-9 [*CC*, 1, 172-6]). Essa ideia de natureza como um conjunto das atividades humanas, sociais e produtivas historicamente determinadas, é considerada por G. a "inovação fundamental introduzida pela filosofia da práxis na ciência da política e da história", pois demonstra "que não existe uma 'natureza humana' abstrata, fixa e imutável (conceito que certamente deriva do pensamento religioso e da transcendência)" (*Q 13*, 20, 1.598-9 [*CC*, 3, 56]). Da mesma forma, pensadores como Spirito e Volpicelli, segundo G., também apresentam uma "concepção da 'natureza humana' idêntica e sem desenvolvimento", que considera os seres humanos meramente "iguais no reino do Espírito" (*Q 6*, 82, 756 [*CC*, 3, 236]).

Todavia, G. não acredita, de modo determinístico, que a natureza humana torne o homem capaz de operar espontaneamente para o bem coletivo, que ele possa ignorar qualquer tipo de autoridade. Há algumas passagens nas *LC* que contêm indicações quanto à educação das crianças, em que G. se opõe à visão espontaneísta e metafísica da natureza humana como "o desenrolamento de um fio preexistente" (*LC*, 301, a Giulia, 30 de dezembro de 1929 [*Cartas*, I, 386]), defendida por sua mulher, segundo a qual a "criança" é "em potência todo o homem" e basta apenas "ajudá-la a desenvolver o que já contém em estado latente, sem coerções, deixando agir as forças espontâneas da natureza ou seja lá o que for". Ele responde: "Ao contrário, eu penso que o homem é toda uma formação histórica obtida com a coerção [...] e é só o que penso: de outro modo, se cairia numa forma de transcendência ou de imanência" (idem). Mais uma vez, em relação à mesma questão, nas *LC* (*LC*, 252, a Tania, 22 de abril de 1929 [*Cartas*, I, 333]; *LC*, 283, à mãe, 9 de setembro de 1929 [*Cartas*, I, 365]; *LC*, 418, a Teresina, 4 de maio de 1931 [*Cartas*, II, 43]), mas também em várias observações dos *Q*, o pensador sardo refere-se à necessidade do "vigilante, mas evidente, controle do mestre" (*Q 1*, 123, 114 [*CC*, 2, 62]) e defende que o hábito de estudo não é algo que possa oferecer um prazer espontâneo à criança, ao contrário, trata-se de "um hábito adquirido com esforço, aborrecimento e até mesmo sofrimento" (*Q 12*, 2, 1.549 [*CC*, 2, 51]). Cabe fazer que a criança adquira certos hábitos de diligência, compostura física e concentração psíquica que só se pode ter "mediante uma repetição mecânica de atos disciplinados e metódicos" (ibidem, 1.544 [*CC*, 2, 46]). Nesse sentido, "a educação é uma luta contra os instintos ligados às funções biológicas elementares, uma luta contra a natureza, a fim de dominá-la e criar o homem 'atual' à sua época" (*Q 1*, 123, 114 [*CC*, 2, 62]).

G. polemiza também com as posições libertárias do escritor alemão Hans Frank, segundo o qual "o exame pessoal se opõe ao princípio da autoridade [...], que não passa de coerção, pressão, deformação arbitrária da vida pública e da natureza humana" (*Q 3*, 3, 287 [*CC*, 2, 74]). Tal maneira de ver a positividade é considerada por G. "resíduo do espontaneísmo, do racionalismo abstrato que se baseia num conceito de 'natureza humana' abstratamente otimista e superficial" (*Q 6*, 98, 774 [*CC*, 3, 249]). Quanto à "animalidade" do homem, G. defende uma posição de pessimismo antropológico: em "Animalidade e industrialismo", julga positivamente a "luta contínua contra o elemento 'animalidade' do homem, um processo ininterrupto, frequentemente doloroso e sangrento, de sujeição dos instintos (naturais, isto é, animalescos e primitivos)" (*Q 22*, 10, 2.160 [*CC*, 4, 262]).

O fato de G. considerar inevitável um elemento de coerção da natureza humana, que, de outra forma, poderia dar origem a exemplos de imoralidade, pode ser percebido, por fim, no papel que ele atribui ao Estado. Certamente G. julga necessária, em última análise, a abolição do Estado como domínio de uma classe sobre outra, insistindo ser necessário um "sistema de princípios que afirmam como fim do Estado o seu próprio fim [...], isto é, a reabsorção da sociedade política na sociedade civil" (*Q 5*, 127, 662 [*CC*, 3, 222-3]). Mas, por outro lado, considera essencial para a existência da sociedade humana a coerção exercida pelo Estado, principalmente na fase inicial de edificação do socialismo. Nessa direção, movem-se as reflexões de seus artigos sobre as ações de Lenin durante a Revolução de Outubro: abolir a coerção teria sido "absurdo", o que está acontecendo na Rússia é "o chamamento de todos os homens para o exercício da soberania estatal" ("L'ultimo tradimento" [A última traição], 3 de janeiro de 1918, em *CF*, 537). Num artigo de maio de 1919, ele defende ainda que "o Estado é a própria sociedade como ato concreto de vontade superior ao arbítrio individual, à facção, à desordem, à indisciplina individual" ("Il bordello bolscevico" [O bordel bolchevique], *ON*, 32).

Manuela Ausilio

Ver: criança; Croce; direito natural; educação; Engels; homem; Marx; natural-artificial.

natureza humana: v. homem.

náufrago

A história do náufrago que se torna antropófago é atravessada por profundas raízes autobiográficas e densas implicações filosóficas. Ela aparece na carta para a cunhada Tania, do dia 6 de março de 1933, não incluída na primeira edição da Einaudi de 1947. O apólogo, formulado inicialmente durante uma conversa com a mesma Tania, se insere no contexto de um radical agravamento das condições de saúde do prisioneiro (de fato, será gravíssima a crise do dia seguinte, 7 de março de 1933). O conto deve ser lido, então, como um texto de literatura moral, ou seja, marcado por uma tensão construtiva e desenvolvido por G. a título de vontade de "compreensão crítica" de si mesmo. Cabe observar que G., mesmo na dramaticidade do contexto – o perigo de um poder que vai além da "rotina carcerária" (*LC*, 222, a Giulia, 19 de novembro de 1928 [*Cartas*, I, 300]) e da doença –, não vive o conto como depósito diretamente autobiográfico, mas numa tensão histórico-política voltada para a construção da autobiografia. Assim, pode-se dizer que G. constrói uma autonarrativa por meio da comparação com a história de um grupo de náufragos: "Antes do naufrágio, como é natural, nenhum dos futuros náufragos pensava em se tornar... náufrago e, portanto, menos ainda pensava em ser levado a cometer atos que os náufragos, em certas condições, podem cometer, por exemplo, o ato de se tornarem... antropófagos. Cada um deles, se interrogado friamente sobre o que faria diante da alternativa de morrer ou se tornar canibal, teria respondido, com a máxima boa-fé, que, dada a alternativa, escolheria livremente morrer. Acontece o naufrágio, o refúgio no barco etc. Depois de alguns dias, faltando alimentos, a ideia do canibalismo se apresenta sob uma luz diferente, até que, num certo ponto, entre aquelas pessoas determinadas, um certo número se torna realmente canibal. Mas, na realidade, trata-se das mesmas pessoas?". De fato, nesse interim, ocorreu "um processo de transformação 'molecular', por mais rápido que tenha sido, no qual as pessoas de antes não são mais as pessoas de depois" (*LC*, 692-3, a Tania, 6 de março de 1933 [*Cartas*, II, 315]).

A dramaticidade do conto, determinada pela origem autobiográfica – "uma mudança semelhante está acontecendo em mim (canibalismo à parte)" (ibidem, 693 [*Cartas*, II, 315]) –, valoriza, não deprecia, a dimensão teórica da reflexão que o fundamenta. Emerge, assim, nesse momento da reflexão no cárcere o "problema filosófico da 'pessoa'" (Gerratana, 1997b, p. 127) sob a forma de uma teoria materialista dos processos de formação e transformação da personalidade. G. lê em chave molecular a relação entre o elemento corpóreo-senciente e o elemento voluntário na constituição da personalidade, remetendo também o nexo corpo-mente à sua historicidade, isto é, à sua possibilidade de transformação, contra qualquer risco de interpretação subjetivista ou determinista do problema da pessoa: "A mudança 'molecular'" é, na verdade, também "metáfora materialista de um processo moral" (ibidem, p. 131). Há uma tensão entre a exposição do elemento corpóreo-senciente ao processo de transformação e a resistência construtiva do elemento consciente-voluntário que observa o processo, mas é inevitavelmente sujeito ao mesmo processo de transformação molecular-moral: "O mais grave é que, nestes casos, a personalidade se desdobra: uma parte observa o processo, outra parte o sofre; mas a parte observadora (enquanto esta parte existe, significa que existe um autocontrole e a possibilidade de se recuperar) sente a precariedade da própria posição, isto é, prevê que acontecerá um ponto no qual sua função desaparecerá, isto é, não haverá mais autocontrole, mas toda a personalidade será engolida por um novo 'indivíduo' [...]. Pois bem, eu me encontro nesta situação. Não sei o que pode restar de mim depois do fim do processo de mudança, que sinto em curso de desenvolvimento" (*LC*, 693, a Tania, 6 de março de 1933 [*Cartas*, II, 316]). Portanto, a metáfora do molecular remete ao nexo corpo-mente (em consonância com G., o "nexo psicofísico") e se torna o fulcro de uma teoria radicalmente imanentista dos processos de subjetivação.

O núcleo teórico e o conto são desenvolvidos nos *Q*, nas "Notas autobiográficas". Portanto, também nos *Q*, essa reflexão, ainda que generalizada, se explicita por sua raiz autobiográfica, isto é, material e experiencial: "Como comecei a julgar com maior indulgência as catástrofes do caráter. Pela experiência do processo através do qual as catástrofes acontecem". Aqui G. distingue entre quem repentinamente trai os seus princípios e, em consequência, não merece nenhuma indulgência, e quem sofre "mudanças 'moleculares'": "o movimento 'molecular' é o mais perigoso, uma vez que, enquanto mostra no sujeito a vontade de resistir, 'deixa entrever' (a quem reflete) uma mudança progressiva da personalidade moral, que num certo ponto passa de quantitativa a qualitativa: ou seja, não se trata mais, na verdade, da mesma pessoa, mas de duas" (*Q 15*, 9, 1.762 [*CC*, 4, 132]).

Nesse ponto, a tematização antimoralista e política do tema da responsabilidade pessoal se vincula à abordagem materialista-molecular dos processos de transformação da "personalidade moral". G. reivindica explicitamente um ponto de vista "antimoralista": contra a "concepção falsamente heroica, retórica, fraseológica [...] todo esforço de luta é pouco" (ibidem, 1.764 [*CC*, 4, 134]). Ele trata desse conceito por meio de outra imagem, aquela do capitão que, também num caso de naufrágio, só deve abandonar o navio por último, com a garantia de já ter feito de tudo para evitar o naufrágio e salvar coisas e pessoas: "Só o princípio, tornado 'absoluto', de que o capitão, em caso de naufrágio, abandona o navio em último lugar e até soçobra com ele, dá esta garantia, sem a qual a vida coletiva é impossível". Daí a necessidade política, "não moral", de sancionar também as mudanças moleculares da personalidade. Aliás, G. considera "'moralmente' mais justificável quem se modifica 'molecularmente' (por força maior, claro)" em relação a quem "se modifica de repente, embora por hábito se pense de modo diverso" (ibidem, 1.763 [*CC*, 4, 132-3]).

G. retoma aqui o tema da formação de uma nova personalidade pelo exemplo do canibalismo: após ter sofrido "um processo 'invisível' [e molecular]" que destruiu suas "forças físicas e morais", ou seja, que trouxe notáveis "modificações no seu eu", a mesma pessoa diante do dilema de se tornar canibal ou se matar não raciocinaria mais como se estivesse no auge de suas forças e, portanto, se tornaria canibal. Eis o "drama": "Fulano prevê o processo de dissolução, isto é, prevê que se tornará... canibal, e pensa: se isto acontecer, num certo ponto do processo me mato. Mas qual será este 'ponto'?". Ou seja, ele se encontrou "em pleno processo de transformação além daquele ponto em que suas forças ainda eram capazes de reagir" (ibidem, 1.763-4 [*CC*, 4, 133-4]): o ponto em que, no curso do processo molecular de transformação, a mudança, de quantitativa, torna-se qualitativa e é determinada a "catástrofe do caráter"; um ponto não predeterminável e identificável, talvez exatamente como o momento em que a consciência cessa de estar presente para si mesma e deixa de se dar conta do processo. E então, justamente em razão da ausência de consciência, não é possível traçar "uma linha clara de demarcação temporal entre as 'duas pessoas'" (Cavallaro, 2001, p. 52). Tal processo, "próprio do indivíduo, pode ser considerado coletivo" (*Q* 15, 9, 1.764 [*CC*, 4, 133]). Referindo-se ao regime fascista, G. afirma que o processo "no presente assumiu uma sua forma especial e... voluntária", isto é, "o evento é preparado sistematicamente", "em massa" – também na "'atenção' aos indivíduos" – com um "elemento 'terrorista' [...] material e mesmo moral". Daí a responsabilidade de quem não impediu que "se tivesse de passar por certas provas" (idem), que o prisioneiro fosse exposto ao risco do naufrágio.

Eleonora Forenza

Ver: autobiografia; canibalismo; catastrófico; indivíduo; molecular; personalidade; pessoa; quantidade-qualidade.

necessidade

O conceito aparece no pensamento de G. primeiro na acepção idealista hegeliana (e crociana): liberdade é condicionamento histórico ("Libero pensiero e pensiero libero" [Livre pensamento e pensamento livre], 15 de junho de 1918, em *NM*, 113 [*EP*, 1, 178]); o "determinismo econômico", passando pela "autoconsciência histórica da classe trabalhadora", torna-se "norma de ação", a necessidade torna-se "consciência" ("Stato e sovranità" [Estado e soberania], 1-28 fevereiro de 1919, *NM*, 519 [*EP*, 1, 219]), o espírito universal se realiza progressivamente no indivíduo (ibidem, 521) etc. Essa mesma acepção é retomada nos *Q* e progressivamente repensada à luz da filosofia da práxis. G. dá partida a uma reflexão explícita sobre o que é a "necessidade" no *Q* 4, 40, 465-6 [*CC*, 6, 362], em que é retomada a célebre frase engelsiana sobre o "salto da humanidade do reino da necessidade para o reino da liberdade" (Engels, 1985, p. 273), logo após (*Q* 4, 45, 471 [*CC*, 6, 363]) projetada para definir a própria natureza do materialismo histórico, filosofia do tempo da necessidade, que é destinada a desaparecer com as contradições de que é a teoria. Mais tarde, G. retorna ao tema comparando Marx e Lenin em analogia à relação entre Cristo e São Paulo: "Traçar um paralelo entre Marx e Ilitch, buscando determinar uma hierarquia, não tem sentido e é ocioso; eles expressam duas fases: ciência-ação, que são simultaneamente homogêneas e heterogêneas" (*Q* 7, 33, 992 [*CC*, 1, 243]).

A forma de existência atual do materialismo histórico é, pois, a ação, a organização capaz de realizar essa passagem da necessidade à liberdade. E isso só é possível com a condição de construir uma vontade coletiva, na qual a identificação de liberdade e necessidade já esteja iniciada, já seja uma forma de ação. O "novo Príncipe" terá, portanto, de definir "a 'vontade coletiva' e a *vontade política* em geral no sentido moderno, a vontade como consciência operosa da necessidade histórica, como protagonista de um drama histórico real e imediato" (*Q* 8, 21, 952 [*CC*, 6, 376]). Surge, assim, o problema político que leva a determinar o que é essa "necessidade histórica", com a qual a vontade política, para ser eficaz, deve se identificar. Estamos no início de 1932, todo o primeiro semestre desse ano é dominado por uma série de textos em que G. revoluciona completamente o significado de tal conceito, levando-o a identificar-se com os conceitos de "regularidade" e de "automatismo" e reunindo todos sob uma ideia de nova imanência, não especulativa e não metafísica, mas historicista e realista. A primeira referência se dá no *Q 8*, 128, que, porém, aparece ainda com o título de "Scienza economica" [Ciência econômica] (é o título do texto, escrito na seção miscelânea do caderno). Apenas depois, presumivelmente pouco depois, em *Apontamentos de filosofia. Materialismo e idealismo. Terceira série*, G. remete a esse texto, sob o título de "Introdução ao estudo da filosofia. Sobre o conceito de regularidade e de lei nos fatos históricos" (*Q 8*, 222, 1.081). De fato, já no *Q 8*, 153, 1.033, ele havia escrito: "É preciso se convencer de que não só é 'objetiva' e necessária certa ferramenta, bem como um certo modo de se comportar, uma certa educação, uma certa civilização; nessa objetividade e necessidade histórica pode-se colocar a universalidade do princípio moral, ou melhor, nunca existiu outra universalidade além dessa objetiva necessidade, explicada com ideologias transcendentes e apresentada da forma mais eficaz caso a caso para que se obtivesse a finalidade".

A universalidade, a necessidade, a objetividade se constituem historicamente, de maneira imanente, num enorme conjunto de ações individuais que, por mais "arbitrárias" que sejam, não se opõem ao automatismo, ao contrário, ele é constantemente reabsorvido pela sua pressão e coerção extralegal (é preciso verificar de que modo essa pressão social se exerce): "Em cada momento existe uma escolha livre, que ocorre segundo certas linhas diretivas idênticas para uma grande massa de indivíduos ou vontades singulares, na medida em que estas se tornaram homogêneas em um determinado clima ético-político. Não se trata de afirmar que todas atuam da mesma maneira: ao contrário, os arbítrios individuais são múltiplos, mas a parte homogênea predomina e 'dita lei'" (*Q 10* II, 8, 1.246 [*CC*, 1, 316]). A falta de qualquer fundamento transcendente, legitimação transcendental, ou de qualquer correspondência a um "princípio" histórico-universal não torna menos eficaz essa construção de universalidade, simplesmente permite pensá-la sem cair na metafísica.

Há necessidade quando há suficiente generalização de um automatismo, o que, como já se disse, compreende também a sua "organização" (v. *Q 13*, 7, 1.566 [*CC*, 3, 23] sobre a noção de "indiferente jurídico"): "No sentido histórico-concreto, a necessidade é dada pela existência de uma *premissa* eficiente que tenha se tornado operante como uma 'crença popular' na consciência coletiva. Na *premissa* estão contidas as condições materiais suficientes para a realização do impulso de vontade coletiva" (*Q 8*, 237, 1.089). Esse conceito de necessidade é, portanto, segundo G., fruto da tradução em termos filosóficos da elaboração econômica de Ricardo: "A descoberta do princípio lógico formal da 'lei tendencial', que conduz à definição científica dos conceitos fundamentais na economia, o de *homo economicus* e o de 'mercado determinado', não foi uma descoberta de valor também gnosiológico? Não implica, precisamente, uma nova 'imanência', uma nova concepção da 'necessidade' e da liberdade etc.? Esta tradução, ao que me parece, foi realizada precisamente pela filosofia da práxis, que universalizou as descobertas de Ricardo, estendendo-as adequadamente a toda a história e extraindo delas, portanto, uma nova concepção do mundo" (*Q 10* II, 9, 1.247 [*CC*, 1, 318]).

Então como redefinir, com base nisso, a noção de liberdade-necessidade? Num Texto B do *Q 11*, G. escreve: a "vontade racional, não arbitrária" é aquela "que se realiza na medida em que corresponde às necessidades objetivas históricas, isto é, em que é a própria história universal no momento da sua atuação progressiva" (*Q 11*, 59, 1.485 [*CC*, 1, 202]). Mas a noção de "história universal", a esse ponto, deve ter assumido um significado diferente: de uma perspectiva de imanência realista, ela não poderá ser "antecipada" por ninguém, mas poderá se delinear apenas nos efeitos, caso a caso "regularizados" e tornados "necessitantes" (e obrigatórios) da totalidade dos arbítrios individuais. Essa consideração chega, de forma clara, ao *Q 14*, 61 [*CC*, 6, 248] e *Q 14*, 65 [*CC*, 6, 250], no contexto de uma discussão sobre o que pode ser uma "literatura segundo um projeto", como forma de "racionalismo" no contexto da literatura popular: "Qual é o 'verdadeiro conformismo', isto é, qual é a conduta 'racional' mais útil, mais livre, na medida em que obedece à necessidade? Ou seja: qual é a 'necessidade'? Cada um é levado a fazer de si o arquétipo da 'moda', da 'socialidade', e a apresentar-se como 'exemplar'. Portanto, a socialidade, o conformismo é resultado de uma luta cultural (e não apenas cultural), é um dado 'objetivo' ou universal, do mesmo modo como não pode deixar de ser objetiva e universal a 'necessidade' sobre a qual se eleva o edifício da liberdade. Liberdade e arbítrio etc." (*Q 14*, 61, 1.720 [*CC*, 6, 249]). A liberdade que se opõe ao arbítrio é tal porque não pode ser planificada arbitrariamente. Previsível é apenas a luta, o que não exime do empenho de organizar suas fases, porque somente assim uma força social é capaz de tirar a iniciativa de sua adversária. Portanto, "a questão não diz respeito à coerção, mas ao fato de se tratar de racionalismo autêntico, de real funcionalidade, ou de um ato de arbítrio" (*Q 14*, 65, 1.725 [*CC*, 6, 250]). Toda a questão se concentra em torno do tipo de organização, da forma política que a "necessidade" assume no partido político, da sua natureza mais ou menos democrática e, enfim, da possibilidade de organizar um conformismo que seja realmente de tipo novo, a começar pelo modo como é construído: "Coloca-se o problema de saber se é possível criar um 'conformismo', um homem coletivo, sem desencadear uma certa dose de fanatismo [...], de modo crítico [...], como consciência de necessidade livremente aceita, porque 'praticamente' reconhecida como tal, através de um cálculo de meios e fins a adequar etc." (*Q 15*, 74, 1.834 [*CC*, 1, 265]).

FABIO FROSINI

Ver: automatismo; Engels; filosofia da práxis; imanência; leis de tendência; liberdade; materialismo histórico; mercado determinado; objetividade; previsão; regularidade; Ricardo; universal; vontade coletiva.

neoidealismo: v. Croce.

Norte-Sul

Norte e Sul constituem uma dupla de termos quase sempre citados simultaneamente nos *Q*. A reflexão é, antes de tudo, de tipo histórico e desde o *Q 1* segue substancialmente o que já havia sido afirmado em *A questão meridional*. A diferença entre Norte e Sul era dada sobretudo pela composição social: as massas camponesas do Sul eram obrigadas a manter economicamente com o próprio trabalho uma quantidade muito grande de população passiva de arrendatários. Com a unificação nacional, a atrasada estrutura meridional passou a ser explorada, tornou-se permanente e foi até acentuada, para drenar as economias de suas classes parasitárias em direção ao Norte. Na economia agrícola do Sul, o protecionismo agrário da esquerda histórica só trouxe vantagens para os grandes proprietários meridionais e para o próprio Norte, grande produtor de cereais. As outras culturas meridionais, voltadas principalmente para o mercado externo, sofreram graves danos do protecionismo, concebido, em especial, para incrementar a produção industrial do Norte (*Q 15*, 44, 1.804-5, Texto B [*CC*, 5, 325]).

A política perseguida pelo Partido Liberal até Giolitti e, depois, pelo fascismo, consistia em criar no Norte um bloco urbano (capitalistas-operários) que fosse a base do Estado protecionista, para reforçar a indústria setentrional da qual o Mezzogiorno era mercado de venda. O aspecto particular que assume a Itália central é o de meio de caminho entre o Norte e o Sul. O Mezzogiorno tinha de ser subjugado pelo Norte em uma típica relação semicolonial por meio de dois sistemas: a) controle policial (repressão implacável de qualquer movimento de massa, massacres periódicos de camponeses), combatendo toda difusão do socialismo; b) apoio político aos intelectuais do Sul (burocratas, eclesiásticos, intelectuais tradicionais), como expressão da grande propriedade agrícola, por meio de favores pessoais e de várias formas de privilégio. Toda manifestação intelectual que pudesse expressar ou organizar o descontentamento dos campos do Sul deveria ser sufocada logo no início. Assim, o descontentamento dos campos não podia assumir um aspecto político organizado e as suas manifestações, caóticas e tumultuadas, foram reduzidas a um problema de ordem pública a ser enfrentado pela polícia.

G. considera óbvio que Giolitti tenha sempre se oposto a toda difusão do socialismo no Mezzogiorno: o protecionismo operário encorajado pelo estadista piemontês (reformismo, cooperativas, obras públicas) no Norte trouxe apenas uma vantagem parcial para a classe operária, pressupondo o sacrifício de outros grupos operários e dos camponeses. Em consonância, foram tomadas medidas políticas voltadas a promover no Sul favores clientelistas para a pequena burguesia (empregos públicos, favorecimento para o controle das administrações públicas, legislação eclesiástica menos rígida do que no Norte etc.), isto é, incorporando "a título pessoal" os meridionais mais ativos nas classes dirigentes, com particulares privilégios "judiciários", empregatícios etc., de modo que o estrato que poderia organizar o descontentamento meridional se tornasse, ao contrário, um instrumento da política setentrional (*Q 1*, 43, 36; essa e as notas seguintes do *Q 1* são retomadas no *Q 19* [*CC*, 5]).

No *Risorgimento* já se verifica, embrionariamente, a relação histórica entre Norte e Sul como uma relação semelhante àquela de uma grande cidade e um grande campo, antes de tudo nas diferentes formas de cultura e num tipo diferente de intelectual: o intelectual de tipo "curial", ilustre (e o "*paglietta*"*, o rábula napolitano), que põe em contato a massa camponesa com os proprietários

---

* Sobre a origem desse termo, ver nota de tradução à p. 535.

fundiários e com o aparato estatal do Mezzogiorno (no qual, ao termo "classe média", é dado o significado de "intelectual"); o intelectual de tipo "técnico" de oficina, que serve de vínculo entre a massa operária e a classe capitalista, técnico esse que, com o sindicalista e o dirigente político, como vínculo entre massa operária e Estado (englobado pelas corporações na época do fascismo), representa o intelectual no Norte (idem).

A partir da unificação nacional, a política do Partido Liberal sofreu com a esquerda histórica até mesmo uma radicalização. Cavour advertia – recorda G. – para que não se tratasse o Mezzogiorno com estados de sítio, enquanto Crispi recorria a eles para combater o movimento dos *Fasci* na Sicília. Crispi se ligou aos latifundiários sicilianos com medo das reivindicações camponesas, no momento em que sua política tendia a reforçar o industrialismo setentrional com a guerra tarifária com a França e o protecionismo alfandegário. Ele não hesitou em lançar todo o Mezzogiorno numa crise comercial terrível para fortalecer a indústria, que devia dar ao país uma real independência além de expandir a classe dominante. O governo dos moderados, de 1861 a 1876, havia apenas criado as condições externas do desenvolvimento econômico setentrional (organização do aparato estatal, estradas, ferrovias, telégrafos) e havia sanado as finanças sobrecarregadas pelas dívidas do *Risorgimento*. Crispi foi o verdadeiro homem da nova burguesia (*Q 1*, 44, 45) e sua obstinada luta contra toda forma de separatismo entre Norte e Sul, uma verdadeira "obsessão unitária", na realidade, nada tem de progressista, ainda que se revestindo de paixão antiborbônica. Sua política de expansão colonial também é ligada à mesma obsessão unitária: o camponês meridional queria a terra e Crispi, não podendo dar a ele terra na Itália, vislumbrou a miragem das terras coloniais. O imperialismo de Crispi, sem base econômica, foi combatido pelos próprios capitalistas, mas, no Mezzogiorno, Crispi foi popular em razão da miragem dessas terras (idem). Ele deu grande visibilidade aos intelectuais sicilianos graças ao seu fanatismo unitário (o que não impediu que os latifundiários sicilianos ameaçassem, por várias vezes, com a separação, para proteger seus interesses comprometidos pela agitação dos camponeses). Mas os movimentos de caráter regionalista e autonomista não devem ser interpretados, segundo G., da maneira unívoca de Crispi. A propaganda separatista e pró-borbônica levada adiante pelo jornal *Il Mattino*, de Nápoles, por exemplo, perseguia os interesses das classes proprietárias, mas o movimento autonomista da Sardenha tinha um significado diferente.

Entretanto, a miséria do Mezzogiorno continuava a ser historicamente inexplicável para as massas populares do Norte, que não entendiam que a unificação não tinha sido criada sobre uma base de igualdade, mas como hegemonia do Norte sobre o Sul, na relação territorial cidade-campo. Em outras palavras, que o Norte era um "polvo" que se enriquecia às custas do Sul e o seu incremento industrial era dependente do empobrecimento da agricultura meridional. As massas do Norte, porém, acreditavam que se o Mezzogiorno não progredia depois de ter sido libertado dos obstáculos ao desenvolvimento moderno que o borbonismo colocava, isso significava que as causas da miséria não eram externas, mas internas. Uma vez que já era arraigada a convicção da grande riqueza natural do terreno, só restava uma explicação: a incapacidade orgânica dos meridionais, sua inferioridade biológica. Essas opiniões já difusas (o "*lazzaronismo*" napolitano era uma lenda de velha data) foram consolidadas e teorizadas pelos sociólogos do positivismo (Niceforo, Ferri, Orano etc.), assumindo a força de verdade científica. Houve assim uma polêmica Norte-Sul sobre as raças, sobre a superioridade e a inferioridade do Norte e do Mezzogiorno. Enquanto isso, permanecia no Norte a ideia de que o Mezzogiorno representava para a Itália uma "bola de chumbo" acorrentada ao tornozelo, a convicção de que a civilização moderna industrial do Norte seria capaz de grandes progressos não fosse por essa bola de chumbo. No início do século, há uma forte reação meridional também nesse terreno, como as campanhas de Salvemini que culminaram na fundação de *L'Unità*, mas que já eram conduzidas por *La Voce* (ibidem, 47).

Nessa situação, fortalece-se o bloco intelectual liderado por Benedetto Croce e Giustino Fortunato, já apontados por G. em *QM* como "os reacionários mais operosos da península" (ibidem, 155). A ditadura de ferro desse tipo de intelectuais e de alguns grupos urbanos acentuou o mito da "fatalidade histórica" da unificação italiana, mais forte do que toda deficiência política e inaptidão militar. O período liberal, que culminou na era giolittiana, é "santificado" por Croce com adulação e é contraposto às caprichosas e desajeitadas tentativas do partido democrático. A maneira de representar os acontecimentos históricos em tal interpretação ideológica poderia se intitular "história fetichista". Já para G., Giolitti foi a perfeita continuidade de Crispi, substituindo a violência com o zelo burocrático, mantendo a "miragem da terra" na política colonial, sustentando essa política com a promessa de criar as condições de liberdade de expansão para o futuro (*Q 19*, 24, 2.019 [*CC*, 5, 62]). Para diminuir a distância entre Norte e Sul, era preciso que Giolitti, representante da indústria do Norte, desse à nova burguesia mais espaço na direção do Estado, no lugar dos representantes das classes proprietárias de terras meridionais. Para G., Giolitti foi um grande conservador e um hábil reacionário que impediu a formação de uma Itália democrática, consolidou a monarquia e a uniu à burguesia, por meio do fortalecimento do poder executivo, que permitia colocar a serviço dos industriais todas as forças econômicas do país. Com a política de Giolitti, se aprofundou a distância entre Norte e Sul: foi ele o verdadeiro criador da estrutura contemporânea do Estado italiano, ao qual o fascismo só deu continuidade (*Q 8*, 96, 997, Texto B [*CC*, 5, 296]). O movimento cultural crociano do "unitarismo obsessivo" estende-se até Gobetti e encontra nele seu ponto de chegada e a origem de sua dissolução. De fato, Gobetti afirma que as diversas classes rurais e as camadas intelectuais podem intervir numa nova formação apenas aceitando as reivindicações camponesas e fazendo delas parte integrante do novo programa de governo (*Q 19*, 24, 2.013 [*CC*, 5, 62]).

Mas o programa de Giolitti encontrou, histórica e politicamente, um obstáculo sobretudo em dois fatores: a) o fortalecimento dos intransigentes no Partido Socialista com Mussolini e o seu namoro com os meridionalistas; b) a introdução do sufrágio universal, que alargava consideravelmente a base parlamentar no Mezzogiorno e criava dificuldades para a corrupção individual. Giolitti então substituiu o bloco urbano operários-empresários, por meio do Pacto Gentiloni, pelo bloco entre industriais setentrionais e rurais da campanha "orgânica e normal" (forças eleitorais católicas sobretudo no Norte e no Centro). A extensão do sufrágio havia suscitado, já em 1913, os primeiros traços do fenômeno que terá a máxima expressão em 1919-1921: o afastamento entre camponeses, guiados por uma parte dos intelectuais (ex-oficiais), e grandes proprietários, isto é, a ruptura relativa do bloco rural meridional. Tem-se, assim, o "sardismo", o partido reformista siciliano e a "renovação" da Itália meridional com tentativas de partidos regionais de ação. Nesses movimentos, a importância da massa camponesa é inversamente proporcional à pressão exercida ideologicamente pelos grandes proprietários, que têm na Sicília um máximo de organização, enquanto na Sardenha sua importância é relativamente pequena. De igual importância é a independência relativa dos respectivos intelectuais (*Q 19*, 26, 2.039-41 [*CC*, 5, 87]).

A força rural, apesar de organizada como movimento autonomista ou regionalista, não expressou, segundo G., uma capacidade de iniciativa revolucionária de dimensão nacional. Os intelectuais rurais, de tipo tradicional, não eram orgânicos em relação aos camponeses, enquanto os intelectuais urbanos eram ligados demais aos interesses dos empresários para organizar a revolução em escala nacional. G. logo demonstra historicamente o quanto já havia afirmado, analisando não só as agitações do *Risorgimento* de 1820-1821, de 1831, de 1848, de 1859-1860, bem como aquelas posteriores à unificação. De 1820 a 1848, a iniciativa parte do Sul, repercutindo no Norte; apenas quando, em 1859-1860, inicia no Norte, chegando até o Sul, numa sincronia em sentido contrário, é que se obtém um sucesso definitivo. As greves de 1894 na Sicília e em Lunigiana tiveram um contragolpe em Milão, em 1898, assim como aquelas de 1919 no Mezzogiorno (ibidem, 2.037 [*CC*, 5, 87]) tiveram o seu contragolpe nas fábricas de Turim. Tudo isso demonstra como, nos períodos de "crise orgânica", é a parte mais frágil, a região agrícola do Sul, que reage primeiro, sem conseguir, porém, resistir ao longo do tempo e se afirmar, freada pela "obsessão unitária" e abandonada por um Norte fechado em seus preconceitos. Coube à força urbana do Norte se pôr o problema de organizar ao seu redor as forças urbanas nacionais, sobretudo do Sul. Para G., é na solução desse problema, repleto de contradições, que se encontra a solução do problema nacional. Eleger a Áustria como inimigo comum não esgotava a "questão nacional" e não constituía, para G., nem mesmo seu aspecto fundamental. As forças urbanas do Norte tinham de ajudar as forças do Sul a se tornarem autônomas, a adquirir a consciência de sua função histórica dirigente de maneira concreta, e não puramente teórica e abstrata, sugerindo a elas as soluções para o problema regional fundamental: o problema agrário. Era natural que se encontrassem oposições no Sul; a tarefa mais grave cabia, porém, às forças urbanas do Norte, que não só deviam convencer seus "irmãos" do Sul, mas começar por se convencer dessa complexidade do sistema político (*Q 1*, 43, 38-40).

G. examina as razões socioeconômicas da submissão do Sul em relação ao Norte, mas também o papel que os intelectuais desenvolveram para perpetuar tal submissão, para justificar historicamente a impossibilidade de renovação social, chegando mesmo a impedir que a insatisfação se tornasse consciente. Benedetto Croce e Giustino Fortunato foram os líderes de um movimento cultural (idealista, classicista e ligado à cultura universal) que se contrapunha ao Norte (positivista e futurista). Os escritos pré-carcerários de G. são ricos de observações socioeconômicas e estruturais sobre a relação entre Norte e Sul. Nos *Q*, a abordagem do papel dos intelectuais nessa relação apresenta-se extremamente analítica; G. observa até como a Sicília se destaca intelectualmente do resto do Mezzogiorno, aproximando-se com Pirandello e Gentile do futurismo; essa mesma Sicília que tanta classe dirigente havia fornecido ao Estado unitário e onde o poder dos proprietários era mais opressor (*Q 19*, 26, 2.038 [*CC*, 5, 87]).

Por extensão, toda a reflexão gramsciana sobre o Sul da Itália e sobre suas relações com o Norte poderia ser válida para a atual relação entre o Norte e o Sul global – e por alguns autores, em primeiro lugar Edward Said, foi de fato lida dessa maneira – dada a relação de subordinação, sob muitos aspectos, semelhante àquela que havia, segundo G., entre o Norte e o Mezzogiorno da Itália. G. prevê, para o Sul do mundo ou para as colônias, enormes depósitos de desagregação social, espaços de fenômenos mais semelhantes à rebelião do que à revolução organizada, que exigiria a presença de intelectuais orgânicos; estes, porém, não podem se definir como tais sem uma resposta estrutural para os problemas socioeconômicos do Sul. Por outro lado, as forças progressistas do Norte não podem se abster de compreender e organizar ao mesmo tempo a renovação social no Mezzogiorno.

Bibliografia: Biscione, 1996; Montanari, 2007; Villari, 1977.

Elisabetta Gallo

Ver: camponeses; cidade-campo; colonialismo; colônias; Crispi; Croce; Giolitti; intelectuais; intelectuais italianos; Pirandello; protecionismo; questão meridional; *Risorgimento*; Salvemini; Sardenha/sardos.

novo

Além dos usos correntes que faz desse adjetivo em sua escrita, G. não raramente lhe confere um valor peculiar e complexo. Para reconhecer tal valor, é oportuno considerar, como referência geral, a passagem dos *Q* em que, tendo como base a imagem do "próprio raio luminoso" que "passa por prismas diversos e dá refrações de luz diversas" e observando que "se quisermos a mesma refração é necessária toda uma série de retificações de cada prisma", G. chega a delinear a qualidade mais própria e essencial "do crítico das ideias e do historiador do desenvolvimento social": isto é, uma "metodologia" geral que consiste em "encontrar a real identidade sob a aparente diferenciação e contradição" e em "encontrar a substancial diversidade sob a aparente identidade" (*Q 1*, 43, 33--4). Especialmente a interação, a "fusão", a "luta" entre o velho e o novo de que fala G. com frequência se colocam dentro dessa metodologia geral de conhecimento crítico, atenta à molecularidade dos processos históricos; pense-se naquela passagem dos *Q* em que, refletindo sobre um aspecto da crise moderna, aflorado a partir do final da Primeira Guerra Mundial, e geralmente citado como "onda de materialismo", G. faz referência a uma espécie de "interregno" em que "o velho morre e o novo não pode nascer" (*Q 3*, 34, 311 [*CC*, 3, 184]).

Numa outra passagem, G. fala de "fusão entre o velho e o novo" para designar no século XIX a presença, na Inglaterra, de um fenômeno análogo àquele ocorrido na Alemanha: a velha aristocracia permanece "como camada governativa, com certos privilégios", e se torna também ela "a camada intelectual da burguesia inglesa" (*Q 1*, 44, 53). Também a propósito do assim chamado conflito entre Estado e Igreja, definido, com uma desejada *iunctura* oximórica, como "*categoria eterna histórica*" e por ele entendido como símbolo do conflito historicamente recorrente "entre qualquer sistema de ideias cristalizadas, que representam uma fase ultrapassada da História, e as necessidades práticas atuais", G. acredita poder chamar em causa a luta "entre o que foi pensado e o novo pensamento, entre o velho que não quer morrer e o novo que quer viver etc." (*Q 6*, 139, 802 [*CC*, 3, 256]).

Também muito relevante, por fim, é a passagem em que G., interrogando-se sobre "por que e como se difundem, tornando-se populares, as novas concepções de mundo", observa que esse processo de difusão é ao mesmo tempo um processo "de substituição do velho e, muito frequentemente, de combinação entre o novo e o velho" (*Q 11*, 12, 1.389-90 [*CC*, 1, 108]). Em seguida, precisa que a pesquisa em tal campo chama em causa especialmente as massas populares, já que nelas o processo de difusão das novas concepções de mundo não se verifica nunca de forma clara, mas de formas complexas e molecularmente complicadas. Segundo G., as massas populares "mais dificilmente mudam de concepção" e, quando mudam, não mudam nunca "aceitando a nova concepção em sua forma 'pura', por assim dizer, mas – apenas e sempre – como combinação mais ou menos heteróclita e bizarra" (ibidem, 1.390 [*CC*, 1, 108]).

PASQUALE VOZA

Ver: crise; molecular.

númeno

Para Kant, só é fenômeno aquilo que o conhecimento humano pode apreender de forma cientificamente válida, isto é, o conjunto dos dados sensíveis unificados pelas categorias postas pelo intelecto. Tal restrição do conhecimento ao fenômeno não excluiria, porém, a referência à "coisa em si". Além do fenômeno, existe o ente pensado – o "númeno" –, origem do conhecimento, do qual, entretanto, não é possível dar um conceito positivo. G. utiliza o termo como sinônimo de "deus oculto" ou "deus ignorado", na acepção crítica crociana (*Q 8*, 61, 977 e *Q 10* II, 40, 1.291 [*CC*, 1, 360]). Nessa última nota (ibidem, 1.290 [*CC*, 1, 360]), significativamente se faz referência à *Sagrada família* e à sua forma antiespeculativa: no texto marxiano, de fato, está escrito, afirma G., que a realidade toda se esgota nos fenômenos, mas "a demonstração não é simples". Se é verdade que conhecemos nas coisas as nossas necessidades, os nossos interesses e, portanto, nós mesmos, porém, é difícil escapar à sensação de que existe algo de desconhecido, ainda que não um verdadeiro númeno. A solução é encontrada no texto cujo título é a resposta para o problema: *La conoscenza filosofica come atto pratico, di volontà* [O conhecimento filosófico como ato prático de vontade] (*Q 10* II, 42, 1.329 [*CC*, 1, 396]). É na práxis que é possível resolver o dualismo entre o que parece e a concretude das próprias coisas, como vemos também no *Q 11*, 59, 1.485 [*CC*, 1, 202], no qual defende que, "para escapar ao solipsismo, e, ao mesmo tempo, às concepções mecanicistas que estão implícitas na concepção do pensamento como atividade receptiva e ordenadora, deve-se colocar o problema de modo 'historicista' e, simultaneamente, colocar na base da filosofia a 'vontade' (em última instância, a atividade prática ou política)". G. faz referência à política, a qual não descobre, mas inventa, porque "é a própria história universal no momento da sua realização progressiva", ou seja, é a consideração dos vínculos e das possibilidades que fazem parte das relações sociais como elementos que expressam forças historicamente dadas e sempre em tensão (idem).

CLAUDIO BAZZOCCHI

Ver: filosofia da práxis; Kant.

O

objetividade

A objetividade do real é apresentada (ou colocada em dúvida) por G. especialmente em relação à ciência, ao senso comum e à religião: "A ciência experimental é o terreno em que uma tal objetivação atingiu o máximo de realidade; é o elemento cultural que mais contribuiu para unificar a humanidade, é a subjetividade mais objetivada e universalizada concretamente". Por outro lado, o "conceito de *objetivo* da filosofia materialista vulgar parece querer significar uma objetividade superior ao homem, que poderia ser conhecida mesmo fora do homem: trata-se de uma forma banal de misticismo e de metafisiquice. Quando se diz que certa *coisa* existiria mesmo que não existisse o homem, ou se faz uma metáfora ou se cai no misticismo. Nós conhecemos os fenômenos em relação ao homem, e como o homem é um devir, também o conhecimento é um devir, portanto, também a objetividade é um devir" (*Q 8*, 177, 1049; Texto C: *Q 11*, 17, 1.416 [*CC*, 1, 129], em que "filosofia materialista vulgar" é substituído por "materialismo metafísico"). E é errônea a "concepção de uma 'objetividade' exterior [e mecânica], que corresponde a uma espécie de 'ponto de vista do cosmo em si', que é aquele do materialismo filosófico, do positivismo e de certo cientificismo. Mas o que é esse ponto de vista, se não um resíduo do conceito de deus, justamente na sua concepção mística de um 'deus ignorado'?" (*Q 8*, 219, 1.080).

Pelo contrário, o "trabalho científico tem duas características: uma que incansavelmente retifica o método do conhecimento e retifica ou reforça os órgãos das sensações e outra que aplica esse método e esses órgãos sempre mais perfeitos em separar aquilo que existe de necessário nas sensações daquilo que é arbitrário e transitório. Estabelece-se assim aquilo que é comum a todos os homens, aquilo que todos os homens podem ver e sentir da mesma forma, contanto que eles tenham observado as condições científicas de investigação. Enquanto se estabelece essa objetividade, ela é afirmada: afirma-se o ser em si, o ser permanente, o ser comum a todos os homens, o ser independente de cada ponto de vista que seja meramente particular" (*Q 4*, 41, 466-7). Assim, a única objetividade admissível, segundo G., é a intersubjetividade, ou seja, a tendência em direção a ideias compartilhadas por um número cada vez maior de seres humanos e, no limite, por todos. O excerto continua criticando de modo mais direto os pontos de vista da religião e do senso comum: "O senso comum afirma a objetividade do real uma vez que essa objetividade foi criada por Deus e é, portanto, uma expressão da concepção religiosa do mundo. Além do mais, ao descrever essa objetividade, cai nos erros mais grosseiros [...]. Mas tudo o que a ciência afirma é 'objetivamente verdadeiro'? De modo definitivo? Não se trata, ao invés, de uma luta pelo conhecimento da objetividade do real, por uma retificação sempre mais perfeita dos métodos de investigação e dos órgãos de observação, e dos instrumentos lógicos de seleção e de discriminação? Se é assim, aquilo de mais importante não é a objetividade do real como tal, mas o homem que elabora esses métodos, esses instrumentos materiais que retificam os órgãos sensores, esses instrumentos lógicos de discriminação, isto é, a cultura, isto é, a concepção do mundo, isto é, a relação entre o homem e a realidade.

Buscar a realidade fora do homem parece mesmo um paradoxo, assim como para a religião é um paradoxo [pecado] buscá-la fora de Deus [...]. Sem a atividade do homem, criadora de todos os valores, mesmo os científicos, o que seria a 'objetividade'? Um caos, isto é, nada, o vazio, se é que se pode dizer assim, porque realmente, se se imagina que não existe o homem, não se pode imaginar a língua e o pensamento. Para o materialismo histórico, não se pode separar o pensamento do ser, o homem da natureza, a atividade (a história) da matéria, o sujeito do objeto" (ibidem, 467).

Mas não separar a matéria ou a natureza do homem equivale a afirmar o caráter prático da ciência: "Engels afirma, aproximadamente, que a objetividade do mundo físico é demonstrada pelas sucessivas investigações dos cientistas [...]. Entende-se por ciência a atividade teórica ou a atividade prático-experimental dos cientistas? Penso que deva ser entendida neste segundo sentido e que Engels queira afirmar o caso típico em que se estabelece o processo unitário do real, isto é, através da atividade prática, que é a mediação dialética entre o homem e a natureza, isto é, a célula 'histórica' elementar" (*Q 4*, 47, 473 [*CC*, 6, 365]). A filosofia da práxis é, por isso, um novo humanismo: "O que significa 'objetivo'? Será que não significa 'humanamente objetivo' e não será, por isso, também *humanamente* 'subjetivo'? O *objetivo* seria então o *universal subjetivo*, isto é, o sujeito conhece objetivamente porque o conhecimento é real para todo o gênero humano *historicamente* unificado em um sistema cultural unitário. A luta pela objetividade seria assim a luta pela unificação cultural do gênero humano; o processo dessa unificação seria o processo de objetivação do sujeito" (*Q 8*, 177, 1.048). E "nessa objetividade e necessidade histórica pode-se pôr a universalidade do princípio moral, ou melhor, nunca existiu outra universalidade a não ser essa objetiva necessidade", libertada das "ideologias transcendentes e apresentada, a cada vez, no modo mais eficaz a fim de se atingir o fim" (*Q 8*, 153, 1.033). Aqui encontramos um eco de Kant, criticado, porém, no *Q 10* acerca da "coisa em si": "A questão da 'objetividade externa do real', na medida em que é associada ao conceito de 'coisa em si' e do 'númeno' kantiano. Parece difícil excluir que a 'coisa em si' seja uma derivação da 'objetividade externa do real' e do assim chamado realismo grego-cristão (Aristóteles-Santo Tomás); isto pode ser visto, também, no fato de que toda uma tendência do materialismo vulgar e do positivismo deu lugar à escola neokantiana e neocrítica" (*Q 10* II, 46, 1.333 [*CC*, 1, 401]). Tomando ainda mais distância de Kant, G. diz que não pode "existir uma objetividade extra-histórica e extra-humana" (*Q 11*, 17, 1.415 [*CC*, 1, 133]; ver também *Q 11*, 37, 1.457 [*CC*, 1, 172]). Sobre a atividade humana, a filosofia dialético-idealista também se opõe à visão religiosa, assim como alguns artistas: Pirandello "tentou introduzir na cultura popular a 'dialética' da filosofia moderna, em oposição ao modo aristotélico-católico de conceber a 'objetividade do real'" (*Q 6*, 26, 705 [*CC*, 6, 183]).

A objetividade do real pode ser também postulada por convenção, se prática e historicamente útil: que valha "o exemplo dos conceitos de 'Oriente' e 'Ocidente' que não cessam de ser 'objetivamente reais', ainda que na análise se demonstrem nada mais que uma 'construção convencional, ou seja, 'histórica' (frequentemente os termos 'artificial' e 'convencional' indicam fatos 'históricos', produzidos pelo desenvolvimento da civilização e não construções racionalmente arbitrárias ou individualmente arbitrárias) [...]. Todavia, essas referências são reais, correspondem a fatos reais, permitem viajar por terra e mar e chegar onde se estabeleceu chegar, prever o futuro, 'objetivar a realidade', compreender a 'objetividade real do mundo externo'. Racional e real se identificam. Creio que sem se entender essa relação não se possa entender o materialismo histórico, sua posição filosófica em contraposição ao idealismo e ao materialismo tradicionais" (*Q 7*, 25, 874). Nesse último texto, parece possível entrever um eco seja dos "pseudo-conceitos" crocianos, seja do pragmatismo.

Giuseppe Prestipino

Ver: ciência; Kant; materialismo e materialismo vulgar; materialismo histórico; númeno; Pirandello; religião; senso comum; verdade.

objetividade do real: v. objetividade.

opinião pública
No dia 12 de janeiro de 1918, a imprensa italiana tornou público o discurso do presidente estadunidense Wilson, no qual se formulava um programa de catorze pontos que visava a possibilitar um acordo entre as grandes potências para pôr fim à guerra. Comentando os artigos dos jornais de Turim, G. pontua que se tratava "da opinião pública burguesa [...]. E a opinião pública do proletariado, que

existe, que tem máximas e princípios gerais, não pode se expressar por meio dos órgãos naturais: os comícios e manifestações livremente realizadas ao ar livre" ("A opinião pública", em *CF*, 552-3). A relação entre a imprensa e a opinião pública ainda está no centro das atenções de G. em uma nota carcerária na qual recorda como, algumas vezes, justamente os jornais, sobretudo aqueles independentes, são usados por forças "ocultas e irresponsáveis" (*Q 19*, 5, 1.984 [*CC*, 5, 38]) para criar "movimentos ocasionais de opinião pública, que se devem manter acesos até a obtenção de determinados objetivos e, em seguida, se deixam enfraquecer e morrer" (idem). A opinião pública é "o ponto de contato entre a 'sociedade civil' e a 'sociedade política', entre o consenso e a força" (*Q 7*, 83, 914 [*CC*, 3, 265]), e por isso está duplamente ligada com a hegemonia política (*Q 13*, 37, 1.638 [*CC*, 3, 92]). De fato, quando o Estado quer iniciar uma ação pouco popular deve primeiro criar uma opinião pública adequada, ou seja, organizar e centralizar elementos da sociedade civil. É verdade que a opinião pública sempre existiu, mas tal como a entendemos hoje, precisa G., nasce "às vésperas da queda dos Estados absolutistas, isto é, no período de luta da nova classe burguesa pela hegemonia política e pela conquista do poder" (*Q 7*, 83, 915 [*CC*, 3, 265]). Elemento essencial é o controle da opinião pública voltado para o monopólio dos órgãos da mesma, uma vez que, sendo ela ligada à vontade política pública, poderia desta discordar; em consequência, se desencadeia a luta para controlar jornais, partidos, parlamento "de modo que uma só força modele a opinião e, portanto, a vontade política nacional, dispondo os discordantes numa nuvem de poeira isolada e inorgânica" (idem).

Lelio La Porta

Ver: aparelho hegemônico; consenso; Estado; hegemonia; sociedade civil; sociedade política.

ópio

G. utiliza o termo na crítica a costumes e crenças ilusórias, portanto, *apassivantes*, articulando a referência marxiana à religião como o "ópio do povo", formulada na *Crítica da filosofia do direito de Hegel. Introdução*, de 1844. Nas notas intituladas "A religião, a loteria e o ópio da miséria", G. formula uma articulada hipótese filológica: a "expressão 'ópio da miséria' usada por Balzac acerca da loteria" poderia ser fonte da expressão de Marx "'ópio do povo' para a religião"; tal passagem teria "sido ajudada pela reflexão sobre o *pari* de Pascal, que aproxima a religião do jogo de azar" (*Q 16*, 1, 1.838 [*CC*, 4, 16]). G. estende o uso do termo, definindo também a "literatura comercial" como "ópio", "'alucinógeno' popular" (*Q 5*, 54, 587 [*CC*, 6, 169]), e refletindo sobre "literatura popular como ópio do povo" (*Q 21*, 13, 2.133 [*CC*, 6, 58]): como a religião, a "literatura não artística", de aventura e para a diversão (aliás, não, a literatura *tout court*), tem desde sempre uma função de "alucinógeno contra a banalidade cotidiana" para aquele povo "cuja atividade sempre foi taylorizada"; na modernidade, assiste-se à "racionalização coercitiva" também das "classes médias e intelectuais", oprimidas pela "precariedade", pelos "inúmeros riscos da vida cotidiana" (ibidem, 2.131-3 [*CC*, 6, 57-8]). O efeito alucinógeno e apassivante de "uma nova espécie de ópio" também deriva de interpretações supersticiosas e demasiado crentes do progresso científico: por exemplo, a fé na "força taumatúrgica do homem" e no desenvolvimento das máquinas (*Q 11*, 39, 1.458-9 [*CC*, 1, 176]). Retomando, em registro antiloriano, a polêmica de Croce com o economista Graziadei, G. se pergunta se a lei marxiana da queda tendencial da taxa de lucro pode ser considerada reação legítima àquele "ópio" constituído pelo "culto da ciência" e pela "religião do progresso" positivistas e em que medida tal lei não tenha sido também objeto dessa mesma "opiomania" que "impediu uma [sua] análise mais cuidadosa" (*Q 28*, 11, 2.330 [*CC*, 2, 265-6]), transformando "arbitrariamente uma tese científica" num "mito popular" que, como os narcóticos, produz "um instante de exaltação [...] mas enfraquece permanentemente o organismo" (*Q 10* II, 36, 1.284 [*CC*, 1, 353]).

Eleonora Forenza

Ver: literatura popular; queda tendencial da taxa de lucro; religião; utopia.

oposição

G. critica a atitude daqueles partidos que não almejam se tornar forças de governo, preferindo estar sempre na oposição. Ele se pergunta o que significa "se propor a estar sempre na oposição" e responde que isso não pode senão preparar "os piores desastres": enquanto a posição de oposição (mesmo sendo necessário distinguir entre as forças opositoras com base na natureza delas) é cômoda para os opositores, certamente não o é para quem está no governo, que deverá, cedo ou tarde, "colocar-se o problema de desbaratar e varrer a oposição" (*Q 6*, 97, 771 [*CC*, 3, 247]). Um papel particular da oposição é realizado pelos partidos do parlamento inglês, que se opõem para "disputar o corpo eleitoral na próxima eleição" (*Q 6*, 40, 714 [*CC*, 3, 227]): as forças de governo fazendo promessas, as forças de oposição desacreditando-as. Na Itália, levando em consideração o período que vai de 1860 a 1900, nota-se um transformismo molecular graças ao qual "as personalidades políticas individuais criadas pelos partidos democráticos de oposição se incorporam individualmente à '"classe política' conservadora-moderada", dando vida a uma organização dominante avessa a qualquer tentativa de reforma orgânica sugerida de baixo que tenha como objetivo a substituição de "uma 'hegemonia' ao bruto 'domínio' ditatorial" (*Q 8*, 36, 962 [*CC*, 5, 286-7]).

LELIO LA PORTA

Ver: eleições; governo; parlamento; transformismo.

oratória

Para G., a oratória é uma modalidade demagógica, portanto, antidemocrática, de comunicação política: "Demagogia quer dizer [...] se servir das massas populares, de suas paixões sabiamente excitadas e nutridas [...]. O pior 'demagogo' quer entrar em relação com as massas diretamente (plebiscito etc., grande oratória, golpes de cena, aparato coreográfico fantasmagórico [...])" (*Q 6*, 97, 772 [*CC*, 3, 247-8]). Na esteira das teses – indiretamente conhecidas – de Thomas B. Macaulay sobre os oradores áticos, G. retorna outras vezes (*Q 1*, 122, 113; *Q 1*, 153, 135; *Q 4*, 18, 439; *Q 8*, 113, 1.008 [*CC*, 2, 167]; *Q 11*, 15, 1.406 [*CC*, 1, 121]) à relação entre oralidade e escrita, confrontando-a, sobretudo, com os problemas pedagógicos colocados pela criação de "uma nova cultura a partir de uma base social nova que não tem tradições, como a velha classe dos intelectuais" (*Q 16*, 21, 1.892 [*CC*, 4, 68]). A "instabilidade da base cultural de alguns grupos sociais, como os operários urbanos" (ibidem, 1.889 [*CC*, 4, 65]) não pode ser enfrentada exaltando o instrumento retórico do convencimento imediato, que incentiva "os erros de lógica formal" (ibidem, 1.891 [*CC*, 4, 67]) e formas superficiais de agregação. "Também hoje a comunicação falada é um meio de difusão ideológica que tem uma rapidez, uma área de ação e uma simultaneidade emotiva enormemente mais amplas do que a comunicação escrita (o teatro, o cinema e o rádio, com a difusão de alto-falantes nas praças, superam todas as formas de comunicação escrita, desde o livro até a revista, o jornal, o jornal mural), mas na superfície, não em profundidade" (idem). O que precisa ser desenvolvido, ao contrário, são aqueles "modos de pensar" que são "elementos adquiridos, e não inatos" (ibidem, 1.892 [*CC*, 4, 68]), e que podem sozinhos garantir a solidez do vínculo político assim constituído. Por esse motivo é muito mais grave o fato de que não só o *Ensaio popular** [de Bukharin] "padeça [...] de todas as deficiências da conversação, das fraquezas argumentativas da oratória" (ibidem, 1.891 [*CC*, 4, 68]), mas que o autor recorde "no prefácio [...] quase como uma honraria, a origem 'falada' de sua obra" (*Q 11*, 15, 1.406 [*CC*, 1, 124]).

FABIO FROSINI

Ver: abstração; Bukharin; escola; técnica do pensar.

orçamento estatal

No longo e articulado *Q 2*, 6 [*CC*, 5, 157] – rico em cifras e dados, e que contém também um diagrama – G. retoma e comenta o escrito do economista Tommaso Tittoni sobre a situação financeira italiana dos anos 1925-1927, também em relação a de outras nações europeias, em dois artigos publicados na *Nuova Antologia*, ambos intitulados "Problemas financeiros", respectivamente de 16 de maio de 1925 e de 1º de junho de 1927. O "orçamento italiano – lê-se – não é uma conta *de fato*, de tipo inglês, que registra receitas e despesas efetivamente ocorridas, mas uma conta *de direito*, de tipo francês, que compreende, por um lado, as receitas estimadas e concretizadas e, por outro lado, as despesas ordenadas, liquidadas e empenhadas na forma prescrita pela lei" (*Q 2*, 6, 147 [*CC*, 5, 158]). Isso implica o grande inconveniente que em um regime de competência os resíduos, sejam ativos ou passivos, não possam ser avaliados da mesma forma que recebimentos e pagamentos: "Nenhum exercício se esgota em si mesmo", porque "deixa sempre créditos a receber e restos a pagar, de modo que, à gestão do orçamento do próprio exercício, acrescenta-se a gestão destes créditos e débitos dos exercícios anteriores, que a caixa terá de suportar" (idem).

---

* Com a expressão *Ensaio popular* Gramsci se refere ao livro *A teoria do materialismo histórico: manual popular de sociologia marxista* de Bukharin. Ou seja, *Ensaio popular* é um apelido que ele deu ao livro. No Brasil, a edição trouxe como título *Tratado de materialismo histórico* (Rio de Janeiro, Laemmert, 1970). (N. R. T.)

Mais tarde, no *Q 22*, G. observa que sobre o orçamento do Estado italiano pesam o aparelho administrativo e um iníquo sistema pensionista. Com base nas análises de Renato Spaventa, G. ressalta que um décimo da população italiana é constituído por homens com pouco mais de quarenta anos, portanto, no pleno vigor das forças físicas e intelectuais. Ocorre que eles, "depois de 25 anos de serviço público, não se dediquem mais a nenhuma atividade produtiva, mas vegetem com aposentadorias mais ou menos elevadas, ao passo que um operário só pode desfrutar de uma aposentadoria depois de 65 anos e um camponês não tem limite de idade para o trabalho" (*Q 22*, 2, 2.143-4 [*CC*, 4, 245]). Coisa que não ocorre nos Estados Unidos, onde a racionalidade da composição demográfica impede a existência de "classes numerosas sem uma função essencial no mundo produtivo, isto é, classes absolutamente parasitárias" (ibidem, 2.141 [*CC*, 4, 242]).

Vito Santoro

Ver: crise; débito público; fordismo; títulos do Estado.

Ordine Nuovo (L')

A *L'Ordine Nuovo*, revista semanal publicada entre 1º de maio de 1919 e 24 de dezembro de 1920 (entre 1921-1922 foi diário e órgão do Partido Comunista d'Italia [PCd'I], mais tarde tornando-se periódico), vincula-se um período preciso da experiência política gramsciana na Turim do "biênio vermelho", em 1919-1920. É a revista que, dirigida por G., acompanha as lutas operárias e, em estreita relação com elas, teoriza uma "democracia proletária" baseada no papel dos Conselhos de Fábrica. Estes últimos – na teorização de G. – são também a tradução italiana dos sovietes russos, mas com uma conotação específica própria centrada no autogoverno dos produtores. Sem renegar a experiência teórico-prática de *L'Ordine Nuovo*, G. oferece nos *Q* um julgamento sintético, que não pode deixar de ser também parcialmente autocrítico, sobre o "biênio vermelho", que logo depois das falhas de direção política devidas, sobretudo, à maioria maximalista do Partido Socialista Italiano (PSI), cederá lugar à reação fascista: "O 'espontâneo'" – escreve G. – "era a prova mais cabal da inépcia do partido, porque demonstrava a cisão entre os programas altissonantes e os fatos miseráveis. Mas à medida que os fatos 'espontâneos' ocorriam (1919-1920), contrariavam interesses, abalavam posições adquiridas, suscitavam ódios terríveis até em gente pacífica, faziam sair da passividade estratos sociais estagnados na podridão: criavam, precisamente por sua espontaneidade e pelo fato de serem repudiados, o 'pânico' genérico, o 'grande medo' de que não podiam deixar de concentrar as forças repressivas impiedosas para sufocá-los" (*Q 3*, 42, 320 [*CC*, 3, 186]).

Nos *Q*, a primeira referência à experiência do "biênio vermelho" está no *Q 1*, 61, 72 [*CC*, 6, 349], em que são lembradas as "tentativas de Agnelli em relação a *L'Ordine Nuovo* que defendia um seu 'americanismo'". Esse Texto A é retomado em duas notas de segunda redação no *Q 22*. A primeira contém um complemento extremamente significativo: "Tentativas de Agnelli de absorver o grupo de *L'Ordine Nuovo* que defendia uma forma própria de 'americanismo' aceitável pelas massas operárias" (*Q 22*, 2, 2.146 [*CC*, 4, 248]). G. refere-se à reflexão e à ação do ordinovismo em relação às então novas temáticas ligadas ao fordismo e ao taylorismo, especificando que não se tratava de retomar os princípios *tout court*, mas de "traduzi-los" segundo um ponto de vista operário. No segundo Texto C (*Q 22*, 6, 2.156 [*CC*, 4, 258]), G. explica a necessidade de separar a *técnica* organizativa do taylorismo-fordismo de seu uso de classe (tese própria também do grupo dirigente bolchevique): "Foram precisamente os operários os portadores das novas e mais modernas exigências industriais e, a seu modo, as afirmaram implacavelmente; pode-se mesmo dizer que alguns industriais compreenderam esse movimento e procuraram se apropriar dele [...] é desse modo que se pode explicar a tentativa feita por Agnelli de absorver *L'Ordine Nuovo* e sua escola no complexo da Fiat, e de instituir assim uma escola de operários e de técnicos especializados para o desenvolvimento industrial e do trabalho com sistemas 'racionalizados'".

Entre o texto do *Q 1*, de 1929-1930, e aqueles do *Q 22*, de 1934, encontram-se dois Textos B. O primeiro, de 1930, reivindica ao "movimento turinês" o mérito de não ter "negligenciado e muito menos desprezado" a espontaneidade das massas, mas de ter tentado educar tal espontaneidade (*Q 3*, 48, 330 [*CC*, 3, 194]). No segundo, de 1932, G. se atém aos "acontecimentos que sucederam a guerra" e ao movimento operário turinês guiado pelo "movimento para valorizar a fábrica" (*Q 9*, 67, 1.137 [*CC*, 4, 312]) e aproxima a fragmentação das tarefas da grande fábrica à descrição da crescente divisão do trabalho no processo produtivo feita por Marx n'*O capital*:

"Que uma divisão do trabalho cada vez mais perfeita reduza objetivamente a posição do trabalhador na fábrica a movimentos de detalhe cada vez mais 'analíticos', de modo que ao sujeito escape a complexidade do trabalho comum, e na própria consciência sua contribuição se deprecie até que pareça facilmente substituível a todo instante; que, ao mesmo tempo, o trabalho combinado e bem ordenado dê uma produtividade 'social' maior e que o conjunto dos mestres da fábrica deva se conceber como um 'trabalhador coletivo' são os pressupostos do movimento de fábrica que tende a tornar 'subjetivo' aquilo que é 'objetivamente' dado", ou seja, a utilizar conscientemente os progressos técnicos para se afirmar como nova classe dominante. De fato, escreve G.: "De resto, o que quer dizer objetivo neste caso? Para o trabalhador individual, 'objetivo' é o encontro das exigências do desenvolvimento técnico com os interesses da classe dominante. Mas esse encontro, essa unidade entre desenvolvimento técnico e os interesses da classe dominante, é só uma fase histórica do desenvolvimento industrial, deve ser concebido como transitório. A conexão pode se dissolver; a exigência técnica pode ser concretamente concebida não só como algo separado dos interesses da classe dominante, mas como algo unido aos interesses da classe ainda subalterna" (ibidem, 1.138 [*CC*, 4, 313]). Os processos objetivos do desenvolvimento da produção capitalista criam a possibilidade de passar a uma nova "fase histórica", em que o "trabalhador coletivo" (a expressão é de Marx), superando sua condição de subalternidade, se transforme em sujeito, ao mesmo tempo político e econômico de uma nova ordem. Conclui G.: "Que tal 'cisão' e nova síntese seja historicamente madura é demonstrado de maneira peremptória pelo fato de um tal processo ser compreendido pela classe subalterna, que justamente por isso não é mais subalterna, ou seja, mostra que tende a sair de sua condição subordinada. O 'trabalhador coletivo' se enxerga como tal, e não só em cada fábrica isoladamente, mas em esferas mais amplas da divisão do trabalho nacional e internacional, e essa consciência adquirida dá uma manifestação externa, política, justamente nos organismos que representam a fábrica como produtora de objetos reais, e não de lucro" (idem). É nessa vontade de querer fundar uma "nova ordem" política diretamente sobre o "trabalhador coletivo" que reside a peculiaridade do "conselhismo" gramsciano e do próprio "ordinovismo". Uma hipótese que politicamente não havia se demonstrado madura e que havia sido deixada de lado, mas que G. defende apaixonadamente. Para além disso, resta o conselhismo gramsciano como proposta de possível superação da divisão entre economia e política, entre *bourgeois* e *citoyen*, como hipótese de um novo tipo de democracia e de Estado alternativos à democracia e ao Estado burgueses.

Outro ponto peculiar da experiência da *L'Ordine Nuovo* retomado nos *Q* é aquele que concerne à necessidade de afirmar um novo tipo de intelectual. Não mais "o tipo tradicional e vulgarizado de intelectual [...] dado pelo literato, pelo filósofo, pelo artista [...]. No mundo moderno, a educação técnica, estreitamente ligada ao trabalho industrial, mesmo aquele mais primitivo e desqualificado, deve constituir a base do novo tipo de intelectual. Neste sentido trabalhou o semanário *L'Ordine Nuovo*, visando a desenvolver certas formas de novo intelectualismo e a determinar seus novos conceitos, e essa não foi uma das menores razões de seu sucesso, porque tal proposta correspondia a aspirações latentes e era adequada ao desenvolvimento das formas reais de vida" (*Q 12*, 3, 1.551 [*CC*, 2, 53]; Texto A: *Q 4*, 72, 514). O "novo intelectual", para G., deve "misturar-se ativamente na vida prática, como construtor, organizador, 'persuasor permanente' porque não puro orador – e todavia superior ao espírito matemático abstrato; da técnica-trabalho chega à técnica-ciência e à concepção humanista da história, sem a qual permanece 'especialista' e não se torna 'dirigente' (especialista + político)" (idem). Também aqui a proposta de *L'Ordine Nuovo* fincava as próprias raízes diretamente no trabalho industrial, baseava-se na superação do distanciamento das funções intelectuais e políticas em relação àquelas da produção.

Guido Liguori

Ver: americanismo e fordismo; brescianismo; espontaneísmo; fura-greve; intelectuais; intelectuais orgânicos; Marx; parlamento; revolução; taylorismo; trabalhador coletivo.

orgânico

O adjetivo "orgânico" é frequente a partir das obras juvenis, nas quais G. designa um complexo unitário e vital com uma metáfora extraída, de fato, do mundo da biologia, sob a influência (talvez) de um vitalismo de linhagem bergsoniana-soreliana. No verbete "metódico", esclarece-se que o uso gramsciano, não tão frequente, mas certamente o mais forte e original do termo, encontra-se nas passagens em que é contraposto a "orgânico", e que um exemplo típico de tal contraposição está na relação entre Estado, em sentido estrito, e sociedade civil como momentos constitutivos do "Estado integral". Ele critica toda distinção rígida "entre sociedade política e sociedade civil, que, de distinção metódica faz-se com que se torne, e seja apresentada, como distinção orgânica" (*Q 13*, 18, 1.590 [*CC*, 3, 47]). A dupla de conceitos é reencontrada no *Q 4*, 38, 460: "Especula-se inconscientemente (por um erro teórico cujo sofisma não é difícil identificar) sobre a distinção entre sociedade política e sociedade civil e se afirma que a atividade econômica é própria da sociedade civil e que a sociedade política não deve intervir em sua regulamentação. Mas, na realidade, essa distinção é puramente metódica, não orgânica, e na vida histórica concreta, sociedade política e sociedade civil são uma mesma coisa" (idem). Processos orgânicos podem caracterizar um período histórico estrutural ou superestrutural. O transformismo é um recurso da "revolução passiva": "Não se tratava de um fenômeno isolado; era um processo orgânico que substituía, na formação da classe dirigente, aquilo que na França acontecera na Revolução e com Napoleão, e na Inglaterra com Cromwell" (*LC*, 586, a Tania, 6 de junho de 1932 [*Cartas*, II, 209]). Aqui, "substituía" não significa "era o equivalente de", mas sim "supria" a ausência ou a debilidade de uma fase revolucionária da burguesia italiana. Às vezes, "orgânico" é sinônimo de "sistemático", sobretudo quando caracteriza o tratamento teórico-filosófico dos acontecimentos históricos, enquanto se distingue de uma mera exposição historiográfica não sustentada pela metodologia histórica. No *Q 7*, 24, 871-2 [*CC*, 1, 238], G. talvez se refira aos opúsculos históricos de Marx, retornando à "metodologia histórica marxista [...]. Poder-se-á ver quantos cuidados reais Marx introduz em suas pesquisas concretas, cuidados que não podem encontrar espaço nas obras gerais [...] em uma exposição metódica sistemática [...], em que, além do método filológico e erudito, [...] deveria ser explicitamente tratada a concepção marxista da história". O termo "orgânico" também é sinônimo de "sistemático" quando caracteriza um conjunto de escritos ligados por um fio condutor unitário: "Em novembro de 1920, fui convencido por Giuseppe Prezzolini a publicar em sua editora uma coletânea de artigos que, na realidade, tinham sido escritos segundo um plano orgânico" (*LC*, 458, a Tatiana, 7 de setembro de 1931 [*Cartas*, II, 83]). Sobre "reflexão mais metódica e sistemática" também se fala no *Q 10* II, 41.VIII, 1.314 [*CC*, 1, 361].

Giuseppe Prestipino

Ver: metódico; revolução passiva; sociedade civil; sociedade política.

organismo

Nos *Q*, "organismo" designa de modo muito preciso todas as formas nas quais se condensa certa atividade histórica, teórica ou prática, até o ponto que se torna autônoma e capaz de expressar uma vontade unitária, porque dotada de uma determinada organização centralizada. Logo, um organismo é um conjunto de atividades políticas organizadas: o Estado (*Q 10* II, 41.I, 1.293 [*CC*, 1, 361]), a nação moderna (*Q 9*, 99, 1.162), uma certa organização social (*Q 11*, 16, 1.406 [*CC*, 1, 125]), eventualmente o Commonwealth (*Q 6*, 54, 714 [*CC*, 3, 229]), e também o partido político (*Q 8*, 21, 951 [*CC*, 6, 374]), a Igreja católica (*Q 4*, 53, 495 e *Q 19*, 6, 1.966 [*CC*, 5, 42]), a Câmara do Trabalho (*Q 3*, 42, 319 [*CC*, 3, 185]), o exército (*Q 9*, 62, 1.132), mas também a ciência política (*Q 4*, 8, 431) ou uma classe social (*Q 8*, 2, 937 [*CC*, 2, 271]). Para G., os organismos podem ser tanto privados quanto públicos, um e outro fazendo parte, de várias formas, do Estado integral. Seu interesse, porém, volta-se particularmente para os organismos privados da sociedade civil, e entre esses, para o partido político (v. *Q 8*, 21, 951 [*CC*, 6, 374]). Efetivamente, o problema do Partido Socialista foi que ele "concretamente" não chegou a ser um "organismo independente, mas apenas [...] elemento constitutivo de um organismo mais complexo [...] descentralizado, sem vontade unitária" (*Q 3*, 42, 321 [*CC*, 3, 185]). Por outro lado, a independência não se estabelece por decreto: que um organismo – unidade de uma multiplicidade – se "una" em função de "um sistema doutrinário rígida e rigorosamente formulado" (*Q 3*, 56, 337 [*CC*, 3, 199]) é algo teorizado pelo "centralismo orgânico", que "imagina ser capaz de fabricar um organismo de uma vez por todas, desde já objetivamente perfeito" (idem). Ao contrário, "uma consciência coletiva, ou seja, um organismo vivo só se forma depois que a multiplicidade se unifica através do atrito dos indivíduos: e não se pode dizer que o 'silêncio' não seja multiplicidade" (*Q 15*, 13, 1.771 [*CC*, 3, 333]). De fato, "um organismo coletivo é constituído de indivíduos, os quais formam o organismo na medida em que se deram, e aceitam ativamente, uma hierarquia e uma direção determinada" (ibidem, 1.769--70 [*CC*, 3, 332]).

FABIO FROSINI

Ver: centralismo; Estado; Igreja católica; orgânico; partido; Partido Socialista; vontade coletiva.

organização
Da mesma forma que "orgânico" (e "inorgânico"), é uma metáfora utilizada por G. para indicar interdependência entre as partes ou funcionalidade de cada uma das partes num todo organizado. A incapacidade de se viabilizar uma organização se verifica ou porque um sujeito ainda é politicamente imaturo ou porque os grupos contrários a ele o lançam num estado de crise organizacional: num período de crise, "o monopólio dos órgãos de opinião pública: jornais, partidos, parlamento" pode fazer "que uma só força modele a opinião e, assim, a vontade política nacional, desagregando os que discordam numa nuvem de poeira individual e inorgânica" (*Q 7*, 83, 915 [*CC*, 3, 265]). E, vice-versa, uma organização ausente ou imatura dos subalternos pode, em princípio, facilitar o recurso à força opressiva "como reação das classes dominantes ao subversivismo esporádico e inorgânico das massas populares" (*Q 8*, 25, 957). O recurso à força pode ter lugar como resposta à agudização de uma crise econômica, mas também por uma "crise de hegemonia da classe dirigente, que se dá porque a classe dirigente falhou em algum grande empreendimento político para o qual pediu ou impôs com a força o consenso das grandes massas (como a guerra), ou porque amplas massas (sobretudo de camponeses e de pequeno-burgueses intelectuais)", se bem que ainda não politicamente organizadas, passaram "da passividade política para uma certa atividade, e apresentam reivindicações que, em seu conjunto desorganizado, constituem uma revolução" (*Q 13*, 23, 1.603 [*CC*, 3, 60]). Diante da presença de certa atividade das grandes massas, sua desorganização facilita o recurso dos dominantes a regimes repressivos e/ou dele deriva. O recurso dos dominantes à força pode vir acompanhado, em especial no terreno geopolítico, de uma organização do consenso ao qual podem se curvar os dominados, por exemplo, por meio da mediação de um grupo de intelectuais que assuma a tarefa de fazer convergir o interesse da classe hegemônica de uma região mais desenvolvida, no sentido capitalista, e o interesse dos proprietários de terras que exploram os grupos subalternos de outra região menos desenvolvida (ou ainda semifeudal). É esse o tema da "questão meridional". A modernidade chega a sua completude ou, poderíamos dizer, a modernidade futura é aquela prevista pelo – ou "personificada" no – novo partido como organização que faz nascer um novo Estado ou se identifica com ele: "O moderno Príncipe deve e não pode não ser o anunciador e o organizador de uma reforma intelectual e moral" (*Q 13*, 1, 1.560 [*CC*, 3, 18]). O partido novo, assim como o sindicato, também é uma das "organizações privadas" (*Q 4*, 69, 513) ou "assim denominadas privadas" (*LC*, 459, a Tatiana, 7 de setembro de 1931 [*Cartas*, II, 84]), mas difere dos clubes, organizações não rígidas (*Q 1*, 47, 57 [*CC*, 3, 119]) da França revolucionária, isto é, do jacobinismo que atinge "sua perfeição formal no regime parlamentar, que realiza [...] a hegemonia da classe urbana sobre toda a população [...] com o consenso permanentemente organizado" (*Q 1*, 48, 58).

Mas G. também investiga os primórdios de uma organização moderna. Na Idade Média italiana havia "um só exemplo completo de organização, aquele 'corporativo' (política enxertada na economia)" (*Q 1*, 47, 57 [*CC*, 3, 119]). Na primeira modernidade, "a força urbana setentrional [...] começa a ter problemas 'próprios', de organização", e somente após ter "atingido certo grau de unidade e de combatividade, [...] exerce uma função diretiva 'indireta'" (*Q 1*, 43, 38), até porque podem facilitá-la "a dispersão e o isolamento da população rural" (*Q 1*, 44, 48). Um centro "para a organização e a 'condensação' do grupo intelectual dirigente da burguesia italiana do *Risorgimento* é aquele constituído por Vieusseux em Florença" (*Q 6*, 171, 821 [*CC*, 5, 270]). Convém de fato estudar "a organização material voltada a manter, defender e desenvolver a 'frente' teórica e ideológica" (*Q 3*, 49, 332 [*CC*, 2, 78]), porque a relação entre as forças políticas depende do "grau de homogeneidade, de autoconsciência e de organização alcançado pelos vários grupos sociais" (*Q 13*, 17, 1.583 [*CC*, 3, 40-1]).

No século XX, vem à luz a política "totalitária": um partido se esforça para que os outros cidadãos ativos "encontrem nesse único partido todas as satisfações que antes encontravam na multiplicidade de organizações" e para "destruir todas as outras organizações ou incorporá-las num sistema cujo único regulador seja o partido. Isso ocorre: 1) quando um determinado partido é portador de uma nova cultura e se verifica uma fase progressiva; 2) quando um determinado partido quer impedir que outra força, portadora de uma nova cultura, torne-se 'totalitária'; verifica-se então uma fase objetivamente regressiva" (*Q 6*, 136, 800 [*CC*, 3, 254]). "O desenvolvimento do partido em Estado reage sobre o partido e exige dele uma contínua reorganização e desenvolvimento, assim como o desenvolvimento do partido e do Estado em concepção do mundo, isto é, em transformação total e molecular (individual) dos modos de pensar e atuar, reage sobre o Estado e sobre o partido, obrigando-os a se reorganizarem continuamente" (*Q 17*, 51, 1.947 [*CC*, 3, 354]). Em ambos os "partidos-Estado", a polícia, em sentido estrito, "é o núcleo central e formalmente responsável da 'polícia', que é uma organização bem maior" (*Q 2*, 150, 278 [*CC*, 3, 181]). Estatolatria e "mitologia" do líder carismático se encontram tanto em um (por uma fase prevista como transitória) como em outro "totalitarismo". Mussolini e também Croce remetem ao Sorel do mito-ação; G., que apreendeu e reelaborou alguns conceitos sorelianos (o espírito de cisão, o bloco histórico, a ética como aspiração especificamente humana), estuda "como Sorel, partindo da concepção da ideologia-mito, não atingiu a compreensão do partido político, mas se deteve na concepção do sindicato profissional. É verdade que para Sorel o 'mito' não encontra sua expressão maior no sindicato, como organização de uma vontade coletiva, mas na ação prática do sindicato e de uma vontade coletiva" (*Q 13*, 1, 1.556 [*CC*, 3, 14]).

Enfim, o termo é recorrente com uma rica adjetivação, indicando a atenção de G. ao caráter ativo e construtivo de todos os fenômenos sociais: "Organização científica até do trabalho intelectual" (*LC*, 360, a Tatiana, 20 de outubro de 1930 [*Cartas*, I, 448]), organização burguesa, produtiva, industrial, de empresa ou empresarial, financeira, bancária, sindical, organização de ofício, de auxílio, de interesses, privada, profissional, social, corporativa medieval, econômico-corporativa, de classe, operária, do trabalho, de luta, de massa, feminina, organização da escola, da cultura, da hegemonia cultural, do consenso, dos intelectuais, ideológica, científica, jornalística, religiosa, do papado, católica, eclesiástica, clerical, da igreja, territorial, nacional, internacional, mundial, estatal, jurídica, administrativa, coercitiva, oficial, militar, militante, da guerra, organização permanente, organização política, do partido.

Giuseppe Prestipino

Ver: frente ideológica; inorgânico; moderno; moderno Príncipe; orgânico; polícia; Sorel.

Oriani, Alfredo

Alfredo Oriani é definido por G. como "o representante mais honesto e apaixonado pela grandeza nacional-popular italiana entre os intelectuais italianos da velha geração" (*Q 8*, 165, 1.040 [*CC*, 6, 223]), embora isento de uma profundidade crítico-reconstrutiva em razão de sua posição "abstrata, retórica e mergulhada em seu 'titanismo' de gênio incompreendido" (*Q 9*, 42, 1.120). Daí seu substancial infortúnio com os contemporâneos, que foi apenas um pouco remediado por uma reavaliação póstuma que, para o pensador sardo, parece "mais um embalsamamento funerário do que uma exaltação da nova vida de seu pensamento" (*Q 8*, 165, 1.040 [*CC*, 6, 223]).

No decorrer da reflexão carcerária, G. se detém longamente sobre uma obra de Oriani, *La lotta politica in Italia* [A luta política na Itália] (1892), que ele define como exemplar daquela literatura crítica sobre o *Risorgimento* incapaz de dar conta de finalidades educativas claras, dado seu caráter "destacadamente literário e ideológico" (*Q 10* II, 29, 1.267 [*CC*, 1, 337]). Trata-se de uma "história fetichista", centrada em "'personagens' abstratos e mitológicos", como "a *Federação*, a *Unidade*, a *Revolução*, a *Itália*" (*Q 19*, 5, 1.980 [*CC*, 5, 28]). Oriani baseia-se numa tradição de pesquisa que vê a chave interpretativa de um acontecimento do passado nos fatos que o sucedem. Dessa forma – lê-se no *Q 9*, 106, 1.169-70 –, "todo processo histórico é um 'documento' histórico de si mesmo, é mecanizado, exteriorizado e reduzido, no fundo, a uma lei determinista de 'retilineidade' e 'unilinearidade'". Assim, o problema da formação do Estado moderno italiano no século XIX se reduz a "ver esse 'Estado', como unidade ou como nação, ou genericamente como Itália, em toda a história anterior, como a galinha no ovo fecundado" (idem).

Vito Santoro

Ver: Gobetti; Missiroli; *Risorgimento*.

Oriente-Ocidente

Nos *Q*, a primeira e celebérrima diferença entre Leste e Oeste nota que "no Oriente, o Estado era tudo, a sociedade civil era primitiva e gelatinosa; no Ocidente, havia uma relação justa entre Estado e sociedade civil, e, ao oscilar o Estado, podia-se imediatamente reconhecer uma robusta estrutura da sociedade civil. O Estado era apenas uma trincheira avançada, por trás da qual se erguia uma robusta cadeia de fortalezas e de casamatas; em medida diversa de Estado para Estado, é claro, mas exatamente isto exigia um acurado reconhecimento de caráter nacional" (*Q 7*, 16, 866 [*CC*, 3, 262]). Trata-se de uma passagem muito complexa, que remete à questão dos intelectuais, às estratégias revolucionárias de Trotski e Lenin, à simbologia militar da "guerra de posição" e da "guerra manobrada", como adverte o título da nota. Num único raciocínio, muito articulado, G. expõe algumas formas histórico-políticas para especificar a natureza da relação entre Oriente e Ocidente, sobretudo em torno das estratégias de luta política, que, no entanto, também marcam indeléveis fronteiras de civilização. É evidente que a demarcação conceitual entre as duas áreas do mundo, para G., se define seja com base no diferente peso específico do Estado, considerando a sociedade civil ou não, seja com base nesta última como lugar de vontade e de mediações decisivas, ou de concepções do mundo por vezes até mais influentes do que a própria política e do que o Estado-aparelho; eis o fundamento da análise diferenciada, instrumento essencial dos encargos heurísticos da política ("cuidadoso reconhecimento de caráter nacional"), que passam também pela relação Leste-Oeste.

Além disso, a correlação Oriente-Ocidente propõe dois elementos de fundo. Em primeiro lugar, há a ampla mirada histórico-política de G., na qual se baseia seu esquema de interpretação analítica de organizações sociais específicas, projetado em escala mundial; é a mesma lógica do confronto entre Europa e Estados Unidos, no centro do estudo sobre o americanismo e o fordismo. Em segundo lugar, graças justamente à relação entre civilização ocidental e oriental, emerge uma sensibilidade objetivamente cosmopolita em G., contrária a seu juízo recorrente sobre o cosmopolitismo dos italianos, sinal de desorientação política e de escassa atenção ao papel do Estado. Provavelmente, o cosmopolitismo "escondido" na análise gramsciana das características histórico-civis do Oriente e do Ocidente, e também em outras passagens, expressa um recorte antiespeculativo, ou melhor, de recuperação consciente da natureza política daquilo que diferencia as civilizações, suas formas de poder e de conflito. Esse esclarecimento permite captar as múltiplas leituras internas à relação que G. apresenta entre Leste e Oeste, aliás, composta de variados símbolos, dificilmente redutíveis a uma unidade.

Antes de tudo, em registro rigorosamente histórico, as duas partes do mundo são reconduzidas à uma fonte idêntica, que de longa data faz parte da memória histórica das áreas comumente chamadas de Oriente e Ocidente.

Sua ascendência comum é a cidade de Atenas, modelo máximo de refinamento e, também, da "arqueologia" intelectual de todos os sistemas aperfeiçoados de poder. Mas dessa premissa coincidente partem as diferentes histórias-noções de Oriente e Ocidente; o Oriente se volta para Bizâncio e para a Rússia, o Ocidente, para Roma e para a Europa: "Atenas e Roma têm suas continuidades nas igrejas ortodoxa e católica: também aqui deve-se afirmar que Roma foi seguida mais pela França do que pela Itália e Atenas-Bizâncio, pela Rússia czarista. Civilização ocidental e oriental. Isso até a Revolução Francesa e talvez até a guerra de 1914" (*Q 17*, 33, 1.936 [*CC*, 5, 349]). Deve ser ressaltado o princípio absolutamente superestrutural que interfere na primeira divisão entre as duas diferentes civilizações, a despeito da matriz na antiguidade grega em comum. E deve ser também ressaltada a dupla articulação do problema: se Atenas representa a *arché*, a civilização romana se duplica entre a própria Roma e Bizâncio, isto é, entre os dois eixos de que se originaram outras tantas histórias. Por um lado, as características ocidentais levam a uma curiosa sucessão – nada desmotivada – entre Roma e França; por outro lado, o estatuto filosófico de Atenas se traduz na diferença religiosa e na autonomização de Bizâncio, que, por sua vez, transmite à Rússia czarista a ideia da vida como disciplina e religião, quase servidão. Os dois grandes paradigmas de civilização, mesmo de modo muito sintético, em que a essência política absorve toda a "narrativa" histórica, já fornecem a bússola de um pensamento capaz de atravessar a barreira do tempo. Aqui o discurso gramsciano, finamente político, lembra muito a distinção, também totalmente política, de Maquiavel entre Ocidente e Oriente, por meio dos modelos de soberania do "rei de França" e do "Turco", seu contrário (*O príncipe*, cap. 4): o primeiro se sustenta sobre uma fusão de vigor da ordem institucional e precário consenso dos súditos; o segundo também é soberano, mas na combinação inversa entre ordem personalizada e obediência de tipo religioso. E não é por acaso que tanto o secretário florentino quanto o dirigente comunista tenham excluído a Itália da tipificação das contribuições da civilização propriamente ocidental. O final de 1914, limiar extremo da periodização gramsciana dos dois modelos representados, se explica pela força destrutiva da guerra e por seu significado de fronteira, de limite do esgotamento de qualquer solidariedade possível entre razão e domínio, entre cultura e potência.

Aprofundando-se ainda mais nas articulações entre Oriente e Ocidente, G. assume, do primeiro, o fator religioso, a fim de medir sua tendência a frear a modernização: "Por que o islã não poderia fazer aquilo que o cristianismo fez?", pergunta ele, depois de ter acenado à capacidade de adaptação da religião cristã-católica a uma sociedade de tipo mais avançado: "Se se admite que a civilização moderna, em sua manifestação industrial-econômica-política, terminará por triunfar no Oriente (e tudo prova que isso ocorre e que essas discussões sobre o Islã acontecem porque há uma crise determinada precisamente por essa difusão de elementos modernos), por que não se deve concluir que o Islã necessariamente evoluirá? Poderá permanecer tal e qual? Não: já não é mais o mesmo de antes da guerra. Poderá desaparecer subitamente? Absurdo. Poderá ser substituído por uma religião cristã? Absurdo supô-lo para as grandes massas" (*Q 2*, 90, 247 [*CC*, 2, 68]).

Chamou a atenção de G. uma intervenção do orientalista Michelangelo Guidi, no prefácio a um artigo, em texto julgado "medíocre", de um diplomata afegão sobre o Oriente. Independentemente da ocasião da nota, para G. o mundo islâmico é atrasado em relação ao Ocidente; de fato, não possui ainda deste último o moderno sistema produtivo-industrial, com o qual a religião católica encontrou um bom equilíbrio, graças ao incremento, no catolicismo dos países industrializados, do componente jesuíta, que se tornou matriz de "uma grande hipocrisia social" (idem). No processo de secularização, já consumado à sombra da transformação industrial, reside a causa desse tipo de vantagem do Ocidente face ao Oriente islâmico, ainda que as motivações típicas da educação histórico-materialista de G. o levem a crer que seja possível que o Islã alcance rapidamente a estrada da modernização, uma vez que a indústria chegue até lá.

Atento às raízes religiosas da civilização oriental, G. inequivocamente relaciona Ocidente e indústria, Ocidente e inovação. Eis a herança da Revolução Industrial, fator essencial, isto é, discriminante em última instância, da especificidade do Oeste, e instrumento simbólico para sua interpretação das diferenças no confronto entre civilizações. Ainda que se deva salientar elementos ulteriores desse reconhecimento gramsciano, já se compreende porque nosso autor sublinha o valor superestrutural de uma diferença que, a seu juízo, não poderá nunca ser reduzida a uma referência meramente geográfica-territorial. Em uma passagem das páginas carcerárias, rubricada no tema *Objetividade do real* e redigida no contexto da crítica ao célebre ensaio "sociológico" de Bukharin (recorrente nos *Q*), G. se propõe a romper com toda inclinação positivista no reconhecimento histórico-político e decide utilizar o sentido não geográfico das noções, embora deduzidas da linguagem da geografia, que para ele não serve como espelho da natureza: "Para compreender exatamente as significações que esse conceito pode ter ['objetividade do real' – ndr], pode ser oportuno desenvolver o exemplo das noções de 'Oriente' e 'Ocidente', que não deixam de ser 'objetivamente reais', ainda que, quando analisadas, demonstrem ser nada mais que uma 'construção' convencional, ou seja, 'histórica' (normalmente os termos 'artificial' e 'convencional' indicam fatos 'históricos', produzidos no desenvolvimento da civilização, e não construções racionalmente arbitrárias ou individualmente arbitrárias)" (*Q 7*, 25, 874, Texto A, retomado mais detidamente no *Q 11*, 20, 1.419 [*CC*, 1, 137]). A presença simultânea, nas duas referências geográficas, do valor de "objetividade" e de "convencionalidade" torna mais claro que elas correspondem a formas de denominar, em jargão quase "cartográfico", mundos historicamente diferentes, realidades humanas que não coincidem, a ponto de poderem representar mundos civis reciprocamente estranhos e distantes: eis, pois, os dois hemisférios por detrás da seca justaposição conceitual entre Oriente e Ocidente. Esses dois lugares, tomados em sentido simplesmente territorial, não seriam nunca "objetivos" se – adverte G. – se imaginasse um mundo sem humanidade, em que "todo ponto da terra é Leste e Oeste ao mesmo tempo" (idem). Mas nem mesmo o elemento humano da história bastaria para explicar a distinção além de seu significado geográfico, se o sentido sócio-político da mesma história não fosse influenciado por "construções convencionais e históricas não do homem em geral, mas das classes cultas europeias, que, por meio de sua hegemonia mundial, as fizeram ser aceitas em todo o mundo" (*Q 7*, 25, 874). O discurso passa pelas hegemonias culturais, confluência da reflexão dos *Q*, e indica também uma crítica do europeísmo, nomotético divisor de águas entre Leste e Oeste.

Na complexa reconstrução da identidade do Ocidente, retorna o filtro da fenomenologia superestrutural das civilizações, ao qual a ciência política de G. não pode renunciar. Nesse sentido, não é fácil recompor nas notas do cárcere uma noção linear de Ocidente, que, porém, se pode extrair de citações de trabalhos de outros, de textos jornalísticos, de contribuições deduzidas de indícios e indiretas notícias culturais. De fato, algumas reflexões de nosso autor derivam de sugestões da "batalha das ideias", sinal evidente de sua abertura a esclarecimentos de múltipla proveniência. É o caso da atenção que G. dedica a um artigo de Filippo Burzio, jornalista antifascista do *La Stampa*, talvez ignorando sua conclusão final, com a "teoria do homem-demiurgo", mas percorrendo detalhadamente sua reconstrução das características do Ocidente, em torno de duas épocas. Na primeira, o efeito de ordenamento das religiões é rompido pela Reforma e por seu rastro de guerras; na segunda, a reconquista da ordem "se apoia" – escreve G., num meio termo entre paráfrase de Burzio e observação pessoal – "em três pilares: o espírito crítico, o espírito científico, o espírito capitalista (talvez fosse melhor dizer 'industrial')" (*Q 1*, 76, 83 [*CC*, 3, 121]).

A constatação de que só a ciência e a economia do capitalismo mantêm sua atualidade, contrariamente à crise da consciência crítica europeia, é retomada no *Q 1* como sinal de uma cisão entre pensamento e ação no seio dos intelectuais ocidentais. Não é claro o quanto é de G. e o quanto é de Burzio nessa interessante consideração; resta o fato de que o termo "crise", bem evidenciado no campo dos intelectuais, se delineia como condição possível, quase "normal", do Ocidente e, sobretudo, do Ocidente na modernidade. Não foi em termos análogos que G. se expressou a propósito do Oriente. A crise não é senão o reflexo de um conjunto de contradições, capaz de tipificar alguns componentes próprios da civilização ocidental. Convém recordar ao menos dois desses componentes, que, no discurso gramsciano, parecem ter particular força expressiva, bem como parecem ser símbolos do próprio "universo": o primeiro é sugerido ao nosso autor por um escrito de Bergson (*L'énergie spirituelle*), em que este se pergunta, segundo a paráfrase das notas carcerárias, "o que teria acontecido se a humanidade tivesse dirigido o próprio interesse e a própria investigação para os problemas da vida interior ao invés de para aqueles da vida material. O reino do mistério seria a matéria e não o espírito, ele [Bergson – ndr] diz" (*Q 5*, 29, 567 [*CC*, 4, 101]). Independentemente do mérito do problema, aliás extraído de uma leitura de segunda mão, merecem atenção dois pontos desse parágrafo, rubricado justamente *Oriente-Ocidente*. O primeiro consiste na significativa "correção" lexical realizada por G. quando afirma que, "na realidade, 'humanidade' significa Ocidente, porque o Oriente se deteve exatamente na fase da investigação dirigida apenas ao mundo interior" (idem). A sobreposição da consciência ocidental à ideia de humanidade em geral é um outro sinal da percepção, em G., de uma dimensão hegemônica das definições mais consolidadas e da capacidade do Ocidente de ocupar todo o espaço das formas de organização e de civilização e de escapar à regra da relativização geográfica, à qual deveria responder. A razão dessa irrefreável dilatação do sentido da ideia do Oeste é explicitada pela reformulação da relação entre espírito e matéria de Bergson, que G. inverte e esclarece quando, de modo manifestamente retórico, se pergunta "se não é propriamente o estudo da matéria – isto é, o grande desenvolvimento das ciências entendidas como teoria e como aplicação industrial – que fez nascer o ponto de vista de que o espírito é um 'mistério', pois imprimiu ao pensamento um ritmo de movimento acelerado, fazendo pensar àquilo que poderá ser 'o porvir do espírito' (problema que não se coloca quando a história está estagnada) e fazendo com que o espírito seja visto como uma entidade misteriosa" (idem).

No centro do raciocínio se coloca, portanto, a conotação industrial do estudo e da aplicação das ciências ou, em poucas palavras, o peso do industrialismo, e, por isso, do modelo ocidental de civilização, como causa profunda do abandono do espírito na esfera escura do mistério; isso equivale a dizer que no Ocidente o problema da produção e da aquisição material se tornou um materialismo objetivo, em condição de subtrair a espiritualidade ao controle ordinário da consciência subjetiva. Assim, falar da aceleração do exercício do pensamento, mas somente na sua projeção num genérico "porvir", parece uma breve, mas condoída, alusão de G. à dificuldade do próprio pensamento, num clima de materialização da ciência, em evitar sua alienação na perspectiva de uma espera inerte e quase perdida nas fases de turbulência da história. Em suma, crescimento do interesse na "matéria" e redução da incidência dos problemas do espírito são propostos, mesmo que numa linguagem impressionista e muito elíptica, como os dois corolários da centralidade da indústria, característica do Ocidente e de sua modernização integral.

Bibliografia: Coutinho, 2006; Salvadori, 2007.

Silvio Suppa

Ver: americanismo; cosmopolitismo; crise; Estado; Europa; França; geografia; guerra de movimento; guerra de posição; industrialismo; intelectuais; Islã; Maquiavel; objetividade; sociedade civil.

original

Nos *Q*, a acepção mais óbvia do termo "original" é introduzida dentro de uma nova acepção, que não a anula, mas a redefine. Se o original é o único que se opõe à cópia seriada, tal significado surge historicamente – e assim deve ser visto, segundo G. – como "significado romântico [....] em oposição a um certo conformismo essencialmente 'jesuíta': isto é, um conformismo artificial, fictício, criado superficialmente para os interesses de um pequeno grupo ou camarilha, não de uma vanguarda" (*Q 14*, 61, 1.719 [*CC*, 6, 248]). Mas, para além desse significado negativo, deve-se buscar uma originalidade positiva, a fim de que "a própria parte absorva e vivifique uma doutrina original própria, correspondente às próprias condições de vida" (*Q 8*, 196, 1.059). Deve-se reconhecer que "há conformismo 'racional', quer dizer, que responde [...] ao mínimo esforço para obter um resultado útil, e a disciplina de tal conformismo [...] deve se tornar 'espontaneidade' ou 'sinceridade'" (*Q 14*, 61, 1.719-20 [*CC*, 6, 248]). Por essa razão, "que uma massa de homens seja conduzida a pensar o real presente, coerentemente e de forma unitária, é fato 'filosófico' bem mais importante e 'original' do que a descoberta, por parte de um 'gênio' filosófico, de uma nova verdade que permanece patrimônio de um pequeno grupo de intelectuais" (*Q 11*, 12, 1.378 [*CC*, 1, 93]), já que é somente isso que modifica a realidade e marca uma época. Original como contrário a seriado deve ser visto, pois, mais profundamente, como expressão de certa forma de vida, que tende a encontrar em si mesma a própria razão de ser. Nesse sentido, G. fala de original como aquilo que surge do interior, que não é determinado pelo exterior (*Q 1*, 46, 55 e *Q 3*, 59, 338 [*CC*, 2, 79]); como sinônimo de "independente", em referência ao marxismo (*Q 4*, 1, 420 [*CC*, 6, 354]; *Q 4*, 3, 422; *Q 4*, 11, 433 [*CC*, 6, 358]; *Q 7*, 29, 877 [*CC*, 6, 372]; *Q 7*, 33, 882 [*CC*, 1, 242]) e à "civilização" que ele dá origem (*Q 4*, 24, 443). Aqui a originalidade, isto é, a absoluta inconfundibilidade em relação a qualquer outra filosofia e forma de vida, não é uma característica que se procura, mas uma expressão de sua independência histórica, de sua capacidade de se propor como civilização "integral".

Fabio Frosini

Ver: conformismo; necessidade.

ortodoxia

G. atribui um significado particular ao termo "ortodoxia" em duas notas (*Q 4*, 14 [*CC*, 6, 360] e *Q 11*, 27 [*CC*, 1, 152]), respectivamente Texto A e Texto C, intituladas "O conceito de 'ortodoxia'". As aspas no termo indicam claramente o desejo de lhe atribuir um significado diferente do usual, derivado do léxico da história das religiões. De fato, G. escreve que "o conceito de 'ortodoxia' deve ser renovado e remetido às suas origens autênticas. A ortodoxia não deve ser buscada neste ou naquele discípulo de Marx, nesta ou naquela tendência ligada a correntes estranhas ao marxismo, mas no conceito de que o marxismo basta a si mesmo, contém em si todos os elementos fundamentais, não somente para construir uma concepção total do mundo, uma filosofia total, mas para fazer viva uma total organização prática da sociedade, isto é, para se tornar uma civilização integral, total" (*Q 4*, 14, 435 [*CC*, 6, 360]). Enquanto sempre se discutiu sobre ortodoxia tendo por base uma pretensa "fidelidade" dos seguidores de uma doutrina a sua letra, a seu espírito ou à intenção de seu precursor, é necessário deslocar a discussão das pessoas para a própria teoria, e avaliar os intérpretes a partir de sua capacidade de identificar o elemento de independência e autônoma vitalidade da doutrina.

De fato, G. associa explicitamente a renovação do conceito de ortodoxia à necessidade de confrontar a tendência, manifestada por Bukharin no *Ensaio popular*, a cair "no dogmatismo" justamente por não ter "colocado a questão da 'teoria'" (*Q 4*, 13, 435); e no Texto C recorda que Croce tenta "reabsorver a filosofia da práxis e incorporá-la como serva da cultura tradicional" (*Q 11*, 27, 1.435 [*CC*, 1, 152]). Afirmar a ortodoxia marxista não significa, portanto, nada além de afirmar o caráter original e independente do marxismo, e isso no sentido teórico e prático: seu caráter "revolucionário" uma vez que é "elemento de separação completa de dois campos, pois é vértice inacessível para os adversários" (*Q 4*, 14, 435 [*CC*, 6, 360]).

Fabio Frosini

Ver: Bukharin; marxismo.

otimismo

Escrevendo sobre a crise do Ocidente e polemizando com todos que quisessem atribuí-la à crise do historicismo e da consciência crítica, G. se pergunta se, ao contrário, "esta crise não está [...] ligada à queda do mito do progresso indefinido e ao otimismo que dele depende" (*Q 1*, 76, 84 [*CC*, 3, 120]); é o mesmo otimismo do século XIX que, com a religião do progresso, se apresentava como uma forma de ópio (*Q 28*, 11, 2.330

[*CC*, 2, 265]). O sindicalismo também cai vítima desse mito: de fato, em toda uma série de discussões "que se dizem ligadas à filosofia da práxis" está presente muito mais o liberalismo do que o sindicalismo, "que dava importância primordial à relação fundamental econômico-social e só a isso" (*Q 13*, 17, 1.581 [*CC*, 3, 36]). As outras ocorrências do termo estão sempre relacionadas à noção de "pessimismo". No caso de Guicciardini, o ceticismo não é um pessimismo da inteligência que, no entanto, "pode ser unido a um otimismo da vontade nos políticos realistas ativos" (*Q 6*, 86, 762 [*CC*, 3, 241]). No *Q 9*, 60, 1.331 [*CC*, 3, 295], G., afirmando que não é preciso sonhar de olhos abertos e fantasiar, lembra que "é preciso atrair a atenção violentamente para o presente assim como ele é, se se quer transformá-lo. Pessimismo da inteligência, otimismo da vontade". Ainda a propósito do nexo otimismo-pessimismo, G. nota que o primeiro se apresenta com frequência sob a forma de fatalismo e que a essa postura se reage com base na inteligência: "O único entusiasmo justificável é aquele que acompanha a vontade inteligente, a operosidade inteligente, a riqueza inventiva em iniciativas concretas que modificam a realidade existente" (*Q 9*, 130, 1.192 [*CC*, 1, 256]). Além do mais, face à desordem intelectual e moral, "é preciso criar homens sóbrios, pacientes, que não se desesperem diante dos piores horrores e que não se exaltem por qualquer tolice. Pessimismo da inteligência, otimismo da vontade" (*Q 28*, 11, 2.331-2 [*CC*, 2, 265]).

Lelio La Porta

Ver: Guicciardini; pessimismo; progresso; vontade.

P

pacifismo

O termo "pacifismo" aparece quatro vezes nos *Q*, ao passo que o termo "pacifista" aparece três vezes. Somente três dessas ocorrências merecem atenção. Na primeira, G. critica o particularismo nacionalista que pretende ser "o verdadeiro universalista, o verdadeiro pacifista", com base numa incompreendida máxima de André Gide, segundo a qual "se serve melhor ao interesse geral quanto mais se for particular" (*Q 3*, 2, 284 [*CC*, 2, 71]). Na visão de G., tal posição confunde o "*ser* particular" com o "*predicar* o particularismo", ou seja, o conceito universal de "nacional" com o particularismo nacionalista (idem). O segundo texto está ligado à concepção de Gandhi da "não resistência e não cooperação". Na oposição ao colonialismo, países "de antiga civilização, desarmados e tecnicamente (militarmente) inferiores, dominados por países tecnicamente desenvolvidos [...] ainda que desimportantes como número de habitantes" (*Q 6*, 78, 748 [*CC*, 5, 249]), revivem a postura do cristianismo diante do Império Romano. A não violência de uma massa portadora de um princípio espiritual superior frente a uma minoria que a oprime "leva à exaltação dos valores puramente espirituais etc., à passividade, à não resistência [...] que, no entanto, constitui efetivamente uma resistência diluída e penosa, o colchão contra a bala do revólver" (idem). Postura semelhante é a do franciscanismo, que exalta a "'exposição' nua" da "natureza humana" dos oprimidos, "ignorada e pisoteada" (ibidem, 748-9 [*CC*, 5, 250]). No terceiro caso, o termo "pacifismo" aparece numa nota em que G. contesta as interpretações conservadoras do pensamento de Sorel. Ainda que Sorel, pela "incoerência de seus pontos de vista", favoreça tais leituras, seu sindicalismo para G. não pode ser considerado "um indistinto 'associacionismo' de 'todos' os elementos sociais" (*Q 17*, 20, 1.923 [*CC*, 1, 269]), tendo um claro fundamento de *classe*. Igualmente, "a sua 'violência' não é a violência de qualquer um, mas a de um único 'elemento' que o pacifismo democrático tendia a corromper" (idem): o proletário.

Renato Caputo

Ver: Sorel.

pai

O vocábulo "pai" aparece nas cartas pré-carcerárias e carcerárias, bem como nos *Q*, com dois significados distintos. De fato, o termo assume um precípuo significado autobiográfico desde as cartas de juventude enviadas por G. aos familiares durante o triênio de estudos secundários em Cagliari e os anos de seu "aprendizado universitário" em Turim. Esse denso bloco de cartas, em que emergem as controversas relações entre G. e seu pai, Francesco, caracteriza-se por um estilo epistolar áspero, descontínuo, como que animado por impulsos neuróticos. A correspondência com o pai se desenvolve através de meticulosa descrição de detalhes realistas, de exigências práticas, de eventos cotidianos: o aluguel que se deve pagar por um quarto pouco confortável, as miseráveis refeições, o pesadelo do "traje que reluz por todos os lados", as discussões cotidianas com um sistema burocrático que necessita das assinaturas dos pais para coisas que quase sempre – como testemunham as inúmeras solicitações de G. – continuarão em suspenso (*L*, 34-5, ao pai, 16 de fevereiro de

1910). O protesto do jovem Nino (Antonio) protagoniza essas cartas, e nelas se distingue um alvo constante: a negligência, a indiferença e a "imperturbabilidade maometana" do pai, que aliás é definido como "patrão" (*L*, 56, ao pai, 15 de novembro de 1911). Em vários estudos foi colocado o problema das causas de tal sentimento de aversão. Provavelmente – foi observado – G. não perdoou a seu pai a humilhação por saber que ele foi condenado e preso, em 1898, por peculato e concussão. Ou talvez tenha preferido acreditar para o resto da vida que a causa de sua própria deformidade física se devesse à "negligência" e à "apatia" do pai, culpado por não ter querido tratá-lo depois de uma queda sofrida poucos meses após o nascimento (*LC*, 707, a Tania, 23 de abril de 1933 [*Cartas*, II, 329]).

A densa implicação autobiográfica do termo se explicita também nas afetuosas e, ao mesmo tempo, rigorosas cartas dirigidas aos filhos, Delio e Giuliano. G. com frequência se pergunta, de maneira dramática, sobre seu papel de pai, fisicamente ausente da vida de seus dois filhos, como testemunha uma belíssima carta endereçada à mulher, Giulia, em que ele escreve: "Penso que nossa maior desgraça foi a de termos estado juntos muito pouco, e sempre em condições gerais anormais, separadas da vida real e concreta de todos os dias. Devemos agora, nas condições de força maior em que nos encontramos, remediar essas falhas do passado, de modo a resguardar todo o vigor moral de nossa união e salvar da crise o que de belo também houve em nosso passado e vive em nossos filhos [...]. Eu quero ajudá-la, em minhas condições, a superar sua atual depressão, mas também é preciso que me ajude um pouco e me ensine o melhor modo de ajudá-la eficazmente, orientando sua vontade, arrancando todas as teias de falsas representações do passado que podem travá-la, ajudando-me a conhecer cada vez melhor os dois meninos e a participar de suas vidas, de sua formação, da afirmação de suas personalidades, de modo que minha 'paternidade' se torne mais concreta e seja sempre efetiva e, assim, se torne uma paternidade viva e não só um fato do passado" (*LC*, 395-6, 9 de fevereiro de 1931 [*Cartas*, II, 20-1]).

Nos *Q*, o termo assume um significado teórico estreitamente vinculado ao "tema do *parricídio*" e com "a sua apologia" (*Q 3*, 3, 287 [*CC*, 2, 74]). Nesse ponto, é interessante a nota do *Q 3* em que G., refletindo sobre uma tese muito em voga junto aos romancistas alemães a ele contemporâneos, ou seja, "a emancipação dos filhos da tutela paterna", reconhece quanto "a influência de Freud na literatura alemã" foi "incalculável", já que tal influência – argumenta ainda G. –, estando "na base de uma nova ética revolucionária [...] deu uma nova feição ao eterno conflito entre pais e filhos" (ibidem, 287-8 [*CC*, 2, 74]). Em outros momentos dos *Q*, o termo é utilizado, seja na forma de substantivo, ou de adjetivo, em sua especificidade de expressão do princípio de autoridade: por exemplo, para designar o Estado, quando "era concebido como algo abstrato pela coletividade dos cidadãos, como um pai eterno que pensaria em tudo, provendo a tudo" (*Q 6*, 79, 750 [*CC*, 2, 230]); ou para especificar "a expressão 'humildes'" que, no uso feito pelos intelectuais italianos – observa G. –, "indica uma relação de proteção paterna e do pai eterno, [...] a relação como entre duas raças, uma tida como superior e a outra, inferior" (*Q 9*, 135, 1.197 e *Q 21*, 3, 2.112 [*CC*, 6, 38]).

Valeria Leo

Ver: cárcere ou prisão; Freud; mãe; nacional-popular.

paixão
Para G., o "sentimento-paixão" é o "nexo" que torna "orgânica" e "viva" a relação entre governantes e governados: "Não se faz política-história sem essa paixão, isto é, sem essa ligação sentimental entre intelectuais e povo-nação", sem que os intelectuais sejam apaixonados, *sintam* as paixões populares, e, portanto, saibam compreendê-las e explicá-las historicamente, "associando-as dialeticamente às leis da história" (*Q 11*, 67, 1.505 [*CC*, 1, 221]).

G. se pergunta sobre o nexo entre a paixão, necessária para "induzir à ação 'a todo custo'" (*Q 11*, 52, 1.480 [*CC*, 1, 194]), e a formação da vontade coletiva e política, que "deve ter alguma outra mola além da paixão, uma mola também de caráter permanente, organizada, disciplinada" (*Q 10* II, 41.V, 1.309 [*CC*, 1, 376]). Ele desenvolve, então, uma "crítica da concepção crociana do momento político como momento da 'paixão'", justamente porque tal concepção não consegue explicar a existência de uma "'paixão' permanente e sistemática" e, portanto, nega os "partidos políticos", "manifestação concreta" e "prova da contradição íntima do conceito 'política-paixão'" (*Q 10* I, 7, 1.223 [*CC*, 1, 293]). À ideia crociana de ciência política, uma "intelectualista e iluminista Medicina das paixões" (*Q 10* II, 41.V, 1.308 [*CC*, 1, 376]), G. contrapõe um "mito": *O príncipe*, um livro não de "'ciência', academicamente entendido, mas de 'paixão política imediata', um 'manifesto' de partido, que se baseia numa concepção 'científica' da arte política" (*Q 17*, 27, 1.928 [*CC*, 3, 348]). E é à luz de uma reformulada unidade-distinção entre política e economia que G., diferentemente de Croce, define a "paixão política" como "impulso imediato à ação, que nasce no terreno 'permanente e orgânico' da vida econômica, mas o supera" (*Q 8*, 132, 1.022 [*CC*, 3, 281]). G. polemiza com Croce também acerca do nexo entre paixão imediata e origem prática do erro, defendendo a necessidade de entender o erro-paixão nos seus diversos graus (do erro imediato àquele filosófico, de vários grupos), no sentido histórico e dialético (*Q 13*, 10, 1.569-70 [*CC*, 3, 26]).

Eleonora Forenza

Ver: Croce; erro; intelectuais; Maquiavel; mito; política; povo-nação; Sorel.

papa/papado
Na maioria das vezes, G. utiliza o termo "papado" como sinônimo de Igreja, apresentada como "o elemento popular-nacional mais válido e extenso" (*Q 6*, 94, 769 [*CC*, 2, 143]), e em relação àquela "pesquisa sobre a formação do espírito público na Itália no século passado; em outras palavras, uma pesquisa sobre os intelectuais italianos, suas origens, seus agrupamentos segundo as correntes culturais" (*LC*, 55-6, a Tania, 19 de março de 1927 [*Cartas*, I, 128]), que constitui um dos principais objetivos da pesquisa carcerária. Tal objetivo obrigava o desenvolvimento de uma atenta análise sobre o papel da Igreja e do papa na milenar história da Itália e da Europa. G., desde o início dos *Q*, caracteriza tal papel definindo o papado como "centro internacional por excelência" (*Q 1*, 38, 28). A consequência de tal cosmopolitismo não podia não interferir nas características da história nacional, razão por que G. fala da Itália como uma "cosmópole" e dos intelectuais italianos como promotores de uma consciência mais universal que nacional. De fato, "a burguesia italiana medieval [...] não soube se libertar completamente da concepção medieval-cosmopolita representada pelo papa, pelo clero e, inclusive, pelos intelectuais leigos (humanistas), isto é, não soube criar um Estado autônomo" (*Q 5*, 127, 658 [*CC*, 3, 219]). E ainda: na Itália, aos Estados nacionais da Espanha, França, Inglaterra, Portugal "correspondeu a organização do papado como Estado absoluto – iniciado por Alessandro VI –, organização que desagregou o resto da Itália" (*Q 17*, 8, 1.913 [*CC*, 5, 340]).

Sobre esses pressupostos, G. reescreve a história da Itália e, em particular, a história do *Risorgimento*. Para ele, a origem do *Risorgimento* italiano, diferentemente do que sugeria Omodeo, não poderia ser estudada fora de um contexto internacional, e nesse contexto o papel do papado é central (*Q 9*, 99, 1.161). O *Risorgimento* foi possível, seja porque as potências europeias não "podiam permitir um Estado italiano unificado sob a supremacia do papa" (*Q 9*, 101, 1.163), seja porque "o *Risorgimento* estava em função do enfraquecimento do papado", como potência europeia e como potência italiana (*Q 9*, 99, 1.162; v. também *Q 19*, 2 [*CC*, 5, 14] e *Q 19*, 3 [*CC*, 5, 18]). Mas uma função política não pode ser exercida sem uma hegemonia sobre o povo, e o papa soube obtê-la. G., ao se perguntar quem dentre o papa, Croce e Gentile representava melhor a sociedade contemporânea, escreve: "Na minha opinião, o papa é o mais importante, depois Croce, terceiro Gentile". E agrega: "O papa e Croce estão no mesmo plano teórico (isto é, Croce é uma espécie de papa laico), mas a maior importância do papa se dá por ele ser o chefe de um aparelho diretivo fortemente centralizado e disciplinado, algo que não se pode dizer de Croce; além do mais, o papa influi sobre massas incomensuráveis ao fixar normas de vida que se referem até mesmo às coisas mais elementares" (*Q 7*, 17, 867).

Vincenzo Robles

Ver: clero; cosmopolitismo; Croce; Igreja católica; intelectuais italianos; questão vaticana; religião; *Risorgimento*.

papa laico: v. Croce.

Papini, Giovanni: v. *Voce* (*La*).

parasitismo
Nos escritos de juventude de G. – pense-se no artigo "Indifferenti" [Indiferentes], publicado no único número de *Città Futura* (11 de fevereiro de 1917, em *CF*, 13-5) e no artigo "Il popolo delle scimmie" [O povo dos macacos] (2 de janeiro de 1921, em *SF*, 9-12 [*EP*, 2, 30-4]) –, o termo "parasitismo" remete a uma dimensão existencial negativa, enquanto sinônimo de "indiferença", "apatia", "covardia", "não vida", "peso morto da história", próprio da pequena burguesia, enquanto tal a ser rechaçado sem qualquer hesitação ("Odeio os indiferentes. Creio, como Federico Hebbel, que 'viver significa ser *partigiano*'" é o célebre *incipit* do escrito de 1917).

Na reflexão carcerária, ao contrário, "parasitismo" designa a condição daqueles que consomem sem produzir, quer dizer, daqueles que não trocam "trabalho por trabalho, mas o trabalho de alguém pelo próprio 'ócio' (e ócio no sentido pejorativo)" (*Q 10* II, 55, 1.348 [*CC*, 1, 415]). A proliferação de classes sociais desprovidas de uma função produtiva – sublinha G. – caracteriza a composição demográfica dos Estados europeus, em função da riqueza e da complexidade de sua história, que deixou muitíssimas sedimentações passivas através de fenômenos de saturação e fossilização do pessoal estatal e dos intelectuais, do clero e da propriedade fundiária. A esse respeito, o pensador sardo ressalta o fato de que quanto mais antiga a história de um país, tanto mais extensas e nocivas são essas "sedimentações de massas ociosas e inúteis, que vivem do 'patrimônio' dos 'avós', desses pensionistas da história econômica" (*Q 22*, 2, 2.141 [*CC*, 4, 243]). É o que ocorreu, por exemplo, na Itália das "cem cidades" e, em particular, na Nápoles da industriosidade "não produtiva" (é "o assim chamado 'mistério de Nápoles'", sobre o qual G. se detém, fazendo referência explícita ao Goethe de *Viagem à Itália*: ibidem, 2.142), lugares em que valeria, em suas palavras, o provérbio popular que diz: "Quando um cavalo caga, cem pássaros almoçam" (ibidem, 2.143 [*CC*, 4, 245]). Aqui, de fato, o sistema de rendas da propriedade fundiária meridional, por meio da meação primitiva, deu lugar a um modo de acumulação de capital dos mais monstruosos e brutais, seja por se basear na exploração usurária da miséria agrária, seja por ter um custo elevadíssimo, em função das altas somas necessárias para assegurar o elevado padrão de vida das famílias dos senhores que vivem parasitariamente da renda dos latifúndios, impedindo a acumulação de reservas e a possibilidade de qualquer investimento produtivo da renda agrária.

Na esteira das análises de Renato Spaventa, G. identifica na administração do Estado "uma outra fonte de parasitismo absoluto" (idem), esta última expressão retomada justamente do economista, o qual calculara que, na Itália, um décimo da população (4 milhões de habitantes) vivia às custas do orçamento do Estado (ainda que se deva precisar que o pensador sardo se refere aqui, de modo um tanto aproximativo, aos dados reportados no livro de Spaventa, *Burocrazia, ordinamenti amministrativi e Fascismo* [Burocracia, ordenamentos administrativos e fascismo], publicado em 1928 por Treves, ao qual já havia acenado no *Q 9*, 71, 1.142 [*CC*, 4, 313]). Trata-se – adverte G. – de homens ainda em plena capacidade das forças físicas e intelectuais, que, transcorridos 25 anos de serviço ao Estado, não desenvolvem qualquer atividade produtiva, mas "vegetam com aposentadorias mais ou menos elevadas, ao passo que um operário só pode desfrutar de uma aposentadoria depois dos 65 anos e um camponês não tem um limite de idade para o trabalho" (*Q 22*, 2, 2.143-4 [*CC*, 4, 245-6]).

Esse "parasitismo absoluto" – relembra o autor dos *Q* – não é um fenômeno exclusivo italiano, mas da Europa em geral, e difundido até mesmo na Índia e na China. Na América, ao contrário, a ausência dessas sedimentações propiciou uma base sólida à indústria e ao comércio, consentindo a redução das fases intermediárias entre a produção e a comercialização dos bens. Precondições essas que facilitaram a racionalização da produção e do trabalho, com a combinação da coerção social (destruição do sindicalismo operário) e do consenso (altos salários, benefícios sociais, propaganda ideológica e política). Contudo, na assim chamada "sociedade industrial" também se formaram amplos bolsões de parasitismo por causa de dois processos paralelos, um representado pelos progressos da ciência e da técnica no âmbito do trabalho, o outro representado pela presença maciça de acionistas especuladores, capazes de usufruir de consideráveis taxas de lucro, que, de outra forma, seriam destinadas aos empresários e aos trabalhadores. Este último fato tornou as empresas "objetivamente" doentes, porque obrigadas a suportar tensões, também emocionais, do mercado das bolsas, que conferiram às manobras especulativas a aprovação da "necessidade técnica"; uma necessidade até mesmo "mais importante que o trabalho dos engenheiros e dos operários" (*Q 10* II, 55, 1.348 [*CC*, 1, 415]). Exatamente por tal raciocínio, o pensador sardo atribui a esse parasitismo a qualificação de "necessário", enquanto filho degenerado de um sistema (e – adverte G. – "o sistema que cria tais necessidades é condenado em si mesmo") movido por uma classe dirigente cujo ideal – "impossível e doentio" – é aquele de "criar as condições em que seus herdeiros possam viver sem trabalhar, sem renda" (*Q 10* II, 53, 1.343 [*CC*, 1, 411]).

Vito Santoro

Ver: americanismo; meação; Nápoles; orçamento estatal; propriedade.

Pareto, Vilfredo

O interesse de G. pelas teorias do sociólogo italiano Vilfredo Pareto está presente desde seus primeiros anos em Turim. Referindo-se àquela que é a mais famosa distinção elaborada no paretiano *Trattato di sociologia generale* [Tratado de sociologia geral], G. nota logo no início de um artigo seu, na coluna *Sotto la Mole*: "Os sociólogos dividem os acontecimentos em duas grandes categorias: acontecimentos lógicos, acontecimentos não lógicos" ("La tegola" [A telha], 23 de fevereiro de 1917, em *CF*, 51). O tema será retomado mais tarde no *Q 14*, 9, 1.663 [*CC*, 3, 297], a propósito da ação do legislador: "Sobre esse assunto, é de se observar aquilo que diz Pareto sobre as *ações lógicas e não lógicas* em sua *Sociologia*". É, portanto, provável que G. tenha lido, pouco depois de sua primeira publicação (1916), a *Sociologia* de Pareto, dela conservando algumas impressões sobre as quais refletirá nos *Q*. Outro indício que revela o conhecimento gramsciano acerca de Pareto é uma referência ao conceito de elite: "O conceito de 'classe política' de Mosca deve ser aproximado do conceito de *elite* de Pareto, que é uma outra tentativa de interpretar o fenômeno histórico dos intelectuais e sua função na vida estatal e social" (*Q 8*, 24, 956 [*CC*, 2, 163]).

A parte mais consistente das referências a Pareto nos *Q* é, no entanto, aquela que se refere ao tema da "linguagem como causa de erros" (*Q 7*, 36, 887) e que vê o sociólogo italiano associado a Prezzolini e aos pragmáticos. A crítica de G. se concentra na consideração esquemática e não histórica da linguagem, pela qual Pareto, acreditando "ter originado uma nova concepção do mundo [...] cria um 'dicionário' próprio, que contém *in nuce* a tendência a criar uma língua matemática, isto é, completamente abstrata" (idem). O erro percebido por G. nessa tentativa é simétrico àquele de quem quer construir do nada "línguas fixas ou universais". Para G., ao contrário, "a linguagem se transforma com o transformar-se de toda a civilização" (idem), e é parte constitutiva da elaboração de uma nova cultura.

Michele Filippini

Ver: classe política; elite/elitismo; esperanto; língua; linguagem; Mosca; pragmatismo; Prezzolini; sociologia.

parlamentarismo: v. parlamento.

parlamentarismo negro

O "parlamentarismo negro", "tácito" ou "implícito" é o embate entre interesses contrapostos que se manifesta em formas, de fato, implícitas, no ponto em que o parlamento não é mais o lugar do embate entre partidos políticos, na medida em que esses foram vetados pela ditadura de um partido único. Numa situação desse gênero é evidente, segundo G., que o modo de se explicitar do parlamentarismo não é mais o das formas tradicionais. Isso significa que o parlamentarismo ainda age, mas de novas maneiras, porque "não se pode abolir uma 'pura' forma, como é o parlamentarismo, sem abolir radicalmente o seu conteúdo, o individualismo, e isso em seu preciso significado de 'apropriação individual'" (*Q 14*, 74, 1.742 [*CC*, 3, 320]). Nos termos necessariamente cifrados que G. é obrigado a usar na escrita carcerária, é bem claro que a referência seja à própria Itália dominada pelo fascismo, na qual, em condições inalteradas da estrutura de classe, o parlamentarismo liberal é substituído pelo parlamentarismo negro, que concede à "apropriação individual" a satisfação de todas as suas exigências, funcionando "como os 'mercados negros' e o 'jogo clandestino', onde e quando as bolsas oficiais e o jogo de Estado se mantêm fechados por alguma razão" (ibidem, 1.743 [*CC*, 3, 320]). O olhar de G. é também retrospectivo, no sentido de que o parlamentarismo negro não pode ser atribuído apenas a situações de ditadura de um partido único; de fato, também na Itália giolittiana a peculiar maneira de se manifestar do parlamentarismo era com formas "tácitas", já que o embate parlamentar era, na verdade, uma luta subterrânea entre interesses de uma realidade parlamentar dominada por completo pela figura de Giolitti. Escreve G.: "Giolitti foi antiparlamentarista e tentou sistematicamente evitar que o governo se tornasse, de fato e de direito, uma expressão da assembleia nacional [...]; assim se explica que Giolitti fosse o homem das 'crises extraparlamentares'. Era inevitável que a discrepância entre o Parlamento como se pretendia que fosse e como era realmente, ou seja, pouco menos do que nada, desacreditasse o parlamentarismo: mas foi a luta contra o parlamentarismo por parte de Giolitti, e não o fato de ele ser parlamentarista, que desacreditou o parlamentarismo" (*Q 8*, 96, 998 [*CC*, 5, 297]).

Falando do cesarismo e das diversas formas de regimes totalitários, escreve G.: "Teoricamente, o importante é demonstrar que entre o velho [...] e o novo absolutismo há uma diferença essencial, de modo que não se pode falar de um regresso; e não só, mas também demonstrar que tal 'parlamentarismo negro' é função de necessidades históricas atuais, é 'um progresso', em seu gênero; que o retorno ao 'parlamentarismo' tradicional seria um regresso anti-histórico, uma vez que, mesmo onde 'funciona' publicamente, o parlamentarismo efetivo é aquele 'negro'" (*Q 14*, 74, 1.743 [*CC*, 3, 320]). Fascismo e stalinismo são respostas diferentes, embora ambas totalitárias, à modernização capitalista em áreas que não pertencem ao coração do desenvolvimento do capitalismo. Nessa ótica, são progressistas, correspondentes à "necessidade imanente de atingir a organização de uma economia programática" (*Q 22*, 1, 2.139 [*CC*, 4, 241]) que vá além do capitalismo da "apropriação individual" (*Q 14*, 74, 1.742 [*CC*, 3, 319]), típica da situação do parlamentarismo negro. Dizer isso significaria aderir a uma de tais soluções, particularmente, do ponto de vista de G., à solução staliniana? "Analisando a questão, deve-se excluir cuidadosamente qualquer aparência, mesmo que só ela, de apoio às tendências 'absolutistas', coisa que se pode conseguir insistindo no caráter 'transitório' (no sentido de que não marca época, não no sentido de 'curta duração') do fenômeno" (*Q 14*, 76, 1.744 [*CC*, 3, 321]).

Quando a legalidade parlamentar não encontra resposta às perguntas que lhe são dirigidas por vários setores sociais, quando se verifica o "despertar de forças sociais latentes e sonolentas" (idem), a solução mais imediata parece ser o recurso a regimes absolutistas; nesse caso, a abolição do terreno legal é sintoma da impossibilidade de recomposição dos conflitos: "Por exemplo, a liquidação de Leão Davidovitch não será 'também' um episódio da liquidação do parlamento 'negro' que subsistia após a abolição do parlamento 'legal'? [...] Quando se pode compor uma luta legalmente, ela por certo não é perigosa: torna-se tal precisamente quando o equilíbrio legal é reconhecido como impossível" (idem [*CC*, 3, 321-2]).

Lelio La Porta

Ver: cesarismo; Giolitti; parlamento; Stalin; Trotski.

parlamento

O termo remete a uma extensa rede de conceitos, dos quais não transparece de modo explícito aquele de representação parlamentar. G. não se coloca, assim, entre os escritores clássicos da democracia baseada em câmaras; depois da derrota da experiência dos conselhos, ele conserva a ideia de liberdade na esfera da consciência individual, mas não entra nas instituições da tradição burguesa. A posição gramsciana, de fato, responde à exigência de um exame crítico das técnicas de representação partidária, em relação a dois parâmetros fundamentais. O primeiro se encontra na medida de uma consistente dose de *arcanum* na dinâmica parlamentar, que, assim, subtrai ao cidadão seu senso crítico e a possibilidade de uma reflexão produtiva. Seguindo essa linha, em G. vem à tona – ainda que de maneira incompleta – a importância de um juízo político não contaminado, no seio da consciência coletiva e do indivíduo. Justamente a avaliação é impossibilitada por uma troca deliberada entre a essência da vida parlamentar e a sua aparência frente à opinião pública e à crônica liberal sobre as instituições: "Ao tratar de uma atividade parlamentar determinada" – G. alude a revistas e jornais – "é preciso ter presente alguns critérios de pesquisa e juízo: quando um deputado de um partido de massa fala no parlamento, podem existir três versões de seu discurso: 1º, a versão das atas parlamentares, que normalmente é revisada e corrigida e frequentemente edulcorada *post festum*; 2º, a versão do órgão oficial do partido a que pertence o deputado: ela é combinada pelo deputado de acordo com o correspondente do jornal, de modo a não contrariar certas suscetibilidades da maioria oficial do partido e não criar obstáculos prematuros a determinados acordos em curso; 3º, a versão dos jornais de outros partidos ou dos assim denominados órgãos da opinião pública (jornais de grande difusão), que é feita pelo deputado de acordo com os respectivos correspondentes, de modo a favorecer determinados acordos em curso" (*Q 1*, 43, 31).

O segundo parâmetro de verificação remete ao significado do parlamento num quadro de conflito entre as classes e as castas, e visa a reconstruir um papel muito realista do parlamento, para G. nunca alheio aos equilíbrios sociais historicamente determinados e, aliás, parte integrante de "jogos" e dialéticas funcionais à direção política. Uma verdadeira leitura histórica permite descrever detalhadamente o segundo perfil do parlamento, aquele de um órgão em que os elementos "de fato" devem pesar sobre aqueles "de direito", numa lógica do sistema institucional que, para G., inclina-se sempre mais para a perda da função normal da ordem *super partes*. Enfim, o tema ainda remete à supremacia expressa em forma de hegemonia. Escreve nosso autor sem hipocrisias lexicais:

"O exercício 'normal' da hegemonia no terreno, tornado clássico, do regime parlamentar é caracterizado por uma combinação da força e do consenso que se equilibram, sem que a força se sobreponha em demasia ao consenso, antes até que a força pareça apoiada pelo consenso da maioria, expressado pelos assim chamados órgãos da opinião pública (os quais, por isso, em certas situações são multiplicados artificialmente)" (*Q 1*, 48, 59). A redução da opinião à técnica comunicativa, incluída a manipulação editorial-jornalística, sem dúvida, nos permite atribuir a G. a contribuição a uma longa série de interpretações críticas do conceito geral de opinião pública, seja sob a perspectiva da influenciabilidade de quem se informa, seja sob a perspectiva da vastidão intelectual das fronteiras da hegemonia política. Além disso, o mesmo raciocínio fornece uma explicação da mudança institucional que intervém numa condição de consolidação "jacobina" da hegemonia, quando a solidez do sistema parlamentar parece quase favorecer o abandono da forma clássica de democracia em prol da adoção de uma democracia "técnica", e por isso mesmo intrinsecamente contraditória. Essa situação é bastante indicada através de sua fenomenologia parlamentar, quando ocorre "a separação real, mais ou menos grande, entre os regulamentos e as leis fundamentais, com o uso, mais ou menos grande, de decretos-lei que se sobrepõem à legislação ordinária e, em certas ocasiões, a modificam, forçando a 'paciência' do parlamento. Contribuem para esse processo os teóricos-filósofos, os publicitários, os partidos políticos etc., pelo lado formal, e os movimentos de massa, pelo lado substancial" (ibidem, 58-9). É absolutamente claro que G. se refere a uma democracia já, na sua essência, "pós-liberal", quando as grandes organizações de massa são impelidas, mesmo sem ter consciência disso, a avançar sobre um sistema político caracterizado pela substituição das formas da liberdade por técnicas de dominação, quando não de autêntico domínio.

Na escrita dos *Q*, peculiar modalidade de um discurso semelhante é a interpretação histórica, ao lado daquela política; em diversos níveis é possível que haja correspondência. O imediato pós-guerra é já terreno de confirmação da perda ulterior de importância do parlamento, quando "se desintegram" as hegemonias constituídas, ou em via de constituição, e a elas se substitui a crise dos parlamentos: "Naturalmente" – argumenta G. – "somente se descrevem as manifestações centrais do fenômeno, no terreno parlamentar e do governo, e se explicam com a falência do 'princípio' parlamentar, do 'princípio' democrático etc., mas não do princípio de autoridade" (ibidem, 59). Sucedem a esse estágio da dimensão parlamentar "corrupção e dissolução moral" (idem), até a decomposição dos partidos em correntes e em segmentações internas dotadas apenas de uma ótica autocentrada.

Outro exemplo de análise crítica da instituição parlamentar é dado pelo caso de Giolitti e de sua figura, diferente em relação à tradição dos partidos da Itália unitária. O ministro de Mondovì – ao qual, como se sabe, G. nega a qualidade de inovador – tentou dar início a uma nova fase do país através da práxis das "crises extraparlamentares": "Que Giolitti desacreditou o parlamentarismo" – afirma G. – "é verdade, mas não exatamente no sentido que muitos críticos afirmam: Giolitti foi antiparlamentarista e tentou sistematicamente evitar que o Governo se tornasse, de fato e de direito, uma expressão da assembleia nacional [...], mas foi a luta contra o parlamentarismo por parte de Giolitti, e não o fato de ele ser parlamentarista, que desacreditou o parlamentarismo" (*Q 8*, 96, 998 [*CC*, 5, 297]).

Um último aspecto importante sobre o parlamento, numa grande quantidade de referências menores ou relacionadas a questões de outra natureza, está nas anotações críticas sobre uma intervenção de Panunzio nos anos maduros do fascismo (em "Gerarchia" [Hierarquia], abril de 1933), a propósito da crise geral do parlamentarismo. G. rejeita a argumentação formalista do artigo por ele citado e anotado, contestando que o fenômeno parlamentar detenha toda a explicação dos novos processos de concentração do poder e, diante da consolidada perda de consistência parlamentar dos grandes partidos nacionais, já destituídos de referência no país, ele se pergunta, em tom manifestamente retórico: "Esse fato será puramente parlamentar ou é o reflexo parlamentar de mudanças radicais havidas na própria sociedade, na função que os grupos sociais desempenham na vida produtiva etc.?" (*Q 15*, 47, 1.807 [*CC*, 3, 340]). O argumento, rubricado em uma das tantas seções *Maquiavel*, remete à dura crítica política das razões de enfraquecimento do parlamento, que para G. se funda também no crescimento do sindicalismo e na sua objetiva contradição com um sistema de representação de tipo parlamentar. Não existem juízos sobre o bem ou o mal dessa mudança, ao menos na passagem aqui mencionada, mas é evidente a busca por um paradigma de participação política diferente do labirinto do velho parlamentarismo exclusivamente baseado nas câmaras.

SILVIO SUPPA

Ver: democracia; Giolitti; hegemonia; opinião pública; *Ordine Nuovo* (*L'*); parlamentarismo negro.

particular

A adoção do termo de Guicciardini demonstra a necessidade de se referir, por meio do léxico humanista-renascentista filtrado da lição de De Sanctis, à gênese do espírito burguês na Itália. A atenção à especificidade do interesse do indivíduo na sociedade do século XVI, em um ambiente ainda condicionado pela presença da Igreja, que G. reconhece nas formas do "neoguelfismo" (*Q 5*, 85, 614 [*CC*, 2, 127]), revela o juízo negativo sobre o paradigma "decadente" da subjetividade, representado pelo "homem de Guicciardini". Nos *Q*, o "particular" revive como "guicciardinismo moderno", e assume a consistência de uma categoria transversal que reflete uma multiplicidade histórica de relações normalmente ligadas ao "corporativismo" dos intelectuais italianos, expressão de uma burguesia incapaz de olhar para a especificidade da política nacional e caracterizada pela função cosmopolita e pela adesão ao universalismo medieval. Todavia, frente à etimologia originária, G. evidencia o novo sentido do termo, que não remete mais ao "mero interesse individual", mas "ao grupo social" enquanto novo sujeito histórico-político (*Q 6*, 10, 690 [*CC*, 1, 433]). E se na contemporaneidade o culto do particular, equiparado ao "jesuitismo" (*Q 9*, 11, 1.103), simboliza a mediocridade do grupo político que tende a salvaguardar as "pequenas ambições", ignorando o "bem coletivo" (*Q 6*, 97, 772 [*CC*, 3, 246]), G. estende historicamente o modelo do homem guicciardiniano até Cavour, num desenho inspirado pelo particular. A referência a Cavour nasce, mais que tudo, do interesse pelo núcleo problemático do *Risorgimento* como "revolução passiva", tornado objeto de interpretações controversas, incapazes de explicar a incompletude do movimento político nacional. Por outro lado, G. descobre no esteticismo de má qualidade de Giovanni Ansaldo o enésimo indício da atenção fascista ao "próprio particular", entendido como disciplina artificial, "exterioridade de sepulcro pintado de branco" (*Q 9*, 11, 1.103).

LAURA MITAROTONDO

Ver: Cavour; Guicciardini; revolução passiva; *Risorgimento*.

partido

A reflexão gramsciana sobre o partido se dá por várias vertentes. Em primeiro lugar, nos termos mais gerais possíveis, a forma partido nasce como fruto da afirmação do Estado moderno, depois da necessidade de abolir algumas "autonomias das classes subalternas" (*Q 3*, 18, 303), para dar espaço ao novo sujeito político-estatal. A política moderna "extingue o Estado federação de classes, mas certas formas de vida interna das classes subalternas renascem como partido, sindicato, associação de cultura" (idem). Na segunda redação do texto, G. será ainda mais explícito, afirmando que "o Estado moderno substitui o bloco mecânico dos grupos sociais por uma subordinação destes à hegemonia ativa do grupo dirigente e dominante; portanto, abole algumas autonomias, que, no entanto, renascem sob outra forma, como partidos" (*Q 25*, 4, 2.287 [*CC*, 5, 139]). Já "a doutrina de Hegel" havia chegado a ponto de teorizar um Estado moderno dos partidos quando os descrevia "como trama 'privada' do Estado" (*Q 1*, 47, 56 [*CC*, 3, 119]). Assim, o partido se configura, no início dos *Q*, como o *medium* moderno através do qual é exercida, de um lado, a ação autônoma das classes e, de outro, a hegemonia da classe dirigente através do Estado: "Governo com o consenso dos governados, mas com o consenso organizado, não genérico e vago tal qual se afirma no momento das eleições: o Estado tem e pede o consenso, mas também 'educa' esse consenso" (idem).

Na política moderna, nota G., a função diretiva passa dos indivíduos aos organismos coletivos: "Com o crescimento dos partidos de massa e com sua adesão orgânica à vida mais íntima (econômico-produtiva) da própria massa, o processo de estandardização dos sentimentos populares, que era mecânico e causal, [...] torna-se consciente e crítico" (*Q 11*, 25, 1.430 [*CC*, 1, 148]). Essa é uma passagem qualitativa de grande importância: do método intuitivo do chefe que interpreta as necessidades e aspirações das massas, passa-se a uma "coparticipação ativa e consciente", a uma "co-passionalidade" que G. sintetiza na expressão "filologia viva" (idem). Da mesma maneira, passa-se de uma estandardização casual a uma organizada, em que graças a "comunicações, jornais, grandes cidades [...] os processos moleculares acontecem mais rapidamente do que no passado" (*Q 8*, 195, 1.058 [*CC*, 3, 287]). A mesma noção de partido sofre neste caso uma nuance, passando a compreender tanto as organizações estruturadas de massa quanto, por exemplo, os jornais: "Na Itália, pela falta de partidos organizados e centralizados, não se pode prescindir dos jornais: são os jornais, agrupados em série, que constituem os verdadeiros partidos" (*Q 1*, 116, 104 [*CC*, 2, 218]). Dada essa "multiplicidade de sociedades particulares, de caráter duplo, natural e contratual ou voluntário, uma ou mais prevalecem relativamente ou absolutamente, constituindo o aparato hegemônico de um grupo social sobre o resto da população" (*Q 6*, 136, 800 [*CC*, 3, 253]). Nesse contexto, "ninguém é desorganizado e sem partido, desde que se entendam organização e partido em sentido amplo, e não formal" (idem).

Se esse desenvolvimento da função de massa dos partidos modernos não se desenvolveu completamente no *Risorgimento* italiano, a causa principal, para G., deve ser "buscada na deliquescência das classes econômicas, na gelatinosa estrutura econômica e social do país" (*Q 3*, 119, 386-7 [*CC*, 3, 201]); mas acrescenta, logo depois: "mas essa explicação é um tanto fatalista: com efeito, embora seja verdade que os partidos são apenas a nomenclatura das classes, também é verdade que os partidos não são apenas uma expressão mecânica e passiva das próprias classes, mas reagem energicamente sobre elas para desenvolvê-las, consolidá-las, universalizá-las" (ibidem, 387 [*CC*, 3, 201]). Faltou na Itália essa função "orgânica" dos partidos, nisso substituídos por uma burocracia "especialmente 'monárquica'" (*Q 14*, 47, 1.705 [*CC*, 5, 313]), que não permitia o desenvolvimento da função dirigente, e por um "Estado-governo" que sempre "operou como um 'partido', colocou-se acima dos partidos não para harmonizar seus interesses e atividade nos quadros permanentes da vida e dos interesses estatais nacionais, mas para desagregá-los, para separá-los das grandes massas e ter 'uma força de sem-partidos ligada ao governo por vínculos paternalistas de tipo bonapartista-cesarista'" (*Q 3*, 119, 387 [*CC*, 3, 201]). Esta é, para G., a situação italiana, para a qual "não pode haver elaboração de dirigentes onde falta a atividade teórica, doutrinária dos partidos, onde não são investigadas e estudadas sistematicamente as razões de ser e de desenvolvimento da classe representada" (idem). Essa fraqueza dos partidos italianos também retorna na análise do suposto "apoliticismo" das classes subalternas, que "corresponde ao espírito de grupo nas classes dominantes", de modo que, ao não encontrar partidos orgânicos, se "termina por se aproximar do 'ponto de honra' do crime organizado e da cumplicidade da máfia e da camorra" (*Q 14*, 10, 1.664 [*CC*, 5, 310]). Todos sinais de uma fase "em que as necessidades econômicas mais imediatas não são capazes de encontrar satisfação regular permanentemente" (*Q 6*, 162, 815 [*CC*, 5, 267]), ou seja, uma estruturação completa num partido político.

No quadro assim descrito, que é, acima de tudo, histórico-político, G. elabora uma teoria do partido como etapa fundamental de uma mais ampla "relação de forças". Sob essa fórmula, G. investe em uma discussão sistemática das relações entre estrutura e superestrutura, a partir dos dois princípios da "Introdução" à *Crítica da economia política* (*Q 13*, 17 [*CC*, 3, 36]). O segundo momento dessa relação, que G. descreve como a "relação das forças políticas, isto é, a avaliação do grau de homogeneidade, de autoconsciência e de organização atingido pelos vários grupos sociais" (*Q 13*, 17, 1.583 [*CC*, 3, 36]), tem vários graus de desenvolvimento, dos quais o mais alto representa "a fase mais puramente política". É uma fase em que "as ideologias geradas anteriormente tornam-se 'partido', entram em confrontação e lutam até que uma delas, ou pelo menos uma única combinação delas, tende a prevalecer, a se impor, a se irradiar por toda a área social [...], pondo todas as questões em torno das quais ferve a luta não no plano corporativo, mas num plano 'universal', criando assim a hegemonia de um grupo social fundamental sobre uma série de grupos subordinados" (ibidem, 1.584 [*CC*, 3, 41]). Portanto, o partido é, sobretudo, o organizador da fase hegemônica nas relações de força; por conseguinte, G. se pergunta: "O que se torna o partido político no que se refere ao problema dos intelectuais?" (*Q 4*, 49, 477). E responde: "Creio que possa ser considerado justamente o mecanismo que na sociedade civil cumpre a mesma função que cumpre o Estado em maior medida na sociedade política, quer dizer, permite a soldadura entre intelectuais orgânicos de um grupo social e intelectuais tradicionais" (ibidem, 477-8).

A comparação funcional entre partido e Estado retorna também na noção de "espírito estatal", a qual "pressupõe que cada ato é o momento de um processo complexo, que já se iniciou e que continuará" (*Q 15*, 4, 1.754 [*CC*, 3, 324]). Um conceito que, assim, exprime a "consciência da 'duração'" (idem) de um processo que tem seu núcleo na relação entre intelectuais orgânicos e intelectuais tradicionais: "A demonstração de que o espírito de partido é o elemento fundamental do espírito estatal é uma das teses mais significativas a ser sustentada, e da maior importância" (ibidem, 1.755 [*CC*, 3, 328]). Dessa homologia entre partido e Estado nacional, nascerá, em seguida (registrada no *Q 13*), a reflexão sobre o partido como "moderno Príncipe" (*Q 8*, 21, 951 [*CC*, 6, 374]), na qual a intuição maquiaveliana será trazida ao presente, insistindo na necessidade de considerar "não o partido como categoria sociológica, mas o partido que quer fundar o Estado". Seguindo o materialismo maquiaveliano, G. também dirá que "o protagonista desse 'novo príncipe' não deve ser o partido em abstrato, uma classe em abstrato, um Estado em abstrato, mas um determinado partido histórico, que opera em um ambiente histórico preciso, com uma determinada tradição, numa aliança de forças sociais característica e bem determinada" (*Q 4*, 10, 432 [*CC*, 6, 358]).

Num contexto no qual, em relação ao problema dos intelectuais, "os partidos podem ser considerados como escolas da vida estatal" (*Q 7*, 90, 920 [*CC*, 3, 267]), torna-se importante, para G., sublinhar como "todos os membros de um partido político devam ser considerados como intelectuais" (*Q 4*, 49, 478). Essa afirmação, "que pode se prestar à chacota" (idem), é apropriada, desde que não se dê uma definição demasiado restrita de intelectual. Superada a fase econômico-corporativa, o homem de partido está, de fato, pronto para a "função que é diretiva e organizativa, quer dizer, educativa, quer dizer, intelectual" (*Q 12*, 1, 1.523 [*CC*, 2, 15]). Situado no interior do partido, já é por si um intelectual: "No partido político, os elementos de um grupo social econômico superam esse momento do desenvolvimento histórico e tornam-se agentes de atividades gerais" (idem). Aquilo que no Estado ainda é "força coercitiva e punitiva", no partido já é "adesão espontânea de uma elite a tal regulamentação, considerada como tipo de convivência coletiva para a qual toda a massa deve ser educada [...]. Nos partidos, a necessidade já se tornou liberdade, e daí nasce o enorme valor político (isto é, de direção política) da disciplina interna de um partido" (*Q 7*, 90, 919-20 [*CC*, 3, 267]). Nessa altura, não por acaso falando de liberdade, G. introduz o tema da disciplina partidária. Todo partido exerce necessariamente uma função coercitiva, em primeiro lugar na criação daquele "conformismo social" necessário para forjar o "homem coletivo", tendo em vista a criação de "um novo nível de civilização"

(*Q 8*, 52, 972). Mas essa é uma função progressiva ou regressiva? "Um determinado partido exerce sua função de polícia para conservar uma ordem externa, extrínseca, freio das forças vivas da história, ou a exerce no sentido de levar o povo a um novo nível de civilização, da qual a ordem política e legal é uma expressão programática?" (*Q 14*, 34, 1.691 [*CC*, 3, 308]). A distinção é dada pelas forças sociais de referência. Uma diversidade que se encontra também no modo de funcionar dos partidos políticos: "O funcionamento de dado Partido fornece critérios discriminantes: quando o partido é progressista, funciona 'democraticamente' (no sentido de um centralismo democrático), quando o partido é reacionário, funciona 'burocraticamente' (no sentido de um centralismo burocrático)" (ibidem, 1.692 [*CC*, 3, 308]).

No centro do raciocínio gramsciano encontra-se, como vimos, a imprescindibilidade do partido político na moderna política de massa. Para G., esta é uma conquista necessária da "ciência política", um elemento a se adquirir de maneira permanente, o que não foi captado por Sorel, por exemplo, uma vez que este não fez o percurso "da concepção do 'mito' [...] à concepção do partido político", da "greve geral, isto é, uma 'atividade passiva'", ao partido político, isto é, "uma fase 'ativa ou construtiva'" (*Q 8*, 21, 951 [*CC*, 6, 374]). Nem Croce apreendeu a novidade essencial do partido na política de massa: ao permanecer ligado à sua visão da política como paixão, reduziu "os partidos aos 'indivíduos' chefes de partido, que, por sua 'paixão', constroem o instrumento adequado de triunfo" (*Q 7*, 39, 889). A partir desses embates com as teorias de Sorel e Croce, seguindo também os primeiros estudos sociológicos sobre o tema (Weber e Michels, sobretudo), G. começa a descrever alguns traços da política moderna no que diz respeito ao partido: um deles é a profissionalização da política e o papel dos chefes. G. nota a "progressiva complexidade da profissão política, devido à qual os chefes dos partidos tornam-se, cada vez mais, profissionais" (*Q 2*, 75, 236 [*CC*, 3, 160]), o que gera uma primeira classificação das funções segundo um "teorema das proporções definidas" (*Q 9*, 62, 1.132).

Para que um partido exista, "é necessária a confluência de três elementos fundamentais (isto é, três grupos de elementos). 1) Um elemento difuso, de homens comuns, médios, cuja participação é dada pela disciplina e pela fidelidade, não pelo espírito criativo e altamente organizativo [...]; 2) O elemento de coesão principal, que centraliza no campo nacional, que torna eficiente e poderoso um conjunto de forças que, abandonadas a si mesmas, representariam zero ou pouco mais [...]; 3) Um elemento médio, que articule o primeiro com o segundo elemento, que os ponha em contato não só 'físico', mas moral e intelectual" (*Q 14*, 70, 1.733-4 [*CC*, 3, 316-7]). A proporção à base desses estratos é dada pela contingência política, mas o segundo desses estratos, aquele que desenvolve a função essencial do partido político moderno, ou seja, a coordenação e a centralização das "vontades coletivas" (*Q 8*, 195, 1.058 [*CC*, 3, 287]), é tão importante que se torna o parâmetro de comparação para se avaliar a própria força do partido: "Poderíamos nos servir metaforicamente dessa lei para entender como um 'movimento' se torna partido, isto é, força política eficiente, na medida em que possui 'dirigentes' de vários graus e na medida em que esses dirigentes são 'capazes'" (*Q 9*, 62, 1.133). "Fala-se de capitães sem exército, mas, na realidade, é mais fácil formar um exército do que formar capitães" (*Q 14*, 70, 1.733-4 [*CC*, 3, 317]). E ainda: "Existindo necessariamente o segundo elemento, cujo nascimento está ligado à existência das condições materiais objetivas [...], ainda que em estado disperso e errante, não podem deixar de se formar os outros dois" (ibidem, 1.734 [*CC*, 3, 317]).

Um segundo traço característico da política moderna de massa é a tendência à burocratização. Fruto amargo da especialização, como já o havia notado Weber, remete, de fato, ao crescimento dos aparelhos burocráticos, no Estado e nos partidos. A burocracia "é a força consuetudinária mais perigosa: se ela se organiza como corpo em si, solidária e independente, o partido termina por se anacronizar" (*Q 7*, 77, 910). Este é um perigo, porém, que se apresenta, para G., somente se "na organização houver uma cisão de classe", quer dizer, se os dirigentes não gozarem da confiança dos dirigidos e deles se separarem: "Isso aconteceu nos sindicatos e nos partidos social-democratas: se não há diferença de classe, a questão se torna puramente técnica – a orquestra não acredita que o maestro seja um patrão oligárquico – de divisão do trabalho e de educação" (*Q 2*, 75, 236 [*CC*, 3, 160]). Encontramos aqui uma metáfora, aquela do diretor da orquestra, que lembra o método para a síntese política que G. chama de "'filologia viva'. Assim, forma-se uma estreita ligação entre grande massa, partido, grupo dirigente; e todo o conjunto, bem articulado, pode se movimentar como um 'homem-coletivo'" (*Q 11*, 25, 1.430 [*CC*, 1, 148]). Mais adiante, numa nota sobre o fetichismo dos organismos coletivos, o tema voltará com uma força expressiva ainda maior: "Uma consciência coletiva, ou seja, um organismo vivo só se forma depois que a multiplicidade se unifica através do atrito dos indivíduos: e não se pode dizer que o 'silêncio' não seja multiplicidade. Uma orquestra que ensaia cada instrumento por sua conta dá a impressão da mais horrível cacofonia; porém, estes ensaios são a condição para que a orquestra viva como um só 'instrumento'" (*Q 15*, 13, 1.771 [*CC*, 3, 333]).

Bibliografia: De Giovanni, 1981; Massari, 1979; Mastellone, Sola, 2001.

Michele Filippini

Ver: burocracia; centralismo; ciência da política; Croce; Estado; hegemonia; jornalismo; Michels; moderno Príncipe; necessidade; relações de força; Sorel; vontade coletiva; Weber.

Partido Comunista

As palavras "Partido Comunista" não se encontram nos *Q*, e nas *LC* aparecem apenas em uma missiva de 2 de novembro de 1931 para a cunhada Tania, na qual G. acena com a hipótese de "revisão do processo" que o havia levado, junto com outros dirigentes do Partido Comunista da Itália, ao cárcere (*LC*, 488 [*Cartas*, II, 114]). Essa ausência não surpreende: a condição de prisioneiro, cujos escritos eram lidos pelo inimigo que o mantinha preso, forçava G. a cautelas e simulações linguísticas. Se, no entanto, os *Q* são uma reflexão também, e, em especial, sobre a ação política desenvolvida e a se desenvolver, a reflexão sobre o Partido Comunista também está presente nas páginas gramscianas, e reaparecem aqui e ali, em lugares diversos, não apenas naqueles geralmente citados, as notas dedicadas ao "moderno Príncipe", expressão que não por engano é considerada metáfora de Partido Comunista.

A concepção do partido revolucionário vem se formando em G. através de um longo processo de luta e reflexão, que precede também a fundação do PCDI e afunda as raízes na crise do PSI e na experiência de *L'Ordine Nuovo*. Nos *Q*, são apontados positivamente os momentos de "unidade de 'espontaneidade' e 'direção consciente', ou seja, de 'disciplina'", como modelo de "ação política real das classes subalternas como política de massas e não simples aventura de grupos que invocam as massas" (*Q 3*, 48, 330 [*CC*, 3, 196]). É contra o sempre recorrente perigo de antepor os grupos dirigentes às massas e as instâncias dirigentes ao partido como um todo, é contra a quebra de uma dialética real entre massas e partido e entre corpo do partido e seus organismos dirigentes que G., nos anos 1920, se opõe a Bordiga: "O Comitê Central, aliás, o Comitê executivo" – escreve em 1925, criticando a direção bordiguista – "era o partido inteiro, ao invés de representá-lo e dirigi-lo. Se essa concepção fosse permanentemente aplicada, o partido perderia suas características políticas distintivas e se tornaria, no melhor dos casos, um exército (um exército de tipo burguês), perderia sua força de atração, se separaria das massas" ("Introduzione al primo corso della scuola interna di partito" [Introdução ao primeiro curso da escola interna do partido], em *CPC*, 55-6).

De resto, o II Congresso do PCDI (Roma, 1922), dirigido por Bordiga, é objeto do único aceno explícito, e fortemente crítico, que G. reserva a seu partido nos *Q*. Numa nota intitulada "Passado e presente. Contra o bizantismo", escreve G.: "Pode-se chamar bizantismo ou escolasticismo a tendência degenerativa a tratar as questões teóricas como se tivessem valor em si mesmas, independentemente de qualquer prática determinada. Um exemplo típico de bizantismo são as chamadas Teses de Roma, em que se aplica às questões o método matemático, tal como na economia pura" (*Q 9*, 63, 1.133-4 [*CC*, 1, 255-6]). E, ainda sobre a mesma plataforma bordiguista, numa nota do *Q 14*: "Pode-se associar a forma mental de don Ferrante à que está contida nas chamadas 'Teses' de Roma (recordar a discussão sobre o 'golpe de Estado' etc.). Era exatamente como a negação da 'peste' e do 'contágio' por parte de don Ferrante, para assim morrer 'estoicamente' (se é que não se deve usar um advérbio mais apropriado)" (*Q 14*, 25, 1.682 [*CC*, 4, 123]). Contra Bordiga, pois, e contra as Teses de Roma do II Congresso, as teses do Congresso de Lyon de 1926 (o III do PCDI, dirigido por uma maioria gramsciana), elaboradas por G. e por Togliatti, criticavam a definição do partido dada pela "extrema esquerda" como um "'órgão' da classe operária [...]. Ao contrário, o partido deve ser definido [...] uma 'parte' da classe operária", uma vez que sua tarefa é "guiar a classe em todos os momentos, através do esforço para manter-se em contato com ela em face de qualquer mudança da situação objetiva" (*CPC*, 502 [*EP*, 2, 345]). Contra o formalismo doutrinário ("bizantismo"), contra a presunção de poder guiar as massas apenas à luz de uma teoria assim concebida, G. afirma a necessidade de que o Partido Comunista seja uma parte das próprias massas, acompanhando-as também nos momentos de contradição e de introspecção.

Também em sua concepção sobre a vida interna do Partido Comunista G. se opõe a Bordiga. O comunista sardo toma emprestadas do leninismo – além da ideia de que o partido serve necessariamente para a superação da dimensão econômico-corporativa (*Q 12*, 1, 1.522 [*CC*, 2, 15]) – tanto a concepção do partido inevitavelmente como vanguarda ("Uma parte da massa, ainda que subalterna, é sempre dirigente e responsável, e a filosofia da parte precede sempre a filosofia do todo, não só como antecipação teórica, mas também como necessidade atual": *Q 11*, 12, 1.389 [*CC*, 1, 107]), quanto a concepção do partido fundada na disciplina ("nos partidos, a necessidade já se tornou liberdade, e daí nasce o enorme valor político [...] da disciplina interna de um partido": *Q 7*, 90, 920 [*CC*, 3, 267]), segundo as regras do "centralismo democrático" ("todo membro do partido, seja qual for a posição ou cargo que ocupe, é sempre um membro do partido e está subordinado à sua direção": *Q 3*, 42, 321 [*CC*, 3, 187]). Mas a interpretação gramsciana do centralismo o quer verdadeiramente "democrático" (e "orgânico"), não burocrático, ou "puro executor" (*Q 14*, 34, 1.692 [*CC*, 3, 307]). A "organicidade" é dada pelo fato de que se trata de "um 'centralismo em movimento' por assim dizer, isto é, uma adequação contínua da organização ao movimento histórico real [...] o centralismo democrático é uma fórmula elástica, que se presta a muitas 'encarnações'; ela vive enquanto é interpretada continuamente e continuamente adaptada às necessidades" (*Q 9*, 68, 1.139-40). Nenhuma cristalização burocrática, nenhuma disciplina 'militar': G. escreve que "a burocracia é a força consuetudinária e conservadora mais perigosa; se ela chega a se constituir como um corpo solidário, voltado para si mesmo e independente da massa, o partido termina por se tornar anacrônico e, nos momentos de crise aguda, é esvaziado de seu conteúdo social e resta como que solto no ar" (*Q 13*, 23, 1.604 [*CC*, 3, 61-2]).

Obviamente, o dado de partida é realista, vem da dureza da luta política daqueles anos de clandestinidade e de prisão. Não só por isso G. afirma que, num partido, "é necessário que confluam três elementos fundamentais", a saber: "1) Um elemento difuso, de homens comuns, médios, cuja participação é dada pela disciplina e pela fidelidade [...]; 2) O elemento de coesão principal [...]; e 3) Um elemento médio, que articule o primeiro com o segundo elemento [...]. Fala-se de capitães sem exército, mas, na realidade, é mais fácil formar um exército do que formar capitães" (*Q 14*, 70, 1.733-4 [*CC*, 3, 316-7]). Se isso é verdade, também é verdade que, quando G. afirma que "todos os membros de um partido político devem ser considerados como intelectuais" (*Q 4*, 49, 478), defende também o caráter *ativo* que deve ter a militância política em primeiro lugar no Partido Comunista, que, enquanto educador ("a função" de um partido é "diretiva e organizativa, quer dizer, educativa, quer dizer, intelectual": *Q 12*, 1, 1.523 [*CC*, 2, 15]), desenvolve continuamente um trabalho de educação, antes de mais nada, dos próprios filiados.

No *Q 13* são reunidas as observações sobre o "moderno Príncipe", que não pode mais ser "uma pessoa real, um indivíduo concreto", mas somente "um organismo; um elemento complexo da sociedade no qual já tenha tido início a concretização de uma vontade coletiva reconhecida e afirmada parcialmente na ação. Esse organismo já está dado pelo desenvolvimento histórico e é o partido político a primeira célula na qual se sintetizam germes de vontade coletiva que tendem a se tornar universais e totais" (*Q 13*, 1, 1.558 [*CC*, 3, 16]), isto é, a criar "um novo tipo de Estado" (*Q 13*, 21, 1.601 [*CC*, 3, 59]). Para fazer isso, o partido revolucionário deve se tornar "o anunciador e o organizador de uma reforma intelectual e moral, o que significa, de resto, criar o terreno para um novo desenvolvimento da vontade coletiva nacional-popular no sentido da realização de uma forma superior e total de civilização moderna" (*Q 13*, 1, 1.560 [*CC*, 3, 18]). Ciente de que, realizando o seu programa, ele realiza também seu próprio fim: "Como cada partido é apenas uma nomenclatura de classe, é evidente que, para o partido que se propõe anular a divisão em classes, sua perfeição e seu acabamento consistem em não existir mais, porque já não existem classes e, portanto, suas expressões" (*Q 14*, 70, 1.732-3 [*CC*, 3, 316]). Ainda que o Partido Comunista, em contingências históricas desfavoráveis, às quais se pode resistir apenas por meios transcendentais, possa parecer "uma divindade", na realidade, ele trabalha por "uma completa laicização de toda a vida" (*Q 13*, 1, 1.561 [*CC*, 3, 19]).

Guido Liguori

Ver: Bordiga; centralismo; disciplina; história de partido; intelectuais orgânicos; moderno Príncipe; partido; reforma intelectual e moral; vontade coletiva.

Partido da Ação

Na reflexão histórico-política de G. sobre o *Risorgimento*, a análise do papel e da função do Partido da Ação, face à formação e ao desenvolvimento da hegemonia dos moderados, tem notável importância. Já no *Q 1* ele se pergunta por que o Partido da Ação não colocou "em toda sua vastidão o problema agrário" (*Q 1*, 43, 39). Supondo que fosse natural que os moderados não o tivessem colocado ("a abordagem dada pelos moderados ao problema nacional requeria um bloco de todas as forças de direita, incluídas as classes dos grandes proprietários de terras"), então "a não abordagem da questão agrária" (ibidem, 39-40) por parte dos intelectuais e dos órgãos dirigentes do Partido da Ação devia ser reconduzida a um caráter constitutivo, fundamental do *Risorgimento* italiano: ao fato de que "os moderados representavam uma classe relativamente homogênea, de modo que a direção sofreu oscilações relativamente limitadas, ao passo que o Partido da Ação não se apoiava especificamente em nenhuma classe histórica" (*Q 1*, 44, 40-1). Isso fez com que as "oscilações" internas ao Partido da Ação, em última análise, se compusessem "segundo os interesses dos moderados", e, assim, de fato, "o Partido da Ação foi guiado pelos moderados". Aliás, para G., os moderados continuaram a dirigir o Partido da Ação mesmo depois da unificação: o assim denominado transformismo foi propriamente "a expressão política dessa ação de direção" (ibidem, 41).

Substancialmente, faltou ao Partido da Ação aquele "poder de atração" que, porém, foi exercido pelos moderados. G. observa a esse propósito que, para que o partido se tornasse uma força autônoma e conseguisse ao menos "imprimir ao movimento do *Risorgimento* um caráter mais marcadamente popular democrático", deveria ter contraposto "à ação 'empírica' dos moderados (que era empírica apenas por assim dizer)" um programa orgânico de governo, capaz de abraçar "as reivindicações essenciais das massas populares, as dos camponeses em primeiro lugar": em suma, "à atração 'espontânea' exercida pelos moderados", deveria ter contraposto "uma atração 'organizada' segundo um plano" (ibidem, 42). Dentro desse contexto geral de considerações e notas críticas, que remetem à substância profunda da "revolução passiva" do *Risorgimento*, G. chega a formular um juízo sólido, peremptório: "O Partido da Ação segue a tradição 'retórica' da literatura italiana. Confunde a unidade cultural com a unidade política e territorial" (ibidem, 43). Mais adiante,

G. escreve de modo igualmente taxativo que "o Partido da Ação foi desagregado e a democracia burguesa nunca conseguiu ter uma base nacional" (*Q 3*, 125, 392).

Tudo isso é colocado por G. também no interior de uma análise dos partidos políticos italianos, segundo a qual eles sempre foram compostos de "voluntários", num certo sentido "de *declassés*, e nunca ou quase nunca de 'blocos sociais homogêneos'". Uma exceção foi representada pela assim chamada direita histórica cavouriana: daí sua "superioridade orgânica e permanente em relação ao Partido da Ação mazziniano e garibaldino", que – afirma G. – "foi o protótipo de todos os partidos italianos de 'massa', que não eram bem isso na realidade (isto é, não continham blocos sociais homogêneos), mas acampamentos ciganos e nômades da política" (*Q 9*, 142, 1.202-3).

As recorrentes considerações gramscianas sobre o papel e sobre a função do Partido da Ação se associam à reflexão mais ampla sobre a constituição política da subjetividade, resumida pelo pensador sardo no questionamento sobre "como nasce o movimento histórico com base na estrutura" (*Q 11*, 22, 1.422 [*CC*, 1, 140]). G. se pergunta quem, entre o Partido da Ação e o Partido Moderado, representou "as 'forças subjetivas' efetivas do *Risorgimento*" e responde, mais uma vez com convicção: "Por certo, o Partido Moderado, [...] porque também teve consciência da missão do Partido da Ação: por causa dessa consciência, sua 'subjetividade' era de uma qualidade superior e mais decisiva" (*Q 15*, 25, 1.782 [*CC*, 5, 323]); para depois concluir, persuasivamente: "Na expressão, ainda que grosseira, de Vitor Emanuel II – 'Temos no bolso o Partido da Ação' – há mais sentido histórico-político do que em todo Mazzini" (idem).

No *Q 19*, G. retorna à "falta de uma firme direção política" como traço constitutivo do Partido da Ação, e logo acrescenta que as "polêmicas internas foram, em grande parte, tão abstratas quanto a pregação de Mazzini" (*Q 19*, 24, 2.014 [*CC*, 5, 66]). A respeito de tal abstração, G. mostra, numa comparação inteiramente articulada *per differentiam*, como os jacobinos, por sua vez, "lutaram tenazmente para assegurar uma ligação entre cidade e campo e obtiveram êxito", mesmo que depois – ele precisa – sua derrota como "partido determinado" tenha se devido ao fato de que, "num certo ponto, se chocaram contra as exigências dos operários parisienses" (idem). É evidente, segundo G., que para se contrapor de modo eficaz aos moderados, o Partido da Ação deveria "se ligar às massas rurais, especialmente meridionais, ser 'jacobino' não só pela 'forma' externa, de temperamento, mas especialmente pelo conteúdo econômico-social" (ibidem, 2.024 [*CC*, 5, 76]). Mas, além de revelar-se incapaz de uma elaboração política da "questão agrária", o Partido da Ação se mostrava também "paralisado, em sua ação junto aos camponeses, pelas veleidades mazzinianas de uma reforma religiosa", que não só não interessava minimamente às grandes massas rurais, mas, ao contrário, arriscava torná-las disponíveis ou sensíveis a "um incitamento contra os novos heréticos", contra tais reformadores religiosos (*Q 19*, 26, 2.046 [*CC*, 5, 97]).

PASQUALE VOZA

Ver: Mazzini; moderados; Pisacane; revolução passiva; *Risorgimento*; transformismo.

Partido Popular

Fundado em 1919 por don Sturzo, no mesmo ano da fundação de *L'Ordine Nuovo* e dos *Fasci di combattimento*, o Partido Popular, para G., faz parte da nebulosa do liberalismo mas, ao mesmo tempo, é visto como um momento da força político-cultural do catolicismo e da Igreja. Nos *Q*, fala-se dele em várias notas esparsas, em reflexões associadas a outros temas, como a Igreja, a Ação Católica, o neoguelfismo e o liberalismo. G. situa as origens da corrente político-cultural católica que se expressou no Partido Popular nos acontecimentos revolucionários de 1848-1849, sob a forma de neoguelfismo. Ele afirma que se pode "estabelecer um paralelo entre neoguelfos e o Partido Popular, nova tentativa de criar uma democracia católica, fracassada do mesmo modo e por razões parecidas" (*Q 8*, 11, 944 [*CC*, 5, 280]). O neoguelfismo foi derrotado da mesma maneira que os reacionários moderados e a esquerda burguesa do Partido da Ação, mas, para G., a derrota "mais grave é a dos neoguelfos, que morrem como democracia católica e se reorganizam como elementos sociais burgueses do campo e da cidade, ao lado dos reacionários, constituindo a nova força de direita liberal conservadora" (idem). Por outro lado, "depois de 1848, o catolicismo e a Igreja 'devem' ter um partido próprio para se defender e recuar o menos possível" (*Q 20*, 1, 2.081-2 [*CC*, 4, 147]).

A Ação Católica e o catolicismo liberal foram expressões dessa necessidade. O movimento católico liberal foi expressão também da capacidade do liberalismo moderado de alargar sua própria influência. A oposição da Igreja ao Estado italiano foi enfraquecida pelo surgimento do catolicismo liberal, que deu origem ao "processo molecular que transformará o mundo católico até a fundação do Partido Popular" (*Q 9*, 94, 1.159). G. vê no catolicismo liberal um exemplo da força do liberalismo moderado do *Risorgimento*, da sua capacidade de "atração espontânea" (*Q 19*, 24, 2.013 [*CC*, 5, 62]). O catolicismo liberal se exprime como força particularmente depois da instauração do sufrágio universal masculino e depois do Pacto Gentiloni. A crise do liberalismo laico no pós-guerra levou este último à capitulação frente ao novo catolicismo liberal expresso pelo Partido Popular. G. criticou a incompreensão dos liberais em relação à Reforma protestante e aos grandes movimentos de massa em geral. Com a plena entrada das massas na vida política, essa incompreensão teve como consequência que "o único partido liberal eficiente foi o Partido Popular, ou seja, uma nova forma de catolicismo liberal" (*Q 10* II, 41.I, 1.293 [*CC*, 1, 361]).

Seja como for, o significado histórico do Partido Popular não pode ser entendido sem sua relação com a Ação Católica. Ela criou a Confederação do Trabalho como instância dependente e vinculada à hierarquia, mas o Partido Popular, por sua vez, surgiu como uma instância aparentemente autônoma da Igreja católica e da Ação Católica, embora na realidade não o fosse. Deriva daí a importância de se observar como os documentos elaborados nos congressos da Ação Católica repercutiram no comportamento político-parlamentar dos membros do Partido Popular. Na acepção de G., "além de outras razões, a criação do Partido Popular foi determinada pela convicção de que, no pós-guerra, seria inevitável um avanço democrático, ao qual seria preciso dar um órgão e um freio, sem pôr em risco a estrutura autoritária da Ação Católica, que oficialmente é dirigida pessoalmente pelo papa e pelos bispos" (*Q 20*, 1, 2.083 [*CC*, 4, 149]). A Igreja, que tanto se opôs ao catolicismo liberal, no intuito de frear o avanço da democracia liberal e do socialismo, tentava usar o catolicismo liberal para participar da vida política do Estado nacional. A fraqueza essencial do Partido Popular era seu vínculo com o papado, uma força não nacional. G. afirma que se deve "recordar a atitude dos católicos na política, o *non expedit* e o fato de que, no pós-guerra, o Partido Popular era um partido que obedecia a interesses não nacionais, uma forma paradoxal de ultramontanismo, porque o papado estava na Itália e não podia aparecer politicamente como aparecia na França e na Alemanha, isto é, claramente fora do Estado" (*Q 14*, 47, 1.705-6 [*CC*, 5, 315]).

Marcos Del Roio

Ver: Ação Católica; católicos; Igreja católica; liberais/liberalismo.

Partido Socialista: v. socialistas.

Pascal, Blaise

No *Q 8* aparecem três notas (228, 230, 241) que constituem o Texto A do *Q 16*, 1 [*CC*, 4, 15], intitulado *A religião, a loteria e o ópio da miséria*. Aqui G. reflete sobre a passagem da expressão "'ópio da miséria', usada por Balzac acerca da loteria, à expressão 'ópio do povo' acerca da religião" (ibidem, 1.838 [*CC*, 4, 16]), lembrando como tal passagem foi "ajudada pela reflexão sobre o *pari* de Pascal, que aproxima a religião do jogo de azar, das apostas" (idem). Nos seus *Pensamentos*, o filósofo francês, recorda G., depois de ter advertido que somente os ateus mostram indiferença em relação à religião, ressalta que os homens a temem a ponto de tentarem se convencer de sua importância, afirmando que não é contrária à razão. Aonde a razão não chega, chega certamente a fé, e mesmo que ela não cumprisse sua função, "segundo o cálculo das probabilidades, é vantajoso apostar que a religião é verdadeira, e regular a própria vida como se ela fosse verdadeira" (ibidem, 1.839 [*CC*, 4, 17]). Quem vive de forma cristã corre o risco, aliás, mínimo, adverte o G. intérprete de Pascal, de ir ao encontro de alguns prazeres torpes, ganhando, como compensação, "o infinito, a alegria eterna" (idem). A fineza pascaliana está, segundo G., exatamente no fato de ter dado dignidade ao tema da aposta, subtraindo-o àquele famoso modo popular de pensar, de acordo com o qual nada se perde ao acreditar em Deus, pois "se não existir, paciência; mas, se existir, terá sido muito útil acreditar!" (idem). Em suma, "parece que toda a concepção do *pari* [...] está mais próxima da moral jesuítica do que da jansenista, é excessivamente 'mercantil'" (*Q 16*, 10, 1.864 [*CC*, 4, 41]). G. retoma outro Texto A (*Q 6*, 3, 685-6) no *Q 26*, 3, 2.298 [*CC*, 4, 81], intitulado "O nariz de Cleópatra", em que se lê: "Buscar o sentido exato que Pascal dava a esta sua expressão que se tornou tão famosa [...] e sua relação com as opiniões gerais do escritor. (Frivolidade da história dos homens; pessimismo jansenista)".

Lelio La Porta

Ver: cristianismo.

Pascoli, Giovanni
As teses políticas de Giovanni Pascoli, expostas no discurso pronunciado no teatro de Barga em 26 de novembro de 1911, intitulado "La grande proletaria si è mossa" [A grande proletária se mexeu] (que teve notável repercussão na opinião pública à época da guerra líbia), foram postas por G. nos *Q* em relação com a doutrina nacionalista, centrada sobre o conceito de nação proletária, proposta por Enrico Corradini e por outros pensadores de origem sindical. A título de apoio, o dirigente sardo cita trechos de cartas escritas por Pascoli no começo do século XX, em que o poeta esclarecia a natureza, por assim dizer, utópica, interclassista e patriótica de seu socialismo, e sublinhava o fato de se sentir "socialista, profundamente socialista, mas socialista da humanidade, não de uma classe" (*Q 2*, 51, 206 [*CC*, 5, 178]). Em particular, G. se refere a uma missiva endereçada por Pascoli a Mercatelli, na qual o autor de *Myricae* escrevia que, na sua opinião, aquele "caráter heroico", próprio das novas gerações, se dirigia rumo ao socialismo, segundo um processo análogo àquele que tinha levado as velhas gerações a abraçar a questão nacional. Daqui a ideia de transferir o conceito de proletariado das classes para as nações, e, portanto, de conceber a luta não entre as classes de uma mesma nação, mas sim entre nações ricas e nações proletárias. Perseguia-se, assim, a formação de um socialismo nacional, que nas intenções do poeta deveria ser apoiado também pelas elites dirigentes, das quais deveria ter feito parte o "literato clérigo", simpatizante de uma concepção pedagógica da poesia e da arte. Além disso, segundo G., o desejo de Pascoli de ser "poeta épico e cantor popular", contrastava com uma índole como a sua, "muito intimista", o que implicava uma verdadeira "dissonância artística, que se manifesta na tensão excessiva, na sofreguidão, na retórica, na feiura de muitas composições, numa falsa ingenuidade que se torna verdadeira puerilidade" (*Q 2*, 52, 210 [*CC*, 5, 183]).

ANTONELLA AGOSTINO

Ver: Corradini; nacionalismo.

passado e presente
Recorrente quase exclusivamente nos cadernos miscelâneos (conta uma ocorrência, como remissão, no *Q 19* e no *Q 28*), a expressão "passado e presente" aparece pela primeira vez no *Q 1*, 156, 137 [*CC*, 4, 95] (é a única aparição no primeiro caderno). Seu uso é contínuo e bastante regular de maio de 1930 a março de 1935, sem que isso, como se disse, dê lugar a um caderno especial. Ausente como tema do primeiro programa de trabalho (*Q 1*, p. 5), "Passado e presente" é introduzido de forma subordinada nos "Raggruppamenti di materia" [Agrupamentos de matéria] logo na abertura do *Q 8*, que é de 1931: "6º. Miscelânea de notas várias de erudição (Passado e presente)" (*Q 8*, p. 936 [*CC*, 1, 79]). Somente em três ocasiões concretas G. dá indicações sobre o significado por ele atribuído a essa expressão, isto é, na primeira e na última ocorrência, e em outra bastante tardia. No *Q 1*, 156, 137 [*CC*, 4, 95]: "*Passado e presente*. De que modo o presente é uma crítica do passado, além de (e porque) uma 'superação' dele. Mas, por isso, deve-se jogar fora o passado? Deve-se jogar fora aquilo que o presente criticou 'intrinsecamente' e aquela parte de nós mesmos que a isso corresponde. O que significa isso? Que nós devemos ter consciência exata dessa crítica real e dar-lhe uma expressão não somente teórica, mas *política*. Ou seja, devemos ser mais presos ao presente, que nós mesmos contribuímos para criar, tendo consciência do passado e da sua continuação (e de seu reviver)". No *Q 15*, 19, 1.776 [*CC*, 4, 134-5] (abril-maio de 1933): "*Passado e presente*. Extrair desta rubrica uma série de notas que sejam como os *Ricordi politici e civili* [Recordações políticas e civis], de Guicciardini, (respeitadas as devidas proporções). Os *Ricordi* são memórias na medida em que recapitulam não tanto acontecimentos autobiográficos em sentido estrito [...], quanto 'experiências' civis e morais [...] estreitamente ligadas à própria vida e a seus acontecimentos, consideradas em seu valor universal ou nacional. Sob muitos aspectos, uma tal forma de escrita pode ser mais útil que as autobiografias em sentido estrito, especialmente se ela se refere a processos vitais que são caracterizados pela permanente tentativa de superar um modo atrasado de viver e de pensar, como aquele que era próprio de um sardo do princípio do século, para apropriar-se de um modo de viver e de pensar não mais regional e 'paroquial', mas nacional, e tanto mais nacional (aliás, justamente por isto nacional) na medida em que buscava se inserir em modos de viver e de pensar europeus ou, pelo menos, comparava o modo nacional com os modos europeus, as necessidades culturais italianas com as necessidades culturais e as correntes europeias". A referência aos *Ricordi* é repetida no *Q 14*, 78, 1.745 [*CC*, 6, 255] (março de 1935), em que se esclarece que "o importante é dar-lhes a mesma essencialidade e universalidade e

clareza pedagógicas, o que, na verdade, não é pouca coisa; ao contrário, é tudo, tanto estilística quanto teoricamente, ou seja, como pesquisa da verdade".

No arco desenhado pelas duas referências extremas, emerge uma tensão entre dois modos de entender a categoria em questão. De um lado, ela é introduzida nos *Q* como reflexão sobre o modo em que se realiza nos indivíduos a contemporaneidade no presente, assumindo-se que isso não é um fato automático e que, como se afirma no texto do *Q 1*, é necessária uma crítica política, ou seja, uma crítica real, prática, de massa, para se libertar do peso do passado, sem que isso dê lugar a ambíguas e mórbidas revivescências de elementos não suficientemente repensados na sua necessidade e, logo, na sua transitoriedade. Do outro lado, encontramos, tendo por base o modelo dos *Ricordi*, um destilado de máximas derivadas da individualidade concreta daquele que escreve, no pressuposto de que tais máximas possuam valor universal de "busca da verdade", e que o observatório autobiográfico tenha, nesse caso, o valor e a função de acesso a conhecimentos válidos também em outras circunstâncias e para outros indivíduos. Por um lado, é examinado o modo como a história, na sua dialética sempre ativa de luta entre passado e futuro, participa da experiência dos indivíduos, revolucionando-a, e como eles devem, por sua vez, trabalhar para que esta seja uma experiência efetiva de crescimento; por outro lado, é examinada a reelaboração individual das mais diversas experiências de uma vida, tanto quanto ela possua de universalidade e, portanto, de valor pedagógico.

Se consideramos o desenvolvimento concreto dos textos recolhidos sob a rubrica "Passado e presente", podemos constatar efetivamente a prevalência da primeira acepção, ao menos até o *Q 8*, e uma assunção gradual da segunda a partir do *Q 9*, ou seja, a partir da primavera de 1932. Numa primeira fase, G. recolhe temas aparentemente diferentes, como o tratamento dos oficiais em licença (*Q 2*, 76, 241 [*CC*, 3, 170]), a crise de autoridade (*Q 3*, 34, 311 [*CC*, 3, 184]), o sistema eleitoral e a ditadura bonapartista (*Q 6*, 40, 714-5 [*CC*, 3, 226]), as vicissitudes da filosofia de Gentile na Itália fascista e assim sucessivamente. O fio condutor que une todos eles é a crise do pós-guerra e os vários modos de reagir a ela. Ponto de referência privilegiado é a experiência de *L'Ordine Nuovo*, que é evidentemente assumido como caso concreto em que a adequação política das vidas individuais à "história" é conscientemente assumida e politicamente enfrentada (v. *Q 3*, 34 [*CC*, 3, 184]; *Q 3*, 42 [*CC*, 3, 185]; *Q 3*, 43 [*CC*, 3, 188]; *Q 3*, 44 [*CC*, 3, 188]; *Q 3*, 45 [*CC*, 3, 189]; *Q 3*, 46 [*CC*, 3, 189]; *Q 3*, 48 [*CC*, 3, 194]; *Q 3*, 61 [*CC*, 3, 200]; *Q 3*, 119 [*CC*, 3, 201] etc.). A experiência coletiva de *L'Ordine Nuovo* torna-se o observatório a partir do qual decodificar os complexos sinais e a aparência incoerente do mundo histórico local, nacional, internacional. A pesquisa assim projetada é ambiciosa: é a reconstrução de uma passagem histórica total a partir de uma perspectiva particular, exatamente porque ela, melhor do que qualquer outra, reflete em si, por sua vez, essa totalidade. Assim desenhada, a investigação tende quase a se transformar insensivelmente numa coletânea universal de fragmentos e resíduos de uma era, de raios de luz considerados capazes de iluminar a dinâmica progressiva da crise. Por um lado, efetivamente, quase todas as outras rubricas podem entrar em "Passado e presente", dado que qualquer fenômeno pode ter relevância do ponto de vista da relação entre experiência individual e crise histórica: o fordismo (*Q 6*, 135 [*CC*, 4, 305]), a literatura popular (*Q 3*, 53 [*CC*, 6, 158]), o Estado (*Q 8*, 203). Por outro lado, G. consegue traçar com dificuldade as fronteiras da pesquisa, que de fato nunca chega a se constituir explicitamente como tal e, na altura do segundo sumário do *Q 8* (março-abril de 1932), parece-lhe já fazer parte de uma "Miscelânea de notas várias de erudição" (*Q 8*, p. 936 [*CC*, 1, 79]). O conteúdo da rubrica, realmente, vai aos poucos se aproximando daquela das "Noções enciclopédicas e argumentos de cultura" (terceiro ponto nos "Agrupamentos de matéria").

A outra tendência marca uma clara restrição da perspectiva. O ponto de ruptura pode ser localizado no *Q 9*, 53, 1.128 [*CC*, 4, 120], no texto sobre o "adubo da história", em que G. avança seu objetivo até atingir a própria experiência carcerária, em seu duplo valor pessoal e político. Nesse ponto, encontramos um grupo compacto de textos (do 74 ao 79) do *Q 14*, todos de março de 1935, em que o observatório a partir do qual se tornam significativos os fatos da história é a prisão, e a nova relação entre "lei" escrita e "regra" concreta na Itália (*Q 14*, 74 [*CC*, 3, 319] e 76 [*CC*, 3, 321]) e na União Soviética (*Q 14*, 77 [*CC*, 3, 322]) é lida à luz da necessidade de suprimir "toda distinção entre dirigir e organizar" (*Q 14*, 75, 1.743 [*CC*, 3, 320]). Essas preocupações extremas (os textos se encontram entre os últimos dos *Q*) confiam à "forma recordação" o dever de transmitir toda uma experiência histórica e adiantam a referência temporal: rumo aos novos regimes não parlamentares, em que a distinção entre governo e administração pareça desaparecer e em que o elemento "homem" se torna decisivo ("a escolha" dos homens e "o controle de suas ações", idem).

Fabio Frosini

Ver: adubo da história; Guicciardini; história; *Ordine Nuovo (L')*.

passividade

A passividade parece ser algo próprio das classes subalternas, e em particular dos "estratos sociais estagnados na podridão" (*Q 3*, 42, 320 [*CC*, 3, 185]), mas também dos grupos tradicionalmente conservadores (camponeses e pequeno-burgueses: *Q 13*, 23 [*CC*, 3, 60]), dos povos atrasados ou destituídos de iniciativa histórica (como o italiano no *Risorgimento*: *Q 9*, 93). Outras vezes é imposta do alto, para fins de conservação: a "passividade social" criada pelo americanismo (*Q 4*, 52, 491), aquela intelectual produzida nas escolas pela reforma de Gentile (ibidem, 499) ou aquela "resignada" proposta pela religião (*Q 6*, 157, 812 [*CC*, 5, 264]). Pode-se manifestar em fenômenos paradoxais, como o *arditismo*, que não é "um sinal da combatividade geral da massa militar", mas sim "de sua relativa desmoralização" (*Q 1*, 133, 120 [*CC*, 3, 122]) e, mais amplamente, em todas as formas de voluntariado que têm caracterizado a história da Itália, dos camisas-vermelhas de Garibaldi aos camisas-negras de Mussolini (*Q 9*, 96, 1.160). A passividade deve ser combatida pela classe progressista porque constitui um terreno para o desenvolvimento de movimentos como os que ocorreram na Vendeia francesa (*Q 1*, 44, 50) ou do tipo bonapartista (*Q 4*, 66). "A ação política tende justamente a fazer com que as grandes multidões saiam da passividade" (*Q 7*, 6, 857): essa é a "função histórica" de "uma classe culta" (*Q 19*, 21, 2.053 [*CC*, 5, 61]), enquanto portadora de uma concepção, a filosofia da práxis, que, ao invés de "fatalismo e passividade", "dá origem a uma abundância de iniciativas e empreendimentos que surpreendem muitos observadores" (*Q 7*, 44, 893 [*CC*, 1, 248]). Mas por isso é necessário propor objetivos concretos às massas, "imediatos e mediatos", e não abstratamente intelectualistas, como o "movimento" fim em si mesmo de Bernstein (*Q 9*, 6), ou a "revolução permanente" de Trotski, "forma moderna do velho mecanicismo" (*Q 14*, 68, 1.730 [*CC*, 3, 314]), que, aliás, coincide com o fatalismo típico do senso comum popular (*Q 15*, 13, 1.770 [*CC*, 3, 332]) e conduz à mesma passividade de seu oposto especular, o voluntarismo idealista (*Q 9*, 60 [*CC*, 3, 295]).

Giuseppe Cospito

Ver: filosofia da práxis; revolução passiva; senso comum; voluntarismo.

pátria

G. localiza entre 1789 e 1848 o "período de incubação" em que surge e se desenvolve "o fato e o conceito de nação e de pátria, que se tornam o elemento ordenador – intelectual e moralmente – das grandes massas populares, em concorrência vitoriosa com a Igreja e a religião católica" (*Q 20*, 1, 2.081 [*CC*, 4, 147]). Na Itália, todavia, o conceito de "pátria", segundo G., foi frequentemente utilizado para esconder "as causas do mal-estar geral que existiam" (*Q 3*, 12, 297), às quais se davam explicações restritas, individuais ou patológicas. Os liberais se valeram delas para se contrapor ao socialismo e ao marxismo: um exemplo é a tomada de posição de Suardi, que, na segunda metade do século XVIII, almeja o acordo com os católicos para as eleições políticas enquanto considera que o *non expedit* lançado por Pio IX em 1874 é "de grande dano à pátria, deixando livre a passagem para o socialismo" (*Q 3*, 25, 306 [*CC*, 4, 185]). Na tentativa de se contrapor ao materialismo histórico, ressalta G., normalmente foi confundido com o economicismo histórico: a política seria uma paixão, "a pátria é uma paixão" (*Q 13*, 18, 1.594 [*CC*, 3, 46]) – se afirma num artigo anônimo do *Avenir* (Paris, 1930) –, ao passo que para os marxistas estas "paixões" teriam apenas função aparente, já que as causas reais teriam origem econômico-material. Contudo, responde G., por um lado, não se está compreendendo que aquelas "paixões" são, na realidade, elas mesmas "fatos econômicos" (idem), e por outro, não foi profundamente compreendida a tese de Marx segundo a qual os homens adquirem consciência dos conflitos fundamentais no terreno das ideologias: tese com valor gnosiológico, não psicológico ou moral.

G. denuncia o comportamento derrotista dos moderados italianos no período democrático da revolução italiana de 1848-1849, critica as afirmações pessimistas de Cirillo Monzani a Silvio Spaventa (carta na *Rassegna nazionale*, 1932), para quem muitos falariam "de pátria, de liberdade, mas poucos têm a pátria no coração" (*Q 19*,

18, 2.003 [*CC*, 5, 55]), enquanto os "apóstolos" utopistas seriam "demasiado nocivos à nossa desgraçada pátria" (ibidem, 2.004). Na realidade, afirma Baldo Peroni, um autor contemporâneo que G. cita amplamente nesta passagem, "nosso *Risorgimento* – entendido como despertar político – começa quando o amor da pátria deixa de ser uma vaga aspiração sentimental ou um motivo literário e se torna pensamento consciente, paixão que aspira a se traduzir em realidade mediante uma ação que se desenrola com continuidade e não se detém diante dos sacrifícios mais duros" (*Q 19*, 3, 1.968 [*CC*, 5, 21-2]).

Refletindo sobre a problemática da unificação italiana, G. rejeita um exame que parta do pressuposto, "de caráter sentimental e prático imediato" (*Q 5*, 55, 589 [*CC*, 5, 216]), de que a nação italiana tenha sempre sido uma nação nos atuais quadros geográficos. Ainda assim, ele considera que tal pesquisa tem valor, desde que realizada de acordo com o aspecto político atual, ou seja, "para explicar certos desenvolvimentos históricos ligados à vida moderna" (idem). Retomando uma citação de Maquiavel discutida num artigo de Luigi Cavina, G. examina a questão posta: por que na unificação italiana se verificaram acontecimentos de resultados tão diferentes em comparação com aqueles ocorridos na França e na Espanha. Na França, em particular, "o sentimento nacional, organizado em torno do conceito de pátria, é igualmente forte e, em determinados casos, é indubitavelmente mais forte do que o sentimento religioso-católico" (*Q 13*, 37, 1.645 [*CC*, 3, 103]), e "foi criada a teoria de contrapor a 'religião da pátria' à religião 'romana'" (*Q 20*, 4, 2.094 [*CC*, 4, 153]) e "a solidariedade nacional, expressa no conceito de pátria, torna-se absorvente [...] e então a 'Marselhesa' é mais forte do que os Salmos Penitenciais" (*Q 13*, 37, 1.646 [*CC*, 3, 103]). Não tanto na Itália, onde, antes de tudo, houve uma Igreja "que jamais foi tão forte que ocupasse toda a península nem tão fraca que permitisse a um outro ocupá-la" (*Q 5*, 55, 588 [*CC*, 5, 216]); além do mais, na Itália existiu aquele particular "sistema de equilíbrio das potências italianas" em que deve ser identificada "a razão histórica e nacional da frustrada união da pátria" (idem). A concepção italiana de pátria, de fato, parece derivar "de um efetivo pensamento universal" (idem), aquele cosmopolita, desenvolvido no período do Império Romano e durante a Idade Média, que responde, portanto, a um gênio nacional que tem como peculiaridade o não ser nacional, por conseguinte a Itália "sofreu passivamente as relações internacionais; isto é, no desenvolvimento de sua história, as relações internacionais prevaleceram sobre as relações nacionais" (ibidem, 589 [*CC*, 5, 217]). Nesse sentido, segundo G., a ausência de uma literatura popular-nacional na Itália se deveria também à falta de preocupação com as necessidades populares em geral, o que deixou aberto o mercado literário às influências dos grupos intelectuais de outros países, que, já sendo "'populares-nacionais' na pátria" (*Q 23*, 8, 2.197 [*CC*, 6, 72]), se tornavam assim também na Itália, uma vez que as exigências e necessidades eram análogas. Enfim, como se lê na consideração de Renaud Przezdziecki em *Ambasciatori veneti in Polonia* [Embaixadores vênetos na Polônia] (1930), relatada por G., a figura do "diplomata sem pátria" na Itália também parece ter vida própria, devido à "falta de uma unidade pátria" que "criava entre os italianos um estado de espírito *independente*, pelo que cada pessoa que fosse dotada de capacidades políticas e diplomáticas as considerava como um *talento pessoal*" (*Q 7*, 67, 903 [*CC*, 2, 153-4]).

Nos *Q*, também são documentadas as tentativas de Pascoli e Corradini de transpor, da classe para a nação, o conceito de "proletário". Numa carta de Pascoli de 1900, reportada por G., lê-se que a aspiração à expansão colonial não estaria em contradição com o socialismo, já que Pascoli se proporia a "introduzir o pensamento da pátria, da nação e da raça no cego e gélido socialismo de Marx" (*Q 2*, 51, 206 [*CC*, 5, 179]). Enfim, em relação à formação, nos Estados Unidos, de uma nova intelectualidade negra, G. se pergunta se um sentimento nacional e uma cultura nacional africanos conseguiriam em algum momento substituir a noção de "raça desprezada, elevando o continente africano ao mito e à função de pátria comum de todos os negros" (*Q 12*, 1, 1.528 [*CC*, 2, 30]). Ele vê nos "negros da América" um "espírito de raça e nacional mais negativo que positivo", também ele produto das tentativas, por parte dos brancos, de isolar e reprimir os negros (idem).

Manuela Ausilio

Ver: cosmopolitismo; Estado; Igreja católica; internacional/internacionalismo; marxismo; nacional-popular; nação; povo; racismo; *Risorgimento*.

pedagogia

Das reflexões, esparsas nos *Q* e nas *LC*, sobre a pedagogia, emergem duas tendências, aparentemente antagônicas, descritas pelo mesmo G.: "Hesito entre as duas concepções do mundo e da educação: ou ser rousseauniano e deixar agir a natureza, que nunca erra e é fundamentalmente boa, ou ser voluntarista e forçar a natureza, introduzindo na evolução a mão experiente do homem e o princípio de autoridade. Até agora a incerteza não acabou e em minha cabeça as duas ideologias estão em conflito" (*LC*, 252, a Tania, 22 de abril de 1929 [*Cartas*, I, 334]). Examinadas em seu conjunto, pode-se observar, porém, que as diferentes e contrapostas considerações de G. sobre a pedagogia são dialeticamente abordadas, como quando trata das relações ativas entre "espontaneidade" e "direção consciente" (*Q 3*, 48, 330 [*CC*, 3, 194]), entre indivíduo e sociedade, entre formação material e intelectual (*Q 11*, 67, 1.505 [*CC*, 1, 221]). De fato, G. reconhece as novidades introduzidas pela "pedagogia moderna: a escola ativa, ou seja, a colaboração amigável entre professor e aluno; a escola ao ar livre; a necessidade de deixar livre, sob a vigilância mas não sob controle evidente do professor, o desenvolvimento das faculdades espontâneas do estudante" (*Q 1*, 123, 114 [*CC*, 2, 62]). Em relação aos métodos jesuítas – observa algumas vezes –, a corrente que parte de Rousseau foi uma reação e representou certo progresso, mas nada mais que isso. Restrita aos limites das ideologias libertárias, sua "forma confusa de filosofia" deu origem a "curiosas involuções (nas doutrinas de Gentile e de Lombardo-Radice. A 'espontaneidade' é uma dessas involuções: quase se chega a imaginar que o cérebro do menino é um novelo que o professor ajuda a desenovelar" (ibidem, 114 [*CC*, 2, 62]; v. também *LC*, 301-2, a Giulia, 30 de dezembro de 1929 [*Cartas*, I, 384-6]). G., por sua vez, está convencido de que a formação da personalidade acontece no processo histórico, no terreno da disputa hegemônica, que é fruto de uma luta contra os "instintos", contra "a natureza", e dirigida para superar a visão mágica e os retrocessos, visando a criar o homem "atual" em relação à sua época. Por isso afirma que "o homem é toda uma formação histórica obtida com a coerção" (ibidem, 301) e que "toda a nossa vida é uma luta para nos adaptarmos ao ambiente, mas também, e especialmente, para dominá-lo e não nos deixarmos esmagar por ele" (*LC*, 351, a Carlo, 25 de agosto de 1930 [*Cartas*, I, 439]). Uma relação histórica, científica e dialética, em que indivíduo e ambiente se modificam reciprocamente, sendo cada um deles "aluno" e "professor" ao mesmo tempo (*Q 10* II, 44, 1.331 [*CC*, 1, 398]).

Mas assim como põe a disciplina na condição de contrapeso da espontaneidade, mesmo quando ressalta a necessidade da coerção, G. se mostra sempre atento ao combate ao autoritarismo e à arbitrariedade. Por isso considera mecânicas e obtusas as posições de Labriola, que afirma que, para educar um papuano, "provisoriamente eu faria dele um escravo; e essa seria a pedagogia adequada à circunstância, deixando para depois saber se, com seus netos e bisnetos, seria possível começar a usar algo da pedagogia moderna" (*Q 11*, 1, 1.366 [*CC*, 1, 85-6]). Para G., semelhante a esse método é "o 'pedagógico-religioso' de Gentile, que não é mais do que uma derivação do conceito de que a 'religião é boa para o povo' (povo = criança = fase primitiva do pensamento a que corresponde a religião etc.), ou seja, a renúncia (tendenciosa) a educar o povo" (ibidem, 1.367 [*CC*, 1, 86]). Além disso, essa mentalidade que leva a manter os homens "sempre no berço" (*Q 8*, 53, 973) não difere da velha pedagogia paternalista do intelectual italiano, vaidoso por sua superioridade em relação aos "humildes" (*Q 9*, 135, 1.197). A filosofia da práxis, ao contrário, não deve manter os "simples" em sua filosofia primitiva; para tanto, G. traça um curso pedagógico capaz de conduzi-los a uma concepção superior da vida e que torne "possível um progresso intelectual de massa e não apenas de pequenos grupos intelectuais" (*Q 11*, 12, 1.385 [*CC*, 1, 103]). No entanto, o acesso das grandes massas à escola não deve levar a "afrouxar a disciplina do estudo" e a "facilitar o que não pode sê-lo sob pena de ser desnaturado" (*Q 12*, 2, 1.549-50 [*CC*, 2, 51-2]). Pelas desvantagens de que padece, o jovem proveniente das classes subalternas deverá, por isso, se cansar "a fim de aprender a se autoimpor privações [...], isto é, a se submeter a um tirocínio psicofísico" (ibidem, 1.549 [*CC*, 2, 51]). Assim, a pedagogia pensada para a formação das massas sintoniza com aquela que G. defende também para as crianças: "Eu penso que é conveniente tratar as crianças como seres já razoáveis e com os quais se fala seriamente até das coisas mais sérias; isto lhes causa uma impressão muito profunda, reforça o caráter, mas especialmente evita que a formação da criança seja deixada ao acaso das impressões do ambiente e à mecanicidade dos encontros fortuitos" (*LC*, 375, a Tatiana, 15 de dezembro de 1930 [*Cartas*, I, 463]). Não surpreende, pois, que G. seja inflexível quanto à pedagogia permissiva e frívola adotada por seus familiares em relação à sobrinha Edmea: "Se vocês renunciarem a intervir e a guiá-la, usando a autoridade que vem do afeto e da convivência familiar, fazendo pressão sobre ela de modo afetuoso e amoroso, mas inflexivelmente rígido e firme, acontecerá, sem dúvida nenhuma, que a formação espiritual de Mea vai ser o resultado mecânico da influência casual de todos os estímulos deste ambiente" (*LC*, 351, a Carlo, 25 de agosto de 1930 [*Cartas*, I, 439]). A verdadeira autoridade, nunca separada do afeto, é o instrumento pedagógico necessário para construir o caráter sólido dos jovens e fazer com que eles adquiram "determinados hábitos de ordem, de disciplina, de trabalho" (idem). Como a disciplina, "um certo dogmatismo é praticamente imprescindível" nos primeiros anos da escola unitária (*Q 12*, 2, 1.548 [*CC*, 2, 42]), que "deveria ser organizada como escola em tempo integral, com vida coletiva diurna e noturna, liberta das atuais formas de disciplina hipócrita e mecânica, e o estudo deveria ser feito coletivamente, com a assistência dos professores e dos melhores alunos" (*Q 12*, 1, 1.536 [*CC*, 2, 38]). Na última fase da escola unitária, os métodos pedagógicos devem orientar a "criar os valores fundamentais do 'humanismo', a autodisciplina intelectual e a autonomia moral" (idem), características predominantes nos anos dos estudos universitários e do desenvolvimento das capacidades administrativo-produtivas. Aqui a capacidade criativa – entendida como aquisição de um método autônomo de estudar e agir – se torna "o coroamento da escola ativa", de modo que, da disciplina e de um certo "conformismo", brotem personalidades livres e socialmente responsáveis (ibidem, 1.537 [*CC*, 2, 39]).

À semelhança do discurso que desenvolve sobre a política e o Estado, em que os elementos coercitivos deveriam ser progressivamente absorvidos na sociedade regulada (*Q 6*, 88, 764 [*CC*, 3, 244]), G. sustenta que o rigor pedagógico não é um fim em si mesmo, porque deveria ser "reabsorvido e dissolvido [...] no inteiro ciclo do curso escolar" (*Q 12*, 2, 1.548 [*CC*, 2, 42]), orientado no sentido de fazer emergir progressivamente a autodeterminação e a criação do educando. Forjado nesse processo, este não terá dificuldade em entender e em se empenhar para construir uma nova concepção de hegemonia, também entendida por G. como relação pedagógica: "Este problema pode e deve ser aproximado da colocação moderna da doutrina e da prática pedagógicas, segundo as quais a relação entre professor e aluno é uma relação ativa, de vinculações recíprocas, e que, portanto,

todo professor é sempre aluno e todo aluno, professor. Mas a relação pedagógica não pode ser limitada às relações especificamente 'escolares', através das quais as novas gerações entram em contato com as antigas e absorvem suas experiências e seus valores historicamente necessários, 'amadurecendo' e desenvolvendo uma personalidade própria, histórica e culturalmente superior. Esta relação existe em toda a sociedade no seu conjunto e em todo indivíduo com relação aos outros indivíduos, entre camadas intelectuais e não intelectuais, entre governantes e governados, entre elites e seguidores, entre dirigentes e dirigidos, entre vanguardas e corpos de exército. Toda relação de 'hegemonia' é necessariamente uma relação pedagógica, que se verifica não apenas no interior de uma nação, entre as diversas forças que a compõem, mas em todo o campo internacional e mundial, entre conjuntos de civilizações nacionais e continentais" (*Q 10* II, 44, 1.331 [*CC*, 1, 399]).

Giovanni Semeraro

Ver: educação; escola; formação do homem; Giolitti; personalidade; universidade.

pedantismo

É sobretudo nas análises literárias que a reflexão carcerária de G. se serve do conceito de pedantismo. Ele aparece pela primeira vez no *Q 1*, 72, 80, numa rubrica sobre o brescianismo, em que G. comenta um artigo de Edoardo Fenu sobre a arte católica, no qual se censura o tom apologético de quase todos os escritores católicos. Segundo Fenu, "um católico, pelo simples fato de ser católico, já está investido daquele espírito simples e profundo que, transferido para as páginas de um conto ou de uma poesia, fará de sua arte uma arte pura, serena, nada pedante" (idem). Não obstante as "contradições e impropriedades" presentes na reflexão, G. compartilha sua conclusão: a esterilidade da religião na arte, reduzida a ponto de partida e a propaganda; isolado o sentimento religioso puro" (ibidem, 81), ela nada mais é do que "ingênua efusão de fé" (Texto C: *Q 23*, 18, 2.208 [*CC*, 6, 83]). Ainda a respeito dos filhotes do padre Bresciani, no *Q 3*, 78, 358, a acusação de pedantismo, associada à de provincianismo, diz respeito ao modo como Forzano se exercitou acerca de argumentos históricos como os episódios da Revolução Francesa, quando G. recorda como algumas tipologias do romance popular têm correspondentes no teatro e no cinema.

Por outro lado, fundamental e célebre é o reconhecimento do caráter não pedante d'*O príncipe* de Maquiavel: a obra, ao invés de se apresentar sob a forma de um catálogo de "princípios e de critérios de um método de ação", apresenta-se como um livro "vivo", em que a ideologia política assume uma imagem plástica e humana e a vontade coletiva é encarnada por um "*condottiero*", por uma "personalidade concreta", da qual se listam "dotes e deveres" (*Q 8*, 21, 951 [*CC*, 6, 374]), "qualidades, traços característicos, deveres, necessidades" (Texto C: *Q 13*, 1, 1.555 [*CC*, 3, 13]). Da mesma maneira, os pontos concretos da reforma intelectual e moral, que o "moderno Príncipe" não poderá deixar de promover, deveriam "resultar 'dramaticamente' da argumentação, não ser uma fria e pedante exposição de raciocínios" (ibidem, 1.561 [*CC*, 3, 19]).

No âmbito da linguística, ao contrário, a teoria de Giulio Bertoni constitui um retorno a uma "velhíssima concepção retórica e pedante", que foi – de maneira surpreendente para G. – positivamente acolhida por Sapegno: sua "sutil análise que diferencia as vozes poéticas daquelas instrumentais" não seria, de fato, outra coisa que uma diferenciação das palavras em "poéticas e não poéticas ou antipoéticas" (*Q 6*, 20, 700 [*CC*, 6, 181]). Sapegno encontra na linguística de Bertoni um núcleo crociano evidente: isso deveria implicar a necessidade de corrigir também Croce, se ele "se reconhece em Bertoni", mas, segundo G., don Benedetto foi "apenas muito indulgente com Bertoni, por não ter aprofundado a questão e por motivos 'didáticos'" (ibidem, 701 [*CC*, 6, 182]). A Croce, além do mais, se atribui o mérito da "ausência de pedantismo e hermetismo", elemento estilístico-literário que teria contribuído para sua "relativa popularidade" (*Q 10* I, 1.207). G. reconhece que Croce escreveu "centenas e centenas de breves ensaios (resenhas, notas), nos quais seu pensamento idealista circula intimamente, sem pedantismos escolásticos" (*Q 10* I, 4, 1.216 [*CC*, 1, 288]) e em que sua filosofia se apresenta imediatamente e é "absorvida como bom senso e senso comum", como escreve G. nas *LC* (*LC*, 567, a Tania, 25 de abril de 1932 [*Cartas*, II, 191-2]), quando mais uma vez se questiona sobre as razões da fortuna encontrada pela obra de Croce para além dos muros da academia, atípica para um filósofo vivo.

O pedantismo também é incluído entre as críticas a De Man, numa articulada comparação entre Sorel e o próprio De Man: no *Q 4*, 31, 450, G. assevera que ele continuaria sendo um "exemplar pedante da burocracia laborista belga". Tudo em De Man seria, de fato, pedante, até o entusiasmo: ele acreditaria ter feito descobertas grandiosas, mas, incorrendo num caso típico do positivismo, repetiria como fórmula e lei científica a simples descrição de fatos empíricos. Além do mais, De Man teria a "pedante pretensão de colocar à luz e em primeiro plano os assim chamados 'valores psicológicos e éticos' do movimento operário" (*Q 11*, 66, 1.501 [*CC*, 1, 210]), mas pretenderia extrair deles "uma refutação peremptória e radical da filosofia da práxis". Para G., esta inequivocamente deve se ocupar da análise daquilo que os homens pensam sobre si mesmos e sobre os outros, mas não deve aceitar de forma passiva e fatalista "como eterna essa maneira de pensar" (idem). Numa nota essencial sobre a relação entre saber, compreender e sentir (*Q 4*, 33), G. também observa que De Man, em *Superamento del marxismo* [Superação do marxismo], se limitaria a estudar os sentimentos populares, sem "cosentir" com esses para conduzi-los "a uma catarse da civilização moderna" (ibidem, 452). Já no citado *Q 4*, 31, pontua que ele, numa postura "cientificista", não estaria interessado em compreender desinteressadamente o povo, mas apenas em "'teorizar' os sentimentos deste" (ibidem, 451). Nesse caso, soa pedante nele o reflexo de uma exigência indubitavelmente real e viva, ou seja, a exigência de fazer com que os sentimentos populares sejam "conhecidos, não considerados algo negligenciável e inerte no movimento histórico" (*Q 4*, 33, 452). A noção de pedantismo é, por outro lado, fundamental na análise da necessidade de passar do saber para o compreender e para o sentir, e vice-versa. Nos opostos extremos se situam duas relações diferentes, ou seja, a paixão cega de quem somente "sente" (o elemento popular) e o "pedantismo e o filisteísmo" dos intelectuais, que acreditam (erroneamente) que se possa "*saber* sem compreender e, principalmente, sem sentir e estar apaixonado (não só pelo saber em si, mas também pelo objeto do saber)" e que acreditam assim que o intelectual possa "ser um intelectual (e não um mero pedante)" se diferente e destacado do povo-nação (*Q 11*, 67, 1.505 [*CC*, 1, 221]): isso faria deles "uma casta", no âmbito do "assim chamado centralismo orgânico" (idem).

O pedantismo paira, nas *LC*, como risco estilístico temido na correspondência com Giulia. Ancorado em lembranças que envelhecem, enquanto perde "muita capacidade de imaginação" (*LC*, 655, 19 de dezembro de 1932 [*Cartas*, II, 278]), no cárcere, G. se sente "anacrônico" (idem) e obrigado a se dar ares de "pedagogo pedante" (*LC*, 651, a Tania, 12 de dezembro de 1932 [*Cartas*, II, 275]), apenas para continuar a escrever para a mulher e a cunhada. O autor dos *Q* indica, entre as causas de um tom pedante que ele mesmo reconhece como involuntariamente cômico, a própria abstração de algumas cartas de Giulia, que não teriam referências concretas, como se a sua existência também tivesse sido bloqueada, anacronicamente, "à margem do fluxo da vida" (*LC*, 655, a Iulca, 19 de dezembro de 1932 [*Cartas*, II, 279]). G., ansioso por notícias de seus filhos, lança a acusação de pedantismo, dirigida a si próprio, sobre a mulher, ao que ela lhe responde que "fazer um relatório [...] sobre a vida dos rapazes é desfazer a vida deles" (*LC*, 785, a Iulca, 24 de novembro de 1936 [*Cartas*, II, 407]). Ele, no entanto, está bem consciente de que sua "mania de coisas concretas" (*LC*, 787, a Iulca, dezembro de 1936 [*Cartas*, II, 409]) e sua necessidade de extrair "todas as indicações e significados possíveis" (*LC*, 797, a Iulca, 5 de janeiro de 1937 [*Cartas*, II, 419]) das cartas de Giulia estejam estreitamente ligadas à sua condição de recluso e à sua "carcerite" (idem); G. percebe também como o caráter "professoral" (*LC*, 784, a Iulca, 24 de novembro de 1936 [*Cartas*, II, 406]) de sua própria escrita, que havia assumido "um estilo circunstancial", era sobretudo determinado por "dez anos de múltiplas censuras" e por grotescos interrogatórios sobre simples histórias da vida cotidiana que haviam sido tomados por mensagens cifradas (idem). De toda forma, mesmo que essa sua atitude soe pedante, o autor esclarece que ela nada tem a ver com o "velho pedantismo tradicional", que, aliás, estaria disposto a "defender arduamente contra uma certa presunção superficial e *bohème* que causou tantos estragos, ainda causa e vai continuar a causar" (*LC*, 797, a Iulca, 5 de janeiro de 1937 [*Cartas*, II, 419]).

Jole Silvia Imbornone

Ver: brescianismo; cárcere ou prisão; Croce; De Man; imaginação; intelectuais; Maquiavel; moderno Príncipe.

pequena burguesia

A pequena burguesia é assimilada à burguesia urbana e rural, e exatamente desta última advém, em parte, sua origem (*Q 3*, 46, 325 [*CC*, 3, 189]). Nos *Q*, ela é identificada como núcleo fundador do consenso ao regime fascista, que se manifesta na exaltação do Estado e na aversão de fachada às formas capitalistas. Na realidade, a pequena burguesia é a típica produtora de poupança, destinada ao capitalismo financeiro sob forma de obrigações, obtida com o nível de vida demasiado baixo dos trabalhadores industriais e rurais (*Q 9*, 8, 1.101).

Culturalmente, com frequência é excluída dos estudos acadêmicos, e, assim, é destinada a não ter acesso a um saber histórico-crítico, mas apenas à cultura de tipo dogmático na escola elementar e média (*Q 4*, 53, 495). Alguns gêneros da literatura popular, como a biografia romanceada e o próprio mito do "super-homem", se dirigem, sobretudo, à frustrada pequena burguesia rural e urbana, que acredita ter se tornado "classe dirigente" (*Q 14*, 17, 1.675 [*CC*, 6, 237]).

Em países como a Alemanha e a Inglaterra, a pequena burguesia contribuiu para a manutenção do poder político nas tradicionais classes de proprietários, que se transformaram nos maiores intelectuais da sociedade industrial (*Q 4*, 49, 480). Também o partido monárquico francês se fundou sobre os resíduos ainda resistentes da velha nobreza proprietária de terra e sobre uma parte da pequena burguesia (*Q 13*, 37, 1.636 [*CC*, 3, 92]); às vezes, contudo, ela é avaliada por G. como capaz de iniciativas de tipo progressista, como aparece na literatura francesa, na qual em algumas ocasiões é assimilada ao proletariado da nascente indústria (*Q 3*, 4, 289 [*CC*, 2, 75]), ou na história da Itália, em que a Revolução Francesa criou em suas fileiras um certo número de oficiais, entre os quais a fórmula "república una e indivisível" alcança certa popularidade (*Q 6*, 78, 746 [*CC*, 5, 246]).

Elisabetta Gallo

Ver: burguesia; burguesia rural; cidade-campo; classe/classes; fascismo; super-homem.

pequena política: v. grande política/pequena política.

personalidade

Traço característico da antropologia gramsciana é o de ser fundada numa visão historicizada do ser humano, sempre expressão do conjunto das relações sociais. No *Q 10* II, 54 [*CC*, 1, 411], intitulado emblematicamente "Que coisa é o homem?", G. escreve: dado que "o homem é um processo, precisamente o processo de seus atos", e que se deve "conceber o homem como uma série de relações ativas [...] na qual, se a individualidade tem a máxima importância, não é todavia o único elemento a ser considerado" (ibidem, 1.344-5 [*CC*, 1, 413]). Construir uma personalidade significa adquirir consciência de tais relações e modificá-la por meio da modificação destas. É preciso entender dentro de quais limites os indivíduos podem ser "artífices de si mesmos". Se, de fato, "o indivíduo não entra em relação com os outros homens por justaposição, mas organicamente, isto é, na medida em que passa a fazer parte de organismos, dos mais simples aos mais complexos", e se "essas relações não são mecânicas", então pode-se "dizer que cada um transforma a si mesmo, modifica-se, na medida em que transforma e modifica todo o conjunto de relações de que ele é o centro estruturante" (ibidem, 134-5 [*CC*, 1, 413]). Isso porque cada um é sempre um bloco histórico "de elementos puramente subjetivos e individuais e de elementos de massa e objetivos ou materiais, com os quais o indivíduo está em relação ativa". Por isso transformar o mundo exterior significa "fortalecer a si mesmo, desenvolver a si mesmo". O "'melhoramento' ético" não é um fato puramente individual: "A síntese dos elementos constitutivos da individualidade é 'individual', mas ela não se realiza e desenvolve sem uma atividade para fora, transformadora das relações externas, desde aquelas com a natureza e com os outros homens em vários níveis" (*Q 10* II, 48, 1.338 [*CC*, 1, 406]).

Isso ocorre porque a consciência de cada um não é a animadora demiúrgica de uma matéria inerte: "Pela própria concepção de mundo, pertencemos sempre a um determinado grupo", somos sempre "conformistas de algum conformismo, somos sempre homens-massa ou homens-coletivos". O ponto discriminante é que "quando a concepção de mundo não é crítica e coerente, mas ocasional e desagregada, pertencemos simultaneamente a uma multiplicidade de homens-massa" (*Q 11*, 12, 1.376 [*CC*, 1, 94]). "O homem ativo de massa" age praticamente, "mas não tem uma clara consciência teórica desta sua ação, a qual, não obstante, é um conhecimento do mundo na medida em que o transforma"; ao contrário, sua consciência teórica pode estar "historicamente em contraste com o seu agir". De fato, pode-se quase dizer que ele tem "duas consciências teóricas (ou uma consciência contraditória): uma, implícita na sua ação, e que realmente o une a todos os seus colaboradores na transformação prática da realidade; e outra, superficialmente explícita ou verbal, que ele herdou do passado e acolheu sem crítica". Essa concepção "verbal", porém, não é privada de consequências: "ela liga a um grupo social determinado" e, além disso, influi na direção da vontade a ponto de "a contraditoriedade da consciência" poder levar à paralisia da ação, produzindo um estado de "passividade moral e política". Eis que então a compreensão crítica de si mesmo "é obtida [...] por meio de uma luta de 'hegemonias' políticas, de direções contrastantes, primeiro no campo da ética, depois no da política, atingindo, finalmente, uma elaboração superior da própria concepção do real" (ibidem, 1.385 [*CC*, 1, 103]). Somente assim poderá emergir uma personalidade consciente, em condição de "criticar a própria concepção de mundo", de "torná-la unitária e coerente e elevá-la até o ponto atingido pelo pensamento mundial mais evoluído"; porém, "o início da produção crítica" não é um ato solitário da consciência, mas sim "a consciência daquilo que é realmente, isto é, um 'conhece-te a ti mesmo' como produto do processo histórico até hoje desenvolvido, que deixou em ti uma infinidade de traços acolhidos sem análise crítica" (ibidem, 1.376 [*CC*, 1, 94]). É necessário, portanto, partir do inventário do material folclórico e das sedimentações da própria personalidade, porque a filosofia não é mais concebida "[apenas] como elaboração 'individual' de conceitos sistematicamente coerentes", mas sobretudo "como luta cultural para transformar a 'mentalidade' popular" (*Q 10* II, 44, 1.330 [*CC*, 1, 398]).

A proposta gramsciana é antissubstancialista e polêmica, contrária a todas aquelas visões que, prescindindo da análise das relações estruturais, hipotetizam o homem em si; ao transformar a pergunta "*o que é o homem*" na outra "*em que o homem pode se transformar?*" (*Q 10* II, 54, 1.343-4 [*CC*, 1, 411], itálico da autora), há certamente um princípio antikantiano que refuta a ideia de uma natureza humana originária, pois esta resulta sempre da dinâmica da evolução histórica da sociedade; a naturalidade de que dispõe o homem é englobada na historicidade e na socialidade das suas ações e existe em função delas; "o homem" – escreve G. – é "o conjunto de relações sociais", não é o indivíduo "psicológica e especulativamente" compreendido (*Q 10* II, 48, 1.337 [*CC*, 1, 402]). O que é o homem não interessa. O homem, para G., é "o processo de seus atos" (*Q 10* II, 54, 1.344 [*CC*, 1, 411]); não se pode partir de um conceito de homem como ser definido e limitado e agregá-lo ou justapô-lo a outros homens, ou à história ou à economia, sem reproduzir uma cômoda esquematização que dê base à crença de que tudo já está contido no homem.

Através dessa visão relacional das dinâmicas da personalidade, G. repudia toda um tradição, o determinismo marxista, de natureza positivista, à *la* Bukharin, derivado da Segunda Internacional, que tende a privilegiar de modo inteiramente mecanicista a preeminência da coletividade sobre os indivíduos, considerados a resultante adicional de uma simples soma aritmética; para G., o individual não é o residual de uma análise social. No *Q 11*, 32, 1.446 [*CC*, 1, 163], "Quantidade e qualidade", G. afirma que "toda sociedade é algo mais que a mera soma de seus componentes individuais"; logo, indivíduo e sociedade não são assumidos como totalidade, mas indagados geneticamente, enquanto agregados complexos e relacionais: não se passa de um para outro sem um conjunto conflituoso de conexões e de relações. Nos *Q*, essa passagem é descrita com o conceito de "molecular": no *Q 13*, em particular, o fenômeno é descrito com uma comparação entre a mudança molecular do caráter de uma pessoa e a situação de um grupo de antropófagos. Na página dos *Q* se percebe como "habitualmente há menos indulgência com as mudanças 'moleculares' do que com as repentinas. Ora, o movimento molecular é o mais perigoso, uma vez que, enquanto mostra no sujeito a vontade de resistir, 'deixa entrever' (a quem reflete) uma mudança progressiva da personalidade moral, que num certo ponto passa de quantitativa a qualitativa: ou seja, não se trata mais, na verdade, da mesma pessoa, mas de duas" (*Q 15*, 9, 1.762 [*CC*, 4, 132]). Um exemplo de mudança molecular da pessoa é oferecido pela hipótese do canibalismo a que pode chegar aquele que, como alternativa, tem a certeza da morte. Na carta à cunhada Tania, de 6 de março de 1933, soma-se à hipótese do canibalismo a referência à própria condição biográfica, que pré-anuncia uma possível capitulação moral; G. se pergunta se – antes e depois dessa capitulação – se pode falar das mesmas pessoas. A pergunta soa retórica, porque entre os dois momentos ocorreu um processo de transformação molecular no qual "as pessoas de antes não são mais as pessoas de depois e não se pode dizer, a não ser do ponto de vista do estado civil e da lei [...], que se trate das mesmas pessoas" (*LC*, 693 [*Cartas*, II, 315]). A concepção de G. é uma concepção antimoralista, que escapa das sugestões do formalismo kantiano e defende, numa base materialista, o princípio da unidade e da responsabilidade da pessoa.

Chiara Meta

Ver: bloco histórico; catástrofe/catastrófico; conformismo; criança; folclore/folklore; indivíduo; molecular.

pessimismo

Examinando a relação Guicciardini-Maquiavel, G. sublinha o pessimismo do primeiro, que representa, na ciência política, o retorno a um pensamento político exclusivamente italiano frente à visão europeia do secretário florentino (*Q 6*, 86, 760 [*CC*, 3, 241]). O termo ainda aparece relacionado ao ceticismo de Guicciardini (ibidem, 762), ou, com significado diferente, à retomada do mote já presente nos anos de juventude: é necessário "dirigir violentamente a atenção para o presente assim como é, se se quer transformá-lo. Pessimismo da inteligência, otimismo da vontade" (*Q 9*, 60, 1.131 [*CC*, 3, 295]). Recorrentemente, o pessimismo se apresenta sob a forma de fatalismo, de vontade de não fazer nada, apoiado sobre "fatores alheios à própria vontade e operosidade" para atingir, assim, uma entusiasta, mas exterior, adoração de fetiches. A tal postura se reage com a inteligência: "O único entusiasmo justificável é aquele que acompanha a vontade inteligente, a operosidade inteligente, a riqueza inventiva em iniciativas concretas que modificam a realidade existente" (*Q 9*, 130, 1.192 [*CC*, 1, 256-7]). Para G., é preciso "criar homens sóbrios, pacientes, que não se desesperem diante dos piores horrores e que não se exaltem em face de qualquer tolice. Pessimismo da inteligência, otimismo da vontade" (*Q 28*, 11, 2.331-2 [*CC*, 2, 267]). Pertence ao "pessimismo jansenista" e, portanto, a algo de profundamente interno à obra de Pascal, a pesquisa do significado da expressão "o nariz de Cleópatra" por ele utilizada nos *Pensamentos* (*Q 26*, 3, 2.298 [*CC*, 4, 81]).

Lelio La Porta

Ver: Guicciardini; Maquiavel; otimismo; Pascal.

pessoa

O termo pode se referir tanto à pessoa individual quanto à pessoa coletiva. Elementos de reflexão emergem no início dos *Q* associados à temática do "espírito de cisão", em outras palavras, à temática do desenvolvimento de uma "consciência da própria personalidade histórica" por parte dos subalternos (*Q 3*, 49 [*CC*, 2, 78] e *Q 3*, 46 [*CC*, 3, 189], mas também *Q 3*, 48, 331 [*CC*, 3, 194]). Isso implica que a pesquisa de G. se desenvolve no quadro da reflexão sobre a hegemonia (v. *Q 1*, 43, 33). Em seguida, esclarece-se que o conceito de pessoa ganha importância em relação a um conceito de homem diferente daquele da tradição católica, que "concebe o homem como indivíduo bem definido e limitado". G. distingue a "individualidade", entendida como conjunto objetivo "das relações de que todo indivíduo faz parte", da "personalidade", compreendida como *consciência* dessas relações (*Q 10* II, 54, 1.345 [*CC*, 1, 413]) e que é a razão pela qual um indivíduo é uma pessoa. "Cada um transforma a si mesmo [...] na medida em que transforma [...] todo o conjunto de relações do qual ele é o centro estruturante". Tampouco com a natureza o homem entra em relação "simplesmente [...] pelo fato de ser ele mesmo natureza, mas ativamente, por meio do trabalho e da técnica" (idem). Logo, não bastam as "condições objetivas", mas "é necessário 'conhecê-las' e saber utilizá-las. Querer utilizá-las". O desenvolvimento da personalidade depende da atribuição de "uma direção determinada e concreta ('racional') ao próprio impulso vital ou vontade", de identificar "os meios que tornam esta vontade concreta e determinada e não arbitrária", e de contribuir "para modificar o conjunto das condições concretas que realizam esta vontade, na medida de suas próprias forças e da maneira mais frutífera" (*Q 10* II, 48, 1.338 [*CC*, 1, 406]). Além disso, "a personalidade nacional (como a personalidade individual) é uma mera abstração, se considerada fora do nexo internacional (ou social)" de domínio e/ou hegemonia (*Q 19*, 2, 1.962 [*CC*, 5, 16]). É "ilusão e erro", então, pensar que "o 'melhoramento' ético seja puramente individual" (*Q 10* II, 48, 1.338 [*CC*, 1, 402]). G. crê ser necessário considerar tanto a socialidade quanto a singularidade da pessoa. No *Q 14*, 61 [*CC*, 6, 248], lê-se: "Conformismo significa nada mais do que 'socialidade' [...]. Isso não retira a possibilidade de que se forme uma personalidade e se seja original, mas torna a coisa mais difícil" (ibidem, 1.720 [*CC*, 6, 248]). E no *Q 9*, 23, 1.111 [*CC*, 3, 289-90], em "*Temas de cultura*. Individualismo e individualidade (consciência da responsabilidade individual) ou personalidade", escreve: luta-se "para destruir um conformismo autoritário [...] e através de uma fase de desenvolvimento da individualidade e da personalidade crítica" chega-se ao "homem-coletivo".

A problemática da pessoa individual irrompe em março de 1933: a crise física que acomete G. e os sofrimentos que daí resultam tornam-se ponto de partida para considerações que superam o âmbito pessoal e assumem forma teórica geral (*Q 15*, 9 [*CC*, 4, 131] e *LC*, 692-3, a Tania, 6 de março de 1933 [*Cartas*, II, 315-7]). G., agora, distingue de forma mais clara indivíduo e pessoa. O mesmo indivíduo pode "hospedar" mais de uma pessoa depois de "catástrofes do caráter" originadas de mudanças "repentinas" ou "moleculares". Aqui entra em jogo a problemática moral: "É estranho", escreve G., "que habitualmente haja menos indulgência com as mudanças 'moleculares' do que com as repentinas. Ora, o movimento molecular é o mais perigoso, uma vez que, enquanto mostra no sujeito a vontade de resistir, 'deixa entrever' (a quem reflete) uma mudança progressiva da personalidade moral, que num certo ponto passa de quantitativa a qualitativa: ou seja, não se trata mais, na verdade, da mesma pessoa, mas de duas" (*Q 15*, 9, 1.762 [*CC*, 4, 132]). Com o conceito de mudança molecular, G. remete à "historicidade" da dinâmica moral, que não tem nada de transcendente ou espiritual, nem de simplesmente natural, mesmo se não é concebível como independente da natureza e da sociedade. Contrariamente a uma visão moralista abstrata, o indivíduo condiciona a subjetividade, entendida como unidade moral da pessoa, a qual escolhe conscientemente determinados princípios como fins que são os princípios e os fins históricos com que se constitui. A unidade moral dos atos que remetem a determinados princípios faz de um indivíduo uma pessoa, uma subjetividade "autônoma", pois a torna capaz de reagir aos condicionamentos do indivíduo, de resistir e, no limite, de não sucumbir na luta com o indivíduo. A unidade moral não é pressuposta, mas construída e mantida em vida por cada um que participa de uma dada realidade de convivência ética: não pode ser dissociada do contexto sempre determinado em que a vontade se aplica às "coisas" (*Q 15*, 50 [*CC*, 3, 342]). Os seus mesmos princípios recaem sempre em um dado quadro ideológico ligado a uma "necessidade histórica" (*Q 11*, 52 [*CC*, 1, 194]), a um "mercado determinado" (*Q 10* II, 9 [*CC*, 1, 317]). Tudo isso significa *historicidade* da pessoa, do ente moral, portanto também possibilidade de que uma pessoa se dissolva mesmo que a ela sobreviva o indivíduo. Mas isso equivale a dizer que uma pessoa substitui outra (*Q 15*, 9, 1.762 [*CC*, 4, 131]) e que o indivíduo não é nunca indivíduo "puro".

G. chega a avaliar com certa indulgência a mudança progressiva da pessoa pelo efeito do sofrimento físico, mas esse não exclui a sanção, porque sem ela não se pode "distinguir a necessidade e a não necessidade, a força maior e a covardia" (idem). Na "sociedade moderna" criam-se contextos – que G. ilustra mediante a metáfora do naufrágio (o capitão deve "ser o último a abandonar o navio naufragado"?) – em que "pessoa" quer dizer, mais do que no passado, ser responsável pelos próprios atos e pelas consequências que estes produzem sobre outras pessoas. Os princípios escolhidos se tornam (ou devem se tornar) um "absoluto", "'crenças' tão fortes como os fatos materiais", e são eles a informar o tácito pacto pelo qual é possível a "vida coletiva". Sem essa responsabilidade ou "garantia [...] ninguém contrairia compromissos, e agiria abandonando a outros a própria segurança pessoal". Nesses casos, a sanção do ato "irresponsável" (o capitão que não abandona o navio em último lugar) "é um fato político, não moral, decorre não de um juízo moral, mas de um juízo de 'necessidade' para o futuro, no sentido que, se assim não se fizesse, danos maiores poderiam advir: em política, é justa uma 'injustiça' pequena para evitar outra maior etc." (ibidem, 1.762-3 [*CC*, 4, 132]).

G. admite a possibilidade de mudança da personalidade moral também na própria pessoa, como ilustra o apólogo do canibalismo. Se uma pessoa, "no nível atual de civilização", em que o princípio do canibalismo é absolutamente repugnante, "depois de ter sofrido um processo molecular em que suas forças físicas e morais foram destruídas" se achasse na obrigação de escolher entre "'ser canibal ou matar-se' [...], ela se tornaria canibal sem pensar absolutamente em suicidar-se" (ibidem, 1.763-4 [*CC*, 4, 133]). O caso das transformações moleculares – quando as forças de uma pessoa se dissolvem lentamente e alcançam "além daquele ponto em que [...] ainda eram capazes de reagir" que marca o momento, quase não identificável, de sua dissolução – joga luz sobre o caráter efêmero, mas também "processual", a historicidade ou "terrestridade" da subjetividade moral. Não se trata, pois, de retomar o conceito "heroico", "cadornista", de pessoa, para o qual a pessoa se sacrifica mesmo quando não é necessário (v. *Q 15*, 9, 1.764 [*CC*, 4, 133-4]), porque o "cadornismo" impede que cuidemos com sinceridade das pessoas, que tenhamos responsabilidade quando esta é verdadeiramente necessária. "Deve-se estudar" – conclui G. – "este fato em suas manifestações atuais. Não que o fato não tenha acontecido no passado, mas é certo que no presente assumiu uma forma especial e... voluntária. Vale dizer, hoje se sabe que ele acontece e o evento é preparado sistematicamente [...]. Hoje se infiltrou um elemento 'terrorista' que não existia no passado, de terrorismo material e mesmo moral, que não é desprezível. Isso agrava a responsabilidade daqueles que, podendo, não impediram, por imperícia, negligência ou até vontade perversa, que se tivesse de passar por certas provas" (idem).

Rocco Lacorte

Ver: autobiografia; cadornismo; canibalismo; conformismo; consciência; espírito de cisão; hegemonia; homem; indivíduo; molecular; subjetivo/subjetivismo/subjetividade; vontade coletiva.

Piemonte

A avaliação do papel do Piemonte no *Risorgimento* está entre as mais significativas oportunidades de se verificar o caráter orgânico que, nos *Q*, une sempre reconstrução histórica e filosofia da política. A história do estado de Savoia é colocada no contexto de sua plurissecular posição de equilíbrio entre as grandes potências europeias, o que o faz acumular um relevante capital de credibilidade política e diplomática nos acontecimentos italianos, mas também – seja no âmbito de um despreparo militar (a ausência, salvo alguma exceção, de uma tradição de chefes militares e a falta de fábricas de armamentos), seja na escolha por parte da direita "reacionária" piemontesa (Solaro della Margarita) de uma postura mais "pró-Áustria" do que favorável à insurreição popular – o faz adotar um comportamento decididamente contraditório frente ao conflito do *Risorgimento*. No pós-1848, G. distingue, de uma tal política "ambígua, incerta, tímida" (*Q 1*, 114, 101), a posição "de centro" de Gioberti e aquela da direita cavouriana como mais eficazes no sentido "político-militar", bem como na astuta avaliação da contribuição dos intelectuais (*Q 1*, 46, 56) e, sobretudo, das forças internacionais em campo. De maneira que, a esse respeito, o que mais vale é talvez o "critério metodológico" adotado por G., segundo o qual o "*Risorgimento* é um desenvolvimento histórico complexo e contraditório, que se torna um todo a partir de todos os seus elementos antitéticos, de seus protagonistas e de seus antagonistas, de suas lutas, das modificações recíprocas que as próprias lutas determinam e até mesmo da função das forças passivas e latentes, como as grandes massas agrícolas, além, naturalmente, da função eminente das relações internacionais" (*Q 8*, 33, 961 [*CC*, 5, 285]).

Isso lhe permitirá, em primeiro lugar, abordar com absoluta originalidade (com o critério que diferencia a má política, porque não "conforme ao fim", considerado o caráter meramente instrumental que deve ter o exército: *Q 19*, 28, 2.051 [*CC*, 5, 100]) a relação entre "direção política" e "direção militar", devido à suposta desagregação em função da "nacionalização" provocada no exército por parte dos democratas. Permitir-lhe-á também, em segundo lugar, realizar um juízo crítico preciso sobre a classe dirigente piemontesa (e, de forma mais ampla, do *Risorgimento*), quando separa com clareza a categoria "dirigência" (bastante próxima à "hegemonia" gramsciana) daquela de "domínio", já que os grupos dirigentes "não queriam 'dirigir' ninguém, isto é, não queriam harmonizar seus interesses e aspirações com os interesses e aspirações de outros grupos" (*Q 15*, 59, 1.822 [*CC*, 5, 329]). Mais adiante, isso lhe permitirá escrever que "o importante é aprofundar o significado que tem uma função como a do [de tipo] 'Piemonte' nas revoluções passivas, isto é, o fato de que um Estado substitui os grupos sociais locais, ao dirigir [locais na direção de] uma luta de renovação. É um dos casos em que se tem a função de 'domínio', e não de 'direção', nestes grupos: ditadura sem hegemonia. A hegemonia será de uma parte do grupo social sobre todo o grupo, não deste sobre outras forças para fortalecer o movimento, radicalizá-lo etc., segundo o modelo 'jacobino'" (ibidem, 1.823-4 [*CC*, 5, 330]).

Raffaele Cavalluzzi

Ver: Cavour; direção; domínio; Gioberti; guerras de independência; jacobinismo; revolução passiva; *Risorgimento*.

Pirandello, Luigi

A análise da produção pirandelliana, sistemática na atividade do G. crítico de teatro, também nos *Q* aparece com frequência. Ela é anunciada desde a fase de gestação da obra; numa carta de 19 de março de 1927, G. revela à cunhada Tatiana: "Segundo um plano preestabelecido, gostaria de me ocupar intensa e sistematicamente de alguns temas que me absorvessem e centralizassem minha vida interior. Pensei em quatro temas até agora": entre estes está "um estudo sobre o teatro de Pirandello e sobre a transformação do gosto teatral italiano que Pirandello representou e contribuiu para determinar" (*LC*, 55-6 [*Cartas*, I, 128-9]).

Mesmo que a empresa não tenha se desenvolvido em termos de um estudo e fique incompleta, os *Q* confirmam em parte aquela declaração de metas. A reflexão sobre Pirandello se faz presente em muitas oportunidades e converge principalmente em torno ao caráter histórico-cultural da arte pirandelliana: o enfoque recai sobre o ambiente ideológico em que se insere tal produção estética, sobre o comportamento que encontra e provoca no público ao qual ela se volta, sobre a atividade intelectual e moral a que dá vida, o que coloca em segundo plano a dimensão mais propriamente artística da dramaturgia pirandelliana. Sobretudo da dramaturgia, pelo fato de que G. considera o teatro "o terreno mais próprio de Pirandello, a expressão mais completa da sua personalidade poético-cultural" (*Q 9*, 134, 1.196 [*CC*, 6, 228]) e, por conseguinte, ao se ocupar do intelectual siciliano, é na escrita para o teatro que ele concentra quase inteiramente seu interesse. O par de adjetivos "poético-cultural" não deve enganar: para G., poesia e cultura nem sempre coincidem em Pirandello. Na maioria das vezes, G. relaciona os dois componentes, atentando, porém, para a diferenciação entre um e outro, e evidenciando que o "elemento cultural, que devia manter-se subordinado e ser examinado no terreno cultural [...] nem sempre foi artisticamente transfigurado" (*Q 14*, 15, 1.673 [*CC*, 6, 235-6]). No *Q 6*, 26, 705 [*CC*, 6, 183], lê-se: "A importância de Pirandello me parece ser de caráter intelectual e moral, ou seja, mais cultural do que artística".

Mas quando, segundo G., a dimensão histórico-cultural das obras pirandellianas ganha valor artístico? Os *Q* tratam da arte de Pirandello, localizando nela pistas hermenêuticas distintas, também no plano da qualidade estética. Existe, antes de tudo, o Pirandello do subjetivismo desagregador. G. observa que, se é verdade que não se pode atribuir a Pirandello uma concepção do mundo coerente, é certo, porém, que "existem em Pirandello pontos de vista que podem ser vinculados genericamente a uma concepção do mundo que, grosso modo, pode ser identificada com a concepção subjetivista" (*Q 14*, 15, 1.670-1 [*CC*, 6, 232]). Uma visão de mundo – da qual os *Q* denunciam em alguns momentos a queda no solipsismo (*Q 6*, 26, 705 [*CC*, 6, 183]) – que entra em conflito radical e destrutivo também e, sobretudo, no plano das formas, com aquela dominante no âmbito do teatro italiano das primeiras décadas do século XIX, levando à dissolução o "velho teatro tradicional, convencional, de mentalidade católica ou positivista, apodrecido no mofo da vida regional ou de ambientes burgueses medíocres e abjetamente banais" (*Q 14*, 15, 1.672 [*CC*, 6, 234]) e "confluindo com o melhor futurismo no trabalho de destruição do tardio oitocentismo pequeno-burguês e filisteu" (ibidem, 1.673 [*CC*, 6, 236]).

Disso resultam a decomposição e a fragmentação do personagem, tal como ele é entendido pela tradição dramatúrgica burguesa, vale dizer, um todo compacto, coerente, verossímil: "Pirandello é criticamente um 'aldeão' siciliano, que adquiriu certas características nacionais e certas características europeias, mas que sente em si mesmo esses três elementos de civilização como justapostos e contraditórios. Desta experiência veio-lhe a atitude de observar as contradições nas personalidades dos outros e, ademais, até mesmo a de ver o drama da vida como o drama destas contradições" (*Q 14*, 21, 1.679 [*CC*, 6, 239]). O que compromete a arte de Pirandello é sua natureza de "romantismo" novecentista, que se apoia, sim, sobre "uma concepção da vida e do homem", mas "'individual', incapaz de difusão nacional-popular" (*Q 23*, 2, 2.186 [*CC*, 6, 64]). Nos *Q*, muito frequentemente, a posição que G. assume em relação a Pirandello, no que tange à crítica teatral, não muda: ao contrário, são desenvolvidos pontos e sugestões. Basta observar a resenha sobre *Piacere dell'onestà* [Prazeres da honestidade], de novembro de 1917, em que se fala, a propósito dos personagens da peça, de "decomposição e de dissolução psicológica" (*CF*, 951), ou a crônica, de fevereiro de 1919, do *Giuoco delle parti* [Jogo dos papéis], encenado no teatro Carignano de Turim, que remete à seguinte nota: "Luigi Pirandello começa a apresentação da 'esposa' como personificação da visão que escultores e pintores do futurismo pós-cubista têm da física da vida: a inferioridade espiritual é uma decomposição de volumes e de planos que continuam no espaço, não uma limitação rigidamente definida em linhas e superfícies" (*NM*, 665).

Mas não existe apenas o Pirandello, como escreve G. ao resenhar *Piacere dell'onestà*, que, para destruir, dá origem, com suas comédias, a "tantas granadas que explodem nos cérebros dos espectadores e produzem crises de banalidade, ruínas de sentimentos, de pensamento [...] que, porém, não podem dar início a uma nova tradição" (29 de novembro de 1917, em *CF*, 950). Há também o Pirandello – em parte complementar e em parte alternativo, no plano exegético, ao precedente – humorista e grotesco. G. ressalta a possibilidade de avaliar o escritor de Agrigento, conferindo à demolição do "oitocentismo filisteu" um significado diferente daquele do subjetivismo estéril e reconduzindo-a para o interior da matriz hermenêutica do humorismo. Trata-se de uma hipótese de leitura, não de um dado definitivo, mas G. a desenvolve, embora como uma possibilidade ainda totalmente a se verificar: "Seria o caso de ver se na arte de Pirandello não predomina o humorismo, ou seja, se o autor não se diverte fazendo nascer certas dúvidas 'filosóficas' em cérebros não filosóficos e mesquinhos, com o objetivo de 'ridicularizar' o subjetivismo e o solipsismo filosófico" (*Q 14*, 15, 1.674 [*CC*, 6, 236]).

Já nos tempos de sua crônica sobre *Pensaci, Giacomino!* [Pense nisso, Giacomino!], uma das obras em dialeto de Pirandello, G. tenta fazer um balanço da dramaturgia pirandelliana segundo a perspectiva grotesca: "No geral, é essa a característica da arte de Luigi Pirandello, que colhe da vida, mais que o sorriso, a careta, mais que o cômico, o ridículo" (24 de março de 1917, em *CF*, 892). É nessa linha que os *Q* evocam uma interpretação das composições pirandellianas, em particular aquelas dialetais dos anos 1910, não mais fundada numa visão "individual" do mundo, mas sim numa crítica de tal concepção subjetivista, relativista, solipsista e refratária a uma "difusão nacional-popular", bem como incapaz de "iniciar uma nova tradição"; é reelaborando tais elementos que os *Q* desenvolvem a hipótese de um Pirandello crítico, através do humorismo, na denúncia da ausência de "um 'mecanismo' para elevar coletivamente a vida do nível provinciano ao nacional europeu, e, portanto, as 'incursões', os *raids* individuais neste sentido assumem formas caricaturais, mesquinhas, 'teatrais', ridículas etc. etc." (*Q 14*, 21, 1.679 [*CC*, 6, 239]).

Há, por fim, o Pirandello, segundo o *Q 14*, 15, 1.671-2 [*CC*, 6, 232], "que consegue conceber a vida local em termos 'dialetais', folclóricos", mas de um folclorismo "que se manteve 'pagão'". E é aqui que G. encontra "a poesia", os valores estéticos. Onde, se pergunta G., Pirandello "é realmente poeta, onde sua atitude crítica tornou-se conteúdo-forma da arte e não apenas 'polêmica intelectual', logicismo, ainda que não de filósofo, mas de 'moralista' em sentido superior? Parece-me que Pirandello é artista precisamente quando é 'dialetal' e penso que *Liolà* seja sua obra-prima" (ibidem, 1.672 [*CC*, 6, 235]). Aquele *Liolà* que G. definia, em uma crítica publicada em 4 de abril de 1917, como "o melhor produto da energia literária de Luigi Pirandello" (*CF*, 896 [*EP*, 1, 449]) e descrevia como "uma florescência de paganismo naturalista, para o qual a vida, toda a vida, é bela, o trabalho é uma atividade prazerosa, e a fecundidade irresistível brota de toda a matéria orgânica" (ibidem, 897).

YURI BRUNELLO

Ver: dialeto; futurismo; literatura artística; nacional-popular; poesia; teatro.

Pisacane, Carlo

Depois de referências esparsas nos *Q* anteriores, o interesse de G. por Pisacane (mais próximo dos revolucionários russos do que dos revolucionários franceses ou dos modernos sindicalistas revolucionários sorelianos, e considerado, no *Q 7*, 91, 921 [*CC*, 4, 307], quase um precursor de Bakunin) se concentra primeiramente no *Q 17*, 28 [*CC*, 5, 345], no âmbito das considerações relativas a uma recensão feita por Omodeo da monografia sobre Pisacane escrita por Nello Roselli. Fazendo referência ao artigo de Omodeo, G. identifica em Pisacane uma "'tendência geral' mais definida que em Mazzini (e, na realidade, mais nacional que em Mazzini)" (ibidem, 1.930 [*CC*, 5, 346]) e o caráter redutivamente "militar" (e não, como em Garibaldi e, de maneira diferente, em Gioberti, "político-militar") de uma estratégia que, no entanto, tem o mérito de considerar proeminente o aspecto social da revolução (ibidem, 1.932). No *Q 19*, 24 [*CC*, 5, 66] G., à parte a atribuição de "erros políticos e militares irreparáveis, como a oposição à ditadura militar de Garibaldi na República Romana", avalia com atenção os escritos de Pisacane, que lhe permitem uma firme crítica à "tradição retórica da literatura italiana", da qual derivaria a ótica do Partido da Ação, subalterna aos moderados, e a distância fatal, como fator de uma verdadeira e própria revolução passiva, de tal movimento em relação àquele definido pelos jacobinos franceses, que, ao contrário, "lutaram tenazmente para assegurar uma ligação entre cidade e campo e saíram-se vitoriosamente" (ibidem, 2.014 [*CC*, 5, 66]). Para G., Pisacane também teve em Maquiavel "o mais clássico mestre da arte política", ao menos naquilo que concerne seu "ponto de vista militar" (que, tecnicamente, ele, como teórico militar do mazzinianismo, acompanhou com sua "experiência viva"). É desse ponto de vista, para G., que se pode estar pronto a "satisfazer as reivindicações populares (depois de tê-las suscitado por meio da propaganda)", de modo que Pisacane, também através de seu trágico fracasso insurrecional, "compreendeu que, sem uma política democrática, não pode haver exércitos nacionais de alistamento obrigatório" (ibidem, 2.015-6 [*CC*, 5, 67-8]).

RAFFAELE CAVALLUZZI

Ver: Gioberti; Maquiavel; Mazzini; Partido da Ação.

plutocracia

Escrevendo sobre as consequências da crise econômica ocasionada pela queda de Wall Street, G. nota que é o Estado que assume o ônus de tranquilizar os poupadores, transformando-se numa *holding* "que concentra as reservas para colocar à disposição da indústria e da atividade privada" (*Q 22*, 14, 2.175 [*CC*, 4, 276]); desse modo, no entanto, ocorre que, "teoricamente, o Estado parece ter sua base político-social na 'gente miúda' [...], mas, na realidade, sua estrutura permanece plutocrática" (ibidem, 2.177 [*CC*, 4, 278]), pois não pode romper seus vínculos com o grande capital financeiro. G. se pergunta se é possível existir um Estado "que se baseie politicamente, ao mesmo tempo, na plutocracia e na gente miúda" (idem). A resposta é positiva: trata-se da França, "onde [...] não se compreenderia o domínio do capital financeiro sem a base política de uma democracia de pequeno-burgueses e de camponeses que vivem de renda" (idem). Numa nota do *Q 7*, é proposta novamente como exemplo a França, onde, depois da revolução de 1789, os partidos se tornaram anacrônicos, pois seus dirigentes, utilizando uma terminologia já ultrapassada, mantiveram "a velha base, estabelecendo compromissos com forças totalmente diversas e não raro contrárias, e submetendo-se à plutocracia" (*Q 7*, 77, 910). Trata-se de um Texto A; no Texto C correspondente (*Q 13*, 23 [*CC*, 3, 60]), o termo "plutocracia" não aparece e G. insiste na comparação da situação de crise dos partidos franceses com a situação em curso na Alemanha hitlerista.

G. define como autênticos "bandos de mercenários" ideológicos aqueles movimentos de opinião ocasionais ao serviço de forças políticas "irresponsáveis" que fingem "lutar contra a plutocracia" enquanto, na realidade, estão "prontos para servir aos grupos plutocráticos ou de outra natureza" (*Q 9*, 107, 1.172). Nessa ótica, não podem ser menosprezados alguns episódios obscuros, se não torpes, de relações entre os reformistas italianos e a plutocracia (*Q 3*, 43, 321 [*CC*, 3, 188]).

LELIO LA PORTA

Ver: capitalismo de Estado.

poder

São inúmeras as passagens dos *Q* em que G. utiliza expressões como "tomada do poder" (*Q 1*, 44, 53), "ida ao poder" (*Q 19*, 24, 2.011 [*CC*, 5, 62]), "conquista do poder" (*Q 7*, 83, 915 [*CC*, 3, 265]) ou "luta pelo poder" (*Q 4*, 38, 456), todas em referência à ascensão da burguesia como classe dirigente nos Estados europeus ou para descrever a conquista dos moderados no processo de unificação da Itália no *Risorgimento*. Seguindo esse uso comum do termo, G. estabelece com maior precisão as condições do "exercício do poder governativo" (*Q 13*, 31, 1.627 [*CC*, 3, 83]): "Uma classe, mesmo antes de atingir o poder, pode ser 'dirigente' (e deve sê-lo): quando está no poder, torna-se dominante, mas continua sendo também 'dirigente'" (*Q 1*, 44, 41). A conquista do poder se configura, pois, como a passagem de uma função dirigente a uma função também dominante, quer dizer, como o momento da coerção por parte de uma "força política eficiente do ponto de vista do poder governativo" (*Q 13*, 31, 1.627 [*CC*, 3, 83]). É de acordo com esse modelo que G. revela que "conquista do poder e afirmação de um novo mundo produtivo são indissociáveis" (*Q 1*, 150, 132 [*CC*, 6, 349]). G. também assimila, ao menos em parte, a concepção weberiana de poder, quando, comentando uma passagem de *Economia e sociedade* que remete a um artigo de Michels, lembra como o partido político é "uma associação espontânea de propaganda e de agitação, que visa ao poder para assim permitir a seus aderentes ativos (militantes) possibilidades morais e materiais de alcançar fins objetivos ou vantagens pessoais" (*Q 2*, 75, 230 [*CC*, 3, 160]).

Michele Filippini

Ver: coerção; direção; domínio; partido; Weber.

poesia

Numa primeira aproximação, pode-se dizer que o recorrente interesse de G. pela questão-poesia, de um lado, se coloca, ou tende a se colocar, no seio da mais ampla "questão política dos intelectuais", e que, de outro lado, dá vida, ainda se entrelaçando de alguma maneira com o primeiro aspecto, a um denso tecido de reflexões teórico-metodológicas que, distantes dos apelos da assim chamada estética marxista, propõem-se a estabelecer um confronto crítico com as teses da estética idealista-crociana. Cabe observar um confronto crítico, porém constitutivamente parcial e não resolvido, comparável, de alguma forma, àquele tentado pela assim denominada "esquerda" crociana. Ao mesmo tempo, deve-se acrescentar que, na verdade, essa tensão da reflexão gramsciana, carregada de dificuldades e às vezes de contradições, de fato dá lugar, na maioria das vezes, a uma espécie de *apropriação*, por parte de G., da "lógica" profunda da milícia estética de Croce.

No longo parágrafo sobre os intelectuais do *Q 4*, após evidenciar a necessidade de se operar, no que se refere ao mundo moderno, com "uma extensão muito grande do conceito de intelectuais" (se se quer alcançar "uma aproximação concreta da realidade"), G. afirma que, de um ponto de vista "intrínseco", a atividade intelectual pode ser distinguida em vários graus, os quais, nos momentos de "extrema oposição", cedem espaço a uma verdadeira diferença qualitativa: "No mais alto degrau encontramos os 'criadores' das várias ciências, da filosofia, da poesia etc.; no mais baixo, os mais humildes 'administradores e divulgadores' da riqueza intelectual tradicional" (*Q 4*, 49, 476). O autor dos *Q* precisa que, no conjunto, todas as partes citadas "se sentem solidárias".

Os criadores da poesia, junto aos outros, constituem a "categoria tradicional" dos intelectuais, os quais percebem, "com espírito de corpo", a continuidade de sua condição e qualificação intelectual, a ponto de determinar "a aparência" real de si como grupo social independente, com suas próprias características, com alguma autonomia em relação ao grupo social dominante (ibidem, 475). Associados a esse plano geral de reflexão, podem ser lembrados muitos comentários de G. sobre a questão da poesia. Partindo de uma passagem do Croce de *Cultura e vita morale* [Cultura e vida moral], em que se afirmava que "poesia não gera poesia" e que a partenogênese não é possível, sendo necessária "a intervenção do elemento masculino, do que é real, passional, prático, moral", G. observa que essas afirmações podem ser apropriadas pelo marxismo ou materialismo histórico e estendidas, do campo da poesia e da literatura, para o campo das ideologias e das superestruturas. Todas são geradas não por partenogênese, mas "pela intervenção do elemento 'masculino' – a história – a atividade revolucionária que cria o 'novo homem', isto é, novas relações sociais" (*Q 6*, 64, 733 [*CC*, 6, 194]). As observações subsequentes são particularmente interessantes: devido à mudança produzida pela história, dá-se que o velho homem se torna ele também "novo" e, nesse processo, antes que o novo homem, "criado positivamente", possa gerar poesia, se produz uma espécie de canto do cisne do "velho homem renovado negativamente". Em geral – conclui G. –, esse canto do cisne é de grande, "admirável" esplendor, em função da interação e do entrelaçamento do velho e do novo e do conseguinte, incomparável, calor das paixões: "Não será a *Divina comédia* algo como o canto de cisne medieval, mas que antecipa os novos tempos e a nova história?" (ibidem, 734 [*CC*, 6, 195]).

Justamente o poema dantesco e a leitura dele realizada por Croce constituem o terreno sobre o qual se produz, em vários momentos, a análise teórico-metodológica de G. A propósito do canto X do *Inferno*, ele aborda aquela que denomina a "questão sobre 'estrutura e poesia' [...] segundo B. Croce e L. Russo" (*Q 4*, 78, 516 [*CC*, 6, 17]). No final de uma discussão muito lúcida e persuasiva, repleta de citações, de De Sanctis a Bernard Shaw e Isidoro del Lungo, G. chega a "corrigir" o juízo crociano sobre a *Divina comédia* como "romance teológico" (do qual volta e meia germinam pedras preciosas de poesia únicas) e a afirmar que, no canto, a parte estrutural ou "didascálica" "não é apenas estrutura [...], é também poesia, é um elemento necessário do drama que se desenvolveu" (ibidem, 518 [*CC*, 6, 19]).

Esse tratamento crítico do nexo crociano estrutura--poesia, em G., é funcional à definição de uma questão mais geral, relativa ao que ele chama "a atividade crítica normal". Esta última, uma vez que seria absurdo pretender "que, a cada ano, ou mesmo de dez em dez anos, a literatura de um país produza obras como *Os noivos* ou *Sepulcros* etc.", não pode ter mais do que "um caráter preponderantemente 'cultural'" nem ser mais do que "uma crítica de 'tendência'", correndo o risco de se "tornar um contínuo massacre" (*Q 23*, 36, 2.230 [*CC*, 6, 106]). De fato, uma atividade com uma atitude puramente *destruens*, "permanentemente negativa", feita inteiramente de observações propensas a demonstrar que "se trata de 'não poesia' e não de 'poesia'", se tornaria – afirma G. – "tediosa e revoltante". Substancialmente, a atividade crítica, no campo literário, deveria ter sempre um aspecto positivo, colocando em relevo um valor positivo na obra particular examinada, ou melhor, em grupos de obras colocadas em série, tendo como critério esse valor.

G. não esclarece o que deveria se entender por "valor positivo", o que possibilitou que a crítica literária, ligada ao marxismo "oficial" italiano dos anos 1950, retraduzisse decidida esse ponto gramsciano no interior dos parâmetros da assim chamada "crítica ideológica", ou seja, aquela voltada para a distinção, no campo das obras literárias, entre "progresso" e "reação". Enfim, deve ser ressaltado também que, no que se refere ao teatro de Pirandello, o autor dos *Q* se coloca numa ótica avaliativa e, em alguns momentos, até um tanto "judiciária". G. afirma decididamente que o teatro pirandelliano é estreitamente ligado não apenas "aos valores artístico-literários 'escritos'", mas também "à personalidade física do escritor", isto é, à sua presença de *capocomico* e diretor (*Q 9*, 134, 1.196 [*CC*, 6, 228]). Morto o escritor, não restará de seu teatro mais do que "um 'roteiro' genérico", comparável em certo sentido, segundo G., "aos cenários do teatro pré-goldoniano", a "'pretextos' teatrais", não à "'poesia' eterna" (idem): o contrário do que acontece no caso de uma tragédia de Shakespeare, que, mesmo podendo também ela se tornar "pretexto" para espetáculos teatrais "diferentemente originais", é, contudo, "poesia e arte também fora do teatro e do espetáculo" (ibidem, 1.197 [*CC*, 6, 228]).

PASQUALE VOZA

Ver: Croce; Dante; estética; intelectuais tradicionais; Pirandello.

polêmica

Numa nota do *Q 8*, G. se pergunta quem as polêmicas favorecem, especialmente as polêmicas pessoais, e responde: "Àqueles que pretendem reduzir as questões gerais e de princípio a escaramuças e caprichos pessoais, a casos de ambição individual, a passatempos literários e artísticos (quando são literários e artísticos)" (*Q 8*, 71, 982 [*CC*, 4, 112]). Quem normalmente sofre os efeitos negativos das polêmicas é o público, que delas extrai um profundo sentimento de desorientação. O público, que deveria de fato ser parte ativa nas polêmicas, é reduzido a simples espectador "de uma luta de gladiadores", que "aguarda os 'belos golpes' em si e por si" (idem). Substancialmente, o próprio objeto da polêmica é rebaixado a "competição 'esportiva'" (idem). Sobretudo nas polêmicas pessoais, para que não sejam reduzidas a um mero jogo que gera alheamento e não participação, "é preciso [...] levar o público a perceber que *de te fabula narratur*" (idem).

Partindo de um artigo de Volpicelli, em que Papini era atacado como representante de certo comportamento dúbio, típico de alguns intelectuais da época, o que, por consequência, excluía a possibilidade de ter "conquistado um lugarzinho na história da literatura, no capítulo 'os polemistas'" (são palavras de Volpicelli citadas no *Q 17*, 13, 1.918 [*CC*, 6, 265]), G. propõe Papini como exemplo de "polemista 'puro', [...] boxeador profissional de qualquer crença" (idem), que se define "polemista católico", sem esclarecer se a ele "interessa mais o substantivo ou o adjetivo" (idem). "O polemista é polemista de uma concepção de mundo" (idem), ainda que se trate de uma concepção de mundo risível, mas esse não é o caso de Papini, cujo verbalismo camaleônico leva o leitor à conclusão de que seu "catolicismo [...] é uma roupa de palhaço, não a 'pele' formada por seu sangue 'renovado'" (idem).

LELIO LA PORTA

Ver: concepção do mundo; Papini.

polícia

Há em G. um alargamento do conceito de polícia que deve ser associado ao alargamento do conceito de Estado com o qual o autor descreve as mutações morfológicas da política entre o fim do século XIX e as primeiras décadas do XX. A polícia, de fato, não é considerada nos *Q* como parte óbvia dos aparelhos repressivos do Estado, sobre o qual G. não se detém, embora não o esqueça (até porque ele próprio é vítima direta do Estado). Afirma ele que, "depois de 48, depois da expansão do parlamentarismo, do regime associativo sindical e de partido, da formação de vastas burocracias estatais e 'privadas'", ou seja, com o nascimento da sociedade de massa, das suas instituições, da sua forma política "democrática", existiram também "transformações ocorridas na organização da polícia em sentido amplo". A polícia deixou de ser apenas aquele "serviço estatal destinado à repressão da delinquência", mas cada vez mais se tornou um "conjunto de forças organizadas pelo Estado e pelos particulares para tutelar o domínio (político e econômico) da classe dirigente. Nesse sentido, partidos 'políticos' inteiros e outras organizações econômicas, ou de outro gênero, devem ser considerados organismos de polícia política de caráter 'repressivo' e 'investigativo'" (*Q 9*, 133, 1.195; sem variações significativas, o Texto C: *Q 13*, 27, 1.620 [*CC*, 3, 76]).

Num Texto B do *Q 14* (explicitamente intitulado "Partidos políticos e funções de polícia"), G. aprofunda o papel dos partidos em relação a essa função de polícia, entendida em sentido amplo: "É difícil excluir que haja algum partido político (dos grupos dominantes, mas também de grupos subalternos) que não exerça também uma função de polícia, isto é, de defesa de uma determinada ordem política e legal" (*Q 14*, 34, 1.691 [*CC*, 3, 307]). Tal função, porém, pode ser "progressista ou reacionária: é progressista quando aspira a manter na órbita da legalidade as forças reacionárias alijadas do poder e a elevar ao nível da nova legalidade as massas atrasadas. É reacionária quando aspira a reprimir as forças vivas da história e a manter uma legalidade ultrapassada, anti-histórica, tornada extrínseca" (ibidem, 1.692 [*CC*, 3, 308]).

O trecho citado parece se referir aos dois regimes que G. tem à sua frente, o fascista e o soviético, que exercem função de polícia, um em sentido regressivo-reacionário, o outro em sentido progressista-revolucionário. G. acrescenta que, "quando o partido é progressista, funciona 'democraticamente' (no sentido de um centralismo democrático)", ao passo que, "quando o partido é reacionário, funciona 'burocraticamente' (no sentido de um centralismo burocrático). Neste caso, o partido é puro executor, não deliberante: ele, então, é tecnicamente um órgão de polícia e seu nome de partido político é pura metáfora de caráter mitológico" (idem). É possível ler nesta alternativa entre centralismo democrático e burocrático – e na terminologia usada – a referência a diversas modalidades de funcionamento de uma sociedade socialista, e, logo, uma crítica àquelas que prevalecem na União Soviética a partir do final dos anos 1920, às quais hoje se dá o nome de stalinismo. Mas é provável que G. se refira à alternativa entre diversas modalidades repressivas em sentido lato, reacionária e progressista, fascista e soviética, o que melhor explicaria o uso de um adjetivo como "reacionário".

Os dois textos citados, do *Q 9* e do *Q 14*, datam de 1932-1933. A um período ligeiramente posterior deveria pertencer também o *Q 2*, 150, 278-9 [*CC*, 3, 181], último parágrafo do *Q 2*, acrescido em seguida (v. *Q, AC*, 2.380). Nele, G. se pergunta: "'O que é a polícia?' (essa pergunta foi citada em outras notas, tratando da real função dos partidos políticos). Ouve-se muitas vezes dizer, como se se tratasse de uma crítica demolidora da polícia, que 90% dos delitos [...] permaneceriam impunes se a polícia não tivesse à sua disposição os informantes etc. Mas, na realidade, esse tipo de crítica é uma tolice. O que é a polícia? Por certo ela não é apenas uma determinada organização oficial, juridicamente reconhecida e habilitada para a função de segurança pública, tal como ordinariamente se entende. Esse organismo é o núcleo central e formalmente responsável da 'polícia', que é uma organização muito mais ampla, da qual direta ou indiretamente, com laços mais ou menos precisos e determinados, permanentes ou ocasionais etc., participa uma grande parte da população de um Estado. A análise dessas relações serve bem mais para compreender o que é o 'Estado' do que muitas dissertações filosófico-jurídicas". Aqui, pois, não estão apenas os partidos, mas "uma grande parte da população" a ser considerada polícia em sentido amplo. Não mais "polícia política", mas polícia *tout court*, ou seja, massa ativamente partícipe, na qual se fundam a coesão social e o sistema estatal. Que não se sustenta tanto – reafirma-se – nas funções repressivas, mas, mesmo quando se fala de polícia, nas funções hegemônicas, que tendencialmente levam todos a convergirem na defesa da realidade dada, ao menos nos períodos históricos não revolucionários. De resto, escreve G. já no *Q 3*, "todo cidadão" ativo é um "funcionário" do Estado se "elabora" o programa do Estado e se "adere" a ele (*Q 3*, 61, 340 [*CC*, 3, 200]). Um funcionário do Estado que, quando necessário, exerce também funções de polícia.

Guido Liguori

Ver: centralismo; corporativismo; Estado; funcionário; partido; sociedade civil; sociedade política.

política

O termo aparece com extrema frequência nos *Q*, até porque, pela própria característica de toda a escrita, a política é elemento circular, discurso unitário que, mesmo na sua variada tipologia de temas e de interesses, permanece marcado pela preeminência histórica e teórica de uma ideia de política como chave de análise e de interpretação do mundo moderno e contemporâneo. Nesse quadro, o termo é elemento que remete a todas as outras questões tratadas por G., da literatura à filosofia, ao costume etc. De fato, ele afirma várias vezes, com absoluta clareza, que a própria literatura e as artes em geral entram certamente na dimensão da política, embora não sejam redutíveis por completo a ela. Por outro lado, a complexa questão dos intelectuais se integra a uma figura triangular, da qual os outros dois vértices são a hegemonia e, justamente, a política. Portanto, o argumento será examinado em sua "parte áurea", por assim dizer, evitando as possíveis ingerências em temas e problemas dotados de autonomia, mesmo que relativa, considerando o eixo geral das notas gramscianas.

"Política" é uma categoria-síntese, dotada de conteúdos e componentes diferentes, que nada mais são do que o sinal do registro, de tempos em tempos diferente, que G. dá a seu discurso e das possibilidades de significado atribuíveis ao termo, sobretudo à luz de um abrangente e declarado entendimento crítico. Crítica é, de fato, a reconstrução de uma noção teórica da política, adotada nos *Q* numa filigrana francamente paidêutica, na qual a exigência cognitiva se liga com aquela do ensinamento moral do sentido da ação, ou produzida, ou submetida, na dialética dos sujeitos sociais do conflito. Nesse prisma, o primeiro problema é justamente a identificação do conceito de política, o qual remete – necessariamente – ao patrimônio maquiaveliano que circunda todas as notas do cárcere. Escreve G.: "Costuma-se considerar Maquiavel, de modo excessivo, como o 'político em geral', válido para todos os tempos: eis aqui, já, um erro de política"; ao contrário, Maquiavel "deve ser ligado a seu tempo" (*Q 1*, 10, 8-9 [*CC*, 6, 345]). A afirmação, retomada várias vezes no *Q 13*, 13, 1.572 [*CC*, 3, 29], coloca a necessidade de uma historicização do juízo político, quase revogando a possibilidade de que ele conduza a um pensamento para além do tempo. Na verdade, permanecendo no âmago da relação Maquiavel-política, e sem percorrer nesse âmbito todos os matizes de tons gramscianos sobre o secretário florentino, nos *Q* há importantes variações sobre a historicização da política, a ponto de introduzir certa descontinuidade teórica, talvez dependente do emaranhado de entendimentos do próprio G. Em outro ponto das notas, ele evidencia importantes valores, para além da história, na construção de Maquiavel, decisivos na constituição das características estruturais da política, a partir do princípio de sua autonomia. Daqui se deduz que, "por isso, a ciência política deve ser concebida no seu conteúdo concreto [...] como um organismo historicamente em desenvolvimento. Em Maquiavel, dois elementos são fundamentais: 1) a afirmação de que a política é uma atividade independente e autônoma que tem seus princípios e suas leis diferentes daquelas da moral e da religião em geral [...] 2) conteúdo prático e imediato da arte política estudado e afirmado com objetividade realista, dependente da primeira afirmação" (*Q 4*, 8, 431). Aqui transparece, em G., um importante contraste entre a inspiração historicista, e, portanto, relativizante, do discurso maquiaveliano e o reconhecimento no mesmo discurso de um relevante aspecto teórico, sobre a fundação da autonomia da política em relação a outros momentos do juízo prático e moral (ética, religião etc.).

É a nova leitura de Marx, depois daquelas dos anos de juventude, que oferece um interessante equilíbrio entre história e teoria, no nexo – muito sugestivo – entre Marx e Maquiavel, no fundo da qual está a essência da política, recolocada na acepção ativa e "militante". E eis a síntese textual, que introduz a metáfora do "Príncipe", atrelada à teoria do partido: "Esse tema [Marx e Maquiavel – ndr] pode dar origem a um duplo trabalho: um estudo sobre as relações reais entre os dois, como teóricos da política militante, da ação, e um livro que extraísse das doutrinas marxistas um sistema ordenado de política efetiva, como o d'*O príncipe*" (*Q 4*, 10, 432 [*CC*, 6, 357]).

Se a possibilidade de uma redefinição da política como ciência do conflito reside em Marx, a forma argumentada ou paradigmática da ligação entre pensamento e ação está na mais celebrada das obras do secretário florentino. Em suma, na pesquisa de uma noção da ciência política cuja novidade se encontra na sua conjugação com o conflito, tanto em Maquiavel quanto em Marx, é possível encontrar uma matriz não relativizável de tal ciência, contrariamente às já mencionadas referências à historicidade da experiência de Maquiavel, que recorrem com frequência nas notas carcerárias. Na verdade, a acepção de política a que G. parece estar mais inclinado é justamente aquela mais próxima da teoria da ação e da prática, como facilmente se pode deduzir de sua emblemática correlação entre passado e presente. A relação entre esses dois termos da história é bastante recorrente nas páginas gramscianas, a ponto de merecer uma análise dedicada, sobretudo pela variedade das formas de vida e de pensamento em que tal relação é reposta; mas, não sem algum eco das páginas de juventude sobre vontade e educação moral, em consonância com o sentido da política nos anos da maturidade emerge uma clara inspiração ao conceito de crítica. Este também é um indício interessante para deduzir a ansiosa tentativa, em G., de extrair da representação integral da história informada pela luta um nível de teoria, quase uma "lei" da própria história, de timbre decididamente político. Assim se expressa ele: "*Passado e presente*. De que modo o presente é uma crítica do passado, além de (e porque) uma 'superação' dele. Mas, por isso, deve-se jogar fora o passado? Deve-se jogar fora aquilo que o presente criticou 'intrinsecamente' e aquela parte de nós mesmos que a isso corresponde. O que significa isso? Que nós devemos ter consciência exata dessa crítica real e dar-lhe uma expressão não só teórica, mas *política*. Ou seja, devemos ser mais presos ao presente, que nós mesmos contribuímos para criar, tendo consciência do passado e de sua continuação (e de seu reviver)" (*Q 1*, 156, 137 [*CC*, 4, 95]). A passagem indica o caráter não abstrato da iniciativa política, também nas suas variações analítico-cognoscitivas, justamente onde a teoria, sozinha, correria o risco de escorregar na abstração órfã daquele "efetivo" maquiaveliano, que indica a inerência ao presente da política. Desta última apresentam-se, agora, dois componentes essenciais: o primeiro é a criticidade, síntese da percepção de uma distância entre ser e dever ser – para recordar a tensão espiritual de G. desde seus escritos de juventude; o segundo é a força de uma outra síntese, entre o presente, o tempo de mudança, e o passado, objeto da mudança, ainda não destinado a se extinguir, porque depositado na consciência da mudança política e no seu valor de premissa do presente ("consciência do passado e de sua continuação"). Eis que se delineia a definição da política também na sua estrutura lógica, que é marcada pela finalização no conflito, entendido como uma sucessão consciente de graus de civilização. E tal estrutura lógica não prevê a anulação do passado, mas sua conservação no lugar da consciência e na síntese da história. Portanto, entre política e história há um *gap*, relativo justamente à diferença entre os movimentos dos dois gêneros, um apropriado à renovação crítica, incluída no conflito, o outro apropriado à memória e à sua recuperação da eternidade. Trata-se de uma definição complexa, que responde à exigência de identificar a política na sua originalidade e na sua dimensão de arte da conjunção dinâmica entre passado e presente. Para semelhante definição, inequivocamente disposta em fragmentos e quase escondida nas linhas das notas, outras duas considerações são possíveis: a primeira é a de que somente a qualidade inorgânica da escritura carcerária impediu G. de conduzir até o final seu plano de desvelar a política, em contraste com os mil artifícios que – de Maquiavel em diante – contribuíram para perpetuar seu mistério. A segunda consideração é a de que a formulação de um modelo ideal e prático da política, quase sua especificidade para além da corrosão do tempo, parece perfeitamente alinhada com aquela apaixonada pesquisa do eterno – "*für ewig*" – de que G. fala na famosíssima carta a Tania. Nesse sentido, a política parece ser o parto de uma conotação teórica e de valor, embora tenha que ser adaptada aos diferentes contextos, ao invés de ser fruto mutável e incerto de um raciocínio a ser diversificado segundo a época e o povo.

A amplitude do problema se reflete também na mudança dos limites da política, a qual, já duplicada na sua dimensão nacional e internacional, é tratada por G. na explícita fórmula de "geopolítica". A proveniência não italiana do termo é bem conhecida por nosso autor, que a vincula aos estudos, anteriores à Primeira Guerra Mundial, do sociólogo sueco Rudolf Kjellén, mencionado nas notas carcerárias. Mas o que conta é a clara percepção do significado não somente científico do termo, que se torna uma nova dimensão, seja da política, seja – sobretudo – da infinita possibilidade de amplificação dos sujeitos que a ela se aproximam, e da conseguinte perda de centralidade da Europa. A geopolítica, a partir de um determinado território, estuda a "massa de homens que vivem em sociedades naquele território (geopolítica e demopolítica)" (Q 2, 39, 193 [CC, 3, 148]) e, portanto, funde o parâmetro do espaço com aquele da organização e das formas de vida associativa expressas na autonomia dos indivíduos que as praticam. Em suma, a fusão entre geografia e política é um outro fator de multiplicação dos sujeitos potencialmente, ou já em ato, capazes de uma subjetividade histórica e social mais ampla e complexa. A mesma ordem de ideias se coloca ao desenhar o horizonte estendido da política mundial, em que, enquanto crescem os grandes sujeitos expressos pelos Estados nacionais, se verifica um reequilíbrio entre o continente europeu inteiro e os novos países pelos quais passa toda a vontade das novas populações: "A Europa perdeu sua importância" – revela G. – "e a política mundial depende de Londres, Washington, Moscou e Tóquio mais do que do continente" (Q 2, 24, 181 [CC, 3, 142]). São as páginas de "miscelânea" na edição Gerratana dos Q; aqui são frequentes os quadros de descrição e de análise dos processos históricos de formação das grandes potências mundiais, que pouco a pouco aconteceram no dia seguinte à Primeira Guerra Mundial, a sancionar, com o fim dos combates, uma lenta mas inexorável mudança do peso específico do Velho Continente.

Uma segunda ordem de reflexão sobre a política, ora de caráter mais teórico, ora mais polêmico, conduz a intervenções de esclarecimento ou de contestação de um amplo arco de interesses e competências. Um primeiro campo insiste na importância da identificação lógica da passagem da economia, ou concordância de interesses imediatos de um grupo, à política, ou visão de um arranjo do Estado e dos equilíbrios entre as classes. G. afirma que a política corresponde à "fase em que as ideologias precedentemente germinadas têm contato e entram em contraste até que só uma delas, ou ao menos uma única combinação delas, tende a prevalecer, [...] a se difundir por toda uma área, determinando não só a unidade econômica e política, mas também a unidade intelectual e moral, não num plano corporativo, mas universal, de hegemonia de um grupo social fundamental sobre os grupos subordinados" (Q 4, 38, 457-8). O argumento, retomado mais vezes nos Q em outra elaboração e sob várias angulações, envolve vastos temas, como aquele dos intelectuais e da hegemonia. Aqui interessa sublinhar a fronteira que G. delineia entre os gêneros "política" e "economia". Somente ao primeiro compete a aspiração a uma visão universal e de confronto entre concepções de mundo, enquanto o segundo parece limitar-se à área teórica do interesse e da existência imediata, separada de todo vínculo de autoidentificação que não seja a esfera tautológica do interesse. Nesse sentido, percebe-se uma visão moral da política, como teatro daquela atividade de pensamento capaz de proceder para além dos limites de si mesmo e de medir-se com um público que é encontrado tanto na consciência subjetiva, quanto no espaço objetivo do conflito. Nessa mesma orientação aparece, também, a categoria do "grande político", para G. resultado de uma espécie de estatuto contemporâneo do herói do pensamento e da prática. Manifestamente ligada ao nexo maquiaveliano entre "saber" e decidir no concreto, a moral da política é condensada na síntese entre a consciência, enquanto estudo, e a experiência, enquanto derivada do isolamento da satisfação apenas intelectual: "O grande político" – afirma G. – "[...] só pode ser 'cultíssimo', isto é, deve 'conhecer' o máximo de elementos da vida atual; conhecê-los não 'livrescamente', como 'erudição', mas de modo 'vivo', como substância concreta de 'intuição' política (no entanto, para que nele se tornem substância viva de 'intuição', será necessário aprendê-los também 'livrescamente')" (Q 3, 33, 311 [CC, 3, 184]). Eis uma exposição mais articulada de um assunto não raro repetido nas notas sobre o valor passional da política, sobre a impossibilidade de "fazer história-política sem paixão, isto é, sem sentir e ser apaixonado" (Q 4, 33, 452). O tom duramente polêmico contra o economicismo banal reivindica para a política a posição de atenção a um mundo coletivo, a um cenário histórico irredutível à inexpressiva imediaticidade das trocas e das condições materiais. A própria interpretação "ortodoxa" do marxismo é objeto de repulsa, diante de um batismo da política impossível sem a força de "perfurar" o ardil da economia e da passivização, do dinheiro e do saber substancialmente positivista que dele descende no plano intelectual. A advertência gramsciana é sem arrependimentos e sem indulgência: "No marxismo puro" – quase grita – "os homens tomados em massa não obedecem às paixões, mas às necessidades econômicas. A política é uma paixão. A pátria é uma paixão. Essas duas ideias exigentes não gozam na história mais que de uma função de aparência, porque, na realidade, a vida dos povos, no curso dos séculos, se explica com um jogo cambiante e sempre renovado de causas de ordem material. A economia é tudo. Muitos filósofos e economistas 'burgueses' retomaram esse refrão" (Q 4, 38, 463); e o texto é retomado no Q 13, sem revisões substantivas, e sempre contrário ao "domínio das cifras".

Enfim, deixando de lado as muitas referências a Gentile e Croce, é interessante a firmeza de G. em rejeitar toda diretriz política de natureza positivista. A rejeição do positivismo se exprime em direções diferentes e atinge Scipio Sighele, Guglielmo Ferrero e, de modo geral, toda a sociologia lombrosiana, obcecada, no juízo de nosso autor, pelo paradigma do "delinquente", ao qual também é comparada a experiência política e a duplicidade entre moral individual e moral pública (Q 3, 47, 327 [CC, 3, 193]). E sempre contrária à proposição sociológica, deve-se lembrar a fundamental crítica ao *Manuale popolare di sociologia marxista* [Manual popular de sociologia marxista] de Bukharin, várias vezes citado no texto.

Bibliografia: Coutinho, 2006.

Silvio Suppa

Ver: Bukharin; ciência da política; Croce; economia; Gentile; grande política/pequena política; hegemonia; intelectuais; Maquiavel; Marx; paixão; partido; sociologia.

política externa

A política externa é, para G., expressão da "linha de um Estado hegemônico (isto é, uma grande potência)", que "não oscila porque ele mesmo determina a vontade do outro, e não é determinado por este", pois "se funda naquilo que há de permanente, não de casual e imediato, na vontade do outro" (Q 9, 16, 1.106). Uma política externa aponta para a superação do nacionalismo, mas também daqueles particularismos regionais que impediram Lorenzo de Medici de realizar a unidade nacional italiana. Na França, a unidade nacional permitiu à dinastia dos Carolíngios "apelar ao povo na sua política externa" (Q 5, 123, 646 [CC, 5, 225]).

São duas as tipologias de política externa analisadas por G.: a nacionalista e a imperial. A primeira é expressão de "uma oligarquia parasitária e privilegiada" e de uma "política interna de corrupção e de definhamento das forças nacionais"; a segunda distingue as razões da autonomia das partes sujeitas à autoridade de uma "grande potência" das razões da unidade política (Q 6, 100, 775 [CC, 5, 255]). Uma política nacionalista como a italiana é sintoma de "cosmopolitismo e apatriotismo" que se associam a um "chauvinismo frenético", baseado nas "glórias romanas e das repúblicas marítimas" (Q 2, 25, 181 [CC, 5, 174]). Uma política imperial como a britânica busca um "equilíbrio entre exigências de autonomia dos *Dominions* e exigências de unidade imperial" (Q 2, 48, 200 [CC, 3, 151]). Na política externa imperial britânica, igualdade de status não significa igualdade de funções: no Commonwealth britânico, de fato, a política externa descobriu a difícil dialética entre *autonomia* e *unidade*. A Conferência Imperial de 1926 valorizou a autonomia política dos *Dominions*, explicitando que a política externa e a defesa militar eram apanágio do governo de Londres.

Roberto Ciccarelli

Ver: imperialismo; nacionalismo; política internacional.

política interna

A política interna é a expressão de uma vontade política nacional por parte de uma "inteira classe" (Q 6, 100, 775 [CC, 5, 255]). Ela "dita as decisões" em um determinado país (Q 14, 3, 1.657 [CC, 3, 297]) e mantém uma "relação orgânica" com a política externa, mesmo sem, às vezes, influir diretamente sobre esta, como no caso de Napoleão III, que tinha duas políticas, reacionária para dentro, liberal para fora (Q 8, 141, 1.028 [CC, 3, 281]).

A política interna de um país se torna externa para o país que sofre uma iniciativa de ordem econômica, política e militar. A opinião pública é instrumento essencial para definir uma política interna. Para G., "a luta pelo monopólio dos órgãos de opinião pública: jornais, partidos, parlamento" é um problema de política interna (Q 7, 83, 915 [CC, 3, 265]). O objetivo de quem possui as alavancas da política interna é moldar "a opinião pública e, portanto, a vontade política nacional, desagregando os que discordam numa nuvem de poeira individual e inorgânica" (idem).

G. distingue a política interna italiana da alemã. Na Itália, "os problemas reais estão nas mãos dos funcionários especializados, homens indiscutivelmente de valor e de capacidade do ponto de vista técnico-profissional burocrático, mas sem ligações permanentes com a 'opinião pública', isto é, com a vida nacional" (*Q 14*, 47, 1.705 [*CC*, 5, 314]). Na Alemanha, ao contrário, "por trás da burocracia estavam os Junker, uma classe social, ainda que mumificada e mutilada, enquanto, na Itália, uma força desse tipo não existia: a burocracia italiana pode ser comparada à burocracia papal, ou melhor ainda, à burocracia chinesa dos mandarins" (idem). Por essa razão, diferentemente da alemã, "a monarquia italiana foi, essencialmente, uma 'monarquia burocrática' e o rei o primeiro dos funcionários, no sentido de que a burocracia era a única força 'unitária' do país, permanentemente 'unitária'" (idem).

Roberto Ciccarelli

Ver: burocracia; opinião pública; política externa.

política internacional
Para G., a política internacional é "a grande política, pelas questões que se referem à estatura relativa dos Estados isolados nos confrontos recíprocos" (*Q 8*, 48, 970). A política internacional é uma "questão" da "grande política", e está ligada à "fundação de novos Estados, à luta pela destruição, pela defesa, pela conservação de determinadas estruturas orgânicas econômico-sociais" (*Q 13*, 5, 1.564 [*CC*, 3, 21]).

A visão gramsciana da política internacional é de tipo estratégico, modelada na dialética estrutura-superestrutura e inspirada numa ideia sistêmica das relações internacionais. Os elementos centrais da política internacional de G. são as relações de força, diferenciadas em três graus. O terceiro deles, que representa o verdadeiro campo de aplicação da política internacional, é "a fase mais genuinamente 'política', que marca a clara passagem da pura estrutura para as superestruturas complexas" (*Q 4*, 38, 457). Na política internacional, esses momentos se complicam entre eles, horizontal e verticalmente, isto é, pela atividade econômica (horizontal) e pelo território (verticalmente), combinando-se e cindindo-se de forma variada, e cada uma dessas combinações pode ser representada por uma própria expressão organizada, econômica e política. Nesse movimento duplo, G. vê o entrelaçamento da "ciência política" e da "ciência militar". Momento central da política internacional é a análise da "conjuntura estratégica" num "teatro da luta", no qual amadurecem as relações de força entre os Estados: "O grau de preparação estratégica pode dar a vitória a forças 'aparentemente' (isto é, quantitativamente) inferiores às do adversário. Pode-se dizer que a preparação estratégica tende a reduzir a zero os chamados 'fatores imponderáveis', isto é, as reações imediatas, de surpresa, assumidas num determinado momento por forças tradicionalmente inertes e passivas. Devem ser computados, entre os elementos da preparação de uma conjuntura estratégica favorável [...] a organização de uma camada militar ao lado do organismo técnico do exército nacional" (*Q 13*, 23, 1.610 [*CC*, 3, 67-8]).

O ator principal da política internacional, entendida como "grande política", é a "grande potência", cuja tarefa é "esperar, sistemática e pacientemente, formar, desenvolver, tornar sempre mais homogênea, compacta, consciente de si, esta força" (*Q 13*, 17, 1.588 [*CC*, 3, 36]). Um Estado alcança a condição de grande potência quando interpreta as relações internacionais como momentos de uma relação de força. Segue a definição de uma hierarquia de potência entre os Estados, baseada na extensão do território, na força econômica e na força militar. Para G., a posição hegemônica no ápice da hierarquia de poder é atingida por um Estado quando mantém "a tranquilidade interna", a capacidade do grupo dominante de governar os conflitos com os subordinados (*Q 13*, 15, 1.577 [*CC*, 3, 34]). O instrumento de governo da hierarquia de poder é a diplomacia, "essa forma de luta política internacional que influi para obter vitórias sem derramamento de sangue, sem guerra" (*Q 10* II, 41.V, 1.309 [*CC*, 1, 378]).

A guerra é o momento decisivo de verificação do papel de grande potência de um Estado numa hierarquia mundial. "É grande potência aquele Estado que – tendo ingressado num sistema de alianças para uma guerra (e hoje toda guerra pressupõe sistemas de forças antagônicas) – consegue, no momento da paz, conservar uma tal relação de forças com os aliados que se torna capaz de assegurar a manutenção dos pactos e das promessas feitas no início da campanha. Mas um Estado que, para entrar em guerra, necessita de grandes empréstimos, necessita continuamente de armas e de munições para seus soldados [...] só é considerado grande potência nos papéis diplomáticos" (*Q 13*, 32, 1.628-9 [*CC*, 3, 85-6]). Uma grande potência dita os tempos das combinações internas à hierarquia das relações de força; ela se move no "teatro da luta" e governa uma "conjuntura estratégica". Seu objetivo é instituir uma linha política hegemônica fundada "no que há de permanente, e não de casual e imediato, bem como nos próprios interesses e naqueles das outras forças que concorrem de modo decisivo para formar um sistema e um equilíbrio" (ibidem, 1.629 [*CC*, 3, 86]).

G. descreve o sistema das relações internacionais através de dois movimentos: orgânico, e relativamente permanente, e conjuntural (*Q 13*, 17, 1.579 [*CC*, 3, 36]). Os movimentos orgânicos atingem os grandes agrupamentos dos Estados e dos grupos sociais que dominam a vida de um Estado. Nos movimentos conjunturais, também definidos por G. como "ocasionais", dá-se a constituição das forças antagônicas que testemunham a existência das condições necessárias para a transformação da relação de força vigente. Numa ótica sistêmica, G. avalia os movimentos ocasionais como desordens necessárias porque, diferentemente daqueles orgânicos, exprimem o declínio do "dever ser" histórico imposto pela grande potência. A distinção entre os movimentos orgânicos e os movimentos ocasionais é aplicável a todas as situações do sistema de relações internacionais. Para G., a política deve sempre captar o nexo dialético entre os dois movimentos, ainda que sempre haja a armadilha do erro de natureza "economicista", ou "voluntarista", que explica a transformação do sistema internacional nos termos de uma flutuação financeira, ou com a vontade de poder unilateral por parte de uma grande potência.

Roberto Ciccarelli

Ver: grande política/pequena política; guerra; internacional/internacionalismo; política externa; política interna; relações de força.

popular

O adjetivo "popular" nos *Q* refere-se ao que concerne ao povo ou é difuso entre o povo, entendido como o conjunto das classes subalternas. Porém, somente em alguns casos o termo equivale a "proletário" (*Q 2*, 47, 200 [*CC*, 6, 155]) ou se refere explicitamente aos grupos que compõem o proletariado (*Q 1*, 52, 66 [*CC*, 4, 174]). Na maioria das vezes, o adjetivo parece implicar um conceito de povo como conjunto dos indivíduos que compõem um sistema social. É o conceito oitocentista de "povo-nação" que G. tem idealmente presente e que lhe permite, por um lado, prefigurar a transformação do "popular" em "nacional-popular", e, por outro lado, denunciar a "demagogia" das classes dirigentes do *Risorgimento*, culpadas por rebaixarem o povo a mero instrumento do próprio projeto político (*Q 1*, 119, 112) e por impedirem que as classes populares se tornassem protagonistas da história nacional, como ocorrera efetivamente noutras partes da Europa (*Q 3*, 82, 361 [*CC*, 6, 161]).

Observando que, na língua italiana, "popular" e "nacional" não são sinônimos, como acontece em outras línguas europeias (*Q 3*, 63, 343), o próprio G. delimita-lhe o âmbito semântico, esclarecendo que o termo define os grupos mantidos criminosamente à margem da vida política e cultural, e indica, poderíamos acrescentar, mais do que o "espírito de cisão", o estado de isolamento e de atraso cultural em que se encontram as classes populares.

Não é um acaso, pois, que o adjetivo, unido, sobretudo, a substantivos como cultura, literatura, religião, filosofia, ideologia, mais que destacar a diversidade e a autonomia da cultura popular, sirva para denotar sua substancial elementaridade ou atraso, do que é testemunha o paralelo que G. sugere entre cultura popular e *folklore*, ou entre filosofia popular e senso comum, baseado na constatação de que essas variantes populares, não "elaboradas" nem "sistematizadas", são "uma justaposição mecânica de várias concepções de mundo" (*Q 1*, 89, 89).

Marina Paladini Musitelli

Ver: cultura popular; espírito de cisão; folclore/folklore; nacional-popular; povo; povo-nação; senso comum.

popular-nacional: v. nacional-popular.

populismo

Ligado ao grande tema gramsciano do "nacional-popular", o termo "populismo" assume, nas suas diversas aparições, uma conotação prevalentemente negativa. No *Q 6*, 42, 716-9 [*CC*, 6, 186], a propósito de um artigo de Cajumi sobre Giovanni Cena, G. fala de "ida ao povo" como de uma "palavra de ordem", frequentemente um fim em si mesmo, própria dos escritores "populistas" contemporâneos, aqui, decididamente contrapostos aos escritores franceses do século XIX, haja vista que "no passado, depois da Revolução Francesa e até Zola, jamais houve cisão entre povo e escritores na França", de modo que apenas "a reação simbolista cavou um fosso entre povo e escritores, entre escritores e vida" (ibidem, 717 [*CC*, 6, 187]). No mais, diante da proposta de Cajumi de identificar em Cena um verdadeiro "estudioso das coisas sociais" e, por isso, um autêntico representante da supracitada "ida ao povo", G., por sua vez, opõe uma clara rejeição, redimensionando bastante a importância objetiva da ideologia desse escritor: "No escrito *Che fare?*, Cena queria fundir os nacionalistas com os filossocialistas como ele. Mas será que, no fundo, todo esse socialismo pequeno-burguês à la De Amicis não era um embrião de socialismo nacional, ou nacional-socialismo, que buscou abrir caminho de tantos modos na Itália e que encontrou no pós-guerra um terreno propício?" (ibidem, 718-9 [*CC*, 6, 188-9]). Pois bem, essa visível cautela de G. em creditar a um determinado autor um interesse e uma matéria autenticamente "sociais" e "populares", por certo, não é casual.

No *Q 6*, 157, 812 [*CC*, 5, 265], falando de "Contrarreforma e utopias", G. hipotetiza que "das utopias nasceria também a moda de exaltar os povos primitivos, selvagens (o bom selvagem), supostamente mais próximos da natureza", para em seguida notar como "isso se repetiria na exaltação do 'camponês', idealizado por parte dos movimentos populistas". No *Q 6*, 168, 821 [*CC*, 6, 202-3], no entanto, discutindo um artigo de Alberto Consiglio, publicado na *Nuova Antologia* em 1º de abril de 1931 e intitulado "Populismo e nuove tendenze della letteratura francese" [Populismo e novas tendências da literatura francesa], G. afirmava de maneira bastante significativa que "seria interessante uma lista das tendências 'populistas' e uma análise de cada uma delas: seria possível 'descobrir' uma das tais 'astúcias da natureza' de Vico, ou seja, um impulso social, que visa a um determinado fim, e termina por realizar o seu contrário": em suma, mais uma vez G. parece bastante desconfiado do populismo intelectual e literário, aquele pelo qual se pede aos autores para colocar a própria pena a serviço do povo, sem, porém, que eles tenham por trás uma posição ideológica mais orgânica.

Muito importante é o *Q 23*, 1, 2.185 [*CC*, 6, 63], em que o vocábulo parece ser empregado no sentido denotativo e, portanto, não negativo: "De Sanctis, na última fase de sua vida e de sua atividade, voltou sua atenção ao romance 'naturalista' ou 'verista', e essa forma de romance, na Europa ocidental, foi a expressão 'intelectualista' do movimento geral de 'ida ao povo', de um populismo de alguns grupos intelectuais no fim do século passado, após o colapso da democracia de 1848 e do advento de grandes massas operárias pelo desenvolvimento da grande indústria urbana".

A referência a essas leituras tardias de De Sanctis retorna no *Q 23*, 8, 2.198 [*CC*, 6, 75], ou seja, num contexto em que se busca definir o *proprium* da posição ideológico-cultural do crítico: "Eis porque, num certo ponto, [De Sanctis – ndr] se afasta do idealismo especulativo e se aproxima do positivismo e do verismo (simpatias por Zola [...])". O fato é que, para G., como se sabe, De Sanctis representava o intelectual que, mais do que qualquer outro, melhor tinha tentado imprimir um caráter "nacional-popular" à cultura italiana, obviamente dentro dos limites possíveis de seu tempo: uma categoria hermenêutica, aquela de "nacional-popular", montada em torno da fundamental distinção metodológica segundo a qual, para um escritor, o determinante não é a simples escolha de retratar um determinado ambiente social, mas sim a "atitude" frente a esse ambiente que ele demonstra. Uma vez definido o ideal da escrita capaz de se associar organicamente ao "povo-nação", G. identifica, sem dúvidas, a principal antítese de tal ideal no brescianismo, quer dizer, numa produção literária caracterizada pelo preconceito antipopular; ainda assim, também em relação à derivação oposta e simétrica do "populismo", ele é bastante crítico.

Em suma, para conseguir um verdadeiro contato com o povo-nação, não é suficiente representar certo *milieu* social (isto é, reproduzir mecanicamente todos os seus sentimentos e todas as suas instâncias): o que, no entanto, pretendia fazer a maior parte dos escritores italianos que narrava os "humildes", escritores esses que, aliás, em suas representações, não por acaso estavam inclinados a omitir justamente esse aspecto do mundo popular que, para G., é central e imprescindível, qual seja, o da esfera do trabalho. A esse respeito, indicativo é o *Q 23*, 8, 2.195 [*CC*, 6, 72-3], em que G. se pergunta "por quais formas de atividade têm 'simpatia' os literatos italianos? Por que a atividade econômica, o trabalho como produção individual e de grupo não lhes interessa?": ressalta-se, em particular, como "a vida dos camponeses ocupa um espaço maior na literatura, mas também aqui não como trabalho e labuta, e sim os camponeses como 'folclore', como pitorescos representantes de costumes e sentimentos curiosos e bizarros".

De resto, não faltam nos *Q* numerosos exemplos concretos aptos a iluminar a supracitada incongruência entre objeto e postura: e eis Verga, que no *Q 6*, 9, 688, é visto como máximo representante do verismo. Pois bem, típica desse movimento (e "especialmente em Verga") foi a "posição ideológica" pela qual "o povo do campo é visto com 'distanciamento', como 'natureza' extrínseca ao escritor, como espetáculo" (e no Texto C, *Q 23*, 56, 2.256 [*CC*, 6, 124] correspondente, fala-se significativamente de "'natureza' extrínseca *sentimentalmente* ao escritor", itálico do autor do verbete). E Manzoni, em seu *Os noivos*, apesar do amplo protagonismo narrativo que é concedido a personagens populares, domina o "paternalismo católico": "uma *ironia* subentendida, indício da ausência de profundo amor instintivo por aqueles personagens, trata-se de uma atitude ditada por um sentimento exterior de dever abstrato ditado pela moral católica, que é corrigido e vivificado precisamente pela ironia difusa" (*Q 8*, 9, 943 [*CC*, 6, 213]).

Já no *Q 23*, 8, 2.197 [*CC*, 6, 74], depois de analisar os exemplos de G. C. Abba, Verga, Jahier, G. cita o caso, emblemático a seu ver, dos autores que podem ser associados ao movimento *Strapaese* [Super-regionalismo]: "Toda a literatura do 'super-regionalismo' deveria ser 'nacional-popular' como programa, mas o é precisamente por programa, o que a tornou uma manifestação deteriorada da cultura". Na mesma linha está o *Q 21*, 1, 2.110 [*CC*, 6, 35-6], em que G. trata do futurismo italiano (movimento ao qual, como se sabe, são atribuídas fronteiras demasiado amplas nos *Q*), cujos representantes, com seu "'romantismo' ou *Sturm und Drang* popular", de fato, tinham voltado a propor pesquisas potencialmente fecundas em sentido nacional-popular; porém, de Marinetti a Papini, no final das contas, essas mesmas propostas foram invalidadas por uma típica "ausência de caráter e de firmeza de seus protagonistas", ou seja, por sua "tendência carnavalesca e palhaçal", própria de "pequeno-burgueses intelectuais, áridos e céticos".

Domenico Mezzina

Ver: camponeses; De Sanctis; folclore/folklore; futurismo; humildes; Manzoni; nacional-popular; povo-nação; Super-regionalismo-Supercosmopolitismo; Verga; verismo.

pós-guerra

"Todo o pós-guerra é crise, com tentativas de remediá-la que às vezes têm sucesso neste ou naquele país, e nada mais" (*Q 15*, 5, 1.755-6 [*CC*, 4, 317]). O caráter lapidar dessa definição indica, por si mesmo, a centralidade – na análise de G., voltada à reconstrução das passagens marcantes que levaram à derrota histórica sofrida pelo movimento operário no Ocidente – do pós-guerra no discurso dos *Q*. A crise vem já do período anterior – "para alguns (e talvez não sem razão) a própria guerra é uma manifestação da crise, ou melhor, a primeira manifestação; a guerra foi precisamente a resposta política e organizativa dos responsáveis" (ibidem, 1.756 [*CC*, 4, 317]) – e seguirá se intensificando "em 1929 de modo quase catastrófico" (*Q 19*, 6, 1.989 [*CC*, 5, 42]): G. não poderá ver como o fim da crise, e também do pós-guerra, na verdade, será alcançado apenas graças à eclosão de outra e mais vasta guerra mundial, mas percebe lucidamente como o processo permanece aberto e, ainda mais, vai se aprofundando e se gangrenando (como também a chegada ao poder do "hitlerismo" logo demonstrará).

A crise posta em foco por G. como elemento caracterizador do período que segue a Primeira Guerra Mundial é uma crise de hegemonia: "No período do pós-guerra, o aparelho hegemônico se rompe e o exercício da hegemonia torna-se cada vez mais difícil" (*Q 1*, 48, 59) ou – no relativo Texto C – "permanentemente difícil e aleatório" (*Q 13*, 37, 1.638 [*CC*, 3, 92]). É "uma ruptura tão grave entre massas populares e ideologias dominantes [...] a que se verifica no pós-guerra" que dificilmente "pode ser 'sanada' com o puro exercício da força que impede as novas ideologias de se imporem" (*Q 3*, 34, 311 [*CC*, 3, 184]). A guerra deixou como herança equilíbrios instáveis, destinados a ter consequências dramáticas. No âmbito da situação internacional, o imperialismo inglês, embora vencedor, e a supremacia financeira de Londres correm o risco de ser definitivamente redimensionados: G. observa que a "função mundial de Londres [...] no pós-guerra encontrou concorrentes [...] tentativas de Nova York e de Paris para suplantar Londres" (*Q 4*, 60, 505-6). Também a "questão italiana" é parte da "questão mundial", que perdura ainda nos anos 1930, e que o ministro do exterior fascista Dino Grandi mostra, habilmente, como deve "ser resolvida necessariamente com as outras que constituem a expressão política da crise geral do pós-guerra, que se intensifica em 1929 de modo quase catastrófico, a saber: o problema francês da segurança, o problema alemão da igualdade de direitos, o problema de um novo ordenamento dos Estados danubianos e balcânicos" (*Q 19*, 6, 1.989 [*CC*, 5, 42]).

No plano interno, a situação é atravessada por fenômenos novos: "Após quatro anos de guerra, dezenas de milhares de homens se tornaram moralmente e socialmente 'vagabundos', desenraizados, ávidos de sensações não mais impostas pela disciplina estatal, mas livremente, voluntariamente escolhidas por si mesmos" (*Q 9*, 141, 1.201 [*CC*, 2, 180]). A isto logo se acrescenta a desilusão de muitos que caem – como exemplificado por Alfredo Galletti – "num estado de espírito de exasperação cultural, de choradeira intelectual, próprio de quem teve 'os ideais destruídos'; seus escritos estão repletos de recriminações, de ranger de dentes em surdina" (*Q 5*, 91, 623 [*CC*, 2, 130]). No plano social, a desorientação é consistente, também pelo entrelaçamento do contragolpe libertador e das necessidades novas da retomada da produção, que sai do conflito modernizada e com novas exigências: "No pós-guerra, teve lugar uma crise dos costumes de extensão e profundidade inauditas, mas teve lugar contra uma forma de coerção que não fora imposta para criar os hábitos adequados a uma nova forma de trabalho, mas por causa das necessidades, então concebidas como transitórias, da vida na guerra e na trincheira. Esta pressão reprimiu particularmente os instintos sexuais, até mesmo os normais, em grandes massas de jovens, e a crise que se desencadeou no momento do retorno à vida normal tornou-se ainda mais violenta por causa do desaparecimento de muitos homens e de um desequilíbrio permanente na relação numérica entre os indivíduos dos dois sexos. As instituições ligadas à vida sexual sofreram um forte abalo e se desenvolveram, na questão sexual, novas formas de utopia iluminista. A crise foi (e ainda é) mais violenta por ter atingido todas as camadas da população e por ter entrado em conflito com as necessidades dos novos métodos de trabalho que foram se impondo nesse meio-tempo (taylorismo e racionalização em geral). Estes novos métodos exigem uma rígida disciplina dos instintos sexuais (do sistema nervoso), ou seja, um fortalecimento da 'família' em sentido amplo" (*Q 22*, 10, 2.162 [*CC*, 4, 263-4]). A própria "psicanálise (sua enorme difusão no pós-guerra)" se explica "como expressão do aumento da coerção moral exercida pelo aparelho estatal e social sobre os indivíduos e das crises mórbidas que esta coerção determina" (*Q 22*, 1, 2.140 [*CC*, 4, 242]).

Mas se deve ter atenção para não explicar toda a agitação do pós-guerra à luz de certo "libertinismo", de um relaxamento dos costumes, que de resto, para G., não atingiu senão muito parcialmente as massas trabalhadoras. Por exemplo, na velha Europa é a alteração da composição de classe que constitui o cancro profundo que impede o encerramento da crise: "No pós-guerra, a categoria dos improdutivos parasitários cresceu enormemente, em sentido absoluto e relativo, e é tal categoria que devora a poupança. Nos países europeus, ela é ainda maior do que na América etc. Portanto, as causas da crise não são 'morais' (fruições etc.), nem políticas, mas econômico-sociais, isto é, têm a mesma natureza da própria crise" (*Q 6*, 123, 793 [*CC*, 4, 305]). A hegemonia tem – e não pode não ter – também um preciso conteúdo econômico e sua crise é também a crise de suas bases econômico-sociais. Como *todo* o pós-guerra demonstrará.

Guido Liguori

Ver: aparelho hegemônico; crise; crise de autoridade; família; Grande Guerra; hegemonia; hitlerismo; libertinismo; Oriente-Ocidente; questão sexual; taylorismo.

positivismo

No *Q 1*, G. faz referência, sobretudo, aos "sociólogos do positivismo", os quais vinham consolidando e até teorizando as "opiniões já difusas" a propósito da "miséria" do Mezzogiorno, atribuída não a causas de ordem histórico-social e política, mas a fatores como "a incapacidade orgânica dos homens, sua barbárie, sua inferioridade biológica" (*Q 1*, 44, 47). Já em *Alguns temas da questão meridional*, ele se referira criticamente à "ideologia" do Mezzogiorno qual "bola de chumbo que impede progressos mais rápidos para o desenvolvimento civil da Itália" e apontara no Partido Socialista um dos veículos dessa ideologia, afirmando que ele havia dado "sua aprovação a toda literatura 'meridionalista' da igrejinha de escritores da assim chamada escola positiva, como os Ferri, os Sergi, os Niceforo, os Orano e os assecias menores", concluindo, por fim, que "mais uma vez a 'ciência' era dirigida no sentido de esmagar os miseráveis e os explorados", mas que, neste caso, "assumia cores socialistas, pretendendo ser a ciência do proletariado" (*CPC*, 140 [*EP*, 2, 410]).

Mas, para além dos "sociólogos do positivismo", G. se propõe a colocar no centro de sua atenção e de sua reflexão a questão do "positivismo filosófico" (expressão presente no *Q 1*, 53, 334). Nesse âmbito, é significativo o que afirma a respeito de De Man, visto como "um exemplar pedante da burocracia laborista belga", que acredita "ter feito descobertas grandiosas, porque repete como fórmula científica a descrição dos fatos empíricos": ele – afirma G. com clareza – é "um caso típico de positivismo que duplica o fato, descrevendo-o e formulando-o sinteticamente, e depois faz da formulação do fato a lei do fato" (*Q 4*, 31, 450).

O pensador sardo, ademais, associa o ceticismo "com o materialismo vulgar e com o positivismo" e fala da "impotência" da filosofia positivista para "explicar o mundo" (*Q 5*, 3, 572 [*CC*, 4, 191]). Muito relevante é o que G. afirma no *Q 7*, 47, 894, a propósito do manual de Bukharin sobre o materialismo histórico (*La teoria del materialismo storico. Manuale popolare di sociologia* [A teoria do materialismo histórico. Manual popular de sociologia]), que constitui objeto recorrente de crítica incisiva e detalhada no decorrer dos *Q*. O pensador sardo observa que o modo em que é posto por Bukharin o conceito de uma realidade objetiva do mundo exterior é "superficial e estranho ao materialismo histórico" e explicita, com ironia, que justamente a religião católica defendia com ímpeto, contra o idealismo, a tese da "'realidade' independente do homem pensante" (idem): observando bem – ele afirma – a Igreja, através dos jesuítas e, em particular, dos neoescolásticos, "tentou absorver o positivismo" para sustentar com mais força sua tese. Dessa forma, num brevíssimo parágrafo do *Q 8*, defendendo a oportunidade de escrever "um novo *Antidühring*" que agora se configuraria como "um anti-Croce", G. explica que em tal obra poderia ser resumida "não somente a polêmica contra a filosofia especulativa, mas também, implicitamente, aquela contra o positivismo e as teorias mecanicistas", que constituem a verdadeira "deterioração" do marxismo (*Q 8*, 235, 1.088).

Neste ponto de reflexão, a separação de De Sanctis em relação ao "idealismo especulativo" e sua aproximação "ao positivismo e ao verismo na literatura (simpatias por Zola)" são vistas por G. como uma tentativa de reação ao contraste entre "vida" e "ciência" (ou, sempre com linguagem desanctisiana, entre "ideal" e "real"), que na tradição italiana constituía "uma fragilidade da estrutura nacional-popular" (*Q 9*, 42, 1.122). Deve ser ressaltado também que, em referência às discussões sobre história e anti-história levantadas pelo panfleto de Adriano Tilgher (propriamente intitulado *Storia e Antistoria*), bem como pela fala de Croce no Congresso Filosófico de Oxford, G. observa que tais discussões não são mais que "a representação, nos termos da cultura moderna, da discussão surgida no fim do século passado nos termos do naturalismo e do positivismo" em torno do problema de "se a história e a natureza procedem por 'saltos' ou apenas por evolução gradual e progressiva" (*Q 8*, 203, 1.062-3: v. o Texto C correspondente no *Q 10* II, 28, 1.266 [*CC*, 1, 335]). Por fim, em sua crítica recorrente ao *Manuale* de Bukharin, G. tende não raro a insistir, de formas diferentemente articuladas, na aproximação com o positivismo. Por exemplo, no *Q 11*, 15, 1.404 [*CC*, 1, 121], afirma que o conceito de ciência que emerge do texto de Bukharin deve ser destruído criticamente, já que "é tomado por inteiro das ciências naturais, como se estas fossem a única ciência, a ciência por excelência, tal como foi definido pelo positivismo". Em outro ponto, G. faz referência aos chamados marxistas "ortodoxos" que, ligados essencialmente à "corrente particular da cultura do último quarto do século passado (positivismo, cientificismo)" (*Q 16*, 9, 1.854 [*CC*, 4, 31]), acreditaram fundar uma "filosofia" marxista, reconhecendo-a substancialmente "no materialismo tradicional" (ibidem, 1.855).

PASQUALE VOZA

Ver: Bukharin; ceticismo; Croce; De Man; De Sanctis; Engels; materialismo e materialismo vulgar; questão meridional; sociologia.

povo

"Os políticos improvisados perguntam, com a autossuficiência de quem sabe muito: 'O povo! Mas o que é esse povo? Quem o conhece? Quem um dia o definiu?'" (*Q 3*, 7, 293 [*CC*, 6, 157]). Os intelectuais se comportam da mesma maneira, perpetuando um distanciamento em relação aos grupos subalternos de origens antigas, que pode ser remetido ao momento da história da cultura em que a opção pelo retorno do latim como língua de comunicação religiosa, na aurora do desenvolvimento do vulgar, marca, como símbolo de domínio, a relação entre os estratos da sociedade, a partir da negação da linguagem, do saber e do conhecimento por parte de um sobre o outro. Não é por acaso que, na Itália, é a literatura o terreno em que é particularmente possível medir a distância entre as classes altas e as classes baixas, se até mesmo autores como Manzoni foram capazes de exprimir pelo povo "condescendente benevolência, não identificação humana" (*Q 7*, 50, 895 [*CC*, 6, 209]).

Mas não é fácil para G. definir o que é o "povo": por um lado, é justamente sua indeterminação que o impede de se tornar classe e de agir de forma clara no palco da história. Por outro lado, não deve ser considerado, como queriam Croce ou Labriola (*Q 7*, 1, 852 e *Q 8*, 200, 1.061), um estágio "infantil" da humanidade, ao qual se deve aplicar uma pedagogia paternalista, que tende a manter sua condição de inferioridade.

O povo não é nem histórica, nem geograficamente identificável com um mesmo grupo social, ou com vários grupos: é importante sempre pensar o povo em relação à pequena burguesia, ao menos até a revolução industrial, depois em relação ao proletariado, e também em relação aos intelectuais, ou mesmo à aristocracia em nações como a França, onde o povo assumiu um papel histórico bem preciso graças a seu amadurecimento, junto a outras classes, até o nível de povo-nação.

G. examina a noção também no que diz respeito a realidades geo-históricas como a América e a Ásia (*Q 4*, 49, 480-2), mostrando as enormes diferenças em relação à Itália. O povo não pode exprimir uma concepção própria do mundo, não é uma "coletividade homogênea", e esse é o elemento peculiar que o distingue: sua cultura, seu "senso comum" são compostos de uma multiplicidade de concepções do mundo que se justapõem e que derivam de uma série de elementos heterogêneos da religião, da ciência, da filosofia reelaborados em forma de folclore (*Q 1*, 89, 89 e *Q 5*, 156, 679 [*CC*, 6, 181]). Não se trata de uma cultura por si mesma alternativa à cultura do domínio, mas apenas de uma potencialidade alternativa, que permanece em estado de mero "subversivismo" se não se elevar graças à relação com a alta cultura (*Q 3*, 46, 323 [*CC*, 3, 189]), passando do nível da "espontaneidade" àquele da "direção consciente" (*Q 3*, 48, 328 [*CC*, 3, 194]). "O erro do intelectual consiste em acreditar que se possa *saber* sem compreender e, especialmente, sem sentir e ser apaixonado [...] não se faz história-política sem paixão, isto é, sem estar sentimentalmente unido ao povo" (*Q 4*, 33, 452).

Lea Durante

Ver: alta cultura; classe/classes; cultura popular; folclore/folklore; humildes; intelectuais; Manzoni; nação; nacional-popular; paixão; povo-nação; senso comum; simples; subversivismo.

povo-nação
O "povo-nação" é "o elemento permanente" que falta na história da Itália unida, mas é protagonista, entretanto, da história francesa, consentindo a esta última superar "as variações políticas" e desenvolver formas de "nacionalismo político e cultural que fujam aos limites dos partidos propriamente nacionalistas e impregnem toda a cultura" (*Q 3*, 82, 361-2 [*CC*, 6, 161]). "Os homens do *Risorgimento* fizeram do povo-nação um instrumento, degradando-o" (*Q 1*, 119, 11). Ou seja, tornaram-no instrumental àquele sentimento nacional retórico e anti-histórico que os intelectuais vinham construindo há tempos, tendo por base a mistificação segundo a qual a nação italiana, potencialmente, havia sempre existido e que se tratava apenas de torná-la real. A não alcançada maturidade, na Itália, do povo-nação, no sentido em que existia em outros países europeus, e sua posterior mortificação por parte, sobretudo, dos partidos de direita, é considerada por G. um fato intrinsecamente ligado à debilidade das instâncias mais democráticas que agiam no âmbito político do *Risorgimento* e à definitiva prevalência das instâncias liberais e conservadoras.

Para G., "o erro do intelectual consiste (em acreditar) que se possa *saber* sem compreender e, principalmente, sem sentir e estar apaixonado [...] isto é, que o intelectual possa ser um intelectual (e não um mero pedante) mesmo quando distinto e destacado do povo-nação [...] não se faz política-história sem essa paixão, isto é, sem essa conexão sentimental entre intelectuais e povo-nação" (*Q 11*, 67, 1.505 [*CC*, 1, 221-2]).

O povo-nação – que entrelaça e ultrapassa as noções de classe e de sociedade civil –, entendido como elemento fundamental de um processo histórico saudável, é, portanto, também o protagonista da reforma intelectual e moral na sua versão mais autêntica e, em definitivo, da autoeducação desejada por G. A classe culta, porém, foi historicamente incapaz de estabelecer um nexo orgânico com o povo-nação, o que implicou a consolidação de uma hegemonia cultural dos livros estrangeiros, sobretudo por meio da difusão de massa do romance de folhetim. A distância dos intelectuais italianos, tanto laicos quanto católicos, em relação ao povo-nação é tal que faz G. afirmar que "o elemento autóctone é mais estrangeiro do que os estrangeiros para o povo-nação" (*Q 21*, 5, 2.117 [*CC*, 6, 39]).

Lea Durante

Ver: classe/classes; hegemonia; intelectuais; intelectuais italianos; literatura de folhetim; nação; nacional-popular; paixão; povo; reforma intelectual e moral; *Risorgimento*; sociedade civil.

pragmatismo

O pragmatismo é um interesse constante na reflexão gramsciana, desde os escritos de juventude. No que se refere ao juízo de G. frente ao pragmatismo italiano, no caso de Papini e Prezzolini, dá-se uma verdadeira virada: de desmistificadores e iconoclastas intérpretes da cultura, aliados comuns na batalha contra o positivismo, eles se tornam, nas notas carcerárias, os mais reacionários intérpretes da cultura italiana. Em particular Papini, presente nos *Q* na recorrente rubrica "Os filhotes do padre Bresciani", que se transforma no emblema do filisteísmo católico: G. o chama de "o 'pio autor' da 'civilização católica'" (*Q 1*, 12, 10), "católico e anticrociano" (*Q 14*, 35, 1.692 [*CC*, 6, 241]). Prezzolini – presente na mesma rubrica – também é visto como a expressão de uma cultura não nacional-popular e de uma involução conservadora e reacionária própria de alguns literatos italianos que, no início do século XX, haviam criticado o provincianismo italiano. Referindo-se às revistas, G. afirma que o movimento da *La Voce*, de Prezzolini, "continuava, com mais maturidade, o *Leonardo* e se distinguia da *Lacerba*, de Papini, e da *Unità*, de Salvemini, porém mais da *Lacerba* que da *Unità*" (*Q 5*, 34, 570 [*CC*, 2, 113]).

No flanco lógico do pragmatismo italiano, G. conhece Vailati: nos *Q*, as referências aos escritos de Vailati ocorrem diversas vezes, em mérito à questão da tradutibilidade das linguagens científicas. No que se refere ao pragmatismo americano, porém, não é certo que G. tenha lido James com profundidade, antes do período no cárcere. É preciso recordar que a obra mais significativa do filósofo americano, *I principi di psicologia* [Os princípios de psicologia], foi traduzida e publicada, já em 1901 e sucessivamente em 1910, assim como tantas outras traduções de obras de James e de outros pragmáticos eram publicadas, nesses anos, nas colunas de *Il Leonardo* e, em seguida, da *La Voce*. G. cita os *Principi* numa carta à cunhada Tania de 25 de março de 1929, em que o define como "o melhor manual de psicologia" (*LC*, 249 [*Cartas*, I, 330]). Pode-se então dizer que, nos artigos de juventude, o pragmatismo é uma inspiração positiva: nele, G. encontra um aliado contra o excessivo poder da cultura oficial, de caráter positivista. Dessa antiga batalha de juventude encontram-se rastros no *Q 1*, 78 [*CC*, 1, 229], numa nota intitulada "Bergson, o materialismo positivista, o pragmatismo", em que G. extrai algumas passagens de um artigo do filósofo Balbino Giuliano.

Nos *Q*, entretanto, o discurso em torno do pragmatismo adquire um tom e um sentido totalmente diferentes em relação àqueles de simples testemunho ou de lembranças de simpatias nutridas na juventude. No *Q 1*, 74 (depois *Q 22*, 4 [*CC*, 4, 252]) – partindo de uma polêmica de Papini, que havia contraposto a corrente "supercosmopolita" [*Stracittà*], símbolo da dissolução dos valores, à corrente "super-regional" [*Strapaese*], "onde são protegidos [...] os dotes clássicos dos italianos" e onde se exprime o "fundamento católico, o sentido religioso do mundo" – G. define tal polêmica como nada mais que "um indício fugaz da polêmica entre o conservadorismo parasitário e as tendências inovadoras da sociedade italiana" (*Q 22*, 4, 2.151 [*CC*, 4, 253]). A infecundidade teórica e o parasitismo político dos intelectuais europeus, em particular italianos, incapazes de se confrontarem com as novas forças históricas e econômicas emersas no cenário mundial, são emblematicamente documentados em dois artigos que G. retoma como testemunho. O primeiro (*Q 1*, 74) é um artigo de Francesco Meriano, do qual G. fala com referência à antítese entre Supercosmopolitismo [*Stracittà*] e Super-regionalismo [*Strapaese*] no campo filosófico: a oposição "entre o voluntarismo, o pragmatismo, o ativismo identificável no *Stracittà* e o iluminismo, o racionalismo, o historicismo identificável no *Strapaese*". No segundo (*Q 22*, 4 [*CC*, 4, 252]), referindo-se a um artigo de Mino Maccari, G. destaca como a corrente "super-regional" se torna o símbolo de uma cultura cuja defesa quer "impedir que os contatos nocivos, confundindo-se com os que podem ser benéficos, corrompam a integridade da natureza e do caráter próprios da civilização italiana, depurada ao longo dos séculos e hoje ansiosa por uma síntese unificadora"; e G. acrescenta "já 'depurada', mas não 'sintetizada' e 'unificada'" (ibidem, 2.151 [*CC*, 4, 253]).

O problema é, portanto, a síntese entre "modernidade" e "modernismo", frente a uma modernização, aquela levada adiante pela indústria americana, ocorrida sem a mediação da modernidade (europeia); questão essa que G. começa a aprofundar através de duas perguntas que se coloca a partir do *Q 1*. Na primeira, ele se questiona: "Pode-se dizer do pragmatismo americano (James) o que Engels disse do agnosticismo inglês?", acrescentando: "Parece-me que no prefácio inglês a *Do socialismo utópico ao socialismo científico*" (*Q 1*, 34, 26 [*CC*, 1, 229], Texto B). Nessa obra, Engels define o agnosticismo inglês como "um materialismo que tem vergonha" (*Q, AC*, 2.467-8). A segunda é intitulada, não por acaso, *La filosofia americana*. G. faz referência a um artigo de Bruno Revel, "Cronaca di filosofia" [Notícia de filosofia], do qual uma parte era dedicada ao livro de Josiah Royce *Lineamenti di psicologia* [Elementos de psicologia], que G. cita como fonte a se estudar "no quadro da concepção americana de vida", a fim de entender se e quanta influência teve sobre ela o hegelianismo, expressão da filosofia moderna. G. coloca, aqui, um quesito fundamental para o desenvolvimento sucessivo do problema: "O pensamento moderno pode se difundir na América, superando o empirismo-pragmatismo, sem uma fase hegeliana?" (*Q 1*, 105, 97 [*CC*, 4, 285], Texto B). Entrelaçando a resposta a essa pergunta com o discurso que G. faz a propósito das tentativas de "revisão da filosofia da práxis" ocorridas no século XX – da qual o pragmatismo é um representante exemplar –, podemos compreender o nexo teórico de seu raciocínio.

A filosofia da práxis, afirma G. no *Q 4*, 3, 421-3 (também no *Q 16*, 9, 1.854-64 [*CC*, 4, 31]), "foi um momento da cultura moderna: numa certa medida, determinou ou fecundou algumas de suas correntes"; ela, G. prossegue, "sofreu uma dupla revisão, isto é, deu lugar a uma dupla combinação. De um lado, alguns de seus elementos, de modo explícito ou implícito, foram absorvidos e incorporados por algumas correntes idealistas (Croce, Sorel, Bergson etc., os pragmáticos etc.); de outro, os marxistas 'oficiais', preocupados em encontrar uma 'filosofia' que contivesse o marxismo, encontraram-na nas derivações modernas do materialismo filosófico vulgar" (*Q 4*, 3, 421). No *Q 16*, 9 [*CC*, 4, 31], G. faz outra observação extremamente interessante para o tema de que estamos tratando: "Pode-se observar, em geral, que as correntes que tentaram combinações da filosofia da práxis com tendências idealistas são, numa parte muito grande, de intelectuais 'puros', ao passo que a corrente que constituiu a ortodoxia era de personalidades intelectuais mais acentuadamente dedicadas à atividade prática e, portanto, mais ligadas (por laços mais ou menos extrínsecos) às grandes massas populares" (ibidem, 1.855 [*CC*, 4, 32]).

No âmbito dos intelectuais "puros" que "quebraram" a unidade própria do materialismo histórico entre teoria e práxis, é necessário, para G., fazer duas distinções: houve movimentos que realizaram uma revisão idealista guiada por um projeto intencional bem preciso; "como elaboradores das ideologias mais amplas das classes dominantes", eles utilizaram "o realismo historicista da teoria nova" para fortalecer "suas concepções e moderar o exagerado filosofismo especulativo"; um exemplo, acrescenta G., "é o representado pela redução crociana da filosofia da práxis a cânone empírico de investigação histórica" (ibidem, 1.856 [*CC*, 4, 32-3]). Mas enquanto "a absorção explícita" não é difícil de identificar, "ainda que ela deva ser analisada criticamente", é "delicada" a questão relativa às "absorções 'implícitas', inconfessadas, realizadas justamente porque a filosofia da práxis foi um momento da cultura moderna, uma atmosfera difusa, que modificou velhos modos de pensar mediante ações e reações não aparentes e não imediatas". Por essa razão, prossegue G., "parece que o estudo mais importante deva ser o da filosofia bergsoniana e do pragmatismo, para ver em que medida algumas de suas posições seriam inconcebíveis sem o elo da filosofia da práxis" (idem). É possível compreender melhor, assim, os dois quesitos iniciais do *Q 1*: se de fato, no *Q 16*, 9, 1.860 [*CC*, 4, 31], G. define a filosofia da práxis "uma filosofia que é também uma política e uma política que é também uma filosofia", porque é a expressão do "historicismo moderno" – também em sua forma "popular" (ibidem, 1.861 [*CC*, 4, 37]), que, porém, contém em si "um princípio de superação desse historicismo", enquanto o pragmatismo não foi contagiado pelo "germe" da filosofia moderna, é evidente que o pragmatismo americano é um materialismo inconsciente (que se envergonha), uma forma de empirismo, expressão de um vínculo tosco e imediato entre teoria e prática.

Apesar dessa constatação, G. rejeita um juízo definitivo sobre o pragmatismo, entendido como simples filosofia imediata da experiência, pois ele deve ser analisado criticamente, no contexto da estrutura política e social em que emerge. No *Q 17*, 22, 1.925-6 [*CC*, 1, 270], escreve G.: "O 'pragmatismo' (de James etc.) não pode ser criticado, ao que parece, se não se leva em conta o quadro histórico anglo-saxão, no qual nasceu e se difundiu. Se é verdade que toda filosofia é uma 'política' e que todo filósofo é, essencialmente, um homem político, tanto mais isso vale para o pragmatista, que constrói a filosofia 'utilitariamente' num sentido imediato" (ibidem, 1.925 [*CC*, 1, 270]). O pragmatismo é, para G., a expressão da cultura anglo-saxã, e, sobretudo, da mentalidade americana, em que é evidente a ausência de separação entre religião e vida cultural: "Nos países anglo-saxões", escreve G., "a religião é muito aderente à vida cultural cotidiana e não é burocraticamente centralizada e intelectualmente dogmatizada" (idem). Em todo caso, continua o texto, o pragmatismo escapa da esfera religiosa positiva e "tende a criar uma moral laica (de tipo não francês) [...] a criar uma 'filosofia popular' superior ao senso comum", é mais "um partido ideológico (imediato) do que um sistema de filosofia" (idem). É emblemática desse sistema de vida a filosofia de James, da qual G. retoma uma frase contida em *Le varie forme della coscienza religiosa. Studio sulla natura umana* [A variedade da consciência religiosa: estudo sobre a natureza humana]: "O melhor método para discutir os diversos pontos de qualquer teoria é começar por colocar em relevo qual a diferença prática que resultaria do fato de que uma ou outra das duas alternativas fosse a verdadeira" (idem). Com essa abordagem percebe-se "qual é a imediaticidade do politicismo filosófico pragmatista": enquanto o filósofo "individual, de tipo italiano ou alemão, está ligado à 'prática' mediatamente (e, frequentemente, a mediação é uma cadeia de muitos anéis), o pragmatista quer se ligar a esta prática imediatamente e, na realidade, revela-se desta forma que o filósofo de tipo italiano ou alemão é mais 'prático' do que o pragmatista, que julga a partir da realidade imediata, frequentemente vulgar, enquanto o outro tem um fim mais elevado, coloca o objetivo mais no alto e, desta forma, tende a elevar o nível cultural existente (quando tende, claro)". Por essa razão, "Hegel pode ser concebido como o precursor teórico das revoluções liberais do século XIX. Os pragmatistas, na melhor das hipóteses, contribuíram para criar o movimento do Rotary Club ou para justificar todos os movimentos conservadores e reacionários (para justificá-los de fato e não apenas por distorção, polêmica, como é o caso de Hegel e do Estado prussiano)" (ibidem, 1.926 [*CC*, 1, 270-1]).

Na realidade, para compreender a fundo a função histórica e política do pragmatismo americano, é necessário superar a posição de refluxo ideológico típica do intelectual europeu, que emite sentenças contra o estilo de vida "americano", assim como é necessário evitar lançar denúncias contra a proliferação do "*homem-massa*" (*Q 7*, 12, 861-3 [*CC*, 3, 259]) no mundo contemporâneo, logo após processos de reestruturação industrial, ligados à racionalização produtiva, por parte da indústria americana (fordismo). O fato de a cultura europeia não estar mais em condição de desenvolver uma função plenamente hegemônica motiva, segundo G., as posições anti-industrialistas típicas do intelectual pequeno-burguês europeu.

No *Q 22*, 15 [*CC*, 4, 279], ele cita a posição expressa por Pirandello sobre a "civilização americana e europeia", divulgada numa entrevista de 14 de abril de 1929, na qual o autor siciliano afirmara com alarme: "O americanismo nos arrasta". À pergunta pirandelliana se existe na América uma nova cultura, G. responde que "o problema não é saber se na América existe uma nova civilização, uma nova cultura", pois "o que se faz na América é apenas remoer a velha cultura europeia", ao passo que o problema é antes entender "se a América, com o peso implacável de sua produção econômica (isto é, indiretamente) obrigará ou está obrigando a Europa a uma transformação radical de sua estrutura econômico-social demasiadamente antiquada, o que ocorreria de qualquer modo, ainda que com ritmo lento, mas que, ao contrário, se apresenta desde já como uma consequência imediata da 'prepotência' americana; ou seja, se está ocorrendo uma transformação das bases materiais da civilização europeia, o que a longo prazo (e não muito longo, já que atualmente tudo é mais rápido que no passado) levará a uma transformação da forma de civilização existente e ao nascimento forçado de uma nova civilização" (ibidem, 2.178-9 [*CC*, 4, 280]). Assim sendo, para G., "o que hoje é chamado de 'americanismo' é, em grande medida, parte da crítica antecipada feita pelas velhas camadas que serão esmagadas pela possível nova ordem e que já são vítimas de uma onda de pânico social, de dissolução, de desespero, é uma tentativa de reação inconsciente de quem é impotente para reconstruir e toma como ponto de apoio os aspectos negativos da transformação" (ibidem, 2.179 [*CC*, 4, 280]).

O outro momento fundamental dos *Q* no desenvolvimento desse raciocínio é o *Q 1*, 61 [*CC*, 6, 346] (Texto C: *Q 22*, 2 [*CC*, 4, 242]), principalmente para compreender como a questão do americanismo se liga ao pragmatismo, que, sendo expressão da assimilação não crítica e elaborada da filosofia da práxis, logo, movimento de "revisão idealista implícito", é a própria superestrutura do americanismo: nele, "a ideologia nasce da fábrica" (ibidem, 70 [*CC*, 6, 346-9]). Nesse novo tipo de sociedade, "que não necessita de tantos intermediários políticos e ideológicos" e onde a "tradição" europeia, entendida como "sedimentações viscosamente parasitárias, legadas pelas fases históricas passadas", não pesa como uma "camada de chumbo", "a 'estrutura' domina mais imediatamente as superestruturas e estas são racionalizadas (simplificadas e reduzidas em número)" (ibidem, 72

[*CC*, 6, 346-9]), de modo que, segundo uma variante presente no *Q 22*, "a ausência da fase europeia assinalada, também no campo econômico, pela Revolução Francesa deixou as massas populares americanas em estado bruto" (*Q 22*, 2, 2.140 [*CC*, 4, 248]).

CHIARA META

Ver: americanismo; americanismo e fordismo; brescianismo; Engels; Europa; filosofia da práxis; fordismo; Papini; Prezzolini; psicologia; técnica do pensar; tradutibilidade; *Voce* (*La*).

prática: v. unidade de teoria-prática.

práxis: v. filosofia da práxis.

Prefácio de 59

O *Prefácio* à *Crítica da economia política*, publicado por Marx em 1859 como primeiro ensaio de um trabalho teórico mais amplo, tem uma importância extraordinária na história do marxismo. De fato, esse breve texto, exemplar pelo seu brilhantismo literário e por sua capacidade de sintetizar um percurso inteiro de pesquisa e de vida, foi eleito na Segunda Internacional como modelo de interpretação materialista da história, e as várias passagens argumentativas e as imagens nele presentes como núcleos teóricos em torno dos quais desenvolver o marxismo. Nesse quadro, uma leitura original é a de Antonio Labriola (*In memoria del Manifesto dei comunisti* [Em memória do Manifesto Comunista], 1965, p. 29-30), que valoriza o *Prefácio*, mas também o historiciza, mostrando como ele incide num momento de forte refluxo do movimento revolucionário. G., que nos escritos anteriores ao cárcere raramente recorre a Labriola, encontra nele um antídoto ao enrijecimento do marxismo no materialismo histórico. Depois de publicar (5 de janeiro de 1918), no *Grido del Popolo*, o terceiro parágrafo do ensaio de Labriola "Del materialismo storico" [Do materialismo histórico], sob o título de "Le ideologie nel divenire storico" [As ideologias no devir histórico], G. escreve (12 de janeiro), falando em nome da nova geração socialista: "Acreditam, então, que os cânones do materialismo histórico valem apenas *post factum*, para estudar e compreender os acontecimentos do passado, e não devem se tornar hipoteca sobre o presente e sobre o futuro" (*CF*, 555). Mais tarde, em 1925, numa situação muito diferente (nascera o PCdI e G. se tornara um político de destaque da Internacional Comunista), G. utiliza o *Prefácio* na primeira apostila da escola interna do partido (v. *RQ*, 122-3), omitindo, no entanto, a seguinte passagem, decisiva do ponto de vista da codificação do materialismo histórico: "Uma formação social não perece antes que não tenham se desenvolvido todas as forças produtivas para as quais ela é ainda suficiente, e que novas, mais altas relações sociais de produção não tenham tomado seu lugar, antes que as condições materiais de existência dessas últimas não tenham se desenvolvido no próprio seio da velha sociedade. Por isso a humanidade se coloca sempre apenas as tarefas que pode resolver; (se se observar com mais atenção, ver-se-á sempre que a própria tarefa surge apenas onde as condições materiais de sua resolução já existam ou, ao menos, estão em processo de formação)" (*QT*, 47). O trecho foi aqui reproduzido segundo a tradução feita do *Prefácio* no cárcere e que se baseia numa antologia (Marx, 1919, p. 43-6) que contém também outros textos igualmente traduzidos por G.: as Teses sobre Feuerbach, *Trabalho assalariado e capital*, o primeiro capítulo do *Manifesto do Partido Comunista* etc. Nessa antologia, o Prefácio leva o título "Il materialismo storico" [O materialismo histórico], mantido por G. em sua tradução. Pode-se dizer em síntese, portanto, que nos *Q* a releitura do *Prefácio de 59* assume um valor duplo: por um lado, retoma o confronto crítico com o materialismo histórico, que, como um fio condutor, atravessa todos os anos precedentes, como rapidamente se mostrou; por outro lado, contudo, pela primeira vez se torna o laboratório de um confronto com o que era considerada a viga-mestra do próprio materialismo histórico, um confronto que, agora, é textual e aprofundado.

A passagem supracitada do *Prefácio* foi omitida por G., como se disse, na apostila para a escola interna do partido. Nos *Q*, no entanto, G. a cita várias vezes, em princípio de memória, tendo por base sua própria tradução. A primeira referência está no *Q 4*, 38, 455: "1º) o princípio de que 'nenhuma sociedade se coloca tarefas para cuja solução já não existam as condições necessárias e suficientes' (ou elas não estejam em processo de desenvolvimento e de manifestação), e 2º) que 'nenhuma sociedade desaparece se antes não tiverem se desenvolvido todas as formas de vida que estão implícitas em suas relações'". O texto também é lembrado em outros momentos (*Q 7*, 4, 855 [*CC*, 1, 235]; *Q 7*, 20, 869 [*CC*, 6, 371]; *Q 8*, 195, 1.057 [*CC*, 3, 287]; *Q 10* II, 6, 1.244 [*CC*, 1, 314]). Como se nota, além da substituição de "forças produtivas" por "formas de vida" (ou, nos outros textos, "possibilidade de desenvolvimento" e "conteúdo potencial"), que em seguida será retificada (*Q 13*, 17, 1.759 [*CC*, 3, 36], em que, ao lado da repetição da paráfrase, é transcrita a tradução literal), há também a inversão dos dois "princípios". Essa inversão às vezes é mantida mesmo depois da correção do texto, como no *Q 11*, 22, 1.422 [*CC*, 1, 140], ao passo que no *Q 15*, 17, 1.774 [*CC*, 5, 321] o trecho é corretamente citado.

As peculiaridades aqui lembradas evidenciam certa liberdade de aproximação ao texto, liberdade que se confirma no registro da interpretação: para G., essas duas proposições não são somente dois princípios, são "os dois princípios do materialismo histórico", e devem ser mediadas dialeticamente: "A mediação dialética entre os dois princípios do materialismo histórico retomados no começo desta nota é o conceito de revolução permanente" (*Q 4*, 38, 456-7, outubro de 1930). O ponto de partida é o delineamento de uma história que procede por etapas que não se podem evitar, ditadas pelo desenvolvimento das forças produtivas; o ponto de chegada é uma concepção da história como idêntica à política (isso significa dizer "revolução permanente") e o encaminhamento de uma reescritura crítica do materialismo histórico, na qual a economia perde o papel de instância separada – e, por isso, determinante em relação ao resto da sociedade – e é englobada no conceito de "relações de forças".

Esse percurso, delineado no *Q 4*, 38, está completo no já lembrado Texto C do *Q 13*, 17 [*CC*, 3, 36], escrito em 1933. Do mesmo ano de 1933 data o *Q 15*, 17, 1.774 [*CC*, 5, 321], em que G. chega a esta conclusão: "O conceito de 'revolução passiva' deve ser deduzido rigorosamente dos dois princípios fundamentais de ciência política: 1) nenhuma formação social desaparece enquanto as forças produtivas que nela se desenvolveram ainda encontrarem lugar para um novo movimento progressista; 2) a sociedade não se põe tarefas para cuja solução ainda não tenham germinado as condições necessárias etc. Naturalmente, estes princípios devem ser, primeiro, desdobrados criticamente em toda a sua dimensão e depurados de todo resíduo de mecanicismo e fatalismo. Assim, devem ser referidos à descrição dos três momentos fundamentais em que se pode distinguir uma 'situação' ou um equilíbrio de forças, com o máximo de valorização do segundo momento, ou equilíbrio das forças políticas, e especialmente do terceiro momento, ou equilíbrio político-militar". Aqui o texto de Marx torna-se de "ciência política" e os dois princípios devem ser assumidos apenas depois de serem "depurados", isto é, "remetidos" à noção de relações de forças. O sentido do texto foi completamente invertido e pode ter lugar um desenvolvimento que, a partir do *Prefácio*, conduz à teoria da revolução passiva, isto é, à negação do determinismo econômico.

Mas o confronto, aqui descrito, de G. com o materialismo histórico não é uma pesquisa isolada. No seio do projeto de uma filosofia da práxis, ele é acompanhado por toda uma série de observações relativas a outros aspectos do *Prefácio*. Tais observações, em seu conjunto, constituem uma interpretação unitária e podem ser agrupadas sob duas rubricas: o significado e a função das ideologias e o estatuto metafórico dos argumentos utilizados por Marx. Quanto ao primeiro ponto, bastará remeter à seguinte passagem: "Para a questão da 'objetividade' do conhecimento segundo o materialismo histórico, o ponto de partida deve ser a afirmação de Marx (na introdução à *Crítica da economia política*, fragmento famoso sobre o materialismo histórico) de que 'os homens tornam-se conscientes (desse conflito) no terreno ideológico' das formas jurídicas, políticas, religiosas, artísticas ou filosóficas. Mas essa consciência é limitada somente ao conflito entre as forças materiais de produção e as relações de produção – como concretamente diz o texto marxista – ou se refere a qualquer consciência, isto é, a qualquer conhecimento? Este é o problema que pode ser resolvido com todo o conjunto da doutrina filosófica do valor das superestruturas ideológicas" (*Q 4*, 13, 454-5). G. admite se distanciar da letra do texto: se, de fato, se atribui às ideologias uma *função gnosiológica*, que em Marx é reservada à crítica científica (*Q 4*, 38, 463: "A tese de Marx – de que os homens adquirem consciência dos conflitos fundamentais no terreno das ideologias – tem um valor orgânico, é uma tese gnosiológica, não psicológica ou moral"), a distinção entre ciência e ideologia se torna problemática e o ponto de observação a partir do qual se opera a distinção entre base real e superestrutura acabará sendo colocado no interior da segunda.

Esse deslocamento não perde de vista a questão da verdade, mas a reformula nos termos da práxis, tendo por base as Teses sobre Feuerbach. Essa verdade, redefinida por Marx como "realidade e [...] poder" do pensamento que se pode demonstrar apenas na "atividade prática" (tese 2), é o substrato de uma concepção eficaz das ideologias como tantas outras diferentes modalidades dessa "demonstração", em que conhecimento e práxis política são a mesma coisa. Essa leitura é confirmada pela crítica do *Q 4*, 38, em que G., após ter recordado os dois princípios do materialismo histórico, acrescenta que no curso das crises históricas entram em conflito forças sociais "que 'tentam' demonstrar (em última análise, com os fatos, ou seja, com o próprio triunfo, mas de forma imediata com a polêmica religiosa, filosófica, política, jurídica etc.) que 'existem já as condições necessárias e suficientes para que determinadas tarefas possam e, portanto, devam ser resolvidas historicamente'" (ibidem, 455-6). Como se nota, a passagem do *Prefácio* é reescrita misturando seu léxico "ideológico" com aquele "veraz" das Teses sobre Feuerbach ("demonstrar"). O resultado desse deslocamento em relação à letra do texto é uma nova concepção de ideologia, desenvolvida não mais como alternativa à teoria da verdade, mas como parte integrante desta. Os dois princípios fundamentais do materialismo histórico, aqueles que o marxismo da Segunda Internacional havia lido em registro evolucionista, isolando a vontade-política e subordinando-a à história-economia, são interpretados retrospectivamente, graças às Teses sobre Feuerbach, como atualização do conceito de "revolução em permanência".

O filão atento ao estatuto das metáforas presentes no *Prefácio* também concorda com essa interpretação. Já no *Q 1*, 113, 100-1, G. observa: "A expressão de Marx no prefácio à *Crítica da economia política* (de 1859) 'assim como não se julga o que um indivíduo é por aquilo que ele parece para si mesmo' pode ser associada à reviravolta ocorrida nos procedimentos penais e às discussões teóricas a respeito, relativamente recentes na época". A anotação volta mais vezes a seguir: No *Q 8*, 207, 1.065 [*CC*, 6, 379], é cotejada à outra imagem, igualmente presente no *Prefácio*, da economia como anatomia da sociedade civil. G. nota que o conhecimento da "origem da metáfora usada para indicar um conceito recentemente descoberto ajuda a compreender melhor o próprio conceito, que é relacionado ao mundo cultural e historicamente determinado em que surgiu". No texto precedente, dedicado à *Storia del materialismo* [História do materialismo] de Friedrich Albert Lange, G. observara: "Poder-se-á ver assim como a terminologia tem sua importância em determinar erros e desvios, quando se esquece que a terminologia é convencional e que é preciso sempre remontar às fontes culturais para identificar o valor exato dessa terminologia, já que sob uma mesma fórmula convencional podem se aninhar diferentes conteúdos" (*Q 8*, 206, 1.065). E "Questões de terminologia" é justamente como se intitula o *Q 8*, 207 [*CC*, 6, 379], no qual já se manifesta implicitamente um juízo preciso sobre o valor de posição originário de ambas as afirmações. No caso da metáfora anatômica, esse valor de posição está no vínculo com a linguagem das ciências naturais à época de Marx, com sua função culturalmente progressista e com a ideia democrática de "verdade" a elas ligada (e, por conseguinte, com a força polêmica que ela carregava em si), como é explicitado na segunda redação, *Q 11*, 50, 1.474 [*CC*, 1, 191], "História da terminologia e das metáforas", em que G. precisa que "a metáfora se justificava também pela sua 'popularidade', isto é, pelo fato de oferecer, mesmo a um público não refinado intelectualmente, um esquema de fácil compreensão (não se leva quase nunca em sua devida conta o seguinte fato: que a filosofia da práxis, propondo-se reformar intelectual e moralmente estratos sociais culturalmente atrasados, recorre a metáforas por vezes 'grosseiras e violentas' em seu caráter popular)"; por isso é necessário sempre "precisar o limite da própria metáfora" para "impedir que ela se materialize e se mecanize" (idem), enfatizando exclusivamente algo que estava presente na imagem inicial apenas como acessório polêmico (a historiografia espiritualista: *Q 10* II, 41.XII, 1.321 [*CC*, 1, 389], em que também é lembrada a passagem do *Prefácio* de caráter jurídico: "Seria necessário estudar quais foram as correntes historiográficas contra as quais a filosofia da práxis reagiu no momento da sua fundação, bem como quais eram as opiniões mais difundidas naquele tempo, inclusive com relação às outras ciências. As próprias imagens e metáforas às quais recorrem frequentemente os fundadores da filosofia da práxis fornecem indicações a este respeito"). O conteúdo *positivo* da metáfora não supera, porém, o apelo à necessidade de "aprofundar as pesquisas metodológicas e filosóficas" (*Q 8*, 240, 1.091), retomado em variações no *Q 10* I, 13, 1.238 [*CC*, 1, 306]).

Refletindo sobre as duas metáforas, anatômica e jurídica, presentes no *Prefácio*, G. reconduz a própria dicotomia base-superestrutura a uma expressão metafórica, cuja função é polêmica. O caráter "grosseiro e violento" dessas metáforas não é uma forma de reduzir seu significado, mas de restituir-lhes a função política e também "sarcástica" ("historicista", de "transição": *Q 1*, 29, 23) que era própria delas. Ao contrário, o erro está em confiná-las a uma literalidade que não possuem, extraindo delas uma teoria da verdade que separa claramente a ciência da política, a história das relações de força.

A reativação das metáforas não pode ultrapassar este nível, crítico-negativo, que consiste em limitar a capacidade teórica de uma determinada expressão, recuperando conteúdos e intenções de uma determinada "linguagem" (neste caso, o marxismo) que foram perdidos. Mas essa síntese artificial de expressão e significado é possibilitada pela concepção prático-política do pensamento e, logo, da linguagem. Essa *pars destruens* é condicionada por uma *pars construens*, que é o realce do valor prático-político – e, portanto, veraz – das diversas linguagens, ou melhor, ideologias: a teoria da traduzibilidade das linguagens. De fato, no texto seguinte (*Q 8*, 207 [*CC*, 6, 379], "Questões de terminologia"), intitulado "Traducibilità (reciproca) delle culture nazionali" [Tradutibilidade (recíproca) das culturas nacionais], G. volta a um tema já abordado no *Q 1*, dando continuidade à meditação sobre o modo em que as línguas-ideologias nacionais francesa e alemã "incorporaram" os interesses das respectivas burguesias, direcionando-as, por vias diversas e até opostas, a um objetivo comum, "revolucionário" (*Q 8*, 208, 1.066-7).

Bibliografia: Badaloni, 1977; Gerratana, 1997a; Paggi, 1984b.

Fabio Frosini

Ver: estrutura; filosofia da práxis; ideologia; Marx; relações de força; revolução passiva; sarcasmo; tradutibilidade.

presente: v. passado e presente.

prestígio

O frequente uso do termo nos escritos carcerários de G. não parece, em si, algo relevante ou particularmente significativo. Ele o utiliza para indicar influência ou estima na mentalidade popular, e não o relaciona nunca à hegemonia ou às suas discussões sobre a linguagem, embora tenha se defendido que o conceito linguístico de "prestígio" e o termo relacionado, "fascínio", vigentes na linguística do século XIX e desenvolvidos analiticamente pelo professor de linguística de Bartoli, mestre, por sua vez, de G., foram importantes na formação do pensamento gramsciano e estão na base do seu conceito de "hegemonia" (Lo Piparo, 1979). Segundo essas teses, G. traduziu o conceito de prestígio de Bartoli no conceito de hegemonia, substituindo o primeiro pelo último após "um longo e tortuoso processo de pensamento" impossível de ser explicado (ibidem, 104-5). A maioria dos estudiosos aceita a tese pela qual a formação linguística de G. foi importante para seu projeto de pesquisa no cárcere.

Bartoli havia utilizado os conceitos linguísticos de "prestígio" e "fascínio" para combater o positivismo dos neogramáticos e para evidenciar que a transformação da linguagem está ligada à cultura e à política, um ponto que G. certamente comunga. Bartoli utilizou tais conceitos para examinar o modo em que as formas linguísticas foram adotadas e adaptadas por outras linguagens e outros dialetos. Suas análises também incluem uma tese fundamental retomada por G. no cárcere: a adoção era aparentemente espontânea e baseada no conceito de "consenso dos falantes".

Na sua análise sobre as "relações de força" (*Q 13*, 17, 1.578-89 [*CC*, 3, 36]), discutindo o "quadro de conflitos superiores ao mundo econômico imediato", G. defende que eles estão "ligados ao 'prestígio' de classe (interesses econômicos futuros)" (ibidem, 1.587 [*CC*, 3, 36]). G. não utiliza aspas na maioria das outras vezes, mas, levando em conta a tese de Lo Piparo, é evidente que utiliza "prestígio" nos contextos em que combate o economicismo (*Q 13*, 18 [*CC*, 3, 46]) ou quando analisa a interação entre fatores econômicos e ideológicos.

Peter Ives

Ver: economismo; hegemonia; linguagem; relações de força.

previsão

Na primeira fase dos *Q*, apresenta-se uma distinção entre previsão como conhecimento do futuro e o conhecimento do presente. Por volta da metade do ano de 1930, G. medita sobre o significado da figura de Cavalcanti no canto X do Inferno de Dante (*Q 4*, 78-87, 516-31 [*CC*, 6, 17-29]). Este "vê o passado e vê o futuro, mas não vê o presente, uma zona determinada do passado e do futuro na qual está compreendido o presente" (*Q 4*, 78, 517 [*CC*, 6, 18]). G. retoma um artigo de 1918, "Il cieco Tiresia" [O cego Tirésias] (em que refletira sobre o significado a se atribuir à história de uma menina que havia "previsto" o fim da Primeira Guerra Mundial antes de ficar cega), para notar que "na tradição literária e no folclore, o dom da previsão está sempre ligado à enfermidade atual do vidente, que, embora veja o futuro, não vê o presente imediato por ser cego" (*Q 4*, 85, 527 [*CC*, 6, 27]). Numa fase muito mais avançada dos

Q (1934-1935), G. volta ao tema da aflição causada no mundo moderno pela "não 'previsibilidade do amanhã'" (*Q 21*, 13, 2.133 [*CC*, 6, 54]), atribuindo essa ânsia à crescente "precariedade da própria vida cotidiana" (idem) e à dissolução dos fundamentos sociais das formas tradicionais de expectativa (*Q 14*, 50, 1.709 [*CC*, 3, 310]).

Ao criticar a representação crociana da teoria do valor de Marx como "comparação elíptica", G. sustenta que o conceito crociano, uma vez aplicado ao campo da história, não faria mais que implicar uma distinção dogmática entre passado e futuro, e tornaria impensável o desenvolvimento histórico: "A história é uma comparação implícita entre o passado e o presente [...]. E por que seria ilícita a elipse quando a comparação é feita com uma hipótese futura, ao passo que seria lícita se feita com um fato passado?" (*Q 10* II, 41.VI, 1.311 [*CC*, 1, 380]; v. também *Q 7*, 42, 891). É precisamente o conceito crociano de previsão, nos fatos, que sustenta uma comparação elíptica que eterniza um conceito particular do presente, reduzido às suas determinantes históricas: uma concepção conservadora em que "a previsão não é mais que um juízo especial sobre a atualidade" (*Q 10* II, 41.VI, 1.311 [*CC*, 1, 380]; v. também *Q 15*, 36, 1.790 [*CC*, 1, 449]).

G. reconhece as consequências políticas da posição de Croce na "sua aversão aos 'partidos políticos' e no seu modo de pôr a questão da 'previsibilidade' dos fatos sociais" (*Q 13*, 1, 1.557 [*CC*, 3, 15]): "Se os fatos sociais são imprevisíveis e o próprio conceito de previsão é nada mais do que um som, o irracional não pode deixar de dominar e toda organização de homens é anti-história, é um 'preconceito'" (idem). Neste caso, "o oportunismo" de um presente que ratifica a si mesmo se torna "a única linha política possível" (idem). G. relaciona essa dimensão da concepção crociana do tempo histórico com seu comportamento especulativo e com a noção da "história como projeto", que pressupõe uma concepção meramente formal da dialética, concebida como o processo predeterminado – "'previsto' como se repetindo mecanicamente até o infinito" (*Q 8*, 225, 1.083) –, que desmascara uma tese que se mantém intacta no momento de sua negação, no intuito de ressurgir como a "verdade" da síntese. Para G., portanto, "a posição de Croce é como aquela de Proudhon criticada na *Miséria da filosofia*", ou seja, um "hegelianismo domesticado" (idem).

Na concepção bukhariana da ciência, por outro lado, G. identifica uma noção de previsão igualmente abstrata, pois fundada na "busca das causas essenciais, ou melhor, da 'causa primeira', da 'causa das causas'", a fim de garantir previsões a respeito dos desenvolvimentos futuros. Tal tentativa "de resolver peremptoriamente o problema prático da previsibilidade dos acontecimentos históricos" (*Q 11*, 15, 1.403 [*CC*, 1, 121]) pressupõe "critérios construídos sobre o modelo das ciências naturais" (*Q 11*, 26, 1.432 [*CC*, 1, 149]), que, todavia, como G. sustentará em seguida, não compreendem a natureza experimental da prática científica moderna (*Q 15*, 50, 1.811 [*CC*, 3, 342]). Diante da concepção bukhariana do marxismo como sociologia, G. objeta que "a sociologia é [...] uma tentativa de extrair 'experimentalmente' as leis de evolução da sociedade humana, de maneira a 'prever' o futuro com a mesma certeza com que se prevê que de uma semente nascerá uma árvore" (*Q 11*, 26, 1.432 [*CC*, 1, 150]). G. posteriormente esclarece as razões históricas e políticas por que uma tal relação com o tempo histórico poderia se difundir no movimento operário e a necessidade de superá-la: "É necessário colocar corretamente o problema da previsibilidade dos acontecimentos históricos para estar em condições de criticar exaustivamente a concepção do causalismo mecânico, para esvaziá-la de qualquer prestígio científico e reduzi-la a puro mito, que talvez tenha sido útil no passado, em um período atrasado de desenvolvimento de certos grupos sociais subalternos" (*Q 11*, 15, 1.404 [*CC*, 1, 122]).

É na crítica da economia política que G. encontra as linhas gerais para a noção de previsão racional, fundada no princípio da experimentação científica como uma relação ativa de conhecimento. As reflexões sobre o significado filosófico de Ricardo em 1932 e o delineamento de uma noção não metafísica da imanência exercem um papel particularmente importante no desenvolvimento da noção de "previsibilidade", "conceito de regularidade e de necessidade no desenvolvimento histórico": a "necessidade" entendida "no sentido 'histórico-concreto'" e não "especulativo-abstrato", como a presença de "uma *premissa* eficiente e ativa", que se torna "operosa" num cálculo consciente de meios e fins (*Q 11*, 52, 1.477 [*CC*, 1, 194]). Nesse contexto, torna-se central "o conceito e fato do 'mercado determinado', isto é", a "observação científica de que determinadas forças decisivas e permanentes surgiram historicamente, forças cuja ação se manifesta com um certo 'automatismo', que permite um certo grau de 'previsibilidade' e de certeza para o futuro com relação às iniciativas individuais que se adequam a tais forças, após tê-las intuído e compreendido cientificamente. 'Mercado determinado' equivale, portanto, a dizer 'determinada correlação de forças sociais em determinada estrutura do aparelho de produção', correlação que é garantida (isto é, tornada permanente) por uma determinada superestrutura política, moral, jurídica" (idem).

Mas é, sobretudo, na relação entre previsão e programa político que G. identifica um novo conceito de previsão racional. Em relação ao conceito de ciência, ele argumenta que "na realidade, é possível prever 'cientificamente' apenas a luta, mas não os momentos concretos dela, que não podem deixar de ser resultados de forças contrastantes em contínuo movimento, sempre irredutíveis a quantidades fixas, já que nelas a quantidade transforma-se continuamente em qualidade. Na realidade, pode-se 'prever' na medida em que se atua, em que se aplica um esforço voluntário e, desta forma, contribui-se concretamente para criar o resultado 'previsto'" (Q 11, 15, 1.403 [CC, 1, 121--2]). Pouco depois, em 1933, G. esclarece essa perspectiva em termos políticos e dialéticos, defendendo que "prever significa apenas ver bem o presente e o passado como movimento: ver bem, isto é, identificar com exatidão os elementos fundamentais e permanentes do processo" (Q 15, 50, 1.810 [CC, 3, 342]). Previsão e previsibilidade são aqui integradas na noção de programa, como organização ativa de relações dadas, com o objetivo de "fazer triunfar" uma previsão particular, que, como perspectiva-guia, "é justamente um elemento desse triunfo" (idem). Contrariamente a Bernstein, para G., "a perspectiva dos fins concretos" (Q 9, 6, 1.110) não é fundamental somente para guiar um movimento à formação de uma vontade coletiva, mas tem também a função de integrar a previsão do futuro no presente, na forma concreta de direção, ou seja, na forma histórico-experimental de um projeto hegemônico que busca construir o futuro sobre a base dos dados do presente.

PETER THOMAS

Ver: Bukhárin; comparação elíptica; Croce; Dante; historicismo; mercado determinado; relações de força; Ricardo; sociologia.

previsibilidade: v. previsão.

Prezzolini, Giuseppe
Giuseppe Prezzolini aparece com frequência nas notas carcerárias, algumas vezes simplesmente por meio da citação de algum de seus trabalhos (por exemplo, no Q 6, 31, 708-9 [CC, 2, 139]). Em princípio, G. o considera na condição de promotor de uma das revistas-modelo italianas, a saber, La Voce (Q 1, 35, 26). A propósito da revista prezzoliniana, G. declara que seu idealizador deveria lembrar que não apenas ela influenciou muitos elementos socialistas e foi "um elemento do revisionismo", mas também que muitos "vocianos", a começar pelo próprio Prezzolini, colaboraram "ao primeiro Popolo d'Italia" (Q 1, 90, 91 [CC, 2, 61]). Apesar disso, G. reconhece na Voce uma predisposição, embora caótica, a trabalhar "por uma reforma intelectual e moral no período anterior à guerra" (Q 5, 94, 626 [CC, 6, 175]).

É muito dura a posição gramsciana sobre Prezzolini no que se refere ao apoio dado ao comportamento "equívoco de Croce frente ao modernismo" (Q 10 II, 41.IV, 1.304 [CC, 1, 361]), em relação ao qual Prezzolini se comportou como um "padreco" (ibidem, 1.305). Da mesma maneira, G. se mostra crítico a respeito da interpretação tendenciosa que Prezzolini faz do amplo, embora "complexo e multilateral", movimento que tentou impor a "questão meridional" à atenção dos italianos, movimento do qual o mesmo Prezzolini foi "uma típica encarnação" (Q 19, 24, 2.023 [CC, 5, 62]).

No Q 23, em um primeiro momento, G. julga Prezzolini como pertencente àquela geração de intelectuais que, apesar de terem falido, não podem ser minimamente comparados aos intelectuais contemporâneos, "asnos feios também quando pequenos" (Q 23, 10, 2.202 [CC, 6, 80]). Logo depois, contudo, G. se lança contra a xenomania de Prezzolini, que, para não ter de reconhecer a própria incapacidade ou seu "jesuitismo sofístico singular" (Q 23, 31, 2.217 [CC, 6, 92]), chega a proclamar a inferioridade de um povo inteiro: "Esses homens, ainda que por vezes alardeiem um nacionalismo dos mais exacerbados, deveriam ser registrados pela polícia entre os elementos capazes de espionar contra seu próprio país" (Q 23, 14, 2.205 [CC, 6, 82]).

LELIO LA PORTA

Ver: Croce; Gobetti; modernismo; questão meridional; Voce (La).

prisão: v. cárcere ou prisão.

progresso
G. fala de progresso perguntando-se se determinados fenômenos são compatíveis com ele (por exemplo, o

islamismo) ou se determinados fenômenos devem ser avaliados como um progresso (por exemplo, o "beletrismo histórico": *Q 11*, 9, 1.372 [*CC*, 1, 90]). Em todos os casos parecem ser válidos os seguintes critérios: "Julgar os acontecimentos no quadro histórico do próprio país [...]. A posição de um país deve ser avaliada pelos progressos ou regressos verificados naquele mesmo país e não pode ser mecanicamente comparada à posição de outros países no mesmo momento. A comparação entre Estado e Estado tem importância, já que [...] um país pode progredir, mas se em outros o progresso foi maior ou menor, modifica-se a posição relativa" (*Q 7*, 101, 928 [*CC*, 2, 241]). Além disso, uma conquista progressiva (por exemplo, o sufrágio universal) pode entrar em conflito com o próprio progresso.

Ao contrário de Croce, G. sustenta que na "esfera da ciência e do pensamento [...] existe o progresso e deve existir o progresso metódico e da técnica exatamente como nas ciências experimentais" (*Q 4*, 18, 439). Mas G. também critica com insistência a ideologia do progresso das correntes positivistas: "O progresso científico fez nascer a crença e a espera por um novo tipo de Messias, que realizará nesta terra o Eldorado" (*Q 11*, 39, 1.458 [*CC*, 1, 176]). G. distingue também progresso e devir: "O progresso é uma ideologia, o devir é uma concepção filosófica. O 'progresso' depende de uma determinada mentalidade, de cuja constituição participam certos elementos culturais historicamente determinados [...]. Na ideia de progresso está subentendida a possibilidade de uma mensuração quantitativa e qualitativa: mais e melhor. Supõe-se, portanto, uma medida 'fixa' ou fixável, mas essa medida é dada pelo passado, por uma certa fase do passado, ou por certos aspectos mensuráveis" (*Q 10 II*, 48, 1.335 [*CC*, 1, 403]). Enfim, a relevância do conceito de progresso é tal que "todo o materialismo histórico é uma resposta" à "discussão entre reformistas e revolucionários sobre o conceito e o fato do desenvolvimento ou do progresso" (*Q 8*, 210, 1.068).

LUDOVICO DE LUTIIS

Ver: Croce; devir; positivismo.

proibicionismo
G. vê no proibicionismo estadunidense dos anos 1920 e 1930 algo mais profundo que a simples fonte da "delinquência organizada" (diferente dos fenômenos de banditismo de épocas anteriores: *Q 21*, 10, 2.162 [*CC*, 6, 51]) e do "romantismo" ligado aos contrabandistas e reforçado por métodos brutais e pela corrupção da polícia (*Q 8*, 117, 1.009 [*CC*, 4, 311]). Em sua opinião, "a racionalização do trabalho e o proibicionismo estão duplamente interligados" (*Q 21*, 11, 2.164 [*CC*, 6, 53]), aliás, o proibicionismo era à época uma das condições necessárias "para desenvolver o novo tipo de trabalhador conforme a indústria fordista", à qual os operários não se opusessem (*Q 22*, 1, 2.139 [*CC*, 4, 241]). G. associa várias vezes o discurso sobre o proibicionismo à criação de uma nova ética sexual, vendo entre ambos uma maneira de conformar os trabalhadores aos "novos métodos de produção" (*Q 22*, 3, 2.150 [*CC*, 4, 249] e *Q 22*, 10, 2.162 [*CC*, 4, 262]). Os altos salários deveriam ser bem gastos para manter e aumentar a "eficiência muscular-nervosa" do trabalhador, para a qual o álcool era considerado um perigo.

O proibicionismo atingia de forma desigual as diferentes classes sociais. As massas trabalhadoras não tinham tempo para consumir álcool nem dinheiro para comprar aquilo que se transformara em mercadoria de luxo. As classes superiores, por sua vez, podiam se esquivar da proibição ao consumo de álcool, seja pagando o custo de um bem fora da lei, seja dirigindo-se ao exterior, sobretudo à Europa. Os dois diferentes modos de enfrentar o problema poderiam, segundo G., levar a uma fissura entre as classes, "entre a moralidade-costume dos trabalhadores e a moralidade dos outros estratos da população", e a tornar mais complicada a "coerção sobre as massas trabalhadoras para conformá-las às necessidades da nova indústria". Tal divisão também teria conduzido a uma "fratura psicológica" e a uma aceleração da cristalização das classes sociais, transformando-as em castas "como as existentes na Europa" (*Q 22*, 11, 2.167 e 2.169 [*CC*, 4, 265-72]).

DEREK BOOTHMAN

Ver: altos salários; americanismo; americanismo e fordismo; fordismo; libertinismo.

proletariado: v. classe operária.

propaganda
G. entende positivamente a propaganda como tarefa de toda associação que deseja obter para "seus aderentes ativos (militantes) possibilidades morais e materiais de alcançar fins objetivos ou vantagens pessoais ou, ainda, as duas coisas juntas" (*Q 2*, 75, 230 [*CC*, 3, 161]). Num

determinado sistema de produção, a origem unitária da classe dominante reside, segundo G., na coincidência indissociável de "conquista do poder e afirmação de um novo mundo produtivo", e a "propaganda por uma é a propaganda pela outra" (*Q 1*, 150, 132 [*CC*, 6, 349-50]).

No *Q 23*, 51, 2.247 [*CC*, 6, 119], o termo é contraposto a "arte" e é transformado em sinônimo de "conteúdo moral extrínseco". A propósito da literatura de propaganda, G. fala das reações universalmente repressivas da literatura católica "à la padre Bresciani", definindo-as "'milícia', propaganda, agitação, e não ingênua efusão de sentimentos" (*Q 1*, 72, 81): a liberdade criadora desapareceu e "tudo é 'propaganda', é polêmica, é negação" (*Q 3*, 41, 319). No *Q 2*, 91, 249 [*CC*, 3, 172], a literatura francesa da Restauração é considerada "de propaganda" e "mais demagógica" do que aquela da classe revolucionária, que, ao contrário, lutava para se dotar de uma cultura consciente e responsável.

G., por fim, acredita que a história italiana tenha sido um "*querer ser*, não um dever ser" (*Q 3*, 82, 362 [*CC*, 6, 161]), visível na falta de objetividade da propaganda das tendências políticas do século XIX. A fragilidade dos partidos políticos italianos do *Risorgimento* em diante consistiu em "um desequilíbrio entre a agitação e a propaganda" (*Q 3*, 119, 386 [*CC*, 3, 201]), cuja causa primeira foi tanto a estrutura econômica e social atrasada do país quanto a incapacidade dos governos de harmonizar os interesses nacionais. Portanto, defender a existência de uma continuidade e de uma unidade da cultura nacional italiana é apenas uma afirmação retórica de "mera propaganda sugestiva", "um ato prático, que tende a criar artificialmente aquilo que não existe" (*Q 23*, 57, 2.251 [*CC*, 6, 124]).

Manuela Ausilio

Ver: educação; ideologia; nacional-popular; partido.

propriedade

A propriedade, na acepção marxiana que lhe dá G., é a expressão de uma relação social, por sua vez, sempre relativa, num determinado período histórico (*Q 11*, 30, 1.443 [*CC*, 1, 160]) e, enquanto tal, objeto de "divisão e de luta" (*Q 4*, 25, 443). No mundo ocidental, observa G., "a concepção de Deus liga-se estreitamente à concepção de propriedade e de proprietário" (*Q 6*, 167, 819 [*CC*, 4, 106]). G. dedica inúmeras observações à grande propriedade fundiária, que, quase inteiramente nas mãos da aristocracia, do clero e da pequena burguesia, determinou a criação de "classes numerosas sem uma função no mundo da produção, isto é, classes absolutamente parasitárias" (*Q 1*, 61, 70 [*CC*, 6, 346]). Tais classes lucram transferindo suas próprias terras aos camponeses, por meio da "meação primitiva (ou seja, aluguel pago *in natura*) ou em enfiteuse" (ibidem, 71 [*CC*, 6, 347]; o *Q 2*, 55 [*CC*, 5, 183] é dedicado à enfiteuse), ganhos que poderiam não somente servir para o sustento dessas classes, mas também para serem destinados à poupança. Em Nápoles (mas essa situação, recorda G., é comum a toda uma série de cidades médias e pequenas não apenas do Mezzogiorno, mas também da Itália central e setentrional), foi em torno a essas famílias que se constituiu a parte mais importante da cidade, com atividades artesanais e comerciais, em detrimento da indústria produtiva.

Não se trata, porém, de um fato exclusivo da Itália, mas europeu em geral, o que determinou o atraso do Velho Continente em relação ao Novo, onde a ausência dessas "sedimentações viscosamente parasitárias deixadas pelas fases históricas passadas" ofereceu "uma base saudável para a indústria e especialmente para o comércio" (*Q 22*, 2, 2.145 [*CC*, 4, 242-9]). Daí, de acordo com G., a necessidade de uma reforma agrária, fundada na "abolição da renda da terra como renda de uma classe não trabalhadora e sua incorporação ao organismo produtivo, como poupança coletiva destinada à reconstrução e a ulteriores progressos" (*Q 22*, 14, 2.177 [*CC*, 4, 278]).

Vito Santoro

Ver: parasitismo.

prostituição

É no quadro da "questão sexual" que o problema da prostituição é colocado nos *Q*. Na nota mais orgânica sobre o tema (*Q 22*, 3 [*CC*, 4, 251]), G. observa como "toda crise de coerção unilateral no campo sexual traz consigo um desregramento 'romântico', que pode ser agravado pela abolição da prostituição legal e organizada". O significado, neste caso, de "unilateral", é evidenciado no parágrafo anterior, em que se insiste na necessidade da "formação de uma nova personalidade feminina", não apenas como conquista de uma "independência em face do homem", mas também como "um novo modo de conceber a si mesma e a seu papel nas relações sexuais". Antes de se realizar tal revolução, "a questão sexual continuará repleta de aspectos morbosos e será preciso ter cautela em qualquer inovação legislativa" (ibidem, 2.149-50 [*CC*, 4, 251]). G., portanto, considera a prostituição "legal" não apenas e não tanto como um efeito da "repressão dos instintos sexuais" arraigada em toda forma de organização social, quanto como o sintoma de uma economia sexual de cuja determinação as mulheres não tomam parte, limitando-se a encarnar uma série de funções atribuídas a elas pelo "machismo". Acrescenta-se ao problema ético-jurídico da prostituição legal, sempre no *Q 22*, a questão da "prostituição real" e da "mentalidade de prostituição" (*Q 22*, 11, 2.169 [*CC*, 4, 265]). Estas últimas são estigmatizadas por G. como fissuras no interior do puritanismo estadunidense e sintoma de um descolamento entre a ética das classes dirigentes masculinas e uma espécie de autonomização reativa da ética sexual das classes superiores femininas (ibidem, 2.164-9), incapazes de rever em profundidade o próprio papel na economia sexual. Também nesse caso a prostituição – embora "estendida" – parece ligada à dificuldade e à exigência, por parte da mulher, de redefinir a própria posição nas relações sexuais.

Livio Boni

Ver: feminismo; questão sexual.

protecionismo: v. liberismo.

Proudhon, Pierre-Joseph
De Proudhon, G. destaca, antes de tudo – na esteira de um ensaio de Sorel –, a ideologia da certeza do direito como instrumento de emancipação do povo (*Q 4*, 31, 449). Se essa insistência, como afirma Sorel, chega a Proudhon por sua proximidade sentimental com o mundo camponês, ao lado de sua inutilidade do ponto de vista da moderna classe operária industrial, há de se sublinhar a "inclinação psicológica" que a motiva: esse "'confundir-se' com os sentimentos populares que concretamente pululam da situação real imposta ao povo pela disposição do mundo econômico, [...] 'identificar-se' com eles para compreendê-los e expressá-los de forma jurídica, racional; esta ou aquela interpretação, ou mesmo o conjunto delas, podem ser erradas, absurdas ou mesmo ridículas, mas o comportamento geral é o mais produtivo, de consequências boas" (ibidem, 450). Essa avaliação positiva de Proudhon é subentendida no modo em que G. retoma a comparação da *Sagrada família* entre "a linguagem política francesa, utilizada por Proudhon", e a linguagem "da filosofia clássica alemã": elas são "traduzíveis" (*Q 4*, 42, 467; v. também *Q 4*, 38, 462 e *Q 8*, 208, 1.066), isto é, expressam uma mesma ideologia revolucionária, formulada tendo por base o contexto nacional.

Com a elaboração da teoria da "revolução passiva", no entanto, intervém uma outra avaliação de Proudhon, justamente a partir desse paralelo com a Alemanha. Retomando a crítica contida na *Miséria da filosofia* – texto que significativamente marca a reviravolta da avaliação marxiana do socialista francês – à "mutilação do hegelianismo e da dialética" perpetrada por Proudhon (*Q 10* I, 6, 1.220 [*CC*, 1, 291]), a partir do *Q 8*, 225, 1.083 e *Q 9*, 97, 1.160, G. inicia a comparação de Proudhon com Croce e com Gioberti, que se intensifica e se aprofunda cada vez mais: vejam-se o *Q 14*, 26, 1.683-4 [*CC*, 2, 182]; o *Q 15*, 36, 1.791 [*CC*, 1, 449] (em que a *Miséria da filosofia* é definida como "o Anti-Proudhon"); o *Q 16*, 16, 1.884-5 [*CC*, 4, 60] e, sobretudo, o *Q 15*, 11, 1.766 [*CC*, 5, 316], em que se registra a gênese tanto da revolução passiva quanto da guerra manobrada "depois da Revolução Francesa", e, baseado no "binômio Proudhon-Gioberti", se pergunta se existe "uma identidade absoluta entre guerra de posição e revolução passiva".

Fabio Frosini

Ver: Croce; Gioberti; guerra de posição; revolução passiva; Sorel; tradutibilidade.

provérbios
Não é irrelevante a presença de provérbios, ditados, aforismos, adágios etc. na obra gramsciana. A fórmula proverbial era prática usual na casa de G.; está presente em numerosos artigos jornalísticos; retorna frequentemente nos escritos carcerários, em registro didascálico nas *Cartas*, e é matéria de aprofundamento histórico-crítico nos *Q*. No cárcere, a atenção ao provérbio se caracteriza: a) pela ênfase no elemento desprovincializante, para todos os fins, já presente nos artigos: nesse caso, aumenta a atenção pelas locuções provenientes de países europeus e não europeus (*Q 5*, 123, 651 [*CC*, 5, 225]; *Q 6*, 53, 724 [*CC*, 3, 228]; *Q 6*, 204, 842 [*CC*, 4, 108]); b) pelo maior interesse dedicado à análise histórico-crítica e a seus desenvolvimentos semânticos: "O que significa esse provérbio e qual significado ele assumiu?" (*Q 7*, 12, 861 [*CC*, 3, 259]); c) por sua utilização como nota exemplificadora, normalmente colocada entre parênteses (*Q 1*, 61, 70-1 [*CC*, 6, 346]) ou como *pró-memória* de uma reflexão a se empreender (*Q 14*, 33, 1.690 [*CC*, 3, 305];

Q 14, 50, 1.708-9 [*CC*, 3, 310]; *Q 16*, 25, 1.898 [*CC*, 4, 73]) ou como seu ponto de chegada (*Q 1*, 62, 73; *Q 14*, 4; 1.658; *Q 16*, 13; 1.880 [*CC*, 4, 55]). Em algumas passagens, o provérbio é visto com grande perspicácia, tornando-se tanto título de seção quanto assunto central da nota (*Q 8*, 94, 996 [*CC*, 3, 277]; *Q 14*, 45, 1.701-3 [*CC*, 6, 246]; *Q 14*, 50, 1.708-9 [*CC*, 3, 310]; *Q 16*, 25, 1.898 [*CC*, 4, 73]).

G. segue com curiosidade o uso dos provérbios nos escritos alheios. Por exemplo, ironiza o uso feito por Franz Weiss: parece quase ter "um estoque de provérbios e ditados para pôr em circulação [...]: quando quer escrever um artigo, não lhe importa o conteúdo do artigo, mas a quantidade de provérbios a empregar. O desenvolvimento literário é ditado não pela necessidade íntima da demonstração, mas pela necessidade de enxertar as preciosas gemas da sabedoria dos povos" (*Q 8*, 154, 1.033-4 [*CC*, 4, 116]). Nas *Cartas*, as referências proverbiais são utilizadas seja como exemplificação de um raciocínio (*LC*, 475, a Tania, 5 de outubro de 1931 [*Cartas*, II, 100]) ou como reprovação (*LC*, 621, a Tatiana, 12 de dezembro de 1932 [*Cartas*, II, 274]), seja em forma didascálica ou de estímulo, sobretudo em relação à mulher e aos filhos (*LC*, 633, a Iulca, 6 de novembro de 1932 [*Cartas*, II, 257]; *LC*, 795, a Julik, s.d, mas de 1936 [*Cartas*, II, 417]).

Giovanni Mimmo Boninelli

Ver: cultura popular.

província/provincianismo
A concepção gramsciana de província se estabelece no entrecruzamento de duas problemáticas diferentes: a linguística-gramatical, com seu prolongamento literário e cultural, e a histórico-política. Da linguística, G. extrai o tratamento espaço-temporal da relação metrópole-província, pela qual o nexo entre centro e periferia configura duas ordens diferentes de temporalidade: presente e passado (*Q 1*, 43, 34), ou tempo unitário nacional, enquanto tal, traduzível na temporalidade continental e mundial, contra a pluralidade dos tempos desagregados da província (*Q 14*, 7, 1.660 [*CC*, 6, 231]). De fato, o provincianismo na Itália é "o resíduo do passado de desagregação política e moral" (*Q 10* II, 41.IV, 1.303 [*CC*, 1, 361]) e não testemunho de um papel orgânico e moderno de direção e orientação da cidade sobre o campo, como acontece na história francesa (*Q 1*, 44, 51 e *Q 1*, 131, 118-9). Não só: a mesma "sátira e a caricatura do provinciano [...] é somente um reflexo do fato que ainda não existe uma unidade nacional-cultural no povo italiano, de que o 'provincianismo' e o particularismo ainda estão enraizados no costume e nos modos de pensar e agir; e não só disso, mas também do fato de que não existe um 'mecanismo' para elevar coletivamente a vida do nível provinciano ao nacional europeu" (*Q 14*, 21, 1.679 [*CC*, 6, 239]).

Para superar o provincianismo não basta introduzir uma mentalidade "crítica" (*Q 9*, 134, 1.196 [*CC*, 6, 227]): é preciso trabalhar "pela divulgação dessa mesma cultura num estrato intermediário" (*Q 4*, 5, 426), única garantia de integração real. Daí a importância dos jornais, das revistas (*Q 3*, 58, 338 e *Q 3*, 72, 394), da escola (*Q 4*, 50, 487-8), como organismos capazes de desenvolver adequadamente essa função de unificação capilar. Na ausência disso, a província exercerá, na Itália, a função desenvolvida no passado: não "uma função progressista [...] no arejamento do ambiente fechado e corrupto dos centros da vida nacional", mas – dado que a província é "na realidade (como dirigentes) muito mais corrupta do que o centro" – o princípio de "uma nova corrupção" (*Q 9*, 48, 1.125).

Fabio Frosini

Ver: cem cidades; cidade-campo; nacional-popular.

psicanálise
O que mais interessa a G. – que provavelmente não tem um conhecimento direto de Freud (v. *LC*, 413-5, a Tatiana, 20 de abril de 1931 [*Cartas*, II, 40]) – são os efeitos perturbadores da psicanálise sobre a ideologia. Trata-se mais da apreciação dos efeitos do "freudismo" sobre a cultura (filosofia materialista, neo-rousseaunismo, literatura) do que de um confronto explícito com a teoria freudiana. Menos ainda nos *Q*, já que é nas *Cartas* que devem ser procurados os elementos de uma relação de G. com a psicanálise (até 1932, G. escreve tanto "psicoanálise" quanto "psicanálise", terminando depois por abandonar a primeira versão e optando pela segunda, mais coloquial).

O diferente tratamento do tema entre os *Q* e as *LC* não se deve exclusivamente à "divisão do trabalho" entre os dois registros dos escritos carcerários, mas também ao fato não desprezível de que a mulher, Giulia Schucht, que vive na União Soviética, inicia uma terapia psicanalítica em 1930. O tema dominante da discussão com a psicanálise torna-se, então, a questão do advento de uma "nova personalidade feminina", advento de cuja dificuldade Giulia se torna o caso privilegiado. Na *LC*, 536, para Tania, de 15 de fevereiro de 1932 [*Cartas*, II, 157-8], G. escreve: "Minha impressão central é esta: o sintoma mais grave de desequilíbrio psíquico de Giulia não são os fatos, muito vagos, aos quais ela se refere e que seriam a razão para o tratamento psicanalítico, mas, antes, o fato de que ela tenha recorrido a este tratamento e tenha tanta confiança nele. Certamente, não tenho conhecimentos amplos e precisos sobre a psicanálise, mas, pelo pouco que estudei, parece-me poder chegar a conclusões pelo menos sobre alguns pontos que podem ser considerados firmemente estabelecidos pela teoria psicanalítica, depois de tê-la podado de todos os elementos fantasmagóricos e até curandeiristas. O ponto mais importante me parece este: o tratamento psicanalítico só pode ser benéfico para aquela parte dos indivíduos da sociedade que a literatura romântica chamava de 'humilhados e ofendidos' e que são muito mais numerosos e variados do que tradicionalmente parece". Aliás, G. não hesita em atuar como intermediário entre Giulia e seu analista: "Você mesma lembrou como muitas vezes eu me referi a alguns princípios da psicanálise, ao insistir para que se esforçasse por 'desencolher' sua verdadeira personalidade. Estava convencido de que você sofria daquilo que, acredito, os psicanalistas chamam de 'complexo de inferioridade'" (*LC*, 455, 31 de agosto de 1931 [*Cartas*, II, 81]).

A expressão "complexo de inferioridade" aparece várias vezes nas *Cartas*, testemunhando sobre a influência da psicologia individual de Alfred Adler, a quem se faz menção nos *Q*, embora se confunda com o outro marxista austríaco Max Adler (*Q 16*, 9, 1.855 [*CC*, 4, 31]). A escola de Adler, repudiada por Freud em 1911, fazia do sentimento de inferioridade um complexo orgânico entre a frustração social (de classe) e individual (inferioridade fisiológica), explicando assim a origem das neuroses e abraçando o progressismo do movimento social-democrata austríaco. É provável que G. tenha captado mais do que um eco da escola de Adler durante sua permanência em Viena entre 1923 e 1924, mas também Trotski faz alusão a ele em sua própria autobiografia (*Minha vida*), que G. conhecia bem. O tema do complexo de inferioridade também aparece nos *Q*, numa importante nota sobre a literatura de folhetim como "fantasias" destinadas a mitigar a frustração social (*Q 6*, 134, 799 [*CC*, 6, 200]).

De toda maneira, os elementos de análise das neuroses de Giulia esboçados nas *LC* são inseparáveis da análise gramsciana da questão feminina mais ampla abordada nos *Q*, se bem que se complicando a partir do momento em que passam a fazer parte da própria relação de G. com Giulia – sempre mediada por Tania –, conferindo à sua relação com a psicanálise um caráter vívido e subjetivo, de algum modo irredutível ao puro juízo intelectual: veja-se a carta para Tania de 7 de março de 1932 ("Gostaria de precisar melhor minha afirmação sobre a psicanálise": *LC*, 544 [*Cartas*, II, 168]) e aquela de 11 de abril de 1932 [*Cartas*, II, 185], a Giulia, até a carta de 18 de julho do mesmo ano [*Cartas*, II, 221], em que G. parabeniza Giulia por sua progressiva emancipação da análise: "Também estou contente com o fato de que não tem mais a obsessão do tratamento psicanalítico, que, pelo pouco que posso julgar no estado de meus conhecimentos, me parece por demais envolto em charlatanice e capaz, se o médico responsável não conseguir em pouco tempo vencer a resistência do sujeito e arrancá-lo da depressão com sua autoridade, de agravar as doenças nervosas, em vez de curá-las, sugerindo ao doente motivos de novas inquietações e de redobrado marasmo psíquico" (v. também a nota preparatória para uma carta para Giulia no *Q*, *AC*, 2.399-400).

Se, portanto, o juízo de G. sobre a psicanálise é inseparável daquele sobre a condição de Giulia e de um diagnóstico mais geral sobre a posição feminina frente ao ideal revolucionário, o dado relevante parece ser o de que – apesar de seu conhecimento indireto, do envolvimento da mulher e da própria cultura pragmática em matéria de psicologia – G. consegue captar como "o núcleo mais sadio e imediatamente aceitável do freudianismo é a exigência do estudo dos contragolpes morbosos que tem toda construção de 'homem coletivo', de todo 'conformismo social', de todo nível de civilização, especialmente naquelas classes que 'fanaticamente' fazem do novo tipo humano a atingir uma religião, uma mística" (*Q 15*, 74, 1.833 [*CC*, 1, 265]). Longe de acreditar que as neuroses desaparecerão na sociedade comunista que virá, G. se mostra consciente de que o sofrimento individual não pode senão crescer na medida em que cresce a autoconsciência das massas e que o problema da relação entre personalidade individual e ideal não concerne mais apenas às elites. O tema retorna várias vezes no "diagnóstico" gramsciano do mal-estar de Giulia: "Há sempre um fundo 'genebrino' em seu espírito, e este fundo é a causa de uma parte considerável de seu mal-estar psíquico e também, portanto, de seus males físicos. Há algo contraditório em seu íntimo, um dilaceramento, que você não consegue sanar, entre a teoria e a prática, entre o consciente e o instintivo" (*LC*, 644, 28 de novembro de 1932 [*Cartas*, II, 268]). Não falta nada a G., a não ser a terminologia conceitual analítica (conflito entre ego e superego, por exemplo), na sua improvisação como "'crítico' literário e psicanalítico" (*LC*, 363, a Giulia, 4 de novembro de 1930 [*Cartas*, I, 451]), com a mulher distante – que sofre de epilepsia histérica – e várias vezes remetida ao próprio "genebrismo": isto é, à tendência, de matriz rousseauniana, a acreditar na bondade dos instintos naturais, comprometidos depois pela educação (*LC*, 276-8, a Iulca, 30 de julho de 1929 [*Cartas*, I, 360]). Quanto ao adjetivo "incônscio" ou "inconsciente", aparece uma dúzia de vezes nas *LC* (e uma única vez o termo, pseudo-freudiano, "subconsciente").

Para além da complexidade filológica da reconstrução de uma relação tão objetivamente fragmentária quanto intimamente transferencial como aquela de G. em relação à psicanálise, suas intuições e aberturas a Freud constituem uma exceção bastante relevante, seja no panorama do pensamento marxista europeu, seja naquele da cultura italiana entre as duas guerras mundiais.

LIVIO BONI

Ver: conformismo; educação; feminismo; Freud; ideologia; personalidade; questão sexual.

psicologia

"Eu sou um sardo sem complicações psicológicas e me custa um pouco compreender as complicações dos outros. Talvez deva dizer que eu 'era'" (*LC*, 576 [*Cartas*, II, 200]): assim escreve G. à cunhada Tania, em 16 de maio de 1932, resumindo o próprio estranhamento à racionalidade "psicológica" e ao mesmo tempo revelando como uma das causas da escrita das *LC* está justamente na introdução de uma tal "complicação". Claro que não se trata de reduzir o texto gramsciano a romance psicológico-epistolar, mas ao contrário, de reconhecer o trabalho consciente e organizado de resistência a cada solução intimista e introspectiva. A escrita carcerária de G. é sempre objetivante e – como foi observado –, nas *LC*, o autor nunca fala de si sem se colocar em relação dialética com o mundo externo (aplicação da lógica "molecular"). Mas isso não elimina que, em particular, na relação com a mulher Giulia (Iulca), uma série de "complicações" terminem exercendo um papel decisivo, embora subterrâneo. Especialmente a partir de 1930, quando Giulia começa a fazer uso da psicanálise para tratar um gravíssimo esgotamento nervoso acompanhado por uma crise de epilepsia. Uma análise minuciosa das *LC* nesse sentido é em si mesma delicada, e impossível aqui, e deveremos nos limitar a focar tal imanência do problema da psicologia no epistolário gramsciano, à medida que nos aproximamos para sintetizar suas posições teóricas mais gerais sobre a matéria, expressas sobretudo nos *Q*.

A partir desse último ponto de vista, é inegável que a referência essencial de G. sobre o tema esteja nos *Principi di psicologia* [Princípios de psicologia], de William James – "o melhor manual de psicologia" (*LC*, 249, a Tania, 25 de março de 1929 [*Cartas*, I, 330]) –, que G. lia na tradução italiana de 1905. Em particular, G. acolhe implicitamente a noção de "hábito" [*habit*], entendida por James como capacidade de transformar toda uma série de ações voluntárias em ações automáticas e até mesmo instintivas, constituindo assim uma "segunda natureza", cuja extensão é funcional à economia de energias psíquicas e nervosas "voluntárias". As teses do filósofo e psicólogo americano são retomadas quase literalmente em inúmeras passagens, tanto nos *Q* quanto nas *LC*, sobretudo em duas direções: a) a necessidade de educar desde a infância, duvidando de qualquer concepção pedagógica espontaneísta e "rousseauniana", explorando a plasticidade da personalidade que tende mais tarde a se reduzir progressivamente (G. se mostra, pois, bastante crítico em relação ao culto à criança, típico da cultura italiana, bem como a certas concepções "utópicas" soviéticas: v. as cartas a Giulia de 30 de dezembro de 1929 [*Cartas*, I, 384-6] e de 14 de julho de 1930 [*Cartas*, I, 432]); b) o juízo essencialmente positivo acerca do dispositivo de produção taylorista, pois este último permite uma mecanização psíquica do ato de produção a ponto de reduzir o dispêndio das capacidades físicas e nervosas do operário (daí a ausência, em G., de qualquer problemática sobre a alienação). Esse ponto de vista se encontra sintetizado em "Americanismo e fordismo", na célebre crítica do "gorila amestrado": "Quando o processo de adaptação se completou, verifica-se na realidade que o cérebro do operário, em vez de mumificar-se, alcançou um estado de completa liberdade. Mecanizou-se completamente apenas o gesto físico; a memória do ofício, reduzido a gestos simples repetidos com ritmo intenso, 'aninhou-se' nos feixes musculares e nervosos e deixou o cérebro livre e desimpedido para outras ocupações [...]. Os industriais norte-americanos compreenderam muito bem esta dialética presente nos novos métodos industriais. Compreenderam que 'gorila amestrado' é uma frase, que o operário 'infelizmente' continua homem e até mesmo que, durante o trabalho, pensa mais ou, pelo menos, tem muito mais possibilidade de pensar, pelo menos quando superou a crise de adaptação" (*Q 22*, 12, 2.170-1 [*CC*, 4, 272]).

A lógica ainda é aquela da psicologia pragmática de James, mas aplicada à análise da experiência operária no sistema de produção fordista, sem dúvidas a maior contribuição de G. para a "psicologia coletiva", talvez não imune a uma influência de Pavlov, de quem G. captou mais do que um eco em seu período moscovita. Ademais, desde o plano de trabalho do *Q 22*, G. enuncia a necessidade de analisar o fordismo frente à "questão sexual" e à "psicanálise [...] como expressão do aumento da coerção moral exercida pelo aparelho estatal e social sobre os indivíduos e das crises mórbidas que esta coerção determina" (*Q 22*, 1, 2.140 [*CC*, 4, 242]).

Acresce-se, nos anos 1930, a essa abordagem pragmática *sui generis*, uma intensificação da reflexão sobre a dialética entre individualidade e conformismo. Este último termo tem praticamente o estatuto de conceito em G., e é significativo que sua primeira ocorrência nos *Q*, datada do fim de 1930, se apresente no quadro de uma oposição decidida à "psicologia das multidões", à época ainda no auge: "Diz-se que 'os cientistas ocidentais consideram que a psique da massa não passa do ressurgimento dos antigos instintos da horda primitiva e, portanto, de um regresso a estágios culturais superados há longo tempo'; isto deve ser referido à chamada 'psicologia das multidões', isto é, das multidões casuais, e a afirmação é pseudocientífica, está ligada à sociologia positivista" (*Q 7*, 12, 862 [*CC*, 3, 260]). A referência é principalmente à escola francesa de Gabriel Tarde e Gustave Le Bon (este último admirado por Mussolini, com o qual teve uma breve correspondência, v. *Q, AC*, 2.844). Assim continua a nota supracitada que se intitula "O homem-indivíduo e o homem-massa": "Deve-se notar, a respeito do 'conformismo' social, que a questão não é nova e que o brado de alarme lançado por alguns intelectuais é apenas cômico" (*Q 7*, 12, 862 [*CC*, 3, 260]). G. se nega a debater com a *psychologie des foules* do começo do século, cujas consequências fascistizantes parecem-lhe irrecuperáveis. Prefere, portanto, imprimir uma inflexão positiva à noção de conformismo (*Q 11*, 12 [*CC*, 1, 93]), abandonando-a, todavia, em 1934, no momento da redação de "Americanismo e fordismo".

A questão da relação indivíduo-massa torna-se já indissociável não apenas daquela sobre a produção taylorista, mas também da "regulamentação do fato sexual" ou da "formação de uma nova personalidade feminina" (*Q 22*, 3, 2.149 [*CC*, 4, 249]). A última nota explicitamente consagrada ao tema da relação indivíduo-coletivo, do ponto de vista psicológico, parece ecoar mais a concepção freudiana de *O mal-estar da civilização* do que sustentar um construtivismo dialético puro: "O núcleo mais sadio e imediatamente aceitável do freudismo é a exigência do estudo dos contragolpes morbosos que tem toda construção de 'homem coletivo', de todo 'conformismo social', de todo nível de civilização, especialmente naquelas classes que 'fanaticamente' fazem do novo tipo humano a atingir uma religião, uma mística" (*Q 15*, 74, 1.833 [*CC*, 1, 265]). A reflexão teórica termina, assim, coincidindo com a experiência da enfermidade de Giulia, impressa nas *LC*, definida como um "dilaceramento [...] entre a teoria e a prática, entre o consciente e o instintivo" (*LC*, 644, a Giulia, 28 de novembro de 1932 [*Cartas*, II, 268]), introduzindo, portanto, uma complicação importante na ideia gramsciana de uma "catarse" capaz de produzir o homem novo (note-se como o termo "catarse" pertence também à história da psicanálise, em que o "método catártico" constitui a primeira técnica terapêutica; no mais, é significativo que seja ainda uma "catarse" recíproca que G. propõe a Giulia no final de seu diálogo sobre o "mal-estar psíquico" da mulher: cf. *LC*, 738, a Giulia, 8 de agosto de 1933 [*Cartas*, II, 360]).

No que se refere à psiquiatria lombrosiana, ela remete G. à crítica da sociologia progressista, ou do positivismo em geral, e não à psicologia, enquanto a "psicologia experimental" de Agostino Gemelli é subordinada à função ideológica da filosofia neoescolástica que a sustém.

Livio Boni

Ver: catarse; conformismo; educação; gorila amestrado; indivíduo; molecular; personalidade; pragmatismo; psicanálise; questão sexual; taylorismo.

público

Polemizando com Ungaretti, que num artigo de 1929 dava claramente a entender que o público, para ele, era algo supérfluo, G. lembrava que são exatamente esses intelectuais que pedem "medidas protecionistas contra as traduções de línguas estrangeiras; e, quando vendem mil exemplares de um livro, fazem repicar os sinos em sua aldeia" (*Q 3*, 7, 293 [*CC*, 6, 158]). Portanto, àqueles que gostariam de convencer que a falta de público para as óperas italianas deriva da escassa predisposição desse mesmo público por essas óperas, G. observa que a literatura não pode se basear apenas na beleza, mas que a esta é útil "um determinado conteúdo intelectual e moral que seja a expressão elaborada e completa das aspirações mais profundas de um determinado público" (*Q 21*, 4, 2.113 [*CC*, 6, 39]). Donde é um falso problema perguntar-se por que o público italiano não lê, ou por que lê obras de escritores estrangeiros; a resposta está no fato de que o público italiano "*sofre* a hegemonia intelectual e moral dos intelectuais estrangeiros" (*Q 21*, 5, 2.117 [*CC*, 6, 39]). Ademais, na Itália, ao contrário do que argumentam alguns, como Ojetti, existe uma "crítica do público"; ela "tem certa organização, que é representada pelos editores, pelos diretores de jornais e periódicos populares; manifesta-se na escolha dos folhetins; manifesta-se na tradução de livros estrangeiros e não só dos atuais, mas de velhos, velhíssimos; manifesta-se nos repertórios das companhias teatrais etc." (*Q 23*, 57, 2.253 [*CC*, 6, 127]). Isso corrobora, segundo G., o fato de que não é o público italiano que não lê, mas sim "que existe na Itália separação entre público e escritores e o público busca a 'sua' literatura no exterior, porque a sente como mais 'sua' do que a chamada literatura nacional" (idem). Semelhante nos conteúdos é a polêmica de G. contra a "indústria" do teatro (o teatro reduzido a *trust*), que remonta a 1917. As exigências da indústria levavam os empresários a montar espetáculos de baixo nível, a despeito do fato de haver "um grande público que quer ir ao teatro" ("L'industria teatrale" [A indústria teatral], em *CF*, 917).

Lelio La Porta

Ver: intelectuais italianos; literatura popular; teatro.

Q

quantidade-qualidade

G. parte da dialética quantidade-qualidade de Hegel e de Engels, mas a repropõe de modo diferente e com algumas limitações. Ele acredita ter de distinguir a história humana da evolução dos outros seres vivos, nos quais essa dialética não se verifica: "Na evolução do homem, juntaram-se muitas condições favoráveis no sentido de ajudá-lo a se tornar o que era, mesmo antes de se desenvolverem a vontade definida para um fim e a inteligência suficiente para organizar os meios necessários para alcançar o próprio fim. Ao que parece, a quantidade se torna qualidade para o homem e não para os outros seres vivos" (*LC*, 802, a Delio, s.d. [*Cartas*, II, 423]). Por isso G. recusa – por considerar naturalista e, portanto, reducionista – qualquer abordagem sociológica da economia e, em geral, da história humana: "A sociologia é, portanto, uma tentativa de extrair 'experimentalmente' as leis de evolução da sociedade humana, de maneira a 'prever' o futuro com a mesma certeza com que se prevê que de uma semente nascerá uma árvore. O evolucionismo vulgar está na base da sociologia, que não pode conhecer o princípio dialético da passagem da quantidade à qualidade, passagem que perturba toda evolução e toda lei de uniformidade entendida em sentido vulgarmente evolucionista" (*Q 11*, 26, 1.432 [*CC*, 1, 150]). Para o estudo dos processos econômicos e, sobretudo, do entrelaçamento dos processos históricos, a pesquisa quantitativa visa captar os momentos qualitativos e a tornar real a dialética quantidade-qualidade na dialética necessidade-liberdade. As leis econômicas de tendência, de fato, "são leis não no sentido naturalista e determinista especulativo, mas em sentido 'historicista', isto é, na medida em que exista o 'mercado determinado', ou seja, um ambiente organicamente vivo e articulado em seus movimentos de evolução. (A economia estuda essas leis de tendência enquanto expressões *quantitativas* dos fenômenos; na passagem da economia à história geral, o conceito de quantidade é complementado pelo de qualidade e pela dialética da quantidade que se transforma em qualidade [*quantidade = necessidade; qualidade = liberdade*. A dialética quantidade-qualidade é idêntica à dialética necessidade-liberdade])" (*Q 10* II, 9, 1.248 [*CC*, 1, 318]).

Num trecho bastante elaborado, G. recusa qualquer concepção dicotômica dos dois conceitos, quase como se fossem uma contraposição entre entidades externas uma à outra. A passagem é sempre de uma dada quantidade-qualidade a uma diferente quantidade-qualidade. Aliás, no título do trecho seguinte talvez esteja implícita a identificação dos dois termos: "II. *Quantidade e qualidade*. Dado que não pode existir quantidade sem qualidade e qualidade sem quantidade (economia sem cultura, atividade prática sem inteligência, e vice-versa), toda contraposição dos dois termos é, racionalmente, um contrassenso. E, de fato, quando se contrapõe a qualidade à quantidade com todas as néscias variações no estilo de Guglielmo Ferrero & Cia., contrapõe-se, na realidade, uma certa qualidade a outra qualidade, uma certa quantidade a outra quantidade, isto é, faz-se uma determinada política e não uma afirmação filosófica. Se o nexo quantidade-qualidade é inseparável, coloca-se a questão: onde é mais útil aplicar a própria força de vontade, em desenvolver a quantidade ou a qualidade? Qual dos dois aspectos é mais controlável? Qual é mais facilmente mensurável? Sobre qual dos dois é possível fazer previsões, construir planos de trabalho? A resposta parece indubitável: sobre o aspecto quantitativo. Afirmar, portanto, que se quer trabalhar sobre a quantidade, que se quer desenvolver o aspecto 'corpóreo' do real, não significa que se pretenda esquecer a 'qualidade', mas, ao contrário, que se deseja colocar o problema qualitativo do modo mais concreto e realista, isto é, deseja-se desenvolver a qualidade pelo único modo no qual tal desenvolvimento é controlável e mensurável. A questão está relacionada com outra, expressa no provérbio: '*Primum vivere, deinde philosophari*'. Na realidade, não é possível destacar o viver do filosofar. Todavia, o provérbio tem um significado prático: viver significa ocupar-se principalmente com a atividade prática econômica; filosofar, ocupar-se com atividades intelectuais, de *otium litteratum*. Todavia, há os que apenas 'vivem', obrigados a um trabalho servil e extenuante etc., sem os quais determinadas pessoas não poderiam ter a possibilidade de se exonerarem da atividade econômica para filosofar. Sustentar a 'qualidade' contra a quantidade significa, precisamente, apenas isto: manter intactas determinadas condições de vida social nas quais alguns são pura quantidade, outros, qualidade. E como é agradável considerar-se representantes patenteados da qualidade, da beleza, do pensamento etc.! Não existe madame do 'grande mundo' que não acredite cumprir esta função de conservar sobre a terra a qualidade e a beleza!" (*Q 10* II, 50, 1.340-1 [*CC*, 1, 408-9]).

Os dois termos são encontrados nas reflexões sobre a cultura e a escola: "O mesmo ocorre na preparação dos intelectuais e nas escolas destinadas a tal preparação: escolas e instituições de alta cultura são similares [...]. (Também nesse campo a quantidade não pode ser destacada da qualidade. À mais refinada especialização técnico-cultural, não pode deixar de corresponder a maior ampliação possível da difusão da instrução primária e o maior empenho no favorecimento do acesso aos graus intermediários do maior número. Naturalmente, esta necessidade de criar a mais ampla base possível para a seleção e elaboração das mais altas qualificações intelectuais – ou seja, de dar à alta cultura e à técnica superior uma estrutura democrática – não deixa de ter inconvenientes: cria-se assim a possibilidade de amplas crises de desemprego nas camadas médias intelectuais, como ocorre efetivamente em todas as sociedades modernas)" (*Q 12*, 1, 1.517-8 [*CC*, 2, 19-20]). Se na nota citada anteriormente se sugere identificar quantidade e qualidade, num outro contexto em que é proposto novamente o problema da escola e dos estudos, G. estabelece na passagem do quantitativo ao qualitativo uma menor descontinuidade em relação àquela sugerida pelo conceito de um "salto" (que também estava presente na fórmula "salto de qualidade", familiar à tradição marxista): "Entre a escola média e a universidade, há um salto, uma verdadeira solução de continuidade, não uma passagem normal da quantidade (idade) para a qualidade (maturidade intelectual e moral). Do ensino quase puramente receptivo se passa à escola criativa; da escola com a disciplina de estudo imposta e controlada de fora se passa à escola em que a autodisciplina [intelectual] e a autonomia moral são teoricamente ilimitadas" (*Q 4*, 50, 486).

GIUSEPPE PRESTIPINO

Ver: liberdade; necessidade.

Quarantotto

G. se indaga sobre o "nexo histórico 1848-1849" (*Q 2*, 62, 218 [*CC*, 4,179] e *Q 19*, 51, 2.070 [*CC*, 5, 120]), sobre a relação entre revolução e contrarrevolução. O Quarantotto foi o "período democrático da revolução italiana" (*Q 9*, 102, 1.165), um dos "momentos de vida intensamente coletiva e unitária no desenvolvimento nacional do povo italiano" (*Q 19*, 19, 2.004-5 [*CC*, 5, 56]). Mas "um profundo movimento popular, uma intervenção de massas plebeias" foi bem raro, salvo exceções, como em Livorno (*Q 19*, 9, 1.997 [*CC*, 5, 50]), e, aliás, frequentemente os camponeses – croatas, lombardo-vênetos – combateram contra os liberais (*Q 10* I, 13, 1.236 [*CC*, 1, 306]). O movimento de Quarantotto caracteriza-se muito mais pela "espontaneidade" (*Q 8*, 11, 944 [*CC*, 5, 280]) e "violência desorganizada", como na região de Avellino (*Q 7*, 108, 931 [*CC*, 5, 277]). A "onda popular-mazziniana-democrática" foi "caótica, desorganizada, 'extemporânea'", ainda que generosa, e capaz de obter, em Veneza e Roma, "seguindo líderes improvisados ou quase [...] sucessos indubitavelmente maiores do que aqueles obtidos pelos moderados" (*Q 15*, 15, 1.772 [*CC*, 5, 319]) e pelo exército regular piemontês. A derrota de Novara foi determinada pela "crise política" do Estado dos Saboia, que deixou faltar "uma orientação unitária política bem estabelecida e resoluta" (*Q 19*, 51, 2.070 [*CC*, 5, 120]). "A insurreição de 1848 faliu devido às intrigas maliciosamente mesquinhas dos direitistas, que foram os moderados do período sucessivo" (*Q 19*, 38, 2.062 [*CC*, 5, 112]). Mas não se tratou apenas de intrigas e pequenez política. Como no jacobinismo burguês de 1791 e 1793, e ainda mais do que então, "a revolução havia encontrado os limites mais amplos da classe" (*Q 19*, 24, 2.030 [*CC*, 5, 62]): o governo piemontês, obcecado como os outros velhos governos e o papa pelo "espectro" do comunismo (*Q 1*, 44, 53), cuja "filosofia da práxis" é "elaborada justamente na véspera de 1848" (*Q 16*, 9, 1.863 [*CC*, 4, 31]), preferiu "a derrota a uma insurreição geral italiana" (*Q 19*, 29, 2.055 [*CC*, 5, 105]). Com o ano de 1848, abandona-se o período revolução-restauração aberto em 1789 e se anuncia a mudança de fase, mais evidente depois de 1871 (derrota da Comuna de Paris e estabilização da burguesia francesa), que vê a "passagem da luta política da 'guerra manobrada' à 'guerra de posição', que Mazzini e os mazzinianos não souberam compreender (*Q 15*, 11, 1.768 [*CC*, 5, 316]).

Andrea Catone

Ver: Cavour; guerra de movimento; Mazzini; Piemonte; *Risorgimento*.

queda tendencial da taxa de lucro

A expressão aparece pela primeira vez em *Q 1*, 63, no contexto de uma discussão – inspirada por uma observação crítica formulada por Benedetto Croce ("Recenti interpretazioni della teoria marxistica del valore e polemiche intorno ad esse" [Recentes interpretações da teoria marxista do valor e polêmicas sobre ela], em Croce, 1986a, nota 136) – sobre o "lorianismo" do economista marxista Antonio Graziadei. Diante da "subterrânea corrente de romantismo popular criada pelo 'culto à ciência', pela 'religião do progresso' e pelo otimismo geral do século XIX", "deve-se ver", anota G., "se não foi legítima a reação de Marx, que com a 'lei tendencial da queda da taxa de lucro' e com o 'catastrofismo' jogava muita água no fogo: deve-se ver também o quanto essas correntes otimistas impediram uma análise mais acurada das proposições de Marx" (ibidem, 74). O texto, de fevereiro-março de 1930, é retomado em 1935 com algumas variações substitutivas: "Deve-se observar se não foi legítima e de amplo alcance a reação de Marx, que, com a lei tendencial da queda da taxa de lucro e com o chamado catastrofismo, jogava muita água no fogo; deve-se ver também em que medida a 'opiomania' impediu uma análise mais cuidadosa das proposições de Marx" (*Q 28*, 11, 2.330 [*CC*, 2, 265-6]). A alusão (já presente na primeira redação), ao fato de que o marxismo fora presa da mesma fé no progresso que caracterizava as correntes burguesas aparece explicitada na segunda redação com a remissão ao efeito "narcótico", derivado do "método político de forçar arbitrariamente uma tese científica para dela extrair um mito popular estimulante e propulsor: o método poderia ser comparado ao uso dos narcóticos, que criam um instante de exaltação das forças físicas e psíquicas, mas enfraquecem permanentemente o organismo" (*Q 10* II, 36, 1.284 [*CC*, 1, 353]: essa observação se refere justamente ao forçar arbitrariamente a lei da queda da taxa de lucro). Da mesma forma, a leitura, já presente no *Q 1*, da lei tendencial formulada por Marx como algo compreensível apenas como reação ao triunfalismo progressista do século XIX (leitura paralela àquela das principais teses do *Prefácio de 59* como "metáforas", legíveis apenas à luz do tecido de referências linguísticas em que nascem) aparece no *Q 28* enriquecida com a passagem relativa ao "longo alcance" dessa lei tendencial. De fato, a leitura que nos *Q* se desenvolve gradualmente se desdobra ao longo de duas direções principais, ambas as quais tornam compreensível essa última variável. A primeira delas, anunciada no *Q 7*, 34 (fevereiro-novembro de 1931) e retomada em segunda redação no *Q 10* II, 41.VII [*CC*, 1, 361] (agosto-dezembro de 1932), se refere à possibilidade de ler a dinâmica em curso de maior importância do mundo contemporâneo – a combinação de taylorismo e fordismo que se consolida nos Estados Unidos – como "a tentativa de superar essa primeira aproximação" à qual a "lei" formulada por Marx na realidade se reduz (*Q 7*, 34, 882). Na segunda redação, a expressão "teorema de primeira aproximação" não é retomada e toda a passagem é reformulada e esclarecida: "Essa lei deveria ser estudada com base no taylorismo e fordismo. Não são estes dois métodos de produção e de trabalho tentativas progressivas para superar a lei tendencial, eludindo-a com a multiplicação das variáveis nas condições do aumento progressivo do capital constante?" (*Q 10* II, 41.VII, 1.312 [*CC*, 1, 380-1]). O acréscimo de "progressivos" se vê à luz do desenvolvimento da análise do americanismo, culminante no *Q 22*, em cujo início se retoma a referência à "lei": "O fordismo como ponto extremo do processo de sucessivas tentativas da indústria no sentido de superar a lei tendencial da queda da taxa de lucro" (*Q 22*, 1, 2.140 [*CC*, 4, 242]).

Paralelamente à convicção do caráter progressivo do americanismo, cresce assim em G. a consciência analítica com relação ao estatuto da lei tendencial da queda da taxa de lucro. Pouco antes do *Q 7*, 34 ele havia comparado a "teoria dos custos comparativos [e decrescentes]" e a teoria "do equilíbrio estático e dinâmico" à "teoria marxista do valor [e da queda da taxa de lucro]", *Q 7*, 22, 870 [*CC*, 1, 441]), acrescentando que as duas primeiras talvez devessem ser consideradas "o equivalente científico" da segunda "em linguagem oficial e 'pura' (despojada de toda política enérgica em favor das classes produtoras subalternas)" (idem). Essa avaliação, que retoma o aceno do *Q 1* ao caráter "reativo" da lei tendencial e da qual se encontram traços na definição desta como "teorema de primeira aproximação", é modificada já no curso do *Q 7*, 34 e mais tarde, no momento em que a leitura do fordismo revela a potencialidade heurística da lei, bem além de seu caráter "energético": de fato, à altura do *Q 22* o inteiro desenvolvimento capitalista é lido como "processo de tentativas sucessivas" (*Q 22*, 1, 2.140 [*CC*, 4, 241]) de reagir a crises "cíclicas" (*Q 7*, 34, 883) ou, se se preferir, como um suceder-se de impulsos ao decréscimo dos custos graças ao crescimento da produtividade. Nesse caso, adquire sempre maior peso a específica qualificação da lei como "tendencial". A necessidade de refletir sobre isso é suscitada em G. por Croce, como de Croce, como se viu, deriva também a primeira referência crítica a Graziadei no *Q 1*, 63. Com efeito, a coletânea crociana dos ensaios datados do fim do século XIX, intitulada *Materialismo histórico e economia marxista*, é utilizada por G. até 1932, seja como reação a qualquer leitura reducionista e economicista do materialismo histórico e da teoria econômica marxista, seja como testemunho da mudança de posição do próprio Croce, que daquela fase inicial de respeito e escrúpulo científico passa, a partir do pós-guerra, a exibir ante Marx e o marxismo uma atitude liquidacionista e desdenhosa.

No *Q 10* pode-se testemunhar um forte crescimento da atenção dada à teoria econômica, acompanhado de atenta releitura da supramencionada obra de Croce. A primeira evidência disso se encontra em *Q 10* II, 31 [*CC*, 1, 345], numa variante instauradora no final de um desafiante texto dedicado ao conceito de filosofia. A essas reflexões G. acrescenta a observação geral de "que as afirmações de Croce foram muito menos axiomáticas e formalmente decisivas do que hoje ele quer fazer crer. A teoria do valor não é de modo algum negada intrinsecamente em seu ensaio principal", isto é, no livro citado. Croce "afirma que a única 'teoria do valor' científica é a do grau final de utilidade, e que a teoria marxista do valor é 'outra coisa', mas como 'outra coisa' ele reconhece sua solidez e eficácia e pede aos economistas para refutá-la com argumentos diversos dos costumeiramente empregados por Böhm-Bawerk e Cia. [...]. A mesma prudência formal revela-se no escrito sobre a queda da taxa de lucro: o que quis dizer o autor da teoria? Se quis dizer isso, não é exato. Mas quis mesmo dizer isso? Consequentemente, deve-se ainda examinar o assunto etc. Aliás, deve-se sublinhar como esta atitude prudente modificou-se completamente nos últimos anos e tudo se tornou peremptório e definitivo, ao mesmo tempo em que se faz mais acrítico e injustificado" (ibidem, 1.275-6 [*CC*, 1, 345-6]; v. um desenvolvimento dessa crítica em *Q 10* II, 34 [*CC*, 1, 349]).

A ideia é retomada e radicalizada em *Q 10* II, 33 [*CC*, 1, 348], em que se observa que também naquele escrito de fim de século há "um erro fundamental", o de não haver levado em conta a relação entre primeiro e terceiro livros d'*O capital*. Se a lei é enunciada no terceiro livro, no primeiro Marx "já tinha apresentado" o problema, introduzindo o conceito "de mais-valor relativo e do progresso técnico precisamente como causa de mais-valor relativo". E acrescenta: "No mesmo local, observa-se como, nesse processo, manifesta-se uma contradição, ou seja: enquanto, por um lado, o progresso técnico permite um crescimento do mais-valor, determina, por outro, em função da modificação que introduz na composição do capital, a queda tendencial da taxa de lucro, o que é demonstrado no Livro III da *Crítica da economia política*". Portanto, "Croce apresenta como objeção à teoria exposta no Livro III aquela parte do desenvolvimento teórico contida no Livro I, ou seja, expõe como objeção à lei tendencial da queda da taxa de lucro a demonstração da existência de um mais-valor relativo causado pelo progresso técnico, mas sem jamais se referir, uma única vez, ao Livro I, como se a objeção tivesse sido extraída de sua cabeça ou mesmo como se fosse um produto do bom senso" (ibidem, 1.278 [*CC*, 1, 348]). O que interessa a G. afirmar nesse caso, para além de suas compreensíveis cautelas ("todas essas notas [...] foram escritas em grandíssima parte com base na memória", ibidem, 1.278-9 [*CC*, 1, 348]), é o fato de que a interação entre ampliação do mais-valor e mudança da composição orgânica do capital dá lugar a um movimento real, histórico, que atribui um significado particular ao adjetivo "tendencial". De fato, desde o início, como se viu, G. prefere falar de "lei tendencial", isto é, que adquire progressivamente significado em relação à análise do americanismo. Mas é no *Q 10* que tal escolha aparece em argumentos: "Por outro lado, talvez se deva determinar melhor o significado de lei 'tendencial' [...] enquanto, costumeiramente, o adjetivo 'tendencial' está subentendido como óbvio, insiste-se em seu uso, ao contrário, quando a tendencialidade se torna uma característica organicamente importante, como neste caso, em que a queda da taxa de lucro é apresentada como o aspecto contraditório de uma outra lei [...] em que uma tende a elidir a outra, com a previsão de que a queda da taxa de lucro prevalecerá" (idem). "Tendencial" não quer dizer, portanto, apenas que a lei não é determinista (isto é, que se baseia em um "suposto que"), mas que *duas tendências* realmente se opõem e se contrastam, se anulando parcialmente. Escreve G. em um texto imediatamente posterior: "É necessário desenvolver a referência sobre a significação de 'tendencial' com relação à lei da queda do lucro. É evidente que, nesse caso, a tendencialidade não pode referir-se somente às forças contraoperantes na realidade todas as vezes que se abstraem dela alguns elementos isolados a fim de construir uma hipótese lógica. Já que a lei é o aspecto contraditório de uma outra lei – a do mais-valor relativo, que determina a expansão molecular do sistema fabril, isto é, o próprio desenvolvimento do modo capitalista de produção – é impossível que estas forças contraoperantes sejam as mesmas das hipóteses econômicas comuns. Nesse caso, a força contraoperante é ela mesma organicamente estudada, dando lugar a uma outra lei tão orgânica quanto a da queda. A significação de 'tendencial', portanto, ao que parece, deve ser de caráter 'histórico' real e não metodológico: o termo serve, precisamente, para indicar este processo dialético pelo qual o impulso molecular progressivo conduz a um resultado tendencialmente catastrófico no conjunto social, resultado de onde partem outros impulsos singulares progressivos, em um processo de contínua superação, o qual, contudo, não se pode prever como infinito, ainda que se desagregue em um número muito grande de fases intermediárias de diversa medida e importância" (*Q 10* II, 36, 1.282-3 [*CC*, 1, 352]).

No mesmo texto é também aprofundada a crítica ao ensaio crociano, com a dupla observação de que "Croce, em sua análise, esquece um elemento fundamental na formação do valor e do lucro, a saber, o 'trabalho socialmente necessário', cuja formação não pode ser estudada e descoberta em uma única fábrica ou empresa", e que ele erroneamente "parte do pressuposto de que todo progresso técnico determina imediatamente, como tal, uma queda da taxa de lucro" (ibidem, 1.281-2 [*CC*, 1, 351]). O fato de que o trabalho socialmente necessário se constitua como equalização entre os trabalhos mediada pela concorrência também faz que o progresso técnico (ou seja, os sucessivos aprofundamentos na extração de mais-valor relativo) se generalize apenas de modo gradual, e justamente graças a isso, torne inicialmente possível um aumento e não diminuição na taxa de lucro. Não por acaso, reaparece aqui a referência a Ford: "Toda a atividade industrial de Henry Ford pode ser estudada deste ponto de vista: uma luta contínua e incessante para fugir da lei da queda da taxa de lucro, pela manutenção de uma posição de superioridade sobre os concorrentes" (idem).

Bibliografia: Barbagallo, 2003; Potier, 1990.

Fabio Frosini

Ver: catástrofe/catastrófico; Croce; economia; fordismo; lei de tendência; mercado determinado.

questão agrária

O conceito de "questão agrária" em G. se articula em "questão camponesa", "questão meridional" e "questão vaticana", como consta seja da *Questão meridional* quanto dos *Cadernos*. Nesses textos, G. adapta as teses leninistas sobre a questão agrária às diferenças territoriais e sociais próprias dos campos italianos e expressa a necessidade de uma ampliação da missão revolucionária do partido em direção a outras áreas políticas portadoras de consenso nos campos, como os católicos do Partido Popular, guiados por Miglioli, o Partido dos Camponeses, sediado no Piemonte, as formações do movimento combatentista, o Partido Sardo da Ação. Nessa ótica, G. promove em 1924 a formação de uma associação de pequenos agricultores, obtendo a anuência da Internacional Camponesa em Moscou (Krestintern).

A incapacidade das classes dirigentes do *Risorgimento* em se aproximar das massas camponesas com uma radical redistribuição das terras, a reforma agrária, é uma das causas, segundo G., da incompletude do processo de unificação política e econômica nacional (*Q 1*, 44, 44). Entretanto, a questão agrária não se esgota no problema político-social do regime fundiário e da reforma agrária, mas tem uma dimensão técnica e um significado político mais geral dentro da divisão internacional do trabalho. No cárcere, G. delineia um amplo projeto de pesquisa e de estudo para identificar novos vínculos entre cidade e campo (entre Norte e Sul), para dirigir a emigração rural, identificar empresas e empresas agrícolas, conhecer os camponeses sob o aspecto da mentalidade, da religião, da alimentação, da economia, da propriedade e dos contratos agrários, para reorganizar o aparato produtivo e racionalizá-lo integralmente: "Seria necessário, por isso, promover uma reforma agrária (com a abolição da renda da terra como renda de uma classe não trabalhadora e sua incorporação ao organismo produtivo, como poupança coletiva destinada à reconstrução e a ulteriores progressos) e uma reforma industrial que fizesse todas as rendas decorrerem de necessidades funcionais técnico-industriais e não mais serem consequências jurídicas do puro direito de propriedade" (*Q 22*, 14, 2.177 [*CC*, 4, 278]).

EMANUELE BERNARDI

Ver: camponeses; questão meridional; questão vaticana; *Risorgimento*.

questão dos jovens

Escrevendo à mulher Giulia, em 16 de janeiro de 1933, a propósito do filho maior, Giuliano, G. demonstra compartilhar pelo menos uma das teses de Cesare Lombroso, acerca de duas fases diferentes da vida juvenil: "Lombroso distingue, em sua vida juvenil, a época em que se deu conta de sua existência como pessoa física e aquela em que se deu conta de sua pessoa psíquica (aos dezesseis anos), e me parece que a distinção é correta e tem sua importância" (*LC*, 668 [*Cartas*, II, 292]). Ele já havia abordado, três anos antes, numa carta ao irmão Carlo (a carta é de 25 de agosto de 1930), no que se refere ao aspecto educativo e da formação do caráter e da disciplina psicofísica, o problema da divisão da juventude em dois momentos, "antes e depois da puberdade": "Antes da puberdade, a personalidade da criança ainda não se formou e é mais fácil guiar sua vida e fazê-la adquirir determinados hábitos de ordem, de disciplina, de trabalho. Depois da puberdade, a personalidade se forma de modo impetuoso e toda intervenção alheia se torna odiosa, tirânica, insuportável" (*LC*, 351 [*Cartas*, I, 439]). É no primeiro período, para G., que o educador deve intervir, ao contrário do que geralmente acontece: "Por que não se ocupar da criança no primeiro período? Parece pouco, mas o hábito de ficar sentado junto a uma mesinha de cinco a oito horas por dia é uma coisa importante, que pode ser inculcado até os quatorze anos sem sofrimento, mas em seguida não mais. Para as mulheres, me parece que é a mesma coisa, ou talvez pior, porque a puberdade é uma crise muito mais grave e complexa do que nos homens. Com a vida moderna e a relativa liberdade das moças, a questão se agrava ainda mais" (ibidem, 352 [*Cartas*, I, 440]). Sobre as dificuldades maiores criadas pela organização escolar para as meninas, ele observa: "Hoje, em nosso país, as atividades femininas enfrentam condições muito desfavoráveis desde os primeiros anos de escola, por exemplo, a exclusão das jovens de muitas bolsas de estudo etc., de modo que é necessário, na concorrência, que as mulheres tenham qualidades superiores àquelas requeridas dos homens, e uma dose maior de tenacidade e perseverança (*LC*, 418, a Teresina, 4 de maio de 1931 [*Cartas*, II, 43]).

Por outro lado, não podem ser ignoradas as mudanças dos modelos (ou das modas) que atuam em razão de certo espírito de imitação característico de uma considerável fatia do mundo juvenil: "Ora, é impossível imaginar que a repetição contínua dos gestos físicos que, dançando, os negros fazem em torno de seus fetiches, e ter sempre no ouvido o ritmo sincopado das *jazz-bands*, fiquem sem resultados ideológicos". E G. observa a respeito: "Trata-se de um fenômeno amplamente difundido, que atinge milhões e milhões de pessoas, especialmente jovens" (*LC*, 162, a Tânia, 27 de fevereiro de 1928 [*Cartas*, I, 239]). Coloca-se, assim, implicitamente, o tema de uma "questão jovem", que nos *Q* é tratada explicitamente. No *Q 1*, 127, 115-6 [*CC*, 2, 63], sob o título "A questão dos jovens", G. considera particularmente importantes, entre as "muitas 'questões' dos jovens", as seguintes: "1) A geração 'antiga' realiza sempre a educação dos 'jovens'; haverá conflito, discórdia etc., mas se trata de fenômenos superficiais, inerentes a toda obra educativa e de refreamento, a menos que estejam em jogo interferências de classe, isto é, os 'jovens' (ou uma substancial parcela deles) da classe dirigente (entendida no mais amplo sentido, não só econômico, mas também político-moral) se rebelam e passam para a classe progressista, que se tornou historicamente capaz de tomar o poder: mas, neste caso, trata-se de 'jovens' que deixam de ser dirigidos pelos 'velhos' de uma classe para serem dirigidos pelos 'velhos' de uma outra classe; de qualquer modo, permanece a subordinação real dos 'jovens' aos 'velhos' como geração, mesmo com as diferenças de temperamento e vivacidade acima recordadas. 2) Quando o fenômeno assume um caráter dito 'nacional', isto é, quando não se revela abertamente a interferência de classe, então a questão se complica e torna-se caótica. Os 'jovens' estão em estado de rebelião permanente, já que persistem suas causas profundas, sem que eles possam analisá-las, criticá-las e superá-las (não de modo conceitual e abstrato, mas histórico e real); os 'velhos' dominam de fato, mas... *après moi le déluge*, não conseguem educar os jovens e prepará-los para a sucessão. Por quê? Isto significa que existem todas as condições para que os 'velhos' de uma outra classe devam dirigir estes jovens, sem que possam fazê-lo".

Nessa passagem, em que os termos "jovens" e "velhos" ocorrem quase sempre entre aspas, a "questão dos jovens" refere-se ao tema da relação entre as classes e a eficácia da transmissão do consenso. G. faz referência explícita à mesma passagem e, mais ainda, a algumas considerações exatamente sobre a crise de consenso, que se agrava quando "o velho morre e o novo não pode nascer", no momento (*Q 3*, 34, 311 [*CC*, 3, 184]) em que acena mais uma vez à "assim chamada 'questão dos jovens' determinada pela 'crise de autoridade' das velhas gerações dirigentes e pelo impedimento mecânico a quem poderia desenvolver sua missão" ("mecânico" aqui significa "coercitivo"); mas "uma ruptura tão grave entre massas populares e ideologias dominantes, como aquela que se verificou no pós-guerra, pode ser 'curada' com o puro exercício da força que impede que novas ideologias se imponham?".

GIUSEPPE PRESTIPINO

Ver: classe/classes; consenso; educação; escola; feminismo; ideologia; jazz.

questão meridional

Depois das formulações iniciais do problema, que já a partir de 1916 introduziam elementos novos na base salveminiana da reflexão, G. delineia, desde 1920, os traços de uma "questão meridional" como determinação específica do capitalismo e avança na direção de uma proposta que elege a ação dos "operários urbanos da Itália setentrional" como a "solução do problema agrícola" ("Operai e contadini" [Operários e camponeses], 3 de janeiro de 1920, em *ON*, 377). Nessa fase, é ainda forte a influência da experiência bolchevique, que leva G. a afirmar que "os problemas atuais da economia industrial e agrícola podem ser resolvidos apenas fora do Parlamento, contra o Parlamento, pelo Estado operário" (ibidem, 378). Em poucos anos, porém, a questão vai assumindo, em G., traços mais decisivamente políticos e mais fortemente ancorados na realidade italiana. Por ocasião da proposta de dar o título de *L'Unità* ao jornal do partido, G. aponta a necessidade de "dar importância especialmente à questão meridional, isto é, à questão em que o problema das relações entre operários e camponeses se coloca não apenas como um problema de relação de classe, mas também, e especialmente, como um problema territorial, isto é, como um dos aspectos da questão nacional" (*L*, 130). O III Congresso do Partido Comunista da Itália trata amplamente da questão meridional como o aspecto principal, com a questão vaticana, da mais ampla questão agrária, que é, pois, o modo de analisar o caso específico da formação histórica e da composição do Estado italiano. O partido deve se mover em duas frentes: de fato, é necessário que ele "destrua no operário industrial o preconceito inculcado pela propaganda burguesa de que o Mezzogiorno é uma bola de chumbo que se opõe aos grandes desenvolvimentos da economia nacional, e que destrua no camponês meridional o preconceito, ainda mais perigoso, por meio do qual ele vê no norte da Itália *um só bloco de inimigos de classe*" ("Cinque anni di vita del partito" [Cinco anos de vida do partido], 20-26 de janeiro de 1926, em *CPC*, 108, itálico da autora do verbete).

Na verdade, a ruptura do bloco histórico tradicional e a construção de um novo bloco social anticapitalista, constituído por operários e camponeses, é para G., em *Alguns temas da questão meridional*, o caminho a ser seguido para enfrentar a questão meridional associando sua qualidade nacional àquela de classe: o duplo e ambicioso objetivo que G. coloca aos companheiros de partido, pouco antes de sua prisão, é de superar a forma da unidade nacional típica do *Risorgimento*, baseada na anexação das regiões do Sul, para desenvolver um sentimento real de nação, por meio do protagonismo das massas camponesas meridionais no processo histórico ("depois dos operários, os camponeses são a parte mais revolucionária da sociedade italiana"), bem como, contemporaneamente, construir "uma aliança política entre operários do Norte e camponeses do Sul para afastar a burguesia do poder de Estado" (*QM*, 139 [*EP*, 2, 407]). Se até aquele momento o grande pensamento liberal – de que

Giustino Fortunato e Benedetto Croce eram os mais respeitados expoentes no *front* meridionalista, mas reunindo também outros nomes de relevo, como o de Gaetano Salvemini – havia permitido aos governos de Crispi e Giolitti uma política de contínua exploração e marginalização das massas meridionais, por meio de capciosas propostas de divisão da terra que não resolviam as questões mais amplas postas pelo Mezzogiorno, mas o isolavam cada vez mais como um "grande campo" diante da "grande cidade" que é o Norte, para G. era hora de que "o operário revolucionário de Turim e de Milão se torne o protagonista da questão meridional" (idem), e não mais os grandes intelectuais liberais. "O Mezzogiorno pode ser definido como uma grande desagregação social [...]. A sociedade meridional é um grande bloco agrário constituído por três estratos sociais: a grande massa camponesa amorfa e desagregada, os intelectuais da pequena e média burguesia rural, os grandes proprietários fundiários e os grandes intelectuais" (ibidem, 150 [*EP*, 2, 423]). Justamente o último estrato é aquele que caracteriza e domina "todo esse complexo de manifestações" da vida social, por meio da mediação que, em vários níveis, os intelectuais garantem, e de cuja casta também faz parte o clero. Romper o laço entre a massa camponesa e a camada dominante é fundamental, "porque esse monstruoso bloco agrário [...] em seu conjunto atua como intermediário e controlador a serviço do capitalismo setentrional e dos grandes bancos" (ibidem, 153 [*EP*, 2, 428]); isso permite conservar o *status quo*, tanto meridional quanto setentrional, representando um elemento regressivo de dimensão nacional. G. reivindica a intuição da formação de um bloco alternativo para o bloco agrário como um fato que já preocupava os comunistas de Turim em 1914, quando propuseram a Gaetano Salvemini que se candidatasse em um colégio eleitoral turinês para representar os camponeses do Sul no parlamento. Entretanto, tratava-se de um estágio ainda não maduro da elaboração do novo bloco, um estágio em que ainda se acreditava possível que os intelectuais democráticos meridionais atuassem como interlocutores do movimento revolucionário. O consenso que os camponeses haviam atribuído a Salvemini na Puglia, nas eleições de 1913, levou a crer que esse intelectual fosse o deputado mais digno a ser proposto, mas, naturalmente, em 1926, G. reconhece os limites dessa decisão. Apesar de a questão meridional ser tratada por G. como um fato homogêneo, ele não hesita em ressaltar as diferenças entre a composição social e a posição relativa das várias regiões diante do problema da modernização. A Sardenha é diferente da Puglia, assim como a Sicília apresenta características específicas.

Já na abertura dos *Q*, no índice dos assuntos principais, G. cita "a 'questão meridional' e a questão das ilhas". As aspas esclarecem que se trata de um tema já canônico e que G. o enfrentará em sua vertente política, bem como em sua vertente cultural, no seio da "questão política dos intelectuais". Mas de particular interesse é a sucessão dos assuntos no índice. Depois da questão meridional, encontramos: "10) Observações sobre a população italiana: sua composição, função da emigração. 11) Americanismo e fordismo" (*Q 1*, p. 5 [*CC*, 1, 79]). Enquanto no *Q*, G. retoma, em alguns casos textualmente, a reflexão de *QM*, a articulação com "Americanismo e fordismo" torna-se programática e predominante, o que move toda a perspectiva da pesquisa numa direção diferente, mais analítica, de longo período e mais ampla. Não é casual que a retomada C dos Textos A relativos ao problema, se em parte aparece no *Q 19* como contribuição para a definição histórica do *Risorgimento*, no que se refere ao papel passivo e subalterno das massas meridionais, apareça de maneira decisiva no *Q 22*, funcional para a polarização de dois modelos opostos: o modelo meridional italiano, caracterizado por uma composição demográfica patológica, de modo que a população produtiva é representada por uma parte minoritária do conjunto demográfico, com a consequência de fenômenos patológicos no plano da economia, e o modelo estadunidense, demograficamente saudável e, como consequência, voltado para a racionalização da produção e dos processos econômicos.

Lea Durante

Ver: americanismo; bloco histórico; camponeses; Croce; emigração; fordismo; Fortunato; intelectuais; Mezzogiorno; questão agrária; *Risorgimento*; Salvemini.

questão nacional

No artigo "Neutralidade ativa e operante", uma contribuição para o debate sobre a intervenção na Grande Guerra publicada no *Grido del Popolo* de 31 de outubro de 1914, um jovem G. associa ao marxismo tradicional o conceito de nação e a questão nacional, como problemas intrínsecos aos partidos e aos movimentos da classe operária. "O Partido Socialista, no qual atuamos, é também *italiano*, ou seja, é aquela seção da Internacional Socialista que assumiu a tarefa de conquistar para a Internacional a nação italiana. Esta sua tarefa imediata, sempre atual, lhe confere características especiais, nacionais, que o obrigam a assumir na vida italiana uma função específica, uma responsabilidade própria". Portanto, bem antes do internacionalismo, a tarefa preponderante e necessária do partido consiste em dar vida a uma luta nacional "diuturna" contra o Estado burguês, finalizada na criação dos órgãos capazes de superá-lo e absorvê-lo. "E no desenvolvimento desta sua função" o partido deve agir com plena autonomia, "dependendo da Internacional tão-somente no que se refere ao fim supremo a alcançar e ao caráter que essa luta deve sempre apresentar, ou seja, de uma luta de classe" (*CT*, 10-1 [*EP*, 1, 47]). É um conceito reafirmado por G. em numerosos escritos, entre os quais aquele intitulado "A unidade nacional" – em *L'Ordine Nuovo* de 4 de outubro de 1919 –, em que justamente "a classe 'nacional'" é identificada no proletariado, isto é, na "multidão dos operários e camponeses, dos trabalhadores italianos, que não podem permitir a destruição da nação, porque a unidade do Estado é a forma do organismo de produção e de troca construído pelo trabalho italiano, é o patrimônio de riqueza social que os proletários querem levar à Internacional Comunista" (*ON*, 233). E na *QM*, G. acaba por rejeitar tanto o positivismo dos socialistas quanto o meridionalismo de Salvemini: ambos parecem, a seus olhos, unidos pela tendência a uma naturalização das diferenças sociais e de classe, acabando por dividir a Itália em "*nordici e sudici*", ou seja, "nortistas e sujos"* (*CPC*, 149) e por tornar impossível a unidade do bloco social popular e a unidade da nação, em outras palavras, a união entre operári os e camponeses, Norte e Sul. Do mesmo modo, G. recusa o falso internacionalismo da Entente, verdadeira forma de imperialismo mascarado de intervencionismo democrático, e se mostra consciente da centralidade da questão nacional, seja em relação às colônias (de que apoia as aspirações à independência), seja em relação à Europa ("Viltà e leggerezza" [Covardia e superficialidade], 8 de outubro de 1920, em *ON*, 699-702).

Existe uma indubitável consonância entre esse aspecto do pensamento de G. e as propostas formuladas por Lenin em *Sobre o direito à autodeterminação das nações*, entre outros textos, em que, partindo da situação concreta da Rússia czarista, ele reconhece nas lutas de libertação e de independência das pequenas nações uma formidável arma contra o imperialismo. Não por acaso, no *Q 7*, 16, 866 [*CC*, 3, 262], o comunista sardo, refletindo sobre as categorias de "guerra de posição" e de "hegemonia", escreve: "Parece-me que Ilich havia compreendido a necessidade de uma mudança da guerra manobrada, aplicada vitoriosamente no Oriente em 1917, para a guerra de posição, que era a única possível no Ocidente [...]. Parece-me este o significado da fórmula da 'frente única' [...]. Só que Ilich não teve tempo de aprofundar sua fórmula, mesmo considerando que ele só podia aprofundá-la teoricamente, quando, ao contrário, a tarefa fundamental era nacional, isto é, exigia um reconhecimento do terreno e uma fixação dos elementos de trincheira e de fortaleza representados pelos elementos da sociedade civil". G. se mostra também particularmente atento às propostas de política linguística de Lenin; exemplo disso é o artigo "Vecchiume imbellettato" [Velharia maquiada], publicado em *L'Unità* de 22 de setembro de 1926, em que recorda o "projeto de modificação do programa" apresentado por Lenin à "Conferência pan-russa do partido bolchevique realizada no final de abril de 1917", citando, entre as propostas desse último, "a supressão da língua de Estado" (*CPC*, 333), ou a publicação em *L'Ordine Nuovo* de maio de 1920 de algumas intervenções de Lenin no VIII Congresso do Partido Comunista Russo (março de 1919), focadas no tema da questão nacional, com particular atenção às passagens relativas à "política das nacionalidades", entre as quais uma que condenava o uso exclusivo do russo na escola.

Na nota do *Q 2*, 48, 201 [*CC*, 3, 152], G. refere-se à posição de Lenin sobre a possibilidade de "que as questões nacionais tenham uma solução pacífica também no regime burguês: exemplo clássico, a separação pacífica da Noruega da Suécia". Esse último exemplo aparece em dois escritos do comunista russo que contém observações sobre as línguas: trata-se de *Sobre o direito à autodeterminação das nações*, no qual uma seção se intitula justamente "A separação da Noruega da Suécia", e de *Sobre a questão da política nacional*. Se, no primeiro texto, as propostas linguísticas de Lenin não constituem um tema central, no segundo, são expressas explicitamente: "O Estado democrático deve reconhecer incondicionalmente a *completa*

---

* G., ironicamente, refere-se a um infame jogo de palavras impossível de ser traduzido. Em italiano, "*nordico*" significa "do norte" e seu oposto é "*sudista*" (do sul); ao falar em "*sudici*", o jogo de palavras remete ao plural de "sudicio" (sujo), associando assim os sulistas a sujos. (N. R. T.)

liberdade das diversas línguas e abolir *qualquer* privilégio de uma dessas línguas [...]. Os operários de todas as nações têm uma só linha política para a escola: liberdade para a língua materna, escola democrática e laica" (Lenin, 1966, p. 205-12).

De resto, justamente abordando o problema da "questão nacional" de uma perspectiva linguística, G. nota que "na Itália o termo 'nacional' tem um significado ideologicamente muito restrito e, de qualquer modo, não coincide com 'popular', já que na Itália os intelectuais estão afastados do povo, isto é, da 'nação', e estão ligados a uma tradição de casta, que jamais foi quebrada por um forte movimento político popular ou nacional vindo de baixo" (*Q 21*, 5, 2.116 [*CC*, 6, 39-40]). E exatamente o fato que tal questão tenha sido elaborada num estilo refinadamente retórico marca a fragilidade do movimento do *Risorgimento*: "O termo corrente 'nacional', na Itália, é ligado a essa tradição intelectual e livresca, daí a facilidade estúpida e, no fundo, perigosa, de chamar 'antinacional' qualquer um que não tenha essa concepção arqueológica e empoeirada dos interesses do país" (idem). Nesse sentido, Gioberti e Mazzini representam dois modos antitéticos de colocar a questão nacional por parte dos intelectuais: "Gioberti oferecia aos intelectuais uma filosofia que parecia original e, ao mesmo tempo, nacional, capaz de situar a Itália pelo menos no mesmo nível das nações mais avançadas e dar uma nova dignidade ao pensamento italiano. Mazzini, ao contrário, só oferecia afirmações nebulosas e referências filosóficas que, para muitos intelectuais, especialmente napolitanos, deviam parecer palavreado vazio" (*Q 19*, 27, 2.146-7 [*CC*, 5, 98]).

Disso originaria, segundo G., a natureza particular do Partido da Ação, ou seja, a de ser "um organismo de agitação e propaganda ao serviço dos moderados", totalmente destituído de um "programa concreto de governo" (*Q 19*, 24, 2.014 [*CC*, 5, 62]). "O Partido da Ação" – escreve – "estava encharcado da tradição retórica da literatura italiana: confundia a unidade cultural existente na península – limitada, porém, a um estrato muito reduzido da população e maculada pelo cosmopolitismo vaticano – com a unidade política e territorial das grandes massas populares, que eram alheias àquela tradição cultural e dela não faziam caso, admitindo-se que conhecessem sua própria existência" (idem). É essa uma das causas que impediram a burguesia italiana do *Risorgimento* de estender sua hegemonia sobre grandes faixas da população. Assim, as guerras de independência de 1864, de 1866 e de 1870, resolveram "a questão nacional e a questão de classe de um tipo intermediário" (*Q 1*, 44, 54). Enquanto a burguesia obtinha o governo econômico-industrial, as velhas e parasitárias classes feudais conservaram todo o seu poder, com amplos privilégios de casta no exército, na administração estatal e na grande propriedade fundiária.

Vito Santoro

Ver: Gioberti; guerras de independência; jacobinismo; Lenin; língua; Mazzini; nação; nacional-popular; *Risorgimento*.

questão política dos intelectuais: v. intelectuais.

questão sexual
A questão é abordada por G. de um ponto de vista articulado e complexo na nota *Q 22*, 3, 2.147-9 [*CC*, 4, 249], intitulada "Alguns aspectos da questão sexual", cujos elementos são retomados em outras notas, essencialmente no mesmo *Q 22* em "Americanismo e fordismo". A questão é apresentada imediatamente como uma "obsessão" perigosa pelo impacto que teve, por meio da tradição utópica (G. menciona *A cidade do Sol*, de Campanella, mas pensa provavelmente em Fourier e na pedagogia soviética de tipo ingenuamente rousseauniano), sobre os "progressistas", que cometem o erro de naturalizar a sexualidade, enquanto nada é mais "inatural" que a "regulamentação dos instintos sexuais". Prova disso é a influência da "literatura 'psicanalítica'" (que não é outra coisa que "um modo de criticar a regulamentação dos instintos sexuais de forma por vezes 'iluminista', com a criação de um novo mito do 'selvagem' com base sexual" (*Q 22*, 3, 2.148 [*CC*, 4, 249]), de que G. se mostra consciente em vários fragmentos dos *Q*. No *Q 22*, 10 [*CC*, 4, 263] e no *Q 22*, 11 [*CC*, 4, 265-8], a regulação e a "repressão" dos instintos sexuais é compreendida como lugar crucial de uma "coerção" mais geral, que acompanha todos os momentos da evolução das sociedades humanas (desde a "passagem do nomadismo à vida sedentária e agrícola"), da qual a organização fordista de produção não é senão a etapa mais evoluída.

O "puritanismo", longe de ter que ser considerado uma "manifestação de hipocrisia", deve ser compreendido em sua "dimensão objetiva", ou seja, aquela que se propõe a constituir – pelo recurso exemplar da ética das "classes superiores" puritano-industriais – "um tipo *superior*" de trabalhador monógamo, que "não desperdice suas energias nervosas nas busca desordenada e excitante da satisfação sexual ocasional" (ibidem, 2.167 [*CC*, 4, 269]). De tal forma, a ética sexual taylorista confirmará o modelo camponês da estabilidade das uniões sexuais, trazendo, porém, uma exigência suplementar de interiorização moral da "família em sentido amplo", pois já em processo de atomização (*Q 22*, 10, 2.162 [*CC*, 4, 264]), e de "uma nova forma de união sexual cujo traço característico e fundamental parece dever ser a monogamia e a estabilidade relativa" (*Q 22*, 11, 2.167 [*CC*, 4, 269]). Assim, às classes dirigentes é confiada a tarefa de produzir um modelo de coerção sexual, e as crises de "libertinismo", recorrentes na história, representam "o fator ideológico mais depravante e 'regressivo'", testemunhando a cisão entre a ética das classes superiores e a ética das classes trabalhadoras. A esse último cabe a G. contrapor "uma coerção de novo tipo, uma vez que exercida pela elite de uma classe sobre a própria classe" e que "não pode ser senão uma autocoerção, isto é, uma autodisciplina" (*Q 22*, 10, 2.163 [*CC*, 4, 264-5]).

Voltando ao *Q 22*, 3, que, como já se disse, constitui o palimpsesto gramsciano da questão sexual, nada autoriza a redução dessa última à questão das condições de produção (como em Engels), mas também nada autoriza a separação radical delas. A irredutibilidade da questão sexual à "função econômica da reprodução" parece, para G., de algum modo estrutural, até exacerbada pelo desenvolvimento econômico: "Os progressos da higiene, que elevaram a vida humana média, colocam cada vez mais a questão sexual como um aspecto fundamental e específico da questão econômica, aspecto capaz de colocar, por seu turno, complexos problemas do tipo "superestrutural" (ibidem, 2.149, itálico do autor do verbete [*CC*, 4, 250-1]). Sem dúvida, é no reconhecimento de tal autonomia da questão sexual em relação à economia de (re)produção que devem ser buscadas a singularidade da abordagem gramsciana, comparada à ortodoxia marxista, e a razão de sua influência atual no campo dos *Women's Studies* e do feminismo pós-marxista. Toda a segunda parte da nota, de fato, parece traçar as grandes linhas de uma antropologia política do problema, bem além da pura constatação da afirmação do patriarcado como estrutura trans-histórica exacerbada pelo capitalismo (v. Engels, 1993). Imigração, afluxo às metrópoles e reproposição contínua do problema da hegemonia, mudança das relações "moleculares" entre pais e filhos, "[t]odos esses elementos complicam e tornam dificílima qualquer regulamentação do fato sexual e qualquer tentativa de criar uma nova ética sexual adequada aos novos métodos de produção e de trabalho" (*Q 22*, 3, 2.150 [*CC*, 4, 252]). Mas, acrescenta G., "a mais importante questão ético-civil ligada à questão sexual é a da formação de uma nova personalidade feminina: enquanto a mulher não tiver alcançado não apenas uma real independência em face do homem, mas também um novo modo de conceber a si mesma e a seu papel nas relações sexuais, a questão sexual continuará repleta de aspectos morbosos" (ibidem, 2.148-9 [*CC*, 4, 251]). A análise da questão sexual se confunde, então, politicamente com a análise da questão feminina, diferenciando-se da posição marxiana – hegelianamente humanista –, pela qual "a relação do homem com a mulher é a forma mais natural da relação do homem com o homem" (v. Marx, 1983, *Manuscritos econômico-filosóficos*, "Terceiro manuscrito", IV).

A necessidade de constituir uma nova subjetividade feminina adquire, além do mais, uma dimensão menos abstrata e mais íntima nas *LC*, ainda que essa seja de algum modo dessexualizada, em benefício de uma análise psicológica e moral (v., por exemplo, a carta de 15 de fevereiro de 1932 a Tânia [*Cartas*, II, 157-9], e aquela de 11 de abril de 1932 a Giulia [*Cartas*, II, 185]). Quanto à posição doutrinária da Igreja sobre a relação entre sexualidade e procriação, uma referência erudita, mas, afinal, extemporânea, encontra-se no *Q 1*, 68 [*CC*, 4, 175], em que também G. insiste na necessidade de uma "educação sexual".

Livio Boni

Ver: feminismo; Freud; libertinismo; mulher; psicanálise; taylorismo.

questão vaticana

Desde os primeiros anos da juventude até a maturidade, G. é consciente da existência, complexidade e importância da "questão vaticana", como está documentado em não poucos escritos jornalísticos, intervenções nos órgãos oficiais do partido e, sobretudo, nos *Q* (particularmente no *Q 16*, 11, 1.865-74 [*CC*, 4, 41] e no *Q 16*, 14, 1.882-4 [*CC*, 4, 59], que contêm uma análise crítica da política concordatária). Em 1924, G. descreve e focaliza a natureza do Vaticano, como estrutura organizacional e sistema de poder da Igreja católica: "O Vaticano é, sem dúvida, a mais vasta e poderosa organização privada que já existiu. Por certos aspectos, tem o caráter de um

Estado, e é reconhecido como tal por certo número de governos [...]. Permanece sendo uma das forças políticas mais eficientes da história moderna [...]. A organização do Vaticano reflete seu caráter internacional. Ela constitui a base do poder do papado na Itália" ("O Vaticano", em *CPC*, 523). Uma realidade com a qual era inevitável fazer as contas. Fazendo referência a um depoimento de Togliatti, já nos anos de "aprendizado universitário", G. "dizia que o dia em que se formasse um governo socialista, em que surgisse um regime socialista, uma das principais tarefas desse governo seria liquidar completamente a questão romana, garantindo plena liberdade à Igreja" (Togliatti, 1984, p. 266).

Alguns anos mais tarde, em *L'Ordine Nuovo*, G. insiste que é necessária a busca de uma relação pacífica com a Igreja católica. Já que "na Itália, em Roma, há o Vaticano, há o papa: o Estado liberal teve de encontrar um sistema de equilíbrio com a potência espiritual da Igreja" e "o Estado operário terá, também ele, de encontrar um sistema de equilíbrio" ("Crônicas de *L'Ordine Nuovo*", 20 de março de 1920, em *ON*, 468). Em 1926, as "Teses de Lyon"* apontam os planos em que se deve buscar tal relação. O primeiro é o plano internacional: "É evidente que o proletariado terá de resolver, em grande parte com meios próprios, o problema do papado, mas é igualmente evidente que não chegará a ele sozinho, sem o apoio eficaz do proletariado internacional". O segundo é o plano político: "Para destruir a influência da organização católica sobre as massas rurais" é necessário "romper a aliança dos camponeses com as forças reacionárias [...] também em outros países da Europa" (*CPC*, 499 [*EP*, 2, 338]).

A busca gramsciana de um "sistema de equilíbrio" com a Igreja, portanto, não pode ser interpretada como uma eventual tentativa de estabelecer uma relação qualquer de autoridade com a hierarquia e com a instituição eclesiástica (v. *QM*, 140 e *TL*, 483-4). G. é muito claro a esse respeito: "A realização da aliança entre operários e camponeses para a luta contra o capitalismo supõe a destruição da influência do Vaticano (como força política contrarrevolucionária, aliada do Estado burguês – ndr] sobre os camponeses". De resto, a tomada de posição determinada e radical de G. a favor da Concordata de 1929 também desmente tal leitura.

TOMMASO LA ROCCA

Ver: católicos; Concordata; Igreja católica; papa/papado; questão agrária; religião.

química: v. física e química.

---

* Antonio Gramsci, "A situação italiana e as tarefas do PCI: teses de Lyon", *Revista de Ciências Sociais*, Fortaleza, v. 35, n. 2, 2004, p. 10-33. (N. E.)

R

***rabo do diabo*:** v. América do Sul.

racional: v. real-racional.

racionalismo

G. faz referência a várias concepções do racionalismo: o romântico, segundo o qual o inovador é aquele que destrói o que existe sem se perguntar o que vai acontecer com as circunstâncias; o iluminista, segundo o qual "tudo que existe é uma 'armadilha' dos fortes contra os fracos, dos espertos contra os pobres de espírito" (*Q 14*, 67, 1.726 [*CC*, 1, 257]). Outra é a posição da filosofia da práxis, segundo a qual "toda coisa que existe é 'racional', isto é, teve ou tem uma função útil" (idem), mesmo que a tenha perdido depois: "Uma verdade que se esquece é esta: aquilo que existe teve sua razão de existir, serviu, foi racional, 'facilitou' o desenvolvimento histórico e a vida" (ibidem, 1.726-7 [*CC*, 1, 257]). Uma terceira forma de racionalismo é aquela anti-historicista, difundida pelos adeptos da revolução passiva, para os quais, no processo dialético, a tese se conserva pela antítese para não levar ao esgotamento do processo em si. Escreve G.: "Trata-se de um dos tantos modos de 'enquadrar o mundo', de uma das tantas formas de racionalismo anti-historicista" (*Q 10* I, 6, 1.221 [*CC*, 1, 292]). Na fase de construção de um partido é importante levar em consideração as utopias que, apresentando-se na forma de racionalismo abstrato, "têm a mesma importância das velhas concepções do mundo historicamente elaboradas por acumulação de experiências sucessivas" (*Q 8*, 195, 1.058 [*CC*, 3, 288]). Analisando as correntes atuantes dentro do *Risorgimento* italiano, G. também aponta como seria possível fazer sua avaliação em contracorrente com a tradição: "As correntes italianas que são 'etiquetadas' de racionalismo francês e de iluminismo abstrato são, ao contrário, talvez as mais aderentes à realidade italiana", comparadas com as correntes superficialmente "jacobinas" (*Q 10* II, 61, 1.361 [*CC*, 1, 429]). G. também se interessa, por fim, pelo racionalismo arquitetônico, ao qual atribui o significado de "moderno", pois é capaz de "exprimir o belo segundo o gosto de uma determinada época" (*Q 14*, 2, 1.656 [*CC*, 6, 230]).

LELIO LA PORTA

Ver: arquitetura; Iluminismo; real-racional; utopia.

racismo

G. investiga o fenômeno do racismo principalmente no tocante à cultura italiana. No *Q 6*, 35, 710 [*CC*, 2, 140], ele lança a pergunta sobre a existência de "um 'racismo' na Itália" e observa que as tentativas de resposta foram "todas de caráter literário e abstrato". G. confronta a Itália com a Alemanha e ressalta analogias "extrínsecas": "realização tardia da unidade nacional", "universalismo medieval" e domínio das "classes proprietárias do campo" (ibidem, 710-1 [*CC*, 2, 140]).

G. discorre também sobre a figura do super-homem de Nietzsche, na qual distingue "tendências racistas" (*Q 14*, 27, 1.685). No *Q 17*, 43, 1.943-4 [*CC*, 1, 272], examina *La vita di Gobineau*, de Lorenzo Gigli – em que a questão virou "ideologia política militante e eficiente". Com base na relação entre correntes historiográficas da França da Restauração e apresentação da história francesa como luta entre aristocracia alemã e povo de origem gálico-romana, vislumbra duas tendências: "1) a da filosofia da práxis, que, do estudo dos dois estratos da população francesa como estratos de origem nacional diversa, passou para o estudo da função econômico-social desses mesmos estratos; 2) a do racismo e da superioridade da raça germânica", que se torna, então, "elemento da cultura alemã" (idem). Todavia, na Itália isso "não podia vingar porque a feudalidade de origem germânica foi destruída pelas revoluções comunais" (idem). G. conclui daí que "o alemão sente mais a raça que o italiano", para quem o racismo tende a se identificar com "o retorno histórico ao romanismo, pouco sentido fora da literatura", mediante uma "exaltação genérica da estirpe" (*Q 6*, 35, 710 [*CC*, 2, 140]). Entre os defensores do racismo na Itália, lembra Suckert e Foà (ibidem, 711 [*CC*, 2, 140]). Destaca, por fim, as relações internacionais, depois de 1929, como desfavoráveis à Itália, sobretudo face "ao nacionalismo econômico e ao 'racismo', que impedem a livre circulação não só da mercadoria e dos capitais, mas sobretudo do trabalho humano" (*Q 19*, 6, 1.990 [*CC*, 5, 43]).

Manuela Ausilio

Ver: nacionalismo.

real-racional
Para Hegel, o que é racional é real. É verdadeira também a identidade recíproca. Mas para o filósofo idealista o ponto de partida (e de chegada) é o racional. Para Marx, pensador materialista, o que é real tem uma própria e intrínseca racionalidade, ou seja, uma lógica de desenvolvimento comparável, ainda que não assimilável, àquela das leis naturais. Com efeito, o real, ou antes, todo o desenvolvimento das forças produtivas, é necessariamente produzido e produz, em consequência, as mudanças das relações de produção (do ser social), por sua vez transpostas nas manifestações da superestrutura ideológica (da "consciência"). Para G., teórico não idealista nem materialista ("Mas se é 'hipóstase' aquela da religião e do idealismo [...] é também 'hipóstase' a do materialismo vulgar que 'diviniza' a matéria etc.": *Q 4*, 32, 451), o que é pressuposto como racional *pode tornar-se* real, não se realiza necessariamente. Pode tornar-se real se, em dada objetividade ou em dadas condições não impeditivas, intervém, conscientemente orientada, uma vontade *subjetiva* e *coletiva*. Somente se realizada na prática pode ter sua confirmação qualquer, suposta, racionalidade.

Em uma passagem do *Q 10*, na verdade um tanto contorcida e inusitadamente descuidada na forma, G. parece querer interpretar como "lei de tendência" histórica essa afirmação de Hegel, para deplorar a interpretação "anti-histórica" proposta por Croce: "Para compreender melhor a teoria crociana apresentada na comunicação ao Congresso de Oxford, sobre 'História e Anti-história' (e que, em outro local, foi aproximada à discussão mantida pela geração passada em torno à possibilidade dos 'saltos' na história e na natureza), é preciso estudar o ensaio de Croce sobre *Interpretazione storica delle proposizioni filosofiche* [Interpretação histórica das proposições filosóficas], no qual, além do tema de que deriva o título, muito interessante por si mesmo e que não é observado por Croce em sua última polêmica contra a filosofia da práxis, está contida uma interpretação restritiva e capciosa da proposição hegeliana: 'o que é real é racional e o que é racional é real', precisamente no sentido da anti-história" (*Q 10* II, 41.IX, 1.315 [*CC*, 1, 383]). Ainda em defesa de Hegel, ou para mitigar o absolutismo panlogista, G. escreve sobre a identidade hegeliana entre filosofia e história da filosofia: "Que os sistemas filosóficos passados tenham sido superados não exclui a possibilidade de terem sido válidos historicamente e de terem desempenhado uma função necessária: sua caducidade deve ser considerada do ponto de vista do desenvolvimento histórico global e da dialética real; que eles fossem *dignos* de perecer não é um juízo moral ou de profilaxia do pensamento, emitido de um ponto de vista 'objetivo', mas um juízo dialético-histórico. Pode-se comparar com a apresentação feita por Engels da proposição hegeliana segundo a qual 'tudo o que é racional é real e o que é real é racional', proposição que será válida também para o passado. No *Ensaio* [aqui G. se refere ao *Manual*, de Bukharin – ndr], o passado é julgado como 'irracional' e 'monstruoso' e a história da filosofia se transforma num tratado histórico de teratologia, já que se parte de um ponto de vista metafísico. (No *Manifesto*, ao contrário, está contido o mais alto elogio ao mundo moribundo.) Se este modo de julgar o passado é um erro teórico, um desvio da filosofia da práxis, poderá ter ao menos algum significado educativo, será inspirador de energias? Não parece, pois então a questão se reduziria a presumir que se é alguma coisa tão-só porque se nasceu no presente e não em um dos séculos passados. Mas, em qualquer tempo, houve um passado e uma contemporaneidade; ser 'contemporâneo' é um mérito apenas para as piadas. (Conta-se a anedota de um burguesinho francês que estampou em seu cartão de visitas, precisamente, a expressão 'contemporâneo': acreditava não ser nada e descobriu um dia, ao contrário, que era alguma coisa, exatamente um 'contemporâneo')" (*Q 11*, 18, 1.417 [*CC*, 1, 135]).

Em uma passagem prévia, G. havia exposto em modo mais direto o próprio pensamento sobre esse argumento: "Só a luta, com seu resultado, mas nem sequer com seu resultado imediato e sim com aquele que se manifesta numa vitória permanente, dirá o que é racional ou irracional, o que é 'digno' de vencer porque a seu modo continua e supera o passado". A passagem continua afirmando que até a filosofia crociana é, embora inconscientemente, uma "luta" e uma "ação prática" para traduzir em realidade uma pressuposta racionalidade: "A atitude prática de Croce é um elemento para a análise e a crítica de sua atitude filosófica: aliás, é o elemento fundamental para isso: em Croce, filosofia e 'ideologia' finalmente se identificam, até mesmo a filosofia se mostra apenas um 'instrumento prático' de organização e de ação: de organização de um partido, aliás de uma internacional de partidos, e de uma linha de ação prática" (*Q 6*, 10, 690 [*CC*, 1, 435]). De modo mais geral, a ação pensada responde a essa regra: "Todo o edifício deve ser construído segundo princípios racionalistas, isto é, funcionais, uma vez que se têm determinadas premissas e se deseja chegar a determinadas consequências. É evidente que, durante a elaboração, as próprias premissas podem ser mudadas, porque se é verdade que os fins pressupõem certas premissas, é também verdade que, além de um certo limite, os próprios fins reagem sobre as premissas, mudando-as. A existência objetiva das premissas permite pensar em atingir certos fins, ou seja, as premissas dadas são como tais para esses fins, apenas enquanto... pensáveis. Mas, se esses fins começam a se realizar, pelo fato de se realizarem, de se tornarem efetivos, mudam necessariamente as premissas iniciais, que, então, não são mais... iniciais e, portanto, mudam também os fins pensáveis etc. Esse é um nexo em que se pensa bem raramente e que, na verdade, é muito claro e evidente. Vemos sua aplicação nas empresas, 'conforme um plano', que não são puros mecanismos exatamente porque se baseiam nesse modo de pensar, em que entra mais liberdade e espírito de iniciativa do que costumam admitir, pelo papel de máscara da *Commedia dell'Arte* que encenam os representantes da 'liberdade' e da 'iniciativa'" (*Q 14*, 66, 1.726, Texto A). Nessa passagem poderíamos reconhecer uma dialética dita do "pressuposto-posto". No correspondente Texto C, do *Q 24*, se comprime o primeiro nexo premissas-fins, se acentua o sarcasmo dirigido aos profetas da liberdade ou da livre iniciativa e se especifica, com o exemplo do analfabetismo, o caráter provisório de toda realização de fins racionais: "Mas, se as finalidades começam progressivamente a realizar-se, o fato mesmo desta realização, da efetividade alcançada, modifica necessariamente as premissas iniciais, que porém não são mais... iniciais e, consequentemente, modificam-se também as finalidades imagináveis, e assim por diante. Muito raramente se pensa nesta conexão, ainda que seja de evidência imediata. Vemos sua manifestação nos empreendimentos 'conforme um plano' [...] no qual a parte da liberdade e do espírito de iniciativa (espírito de 'combinações') é muito maior do que querem admitir, por causa do papel de máscaras da *Commedia dell'arte* que lhes é próprio, os representantes oficiais da 'liberdade' e da 'iniciativa' abstratamente concebidas (ou concebidas de modo excessivamente 'concreto'). Portanto, esta conexão é verdadeira, mas é também verdadeiro que as 'premissas' iniciais se reapresentam continuamente, ainda que sob outras condições. Que uma 'turma escolar' aprenda o alfabeto não significa que o analfabetismo desapareça subitamente e para sempre; a cada ano surgirá uma nova 'turma' à qual ensinar o alfabeto. Todavia, é evidente que, quanto mais raro tornar-se o analfabetismo nos adultos, menos difícil será povoar as escolas elementares em 100%: existirão sempre analfabetos, mas eles tenderão a desaparecer até o limite normal das crianças de 5-6 anos" (*Q 24*, 1, 2.260 [*CC*, 2, 198]).

Giuseppe Prestipino

Ver: Bukharin; Croce; Engels; Hegel; meios e fins; racionalismo.

realidade do mundo externo: v. númeno.

realismo greco-cristão
G. faz referência nos *Q* ao chamado "realismo greco-cristão" no âmbito de suas reflexões sobre a "objetividade do real" (Q 7, 1, 852), concepção radicada de tal forma na mentalidade popular graças às religiões que só pode ser erradicada "por um princípio que se apresente como 'dogmático', mas que tenha em si a possibilidade de se historicizar" (idem), ou seja, pela ciência. Em um artigo

sobre a relação entre religião e filosofia, entre catolicismo e ciência experimental, publicado por Mario Missiroli, em 1930, na *Italia letteraria*, e citado por G., afirma-se, em particular, que "a opinião comum segue ainda aquele dualismo, que é próprio do realismo greco-cristão". Segundo Missiroli, com efeito, "a humanidade" permanecia aristotélica e continuava a crer na existência objetiva do "mundo" e da verdade, ou melhor, havia encontrado a confirmação disso justamente nas ciências positivas, valorizadas em contraste com a "nova metafísica do absoluto" (ibidem, 853). No Texto C, particulariza-se a inconstância das opiniões de Missiroli sobre tal argumento, que em resposta a um *referendum* do *Saggiatore*, havia previsto, contudo, que a difusão geral das ciências experimentais se daria "em contraste com as correntes religiosas" (*Q 10* II, 41.I, 1.297 [*CC*, 1, 361]). No entanto, segundo G., o conceito do númeno kantiano e da "coisa em si" é que estaria relacionado à concepção da "objetividade externa do real" e do realismo greco-cristão, da forma como se desenvolveu na linha que conduz de Aristóteles a Tomás de Aquino. A confirmação de que essa última ideia deriva das primeiras, segundo o pensador sardo, se encontra no fato de que "toda uma tendência do materialismo vulgar e do positivismo deu lugar à escola neokantiana ou neocrítica" (*Q 10* II, 46, 1.333 [*CC*, 1, 401]).

JOLE SILVIA IMBORNONE

Ver: Aristóteles; Kant; númeno; objetividade.

realismo histórico e político

A expressão "realismo histórico e político" não aparece textualmente nos *Q*, mas o conceito está presente em uma série de notas nas quais o termo "realismo", eventualmente acompanhado dos adjetivos "histórico" (mais comumente "historicista") ou "político", deve ser compreendido em sentido específico, distinto tanto do sentido literário, sinônimo de naturalismo ou verismo (a título de exemplo, v. *Q 6*, 9, sobre Verga), quanto do sentido – certamente mais afim, como veremos mais adiante – gnosiológico (como no *Q 7*, 1, 853: "realismo greco-cristão"), ou ainda do comportamento psicológico (por exemplo, *LC*, 662, a Tania, 2 de janeiro de 1933 [*Cartas*, II, 286]: "minha vontade se nutre justamente do realismo com que analiso os elementos de minha existência e resistência"), e empregado seja como critério de juízo histórico-político ou como instrumento de análise teórica. Na primeira função, ressalvando uma alusão à distância das instruções públicas em relação ao "realismo vivo da vida nacional" na época do transformismo (*Q 3*, 119, 388 [*CC*, 3, 201]) e ao governo Boselli, de 1916, como exemplo "de retórica prolixa e não de realismo político" (*Q 8*, 83, 989 [*CC*, 5, 292]), encontramos o conceito aplicado à análise do *Risorgimento*, em que "os grandes programas de Gioberti e de Mazzini deviam dar espaço ao realismo político e ao empirismo de Cavour" (*Q 6*, 89, 766 [*CC*, 5, 252]). O ponto se desenvolveu em nota especialmente dedicada ao *Risorgimento. O realismo de Cavour:* "O peso relativamente preponderante que os fatores internacionais tiveram no desenvolvimento do *Risorgimento* decorre do realismo particular de Cavour, que consistia em valorizar a atividade diplomática numa medida que parecia absurda ao Partido da Ação" (*Q 8*, 10, 943-4 [*CC*, 5, 279]). De todo modo, o argumento do "'realismo de Cavour' é ainda um tema a ser examinado, sem preconceitos e sem retórica" (ibidem, 944 [*CC*, 5, 280]). Mesmo porque, como G. tinha feito notar desde o início, "na atual historiografia do *Risorgimento*, que é tendenciosíssima à sua maneira, se dá como 'agudo realismo político' tudo aquilo que coincide com o programa piemontês dos moderados: é um juízo da prudência muito ingênuo e pouco agudo" (*Q 1*, 84, 87). Com efeito, enquanto G. permanece constantemente crítico em relação a Mazzini (ainda no *Q 11*, 16, 1.408-9 [*CC*, 1, 125] escreve que suas doutrinas "só falavam de 'missões', de 'ideais' e de outras vagas nebulosidades e sentimentalismos abstratos"), no curso de sua reflexão reconhece que "Gioberti sentiu a ausência, na Itália, de um centro popular de movimento nacional revolucionário, como foi Paris para a França, e essa compreensão mostra o [seu – ndr] realismo político". Além disso, "deve-se observar que Gioberti, seja no *Primato*, seja no *Rinnovamento*, se mostra um *estrategista* do movimento nacional, e não somente um tático. Seu realismo o leva aos compromissos, mas sempre no âmbito do plano estratégico geral" (*Q 17*, 9, 1.914-5 [*CC*, 5, 343]).

O aprofundamento teórico do conceito está ligado à análise de *Relações entre estrutura e superestruturas*: G. parte da constatação de que "há uma relação de forças sociais estreitamente ligada à estrutura; essa é uma relação objetiva, é um dado 'naturalista' que pode ser medido com os sistemas das ciências exatas ou matemáticas. Com base no grau de desenvolvimento das forças materiais de produção se dão os diversos agrupamentos sociais, cada um deles representando uma função e uma posição na própria produção. Esse arranjo fundamental oferece a possibilidade de estudar se na sociedade existem as condições suficientes e necessárias para sua transformação; oferece a possibilidade de controlar o grau de realismo e de atualidade das diversas ideologias nascidas no seu mesmo terreno" (*Q 4*, 38, 457). Logo em seguida, no entanto, G. se dá conta dos riscos de uma aplicação rígida demais desse esquema, também "pela dificuldade de identificar em cada caso, estaticamente (como imagem fotográfica instantânea), a estrutura; de fato, a política é, em cada caso concreto, o reflexo das tendências de desenvolvimento da estrutura, tendências que não se afirma que devam necessariamente se realizar" (*Q 7*, 24, 872 [*CC*, 1, 239]). Esquecendo esse dado essencial, "o 'excessivo' realismo político [no Texto C de *Q 13*, 16, 1.577 [*CC*, 3, 34]: "superficial e mecânico" – ndr] leva muitas vezes à afirmação de que o homem de Estado só deve atuar no âmbito da 'realidade efetiva', não se interessar pelo 'dever ser', mas apenas pelo 'ser'", em outros termos, deve "encontrar em Guicciardini, e não em Maquiavel, o 'verdadeiro político'". Na realidade, à diferença do "mero cientista", o político "não pode deixar de se ocupar do 'dever ser' [entendido não moralisticamente]. A questão é mais complexa: trata-se de ver se o 'dever ser' é um ato arbitrário ou um fato necessário, como vontade concreta ou veleidade, desejo, amor pelas nuvens. O político em ação é um criador; mas não cria do nada, não deriva do seu cérebro a sua criação. Ele se fundamenta na sua realidade efetiva; mas qual é essa realidade efetiva? É talvez algo de estático e imóvel ou, antes disso, uma realidade em movimento, uma relação de forças em contínua mudança de equilíbrio? Aplicar a vontade para criar um novo equilíbrio das forças, realmente existentes e operantes, apoiando-se na força em movimento progressivo para fazê-la triunfar, é sempre mover-se no terreno da realidade efetiva, mas para dominá-la e superá-la. O 'dever ser' entra em campo, não como pensamento abstrato e formal, mas como interpretação realista e historicista única da realidade" (*Q 8*, 84, 990). "Pode-se, portanto, dizer que Maquiavel propôs-se educar o povo", no sentido de "torná-lo convencido e consciente de que pode existir uma única política, a realista, para alcançar o fim desejado [...]. Em tal sentido, a posição de Maquiavel deve ser aproximada daquela dos teóricos e a dos políticos da filosofia da práxis, que também procuraram construir e difundir um 'realismo' popular, de massa" (*Q 14*, 33, 1.690-1 [*CC*, 3, 307]). Uma referência implícita a Maquiavel está presente ainda na expressão "realismo efetivo" (*Q 14*, 76, 1.744 [*CC*, 3, 321]).

A centralidade do conceito de realismo é tal que chega a conotar o próprio marxismo, esclarecendo o sentido no qual pode legitimamente se definir como "materialismo histórico": "O termo 'materialismo', em certos períodos da história da cultura [no Texto C do *Q 11*, 16, 1.408 [*CC*, 1, 125]: "no primeiro ciquentenário do século XIX" – ndr] precisa ser entendido não no significado técnico filosófico estrito, mas no significado [Texto C: "mais extensivo" – ndr] que adquiriu nas polêmicas culturais da Enciclopédia [Texto C: "com o surgimento e o desenvolvimento vitorioso da cultura moderna" – ndr]. Chamou-se de materialismo qualquer modo de pensar que excluísse a transcendência religiosa e, portanto, na realidade, todo o panteísmo e o imanentismo e, finalmente, de forma mais moderna, qualquer forma de realismo político" (*Q 8*, 211, 1.069). Em sentido análogo fala-se, no *Q 10* I, 5, 1.219 [*CC*, 1, 288], de "realismo histórico contra as abstrações especulativas", no *Q 10* II, 10, 1.248 [*CC*, 1, 318], diz-se que entre os "conceitos a serem aprofundados há também a forma de: empirismo-realismo [historicista]-especulação filosófica"; no *Q 10* II, 13, 1.250 [*CC*, 1, 320], em referência à *Sagrada família*, G. escreve que a "filosofia da práxis [...] é o 'materialismo' aperfeiçoado pelo trabalho da própria filosofia especulativa e fundido com o humanismo. Com esses aperfeiçoamentos, na verdade, permanece do velho materialismo apenas o realismo filosófico", como confirmação do que foi comentado acima sobre a afinidade entre a acepção gnosiológica e a histórico-política do conceito. Finalmente, no *Q 16*, 9, 1.855 [*CC*, 4, 32], a propósito da influência do marxismo, também sobre os seus mais renitentes adversários, observa-se que "os intelectuais 'puros', como elaboradores das ideologias mais amplas das classes dominantes, como líderes dos grupos intelectuais de seus países, não podiam deixar de se servir pelo menos de alguns elementos da filosofia da práxis, para fortalecer as suas concepções e moderar o excessivo filosofismo especulativo com o realismo historicista da teoria nova".

GIUSEPPE COSPITO

Ver: estrutura; filosofia da práxis; Maquiavel; materialismo e materialismo vulgar; materialismo histórico; realismo greco-cristão; superestrutura/superestruturas.

referendum

Somente uma vez encontramos nos *Q* o termo *"referendum"*, em conclusão a uma nota dedicada a "Os costumes e as leis". É opinião corrente, escreve G., que a lei sanciona os costumes; isso contradiz "a história real do desenvolvimento do direito" (*Q 6*, 98, 773 [*CC*, 3, 248]), que é ela mesma "luta pela criação de um novo costume" (idem). Acredita-se que o direito é uma expressão da sociedade inteira; entretanto, G. retruca, "o direito não exprime toda a sociedade [...] mas a classe dirigente" (idem), a qual impõe a toda a sociedade as regras de conduta que são funcionais aos seus interesses. No fundo, no conceito de direito há a pretensão de que todos os cidadãos aceitem o conformismo "marcado" pelo próprio direito com a perspectiva de poderem se tornar "elementos da classe dirigente" (idem). Ao fim da nota, G., aludindo às "correntes intelectuais" que postulam um "caráter educativo, criativo, formativo do direito", mesmo que como "resíduo do espontaneísmo, do racionalismo abstrato", acrescenta: "Outro problema se apresenta para essas correntes: qual deve ser o órgão legislativo 'em sentido lato', isto é, a necessidade de levar as discussões legislativas a todos os organismos de massa: uma transformação orgânica do conceito de '*referendum*', ainda que deixando ao governo a função de última instância legislativa" (ibidem, 774 [*CC*, 3, 250]).

Lelio La Porta

Ver: direito; legislativo-executivo.

Reforma

A reinvindicação da necessidade de uma Reforma protestante na Itália foi formulada nos anos 1920 pelo movimento dos neoprotestantes, um grupo de intelectuais abrigados ao redor da revista *Conscientia* e da editora Bilychnis e ligados à "Revolução liberal" gobettiana. Esse movimento recebe a atenção de G. já antes da prisão: de fato, em setembro de 1926, ele formula uma polêmica, que é registrada, tratando do tema (v. *L'espiazione del Partito socialista* [A expiação do Partido Socialista], em *CPC*, 442-4) e, posteriormente, o relembra nos *Q* num texto de junho-julho de 1930: "As observações, feitas de modo disperso, sobre o diferente alcance histórico da Reforma protestante e do Renascimento italiano, da Revolução Francesa e do *Risorgimento* (a Reforma está para o Renascimento assim como a Revolução Francesa para o *Risorgimento*) podem ser recolhidas num ensaio único, com um título que também poderia ser 'Reforma e Renascimento' e que poderia partir das publicações editadas entre 1920 e 1925 justamente em torno desta questão: 'A necessidade de que, na Itália, se verifique uma reforma intelectual e moral', ligada à crítica do *Risorgimento* como 'conquista régia' e não movimento popular, por obra de Gobetti, Missiroli e Dorso" (*Q 3*, 40, 317-8 [*CC*, 5, 205]). Como se vê, o tema é imediatamente transposto para uma problemática nova: Reforma e Renascimento são dois modelos histórico-políticos alternativos, que podem ser mais adiante comparados (Revolução Francesa-*Risorgimento*), para construir uma tipologia de formas históricas da relação entre massas e política.

A caracterização da Reforma protestante em termos não confessionais, tendencialmente metafóricos, é compartilhada por G. com Gobetti e Croce, que haviam ressaltado que não se tratava de reerguer o protestantismo, mas de ser herdeiro do que o protestantismo havia significado para a cultura moderna, em termos ético-políticos e intelectuais. Nesse sentido, é muito importante o *Q 4*, 3, 423-5, no qual G. retoma uma passagem da crociana *Storia dell'età barocca in Italia* [História da era barroca na Itália] (Croce, 1929, p. 11-2), um texto publicado com o título de *Controriforma* pela primeira vez em 1924 (Croce, 1924, p. 321-33), como participação no debate suscitado pelos neoprotestantes. Croce opõe Reforma e Renascimento como modalidades alternativas da relação entre intelectuais e povo: o Renascimento aristocrático e antipopular, e incapaz de chegar "até o povo"; já a Reforma, capaz de se transformar em "coletiva persuasão e fé", mas incapaz de produzir de pronto uma cultura superior. Esta se concretizou apenas mais tarde, com a filosofia clássica alemã, que representa, na perspectiva de Croce, a síntese das duas instâncias opostas, a conciliação dos "termos ideais e fundamentais, terra e céu, homem e Deus, indivíduo e universo, espírito profano e espírito religioso" (Croce, 1929, p. 5), que, numa "vária luta" e num "vário harmonizar-se" (ibidem, p. 6), representam a estrutura dialética da modernidade.

No *Q 4*, 3, G. retoma, como já dito, essas passagens, citando-as extensamente e extraindo delas uma sugestão fundamental para pensar o estatuto e a função do marxismo. Esse é, na verdade, "o coroamento de todo esse movimento de reforma intelectual e moral, na sua dialética cultura popular-alta cultura. Corresponde à

Reforma + Revolução Francesa, universalidade + política; atravessa ainda a fase popular, tornou-se também 'preconceito' e 'superstição'" (ibidem, 424). O marxismo é, portanto, uma reproposição no mundo contemporâneo daquele movimento popular de massa que já havia se condensado na Reforma e na Revolução Francesa, e, como tal, necessita encontrar uma forma de recuperação da dimensão propriamente teórica que o erga novamente do inevitável desgaste de tipo supersticioso. O marxismo deve, em suma, desenvolver uma "filosofia" própria, como fez o mundo alemão com o movimento que culminou em Hegel.

Essa formulação do problema será, na essência, mantida por G. No Texto C do *Q 4*, 3, de 1934, o argumento é retomado, com leves modificações que ressaltam ainda mais a importância do momento filosófico (por exemplo "universalidade + política" é substituido por "é uma filosofia que é também uma política e uma política que é também uma filosofia", *Q 16*, 9, 1.860 [*CC*, 4, 31]). A maior ênfase – compreensível à luz da elaboração da filosofia da práxis e da teoria da hegemonia – está também presente em um Texto B de abril-maio de 1932, em que se lê que a filosofia da práxis é a "criação de uma nova cultura integral, que tenha as características de massa da Reforma protestante e do Iluminismo francês e que tenha as características de classicidade da cultura grega e do Renascimento italiano, uma cultura que, retomando as palavras de Carducci, sintetize Maximilien Robespierre e Emanuel Kant, a política e a filosofia numa unidade dialética intrínseca a um grupo social não só francês ou alemão, mas europeu e mundial" (*Q 10* I, 11, 1.233 [*CC*, 1, 304]). Aqui, como se vê, o Renascimento é plenamente recuperado como momento imprescindível na construção de uma nova cultura.

G. retorna várias vezes às posições dos neoprotestantes e a outras semelhantes: em diversos textos (entre os quais *Q 3*, 40, 318 [*CC*, 5, 205]; *Q 7*, 44, 808 [*CC*, 1, 248]; *Q 9*, 89, 1.155; *Q 9*, 111, 1.178; *Q 10* II, 31, 1.274 [*CC*, 1, 339]; *Q 14*, 26, 1.682-5 [*CC*, 2, 182]), são lembrados também Alfredo Oriani, o cego Tomáš G. Masaryk (Masaryk, 1925 e 1930), bem como Georges Sorel, Ernest Renan, Pierre-Joseph Proudhon. No último texto citado, em particular, G. observa que "numa análise do problema religioso na Itália, cabe distinguir, em primeiro lugar, entre duas ordens fundamentais de fatos: 1) a real, efetiva, que faz com que se verifiquem nas massas populares movimentos de reforma intelectual e moral, seja como passagem do catolicismo ortodoxo e jesuítico a formas religiosas mais liberais, seja como evasão do campo confessional para uma concepção moderna do mundo; 2) as diversas atitudes dos grupos intelectuais diante de uma necessária reforma intelectual e moral" (ibidem, 1.684 [*CC*, 2, 184]). É aqui enunciado – estamos em janeiro de 1933 – um critério aplicado efetivamente ao longo da pesquisa, na qual as duas investigações correm paralelas, obviamente não sem entrelaçamentos, concentradas sobretudo na caracterização do marxismo como reforma dos tempos modernos. Nesse sentido, veja-se: *Q 10* II, 41.I, 1.292 [*CC*, 1, 362]: "Fala-se, frequentemente, que a não existência, em certos países, de uma reforma religiosa é causa de regressão em todos os campos da vida civil e não se observa que precisamente a difusão da filosofia da práxis é a grande reforma dos tempos modernos, é uma reforma intelectual e moral que realiza em escala nacional o que o liberalismo conseguiu realizar apenas em pequenos estratos da população".

O primeiro filão de investigação, mais propriamente histórico, é, por força da situação, sumário e dependente de leituras ocasionais. Assim, no *Q 5*, 123 (novembro-dezembro 1930), G. parte do artigo de Vitorio Rossi, "Il Rinascimento" (Rossi, 1929), para, em certo ponto, observar que "Rossi [...] não consegue avaliar o fato de que" no Renascimento "existiam duas correntes: uma progressista e outra retrógrada, e que esta última triunfou em última análise, depois que o fenômeno geral alcançou seu máximo esplendor no século XVI (não como fato nacional e político, mas, de modo predominante, se não exclusivo, como fato cultural), como fenômeno de uma aristocracia separada do povo-nação, enquanto, no povo, se preparava a reação a este esplêndido parasitismo, com a Reforma protestante, o savonarolismo e sua 'queima das vaidades', o banditismo popular, como o de Rei Marcone, na Calábria, e outros movimentos que seria interessante registrar e analisar, pelo menos, como sintomas indiretos. O próprio pensamento político de Maquiavel é uma reação ao Renascimento" (*Q 5*, 123, 648 [*CC*, 5, 232-3]). Aqui a Reforma é comparada – como reação ao Renascimento – a uma série de fenômenos que expressam o distanciamento do povo por parte das classes dirigentes e dos intelectuais e que reinvidicam um novo princípio de organização, democrático e nacional. A partir desse ponto de vista, Savonarola e Maquiavel se enfileiram do mesmo lado, ou seja, com o povo. Como nota G. no *Q 4*, 3, 424, "o portador histórico da Reforma é o povo alemão, não os intelectuais".

Essa linha de pesquisa é aprofundada nos apontamentos feitos por G. a partir do livro de Giuseppe Toffanin, *Che cosa fu l'umanesimo* [O que foi o Humanismo] (Toffanin, 1929), conhecido já antes, mas indiretamente, a partir do artigo de Luigi Arezio, "Rinascimento, Umanesimo e spirito moderno" [Renascimento, Humanismo e espírito moderno] (Arezio, 1930; v. *Q 7*, 68, outubro de 1931 [*CC*, 2, 155]), portanto, recebido, lido e brevemente comentado (*Q 5*, 160, início de 1932 [*CC*, 5, 240]). "Toffanin nega que o Humanismo desemboque vivo na Reforma, já que esta – com sua separação da romanidade, com desforra rebelde dos idiomas vulgares e com muitas outras coisas – renova as agitações da cultura comunal, vigorosa heresia, contra a qual surgira o Humanismo" (*Q 7*, 68, 906 [*CC*, 2, 156]). Porém, observa G. contra Toffanin, "a questão do que foi o Humanismo não pode ser resolvida senão em um quadro mais abrangente da história dos intelectuais italianos e de sua função na Europa" (*Q 5*, 160, 682 [*CC*, 5, 240]).

De tal forma, vai sendo apresentada gradualmente uma operação de discriminação histórica relativa à construção histórico-política da burguesia na Itália. Para o estudo desse processo "molecular" de formação e subsequente desagregação e dissolução (*Q 8*, 3, 937 [*CC*, 2, 159]), G. utiliza como modelo um livro que guardava desde o período passado na prisão milanesa de San Vittore (fevereiro de 1927-maio de 1928, v. *LC*, 103, a Berti, 8 de agosto de 1927 [*Cartas*, I, 176], e *LC*, 254, a Tania, 22 de abril de 1929 [*Cartas*, I, 335]): *Origines de l'esprit bourgeois en France* [Origens do espírito burguês na França], v. I, *L'Église et la Bourgeoisie* [A Igreja e a burguesia], de Bernhard Groethuysen (Groethuysen, 1927). "Seria necessário poder fazer", escreve G. no *Q 5*, 55, 590 [*CC*, 5, 218], "para compreender exatamente o grau de desenvolvimento alcançado pelas forças nacionais na Itália, no período que vai do nascimento das comunas até o estabelecimento do domínio estrangeiro, seria preciso fazer uma investigação como a de Groethuysen". Aqui, uma análise "molecular" de testemunhos ideológicos díspares ("as coleções de sermões e de livros de devoção lançados antes de 1789") servia para "reconstruir os pontos de vista, as crenças, as condutas da nova classe dirigente em formação" (*LC*, 103, a Berti, 8 de agosto de 1927 [*Cartas*, I, 176), evidenciando o que G. chama de a "maciça constituição intelectual" da burguesia francesa ao longo do século XVI (*Q 4*, 49, 479).

A França e a Itália funcionam como modelos alternativos que culminaram, respectivamente, na Revolução de 1789 e no *Risorgimento* antipopular, e, ao mesmo tempo, define-se a imagem de um "Renascimento espontâneo italiano", popular, comunal, vulgar, pertencente à categoria histórico-política de "Reforma", sufocado pela corrente reacionária apoiada pelo Humanismo (*Q 17*, 33, 1.936 [*CC*, 5, 349], setembro de 1933-janeiro de 1934). Também no seio do Humanismo se distinguem duas correntes contrapostas, uma das quais pertencente à "Reforma": "O Humanismo foi 'político-ético', não artístico, foi a busca das bases de um 'Estado italiano' que deveria ter nascido junto e paralelamente à França, à Espanha, à Inglaterra: nesse sentido, o Humanismo e o Renascimento têm como expoente mais expressivo Maquiavel" (*idem*).

O segundo filão de investigação, propriamente teórico, se entrelaça com as reflexões sobre a reforma intelectual e moral e se resume na exigência de equiparar a realidade do comunismo contemporâneo ao modelo histórico-político da Reforma, e vice-versa, e de articular esse modelo de modo a tornar visíveis e interpretáveis as perspectivas de desenvolvimento do movimento comunista. Nesse terreno, a noção de Reforma se diferencia nas vertentes calvinista e luterana, sobre as quais G. encontrava ampla discussão tanto nos neoprotestantes quanto nas diversas intervenções de Croce. Tais discussões, suscitadas pela publicação da *Ética protestante e o espírito do capitalismo*, de Max Weber (1905), encontram um eco indireto já no *Q 1*, 51, 65 [*CC*, 4, 173]: "A propósito da doutrina da graça e de sua conversão em motivo de energia industrial, [...] ver Kurt Kaser, *Riforma e Controriforma*, sobre a doutrina da graça no calvinismo, e o livro de Philip, onde são citados documentos atuais sobre essa conversão. Nesses fatos está contida a documentação do processo de dissolução da religiosidade estadunidense: o calvinismo torna-se uma religião laica, a do Rotary Club". Nas fontes aqui lembradas, G. recorre a uma explicação weberiana, que utiliza para estudar a forma de vida estadunidense, com sua peculiar identificação de religiosidade e ética de negócios, para a conversão do fatalismo em ativismo.

Mais tarde, G. lê a obra de Weber em sua primeira tradução italiana, lançada em capítulos nos *Nuovi Studi di Diritto, Economia e Politica*, entre agosto de 1931 e outubro de 1932, e imediatamente (*Q 7*, 43 [*CC*, 1, 247] e *Q 7*, 44 [*CC*, 1, 248], novembro de 1931) aplica o esquema proposto por Weber na interpretação da União Soviética: "Que o processo atual de formação molecular de uma nova civilização possa ser comparado ao movimento da Reforma é algo que se pode mostrar também através do estudo de aspectos parciais dos dois fenômenos. O problema histórico-cultural a resolver no estudo da Reforma é o seguinte: o da transformação da concepção da graça, que 'logicamente' deveria levar ao máximo de fatalismo e de passividade, numa prática real de empreendimento e de iniciativa em escala mundial, prática que foi sua consequência dialética e que formou a ideologia do capitalismo nascente. Mas nós vemos hoje ocorrer o mesmo com a concepção do materialismo histórico; enquanto dela, na opinião de muitos críticos, só pode derivar 'logicamente' fatalismo e passividade, ela na realidade dá lugar, ao contrário, ao florescimento de iniciativas e de empreendimentos que surpreendem muitos observadores" (*Q 7*, 44, 892-3 [*CC*, 1, 248]). Contudo, ressalta G. ao mesmo tempo, "trata-se, na verdade, de trabalhar para a elaboração de uma elite, mas esse trabalho não pode ser separado do trabalho de educação das grandes massas; as duas atividades, aliás, são na verdade uma só atividade, e é precisamente isso o que torna o problema difícil [...]; trata-se, em suma, de ter uma Reforma e um Renascimento ao mesmo tempo" (*Q 7*, 43, 892 [*CC*, 1, 247]). Poucos meses depois, ele comenta: "Todo movimento intelectual se torna ou volta a se tornar nacional se se verificou uma 'ida ao povo', se ocorreu uma fase 'Reforma' e não apenas uma fase 'Renascimento'; e se as fases 'Reforma-Renascimento' se sucedem organicamente e não coincidem com fases históricas distintas" (*Q 8*, 145, 1.030, abril de 1932 [*CC*, 6, 223]).

Por um lado, o impacto direto de Weber leva G. a confiar, à paradoxal dialética calvinista da "graça", o reerguimento do marxismo, que, a essa altura, já se tornou Estado, a uma fase orgânica de desenvolvimento "renascentista", revertendo o fatalismo em ativismo (nessa direção procede toda a sua leitura dos episódios relativos ao primeiro plano quinquenal). Por outro lado, ele não deixa de enfatizar que na "ida ao povo" não se pode *nunca* renunciar a desenvolver *ao mesmo tempo e com o mesmo empenho* também as armas teóricas mais refinadas. O "mecanicismo" é, de fato, definido no *Q 11* como "uma religião de subalternos": o fatalismo ajuda o subalterno a resistir nos momentos de derrota, "mas, mesmo ontem, será que ele era apenas simples 'resistência', simples 'coisa', simples 'irresponsabilidade'? Não, por certo; deve-se, aliás, sublinhar que o fatalismo é apenas a maneira pela qual os fracos se revestem de uma vontade ativa e real [...]. Uma parte da massa, ainda que subalterna, é sempre dirigente e responsável, e a filosofia da parte precede sempre a filosofia do todo, não só como antecipação teórica, mas também como necessidade atual" (*Q 11*, 12, 1.388-9 [*CC*, 1, 107]).

Bibliografia: Chemotti, 1975; Ciliberto, 1991; Frosini, 1999a e 2004; Rolfini, 1994; Tosel, 1983.

Fabio Frosini

Ver: calvinismo; Humanismo absoluto; Humanismo e novo Humanismo; povo; reforma intelectual e moral; Renascimento; URSS; Weber.

reforma econômica

G. trata bem pouco de tal reforma, apesar de considerá-la concreta e necessária para os fins da "reforma intelectual e moral". Tais fins apontam para um "crescimento cultural" (Texto A), que se torna "crescimento civil" no Texto C; no Texto A, a "reforma intelectual e moral é sempre ligada a um programa de reforma econômica" (isto é, ligada como por um dado de fato historicamente atestado), no Texto C, "não pode deixar de estar ligada", isto é, por um imperativo que antecipa concretamente o conceito expresso logo em seguida: "o moderno Príncipe [...] toma o lugar, nas consciências, da divindade [...] e do imperativo categórico". No Texto A: "Pode haver reforma cultural, ou seja, elevação cultural dos elementos mais baixos da sociedade, sem uma anterior reforma econômica e uma modificação no padrão econômico de vida? Por isso, a reforma intelectual e moral está sempre ligada a um programa de reforma econômica; mais precisamente, o programa de reforma econômica é o modo concreto através do qual se apresenta toda reforma intelectual e moral. O moderno Príncipe, desenvolvendo-se, subverte todo o sistema de relações intelectuais e morais, uma vez que seu desenvolvimento significa de fato que toda ação é útil ou prejudicial, virtuosa ou criminosa, na medida em que tem como ponto de referência concreto o moderno Príncipe [...]. Ele toma o lugar, nas consciências, da divindade e do imperativo categórico, ele é a base de um laicismo moderno e de uma completa laicização de toda a vida e de todas as relações de costume" (*Q 8*, 21, 953 [*CC*, 6, 377]). No Texto C: "Pode haver reforma cultural, ou seja, elevação civil das camadas mais baixas da sociedade, sem uma anterior reforma econômica e uma modificação na posição social e no mundo econômico? É por isso que uma reforma intelectual e moral não pode deixar de estar ligada a um programa de reforma econômica; mais precisamente, o programa de reforma econômica é exatamente o modo concreto através do qual se apresenta toda reforma intelectual e moral" (*Q 13*, 1, 1.561 [*CC*, 3, 19]); e segue como no texto A.

GIUSEPPE PRESTIPINO

Ver: moderno Príncipe; reforma intelectual e moral.

reforma intelectual e moral

Essa expressão chega a G. com base em uma genealogia intelectual complexa, rapidamente reconstruída no *Q 14*, 26, 1.682 [*CC*, 2, 182]. Aqui G. comenta um texto de Sorel (publicado na *Critica* em 1931) "que deveria servir de introdução à versão italiana do livro de Renan, *La riforma intellettuale e morale*, a ser traduzido por Missiroli e publicado pela Laterza" em 1915. Referências análogas à origem dessa expressão foram feitas também em outros momentos (*Q 3*, 40, 317-8 [*CC*, 5, 205]; *Q 9*, 111, 1.178; *Q 16*, 9, 1.860 [*CC*, 4, 31]), e, à primeira vista, o significado que emerge do conjunto de ocorrências é a reinvindicação da necessidade de uma *moderna reforma religiosa protestante* como antídoto à raquítica coesão nacional e popular. Na sua formulação literal, essa tese é, para G., um brilhante exercício literário, ao passo que Sorel foi o único que, a seu ver, soube captar seu aspecto politicamente vivo e atual. Retomando, em segunda redação, um complexo texto sobre a história do marxismo (*Q 4*, 3), G. agrega uma referência já feita por ele precedentemente (v. *Q 4*, 44 e *Q 10* II, 41.XIII [*CC*, 1, 391]), mas sem ligação com o tema da reforma intelectual e moral: "Sorel [...] afirmou (numa carta a Missiroli) que, muitas vezes, grandes movimentos históricos não são representados por uma cultura moderna" (*Q 16*, 9, 1.860 [*CC*, 4, 37]). Essa retomada chega ao término (estamos em 1934) de uma longa reflexão, em que o conceito de reforma intelectual e moral é cada vez mais caracterizado – à luz e em conexão com a filosofia da práxis – de modo original em relação à acepção tradicional.

Essa originalidade consiste na dimensão real, social, "totalitária" (*Q 4*, 75, 515 [*CC*, 1, 232]) da reforma, que deve ser entendida como capacidade de envolver ativamente a totalidade da população, tornando-a protagonista de uma grande e total convulsão das relações de força. Falando de envolvimento *ativo*, faz-se referência a um aspecto ligado à totalitariedade da reforma, isto é, ao fato de que ela não pode aceitar nenhum limite de tipo tradicional, como é aquele dado pela divisão da sociedade em setores dirigentes e setores subalternos, entre intelectuais e povo, mas coloca em questão todas essas barreiras, e não o faz apenas em teoria (limitando sua aplicação prática a restritos setores dirigentes), mas praticamente, para a universalidade da população. Ela coincide, portanto, com uma profunda reviravolta da "realidade das relações humanas de conhecimento como elemento" de construção de uma "'hegemonia' política" (*Q 10* II, 6, 1.245 [*CC*, 1, 314]); implica, pois, uma completa transformação da cultura, de suas modalidades de produção e difusão. Daí a importância da observação de Sorel, que convida o intelectual a dirigir seu olhar para o que é realmente popular, para ali colher os sinais do surgimento potencial de uma nova civilização, sem se deixar espantar por seu evidente atraso com respeito à refinada cultura dos setores dirigentes (no *Q 16*, 9, 1.860 [*CC*, 4, 31], G. lembra a comparação soreliana entre o socialismo e o cristianismo primitivo), mas também assumindo plena consciência da defasagem existente entre a função realmente desenvolvida pelos grupos sociais subalternos e a cultura da qual participam, portanto, da necessidade de um trabalho específico para reorganizar a relação entre as duas esferas.

Além de seu significado no que se refere ao grupo de intelectuais anteriormente lembrados (para tanto, cf. o verbete "Reforma"), o conceito deve ser articulado conforme duas diretrizes diferentes, correspondentes ao modo como G. aborda o tema da filosofia da práxis na sua relação com "todas as filosofias até agora existentes" (*Q 10* II, 54, 1.345 [*CC*, 1, 411]): por um lado, o desenrolar histórico de reformas intelectuais e morais, sempre parciais, e, por outro, a reforma intelectual e moral proposta pela filosofia da práxis, que de todas difere, pois é capaz de sintetizar organicamente (*Q 8*, 145, 1.030 [*CC*, 6, 222]) a difusão extensiva e o aprofundamento crítico, o momento "Reforma" e o momento "Renascimento" (*Q 7*, 43-4 [*CC*, 1, 247-8]). Quanto à primeira vertente, reformas intelectuais e morais foram a Reforma protestante e "o Iluminismo 'político' francês" (*Q 4*, 3, 423;

v. também o mais rico Texto C, *Q 16*, 9, 1.859 [*CC*, 4, 31]), mas também o idealismo moderno: "As teorias idealistas são a maior tentativa de reforma moral e intelectual já verificada na história para eliminar a religião do campo da civilização" (*Q 8*, 215, 1.076), e é exatamente disso que a filosofia da práxis é herdeira: da ideia de "que o homem moderno pode e deve viver sem religião" (*LC*, 446-7, a Tatiana, 17 de agosto de 1931 [*Cartas*, II, 72]). G. identifica, porém, o limite desse movimento na "contradição criada pelos intelectuais que [...] chegaram ao ateísmo e a 'viver sem religião' através da ciência ou da filosofia, mas que afirmam ser a religião necessária para a organização social" (*Q 8*, 111, 1.007 [*CC*, 4, 228]). Já no *Q 4*, essa crítica é formulada com clareza: "Reforma luterana – calvinismo inglês – na França, racionalismo setecentista e pensamento político concreto (ação de massa). Na Itália, nunca houve uma reforma intelectual e moral que envolvesse as massas populares. Renascimento, filosofia francesa do século XVIII, filosofia alemã do século XIX, são reformas que só atingem as classes altas e muitas vezes apenas os intelectuais: o idealismo moderno, na forma crociana, é indiscutivelmente uma reforma e teve certa eficácia, mas não atingiu massas consideráveis e se desagregou à primeira contraofensiva. O materialismo histórico, por isto, terá ou poderá ter esta função não só totalitária como concepção do mundo, mas totalitária na medida em que atingirá toda a sociedade a partir de suas raízes mais profundas" (*Q 4*, 75 , 515 [*CC*, 1, 233]). A crítica a Croce é aprofundada no *Q 7*, 1, 852: "Perante a nova Reforma intelectual e moral representada pelo materialismo histórico, encontra-se na mesma posição de Erasmo frente a Lutero". Croce é, portanto, um filósofo compelido à defensiva, e esse juízo introduz diretamente o anúncio de um '*Anticroce*' no *Q 8*, 235, 1.008.

Como se vê, o caráter totalitário do materialismo histórico está no fato de que ele, como já dito, infringe qualquer barreira, principalmente aquela que coloca como alternativas a difusão de massa e a profundidade crítica, submetendo todos esses limites, aparentemente inflexíveis, a uma crítica que poderá ser eficaz (note-se "terá *ou poderá ter*"), desde que saiba fazer-se *crítica prática de massa*. Com efeito, G. utiliza "reforma intelectual e moral", "revolução cultural" e "revolução popular" (*Q 17*, 38, 1.941) como sinônimos, para designar a inversão da relação entre função social e cultura: "A tarefa dos intelectuais é aquela de determinar e organizar a revolução cultural, isto é, de adequar a cultura à função prática", escreve no *Q 8*, 171, 1.044 (novembro de 1031, no Texto C, *Q 11*, 16, 1.407 [*CC*, 1, 125], a expressão é substituída por "reforma intelectual e moral"). Essa ideia de "adequação" é a passagem decisiva na direção de uma reformulação original. De fato, ela é logo seguida (janeiro-fevereiro de 1932) pelo famoso texto sobre o "moderno Príncipe" (*Q 8*, 21, 953 [*CC*, 6, 374]), no qual G. fixa todos os pontos essenciais do problema: "A questão de uma reforma intelectual e moral, isto é, a questão religiosa ou de uma concepção do mundo" é parte essencial do "moderno Príncipe", pois apenas reorganizando a desagregada filosofia do senso comum numa concepção coerente será possível unificar realmente a vontade dispersa das massas (a "reforma intelectual e moral [...] é o terreno para um ulterior desenvolvimento da vontade coletiva nacional popular no terreno de uma forma completa e total de civilização moderna"). Mas o aspecto cultural e econômico da reforma não podem deixar de ser idênticos: "O programa de reforma econômica é o modo concreto em que se apresenta toda reforma intelectual e moral", visto que a cultura, como já dito, é a hegemonia como organização das "relações humanas de conhecimento" (*Q 10* II, 6, 1.245 [*CC*, 1, 315]).

Fabio Frosini

Ver: Croce; filosofia da práxis; hegemonia; marxismo; materialismo histórico; Missiroli; moderno Príncipe; Reforma; reforma econômica; Sorel.

reformismo

No *Q 3*, 43, 321 [*CC*, 3, 188], G. lembra um discurso parlamentar de Turati de 1920, em que eram utilizados dados econômicos extraídos das obras do engenheiro Angelo Omodeo, que havia ingressado "no círculo de Turati". Isso representa para G. "um episódio bastante obscuro, para não dizer equívoco", que, juntamente com o fato de que a "*Critica sociale*" era administrada pela *Banca commerciale*, testemunharia a existência de relações "dos reformistas com a plutocracia". Também Treves, outro representante do reformismo socialista, torna-se alvo da crítica de G., como protótipo de líder e polemista diletante (*Q 3*, 42, 319 [*CC*, 3, 185]). Em 1920, G. o havia definido como um oportunista ("Per um rinnovamento del Partito socialista" [Por uma renovação do Partido Socialista], 8 de maio de 1920, em *ON*, 514 [*EP*, 1, 358]), pois, falando na Câmara, havia, de fato, avisado aos liberais que uma revolução não aconteceria. G. retorna ao episódio nos *Q*: "Havia certa grandeza sacerdotal neste discurso, um grito de maldições que deveriam petrificar de espanto e, ao contrário, foram um grande consolo, já que indicavam que o coveiro ainda não estava preparado e que Lázaro podia ressuscitar" (*Q 11*, 12, 1.395 [*CC*, 1, 114]). Em uma ótica filosófica nos moldes crocianos, o reformismo indica não mais a evolução do processo dialético "revolução-restauração", mas o momento em que "apenas o segundo termo é válido": "poder-se-ia dizer que uma tal atitude reformista é uma 'astúcia da Providência' para determinar uma maturação mais rápida das forças internas refreadas pela prática reformista" (*Q 10* II, 41.XVI, 1.328 [*CC*, 1, 396]): é a conclusão de uma interpretação abstrata do processo dialético, pois "na história real, a antítese tende a destruir a tese" (*Q 10* I, 6, 1.221 [*CC*, 1, 292-3]) e, para evitar que essa última interpretação da dialética pudesse surtir efeitos perigosos, "a conciliação foi encontrada na concepção de 'revolução-restauração', ou seja, num conservadorismo reformista temperado'" (idem).

LELIO LA PORTA

Ver: Croce; dialética; mal menor; revolução passiva; socialistas.

regularidade

Nos *Q*, a noção de regularidade, com a de automatismo, faz parte de um complexo raciocínio que se propõe a definir em termos de imanência realista a necessidade histórica e a própria racionalidade. Esse raciocínio tem início no *Q 8*, 128 e se define no *Q 10* II, 9 [*CC*, 1, 317]; *Q 10* II, 30 [*CC*, 1, 338]; *Q 10* II, 57 [*CC*, 1, 418]; *Q 11*, 52 [*CC*, 1, 194]. Particularmente interessante é esse último texto, intitulado "Regularidade e necessidade": "Como surgiu no fundador da filosofia da práxis o conceito de regularidade e de necessidade no desenvolvimento histórico?" (ibidem, 1.477 [*CC*, 1, 194]). Com base na elaboração econômica de Ricardo, que, com os conceitos de lei de tendência e mercado determinado, permitiu pensar conjuntamente a necessidade das leis históricas e seu caráter hipotético, isto é, o fato de que só se verificam com base numa série de premissas dadas pelo correspondente grau de generalização de uma série de práticas econômicas, sociais e políticas. "É necessário partir destas considerações para estabelecer o que significa 'regularidade', 'lei', 'automatismo', nos fatos históricos. Não se trata de 'descobrir' uma lei metafísica de 'determinismo' e nem mesmo de estabelecer uma lei 'geral' de causalidade. Trata-se de indicar como se constituem no desenvolvimento histórico forças relativamente 'permanentes', que operam com certa regularidade e automatismo". Nessa mesma base deve ser também redefinido o conceito de racionalidade: "Revela-se assim que o conceito de 'necessidade' histórica está estreitamente ligado ao de 'regularidade' e de 'racionalidade' [...]. Existe necessidade quando existe uma *premissa* eficiente e ativa, cujo conhecimento nos homens se tenha tornado operante, ao colocar fins concretos à consciência coletiva e ao constituir um complexo de convicções e de crenças que atua poderosamente como as 'crenças populares' [...]. Somente por este caminho é possível atingir uma concepção historicista (e não especulativo-abstrata) da 'racionalidade' na história (e, consequentemente, da 'irracionalidade')" (ibidem, 1.479-80 [*CC*, 1, 196-7]).

FABIO FROSINI

Ver: automatismo; causalidade; determinismo; necessidade.

relações de força

O conceito de "relações de força", ainda que não apareça tantas vezes explícito nos *Q*, é central no pensamento de G. Boa parte dos conceitos mais discutidos nos *Q* tem ligação orgânica com "relações de força". Na verdade, não se pode compreender adequadamente a luta hegemônica, a constituição da sociedade civil e seus elos com o Estado *stricto sensu*, e menos ainda a formação de uma consciência crítica da realidade, sem remeter ao conceito em questão. Esse se faz presente, explícita ou implicitamente, nas várias e concretas "análises das situações" concebidas por G., dos tempos da sua juventude até os *Q*. Aqui, o termo é utilizado principalmente no fundamental *Q 13*, 17 [*CC*, 3, 36], intitulado "Análise das situações: relações de força". Mas, além dessas utilizações concretas, o conceito ocupa um papel determinante naquela que poderíamos chamar de *ontologia social* de G.

No *Q 13*, 16, que retoma o *Q 8*, 84, G. procura, de fato, definir a essência da práxis política. Com base em sua leitura personalista de Maquiavel, ele afirma: "O excessivo (e, portanto, superficial e mecânico) realismo político leva muitas vezes à afirmação de que o homem de Estado só deve atuar no âmbito da 'realidade efetiva', não se interessar pelo 'dever ser', mas apenas pelo 'ser'" (*Q 13*, 16, 1.577 [*CC*, 3, 34]). Como se sabe, a expressão "maquiavelismo" foi sempre ligada a esse realismo político superficial; G., por sua vez, afirma claramente: "Maquiavel não é um mero cientista; ele é um homem de partido, de paixões poderosas, um político em ato, que *pretende criar novas relações de força* e, por isso, não pode deixar de se ocupar com o 'dever ser', não entendido evidentemente no sentido moralista" (idem, grifo em itálico meu). Não se trata, pois, de recusar *a priori* o momento teleológico na ação política, mas de "ver se o 'dever ser' é um ato arbitrário ou necessário, é vontade concreta ou veleidade, desejo, miragem" (ibidem, 1.578 [*CC*, 3, 35]).

Depois de ter afirmado que "o político em ato é um criador, um suscitador", G. esclarece que ele não "cria a partir do nada nem se move na vazia agitação dos seus desejos e sonhos", mas se assenta – e aqui repete uma conhecida expressão de Maquiavel – sobre a "realidade efetiva". Contudo, é na definição dessa realidade efetiva, ou seja, no explicitar sua ontologia do ser social, que G. revela toda a importância do conceito com o qual estamos analisando. Ele se pergunta: a "realidade efetiva [...] é talvez algo estático e imóvel ou, ao contrário, uma relação de forças em contínuo movimento e mudança de equilíbrio?" (idem). Aqui, então, as relações de força são elevadas a uma determinação fundamental da própria realidade efetiva, ou seja, a um momento causal de sua dinâmica ontológica dialeticamente contraditória. A posição teleológica, o "dever ser", quando baseada em uma justa análise da causalidade disposta por essas relações de força, pode então incidir sobre estas e transformá-las. E, portanto, justamente porque quem fala de relações de força fala também e ao mesmo tempo de uma realidade histórica e mutável, G. pode concluir: "Portanto, o 'dever ser' é algo concreto, ou melhor, somente ele é interpretação realista e historicista da realidade, somente ele é história em ato e filosofia em ato, somente ele é política". Assim, G. sabe – e diz no *Q 13*, 17, 1.588 [*CC*, 3, 45], ao qual retornaremos – que "a observação mais importante a ser feita sobre qualquer análise concreta das relações de força é a seguinte: tais análises não podem e não devem ser fins em si mesmas (a não ser que se trate de escrever um capítulo de história do passado), mas só adquirem um significado se servem para justificar uma atividade prática, uma iniciativa de vontade".

A mais sistemática utilização do conceito de relações de força é a que podemos ler no *Q 13*, 17, 1.578-9 [*CC*, 3, 36], um Texto C que retoma – com alterações e adendos – dois Textos A, *Q 4*, 38 e *Q 8*, 163. G. se propõe a desenvolver uma de suas principais contribuições ao que, muitas vezes, chama de "a ciência da política da filosofia da práxis", que é sua proposta de "análise das situações". Também aqui podemos ver um ponto de contato entre G. e Lenin, o qual, como se sabe, afirmava que "a análise concreta de situações concretas" não é nada menos que a "essência do marxismo". Reiterando a centralidade que o conceito de relações de força tem em seu pensamento, G. começa aquele parágrafo afirmando que "é o problema das relações entre estrutura e superestrutura que deve ser posto com exatidão e resolvido para que se possa chegar a uma justa análise das forças que atuam na história de um determinado período e determinar a relação entre elas". De fato, o que G. define como problema tem um lugar ontológico e metodológico decisivo em sua concepção do materialismo histórico. Isso se confirma em sua conhecida definição de "catarse": com efeito, distinguindo na catarse "a passagem do momento meramente econômico (ou egoístico-passional) para o momento ético-político, isto é, *a elaboração superior da estrutura em superestrutura na consciência dos homens*", G. lembra que essa elaboração é "o ponto de partida de toda a filosofia da práxis" (*Q 10* II, 6, 1.244 [*CC*, 1, 314], itálico meu). Ademais, a relação orgânica entre esses dois parágrafos é demonstrada pelo fato de que em ambos está presente o que, para G., são dois cânones metodológicos basilares do marxismo, extraídos da sua particular leitura do *Prefácio de 59* de Marx em *Contribuição para a crítica da economia política*, de que – escreve G. – "pode-se chegar ao desenvolvimento de toda uma série de outros princípios de metodologia histórica" (*Q 13*, 17, 1.579 [*CC*, 3, 36]). Segundo G., é fato que, para desenvolver uma boa análise das situações, "é necessário mover-se no âmbito de dois princípios: 1) o de que nenhuma sociedade se põe tarefas para cujas soluções ainda não existam as condições necessárias e suficientes, ou que pelo menos não estejam em via de aparecer e se desenvolver; 2) e o de que nenhuma sociedade se dissolve e pode ser substituída antes que se tenham desenvolvido todas as formas de vida implícitas em suas relações" (ibidem; mas ver também, com uma formulação um pouco diferente, *Q 10* II, 61, 1.244 [*CC*, 1, 425]). Em outras palavras, é necessário levar em conta, na análise das relações de força e das situações, tanto o momento subjetivo (encargos impostos, o "dever ser"), quanto o momento objetivo (o "ser", isto é, o desenvolvimento de formas de vida necessárias para que as tarefas sejam realizadas).

Aliás, não é por acaso que G. menciona, logo em seguida, outra questão decisiva de sua "ciência da política", que é a necessidade de "distinguir os movimentos orgânicos (relativamente permanentes) dos movimentos que podem ser chamados de conjuntura (e se apresentam como ocasionais, imediatos, quase acidentais). Também os fenômenos de conjuntura dependem, certamente, de movimentos orgânicos, mas seu significado não tem um amplo alcance histórico: eles dão lugar a uma crítica política miúda, do dia a dia, que envolve os pequenos grupos dirigentes e personalidades imediatamente responsáveis pelo poder. Os fenômenos orgânicos dão lugar à crítica histórico-social" (*Q 13*, 17, 1.579 [*CC*, 3, 36-7]). A distinção entre fenômenos de conjuntura e orgânicos é assim articulada com a outra distinção fundamental da ciência da política gramsciana, aquela entre a pequena e a grande política. A confusão entre esses dois níveis da realidade político-social tem graves implicações: "O erro em que se incorre frequentemente nas análises histórico-políticas consiste em não saber encontrar a justa relação entre o que é orgânico e o que é ocasional: chega-se assim ou a expor como imediatamente atuantes causas que, ao contrário, atuam mediatamente, ou a afirmar que as causas imediatas são as únicas causas eficientes. Num caso, tem-se excesso de 'economicismo' ou de doutrinarismo pedante; no outro, excesso de 'ideologismo'. Num caso, superestimam-se as causas mecânicas; no outro, exalta-se o elemento voluntarista e individual". E conclui G.: "Se o erro é grave na historiografia, mais grave ainda se torna na arte política, quando se trata não de reconstruir a história passada, mas de construir a história presente e futura" (*Q 13*, 17, 1.580-1 [*CC*, 3, 37-8]).

Depois de apresentar exemplos históricos de erros desse tipo, G. nos propõe positivamente os critérios com base nos quais podemos analisar as situações apoiadas no conceito de relação de força. Essa análise, segundo ele, deve conduzir-se em três momentos organicamente articulados. O primeiro é aquele da "relação de forças sociais estreitamente ligada à estrutura, objetiva, independente da vontade dos homens, que pode ser mensurada com os sistemas das ciências exatas ou físicas" (*Q 13*, 17, 1.583 [*CC*, 3, 40]). G. faz aqui, de novo, alusão ao já citado *Prefácio* de Marx, no qual fala de "transformações materiais" que "podem ser examinadas com a exatidão própria das ciências naturais". Com base nesse primeiro momento objetivo das relações de força (em que "se têm os agrupamentos sociais, cada um dos quais representa uma função e ocupa uma posição determinada na própria produção" e que, portanto, "é o que é, uma realidade rebelde: ninguém pode modificar o número das empresas e de seus empregados, o número das cidades com sua dada população urbana": *Q 13*, 17, 1.583 [*CC*, 3, 40]), pode-se "estudar se existem na sociedade as condições necessárias e suficientes para sua transformação, [o que] permite verificar o grau de realismo e de viabilidade das diversas ideologias que nasceram em seu próprio terreno, no terreno das contradições que ele gerou durante seu desenvolvimento" (idem). Trata-se, portanto, da base causal objetiva sobre a qual formular qualquer proposta subjetiva de intervenção teleológica. O segundo e sucessivo momento é o "da relação das forças políticas, ou seja, a avaliação do grau de homogeneidade, de autoconsciência e de organização alcançado pelos vários grupos sociais" (idem). Embora também aqui parta do *Prefácio* de Marx (que fala das "formas ideológicas com que os homens tomam consciência desse conflito [econômico] e o levam à resolução"), G. acrescenta especificações – "esse momento, por sua vez, pode ser analisado e diferenciado em vários graus, que correspondem aos diversos momentos da consciência política coletiva, tal como se manifestam na história até agora" – que formam sua contribuição pessoal à ciência da política da filosofia da práxis, ou seja, do materialismo histórico.

O primeiro grau desse segundo momento das relações de força "é o econômico-corporativo: um comerciante sente que *deve* ser solidário com outro comerciante, um fabricante, com outro fabricante etc., mas o comerciante não se sente ainda solidário com o fabricante". O segundo grau, que não transcende plenamente ainda o nível econômico-corporativo, "é aquele em que se atinge a consciência da solidariedade de interesses entre todos os membros do grupo social, mas ainda no campo meramente econômico. Já se põe nesse momento a questão do Estado, mas apenas no terreno da obtenção de uma igualdade político-jurídica com os grupos dominantes" (ibidem, 1.584 [*CC*, 3, 41]). Apenas no terceiro grau, dentro da "relação das forças políticas", pode-se falar propriamente de uma consciência ético-política de classe. Estamos aqui diante do momento em que se coloca a questão da hegemonia: "Essa é a fase mais estritamente política, que assinala a passagem nítida da estrutura para a esfera das superestruturas complexas [...] pondo todas as questões em torno das quais ferve a luta não no plano corporativo, mas num plano 'universal', criando assim a hegemonia de um grupo social fundamental sobre uma série de grupos subordinados" (idem). Aparece aqui uma relação nova e mais orgânica com o Estado, que é obviamente um Estado de classe, mas com as características próprias da visão específica gramsciana do "Estado integral", resultante de uma dinâmica relação de forças entre a classe dominante e as classes subalternas: "O Estado é certamente concebido como organismo próprio de um grupo, destinado a criar as condições favoráveis à expansão máxima desse grupo, mas este desenvolvimento e esta expansão são concebidos e apresentados como a força motriz de uma expansão universal" (idem). Reside aqui a capacidade da classe dominante de não ser só dominante, mas de se tornar também dirigente. G. continua: "O grupo dominante é coordenado concretamente com os interesses gerais dos grupos subordinados e *a vida estatal é concebida como uma contínua formação e superação de equilíbrios instáveis (no âmbito da lei) entre os interesses do grupo fundamental e os interesses dos grupos subordinados*, equilíbrios em que os interesses do grupo dominante prevalecem, mas até um determinado ponto, ou seja, não até o estrito interesse econômico-corporativo" (idem [*CC*, 3, 42], itálico do autor do verbete). Vê-se aqui o papel decisivo que a noção de relações de força tem na definição gramsciana de Estado.

G. também se refere a um terceiro momento, "o da relação das forças militares, imediatamente decisivo em cada oportunidade concreta" (ibidem, 1.585 [*CC*, 3, 43]). Aqui devem ser diferenciados dois graus, "o militar no sentido estrito, ou técnico-militar, e o grau que pode ser chamado de político-militar", os quais "no curso da história se apresentaram numa grande variedade de combinações" (ibidem, 1.585-6 [*CC*, 3, 43]). Embora G. mencione a passagem dessas relações econômicas a "relações políticas de força para culminar na relação militar" (ibidem, 1.588 [*CC*, 3, 43]), lançando a suposição da universalidade e necessidade desse terceiro momento, o exemplo dado remete à "relação de opressão militar de um Estado sobre uma nação que procura obter sua independência estatal" (ibidem, 1.586 [*CC*, 3, 43]). G. não alude à possibilidade de aplicar esse terceiro momento às relações entre as classes sociais.

A seguir, sempre como contribuição metodológica à análise das relações de força, G. reitera uma posição já afirmada em textos pré-carcerários e em outros trechos dos *Q* (em particular *Q 13*, 18 [*CC*, 3, 46]), segundo a qual "pode-se excluir que, por si mesmas, as crises econômicas imediatas produzam eventos fundamentais; podem apenas criar um terreno mais favorável à difusão de determinados modos de pensar, de pôr e de resolver as questões que envolvem todo o curso subsequente da vida estatal" (ibidem, 1.587 [*CC*, 3, 44]). Contra o economicismo mecanicista, G. sabe que "a ruptura do equilíbrio das forças não se deu por causas mecânicas imediatas [...], mas ocorreu no quadro de conflitos superiores ao mundo econômico imediato" (idem). Portanto, "o elemento decisivo de cada situação é a força permanentemente organizada e há muito tempo preparada, que se pode fazer avançar quando se julgar que uma situação é favorável [...]; por isso, a tarefa essencial consiste em dedicar-se de modo sistemático e paciente a formar esta força, desenvolvê-la, torná-la cada vez mais homogênea, compacta e consciente de si" (ibidem, 1.588 [*CC*, 3, 46]). O momento predominante da dinâmica das relações de força se encontra, assim, mais no nível político e ideológico, embora tenha base em determinações econômicas.

Na conclusão do parágrafo, enfim, G. lembra sua adesão à décima primeira das teses marxianas sobre Feuerbach, ou seja, à irremovível articulação entre teoria e práxis: as análises concretas das relações de força "não podem e não devem ser fins em si mesmas [...], mas só adquirem um significado se servem para justificar uma atividade prática, uma iniciativa de vontade". Portanto, não se trata somente de analisar as situações, mas também de transformá-las.

BIBLIOGRAFIA: BURGIO, 2002, p. 98-129; BUZZI, 1973, p. 259-81; MANCINA, 1980a; SHOWSTACK SASSOON, 1980, p. 180-93.

CARLOS NELSON COUTINHO

Ver: catarse; ciência da política; Estado; estrutura; grande política/pequena política; hegemonia; Maquiavel; maquiavelismo e antimaquiavelismo; sociedade civil; superestrutura/superestruturas.

relativismo

O termo "relativismo" é usado em duas ocorrências, mas sem nenhuma referência explícita à teoria da relatividade de Einstein. Na primeira vez, discutindo o *Ensaio popular*, de Bukharin, G. se pergunta o que aconteceria se o ensino mumificado, segundo o qual existem somente certezas peremptórias, fosse substituído por um método dialético que, enquanto tal, é antidogmático: se "as ciências naturais e físicas fossem ensinadas com base no relativismo de Einstein [...], os alunos não entenderiam nada de nada" (*Q 11*, 22, 1.425-6 [*CC*, 1, 140]). Na segunda vez, G. cita o relativismo de Einstein polemizando com certo jornalismo que, sempre por motivos de mero oportunismo, transforma grandes princípios em coisas sem importância (*Q 15*, 51, 1.813 [*CC*, 4, 136]).

Nas outras ocorrências, o termo é utilizado com "ceticismo", como ocorre no *Q 11*, 14, 1.402 [*CC*, 1, 120], em que, ao afrontar o tema da historicidade da filosofia, G. afirma que se trata de "operação mental um tanto árdua e difícil", pois corre-se o risco de cair "no ceticismo e no relativismo moral e ideológico".

Examinando a questão da universalidade dos princípios morais, posta nos termos da "objetiva necessidade da técnica civil" (*Q 16*, 12, 1.876 [*CC*, 4, 50]), G. observa a maneira como tal concepção conduz a "uma forma de relativismo e, portanto, de ceticismo moral" (idem). Além disso, qualquer imperativo categórico que se proponha com a garantia da objetividade, tratando-se de religião ou mesmo de imperativos kantianos, pode cair na acusação de relativismo. O problema não é tanto de se defender do perigo do relativismo e do ceticismo, mas de se perguntar qual poderia ser a duração de semelhantes concepções morais ou, ao contrário, considerada sua volubilidade, se não seria o caso de dar lugar "à formulação da teoria da dupla verdade" (ibidem, 1877 [*CC*, 4, 50]).

LELIO LA PORTA

Ver: agnosticismo; ceticismo; ética; imperativo categórico; moral.

religião

G. dedica à religião muitos artigos jornalísticos, algumas partes breves, mas significativas, das apresentações e das intervenções políticas, numerosas notas dos *Q* e alguns trechos das *Cartas*. Esses textos constituem uma parcela considerável de sua produção escrita e revelam uma insuspeita riqueza de temas, uma multiplicidade de planos de análise (ideológico, histórico, social, político e epistemológico) e uma variedade surpreendente de categorias críticas do fenômeno religioso. Ao lado das tradicionais categorias da crítica marxista da religião (alienação, ópio do povo, modelo epistemológico negativo do mundo capitalista), adquirem um papel fundamental, em seus escritos, outras categorias de caráter prevalentemente político, quais sejam, hegemonia, bloco histórico, reforma intelectual e moral, revolução passiva, Igreja como intelectual, religião e Igreja como modelos epistemológicos positivos do marxismo e do comunismo. Se assumidas isoladamente, no entanto, tais categorias correm o risco de conduzir a leituras e interpretações redutivas e a uma compreensão limitada e restrita do discurso religioso em G. Uma chave de leitura unitária do pensamento gramsciano em questão pode ser indicada, mais do que em uma super-categoria, no âmbito de um contexto teórico em que as múltiplas e diversas categorias mencionadas possam encontrar sua fusão ou, pelo menos, uma estreita conexão. Trata-se da doutrina do senso comum, com suas relações com a religião, a filosofia e a política. Creio ser essa a chave de leitura mais adequada para enunciar o discurso propriamente gramsciano sobre a religião.

As definições de religião que se encontram na obra de G. são três: 1. *A religião "confessional"* (*Q 6*, 41, 715 [*CC*, 4, 209]), emprestada do *Manuale di storia delle religioni*, de Turchi (1922), em que a religião é caracterizada segundo os seguintes elementos: *a*) crença em uma ou mais divindades pessoais transcendentes; *b*) sentimento de dependência total do homem em relação à divindade; *c*) relação entre homens e deuses expressa em ritos e atos de culto. A religião que corresponde plenamente a esses três requisitos é o cristianismo. 2. A *religião "laica"*, entendida como "unidade de fé entre uma concepção do mundo e uma norma de conduta conforme", que G. chama também de "ideologia", e até de "política" (*Q 11*, 12, 1.378 [*CC*, 1, 93]), caracterizada como filosofia moral, "reforma intelectual e moral". Religião essa que se apresenta na maioria das vezes sob forma de mito, isto é, como forma inferior, imperfeita ou, pelo menos, irracional, não lógica ou pré-lógica, de entendimento da realidade. Geralmente trata-se de um mito concebido como instrumento ideológico de controle social. Tal definição, emprestada, criticamente, de Benedetto Croce (*Q 10* I, 5, 1.217 [*CC*, 1, 288] e *Q 10* I, 10, 1.230 [*CC*, 1, 300]), é apropriada parcialmente por G. na juventude e rechaçada em seguida nos *Q*, não tanto por ser teoricamente inválida, mas por suas consequências práticas negativas. Dessa concepção mitológica da religião, voltada a dar maior valor e prestígio à tradição, G. aponta o risco de induzir a uma atitude não crítica, não combativa, não militante, mas de aceitação e de submissão passiva, bem como de justificação da realidade. É essa a reprovação específica de G. a Croce, precisamente a de justificar a religião e o ensino religioso nas escolas públicas, tendo como base sua concepção da "religião como forma de conhecimento popular" (*Q 10* I, 10, 1.231-2 [*CC*, 1, 300] e *Q 11*, 12, 1.381 [*CC*, 1, 93]). 3. *A "religião como senso comum"*, que é propriamente a definição de G. O autor sardo define o senso comum no interior de um discurso abrangente sobre a cultura popular, no qual ele identifica e analisa três setores principais: a linguagem, o senso comum, o folclore (*Q 11*, 13, 1.375-401 [*CC*, 1, 114]; *Q 24*, 4, 2.270-1 [*CC*, 2, 208]; *Q 27*, 1-2, 1.311-7 [*CC*, 6, 133-6]). Por senso comum, entende a "filosofia espontânea", isto é, a concepção do mundo e de vida típica das massas populares, e acrescenta: "Os elementos principais do senso comum são fornecidos pelas religiões e, consequentemente, a relação entre senso comum e religião é muito mais íntima do que a relação entre senso comum e sistemas filosóficos dos intelectuais" (*Q 11*, 13, 1.396-7 [*CC*, 1, 115]). Assim, quando G. se refere à religião, devemos atentar para essa substancial, se bem que não total, coincidência entre senso comum e religiões, e considerar válido também para as religiões o que ele diz e escreve sobre o senso comum e sua relação com a filosofia e a política.

Para G., senso comum e filosofia são ambos valores homogêneos, todos os dois concepções de mundo: inferior, desorganizada, incoerente, a do senso comum; coerente, organizada, racional, a outra. Entre as duas, existe apenas uma diferença quantitativa, de grau de coerência e lógica interna, não uma diferença qualitativa. A filosofia é apenas um grau superior de conhecimento em relação ao senso comum, não uma forma de saber de natureza superior, porque diferente. Segundo G., a filosofia, obviamente sua filosofia da práxis, é a "consciência daquilo que é realmente, isto é, um 'conhece-te a ti mesmo' como produto do processo histórico até hoje desenvolvido, que deixou em ti uma infinidade de traços acolhidos sem análise crítica". Então, "deve-se fazer, inicialmente, essa análise" (*Q 11*, 12, 1.376 [*CC*, 1, 94]), ou seja, enumerar, levantar, classificar tal marcas históricas. Acrescentando que é necessário proceder com ordem e método, aponta a ordem sequencial a seguir: "Partir do 'senso comum', em primeiro lugar, da religião, em segundo, e só numa terceira etapa, dos sistemas filosóficos elaborados pelos grupos intelectuais tradicionais" (*Q 11*, 13, 1.401 [*CC*, 1, 119]). O método, por sua vez, é aquele do procedimento crítico-dialético: "Uma filosofia da práxis só pode apresentar-se, inicialmente, em atitude polêmica e crítica, como superação da maneira de pensar precedente e do pensamento concreto existente (ou mundo cultural existente). E portanto, antes de tudo, como crítica do senso comum (e isto após basear-se sobre o senso comum)" (*Q 11*, 12, 1.383 [*CC*, 1, 101]). Trata-se, portanto, de uma obra de *contraposição* da filosofia ao senso comum (e, consequentemente, à religião que, em grande medida, permeia o senso comum), mas de tipo dialético, já que a filosofia da práxis tem a incumbência de promover, em relação ao senso comum, uma investigação que almeja: *a*) evidenciar suas características negativas (desagregação, estratificação, concepção metafísica, objetivante e dualista da realidade, acriticidade, passividade) e positivas (camadas progressivas, veios dialéticos, contraposição da cultura popular à cultura oficial); *b*) negar e, se possível, transformar suas características negativas; *c*) saber reconhecer, valorizar e amadurecer suas caractecterísticas positivas (que G. de modo sintético chama de "bom senso" ou "núcleo saudável" do senso comum). Esse procedimento de trabalho crítico deve conduzir à superação do primeiro estágio (primitivo, rude, incoerente) do senso comum para levá-lo a um estágio de pensamento superior e coerente, ao qual G. dá o nome de "renovado senso comum" (*Q 11*, 12, 1.382 [*CC*, 1, 93]), que equivale à filosofia da práxis, cuja finalidade principal é *tornar crítica* uma cultura existente, não negá-la e suprimi-la por completo. É importante notar que, nesse método de trabalho, se produz um movimento circular que, tendo como base o senso comum (saber desagregado, estratificado, metafísico), atinge, por meio da intervenção crítica da filosofia, um renovado senso comum (saber coerente, integrado, historicizado). Cabe dizer que G. vê operante tal processo circular, como superposto ao nível cultural apenas referido, também no nível prático da relação entre massa e política e massa popular. A massa (em analogia com o senso comum) é um sujeito social desagregado, estratificado, desorganizado, passivo, um sujeito inconsciente, que "sente apenas", mas "não compreende" e "não sabe", não tem consciência de si. Essa tarefa de conscientização das massas, de colocá-las, ao mesmo tempo, em guarda contra os riscos e de organizá-las para atingir os próprios objetivos, pertence à política, que assim coloca em ato a filosofia da práxis (pensamento que se faz ação); o resultado desse processo é uma massa que se torna consciente, "que sabe e que compreende", que se torna, assim, sujeito ativo da própria história. O sujeito histórico concreto que realiza tal operação político-cultural é o "intelectual coletivo", prefigurado por G. no partido do movimento operário. Portanto, também entre política e senso comum, segundo G., não há oposição, mas relação dialética: a política necessita da massa, analogamente à filosofia que necessita do senso comum como material a ser trabalhado, e a massa necessita da política, analogamente ao senso comum que necessita da filosofia para amadurecer, desenvolver-se e tornar-se, ele mesmo, sujeito político consciente e ativo.

Decorre, e não apenas implicitamente, dessa relação entre filosofia e senso comum também a formulação gramsciana da relação entre filosofia e religião e entre política e religião. Tendo G. afirmado que "os elementos principais do senso comum são oferecidos pelas religiões" (*Q 11*, 13, 1.396 [*CC*, 1, 115]), então, por força do princípio de "o que é verdadeiro para o todo deve valer também para cada parte", estaríamos legitimados a transferir pacificamente para a religião o que foi dito a propósito do senso comum e de sua relação com a filosofia, e, com maior razão ainda, se G. acrescenta que "a relação entre senso comum e religião é muito mais íntima" do que se crê (ibidem, 1.396-7 [*CC*, 1, 115]). Mas não se trata apenas de uma simples e legítima dedução, pois nos últimos escritos de G. há também um discurso explícito: "Toda religião [...] é [...] uma multiplicidade de religiões [...] há um catolicismo dos camponeses, um catolicismo dos pequeno-burgueses e dos operários urbanos, um catolicismo das mulheres e um catolicismo dos intelectuais, também este variado e desconexo" (ibidem, 1.397 [*CC*, 1, 115]), diante dos quais a filosofia deve operar a mesma crítica e a mesma superação dialética, precisadas na relação entre filosofia e senso comum em geral: "a filosofia é a crítica e a superação da religião" (*Q 11*, 12, 1.378 [*CC*, 1, 93]). Esse procedimento dialético marca também a inteira abordagem "da questão religiosa" gramsciana em geral, e da "questão católica" em particular, seja nos termos doutrinários como nos termos histórico-culturais, e, por fim, especificamente sociopolíticos; marca também a relação entre marxismo e religião, entre movimento-partido-Estado socialista e religião e mundo social, político e institucional católico.

No nível teórico-filosófico, já nos escritos de seus tempos turineses, mas sobretudo nos *Q*, por um lado, G. fala de intrasigência ideológica, de antítese e inconciliabilidade entre filosofia da práxis e religião, em função da contraposição entre a concepção religiosa, que é metafísica, objetivante, transcendente, criacionista e dualista (separação deus-mundo, corpo-alma, matéria-espírito, homem-natureza) e heterônoma na moral, e a concepção humanista-historicista da filosofia da práxis, que é imanente, dialético-unificante em todos os níveis (de pensamento-ser, sujeito-objeto, estrutura-superestrutura, sociedade civil-sociedade política, intelectuais-massas), e é autônoma no campo ético (v. por exemplo *Rispondiamo a Crispolti* [Respondamos a Crispolti], 19 de junho de 1917, em *CF*, 214-5; *Audacia e fede* [Audácia e fé], 22 de maio de 1916, em *CT*, 328-9; *La Consolata e i cattolici* [A Consolata e os católicos], 21 de junho de 1916, ibidem, 392-3; *La storia* [A história], 29 de agosto de 1916, ibidem, 513-4; *Q 10* II, 4 I.I, 1.296 [*CC*, 1, 361]; *Q 10* II, 54, 1.343-6 [*CC*, 1, 411]; *Q 11*, 34, 148-9 [*CC*, 1, 166]; *Q 11*, 37, 1.457 [*CC*, 1, 172], *Q 11*, 60, 1.486 [*CC*, 1, 203]; *Q 7*, 35, 883-6 [*CC*, 1, 243]; *Q 16*, 12, 1.874-6 [*CC*, 4, 50]); por outro lado, ele deixa entrever que essa inconciliabilidade ideológica não é, pois, assim tão rigorosa e irredutível, reconhecendo expressamente também alguns elementos positivos na religião, como, por exemplo, o espírito de iniciativa do calvinismo, além do fatalismo como fator de revolução passiva (*Q 11*, 12, 1.387-8 e 1.394-5 [*CC*, 1, 93]) e do fideísmo religioso como elemento de racionalização em determinadas contingências históricas. De ambos os lados, consegue até admitir a utilidade e a necessidade como estimulantes ideológicos positivos para a própria filosofia da práxis, pelo menos em sua fase inicial (*Q 11*, 12, 1.387-8 [*CC*, 1, 93]). Assim também no nível histórico-cultural: se, de um lado, G. acentua a distância intransponível entre cristianismo e socialismo, de outro, não desconhece o papel positivo, com traços revolucionários, do cristianismo das origens, dos movimentos heréticos medievais, do cristianismo reformado moderno e do catolicismo progressivo contemporâneo: "A filosofia da práxis é concebida como uma filosofia integral e original, que inicia uma nova fase na história e no desenvolvimento mundial [...] na medida em que supera (e, superando, integra em si seus elementos vitais) [...] as expressões das velhas sociedades" (*Q 11*, 22, 1.425 [*CC*, 1, 143]). Ainda: "A filosofia da práxis pressupõe todo esse passado cultural, o Renascimento e a Reforma, a filosofia alemã e a Revolução Francesa, o calvinismo e a economia clássica inglesa, o liberalismo laico e o historicismo, que está na base de toda a concepção moderna da vida" (*Q 16*, 9, 1.860 [*CC*, 4, 37]). Todos esses momentos e aspectos do cristianismo, passado, recente e contemporâneo, G. define expressamente como manifestações do senso comum: "Sobre o senso comum, entretanto, influem não só as formas mais toscas e menos elaboradas destes vários catolicismos, atualmente existentes, como influíram também e são componentes do atual senso comum as religiões precedentes e as formas precedentes do atual catolicismo, os movimentos heréticos populares, as superstições científicas ligadas às religiões passadas" (*Q 11*, 13, 1.397 [*CC*, 1, 115]).

Por fim, do ponto de vista sociopolítico, considerando-se a equação que G. opera entre filosofia e política e a identificação do lugar da política no movimento socialista e no "intelectual coletivo-partido", como "cadinho em que se fundem teoria e prática entendida como processo histórico real" (*Q 11*, 12 1.387 [*CC*, 1, 93]), então, poderemos também extrair de G. as indicações quanto à relação entre política e senso comum-religião, entre movimento-partido-Estado operário e fiéis e próprias organizações (Igreja, movimentos e partidos confessionais). Trata-se de uma relação inevitavelmente dialética: o movimento-partido-Estado operário não elimina a religião e as Igrejas – como expressão do senso comum e lugares de sua manifestação – , não rompe com elas, mas as supera crítica e progressivamente até substituí-las com uma concepção superior da vida e de mundo e com uma organização social e política diferente. Essa é a posição de G. nos *Q*, que, na verdade, já é clara desde o período de juventude: "Os socialistas marxistas não são religiosos; creem que a religião é uma forma transitória da cultura humana, que será superada por uma forma superior de cultura, a filosófica [...], será substituída [pela concepção – ndr] fundada no materialismo histórico [...]. Mas, embora não sendo religiosos, os socialistas marxistas tampouco são antirreligiosos. O Estado operário não perseguirá a religião; exigirá dos proletários cristãos a lealdade que todo Estado exige de seus cidadãos" (*Socialisti e cristiani* [Socialistas e cristãos], 26 de agosto de 1920, em *ON*, 636 [*EP*, 1, 413-4]).

Bibliografia: La Rocca, 1991 e 1997; Portelli, 1976.

Tommaso La Rocca

Ver: católicos; folclore/folklore; ideologia; Igreja católica; moral; senso comum; simples; Sorel.

Renascimento

Na nota "Due aspetti del marxismo" [Dois aspectos do marxismo] (*Q 4*, 3), cuja redação remonta a maio de 1930, G. retoma da *Storia dell'Età barocca in Italia* [História da era barroca na Itália], de Croce, a oposição Reforma-Renascimento para notar como essa antítese "pode ser observada em todas as culturas modernas" (ibidem, 423), inclusive no marxismo. A Reforma era criação de "um movimento popular-nacional" (*Q 16*, 9, 1.859 [*CC*, 4, 31]) que, como tal, "não foi acompanhado de uma cultura superior"; o Renascimento, ao contrário, ambicionava justamente uma alta cultura, que, entretanto, permaneceu aristocrática, incapaz de chegar até o povo (*Q 4*, 3, 423). Portanto, semelhante a uma nova reforma, o marxismo, que "atravessa ainda a fase popular, tornou-se também 'preconceito' e 'superstição'. O materialismo histórico, da forma como se apresenta, é o aspecto popular do historicismo moderno" (ibidem, 424); em outras palavras, o marxismo, no presente, "não cria uma alta cultura' (ibidem, 425). A antítese do marxismo, no momento, é o liberalismo, que, com sua busca de uma retomada filosófica do idealismo, "reproduz um Renascimento estreitamente restrito a poucos grupos intelectuais" (*Q 10* II, 41.I, 1.293 [*CC*, 1, 361]). O que emerge, portanto, dessas primeiras reflexões sobre o Renascimento (que se seguem no *Q 7*, 1; *Q 7*, 44 [*CC*, 1, 248]; *Q 10* II, 41 [*CC*, 1, 361]) é a analogia marxismo-Reforma: movimento efetivamente popular, herético e reformador, o marxismo necessita agora de uma tradução em uma cultura superior – de um próprio Renascimento filosófico que dê ao povo reformado uma cultura não mais subalterna. Mais que objeto empírico de análise histórica (nos moldes de Croce), o Renascimento torna-se, então, categoria teórica funcional para a aposta gramsciana de poder criar, por meio de um retorno à filosofia da práxis de Labriola, um marxismo entendido como "filosofia independente e original" (*Q 4*, 3, 421-2), que seja a síntese e a superação não só do materialismo (vulgar) e do idealismo (alta cultura), mas também da Reforma (popular) e do Renascimento (intelectual): "Esta é a única maneira historicamente fecunda de determinar uma retomada adequada da filosofia da práxis, de elevar essa concepção (que, pelas necessidades da vida prática imediata, tem se 'vulgarizado') à altura que ela deve atingir para poder solucionar as tarefas mais complexas que o desenvolvimento atual da luta propõe, isto é, à criação de uma nova cultura integral, que tenha as características de massa da Reforma protestante [...] e tenha as características [...] do Renascimento italiano" (*Q 10* I, 11, 1.233 [*CC*, 1, 304]).

A antítese crociana Reforma-Renascimento logo se desdobra numa nova antítese entre dois períodos históricos, além de categorias teóricas, do Renascimento. Para G. devem ser distinguidas duas fases do Renascimento: "1) a ruptura com a civilização medieval, cujo documento mais importante foi o aparecimento dos vulgares; 2) a elaboração de um 'vulgar ilustre', ou seja, o fato de que se alcançou uma certa centralização entre os grupos intelectuais, ou melhor, entre os literatos de profissão" (*Q 6*, 118, 788 [*CC*, 5, 261]). A fratura entre movimento popular e momento aristocrático é, portanto, interna ao próprio Renascimento. Cronologicamente, G. situou sua primeira fase no período "posterior ao ano 1000" (*Q 17*, 33, 1.936 [*CC*, 5, 349]), quando "os intelectuais italianos do período mais exuberante das comunas 'rompem' com o latim e justificam a língua vulgar, exaltando-a contra o 'mandarinismo' latinizante" (*Q 29*, 7, 2.350 [*CC*, 6, 150]). Dante introduz, então, por meio de uma nova língua popular, uma verdadeira "nova civilização", que retorna, também no âmbito da cultura latina, na obra de Cusano (*Q 6*, 116, 787 [*CC*, 5, 259]). Portanto, se a Itália não havia tido uma verdadeira Reforma, ao menos, nesse primeiro Renascimento, teve uma reforma do pensamento, no sentido moderno, da qual o segundo Renascimento, antes, e a Contrarreforma, em seguida, vêm marcar o fim (*Q 5*, 53, 585 [*CC*, 5, 215] e *Q 6*, 116, 787-8 [*CC*, 5, 259]).

Enquanto os frutos positivos do primeiro Renascimento foram colhidos exclusivamente fora da Itália (*Q 3*, 144, 401 [*CC*, 2, 96]), onde a Reforma, em primeiro lugar, e a Revolução Francesa, a seguir, continuam a obra de criação de uma nova cultura popular-burguesa, na península, a obra reformadora de Dante, em vulgar, de Cusano e do próprio Maquiavel (*Q 17*, 8, 1.913-4 [*CC*, 5, 340]) é bruscamente interrompida por um fracasso. Um primeiro indicador de tal fracasso coincide com o malsucedido desenvolvimento de uma língua vulgar (retorno ao latim), bem como de uma Igreja e de uma cultura nacional. Enquanto, em outros lugares, o Renascimento inicia uma fase de nacionalização da cultura e da religião, que levará à instituição do Estado moderno, na Itália, o mesmo período marca "a fase culminante moderna da 'função internacional dos intelectuais italianos'" (*Q 3*, 144, 401 [*CC*, 2, 96]): "Na Itália, não existia 'igreja nacional', mas cosmopolitismo religioso, porque os intelectuais italianos estavam imediatamente ligados a toda a cristandade, como dirigentes não nacionais" (*Q 9*, 55, 1.130 [*CC*, 5, 308]). Aqui, então, "a nova civilização não é 'nacional', mas de classe" (*Q 6*, 116, 787-8 [*CC*, 5, 259]): o Renascimento italiano vê se estabelecer uma intelectualidade cosmopolita, na qual cosmopolitismo deve ser entendido como "bem outra coisa que não 'domínio cultural' de caráter nacional: em vez disso, é exatamente testemunho da ausência do caráter nacional da cultura" (*Q 5*, 123, 651 [*CC*, 5, 225]). Se G. se mantém ligado a Burckhardt em sua periodização do Renascimento, que teria início após o ano 1000, e na concepção do Renascimento como origem da modernidade, no que diz respeito às suas repercussões na Itália, se distancia de De Sanctis, para quem "o Renascimento foi o ponto de partida de um retrocesso" (*Q 17*, 3, 1.999 [*CC*, 5, 337]). Construindo, assim, com base em uma série de analogias sempre crescentes, o fracasso renascentista, ou seja, a origem de uma intelectualidade cosmopolita, clerical, latinizante e aristocrática, estabelece uma relação com a pesquisa sobre o *Risorgimento* como revolução falida, iniciada no *Q 1*.

A primeira fase das reflexões gramscianas sobre o Renascimento (de 1930 a 1932) se cristaliza na longa nota sobre o assunto no *Q 5*, 123 [*CC*, 5, 225-37]. Ocasionada pela leitura de um artigo de Vittorio Rossi na *Nova Antologia*, a nota insiste não sobre a tese dos dois Renascimentos, mas sobre o fundamental caráter contraditório do período, já anunciado no *Q 5*, 91 [*CC*, 2, 130]. No primeiro período, após o ano 1000, o Renascimento não deve ser entendido como mero Renascimento para a Antiguidade – em que o antigo é, quando muito, mero "verniz literário" (*Q 5*, 123, 643 [*CC*, 5, 227]) – mas como, burckhardtianamente, criação de uma "nova civilização" no sentido moderno: reação ao preexistente regime feudal e formação de uma nova visão de mundo, própria da burguesia emergente. No período seguinte, "forma-se um estrato de intelectuais que sente e revive a antiguidade e que se afasta cada vez mais da vida popular, porque a burguesia, na Itália, decai ou se degrada até o fim do século XVIII" (ibidem, 644 [*CC*, 5, 228]). Como conjunto desses dois momentos historicamente distintos, o Renascimento é, então, uma crise ou conflito entre duas concepções de mundo, uma popular-burguesa, "que se expressava em latim", e outra aristocático-intelectual, que "se referia à Antiguidade romana" (ibidem, 645 [*CC*, 5, 229]) no sonho papal de uma reconstrução do Sacro Império Romano. Portanto, no Renascimento "existiam duas correntes: uma progressista e outra retrógrada e [...] esta última triunfou em última análise" (ibidem, 648 [*CC*, 5, 232]) pela incapacidade da burguesia italiana "de sair do terreno mesquinhamente corporativo e de criar uma própria civilização estatal integral" (ibidem, 646 [*CC*, 5, 231]). Símbolos dessas contradições são Petrarca e Lorenzo, o Magnífico: o primeiro "é um poeta da burguesia como escritor em vulgar, mas já é um intelectual da reação antiburguesa (senhorias, papado) como escritor em latim, como 'orador', como personagem político" (ibidem, 649 [*CC*, 5, 233]); o segundo "pode ser considerado como 'modelo' da incapacidade burguesa daquela época para se constituir como classe independente e autônoma, devido à incapacidade de subordinar os interesses pessoais e imediatos a programas de amplo alcance" (*Q 15*, 70, 1.831 [*CC*, 5, 335]). É essa distinção entre os dois Renascimentos que estimula G. novamente a privilegiar a dimensão histórica da Reforma: é essa que, fora da Itália, recebe novas lições e fermento do primeiro Renascimento popular e vulgar, "sufocados ou domesticados pela Igreja" (*Q 5*, 123, 642 [*CC*, 5, 225]), e os leva à conclusão final da modernidade estatal. Além dos dois Renascimentos cronologicamente distintos, G. também diferencia dois Renascimentos em uma base geopolítica – um Renascimento italiano, ou seja, que culmina na Contrarreforma, e um Renascimento europeu, que reforma as classes intelectuais em vista da criação do Estado moderno: "O Renascimento pode ser considerado como a expressão cultural de um processo histórico no qual se constitui, na Itália, uma nova classe intelectual de alcance europeu, classe que se dividiu em dois ramos: um exerceu na Itália uma função cosmopolita, ligada ao papado e de caráter reacionário, o outro se formou no estrangeiro, com os expatriados políticos e religiosos, e exerceu uma função cosmopolita progressista, nos diversos países em que se estabeleceu ou participou da organização dos Estados modernos, como elemento técnico na milícia, na política, na engenharia etc." (*Q 17*, 3, 1.910 [*CC*, 5, 339]).

É claro que a reflexão gramsciana não quer aqui ser tão histórica quanto atual: o interesse pelo Renascimento, em outras palavras, coincide com o interesse pelo conflito do momento entre cultura popular e alta cultura. No máximo, o Renascimento como categoria histórica permanece funcional como origem de tal conflito. Ainda inspirado por esquemas evolucionistas, o *Q 4*, 3 tinha colocado exatamente o binômio Reforma- Renascimento na origem de uma problemática modernidade, da qual o materialismo histórico ambicionava ser a resolução final: "Renascimento-Reforma – Filosofia alemã – Revolução Francesa – laicismo [liberalismo] – historicismo – filosofia moderna – materialismo histórico. O materialismo histórico é o coroamento de todo esse movimento de reforma intelectual e moral, na sua dialética cultura popular-alta cultura. Corresponde à Reforma + Revolução Francesa, universalidade + política; atravessa ainda a fase popular" (*Q 4*, 3, 423-4). Mas se o materialismo histórico se encontra agora nessa fase popular, análoga à fase do "primeiro" Renascimento, a antítese crociana se torna limitadora: de fato, não se trata de superar o Renascimento aristocrático com uma Reforma popular, mas, ao contrário, de desenvolver uma fase já popular do materialismo histórico numa filosofia alta – sem, entretanto, incorrer no erro do Renascimento histórico, que havia completado seu desenvolvimento em uma segunda fase "alta", caracterizada, porém, pela "separação entre os intelectuais e as massas que se nacionalizavam e, portanto, uma interrupção da formação político-nacional italiana, para retornar à posição (sob outra forma) do cosmopolitismo imperial e medieval" (*Q 15*, 64, 1.829 [*CC*, 5, 333-4]). Na consequente tentativa de teorizar e discutir o futuro do materialismo histórico como um novo (e diferente) Renascimento, no decorrer de 1933 e 1943, G. abandona a antítese Reforma-Renascimento e se concentra na dialética (ou contradição) interna desse último termo. A antítese entre Renascimento progressivo e Renascimento reacionário se coagula, então, ao redor do novo par Renascimento-Humanismo. Já no *Q 8*, 185 [*CC*, 3, 286] (estamos em 1932), o Humanismo aparece como desvio reacionário do primeiro Renascimento: se o papel da cultura de um novo grupo social (a burguesia do primeiro Renascimento como o proletariado de G.) é aquele "de reorganizar a estrutura e as relações reais entre os homens e o mundo econômico ou da produção", a cultura expressa pelo Humanismo abdica justamente desse compromisso, "aliás, a cultura [...] é exatamente de caráter antieconômico (da economia capitalista nascente), não está orientada a dar a hegemonia à nova classe".

Assim, o Humanismo, bem como o segundo Renascimento por ele informado, "são reacionários porque assinalam a derrota da nova classe, a negação do mundo econômico que lhe é próprio" (*Q 8*, 185, 1.053-4 [*CC*, 3, 286]). *Mutatis mutandis*, se o materialismo histórico deve agora aspirar a uma alta cultura, essa aspiração não pode coincidir com o retorno às "antiguidades" (idealismo, positivismo, materialismo vulgar), mas com a criação de uma nova cultura capaz de reorganizar as relações reais e de hegemonizar exatamente essa classe "popular" da qual hoje, popularmente, se desenvolve a nova cultura marxista.

A nova reflexão prossegue, assim, por meio de uma série de diferenciações entre Humanismo (retrógrado e reacionário) e Renascimento (potencialmente progressista na sua primeira fase). O Humanismo (bem como o idealismo e o materialismo para a nova filosofia da práxis) constitui apenas "o invólucro cultural no qual se desenvolve a nova concepção de vida e de mundo". Já o Renascimento, ao menos *in potentia*, permanece um "movimento original que o 'homem novo' realiza como tal, e que é novo e original, apesar do invólucro humanista, modelado segundo o mundo antigo" (*Q 15*, 64, 1.829 [*CC*, 5, 333]). A necessidade de distinguir entre os dois termos retorna com força no *Q 17*. "Janner escreve que Walser não consegue distinguir o Humanismo do Renascimento e que, se, sem o Humanismo, talvez não tivesse existido o Renascimento, este, no entanto, supera o Humanismo em importância e pelas consequências. Mesmo esta distinção deve ser mais sutil e profunda: parece correta a opinião de que o Renascimento é um movimento de grande alcance, que se inicia depois do ano 1000, do qual o Humanismo e o Renascimento (em sentido estrito) são dois momentos conclusivos" (*Q 17*, 8, 1.913 [*CC*, 5, 341]). E, no mesmo caderno, G. salienta que o Renascimento foi não tanto uma descoberta ou redescoberta do homem ou do Humanismo, mas o esforço de criar uma nova cultura para um novo homem, não abstratamente entendido, mas historicamente determinado: "O que significa ter o Renascimento descoberto 'o homem', ter feito do homem o centro do universo etc.? Talvez, antes do Renascimento, não fosse o 'homem' o centro do universo etc.? Pode-se dizer que o Renascimento criou uma nova cultura ou civilização, em oposição às anteriores ou que desenvolvem as anteriores, mas se deve 'limitar', ou seja, 'precisar' em que consiste esta cultura etc. Será mesmo que, antes do Renascimento, o 'homem' não era nada e se tornou tudo? Ou que se desenvolveu um processo de formação cultural, em que o homem tende a se tornar tudo? Parece que se deve dizer que, antes do Renascimento, o transcendente formava a base da cultura medieval, mas aqueles que representavam esta cultura seriam talvez 'nada' ou, para eles, aquela cultura não seria o modo de ser 'tudo'? Se o Renascimento é uma grande revolução cultural, não é porque a partir do 'nada' os homens começaram a pensar que eram 'tudo', mas porque este modo de pensar se difundiu, se tornou um fermento universal etc. Não se 'descobriu' o homem, mas se iniciou uma nova forma de cultura, isto é, de esforço para criar um novo tipo de homem nas classes dominantes" (*Q 17*, 1, 1.907 [*CC*, 5, 336]). É o mesmo esforço, em suma, de que necessita agora a filosofia da práxis, não mera repetição do Renascimento e do Humanismo, mas sim, auspiciosamente, o 'neo-humanismo" (*Q 5*, 127, 657 [*CC*, 3, 216]).

Bibliografia: Ciliberto, 1991 e 1999; Chemotti, 1975; Frosini, 2004a.

Roberto Dainotto

Ver: alta cultura; Contrarreforma; Croce; filosofia da práxis; Humanismo e novo Humanismo; intelectuais; Labriola; latim; marxismo; Reforma; simples.

representados-representantes

A questão da relação entre representados e representantes foi abordada por G., pela primeira vez, no contexto de sua reflexão sobre a formação do Estado nacional italiano. Nessa perspectiva, desde o *Q 1*, 44, intitulado "Direzione politica di classe prima e dopo l'andata al governo" [Direção política de classe antes e depois da chegada ao governo] e dedicado, sobretudo, ao grande tema da hegemonia, parecem se delinear dois modelos distintos de representação: um, por assim dizer, "automático", típico dos grupos dominantes, no qual os representantes são expressões orgânicas das classes por eles representadas; o outro, todo a ser construído, por parte das vanguardas das classes subalternas, com o objetivo de superar o que, a seguir, G. definirá como "fase econômico-corporativa" e elevá-las à condição de portadoras dos interesses gerais, e, desse modo, ao papel de dirigentes, antes do que dominantes. De fato, os acontecimentos do *Risorgimento* italiano demonstram que "os moderados representavam uma classe relativamente homogênea" (ibidem, 40-1), e isso explica a coerência e a eficácia da sua linha política, à diferença daquela ondeante e inconclusiva dos mazzinianos. G. se pergunta, então: "Em que formas os moderados conseguiram estabelecer o aparato da sua direção política? Em formas que podem ser chamadas 'liberais', ou seja, por meio da iniciativa individual, 'privada' (não por um programa 'oficial' de partido, seguindo um plano elaborado e constituído preliminarmente à ação prática e organizativa). Isso era normal em vista da estrutura e da função das classes representadas pelos moderados, das quais eles eram o grupo dirigente, os 'intelectuais' em sentido orgânico [...] 'condensados' naturalmente pela organicidade de suas relações com as classes das quais eram a expressão (por meio destes se realizava a identidade de representado e representante, de expresso e de expressivo, isto é, os intelectuais moderados eram uma vanguarda real, orgânica das classes altas porque eles mesmos pertenciam economicamente às classes altas: eram intelectuais e organizadores políticos em conjunto com chefes de empresas, grandes proprietários-administradores de terras, empreendedores comerciais e industriais etc.). Dada essa 'condensação' ou concentração orgânica, os moderados exercem uma poderosa atração, de modo espontâneo, sobre toda a massa de intelectuais de qualquer grau existentes na península" (ibidem, 41-2).

"Para o Partido da Ação o problema se colocava de outro modo e diversos sistemas deveriam ser aplicados". Na mesma nota, um modelo positivo da capacidade de estabelecer ativamente uma ligação orgânica entre representantes e representados é constituído pelos jacobinos franceses, que "conquistaram com a luta sua função de partido dirigente, eles se impuseram à burguesia francesa, conduzindo-a a uma posição muito mais avançada do que aquela que a burguesia teria pretendido 'espontaneamente' e também muito mais avançada do que aquela que as premissas históricas deviam consentir [...]. Esse traço, característico do jacobinismo e, portanto, de toda a Revolução Francesa, de forçar a situação (aparentemente) e de criar fatos consumados irreparáveis, empurrando para frente a classe burguesa, a chutes no traseiro, por parte de um grupo de homens extremamente enérgicos e resolutos, pode ser 'esquematizado' assim: o Terceiro Estado era o menos homogêneo dos Estados; a burguesia constituía sua parte mais avançada cultural e economicamente; o desenrolar dos acontecimentos franceses mostra o desenvolvimento político desse setor, que inicialmente impõe as questões que interessam somente aos seus integrantes físicos efetivos e aos seus interesses 'corporativos imediatos' [...]. Essa parte avançada perde pouco a pouco suas características 'corporativas' e se torna classe hegemônica pela ação de dois fatores: a resistência das velhas classes e a atividade política dos jacobinos", que "representam o único partido da revolução, já que esses não só veem os interesses imediatos das pessoas físicas efetivas que constituem a burguesia francesa, mas veem os interesses também do amanhã e não unicamente daquelas determinadas pessoas físicas, mas das outras camadas sociais do Terceiro Estado que amanhã se tornarão burgueses" (ibidem, 50-1, o Texto C, *Q 19*, 24 [*CC*, 5, 62], apresenta numerosas variações, mas de natureza essencialmente formal, a não ser a sistemática substituição do termo "classe" por "grupo social" e similares).

A falta de adoção de uma postura "jacobina" por parte das lideranças e dos movimentos políticos do *Risorgimento*, que deveriam de algum modo se fazer porta-vozes das classes populares, pesou negativamente também sobre o curso dos acontecimentos sucessivos ao Estado nacional, no qual, por um lado, os partidos manifestaram "um desequilíbrio entre a agitação e a propaganda e que, em outros termos, se chama falta de princípios, oportunismo, falta de continuidade orgânica, desequilíbrio entre tática e estratégia etc.", e, por outro lado, "o Estado-Governo tem certa responsabilidade neste estado de coisas [...]: o governo, de fato, operou como um 'partido', colocou-se acima dos partidos não para harmonizar seus interesses e atividades no quadro permanente da vida e dos interesses estatais nacionais, mas para desagregá-los, para desatrelá-los das grandes massas e ter 'uma força de sem-partido ligada ao governo por vínculos paternalistas do tipo bonapartista-cesarista': assim, é preciso analisar as chamadas *ditaduras* de Depretis, Crispi, Giolitti, bem como o fenômeno parlamentar do *transformismo*. As classes expressam os partidos, os partidos elaboram os homens de Estado e de governo, os dirigentes da sociedade civil e da sociedade política. Deve haver certa relação útil e fecunda nessas manifestações e nessas funções. Não pode haver elaboração de dirigentes onde falta a atividade teórica, doutrinária dos partidos, onde não são investigadas e estudadas sistematicamente as razões de ser e de desenvolvimento da classe representada" (*Q 3*, 119, 387 [*CC*, 3, 201]).

O nexo entre a inexistência de ligação entre representantes e representados e o fenômeno do cesarismo ou bonapartismo é analisado detalhadamente no *Q 4, 69*, 513: "Num determinado ponto do desenvolvimento histórico, as classes se separam de seus partidos tradicionais, ou seja, os partidos tradicionais naquela dada forma organizativa com aqueles determinados homens que os constituem e dirigem, não representam mais sua classe ou fração de classe. É essa a crise mais delicada e perigosa, porque dá espaço a homens providenciais ou carismáticos. Como se forma essa situação de contraste entre representados e representantes [...]? Em cada país o processo é diferente, embora o conteúdo seja o mesmo" [no Texto C de *Q 13, 23*, 1.603 [*CC*, 3, 60], muito mais amplo e a ser lido com as notas sobre as situações e relações de força, lê-se: "E o conteúdo é a crise de hegemonia da classe dirigente [...] fala-se de 'crise de autoridade': e isso é precisamente a crise de hegemonia, ou crise do Estado em seu conjunto" – ndr]. "A crise é perigosa quando se dissemina por todos os partidos, por todas as classes, quando não ocorre, de modo muito acelerado, a passagem das tropas de um ou vários partidos para um partido que melhor resuma os interesses gerais [...]. Quando a crise não encontra essa solução orgânica, mas aquela do homem providencial [no Texto C, idem: "do líder carismático" – ndr], significa que existe um equilíbrio estático [no Texto C, ibidem, 1.604 [*CC*, 3, 61]: "cujos fatores podem ser muito variados, mas entre os quais prevalece a imaturidade das forças progressistas" – ndr], que nenhuma classe, nem a conservadora nem a progressista têm a força de vencer, mas também a classe conservadora tem necessidade de um patrão [no Texto C há convite explícito para se remeter à clássica análise marxiana de *O 18 de brumário de Luís Bonaparte* – ndr]".

O sucessivo aprofundamento da questão confirma que entre os partidos – sejam eles representantes das classes dominantes ou das instâncias dos grupos subalternos – há uma série perceptível de problemáticas comuns com respeito à questão da representação, como "aquela de sua 'tempestividade' ou 'oportunismo', ou seja, de como eles reagem contra o espírito 'consueto' e as tendências a se tornarem anacrônicos e mumificados. Praticamente, os partidos nascem [como organizações] depois de eventos históricos importantes para os grupos sociais representados: mas eles nem sempre sabem se adaptar às novas épocas ou fases históricas, não sabem se desenvolver conforme se desenvolvem as relações gerais de força [portanto, as interações relativas] em determinado país ou no plano internacional [...]. Surgem, assim, as crises dos partidos que, algumas vezes de modo repentino, podem chegar a perder sua base social histórica e se ver sem sustentação" (*Q 7, 77*, 910). No mais, como G. reafirma no *Q 9, 69*, 1.141, "a contagem dos 'votos' é a manifestação terminal de um longo processo em que o influxo máximo pertence justamente aos que 'dedicam ao Estado e à Nação as suas melhores forças' (quando são). Se essas pretensas autoridades, apesar de suas imensas forças materiais, não tiverem o consenso das maiorias, deverão ser julgados incapazes e não representativas dos interesses 'nacionais', que não podem deixar de ser prevalentes ao induzirem as vontades em um sentido mais do que em outro". Aos políticos que se fazem porta-vozes de interesses nacionais e populares são contrapostos, no *Q 17, 28*, 1.933 [*CC*, 5, 345], aqueles que representam "sua classe em sentido estreito e mesquinho". Paralelamente, o discurso se estende e se aprofunda na análise dos acontecimentos novecentistas do movimento operário e dos motivos de sua derrota no Ocidente, em particular na Itália, e do seu impasse no Oriente, indicando entre as motivações principais justamente o distanciamento entre representantes e representados, cujas causas são, como se lê no *Q 3, 42*, 319-21 [*CC*, 3, 186-7], "a confusão política e o diletantismo polêmico dos dirigentes, [...] a ausência de união com a classe representada, a completa ausência de compreensão de suas exigências fundamentais, de suas aspirações, de suas energias latentes: partido paternalista, de pequeno-burgueses que se comportam de modo ridiculamente presunçoso". O distanciamento em relação à classe explica também a falta de "defesa" em relação ao nascente movimento fascista, "porque não se vive a luta real, mas só a luta como 'princípio livresco'". E ainda: "Um documento excepcional desta separação entre representados e representantes é constituído pelo chamado pacto de aliança entre Confederação e Partido, que pode ser comparado a uma Concordata entre Estado e Igreja. O partido, que embrionariamente é uma estrutura estatal, não pode admitir nenhuma divisão de seus poderes políticos, não pode admitir que uma parte dos seus membros se ponha como detentora de igualdade de direito com o próprio partido, como aliada do 'todo'[...]. A admissão de tal situação implica a subordinação de fato e de direito do Estado e do Partido à chamada 'maioria' dos representados; na realidade, a um grupo que se põe como antiestado e antipartido e que termina por exercer indiretamente o poder [...]. A questão deve ser apresentada assim: todo membro do partido, seja qual for a posição ou cargo que ocupe, é sempre um membro do partido e está subordinado a sua direção".

No *Q 9*, 68, 1.138-40, a questão é vinculada diretamente ao tema do "centralismo democrático", uma vez que "nos partidos que representam grupos socialmente subalternos o elemento de estabilidade representa a necessidade orgânica de assegurar a hegemonia não a grupos privilegiados, mas às forças sociais progressistas, organicamente progressistas diante de outras forças aliadas, mas compostas e vacilantes entre o velho e o novo". Isso não ocorre naquilo que G. define como "centralismo burocrático", em razão da "deficiência de iniciativa, ou seja, pelo primarismo político das forças periféricas, mesmo quando estas são homogêneas em relação ao grupo territorial hegemônico. Especialmente nos organismos territoriais [internacionais] o formar-se de tais situações é danoso e perigoso ao extremo". Além de prosseguir idealmente a batalha política dos anos imediatamente anteriores ao cárcere contra a concepção bordiguiana de partido, essas páginas parecem se referir de maneira implícita também à involução que se processava dentro do partido bolchevique, prenúncio do que viria a ser chamado de stalinismo. No mais, como G. escreve no *Q 13*, 21, 1.601-2 [*CC*, 3, 59], com notáveis inovações em relação à primeira redação do *Q 4*, 10, 432 [*CC*, 6, 357], "nos regimes que se põem como totalitários [no Texto A: "ditatoriais", com referência, sobretudo, ao fascismo – ndr], a função tradicional da instituição da Coroa é, na realidade, absorvida por um determinado partido, que, aliás, é totalitário precisamente porque assume tal função. Embora todo partido seja expressão de um grupo social, e de um só grupo social, ocorre que, em determinadas condições, determinados partidos representam um só grupo social na medida em que exercem uma função de equilíbrio e de arbitragem entre os interesses do próprio grupo e dos outros grupos, fazendo que o desenvolvimento do grupo representado ocorra com o consenso e com a ajuda de grupos aliados, se não mesmo dos grupos decididamente adversários". O "partido totalitário", portanto, "procurará de vários modos dar a impressão de que a função 'de força imparcial' continua ativa e eficaz". E ainda, no *Q 15*, 3, 1.751 [*CC*, 3, 324], com referência explícita ao regime de Mussolini, mas certamente aplicável também ao stalinismo: "É curioso que, não sendo fácil compreender a identidade 'Estado-classe', um Governo (Estado) possa transferir para a classe representada, como um mérito e uma razão de prestígio, o fato de ter finalmente feito aquilo que há mais de cinquenta anos devia estar pronto e que, portanto, deveria ser um demérito e uma razão de infâmia".

Enfim, no *Q 14*, 13, 1.668-9 [*CC*, 3, 301-2], a mesma distinção entre representantes e representados parece assumir uma função "metódica" e não "orgânica": "Como todos são 'políticos', todos são também 'legisladores'. Mas será necessário fazer distinções [...]. Todo homem, na medida em que é ativo, isto é, vivo, contribui para modificar o ambiente social em que se desenvolve (para modificar determinadas características dele ou para conservar outras), isto é, tende a estabelecer 'normas', regras de vida e de conduta. O círculo de atividades será maior ou menor, a consciência da própria ação e dos objetivos será maior ou menor; além disso, o poder representativo será maior ou menor e será mais ou menos praticado pelos 'representados' em sua expressão sistemática normativa [...]. Em geral, pode-se dizer que a distinção entre o conjunto dos homens e outros homens mais especificamente legisladores é dada pelo fato de que este segundo grupo não só elabora diretrizes que se devem tornar norma de conduta para os outros, mas, ao mesmo tempo, elabora os instrumentos através dos quais as próprias diretrizes serão 'impostas' e será controlada sua aplicação. [...] A capacidade máxima do legislador pode se deduzir do fato de que, à perfeita elaboração das diretrizes, corresponde uma perfeita predisposição dos organismos de execução e de controle e uma perfeita preparação do consenso 'espontâneo' das massas, que devem 'viver' aquelas diretrizes, modificando seus hábitos, sua vontade e suas convicções de acordo com aquelas diretrizes e com os objetivos que elas se propõem atingir. Se cada um é legislador no sentido mais amplo do conceito, continua a ser legislador ainda que aceite diretrizes de outros; executando-as, controla sua execução também por parte dos outros, compreendendo-as em seu espírito, divulga-as, quase transformando-as em regulamentos de aplicação particular a zonas de vida restrita e individualizada".

GIUSEPPE COSPITO

Ver: Bonapartismo; centralismo; dirigentes-dirigidos; eleição; hegemonia; jacobinismo; Partido da Ação; *Risorgimento*.

restauração
No léxico político gramsciano, o termo "restauração" indica o modelo de desenvolvimento dos Estados nacionais posterior às guerras napoleônicas e à forma política pela qual, na ausência de revolução social, as classes burguesas europeias chegam ao poder. "Expressão metafórica" (*Q 16*, 9, 1.863 [*CC*, 4, 31]), a restauração não indica o retorno completo ao *ancien régime*, mas uma "nova acomodação de forças" (idem), em base à qual, face ao enfraquecimento irreversível das velhas classes feudais e à passividade daquelas populares, as novas classes médias, "sem rupturas clamorosas, sem o aparato terrorista francês" (*Q 1*, 151, 134 [*CC*, 6, 351]), constroem o novo Estado. Os efeitos desse processo são duplos. De um lado, a necessidade de controlar não apenas as classes feudais enfraquecidas, mas também os riscos do "subversivismo esporádico, elementar, inorgânico das massas populares" (*Q 10* II, 41.XIV, 1.325 [*CC*, 1, 392]), levam as restaurações a acolher "uma parte qualquer das exigências de baixo" (idem), confirmando-se, de algum modo, também como "restaurações progressivas" ou "revoluções passivas" (idem). Daqui advém o significado "fundamentalmente 'liberal'" (*Q 6*, 188, 833 [*CC*, 4, 217]) e a dimensão europeia que a restauração passou a assumir em G. Por outro lado, as velhas classes feudais, privadas, então, de sua capacidade de domínio, para não serem completamente liquidadas, se tornam "governativas" ou seja, componentes subalternos do novo bloco de poder, portadoras de valores não mais dominantes, "castas" com "características culturais e psicológicas próprias, não mais com funções econômicas prevalentes" (*Q 10* II, 61, 1.358 [*CC*, 1, 425]). Do mesmo modo, o legitimismo católico, ao perder sua sustentação pelas classes feudais, vê seu papel reduzido a instrumento faccioso, de conservação e defesa das prerrogativas, a essa altura, já contrapostas àquelas típicas das classes médias emergentes. Na Itália, aliás, são justamente os elementos mais reacionários, aqueles dos "sanfedistas piemonteses" (*Q 7*, 98, 926 [*CC*, 4, 223]), por sua oposição a uma hegemonia austríaca que impede o completo desdobramento da função política do papado, que acabam por desenvolver uma função embrionariamente nacional, colocando as premissas para o subsequente movimento neoguelfista. Compreende-se, então, como a restauração possa ser o berço do historicismo europeu. Para se contrapor "às ideologias setecentistas abstratas e utopistas, que continuam existindo como filosofia, ética e política proletária" (*Q 16*, 9, 1.863 [*CC*, 4, 31]), e para assimilar o setor dos intelectuais pequeno-burgueses, finalmente convencidos de seus laços com as massas populares, torna-se, pois, necessário à burguesia triunfante elaborar uma concepção historicista, como filosofia política, que exalte o desenrolar da história no sentido afirmado pelos novos sujeitos sociais e relegue ao passado abstrato e anti-histórico tanto as ideologias aristocráticas, quanto as revolucionárias pequeno-burguesas.

Luigi Masella

Ver: classe média; liberais/liberalismo; revolução passiva.

retórica
Nos *Q* fala-se de retórica em duas acepções principais: como arte de apresentar o discurso, logo, como técnica componente da oratória, mas também como característica (negativa e a ser criticada) da tradição cultural italiana. Na primeira acepção, a discussão de G. conflui para aquela relativa à oratória, à qual remete. Com a segunda acepção, quantitativamente preponderante, G. constrói, em textos esparsos, uma genealogia: no Renascimento, no fato de "que os humanistas tenham almejado o domínio cultural da Itália sobre o mundo", se identifica "o início da 'retórica' como forma nacional" (*Q 5*, 123, 651 [*CC*, 5, 225]), forma oposta e erguida acima do conteúdo que levou a afirmar a "continuidade e unidade" da "história da cultura nacional" (*Q 6*, 16, 697), apoiando-a apenas na continuidade cosmopolita do grupo dos intelectuais. Essa tendência retórica se concretiza na "ideologia ligada à tradição de Roma" (*Q 5*, 42, 573 [*CC*, 2, 114]), contra a qual se apresentaram várias reações na Itália. Uma delas é "o futurismo" (idem), mas, em geral, "o preconceito de que a Itália sempre foi uma nação complica toda a história" (*Q 3*, 82, 362 [*CC*, 6, 161]). Ainda acrescenta G.: "Pareceu-me que já existiam atualmente algumas condições para superar esse estado de coisas, mas elas não foram devidamente exploradas e a retórica voltou a triunfar (a atitude dúbia na interpretação de Caporetto oferece um exemplo desse atual estado de coisas, assim como a polêmica sobre o *Risorgimento* e, mais recentemente, sobre a Concordata)" (idem).

Em geral, portanto, existe a retórica enquanto não existir povo-nação (por isso se pode dizer que há oposição entre "nação-povo e nação-retórica": idem), mas pode existir também a retórica da antirretórica, como na concepção "pessimista-intrigante sobre os 'Italianos' em bloco, todos sem caráter, [...] concepção tola e banalmente derrotista, manifestação de antirretórica que era, não obstante, uma verdadeira retórica deprimente e de falso malandro, tipo Stenterello-Maquiavel" (*Q 7*, 30, 879 [*CC*, 1, 444]).

FABIO FROSINI

Ver: cosmopolitismo; intelectuais italianos; Itália; oratória; povo-nação; Roma.

revisionismo

O termo é utilizado sobretudo em referência a Bernstein e a Croce. Quanto ao primeiro, G. nota que sua afirmação de que o movimento é tudo e o fim é nada repudia aquele revisionismo idealista que "o teria levado a valorizar a intervenção dos homens [...] como decisiva no desenvolvimento histórico" (*Q 9*, 6, 1.099 [*CC*, 5, 305]), no momento em que considera as forças humanas um elemento passivo e inconsciente no desenvolvimento de um movimento, transformando, assim, o próprio movimento, de sucessão e desenvolvimento, em uma expressão vulgar de evolucionismo naturalista. G. define Croce como "líder intelectual das correntes revisionistas do fim do século XIX" (*Q 10* I, 2, 1.213 [*CC*, 1, 285]). Esse revisionismo se manifesta no fato de que Croce "quer chegar à liquidação do materialismo histórico, mas pretende que esse desenvolvimento ocorra de modo a identificar-se com um movimento cultural europeu" (*Q 10* I, 3, 1.214 [*CC*, 1, 286]). Tal liquidação está centrada em quatro teses: a redução do materialismo histórico a "simples cânone de interpretação", a redução da teoria do valor-trabalho a uma "comparação elíptica entre dois tipos de sociedade", a contestação da "lei sobre a queda da taxa de lucro" e a redução da concepção marxista da economia a uma sociologia econômica, sobre a qual cabe desenvolver uma "economia filosófica" (*Q 10* II, 41.VIII, 1.313-4 [*CC*, 1, 382]).

Há também o revisionismo que se transfere, da literatura ou das colunas de revistas muito lidas como *La Voce*, para o terreno da política: "Se Prezzolini tivesse coragem cívica, poderia recordar que sua *La Voce* influiu muito sobre alguns socialistas e foi um elemento de revisionismo" (*Q 1*, 90, 90-1 [*CC*, 2, 62]).

LELIO LA PORTA

Ver: Bernstein; Croce; evolucionismo; ideologia; marxismo; Prezzolini; religião; socialistas; Sorel; *Voce* (*La*).

revolução

A primeira definição específica que G. oferece de "revolução" é encontrada em um artigo de setembro de 1919, intitulado "Lo sviluppo della rivoluzione" [O desenvolvimento da revolução], no qual se lê que "a revolução não é um ato sobrenatural, é um processo dialético de desenvolvimento histórico" (*ON*, 207). Essa definição remete ao já escrito no artigo de dezembro de 1917, "La rivoluzione contro il *Capitale*" [A revolução contra *O capital*] (*CF*, 513-7 [*EP*, 1, 126-30]). Aqui a revolução, aquela dos bolcheviques, "é composta mais de ideologias do que de fatos", a ponto de *O capital*, de Marx, na Rússia, ao invés de ser um livro dos proletários, parecer um livro dos burgueses, os quais desejavam a formação de uma burguesia que desse início ao capitalismo. Mas "os fatos superaram as ideologias": a obra dos bolcheviques demonstrou que os cânones do materialismo histórico podem ser colocados em discussão, mas não até o ponto de renegar "o pensamento imanente vivificador" de Marx. Assim, não tanto os fatos econômicos são artífices da história, mas, sim, o homem e a sociedade do homem, conceito ao qual G. fará novamente referência explícita na carta do cárcere ao filho Delio (*LC*, 807-8, s.d. [*Cartas*, II, 429]).

O conceito de revolução em G. se desenvolve, por um lado, com base na consciência da importância da produção capitalista e da grande indústria para a sociedade moderna, da qual deriva a centralidade do papel da classe operária na revolução e, por outro lado, com base no destaque da subjetividade operária como mola da revolução, que tem como objetivo a transformação do assalariado em produtor. Na origem, G. coloca o *Prefácio* à *Crítica da economia política*, de Marx, no qual a revolução social encontra sua motivação na contradição entre as forças materiais que se desenvolveram e as relações de produção existentes (*Q 11*, 29, 1.439 [*CC*, 1, 157]). Em um artigo de dezembro de 1919, intitulado "Il rivoluzionario qualificato" [O revolucionário qualificado] (*ON*, 363-4), G. diz aos revolucionários que a eles se impõe "conhecer a 'máquina da revolução' [...] o processo de desenvolvimento da revolução", lembrando que na base da orientação da Terceira Internacional, "'fazer' a revolução significa 'dar' o poder aos sovietes", ou seja, na situação da Itália, compreender "que a 'máquina' da revolução é o sistema dos Conselhos". Ainda em 1926, em um artigo publicado no *L'Unità*, intitulado "Ancora delle capacità organiche della classe operaia" [Ainda sobre as capacidades orgânicas da classe operária], G. propunha a experiência da ocupação das fábricas como confirmação para as massas trabalhadoras italianas da possibilidade de uma revolução "em um país ocidental, em um país industrialmente mais avançado do que a Rússia, com uma classe operária mais bem organizada, tecnologicamente mais instruída, industrialmente mais homogênea e coesa" (*CPC*, 346). Nos *Q*, prosseguindo com sua proposta do movimento dos Conselhos como possível embrião da revolução italiana e defendendo-o da acusação de espontaneísmo e voluntarismo, G. notava que justamente a renúncia em dar uma direção consciente a tais movimentos para elevá-los a um nível superior teria não raro comportado consequências sérias e graves, como o fortalecimento da direita reacionária. E acrescentava o exemplo do movimento das Vésperas Sicilianas, entre outros, frequentemente "regressivos" (*Q 3*, 48, 332 [*CC*, 3, 198]).

No escritos carcerários, como é sabido, G. repensa o conceito de revolução depois da derrota histórica do movimento operário nos anos 1920 e à luz da crescente consciência das diferenças entre Oriente e Ocidente, revisitando toda a experiência precedente, sem, no entanto, renegá-la. É evidente que, tendo em vista a condição particular em que G. se encontra, trancado no cárcere fascista, não são possíveis referências explícitas à revolução, sobretudo em comparação com a definição dada em 1919. Em tal reflexão, com frequência indireta, o lema não aparece e o foco se concentra sobre conceitos como "guerra de posição", "trincheiras, fortalezas e casamatas" e assim por diante. Nos *Q*, o lema "revolução" é usado, na maior parte dos casos, como substantivo acompanhado por um adjetivo ("Revolução Francesa", "revolução permanente", "revolução passiva") ou no par "revolução-restauração". Por isso, por exemplo, a Revolução Russa aparece somente duas vezes e enviesada no discurso: abordando a relação entre a política mundial e a europeia, G. ressalta que, entre os eventos que determinaram a colocação dos Estados Unidos no centro financeiro mundial, com a Primeira Grande Guerra, deveriam ser apontadas "as profundas perturbações da produção europeia (a Revolução Russa)" (*Q 2*, 16, 168 [*CC*, 3, 129]). Ademais, entre as causas que determinaram a crise dos intelectuais franceses, além de um mal-estar existencial das "jovens gerações literárias francesas", devem ser colocadas tanto a guerra quanto a Revolução Russa (*Q 3*, 1, 283 [*CC*, 2, 70]). De qualquer maneira, percebe-se como o par guerra-revolução mantém um sólido valor epistemológico.

Em uma nota de primeira redação intitulada "Machiavelli e Marx", tratando do pensamento do secretário florentino e perguntando-se sobre o fato de suas "descobertas" permanecerem como tema de discussão e ainda serem contestadas, G. conclui "que a revolução intelectual e moral contida *in nuce* nas doutrinas de Maquiavel não se realizou ainda 'manifestamente' como forma 'pública' da cultura nacional" (*Q 4*, 8, 431). No Texto C, porém, a argumentação relativa à revolução intelectual e moral de Maquiavel é colocada como uma pergunta, deixando a entender que existe um uso político que remete à necessidade, por parte dos governantes, de manter seu distanciamento em relação aos governados, com a finalidade de ressaltar a existência de duas culturas e, portanto, a não usabilidade, por parte dos governados, das orientações maquiavelianas justamente porque revolucionárias em excesso (*Q 13*, 20, 1.599 [*CC*, 3, 56]).

Pode acontecer que, em alguns casos, os grupos sociais se afastem de seus partidos tradicionais, dando origem a uma crise em que podem aparecer "homens providenciais e carismáticos". Ainda que esse processo de conflito entre representantes e representados se manifeste de diferentes maneiras de um país para o outro, o conteúdo, porém, é o mesmo e se chama crise de hegemonia da classe dirigente, cujas causas são de dois tipos: o insucesso da classe dirigente é consequência do fato de que essa impôs "com a força o consenso das grandes massas (como a guerra)" (*Q 13*, 23, 1.603 [*CC*, 3, 60]); pode acontecer, porém, que grandes massas, passando da passividade política "a uma certa atividade", coloquem na ordem do dia reivindicações "que em seu complexo inorgânico constituem uma revolução" (idem). A essa nota parece se associar uma outra relativa ao problema histórico da falida revolução italiana, que consistiria no fato de que, desde a época das comunas, "a burguesia italiana não soube unificar o povo à sua volta" (*Q 25*, 5, 2.289 [*CC*, 5, 139]). Esse seu "egoísmo" se manifestou plenamente durante o *Risorgimento*, pois "impediu uma revolução rápida e vigorosa como a francesa" (idem), e tal comportamento teve sérias consequências também na história das classes subalternas.

Lelio La Porta

Ver: guerra; guerra de posição; Maquiavel; *Ordine Nuovo* (*L'*); Oriente-Ocidente; Revolução Francesa; revolução passiva; trincheiras, fortalezas e casamatas.

Revolução Francesa

O G. jovem estudante secundário escreveu sobre a Revolução Francesa nos seguintes termos: "A Revolução Francesa abateu muitos privilégios, ergueu muitos oprimidos; mas não fez mais do que substituir a dominação de uma classe pela de outra. Deixou, porém, uma grande lição: que os privilégios e as diferenças sociais, sendo produtos da sociedade e não da natureza, podem ser superados" ("Oppressi ed opressori" [Oprimidos e opressores], novembro 1910, em *SP*, 5 [*EP*, 1, 46]). A Revolução de 1789 está presente também nos escritos da juventude, com numerosas referências tanto ao jacobinismo (v., por exemplo, a reflexão sobre a historiografia da revolução em "La fortuna di Robespierre", 2 de março de 1918, em *CF*, 703 ss.), quanto ao Iluminismo (por exemplo em "Socialismo e cultura", 29 de janeiro de 1916, em *CT*, 101 ss. [*EP*, 1, 56-61]).

Nos *Q*, o processo histórico da Revolução Francesa tem, segundo G., a duração de quase um século, de 1789 a 1870, ou seja, da convocação dos Estados gerais à experiência da Comuna de Paris: "Só em 1870-1871, com a tentativa da Comuna, esgotam-se historicamente todos os germes nascidos em 1789, ou seja, não só a nova classe que luta pelo poder derrota os representantes da velha sociedade que não quer se confessar decididamente superada, mas derrota também os novíssimos grupos que consideram já ultrapassada a nova estrutura surgida da transformação iniciada em 1789 e demonstra assim sua vitalidade tanto em relação ao velho como em relação ao novíssimo". Além disso, justamente com a Comuna parisiense, perde eficácia a estratégia da "revolução permanente" e a discussão é encaminhada para aqueles que foram os eventos que caracterizaram a Revolução Francesa: "Para alguns [...] a revolução se completa em Valmy [...] para outros, a Revolução continua até Termidor [...] para outros, a história da Revolução continua até 1830, 1848, 1870 e até mesmo até a Guerra Mundial de 1914". Segundo G., apenas com a Terceira República as contradições sociais que explodiram com a revolução encontraram uma relativa acomodação, "depois de oitenta anos de convulsões em ondas sempre mais longas: 1789, 1794, 1799, 1804, 1815, 1830, 1848, 1870" (*Q 13*, 17, 1.581-2 [*CC*, 3, 39-40]). Inicialmente, o processo é dirigido pelos representantes do Terceiro Estado, que apresentavam exclusivamente a solução dos problemas corporativos, "corporativos no sentido tradicional, de interesses imediatos e estreitamente egoístas de uma determinada categoria" (*Q 19*, 24, 2.027 [*CC*, 5, 79]), propondo-se como "reformadores moderados, que engrossam a voz mas, na realidade, exigem bem pouco" (idem). Em seguida, observa G., vai se formando um grupo que "tende a conceber a burguesia como o grupo hegemônico de todas as forças populares" (ibidem, 2.028 [*CC*, 5, 79]), um grupo que encontra na resistência das velhas forças sociais e na ameaça internacional os elementos de agregação. Esse grupo, os jacobinos, mostrou determinação ao compreender que o processo de transformação da sociedade francesa encontrava um obstáculo nas velhas forças sociais; por isso mandaram "à guilhotina não só os elementos da velha sociedade, que resiste até morrer, mas também os revolucionários de ontem, hoje tornados reacionários" (idem). Em virtude disso, o verdadeiro partido da revolução foram os jacobinos, que não se limitaram a representar os interesses da burguesia, mas "representavam o movimento revolucionário em seu conjunto, como desenvolvimento histórico integral" (idem). Nessa consciência da realidade histórica, por parte de quem dirigiu o movimento revolucionário, deve ser buscada, segundo G., a concreticidade da política jacobina, que, mantendo firmes os princípios de base da revolução, ou seja, a liberdade, a igualdade e a fraternidade, atuou no sentido de propor uma solução para os problemas da época, como a prevenção dos fenômenos contrarrevolucionários e o alargamento dos quadros burgueses. Mas tais objetivos nunca foram dissociados da necessidade de ser grupo dirigente, o que se explicitou na elaboração de uma reforma agrária que garantiu à Paris jacobina a hegemonia sobre a França. Foi o reforço da hegemonia por meio da aquisição de um consenso cada vez maior que permitiu aos jacobinos não só organizar um governo burguês, ou seja, "a fazer da burguesia a classe dominante", mas a fazer mais: "criaram o Estado burguês, fizeram da burguesia a classe nacional dirigente, hegemônica, isto é, deram ao novo Estado uma base permanente, criaram a compacta nação francesa moderna" (ibidem, 2.029 [*CC*, 5, 81]). Segundo G., a demonstração da contradição presente na práxis jacobina e, portanto, naquela que, em geral, é indicada como a fase democrática da Revolução Francesa, reside justamente no resultado dramático dessa experiência, que, apesar de tudo, não soube se esquivar do terreno típico dos interesses burgueses e faliu: "e o Termidor prevaleceu. A revolução havia encontrado os limites mais amplos da classe" (ibidem, 2.030 [*CC*, 5, 81]).

No campo específico da unidade dialética de filosofia e política, G. recorre frequentemente nos *Q* à equivalência entre a linguagem política francesa e a linguagem da filosofia clássica alemã; tal equivalência "levou ao famoso verso carducciano: 'reunidos na mesma fé,/Emmanuel Kant decapitou Deus,/Maximilien Roberspierre, o Rei'" (*Q 16*, 9, 1.860 [*CC*, 4, 37]). Fazendo referência a uma passagem da *Sagrada família*, em que se afirma a dependência do pensamento abstrato da filosofia clássica alemã ao princípio político francês da igualdade, G. propõe novamente a relação em diversos momentos dos *Q*: "Na *Sagrada família* [...] a fraseologia jacobina correspondia perfeitamente aos modelos da filosofia clássica alemã" (*Q 1*, 44, 51); escrevendo sobre a filosofia clássica alemã como filosofia da época da Restauração e sobre os movimentos liberais por ela dotados de vida, G. prossegue: "Sobre isso, ver a conversão que Marx faz da fórmula francesa '*liberté, fraternité, égalité*' aos conceitos filosóficos alemães (*Sagrada família*)" (*Q 1*, 151, 134 [*CC*, 6, 352]). Além disso, colocando a Reforma luterana e a Revolução Francesa no mesmo nível, como reformas intelectuais e morais, G. escreve: "Lembrar também aqui a redução de Marx dos termos políticos franceses '*fraternité etc.*' à linguagem da filosofia alemã na *Sagrada família*"; e continua: "Renascimento-Reforma – Filosofia alemã – Revolução Francesa – laicismo [liberalismo] – historicismo – filosofia moderna – materialismo histórico. O materialismo histórico é o coroamento de todo esse movimento de reforma intelectual e moral [...]. Corresponde a Reforma + Revolução Francesa, universalidade + política" (*Q 4*, 3, 423-4). Em uma carta para Tânia de 30 de maio de 1932, G. notava como o próprio Hegel já havia estabelecido um nexo entre a Revolução Francesa, a filosofia kantiana e o idealismo alemão, e concluía: "Na *Sagrada família* se vê como este nexo estabelecido por Hegel entre a atividade política francesa e a atividade filosófica alemã foi adotado pelos teóricos da filosofia da práxis" (*LC*, 582 [*Cartas*, II, 206]).

LELIO LA PORTA

Ver: filosofia clássica alemã; Hegel; Iluminismo; jacobinismo; Kant.

revolução passiva

Na dinâmica da reflexão gramsciana, o conceito de revolução passiva revela uma peculiar e complexa articulação: de uma primeira intuição, nutrida de energia moral, em Cuoco (do qual G. parte, mas também toma distância), o conceito passa a "programa político" do bloco moderado do *Risorgimento*, a critério de interpretação ("em ausência de outros elementos ativos de modo dominante": *Q 15*, 62, 1.827 [*CC*, 5, 331]) dos processos de formação dos Estados modernos (Europa-Itália) e, por fim, a forma histórico-teórica do presente e eixo portador de uma "ciência da política". Não se trata de uma articulação e de um desenvolvimento puramente temporal ou lógico-conceitual, mas de elementos e momentos de tensão frequentemente entrelaçados, mesmo quando isso não é explícito (a trama das relações entre os textos de primeira e segunda redação pode oferecer uma prova e uma confirmação desse entrelaçamento).

É no *Q 1*, 44 que aparece pela primeira vez o verbete, em que, após expor e ilustrar o "critério histórico-político", segundo o qual "pode e deve existir uma 'hegemonia política' mesmo antes de ir ao governo" e, mais em geral, "uma classe é dominante em dois modos, isto é, é 'dirigente' e 'dominante'" (*Q 1*, 44, 41), G. chega a uma primeira e significativa conclusão: "Da política dos moderados surge clara essa verdade e é a solução desse problema que tornou possível o *Risorgimento* nas formas e nos limites em que esse se efetuou, de revolução sem revolução (ou de revolução passiva, segundo a expressão de V. Cuoco)" (idem). É interessante notar que G. aproxima a fórmula de Quinet, "revolução-restauração" (*Q 8*, 25, 957), à revolução passiva de Cuoco: ambas têm o valor de eficazes chaves interpretativas da história italiana. Ambas servem para expressar o fato histórico da "ausência de iniciativa popular no desenvolvimento da história italiana" e o fato conseguinte de que o "progresso" se verifica como "reação das classes dominantes ao subversivismo esporádico e inorgânico das massas populares, com 'restaurações' que acolham uma parte qualquer das exigências populares" (idem). Os dois conceitos convergem ao delinearem o que G. chama de formas e limites do *Risorgimento* italiano, ainda que com base na capacidade, que ele atribui aos moderados, de desenvolver uma plena função hegemônica, uma função de "dirigente" e "dominante" ao mesmo tempo.

A especificidade da revolução passiva do *Risorgimento* italiano reside, portanto, na escassez e na insuficiência das forças, o que torna possível a circunstância pela qual "o grupo portador das novas ideias não é o grupo econômico, mas a camada dos intelectuais" (*Q 10* II, 61, 1.360 [*CC*, 1, 428]), formando-se, assim, por obra de tal camada, uma particular concepção do Estado, não como "forma concreta de um mundo produtivo" (idem), mas de "uma coisa em si, como um absoluto racional" (ibidem, 1.360-1 [*CC*, 1, 428]). Esse conjunto de formas e limites do *Risorgimento*, apesar de insistentemente indagado, não constitui, todavia, o *proprium* do interesse do conhecimento de G. Em uma nota do *Q 10*, de fato, com uma das passagens repentinas e quase imperceptíveis típicas do ritmo de seu pensamento, G. acentua a circunstância mais geral, europeia antes do que italiana, de modo que, por meio da apresentação do Estado como um absoluto, é concebida "como absoluta e proeminente a própria função dos intelectuais", é "racionalizada abstratamente a existência e a dignidade histórica dos mesmos" (idem). G. acrescenta que tal circunstância é fundamental para compreender historicamente o idealismo filosófico moderno e está intimamente associada ao modo de formação dos Estados modernos na Europa continental: modo que ele, com uma expressão eficaz, define como "'reação-superação nacional' da Revolução Francesa, a qual, com Napoleão, tendia a estabelecer uma hegemonia permanente" (idem). No texto de primeira redação (por volta de 1929-1930), sempre tratando da formação dos Estados modernos na Europa, G. havia escrito: "'reação-superação nacional' da Revolução Francesa e do napoleonismo" e acrescentara, posteriormente, na margem, "revolução passiva", pretendendo designar assim todo o processo europeu (*Q 1*, 150, 133 [*CC*, 6, 349]).

Na brevíssima seção (uma espécie de anotação) do *Q 1* intitulada "*Risorgimento*", G. afirma que "a vida dos Estados italianos até 1870, isto é, a 'história italiana', é mais 'história internacional' do que 'história nacional'" (*Q 1*, 138, 126 [*CC*, 5, 152]): desse modo, ele pretende ressaltar o caráter "patológico" e "assimétrico" do nexo intercorrente entre o plano nacional e o internacional que caracteriza a história pré-unitária do século XIX. Referia-se ao caráter complexo, dinâmico e articulado do conceito em questão: em particular, o *Q 15* (caderno miscelâneo, no qual G. trabalhou entre fevereiro e agosto de 1933) contém uma série de notas, nas quais é possível seguir – como foi observado – o processo em curso de sua dilatação histórica, teórica e política. De fato, G. se pergunta se o conceito de revolução passiva extraído de Cuoco e atribuído à primeira fase do *Risorgimento* italiano pode ser associado ao conceito de "guerra de posição" em relação à "guerra manobrada" ou "guerra de movimento". Diante disso, e por meio de uma série de considerações, G. afirma a possibilidade de extrair "algum princípio geral de ciência e de arte política" (*Q 15*, 11, 1.767 [*CC*, 5, 316]), de modo que, em sua opinião, é possível aplicar ao conceito de revolução passiva, bem como atestar dentro do *Risorgimento* italiano, "o critério interpretativo das modificações moleculares que, na realidade, modificam progressivamente a composição anterior das forças e, portanto, transformam-se em matriz de novas modificações" (idem). Assim, o conceito interpretativo das modificações de caráter molecular é aplicado por G. ao conceito de revolução passiva, o que lhe permite ler em profundidade os processos de desagregação e dissolução do mazzinismo e do Partido da Ação depois de 1848, bem como a progressiva absorção dos dois grupos pelo bloco moderado, além de perceber, com base nisso, a gênese do transformismo, aquele fenômeno complexo que caracterizou "toda a vida estatal de 1848 em diante" (*Q 19*, 24, 2.011 [*CC*, 5, 62]).

Por outro lado, G. percebe cada vez mais fortemente a necessidade de depurar de qualquer possível "resíduo de mecanicismo e fatalismo" (*Q 15*, 17, 1.774 [*CC*, 5, 321]) o conceito de revolução passiva: este deve ser deduzido de modo rigoroso – afirma G. – de dois princípios fundamentais de ciência política delineados por Marx: "1) nenhuma formação social desaparece enquanto as forças produtivas que nela se desenvolveram ainda encontrarem lugar para um novo movimento progressista; 2) a sociedade não se põe tarefas para cujas soluções ainda não tenham germinado as condições necessárias etc. Naturalmente, esses princípios devem ser, primeiro, desdobrados criticamente em toda sua dimensão e depurados de todo resíduo de mecanicismo e fatalismo" (idem). Contra todo "perigo de derrotismo histórico, ou seja, de indiferentismo" (*Q 15*, 62, 1.827 [*CC*, 5, 331]), a teoria da revolução passiva pode ser útil para um desenvolvimento original e criativo da filosofia da práxis enquanto não é assumida como um programa (como acontece no âmbito da formação e do exercício da hegemonia moderada católico-liberal, do *Risorgimento*), mas como critério de interpretação que encontra sua validade *na ausência* da atividade determinante de outros elementos ou fatores:

"movimento" de tipo jacobino e próprio de 1848, ou seja, presença, visibilidade de uma "antítese vigorosa" (idem). É muito importante ressaltar que G. associa à sua teoria a necessidade de lutar contra o "morfinismo político" de Croce e de seu historicismo (idem). Pode-se dizer que em G. é exatamente o valor gnosiológico e político do conceito de revolução passiva que torna possível e alimenta o anti-Croce; em outras palavras, a luta crítica contra o teórico moderno da revolução passiva: o confronto cerrado e sistemático com o ético-político de Croce, com o "partido ideológico" da burguesia, com um complexo hegemônico capaz de elevar teoricamente a revolução passiva, fazendo-a valer como um "programa", nas condições históricas já mudadas em relação à hegemonia moderada do *Risorgimento*.

No centro da relação entre passado e presente, que, em G., é política e cognitivamente intensa, bem como peculiarmente problemática, o conceito de revolução passiva comporta sempre, de maneira implícita ou explícita, um nexo e um vínculo forte com as questões do presente, com a crise moderna, entendida como crise orgânica, e com as respostas que são produzidas. Disso deriva sua contínua articulação dinâmica, já mencionada; deriva, por exemplo, o processo de definição do nexo guerra de posição-revolução passiva. Tal nexo é fixado em referência ao período do pós-guerra. Se a passagem da guerra de manobra, ou guerra de movimento, e do ataque frontal para a guerra de posição *no campo político* é definida como "a questão de teoria política mais importante, situada no período do pós-guerra, e a mais difícil de ser resolvida corretamente" (*Q 6*, 138, 801 [*CC*, 3, 255]), é depois explicitado que, na época contemporânea à guerra de movimento, ocorrida politicamente de março de 1917 a março de 1921, seguiu-se uma guerra de posição, "cujo representante, além de prático (para a Itália), ideológico para a Europa" (*Q 10* I, 9, 1.229 [*CC*, 1, 298]), é o fascismo – por G. apontado como expressão da revolução passiva.

Já no período posterior a 1870 – observa G. – todos os elementos que tornavam possível e apropriado o conceito político de "revolução permanente" mudam profundamente e essa forma é elaborada e superada, dentro da ciência política, na fórmula de "hegemonia civil" (*Q 8*, 52, 973; v. também *Q 13*, 7, 1.566 [*CC*, 3, 23]). Assim, as duas noções (revolução passiva, guerra de posição) são profundamente interligadas, mas não se equivalem. Uma define a nova morfologia dos processos sociais e políticos em curso depois de 1917-1921, após aquela que pode ser considerada, na opinião de G., a última guerra de movimento, isto é, a Revolução de Outubro: trata-se de processos moleculares de transformação, de crise-reestruturação, de "crise contínua" capitalista. A outra – como foi observado – define as formas do conflito de classe e como tais formas se desenvolvem no interior desses processos e em relação a eles. Tanto uma quanto outra noção, seu nexo e sua dinâmica interna, levam G. a uma contínua redefinição dos eixos cruciais de sua reflexão, sobretudo no que se refere à novidade da "questão hegemônica" (isto é, dos processos de formação e de produção da hegemonia), em ação após o declínio do "individualismo econômico", no que tange às novas formas da relação entre política e economia e à penetração e difusão da política e do Estado na trama complexa da sociedade de massa.

Cabe notar que a forma histórico-teórica da revolução passiva, associada à questão da hegemonia, representa em G. a crítica radical e orgânica do "catastrofismo" e das teorias do desastre comuns à grande parte da "tradição" marxista contemporânea, e, ao mesmo tempo, exige do autor o aprofundamento contínuo do tema marxiano "clássico" da relação Estado-sociedade civil. A partir do momento em que "não se pode escolher a forma de guerra que se quer" (*Q 13*, 24, 1.614 [*CC*, 3, 71]), ou a partir do momento em que, pelo menos no que concerne aos Estados mais avançados, deve-se dizer que "a 'sociedade civil' tornou-se uma estrutura muito complexa e resistente às 'irrupções' catastróficas do elemento econômico imediato (crise, depressões etc.)" (ibidem, 1.615 [*CC*, 3, 73]), e que "as superestruturas da sociedade civil são como o sistema das trincheiras na guerra moderna" (idem), então, torna-se necessário que a função estratégica seja assumida justamente pela guerra de posição e que, assim, se desenvolva a capacidade e a vontade política de "estudar com 'profundidade' quais são os elementos da sociedade civil que correspondem a sistemas de defesa na guerra de posição" (ibidem, 1.616 [*CC*, 3, 73]). Ora, nos modernos "tempos de socialização", ou seja, na época das revoluções passivas, a concepção que G., a um certo ponto, elabora do "Estado integral", em conexão com os processos inéditos de difusão da hegemonia, não comporta o abandono ou a atenuação da concepção geral do Estado "segundo a função produtiva das classes sociais" (*Q 10* II, 61, 1.359 [*CC*, 1, 425]), mas alude à complexificação radical que vinha assumindo a relação entre política e economia, à intensificação molecular, no Ocidente, de um moderno primado da política, entendido como poder de *produção* e de *governo* de processos de passivização, padronização e fragmentação. Não há dúvida de que a base teórica da revolução passiva em G. não é outra senão a base geral de "seu" marxismo, que se propõe como uma resposta alternativa tanto ao grandioso "morfinismo" que conota a concepção do ético-político em Croce, sabiamente nutrida pelo "hegelianismo domesticado" (*Q 8*, 225, 1.083), quanto à leitura e à "fixação" teórica em chave sistêmica, operada por Weber, da fase da reorganização e reestruturação do capitalismo. Não por acaso, então, o próprio G. pretende chamar a atenção para a tensão teórico-política ligada ao "movimento" do conceito de revolução passiva no âmbito de sua reflexão, quando, por um lado, assinala a "utilidade" e o "perigo" de tal temática e, por outro, afirma que "a concepção permanece dialética, isto é, pressupõe e até postula como necessária uma antítese vigorosa e que ponha intransigentemente em campo todas as suas possibilidades de explicitação" (*Q 15*, 62, 1.827 [*CC*, 5, 332]). Nessa formulação ("pressupõe e até postula"), é possível entrever toda a dramaticidade do "que fazer?" gramsciano. A utilidade do tema "revolução passiva" reside, portanto, na possibilidade de pensar em uma "revolução ativa", ou seja, uma "antirrevolução passiva" (como foi dito). Coloca-se aqui a extrema relevância da pergunta e do problema gramsciano: "Como nasce o movimento histórico com base na estrutura" (*Q 11*, 22, 1.422 [*CC*, 1, 140]). Tal pergunta, urgente, situada bem no centro da revolução passiva, embora não encontre respostas prontas, implica a exigência de elaborar uma teoria da subjetividade política, da constituição política dos sujeitos – sujeitos que em G., como foi observado, nunca são dados, mas se formam e se definem processualmente, por meio da ação ou da práxis política.

Bibliografia: De Felice, 1977; Mangoni, 1987; Texier, 1989; Vacca, 1989; Voza, 2004.

Pasquale Voza

Ver: crise orgânica; Croce; Estado; ético-político; fascismo; guerra de movimento; guerra de posição; hegemonia; historicismo; intelectuais; passado e presente; *Risorgimento*; sociedade civil; transformismo.

revolução permanente

O conceito, criado por Marx e Engels (*Q, AC*, 2.488-9) para expressar a ideia de que o processo revolucionário de 1848 não deveria ser interrompido com as conquistas democrático-burguesas, mas deveria ser levado adiante até a vitória das forças proletárias, é retomado e atualizado por Trotski. G., por sua vez, o transforma na categoria hermenêutica de um determinado tempo histórico (para depois polemizar com Trotski em razão de sua "inatualidade"). O conceito de revolução permanente, para G., nascera "como expressão cientificamente elaborada das experiências jacobinas de "1789 ao Termidor" (*Q 13*, 7, 1.566 [*CC*, 3, 24]) e se afirmara num período histórico caracterizado pela falta de "grandes partidos políticos de massa" e de "grandes sindicatos econômicos", bem como por uma sociedade ainda, "sob muitos aspectos, por assim dizer, no estado de fluidez: maior atraso do campo e monopólio quase completo da eficiência político-estatal em poucas cidades ou até mesmo numa só (Paris para a França), aparelho estatal relativamente pouco desenvolvido e maior autonomia da sociedade civil em relação à atividade estatal, determinado sistema das forças militares e do armamento nacional, maior autonomia das economias nacionais em face das forças econômicas do mercado mundial" (idem). No período posterior a 1870, com a expansão colonial europeia, todos esses elementos mudam, enquanto as relações organizativas internas e internacionais do Estado tornam-se mais complexas e consistentes. Na "ciência política", a fórmula da revolução permanente "própria de 1848" é elaborada e superada pela fórmula da "hegemonia civil". Acontece na arte política o que acontece na arte militar: a guerra de movimento torna-se cada vez mais guerra de posição. Um Estado vence uma guerra quando a prepara em tempos de paz. G. anuncia a incompatibilidade entre a ideia de revolução permanente e as modernas democracias de massa, "seja como organizações estatais, seja como complexo de associações na vida civil", que "constitui para a arte política algo similar às 'trincheiras' e às fortificações permanentes da frente de combate na guerra de posição: faz com que seja apenas 'parcial' o elemento do movimento que antes constituía 'toda' a guerra" (idem [*CC*, 3, 24]).

G. explica a revolução permanente como antecedente político da instituição de um regime parlamentar fundado sobre a hegemonia política da classe burguesa urbanizada na França. Esse conceito implica um esquema histórico que vê, em princípio, um movimento revolucionário das estruturas estatais e econômicas inflamado pelas forças sociais emergentes e, por fim, uma institucionalização do movimento em uma forma histórica concreta: o Estado constitucional e o mercado capitalista. No início, portanto, se dá a "fase ativa da Revolução Francesa", que "encontrou seu 'aperfeiçoamento' jurídico-constitucional no regime parlamentar, que realiza, no período mais rico de energias 'privadas' na sociedade, a hegemonia permanente da classe urbana sobre toda a população, na forma hegeliana de governo com o consenso permanentemente organizado (mas a organização do consenso é deixada à iniciativa privada, sendo portanto de caráter moral ou ético, já que se trata de consenso dado 'voluntariamente' de um modo ou de outro)" (*Q 13*, 37, 1.637 [*CC*, 3, 93-4]). O movimento propriamente "político" age sobre uma "base econômica", alargando-a nos níveis industrial e comercial, alcançando as "classes inferiores", as quais elevam a "classes dirigentes" "os elementos sociais mais ricos de energia e de espírito de iniciativa". A revolução permanente facilita a emancipação de classe e promove a iniciativa econômica e a promoção social: "toda a sociedade está em contínuo processo de formação e de dissolução, seguida de formações mais complexas e ricas de possibilidades; em linhas gerais, isto dura até a época do imperialismo e culmina na Guerra Mundial" (idem).

À luz do conceito político de revolução permanente, G. reconstrói a história do século XIX francês, marcado por um jacobinismo inicial. Suas principais características são: *a)* a certeza absoluta da verdade das fórmulas sobre a igualdade, a fraternidade e a liberdade; *b)* o envolvimento das grandes massas populares na luta política e social para a generalização dessas fórmulas; *c)* a difusão dessas categorias na tradição cultural francesa e seu transbordamento na cultura filosófica alemã, como prova "a análise da linguagem jacobina feita na *Sagrada família* e a admissão de Hegel, que apresenta como paralelos e reciprocamente traduzíveis a linguagem jurídico-política dos jacobinos e os conceitos da filosofia clássica alemã", a qual "originou o historicismo moderno" (*Q 19*, 24, 2.028-9 [*CC*, 5, 80]).

Segundo G., a revolução permanente foi o objetivo da política jacobina, que quis "aniquilar as forças adversárias ou, pelo menos, reduzi-las à impotência para tornar impossível uma contrarrevolução [...], ampliar os quadros da burguesia como tal e [...] pô-la à frente de todas as forças nacionais, identificando os interesses e as exigências comuns a todas as forças nacionais, para pôr em movimento estas forças e conduzi-las à luta, obtendo dois resultados: *a)* opor um alvo mais amplo aos golpes dos adversários, isto é, criar uma relação político-militar favorável à revolução; *b)* tomar dos adversários toda zona de passividade na qual fosse possível recrutar exércitos reacionários. Sem a política agrária dos jacobinos, Paris teria tido a Vendeia em suas portas" (ibidem, 2.029 [*CC*, 5, 80-1]). Com a revolução permanente, os jacobinos não só "organizaram um governo burguês, ou seja, fizeram da burguesia a classe dominante, mas fizeram mais[:] criaram o Estado burguês, fizeram da burguesia a classe nacional dirigente, hegemônica, isto é, deram ao novo Estado uma base permanente, criaram a compacta nação francesa moderna" (idem).

A política jacobina, inspirada no ideal da revolução permanente, mantém-se, para G., no terreno da burguesia, como demonstraram os eventos que marcaram o fim do partido jacobino, de formação muito fixa e rígida, e a morte de Robespierre. Os jacobinos "não quiseram reconhecer aos operários o direito de associação [...]. Romperam, assim, o bloco urbano de Paris: suas forças de assalto, que se agrupavam na cidade, se dispersaram, desiludidas, e o Termidor prevaleceu. A Revolução havia encontrado os limites mais amplos de classe; a política das alianças e da revolução permanente terminou por colocar questões novas, que, então, não podiam ser resolvidas, e desencadeou forças elementares que só uma ditadura militar conseguiria conter" (ibidem, 2.030 [*CC*, 5, 81-2]).

G. insere nesse processo a elaboração do sistema eleitoral baseado em diferentes formas de sufrágio, escrutínio de lista ou colégios uninominais, sistema proporcional ou individual, com as várias combinações que daí resultam: sistema de duas Câmaras ou de uma única Câmara eletiva, com vários modos de eleição pra cada uma (Câmara vitalícia e hereditária, Senado a termo, mas com eleição dos senadores diferente da eleição dos deputados); a afirmação das liberdades no campo sindical, mas não no político. Depois da rápida sucessão de regimes parlamentares, da "ditadura democrática" pós-revolucionária no império ao cesarismo democrático, até o regime parlamentar, G. descreve também o papel da magistratura, que "pode ser um poder independente ou apenas uma ordem, controlada e dirigida através de circulares ministeriais; diferentes atribuições do chefe do governo e do chefe do Estado; equilíbrio interno diferente dos organismos territoriais (centralismo ou descentralização, maiores ou menores poderes dos administradores de departamento, dos conselhos provinciais, dos municípios etc.); diferente equilíbrio entre as forças armadas alistadas e as profissionais (polícia civil e militar), com a dependência destes corpos profissionais de um ou de outro órgão estatal (da magistratura, do Ministério do Interior ou do Estado-Maior)" (*Q 13*, 37, 1.637 [*CC*, 3, 94]). Nesse tumultuado século, assiste-se também ao nascimento da "opinião pública": "Contribuem para este processo os teóricos-filósofos, os publicistas, os partidos políticos etc., no que se refere ao desenvolvimento da parte formal, e os movimentos e as pressões de massa no que se refere à parte substancial, com ações e reações recíprocas, com iniciativas 'preventivas' antes que um fenômeno se manifeste perigosamente e com repressões quando as prevenções falharam ou foram tardias e ineficazes" (ibidem, 1.638 [*CC*, 3, 95]).

No século XIX, a França é um país à beira da guerra civil, usada como instrumento de chantagem política por parte das classes emergentes contra o regime parlamentar. Surge a necessidade de distanciar esse perigo, que leva todo o sistema político a um "equilíbrio catastrófico", revelando uma fase de debilidade política por parte da força social dominante, e não por uma deficiência orgânica insuperável: "Foi o que se verificou no caso de Napoleão III. A força dominante na França de 1815 a 1848 dividira-se politicamente (facciosamente) em quatro frações: a legitimista, a orleanista, a bonapartista, a jacobino-republicana [...]. Napoleão III representou (à sua maneira, de acordo com a estatura do homem, que não era grande) estas possibilidades latentes e imanentes" (*Q 13*, 27, 1.621 [*CC*, 3, 78-9]). A opção "cesarista" nasce para neutralizar as consequências políticas dessa crise institucional, que tem pesadas consequências também do ponto de vista econômico e moral, conotando o conceito de revolução permanente de maneira negativa.

O conceito de revolução permanente, e seu modelo historiográfico, são retomados por Trotski para explicar a natureza e o destino da Revolução Soviética. É conhecida a aversão de G. por tal uso. Se, em princípio, essa revolução havia se configurado efetivamente como permanente, como guerra de movimento, se tratava apenas do episódio preliminar do verdadeiro enraizamento de sua experiência política, que deveria se configurar como uma guerra de posição. Para G., Lenin, que era um político profundamente nacional, e portanto europeu, havia entendido: a revolução deveria se confrontar com uma sociedade civil já formada, ter contatos com partidos políticos, sindicatos, para construir uma hegemonia civil. Com a fórmula da revolução permanente, por sua vez, Trotski demonstrou ignorar a complexidade política dessa realidade, fechando-se em um horizonte com rigor "cosmopolita", "isto é, superficialmente nacional e superficialmente ocidentalista" (*Q 7*, 16, 866 [*CC*, 3, 261]).

O resultado da revolução permanente seria, então, o de levar todo o sistema político a um equilíbrio catastrófico, do qual emergiria somente a hipótese simplificadora do cesarismo, que, todavia, não resolve os problemas da instabilidade política. G. chama a atenção da "ciência política" para a existência de outros processos de consolidação e de estruturação do sistema político, iniciados em 1789 e fortalecidos após os acontecimentos europeus de 1848, que não podem ser compreendidos com as velhas categorias "jacobinas". Diferentemente da revolução permanente – que deve ser considerada aqui tanto objeto histórico, quanto metodologia de pesquisa histórica da política –, assistiu-se a uma progressiva "tecnicização" da política, que vai além do esquema historiográfico: impulso revolucionário de uma parte política-equilíbrio catastrófico entre as partes políticas em conflito. De 1848 em diante, de fato, aconteceu "a expansão do parlamentarismo, do regime associativo sindical e de partido, da formação de vastas burocracias estatais e 'privadas' (político-privadas, de partido e sindicais) e as transformações ocorridas na organização da polícia em sentido amplo, isto é, não apenas do serviço estatal destinado à repressão da delinquência, mas do conjunto de forças organizadas pelo Estado e pelos privados para tutelar o domínio [político e econômico] da classe dirigente" (*Q 9*, 133, 1.195). Tal desenvolvimento gerou um sistema político capaz de encontrar, ou de impor, uma mediação entre as relações de força existentes; controlar as desordens, mas também elaborar políticas de consenso destinadas a preveni-las, instituindo uma base social para o poder dos dominantes.

O que Trotski (Bronstein, na linguagem dos *Q*) ignora com sua ideia de revolução permanente é que tanto a Rússia quanto a França, embora não possam ser comparadas, mostram traços de estruturação do sistema político. Não é apenas um erro de previsão, mas sobretudo de coerência histórica da análise política: "Bronstein recorda, em suas memórias, terem-lhe dito que sua teoria se revelara boa [...] quinze anos depois, e responde ao epigrama com outro epigrama. Na realidade, sua teoria, como tal, não era boa nem quinze anos antes nem quinze anos depois: como sucede com os obstinados, dos quais fala Guicciardini, ele adivinhou no atacado, isto é, teve razão na previsão prática mais geral; como se se previsse que uma menina de quatro anos irá se tornar mãe e, quando isto ocorre, vinte anos depois, se diz: 'adivinhei', mas sem recordar que, quando a menina tinha quatro anos, se tentara estuprá-la, na certeza de que se tornaria mãe" (*Q 7*, 16, 866 [*CC*, 3, 261-2]). O que a França obteve com pelo menos sessenta anos de guerra de manobra, entre as trincheiras e as casamatas de um sistema político refinadamente estruturado, desde 1848, em torno da ideia de hegemonia, a Rússia decerto não poderia fazer em poucos anos de arrebatadora "revolução permanente". Para G., portanto, na política moderna não se trata de destruir os inimigos praticando políticas terroristas em relação aos civis e às classes dirigentes que se pretende destituir. O realismo maquiaveliano de Lenin, em que G. se inspira, exclui essa hipótese jacobina.

A crítica do conceito de revolução permanente aponta a existência de um anacronismo teórico que tem um correspondente na imprecisão da análise teórica. "Os historiadores" – escreve G. – "de modo nenhum concordam (e é impossível que concordem) na fixação dos limites daquela série de acontecimentos que constitui a Revolução Francesa. Para alguns (Salvemini, por exemplo), a revolução se completa em Valmy: a França criou um novo Estado e soube organizar a força político-militar que o sustenta e que defende sua soberania territorial". Para outros, como Mathiez, "a Revolução continua até o Termidor, ou melhor, eles falam de mais revoluções [...]. Para outros, a história da Revolução continua até 1830, 1848, 1870 e mesmo até a Guerra Mundial de 1914" (*Q 13*, 17, 1.582 [*CC*, 3, 39]). Para G., trata-se de captar o nexo dialético entre "movimentos" e fatos orgânicos, de um lado, e movimentos e fatos de "conjuntura" ou ocasionais, de outro (ibidem, 1.580 [*CC*, 3, 37]). Tal nexo dialético deve ser aplicado a todas as situações, não apenas àquelas em que se verifica um desenvolvimento regressivo ou de crise aguda, mas também àquelas em que se verifica um desenvolvimento progressivo, ou de prosperidade, e àquelas em que se verifica uma estagnação das forças produtivas. Sob esse ponto de vista, um erro historiográfico torna-se ainda mais grave na "arte política", quando não se trata de reconstruir a história passada, mas de construir história presente e aquela que virá.

Para G., apenas em 1870-1871, com a experiência da Comuna de Paris, "esgotam-se historicamente todos os germes nascidos em 1789, ou seja, não só a nova classe que luta pelo poder derrota os representantes da velha sociedade que não quer confessar-se definitivamente superada, mas derrota também os novíssimos grupos que consideram já ultrapassada a nova estrutura surgida da transformação iniciada em 1789 e demonstra assim sua vitalidade tanto em relação ao velho como em relação ao novíssimo. Além do mais, com os acontecimentos de 1870-1871, perde eficácia o conjunto de princípios de estratégia e tática política nascidos praticamente em 1789 e desenvolvidos ideologicamente em torno de 1848" (ibidem, 1581-2 [*CC*, 3, 39]).

Bibliografia: Buci-Glucksmann, 1976; Paggi, 1984.

Roberto Ciccarelli

Ver: bonapartismo; cesarismo; cosmopolitismo; guerra de movimento; guerra de posição; jacobinismo; Lenin; Trotski.

revolução-restauração: v. revolução passiva.

revolucionário

G. preza muito a especificidade do termo "revolucionário", tanto que critica quem faz uso dele sem critério: "'revolucionário', a meu ver, já pode ser entendido como um elogio, como uma vez foram 'cavalheiro', 'verdadeiro cavalheiro', 'ilustre cavalheiro' etc. E também isso é brescianismo" (*Q 9*, 10, 1.103), ou seja, leviandade, desleixo. O termo adquire essa acepção geral, sobretudo, na crítica do *Risorgimento*, dentro da "questão da 'popularidade' do *Risorgimento*, que teria sido alcançada com a guerra de 1915-1918 e com as reviravoltas posteriores, do que resultou o emprego inflacionado dos termos revolução e revolucionário" (*Q 21*, 1, 2.108 [*CC*, 6, 33]).

"Revolucionário" significa para G. algo bem preciso: "Os conceitos de revolucionário e de internacionalista, no sentido moderno da palavra, correspondem ao conceito preciso de Estado e de classe: escassa compreensão do Estado significa escassa consciência de classe" (*Q 3*, 46, 326 [*CC*, 3, 192]). Revolucionário é aquele que, graças à consciência de classe, consegue compreender o papel histórico do Estado e identificar as estratégias para subverter seu domínio. Especificando o significado do termo "ortodoxia", que significa entender a filosofia da práxis como "integral concepção de mundo" que "basta a si mesma", G. evidencia que "esse conceito de ortodoxia, assim renovado, serve para precisar melhor o atributo de 'revolucionário' que se costuma com tanta facilidade aplicar a diversas concepções de mundo, teorias, filosofias" (*Q 11*, 27, 1.434 [*CC*, 1, 152]). A filosofia da práxis é revolucionária justamente porque satisfaz essa condição: "uma teoria é 'revolucionária' precisamente na medida em que é elemento de separação e distinção consciente em dois campos, na medida em que é um vértice inacessível ao campo adversário" (idem).

Michele Filippini

Ver: brescianismo; classe/classes; Estado; filosofia da práxis; internacional/internacionalismo; ortodoxia; revolução.

Ricardo, David

As primeiras referências a Ricardo nos *Q* dizem respeito à sua teoria do valor: respondendo à objeção crociana a Marx ("comparação elíptica"), G. observa que o anúncio da teoria do valor de Ricardo "não levantou nenhum escândalo em seu tempo" (*Q 7*, 42, 890). Essa observação retorna em vários textos (*Q 10* II, 31, 1.275 [*CC*, 1, 339] e *Q 10* II, 38, 1.287 [*CC*, 1, 356]). Aqui, entretanto, e no correspondente Texto C (*Q 10* II, 41.VI [*CC*, 1, 379]), é acompanhada da observação de que Ricardo, na sua teoria "acerca do Estado como agente econômico, como a força que garante o direito de propriedade, isto é, o monopólio dos meios de produção" (ibidem, 1.310 [*CC*, 1, 379]), introduziu um elemento político que impede o desdobramento do "máximo de determinação do 'livre jogo das forças econômicas'" (idem). Marx, por sua vez, teria elaborado cientificamente uma abstração "dessa situação de força representada pelos Estados e pelo monopólio legal da propriedade" (idem), e aqui residiria o aspecto "escandaloso" de sua formulação. Essa alusão à teoria ricardiana dos custos comparados no comércio internacional (no Texto A, G. escreve: "digo propositalmente 'Estados'", *Q 7*, 42, 890) é retomada e desenvolvida no *Q 8*, 128, 1.018-9, em que o entrelaçamento entre política e economia recebe o nome de "mercado determinado", conceito que seria desenvolvido por Ricardo com base no método "supondo que". Em maio de 1932, ou seja, um mês após essa última referência, G. acrescenta que Ricardo formula assim um novo conceito de necessidade, que está na base da imanência, segundo a filosofia da práxis (v. *Q 10* II, 8, 1.246 [*CC*, 1, 316]; *Q 10* II, 9, 1.247 [*CC*, 1, 317]; *Q 11*, 52, 1.477-81 [*CC*, 1, 194]; *LC*, 581-3, a Tania, 30 de maio de 1932 [*Cartas*, II, 205]).

O conhecimento que G. tem de Ricardo é indireto (ainda no final de 1932, anota: "seria preciso estudar bem a teoria de Ricardo", *Q 10* II, 41.VI, 1.310 [*CC*, 1, 379]). Sua fonte principal é o manual de Gide e Rist (Gide, Rist, 1926), mas certamente ele se remete às *Teorie sul plusvalore* [Teorias sobre o mais-valor], de Marx (Marx, 1924-1925), que possuía antes da prisão (*LC*, 247, a Tania, 25 de março de 1929 [*Cartas*, I, 329] e *Q, AC*, 2.432). Além disso, G. sabia que Sraffa estava trabalhando na edição crítica dos escritos de Ricardo (v. *LC*, 458, a Tania, 7 de setembro de 1931 [*Cartas*, II, 84]).

Fabio Frosini

Ver: automatismo; economia; filosofia da práxis; *homo economicus*; imanência; leis de tendência; mercado determinado; queda tendencial da taxa de lucro; regularidade.

Risorgimento

O *Risorgimento* é um daqueles eixos históricos cuja análise e cujo enfoque estimulam e alimentam em G. o desenvolvimento de peculiares e cruciais questões teóricas e políticas. Em uma seção do *Q 1*, intitulada *Direzione politica di classe prima e dopo l'andata al governo* [Direção política de classe antes e depois da chegada ao governo], ele indica o "critério histórico-político" em que é necessário basear as pesquisas para indagar e compreender o problema do *Risorgimento*: "O critério histórico-político [...] é esse: uma classe é dominante em dois modos, isto é, é 'dirigente' e 'dominante'. É dirigente das classes aliadas, é dominante das classes adversárias. Por isso uma classe, antes mesmo de ir ao poder, pode ser 'dirigente' (e deve sê-lo): quando está no poder torna-se dominante, mas continua a ser também 'dirigente'" (*Q 1*, 44, 41). Após precisar mais além os aspectos e os significados de tal critério histórico-político ("Pode e deve existir uma 'hegemonia política' antes mesmo de ir ao Governo e não é necessário contar apenas com o poder e com a força material que esse dá para exercer a direção ou hegemonia política"), G. chega a uma primeira conclusão: "Da política dos moderados aparece clara essa verdade e é a solução desse problema que tornou possível o *Risorgimento* nas formas e nos limites nos quais se efetuou, de revolução sem revolução (ou de revolução passiva segundo a expressão de V. Cuoco)" (idem). A expressão "revolução passiva" é aqui utilizada quase de passagem para indicar as formas e os limites do *Risorgimento*, cuja fisionomia global, marcada fortemente pela política dos moderados, é assinalada por G. como elemento de concretização do critério histórico-político, da *verdade* segundo a qual "pode e deve existir uma 'hegemonia política' antes mesmo de ir ao governo" e, de maneira mais geral, "uma classe é dominante em dois modos, isto é, é 'dirigente' e 'dominante'".

A esse respeito se põe uma questão: como se relacionam a reconhecida existência de uma hegemonia política precedente à conquista do poder e as formas e os limites de uma revolução sem revolução ou de uma revolução passiva? No texto em questão, o pensador sardo examina em detalhe como os moderados conseguiram estabelecer "o aparato de sua direção política". Antes de tudo, acentua as características de condensação e concentração orgânica dos moderados, os quais, sendo "uma vanguarda real, orgânica das classes altas porque eles próprios pertenciam economicamente às classes altas", exercem "uma potente atração, de modo 'espontâneo', sobre toda a massa de intelectuais existentes no país em estado 'difuso', 'molecular'" (*Q 1*, 44, 42). Ao mesmo tempo, demonstra como o Partido da Ação não podia exercer esse poder de atração, não era capaz de se constituir como "uma força autônoma" nem de imprimir ao movimento do *Risorgimento* "um caráter mais marcadamente popular e democrático" (idem): isto é, não era capaz de contrapor à atração "espontânea" exercida pelos moderados "uma atração 'organizada', segundo um plano" (idem). Por isso, o confronto que G. efetua entre jacobinos e Partido da Ação é todo marcado *per differentiam*: os jacobinos "lutaram exaustivamente para garantir a ligação entre cidade e campo" e foram derrotados "porque tiveram de sufocar as veleidades de classe dos operários" (ibidem, 43), enquanto o Partido da Ação seguia "a tradição 'retórica' da literatura italiana" e confundia "a unidade cultural com a unidade política e territorial" (idem). As razões pelas quais não surgiu na Itália um partido jacobino devem ser pesquisadas, para G., em dois níveis: "no campo econômico", vale dizer na "relativa fraqueza da burguesia italiana" e, ao mesmo tempo, "na temperatura histórica diferente da Europa" (ibidem, 53).

É com base em tais considerações que G. assinala, como um dos elementos de fundo do processo do *Risorgimento*, a falta da inserção e do envolvimento das massas agrícolas, especialmente as meridionais. Apesar de Giuseppe Ferrari poder ser considerado "o especialista não ouvido em questões agrárias do Partido da Ação" (*Q 1*, 44, 49), G. afirma enfaticamente que, nele, a "'lei agrária', de ponto programático concreto e atual, bem circunscrito no espaço e no tempo, tornou-se uma vaga ideologia, um princípio de filosofia da história" (*Q 8*, 35, 961-2 [*CC*, 5, 285]).

Para posteriormente delinear formas e limites do *Risorgimento*, mesmo com base naquela característica – que ele atribui aos moderados – de ter desenvolvido uma plena função hegemônica, ao mesmo tempo "dirigente" e "dominante", G. aproxima o conceito de Quinet, "revolução-restauração", ao conceito de Cuoco, "revolução passiva". Ambos os conceitos funcionam igualmente como eficazes chaves interpretativas da história italiana, isto é, servem para expressar "o fato histórico da ausência de iniciativa popular no desenvolvimento da história italiana e o fato de que o 'progresso' se verificaria como reação das classes dominantes ao subversivismo esporádico e inorgânico das massas populares, portanto 'restaurações progressivas' ou 'revoluções-restaurações', ou ainda, 'revoluções passivas'" (*Q 8*, 25, 957). Em suma, as formas e os limites do *Risorgimento* constituem e marcam um traço profundo da história italiana: não por acaso, na segunda redação, para a qual converge essa nota, G. se propõe a indagar as origens "nacionais" do historicismo crociano e, em tal perspectiva, o delineia como uma forma de moderantismo político (que propõe "como único método de ação política aquele no qual o progresso e o desenvolvimento histórico resultam da dialética da conservação e inovação": *Q 10* II, 41.XIV, 1.325 [*CC*, 1, 393]); por essa via, G. institui como caráter de fundo da história italiana entre os séculos XIX e XX a ligação Gioberti-Croce, que é variadamente recorrente nos *Q* e que nesse ponto encontra uma particular formulação em referência à noção de classicismo: "A acomodação entre conservação e inovação constitui, precisamente, o 'classicismo nacional' de Gioberti, assim como constitui o classicismo literário e artístico da última estética crociana" (idem).

Cabe enfatizar também que o conceito de revolução passiva, segundo G., não é circunscrito apenas ao *Risorgimento* e à história italiana, podendo ser estendido à história europeia do século XIX: "Vincenzo Cuoco chamou de revolução passiva a revolução ocorrida na Itália, como consequência imediata das guerras napoleônicas.

O conceito de revolução passiva me parece exato não só para a Itália, mas também para outros países que modernizaram o Estado através de uma série de reformas ou de guerras nacionais, sem passar pela revolução política de tipo radical-jacobino" (*Q 4*, 57, 504 [*CC*, 5, 209-10]). É nesse quadro que G. institui um confronto histórico-teórico entre França e Itália e chama atenção para a natureza específica do *Risorgimento* italiano: por um lado, o impulso para a "renovação revolucionária" pode provir de necessidades urgentes de um país determinado em circunstâncias determinadas, e então se dá "a explosão revolucionária da França, com mudança radical e violenta das relações sociais e políticas"; por outro lado, o impulso para a "renovação" (aqui G. não acrescenta o adjetivo "revolucionário") pode ser dado "pela combinação de forças progressistas escassas e insuficientes em si mesmas (mas de altíssimo potencial porque representam o futuro do seu país) com uma situação internacional favorável à sua expansão e vitória" (*Q 10* II, 61, 1.360 [*CC*, 1, 428]). Nesse ponto, é citado por G. o livro de Raffaele Ciasca, *L'origine del 'Programma per l'opinione nazionale italiana' del 1847-1848* [A origem do "Programa para a opinião nacional italiana" de 1847-1848], já que esse, ao mesmo tempo em que provava que, na Itália, existiam os mesmos problemas urgentes da França do Antigo Regime, bem como uma força social capaz de interpretar e representar tais problemas "no mesmo sentido francês", demonstrava que essa força ou essa série fragmentada de forças era escassa ou insuficiente e que "os problemas se mantinham no nível da 'pequena política'" (idem).

A especificidade da revolução passiva do *Risorgimento* italiano reside, portanto, na escassez e na insuficiência das forças, o que torna possível a circunstância pela qual "o grupo portador das novas ideias não é o grupo econômico, mas a camada dos intelectuais" (*Q 10* II, 61, 1.360 [*CC*, 1, 428]), formando-se, por obra de tal grupo, uma concepção de Estado abstrata e separada "como uma coisa em si, como um absoluto racional" (ibidem, 1.360-1 [*CC*, 1, 428]). Se apresentar o Estado "como um absoluto racional" é característico do intelectual "não enraizado fortemente num grupo econômico", no *Risorgimento* italiano isso teve uma peculiaridade em razão da ausência marcada de grupos econômicos sólidos, coesos e avançados, e uma vez que, em relação ao bloco econômico-social moderado, a coincidência entre "representante" e "representado", no seio dos intelectuais moderados e de seu papel hegemônico, recaía sempre nessa ausência de fundo.

É interessante observar que o conceito de revolução passiva, nascido como reelaboração radical da expressão de Cuoco, em G. se propõe sempre, mesmo quando se refere ao *Risorgimento* italiano, como um conceito válido para conotar e interpretar o modo de formação dos Estados modernos no século XIX europeu e continental. É desse significado europeu mais amplo que descende a eficácia de tal conceito em focalizar de tempos em tempos o problema do *Risorgimento* e em produzir uma contínua tensão no plano do conhecimento, uma tensão que dá origem a conexões e relações em determinadas passagens analíticas ou em notas velozes e concisas: "A filosofia alemã influiu na Itália no período do *Risorgimento*, com o 'moderantismo' liberal (no sentido mais restrito de 'liberdade nacional'), se bem que em De Sanctis se perceba a insatisfação com esta posição 'intelectualista', como é atestado pela sua passagem para a 'Esquerda' e por alguns escritos" (*Q 11*, 49, 1.473 [*CC*, 1, 190]). Em uma brevíssima seção do *Q 1*, intitulada "*Risorgimento*", G. afirma que "a vida dos Estados italianos até 1870, isto é, a 'história italiana' é mais 'história internacional' do que história 'nacional'" (*Q 1*, 138, 136 [*CC*, 5, 152]). Sem dúvida, essa pode ser considerada, de certa forma, uma referência elíptica à revolução passiva do *Risorgimento*, justamente pela ênfase no caráter assimétrico do nexo nacional-internacional que marca, no século XIX, a história italiana anterior à unificação. G. preocupa-se em explicitar que seu juízo sobre o *Risorgimento* italiano e sobre a história europeia do início do século XIX em termos de revolução passiva deve ser entendido não como um juízo estático e descritivo, mas dinâmico ("É um juízo 'dinâmico' sobre as 'restaurações', que seriam uma 'astúcia da providência' no sentido de Vico": *Q 15*, 11, 1.767 [*CC*, 5, 317]). Com base nessa perspectiva, então, a própria dialética Cavour-Mazzini (e, em geral, moderados-democráticos) – em que Cavour é visto como o expoente da "revolução passiva-guerra de posição" e Mazzini, o expoente da "iniciativa popular-guerra de manobra" – deve ser repensada, no sentido que se deve refletir sobre o fato de que ambos foram "indispensáveis [...] na mesma e precisa medida". Aliás, se Mazzini não tivesse sido um "apóstolo iluminado" e tivesse tido consciência política de sua tarefa (enquanto Cavour tinha consciência de sua tarefa e também da tarefa de Mazzini), o processo de formação do Estado unitário teria se realizado em bases menos atrasadas e mais modernas, na medida em que "o equilíbrio resultante da confluência das duas atividades teria sido diferente, mais favorável ao mazzinismo" (idem). Em virtude desse juízo dinâmico, G. afirma a possibilidade de extrair "alguns princípios gerais de ciência e de arte política": "Pode-se aplicar ao conceito de revolução passiva (e pode-se documentar no *Risorgimento* italiano) o critério interpretativo das modificações moleculares que, na realidade, modificam progressivamente a composição anterior das forças e, portanto, transformam-se em matriz de novas modificações" (idem). O conceito interpretativo das modificações moleculares, aplicável ao conceito de revolução passiva, permite a G. ler em profundidade os processos de desagregação e dissolução do mazzinismo e do Partido de Ação, depois de 1848, bem como a progressiva absorção dos dois grupos pelo bloco moderado, além de perceber, com base nisso, a gênese do transformismo, aquele complexo fenômeno que, segundo o autor dos *Q*, caracterizou "toda a vida estatal italiana de 1848 em diante" (*Q 19*, 24, 2.011 [*CC*, 5, 62]).

Um poder de desagregação das teses adversárias e de imposição propagandística-cultural da própria visão do *Risorgimento* foi exercitado de modo eficaz pelos moderados, segundo G., no decorrer da fase pós-unitária: "Os moderados não reconhecem, sistematicamente, nenhuma força coletiva agente e operante no *Risorgimento* além da dinastia e dos moderados" (*Q 19*, 53, 2.075 [*CC*, 5, 125]). A isso, a "essa propaganda, que, através da escola, tornou-se o ensinamento oficial", o Partido da Ação não soube contrapor nada de eficaz, senão "lamentações ou desabafos tão puerilmente sectários e parciais que não podiam convencer os jovens cultos e deixavam indiferentes os homens do povo, isto é, não tinham eficácia sobre as novas gerações". De tal modo, conclui G., o Partido de Ação "foi desagregado" e "a democracia burguesa não soube jamais criar uma base popular" (idem).

Bibliografia: Buci-Glucksmann, 1976; Mangoni, 1987; Voza, 2004 e 2008.

Pasquale Voza

Ver: Cavour; Gioberti; jacobinos; Mazzini; moderados; nação; Partido da Ação; Piemonte; questão agrária; revolução passiva; tradição; transformismo.

ritmo de pensamento

A expressão aparece no *Q 4*, 1 [*CC*, 6, 354] e, com o significativo complemento "em desenvolvimento", na reescrita do *Q 16*, 2 [*CC*, 4, 18], intitulado "Questões de método", em que G. se pergunta sobre o estudo de "uma concepção de mundo que não foi nunca exposta sistematicamente por seu fundador". É preciso, em tal caso, "preliminarmente um trabalho filológico" que reconstrua "o processo de desenvolvimento intelectual do pensador". A atenção ao desenvolvimento *processual* do pensamento permite identificar os elementos "permanentes", no que diz respeito a cada um dos escritos, e a originalidade, no que diz respeito "ao 'material' anteriormente estudado": portanto, a "pesquisa do *leitmotiv*, do ritmo do pensamento em desenvolvimento, deve ser mais importante do que as afirmações particulares e casuais e do que os aforismos isolados" (ibidem, 1.841-2 [*CC*, 4, 19]).

Por meio de tal questão de método, G. parece oferecer elementos para uma "filologia viva", e solicita, implicitamente, questões de método para uma leitura, também dos *Q*, como uma tentativa, de resultado não sistemático, de *fundação*: como obra caracterizada por uma constante tensão construtiva, projetual e, ao mesmo tempo, aberta, antidogmática. A nota, que contém primeiro reflexões metodológicas de caráter geral, e, então, anotações que se referem explicitamente ao "fundador da filosofia da práxis", apresenta-se densa de referências também de caráter autobiográfico – como notaram Garin (Garin, 1997, p. 4-5) e Gerratana (Gerratana, 1997, p. 4-5) –, ainda mais insistentes, em especial, no Texto C. De fato, depois de ressaltar como, em geral, é processual a aquisição de um "equilíbrio crítico" em relação a uma teoria estudada nos anos da juventude com "heroico furor", G. afirma a particular validade dessa sua percepção para um pensador que "é desprovido de espírito de sistema", para uma "personalidade na qual a atividade teórica e a prática estão indissoluvelmente entrelaçadas, de um intelecto em contínua criação e em perpétuo movimento, que sente vigorosamente a autocrítica no modo mais impiedoso e consequente" (*Q 16*, 2, 1.841 [*CC*, 4, 19]). O verbete e a nota aparecem, portanto, caracterizados por um valor, ao mesmo tempo, reflexivo e *autorreflexivo*: o relato do processo autocrítico e dialético da construção de si aparece indissoluvelmente associado ao caráter processual e dialético de fundação e desenvolvimento (re-fundação) da filosofia da práxis, assim como a peculiar relação teoria-movimento é, ao mesmo tempo, elemento histórico-biográfico e eixo teórico-político, questão de método para a própria filosofia da práxis.

ELEONORA FORENZA

Ver: autobiografia; filosofia; filosofia da práxis; Marx; técnica do pensar.

robinsonada

Não são muitos os momentos dos *Q* em que G. faz referência ao verbete – que tem origem na descrição crítica de Marx do modo de proceder dos economistas –, iniciando a exposição pelo "só e isolado pescador e caçador". Contestando a transposição do "elemento causal tomado das ciências naturais para explicar a história", que é operada por Bukharin (*Q 4*, 25, 444), G. critica também a afirmação feita pelo teórico bolchevique segundo a qual a teoria atômica teria contribuído de modo decisivo para destruir o individualismo. G. prossegue notando que, se a teoria atômica moderna não deve ser entendida como algo definitivo, tratando-se de hipótese científica e, como tal, superável, não é possível que essa tenha posto fim "na questão do individualismo e das robinsonadas". E acrescenta: "À parte o fato de que as robinsonadas podem ser, às vezes, esquemas práticos construídos para apontar uma tendência ou para demonstrar pelo absurdo", a que Marx também recorreu (*Q 11*, 30, 1.445 [*CC*, 1, 160]: é o Texto C da nota citada anteriormente).

Também em um Texto B, *Q 10* II, 42, 1.329 [*CC*, 1, 397], G. reavalia parcialmente o recurso às "robinsonadas". A propósito da "questão da chamada 'realidade do mundo exterior'", ele afirma que "o ponto de vista do solipsismo pode ser útil didaticamente, as robinsonadas filosóficas podem ser úteis do ponto de vista prático, se empregadas com discrição e garbo, como as robinsonadas econômicas".

LELIO LA PORTA

Ver: Bukharin; individualismo; Marx.

Roma

A retórica fascista se fundava no mito da continuidade em relação à Roma antiga para legitimar o nacionalismo e o imperialismo militarista. G. se pergunta se o movimento político que levou à unificação nacional deve necessariamente convergir para tais fenômenos (*Q 19*, 5, 1.986 [*CC*, 5, 28]). O mito de Roma já havia sido elaborado no *Risorgimento* por intelectuais que, como Mazzini ou Manzoni, "se preocupavam com a continuidade da tradição italiana da antiga Roma em diante para constituir a nova consciência nacional" (*Q 3*, 87, 368 [*CC*, 2, 85]). G. também indaga sobre outros aspectos da questão: *a)* em que medida a nação italiana pode se dizer herdeira da antiga Roma: "É um preconceito retórico (de origem literária) que a nação italiana tenha sempre existido desde a Roma antiga até hoje" (*Q 21*, 1, 2.109 [*CC*, 6, 33]); *b)* o núcleo duro da herança de Roma reside no cosmopolitismo; com César e Augusto tem início o "processo de 'desnacionalização' de Roma e da península e de sua transformação em 'terreno cosmopolita'" (*Q 19*, 1, 1.960 [*CC*, 5, 14]; v. também *Q 12*, 1, 1.524 [*CC*, 2, 15]); por isso, a convergência nacionalista-imperialista é anacrônica e anti-histórica, contrária a "todas as tradições italianas, romana em princípio, depois católica", que "são cosmopolitas". G. propõe a superação dialética do velho cosmopolitismo por outro moderno, "capaz de assegurar as condições melhores de desenvolvimento ao homem-trabalho italiano, não importa em que parte do mundo ele se encontre. Não o cidadão do mundo como *civis romanus* ou como católico, mas como produtor de civilização" (*Q 19*, 5, 1.988 [*CC*, 5, 41-2]); *c)* atento à função dos mitos históricos na formação da consciência popular-nacional (*Q 15*, 48, 1.808 [*CC*, 3, 340]), G. distingue a posição progressista de Maquiavel – voltada não para restaurar o passado, mas para fundar uma nova ordem (*Q 13*, 3, 1.563 [*CC*, 3, 21]) – da posição regressiva da tradição literária e retórica, que usa o mito da grandeza do passado para esconder a ausência de vínculos orgânicos entre intelectuais e o povo, bem como a fragilidade da construção nacional (*Q 19*, 5, 1.979-80 [*CC*, 5, 28-38]).

ANDREA CATONE

Ver: César; herança do passado; Império Romano; Manzoni; Maquiavel; Mazzini; nacional-popular; *Risorgimento*; tradição.

romance de folhetim: v. literatura de folhetim.

Romantismo italiano

Em uma primeira série de ocorrências, o quesito "se teria existido um Romantismo italiano" é entendido por G. na sua natureza objetiva de tema ou assunto de discussão pública, historicamente debatido pelos intelectuais italianos depois do *Risorgimento* (*Q 14*, 14, 1.669-70, mas sobretudo *Q 14*, 47, 1.704 [*CC*, 5, 313] e o Texto C *Q 21*, 1, 2.107-10 [*CC*, 6, 33]). No *Q 14*, 47, 1.704 [*CC*, 5, 313], fala-se de um "bloco" de argumentos, no sentido amplo histórico-literário: a não popularidade da literatura italiana na Itália; a "não existência", na Itália, de uma literatura popular no sentido estrito: romances de folhetim, de aventura, científicos, policiais etc. (v. *Q 14*, 14, 1.669); consistência ou não de um teatro nacional; e, justamente, o quesito "se existiu um Romantismo italiano" (*Q 14*, 72, 1.739 [*CC*, 6, 251]). Mas no *Q 21*, 1, 2.107-10 [*CC*, 6, 33], esse mesmo bloco orgânico é apresentado, por sua vez, como simples subconjunto de uma mais ampla "conexão de problemas", por sua vez abrangendo também, e sobretudo, uma densa série de "interpretações" concernentes a todo desenvolvimento histórico-político nacional (com temáticas como a falida reforma religiosa na Itália, a impopularidade do *Risorgimento*, o apoliticismo do povo italiano etc.).

Mas qual é, então, a conexão que de fato une esse amontoado de problemas, aparentemente heterogêneos? G explica que se trata, em geral, de "polêmicas surgidas no período de formação da nação italiana e da luta pela unidade política e territorial que continuaram e continuam a envolver de modo obsessivo pelo menos uma parte dos intelectuais italianos" (ibidem, 2.107 [*CC*, 6, 33]). Em suma, nas passagens em questão, G. não parece se interessar tanto pelo mérito de cada uma dessas polêmicas, mas pelo significado específico (e sintomático) que assumiu o periódico e "obsessivo" retorno de tal polêmica (o que, de resto, constitui um fenômeno tipicamente italiano). Tanto mais que, como G. destaca, "jamais existiu, entre as classes intelectuais e dirigentes, a consciência de que há uma conexão entre esses problemas, conexão de coordenação e de subordinação", de modo que, inevitavelmente, "o tratamento desses problemas foi feito de forma abstratamente cultural, intelectualista, sem perspectiva histórica exata e, portanto, sem que se formulasse para eles uma solução político-social concreta e coerente" (idem). Porém, não se tratava decerto de problemas irrelevantes. Ao contrário, cada uma dessas questões e discussões, na verdade, aludia e remetia sempre (se bem que nunca de maneira límpida e resoluta), àqueles que eram os dados mais concretos da vida política e cultural da nação e, em particular, a algumas de suas contradições decididamente não resolvidas: desde aquela concernente a uma identidade nacional-unitária ainda bastante problemática até aquela que implica a relação entre classe dirigente, intelectuais e povo-nação.

Já em outra série de ocorrências, o mesmo quesito "se existiu um Romantismo italiano" é enfrentado de maneira direta por G., que tenta dar uma resposta. Em tal direção, o passo decisivo é *Q 14*, 72, 1.739-49 [*CC*, 6, 251]: logo se adianta que no discurso o termo "Romantismo" deverá ser entendido não como determinada escola ou corrente literária, mas no significado mais amplo de instância de "uma específica relação ou ligação entre os intelectuais e o povo, a nação": historicamente, de fato, o Romantismo é "o aspecto sentimental literário" que acompanhou "todo o movimento europeu que ganhou nome a partir da Revolução Francesa". Voltando ao caso italiano, o diagnóstico de G. não deixa espaço a dúvidas: "Pois bem: neste sentido preciso, o Romantismo não existiu na Itália e, no melhor dos casos, suas manifestações foram mínimas" (ibidem, 1.740 [*CC*, 6, 253-4]). Em outras palavras, o Romantismo, em tal acepção, seria essencialmente um reflexo literário da "democracia", por sua vez concebida não como "uma unidade servil, devida a uma obediência passiva, mas uma unidade ativa, viva"; pois bem, tal unidade viva "não ocorreu na Itália ou, pelo menos, não ocorreu em medida suficiente para convertê-la num fato histórico; e, por isso, compreende-se o significado da pergunta: 'existiu um Romantismo italiano'?" (idem). Assim, G., circularmente, conclui seu raciocínio voltando ao quesito inicial, que agora, porém, é visto sob uma nova, e mais clara, luz.

Mesmo concentrado em um raciocínio de ordem geral, G. não se furta a dar exemplos bem circunscritos, com base naquele de Manzoni. Ainda no *Q 14*, 72 [*CC*, 6, 251], chama atenção para a relação de Manzoni com o francês Thierry, representante de uma historiografia política tão exuberante que pode ser considerada "um dos aspectos mais importantes desse aspecto do Romantismo do qual se quer falar" (ibidem, 1.740 [*CC*, 6, 251]). Manzoni, de fato, em uma primeira fase, movido por seus interesses historiográficos (e, ao mesmo tempo, pela urgente pesquisa de formas literárias capazes de dar voz às classes subalternas, àquelas que "não têm história"), se interessou pela teoria de Thierry (com a qual por certo tempo concordou), que defendia que o conflito moderno entre classes sociais contrapostas remontaria historicamente, em cada nação, a um antigo conflito "racial" entre conquistadores e conquistados – por exemplo, na França, entre franco-germânicos invasores e populações autóctones gálico-romanas (para tal relação Manzoni-Thierry v. também *Q 7*, 50, 895 [*CC*, 6, 208], no qual G. parece associar tal teoria historiográfica ao próprio par manzoniano longobardos-itálicos, ou seja, opressores-oprimidos). Entretanto, essa perspectiva prolífica, genuinamente "romântica" (no sentido supracitado), foi em seguida abandonada por Manzoni, que no romance *Os noivos* direcionaria o próprio comportamento "democrático" para os "humildes" nos termos bem evidentes do "paternalismo católico", termos absolutamente estranhos a uma perspectiva nacional-popular.

No *Q 14*, 72, 1.739-40 [*CC*, 6, 251], aparece brevemente também o nome de Gioberti, o intelectual piemontês que, segundo G., fora um sólido ponto de referência ideológica para os moderados do *Risorgimento*. Para esclarecer o sentido dessa menção pode ser útil o *Q 21*, 1, 2.109 [*CC*, 6, 33] (mas v. também *Q 19*, 5, 1.979 [*CC*, 5, 28]), em que se precisa que se na Itália essa conexão de problemas de que se falava precedentemente nunca havia sido abordada pelos intelectuais de maneira realmente límpida e oportuna, uma das razões devia ser buscada "no preconceito retórico (de origem literária) de que a nação italiana sempre existiu desde a Roma antiga até hoje" (idem). Nesse sentido era emblemático justamente o caso de Gioberti, que, também defensor de tal "preconceito retórico", na sua busca pessoal pelas supostas, remotas origens da nação italiana, havia retrocedido tanto a ponto de chegar às "populações 'pré-romanas'", como os pelasgos; e aqui G. comentava: "Nada que estivesse realmente vinculado ao povo atualmente existente, o qual, ao contrário, interessava a Thierry e à historiografia política afim" (*Q 14*, 72, 1.740 [*CC*, 6, 254]). Em definitivo, na Itália, no coração do século XIX, nem a reflexão teórica nem a literatura (pelo menos no seu *mainstream* reconhecido) haviam conseguido colocar-se em um plano autenticamente romântico-democrático.

Mas G. atribui a etiqueta do Romantismo também ao Futurismo italiano (movimento que, como se pode notar, nos *Q*, tem limites bastante frouxos), cujos representantes, com seu "'Romantismo' ou *Sturm und drang* popular", voltaram a propor algumas pesquisas potencialmente fecundas na perspectiva nacional-popular, porém, de Marinetti até Papini, afinal de contas, essas mesmas propostas foram invalidadas por uma típica "ausência de caráter e de firmeza dos seus protagonistas", isto é, por sua "tendência carnavalesca e palhaçal" (*Q 21*, 1, 2.110 [*CC*, 6, 36]).

Domenico Mezzina

Ver: conexão de problemas; futurismo; Gioberti; Leopardi; literatura popular; Manzoni; nação; nacional-popular; povo-nação; *Risorgimento*.

Rotary Club

O Rotary Club nasce nos Estados Unidos por obra dos industriais que pressionavam para a adoção de sistemas antissindicais. Segundo G., trata-se de "um saint-simonismo de direita moderno" (*Q 5*, 4, 545 [*CC*, 4, 298]). Os Rotary Club constituem uma espécie de religião laica, não universal, mas própria "de uma aristocracia eleita" (*Q 1*, 51, 65-6 [*CC*, 4, 173]): a doutrina da graça do calvinismo se dissolve e é convertida "em motivo de energia industrial". No código moral rotariano existe a obrigação de "servir ao próximo", entendida como modo de conciliar o interesse geral e o interesse próprio, também por meio da tentativa de resolver "problemas econômicos e industriais comuns", com a superação do "capitalismo selvagem" (*Q 5*, 2, 541 [*CC*, 4, 295-6]). Assim como outras organizações portadoras de ideologias, ele se dissemina do país de origem para outros lugares, incluindo a Itália dos anos 1920, onde, aliás, foi alvo de ataques, em particular por parte dos jesuítas, que suspeitavam que fosse não apenas "instrumento do americanismo" e, "portanto, de uma mentalidade anticatólica", mas também próximo ao protestantismo e à maçonaria, apesar de – diferentemente da maçonaria – permanecer legal. Os rotarianos se autodefiniam "homens de negócios e profissionais liberais" (ibidem, 543 [ibidem, 297]) e, para G., recaem "na categoria social dos 'intelectuais'", com a função de "mediar os extremos [...] de imaginar acordos e saídas dentre as soluções extremas" (*Q 13*, 17, 1.585 [*CC*, 3, 36]). Sua conclusão, no *Q 22*, é que "o Rotary é uma maçonaria sem os pequeno-burgueses e sem a mentalidade pequeno-burguesa", e que suas tentativas de mediar eram como aquelas de Agnelli, que, por meio de "uma forma própria de 'americanismo' aceitável pelas massas operárias'", tentava absorver o grupo ordinovista (*Q 22*, 2, 2.146 [*CC*, 4, 248]). Uma parte integrante do americanismo era seu aspecto ideológico, com a contribuição notável fornecida justamente pelo Rotary (*Q 22*, 15, 2.180 [*CC*, 4, 279]).

Derek Boothman

Ver: americanismo; intelectuais; jesuítas.

Rousseau, Jean-Jacques

G. fala pouco nos *Q* sobre Rousseau, mas sempre de maneira positiva. Das teorias pedagógicas do filósofo, G. destaca a diferença em relação aos pretensos discípulos (Pestalozzi, Gentile, Lombardo-Radice etc.), nos quais vê "espontaneísmo". Já no *Q 1*, G. escreve: "Não se levou em conta que as ideias de Rousseau são uma reação violenta contra a escola e os métodos pedagógicos dos jesuítas e, enquanto tal, representam um progresso" (*Q 1*, 123, 114 [*CC*, 2, 62]). E no *Q 29*, 6, 2.349 [*CC*, 6, 148]: "Na posição de Gentile [...] há todo o reacionarismo da velha concepção liberal, há um 'deixar fazer, deixar passar' que não é justificado, como era em Rousseau [...], pela oposição à paralisia da escola jesuíta". G. distingue a posição democrática de Rousseau (que não hesita em definir como "democracia subversiva": *Q 5*, 141, 672 e o Texto C de 1934-1935, *Q 20*, 4, 2.101 [*CC*, 4, 167]) do liberalismo, por exemplo, de Voltaire: "Quem é responsável pela 'apostasia' do povo francês? Somente os intelectuais democrático-revolucionários que se inspiravam em Rousseau? Não. Os maiores responsáveis são os aristocratas e a grande burguesia que flertavam com Voltaire" (idem).

Em muitos pontos dos *Q*, G. reafirma a ideia – muito fecunda no plano metodológico – de que os grandes pensadores da política têm vínculos históricos e teóricos com os expoentes da economia política. Havia intuído, por exemplo, que "as teorias econômicas de Maquiavel [...] não podiam sair da moldura do mercantilismo" (*Q 13*, 13, 1.575 [*CC*, 3, 33]). Logo depois dessa observação, se pergunta: "Rousseau também teria sido possível sem a cultura fisiocrática?". Por fim, se distancia da interpretação, considerada "romântico-liberal", de Maquiavel, fornecida por Rousseau, segundo a qual o autor de *O Príncipe* seria "um grande republicano [...] obrigado pela época [...] a 'disfarçar seu amor pela liberdade' e a fingir dar lições aos reis para dar 'grandes lições aos povos'" (*Q 13*, 25, 1.617 [*CC*, 3, 74]).

Carlos Nelson Coutinho

Ver: educação; Gentile; Iluminismo; jacobinismo; Maquiavel; pedagogia.

Rússia

Depois de se ocupar longamente nos escritos pré-carcerários da Revolução Russa, a "revolução contra *O capital*", G. nos *Q* retoma rapidamente o tema da inaplicabilidade de esquemas teóricos fixos e válidos para todas as situações: "Parece que Marx acreditou, como Hegel, que os diferentes momentos da evolução se manifestam em diferentes países, cada um dos quais é especialmente apropriado para cada um desses momentos [...]. Ele nunca fez uma exposição explícita de sua doutrina; assim, muitos marxistas estão convencidos de que todas as fases da evolução capitalista devem se produzir da mesma forma para todos os povos modernos. Esses marxistas são muito pouco hegelianos" (*Q 4*, 31, 448, Texto A). A crise orgânica aberta com a guerra explica por que justamente na Rússia czarista e agrícola tenha se produzido a rachadura que permitiu saltar a fase da "revolução burguesa", sem que para isso a revolução bolchevique se colocasse fora da teoria marxista.

A pergunta que encontra nos *Q* maior aprofundamento é em que medida a revolução na Rússia deva ser considerada "nacional" ou se foi "importada" do coração da Europa; em outras palavras, a questão da relação entre Oriente e Ocidente. G. responde em uma dupla vertente: por um lado, sustenta que os "manobristas" do Estado russo rumo à modernidade, de Pedro, o Grande, a Lenin, não são russos de origem ocidental ou "estrangeiros na pátria"; por outro lado, se esforça para demonstrar que a Rússia é Europa, não Ásia, prosseguindo uma reflexão iniciada já em 1919 ("La Russia e l'Europa", 1º de novembro de 1919, em *ON*, 267 ss.), com a observação de que os destinos da Europa não foram determinados apenas pelo *sea power* da Inglaterra, mas também pelo imenso peso político, econômico e militar do "gigante" russo. A Rússia, explica G., foi determinante para as vitórias inglesas e para as próprias sortes europeias entre o século XVII e o século XX, mas é com a revolução bolchevique que a influência da Rússia na Europa é destinada a crescer.

Nos *Q*, o discurso é quase igualmente explícito: G. afirma que a Rússia "defendeu a Europa ocidental das invasões tártaras, foi um anteparo entre a civilização europeia e o nomadismo asiático [...]. Com sua imensa população composta de tantas nacionalidades, era sempre possível à Rússia organizar exércitos imponentes de tropas absolutamente infensas à propaganda liberal, a serem lançados contra os povos europeus"; mas – conclui G. – "muitos não conseguem calcular a mudança histórica que ocorreu na Europa em 1917 e a liberdade que os povos ocidentais conquistaram" (*Q 6*, 39, 713-4 [*CC*, 3, 226]). Nos *Q*, são numerosas as citações bibliográficas (por exemplo, a de Tommasini, *Q 2*, 16, 166 [*CC*, 3, 129]) em que o país é reconhecido como potência europeia determinante, enquanto são abertamente refutadas as opiniões de estudiosos que, para G., menosprezam seu papel histórico e cultural (*Q 6*, 39, 713 [*CC*, 3, 226]; *Q 6*, 133, 798 [*CC*, 6, 200]; *Q 17*, 33, 1.936-7 [*CC*, 5, 349]). A atenção que G. dá ao problema denota o quanto se trata de questão decisiva. Muitas são as características do Estado russo comuns às grandes realidades orientais (China e Índia), tais como a fragilidade política devida à ausência de uma grande reforma religiosa (*Q 3*, 40, 318 [*CC*, 5, 205]) e uma economia baseada na agricultura primitiva (*Q 2*, 40, 196 [*CC*, 3, 149]). Mas, nos *Q*, a Rússia é reconhecida como potência europeia fundamental; e se as forças nacionais russas são passivas, em função dessa mesma passividade, assimilam as influências estrangeiras e também os próprios estrangeiros, "russificando-os". É verdade que a organização política e comercial russa foi criada pelos normandos, a religiosa, pelos gregos bizantinos e, mais tarde, alemães e franceses deram um esqueleto resistente à gelatinosa sociedade russa. Mas "no período histórico mais moderno acontece o fenômeno inverso: uma elite de gente dentre as mais ativas, empreendedoras e disciplinadas" (*Q 4*, 49, 479), ou seja, o grupo dirigente bolchevique, emigra para o exterior, assimila a cultura dos países mais desenvolvidos do Ocidente, sem por isso perder as características essenciais da própria nacionalidade, sem romper os laços sentimentais e históricos com o próprio povo; dessa forma, esses "aprendizes intelectuais" voltam ao país, levando o povo a um forçado despertar. Tal elite tem um caráter nacional-popular e não pode ser reassimilada pela passividade russa, pois ela própria é uma enérgica reação russa à passividade histórica nacional. Com a revolução, a unidade nacional é fortalecida; o complexo estatal permanece intacto, desmentindo o suposto amorfismo russo, "por excelência efeminado e desagregador", e a suposta incapacidade russa de organizar o Estado ou até mesmo de concebê-lo, senão graças a estrangeiros ou soberanos de origem estrangeira (*Q 2*, 40, 196 [*CC*, 3, 149]). Também a industrialização (forçada), de marca staliniana, é julgada por G. positivamente como processo de modernização do país (idem).

G. não deixa de discutir (*Q 2*, 23, 180-1 [*CC*, 3, 142]) a questão do "eurasianismo" russo, segundo o qual a Rússia seria mais asiática que ocidental: essa não foi assediada apenas pelos intelectuais liberais e conservadores, mas também por intelectuais emigrados, reunidos a partir de 1921, em torno do jornal *Nakanune*. Segundo esses intelectuais, a Rússia deveria antes de tudo ter-se colocado à frente da Ásia na luta contra o predomínio europeu. Em segundo lugar, o bolchevismo teria sido um acontecimento decisivo para a história da Rússia: teria "ativado" o povo russo e contribuído para a autoridade e a influência mundial da Rússia com a nova ideologia que havia difundido. Esses "eurasianistas" não são, para G., bolcheviques, mas inimigos da democracia e do parlamentarismo ocidental. Eles se comportam frequentemente como fascistas russos, defensores de um Estado forte no qual a disciplina, a autoridade e a hierarquia tenham domínio sobre a massa. São partidários da ditadura e saúdam positivamente a ordem estatal vigente na Rússia dos sovietes, por mais que sonhem em substituir com a ideologia nacional àquela proletária. A ortodoxia é para eles a expressão típica do caráter popular russo, é o cristianismo da alma eurasianista. A crítica *tout court* do eurasianismo parece implicar não só a condenação de qualquer derivação autoritária da revolução, bem como uma visão tradicional das relações entre Oriente e Ocidente. O uso de tais categorias, mais histórico-políticas do que geográficas, apresenta-se menos fecundo do que o uso amadurecido na análise da dicotomia Norte-Sul, proposta como chave de leitura dos fenômenos da globalização atual.

Elisabetta Gallo

Ver: China; Europa; historicismo; Índia; intelectuais; nação-popular; Oriente-Ocidente; URSS.

S

Sacro Império Romano

Se, na Itália, ao dar a cidadania não apenas aos médicos, mas também aos mestres das outras artes liberais, César favoreceu o nascimento em Roma de uma "categoria de intelectuais 'imperiais'" (*Q 8*, 22, 954 [*CC*, 2, 162]) e, portanto, cosmopolitas, enquanto a cidade se transformou no centro da cosmópolis do Império e, depois, da sede universal do Papado, G. recorda que também a Alemanha foi "sede de uma instituição e de uma ideologia universalista supernacional (Sacro Império Romano-Germânico)" (*Q 4*, 49, 480). Transferiu-se, assim, uma "certa quantidade de pessoal para a cosmópolis medieval" (idem), empobrecendo as energias nacionais e "provocando lutas que desviavam dos problemas da organização nacional e mantinham a desagregação territorial da Idade Média" (*Q 12*, 1, 1.526 [*CC*, 2, 28]). Cabe observar que o Sacro Império Romano é expressão de uma "tendência política" originada no Império Romano: no *Q 5*, 42 [*CC*, 2, 114], G. lembra que este sofreu também com a depreciação da história romana, apontada por H. G. Wells como uma das reações à tradição de Roma. Uma tentativa de retorno ao Sacro Império Romano na Itália, ou seja, ao poder papal sobre as consciências, foi, para G., o apelo à antiguidade romana, expresso primeiramente pelo renascimento do latim literário, e o "triunfo da romanidade" (*Q 5*, 123, 645 [*CC*, 5, 225]) que caracterizou o Renascimento. Para o autor dos *Q*, tratou-se de um resgate puramente instrumental, numa ótica política que se revelou "uma farsa depois da tragédia" (idem). Na Alemanha, ao contrário, G. ressalta uma "continuidade ininterrupta (não interrompida por invasões estrangeiras permanentes)" (*Q 15*, 48, 1.808 [*CC*, 3, 340]) entre o Sacro Império Romano (Primeiro Reich) e a Idade Moderna, que de Frederico, o Grande chega até 1914 (Segundo Reich). Tal continuidade torna facilmente compreensível o conceito de Terceiro Reich.

JOLE SILVIA IMBORNONE

Ver: Alemanha; César; Idade Média; Império Romano; Roma.

salário

Ao analisar a grande crise dos anos 1930, G. recusa as reflexões de Jannaccone (que, vendo no *crack* de Wall Street a quebra do equilíbrio dinâmico entre consumo e poupança, pedia políticas deflacionistas de baixos salários: *Q 6*, 123 [*CC*, 4, 303]) e de Giovanni Agnelli (o qual, por sua vez, lendo a crise sob a égide do subconsumo e do desemprego tecnológico, prognosticava intervenções de redução de horas e de aumentos dos salários). O aumento ou a diminuição dos salários não pode representar, para o pensador sardo, um remédio para a crise, já que "a 'sociedade industrial' não é constituída apenas por 'trabalhadores' e 'empresários', mas também por 'acionistas' vagantes (especuladores)", ou seja, por sujeitos desprovidos de uma função produtiva (*Q 10* II, 55, 1.348 [*CC*, 1, 416]). G. dedica numerosas páginas à análise da política de altos salários conduzida pelo taylorismo. No *Q 22*, 13 [*CC*, 4, 272], ele observa que o processo de racionalização dos sistemas de produção e de trabalho havia se estabelecido na América graças à ausência de sedimentações de caráter histórico, para, depois, se fortalecer através da aplicação de instrumentos de coação social, por um lado, e de consenso, por outro. Entre esses instrumentos devem ser considerados, paralelamente aos benefícios sociais e à propaganda ideológica e política, os altos salários. Contudo, o pensador sardo percebe o caráter transitório da política dos altos salários, que estaria destinada a perder força com o fim do monopólio técnico-industrial por parte de algumas empresas, seja nos Estados Unidos, seja no exterior. Além do mais, apesar de tal sistema, na Ford persistia uma grande instabilidade de mão de obra, fenômeno facilmente associado ao fato de que a organização taylorista exigia um tipo de qualificação que comportava níveis de exploração da força de trabalho muito maiores, que nem mesmo os altos salários eram capazes de compensar. Nesse ponto, G. ressalta que o sistema taylorista é "racional" apenas se for acompanhado por uma profunda mudança das condições sociais, dos costumes e dos estilos de vida para compensar o alto dispêndio de energias musculares e nervosas exigido por tal modo de trabalhar.

Vito Santoro

Ver: altos salários; americanismo; consumo; parasitismo.

Salvemini, Gaetano

Salvemini exerceu importante influência teórica e política sobre G., especialmente nos anos da formação do pensador sardo. Meridionalista, expoente maior da luta contra o sistema de poder violento e corrupto de Giolitti no Mezzogiorno, Salvemini já havia saído do PSI em 1911, quando, em 1914, recebeu a proposta de se candidatar a deputado por parte dos "futuros redatores de *L'Ordine Nuovo*", para que os camponeses do Sul pudessem ter um representante no parlamento com a ajuda da classe operária do Norte (*QM*, 140-2 [*EP*, 2, 410-1]). Há, nos *Q*, várias passagens que se referem ao apoio dado pelo *Corriere della Sera* a Salvemini quanto à oposição a Giolitti, apoio que significava a possibilidade de uma aliança diferente de uma parte dos industriais do Norte com o bloco rural do Mezzogiorno. Esses acontecimentos se inseriam no contexto de um movimento cultural e político de reação contra a concepção do Mezzogiorno como "'bola de chumbo' para a Itália" (*Q 19*, 24, 2.022 [*CC*, 5, 62]), expressa também em *La Voce* e em *L'Unità*, que giravam em torno de Salvemini e de seu registro liberal-democrático da questão meridional. O jovem G. havia sido um atento leitor dessas publicações, das quais recebeu profunda influência.

Salvemini é citado nos *Q* também como historiador. G. avalia sua obra *La Rivoluzione Francese* como "uma reação concreta" contra o que ele chama de "história fetichista", que torna "protagonistas da história 'personagens' abstratos e mitológicos" (*Q 19*, 5, 1.980 [*CC*, 5, 34]). G. observa que Salvemini, ao contrário, chegava a exagerar a particularidade dos acontecimentos históricos, como quando "não quer saber de 'gibelinos' e 'guelfos', um partido da nobreza e do Império e o outro do povo e do Papado, porque ele afirma conhecê-los apenas como 'partidos locais', que combatem por razões inteiramente locais, que não coincidiam com as do Império e do Papado" (ibidem, 1.981 [*CC*, 5, 35]).

Marcos Del Roio

Ver: Giolitti; questão meridional; Revolução Francesa.

São Januário

Nos *Q*, o nome aparece somente em duas notas em que é citada a mesma anedota, extraída das *Memórias* de Henry W. Steed. G. a cita de memória com algumas imprecisões: é o diálogo entre um nobre italiano e um prelado da cúria (e não entre um protestante e um cardeal, como afirma o aparato crítico dos *Q*) e diz respeito ao controle "político" que o ambiente eclesiástico exerce sobre a massa dos "homens simples". A primeira nota tem no centro Tommaso Gallarati Scotti (*Q 1*, 93, 92); Texto C: *Q 23*, 19, 2.208-9 [*CC*, 6, 85]). No Texto C há uma referência ao milagre do "sangue de São Genaro (ao que parece, existem em Nápoles outros três ou quatro sangues que fervem 'milagrosamente', mas que não são 'explorados' para não desacreditar o de São Genaro, que é popularíssimo)" (idem); são prodígios "úteis para o populacho napolitano, não para os intelectuais", irá dizer G. no *Q 8*, 220, 1.082. Na nota *Un'introduzione allo studio della filosofia* [Uma introdução ao estudo da filosofia] há a segunda referência (idem): G. cita novamente a anedota para ressaltar a proliferação, numa época de Contrarreforma, de novas ordens eclesiásticas "de escassíssimo significado 'religioso' e de grande significado 'disciplinar' sobre a massa dos 'homens simples', [...] instrumentos de 'resistência passiva' de conservação das posições adquiridas, não forças renovadoras em desenvolvimento", verdadeiras "ordens políticas". É o sentido da resposta que oferece o prelado, na anedota, a quem lhe pergunta se ele é cristão: "Nós somos *prelados*", responde, "isto é, 'políticos' da religião católica". Na carta à cunhada Tania de 21 de março de 1932, G. menciona "devotos de São Genaro" (*LC*, 551 [*Cartas*, II, 175]) para se referir aos napolitanos.

O santo patrono torna-se aqui logotipo sobrenatural da cidade, emblema cívico de suas características peculiares.

Giovanni Mimmo Boninelli

Ver: cultura popular; Igreja católica; Nápoles.

sarcasmo

O sarcasmo é para G. a postura particular de crítica incisiva, mas construtiva, que distingue a ação política de quem age, com objetivos e finalidades revolucionários, em períodos de transição: uma postura de distanciamento-compreensão particularmente adequada para compartilhar esperanças e sentimentos das classes populares, sem renunciar a desmistificar suas ilusões. É um tema que G. aborda e desenvolve em duas notas sucessivas do *Q 1*, lançando mão de uma indicação de Filippo Burzio extraída de um artigo de Bonaventura Tecchi, "Il demiurgo di Burzio" [O demiurgo de Burzio], publicado na *Italia Letteraria* de 20 de outubro de 1929. Trata-se da certeza de que o demiurgo, para poder exercer sua função de guia das massas, deva manter uma certa distância em relação às paixões que incitam os homens à ação, ou seja, deve se manter "acima das paixões e sentimentos, ainda que experimentando-os com menor intensidade". Um comportamento de distanciamento e de superioridade em relação às paixões do povo, o que Tecchi havia comparado à ironia romântica, àquela divertida superioridade com que os escritores do início do século XIX observavam e julgavam a matéria representada. Contrapondo-se a Tecchi, G. pontua que "no caso da ação histórica, o elemento 'ironia' seria demasiado literário [...] e indicaria uma forma de distanciamento ligada mais ao ceticismo mais ou menos diletantesco (devido à desilusão, ao cansaço ou ao 'super-humanismo')", além de ressaltar que, "ao contrário, nesse caso (isto é, da ação histórica), o elemento característico é o 'sarcasmo' e, de uma certa forma, isto é 'apaixonado'" (*Q 1*, 29, 23). No centro dessa reflexão, como G. esclarecerá lucidamente na transcrição e na reunião das duas notas em questão em um dos últimos cadernos especiais, há o que ele define "o eixo das questões que surgem a partir do historicismo" (*Q 26*, 5, 2.298 [*CC*, 4, 82]): o fato de que "se possa ser crítico e homem de ação ao mesmo tempo, de modo que um aspecto não enfraqueça o outro, ao contrário, o valide" (*Q 1*, 28, 23).

A postura capaz de resolver essa questão, para G., não podia decerto ser aquela teorizada por Tilgher em seu opúsculo *Storia e antistoria* [História e anti-história], uma vez que ali, como G. esclarece no *Q 26* [*CC*, 4, 82-3], ele separa "muito superficialmente e mecanicamente [...] os dois termos da personalidade humana (dado que não existe nem jamais existiu um homem inteiramente crítico e outro inteiramente passional)", quando, ao contrário, seria oportuno "tentar determinar como em diferentes períodos históricos os dois termos se combinam, seja nos indivíduos, seja nos estratos sociais (aspecto da questão da função social dos intelectuais), fazendo prevalecer (aparentemente) um aspecto ou o outro (fala-se de épocas de crítica, de épocas de ação etc.)". Mas não seria adequada nem mesmo a postura apresentada por Croce em *Elementi di politica* ou em *Etica e politica*, baseada na coincidência absoluta entre política e paixão. Às posições crocianas, G. objeta, de fato, que "se o ato concreto político, como diz Croce, se realiza na pessoa do líder político, deve-se observar que a característica do líder como tal não é certamente a passionalidade, mas o cálculo frio, preciso, objetivamente quase impessoal, das forças em luta e de suas relações" (ibidem, 1.299 [*CC*, 4, 83]). A possibilidade de ser contemporaneamente crítico e homem de ação, para G., só podia depender da capacidade de compartilhar sentimentos e paixões das classes populares, sem se esquivar, porém, de tomar distância deles, julgá-los e criticá-los.

Desse ponto de vista, o *Q 1*, 29 assume um valor metodológico exemplar: ali, de fato, G. eleva o sarcasmo – com referência explícita ao sarcasmo marxiano, definido como "a expressão mais alta, também esteticamente do 'sarcasmo apaixonado'" – a instrumento privilegiado, tanto no terreno da postura crítica quanto naquele da expressão estilística, de uma batalha cultural cujo objetivo é permitir "o distanciamento em relação às velhas concepções à espera de que as novas, com a firmeza adquirida ao longo do desenvolvimento histórico, dominem até que venham a adquirir a força das 'convicções populares'" (ibidem, 24). Referindo-se em particular às "ilusões" populares oitocentistas (crença na justiça, na igualdade, na fraternidade), isto é, nos elementos da "religião da humanidade", e à necessidade de desmistificar seu aparato de ideias, G. recorda como em reação a estas "Marx se expressa com 'sarcasmo' apaixonadamente 'positivo', isto é, percebe-se que ele não quer vilipendiar o sentimento mais íntimo dessas 'ilusões', mas sua forma contingente, ligada a um determinado mundo 'perecível', e seu mau cheiro de cadáver, por assim dizer, que os cosméticos não escondem" (ibidem, 23). Aos olhos de G., Marx havia conseguido, em especial na *Sagrada família*, preservar da sarcástica demolição, a que havia submetido os processos de sublimação com que a "crítica crítica" havia idealizado e neutralizado as aspirações das classes populares, um núcleo "humano" autêntico de sentimentos, comportamentos, concepções de vida, próprios das classes populares. O fato de que Marx tivesse se limitado a atingir a forma contingente com que essas aspirações tinham encontrado expressão e satisfação não significava, porém, para G., que ele entendesse aceitar e avalizar a instintiva elementaridade desse núcleo de aspirações humanas. Como G. demonstra ter compreendido com perfeição, Marx visava precisamente dar uma forma nova a certas aspirações, renovando profundamente seu conteúdo.

Nesse raciocínio, vemos, portanto, se delinear o reconhecimento de uma postura crítica de validade geral, cuja natureza dessacralizante e polêmica resulta particularmente funcional nas fases históricas revolucionárias, quando cabe às forças progressistas a tarefa de estimular, no calor de uma apaixonada batalha cultural, a ruptura com as velhas concepções de vida indispensável para que os elementos da nova visão de mundo gerados pelo desenvolvimento histórico nunca consigam adquirir firmeza, maturidade e coerência. Como G. sente-se no dever de advertir, esta postura não deve ser confundida com o "sarcasmo de 'direita', ou melhor, deve sempre manter-se distante dele; o qual é raramente apaixonado, mas é sempre 'negativo', puramente destrutivo, não só da 'forma' contingente, mas do conteúdo 'humano' desses sentimentos" (ibidem, 23-4). Não é por acaso que G., para definir melhor a natureza e o caráter de sua batalha cultural, remete também a Francesco De Sanctis e à sua apaixonada e apaixonante postura crítica – felizmente classificada como "novo humanismo, crítica do costume e dos sentimentos, fervor apaixonado, ainda que sob a forma de sarcasmo" –, e que justamente nessa postura de fervor eivado de sarcasmo ele reconheça uma das características que qualificam e distinguem o "tipo de crítica literária" mais consoante ao materialismo histórico, isto é, mais adequado a defender os processos de lúcida e impiedosa desmistificação crítica (*Q 4*, 5, 426).

Marina Paladini Musitelli

Ver: Croce; De Sanctis; ironia; Marx.

Sardenha/sardos

Numa primeira série de ocorrências, o contexto conceitual é aquele, crucial, da "questão meridional", entendida como elemento que caracteriza um processo de unificação nacional como o italiano, edificado sob formas de exploração semicolonial do Norte em relação ao Sul. No Mezzogiorno, totalmente subalterno aos interesses do desenvolvimento econômico setentrional, havia sido necessário manter substancialmente intacto o bloco histórico conservador entre camponeses, intelectuais pequeno-burgueses e proprietários fundiários, ao qual correspondia uma sociedade marcada por gravíssimas injustiças sociais, num quadro econômico muito atrasado. Trata-se de uma temática já bastante discutida no ensaio de 1926 sobre a questão meridional, do qual, nos *Q*, são retomados alguns pontos. A relevância histórico-política de tal "questão" encorajava G. a efetuar uma análise diferenciada das diversas macroáreas em que o Sul é tradicionalmente dividido: Mezzogiorno continental, Sicília e Sardenha.

É claro que também em relação à Sardenha se podia falar de "uma grande desagregação social; os camponeses, que constituem a grande maioria da população, não têm nenhuma coesão entre si" (*QM*, 150 [*EP*, 2, 423]), ou melhor, o maior atraso econômico da ilha acabava por acentuar os problemas típicos das sociedades meridionais (por exemplo, G. faz referência ao banditismo sardo: *LC*, 215, a Carlo, 8 de outubro de 1928 [*Cartas*, I, 292]); contudo, a história da ilha, pelo menos a partir do século XIX, parecia marcada justamente por uma intensa vivacidade e reatividade política, de iniciativas de baixo e de protestos organizados pelos intelectuais – episódios, na maioria das vezes, extemporâneos, pouco decisivos, mas, de toda forma, interessantes: emblemática a seção do congresso sardo, em 1911, sob a presidência de um certo general Rugiu, durante a qual calculou-se "quantas centenas de milhões foram extorquidas da Sardenha nos primeiros cinquenta anos de Estado unitário, em favor do continente" (*Q 19*, 24, 2.022 [*CC*, 5, 74]).

Considerando a conservação da já mencionada relação Norte-Sul, um fator crucial, de ordem ideológico-cultural, era representado pelo preconceito antimeridional radicado entre as massas populares do Norte (*QM*, 137), segundo o qual a miséria do Mezzogiorno corresponderia a uma "bola de chumbo" para toda a Itália e, em particular, para o desenvolvimento da modernidade industrial no Norte; e, uma vez que para os cidadãos setentrionais essa "miséria" não era explicável historicamente, buscavam-se as causas em certas características congênitas da suposta "índole" meridional: a incapacidade organizativa, a refratariedade a qualquer cultura do trabalho e, no limite, uma inferioridade biológica global. Particularmente perigosos, segundo G., eram justamente os resultados mais propriamente racistas dessa ideologia antimeridional, e o exemplo mais claro disso era representado pelo caso da Sardenha. Num artigo de 24 de maio de 1916, intitulado "Gli scopritori" [Os descobridores], G. já denunciava a atitude evidentemente racista de muitos dos intelectuais continentais, em cujos relatos de viagem "os sardos passam, na maioria das vezes, por incivilizados, bárbaros, sanguinários", enquanto nos *Q* ele narra o episódio de Giulio Bechi, um oficial que, em 1910, foi enviado à região de Nùoro para combater o banditismo e perseguiu seu objetivo "com medidas típicas de estado de sítio, ilegais", ou seja, tratando a população local "como negros, capturando em massa velhos e crianças" (*Q 23*, 54, 2.249 [*CC*, 6, 123]).

Como é dito em *QM*, 152, apenas com a Primeira Guerra Mundial houve uma considerável (ainda que parcial) mudança no arranjo, aparentemente imóvel, do bloco histórico agrário do Sul, no momento em que o conflito ofereceu aos camponeses possibilidades inéditas de contato com outras classes; os resultados desses contatos se concretizaram no pós-guerra, quando se forma no Mezzogiorno o "movimento dos ex-combatentes, no qual os camponeses-soldados e os intelectuais-oficiais formavam um bloco mais unido entre si e, numa certa medida, antagônico aos grandes proprietários" (idem [*EP*, 2, 426]). Tudo isso produziu, além das ocupações de terras de 1919, também toda uma expansão de movimentos de base regionalista, diversamente marcados por instâncias autonomistas; experiências limitadas no complexo político, pois suspensas entre particularismo regional e reivindicações democráticas bastante moderadas; e, no entanto, em tal contexto, "a única região onde o movimento dos ex-combatentes assumiu um perfil mais preciso e conseguiu constituir uma estrutura social mais sólida foi a Sardenha" (ibidem, 153 [*EP*, 2, 427]); em particular, o assim chamado "sardismo" se encarnou na *Giovane Sardegna*, da qual nasceria depois o Partido Sardo da Ação. Pois, se a Sardenha era exceção, isso acontecia por motivos absolutamente profundos, os mesmos, aliás, capazes de explicar a particular efervescência político-social de que falávamos antes: posto que nas sociedades meridionais o impacto social das iniciativas populares é inversamente proporcional à força política dos latifundiários, dá-se que, "na Sardenha, a classe dos grandes proprietários fundiários é reduzidíssima e não tem as antiquíssimas tradições culturais, intelectuais e governamentais do Sul continental" (idem *EP*, 2, 427]).

Numa segunda série de ocorrências, a referência à Sardenha torna-se referência à própria terra natal, ou, mais em geral, adesão direta à vida quotidiana, a uma realidade concreta e familiar feita de pequenas coisas. Não surpreende que isso se dê exatamente nas cartas, uma vez que alguns de seus correspondentes viviam na Sardenha e a menção a lugares, tradições e vocábulos sardos representava um ponto de encontro seguro entre remetente e destinatário; recorde-se, ao menos, a *LC*, 624, a Delio, de 10 de outubro de 1932 [*Cartas*, II, 248], na qual G. conta a historieta "da raposa e do potrinho", num tom misto de fábula e de quadro realista da vida primitiva. Em todos os casos, G. continua a analisar com objetividade de estudioso o fenômeno-Sardenha, como demonstram seus numerosos pedidos de livros dedicados à região: ele aprofunda a história sarda, busca avaliações precisas sobre episódios políticos locais, informa-se sobre a evolução dos costumes, com atenção particular ao folclore e à sua conservação (*LC*, 122, à mãe, 3 de outubro de 1927 [*Cartas*, I, 194-5]).

Muito interessantes são as passagens em que G. contempla a sugestiva ideia de uma identidade sarda como um traço característico-existencial irredutível e particularíssimo, passagens em que inevitavelmente aflora com mais intensidade a face do homem real. Na *LC*, 576 (a Tania, 16 de maio de 1932 [*Cartas*, II, 200]), falando de incompreensões muito delicadas entre seus familiares, afirma: "Mas eu sou um sardo sem complicações psicológicas e me custa um pouco compreender as complicações dos outros", ainda que, logo em seguida, esclareça que "talvez deva dizer que eu 'era' um sardo sem complicações, porque talvez agora não seja mais; alguma dose de complicação deve também ter perturbado minha psicologia". Já na *LC*, 798 (a Giulia, 5 de janeiro de 1937 [*Cartas*, II, 420]), G. admite sua inveterada "dificuldade grande, muito grande, de exteriorizar os sentimentos" e recorda que "na literatura italiana escreveram que, se a Sardenha é uma ilha, todo sardo é uma ilha na ilha". Mas, na realidade, à parte esses episódios de maior abertura autobiográfica, ao discutir a questão hebraica, G. volta a se proclamar avesso à ideologia pela qual o indivíduo deva ser julgado por seu pertencimento nacional ou regional, entendido aqui como estereótipo cultural-literário ou, pior, como "raça". G. afirma: "Eu mesmo não tenho nenhuma raça; meu pai é de origem albanesa recente [...]; minha avó era Gonzalez e descendia de alguma família ítalo-espanhola da Itália meridional [...]; minha mãe é sarda por parte de pai e mãe, e a Sardenha só foi unida ao Piemonte em 1847, depois de ser um feudo pessoal e um patrimônio dos príncipes piemonteses [...]. No entanto, a minha cultura é fundamentalmente italiana e meu mundo é este" (*LC*, 481, a Tania, 12 de outubro de 1931 [*Cartas*, II, 105]).

Domenico Mezzina

Ver: bloco agrário; camponeses; folclore/folklore; Grande Guerra; intelectuais italianos; Mezzogiorno; nação; Norte-Sul; questão meridional; racismo; *Risorgimento*.

Savonarola, Girolamo

À concepção "retórica" e ideologicamente unitária da perspectiva do historiador da literatura Vittorio Rossi em sua leitura crítica do Renascimento, G. contrapõe a avaliação de que nesse período existiam "duas correntes": uma, a "regressiva", que triunfou através da "aristocracia separada do povo-nação", a outra, a progressiva, que reagiu ao "esplêndido parasitismo" da cultura e da arte renascentista com a Reforma protestante e, entre outras coisas, dada a situação italiana, com Savonarola e as "fogueiras das vaidades" (*Q 5*, 123, 648 [*CC*, 5, 225]). Savonarola, nesse contexto, não parece, para G., homem da Idade Média, mas expoente da "classe revolucionária" que se opôs ao bloco social aristocrático representado por Lorenzo, o Magnífico e por sua política autocrática (*Q 15*, 70, 1.831 [*CC*, 5, 334]). No entanto, Savonarola e os expoentes do Partido Popular erravam por falta de realismo em sua ação política: o "dever ser" (a ética política) savonaroliano mostrou-se "abstrato e esfumaçado" em relação ao "dever ser" de Maquiavel (*Q 8*, 84, 990 e *Q 13*, 16, 1.578 [*CC*, 3, 34]), que – apesar de também derrotado – soube interpretar a dinâmica histórica dos eventos sem moralismos e sempre cultivando um projeto de transformação progressista da realidade política do período em torno do papel de um possível "líder" – o príncipe –, dotado, na medida justa, das capacidades do centauro, ou seja, a razão e a necessária violência. A lição de Maquiavel, em relação ao Savonarola representante da democracia cidadã, leva G. a identificar os meios necessários para que se alcancem finalidades de interesse geral: educar "quem não sabe" – Savonarola e os outros –, mais do que no ódio aos tiranos, no calculismo e na crueldade que, juntamente com o consenso, poderiam garantir a homens como Valentino o sucesso na construção de um Estado italiano moderno (*Q 13*, 20, 1.600-1 [*CC*, 3, 55]). É significativo, porém, sendo verdade que Maquiavel considerava Savonarola um leviano profeta desarmado, e nisso localizava a causa de sua derrota, que ele reconhecia também sua credibilidade na pregação religiosa, à qual correspondia uma exemplar analogia de vida. G., por sua vez, não muda de ideia quanto a considerar a religião – não a dimensão religiosa – como ideologia difusa de sua época (e, da mesma forma, da época de Maquiavel).

Raffaele Cavalluzzi

Ver: dever ser; Idade Média; Maquiavel; Renascimento; Valentino.

senso comum

A expressão "senso comum" aparece tanto na lista de assuntos principais que abre o *Q 1* quanto na lista que se encontra no início do *Q 8*, em ambos os casos associada a "folclore". Desde o *Q 1*, 65, G. demonstra acreditar que existem vários "sensos comuns", diferenciados por conotação social e área geográfica. Mas ele usa a expressão também com uma conotação não positiva. De fato, escreve que "todo estrato social tem seu 'senso comum', que é, no fundo, a concepção de vida e a moral mais difusa [...]. O senso comum não é algo rígido e imóvel, mas se transforma continuamente, enriquecendo-se de noções científicas e opiniões filosóficas introduzidas no costume. O 'senso comum' é o folclore da 'filosofia' e se coloca entre o 'folclore' propriamente dito (isto é, como é entendido) e a filosofia, a ciência, a economia dos cientistas. O 'senso comum' cria o futuro folclore, isto é, uma fase mais ou menos enrijecida de um certo tempo e lugar" (ibidem, 76). Dessa passagem se conclui que: a) "todo estrato social tem o seu senso comum", e, portanto, numa sociedade, convivem vários deles; b) o senso comum se define como "a concepção de vida e a moral mais difusa" num determinado estrato social; c) o senso comum deriva da sedimentação deixada pelas correntes filosóficas precedentes (é "o folclore da filosofia"); d) o senso comum se modifica incessantemente (logo, se sucedem no tempo vários sensos comuns).

O senso comum parece uma variação do conceito de ideologia, gramscianamente entendida como concepção do mundo. É a concepção do mundo de um estrato social, com frequência caracterizada como momento de recepção passiva se comparada à elaboração ativa do grupo dirigente-intelectual do mesmo grupo social. Enquanto passivo, o senso comum evidencia atrasos, bem como momentos elementares de elaboração. Mas o fato de que "todo senso comum [tenha – ndr] o seu 'senso comum'" exclui que este seja definido apenas como nível qualitativamente ínfimo de uma concepção do mundo. Em geral, trata-se da ideologia mais difundida e com frequência implícita de um grupo social, de nível mínimo. Por isso, ele se relaciona dialeticamente com a filosofia, isto é, com o segmento alto da ideologia, próprio aos grupos dirigentes dos vários grupos sociais. Da mesma forma, também uma força política que se coloque do lado dos subalternos deve instaurar com ele uma relação dialética para que ele seja transformado e se transforme, até se alcançar um novo senso comum, necessário no âmbito da luta pela hegemonia.

Na nota *Q 3*, 48, 328 [*CC*, 3, 194], dedicada à análise do nexo espontaneidade-direção com referência explícita à ação do grupo de *L'Ordine Nuovo*, G. recupera a importância da espontaneidade popular, ainda que seja como elemento a ser educado. Ele escreve (ibidem, 330 [*CC*, 3, 196]) que em *L'Ordine Nuovo* "este elemento de 'espontaneidade' não foi negligenciado, menos ainda desprezado: foi *educado*, orientado, purificado de tudo o que de estranho podia afetá-lo, para torná-lo homogêneo em relação à teoria moderna", qual seja, o marxismo. Nesse âmbito, o senso comum é colocado em relação com "os sentimentos 'espontâneos' das massas", gerados "através da experiência cotidiana iluminada pelo 'senso comum'". Mas, sobretudo, é afirmada uma diferença "quantitativa" e não "qualitativa" entre filosofia e senso comum, já que G. recorda que "Kant considerava que suas teorias filosóficas estavam de acordo com o senso comum; a mesma posição pode ser verificada em Croce" (ibidem, 331 [*CC*, 3, 196-7]).

Porém, não se deve esquecer que o senso comum, para G., apresenta pontos frágeis bem precisos, também de tipo lógico: as "tortuosidades" de seu "modo de pensar" devem ser corrigidas, mesmo porque ligadas à formação "oratória e declamatória" de uma "filosofia do homem da rua" (*Q 4*, 18, 439). Ainda mais negativo é o juízo sobre o senso comum em relação à temática da "existência objetiva da realidade" (*Q 4*, 41, 466-7), que é, para G., "a questão mais importante concernente à ciência", mas que para o senso comum "nem mesmo existe". Tais certezas do senso comum provêm "essencialmente da religião [...] do cristianismo" (ibidem, 466). Nesse ponto, o senso comum é, para G., uma visão de mundo atrasada, seja porque condicionada pela ideologia religiosa, que nega a imanência, seja porque não acolhe as novidades da ciência: uma visão de mundo pré-moderna. Com frequência, G. conota o senso comum também com um caráter de conservadorismo: ele "é levado a acreditar que aquilo que existe hoje sempre existiu" (*Q 6*, 78, 745 [*CC*, 5, 246]). Nos *Q*, as avaliações e as anotações, em especial, negativas sobre essa categoria – não raro adjetivada como "vulgar" – parecem prevalecer claramente sobre as positivas.

G. critica Croce, que "corteja continuamente o 'senso comum' e o 'bom senso' popular" (*Q 7*, 1, 853). No *Q 8*, a reflexão sobre o senso comum atinge a máxima expansão, partindo exatamente do confronto tanto com as teses de Bukharin, quanto com aquelas de Croce e Gentile. No *Q 8*, 173, 1.045-6, por exemplo, lemos que "Croce, com frequência, parece satisfeito porque determinadas proposições filosóficas são compartilhadas pelo senso comum, mas o que isso significa de concreto? Para que seja verdadeiro que 'todo homem é um filósofo' não é necessário, nesse caso, recorrer ao senso comum. O senso comum é uma reunião desordenada de concepções filosóficas e nela se pode encontrar tudo o que se queira". E ainda, logo adiante: "Gentile fala de 'natureza humana' a-histórica e de 'verdade do senso comum', como se no 'senso comum' pudesse se encontrar tudo e como se existisse um 'único senso comum' eterno e imutável" (*Q 8*, 175, 1.047). G. acredita que Croce e Gentile se associam *tática e estruturalmente* ao senso comum, porque querem que os subalternos continuem a ser subalternos. Na segunda redação da última nota citada, G. acrescenta uma consideração que representa um balanço equilibrado de sua reflexão, a partir do reconhecimento de que "nossas afirmações anteriores não significam a inexistência de verdades no senso comum. Significam que o senso comum é um conceito equívoco, contraditório, multiforme, e que referir-se ao senso comum como prova de verdade é um contrassenso. É possível dizer corretamente que uma verdade determinada tornou-se senso comum visando a indicar que se difundiu [...] porque o senso comum é grosseiramente misoneísta e conservador, e ter conseguido inserir nele uma nova verdade é prova de que tal verdade tem uma grande força de expansividade e de evidência" (*Q 11*, 13, 1.399-400 [*CC*, 1, 118]). G. defende que no senso comum, uma vez que nele existe de tudo, existem também elementos de verdade. É decerto importante registrar que uma tese tenha se tornado senso comum, sobretudo por parte de quem pretende criar um *novo* senso comum, ainda que o senso comum seja ligado a uma imagem de ideologia misoneísta, avessa preconceituosamente às novidades e, logo, conservadora.

No *Q 8*, G., também no campo da análise do senso comum, conduz um embate muito duro com Bukharin. Já havia acusado o *Ensaio popular* – a propósito da dialética – de ter "realmente capitulado diante do senso comum e do pensamento vulgar" (*Q 7*, 29, 877 [*CC*, 6, 372]); agora acrescenta que "um trabalho como o *Ensaio popular*, destinado a uma comunidade de leitores que não são intelectuais de profissão, deveria partir da análise e da crítica da filosofia do senso comum, que é a 'filosofia dos não filósofos', isto é, a concepção de mundo absorvida *acriticamente* pelos vários ambientes sociais em que se desenvolve a individualidade moral do homem médio. O senso comum não é uma concepção única, idêntica no tempo e no espaço: ele é o 'folclore' da filosofia e, como o folclore, se apresenta de inúmeras formas: seu caráter fundamental é ser uma concepção de mundo desintegrada, incoerente, inconsequente, adequada ao caráter das multidões de que ele é a filosofia" (*Q 8*, 173, 1.045). G., em primeiro lugar, insiste sobre a própria definição do senso comum, "filosofia" (ainda que "dos não filósofos"), "concepção do mundo", "'folclore' da filosofia": enésima confirmação daquela família conceitual em que se articula o conceito gramsciano de ideologia. Mas G. adjetiva "senso comum" e os elos da corrente conceitual de referência mais próximos a ele, ainda mais uma vez, de maneira extremamente crítica: concepção "absorvida acriticamente", sincrética, "incoerente", "incongruente". Prosseguindo na nota, G. acrescenta que, "quando na história se elabora um grupo social homogêneo, se elabora também, contra o senso comum, uma filosofia 'homogênea', isto é, sistemática".

O que se põe em jogo é a concepção do mundo dos subalternos, que deve ser transformada ou substituída para lançar o desafio hegemônico. Mesmo Marx, que aludiu à "validade das crenças populares" – sustenta G. –, implicitamente afirma a necessidade de "novas crenças populares", isto é, de um novo senso comum e, portanto, de uma nova cultura, ou seja, de uma nova filosofia. A ideologia é uma força material, em determinadas situações; trata-se de produzir "uma nova filosofia" que, derrotando o senso comum existente, se torne ideologia de massa: um novo senso comum. Se é clara a indicação do objetivo – superar o senso comum –, não se deve esquecer que "a concepção do mundo difusa em uma época histórica na massa popular" não pode ser algo de totalmente negativo: "trata-se [...] de elaborar uma filosofia que – tendo já uma difusão ou possibilidade de difusão, pois ligada à vida prática e implícita nela – se torne um senso comum renovado com a coerência e o vigor das filosofias individuais. E isto não pode ocorrer se não se sente, permanentemente, a exigência do contato cultural com os 'simples'" (*Q 11*, 12, 1.382-3 [*CC*, 1, 101]). Retorna aqui a afirmação da exigência da relação com os "simples", o programa político-filosófico que, desde *L'Ordine Nuovo*, chega aos *Q*: "A posição da filosofia da práxis é antitética à católica", pois "não busca manter os 'simples' na sua filosofia primitiva do senso comum, mas busca, ao contrário, conduzi-los a uma concepção de vida superior". O objetivo é "forjar um bloco intelectual moral que torne politicamente possível um progresso intelectual de massa e não apenas de pequenos grupos intelectuais" (ibidem, 1384-5 [*CC*, 1, 103]).

Bibliografia: Carpineti, 1979; La Rocca, 1991; Liguori, 2006; Luporini, 1987.

Guido Liguori

Ver: bom senso; coerência/coerente; concepção do mundo; filosofia; folclore/folklore; ideologia; Manzoni; simples; Sorel.

Sicília/sicilianos

Na relação entre Norte e Sul, a Sicília se coloca numa posição particular uma vez que "se destaca do Mezzogiorno por muitos aspectos" (*Q 1*, 43, 35). De fato, G. aproxima Pirandello do futurismo, do qual também são considerados próximos, se for entendido numa acepção mais ampla como "oposição ao classicismo tradicional", Gentile e o idealismo, enquanto Crispi é definido por G. como "homem da indústria setentrional" (idem). Crispi acusou, com imprudência, os Fasci sicilianos de terem se vendido aos ingleses, mas uma preocupação desse gênero efetivamente obcecava "o grupo dirigente nacional mais responsável e sensível" (*Q 19*, 26, 2.040 [*CC*, 5, 92]), tanto que os sicilianos foram muito presentes nos ministérios de 1860 em diante, devido à "política de chantagem dos partidos da ilha, que sub-repticiamente sempre mantiveram um espírito 'separatista' em favor da Inglaterra" (idem). A popularidade de Crispi na região contribuiu para a difusão entre os intelectuais sicilianos de uma forma de "exasperação unitária" (*Q 1*, 43, 36), que determinou "uma permanente atmosfera de suspeita contra tudo o que pode recender a separatismo" (*Q 1*, 44, 46). No entanto, o "fanatismo 'unitário'" não impediu os latifundiários sicilianos de ameaçar a separação da região em 1920, episódio que, para G., encontra sua chave de interpretação nas campanhas conduzidas por *Il Mattino* em duas etapas, de 1919 a 1926, que para o pensador sardo não podem ser consideradas simplesmente "não ligadas a correntes de opinião pública e a estados de ânimo que permaneceram subterrâneos [...] devido à atmosfera de intimidação criada pelo 'unitarismo obsessivo'". O jornal defendia a tese segundo a qual o Mezzogiorno havia passado a fazer parte do Estado unitário tendo por base o Estatuto Albertino, mas poderia se dissociar dele se tal base fosse modificada.

A revolução siciliana de 1848 foi interpretada por Croce como uma revolta de tipo separatista e a existência ou não de um separatismo siciliano esteve no centro de uma acesa polêmica, que, para G., demonstra a persistência dos interesses em jogo. Segundo Luigi Natoli, a acusação de separatismo se valeria do argumento da aprovação do programa federalista por parte de "alguns insignes homens da Ilha" e de seus "representantes" (*Q 3*, 24, 305). Para o autor dos *Q*, permanece, de toda forma, o fato de que não pode não ter significado que tal programa tenha encontrado seus maiores apoiadores justamente na Sicília. A polêmica, com sua dureza, prova ainda, para G., exatamente o que ela gostaria de negar, isto é, o fato de que "o estrato social unitário na Sicília é muito tênue" e este "controla com dificuldade forças latentes 'demoníacas', que poderiam ser até separatistas, se esta solução, em determinadas ocasiões, se mostrasse útil para certos interesses" (*Q 19*, 40, 2.063 [*CC*, 5, 114]). A revolta de 1867 e "algumas manifestações do pós-guerra", a que Natoli não se refere, revelam "a existência de correntes subterrâneas, que mostram um certo afastamento entre as massas populares e o Estado unitário, sobre o qual especulavam certos grupos dirigentes" (idem). No *Q 5*, 157 [*CC*, 5, 239], G. também precisa que os intelectuais sicilianos podem ser divididos em duas classes, a dos "crispinos-unitaristas", entre os quais pode ser citado também Verga, e a dos "separatistas tendenciais" (ibidem, 680).

Outro objeto de discussão é a contribuição da Sicília para a história unitária do *Risorgimento*: Vittorio Emanuele Orlando, representante do "sicilianismo", concordava com Michele Amari ao "afirmar que a Sicília foi um momento da história universal" e que "o povo siciliano teve uma fase criadora de Estado" (*Q 5*, 88, 620 [*CC*, 5, 222-3]); já Croce, citado por Francesco Brandileone, afirmava que "aquela história, em sua essência, não é nossa ou é nossa apenas numa parte pequena e secundária" (idem). Na Sicília, como na Puglia, regiões em que há o latifúndio extensivo, G. lembra também, a propósito da assim chamada questão das "cem cidades", a "aglomeração em aldeias rurais de grandes massas de trabalhadores agrícolas e de camponeses sem terra" (*Q 3*, 39, 317 [*CC*, 5, 204]).

Jole Silvia Imbornone

Ver: cem cidades; Crispi; Croce; Mezzogiorno; Norte-Sul; Pirandello; *Risorgimento*; Verga.

simples

A análise de G. sobre os "simples" nos *Q* se insere em sua mais ampla análise da religião, do senso comum, da filosofia e dos subalternos. G. usa o termo "simples", em primeiro lugar, referindo-se à visão paternalista da Igreja em relação à gente comum e aos camponeses, "almas simples e sinceras", comparada à grande consideração que a Igreja tem pelos intelectuais (*Q 1*, 72, 80-1). Nos *Q*, G. analisa criticamente o modo em que tal visão dos simples concorre para a formação de um senso comum que fortalece sua posição social subordinada. No *Q 11*, G. esclarece como a tarefa da filosofia da práxis é também a de operar para que os simples e os subalternos se emancipem da própria condição de nascimento.

Na primeira nota dos *Q*, G. mostra como a condição de pobreza e subalternidade das massas é um aspecto da visão de mundo da Igreja, visto que a existência da pobreza é necessária "para que Jesus Cristo não tenha que ter errado". A doutrina da Igreja reforça essa visão na encíclica em que se defende que "1º. A propriedade privada, especialmente aquela 'fundiária', é um 'direito natural', que não pode ser violado nem com altos impostos [...]; 2º. Os pobres devem se contentar com a própria sorte, já que as distinções de classe e a distribuição da riqueza são disposições de Deus, e seria ímpio tentar eliminá-las; 3º. A esmola é um dever cristão e implica a existência da pobreza;

4º. A questão social é, antes de tudo, moral e religiosa, não econômica, e deve ser resolvida com a caridade cristã e com os ditames da moralidade e do juízo da religião" (*Q 1*, 1, 6). Tais doutrinas reforçam a condição subordinada dos simples e reforçam a convicção do pobre de que a própria posição social seja natural ou produzida pela vontade de Deus. Segundo G., há duas diferentes formas de religião (católica): uma "religião do povo", para os simples e as pessoas comuns, e uma "religião dos intelectuais", para as pessoas cultas. Nesse dualismo, aos simples pede-se que "creiam" sem nem renunciar por completo às antigas superstições pagãs ou a adaptações e desvios em relação à doutrina oficial da Igreja. Todavia, dos intelectuais católicos se pretende obediência a "encíclicas, contra--encíclicas, breves, cartas apostólicas etc." (*Q 1*, 72, 81). Isso permite à Igreja "manter-se ligada ao povo e, ao mesmo tempo, permitir certa seleção aristocrática (platonismo e aristotelismo na religião católica)" (*Q 4*, 3, 424). A religião do povo contém, portanto, elementos de cristandade e uma mistura de elementos folclóricos (v. *Q 27*, 1, 2.312-3 [*CC*, 6, 133]), como a superstição, a feitiçaria e o misticismo, que são absorvidos pelo senso comum e são parte importante da visão de mundo das massas.

Para G., o materialismo religioso domina o senso comum em forma de predestinação, providência, espiritualismo e superstição, a ponto de as massas frequentemente acreditarem que as forças sobrenaturais ou externas determinam as condições de sua existência (v. *Q 4*, 3; *Q 8*, 173; *Q 11*, 12 [*CC*, 1, 93]). Isso apresenta um duplo problema. Devido à pobreza e à impossibilidade de ter acesso às instituições políticas, as massas se dirigem não raro à superstição, à fé e à Igreja, na falta de qualquer esperança outra mais terrena. Mas a Igreja reforça tal condição, pois elogia a lealdade dos simples e a condição dos humildes e desencoraja sua participação política. G. admira a habilidade do catolicismo em manter unidas aquelas que, de fato, são duas religiões, mas evidencia que "A Igreja romana foi sempre a mais tenaz na luta para impedir que se formassem 'oficialmente' duas religiões, a dos 'intelectuais' e a das 'almas simples'" (*Q 11*, 12, 1.381 [*CC*, 1, 99]). No entanto, por razões práticas e políticas, a ruptura "não pode ser eliminada pela elevação dos 'simples' ao nível dos intelectuais (a Igreja nem sequer se propõe essa tarefa ideal e economicamente desproporcional em relação às suas forças atuais)"; portanto, exerce "uma disciplina de ferro sobre os intelectuais para que eles não ultrapassem certos limites nesta separação, tornando-a catastrófica e irreparável" (ibidem, 1.383-4 [*CC*, 1, 102]). Ainda que a Igreja mantenha assim a unidade de todos os fiéis, os intelectuais não são organicamente alinhados com as massas e não as guiam segundo seus interesses ou as elevam a uma mais alta compreensão intelectual. Sem uma direção prática e uma *leadership*, os simples são inclinados a recorrer à religião e ao senso comum para tentar compreender e melhorar as próprias condições.

G. considera subalterna a condição dos simples, pois a eles falta o poder de determinar as circunstâncias da própria existência. Isso se deve parcialmente à natureza acrítica do senso comum. A crítica gramsciana do senso comum ilustra o núcleo radicalmente democrático e crítico de sua análise sobre os simples, pois visa a potencializar as capacidades intelectuais e, portanto, a eficácia da atividade política desse grupo. G. quer que os grupos subalternos compreendam que suas condições não são naturais e que a oração, a teoria da predestinação e a superstição não têm o poder de transformar suas vidas. A condição dos simples pode ser realmente elevada apenas por um movimento filosófico e cultural capaz de manter o contato entre os intelectuais e os simples, e que, "melhor dizendo, encontra neste contato a fonte dos problemas que devem ser estudados e resolvidos" (ibidem, 1.382 [*CC*, 1, 100]). Esse movimento filosófico e cultural exige a articulação e a disseminação de uma nova concepção da filosofia e da cultura, com uma base crítica, que cria uma base nacional-popular unificando o povo numa concepção de vida comum, de tal modo a incluir a participação política ativa de todos os grupos. É isso que constitui essencialmente o fundamento de uma forma radical de democracia em que as massas exerçam um papel predominante na direção de sua vida política.

Devido à natureza acrítica do senso comum, G. explica que é necessário que os grupos dos simples e dos subalternos desenvolvam um "novo senso comum" (*Q 8*, 213, 1.071) ou um "renovado senso comum" (*Q 11*, 12, 1.382 [*CC*, 1, 100]), contendo fundamentos filosóficos críticos e reflexivos tais que transcendam o paternalismo da religião e das ideologias dominantes e a passividade por elas gerada. G. afirma que a filosofia da práxis, enquanto filosofia completa e autônoma, fornece a base de um novo senso comum. Na visão de G., a filosofia da práxis contém uma concepção superior de mundo se comparada ao senso comum, à religião e às ideologias concorrentes, pois estimula a reflexão crítica e contribui para a compreensão prática da existência humana. Para os grupos dos simples e dos subalternos, o desenvolvimento de um novo senso comum baseado na autocompreensão crítica é crucial na luta para transformar as próprias condições sociais e as próprias vidas. Na visão de G., a filosofia da práxis fornece o fundamento para um novo modo de pensar e de conceber a vida, favorecendo o desenvolvimento de uma cultura política que incorpore a participação dos simples e estabeleça a direção e a organização da sua atividade. A filosofia da práxis fornece os meios através dos quais os simples podem começar a compreender a própria posição social para transformá-la, contra o paternalismo do catolicismo e a passividade do senso comum: "A posição da filosofia da práxis é antitética a esta posição católica: a filosofia da práxis não busca manter os 'simples' na sua filosofia primitiva do senso comum, mas busca, ao contrário, conduzi-los a uma concepção de vida superior" (ibidem, 1.384 [*CC*, 1, 103]).

Marcus Green

Ver: católicos; concepção do mundo; filosofia da práxis; folclore/folklore; Igreja católica; religião; senso comum; subalterno/subalternos.

sindicalismo/sindicatos

Em numerosos artigos publicados em *L'Ordine Nuovo*, G. insiste na natureza não comunista, mas "concorrencial" do sindicato, o que o impede de ser "instrumento de renovação radical da sociedade: ele pode oferecer ao proletariado provectos burocratas, técnicos especialistas em questões industriais de caráter geral, não pode ser a base do poder proletário" ("Sindacati e consigli" [Sindicatos e conselhos], 11 de outubro de 1919, em *ON*, 238 [*EP*, 1, 285]). Conceito esse posteriormente aprofundado em um escrito de 25 de outubro de 1919, no qual se reconhece aos sindicatos o mérito de ter representado a primeira forma orgânica da luta de classe, a partir do momento que eles nasceram com o fim último de suprimir o lucro individual. Contudo, a infactibilidade imediata de seu objetivo os levou a basear a própria ação no melhoramento das condições de vida do proletariado, exigindo salários mais altos, horários de trabalho reduzidos e um corpo de legislação social. Foram obtidos bons resultados, mas às custas de conservar o "princípio da propriedade privada" e "a ordem da produção capitalista", além de selecionar uma classe dirigente sindical sobre a base de critérios de competência meramente jurídica, burocrática ou demagógica. Tal classe dirigente, com o tempo, adquiriu as características de "uma verdadeira casta de funcionários e jornalistas sindicais, com uma psicologia corporativa em absoluto contraste com a psicologia dos operários" e esta casta "terminou por assumir em face dos operários a mesma posição da burocracia governamental em face do Estado parlamentar" ("I sindacati e la dittatura" [Os sindicatos e a ditadura], em *ON*, 257-9 [*EP*, 1, 294-5]).

Vistos nesses termos, os sindicatos se apresentam como um componente da sociedade capitalista. Isso implica que a instauração de uma ditadura do proletariado deve passar por uma ação pedagógica primária do partido em relação às massas operárias. Então, uma vez que estas tenham aprendido a organizar a própria "potência de classe", os sindicatos de fábrica deverão "iniciar uma nova ordem de produção, em que a empresa se baseie não na vontade de lucro do proprietário, mas no interesse solidário da comunidade social que, em cada ramo industrial, sai do indistinto genérico e se concretiza no sindicato operário correspondente" (ibidem, 260). Nos *Q*, G. retoma a reflexão sobre esses nós não desatados no pós-guerra e observa que concretamente o Partido Socialista não existia "como organismo independente, mas só como elemento constitutivo de um organismo mais complexo que tinha todas as características de um partido do trabalho, descentralizado, sem vontade unitária" (*Q 3*, 42, 321 [*CC*, 3, 187]).

Mas nos *Q* o cenário também é novo. As duas principais novidades registradas por G. são a "liquidação dos sindicatos livres" e "sua substituição por um sistema de isoladas (entre si) organizações de empresa" nos Estados Unidos (*Q 1*, 135, 125), como nova fronteira avançada do sindicalismo no coração mundial do industrialismo; por outro lado, com o advento do fascismo, a construção do sistema corporativo. A esse propósito, G. anota: "As corporações, afinal, já existem, elas criam as condições em que as inovações podem ser introduzidas em larga escala, porque os operários nem podem se opor a isso, nem podem lutar para serem eles mesmos os portadores dessa transformação. A questão é essencial, é o *hic Rhodus* da situação italiana: assim, as corporações vão se tornar a forma dessa transformação por uma dessas 'astúcias da providência' que faz com que os homens, sem querer, obedeçam aos imperativos da história. O ponto essencial é: isso pode acontecer? Somos necessariamente levados a negar. A condição citada é uma das condições, não a única condição, nem a mais importante; *é apenas a mais importante das condições imediatas*. A americanização requer um certo ambiente, uma certa conformação social e um certo tipo de Estado" (idem). E no Texto C: "Por enquanto, temos razão para duvidar. O elemento negativo da 'polícia econômica' predominou até agora sobre o elemento positivo da exigência de uma nova política econômica que renove, modernizando-a, a estrutura econômico-social da nação, mesmo nos quadros do velho industrialismo" (*Q 22*, 6, 2.157 [*CC*, 4, 258]).

Portanto, o sindicalismo confirma, também nos *Q*, os seus limites políticos estruturais: também como corporativismo, não pode se emancipar da estrutura social "classista" da qual é expressão. No *Q 15*, 39, 1.795 [*CC*, 3, 336], G. se pergunta sobre as dificuldades encontradas pelos teóricos do corporativismo como Bottai e Spirito ao enquadrar o sindicato no Estado corporativo. Se o primeiro considera o sindicato "uma instituição necessária que não pode ser absorvida pela corporação, mas não consegue definir o que deve ser e qual função deve ter", o segundo defende que este "deve ser absorvido na corporação", mas não esclarece "que novas tarefas e novas formas devem resultar desta absorção". G. coloca ênfase no desacordo com Bottai por parte de Spirito, o qual espera uma espécie de "corporativismo integral", graças ao qual "o classismo será superado de verdade e, com ele, o princípio da concorrência arbitrária (liberalismo) e da luta materialista (socialismo)" (ibidem, 1.795-6 [*CC*, 3, 336-7]).

G. considera as reflexões de Spirito fruto de uma "utopia livresca não muito brilhante e fecunda" (ibidem, 1.796 [*CC*, 3, 337]), em evidente contraste com os processos de racionalização do trabalho que regulam a atividade das grandes indústrias. Assim, num contexto em que as velhas qualificações dos ofícios foram perdendo importância, "a solução representada pelos delegados de seção eleitos pelas equipes de produção, de modo que no conjunto de representantes todos os ofícios tenham relevo, parece ser a melhor até agora encontrada. De fato, é possível reunir os delegados por ofício nas questões técnicas e o conjunto dos delegados em torno das questões produtivas" (ibidem, 1.797-8 [*CC*, 3, 339]).

Sem dúvida, o fenômeno sindical está estreitamente ligado à crise de hegemonia do mundo liberal que se abriu com a guerra de 1914. A crise do parlamentarismo deve ser vista como "o reflexo parlamentar de mudanças radicais havidas na própria sociedade, na função que os grupos sociais desempenham na vida produtiva", por isso "parece que [...] a origem da decadência dos regimes parlamentares" deve ser buscada "na sociedade civil e, neste caminho, certamente não se pode deixar de estudar o fenômeno sindical; mas não o fenômeno sindical entendido em seu sentido elementar de associativismo de todos os grupos sociais e para qualquer fim, e sim aquele típico por excelência, isto é, dos elementos sociais de formação nova, que anteriormente não tinham "voz ativa" e que, apenas pelo fato de se unirem, modificam a estrutura política da sociedade" (*Q 15*, 47, 1.807-8 [*CC*, 3, 340]). "Todos reconhecem que a guerra de 1914-1918 representa uma ruptura histórica, no sentido de que toda uma série de questões que se acumulavam molecularmente, antes de 1914, 'se sobrepuseram umas às outras', modificando a estrutura geral do processo anterior: basta pensar na importância que assumiu o fenômeno sindical, termo geral sob o qual vêm à tona diferentes problemas e processos de desenvolvimento de importância e significação variada (parlamentarismo, organização industrial, democracia, liberalismo etc.), mas que, objetivamente, reflete o fato de que uma nova força social se constituiu, tem um peso não desprezível etc." (*Q 15*, 59, 1.824 [*CC*, 5, 330]). Contudo, o fenômeno sindical não aponta sua solução para tudo isso: contribui de maneira crucial para fazer eclodir algumas contradições que podem ser adequadamente enfrentadas por organismos como os partidos enquanto "escolas da vida estatal" (*Q 7*, 90, 920 [*CC*, 3, 267]).

Vito Santoro

Ver: americanismo e fordismo; corporativismo; greve; partido; sindicalismo teórico; Spirito.

sindicalismo teórico

Com essa expressão, G. se refere ao sindicalismo revolucionário, difundido entre os séculos XIX e XX, sobretudo na França e na Itália. O adjetivo "teórico" serve para diferenciar essa corrente do *fato* mais geral da organização sindical, que também tem modalidades e formas ideológicas variáveis no tempo. O princípio fundamental do sindicalismo revolucionário – segundo o qual a política revolucionária deve ser conduzida fora dos organismos e das instituições estatais – é contestado por G. já no período de Turim, com as mesmas argumentações que retornarão mais tarde nos *Q*: porque separa artificialmente a política da economia ("L'organizzazione economica ed il socialismo" [A organização econômica e o socialismo], 9 de fevereiro de 1918, em *CF*, 644 ss. [*EP*, 1, 138 ss.]). Seu erro está em assumir como eternas as condições do assalariado e de cair, devido à recusa da política organizada, em um espontaneísmo que reflete um espírito jacobino abstrato ("La conquista dello Stato" [A conquista do Estado], 12 de julho de 1919, em *ON*, 128 [*EP*, 1, 257]; sobre a espontaneidade como ideologia do anarquismo, v. também "Discorso agli anarchici" [Mensagem aos anarquistas], 3-10 de abril de 1920, ibidem, 491 [*EP*, 1, 338]).

Nos *Q*, o sindicalismo teórico é considerado uma forma de catastrofismo (*Q 1*, 53, 67), sintoma de um estado de prostração política das massas operárias (*Q 1*, 131, 119). É a outra face do liberalismo econômico e político, com o qual compartilha a separação entre economia e política, mas com função política oposta, uma vez que, propondo-se a ser a ideologia de um grupo subalterno, perpetua sua subalternidade (*Q 4*, 38, 460). Apesar das aparências, pode-se dizer que se trata de "um aspecto do liberalismo econômico justificado com algumas afirmações do materialismo histórico" (ibidem, 461). O sindicalismo teórico "afirma o salto imediato do regime dos agrupamentos ao da perfeita igualdade" (idem), sendo, portanto, sinônimo da incapacidade de colocar a questão da hegemonia. Por esse motivo, G. chega a definir a posição de Leon Battista Alberti, caracterizada pela mesma incapacidade, como sendo a de "um sindicalismo teórico medieval. É federalista sem centro federal. Para as questões intelectuais, confia na Igreja, que é o centro federal de fato, graças à sua hegemonia intelectual e também política" (*Q 5*, 85, 614 [*CC*, 2, 127]).

Fabio Frosini

Ver: anarquia; economismo; greve; liberais/liberalismo; sindicalismo/sindicatos; Sorel.

situação: v. relações de força.

socialismo
Entre 1916 e 1919, G. utiliza o termo "socialismo" para designar a "cidade futura", inicialmente concebida como *"possibilidade de atuação integral da personalidade humana concedida a todos os cidadãos"*, de modo que haja "o máximo da liberdade com o mínimo de coerção" ("Tre principi, tre ordini" [Três princípios, três ordens], 11 de fevereiro de 1917, em *CF*, 11). Não é o "Estado profissional" dos sindicalistas, nem o Estado monopolista de produção e distribuição a que aspiram os reformistas, mas a *"organização da liberdade de todos e para todos"* ("L'organizzazione economica e il socialismo" [A organização econômica e o socialismo], 9 de fevereiro de 1918, em *CF*, 645 [*EP*, 1, 140]), "um desenvolvimento infinito em regime de liberdade organizada e controlada pela maioria dos cidadãos, ou seja, pelo proletariado" ("Utopia", 25 de julho de 1918, em *NM*, 211 [*EP*, 1, 209]), sem "dilatação dos poderes e do intervencionismo estatal" ("Il nostro Marx" [O nosso Marx], 4 de maio de 1918, em *NM*, 289 [*EP*, 1, 160]). Rejeitado o antiestatismo precedente, G. sustenta a necessidade de "um Estado tipicamente proletário" ("La taglia della storia" [O tamanho da história], 7 de junho de 1919, em *ON*, 57) que, a diferença do Estado burguês, "pede a participação ativa e permanente dos companheiros na vida das suas instituições" ("Lo Stato e il socialismo" [O Estado e o socialismo], 28 de junho e 5 de julho de 1919, em *ON*, 119 [*EP*, 1, 250]). Mais tarde, G. passa a usar a palavra "comunismo", pensado em termos de universalismo: "Uma sociedade comunista" é a criação de organismos capazes de "dar forma a toda a humanidade" ("L'esempio della Russia" [O exemplo da Rússia], 10 de janeiro de 1920, em *ON*, 381 [*EP*, 1, 313]). Em diversos textos entre 1925-1926, G. volta a usar o termo "socialismo" como nova sociedade a se construir ("Introduzione al primo corso della scuola interna di partito" [Introdução ao primeiro curso da escola interna do partido], em *CPC*, 53; *TL*, 489; "Cinque anni di vita del partito" [Cinco anos de vida do partido], em *CPC*, 98; *QM*, 145; carta de 14 de outubro de 1926 ao Comitê Central Soviético, em *CPC*, 126 [*EP*, 2, 384]).

Nos *Q*, "socialismo", com o adjetivo relativo, se refere quase que exclusivamente ao movimento político ou a uma corrente ideológica, exceção feita ao *Q 7*, 40, 889 [*CC*, 3, 263] (estatização e empresas públicas são, para Saitzew, não uma "forma de socialismo, mas [...] parte integrante do capitalismo"). Porém, nos *Q* é traçada a concepção de uma sociedade socialista como processo de transição – numa complexa dialética entre Estado e sociedade civil – de uma fase inicial econômico-corporativa, em que os elementos de base ainda são escassos (*Q 8*, 185, 1.053 [*CC*, 3, 286]), para aquela em que a iniciativa econômico-política será "passada nitidamente às forças que visam à construção segundo um plano, de pacífica e solidária divisão do trabalho" (*Q 14*, 68, 1.729 [*CC*, 3, 315]), processo que "provavelmente durará alguns séculos, isto é, até o desaparecimento da Sociedade política e o advento da sociedade regulada" (*Q 7*, 33, 882 [*CC*, 1, 242]). O Estado, "condição preliminar de toda atividade econômica coletiva" (*Q 10* II, 20, 1.258 [*CC*, 1, 327]), é "o instrumento para adequar a sociedade civil à estrutura econômica" (*Q 10* II, 15, 1.254 [*CC*, 1, 323]), desde que quem o dirija sejam os representantes do proletariado, que devem trabalhar pelo desenvolvimento de "novas formas de vida estatal, em que a iniciativa dos indivíduos e dos grupos seja 'estatal', ainda que não se deva ao 'governo dos funcionários' (fazer com que a vida estatal se torne 'espontânea')" (*Q 8*, 130, 1.020-1 [*CC*, 3, 280]), de modo que se pode "imaginar o elemento Estado-coerção em processo de esgotamento à medida que se afirmam elementos cada vez mais conspícuos de sociedade regulada" (*Q 6*, 88, 764 [*CC*, 3, 244]). Mas para isso são necessárias *ao mesmo tempo* – o que é difícil – tanto a elaboração de uma alta cultura e de grupos dirigentes adequados à gigantesca tarefa da transição socialista, quanto a educação e a participação ativa das grandes massas no "processo molecular de afirmação de uma nova civilização", um Renascimento e uma Reforma juntos (*Q 7*, 43, 891-2 [*CC*, 1, 247]).

No centro da reflexão dos *Q* está o "movimento operário e socialista" (*Q 2*, 82, 243 [*CC*, 5, 194] e *Q 11*, 66, 1.503 [*CC*, 1, 210]), italiano em particular (v. indicações e referências bibliográficas sobre autores como Luigi Luzzatti, *Q 2*, 7, 160 [*CC*, 5, 171], ou sobre personagens ambíguos, como Francesco Ciccotti, apologista do "prampolinismo", *Q 1*, 116, 107-10 [*CC*, 2, 218]), acerca do qual o juízo geral de G. é, como já nos anos pré-carcerários, muito crítico. O socialismo italiano havia transformado a doutrina de Marx na "inércia do proletariado" e reduzido a práxis política ao "pequeno duelo reformista" ("La critica critica" [A crítica crítica], 1º de janeiro de 1918, em *CF*, 555 [*EP*, 1, 130]). Por décadas foi dominado pelo "nulismo oportunista e reformista" ("Lo Stato italiano" [O Estado italiano], 7 de fevereiro de 1920, em *ON*, 404), deixando à margem, com a exceção de Antonio Labriola, a atividade teórica, de maneira que o marxismo na Itália "serviu como tempero para todos os mais indigestos pratos" de "aventureiros da pena", como Ferri, Ferrero, Loria, Orano, Mussolini ("Introduzione al primo corso della scuola interna di partito" [Introdução ao primeiro curso da escola interna do partido], em *CPC*, 54-5). No PSI, "por um lado, havia um grupo de intelectuais que não representavam mais a tendência a uma reforma democrática do Estado: seu marxismo não ia além da intenção de estimular e organizar as forças do proletariado para que servissem à instauração da democracia (Turati, Bissolati etc.). Por outro lado, havia um grupo mais diretamente ligado ao movimento proletário, representante de uma tendência operária, mas desprovido de qualquer consciência teórica adequada (Lazzari)" (*TL*, 489-90). O socialismo italiano foi corporativo e protecionista em prejuízo do Mezzogiorno, tornando-se o instrumento da política giolittiana (*QM*, 146 [*EP*, 2, 421]). Foi subalterno, teórica e politicamente, ao liberalismo de Croce, que, com sua atividade científica, transformou-o em reformismo (*Q 10* II, 41.IV, 1.305 [*CC*, 1, 361]) e num fragmento do liberalismo (*Q 10* II, 59, 1.353 [*CC*, 1, 420]). Esse foi um dos principais promotores do transformismo, fornecendo quadros intelectuais à classe dominante, com o agravante, diferentemente de outros países, de que a mudança de campo não se limitou a "personalidades políticas isoladas", mas envolveu "inteiros grupos de intelectuais". Transformismo comum a outros socialismos em condições análogas – por atraso no desenvolvimento capitalista – àquelas da Itália, como "os socialismos nacionais dos países eslavos (ou social-revolucionários ou narodniks etc.)" (*Q 3*, 137, 396 [*CC*, 2, 94]). Entre 1890 e 1900, "uma massa de intelectuais passa para os partidos de esquerda, chamados de socialistas, mas, na realidade, puramente democráticos", e, de 1900 em diante, há o "transformismo de grupos radicais inteiros, que passam ao campo moderado", com a "formação do Partido Nacionalista, com os grupos de ex-sindicalistas e anarquistas" (*Q 8*, 36, 962-3 [*CC*, 5, 286]).

Essa mudança de campo do socialismo para o nacionalismo e, em seguida, para o fascismo, coloca a Itália entre os países em que "encontrou no pós-guerra um terreno propício" (*Q 6*, 42, 719 [*CC*, 6, 186]) o "nacional-socialismo" (*Q 6*, 129, 797 [*CC*, 2, 144]), que visa, com D'Annunzio, a "conduzir as grandes massas à 'ideia' nacional ou nacional-imperialista" e tem entre seus precursores, talvez, Garibaldi (*Q 6*, 129, 797 [*CC*, 2, 144]), o "socialismo pequeno-burguês à la De Amicis", escritores menores como Giovanni Cena (*Q 6*, 42, 719 [*CC*, 6, 186]), Crispi, que criou "as primeiras células de um socialismo nacional que deveria se desenvolver impetuosamente mais tarde" (*Q 19*, 24, 2.019 [*CC*, 5, 62]). Entre seus principais ideólogos, encontra-se Giovanni Pascoli, que criou o "conceito de nação proletária e [...] outros conceitos depois desenvolvidos por E. Corradini e pelos nacionalistas de origem sindicalista", fazendo-se de "arauto de um socialismo nacional" (*Q 2*, 52, 209 [*CC*, 5, 182]), voltado a colocar as massas, que aparecem na cena política e se dirigem aos ideais socialistas, sob a hegemonia dos grupos nacionalistas, colonialistas e imperialistas, e oferecendo uma contribuição essencial ao fascismo, à frente do qual se colocaram diversos quadros provenientes das fileiras do sindicalismo e do socialismo. No mais, o socialismo italiano havia confiado amplamente num personagem como Achille Loria, cuja nefasta influência G. percebe também no verbete "Fascismo" redigido por Mussolini para a *Enciclopedia italiana* (*Q 9*, 77, 1.145 [*CC*, 2, 288]).

ANDREA CATONE

Ver: Corradini; Croce; Estado; Labriola; Pascoli; reformismo; socialistas; sociedade política; sociedade regulada; transformismo.

socialistas

O termo "socialista" apresenta apenas 37 recorrências nos *Q*, que se agregam às 6 de "Partido Socialista", o que, sem dúvida, pode ser interpretado como sintoma de uma consideração parcial do tema por parte de G. De maneira geral, ele classifica os socialistas como antecessores ou variante burguesa, embora de admirável empenho de ideias, do princípio da revolução. Seja como for, na sua visão é evidente a ausência de continuidade entre a vertente do socialismo nacional e a formação de forças autenticamente revolucionárias. De início, a cultura socialista é acusada de ter pouca autonomia, sobretudo devido à fracassada ruptura entre a longa tradição burguesa e o perfil de um partido de transformação coerente. A revista *La Voce* – lugar de relevante confronto entre cultura burguesa e socialista – parece, para G., responsável pela confusão de ideias e fins: "Se Prezzolini tivesse coragem cívica, poderia recordar que a sua *La Voce* influiu muito sobre alguns socialistas e foi um elemento de revisionismo" (*Q 1*, 90, 90-1 [*CC*, 2, 62]). O revisionismo é fenômeno cada vez mais recorrente entre as fileiras dos militantes socialistas, capaz de influenciar mentalidades e o aparelho organizacional. A questão remete diretamente ao tema do partido: mesmo refutando a sistematização de Michels quanto à tendência moderna ao fracionismo – outra face da primazia dos líderes e políticos de profissão (*Q 2*, 75, 236 [*CC*, 3, 166]) –, G. atribui à tendência revisionista especialmente aquela fragilidade teórica que corta na base o valor alternativo do empenho socialista. Ele adverte: "Os partidos socialistas, graças aos numerosos postos remunerados e honoríficos de que dispõem, oferecem aos operários [...] uma possibilidade de fazer carreira, o que exerce sobre eles uma força considerável de atração" (idem). O mesmo fascínio toca os intelectuais, também expostos à desorientação teórica na batalha de ideias. É o caso da obra de De Man, que contribuiu para os "desvios" e para as "reações contraditórias do movimento operário e socialista nos anos recentes" (*Q 4*, 30, 446), em especial por sua posição contrária ao marxismo teórico e à concepção materialista da história. Mas também outros aspectos do pensamento socialista são rejeitados enquanto variantes da cultura burguesa: é o caso de "todo esse socialismo pequeno-burguês à la De Amicis", sobre o qual G. se pergunta retoricamente, para no final opinar, talvez de forma um tanto vaga, se este é um "socialismo nacional ou nacional-socialismo", fenômeno típico de uma ótica somente nacional do conflito de classe, posterior à Primeira Guerra Mundial (*Q 6*, 42, 719 [*CC*, 6, 186]). Também o jornalismo, ao qual o nosso autor está muito atento desde jovem, autoriza um momento de crítica aos socialistas italianos: eles, assim como os católicos, refletem "as condições culturais da província (vilarejo e pequena cidade)", com o consequente localismo de horizonte restrito (*Q 6*, 104, 776 [*CC*, 2, 233]). Mas já nas origens, o socialismo nacional é proposto com uma marca substancial de protesto juvenil e negativo, que para G. significa inadequação à luta. No *Q 8*, uma longa página de Guglielmo Ferrero, recuperada dos *Elementi di scienza politica* [Elementos de ciência política], de Mosca, chama a atenção do detento, que faz detalhada anotação, principalmente em torno ao fato de que "a observação mais superficial demonstra logo que, na Itália, não existem quase em nenhum lugar as condições econômicas e sociais para a formação de um grande e verdadeiro partido socialista" (*Q 8*, 36, 963 [*CC*, 5, 287]). O argumento parte do eterno problema do transformismo, mesmo que um pouco filtrado pelo positivismo que atravessa Ferrero, mas assume uma consistência política completa na denúncia da inutilidade do reformismo – ainda De Man – e da tendência dos partidos a se tornarem "de centro" depois de terem nutrido uma função de ruptura, apenas mencionada em uma imagem originária já empalidecida. O Partido Socialista não é exceção a essa tendência, que, nos *Q*, sob a rubrica "Maquiavel", expressa a relevância da temática do "centro" (*Q 14*, 3, 1.656-7 [*CC*, 3, 297]).

SILVIO SUPPA

Ver: De Man; intelectuais; Michels; reformismo; revisionismo; socialismo; transformismo.

sociedade civil

Escreve G., na seção intitulada *Noções enciclopédicas. A sociedade civil*: "É preciso distinguir a sociedade civil tal como é entendida por Hegel e no sentido em que é muitas vezes usada nestas notas (isto é, no sentido de hegemonia política e cultural de um grupo social sobre toda a sociedade, como conteúdo ético do Estado) do sentido que lhe dão os católicos, para os quais a sociedade civil, ao contrário, é a sociedade política ou o Estado, em oposição à sociedade familiar e à Igreja" (*Q 6*, 24, 703 [*CC*, 3, 225]). Temos aqui a definição de uma acepção particular da expressão, bem como a afirmação do sentido em que tal expressão é usada normalmente nos *Q*. Portanto, referindo-se à sociedade civil, G. normalmente entende a expressão no sentido de Hegel, ou seja, como "hegemonia política e cultural de um grupo social sobre toda a sociedade, como conteúdo ético do Estado". Trataremos, pois, do sentido especificamente gramsciano de "sociedade civil", sabendo que o significado é oposto em relação àquele dos católicos, para os quais tal expressão designa o Estado em sentido estrito, que G., por sua vez, denomina "sociedade política". Resta a advertência constituída pelo advérbio "normalmente", que claramente indica que G. utiliza a expressão "sociedade civil" *também* com outros sentidos.

Passado um ano do início da redação dos *Q*, percebe-se neles a irrupção da política graças a duas longas notas sobre a questão dos intelectuais: *Q 1*, 43 e *Q 1*, 44. Em outras palavras, nos primeiros meses de 1930, o conceito de hegemonia faz sua estreia: a noção de sociedade civil é a resultante da investigação sobre a hegemonia e está fortemente vinculada à questão dos intelectuais. Estamos no interior do que G. define como "o Estado integral", o complexo constituído pela sociedade civil e pela sociedade política, do qual justamente no *Q 1*, 44 são explicitadas duas funções características: "Uma classe é dominante de duas maneiras, sendo 'dirigente' e 'dominante'. É dirigente das classes aliadas, é dominante das classes adversárias. Por isso, uma classe, já antes da ida ao poder, pode ser 'dirigente' (e deve sê-lo); quando está no poder, torna-se dominante, mas continua a ser também dirigente [...]. Pode e deve haver uma 'hegemonia política' também antes de ir ao governo, e não precisa contar apenas com o poder e com a força material que este lhe dá para exercer a direção ou hegemonia política" (ibidem, 41). Este texto é retomado em segunda versão no *Q 19*, com uma série de variações interessantes também do ponto de vista lexical: "A supremacia de um grupo social se manifesta de dois modos, como 'domínio' e como 'direção intelectual e moral'. Um grupo social domina os grupos adversários, que visa a 'liquidar' ou a submeter inclusive com a força armada, e dirige os grupos afins e aliados. Um grupo social pode e, aliás, deve ser dirigente já antes de conquistar o poder governamental [...] depois, quando exerce o poder e mesmo se o mantém fortemente nas mãos, torna-se dominante mas deve continuar a ser também 'dirigente' [...] pode e deve haver uma atividade hegemônica mesmo antes da ida ao poder" (*Q 19*, 24, 2.010-1 [*CC*, 5, 62-3]). Sempre no nível do *Q 1*, podem-se identificar os elementos decisivos da concepção gramsciana de Estado, no ponto em que são confrontadas as relações entre Estado e mundo econômico: "Para as classes produtivas (burguesia capitalista e proletariado moderno), o Estado só é concebível como forma concreta de um determinado mundo econômico, de um determinado sistema de produção [...] quando o impulso para o progresso não é estreitamente ligado a um desenvolvimento econômico local [...] então a classe portadora das novas ideias é a classe dos intelectuais e a concepção do Estado muda de aspecto. O Estado é concebido como uma coisa em si, como um absoluto racional" (*Q 1*, 150, 132-3 [*CC*, 6, 350]). A partir dessa definição do Estado na sua relação com o mundo econômico, é possível introduzir a segunda acepção do conceito de sociedade civil, em que aparece o conceito de "*homo oeconomicus*", isto é, os diferentes aspectos da vida econômica.

Lê-se no *Q 10* II, 15 [*CC*, 1, 323], intitulado "Notas de economia": "O *homo oeconomicus* é a abstração da atividade econômica de uma determinada forma de sociedade, isto é, de uma determinada estrutura econômica. Toda forma social tem seu *homo oeconomicus*, isto é, uma atividade econômica própria [...]. Entre a estrutura econômica e o Estado com sua legislação e sua coerção, está a sociedade civil, e esta deve ser radical e concretamente transformada não apenas na letra da lei e nos livros dos cientistas; o Estado é o instrumento para adequar a sociedade civil à estrutura econômica [...]. Esperar que, através da propaganda e da persuasão, a sociedade civil se adapte à nova estrutura, que o velho *homo oeconomicus* desapareça sem ser sepultado com todas as honras que merece, é uma nova forma de retórica econômica, uma nova forma de moralismo econômico vazio e inconsequente" (ibidem, 1.253-4 [*CC*, 1, 323-4]). Estamos aqui na presença de uma nova definição de sociedade civil, que chamaremos de "sociedade civil-*homo oeconomicus*". Já no *Q 1*, 158, 138, G. desenvolve a ideia de que o homem deve ser transformado – ele diz "mecanizado" – a fim de que possa ser adaptado às novas condições de trabalho e de produção do industrialismo. Se a segunda acepção do conceito está ausente do *Q 1*, o esquema de pensamento que será utilizado para produzi-la já aparece em forma embrionária. Com esse segundo significado do conceito de sociedade civil, cujo conteúdo é a vida econômica, à primeira vista, encontramo-nos bem distantes do conceito precedentemente considerado. Trata-se certamente, como na atividade de conquista da hegemonia, de transformar o homem, de adaptá-lo, mas, neste caso, o nível da realidade social que permite obter o consenso das classes aliadas não é mais político e cultural, mas econômico, em que a função hegemônica aparentemente não exerce um papel fundamental, uma vez que o instrumento determinante da transformação é a coerção estatal da legislação e do direito, ainda que entrem em ação outros instrumentos mais "positivos", como a escola ou outras instituições culturais.

Aqui atravessamos o tema do "economismo", como problema das relações entre a sociedade civil em sentido gramsciano e a sociedade civil-*homo oeconomicus*. A sociedade civil, no sentido gramsciano, é a esfera da atividade política por excelência, enquanto lugar em que aparecem em cena as organizações assim denominadas privadas (sindicatos, partidos, organizações de todo tipo), que têm como objetivo a transformação do modo de pensar dos homens. Quanto à sociedade civil em sentido estrito, que predispõe as intervenções coercitivas da lei e do direito, é também ela uma instância da transformação social. O economismo não leva em consideração essa dupla forma da atividade humana e concede à economia enquanto tal, e sem intervenção da consciência, da organização e, portanto, de tudo o que o marxismo define como "superestrutura", o poder de determinar a sociedade humana. Considere-se o *Q 13*, 17 [*CC*, 3, 36], em que G. escreve: "A fase mais estritamente política, que assinala a passagem nítida da estrutura para a esfera das superestruturas complexas; é a fase em que as ideologias [...] se transformam em 'partido' [...] determinando, além da unicidade dos fins econômicos e políticos, também a unidade intelectual e moral, pondo todas as questões [...] num plano 'universal', criando assim a hegemonia de um grupo social fundamental sobre uma série de grupos subordinados" (ibidem, 1.584 [*CC*, 3, 41]). É o ponto mais alto que pode alcançar a luta pela conquista da hegemonia, isto é, umas das esferas de que devem ser pensadas as relações com a outra esfera, aquela da ditadura sobre a sociedade civil-*homo oeconomicus*. Nessa mesma nota, há uma rápida alusão ao liberalismo e ao sindicalismo teórico, mas é na nota seguinte, "Alguns aspectos teóricos e práticos do economismo", que se encontram os elementos necessários à interpretação do economicismo: "É no mínimo estranha a atitude do economicismo em relação às expressões de vontade, de ação e de iniciativa política e intelectual, como se estas não fossem uma emanação orgânica de necessidades econômicas, ou melhor, a única expressão eficiente da economia" (*Q 13*, 18, 1.591 [*CC*, 3, 48]). Note-se: não existem outras emanações eficientes da economia. G. insiste reiteradamente sobre esse ponto.

Eis agora a passagem que coloca não poucos problemas interpretativos. Citarei inicialmente a versão do Texto C e logo depois fornecerei as variantes que se encontram na primeira redação: "A formulação do movimento do livre-câmbio baseia-se num erro teórico cuja origem prática não é difícil identificar, ou seja, baseia-se na distinção entre sociedade política e sociedade civil, que de distinção metodológica é transformada e apresentada como distinção orgânica. Assim, afirma-se que a atividade econômica é própria da sociedade civil e que o Estado não deve intervir em sua regulamentação. Mas, dado que sociedade civil e Estado se identificam na realidade dos fatos, deve-se estabelecer que também o liberismo é uma regulamentação de caráter estatal, introduzida e mantida por via legislativa e coercitiva: é um fato de vontade consciente dos próprios fins, e não expressão espontânea, automática, do fato econômico. Portanto, o liberismo é um programa político, destinado a modificar, quando triunfa [...] a distribuição da renda nacional. Diverso é o caso do sindicalismo teórico, na medida em que se refere a um grupo subalterno, o qual, por meio desta teoria, é impedido de se tornar dominante, de se desenvolver para além da fase econômico-corporativa a fim de alcançar a fase de hegemonia ético-política na sociedade civil e de tornar-se dominante no Estado" (ibidem, 1.589-90 [*CC*, 3, 47]). Dizia, por sua vez, o Texto A (no qual a expressão inicial "no primeiro caso" refere-se ao "livre-cambismo"): "No primeiro caso, especula-se inconscientemente (devido a um erro teórico do qual não é difícil identificar o sofisma) sobre a distinção entre sociedade política e sociedade civil, e se afirma que a atividade econômica é própria da sociedade civil e que a sociedade política não deve intervir na sua regulamentação. Mas, na realidade, essa distinção é puramente metódica, não orgânica, e, na vida histórica concreta, sociedade política e sociedade civil são uma mesma coisa. Ademais, o liberismo também deve ser introduzido pela lei, isto é, pela intervenção do poder político [...]. Diferente é o caso do sindicalismo teórico, porque este se refere a um agrupamento subalterno ao qual, com essa teoria, se impede de se tornar dominante, de sair da fase econômico-corporativa para se erguer à fase de hegemonia político-intelectual na sociedade civil e se tornar dominante na sociedade política" (*Q 4*, 38, 460). Qual é o erro teórico aqui denunciado? O texto é claro a esse propósito: a distinção "entre sociedade política e sociedade civil [...], de distinção metodológica, é transformada e apresentada como distinção orgânica" (*Q 13*, 18, 1.590 [*CC*, 3, 47]). Mas a questão filológica que se coloca é a seguinte: que sentido assume a expressão "sociedade civil" nessa primeira proposição? Um sentido propriamente gramsciano, a "hegemonia política e cultural de um grupo social sobre toda a sociedade, como conteúdo ético do Estado" (*Q 6*, 24, 703 [*CC*, 3, 225]). G. não se demora sobre a maneira de estabelecer uma distinção metodológica sem confundi-la com uma distinção orgânica; satisfaz-se em definir as teses que derivam da confusão que acabou de denunciar: "Afirma-se que a atividade econômica é própria da sociedade civil e que o Estado não deve intervir na sua regulamentação" (*Q 13*, 18, 1.590 [*CC*, 3, 46]). Se a segunda parte do período não coloca problemas, já que expõe uma tese demasiado conhecida do liberismo, o mesmo não pode ser dito da primeira parte, que remete à segunda acepção de sociedade civil.

Em oposição ao liberismo e ao seu economicismo radical, G. se alinha com aqueles que sublinham a necessidade da múltipla intervenção estatal. Ao mesmo tempo, põe em evidência a falsidade radical da tese liberista: "O liberismo também deve ser introduzido pela lei, isto é, pela intervenção do poder político". Mas a crítica gramsciana não termina aqui, pois ainda deve ser desnudado um outro sustentáculo da teoria liberista: a ideia da existência autônoma da economia. Na verdade, é impossível separar a vida econômica e suas estruturas da coerção jurídica do Estado e das relações de força que caracterizam um "mercado determinado". "Na vida histórica concreta, sociedade política e sociedade civil são uma mesma coisa", ou "se identificam", como diz a segunda versão do texto. Quando, enfim, se passa a considerar o sindicalismo teórico, encontra-se uma perfeita clareza intelectual, pois não há dificuldades na identificação da origem prática do erro: o intento é fazer com que a classe subalterna permaneça subalterna; por outro lado, as dificuldades filológicas desaparecem: é evidente que a referência é à sociedade civil em sentido gramsciano, quando o nosso autor aponta em que consiste o obstáculo que se ergue à frente do grupo subalterno para impedi-lo "de sair da fase econômico-corporativa para se erguer à fase de hegemonia político-intelectual na sociedade civil".

Para concluir, deve ser mencionada uma outra acepção da expressão sociedade civil em G. Ele escreve: "'Todo indivíduo é funcionário' [...] na medida em que, 'agindo espontaneamente', sua ação se identifica com os fins do Estado (ou seja, do grupo social determinado ou sociedade civil)" (*Q 8*, 142, 1.028 [*CC*, 3, 282]). Logo depois, G. faz referência a uma ação "interessada no sentido mais elevado, do interesse estatal ou do grupo que constitui a sociedade civil" (ibidem, 1.029 [*CC*, 3, 283]). Esse uso, em que o "grupo social fundamental" é definido "sociedade civil", merece certa atenção. Se tivéssemos que identificar a própria essência da doutrina em que G. se inspira, poderíamos remeter a um famoso parágrafo consagrado aos "elementos constitutivos do marxismo", do qual se esforça em captar a "unidade" profunda: *Q 7*, 18, 868 [*CC*, 1, 236]. Se tivéssemos que indicar dois conceitos fundamentais dessa doutrina, começaríamos pelo conceito de "práxis", com sua função essencial que consiste em pensar a transformação da estrutura por meio das superestruturas ("inversão da práxis"), e pelo conceito de "bloco histórico", que é o quadro teórico geral no âmbito do qual agem todos os conceitos. Daqui deriva a primazia da política, portanto a fundação de novos

Estados, a revolução. Em que pese o lugar que ocupam nos *Q*, diga-se, porém, correndo o risco do paradoxo, que os conceitos de "hegemonia", "guerra de posição" e "revolução passiva" são conceitos *subordinados*. Ressaltar que o fim do Estado político é uma proposição essencial do marxismo leva a pensar no papel exercido pela hegemonia e pela guerra de posição no percurso que conduz à conclusão última: o Estado "guarda-noturno", que assegura a transição à "sociedade regulada".

Bibliografia: Auciello, 1974; Bobbio, 1990b; Buci-Glucksmann, 1976; Buttigieg, 1995; Francioni, 1984; Liguori, 2006; Texier, 1968 e 1989.

Jacques Texier

Ver: bloco histórico; dialética; economismo; Estado; Estado guarda-noturno; hegemonia; intelectuais; sociedade política; sociedade regulada; superestrutura/superestruturas.

sociedade comunista: v. sociedade regulada.

sociedade política

Por "sociedade política" G. entende o Estado tal como era tradicionalmente compreendido: "Sociedade política [...], na linguagem comum, é a forma de vida estatal a que se dá o nome de Estado e que vulgarmente é entendida como todo o Estado" (*Q 8*, 130, 1.020 [*CC*, 3, 279]). Uma vez que ele reage à tal visão restrita e não adequada à realidade social e política que se estabelece, sobretudo depois de 1870, caracterizada de modo crescente pelo Estado "integral", G. tende a considerar a sociedade política como uma parte do Estado *ampliado*: o Estado se apresenta de duas formas, diz ele, "como sociedade civil e como sociedade política, como 'autogoverno' e como 'governo dos funcionários'" (idem). Esse "governo dos funcionários", o Estado estritamente entendido, compreende o aparato governamental e o aparato coercitivo, como é evidente na célebre definição: "Estado = sociedade política + sociedade civil, isto é, hegemonia couraçada de coerção" (*Q 6*, 88, 763-4 [*CC*, 3, 244]). Outras afirmações dos *Q* confirmam essa leitura: há "identidade-distinção entre sociedade civil e sociedade política" (*Q 8*, 142, 1.028 [*CC*, 3, 282]); "Se trata da ausência de uma clara enunciação do conceito de Estado e da distinção neste entre sociedade civil e sociedade política, entre ditadura e hegemonia etc." (*Q 10* II, 7, 1.245 [*CC*, 1, 316]). "Por enquanto, podem-se fixar dois grandes 'planos' superestruturais: o que pode ser chamado de 'sociedade civil' (isto é, o conjunto de organismos designados vulgarmente como 'privados') e o da 'sociedade política ou Estado'" (*Q 12*, 1, 1.518 [*CC*, 2, 20-1]). A nota *Q 7*, 28, 876 [*CC*, 3, 262] intitula-se "Sociedade civil e sociedade política" e afirma: "Separação da sociedade civil em relação à sociedade política: pôs-se um novo problema de hegemonia, isto é, a base histórica do Estado se deslocou. Tem-se uma forma extrema de sociedade política: ou para lutar contra o novo e conservar o que oscila, fortalecendo-o coercivamente, ou como expressão do novo para esmagar as resistências que encontra ao desenvolver-se etc.". A crise de hegemonia como separação da sociedade civil em relação à sua expressão estatal, que, portanto, não tem mais sua base histórica. Ainda, a temática marxista da extinção do Estado (com a afirmação daquela que G. chama de "sociedade regulada") é vista nos termos do "desaparecimento da sociedade política" e do "advento da sociedade regulada" (*Q 7*, 33, 882 [*CC*, 1, 242]): os elementos coercitivos diminuem e se expandem o consenso e o autogoverno.

Como normalmente ocorre nos *Q*, não faltam algumas indecisões semânticas. Por exemplo, no *Q 12*, 1, 1.522 [*CC*, 2, 24], lê-se que "o partido político, para todos os grupos, é precisamente o mecanismo que realiza na sociedade civil a mesma função desempenhada pelo Estado, de modo mais vasto e mais sintético, na sociedade política". Aqui, é a "sociedade política" que parece compreender, no seu interior, o Estado, e parece ser, portanto, realidade mais vasta, como se o Estado não exaurisse todo o espaço do político, ou melhor, da sociedade política.

O termo também é utilizado para designar as realidades estatais (ou políticas) pré-modernas, da Antiguidade ("com o aparecimento do cristianismo e com seu ordenamento, durante séculos ora de perseguições, ora de tolerâncias, como sociedade em si, diversa da sociedade política, surgiu um novo *jus sacrum*": *Q 3*, 87, 368 [*CC*, 2, 86]) e da Idade Média ("com o direito canônico, ao contrário, não ocorre a redução a direito pessoal, sendo ele o direito de uma sociedade diversa e distinta da sociedade política, na qual a inclusão não era baseada na nacionalidade": ibidem, 370 [*CC*, 2, 88]). Outras vezes, "sociedade política" parece se identificar com o Estado *tout court*: "No primeiro caso, se especula inconscientemente [...] sobre a distinção entre sociedade política e sociedade civil, e se afirma que a atividade econômica é própria da sociedade civil e que a sociedade política não deve intervir na sua regulamentação. Mas, na realidade, essa distinção é puramente metódica, não orgânica, e, na vida histórica concreta, sociedade política e sociedade civil são uma mesma coisa" (*Q 4*, 38, 460).

Guido Liguori

Ver: Estado; sociedade civil; sociedade regulada.

sociedade regulada

Nos *Q*, "sociedade regulada" equivale a "sociedade comunista", assim como em boa parte da tradição marxista: trata-se da formação social que deveria suceder a "sociedade socialista" (a "sociedade de transição") e que seria marcada pela extinção do Estado. A expressão "sociedade regulada" aparece quase que somente no *Q 6*, em poucos Textos B. O tema da extinção do Estado está presente em outras poucas notas em que o termo não aparece, como, por exemplo, no *Q 5*, 127, 662 [*CC*, 3, 222-3], em que G., refletindo provavelmente sobre a sociedade soviética, a única sociedade socialista existente à época, escreve: "Sobre esta realidade, que está em contínuo movimento, não se pode criar um direito constitucional do tipo tradicional, mas apenas um sistema de princípios que afirmam como fim do Estado seu próprio fim, seu próprio desaparecimento, isto é, a reabsorção da sociedade política na sociedade civil" (idem).

A nota *Q 6*, 12, 693 [*CC*, 3, 223], intitulada "Estado e sociedade regulada", é a primeira em que G. utiliza a expressão "sociedade regulada", a partir da crítica da corrente dos "gentilianos de esquerda" Spirito e Volpicelli, corrente em cujo pensamento "deve-se notar, como momento crítico inicial, a confusão entre o conceito de Estado-classe e o conceito de sociedade regulada". Precisa G.: "Enquanto existir o Estado-classe não pode existir a sociedade regulada, a não ser por metáfora, isto é, apenas no sentido de que também o Estado-classe é uma sociedade regulada. Os utopistas, na medida em que exprimiam uma crítica da sociedade existente em seu tempo, compreendiam muito bem que o Estado-classe não podia ser a sociedade regulada, tanto é verdade que nos tipos de sociedade pensados pelas diversas utopias introduz-se a igualdade econômica como base necessária da reforma projetada: nisto os utopistas não eram utopistas, mas cientistas concretos da política e críticos coerentes. O caráter utópico de alguns deles era dado pelo fato de que consideravam possível introduzir a igualdade econômica com leis arbitrárias, com um ato de vontade etc. Mas permanece exato o conceito [...] de que não pode existir igualdade política completa e perfeita sem igualdade econômica" (idem). G. novamente volta a polemizar com Spirito e Volpicelli no *Q 6*, 82, 756 [*CC*, 3, 236], ainda a propósito da confusão entre Estado e sociedade regulada.

O tema da sociedade regulada como superação do Estado retorna no *Q 6*, 65, 734 [*CC*, 2, 230], novamente numa reflexão que se refere, sobretudo, à "sociedade de transição": "Nesta sociedade, o partido dominante não se confunde organicamente com o governo, mas é instrumento para a passagem da sociedade civil à 'sociedade regulada', na medida em que absorve ambas em si, para superá-las (e não para perpetuar sua contradição) etc.". Também no *Q 6*, 88, 764 [*CC*, 3, 244-5], a concepção marxista do Estado se torna a "doutrina do Estado que conceba este como tendencialmente capaz de esgotamento e de dissolução na sociedade regulada". G. acrescenta: "O elemento Estado-coerção em processo de esgotamento à medida que se afirmam elementos cada vez mais conspícuos de sociedade regulada (ou Estado ético, ou sociedade civil). As expressões Estado ético ou sociedade civil significariam que esta 'imagem' de Estado sem Estado estava presente nos maiores cientistas da política e do direito, ao se porem no terreno da pura ciência (= pura utopia, já que baseada no pressuposto de que todos os homens são realmente iguais e, portanto, igualmente razoáveis e morais)" (idem).

A sociedade regulada é, pois, Estado sem Estado: se – como diz a mesma nota – o Estado é "sociedade política + sociedade civil" (Estado "integral"), a sociedade regulada é aquela "sociedade civil-política" em que perece o Estado tradicionalmente entendido, o Estado como aparelho repressivo (concepção contra a qual G. tantas vezes polemiza). O próprio G. escreve mais adiante: "Na doutrina do Estado → sociedade regulada, de uma fase em que Estado será igual a Governo, e Estado se identificará com sociedade civil, dever-se-á passar a uma fase de Estado-guarda-noturno, isto é, de uma organização coercitiva que protegerá o desenvolvimento dos elementos de sociedade regulada em contínuo incremento e que, portanto, reduzirá gradualmente suas intervenções autoritárias e coativas" (idem). A expansão dos elementos de autogoverno, no âmbito da sociedade socialista, levará, segundo G., a uma redução gradual dos elementos de estatismo propriamente dito, diminuindo a necessidade de momentos repressivos e coercitivos. Uma radicalização dessa visão se encontra no *Q 7*, em que G. escreve que "Marx inicia intelectualmente uma idade histórica que durará provavelmente alguns séculos, isto é, até o desaparecimento da sociedade política e o advento da sociedade regulada" (*Q 7*, 33, 882 [*CC*, 1, 242]). Coerentemente com certa tradição marxista, a sociedade sem classes, a sociedade comunista, parece também ser imaginada como uma sociedade sem política.

Guido Liguori

Ver: Estado; Estado ético; socialismo; sociedade civil.

sociologia

Nos escritos gramscianos, a sociologia é analisada em dois níveis: o nível da crítica à sociologia positivista e o nível da crítica à sociologia marxista tal qual é apresentada pelo *Ensaio popular*, de Bukharin. Esses dois planos do discurso, o primeiro já presente nos escritos de juventude, o segundo somente nos escritos dos anos 1930, convergem nas passagens dos *Q* em que é colocado como tema o objeto de debate, ou seja, a possibilidade de construir uma sociologia marxista, que G. não entende como filologia: "Se a filologia é a expressão metodológica da importância que têm a verificação e a determinação dos fatos particulares em sua inconfundível 'individualidade', é impossível excluir a utilidade prática da identificação de determinadas 'leis de tendência' mais gerais, que correspondem, na política, às leis estatísticas ou dos grandes números, que contribuíram para o progresso de algumas ciências naturais" (*Q 11*, 25, 1.429 [*CC*, 1, 147]). A particular relação de G. com a sociologia encontra-se toda no paradoxo de uma crítica ao seu caráter abstrato e esquemático, *que caminha junto* ao reconhecimento de seu caráter normativo e preditivo, especialmente nas condições complexas dos ordenamentos sociais ocidentais.

A atenção de G. à sociologia positivista e aos seus protagonistas revela-se já nos seus escritos de juventude, numa demonstração de interesse, normalmente crítico, em relação à disciplina que, nos primeiros anos do movimento operário, representava a ossatura teórica do próprio movimento: "Houve certa vez um período de exaltação, um período em que a fé política e a fé social pareciam ter a necessidade de entrar em acordo com determinada fé científica. Eram os aventurados dias em que de uma e de outra fé eram sacerdotes Cesare Lombroso e seus repetidores, em que Enrico Ferri era um grande filósofo e grande líder revolucionário [...]. O socialismo italiano, na mente de seus teóricos, na mente de seus líderes e inspiradores, tinha a triste sorte de ser próximo ao mais árido, seco, estéril, inconsolavelmente estéril, pensamento do século XIX, o positivismo" ("Bergsoniano!", 2 de janeiro de 1921, em *SF*, 12-3). Mas o debate sobre as origens sociológicas (positivistas) do socialismo italiano é apenas uma parte do interesse de G. pela sociologia. Nesses mesmos anos, encontramos, de fato, referências a Herbert Spencer ("Il nostro Marx" [O nosso Marx], 4 de maio de 1918, em *NM*, 4 [*EP*, 1, 160]), Robert Michels ("Il capintesta" [O líder], 20 de janeiro de 1916, em *CT*, 86) e Vilfredo Pareto ("La tegola" [A telha], 23 de fevereiro de 1917, em *CF*, 51). Se, às vezes, como em *QM*, "os Ferri, os Sergi, os Niceforo, os Orano" são acusados de serem responsáveis pela propagação daquela "ideologia" burguesa para a qual "o Mezzogiorno é a bola de chumbo que impede progressos mais rápidos para o desenvolvimento civil da Itália", responsáveis, portanto, por terem dado "aprovação para toda a literatura 'meridionalista' da *clique* de escritores da assim chamada escola positiva" (*QM*, 140 [*EP*, 2, 409]), outras vezes, a avaliação dos sociólogos se pauta por seu trabalho científico, como no caso de Michels: "Acredito que se fosse anunciado um referendum na Turim estudiosa, para escolher entre Cian, italianíssimo, e Michels, alemão, caberia ao cabeça do nosso nacionalismo escapar correndo de nossa universidade, com grande satisfação dos estudantes" ("Il capintesta", 20 de janeiro de 1916, em *CT*, 86).

G. extrairá frutos nos *Q* dessa bagagem de juventude, tentando explicar "a fortuna da sociologia" e sua relação com a "ciência política" (*Q 15*, 10, 1.765 [*CC*, 3, 330]), mas também intensificando a crítica a seu caráter "ingênuo" (*Q 1*, 131, 118), "mecânico" (*Q 10* I, 7, 1.223 [*CC*, 1, 293]), "descritivo" (*Q 2*, 75, 238 [*CC*, 3, 160]), "abstrato" e "classificatório" (*Q 7*, 6, 857), àquele que repetidamente chama de "esquematismo sociológico" (*Q 2*, 75, 236 [*CC*, 3, 160]) da "velha sociologia positivista" (ibidem, 238). Sob esse aspecto, o "sociologismo" (*Q 10* II, 1, 1.241 [*CC*, 1, 310]) se torna um atributo geral das explicações simplistas dos fenômenos sociais, distancia-se de alguma forma da referência direta à sociologia e se torna o polo negativo da maneira correta de entender as dinâmicas da sociedade, opondo-se, portanto, a uma outra série de termos que G. utiliza para descrever a realidade social: "histórico" (*Q 3*, 48, 329 [*CC*, 3, 194]), "orgânico" (*Q 14*, 29, 1.687 [*CC*, 4, 124]) etc. Quando o discurso volta ao tema das leis sociológicas e a como elas interpretam a realidade, a postura de G. é de interesse, como na nota dedicada a "O ossinho de Cuvier". Escreve G.: "O princípio de Cuvier, da correlação entre as partes orgânicas de um corpo, de modo que de uma pequena parte dele (desde que íntegra) se pode reconstruir todo o corpo [...] Deve-se examinar se o princípio da correlação é útil, exato e fecundo na sociologia, além da metáfora. Parece que se pode responder claramente sim" (idem). A esse fundamental progresso, G. em seguida acrescenta uma advertência: "É preciso que se entenda: para a história passada, o princípio da correlação (como o da analogia) não pode substituir o documento, isto é, só pode levar a uma história hipotética, verossímil mas hipotética. Mas diferente é o caso da ação política e do princípio de correlação (como o da analogia) aplicado ao previsível, à construção de hipóteses possíveis e de perspectiva. Estamos precisamente no campo da hipótese e se trata de ver qual hipótese é mais verossímil e mais fecunda em termos de convicções e de educação" (idem). O princípio da correlação orgânica é, portanto, um princípio útil para a ação política, a ser aplicado ao previsível para a "construção de hipóteses possíveis": em outras palavras, é um princípio útil para a ciência política. A metáfora organicista, nascida com Spencer e que encontra terreno fértil na sociologia francesa, coloca, portanto, alguns questionamentos à ciência política gramsciana: "De fato, coloca-se a questão do que seja a 'sociologia'. Não é ela uma tentativa de elaborar uma chamada ciência exata (isto é, positivista) dos fatos sociais, ou seja, da política e da história? Ou seja, um embrião de filosofia? Não terá a sociologia se proposto realizar algo semelhante à filosofia da práxis?" (*Q 11*, 26, 1.432 [*CC*, 1, 150]).

Para explicar a relação entre a ciência política e a sociologia, G. dedica uma nota inteira ao tema, intitulada "Maquiavel. Sociologia e ciência política". O ponto de partida é a constatação de que "a fortuna da sociologia relaciona-se com a decadência do conceito de ciência política e de arte política que se verificou no século XIX (com mais exatidão, em sua segunda metade, com a fortuna das doutrinas evolucionistas e positivistas)" (*Q 15*, 10, 1.765 [*CC*, 3, 330]). Essa passagem do bastão derivou da "persuasão de que, com as constituições e os parlamentos, tivesse tido início uma época de 'evolução natural', que a sociedade tivesse encontrado seus fundamentos definitivos porque racionais etc. Eis que a sociedade pode ser estudada com o método das ciências naturais" (idem). Essa nova abordagem levou a um "empobrecimento do conceito de Estado", para o qual "'política' se torna sinônimo de política parlamentar ou de grupelhos pessoais" (idem). Na realidade, continua G., "se ciência política significa ciência do Estado e Estado é todo o complexo de atividades práticas e teóricas com as quais a classe dirigente não só justifica e mantém seu domínio, mas consegue obter o consenso ativo dos governados, é evidente que todas as questões essenciais da sociologia não passam de questões da ciência política" (idem [*CC*, 3, 331]). Portanto, G. chega a propor o "problema sociologia" como um problema de "reformulação" das temáticas da ciência política, despotencializadas e neutralizadas em seu caráter revolucionário. A metodologia neutralizadora consiste em recorrer à "lei dos 'grandes números'", que "pode ser aplicada à história e à política apenas enquanto as grandes massas da população permanecerem passivas" (*Q 7*, 6, 856). A sociologia é, então, a ciência política da passivização das grandes massas, um dispositivo a ser criticado nas suas formas disciplinadoras, mas, ao mesmo tempo, a ser analisado como a nova forma que assumiu a ciência política na época contemporânea: "Tudo o que há de realmente importante na sociologia não passa de ciência política" (*Q 15*, 10, 1.765 [*CC*, 3, 330]).

Como é possível, dado esse cenário, pensar uma sociologia marxista? A resposta a essa pergunta passa em G. pela crítica à tentativa, empreendida por essa via, do *Ensaio popular*, de Bukharin. O *Ensaio*, que tematizou o problema da sociologia marxista, é ferozmente criticado nos *Q*, embora tenha tido uma recepção positiva por parte de G. nos anos anteriores à prisão. Em 1923, numa carta que G. escreve de Moscou a *La voce della gioventù*, o materialismo é definido, justamente na esteira do *Ensaio*, como "filosofia da classe operária [e] sociologia da classe operária" ("Che fare?" [Que fazer?], 1º de novembro de 1923, em *SS*, 241 [*EP*, 2, 231]). Uma formulação similar, o materialismo histórico como "filosofia, sociologia e doutrina da classe operária", se encontra na primeira apostila para a escola interna do partido que G. redige em 1925, texto composto de observações gramscianas e de suas traduções do *Ensaio popular* (*RC*, 61 ss.). Portanto, já nos anos que antecedem à experiência do cárcere, G. reflete sobre o materialismo histórico como sociologia da classe operária, sob a inspiração do livro de

Bukharin, considerado, pelo menos até 1929, uma boa introdução à sociologia marxista. Assim G. o descreve no artigo de apresentação da escola do partido (1º de abril de 1925): "Na primeira parte [do curso – ndr], que seguirá os passos, ou melhor, dará a tradução do livro do companheiro Bukharin sobre a teoria do materialismo histórico, os companheiros encontrarão uma discussão completa sobre o tema" (*CPC*, 56).

Até 1929 o texto bukhariniano goza de boa estima por parte de G. Contudo, a partir dessa data, e precisamente das notas dos *Q 4*, *7* e *8*, que confluirão no Texto C do *Q 11* (sobretudo no *Q 11*, 14 [*CC*, 1, 120] e no *Q 11*, 26 [*CC*, 1, 149]), tem início a crítica radical ao *Ensaio popular*, que consiste substancialmente na acusação de reduzir "a filosofia da práxis não a uma filosofia autônoma e original, mas à 'sociologia' do materialismo metafísico" (*Q 11*, 14, 1.402 [*CC*, 1, 120]). A autonomia da filosofia da práxis em relação a qualquer forma de metafísica é o refrão da crítica gramsciana: "No *Ensaio popular*, nem sequer está justificada coerentemente a premissa implícita na exposição e referida explicitamente em algum lugar, de modo casual, segundo a qual a *verdadeira* filosofia é o materialismo filosófico e a filosofia da práxis é uma pura 'sociologia'. Que significa, realmente, esta afirmação? Se ela fosse verdadeira, significaria que a teoria da filosofia da práxis seria o materialismo filosófico" (*Q 11*, 26, 1.431 [*CC*, 1, 149]). A redução da filosofia da práxis a uma sociologia assim entendida, "isto é, uma 'casuística' de problemas concebidos e resolvidos dogmaticamente, quando não empiricamente" (*Q 8*, 174, 1.046), baseada no "evolucionismo vulgar [...] que não pode conhecer o princípio dialético com a passagem da quantidade à qualidade" (*Q 11*, 26, 1.432 [*CC*, 1, 149]), não permite a Bukharin "fugir do dogmatismo, logo, da metafísica: todo o seu livro, aliás, é viciado de dogmatismo e de metafísica, e isso é claro desde o início, pela forma como é proposto o problema, isto é, pela possibilidade de construir uma 'sociologia' do marxismo: neste caso, sociologia significa, de fato, metafísica" (*Q 8*, 174, 1.046). É a postura de Bukharin de abdicar de pensar a filosofia da práxis como autônoma e com um perfil hegemônico que G. critica, insistindo que o fato de "considerar que a filosofia da práxis não é uma estrutura de pensamento completamente autônoma e independente, em antagonismo com todas as filosofias e religiões tradicionais, significa, na realidade, não ter rompido os laços com o velho mundo, ou, até mesmo, ter capitulado. A filosofia da práxis não tem necessidade de sustentáculos heterogêneos; ela mesma é tão robusta e fecunda de novas verdades que o velho mundo a ela recorre para alimentar o seu arsenal com armas mais modernas e mais eficazes" (*Q 11*, 27, 1.434 [*CC*, 1, 152]).

A crítica do *Ensaio popular* se une àquela da sociologia positivista no *Q 11*, 26 [*CC*, 1, 149], nota na qual G. percorre a gênese do pensamento sociológico à luz de sua capacidade hegemônica, perguntando-se, como já vimos: "A sociologia não tentou fazer algo semelhante à filosofia da práxis?" (ibidem, 1.432). Para G., "a sociologia foi uma tentativa de criar um método para a ciência histórico-política, na dependência de um sistema filosófico já elaborado, o positivismo evolucionista, sobre o qual a sociologia reagiu, mas apenas parcialmente. Por isto, a sociologia se tornou uma tendência em si, tornou-se a filosofia dos não filósofos, uma tentativa de descrever e classificar esquematicamente fatos históricos e políticos, a partir de critérios construídos com base no modelo das ciências naturais" (idem). O pecado original dessa sociologia é o de "pressupor uma filosofia, uma concepção de mundo, da qual é um momento subordinado" (idem). Mas, adverte G., é preciso distinguir entre essa dependência e "a particular 'lógica' interna das diversas sociologias, lógica pela qual elas adquirem uma mecânica coerência" (idem). De fato, "isto não significa, naturalmente, que a investigação das 'leis' de uniformidade não seja útil e interessante e que um tratado de observações imediatas sobre a arte da política não tenha sua razão de ser; mas deve-se chamar o pão de pão e apresentar os tratados desta natureza como aquilo que são" (ibidem, 1.432-3 [*CC*, 1, 150]).

Há um último limite da sociologia marxista, tal como proposta por Bukharin, comum a uma outra tentativa neste sentido, feita por Henri De Man: a concepção estática da análise sociológica que impõe a ambos os autores que partam do dado imanente, do "senso comum", tomando-o como horizonte dado e não modificável, enquanto uma sociologia da filosofia da práxis deveria, para G., colocar-se o problema de como criticá-lo e desenvolvê-lo. Esse limite é evidente, sobretudo, nos trabalhos de De Man, que "no entanto [...] tem um mérito incidental: demonstra a necessidade de estudar e elaborar os elementos da psicologia popular, historicamente e não sociologicamente, ativamente (isto é, para transformá-los, através da educação, numa mentalidade moderna) e não descritivamente, como ele faz" (*Q 3*, 48, 329 [*CC*, 3, 195]).

BIBLIOGRAFIA: GALLINO, 1969; PACI, 1992; PIZZORNO, 1967; RAZETO MIGLIARO, MISURACA, 1978; TUCCARI, 2001.

MICHELE FILIPPINI

Ver: Bukharin; ciência; ciência da política; Cuvier; De Man; filosofia da práxis; Michels; Pareto; positivismo; senso comum; Weber.

solipsismo/solipsista

A relação necessária entre idealismo e solipsismo é formulada em um texto de Bukharin que G. lê no cárcere (Bukharin, 1977b, p. 364-5). Diante dessa tese, a posição de G. parece bastante vaga: o solipsismo é um resultado possível da "concepção subjetiva da realidade" (*Q 11*, 17, 1.413 [*CC*, 1, 129]). O exemplo é dado pela relação entre Croce e Gentile: toda uma série de conceitos, que em Croce permanecem aporéticos – a política-paixão, o partido político, a burocracia permanente e organizada –, tomam corpo apenas no atualismo: "De fato, somente em uma filosofia ultraespeculativa, como é o caso do atualismo, estas contradições e insuficiências da filosofia crociana encontram uma composição formal e verbal; mas, ao mesmo tempo, o atualismo demonstra, da maneira mais evidente, o caráter pouco concreto da filosofia de Croce, da mesma forma como o 'solipsismo' documenta a íntima debilidade da concepção subjetiva-especulativa da realidade" (*Q 10* I, 7, 1.223 [*CC*, 1, 294]). Essa fragilidade consiste no fato de que a exigência de pensar a realidade de modo unitário leva a ignorar os contrastes que fazem parte dela, reduzindo-a apenas ao aspecto formal ou (o que é o mesmo) à perspectiva do filósofo. Assim, a criatividade do pensamento, afirmada pela filosofia clássica alemã, pode levar a uma introspeção solipsista: "O que significa 'criador'? Significará que o mundo exterior é criado pelo pensamento? Mas por qual pensamento e de quem? Pode-se cair no solipsismo e, na realidade, toda forma de idealismo cai necessariamente no solipsismo. Para escapar ao solipsismo [...], deve-se colocar o problema de modo 'historicista' e, simultaneamente, colocar na base da filosofia a 'vontade' (em última instância, a atividade prática ou política), mas uma vontade racional, não arbitrária, que se realiza na medida em que corresponde às necessidades objetivas históricas [...]. Se esta vontade é inicialmente representada por um indivíduo singular, sua racionalidade é atestada pelo fato de ser ela acolhida por um grande número, e acolhida permanentemente, isto é, de se tornar uma cultura, um 'bom senso', uma concepção do mundo, com uma ética conforme à sua estrutura" (*Q 11*, 59, 1.485, Texto B [*CC*, 1, 202]).

FABIO FROSINI

Ver: atualismo; concepção do mundo; criatividade/criativo; Croce; Gentile; idealismo; subjetivo/subjetivismo/subjetividade; vontade.

Sorel, Georges

As ocorrências do nome do célebre intelectual francês nos *Q* são muitas, em parte fragmentadas numa miríade de anotações e promemórias sobre a densa trama de intelectuais e políticos que, de variadas maneiras, são aproximados de Sorel ou que perseguem suas ideias: de Arturo Labriola a Mario Missiroli, de Rodolfo Mondolfo a Robert Michels, de Proudhon a Bernstein, de De Man a Clemenceau, do sindicalismo italiano à cultura francesa, além, naturalmente, de Croce, cuja correspondência com Sorel é repetidamente citada. Sorel havia sido um dos principais autores do jovem G., um dos pontos de referência para o amadurecimento de seu pensamento revolucionário distante do evolucionismo, do determinismo e do reformismo da Segunda Internacional, e um dos inspiradores teóricos do movimento dos Conselhos de Fábrica. O documento mais relevante da admiração do jovem G. por Sorel pode ser lido em *L'Ordine Nuovo* de 11 de outubro de 1919, em que é estabelecida uma clara distinção entre o "sindicalismo teórico" e os seguidores italianos de Sorel, de um lado, e o pensador francês, "amigo desinteressado do proletariado" e admirador da Revolução Russa e do sistema dos sovietes originado por ela ("Cronache dell'Ordine Nuovo" [Notícias de *L'Ordine Nuovo*], em *ON*, 234-5), de outro. G. insiste novamente, em setembro de 1920 ("Il Partito Comunista" [O Partido Comunista], em *ON*, 651 [*EP*, 1, 414-5]), que Sorel não era "de modo algum responsável pela vulgaridade e pobreza intelectual de seus admiradores italianos". A admiração por Sorel (e por um de seus "mestres", Bergson) é proclamada por G. ainda em 2 de janeiro de 1921, no célebre artigo "Bergsoniano!", às vésperas da cisão de Livorno, em polêmica com a cultura positivista dos socialistas reformistas (*SF*, 12-3).

Já no período dos *Q*, G. escreve sobre um escrito póstumo de Sorel, que morrera em 1922: "O ensaio resume todas as qualidades e todos os defeitos de Sorel: é tortuoso, abrupto, incoerente, superficial, profundo etc., mas dá ou sugere pontos de vista originais, encontra nexos imprevistos, obriga a pensar e a aprofundar" (*Q 4*, 31, 447). Embora enxergue, juntamente com as qualidades, todos os muitos limites e defeitos de Sorel, G. continua respeitando o intelectual francês como um autor de primeiro nível que não se pode ignorar ("obriga a pensar e a aprofundar"). As opiniões de Sorel sobre muitos temas presentes na reflexão dos *Q* são sempre consideradas com respeito por G., ainda que não faltem as críticas e ainda que G. conheça bem o fato de que o pai do sindicalismo revolucionário havia se tornado, já há tempos, ponto de referência de ensaios jornalísticos fascistas e de direita, do que, entretanto, G. o "defende", afirmando que "seu radical 'liberalismo' (ou teoria da espontaneidade) [...] impede que se extraia qualquer consequência conservadora de suas opiniões" (*Q 17*, 20, 1.923 [*CC*, 1, 269]: trata-se de um Texto B que pode ser datado entre 1933-1934).

Sorel havia alimentado, ademais, o antijacobinismo do jovem G., e o autor dos *Q* – após uma reconsideração positiva do movimento jacobino no início dos anos 1920 –, por um lado acredita que "o ponto obscuro em Sorel" é justamente "o seu antijacobinismo e o seu economismo puro; e este [...] é o único elemento de sua doutrina que pode ser distorcido e dar origem a interpretações conservadoras" (ibidem, 1.923-4 [*CC*, 1, 270]), por outro lado tenta explicar tal antijacobinismo, historicizando-o no contexto da história da França revolucionária e pós-revolucionária ("o curioso antijacobinismo de Sorel, sectário, mesquinho, anti-histórico é uma consequência da sangria do povo de 71, que destruiu o cordão umbilical entre o novo povo e a tradição de 93": *Q 4*, 31, 448), e buscando sua origem cultural ("a postura de Sorel contra os jacobinos é tomada de Proudhon": *Q 5*, 80, 611 [*CC*, 3, 210]).

A presença de Sorel se torna relevante a partir do *Q 4*. Em uma das primeiras notas dos *Apontamentos de filosofia. Materialismo e idealismo. Primeira série*, G. afirma que "o marxismo sofreu uma dupla revisão": de um lado, "alguns de seus elementos, explícita ou implicitamente, foram absorvidos por algumas correntes idealistas (Croce, Sorel, Bergson etc., os pragmáticos etc.); de outro, os marxistas 'oficiais', preocupados em encontrar uma 'filosofia' que contivesse o marxismo, a encontraram nas derivações modernas do materialismo filosófico vulgar" (*Q 4*, 3, 421-2). Sorel é associado a Croce e a Bergson – àquela reação antipositivista do início do século XX que também se nutrira do pensamento de Marx, ainda que proclamando a necessidade de sua "revisão" –, portanto, ao "revisionismo" Bernstein-Sorel-Croce (sobre o tema, v. *LC*, 564, a Tania, 18 de abril de 1932 [*Cartas*, II, 186]). G. afirma que, acerca dos idealistas, deveriam ser investigados "quais elementos do marxismo foram absorvidos 'explicitamente'", como também deveriam ser identificadas as "absorções 'implícitas', não confessas, ocorridas justamente porque o marxismo foi um momento da cultura, uma atmosfera difusa, que modificou os velhos modos de pensar por ações e reações não aparentes ou não imediatas". E acrescenta: "O estudo de Sorel pode dar muitos indícios a esse respeito" (*Q 4*, 3, 422).

O cotejo Croce-Sorel, porém, é relevante também em outros aspectos. A propósito de uma crítica de Croce a Sorel, que teorizando o "mito" o teria "dissipado, dando sua explicação doutrinária", G. nota como isso vale também para a "paixão" posta por Croce na base do agir político ("a paixão" de que se dá uma explicação doutrinária, não é também ela "dissipada"?), acrescentando mais adiante: "A teoria dos mitos é, para Sorel, o princípio científico da ciência política, é a 'paixão' de Croce estudada de modo mais concreto, é o que Croce chama de 'religião', isto é, uma concepção do mundo com uma ética adequada, é uma tentativa de reduzir à linguagem científica a concepção das ideologias da filosofia da práxis vista precisamente através do revisionismo crociano" (*Q 10* II, 41.V, 1.307-8 [*CC*, 1, 377]; no respectivo Texto A, *Q 7*, 39, 888-9, encontramos o mesmo desenvolvimento da reflexão, mas menos denso; não consta, entre outras, a referência à religião como concepção do mundo e vínculo social). O mito soreliano, que é definido por Sorel, em primeiro lugar, como conjunto de imagens que os homens produzem para alimentar sua capacidade de luta (*Q, AC*, 2.632), por G., é aproximado da ideologia, redefinida como concepção do mundo e conjunto de crenças sobre as quais se funda a subjetividade coletiva e a própria ação política. Trata-se também de um aspecto de grande modernidade dos *Q*, à altura da ação política que se desenrola na sociedade de massa a partir do final do século XIX: a tarefa de uma força política revolucionária é evidentemente saber traduzir os impulsos também não racionais das massas em objetivos possíveis, canalizando a rebelião em um projeto, sem ignorar tal moderna dimensão da política. A reavaliação desse lado "superestrutural", ligado à sua base material, também é expressa por G. através do conceito de "bloco histórico", atribuído ao próprio Sorel ("recordar o conceito de Sorel do 'bloco histórico'. Se os homens tomam consciência de sua tarefa no terreno das superestruturas, isso significa que entre estrutura e superestrutura há um nexo necessário e vital": *Q 4*, 15, 437). A expressão "bloco histórico", na realidade, não está presente em Sorel, ou aparece de forma muito lábil (*Q, AC*, 2.632), mas continua importantíssima no âmbito dos *Q* e é, portanto, relevante e significativo que, ao colocá-la em campo, G. traga à baila o pensador francês.

G. esclarece posteriormente o sentido de sua referência, afirmando que o mito em Sorel tinha "dois aspectos: um propriamente teórico, de ciência política; e outro aspecto político imediato, programático. É possível, embora seja muito discutível, que o aspecto político e programático do sorelianismo tenha sido superado e dissipado; hoje é possível dizer que ele foi superado na medida em que foi integrado e depurado de todos os elementos intelectualísticos e literários, mas ainda hoje se deve reconhecer que Sorel trabalhou com a realidade efetiva e que esta realidade não foi superada e dissipada" (*Q 10* II, 41.V, 1.307-8 [*CC*, 1, 377]). Continua válida, portanto, a lição de Sorel no plano da "ciência política": é preciso considerar a capacidade de "sentir" das massas e a importância do governo, também em seus aspectos pré-intencionais e não racionais, para fortalecer sua capacidade de resistência e mobilização. Mas, de todo modo, continua válido ("superado" hegelianamente) também o mito político de que havia falado Sorel, como necessidade-vontade de apostar no autogoverno dos produtores, graças ao "soreliano 'espírito de cisão'" (*Q 25*, 5, 2.288 [*CC*, 5, 140]), ou "a progressiva aquisição" por parte das classes subalternas "da consciência da própria personalidade histórica" (*Q 3*, 49, 333 [*CC*, 2, 78]). A necessidade de fundar a ação política revolucionária na realidade social, no sentir espontâneo das massas, de partir da situação dos subalternos para fazer crescer as potencialidades de compreensão e de autogoverno: esses são todos elementos que continuam válidos, mas que foram separados dos "elementos intelectualistas e literários" que constituíam uma das limitações de Sorel. O movimento comunista a que G. aderiu cada vez mais conscientemente, e cada vez mais se emancipando das influências sorelianas (que, de toda forma, nunca haviam sido absolutas e predominantes), sobretudo após a derrota da experiência dos conselhos, não é para G. o repúdio da fase precedente, mas a reformulação *concreta*, não veleitária, levada com coerência, também dos aspectos positivos presentes no pensamento de Sorel.

Também por esse aspecto não é, portanto, contraditório que o mito entre na reflexão gramsciana sobre o "moderno Príncipe", o Partido Comunista, ao qual o autor dos *Q* nos cinco anos anteriores à prisão dedicou todas as suas energias. G. escreve que "*O príncipe* de Maquiavel poderia ser estudado como uma exemplificação histórica do 'mito soreliano'" (*Q 13*, 1, 1.555 [*CC*, 3, 13]), pois seu "caráter fundamental" é "de não ser um tratado sistemático, mas um livro 'vivo', no qual a ideologia política e a ciência política fundem-se na forma dramática do 'mito'" (idem). O mito soreliano e *O príncipe* maquiaveliano são vistos como "uma ideologia política que se apresenta não como fria utopia nem como raciocínio doutrinário, mas como uma criação da fantasia concreta que atua sobre um povo disperso e pulverizado para despertar e organizar sua vontade coletiva" (ibidem, 1.556 [*CC*, 3, 13-4]). O que impediu Sorel, teórico do sindicalismo, de chegar "à compreensão do partido político" (idem) foi, para G., o fato de que, "para Sorel, o 'mito' não encontrava sua expressão maior no sindicato, como organização de uma vontade coletiva, mas na ação prática do sindicato e de uma vontade coletiva já atuante, ação prática cuja máxima realização deveria ser a greve geral, isto é, uma 'atividade passiva', por assim dizer, ou seja, de caráter negativo e preliminar (o caráter positivo é dado somente pelo acordo alcançado nas vontades associadas) de uma atividade que não prevê uma fase própria 'ativa e construtiva'" (ibidem, 1.556-7 [*CC*, 3, 14-5]). A Sorel, que recusava a necessária, árdua, construção de uma vontade coletiva (considerando-a pressuposta), só restava confiar no "impulso do irracional, do 'arbitrário' (no sentido bergsoniano de 'impulso vital')", ou na "espontaneidade" (ibidem, 1.557 [*CC*, 3, 15]). Portanto, G. se distancia de Sorel e de seu espontaneísmo, tanto porque uma vontade coletiva pensada como propunha Sorel desaparecerá assim que terminar a "destruição", quanto porque já chegou, há tempos (inspirado por Lenin), à convicção de que apenas um "programa de partido" (idem) possa fornecer aquela *pars construens* necessária à ação política revolucionária e à formação de uma vontade coletiva dos subalternos. Ressalte-se, porém, que tal *forma* da política revolucionária, para G., não pode renegar a essência do ensinamento soreliano: o objetivo do autogoverno e da autodeterminação das massas, das quais não podem ser esquecidas as necessidades e potencialidades emancipadoras.

G. recusa, portanto, o espontaneísmo soreliano, que demonstra remontar a Proudhon: sempre partindo das indicações do artigo póstumo de Sorel, já citado (*Q 4*, 31, 448 ss.), G. evidencia a importância atribuída por Sorel a Proudhon, também no que diz respeito ao pós-guerra (os anos do movimento dos conselhos operários, com uma observação explícita ao "movimento das comissões internas": ibidem, 449) e à concepção do marxismo. "Para Sorel é 'proudhoniano' o que é 'espontânea' criação do povo, é 'marxista ortodoxo' o que é burocrático, porque ele tem diante de si, sempre, como uma obsessão, o exemplo da Alemanha, de um lado, e do jacobinismo literário, do outro, o fenômeno do centralismo-burocracia" (ibidem, 450). Acrescenta G.: "Para Sorel, como transparece desse ensaio, o que conta em Proudhon é a orientação psicológica [que – ndr] consiste em 'confundir-se' com os sentimentos populares que concretamente brotam da situação real determinada ao povo pela disposição do mundo econômico, em 'identificar-se' com eles para compreendê-los e expressá-los de forma jurídica, racional" (idem). A atenção pelos sentimentos populares, pela "espontaneidade" criadora do povo: eis o "sorelismo" do jovem G., que não é negado, mas superado, inserido na nova visão "leninista" da emancipação das classes subalternas. O elemento da espontaneidade – G. acredita – deve ser educado e direcionado para novas capacidades hegemônicas através de uma "reforma intelectual e moral". Também no que concerne a esse tema fundamental, é decisivo o papel de Sorel como intermediário da ideia proveniente de Proudhon (*Q 16*, 9, 1.863-4 [*CC*, 4, 31]) e de Joseph-Ernest Renan, que, em 1871, havia publicado um livro intitulado justamente *La réforme intellectuelle et morale* [A reforma intelectual e moral] (livro que deveria ser traduzido por Missiroli e publicado pela Laterza, em 1915, com prefácio de Sorel: ibidem, 1862). Escreve G.: "Uma concepção da filosofia da práxis como reforma popular moderna [...] talvez tenha sido entrevista por Georges Sorel, um pouco (ou muito) dispersamente, de um modo intelectualista, por uma espécie de furor jansenista contra as baixezas do parlamentarismo e dos partidos políticos. Sorel buscou em Renan o conceito da necessidade de uma reforma intelectual e moral", mas não foi capaz de enxergar que "a filosofia da práxis é o coroamento de todo este movimento de reforma intelectual e moral, dialetizado no contraste entre cultura popular e alta cultura. Corresponde ao nexo Reforma Protestante + Revolução Francesa: é uma filosofia que é também uma política" (ibidem, 1.860 [*CC*, 4, 37]).

Bibliografia: Badaloni, 1975; Cavallari, 2001; Gervasoni, 1998; Paggi, 1970; Pozzi, 1988.

Guido Liguori

Ver: Bergson; bloco histórico; Croce; espírito de cisão; espontaneidade; espontaneísmo; filosofia da práxis; greve; ideologia; Lenin; Missiroli; mito; moderno Príncipe; Partido Comunista; Proudhon; reforma intelectual e moral; religião; revisionismo; sindicalismo teórico; vontade coletiva.

Spaventa, Bertrando

Nos *Q*, G. dá um juízo ambivalente sobre Bertrando Spaventa, máximo expoente do idealismo de orientação hegeliana que, em Nápoles e no Mezzogiorno, tornou-se pensamento dominante na Itália pós-unitária, emerso em Turim desde o reino borbônico depois da revolução de 1848 e, em seguida, protagonista da renovação da vida cultural e filosófica napolitana. Por um lado, valoriza em sua obra a possível identificação entre filosofia e política, ou seja, a tese de que da filosofia possa nascer uma prática de profunda renovação civil e política, uma vez que "a filosofia deve se tornar 'política', 'prática', para continuar a ser filosofia" (*Q 8*, 208, 1.066). Spaventa também afirmava a necessidade de uma educação radicalmente laica e liberal e desse modo "se colocava", para G., "do ponto de vista da burguesia liberal contra os 'sofismas' historicistas das classes reacionárias" e "expressava sarcasticamente uma concepção bem mais progressista e dialética do que a de Labriola e Gentile" (*Q 11*, 1, 1.368 [*CC*, 1, 87]). A tal propósito, G. recorda a "polêmica entre B. Spaventa e o Padre Taparelli, da *Civiltà Cattolica*, sobre as relações entre Estado e Igreja", que se deve "verificar a coletânea de escritos de Spaventa feita por G. Gentile: *La politica dei Gesuiti nel secolo XVI e nel XIX*" (*Q 15*, 32, 1.786 [*CC*, 5, 323]). Mas, por outro lado, G. enxerga todas as limitações especulativas e abstratas da tentativa de Spaventa de construir a consciência nacional da Itália pós-unitária por meio da filosofia, se por filosofia se entende prevalentemente – como volta a entender o próprio Spaventa – mais uma capacidade apenas teórica de *pensar* valores e dimensões universais, consumida no círculo limitado dos filósofos e intelectuais, do que uma capacidade de *colocar em prática* o universal, através daquele ato peculiar de intensificação e alargamento da história que, para G., consiste no alargamento da ação histórica até a intervenção ativa das grandes massas populares. Nesse sentido, também Spaventa participa organicamente do "pânico social dos neo-guelfos-moderados" diante da "primeira ameaça séria de uma revolução italiana profundamente popular, isto é, radicalmente nacional" (*Q 10* I, 6, 1.220 [*CC*, 1, 291-2]). De modo que nem ele pode se eximir de permitir uma visão mutilada da dialética, na qual se pressupõe, antecipadamente, com a finalidade de evitar extremizações e toda radicalização jacobina, que "a tese deva ser 'conservada' da antítese para não destruir o próprio processo" (ibidem, 1.221 [*CC*, 1, 292]). Mas, para G., é este justamente o modo intelectualista e abstrato, não prático e envolvido "inteiramente no ato histórico real", de conceber a dialética: "Um tal modo de conceber a dialética é próprio dos intelectuais, os quais concebem a si mesmos como os árbitros e os mediadores das lutas políticas reais, os que personificam a 'catarse' do momento econômico ao momento ético-político, isto é, a síntese do próprio processo dialético, síntese que eles 'manipulam' especulativamente em seus cérebros, dosando seus elementos 'arbitrariamente' (isto é, passionalmente)" (ibidem, 1.222 [*CC*, 1, 293]). Desse ponto de vista, o modo de ler a dialética por parte de Spaventa faz a dialética de Hegel retroceder, assim como sua tese fundamental da identificação entre história e filosofia, isto é, entre dimensão prática e dimensão teórica do universal, que, com o marxismo, transformará o proletariado alemão no único e verdadeiro herdeiro da filosofia clássica alemã. Croce e Gentile, ao se referirem respectivamente a Vico e a Spaventa como termos de mediação entre a filosofia hegeliana e a reforma da dialética elaborada por eles, "tornaram Hegel mais 'abstrato'" e, diferentemente do verdadeiro trabalho de superação executado por Marx, o fizeram regredir a uma fase precedente ao desenvolvimento histórico. "Vico-B. Spaventa como elo, respectivamente, para Croce e Gentile com o hegelianismo: mas isto não seria fazer a filosofia de Hegel retroceder a uma fase anterior?" (*Q 4*, 56, 504 [*CC*, 6, 367]).

Roberto Finelli

Ver: Hegel; hegelianismo napolitano; idealismo; Igreja católica.

Spirito, Ugo

Nas observações críticas dedicadas a Ugo Spirito nos *Q*, G. atribui ao teórico do corporativismo um estatuto argumentativo de natureza essencialmente especulativo-filosófica, voltado muito mais a unificar, abstrata e retoricamente, âmbitos e definições conceituais, tramas feitas apenas de ideias e palavras, do que a abordar os problemas da história e da sociedade em sua real concretude e determinação histórica. "O erro científico de Spirito é não examinar concretamente estes problemas, mas apresentar as questões em seu aspecto formal e apodítico, sem as necessárias distinções e as indispensáveis fases de transição" (*Q 15*, 39, 1.797 [*CC*, 3, 338]). Desse ponto de vista, Spirito é, para G., fiel discípulo de Gentile: "A filosofia gentiliana é, no mundo contemporâneo, aquela que faz questões a partir de 'palavras', de 'terminologia', que considera 'criação' nova toda mudança gramatical da expressão" (*Q 4*, 42, 469). Assim, o traço dominante dos "novos enunciados de 'economia especulativa' do grupo Spirito e cia." é "o verbalismo" (*Q 10* II, 7, 1.245 [*CC*, 1, 293]), isto é, a resolução de questões trabalhando apenas com definições abstratas dos conceitos e com sua possível conciliação em termos discursivos e de palavras. Por exemplo, Spirito não atenta para a distinção que caracteriza a história moderna entre economia, sociedade civil e Estado político, nem distingue, na superestrutura, entre hegemonia e domínio político, como, aliás, Gentile, com sua teoria do Estado como totalidade, não distinguiu entre fase econômico-corporativa e fase ética da ação histórica: "O conceito de cidadão-funcionário do Estado, próprio de Spirito, decorre diretamente da não divisão entre sociedade política e sociedade civil, entre hegemonia política e governo político-estatal; decorre, pois, na realidade, da anti-historicidade ou a-historicidade da concepção de Estado que está implícita na concepção de Spirito" (*Q 6*, 10, 692 [*CC*, 1, 437]).

Spirito valoriza a corporação como instituição fundamental da nova economia regulada, em que é superada toda distinção e oposição de classe bem como todo sindicalismo: "O sindicalismo é expressão do classismo; com o sindicato de Estado, as classes são postas no mesmo nível e dirigidas a uma colaboração mais espiritual; mas somente com a corporação o classismo será superado de verdade e, com ele, o princípio da concorrência arbitrária (liberalismo) e da luta materialista (socialismo)" (*Q 15*, 39, 1.795-6 [*CC*, 3, 337]). Quanto a isso, G. observa que uma coisa é partir da "luta para a distribuição de renda", outra é partir "do ponto de vista da produção" (ibidem, 1.797), em outras palavras, que uma coisa é considerar a composição e a colaboração das técnicas que devem convergir organicamente para a produção e outra é considerar as diferenças e os antagonismos de interesses que atravessam o mundo social. De modo que também aqui a uma abstração, a partir das diferenças e das distinções reais, corresponde uma solução igualmente abstrata e intelectualista. "Até agora, Spirito jamais se interessou pelas questões de fábrica e de empresa: no entanto, não é possível falar com competência dos sindicatos e dos problemas que eles representam sem se ocupar da fábrica ou da empresa administrativa, de suas exigências técnicas, das relações reais que nelas se entrelaçam e das diversas atitudes vitais que os trabalhadores nelas assumem. Em razão da ausência destes interesses vivos, toda a construção de Spirito é puramente intelectualista e, se posta em prática, daria origem apenas a esquemas burocráticos sem impulso e sem possibilidade de desenvolvimento" (ibidem, 1.798 [*CC*, 3, 339]). Não que a problemática de Spirito não expresse exigências à altura do espírito dos tempos, que refletem transformações e tendências de desenvolvimento, como a necessidade de uma economia regulada que supere a economia liberal: "A reivindicação de uma 'economia planificada', e não apenas em escala nacional, mas mundial, é interessante por si" (*Q 8*, 216, 1.077 [*CC*, 1, 447]). Mas trata-se de uma reivindicação apenas utópica, definida na indistinção-confusão entre "sociedade regulada", sinônimo para G. de sociedade comunista, e Estado: justamente a confirmação de que, no atualismo de Gentile e Spirito, os distintos são superados e sintetizados de modo apenas verbal: "Gentile, junto com seu séquito de Volpicelli, Spirito etc. [...] instaurou – podemos dizer – um verdadeiro 'maneirismo' literário, já que, na filosofia, as astúcias e as frases feitas substituem o pensamento. Todavia, a comparação deste grupo com o de Bauer, satirizado na *Sagrada família*, é o mais adequado e literariamente mais fecundo de desenvolvimentos" (*Q 11*, 6, 1.370-1 [*CC*, 1, 89-90]).

ROBERTO FINELLI

Ver: corporativismo; fascismo; Gentile; Volpicelli.

Sraffa, Piero

G. conheceu Piero Sraffa em Turim, no ano de 1919, tendo sido apresentado pelo historiador da literatura italiana Umberto Cosmo (*LC*, 400, a Tatiana, 23 de fevereiro de 1931 [*Cartas*, II, 25]). Simpatizante socialista e depois comunista, Sraffa, ainda que não participando diretamente da vida política, frequentou o ambiente de *L'Ordine Nuovo*, colaborando com o periódico. Em 1924, G. o definiu "um velho abonado e amigo do *Ordine Nuovo*" ("Problemi di oggi e di domani" [Problemas de hoje e de amanhã], 1-15 de abril de 1924, em *CPC*, 175), publicando e comentando criticamente uma sua carta sobre as perspectivas do PCd'I. Há testemunhas epistolares de certo contato entre os dois no período em que G. esteve em Roma (Sraffa, 1991, XXI-XXII), mas o papel de Sraffa na vida de G. se torna decisivo a partir do cárcere. Colocando-se logo em contato com ele desde a prisão em Ustica (*LC*, 13, 11 de dezembro de 1926 [*Cartas*, I, 83]; *LC*, 14, 17 de dezembro de 1926 [*Cartas*, I, 84]; *LC*, 22-3, 21 de dezembro de 1926 [*Cartas*, I, 92-4]; *LC*, 27-9, 2 de janeiro de 1927 [*Cartas*, I, 99-101]), G. obtém imediatamente uma ajuda com a abertura de uma conta ilimitada numa livraria de Milão (*LC*, 20, a Tania, 19 de dezembro de 1926 [*Cartas*, I, 90]; *LC*, 30-1, a Tania, 3 de janeiro de 1927 [*Cartas*, I, 102]). Sraffa se torna, assim, através de Tania Schucht, a principal via de comunicação de G. com o PCd'I. Dessa forma, em 23 de maio de 1932, para dispersar qualquer dúvida a respeito, G. pede a Tania que escreva a Piero sobre o "pedido de graça enviado por Federico Confalonieri ao imperador da Áustria [...] como o escrito de um homem reduzido ao máximo grau de desmoralização e de abjeção" (*LC*, 579-80 [*Cartas*, II, 203]).

Sraffa é também para G. fonte constante de confronto teórico: sempre através de Tania, ele pede ao sardo que escreva um resumo de sua pesquisa sobre os intelectuais (*LC*, 457-8, 7 de setembro de 1931 [*Cartas*, II, 83]), pede conselhos acerca do sistema de transliteração russo-italiano (*LC*, 518, 4 de janeiro de 1932 [*Cartas*, II, 142]), intervém na discussão sobre os "dois mundos" (*LC*, 531, 8 de fevereiro de 1932 [*Cartas*, II, 155]) e estimula uma discussão sobre as mais recentes obras históricas de Croce (*LST*, 58, 61). G., por sua vez, pede-lhe notas sobre o Maquiavel economista (*LC*, 548, 14 de março de 1932 [*Cartas*, II, 172] e *Q 8*, 162, 1.039 [*CC*, 3, 283]) e sobre o Ricardo filósofo (*LC*, 581-3, 30 de maio de 1932 [*Cartas*, II, 205]). A partir do início de 1933, G., que sempre o havia chamado de "Piero" e depois de "advogado Piero", prudentemente passa a chamá-lo de "o advogado". O papel de Sraffa, de fato, foi também de intermediário nas práticas burocráticas relativas à revisão do processo, e, quanto ao PCd'I, nas tentativas de libertação empreendidas pela União Soviética frente à Itália.

FABIO FROSINI

Ver: dois mundos; *Ordine Nuovo (L')*; Ricardo; Tania.

Stalin (Joseph Vissarionovitch)

Em carta de 13 de janeiro de 1924, G. diz não conhecer "os termos exatos da discussão" no partido russo, nem os artigos de Trotski e Stalin, cujo ataque parece-lhe, no entanto, "bastante irresponsável e perigoso" (*L*, 182); "na topografia das frações e das tendências", Stalin ocupa "uma posição de direita" (*L*, 223, carta de 9 de fevereiro de 1924 [*EP*, 2, 172-3]). Na única nota dos *Q* (*Q 14*, 68 [*CC*, 3, 314]) em que se refere explicitamente a Stalin ("Giuseppe Bessarione"), G. parte de um texto de 1927 ("Intervista con la prima delegazione operaia americana" [Entrevista com a primeira delegação operária americana]), organizado em perguntas e respostas – igual ao "simples e claro" livreto (sobre o encontro com Stalin na universidade comunista Sverdlov, em 1925) que G. defendeu da acusação de mentalidade dogmática e catequista ("Stupidaggini" [Besteiras], 19 de setembro de 1926, em *CPC*, 441) – que aborda, além do mais, o aporte de Lenin ao desenvolvimento do marxismo, com a teoria da hegemonia do proletariado em qualquer revolução nacional-popular. G. se pergunta como Marx, mas sobretudo Lenin (o "mais recente grande teórico"), consideram a situação internacional no seu aspecto nacional, ponto em que reside o dissídio fundamental entre Trotski e Stalin, que G., criticando explicitamente "a teoria geral da revolução permanente", defende das acusações de nacionalismo, "ineficientes se se referem ao núcleo da questão". Esta deve ser enfrentada dialeticamente, sem contrapor como antitéticos o nacional e o internacional: "O ponto de partida é 'nacional' e é desse ponto de partida que é necessário começar. Mas a perspectiva é internacional e não pode ser diferente. É preciso, portanto, estudar exatamente a combinação de forças que a classe internacional deverá dirigir e desenvolver segundo a perspectiva e as diretrizes internacionais".

É central, a esse respeito, o conceito de hegemonia, incompreendido pelas oposições russas, como G. destacava já na carta ao Comitê Central do PCUS, de 14 de outubro de 1926 (*L*, 455 ss. [*EP*, 2, 384 ss.]).

ANDREA CATONE

Ver: hegemonia; Lenin; questão nacional; Trotski; URSS.

subalterno/subalternos

Nos escritos pré-carcerários, em suas cartas e em numerosas ocasiões nos *Q*, G. usa as palavras "subalterno", "subalternas", "subalternos", "subalternidade", em seu sentido mais óbvio ou de modo metafórico relativamente claro (embora nem sempre convencional). Esses casos merecem atenção porque podem esclarecer alguns conceitos gramscianos, ampliando nossa compreensão de seu estilo de pensamento, mas são de limitada importância no que se refere à gradual elaboração de delineamentos fundamentais de uma teoria original sobre os diversos aspectos das relações políticas e culturais entre as classes dominantes e os grupos sociais subalternos. Os elementos essenciais dessa teoria estão expostos, ainda que de forma sumária e não sistemática, em um dos mais tardios e breves cadernos especiais, sob o título geral *Às margens da história (História dos grupos sociais subalternos)* (*Q 25*, 1-8, 2.279-94 [*CC*, 5, 131-45]).

No *Q 25* G. reproduz, com algumas ampliações, treze notas, do *Q 1* ao *Q 3*, todas escritas em 1930, e uma nota do *Q 9* de 1932. É o único caderno especial sobre um tema que não aparece entre os argumentos principais na primeira página do *Q 1* ou nos ensaios principais e nos agrupamentos de matéria listados no *Q 8*. Como a última dessas três listas foi escrita na primavera de 1932, parece que G. reconheceu demasiado tarde, no decorrer de seu trabalho, a importância do estudo das características específicas da subalternidade na ordem política e social. Muitas outras notas, além daquelas recolhidas no *Q 25*, são relevantes para o pensamento gramsciano sobre os grupos sociais subalternos (ou "classes", como os chama nos primeiros *Q*), incluídas aquelas que se ocupam de questões muito próximas, como o distanciamento dos intelectuais italianos em relação ao povo, a reforma da educação, o senso comum, o folclore e as representações dos "humildes" nas obras literárias.

É inútil tentar formular uma definição precisa de "subalterno" ou de grupo subalterno-classe social subalterna em G., dado que, a seu ver, não constituem uma entidade isolada, e menos ainda homogênea. Não é casual que ele designe sempre no plural essas categorias. A categoria de grupos subalternos-classes sociais subalternas compreende muitos outros componentes da sociedade, além da "classe operária" e do "proletariado". G. não usa "subalterno" ou "subalternos" como simples substituto de "proletariado", para se esquivar da censura carcerária ou por outras razões. É possível, contudo, que a mudança de "classes" para "grupos" nos Textos C do *Q 25* reflita uma relação de crescente prudência em função do aparato de vigilância em ato durante sua permanência carcerária em Formia.

O elemento distintivo dos subalternos e dos grupos subalternos é sua desagregação. Esses grupos (ou classes) sociais não são apenas múltiplos, mas também divididos e bastante diferentes entre si. Embora alguns deles possam ter atingido um significativo nível de organização, a outros falta coesão, enquanto nos mesmos grupos existem vários níveis de subalternidade e de marginalidade. G. nota que um exame das revoluções do passado poderia revelar que "as classes subalternas eram várias e hierarquizadas pela posição econômica e pela homogeneidade" (*Q 3*, 48, 332 [*CC*, 3, 194]). A desagregação dos estratos subalternos da sociedade foi uma preocupação para G. desde quando era jornalista e líder político. Em *Alguns temas da questão meridional* (1926), ele define o Mezzogiorno como "uma grande desagregação social", com uma "grande massa camponesa amorfa e desagregada" (*QM*, 150 [*EP*, 2, 423]). A falta de coesão e de organização torna os subalternos politicamente impotentes; "incapazes de dar uma expressão centralizada às suas aspirações e às suas necessidades" (idem), suas rebeliões são destinadas ao fracasso. Aqui, G. não usa o termo "subalterno" ou "subalternos", mas antecipa as observações contidas na nota "Critérios metodológicos" (originalmente intitulada "História da classe dominante e história das classes subalternas") no *Q 25*: "A história dos grupos sociais subalternos é necessariamente desagregada e episódica. É indubitável que, na atividade histórica destes grupos, existe tendência à unificação, ainda que em termos provisórios, mas esta tendência é continuamente rompida pela iniciativa dos grupos dominantes [...]. Os grupos subalternos sofrem sempre a iniciativa dos grupos dominantes, mesmo quando se rebelam e insurgem" (*Q 25*, 2, 2.283 [*CC*, 5, 135]).

A expressão exterior do descontentamento dos subalternos no que concerne às condições miseráveis de sua existência assume normalmente a forma de uma rebelião espontânea. A espontaneidade em si não é somente ineficaz, mas também contraproducente. G. explica os efeitos negativos dos "movimentos assim denominados espontâneos" numa nota sobre a "Espontaneidade e direção consciente" (não incluída no *Q 25*): "Ocorre quase sempre que um movimento 'espontâneo' das classes subalternas seja acompanhado por um movimento reacionário da ala direita da classe dominante, por motivos concomitantes: por exemplo, uma crise econômica determina, por um lado, descontentamento nas classes subalternas e movimentos espontâneos de massa, e, por outro, determina complôs de grupos reacionários que exploram o enfraquecimento objetivo do Governo para tentar golpes de Estado" (*Q 3*, 48, 331 [*CC*, 3, 197]). Isso, entretanto, não significa que os sentimentos espontâneos das classes subalternas deveriam ser ignorados e tampouco repudiados; G., ao contrário, argumenta que a espontaneidade deve ser canalizada e integrada numa direção consciente. Essa é a tarefa do partido político que luta pela hegemonia a favor dos subalternos. G. recorda como "esse elemento de 'espontaneidade' não foi negligenciado e menos ainda desprezado" pelo grupo de *L'Ordine Nuovo*; ao contrário, "foi *educado*, orientado, purificado de tudo o que de estranho podia afetá-lo, para torná-lo homogêneo em relação à teoria moderna [o marxismo – ndr], mas de modo vivo, historicamente eficiente". Essa unidade de "espontaneidade e direção consciente", continua G., "é exatamente a ação política real das classes subalternas como política de massas e não simples aventura de grupos que invocam à massa" (*Q 3*, 48, 330 [*CC*, 3, 196]).

O problema principal para G. – não apenas nas notas sobre os subalternos, mas também em inúmeras outras páginas dos *Q*, inclusive muitas daquelas dedicadas às reflexões sobre a filosofia, o "moderno Príncipe" e os intelectuais – é como pôr fim à subalternidade, vale dizer, à subordinação da maioria à minoria. Isso, evidentemente, não pode ser alcançado enquanto "os grupos subalternos padeçam [...] a iniciativa dos grupos dominantes". A condição de subalternidade só pode ser superada pela conquista da autonomia e isso, para G., pode ocorrer somente por meio de um longo processo e de uma luta complexa. Para que uma luta contra a estrutura de poder existente tenha êxito é necessário, em primeiro lugar, compreender aquilo que a torna flexível e duradoura. As classes dominantes nos Estados modernos não têm o poder, nem são classes dominantes, unicamente porque controlam os aparelhos coercitivos do governo. G. explica esse ponto num dos trechos mais citados dos *Q*: o Estado moderno é sustentado por uma "robusta cadeia de fortalezas e casamatas" (*Q 7*, 16, 866 [*CC*, 3, 261]), isto é, a sociedade civil. A classe dirigente não tem – e certamente não quer demonstrar ter – o controle absoluto e exclusivo da sociedade civil; se o fizesse, não seria capaz de demonstrar que goza do consenso livremente acordado pelo povo. O que ela realmente possui é um formidável aparelho composto de dispositivos institucionais e culturais que lhe permitem difundir direta e indiretamente sua concepção do mundo, inculcar seus valores e plasmar a opinião pública. G. a define "estrutura ideológica de uma classe dominante: isto é, a organização material dirigida a manter, a defender e a desenvolver a 'frente' teórica ou ideológica" (*Q 3*, 49, 332 [*CC*, 2, 78]).

Para ser eficaz, então, a luta contra a configuração do poder que reforça a subalternidade deve ser dirigida contra essa frente ideológica – portanto, a estratégia adequada não é um ataque frontal contra a sede do poder (cuja queda não provoca por si só uma mudança substancial), mas uma "guerra de posição" no terreno da sociedade civil. À luz disso, G. coloca a seguinte questão: "O que se pode contrapor, por parte de uma classe inovadora, a esse complexo formidável de trincheiras e fortificações da classe dominante?". A resposta é a seguinte: "O espírito de cisão, isto é, a conquista progressiva da consciência da própria personalidade histórica, espírito de cisão que deve tender a se ampliar da classe protagonista às classes aliadas potenciais: tudo isso requer um complexo trabalho ideológico" (*Q 3*, 49, 333 [*CC*, 2, 79]). A classe inovadora e protagonista à qual G. se refere nessa passagem é a classe operária industrial organizada, um grupo subalterno que emergiu nas mais avançadas estruturas da produção capitalista. Como Marx e Engels evidenciaram no *Manifesto do Partido Comunista*, um dos efeitos involuntários da modernização industrial e da competição capitalista é o fortalecimento dos laços entre os trabalhadores. A melhor associação de trabalhadores organizados, o partido, aquela que alcançou o mais alto nível de autonomia frente aos grupos sociais dominantes, é a mais bem posicionada para assumir o papel de guia na luta dos subalternos pela hegemonia. É precisamente esse tipo de partido que G. tentou construir, primeiro, com seu trabalho no grupo de *L'Ordine Nuovo*, depois como líder do PCd'I. Sua convicção de que o primeiro estágio necessário na luta contra a subordinação é "a progressiva aquisição da consciência da própria personalidade" (idem) motivou grande parte de sua atividade política.

É uma convicção que ele havia articulado com grande clareza já num artigo de 1916. Algumas das frases aqui utilizadas são quase idênticas àquelas que encontramos nos *Q*. A cultura socialista, escrevia G. no artigo "Socialismo e cultura", "é apropriação da própria personalidade, é conquista de consciência superior, e é graças a isso que alguém consegue compreender seu próprio valor histórico, sua própria função na vida, seus próprios direitos e seus próprios deveres. Mas nada disso pode ocorrer por evolução espontânea" (29 de janeiro de 1916, em *CT*, 100 [*EP*, 1, 58]). Com uma interpretação da história à maneira de Vico, G. explica como, através do crescimento gradual da consciência do próprio valor, os seres humanos conquistaram a própria independência das leis e das hierarquias sociais impostas pelas minorias. Tal desenvolvimento da consciência não é determinado por uma "lei psicológica", mas é o fruto de uma reflexão sobre as condições históricas e sobre o modo de transformá-las.

No *Q 25*, G. propõe o estudo das "forças inovadoras italianas que guiaram o *Risorgimento* nacional" para entender o processo pelo qual as "forças inovadoras", que no início eram "grupos subalternos", conseguiram se transformar em "grupos dirigentes e dominantes" (*Q 25*, 5, 2.289 [*CC*, 5, 141]). G. está particularmente interessado nas "fases" através das quais as forças inovadoras "adquiriram autonomia em relação aos inimigos a abater e a adesão dos grupos que as ajudaram ativa ou passivamente, uma vez que todo esse processo era necessário historicamente para que se unificassem em Estado" (idem). As fartas notas que G. dedicou ao *Risorgimento* nas outras partes dos *Q* constituem, de fato, o esquema desse projeto historiográfico. Uma dessas notas é particularmente pertinente. Ela aparece muito cedo no *Q 1* e se intitula "Direzione politica di classe prima e dopo l'andata al governo" [Direção política de classe antes e depois da chegada ao governo] (*Q 1*, 44); ela é também o ponto de partida da elaboração distintamente gramsciana do conceito de hegemonia. Por que, ele se pergunta, os moderados estavam numa posição que lhes permitiu aceder ao poder depois do *Risorgimento*, e quais foram as causas da falência do Partido da Ação? Ele chega a quatro conclusões, úteis para identificar o núcleo da estratégia político-cultural que seu partido deveria adotar para poder guiar com sucesso todos os grupos sociais subalternos na luta pela hegemonia: a) os moderados estavam ligados organicamente à classe que representavam e eram sua vanguarda intelectual; b) antes de adquirir o poder de governo, os moderados alcançaram a "hegemonia política" colocando-se como líderes das classes aliadas, atraindo outros intelectuais de diferentes estratos nos campos da educação e da administração – obtendo esses resultados no terreno da sociedade civil; c) o Partido da Ação faliu na construção de vínculos orgânicos com os grupos sociais que se supunha que representasse e, na realidade, "não se apoiava especificamente em nenhuma classe histórica" (ibidem, 41), nem foi capaz de articular de maneira satisfatória as aspirações das massas populares e, em particular, dos camponeses; d) longe de assumir um papel de direção, os órgãos dirigentes do Partido da Ação "em última instância eram compostos segundo os interesses dos moderados" (idem) – um outro modo de dizer que faltava ao Partido da Ação "o espírito de cisão" e que, por esse aspecto, se assemelhava aos grupos subalternos que "padeciam [...] a iniciativa dos grupos dominantes".

O programa de pesquisa sobre a história das classes subalternas do *Q 25* não se limita ao estudo dos grupos que emergiram da subalternidade e se tornaram hegemônicos; G. também está interessado na história das lutas subalternas desde a Antiguidade até o presente. A história, todavia, é escrita do ponto de vista dos vencedores e raramente registra informações confiáveis sobre o tema – a história dos grupos sociais subalternos, pode-se dizer, é uma forma subalterna de historiografia. Por esse motivo, escreve G., "todo traço de iniciativa autônoma por parte dos grupos subalternos deve ser de valor inestimável para o historiador integral" (*Q 25*, 2, 2.284 [*CC*, 5, 135]).

O *Q 25* contém três notas que se ocupam desse aspecto da história dos grupos subalternos: uma sobre David Lazzaretti; uma segunda sobre o "desenvolvimento dos grupos sociais subalternos na Idade Média e em Roma" (*Q 25*, 4, 2.284-7 [*CC*, 5, 136]), que, entre outras coisas, se refere ao crescimento das classes populares nas comunas medievais, sobre as quais G. escreveu também em outros momentos dos *Q*; e uma terceira sobre as utopias e sobre os romances filosóficos, que, para G., refletem indireta e inconscientemente "as aspirações mais elementares e profundas dos grupos sociais subalternos, inclusive dos mais baixos" (*Q 25*, 7, 2.290 [*CC*, 5, 142]). A nota sobre Lazzaretti, que abre esse caderno especial, coloca em evidência mais diretamente uma das teses centrais de G., qual seja, a cultura dominante marginaliza os grupos sociais subalternos, cancelando o significado político e histórico de seu pensamento e de suas ações: "Este era o costume cultural do tempo: em vez de estudar as origens de um acontecimento coletivo, e as razões de sua difusão, de seu ser coletivo, isolavam o protagonista e se limitavam a fazer sua biografia patológica, muito frequentemente partindo de motivos não comprovados ou passíveis de interpretação diferente: para uma elite social, os elementos dos grupos subalternos têm sempre algo bárbaro ou patológico" (*Q 25*, 1, 2.279 [*CC*, 5, 131]). Assim se esconde a profundidade do geral mal-estar social, econômico e político de que as rebeliões e as revoltas dos grupos subalternos são expressão e assim se entregam os mesmos subalternos à periferia da cultura e da política, classificando-os como bizarros, desequilibrados, atípicos, meras curiosidades. Encontra-se aqui uma das mais significativas intuições de G.: uma das maiores dificuldades dos grupos sociais subalternos no desafio contra a hegemonia dominante é encontrar um caminho além das barreiras que não lhes permitem ser escutados.

Bibliografia: Arnold, 2000; Buttigieg, 1999; Green, 2007.

Joseph A. Buttigieg

Ver: classe operária; cultura; cultura popular; direção; frente ideológica; hegemonia; ideologia; *Ordine Nuovo* (*L'*); questão meridional; *Risorgimento*; senso comum; simples; Sorel.

subjetivo/subjetivismo/subjetividade

G. fala de "subjetivo" e "objetivo" em âmbitos diferentes e convergentes: filosófico, político, histórico e literário. Assim, por exemplo, numa das notas dedicadas à cultura italiana se define o sentimento nacional como "puramente subjetivo", como algo não imediatamente indicativo da realidade e de "fatores objetivos". Trata-se, por isso, de um "sentimento de intelectuais". Já a língua é para G. um "elemento objetivo", enquanto as camadas intelectuais, os partidos e a própria Igreja parecem frágeis e desintegrados (*Q 6*, 94, 769 [*CC*, 2, 143]). Como se nota, a dimensão do subjetivo tem aqui uma extensão muito vasta, abrangendo múltiplas articulações semânticas. Em outros momentos – não por acaso dedicados a reflexões relacionadas ao conceito de "necessidade histórica", considerado tanto no sentido especulativo-abstrato quanto no sentido histórico-concreto ou, ainda, o problema da racionalidade histórica e a questão da passagem do reino da necessidade para o reino da liberdade (v. como exemplo *Q 8*, 237, 1.089-90 e *Q 11*, 52, 1.489 [*CC*, 1, 194]) – G. usa a dicotomia objetivo-subjetivo aludindo à ideia maquiaveliana de fortuna: como "força natural das coisas" e como "a própria virtude do indivíduo", cuja "potência tem raízes na própria vontade do homem" (*Q 8*, 237, 1.089).

G. aborda então com admirável curiosidade intelectual as questões conceituais relativas aos "grandes problemas da existência subjetiva do universo". Aqui o interesse se volta para os debates sobre a nova ciência e para as questões relativas ao conhecimento e à experiência dos fenômenos "infinitamente pequenos". G. contesta algumas teorias segundo as quais esse conhecimento seria ligado, dada a impossibilidade de uma descrição exata, à subjetividade de quem realiza a experiência. Se isso fosse verdadeiro, "eles não seriam 'observados', mas 'criados', e cairiam no mesmo domínio da intuição pessoal; não os fenômenos, mas essas intuições seriam, então, o objeto da ciência, como as 'obras de arte'" (*Q 8*, 176, 1.047). O tema é retomado com argumentação mais ampla também no *Q 11*, 36, 1.452-3 [*CC*, 1, 168], em que a relação entre "personalidade subjetiva" do pesquisador e o ato de "objetivar" é analisada no contexto do problema mais vasto da necessária dialética entre a capacidade da experiência sensível do cientista, bem como do artesão e do trabalhador, e a intervenção do instrumento científico ou da máquina. Essas observações funcionam como uma introdução para a análise do problema da "realidade objetiva" (*Q 8*, 177, 1.048-9). Pergunta-se G.: o que significa objetivo? "Não significará 'humanamente objetivo' e não será, por isso, também *humanamente* subjetivo? O *objetivo* seria então o *universal subjetivo*" (ibidem, 1.048). Nesse ponto, com poucas e eficientes frases, G. elabora uma autônoma teoria epistemológica e ético-política do marxismo crítico, no sentido de conhecimento objetivo de uma realidade que "vale para todo o gênero humano *historicamente* unificado em um sistema cultural unitário". A luta política, para G., se caracteriza, também e, sobretudo, como "processo de objetivação do sujeito que se torna sempre mais universal concreto, historicamente concreto" (idem). Graças à crítica ao materialismo vulgar e ao idealismo abstrato – recorde-se que também a ideia crociana da história ético-política, para G., acabava por sujeitar-se a uma concepção "subjetiva-especulativa": *Q 10* I, 7, 1.223 [*CC*, 1, 294] –, a aliança entre marxismo crítico e ciência experimental cria o terreno de uma possível unificação da humanidade, o terreno de uma "subjetividade mais objetivada e universalizada concretamente" (*Q 8*, 177, 1.049).

G. reflete especialmente sobre a relação entre subjetivo e objetivo a partir da realidade histórica concreta das relações de produção, do trabalho de fábrica e do trabalhador coletivo. "Que uma divisão do trabalho cada vez mais perfeita reduza objetivamente a posição do trabalhador na fábrica a movimentos de detalhe cada vez mais 'analíticos', de modo que escapa a cada indivíduo a complexidade da obra comum e, mesmo em sua consciência, a própria contribuição seja desvalorizada até parecer facilmente substituível a qualquer instante; que, ao mesmo tempo, o trabalho combinado e bem ordenado dê uma maior produtividade 'social' e que o conjunto dos trabalhadores da fábrica deva ser concebido como um 'trabalhador coletivo' – eis os pressupostos do movimento de fábrica, que tende a fazer com que se torne 'subjetivo' o que está dado 'objetivamente'" (*Q 9*, 67, 1.137-8 [*CC*, 4, 312-3]).

O problema da relação entre subjetivo e objetivo constitui, como já vimos, uma das passagens cruciais do raciocínio de G. no que concerne às relações entre a filosofia da práxis e a ciência moderna. Contudo, a autonomia teórica e a autossuficiência do marxismo devem ser defendidas, para G., também no que diz respeito a uma ideia neutra e abrangente de ciência. A própria concepção da objetividade do real pode assumir, para G., as características de uma ideologia, e a ciência não pode ser separada da vida, das necessidades e da atividade prática do homem: "Para a filosofia da práxis o ser não pode ser separado do pensar, o homem da natureza, a atividade da matéria, o sujeito do objeto; se se faz esta separação, cai-se numa das muitas formas de religião ou na abstração sem sentido" (*Q 11*, 37, 1.457 [*CC*, 1, 175]). Ressalte-se que, para G., a passagem do objetivo ao subjetivo ou, o que é o mesmo, da necessidade para a liberdade, é o que marca a transição do momento meramente econômico para o momento ético-político, isto é, "a elaboração superior da estrutura em superestrutura na consciência dos homens" (*Q 10* II, 6, 1.244 [*CC*, 1, 291]). É o momento, diz G., que poderia se definir como "catarse", como modificação da estrutura que não é mais "força exterior que esmaga o homem, o assimila a si, o torna passivo", mas se transforma em "meio de liberdade", "instrumento para criar uma nova forma ético-política, na [...] origem de novas iniciativas". Esse "momento catártico" é o que desde o início caracteriza a filosofia da práxis.

A crítica ao materialismo místico e vulgar e ao idealismo especulativo e abstrato constitui a marca da análise gramsciana da subjetividade. Não se resolve o problema do subjetivismo com palavras fáceis, de sabor positivista, acerca do pensamento que cria as coisas, tampouco com absolutismos metafísicos e mistificadores. A filosofia da práxis se apropria da "concepção subjetiva da realidade" e a transfunde, modificando-a, na teoria das superestruturas, que é "a tradução, nos termos do historicismo realista, da concepção subjetiva da realidade" (idem). Há uma dimensão realista do subjetivismo (por exemplo aquela da filosofia clássica alemã) que deve ser levada a sério. "Cabe demonstrar que a concepção 'subjetivista' encontra a sua interpretação 'histórica' e não especulativa [(e sua superação)] na concepção das superestruturas; ela serviu para superar a transcendência de um lado e o 'senso comum' do outro, mas em sua forma especulativa é um mero romance filosófico" (*Q 8*, 217, 1.078-9). Em uma das seções dedicadas à "assim chamada realidade do mundo exterior" (*Q 11*, 17, 1.411-6 [*CC*, 1, 129]), G. critica as formas ingênuas e vulgares da contestação das concepções subjetivistas, que, paradoxalmente, acabam por se assemelhar a visões religiosas do mundo objetivo como criação que se oferece ao homem já totalmente pronta (a questão é retomada quando G. discute, numa breve nota, a concepção "subjetiva" de Berkeley: *Q 11*, 60, 1.486 [*CC*, 1, 203]). A concepção subjetivista, para G., é "própria da filosofia moderna na sua forma mais completa e avançada" e, não por acaso, dela nasce o materialismo histórico, que coloca "em linguagem realista e historicista o que a filosofia tradicional expressava de forma especulativa" (*Q 11*, 17, 1.413 [*CC*, 1, 129]).

O conceito é retomado de modo substancial e com melhores argumentos no *Q* dedicado à filosofia de Croce. Aqui a filosofia da práxis não só é associada à "concepção imanentista da realidade" (em que o conceito de estrutura não é mais concebido "especulativamente" até se tornar um "deus oculto", mas historicamente, como o conjunto das relações sociais), mas também à concepção "subjetiva" dela, justamente porque a inverte, explicando-a como fato histórico, como "subjetividade histórica de um grupo social" (*Q 10* I, 8, 1.226 [*CC*, 1, 296] e v. também *Q 10* II, 6, 1.244 [*CC*, 1, 314]). A teoria paretiana da distinção entre ações lógicas e não lógicas – segundo a qual são lógicas as ações em que a concordância entre meio e fim se dá não só em conformidade com o "juízo do sujeito agente (fim subjetivo), mas também segundo o juízo do observador (fim objetivo)" – também se coloca em um "terreno *formal* e esquemático" (*Q 14*, 9, 1.663 [*CC*, 3, 297]).

Existem alguns âmbitos disciplinares particulares em que G. utiliza os conceitos de subjetivo e objetivo. Assim, a propósito de Pirandello, G. elabora a tese interpretativa segundo a qual o humorismo pirandelliano esconde a divertida intenção do autor "fazendo nascer certas dúvidas 'filosóficas' em cérebros não filosóficos e mesquinhos, com o objetivo de 'ridicularizar' o subjetivismo e o solipsismo filosófico" (*Q 14*, 15, 1.674 [*CC*, 6, 236]). Em outro contexto, qual seja, o *Risorgimento*, G. expressa a certeza de que a superioridade do partido moderado sobre o Partido da Ação constitui-se pelo fato de que o primeiro conseguiu, mais do que o segundo, representar as "forças subjetivas do *Risorgimento*". O partido moderado conseguiu ter consciência também da tarefa do Partido da Ação; "por essa consciência, sua 'subjetividade' era de uma qualidade superior e mais decisiva" (*Q 15*, 25, 1.782 [*CC*, 5, 322]). Sobre a debilidade dos "elementos objetivos nacionais" no *Risorgimento* e sobre alguns fenômenos de "subjetivismo arbitrário", v. *Q 19*, 5, 1.974 [*CC*, 5, 28].

Enfim, alguns profundos elementos de reflexão pessoal e filosófica sobre o tema da subjetividade se encontram em uma carta para Giulia de 18 de maio de 1931. G. se recorda de quando Giulia o censurava por não fazer prevalecer sua vontade nos casos em que tinha razão. "Isto significava, precisamente, que o suposto respeito pela personalidade alheia às vezes se torna uma forma de 'esteticismo', por assim dizer, isto é, o 'outro' se torna às vezes um 'objeto', exatamente quando se acredita que mais se tem respeito por sua subjetividade". É a sabedoria, mais que a abstrata especulação, que nos faz entender melhor o mundo, um mundo "grande, terrível e complicado" (*LC*, 423 [*Cartas*, II, 48])

GIUSEPPE CACCIATORE

Ver: catarse; Croce; estrutura; filosofia da práxis; idealismo; imanência; liberdade; materialismo e materialismo vulgar; necessidade; objetividade; Pareto; Pirandello; *Risorgimento*; solipsismo/solipsista.

subversivismo

Enquanto o G. pré-cárcere havia usado o conceito de "subversivismo", sobretudo, em relação às classes dirigentes italianas e às suas limitações, e, portanto, também referindo-se ao fascismo (ver como exemplo "Sovversivismo reazionario" [Subversivismo reacionário], 22 de junho de 1921, em *SF*, 204-6 [*EP*, 2, 68]), o G. do cárcere concentra a análise no subversivismo das classes subalternas – sempre, porém, vinculando-o ao subversivismo "do alto" – que, às vezes, qualifica também, contextualmente, como "anarcoide". G. tematiza o conceito numa densa nota do *Q 3*, inserindo-a na rubrica "Passado e presente". "Subversivo" é um "conceito puramente italiano" (*Q 3*, 46, 323 [*CC*, 3, 189]), que se refere à história política da Itália e a seus efeitos sobre as formas de rebelião das classes subalternas. É "uma posição negativa e não positiva de classe: o 'povo' sente que tem inimigos e os individualiza só empiricamente nos chamados senhores". Trata-se, no caso, de um "ódio genérico", "de tipo 'semifeudal'", que leva o camponês a odiar "o 'funcionário', não o Estado, que não entende" (*Q 3*, 46, 323 [*CC*, 3, 189]). Esse subversivismo não é ainda, para G., um "documento de consciência de classe: é apenas seu primeiro vislumbre, é apenas, precisamente, a elementar posição negativa e polêmica". O que falta é a "consciência exata da própria personalidade histórica": com o subversivismo "não se tem sequer consciência da personalidade histórica e dos limites precisos do próprio adversário" (*Q 3*, 46, 323-4 [*CC*, 3, 190]).

Para delinear o cenário em que se insere tal fenômeno, precisamos nos deter em uma nota pouco posterior, em que G., tratando "da ausência de iniciativa popular no desenvolvimento da história italiana", assinala como "o 'progresso' se verificaria como reação das classes dominantes ao subversivismo esporádico e desorganizado das massas populares, com 'restaurações' que acolhem uma pequena parte das exigências populares, portanto, 'restaurações progressivas' ou 'revoluções-restaurações'" (*Q 8*, 25, 957). A "revolução passiva" é a resposta das classes dominantes italianas ao subversivismo esporádico das massas populares, mas é também, por sua vez, como vimos, a causa dos mesmos comportamentos subversivos. A falta de referências intelectuais, de partidos estruturados, de uma vida política que saiba canalizar as exigências das massas subalternas, determina a reivindicação na forma arcaica do subversivismo: "Não existe um 'partido econômico', mas grupos de ideólogos *declassés* de todas as classes: galos que anunciam um sol que nunca surgirá" (*Q 9*, 89, 1.155). O fenômeno do subversivismo é, portanto, tanto causa quanto produto da situação política italiana; é um sintoma, como insiste G., na lista dos temas mais importantes a serem tratados no início do *Q 21* sobre a *Literatura Popular*, daquele "apoliticismo do povo italiano, que se manifesta nas expressões 'rebeldia', 'subversivismo', 'antiestatismo' primitivo e elementar" (*Q 21*, 1, 2.108-9 [*CC*, 6, 34]).

Voltemos ao *Q 3*, 46 [*CC*, 3, 189]. A acusação de subversivismo não é feita por G. apenas às classes subalternas que não alcançaram ainda a "consciência exata da própria personalidade histórica"; subversivo é também um outro estrato social, muito particular e perigoso, que G. descreve com rigor, os assim chamados "mortos de fome": "Existem dois estratos distintos de 'mortos de fome': um é o dos 'diaristas agrícolas', outro o dos pequenos intelectuais" (*Q 3*, 46, 324 [*CC*, 3, 190]). Enquanto os primeiros "não têm como característica fundamental sua situação econômica, mas sua condição intelectual-moral", isto é, são "beberrões, incapazes de trabalho contínuo, sem espírito de poupança" e, por isso, muito semelhantes a um *Lumpenproletariat*, os últimos são "pequeno-burgueses originados da burguesia rural" (idem). Este segundo estrato é o fruto da fragmentação da propriedade fundiária até sua completa liquidação: um fenômeno que deixa "elementos da classe que não querem trabalhar manualmente" e que, dispostos a manter o prestígio de classe, sem a correspondente função econômica, formam "uma camada faminta de aspirantes a pequenos cargos municipais, de escrivães, de intermediários etc. etc.". Um estrato que é um constante "elemento perturbador na vida dos campos, sempre ávido por mudanças (eleições etc.) e produz o 'subversivo' local". Um elemento, devido à sua consistência numérica, que "tem uma certa importância: ele se alia especialmente à burguesia rural contra os camponeses, organizando a serviço desta também os 'diaristas mortos de fome'". A periculosidade desse gênero de subversivo, pode-se dizer, está em seu desespero, ou ainda, em sua disponibilidade a se aliar com qualquer um que seja capaz de garantir-lhe ainda que uma pequena recompensa, que seja econômica ou simplesmente de prestígio. G. é drástico no julgamento da função política desse grupo: "O 'subversivismo' desses estratos tem duas faces: uma voltada para a esquerda, outra voltada para a direita, mas a face esquerda é um meio de chantagem: eles se dirigem sempre para a direita nos momentos decisivos e sua 'coragem' desesperada prefere sempre ter os *carabinieri* como aliados" (*Q 3*, 46, 324-5 [*CC*, 3, 191]). Como conclusão da nota, acrescentada numa época posterior, encontramos a referência à relação entre o "subversivismo popular" e aquele "do alto": não tendo na Itália "nunca existido um 'domínio da lei', mas apenas uma política de árbitros e de facções pessoais ou de grupo", o subversivismo das classes dirigentes é "correlato" àquele dos subalternos. E que exemplo melhor do que o "subversivo" Mussolini para expressar de forma prática essa relação ("Sovversivismo reazionario", 22 de junho de 1921, em *SF*, 204-6 [*EP*, 2, 68-70])?

MICHELE FILIPPINI

Ver: apoliticismo/apoliticidade; espontaneísmo; fascismo; revolução passiva; subalterno/subalternos.

sufrágio universal

O sufrágio universal, considerado com não muita simpatia seja por parte do movimento socialista, seja por parte dos "elitistas", é reavaliado parcialmente por G., tanto a partir do argumento de que não é fato que em um sistema eletivo o "número" constitua a lei suprema, quanto pelo argumento de que não é fato que "o peso da opinião de cada eleitor seja 'exatamente' igual" (*Q 13*, 30, 1.624 [*CC*, 3, 81]); na verdade, "os números [...] são um simples valor instrumental, que dão uma medida e uma relação, e nada mais. E, de resto, o que é que se mede? Mede-se exatamente a eficácia e a capacidade de expansão e de persuasão das opiniões de poucos, das minorias ativas, das elites, das vanguardas etc. etc., isto é, sua racionalidade ou historicidade ou funcionalidade concreta" (ibidem, 1.625 [*CC*, 3, 82]). Tais opiniões foram apresentadas com um longo trabalho preparatório que tem na "contagem dos 'votos' [...] a manifestação final" (idem). Se a elite que deu vida a tal processo não conquista a maioria, mostra toda sua inaptidão, e começa a acreditar que "certamente é melhor se tornar elite por decreto" (idem), manifestando querer "tirar do homem 'comum' até mesmo aquela fração infinitesimal de poder que ele possui para decidir sobre o curso da vida estatal" (idem). Em confirmação, G. escreve que "o programa de Giolitti foi 'perturbado' por dois fatores: 1) a afirmação dos intransigentes no partido socialista [...]; 2) a introdução do sufrágio universal, que ampliou de modo extraordinário o corpo eleitoral do Mezzogiorno e tornou difícil a corrupção individual" (*Q 19*, 26, 2.039-40 [*CC*, 5, 91]). Ademais, por consequência da ampliação do sufrágio em 1913, manifestava-se um fenômeno que terá sua máxima expansão entre 1919-1921, "a ruptura relativa do bloco rural meridional e a separação dos camponeses [...] em relação aos grandes proprietários" (*Q 19*, 26, 2.041 [*CC*, 5, 87]).

LELIO LA PORTA

Ver: bloco histórico; elite/elitismo; Giolitti; questão meridional.

Sul: v. Norte-Sul.

superestrutura/superestruturas

Com o termo "superestrutura" G. traduz a expressão alemã *Überbau*, no âmbito da célebre metáfora arquitetônica empregada por Marx no *Prefácio de 59* à *Crítica da economia política*, em que fala da "estrutura econômica da sociedade, ou seja, a base real sobre a qual se ergue uma superestrutura jurídica e política e à qual correspondem determinadas formas sociais da consciência. O modo de produção da vida material condiciona, em geral, o processo social, político e espiritual da vida. Não é a consciência dos homens que determina seu ser, mas, ao contrário, é seu ser social que determina sua consciência [...]. Com a mudança da base econômica se subverte, de forma mais ou menos rápida, toda a imensa superestrutura. Quando se estudam semelhantes desordenamentos, é indispensável distinguir sempre entre a desestabilização material das condições econômicas da produção, que pode ser constatada com a precisão das ciências naturais, e as formas jurídicas, políticas, religiosas, artísticas ou filosóficas, em uma palavra, as formas ideológicas que permitem aos homens conceber esse conflito e combatê-lo" (Marx, 1986, p. 298-9). Em relação a uma tradição interpretativa amplamente consolidada sobre o assunto, a novidade de G. não consiste tanto, como aliás já se argumentou, em aumentar o peso da superestrutura frente à estrutura na determinação dos eventos históricos, correndo assim o risco de recair em posições idealistas, como ele mesmo reprova ao austro-marxista Max Adler (*Q 4*, 3, 422) e ao "prof. Lukács" (*Q 4*, 3, 469: "Toda conversão e identificação do materialismo histórico em materialismo vulgar não pode senão determinar o erro oposto"), mas sim em pôr em discussão a própria abordagem da questão.

Inicialmente, G. introduz diferenças e gradações no interior da superestrutura (além da própria estrutura), não obstante já implícitas no fato de usar o termo preferencialmente no plural, quando, por exemplo, sustenta que "redução à economia e à política significa justamente redução das superestruturas mais elevadas às mais aderentes à estrutura, isto é, possibilidade e necessidade de formação de uma nova cultura" (*Q 3*, 34, 312 [*CC*, 3, 185]); ainda mais explícito está no *Q 8*, 61, 977: "A atividade política é de fato o primeiro momento ou o primeiro grau das superestruturas, é o momento em que todas as superestruturas estão ainda na fase imediata de mera afirmação voluntária, indiferenciada e elementar". Precedentemente G. afirmara que "na fase da luta pela hegemonia se desenvolve a ciência da política; na fase estatal, todas as superestruturas devem se desenvolver, sob o risco de se ter a dissolução do Estado" (*Q 4*, 46, 473). No extremo oposto dessa gradação encontramos a ciência, que "também é uma superestrutura [...]. Mas no estudo das superestruturas a ciência ocupa um lugar à parte, pelo fato de sua reação sobre a estrutura ter um caráter de maior extensão e continuidade de desenvolvimento, sobretudo a partir do século XVIII, a partir do momento em que se deu à ciência um lugar à parte na opinião geral" (*Q 4*, 7, 430 [*CC*, 6, 357]).

G., ademais, distingue certos períodos em que "as questões práticas absorvem todas as inteligências em prol de sua resolução (em certo sentido, todas as forças humanas são concentradas no trabalho estrutural e não se pode falar ainda de superestruturas)" (*Q 3*, 41, 318) – é o caso da América e, de modo mais amplo, de todo "novo tipo de sociedade, na qual a 'estrutura' domina mais imediatamente as superestruturas e estas são 'racionalizadas' (simplificadas e diminuídas de número) [...], onde ainda não se verificou (salvo talvez de modo esporádico), nenhum florescimento 'superestrutural', logo ainda não foi posta a questão fundamental da hegemonia" (*Q 1*, 61, 72 [*CC*, 6, 348-9]) – de outros contextos e situações em que as superestruturas assumem um peso decididamente maior; por isso, depois de ter introduzido os conceitos de guerra de posição e de movimento, G. observará que no Ocidente "as superestruturas da sociedade civil são como o sistema de trincheiras na guerra moderna" (*Q 7*, 10, 860 [*CC*, 6, 368]). Noutro ponto G. fala de "estrutura material da ideologia" (*Q 3*, 49, 333 [*CC*, 2, 78]) e alerta para que não se a confunda com a estrutura *tout court*: de fato, considerando "objetos" como bibliotecas, laboratórios científicos e instrumentos musicais, observa como estes "são estrutura e são superestrutura [...]. Existem superestruturas que têm uma 'estrutura material': mas seu caráter permanece superestrutural: seu desenvolvimento não é 'imanente' em sua 'estrutura material' particular, mas na estrutura material da sociedade [...]. Logicamente, e também cronologicamente, tem-se: estrutura social – superestrutura – estrutura material da superestrutura" (*Q 4*, 12, 433-4 [*CC*, 6, 359]). Na segunda versão do texto, todavia, G. não apenas atribui a Bukharin a abordagem do problema nestes termos, mas nota – autocriticamente – como "esse modo de colocar a questão torna inutilmente complicadas as coisas" e "é um desvio infantil da filosofia da práxis, determinada pela convicção barroca de que, quanto mais se recorre a objetos 'materiais', mais se é ortodoxo" (*Q 11*, 29, 1.441-2 [*CC*, 1, 159]).

De toda forma, desde o *Q 4*, 15, 436-7, G. nega a interpretação crociana segundo a qual "para Marx, as 'superestruturas' são aparência e ilusão"; ao contrário, elas "são uma realidade objetiva e operante, mas não são a mola da história, isso é tudo. Não são as ideologias que criam a realidade social, mas é a realidade social, na sua estrutura produtiva, que cria as ideologias. Como Marx poderia pensar que as superestruturas são aparência e ilusão? Também suas doutrinas são uma superestrutura. Marx afirma explicitamente que os homens adquirem consciência de suas tarefas no terreno ideológico, das superestruturas, o que não é uma pequena afirmação de 'realidade': sua teoria pretende precisamente, também ela, fazer com que um determinado grupo social 'tome consciência' das próprias tarefas, da própria força, do próprio devir. Mas ele destrói as ideologias dos grupos sociais adversários, que de fato são instrumentos práticos de domínio político sobre o restante da sociedade: ele demonstra como eles são privados de sentido, porque em contradição com a realidade efetiva". Além disso, "um elemento de erro na consideração do valor das ideologias, ao que me parece, deve-se ao fato (fato que, ademais, não é casual) de que se dê o nome de ideologia tanto à superestrutura necessária de uma determinada estrutura, como às elucubrações arbitrárias de determinados indivíduos. O sentido pejorativo da palavra tornou-se exclusivo, o que modificou e desnaturou a análise teórica do conceito de ideologia" (*Q 7*, 19, 868 [*CC*, 1, 237]). Tal distinção é, no entanto, adotada por G. quando, por exemplo, escreve que está nascendo uma "nova civilização americana consciente de suas forças e de suas fraquezas: os intelectuais se afastam da classe dominante para unirem-se a ela de modo mais íntimo, para serem uma verdadeira superestrutura e não apenas um elemento inorgânico e indiferenciado da estrutura-corporação" (*Q 5*, 105, 634 [*CC*, 4, 301]); ou então usa a expressão polemicamente, afirmando que no materialismo histórico "o elemento 'determinista, fatalista, mecanicista' era mera ideologia, uma superestrutura transitória imediatamente, que se tornou necessária e justificada pelo caráter 'subalterno' de determinados estratos sociais" (*Q 8*, 205, 1.064).

Com base em tais pressupostos compreende-se como na nota "Estrutura e superestrutura" (*Q 7*, 24, 871-3 [*CC*, 1, 238]) se diga que "a pretensão (apresentada como postulado essencial do materialismo histórico) de apresentar e expor qualquer flutuação da política e da ideologia como uma expressão imediata da infraestrutura deve ser combatida, teoricamente, como um infantilismo primitivo, ou deve ser combatida, praticamente, com o testemunho autêntico de Marx, escritor de obras políticas e históricas concretas", do *18 de Brumário* aos escritos sobre a *Questão oriental*, de *Revolução e contrarrevolução na Alemanha* a *Guerra civil na França*, cuja análise permitirá "fixar melhor a metodologia histórica marxista, complementando, iluminando e interpretando as afirmações teóricas esparsas em todas as obras. Poder-se-á observar quantas cautelas reais Marx introduz em suas investigações concretas, cautelas que não poderiam encontrar lugar nas obras gerais", como o já citado *Prefácio de 59*. Pelo contrário, "o materialismo histórico mecânico", cujas posições nos *Q* são exemplificadas pelo manual de Bukharin e que objetivamente coincidem com a interpretação crociana de Marx, "interpreta todo ato político como determinado pela estrutura, imediatamente, isto é, como reflexo de uma real e duradoura (no sentido de adquirida) modificação da estrutura", e não considera que "muitos atos políticos são motivados por necessidades internas de caráter organizativo", dos quais não é possível "encontrar a explicação imediata, primária, na estrutura".

Em seguida, também à base de algumas leituras sobre os últimos desenvolvimentos da reflexão teórica na União Soviética, G. afirmará não crer "que existam muitos a sustentar que, com a modificação de uma estrutura, todos os elementos da superestrutura correspondente devam necessariamente desaparecer" (*Q 10* II, 41.XII, 1.322 [*CC*, 1, 391]). Noutras palavras, "pode-se dizer que não só a filosofia da práxis não exclui a história ético-política, como, ao contrário, sua mais recente fase de desenvolvimento consiste precisamente na reivindicação do momento de hegemonia como essencial à sua concepção estatal e à 'valorização' do fato cultural, da atividade cultural, de uma frente cultural como necessária, ao lado das frentes meramente econômicas e políticas" (*Q 10* I, 7, 1.224 [*CC*, 1, 295]), com referência evidente às posições do último Lenin. Disso resulta que, "pelo fato de que se aja essencialmente sobre as forças econômicas, de que se reorganize e se desenvolva o aparelho de produção econômica, de que se inove a estrutura, não deve ser desconsiderada a consequência de que os fatos da superestrutura sejam abandonados a si mesmos, ao seu desenvolvimento espontâneo, a uma germinação casual e esporádica" (*Q 8*, 62, 978). Portanto, "empregar a vontade para criar um novo equilíbrio das forças realmente existentes e operantes, fundando-se na força em movimento progressivo para fazê-la triunfar é sempre se mover no terreno da realidade efetiva, mas para dominá-la e superá-la" (*Q 8*, 84, 990).

Um campo exemplar de investigação sobre a questão é representado pelo tema dos intelectuais, abordado no *Q 4*, 49, 474-6: por um lado, de fato, "todo grupo social, nascendo na base originária de uma função essencial no mundo da produção econômica, cria junto, organicamente, uma classe ou mais classes de intelectuais que lhe dão homogeneidade e consciência da própria função no campo econômico"; por outro, "todo grupo social, emergindo para a história a partir da estrutura econômica, encontra ou encontrou, ao menos na história até agora desenvolvida, categorias sociais pré-existentes e que apareciam como representantes de uma continuidade histórica ininterrupta inclusive pelas mais complicadas mudanças das formas sociais e políticas". Por isso "a relação entre os intelectuais e a produção não é imediata, como acontece para os grupos sociais fundamentais, mas é mediada por dois tipos de organização social: a) pela sociedade civil, isto é, pelo conjunto de organizações privadas da sociedade; b) pelo Estado". No Texto C do *Q 12*, 1, 1.518 [*CC*, 2, 15], G. acrescenta, depois de "mediado": "pelo conjunto das superestruturas, das quais os intelectuais são de fato os 'funcionários'", pelo que se poderia estabelecer "uma gradação das funções e das superestruturas de baixo para cima (da base estrutural para cima)".

Resta o fato de que também para G. "as ideologias não criam ideologias, as superestruturas não geram superestruturas a não ser como herança de inércia e de passividade: elas são geradas não por 'partenogênese', mas pela intervenção do elemento 'masculino' – a história – a atividade revolucionária que cria o 'novo homem', isto é, novas relações sociais" (*Q 6*, 64, 733 [*CC*, 6, 195]). Entre outras coisas, isso explica que "duas estruturas fundamentalmente semelhantes tenham superestruturas 'equivalentes' e reciprocamente traduzíveis, qualquer que seja a linguagem nacional particular" (*Q 11*, 49, 1.473 [*CC*, 1, 188]). Todavia, "o que quer dizer Marx nas Teses sobre Feuerbach quando fala de 'educação do educador' se não que a superestrutura reage dialeticamente sobre a estrutura e a modifica? Isto é, não afirma em termos 'realistas' uma negação da negação? Não afirma a unidade do processo do real?" (*Q 7*, 1, 854). Disso resulta que, se "toda inovação orgânica na estrutura modifica organicamente" as superestruturas correspondentes, estas em certa medida "reagem sobre a estrutura, a política sobre a economia" (*Q 8*, 37, 964). A conclusão desse discurso é que "O conceito do valor concreto (histórico) das superestruturas na filosofia da práxis deve ser aprofundado, aproximando-o do conceito soreliano de 'bloco histórico'" (*Q 10* II, 41.XII, 1.322 [*CC*, 1, 389]). Daí a recusa de uma série de imagens da tradição marxiana e marxista, às quais G. inclusive inicialmente recorrera, a partir daquela da economia como anatomia ou esqueleto da sociedade, da qual as superestruturas representariam a pele (no mais, "não é o esqueleto (em sentido estrito) que faz uma mulher se apaixonar"), que devem ser reconduzidas ao momento histórico em que nasceram: "Seria necessário estudar quais foram as correntes historiográficas contra as quais a filosofia da práxis reagiu no momento da sua fundação, bem como quais eram as opiniões mais difundidas naquele tempo, inclusive com relação às outras ciências", referindo-se particularmente àquelas naturais (ibidem, 1.321 [*CC*, 1, 389]). Ainda mais explícito está o *Q 11*, 50, 1.475-6 [*CC*, 1, 192], desenvolvendo pontos contidos em notas do *Q 8* sobre o "fato de que as superestruturas são consideradas como simples e débeis 'aparências'. Nesse 'juízo', deve-se ver também mais um reflexo das discussões nascidas no terreno das ciências naturais (da zoologia e da classificação das espécies, da descoberta de que a 'anatomia' deve ser colocada na base das classificações) do que uma derivação coerente do materialismo metafísico, para o qual os fatos espirituais são uma simples aparência, *irreal, ilusória*, dos fatos corporais".

Longe de representar a simples inversão ("recolocar de pé") da posição idealista, "a filosofia da práxis 'absorve' a concepção subjetiva da realidade (o idealismo) na teoria das superestruturas; absorve-o e o explica historicamente, isto é, 'supera'-o e o reduz a um seu 'momento'. A teoria das superestruturas é a tradução da concepção subjetiva da realidade" (*Q 10* II, 6, 1.244 [*CC*, 1, 291]). Portanto, "não é exato que, na filosofia da práxis, a 'ideia' hegeliana tenha sido substituída pelo 'conceito' de estrutura, como afirma Croce. A 'ideia' hegeliana se resolve tanto na estrutura quanto nas superestruturas e toda a maneira de conceber a filosofia foi 'historicizada', isto é, iniciou-se o nascimento de um novo modo de filosofar, mais concreto e mais histórico do que os precedentes" (*Q 11*, 20, 1.420 [*CC*, 1, 138]). Deriva daí um abandono substancial, nos textos de nova versão que seguiram, da metáfora arquitetônica e dos dois termos a ela correlatos.

Bibliografia: Cospito, 2004a; Texier, 1968.

Giuseppe Cospito

Ver: bloco histórico; Bukharin; Croce; determinismo; Estado; estrutura; hegemonia; idealismo; ideologia; intelectuais; Marx; materialismo histórico; *Prefácio de 59*; sociedade civil.

super-homem

Todas as reflexões, em sua maioria nos Textos A, dedicadas por G. ao tema estão recolhidas na nota *Q 16*, 13 [*CC*, 4, 55], intitulada "Origem popularesca do 'super-homem'". Inicialmente, G. se interroga a respeito da originalidade do conceito nietzschiano de super-homem, perguntando-se se é "o produto de uma elaboração de pensamento que se deve pôr na esfera da 'alta cultura'" (ibidem, 1.879 [*CC*, 4, 55]) ou se as suas origens devem ser buscadas na literatura de folhetim. A primeira conclusão é a seguinte: "Parece que se pode afirmar que muito da suposta 'super-humanidade' nietzschiana tem como origem e como modelo doutrinário não Zaratustra, mas *O conde de Montecristo* de A. Dumas" (idem). Por exemplo, o Vautrin de Balzac é um tipo de super-homem que tem "muito de [...] nietzschiano em sentido popularesco". O verdadeiro tipo de super-homem é, pois, Montecristo, que se torna um modelo de justiceiro para aqueles que, utilizando alguns motivos retomados popularescamente do super-homem, afirmam que "é melhor viver um dia como leão do que cem anos como ovelha" (ibidem, 1.880 [*CC*, 4, 56]). E enquanto "sobre o 'super-homem' de Nietzsche, além da influência romântica francesa (e, em geral, do culto de Napoleão), devem-se ver as tendências racistas que culminaram em Gobineau e, logo depois, em Chamberlain e no pangermanismo [...] talvez se deva considerar o 'super-homem' popular dumasiano exatamente uma reação 'democrática' à concepção do racismo de origem feudal" (ibidem, 1.881-2 [*CC*, 4, 57]). G. insiste muito sobre as características antropológicas do super-homem: "No caráter popular do 'super-homem' estão contidos muitos elementos teatrais, exteriores, mais próprios de uma *primadonna* que de um super-homem; muito formalismo 'subjetivo e objetivo', ambições pueris de ser o 'primeiro da classe', mas especialmente de ser considerado e proclamado como tal" (ibidem, 1.882 [*CC*, 4, 57]).

Lelio La Porta

Ver: literatura de folhetim; literatura popular.

Super-regionalismo-Supercosmopolitismo

No *Q 6*, 27, 705 [*CC*, 6, 184], G. examina a polêmica cultural-literária italiana entre Super-regionalismo (*Strapaese*) e Supercosmopolitismo (*Stracittà*)*, com particular referência ao conflito a distância entre Bontempelli, de um lado, e Malaparte e "o bando do 'Italiano'", de outro. Depois de delinear brevemente as respectivas posições, G. parece liquidar toda a polêmica, quando a caracteriza como "mesquinhez de um lado e de outro"; porém, cabe notar que, se os conteúdos explícitos dessa querela não lhe pareciam relevantes, ele intuía que na origem da discussão houvesse instâncias e motivações bastante concretas e merecedoras de atenção. É, sobretudo, ao movimento do Super-regionalismo que G. dedica uma atenção nada ocasional, uma vez que algumas tensões nele fermentadas lhe parecem dignas de interesse; no entanto, no que se refere aos efetivos objetivos culturais que o movimento atinge, o juízo do pensador sardo foi sempre negativo. Em tal sentido, uma primeira, incisiva afirmação está presente no *Q 1*, 101, 95 [*CC*, 6, 154], em que se fala de um artigo de Adriano Tilgher a respeito da profunda crise da poesia dialetal napolitana e das canções de Piedigrotta. Nesse caso, G. remete tal fenômeno de declínio justamente à tendência, típica do movimento em questão, de tornar sistematicamente estereotipadas as várias formas de cultura popular. Em suas palavras: "A teorização do Super-regionalismo matou o Super-regionalismo (na realidade, pretendia-se fixar um figurino tendencioso de Super-regionalismo embolorado e basbaque)".

Em outras partes dos *Q*, o autor recolhe documentos de vários tipos (trata-se principalmente de declarações programáticas) capazes de revelar em seu conjunto a complexa ideologia dos super-regionalistas, reunindo-os depois no Texto C, *Q 22*, 4, 2.150-2 [*CC*, 4, 252], em que, ademais, cada um desses documentos é anotado com um comentário entre parênteses, comentários estes que são quase sempre conotados por tons reconhecidamente sarcásticos. Se, a propósito de um discurso contra a cidade assinado por Papini, G. se limita a falar de "bobagens 'absolutas'", em outra vibrante profissão de fé super-regionalista, ele critica de maneira mais global e mais frontal o sistema teórico próprio do movimento, mostrando toda sua inconsistência histórica ("cabe observar: como teria podido existir a Itália de hoje, a nação italiana, se não se houvessem formado e desenvolvido as cidades e sem o influxo unificador das cidades?") e acrescentando em seguida, a título de esclarecimento: "'Super-regionalismo', no passado, teria significado – como significou – municipalismo, desagregação popular e domínio estrangeiro. E o próprio catolicismo teria se desenvolvido se o Papa, em vez de residir em Roma, residisse no cafundó de judas?" (ibidem, 2.151 [*CC*, 4, 253]).

Ainda menos confiável, na mesma seção, parece-lhe a visão de Francesco Meriano, que no "assalto" de Bolonha propõe considerar a identidade cultural da província italiana embasada, nada mais, nada menos, nos altos princípios do Iluminismo, do racionalismo e do historicismo. Aqui G., depois de ridicularizar habilmente a visão de Meriano (segundo a qual "os imortais princípios teriam se refugiado no *strapaese*"), julga necessário o retorno imediato à questão inicial e geral, ou seja, à proposta de desvendar, de uma vez por todas, o conteúdo real que se expressou implicitamente (e sintomaticamente), através da rumorosa e estéril querela *Super-regionalismo-Supercosmopolitismo*: "De qualquer modo, deve-se notar como a polêmica 'literária' entre super-regionalismo e supercosmopolitismo foi tão somente um indício fugaz da polêmica entre o conservadorismo parasitário e as tendências inovadoras da sociedade italiana" (idem).

Esta última afirmação pode revelar a importância efetiva que toda a temática *Super-regionalismo-Supercosmopolitismo* possui nos *Q*, sobretudo quando tentamos dimensioná-la em relação ao quadro crucial do Texto C, *Q 22*, 2, 2.147 [*CC*, 4, 249], aquele em que se fala da "fanfarra fordista", que, na Itália, encontrou expressão justamente na "exaltação da grande cidade" e nos "planos urbanísticos para a grande Milão", e que é seguida, por

---

* As tendências literárias e culturais Super-regionalismo (*Strapaese*) e Supercosmopolitismo (*Stracittà*) opunham-se entre si no primeiro pós-guerra italiano. A primeira propunha um retorno à variada tradição cultural camponesa das várias regiões italianas, opondo-se à imitação dos modelos literários estrangeiros. A segunda, por sua vez, adotava posições europeizantes em contraposição a esse regionalismo nacionalista. (N. R. T.)

reação, pela "conversão ao ruralismo e à desvalorização iluminista da cidade, a exaltação do artesanato e do patriarcalismo idílico". De resto, também nesse caso, por trás das longas discussões ideológicas, era possível identificar, segundo G., um mais amplo e profundo conflito entre duas grandes vertentes socioculturais que se contrapunham: de um lado, "a parte conservadora, a parte que representa a velha cultura europeia com todas as suas sequelas parasitárias" (idem; e note-se a recorrência desse adjetivo fundamental, "parasitário", já presente no *Q 22*, 4, 2.151 [*CC*, 4, 252]), do outro, os defensores de uma rápida inovação modernizadora.

No *Q 23*, 8, 2.197 [*CC*, 6, 72], o movimento *Strapaese* é citado em relação a um grande tema gramsciano, ou seja, o caráter não nacional-popular da literatura italiana, e isso se dá numa passagem em que se tende a aplicar concretamente a fundamental distinção metodológica segundo a qual, para um escritor, não é determinante a simples escolha de retratar um certo ambiente social, mas o "comportamento" que este demonstra em relação a tal ambiente. Aqui, depois de analisar os exemplos de Abba, Verga, Jahier, G. cita o caso, à sua maneira emblemático, dos autores de inspiração *strapaesana*: "Toda a literatura do 'Super-regionalismo' deveria ser 'nacional-popular' como programa, mas o é precisamente por programa, o que a tornou uma manifestação deteriorada da cultura"; típico é o caso de Longanesi, que "deve ter escrito um livrinho para os recrutas, o que demonstra como as escassas tendências nacionais-populares nascem, talvez mais do que de qualquer outra coisa, de preocupações militares" (idem). Na mesma linha se coloca o *Q 21*, 1, 2.110 [*CC*, 6, 35-6], em que G. vê o Super-regionalismo como a mais recente manifestação do futurismo italiano (movimento ao qual, como se sabe, nos *Q*, são atribuídas fronteiras muito extensas), cujos representantes, com o seu "'romantismo' ou *Sturm und drang* popular", na verdade, vinham propondo algumas pesquisas potencialmente fecundas no sentido nacional-popular; porém, no final das contas, de Marinetti a Papini, ou seja, até o movimento de *Strapaese*, essas mesmas propostas haviam sido gravemente invalidadas por uma típica "ausência de caráter e de firmeza de seus protagonistas", ou seja, por sua "tendência carnavalesca e palhaçal", própria de "pequeno-burgueses intelectuais, áridos e céticos".

Enfim, quem vem encarnar tal "tendência carnavalesca" para G. é, entre outros, Mino Maccari (*Q 22*, 7, 2.158 [*CC*, 4, 260]). Depois de transcrever alguns dos versos de seu *Trastullo di Strapaese*, verdadeira apoteose do provincianismo programático super-regionalista – que se conclui, não por acaso, com o peremptório convite ao homem italiano: "Trata de comer pão e cebolas/ E manterás como se deve a barriga" –, o autor dos *Q*, sem outros comentários, relata a seguinte notícia biográfica, revelando, assim, pelo contraste, a incoerência desse intelectual: "Maccari, porém, foi ser redator chefe do *La Stampa* de Turim e foi comer pão e cebolas no centro mais *stracittadino* e industrial da Itália".

Domenico Mezzina

Ver: americanismo; cidade-campo; folclore/folklore; fordismo; futurismo; nação; nacional-popular; parasitismo; Romantismo italiano; sarcasmo.

supremacia

O uso do termo "supremacia" apresenta nos *Q* um movimento largamente substituível por aquele de "hegemonia". G., de fato, o utiliza mormente na acepção geral de predomínio, sobretudo em referência às relações de força internacionais: veja-se, por exemplo, o *Q 2*, 16, 168 [*CC*, 3, 129] sobre a "supremacia dos Estados Unidos" a partir do primeiro pós-guerra, tendo em conta que a nota se abre com algumas considerações sobre a "*Hegemonia política da Europa antes da guerra mundial*" (ibidem, 166 [*CC*, 3, 129]). Em outras ocasiões G. parece alternar os dois termos com o único objetivo de evitar repetições, como no *Q 7*, 98, 925 [*CC*, 4, 224], em que escreve que durante o *Risorgimento* a posição dos católicos neoguelfos "afirmava a supremacia político-religiosa do Papa antes de mais nada na Itália, e que, por isso, era adversária dissimulada da hegemonia austríaca na Itália". Numa série de passagens se fala de supremacia em um sentido muito próximo, se não idêntico, àquele gramsciano, político, de hegemonia: por exemplo, a propósito da Inglaterra, em que "encontramos conservada a posição de quase monopólio da velha classe agrária, que perde sua supremacia econômica, mas conserva sua supremacia político-intelectual", ou da Alemanha, em que "os latifundiários Junker aliados à pequena burguesia mantiveram uma supremacia político-intelectual bem maior do que aquela do mesmo grupo inglês" (*Q 4*, 49, 480). Uma confirmação desse sentido pode ser extraída do confronto entre o *Q 19*, 24, 2.010 [*CC*, 5, 62], em que se lê que "a supremacia de um grupo social se manifesta de dois modos, como 'domínio' e como 'direção intelectual e moral'. Um grupo social domina os grupos adversários [...] e dirige os grupos afins e aliados", e a primeira versão, no *Q 1*, 44, que abre a reflexão carcerária sobre o problema da hegemonia: "Uma classe é dominante de duas maneiras, sendo 'dirigente' e 'dominante'. É dirigente das classes aliadas, é dominante das classes adversárias" (ibidem, 41).

GIUSEPPE COSPITO

Ver: direção; dirigentes-dirigidos; domínio; hegemonia.

T

Tania

"Tania é mesmo uma moça de muito valor. Por isso, eu a atormento muito" (*LC*, 74, a Iulca, 18 de abril de 1927 [*Cartas*, I, 147]). Desde logo G. reconhece a natureza de sua relação com Tatiana Schucht (1888-1943), irmã de sua esposa Giulia e destinatária da maior parte das cartas que saíam da prisão para serem depois retransmitidas também a outras pessoas, em primeiro lugar, à própria Giulia e a Piero Sraffa. Apesar do tempo pretérito com que G. descreve a situação, os tormentos emotivos e materiais que infligirá a Tania, em 1927, estão apenas começando. Assim como Giulia, Tania também não pode ser considerada uma voz em sentido próprio, embora fique evidente que muitas das mais citadas e famosas expressões das *LC* estejam contidas em páginas que iniciam por "Cara Tania", desde o celebérrimo "*für ewig*" (*LC*, 55, 19 de março de 1927 [*Cartas*, I, 127]) até a igualmente conhecida metáfora do naufrágio e do canibalismo (*LC*, 692, 6 de março de 1933 [*Cartas*, II, 315]). Em suma, Tania, de um ponto de vista epistolográfico, representa um "tu" complexo, ou seja, assume as mais variadas funções: da manutenção do laço afetivo e informativo com o mundo exterior até a satisfação de algumas necessidades assistenciais de base, sanitárias e de aprovisionamento de livros em particular; da interlocução intelectual e teórica até o apoio psicológico; da mediação política até a preservação do legado epistolar em construção; da possibilidade, para G., de exprimir sua dimensão sentimental até a possibilidade de manifestar uma vocação pedagógico-paternalista (Natoli, 1997). Em suma, a jovem bióloga soviética, que ficou na Itália para cuidar do cunhado preso, enquanto toda a família Schucht residia em Moscou, é o gânglio fundamental do inteiro percurso de escrita das cartas gramscianas.

Para além do perfil de Tania que se pode reconstruir por suas cartas – o perfil de uma moça com tendência ao autoisolamento e voltada a uma forma de amor desinteressado ao próximo –, o retrato de Tania que emerge das cartas gramscianas é influenciado pela geral concepção que G. tem das mulheres e também pela sobreposição que envolve a figura de Tania e de Giulia na mente do preso. "Querida Tania, escreva a Giulia por mim. E, de qualquer maneira, você continua a lhe mandar estas minhas cartas? Elas não são escritas só para você: e eu também não consigo sempre pensar em você separadamente de Giulia. De outro modo, como poderia insistir tanto em lhe trazer tantos aborrecimentos? Pois seriam aborrecimentos se, em você, não houvesse algo de Giulia e eu não pensasse em você como alguém inseparável de Giulia. Como vê, isto é uma espécie de pirandellismo epistolar" (*LC*, 207-8, 27 de agosto de 1928 [*Cartas*, I, 285]). Aqui e em outros pontos, G. declara abertamente a existência de antessalas de identificação entre as duas mulheres, o que constitui uma das mais íntimas razões de devoção de Tania por G., entre as mais impronunciáveis causas de sua dificuldade em construir uma vida própria. Até mesmo nas fórmulas de saudação e no uso dos vocativos, G. usa as mesmas expressões para Giulia e para Tania.

Embora G. reconheça a Tania diligência e empenho em responder a seus pedidos, ele não hesita, contudo, em se dirigir a ela, pressionando-a cada vez mais, ajudado também pela postura discreta de Tania, que nunca revela o esforço que tal solicitude lhe requer. Face à abnegação da cunhada, G. responde constantemente com formas de autoritarismo, paternalismo e aumento da expectativa de assistência, mas, sobretudo, responde dirigindo-se a ela com o imperativo de executar unicamente as ordens que ele lhe confia, sem tomar nenhuma iniciativa pessoal. As iniciativas pessoais tomadas em alguns casos por Tania constituem objeto permanente de repreensão ("você me pôs em sério embaraço, mais sério do que pode supor, diria assim, com seu amadorismo irresponsável": *LC*, 617, a Tania, 19 de setembro de 1932 [*Cartas*, II, 241]) e até mesmo de derrisão por parte de G ("sua atitude em relação à vida de todos esses anos, áspera e dura, é a atitude que se pode deduzir da leitura da Biblioteca Rosa de Madame de Ségur": *LC*, 621, a Tatiana, 3 de outubro de 1932 [*Cartas*, II, 245]). Em particular, os dois eventos que suscitam reações de ira por parte de G. são o pedido de libertação apresentado em seu nome por Tania e a omissão de alguns aspectos da doença de Giulia.

G. precisa muito de Tania e é fortemente ligado a ela do ponto de vista afetivo, mas ao mesmo tempo sua relação com ela é substancialmente funcional. Nas mesmas cartas em que lhe recomenda que se cure, que cuide de sua saúde e que não se afadigue, submete-a a pedidos materiais e a estresse emotivo fortíssimo, sem sequer insistir suficientemente em convencê-la a voltar para Moscou com sua família. Com frequência dirige-se a ela com apólogos, como é seu estilo, mas os apólogos não representam uma forma de intimidade e de familiaridade, pelo contrário, sempre têm uma torsão pedagógica, sempre têm a função de veicular uma repreensão de forma indireta. Por um lado os apólogos amenizam a personalização do "erro" que, a cada vez, Tania comete; por outro lado, porém, ao distanciar no plano da evidência objetiva a relação empática entre as duas pessoas específicas, os apólogos acabam se transformando em repreensões – frequentemente injustas ou excessivas, ou mesmo carentes de gratidão – mais pungentes. Entre o homem-intelectual e a mulher-menina a disparidade é insuperável e Tania torna-se voluntariamente cúmplice de sua construção.

"Você, como todas as mulheres em geral, tem muita imaginação e pouca fantasia; e mais, a imaginação em você (como nas mulheres em geral) age só em um sentido, no sentido que eu chamaria (vejo-a dar um pulo)... protetor de animais, vegetariano, próprio das enfermeiras: as mulheres são líricas (para usar um tom mais elevado), mas não são dramáticas. Imaginam a vida dos outros (até mesmo dos filhos) unicamente do ponto de vista da dor animal, mas não sabem recriar com a fantasia toda a vida de uma outra pessoa, em seu conjunto, em todos os seus aspectos" (*LC*, 79, 25 de abril de 1927 [*Cartas*, I, 152]). Fica evidente, à luz dessa generalização-abstração, que G. nunca considerou o relacionamento com Tania num plano de igualdade, embora isso não lhe impeça de ter por ela o mais sincero e profundo afeto. Como Giulia, mas até mesmo mais do que Giulia, Tania pertence em suma, para G., à parte do gênero humano que mais precisa ser educada, formada, que deve se tornar particularmente permeável à reforma intelectual e moral.

Lea Durante

Ver: Giulia; mulher.

Tatiana: v. Tania.

taxa de lucro: v. queda tendencial da taxa de lucro.

taylorismo
Não são frequentes, nos *Q*, as expressões ligadas às revolucionárias inovações introduzidas na organização capitalista do trabalho e baseadas na aplicação dos princípios elaborados por F. W. Taylor. Contudo, os espaços nos quais se fala de Taylor, "método Taylor, "sistema Taylor", "taylorismo" etc., por natureza, bastante diferentes entre eles, quase sempre são de notável relevância. Ao reconstruir o pensamento de G. em relação ao taylorismo, é necessário realçar que, da mesma forma que os lemas aparentados, como "fordismo" e "americanismo", esse é objeto de análise e de considerações complexas e variegadas, até mesmo contraditórias, e não de juízos de valor. O termo recorre pela primeira vez no *Q 1*, quando G. reconhece que "o intelectual também é um 'profissional', que tem suas próprias 'máquinas' especializadas, que tem seu 'tirocínio', que possui seu próprio sistema Taylor" (*Q 1*, 43, 33). Não é pouca coisa que se fale pela primeira vez em taylorismo não com relação aos operários da Ford, mas com relação aos novos intelectuais, ou seja (embora ele não o diga explicitamente), aos intelectuais "orgânicos", produzidos e formados por meio do desenvolvimento da produção capitalista. A nota em que aparece o trecho citado é de fundamental importância para a filosofia dos *Q*. Exatamente nessa nota G. estabelece sua original noção de intelectuais, concebidos como "toda a massa social que

exerce funções organizativas em sentido lato, seja no campo da produção, seja no campo da cultura, seja no campo administrativo-político", e enfrenta a complexidade de tal função organizativa, que tem valor "educador-formativo", reconduzindo-o à peculiar dialética (sem síntese) de identidade e diversidade, totalidade e parcialidade, criatividade e repetição "sistemática" (ibidem, 32-7). A "taylorização" do trabalho intelectual, aqui em jogo, comporta uma aplicação bastante peculiar do princípio base do "sistema Taylor", que consiste na "organização científica" da projetação e da execução do trabalho, mas que, ao mesmo tempo, comporta também uma bifurcação, tendencialmente radical, desses dois âmbitos: aquilo que tem sua máxima expressão na linha de montagem eternizada por Chaplin em *Tempos modernos* – cuja realização é contemporânea à redação do *Q 22*, em que G., como já no *Q 4*, lembra "a frase de Taylor sobre o 'gorila amestrado'" (*Q 22*, 11, 2.165 [*CC*, 4, 265]). A questão é que para o intelectual "profissional" do qual fala G., como vimos no *Q 1* e sucessivamente no *Q 24*, projetação e execução podem ser claramente separadas, mas também podem conviver na mesma pessoa ou grupo social. A transcrição do trecho citado do *Q 1* no *Q 24* esclarece o pensamento de G. a esse propósito, tornando-o mais preciso e significativo. Para explicar o que ele entende por "profissional", acrescenta entre parêntese o termo inglês *skilled*. A expressão "sistema Taylor" agora está entre aspas e, sobretudo, aparece um termo, em posição estratégica, que mostra como G. está delineando os traços essenciais do que hoje chamamos habitualmente de "sociedade do conhecimento". O trecho inteiro, na versão do Texto C do *Q 24*, soa assim: "O intelectual é um 'profissional' (*skilled*) que conhece o funcionamento de suas próprias 'máquinas' especializadas; tem um seu 'tirocínio' e um seu 'sistema Taylor' próprios" (*Q 24*, 3, 2.267 [*CC*, 2, 205]).

Os termos gerais do problema encontram-se já em *O capital* e, com maior radicalidade, nos *Grudrisse*, quando Marx fala de *general intellect* e descreve o operário na moderna grande fábrica como um "apêndix da máquina" (um "gorila amestrado" *ante litteram*). O maquinismo é efeito da intelectualização crescente do sistema industrial, no qual a ciência se torna a principal força produtiva. G. apresenta uma situação em que o papel do *general intellect* – que em Marx aparecia como uma força anônima – adquire, por assim dizer, nomes e sobrenomes, porque, retomando o que já havia afirmado em *Alguns temas da questão meridional*, de 1926, G. escreve que os intelectuais também se tornaram "uma formação de massa" que "padronizou os indivíduos, seja na função técnica, seja na psicologia" (idem; "como função individual e como psicologia" no Texto C em *Q 12*, 1, 1.520 [*CC*, 2, 15]). A categoria dos intelectuais sofre uma enorme estratificação de classe: na comparação militar que G. usa, ela vai desde os "oficiais subalternos" até o "estado-maior 'orgânico' da alta classe industrial" (*Q 4*, 49, 477).

Quando G. descreve a taylorização do trabalho, seja operário, seja intelectual, tematiza um duplo processo, que em sua unidade aparece dividido e contraditório. Por um lado, verifica-se, como vimos, uma "padronização" dos comportamentos e das funções, o que implica uma desclassificação profissional, como diríamos em termos atuais, ou seja, na linguagem de G., o processo envolve, acentuadamente, os operários das fábricas fordistas, mas também – mais em geral – "expressa com brutal cinismo o objetivo da sociedade americana: desenvolver em seu grau máximo, no trabalhador, os comportamentos maquinais e automáticos, quebrar a velha conexão psicofísica do trabalho profissional qualificado, que exigia uma certa participação ativa da inteligência, da fantasia, da iniciativa do trabalhador, e reduzir as operações produtivas apenas ao aspecto físico maquinal" (*Q 22*, 11, 2.165 [*CC*, 4, 266]). Padronização significa também mecanização (e em alguns casos, proletarização) de antigas "profissões consideradas entre as mais 'intelectuais' [...] os copistas de antes da invenção da imprensa, os compositores a mão, os linotipistas, os estenógrafos e os datilógrafos", tudo isso estimula G. a descrever de forma exemplar a nova qualidade do trabalho mecanizado e que os tipógrafos automatizaram (idem). Por outro lado, a taylorização concebida como intelectualização tanto do sistema produtivo como da vida social implica uma centralidade do *conhecimento* do sistema, em patamares precedentemente desconhecidos. O sistema Taylor é caraterizado pela análise e organização científica da projetação e da execução do processo de trabalho. A distância entre operários e intelectuais está no fato de que, para os operários, essas duas fases são bifurcadas de forma plena e inquestionável, ao passo que para os intelectuais a bifurcação entre as duas fases é inevitavelmente (queria se dizer, por definição) menos radical e as diferenciações no seu interno resultam ainda mais marcadas. O intelectual profissional, ou *skilled*, conhece o funcionamento das máquinas que determinam suas "especialidades" de forma direta e até mesmo pessoal; o operário, ao contrário, tanto mais é "operário taylorizado", equivalente do "outro capitalismo" (*Q 3*, 4, 289 [*CC*, 2, 75]) quanto mais aparecerá expropriado de qualquer forma de conhecimento do processo produtivo. O desenvolvimento e a extensão do taylorismo-fordismo desferiram – desse ponto de vista – um golpe fatal no orgulho produtivo dos operários especializados do movimento dos Conselhos de Fábrica da época de *L'Ordine Nuovo*. Essa categoria permanece, mas tende a formar uma "aristocracia operária" e não pode, portanto, investir-se do papel de vanguarda da autonomia e da democracia proletária.

Existe um aspecto que complica e enriquece a questão. A primeira ocorrência nos *Q* acerca de taylorização do trabalho operário esclarece que "a nova técnica baseada na racionalização e no taylorismo criou uma nova e original qualificação psicotécnica e que os operários que possuem esta qualificação não apenas são poucos, mas estão ainda em formação" (*Q 2*, 138, 274 [*CC*, 4, 290-1]). G. refere-se à dificuldade, bem conhecida nas fábricas fordistas, de garantir uma mão de obra que aceite o consumo implacável de força-trabalho imposto pelo taylorismo, e constata o fato de que muitos operários, em vez de adequar-se a certos ritmos, "renunciam aos altos salários de certas empresas por salários menores de outras". G. acrescenta estar bem ciente do esforço ideológico realizado pelos "industriais americanos, a começar por Ford", para demonstrar "que se trata de uma nova forma de relações", deduzindo assim do taylorismo "além do efeito econômico dos altos salários, também os efeitos sociais de hegemonia espiritual" e conclui: "Isto é normal" (ibidem, 275 [*CC*, 4, 291]). Como sabemos, G. é muito sensível à questão da hegemonia. Aqui aparece seu ponto de vista crítico sobre o taylorismo e seu uso capitalista. Ele responde positivamente à questão se devemos considerar que a racionalização taylorista-fordista está destinada a afirmar-se e generalizar-se, mas a essa previsão factual associa-se uma consideração que opõe *politicamente* sua análise à dos industriais estadunidenses e de seus teóricos, começando por Taylor. A bifurcação entre projetação e execução do trabalho diz respeito não apenas ao programa "científico", mas também à posição ético-política de Taylor que, dito à maneira de G., funda-se numa certa forma de responder à pergunta: "O que é o homem?". Trata-se de uma filosofia pessimista do trabalho humano material (a mesma que Marx denunciava em Smith), pela qual o trabalho manual aparece fundamentalmente como pena e sacrifício; justamente por isso pode ser tratado, teórica e praticamente, como atividade meramente executiva. Aqui está a raiz da metáfora do gorila amestrado, assim definida por G. ao referir-se a Taylor, que a formulou explicitamente. A expressão aparece seja no Texto A (*Q 4*, 49, 476) seja no Texto C (*Q 12*, 1, 1.516 [*CC*, 2, 18]) sem variações, entre parêntese. G. escreve: "Não existe trabalho puramente físico e [...] mesmo a expressão de Taylor, do 'gorila *amestrado*' [grifado somente no Texto C – ndr] é uma metáfora para indicar um limite numa certa direção: em qualquer trabalho físico, mesmo no mais mecânico e degradado, existe um mínimo de qualificação técnica, isto é, um mínimo de atividade intelectual criadora". É uma tese da maior importância, que se encontra em páginas admiráveis dos *Grundrisse*, na já relembrada polêmica com Smith. É uma questão de *fronteiras* – entre intelectuais e massas, entre filosofia e senso comum, entre mente e corpo –, as quais não são rígidas e unívocas, mas flexíveis e dinâmicas, e que tornam a divisão social do trabalho algo que não atem à *natureza*, mas à *história* do gênero humano. Esse "mínimo" de que G. fala é passível de desenvolvimento, também revolucionário, como o que comportaria – em uma sociedade mais regulada, que realizaria "a criação de um novo nexo psicofísico de um tipo diferente dos precedentes e, certamente, de tipo *superior*" (*Q 22*, 11, 2.165 [*CC*, 4, 266]) – um processo que nas condições dadas, de capitalismo e americanismo, aparece como um verdadeiro oximoro: "Um progresso intelectual de massas e não apenas de pequenos grupos intelectuais" (*Q 11*, 12, 1.385 [*CC*, 1, 103]).

Fora do parêntese, com relação ao trecho citado dos *Q 4* e *12*, é enunciada mais uma tese que sustenta a exposta entre parênteses. Trata-se do fato de que a "caraterística essencial" que distingue a atividade dos intelectuais da "de outros agrupamentos sociais", em particular dos operários, deve ser buscada não "no intrínseco da atividade", e sim "no sistema de relações em que essa (ou o agrupamento que a personifica) se encontra". Resumindo, uma pessoa não nasce, mas se torna intelectual ou operário. Dito de outra forma: "O operário não se caracteriza especificamente pelo trabalho manual ou instrumental [...] mas por esse trabalho, em determinadas condições e em determinadas relações sociais" (*Q 4*, 49, 476). Taylor e os industriais americanos raciocinam de forma inversa, mas em última análise eles percebem, segundo G., o caráter ilusório de sua pretensão de reduzir o trabalho operário a "naturalidade" cultivável ou "animalidade" domesticável. Para lembrar o título de uma célebre comédia de Brecht, G. afirma que Taylor e os industriais, no fundo, sabem perfeitamente que "um homem é um homem": "Os industriais estadunidenses compreenderam muito bem isso. Eles intuem que o 'gorila *amestrado*' continua homem e pensa mais, ou ao menos, tem muito mais possibilidade de pensar, pelo menos depois de ter superado a crise de adaptação. Não somente ele pensa, mas o fato de o trabalho não lhe dar satisfação imediata, o fato de ter sido reduzido, como trabalhador, a gorila amestrado, pode levá-lo a um curso de pensamentos pouco conformistas" (*Q 4*, 52, 493).

Considerado em sua generalidade, o taylorismo existe já *antes* de Taylor. Desse ponto de vista pode-se dizer que "sempre existiu uma grande parte de humanidade cuja atividade sempre foi taylorizada e ferrenhamente disciplinada e que também procurou escapar dos limites estreitos da organização existente que a esmagava com a fantasia e o sonho". G. acrescenta: "A maior aventura, a maior 'utopia' criada coletivamente pela humanidade, ou seja, a religião, não é um modo de evadir-se do 'mundo terreno'?" (*Q 21*, 13, 2.132 [*CC*, 6, 57]). Não somente voltado ao passado: o taylorismo aponta também ao futuro, evidenciando seu caráter ambivalente e contraditório. As últimas recorrências aparecem no *Q 29*, intitulado "Notas para uma introdução ao estudo da gramática". As referências à escola e à aprendizagem, problemas e potencialidades manifestam-se com maior clareza. Relacionado com os precedentes modos com que "se aprende a 'técnica industrial'" – o modo 'artesão' e das 'escolas profissionais' – "com as combinações de várias maneiras", o "sistema Taylor-Ford" aparece mais moderno, no sentido de que "cria um novo tipo de qualificação e de profissão" (*Q 29*, 6, 2.349 [*CC*, 6, 148]). Mais significativa é a recorrência de *Q 29*, 2, 2.343 [*CC*, 6, 142], em que o sistema Taylor – como mecanismo voltado a "criar um conformismo linguístico nacional unitário" – se relaciona com o inextinguível 'autodidatismo' que, baseado nesse "esqueleto mais robusto e homogêneo ao organismo linguístico nacional de que todo indivíduo é o reflexo e o intérprete", pode realizar agora sobre "um plano mais alto o 'individualismo' expressivo". Percebe-se aqui claramente que as conquistas do taylorismo poderiam e deveriam se tornar alavanca do "novo humanismo" que G. prospecta e auspicia, mas que se choca com a historicidade dada na qual prospera, na dimensão do capitalismo-americanismo-fordismo, o sistema Taylor.

Novo humanismo significa, do ponto de vista do sistema escolar e da formação do homem, a conformação equilibrada entre padronização e especialização de um lado – os dois polos complementares entre os quais se move a dinâmica do taylorismo –, educação e formação desinteressada do outro: duas grandes heranças positivas, originárias da tradição humanista, as quais devem e podem reviver por meio de um realizado desenvolvimento do "homem ativo de massa". Acabaram os tempos do humanismo pleno, fautor da universalidade e da criatividade, mas isso não é um mal: esse humanismo destinava-se inevitavelmente a poucos. Na época da civilização de massa, universalidade e criatividade são concebíveis somente mediante uma tensão dialética com parcialidade e padronização: uma tensão que pode representar uma antítese, como acontece nas condições do sistema social dominante, mas pode se tornar, por meio de um processo de transformação, uma relação de complementaridade e de integração.

Para poder realizar "um progresso intelectual de massa" e transformar a sociedade de massa em uma sociedade do conhecimento, a "aprendizagem" e o "sistema Taylor" do intelectual "profissional" constituem um instrumento precioso e indispensável. "A capacidade do intelectual profissional de combinar habilidosamente indução e dedução, de generalizar sem cair no vácuo formalismo de transportar, de uma esfera de juízo para outra, certos critérios de discriminação, adaptando-os às novas condições etc., é uma 'especialidade', uma 'competência', não é um dado do vulgar 'senso comum'" (*Q 24*, 2, 2.268 [*CC*, 2, 198]).

Bibliografia: Baratta, 2004; Baratta, Catone, 1989; Burgio, 1999; Trentin, 1997.

Giorgio Baratta

Ver: América; americanismo; americanismo e fordismo; fordismo; intelectuais; *Ordine Nuovo* (*L'*).

teatro

Nos *Q* o teatro se configura como uma linguagem historicamente determinada, com lineamentos peculiares e independentes em relação aos de outros códigos estéticos. G. faz inúmeras referências aos dramaturgos e à dramaturgia: referências que, além dos trágicos gregos, ou de Plauto e Terêncio, abraçam todos os séculos em que nasceu e se desenvolveu a civilização teatral moderna. Há referências aos autores do século XVI como Ruzante, Bibbiena, o anônimo compositor da *Venexiana*, além de Maquiavel e Ariosto. Não faltam referências às experiências de matriz seiscentistas, tais como *Otelo*, de Sheakspeare, e as comédias de Molière, assim como ao século XVIII de Gozzi, Metastasio, Alfieri e do drama adocicado. Evocando os textos de Goldoni, G. coloca-os dentro da "tradição literária italiana" (*Q 6*, 153, 810 [*CC*, 6, 202]), mas considera eventos de caráter literário também as obras teatrais de seus contemporâneos como Shaw, ou de autores do século XIX, os quais são muitas vezes citados nos *Q*, como Giacometti e Ibsen. E eis então que *La morte civile* [A morte civil] é definida como "obra literária" (*Q 6*, 17, 698) e a escrita da cena de Ibsen é julgada "de grande valor literário" (*Q 21*, 6, 2.122 [*CC*, 6, 45]). Tal relevância atribuída à literariedade da dramaturgia deve-se ao fato de que, como nos anos – a década de 1910 – das resenhas publicadas no *Avanti!*, G. julga fundamental distinguir claramente entre escrita dramatúrgica e representação; duas realidades que os *Q* certamente entendem como complementares, mas das quais se põe em evidência também a forte autonomia recíproca. Uma *pièce*, embora escrita para o teatro, pode ter sua existência e qualidade estética e não manter vínculos estreitos com a cena. G. escreve: "A tragédia 'impressa' em livro e lida individualmente tem uma vida artística independente, que pode se abstrair da encenação teatral: é poesia e arte mesmo fora do teatro e do espetáculo" (*Q 9*, 134, 1.197 [*CC*, 6, 228]). Mas nos *Q* contempla-se também a situação oposta. O exemplo cai na produção de Pirandello. Escreve G.: "Morto Pirandello (isto é, se Pirandello, além de escritor, deixar de operar como *capocomico* [diretor da companhia de teatro] e *regista* [diretor]), que restará de seu teatro? Um 'esboço' genérico que, em certo sentido, pode se aproximar dos cenários do teatro pré-goldoniano: dos 'pretextos' teatrais, não da 'poesia' eterna" (ibidem, 1.196 [*CC*, 6, 228]).

Pirandello – lê-se no mesmo trecho, um pouco antes – "'deve' complementar a 'redação literária' com sua obra de *capocomico* e de diretor. O drama de Pirandello adquire toda a sua expressividade somente na medida em que a 'representação' for dirigida por Pirandello *capocomico*, isto é, na medida em que Pirandello suscitar em dados atores uma determinada expressão teatral e na medida em que Pirandello diretor criar uma determinada relação estética entre o complexo humano que representará e o aparato material do palco (luz, cores, montagem em sentido amplo etc.)" (idem). Daqui a necessidade de associar os grandes dramaturgos da história do teatro sobretudo à dimensão literária: o roteiro é dramaturgia, é literatura. Para que se possa falar de teatro é oportuno que a palavra se contamine com outros códigos linguísticos. Torna-se, assim, decisivo o entrelaçar-se da palavra com a representação e com os sistemas expressivos não verbais pressupostos no evento teatral (a iluminação, as cenografias, as músicas etc.). Explica-se assim a importância, para G., do ator no teatro e das potencialidades de sua gramática extraverbal (gestos, proxêmica, timbre e assim por diante). Desde os tempos em que escrevia suas resenhas teatrais, G. atribui uma especificidade do teatro no que diz respeito à interação de linguagens diferentes. Por esse motivo os *Q* insistem diversas vezes na ideia de que o roteiro possa ser reduzido a simples "pretexto para a interpretação" (*Q 21*, 13, 2.131 [*CC*, 6, 54]). O autor, observa G., em *Q 6*, 62, 731 [*CC*, 6, 193-4], "intervém na representação teatral através das palavras e das rubricas, que limitam o arbítrio do ator e do *régisseur* [diretor]; mas, na representação, o elemento literário torna-se realmente o pretexto para novas criações artísticas, que, de complementares e crítico-interpretativas, estão se tornando cada vez mais importantes: a interpretação do autor em questão e o complexo cênico criado pelo *régisseur*".

Essa última nota adquire um significado particular, porque revela a aguda atenção de G. para a historicidade da linguagem da cena. Afirma-se, efetivamente, cada vez mais na Itália, no começo da década de 1930, ou seja, exatamente no período da redação do *Q 6*, a figura do *regista* [diretor] em detrimento da figura do *capocomico* [diretor da companhia de teatro], herança do século XIX. Trata-se de uma mudança na estrutura material da produção teatral que G. registra com prontidão, adequando a ela sua própria visão do teatro e demonstrando assim estar perfeitamente a par do vivaz debate sobre a modernização da cena que tem lugar nas revistas teatrais da época. Entre os mais competentes e combativos sustentadores da primazia do diretor [*regista*] na representação teatral está justamente Silvio D'Amico, fundador, em 1935, da Academia de Arte Dramática de Roma e crítico dramatúrgico que G. cita em *Q 14*, 15, 1.672-3 [*CC*, 6, 232]. Não é, portanto, por acaso que os *Q* dão à direção uma atenção que falta nas resenhas teatrais, concentradas sobre uma dialética entre roteiro e cena construída sobre a polaridade – em que não cabe o diretor – dramaturgo-ator ou dramaturgo-*capocomico* (que no começo do século passado é quase a mesma coisa, sendo, na maioria das vezes, o *capocomico* – que contrata os intérpretes e dirige a companhia – um ator).

Mesmo porque na década de 1910 na Itália, do ponto de vista da organização material do teatro, ainda prevalece a companhia estruturada no *capocomico*, enquanto o diretor [*regista*], diversamente da situação no exterior, aparece como uma figura no mínimo anômala. Nas resenhas teatrais G. chega a perceber uma mudança dentro do cenário italiano no plano das forças produtivas e das relações de produção e a advertir – encontra-se isso, por exemplo, em uma resenha de julho de 1919, dedicada à atriz Emma Gramatica – para a condição de um teatro que, "como organização prática de homens e de instrumentos de trabalho, não escapou do turbilhão do *maelström* capitalista" (*ON*, 818). Está se transformando, em suma, o modo de fazer espetáculo: o percurso, segundo G., vai da disposição ainda feudal – sustentada por relações que repropõem as existentes na arte medieval entre mestre e discípulos – a um teatro nas mãos de empresários associados em *trust*, em que o *capocomico* tem a função de fazer a mediação entre os empresários e os assalariados do teatro, ou seja, os atores (ibidem, 818-9). Nessas décadas de transição da organização teatral de condição "medieval" a "capitalista", a língua italiana não encontra um vocabulário apto a indicar o advento da figura do *metteur en scène*, metamorfose novecentista do *capocomico*, a ponto de o mesmo G. em *Q 6*, 62, 731 [*CC*, 6, 192] empregar o termos francês *régisseur*, até optar por "*regista* [diretor]" na nota 134 do *Q 9* [*CC*, 6, 227], que data de 1932, ano em que o linguista Bruno Migliorini dá o aval a tal neologismo, transposição italiana de *régisseur*, em um artigo publicado pela revista *Scenario*. Note-se, também, que o *Q 21*, 13, 2.131 [*CC*, 6, 54], que contém a palavra "*regista*", é a reelaboração de uma precedente observação (*Q 6*, 17, 698), em que se faz referência à "interpretação dos atores", mas não se menciona ainda o diretor [*regista*]. Nos *Q*, finalmente, há também espaço para um breve parágrafo (*Q 4*, 88, 530 [*CC*, 6, 30]) em que, explicitamente, é citado o pioneiro inglês da direção concebida como arte de vanguarda, ou seja, Gordon Craig.

Yuri Brunello

Ver: De Sanctis; literatura artística; Pirandello.

técnica

Nos *Q*, "técnica" é concebida, com frequência, no sentido de tecnologia, com referência às técnicas agrícola, militar, industrial, estando essa última – baseada na racionalização e no taylorismo – em um período de forte desenvolvimento (*Q 2*, 138, 274 [*CC*, 4, 290]). O "instrumento técnico" não deve ser confundido com as forças produtivas nem com as relações de produção (*Q 11*, 29, 1.439 [*CC*, 1, 157]). A técnica é "o meio de mediação entre o homem e a realidade" (*Q 11*, 37, 1.457 [*CC*, 1, 172]) e efetivamente o homem "não entra em relações com a natureza simplesmente pelo fato de ser ele mesmo natureza, mas ativamente, por meio do trabalho e da técnica" (*Q 10* II, 54, 1.345 [*CC*, 1, 413]). Seguindo Marx, G. identifica a técnica como fonte de mais-valor relativo, observando, porém, que existe um "limite na produção de sempre mais mais-valor relativo", representado pela "resistência elástica da matéria" (*Q 10* II, 33, 1.278-9 [*CC*, 1, 348]), hoje interpretável também como limite imposto pelo meio ambiente. O progresso técnico origina o aumento da produtividade do trabalho em uma singular empresa que depois se torna socializada, produzindo assim a queda tendencial da taxa de lucro, causa da mudança em sentido desfavorável da composição orgânica do capital (*Q 10* II, 36, 1.281 [*CC*, 1, 350]). A técnica desenvolve uma função crucial também em outros planos. *L'Ordine Nuovo* havia sustentado que a educação técnica é essencial como 'base do novo tipo de intelectual' para produzir o 'dirigente' (especialista + político)" (*Q 12*, 3, 1.551 [*CC*, 2, 52]). A nova filosofia – que ao mesmo tempo é também "política atual", estreitamente ligada à "atividade preponderante das classes populares, o trabalho" – está necessariamente vinculada à ciência; essa concepção "liga o homem à natureza por meio da técnica" e mantém a superioridade do homem "no trabalho criativo, portanto exalta o espírito e a história" (*Q 10* II, 41.I, 1.295-6 [*CC*, 1, 361]). Deve-se entender à luz desses vários aspectos o sentido da questão: "É possível separar o fato técnico do fato filosófico?" (*Q 4*, 18, 439).

Derek Boothman

Ver: ciência; física e química; *Ordine Nuovo* (*L'*); técnica do pensar.

técnica do pensar

É o título de três notas dos *Q*, dois Textos A (*Q 4*, 18 e *Q 4*, 21) e um Texto C (*Q 11*, 44 [*CC*, 1, 179]). O tema está ligado à questão do nexo filosofia-senso comum, que se refere à reflexão sobre a necessidade de superar o histórico desnível cultural que marca a história da civilização moderna, e portanto à relação filosofia-senso comum. Discutindo esse tema G. polemiza com Croce, com o pragmatismo e com Bukharin. De Bukharin ele critica a pretensão de querer assumir as formas da "filosofia espontânea" das massas sem criticá-la e elaborá-la dentro de uma concepção superior do mundo. Justamente pelo fato de que "cada ato histórico não pode não ser realizado pelo 'homem coletivo'" – porque pressupõe "a conquista de uma unidade 'cultural-social' pela qual uma multiplicidade de vontades desagregadas, com fins heterogêneos, solda-se conjuntamente na busca de um mesmo fim, com base numa idêntica e comum concepção do mundo (geral e particular, transitoriamente operante)" –, para G. resulta de fundamental importância o estudo e a análise "da questão linguística geral, isto é, da conquista coletiva de um mesmo 'clima' cultural" (*Q 10* II, 44, 1.331 [*CC*, 1, 399]).

Nos *Q* a questão da língua se liga ao tema da "tradutibilidade das linguagens". Citando um trecho de *A sagrada família*, de Marx, sobre a capacidade da filosofia da práxis de traduzir a "linguagem politica francesa [...] na linguagem da filosofia clássica alemã" (*Q 11*, 48, 1.468 [*CC*, 1, 185]), G. polemiza contra as concepções "neopositivistas" no estilo de Vailati. Referindo-se a essa possibilidade, própria do materialismo histórico, ele opõe-se às posições de alguns "pragmatistas italianos" como Prezzolini e Vailati, que tornam "a colocação dos problemas [...] puramente uma questão verbal, de terminologia" (ibidem, 1.470 [*CC*, 1, 187]), enquanto para a filosofia da práxis a tradução é sempre processo inseparável da história material, dos eventos culturais que produziram os significados da língua.

G. observa que Bukharin também caiu em uma visão abstrata e anti-histórica da realidade, derivante de uma leitura "positivista" da ciência, que consiste em acreditar que "os progressos das ciências sejam dependentes, assim como o efeito depende da causa, do desenvolvimento dos instrumentos científicos"; de modo que é como se intervisse uma reversão dos papéis: "A função histórica do instrumento de produção e de trabalho [...] que substitui o conjunto das relações sociais de produção" (*Q 11*, 21, 1.420 [*CC*, 1, 138]). Na realidade, continua G., "os principais 'instrumentos' do progresso científico são de natureza intelectual (bem como política), metodológica; e Engels, com justeza, escreveu" – aqui G. faz alusão ao *Antidühring*, já citado em *Q 4*, 18, 439-40 – "que os 'instrumentos intelectuais' não nasceram do nada, não são inatos no homem, mas são adquiridos historicamente" (*Q 11*, 21, 1.421 [*CC*, 1, 139]). Assim, na nota intitulada "A técnica do pensar" (*Q 11*, 44, 1.462 [*CC*, 1, 179]), G. refere-se a um trecho do prefácio do *Antidühring* citado por Croce em *Materialismo histórico e economia marxista*, em que ele afirma "que a 'arte de operar com conceitos' não é algo inato ou dado na consciência comum, mas é um trabalho técnico do pensamento, que tem uma longa história, tanto quanto a pesquisa experimental das ciências naturais" (ibidem, 1.462 [*CC*, 1, 179]). Para G., Croce não compreendeu o sentido do trecho citado: não se trata de entender a "maior ou menor originalidade ou a singularidade do conceito", mas de colher "sua importância e o lugar que deve ocupar em um sistema de filosofia da práxis" (idem). É a esse aspecto que se deve fazer referência "quando quisermos entender o que Engels quis dizer ao escrever que, após as inovações trazidas pela filosofia da práxis, permanece da velha filosofia, entre outras coisas, a *lógica formal*" (idem). Efetivamente a "exigência metódica" que move a afirmação de Engels não pode ser tomada pelo que afirma o "crocismo", que reduz a filosofia a uma "metodologia da história" abstrata, já que a observação não se refere aos "intelectuais e às classes cultas", mas às "massas populares incultas" para as quais, sobretudo, "ainda é necessária a conquista da lógica formal, da mais elementar gramática do pensamento e da língua". É verdade que, continua G., será possível interrogar-se se a dialética – que "é um novo modo de pensar, uma nova filosofia" – é, por isso mesmo, "uma nova técnica" (ibidem, 1.464 [*CC*, 1, 181]); o fato é que para a filosofia da práxis, diversamente do que acontece com a teoria crociana dos distintos, as "questões técnicas" podem ser isoladas somente por "fins práticos didáticos". Somente nessa acepção "a técnica do pensamento, elaborada como tal [...] fornecerá critérios de julgamento e de controle, bem como corrigirá as distorções do modo de pensar do senso comum" (idem). Em razão disso, observa ainda G., "é preciso cautela, já que a imagem de 'instrumento' técnico pode induzir a erro" (ibidem, 1.465 [*CC*, 1, 182]). Entre "técnica" e "pensamento em ato", de fato, "existe mais identidade do que, nas ciências experimentais, entre 'instrumentos materiais' e ciência propriamente dita" (idem). O erro e o mal-entendido derivam da pretensão de querer reduzir a objeto (instrumento) aquilo que, pelo contrário, representa o pré-requisito fundamental para a possibilidade de operar com conceitos, ou seja, o pensamento, que exatamente em virtude do fato de se tratar de um produto da evolução histórica "supraindividual", não pode ser manipulado arbitrariamente pela vontade de um singular indivíduo falante – como afirma, por exemplo, Prezzolini – sob pena de cair em uma visão solipsista e cética da própria linguagem. Entretanto, ainda no *Q 11*,

44 [*CC*, 1, 179], G. julga importante ligar a posição da filosofia da práxis relativa à estrutura "histórica" dos signos linguísticos com a questão "posta pelos pragmatistas, *Sul linguaggio come causa di errore* [Da linguagem como causa de erro]: Prezzolini, Pareto etc." (idem). Ele considera necessário aprofundar a temática – presente no texto de Prezzolini, mas sustentada pela vertente lógico-linguística do pragmatismo italiano, por exemplo, Vailati – sobre o "estudo da técnica do pensamento como propedêutica", referindo-se à convicção pragmática de poder resolver as causas dos "erros" e dos "mal-entendidos linguísticos" por meio de um processo de "purificação" linguística (idem). Da ausência de um conceito "crítico e historicista do fenômeno linguístico, derivam muitos erros", como, por exemplo, a ideia de que existam línguas fixas e universais.

A esse propósito, no *Q 10* II, 44 [*CC*, 1, 398], G. propõe-se a rever "as publicações dos pragmatistas", em particular os *Scritti*, de G. Vailati (Florença, 1911), entre os quais o estudo "A linguagem como obstáculo à eliminação de contrastes ilusórios". Nesse caso – argumenta –, "como em geral com relação a qualquer outra tentativa de sistematização orgânica da filosofia [...] a concepção da linguagem [...] é inaceitável"; se efetivamente se pode afirmar "que 'linguagem' é essencialmente um nome coletivo", isso não pressupõe "uma coisa 'única' nem no tempo, nem no espaço" (ibidem, 1.330 [*CC*, 1, 398]). A língua é inseparável da cultura e da filosofia, "ainda que no nível de senso comum", portanto, "o fato 'linguagem' é, na realidade, uma multiplicidade de fatos mais ou menos organicamente coerentes e coordenados" (idem). "Os significados e o conteúdo ideológico que as palavras tiveram nos precedentes períodos de civilização" determinam, através de estratificações sucessivas, as mutações semânticas de determinados grupos de palavras. Não é possível tirar da linguagem seus significados históricos e extensivos porque ela "se transforma com a transformação de toda a civilização, com o florescimento de novas classes para a cultura, com a hegemonia exercida por uma língua nacional sobre as outras etc.", de modo que "assume precisamente, de modo metafórico, as palavras da civilização e das culturas precedentes" (*Q 11*, 24, 1.428 [*CC*, 1, 146]).

CHIARA META

Ver: Croce; dialética; Engels; filosofia; filosofia da práxis; língua; linguagem; lógica; pragmatismo; Prezzolini; senso comum; tradutibilidade.

técnicas militares

Escreve G.: "A técnica militar, em alguns de seus aspectos, tende a tornar-se independente do conjunto da técnica geral e a transformar-se numa atividade à parte, autônoma" (*Q 13*, 28, 1.622 [*CC*, 3, 80]). Até à Primeira Guerra Mundial a técnica militar tinha sido uma simples aplicação especializada da técnica geral: a potência militar de um Estado, ou de um grupo de Estados, podia ser calculada com exatidão quase matemática, baseando-se na potência econômica (industrial, agrícola, financeira, técnico-cultural). A partir da guerra de 1914-1918 esse cálculo não foi mais possível, porque a potência econômica de um Estado não esgota as possibilidades de aplicação da técnica militar em um cenário de guerra. Isso deriva da produção de armas de extermínio em massa e de seu uso terrorista durante a guerra de trincheiras, que permitiu, por exemplo, que o Estado de Andorra produzisse "meios bélicos em gás e bactérias tais de exterminar a inteira França" (idem). Essa transformação da técnica militar, entendida como produção de armas, foi um dos elementos que agiram silenciosamente na transformação da "arte política" no século XX. Para G. trata-se da prova da passagem, em política também, "da guerra de movimento à guerra de posição, ou de assédio. E isto constitui a mais formidável incógnita da atual situação político-militar" (idem). G. usa a expressão "técnicas militares" no sentido de "tática de guerra". Comentando um artigo do marechal Caviglia sobre as batalhas do Piave, observa: "Uma ação estratégica dirigida a objetivos não territoriais, mas decisivos e orgânicos, pode ser desenvolvida em dois momentos: com a ruptura da frente adversária e com uma manobra sucessiva, operações atribuídas a tropas diferentes. Esta máxima, aplicada à arte política, deve ser adaptada às diversas condições; mas permanece o fato de que entre o ponto de partida e o objetivo faz-se necessária uma gradação orgânica, isto é, uma série de objetivos parciais" (*Q 17*, 50, 1.947 [*CC*, 3, 353]).

ROBERTO CICCARELLI

Ver: Grande Guerra; guerra; guerra de movimento; guerra de posição; trincheiras, fortalezas e casamatas.

teleologia

O erro do teleologismo é, para G., simétrico ao do determinismo, com o qual frequentemente convive. Em Bukharin percebe-se um eco e ao mesmo tempo uma interpretação errada de Kant. A teleologia assume no

Ensaio as "formas mais exageradas e infantis e esquece-se da solução dada por Kant"; no *Ensaio* muitas soluções são inconscientemente "teleológicas": um dos capítulos "parece concebido segundo a teleologia kantiana" (*Q 4*, 16, 438). Fala-se também de "missão histórica" e a expressão tem "uma raiz teleológica". Em muitos casos tem um sabor equívoco e místico, "mas em outros tem um significado que, depois das limitações de Kant, pode ser defendido pelo materialismo histórico" (*Q 4*, 46, 894, Texto A). No Texto C (*Q 11*, 23, 1.426 [*CC*, 1, 144]) o conceito continua sem variações. Contudo, no mesmo *Q 11* encontra-se também um parágrafo, mais complexo, sobre a história da filosofia: "Na questão da teleologia, revela-se ainda mais claramente o defeito do *Ensaio* ao apresentar as doutrinas filosóficas passadas num mesmo plano de trivialidade e banalidade [...]. É fácil acreditar que se superou uma posição ao rebaixá-la, mas se trata de pura ilusão verbal" (*Q 11*, 35, 1.450 [*CC*, 1, 167]).

Outros conceitos filosóficos (racionalidade), científicos (caso e lei) ou metafísico-religiosos (providência) podem chegar ao "teleologismo transcendental ou transcendente". O conceito de necessidade histórica pode também, ligado ao de regularidade e de racionalidade, ser entendido "no sentido 'especulativo-abstrato' e no sentido 'histórico-concreto'. Existe necessidade quando existe uma *premissa* eficiente e ativa, cujo conhecimento nos homens se tenha tornado operante, ao colocar fins concretos à consciência coletiva e ao constituir um complexo de convicções e de crenças que atua poderosamente como as 'crenças populares' [...] somente por este caminho é possível atingir uma concepção historicista (e não especulativo-abstrata) da 'racionalidade' na história (e, consequentemente, da 'irracionalidade')" (*Q 11*, 52, 1.479-80 [*CC*, 1, 197]).

Giuseppe Prestipino

Ver: Bukharin; caso; determinismo; filosofia; historicismo; Kant; necessidade.

teologia
Nos *Q* "teologia" é associada a "metafísica", "transcendência", e indica o mundo pré-moderno: somente com a afirmação do método experimental "inicia o processo de dissolução da teologia e da metafísica, e de desenvolvimento do pensamento moderno, cujo coroamento está na filosofia da práxis" (*Q 11*, 34, 1.449 [*CC*, 1, 166]). Contudo, o mundo não se livrou totalmente da teologia, porque persistem teorias que repropõem sua modalidade com roupagem diferente. A "especulação" introduziu uma transcendência de tipo novo (*Q 11*, 51, 1.476-7 [*CC*, 1, 194]). A filosofia de Croce é um exemplo disso, embora ele afirme ter procurado "meticulosamente afastar da sua filosofia qualquer traço e resíduo de transcendência e de teologia e, consequentemente, de metafísica entendida no sentido tradicional" (*Q 10* I, 8, 1.225 [*CC*, 1, 296]). Se "sua luta contra a transcendência e a teologia" foi positiva, sua filosofia permaneceu "'especulativa', existindo nela não apenas traços de transcendência e teologia, mas toda a transcendência e a teologia, apenas liberadas da mais grosseira ganga mitológica" (idem). Croce chegou a afirmar que sua crítica da filosofia da práxis está ligada a essa "preocupação antimetafísica e antiteológica, na medida em que a filosofia da práxis seria teologizante e o conceito de estrutura não seria mais do que a reapresentação ingênua do conceito de um 'deus oculto'" (idem). Na realidade, esta "deriva certamente da concepção imanente", mas liberada "de todo resíduo de transcendência e de teologia", ao passo que "o historicismo idealista crociano permanece ainda na fase teológico-especulativa" (ibidem, 1.226 [*CC*, 1, 298]). G. aproxima a teologia a uma determinada concepção da economia, perguntando-se "se a economia pura é uma ciência [...]. Também a teologia parte de uma determinada série de hipóteses e depois constrói sobre elas todo um maciço edifício doutrinário solidamente coerente e rigorosamente deduzido. Mas, por causa disso, a teologia é uma ciência?" (*Q 10* II, 32.III, 1.277 [*CC*, 1, 346]).

Giovanni Semeraro

Ver: Croce; filosofia da práxis; imanência; metafísica.

teoria-prática: v. unidade de teoria-prática.

teratologia
As referências à teratologia, entendida como ciência do monstruoso, no âmbito dos *Q* têm como finalidade a polêmica contra os aspectos deteriores de grupos de intelectuais, ou a crítica de erros teóricos. É o caso do "erro do anti-historicismo" e do "resíduo de metafísica", relevados por G. no método de juízo sobre concepções filosóficas do passado, presente no *Ensaio*, de Bukharin. Aqui "a história da filosofia torna-se um tratado histórico de teratologia": o passado filosófico não é julgado com base em sua função e validade histórica, mas é considerado

"irracional" e "monstruoso" em base a um "pensamento dogmático" que se supõe "válido em todos os tempos". G. contrapõe esse "anti-historicismo metódico" – que ele define como um "desvio da filosofia da práxis" – ao método "dialético-histórico", também por meio de explícitas referências à leitura engelsiana de Hegel e ao *Manifesto* (*Q 11*, 18, 1.417 [*CC*, 1, 135]).

Em uma acepção mais lata e metafórica G. usa o adjetivo "teratológico" para polemizar contra a negação da dialética e contra a presunção de cientificidade, típicas de certo positivismo e cientismo. Por outro lado, justamente em âmbito positivista, a atenção para a gênese do monstruoso começava a ter pretensão de cientificidade. G. considera, portanto, o teratológico um traço do lorianismo: "Loria não é um caso teratológico individual", mas um exemplo dos "intelectuais positivistas que se ocuparam da questão operária" acreditando "rever e ultrapassar a filosofia da práxis" (*Q 28*, 1, 2.325 [*CC*, 2, 257]); "teratológica" é também a extrema reação corporativa presente na reflexão de G. A. Fanelli, do qual G. discute o volume *L'artigianato. Sintesi di un'economia corporativa* [O artesanato. Síntese de uma economia corporativa] (1929). Fanelli é uma expressão da "reação dos intelectuais provincianos" aos processos de racionalização americanista (*Q 28*, 17, 2.333 [*CC*, 2, 268]). G. vislumbra um caso de "teratologia intelectual" também no método não dialético usado por Henri De Man, que se expõe ao perigo de cair no mesmo erro de quem, "tendo descrito o folclore [...] acredita 'superar' a ciência moderna e toma como 'ciência moderna' os artiguetes das revistas populares de ciência e as publicações em fascículos" (*Q 3*, 48, 328-9 [*CC*, 3, 194])

Eleonora Forenza

Ver: Bukharin; De Man; Engels; folclore/folklore; lorianismo/loriano; positivismo; senso comum.

tipo social

O termo pertence ao vocabulário das ciências sociais e G. é um dos poucos marxistas a utilizar esse léxico em um confronto teórico-político fecundo. A expressão aparece em várias ocasiões para identificar o "tipo de 'técnico' de oficina" (*Q 1*, 43, 35), os "'tipos' de urbano e rural" (ibidem, 34), ou ainda o "tipo freudiano" (*Q 1*, 33, 26 [*CC*, 1, 229]). Mas a curvatura de significado que essa expressão assume nos *Q* torna-se mais evidente quando é usada em sua forma original de "tipo social", indicando sempre um deslocamento "hegemônico" de um tipo a outro. O termo é usado nesse sentido na análise do Babbitt estadunidense: "O industrial moderno é o modelo a ser atingido, o tipo social que deve ser imitado, enquanto para o Babbitt europeu o modelo e o tipo são dados pelo cônego da Catedral, pelo nobrezinho de província, pelo chefe de seção do Ministério" (*Q 5*, 105, 634 [*CC*, 4, 301]). A mesma função está presente na análise da passagem do burguês "comunal" ao "nacional", quando G. ressalta que "o *Cortesão*, de B. Castiglione, já indica o predomínio de um outro tipo social, como modelo, que não é o burguês das Repúblicas comunais" (*Q 5*, 55, 590 [*CC*, 5, 216]). O mesmo acontece na passagem da literatura "cavalheiresca" à literatura "política de 'ficção'", que "indica a passagem da exaltação de um tipo de sociedade feudal à exaltação das massas populares, genericamente, com todas suas exigências elementares (nutrir-se, vestir-se, abrigar-se, reproduzir-se) às quais se busca dar racionalmente uma satisfação" (*Q 6*, 157, 812 [*CC*, 5, 264]). O tipo social, finalmente, assume as formas da classe quando se apresenta como base para o desenvolvimento de intelectuais orgânicos: "Pode-se observar que os intelectuais 'orgânicos', que cada nova classe cria consigo e elabora em seu desenvolvimento progressivo, são, na maioria dos casos, 'especializações' de aspectos parciais da atividade primitiva do tipo social novo que a nova classe deu à luz" (*Q 12*, 1, 1.514 [*CC*, 2, 15]).

Michele Filippini

Ver: *Babbitt*; classe/classes; intelectuais; sociologia.

tirania da maioria

Na obra de G. não faltam referências à categoria de "maioria", decididamente habitual no léxico do pensamento político liberal. Entretanto, sobretudo no que diz respeito ao delicado problema da relação entre liberdade e democracia, do qual se origina a definição de "tirania da maioria", em G. não se perfila nenhuma referência às considerações políticas de autores como Tocqueville ou John Stuart Mill. A ausência de uma soldagem com a tradição liberal, todavia, não deve ser compreendida como vontade de esgotar de sentido a cultura do século XIX, mas sim de adotar um substancial paradigma da "crise" que se origina na fundamental cesura histórica da Revolução Francesa. No léxico gramsciano, assim, persiste uma leitura do processo histórico de claro corte antiliberal, indecifrável se não se recorre à ruptura epistemológica da revolução. Nessa perspectiva, a locução "tirania da maioria", embora apareça uma única vez, denuncia a forte desconfiança de G. em familiarizar-se com o termo em uma acepção de garantia. O corte é tão acentuado que o conceito, ao invés de dirigir-se a uma problemática de medida da "maioria", é achatado por inteiro sobre a cultura reacionária, a ponto de chegar à rejeição teórica de "maioria", assim como G. a havia lido no individualismo nietzschiano (*Q 5*, 144, 674 [*CC*, 3, 223]). A perspectiva gramsciana pretende evidentemente estabelecer uma continuidade entre restauração e liberalismo, concebido como processo de estabilização e conservação, como forma de reação ao republicanismo revolucionário e, como G. escreverá sucessivamente, como "alma da revolução passiva" (*Q 8*, 236, 1.089). Nesse caso também as categorias adotadas em torno da sociedade civil nos *Q* estão enquadradas dentro do espírito de uma alternativa à época liberal e, sobretudo, a cultura das liberdades aparece subordinada, de qualquer forma, ao momento da luta de classes.

Laura Mitarotondo

Ver: democracia; liberais/liberalismo; sufrágio universal.

títulos de Estado

No âmbito da ampla reflexão sobre a fortuna das teorias corporativistas, G. nota que a intensificação da emissão e da venda de títulos constitui a ação principal com que o governo italiano pretende enfrentar os efeitos da depressão econômica e da queda do mercado acionário, iniciados com a crise de 1929. Com a compra desses produtos financeiros, que garantem ganhos limitados, mas garantidos, a massa de pequenos e médios poupadores fortalece sua tradicional desconfiança para com o sistema capitalista privado, repondo confiança no Estado, que se torna, assim, sujeito ativo da economia do país. Por meio dos títulos se forma uma verdadeira "*holding* estatal" que investe a poupança a médio e longo prazo na atividade privada e na indústria. Contudo, segundo G., "por necessidades econômicas imprescindíveis", o Estado não deveria se limitar a exercer o papel de investidor, tampouco o de puro controlador, mas deveria intervir ativamente no aparelho produtivo, reorganizando-o e modernizando-o "paralelamente ao aumento da população e das necessidades coletivas" (*Q 22*, 14, 2.176 [*CC*, 4, 276]). Para o pensador da Sardenha é a demonstração de que na Itália a diretriz corporativa não nasceu para secundar as mudanças das condições técnicas da indústria e as instâncias de uma nova política econômica, mas para responder às "exigências de uma polícia econômica" (*Q 22*, 6, 2.156 [*CC*, 4, 257]). Na realidade, a ideia de um Estado corporativo que tem seu bloco econômico-social de referência na "plutocracia" e ao mesmo tempo na "gente miúda" é possível, por exemplo, na França, onde existe uma "pequena e média propriedade agrícola", que tem ao seu lado uma camada de "pequeno-burgueses e de camponeses que vivem de renda" (*Q 22*, 14, 2.177 [*CC*, 4, 276]). Ao contrário, isso não é possível em uma realidade como a italiana, em que os poupadores estão completamente separados do mundo da produção e do trabalho. Disso deriva um custo social particularmente elevado da poupança, resultado quase exclusivo da exploração parasitária do trabalho, especialmente do agrícola.

Vito Santoro

Ver: capitalismo de Estado; corporativismo; crise; plutocracia.

tolerância: v. intransigência-tolerância.

Tolstói, Liev Nikoláievitch

A figura de Tolstói é usada na reflexão do cárcere em primeiro lugar para evidenciar *per differentiam* a incapacidade ou a ausência de vontade dos escritores italianos de reviver os sentimentos das classes sociais inferiores. Em um nota do *Q 3* sobre o brescianismo, G. cita a resenha de Fernando Palazzi de *I giorni del sole e del grano* [Os dias do sol e do trigo], de Alfredo Panzini, publicada em *Italia che scrive* de junho de 1929, em que Palazzi evidencia, entre outras coisas, a postura de repugnância que se esconde por trás da descrição da vida frugal dos camponeses feita por Panzini. Mesmo quando Panzini confessa que queria chorar – escreve Palazzi – "as lágrimas que jorram dos seus olhos não são as mesmas lágrimas de Leon Tolstói pelas misérias que ele vê sob seus olhos, pela beleza que entrevê em certas humildes atitudes, pela simpatia viva com os humildes e os aflitos que também não faltam entre os rudes cultivadores dos campos" (*Q 3*, 138, 397). Por outro lado, para G., Panzini é apenas "o tipo e a máscara de uma época" (*Q 23*, 50, 2.243 [*CC*, 6, 118]).

O nome de Tolstói retorna também em *Q 3*, 148 quando G. evidencia o *Caráter popular-nacional negativo da literatura italiana*. Nesse caso, sugestões para um confronto entre Tolstói e Manzoni são oferecidas por um artigo de Adolfo Faggi publicado em *Marzocco* em 11 de novembro de 1928. Em Tolstói, segundo Faggi, os personagens do povo, como Platone Karatajev em *Guerra e paz*, em virtude de sua "sabedoria ingênua e instintiva" conseguem iluminar e determinar uma crise moral "na consciência do homem culto", inclusive por meio de uma palavra pronunciada casualmente (ibidem, 403). Em *Os noivos*, ao contrário, segundo G. a importância da frase de Lúcia para perturbar o Inominado "não tem o caráter iluminador e fulgurante que tem em Tolstói a contribuição do povo, fonte de vida moral e religiosa, mas é algo mecânico e de caráter 'silogístico'" (*Q 23*, 51, 2.246 [*CC*, 6, 120]). De fato, "que Deus se encarne no povo pode acreditá-lo Tolstói, e não Manzoni", porque para o escritor milanês entre "o povo e Deus há a igreja" e Deus só pode se encarnar nela (*Q 14*, 45, 1.703 [*CC*, 6, 246]). Por outro lado, segundo G., o romancista russo entende "o Evangelho 'democraticamente', ou seja, segundo seu espírito originário e original" (*Q 23*, 51, 2.245 [*CC*, 6, 120]), ao passo que, ao contrário, o cristianismo de Manzoni "sofreu a Contrarreforma" e oscila entre "um aristocratismo jansenista e um paternalismo popularesco jesuítico" (idem); o caráter aristocrático do catolicismo de Manzoni evidencia-se na "'compaixão' jocosa para com as figuras de homens do povo" (*Q 7*, 50, 895 [*CC*, 6, 208]), mas se ausenta, no entanto, em Tolstói.

Segundo o pensador sardo, é arbitrária a afirmação de Faggi de que *Os noivos* corresponderiam perfeitamente à concepção da arte religiosa assim como emerge do estudo crítico de Tolstói sobre Shakespeare, *Shakespeare, eine kritische Studie* ("A arte em geral, e arte dramática em particular sempre foi religiosa": *Q 3*, 148, 402). Se Manzoni, para G., adere a um cristianismo aristocrático, nesse escrito, Tolstói parte de um artigo de Ernest Crosby em que se demonstra que "em toda a obra de Shakespeare não há quase nenhuma palavra de simpatia para com o povo e as massas trabalhadoras" (*Q 23*, 51, 2.246 [*CC*, 6, 120]). Em um teatro "essencialmente aristocrático" os representantes da burguesia ou do povo são representados de forma desdenhosa ou ridícula; Tolstói, porém, quer "demolir Shakespeare partindo do ponto de vista da própria ideologia cristã" (idem). G. esclarece então que seu objetivo, nas notas dos *Q*, é de se afastar de toda "tendenciosidade moralista do tipo de Tolstói" (ibidem, 2.247 [*CC*, 6, 120]): a dele, embora não seja – igualmente – crítica artística, é "uma pesquisa de história da cultura" que não demanda aos autores "um conteúdo moral extrínseco", mas examina autores que "introduzem um conteúdo moral extrínseco, ou seja, que fazem propaganda e não arte" (*Q 3*, 151, 405). De qualquer maneira, o sucesso de romancistas russos como Tolstói e Dostoiévski é motivado por G. pela preferência que lhe concedem as classes sociais populares, as quais, já de costume, tendem ao "conteudismo", ao "conteúdo popular expresso por grandes artistas" (*Q 17*, 29, 1.934 [*CC*, 6, 266]).

O pensador sardo vai bem além dessa observação nas *LC*, ao escrever um claro elogio ao escritor de *Guerra e paz* em uma carta ao filho Delio de tom intencional e intensamente "pedagógico": "assim não se deve esquecer que Tolstói foi um escritor 'mundial', um dos poucos escritores de todos os países que alcançou a maior perfeição na arte e suscitou, e suscita, torrentes de emoções por toda parte, mesmo em péssimas traduções, mesmo em homens e mulheres que foram embrutecidos pelo cansaço e têm uma cultura elementar: Tolstói é, realmente, um portador de civilização e de beleza e, no mundo contemporâneo, ninguém ainda o igualou: para encontrar seus pares, é preciso pensar em Homero, Ésquilo, Dante, Shakespeare, Goethe, Cervantes e pouquíssimos outros" (*LC*, 779, verão de 1936 [*Cartas*, II, 401]). Shakespeare, Goethe e Dante aparecem citados com Tolstói em uma carta precedente à esposa Giulia, em que G., porém, esclarece: "Posso admirar esteticamente *Guerra e paz*, de Tolstói, e não compartilhar a substância ideológica do livro; se os dois fatos coincidem, Tolstói será meu vade-mécum, *le livre de chevet*. E isto também pode ser dito de Shakespeare, Goethe e até Dante" (*LC*, 613, 5 de setembro de 1932 [*Cartas*, II, 237]).

Em *Q 5*, 89 [*CC*, 4, 102] G. lembra, ao contrário, de um artigo de Romain Rolland sobre as relações entre Gandhi e Tolstói, publicado no número único dedicado a Tolstói de *Europeo* em 1928, considerado globalmente "interessante em ausência de outras informações" (ibidem, 621). A concepção gandhiana de "não resistência e não cooperação" (*Q 6*, 78, 748 [*CC*, 5, 249]) e a "teoria da não resistência ao mal", de Tolstói, (*Q 15*, 17, 1.775 [*CC*, 5, 322]), segundo o pensador sardo, representam "teorizações ingênuas e de matiz religiosa da 'revolução passiva'" (idem); por meio de Tolstói, Gandhi também "se liga ao cristianismo primitivo que o mundo católico e protestante não consegue mais nem mesmo compreender" (*Q 6*, 78, 748 [*CC*, 5, 249]); aliás, retroativamente, a difusão do gandhismo – que diversamente do tolstoismo na Rússia czarista se transformou numa "crença popular" (idem) – iluminaria as origens do cristianismo e as motivações de seu desenvolvimento no Império Romano.

Ademais, diversas vezes na reflexão carcerária há referências a um trecho de "A adolescência", dos *Contos autobiográficos* de Tolstói, considerado "literariamente muito interessante" (*Q 8*, 217, 1.078), em que o escritor russo lembra ter-se afervorado pela concepção subjetivista da realidade, interpretada em sentido "imediato e material" (idem), de ter-se encontrado em um "estado próximo da loucura": imaginava que fora de si "nada nem ninguém existia no mundo; que os objetos não eram objetos, e sim formas que só apareciam quando fixava a minha atenção neles e que se desvaneciam assim que deixava de pensar nos mesmos". Então se virava de repente "para o lado oposto, esperando encontrar de surpresa o vácuo (*le néant*), ali onde eu não estava" (*Q 11*, 57, 1.483-4 [*CC*, 1, 200]). G. tinha pedido a Tatiana dois volumes dos *Contos autobiográficos* em uma carta de 22 de setembro de 1930 (*LC*, 355 [*Cartas*, I, 442]).

Jole Silvia Imbornone

Ver: Contrarreforma; drama; Manzoni; nacional-popular; pacifismo; revolução passiva; subjetivo/subjetivismo/subjetividade.

totalitário

Os diversos trechos dos *Q* em que recorre o termo "totalitário" podem ser analisados segundo três diretrizes: a) a crise das concepções "totalitárias" antecedentes à Revolução Francesa; b) os aspectos progressivos dos sistemas totalitários modernos; c) os limites do totalitarismo. Para G., "no movimento histórico jamais se volta atrás e não existem restaurações *in toto*" (*Q 13*, 27, 1.619 [*CC*, 3, 76]), ou seja, não se pode reconduzir o inteiro progresso histórico nos quadros do *ancien régime*. Os legitimistas experimentaram isso após a derrota de Napoleão, a ponto de terem de renunciar a "posições integrais e totalitárias no campo da cultura e da política" (*Q 6*, 188, 832 [*CC*, 4, 217]), transformando-se em um partido entre os outros. O mesmo se pode dizer da Igreja Romana que, com o surgimento do associacionismo católico, "de concepção totalitária (no dúplice sentido: de que era uma concepção total do mundo de uma sociedade em sua totalidade), torna-se parcial (também no duplo sentido) e deve dispor de um partido próprio" (*Q 20*, 2, 2.086 [CC, 4, 152]). O catolicismo de potência ideológica totalitária tornava-se "força subalterna", tendo que se confrontar no terreno imposto pelos adversários: "a organização política de massas" (ibidem, 2.087 [CC, 4, 152]). Com o desenvolvimento do modo de produção capitalista os partidos políticos tornam-se, de fato, "os elaboradores da nova intelectualidade integral e totalitária e o intelectual tradicional da fase precedente (clero, filósofos profissionais etc.) desaparece necessariamente, a não ser que se assimile após [um] processo longo e difícil" (*Q 8*, 169, 1.042). Assim, no mundo moderno os partidos constituem "o amálgama da unificação de teoria e práxis", porque elaboram teoricamente e experimentam praticamente a ética e a política correspondentes às novas "concepções do mundo" (*Q 11*, 12, 1.387 [*CC*, 1, 93-114]).

A essência, totalitária ou não, de uma concepção do mundo ou de uma atitude prática constitui, segundo G., uma significativa distinção para uma formação política. Uma concepção teórica e prática parcial pressupõe efetivamente "um movimento principal no qual deve se inserir para reformar determinados males pretensos ou verdadeiros" (*Q 15*, 6, 1.760 [*CC*, 3, 328]), não pondo em discussão o existente como tal. Ao invés, é possível remontar às causas *reais* de uma particular conformação histórica, pôr as premissas necessárias a sua radical transformação em sentido racional, somente conquistando a plena autonomia prática na base de uma concepção do mundo totalizante. Doutro lado, na opinião de G., todo indivíduo moderno faz referência a um ou mais partidos concebidos em sentido lato, ou seja, como concepção do mundo de uma ou mais classes sociais. Por isso ele considera indispensável "uma política totalitária" voltada: "1) a fazer com que os membros de um determinado partido encontrem neste único partido todas as satisfações que antes encontravam numa multiplicidade de organizações, isto é, a romper todos os fios que ligam estes membros a organismos culturais estranhos; 2) a destruir todas as outras organizações ou a incorporá-las num sistema cujo único regulador seja o partido" (*Q 6*, 136, 800 [*CC*, 3, 253]). Disso, G. deduz a necessidade do "caráter 'monolítico'" (*Q 15*, 6, 1.760 [*CC*, 3, 328]) do partido revolucionário, porque somente homogeneizando um grupo social sobre bases ideológicas totalizantes é possível tornar "racional" o "real". Tal tipo de organização deverá, portanto, ter uma conformação "não só totalitária como concepção do mundo, mas totalitária na medida em que atingirá toda a sociedade a partir de suas raízes mais profundas" (*Q 4*, 75, 515 [*CC*, 1, 232]). Para G., efetivamente, "somente um sistema totalitário de ideologias" é capaz de refletir as contradições da estrutura econômica, pondo as bases "para a subversão da práxis" (*Q 8,* 182, 1.051 [*CC*, 1, 251]) com o objetivo de realizar uma "reforma intelectual e moral".

Como no Estado moderno as diversas classes sociais estão submetidas à hegemonia ativa do grupo dirigente e dominante, as concepções de mundo que não encontram espaço nesse plano desenvolvem-se nos órgãos da sociedade civil (partidos, sindicatos e associações). "As ditaduras contemporâneas abolem legalmente até mesmo estas novas formas de autonomia e se esforçam por incorporá-las à atividade estatal: a centralização legal de toda a vida nacional nas mãos do grupo dominante se torna 'totalitária'" (*Q 25*, 4, 2.287 [*CC*, 5, 136]). Para G. tal sistema totalizante se afirma seguindo duas diretrizes opostas: a) mediante um partido que seja "portador de uma nova cultura" capaz de inaugurar uma época progressiva; b) mediante um partido que consiga impedir a organização portadora da nova concepção do mundo de se tornar "totalitária", abrindo uma "fase regressiva e reacionária" (*Q 6*, 136, 800 [*CC*, 3, 253]). Nos regimes totalitários a função precedentemente desenvolvida pelo monarca "de personificar a soberania, seja no sentido estatal, seja no da direção político-cultural (isto é, de ser árbitro nas lutas internas das camadas dominantes, da classe hegemônica e de seus aliados), está se transferindo para os grandes partidos de tipo 'totalitário'" (*Q 7*, 93, 922 [*CC*, 3, 268]). Eles tenderão a legitimar-se sobre o fundamento do "conceito abstrato de 'Estado'" porque, embora representem a expressão de uma classe particular, devem procurar conciliar seu interesse com os das classes aliadas, conquistando algum consenso também nas classes adversárias, dando a "impressão de que a função 'de força imparcial' continua ativa e eficaz" (*Q 13*, 21, 1.602 [*CC*, 3, 59]).

As observações de G. sobre os limites do totalitarismo podem ser reconduzidas a duas problemáticas principais: os perigos que descendem de uma imediata identificação de "Estado" em sentido estreito e de "sociedade civil" e os perigos de um desvio "bonapartista", no momento em que a nova equipe estatal não conseguir fazer que sua concepção do direito se torne senso comum. No que concerne ao primeiro perigo, G. observa que o "partido único e totalitário de Governo" não desenvolve mais funções políticas em sentido estreito, mas "técnicas de propaganda, de polícia, de influxo moral e cultural" (*Q 17*, 37, 1.939 [*CC*, 3, 349]), necessárias à luta pela hegemonia sobre outras classes sociais desprovidas de organizações legais. Todavia, as problemáticas tipicamente políticas, tendo de se revestir de formas culturais, "tornam-se irresolvíveis" do ponto de vista político. No que concerne ao segundo perigo, G. observa que em um Estado socialista "os novos hábitos e atitudes psicofísicas ligadas aos novos métodos de produção e de trabalho devem ser adquiridos por meio de persuasão recíproca ou de convicção" individual, já que vem a faltar "a pressão coercitiva de uma classe superior" (*Q 22*, 10, 2.163 [*CC*, 4, 262]). Nesse sentido existe o risco de uma "hipocrisia social totalitária", ou seja, corre-se o perigo de que "as novas necessidades" sejam acolhidas teoricamente, enquanto na prática continuam a dominar atitudes individualistas e associais. Se até esse ponto a primeira redação da nota (*Q 1*, 158, 138-9) coincide substancialmente com o Texto C citado, a conclusão evidencia uma significativa divergência entre as duas redações. Isso pode depender de uma mudança na concepção de G. ou da exigência prática de não contrastar abertamente a linha política dominante na União Soviética. No Texto C (*Q 22*, 10, 2.164 [*CC*, 4, 262]) G. afirma que nesse caso a intervenção da vanguarda do partido torna-se necessária para impor à sua classe de referência a nova disciplina, que deve ser entendida como autodisciplina, sendo uma imposição da parte mais avançada do mesmo grupo social. No Texto A, de forma mais problematizada, G. evidencia a necessidade por parte da classe de impor a si mesma a nova disciplina, acrescentando que se isso não ocorrer "nascerá alguma forma de bonapartismo, ou então haverá uma invasão estrangeira, isto é, criar-se-á a condição para que uma coação externa ponha fim à crise" (*Q 1*, 158, 139).

Renato Caputo

Ver: bonapartismo; concepção do mundo; Estado; partido; sociedade civil; URSS.

trabalhador coletivo

A expressão aparece nos *Q* somente em julho-agosto de 1932 (*Q 9*, 67 [*CC*, 4, 312]), num texto dedicado à análise do movimento dos Conselhos de Turim. G. já havia identificado (*Q 3*, 48 [*CC*, 3, 194]) o significado desse movimento no fato de ter sido uma experiência de "unidade da 'espontaneidade' e da 'direção consciente'", como elemento que caracteriza "a ação política real das classes subalternas, como política de massa e não simples aventura de grupos que invocam as massas" (ibidem, 330 [*CC*, 3, 196]). Naquele texto G. notava também que a espontaneidade "dava à massa uma consciência 'teórica', de criadora de valores históricos e institucionais, de fundadora de Estados" (idem), Aqui, de forma análoga, fala de "tentativas constitucionais (orgânicas) para sair do estado de desordem e dispersão das forças" (*Q 9*, 67, 1.137 [*CC*, 4, 312]). Nessa perspectiva, a referência à análise do trabalhador coletivo contida no primeiro livro d'*O capital* serve a G. para convalidar a correspondência dos Conselhos com a análise "do desenvolvimento do sistema de fábrica" realizada por Marx: a afirmação do trabalho abstrato, que não pode ser atribuído a nenhum trabalhador em particular, faz que "o conjunto dos trabalhadores da fábrica deva ser concebido como um 'trabalhador coletivo'" (ibidem, 1.138 [*CC*, 4, 313]). Sobre essa base o "movimento de fábrica" visava a "fazer com que se torne 'subjetivo' o que está dado 'objetivamente'", ou seja, a repensar politicamente a técnica produtiva independentemente do nexo com a classe dominante e "unida com os interesses da classe ainda subalterna" (idem). Essa passagem é indicativa do fato de que a classe subalterna "não é mais subalterna, ou seja, demostra que tende a sair da sua condição subordinada" enquanto é capaz de "pensar-se" (cf. a já citada "consciência teorética") como instauradora de uma nova organização da produção, que a partir da fábrica se projeta na sociedade e com base na economia se estende em uma forma acabada de "cultura" (idem).

Fabio Frosini

Ver: direção; espontaneidade; *Ordine Nuovo* (*L*').

trabalho

Uma definição de trabalho é dada por G. pela primeira vez em *Q 4*, 55, 498-9. Refletindo sobre *O princípio educativo na escola elementar e média*, ele afirma que "a educação primária está fundamentada em última análise no conceito e no fato do trabalho, já que a ordem social (conjunto de direitos e deveres) está na ordem natural" e o trabalho é definido como "atividade prática do homem". Uma educação fundamentada na atividade prática, acrescenta, cria uma visão de mundo "libertada de toda magia e de toda feitiçaria e oferece um gancho ao desenvolvimento ulterior numa concepção *histórica, de movimento*, do mundo". No Texto C (*Q 12*, 2, 1.541 [*CC*, 2, 43]) o trabalho é definido, ao contrário, como "a atividade teórico-prática do homem" a qual "fornece o ponto de partida para o posterior desenvolvimento de uma concepção histórica, dialética, do mundo [...] para a concepção da atualidade como síntese do passado [...] que se projeta no futuro". Em relação à primeira redação, se registra um deslocamento de ênfase do caráter *prático* do trabalho para a sua condição de ser uma mediação concreta, efetiva, de *teoria e prática*. Uma contribuição à compreensão do significado desse deslocamento é possível aproximando a análoga nova redação de outro texto, um pouco anterior. Em *Q 4*, 47, 473 [*CC*, 6, 366], G. se pergunta: "Entende-se por ciência a atividade teórica ou a atividade prático-experimental dos cientistas? Penso que deve ser entendida neste segundo sentido e que Engels queira afirmar o caso típico em que se estabelece o processo unitário do real, isto é, através da atividade prática, que é a mediação dialética entre homem e natureza, isto é, a célula 'histórica' elementar". E na segunda redação: "Entende-se por ciência a atividade teórica ou a atividade prático-experimental dos cientistas? Ou a síntese das duas atividades? Poder-se-ia dizer que reside nisso o processo unitário típico do real, ou seja, na atividade experimental do cientista, que é o primeiro modelo de mediação dialética entre homem e natureza, a célula histórica elementar pela qual o homem, pondo-se em relação com a natureza através da tecnologia, a conhece e a domina" (*Q 11*, 34, 1.448-9 [*CC*, 1, 166]). Nesse caso também o enfoque se desloca da identificação da ciência com a prática à evidência da unidade sintética representada pela tecnologia. A relação desse raciocínio com o problema do trabalho é esclarecido nas linhas imediatamente seguintes: "A 'experiência' científica é a primeira célula do novo processo de trabalho, da nova forma de união ativa entre homem e natureza: o cientista-experimentador é um 'operário', um produtor industrial e agrícola, não é puro pensamento: ele também é, aliás, o primeiro exemplo de homem que o processo histórico tirou da posição de caminhar de ponta-cabeça, para fazer caminhar sobre os pés" (*Q 4*, 47, 473 [*CC*, 6, 366]). Na segunda redação se torna: "A experiência científica é a primeira célula do novo método de produção, da nova forma de união ativa entre o homem e a natureza. O cientista-experimentador é [também] um operário, não um puro pensador; e seu pensar é continuamente verificado pela prática e vice-versa, até que se forme a unidade perfeita de teoria e prática" (*Q 11*, 34, 1.449 [*CC*, 1, 166]; cf. uma passagem análoga em *Q 10* II, 54, 1.345 [*CC*, 1, 411]).

A ideia da ciência como trabalho, e deste como prática, cede o lugar a uma concepção bastante mais complexa, da ciência como tecnologia e do trabalho como sistema de produção (no momento em que se esclarece que o cientista é não somente, mas *também* um operário). O que muda – e que pode ser acompanhado ao longo das análises contidas nos *Q* – é por um lado a ideia do trabalho como "mundo" ou esfera de vida autônoma, capaz de constituir, partindo de si mesmo, uma inteira visão do mundo alternativa à dominante (ideia que G. amadureceu na época de *L'Ordine Nuovo*, condensando-a na figura do "produtor", e da qual se encontra ainda um sinal em um breve apontamento não retomado (*Q 3*, 26 [*CC*, 4, 294]); por outro lado, é a figuração da "teoria" como especulação e da "prática" como sinônimo de concretude e como alternativa a ela.

A primeira posição implica uma mudança, por meio da análise das transformações do trabalho introduzidas pela afirmação do fordismo, com o controle da sexualidade como parte do processo de produção (*Q 1*, 63, 74; *Q 1*, 158, 139; *Q 4*, 52, 489) e, em geral, com a afirmação da centralidade da produção na sociedade, segundo uma modalidade funcional ao fortalecimento e à expansão do capitalismo. A concepção inicial da teoria, ao invés, é questionada pelo desenvolvimento das noções de intelectuais. Definindo esses últimos como "em geral toda a massa social que exerce funções organizativas em sentido lato, seja no campo da produção, seja no campo da cultura, seja no campo administrativo-político" (*Q 1*, 43, 37), G. configura uma análise em que cultura, organização e burocracia tendencialmente se unificam sob uma noção muito ampla de funções conetivo-comunicativas. Esclarece-se assim, gradualmente, uma noção de trabalho que compreende tanto o trabalho intelectual como o trabalho manual (*Q 4*, 49, 483; *Q 4*, 55, 502; *Q 8*, 188, 1.055 [*CC*, 2, 169]; *Q 9*, 21, 1.109; *Q 9*, 119, 1.183 [*CC*, 2, 174]), à luz da qual o esvaziamento de conteúdos artesanais e "humanos" sofrido pelo trabalho de fábrica muda de significado: de um lado ela não deve ser entendida como uma perda, mas, no caso, como uma *substituição* de conteúdos mentais (cf. a referência à presença "em qualquer trabalho físico, até mesmo no mais mecânico e degradado", de "um mínimo de qualificação técnica, isto é, de um mínimo de atividade intelectual criadora", contido em *Q 4*, 49, 476, não casualmente intitulado *Os intelectuais*, e o forte desenvolvimento dessa tese em *Q 4*, 52, 492-3 e em *Q 12*, 1, 1.516 [*CC*, 2, 15]); do outro lado, a própria nostalgia pela unidade imediata de produtor e produto deve ser denunciada como regressiva (vejam-se as notas sobre o artesanato e sobre o movimento "Super-regionalista" [*Strapaese*]), enquanto voltada a satisfazer as exigências de restritas camadas sociais parasitarias. O que deve ser desenvolvido é, ao contrário, um discurso realista sobre o trabalho, em que a realidade de "quem é obrigado a um trabalho servil, extenuante" (*Q 10* II, 50, 1.341 [*CC*, 1, 408]) seja estudada e elaborada fazendo que dela origine politicamente a dialética interna: de um lado, atividade que absorve os nove décimos do tempo da grande maioria da população, deixando-a em uma condição de prostração e fragmentação (*Q 9*, 42, 1.121; *Q 10* II, 41.I, 1.295 [*CC*, 1, 361]; *Q 15*, 35, 1.788 [*CC*, 3, 334]); de outro lado "ponto de referência" imprescindível para uma reforma produtivista da sociedade (*Q 7*, 12, 863 [*CC*, 3, 259]) seja em nível nacional, seja em sua projeção internacional (respectivamente *Q 9*, 67, 1.138 [*CC*, 4, 312] sobre o "trabalho como conjunto" e *Q 9*, 127, 1.190 sobre o novo cosmopolitismo do "homem-trabalho"). E isso pela mesma razão: como experiência que, de algum modo, equipara os nove décimos da população. Entre os dois lados dessa dialética não existe nenhum desenvolvimento automático ou necessário, mas a função (o trabalho organizativo em sentido lato) dos intelectuais e do partido político, único lugar em que é historicamente possível realizar a unidade de teoria e prática.

Fabio Frosini

Ver: ciência; fordismo; intelectual; *Ordine Nuovo* (*L'*); tecnologia.

tradição

O historicismo de G. não é absolutamente o culto do passado, mas um tornar presente o passado para poder construir o porvir: "O 'espírito estatal' pressupõe a 'continuidade', tanto em relação ao passado, ou seja, à tradição, quanto ao futuro, isto é, pressupõe [...] um processo complexo que já se iniciou e que continuará" (*Q 15*, 4, 1.754 [*CC*, 3, 327]). "O presente atuante não pode deixar de continuar, desenvolvendo-o, o passado, não pode deixar de estar inserido na 'tradição' [...]. É passado real, precisamente, a estrutura, já que ela é o testemunho, o 'documento' incontroverso daquilo que foi feito e que continua a subsistir como condição do presente e do futuro [...]. Todo grupo social tem uma 'tradição', um 'passado', e o considera como único e total passado" (*Q 10* II, 59, 1.354 [*CC*, 1, 422]). Nesses trechos o recorrente verbo "continuar" recupera o significado de "conservar" da hegeliana *Aufhebung* ("superar conservando"), mas é subsumido em um mais distinto "superar", verbo bastante frequente em outros trechos (aqui, deve-se continuar o passado, *desenvolvendo-o*). "A tradição italiana apresenta diversos filões: o da resistência encarniçada, o da luta, o da acomodação e espírito de conciliação (que é a tradição oficial). Todo grupo pode se referir a um destes filões tradicionais [...] também pode argumentar que inicia uma nova tradição, da qual, no passado, só se encontram elementos moleculares, ainda não organizados, e valorizar estes elementos" (*Q 3*, 62, 342 [*CC*, 5, 206]). Completamente diferente é o nexo entre nova organização e tradição: "Para que o 'Pensamento' seja uma força (e só assim poderá criar para si uma tradição) deve criar uma organização" (*Q 3*, 140, 398 [*CC*, 4, 188]), em outras palavras, um partido. E "o protagonista deste 'novo príncipe' não deve ser o partido em abstrato, uma classe em abstrato, mas um determinado partido histórico, que opera num ambiente histórico preciso, com uma determinada tradição, numa aliança de forças sociais característica e bem determinada" (*Q 4*, 10, 432 [*CC*, 6, 357]).

Para tais tarefas a Itália é menos predisposta: ela agrava uma característica que tem em comum com o resto da Europa, cuja tradição é "caracterizada pela existência dessas classes, criadas por esses elementos sociais: a administração estatal, o clero e os intelectuais, a propriedade territorial, o comércio. Quanto mais velha é a história de um país, tanto mais esses elementos deixaram, durante os séculos, sedimentações de gente indolente, que vive da 'aposentadoria' deixada pelos 'antepassados'" (*Q 1*, 60, 70). Por tais motivos os Estados Unidos, país em que o capitalismo é bem menos retardado pelas camadas parasitárias, podem se beneficiar do fato de não ter tradição: "A América sem 'tradição', mas também sem essa camisa de força: essa é uma das razões da formidável acumulação de capitais, apesar dos salários relativamente melhores que os europeus. A inexistência dessas sedimentações pegajosas das fases históricas passadas possibilitou uma base sadia à indústria e ao comércio, e permite cada vez mais a redução dos transportes e do comércio a uma real atividade subalterna da produção" (ibidem, 71). Entretanto, a classe operária norte-americana é prejudicada pela ausência da tradição organizacional e combativa que, ao contrário, está presente na Europa (como G. observa em outro trecho), assim como pela ausência de uma "continuidade dos grupos intelectuais, ou seja, pela existência de uma forte tradição cultural, aquilo que, justamente, faltou na América" (*Q 15*, 30, 1.785 [*CC*, 4, 321]). Aqui também retorna o conceito de uma continuidade que deve ser superada.

No resto da Europa é viva a tradição nacional; no entanto, na Itália, "a unidade política, territorial, nacional tem uma escassa tradição (ou talvez nenhuma tradição), porque antes de 1870 a Itália jamais foi um corpo unido" (*Q 3*, 46, 325 [*CC*, 3, 192]). Efetivamente, "nos italianos, a tradição da universalidade romana e medieval impediu o desenvolvimento das forças nacionais (burguesas) além do campo puramente econômico-municipal, ou seja, as 'forças' nacionais só se tornaram 'força' nacional após a Revolução Francesa e a nova posição que o Papado passou a ocupar na Europa, posição irremediavelmente subordinada, porque limitada e contestada no campo espiritual pelo laicismo triunfante" (*Q 5*, 55, 589-90 [*CC*, 5, 216]). A "cultura 'italiana' é a continuação do cosmopolitismo medieval ligado à tradição do Império e à Igreja, concebidos como universais com sede 'geográfica' na Itália" (*Q 10* II, 61, 1.361 [*CC*, 1, 429]). O mito de Roma e dos antigos encontra-se de novo no *Risorgimento*: os *Sepolcri* [Sepulcros] constituem "a maior 'fonte' da tradição cultural retórica que vê nos monumentos um motivo de exaltação das glórias nacionais" (*Q 5*, 32, 569 [*CC*, 6, 166]). G. cita também Giusti, Carducci e, por reação, a antirretórica futurista (*Q 5*, 42, 573 [*CC*, 2, 114]), apreciando aquele Croce que "se insere na tradição cultural do novo Estado italiano e traz de volta a cultura nacional às origens, mas vivificando-a [e enriquecendo-a] com toda a cultura europeia, depurando-a de todas as escórias grandiloquentes e bizarras do *Risorgimento*" (*Q 8*, 39, 966). "Entre Croce-Gentile e Hegel formou-se um elo tradicional Vico--Spaventa-(Gioberti)" (*Q 10* II, 41.X, 1.317 [*CC*, 1, 385]); todavia, Croce contribui, a seu malgrado, a um "fortalecimento do fascismo", que quer "amarrar-se à tradição da velha direita, ou direita histórica" (*Q 10* I, 9, 1.228 [*CC*, 1, 298]). E na Itália a "tendência dinástica" prevalece em função da contribuição do aparelho estatal, especialmente no Norte, e de algumas tradições literárias (*Q 3*, 82, 361 [*CC*, 6, 161] e *Q 5*, 31, 569 [*CC*, 2, 111]). No Sul a situação é diferente: por exemplo, "deve-se levar em conta a diferença histórico-social-cultural dos grandes proprietários sicilianos em relação aos sardos: os sicilianos têm uma grande tradição e são fortemente unidos. Na Sardenha, não existe nada disso" (*Q 8*, 161, 1.038 [*CC*, 2, 168]).

Teria talvez a língua assumido um papel de unificação nacional? "O florescimento das Comunas faz com que as línguas vulgares se desenvolvam, e a hegemonia de Florença empresta unidade ao vulgar, isto é, cria um vulgar ilustre. Mas o que é esse vulgar ilustre? É o florentino elaborado pelos intelectuais da velha tradição: é florentino no *vocabulário* e também na *fonética*, mas é um latim na *sintaxe*" (*Q 3*, 76, 354 [*CC*, 2, 80]). Existem tradições diversas, algumas deletérias, porque são de "casta" e antipopulares. Justamente os intelectuais constituíram o obstáculo para a unidade nacional italiana: "Os intelectuais estão afastados do povo, ou seja, da 'nação'; estão ligados, ao contrário, a uma tradição de casta, que jamais foi quebrada por um forte movimento político popular ou nacional vindo de baixo: a tradição é 'livresca' e abstrata" (idem; v. também *Q 21*, 5, 2.116 [*CC*, 6, 39]). "De resto, também no *Risorgimento*, Mazzini-Gioberti tentaram inserir o movimento nacional dentro da tradição cosmopolita, criar o mito de uma missão da Itália renascida em uma nova Cosmópolis europeia e mundial [...]. Por isso se pode afirmar que a tradição italiana dialeticamente continua no povo trabalhador e em seus intelectuais, não no cidadão tradicional e no intelectual tradicional. O povo italiano é quem mais está 'nacionalmente' interessado no internacionalismo. Não somente o operário, mas o camponês e especialmente o camponês meridional" (*Q 9*, 127, 1.190). Em outros trechos G. alude ao folclore, porque certas ciências também "caem no domínio popular e são 'arranjadas' no mosaico da tradição" (*Q 1*, 89, 89); alude à "tradição da social-democracia russa" (*Q 3*, 32, 309 [*CC*, 4, 98]); à tendência (que deveria ser parcialmente contrastada) de abolir a "cultura geral baseada na tradição clássica" (*Q 4*, 49, 483; v. também *Q 4*, 55, 501); à relação entre indivíduos geniais e a formação de uma tradição nacional (*Q 3*, 116, 384 [*CC*, 2, 90]); à "tradição dos homens de governo" (*Q 4*, 8, 431); ao subversivismo italiano enraizado nas tradições populares (*Q 6*, 105, 777 [*CC*, 2, 234]); finalmente, às particulares tradições nacionais e à sua incidência em função da tradutibilidade das diversas culturas (*Q 11*, 47, 1.468 [*CC*, 1, 185] e *Q 11*, 48, 1.470 [*CC*, 1, 185]).

Giuseppe Prestipino

Ver: americanismo; Croce; Estados Unidos; Europa; hegelismo napolitano; herança do passado; historicismo; organização; passado e presente; *Risorgimento*; Roma.

tradução

Em uma carta a Giulia de 5 de setembro de 1932 (*LC*, 613-4 [*Cartas*, II, 237]) G. define os papéis do tradutor dessa maneira: o tradutor qualificado deve ter a "capacidade elementar e primária de traduzir a prosa da correspondência comercial" ou o "tipo de prosa jornalística", mas deve também desenvolver a capacidade de traduzir "qualquer autor, literato, político, historiador ou filósofo, das origens até hoje", e, portanto, deve saber se orientar entre "as linguagens especializadas e científicas" e os "significados das palavras técnicas" também segundo as modificações temporais. Esse último aspecto era bastante conhecido por G. por causa do estudo universitário de livros como *Essai de sémantique: science des significations* [Ensaio de semântica: ciência dos significados] do linguista francês Michel Bréal, que reconstrói "histórica e criticamente" as mudanças semânticas acontecidas ao longo do tempo (*Q 7*, 36, 886 e *Q 11*, 24, 1.427 [*CC*, 1, 144]), fator essencial para compreender e traduzir determinados textos. Enquanto muitas grandes autoridades da tradução (entre elas o expoente do romantismo alemão Friedrich Schleiermacher) se limitavam à mera constatação de que a separação ou a proximidade temporal e espacial entre duas línguas determina em que medida seus elementos constitutivos são diferentes ou parecidos (Schleiermacher, 1985, p. 89-90), G. oferece uma explicação que leva em consideração as culturas e as características estruturais das sociedades envolvidas na tradução (é o tema da "tradutibilidade"). Dessa maneira, ele estabelece uma estrutura de suporte, essencial para o método realista-materialista da própria tradução. Isso também é visível nos exercícios de tradução presentes em seus *Cadernos de tradução* (*QT*). No dilema permanente de aproximar o leitor ao escritor ou vice-versa (Schleiermacher, 1985, p. 95), G. escolhe aproximar os irmãos Grimm a seus potenciais leitores e transfere o mundo dos autores para o mundo das crianças sardas, com o objetivo de tornar os contos alemães parecidos com os da Sardenha, sua terra natal. Lucia Borghese notou não somente a "domesticação", mas também a laicização do texto traduzido. G. elimina todas (ou quase todas) as referências às divindades, muda os nomes de alguns animais para outros que são mais familiares aos seus jovens (auspiciados) leitores e introduz elementos lexicais típicos da Itália meridional e da Sardenha (Borghese, 1981, p. 635-6). O original de um texto não científico, assim, pode e frequentemente deve ser mudado para que se torne idôneo ao público de leitores: em termos bastante conhecidos, é a dupla ação de *traduzir* e ao mesmo tempo *trair* o texto de origem.

A mesma metodologia de aproximação de culturas encontra-se nas palavras que abrem a seção do *Q 11* intitulada *Tradutibilidade das linguagens científicas e filosóficas* (*Q 11*, p. 1.468 [*CC*, 1, 185]). Tais palavras referem-se à observação crítica de Lenin ("não soubemos 'traduzir' nas línguas europeias a nossa língua": *Q 11*, 46, 1.468 [*CC*, 1, 185]), no IV Congresso da Internacional Comunista. Aqui aparece outra dupla operação do traduzir: uma ação linguística operada pelos singulares indivíduos e outra ação de natureza coletiva e social. Com as palavras textuais de Lenin (Lenin, 1967, p. 395-6) a propósito de uma resolução do III Congresso: "Nenhum estrangeiro conseguirá lê-la" nem mesmo se for traduzida, ainda que "se traduzida otimamente em todas as línguas" (aspecto "individual"). Mas havia também outro aspecto fundamental: a resolução não poderia alcançar seu objetivo porque não reconhecia as especificidades das condições existentes em outros países (aspecto "coletivo-social"). Dito em outros termos, mesmo que o tradutor singular pudesse traduzir, corretamente, as palavras da resolução e, *ceteris paribus*, mesmo se tal resolução pudesse ser compreendida por um público estrangeiro, o mesmo público não julgaria convincente a própria resolução "porque [era – ndr] excessivamente permeada por um espírito russo". Atrás das palavras denotativas de um discurso está o aspecto conotativo, o que põe em jogo o elemento social. Aqui também se colhe o nexo conceito-cultura-língua: um conceito que nasceu em uma determinada sociedade (definida "de origem") pode ser traduzido na língua de outra sociedade ("de destino"), mas se tal conceito não encontrar nenhuma correspondência na cultura dessa última não se pode falar de uma tradução bem-sucedida. Aqui G. demonstra mais um aspecto original de sua abordagem da tradução: o único árbitro capaz de decidir acerca do sucesso ou não de uma tradução é uma comunidade ou, mais exatamente em seu discurso, as classes e as forças sociais populares da sociedade de destino (novamente, o aspecto social): afinal de contas, são elas que decidem sobre a qualidade de uma tradução.

Sempre segundo a citada carta à esposa Giulia, o papel do tradutor é saber traduzir não apenas literalmente, mas saber traduzir "os termos, inclusive conceituais, de uma determinada cultura nacional nos termos de uma outra cultura nacional" (*LC*, 613-4, 5 de setembro de 1932 [*Cartas*, II, 237]); nesse sentido G. dá um passo à frente em relação ao problema posto pelos teóricos do Romantismo alemão, se se deve escolher a aproximação da cultura de destino à de origem ou vice-versa. Diante de duas culturas, o objetivo de G. como teórico da tradução é "fazer com que uma conheça a outra, servindo-se da linguagem historicamente determinada daquela civilização à qual fornece o material informativo" (ibidem, 614). Assim, põe-se em ação uma dialética entre duas culturas e duas sociedades visando modificar tanto uma como a outra. Há aqui talvez um eco da lição de Benvenuto Terracini, poucos anos mais velho que G., mas já docente em Turim quando ele era estudante: o ato de traduzir nunca é neutro. De toda maneira, G. sempre tem "uma concepção política do traduzir" (Borghese, 1981, p. 650).

O ato de traduzir é concebido pelo pensador sardo também de diversas outras maneiras, uma das quais se refere ao nexo teoria-prática, que ocupa um lugar relevante nas reflexões do cárcere: efetivamente, com diversas preposições, as duas palavras encontram-se uma ao lado da outra por cerca de quarenta vezes nos *Q*. A passagem da teoria à ação demanda alguma forma de tradução, por um lado no que diz respeito à descrição e à teorização da mutação linguística, e por outro no que diz respeito à mutação não linguística: com efeito, com relação aos pragmáticos, G. observa que a ideia abstrata vale para eles "somente enquanto se pode traduzir em ação" (*Q 4*, 76, 516 [*CC*, 4, 294]). Nesse contexto é pertinente citar um parágrafo do *Q 3* em que se usa o termo "traduzir" nesse mesmo sentido, bastante metafórico (indicado por G. com o uso das aspas), não como mediação entre línguas ou entre culturas, e sim entre teoria e "vida histórica", este último termo um sinônimo quase exato de "prática". Efetivamente, o papel do teórico é encontrar a prova "de sua teoria, 'traduzir' em linguagem teórica os elementos da vida histórica e não, inversamente, a realidade apresentar-se segundo o esquema abstrato" (*Q 3*, 48, 332 [*CC*, 3, 198]).

Considerando o vínculo estreitíssimo que há em G. entre língua e cultura, um conceito bastante importante é a tradução intercultural, o ato de tornar compreensíveis – e portanto acessíveis – uma cultura e seus termos conceituais para outra cultura. Nessa operação, frequentemente a tradução se sobrepõe à noção de "tradutibilidade", por exemplo na discussão do paralelo entre a Grécia antiga e a civilização romana: "Pode-se dizer (num certo sentido), sobre os romanos e os gregos, o que Hegel diz a propósito da política francesa e da filosofia alemã", ou seja, que as duas culturas são reciprocamente traduzíveis (*Q 15*, 64, 1.829 [*CC*, 5, 334]). No mesmo parágrafo G. também comenta a tradução (sem usar essa palavra específica) dos conceitos cívicos e políticos romanos e gregos feita no período do Humanismo e do Renascimento, que depois, em oposição à "concepção religiosa medieval", forneceram "o invólucro cultural em que se desenvolve a nova concepção da vida e do mundo" (idem).

O discurso sobre a tradução, cultural e de outros tipos, alcança o ápice nos *Q 10* e *11*. No primeiro, por exemplo, coloca-se o problema da tradução "em termos 'populares'" de uma fé (*Q 10* I, 5, 1.218 [*CC*, 1, 288]), tema proposto diversas vezes nos *Q* sob a forma da exigência, por meio de uma literatura de divulgação, de que se traduzam em termos acessíveis para as classes populares as noções da filosofia da práxis. Às vezes tal tipo de tradução tem duvidosa qualidade (v. a crítica ao manual de economia de Lapidus e Ostrovitianov: *Q 10* II, 37.II, 1.286 [*CC*, 1, 354]), mas isso em nada altera o princípio de que também "uma corrente deteriorada" da filosofia da práxis (que compreende uma "literatura medíocre" e traduções de qualidade inferior) – que se relaciona com a de Marx assim como o catolicismo popular se relaciona com o "teológico" – pode servir para determinadas exigências que não são medíocres (*Q 10* II, 41.I, 1.292 [*CC*, 1, 361]): não se deve esquecer, como paralelo histórico, que "a partir da primitiva rusticidade intelectual do homem da Reforma derivou a filosofia clássica alemã" (*Q 10* II, 41.I, 1.293 [*CC*, 1, 362]).

Outro tema que aparece regularmente nos *Q* é a tradução entre paradigmas. A propósito, no início do *Q 10*, lemos a afirmação de que na revista crociana *La Critica*, com frequência "se traduzem na linguagem 'especulativa' alguns pontos da teologia católica (a graça etc.)" (*Q 10* I, p. 1.208 [*CC*, 1, 279]). E sempre na primeira parte do *Q 10* esse mesmo tipo de tradução interparadigmática é efetuado pela filosofia da práxis, definida como "a tradução do hegelianismo para a linguagem historicista". Mais especificamente, a tradução da qual G. se ocupa de modo principal é a dos conceitos de Croce para a linguagem da filosofia da práxis. Doutro lado, a filosofia de Croce é "uma retradução para a linguagem especulativa do historicismo realista da filosofia da práxis" (*Q 10* I, 11, 1.233 [*CC*, 1, 304]) e nesta "retradução" das "aquisições progressistas da filosofia da práxis" encontra-se "o melhor de seu pensamento" (*Q 10* II, 31, 1.271 [*CC*, 1, 341]). A tradução pode efetuar-se, portanto, não em uma única direção, mas em um vaivém de paradigmas diversos e rivais.

Para G., então, trata-se não apenas da tradução entre línguas naturais, como também de tradução entre paradigmas e suas linguagens, uma posição bastante avançada, teorizada, como já observamos, no *Q 11*. Os *Q* abundam de exemplos de tradução interparadigmática, sendo o mais óbvio o relativo a Croce e, em particular, ao conceito de "história ético-política", submetido a crítica por G. e depurado de seu conteúdo filosófico idealístico, para que se tornasse um "valor instrumental", um "'cânone empírico' de pesquisa histórica", para que o conceito pudesse ser incorporado ao próprio paradigma como parte integrante da teoria da hegemonia, "complemento da teoria do Estado-força" (*Q 10* I, 12, 1.235 [*CC*, 1, 305]). G. não é acrítico com respeito a Croce, pelo contrário. Em sua teoria da história ético-política, o filósofo neoidealista "prescinde do momento da luta" e "assume placidamente como história o momento da expansão cultural ou ético-político", o que significa para G. que o livro de Croce *Storia d'Europa* [História da Europa] nada mais é do que "um fragmento", "o aspecto 'passivo' da grande revolução" iniciada em 1789, mas que se tornou uma "restauração-revolução" (*Q 10* I, 9, 1.227 [*CC*, 1, 298]). Sem esse tipo de crítica, em vez de enriquecer e renovar o marxismo por meio da tradução, o resultado seria simplesmente um marxismo eclético.

Além da tradução gramsciana do paradigma crociano, outros exemplos de tradução na linguagem da filosofia da práxis de conceitos alheios são representados pelas traduções dos conceitos de Maquiavel, Ricardo, Gobetti, Cuoco etc. Com respeito a Maquiavel, as traduções mais conhecidas (que têm também a natureza de uma analogia) são as da metáfora do centauro, metade fera e metade homem, traduzida como a díade força-consenso que caracteriza a hegemonia, e naturalmente o príncipe como partido político (*Q 13*, 21, 1.601 [*CC*, 3, 59]). Talvez mais controversas e menos investigadas sejam as descobertas de David Ricardo, traduzidas e estendidas pela filosofia da práxis para obter delas "originalmente uma nova concepção do mundo" (*Q 10* II, 9, 1.247

[*CC*, 1, 317]). Ainda outros exemplos de traduções são as efetuadas sobre o discurso do liberalismo de Gobetti e a interpretação, não isenta de dificuldades e hesitações, da "revolução passiva" de Vincenzo Cuoco como equivalente de tradução do conceito de revolução-restauração de Edgar Quinet.

Possuem grande interesse prático e teórico as afirmações segundo as quais, no círculo filosofia-política-economia, existe a "tradução recíproca na linguagem específica própria de cada elemento constitutivo" (*Q 11*, 65, 1.492 [*CC*, 1, 209]) e que o "historicismo realístico" traduz a "concepção subjetiva da realidade" na "teoria das superestruturas" (*Q 10* II, 6, 1.244 [*CC*, 1, 314]). Talvez não seja plenamente argumentada a posição segundo a qual, enquanto em outras filosofias a tradução é com frequência um jogo de "esquematismos genéricos", "somente na filosofia da práxis a 'tradução' é orgânica e profunda" (*Q 11*, 47, 1.468 [*CC*, 1, 185]), trecho em que, de novo, a palavra "tradução" é posta entre aspas para indicar que a tipologia considerada é a entre linguagens filosóficas e não entre línguas naturais. Ambas as tipologias de tradução são culturais, tanto as entre as linguagens científicas e filosóficas dos paradigmas como as entre as línguas naturais. G. escreve que é preciso saber "traduzir um mundo cultural na linguagem de outro mundo cultural", buscando "as semelhanças mesmo onde elas parecem não existir" e as "diferenças mesmo onde parecem existir apenas semelhanças" (*Q 7*, 81, 914 [*CC*, 2, 240]). Essa posição é generalizada para as linguagens científicas: deve-se "ver" se as fases de diversas civilizações são "momentos de desenvolvimento uma da outra e, portanto, integram-se reciprocamente" (*Q 11*, 47, 1.468 [*CC*, 1, 185]); se as estruturas são "fundamentalmente parecidas", as superestruturas então serão equivalentes (*Q 11*, 49, 1.473 [*CC*, 1, 188]): como consequência disso, tais superestruturas são reciprocamente traduzíveis qualquer que seja a particular linguagem nacional. O argumento é retomado no *Q 11*, 65 [*CC*, 1, 209], anteriormente citado, em que G. discute sobre a convertibilidade e a tradutibilidade recíprocas das três atividades superestruturais (filosofia, política e economia), ou seja, "os elementos constitutivos necessários de uma mesma concepção do mundo" (ibidem, 1.492 [*CC*, 1, 209]).

Como fez em outros campos, G. antecipa o trabalho de outros: ao considerar que, por sua natureza, a tradução deve levar em conta fatores sociais e que a decisão de aceitar ou não a pertinência de uma tradução é tarefa de uma comunidade social, ele antecipa em mais de três décadas o que emergirá como disciplina da sociolinguística. Ocorre o mesmo no que diz respeito a outros aspectos da tradução: ao pôr ênfase na tradução como ato cultural e não só e nem prevalentemente como ato linguístico, ele antecipa a assim chamada "viragem cultural" entre os tradutólogos na década de 1980. Finalmente, como se observa nos exercícios presentes nos *Cadernos de tradução* (*QT*) e nas notas sobre a tradutibilidade do *Q 11*, a escolha dos textos traduzidos, assim como, portanto, a tradução em si sempre constituem atividades militantes que visam a modificar a cultura e a colocação político-social das nações engajadas no diálogo.

Bibliografia: Boothman, 2004; Borghese, 1981; Cospito, 2007.

Derek Boothman

Ver: Croce; filosofia da práxis; moderno Príncipe; revolução passiva; tradutibilidade.

tradutibilidade

O substantivo "tradutibilidade", e os adjetivos "traduzível", "traduzíveis", aparecem pouco mais de vinte vezes nos *Q*, embora G. dedique uma seção à parte do monográfico *Q 11* ao tema da *Tradutibilidade das linguagens científicas e filosóficas*, clara prova da importância estratégica que o conceito ocupa em seu discurso global. O conceito está intimamente ligado ao de "tradução", mas os dois aspectos – a possibilidade teórica de traduzir algo e a atividade prática de traduzir – são discutidos separadamente. A tradutibilidade envolve dois processos interligados: o processo entre as línguas naturais e as culturas nacionais (v. o paralelo entre a civilização grega e latina: *Q 15*, 64 [*CC*, 5, 333]) e o entre as citadas "linguagens científicas e filosóficas". Tratando primeiro das línguas naturais, em base à sua formação linguística, G. constata que nem as línguas naturais nem as singulares palavras são exatamente traduzíveis, porque a identidade de uma palavra ("rosa italiano = rosa latim": *Q 16*, 21, 1.893 [*CC*, 4, 65]), que parece existir no início da aprendizagem de uma língua, esconde uma diversidade de conotações; não tem validade um "esquema matemático" de equivalências porque na língua "o juízo histórico e de gosto, as nuances, a expressividade 'única e individualizada'" prevalecem. Embora G. afirme que "uma grande língua nacional, historicamente rica e complexa, pode traduzir qualquer outra grande cultura" (*Q 11*, 12, 1.377 [*CC*, 1, 95]), às vezes ele parece quase negar tal possibilidade (a não ser recorrendo ao uso da paráfrase). O caso das palavras ligadas "à tradição literária-nacional de uma continuidade essencial da história" (*Q 26*, 11, 2.306 [*CC*, 4, 89]) é emblemático: a série formada por palavras como "Rinascimento, *Risorgimento*, Riscossa" [Renascimento, Ressurgimento, Resgate] é "difícil, às vezes impossível de traduzir nas línguas estrangeiras" (idem). Trata-se, em termos atuais, de palavras *culture-bound*, ou seja, difíceis de usar ao serem abstraídas de seu contexto cultural.

As línguas naturais, como expressões de culturas nacionais, caracterizam-se por linguagens de tradições intelectuais diferentes, cujas condições de tradutibilidade constituem o objeto da segunda linha de investigação de G. O estímulo imediato para suas reflexões vem do comentário de Lenin ao IV Congresso da Internacional Comunista (v. *Cinque anni della rivoluzione russa* [Cinco anos da revolução russa], em Lenin, 1967, p. 395-6), no qual os bolcheviques russos não "conseguiram 'traduzir' nas línguas europeias" sua própria língua, ou seja, seu discurso político (*Q 11*, 46, 1.468 [*CC*, 1, 185]). Tal avaliação ressoa em outro comentário de G. sobre Giuseppe Ferrari, o expoente do Partido de Ação da época do *Risorgimento* que "não soube traduzir o 'francês' em 'italiano'", isto é, uma experiência nacional em outra (*Q 1*, 44, 44, reescrito no *Q 19*, 24, 2.016 [*CC*, 5, 62]). Exemplos desse tipo representam a passagem que permite a G. chegar às posições desenvolvidas no *Q 2*; aqui ele fornece as bases teóricas de sua argumentação, alegando como exemplo de uma fase intermediária as traduções das linguagens especializadas de diversas escolas científicas. No caso específico, trata-se do matemático e filósofo pragmatista Giovanni Vailati, que conseguia, segundo Luigi Einaudi, "traduzir uma teoria qualquer da linguagem geométrica para a algébrica" ou "da linguagem hedonista para a da moral kantiana" (*Q 11*, 48, 1.469 [*CC*, 1, 186]). Em outro trecho G. questiona analogamente se "a linguagem essencialmente política de Maquiavel pode ser traduzida em termos econômicos e em qual sistema econômico pode ser incluída" (*Q 13*, 13, 1.575 [*CC*, 3, 29]).

G. estende o argumento, crucial para o desenvolvimento criativo do marxismo, da tradutibilidade no campo da filosofia da práxis – com as modificações semânticas, que são sempre necessárias – de conceitos úteis mas de outra origem. Ele escreve explicitamente que as notas sobre a tradutibilidade das linguagens científicas e filosóficas "devem ser recolhidas precisamente na rubrica geral sobre as relações das filosofias especulativas com a filosofia da práxis" (*Q 10* II, 6, 1.245 [*CC*, 1, 314]). O ponto de referência privilegiado, embora não seja o único, é Croce (mas G. trata também de teóricos de outra orientação, como Maquiavel, Vincenzo Cuoco etc.). A tradução de termos e conceitos provenientes desses paradigmas não significa sua simples incorporação no da filosofia da práxis, mas necessita da sua reinterpretação e transformação por meio da crítica do paradigma considerado e dos termos singulares que são objeto da eventual tradução: aqui se percebem semelhanças com o método de Kuhn (Kuhn, 1969) à tradutibilidade dos paradigmas científicos, mas também diferenças no que diz respeito à comensurabilidade dos próprios paradigmas.

Unificando as argumentações da tradutibilidade entre linguagens nacionais ou entre linguagens científicas e filosóficas (isto é, discursos paradigmáticos: o termo "paradigma" é usado por G. para descrever a historiografia de Croce) ao tema da linguagem relativa às suas ligações com a base social, G. tenta demonstrar o que Marx havia afirmado em *A sagrada família*, ou seja, que "a linguagem política francesa de Proudhon corresponde e pode ser traduzida na linguagem da filosofia clássica alemã" (*Q 11*, 48, 1.468 [*CC*, 1, 185]); em outro trecho, no lugar de Proudhon, encontra-se "a política prática" de Robespierre ou a linguagem "política" ou "político-jurídica" francesa (respectivamente *Q 11*, 49, 1.471 [*CC*, 1, 188] e *Q 11*, 48, 1.470 [*CC*, 1, 185]); ele observa que Hegel pôs "como paralelos e reciprocamente traduzíveis a linguagem jurídico-política dos jacobinos e os conceitos da filosofia" (*Q 19*, 24, 2.028 [*CC*, 5, 62]; v. também *Q 11*, 48, 1.468 [*CC*, 1, 185] para o caso da França). G. conclui que as diferentes linguagens, características de diversas nações que têm uma fase de desenvolvimento parecida – o da filosofia de Kant e Hegel na Alemanha, da política na França e da economia clássica na Grã Bretanha –, são reciprocamente traduzíveis, com as devidas cautelas. Ainda no *Q 11* G. define as três atividades como "os elementos constitutivos de uma mesma concepção do mundo" (*Q 11*, 65, 1.492 [*CC*, 1, 209]); por isso, em seus princípios teóricos há "convertibilidade de uma na outra" e cada elemento constitutivo "está implícito no outro" e, com referência explícita aos parágrafos sobre tradutibilidade, todos juntos "formam um círculo homogêneo" (idem).

Ao teorizar as tradutibilidades entre línguas naturais, G. antes de tudo ancora a linguagem na realidade social, ultrapassando, assim, diversos teóricos modernos da tradução que tendem a desconsiderar essa ligação. Seu método permite-lhe transcender o debate sobre a tradução entre os seguidores da "naturalização" e da "alienação" linguística, ou seja, do uso dos únicos termos ou conceitos aderentes à língua e à cultura de destino, ou da incorporação no texto traduzido de elementos "estranhos", isto é, termos da língua de origem. Para G. "somente na filosofia da práxis", que tenta explicar as outras filosofias e reconduzi-las a um seu momento, "a 'tradução' é orgânica e profunda", ao passo que em outras filosofias pode ser, com frequência, "um jogo de 'esquematismos' genéricos" (*Q 11*, 47, 1.468 [*CC*, 1, 185]). Contudo, como observa no parágrafo sucessivo, a respeito de tais questões verbais e do "'jargão' pessoal ou de grupo", a diferença entre as diversas linguagens pode ser significativa e tais questões terminológicas podem representar "o primeiro grau do mais vasto e profundo problema" levantado em *A sagrada família*, ou seja, o da tradutibilidade das linguagens caraterísticas das culturas nacionais (*Q 11*, 48, 1.470 [*CC*, 1, 185]). Para que tais culturas e suas linguagens sejam traduzíveis reciprocamente é preciso que existam bases sociais (em sentido marxiano) semelhantes entre elas, ou atuais ou em uma fase anterior da cultura que se traduz.

DEREK BOOTHMAN

Ver: ciência; língua; linguagem; tradução.

transformismo

No parlamento italiano pós-unificação, a esquerda histórica, ou "nova Esquerda" (*Q 8*, 5, 940 [*CC*, 5, 278]), teve sua incubação na crise do Partido de Ação que se iniciou em Aspromonte (1862), amadureceu após Mentana (1867) com o fim da carreira política de Urbano Rattazzi, para chegar até o "discurso de Stradella" de Depretis e ao formal início da assim chamada época do "transformismo". À gênese, justamente parlamentar, desse processo aludia Francesco De Sanctis quando registrava a decomposição do esquema que havia gerado o *Risorgimento* e sancionado a contraposição entre moderados e democratas, em uma carta a Giuseppe Civinini avaliada por G. em *Q 8*, 5, 939 [*CC*, 5, 278], enquanto se preparava para identificar o caráter estrutural das "camarilhas" que haviam dominado o quadro político da Itália pós-unitária. O transformismo representa, de qualquer maneira, a ocasião para G. delimitar seu ponto de vista teórico, mais do que histórico, sobre uma condição da esquerda que ultrapassava os acontecimentos do século XIX, chegando a caracterizar seu tempo político; ao considerar a parábola de alguns aspectos do mesmo movimento socialista até a chegada do nacionalismo e do fascismo, ele acena ao novo transformismo após o clássico (*Q 3*, 137, 396 [*CC*, 2, 94] depois *Q 17*, 28, 1.930 [*CC*, 5, 345]).

Essa forte contemporanização da análise fenomenológica também é testemunhada pelo aceno gramsciano ao esquema constituído pelo pensamento daquele que pode ser considerado, para o Estado na sociedade de massas, o equivalente daquilo que foi Maquiavel no Renascimento para o Estado burguês: Max Weber. G. refere-se ao Weber pós-1919, o Weber de *Parlamento e governo na Alemanha reordenada. Crítica política da burocracia e da natureza dos partidos* (*Q 3*, 119, 388 [*CC*, 3, 201]), chamando atenção para a identificação do "equilíbrio entre agitação e propaganda" que constituía a tradicional debilidade dos partidos políticos italianos, em particular do Partido de Ação, a constante condição "gelatinosa" da realidade política italiana, semelhante – no longo período – à do pós-guerra alemão. Doutro lado, um detalhe não insignificante sobre a contemporaneização da larva do transformismo na democracia parlamentar é relativo a uma breve referência (*Q 13*, 29, 1.624 [*CC*, 3, 81]) a Gottlieb-Amadeo Bordiga quanto ao caráter "cigano e nômade", no quadro político italiano da década de 1920, de sua posição, parecida – afirma o autor dos *Q* – à do Partido de Ação: "O interesse sindical era muito superficial e de origem polêmica, não sistemático, não orgânico e consequente, não de busca de homogeneidade social, mas paternalista e formalista".

De qualquer forma, é no *Q 8* que G. começa a enfrentar o problema de fundo na parte relativa ao caráter e aos efeitos moleculares do transformismo italiano; depois, na sequência entre os *Q 10* e 15, e sobretudo no *Q 19*, encontra-se a mais precisa radiografia da "revolução passiva", dentro da qual atua a política do transformismo. Mas já no *Q 15* G. ressalta: "Pode-se aplicar ao conceito de revolução passiva (e pode-se documentar no *Risorgimento* italiano) o critério interpretativo das modificações moleculares, que, na realidade, modificam progressivamente a composição anterior das forças e, portanto, transformam-se em matriz de novas modificações. Assim, no *Risorgimento* italiano viu-se que a passagem para o cavourismo, depois de 1848, de sempre novos elementos do Partido de Ação modificou progressivamente a composição das forças moderadas, liquidando o neoguelfismo, por um lado, e, por outro, empobrecendo o movimento mazziniano (pertencem a esse processo até mesmo as oscilações de Garibaldi etc.). Esse elemento, portanto, é a fase original daquele fenômeno que se chamou mais tarde de 'transformismo', cuja importância não foi até agora, ao que parece, devidamente esclarecida como forma de desenvolvimento histórico" (*Q 15*, 11, 1.767 [*CC*, 5, 317]). Exatamente no *Q 19* G. fornecerá ulteriores esclarecimentos iluminadores: "Os moderados continuaram a dirigir o Partido de Ação mesmo depois de 1870 e 1876, e o chamado 'transformismo' foi somente a expressão parlamentar desta ação hegemônica intelectual, moral e política. Aliás, pode-se dizer que toda a vida estatal italiana, a partir de 1848, é caracterizada pelo transformismo, ou seja, pela elaboração de uma classe dirigente cada vez mais ampla, nos quadros fixados pelos moderados depois de 1848 e pelo colapso das utopias neoguelfas e federalistas, com a absorção gradual mas contínua, e obtida com métodos de variada eficácia, dos elementos ativos surgidos dos grupos aliados e mesmo dos adversários e que pareciam irreconciliavelmente inimigos. Neste sentido, a direção política se tornou um aspecto da função de domínio, uma vez que a absorção das elites dos grupos inimigos leva à decapitação destes e a sua aniquilação por um período frequentemente muito longo. A partir da política dos moderados, torna-se claro que pode e deve haver uma atividade hegemônica mesmo antes da ida ao poder e que não se deve contar apenas com a força material que o poder confere para exercer uma direção eficaz: de fato, a brilhante solução destes problemas tornou possível o *Risorgimento* nas formas e nos limites em que ele se realizou, sem 'Terror', como 'revolução sem revolução', ou seja, como 'revolução passiva', para empregar uma expressão de Cuoco num sentido um pouco diverso de Cuoco". (*Q 19*, 24, 2.011 [*CC*, 5, 63]).

RAFFAELE CAVALLUZZI

Ver: moderados; Partido de Ação; revolução passiva; *Risorgimento*; Weber.

três fontes do marxismo

O conceito é retomado de Engels com algumas reservas e com uma especificação, no *Q 11* e em uma carta de 1932. As reservas são expostas no *Q 11*, 33, 1.448 [*CC*, 1, 165]: "Uma concepção muita difundida é que a filosofia da práxis é uma pura filosofia, a ciência da dialética, e que as outras partes são a economia e a política, daí se afirmar que a doutrina é formada por três partes constitutivas, que são ao mesmo tempo o coroamento e a superação" dos graus maiores alcançados pela "filosofia clássica alemã, a economia clássica inglesa e a atividade e a ciência política francesa". Essa genérica pesquisa das fontes "não pode se contrapor [...] a qualquer outra organização da doutrina que seja mais adequada à realidade". As reservas aparecem mitigadas no *Q 11*, 70, 1.508 [*CC*, 1, 223]: "Um estudo acurado da cultura filosófica de Marx [...] é certamente necessário, mas como premissa ao estudo bem mais importante de sua própria e 'original' filosofia que não pode ser esgotada em algumas 'fontes'". A especificação aparece em *LC*, 582-3 (a Tania, 30 de maio de 1932 [*Cartas*, II, 205]): Ricardo teve um "significado na história da filosofia" não somente na econômica; "pode-se dizer que Ricardo contribuiu para encaminhar" Marx e Engels no sentido da "superação da filosofia hegeliana e à construção de seu novo historicismo, depurado de qualquer traço de lógica especulativa? Parece-me que se poderia". E aqui G. indica no "mercado determinado" e na "lei de tendência", atribuídos (talvez de forma "um pouco confusa") a Ricardo, os conceitos influentes para a superação da filosofia clássica alemã (assim definida por Engels) "numa 'imanência' realista imediatamente histórica", mesmo que não se esqueça da dialética hegeliana. Doutro lado, G. nota que o próprio Hegel "viu estes nexos". Assim, "nas *Lições de história da filosofia* ele encontrou um nexo entre a Revolução Francesa e a filosofia de Kant, Fichte e Schelling", nexo abraçado em *A sagrada família* por Marx. G. volta a ressaltar a maneira com que a "economia clássica inglesa contribuiu para o desenvolvimento posterior da nova teoria", especialmente na forma metodológica elaborada por Ricardo. Contudo, se as fontes são discutíveis, constituem para G. três caracteres inseparáveis do marxismo: filosofia, economia e política.

GIUSEPPE PRESTIPINO

Ver: dialética; Engels; filosofia da práxis; Hegel; historicismo; imanência; leis de tendência; Marx; mercado determinado; Ricardo.

trincheiras, fortalezas e casamatas

Com esses termos (ou com o análogo "fortificações") G. indica os aparelhos ideológicos e as relações sociais que constituem o terreno de enfrentamento político-militar em que atuam as classes na "guerra de posição". No Ocidente o Estado é "uma trincheira avançada", que tem atrás dela a sociedade civil, ou seja, "uma robusta cadeia de fortalezas e casamatas" (*Q 7*, 16, 866 [*CC*, 3, 261]), entre as quais "as grandes organizações populares de tipo moderno, que representam 'as trincheiras' e as fortificações permanentes da guerra de posição" (*Q 8*, 52, 973). Assim, "as superestruturas da sociedade civil são como o sistema das trincheiras na guerra moderna" (*Q 13*, 24, 1.615 [*CC*, 3, 73]). Em comparação com o Oriente, em que "o Estado era tudo, a sociedade civil era primitiva e gelatinosa" (*Q 7*, 16, 866 [*CC*, 3, 261]), a política no Ocidente "torna-se cada vez mais guerra de posição; e pode-se dizer que um Estado vence uma guerra quando a prepara de modo minucioso e técnico no tempo de paz. A estrutura maciça das democracias modernas, seja como organizações estatais, seja como conjunto de associações na vida civil, constitui para a arte política algo similar às 'trincheiras' e às fortificações permanentes da frente de combate na guerra de posição: faz com que seja apenas 'parcial' o elemento do movimento que antes constituía 'toda' a guerra" (*Q 13*, 7, 1.566-7 [*CC*, 3, 24]). Tal guerra de posição demanda "um reconhecimento do terreno e uma fixação dos elementos de trincheira e de fortaleza representados pelos elementos de sociedade civil" (*Q 7*, 16, 866 [*CC*, 3, 262]) e fixa "um aparelho hegemônico, enquanto cria um novo terreno ideológico, determina uma reforma das consciências e dos métodos de conhecimento" (*Q 10* II, 12, 1.250 [*CC*, 1, 320]).

ROBERTO CICCARELLI

Ver: aparelho hegemônico; Estado; guerra de posição; hegemonia; ideologia; Oriente-Ocidente; sociedade civil.

Trotski (Liev Davidovitch Bronstein)

Em diversos artigos entre 1919 e 1921 em *L'Ordine Nuovo* e *L'Avanti!* Trotski é associado a Lenin como maior intérprete da Revolução Russa e do marxismo. No começo de 1924, quando já está em curso a luta no partido russo entre a oposição trotskista e a maioria de Stalin, G. pede à esposa Giulia informações diretas (*L*, 182) e desenha um perfil positivo de Trotski, colocando-o "em toda a história do movimento revolucionário russo [...] politicamente mais à esquerda do que os bolcheviques". Em 1905, diferentemente desses últimos – que pensavam numa ditadura política do proletariado como "invólucro ao desenvolvimento do capitalismo" –, Trotski faz-se promotor de "uma revolução socialista e operária", concepção a que, em novembro de 1917, chegaram "Lenin e a maioria do partido" (*L*, 224). Na sucessiva onda de lutas internas ao partido russo, porém, entre o fim de 1924 e 1925, a posição de G. se torna fortemente crítica (v. "Come non si deve scrivere la storia della rivolzione bolscevica. A proposito del 1917 di Leo Trotzki" [Como não se deve escrever a história da revolução bolchevique. Acerca de 1917 de Leon Trotski], 19 de novembro de 1924 em *CPC*, 211-2; "Informe ao Comitê Central", 6 de fevereiro de 1925, em *CPC*, 473-4), culminando com a mais complexa carta de 14 de outubro de 1926 ao Comitê Central do PCUS que, mesmo reconhecendo Trotski entre "os nossos mestres", condena claramente sua posição política (*CPC*, 125-31[*EP*, II, 392]).

Nos *Q* o nome de Trotski (indicado às vezes como "Leone Davidovi", às vezes como "Bronstein") – de quem G. pede com insistência em 1930 alguns textos ("Em direção ao capitalismo ou ao socialismo"; "A Revolução desfigurada"; "Minha vida. Uma tentativa de autobiografia": v. *LC*, 352, a Carlo, 25 de agosto de 1930 [*Cartas*, I, 440]; *LC*, 370, a Tania, 1º de dezembro de 1930 [*Cartas*, I, 458]; *LC*, 818, a Mussolini, outubro de 1931 [*Cartas*, II, 442]) –, é ligado principalmente à crítica da formulação de "revolução permanente" que, elaborada por Trotski e Parvus (M. H. Helphand) durante a Revolução Russa de 1905 – e contraposta à de Stalin e Bukharin de "socialismo em um só país" –, foi ao centro do embate no seio do Partido Comunista russo no outono-inverno de 1924-1925. Com evidentes referências textuais ao debate desses anos, nos quais Bukharin criticava Trotski por seu "modo *racionalista-formal*, literário, de tratar as questões", contrapondo-lhe o "*vivo método dialético*" do bolchevismo (v. *Sulla teoria della rivoluzione permanente* [Sobre a teoria da revolução permanente], em Procacci, 1973, p. 99), G. afirma que a revolução permanente "manifestou-se de modo inerte e ineficaz em 1905 e depois: era uma coisa abstrata, de gabinete científico [...] sem o conteúdo político adequado, [...] segundo uma etiqueta intelectualista" (*Q 1*, 44, 54). A nota é retomada de forma quase idêntica no bem mais tardio Texto C (*Q 19*, 24, 2.034 [*CC*, 5, 62]). O núcleo de fundo da crítica de G. à revolução permanente está no fato de ela não ser aderente à "realidade efetiva" dos processos históricos: é apenas "uma previsão genérica apresentada como dogma [...] que se destrói por si mesma, pelo fato de que não se manifesta efetivamente" (*Q 14*, 68, 1.730 [*CC*, 3, 315]). Retorna aqui a contraposição que o jovem G. instituía entre o "ilusionismo fraseológico" de Trotski, que vacilava na questão da paz imediata com a Alemanha em Brest-Litovsk sem conseguir colher "a substância dos eventos históricos", e o realismo político de Lenin ("La politica delle frasi" [A política das frases], 25 de maio de 1918, em *NM*, 52). Nos *Q* faz-se referência à teoria da revolução permanente, associada, em alguns casos de forma problemática e duvidosa, a posições e concepções políticas que – ainda que em planos conceptuais diferentes – ele critica claramente:

1. *Guerra manobrada*. Aplicada a uma fase histórica em que já está superada pela guerra de posição: Trotski, "de um modo ou de outro, pode ser considerado o teórico político do ataque frontal num período em que este é apenas causa de derrotas" (*Q 6*, 138, 801 [*CC*, 3, 255]). Revolução permanente e guerra de movimento constituem o reflexo da situação russa, pobre em "sociedade civil", de modo que Trotski, ao propô-las universalmente, não capta a especificidade do Ociente por meio de uma séria investigação nacional, é "cosmopolita, isto é, superficialmente nacional e superficialmente ocidentalista ou europeu", e sua teoria está profundamente errada, "não era boa nem quinze anos antes, nem quinze anos depois" (*Q 7*, 16, 865-6 [*CC*, 3, 261]). Em uma nota posterior G. mitiga o juízo, reconhecendo em Trotski "uma tentativa de dar início à revisão dos métodos táticos" quando apresentou, no IV Congresso da Internacional Comunista (1922), a questão da diferença entre Oriente e Ocidente, que foi exposta, porém, "apenas em forma literária brilhante, mas sem indicações de caráter prático" (*Q 13*, 24, 1.616 [*CC*, 3, 74, Texto C], com variante instaurada com respeito ao Texto A, *Q 7*, 10, 860 [*CC*, 6, 368]).

2. *Contemporização*. A teoria da revolução permanente, concebida aqui por G. como revolução simultânea nos principais países capitalistas, induz "à passividade e à inércia", como aconteceu antes da Revolução Russa, quando, "na expectativa de que todos se movimentassem simultaneamente, ninguém se movia ou organizava o movimento". A consequência "talvez pior" dessa contemporização é "uma forma de 'napoleonismo' anacrônico e antinatural (já que nem todas as fases históricas se repetem da mesma forma)" (*Q 14*, 68, 1.730 [*CC*, 3, 315]), com a pretensão de exportar *manu militari*, na fase em que se constituiu a URSS, a revolução para outros países, sem prepará-la mediante um duro trabalho de análise concreta das especificidades nacionais e de luta política articulada na guerra de posição.

3. A crítica do *economicismo e do sindicalismo corporativo*, "que impediu até agora o proletariado ocidental de se organizar como classe dirigente" e de se colocar como hegemônico; a crítica, que já havia sido formulada na carta de 14 de outubro de 1926 ao Comitê Central do PCUS (*CPC*, 130 [*EP*, II, 391]), é desenvolvida ulteriormente nos *Q*: a "luta contra a teoria da chamada revolução permanente, à qual se contrapunha o conceito de ditadura democrático-revolucionária" é um momento da luta contra o "economicismo" que deve ser travada "desenvolvendo o conceito de hegemonia" (*Q 13*, 18, 1.595-6 [*CC*, 3, 53]). G. compara, em uma nota do Texto B que não será mais retomada, a teoria de Trotski com a "de certos sindicalistas franceses sobre a greve geral e à teoria de Rosa" Luxemburgo (*Q 7*, 16, 867 [*CC*, 3, 261]), cujo opúsculo *Greve de massas, partido e sindicatos* [1906] teorizaria – de maneira algo apressada e superficial – a experiência histórica da Revolução Russa de 1905, descuidando, por "preconceito 'economicista' e espontaneísta", do peso da organização consciente (*Q 13*, 24, 1.613 [*CC*, 3, 71]), limite que dificilmente pode ser atribuído ao "napoleonista" organizador do Exército Vermelho.

Trotski representava uma fração organizada dentro do partido-Estado da URSS, uma espécie de inaceitável "parlamento negro": "A liquidação de Leão Davidovitch não será também um episódio da liquidação do parlamento 'negro' que subsistia após a abolição do parlamento 'legal'?" (*Q 14*, 76, 1.744 [*CC*, 3, 321]). Ele olha também para o novo que provém do americanismo, com as inerentes mudanças do modo de viver e conceber a vida e da racionalização do trabalho, das quais G. aceita o "princípio da coerção, direta e indireta", mas não a militarização, solução prática (sustentada por Trotski no III Congresso dos Sindicatos da Rússia) profundamente equivocada que desemboca "necessariamente numa forma de bonapartismo, do que resulta, portanto, a necessidade inexorável de derrotá-la" (*Q 22*, 11, 2.164 [*CC*, 4, 265]). Além disso, G. aponta um "estupefaciente" aceno de Trotski a um pressuposto "diletantismo" de Labriola, um juízo inexplicável a não ser como "reflexo inconsciente do pedantismo pseudocientífico do grupo intelectual alemão que tanta influência exerceu na Rússia" (*Q 11*, 70, 1.507 [*CC*, 1, 224]); todavia, deve-se precisar que o juízo global de Trotski é elogioso (Trotski, 1930, p. 104-5).

Finalmente, uma referência de G. ao artigo de Trotski contra a tese de Masaryk sobre a Rússia como necessitada de uma reforma – tema em que G. trabalha longamente nos *Q* – poderia ser o sinal de uma ulterior tomada de distância de Trotski, mas é apenas uma alusão não elaborada (*Q 7*, 44, 893 [*CC*, 1, 248]).

ANDREA CATONE

Ver: americanismo; bonapartismo; guerra manobrada; Labriola; Lenin; Luxemburgo; Oriente-Ocidente; parlamentarismo negro; Reforma; revolução permanente; Stalin; URSS.

turismo

G. faz um breve mas significativo aceno ao turismo em *Q 8*, 189, como parte da pesquisa sobre a função dos intelectuais na organização da vida nacional. Após ter discutido sobre a "Società italiana per il progresso della scienza" [Sociedade italiana para o progresso da ciência], que "reúne todos os 'amigos da ciência', clérigos e leigos, por assim dizer, especialistas e 'diletantes'", e ter notado que "ela fornece o tipo embrionário daquele organismo que esbocei em outras notas, no qual deveria confluir e soldar-se o trabalho das academias e das universidades com as necessidades de cultura científica das massas nacional-populares, reunindo a teoria e a prática, o trabalho intelectual e o industrial que poderia encontrar sua raiz na *Escola única* (ibidem, 1.054-5), G. escreve: "O mesmo poderia se dizer do *Touring Club*, que é essencialmente uma grande associação de amigos da geografia e das viagens, na medida em que se incorporam em determinadas atividades esportivas (turismo = geografia + esporte), ou seja, a forma mais popular e diletante do amor pela geografia e pelas ciências que se ligam a ela (geologia, mineralogia, botânica, espeleológica, cristalografia etc.). Por que, então, o *Touring Club* não poderia se ligar organicamente aos institutos de geografia e às sociedades geográficas? Existe o problema internacional: o *Touring* tem um quadro essencialmente nacional, enquanto as sociedades geográficas se ocupam de todo o mundo geográfico. Ligação entre turismo e sociedades esportivas, alpinismo, canoagem etc., excursionismo em geral: ligação com as artes figurativas e com a história da arte em geral. Na realidade, poder-se-ia ligar a todas as atividades práticas se as excursões nacionais e internacionais se ligassem a períodos de férias (prêmio) para o trabalho industrial e agrícola" (ibidem, 1.055).

FABIO FROSINI

Ver: aparelho hegemônico; escola; esporte; intelectuais.

Turquia

Durante o período medieval e o do Império Otomano, a ameaça representada pela Turquia, e por uma parte do mundo muçulmano, manteve a unidade da Europa, mas somente por causa do fator "técnico-militar", e não político (*Q 5*, 23, 558 [*CC*, 2, 103]). A influência turca continuava a se expandir em algumas zonas até a segunda metade do século XIX: o Iêmen foi submetido ao domínio turco somente em 1872, quando o resto do império já estava declinando (*Q 2*, 30, 186 [*CC*, 3, 143]). Historicamente a "Questão oriental", ou seja, "a forma político-diplomática da luta entre Rússia e Inglaterra", envolveu a Turquia como "nó estratégico", já que o país ameaçava o acesso inglês à Índia através do Mediterrâneo oriental e do Egito (*Q 19*, 20, 2.008 [*CC*, 5, 59]). As iniciativas da política inglesa para com os dirigentes árabes durante a Primeira Guerra Mundial (*Q 2*, 30, 186 [*CC*, 3, 143]) devem ser interpretadas como tentativa de destruir o que sobrava do Império Otomano, e a sucessiva tentativa de desmembramento da Turquia – o núcleo duro que sobreviveu – estava entre os planos dos vencedores da guerra. A Itália, à qual haviam prometido parte da pilhagem, ou seja, a região mediterrânea no Sudoeste do país, ao contrário, havia ficado sem nada, apesar de ter ameaçado uma intervenção militar; segundo G., alguns jornais ingleses, "ingenuamente", haviam atribuído tal ameaça à decisão turca de não intervir contra a decisão de ceder "Mossul ao Iraque (isto é, aos ingleses)" (*Q 2*, 19, 174-5 [*CC*, 3, 137]). G. polemiza com todos os que não percebiam a novidade das reformas modernizantes introduzidas na Turquia por Kemal Paxá, ou seja, Atatürk (*Q 2*, 90, 248 [*CC*, 2, 67]), e observa que o país havia adotado também algumas partes dos códigos legais ocidentais ("como expressão da civilização europeia e não do cristianismo como tal": *Q 10* II, 41.V, 1.307 [*CC*, 1, 376]), além de ter abolido alguns aspectos das práticas islâmicas, julgados antiquados e em alguns casos lesivos à pessoa da mulher (*LC*, 256-7, a Tania, 6 de maio de 1929 [*Cartas*, I, 338]).

DEREK BOOTHMAN

Ver: Grande Guerra; Índia; Inglaterra; Oriente-Ocidente.

U

última instância: v. estrutura.

unidade de teoria-prática
Sobre o tema da unidade de teoria e prática dispomos de um pronunciamento autobiográfico. Em um texto da primavera de 1932, referindo-se a 1917, G. observa: "Naquela época, o conceito de unidade entre teoria e prática, entre filosofia e política não me era claro, e eu era, sobretudo, tendencialmente crociano" (*Q 10* I, 11, 1.233 [*CC*, 1, 304]). Já nesse trecho emerge a forma com que G. se distancia de Croce: se o nexo teoria-prática equivale ao de filosofia-política, a inteira questão passa de *categorial* a *política e histórica*: é o problema da relação entre filosofia alemã e política francesa, com a conexa questão da importância teórica, para a filosofia da práxis, da "tradutibilidade das linguagens".

Contudo, o problema da unidade de teoria e prática está também no centro do informe de Bukharin ao II Congresso Internacional de História da Ciência e da Tecnologia do verão de 1931 (v. Bukharin, 1977b). G. recebe o texto em 31 de agosto do mesmo ano (*LC*, 453, a Tania, 31 de agosto de 1931 [*Cartas*, II, 79]) e começa a discuti-lo em novembro do mesmo ano (*Q 7*, 47, 894). Traz a data do mês seguinte o início da reflexão sobre a unidade teórica e prática (*Q 8*, 169, 1.041, intitulado *Unità della teoria e della pratica* [Unidade da teoria e da prática]). Pode-se, portanto, conjeturar que ao dispor-se a discutir o tema, G. tivesse presente seja seu crocianismo juvenil seja a intervenção, atualíssima, do autor do *Ensaio popular*, líder da delegação soviética ao Congresso londrino.

O tema é desenvolvido nos *Q* em poucos textos (*Q 8*, 199, 1.060; *Q 10* II, 31, 1.270-1 [*CC*, 1, 339]; *Q 14*, 58, 1.717 [*CC*, 4, 125]; *Q 15*, 22, 1.780 [*CC*, 1, 260]), entre os quais se destacam por importância o citado *Q 8*, 169, 1.041 e o Texto C do *Q 11*, 12, 1.385-7 [*CC*, 1, 93-114]. Aqui, e nas variantes das duas redações, encontra-se o essencial da reflexão de G. A questão é colocada inicialmente como relação *histórica* entre "consciência teórica" e "atuar" prático. O "trabalhador médio" (no Texto C, "o homem ativo de massas") poderá assim ter "duas consciências teóricas, uma implícita no seu operar e que realmente o une a todos os seus colaboradores na transformação prática do mundo, e uma 'explícita', superficial, que herdou do passado" (*Q 8*, 169, 1.041). A relação entre os dois momentos é, portanto, um problema político (no Texto C esclarece-se que a unificação de teoria e prática tem-se "primeiro no campo da ética, depois, no da política": *Q 11*, 12, 1.385 [*CC*, 1, 103]) e, consequentemente, uma "questão de hegemonia" (*Q 8*, 169, 1.041).

A "historicização" do nexo teoria-prática (contra Croce) significa para G. a recondução de tal nexo à noção de hegemonia: somente ela fornece a exata perspectiva para entendermos de forma não especulativa essa relação, isto é, para compreendermos tanto o fato de que unidade de teoria e prática (assim como a unidade do "espírito humano") sempre existe, *formalmente*, quanto de que para a filosofia da práxis o que importa é que essa unidade se produza *materialmente*, ou seja, politicamente. Essa distinção é formulada com clareza em *Q 15*, 22, 1.780 [*CC*, 1, 260]: "Teoria e prática. Já que toda ação é o resultado de vontades diversas, com diverso grau de intensidade, de consciência, de homogeneidade com o inteiro conjunto da vontade coletiva, é claro que também a teoria correspondente e implícita será uma combinação de crenças e pontos de vista igualmente desarticulados e heterogêneos. Todavia, existe adesão completa da teoria à prática, nestes limites e nestes termos. [...] A identificação de teoria e prática é um ato crítico, pelo qual se demonstra que a prática é racional e necessária ou que a teoria é realista e racional. Daí porque o problema da identidade de teoria e prática se coloca especialmente em determinados momentos históricos, chamados "de transição", isto é, de mais rápido movimento de transformação, quando realmente as forças práticas desencadeadas demandam a sua justificação a fim de serem mais eficientes e expansivas, ou quando se multiplicam os programas teóricos que demandam, também eles, a sua justificação realista, na medida em que demonstram a sua possibilidade de assimilação por movimentos práticos, que só assim se tornam mais práticos e reais".

Assim, a questão da unidade teórica e prática deve ser historicizada não somente em seu conteúdo, mas na própria dinâmica do seu emergir e se impor como questão a ser resolvida. Como também típica das fases de transição, ela faz parte do mais amplo conceito de hegemonia, cuja elaboração por parte do movimento comunista é imposta pela necessidade de enfrentar, teórica e praticamente, a passagem da "velha" à "nova" organização social. G. observa no *Q 8*, 169, 1.041 que "a unidade de teoria e prática não é um fato mecânico, mas um devir histórico, que tem sua fase elementar e primitiva no senso de 'distinção', de 'superação', de 'independência'. Eis porque em outro lugar observei que o desenvolvimento do conceito-fato de hegemonia representou um grande progresso 'filosófico' além de político-prático". E no Texto C acrescenta: "Já que implica e supõe necessariamente uma unidade intelectual e uma ética adequada a uma concepção do real que superou o senso comum e tornou-se crítica, mesmo que dentro de limites ainda restritos" (*Q 11*, 12, 1.385-6 [*CC*, 1, 104]). Na passagem da primeira à segunda redação esclarece-se o fato de que o conceito-fato de hegemonia já é, em si mesmo, o sinal disto, de que uma unidade material de teoria e prática se formou, ou seja, que as demandas por racionalização da prática e de realização da teoria, ainda que parcialmente, começaram a encontrar uma correspondência.

Essa configuração difere seja daquela de Croce, como já se viu, seja da de Bukharin. No relatório de 1931, Bukharin fala de unificação de teoria e prática como equivalente da criação de uma sociedade planificada, em que "o pré-conhecimento teórico da necessidade pode se tornar *imediatamente* norma de ação" (Bukharin, 1977b, p. 385). Isto é, ele supõe uma "necessidade" histórica conhecível separadamente das dinâmicas politicas, a ser instituída como norma de conduta de massa. Para ele, em suma, a relação entre teoria e prática equivale àquela entre ciência pura e ciência aplicada, como nota G. no *Q 15*, 10, 1.766 [*CC*, 3, 330] (v. Bukharin, 1977b, p. 381).

Formular o tema da unidade de teoria e prática tem, portanto, o significado de uma intervenção ideológica exata no contexto contemporâneo, na luta que comunismo e liberalismo engajaram pela hegemonia (o caso do fascismo é para G., desse ponto de vista, secundário; "o idealismo atual", de fato, justamente sobre esse tema, registra o seu ponto mais débil, porque "faz coincidir" imediatamente "ideologia e filosofia (isso significa em última análise a unidade [por ele] postulada entre real e ideal, entre prática e teoria etc.), ou seja, é uma degradação da filosofia tradicional com respeito à altura a que Croce a havia conduzido com suas 'distinções'", *Q 1*, 132, 119). Essa consequência política é ainda visível no *Q 8*, 169, 1.041: "Nos novos desenvolvimentos do materialismo histórico, o aprofundamento do conceito de *unidade* da teoria e da prática ainda está em uma fase inicial: ainda estão presentes resíduos de mecanicismo. Fala-se ainda de teoria como 'complemento' da prática, quase como acessório etc. Penso que nesse caso também a questão deva ser colocada historicamente, ou seja, como um aspecto da questão dos intelectuais. A autoconsciência historicamente significa criação de uma vanguarda de intelectuais: uma 'massa' não se 'distingue' e não se torna 'independente' sem se organizar e não há organização sem intelectuais, ou seja, sem organizadores e dirigentes". Aqui G. alude a Mirskij, 1931, p. 651-3, ou seja, a uma fonte importante, aos seus olhos, para compreender os desenvolvimentos teóricos atuais na União Soviética. As críticas de G. aqui expressas dirigem-se exatamente à ainda incipiente compreensão do conceito de unidade de teoria e prática, e têm, portanto, um inevitável desenvolvimento em referência também ao destino atual do conceito-fato de hegemonia.

FABIO FROSINI

Ver: Bukharin; Croce; filosofia da práxis; solipsismo; tradutibilidade.

unificação cultural

A expressão faz referência a um processo que "todo ato histórico" supõe, enquanto esse só pode ser realizado pelo "homem coletivo". Ora, dado que "a cultura, em seus vários níveis, unifica uma maior ou menor quantidade de indivíduos em estratos numerosos", que estão "mais ou menos em contato expressivo, que se entendem entre si em diversos graus etc.", o processo de unificação cultural coincide com um momento necessário da elaboração de uma vontade coletiva, por isso "uma multiplicidade de vontades desagregadas, com fins heterogêneos, solda-se conjuntamente na busca de um mesmo fim, com base em uma idêntica e comum concepção de mundo" (*Q 10* II, 44, 1.331 [*CC*, 1, 398]). A valorização da "frente de luta cultural", ou seja, da hegemonia, cabe nesse projeto (*Q 10* II, 12, 1.235 [*CC*, 1, 320]), no qual a "questão da linguagem e das línguas" assume um papel de "primeiro plano". Para G., linguagem e língua têm importância, antes de tudo, por sua origem e eficácia prática, por seu caráter ideológico e por sua função organizativa. Aqui está a distinção entre a abordagem de G. e a dos promotores das línguas fixas e universais, que prescindem das diferenças culturais e histórico-sociais. Para G., a constituição de uma cultura e de uma língua são inseparáveis (*Q 10* II, 44 [*CC*, 1, 398] e *Q 6*, 71 [*CC*, 6, 196] mas v. já *Q 1*, 43 e *Q 1*, 44). Essa concepção une-se completamente, por fim, com a questão da objetividade do real, que pressupõe "uma luta pela objetividade (para livrar-se das ideologias parciais e falaciosas) e esta luta é a mesma luta pela unificação cultural do gênero humano": "O conhecimento real para todo o gênero humano *historicamente* unificado em um sistema cultural unitário". Assim, supera-se "todo ponto de vista que seja puramente particular ou de grupo" e constrói-se uma homogeneidade de abordagem cognitiva à realidade, pela qual se pode afirmar algo como "objetivo" (*Q 11*, 37, 1.456 [*CC*, 1, 172]).

ROCCO LACORTE

Ver: cultura; hegemonia; homem coletivo; língua; linguagem; objetividade; vontade coletiva.

universal

Em diversos contextos G. usa o adjetivo "universal", em acepções muito diferentes: histórica, política, literária, filosófica etc. (por exemplo, *Q 6*, 24 [*CC*, 3, 225]; *Q 6*, 151 [*CC*, 4, 211]; *Q 6*, 77 [*CC*, 2, 142]; *Q 8*, 204; *Q 8*, 208; *Q 11*, 66 [*CC*, 1, 210]; *Q 15*, 14 [*CC*, 6, 255]; *Q 17*, 1 [*CC*, 5, 336]). Vamos nos deter sobre os significados filosóficos que para G. tem o "universal", sem descuidar do âmbito político e histórico. O conceito é discutido nas notas dedicadas a Benda, do qual G. retoma a crítica à errada relação entre universalismo e nacionalismo de uma cultura, mas ao qual imputa não ter examinado a questão dos intelectuais do ponto de vista da situação de classe (*Q 3*, 2, 285 [*CC*, 2, 71]). "Universal" é usado por G. ao analisar, nas notas sobre estrutura e superestrutura, o afirmar-se de uma fase em que uma ideologia se impõe, "determinando, além da unidade econômica e política, também a unidade intelectual e moral, mediante um plano não corporativo, mas universal" (*Q 4*, 38, 457-8). Falando de ética e política, G. enuncia a tese segundo a qual não pode existir associação que não seja sustentada por determinados princípios éticos de caráter universal (*Q 6*, 79, 750 [*CC*, 2, 230]). G. fala de universal quando analisa o conceito de "científico" e de método da pesquisa científica, que não existe em geral, mas apenas em relação à própria lógica. Para G. a metodologia mais universal é tão somente a lógica formal ou matemática (*Q 6*, 180, 826-7 [*CC*, 1, 234]). G. discute filosoficamente o "universal" quando tematiza o problema do nexo liberdade-disciplina, observando que a liberdade deve ser acompanhada mais pela responsabilidade do que pela disciplina. "Responsabilidade contra o arbítrio individual: só é liberdade aquela 'responsável', ou seja, 'universal', na medida em que se propõe como aspecto individual de uma 'liberdade' coletiva ou de grupo, como expressão individual de uma lei" (*Q 6*, 11, 692 [*CC*, 1, 234]). Finalmente, fala-se de universal também quando se enfrenta o tema da "realidade objetiva", quando G. define o objetivo como "*universal subjetivo*", ou seja, um tipo de conhecimento que é objetivo porque é real e válido para todo o gênero humano historicamente unificado em um sistema cultural unitário. Nesse sentido a luta pela objetividade nada mais é que processo de objetivação do sujeito, "que se torna cada vez mais universal concreto" (*Q 8*, 177, 1.048-9).

GIUSEPPE CACCIATORE

Ver: Benda; ciência; disciplina; estrutura; ética; intelectuais; liberdade; nacionalismo; objetividade; superestrutura/superestruturas.

universidade

Geralmente, G. é bastante crítico com a organização e com o funcionamento da universidade italiana, naqueles anos ainda uma instituição de elite. O trabalho das universidades, com o das academias, desenvolvia, de qualquer forma, um papel de destaque na organização da vida cultural como continuação do processo iniciado na escola, em perspectiva a "escola única" gramsciana do futuro, que obedeceria à necessidade de reunir "a teoria e a prática, o trabalho intelectual e o trabalho industrial" (*Q 8*, 188, 1.055 [*CC*, 2, 169]). Os cursos universitários às vezes eram demasiado circunscritos, ao passo que, para ter uma cultura, é preciso de metodologias e visões bem mais amplas. Efetivamente G. pergunta-se: na universidade "deve-se estudar ou estudar para saber estudar?" (*Q 6*, 206, 844 [*CC*, 2, 151]), e cita com aprovação o objetivo de universidade perfilado pelo cardeal inglês J. H. Newman: "A formação do intelecto, isto é, um hábito de ordem e sistema, o hábito de relacionar todo conhecimento novo com os que já se possui e integrá-los em conjunto" (*Q 15*, 46, 1.806 [*CC*, 2, 189]). Na realidade, às vezes acontecia de o professor universitário não conhecer o aluno (*Q 9*, 119, 1.184 [*CC*, 2, 174]); doutro lado, estreitavam-se relações entre os professores e os estudantes mais assíduos e vocacionados para a pesquisa, de modo que se permitia a um docente criar sua "escola" com base em "pontos de vista determinados (chamados de 'teorias') sobre determinadas partes de sua ciência" (*Q 1*, 15, 12 [*CC*, 2, 59]).

Além das universidades estatais, já existia a Universidade Católica de Milão – provável precursora, segundo G., de outros ateneus parecidos –, que preparava "células católicas" para sua inserção na "equipe dirigente laica", uma classe formada, ao contrário, nas universidades estatais. Paradoxalmente, mas somente em aparência e somente dentro de certos limites, o sistema católico é julgado mais democrático, por causa de sua "elaboração e seleção a partir de baixo" (*Q 16* II, 1.868-9 e 1.872). Outro tipo de universidade era representado pelos movimentos "dignos de interesse" das universidades populares, que respondiam a uma "necessidade popular", mas que com demasiada frequência degeneravam em "formas paternalistas" (*Q 8*, 213, 1.070).

Derek Boothman

Ver: educação; escola.

URSS (União das Repúblicas Socialistas Soviéticas)

Um dos argumentos mais controversos é a avaliação dos processos em curso na URSS stalinista recolhida nos *Q*, quando, após 1927 – com o abandono da Nova Política Econômica (NEP, na sigla em inglês), o lançamento do primeiro plano quinquenal, a industrialização acelerada, a coletivização do campo com a forte intervenção pelo alto do PCUS e do Estado, a marginalização de alguns dos principais dirigentes da Revolução de Outubro e da Internacional Comunista (derrotada em 1926-1927 pela oposição "de esquerda" e em 1928-1929, pela oposição "de direita") –, se perfila um tipo de Estado, de sociedade, de direção política relativamente novos com respeito à primeira década revolucionária. Face aos tumultuosos processos em curso na URSS, ainda sem nada definitivamente consolidado (portanto não se pode olhar para ela com os olhos de quem, décadas depois, se depara com outro objeto bem mais definido), G. pode dispor no cárcere de poucas informações, frequentemente sumárias e de segunda ou terceira mão. Do G. que observa com atenção crítica, mas também com participação sentimental e paixão política – não se pode "*saber* sem compreender e especialmente sem sentir e ser apaixonado" (*Q 4*, 33, 452) –, ocorreria saber colher o "ritmo do pensamento em desenvolvimento" (*Q 16*, 2, 1.841-2 [*CC*, 4, 18]), evitando o "erro de método filológico" de "forçar os textos" para fazer que digam mais do que realmente dizem. (*Q 6*, 198, 838 [*CC*, 4, 108]).

O *leitmotiv* de G., já desde os primeiros escritos de 1917, a respeito dos processos originados pela Revolução Russa está na escolha de enraizá-los no concreto da história, na "realidade efetiva", que G. concebe não como "algo de estático e imóvel", e sim como, "ao contrário, uma relação de forças em contínuo movimento e mudança de equilíbrio", sobre o qual o "político em ato" (e não o "diplomático" ou o mero "cientista da política") atua, visando superá-la em "um novo equilíbrio" progressivo (*Q 13*, 16, 1.578 [*CC*, 3, 34]). Ao avaliar o país dos sovietes, G. mostra-se absolutamente estranho à aplicação de um modelo abstrato de socialismo; à história, à inaudita contradição que ela reserva ao proletariado no poder na fase da NEP – "jamais ocorreu na história que uma classe dominante, em seu conjunto, se visse em condições de vida inferiores a determinados elementos e estratos da classe dominada e submetida" ("Sobre a situação no partido bolchevique", outubro de 1926, em *CPC*, 129 [*EP*, II, 390]) – G.

faz referência na carta de 14 de outubro de 1926 ao Comitê Central do PCUS. A adesão à "história efetiva, concreta, viva, adaptada ao tempo e ao lugar, como surgia de todos os poros da sociedade determinada que devia ser transformada [...] segundo as novas relações históricas" (*Q 19*, 24, 2.034 [*CC*, 5, 62]) está na base – desde o *Q 1*(1929) até o mais tardio *Q 19* (1934-1935) – da repetida crítica à estratégia proposta por Trotski da "revolução permanente" ("fórmula político-histórica" à qual, em outros contextos, tal como a história francesa de 1789 a 1871, G. atribui o papel de "mediação dialética": *Q 13*, 17, 1.582 [*CC*, 3, 36]). Tal estratégia, "retomada, sistematizada, elaborada, intelectualizada pelo grupo Parvus-Bronstein, manifestou-se inerte e ineficaz em 1905 e a seguir: era uma coisa abstrata, de gabinete científico" (*Q 1*, 44, 54), ao passo que "a corrente que a combateu [...] aplicou-a de fato [...] segundo as novas relações históricas, e não segundo uma etiqueta literária e intelectualista" (*Q 19*, 24, 2.034 [*CC*, 5, 62]). Na nota em que se menciona explicitamente "o desacordo fundamental" entre Trotski e Stalin, G. enfrenta dialeticamente a questão da relação nacional-internacional, ou seja, a relação entre revolução socialista na Rússia e revolução no Ocidente, criticando a inefetividade histórica da revolução permanente e defendendo Stalin contra as acusações de nacionalismo, "se se referem ao núcleo da questão". Para G. não existe uma alternativa nítida entre desenvolvimento do socialismo em um só país e desenvolvimento da revolução mundial, mas uma estreita relação e combinação de forças: "Por certo o desenvolvimento é no sentido do internacionalismo, mas o ponto de partida é 'nacional' e é deste ponto de partida que se deve partir", portanto, a escolha da maioria do PCUS é correta, "mas a perspectiva é internacional e não pode deixar de ser. É preciso, portanto, estudar exatamente a combinação de forças nacionais que a classe internacional deverá dirigir e desenvolver segundo a perspectiva e as diretrizes internacionais. A classe dirigente só será dirigente se interpretar exatamente esta combinação, da qual ela própria é componente, e só como tal pode dar ao movimento uma determinada orientação, de acordo com determinadas perspectivas" (*Q 14*, 68, 1.729-30 [*CC*, 3, 314]).

Essa abordagem dialética caracteriza a reflexão *in progress* sobre a URSS. G. compreende historicamente e afirma politicamente a viragem do "socialismo em um só país", mas a concebe sempre no quadro do internacionalismo: derrotada a revolução no Ocidente, a consolidação da URSS equivale à construção de uma casamata na longa guerra de posição que se desenvolve em nível mundial. O sucesso dessa construção não é certo e tampouco adquirido de vez. A transição socialista é um processo complexo, que se funda sobre a capacidade da classe dirigente de saber interpretar seu papel que, na situação histórica dada do atraso russo, com escassos elementos de "sociedade civil" (*Q 7*, 16, 866 [*CC*, 3, 261]), consiste em iniciar o processo de transformação econômico-social "pelo alto", recorrendo também à disciplina e à coerção estatal: "O Estado é o instrumento para adequar a sociedade civil à estrutura econômica, mas é necessário que o Estado 'queira' fazer isto, ou seja, que o Estado seja dirigido pelos representantes da mudança acontecida na estrutura econômica" (*Q 10* II, 15, 1.253-4). "O princípio da coerção, direta e indireta, na ordenação da produção e do trabalho é correto", mas é errado o modelo militar. A crítica de método é dirigida a Trotski, mas pode valer também para a maioria: é preciso resguardar-se da tendência a "acelerar, com meios coercitivos exteriores, a disciplina e a ordem na produção", o que acaba "necessariamente em uma forma de bonapartismo" (*Q 22*, 11, 2.164 [*CC*, 4, 265]), que – mas é somente a "história concreta" e não "um esquema sociológico" que pode dizer isso – pode ser progressivo, "se ajudar a força progressiva a triunfar ainda que com certos compromissos", ou regressivo (*Q 13*, 27, 1.619 [*CC*, 3, 76]).

A transição requer a educação das massas para que elas sejam protagonistas do "processo molecular de afirmação de uma nova civilização": "Trata-se, na verdade, de trabalhar para a elaboração de uma elite, mas esse trabalho não pode ser separado do trabalho de educação das grandes massas; as duas atividades, aliás, são na verdade uma só atividade, e é precisamente isso o que torna o problema difícil" (*Q 7*, 43, 891-2 [*CC*, 1, 247]). Trata-se do nexo dialético de Reforma e Renascimento: "Se se tivesse de fazer um estudo sobre a União [Soviética], o primeiro capítulo, ou mesmo a primeira seção do livro, deveria precisamente desenvolver o material recolhido nesta rubrica sobre 'Reforma e Renascimento'" (*Q 7*, 44, 893 [*CC*, 1, 249]). Os dois momentos da história moderna, lidos por G. inicialmente em oposição – um popular-progressivo, outro elitista-restaurador –, são pensados, na elaboração mais alta, como inter-relacionados, e ambos concorrentes na constituição da nova sociedade: o desenvolvimento teórico à altura dos desafios postos pela construção do socialismo é uma práxis tão indispensável quanto a participação construtiva das massas à realização do plano quinquenal. A dificuldade – e a arte – da política está em saber construir as modalidades de suas conexões.

Podemos reconduzir a isso a crítica de G. à debilidade da elaboração teórica na URSS, seja na filosofia, seja na teoria econômica. O *Ensaio popular de sociologia*, de Bukharin (de 1921) – texto fundamental da Internacional Comunista, usado também por G. em 1925 para a Escola de partido (v. "Introdução ao primeiro curso da escola interna de partido", abril-maio de 1925, em *CPC*, 56) –, é demolido de forma sistemática na segunda seção do *Q 11*, desde o "modo de pensar [...] ainda mais criticável e superficial" do que o de Loria (*Q 11*, 29, 1.441 [*CC*, 1, 157]). Em vez de colocar a filosofia da práxis como filosofia autônoma e original, torna-a subalterna ao materialismo metafísico, ao positivismo, ao evolucionismo; desprovido dos "conceitos de movimento histórico, de devir e, consequentemente, da própria dialética [...] incide plenamente no dogmatismo e, por isso, numa forma, ainda que ingênua, de metafísica" (*Q 11*, 14, 1.402 [*CC*, 1, 120]), ou melhor, de "velha metafísica", na tentativa de "reduzir tudo a uma causa, a causa última, a causa final [...] uma das manifestações da 'busca de deus'" (*Q 11*, 31, 1.445 [*CC*, 1, 163]), com um "anti-historicismo metodológico" que transforma a história da filosofia em "um tratado histórico de teratologia" (*Q 11*, 18, 1.416 [*CC*, 1, 135]). A crítica permanece substancialmente inalterada mesmo com respeito à relação apresentada por Bukharin no Congresso dos Cientistas de Londres no verão de 1931, que lhe chegou imediatamente no cárcere (*LC 453*, a Tania, 31 de agosto de 1931 [*Cartas*, II, 79]). Porém, nesse caso o ataque de G. é contra a tendência prevalecente na cultura soviética, herdada por Engels e retomada por Lenin, à partição do marxismo em materialismo dialético e materialismo histórico (v. *Q 11*, 22, 1.425 [*CC*, 1, 140]). O manual econômico de inspiração bukhariniana de Lapidus e Ostrovitjanov (*Précis d'économie politique*, 1928) também é submetido à mesma crítica de dogmatismo e inadequação para o desafio teórico posto por uma estrutura em que "o trabalho se tornou gestor da economia" (*Q 10* II, 23, 1.262 [*CC*, 1, 331]). Caraterizado por uma "forma de pensar ossificada", não se confronta com a teoria econômica clássica e neoclássica (*Q 15*, 45, 1.805 [*CC*, 1, 453]), "é 'dogmático'", se apresenta como se fosse – e não é absolutamente o caso – a expressão de uma ciência que "já houvesse penetrado no período clássico de sua expansão orgânica" (*Q 10* II, 37, 1.286 [*CC*, 1, 356]). Desinteressa-se anticientificamente do "custo comparado". Mas também a economia socialista deverá "preocupar-se com as utilidades particulares e com as comparações entre essas utilidades, com o objetivo de extrair delas iniciativas de movimento progressivo", percebido por G. na retomada da emulação socialista, as "competições" dos *udarniki* (trabalhadores de assalto), que representam "um modo de 'comparar' os custos e de insistir em sua contínua redução, identificando e mesmo suscitando as condições objetivas e subjetivas nas quais isso é possível" (*Q 10* II, 23, 1.262 [*CC*, 1, 333]). G., cujo pensamento dialético é estruturalmente estranho a qualquer abordagem unilateral, evidencia o grande atraso teórico do manual e, *contemporaneamente*, o desenvolvimento progressivo do movimento real, que põe e enfrenta na prática social os problemas postos pela nova sociedade e gestação.

G. mantém a mesma abordagem em relação à teoria e à prática do plano, pela qual se mostra fortemente interessado (v. os pedidos de diversos livros sobre o argumento, *LC*, 817 a Mussolini, setembro de 1930 [*Cartas*, II, 441]), comunicando ter lido minuciosamente o excerto do *The Economist* sobre o primeiro plano quinquenal (*LC*, 432, a Tania, 29 de junho de 1931 [*Cartas*, II, 58]), que usa como pedagógica referência na novela para o filho Delio (*LC*, 426, a Giulia, 1º de junho de 1931 [*Cartas*, II, 50]). A URSS encontra-se ainda em "uma fase de primitivismo econômico-corporativa [...] com elementos 'de plano' ainda escassos" (*Q 8*, 185, 1.053 [*CC*, 3, 286]), e fica distante a perspectiva de "uma economia segundo um plano mundial", para chegar à qual "é necessário atravessar fases múltiplas", conscientes das "leis da necessidade" impostas pela fase histórica, que não é a da vitória mundial do socialismo, quando a iniciativa econômico-política será passada "nitidamente às forças que visam à construção segundo um plano, de pacífica e solidária divisão do trabalho" (*Q 14*, 68, 1.729 [*CC*, 3, 315]). A economia planificada implica um envolvimento ativo das massas e, como tal, "é destinada a destruir a lei estatística mecanicamente entendida, isto é, produzida pela mescla casual de infinitos atos arbitrários individuais", "se bem que terá que se basear na estatística, o que, contudo, não significa a mesma coisa: na realidade, a 'espontaneidade' naturalista é substituída pela consciência humana"

(*Q 11*, 25, 1.429-30 [*CC*, 1, 148]). A realização do plano suscita "um florescimento de iniciativas e de empreendimentos que surpreendem muitos observadores" (*Q 7*, 44, 893 [*CC*, 1, 249]), apesar das críticas derrotistas e superficiais, como a crítica "burocrática" de Boris Souvarine-Liefscitz (*Q 7*, 43, 891-2 [*CC*, 1, 247]), ou de Guido De Ruggiero em sua resenha de 1932 do livro *L'expérience du Bolchévism*, de Arthur Feiler (*Q 10* II, 31, 1.273-4 [*CC*, 1, 339]). A atenção para o florescimento de iniciativas pela base, as "competições", a emulação socialista, tornam os processos em curso na URSS dificilmente registráveis na categoria de "revolução passiva".

A distância evidenciada por G. entre atraso na alta elaboração teórica e movimento progressivo das massas poderá ser, mais cedo ou mais tarde, superada, encontrando a "forma teórica" adequada: "Ao se trabalhar praticamente para fazer história, faz-se também filosofia 'implícita' (que será 'explícita' na medida em que os filósofos a elaborarem coerentemente" (ibidem, 1.273 [*CC*, 1, 343]). Nesse sentido G. se interessa pelas lutas teóricas entre "mecanicistas" e "dialéticos", das quais tem notícias em 1930 (*LC*, 702, a Tania, 10 de abril de 1933 [*Cartas*, II, 324] e *LC*, 704, a Giulia, 10 de abril de 1933 [*Cartas*, II, 326]), e saúda a derrota dos "mecanicistas", sobre a qual lê sumariamente em um artigo de D. S. Mirskij de outubro de 1931 (que, porém, se refere principalmente à sucessiva exclusão dos "dialéticos"): "Pode-se ver como ocorreu a passagem de uma concepção mecanicista e puramente exterior para uma concepção ativista, que está mais próxima, como observamos, de uma justa compreensão da unidade entre teoria e prática, se bem que ainda não lhe tenha captado todo o significado sintético" (*Q 11*, 12, 1.387 [*CC*, 1, 106]). Na fase inicial (a fase "econômico-corporativa") da sociedade de transição, na qual se apresenta a tarefa de organizar novas relações de produção fundadas sobre a propriedade coletiva, o Estado é "condição preliminar de cada atividade econômica coletiva" (*Q 10* II, 20, 1.258 [*CC*, 1, 327]), portanto, "um período de estatolatria é necessário e até oportuno: esta 'estatolatria' é apenas a forma normal de 'vida estatal', de iniciação, pelo menos, à vida estatal autônoma e à criação de uma 'sociedade civil' que não foi possível historicamente criar antes da elevação à vida estatal independente". Todavia, o papel do Estado não pode, por uma espécie de "fanatismo teórico", ser absolutizado ou concebido como perpétuo, mas deve ser criticado "para que se desenvolvam e se produzam novas formas de vida estatal, em que a iniciativa dos indivíduos e dos grupos seja 'estatal', ainda que não se deva ao 'governo dos funcionários' (fazer com que a vida estatal se torne 'espontânea')" (*Q 8*, 130, 1.020 [*CC*, 3, 279]). É o grande tema leninista (*Estado e revolução*) da extinção do Estado: "Sobre esta realidade, que está em contínuo movimento, não se pode criar um direito constitucional do tipo tradicional, mas apenas um sistema de princípios que afirmam como fim do Estado seu próprio fim, seu próprio desaparecimento, isto é, a reabsorção da sociedade política na sociedade civil" (*Q 5*, 127, 662 [*CC*, 3, 222-3]). G. parece aqui retomar os temas de E. B. Pašukanis (*A teoria geral do direito e o marxismo*, 1924; v. também *Q 8*, 2, 937 [*CC*, 3, 271]). Entre as duas fases, inicial, econômico-corporativa, e final, fundada sobre o autogoverno dos cidadãos na "sociedade regulada", a forma estatal mais adequada é aquela – de origem liberal, porém dialeticamente mudada de signo – do Estado-*veilleur de nuit*, "isto é, de uma organização coercitiva que protegerá o desenvolvimento dos elementos de sociedade regulada em contínuo incremento e que, portanto, reduzirá gradualmente suas intervenções autoritárias e coativas. E isso não pode fazer pensar num novo 'liberalismo', embora esteja por se dar o início de uma era de liberdade orgânica" (*Q 6*, 88, 764 [*CC*, 3, 245]).

BIBLIOGRAFIA: COSPITO, 1994; FROSINI, 2004; GRIGOR'EVA, 1991; VACCA, 1989.

ANDREA CATONE

Ver: Bukharin; compromisso; econômico-corporativo; Estado; estatolatria; hegemonia; Lenin; Partido Comunista; Reforma; revolução permanente; Rússia; sociedade regulada; Stalin; Trotski.

Ustica

O confinamento na ilha de Ustica, pequena comuna italiana da região da Sicília, de 7 de dezembro de 1926 até 20 de janeiro de 1927, é para G. uma experiência relativamente positiva, pela amenidade das paisagens, precursora de inspirações interessantes, e pela possibilidade de movimentar-se respirando o salubre ar do mar. A viagem para chegar à ilha é pouco "confortável", mas "rica de motivos diversos, dos shakespearianos aos farsescos" (*LC*, 8, a Tania, 9 de dezembro de 1926 [*Cartas*, I, 78]). Também a viagem de Ustica a Milão com trânsito em vários cárceres é "instrutivo", tal como "uma longuíssima fita de cinema" (*LC*, 41, a Tania e Giulia, 12 de fevereiro de 1927 [*Cartas*, I, 114]). Em Ustica, da população de 1.300 habitantes (1.600 em *LC*, 18, a Tania, 19 de dezembro de 1926 [*Cartas*, I, 88] e em *LC*, 23, a Sraffa, 21 de dezembro de 1926 [*Cartas*, I, 93]), cerca de 600 são "presos comuns" ou seja "criminosos que sofreram várias condenações" (*LC*, 8, a Tania, 9 de dezembro de 1926 [*Cartas*, I, 88]). A vida e a não-ainda-morte deles lembra a G. a novela *Uma estranha cavalgada*, de Kipling. Os confinados vivem de um dinheiro dado pelo governo, que chamam de "*mazzetta*" (*LC*, 8, a Tania, 9 de dezembro de 1926 [*Cartas*, I, 89]), e gastam em vinho (as pobres refeições levam de fato ao "alcoolismo mais depravado em brevíssimo tempo") e jogando baralho, tornando-se fáceis vitimas dos usurários. Sua vida é "primitiva e elementar", neles, as "paixões atingem, com rapidez espantosa, o ápice da loucura", mas também entre os intelectuais sopram "rajadas imprevistas de loucura absurda" (*LC 32*, a Tania, 7 de janeiro de 1927 [*Cartas*, I, 104]). G. está, ao invés, com os confinados políticos que representam "toda a gama de partidos e de preparação cultural" (*LC*, 22, a Sraffa, 21 de dezembro de 1926 [*Cartas*, I, 93]) e com os quais organiza cursos de cultura geral que podem salvá-los dos grandíssimos "perigos do desânimo" (*LC*, 28, *2* de janeiro de 1927 [*Cartas*, I, 100). A psicologia dominante na ilha é a que tem por base a "economia do soldo", que "só conhece a adição e a subtração das unidades simples" (*LC*, 78, a Tania, 25 de abril de 1927 [*Cartas*, I, 151]). A população originária da ilha se mostra muito hospitaleira e atenciosa. No correr do tempo G. dar-se-á conta de que, definitivamente, o confinamento em Ustica era "ainda um paraíso da liberdade pessoal em relação à condição de encarcerado" (*LC*, 372, à mãe, 15 de dezembro de 1930 [*Cartas*, I, 460]).

JOLE SILVIA IMBORNONE

Ver: cárcere ou prisão; Sraffa.

utopia

Nos escritos de Turim, em particular até 1918, "utopia" indica um plano bizarro esboçado friamente, em abstrato, na convicção de que os eventos políticos podem ser *arbitrariamente* predeterminados ("La Città futura" [A cidade futura], 2 de fevereiro de 1917, em *CF*, 3; "Tre princìpi, tre ordini" [Três princípios, três ordens], 2 de fevereiro de 1917, ibidem, 5-6; "Teoria e pratica. Ancora intorno all'esperanto" [Teoria e prática. Ainda acerca do esperanto], 29 de janeiro de 1918, ibidem, 672; "Libero pensiero e Pensiero libero" [Livre pensamento e Pensamento livre], 15 de junho de 1918, em *NM*, 113 [*EP*, I, 178]; "Per conoscere la rivoluzione russa" [Para conhecer a revolução russa], 22 de junho de 1918, ibidem, 134 e 136-7 [*EP*, I, 186-90]; "La comissione per il dopoguerra" [A comissão para o pós-guerra], 13 de julho de 1918, ibidem, 209; nesse último texto G. escreve: "A utopia consiste [...] em não conseguir conceber a história como livre desenvolvimento, em ver o futuro como uma solidez já moldada, em acreditar em planos preestabelecidos"). Ela coincide nesse período com o jacobinismo, concebido aqui como quintessência da política burguesa. O enriquecimento que o conceito de utopia conhece desde o início dos *Q*, além do fato de se desprender do jacobinismo (que recebe já antes de 1926 uma acepção positiva em forte proximidade ao marxismo), consiste em duas passagens: antes de tudo, a utopia é qualificada como ideologia tendencialmente individual, e, portanto, arbitrária; em segundo lugar, de maneira apenas aparentemente contraditória, ela é contextualizada historicamente como tipo de escrita, *gênero literário*, de modo que progressivamente é posto em luz seu conteúdo *político*, podendo a utopia ser gradativamente devolvida à história, que esclarece o seu caráter de ideologia dos grupos sociais subalternos. As duas acepções são evidentemente entrelaçadas, porque a utopia como gênero literário, modalidade de pensamento isolada e impotente, deixa, todavia, emergir algumas reivindicações profundas e de outra forma não documentáveis dos grupos que vivem, como escreve G. intitulando o *Q 25*, "às margens da história".

Nos *Q* a utopia adquire, portanto, um duplo valor: como expressão dos intelectuais, deve ser denunciada e combatida; como expressão do "senso comum" de massa, deve ser reformada, criticada construtivamente e substituída por uma abordagem realística e laica (no sentido de Maquiavel) ao mundo e à história. O primeiro aparecimento do termo condensa não casualmente esses dois momentos. Discutindo sobre o "sarcasmo" em Marx como expressão estilística de uma atitude teórico-política, G. nota que isso serve a separar "as velhas concepções na espera que as novas concepções, com sua solidez adquirida por meio do desenvolvimento histórico, dominem até adquirir a força das 'convicções populares'. Essas novas concepções já foram assumidas para quem usa o 'sarcasmo', porém, na fase ainda 'polêmica'; se se expressassem 'sem sarcasmo' seriam uma 'utopia' porque somente individuais ou de pequenos grupos" (*Q 1*, 29, 24). Esse juízo é mantido em todos os *Q*: G. insiste em diversas ocasiões sobre a "necessidade de 'novas crenças populares', ou seja, de um novo 'senso comum' e, portanto, de uma nova filosofia" (*Q 8*, 175, 1.047) como passagem inescapável da reforma intelectual e moral, isto é, da construção de uma nova hegemonia. Por outro lado, não cessa de voltar sobre a distinção entre ideologia como um conjunto de "elucubrações arbitrárias de determinados indivíduos" e ideologia como "superestrutura necessária de uma determinada estrutura", especificando que apenas a segunda acepção delimita o terreno no qual se formam as vontades coletivas (*Q 7*, 19, 868-9 [*CC*, 1, 237]).

O início da investigação sobre a utopia como gênero literário, como expressão por meio dos intelectuais de instâncias difusas, tem-se em um grupo de textos do *Q 3* (69, 71, 75, 113) intitulados, exceto o último, *Utopie e romanzi filosofici* [Utopias e romances filosóficos]. Aqui G. propõe-se analisar as "*utopias e romances filosóficos* e suas relações com o desenvolvimento da crítica política, mas especialmente com as aspirações mais elementares e profundas das multidões". E especifica: "Estudar se há um ritmo na aparição desses produtos literários: coincidem com determinados períodos, com os sintomas de profundas mutações históricas?" (*Q 3*, 69, 347). A hipótese é de que utopias e romances filosóficos expressam não somente o primitivo surgimento de um projeto político alternativo ao aristocrático, mas também – "inconscientemente" e "ainda que através do cérebro de intelectuais dominados por outras preocupações", como se especifica no Texto C, *Q 25*, 7, 2.290 [*CC*, 5, 142] – refletem as exigências mais elementares dos grupos sociais subalternos. No citado Texto C, em que confluem os textos do *Q 3* dedicados à utopia (e significativamente intitulado *Fontes indiretas*), o caráter problemático da relação entre alto e baixo, entre intelectuais e aspirações das multidões, emerge em outra variante instaurativa: "As Utopias se deveram a determinados intelectuais que formalmente retomaram o racionalismo socrático da *República* de Platão e substancialmente refletem, muito deformadas, as condições de instabilidade e de rebelião latente das grandes massas populares da época; são manifestos políticos de intelectuais, que querem alcançar o Estado ideal" (ibidem, 2.292 [*CC*, 5, 143]). Esse ponto, doutro lado, é já apontado no *Q 3*, 71, 348: "É preciso [...] ver se estas iniciativas [as utopias literárias – ndr] são a única forma com que a 'modernidade' podia viver no ambiente da Contrarreforma: a Contrarreforma, como todas as Restaurações, somente pôde ser um compromisso e uma combinação substancial, senão formal, entre o velho e o novo".

O significado das utopias como expressão de uma organização social alternativa deve ser, portanto, muito atenuada, mesmo não estando mais diante da precedente liquidação da utopia como capricho meramente individual. Ao contrário, valoriza-se nela a capacidade de ser compromisso entre velho e novo (revelador o termo "restauração" que se deve referir a toda a reflexão sobre a "revolução passiva"), aliás, elemento de *modernização* das relações sociais.

Mais tarde, no outono de 1931, G. retorna ao argumento, concentrando a atenção sobre o desenvolvimento do "gênero" utópico da Contrarreforma ao Iluminismo: "Contrarreforma e utopias: desejo de reconstruir a civilização europeia segundo um plano racional. Outra origem e, talvez, a mais frequente: modo de expor um pensamento heterodoxo, não conformista e isto especialmente antes da Revolução Francesa" (*Q 6*, 157, 811-2 [*CC*, 5, 264]). A utopia como estímulo à renovação da sociedade desdobra-se, aqui, realmente em duas vertentes: enquanto a primeira prossegue a leitura em chave "restauração" (combinação de velho e novo), a segunda retoma a questão inicialmente posta no *Q 3*, 69, 347 acerca do nexo com as aspirações populares, reformulando-as por meio da ligação com os desenvolvimentos do século XVIII do gênero utópico. "Das utopias nasceria" – prossegue Gramsci – "também a moda de exaltar os povos primitivos, selvagens (o bom selvagem), supostamente mais próximos da natureza. (Isto se repetiria na exaltação do 'camponês', idealizado por parte dos movimentos populistas.) Toda esta literatura teve importância não desprezível na história da difusão das opiniões político-sociais entre determinadas massas e, portanto, na história da cultura" porque "indica [...] a passagem da exaltação de um tipo social feudal à exaltação das massas populares, genericamente, com todas suas exigências elementares (nutrir-se, vestir-se, abrigar-se, reproduzir-se) às quais se busca dar racionalmente uma satisfação" (*Q 6*, 157, 812 [*CC*, 5, 265]). A encruzilhada do Iluminismo permite então a G. dar sentido à sua mesma pergunta inicial: o nexo entre intelectuais e povo. O gênero utópico entra assim em uma relação de comunicação historicamente específica com o patrimônio ideológico das classes subalternas quando os intelectuais – *pela primeira vez na história* – dirigem-se ao "povo", não como algo de "estranho" do qual se deve "*desconfiar*" e ter "medo" (*Q 3*, 82, 362 [*CC*, 6, 161]). Por essa razão os iluministas são receptivos em relação aos mitos populares, àquela mitologia que exprime as pulsões mais imediatas, mas também mais profundas das massas dos excluídos da história.

Graças a essa recuperação da herança iluminista, G. começa a refletir sobre os modos em que historicamente se verificou a tradução da utopia em política, ou seja, sua expressão em linguagem política – por parte de movimentos intelectuais ou de partidos políticos, tais como os jacobinos –, das aspirações mais profundas de liberdade, justiça e igualdade das massas às margens da história. Nessa luz adquirem um significado político (e, portanto, filosófico) tanto o "direito natural" como a história das heresias religiosas (v. por exemplo, *Q 3*, 12 sobre Davide Lazzaretti), ou a mesma dimensão religiosa da política jacobina (no *Q 6*, 87 [*CC*, 3, 243]).

Todavia, uma vez obtido esse resultado, pelo qual a religião aparece em todo o seu peso político, torna-se igualmente importante, para G., instituir uma marcada diferenciação entre as implicações políticas da religião e das utopias racionalistas dos intelectuais, de um lado, e a filosofia da práxis, de outro. A religião, de fato, permanece uma evasão das contradições atuais, um "ópio do povo" (v. *Q 6*, 28, 706). Ela é, aliás, "a utopia mais 'mastodôntica', isto é, a metafísica mais 'mastodôntica' que já apareceu na história, é a tentativa mais grandiosa de conciliar em forma mitológica as contradições históricas: ela afirma, é verdade, que o homem tem a mesma 'natureza', que existe o homem em geral, criado à semelhança de Deus e, por isso, irmão dos outros homens, igual aos outros homens, livre entre outros homens, e que ele pode se conceber desta forma espelhando-se em Deus, 'autoconsciência' da humanidade, mas afirma também que nada disto pertence a este mundo, e sim a outro (utopia). Mas, enquanto isso, as ideias de igualdade, de liberdade, de fraternidade fermentam entre os homens, que não são iguais ou irmãos de outros homens nem se veem livres entre eles. E ocorre na história que toda sublevação geral das multidões, de um modo ou de outro, sob forma e com ideologias determinadas, apresenta estas reivindicações" (*Q 4*, 45, 472 [*CC*, 6, 365]). Segundo esse texto, o caráter utópico comum da religião popular e das construções racionalistas dos intelectuais é explicável não começando pelos intelectuais, mas pela religião popular: o "conceito da 'natureza humana' abstratamente otimista e superficial", próprio da utopia democrática, utopia que hoje, porém, está "implícita" no "direito moderno" (*Q 6*, 98, 774 [*CC*, 3, 248]), é de derivação religiosa. Mas tais são também "a concepção de 'espírito' das filosofias tradicionais, bem como a de 'natureza humana' encontrada na biologia" (*Q 7*, 35, 885 [*CC*, 1, 245]). Em todos esses casos, a uma *realidade* contraditória e dividida substitui-se uma *representação* unificada e harmônica. Institui-se assim uma grande oposição entre a filosofia da práxis, de um lado, e, do outro, todo o complexo das filosofias, das religiões etc., recolhidas com o nome de "utopia": "O filósofo atual [entende-se aqui o filósofo da práxis – ndr] não pode se evadir do terreno atual das contradições, não pode afirmar, a não ser genericamente, um mundo sem contradições, sem com isso criar imediatamente uma utopia" (*Q 4*, 45, 471-2 [*CC*, 6, 364-5]).

A filosofia possui uma força política, que, todavia, é inseparável de uma função de ocultamento, de evasão e de procrastinação da práxis, desde que se permaneça no terreno da utopia, ou seja, da relação com a religião, desde que se aceite a figura do filósofo como filósofo somente "individual" (*Q 10* II, 44, 1.331 [*CC*, 1, 398]) e da filosofia como filosofia somente "individual" (*Q 8*, 211, 1.069), em vez de desenvolver a figura do "'filósofo democrático', isto é, do filósofo consciente de que sua personalidade não se limita à sua individualidade física, mas é uma relação social ativa de modificação do ambiente cultural". G. prossegue: "Quando o 'pensador' se contenta com o próprio pensamento, 'subjetivamente' livre, isto é, abstratamente livre, é hoje motivo de troça: a unidade entre ciência e vida é precisamente uma unidade ativa, somente nela se realizando a liberdade de pensamento; é uma relação professor-aluno, uma relação entre o filósofo e o ambiente cultural no qual atuar, de onde recolher os problemas que devem ser colocados e resolvidos; isto é, é a relação filosofia-história" (*Q 10* II, 44, 1.332 [*CC*, 1, 398]).

Nessa chave devem ser lidas as reflexões sobre a relação entre o pensamento de Benedetto Croce e a utopia que se encontram no *Q 7*, 35, 886 [*CC*, 1, 243]*:* "Que a dialética hegeliana tenha sido um [no manuscrito uma variante interlinear: "o último" – reflexo dessas grandes encruzilhadas históricas e que a dialética, de expressão das contradições sociais, deva se transformar, com o desaparecimento dessas contradições, em uma pura dialética conceitual, estaria na base das últimas filosofias de fundamento utópico, como a de Croce". Então a filosofia distorce e frustra (com plena consciência, ou seja, com finalidades políticas precisas) o impulso para transformar o mundo, que também contém como utopia, no momento em que recusa a dialética (ou melhor, a "reforma" na lógica dos distintos), como faz Croce. Hegel, ao contrário, representa o lugar no qual a filosofia mais se aproximou da tradução da utopia em política, porque acolheu na dialética a política, isto é, a Revolução Francesa, na qual a tradução teve realmente lugar. Ver sobre isso o *Q 4*, 45, 471 [*CC*, 6, 364]: "Hegel representa, na história do pensamento filosófico, um papel especial; e isto porque, em seu sistema, de um modo ou de outro, ainda que na forma de 'romance filosófico', consegue-se compreender o que é a realidade, isto é, tem-se, num só sistema e num só filósofo, aquele conhecimento das contradições que, antes dele, era dado pelo conjunto dos sistemas, pelo conjunto dos filósofos, em polêmica entre si, em contradição entre si".

Hegel ocupa um lugar em si porque acolheu na filosofia a unidade de teoria e prática: dele é a maior tentativa de unir idealismo e materialismo realizada no interior da filosofia tradicional e, portanto, sua comparação entre franceses (política) e alemães (teoria) é "a paráfrase de Marx, na qual em *A sagrada família* defende Proudhon contra Bauer". Não somente: isso "parece bem mais importante como 'fonte' do pensamento expresso nas Teses sobre Feuerbach de que os filósofos explicaram o mundo e que se trata agora de mudá-lo, isto é, que a filosofia deve tornar-se 'política', 'prática', para continuar a ser filosofia: a 'fonte' para a teoria da unidade de teoria e prática" (*Q 8*, 208, 1.066). Mas tudo isso acontece em Hegel de forma especulativa (v. *Q 4*, 3, 424) e, portanto, está na raiz da teoria e da prática da "revolução passiva". A filosofia da práxis poderá então estar à altura de sua herança se conseguir compreender a si mesma e ao seu adversário, ou seja, às razões históricas da revolução passiva como intervenção política no campo das crenças populares, para acolher – e ao mesmo tempo neutralizar – suas instâncias "progressivas".

BIBLIOGRAFIA: Frosini, 1999; Kanoussi, 2000; Medici, 2005; Sichirollo, 1958.

Fabio Frosini

Ver: Contrarreforma; Croce; filosofia; filosofia da práxis; Hegel; ideologia; Iluminismo; ópio; racionalismo; religião; sarcasmo; senso comum; vontade coletiva.

V

vaidade de partido

O significado com o qual G. usa a expressão "vaidade de partido" não é o mesmo em que é usada na atualidade política. Em G. a expressão indica o fechamento do partido em si mesmo, o seu progressivo distanciamento dos grupos que representa. Escreve G.: "A questão de saber quando um partido está formado, isto é, tem uma missão precisa e permanente, dá lugar a muitas discussões e com frequência também gera, infelizmente, uma forma de vaidade que não é menos ridícula e perigosa do que a 'vaidade das nações' de que fala Vico" (*Q 14*, 70, 1.732 [*CC*, 3, 315]). Na conclusão dessa mesma nota, intitulada "Maquiavel. Quando se pode dizer que um partido está formado e não possa ser destruído por meios normais", G. retorna à questão: "De qualquer forma, é preciso desprezar a 'vaidade' de partido e substituí-la por fatos concretos. Quem substitui os fatos concretos pela vaidade ou faz a política da vaidade, deve ser indubitavelmente suspeito de pouca seriedade" (ibidem, 1.735 [*CC*, 3, 319]).

G. se refere aos partidos políticos em geral e, em particular, justamente ao partido revolucionário, cujas características de base devem ser a disciplina e a lealdade, mas também a capacidade de distinguir as soluções dos problemas que se devem enfrentar de tempos em tempos. Parece exatamente que G. está pensando na função dirigente que o partido deve cumprir e sem a qual não se pode dizer que esteja "formado". Daí a importância do grupo dirigente com sua capacidade hegemônica, com a influência cultural que poderá exercer. É necessário, no entanto, estar atento à burocratização do partido: o partido deve "reagir contra o espírito consuetudinário, contra as tendências a se mumificar e tornar anacrônico" (*Q 13*, 23, 1.604 [*CC*, 3, 61]). Um ótimo antídoto à "vaidade de partido" é "dizer a verdade" que, "na política de massa", "é uma necessidade política" (*Q 6*, 19, 700 [*CC*, 3, 225]).

Lelio La Porta

Ver: burocracia; Partido Comunista; verdade.

Valentino (Cesare Borgia)

As ocorrências relativas a Valentino partem das considerações sobre a novidade política de Maquiavel e tocam dois temas de fundo. O primeiro insiste sobre a figura do Príncipe, responsável pelo "fim da anarquia feudal" (*Q 1*, 10, 9 [*CC*, 6, 345]), e portanto expressão do processo de constituição de uma estrutura estatal "moderna" – em que se produz a ordem política – confiada ao controle de um monarca, guardião do território (idem). Este último assume a conotação militar do "chefe do Estado", empenhado em recrutar "entre o povo os bons soldados" (*Q 2*, 40, 197 [*CC*, 3, 149]) para enfrentar o problema, advertido por Maquiavel, da ausência de uma milícia nacional. Ao mesmo tempo, Cesare Borgia – indicado pelo nome quando G. não fala dele como homem de governo – encarna a quintessência do individualismo antropocêntrico do Renascimento (*Q 17*, 3, 1.908 [*CC*, 5, 337]); sua ação política, que visa garantir a coesão do território reduzindo os particularismos, exprime-se por meio da "popularidade" (*Q 5*, 123, 648 [*CC*, 5, 225]). Essa é, para G., uma qualidade politicamente necessária para sanar a grave cesura entre aristocracia e povo-nação, intervinda na fase "regressiva" do Renascimento (idem).

O segundo tema é inerente à avaliação histórico-política do conceito de Renascimento, no nexo com a obra de Maquiavel. Uma vez definida a contingência da redação de *O príncipe*, resposta à crise política italiana causada pela herança feudal e pelo antagonismo entre Estados da península, G. salienta a escolha de Valentino, figura capaz de produzir um vínculo com as "classes produtivas" (*Q 13*, 13, 1.572 [*CC*, 3, 29]). No cenário que ecoa a história do Renascimento, no qual chama atenção o exemplo da Romanha, pilar de uma delicada engrenagem política, G. colhe o *quid novi* da figura de um governante que se manifestou como Valentino na forma da inovação máxima, porque "sem história" e, portanto, sem tradição. Nesse caráter propõe-se o *hic et nunc* da política como arte militar (*Q 13*, 25, 1.618 [*CC*, 3, 74]).

Laura Mitarotondo

Ver: homem do Renascimento; Maquiavel; Renascimento.

valor, teoria do: v. economia.

veleidade

G. usa o apelativo "veleidoso" para descrever o comportamento do escritor Alfredo Oriani, exaltado pelo fascismo como precursor: "Esse traço me parece fundamental no caráter de Oriani, que era um inconstante, um veleidoso, sempre descontente com todos porque ninguém reconhecia seu gênio e que, no fundo, renunciava a lutar para se impor, ou seja, tinha de si mesmo uma bem estranha avaliação" (*Q 4*, 68, 512 [*CC*, 6, 165]). As características de Oriani definem o conceito mais geral de veleidade: "Faltava-lhe vontade, aptidões práticas, mas queria influir sobre a vida política e moral da nação [...] queria ser reconhecido como 'gênio', 'líder', 'mestre', graças a um direito divino que ele afirmava peremptoriamente" (*Q 6*, 68, 736 [*CC*, 6, 196]). Essa atitude de contestar cenograficamente as injustiças sem a vontade concreta de enfrentá-las, sem aceitar o engajamento que isso acarreta, é fortemente estigmatizada por G. A filosofia da práxis, ao contrário, deve atuar de maneira completamente diferente: quando chegar ao "ponto no qual ela se realiza, vive historicamente, ou seja, socialmente e não mais apenas nos cérebros individuais, cessa de ser 'arbitrária' e se torna necessária-racional-real [...]. Contra o titanismo amaneirado, contra a ligeireza e o abstratismo, deve-se sublinhar a necessidade de sermos 'sóbrios' nas palavras e nas atitudes externas, precisamente para que exista mais força no cará-ter e na vontade concreta" (*Q 10* II, 28, 1.266-7 [*CC*, 1, 337]). Nas *LC* G. também fará referência a esse termo: "Na verdade, nada me irrita mais do que a 'veleidade' que suplanta a vontade concreta [...]. Conheci, especialmente na Universidade, muitos tipos de veleidosos e acompanhei seu projeto tragicômico de vida" (*LC*, 316, a Tania, 10 de março de 1930 [*Cartas*, I, 403]).

Michele Filippini

Ver: Oriani.

verdade

A verdade nasce para G. no terreno da história e da prática: daqui a "historicidade de toda concepção do mundo e da vida" (*Q 11*, 62, 1.489 [*CC*, 1, 203]). Toda verdade é expressão de relações sociais historicamente determinadas: isso não quer dizer apenas "refletir" ou "espelhar" passivamente, mas ativamente "reagir sobre a sociedade, determinar certos efeitos, positivos e negativos [...] não ser 'elucubração' individual, mas 'fato histórico'" (*Q 7*, 45, 894 [*CC*, 1, 249]). O limite de toda verdade é ser *histórica*. Contudo, como a verdade é a expressão de relações sociais dadas, de "forças relativamente 'permanentes', que operam com certa regularidade e automatismo" (*Q 11*, 52, 1.479 [*CC*, 1, 196]), seria errôneo "deduzir que o historicismo conduz necessariamente ao ceticismo moral e à depravação", mesmo permanecendo a "dificuldade" de apresentá-la às massas "sem com isso abalar as convicções que são necessárias para a ação" (*Q 11*, 62, 1.489 [*CC*, 1, 206]). Toda verdade é ligada à construção de determinadas relações hegemônicas e mostra sua força e realidade "imediatamente", no plano da luta política, do "conjuntural" como *ideologia verdadeira* que desloca "o alinhamento preexistente das forças sociais" (*Q 13*, 17, 1.580 [*CC*, 3, 36]). Assim, em seu entrelaçamento com a hegemonia, verdade e verdadeiro são interpretados como "práxis" (*Q 11*, 14, 1.402 [*CC*, 1, 120]), com os quais coincidem: "a proposição de Vico '*verum ipsum factum*'" deve ser "relacionada com a concepção própria da filosofia da práxis" (*Q 11*, 54, 1.482 [*CC*, 1, 199]); "vai de encontro ao vulgar senso comum, que é dogmático, ávido de certezas peremptórias, tendo a lógica formal como expressão" (*Q 11*, 22, 1.425 [*CC*, 1, 143]), toda afirmação filosófica verdadeira deve ser pensada "dialeticamente", ou seja, como "expressão necessária e inseparável de uma determinada ação histórica, de uma determinada práxis, mas superada e 'esvaziada' em um período posterior, sem porém cair no ceticismo e no relativismo moral e ideológico" (*Q 11*, 14, 1.402 [*CC*, 1, 120]).

Rocco Lacorte

Ver: filosofia da práxis; hegemonia; ideologia; senso comum; verdadeiro; Vico.

verdadeiro
Pode-se chegar a uma definição de "verdadeiro" em G. por meio de diversos trechos dos *Q* em que o termo é ligado aos conceitos de filosofia e de ideologia. No *Q 10* II, 44, 1.330 [*CC*, 1, 398] lê-se que a filosofia é uma "luta cultural para transformar a 'mentalidade' popular e difundir as inovações filosóficas que se revelem 'historicamente verdadeiras' na medida em que se tornem concretamente, isto é, histórica e socialmente, universais". Tudo isso envolve a "tradução" da filosofia em ideologia (*Q 10* II, 2, 1.242 [*CC*, 1, 311] e *Q 10* I, 5, 1.218 [*CC*, 1, 288]), ou seja, "em política" (*Q 8*, 208, 1.066), como também o conceito de catarse (*Q 10* I, 10, 1.231 [*CC*, 1, 300] e *Q 10* II, 6, 1.244 [*CC*, 1, 314]). Assim, por um lado, de um ponto de vista analítico ou didático, o "verdadeiro" é um elemento superestrutural, linguagem teórica ou da ideologia; todavia, as superestruturas reagem sobre a estrutura e a modificam, o que significa que são uma "unidade do processo real" (*Q 7*, 1, 854), ou seja, que elas são "realidade [...] objetiva e atuante [...] *momento necessário* da subversão da práxis" (*Q 10* II, 41.XII, 1.319 [*CC*, 1, 387]). Isso diz respeito também ao verdadeiro, que conserva sua autonomia como linguagem teórica, já que é como tal que torna "a prática mais homogênea, coerente, eficiente [...] elevando-a à máxima potência" (*Q 15*, 22, 1.780 [*CC*, 1, 260]), e torna "superior (desenvolver) a própria vida" (e assim, a estrutura também, ou uma parte dela) (*Q 15*, 10, 1.766 [*CC*, 3, 332]). Todavia, por esse mesmo motivo, o verdadeiro é, ao mesmo tempo, "atividade política" (*Q 15*, 10, 1.766 [*CC*, 3, 331]), e não se esgota nem no âmbito da teoria nem "meramente em sua coerência lógica e formal" (*Q 9*, 63, 1.134 [*CC*, 1, 255]). Como predicado lógico ou elemento lógico-formal, o verdadeiro adquire e impõe sua efetividade enquanto é ou se torna ideologia, ou seja, "hipótese científica de caráter educativo energético", que é, justamente, "verificada e criticada pelo desenvolvimento real da história" (*Q 4*, 61, 507 [*CC*, 1, 232]). Donde o nexo com o conceito de "previsão", de "luta hegemônica", que é, ao mesmo tempo, luta pela "unificação do gênero humano" e "luta pela objetividade (para libertar-se das ideologias parciais e falazes)" (*Q 11*, 37, 1.456 [*CC*, 1, 172]).

Rocco Lacorte

Ver: catarse; filosofia; ideologia; objetividade; regularidade; unificação cultural; verdade; Vico.

Verdi, Giuseppe
G. propõe-se a delinear e a tratar a complexa questão da "fortuna popular" de Verdi. Tal fortuna constitui uma das expressões mais significativas, se não a mais relevante, de um fenômeno histórico-cultural identificado e focalizado pelo autor dos *Q*, que consiste no papel que a música na Itália havia desenvolvido dentro da cultura popular, substituindo, ao menos em certa medida, a "expressão artística" que em outros países era dada, ao invés, pelo romance popular, e determinando a circunstância pela qual os "gênios musicais" conquistaram a "popularidade" que faltara aos autores literários (*Q 9*, 66, 1.136 [*CC*, 6, 226]). Referindo-se à comum origem, no século XVIII, do romance e do melodrama e ao seu florescimento na primeira metade do século XIX e, portanto, à sua coincidência com "a manifestação e a expansão das forças democráticas popular-nacionais em toda Europa", G. questionava as razões da expansão do melodrama italiano na Europa e, evidenciando a natureza "cosmopolita" da linguagem musical, indicava tais razões na mais geral "deficiência de caráter popular-nacional dos intelectuais italianos" (idem). Porém, a reflexão gramsciana sobre esses problemas contém uma ulterior articulação: por exemplo, se é verdade que Dante "só pode ser compreendido e revivido por um italiano culto", ao contrário, "uma estátua de Michelangelo, um trecho musical de Verdi, um balé russo, um quadro de Rafael etc. [...] podem ser compreendidos quase imediatamente por qualquer cidadão do mundo, mesmo de espírito não cosmopolita, mesmo se não superou o estreito círculo de uma província de seu país", é verdade também, todavia, que por detrás do caráter cosmopolita da linguagem musical (e também figurativa) deve-se considerar uma variedade de graus, do grau "provincial-dialetal-folclorístico" ao de uma "determinada 'civilização'" e, em relação ao mundo moderno, ao de "uma determinada 'corrente cultural-política'" (*Q 23*, 7, 2.194 [*CC*, 6, 71-2]).

A expansão europeia do melodrama italiano para G. se liga também, em parte, às características histórico-culturais dos textos dos libretos, cujo enredo – ele diz – não é nunca "nacional", mas sim "europeu" em dois sentidos: um, ligado ao nó mesmo, à "intriga" do drama que, derivando de lendas ou de romances populares, desenvolve-se em todos os países da Europa; outro, ligado ao fato de que as paixões e os sentimentos das obras refletem uma sensibilidade mais especificamente europeia, no estilo romântico do século XVIII, não coincidente com "elementos da sensibilidade popular de todos os países" (*Q 9*, 66, 1.137 [*CC*, 6, 227]). Aqui o autor dos *Q* faz referência à popularidade de Shakespeare e dos trágicos gregos, cujos personagens, enquanto são conotados por paixões "elementares", resultam substancialmente populares em todos os países e por isso, por esse caminho, constituem um modelo de literatura nacional-popular. Na base de uma série bastante rica de considerações, G. afirma que a relação entre o melodrama italiano e a literatura popular anglo-francesa (relação que, a seu ver, era de ordem "histórico-popular", isto é, histórico-social, e não de ordem "artístico-crítica", isto é, estético-idealista) não resulta desfavorável ao melodrama italiano. Se Verdi, como artista, não deve de nenhuma maneira ser comparado com uma figura como Eugène Sue, sua fortuna popular, ao contrário, pode ser aproximada somente à do escritor francês: G. mantém firmemente essa distinção quando se refere aos "estetizantes (wagnerianos) aristocratas da música" (idem), para os quais Verdi ocupava na história da música o mesmo lugar que Sue ocupava na história da literatura. Deficiência de caráter popular-nacional dos intelectuais italianos e, ao mesmo tempo, popularidade do gênio musical de Verdi: esse é a conexão de problemas que G. questiona criticamente ao longo dos *Q*.

Pasquale Voza

Ver: literatura popular; melodrama; música; nacional-popular; Romantismo italiano.

Verga, Giovanni

No *Q 5*, 157, 680 [*CC*, 5, 239], enfrenta-se o tema da orientação política de Verga: concordando com um juízo expresso por Giuseppe Bottai, G. afirma que "a despeito de algumas aparências superficiais, Verga jamais foi socialista ou democrático, mas *crispino**". Em realidade, nesse trecho a orientação política de Verga é considerada simples elemento de sua mais ampla identidade de intelectual siciliano, com todo o conjunto de determinações culturais específicas que qualquer filiação regional envolve: se, de fato, "na Sicília, os intelectuais se dividem em duas classes gerais: *crispino*-unitaristas e separatistas-democráticos", então o escritor originário de Catânia deve ser inscrito sem dúvida no campo dos *crispino*-unitaristas, como demonstrava, diga-se de passagem, sua firme aversão contra toda forma de autonomia insular; em relação a tal aversão G. refere-se ao episódio exemplar da clara recusa do velho escritor, em 1920, à proposta de colaborar com o projeto de um jornal autonomista, *Sicilia Nuova* (ibidem; no *Q 23*, 8, 2.196 [*CC*, 6, 72] é reafirmado *en passant* que em Verga o "sentimento unitário era muito forte").

Nas ocorrências sucessivas, a referência, ao contrário, é ao Verga escritor, e o contexto conceitual é aquele, crucial, da falta de um caráter nacional-popular na tradição literária italiana. No *Q 6*, 9, 688 Verga é considerado um dos principais representantes do verismo (mais exatamente, G. fala de "naturalismo ou realismo provinciano italiano"): pois bem, típica desse movimento (e "especialmente em Verga") é precisamente a "posição ideológica" por meio da qual "o povo do campo é visto com 'distanciamento, como 'natureza' sentimentalmente estranha ao escritor, como espetáculo" (no correspondente Texto C, *Q 23*, 56, 2.250 [*CC*, 6, 124], significativamente fala-se de "'natureza' *sentimentalmente* extrínseca ao escritor", o grifo é meu). Ora, essa visão não derivava certamente da particular fórmula estilístico-literária adotada, mas sim de um determinado, endêmico caráter da cultura nacional pelo qual a antiaristocrática poética do naturalismo francês, da qual descendia o verismo italiano, uma vez transplantada no particular contexto italiano, "colocou-se em uma posição ideológica preexistente" (cujo precursor é indicado em *Os noivos*, de Manzoni), já marcada, à sua maneira, por uma clara "'separação' dos elementos populares" (*Q 6*, 9, 688; v. também *Q 21*, 1, 2.110 [*CC*, 6, 33]).

A aproximação entre Verga e Manzoni, no marco de uma comum exemplaridade, é reproposto no *Q 8*, 9, 943 [*CC*, 6, 212]. Na realidade, nessa nota os dois escritores pareceriam ser tendencialmente contrapostos, por terem descrito o mesmo ambiente social, mas demonstrando uma "atitude" antitética: se a atitude de Manzoni (no qual, afinal de contas, "não são os 'personagens populares' o elemento determinante") é de "paternalismo católico" ("uma *ironia* subentendida, indício de ausência de profundo amor instintivo por aqueles personagens; trata-se

---

* Apoiador de Francesco Crispi, presidente do conselho dos ministros do Reino de Itália. (N. T.)

de uma atitude ditada por um sentimento exterior de dever abstrato ditado pela moral católica, que é corrigido e vivificado precisamente pela ironia difusa"), no escritor siciliano, inversamente, temos "uma atitude de fria impassibilidade científica e fotográfica, ditada por cânones do verismo, aplicado mais racionalmente do que por Zola" (idem). Todavia, apesar dessa distinção (e apesar de ambos os escritores serem acreditados pelo pensador sardo pelo "caráter superior" em relação aos mais pedestres representantes do brescianismo, isto é, do "'verismo' em sentido grosseiro": *Q 9*, 42, 1.121), nesse trecho também parece, no fundo, confirmar-se a continuidade cultural-nacional negativa já identificada no *Q 6*, 9, 688 [*CC*, 5, 305], caracterizada pela visível ausência, também entre quem escreve sobre a vida popular, do sábio "'contato' sentimental e ideológico" com o povo-nação.

Domenico Mezzina

Ver: brescianismo; Manzoni; nacional-popular; povo; Sicília/sicilianos; simples; verismo.

verismo

As observações que G. dedica nos *Q* ao verismo constituem parte integrante da reflexão sobre as deficiências dos escritores italianos, incapazes de representar a realidade das classes populares, de compreender suas dinâmicas históricas, mas sobretudo de partilhar seus sentimentos e suas aspirações. O juízo substancialmente negativo que G. exprime sobre a corrente literária pressupõe, de um lado, o constante confronto com o naturalismo francês e, de outro, a identificação do fenômeno italiano com o "banal verismo provinciano" (*Q 8*, 136, 1.025 [*CC*, 6, 221]), que constitui seu aspecto preponderante, além de mais grosseiro. Se o verismo, aos olhos de G., possui "algum mérito cultural como parcial reação ao caráter açucarado e à languidez romântica maneirosa tradicionais", ele tem a culpa de limitar – em relação "às correntes realistas dos outros países", "exceto, em parte, Verga" – a representação da realidade "à 'bestialidade' da 'natureza humana' (ao 'verismo' entendido em sentido mesquinho)" (*Q 9*, 42, 1.121). Se a Verga, que G. se preocupa em distinguir das formas correntes do verismo, não podem ser atribuídas culpas desse tipo, prejudica-o, de qualquer modo, aos olhos de G., "uma atitude de fria impassibilidade científica e fotográfica, ditada por cânones do verismo aplicado mais racionalmente do que por Zola" (*Q 8*, 9, 943 [*CC*, 6, 212]). As restrições sobre o verismo enriquecem-se no *Q 23*, um caderno especial, de uma ulterior notação que as resume e as liga ao grande tema da literatura nacional-popular. O real limite do verismo, com parcial exceção nesse caso também de Verga, aparece agora efetivamente a G. pelo fato de que "para os intelectuais de tendência verista, a preocupação dominante não foi (como na França) estabelecer um contato com as massas populares já 'nacionalizadas' em sentido unitário, mas fornecer os elementos que revelavam não estar ainda unificada a Itália real" (*Q 23*, 8, 2.196 [*CC*, 6, 73]).

Marina Paladini Musitelli

Ver: nacional-popular; naturalismo; Verga.

Vico, Giambattista

A figura de Vico aparece no *Q 4*, 56, 504 [*CC*, 6, 366] no contexto de uma reflexão sobre as origens do neoidealismo italiano: "Embora sua genialidade consista [...] em ter concebido um vasto mundo a partir de um pequeno recanto morto da história, ajudado pela concepção unitária e cosmopolita do catolicismo", sua experiência histórica não pode ser comparada à de Hegel, que foi testemunha de fatos históricos que "sacudiram todo o mundo civilizado de então e obrigaram a pensar, 'mundialmente'". É por essa razão que Croce e Gentile, ligando-se ao hegelianismo mediante o "elo de conjunção" Vico-Spaventa, cortam sua "parte mais realista, mais historicista". A genialidade de Vico é, de qualquer forma, provada pelo fato de ele ter elaborado as noções de "*verum ipsum factum*" e de "providência". A respeito da primeira, G. escreve: "Proposição de Vico '*verum ipsum factum*' que Croce desenvolve no sentido idealista de que o conhecer é um fazer e que se conhece o que se faz (veja o livro de Croce sobre Vico e outros escritos polêmicos de Croce), da qual (em suas origens hegelianas e não na derivação crociana) certamente depende o conceito do materialismo histórico" (*Q 8*, 199, 1.060). A respeito da providência, G. nota, ao contrário, que "deve-se [...] ver a obra de Croce sobre G. B. Vico, no qual o conceito de 'providência' é [...] 'especulativo', dando assim início à interpretação idealista da filosofia de Vico" (*Q 8*, 237, 1.089). Ambas as noções foram, portanto, interpretadas em sentido idealista por Croce e pelos crocianos (Luigi Russo), tornando-se especulativas, mas na realidade, uma vez reativados seus significados originários, mostram um perfil histórico irredutível àquela história e podem ser traduzidas criticamente na linguagem da filosofia da práxis. Tudo isso com a condição de que, como vimos, se coloque Vico no contexto nacional-internacional que lhe pertence.

Fabio Frosini

Ver: Croce; Gentile; Hegel; Maquiavel; verdadeiro.

visão do mundo: v. concepção do mundo.

Voce (La)

Na reflexão carcerária G. se detém sobre a atividade e a função cultural da revista florentina confrontando seus programas e resultados efetivos, segue as linhas das relações dos escritores de *La Voce* com a história da crítica, analisa suas obras com juízos variegados, lembra os argumentos enfrentados nas páginas do jornal. É no *Q 4*, 5, 426 que emerge o quadro mais completo dos propósitos do grupo de *La Voce*: segundo G., *La Voce* travou uma luta por uma nova cultura, que se pode pôr em relação com os objetivos da crítica militante de De Sanctis. Todavia, os autores de *La Voce* colocam-se num plano inevitavelmente subalterno (idem). Se De Sanctis propunha-se à criação de uma "alta cultura nacional", *La Voce* tentou divulgar essa mesma cultura "em um estrato intermédio" (idem). No Texto C acrescenta-se que os intelectuais que dirigiam a revista quiseram "democratizar" o que tinha sido "aristocrático" em De Sanctis e Croce, de modo que, se a tarefa desanctisiana foi "formar um Estado Maior cultural" (*Q 23*, 3, 2.189 [*CC*, 6, 64]), *La Voce*, ao contrário, procurou "estender aos oficiais subalternos o mesmo tom de civilização" (idem).

No *Q 21*, 1, 2.109 [*CC*, 6, 33] G. afirma que algumas "questões" fundamentais que fazem referência ao caráter não nacional-popular da literatura italiana frequentemente foram mal colocadas por causa da influência de alguns conceitos da crítica crociana, tais como a distinção entre história da cultura e história da arte. Para G. "a arte sempre é ligada a uma determinada cultura ou civilização": portanto, somente lutando por uma renovação da cultura, para criar um novo homem, é possível renovar a arte por dentro. A luta de *La Voce* a favor de "uma nova cultura, um novo modo de viver", portanto, não podia "criar artistas, *ut sic*", mas "promovia indiretamente também a formação de temperamentos artísticos originais, já que na vida também há arte" (*Q 23*, 3, 2.190 [*CC*, 6, 68]). Assim, ao movimento cultural G. reconhece, de qualquer forma, a função de ter suscitado correntes artísticas, ajudando muitos artistas a "reencontrarem a si mesmos" e gerando maior necessidade de "interioridade e de sincera expressão desta" (*Q 23*, 3, 2.189 [*CC*, 6, 67]). Todavia, "pelo movimento não foi expresso nenhum grande artista" (idem), já que os debates da revista ficaram em níveis medíocres e provincianos, sem conseguir produzir uma mudança de ideias, mas apenas "pedantismo e soberba" (*Q 4*, 5, 427). Doutro lado, já desde as primeiríssimas páginas dos *Q* (*Q 1*, 8, 8) aparece um epigramático juízo ("A velha geração de intelectuais fracassou", mesmo tendo tido uma juventude: citam-se explicitamente os nomes de Papini, Prezzolini e Soffici), que as relativas notas sucessivas motivarão. G. especifica que também *La Voce* foi afetada pelo "fenômeno geral de deterioração cultural" (*Q 28*, 6, 2.328 [*CC*, 2, 263]) que foi o "lorianismo" (ibidem, 2.326 [*CC*, 2, 263]; no Texto A, no *Q 1*, 25, 22, "Lorismo"), ligado à "escassa organização da cultura". O movimento de *La Voce* apresenta-se, aos olhos de G., em alguns momentos confuso e caótico: na primeira das rubricas dedicadas às "revistas tipo" evidencia-se a necessidade para a tipologia historiográfica (no *Q 24*, 3, 2.263 [*CC*, 2, 200], acrescentando a *La Voce* e a *L'Unità*, de Salvemini, a revista *Leonardo*, de Luigi Russo, falar-se-á de tipo "crítico-histórico-bibliográfico") de manter "uma forte organização interna redacional" (*Q 1*, 35, 26), ou seja, de dar-se uma "orientação intelectual muito unitária e não antológica" (*Q 24*, 3, 2.263 [*CC*, 2, 200]). As revistas que, ao contrário, dirigem-se a todos e a ninguém, perdem, segundo G., sua utilidade: privada exatamente do indispensável "movimento de base disciplinado" (*Q 6*, 120, 790 [*CC*, 2, 236]), *La Voce* acabou para dividir-se em *Lacerba*, *La Voce* e *L'Unità*, "com a tendência a se cindirem infinitamente", seguindo os "movimentos inorgânicos e caóticos" (idem) que se determinavam dentro dos estratos dos leitores.

O grupo de *La Voce* já antes de 1914 buscava, "com concórdia discorde" (*Q 23*, 25, 2.213 [*CC*, 6, 88]), elaborar uma consciência nacional-popular moderna; todavia, os nós problemáticos que mostravam como a literatura italiana não era nacional-popular (ausência de um teatro italiano, de uma literatura italiana popular na Itália, de folhetim, de romances infantis etc.) foram abordados de forma insuficiente e imprecisa mesmo pelos melhores expoentes do futurismo de *La Voce* e de *Lacerba*, promotores de um "Sturm und Drang popularesco" (*Q 14*, 14, 1.670). Nesses escritores G. percebe uma ausência de caráter e uma deletéria tendência a manifestações "carnavalescas e paródicas por pequeno-burgueses céticos e áridos" (idem). A literatura regional assumiu conotações folclóricas e o povo regional foi observado com o espírito "não participativo" e cosmopolita do "turista em busca de sensações fortes e originais para sua crueza" (idem). Os intelectuais de *La Voce*, mesmo tendo modificado o ritual, teriam continuado sendo efetivamente "'sacerdotes da arte', em regime de Concordata e de monopólio" (*Q 4*, 5, 427).

A influência crociana sobre a atividade cultural de *La Voce* é frequentemente evidenciada: Dom Benedetto, como Giustino Fortunato, segundo G., inspiraria de 1900 a 1914 (e em seguida – ele observa no *Q 10* II, 59, 1.353 [*CC*, 1, 420] – "como resolução") todas as revistas – por meio também da participação direta com a publicação de seus escritos – e todo movimento juvenil que se propusesse renovar a cultura italiana e "a vida dos partidos burgueses" (idem). *La Voce* publicou também uma entrevista a Croce realizada por Giovanni Castellano em 1910, que, segundo G., marca o limite da primeira fase da atividade de Croce como líder das correntes revisionistas de fim do século XIX (v. *Q 10* I, 2, 1.214 [*CC*, 1, 285]): a revista florentina, efetivamente, influenciou o socialismo como "elemento de revisionismo" (*Q 1*, 90, 91 [*CC*, 2, 61]). Além disso, Croce colocou, ao lado das preocupações de "líder mundial" (*Q 10* II, 41.IV, 1.303 [*CC*, 1, 371]), o interesse em desprovincianizar a cultura italiana, difundindo o que se tornará um dos princípios base do programa de *La Voce*, a necessidade de uma multiplicidade de contatos com o panorama internacional. Ambígua, entretanto, revelou-se ao longo do tempo a atitude de Papini em relação a ele, que inicialmente uniu Croce em um "binômio odioso" (*Q 17*, 16, 1.920 [*CC*, 6, 266]) com a cidade de Roma, objeto dos ataques de futuristas e de *La Voce* até 1919. G. menciona a atitude "jesuítica e carola" (idem) do ensaio intitulado *Il Croce e la Croce* [Croce e a Cruz], que registra o servilismo do fechamento em contraposição com as "piadas estereotipadas e mecânicas" (*Q 8*, 105, 1.002 [*CC*, 6, 217]) desde o início. Evidencia-se assim a hipocrisia de Papini, descrita como "repugnante" (ibidem, 1.003 [*CC*, 6, 217]), adjetivo reservado também à retorica de *Kobiliek. Giornale di battaglia* [Kobiliek. Jornal de batalha], de Ardengo Soffici, que no *Q 1*, 9, 8 [*CC*, 6, 153] G. tinha descrito como "um caipira sem ingenuidade nem espontaneidade". Palavras de elogio, ao contrário, merecem o *Guerra del'15* (*Dal taccuino di un volontario*) [Guerra de 1915 (Do caderno de notas de um voluntário)], de Giani Stuparich, usado como exemplo dos resultados alcançados pelos autores de *La Voce* no âmbito da literatura de guerra. No que diz respeito a Prezzolini, ao contrário, a fase da sua produção originária terminaria, segundo G., com a publicação do *Codice della vita italiana* [Código da vida italiana], em 1921: depois dessa data, ele começaria a louvar o que sempre tinha adversado, substituindo aos propósitos de renovação da cultura italiana os de conservação de "um patrimônio ideal", exprimidos na carta de 1923 a Gobetti, *Per una società degli Apoti* [Para uma sociedade dos Ápotos], citada por G. em *Q 1*, 142 (depois em *Q 23*, 31 [*CC*, 6, 92]).

G. acena a diversos argumentos centrais nos debates de *La Voce*: lembra as campanhas meridionalistas de Salvemini, citando um número monográfico sobre a questão meridional de 1911 que continha, além do mais, também um artigo de Gennaro Avolio sobre o clero, e faz referência aos dois números sobre o irredentismo de 1910. Uma nota de reprovação G. reserva ao antiprotecionismo de esquerda, próprio a alguns sindicalistas e expoentes de *La Voce* e de *L'Unità*, ao mesmo tempo que auspicia que uma seção filosófica de uma revista do tipo médio, correspondente a *La Voce* e a *Leonardo*, assim como a *L'Ordine Nuovo*, acolha um "tratamento analítico e sistemático da concepção filosófica de Antonio Labriola" (*Q 11*, 70, 1.509 [*CC*, 1, 225]).

Jole Silvia Imbornone

Ver: arte; Croce; De Sanctis; futurismo; intelectuais italianos; Labriola; nacional-popular; questão meridional; revisionismo; Salvemini.

Volpicelli, Arnaldo

Com espírito polêmico tanto agudo quanto feroz, G. define o jurista e filósofo do direito Arnaldo Volpicelli e o filósofo Ugo Spirito – unidos, na década de 1930, em um verdadeiro sodalício teórico – como os "Bouvard e Pécuchet da filosofia, da política, da economia, do direito e da ciência etc. etc." (*Q 6*, 82, 755 [*CC*, 3, 236]). Os dois filósofos lembrariam os protagonistas do homônimo romance de Flaubert, emblemas da mediocridade e da ausência de originalidade de pensamento. G. observa na teoria filosófica de Volpicelli e de Spirito a mais vistosa manifestação da involução do idealismo; ela, efetivamente, "faz coincidir verbalmente ideologia e filosofia" (e, portanto, real e ideal, teoria e prática), e isso "representa uma degradação da filosofia tradicional com relação à altitude a que Croce a tinha conduzido com a chamada dialética dos 'distintos'" (*Q 10* II, 59, 1.355 [*CC*, 1, 423]). Disso deriva "um conjunto de esquemas verbais abstratos, sustentados por uma fraseologia entediante e mecânica" (idem); tanto mais apreciável, portanto, resulta para G. a oposição a essa tendência expressa por Croce. O vício filosófico do idealismo de Volpicelli e Spirito se expressa principalmente na teoria da identidade de indivíduo e Estado: trata-se de uma teoria baseada em uma mecânica ("puramente racionalista") concatenação de conceitos que não reelabora os elementos da realidade histórica em ato e que confunde o Estado com a "sociedade regulada". Além disso, a superação da antítese de indivíduo e Estado, chegando até sua identificação, não é considerada pelos dois um objetivo a ser realizado, mas uma realidade já existente: "Existente, mas não reconhecida por ninguém a não ser eles, depositários da 'verdadeira verdade', ao passo que os outros (especialmente os economistas e, em geral, os cientistas das ciências sociais) não entendem nada, encontram-se 'no erro' etc." (*Q 6*, 82, 755 [*CC*, 3, 238]). Os motivos da ampla difusão desse erro não são esclarecidos por Spirito e Volpicelli, enquanto "aparece aqui e ali um vislumbre dos meios com os quais os dois consideram que a verdade deverá se difundir e tornar autoconsciência: é a polícia" (idem).

Alessio Gagliardi

Ver: corporativismo; fascismo; idealismo; Spirito.

voluntários

Na história e na realidade italianas é oportuno avaliar separadamente as atividades e as empresas das organizações de voluntários. E "por voluntários, não se deve entender a elite quando ela é expressão orgânica da massa social, mas sim o voluntário separado da massa por seu impulso individual arbitrário e em frequente oposição à massa ou a ela indiferente" (*Q 13*, 29, 1.623 [*CC*, 3, 80]). Na relação com a história da Itália, acrescenta G., essa diversificação é fundamental, pelo menos por três motivos: a) as características específicas de passividade nas grandes massas facilitam o alistamento de voluntários; b) a constituição social italiana, na qual está presente uma notável quantidade de burgueses de diversas extrações sociais, os dispõe a se prestar voluntariamente a qualquer iniciativa, seja de direita, seja de esquerda; c) a própria composição do proletariado italiano, os "mortos de fome", os expõe ao perigo do voluntariado. Daqui derivam o arditismo de um lado e o garibaldismo de outro. Ulterior exemplo: os partidos políticos italianos que "sempre foram formados por 'voluntários' ou, num certo sentido, por pessoas deslocadas, e jamais, ou quase nunca, por blocos sociais homogêneos" (ibidem, 1.624 [*CC*, 3, 81]). É exato dizer, portanto, que a afirmação da Itália moderna encontrou no voluntariado um volante, mas não se deve esquecer que ele "foi um sucedâneo da intervenção popular e, neste sentido, é uma solução de compromisso com a passividade das massas nacionais. Voluntariado-passividade caminham juntos mais do que se acredita" (*Q 19*, 11, 1.999 [*CC*, 5, 14]). Somente com a superação do voluntariado, que é "solução intermediária, equívoca, tão perigosa quanto o mercenarismo" (*Q 19*, 5, 1.980 [*CC*, 5, 33-4]), pode-se garantir uma adesão orgânica das massas populares-nacionais ao Estado.

Lelio La Porta

Ver: *arditi*; Garibaldi; nacional-popular; passividade; Piemonte; *Risorgimento*; voluntarismo.

voluntarismo

G. fala de voluntarismo em sentido militar e sócio-político (relação entre dirigentes e dirigidos, entre intelectuais e massas populares), conotando-o prevalentemente de maneira negativa. Ele distingue "o voluntarismo ou garibaldismo que se teoriza como forma orgânica de atividade histórico-política e se exalta com frases que são apenas uma transposição da linguagem do super-homem indivíduo a um conjunto de 'super-homens' (exaltação das minorias ativas como tais etc.)". Esse tipo de voluntarismo é parecido com as vanguardas sem exércitos, os *arditi* sem infantaria ou artilharia, as elites intelectuais sem massa. Coisa diferente "é o voluntarismo ou garibaldismo concebido como momento inicial de um período orgânico a ser preparado e desenvolvido, no qual a participação da coletividade orgânica, como bloco social, aconteça de modo completo". Nesse caso, as vanguardas e os *arditi* aparecem "como funções especializadas de organismos complexos e regulares" e os intelectuais "sentem-se ligados organicamente a uma massa nacional-popular" (*Q 14*, 18, 1.675-6 [*CC*, 3, 302]). A retórica de uma Itália desde sempre existente é um exemplo de voluntarismo, no qual um grupo intelectual está ligado a grupos sociais que se alimentam "com esse mito de fatalidade histórica", com essa "história fetichista" (*Q 19*, 5, 1.980 [*CC*, 5, 28]). G. apontava Maquiavel como solução para esse tipo de voluntarismo: "Ninguém pensou, precisamente, que o problema posto por Maquiavel, ao proclamar a necessidade de substituir os mercenários adventícios e indignos de confiança por milícias nacionais, só será resolvido quando também o 'voluntarismo' for superado pelo fato 'popular-nacional' de massa, uma vez que o voluntarismo é solução intermediária, equívoca, tão perigosa quanto o mercenarismo" (idem). Portanto, "é preciso distinguir e avaliar diversamente, por um lado, os empreendimentos e as organizações de voluntários e, por outro, os empreendimentos e as organizações de blocos sociais homogêneos", já que, "por voluntários, não se deve entender a elite quando ela é expressão orgânica da massa social" (*Q 13*, 29, 1.623 [*CC*, 3, 80]).

Marcos Del Roio

Ver: *arditi*; Maquiavel; voluntários.

vontade

A afirmação, que remonta a junho de 1918, de que "a vontade é clara e concreta, ou não é" ("A colaboração com o senso moral", 8 de junho de 1918, *NM*, 102) faz referência à identificação de vontade e ação presente na *Filosofia da prática*, de Croce. Todavia, já nesses anos em que G. opõe vontade a arbítrio, ele também une sistematicamente – de modo não reconduzível a Croce – vontade a organização e a disciplina (v., por exemplo, "Tre principi, tre ordini" [Três princípios, três ordens], 11 de fevereiro de 1917, em *CF*, 6; *Disciplina e libertà* [Disciplina e liberdade], 11 de fevereiro de 1917, ibidem, 16; "Carattere" [Caráter], 8 de setembro de 1917, ibidem, 319; "Kerenski-Cernof", 29 de setembro de 1917, ibidem, 539-40 [*EP*, I, 113]; "L'organizzazione economica e il socialismo" [A organização econômica e o socialismo], 9 de fevereiro de 1918, ibidem, 645 [*EP*, I, 138]; "La tua eredità" [Tua herança], 1º de maio 1918, ibidem, 869; "Il nostro Marx" [Nosso Marx], 4 de maio de 1918, em *NM*, 5-6 [*EP*, I, 160]; "Utopia", 25 de julho de 1918, ibidem, 205-6 [*EP*, I, 200]). Intervém desse modo uma dimensão política, como sinônimo de coletividade do agir, que, unida com a identificação de vontade e ação, marca de forma caraterística o conceito de vontade que se encontra também nos *Q*. Aqui, de fato, as ocorrências do termo reagrupam-se em torno de dois eixos problemáticos: a concretude da vontade e seu caráter coletivo. Esses dois núcleos, com todos os materiais de reflexão que a eles se ligam, convergem gradativamente até se amalgamarem na identificação da concretude da vontade com seu próprio caráter coletivo organizado, portanto, na unificação das noções de concretude e organização. Concreto é o ato de vontade que é (e que se pensa como) inserido em uma organização das relações das forças sociais, que possibilita sua eficácia. Vontade e eficácia unem-se como duas polaridades de uma mesma dinâmica do agir, constituída de tal modo que somente a eficácia pode ser a confirmação da concretude da vontade atuante.

A reflexão de G. – aqui brevemente resumida – inicia-se em dois textos autobiográficos do *Q 33*, em que se reevocam brevemente os acontecimentos ligados à estação de Turim. No Partido Socialista Italiano (PSI), observa G., "dominava uma concepção fatalista e mecânica [...] mas se verificavam atitudes de vulgar e trivial voluntarismo formalista" (*Q 3*, 42, 319 [*CC*, 3, 185]). Ao contrário, "o movimento turinês" dos Conselhos de Fábrica (e de *L'Ordine Nuovo*), que "foi acusado simultaneamente de ser 'espontaneísta' e 'voluntarista' ou bergsoniano (!)", movia-se na justa direção: a "acusação contraditória, uma vez analisada, mostra a fecundidade e a justeza da direção que lhe foi impressa": a unificação de uma "espontaneidade" bastante variada ("homens reais, formados em determinadas relações históricas, com determinados sentimentos, modos de ver, fragmentos de concepções do mundo etc., que resultavam das combinações 'espontâneas' de um dado ambiente de produção material, com a reunião 'casual', nele, de elementos sociais díspares") e de uma unitária "direção consciente". "Esta unidade da 'espontaneidade' e 'direção consciente', ou seja, da 'disciplina', é exatamente a ação política real das classes subalternas como política de massa e não simples aventura de grupos que invocam as massas" (*Q 3*, 48, 330 [*CC*, 3, 196]).

Por "vontade" G. entende então, de modo elítico, a vontade política unitária, e portanto concreta, que se exerce na "política de massas". Quando tal termo indica o arbítrio, ou seja, a vontade formalmente livre, que se define precisamente na medida em que se separa do agir coletivo, G. especifica, toda vez, que se trata de vontade utópica (*Q 6*, 12, 693 [*CC*, 3, 223] e *Q 6*, 86, 762 [*CC*, 3, 241]), de atitude veleidosa e abstrata (*Q 8*, 210, 1.068), de uma renúncia à ação (*Q 9*, 60, 1.131 [*CC*, 3, 295] e *Q 9*, 130, 1.191-2 [*CC*, 1, 256]), de ato de vontade arbitrário

(*Q 10* II, 41.XIV, 1.325 [*CC*, 1, 392]). Essa oposição encontra uma formulação resumida e retrospectiva em *Q 14*, 9, 1.662-3 [*CC*, 3, 297], em que, começando pela pergunta "quem é o legislador?" e ampliando muito tal conceito de modo a compreender, além do estritamente entendido, "qualquer outra atividade 'individual' que pretenda, em esferas mais ou menos amplas da vida social, modificar a realidade segundo certas diretrizes" (ibidem, 1.663 [*CC*, 3, 299]), G. nota "1) que o legislador individual [...] jamais pode desenvolver ações 'arbitrárias', anti-históricas, porque sua iniciativa, uma vez efetivada, atua como uma força em si no círculo social determinado, provocando ações e reações que são intrínsecas a este círculo, além de intrínsecas ao ato em si; 2) que todo ato legislativo, ou de vontade diretiva e normativa, deve também e especialmente ser avaliado objetivamente, em virtude das consequências efetivas que poderá ter; 3) que nenhum legislador pode ser visto como indivíduo, salvo abstratamente e por comodidade de linguagem, porque, na realidade, expressa uma determinada vontade coletiva disposta a tornar efetiva sua 'vontade', que só é 'vontade' porque a coletividade está disposta a dar-lhe efetividade; 4) que, portanto, qualquer indivíduo que prescinda de uma vontade coletiva e não procure criá-la, suscitá-la, ampliá-la, reforçá-la, organizá-la, é simplesmente um pretensioso, um 'profeta desarmado', um fogo-fátuo" (idem). Se levarmos em consideração as conclusões às quais G., entretanto, havia chegado acerca do conceito de filosofia (intervenção ideológica para modificar o senso comum de uma época), não será difícil vislumbrar no "legislador" aqui perfilado o mesmo "filósofo", ou seja, em última análise, o homem político. G. escreve, pois, que para entender de maneira concreta, historicista, o conceito de filosofia, deve-se repensar "*o conhecimento filosófico como ato prático, de vontade*" (título do *Q 10* II, 42, 1.328 [*CC*, 1, 396]) e "colocar na base da filosofia a 'vontade' (em última instância, a atividade prática ou política), mas uma vontade racional, não arbitrária, que se realiza na medida em que corresponde às necessidades objetivas históricas, isto é, em que é a própria história universal no momento de sua realização progressiva" (*Q 11*, 59, 1.485 [*CC*, 1, 202]). Essas considerações devem ser lidas à luz da adoção do conceito crociano de religião como unidade de concepção do mundo e da noção de ética derivante dela, ou seja, como unidade de teoria e prática (*Q 10* II, 31, 1.269-71 [*CC*, 1, 339]).

A fusão das duas problemáticas – a concretude e o caráter coletivo da vontade – já está adquirida no *Q 10*. A ela G. chega mediante a reflexão sobre o significado da afirmação, presente no *Prefácio de 59*, de que "a sociedade não se põe objetivos para cuja solução já não existam as condições necessárias" (*Q 7*, 4, 855 [*CC*, 1, 235]). Nesse texto e em uma série de textos sucessivos G. deduz diversas consequências do trecho de Marx. Antes de tudo, que "uma moral do materialismo histórico" não pode senão apoiar-se sobre a análise da relação entre vontade e condições: "Existindo as condições, a solução dos objetivos *torna-se* 'dever', a 'vontade' *torna-se* livre" (idem). A liberdade coincide com a necessidade e a vontade é expressão dessa coincidência, no sentido de que é exatamente a solução dessas "tarefas" historicamente postas, e por ser tal, identifica-se nelas, torna-se sua expressão necessária: "A *vontade política* em geral no sentido moderno, a vontade como consciência operosa da necessidade histórica" (*Q 8*, 21, 952 [*CC*, 6, 376]).

Contudo, a necessidade histórica não é um dado estático: "O político em ato [...] funda-se sobre a realidade efetiva; mas o que é essa realidade efetiva? Talvez seja algo de estático e imóvel, ou não é, ao invés, uma realidade em movimento, uma relação de forças em contínua mudança de equilíbrio?" (*Q 8*, 84, 990). A fundação da vontade moral (do "dever") coincide portanto com as análises das relações de forças, sempre conduzidas para "justificar o trabalho prático, [...] para discernir os pontos sobre os quais aplicar a força da vontade" (*Q 8*, 163, 1.039). Esse texto é de abril de 1932. Pouco tempo antes, em fevereiro, G. havia identificado a reflexão sobre a "proposição de que 'a sociedade não se põe problemas para cuja solução ainda não existam as premissas materiais'" com a reflexão sobre a "formação de uma vontade coletiva" (*Q 8*, 195, 1.057 [*CC*, 3, 287]). Desse ponto em diante, o tema da vontade concreta, e, portanto, o próprio tema moral, torna-se, nos *Q*, o tema da vontade coletiva, ou seja, de uma vontade que deve ser entendida "como produto de uma elaboração de vontade e pensamentos coletivos, obtidos através do esforço individual concreto, e não como resultado de um processo fatal estranho aos indivíduos singulares: daí, portanto, a obrigação da disciplina interior, e não apenas daquela exterior e mecânica" (*Q 6*, 79, 751 [*CC*, 2, 232]).

FABIO FROSINI

Ver: arbítrio; disciplina; *Ordine Nuovo (L')*; *Prefácio de 59*; voluntarismo; vontade coletiva.

vontade coletiva

Desde os anos da juventude G. evidenciou o papel central da vontade na construção de uma ordem social e política. Em um famoso artigo escrito em dezembro de 1917, após ter definido a Revolução soviética como uma "revolução contra *O capital*", afirmando que os bolcheviques superariam as "incrustações positivistas e naturalistas" que estariam presente no próprio Marx, G. escreve: os fatos máximos da história não são os "econômicos, brutos, mas o homem, a sociedade dos homens, dos homens que se aproximam uns dos outros, entendem-se entre si, desenvolvem por meio destes contatos (civilização) uma vontade social, coletiva, e compreendem os fatos econômicos, e os julgam, e os adequam à sua vontade, até que essa vontade se torne o motor da economia, plasmadora da realidade objetiva, a qual vive, e se move, e adquire caráter de matéria telúrica em ebulição, que pode ser dirigida para onde a vontade quiser, do modo como a vontade quiser" (*CF*, 514 [*EP*, I, 127]). Essa ideia de uma "vontade social, coletiva", que é resultado dos contatos entre os homens e que tem um papel determinante na criação da realidade social, por mais que seja influenciada pelo neoidealismo de Croce, e sobretudo de Gentile, se parece muito com o contratualismo rousseauniano. É verdade, porém, que com tais posições voluntaristas G. reagia às "incrustações positivistas e naturalistas" que caracterizavam não o pensamento de Marx, como ele então supunha, mas certamente o marxismo da Segunda Internacional.

Se G. se mantivesse fiel a essa "onipotência" da vontade, não iria além do neoidealismo devedor não da dialética objetiva de Hegel, mas sim da subjetiva de Fichte. Em seu pensamento maduro, ou seja, nos *Q*, o pensador sardo completa sua assimilação do materialismo histórico, que chamará mais tarde de filosofia da práxis. Em consequência de tal conquista teórica, G. conseguirá tratar o conceito de "vontade coletiva" – que permanece central em suas reflexões – em um patamar de concretude diverso. Agora o momento teleológico da ação humana aparece organicamente articulado com o momento causal-genético. A vontade coletiva continua tendo um papel importante na construção da ordem social, mas não mais como plasmadora da realidade, e sim como um momento decisivo que se articula por meio das determinações que provêm da realidade objetiva, em particular das relações sociais de produção.

Nos *Q* o conceito de vontade coletiva (com frequência requalificada como "vontade coletiva nacional-popular") encontra seu mais extenso tratamento no longo *Q 13*, 1 [*CC*, 3, 13] (um Texto C que retoma, sem alterações substanciais, *Q 8*, 21 [*CC*, 6, 374]). Ao analisar o papel do "moderno Príncipe" (isto é, do partido político revolucionário) na construção da vontade coletiva nacional-popular, ou seja, de uma nova hegemonia, G. evidencia – como não havia feito na juventude – a dupla determinação da vontade. Por um lado, ele reafirma o papel ativo da vontade, afastando-se assim de quem, em certo sentido no rastro de Hegel, entende a vontade coletiva como algo que se impõe objetivamente, "espontaneamente". Parece-me estar exatamente aqui o núcleo de sua crítica a Sorel e à sua concepção de "mito". Efetivamente, diz G., "para Sorel, o 'mito' não encontrava sua expressão maior no sindicato, como organização de uma vontade coletiva, mas na ação prática do sindicato e de uma vontade coletiva já atuante, ação prática cuja máxima realização deveria ser a greve geral, isto é, uma 'atividade passiva', por assim dizer, ou seja, de caráter negativo e preliminar [...] *de uma atividade que não prevê uma fase própria 'ativa e construtiva'* [...]. A solução era abandonada ao impulso do irracional, do 'arbitrário' (no sentido bergsoniano de 'impulso vital'), ou seja, da 'espontaneidade' [...]. Neste caso, pode-se ver que se supõe por trás da espontaneidade um puro mecanicismo, por trás da liberdade (arbítrio-impulso vital) um máximo de determinismo, por trás do idealismo um materialismo absoluto" (*Q 13*, 1, 1.556-8 [*CC*, 3, 15], o grifo é meu). O papel do "moderno Príncipe" é, ao contrário, o de *construir de maneira ativa* uma nova vontade coletiva; consequentemente, G. não somente critica Sorel, mas todos os que não veem "que se deva criar uma vontade coletiva *ex novo*, original, orientada para metas concretas e racionais, mas de uma concreção e racionalidade ainda não verificadas e criticadas por uma experiência histórica efetiva e universalmente conhecida" (ibidem, 1.558 [*CC*, 3, 16]). Por outro lado, já nesse trecho G. adverte que as metas devem ser concretas e racionais, ou seja, devem ser teleologicamente projetadas com base nas e tendo em conta as condições postas objetivamente pela realidade histórica. É isso que me parece resultar no seguinte trecho: "O moderno *Príncipe* deve ter uma parte dedicada ao *jacobinismo* (no significado integral que esta noção teve historicamente e deve ter conceitualmente), como exemplificação do modo pelo qual se formou concretamente e atuou uma vontade coletiva que, *pelo menos em alguns aspectos*, foi criação *ex novo*, original. E é preciso também definir a vontade coletiva e a vontade política em geral no sentido moderno, *a vontade como consciência operosa da necessidade histórica*, como protagonista de um drama histórico real e efetivo" (ibidem, 1.559 [*CC*, 3, 16-7], grifos meus). Portanto, somente "em alguns aspectos" a vontade coletiva é "criação *ex novo*", já que ela é também, e ao mesmo tempo, "consciência operosa da *necessidade* histórica". Temos aqui a articulação dialética entre teleologia e causalidade, entre momentos subjetivos e objetivos da práxis humana da qual a vontade é um momento que não pode ser eliminado. A vontade coletiva que se torna "protagonista de um drama histórico real e efetivo" – ou seja, que se torna momento ontologicamente constitutivo da realidade social – é aquela marcada por essa determinação.

Essa concepção da vontade, agora formulada em um patamar mais precipuamente filosófico, aparece de maneira ainda mais clara em outro contexto, no qual G. chama a atenção para a questão "o que é filosofia". Diz G.: "Para escapar ao solipsismo, e ao mesmo tempo, às concepções mecanicistas que estão implícitas na concepção do pensamento como atividade receptiva e ordenadora, deve-se colocar o problema de modo 'historicista' e, simultaneamente, colocar na base da filosofia a 'vontade' (em última instância, a atividade prática ou política), *mas uma vontade racional, não arbitrária, que se realiza na medida em que corresponde às necessidades objetivas históricas*, isto é, em que é a própria história universal no momento de sua realização progressiva. Se esta vontade é inicialmente representada por um indivíduo singular, a sua racionalidade é atestada pelo fato de ser ela acolhida por um grande número, e acolhida permanentemente, isto é, de se tornar uma cultura, um 'bom senso', uma concepção do mundo, com uma ética conforme a sua estrutura" (*Q 11*, 59, 1.485 [*CC*, 1, 202], grifo meu). G. propõe aqui uma concepção da vontade também identificada, em última análise, com a práxis política, capaz de ultrapassar tanto o idealismo solipsista quanto o vulgar materialismo mecanicista, os quais veem apenas, respectivamente, a determinação subjetiva e objetiva da vontade.

É importante assinalar que, no quadro comum dado por essa articulação dialética de teleologia e causalidade, G. concebe diversas manifestações históricas da vontade coletiva. Insiste, sobretudo, na manifestação da vontade coletiva como elemento da democracia. Falando sobre a diferenciação entre a evolução histórica da Itália e da França no *Q 5*, 123 [*CC*, 5, 225], quando pela primeira vez usa a expressão "vontade coletiva" nos *Q*, o pensador sardo observa: "Pode-se encontrar o testemunho da origem da diferenciação histórica entre Itália e França no Juramento de Estrasburgo (cerca de 841), ou seja, no fato de que o povo participa ativamente da história (o povo-exército), tornando-se o fiador da observância dos tratados entre os descendentes de Carlos Magno; o povo-exército dá esta garantia 'jurando em vulgar', isto é, introduz na história nacional sua língua, assumindo uma função política de primeiro plano, *apresentando-se como vontade coletiva, como elemento de uma democracia nacional*" (ibidem, 646 [*CC*, 5, 225], o grifo é meu). O lado negativo dessa relação entre vontade coletiva e democracia é que, segundo G., a ausência de tal vontade leva a um despotismo burocrático. Com a "ausência de uma democracia real, de uma real vontade coletiva nacional e, portanto, em face dessa passividade dos indivíduos, [se manifesta – ndr] a necessidade de um despotismo mais ou menos aberto da burocracia. A coletividade deve ser entendida como produto de uma elaboração de vontade e pensamento coletivos, obtidos através do esforço individual concreto, e não como resultado de um processo fatal estranho aos indivíduos singulares: daí, portanto, a obrigação da disciplina interior, e não apenas daquela exterior e mecânica" (*Q 6*, 79, 750-1 [*CC*, 2, 232]). Mas a formação de uma vontade coletiva pode também ter origem na ação de um líder carismático; nesse caso, porém, tal vontade coletiva – se é possível afirmar sua existência – é frágil. Criticando a teoria do líder carismático em Weber e sobretudo em Michels, G. escreve: "Mas terá existido ou não no passado o homem coletivo? Existia sob a forma de direção carismática, para citar Michels: isto é, obtinha-se uma vontade coletiva sob o impulso e a sugestão imediata de um 'herói', de um homem representativo; *mas esta vontade coletiva era devida a fatores extrínsecos, compondo-se e descompondo-se continuamente*" (*Q 7*, 12, 862 [*CC*, 3, 260], grifo meu).

A vontade coletiva em G. parece identificar-se também com o tradicional conceito de soberania ou, mais exatamente, é posta como base da ação do legislador. Efetivamente, em *Q 14*, 9 [*CC*, 3, 297], depois de ter afirmado "1) que o legislador individual (deve-se entender legislador individual não só no caso restrito da atividade parlamentar-estatal, mas também em qualquer outra 'atividade individual' que pretenda, em esferas mais ou menos amplas de vida social, modificar a realidade segundo certas diretrizes) jamais pode desenvolver ações 'arbitrárias', anti-históricas, porque sua iniciativa, uma vez efetivada, atua como uma força em si no círculo social determinado, provocando ações e reações que são intrínsecas a este círculo, além de intrínsecas ao ato em si; 2) que todo ato legislativo, ou de vontade diretiva e normativa, deve também e especialmente ser avaliado objetivamente, em virtude das consequências efetivas que poderá ter; 3) que nenhum legislador pode ser visto como indivíduo, salvo abstratamente e por comodidade de linguagem, porque, na realidade, expressa uma determinada vontade coletiva disposta a tornar efetiva sua 'vontade', que só é 'vontade' porque a coletividade está disposta a dar-lhe efetividade; 4) que, portanto, qualquer indivíduo que prescinda de uma vontade coletiva e não procure criá-la, suscitá-la, ampliá-la, reforçá-la, organizá-la, é simplesmente um pretensioso, um 'profeta desarmado', um fogo-fátuo" (ibidem, 1.663 [*CC*, 3, 298]).

Finalmente, o conceito de vontade coletiva em G. está estreitamente ligado ao de "reforma intelectual e moral", ou seja, à questão da hegemonia. Efetivamente, uma tarefa importante do "moderno Príncipe" é justamente "ser o anunciador e o organizador de uma reforma intelectual e moral, o que significa, de resto, criar o terreno para um novo desenvolvimento da vontade coletiva nacional-popular no sentido da realização de uma forma superior e total de civilização moderna. Esses dois pontos fundamentais – formação de uma vontade coletiva nacional-popular, da qual o moderno Príncipe é ao mesmo tempo o organizador e a expressão ativa e atuante, e reforma intelectual e moral – deveriam constituir a estrutura do trabalho" (*Q 8*, 21, 953 [*CC*, 6, 377]).

Bibliografia: Coutinho, 1999; Golding, 1992; Medici, 2000.

Carlos Nelson Coutinho

Ver: democracia; Estado; líder carismático; Michels; moderno Príncipe; Partido Comunista; reforma intelectual e moral; sociedade civil; Sorel; Weber.

W

Weber, Max

O interesse de G. dirige-se sobretudo a dois temas tratados por Weber (além de "líder carismático": *Q 2*, 75 [*CC*, 3, 160]). O primeiro refere-se ao "calvinismo, com a sua férrea concepção da predestinação e da graça, que determina uma vasta expansão do espírito de iniciativa" (*Q 11*, 12, 1.389 [*CC*, 1, 107]). Essa "posição" do calvinismo é uma prova dos nove, "ainda mais expressiva e significativa", para a expansividade do novo modelo produtivo e de vida "americano", em contraposição com a estática situação europeia com seu "cristianismo jesuitizado, transformado em simples ópio para as massas populares" (idem). Nas reflexões gramscianas sobre o "novo tipo humano" (*Q 22*, 2, 2.146 [*CC*, 4, 242]) que está se forjando na América ressoam as considerações weberianas da Ética protestante, lida no cárcere entre agosto de 1931 e outubro de 1932.

O segundo tema diz respeito ao papel desenvolvido pela burocracia para impedir "a elaboração de uma equipe ampla e experimentada de funcionários políticos burgueses" (*Q 12*, 1, 1.527 [*CC*, 2, 15]). Na Itália e na Alemanha, a "hierarquia burocrática substituía a hierarquia intelectual e política" (*Q 3*, 119, 388; [*CC*, 3, 202]): "Max Weber [...] é de opinião que uma grande parte das dificuldades atravessadas pelo Estado alemão no pós-guerra foram motivadas pela ausência de uma tradição político-parlamentar e de vida partidária antes de 1914" (*Q 15*, 48, 1.809 [*CC*, 3, 342]). Na Alemanha, "por detrás da burocracia estavam os Junker", uma classe social, "ainda que mumificada e mutilada" (*Q 14*, 47, 1.705 [*CC*, 5, 314]), com uma história e um enraizamento econômico: ela "possui um quase monopólio das funções diretivo-organizativas na sociedade política, mas que dispõe ao mesmo tempo de uma base econômica própria e não depende exclusivamente da liberalidade do grupo econômico dominante" (*Q 12*, 1, 1.526-7 [*CC*, 2, 28]). Na Itália, ao invés, "uma força desse tipo não existia: a burocracia italiana pode ser comparada à burocracia papal ou, melhor ainda, à burocracia chinesa dos mandarins" (*Q 14*, 47, 1.70 5 [*CC*, 5, 314]).

MICHELE FILIPPINI

Ver: burocracia; calvinismo; elite/elitismo; líder carismático; transformismo.

W

X

xenomania

Com o termo xenomania, G. identifica a tendência de alguns intelectuais italianos "do tipo 'moralistas' ou 'moralizadores'" em acreditar que, no exterior, as pessoas seriam "mais honestas, mais capazes e mais inteligentes do que na Itália" (*Q 23*, 14, 2.204 [*CC*, 6, 81]), confundindo um povo em sua totalidade com seus estratos mais corruptos, presentes, sobretudo, entre a pequena burguesia, à qual pertencem também os mesmos detratores. Tal xenomania, tal "mania pelo estrangeiro", segundo G., assumia formas "tediosas e por vezes repugnantes em tipos invertebrados, como Graziadei" (idem); trata-se de uma "manifestação de antirretórica que era, não obstante, uma verdadeira retórica deprimente e de falso malandro, tipo de Stenterello-Maquiavel" (*Q 7*, 30, 879 [*CC*, 1, 444]). Além disto, alimentava "revoltantes poses esnobes" (*Q 23*, 14, 2.204 [*CC*, 6, 81]). A esse propósito, G. lembra-se de um colóquio de 1924 com Prezzolini, que lamentava não ter buscado a cidadania inglesa para seus filhos. Quem adere a essa concepção, em vez de tomar ciência de sua própria incapacidade de atuar na sociedade, prefere "concluir que todo um povo é inferior, pelo que nada mais resta a fazer salvo acomodar-se" (ibidem, 2.205 [*CC*, 6, 82]). Os que sustentam a xenomania, mesmo que às vezes sejam apoiadores de "um nacionalismo dos mais exarcebados", deveriam ser – glosa incisivamente G. – "registrados pela polícia entre os elementos capazes de espionar contra seu próprio país" (idem). Tal "estado de espírito" é, de fato, clara prova, além de estupidez, de "ausência de espírito nacional-popular". Não estamos, porém, diante de uma "fatal qualidade do homem italiano", mas de um fenômeno que tem uma origem histórica definida na ideologia burguesa, sufragada pelos sociólogos positivistas, para os quais o atraso do *Meridione* não tinha causas históricas, mas era determinado pelo fato de que seus habitantes eram por natureza "poltrões, incapazes, criminosos, bárbaros" (*QM*, 140 [*EP*, 2, 409]). A xenomania não é, de qualquer modo, apanágio exclusivo de uma parte dos intelectuais italianos, mas se manifestou – especifica G. – "em determinadas épocas de envilecimento moral, também em outros países" (*Q 23*, 14, 2.204 [*CC*, 6, 81]), por exemplo, na Rússia (cf. *Q 1*, 42, 30, Texto A).

JOLE SILVIA IMBORNONE

Ver: intelectuais; intelectuais italianos; nacional-popular; positivismo; Prezzolini; questão meridional; Rússia.

X

Bibliografia das obras citadas

ACCAME, G. Gramsci e Gentile secondo A. Del Noce. In: CAPITANI, L.; VILLA, R. (orgs.). *Scuola, intellettuali e identità nazionale nel pensiero di Antonio Gramsci*. Roma, Gamberetti, 1999, p. iii-8.

ALOISI, M. Gramsci, la scienza e la natura come storia. *Società*, n. 3, set. 1950, p. 106-10.

_____. et al. Scienza, natura e storia in Gramsci. *Società*, n. 1, mar. 1951, p. 95-110.

ALTHUSSER, L. L'Oggetto del *Capitale* (1965). In: TURCHETTO, M. (org.). *Leggere il "Capitale"*. Milão, Mimesis, 2006, p. 165-270. [Ed. bras.: O objeto de *O capital*. In: TURCHETTO, M. (org.). *Ler "O capital"*. Trad. Nathanael C. Caixeiro, Rio de Janeiro, Zahar, 1980, 2 v.]

AMENDOLA, G. et al. *Prassi rivoluzionaria e storicismo in Gramsci*. Roma, Editori Riuniti, 1967, série Quaderni di Critica Marxista, n. 3.

ANGLANI, B. La revisione gramsciana di Croce e il concetto di "struttura" nelle note sul canto decimo dell'*Inferno*. In: ROSSI, P. (org.). *Gramsci e la cultura contemporanea*, v. 2. Roma, Riuniti, 1969, p. 329-46.

_____. *Egemonia e poesia*. Gramsci: l'arte, la letteratura. Lecce, Manni, 1999.

AREZIO, L. Rinascimento, Umanesimo e spirito moderno. *Nuova Antologia*, jul. 1930, p. 15-37.

ARNOLD, D. Gramsci and Peasant Subalternity in India. In: CHATURVEDI, V. (org.). *Mapping Subaltern Studies and the Postcolonial*. Londres, Verso, 2000, p. 24-49.

ASOR ROSA, A. *Scrittori e popolo*. Roma, Samonà e Savelli, 1964.

AUCIELLO, N. *Socialismo ed egemonia in Gramsci e Togliatti*. Bari, De Donato, 1974.

AUERBACH, E. *Dante als Dichter der irdischen Welt*. Berlim/Leipzig, De Gruyter, 1929.

BADALONI, N. *Marxismo come storicismo*. Milão, Feltrinelli, 1962.

_____. Il fondamento teorico dello storicismo gramsciano. In: ROSSI, P. (org.). *Gramsci e la cultura contemporanea*, v. 2. Roma, Editori Riuniti, 1969, p. 73-80.

_____. *Il marxismo di Gramsci*. Dal mito alla ricomposizione politica. Turim, Einaudi, 1975.

_____. Libertà individuale e uomo collettivo in Gramsci. In: FERRI, F. (org.) *Politica e storia in Gramsci*. Atti del Convegno Internazionale di Studi Gramsciani. Firenze, 9-11 dicembre 1977, v. 1: *Relazioni a stampa*. Roma, Editori Riuniti, 1977, p. 9-60. [Ed. bras. Liberdade individual e homem coletivo em Gramsci. In: INSTITUTO GRAMSCI, *Política e história em Gramsci*. Rio de Janeiro, Civilização Brasileira, 1978.]

_____. *Il problema dell'immanenza nella filosofia politica di Antonio Gramsci*. Veneza, Arsenale, 1988.

_____. Due manoscritti inediti di Sraffa su Gramsci. *Critica Marxista*, v. 1, n. 6, nov.-dez. 1992, p. 43-50.

_____. Gramsci e l'economia politica. Discussione con Lunghini. *Critica Marxista*, n. 2, 1994, p. 35-41.

BARATTA, G. Che cos'è l´uomo? Appunti su una "filosofia occasionale". In: MEDICI, R. (org.). *Gramsci*. Il linguaggio della politica. Bolonha, Cluebe, 1999, p. 7-21.

_____. *Le rose e i quaderni*. Saggio sul pensiero di Antonio Gramsci. Roma, Gamberetti, 2000.

_____. *Le rose e i quaderni*. Il pensiero dialogico di Antonio Gramsci. Roma, Carocci, 2003. [Ed. bras.: *As rosas e os cadernos*. O pensamento dialógico de Antonio Gramsci. Trad. Giovanni Semeraro, Rio de Janeiro, DP&A, 2004.]

_____. Americanismo e fordismo. In: FROSINI, F.; LIGUORI, G. (orgs.). *Le parole di Gramsci*. Per un lessico dei *Quaderni del carcere*. Roma, Carocci, 2004, p. 15-34.

_____. *Antonio Gramsci in contrappunto*. Dialoghi col presente. Roma, Carocci, 2007. [Ed. bras.: *Antonio Gramsci em contraponto*. Diálogos com o presente. Trad. Jaime Clasen, São Paulo, Editora Unesp, 2011.]

_____; CATONE, A. (orgs.). *Modern Times*. Gramsci e la critica dell'americanismo. Milão, Cooperativa Diffusioni 84, 1989.

_____; LIGUORI, G. (orgs.). *Gramsci da un secolo all'altro*. Roma, Editori Riuniti, 1999.

BARBADORO, B. *Le finanze della repubblica fiorentina*. Florença, Olschki, 1929.

BARBAGALLO, A. La caduta tendenziale del saggio di profitto e i compiti dell'economia critica. Percorsi gramsciani di critica dell'economia politica. *Marxismo Oggi*, n. 1, 2003, p. 9-22.

BELLAMY, R. Gramsci, Croce and the Italian Political Tradition. *History of Political Thought*, n. 2, 1990, p. 313-37.

BENINI, R. Sull'incidenza dell'interesse del capitale. *La Riforma sociale*, n. 5, 1931, p. 449-57.

BERGAMI, G. Neohegelismo e attualismo all'origine della gramsciana teoria della prassi. *Belfagor*, n. 5, 1977, p. 517-34.

_____. Illuminismo, anticlericalismo e massoneria nel pensiero di Antonio Gramsci. *Bollettino della Società per gli Studi Storici, Archeologici ed Artistici della Provincia di Cuneo*, n. 97, 1987, p. 85-107.

BERMANI, C. *Gramsci, gli intellettuali e la cultura proletaria*. Milão, Cooperativa Colibrì, 2007.

BERNHEIM, E. *La storiografia e la filosofia della storia*. Manuale del metodo storico e della filosofia della storia. Trad. P. Barbati, Milão/Palermo/Nápoles, Sandron, 1907.

BISCIONE, F. M. Introduzione. In GRAMSCI, A. *Disgregazione sociale e rivoluzione*. Scritti sul Mezzogiorno. Org. F. M. Biscione, Nápoles, Liguori, 1996, p. 1-66.

BOBBIO, N. *Saggi su Gramsci*. Milão, Feltrinelli, 1990. [Ed. bras.: *Ensaios sobre Gramsci*. Trad. Marco Aurélio Nogueira, São Paulo, Paz e Terra, 2000.]

_____. Gramsci e la dialettica (1958). In: BOBBIO, N. *Saggi su Gramsci*. Milão, Feltrinelli, 1990a, p. 25-37.

_____. La società civile (1967). In: BOBBIO, N. *Saggi su Gramsci*. Milão, Feltrinelli, 1990b, p. 38-65.

_____. Gramsci e la teoria politica (1988). In: BOBBIO, N. *Saggi su Gramsci*. Milão, Feltrinelli, 1990c, p. 73-96.

BODEI, R. Gramsci: volontà, egemonia, razionalizzazione. In: FERRI, F. (org.) *Politica e storia in Gramsci*. Atti del Convegno Internazionale di Studi Gramsciani. Firenze, 9-11 dicembre 1977, v. 1: *Relazioni a stampa*. Roma, Editori Riuniti, 1977, p. 61-98. [Ed. bras.: Gramsci: vontade, hegemonia, racionalização. In: INSTITUTO GRAMSCI, *Política e história em Gramsci*. Rio de Janeiro, Civilização Brasileira, 1978.]

BONINELLI, G. M. *Frammenti indigesti*. Temi folclorici negli scritti di Anonio Gramsci. Roma, Carocci, 2007.

BOOTHMAN, D. Gramsci, Croce e la scienza. In: GIACOMINI, R.; LOSURDO, D.; MARTELLI, M. (orgs.). *Gramsci e L'Italia*. Nápoles, La Città del Sole, 1994, p. 165-86.

_____. *Traducibilità e processi traduttivi*. Un caso: A. Gramsci linguista. Perúgia, Guerra, 2004.

BORGHESE, L. Tia Alene in bicicletta: Gramsci traduttore dal tedesco e teorico della traduzione. *Belfagor*, n. 6, 1981, p. 635-65.

BRACCO, F. La nozione di "crisi" in Gramsci. In: BRACCO, F. (org.). *Gramsci e la crisi del mondo liberale*. Perúgia, Guerra, 1980, p. 253-87.

BROCCOLI, A. *Antonio Gramsci e l'educazione come egemonia*. Florença, La Nuova Italia, 1972.

BUCI-GLUCKSMANN, C. *Gramsci e lo Stato* (1975). Trad. C. Mancina e G. Saponaro, Roma, Editori Riuniti, 1976. [Ed. bras.: *Gramsci e o Estado*. Trad. Angelina Peralva, Rio de Janeiro, Paz e Terra, 1980.]

BUKHARIN, N. I. *La theorie du matérialisme historique*. Manuel populaire de la sociologie marxiste (1921). 4. ed. Paris, Editions Sociales Internationales, 1927.

_____. *Teoria del materialismo storico*. Manuale popolare di sociologia marxista (1921). Trad. A. Binazzi, Florença, La Nuova Italia, 1977.

_____. Teoria e pratica dal punto di vista del materialismo dialettico (1931). In: BUKHARIN, N. I. *Teoria del materialismo storico*. Manuale popolare di sociologia marxista. Trad. A. Binazzi, Florença, La Nuova Italia, 1977a, p. 363-89.

BURGIO, A. Il problema dell'arretratezza delle masse e la teoria del partito negli scritti pre-carcerari. In: GIACOMINI, R.; LOSURDO, D.; MARTELLI, M. (orgs.). *Gramsci e L'Italia*. Nápoles, La Città del Sole, 1994, p. 351-79.

_____. "Valorizzazione della fabbrica" e americanismo. In: BURGIO, A.; SANTUCCI, A. A. (orgs.). *Gramsci e la rivoluzione in Occidente*. Roma, Editori Riuniti, 1999, p. 160-90.

_____. *Gramsci storico*. Una lettura dei *Quaderni del carcere*. Roma/Bari, Laterza, 2002.

_____. *Per Gramsci*. Crisi e potenza del mondo moderno. Roma, DeriveApprodi, 2007.

_____; SANTUCCI, A. A. (orgs.). *Gramsci e la rivoluzione in Occidente*. Roma, Editori Riuniti, 1999.

BUTTIGIEG, J. A. Gramsci on Civil Society. *Boundary 2*, Durham, Duke University Press, v. 22, n. 3, 1995, p. 1-32.

_____. Sulla categoria gramsciana di "subalterno". In: BARATTA, G.; LIGUORI, G. (orgs.). *Gramsci da un secolo all'altro*. Roma, Editori Riuniti, 1999, p. 27-38.

_____. Il dibattito contemporaneo sulla società civile (2005). In: VACCA, G.; SCHIRRU, G. (orgs.). *Studi gramsciani nel mondo, 2000-2005*. Bolonha, Il Mulino, 2007, p. 55-77.

BUZZI, A. R. *La teoria politica di Gramsci*. Trad. S. Genovali. Florença, La Nuova Italia, 1973. [Ed. original: *La théorie politique d'Antonio Gramsci*. Beauvechain, Nauwelaerts, 1967.]

CACCIATORE, G. Il Marx di Gramsci. Per una rilettura del nesso etica-teoria-politica nel marxismo. In: CACCIATORE, G.; LOMONACO, F. (orgs.). *Marx e i marxismi cent'anni dopo*. Nápoles, Guida, 1987, p. 259-301.

CALABI, L. Gramsci e i classici dell'economia. In: SBARBERI, F. (org.). *Teoria politica e società industriale*. Ripensare Gramsci. Turim, Bollati Boringhieri, 1988, p. 209-35.

CANFORA, L. Cultura, consenso, costruzione del "blocco storico". In: TEGA, W. (org.). *Gramsci e l'Occidente*. Trasformazioni della società e riforma della politica. Bolonha, Cappelli, 1990, p. 71-93.

CAPITANI, L.; VILLA, R. (orgs.). *Scuola, intellettuali e identità nazionale nel pensiero di Antonio Gramsci*. Roma, Gamberetti, 1999.

CAPRIOGLIO, S. Un mancato incontro Gramsci-D'Annunzio a Gardone nell'aprile 1921 (con una testimonianza di Palmiro Togliatti). *Rivista Storica del Socialismo*, n. 15-16, 1962, p. 263-5.

CARACCIOLO, A. A proposito di Gramsci, la Russia e il movimento bolscevico. In: ISTITUTO ANTONIO GRAMSCI (org.). *Studi gramsciani*. Atti del convegno, Roma 11-13 gennaio 1958. Roma, Editori Riuniti, 1958, p. 95-104.

CARLUCCI, A. *L'influenza di Lenin su Gramsci*: per uno studio degli aspetti glottopolitici. *Isonomia*, Istituto di Filosofia Arturo Massolo, Università di Urbino, nov. 2007.

CARPINETI, L. Il concetto di senso comune in Gramsci. In: FERRI, F. (org.). *Politica e storia in Gramsci*. Atti del Convegno Internazionale di Studi Gramsciani. Firenze, 9-11 dicembre 1977, v. 1: *Relazioni a stampa*. Roma, Editori Riuniti, 1977, p. 336-42.

CASANUOVI, G. L. L'Anti-Loria. Croce e Loria: due interpretazioni del materialismo storico a confronto. *Archivio Storico Italiano*, n. 4, Toscana, Olschki, 1985, p. 611-71.

CAVALLARI, G. Gramsci e Sorel: la scienza politica fra "mito" e partito. In: MASTELLONE, S.; SOLA, G. (orgs.). *Gramsci*: il partito politico nei *Quaderni*. Florença, CET, 2001, p. 171-91.

CAVALLARO, L. La "trasformazione molecolare". Sul concetto di persona in Gramsci. *Critica Marxista*, n. 1, 2001, p. 51-60.

CAVALLUZZI, R. Paradigmi internazionali, cosmopolitismo, universalismo. Da Leopardi a Gramsci e oltre. In: PROTO, M. (org.). *Gramsci e l'Internazionalismo*: Nazione, Europa, America Latina. Manduria/Bari/Roma, Lacaita, 1999, p. 87-94.

CHEMOTTI, S. *Umanesimo, Rinascimento, Machiavelli nella critica gramsciana*. Roma, Bulzoni, 1975.

CICCARELLI, R. La visione del Centauro. Teoria delle egemonie storiche in Gramsci. *Critica Marxista*, n. 3-4, 2003, p. 70-82.

CILIBERTO, M. Contraddizioni dello storicismo. In: RICCHINI, C.; MANCA, E.; MELOGRANI, L. (orgs.). *Gramsci*. Le sue idee nel nostro tempo. Roma, L'Unità, 1987, p. 82-4.

_____. Rinascimento e Riforma nei *Quaderni* di Gramsci. In: CILIBERTO, M.; VASOLI, C. (orgs.). *Filosofia e cultura*. Per Eugenio Garin, v. 2. Roma, Editori Riuniti, 1991, p. 759-88.

_____. Cosmopolitismo e Stato nazionale nei *Quaderni del cárcere*. In: VACCA, G. (org.). *Gramsci e il Novecento*, v. 1. Roma, Carocci, 1999, p. 157-73.

CIRESE, A. M. *Cultura egemonica e culture subalterne*. Rassegna degli studi sul mondo popolare tradizionale. 2. ed. Palermo, Palumbo, 1973.

_____. *Intellettuali, folclore, istinto di classe*. Note su Verga, Deledda, Scotellaro, Gramsci. Turim, Einaudi, 1976.

COOPER, D. War of Position and Movement: Reflection on Central Europe 1917-1921 and the South African Trad Union Movement 1973-1974. *Suid Afrikaanse Tydskrif vir Sosiologie/South Africa Journal of Sociology*, n. 2, 1996, p. 55-71.

CORRADI, C. *Storia dei marxismi in Italia*. Roma, Manifestolibri, 2005.

COSPITO, G. Gramsci e il "piano". "L'economia regolata" e l'Unione Sovietica nell'analisi dei *Quaderni del carcere*. *Marx 101*, n. 18, dez. 1994, p. 98-110.

_____. Egemonia. In: FROSINI, F.; LIGUORI, G. (orgs.). *Le parole di Gramsci*. Per un lessico dei *Quaderni del carcere*. Roma, Carocci, 2004, p.74-92.

_____. Struttura-superstruttura. In: FROSINI, F.; LIGUORI, G. (orgs.). *Le parole di Gramsci*. Per un lessico dei *Quaderni del carcere*. Roma, Carocci, 2004a, p. 227-46.

_____. Introduzione. In: *Quaderni del carcere*, v. I: *Quaderni di traduzioni (1929-1932)*. Org. Giuseppe Cospito e Gianni Francioni. Roma, Istituto della Enciclopedia Italiana, 2007, 2 v., p. II-40.

COUTINHO, C. N. Volontà generale e democrazia in Rousseau, Hegel e Gramsci. In: VACCA, G. (org.). *Gramsci e il Novecento*, v. 2. Roma, Carocci, 1999, p. 291-312. [Ed. bras.: Vontade geral e democracia em Rousseau, Hegel e Gramsci. In: *Marxismo e política*: a dualidade de poderes e outros ensaios. São Paulo, Cortez, 1994, p. 121-42.]

_____. *Il pensiero politico di Gramsci*. Milão, Unicopli, 2006 [Ed. bras.: *Gramsci: um estudo sobre seu pensamento político*. Rio de Janeiro, Civilização Brasileira, 2007.]

CREHAN, K. *Gramsci, cultura e antropologia* (2004). Org. G. Pizza, Roma, Argo, 2008. [Ed. port.: *Gramsci, cultura e antropologia*. Trad. Ana Barradas, Lisboa, Campo da Comunicação, 2004.]

CRISTOFOLINI, P. Sulla dialettica di Gramsci e la storia filosófica delle "facoltà". *Aut Aut*, n. 151, jan.-fev. 1976, p. 68-72.

_____. Che cosa è un uomo?. In: *Politica, letteratura, concezione dell'uomo in Gramsci*. Corso svolto presso l'Istituto di Studi Comunisti Emilio Sereni. Roma, Salemi, 1988, p. 63-79.

CROCE, B. *Conversazioni critiche*, série 2. Bari, Laterza, 1918.

_____. Controriforma. *La Critica*, Bari, Laterza, n. 22, 1924, p. 321-33.

_____. *Storia dell'età barocca in Italia*. Bari, Laterza, 1929.

_____. *Punti di orientamento della filosofia moderna, antistoricismo*. Due letture ai congressi internazionali di filosofia di Cambridge Mass. 1926 e di Oxford 1930. Bari, Laterza, 1931.

_____. *Etica e politica* (1931). Bari, Laterza, 1967.

_____. Di un equivoco concetto storico: "la borghesia" (1928). In: *Etica e politica*. Bari, Laterza, 1967, p. 268-83.

_____. *Materialismo storico ed economia marxistica* (1900). Bari, Laterza, 1968. [Ed. port.: *Materialismo histórico e economia marxista*. Lisboa, Centauro, 2007.]

_____. Le teorie storiche del prof. Loria (1896). In: *Materialismo storico ed economia marxistica*. Bari, Laterza, 1968, p. 21-51.

_____. Per l'interpretazione e la critica di alcuni concetti del marxismo (1897). In: *Materialismo storico ed economia marxistica*. Bari, Laterza, 1968, p. 53-104.

_____. Concordanze tra la filosofia e i detti comuni (1917). In: *Cultura e vita morale*. Intermezzi polemici. Org. M. A. Frangipani, Nápoles, Bibliopolis, 1993, p. 203-8.

_____. *Problemi di estetica e contribuiti alla storia dell'estetica italiana* (1909). Nápoles, Bibliopolis, 2003.

CROCIONI, G. *Problemi fondamentali del Folklore*. Bolonha, Zanichelli, 1928.

DAVIDSON, A. Gramsci and Lenin 1917-1922. *Socialist Register*, v. 11, n. 2, 1974, p. 125-50.

DEBENEDETTI, G. Preludi. In: FERRATA, G; GALLO, N. (orgs.). *2000 pagine di Gramsci*, v. 2: *Lettere edite e inedite*. Milão, Il Saggiatore, 1964.

_____. Il metodo umano di Antonio Gramsci. Appunti del 1947 per un saggio sulle *Lettere dal carcere*. *Rinascita-Il Contemporaneo*, v. 39, 6 out. 1972, p. 15-9.

_____. Gramsci uomo classico (1947). In: SANTARELLI, E. *Gramsci ritrovato 1937-1947*. Catanzaro, Abramo, 1991, p. 263-8.

DE FELICE, F. Rivoluzione passiva, fascismo, americanismo in Gramsci. In: FERRI, F. (org.) *Politica e storia in Gramsci*. Atti del Convegno Internazionale di Studi Gramsciani. Firenze, 9-11 dicembre 1977, v. 1: *Relazioni a stampa*. Roma, Editori Riuniti, 1977, p. 161-220. [Ed. bras.: Revolução passiva, fascismo, americanismo em Gramsci. In: INSTITUTO GRAMSCI, *Política e história em Gramsci*. Rio de Janeiro, Civilização Brasileira, 1978.]

DE GIOVANNI, B. Lenin, Gramsci e la base teorica del pluralismo. *Critica Marxista*, n. 3-4, 1976, p. 29-53.

_____. Crisi organica e Stato in Gramsci. In: FERRI, F. (org.) *Politica e storia in Gramsci*. Atti del Convegno Internazionale di Studi Gramsciani. Firenze, 9-11 dicembre 1977, v. 1: *Relazioni a stampa*. Roma, Editori Riuniti, 1977, p. 221-57.

_____. Il "moderno Principe" tra politica e tecnica. *Critica Marxista*, n. 3, 1981, p. 51-70.

_____. Il Marx di Gramsci. In: DE GIOVANNI, B.; PASQUINO, G. *Marx dopo Marx*. Bolonha, Cappelli, 1985.

_____. Economico-corporativo. In: RICCHINI, C.; MANCA, E.; MELOGRANI, L. (orgs.). *Gramsci. Le sue idee nel nostro tempo*. Roma, L'Unità, 1987, p. 90-2.

_____.; GERRATANA, V.; PAGGI, L. *Egemonia, stato, partito in Gramsci*. Roma, Editori Riuniti, 1977.

DEL NOCE, A. *Il suicidio della rivoluzione*. Milão, Rusconi, 1978.

_____. *Dialettica e filosofia della prassi*. Milão, Franco Angeli, 1979.

DEL SASSO, R. Il rapporto struttura-poesia nelle note di Gramsci sul decimo canto dell'*Inferno*. In: ISTITUTO ANTONIO GRAMSCI (org.). *Studi gramsciani*. Atti del convegno, Roma 11-13 gennaio 1958. Roma, Editori Riuniti, 1958, p. 123-42.

DERRIDA, J. *Della grammatologia* (1967). Trad. R. Balzarotti, Milão, Jaca Book, 1989. [Ed. bras.: *Gramatologia*. Trad. Miriam Schnaiderman e Renato Janine Ribeiro, São Paulo, Perspectiva/Edusp, 1973.]

DE RUGGIERO, G. Erasmo e la Riforma. *La Nuova Italia*, v. 1, n. 1, jan. 1930, p. 12-7.

_____. *Rinascimento, Riforma, Controriforma*. Bari, Laterza, 1930a, 2 v.

_____. [Resenha de A. Feiler, *L'Expérience du bolchévisme*, Paris, NFR, 1931]. *La Critica*, n. 2, fev. 1932, p. 131-8. [Ed. port.: FEILER, A., *A experiência do bolchevismo*. Questões econômicas e sociais. Trad. Osório de Oliveira, Lisboa, Empresa Nacional de Publicidade, 1932.]

DOMBROSKI, R. *Antonio Gramsci*. Boston, Twayne, 1989.

DONZELLI, C. Introduzioni e note. In: GRAMSCI, A. *Quaderno 13*. Noterelle sulla politica del Machiavelli. Turim, Einaudi, 1981, p. ix-cii. [Ed. bras.: Introdução e notas. In. GRAMSCI, A. *Cadernos do cárcere*, v. 3: *Maquiavel*. Notas sobre o Estado e a política. Trad. C. N. Coutinho, Rio de Janeiro, Civilização Brasileira, 1999.]

D'ORSI, A.; CHIAROTTO, F. (orgs.). *Egemonie*. Nápoles, Dante & Descartes, 2008.

DURANTE, L. Gramsci e i pericoli del cosmopolitismo. *Critica Marxista*, v. 7, n. 5, 1998, p. 59-68. [Ed. bras.: Gramsci e os perigos do cosmopolitismo. *Educação em foco*, Juiz de Fora, v. 5, n. 2, set. 2000-fev. 2001, p. 81-94.]

_____. Nazionale-popolare. In: FROSINI, F.; LIGUORI, G. (orgs.). *Le parole di Gramsci*. Per un lessico dei *Quaderni del carcere*. Roma, Carocci, 2004, p.150-69.

EINAUDI, L. [Resenha de B. Croce, *Materialismo storico ed economia marxistica*. Bari, Laterza, 1917]. *La Riforma Sociale*, jul.-ago. 1918, p. 45.

_____. *Prediche*. Bari, Laterza, 1920.

_____. *Gli ideali di un economista*. Florença, La Voce, 1921.

_____. Il mito dello strumento tecnico ed i fattori umani del movimento operaio. *La Riforma Sociale*, nov.-dez. 1930, p. 579-89.

_____. *Saggi*. Turim, Edizioni Riforma Sociale, 1933.

ENGELS, F. *Ludwig Feuerbach e il punto d'approdo della filosofia classica tedesca* (1988). Trad. P. Togliatti, Roma, Editori Riuniti, 1972. [Ed. bras.: Ludwig Feuerbach e o fim da filosofia clássica alemã. In: MARX, K.; ENGELS, F. *Obras escolhidas*, v. 3. São Paulo, Alfa-Ômega, s.d.]

_____. Introduzione di Friedrich Engels alla prima ristampa. In: MARX, K. *Le lotte di classe in Francia dal 1848 al 1850* (1878). Org. G. Giorgetti, Roma, Editori Riuniti, 1973, p. 39-85. [Ed. bras.: Prefácio de Friedrich Engels. In: MARX, K. *As lutas de classes na França de 1848 a 1850*. Trad. Nélio Schneider, São Paulo, Boitempo, 2012.]

_____. *Anti-Dühring*. Trad. G. De Caria, org. V. Gerratana, Roma, Editori Riuniti, 1985 [Ed. bras.: *Anti-Dühring*: a revolução da ciência segundo o senhor Eugen Dühring. Trad. Nélio Schneider, São Paulo, Boitempo, 2015.]

_____. *L'origine della famiglia, della proprietà privata e dello Stato in rapporto alle indagini di Lewis H. Morgan* (1884). Org. F. Codino, Roma, Editori Riuniti, 1993. [Ed. bras.: A origem da família, da propriedade privada e do Estado. In: MARX, K.; ENGELS, F. *Obras escolhidas*, v. 3. São Paulo, Alfa-Ômega, s.d.]

FATTORINI, E. Religione morale e concezione dell'uomo. *Critica Marxista*, n. 2-3: *Oltre Gramsci con Gramsci*, 1987, p. 67-97.

FERGNANI, F. Il contributo filosofico di Gramsci. *Il Pensiero Critico*, n. 3, 1959, p. 61-95.

_____. *Marxismo e filosofia contemporanea*. Cremona, Mangiarotti, 1964.

_____. *La filosofia della prassi nei* Quaderni *di Gramsci*. Milão, Cuem, 1976.

FERRI, F. (org.). *Politica e storia in Gramsci*. Atti del Convegno Internazionale di Studi Gramsciani. Firenze, 9-11 dicembre 1977, v. 1: *Relazioni a stampa*. Roma, Editori Riuniti, 1977.

_____ (org.). *Politica e storia in Gramsci*. Atti del Convegno Internazionale di Studi Gramsciani. Firenze, 9-11 dicembre 1977, v. 2: *Relazioni, interventi, comunicazioni*. Roma, Editori Riuniti, 1979.

_____. Centralismo. In: RICCHINI, C.; MANCA, E.; MELOGRANI, L. (orgs.). *Gramsci. Le sue idee nel nostro tempo*. Roma, L'Unità, 1987, p. 77-9.

FINELLI, R. Gramsci tra Croce e Gentile. *Critica Marxista*, n. 5, 1989, p. 77-92.

FINOCCHIARO, M. A. *Gramsci and the History of Dialectical Thought*. Cambridge (MA), Cambridge University Press, 1988.

FORGACS, D.; NOWELL-SMITH, G. (orgs.) *Antonio Gramsci. Selections from Cultural Writings*. Trad. W. Boelhowe, Londres, Lawrence & Wishart, 1985.

FRANCESCHINI, F. "Folklore" vs. "Folclore" e un problema di datazione nei *Quaderni del carcere*. *Rivista di Letteratura Italiana*, v. 5, n. 1, 1988, p. 127-36.

_____. *Cultura popolare e intellettuali*. Appunti su Carducci, Gramsci, De Martino. Pisa, Giardini, 1989.

FRANCESE, J. Sul desiderio gramsciano di scrivere qualcosa "*für ewig*". *Critica Marxista*, n. 1, jan. 2009, p. 45-54.

FRANCIONI, G. Egemonia, società civile, Stato. Note per una lettura della teoria politica di Gramsci. In: *L'officina gramsciana. Ipotesi sulla struttura dei* Quaderni del carcere. Nápoles, Bibliopolis, 1984, p. 147-228.

_____. Gramsci tra Croce e Bucharin: sulla struttura dei *Quaderni* 10 e 11. *Critica Marxista*, v. 25, n. 6, 1987, p. 19-45.

_____. L'impaginazione dei *Quaderni* e le note su Labriola. *Belfagor*, n. 5, set. 1992, p. 607-15.

FROSINI, F. La crisi del marxismo nella critica di Gramsci a Benedetto Croce. In: BARATTA, G.; CATONE, A. (orgs.). *Modern Times*. Gramsci e la critica dell'americanismo. Milão, Cooperativa Diffusioni 84, 1989, p. 126-48.

_____. "Tradurre" l'utopia in politica. Filosofia e religione nei *Quaderni del carcere*. *Problemi*, n. 113, jan.-abr. 1999, p. 26-45.

_____. Riforma e Rinascimento. Il problema dell'"unità ideologica tra il basso e l'alto". In: CAPITANI, L.; VILLA, R. (orgs.). *Scuola, intellettuali e identità nazionale nel pensiero di Antonio Gramsci*. Roma, Gamberetti, 1999a, p. 93-112.

_____. Il "ritorno a Marx" nei *Quaderni del carcere* (1930). In: PETRONIO, G.; PALADINI MUSITELLI, M. (orgs.). *Marx e Gramsci*. Memoria e attualità. Roma, Manifestolibri, 2001, p. 33-68.

_____. *Gramsci e la filosofia*. Saggio sui *Quaderni del carcere*. Roma, Carocci, 2003.

_____. Sulla "traducibilità" nei *Quaderni* di Gramsci. *Critica Marxista*, n. 6, dez. 2003a, p. 29-38.

_____. Filosofia della praxis. In: FROSINI, F.; LIGUORI, G. (orgs.). *Le parole di Gramsci*. Per un lessico dei *Quaderni del carcere*. Roma, Carocci, 2004, p. 93-111.

_____. Riforma e Rinascimento. In: FROSINI, F.; LIGUORI, G. (orgs.). *Le parole di Gramsci*. Per un lessico dei *Quaderni del carcere*. Roma, Carocci, 2004a, p. 170-88.

_____. L'immanenza nei *Quaderni del carcere* di Antonio Gramsci. *Isonomia – Rivista di Filosofia*, Istituto di Filosofia Arturo Massolo, Università di Urbino, 2004b.

_____; LIGUORI, G. (orgs.). *Le parole di Gramsci*. Per un lessico dei *Quaderni del carcere*. Roma, Carocci, 2004.

GAGLIARDI, A. Il problema del corporativismo nel dibattito europeo e nei *Quaderni*. In: GIASI, F. (org.), *Gramsci nel suo tempo*, v. 2. Roma, Carocci, 2008, p. 631-56.

GALASSO, G. *Croce, Gramsci e altri storici*. Milão, Il Saggiatore, 1978.

_____. Risorgimento. In: RICCHINI, C.; MANCA, E.; MELOGRANI, L. (orgs.). *Gramsci. Le sue idee nel nostro tempo*. Roma, L'Unità, 1987, p. 125-8.

GALLINO, L. Gramsci e le scienze sociali. In: ROSSI, P. (org.). *Gramsci e la cultura contemporanea*, v. 2. Roma, Editori Riuniti, 1969, p. 81-108.

GARBOLI, C. Struttura e poesia nella critica dantesca contemporanea. *Società*, n. 1, 1952, p. 20-44.

GARIN, E. Politica e cultura in Gramsci: il problema degli intellettuali. In: ROSSI, P. (org.). *Gramsci e la cultura contemporanea*, v. 1. Roma, Editori Riuniti, 1969, p. 37-74.

_____. *Con Gramsci*. Roma, Editori Riuniti, 1997.

_____. Gramsci nella cultura italiana: appunti (1958). In: *Con Gramsci*. Roma, Editori Riuniti, 1997, p. 41-61.

GERRATANA, V. De Sanctis-Croce o De Sanctis-Gramsci? Appunti per una polemica. *Società*, n. 3, 1952, p. 497-512.

_____. Stato, partito, strumenti e istituti dell'egemonia nei *Quaderni del carcere*. In: DE GIOVANNI, B.; GERRATANA, V.; PAGGI, L. *Egemonia, stato, partito in Gramsci*. Roma, Editori Riuniti, 1977, p. 37-53.

_____. Introduzione. In: ENGELS, F. *Anti-Dühring*. Trad. G. De Caria, org. V. Gerratana, Roma, Editori Riuniti, 1985, p. vii-xliv.

_____. *Gramsci*. Problemi di metodo. Roma, Editori Riuniti, 1997.

_____. Sul concetto di "rivoluzione". In: *Gramsci*. Problemi di metodo. Roma, Editori Riuniti, 1997a, p. 83-118.

_____. Contro la dissoluzione del soggetto. In: *Gramsci*. Problemi di metodo. Roma, Editori Riuniti, 1997b, p. 127-41.

GERVASONI, M. *Antonio Gramsci e la Francia*. Dal mito della modernità alla "scienza della politica". Milão, Unicopli, 1998.

GIACOMINI, R.; LOSURDO, D.; MARTELLI, M. (orgs.). *Gramsci e l'Italia*. Atti del Convegno Internazionale di Urbino, 24-25 gennaio 1992. Nápoles, La Città del Sole, 1994.

GIDE, C.; RIST, C. *Histoire des doctrines économiques depuis le physiocrates jusqu'à nos jours* (1909). Paris, Librairie du Receuil Sirey, 1926.

GOBETTI, P. *Scritti politici*. Org. P. Spriano, Turim, Einaudi, 1960.

GOLDING, S. R. *Gramsci's Democratic Theory*: Contibutions to a Post-liberal Democracy. Toronto, University of Toronto Press, 1962, p. 68-87.

GREEN, M. E. Sul concetto gramsciano di "subalterno". In: VACCA, G.; SCHIRRU, G. (orgs.). *Studi gramsciani nel mondo, 2000-2005*. Bolonha, Il Mulino, 2007, p. 199-232.

GRIGOR'EVA, I. V. Il tema dell'URSS nei *Quaderni* gramsciani. *Critica Marxista*, n. 6, nov.-dez. 1991, p. 29-41.

GROETHUYSEN, B. *Origines de l'esprit bourgeois en France*, v. 1: *L'Église et la bourgeosie*. Paris, Gallimard, 1927.

GRUPPI, L. *Il concetto di egemonia in Gramsci*. Roma, Editori Riuniti, 1972. [Ed. bras.: *O conceito de hegemonia em Gramsci*. Rio de Janeiro, Graal, 1978.]

_____. Guerra di movimento e guerra di posizione. In: BADALONI et al. *Attualità di Gramsci*. Milão, Il Saggiatore, 1977, p. 25-52.

_____. Il metodo del centralismo democratico. *Critica Marxista*, n. 1, jan. 1986, p. 113-22.

GUGLIELMI, G. *Da De Sanctis a Gramsci*: il linguaggio della critica. Bolonha, Il Mulino, 1976.

HAUG, W. F. H. (org.). *Historisch-kritisches Wörtebuch des Marxismus*, v. 3. Hamburgo/Berlim, Argument, 1977.

_____. Historischer Materialismus und Pjilosophie der Praxis: Von Marx zu Gramsci-von Gramsci zu Marx. *Das Argument*, n. 236, 2000, p. 387-98.

HEGEL, G. W. F. *Fenomenologia dello spirito*. Trad. E. De Negri, Florença, La Nuova Italia, 1970, 2 v. [Ed. bras.: *Fenomenologia do espírito*. 7. ed., Trad. Paulo Meneses, Petrópolis, Vozes, 2011.]

HIRSCHFELD, U. Ethisch-politisch. *Haug*, 1997, p. 910-4

IACONO A. M. Sul rapporto tra filosofia e senso comune in Gramsci: la critica a Bucharin e a De Man. In: FERRI, F. (org.). *Politica e storia in Gramsci*. Atti del Convegno Internazionale di Studi Gramsciani. Firenze, 9-11 dicembre 1977, v. 2: *Relazioni, interventi, comunicazioni*. Roma, Editori Riuniti, 1979, p. 419-35.

ISTITUTO ANTONIO GRAMSCI (org.). *Studi gramsciani*. Atti del convegno, Roma 11-13 gennaio 1958. Roma, Editori Riuniti, 1958.

IVES, P. *Gramsci's Politics of Language*: Engaging the Bakhtin Circle and the Frankfurt School. Toronto, University of Toronto Press, 2004.

_____. *Language and Hegemony in Gramsci*. Londres, Pluto, 2004a.

IZZO, F. Nazione e cosmopolitismo nei *Quaderni del carcere*. In: *Democrazia e cosmopolitismo in Antonio Gramsci*. Roma, Carocci, 2009, p. 165-82.

JANNACCONE, P. Scienza, critica e realtà economica. *La Riforma Sociale*, 6 dez 1930, p. 521-8.

KANOUSSI, D. *Una introducción a "Los cuadernos de la cárcel" de Antonio Gramsci*. Puebla, Plaza y Valdés, 2000.

KASER, K. *Riforma e Controriforma* (1922). Trad. G. Maranini, Florença, Vallecchi, 1927.

KUHN, T. *La struttura delle rivoluzioni scientifiche*. Come mutano le idee della scienza (1962). Turim, Einaudi, 1969. [Ed. bras.: *A estrutura das revoluções científicas*. Trad. Beatriz Vianna Boeira e Nelson Boeira, São Paulo, Perspectiva, 2006.]

LABICA, G. Marxisme et spécificité. *La Pensée*, n. 177, 1974, p. 59-76.

_____. *Dopo il marxismo-leninismo*: tra ieri e domani. Trad. A. Catone, Roma, Associate, 1992.

_____. Gramsci, Lenin, la rivoluzione. In: BURGIO, A.; SANTUCCI, A. A. (orgs.). *Gramsci e la rivoluzione in Occidente*. Roma, Editori Riuniti, 1999, p. 33-47.

LABRIOLA, A. *La concezione materialistica della storia* (1938). Org. E. Garin, Bari, Laterza, 1965.

LA ROCCA, T. *Gramsci e la religione*. Brescia, Queriniana, 1991.

_____. Introduzione. In: A. Gramsci: la religione come senso comune. Milão, Nuove Pratiche Editrice, 1997, p. 13-45.

LEONE DE CASTRIS, A. *Estetica e politica*: Croce e Gramsci. Milão, Franco Angeli, 1989.

LENIN, V. I. *Opere complete*, v. 33. Trad. B. Bernardini, Roma, Editori Riuniti, 1967.

_____. *Opere complete*, v. 20. Trad. R. Platone, Roma, Editori Riuniti, 1996. [Ed. port.: *Obras escohidas em 3 tomos*. Lisboa/Moscou, Avante!/Progresso, 1977-1979.]

LIGUORI, G. *Gramsci conteso*. Storia di um dibattito 1922-1996. Roma, Editori Riuniti, 1996.

_____. Stato-società civile. In: FROSINI, F.; LIGUORI, G. (orgs.). *Le parole di Gramsci*. Per un lessico dei Quaderni del carcere. Roma, Carocci, 2004, p. 208-26.

_____. *Sentieri gramsciani*. Roma, Carocci, 2006.

LONGO, N. De Sanctis-Gramsci. *Crítica Letteraria*, n. 3, 1992, p. 479-94.

LO PIPARO, F. *Lingua, intellettuali, egemonia in Gramsci*. Roma/Bari, Laterza, 1979.

LOSURDO, D. Gramsci, Gentile, Marx e le filosofie della prassi. In: MUSCATELLO, B. (org.). *Gramsci e il marxismo contemporaneo*. Relazioni al convegno organizzato dal Centro Mario Rossi, Siena, 27-30 aprile 1987. Roma, Editori Riuniti, 1990, p. 92-114.

_____. Économisme historique ou materialisme historique? Pour une relecture de Marx et Engels. *Archives de Philosophie*, n. 57, jan.-mar. 1994, p. 141-55.

_____. *Antonio Gramsci*. Dal liberalismo al "comunismo critico". Roma, Gamberetti, 1997. [Ed. bras.: *Antonio Gramsci*. Do liberalismo ao comunismo crítico. Trad. Tereza Otoni, Rio de Janeiro, Revan, 2006.]

_____. Con Gramsci oltre Marx e oltre Gramsci. *Critica Marxista*, n. 5-6, 1997a, p. 56-66. [Ed. bras.: Com Gramsci, além de Marx e além de Gramsci. *Educação em foco*. Juiz de Fora, v. 5, n. 2, set. 2000-fev. 2001, p. 63-80.]

LUPERINI, R. *Marxismo e intellettuali*. Veneza, Marsilio, 1974.

LUPORINI, C. Senso comune e filosofia. In: RICCHINI, C.; MANCA, E.; MELOGRANI, L. (orgs.). *Gramsci*. Le sue idee nel nostro tempo. Roma, L'Unità, 1987, p. 132-3.

LUPORINI, M. B. Alle origini del "nazional-popolare". In: BARATTA, G.; CATONE, A. (orgs.). Antonio *Gramsci e il "progresso intellettuale di massa"*. Milão, Unicopli, 1995, p. 43-51.

MACCABELLI, T. Gramsci lettore di Ugo Spirito: economia pura e corporativismo nei Quaderni del carcere. *Il Pensiero Economico Italiano*, ano 5, n. 2, 1998, p. 73-114.

_____. La "grande trasformazione": i rapporti tra Stato ed economia nei *Quaderni del carcere*. In: GIASI, F. (org.). *Gramsci nel suo tempo*, v. 2. Roma, Carocci, 2008, p. 609-30.

MANACORDA, M. A. *Il principio educativo in Gramsci*. Roma, Armando, 1970.

_____. Il gorilla ammaestrato? Ma l'operaio resta pur sempre un uomo. In: BARATTA, G.; CATONE, A. (orgs.). *Modern Times*. Gramsci e la critica dell'americanismo. Milão, Cooperativa Diffusioni 84, 1989, p. 163-83.

_____. Stato, società civile, intellettuali: il ruolo progressivo della scuola. In: CAPITANI, L.; VILLA, R. (orgs.). *Scuola, intellettuali e identità nazionale nel pensiero di Antonio Gramsci*. Roma, Gamberetti, 1999, p. 75-89.

MANCINA, C. "Il fronte ideologico": ideologie e istituzioni statali in Gramsci. *Prassi e Teoria*, n. 7, 1980, p. 89--101.

_____. Rapporti di forza e previsione. Il gioco della storia secondo Gramsci. *Critica Marxista*, n. 5, 1980a, p. 41-54.

MANGONI, L. Il problema del fascismo nei *Quaderni del carcere*. In: FERRI, F. (org.). *Politica e storia in Gramsci*. Atti del Convegno Internazionale di Studi Gramsciani. Firenze, 9-11 dicembre 1977, v. 1: *Relazioni a stampa*. Roma, Editori Riuniti, 1977, p. 391-438.

_____. La genesi delle categorie storico-politiche nei *Quaderni del carcere*. *Studi Storici*, n. 3, 1987, p. 565-79.

MARTELLI, M. *Gramsci, filosofo della politica*. Milão, Unicopli, 1996.

_____. *Etica e storia*: Croce e Gramsci a confronto. Nápoles, La Città del Sole, 2001.

MARTINELLI, L. *Dante*. Storia della critica. Palermo, Palumbo, 1966.

_____. Gramsci. In: BOSCO, U. (org.). *Enciclopedia dantesca*, v. 3. Roma, Istituto dell'Enciclopedia Italiana, 1971, p. 265.

MARX, K. *Lohnarbeit und Kapital*. Zur Judenfrage und andere Schriften aus der Frühzeit, ausgewählt und eingeleitet von E. Drahn. Leipzig, Reclam, 1919.

_____. *Histoire des doctrine économiques* (1905-1910). Org. K. Kautsky; trad. J. Molitor, Paris, Costes, 1924--1925, 8 v.

_____. *Il capitale*, Libro I (1867). Trad. D. Cantimori, Roma, Editori Riuniti, 1964. [Ed. bras.: *O capital*: crítica da economia política, Livro I: *O processo de produção do capital*. Trad. Rubens Enderle, São Paulo, Boitempo, 2013.]

_____. Miseria della filosofia (1847). In: MARX, K.; ENGELS, F. *Opere*, v. 6. Trad. F. Rodano, Roma, Editori Riuniti, 1973, p. 105-225. [Ed. bras.: *Miséria da filosofia*. Trad. José Paulo Netto, São Paulo, Global, 1980.]

_____. *Manoscritti economico-filosofici del 1844* (1932). Org. N. Bobbio, Turim, Einaudi, 1983. [Ed. bras.: *Manuscritos econômico-filosóficos*. Trad. J. Ranieri, São Paulo, Boitempo, 2004.]

_____. Per la critica dell'economia politica (1859). In: MARX, K.; ENGELS, F. *Opere*, v. 30. Trad. F. Rodano, Roma, Editori Riuniti, 1986, p. 295-452. [Ed. bras.: *Contribuição para a crítica da economia política*. 2. ed. Trad. F. Fernandes, São Paulo, Expressão Popular, 2008.]

_____; ENGELS, F. *La sacra famiglia, ovvero Critica della critica, Contro Bruno Bauer e soci* (1845). Trad. A. Zanardo, Roma, Editori Riuniti, 1967. [Ed. bras.: *A sagrada família, ou A crítica da Crítica crítica contra Bruno Bauer e consortes*. Trad. M. Backes, São Paulo, Boitempo, 2003.]

MASARYK, T. G. *La Russia e l'Europa*. Studi sulle correnti spirituali in Russia. Trad. E. Lo Gatto, Roma, Istituto Romano, 1925, 2 v.

_____. *La Résurrection d'un État*. Souvenirs et réflexions: 1914-1918, Paris, Plon, 1930.

MASSARI, O. Il "moderno Principe" nella politica-storia di Gramsci. Considerazioni sulla problemática del partito moderno. In: FERRI, F. (org.). *Politica e storia in Gramsci*. Atti del Convegno Internazionale di Studi Gramsciani. Firenze, 9-11 dicembre 1977, v. 2: *Relazioni, interventi, comunicazioni*. Roma, Editori Riuniti, 1979, p. 450-71.

MASTELLONE, S. (org.). *Gramsci: i Quaderni del carcere*. Una riflessione politica incompiuta. Turim, Utet Libreria, 1997.

_____; SOLA, G. (orgs.). *Gramsci*: il partito politico nei *Quaderni*. Florença, CET, 2001.

MASTROIANNI, G. *Da Croce a Gramsci*. Studi filosofici. Urbino, Argalia, 1972.

_____. Il materialismo storico di N. I. Bucharin. *Giornale Critico della Filosofia Italiana*, n. 2, 1982, p. 222-42.

_____. Falce, martello e corte parole. *Belfagor*, n. 2, 1988, p. 222-5.

_____. L'impaginazione dei *Quaderni* e le note su Labriola – II. *Belfagor*, n. 5, 1992, p. 607-19.

MATTEUCCI, N. *Antonio Gramsci e la filosofia della prassi*. Milão, Giuffré, 1951.

MEDICI, R. *Gramsci: Machiavelli tra storia e metafora*. In: *La metafora Machiavelli*. Mosca, Pareto, Michels, Gramsci. Modena, Mucchi, 1990, p. 161-207.

_____. *Giobbe e Prometeo*. Filosofia nel pensiero di Gramsci. Florença, Alinea, 2000.

_____. Giacobinismo. In: FROSINI, F.; LIGUORI, G. (orgs.). *Le parole di Gramsci*. Per un lessico dei *Quaderni del carcere*. Roma, Carocci, 2004, p. 112-30.

_____. L'"utopia" gramsciana tra antropologia e politica. *Annali Istituto Gramsci Emilia-Romagna*, Bolonha, Clueb, n. 8: *Gramsci, il suo, il nostro tempo*, org. R. Medici, 2005, p. 193-205.

MENETTI, A. La critica letteraria di Antonio Gramsci come "situazione spirituale del tempo". In: GRAMSCI, A. *Il lettore in catene*. Roma, Carocci, 2004, p. 9-53.

MICHELINI, L. Antonio Gramsci e il liberismo italiano (1913-1931). In: GIASI, F. (org.). *Gramsci nel suo tempo*, v. 1. Roma, Carocci, 2008, p. 175-96.

MIRSKY, D. P. The Philosophical Discussion in the CPSU in 1930-1931. *Labour Monthly*, v. 13, n. 10, out. 1931, p. 649-56.

MONTANARI, M. Introduzione. In: GRAMSCI, A. *La questione meridionale*. Bari, Palomar, 2007, p. 5-47.

MORERA, E. *Gramsci's Historicism*: A Realist Interpretation. Londres/Nova York, Routledge, 1990.

MUSCATELLO, B. (org.). *Gramsci e il marxismo contemporaneo*. Relazioni al convegno organizzato dal Centro Mario Rossi, Siena, 27-30 aprile 1987. Roma, Editori Riuniti, 1990.

MUSCETTA, C. Gramsci e De Sanctis. In: CALZOLAIO, V. (org.). *Gramsci e la modernità*. Literatura política tra Ottocento e Novecento. Nápoles, Cuen, 1991, p. 19-28.

NATOLI, A. Introduzione. In: NATOLI, A.; DANIELE, C. (orgs.). *A. Gramsci, T. Schucht*. Lettere 1926-1935. Turim, Einaudi, 1997, p. vii-lvi.

NATTA, A. Il partito politico nei *Quaderni del carcere*. In: AMENDOLA, G. et al. *Prassi rivoluzionaria e storicismo in Gramsci*. Roma, Editori Editori Riuniti, 1967, série Quaderni di Critica Marxista, n. 3, p. 46-77.

_____. Il partito nei *Quaderni*. In: NATTA, A. et al., *Attualità di Gramsci*. Milão, Il Saggiatore, 1977, p. 139-72.

NAVE, A. *L'internazionalismo in Marx, Engels, Lenin, Gramsci*. Nápoles, La Nuova Cultura, 1984.

NEGRI, A. *Giovanni Gentile*. Sviluppi e incidenze dell'attualismo. Florença, La Nuova Italia, 1975.

NEMETH, T. *Gramscy's Philosophy*: A Critical Study. Brighton, Harvest, 1980.

PACI, M. (org.). Gramsci e i classici della sociologia. *I Quaderni*, Ancona, Istituto Gramsci Marche/Università di Ancona, n. 4, out.-nov.-dez. 1992, p. 7-29.

PAGGI, L. *Antonio Gramsci e il moderno Principe*, v. 1: *Nella crisi del socialismo italiano*. Roma, Editori Riuniti, 1970.

_____. *Le strategie del potere in Gramsci*. Tra fascismo e socialismo in un solo paese (1923-1926). Roma, Editori Riuniti, 1984.

_____. Il problema Machiavelli (1969). In: *Le strategia del potere in Gramsci*. Tra fascismo e socialismo in un solo paese (1923-1926). Roma, Editori Riuniti, 1984a, p. 387-426.

_____. Da Lenin a Marx (1974). In: *Le strategia del potere in Gramsci*. Tra fascismo e socialismo in un solo paese (1923-1926). Roma, Editori Riuniti, 1984b, p. 427-97.

_____. Gramsci, Antonio. In: DE GRAZIA, V.; LUZZATO, S. (orgs.). *Dizionario del fascismo*, v. 1: *A-K*. Turim, Einaudi, 2000, p. 618-21.

PALADINI MUSITELLI, M. *Introduzione a Gramsci*. Roma/Bari, Laterza, 1996.

_____. Brescianesimo. In: FROSINI, F.; LIGUORI, G. (orgs.). *Le parole di Gramsci*. Per un lessico dei *Quaderni del carcere*. Roma, Carocci, 2004, p. 35-54.

PANICHI, N. *Storia della filosofia e filosofia della prassi*. "Teoria" e prassi della previsione nei *Quaderni* di A. Gramsci. Urbino, Università degli Studi di Urbino, 1985.

PETRONIO, G. Gramsci critico. In: GRANA, G. (org.). *Letteratura italiana*, v. 5: *I critici*. Milão, Marzorati, 1969, p. 3.253-77.

_____. Brescianesimo. In: RICCHINI, C.; MANCA, E.; MELOGRANI, L. (orgs.). Gramsci. Le sue idee nel nostro tempo. Roma, L'Unità, 1987, p. 72-3.

PETTERLINI, A. La dialettica in Gramsci. In: MELCHIORRE, V.; VIGNA, C.; DE ROSA, G. (orgs.). *Antonio Gramsci*. Il pensiero teorico e politico, la "questione leninista", v. 1. Roma, Città Nuova, 1979, p. 90-102.

PHILIP, A. *Le Problème ouvrier aux États-Unis*. Paris, Alcan, 1927.

PISTILLO, M. *Gramsci come Moro?* Manduria/Bari/Roma, Lacaita, 1989.

PIZZORNO, A. Sul metodo di Gramsci: dalla storiografia alla scienza politica. *Quaderni di Sociologia*, n. 4, 1967, p. 380-400.

PLANTONE, R. Dostoevskij et la littérature populaire dans les *Cahiers* de Gramsci. *Revue de Littérature Comparée*, n. 3-4, 1981, p. 392-400.

PORTELLI, H. *Gramsci e la questione religiosa* (1974). Milão, Mazzotta, 1976.

POTIER, J.-P. Gramsci e la critica crociana alla legge della caduta tendenziale del saggio di profitto. In: MUSCATELLO, B. (org.). *Gramsci e il marxismo contemporaneo*. Relazioni al convegno organizzato dal Centro Mario Rossi, Siena, 27-30 aprile 1987. Roma, Editori Riuniti, 1990, p. 137-47.

_____. La crisi degli Anni Trenta vista da Antonio Gramsci. In: BURGIO, A.; SANTUCCI, A. A. (orgs.). *Gramsci e la rivoluzione in Occidente*. Roma, Editori Riuniti, 1999, p. 69-81.

POZZI, R. Alle origini del problema gramsciano della "riforma intellettuale e morale". Sorel, Renan e le suggestioni della cultura francese. In: SBARBERI, F. (org.). *Teoria politica e società industriale*. Ripensare Gramsci. Turim, Bollati Boringhieri, 1988, p. 92-191.

PRESTIPINO, G. Dialettica. In: FROSINI, F.; LIGUORI, G. (orgs.). *Le parole di Gramsci*. Per un lessico dei *Quaderni del carcere*. Roma, Carocci, 2004, p. 55-73.

_____. *Dai maestri del pensiero e dell'arte alla filosofia della praxis*. Roma, Seam, 2008.

PROCACCI, G. (org.). *La rivoluzione permanente e il socialismo in un paese solo*. Roma, Editori Riuniti, 1973.

PROTO, M. (org.). *Gramsci e l'Internazionalismo*: Nazione, Europa, America Latina. Manduria/Bari/Roma, Lacaita, 1999.

RACINARO, R. *L'interpretazione gramsciana dell'idealismo*. In: VACCA, G. (org.). *Gramsci e il Novecento*, v. 1. Roma, Carocci, 1999, p. 365-81.

RAFALSKI, T. Gramsci e il corporativismo. *Critica Marxista*, n. 3, 1991, p. 85-116.

RAGAZZINI, D. *Società industriale e formazione umana*. Roma, Editori Riuniti, 1976.

_____. Uomo individuo e uomo massa. In: CAPITANI, L.; VILLA, R. (orgs.). *Scuola, intellettuali e identità nazionale nel pensiero di Antonio Gramsci*. Roma, Gamberetti, 1999, p. 119-35.

_____. *Leonardo nella società di massa*. Teoria della personalità in Gramsci. Bergamo, Moretti Honegger, 2002.

RAZETO MIGLIARO, L.; MISURACA, P. *Sociologia e marxismo nella critica di Gramsci*. Dalla critica delle sociologie alla scienza della storia e della politica. Bari, De Donato, 1978.

RICCHINI, C.; MANCA, E.; MELOGRANI, L. (orgs.). *Gramsci*. Le sue idee nel nostro tempo. Roma, L'Unità, 1987.

ROLFINI, C. La Riforma sta al Rinascimento come la Rivoluzione francese al Risorgimento. Note su una "equazione" gramsciana. In: GIACOMINI, R.; LOSURDO, D.; MARTELLI, M. (orgs.). *Gramsci e l'Italia*. Atti del Convegno Internazionale di Urbino, 24-25 gennaio 1992. Nápoles, La Città del Sole, 1994, p. 397-420.

ROSSI, P. (org.). *Gramsci e la cultura contemporanea*. Roma, Editori Riuniti, 1969, 2 v.

_____. Antonio Gramsci sulla scienza moderna. *Critica Marxista*, n. 2, 1976, p. 41-60.

ROSSI, V. Il Rinascimento. *Nuova Antologia*, n. 1384, 16 nov. 1929, p. 137-50.

SABETTI, A. Il rapporto uomo-natura nel pensiero di Gramsci e la fondazione della scienza. In: ISTITUTO ANTONIO GRAMSCI (org.). *Studi gramsciani*. Atti del convegno, Roma 11-13 gennaio 1958. Roma, Editori Riuniti, 1958, p. 242-52.

SALSANO, A. Il corporativismo tecnocratico in una prospettiva internazionale. In: SBARBERI, F. (org.). *Teoria politica e società industriale*. Ripensare Gramsci. Turim, Bollati Boringhieri, 1988, p. 151-65.

SALVADORI, M. L. Gramsci e il problema storico della democrazia (1969). In: D'ORSI, A.; CHIAROTTO, F. (orgs.). *Egemonie*. Nápoles, Dante & Descartes, 2008.

_____; TRANFAGLIA, N. (orgs.). *Il modello politico giacobino e le rivoluzioni*. Florença, La Nuova Italia, 1984.

SANGUINETI, E. Introduzione. In: GRAMSCI, A. *Letteratura e vita nazionale*. Roma, Editori Riuniti, 1987, p. xv-xxiv. [Ed. bras.: *Literatura e vida nacional*. Trad. C. N. Coutinho, Rio de Janeiro, Civilizacao Brasileira, 1968.]

SANGUINETI, F. *Gramsci e Machiavelli*. Roma/Bari, Laterza, 1982.

SANTUCCI, A. A. Lorianismo. In: RICCHINI, C.; MANCA, E.; MELOGRANI, L. (orgs.). Gramsci. Le sue idee nel nostro tempo. Roma, L'Unità, 1987, p. 106-8.

_____. Premessa. In: GRAMSCI, A. *Il lorianismo*. Roma, Editori Riuniti, 1992, p. ix-xii.

_____. *Antonio Gramsci, 1891-1937*. Org. L. La Porta, Palermo, Sellerio, 2005.

SAPEGNO, N. [Resenha de A. Gramsci, *Letteratura e vita nazionale*. Turim, Einaudi, 1950]. *Società*, v. 7, n. 2, 1951, p. 348-55.

SAPELLI, G. *L'analisi economica dei comunisti italiani durante il fascismo*. Antologia di scritti. Milão, Feltrinelli, 1978.

SAUSSURRE, F. DE. *Corso di linguistica generale* (1916). Org. T. De Mauro. Bari, Laterza, 1967. [Ed. bras.: *Curso de linguística geral*. 28. ed. Trad. A. Chelini, J. P. Paes e I. Blikstein, São Paulo, Pensamento/Cultrix, 2007.]

SBARBERI, F. (org.). *Teoria politica e società industriale*. Ripensare Gramsci. Turim, Bollati Boringhieri, 1988.

SCHLEIERMACHER, F. D. E. Sui diversi modi del tradurre (1813). In: *Etica e ermeneutica*. Org. G. Moretto. Nápoles, Bibliopolis, 1985, p. 85-120. [Ed. bras.: *Hermenêutica. Arte e técnica da interpretação*. Trad. C. R. Braida, Petrópolis, Vozes, 2000.]

SHOWSTACK SASSON, A. *Gramsci's Politics*. Nova York, St. Martin's Press, 1980.

_____. Perplessità e dialettica: il linguaggio di Gramsci. In: RIGHI, M. L. (org.). *Gramsci nel mondo*. Atti del convegno internazionale di studi gramsciani, Formia, 25-28 ottobre 1989. Roma, Fondazione Istituto Gramsci, 1995, p. 37-9.

SICHIROLLO, L. Hegel, Gramsci e il marxismo . In: ISTITUTO ANTONIO GRAMSCI (org.). *Studi gramsciani*. Atti del convegno, Roma 11-13 gennaio 1958. Roma, Editori Riuniti, 1958, p. 270-6.

SPRIANO, P. Intervento. In: DE GIOVANNI, B.; GERRATANA, V.; PAGGI, L. *Egemonia, stato, partito in Gramsci*. Roma, Editori Riuniti, 1977, p. 133-46.

STIPCEVIC, N. Gramsci e De Sanctis (1968). In: *Gramsci e i problemi letterari*. Milão, Mursia, 1981, p. 169-81.

STRAGÀ, A. Gramsci e la guerra. *Il Centauro*, n. 10, 1984, p. iii-26.

_____. Il problema della guerra e la strategia della pace in Gramsci. *Critica Marxista*, n. 3, 1984a, p. 151-69.

SUPPA, S. Nazionale, internazionale, forme dell'egemonia in Gramsci. *Critica Marxista*, n. 2-3, 2008, p. 44-50.

TAGLIAGAMBE, S. Gramsci, Bucharin e il materialismo dialettico sovietico. In: *La questione meridional. Atti del convegno di studi di Cagliari, 23-24 ottobre 1987*. Cagliari, Edizioni del Consiglio Regionale della Sardegna, 1988, p. 22-54.

TERTULIAN, N. Gramsci, l'"Anti-Croce" e la filosofia di Lukács. In: MUSCATELLO, B. (org.). *Gramsci e il marxismo contemporaneo*. Relazioni al convegno organizzato dal Centro Mario Rossi, Siena, 27-30 aprile 1987. Roma, Editori Riuniti, 1990, p. 313-26.

TEXIER, J. Gramsci teorico delle sovrastrutture e il concetto di società civile. *Critica Marxista*, n. 3, 1968, p. 71-99.

_____. Razionalità rispetto allo scopo e razionalità rispetto al valore nei *Quaderni del carcere*. Note preliminari per una ricerca critica. In: BARATTA, G.; CATONE, A. (orgs.). *Modern Times*. Gramsci e la critica dell'americanismo. Milão, Cooperativa Diffusioni 84, 1989, p. 184-210.

_____. La guerra di posizione in Engels e Gramsci. In: BURGIO, A.; SANTUCCI, A. A. (orgs.). *Gramsci e la rivoluzione in Occidente*. Roma, Editori Riuniti, 1999, p. 3-22.

THOMAS, P. Immanenz. In: HAUG, W. F. (org.). *Historisch-kritisches Wörterbuch des Marxismus*, v. 6: *Hegemonie bis Imperialismus*, t. 1. Hamburgo, Argument, 2004, p. 811-6.

TILGHER, A. *Storia e Antistoria*. Rieti, Bibliotheca, 1928.

TOFFANIN, G. *Che cosa fa l'umanesimo*. Il Risorgimento dell'antichità classica nella coscienca italiana fra i tempi di Dante e la Riforma. Florença, Sansoni, 1929.

TOGLIATTI, P. L'antifascismo di Antonio Gramsci (1952). In: LIGUORI, G. (org.). *Scritti su Gramsci*. Roma, Editori Riuniti, 2001, p. 157-82.

_____. Il leninismo nel pensiero e nell'azione di A. Gramsci. Appunti. In: ISTITUTO ANTONIO GRAMSCI (org.). *Studi gramsciani*. Atti del convegno, Roma 11-13 gennaio 1958. Roma, Editori Riuniti, 1958, p. 15-35. [Ed. bras.: O leninismo no pensamento e na ação de Gramsci. In: *Socialismo e democracia*. Rio de Janeiro, Muro, 1980, p. 165-82.]

_____. Gramsci e il leninismo. In: ISTITUTO ANTONIO GRAMSCI (org.). *Studi gramsciani*. Atti del convegno, Roma 11-13 gennaio 1958. Roma, Editori Riuniti, 1958a, p. 419-44.

_____. *La formazione del gruppo dirigente del Partito comunista italiano nel 1923-1924* (1962). Roma, Editori Riuniti, 1971.

_____. *Opere*, v. 5: *1944-1955*. Org. L. Gruppi, Roma, Editori Riuniti, 1984.

TORTORELLA, A. Consenso e libertà. *Critica Marxista*, n. 2-3: *Oltre Gramsci con Gramsci*, 1987, p. 307-14.

TOSEL, A. Gramsci. Philosophie de la praxis et réforme intellectuelle et morale. *La Pensée*, n. 235, 1983, p. 39-48.

_____. Americanismo, razionalizzazione, universalità secondo Gramsci. In: BARATTA, G.; CATONE, A. (orgs.). *Modern Times*. Gramsci e la critica dell'americanismo. Milão, Cooperativa Diffusioni 84, 1989, p. 237-49.

_____. Per una rivalutazione del momento etico-politico e della filosofia della praxis. In: MUSCATELLO, B. (org.). *Gramsci e il marxismo contemporaneo*. Relazioni al convegno organizzato dal Centro Mario Rossi, Siena, 27-30 aprile 1987. Roma, Editori Riuniti, 1990, p. 69-89.

_____. (org.) *Modernité de Gramsci?* Actes du colloque franco-italien de Besançon, 23-25 novembre 1989. Paris, Les Belles Lettres, 1992.

TRENTIN, B. *La città del lavoro*. Sinistra e crisi del fordismo. Milão, Feltrinelli, 1997.

TROCKIJ, L. D. *La mia vita*. Tentativo di autobiografia. Trad. E. Pocar, Milão, Mondadori, 1930. [Ed. bras.: *Minha vida*. Uma tentativa de autobiografia. 2. ed. Rio de Janeiro, Paz e Terra, 1978.]

TRONTI M. Tra materialismo dialettico e filosofia della prassi. Gramsci e Labriola. In: CARACCIOLO, A.; SCALIA, G. (orgs.). *La città futura*. Saggi sulla figura e il pensiero di Antonio Gramsci. Milão, Feltrinelli, 1959, p. 139-86.

TUCCARI, F. Gramsci e la sociologia marxista di Nikolaj I. Bucharin. In: MASTELLONE, S.; SOLA, G. (orgs.). *Gramsci*: il partito politico nei *Quaderni*. Florença, CET, 2001, p. 141-70.

URBANI, G. Introduzione. In: GRAMSCI, A. *La formazione dell'uomo*. Scritti di pedagogia. Roma, Editori Riuniti, 1967, p. 13-70.

VACCA, G. La "questione politica degli intellettuali" e la teoria marxista dello Stato nel pensiero di Gramsci. In: FERRI, F. (org.). *Politica e storia in Gramsci*. Atti del Convegno Internazionale di Studi Gramsciani. Firenze, 9-11 dicembre 1977, v. 1: *Relazioni a stampa*. Roma, Editori Riuniti, 1977, p. 439-80.

_____. *Il marxismo e gli intellettuali*. Dalla crisi di fine secolo ai *Quaderni del Carcere*. Roma, Editori Riuniti, 1985.

_____. Guerra di posizione, guerra di movimento. In: RICCHINI, C.; MANCA, E.; MELOGRANI, L. (orgs.). *Gramsci*. Le sue idee nel nostro tempo. Roma, L'Unità, 1987, p. 101-2.

_____. Americanismo e rivoluzione passiva: l'URSS staliniana nell'analisi dei *Quaderni del carcere*. In: BARATTA, G.; CATONE, A. (orgs.). *Modern Times*. Gramsci e la critica dell'americanismo. Milão, Cooperativa Diffusioni 84, 1989, p. 317-36.

_____. *Gramsci e Togliatti*. Roma, Editori Riuniti, 1991.

_____ (org.). *Gramsci e il Novecento*. Roma, Carocci, 1999.

_____; SCHIRRU, G. (orgs.). *Studi gramsciani nel mondo, 2000-2005*. Bolonha, Il Mulino, 2007.

VERBALE della Commissione Politica per il Congresso di Lione. *Critica marxista*, n. 5-6, 1963, p. 320-6.

VILLARI, R. Gramsci e il Mezzogiorno. In: FERRI, F. (org.). *Politica e storia in Gramsci*. Atti del Convegno Internazionale di Studi Gramsciani. Firenze, 9-11 dicembre 1977, v. 1: *Relazioni a stampa*. Roma, Editori Riuniti, 1977, p. 189-207.

VINCO, R. *Una fede senza futuro?* Religione e mondo cattolico in Gramsci. Verona, Mazziana, 1983.

VOZA, P. Rivoluzione passiva. In: FROSINI, F.; LIGUORI, G. (orgs.). *Le parole di Gramsci*. Per un lessico dei *Quaderni del carcere*. Roma, Carocci, 2004, p. 189-207.

_____. *Gramsci e la "continua crisi"*. Roma, Carocci, 2008.

WEBER, M. (1931-1932) L'etica protestante e lo spirito del capitalismo. *Nuovi Studi di Diritto, Economia e Politica*, trad. P. Burresi, n. 3-4, p. 176-223; n. 5, p. 284-311; n. 6, p. 369-96; I, p. 58-72; 3-4-5, p. 179-231. [Ed. bras.: *A ética protestante e o espírito do capitalismo*. São Paulo, Companhia das Letras, 2004.]

WITTGENSTEIN, L. (1964), *Tractatus logico-philosophicus* e *Quaderni 1914-1916* (1921). Trad. A. G. Conte, Turim, Einaudi, 1964. [Ed. bras.: *Tractatus logico-philosophicus*. 2. ed. Trad. L. H. Lopes do Santos, São Paulo, Edusp, 1994.]

_____. *Ricerche filosofiche* (1953). Org. M. Trinchero, trad. R. Piovesan e M. Trinchero, Trinchero. Turim, Einaudi, 1967 [Ed. bras.: *Investigações filosóficas*. 2. ed. Trad. J. C. Bruni, São Paulo, Abril Cultural, 1978.]

ZANARDO, A. Il "manuale" di Bucharin visto dai comunisti tedeschi e da Gramsci. In: ISTITUTO ANTONIO GRAMSCI (org.). *Studi gramsciani*. Atti del convegno, Roma 11-13 gennaio 1958. Roma, Editori Riuniti, 1958, p. 337-68.

ZANGHERI, R. Dal materialismo storico alla filosofia della prassi. *Critica Marxista*, n. 1, 1998, p. 74-8.

Antonio Gramsci (Ales, 22 jan. 1891 – Roma, 27 abr. 1937)

Publicado em 2017, oitenta anos após a morte do pensador marxista Antonio Gramsci, este livro foi composto em Revival565 BT, corpo 10,5/14,2, e reimpresso em papel Chambril Book 70 g/m² pela gráfica Eskenazi, para a Boitempo, em março de 2020 com tiragem de 1.500 exemplares em brochura e 500 exemplares em capa dura.